U0753660

单一窗口操作指南

上册

INTERNATIONAL TRADE SINGLE WINDOW OPERATION GUIDE

《单一窗口操作指南》编委会　编

UNITY PRESS 团结出版社

图书在版编目（CIP）数据

单一窗口操作指南 /《单一窗口操作指南》编委会编 .
-- 北京 : 团结出版社 , 2024.3

ISBN 978-7-5234-0568-0

Ⅰ . ①单… Ⅱ . ①单… Ⅲ . ①进出口商品—海关手续
—中国—指南 Ⅳ . ① F752.65-62

中国国家版本馆 CIP 数据核字 (2024) 第 208321 号

出　版：团结出版社
（北京市东城区东皇城根南街84号　邮编：100006）
电　话：（010）65228880 65244790
网　址：http://www.tjpress.com
E-mail：zb65244790@vip.163.com
经　销：全国新华书店
印　装：三河市华东印刷有限公司

开　本：185mm × 260mm　16开
印　张：126.5
字　数：2250千字
版　次：2024年3月第1版
印　次：2024年3月第1次印刷

书　号：ISBN978-7-5234-0568-0
定　价：680.00元（上、下册）

《单一窗口操作指南》编委会

主　编：陈宸　潘莫麟

前言

国际贸易“单一窗口”，通常简称为“单一窗口”，是国际口岸管理的先进理念和通行规则，也是世界各国促进贸易便利化、优化营商环境的重要手段。“单一窗口”是我国“促外贸稳增长”和推进“放管服”改革的重要措施，落实口岸“三互”大通关建设的重要任务和全国通关一体化的依托平台。目前，国际贸易“单一窗口”标准版实现了在全国所有口岸全覆盖（港澳台除外）。

“单一窗口”是关务及进出口相关从业人员每天接触，日常打交道最多的工作平台，涵盖进出口业务的各个方面。其许多功能、设置、操作等，需要熟练掌握，才能处理好日常工作。

为此，我们组织了院校老师和行业一线专家合作，编写了本书。其中，重庆城市管理职业学院陈宸老师主要负责编写第一至第五部分、第十一至第十八部分，共约 100 万字。关务专家、中国关务行业一级观察员潘英麟老师主要负责编写剩下第六至第十部分的具体操作细节及相关内容。

本书具有以下几个特点：一是贴近实际，根据“单一窗口”的业务场景，将各个模块的操作细节展示出来，逐步示范；二是内容完整，涵盖了“单一窗口”的各个业务模块，且补充了很多背景资料；三是时限性强，根据“单一窗口”新近的变化进行编写。

在本书编写过程中，虽然我们努力避免出现错漏，但由于主客观的原因，书中的错讹在所难免，敬请读者批评指正。其中如有不一致之处，或遇系统升级更新，请以海关要求为准。

编者

2024 年 3 月

目　录

第一部分　国际贸易“单一窗口”的建设发展

第二部分 “单一窗口”——通用功能篇

第三部分 “单一窗口”——企业资质篇

第四部分 “单一窗口”——许可证件篇

第五部分 “单一窗口”——原产地证篇

第六部分 “单一窗口”——运输工具篇

第七部分 “单一窗口”——舱单申报篇

第八部分 “单一窗口”——货物申报篇

第九部分 “单一窗口”——加贸保税篇

第十部分 “单一窗口”——税费办理篇

第十一部分 “单一窗口”——跨境电商篇

第十二部分 “单一窗口”——物品通关篇

第十三部分 "单一窗口"——服务贸易篇

第十四部分 "单一窗口"——出口退税篇

第十五部分 "单一窗口"——综合服务篇

第十六部分 “单一窗口”——口岸物流篇

第十七部分 “单一窗口”——金融服务篇

第十八部分 “单一窗口”——手机端移动应用篇

第一部分 国际贸易“单一窗口”的建设发展

第一章 “单一窗口”介绍

国际贸易“单一窗口”，通常简称为“单一窗口”，是国际口岸管理的先进理念和通行规则，也是世界各国促进贸易便利化、优化营商环境的重要手段。“单一窗口”是我国“促外贸稳增长”和推进“放管服”改革的重要措施，落实口岸“三互”大通关建设的重要任务和全国通关一体化的依托平台。目前，国际贸易“单一窗口”标准版实现了在全国所有口岸全覆盖（港澳台除外）。

第一节 “单一窗口”的发展背景

一、“单一窗口”是国际贸易发展的现实需要

20世纪后期开始，随着信息时代的到来，各国都在寻求与信息化发展相适应的更加有效的行政管理模式和服务方式，诸如政府部门联合办公、一站式服务、门户网站等。在多部门管理体制下，以提高政府办事效率和减少管理相对人成本负担为目的的各类政府合作便民措施在世界各地涌现。

进入21世纪以来，随着全球经济一体化进程的加快及国际物流业的快速发展，国际贸易环境发生日新月异的变化，进出境货物总量呈快速增长态势，贸易便利化呼声日益强烈。全球货物贸易量的快速增长，对建设现代化、信息化、智能化的口岸通关模式提出了更高要求。为此，各国政府都在采取改革口岸管理体制、应用信息技术等多种措施，推动贸易安全和便利。在诸多措施中，依托信息化建设“单一窗口”的理念和做法应运而生，并越来越受到国际组织和各国政府的重视，成为各国便利化、提高国家竞争力的主要手段。

此外，“单一窗口”的产生也有一定的理论基础：一是法制治理理论，政府服务要符合国际通行规则的法律法规及制度办法；二是公共管理理论，政府服务要以公众需求为中心，加强政企沟通，做好公共服务；三是服务型政府理论，政府要通过与服务对

象建立伙伴关系，开展业务流程再造，不断创新公共产品与服务，最大限度提供透明、高效、便捷的一站式、全程、自助服务。

二、“单一窗口”得到诸多国际组织的大力倡导

2004年9月，联合国贸易便利和电子商务中心就通过了《建设“单一窗口”建议书》，建议各国将建设“单一窗口”作为加快贸易便利化进程的重要措施来落实；联合国贸易便利化与电子业务中心于2005年公布的33号建议书《建立国际贸易单一窗口》，对“单一窗口”进行了初步定义，即国际贸易和运输相关各方在单一登记点递交满足全部进口、出口和转运相关监管规定的标准资料和单证的一项措施。在世界海关组织、联合国欧经委等国际或区域经济组织的推动下，全球已经有70多个经济体启动了“单一窗口”的建设，但建设模式不完全一致，目前主要分为单一机构、单一系统和公共平台这三种模式，三种模式的情况对比如图1-1：

序号	模式	功能	参与主体	优点	缺点	代表国家
1	单一机构模式	由一个政府部门处理所有国际贸易的信息以及进出口商业务的监督与管理，进出口商只需向政府部门申报一次贸易和货运信息。 特点：机构职能集合化，系统单一化	负责口岸工作的政府部门、进出口商等	机构集中度高，通关效率提高	改革阻力大	荷兰、瑞典等
2	单一系统模式	通过一个统一的贸易信息管理系统，国际贸易参与方可以通过同一信息系统入口，提交符合要求的信息，信息经政府部门审核后，反馈发送给企业。 特点：机构离散化，系统综合化	既面向贸易监管机构，也面向出口商、承运人、进口商、报关经纪人、货运代理人等商业机构	系统集中度高，通关效率提高	会遇到体制、制度、权限及利益格局上的种种阻力	日本和美国
3	公共平台模式	通过一个公共信息处理平台，企业只需提交符合要求的一系列电子表格，由政府各监管部门对企业提供的信息进行核查、监督、管理，将信息反馈发送到企业的计算机中。 特点：机构分散化，数据集成化	主要面向贸易商等企业、监管机构、海关等三类客户	流程简化，效率提高	业务流程改革重组阻力大	新加坡

图1-1 “单一窗口”建设模式对比

【链接】

诸多国际组织大力倡导“单一窗口”建设

联合国贸易便利化与电子业务中心（UN/CEFACT）第33号建议书《建立单一窗口以加强贸易业与政府间信息的有效交换的建议书与指南》（2005年），联合国出版。

联合国贸易便利化与电子业务中心（UN/CEFACT）第34号建议书《国际贸易数据的简化与标准化》（2009年），联合国出版。

联合国贸易便利化与电子业务中心（UN/CEFACT）第35号建议书《为国际贸易单一窗口建立法律框架》（2010年）。

联合国贸易便利化与电子业务中心（UN/CEFACT）第36号建议书《单一窗口的互操作性》（2017年）。

亚太经合组织（APEC）建议书《努力在亚太经合组织各经济体建立单一窗口并努

力实现和国际互联互通》（2010 年）。

世界海关组织（WCO）《单一窗口数据协调指南》。

世界海关组织（WCO）《单一窗口对海关的启示》（2008 年）。

世界海关组织（WCO）推出的单一窗口数据模型（WCO Data Mode）（2008 年）。

三、世界各国积极推动本国“单一窗口”建设

世界各国 / 地区都将“单一窗口”作为提升提高国家竞争力的一种有效途径，使“单一窗口”一开始就受到各国政府的高度重视，并成为世界各国普遍接受的一种口岸管理模式。

【链接】

日本：自 1978 年启动第一个电子通关系统 NACCS（日本自动货运清关系统），其后经过 30 年的努力建成以 NACCS 为核心的“单一窗口”。

德国：1982 年，德国为解决汉堡港信息流通慢且成本高的问题，在汉堡港建立了单一窗口试点。

新加坡：1989 年开始建设“贸易网”（TradeNet）。

瑞典：1989 年，瑞典顺应信息技术的发展建立国家单一窗口。

美国：1994 年正式建设国际贸易信息系统（ITDS），现正致力于将多个信息化系统整合，从而形成一个单一系统，实现真正的“单一窗口”及大数据管理。

东盟：2003 年通过实施“单一窗口”计划建议书，2005 年 12 月，东盟经济贸易部长会议签署了《建立和实施东盟单一窗口的协定》，除新加坡外，文莱、印尼、马来西亚、菲律宾、泰国等五国的“单一窗口”都已在 2008 年投入使用，另外四个东盟国家在 2012 年完成各自的“单一窗口”建设。

俄罗斯：俄罗斯在最近的一系列国际和区域组织研讨会上提交了建设成员国“单一窗口”的建议。

哈萨克斯坦：哈萨克斯坦海关委员会专门向哈总统起草并递交了关于开展“单一窗口”的有关文件，提出具体工作设想，并明确由海关牵头负责。

吉尔吉斯斯坦：吉尔吉斯斯坦已专门成立了国家协调委员会负责实施“单一窗口”，并由吉尔吉斯斯坦工贸部负责牵头落实。

蒙古国：蒙古国已专门成立了国家协调委员会负责实施“单一窗口”，并由蒙古商会负责牵头落实。

第二节 我国"单一窗口"的发展历程

我国党中央、国务院高度重视"单一窗口"建设。1997年，为有效解决骗汇问题，海关总署联合外汇局开发应用了"进口报关单联网核查系统"，实现报关单电子数据的联网交换，使外汇部门能够通过报关单电子信息和纸质单证进行核对，彻底解决了骗汇问题，得到了国务院领导的充分肯定，也揭开电子口岸建设的序幕。2002年国务院部署启动电子口岸大通关统一信息平台建设，2006年国务院办公厅印发《关于加强电子口岸建设的通知》，明确电子口岸是以口岸通关执法管理为主，逐步向相关物流商务服务延伸的大通关、大物流、大外贸的统一信息平台。2012年，《电子口岸发展"十二五"规划》将电子口岸作为中国特色的"单一窗口"工程进一步推向深入。10多年来，在党中央、国务院的领导下，在各有关部门参与和支持下，电子口岸建设取得了积极进展，中央层面基本实现了大通关核心环节的数据共享和联网核查，地方层面电子口岸建设全面铺开，取得了良好的社会和经济效益。可以说，电子口岸建设与发展为"单一窗口"奠定了坚实基础。

党的十八大和十八届三中全会以来，党中央、国务院针对新时期我国对外经济贸易发展的需要，就我国国际贸易"单一窗口"建设做出了一系列决策部署，要求立足电子口岸，加快全国"单一窗口"建设，促进外贸稳定发展，并将其作为我国推进新一轮高水平对外开放的重要措施。回顾近几年有关"单一窗口"建设的政策文件，主要有：

1.《中共中央 国务院关于构建开放型经济新体制的若干意见》提出：加快国际贸易"单一窗口"建设，全面推行口岸管理相关部门"联合查验、一次放行"等通关新模式；依托电子口岸平台，推动口岸管理相关部门各作业系统横向互联，建立信息共享共用机制。

2.《中共中央关于制定国民经济和社会发展第十三个五年规划的建议》提出：全面实施"单一窗口"和通关一体化。

3.《2016年政府工作报告》提出：推进贸易便利化，全面推广国际贸易"单一窗口"。

4.《2017年政府工作报告》提出：推广国际贸易"单一窗口"，实现全国通关一体化。

5.《国务院办公厅关于支持外贸稳定增长的若干意见》（国办发〔2014〕19号）提出：提高贸易便利化水平……实行国际贸易"单一窗口"受理……实现口岸部门和地方政府信息共享。

6.《国务院关于印发落实"三互"推进大通关建设改革方案的通知》（国发〔

2014〕68号）提出：强化大通关协作机制，实现“三互”，推进“单一窗口”建设……实现申报人通过“单一窗口”向口岸管理相关部门一次性申报，口岸管理相关部门通过电子口岸平台共享信息数据、实施职能管理，执法结果通过“单一窗口”反馈申报人。

7.《国务院关于改进口岸工作支持外贸发展的若干意见》（国发〔2015〕16号）提出：依托电子口岸公共平台，推进国际贸易“单一窗口”建设，加快推进形成电子口岸跨部门共建、共管、共享机制；推动“单一窗口”共享数据标准化，完善和拓展“单一窗口”的应用功能，进一步优化口岸监管执法流程和通关流程；按照2015年底在沿海口岸、2017年在全国所有口岸建成“单一窗口”的目标。

8.《国务院关于支持沿边重点地区开发开放若干政策措施的意见》（国发〔2015〕72号）提出：加强沿边、内陆、沿海通关协作，依托电子口岸平台，推进沿边口岸国际贸易“单一窗口”建设。

9.《国务院批转国家发展改革委关于2016年深化经济体制改革重点工作意见的通知》（国发〔2016〕21号）提出：推进电子口岸建设，制定“单一窗口”工作方案和相关制度。

10.《国务院关于促进外贸回稳向好的若干意见》（国发〔2016〕27号）提出：2016年年底前将国际贸易“单一窗口”建设从沿海地区推广到有条件的中西部地区建立标准体系，落实主体责任。

11.《国务院关于做好自由贸易试验区新一批改革试点经验复制推广工作的通知》（国发〔2016〕63号）将“依托电子口岸公共平台建设国际贸易单一窗口，推进单一窗口免费申报机制”列入全国范围内复制推广的12项改革事项之一。

12. 国务院口岸工作部际联席会议审议通过并印发《关于国际贸易“单一窗口”建设的框架意见》。

13. 2019年国务院常务会议通过并公布了《优化营商环境条例》，要求依法削减进出口环节审批事项，取消不必要的监管要求，优化简化通关流程，提高通关效率，清理规范口岸收费，降低通关成本，推动口岸和国际贸易领域相关业务统一通过国际贸易“单一窗口”办理。

党中央、国务院领导多次就我国贸易发展和“单一窗口”建设提出具体要求。

【链接】

党中央、国务院高度重视国际贸易“单一窗口”建设，针对“单一窗口”建设做出了一系列决策部署，要求依托电子口岸加快我国“单一窗口”建设，推进口岸“三互”大通关改革，促进贸易便利化，改善营商环境，提高国家竞争力。

为认真贯彻党的十九大精神，全面落实中央关于“单一窗口”建设的决策部署，按照国务院第 174 次常务会议和国务院口岸工作部际联席会议要求，海关总署会同科技部、工业和信息化部、公安部、自然资源部、生态环境部、交通运输部、农业农村部、商务部、卫生健康委、人民银行、税务总局、市场监管总局、广电总局、新闻出版署、电影局、移民局、林草局、民航局、邮政局、外汇局、药监局、密码局、贸促会、铁路总公司等国家有关部门，共同加快推进国际贸易“单一窗口”建设，制定“单一窗口”标准版并在全国组织试点推广，取得了显著成效。

第三节 “单一窗口”概述

一、“单一窗口”的基本概念

1.“单一窗口”的定义

国际上一般采用联合国对“单一窗口”的定义，即“单一窗口”是使国际贸易和运输相关各方在单一登记点递交满足全部出口、进口和转关相关监管规定的标准资料和单证的一项措施。如果为电子报文，则只需一次性提交各项数据。

2.“单一窗口”的四大核心要素

“单一窗口”常要具备四个要素：一是一次申报，也就是说贸易经营企业只需要一次性向贸易管理部门提交相应的信息和单证；二是通过一个设施申报，该设施拥有统一的平台，对企业提交的信息数据进行一次性处理；三是使用标准化的数据元，贸易经营企业提交的信息应为标准化的数据；四是能够满足政府部门和企业的需要。

二、“单一窗口”的作用

1. 降低成本

新加坡多年的成功经验证明，通过新加坡国际贸易“单一窗口”，企业费用节省 40% ~ 60%，政府机构费用节省 50%。新加坡的企业通过新加坡国际贸易“单一窗口”办理单项单证手续的费用平均为 3 新元，是此前 15 新元费用的 1/5，单证费每年节省 10 亿美元。

根据联合国贸易便利与电子业务中心（UN/CEFACT）提供的数据，国际贸易便利化措施每年可为世界贸易节省 1 万亿美元费用。

2. 减少负担

“单一窗口”可以同时减少企业申报负担和政府处理负担，在许多国家，参与国际贸易的企业通常都要按照进口、出口和转口相关的监管规定编制大量资料和单证并提交给政府主管机关。这些资料和单证往往都必须经由不同的机构进行提交，每一个机构都有各自专门的（人工或自动）系统和书面格式。这些名目繁多的要求加上其相应的核算成本，对政府和企业构成一系列负担。

美国“单一窗口”系统建成后，原本复杂的各类手续、程序、信息得以全面规整。企业通过“单一窗口”一次性提交信息，可以获取海关及其他 47 个政府贸易相关方的审批，完成整个贸易流程环节，大大减少了企业负担。

新加坡海关报关大厅原来有 134 名工作人员，在全面实行国际贸易“单一窗口”后，现在报关大厅仅 1 名工作人员值班。

3. 数据准确

贸易商通过录入一票数据直接传送到国际贸易“单一窗口”，系统进行自动审核，大大减少了数据重复录入次数和单证数据差错。

政府机构在进口、出口和转关交易等必要信息中规定使用数据和报文的国际标准对于国际贸易将会有重大效益，这将确保各项政府申报要求中的数据通用性和准确性，并将使各国政府都能互相交换和共享信息，从而进一步简化国际贸易和运输手续。

4. 效率提升

国际贸易“单一窗口”通过政府和企业间的电子数据无缝对接，提升了执法风险防控水平和政策透明度，提升了企业的合规度，使政府和企业可以合理配置资源，提高通关效率，压缩通关时间。

根据东盟各国统计，进出口企业按照传统的程序办理一单进出口贸易手续需要 10—12 天，而新加坡的企业通过新加坡国际贸易“单一窗口”，在 10 分钟内就可以办理全套完整手续，97% 的报关在 10 秒钟内就可以办理完报关手续。瑞典的企业通过瑞典国际贸易“单一窗口”办理手续只需要 90 秒钟，政府办事效率提高了百倍以上。

5. 程序便利

通过“单一窗口”，以系统化的方式收集所有数据，并就数据、单证和流程进行协调和简化，使整个贸易程序更为简洁明了且标准化。

美国政府将其列入改革政府机构、提高政府效率的重要举措。2009 年系统建成后，27 个政府部门的 550 多个下设机构实现信息共享。美国与加拿大、墨西哥及英国共同合作，使用一套标准数据集，用于多国机构办理进口、出口和转关手续，进一步促进贸易便利化。

国际贸易“单一窗口”彻底改变了新加坡的国际贸易单证处理流程，被认为是一个将新加坡的竞争力提高为国际贸易全球化大都市层次的国家战略信息系统。

第二章 我国“单一窗口”建设总体思路

第一节 指导思想

深入贯彻党的十八大和十八届三中、四中、五中全会精神，认真落实党中央、国务院决策部署，坚持创新、协调、绿色、开放、共享发展理念，进一步推动简政放权、放管结合、优化服务，促进口岸信息互换、监管互认、执法互助，坚持贸易安全与便利并重，优化口岸管理和服务机制，转变职能实现方式，促进口岸综合治理体系和治理能力现代化，构建与我国开放型经济新体制要求相适应的口岸“软环境”。

第二节 建设目标

实现申报人通过电子口岸平台一点接入、一次性提交满足口岸管理和国际贸易相关部门要求的标准化单证和电子信息，相关部门通过电子口岸平台共享数据信息、实施智能管理，处理状态（结果）统一通过“单一窗口”反馈给申报人。通过持续优化整合使“单一窗口”功能范围覆盖到国际贸易链条各主要环节，逐步成为企业面对口岸管理相关部门的主要接入服务平台。通过“单一窗口”提高国际贸易供应链各参与方系统间的互操作性，优化通关业务流程，提高申报效率，缩短通关时间，降低企业成本，促进贸易便利化。

第三节 基本原则

一、政府主导

由各级政府统筹推动、各口岸管理相关部门平等参与，共同建立并完善“单一窗口”，建设协作配合机制，并将“单一窗口”建设纳入本部门的发展规划，实行共建、共管、共享，通过“单一窗口”实现政府管理和服务功能。

二、协同治理

满足口岸管理相关部门执法和监管要求，充分发挥口岸管理相关部门现有职能作用，推进综合执法，实现单向管理向多元治理的转变。

三、便利企业

以便利企业为目的，通过协调简化单证格式和数据标准，优化口岸业务流程，减少数据重复录入，让数据多跑路，让企业少奔波，突破时间和空间限制，提供“一站式”服务。

四、规范安全

统一技术架构，统一数据交换共享和接口标准，统一和规范基本功能；加强信息安全保障体系建设，建立健全运维管理制度和应急处置预案，确保系统运行和信息安全。

五、创新驱动

以科技创新为引领，推动“互联网 +”、大数据、云计算等新技术与口岸通关业务深度融合，高标准建设“单一窗口”，不断深化“单一窗口”应用，实现良性循环和可持续发展。

第四节 总体布局

推进电子口岸公共平台的公共化、平等化和单一化，依托中央和地方两级平台，实现国家部委之间、地区之间以及国家部委与地区之间的互联互通，共同打造全国一体化的“单一窗口”环境。

【链接】

生态环境部：全力配合项目建设，派出业务专家、技术专家参与开发；

交通运输部海事局：下发《关于做好国际贸易“单一窗口”标准版试点工作的通知》；

农业农村部：积极协调试点地区农业厅，加强与地方口岸办对接；

商务部：积极支持将自动进口许可证件（机电、非机电）、两用物项和技术进出口许可证件等申领业务通过“单一窗口”实现，占该部门签发许可证总量的 90%；

人民银行国库局：将支持“单一窗口”建设列为本部门优先保障项目；

海关总署：制定《“十三五”时期海关发展规划》，明确提出 2020 年企业通过“单一窗口”申报到 100%；

税务总局：向"单一窗口"开放发票信息共享服务，基本实现出口退税信息"零采集"；

市场监管总局：积极共享企业登记信息，支持"单一窗口"建设，实现企业信息联网验证，方便企业办理业务；

原质检总局：印发《关于进一步支持国际贸易"单一窗口"建设的公告》，引导鼓励企业应用 "单一窗口"；

移民局：下发《关于配合做好国际贸易"单一窗口"标准版试点工作的通知》；

林草局国家濒管办：积极支持将本单位许可证件申领业务全部通过"单一窗口"实现。

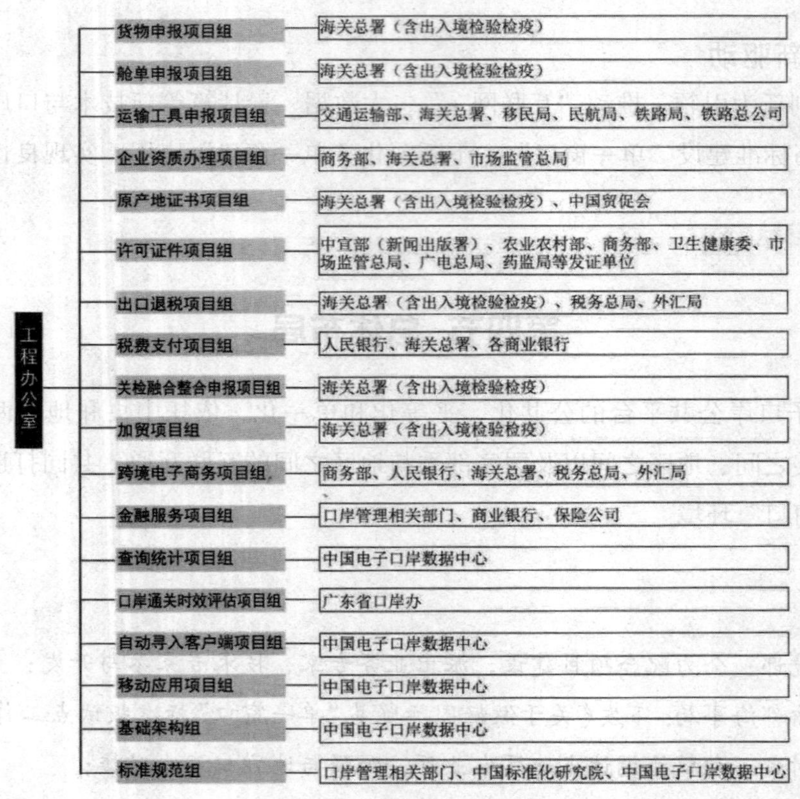

图 1-2 "单一窗口"标准版建设领导小组

中央层面依托中国电子口岸平台，以"总对总"方式与各口岸管理和国际贸易相关部门系统对接，实现信息数据互换共享，开展国际合作对接。

各地原则上以省（区、市）为单位，依托本地电子口岸建设一个省域"单一窗口"，并实现省域"单一窗口"间互联互通，探索建设符合国家区域发展战略要求的区域"单一窗口"。

第五节 建设内容

一、应用服务建设

（一）中央层面

统筹推进"单一窗口"基本功能建设，包括：

1. 口岸执法与基本服务功能。主要包括货物申报、运输工具申报、税费支付、贸易许可和原产地证书申领、企业资质办理、出口退税申报、查询统计等全流程服务功能，方便企业一次申报和业务办理，满足口岸管理相关部门的要求。

2. 跨部门信息共享和联网应用。加强口岸管理相关部门数据的联网共享与综合利用，进一步提高口岸管理相关部门的联合执法和科学决策能力。

3. 与境外信息交换功能。服务国家"一带一路"发展战略，支持跨境联网合作，开展与"一带一路"沿线国家和地区以及世界主要贸易伙伴国之间的信息互换与服务共享，实现与国际上"单一窗口"的互联互通。

【链接】

1998 年国务院机构改革，撤销了成立于 1993 年的国家口岸办公室，并将其口岸规划、审理职能交给海关总署承担。各地根据地方口岸情况，分别合并到不同的部门，多数省（自治区、直辖市）合并到商务厅或发改委，对外统一为省（自治区、直辖市）人民政府口岸办公室。2006 年 5 月，中央编办批复海关总署口岸规划办公室更名为"国家口岸管理办公室"，其主要职责是：研究提出各类对外开放口岸的整体规划及口岸规范的具体措施并组织实施；根据国务院的总体需求，组织协调口岸通关中各有关部门的工作关系，指导和协调地方政府口岸工作。

（二）地方层面

拓展实施"单一窗口"特色服务功能，包括：

1. 口岸政务服务功能。推广应用"单一窗口"标准版，同时结合本地口岸通关业务特色需求，进一步提升和扩展项目的应用功能，建设本地口岸政务服务项目，如物流监管、特殊区域、港澳台贸易等。

2. 口岸物流服务功能。结合本地口岸业务特点与需求，打通港口、机场、铁路、公路等物流信息节点，促进运输、仓储、场站、代理等各类物流企业与外贸企业的信息共享和业务协同，支持水、陆、空、铁及多式联运等多种物流服务方式，积极开展与地方各类物流信息平台的互联合作，推动外贸与物流联动发展。

3. 口岸数据服务功能。以口岸管理相关部门的通关物流状态信息为基础，整合运输工具动态信息、集装箱信息、货物进出港和装卸等作业信息，形成完整的通关物流状态综合信息库，为企业提供全程数据服务，方便企业及时掌握通关申报各环节状态。

4. 口岸特色应用功能。发挥“单一窗口”信息资源、用户资源集聚优势，与金融、保险、电商、通信、信息技术等相关行业对接，为国际贸易供应链各参与方提供特色服务，有效支持地方口岸新型贸易业态发展。

【链接】

地方各省市利用外贸港口、自由贸易区及跨境综试区等优势，充分依托现有电子口岸平台，迅速推动“单一窗口”建设。

其中，中国（上海）国际贸易“单一窗口”作为上海自贸区贸易监管制度创新的重要内容之一，依托成熟的电子贸易通关系统于2014年6月在全国率先上线运行；系统经过不断升级，功能基本覆盖国际贸易活动主要环节，并进一步拓展了领域，提升了运营；截至2019年4月，中国（上海）国际贸易单一窗口对接了22个政府部门，服务了28万家企业，实现增效降本，货物申报由1天到半小时，船舶申报由2天到2小时，实现了100%货物报关通过“单一窗口”申报，申报量日均超过1.3万票。

福建省国际贸易“单一窗口”平台于2015年8月在福建自贸试验区上线试运行，该“单一窗口”的重要特色之一是与海外“单一窗口”的数据交换，是国内首次开展了与新加坡“单一窗口”之间的首票数据交换，实现两国平台正式联通，截至2020年5月，经过4年的努力以及多次系统升级改版，中国（福建）国际贸易单一窗口已联通43个单位，提供110项口岸政务和贸易服务事项功能，日单证处理量突破100万票，每年为企业节约开支300多亿元。

二、标准体系建设

1. 数据简化和标准化。遵循国际贸易便利化领域相关国际及国家标准，遵照国际通行做法积极开展国际贸易数据简化和标准化，通过数据的获取、定义、分析、协调等反复过程，分层级、分内容、有步骤地实施数据协调与简化，形成定义明确并经简化处理的“单一窗口”数据元目录，并建立数据协调和简化长效工作机制（附件：推进国际贸易“单一窗口”数据协调与简化建议书）。

2. 统一门户。统一界面、统一标识、统一域名规范。整体命名为“中国国际贸易单一窗口”，各地平台面对企业的登录界面命名为“中国（XX）国际贸易单一窗口”。

3. 统一认证。统一“单一窗口”的用户管理和身份认证，分步实施，最终实现一次注册、全国通用。

4. 统一数据接口标准。中央层面统一接口的管理与发布，参与各方应当向“单一窗口”统一开放接口标准，为“单一窗口”标准版的制定和推广应用提供必要的技术支持和指导。

5. 统一数据管理规范。根据《国务院口岸工作部际联席会议成员单位数据使用与管理办法》，建立数据资源共享目录，建设多边交换的数据共享池，完善数据共享机制，做到数据授权使用和对外许可提供，在确保数据安全的前提下，“以共享为原则，不共享为例外”，全面推进各口岸管理部门间信息共享。

6. 统一信息安全规范。口岸管理相关部门、“单一窗口”承建和运营单位要坚持“安全第一”原则，加强对系统、网络和数据的安全防护和应急管理，制定信息安全管理指南，明确“单一窗口”建设各方的权利和责任，签订安全管理协议，共同做好信息安全管理工作。

7. 统一运维保障体系。充分依托电子口岸现有运维体系，建立健全一体化“单一窗口”运维保障机制，规范服务接入和服务标准，明确各方运维职责，实现各负其责、联合保障。

第六节 建设阶段

2016 年，在前期试点的基础上加强顶层设计，完善工作机制，中央和地方继续协同推进“单一窗口”建设。中央层面统一标准规范，统一基本功能，完善基础设施，初步实现统一门户，组织制定“单一窗口”标准版。到 2017 年底前，实现“单一窗口”标准版在全国推广应用。

到 2020 年底前，实现“单一窗口”功能由口岸通关执法环节向前置和后续环节拓展，进一步覆盖国际贸易链条各主要环节，实现与“一带一路”沿线主要国家“单一窗口”互联互通，使“单一窗口”成为中国全面参与塑造国际经济治理新格局的重要贸易基础设施。

第七节 建设成效

“单一窗口”始终围绕提升企业获得感，不断优化完善应用功能，快速响应企业需求，便利企业使用，极大增强用户体验。截至2020年7月，中国国际贸易“单一窗口”建设取得长足进步，主要有三方面：

第一，基本实现了口岸执法服务功能全覆盖。“单一窗口”已实现与25个口岸管理部门总对总的系统对接和信息共享，建成上线了16大基本服务功能，可提供600多项服务事项，服务覆盖全国所有口岸和各类特殊区域，惠及进出口各类企业，基本满足企业通过一个平台“一站式”办理进出口外贸相关业务的需求。2020年，针对疫情防控及时推出了防疫物资通关申报统计、社会团体防控物资捐赠通关保障政策咨询等服务，助力企业防控疫情和复工复产，发挥“单一窗口”全流程线上业务办理优势，帮助企业足不出户就可以向各部门申请办理相关业务，实现企业办事“零接触”、货物通关“零延时”、系统运行“零故障”，有力维护和保障了正常通关秩序。

第二，口岸各部门信息共享和业务协同进一步加强。依托“单一窗口”实现信息交换共享，累计交换业务数据超过31亿条。推动国际航行船舶监管创新改革，促进船舶转港数据共享复用功能，使船舶进港数据申报过程由原来的1小时减少到最短5分钟。在部分地区开展海关查验信息的推送试点，有效提高查验准备工作效率。实现了出口退税“一站式”快捷办理，累计服务企业4400多家，退税额达到104亿元人民币。推出了报关单、税单自助打印以及货物运抵报告状态订阅推送等创新实用功能，进一步便利企业，提高通关效率，降低经营成本。

第三，向贸易服务拓展延伸功能，逐步打造“一站式”贸易服务平台。依托“单一窗口”创新了“外贸 + 金融”模式，推出在线国际结算、融资贷款关税保证保险和出口信用保险等服务，有效解决了中小微企业融资难、融资贵的问题，支持实体经济发展。该项业务试点以来，累计服务企业13万余家，处理国际结算67亿美元，融资贷款合同金额达到163.2亿元人民币，出口信用保险单5.98万张。另外，大力推进了跟港口、机场、场站、码头等物流节点的对接和信息双向交互试点，促进相关物流单证能够电子化流转以及线上办理。

到2020年7月为止，中国国际贸易“单一窗口”累计注册用户已经达到了330万余家，日申报业务量达到1000万票，货物、舱单和运输工具三项主要业务应用率都达到百分之百。

“单一窗口”建设永远是进行时，未来任重而道远。为将我国“单一窗口”建设成为最大、最强、最好的“单一窗口”，海关总署、国口办将会同相关部门继续拓展“单一窗口”功能，由口岸通关执法向口岸物流、贸易、服务等全链条进行拓展，依托“单一窗口”实现口岸收费标准公开、在线查询、在线缴费，方便企业自主选择、阳光收费，利用市场机制来推进降费提效。在单证方面，除涉密等特殊情况外，进出口环节监管证件原则上全部通过“单一窗口”一口受理、一窗通办。加快跨境贸易大数据平台建设，发挥"单一窗口"数据汇聚优势，支持国际贸易全链条相关产业发展，开展跟境外'单一窗口"设施互联互通，继续加强和民航、港口、铁路、公路等行业机构的对接，为企业提供全程"一站式"通关物流信息服务。

第三章 "单一窗口"的主要业务功能

本书面向全国进出口企业，主要论述国际贸易"单一窗口"标准版的主要业务功能，各地方版"单一窗口"特色功能不在此书中详细论述。

第一节 企业资质办理（行政相对人 3.0 系统）

一、功能介绍

"单一窗口"实现了与市场监管总局的企业信息共享和联网验证，企业通过"单一窗口"，只需补录提交少量资料信息，就可以完成在商务、海关、税务、外汇等部门的企业备案或资质办理。系统提供商务部资质、海关企业通用资质申请、查询等功能，实现国际贸易企业通过"单一窗口"一点接入，一次性提交满足口岸监管部门要求的资质备案信息，各管理部门按照确定的规则进行审核，并将审核结果通过"单一窗口"反馈。

本系统向报关单位提供向海关申请进出口货物收发货人、报关企业、进出口货物收发货人分支机构、报关企业分支机构、临时备案单位、跨境电子商务电商企业、境外跨境电商企业的境内代理人、跨境电子商务平台企业、跨境电子商务物流企业、跨境电子商务物流企业（B2B）、跨境电子商务支付企业、跨境电子商务监管场所运营人、进出境运输工具负责人、无报关权的其他企业的资质备案、变更、注销、证书管理功能，并为报关单位提供申请情况和备案信息查询功能。报关单位完成备案后可以在中华人民共和国关境内办理报关业务。

二、术语定义

资质申请：指从事进出口的企业按照有关法律、行政法规和规章的要求，在规定的期限、地点，采用规定的形式，向商务部、海关等各部门提交所需的注册和许可的申请单证。

企业注册登记：根据海关总署令第 221 号《中华人民共和国海关报关单位注册登记管理规定》，除法律、行政法规或者海关规章另有规定外，办理报关业务的报关单位，应当按照规定到海关办理注册登记。报关单位注册登记分为报关企业注册登记和进出口货物收发货人注册登记。

三、业务流程

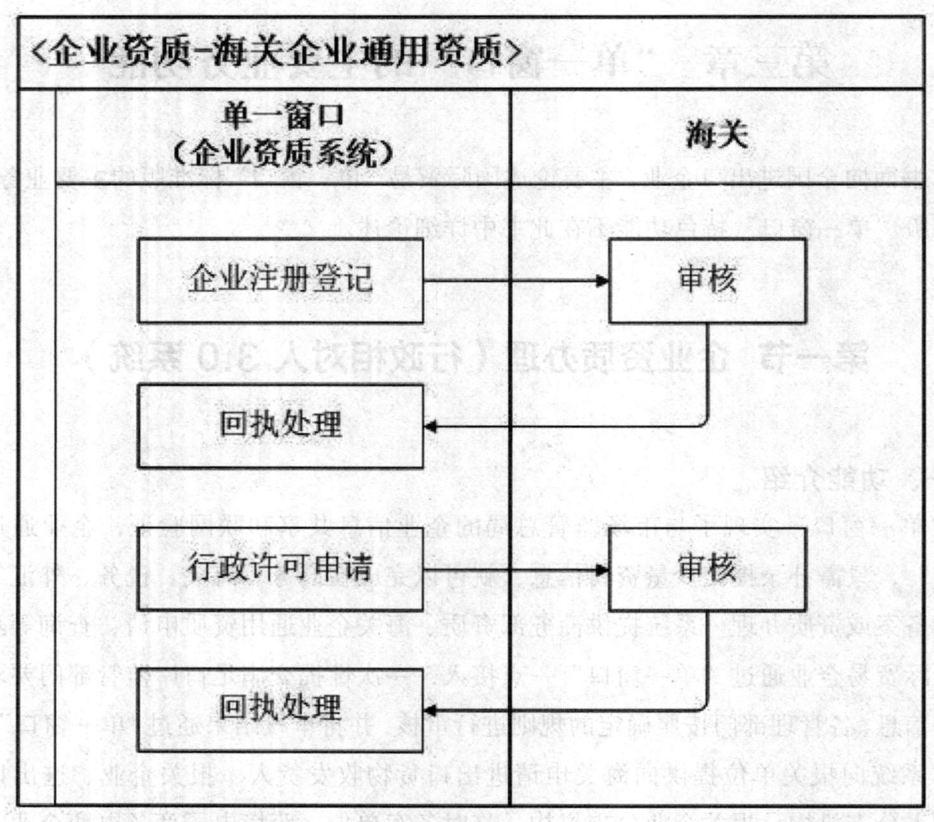

图 1-3 企业资质办理业务流程

第二节 许可证件申领

一、功能介绍

进出口货物许可证是国家机关签发的批准特定企业、单位进出口货物的具有法律效力的文件，我国进出口监管许可证件涉及多个部门几十种。目前，"单一窗口"已实现的进出口许可证申请包括农药进出口放行通知单申请、野生动植物进出口证书、有毒化学品进出口环境管理放行通知、机电产品自动进口许可证、非机电产品自动进口许可证、出口许可证、进口广播电影电视节目带（片）提取单、援外项目任务通知单申请、音像制品（成品）进口批准单申请、民用爆炸物品进出口审批单申请、合法捕捞产品通关证明申请、人民币现钞进出境证明文件管理等，可实现在通关环节进行联网核查，极大地方便企业，有效提高口岸联合执法能力。

二、术语定义

1. 农药进出口登记管理放行通知单

农药进 / 出口通知单：即农药进出口登记管理放行通知单，是指农业部及其授权发证机 关依法对纳入《中华人民共和国进出口农药登记证明管理名录》范围的进出口农药实施登记 管理签发的证明文件。

进出口企业：有进出口资质的贸易企业，受生产企业委托。在本系统备案后使用生产企业出具的委托书的编号申请农药放行通知单。

自营企业：有进出口资质的农药生产企业。在本系统备案后可直接申请农药放行通知单。

生产企业：没有进出口资质的农药生产企业（境外生产企业不能在此处备案）。在本系统备案后，只能向有资质的进出口企业出具委托书，不能直接申请农药放行通知单。

质保委托企业：境外生产企业在国内全权的代理机构（只能有一家）。在本系统备案后， 可以向有资质的进出口企业出具农药进口质量保证书。

2. 野生动植物进出口证书

公约证明：公约证明是我国进出口许可管理制度中具有法律效力，用来证明对外贸易经营者经营列入《进出口野生动植物种商品目录》中属于《濒危野生动植物种国际贸易公约》成员国（地区）应履行保护义务的物种合法进出El的证明文件，是海关验放该类货物的重要依据。

非公约证明：非公约证明是我国进出口许可管理制度中具有法律效力，用来证明对外贸易经营者经营列入《进出口野生动植物种商品目录》中属于我国自主规定管理的野生动植物及其产品合法进出15的证明文件，是海关验放该类货物的重要依据。

非物种证明：由于受濒危管理的动植物种很多，认定工作的专业性很强，为使濒危物种进出口监管工作做到既准确又严密，海关总署和濒危物种进出口管理办公室共同商定，对海关无法认定的，由濒危物种进出VI管理办公室指定机构进行认定并出具非物种证明，报关单位凭以办理报关手续。

3. 出口许可证

出口许可证：包括出口配额许可证和出口许可证。凡实行出口配额许可证管理和出口许可证管理的货物，对外贸易经营者应当在出口前按规定向指定的发证机构申领出口许可证，海关凭出口许可证接受申报和验放。

一证一关：指出口许可证只能在一个海关报关。

一批一证：指出口许可证在有效期内一次报关使用。

非一批一证：指出口许可证在有效期内可以多次报关使用，但最多不超过 12 次。

4. 机电产品自动进口许可证

机电产品（含旧机电产品）：是指机械设备、电气设备、交通运输工具、电子产品、电器产品、仪器仪表、金属制品等及其零部件、元器件。

5. 非机电产品自动进口许可证

非机电产品：是指牛肉、猪肉、羊肉、肉鸡、鲜奶、奶粉、木薯、大麦、高粱、大豆、油菜籽、植物油、食糖、玉米酒糟、豆粕、烟草、二醋酸纤维丝束、铜精矿、煤、铁矿石、铝土矿、原油、成品油、氧化铝、化肥、钢材等。

非机电产品自动进口单证申请系统：是通过单一窗口系统统一向商务部相关部门提出许可证申请系统，由商务部相关部门审批的系统。

电子钥匙：商务部要求进出口许可证企业在做相关许可证业务时，必须具备电子钥匙方可进行业务操作。

6. 有毒化学品进出口环境管理放行通知

有毒化学品进出口环境管理放行通知单：是指国家环境保护部门依法对纳入《中国严格限制进出口的有毒化学品目录》管理的化学品实施进出口环境管理，签发准予有关化学品进出口的许可证件。海关验核国家环境保护部签发并加盖“中华人民共和国国家环境保护部化学品进出口环境管理登记审批章”的有毒化学品进出口环境管理放行通知单。

三、业务流程

1. 农药进出口放行通知单申请：出口业务流程

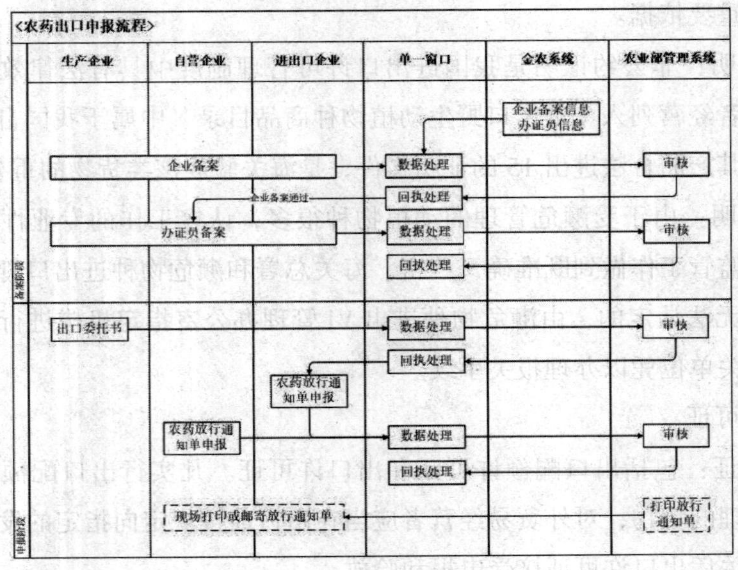

图 1-4 农药出口申报流程

2. 野生动植物进出口申报流程

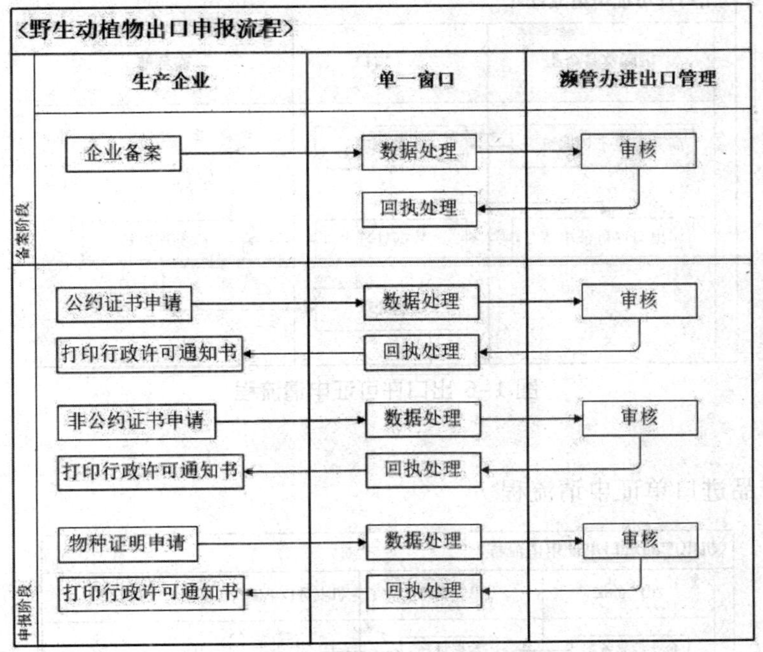

图 1-5 野生动植物进出口申报流程

【链接】

国家林业和草原局 中华人民共和国濒危物种进出口管理办公室

公告 2023 年第 21 号

为贯彻落实党的二十大精神，进一步优化营商环境，提升行政许可便利化水平和效率，根据《行政许可法》《野生动物保护法》《野生植物保护条例》《濒危野生动植物进出口管理条例》《国家林业局委托实施林业行政许可事项管理办法》（国家林业局令第 45 号），经研究，现将中华人民共和国濒危物种进出口管理办公室（以下简称“国家濒管办”）实施的“濒危野生动植物允许进出口证明书核发”行政许可事项，分别委托或授权给各省、自治区、直辖市、新疆生产建设兵团林业和草原主管部门、国家濒管办各办事处。

3. 出口许可证申请流程

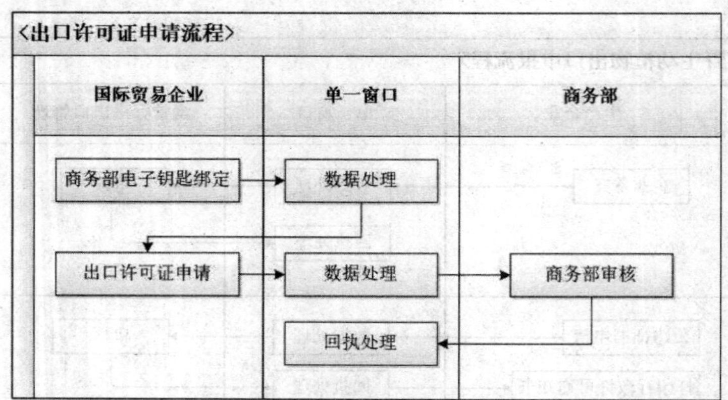

图 1-6 出口许可证申请流程

4. 机电产品进口单证申请流程

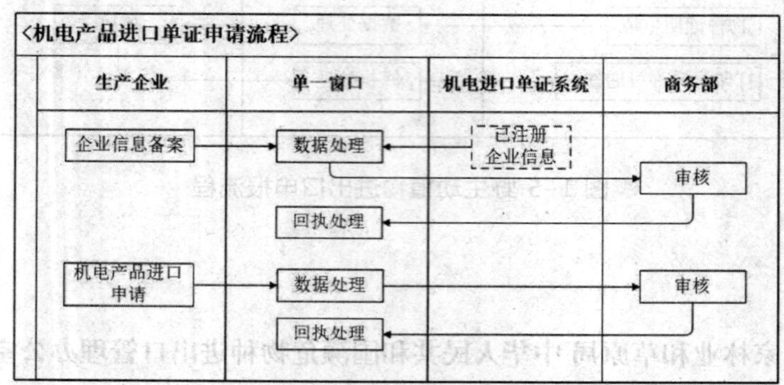

图 1-7 机电产品进口单证申请流程

5. 非机电产品进口单证申请流程

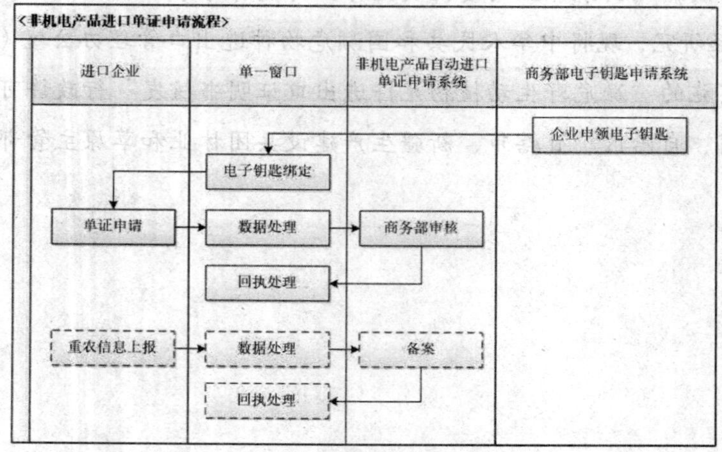

图 1-8 非机电产品进口单证申请流程

6. 合法捕捞产品通关证明申请流程

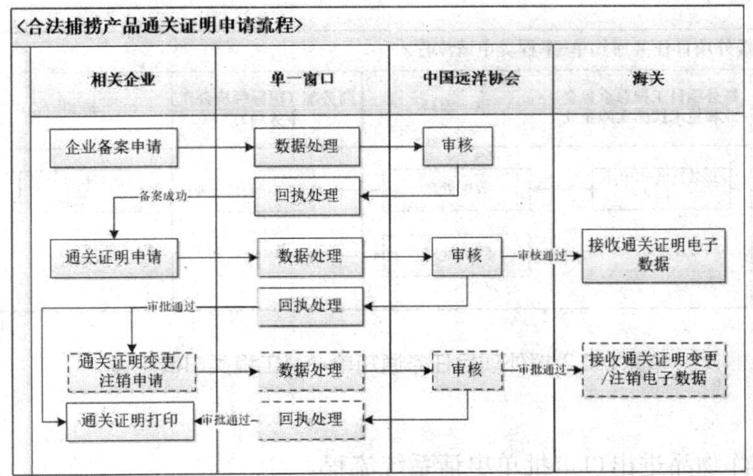

图 1–9 合法捕捞产品通关证明申请流程

7. 进口广播电影电视节目带（片）提取单业务流程

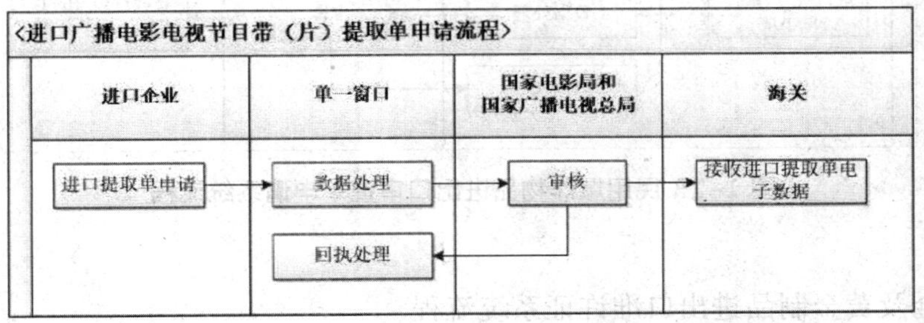

图 1–10 进口广播电影电视节目带（片）提取单业务流程

8. 援外项目任务通知单管理系统业务流程

（1）援外项目任务通知单——物资类

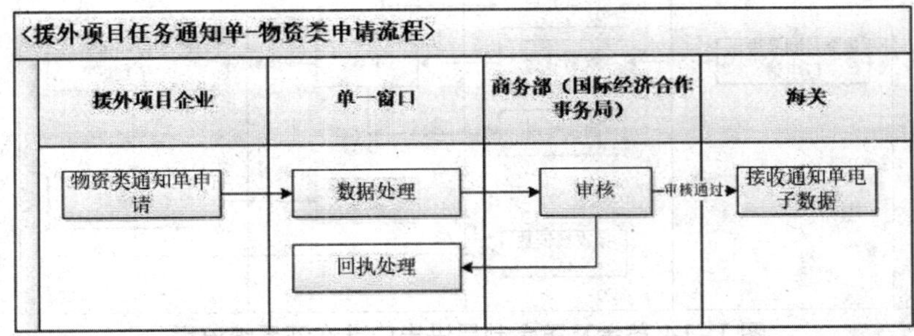

图 1–11 援外项目任务通知单——物资类申请流程

（2）援外项目任务通知单——工程类

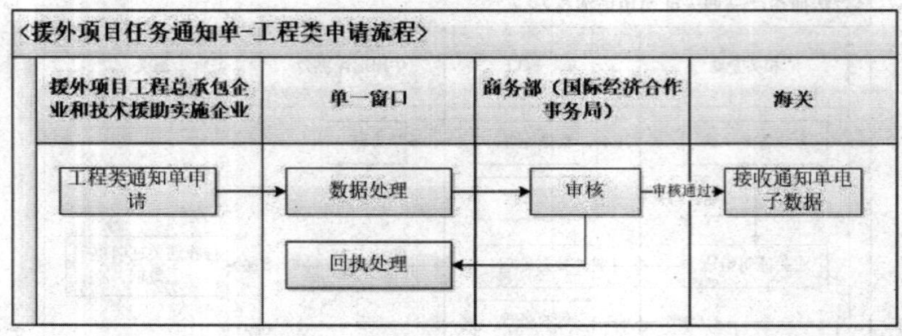

图 1-12 援外项目任务通知单——工程类申请流程

9. 民用爆炸物品进出口审批单申请系统流程

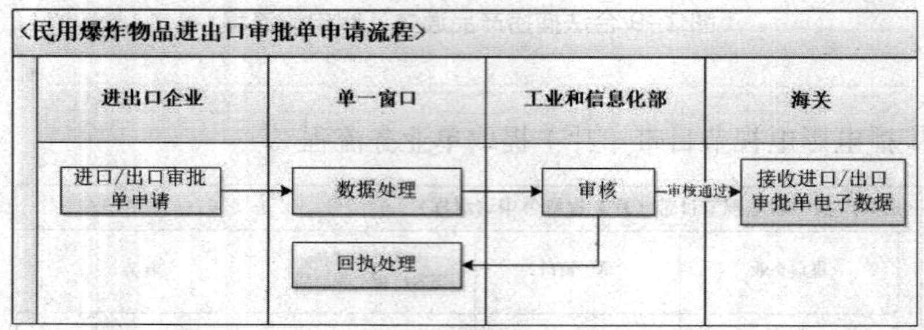

图 1-13 民用爆炸物品进出口审批单申请系统流程

10. 黄金及黄金制品进出口准许证系统流程

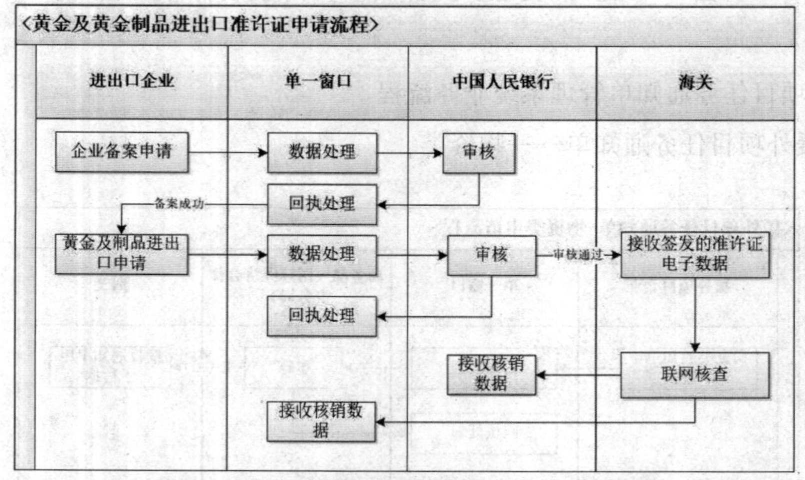

图 1-14 黄金及黄金制品进出口准许证系统流程

11. 有毒化学品进出口环境管理放行通知单业务流程

不同类型企业，需提交的信息有所不同。

（1）进口放行单

使用企业：申请信息。

贸易企业：申请信息 + 下游信息 + 最终使用企业信息（若下游为贸易企业）。

（2）出口放行单

生产企业：申请信息。

贸易企业：申请信息 + 供货企业信息 + 生产企业信息。

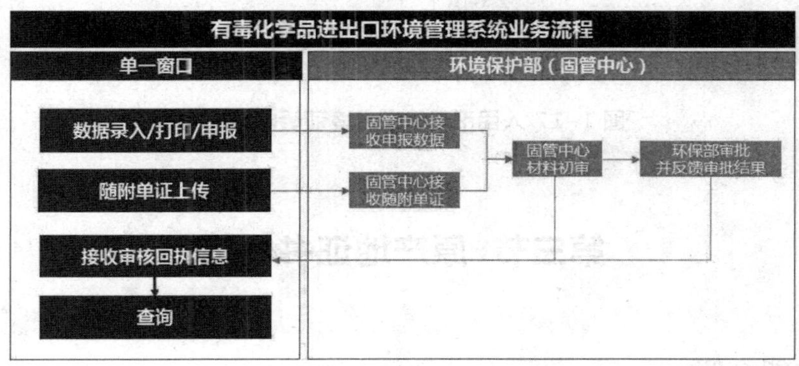

图 1-15 有毒化学品业务流程

12. 音像制品（成品）进口批准单申请系统业务流程

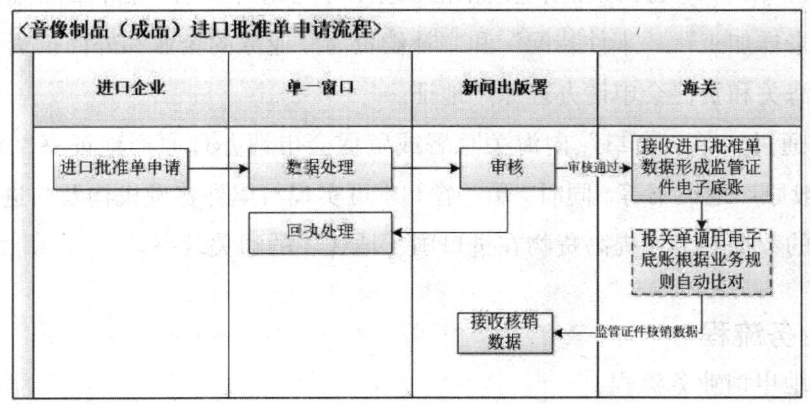

图 1-16 音像制品（成品）进口批准单申请流程

13. 人民币现钞进出境证明文件管理业务流程

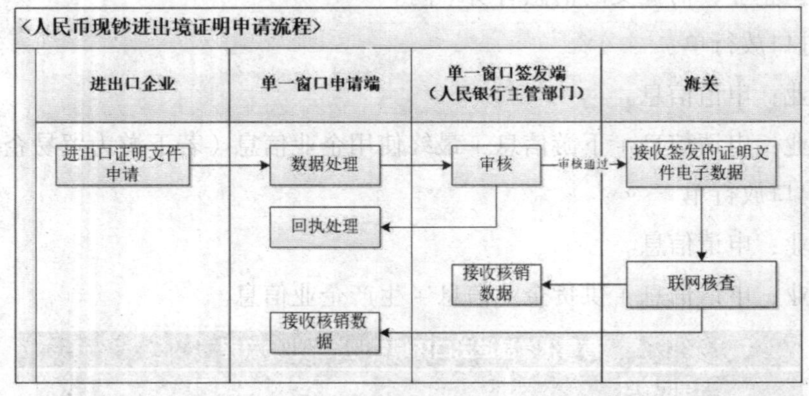

图 1-17 人民币现钞进出境证明申请流程

第三节 原产地证书申领

一、功能介绍

原产地证是出口国的特定机构出具的证明其出口货物为该国家（或地区）原产的一种证明文件。原产地证是贸易关系人交接货物、结算货款、索赔理赔、进口国通关验收、征收关税的有效凭证，它还是出口国享受配额待遇、进口国对不同出口国实行不同贸易政策的凭证。 在中华人民共和国境内依法设立，享有对外贸易经营权的企业，从事“来料加工”“来样加工”“来件装配”和“补偿贸易”业务的企业和外商投资企业，均可根据需要向海关和贸促会申请办理原产地证。

企业可通过“单一窗口”向海关总署或贸促会申请办理原产地证书，包括普惠制产地证、一般原产地证书等。同时“单一窗口”可实现与境外签发机构及与进口国家（地区）海关间的数据共享，提高货物在进口国（地区）的通关效率。

二、业务流程

1. 原产地申请业务流程

“单一窗口”海关原产地证书申请目前可支持一般原产地证、普惠制原产地证等 28 类证书的申请。

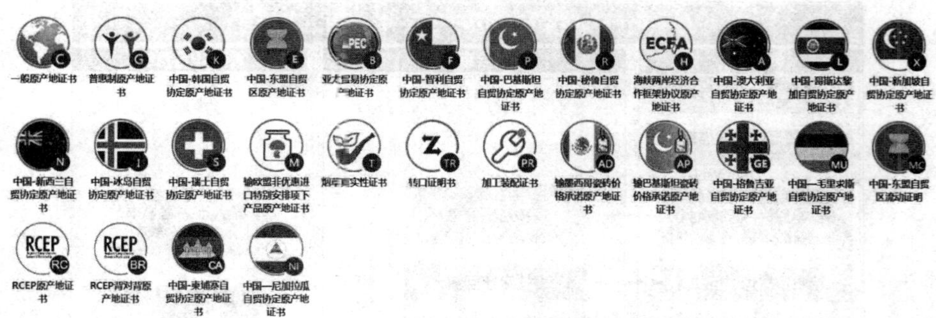

图 1-18 “单一窗口”原产地证书申请类别

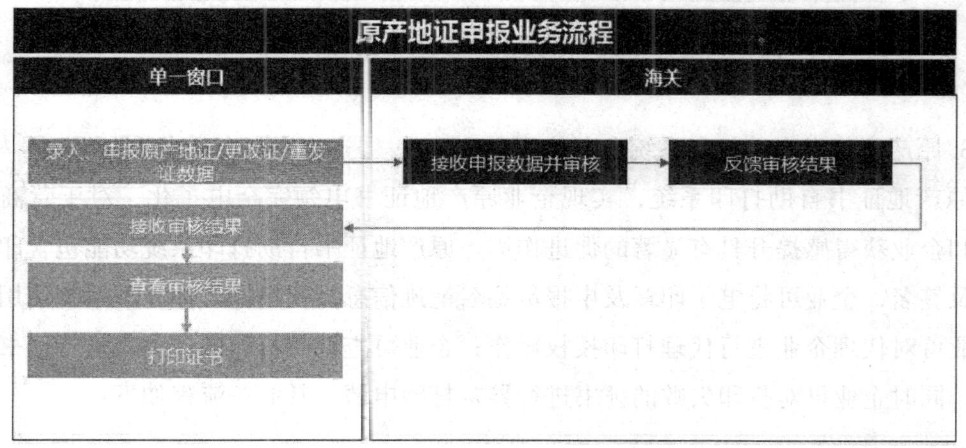

图 1-19 原产地申报业务流程

2. 贸促会原产地申请业务流程

贸促会原产地证申请目前可支持一般原产地证、亚太贸易协定等 14 类证书的申请。

图 1-20 贸促会原产地证书申请类别

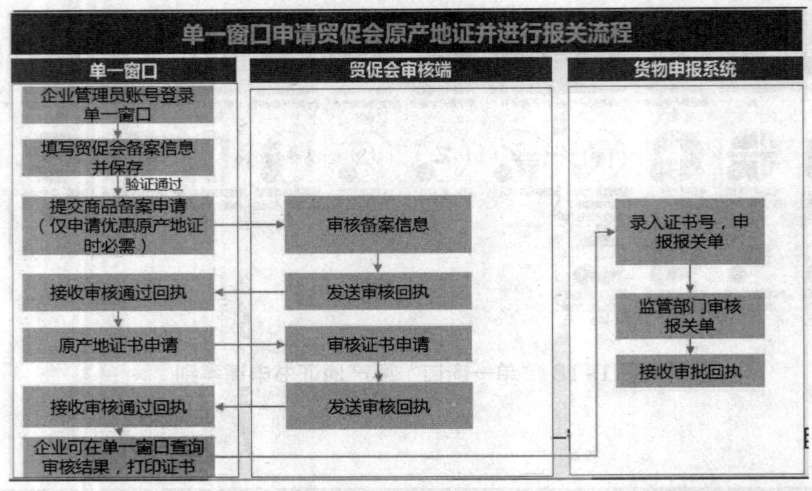

图 1-21 单一窗口申请贸促会原产地证并进行报关流程

3. 原产地证书自助打印系统业务流程

原产地证书自助打印系统，实现企业原产地证书申领完全电子化，对于营商环境优化和企业获得感提升具有显著的促进作用。原产地证书自助打印系统功能包含印章的制作及签名，企业可将电子印章及申报员签名笔迹信息授权给原产地管理系统使用；委托企业可对代理企业进行代理打印授权操作；企业可查询待打印的证书，进行证书自助打印，同时企业可对打印失败的证书进行异常打印申请。其业务流程如下：

图 1-22 原产地证书自助打印系统业务流程

第四节 运输工具申报

一、功能介绍

进出境运输工具是指用于载运人员、货物、物品进出境的各种船舶、航空器、铁路列车、公路车辆和驮畜。运输工具在进出境的时候，运输工具负责人或其代理人需将运输工具相关信息向监管单位进行申报，在监管单位同意之后方可进出境。“单一窗口”实现运输工具“一单多报”。以往企业进行船舶申报需要安装使用 4 套系统，分别向海关（包括原检验检疫）、海事、边检 4 家单位申报，申报数据项 1113 个，船舶进出境全流程通关手续办理需要16小时以上，现在企业通过“单一窗口”即可完成所有申报，申报数据项协调简化为388个，办理时间压缩到2小时。

二、术语定义

进境预报：船舶有来港计划，但不能确定具体抵达或者直接进港时间，船公司或者代理人事先将预计抵达或者直接进港时间及其相关船舶信息通知海关的报告。

进境确报：指船舶有确定的抵达或者直接进港的时间和港口码头泊位，船公司或者代理人事先将确切的抵达或者直接进港的时间、具体的港口码头泊位及其相关船舶信息数据通知海关的报告。

抵港报：指船公司或者代理人在船舶实际抵达锚地或者直接靠泊后向海关申报的船舶实际抵达锚地或者直接靠泊的时间和在港作业码头、泊位的准确报告。

移泊动态：包括从锚地移到码头泊位的动态（靠泊）、泊位之间移动的动态、从码头移到锚地的动态。

离境预报：指对于在港船舶（含锚地船舶），船公司或者代理人事先将计划离境（港）时间及其相关船舶信息通知海关的报告。

离境确报：指船公司或者代理人在船舶实际驶离锚地（泊位）后向海关申报的船舶实际驶离锚地（泊位）的时间和相关信息，是对船舶离境（港）的准确报告。

进口岸申请：船公司或者代理人应当在船舶预计抵达口岸7日前（航程不足7日的，在驶离上一口岸时），向抵达口岸的海事部门申报进口岸申请。

进口岸手续：船公司或者代理人应当在船舶预计抵达口岸24小时前（航程不足24小时的，在驶离上一口岸时），到海事部门办理进口岸手续，在船舶抵达口岸前未办妥进口岸手续的，须在船舶抵达口岸24小时内向海事部门办理进口岸手续。

出口岸手续：船公司或者代理人应当在船舶驶离口岸前4小时内（船舶在口岸停泊时间不足4小时的，在抵达口岸时）向海事部门申报出口岸手续和出口联系单，并申请出口岸许可证。

三、业务流程

1. 船舶运输工具申报系统

进口：

海关

进境预报

进境确报

随船单证申报

抵港报

移泊报

船供申报

在港检疫申报

供退物料申报

船舶卫生证办理

海事

进口岸申请

进口岸手续

边检

入境（港）申报

图 1–23 船舶运输工具申报系统（进口）

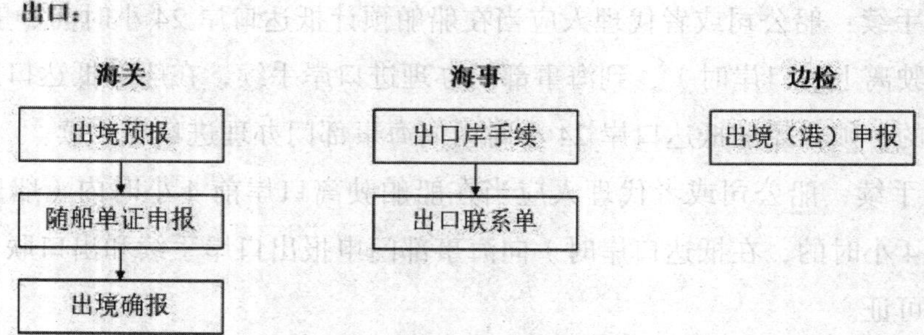

图 1–24 船舶运输工具申报系统（出口）

2. 航空器申报系统业务流程

（1）航空器备案管理

包括航空器、航班及飞行计划的备案数据采集。

图 1–25 航空器备案管理流程

（2）航空器动态和随机单证管理以及供、退机物料的管理

包括航空器动态、随机单证以及供、退机物料的数据采集。

图 1-26 航空器动态和随机单证管理以及供、退机物料的管理流程

3. 公路运输工具申报系统业务流程

图 1-27 公路运输工具申报系统业务流程

4. 列车申报系统业务流程

图 1-28 列车申报系统业务流程

第五节 舱单申报

一、功能介绍

运输企业、运输工具代理企业或者理货部门在“单一窗口”舱单系统中，可录入、保存、申报进出境舱单、理货报告、运抵报告的相关数据，用户根据各监管部门的要求，在系统中进行业务数据的一次录入、关联使用，并向各监管部门进行申报，系统自动将舱单数据按照相关部门监管要求进行传输，审核结果统一反馈。支持大型企业对接导入模式，按照标准的电子报文格式将电子数据传输到“单一窗口”。

二、术语定义

原始舱单：指舱单传输人向海关传输的反映进境运输工具装载货物、物品或者乘载旅客 信息的舱单。

预配舱单：是指反映出境运输工具预计装载货物、物品或者乘载旅客信息的舱单。

车辆进出境确报：公路进 / 出境车辆在抵达公路口岸监管点前，应向海关以电子数据方 式提交车辆进 / 出境确报，告知海关确切的抵达时间及所载货物批次信息。

装载舱单：是指反映出境运输工具实际配载货物、物品或者载有旅客信息的舱单。

理货报告：是指海关监管场所经营人或者理货部门对进出境运输工具所载货物、物品的 实际装卸情况予以核对、确认的记录。

运抵报告：是指进出境货物、物品运抵海关监管场所时，海关监管场所经营人向海关提 交的反映货物、物品实际到货情况的记录。

装箱清单：是指反映以集装箱运输的出境货物在装箱以前的实际装载信息的单据。

落装申请：进出境某票提运单的货物因特殊原因未能装载到原车辆上进出境，舱单传输人应当向海关提交落装申请。

落装改配：对于已办理落装手续的货物，如需改装其他车辆进出境，舱单传输人应当向海关提交改配申请，经海关审批通过后再办理其他后续手续。

公路舱单传输人：公路货运企业、货运代理企业、邮政企业及快件经营人等。

空车：未载有货物、物品及集装箱的车辆。

空载集装箱车：仅载有暂时进出境空集装箱的车辆。

三、业务流程

1. 海运舱单申报系统业务流程

（1）进口流程

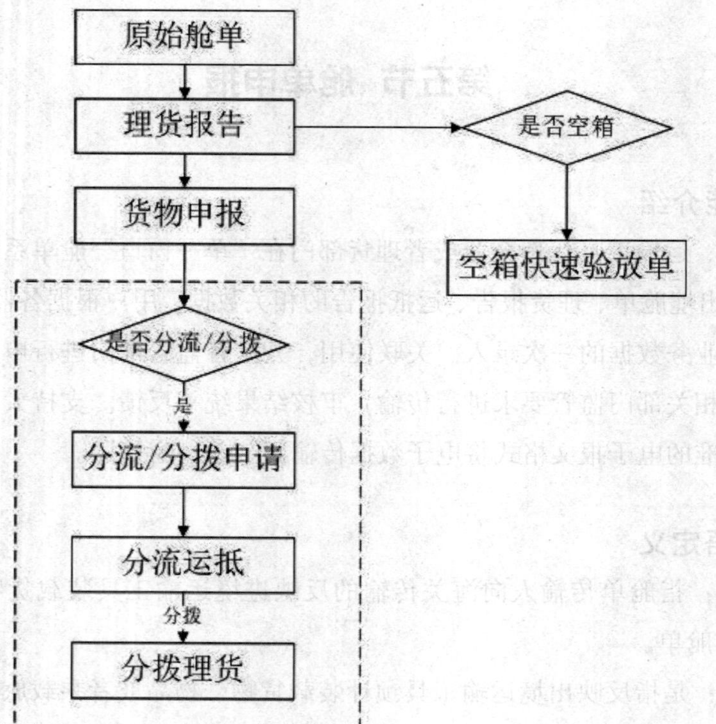

图 1–29 海运舱单申报系统业务流程（进口）

（2）出口流程

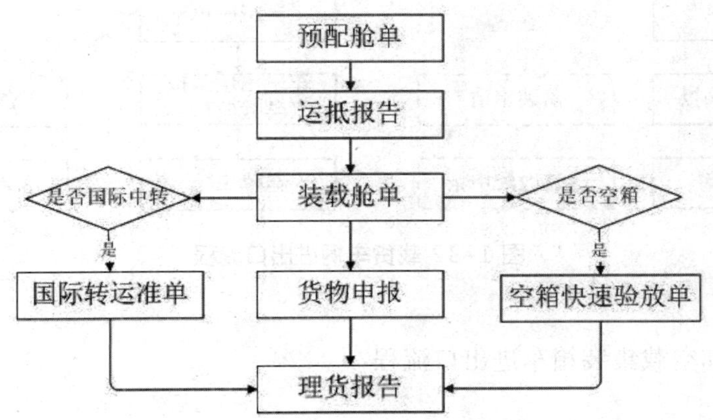

图 1–30 海运舱单申报系统业务流程（出口）

2. 空运舱单申报系统业务流程

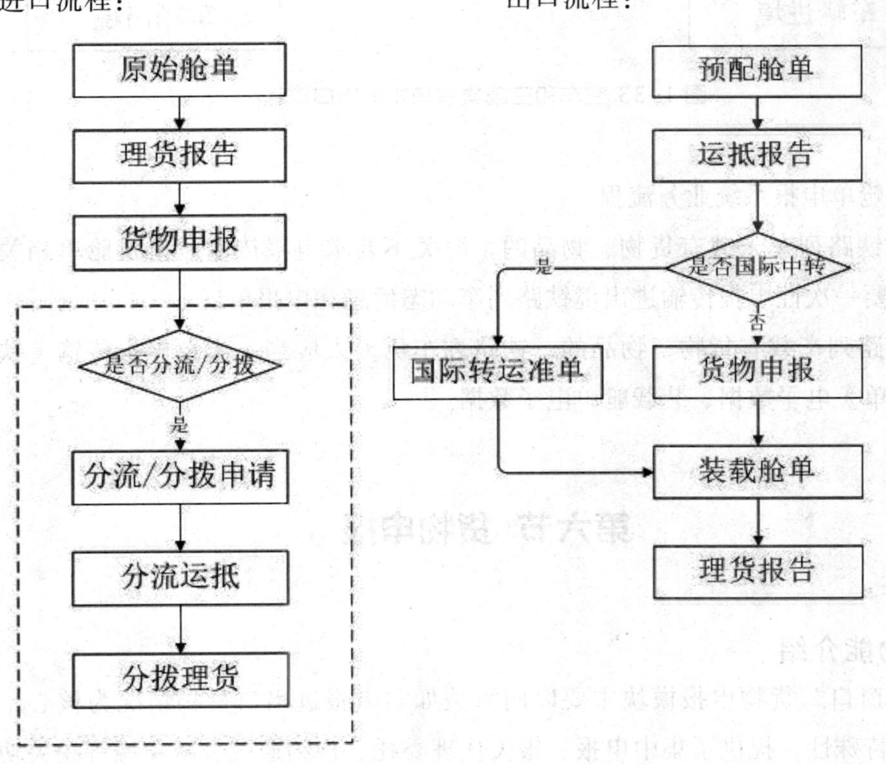

图 1–31 空运舱单申报系统业务流程

3. 公路舱单申报系统业务流程

（1）载货车辆进出口流程

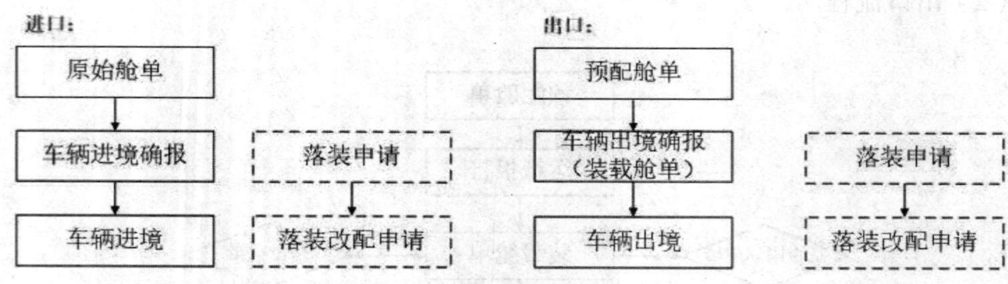

图 1-32 载货车辆进出口流程

（2）空车和空载集装箱车进出口流程

图 1-33 空车和空载集装箱车进出口流程

4. 铁路舱单申报系统业务流程

进出境铁路列车未载有货物、物品的，海关不要求申报传输舱单及舱单相关电子数据，只需要一次性申报传输进出境铁路列车动态信息和申报单证。

出境铁路列车载有货物、物品的，铁路列车负责人应当一次性申报传输《铁路列车出境申报单》电子数据、装载舱单电子数据。

第六节 货物申报

一、功能介绍

“单一窗口”货物申报模块主要以向海关如实申报进出口货物情况为核心，针对通关过程的特殊性，提供了集中申报、报关代理委托、预约通关、减免税等相关功能。货物申报是整个海关进出口业务的中心环节，企业应当对申报内容的真实性、准确性、完整性和规范性承担相应的法律责任。企业通过“单一窗口”关检融合整合申报界面，一次性录入 / 导入原报关单和原报检单所需数据，满足海关查验和出入境检验检疫等货物监管要求。

二、术语定义

1. 货物申报

电子报关单：按照《进出口货物报关单填制规范》等规定，通过“单一窗口”标准版录入、并向海关审批系统发送的报关电子数据。

纸质报关单：指按照《进出口货物报关单填制规范》等规定，通过“单一窗口”标准版，打印海关接受电子数据申报的纸质报关单或手工填制的纸质报关单。

报关单位：指海关准予注册登记，接受进出口货物收发货人的委托，以进出口货物收发货人名义或者以自己的名义，向海关办理代理报关业务，从事报关服务的境内企业法人。

概要申报：企业凭提单及货物信息，选择概要申报类型，提交满足口岸安全准入监管需要等必要信息进行概要申报。

完整申报：企业收到海关对概要申报数据发出的相应回执后，补充提交报关单全面信息及单证，进行完整申报。

2. 集中申报

集中申报：一种对公路口岸频繁进出、通关时效要求高的货物所采取的特殊通关方式，部分海关对加工贸易、鲜活商品、书报杂志等货物实施了集中申报方式管理，在提高通关效率、方便企业合法进出方面起到了积极的促进作用。

3. 代理报关委托

委托方：指代理报关行为的委托一方，具体为进出口收发货人（对外签订并执行进出口贸易合同的中国境内企业或单位），也称经营单位、境内收发货人。

（注：自理报关时，由于不涉及委托报关行为，不需要向海关提交报关委托材料，因此，也不需要使用本系统。）

被委托方：指代理报关行为的被委托一方，具体指报关申报单位，又称报关企业、申报单位。

委托书：《代理报关委托书》是进出口货物收发货人根据《海关法》要求提交报关企业的具有法律效力的授权证明。本系统中又称委托申请。

委托关系（委托书）各类状态含义如下：

表 1–1 委托关系（委托书）各类状态含义

委托书状态	说明
发起	委托申请正由一方发起，另一方尚未确认。
确认	委托申请已经被对方确认，双方委托关系（委托书）建立成功。
拒绝	委托申请被对方拒绝，双方委托关系（委托书）未建立。

委托书状态	说明
过期作废	双方建立委托关系后，超过有效期，作废。需要双方重新发起委托申请。
终止	双方建立委托关系后终止，需要双方重新发起委托申请。

委托协议：是进出口货物收发货人（或单位）经办人员与报关企业经办报关员，按照《海关法》的要求签署的明确具体委托报关事项和双方责任的具有法律效力的文件。

委托协议各类状态含义如下：

表 1–2 委托协议各类状态含义

委托协议状态	说明
发起待确认	委托协议发起成功，另一方尚未进行确认。
协议确认已发海关	委托协议发起后，对方已经确认或自动确认成功。
委托协议可报关	委托协议确认生成后，发往海关系统入库成功，可做报关单随附单据使用。
委托发起被拒绝	委托协议发起后，对方已经拒绝，委托协议未生成。
委托协议正使用	委托协议随报关单发往海关，海关开始进行审单。
委托协议海关已用	委托协议随报关单在海关审单结束。委托协议已经使用。
委托协议过期	委托协议确认生成后，发往海关系统入库成功，但在 90 天内未作为报关单随附单据向海关申报使用，协议过期作废，返还协议可用份数。
委托撤销待确认	委托协议确认生成后，委托方发起了协议撤销申请。对方尚未确认。
委托撤销已确认	委托协议确认生成后，委托方发起了协议撤销申请。对方已经确认，系统将撤销协议状态数据发往海关。
协议撤销成功	委托协议确认生成后，委托方发起了协议撤销申请。对方已经确认，系统将撤销协议状态数据发往海关，海关已经接受协议撤销状态。
委托协议新增失败	委托协议确认后，发往海关系统入库失败，不可做报关单随附单据使用。
委托协议撤销失败	委托协议确认生成后，委托方发起了协议撤销申请。对方已经确认，系统将撤销协议状态数据发往海关，海关未接受协议撤销状态。

4. 减免税

减免税：是指依据我国的法律法规、相关政策等，而给予进出口货物在进出我国关境时应缴税收的减少征收和免予征收的优惠政策。

减免税申请：一次录入的征免税备案和征免税证明的申请数据。

征免税备案申请（项目）：减免税申请中的征免税备案数据。

征免税备案申请（备案）：减免税申请中的征免税备案数据。

征免税证明申请（免表）：减免税申请中的征免税证明申请。

5. 减免税后续

货款抵押：货主单位将在监管期内的减免税货物作为抵押，向金融机构办理贷款，事先应向海关申请，得到批准后才可办理相关手续。

异地监管：企业将监管期内的减免税货物移放到企业主管海关关区以外的下属机构使用，应事先向主管地海关申请，主管地海关同意后委托监管地海关继续对货物进行监管。

解除监管：企业将监管期内的减免税货物申请解除海关监管，应事先向海关提出申请。

货物结转：是指在减免税货物监管年限内，进口减免税货物的法人单位因故将其进口的减免税货物转让给其他享有减免税优惠待遇的法人单位的行为。

货物退运：减免税申请人因故需将尚在海关监管期内的减免税进口货物退运出境。

税款担保：减免税申请人已经向海关申请办理减免税备案、审批手续，在主管海关按规定受理期间（包括经批准延长的期限）货物到达进口口岸的，减免税申请人向海关申请暂时交保证金办理货物验放手续。

主体变更：减免税申请人在减免税货物监管期间，因分立、合并、股东变更、改制或其他资产重组活动而导致其法人主体变更或消失的，承担原减免税申请人债权债务关系的新法人主体，应当向原减免税申请人所在地海关报告，按照规定需要补征税款的，新法人主体应当向原减免税申请人所在地海关办理补税手续；按照现行规定可以继续享受减免税待遇的，新法人主体应当办理减免税货物结转手续。

年报管理：企业每年将此前进口的监管期内的减免税货物向海关申报使用情况。

货物补税：因提前解除监管等原因需要补税的，海关办理补征税款的手续。

6. 转关单

车次确认：运输工具承运人或其代理人在转关运输车辆进入海关监管场所（车检场）前，确认本车次所对应运载的载货清单，以及区域通关模式等内容。

车次反确认：运输工具承运人或其代理人在转关运输车辆进入海关监管场所（车检场）前，删除本车次所对应运载的载货清单信息。

报关单捆绑：货主或其代理企业，可对转关单与报关单进行捆绑。

三、业务流程

1. 整合申报业务流程

（1）按照《中华人民共和国海关进出口货物报关单填制规范》的要求，向海关传送报关单电子数据及随附单证。

（2）进出口货物的收发货人以自己的名义，向海关申报的，报关单应当由进出口货物收发货人签名盖章，并随附有关单证。报关企业接受进出口货物的收发货人委托，以自己的名义或以委托人的名义向海关申报的，应当向海关提交由委托人签署的授权委托书，并按照委托书的授权范围办理有关海关手续。

（3）报关单电子数据由海关系统自动检查并确认是否接受申报。

2. 报关代理委托业务流程

代理报关的委托方、被委托方，都可以在本系统内发起委托申请 / 协议，由另外一方进行确认操作：

（1）被委托方（报关企业）主动发起委托申请 / 协议后，需要由委托方（境内收发货人）进行确认，委托方可开启自动确认功能。

（2）委托方（境内收发货人）主动发起委托申请 / 协议后，需要由被委托方（报关企业）进行确认。

3. 预约通关流程

（1）符合企业资质校验的企业通过国际贸易“单一窗口”录入预约申请信息，经海关相关部门审核后，系统自动反馈企业申请是否成功通过，并将预约审批结果通过短信发送企业用户。

（2）企业预约成功后，需通过国际贸易“单一窗口”的相关模块查询所需反馈的预约申请单，并录入相关已办理通关手续的关联报关单号反馈，录入的关联报关单号需经过系统验证，验证通过，该预约通关完成；验证不通过由海关关员进行人工审核，人工审核通过，该预约通关完成；如果经海关人工审核不通过，企业需再次提交相应报关单号。

（3）企业违约未至或反馈系统录入报关单号不符合要求，需企业提交违约情况说明，企业通过国际贸易“单一窗口”查询所需反馈的预约申请单情况，进行预约通关违约情况申报，情况说明经海关关员审核通过，该预约通关完成；情况说明经海关关员审核不通过，则记录企业失信，将暂时不受理企业进行下次预约。

（4）企业预约通关申请受理后，因故需取消预约的，需通过国际贸易“单一窗口”查询所需取消预约的预约通关申请单，进行预约通关取消操作。企业可在预约申请时间前进行取消，企业取消后应在 5 个自然日内通过国际贸易“单一窗口”进行相关取消预约情况说明上传。

4. 减免税申报系统业务流程

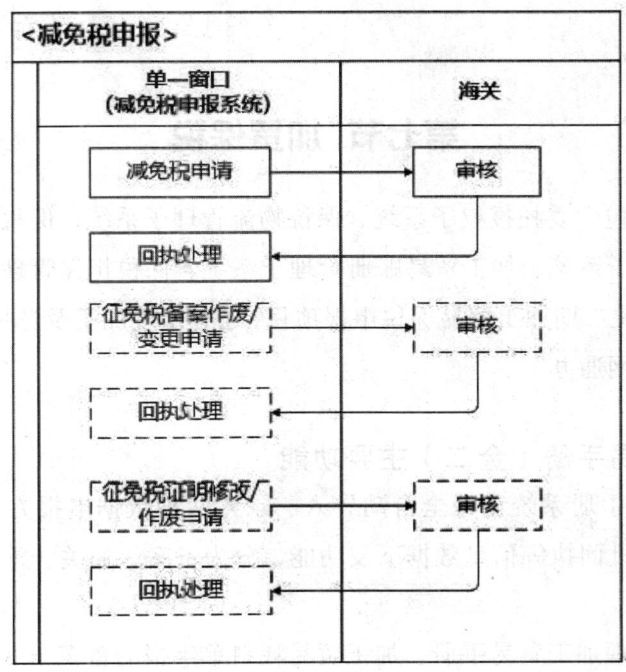

图 1-34 减免税申报系统业务流程

5. 减免税后续管理系统业务流程

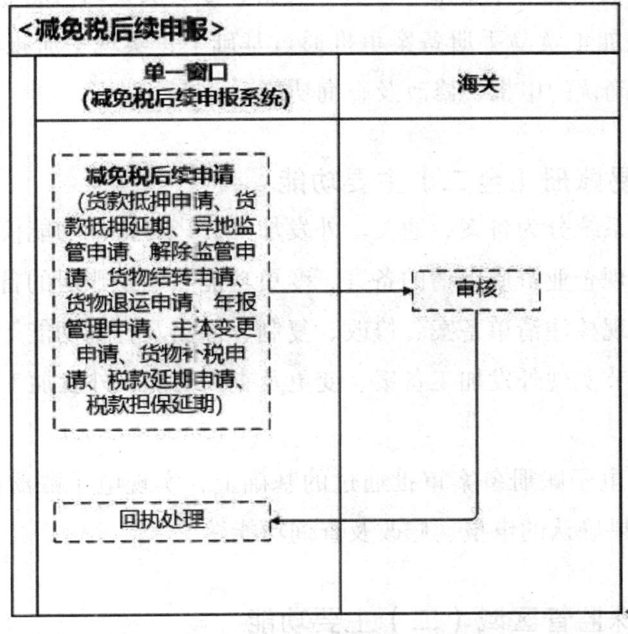

图 1-35 减免税后续管理系统业务流程

第七节 加贸保税

加贸保税申报包含委托授权子系统、保税物流管理子系统、保税货物流转子系统、加工贸易手册管理子系统、加工贸易账册管理子系统、保税担保管理子系统、特殊区域管理子系统7个金关二期加工贸易保税申报项目，还有出境加工及选择性征收关税项目，实现有关业务“一网通办”。

一、加工贸易手册（金二）主要功能

加工贸易电子手册系统支持全自动导入、录入两种数据申报方式，并实现将企业申报数据、海关审批回执等信息数据下发功能，分为备案、通关、外发加工、不作价设备、核销功能模块。

1. 备案环节实现加工贸易手册、加工贸易耗料单年报的备案、变更及查询功能。

2. 外发加工环节实现外发加工备案、变更及查询功能，外发加工收发货单的申报、撤销及查询功能。

3. 不作价设备环节实现不作价设备使用情况的申报及查询功能。

4. 通关环节实现核注清单备案、修改、复制、导出及查询功能等。

5. 核销环节在加工贸易手册备案审批通过基础上，实现手册报核的正常申报、补充申报和核销结果确认的申报、修改及查询功能。

二、加工贸易账册（金二）主要功能

加工贸易账册系统分为备案、通关、外发加工、账册报核功能模块。

1. 备案环节实现企业资质申请的备案、变更功能和电子账册的备案、变更功能。

2. 通关环节实现核注清单备案、修改、复制、导出及查询功能等。

3. 外发加工环节实现外发加工备案、变更及查询功能，外发加工收发货单的申报、撤销及查询功能。

4. 核销环节在电子账册备案审批通过的基础上，实现电子账册报核的正常申报、补充申报和核销结果确认的申报、修改及查询功能。

三、海关特殊监管区域（二）主要功能

海关特殊监管区域管理系统支持全自动导入、录入两种数据申报方式，并实现将

企业申报数据、海关审批回执等信息数据下发功能。具体包括以下内容：

1. 备案环节实现加工贸易账册、物流账册、加工贸易耗料单的备案、变更功能。

2. 通关环节实现核注清单进、出申报功能；业务申报表备案、变更、结案功能。

3. 出入库单的备案、作废功能。

4. 核放单的备案、作废功能。

5. 集中报关，车辆信息备案、变更功能等。

6. 核销环节在加工贸易账册备案和物流账册审批通过基础上，实现账册报核的正常申报、补充申报和核销结果确认的录入申报功能。

四、保税物流管理（二）主要功能

保税物流管理系统支持全自动导入、录入两种数据申报方式，并实现将企业申报数据、海关审批回执等信息数据下发功能，具体包括以下内容：

1. 备案环节实现物流账册的备案、变更功能；

2. 核注清单进、出申报功能；

3. 业务申报表备案、变更、结案功能；

4. 出入库单的备案、作废功能；

5. 核放单的备案、作废功能；

6. 集中报关，车辆信息备案、变更功能等。

五、保税担保管理（二）主要功能

保证金确认、总担保设立与变更、保证金或总担保退还申请、综合查询等。

六、保税货物流转（二）主要功能

保税货物流转系统支持全自动导入、录入两种数据申报方式，并实现将企业申报数据、海关审批回执等信息数据下发功能。分为流转申报表和收发货单功能模块。

1. 流转申报表实现流转申报表的备案、变更功能；

2. 收发货单实现在流转申报表备案审批通过基础上，实际货物的收发货录入、申报功能。

七、委托授权（二）主要功能

保税物流管理系统、加工贸易账册系统、加工贸易手册系统、保税担保管理系统、保税货物流转系统和海关特殊监管区域系统6个子系统，都属于加贸系统，统一在“委托授权系统”中进行授权管理。

授权方式：企业间授权、企业内授权。企业间授权：（二）加工贸易手/账册的经营单位或加工单位，将本企业手 / 账册的权限授予代理企业。企业内授权：经营单位或加工单位为代理企业进行企业间授权后，对应的代理企业，对本企业内的操作员进行授权。

授权类型：包括“操作权”和“查询权”。被授予该系统“查询权”的操作员，可以代理委托企业在授权系统中查询有关业务单据；被授予该系统“操作权”的操作员，可以代理委托企业在授权系统中查询并录入有关业务单据。

授权用户：包括两类，一类是自己办理的自理加贸企业的操作员，一类是受加贸企业委托代办有关业务的代理报关企业操作员。对于自理加贸企业操作员，只能查询和办理区内企业是自己的业务单据；对于代理报关企业操作员，只能查询和办理区内企业使用委托授权系统委托给本企业，且本企业授权给自己代办的业务单据。

授权范围：包括物流账册、加工贸易账册、业务申报表、出入库单、核放单、集中报关、车辆信息、耗料单等模块。

八、出境加工主要功能

“单一窗口”出境加工账册系统主要实现出境加工账册的备案、变更、通关、核报、统计、查询，达到辅助严密监管、高效便利、风险可控的工作目标。

第八节 税费办理

一、功能介绍

为企业提供进出口税费网上支付功能，方便企业足不出户办理税费支付业务，企业从发出付款指令至付款完成不超过 2 分钟，并可于当日、最迟次日完成税款入库，深受企业用户欢迎，同时实现税费全程无纸化办理，简化税费缴纳作业流程，减少往返海关现场与银行的次数，降低贸易成本，缩短通关时间，提高效率。

二、税费支付业务流程

1. 备案（签约）流程

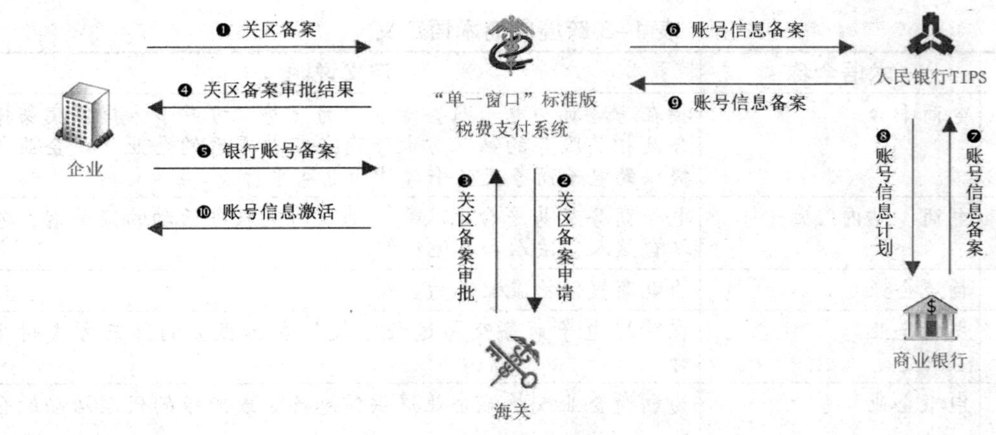

图 1-36 机电产品进口单证申请流程

2. 税费支付流程

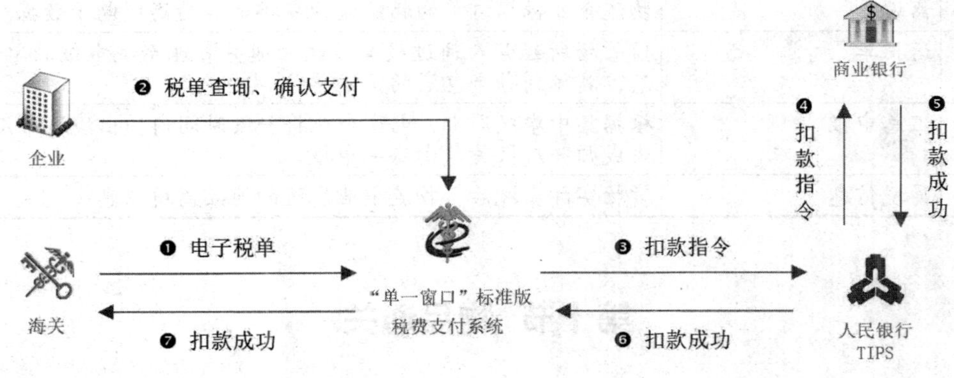

图 1-37 机电产品进口单证申请流程

第九节 跨境电商

一、功能介绍

遵循电子商务规律，发挥电子商务全程数据留痕、可追溯的特性，利用数据共享和大数据分析等技术手段，创新监管和服务的理念方法，改革优化通关作业流程，提供“365 天全年无休、货到 24 小时内办结海关手续”的通关时限要求，进一步支持跨境电子商务这一新兴业态发展，促进“大众创业、万众创新”。

二、术语定义

表 1–3 跨境电商术语定义

序号	术语全称	定义说明
1	电商平台	指在跨境贸易电子商务活动中为交易双方或多方提供交易撮合及相关服务的第三方电子商务交易平台的企业。该企业所提供的电子商务交易平台称为电商平台。
2	电商（站内经营者）	电子商务交易平台上从事交易及有关服务活动的经营者，包括自然人、法人和其他组织。
3	物流企业	为电商提供物流配送的企业。
4	支付企业	在跨境电子商务交易过程中提供支付服务的第三方支付平台。
5	申报企业	为电商企业或物流企业提供信息备案或申报的代理活动的企业。
6	电子订单	电商企业根据网上实际交易形成的订单电子数据。
7	物流运单	物流企业根据订单的物流运输安排形成的运单电子数据。
8	收款单	支付企业根据订单的实际交易情况形成的收款单电子数据。
9	出境清单	每次实际出口时，电商企业需要向海关申报的单证，经过海关查验放行后物品可出口离境。
10	离境单	物流企业根据订单的物流运输安排形成的离境电子数据。
11	运抵单	监管场所经营人通过服务系统向通关管理系统申报的单证信息，具体到每个包裹的提运单号。
12	汇总申报	根据集中申报周期，电商企业将一段时间内的出境清单汇总，形成归并后报关单向海关申报。
13	离境信息	货物实际离境后，物流企业发送的商品离境信息。

第十节 物品通关

一、功能介绍

为企业提供快件通关、公自用物品、邮递物品、边民互市贸易、免税商店及免税品监管的快速通关服务。

二、快件通关

快件通关系统建设完成后，快件经营人通过该系统完成报关委托备案后，可以进行快件舱单、快件报关单的录入申报，查询以及回执数据查询，并可以进行报关单和汇总纳税清单的查询与打印。

快件通关系统主要提供报关委托备案以及查询打印，快件舱单、快件报关单的录入申报、查询打印功能，汇总纳税清单的查询打印，同时提供相关回执信息的查询功能。

三、公自用物品

为将现有的外国驻华常驻机构及非居民旅客等非贸易物品监管工作的手工操作方式转变为计算机程序化管理的方式，提高工作效率的同时加强对外商、外交常驻机构公自用物品监管的准确性，本系统通过与外交部使团事务系统、海关公自用系统相连接，为全国范围内的、适用海关相关法规，需办理相应的公自用物品进出境申报的外交、外商常驻机构、个人及其代理申报企业提供相关单据的录入、修改、删除、申报、查询等功能操作。

有权限的用户可使用操作员卡或绑卡账户登录公自用物品申报系统录入机构、人员备案信息及申报单等数据以及进行数据申报，并接收相应回执。

需要注意的是：本系统的业务功能可分为外交机构、常驻机构和其他人员的业务三个部分。在外交机构、常驻机构业务中，必须先要完成机构备案，才能办理机构的人员备案、公用物品的进出境申报，海关审批通过了人员备案后，该人员才能办理个人物品的进出境申报。其他人员无须办理备案，可直接申报相应的业务申请。

四、邮递物品

提供查询行邮税率相关信息服务，如商品名称、税号、税率、完税价格等信息。

五、边民互市贸易

边民互市贸易服务应用申报系统包括 web 端申报和终端申报，其中 web 端申报业务包括边民备案、互助组备案、合作社备案、商铺备案、落地加工企业备案、监管作业场所经营人备案、运输工具负责人备案、申报终端备案、集装箱备案、车辆备案、铁壳船备案、证书备案、进境申报单、出境申报单、进口申报单（只允许暂存和删除未申报数据）、对外销售商品申报单，终端申报业务包括进境申报单申报、进口申报单申报。

六、免税商店及免税品监管

单一窗口免税商店及免税品监管系统的建设，为免税商店和免税商品备案等环节提供了保障，用户在免税商店及免税品监管系统可以进行免税商店备案、免税商店变更、免税商品备案、免税商品变更以及查询等功能。通过使用本系统，可以对免税商店及免税品实施规范有效的监管，统一备案规范，统一管理模板，为企业通关带来便利。

第十一节 服务贸易

一、功能介绍

单一窗口服务贸易板块中的暂时进出境货物管理系统，为展览品进出境和暂时进出境货物的通关提供了保障，用户在暂时进出境货物管理系统可以进行展览品的展览会备案、外借展览品清单申报，暂时进出境货物的确认申报、延期申报以及综合查询等功能。通过使用本系统，可以对暂时进出境货物实施规范有效的监管，系统全面对接 H2018 系统，简化了企业报关流程，统一申报规范，统一管理模式，为企业通关带来便利。

二、术语定义

1. 进境展览品

指境外企业来华举办经济、文化、科技、武器装备展览或参加博览会而进口的展览品及与展览会有关的其他物品。包括：

（1）在展览会中展示或示范的货物、物品；

（2）为示范展出的机器或器具所需用的物品；

（3）展览者设置临时展台的建筑材料及装饰材料；

（4）供展览品做示范宣传用的电影片、幻灯片、录像带、录音带、说明书、广告等。

2. 进出境快件

即进入或出口中国海关的快递物品。

三、展览品申报业务流程

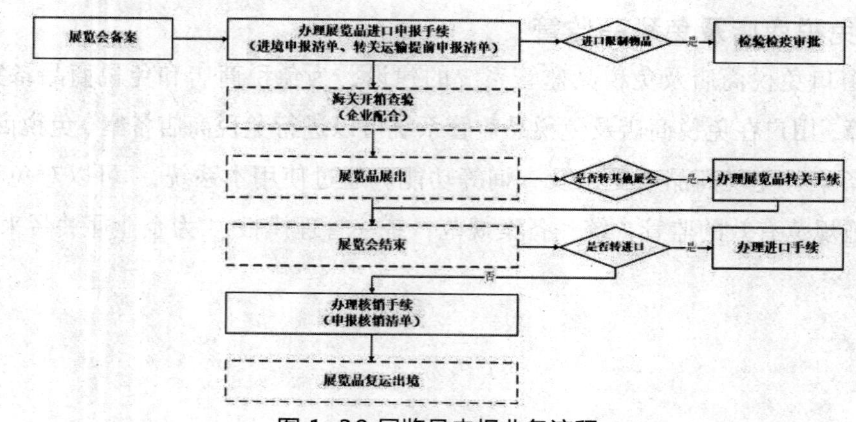

图 1-38 展览品申报业务流程

第十二节 出口退税

一、功能介绍

以企业申报的报关单数据为基础，自动生成出口退税申报单，并经企业进行少量补充申报后，发往税务总局申请办理退税手续。通过复用报关单数据，可以减少企业90%的出口退税申报录入工作量，同时降低了申报差错率。

二、术语定义

报关单采集：指生产企业在系统中采集获取退税所用的出口报关单，并对报关单的出口汇率和商品代码的有效性进行检查和配置，生成出口货物明细数据。

退税申报：企业在该模块中生成退税所需的数据和表单，并对数据进行检查、修改、确认以及申报，并可以对申报成功的历史数据进行查询。

退税数据采集：指外贸企业在系统中采集获取退税所用的出口报关单和对应的进项发票并进行智能配单。

报关单采集：企业在该模块中获取出口货物对应的出口报关单，并对报关单的出口汇率和商品代码的有效性进行检查和配置。

发票采集：企业在该模块中导入出口货物所对应的增值税专用进项发票。

数据匹配：采用智能配单模式，对出口报关单上的出口货物和其对应的进项发票进行快捷匹配，相互关联后生成为退税所用的出口货物明细表、进货明细表数据。

第十三节 查询统计

提供动态查询、统计发布、实时分析、预测预警、贸易流程可视化等功能，为企业提供通关全流程信息查询服务，并为政府部门改善管理、加强监管、优化服务提供决策支持。通过主动推送、移动查询等服务，大幅提升用户体验。

第十四节 口岸物流

一、功能介绍

运输企业、货主或者货代公司等类型的企业使用智能卡口散杂货系统，可在车辆进入不具备电子车牌识别等功能的海关监管场所前，录入并申报车牌号、电子车牌号、IC 卡或条形码等介质信息。同时，该系统将上述信息传输至海关智能卡口系统，确保电子车牌、车牌号等信息的实时采集。

二、术语定义

绑定介质：运输工具的索引信息，例如车牌号、电子车牌号、IC 卡、条形码。

绑定对象：运输工具承载货物的信息，例如集装箱、提单、转关单、车辆海关编号、车辆车牌。

三、业务流程

1. 监管场所动态管理系统业务流程

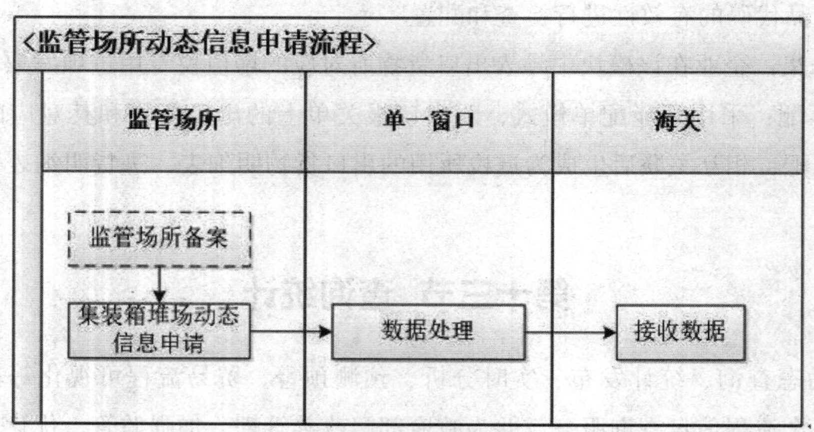

图 1-39 监管场所动态信息申请流程

2. 智能卡口散杂货系统业务流程

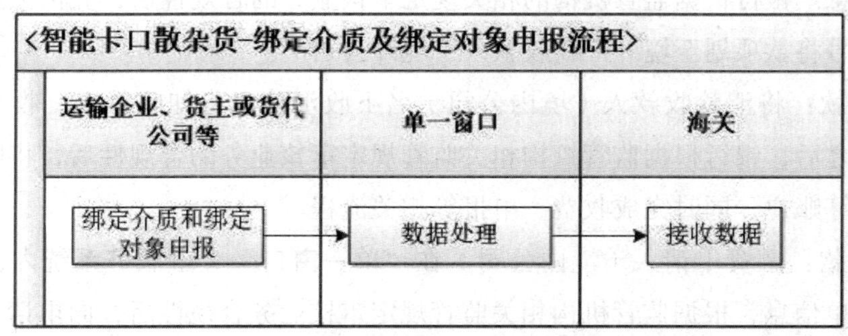

图 1-40 智能卡口散杂货申报流程

第十五节 金融服务

一、功能介绍

“单一窗口”系统尽可能地实现了数据共享，支持向金融、保险、征信等机构提供数据延伸服务。金融服务子系统，面向优秀企业提供国际结算汇款、外汇与预约开户等功能，方便企业与银行、保险机构开展合作，提升融资效率，降低融资成本。秉持“守信激励、失信惩戒”原则，让优质企业享受到更加高效、快捷的通关服务，为跨境贸易供应链的各参与方提供更加便利化的服务。

二、术语定义

小微信保易：为小微企业量身打造的短期出口信用保险中小企业综合保险（简称“小微信保易”）专属产品，化解小微企业出口应收账款收汇风险，提高风险管理能力。

风险预警信息：由中国出口信用保险公司提供的国别、行业等相关风险信息。

货运险协议：全称货物运输预约保险协议，保险人通过签发货运险投保协议，对投保人在一定时期内运输的货物确定相对固定的承保条件并进行承保。

货运险：全称货物运输保险，以运输过程中各种货物作为保险标的保险。

货运险投保单：投保申请书，投保人申请保险的一种书面形式。

货运险保单：全称货物运输保险单，保险人与投保人签订保险合同的书面证明。

开户预约：对使用“单一窗口”标准版系统完成报关等贸易环节的企业用户，若其不是银行客户，在使用“金融服务”功能时，可在系统中录入相应开户信息，同时“单一窗口”自动获取市场监督管理总局的企业信息，预约银行开户网点与时间，在约定时间内携带相关资料到银行网点完成开户。

汇出汇款：汇款申请人（境内公司）在“单一窗口”金融服务系统内，完成汇款所需制单信息。银行根据监管机构的相关规定审核业务的合规性后，凭汇款申请、从指定申请人账号将款项划至境外汇款收款人（境外公司）。

汇入汇款：将汇款收款人（境内公司）名下收汇信息告知收款人，收款人提交相应证明材料之后，银行根据监管机构相关监管规定审核业务的合规性后，将收汇款项划至收款人结算账户，同时完成收费、申报等相关流程。

融资贷款：融资申请人（境内公司）在“单一窗口”金融服务系统内，完成贸易融资所需制单信息，根据监管机构相关监管规定审核业务合规性后，向申请人发送贸易融资款项，同时银行完成收费、申报等相关流程。

三、业务流程

1. 银行服务业务流程

（1）预约开户

企业提交预约开户申请，在约定时间内携带相关资料在银行网点完成开户。

图 1-41 预约开户流程

（2）汇出汇款

企业提交汇出汇款申请，银行合规性审核完成后进行汇出款项操作。

图 1-42 汇出汇款流程

（3）汇入汇款

企业提交汇入汇款申请，银行合规性审核完成后进行汇入款项操作。

图 1-43 汇入汇款流程

（4）融资贷款

企业提交融资申请，放款机构审核完成后进行放款，企业可支取融资款项，以及线上办理还款、结清业务。

图 1-44 融资贷款流程

（5）汇总征税保函

企业提交汇总征税保函申请，保险机构审核后返回审核结果。

图 1-45 汇总征税保函流程

2. 保险服务业务流程

（1）货运险投保

图 1-46 货运险投保流程

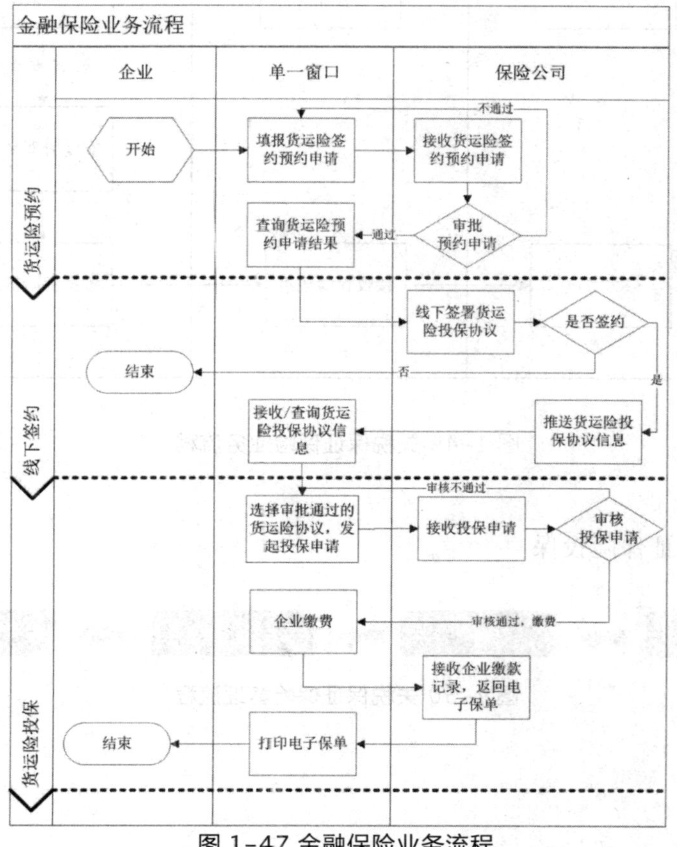

图 1-47 金融保险业务流程

（2）关税保证保险额度管理

图 1-48 关税保证保险额度管理流程

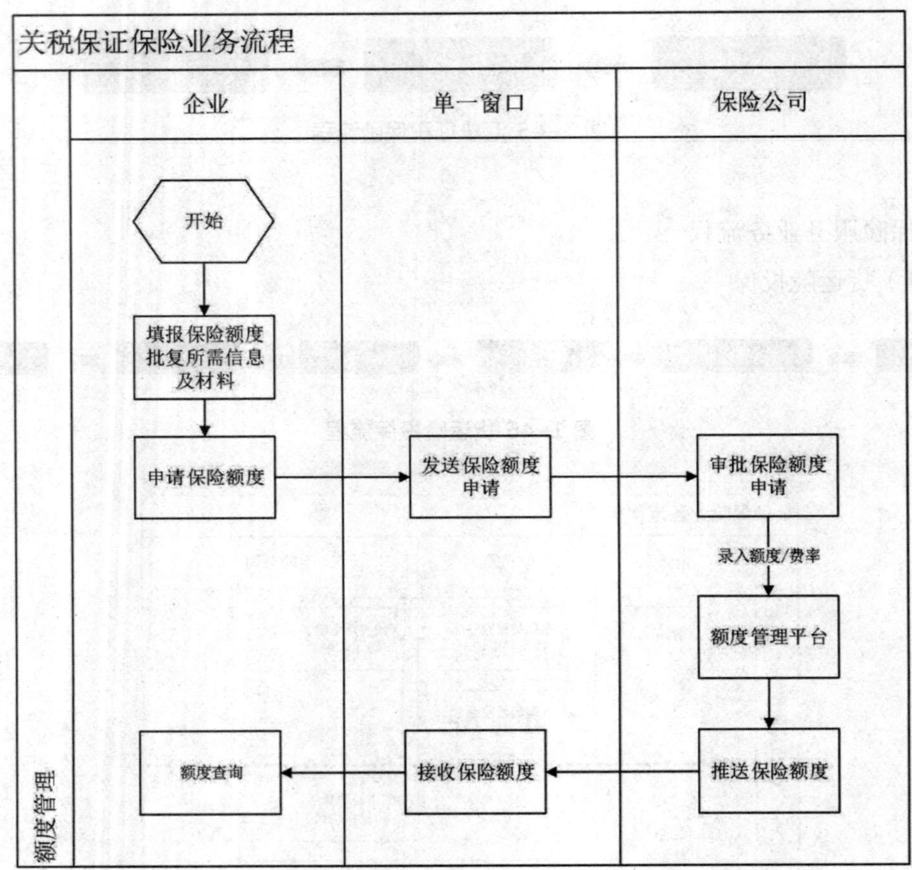

图 1-49 关税保证保险业务流程

（3）关税保证保险投保

图 1-50 关税保证保险管理流程

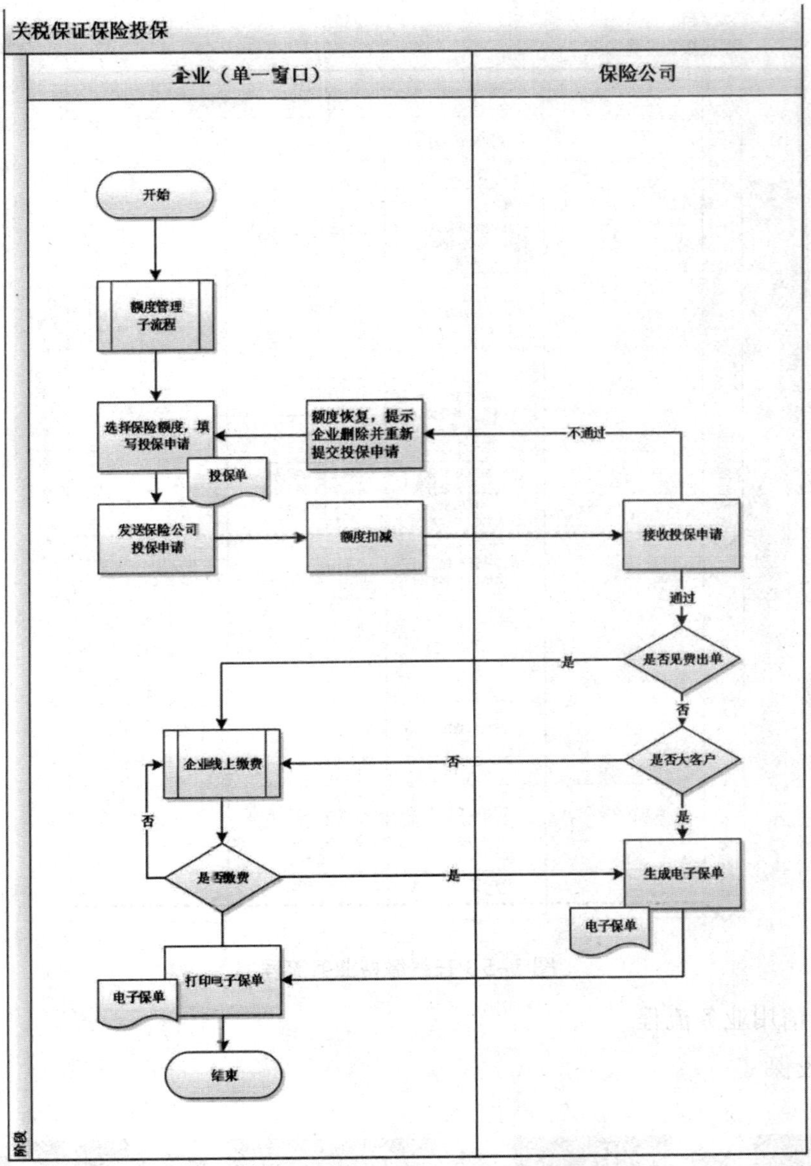

关税保证保险投保

企业（单一窗口） | 保险公司

开始

额度管理子流程

选择保险额度，填写投保申请

投保单

发送保险公司投保申请

额度扣减

接收投保申请

不通过

额度恢复，提示企业删除并重新提交投保申请

通过

是否见费出单

是

否

是否大客户

否

是

企业线上缴费

是否缴费

是

否

生成电子保单

电子保单

打印电子保单

电子保单

结束

阶段

图 1-51 关税保证保险投保业务流程

（4）在线缴费

图 1-52 在线缴费流程

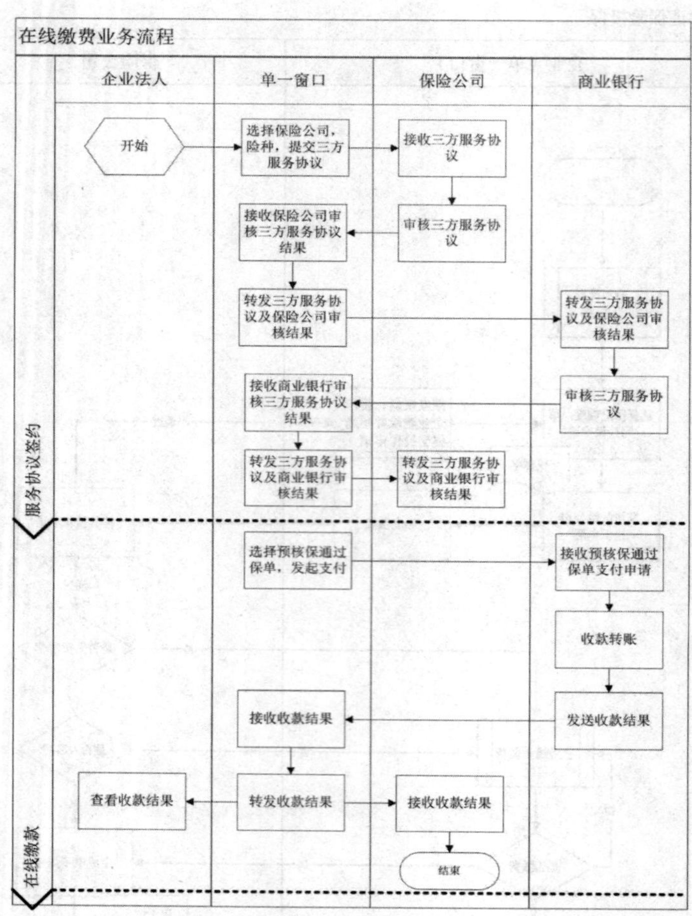

图 1-53 在线缴费业务流程

3. 出口信用业务流程

（1）投保

图 1-54 投保流程

（2）索赔

图 1-55 索赔流程

（3）咨询

图 1-56 咨询流程

第二部分 “单一窗口”——通用功能篇

第一章 “单一窗口”使用须知

第一节 门户网站

“单一窗口”标准版为网页形式，用户打开浏览器输入 http://www.singlewindow.cn 即可访问。

图 2-1 门户网站界面

图 2-2 “单一窗口”标准版登录界面

在“单一窗口”标准版登录中输入已注册成功的用户名、密码与验证码，点击【登录】。如果您的电脑中已安装好读卡器或拥有 Ikey 等介质，可点击“卡介质”进行快速登录。登录后选择要操作的业务模块进行相应的业务操作，操作完成后点击界面右上角“退出”字样，可安全退出系统。

第二节 系统环境

一、操作系统

Windows 7 或 10（32 位或 64 位操作系统均可）， 不推荐 windows XP 系统。

二、浏览器

Chrome 20 及以上版本。

若用户使用 windows 7 及以上操作系统（推荐使用 Chrome 50 及以上版本）。

若用户使用 windows XP 系统（推荐使用 Chrome 26 版本的浏览器）。

IE 推荐使用 IE 10 或 11 版本。

三、读卡器

如企业用户进行有卡注册或绑卡等操作，可能需要在您的电脑上连接读卡器（以便读取 IC 卡的信息），具体安装方法请咨询您的读卡器制造商。

第三节 重要提醒

一、关于键盘操作

点击【Tab】键，可使界面光标自动跳转至下一字段的录入框中；

点击上下方向键，可在界面下拉菜单中的参数中进行选择；

点击【Enter（回车）】键，可将光标跳转至下一录入框，可将当前选中的下拉菜单中的参数自动返填到字段录入框中，可将录入的报关申报商品或集装箱等信息返填至列表中；

点击【Backspace】键，可将当前录入框中的内容进行删除操作；

点击【Ctrl +Enter（回车）】组合键，可将当前录入框中的内容进行换行操作。

二、关于界面

界面中带有红色星号的字段，为必填项。

因相关业务数据有严格的填制规范，如在系统录入数据的过程中，字段右侧弹出红色提示，代表您当前录入的数据有误，请根据要求重新录入。

第二章 用户管理概述

一、功能简介

为了减少企业分别向海关、检验检疫、海事等多个部门、不同系统登录注册的环节，“单一窗口”标准版建立了统一的用户管理功能，使国际贸易进出口业务领域的用户在“单一窗口”标准版中进行一次注册、单点登录，即可统一、集中地管理用户信息，办理各项业务。操作简单便捷的同时还能够提高通关效率，为用户带来实质性的便利。根据登录用户的角色不同，主要包括注册、登录、认证、账号维护、权限与角色管理等功能。

二、术语定义

1. 企业用户：从事国际贸易进出口环节各类业务的企业法人或其他组织。2. 介质：可用于登录系统等操作的外部认证工具，例如 IC 卡或 IKey 等。

3. 管理员：企业用户须首先注册管理员，用于创建企业的注册信息，并能够创建与管理操作员等。

4. 操作员：可使用介质快速注册或由管理员创建操作员账号，用于在“单一窗口”标准版中进行各类业务（如录入、暂存、申报或查询数据等）操作。

三、重要提醒

（一）关于管理员账号

可通过有卡用户注册或无卡用户注册两种方式建立。

一家企业只能注册一个管理员账号。如后续企业欲在“单一窗口”标准版中进行使用介质申报的业务操作（如货物申报等），则须使用法人 IC 卡或 IKey 进行管理员账号的有卡注册或绑卡操作。

企业用户在“单一窗口”标准版办理业务，须首先注册管理员账号，用于建立当前企业的基本信息、设置权限、创建与管理操作员账号等。管理员账号不可进行业务操作。

使用法人 IC 卡或 IKey 登录系统，系统会自动检测该企业是否已注册管理员。若没有注册，系统会自动创建管理员账号，用户名为卡号 _ADMIN；若已经注册管理员，系统进一步检测该管理员账号是否已经绑定 IC 卡，如未绑定，系统会自动绑定。

使用操作员 IC 卡或 IKey 登录系统，系统会自动检测该企业是否已注册管理员，若没有注册，系统会自动注册管理员，用户名为卡号 _ADMIN；若已经注册管理员，系统会根据 IC 卡身份信息检查该企业是否注册了该操作员，如果没有注册，系统会自动注册该操作员，操作员用户名为卡号，且自动绑该卡。

（二）关于操作员账号

可通过企业用户有卡注册或由管理员创建两种方式建立。

在操作员绑定 IC 卡成功、管理员未绑定 IC 卡的情况下，管理员不可对其所有的操作员进行修改或删除操作。

由管理员创建的操作员用户账号，使用用户名 + 密码的方式首次登录时，需要强制修改初始密码。

（三）关于 IC 卡 /IKey

为了保护您业务信息的安全，在有卡用户注册、绑卡或卡介质登录等操作的过程中，您的 IC 卡或 IKey 须保持连接在电脑中，不可随意插拔。系统将根据 IC 卡或 IKey 的信息进行用户的身份验证。

第三章 操作说明

第一节 用户注册

打开“单一窗口”标准版门户网站，在页面右上角点击“登录”字样，进入“单一窗口”标准版登录界面。

图 2-3 “单一窗口”标准版登录界面

如您首次使用“单一窗口”标准版，请点击界面中的“立即注册”字样进行注册操作。如您有 IC 卡或 IKey，可以不用注册，直接使用卡介质登录。

在注册方式选择内，根据需要选择用户注册类型。

图 2-4 注册方式选择

一、用户体系介绍

单一窗口的用户类型如图 2-5：

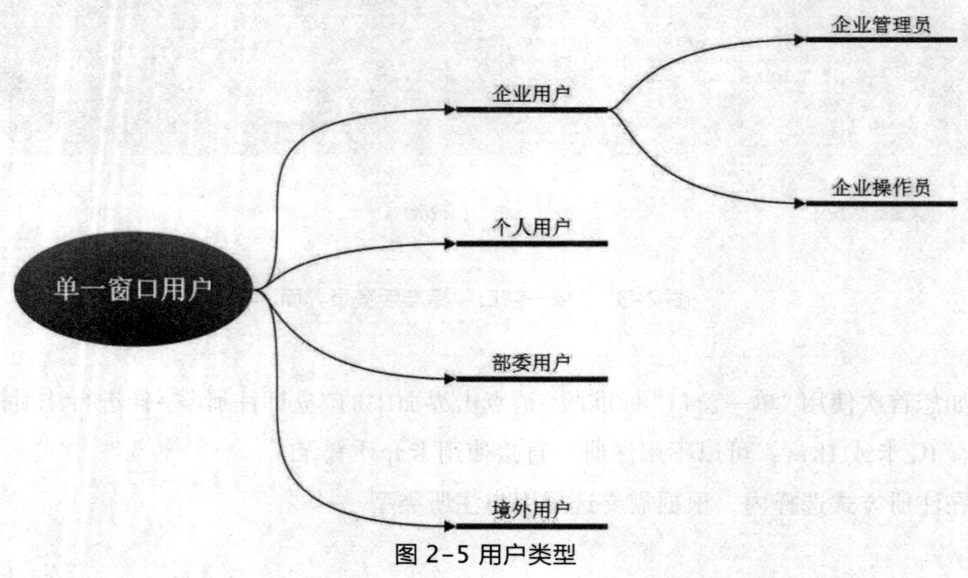

图 2-5 用户类型

单一窗口的用户类型有：企事业单位用户、个人用户、境外用户、部委用户等。为了简化，如果没有特殊说明，将企事业单位简称为企业。

企业用户：属于某一家企业，执行该企业的业务操作。企业用户分为两类：企业管理员（简称管理员）和企业操作员（简称操作员）。一个企业只能有一个管理员，可以有多个操作员。在一个企业内部，操作员的“证件类型”+“证件号码”不可重复。

其职责功能划分如下。

管理员：代表法人，行使管理企业公共信息、企业操作员账号及权限等功能，具有该企业的最高权限。

操作员：受企业管理员管理和委派，执行企业日常业务操作。个人用户：代表个体自身，执行被授权的业务操作。

部委用户：代表各部委，在单一窗口执行被授权的业务操作。

境外用户：代表关境之外组织，在单一窗口执行被授权的业务操作。

二、企业用户注册（法人及其他组织用户）

（一）有卡用户

1. 卡登录自动注册

如果企业尚未注册管理员账号，使用法人卡或者操作员卡登录，系统会自动创建管理员账号。下面分别说明。

（1）法人卡登录自动注册

当企业尚未注册管理员且用法人卡登录单一窗口后，单一窗口系统会自动为这个企业创建一个管理员账号，用户名为卡号+“ADMIN”，密码为8个8。卡登录成功后，就进入了这个管理员账号，可以进行这个账号的所有操作。

这个管理员账号是未激活状态，如果想用用户名和密码登录，需要激活。详细操作见“用户名激活”章节。

（2）操作员卡登录自动注册

当企业尚未注册管理员且用操作员卡登录单一窗口后，单一窗口系统会自动为这个企业创建一个管理员账号和一个操作员账号。管理员账号的用户名为卡号+“_ADMIN”，操作员账号的用户名为卡号，卡登录成功后，就进入了这个操作员账号，可以进行这个账号的所有操作。

系统自动创建的管理员账号和操作员账号默认不能用用户名及密码登录，只有通过卡激活后，才可以使用用户名及新的密码登录。详细操作见“用户名激活”章节。

2. 移动端注册

移动端包括：微信公众号、微信小程序、手机盾等，都可以进行无卡注册。

3. 地方单一窗口注册

进入某地方单一窗口门户，如图2-6：

图 2-6 地方单一窗口示范

点击“登录”按钮下的“立即注册”，可进入注册页面。不同地方的注册页面样式可能不一样，但共同点是：在这里注册的账号，同时也自动在单一窗口注册，所以都可直接在单一窗口登录。

（二）无卡用户

如果暂无读卡器或 IKey，请点击界面下方“无卡用户”，暂无 IC 卡的用户可以手工录入的方式进行注册。无卡用户仅可注册管理员。

1. 企业基本信息

无卡用户注册分为：企业基本信息、管理员账号信息两部分，填写完毕后企业即可成功注册。企业基本信息中，企业中文名称、法人（负责人）姓名等字段前带星号的，需要完整填写，填写完毕后，点击下方蓝色按钮“下一步”，进入管理员账号信息填写界面。

2. 管理员账号信息

具体录入界面如图 2-8。

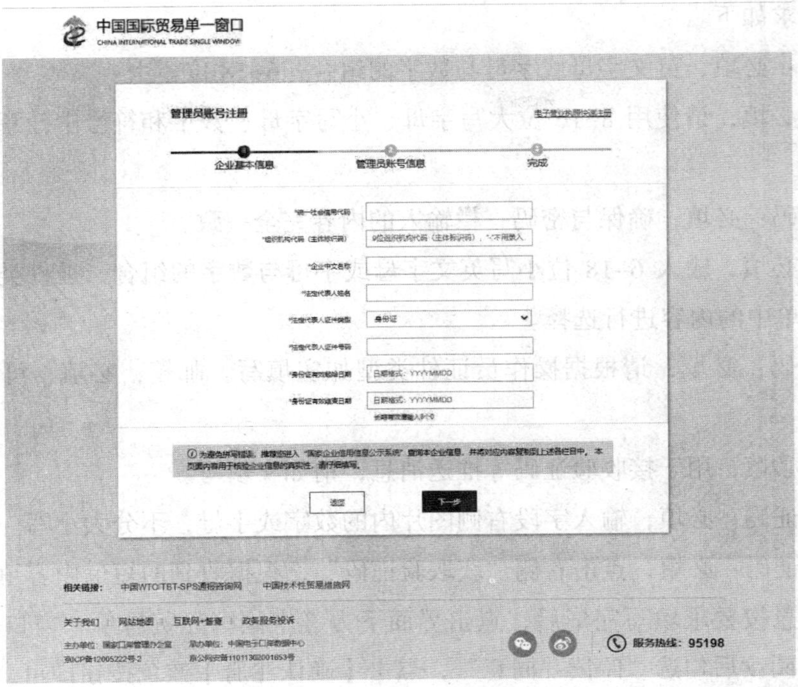

中国国际贸易单一窗口
CHINA INTERNATIONAL TRADE SINGLE WINDOW

管理员账号注册　电子营业执照快速注册

企业基本信息　管理员账号信息　完成

*统一社会信用代码
*组织机构代码（主体标识码）
*企业中文名称
*法定代表人姓名
*法定代表人证件类型　身份证
*法定代表人证件号码
*身份证有效起始日期　日期格式：YYYYMMDD
*身份证有效结束日期　日期格式：YYYYMMDD

返回　下一步

相关链接：　中国WTO/TBT-SPS通报咨询网　中国技术性贸易措施网

关于我们　网站地图　互联网+督查　政务服务投诉

服务热线：95198

图 2-7 企业基本信息界面

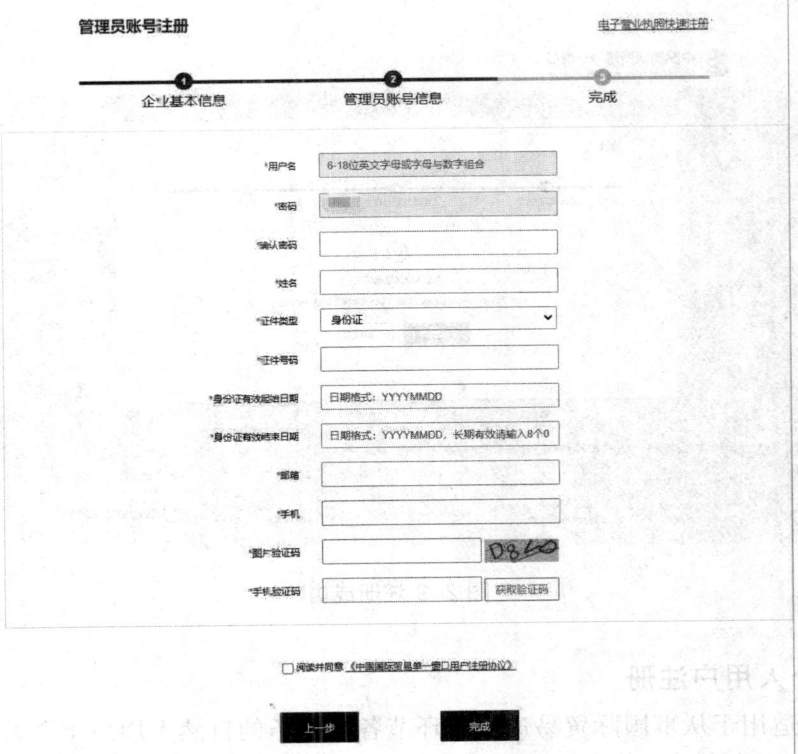

管理员账号注册　电子营业执照快速注册

企业基本信息　管理员账号信息　完成

*用户名　6-18位英文字母或字母与数字组合
*密码
*确认密码
*姓名
*证件类型　身份证
*证件号码
*身份证有效起始日期　日期格式：YYYYMMDD
*身份证有效结束日期　日期格式：YYYYMMDD，长期有效请输入8个0
*邮箱
*手机
*图片验证码　D860
*手机验证码　获取验证码

阅读并同意《中国国际贸易单一窗口用户注册协议》

上一步　完成

图 2-8 管理员信息录入界面

填写要求如下。

用户名：必填，英文字母或字母与数字的组合，6–18 位。

密码：必填，请使用 8–16 位大写字母、小写字母、数字和符号中任意三种及以上的组合。

确认密码：必填，确保与密码一栏输入的内容完全一致。

姓名：必填，输入 6–18 位小写英文字母或字母与数字的组合。证件类型：必选，根据下拉菜单中的内容进行选择。

证件号码：必填，请根据操作员证件类型如实填写。邮箱：必填，可填写您的联络邮箱。

手机：必填，用于接收验证码等推送消息，请如实填写。

图片验证码：必填，输入字段右侧图片内的数字或字母，不分大小写。

手机验证码：必填，点击右侧“获取验证码”，根据收到的短信内容填写。

以上信息按要求填写完毕后，点击界面下方《中国国际贸易单一窗口平台服务使用协议》，阅读后勾选“阅读并同意”，点击【确认注册】蓝色按钮即可。

注册成功后，系统跳转至账号信息管理界面，更多操作可参见后续章节中的相关描述。

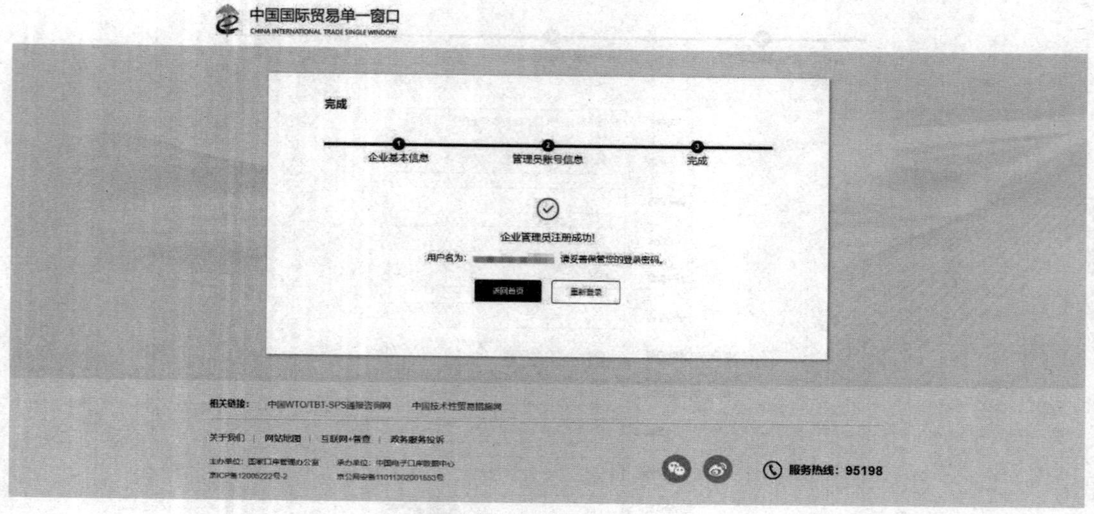

图 2–9 注册成功

三、个人用户注册

本模块适用于从事国际贸易进出口环节各类业务的自然人用户（个人用户目前仅支持申请野生动植物进出口证书）。

点击“个人用户”注册，系统跳转至注册界面，如图 2–10。

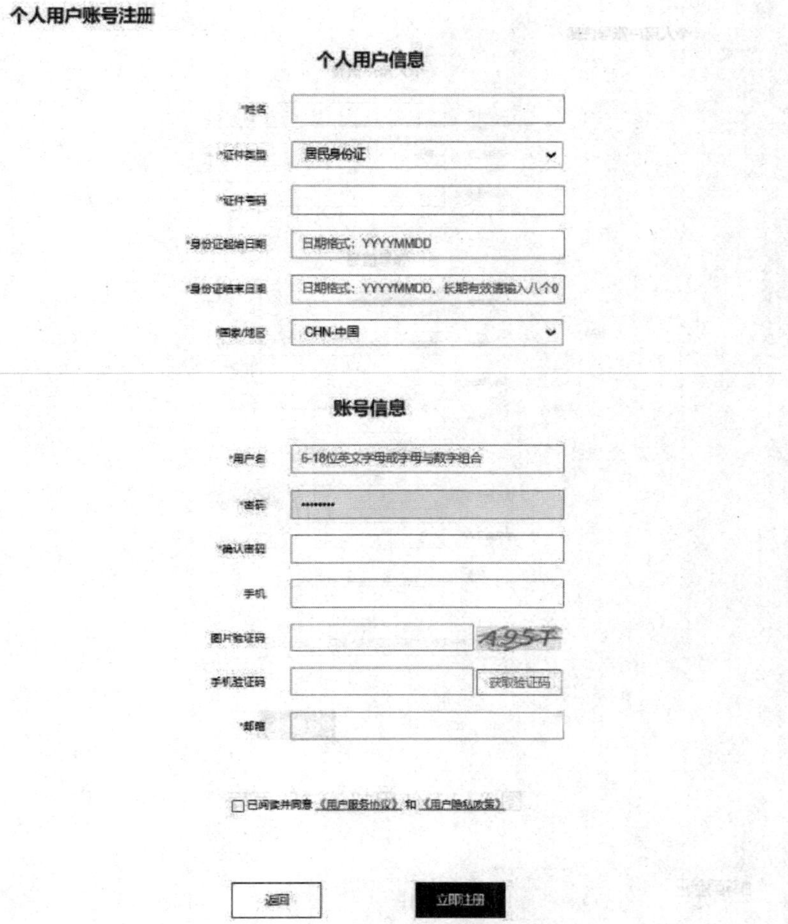

个人用户账号注册

个人用户信息

*姓名

*证件类型 居民身份证

*证件号码

*身份证起始日期 日期格式：YYYYMMDD

*身份证结束日期 日期格式：YYYYMMDD，长期有效请输入八个0

*国家/地区 CHN-中国

账号信息

*用户名 6-18位英文字母或字母与数字组合

*密码

*确认密码

手机

图片验证码 495T

手机验证码 获取验证码

*邮箱

□已阅读并同意《用户服务协议》和《用户隐私政策》

返回 立即注册

图 2–10 个人用户账号注册界面

该界面中，显示为红色星号项为必填项，如实填写完毕后，勾选页面下方的“阅读并同意《中国国际贸易单一窗口用户注册协议》”，点击【立即注册】蓝色按钮即可。

如果为境外个人用户，无境内身份证、手机号，可支持邮箱注册个人用户，当证件类型选择护照、台湾居民来往大陆通行证、港澳居民来往内地通行证或者外国人居民证时，可点击“邮箱”进行验证，如图 2–11。

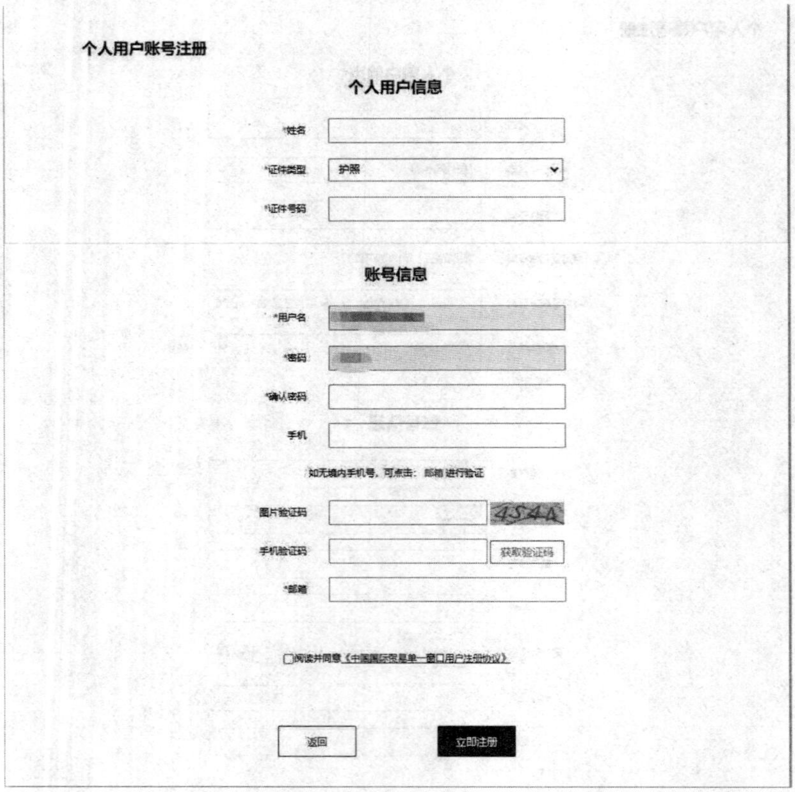

图 2-11 使用邮箱注册页面

图 2-12 邮箱验证页面

录入正确的邮箱号进行验证，验证通过后，页面自动反填验证通过的邮箱号。勾选页面下方的“阅读并同意《中国国际贸易单一窗口用户注册协议》”，点击【立即注册】按钮，注册成功。

四、境外企业注册（国外及中国港澳台地区企业注册）

本模块适用于从事国际贸易进出口环节各类业务的（关境）境外用户。

在注册方式选择界面，点击‘境外企业注册”，系统跳转至注册界面（如图 2–13）。境外用户注册可根据需要，点击右上角“EN”和“中”进行中英文切换。

Sign up for an Overseas or HK & MAC & TW Regions of China Account EN 中

*User Name
*Password
*Re-enter Password
*Country/Region Please select a Country(Region)
Registration Number
*Organisation Name
Department
Job title
*Contact
*Contact Number
Contact Fax
Mobile Number(+86)
*Address
*E-mail
*Image CAPTCHA
*E-mail Verification Code Send email verification code
Notes

I have read and agree to CGAC's《Terms of Service》&《Privacy Policy》

Back Register now

图 2–13 境外账号注册—英文页面

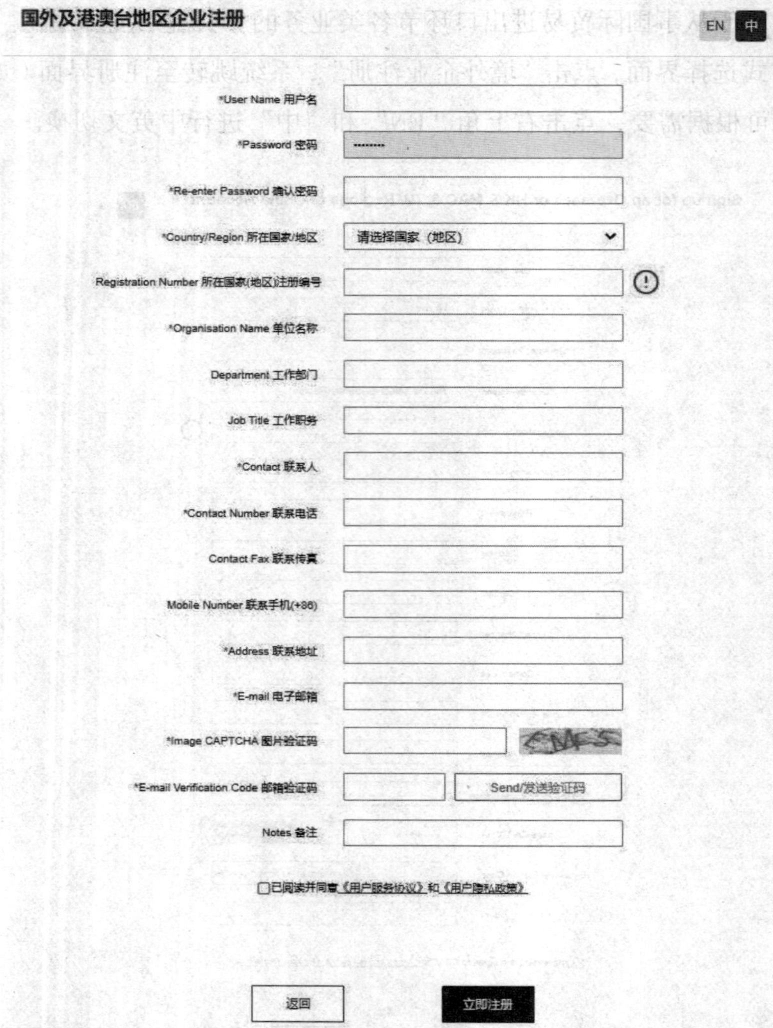

国外及港澳台地区企业注册

EN 中

*User Name 用户名

*Password 密码

*Re-enter Password 确认密码

*Country/Region 所在国家/地区 请选择国家（地区）

Registration Number 所在国家(地区)注册编号

*Organisation Name 单位名称

Department 工作部门

Job Title 工作职务

*Contact 联系人

*Contact Number 联系电话

Contact Fax 联系传真

Mobile Number 联系手机(+86)

*Address 联系地址

*E-mail 电子邮箱

*Image CAPTCHA 图片验证码

*E-mail Verification Code 邮箱验证码 Send/发送验证码

Notes 备注

已阅读并同意《用户服务协议》和《用户隐私政策》

返回 立即注册

图 2-14 境外账号注册—中文页面

显示为红色星号项为必填项。填写要求如下。

用户名：必填，小写英文字母，或字母与数字的组合，6–18 位。

密码：必填，请使用 8–16 位大写字母、小写字母、数字和符号中任意三种及以上的组合。

确认密码：必填，确保与密码一栏输入的内容完全一致。所在国家或地区：必填，可输入编码选中或下拉选择地区。所在国家（地区）注册编号 ：选填，填写注册成功后不可修改。工作单位：必填，填写所在单位名称。

工作部门：选填，所在部门。工作职务：选填，职务名称。联系人：必填，姓名。

联系电话：必填，请如实填写。联系传真：选填。

联系手机：选填。

联系地址：必填，请如实填写。

邮箱：必填，需进行验证请如实填写。备注：选填。

录入完成，点击【立即注册】蓝色按钮即可。

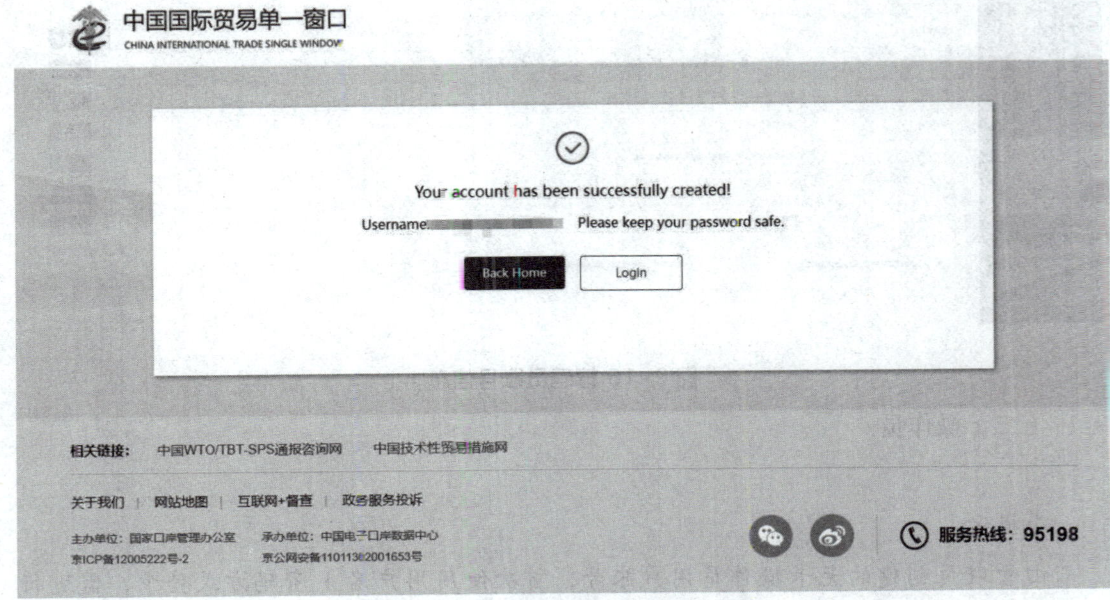

图 2-15 境外用户注册成功

注册成功后，点击上图中的“Login”字样，系统跳转至账号登录界面。

第二节 用户登录

一、用户名和密码登录

（一）管理员

已注册成功的用户，可输入用户名、密码，并根据界面显示的字样输入验证码（不区分大小写），点击“登录”。

登录成功后，在门户网站界面上方点击您的用户名，界面自动跳转至账号信息管理，更多操作可参见后续章节中的相关描述。

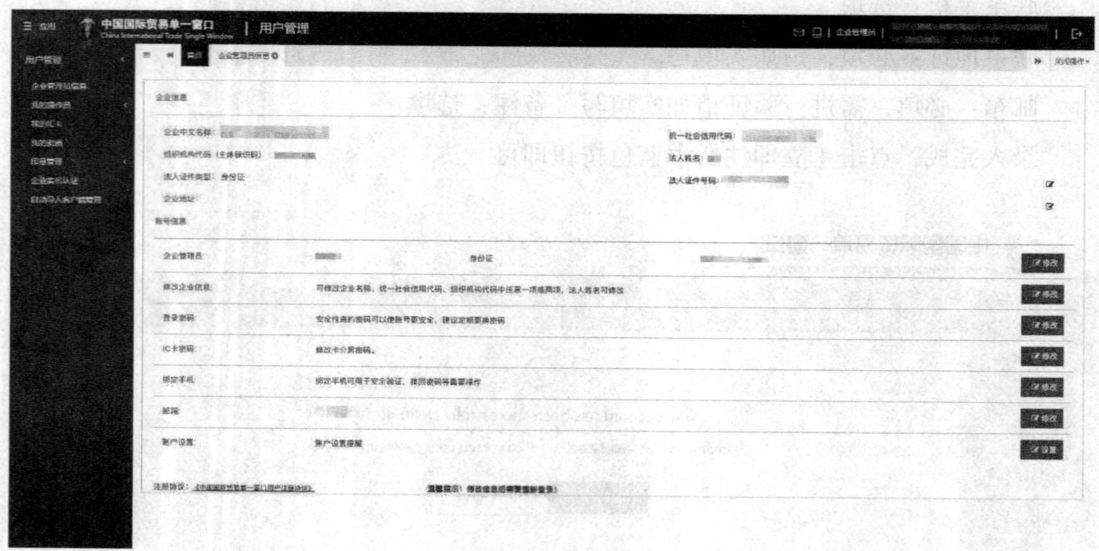

图 2-16 管理员账号信息

（二）操作员

<u>小提示：</u>

<u>由管理员创建的无卡操作员用户账号，首次使用用户名 + 密码方式登录，需进行修改密码的操作。</u>

输入用户名、初始密码 8 个 8 与验证码登录成功后，系统弹出如图 2–17 提示：

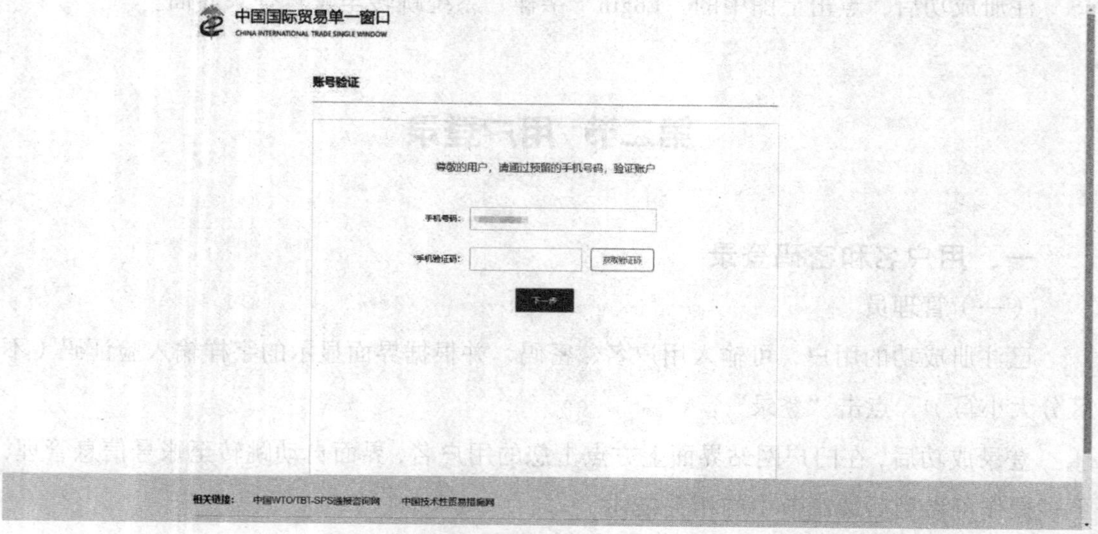

图 2–17 操作员账号验证

手机号码为管理员创建操作员账号时填写的手机号码。

点击“获取验证码”，等待并按照接收的短信内容，输入验证码，点击“确认”。验证成功后，界面自动跳转至修改密码页面（如图 2–18）。

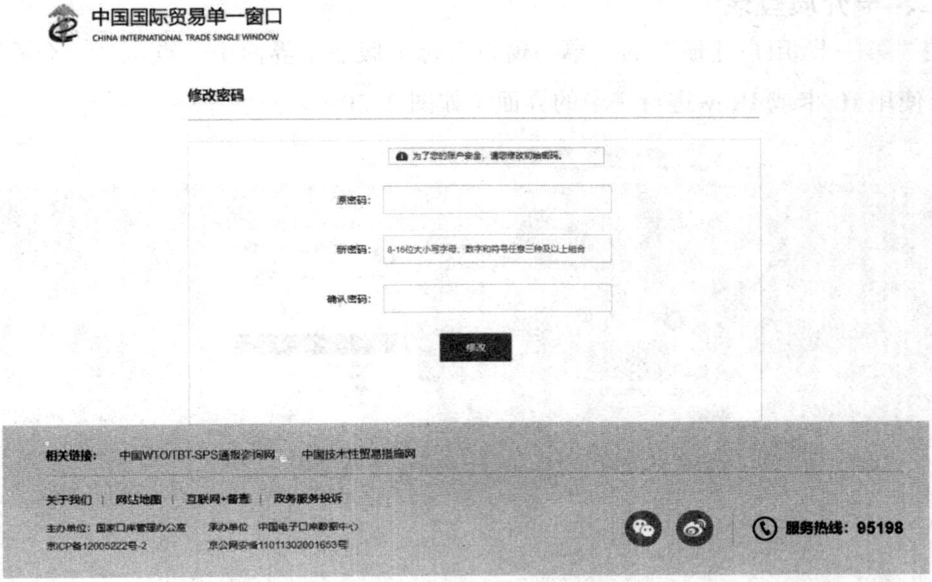

图 2–18 操作员修改密码

修改完成后，系统提示如图 2–19。

图 2–19 操作员修改密码成功

根据界面提示，再次使用用户名、新密码登录即可。更多操作可参见后续章节中的相关描述。

二、卡介质登录

在“第一节 用户注册”的“单一窗口”标准版登录界面中，点击“卡介质”即可跳转至使用 IC 卡或 IKey 进行登录的界面（如图 2–20）。

图 2–20 快速登录 / 有卡用户注册入口

此时，需要您的电脑中已连接读卡器，插入 IC 卡片，或插入 IKey，输入介质密码，点击“登录”即可。

小提示：

如无法正常登录，请检查当前电脑或浏览器是否符合系统环境的要求。

或许您还需要下载并安装“中国电子口岸客户端控件”，按照提示安装后，重新打开浏览器进行登录。

使用卡介质登录，系统将自动判断当前尝试登录的账号是否已注册成功或是否绑卡成功。如未注册，请参考“第一节 用户注册”的相关描述。如已注册成功，但未进行绑卡操作，请根据界面提示（如图 2–21），输入当前介质的密码即可。

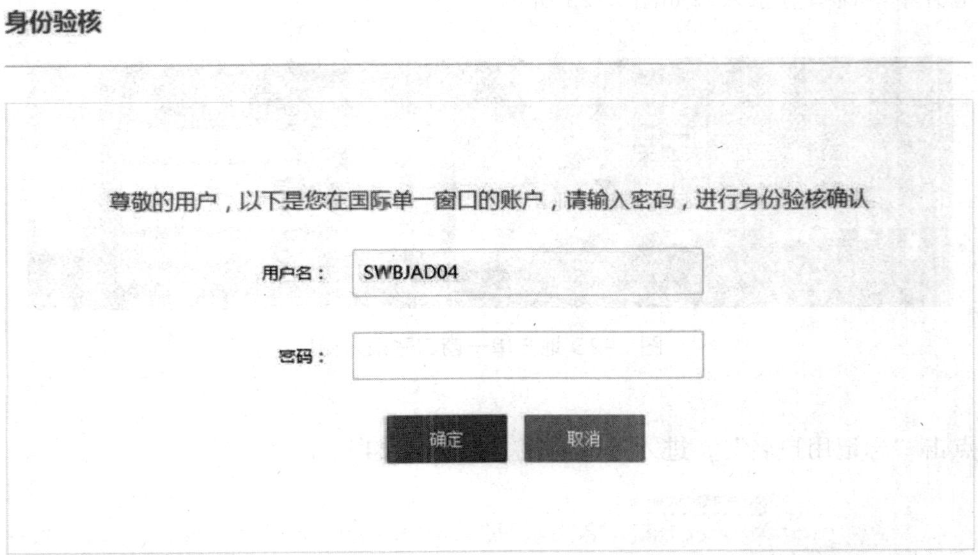

身份验核
尊敬的用户，以下是您在国际单一窗口的账户，请输入密码，进行身份验核确认
用户名：
SWBJAD04
密码：
确定
取消

图 2-21 卡介质登录身份验核

三、找回用户名

找回用户名和找回密码的入口都在登录页。

标准版登录入口如图 2-22 所示。

中国国际贸易单一窗口
登录
中国国际贸易单一窗口
账户登录 | 卡介质 | 扫码登录
登录
服务热线：95198

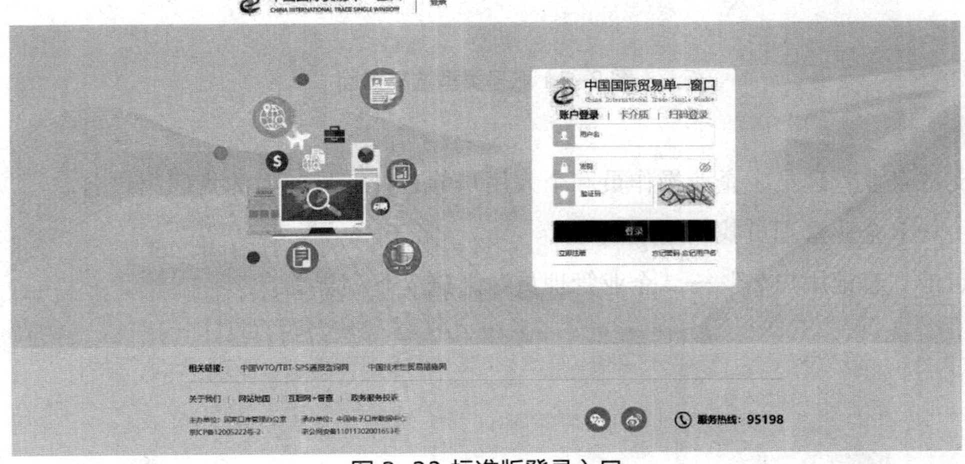

图 2-22 标准版登录入口

地方单一窗口登录入口如图 2–23 所示。

图 2–23 地方单一窗口登录入口

点击"忘记用户名"，进入选择界面，如图 2–24 所示。

图 2–24 账号类型选择界面

支持企业管理员、企业操作员和个人用户等三种账号类型的找回用户名。

（一）企业管理员找回用户名

点击"忘记用户名"—"企业管理员"，进入下列界面。

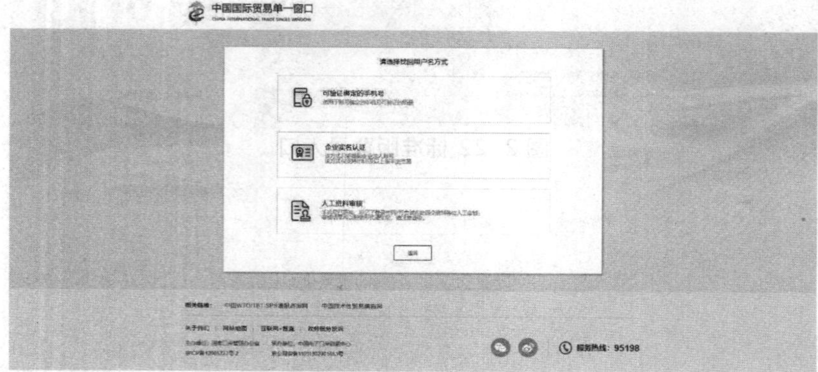

图 2–25 管理员找回界面

有三种方式找回用户名：

一是账号信息认证：验证管理员账号信息的方式；

二是企业实名认证：通过验证本企业对公银行账号的方式；

三是人工资料审核：提供企业资料信息，人工查找。

1. 账号信息认证

需要验证下列项中的两项：

——绑定的手机号；

——法人身份认证；

——管理员身份认证；

——两操作员手机号。

用户可选择任意两项。默认先验证绑定的手机号，如果验证的手机号是该企业管理员绑定的手机号，只需从后面三项中选择一项进行验证。如果验证的手机号不是该企业管理员绑定的手机号，需要从后面三项中选择两项进行验证。

第一步：填写企业信息

*企业名称：

*组织机构代码：9位组织机构代码（主体标识码），“-”不用录入

*手机号码：请输入绑定的手机号码

* 如果输入的不是绑定的管理员手机号码，需要进行更多的信息认证

*图片验证码：

*验证码：获取验证码

下一步

图 2-26 填写企业信息

根据输入的是否是绑定的管理员手机号码，下面分别说明。

（1）可验证绑定的手机号

上一步，如果输入的是绑定的管理员手机号码，后续步骤如下。

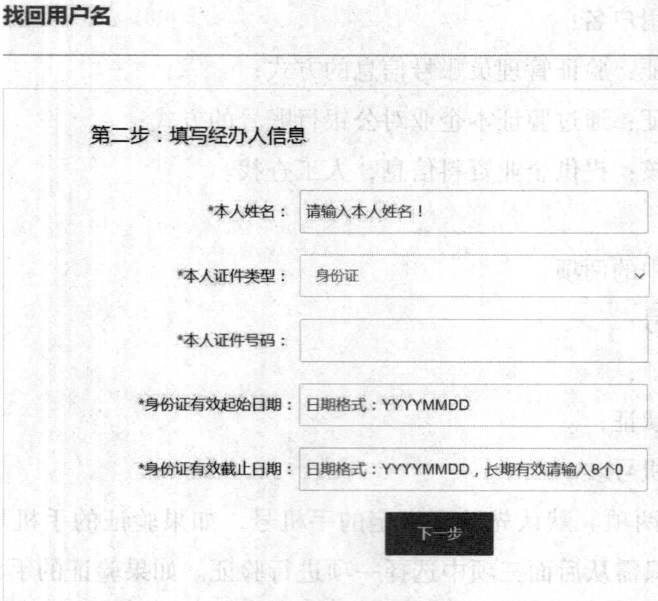

找回用户名

第二步：填写经办人信息

*本人姓名：请输入本人姓名！

*本人证件类型：身份证

*本人证件号码：

*身份证有效起始日期：日期格式：YYYYMMDD

*身份证有效截止日期：日期格式：YYYYMMDD，长期有效请输入8个0

下一步

图 2-27 填写经办人信息

可以输入经办人、法人或管理员的身份信息。

当输入法人或管理员的身份信息并且通过时，返回用户名。

当输入经办人（既不是法人，也不是管理员）信息时，需进行下列认证。

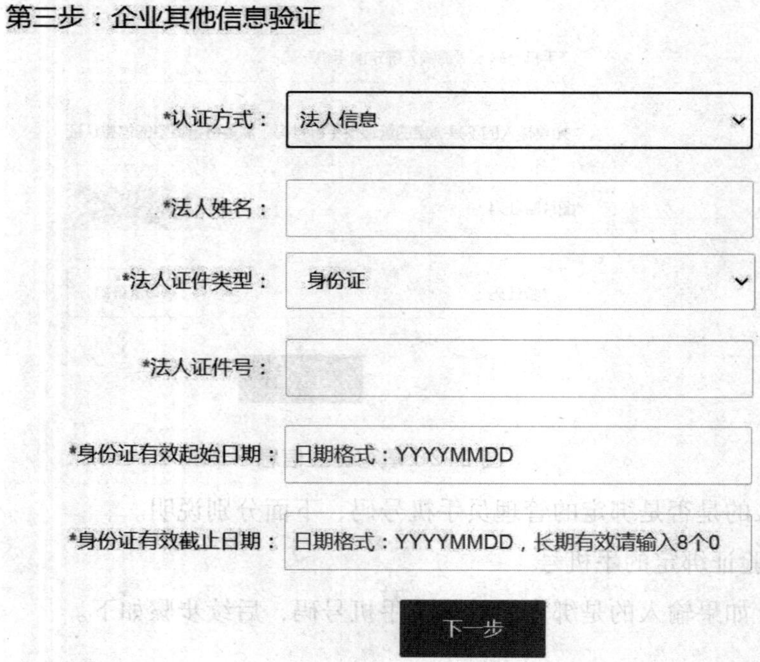

第三步：企业其他信息验证

*认证方式：法人信息

*法人姓名：

*法人证件类型：身份证

*法人证件号：

*身份证有效起始日期：日期格式：YYYYMMDD

*身份证有效截止日期：日期格式：YYYYMMDD，长期有效请输入8个0

下一步

图 2-28 法人信息验证

这时需要从法人信息、管理员信息、两操作员手机号三种方式中选择一种进行认证。默认是法人信息（如图 2–28）。

管理员信息验证，如图 2–29。

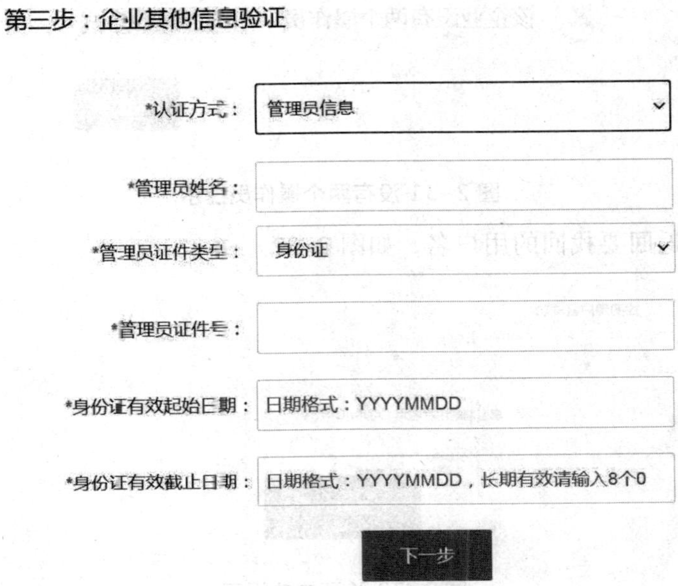

第三步：企业其他信息验证

*认证方式：管理员信息

*管理员姓名：

*管理员证件类型：身份证

*管理员证件号：

*身份证有效起始日期：日期格式：YYYYMMDD

*身份证有效截止日期：日期格式：YYYYMMDD，长期有效请输入8个0

下一步

图 2–29 管理员信息验证

两操作员手机号验证，如图 2–30。

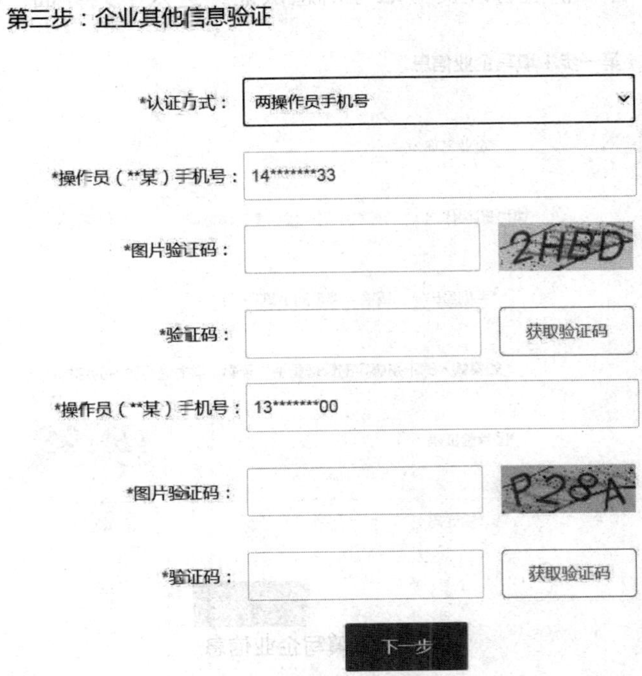

第三步：企业其他信息验证

*认证方式：两操作员手机号

*操作员（**某）手机号：14*******33

*图片验证码：2HBD

*验证码：获取验证码

*操作员（**某）手机号：13*******00

*图片验证码：P28A

*验证码：获取验证码

下一步

图 2–30 操作员手机号验证

如果该企业没有两个操作员，提示如下：

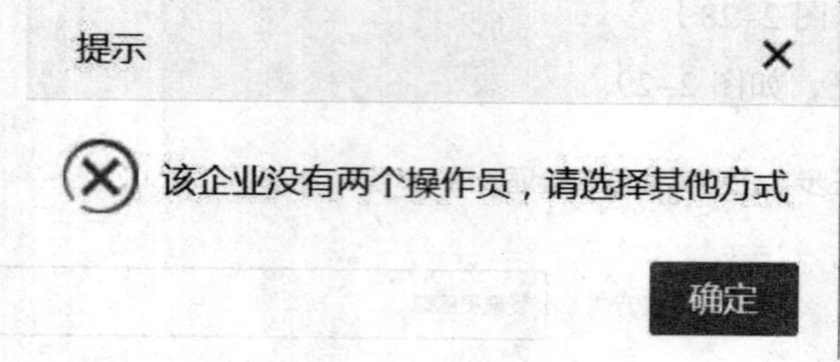

图 2-31 没有两个操作员提示

验证成功，返回要找回的用户名，如图 2-32。

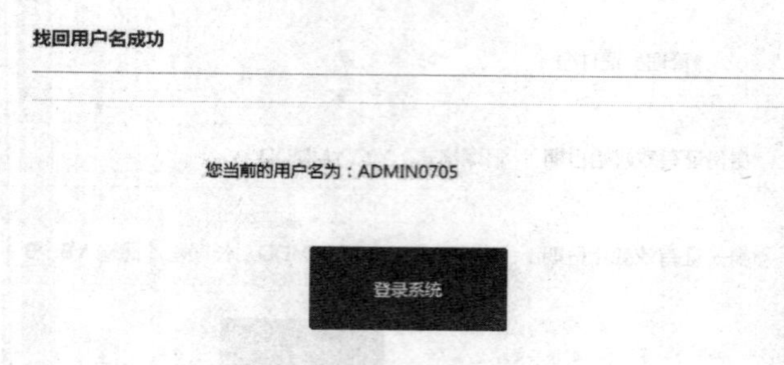

图 2-32 验证成功提示

（2）不可验证绑定的手机号

选择忘记用户名—企业管理员—账号信息认证，进入下列界面。

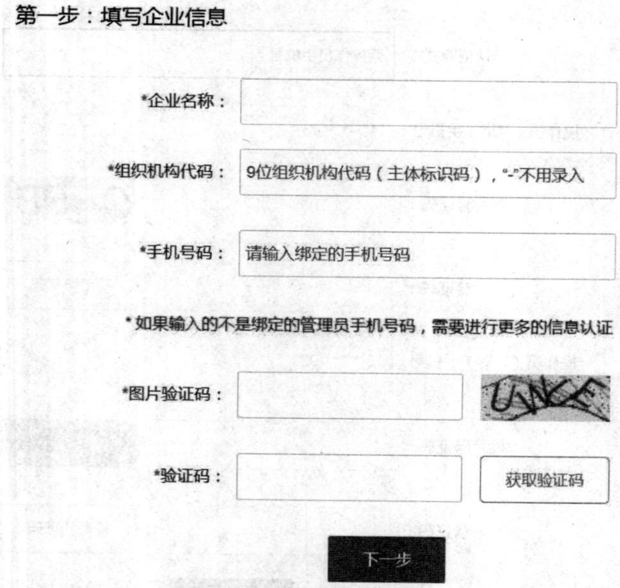

第一步：填写企业信息

*企业名称：

*组织机构代码： 9位组织机构代码（主体标识码），"-"不用录入

*手机号码： 请输入绑定的手机号码

* 如果输入的不是绑定的管理员手机号码，需要进行更多的信息认证

*图片验证码：

*验证码： 获取验证码

下一步

图 2-33 填写企业信息

如果输入的不是绑定的管理员手机号码，点击下一步，会出现下列提示。

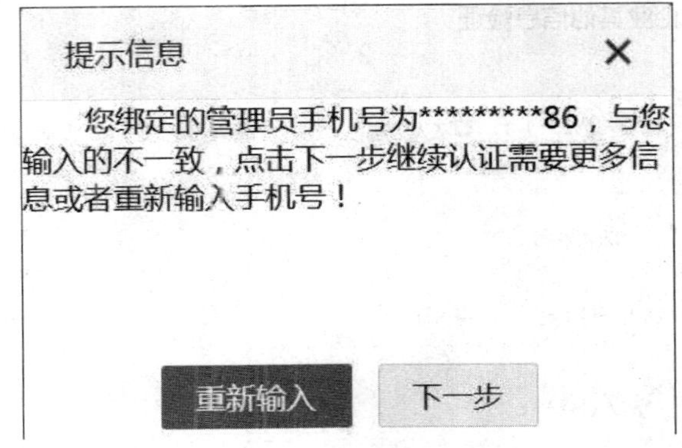

提示信息
您绑定的管理员手机号为*********86，与您输入的不一致，点击下一步继续认证需要更多信息或者重新输入手机号！
重新输入
下一步

图 2-34 手机号码提醒

可以点击“重新输入”，回到上一页进行修改。也可以点击下一步继续认证。

找回用户名

第二步：填写经办人信息

*本人姓名：请输入本人姓名！

*本人证件类型：身份证

*本人证件号码：

*身份证有效起始日期：日期格式：YYYYMMDD

*身份证有效截止日期：日期格式：YYYYMMDD，长期有效请输入8个0

下一步

图 2-35 填写经办人信息

填写经办人信息，点击“下一步”。

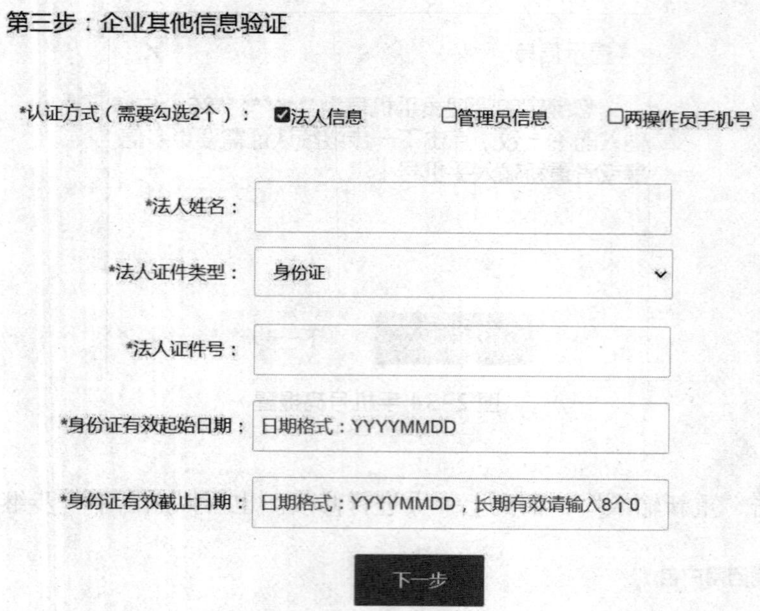

第三步：企业其他信息验证

*认证方式（需要勾选2个）： ☑法人信息 ☐管理员信息 ☐两操作员手机号

*法人姓名：

*法人证件类型： 身份证

*法人证件号：

*身份证有效起始日期： 日期格式：YYYYMMDD

*身份证有效截止日期： 日期格式：YYYYMMDD，长期有效请输入8个0

下一步

图 2-36 法人信息验证

因为管理员绑定手机号未验证通过，所以，需要在法人信息、管理员信息、两操作员手机号三项中选择两项进行验证。

管理员信息验证，如图 2-37。

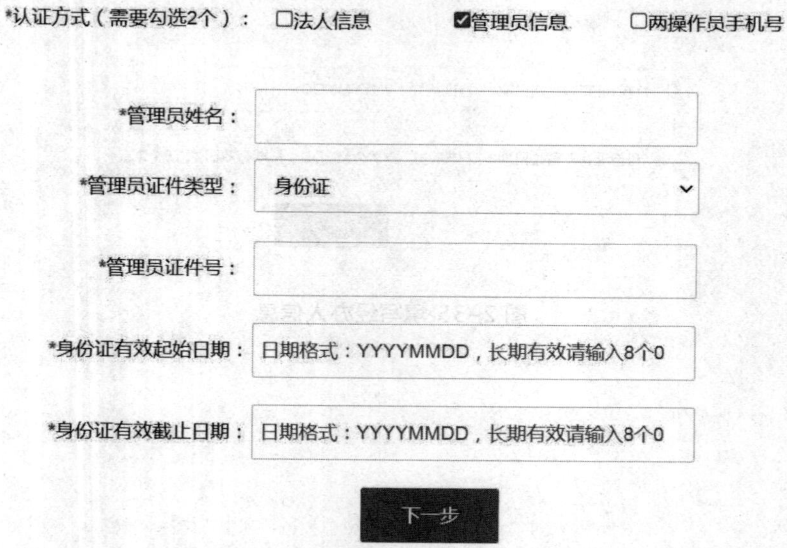

*认证方式（需要勾选2个）： ☐法人信息 ☑管理员信息 ☐两操作员手机号

*管理员姓名：

*管理员证件类型： 身份证

*管理员证件号：

*身份证有效起始日期： 日期格式：YYYYMMDD，长期有效请输入8个0

*身份证有效截止日期： 日期格式：YYYYMMDD，长期有效请输入8个0

下一步

图 2-37 管理员信息验证

两操作员手机号验证，如图 2-38。

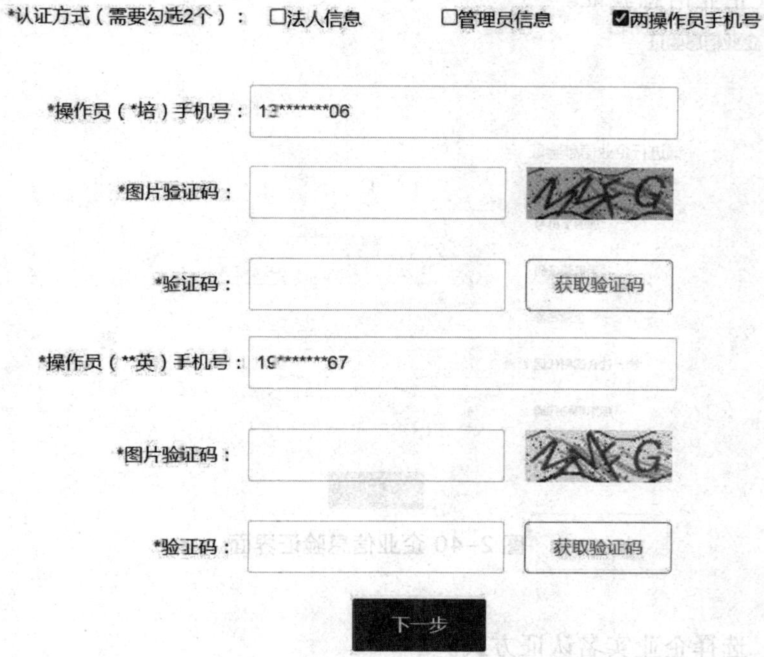

*认证方式（需要勾选2个）： ☐法人信息 ☐管理员信息 ☑两操作员手机号

*操作员（*培）手机号： 13*******06

*图片验证码：

*验证码： 获取验证码

*操作员（**英）手机号： 19*******67

*图片验证码：

*验证码： 获取验证码

下一步

图 2-38 两操作员手机号验证

验证通过后，显示用户名，如图 2-39。

找回用户名成功

您当前的用户名为：ADMIN0705

登录系统

图 2-39 找回用户名成功提示

2. 企业实名认证

第一步：企业信息验证。

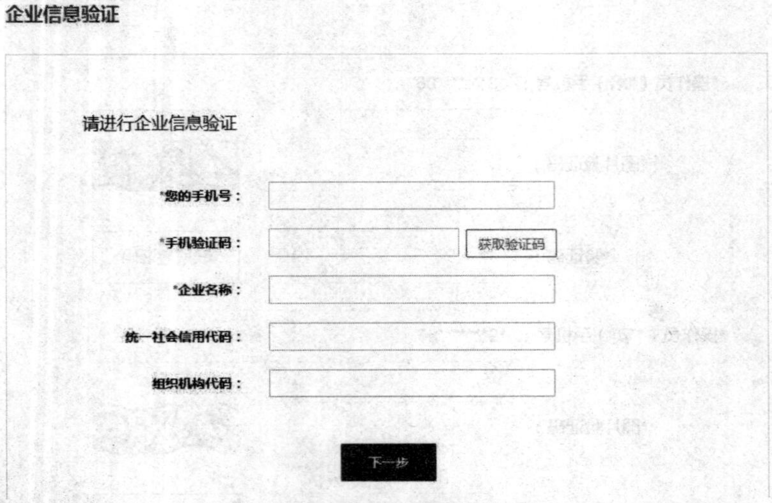

企业信息验证

请进行企业信息验证

*您的手机号：

*手机验证码： 获取验证码

*企业名称：

统一社会信用代码：

组织机构代码：

下一步

图 2-40 企业信息验证界面

第二步：选择企业实名认证方式。

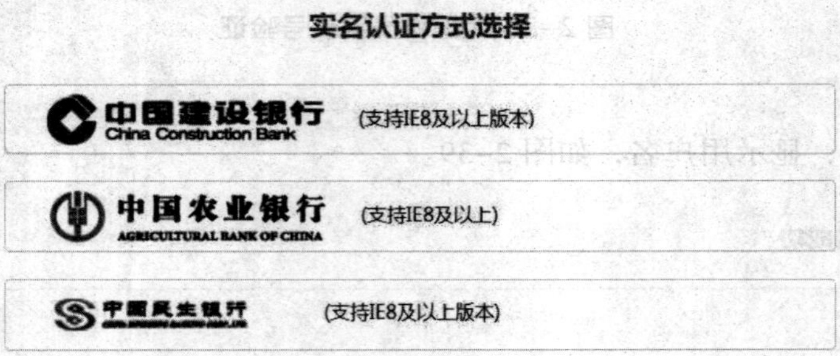

实名认证方式选择

中国建设银行 China Construction Bank (支持IE8及以上版本)

中国农业银行 AGRICULTURAL BANK OF CHINA (支持IE8及以上)

中国民生银行 (支持IE8及以上版本)

图 2-41 选择实名认证方式

根据本企业的开户情况选择哪家银行。实名认证完成后，提示如图 2-42：

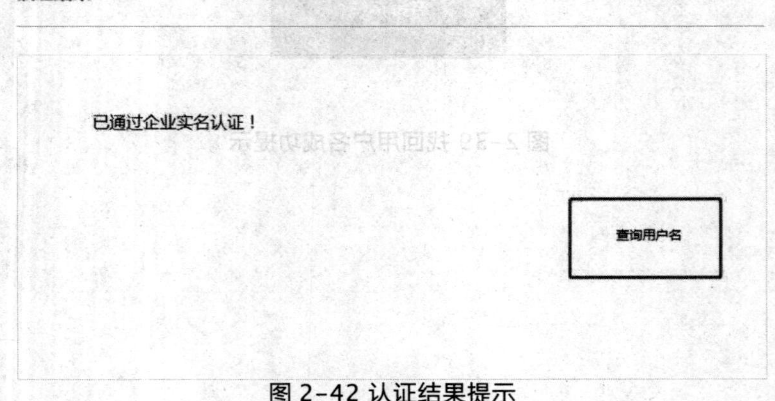

图 2-42 认证结果提示

第三步：显示用户名。

点击“查询用户名”，显示如图 2-43。

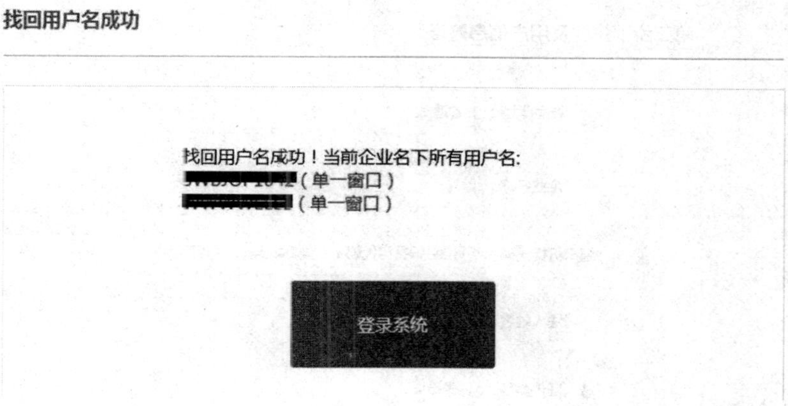

找回用户名成功

找回用户名成功！当前企业名下所有用户名:

（单一窗口）

（单一窗口）

登录系统

图 2-43 找回用户名成功提示

展示该企业下所有用户名。

3. 人工资料审核

第一步：验证当前手机号。

该手机号可以不是要找回账号绑定的手机号。

找回用户名

请进行身份验证

手机号码：请输入您现在的手机号码

*图片验证码：

*验证码：获取验证码

下一步

图 2-44 验证当前手机号

第二步：填写企业信息和本人信息。

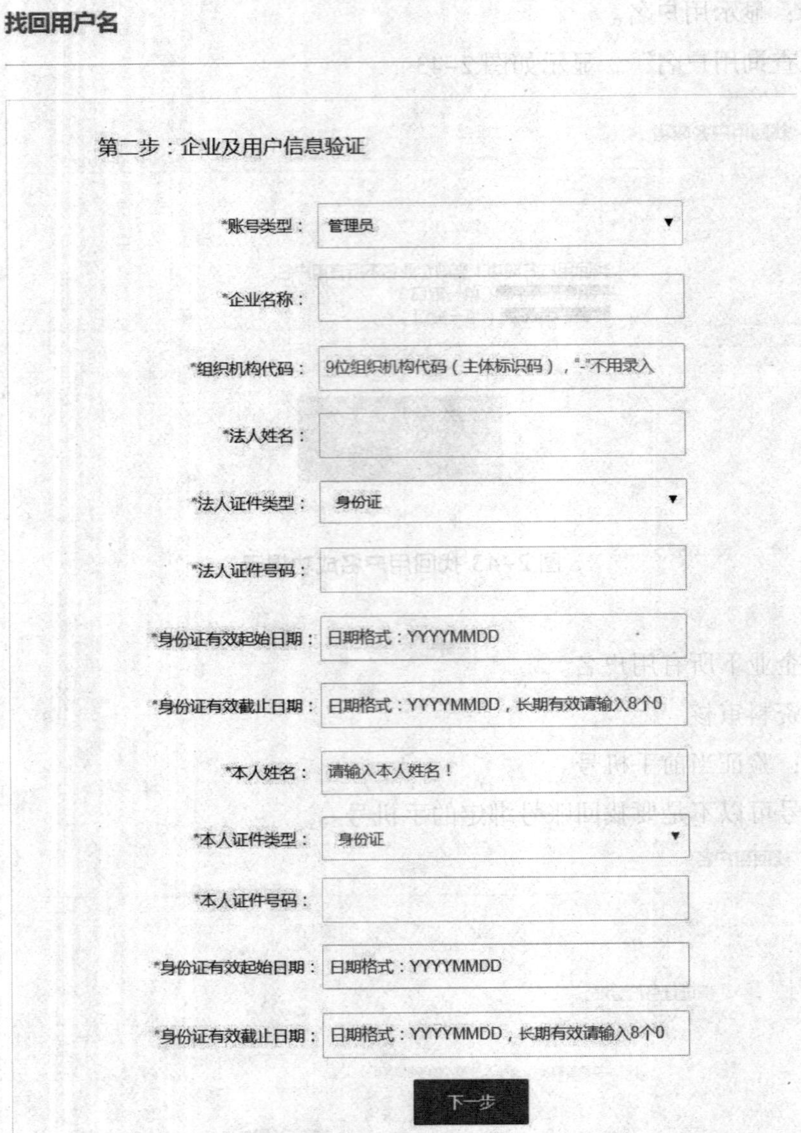

找回用户名

第二步：企业及用户信息验证

*账号类型： 管理员

*企业名称：

*组织机构代码： 9位组织机构代码（主体标识码），"-"不用录入

*法人姓名：

*法人证件类型： 身份证

*法人证件号码：

*身份证有效起始日期： 日期格式：YYYYMMDD

*身份证有效截止日期： 日期格式：YYYYMMDD，长期有效请输入8个0

*本人姓名： 请输入本人姓名！

*本人证件类型： 身份证

*本人证件号码：

*身份证有效起始日期： 日期格式：YYYYMMDD

*身份证有效截止日期： 日期格式：YYYYMMDD，长期有效请输入8个0

下一步

图 2-45 填写企业信息和本人信息

填写所有信息，然后点击“下一步”。

第三步：上传身份证图片和营业执照图片。

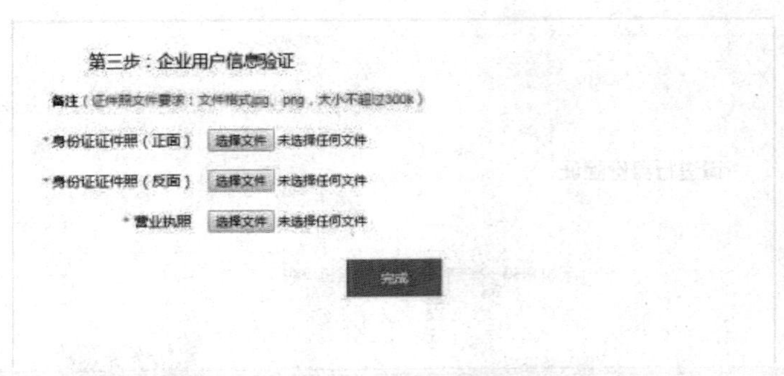

图 2-46 上传身份证图片和营业执照图片

点击完成，提示短信告知结果，如图 2–47。

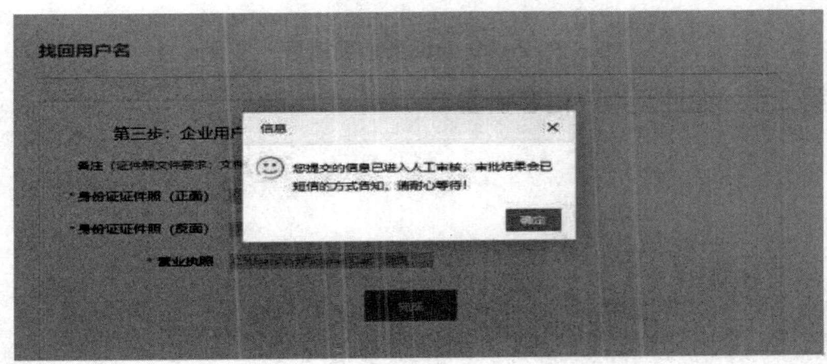

图 2-47 短信告知结果

（二）企业操作员找回用户名

选择忘记用户名—企业操作员，进入下列界面。

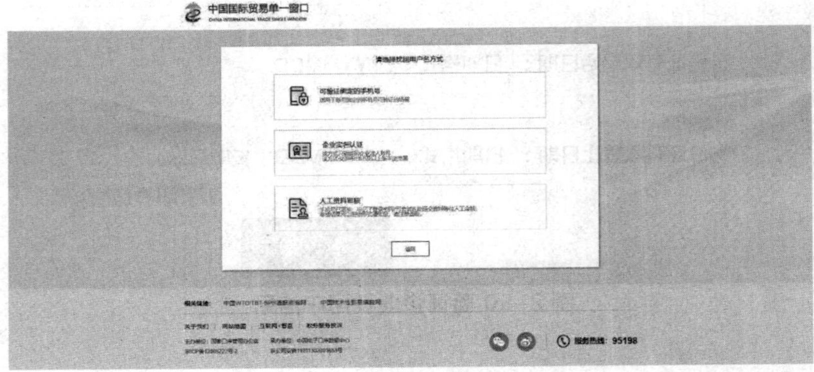

图 2-48 找回方式选择界面

1. 可验证绑定的手机号

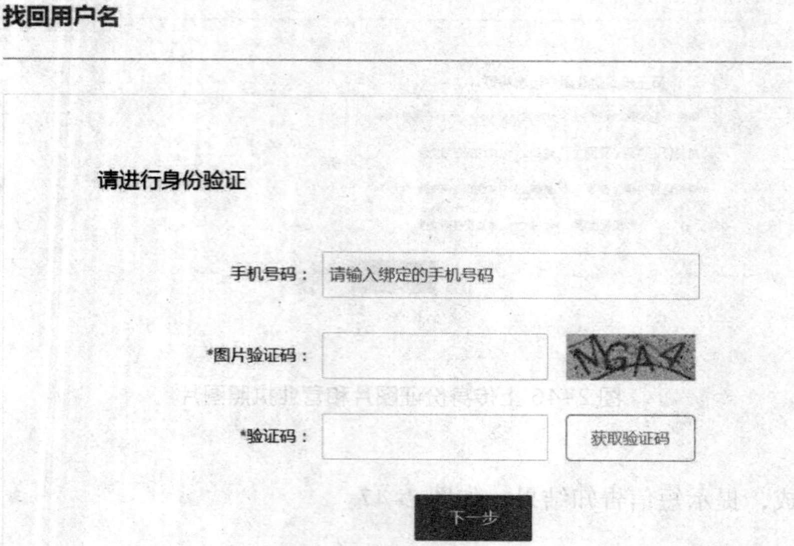

找回用户名

请进行身份验证

手机号码：请输入绑定的手机号码

*图片验证码：

*验证码：获取验证码

下一步

图 2-49 验证当前手机号

第二步：企业及用户信息验证

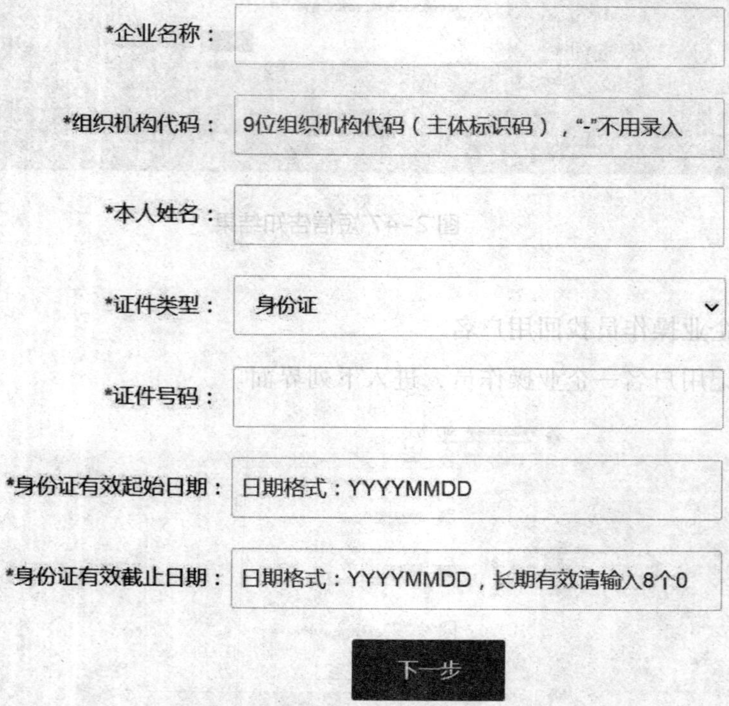

*企业名称：

*组织机构代码：9位组织机构代码（主体标识码），“-”不用录入

*本人姓名：

*证件类型：身份证

*证件号码：

*身份证有效起始日期：日期格式：YYYYMMDD

*身份证有效截止日期：日期格式：YYYYMMDD，长期有效请输入8个0

下一步

图 2-50 验证企业及用户信息

输入企业信息和操作员身份信息，证件类型必须与注册信息一致。验证通过后，

显示找回用户名。

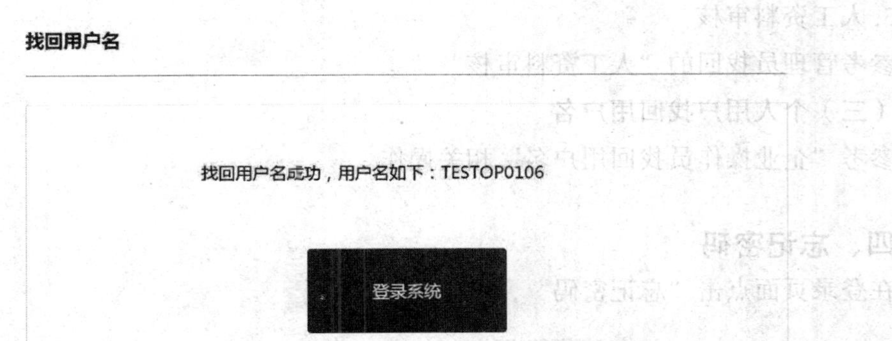

图 2-51 找回成功提示

2. 操作员实名认证

点击"操作员实名认证"，进入图 2-52 所示界面。

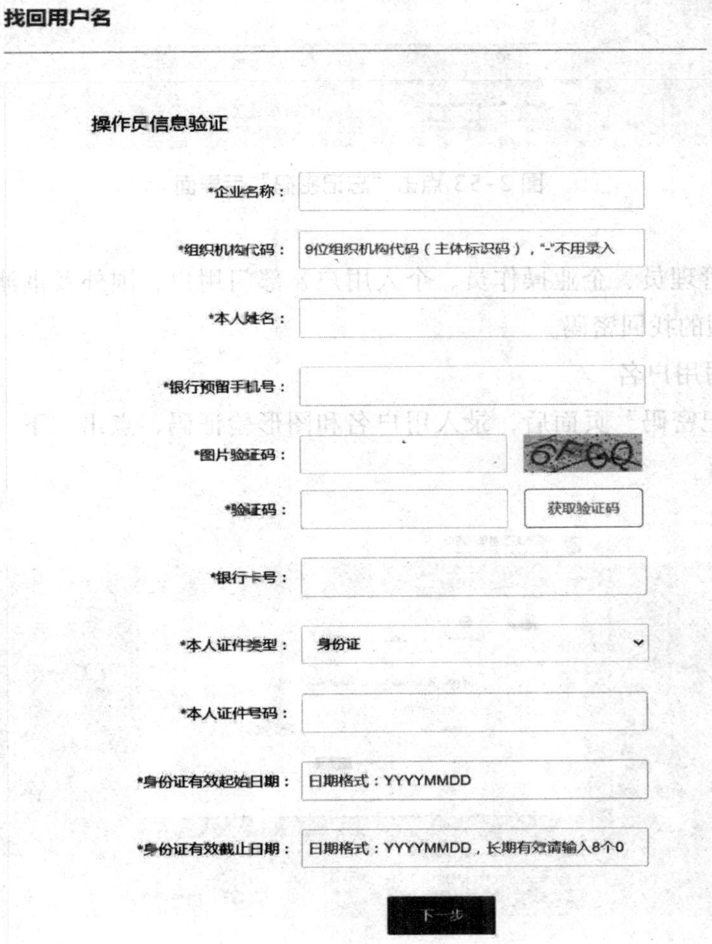

找回用户名

操作员信息验证

*企业名称：

*组织机构代码： 9位组织机构代码（主体标识码），"-"不用录入

*本人姓名：

*银行预留手机号：

*图片验证码： 6FGQ

*验证码： 获取验证码

*银行卡号：

*本人证件类型： 身份证

*本人证件号码：

*身份证有效起始日期： 日期格式：YYYYMMDD

*身份证有效截止日期： 日期格式：YYYYMMDD，长期有效请输入8个0

下一步

图 2-52 操作员实名认证

当身份信息和银行卡四要素信息验证通过时，返回用户名。

3. 人工资料审核

参考管理员找回的“人工资料审核”。

（三）个人用户找回用户名

参考“企业操作员找回用户名”相关操作。

四、忘记密码

在登录页面点击“忘记密码”，进入图 2-53。

图 2-53 点击“忘记密码”后界面

支持企业管理员、企业操作员、个人用户、部门用户、国外及港澳台地区企业用户五种账号类型的找回密码。

（一）填写用户名

进入“忘记密码”页面后，录入用户名和图形验证码，点击“下一步”，进入选择验证方式界面。

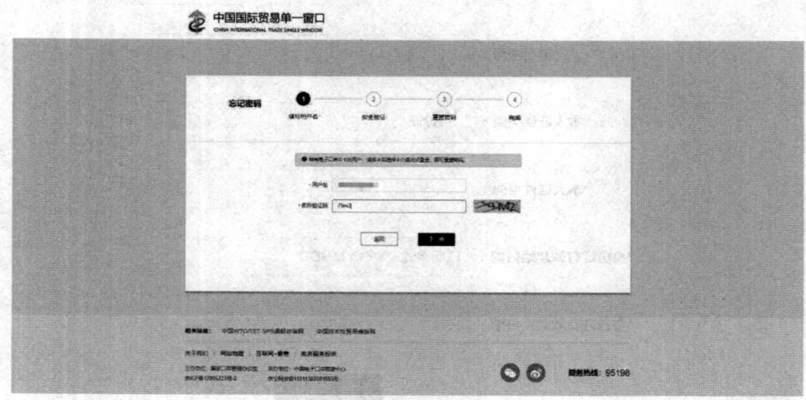

图 2-54 填写用户名

（二）选择验证方式

不同的用户类型显示的验证方式不同。

1. 管理员

企业管理员类型账号验证方式，如图 2-55。

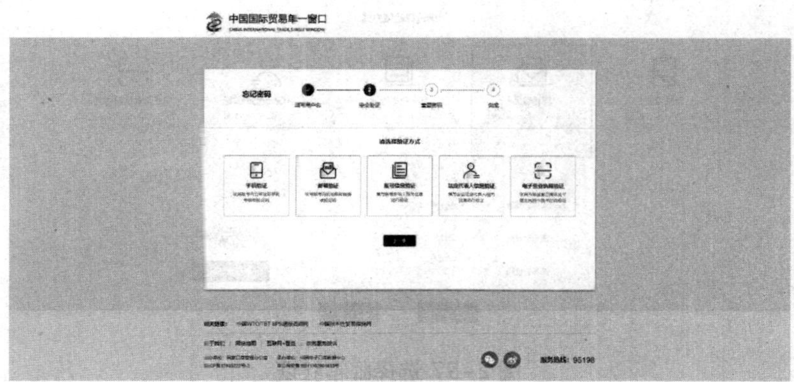

图 2-55 选择验证方式界面

注：电子营业执照验证方式仅支持 9 开头的统一社会信用代码的企业的管理员找回密码。

（1）手机验证

选择“手机验证”，显示绑定手机号等录入信息，如图 2-56。

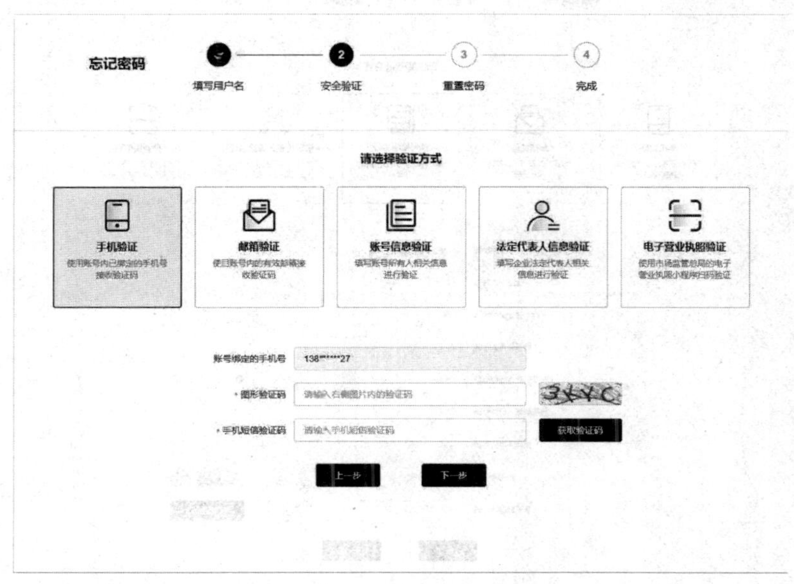

图 2-56 选择手机验证

如果未绑定手机号，则提示“身份信息不完整”。

（2）邮箱验证

选择“邮箱验证”，显示绑定邮箱等录入信息，如图 2–57。

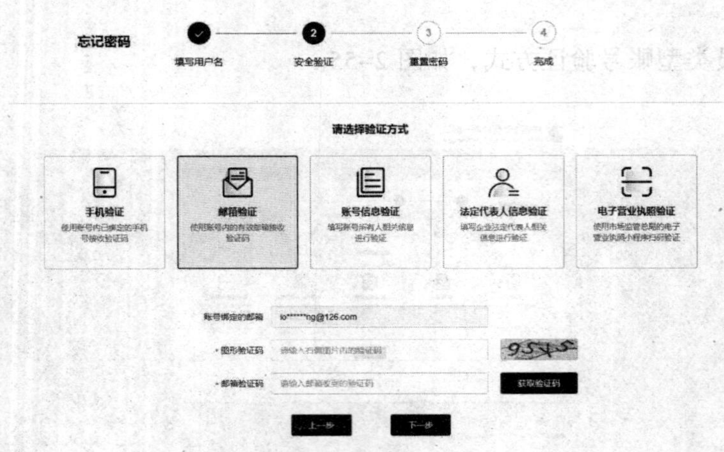

图 2–57 选择邮箱验证

如果未绑定邮箱，则提示“身份信息不完整”。

（3）账号信息验证

选择“账号信息验证”，显示账号所有人等录入信息，如图 2–58。

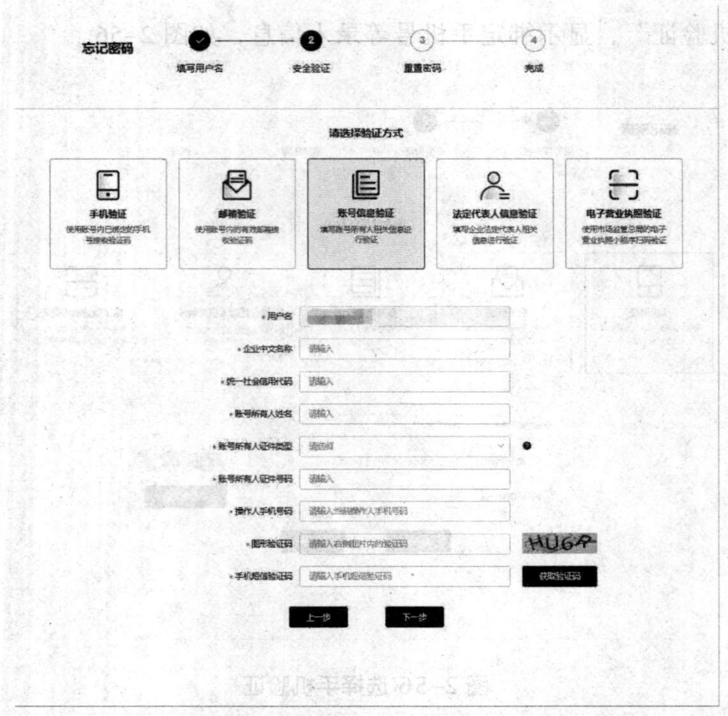

图 2–58 选择账号信息验证

如果账号信息不完整，则提示“身份信息不完整”。

（4）法定代表人信息验证

选择“法定代表人信息验证”，显示法定代表人等录入信息，如图 2-59。

图 2-59 法定代表人信息验证界面

如果法定代表人信息不完整，则提示“身份信息不完整”。

如果法定代表人信息验证不通过，则显示“提交人工审核”链接，如图 2-60。

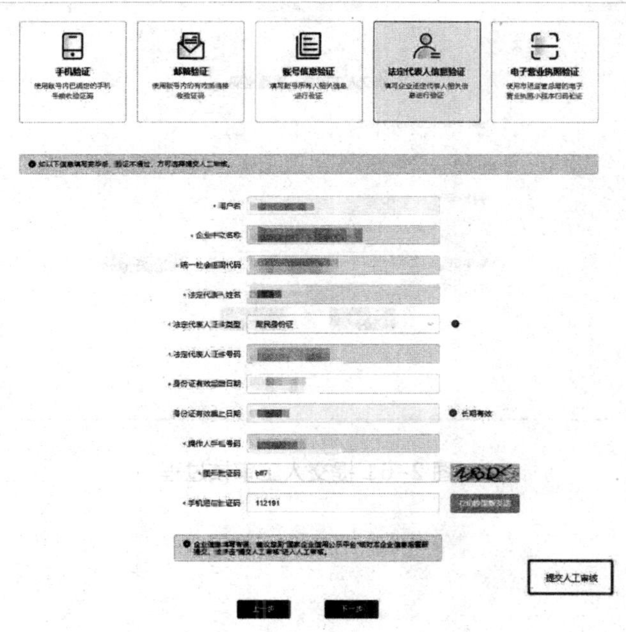

图 2-60 提交人工审核

点击“提交人工审核”链接，进入人工审核信息录入界面。人工审核录入界面由三部分组成：填写信息、上传资料、重置密码。填写信息由上一步录入信息带入，并允许修改，如图 2–61。

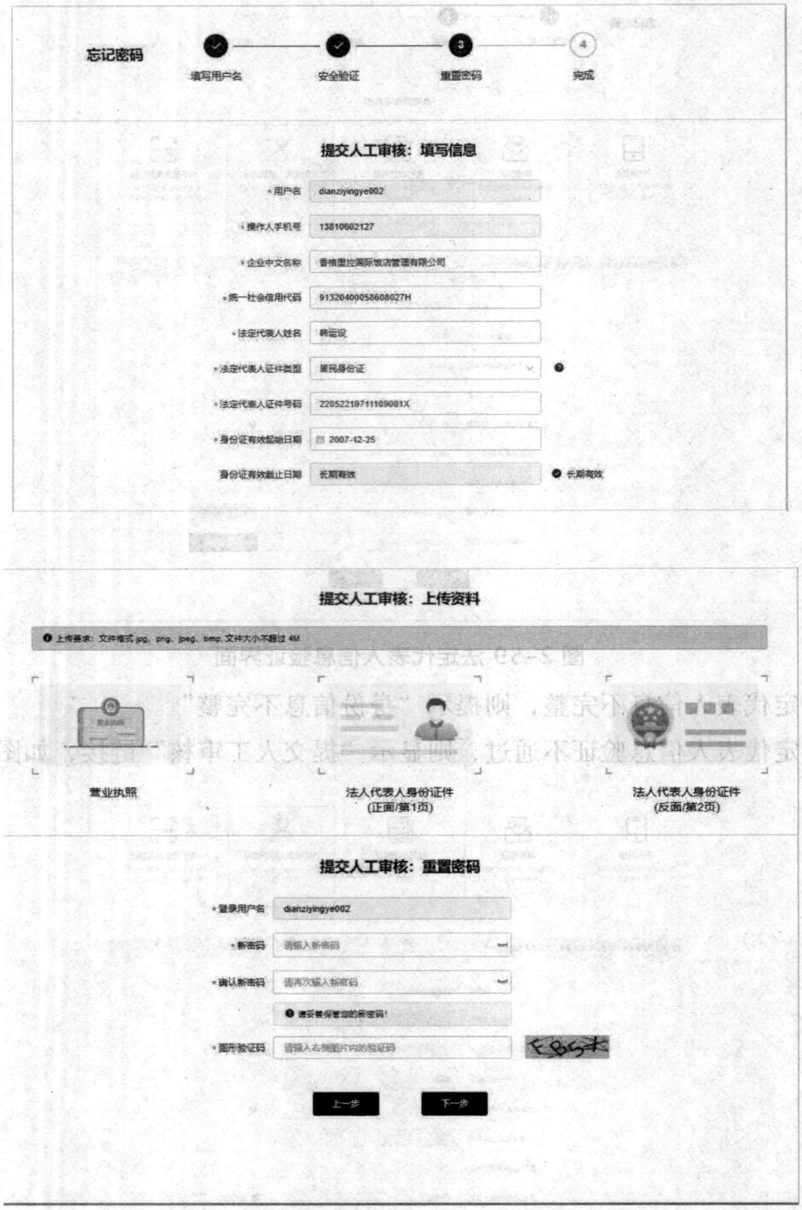

图 2–61 提交人工审核过程

所有信息填写完成后，点击下一步，弹出提示，如图 2-62。

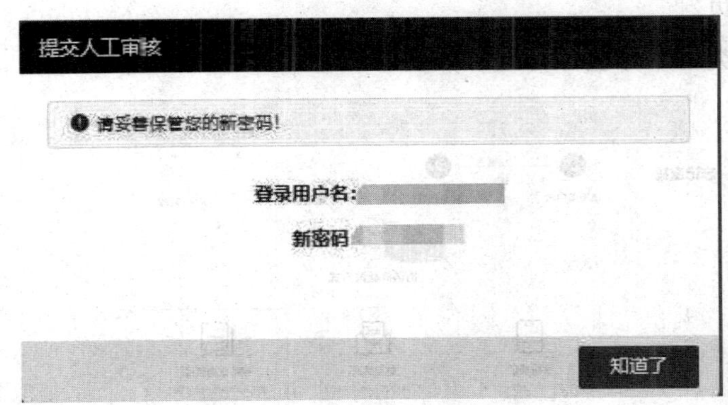

图 2-62 新密码提示

在弹出信息界面点击“知道了”按钮后完成人工审核提交，等待人工审核即可，如图 2-63。

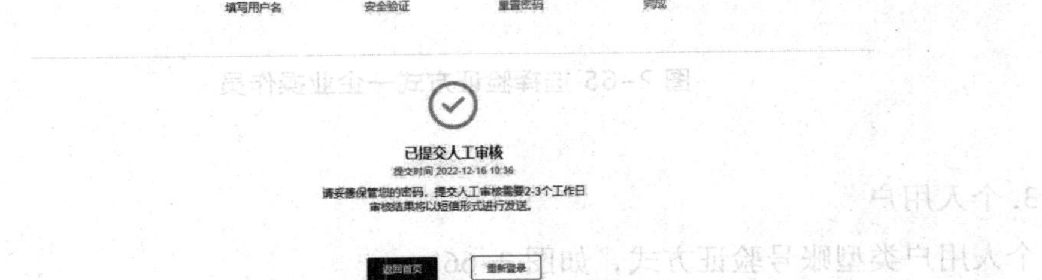

图 2-63 已提交人工审核提示

（5）电子营业执照验证

选择“电子营业执照验证”，显示电子营业执照二维码，如图 2-64。

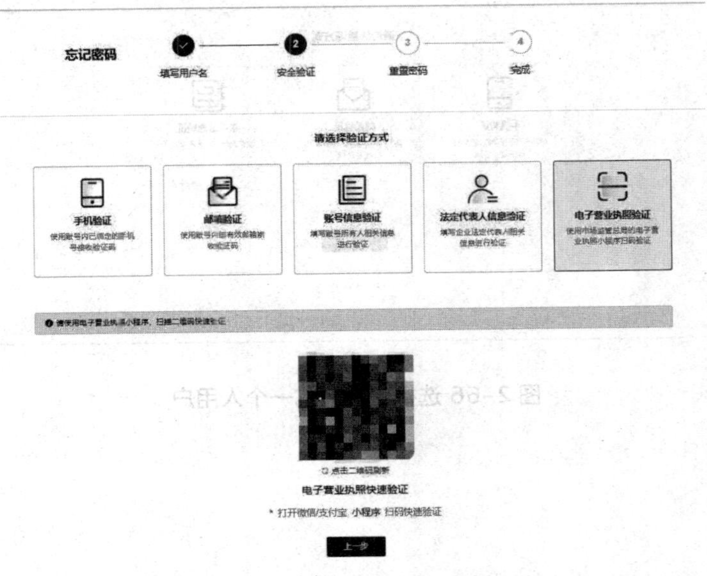

图 2-64 电子营业执照二维码验证

注：该方式仅支持 9 开头的统一社会信用代码的企业的管理员找回密码。

2. 企业操作员

企业操作员类型账号验证方式，如图 2-65。

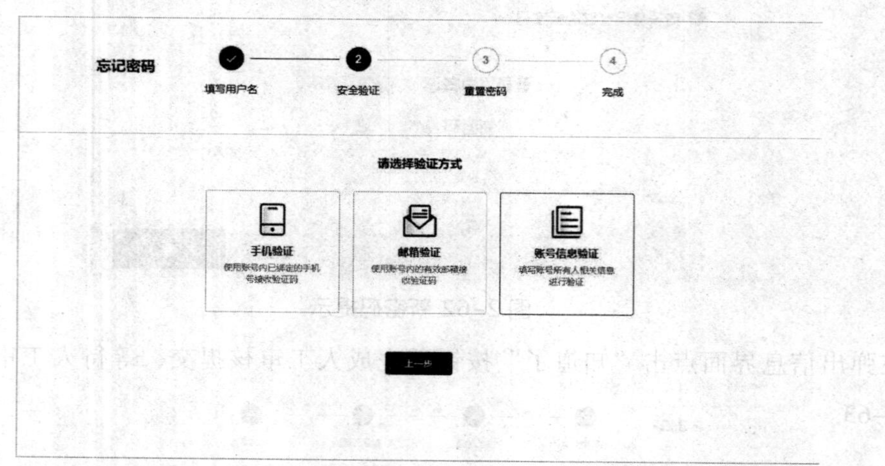

图 2-65 选择验证方式—企业操作员

3. 个人用户

个人用户类型账号验证方式，如图 2-66。

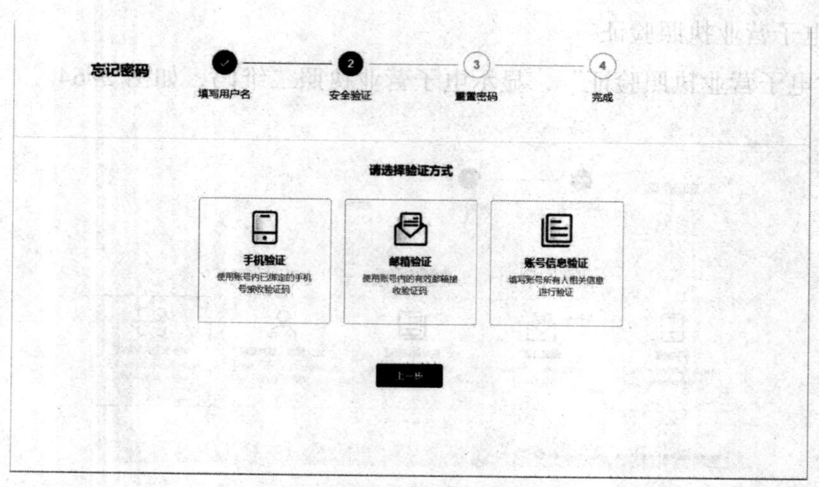

图 2-66 选择验证方式—个人用户

4. 部门用户

部门用户类型账号验证方式，如图 2-67。

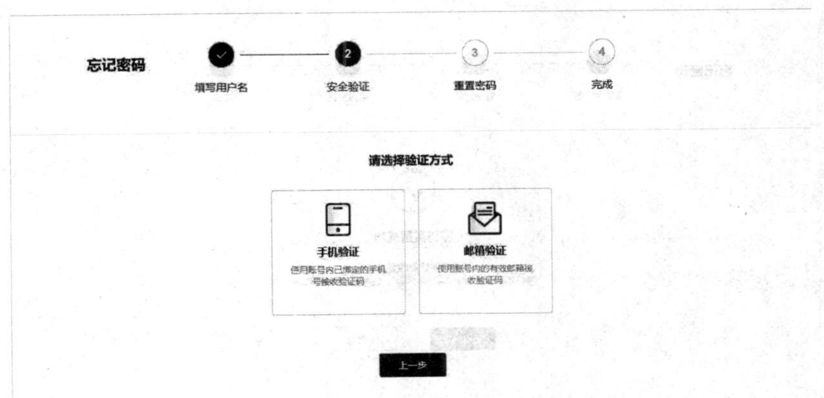

图 2-67 选择验证方式—部门用户

5. 国外及港澳台地区企业用户

国外及港澳台企业用户类型账号验证方式，如图 2-68。

图 2-68 选择验证方式—国外及港澳台企业

（三）重置密码

以上验证方式录入信息验证通过后，进入“重置密码”界面，如图 2-69。

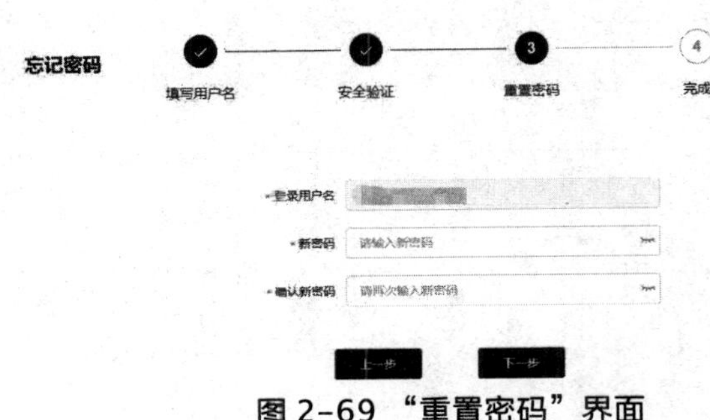

图 2-69 “重置密码”界面

（四）完成

重置密码后点击“下一步”按钮进入完成页面，如图 2-70。

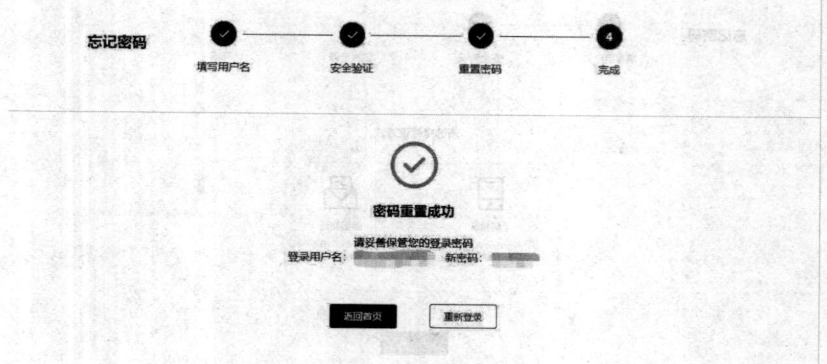

图 2-70 “重置密码”成功提示

第三节 用户管理

一、账号基本信息

管理员与操作员均可对自己的账号基本信息进行查看与修改等操作。

（一）查看

登录成功后，点击用户名进入用户管理系统。在左侧菜单中点击“账号信息”，界面右侧自动显示当前用户的相关信息。

1. 管理员

可查看企业信息（包括企业中文名称、统一社会信用代码、组织机构代码、法人姓名、法人证件类型、法人证件号码与企业地址等）。还可查看当前登录用户的账号信息（包括管理员、证件名称及号码等）。

图 2-71 管理员账号信息

2. 操作员

可查看当前登录用户的账号信息（包括所属企业中文名称、姓名、证件名称及号码等）。

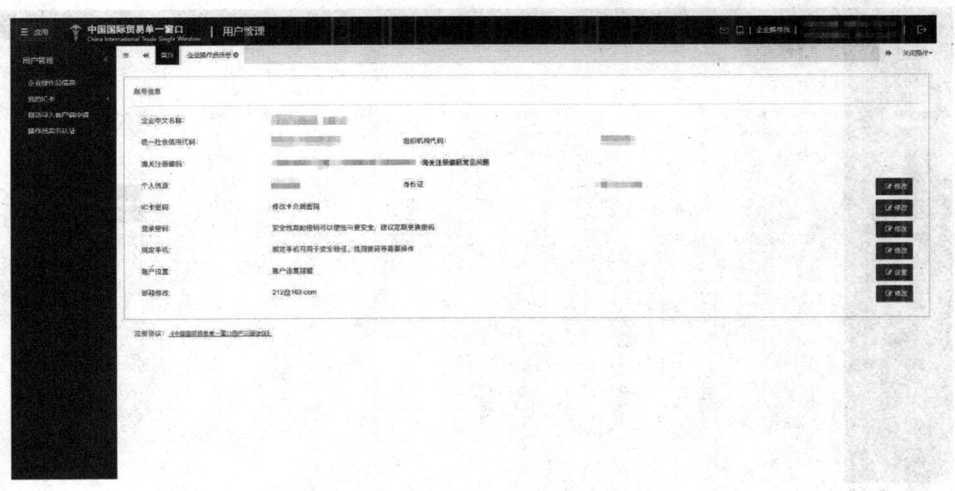

图 2-72 操作员账号信息

3. 个人用户

可查看当前个人用户的账号信息（包括账号姓名、证件类型、证件号码及手机号码等）。

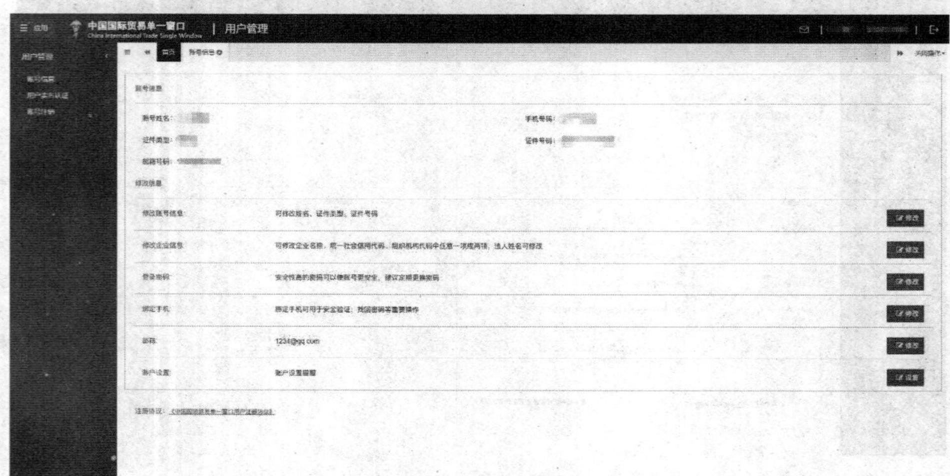

图 2-73 个人用户账号信息

4. 境外用户

可查看当前个人用户的账号信息（包括账号姓名、证件类型、证件号码及手机号码等）。

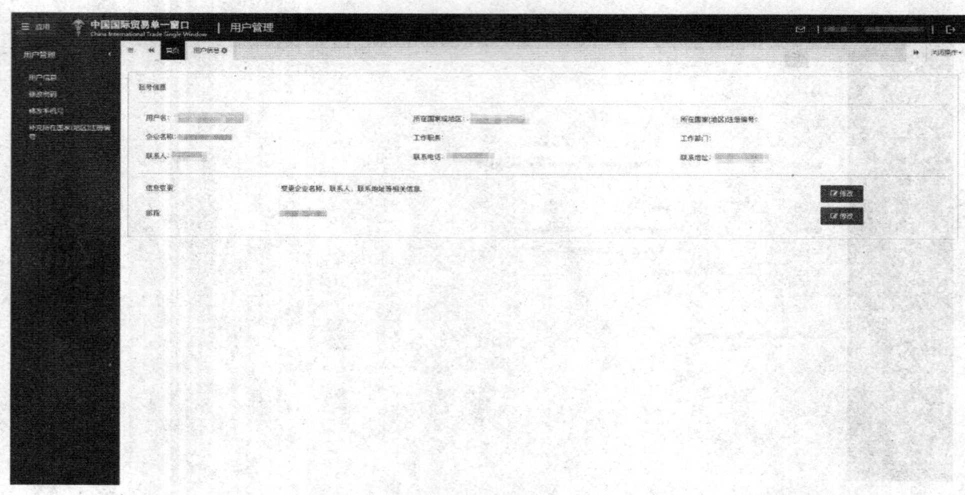

图 2-74 境外用户信息页面

（二）修改

1. 管理员

（1）修改管理员信息

管理员身份信息管理包含管理员的姓名、证件类型、证件号码等信息的修改。

点击“企业管理员”行末的“修改”按钮，可修改管理员的姓名、证件类型、证件号码等信息。如果是身份证，还可修改身份证有效开始时间和截止时间，如图 2-75。

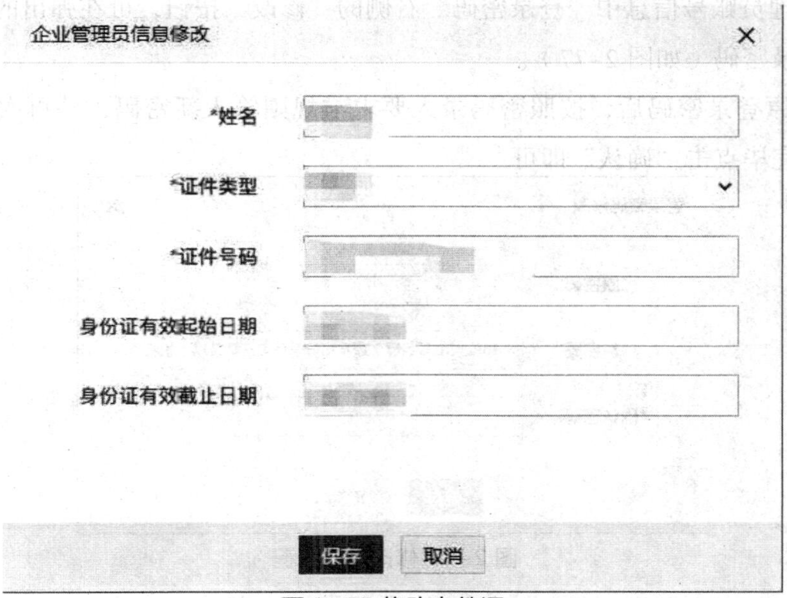

图 2-75 修改身份证

其他证件类型的修改：

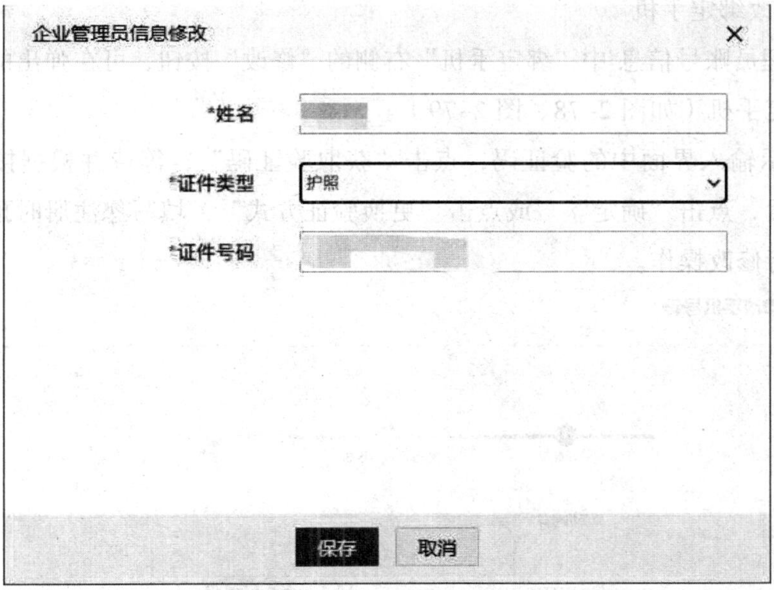

图 2-76 修改护照

如果证件类型为身份证，需填写身份证有效开始时间和截止时间，完成身份证实名认证。当截止时间为“长期”时，用 8 个 0 代替，如 00000000

如果实名认证出现问题，可参考“ 法人身份认证”—“关于身份证认证的说明”。

（2）修改登录密码

点击管理员账号信息中“登录密码”右侧的“修改”按钮，可在弹出的对话框中，修改您的登录密码（如图 2–77）。

需输入原登录密码后，按照密码录入要求与规则输入新密码，并再次输入新密码确认，录入完毕点击“确认”即可。

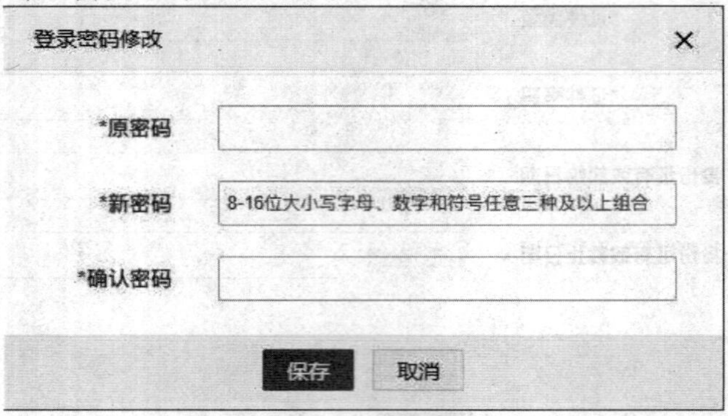

登录密码修改 ×

*原密码

*新密码 8-16位大小写字母、数字和符号任意三种及以上组合

*确认密码

保存 取消

图 2–77 修改登录密码

小提示：

请谨慎操作，并于修改密码成功后，妥善保管或牢记您的新密码。

（3）修改绑定手机

点击管理员账号信息 中“绑定手机”右侧的“修改”按钮，可在弹出的对话框中，修改您的绑定手机（如图 2–78、图 2–79）。

根据提示输入界面中的验证码，点击“获取验证码”，等待并根据接收到的短信输入验证码后，点击“确定”。或点击“更换验证方式”，填写您注册时预留的证件类型与号码进行修改操作。

修改手机号码

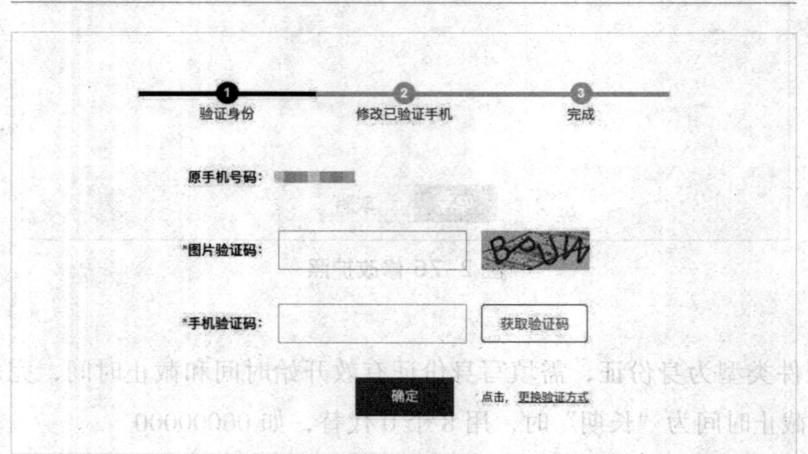

图 2–78 修改绑定手机

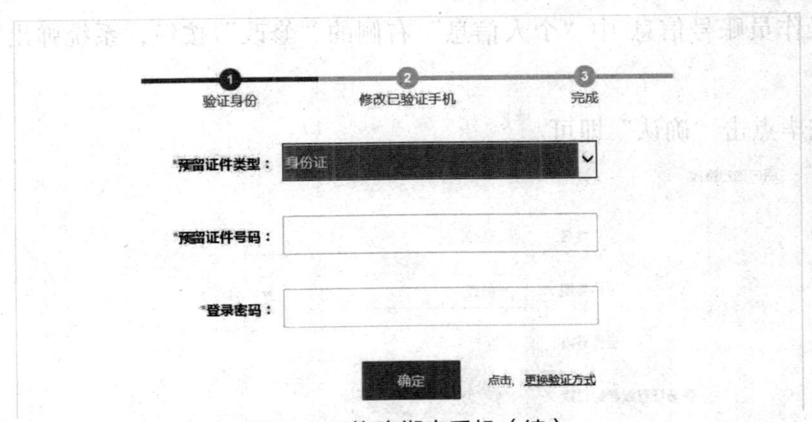

图 2-79 修改绑定手机（续）

小提示：

修改手机号码，可能会影响密码找回、接收消息或短信等功能，请谨慎操作。

（4）修改邮箱

点击管理员账号信息中“邮箱”右侧的“修改”按钮，可在弹出的对话框中，修改您的邮箱（如图 2-80）。

输入正确的邮箱地址，点击“获取验证码”，等待并根据接收到的邮箱输入验证码后，点击“保存”。

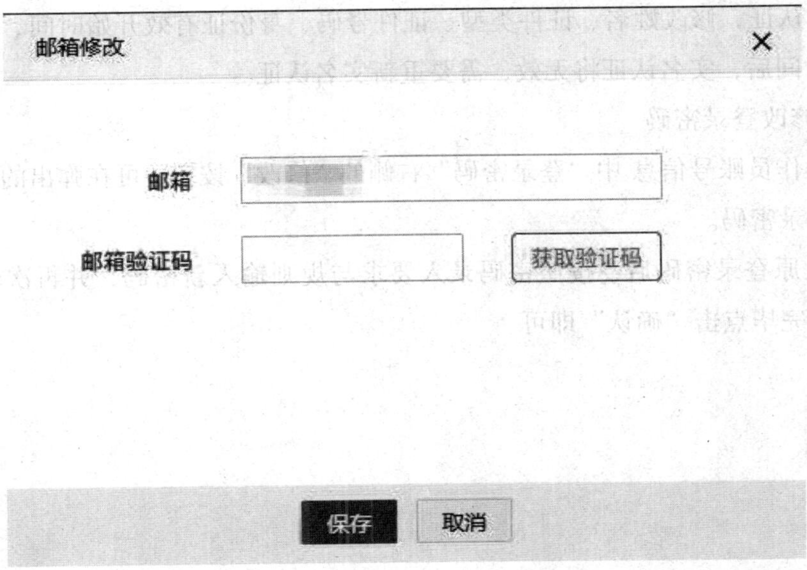

邮箱修改 ×

邮箱

邮箱验证码 获取验证码

保存 取消

图 2-80 修改邮箱

2. 操作员

（1）修改个人信息

点击操作员账号信息 中“个人信息”右侧的“修改”按钮，系统弹出对话框（如图 2–81）。

录入完毕点击“确认”即可。

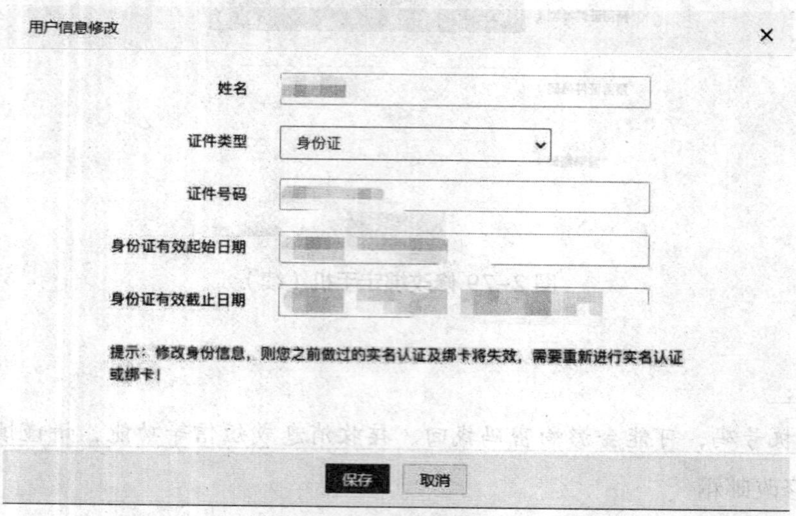

图 2–81 修改操作员个人信息

可进行操作员姓名、证件类型、证件号码、登录密码、绑定手机号等的修改。

如果已绑卡，修改姓名、证件类型、证件号码后，因与绑的卡不匹配，绑的卡将解绑。如果已实名认证，修改姓名、证件类型、证件号码、身份证有效开始时间、身份证有效结束时间后，实名认证将无效，需要重新实名认证。

（2）修改登录密码

点击操作员账号信息 中“登录密码”右侧的“修改”按钮，可在弹出的对话框中，修改您的登录密码。

需输入原登录密码后，按照密码录入要求与规则输入新密码，并再次输入新密码确认，录入完毕点击“确认”即可。

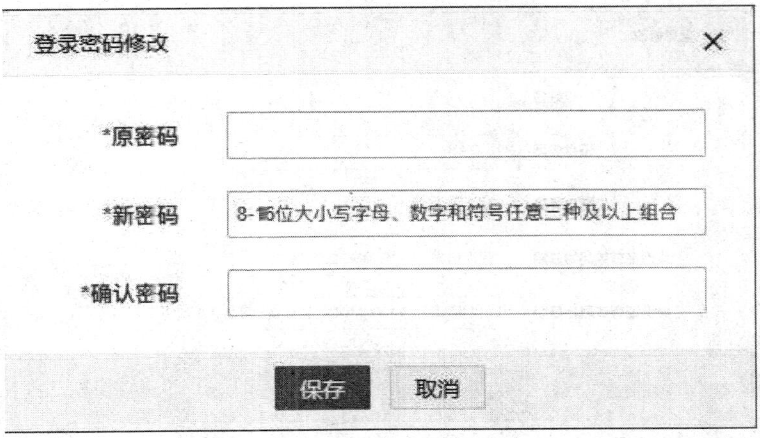

登录密码修改 ×

*原密码

*新密码 8-16位大小写字母、数字和符号任意三种及以上组合

*确认密码

保存 取消

图 2-82 修改登录密码

小提示：

请谨慎操作，并于修改密码成功后，妥善保管或牢记您的新密码。

（3）修改绑定手机

点击操作员账号信息中“绑定手机”右侧的“修改”按钮，可在弹出的对话框中，修改您的绑定手机。

具体操作可参考上述管理员修改绑定手机的相关描述，不再赘述。

（4）修改邮箱

点击操作员账号信息中“邮箱”右侧的“修改”按钮，可在弹出的对话框中，修改您的邮箱。

具体操作可参考上述管理员修改邮箱的相关描述，不再赘述。

3. 个人用户

（1）修改个人信息

点击个人用户信息中“修改账号信息”右侧的“修改”按钮，系统弹出对话框（如图 2-83）。录入完毕点击“保存”即可。

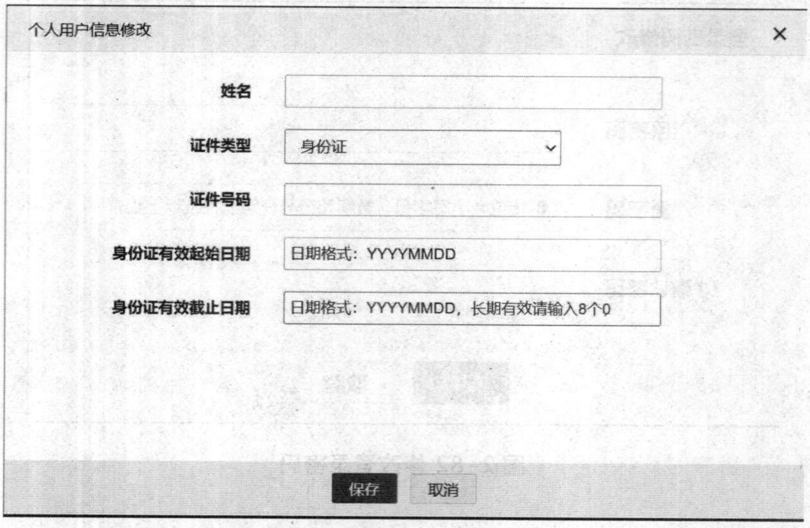

个人用户信息修改　×

姓名

证件类型　身份证

证件号码

身份证有效起始日期　日期格式：YYYYMMDD

身份证有效截止日期　日期格式：YYYYMMDD，长期有效请输入8个0

保存　取消

图 2-83 修改个人信息—个人用户

（2）修改企业信息

点击个人用户信息 中“修改企业信息”右侧的“修改”按钮，可在弹出的对话框中，修改用户的企业信息（如图 2-84）。

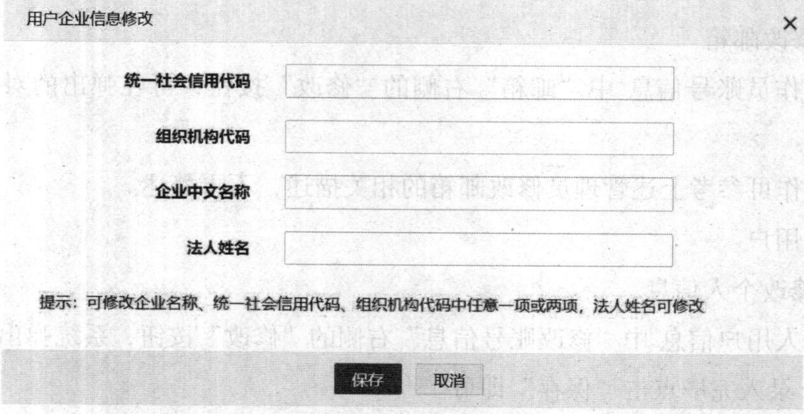

用户企业信息修改　×

统一社会信用代码

组织机构代码

企业中文名称

法人姓名

提示：可修改企业名称、统一社会信用代码、组织机构代码中任意一项或两项，法人姓名可修改

保存　取消

图 2-84 修改企业信息—个人用户

修改规则：可修改企业名称、统一社会信用代码、组织机构代码中任意一项或两项，法人姓名可修改。

（3）修改登录密码

点击个人用户信息 中“登录密码”右侧的“修改”按钮，可在弹出的对话框中，修改您的登录密码（如图 2-85）。

需输入原登录密码后，按照密码录入要求与规则输入新密码，并再次输入新密码确认，录入完毕点击“保存”即可。

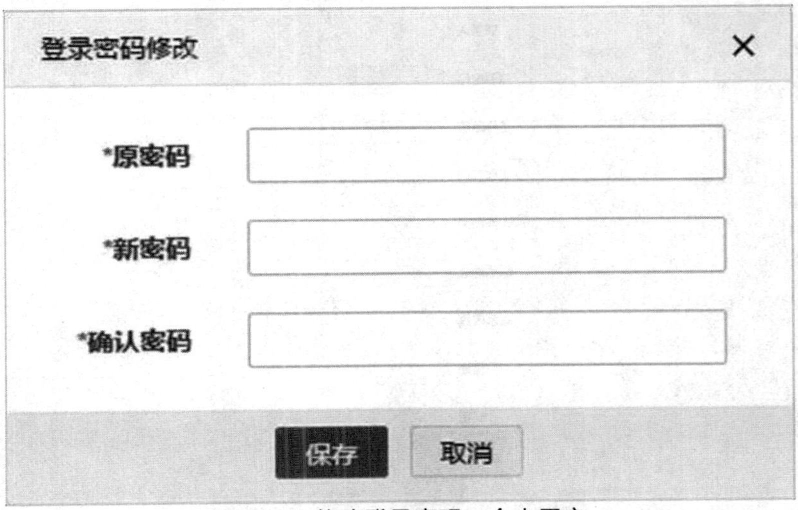

登录密码修改 ×

*原密码

*新密码

*确认密码

保存 取消

图 2-85 修改登录密码—个人用户

<u>小提示：</u>

<u>请谨慎操作，并于修改密码成功后，妥善保管或牢记您的新密码。</u>

（4）修改绑定手机

点击个人账号信息中“绑定手机”右侧的“修改”按钮，可在弹出的对话框中，修改您的绑定手机。

具体操作可参考上述管理员修改绑定手机的相关描述，不再赘述。

（5）修改邮箱

点击个人账号信息中“邮箱”右侧的“修改”按钮，可在弹出的对话框中，修改您的邮箱。

具体操作可参考上述管理员修改邮箱的相关描述，不再赘述。

（6）国外及港澳台地区用户信息变更

点击国外及港澳台地区用户信息中“信息变更”右侧的“修改”按钮，可在弹出的对话框中，修改您的信息。

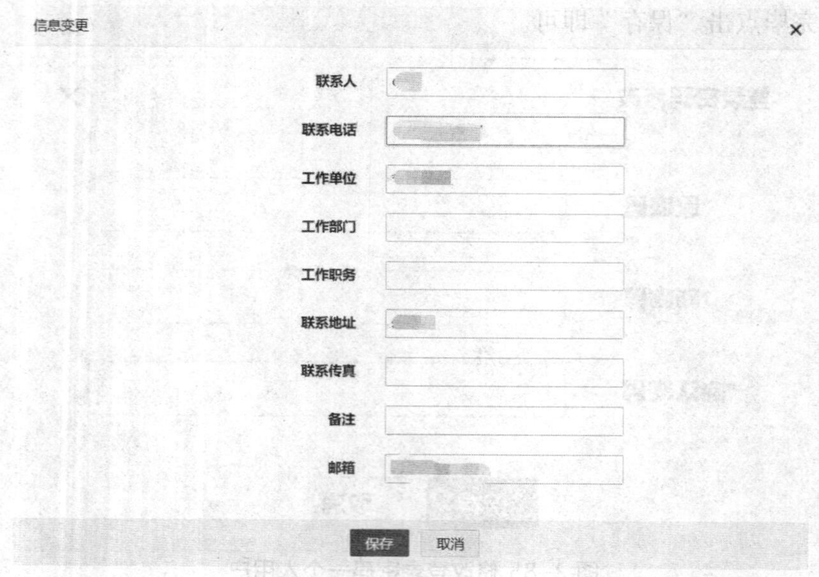

图 2-86 国外及港澳台地区用户信息变更

请根据提示信息，填写正确，点击保存，信息变更完成。

（7）补充所在国家（地区）注册编号

点击国外及港澳台地区用户信息中“补充所在国家（地区）注册编号”，如果注册时未填写所在国家（地区）注册编号，可在图 2-87 中补充，且补充后不可修改，请谨慎填写！

补充所在国家(地区)注册编号

所在国家或地区：BDI

*所在国家(地区)注册编号：

确定

图 2-87 补充所在国家（地区）注册编号

（三）账号激活

1. 管理员

账号需要激活的原因：当用户直接使用卡登录时，如果通过该卡的企业名称、持卡人证件类型和证件号码，没有从系统里找到同样信息的账号，系统就会创建一个新账号，该卡会绑定该账号。

（1）激活规则

①法人卡登录，该企业没有管理员账号，自动创建管理员账号；

②法人卡登录，该企业有管理员账号，绑定该账号，提示是否要覆盖原账号（被冒用情况）；

③操作员卡登录，如果该企业没有管理员账号，自动创建管理员账号（用户名为卡号_ADMIN）和操作员账号（用户名为卡号）；

④操作员卡登录，如果该企业有管理员账号，自动创建操作员账号（用户名为卡号），如果已有操作员的身份信息与该卡的身份信息一致，不创建新操作员账号，只绑定该账号。

为了账户安全，系统创建的账号是未激活状态，但不影响卡做任何业务功能。卡登录后， 可激活该账号，同时设置该账号密码（注：不是卡的密码，账号的密码和卡的密码不是一回事）。激活后，就可以使用用户名和密码登录。

（2）激活过程

①先用卡介质登录，如图 2-88。

图 2-88 卡介质登录界面

②登录完成后，点击门户首页顶部的用户名，进入用户管理页面，如图 2–89。

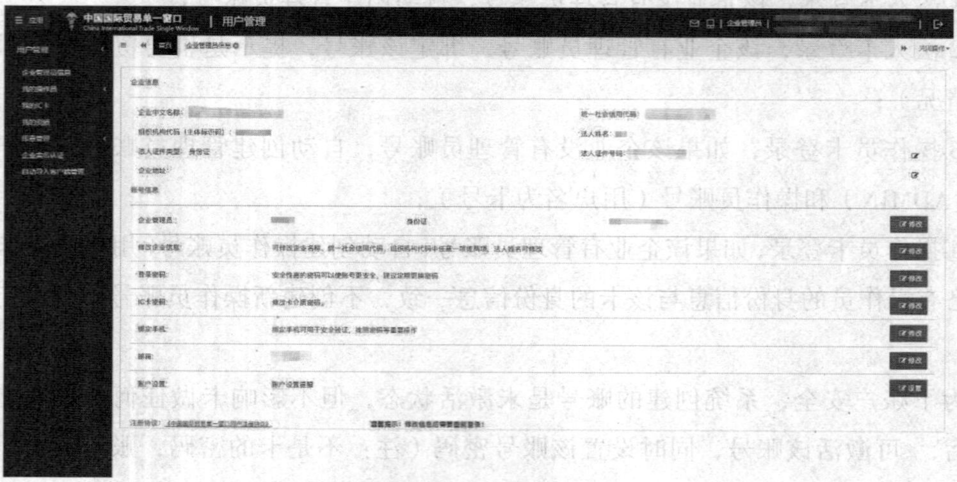

图 2–89 用户管理页面

如果账号未激活，会显示激活按钮。如果账号已激活，就显示“修改”按钮，修改密码。

③点击激活按钮，弹出窗口，如图 2–90。

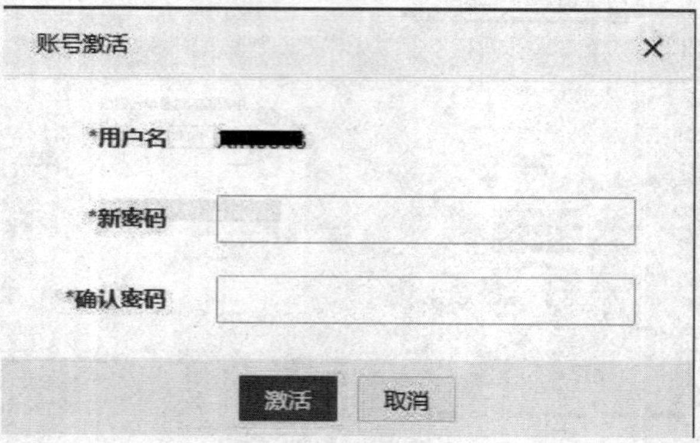

图 2–90 激活弹窗

④输入账号密码和确认密码，点击“激活”按钮，完成账号激活。

完成激活后，退出当前的介质登录，就可以使用已激活的用户名、密码登录了。

2. 操作员

同上管理员说明。

（四）账户设置

1. 管理员

点击管理员账号信息 中“账户设置”右侧的“设置”按钮，可在弹出的对话框中，进行账户设置功能（如图 2–91）。

点击“手机号登录开关”右侧开关，点击之后，页面会进行提示；如成功，图标变成绿色；如不成功，页面提示“该账号对应的手机号已开启手机号登录！”，无法开启手机号登录功能。

点击“信息同步”按钮，用户信息同步相关机构。

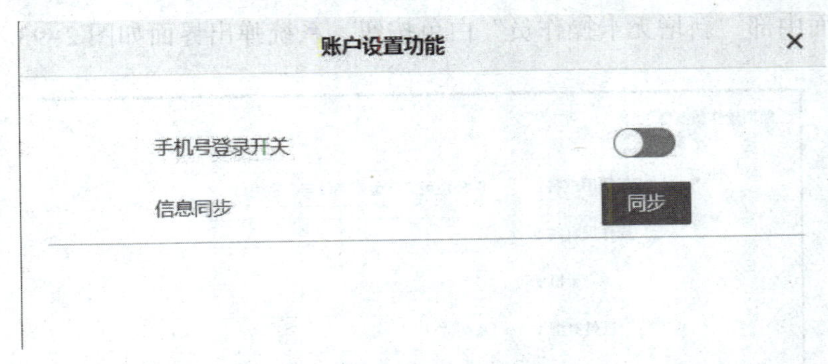

图 2-91 账户设置功能

2. 操作员

点击操作员账号信息 中“账户设置”右侧的“设置”按钮，可在弹出的对话框中，进行账户设置功能。

具体操作可参考上述管理员修改绑定手机的相关描述，不再赘述。

3. 个人用户

点击个人用户账号信息 中“账户设置”右侧的“设置”按钮，可在弹出的对话框中，进行账户设置功能。

具体操作可参考上述管理员修改绑定手机的相关描述，不再赘述。

二、我的操作员

本功能仅在管理员账号登录后的界面显示，可查看、创建或编辑本企业的操作员信息。登录成功后，在左侧菜单中点击“我的操作员”，界面右侧自动显示当前企业的操作员列表与信息（如图 2-92）。

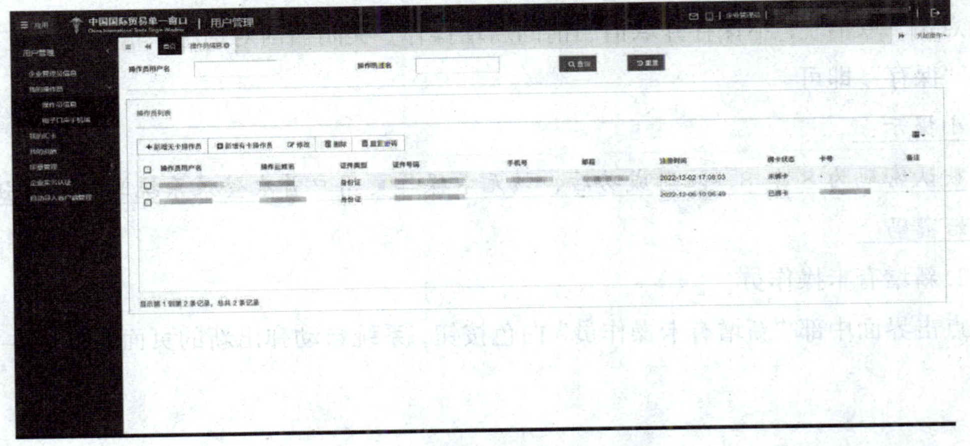

图 2-92 “我的操作员”界面

（一）新增

1. 新增无卡操作员

点击界面中部“新增无卡操作员”白色按钮，系统弹出界面如图 2-93。

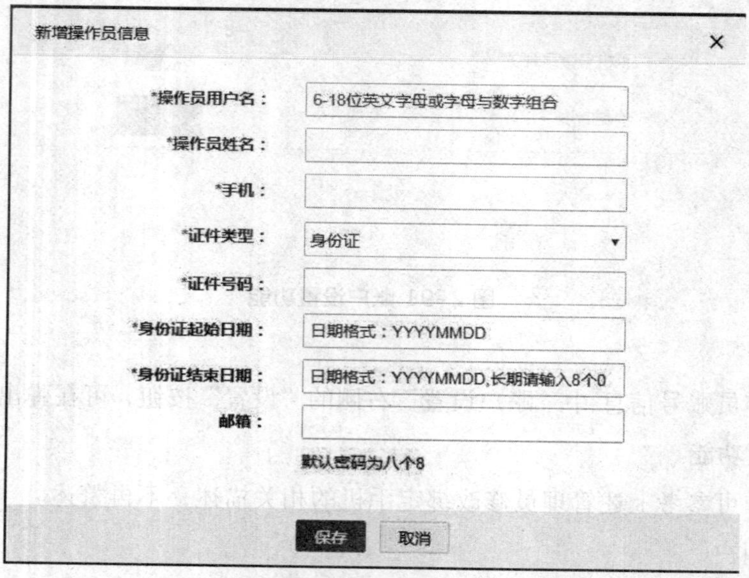

新增操作员信息 ×

*操作员用户名：6-18位英文字母或字母与数字组合

*操作员姓名：

*手机：

*证件类型：身份证

*证件号码：

*身份证起始日期：日期格式：YYYYMMDD

*身份证结束日期：日期格式：YYYYMMDD,长期请输入8个0

邮箱：

默认密码为八个8

保存 取消

图 2-93 新增无卡操作员信息

请如实填写，带有红色星号标识的字段为当前操作过程中的必填项。

操作员登录名：必填，输入 6-18 位小写英文字母或字母与数字的组合。操作员手机号码：必填，用于接收验证码等推送消息，请如实填写。 操作员真实姓名：必填，请如实填写。

操作员证件类型：必选，根据下拉菜单中的内容进行选择。操作员证件号码：必填，请根据操作员证件类型如实填写。操作员邮箱：非必填。

点击“取消”，不保存并取消当前的新增操作、关闭当前对话框。信息填写完毕后，点击“保存”即可。

小提示：

默认密码为 8 个 8，注册成功后，该无卡操作员用户首次登录系统时，需要强制修改初始密码。

2. 新增有卡操作员

点击界面中部“新增有卡操作员”白色按钮，系统自动弹出新的页面（如图 2-94）。

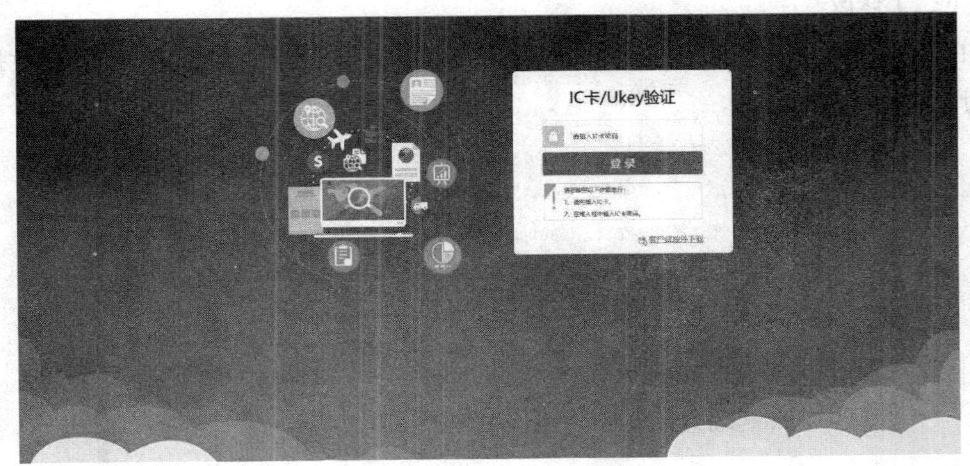

图 2-94 新增有卡操作员

插入当前新增的操作员 IC 卡或 IKey 后，输入介质密码，点击登录，进入有卡操作员账号注册界面（如图 2-95）。

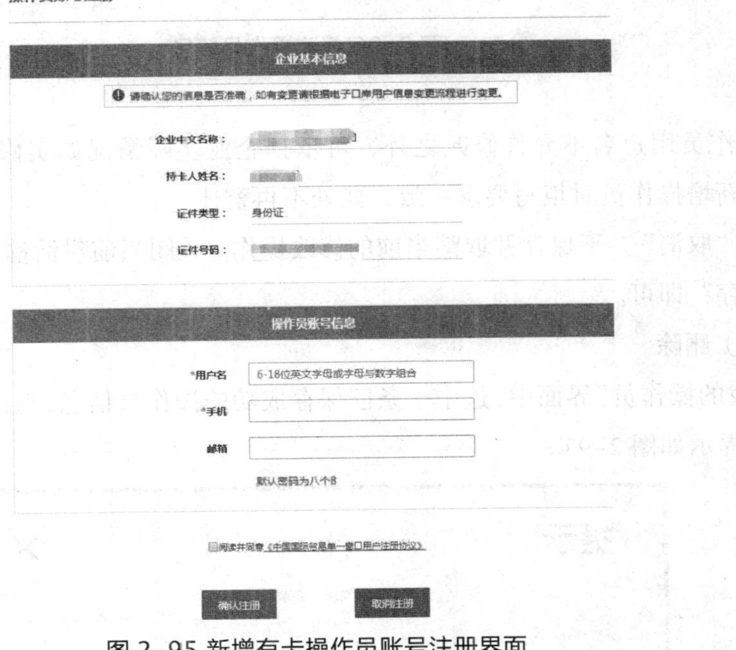

图 2-95 新增有卡操作员账号注册界面

在该界面中，字段前带红色星号的为必填项，填写完毕后，勾选下方“阅读并同意《中国国际贸易单一窗口用户注册管理协议》”并点击下方蓝色按钮“确认注册”，完成有卡操作员账号的新增操作。

（二）修改

在“我的操作员”界面中，选中一条已保存成功的操作员信息，点击“修改”白色按钮，系统弹出界面如图 2-96。

编辑操作员信息 ×

*操作员用户名：swbjop0202

*操作员姓名：maran

*证件类型：身份证

*证件号码：

*身份证起始日期：20110506

*身份证结束日期：20210506

*手机：13322111111

账号状态：

保存 取消

图 2-96 修改操作员信息

除操作员用户名不允许修改之外，可依据企业实际情况如实修改操作员信息，录入要求与新增操作员时填写要求一致，此处不再赘述。

点击“取消”，不保存并取消当前的修改操作、关闭当前对话框。信息填写完毕后，点击“保存”即可。

（三）删除

在“我的操作员”界面中，选中一条已保存成功的操作员信息，点击“删除”白色按钮，系统弹出提示如图 2-97。

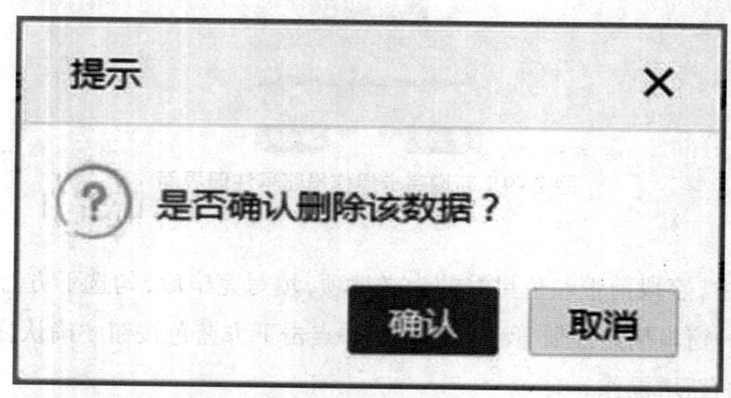

图 2-97 删除操作员提示

点击“取消”，取消当前的删除操作、关闭当前对话框。点击“确认”即删除该操作员信息，请务必谨慎操作！

小提示：

操作员绑卡成功，但管理员未绑卡，管理员不可对操作员进行修改或删除。

（四）查询

在“我的操作员”界面上方，可任意选择输入“操作员用户名”或“操作员姓名”，点击“查询”，快捷地将操作员信息显示在下方列表中。点击“重置”可清空当前已输入的查询条件。

三、我的 IC 卡

管理员与操作员均可对自己的账号信息进行绑卡操作。

小提示：

部分业务功能可能需要使用介质进行操作，如果您有 IC/IKEY 卡，可以进行绑卡操作，绑卡后更方便您开展后续业务操作！

（一）绑卡

如当前登录系统的账户，是使用“无卡用户注册”方式创建的，则登录系统后，在左侧菜单中点击“我的 IC 卡”，右侧界面无介质信息。此时可插入 IC 或 IKey 卡，点击白色“绑卡”按钮进行绑卡操作。

如当前登录系统的账户，是使用“有卡用户注册”方式创建的，登录系统后，界面右侧自动显示当前用户 IC 卡的详细信息（如图 2-98）。

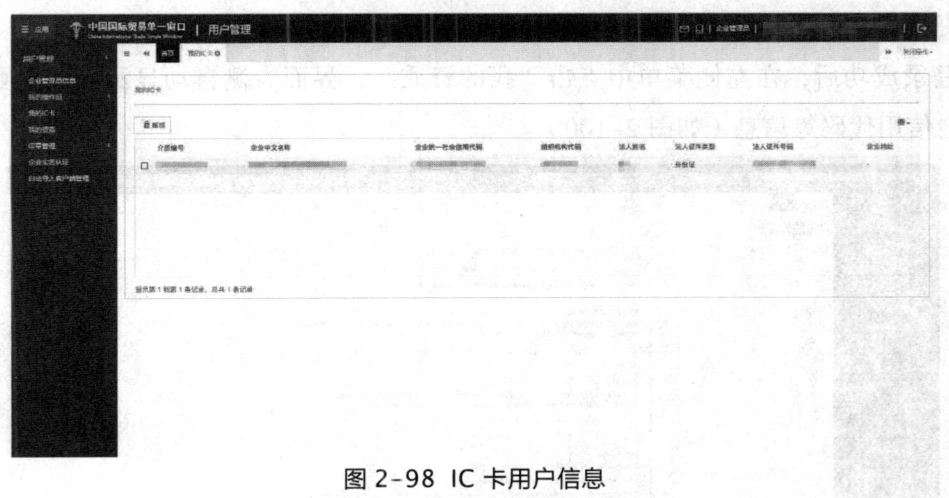

图 2-98 IC 卡用户信息

点击页面右侧展开图标，可以选择需要显示到页面上的数据，具体显示如图 2–99。

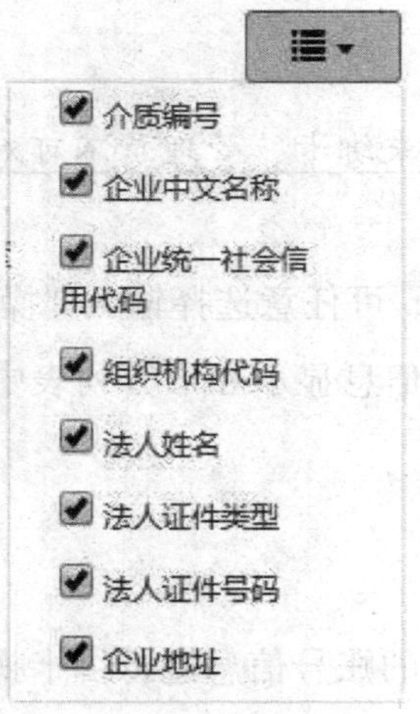

图 2–99 字段显示选择

（二）解绑

如需将当前账号信息与卡介质的绑定关系进行解除，可勾选图 2–99 列表中的记录，点击“解绑”白色按钮，即可取消绑定。

此时可重新进行绑定，插入需要进行绑定的卡介质，重复上述绑卡的相关操作即可。

四、我的资质

（一）修改资质信息

本功能仅在管理员账号登录后的界面显示，可查看或修改本企业在相关部门的注册与资质等信息。

登录成功后，在左侧菜单中点击“我的资质”，界面右侧自动显示当前企业的统一社会信用代码等信息（如图 2–100）。

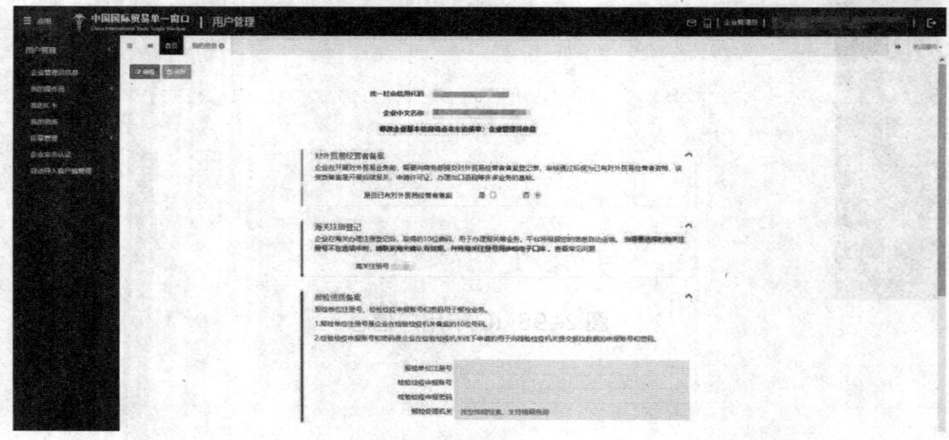

图 2–100 资质信息

点击“编辑”，界面中相应字段变为可编辑状态，否则只允许查看。图 2–100 中，可依次点开海关、报检、质检等选项卡，查看或编辑具体信息。

界面中，灰色字段（例如社会统一信用代码、海关注册号等）不允许编辑，由系统从注册信息或卡介质中返填。

外贸经营者备案、报检资质备案等选项卡内的更多字段，请如实填写或勾选，点击“保存”按钮即可，无需申报或审批。

小提示：

在上述界面中进行的资质备案，仅为用户在“单一窗口”标准版中进行业务操作时快速调取相关信息使用，请务必依据您的真实情况填写，否则可能影响您后续业务操作。

（二）同步更新

本功能仅在管理员账号，我的资质界面显示。

如果您的企业信息在相关业务主管部门进行了变更，可在此更新您在“单一窗口”标准版中的企业信息。

点击界面右侧“市场局同步更新”，“商务部同步更新”蓝色按钮（见图 2–101），等待提示“同步成功”即可。

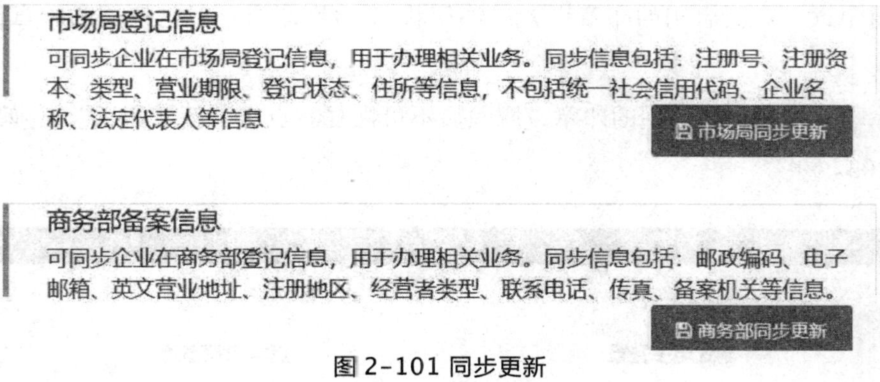

市场局登记信息

可同步企业在市场局登记信息，用于办理相关业务。同步信息包括：注册号、注册资本、类型、营业期限、登记状态、住所等信息，不包括统一社会信用代码、企业名称、法定代表人等信息

市场局同步更新

商务部备案信息

可同步企业在商务部登记信息，用于办理相关业务。同步信息包括：邮政编码、电子邮箱、英文营业地址、注册地区、经营者类型、联系电话、传真、备案机关等信息。

商务部同步更新

图 2–101 同步更新

五、印章管理

电子签章系统是电子签名的一种表现形式，利用图像处理技术将电子签名操作转化为与纸质文件盖章操作相同的可视效果，同时利用电子签名技术保障电子信息的真实性和完整性以及签名人的不可否认性。

电子签章有效状态为：停用（默认），启用。印章类型：公司章、合同章、财务章。

制作印章方式：制式电子签章、真实印章图片。

（一）印章制作

要求使用法人卡登录，才能新增和修改印章。使用其他方式登录，可查看、停用、企业、删除印章。

点击“印章制作”菜单，进入图 2–102 界面。

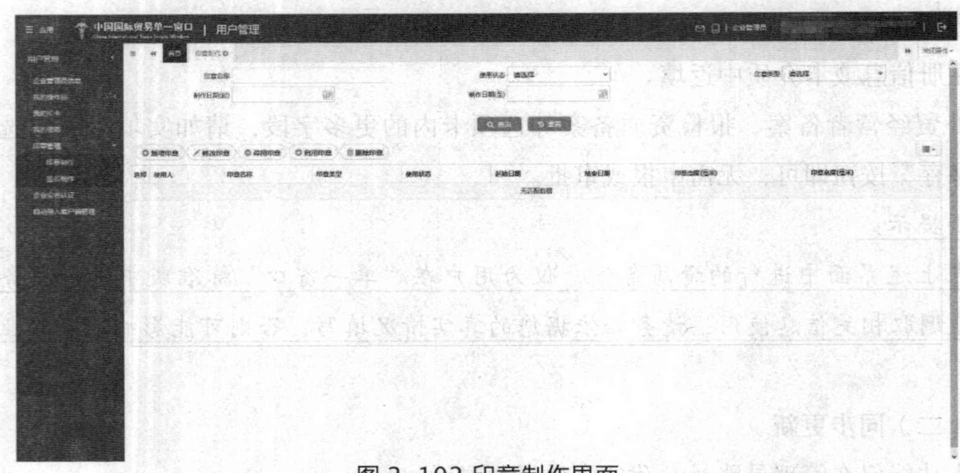

图 2–102 印章制作界面

可根据搜索条件：印章名称、使用状态、印章类型、制作日期查询印章。五个按钮的功能分别如下。

新增印章：制作新的印章； 修改印章：对印章进行修改；

停用印章：对已启用的印章设置成停用状态 启用印章：对已停用的印章设置成启用状态；

删除印章：删除已停用的印章，删除后不可恢复。点击“新增印章”，弹出窗口，如图 2–103。

图 2–103 新增印章弹窗选择

点击"制式电子签章"，如图 2-104 所示。

添加新印章

*印章使用人姓名 请按空格或输入选择印章操作员名称
*证书CN 用章人证书CN
*用户名 用户名
*印章名称 印章名称
*印章有效开始日期 印章有效开始日期
*印章有效结束日期 印章有效结束日期
备注 备注

*印章类型 请选择
*印章参数 红色 蓝色 中文 中英文 圆形 椭圆 长方形 宽(毫米): 43 高(毫米): 43 微调: 0
*印章内容(中文) 集安市为鸿绮劳务服务有限公司 预览
*印章图片

+保存印章 操作说明 × 关闭窗口

图 2-104 制式电子签章界面

点击 "操作说明"，弹出需要输入的字段介绍说明（具体略）。

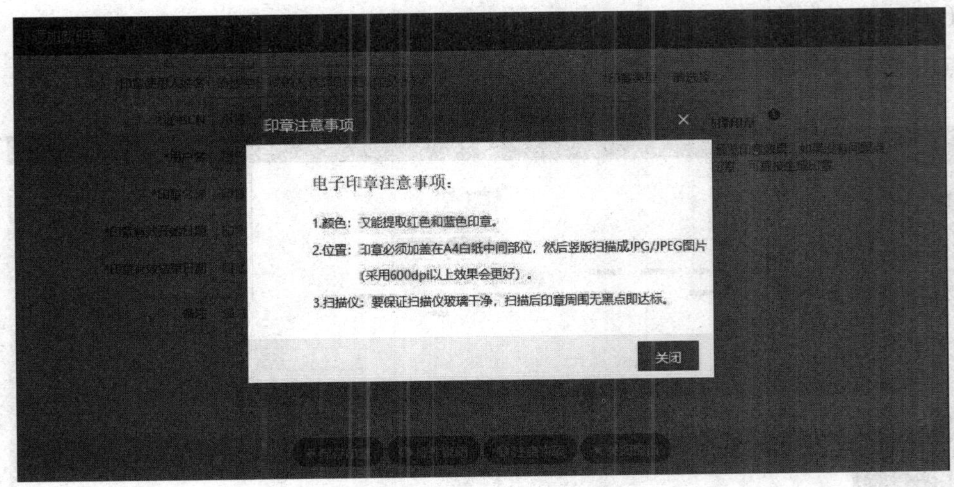

图 2-105 电子印章注意事项

正式页面覆盖注意事项（具体略）。

点击“关闭”按钮，进入图 2–106 界面。

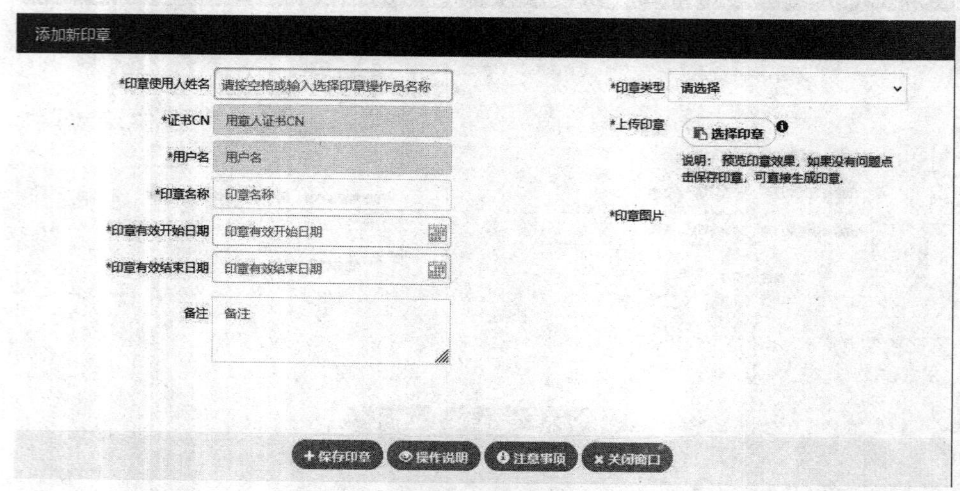

图 2–106 回到签章界面

点击“操作说明”，弹出内容（具体略）。

根据操作说明，填写各项，点击“保存印章”，完成真实印章图片类型的印章录入。

（二）签名制作

点击菜单“签名制作”，进入图 2–107 界面。

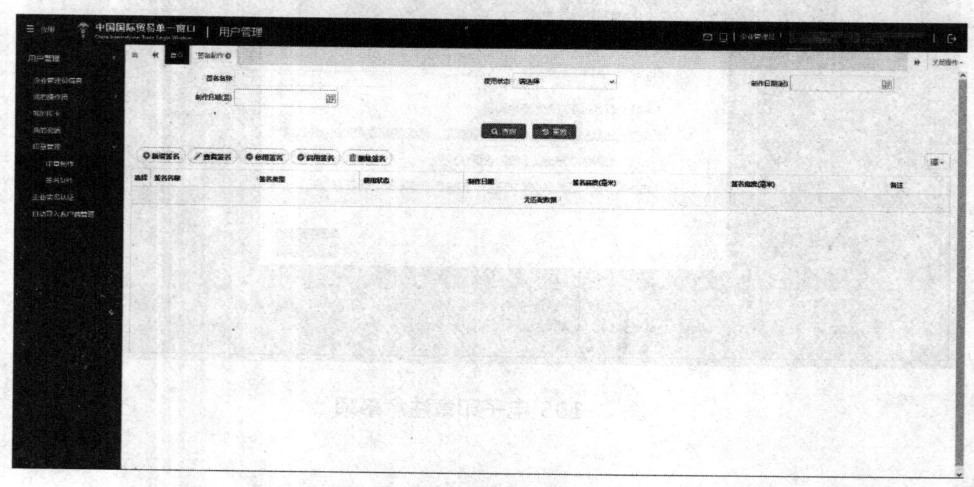

图 2–107 签名制作界面

搜索条件有：签名名称、使用状态、制作日期。五个功能按钮说明如下。

新增签名：增加新的签名；

查看签名：查看选择的签名的内容；

停用签名：对选择的状态为已启用的签名设置为停用； 启用签名：对选择的状态为已停用的签名设置为启用；

删除签名：对选择的状态为已停用的签名进行删除，删除后不可恢复。

点击“新增签名”按钮，弹出下列注意事项：

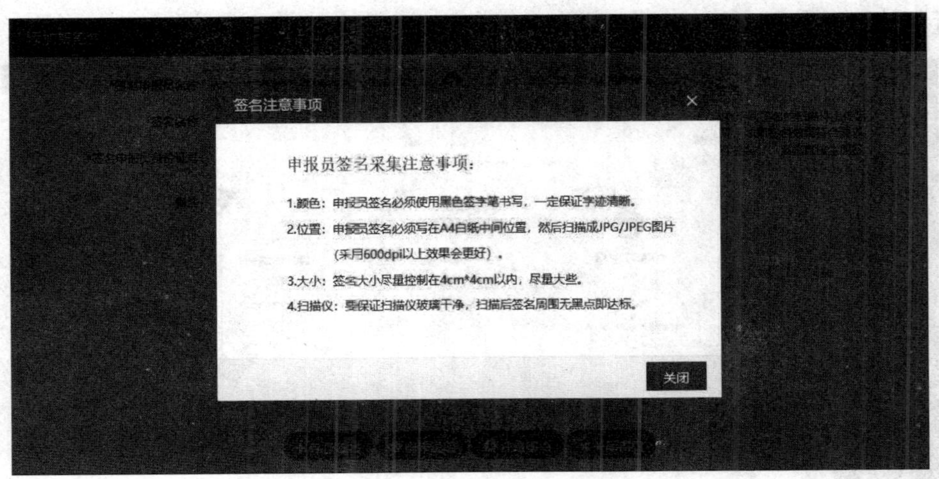

图 2-108 新增签名注意事项

点击按钮“关闭”，关闭弹出的注意事项，如图 2-109。

添加新签名

*签名申报员名称 请按空格或输入选择签名申报员名称

*签名名称 签名名称

*签名申报员身份证号 身份证号

备注 备注

*上传签名 选择签名

说明：将含有手写签名的扫描件上传后预览签名效果，如果签名效果符合要求可点击“保存签名”，系统直接生成签名。

*签名图片

+保存签名 操作说明 注意事项 关闭窗口

图 2-109 添加新签名界面（关闭注意事项后）

点击按钮“操作说明”，弹出内容（具体略）。

点击按钮“注意事项”，弹出内容（具体略）。

根据“操作说明”和“注意事项”，填写各项，点击“保存签名”，完成签名的录入。

六、实名认证

（一）企业实名认证

1.IC 卡认证

点击菜单企业实名认证，页面展示三种实名认证方式：IC 卡认证、法人身份认证和银行卡认证。如图 2–110。

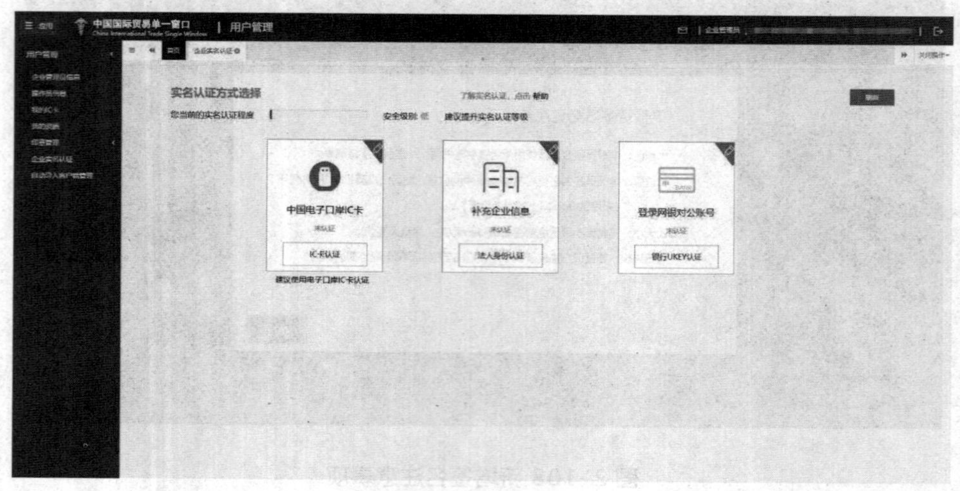

图 2–110 实名认证方式选择

准备好 IC 卡，与电脑连接，IC 卡既可以是法人卡，也可以是操作员卡，只要是本企业的 IC 卡即可。点击 IC 卡认证，输入卡登录密码，通过 IC 卡认证后，实名认证等级为“高”，不需要再做另外两种实名认证。

使用法人卡进行实名认证，如果原来没有绑卡，实名认证完成后，同时也完成了绑卡操作。使用操作员卡进行实名认证，完成后不会绑上此卡。

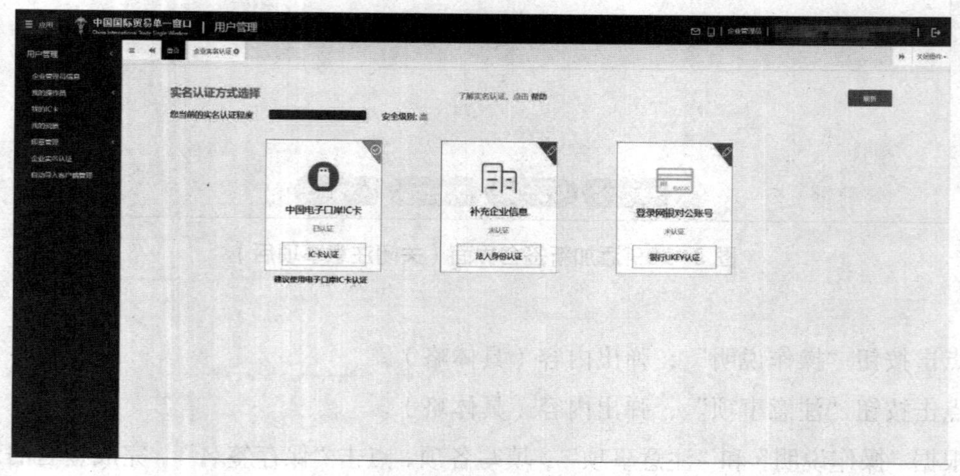

图 2–111 IC 卡认证完成

2. 法人身份认证

管理员账号登录后，点击菜单企业实名认证，页面展示三种实名认证方式：IC 卡认证、法人身份认证和银行卡认证。如图 2-112。

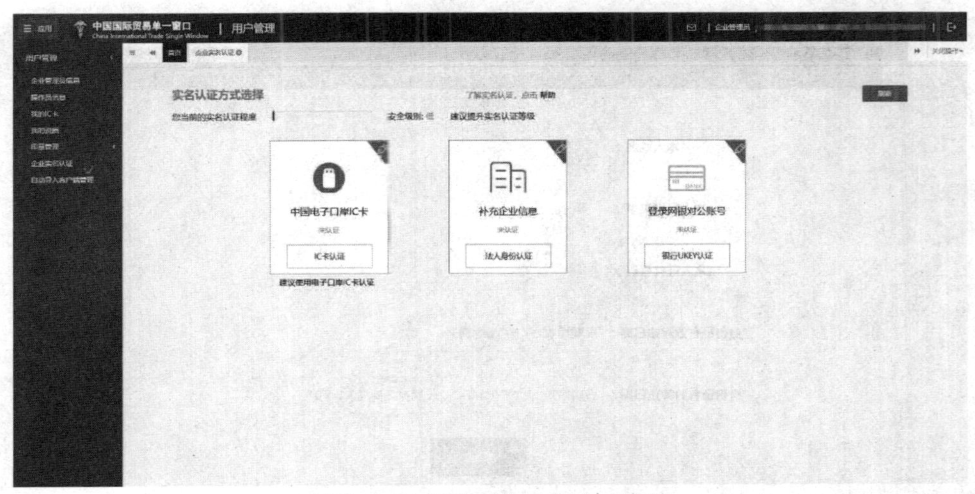

图 2-112 三种实名认证方式选择

点击法人身份认证，页面跳转至法人身份认证核验页面，如图 2-113。

第一步：核验企业信息。

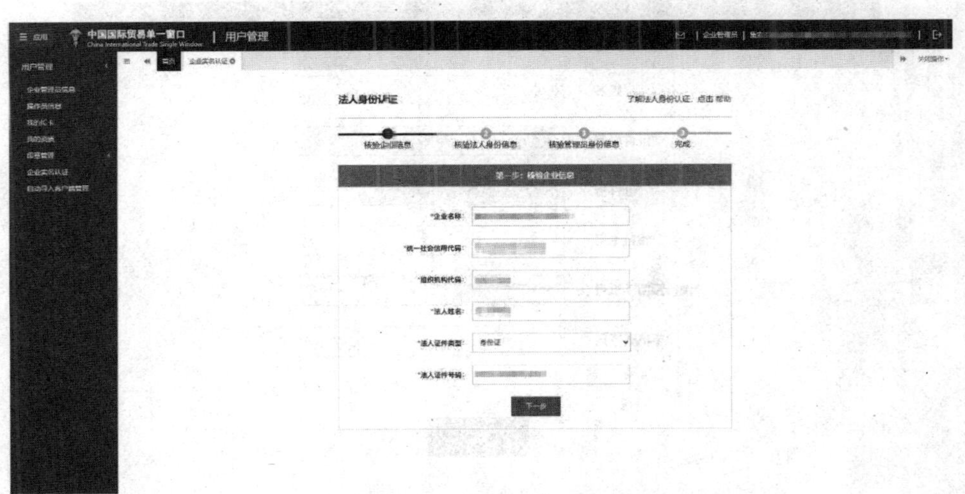

图 2-113 核验企业信息

法人的证件类型和证件号码，应与企业在市场局（原工商局）备案信息一致（事业单位也应与在相关机构备案信息一致），否则验核不能通过。

第二步：核验法人身份信息

当第一步完成后，进入第二步：核验法人身份信息。

如果法人证件类型为身份证，第二步自动进入的是法人身份证认证页面，如图2-114。

法人身份认证

第三步：核验管理员身份信息

*本人姓名：

*本人证件类型： 身份证

*本人证件号码：

*身份证有效起始日期： 日期格式：YYYYMMDD

*身份证有效截止日期： 日期格式：YYYYMMDD，长期有效请输入8个0

完成

图 2-114 法人身份证认证页面

如果法人证件类型不为身份证，第二步自动进入的是银行卡认证页面，如图2-115。

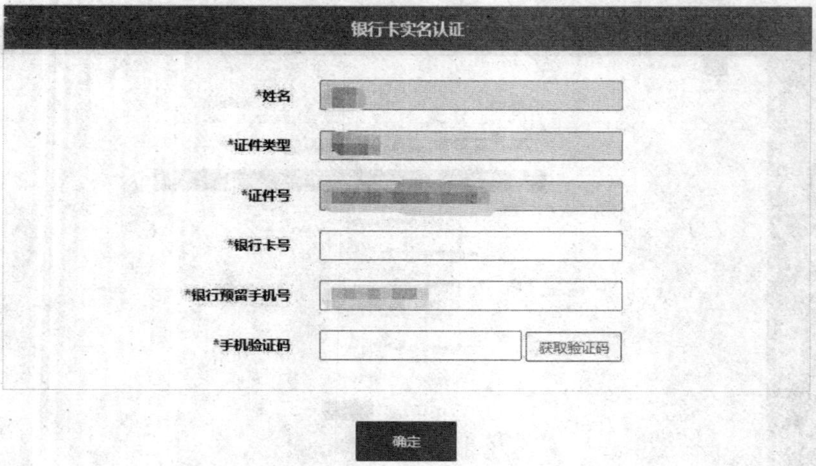

银行卡实名认证

*姓名

*证件类型

*证件号

*银行卡号

*银行预留手机号

*手机验证码 获取验证码

确定

图 2-115 银行卡认证页面

第三步：核验管理员身份信息

当第二步完成后，进入第三步：核验管理员身份信息。

如果管理员证件类型为身份证，第二步自动进入的是管理员身份证认证页面，如图 2-116。

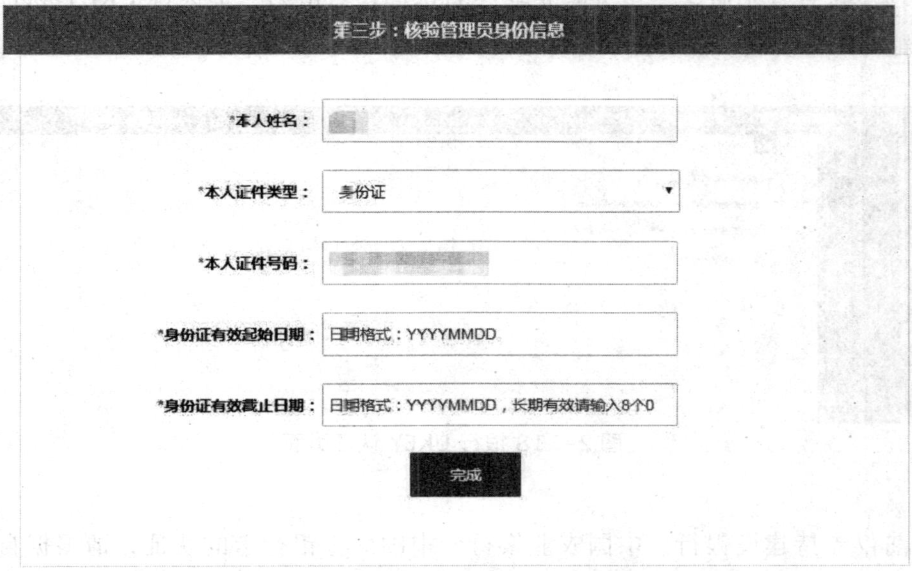

第三步：核验管理员身份信息

*本人姓名：

*本人证件类型： 身份证

*本人证件号码：

*身份证有效起始日期： 日期格式：YYYYMMDD

*身份证有效截止日期： 日期格式：YYYYMMDD，长期有效请输入8个0

完成

图 2-116 管理员身份证认证页面

身份证认证方式只支持证件类型为身份证的情况。

如果管理员证件类型不为身份证，第二步自动进入的是银行卡认证页面，如图 2-117。

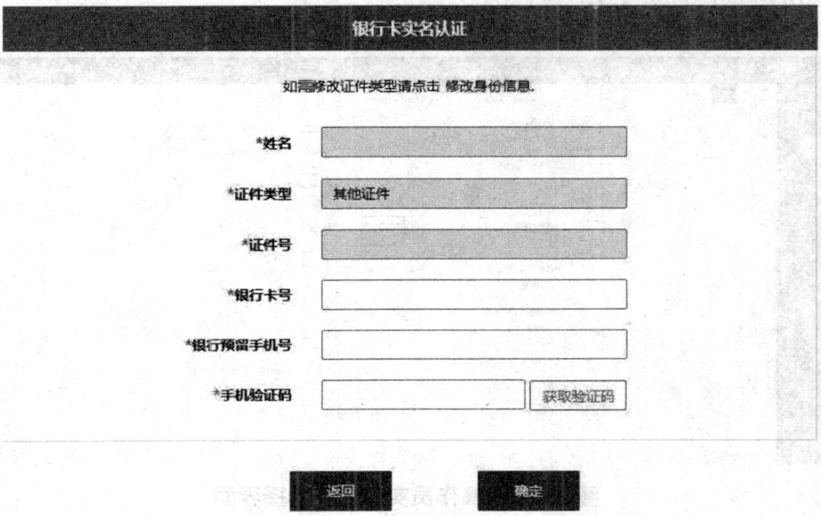

银行卡实名认证

如需修改证件类型请点击 修改身份信息.

*姓名

*证件类型 其他证件

*证件号

*银行卡号

*银行预留手机号

*手机验证码 获取验证码

返回 确定

图 2-117 银行卡认证页面

管理员认证通过以后，页面自动返回，等级升级为“高”实名认证通过后，如果再修改本账号的法人 / 管理员的姓名、证件类型、证件号码中的任何一项，此实名认证将无效，需要重新做实名认证。

3. 银行 UKEY 认证

管理员账号登录后，点击菜单企业实名认证，点击第三个银行 UKEY 认证，页面跳转到银行账号实名认证页面。如图 2–118。

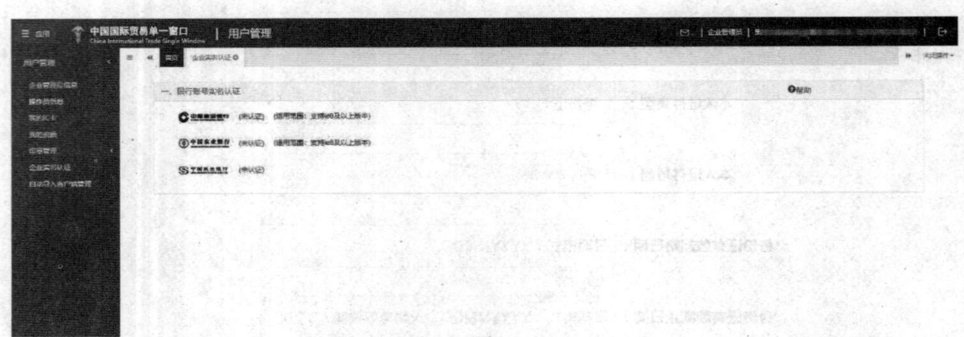

图 2–118 银行 UKEY 认证页面

目前仅支持建设银行、中国农业银行、中国民生银行卡的认证，请根据自己的情况进行认证绑卡。

（二）操作员实名认证

1. 身份证认证

点击菜单企业实名认证，页面展示三种实名认证方式：身份证认证、银行卡认证和 IC 卡认证。如图 2–119。

点击身份信息认证，如图 2–120。

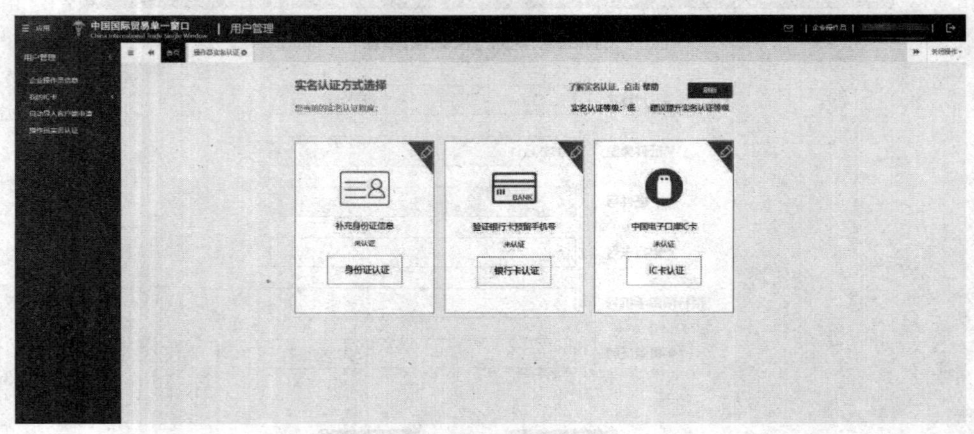

图 2–119 操作员实名认证选择界面

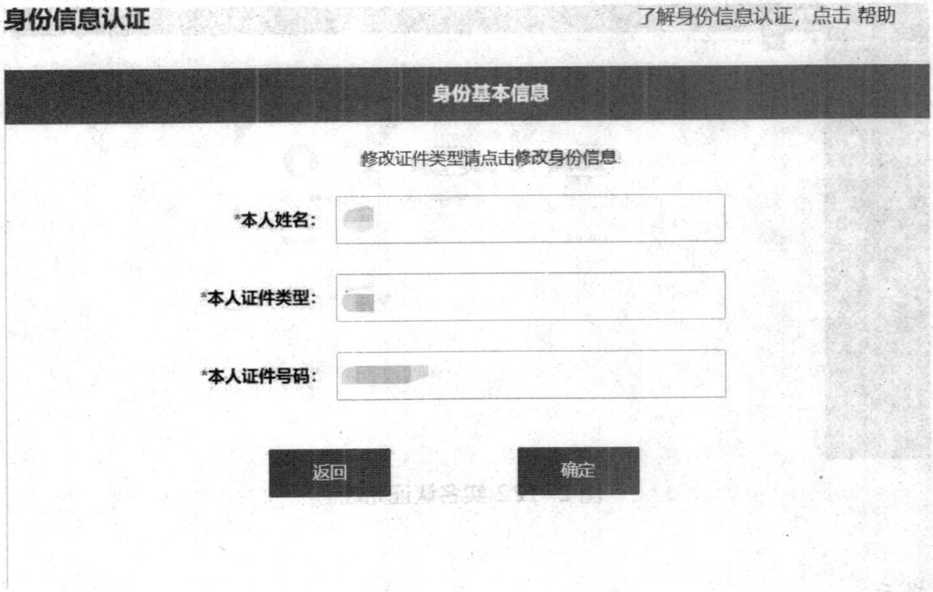

图 2-120 身份信息认证

点击“修改身份信息”，弹出用户修改页面，如图 2-121，可进行修改。如果有身份证，但注册时使用的其他类型的证件，可先修改成身份证，再进行身份证认证。请录入正确的用户信息。

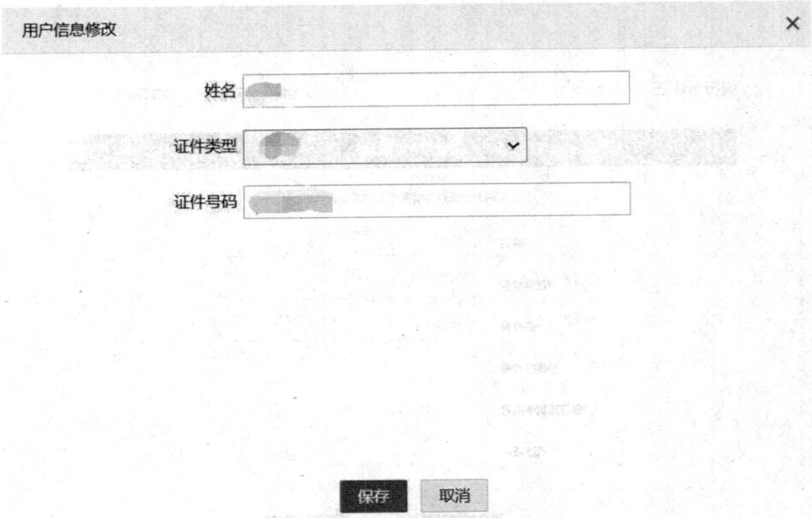

图 2-121 用户信息修改

保存成功后，页面返回身份信息认证页面，点击确定，实名认证完成。页面显示如图 2-122。

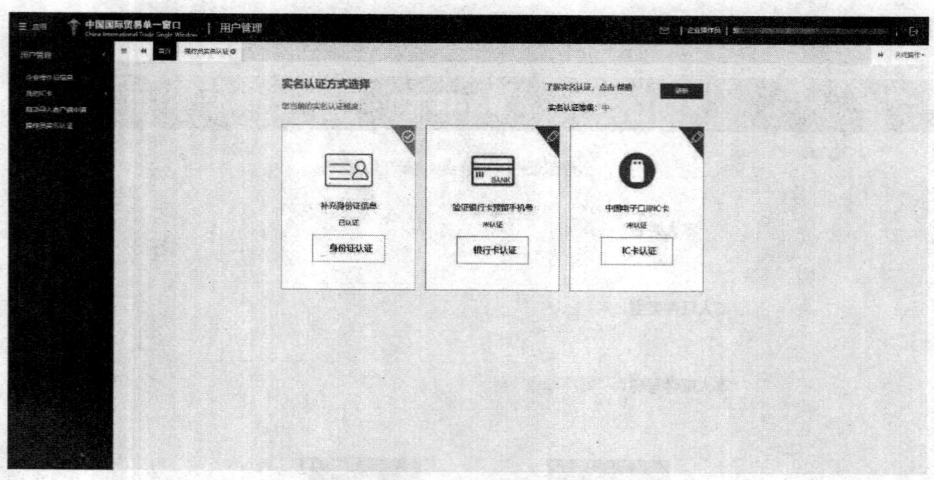

图 2-122 实名认证完成

小提示：

实名认证通过后，本账号的姓名和身份证号码就是实名认证使用的姓名和身份证号码。如果再修改姓名、证件类型和证件号码中任何一项，此实名认证将失效，需要重新做实名认证。

2. 银行卡认证

参考上图操作员实名认证，点击右侧“银行卡认证”方式，进行银行卡认证，如图 2-123。

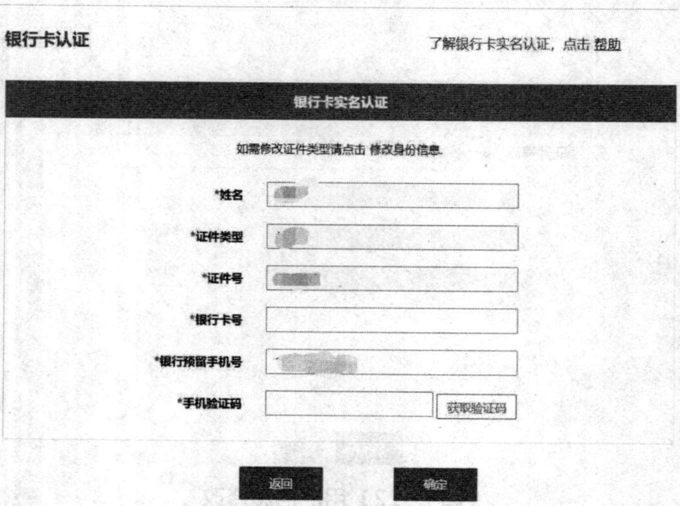

银行卡认证　　了解银行卡实名认证，点击 帮助

银行卡实名认证

如需修改证件类型请点击 修改身份信息

*姓名

*证件类型

*证件号

*银行卡号

*银行预留手机号

*手机验证码　获取验证码

返回　确定

图 2-123 银行卡认证页面

如需修改证件信息，点击右上角红字“修改身份信息”，进行更正。请录入正确

的证件号码和银行卡号，证件类型可以是身份证，也可以是其他类型的有效证件。

这里需要填写银行卡户主的姓名、证件类型、证件号码和预留手机号，同时对预留手机号进行短信验证。

银行预留手机号可以不是本账号绑定的手机号，实名认证成功后也不修改本账号绑定的手机号。录入完成后，点击“确定”后台校验银行卡号、手机号、身份信息，校验通过返回实名认证页面，实名认证等级高。

实名认证通过后，本账号的姓名、证件类型、证件号码就是实名认证使用的姓名、证件类型、证件号码。如果再修改姓名、证件类型、证件号码中的任何一项，此实名认证将无效，需要重新做实名认证。

3.IC 卡认证

参考上述操作员实名认证，点击右侧“IC 卡认证”方式，进行 IC 认证，如图 2-124。

图 2-124 IC 卡认证登录界面

准备好 IC 卡，与电脑连接，要求该 IC 卡 /KEY 持有者的证件类型和证件号码与当前操作员的证件类型和证件号码一致。输入初始登录密码，点击登录，认证成功，认证等级为“高”。

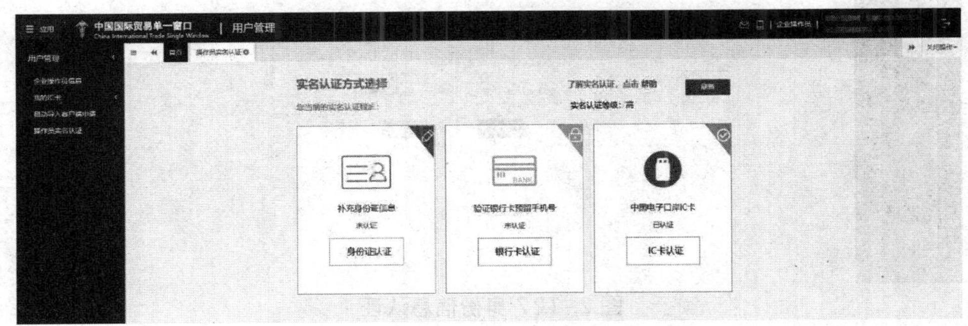

图 2-125 IC 卡认证成功

如果本操作员已经绑卡，自动完成 IC 卡实名认证。

如果不知道该 IC 卡持有者的证件类型和证件号码，可直接用该 IC 卡登录，进入用户管理系统，可查看该账号的证件类型和证件号码，即为该卡的证件类型和证件号码。

通过实名认证后，如果修改了证件类型和证件号码，原实名认证失效。

（三）个人用户实名认证

1. 身份信息认证

点击菜单用户实名认证，页面展示两种实名认证方式：身份信息认证和银行卡认证。

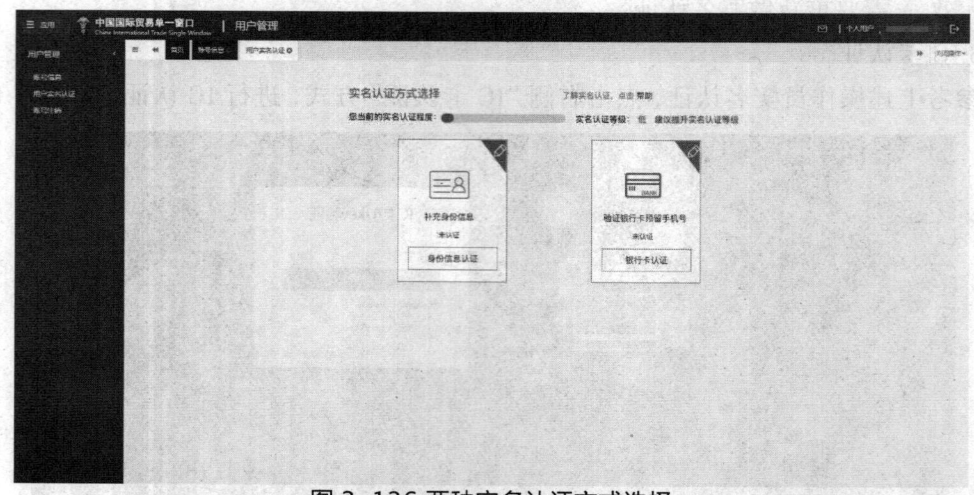

图 2-126 两种实名认证方式选择

点击身份信息认证，如图 2-127。

图 2-127 身份信息认证

点击“修改身份信息”，弹出用户修改页面，如图 2–128，可进行修改，请录入正确的用户信息。

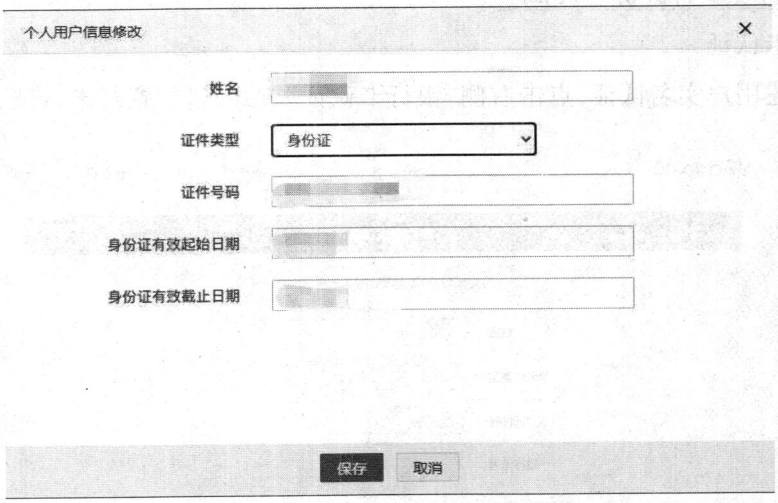

个人用户信息修改 ×

姓名

证件类型 身份证

证件号码

身份证有效起始日期

身份证有效截止日期

保存 取消

图 2–128 修改身份信息

保存成功后，页面返回身份信息认证页面，点击确定，实名认证完成。页面显示如图 2–129。

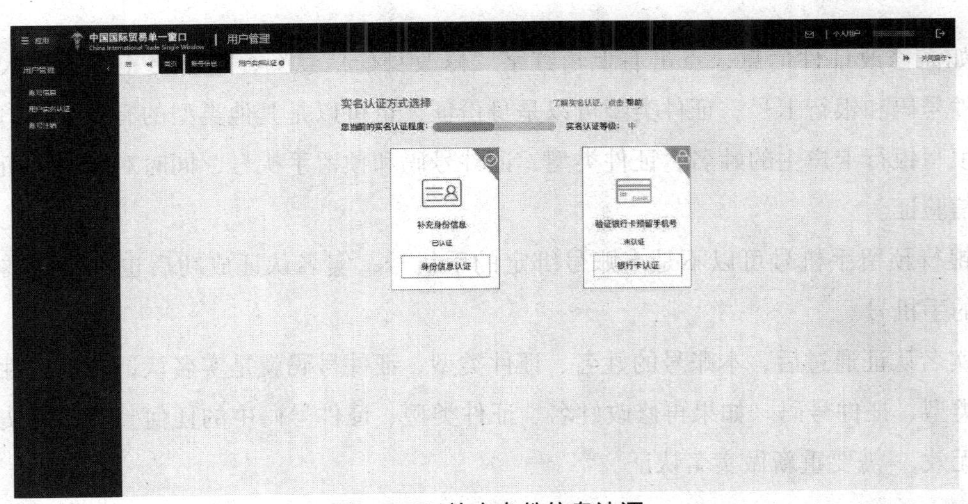

图 2–129 补充身份信息认证

小提示：

1. 身份认证支持：身份证、境内颁发的护照、台湾居民来往大陆通行证、港澳居民来往内地通行证、外国人居留证五种类型，请填写正确的证件信息。

2. 如有疑问，可点击右上角“帮助”，具体操作可参考帮助文档。

3. 实名认证通过后，本账号的姓名、证件类型、证件号码就是实名认证使用的姓名、证件类型、证件号码。如果再修改姓名、证件类型、证件号码中的任何一项，此实名认证将无效，需要重新做实名认证。

2. 银行卡认证

参考上述用户实名认证，点击右侧“银行卡认证”方式，进行银行卡认证，如图2-130。

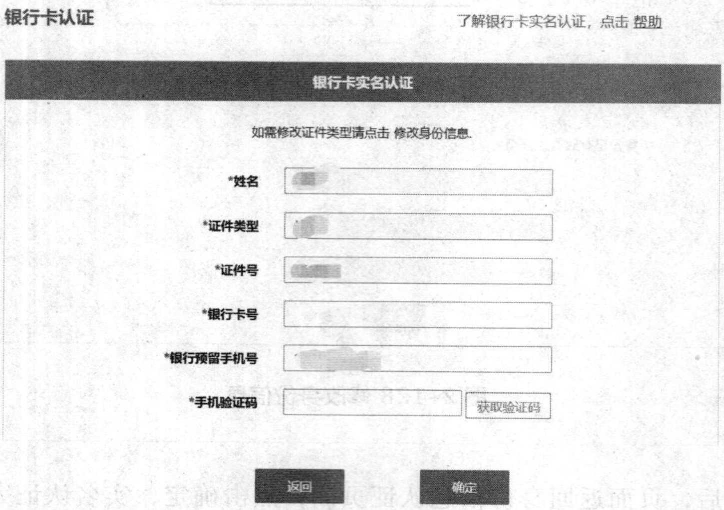

图 2-130 银行卡认证页面

如需修改证件信息，点击右上角红字“修改身份信息”，进行更正。请录入正确的证件号码和银行卡号，证件类型可以是身份证，也可以是其他类型的有效证件。这里需要填写银行卡户主的姓名、证件类型、证件号码和预留手机号，同时对预留手机号进行短信验证。

银行预留手机号可以不是本账号绑定的手机号，实名认证成功后也不修改本账号绑定的手机号。

实名认证通过后，本账号的姓名、证件类型、证件号码就是实名认证使用的姓名、证件类型、证件号码。如果再修改姓名、证件类型、证件号码中的任何一项，此实名认证将无效，需要重新做实名认证。

七、通用功能

（一）移动页签

如打开的页签较多，点击界面向左或向右图标，可将页签名称进行左右移动选择。

（二）折叠 / 展开菜单

点击右侧展示区折叠图标，将左侧菜单栏进行折叠或展开的操作。折叠后的菜单栏只显示图标，效果如图 2-131。

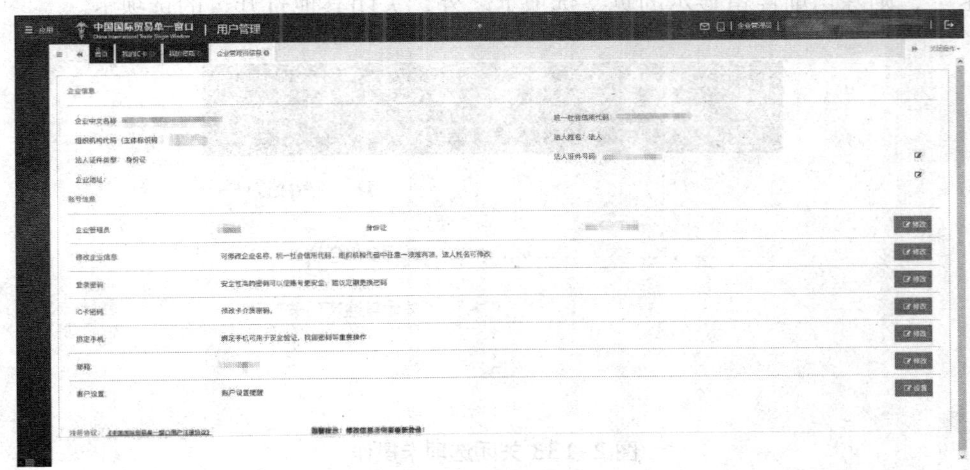

图 2-131 折叠菜单栏

（三）选择显示列

本功能在身份验核与我的操作员界面显示。

点击右侧展示区下拉图标，弹出下拉菜单（如图 2-132），可勾选界面列表中显示的字段，去掉勾选将该字段进行隐藏。

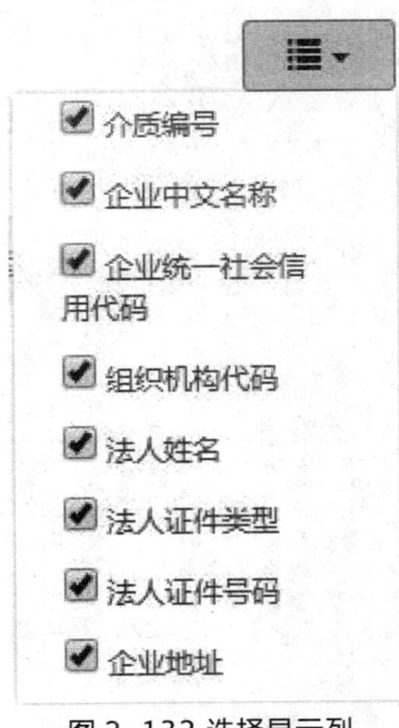

图 2-132 选择显示列

（四）关闭选项卡

点击右侧展示区右上“关闭操作”图标，弹出下拉菜单（如图 2-133）。选择“关闭全部选项卡”则将当前展示区内打开的所有页签选项卡全部关闭；如选择“关闭其他选项卡”，则除当前停留显示的页签选项卡之外，关闭其他打开过的选项卡。

图 2-133 关闭选项卡操作

（五）退出系统

点击界面右上角退出图标，可安全退出系统。

第三部分 “单一窗口”——企业资质篇

第一章 企业资质操作指南

中国国际贸易“单一窗口”标准版应用——企业资质（行政相对人统一管理3.0系统）新增“出口食品企业备案”和“申请境外注册”功能。实现出口食品生产企业备案、变更、注销的功能和实现企业向海关申请境外注册、对已获得的境外注册申请变更和注销以及进行自我评定的功能。

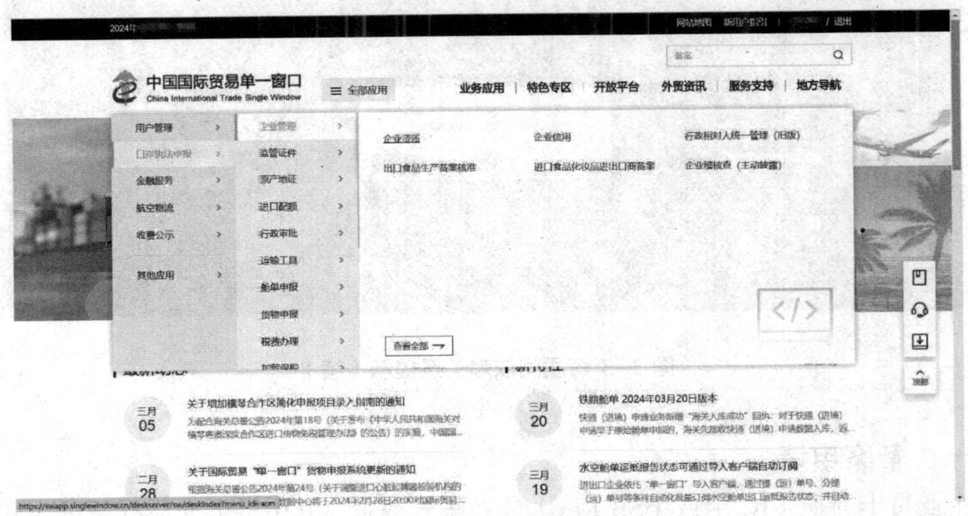

图3-1 企业资质登录界面

第一节 资质备案

企业向海关申请资质备案的功能。各个备案资质间存在相互依赖和互斥关系，例如：备案进出口货物收发货人，则无法同时备案进出口货物收发货人分支机构；申请跨境电商、境外跨境电商境内代理人的，则需要具有必须同时选择进出口货物收发货人或者进出口货物收发货人分支机构备案等规则，请根据提示信息进行操作。系统提示如图3-2、图3-3。

图 3-2 资质间依赖关系提示

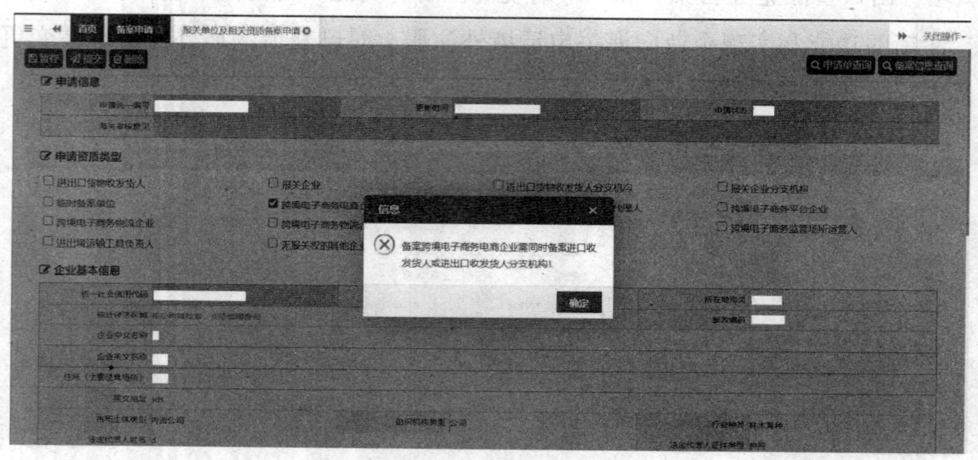

图 3-3 资质间依赖关系提示（续）

一、备案申请

企业持卡介质（IC 卡或 USB Key）或者账号登录，其中持卡介质登录可为其他主体备案，账号登录仅可做本企业的资质备案；

点击资质备案——备案申请——选择“报关单位及相关资质备案”或“食品类企业资质备案”，如图 3-4。

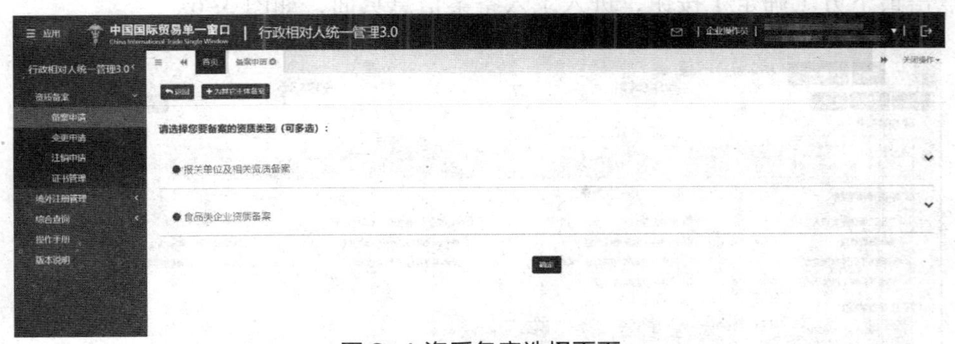

图 3-4 资质备案选择页面

（一）报关单位及相关资质备案

1. 企业基本信息

当勾选“备案的资质类型”为“报关单位及相关资质备案”时，企业可根据需要选择备案的资质类型，支持多选，一次可备案多个资质，各个资质间有互斥关系校验，请根据提示信息选择可同时备案的资质类型，已备案的资质不可勾选，且置灰显示（“已备案”字样）；已提交备案申请，所在地海关未审核时，资质显示（“申请中”字样）且置灰，不可再次选择。页面展示如图 3-5。

图 3-5 已备案界面

点击最下方【确定】按钮，进入录入备案信息页面，如图 3-6。

图 3-6 录入备案信息页面（局部）

申请统一编号、更新时间、申请状态，企业进行暂存或申报后 系统自动生成，统一社会信用代码自动反填，无统一社会信用代码的 企业无法在国际贸易单一窗口做资质备案，请到用户管理系统中补充，属地检验检疫机构、企业类型、检验检疫企业编号，海关审核通过后生成，不需要进行填写。

申请资质类型：支持多选，企业可根据需要勾选或取消勾选备案资质，各个资质间有互斥、依赖关系校验，互斥时无法同时勾选， 系统会给予相应提示信息，已备案的资质不可勾选，资质名称后红色字体显示（ “已备案” 字样），已提交申请的资质显示（ “申请中” 字样），不可勾选。

行政区划、所在地海关、行业种类、检验检疫企业类型、证件类型、国籍，可通过输入空格键进行选择，支持模糊查询，所在地海关随着行政区划而变化，请先选择行政区划，再选择所在地海关。

市场主体类型、经济区划、组织机构类型初始化信息从市场监管部门获取，企业也可通过下拉框进行选择录入。

如果企业为分支机构的，请录入所属单位代码、所属单位名称， 系统会自动校验录入的所属单位代码，是否存在进出口货物收发货人和报关企业的有效资质，如无有效资质，系统给予提示信息。

其他需录入的字段，请根据海关要求，如实填写相关内容。

2. 管理人员信息

管理人员信息录入要求如下。

点击【新增】按钮，进入录入页面，请根据企业需要录入关务负责人和财务负责人信息，当备案资质为：进出口货物收发货人、报关企业、进出口货物收发货人分支机构、报关企业分支机构这四种类型时，管理人员信息必填，其他资质类型可选填，录入页面如图 3-7。

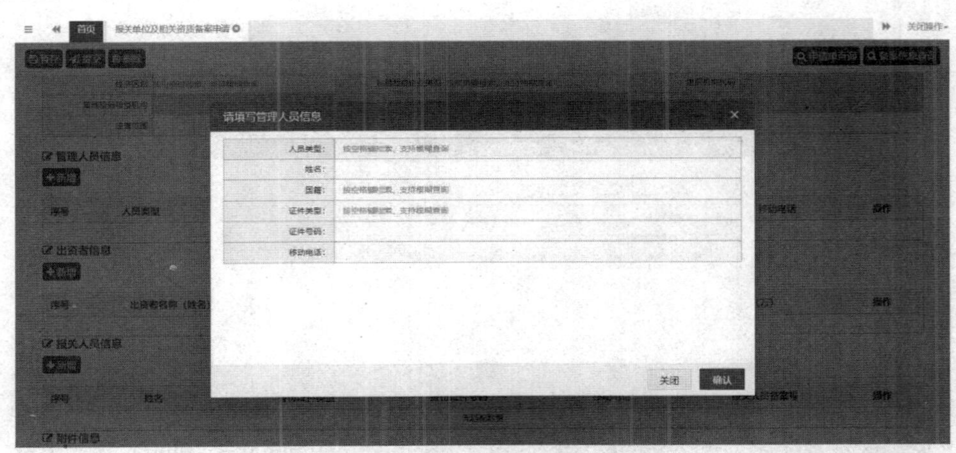

图 3-7 新增管理人员信息

3. 出资者信息

出资者信息录入要求如下。

点击【新增】按钮，进入录入页面，当市场主体类型为外商投资企业时，出资者信息必填，其他主体类型时选填，请根据实际情况录。

录入出资者姓名和国籍。“出资金额”单位为万，“出资金额”和“出资金额币制”请对应填写，如图 3-8。

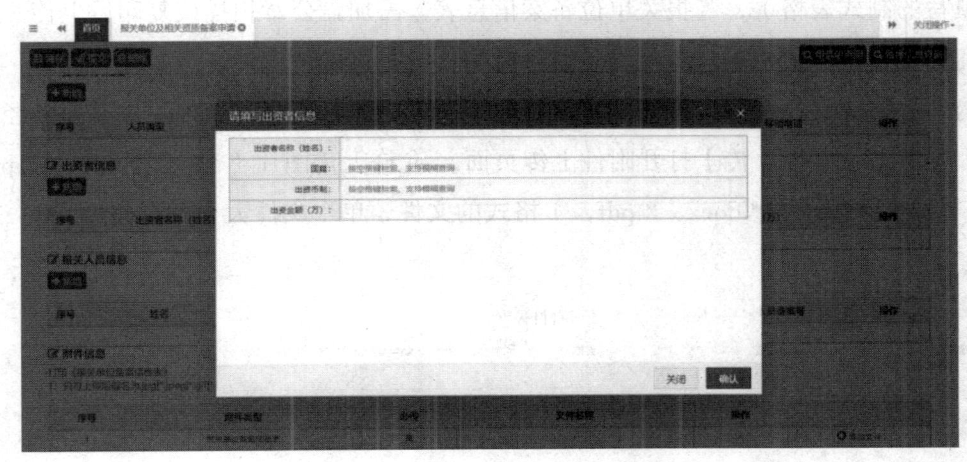

图 3-8 新增出资者信息

4. 报关人员信息

报关人员信息录入要求如下。

点击【新增】按钮，展示报关人员信息录入页面，报关人员信息选填，企业可根据实际需要填写报关人员，报关人员备案号海关审核通过后生成，不需要进行填写，如图 3-9。

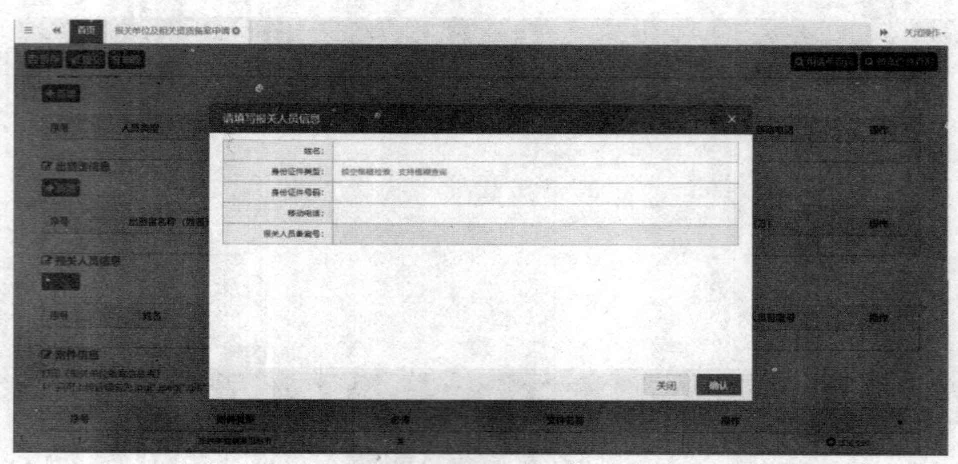

图 3-9 新增报关人员信息

姓名、身份证件类型、身份证件号码、移动电话为必填项；报关人员备案号字段为灰色，海关审核通过后自动反填。

5. 附件信息

向海关提交备案申请时，需要一并提交《报关单位备案信息表》（暂存后可以打印已填写的制式表格），《报关单位备案信息表》需加盖公章扫描或复印后上传。跨境电子商务支付企业请根据自身是否是银行机构，银行机构请上传《金融许可证》，非银行机构请上传《支付业务许可证》，跨境电子商务物流企业要求上传《快递业务经营许可证》，点击【文件上传】打开附件上传页面，允许上传图片（*.jpg，*.jpeg，*.png，*.gif，*.bmp，*.doc，*.docx，*.pdf，）格式的文件，单个文件大小不能超过 4M。

附件信息

打印《报关单位备案信息表》

1：只可上传后缀名为.jpg|*.jpeg|*.gif|*.png|*.bmp|*.doc|*.docx|*.pdf文件，单个文件大小不能超过4M)

序号	附件类型	必传	文件名称	操作	
1	报关单位备案信息表	是	-	-	添加文件

图 3-10 上传附件页面 1

点击【添加附件】，选择需上传的附件，附件上传成功。

附件信息

打印《报关单位备案信息表》

1：只可上传后缀名为.jpg|*.jpeg|*.gif|*.png|*.bmp|*.doc|*.docx|*.pdf文件，单个文件大小不能超过4M)

序号	附件类型	必传	文件名称	操作	
1	报关单位备案信息表	是	222双.PNG	删除 下载	添加文件

图 3-11 上传附件页面 2

附件上传成功后，请确认填写内容是否正确，页面左上方有删除按钮，点击【删除】后录入数据全部删除，点击【暂存】按钮，暂存当前录入信息。如确认无误后，点击【提交】按钮，系统将备案申请发送至您选择的所在地海关进行审核，如需看审批进度，可参考“申请单查询”询操作。

小提示：

1. 资质备案海关审批通过后，除临时备案单位有效期为 1 年，其他资质均长期有效

2. 资质备案审批通过后，除跨境电商企业类型外，其他资质均会获得海关备案编码。

6. 为其他主体备案

企业持卡介质（IC 卡或 USB Key）登录，可为其他主体备案，具体操作方式如下。

点击资质备案——备案申请——左上角【为其他主体备案按钮】，录入被代理企业的统一社会信用代码，勾选承诺书，点击【确认】，如图 3-12。

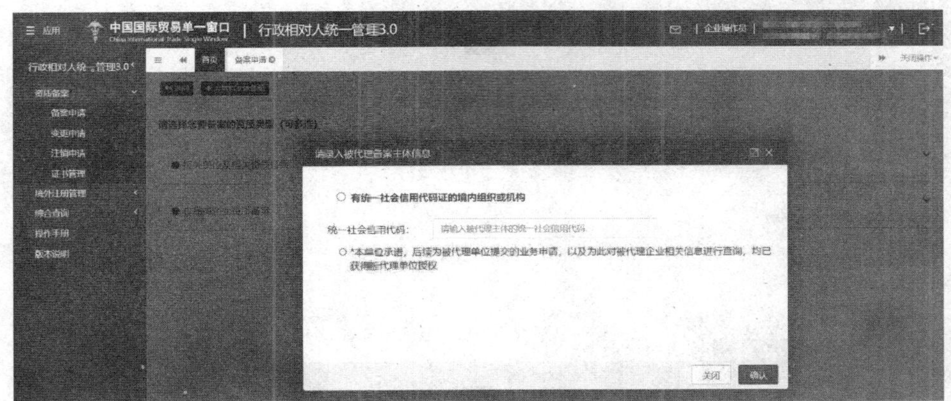

图 3-12 为其他主体备案界面

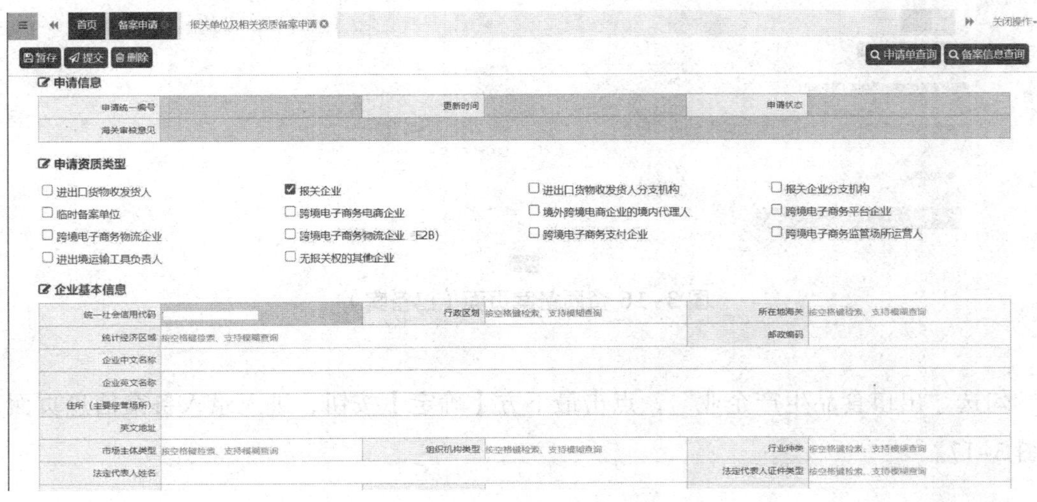

图 3-13 为其他主体备案录入页面（局部）

进入备案申请页面，录入要求同新备案一致。录入完成后，点击【提交】，海关审核通过后，该企业具有所申请的备案资质。

（二）食品类企业资质备案

1. 企业基本信息

点击资质备案——备案申请——选择“食品类企业资质备案”，企业可根据需要选择备案的资质类型；已备案的资质和已提交的备案申请，资质显示（申请中）或（已备案）且置灰，不可再次选择。页面展示如图 3–14、图 3–15、图 3–16。

图 3–14 资质备案页面（未备案）

图 3–15 资质备案页面（申请中）

图 3–16 资质备案页面（已备案）

勾选“出口食品生产企业”，点击最下方【确定】按钮，进入录入备案信息页面，如图 3–17。

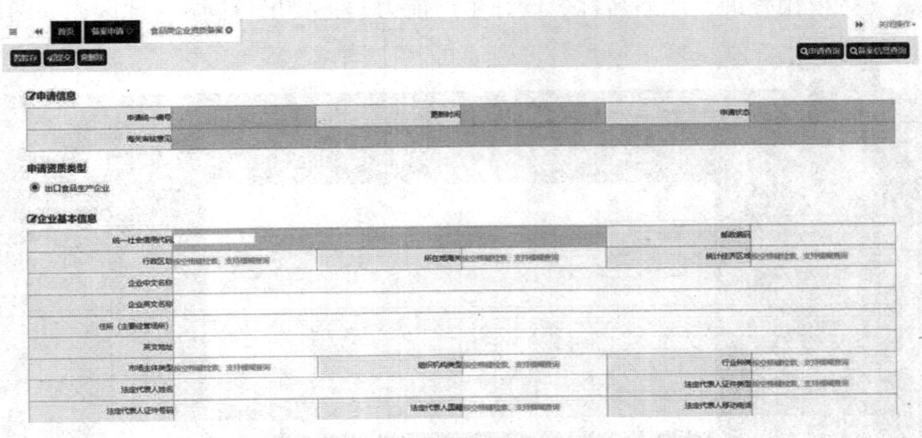

图 3-17 录入备案信息页面（局部）

申请统一编号、更新时间、申请状态，企业进行暂存或申报后系统自动生成，统一社会信用代码自动反填，无统一社会信用代码的企业无法做资质备案，请到用户管理系统中补充。

申请资质类型：食品类企业资质备案只支持单选；

行政区划、所在地海关、统计经济区域、市场主体类型、组织机构类型、行业种类、法定代表人证件类型、国籍，可通过输入空格键进行选择，支持模糊查询，所在地海关随着行政区划而变化，请先选择行政区划，再选择所在地海关。

市场主体类型、经济区划、组织机构类型初始化信息从市场监管部门获取，企业也可通过下拉框进行选择录入。

其他需录入的字段，请根据海关要求，如实填写相关内容。

2. 企业其他信息

出口食品生产企业，其他企业信息录入要求如下。

厂区面积、车间面积最长录入 14 位整数加 4 位小数，企业总人数、管理者人数最长录入 9 位整数，不可输入非数字格式，且均要求必填。

企业其他信息

厂区面积（平方米）		车间面积（平方米）		企业总人数	
管理者人数					

图 3-18 出口食品生产企业备案一其他企业信息

3. 申请备案产品

出口食品生产企业，申请备案产品录入要求：

点击左上角【新增】按钮，弹框展示产品信息录入页面，产品种类通过下拉框进行选择，支持模糊查询，产品名称、设计生产能力、主要出口国家 / 地区，如图 3–19：

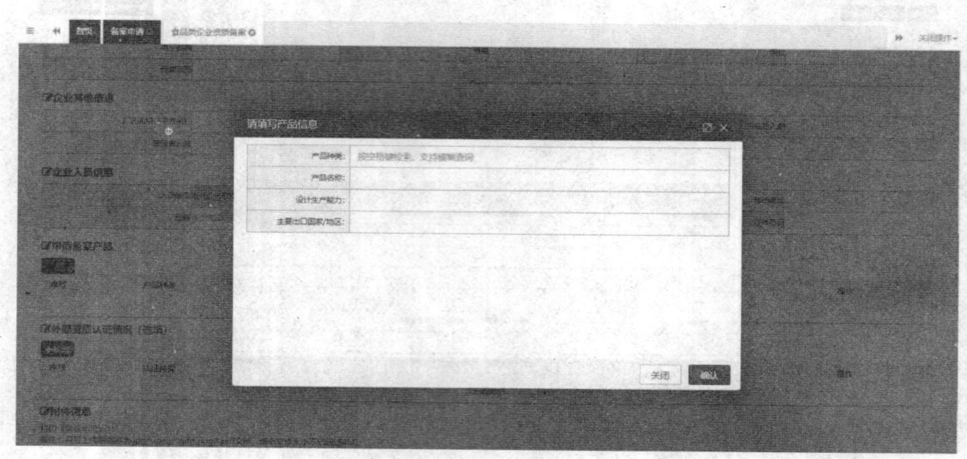

图 3–19 出口食品生产企业备案——录入备案产品信息

4. 外部资质认证情况（选填）

点击左上角【新增】按钮，弹框展示录入外部资质信息页面，认证种类通过下拉框进行选择，支持模糊查询，当认证种类选择其他时，其他认证种类名称字段显示必填，认证种类非其他时，该字段置灰显示无需录入，认证机构、证书编号、有效期限请根据实际情况，如实填写。如图 3–20：

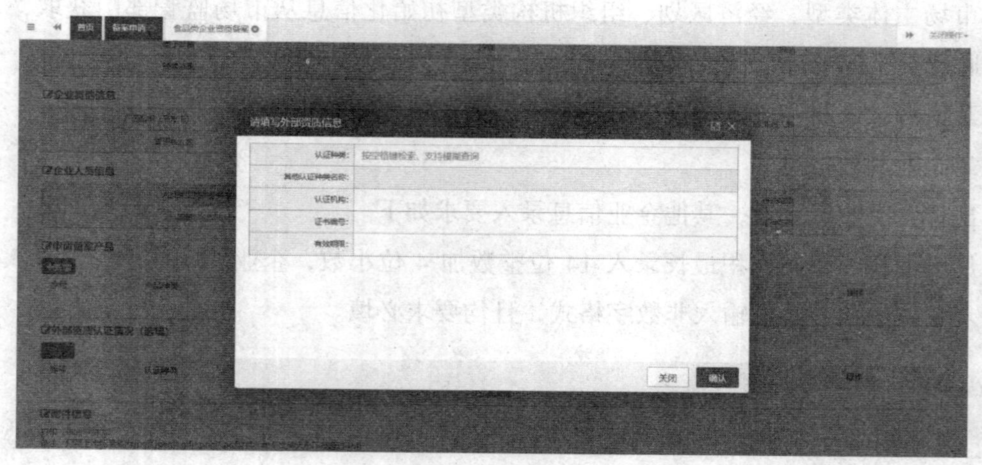

图 3–20 录入外部资质认证情况页面

点击【确认】按钮，新增成功，可点击【编辑】按钮对外部资质信息进行修改，或点击【删除】按钮，进行删除操作，如图 3–21：

外部资质认证情况（选填）

+新增

序号	认证种类	认证机构	证书编号	有效期限	操作
1	食品生产许可证	认证机构	认证机构N123456	2024-01-18	编辑 删除
2	危险分析与关键控制点体系(HACCP)	认证机构	证书编号	2024-01-11	编辑 删除
3	食品安全管理体系(ISO22000)	认证机构	证书编号	2024-01-17	编辑 删除

显示第 1 到第 3 条记录，总共 3 条记录

图 3-21 外部资质认证列表

5. 附件信息

点击《备案申请表》可下载模板，企业自行填写后，添加到相应备案申请表中，点击【添加文件】打开附件上传页面，允许上传（*.jpg|*.jpeg|*.gif|*.png|*.pdf）格式的文件，单个文件大小不能超过 4M。

附件信息

打印《备案申请表》

备注：只可上传后缀名为.jpg|*.jpeg|*.gif|*.png|*.pdf文件，单个文件大小不能超过4M)

序号	附件类型	必传	文件名称	操作	
1	进口食品进口商收货人备案申请表	是	图片.png	删除 下载	添加文件
2	与食品安全相关的组织机构设置、部门职能和岗位职责	是	图片.png	删除 下载	添加文件
3	拟经营的食品种类、存放地点	是	图片.png	删除 下载	添加文件
4	2年内曾从事食品进口、加工和销售的，应当提供相关说明（食品品种、数量）	是	图片.png	删除 下载	添加文件
5	其他材料	否	-	-	添加文件

图 3-22 上传附件页面

附件上传成功后，请确认填写内容是否正确，点击【暂存】，系统提示暂存成功。页面上 部“申请信息”会反填申请统一编号、更新时间、申请状态。确认无误后，点击【提交】，申请将发往海关，申请状态变为“海关入库成功”表示申请已发往海关。海关正式接单，状态将变为“海关受理中”。具体审批进度可通过申请单查询列表查看，操作见“综合查询”。

图 3-23 出口食品生产企业提交申请

6. 为其他主体备案

企业持卡介质（IC 卡或 USB Key）登录，可为其他企业代理备案，

操作步骤：

点击资质备案——备案申请——左上角【为其他主体备案】按钮，勾选有统一社

会信用代码的境内组织或机构，录入被代理企业的统一社会信用代码，勾选承诺书，点击【确认】，如图 3-24：

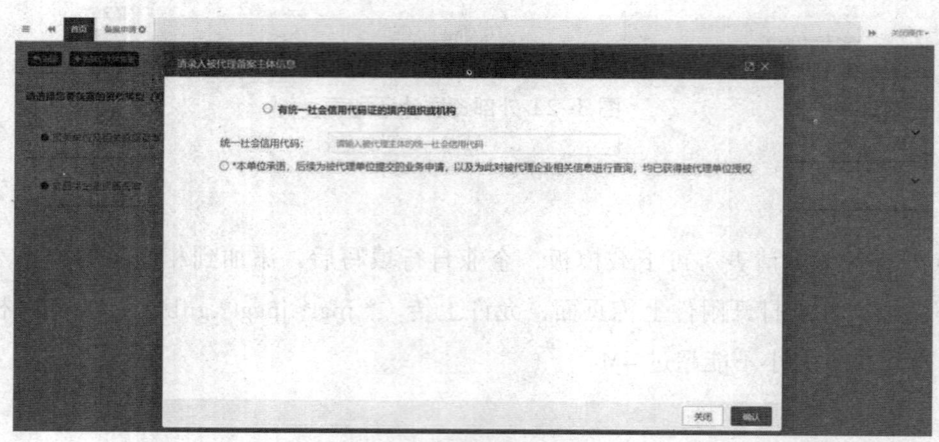

图 3-24 为其他主体备案界面

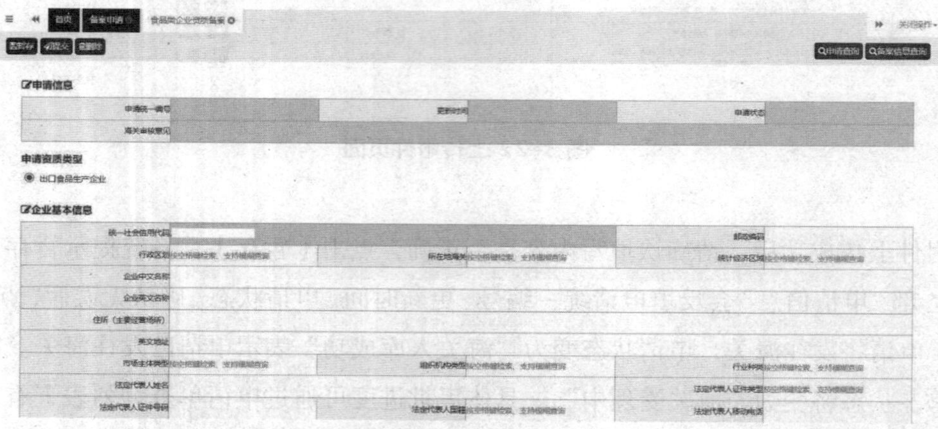

图 3-25 为其他主体备案录入页面（局部）

进入备案申请页面，录入要求同新备案一致。录入完成后，点击【提交】，海关审核通过后，该企业具有所申请的备案资质。

二、变更申请

企业名称、市场主体类型、住所（主要经营场所）、法定代表人（负责人）、报关人员等向海关备案的信息发生变更的，可通过本功能向所在地海关申请备案变更。

企业持卡介质（IC 卡或 USB Key）或者账号登录本系统。

点击左侧菜单中“资质备案—变更申请”进入变更申请页，查询列表“资质类型”字段可下拉选择，企业可根据资质类型查询本企业可变更的资质。如无有效备案资质，该页面显示无匹配数据；如有有效备案资质，列表展示当前企业所有资质，可发起变更申请，如图 3-26：

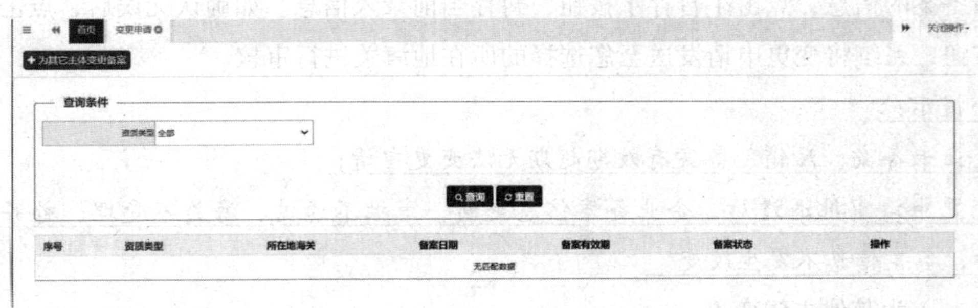

图 3-26 变更申请（无备案资质）

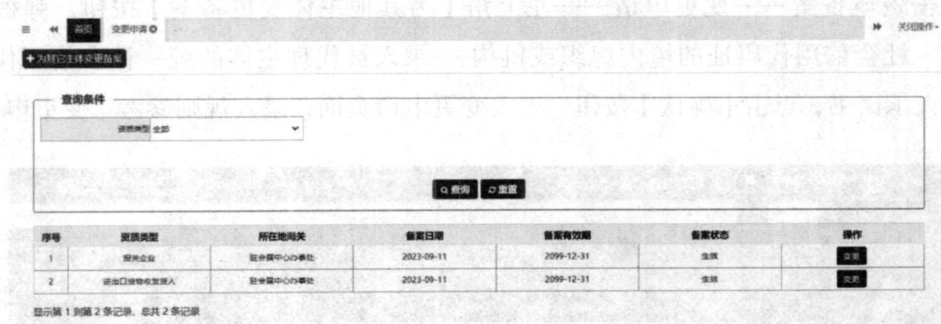

图 3-27 变更申请（有备案资质）

点击【变更】按钮，进入变更申请录入页面。

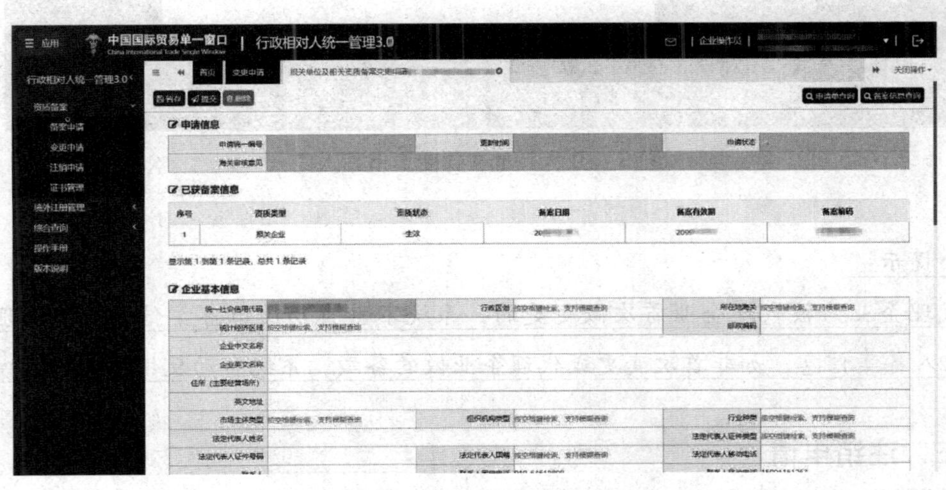

图 3-28 变更申请录入页面（局部）

企业可根据自身实际情况，修改备案的内容，录入规则可参考“备案申请”，报关单位因迁址或者其他原因造成所在地海关发生变更的，应当向变更后的海关申请变更。

录入完成变更内容后，页面左上方有删除按钮，点击【删除】后录入数据全部删除，自动反填备案的信息，点击【暂存】按钮，暂存当前录入信息。如确认无误后，点击【提交】按钮，系统将变更申请发送至您选择的所在地海关进行审核。

小提示：

企业未备案、注销、备案有效期超期无法变更申请；

变更申请审批通过后，企业备案信息更新，审批不通过、海关不受理、补齐补正状态时，备案信息不发生改变。

（一）为其他主体变更

企业持卡介质（IC 卡或 USB Key）登录，可为其他主体备案，具体操作方式如下：

点击资质备案——变更申请——左上角【为其他主体变更备案】按钮，弹框内勾选有统一社会信用代码证的境内组织或机构， 录入被代理主体的统一社会信用代码，勾选本人承诺书，点击【确认】按钮，进入变更申请页面；录入规则参考“变更申请”。

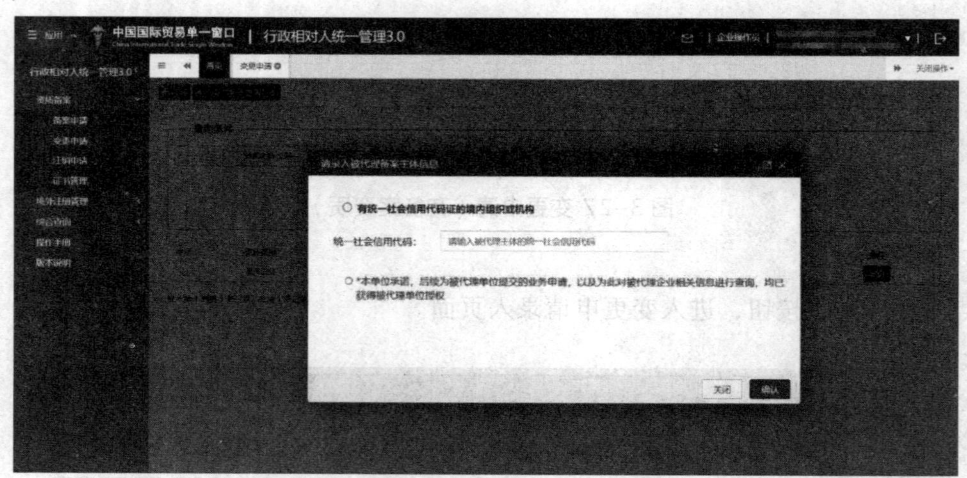

图 3-29 为其他主体变更备案入口

小提示：

代理企业为被代理企业首次做变更的，系统不再自动反填备案信息，需代理企业重新录入备案信息，如非首次变更或代理企业做的备案，系统自动反填备案信息。

三、注销申请

已获得备案的企业，通过卡介质（IC 卡或 USB Key）或者企业账号登录系统，自行发起注销申请，注销申请无法为其他主体代理。

点击左侧菜单“注销申请”进入注销申请界面：

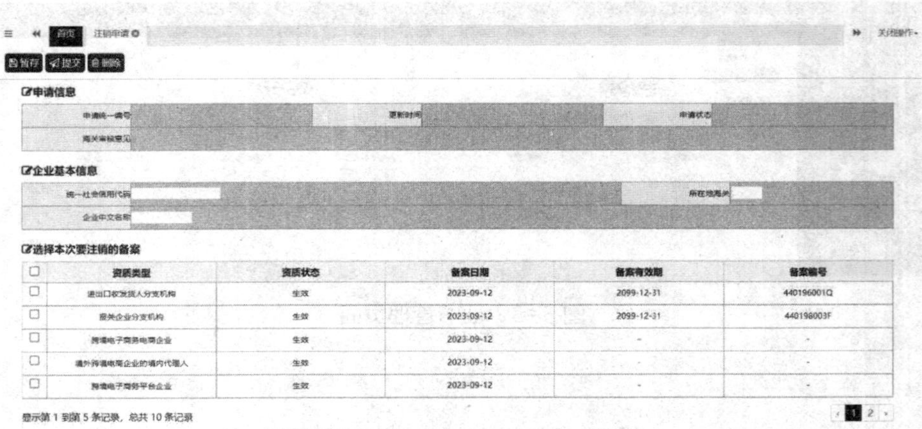

☐	资质类型	资质状态	备案日期	备案有效期	备案编号
☐	进出口收发货人分支机构	生效	2023-09-12	2099-12-31	440196001Q
☐	报关企业分支机构	生效	2023-09-12	2099-12-31	440198003F
☐	跨境电子商务电商企业	生效	2023-09-12	-	-
☐	境外跨境电商企业的境内代理人	生效	2023-09-12	-	-
☐	跨境电子商务平台企业	生效	2023-09-12	-	-

显示第 1 到第 5 条记录，总共 10 条记录

图 3-30 注销申请

申请统一编号、更新时间、申请状态，企业进行暂存或申报后系统自动生成，海关审核意见为海关审核后自动反填。

统一社会信用代码、所在地海关、企业中文名称自动反填。

选择本次要注销的备案，企业可根据实际情况勾选，最上方“□”为全选，注销申请支持多选，也可一次注销其中一个资质，海关接收申请后，即可发起其他有效资质的注销申请。

注销原因

注销原因 按空格键检索、支持模糊查询

其他注销原因

附件信息

(提示：只可上传后缀名为.jpg|*.jpeg|*.gif|*.png|*.bmp|*.doc|*.docx|*.pdf文件，单个文件大小不能超过4M)

序号	附件类型	必传	文件名称	操作	
1	注销申请书	否	-	-	添加文件

图 3-31 注销申请录入信息

注销原因可通过空格键下拉进行选择，当注销原因为其他依法应当注销注册登记的情形时，其他注销原因为必填，附件《注销申请书》为选填，录入完成后点击【申报】，系统将向所在地海关发送注销申请，所在地海关审核通过后备案资质失效。

四、证书管理

企业卡介质（IC 卡或 USB Key）或者企业账号登录系统，点击“资质备案——证书管理”，点击左上角【备案证明】按钮，即可申请备案证明，当申请状态为海关入库成功时，操作栏【下载】按钮放开，可点击自行下载。如遇到海关入库失败等状态，可再次申请。暂不支持注销证明申请。

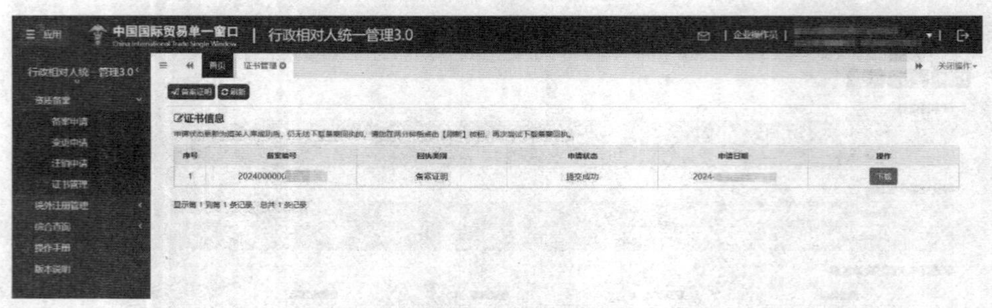

图 3-32 证书管理页面

第二节 境外注册管理

出口食品生产企业境外注册是指境外国家（地区）对输往该国家（地区）的食品生产企业，要求其所在国家（地区）主管当局予以推荐，确认其符合进口国（地区）的相关法规和技术要求，经境外国家（地区）审核批准后，准许其产品进入本国市场的一种管理措施。

根据海关总署第 249 号令《进出口食品安全管理办法》第四十三条规定，境外国家（地区）对中国输往该国家（地区）的出口食品生产企业实施注册管理且要求海关总署推荐的，出口食品生产企业须向住所地海关提出申请，住所地海关进行初核后报海关总署。

出口食品生产企业向企业住所地海关提出境外注册推荐申请，受理申请海关进行初核后报海关总署，由海关总署统一对外推荐。

一、境外注册申请

通过该功能企业可以向海关提交境外注册申请，海关接受企业申请并受理后，统一对外推荐，外方接受后企业将获得境外注册资格。

满足以下条件的企业才能申请境外注册：（1）企业获得出口食品生产企业资格（即出口食品生产企业备案审批通过）；（2）企业信用等级必须是“注册登记和备案企业”或者“高级认证企业”。

操作步骤：

1. 录入企业基本信息

首先，企业选择“业务应用”大类的“企业资质”，点击进入“境外注册管理”。

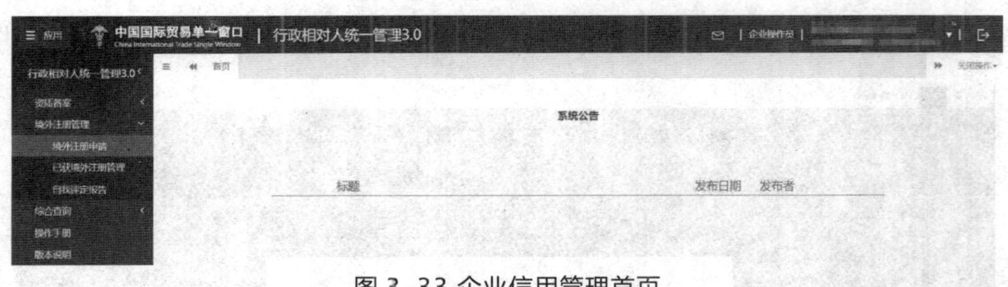

图 3-33 企业信用管理首页

进入系统菜单点击左侧“境外注册申请”，如果企业没有审批通过的出口食品企业备案或者信用等级不匹配会弹出无法进行境外注册的提示（提示“尚未获得有效的出口食品生产企业备案，无法进行境外注册业务申请！”或者提示“未查询到企业信用等级信息，无法进行境外注册！”）。点击【确定】后，界面无法做暂存操作。

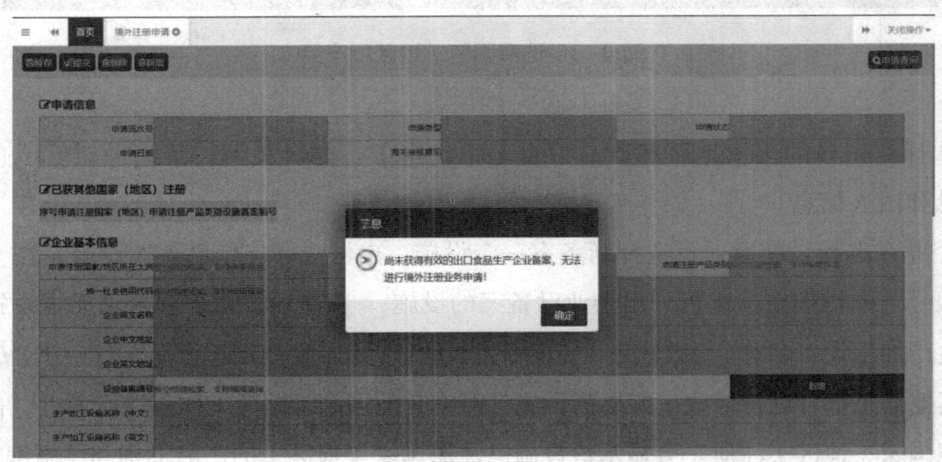

图 3-34 没有审批通过的出口食品企业备案提示

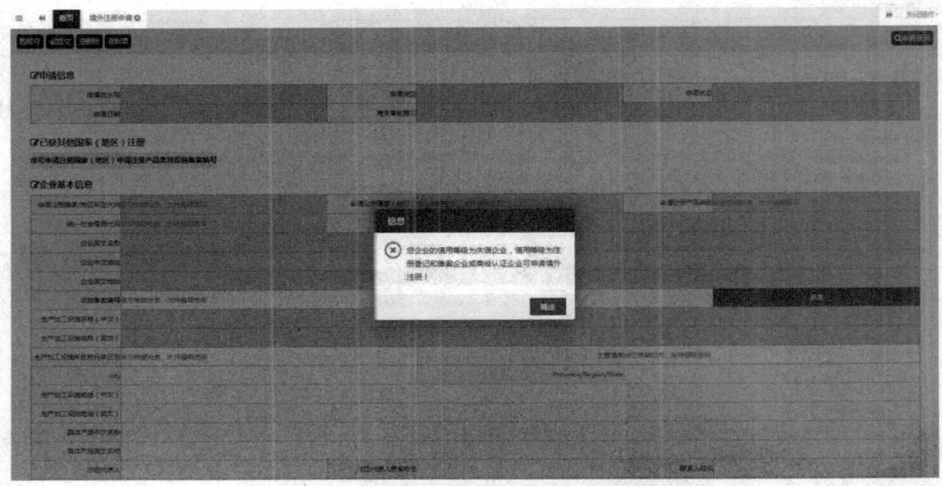

图 3-35 境外注册申请信用等级不匹配提示

若企业已获得出口食品企业备案，进入菜单后，弹出选择国家/地区和产品的窗口。

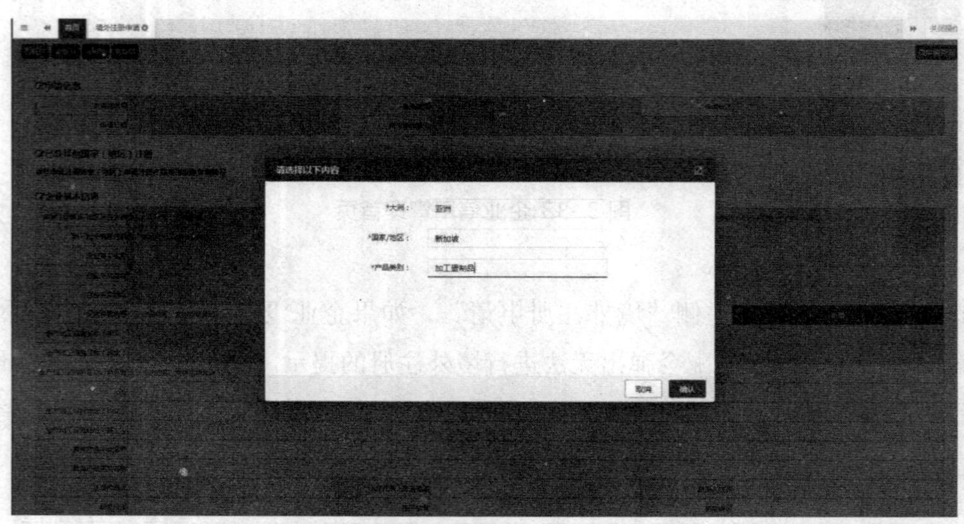

图 3-36 选择国家 / 地区和产品

选择要出口的国家地区和产品后点击【确定】，窗口关闭，系统自动反填企业基本信息和法人信息。

企业在选择设施时，可选择新备案一个设施，也可选择一个已备案设施，在“设施备案编号”一栏按空格键可列出企业已备案的设施， 选择后，系统会自动反填设施备案时的生产加工设备名称、行政区划、主管海关和地址，除了生产加工设施名称（中文/英文）外，其他信息都可进行修改。如果该设施已经在其他国家（地区）推荐注册通过，在“已获其他国家（地区）注册”会显示该设施已注册国家（地区）的产品类别和设施编号。

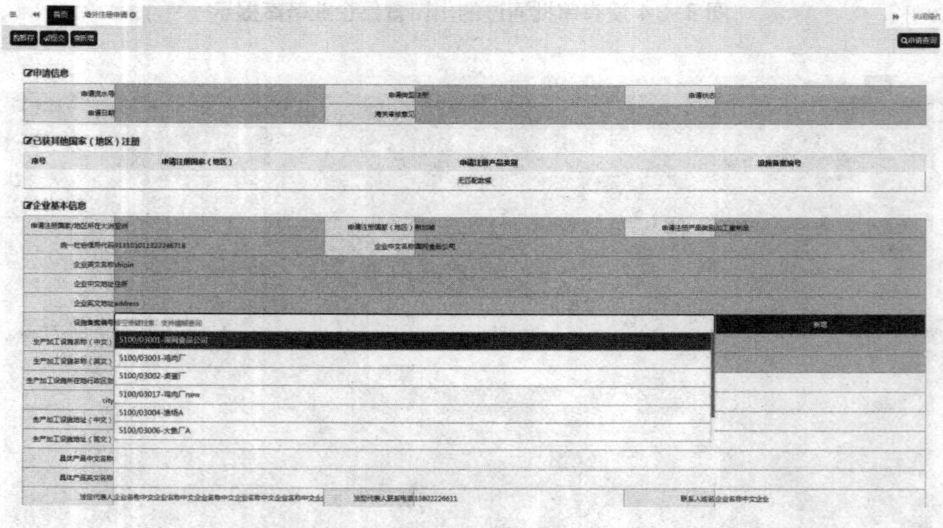

图 3-37 境外注册已备案设施选择 1

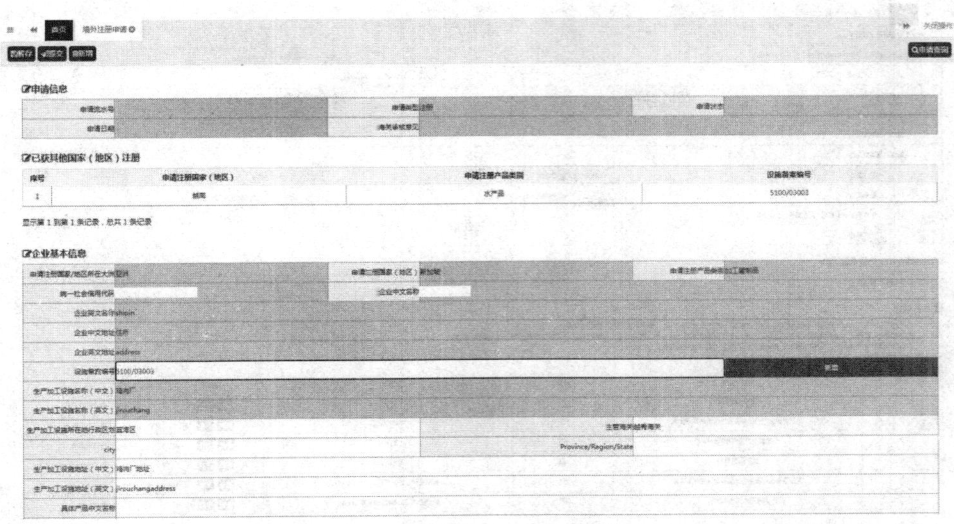

图 3-38 境外注册已备案设施选择 2

企业如果选择新增设施备案，点击设施备案编号右侧的【新增】，设施编号处会变为空白，其他黄色输入栏按要求填写。

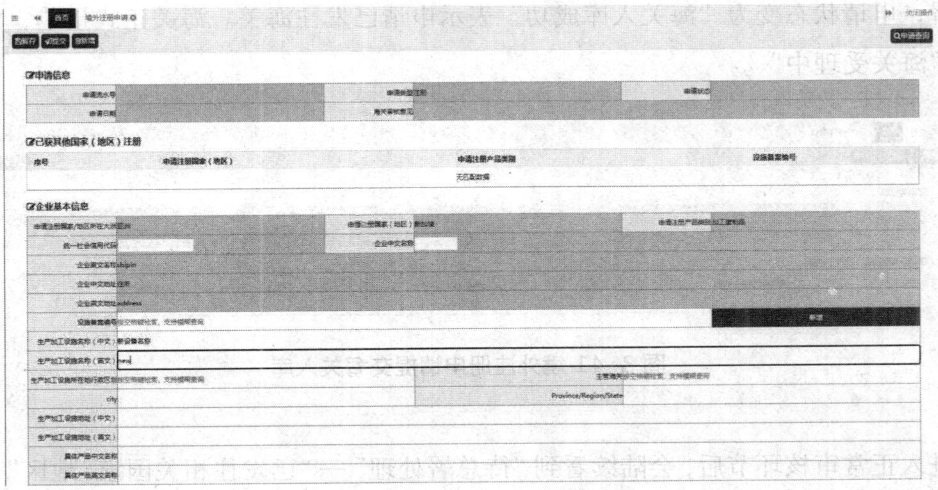

图 3-39 境外注册新增设施备案

2. 录入申请境外注册产品详细信息及附件

在“申请推荐注册产品详细信息”部分，根据要求填写相关产品的详细信息（根据不同种类产品的要求，填写的内容会有所不同，甚至无需填写 该部分信息）。在“附件信息”部分，根据要求上传所需附件信息。

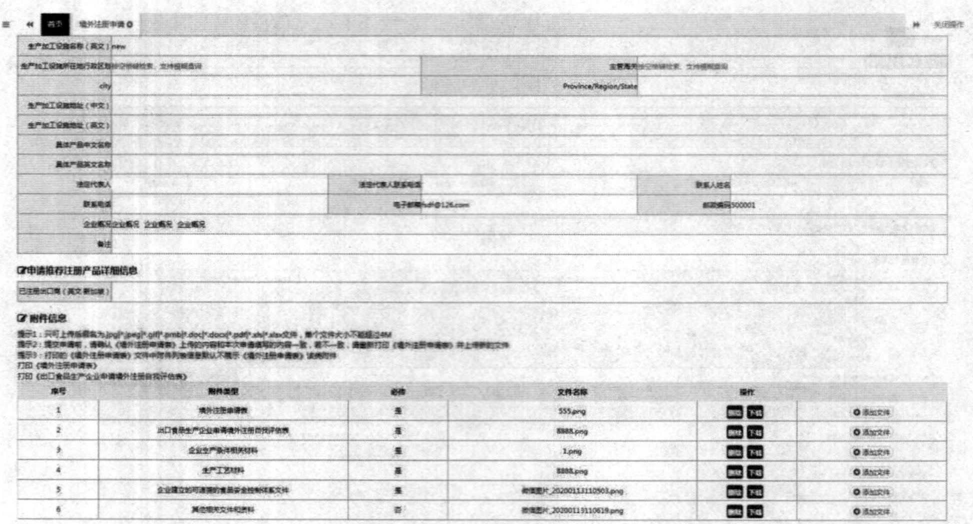

图 3-40 境外注册录入

完成境外注册申请录入后，点击【暂存】，系统提示暂存成功。页面上部“申请信息”会反填申请流水号、申请日期、申请状态。确认无误后，点击【提交】，申请将发往海关总署，申请状态变为“海关入库成功”表示申请已发往海关。海关正式接单，状态将变为“海关受理中”。

图 3-41 境外注册申请提交海关入库

进入正常审核环节后，会陆续看到“待总署处理”—“已发往相关国家 / 地区”—“外方已接受”状态变化。当“外方已接受”状态时，表示境外注册业务已获外方批准。通过境外注册申请查询可以看到设施备案编码，如果推荐注册时选择的是新增设施，此时将能看到海关总署新分配的设施备案编码。如果推荐注册时选择的是已备案设施， 设施备案编号将保持不变。

查询条件

申请类型 注册 | 申请注册国家（地区） 按空格键检索、支持模糊查询 | 申请注册产品类别 按空格键检索、支持模糊查询

设施备案编号

查询 重置

序号	申请统一编号	设施备案编号	生产加工设施名称（中文）	申请注册国家（地区）	申请注册产品类别	申请类型	申请时间	申请状态	操作
1	20240000000007093	5100/03003	鸡肉厂	越南	水产品	注册	2024-01-24 14:39:18	外方已接受	查看
2	20240000000007095	5100/03017	鸡肉厂new	南非	熟制禽肉	注册	2024-01-24 15:01:48	海关入库成功	查看
3	20240000000007111	5100/03006	大鱼厂A	新西兰	水产品（罗非鱼）	注册	2024-01-24 14:38:46	外方已接受	查看
4	20240000000007103	5100/03001	国网食品公司	越南	水产品	注册	2024-01-24 14:52:08	暂存	查看
5	20240000000007097	5100/03006	大鱼厂A	新西兰	水产品（罗非鱼）	注册	2024-01-24 13:30:29	海关不予受理	查看
6	20240000000007099	-	卤腊厂二场	巴西	肉类（天然肠衣）（CD）	注册	2024-01-24 13:42:52	暂存	查看
7	20240000000006139	5100/03006	大鱼厂A	越南	水产品	注册	2024-01-23 15:08:21	海关受理中	查看
8	20240000000006289	5100/03003	鸡肉厂	越南	水产品	注册	2024-01-23 14:27:39	外方已接受	查看
9	20240000000006481	5100/03002	卤腊厂	越南	水产品	注册	2024-01-23 09:15:49	暂存	查看
10	20240000000006295	-	生产加工设施名称	巴西	水产品（野生）（PES）	注册	2024-01-16 15:57:26	暂存	查看

显示第 1 到第 10 条记录，总共 18 条记录 每页显示 10 条记录

图 3-42 境外注册申请查询列表

如果企业提交的材料需要补充，海关总署将退回该申请，“海关受理中”会变为‘补齐补正”的状态， 通过“综合查询—境外注册申请查询”功能，点击【查看】进入申请单详情，可查到海关审批意见，同时可修改申请的内容，完成补充填写后可再次提交。（具体操作请见综合查询—境外注册申请查询章节）

查询条件

申请类型 注册 | 申请注册国家（地区） 按空格键检索、支持模糊查询 | 申请注册产品类别 按空格键检索、支持模糊查询

设施备案编号

查询 重置

序号	申请统一编号	设施备案编号	生产加工设施名称（中文）	申请注册国家（地区）	申请注册产品类别	申请类型	申请时间	申请状态	操作
11	20240000000006205	5100/03015	生产加工设施名	巴西	水产品（野生）（PES）	注册	2024-01-15 09:13:09	外方已接受	查看
12	20240000000006165	5100/03003	鸡肉厂	巴西	水产品（野生）（PES）	注册	2024-01-12 16:05:07	补齐补正	查看
13	20240000000006025	5100/03006	大鱼厂A	越南	水产品	注册	2024-01-11 10:28:46	外方已接受	查看
14	20240000000006001	5100/03006	大鱼厂A	越南	水产品	注册	2024-01-10 16:19:42	外方已接受	查看
15	20240000000005855	5100/03004	渔场A	德国	水产品	注册	2024-01-08 16:19:29	外方已接受	查看
16	20240000000005739	5100/03003	鸡肉厂	中国香港	冷冻禽肉	注册	2024-01-05 15:18:45	外方已接受	查看
17	20240000000005691	5100/03002	卤腊厂	新加坡	燕窝/燕窝	注册	2024-01-04 16:13:38	外方已接受	查看
18	20240000000005685	5100/03002	卤腊厂	新加坡	燕窝/燕窝	注册	2024-01-04 15:48:06	总署已退回	查看

显示第 11 到第 18 条记录，总共 18 条记录 每页显示 10 条记录

图 3-43 境外注册申请列表查询

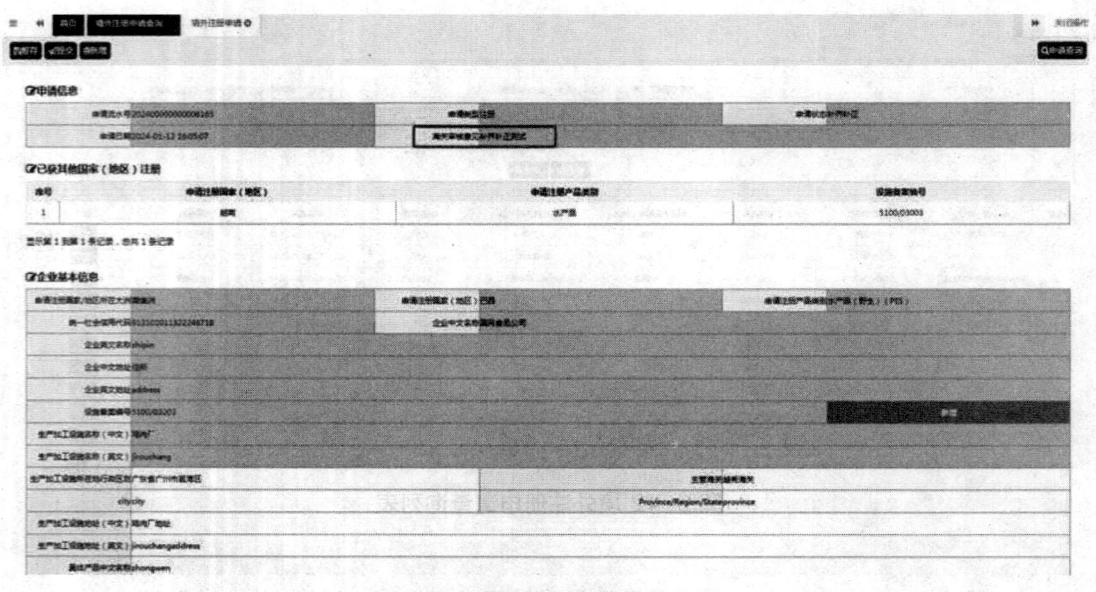

图 3-44 境外注册申请详情查询

若注册申请收到海关发回的整改要求，查询列表申请状态将变为“整改”，点击【查看】进入申请单详情，根据海关审核意见一栏的 整改要求，修改申请内容后可再次提交。操作步骤同补齐补证流程。

查询条件

申请类型 注册　申请注册国家（地区） 巴西　申请注册产品类别 按空格键检索、支持模糊查询

设施备案编号

查询　重置

序号	申请统一编号	设施备案编号	生产加工设施名称（中文）	申请注册国家（地区）	申请注册产品类别	申请类型	申请时间	申请状态	操作
1	2024000000000007099	-	卤猪厂二场	巴西	肠衣（天然肠衣）（CD）	注册	2024-01-24 13:42:52	暂存	查看
2	2024000000000006295	-	生产加工设施名称	巴西	水产品（野生）（PES）	注册	2024-01-16 15:57:26	暂存	查看
3	2024000000000006205	5100/03015	生产加工设施名	巴西	水产品（野生）（PES）	注册	2024-01-15 09:13:09	外方已接受	查看
4	2024000000000006165	5100/03003	海肉厂	巴西	水产品（野生）（PES）	注册	2024-01-12 16:05:07	已发往相关国家/地区	查看

显示第 1 到第 4 条记录，总共 4 条记录

图 3-45 境外注册申请详情查询

若海关审批未通过，查询列表申请状态将变为“审批不通过”， 点击【查看】进入申请单详情，可查看海关审核意见。审批不通过的申请不得修改，企业若想再次申请需发起新的境外注册申请。

小提示：

当境外注册申请状态为“审批不通过”、“海关不予受理”、“总署已退回”和“外网已拒绝”状态时，企业才可以对同一国家（地区）的同一产品发起新的境外注册申请。

二、已获境外注册管理

通过已获境外注册管理，企业查询已获境外注册状态进行查询，并且对已经获得相应产品出口到境外国家(地区)的资格进行管理，进行变更、重新注册和取消注册操作。

首页 境外注册申请查询 已获境外注册管理 关闭操作

查询条件

设施备案编号 申请注册国家（地区）按空格键检索、支持模糊查询 申请注册产品类别 按空格键检索、支持模糊查询

查询 重置

序号	境外注册统一编号	设施备案编号	生产加工设施名称（中文）	申请注册国家（地区）	注册产品类别	注册状态	操作
1	REC202400000073352	5100/03006	大鱼厂A	新西兰	水产品（罗非鱼）	生效	变更 重新注册 取消注册
2	REC202400000073346	5100/03003	鸡肉厂	越南	水产品	生效	变更 重新注册 取消注册
3	202400000000073286	4600/02080	[illegible]	韩国	水产品	生效	变更 重新注册 取消注册
4	REC202400000072873	5100/03015	生产加工设施名	巴西	水产品（野生）（PES）	生效	变更 重新注册 取消注册
5	REC202400000072786	5100/03006	大鱼厂A	越南	水产品	已撤销	查看
6	REC202400000072727	5100/03004	渔场A	韩国	水产品	生效	变更 重新注册 取消注册
7	REC202400000072705	5100/03003	鸡肉厂	中国香港	冷冻禽肉	注销	变更 重新注册 取消注册
8	REC202400000072673	5100/03002	卤蛋厂	新加坡	燕窝/燕窝	生效	变更 重新注册 取消注册

显示第 1 到第 8 条记录，总共 8 条记录 每页显示 10 条记录

图 3-46 已获境外注册管理查询列表

企业可通过生产场所编号，申请注册国家（地区），申请注册产品类别条件筛选已获境外注册资格。注册状态分为“生效”、“注销” 和“已撤销”。申请被外方接受的都为“生效”状态，企业主动取消推荐将显示“注销”，若是海关总署撤销的境外注册将显示为“已撤销”。“已撤销”状态的境外注册可点击“查看”查询撤销原因。

1. 注册变更

根据海关总署第 87 号公告第八条和第九条的规定，已获得境外注册企业的注册信息发生变更的，应当及时向住所地海关申请注册信息变更。已获得境外注册企业发生新建、改（扩）建生产车间或食品安全卫生控制体系发生重大变化的，应当及时向住所地海关报告。

出现以上情况，企业需要通过系统对已获境外注册进行变更操作。

操作步骤：

登录进入“境外注册管理”—“已获境外注册管理”，进入查询界面，可以根据生产场所编号、申请注册国家（地区）和申请注册产品类别筛选查询结果。

选择要变更的境外注册，点击【变更】，进入变更详情页面，系统会加载已获境外注册的内容及附件。企业可根据具体业务变更内容修改申请，更新附件，确认无误后，点击【提交】。境外注册变更申请将提交到海关总署。后续流程同注册申请。

页面左上角【暂存】【删除】按钮分别可以保存和删除当前操作的变更申请。右上角【申请查询】按钮可以跳转“境外注册申请查询” 功能，方便查阅之前相关的境外注册申请。

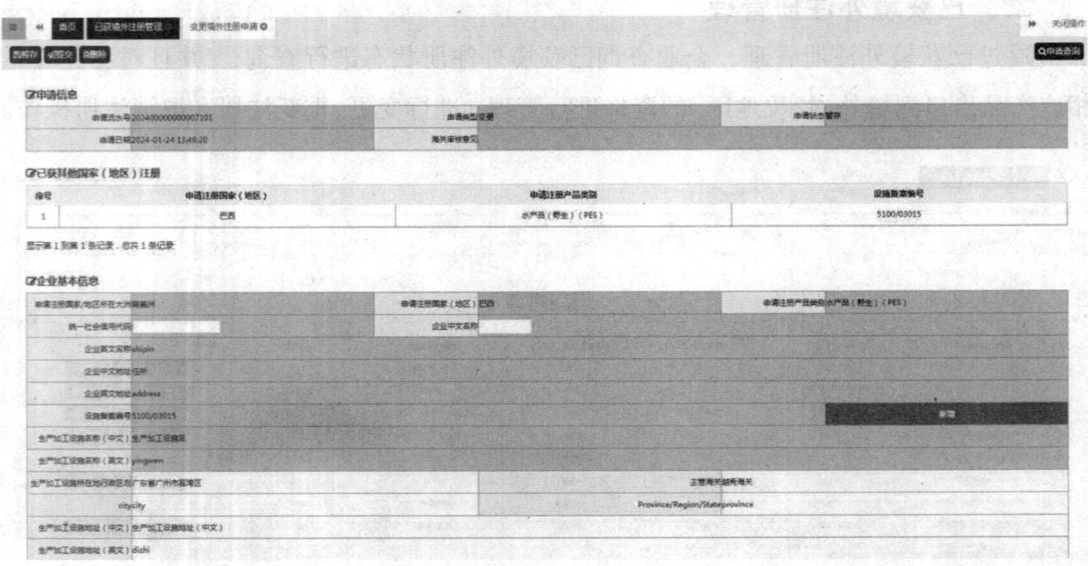

图 3-47 境外注册变更详情（局部）

提交成功后，可通过“境外注册申请查询”功能查看变更申请的后续审批进展。

首页 境外注册申请查询 关闭操作

查询条件

申请类型 变更 申请注册国家（地区） 按空格键检索、支持模糊查询 申请注册产品类别 按空格键检索、支持模糊查询

设施备案编号

查询 重置

序号	申请统一编号	设施备案编号	生产加工设施名称（中文）	申请注册国家（地区）	申请注册产品类别	申请类型	申请时间	申请状态	操作
1	2024000000000007143	4600/02080	海南云富渔业有限公司	韩国	水产品	变更	2024-01-24 16:02:07	外方已接受	查看
2	2024000000000007145	5100/03003	鸡肉厂	越南	水产品	变更	2024-01-24 16:06:27	海关入库成功	查看
3	2024000000000007101	5100/03015	生产加工设施名	巴西	水产品（野生）（PES）	变更	2024-01-24 13:49:20	暂存	查看
4	2024000000000006495	5100/03003	鸡肉厂	越南	水产品	变更	2024-01-23 15:20:55	外方已接受	查看
5	2024000000000005741	5100/03002	卤蛋厂	新加坡	咸蛋/皮蛋	变更	2024-01-05 15:23:48	外方已接受	查看

显示第 1 到第 5 条记录，总共 5 条记录

图 3-48 境外注册变更详情（局部）

2. 重新注册

根据海关总署公告 2021 年第 87 号第十条规定，（1）生产场所迁址的；（2）已注册的产品范围发生变化且进口国家（地区）主管当局要求重新注册的；（3）已注册国家（地区）主管当局要求重新注册的其他情形。已获得境外注册企业发生以上情形之一的，应当重新办理注册。

操作步骤：

登录进入“境外注册管理”—“已获境外注册管理”，进入查询界面，可以根据生产场所编号、申请注册国家（地区）和申请注册产品类别筛选查询结果。

选择要变更的境外注册，点击【重新注册】，进入详情页面，系统会加载已获境外注册的内容及附件。后续操作同变更申请，可参考“注册变更”章节。

3. 取消注册

企业对于已获境外注册可以进行取消操作。

操作步骤：

登录进入“境外注册管理”—“已获境外注册管理”，进入查询界面，可以根据生产场所编号、申请注册国家（地区）和申请注册产品类别筛选查询结果。

选择要取消的境外注册，点击【取消注册】，进入详情页面，系统会加载已获境外注册的内容及附件。填写“取消说明”部分的“取消境外注册理由”和“备注”，附件信息中的《取消注册的证明文件》为非必填项，请根据实际情况选择是否上传。

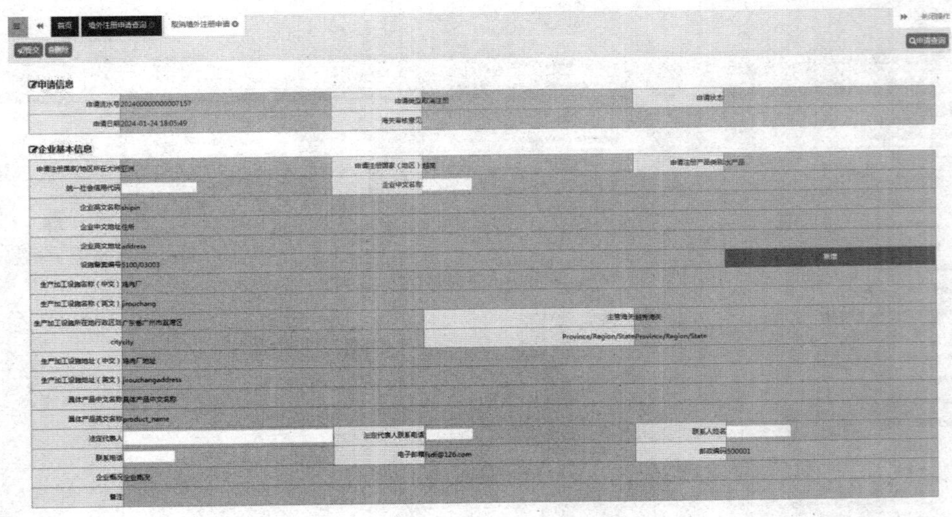

图 3-49 境外注册取消录入（一）

取消说明

取消境外注册推荐理由	
备注	

附件信息

序号	附件类型	必传	文件名称	操作
1	取消对外推荐证明文件	否		添加文件

图 3-50 境外注册取消录入（二）

录入完毕后，点击【提交】，取消注册申请将发到海关总署。取消流程与注册申请时一样，进入正常审核环节后，会陆续看到 “待总署处理”—“外方已接受”状态变化。看到“外方已接受”状态，表示取消申请业务已经办结，该产品的境外注册正式取消。取消成功后，在“已获境外注册管理”功能中，能查到已取消的境外注册，状态变为“注销”。

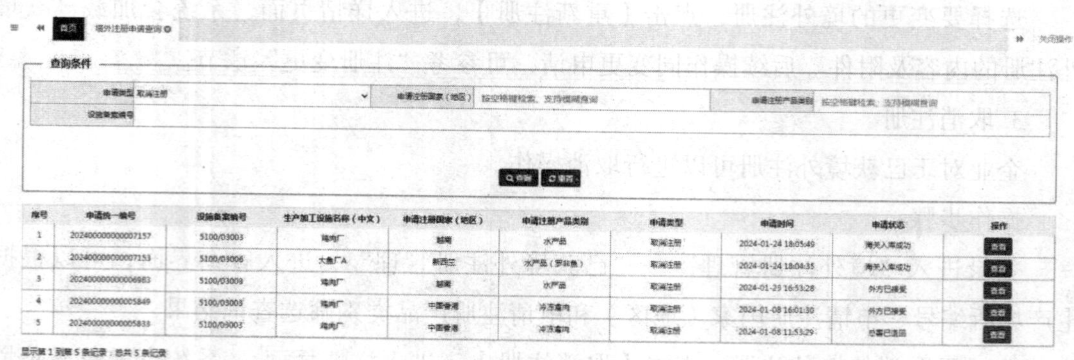

图 3-51 境外注册取消推荐待总署处理查询

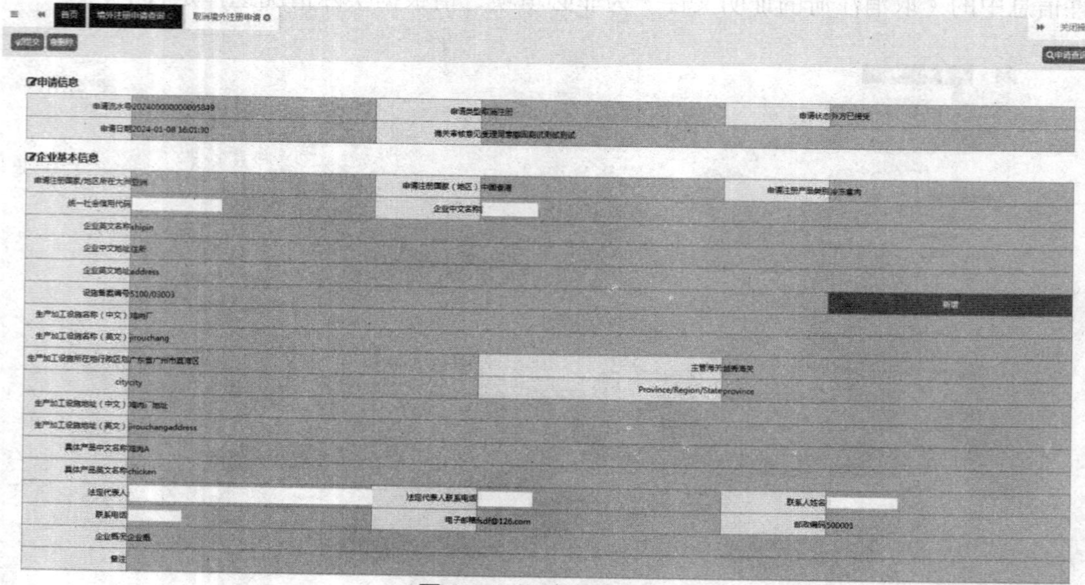

图 3-52 取消详情查询

图 3-53 已获境外注册管理查询—已注销状态

4. 撤销境外注册申请

根据海关总署第 87 号公告第十一条的规定，已获境外注册的出口食品生产企业有下列情形之一的，由海关总署撤回向进口国家（地区）主管当局的注册推荐：“（一）企业主动申请取消注册的；（二）企业依法终止的；（三）出口食品生产企业备案已注销的；（四）企业拒绝接受进口国家（地区）官方检查或未按进口国家（地区）主管当局要求进行整改及提供相关材料的；（五）企业不能持续符合境外注册要求的；（六）其他依法依规应当撤回向进口国家（地区）主管当局注册推荐的情形。企业因第（四）、（五）项规定之情形被海关总署撤回境外注册推荐的，两年内不得重新提出申请。”

满足以上条件的，海关总署将撤销其注册推荐。企业可从系统中查看到相关产品的状态发生变化。

操作步骤：

登录进入“境外注册管理”—“已获境外注册管理”，进入查询界面，可以根据生产场所编号、申请注册国家（地区）和申请注册产品类别筛选查询结果。此处能看到被撤销的产品及对应的生产场所注册状态会变为“已撤销”，操作一栏将显示“查看”，点击可查看撤销原因。

首页 已获境外注册管理 关闭操作

查询条件

设施备案编号 | 申请注册国家（地区） 按空格键检索、支持模糊查询 | 申请注册产品类别 按空格键检索、支持模糊查询

查询 重置

序号	境外注册统一编号	设施备案编号	生产加工设施名称(中文)	申请注册国家（地区）	注册产品类别	注册状态	操作
1	REC202400000073352	5100/03006	大鱼厂A	新西兰	水产品（罗非鱼）	生效	变更 重新注册 取消注册
2	REC202400000073346	5100/03003	鸡肉厂	越南	水产品	生效	变更 重新注册 取消注册
3	202400000000073286	4600/02080	[illegible]	韩国	水产品	生效	变更 重新注册 取消注册
4	REC202400000072873	5100/03015	生产加工设施名	巴西	水产品（野生）（PES）	生效	变更 重新注册 取消注册
5	REC202400000072786	5100/03006	大鱼厂A	越南	水产品	已撤销	查看
6	REC202400000072727	5100/03004	[illegible]	韩国	水产品	生效	变更 重新注册 取消注册
7	REC202400000072705	5100/03003	鸡肉厂	中国香港	冷冻禽肉	注销	变更 重新注册 取消注册
8	REC202400000072673	5100/03002	燕窝厂	新加坡	[illegible]	生效	变更 重新注册 取消注册

显示第 1 到第 8 条记录，总共 8 条记录 每页显示 10 条记录

图 3-54 已获境外注册管理查询

三、自我评定报告

根据海关总署第 87 号公告第十二条的规定，获得境外注册的企业，应当每年就是否能够持续符合进口国家（地区）注册条件进行自我评定。

操作步骤：

登录进入“境外注册管理”—“自我评定报告”，进入评定报告首页，系统会列出可以进行评定报告的境外注册。

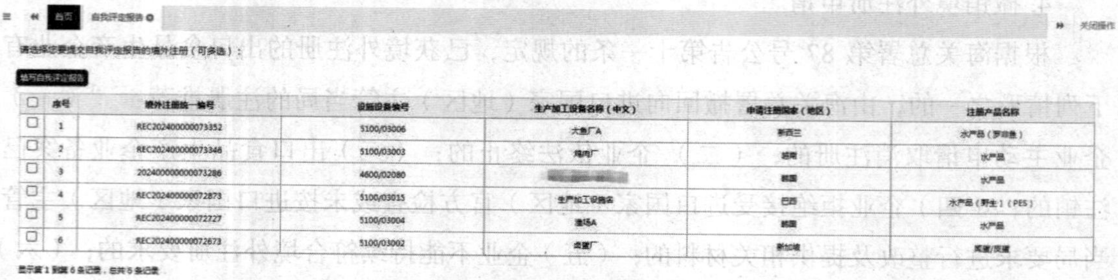

图 3-55 自我评定报告选择查询界面

选择要进行自我评定的境外注册，此处可以选择多个境外注册。点击【填写自我评定报告】，系统跳转评定报告填写界面。根据界面要求填写相关内容，最后需要在页面最下方下载打印《自我评定报告申请书》，填写完毕签名后上传至“附件信息”。点击【暂存】，保存成功。点击【删除】，可清空所填写内容。确认填写无误后，点击【提交】，评定报告将发往海关总署。

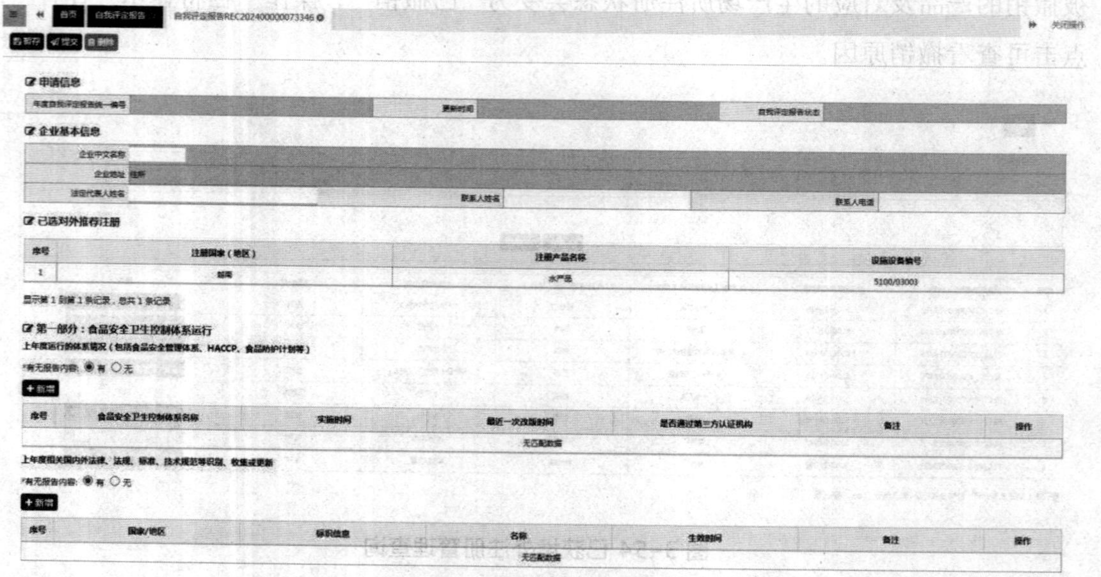

图 3-56 自我评定报告录入界面（局部）

用户可进入“综合查询—自我评定报告查询”，可查询已提交的自我评定报告。自我评定报告状态为“海关入库成功”，表示海关总署已收到该报告，业务结束。点击评定报告的统一编号，可查看报告详情。

图 3-57 综合查询—自我评定报告查询

图 3-58 综合查询—自我评定报告查询详情查询（局部）

小提示：

1. 如果选择的境外注册已经提交评定报告，而且是在途可编辑状态（如暂存状态），在填写自我评定报告时，会提示“存在未完成的自我评定报告申请数据，是否加载数据？”，如果选择【加载数据】，则会读取出之前已填写的暂存状态的评定报告。如果选择【删除原数据】，则会删除暂存状态的评定报告，产生一个新的未填写的评定报告。

2. 如果选择的境外注册已经做了评定报告，而且是已提交状态，在填写自我评定报告时，会提示“境外注册申请编号为 XXXXXXXX，生产场所名称为卤蛋厂的境外注册申请自我评定报告海关已接收，如需重新提交，请通过自我评定报告查询检索到数据后重新提交。”点击【确定】，加载已存在评定报告，页面无法编辑。

第三节 综合查询

为企业提供申请单查询，查看当前资质审批进度和审批意见，以及备案信息查询功能。

一、申请单查询

点击左侧菜单“综合查询—申请单查询”，系统默认展示当前企业全部的申请信息，企业也可根据企业名称、申请类型、资质类型、申请时间来精确查询，点击【查询】，展示当前企业申请的数据，可在列表中看当前数据的申请状态，审批进展。（如图 3–59）

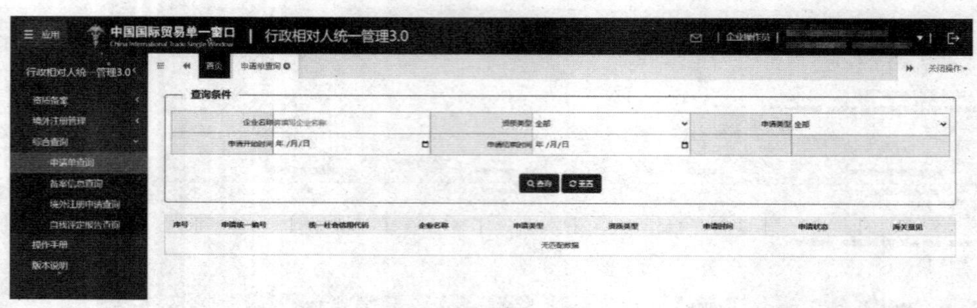

图 3–59 申请单查询

点击蓝色字体“申请统一编号”，可进入页面查看录入具体信息；海关意见栏蓝色“查看”时，可查看海关意见，灰色时无海关意见。

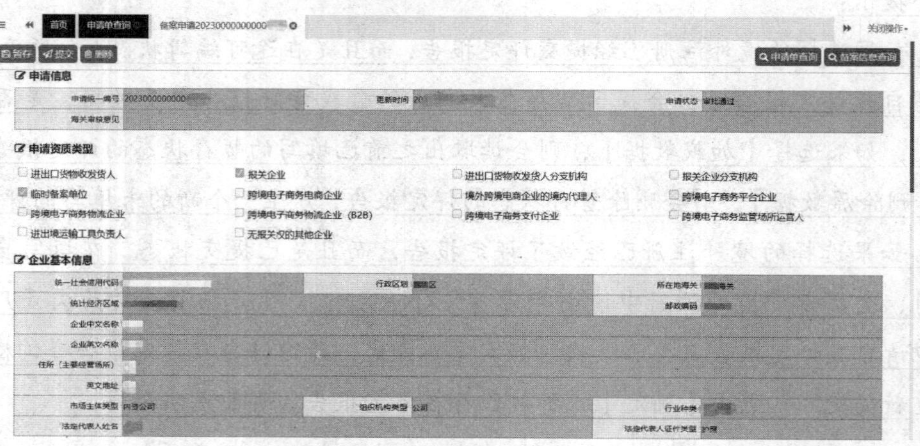

图 3–60 申请单详情查看页面

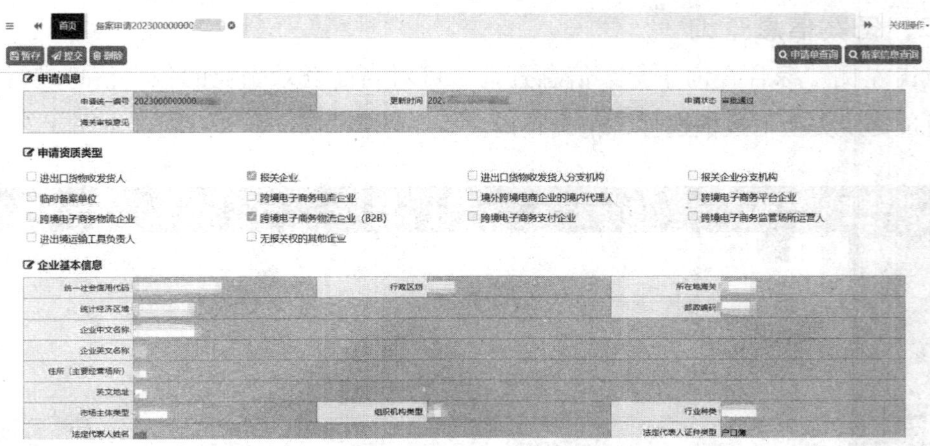

图 3-61 申请单详情页面（审批通过状态）

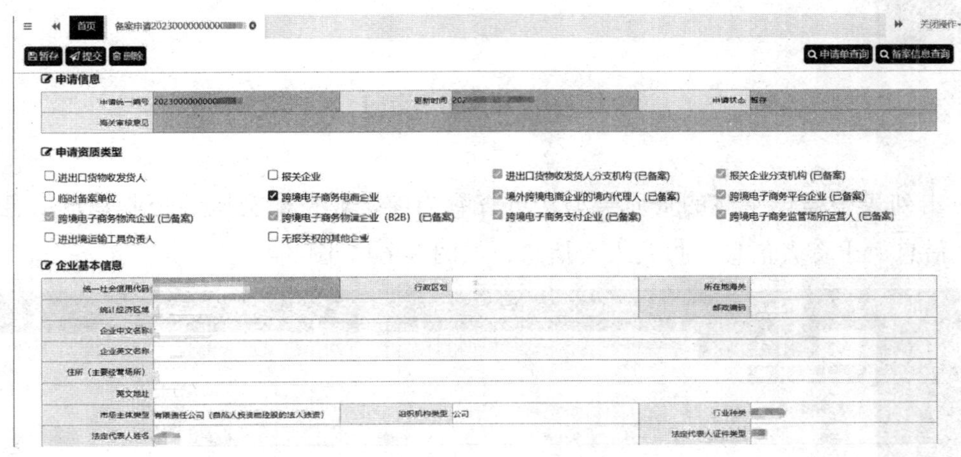

图 3-62 申请单详情页面（暂存状态）

暂存状态点击申请统一编号，可直接在页面中修改重新申报，其他状态均页面置灰不可修改；申请单详情页面，支持企业下载申请时提交的附件。

【链接】申请单状态说明

状态	说明
暂存	企业临时保存的申请数据，可编辑
申报成功	点击提交，申请单提交到海关。
海关入库成功，请等待审核	海关收到提交的申请。
海关入库失败	海关未收到提交的申请
海关不予受理	海关收到申请，未进入证书审核阶段，给予退回。需发起新的申请。
海关受理中	海关收到申请，进入审核环节
审批通过	申请单已获得海关审批通过。
审批不通过	申请单未获得海关审批通过（是否可以再次发起新的申请视不同申请业务类型而定）

二、备案信息查询

点击左侧“综合查询—备案信息查询”可对当前登录企业的备案信息进行查询。也可通过资质类型下拉框选择，精确查询。

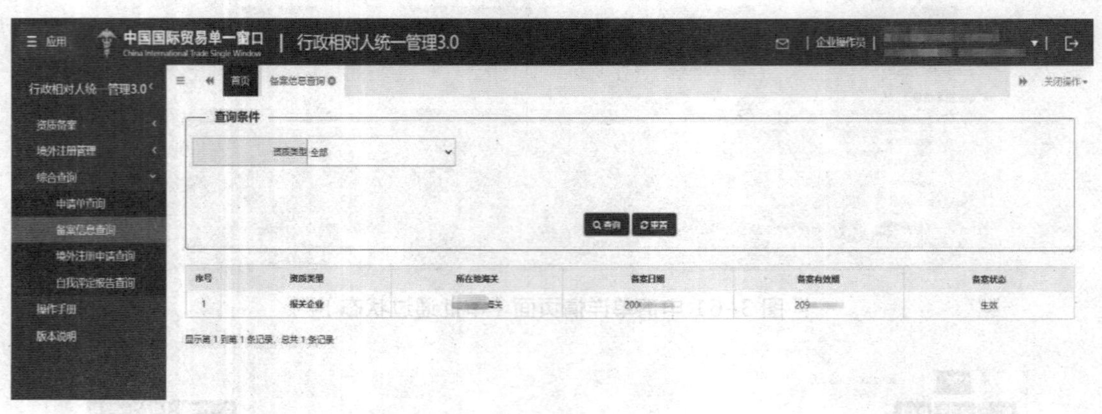

图 3-63 备案信息查询

点击列表中蓝色字体的资质类型，可查看当前企业备案资质的企业基本信息、管理人员信息、出资者信息、报关人员信息，如图 3-64、图 3-65：

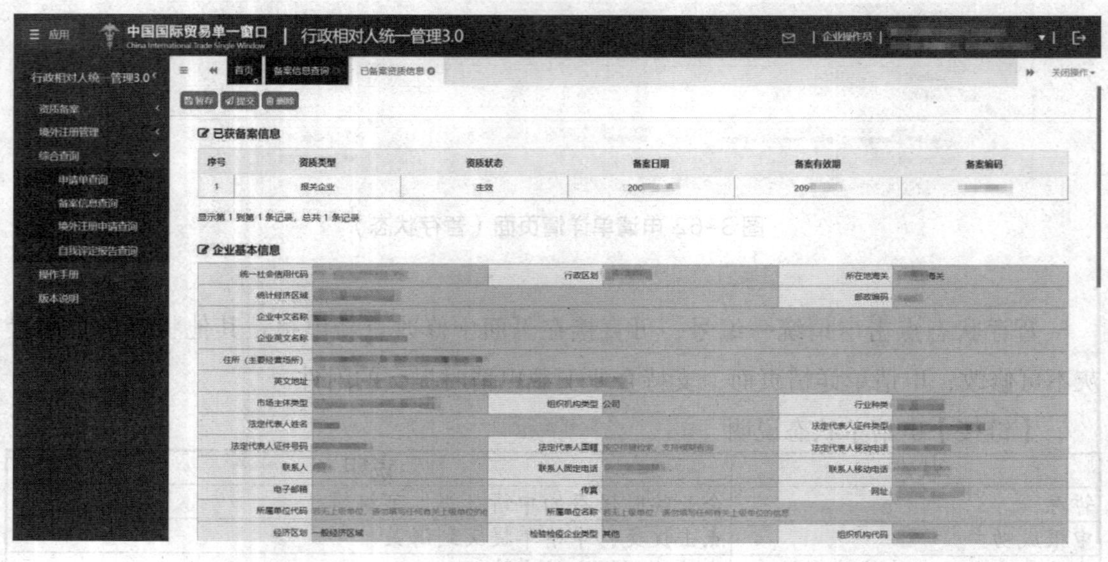

图 3-64 备案信息详情（企业基本信息）

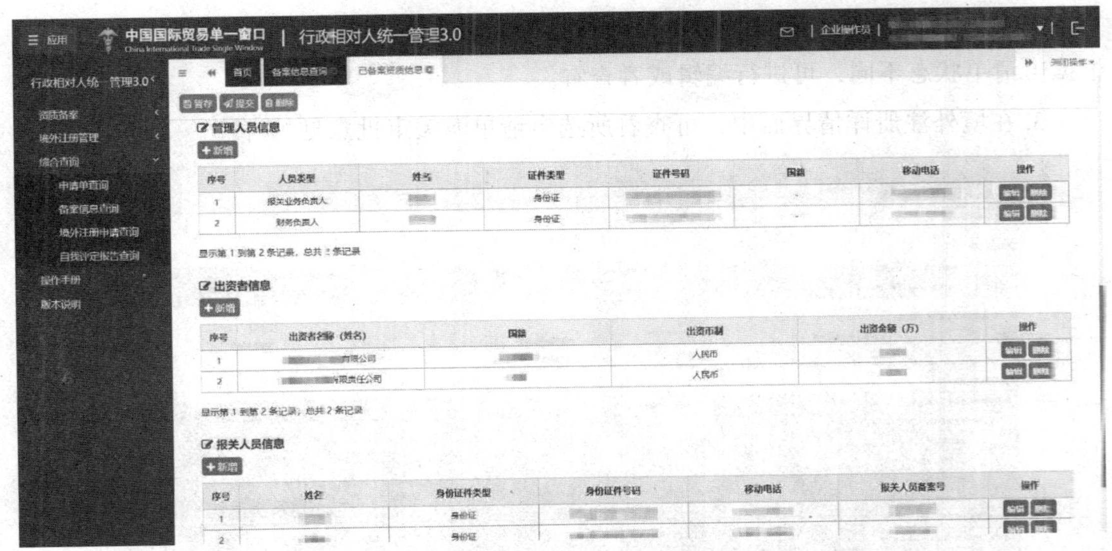

图 3-65 备案信息详情（管理人员、出资者、报关人员信息）

三、境外注册申请查询

境外注册申请查询，为企业提供境外推荐注册申请单的查询功能。查询条件：（1）申请业务类型包括注册、变更、重新境外注册、取消境外注册；（2）申请注册国家（地区）；（3）申请注册产品类别；（4）设施备案编号。

序号	申请统一编号	设施备案编号	主产加工设施名称（中文）	申请注册国家（地区）	申请注册产品类别	申请类型	申请时间	申请状态	操作
1	2024000000000007093	5100/03003	鸡肉厂	越南	水产品	注册	2024-01-24 14:39:18	外方已接受	查看
2	2024000000000007095	5100/03017	鸡肉厂new	南非	熟制禽肉	注册	2024-01-24 15:01:48	海关入库成功	查看
3	2024000000000007111	5100/03006	大鱼厂A	新西兰	水产品（罗非鱼）	注册	2024-01-24 14:38:46	外方已接受	查看
4	2024000000000007103	5100/03001	国网食品公司	越南	水产品	注册	2024-01-24 14:52:08	暂存	查看
5	2024000000000007097	5100/03006	大鱼厂A	新西兰	水产品（罗非鱼）	注册	2024-01-24 13:30:29	海关不予受理	查看
6	2024000000000007099	-	虚腰厂二场	巴西	肉类（天然肠衣）（CD）	注册	2024-01-24 13:42:52	暂存	查看
7	2024000000000006139	5100/03006	大鱼厂A	越南	水产品	注册	2024-01-23 15:08:21	海关受理中	查看
8	2024000000000006289	5100/03003	鸡肉厂	越南	水产品	注册	2024-01-23 14:27:39	外方已接受	查看
9	2024000000000006481	5100/03002	虚腰厂	越南	水产品	注册	2024-01-23 09:15:49	暂存	查看
10	2024000000000006295	-	生产加工设施名称	巴西	水产品（野生）（PES）	注册	2024-01-16 15:57:26	暂存	查看

显示第 1 到第 10 条记录，总共 18 条记录 每页显示 10 条记录

图 3-66 境外注册申请查询

操作流程：

1. 选择查询条件，四个条件可单独或组合使用。点击【查询】，下方列表将列出所有符合条件的申请单数据。不选择任何条件默认查询企业所有申请单。点击【重置】，清空查询条件。

2. 点击查询结果列表中申请单一行最后的【查看】，可查看境外注册申请详情，根据申请单状态不同，可进行编辑或者查看。

3. 在境外注册详情界面中，可查看所选申请单海关审批意见。

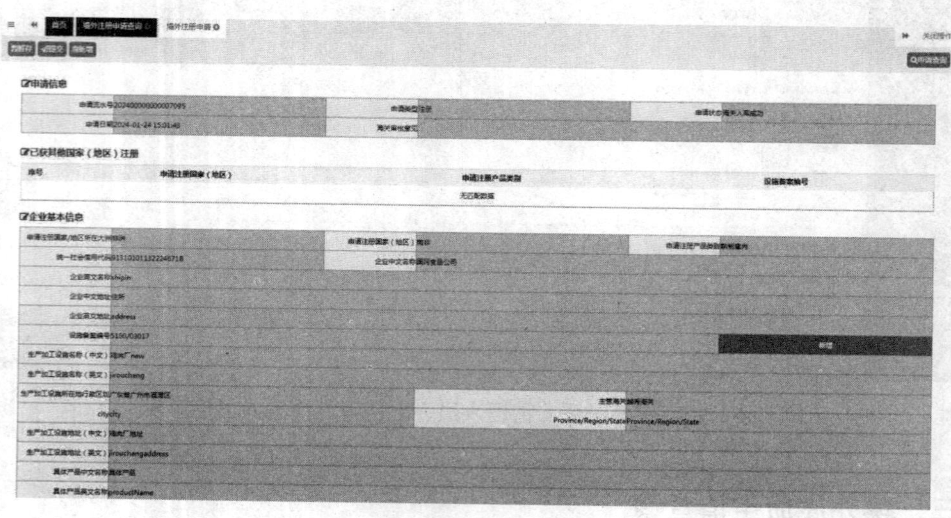

图 3–67 注册申请查询查看详情

四、自我评定报告

为企业提供本企业自我评定报告的查询和重新提交评定报告的功能。

查询条件：以年份作为查询条件。

操作流程：

1. 选择查询年份，点击【查询】，下方列表将列出所有符合条件的评定报告。不选择任何条件默认为上一年度。点击【重置】，清空查询条件。

2. 点击查询结果列表中申请单年度自我评定报告统一编号，可查看自我评定报告详情，根据申请单状态不同，可进行编辑或者重新提交。如暂存状态的评定报告，可进行修改、提交、删除。如已经提交，状态为“海关入库成功”的评定报告，可在上一票数据的基础上， 进行修改，点击【重新提交】，系统将提交一票新的评定报告，并生成新的“年度自我评定报告统一编号”。

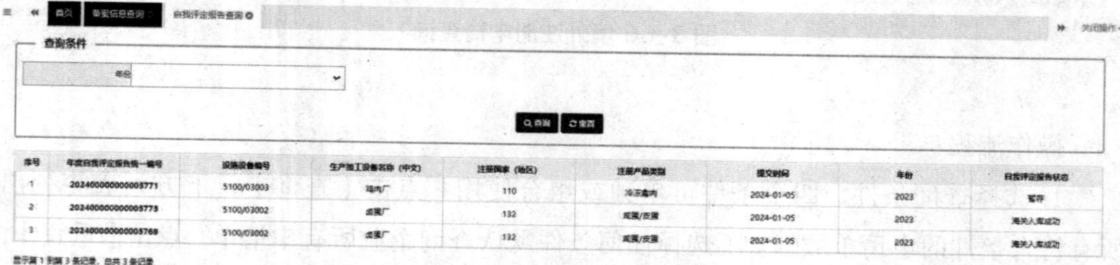

图 3–68 自我评定报告查询

小提示：

已经重新提交过的评定报告，不能进行二次重新提交，必须在新生成的评定报告基础上进行重新提交。

【链接】境外注册业务状态说明

状态	说明
暂存	企业临时保存的申请数据，可编辑
提交成功	点击提交，申请单提交到海关。
海关入库成功	海关收到提交的申请。
海关入库失败	海关未收到提交的申请
海关不予受理	海关收到申请，未进入证书审核阶段，给予退回。需发起新的申请
海关受理中	海关收到申请，进入审核环节
审批不通过	申请单未获得海关审批通过
补齐补正	申请需要企业修改后再次提交
待总署处理	海关总署进行审核中
已发往相关国家 / 地区	申请已发往产品出口国家（地区）相关主管当局进行审批
总署已退回	海关总署审核未通过，退回企业。需重新发起申请
外方已接受	产品出口国家（地区）主管当局审批通过
外方已拒绝	产品出口国家（地区）主管当局审批未通过

第四部分 “单一窗口”——许可证件篇

第一章 进口许可证系统操作指南

1. 功能介绍

建设“单一窗口”进口许可证申请系统，主要包括进口许可证申请和许可证查询等功能，实现进出口企业通过“单一窗口”一点接入提交满足商务部要求的许可证申请信息，商务部审核后将审核结果返回至“单一窗口”，企业可在“单一窗口”查询审核结果。

2. 进入系统

打开中国国际贸易单一窗口门户网站，点击“业务应用”页签中“口岸执法申报”（如图 4-1）。

图 4-1 进入系统

点击“口岸执法申报”下面的“监管证件”，选择“进口许可证”，登录后进入系统。

图 4-2 "进口许可证"进入路径

第一节 许可证申请

企业在首次使用"单一窗口"进口许可证申请系统前，必须在单一窗口绑定商务部电子钥匙，具体操作方法如下。

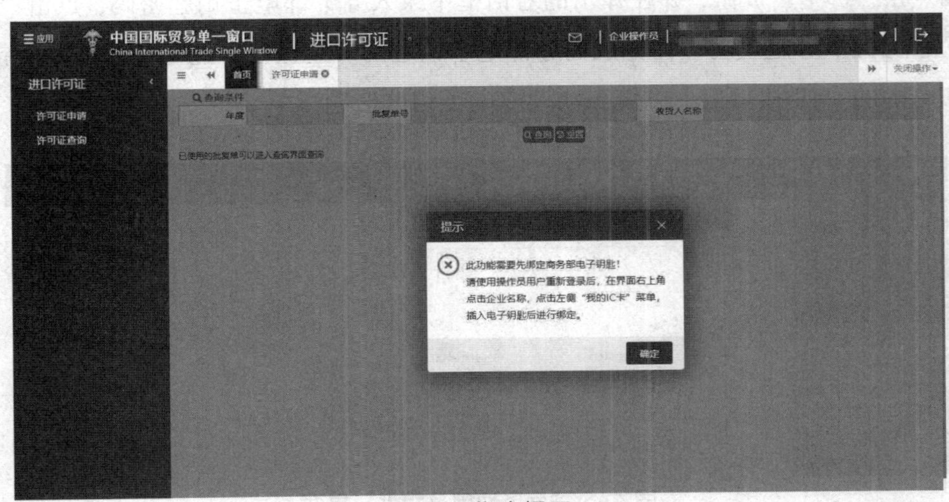

图 4-3 绑定提示

使用操作员账号登录中国国际贸易单一窗口，并点击界面上方用户名，进入“用户管理”，如图 4–4 所示。

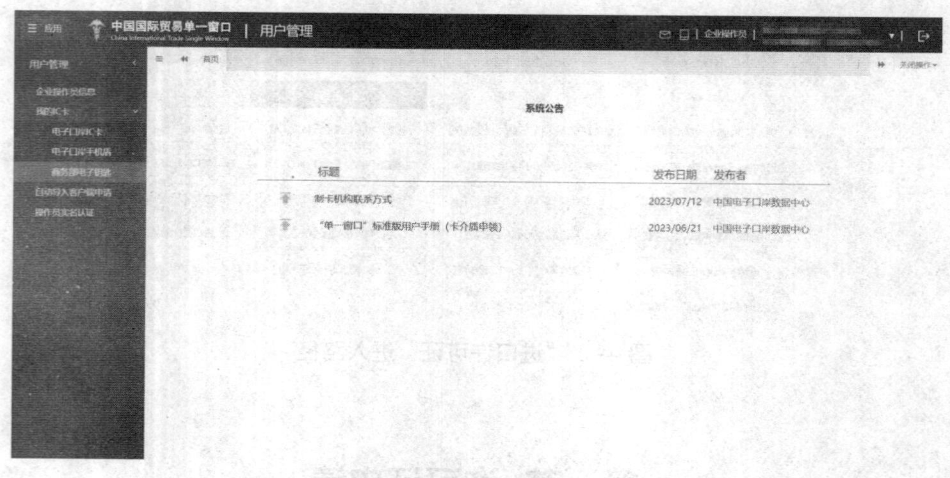

图 4–4 用户管理界面

进入“用户管理”后，点击左侧菜单“我的 IC 卡”—“商务部电子钥匙”。在右侧界面点击“绑卡”按钮，并在弹出的对话框中录入商务部电子钥匙密码，点击“确定”按钮，系统提示绑定成功，即完成商务部电子钥匙的绑定操作。此环节保证电子钥匙已经插在电脑的 USB 接口上，系统自动读取电子钥匙信息。

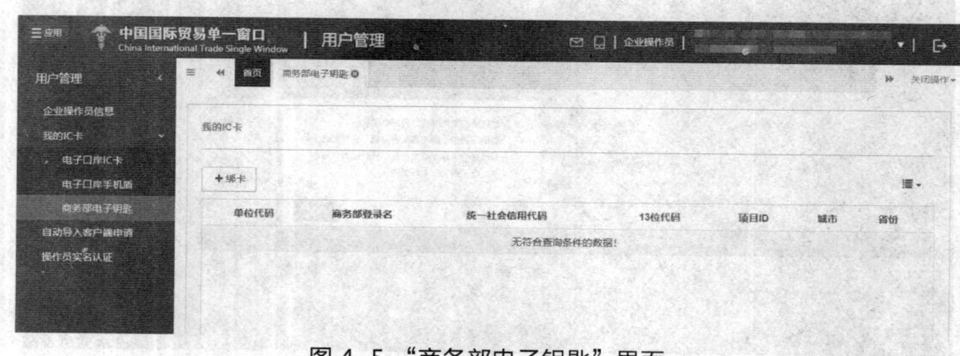

图 4–5 “商务部电子钥匙”界面

完成商务部电子钥匙绑定后，即可在“单一窗口”进口许可证系统中进行单证申请，查询等操作。

小提示：

1. 在绑定商务部电子钥匙前，需下载安装“单一窗口”客户端控件；

2. 在申报环节，要保证商务部电子钥匙插在电脑上，否则无法进行相关业务操作。

一、录入及暂存

用户在电脑主机插入商务部电子钥匙，并点击左侧“许可证申请”菜单，进入批复单查询初始化界面，在用户可输入查询条件查询批复单数据，选中某一个批复单，点击最后一列“新增”按钮进入许可证申请界面。如图 4-6。

用户在查询批复单数据时，系统默认显示当前企业下当年度，批复单中待出证剩余量（即配额可用数量）大于 0 且批复单未过期的批复单数据。列表中的年度默认当年。

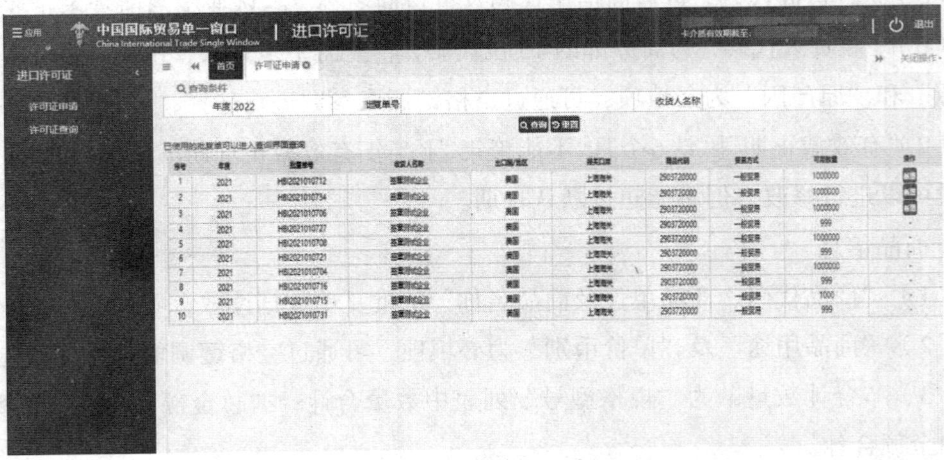

图 4-6 新增许可证申请

点击“新增”按钮后，系统弹出许可证申请录入界面，如图 4-7。

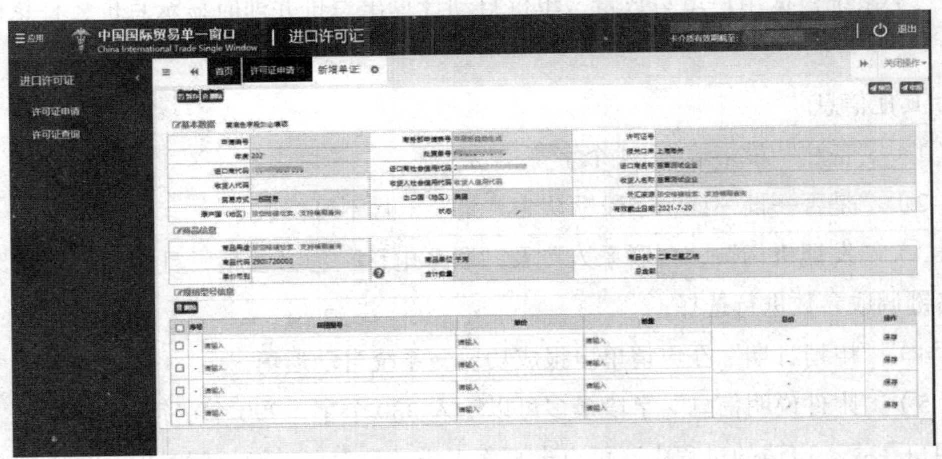

图 4-7 新增单证

新增单证的录入界面分为基本数据、商品信息、规格型号及其他信息四部分。

录入项说明：

1. 基本数据

（1）“申请编号”在申请表数据暂存成功后自动生成；

（2）“商务部申请表号”在申请表申请成功后，由商务部系统返回；

（3）“许可证号”在许可证通过商务部复审后，由商务部返回；

（4）“年度、批复单号、报关口岸，贸易方式及出口国”从批复单数据中读取，不可修改；

（5）“进口商代码，进口商信用代码及进口商名称”默认显示当前登录企业信息；

（6）“收货人代码”为商务部的13位代码，企业需手工录入，并且为必填项。“外汇来源”和“原产国”为必填项，可通过空格键调取参数进行选择；

（7）“有效截止期”默认6个月，不能跨年，下半年有效截止日期默认当年12月31日。该字段可以进行修改，但不能超过默认日期。

2. 商品信息

（1）“商品代码，商品单位及商品名称”从批复单数据读取，不可修改；

（2）“商品用途”及“单价币别”为必填项，可通过空格键调取参数进行选择；

（3）“合计数量”为“规格型号”列表中数量合计；“总金额”为“规格型号”列表中金额合计。

3. 规格型号

（1）“规格型号信息”中“规格型号，数量及单价”最多可填写4行，总数量需与批复单中配额可用数量保持一致。数量保留一位小数，单价保留4位小数；

（2）系统根据用户填写数量、单价自动计算出总价并即时显示总价，且总价不可修改。

4. 其他信息

（1）“备注”最多输入64个字符；

（2）“是否一批一证”字段默认为“是”，且不可修改。

（3）“发证机构”，“联系人”及“联系电话”为必填项，且“发证机构”可通过空格键调取参数进行选择；

（4）“申请日期”在申请单申报成功后，系统自动返填。

（5）“附件说明信息”字段最多可以输入330个字（990个字符）。

用户在录入申请的过程中，可点击页面上方“暂存”按钮，暂时保存录入的数据，如图4–8。

图 4-8 暂存

二、操作

（一）申请表预览

申请表录入并暂存成功后，用户可点击申请表上方“预览”按钮，预览申请表样式，方便企业查看。

（二）申报

用户在基本数据、商品信息，规格型号及其他信息录入完成后，可点击“申报”按钮，将申请提交至商务部进口许可证申领系统审批端进行审核（在申报进口许可证时需插入商务部电子钥匙），如图 4–9。

图 4-9 申报

（三）修改

用户可以对未上报、初审退回和已撤销状态的许可证申请信息进行修改后再申报。用户可在系统左侧菜单栏，选择“许可证查询”，在“许可证查询”中选择“未上报、初审退回或已撤销”状态下的申请信息，点击“查看单据信息”按钮，如图 4–10。

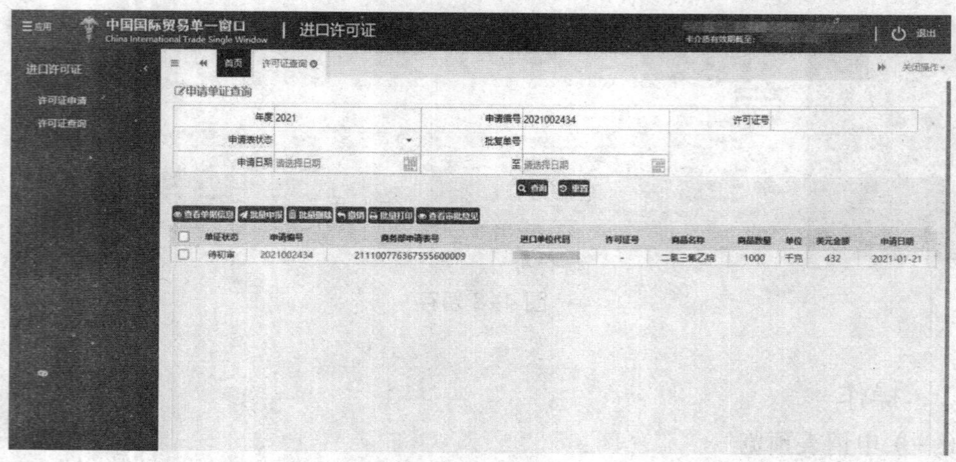

图 4-10 查看单据信息

点击“查看单据信息”按钮后，系统会自动跳转至“单证修改”界面，企业可在此界面对进口许可证进行修改，并选择“暂存”或“申报”操作，如图 4-11。

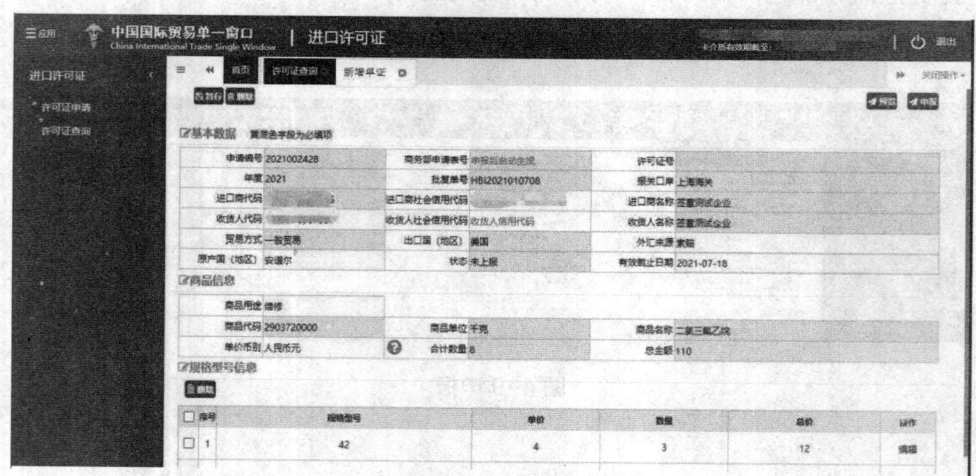

图 4-11 单证更改

（四）删除

企业在录入申请单的过程中，如果需要删除已暂存的数据，点击页面上方“删除”按钮，删除该条数据即可，如图 4-12。

图 4-12 删除

第二节 许可证查询

一、查看单据信息

用户可在系统左侧菜单栏，选择“许可证查询”，进入“许可证查询”界面，并输入相应查询条件，点击“查询”按钮，系统会按时间倒序分页展示所有符合要求的数据，选择一条数据，点击“查看单据信息”按钮可查看申请表数据详细信息，如图 4-13。

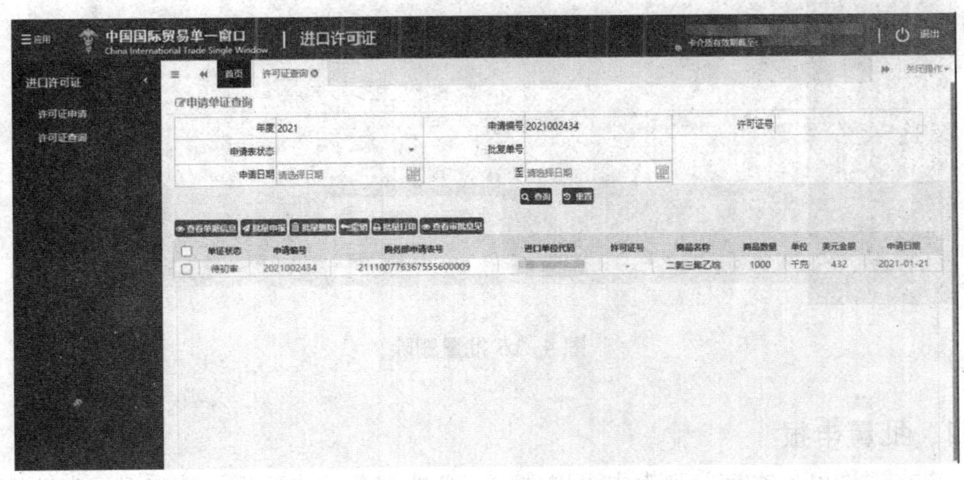

图 4-13 查看单据信息

二、查看审批意见

用户可在系统左侧菜单栏，选择“许可证查询”，进入“许可证查询”界面，并输入相应查询条件，点击“查询”按钮，系统会按时间倒序分页展示所有符合要求的数据，选择一条数据，点击“查看审批意见”按钮可查看审批意见的详细信息，如图 4-14。

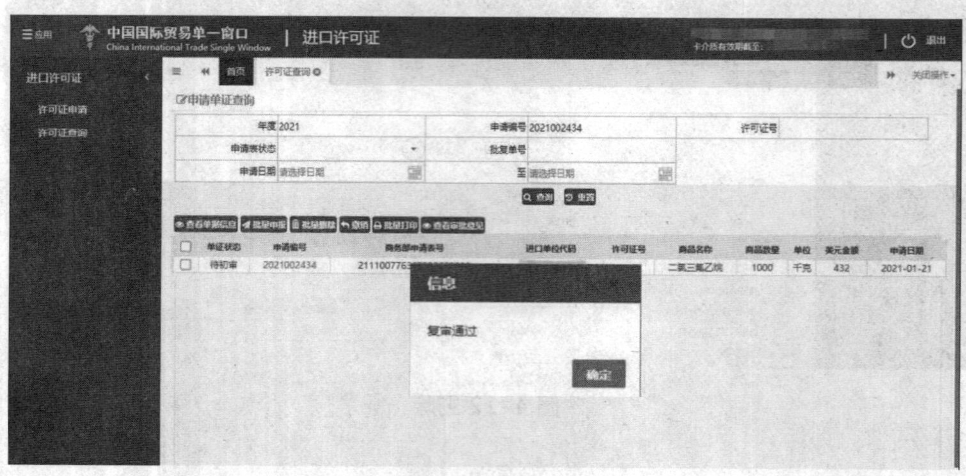

图 4-14 查看审批意见

三、批量删除

用户在“许可证查询”列表中可以选中一条或多条“未上报、初审退回和已撤销”状态的许可证申请信息，点击“批量删除”按钮进行批量删除操作，如图 4-15。

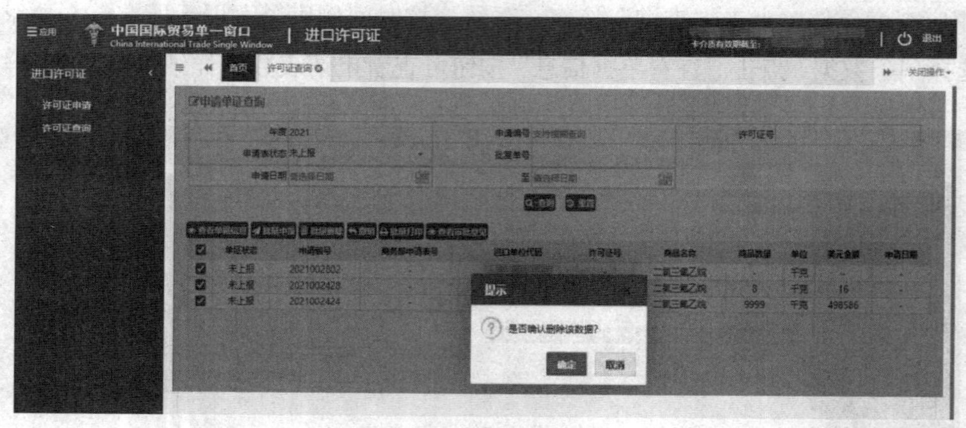

图 4-15 批量删除

四、批量申报

用户在“许可证查询”列表中可以选中一条或多条“未上报、初审退回和已撤销”状态下的许可证申请信息，点击“批量申报”按钮可将申请信息批量提交至商务部进口许可证签发系统，如图 4-16。

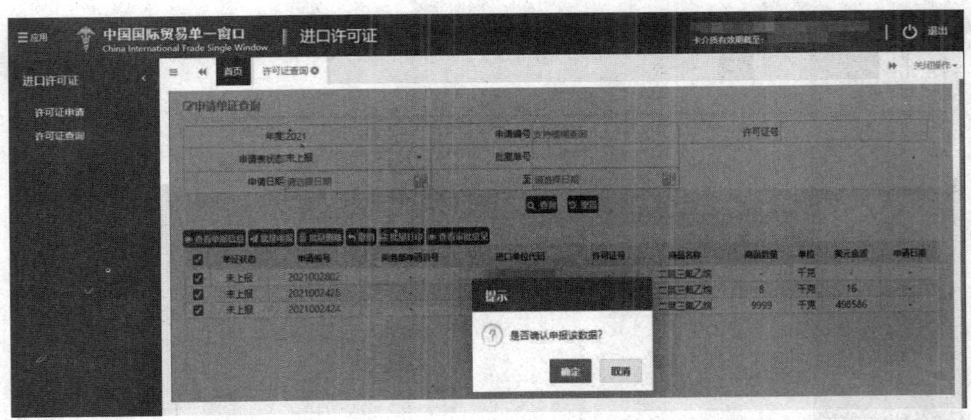

图 4-16 批量申报

五、批量打印

用户可以在“许可证查询”列表中选择单条或多条“复审通过”和“已打印或生成电子许可证”的申请表进行批量打印申请表操作，如图 4-17。

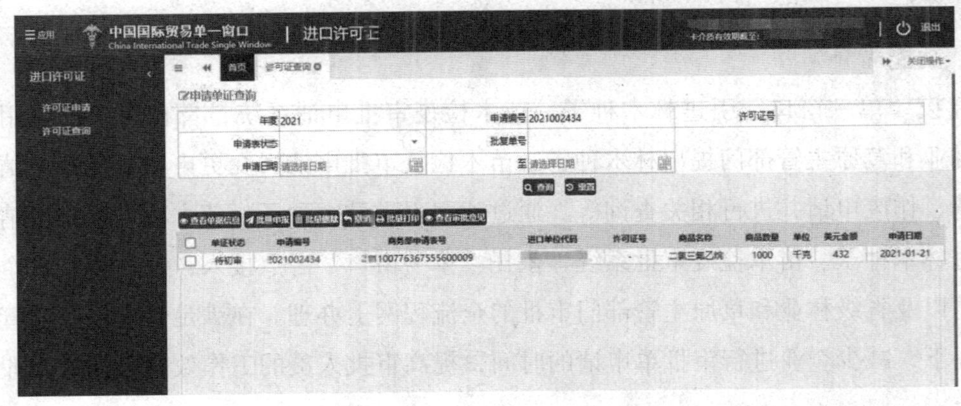

图 4-17 批量打印

六、撤销

用户可在“许可证查询”中选择“待初审”状态下的申请表进行撤销操作，点击操作“撤销”按钮，确认撤销后，申请即变为“待撤销”状态，等待商务部签发机构进行审批，如图 4-18。商务部签发机构审批后，状态变为“已撤销”。

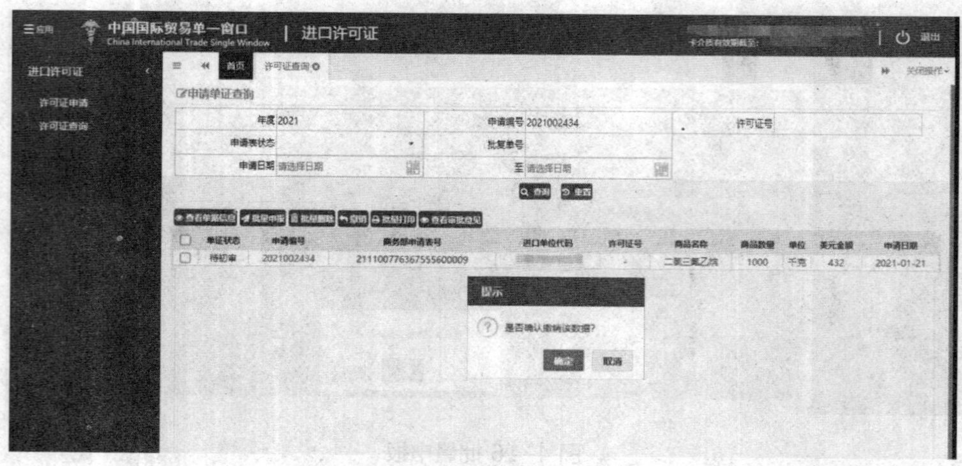

图 4-18 撤销

第二章　引进林草种子、苗木检疫审批单系统操作指南

1. 功能简介

建设“单一窗口”引进林木种子、苗木检疫审批申请系统，旨在用于企业用户向省级林业和草原主管部门提出林木种子、苗木检疫审批申请、变更申请、延期申请、撤回申请、作废申请并进行相关查询等。通过建立引进林木种子、苗木检疫审批申请系统和引进林木种子、苗木检疫审批系统，依托“单一窗口”一点接入，一体化实现企业用户申请以及省级林业和草原主管部门审批的全流程网上办理。在满足管理部门监管要求的前提下，减少企业进行审批单申请的时间，提高审批人员的工作效率，促进企业贸易便利化。

2. 进入系统

打开中国国际贸易单一窗口门户网站，点击“业务应用”页签中“口岸执法申报”（如图 4-19）。

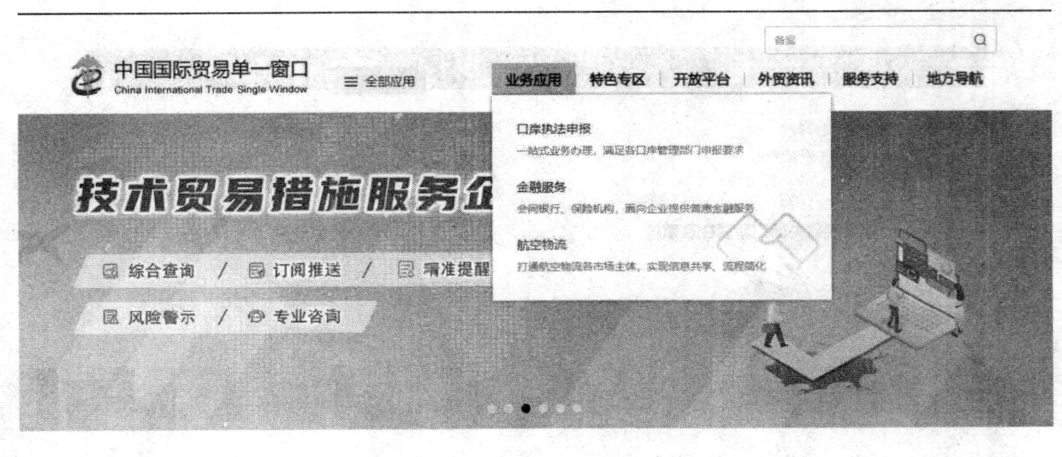

图 4-19 进入系统

点击“口岸执法申报”下面的“监管证件”，选择“引进林木种子、苗木检疫审批单”登录后进入系统。

图 4-20 “引进林草种子、苗木检疫审批单”进入路径

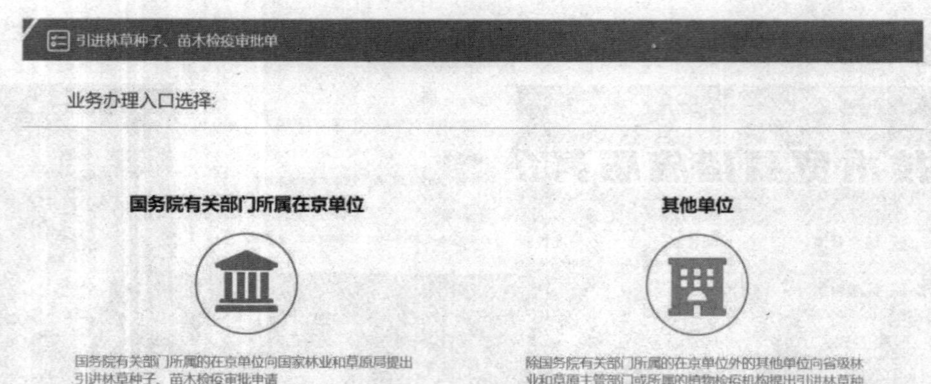

图 4-21 业务办理入口选择

业务办理入口选择：国务院有关部门所属在京单位——当用户为国务院有关部门所属的在京单位，需要向国家林业局和草原局提出引进林木种子、苗木检疫审批申请，则选择国务院有关部门所属在京单位入口，点击进入；其他单位——当用户为国务院有关部门所属的在京单位外的其他单位，需要向省级林业和草原主管部门或所属的植物检疫机构提出引进林木种子、苗木检疫审批申请，则选择其他单位入口。

第一节 审批单申请

一、审批单录入

点击左侧菜单中“审批单申请”，右侧区域展示界面如图 4-22。根据登录的账号或者卡信息自动返填“申请单位名称”，“统一社会信用代码”，“单位地址”和“法人代表”字段内容，置灰输入框为系统自动返填字段，用户不能自行更改。“联系人”和“手机号”字段系统自动返填后允许修改。植物拉丁名：此字段可以通过下拉菜单进行选择也可以手工录入。如通过下拉菜单选择植物拉丁名，则返填科名、属名、种名字段。若植物拉丁名手工录入，则科名、属名、种名同样需要手工录入。“引进数量单位”字段根据所选“引进类型”进行关联后自动返填，引进类型改变，则返填的引进数量单位同步修改。其余输入框按照实际内容填写即可。

二、审批单暂存

中国国际贸易单一窗口 China International Trade Single Window | 引进林草种子、苗木检疫审批单

引进林草种子、苗木检疫审批单
审批单申请
撤回申请
审批单延期
审批单变更
审批单作废
综合查询

首页 审批单申请

新增 暂存 删除 复制 打印

中心统一编号
申请编号 申请时间 审批编号 证书编号
申请单位名称 统一社会信用代码
单位地址 邮政编码 法人代表
联系人 联系电话 请输入11位或12位号码 手机号 入境口岸 按空格键进行选择
审批部门 按空格键进行选择 供货商
植物拉丁名 按空格键进行选择 种名 科名 属名
输出国（地区） 按空格键进行选择 引种地 按空格键进行选择 引进类型 按空格键进行选择 引进用途 按空格键进行选择
种植地点 暂免填写试种请填写 引进数量 按空格键进行选择引进数量单位
建议有效期开始时间 建议有效期结束时间 拟引进种类是否为转基因植物 按空格键进行选择 是否认证 按空格键进行选择
普及型国外引种试种苗圃名称 苗圃证书编号
隔离试种面积 按空格键进行选择 备注

随附文件 *注意：仅支持上传pdf、doc、docx文件，单个文件小于8M

序号	文件类型		文件名称	操作类型	
1	引进林草种子、苗木检疫审批单申请表	选择文件	未选择任何文件	删除	查看
2	层会文件	选择文件	未选择任何文件	删除	查看
3	科研项目任务书/协议	选择文件	未选择任何文件	删除	查看
4	管理措施	选择文件	未选择任何文件	删除	查看
5	隔离试种地有关情况说明材料	选择文件	未选择任何文件	删除	查看
6	其他	选择文件	未选择任何文件	删除	查看

图 4-22 审批单申请

当审批单数据项录入完成后，点击"暂存"按钮，系统自动校验录入数据是否符合校验规则，校验通过则系统提示"保存成功"，如图 4-23；若校验失败，系统给出相关的错误提示信息，按要求修改后再尝试暂存操作。

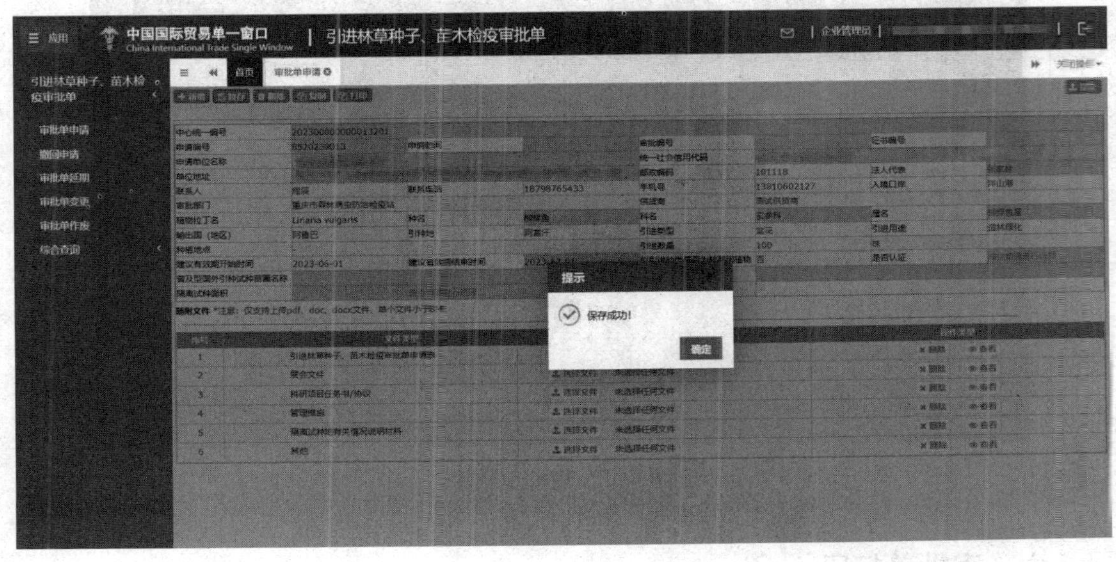

图 4-23 审批单暂存

三、随附文件

暂存成功的审批单数据，点击"选择文件"按钮，选择需要上传的文件，系统自

动校验文件大小和文件格式。附件上传完成后，可以查看附件信息。若附件信息上传有误，点击“删除”按钮，删除成功后可以重新上传附件。如图 4-24。

随附文件 *注意：仅支持上传pdf、doc、docx文件，单个文件小于8M

序号	文件类型	文件名称		操作类型
1	引进林草种子、苗木检疫审批单申请表	选择文件	11000020210002.pdf	删除 查看
2	聚会文件	选择文件	未选择任何文件	删除 查看
3	科研项目任务书/协议	选择文件	未选择任何文件	删除 查看
4	管理措施	选择文件	未选择任何文件	删除 查看
5	隔离试种地有关情况说明材料	选择文件	未选择任何文件	删除 查看
6	其他	选择文件	未选择任何文件	删除 查看

图 4-24 随附文件

四、审批单复制

暂存成功的审批单数据，点击“复制”按钮，系统自动生成一票新数据，用户暂存成功后可以通过“综合查询—审批单申请查询”菜单找到新生成的审批单数据。

五、审批单删除

选择一票暂存状态的单证，点击“删除”按钮，系统弹框点击“确定”按钮，系统提示“删除成功”，且输入框内容清空，则删除操作成功，当前页面可以重新录入新审批单内容，如图 4-25。

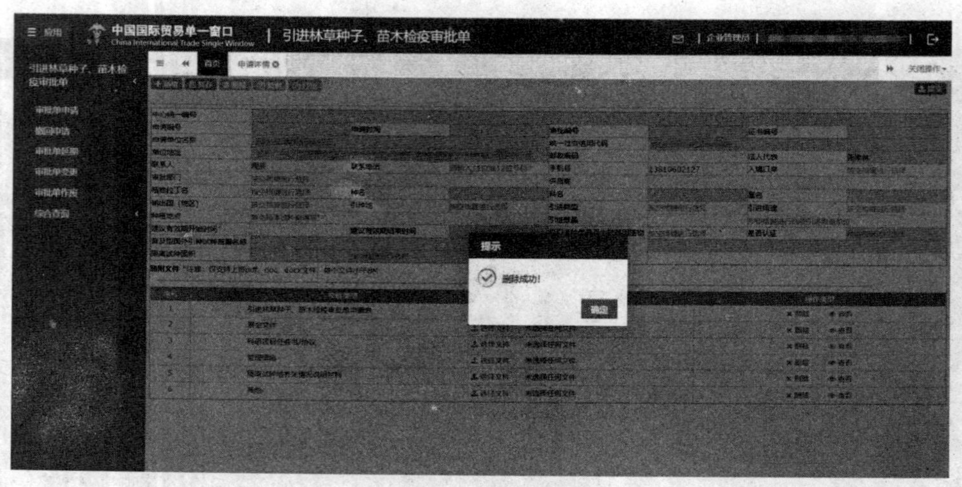

图 4-25 审批单删除

六、审批单打印

选择一票暂存状态的单证，点击“打印”按钮，选择要打印的审批单类型，引进林草种子、苗木检疫审批申请表暂存后任何状态均可打印。引进林草种子、苗木检疫审批单只有在审批同意后方可打印，如图 4-26。

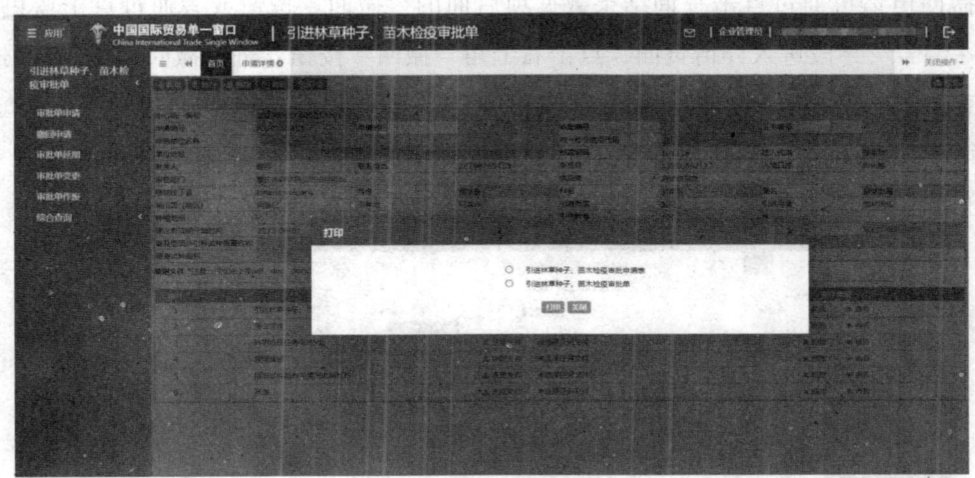

图 4-26 审批单打印

七、审批单提交

暂存成功的审批单数据，点击“提交”按钮，系统自动校验录入数据是否符合业务规则，校验通过后系统提示“提交成功”，页面全部置灰，不能继续更改；校验不通过，系统给出相关提示信息，企业按照要求修改数据后，再重新尝试提交操作，如图 4-27。

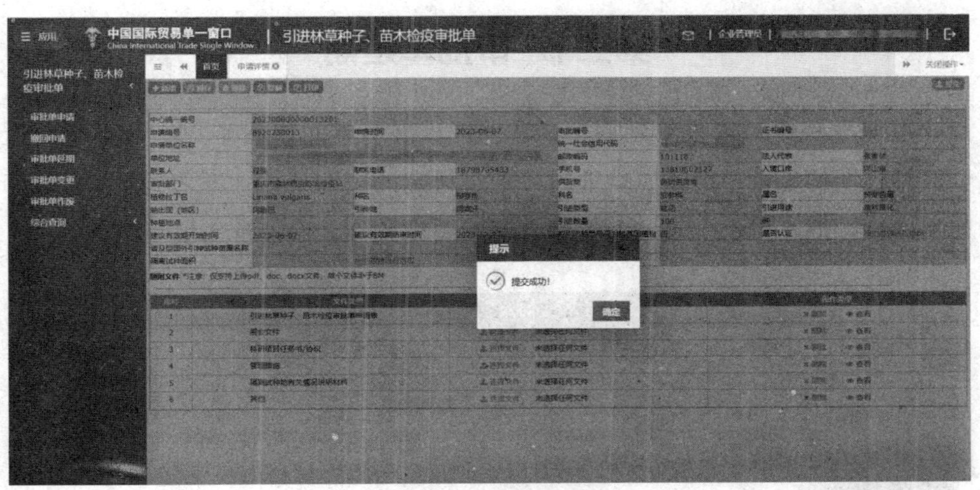

图 4-27 审批单提交

第二节　撤回申请

点击左侧菜单中“撤回申请”，右侧区域展示界面如图 4-28。默认展示登录企业下全部可撤回的审批单数据，企业可以通过设定的查询条件：申请编号、数据状态和申请起止日期来进行查询。点击“重置”按钮将清空查询条件，可以重新填写后查询。

撤回申请可通过点击查询结果数据项后面的“撤回”按钮或者通过点击蓝色“中心统一编号”字段进入详情页面，点击右上角“撤回”按钮，进行撤回操作。数据状态为提交（申报）和收件时点击“撤回”按钮可直接撤回成功。数据状态为受理、审查（专家评审）、审查时，撤回时需填写撤回原因，提交成功后由审批部门进行审批。

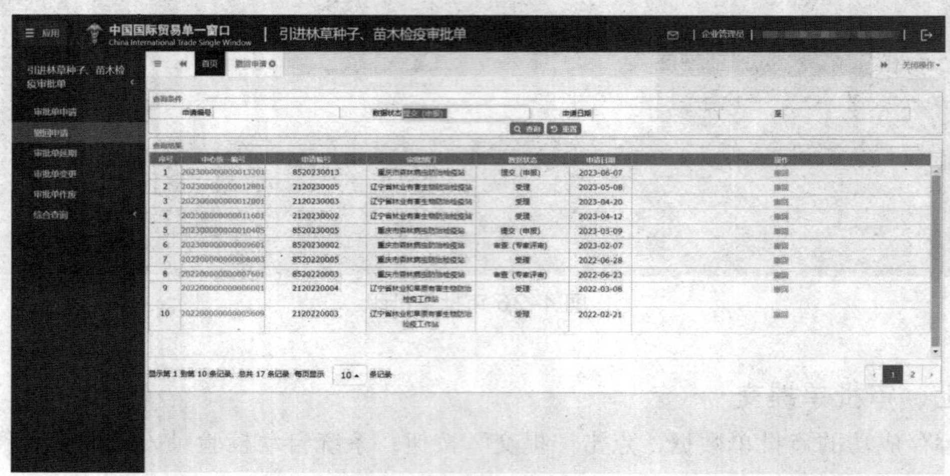

图 4-28 撤回申请

第三节 审批单延期

点击左侧菜单中“审批单延期”，右侧区域展示界面如图 4-29。默认展示登录企业下全部可延期的审批单数据，企业可以通过设定的查询条件：证书编号和证书审批起止日期来进行查询。点击“重置”按钮将清空查询条件，可以重新填写后查询。

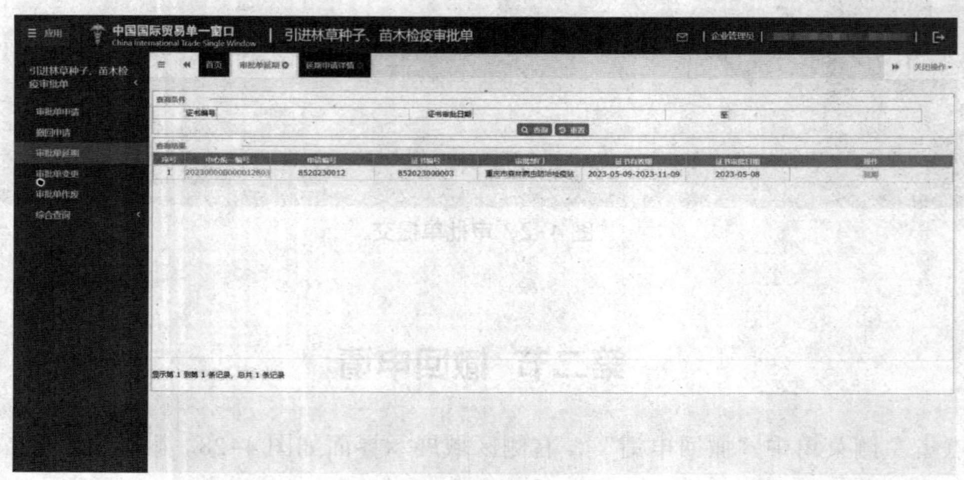

图 4-29 审批单延期

点击"延期"按钮，系统自动跳转至延期申请详情界面，如图 4-30。输入延期时长后点击"提交"按钮，系统提示"延期申请申报成功"，数据发往业务主管部门进行审批。同一票审批单数据，仅支持延期申请一次。

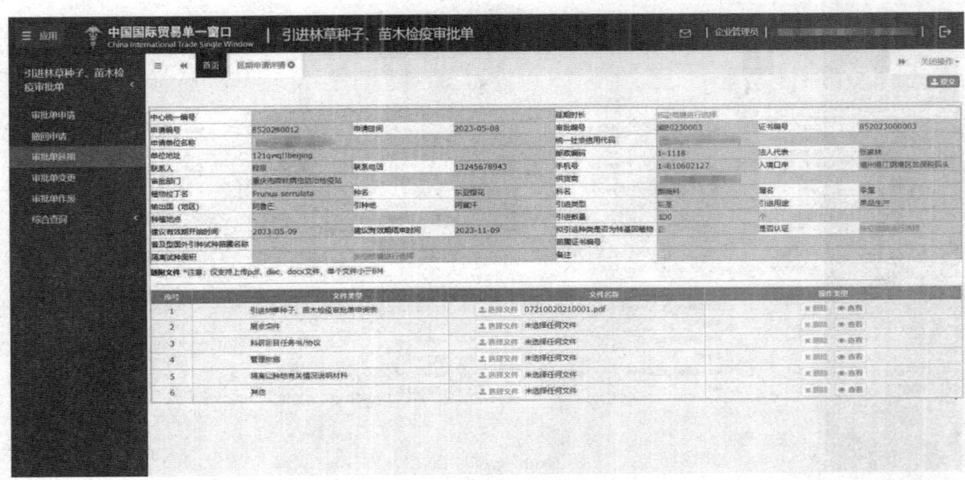

图 4-30 审批单延期详情

第四节 审批单变更

点击左侧菜单中"审批单变更"，右侧区域展示界面如图 4-31。默认展示登录企业下全部可变更的审批单数据，企业可以通过设定的查询条件：证书编号和证书审批起止日期来进行查询。点击"重置"按钮将清空查询条件，可以重新填写后查询。

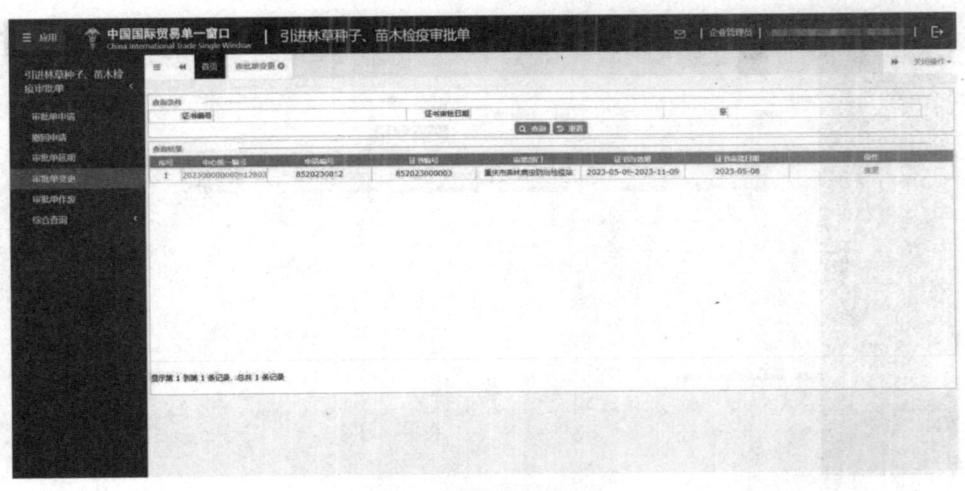

图 4-31 审批单变更

点击“变更”按钮，系统跳转至变更申请详情界面，如图 4-32。变更申请只能变更入境口岸字段，其他数据项置灰无法变更，点击“提交”按钮，系统提示“变更申请申报成功”，数据发往业务主管部门进行审批。

图 4-32 审批单变更详情

第五节 审批单作废

点击左侧菜单中“审批单作废”，右侧区域展示界面如图 4-33。默认展示登录企业下全部可作废的审批单数据，企业可以通过设定的查询条件：证书编号和证书审批起止日期来进行查询。点击“重置”按钮将清空查询条件，可以重新填写后查询。

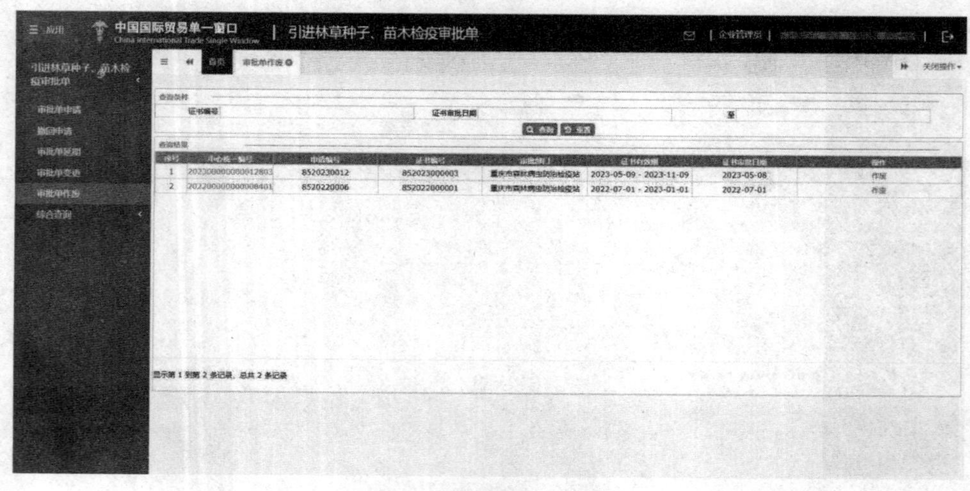

图 4-33 审批单作废

点击“作废”按钮，系统弹框展示申请作废界面，如图 4–34。作废原因为必填项，点击“提交”按钮，系统提示“作废申请提交成功”，数据发往业务主管部门进行审批。

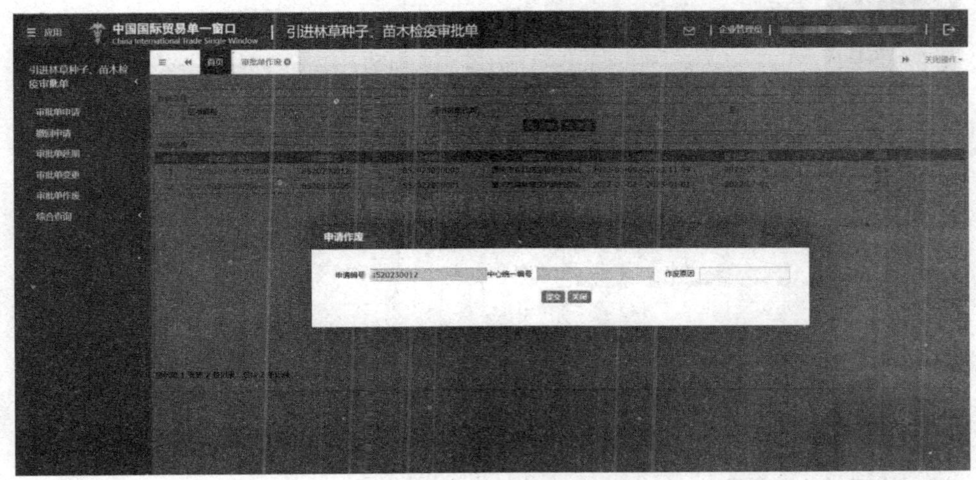

图 4–34 审批单作废申请

第六节 综合查询

一、审批单申请查询

点击左侧菜单中“审批单申请查询”，右侧区域展示查询列表界面如图 4–35。默认展示登录企业下全部审批单申请数据，企业可以通过设定的查询条件：申请编号、证书编号、植物中文名、数据状态和申请起止日期来进行查询。

点击蓝色“中心统一编号”字段，系统跳转到数据详情界面，数据为暂存、预受理退回和补正状态时支持数据编辑修改，其他状态页面置灰只允许查看，附件信息所有状态都可以下载查看。

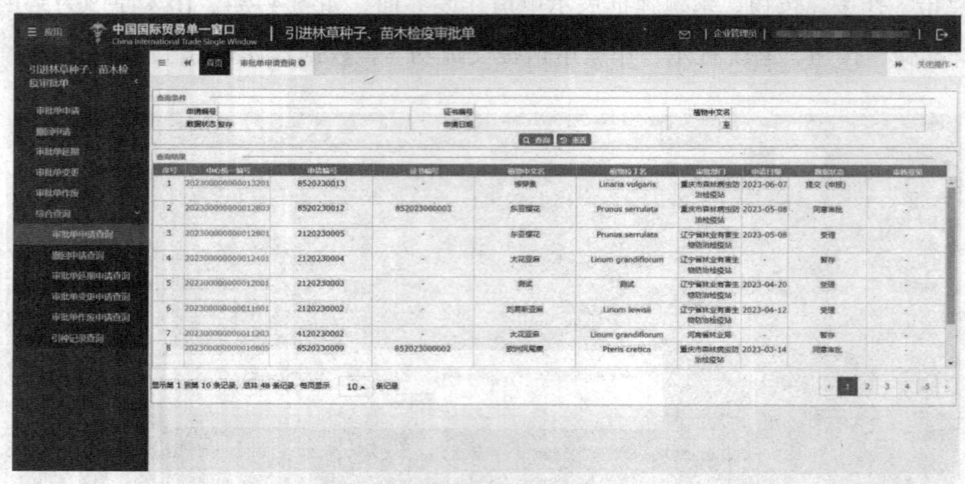

图 4-35 审批单申请查询

二、撤回申请查询

点击左侧菜单中“撤回申请查询”，右侧区域展示查询列表界面如图 4-36。默认展示登录企业下全部撤回申请数据，企业可以通过设定的查询条件：申请编号、数据状态和撤回申请起止日期来进行查询。

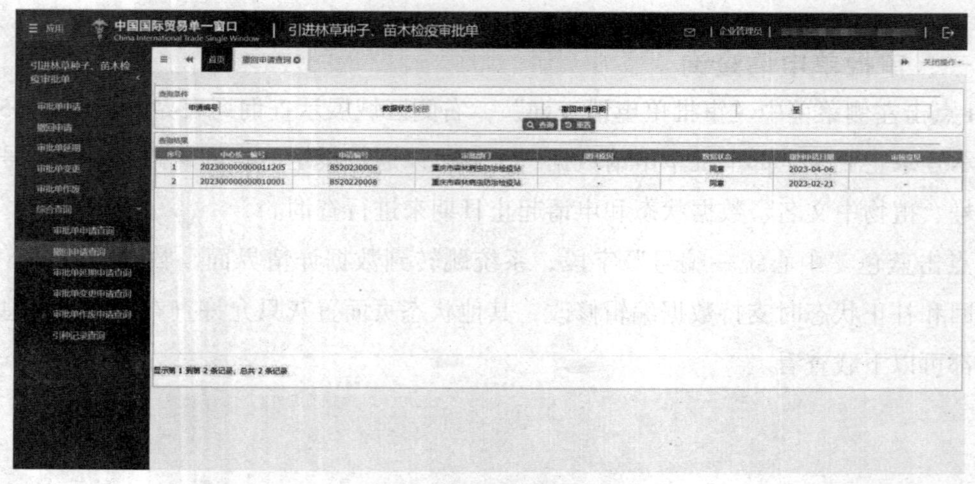

图 4-36 撤回申请查询

三、审批单延期申请查询

点击左侧菜单中“审批单延期申请查询”，右侧区域展示查询列表界面如图 4-37。默认展示登录企业下全部延期审批单申请数据，企业可以通过设定的查询条件：申请编号、证书编号、数据状态和延期申请起止日期来进行查询。

点击蓝色“中心统一编号”字段，系统跳转到数据详情界面，页面置灰只允许查看，建议有效期起止时间字段黄色高亮展示。

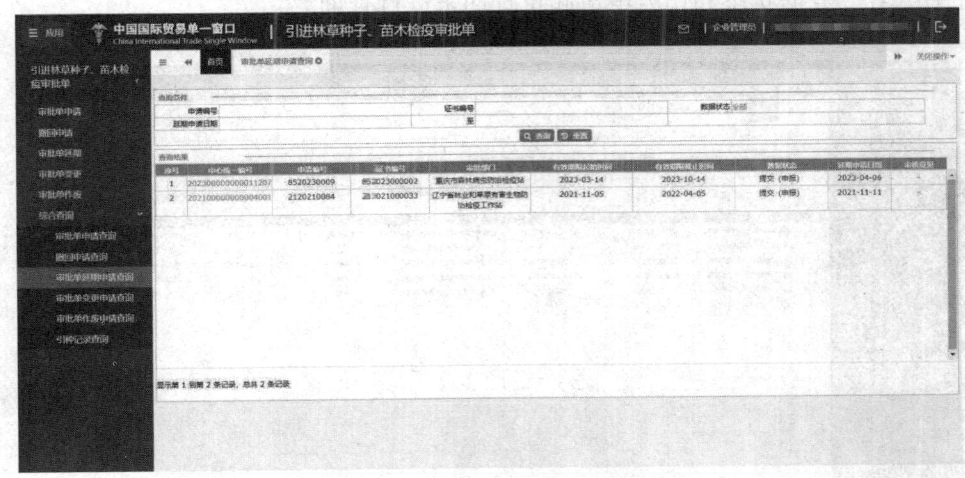

图 4-37 审批单延期申请查询

四、审批单变更申请查询

点击左侧菜单中“审批单变更申请查询”，右侧区域展示查询列表界面如图 4-38。默认展示登录企业下全部变更审批单申请数据，企业可以通过设定的查询条件：申请编号、证书编号、数据状态和变更申请起止日期来进行查询。

点击蓝色“中心统一编号”字段，系统跳转到数据详情界面，页面置灰只允许查看，入境口岸字段黄色高亮展示。

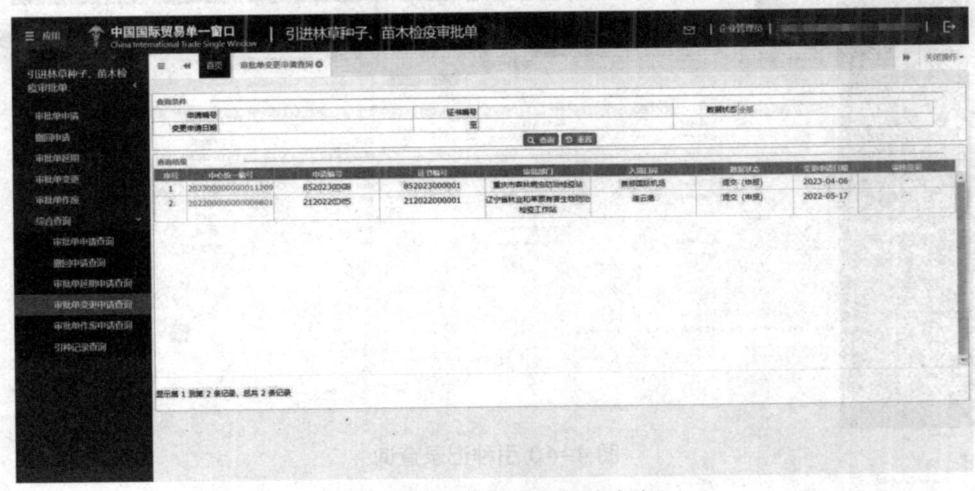

图 4-38 审批单变更申请查询

五、审批单作废申请查询

点击左侧菜单中“审批单作废申请查询”，右侧区域展示查询列表界面如图 4-39。

默认展示登录企业下全部作废审批单申请数据，企业可以通过设定的查询条件：申请编号、证书编号、数据状态和作废申请起止日期来进行查询。

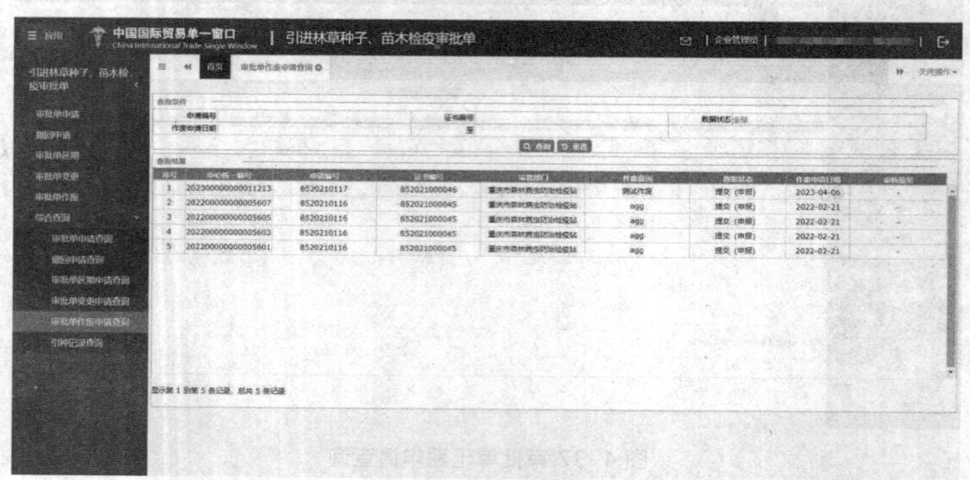

图 4-39 审批单作废申请查询

六、引种记录查询

点击左侧菜单中“引种记录查询”，右侧区域展示查询列表界面如图 4-40。默认展示系统支持申报的所有引种记录数据，企业可以通过设定的查询条件：植物中文名称（种名）、植物拉丁名和引种地来进行查询。

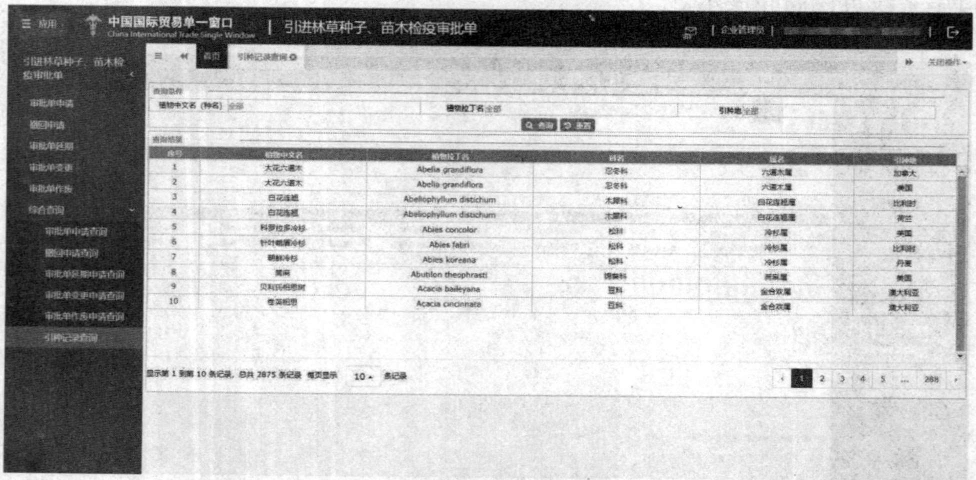

图 4-40 引种记录查询

第三章 赴境外加工光盘进口备案证明申请系统操作指南

1. 功能简介

本系统适用于境内出版单位或其委托单位进行赴境外加工光盘进口备案证明事项的申请，适用于各省级出版主管部门对进口备案证明的审核以及国家新闻出版署对各省级签发的进口备案证明的查询。

2. 进入系统

打开中国国际贸易单一窗口门户网站（如图门户网站），点击“业务应用”页签中“口岸执法申报”（如图 4-41）。

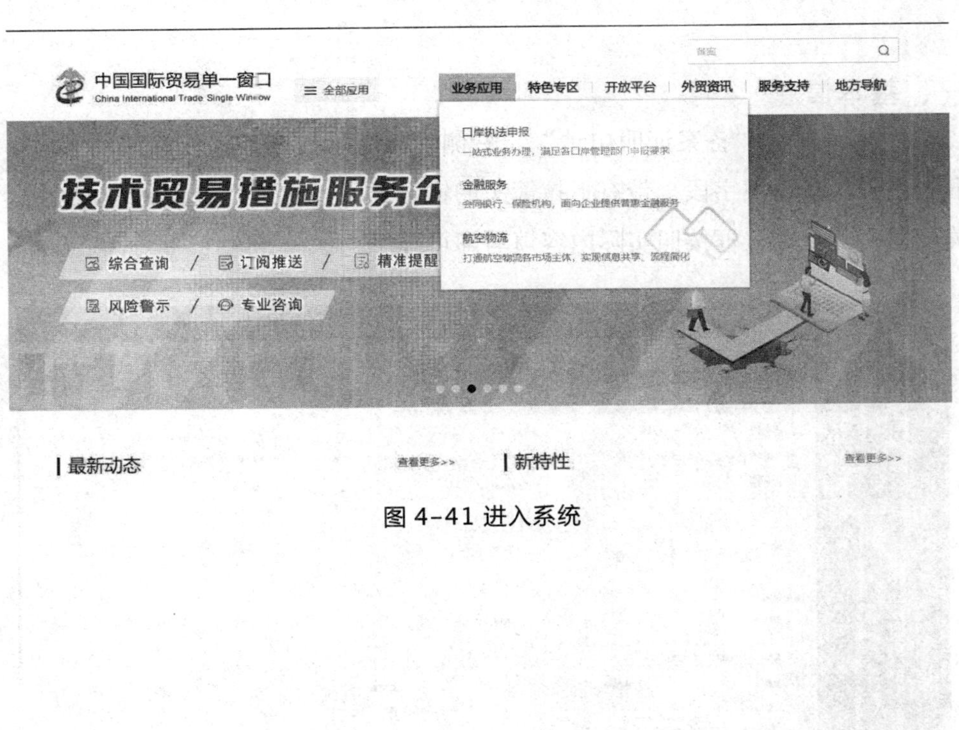

图 4-41 进入系统

点击“口岸执法申报”下面的“监管证件”，选择“赴境外加工光盘进口备案证明”，登录后进入系统。

监管证件				
	农药进出口通知单	合法捕捞产品通关证明	进口兽药通关单	野生动植物进出口证书
	进口药品通关单	药品进出口准许证	民用爆炸物品进出口审批单	引进林草种子、苗木检疫审批单
	自动进口许可证	出口许可证	进口许可证	援外项目任务通知单
	黄金及黄金制品进出口准许证	银行调运人民币现钞进出境证明	赴境外加工光盘进口备案证明	音像制品（成品）进口批准单
	进口广播电影电视节目带（片）...	有毒化学品进出口环境管理放行...	农业转基因生物安全证书（进口）	国（境）外引进农业种苗检疫审...
	特种设备制造许可证及型式试验...	强制性产品认证证书或证明文件	特殊医学用途配方食品注册证书	保健食品注册证书或保健食品备...
	婴幼儿配方乳粉产品配方注册证书	进口普通化妆品备案凭证	进口特殊化妆品注册证书	进口医疗器械备案/注册证
	麻精药品进出口准许证	两用物项和技术进出口许可证	技术出口许可证	技术出口合同登记证
	人类遗传资源材料出口、出境证明	古生物化石出境批件		

图 4-42 “赴境外加工光盘进口备案证明”进入路径

第一节 备案证明申请

一、基本信息

点击左侧菜单中“备案证明申请”，右侧区域展示详细信息界面如图 4-43。置灰输入框为系统自动返填字段。带有下拉箭头的输入框可以通过模糊查询录入关键字后选择相关数据。其余输入框按照实际内容填写即可。

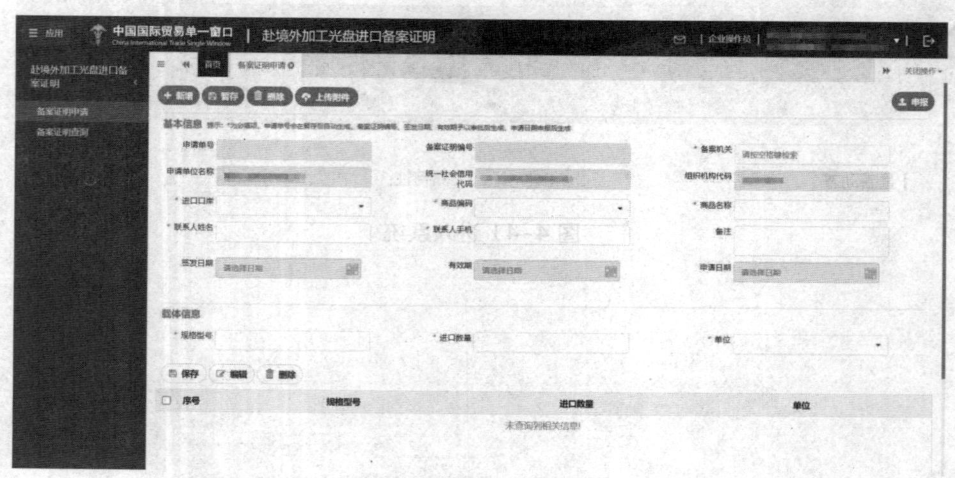

图 4-43 赴境外光盘进口备案证明申请

二、载体信息

规格型号，进口数量，和单位字段为必填项，其他按照实际情况录入后，点击保存按钮，数据保存至界面下方展示。企业可以点击编辑按钮，修改已保存成功的数据。选择要删除的数据，点击删除按钮，系统给出相关提示信息。

三、上传附件

基本信息和载体信息数据录入完成，点击上传附件按钮，标有 * 号的附件内容为必填项，附件上传完成后，确认以上录入信息无误，点击申报按钮，系统给出相关提示信息。

小提示：界面中，输入框左侧带有 * 号的字段为必填项，否则无法进行提交。

第二节 备案证明查询

点击左侧菜单中“查询”，右侧区域展示详细信息界面如图 4-44。默认展示全部赴境外光盘申请数据，用户可以通过查询条件：商品名称、数据状态和申请起止日期来进行查询。查询结果中选中一条数据，点击蓝色“申请单号”，系统自动跳转到数据详情界面，数据为暂存和退回状态时，详情界面数据可以编辑修改，其他状态只允许查看，附件信息所有状态都可以下载查看。

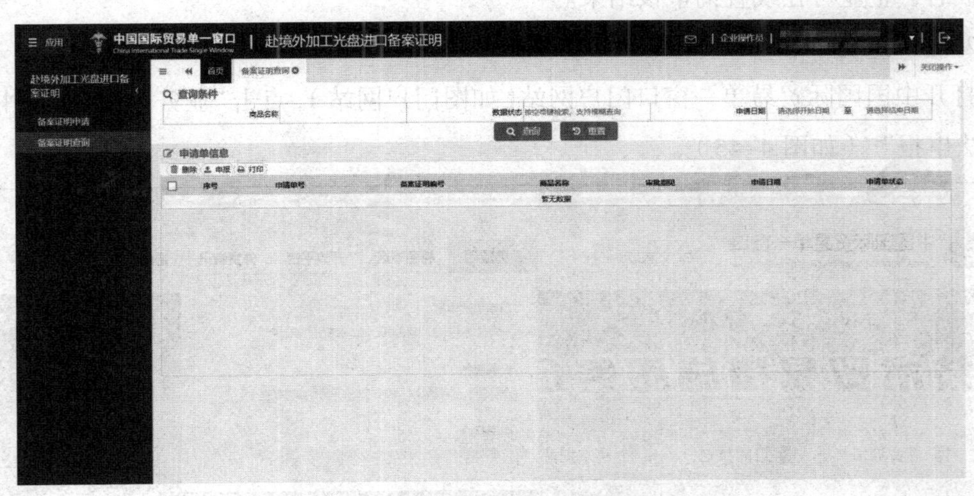

图 4-44 赴境外光盘进口备案证明申请查询

一、删除

企业选中一条数据，点击界面上删除按钮，仅暂存和审批不通过的状态可以删除，其他状态点击删除时，系统给出相关提示信息，不允许删除。

二、打印

企业选中一条数据，点击界面上打印按钮可实现打印，当数据状态为暂存、待审核、不予受理、不予备案、退回和海关接收失败的状态时，系统给出相关错误提示信息，不允许打印。其余状态可以正常打印赴境外加工光盘进口备案证明。

三、申报

企业选中一条数据，点击界面上申报按钮，暂存和退回状态可以重新申报，其余状态不能再次进行申报。

第四章 进口兽药通关单申请系统操作指南

1. 功能简介

建设“单一窗口”《进口兽药通关单》申请系统，涵盖《进口兽药通关单》的申请、审批、与海关联网数据交换等功能，实现进口企业、机构等通过“单一窗口”一点接入，提交符合主管部门要求的进口兽药通关单申请信息，全国农业农村主管部门管理人员完成审核后，企业可在线查询审核结果。

2. 进入系统

打开中国国际贸易单一窗口门户网站（如图门户网站），点击“业务应用”页签中“口岸执法申报”（如图 4–45）。

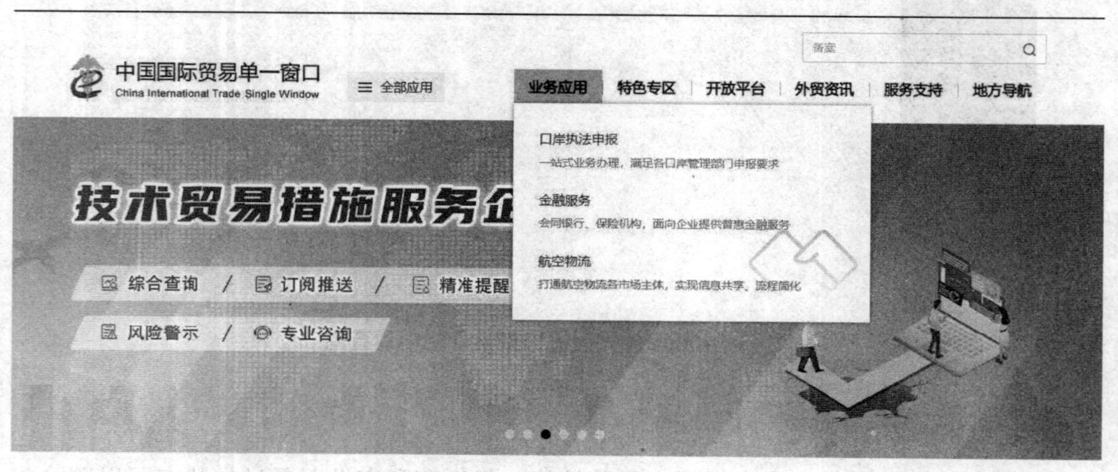

图 4–45 进入系统

点击“口岸执法申报”下面的“监管证件”，选择“进口兽药通关单”，登录后进入系统。

监管证件

农药进出口通知单	合法捕捞产品通关证明	进口兽药通关单	野生动植物进出口证书
进口药品通关单	药品进出口准许证	民用爆炸物品进出口审批单	引进林草种子、苗木检疫审批单
自动进口许可证	出口许可证	进口许可证	援外项目任务通知单
黄金及黄金制品进出口准许证	银行调运人民币现钞进出境证明	赴境外加工光盘进口备案证明	音像制品（成品）进口批准单
进口广播电影电视节目带（片）...	有毒化学品进出口环境管理放行...	农业转基因生物安全证书（进口）	国（境）外引进农业种苗检疫审...
特种设备制造许可证及型式试验...	强制性产品认证证书或证明文件	特殊医学用途配方食品注册证书	保健食品注册证书或保健食品备...
婴幼儿配方乳粉产品配方注册证书	进口普通化妆品备案凭证	进口特殊化妆品注册证书	进口医疗器械备案/注册证
麻精药品进出口准许证	两用物项和技术进出口许可证	技术出口许可证	技术出口合同登记证
人类遗传资源材料出口、出境证明	古生物化石出境批件		

图 4-46“进口兽药通关单”进入路径

第一节 通关单申请

一、基本信息

点击左侧菜单中“通关单申请”，右侧区域展示详细信息界面如图 4-47。根据登录的账号或者卡信息自动返填“申请单位名称”，“申请单位社会信用代码”和“申请人”字段内容。“发证机关”，“进口兽药用途”，“报关口岸”和“批件领取方式”字段可以通过模糊查询录入关键字后选择相关数据。置灰输入框为系统自动返填字段，用户不能自行更改。其余输入框按照实际内容填写即可。

当发证机关为上海市农业农村委时，进口商联系电话，进口商地址，收货单位地址和收货单位联系电话字段更改为必填项。

图 4-47 通关单申请

二、商品信息

输入框底色为黄色的是必填项，按照实际情况录入后，点击“保存”按钮，数据展示到界面下方，如图 4–48。

企业可以选择一条商品信息，点击“编辑”按钮，详细信息返填至上方对应的输入框中，修改信息确认无误后点击保存按钮，商品信息编辑成功。

选择一条要复制的数据，点击“复制”按钮，当系统提示“复制成功”，表示相关数据复制成功。此操作每次只能选择一条数据进行复制操作，不支持批量复制。

选择一条需要删除的数据，点击“删除”按钮，系统提示“删除成功”，表示相关数据删除成功。此操作可以选择多条数据一并删除。

商品信息

+新增商品 保存 编辑 复制 删除

商品编码 商品名称 规格 兽药批号
申报数量 计量单位 按空格检索，支持代码和中文模糊搜 单价 总价
币制 按空格检索，支持代码和中文 进口登记证号

序号	商品编号	商品名称	规格	兽药批号	申报数量	计量单位	单价	总价	币制	进口登记证号
1	1234567891	进口兽药	0|3|1|1|1	202300001	100	千克	1	100	人民币	-

显示第 1 到第 1 条记录，总共 1 条记录

图 4–48 商品信息

三、进口兽药通关单暂存

当基本信息必填项录入完成后，点击“暂存”按钮，系统自动校验录入数据是否符合校验规则，校验通过则系统提示“暂存成功”，如图 4–49；若校验失败，系统给出相关的错误提示信息，按要求修改后再尝试暂存操作。

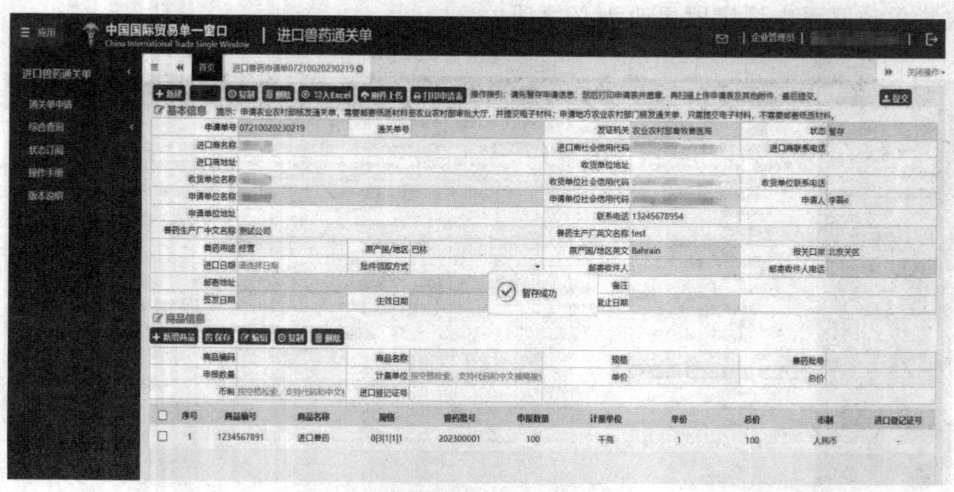

图 4–49 通关单暂存

四、上传附件

基本信息和商品信息录入完成，点击“附件上传”按钮，系统弹框展示上传附件界面，标有 * 号的附件类型为必填项，点击输入框选择相应文件后，点击“上传”按钮，系统自动校验文件大小是否未超过 6M 并且文件格式为 pdf。附件上传完成后，可以下载附件信息至本地查看。若附件信息上传有误，点击“删除”按钮，删除成功后可以重新上传附件。如图 4-50。

上传附件

提示：每页pdf大小不超过300k，每个附件大小不能超过6M。若您上传的附件大小超过系统限制，可使用pdf压缩软件调整pdf大小使其满足系统要求后再次上传。*为必填。

附件类型	文件	操作
* 进口兽药申请表	点击选择文件，只允许上传PDF文件，单个文件大小不超过6M!	上传 下载 删除
代理合同（授权书）	点击选择文件，只允许上传PDF文件，单个文件大小不超过6M!	上传 下载 删除
购货合同	点击选择文件，只允许上传PDF文件，单个文件大小不超过6M!	上传 下载 删除
产品出厂检验报告	点击选择文件，只允许上传PDF文件，单个文件大小不超过6M!	上传 下载 删除
装箱单	点击选择文件，只允许上传PDF文件，单个文件大小不超过6M!	上传 下载 删除
提运单	点击选择文件，只允许上传PDF文件，单个文件大小不超过6M!	上传 下载 删除
货运发票	点击选择文件，只允许上传PDF文件，单个文件大小不超过6M!	上传 下载 删除
产品中文标签、说明书式样	点击选择文件，只允许上传PDF文件，单个文件大小不超过6M!	上传 下载 删除
《兽药经营许可证》；兽药生产企业申请进口本企业生产所需原料药的，提交《兽药生产许可证》及其所生产产品的批准文号证明文件	点击选择文件，只允许上传PDF文件，单个文件大小不超过6M!	上传 下载 删除
《进口兽药注册证书》；生产企业为港、澳、台企业的，提交《兽药注册证书》	点击选择文件，只允许上传PDF文件，单个文件大小不超过6M!	上传 下载 删除
工商营业执照	点击选择文件，只允许上传PDF文件，单个文件大小不超过6M!	上传 下载 删除
生产企业所在国家（地区）兽药管理部门出具的批签发证明（适用于兽用生物制品、疫苗）	点击选择文件，只允许上传PDF文件，单个文件大小不超过6M!	上传 下载 删除
科研项目立项报告、试验方案等材料（适用于少量科研用兽药）	点击选择文件，只允许上传PDF文件，单个文件大小不超过6M!	上传 下载 删除
农业农村部兽药评审中心审查意见文件（适用于进口兽药注册复核检验用和进口兽药注册临床验证试验用	点击选择文件，只允许上传PDF文件，单个文件大小不超过6M!	上传 下载 删除
农业农村部畜牧兽医局关于同意特需兽药进口的函（适用于国内急需兽药）	点击选择文件，只允许上传PDF文件，单个文件大小不超过6M!	上传 下载 删除
其他	点击选择文件，只允许上传PDF文件，单个文件大小不超过6M!	上传 下载 删除

确定

图 4-50 附件信息

五、进口兽药通关单复制

通过查询界面的复制按钮或者兽药通关单详情页面的复制按钮，选择一票任何状态下的通关单，点击“复制”按钮，复制成功系统提示“复制成功，新申请单号为 XXXXXXXXX!”，如图 4-51。可以通过“综合查询－通关单查询”功能找到新生成的单证数据，进入详情界面进行修改编辑。

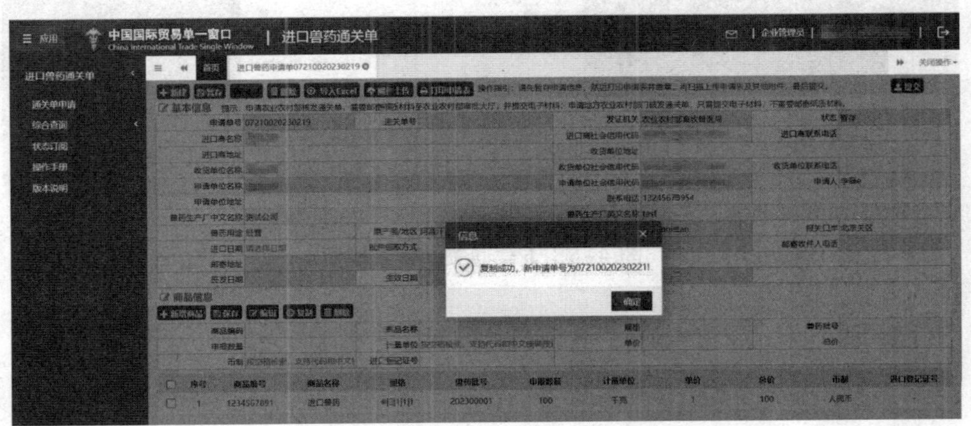

图 4-51 进口兽药通关单复制

六、进口兽药通关单删除

选择一票暂存状态的单证，点击“删除”按钮，系统弹框点击“确定”按钮，系统提示“删除成功”，且输入框内容清空，则删除操作成功，当前页面可以重新录入新申请单内容。如图 4-52。

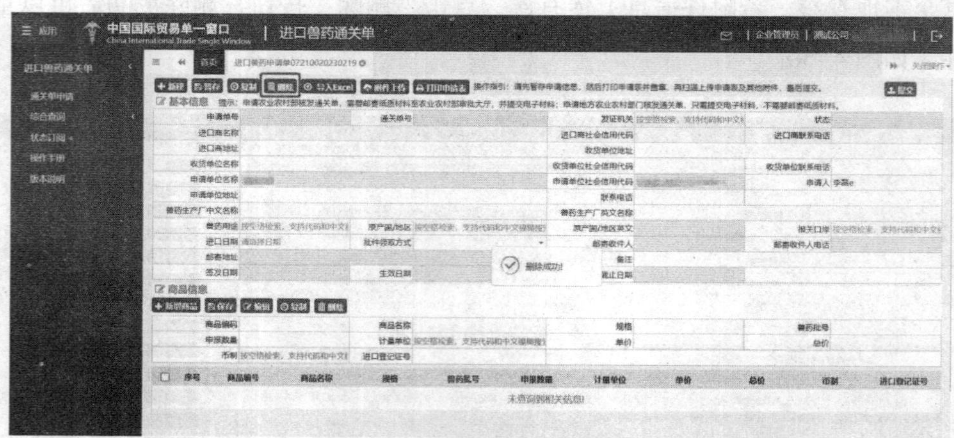

图 4-52 进口兽药通关单删除

七、进口兽药通关单导入 Excel

企业点击界面上“导入 Excel”按钮，系统弹框展示导入界面，点击“模板下载”按钮，自动生成并下载一份 Excel，如图 4-53。

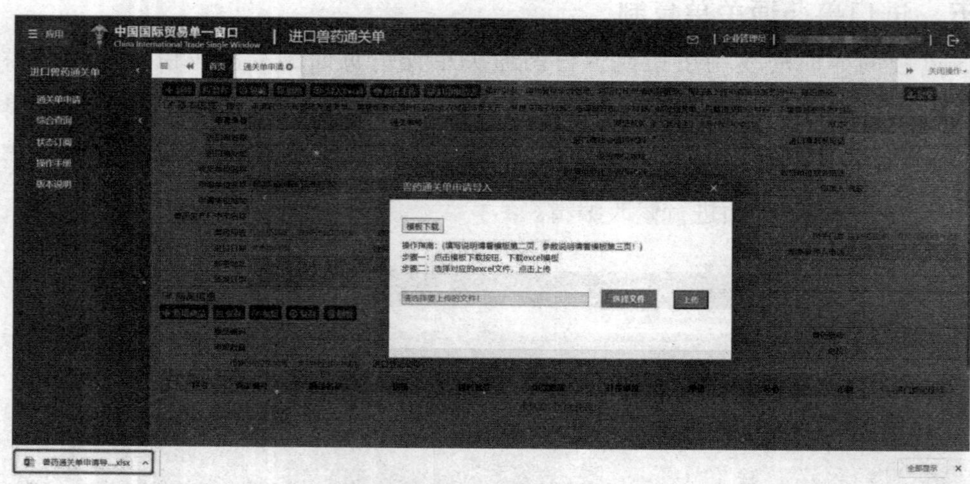

图 4-53 下载通关单导入模板

打开下载成功的 Excel 表，按照实际业务要求和填写说明如实填写并保存后，点击“选择文件”按钮，选择需要上传的文件，确认无误后，点击上传“按钮”，系统自动校验文件内容和文件格式是否符合要求。附件上传完成后，系统提示“导入 Excel 成功”并且相关数据返填至界面，则 Excel 导入成功，如图 4-54。

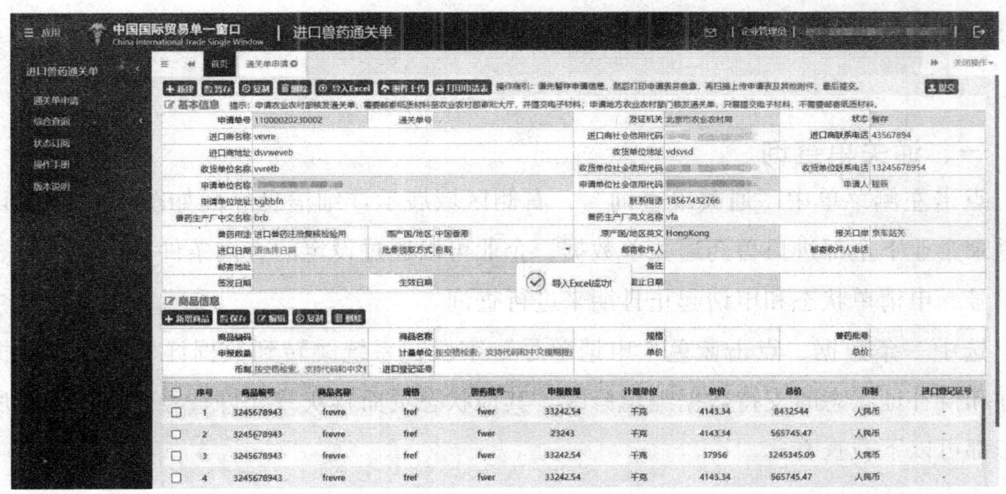

图 4-54 导入 EXCEL

八、进口兽药通关单提交

当基本信息，商品信息和附件信息全部录入完成后，点击右上角“提交”按钮，系统自动校验录入数据是否符合业务规则，校验通过后系统提示“提交成功”，页面全部置灰，不能继续更改；校验不通过，系统给出相关提示信息，企业按照要求修改数据后，再重新尝试提交操作。如图 4-55。

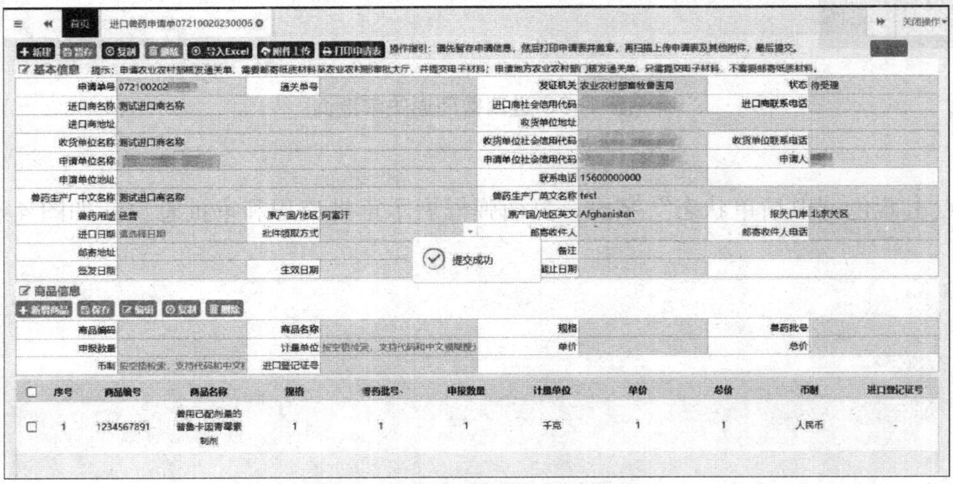

首页 进口兽药申请单07210020230005

+新建 暂存 复制 删除 导入Excel 附件上传 打印申请表 操作指引：请先暂存申请信息，然后打印申请表并盖章，再扫描上传申请表及其他附件，最后提交。

基本信息 提示：申请农业农村部核发通关单，需要邮寄纸质材料至农业农村部审批大厅，并提交电子材料；申请地方农业农村部门核发通关单，只需提交电子材料，不需要邮寄纸质材料。

申请单号 072100202 通关单号 发证机关 农业农村部畜牧兽医局 状态 待受理
进口商名称 测试进口商名称 进口商社会信用代码 进口商联系电话
进口商地址 收货单位地址
收货单位名称 测试进口商名称 收货单位社会信用代码 收货单位联系电话
申请单位名称 申请单位社会信用代码 申请人
申请单位地址 联系电话 15600000000
兽药生产厂中文名称 测试进口商名称 兽药生产厂英文名称 test
兽药用途 经营 原产国/地区 阿富汗 原产国/地区英文 Afghanistan 报关口岸 北京关区
进口日期 请选择日期 批件领取方式 邮寄收件人 邮寄收件人电话
邮寄地址 备注
签发日期 生效日期 截止日期

提交成功

商品信息

+新增商品 保存 编辑 复制 删除

商品编码 商品名称 规格 兽药批号
申报数量 计量单位 按空格检索，支持代码和中文模糊搜 单价 总价
币制 按空格检索，支持代码和中文 进口登记证号

序号	商品编号	商品名称	规格	兽药批号	申报数量	计量单位	单价	总价	币制	进口登记证号
1	1234567891	兽用已配剂量的普鲁卡因青霉素制剂	1	1	1	千克	1	1	人民币	-

图 4-55 进口兽药通关单提交

小提示：

界面中，输入框左侧带有★号和底色为黄色的字段为必填项，否则无法进行暂存提交操作。

第二节 综合查询

一、通关单查询

点击左侧菜单中“通关单查询”，右侧区域展示详细信息界面如图 4–56。默认展示登录企业下全部进口兽药通关单数据，企业可以通过设定的查询条件：申请单号、通关单号、申请单状态和申请起止日期来进行查询。

选中一条数据，点击蓝色“申请单号”字段，系统跳转到数据详情界面，数据为暂存和待补证状态时支持数据编辑修改，其他状态页面置灰只允许查看，附件信息所有状态都可以下载查看。

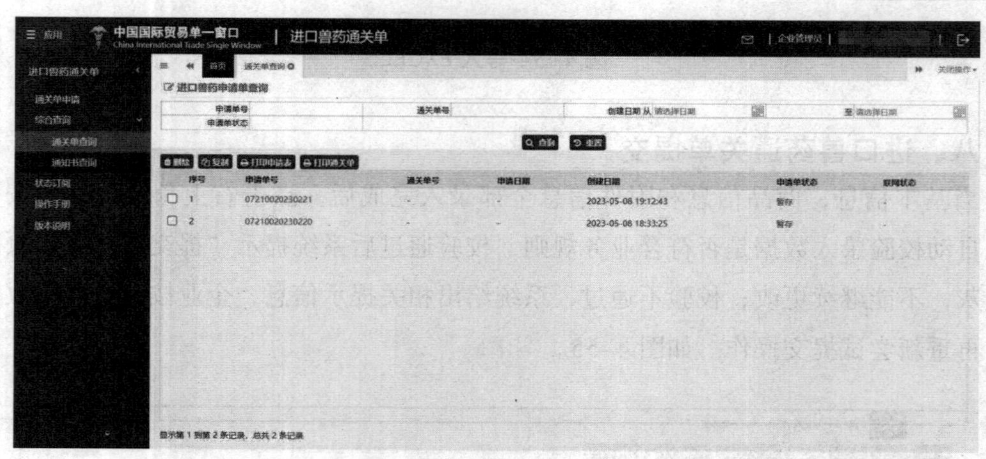

图 4–56 进口兽药通关单查询

点击蓝色“申请单状态”字段，页面弹框展示审批流程和审批意见。如图 4–57。

申请单号[11000020210004]的审批回执

序号	审批日期	状态	审批意见
1	2021-11-23 11:01:43	已批准	-
2	2021-11-22 10:51:43	已受理	准予受理

图 4-57 审批意见

（一）删除

企业选中一条数据，点击界面上“删除”按钮，仅暂存状态的数据可以删除，其他状态点击删除时，系统给出相关提示信息，不允许删除。

（二）复制

企业选中一条数据，点击界面上“复制”按钮，任何状态下的数据都可以进行复制操作。

（三）打印申请表

企业选中一条数据，点击界面上“打印申请表”按钮，如图 4-58，系统自动跳转到打印预览界面。任何状态下的数据都支持申请表打印，点击右上角打印按钮进行打印操作。

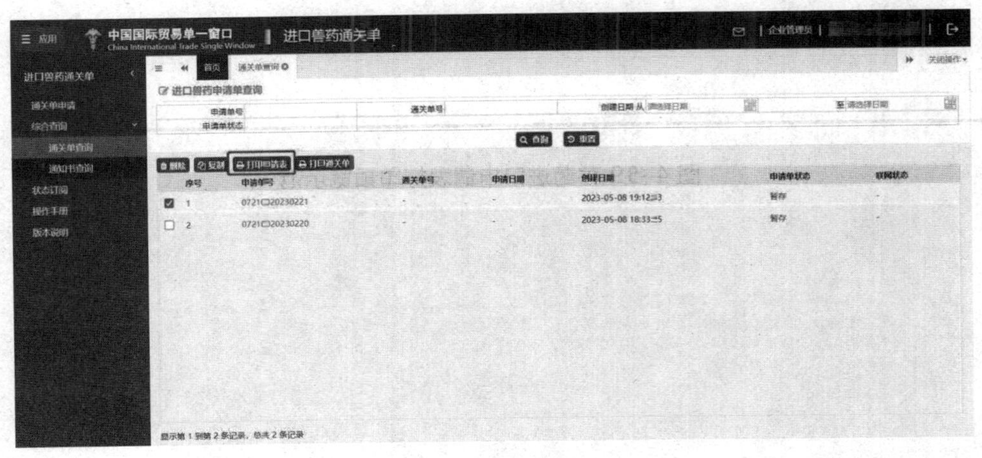

图 4-58 打印申请表

流水号 07210020230006

兽药进口申请表

申请单位（盖章）：

申请日期:

中华人民共和国农业农村部制

图 4-59 兽药进口申请表打印预览示范

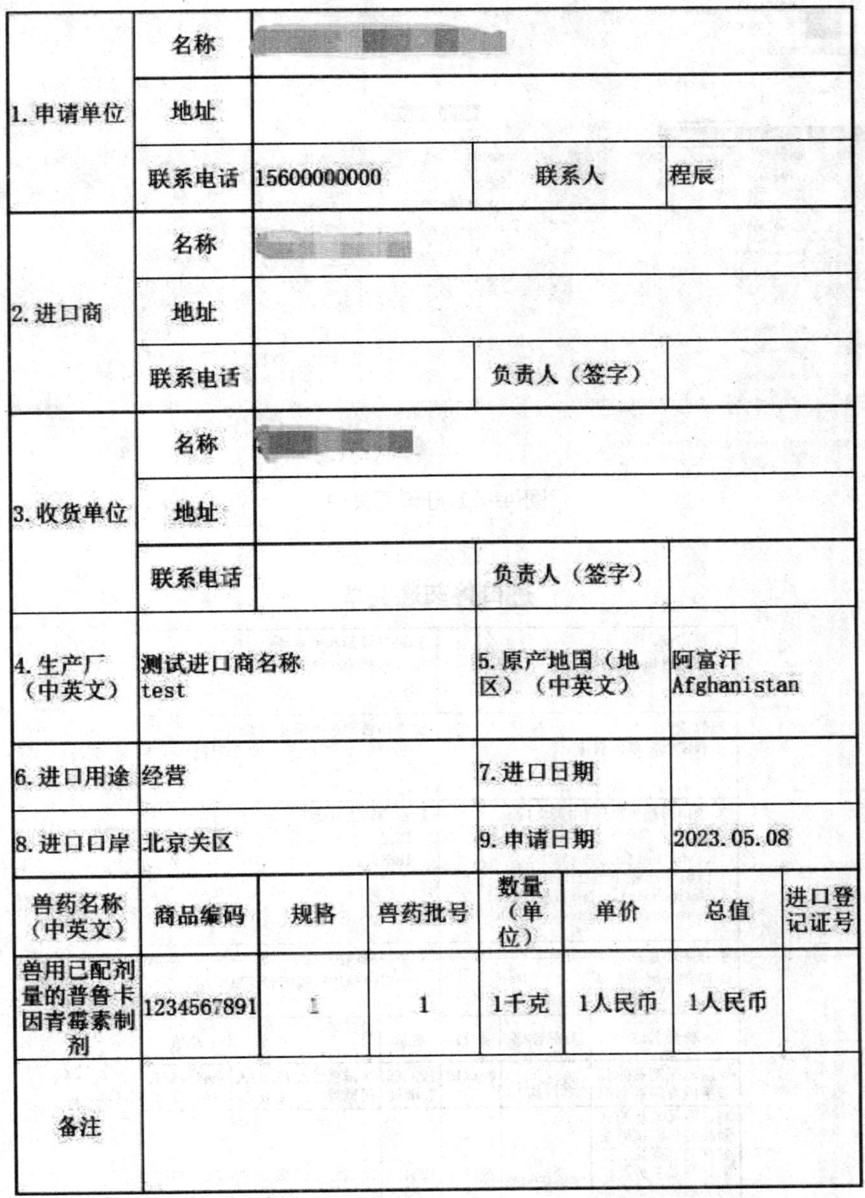

1. 申请单位	名称						
	地址						
	联系电话	15600000000		联系人		程辰	
2. 进口商	名称						
	地址						
	联系电话			负责人（签字）			
3. 收货单位	名称						
	地址						
	联系电话			负责人（签字）			
4. 生产厂（中英文）	测试进口商名称 test			5. 原产地国（地区）（中英文）		阿富汗 Afghanistan	
6. 进口用途	经营			7. 进口日期			
8. 进口口岸	北京关区			9. 申请日期		2023.05.08	
兽药名称（中英文）	商品编码	规格	兽药批号	数量（单位）	单价	总值	进口登记证号
兽用已配剂量的普鲁卡因青霉素制剂	1234567891	1	1	1千克	1人民币	1人民币	
备注							

图 4-60 兽药进口申请表打印预览示范（续）

（四）打印通关单

只有申请单状态为‘已批准’状态下的数据可以进行通关单打印，点击界面上“打印通关单”按钮，如图 4-61。系统自动校验通过后，跳转到通关单预览界面，确认信息无误后，点击打印按钮，完成打印操作。

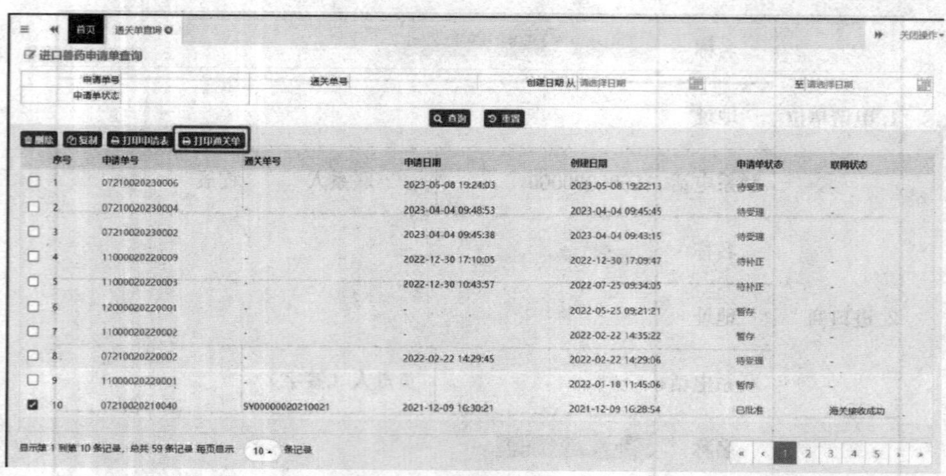

序号	申请单号	通关单号	申请日期	创建日期	申请单状态	联网状态
1	07210020230006	-	2023-05-08 19:24:03	2023-05-08 19:22:13	待受理	-
2	07210020230004	-	2023-04-04 09:48:53	2023-04-04 09:45:45	待受理	-
3	07210020230002	-	2023-04-04 09:45:38	2023-04-04 09:43:15	待受理	-
4	11000020220009	-	2022-12-30 17:10:05	2022-12-30 17:09:47	待补正	-
5	11000020220003	-	2022-12-30 10:43:57	2022-07-25 09:34:05	待补正	-
6	12000020220001	-	-	2022-05-25 09:21:21	暂存	-
7	11000020220002	-	-	2022-02-22 14:35:22	暂存	-
8	07210020220002	-	2022-02-22 14:29:45	2022-02-22 14:29:06	待受理	-
9	11000020220001	-	-	2022-01-18 11:45:06	暂存	-
10	07210020210040	SY00000020210021	2021-12-09 16:30:21	2021-12-09 16:28:54	已批准	海关接收成功

图 4-61 打印通关单

进口兽药通关单

1. 进口商： 测试进口商名称	5. 进口兽药通关单号： SY00000020210021
2. 收货人： 测试收货单位名称	6. 进口兽药通关单有效期限： 2021年12月9日至2022年1月7日
3. 进口兽药生产厂（中英文）： 33 Ceshi BeiJing HunYiQu LiQiaoZhen DianZiKouAn ShuJuZhongXin No.11Hao test test test test test test t	7. 原厂地国（地区）（中英文）： 印度 India
4. 报关口岸： 哈尔滨区	8. 进口兽药用途： 进口兽药注册临床验证试验用

兽药名称	商品编码	规格	数量	兽药批号	单价	总值
兽用已配剂量的普鲁卡因青霉素制剂	1234567890	测试规格	1234567.65瓶	测试兽药批号	12345.54人民币	456447457.45人民币
测试商品名称测试商品名称测试商品名称测试商品名称测试商品名称测试商品名称测试商品名称测试商品名称	4346436433	测试规格	1234567.65瓶	测试兽药批号	12345.54人民币	456447457.45人民币

备注：本通关单为办理有关手续之凭证，副本、复印件无效。	发证机关签章： 中华人民共和国农业农村部 兽药审批专用章 发证日期：2021年12月9日

图 4-62 进口兽药通关单打印预览示范

二、通知书查询

点击左侧菜单中“通知书查询”，右侧区域展示详细信息界面如图 4-63。默认展示登录企业下全部通知书数据，用户可以通过查询条件：申请单号、通知书类型、创建起止时间来进行查询。

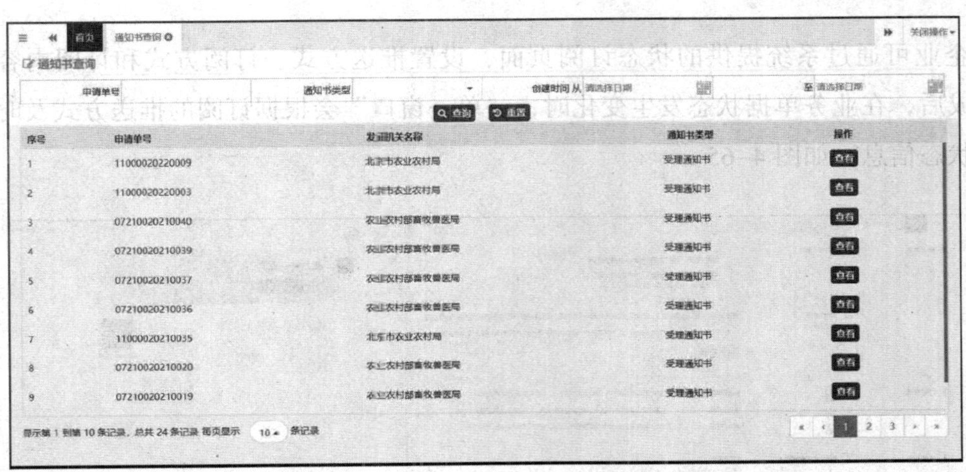

序号	申请单号	发证机关名称	通知书类型	操作
1	11000020220009	北京市农业农村局	受理通知书	查看
2	11000020220003	北京市农业农村局	受理通知书	查看
3	07210020210040	农业农村部畜牧兽医局	受理通知书	查看
4	07210020210039	农业农村部畜牧兽医局	受理通知书	查看
5	07210020210037	农业农村部畜牧兽医局	受理通知书	查看
6	07210020210036	农业农村部畜牧兽医局	受理通知书	查看
7	11000020210035	北京市农业农村局	受理通知书	查看
8	07210020210020	农业农村部畜牧兽医局	受理通知书	查看
9	07210020210019	农业农村部畜牧兽医局	受理通知书	查看

图 4-63 通知书查询

点击查看按钮，系统跳转到通知书预览打印界面，企业可以在此界面查看通知书详情以及打印通知书，如图 4-64。

进口兽药审批行政许可

受理通知书

(BJ)进口兽药受理(2022)0006

______________：

你单位于 2022 年 12 月 30 日提出的进口兽药审批申请（ 11000020220009 ）收悉。经初步审查，符合行政许可申请的受理条件，本机关予以受理。

特此告知。

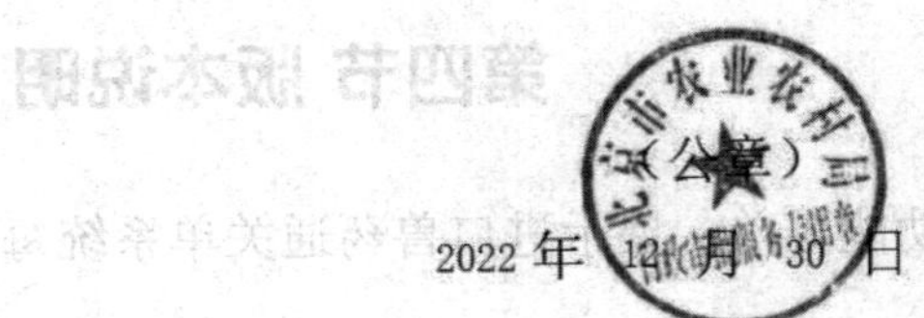

2022 年 12 月 30 日

图 4-64 通知书预览打印示范

第三节 状态订阅

企业可通过系统提供的状态订阅页面，设置推送方式、订阅方式和订阅内容，设置完成后，在业务单据状态发生变化时，“单一窗口”会根据订阅的推送方式及时推送数据状态信息。如图 4-65。

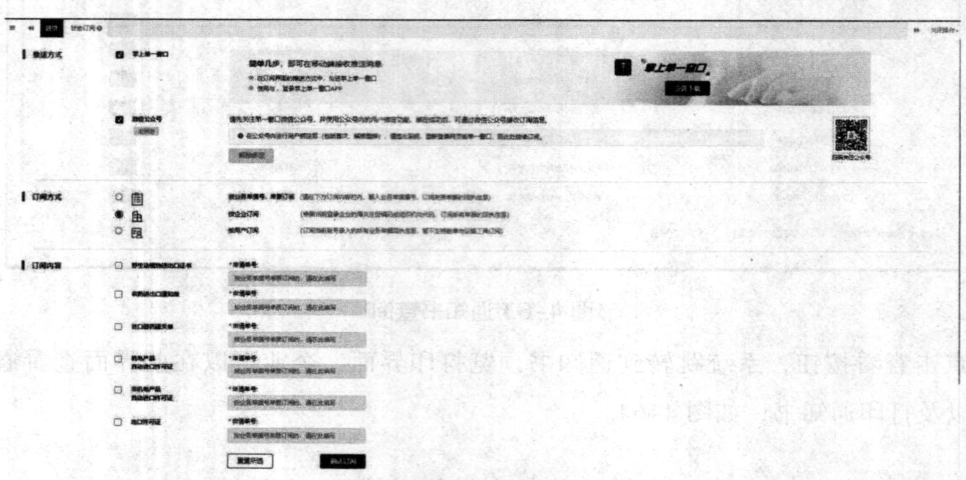

图 4-65 订阅推送

可以根据页面下方的订阅信息记录，查看详细信息。如图 4-66。

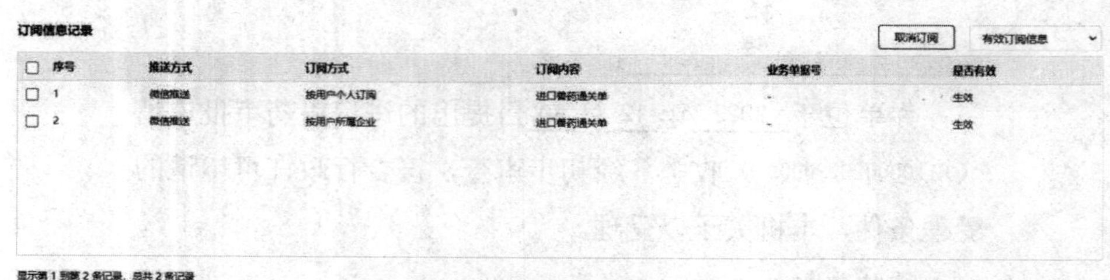
订阅信息记录

取消订阅　有效订阅信息

序号	推送方式	订阅方式	订阅内容	业务单据号	是否有效
1	微信推送	按用户个人订阅	进口兽药通关单	-	生效
2	微信推送	按用户所属企业	进口兽药通关单	-	生效

显示第 1 到第 2 条记录，总共 2 条记录

图 4-66 订阅信息记录

第四节 版本说明

系统通过此功能菜单，展示进口兽药通关单系统每次更新主要内容。

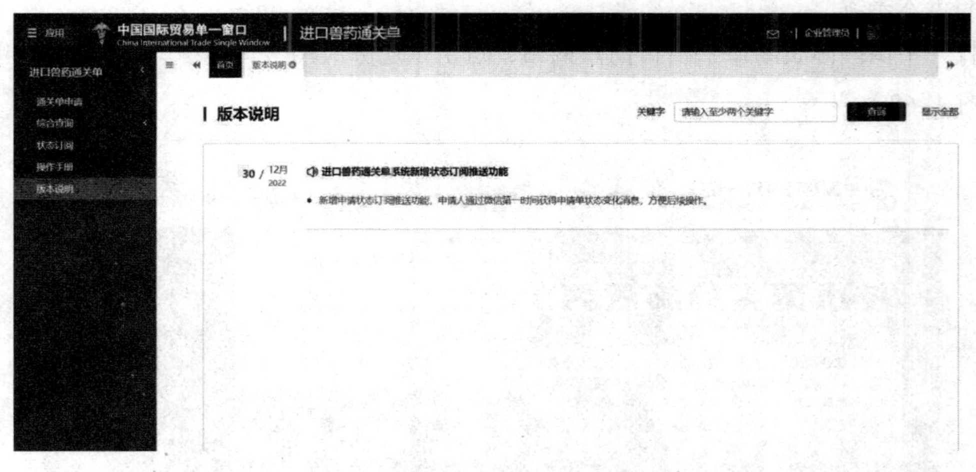

图 4-67 版本功能

第五章　农药进出口通知单申请系统操作指南

1. 功能简介

本系统提供农药进出口通知单的申请功能，从事农药进出口业务的自营企业或进出口企业可以使用本系统向农业部相关管理部门申请农药进出口通知单。同时本系统还提供农药通知单相关的委托书管理功能，以及申请企业备案、企业办证员管理等基础服务。

2. 术语定义

农药进 / 出口通知单：即农药进出口通知单，是指农业部及其授权发证机关依法对纳入《中华人民共和国进出口农药登记证明管理名录》范围的进出口农药实施登记管理签发的证明文件。

金农系统：农业部建设的农业综合管理和信息传输系统。

进出口企业：有进出口资质的贸易企业，受生产企业委托。在本系统备案后使用生产企业出具的委托书的编号申请农药通知单。

自营企业：有进出口资质的农药生产企业。在本系统备案后可直接申请农药进出口通知单。

生产企业：没有进出口资质的农药生产企业（境外生产企业不能在此处备案）。在本系统备案后，只能向有资质的进出口企业出具委托书，不能直接申请农药通知单。

质保委托企业：境外生产企业在国内全权的代理机构（只能有一家）。在本系统备案后，可以向有资质的进出口企业出具农药进口质量保证书。

3. 进入系统

打开中国国际贸易单一窗口门户网站，点击“业务应用”页签中“口岸执法申报”（如图 4-68）。

图 4-68 进入系统

点击“口岸执法申报”下面的“监管证件”，选择“农药进出口通知单”，登录后进入系统。

监管证件

农药进出口通知单	合法捕捞产品通关证明	进口兽药通关单	野生动植物进出口证书
进口药品通关单	药品进出口准许证	民用爆炸物品进出口审批单	引进林草种子、苗木检疫审批单
自动进口许可证	出口许可证	进口许可证	援外项目任务通知单
黄金及黄金制品进出口准许证	银行调运人民币现钞进出境证明	赴境外加工光盘进口备案证明	音像制品（成品）进口批准单
进口广播电影电视节目带（片）...	有毒化学品进出口环境管理放行...	农业转基因生物安全证书（进口）	国（境）外引进农业种苗检疫审...
特种设备制造许可证及型式试验...	强制性产品认证证书或证明文件	特殊医学用途配方食品注册证书	保健食品注册证书或保健食品备...
婴幼儿配方乳粉产品配方注册证书	进口普通化妆品备案凭证	进口特殊化妆品注册证书	进口医疗器械备案/注册证
麻精药品进出口准许证	两用物项和技术进出口许可证	技术出口许可证	技术出口合同登记证
人类遗传资源材料出口、出境证明	古生物化石出境批件		

图 4-69 “农药进出口通知单”进入路径

第一节 备案管理

分为企业备案、企业备案变更与办证员备案。成功进行企业备案后，才能进行办证员备案和申请放行通知单。

一、企业备案

点击左侧菜单中“备案管理—企业备案”，右侧区域展示详细信息界面。

已在金农系统中备案成功的企业，进入该页面时字段均为灰、不允许编辑，系统将自动调取并显示备案信息（如图 4–70），企业无需再次备案，可直接使用本系统的其他功能模块。如未在金农系统备案，则需在系统中进行录入并提交备案信息。

更多业务流程可参考图 4–70“企业备案流程图”。

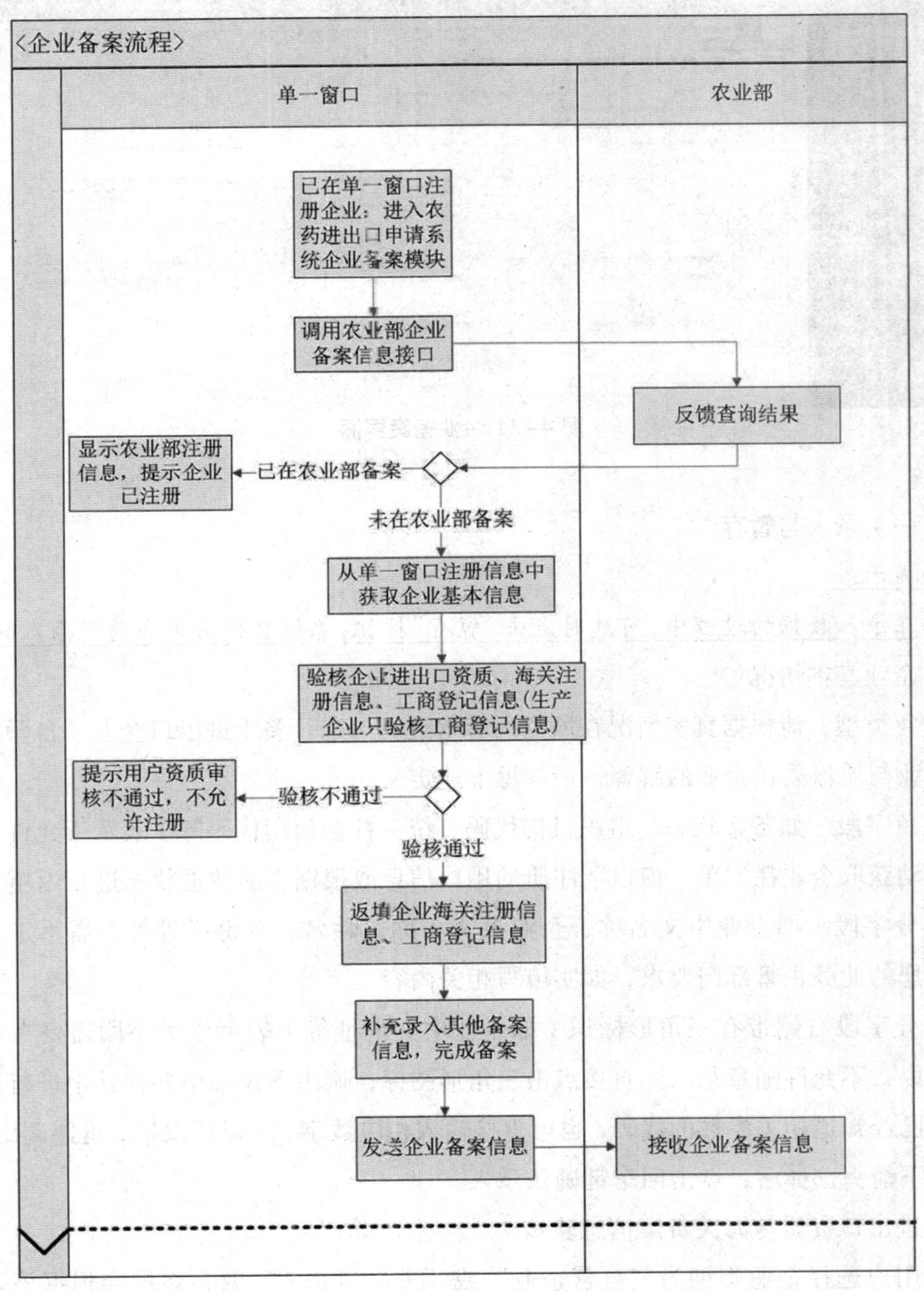

图 4–70 企业备案流程图

具体过程说明如下。

小提示：

界面中，带有黄色底色的字段为必填项，否则无法进行提交。

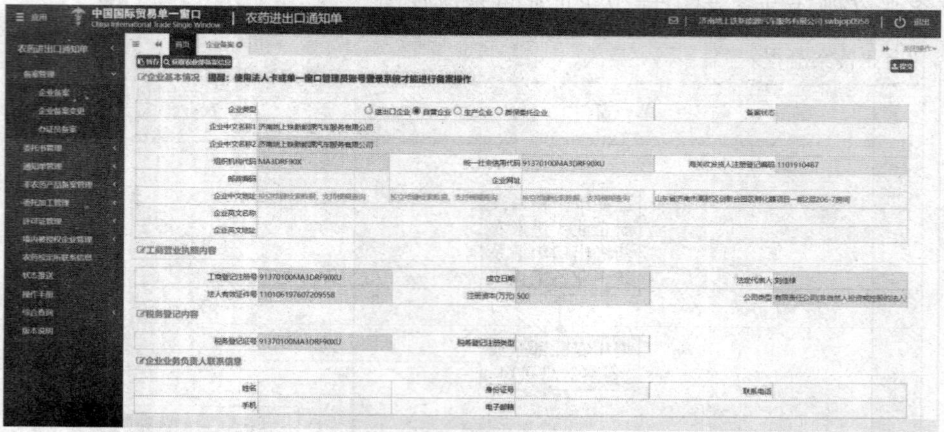

图 4-71 企业备案界面

（一）录入与暂存

小提示：

您在录入数据的过程中，可随时点击“暂存”按钮，系统将保存您当前所录入的数据。

1. 企业基本情况

企业类型，请根据真实情况在所列内容中进行勾选。关于进出口企业、自营企业、生产企业与质保委托企业的解释，请参见上述定义。

灰色字段（如备案状态、组织机构代码、统一社会信用代码等）表示不允许录入，系统自动获取企业在“单一窗口”注册的用户信息或根据当前数据状态进行返填。

部分字段（如企业中文名称、企业英文名称、姓名、身份证号等）需手工录入，请根据您的业务主管部门要求，如实填写相关内容。

部分字段右侧带有三角形标识（如企业中文地址等）表示该类字段需要在参数中进行调取，不允许随意录入。直接点击三角形图标，调出下拉菜单并在其中进行选择。如果您已经知道相关参数的代码，也可直接输入相应数字、字母或汉字，迅速调出参数，使用上下箭头选择后，点击回车键确认录入。

2. 进出口资质与海关备案信息验核

当用户选择企业类型为“自营企业”或“进出口企业”时，系统会根据该企业的单一窗口注册信息自动判断是否已在海关备案，是否具有进出口资质，没有的提示：“海关备案信息验核不通过！”或“进出口资质验核不通过！”，并将暂存、提交按钮置灰，不允许进行企业备案；验核通过的自动返填海关收发货人注册登记编码。

3. 工商营业执照内容

工商登记注册号、成立日期等字段的内容，系统将自动调取企业在“单一窗口”注册的用户信息和工商信息进行返填。

4. 税务登记内容

税务登记证号：系统自动调取信息并返填。

税务登记注册类型：请根据真实情况手工录入。

5. 企业业务负责人联系信息

位于企业备案页面最下方，需如实填写联系人姓名、身份证号、联系电话、手机和电子邮箱等信息。

（二）提交

将录入完毕并确认无误的数据，通过点击界面右上方的“提交”蓝色按钮，系统将向农业部发送该企业备案的数据。

（三）获取农业部备案信息

当企业变更了金农系统中的企业备案信息，但单一窗口未同时变更时，可点击界面上方的“获取农业部备案信息”蓝色按钮，将金农系统的企业信息更新到“单一窗口”中，系统在更新企业备案信息的同时，会自动将金农系统的办证员信息也同步更新。

二、企业备案变更

企业备案成功之后，可点击企业变更菜单修改备案内容。填写规则与备案一致。

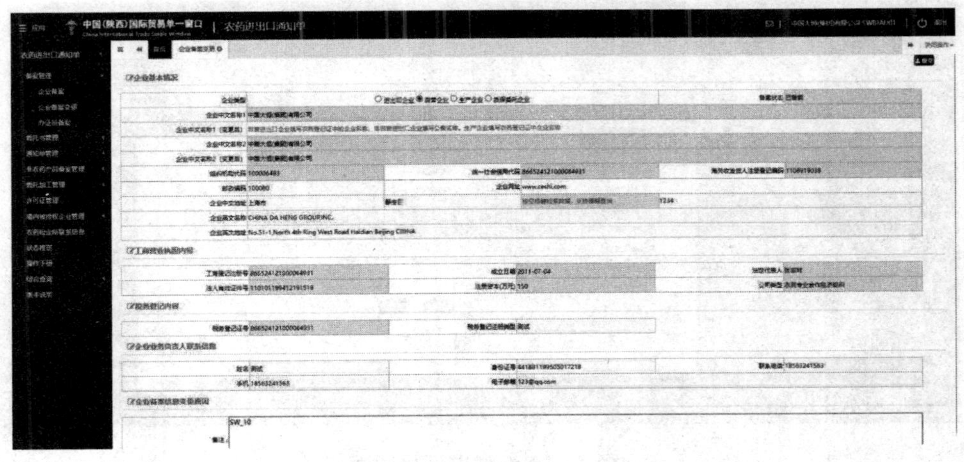

图 4-72 企业备案变更界面

三、办证员备案

小提示：

企业备案成功后，才能进行办证员备案。

对于已在金农系统备案的企业，系统在从金农系统获取企业备案信息同时，会自动获取该企业所有的办证员信息。

点击左侧菜单中“备案管理—办证员备案”，右侧区域展示录入界面（如图 4–73）。如当前企业已有备案成功的办证员，办证员信息将会显示在下图表格中。

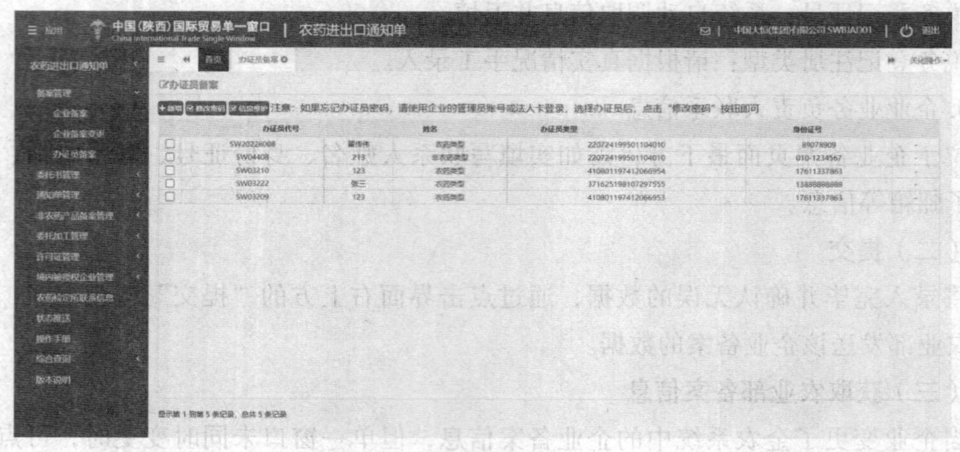

图 4–73 办证员备案界面

（一）新增办证员

点击上图中的蓝色“新增”按钮，系统弹出如下图。更多操作方法可参考上述“企业备案”，此处不再赘述。

图 4–74 新增办证员界面

小提示：

界面中，带有黄色底色的字段为必填项，否则无法进行提交。

灰色字段（如办证员代号、企业中文名称、组织机构代码等）表示不允许录入，系统自动返填，或根据企业备案的相关信息进行返填。

部分字段右侧带有三角形标识（如办证员类型等）表示该类字段需要在参数中进

行调取，不允许随意录入。点击三角形图标，调出下拉菜单并在其中进行选择即可。

部分字段（如办证员姓名、身份证号等）需手工录入，请如实填写相关内容。

办证员密码用于在“单一窗口”标准版中进行农药通知单的查询，请于设置后妥善保管或牢记。

根据实际情况填写完毕后，点击下方“提交”按钮向农业部进行数据同步。

（二）修改密码

在办证员备案界面中，勾选任意一条已备案的办证员信息，点击蓝色“修改密码”按钮。

如当前登录系统的用户为“单一窗口”标准版的管理员，系统将弹出对话框如下图，可直接对当前办证员查询农药通知单的密码进行修改。

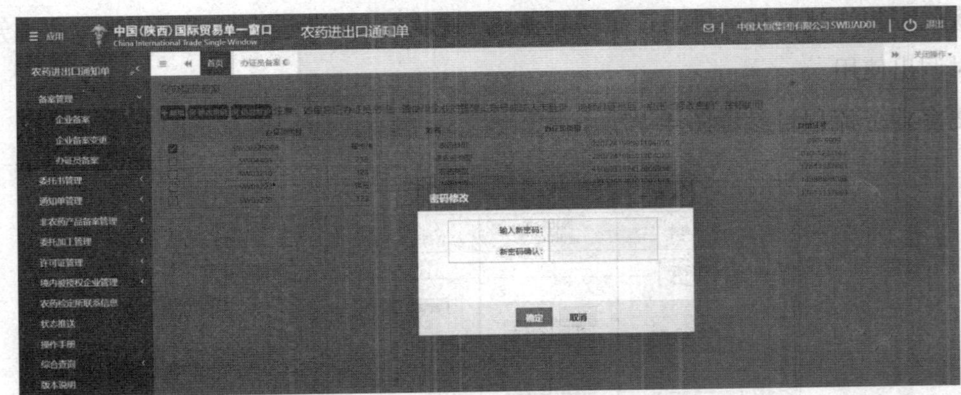

图 4-75 管理员修改密码界面

如当前登录系统的用户为“单一窗口”标准版的操作员，系统将弹出对话框如下图，需先输入旧密码后，再修改新密码。

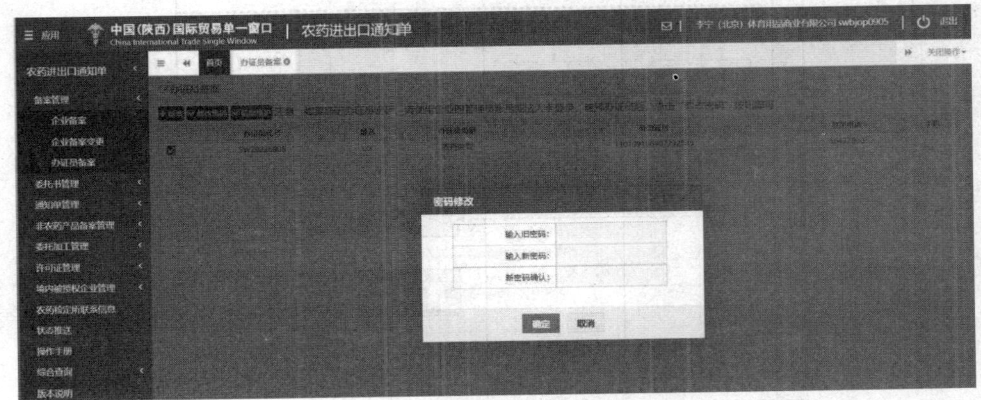

图 4-76 操作员修改密码界面

小提示：

请谨慎操作，并于修改密码成功后，妥善保管或牢记您的新密码。

第二节 委托书管理

提供农药委托书的录入、提交、打印及查询等功能。

企业备案成功后，才能进行委托书管理的相关操作，否则系统将给予提示。

农药出口委托书由农药生产企业（农药登记证持有者）填写。外贸企业在申请农药出口登记管理放行通知单之前，首先应取得生产企业的委托书后，方可办理申请。

当生产企业成功完成委托书的填写后，系统会自动生成“委托书编号”，生产企业须将此号告知被委托的进出口贸易企业，以便填写“农药进出口登记管理放行通知单”申请时调出使用。

更多业务流程可参考图 4-77。

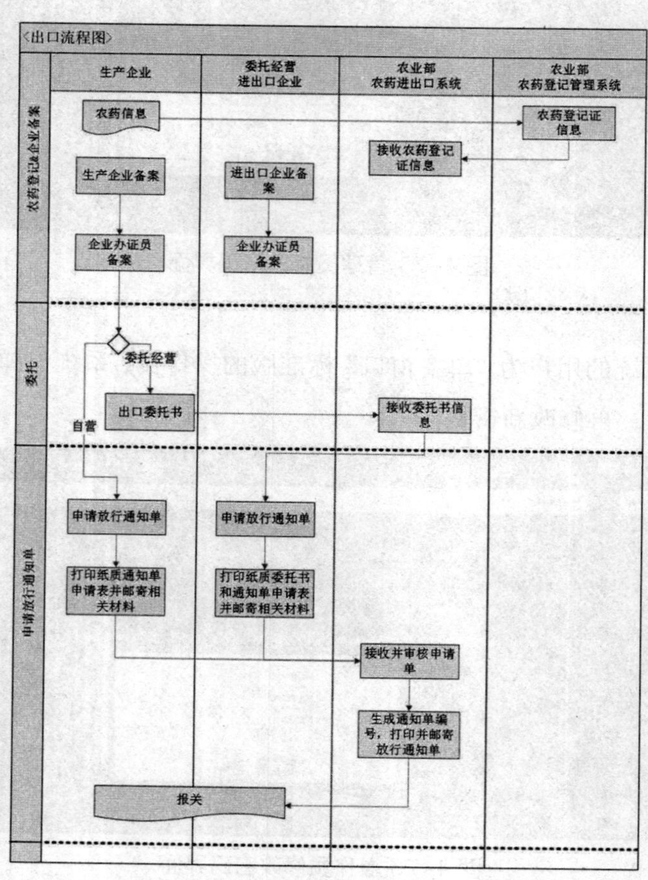

图 4-77 出口业务流程图

一、农药出口委托书

生产企业可在“单一窗口”标准版中进行农药出口委托书的相关操作，以便委托有进出口经营资质的进出口贸易企业为其办理农药通知单等业务。

小提示：

企业备案成功后，才能进行出口委托书的相关操作。

点击左侧菜单中“委托书管理—农药出口委托书”，右侧区域展示详细信息界面（如图4–78）。

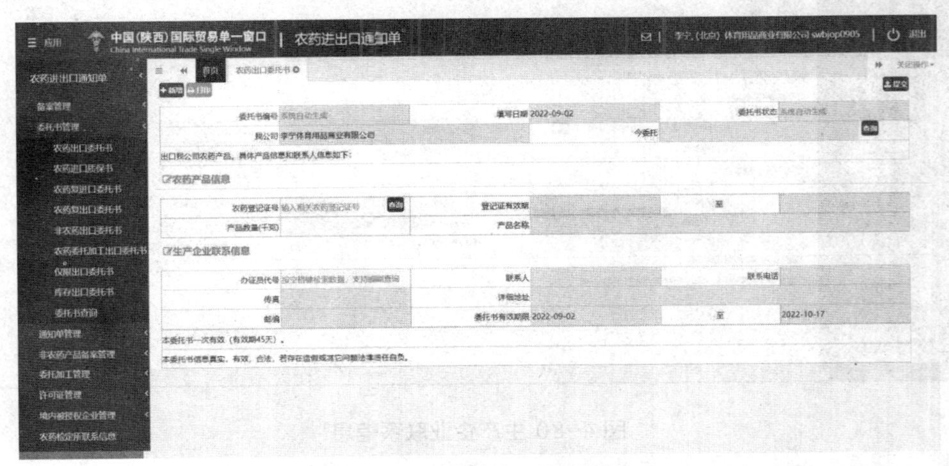

图 4–78 农药出口委托书

小提示：

界面中，带有黄色底色的字段为必填项，否则无法进行提交。

灰色字段（如委托书编号、委托书状态等）表示不允许录入，系统自动返填。

点击“今委托”字段后的蓝色“查询”按钮，系统弹出如下对话框，用户可通过输入被委托企业名称，查找相应企业，进行选择后点击确定按钮，相关信息自动返填至农药出口委托书中。该查询支持模糊查询，如符合查询条件的结果数量过多，系统只会返回一部分结果，如其中没有您期望的结果，请进一步细化查询条件并重新查询。

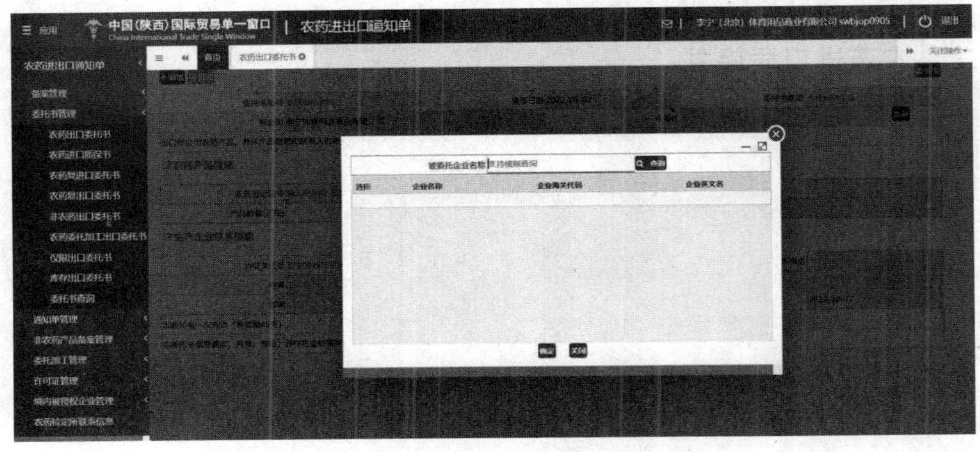

图 4–79 农药出口委托书受委托企业查询

（一）农药产品信息

输入农药登记证号后，可点击蓝色“查询”按钮，系统自动查找登记证的数据并将相关信息进行返填，手工录入产品数量（千克）即可。

（二）生产企业联系信息

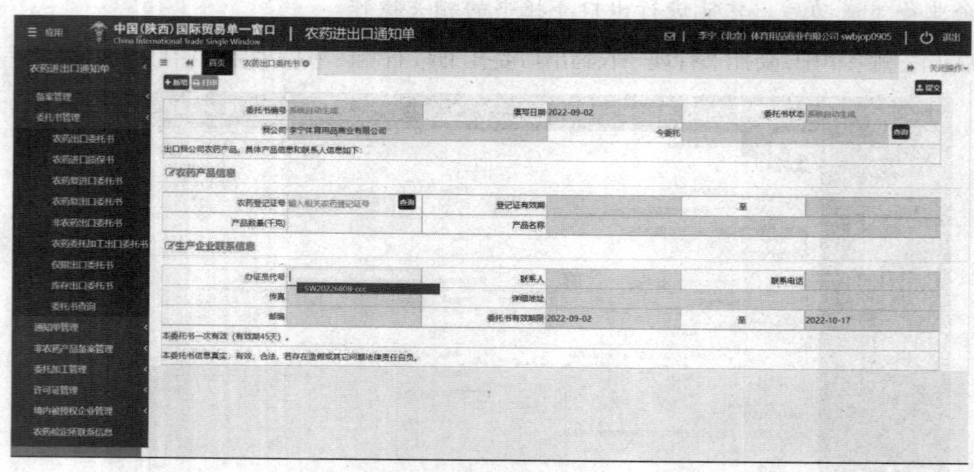

图 4-80 生产企业联系信息

点击办证员代号字段后的下拉箭头，系统自动显示已备案的办证员信息。选择对应办证员记录后，联系人、联系电话、传真等办证员信息由系统自动返填。

信息填写完毕并确认无误后，点击页面右上角的蓝色“提交”按钮即可。

小提示：

生产企业成功完成委托书的填写后，系统会自动生成“委托书编号”，生产企业须将此号告知被委托的进出口贸易企业，以便填写“农药进出口登记管理放行通知单”申请时调出使用。

二、农药进口质保书

点击左侧菜单中“委托书管理—农药进口质保书”，右侧区域展示详细信息界面如下图所示。

图 4-81 农药进口质保书

（一）农药产品信息

与上述“农药出口委托书”中农药产品信息内容基本一致，可参考。

（二）企业联系信息

与上述“农药出口委托书”中联系信息内容基本一致，可参考。

三、农药复进口委托书

点击左侧菜单中“委托书管理—农药复进口委托书”，右侧区域展示详细信息界面如图 4-82 所示。

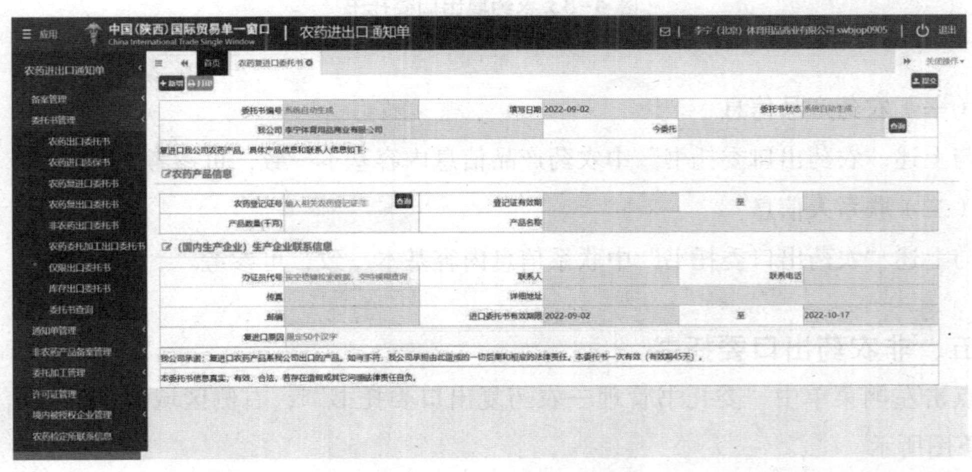

图 4-82 农药复进口委托书

（一）农药产品信息

与上述“农药出口委托书”中农药产品信息内容基本一致，可参考。

（二）（国内生产企业）生产企业联系信息

与上述“农药出口委托书”中联系信息内容基本一致，可参考。

（三）复进口原因

按照实际要求填写，限 50 个汉字以内。

四、农药复出口委托书

点击左侧菜单中“委托书管理—农药复出口委托书”，右侧区域展示详细信息界面如图 4-83 所示。

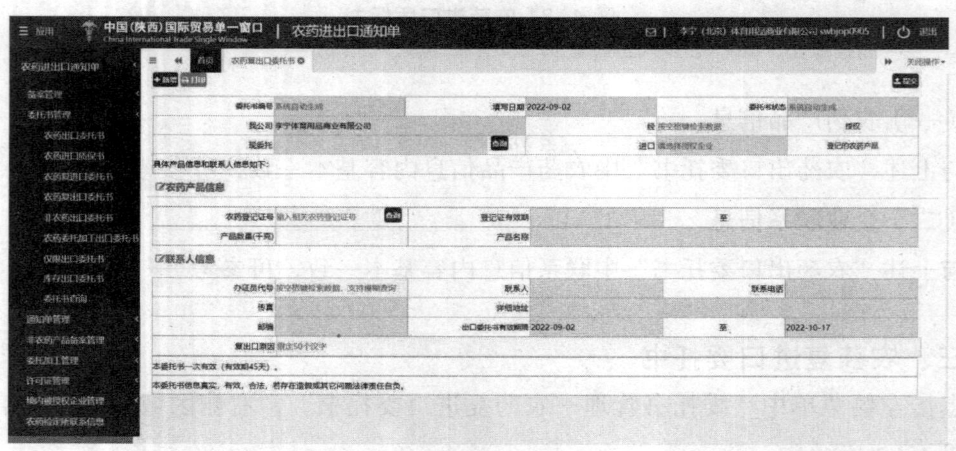

图 4-83 农药复出口委托书

（一）农药产品信息

与上述“农药出口委托书”中农药产品信息内容基本一致，可参考。

（二）联系人信息

与上述“农药出口委托书”中联系信息内容基本一致，可参考。

五、非农药出口委托书

点击左侧菜单中“委托书管理—农药复出口委托书”，右侧区域展示详细信息界面如下图所示。

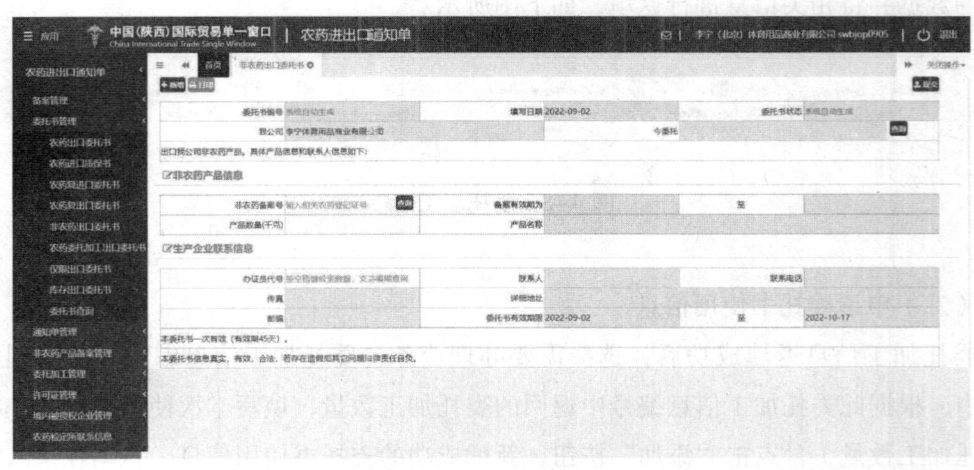

图 4-84 非农药出口委托书

（一）非农药产品信息

与上述“农药出口委托书”中农药产品信息内容基本一致，可参考。

（二）生产企业联系信息

与上述“农药出口委托书”中联系信息内容基本一致，可参考。

六、农药委托加工出口委托书

点击左侧菜单中“委托书管理—农药委托加工出口委托书”，右侧区域展示详细信息界面如下图所示。

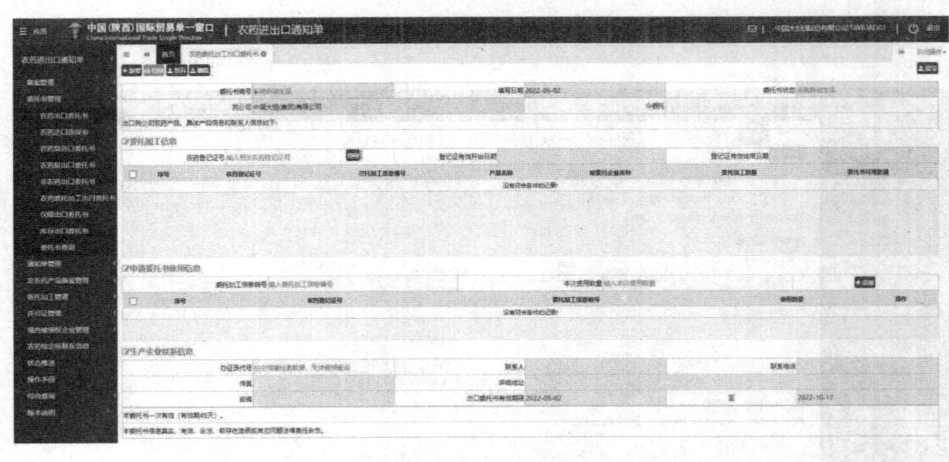

图 4-85 农药委托加工出口委托书

（一）委托加工信息

输入农药登记证号后，可点击蓝色“查询”按钮，系统自动查询此登记证下委托加工的数据并将相关信息进行返填，如下图所示。

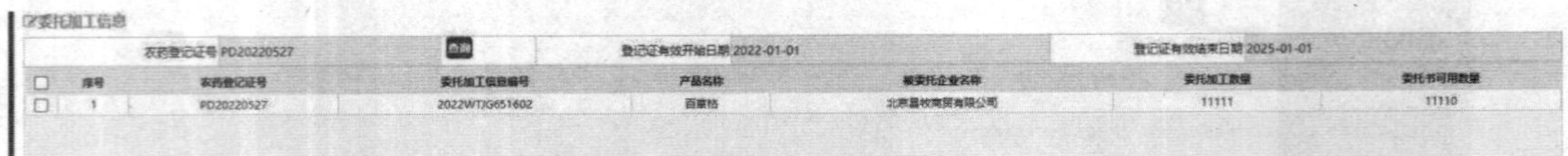

图 4-86 委托加工信息

（二）申请委托书使用信息

委托加工信息返填成功后，选择需要办理业务的委托加工信息编号并填写到使用信息中，根据此委托加工信息编号中返回的委托加工数量，填写本次使用数量（小于等于委托加工数量），点击“添加”按钮，新增成功的委托书使用信息，自动在录入框下方展示。

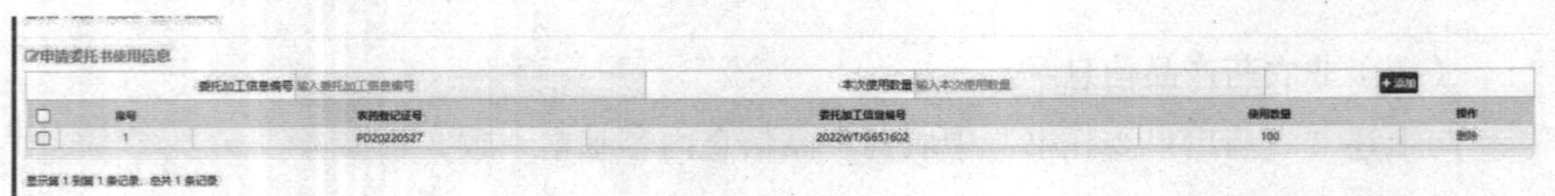

图 4-87 申请委托书使用信息

（三）生产企业联系信息

与上述“农药出口委托书”中联系信息内容基本一致，可参考。

七、仅限出口委托书

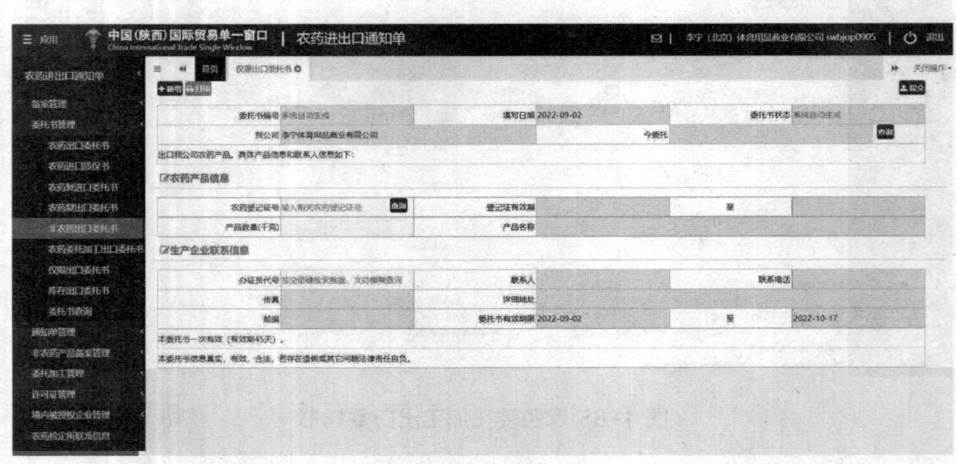

图 4-88 仅限出口委托书

（一）农药产品信息

与上述“农药出口委托书”中农药产品信息内容基本一致，可参考。

（二）生产企业联系信息

与上述“农药出口委托书”中联系信息内容基本一致，可参考。

八、库存出口委托书

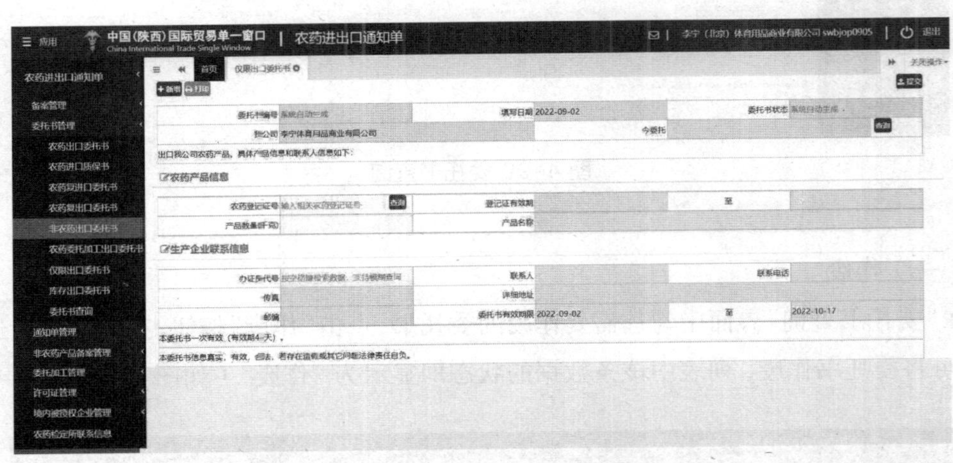

图 4-89 库存出口委托书

（一）农药产品信息

与上述“农药出口委托书”中农药产品信息内容基本一致，可参考。

（二）生产企业联系信息

与上述“农药出口委托书”中联系信息内容基本一致，可参考。

九、委托书查询

小提示：

企业备案成功后，才能进行委托书的查询操作。

点击左侧菜单中“委托书管理—委托书查询”，右侧区域展示查询界面。

可通过输入委托书编号、农药登记证号、产品名称、填写起止日期或选择委托书类型等方式，查询相应委托书信息。

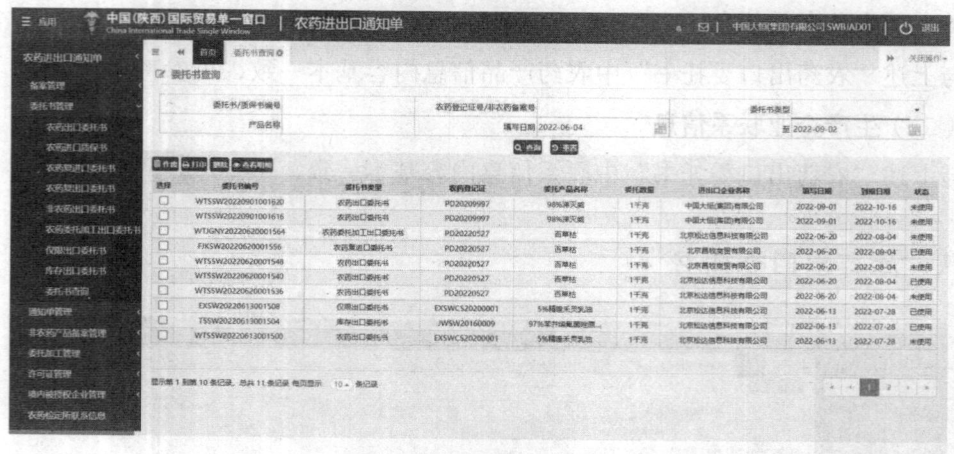

图 4-90 委托书查询

（一）作废

在“委托书查询”界面中勾选需要作废的委托书，点击“作废”按钮，在提示框中选“确定”，可将委托书作废，列表中该条数据的状态即显示为“作废”（如图 4-91、图 4-92）。

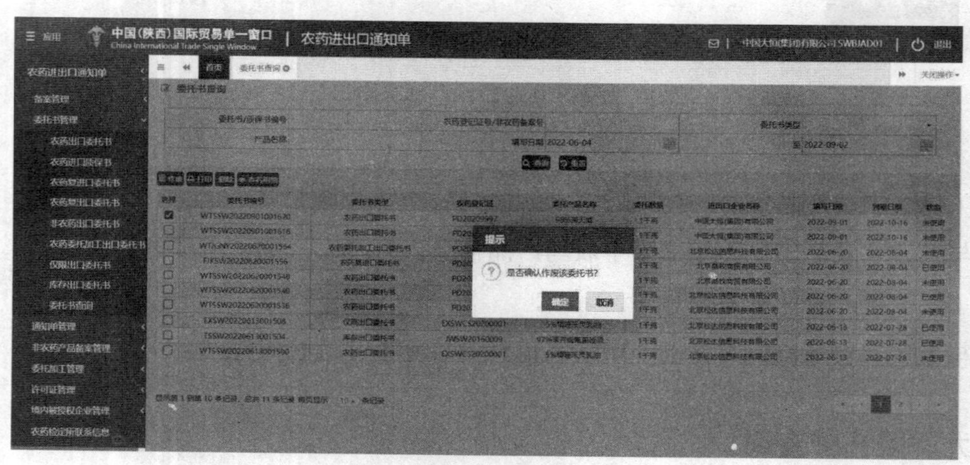

图 4-91 委托书作废（一）

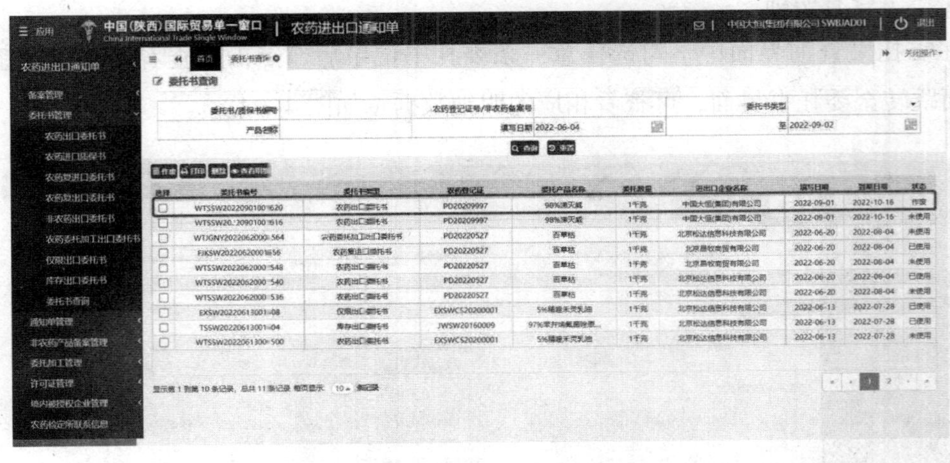

图 4-92 委托书作废（二）

（二）打印

在委托书查询界面中，勾选需要打印的委托书后，点击“打印”按钮，页面跳转至下图。点击右上打印机图标，根据您当前的浏览器设置或打印机实际情况进行打印即可。如未录入或保存任何数据，系统不提供打印空白委托书的功能。具体显示如图 4-93：

农药出口委托书

编号：WTSSW20220901001616

我公司　中国大恒(集团)有限公司　现委托　中国大恒(集团)有限公司　出口我公司农药产品。具体产品信息和联系人如下：

农药产品信息

农药登记证号为：PD20209997

产品名称：98%涕灭威

数量：1千克

登记证有效期为：2018-12-04 至 2023-12-04

联系人信息

联系人：123

联系电话：17611337868

传真：

邮编：221311

详细地址：北京市东城区"><h1>111</h1>

出口委托书有效期限： 2022-09-01　至　2022-10-16

本委托书一次有效（有效期45天）。
本委托书信息真实，有效，合法，若存在造假或其它问题法律责任自负。

委托日期：2022-09-01

单位名称(公章)：中国大恒(集团)有限公司

图 4-93 打印界面预览示范

（三）查看明细

在委托书查询界面中，勾选任意一条委托书记录后，点击“查看明细”按钮，系统界面跳转至委托书界面，可查看相应的明细数据（如图 4–94）。

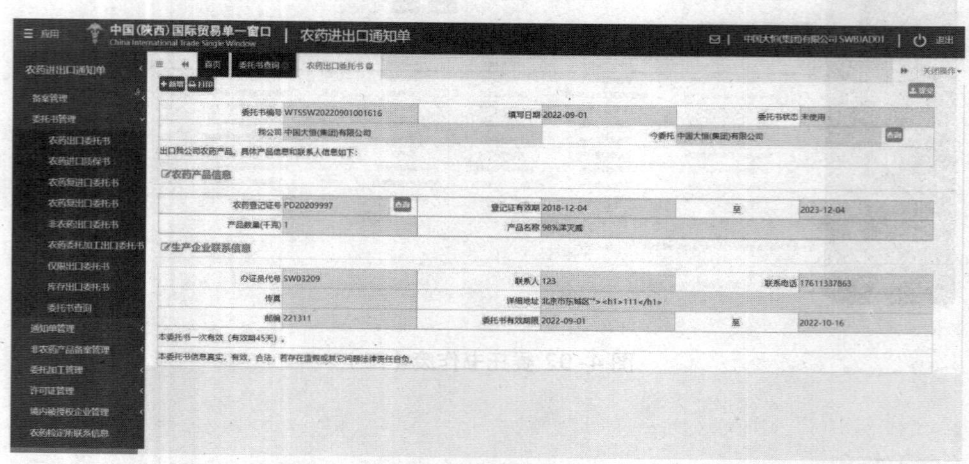

图 4–94 查看委托书明细

在该界面上，点击左上角“新增”蓝色按钮，界面显示与上述农药出口委托书界面一致，可以录入新的委托书。点击“打印”蓝色按钮，页面跳转至打印预览界面。点击右上打印机图标，根据您当前的浏览器设置或打印机实际情况进行打印即可。如未录入或保存任何数据，系统不提供打印空白委托书的功能。

第三节 通知单管理

提供农药进出口通知单的录入、附件上传、暂存、打印、提交及查询等功能。企业备案成功后，才能进行通知单管理的相关操作，否则系统将给予提示。

小提示：

请留意本章节中，关于在系统中提交电子数据后，需提交纸质材料的相关内容。

一、农药出口通知单

小提示：

企业备案成功后，才能进行出口通知单的申请操作。

点击左侧菜单中“通知单管理—农药出口通知单”，右侧区域展示详细信息界面：

图 4-95 农药出口通知单界面

小提示：

界面中，带有黄色底色的字段为必填项，否则可能无法进行暂存或提交。

（一）基本信息

进出口类型，请根据真实情况在所列内容中进行勾选。

灰色字段（如申请单编号、申请进度、企业名称、办证员姓名、登记证有效期等）表示不允许录入，系统自动返填状态，或根据办证员代号、委托书或登记证的相关信息进行返填。如进出口类型选择的是“自营”，录入登记证号后点击蓝色“查询”按钮系统自动返填登记证有效起止日期、生产企业名称等信息。

如进出口类型选择的是“委托经营”，录入出口委托书/复出口委托书编号后点击蓝色“查询”按钮，系统自动返填相关信息。

上传随附单证功能为必填项，上传类型分为原产地证、其他、《鹿特丹公约》相关资料、进口报关单和退货协议五种，如图 4-96。农药出口通知单五种附件可以选择性上传。农药进口通知单需上传原产地证类型的附件信息。

图 4-96 附件类型

各类型字段的更多操作或录入方法可参考上述企业备案，此处不再赘述。

（二）外贸合同中外方企业信息

外方企业名称为必填，其他例如联系地址、联系人、联系电话等字段为非必填项。该段内容需用户手工录入，请如实填写。

（三）放行单邮寄地址

该部分内容为非必填项，如有需要，请如实填写相关信息。

新增、打印等功能可参考第二章委托书管理，此处不再赘述。系统不提供打印空白通知单的功能，可对已提交之后任意状态的数据进行打印。

（四）提交纸质材料要求

在系统中提交申请表数据后，打印出纸质表格，连同其他纸质材料一并提交到农业部相应的农药检定所。

小提示：

企业属于山东、河北、天津、浙江、江苏，上海六省市的，提交到省农药检定所。不属于上述六省，或使用复出口委托书和仅限出口委托书申请的，或使用了 JW 开头的农药登记证的，均提交到农业部农药检定所。

农药检定所对电子数据和纸质材料进行审核后，将出具纸质放行通知单，并将通知单号信息反馈到单一窗口，企业在单一窗口查询到通知单号后，可到农药检定所现场领取或申请邮寄放行通知单。

二、农药进口通知单

点击左侧菜单中“通知单管理—农药进口通知单”，右侧区域展示详细信息界面如图 4-97 所示。

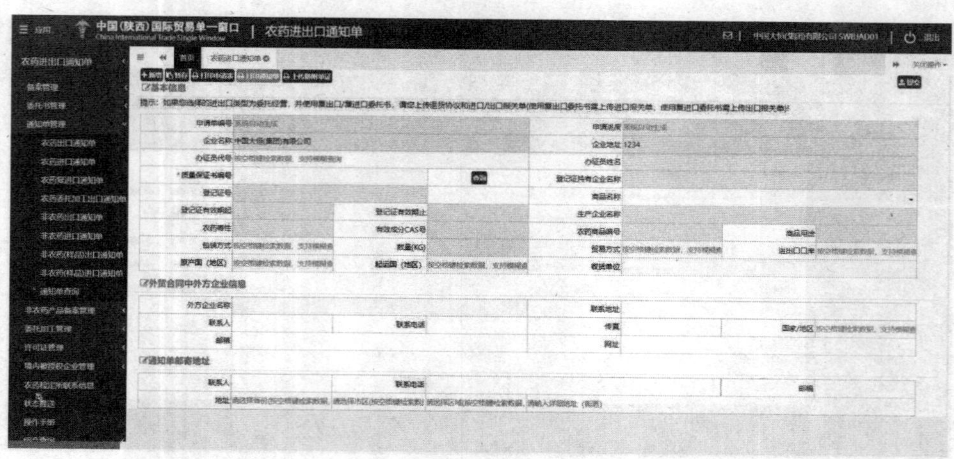

图 4-97 农药进口通知单界面

与农药出口通知单内容基本一致，部分信息可进行参考。

三、农药复进口通知单

图 4-98 农药复进口通知单界面

与农药出口通知单内容基本一致，部分信息可进行参考。

四、农药委托加工出口通知单

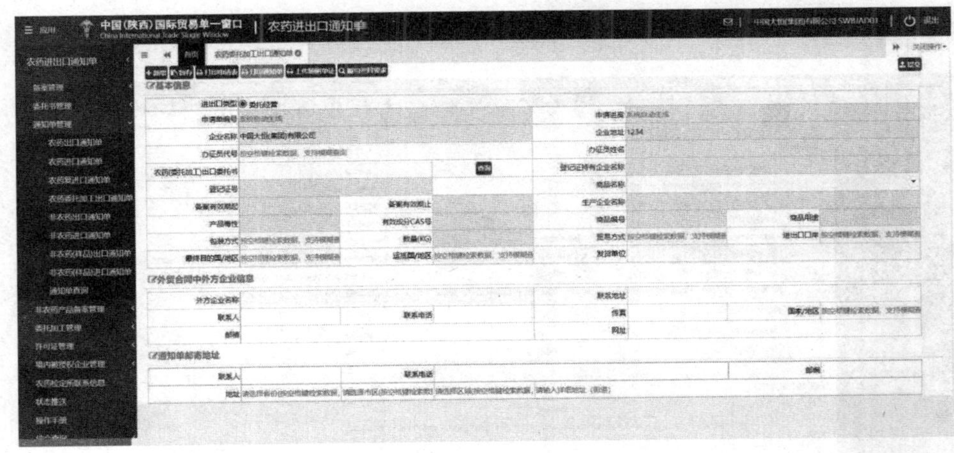

图 4-99 农药委托加工出口通知单界面

与农药出口通知单内容基本一致，部分信息可进行参考。

五、非农药出口通知单

点击左侧菜单中“通知单管理—非农药出口通知单”，右侧区域展示详细信息界面如图 4–100 所示。

图 4–100 非农药出口通知单界面

与农药出口通知单内容基本一致，部分信息可进行参考。

六、非农药进口通知单

点击左侧菜单中“通知单管理—非农药进口通知单”，右侧区域展示详细信息界面如图 4–101 所示。

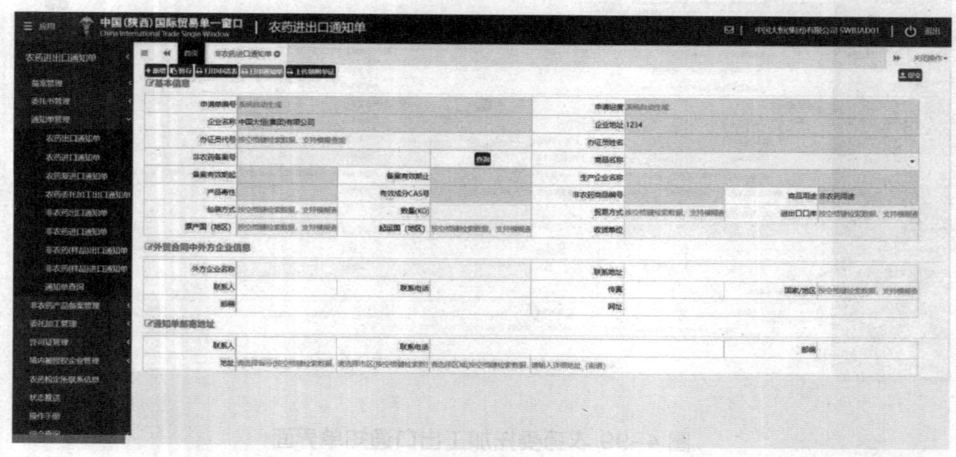

图 4–101 非农药进口通知单界面

与农药出口通知单内容基本一致，部分信息可进行参考。

七、非农药（样品）出口通知单

点击左侧菜单中“通知单管理—非农药（样品）出口通知单”，右侧区域展示详细信息界面如图 4–102 所示。

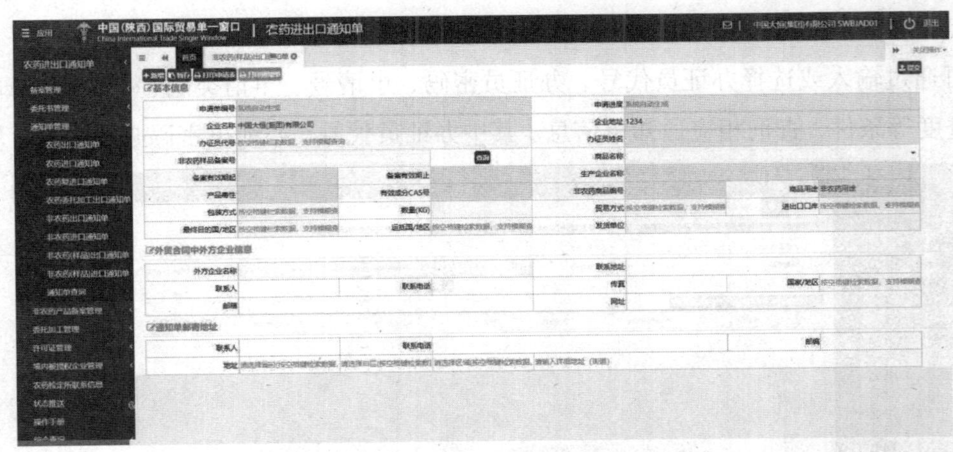

图 4–102 非农药（样品）出口通知单界面

与农药出口通知单内容基本一致，部分信息可进行参考。

八、非农药（样品）进口通知单

点击左侧菜单中“通知单管理—非农药（样品）进口通知单”，右侧区域展示详细信息界面如图 4–103 所示。

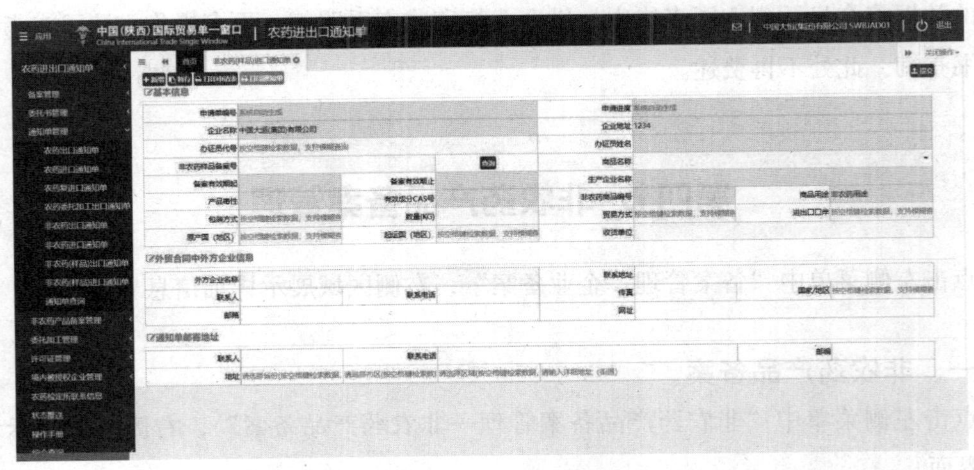

图 4–103 非农药（样品）进口通知单界面

与农药出口通知单内容基本一致，部分信息可进行参考。

九、通知单查询

小提示：

企业备案成功后，才能进行通知单的查询操作。

点击左侧菜单中“通知单管理—通知单查询”，右侧区域展示查询界面。

可通过输入或选择办证员代号、办证员密码、申请号、申请类别、申请起止日期、申请进度等条件，查询相应通知单信息。其中办证员代号、办证员密码必须选择、填写。

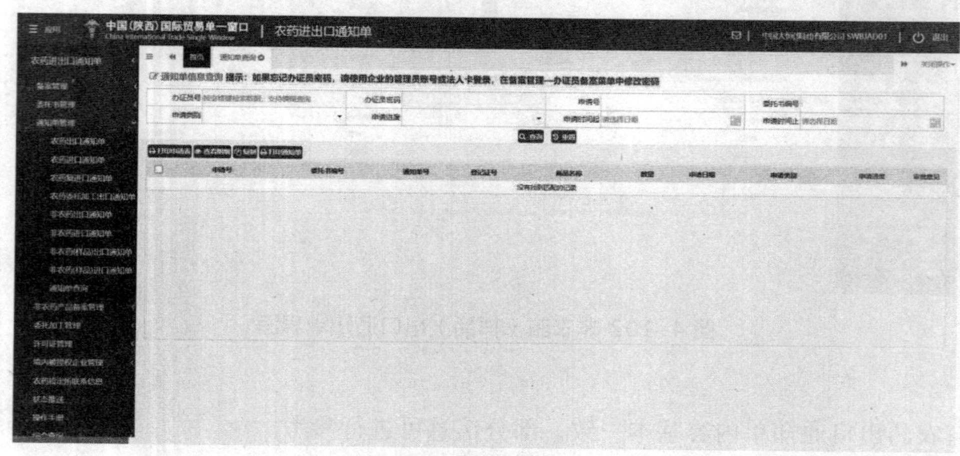

图 4-104 农药通知单查询界面

点击办证员代号后的三角下拉标志，下拉弹框中将会显示出该企业的办证员代码。选择对应的办证员代号后，在办证员密码栏中输入密码。点击蓝色“查询”按钮，符合条件的数据将会显示到上图表格中，供企业打印或查看明细。更多操作方法可参考上述委托书查询，此处不再赘述。

第四节 非农药产品备案管理

点击左侧菜单中“备案管理—企业备案”，右侧区域展示详细信息界面。

一、非农药产品备案

点击左侧菜单中“非农药产品备案管理—非农药产品备案”，右侧区域展示详细信息界面。

小提示：

界面中，带有黄色底色的字段为必填项，否则无法进行提交。

图 4-105 非农药产品备案界面

灰色字段（如产品 / 样品备案企业名称、企业编码、企业地址、企业负责人等）表示不允许录入，系统自动返填。

备案类型，请根据真实情况在所列内容中进行勾选。

各类型字段的更多操作或录入方法可参考上述企业备案，此处不再赘述。

二、非农药产品备案查询

点击左侧菜单中“非农药产品备案管理—非农药产品备案查询”，右侧区域展示查询界面。

可通过输入或选择办证员代号、办证员密码、生产企业名称、产品 / 样品申请号、备案类型等条件，查询相应备案信息。其中办证员代号、办证员密码必须选择、填写。

图 4-106 非农药产品备案查询界面

点击办证员代号后的三角下拉标志，下拉弹框中将会显示出该企业的办证员代码。

选择对应的办证员代号后，在办证员密码栏中输入密码。点击蓝色“查询”按钮，符合条件的数据将会显示到上图表格中，供企业打印或查看明细。更多操作方法可参考上述委托书查询，此处不再赘述。

第五节 委托加工管理

提供农药委托加工的录入、附件上传、暂存、提交及查询等功能。

企业备案成功后，才能进行委托加工的相关操作，否则系统将给予提示。

一、委托信息录入

点击左侧菜单中“委托加工管理—委托信息录入”，右侧区域展示详细信息界面：

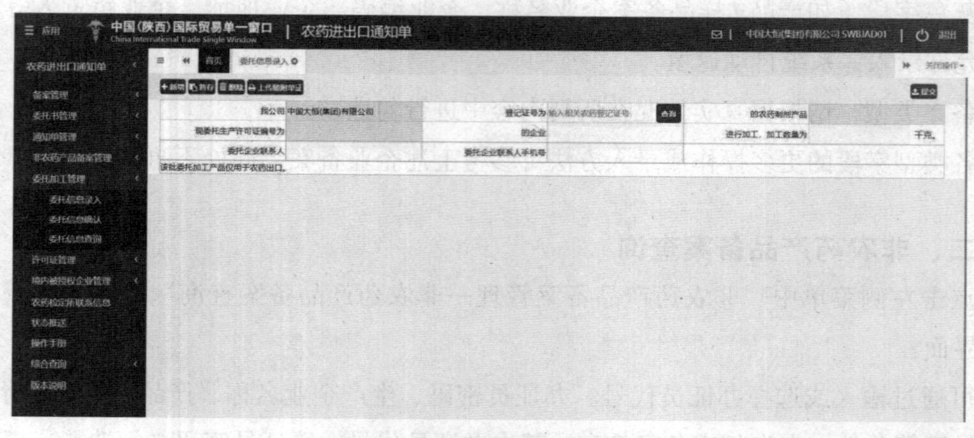

图 4–107 委托信息录入界面

小提示：

界面中，带有黄色底色的字段为必填项，否则无法进行提交。

灰色字段（如我公司（委托企业）、农药制剂产品、生产许可证编号）表示不允许录入，系统自动返填。

输入登记证号，点击“查询”按钮，农药制剂名称系统自动返填。下拉框选择被委托企业名称（支持模糊搜索），对应的生产许可证编号自动返填到相应输入框中，输入加工数量，委托企业联系人，委托企业联系人手机号，用户需按照实际情况进行填写。数据项录入完成后点击“暂存”按钮，暂存成功后，点击“上传随附单证”按钮，上传委托加工合同扫描件，上传的附件为 PDF 格式，总大小不超过 8M，如图委托加工合同附件上传。用户操作完成后，点击“提交”按钮，数据即可申报审批，提示页显示如图委托加工申报界面：

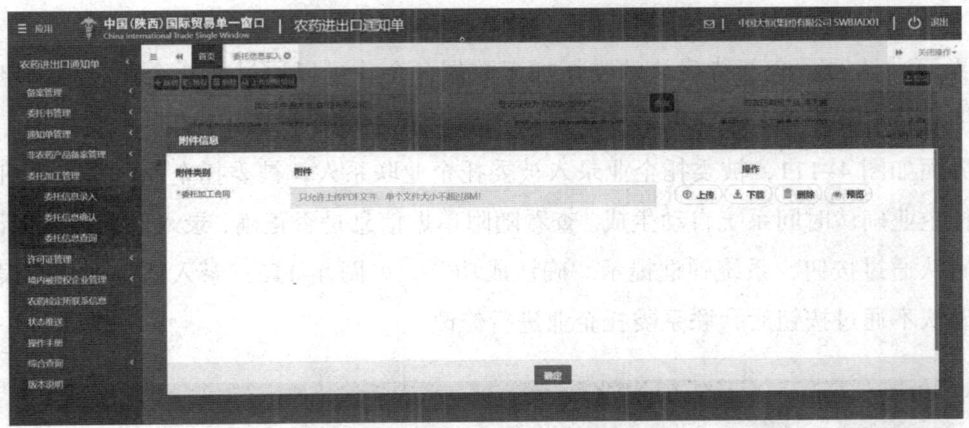

图 4-108 委托加工合同附件上传

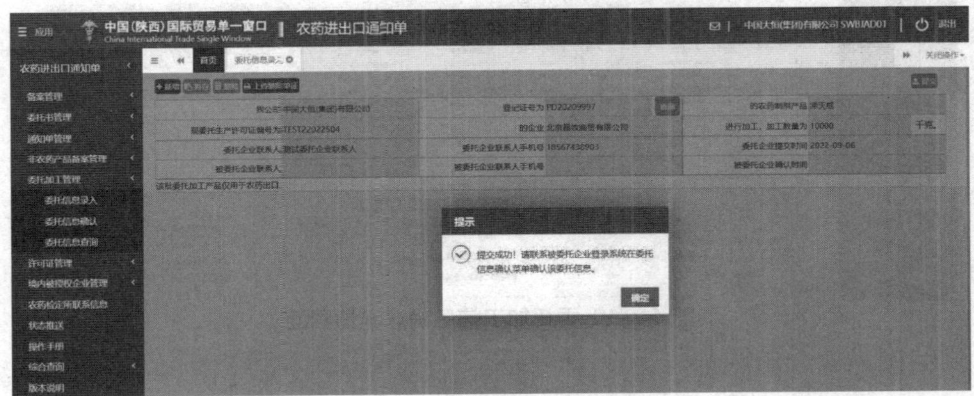

图 4-109 委托加工申报界面

小提示：

委托企业成功提交后，须告知被委托企业进行后续委托信息确认操作。

二、委托信息录入

点击左侧菜单中"委托加工管理—委托信息确认"，右侧区域展示详细信息界面：

图 4-110 委托加工信息确认界面

界面默认展示全部待确认的委托加工数据，企业可以通过委托企业名称，申请起止日期进行精确查询。点击列表展示的委托加工信息数据，界面下方展示委托加工信息详情界面如图 4-111，被委托企业录入被委托企业联系人，被委托企业联系人手机号，被委托企业确认时间系统自动生成。查看随附单据信息是否正确，录入信息确认无误后，点击确认通过按钮，系统弹框提示“确认成功”，如图 4-112；录入信息确认有误后，点击确认不通过按钮后，联系委托企业进行修改。

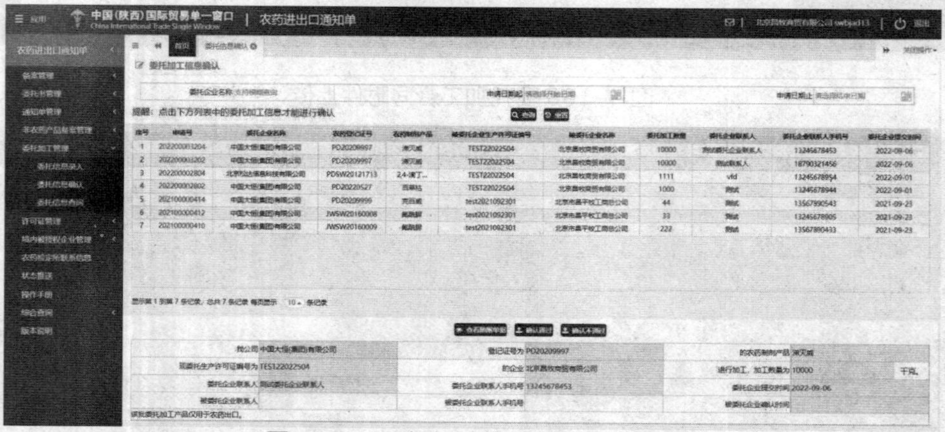

图 4-111 委托加工信息确认详情界面

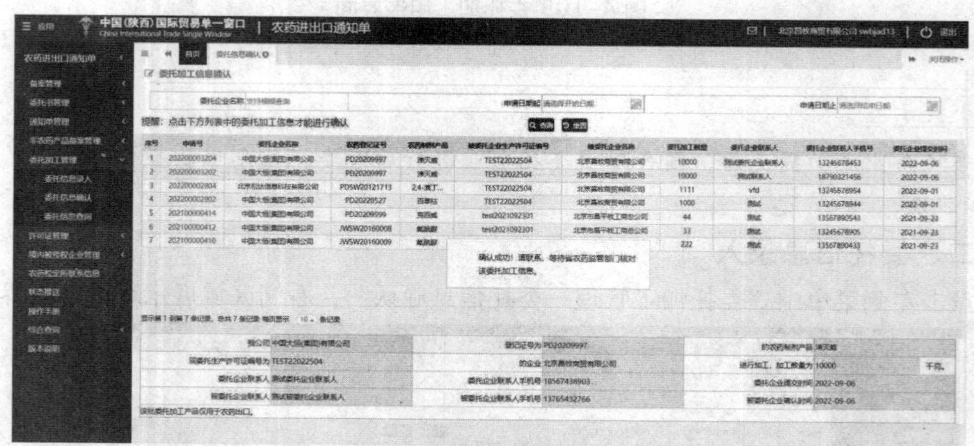

图 4-112 委托加工信息确认通过界面

小提示：

被委托企业成功提交后，须联系省农药监管部门或者农业农村部农药检定所进行后续委托信息审核操作。

三、委托信息查询

点击左侧菜单中"委托加工管理—委托信息查询"，右侧区域展示详细信息界面：

图 4-113 委托加工信息查询界面

界面默认展示全部待确认的委托加工数据，企业可以通过委托企业名称，被委托企业名称，农药登记证号，状态，被委托企业确认起止日期和申请起止日期进行精确查询。

（一）查看明细

勾选需要查看的委托加工信息数据，点击"查看明细"按钮，即可查看该票数据的详细内容，暂存和确认不通过状态支持编辑修改，其他状态界面置灰不允许编辑。如图 4-114。

图 4-114 查看明细界面

（二）删除

勾选需要删除的委托加工信息数据，点击"删除"按钮，系统弹框提示是否确认删除，点击“取消”按钮，弹框关闭，取消删除操作；点击“确定”按钮，系统提示“委托加工信息删除成功”如图 4-115。暂存，审批不通过和确认不通过状态的数据可以删除，被删除的数据不可恢复，请企业慎重选择。

图 4-115 委托加工信息删除界面

第六节 许可证管理

农药生产企业和经营企业在单一窗口录入农药生产许可证或农药经营许可证的电子信息，并上传相关的扫描件。

一、经营许可证录入

点击左侧菜单中“许可证管理—经营许可证录入”，右侧区域展示详细信息界面。

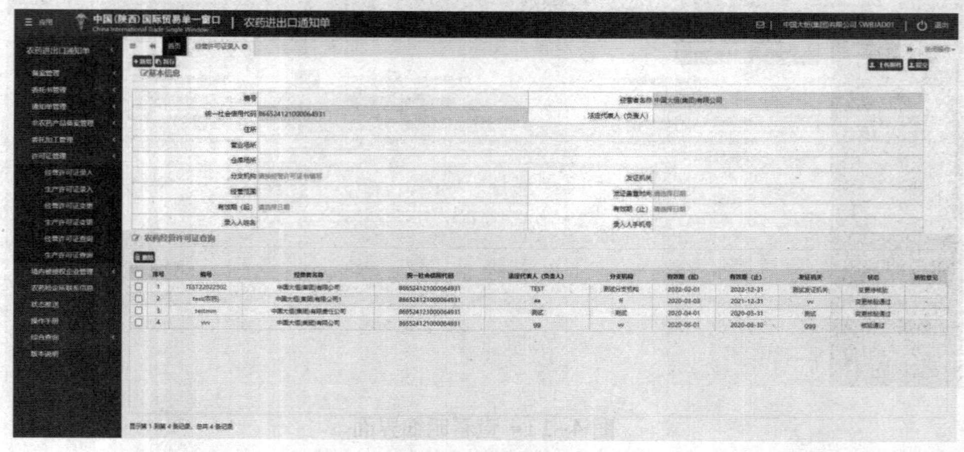

图 4-116 经营许可证录入界面

小提示：

界面中，带有黄色底色的字段为必填项，否则无法进行提交。

（一）基本信息

经营者名称和统一社会信用代码为系统返填信息。编号、经营范围、发证机关等字段为黄色底色的为必填项，用户需按照实际情况进行填写。点击蓝色“上传附件”按钮，上传经营许可证扫描件，上传的附件为PDF格式，总大小不超过2M。用户填写完毕后，点击蓝色“提交”按钮，数据即可申报审批，提示页显示如图4–118。

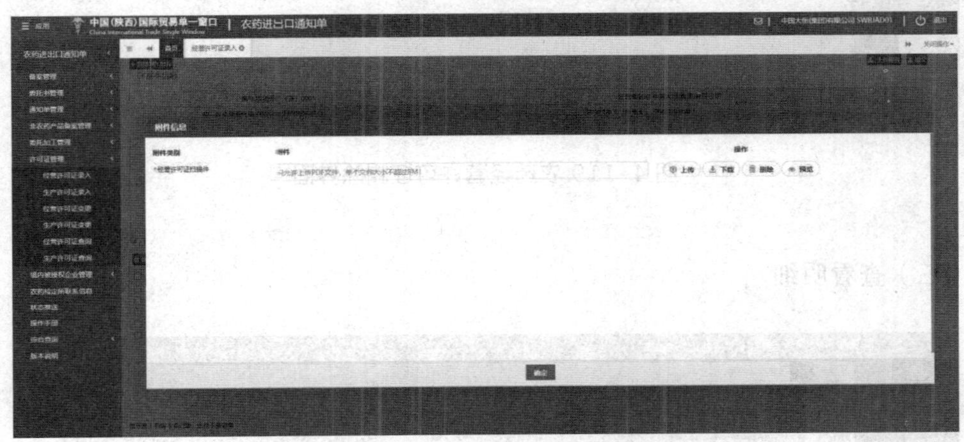

图4–117 经营许可证附件上传

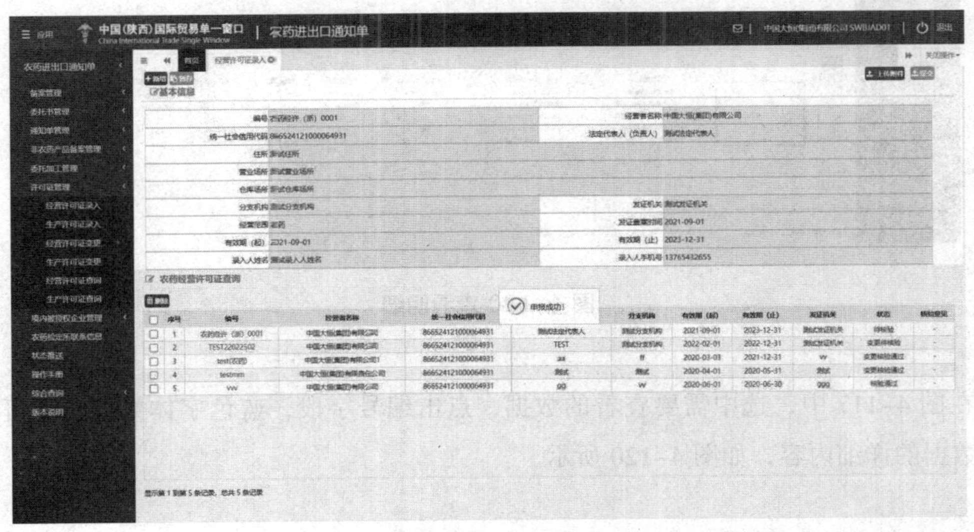

图4–118 经营许可证申报界面

（二）农药经营许可证删除

在图4–119界面中，选中需要删除的数据，点击“删除”按钮，即可删除数据，被删除的数据不可恢复，请企业慎重选择。

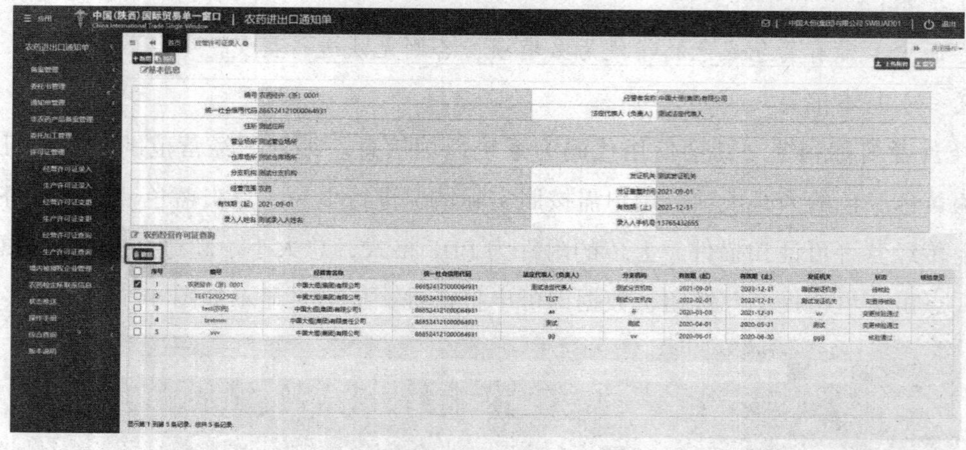

图 4-119 农药经营许可证删除界面

（三）查看明细

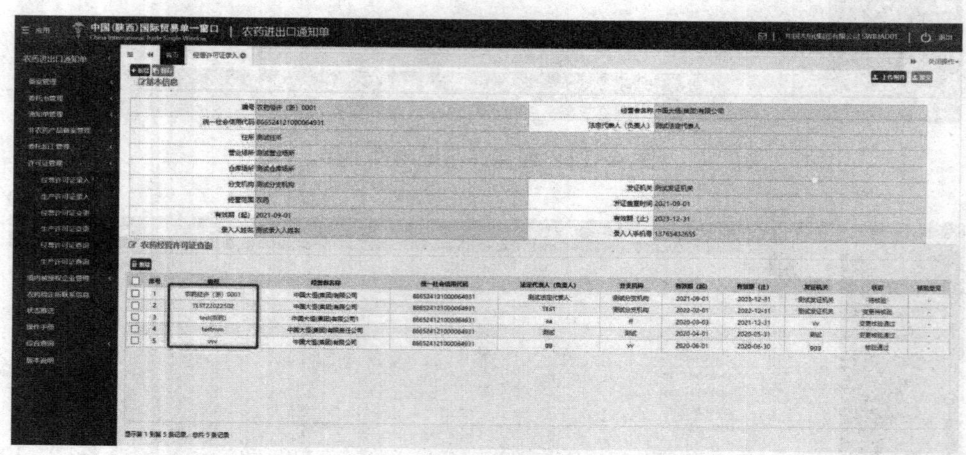

图 4-120 查看明细

在图 4-117 中，选中需要查看的数据，点击编号字段，蓝色字体数据，即可查看该票数据的详细内容，如图 4-120 所示。

二、生产许可证录入

点击左侧菜单中“许可证管理—生产许可证录入”，右侧区域展示详细信息界面。

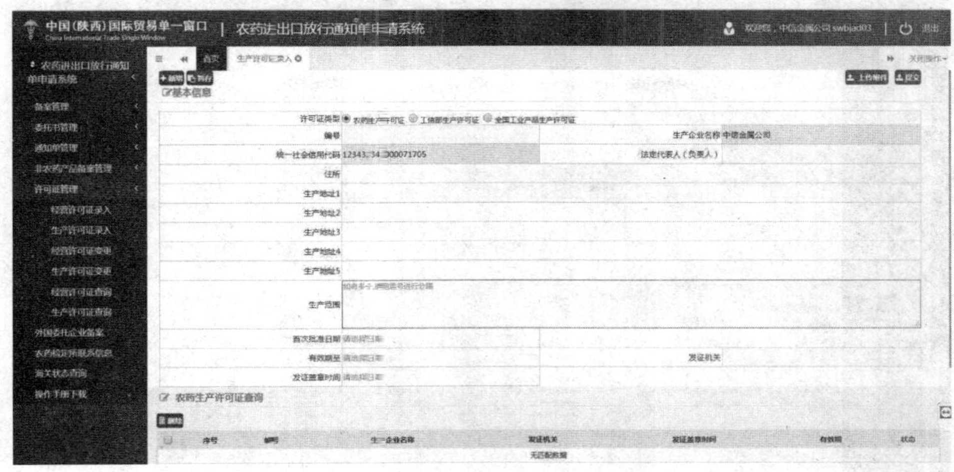

图 4-121 生产许可证录入界面

小提示：

界面中，带有黄色底色的字段为必填项，否则无法进行提交。录入变更生产许可证时生产范围以“，”结尾。

（一）基本信息

许可证类型，请根据真实情况在所列内容中进行勾选。

灰色字段（生产企业名称、统一社会信用代码等字段）表示不允许录入，系统自动返填。如许可证类型选择的是“农药生产许可证”，生产企业名称、统一社会信用代码为系统返填信息。编号、生产范围、发证机关等字段为黄色底色的为必填项，用户需按照实际情况进行填写。点击蓝色“上传附件”按钮，上传生产许可证扫描件，上传的附件为 PDF 格式，总大小不超过 2M。填写完毕后，点击蓝色“提交”按钮，数据即可申报审批，提示页显示如图 4-123。

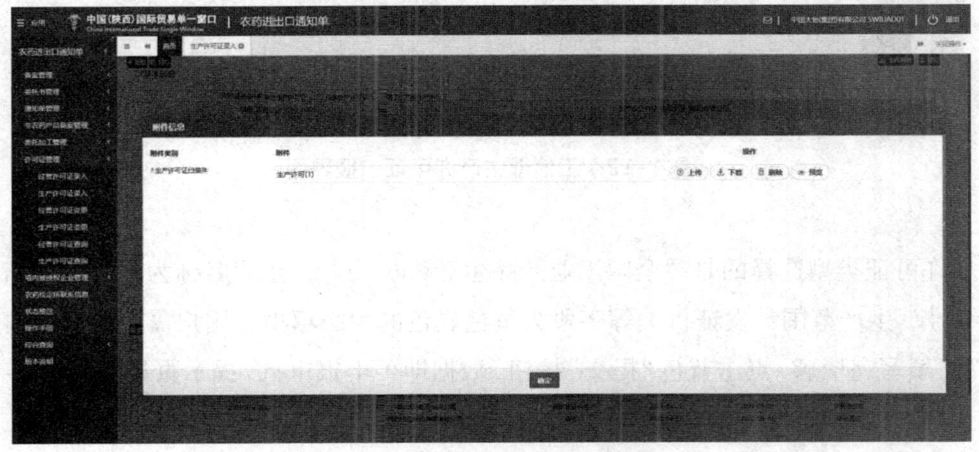

图 4-122 生产许可证扫附件上传

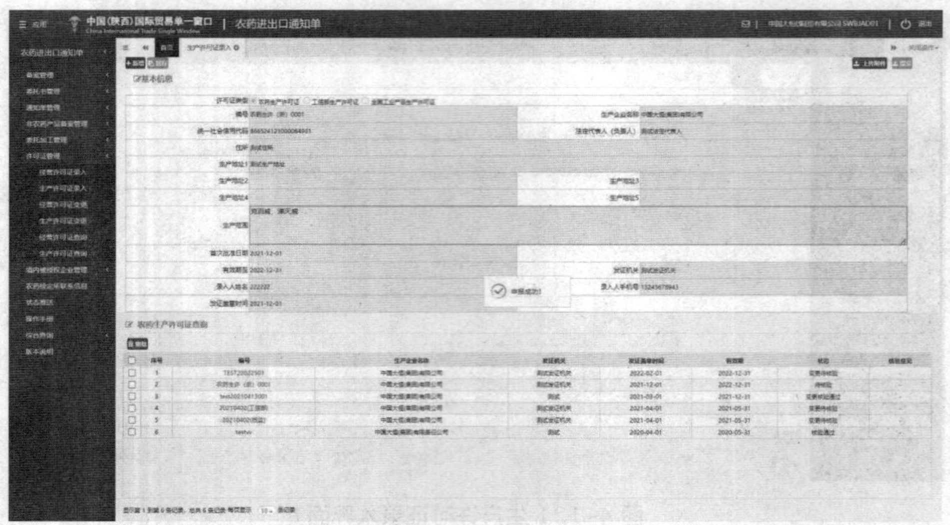

图 4-123 农药生产许可证申报

如许可证类型选择的是“工信部生产许可证”，生产企业为系统返填信息。证书编号、生产类型、发证机关等字段为黄色底色的为必填项，用户需按照实际情况进行填写。填写完毕后，点击蓝色“提交”按钮，数据即可申报审批，提示页显示如图 4-124。

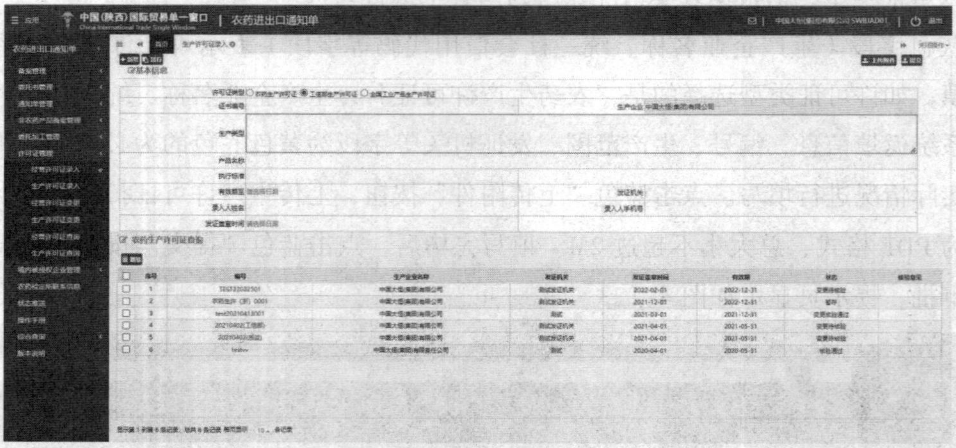

图 4-124 工信部生产许可证申报界面

如许可证类型选择的是“全国工业产品生产许可证”，企业名称为系统返填信息。证书编号、生产范围、发证机关等字段为黄色底色的为必填项，用户需按照实际情况进行填写。填写完毕后，点击蓝色“提交”按钮，数据即可申报审批，提示页显示如图 4-125。

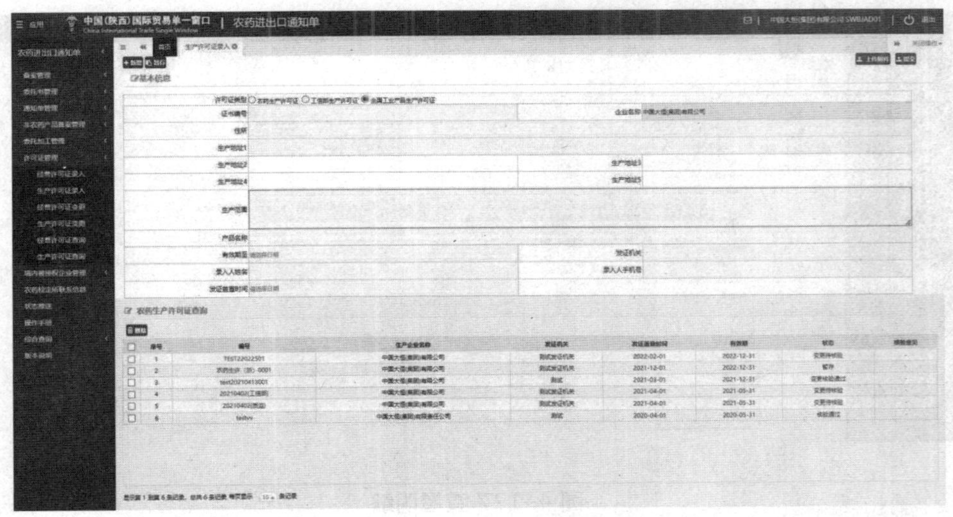

图 4-125 全国工业产品生产许可证申报界面

（二）农药生产许可证删除

如农药生产许可证查询中，选中需要删除的数据，点击“删除”按钮，即可删除数据，被删除的数据不可恢复，请企业慎重选择。

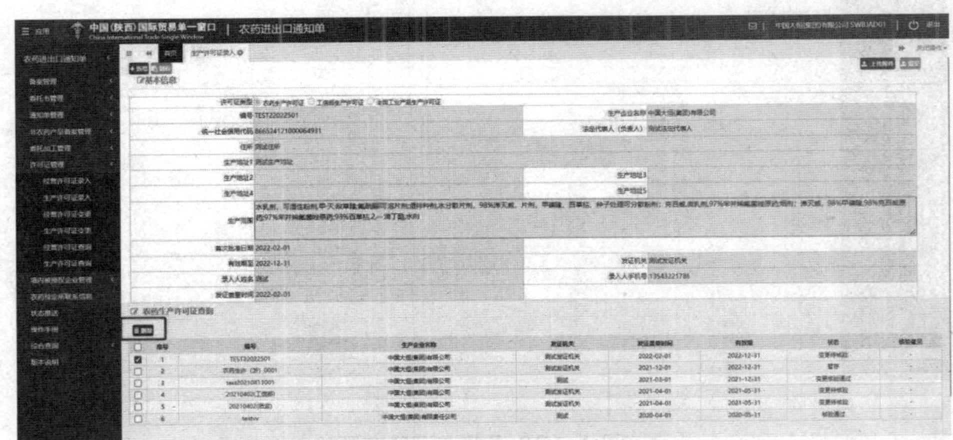

图 4-126 农药生产许可证删除

（三）查看明细

在农药生产许可证查询中，选中需要查看的数据，点击编号字段，蓝色字体数据，即可查看该票数据的详细内容，如图 4-127 所示。

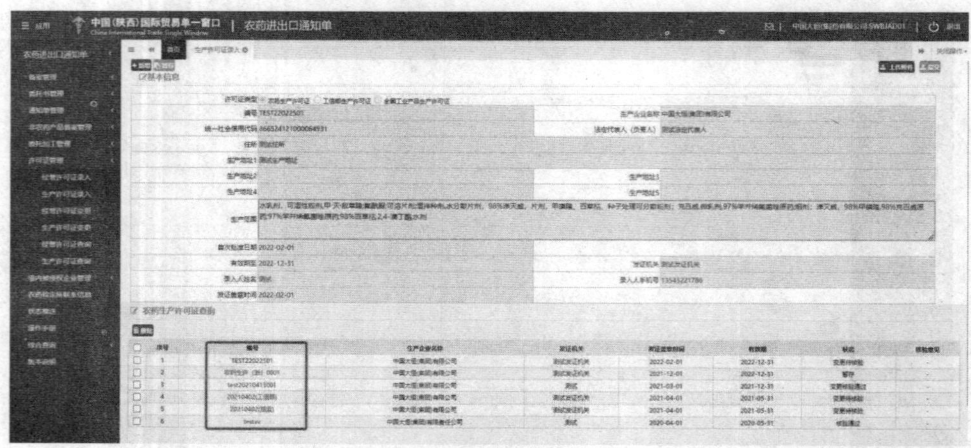

图 4-127 查看明细

三、经营许可证变更

点击左侧菜单中“许可证管理—经营许可证变更”，右侧区域展示详细信息界面，如图 4-128。

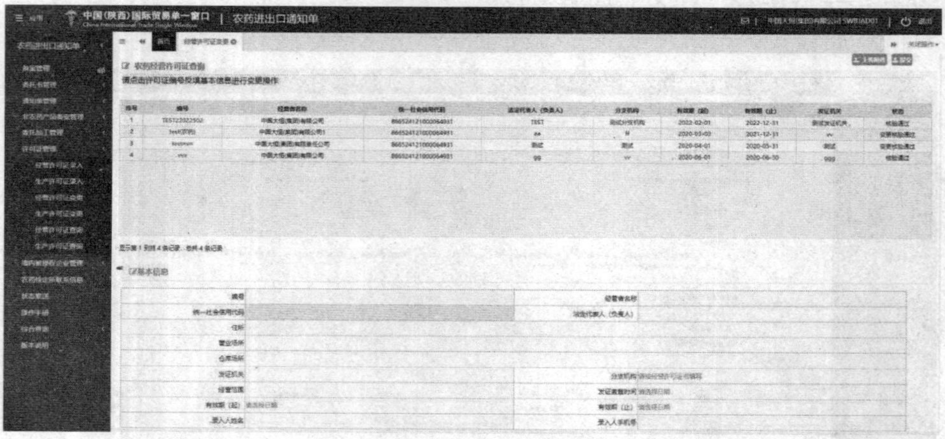

图 4-128 经营许可证变更

小提示：

界面中，带有黄色底色的字段为必填项，否则无法进行提交。

查看农药经营许可证查询模块，点击蓝色字体编号字段值，详细信息返填至基本信息模块。经营者名称和统一社会信用代码为系统返填信息，不能修改变更。编号、经营范围、发证机关等字段为黄色底色的为必填项，用户需按照实际情况进行修改变更。点击蓝色“上传附件”按钮，上传经营许可证扫描件。填写完毕后，点击蓝色“提交”按钮，数据即可申报审批，提示页显示如图 4-129：

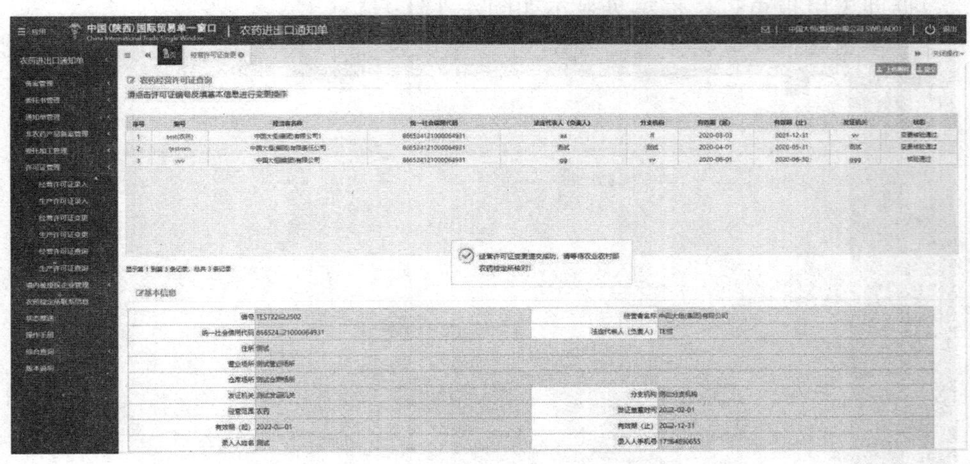

图 4-129 经营许可证变更申报界面

四、生产许可证变更

点击左侧菜单中“许可证管理—生产许可证变更”，右侧区域展示详细信息界面，如图 4-130。

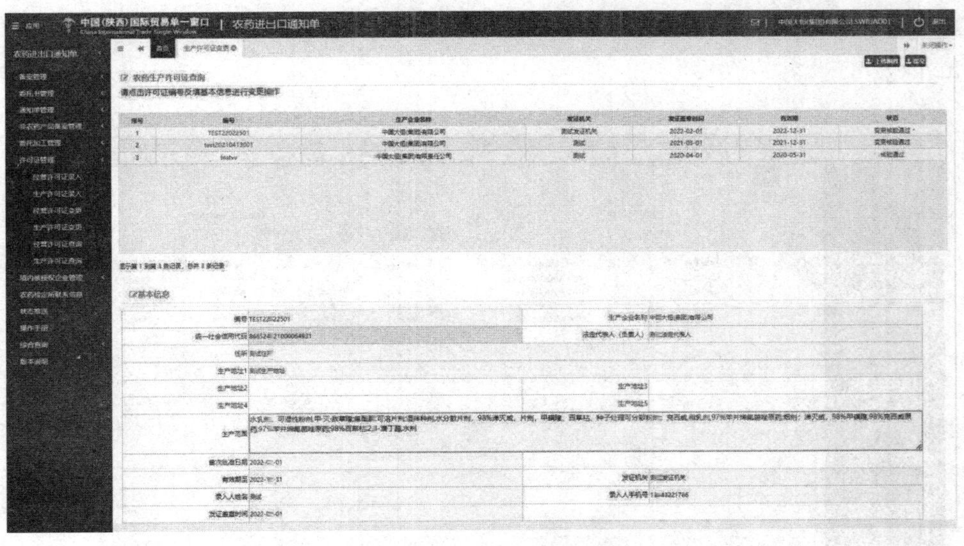

图 4-130 生产许可证变更

小提示：

界面中，带有黄色底色的字段为必填项，否则无法进行提交。

查看农药生产许可证查询模块，点击蓝色字体编号字段值，详细信息返填至基本信息模块。生产企业名称和统一社会信用代码为系统返填信息，不能修改变更。编号、生产范围、发证机关等字段为黄色底色的为必填项，用户需按照实际情况进行修改变更。点击蓝色“上传附件”按钮，上传生产许可证扫描件。填写完毕后，点击蓝色“提交”

按钮，数据即可申报审批，提示页显示如图 4–131：

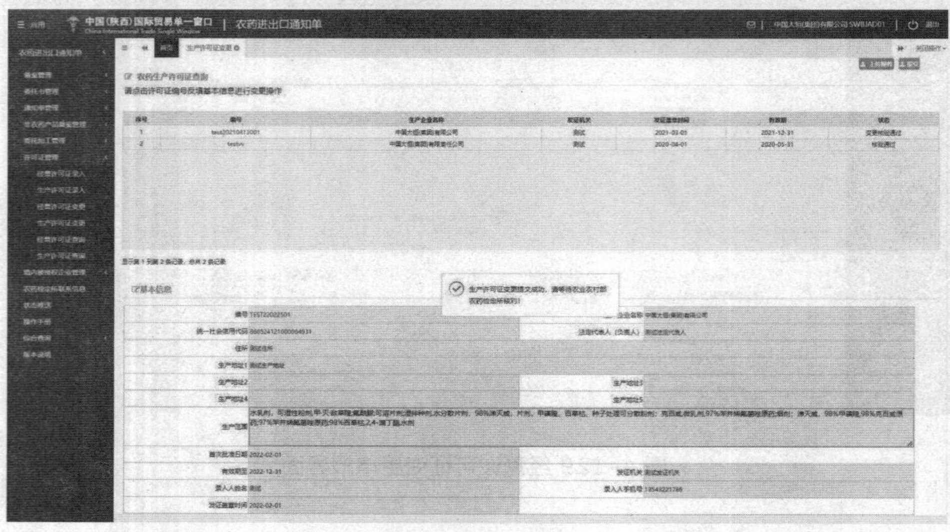

图 4–131 生产许可证变更申报界面

五、经营许可证查询

点击左侧菜单中“许可证管理—经营许可证查询”，右侧区域展示详细信息界面，如图 4–132。

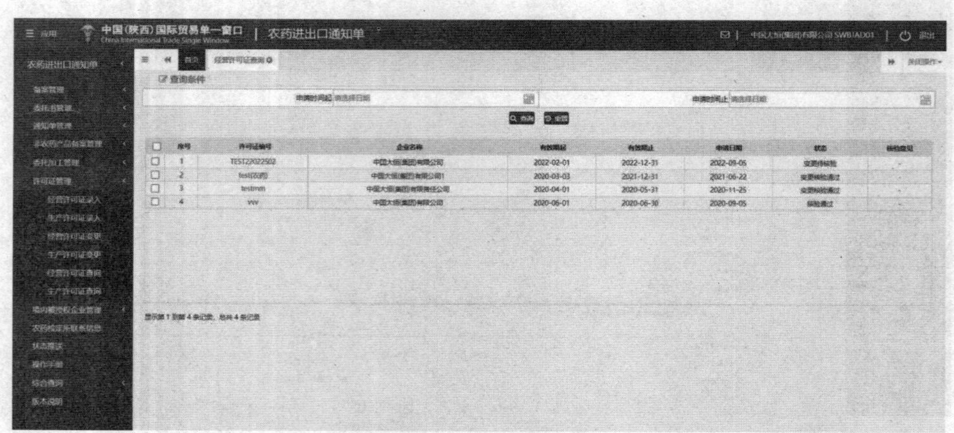

图 4–132 经营许可证查询

小提示：

企业备案成功后，才能进行经营许可证的查询操作。

可通过选择起止日期方式，查询相应经营许可证信息。点击蓝色字体——许可证编号字段值，可以查看经营许可证详细数据，如图 4–133。点击蓝色“查看附件”按钮，可以查看上传的附件信息，点击“关闭”按钮，可以关闭农药经营许可证详情页面。

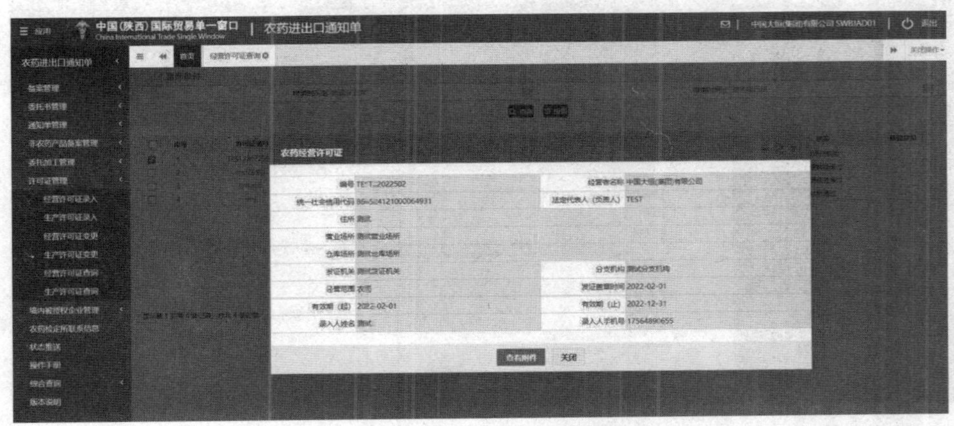

图 4-133 经营许可证详情页面

六、生产许可证查询

点击左侧菜单中“许可证管理—生产许可证查询”，右侧区域展示详细信息界面，如图 4-134。

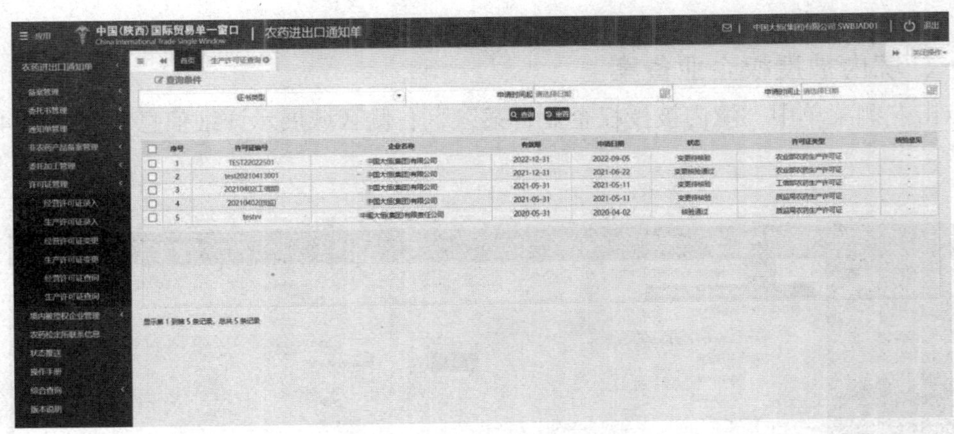

图 4-134 生产许可证查询

小提示：

企业备案成功后，才能进行生产许可证的查询操作。

可通过选择证书类型，起止日期方式，查询相应生产许可证信息。点击蓝色字体 - 许可证编号字段值，可以查看生产许可证详细数据，如图 4-135。点击蓝色“查看附件”按钮，可以查看上传的附件信息，点击“关闭”按钮，可以关闭农药生产许可证详情页面。

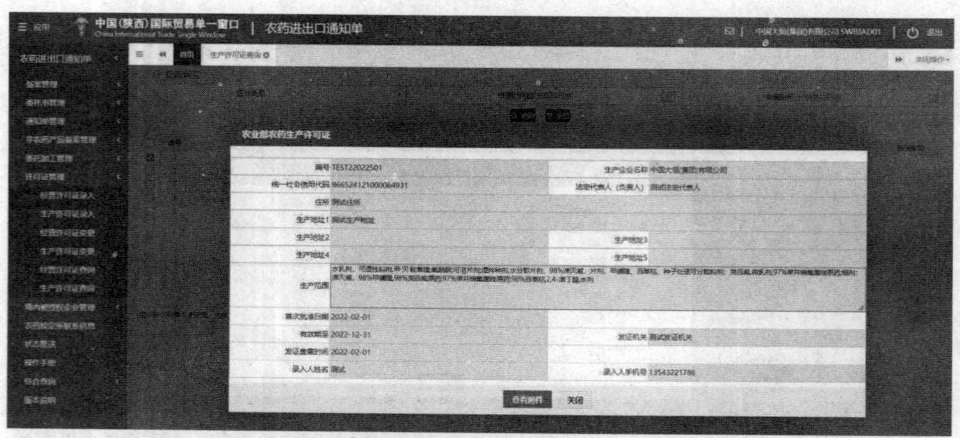

图 4-135 生产许可证详情页面

第七节 境内被授权企业管理

企业备案成功后，才能进行境内被授权企业管理的相关操作，否则系统将给予提示。

一、境内被授权企业备案

点击左侧菜单中“境内被授权企业备案”，右侧区域展示详细信息界面如图 4-136 所示。

图 4-136 境内被授权企业备案界面

（一）新增

页面初始化为新增界面，也可以点击左上角“新增”按钮。

被授权企业中文名称为系统返填信息。授权企业中文名称、授权企业地址、邮政编码等字段为黄色底色的为必填项，用户需按照实际情况进行填写。填写完成后，点击蓝色“暂存”按钮，数据成功暂存后，点击“上传附件”按钮，上传授权书附件信息，附件信息上传成功后，点击右上角“提交”按钮，提交成功后，系统弹框给出提示信息，按照提示信息进行后续操作，如图 4–137 所示。

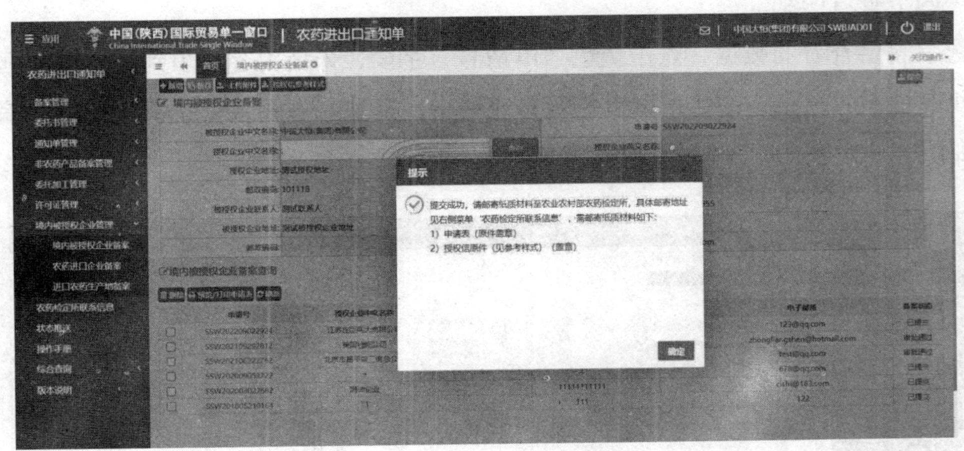

图 4–137 境内被授权企业备案新增

（二）预览 / 打印申请表

点击界面上的“预览 / 打印申请表”按钮，系统跳转到预览界面，点击“打印”图标，用户可根据需要进行打印。

被授权企业备案申请表

申请号:SSW202209022924

被授权企业中文名称	中国大恒(集团)有限公司		
授权企业中文名称			
授权企业英文名称			
授权企业地址	测试授权地址		
邮政编码	101118		
被授权企业联系人	测试联系人	联系人手机号	13245678955
被授权企业地址	测试被授权企业地址		
电子邮箱	123@qq.com		
邮政编码			
企业网址			
以上信息真实有效，如有虚假，我单位承担一切后果和法律责任。			
审批意见： 经办人：　处领导：　所领导： 日期：　日期：　日期：			

图 4–138 预览 / 打印界面示范

（三）删除

选中需要删除的数据，点击“删除”按钮，即可删除数据，被删除的数据不可恢复，请企业慎重选择。

（四）查看明细

选中需要查看的数据，点击蓝色“申请号”字段，详情内容返填到上方输入框中，暂存和审批不通过状态的数据可以进行修改编辑，其他状态输入框置灰，不可以编辑修改，如图 4–139 所示。

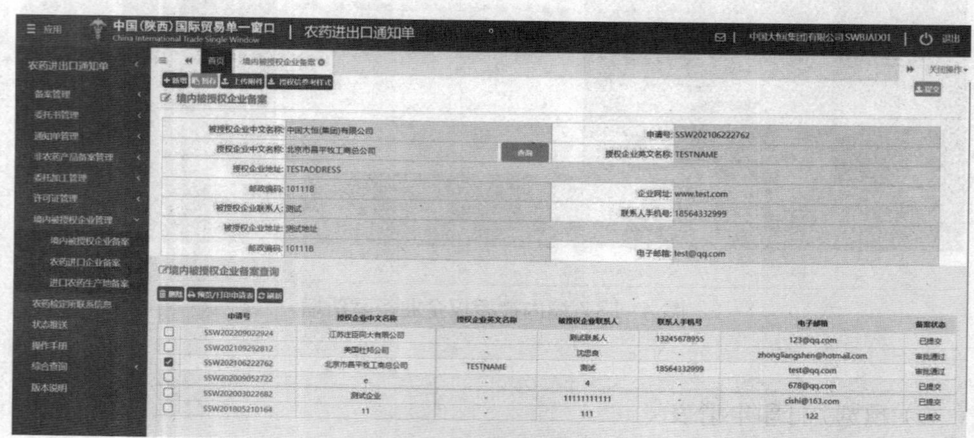

图 4–139 查看明细

二、农药进口企业备案

点击左侧菜单中“农药进口企业备案”，右侧区域展示详细信息界面如图 4–140 所示。

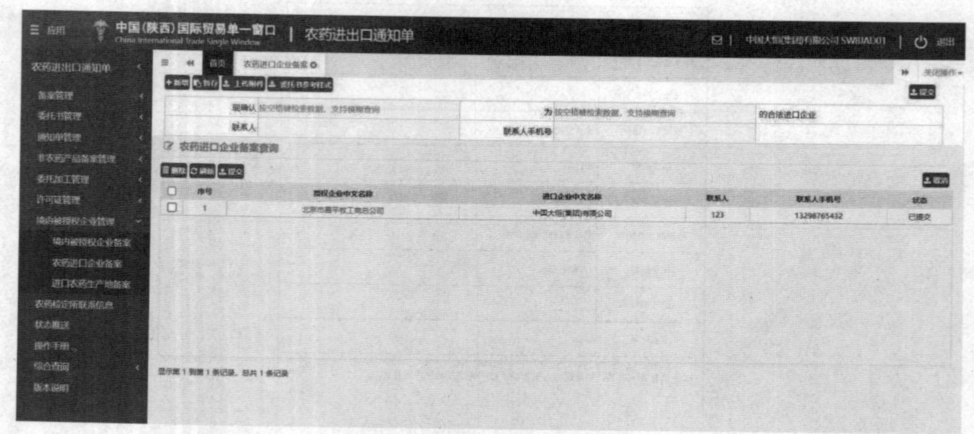

图 4–140 农药进口企业备案界面

（一）新增

页面初始化为新增界面，也可以点击左上角“新增”按钮。

进口企业名称，授权企业中文名称为，联系人和联系人手机号为必填项，用户需按照实际情况进行填写。填写完成后，点击蓝色“暂存”按钮，数据成功暂存后，点击“上传附件”按钮，上传销售机构或代理销售机构进口资质材料附件信息，附件信息上传成功后，点击“提交”按钮，提交成功后，系统弹框给出提示信息，按照提示信息进行后续操作，如图 4–141 所示。

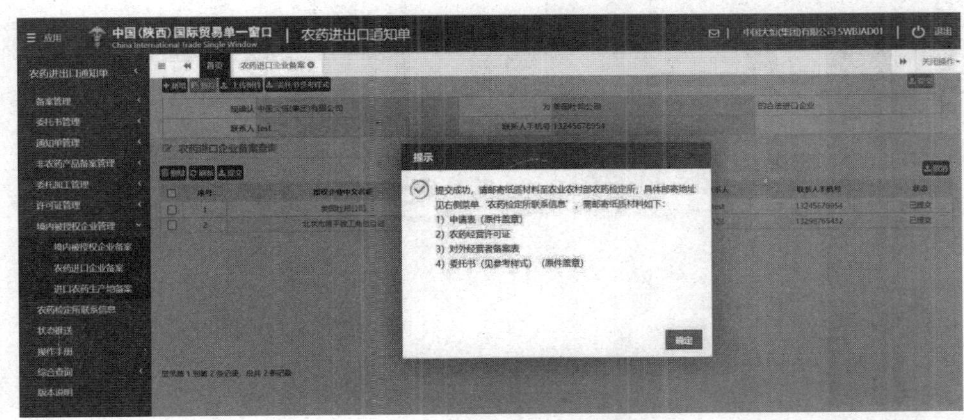

图 4–141 农药进口企业备案新增界面

（二）删除

选中需要删除的数据，点击“删除”按钮，即可删除数据，被删除的数据不可恢复，请企业慎重选择。

（三）查看明细

选中需要查看的数据，点击蓝色“授权企业中文名称”字段，详情内容返填到上方输入框中，暂存和审批不通过状态的数据可以进行修改编辑，其他状态输入框置灰，不可以编辑修改，如图 4–142 所示。

图 4–142 查看明细

（四）取消

选中需要取消的数据，只有审批通过状态数据才能够进行取消操作。点击“取消”按钮，系统弹框提示“是否确定取消该农药进口企业备案信息”，选择“是”时，系统提示“取消成功”，数据状态变为“已取消”；选择“否”时，取消操作作废不执行。如图 4-143 所示。

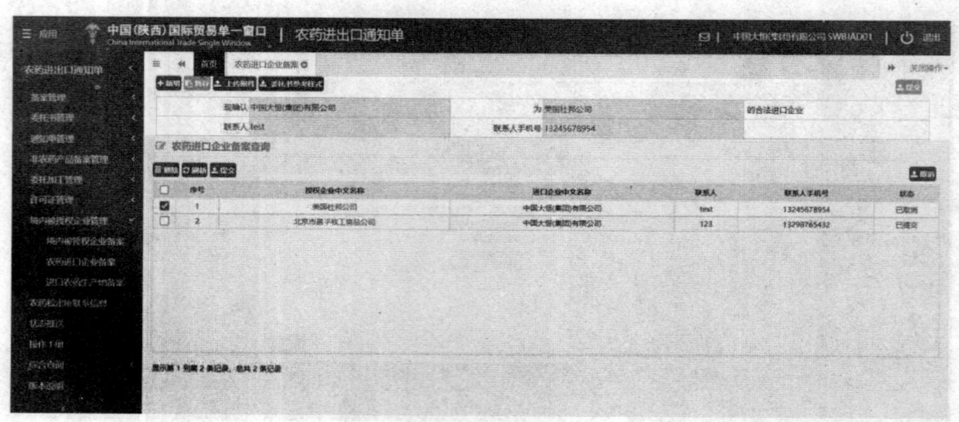

图 4-143 取消农药进口企业备案

三、进口农药生产地备案

点击左侧菜单中“进口农药生产地备案”，右侧区域展示详细信息界面如图 4-144 所示。

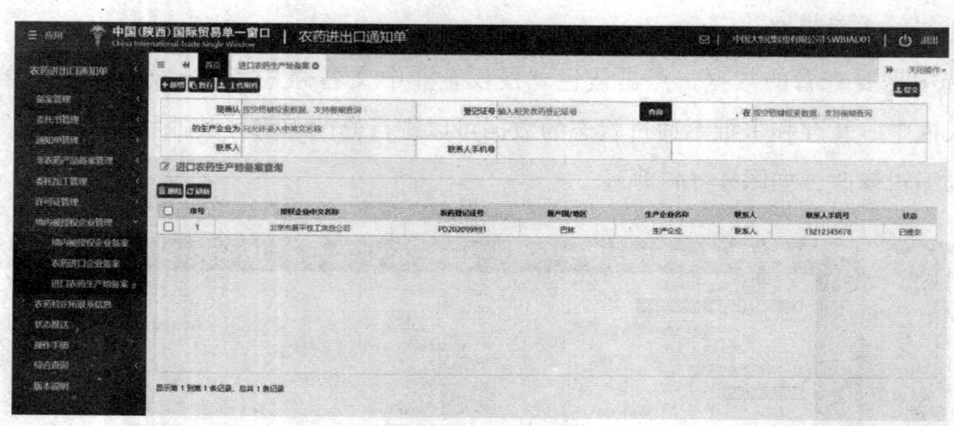

图 4-144 进口农药生产地备案界面

（一）新增

页面初始化为新增界面，也可以点击左上角“新增”按钮。

授权企业中文名称、登记证号、原产国 / 地区，生产企业等字段为黄色底色的为必填项，用户需按照实际情况进行填写。填写完成后，点击蓝色“暂存”按钮，数据成功暂存后，点击“上传附件”按钮，上传进口农药境外生产地及生产企业备案资料附件信息，附件信息上传成功后，点击右上角“提交”按钮，提交成功后，系统弹框给出提示信息，按照提示信息进行后续操作，如图 4-145 所示。

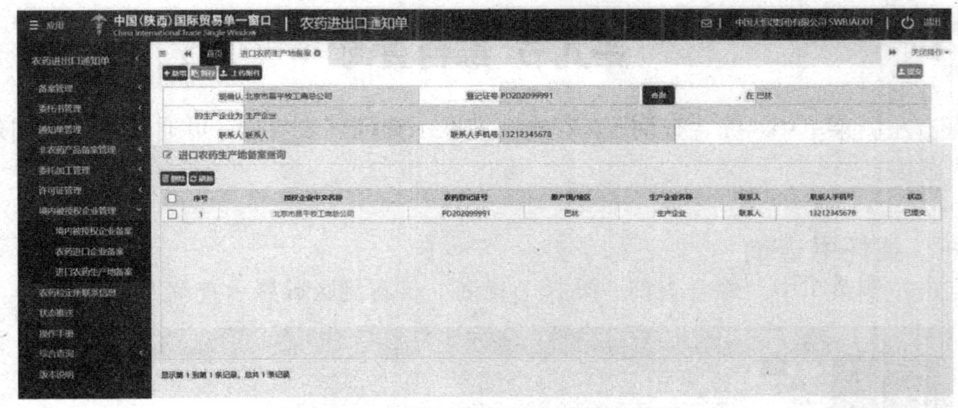

图 4-145 进口农药生产地备案界面

（二）删除

与境内被授权企业备案中删除操作基本一致，可参考。

（三）查看明细

与境内被授权企业备案中查看明细操作基本一致，可参考。

第八节 农药检定所联系信息

为用户提供地方农药检定所的详细联系信息，用户可根据申报要求与对应检定所联系或送检材料。

企业备案成功后，才能查看农药检定所联系信息，否则系统将给予提示。

点击左侧菜单中的“农药检定所联系信息”，右侧界面显示如图 4-146：

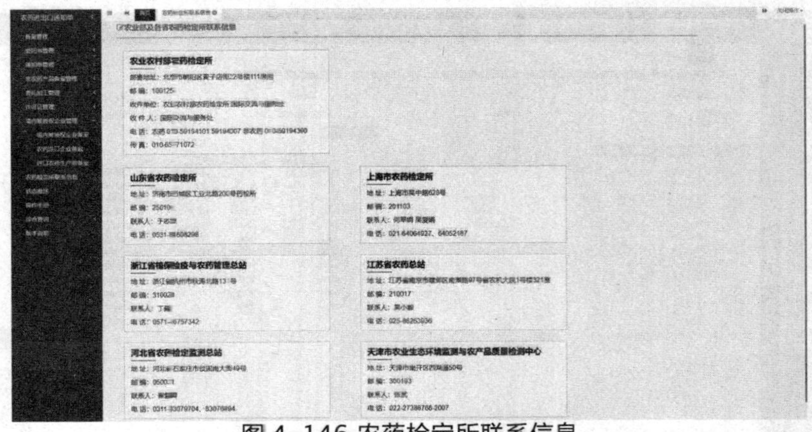

图 4-146 农药检定所联系信息

小提示：

该页面信息仅供查看，字段均不可点击，无链接。

第九节 综合查询

点击左侧菜单中“综合查询”，右侧区域展示查询列表界面。可通过相关查询条件，查询状态信息。

一、委托书查询

点击左侧菜单中“综合查询—委托书查询”，右侧区域展示查询界面。

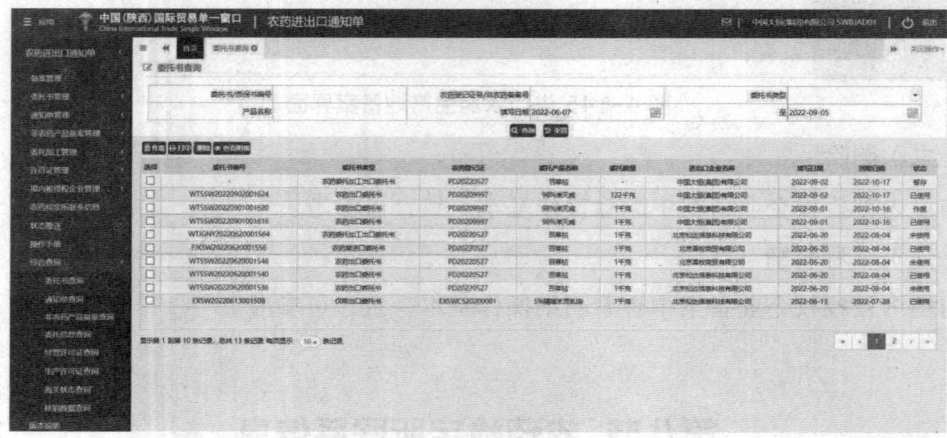

图 4-147 委托书查询

与“第二节 委托书管理”委托书查询功能基本一致，可参考。

二、通知单查询

点击左侧菜单中“综合查询—通知单查询”，右侧区域展示查询界面。

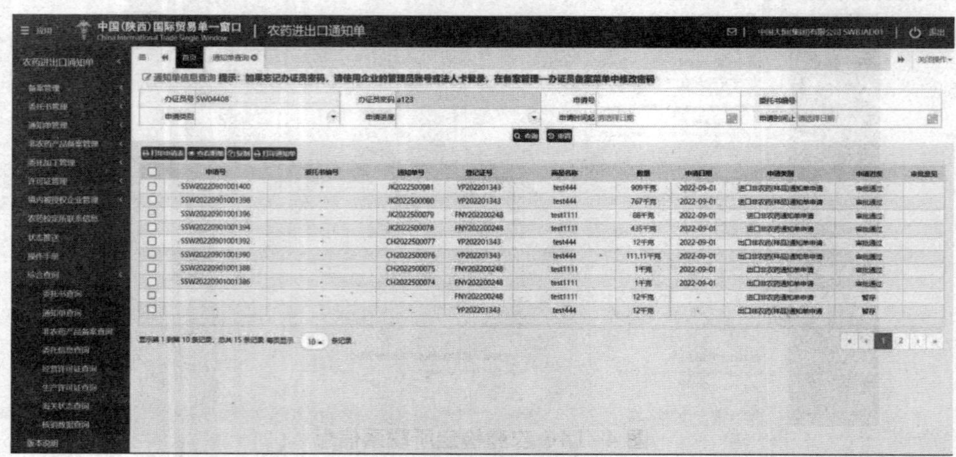

图 4-148 通知单查询

与第三节中通知单查询功能基本一致，可参考。

三、非农药产品备案查询

点击左侧菜单中"综合查询—非农药产品备案查询"，右侧区域展示查询界面。

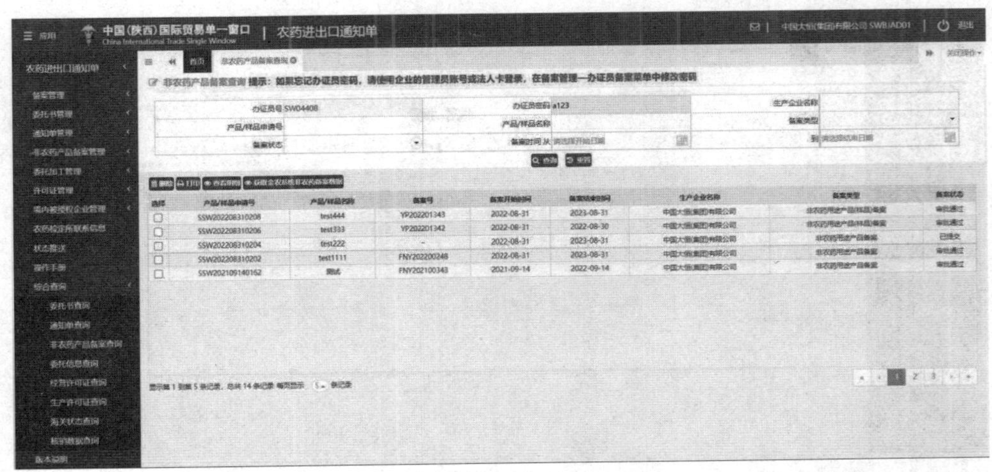

图 4-149 非农药产品备案查询

与第四节中非农药产品备案查询功能基本一致，可参考。

四、委托信息查询

点击左侧菜单中"综合查询—委托信息查询"，右侧区域展示查询界面。

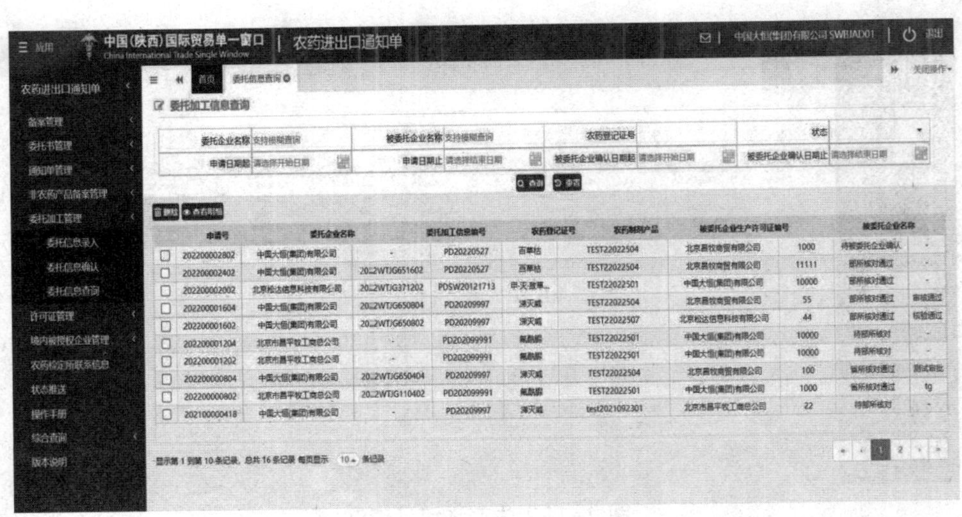

图 4-150 委托信息查询

与第五节中委托信息查询功能基本一致，可参考。

五、经营许可证查询

点击左侧菜单中“综合查询—经营许可证查询”，右侧区域展示查询界面。

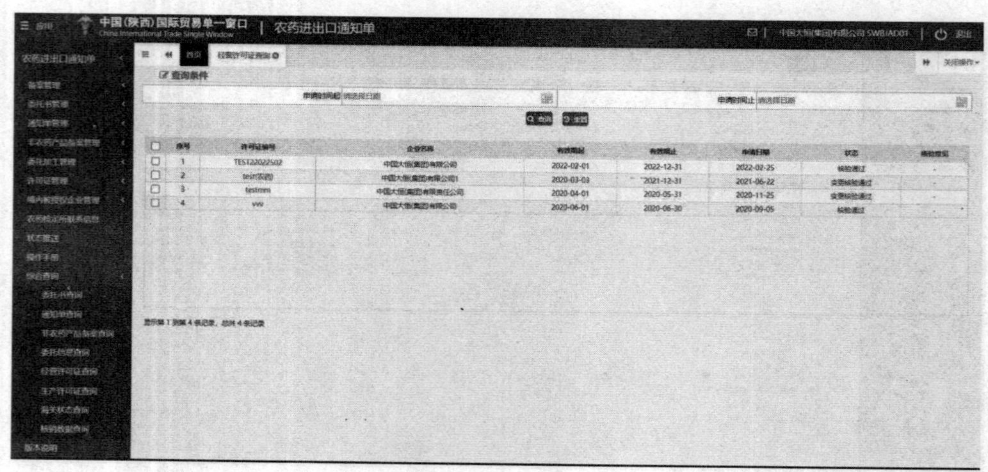

图 4-151 经营许可证查询

与第六节中经营许可证查询功能基本一致，可参考。

六、生产许可证查询

点击左侧菜单中“综合查询—生产许可证查询”，右侧区域展示查询界面。

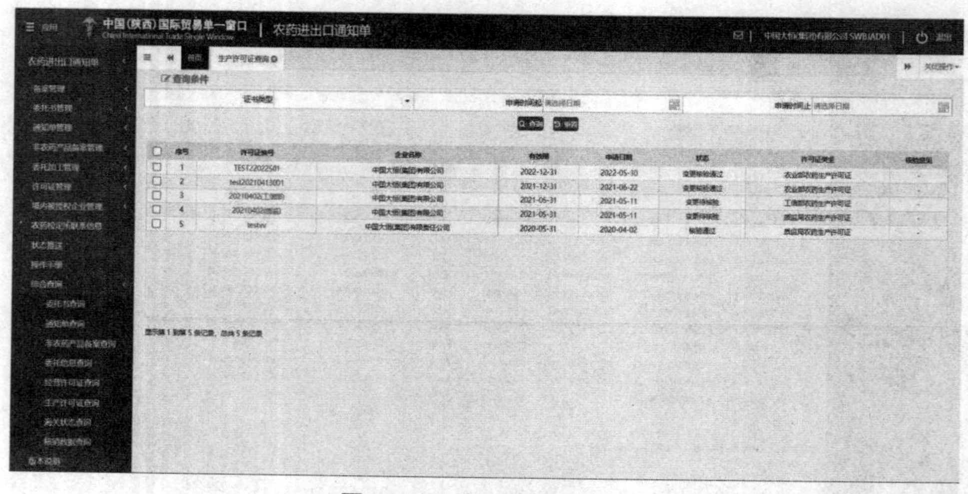

图 4-152 生产许可证查询

与第六节中生产许可证查询功能基本一致，可参考。

七、海关状态查询

点击左侧菜单中“综合查询—海关状态查询”，右侧区域展示查询界面。

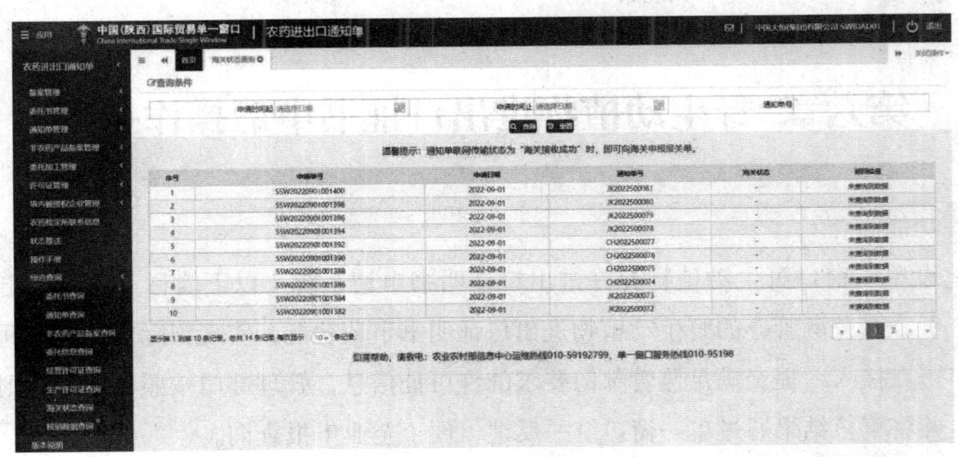

图 4-153 海关状态查询

八、核销数据查询

点击左侧菜单中“综合查询—核销数据查询”，右侧区域展示查询界面。

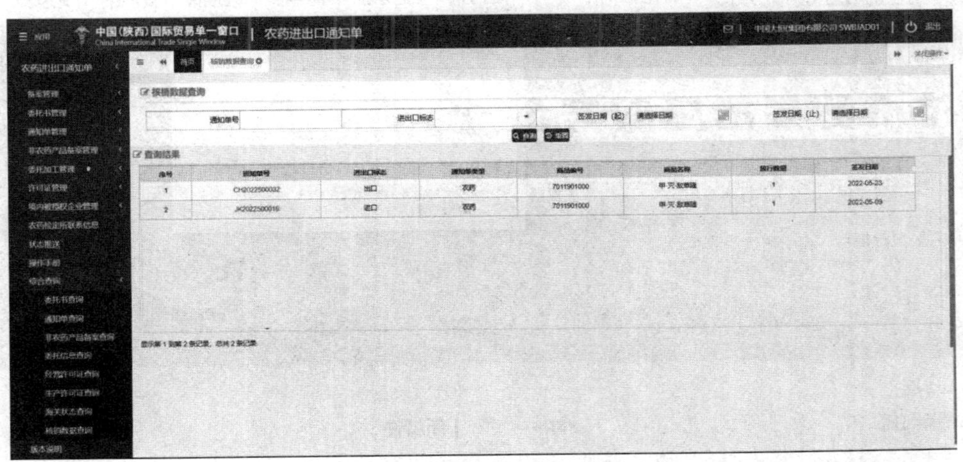

图 4-154 核销数据查询

第六章 野生动植物进出口证书申请操作指南

1. 功能简介

建设单一窗口野生动植物允许进出口证明书申请系统（以下简称“允许进出口证明书”），涵盖濒管办的野生动植物进出口证明书申请功能，实现国际贸易企业通过单一窗口一点接入，提交满足监管部门要求的许可证信息，管理部门按照确定的规则进行审核，并将审核结果通过单一窗口统一反馈，便于企业申报查询。

2. 进入系统

打开中国国际贸易单一窗口门户网站，点击“业务应用”页签中“口岸执法申报”（如图 4–155）。

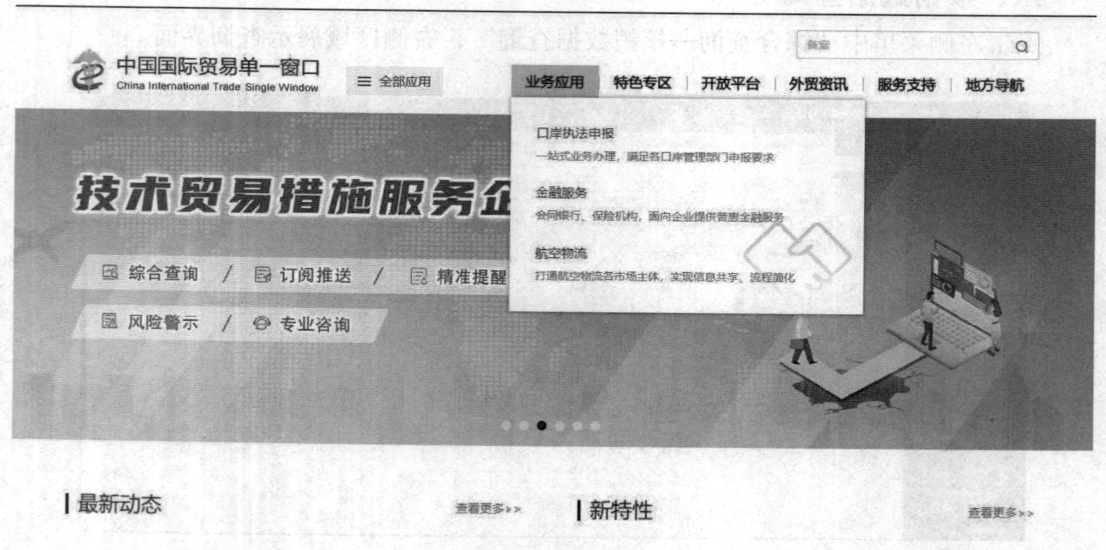

图 4–155 进入系统

点击“口岸执法申报”下面的“监管证件”，选择“野生动植物进出口证书”，登录后进入系统。

监管证件

农药进出口通知单 | 合法捕捞产品通关证明 | 进口兽药通关单 | 野生动植物进出口证书
进口药品通关单 | 药品进出口准许证 | 民用爆炸物品进出口审批单 | 引进林草种子、苗木检疫审批单
自动进口许可证 | 出口许可证 | 进口许可证 | 援外项目任务通知单
黄金及黄金制品进出口准许证 | 银行调运人民币现钞进出境证明 | 赴境外加工光盘进口备案证明 | 音像制品（成品）进口批准单
进口广播电影电视节目带（片）... | 有毒化学品进出口环境管理放行... | 农业转基因生物安全证书（进口） | 国（境）外引进农业种苗检疫审...
特种设备制造许可证及型式试验... | 强制性产品认证证书或证明文件 | 特殊医学用途配方食品注册证书 | 保健食品注册证书或保健食品备...
婴幼儿配方乳粉产品配方注册证书 | 进口普通化妆品备案凭证 | 进口特殊化妆品注册证书 | 进口医疗器械备案/注册证
麻精药品进出口准许证 | 两用物项和技术进出口许可证 | 技术出口许可证 | 技术出口合同登记证
人类遗传资源材料出口、出境证明 | 古生物化石出境批件

图 4-156 “野生动植物进出口证书”进入路径

第一节 用户备案

一、单位备案

（一）录入与保存

1. 备案单位基本信息

提供备案单位基本信息的录入。在图 4-157 中，部分字段（例如单位名称、注册资金、通讯地址等）需要用户手工录入，请根据您的业务主管部门要求，如实填写相关内容。

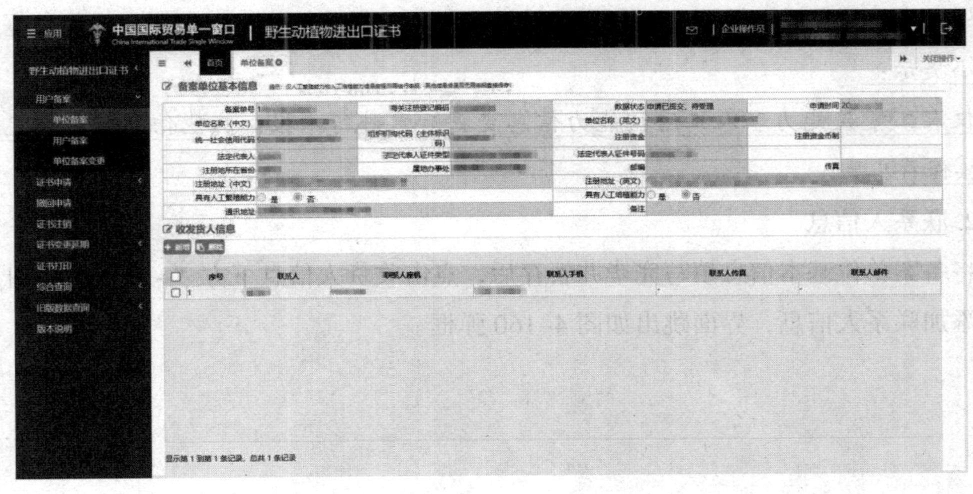

图 4-157 备案单位基本信息

部分字段右侧带有三角形标识（例如注册资金币制、注册地所在省份等）表示该类字段需要在参数中进行调取，不允许用户随意录入。直接点击三角形图标，调出下拉菜单并在其中进行选择。如果您想使用键盘进行快捷操作，可将光标置于字段中，系统

自动显示下拉菜单。如果您已经知道相关参数的代码，也可直接输入相应数字、字母或汉字，迅速调出参数，使用上下箭头选择后，点击回车键确认录入。

海关注册编码、企业组织机构代码等：无需企业填写，从用户管理系统中自动反填。

备案单号字段：无需企业填写，备案成功后自动生成。

具有人工繁殖能力：根据实际情况勾选。如勾选“是”，该字段会展开如图 4–158 显示。展开内容均为必填项，用户需根据要求填写。

具有人工繁殖能力	◉ 是 ○ 否	具有人工培植能力	○ 是 ○ 否
人工繁育许可证		养殖场占地面积（平方米）	
通讯地址		备注	

图 4–158 具有人工繁殖能力相关字段

具有人工培植能力：根据实际情况勾选。如勾选“是”，该字段会展开如图 4–159 显示。展开内容均为必填项，用户需根据要求填写。

具有人工繁殖能力	◉ 是 ○ 否	具有人工培植能力	◉ 是 ○ 否
人工繁育许可证		养殖场占地面积（平方米）	
培植场占地面积（平方米）			
通讯地址		备注	

图 4–159 具有人工培植能力相关字段

点击“暂存”蓝色按钮后，用户之前填写的数据将被系统保存。备案单位基本信息填写完毕并暂存后，界面右上角将会显示蓝色“申报”按钮，以便用户操作数据。

小提示：

仅人工繁殖能力和人工培植能力信息变更后需进行申报，其他信息变更后无需申报直接保存！

2. 联系人信息

将备案单位基本信息填写完毕并暂存后，点击收货人信息下方“+ 新增”按钮添加联系人信息，界面跳出如图 4–160 弹框。

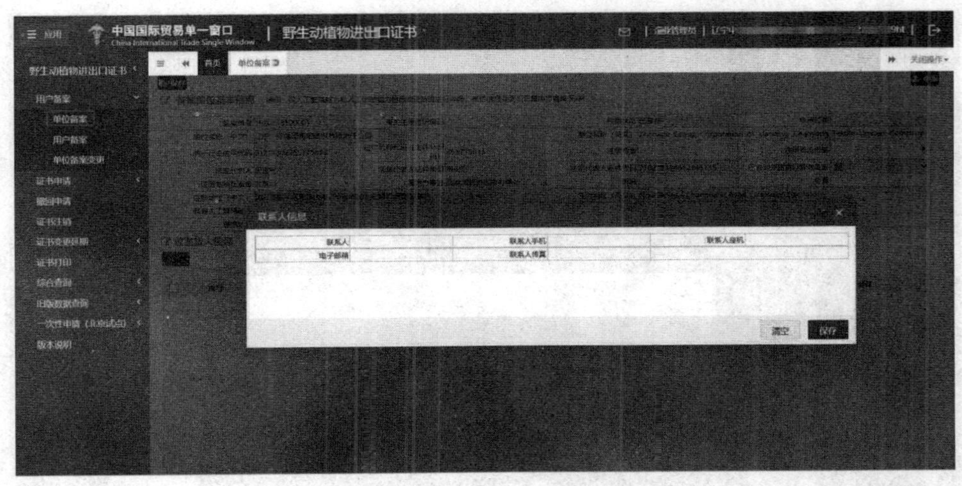

图 4-160 添加联系人信息

字段标黄的为必填项，用户需如实填写，填好后点击蓝色“保存”按钮，数据将会被保存到图 4-161 中。选中后点击白色“删除”按钮，可将勾选的联系人数据删除。

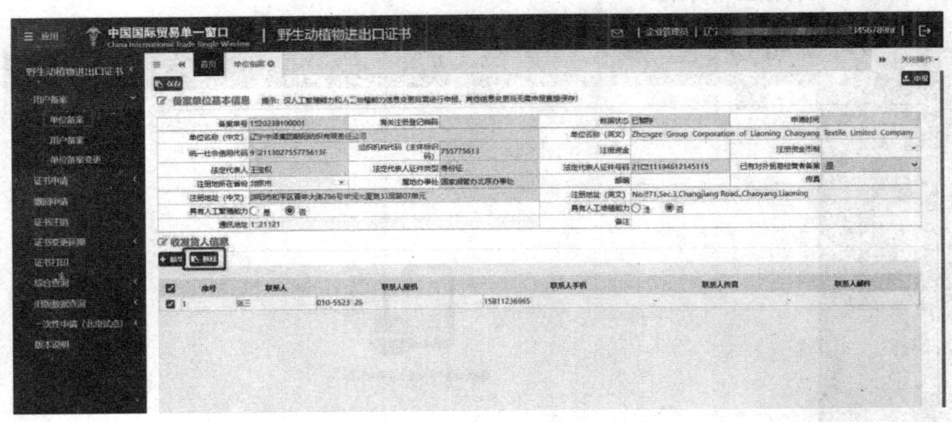

图 4-161 删除联系人信息

（二）查看审核结果

数据申报成功后，页面将会显示为灰色不可变更的状态。此时页面上方暂存、删除和申报按钮将不会显示，左上角出现一个蓝色“查看审核结果”按钮，点击后界面弹框如图 4-162 所示。用户可查询审核结果。该状态同时也会显示在“备案单位基本信息”的数据状态字段中。

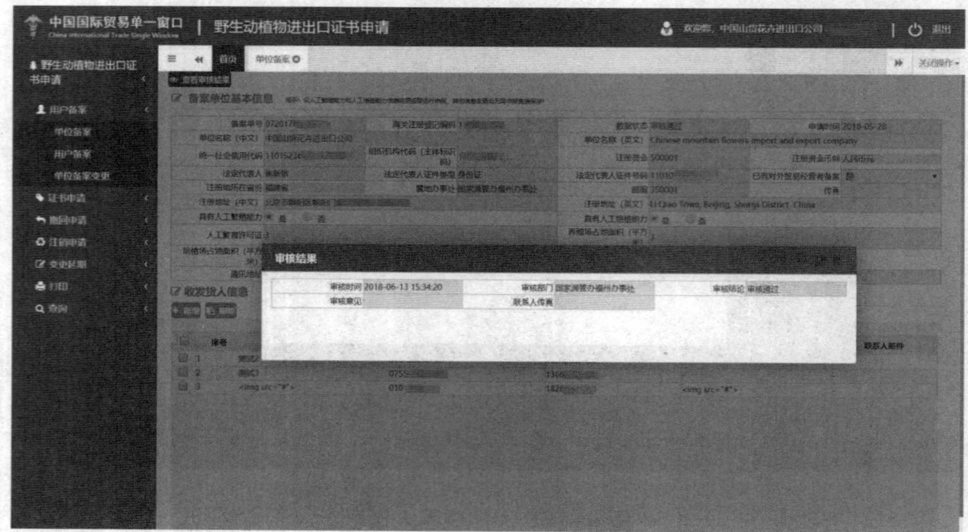

图 4-162 查看审核结果

二、用户备案

（一）个人备案基本信息

图 4-163 个人用户首次登录

个人用户首次登录时，无法使用该系统申请证书，需先进行个人用户备案。点击用户备案，界面显示如图 4-164 所示。

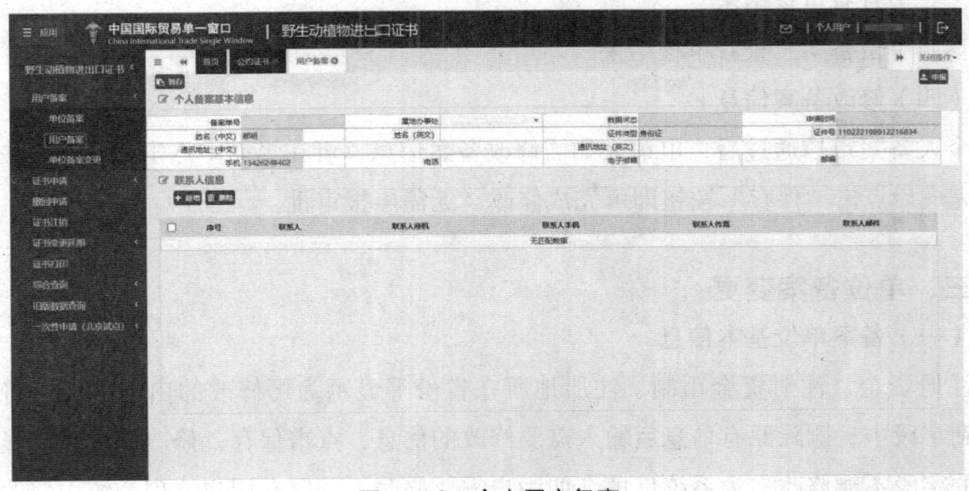

图 4-164 个人用户备案

灰色字段为用户管理系统反填数据，用户无法直接填写，如需修改，可以登录企业管理系统进行修改，修改成功后数据会直接反填至该字段。其中，属地办事处、通讯地址等标黄的，为必填项，填写完毕后点击左上角蓝色“暂存”按钮，备案单号自动生成并反填到该字段中。

（二）联系人信息

图 4-165 联系人信息（一）

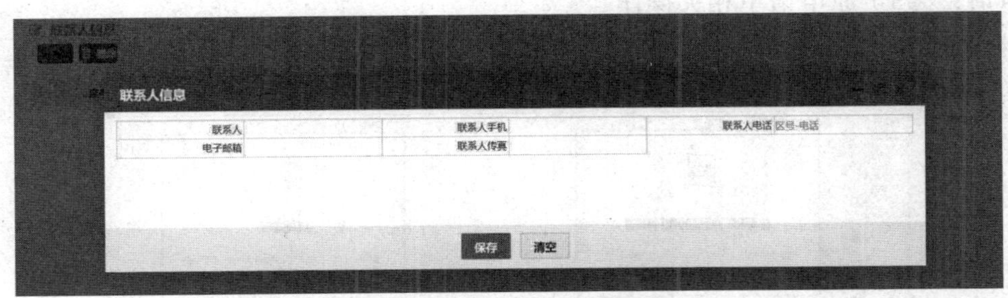

图 4-166 联系人信息（二）

在图 4-165 中，点击白色“+ 新增”按钮，系统显示弹框如图 4-166。其中，联系人、联系人手机和联系人电话为必填项，请如实填写。

（三）查看审核结果

参照单位备案“查看审核结果”。

（四）修改备案信息

个人备案审核通过后，申请人如需修改备案信息，可在界面中点击“修改”按钮，修改完成后点击“保存”按钮即可完成修改，无需申报审批。

三、单位备案变更

（一）备案单位基本信息

注册资金、注册资金币制、注册地所在省份等显示为可修改的白色字段，将光标点击到字段中，删除原有信息后输入需要修改的信息，点击保存，修改即成功。显示为灰色的字段不能修改，为系统反填，如用户需要修改，需要在用户管理系统中修改，修改完成后数据将被反填至对应字段。

（二）特殊信息

人工繁殖能力和人工培植能力：信息变更后需进行申报。其他信息变更后无需申报直接保存。具体填写方式可以参照备案单位基本信息。

（三）联系人信息

具体填写方式可以参照单位备案联系人信息。

第二节 证书申请——其他申请

企业或个人用户，均可进行证书申请。

适用于：（1）农业部门管理物种的申请；（2）同时含有林草、农业部门管理物种的申请；（3）原申请单相关操作。

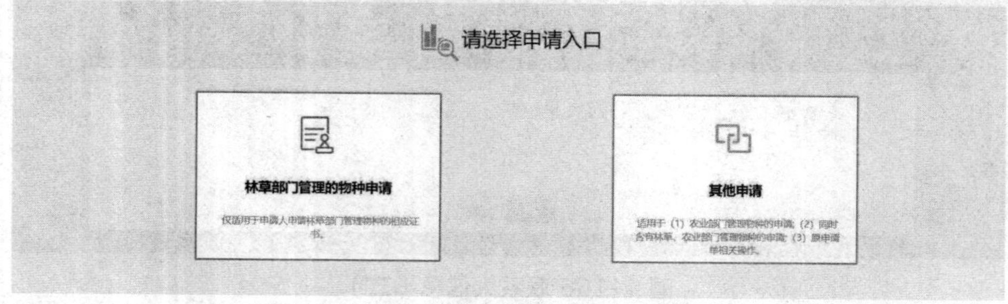

图 4-167 “其他申请”入口

一、公约证书

（一）申请人信息

1. 录入与暂存

在野生动植物进出口证书申请左侧菜单中点击证书申请——“公约证书”，右侧显示界面如图 4-168 所示，在图 4-168 中，标黄字段为必填项（如进出口类型、审批部门等），用户需按照实际情况如实填写。点击字段后三角下拉箭头，可从下拉框中选择对应参数。填写完毕后点击蓝色“暂存”按钮，暂存数据后再添加证书详情。

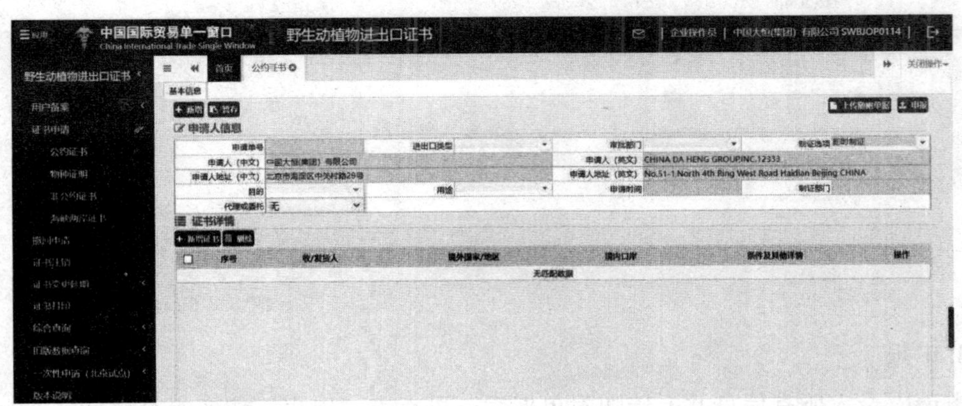

图 4-168 公约证书—基本信息

申请单号：无需填写，表头填写完毕后点击暂存，该字段自动反填。

进出口类型：进口、出口、再出口，其他—海上引进、其他—巡回展览、其他—个人所有活体动物、其他—乐器，用户根据实际情况选择。

制证选项：默认即时制证。

申请时间：暂存申请人信息后系统自动反填。

审批部门：国家濒管办未授权办事处直接发证的公约附录物种标本，审批部门必须选择国家濒管办。

国家濒管办授权办事处直接发证的公约附录物种标本，审批部门选择单位注册所在地的国家濒管办授权办事处。

代理或委托：该项填报申请人的代理或委托身份。

——申请人为自理申报的，填报“无”；

——申请人为代理委托人申报的，填报“代理”，并填报委托人信息。

——申请人为委托代理人申报的，填报“委托”，并填报代理人信息。

2. 上传随附单据

批准文件随附单据为必填项，申报公约证书前需点击图中蓝色“上传随附单据”按钮进行上传，只允许上传 PDF 文件，单个文件大小不超过 8M，且每页不超过 200K。点击“上传随附单据”按钮，系统自动跳出一个弹框，用户可以根据需要点击上传、下载或删除附件。具体页面显示如图 4–169：

随附单据上传

随附单据文件类别	随附单据文件/编号	操作
其他	只允许上传PDF文件，单个文件大小不超过8M，且每页不超过200K!	上传 下载 删除
批准文件	只允许上传PDF文件，单个文件大小不超过8M，且每页不超过200K!	上传 下载 删除
进出口合同	只允许上传PDF文件，单个文件大小不超过8M，且每页不超过200K!	上传 下载 删除
成分含量表和产品说明书	只允许上传PDF文件，单个文件大小不超过8M，且每页不超过200K!	上传 下载 删除
境外公约管理机构或者在公约秘书处注册的机构核发的证明材料	只允许上传PDF文件，单个文件大小不超过16M，且每页不超过200K!	上传 下载 删除
委托代理协议	只允许上传PDF文件，单个文件大小不超过8M，且每页不超过200K!	上传 下载 删除
合法来源证明材料	只允许上传PDF文件，单个文件大小不超过8M，且每页不超过200K!	上传 下载 删除

确定

图 4–169 上传随附单据

3. 申报

申请人录入所有信息并上传随附单据后，可点击“申报”按钮提交申请。

4. 新增

点击蓝色“新增”按钮，界面数据清空，企业可重新录入新的申请。

5. 删除

点击蓝色“删除”按钮，界面跳出弹框，如图 4–170：

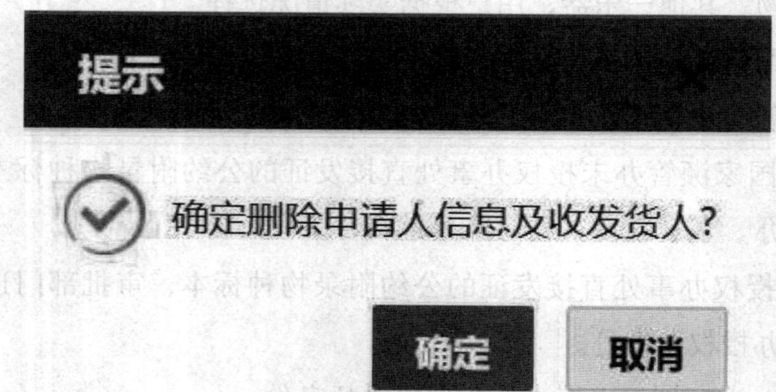

图 4–170 删除信息提示

如确认需要删除页面上已录入的基础信息及收发货人信息，可点击确认按钮将数据删除。

小提示：

删除的数据将不可恢复，需重新录入，请谨慎操作。

（二）收发货人信息

小提示：

填写好申请人信息并暂存后，该字段才可以新增。

在公约证书—基本信息界面中点击蓝色“新增证书”按钮，跳转至证书信息界面，如图 4–171 所示。

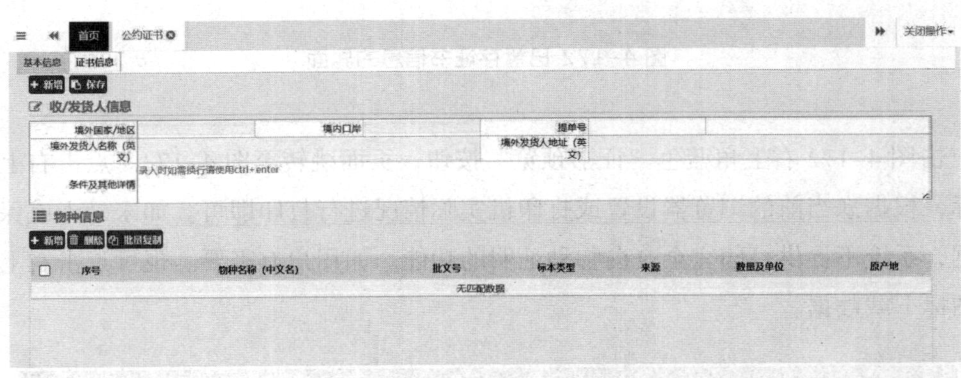

图 4–171 证书信息

1. 录入与暂存

在证书信息界面中，标黄字段为必填项（如境外国家 / 地区、境内口岸等），用户需按照实际情况如实填写。填写完毕后点击蓝色“暂存”按钮，暂存数据后再添加物种信息。

境外国家 / 地区：支持按空格键或输入字符代码自动搜索参数值，应填写境外收发货人所在的国家或地区。

境内口岸：支持按空格键或输入字符代码自动搜索参数值，应根据货物实际进出境的口岸填写。

条件及其他详情：根据审批部门的要求和指导填报。

2. 证书预览

暂存收 / 发货人信息后，证书信息界面左上角会显示蓝色“证书预览”按钮，点击即可进行证书预览：

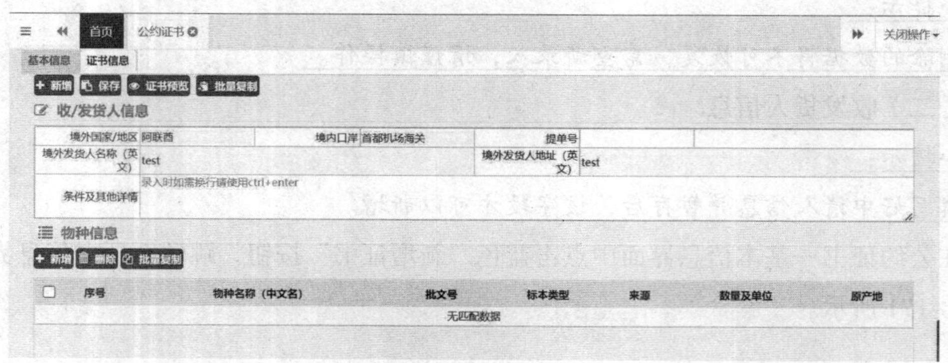

图 4-172 已暂存证书信息的界面

点击图 4-172 右上角蓝色“证书预览”按钮，页面跳转至图 4-173。点击右上打印机图标，根据您当前的浏览器设置或打印机实际情况进行打印即可。如未录入或保存任何数据，系统不提供打印完全空白物种证明的功能。如用户有需要。也可点击右上下载箭头图标下载数据。

图 4-173 证书预览

3. 证书复制

（1）复制单个证书

小提示：

公约证书支持一个申请单可录入多个证书，可复制单个证书或批量复制证书。

添加完收发货人信息和物种信息后，可以点击基本信息页签证书信息列表中的“复制”链接，如图 4-174 所示，系统显示复制成功的证书信息界面，如图 4-175 所示，申请人可进行修改后保存。

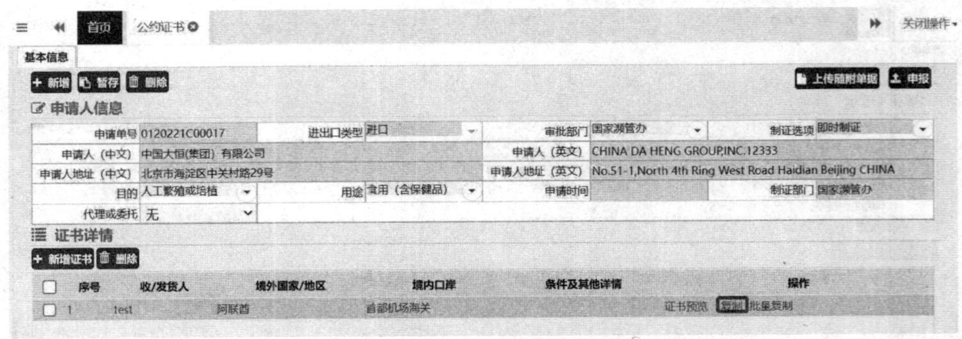

图 4-174 复制单个证书信息

（2）批量复制证书信息

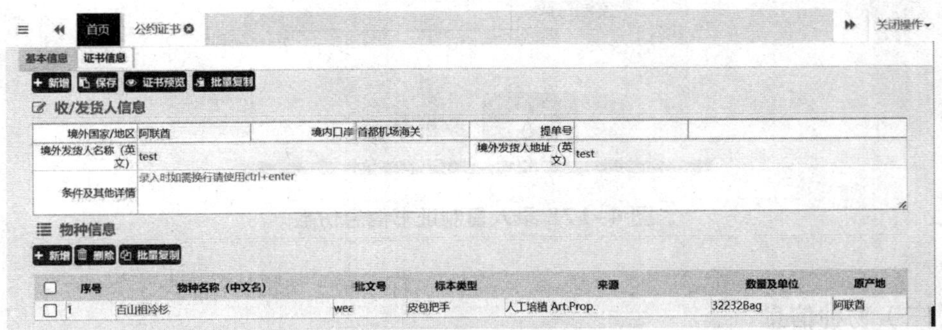

图 4-175 复制的证书信息

添加完收发货人信息和物种信息后，可以点击证书信息页签的“批量复制”按钮或基本信息页签证书信息列表中的“批量复制”链接，如图 4-176 和图 4-177 所示，单击后提示申请人输入需复制证书信息的份数，如图 4-178 所示。

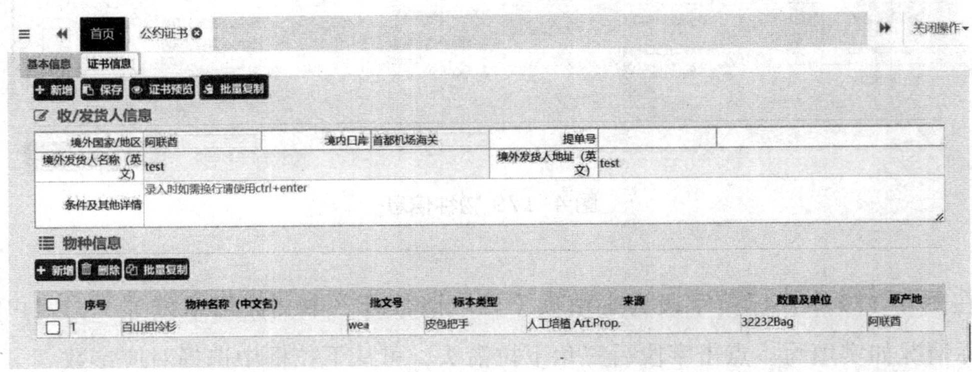

图 4-176 批量复制证书信息（一）

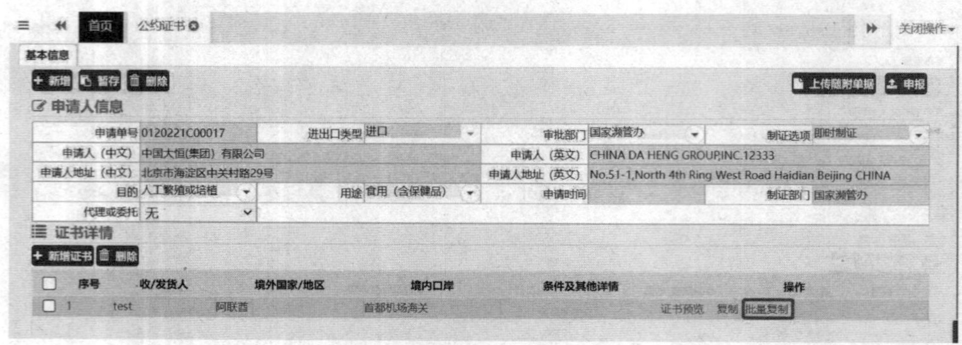

图 4-177 批量复制证书信息（二）

批量复制

复制份数：

确定　取消

图 4-178 录入复制证书信息份数

（三）物种信息

在证书信息界面中，点击蓝色“新增”按钮，界面跳出“物种信息”弹框，如图 4-179 所示。

物种信息

批文类型		批文号		物种名称（中文名）		物种名称（拉丁学名）	
科		属		动植物类型		国家保护级别	
CITES附录级别		俗称		来源		标本类型	
标本标记号		申请数量		批准数量		中文数量单位	
货物总价		币制		货物总值(元)		英文数量单位	
海关商品编号		海关商品编号描述		海关报关申请计量单位		海关报关申请总数量	
原产地		原产地CITES证书号		原产地CITES证书签发日期		原产地CITES证书有效期	
前一再出口地		前一再出口地CITES证书号		前一再出口地CITES证书签发日期		前一再出口地CITES证书有效期	

清空　保存物种及商品项　新增物种及商品项

图 4-179 物种信息

在图 4-179 中，标黄字段为必填项（如申请数量、中文数量单位等），用户需按照实际情况如实填写。点击字段后三角下拉箭头，可从下拉框中选择对应参数。

物种信息界面按钮说明如下。

新增物种及商品项按钮：实现复制物种功能。点击该按钮，保存已录入物种信息，并复制一条物种信息返填在界面中，用户可修改。

保存物种及商品项按钮：点击该按钮，保存当前页面物种信息后关闭界面。清空按钮：清空页面内容重新录入。

界面部分字段录入说明如下。

1. 批文类型

录入批文类型操作步骤如下。

第一步：选择批文类型

光标在该字段中单击，下拉弹框显示：下拉弹框显示：A 国家林业主管部门批文、B 国家农业渔业主管部门批文、C 专用标识类批文，用户选中前两者时，系统弹出批文信息界面，如图 4-180 所示，如已有可用批文，用户可以直接选择，如没有可用批文，用户需先新增批文，转第二步。如果用户选择的是专用标识类批文，系统不会弹出批文信息界面，申请人可直接在物种信息界面依次录入其他字段。

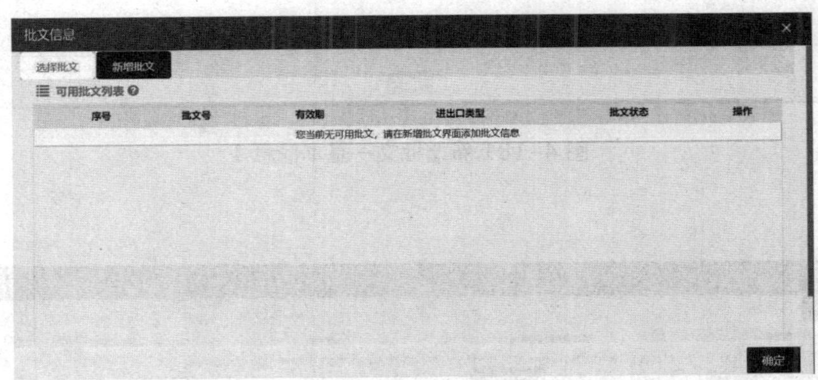

图 4-180 批文信息

第二步：新增批文基本信息

申请人点击批文信息界面中的“新增批文”页签，显示新增批文基本信息界面，如图 4-181 所示，填写批文基本信息。

系统默认批文为一次申请使用，用户按规范输入批文号（点击批文号字段后的问号图标可查看字段录入规范），点击“保存”，校验通过后则一次申请使用的批文新增成功，显示在可用批文列表中，转第四步。

在多次申请使用字段中，点击“是”，界面将自动展开，如图 4-182 所示，用户填写批文有效期和批文进出口类型，点击“保存”，校验通过后，多次申请使用的批文基本信息新增成功，用户需根据系统提示录入批文中的物种信息，转第三步。

录入字段说明如下。

批文号：根据所选批文类型填写相对应的主管部门批准文件编号全称。

多次申请使用：指批文是否需要在多个申请单中反复使用，如需多次使用，选择

“是”。

有效期：填报批准文件的有效期截止日期。

进出口类型：根据批准文件中限定的进出口类型填写，批文中出口和再出口类型在界面中均选择出口。

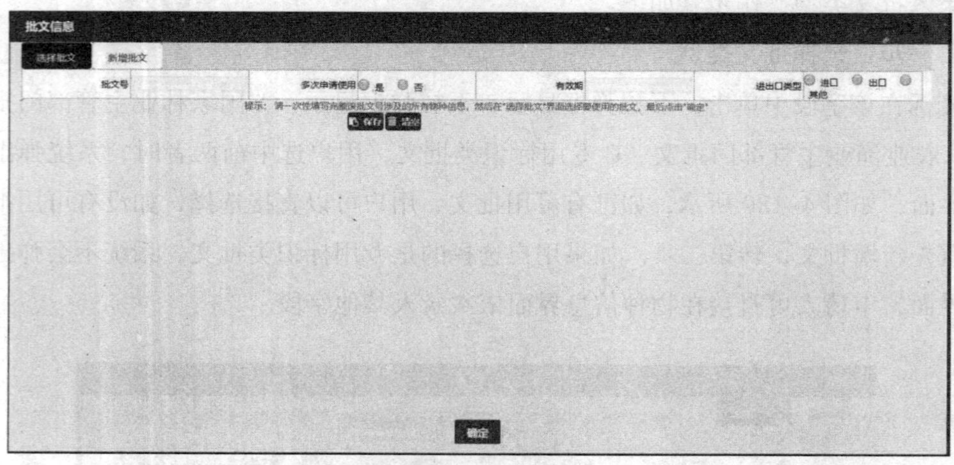

图 4-181 新增批文—基本信息 1

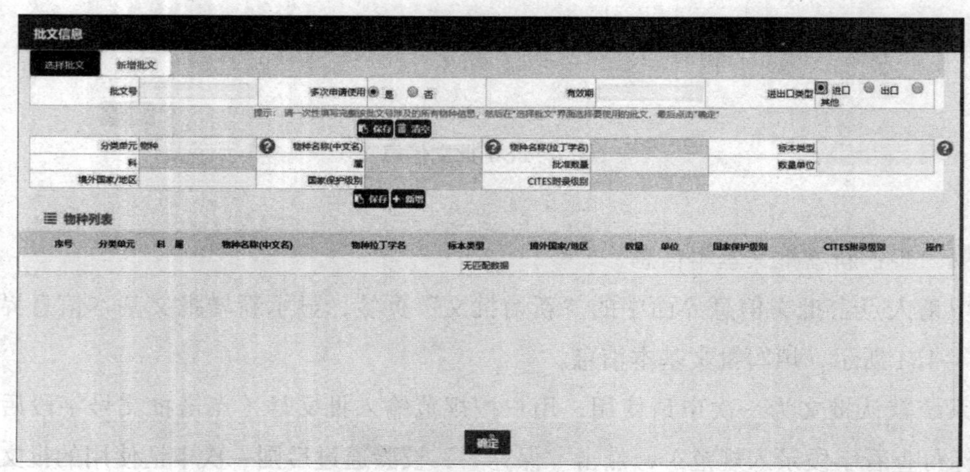

图 4-182 新增批文—基本信息 2

小提示：

1. 一次申请使用的批文只可以在一个申请单中使用，申请单提交之后，下次申请时不可以再使用该批文号，请谨慎选择。

2. 首次新增的多次申请使用的批文随当前申请单一起提交至审批端，需濒管办或办事处核实通过后才可以在下个申请单中使用，请注意如实、完整填写批文中的所有信息。

3. 对于同一类型的批文，相同批文号在同一家企业只能保存一次。

第三步：新增批文物种

系统默认分类单元是物种，用户可以选择科或属，依次录入各字段，点击“保存”，则数据将被保存到下方“物种列表”中，用户可重复添加物种，直至将批文中所有物种信息保存。

录入字段说明如下。

物种名称、标本类型、数量单位、境外国家/地区：支持按空格键或输入字符代码自动搜索参数值。

分类单元：按照主管部门批准文件核准的分类单元（科、属或种）填写。批准数量：填报主管部门批准文件中的批准数量。

批文中境外国家或地区选择为“待定”或默认为“待定”时，则录入批文的批准数量字段时，企业需将批准文件中几个完全相同的物种（即批文表体中分类单元、物种名称/属名/科名、标本类型、国家保护级别、cites 附录级别均相同的物种）数量累加在一起录入。

数量单位：本栏目填报主管部门批准文件中确定的数量单位。

境外国家/地区：填报主管部门批准文件中批准的境外国家/地区，如果批准文件中未指定特定国家/地区所对应的具体物种与数量，则可以选择“待定”。

小提示：

新增多次申请使用的批文时必须一次性录入批文上所有的物种信息申报至审批端核实。物种的数量是批文中的数量，而非本次申请单想申请的数量。

第四步：选择批文

批文信息填写完毕保存成功后，点击“选择批文”页签，进入图批文信息界面。可以看到新增的批文，用户勾选该批文后，点击“+ 确定”按钮，则批文信息界面关闭，返回新增物种信息界面，批文号自动返填至图新增物种信息所示的界面中。

小提示：

1. 选择一个可使用的批文，点击界面下方的“确定”按钮。

2. 只能选择使用当前申请单新增的批文和审批端核实通过的批文。

3. 只能选择与申请单进出口类型相同的批文。

4. 批文状态是核实通过的批文，鼠标移至该批文号上，系统显示批文详情。

5. 一次申请使用的批文和批文状态是未核实或核实不通过的批文，可以修改或删除。

2. 批文号

本栏目按所选批文类型填写相对应的主管部门批准文件编号全称。如果用户选择的批文类型是 A 或 B，则批文号自动返填。

3. 物种名称（中文名）

如果用户选择的批文类型是 A 国家林业主管部门批文或 B 国家农业渔业主管部门批文，则物种名称（中文）下拉框中只可选择以下物种：物种名称（中文名）为批文中境外国家 / 地区和当前证书收发货人的境外国家 / 地区一致以及批文中境外国家 / 地区是“待定”的分类单元是“种”的物种和分类单元是“科”或“属”中的所有物种。

4. 报关对应商品项

海关商品编号字段填写后，在“海关报关申请计量单位”字段后将出现蓝色“报关对应商品项”。

物种信息

批文类型	国家林业主管部门批	批文号		物种名称（中文名）		物种名称（拉丁学名）	
科		属		动植物类型		国家保护级别	*
CITES附录级别	NON	俗称		来源	人工培植 Art.Prop.	标本类型	HANDLE WITH LOOP
标本标记号		申请数量	32232	批准数量		中文数量单位	包
货物总价	2	币制	澳大利亚元	货物总值(元)	10.05	英文数量单位	Bag
海关商品编号	0101210090	海关商品编号描述	改良种用马（濒危野	海关报关申请计量单位	千	海关报关申请总数量	2
原产地	阿联酋	原产地CITES证书号		原产地CITES证书签发日期		原产地CITES证书有效期	
前一再出口地		前一再出口地CITES证书号		前一再出口地CITES证书签发日期		前一再出口地CITES证书有效期	

取消　保存物种及商品项

图 4-183 报关对应商品项（一）

在报关对应商品项中，规格型号和海关报关申请数量为必填项，用户需如实填写，填写完毕后点击蓝色“添加”按钮，数据将被保存至下方列表中。

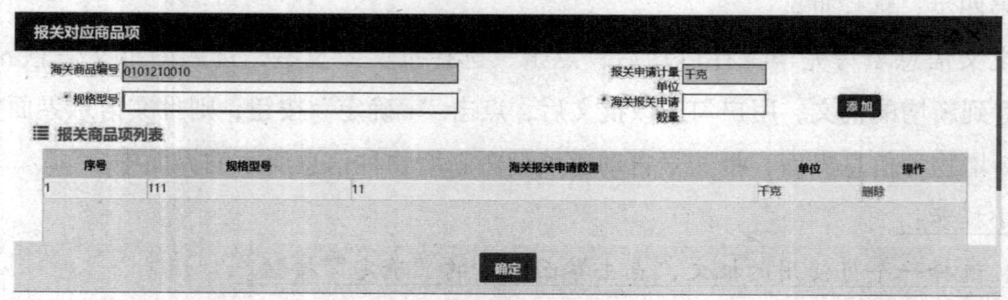

图 4-184 报关对应商品项（二）

全部填写完毕后，点击蓝色“确定”按钮，保存报关对应商品项数据。

并在图 4-183 中点击“保存物种及商品项”按钮，保存填写的数据。

5. 其他字段

海关报关申请计量单位：系统根据海关商品编码返填，默认为海关法定申报数量单位，用户可修改，但一定要做到与海关报系统中的成交数量单位一致，在录入细项前，先要确定海关报关申请单位。

来源、标本类型、货物单价、币值等字段后带红色＊号的为必填字段。灰色字段为系统反填字段，不可修改。

小提示：

用户在物种信息列表中双击某行空白处，弹出该物种的报关商品项信息，如图弹出报关对应商品项所示。

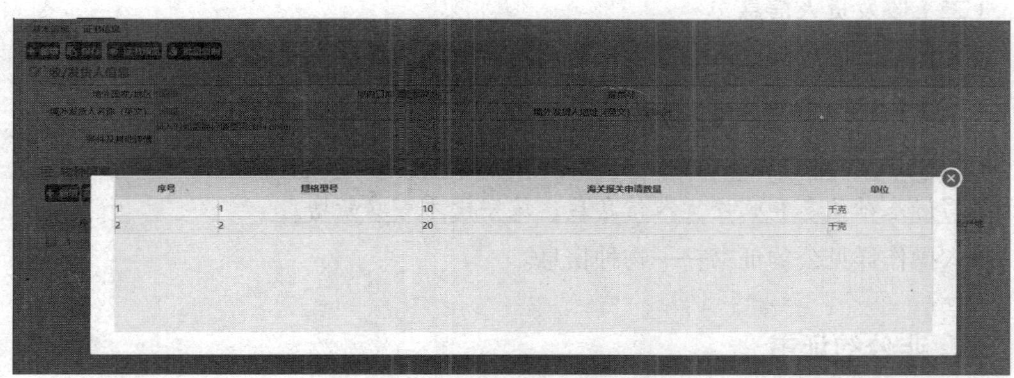

序号
规格型号
海关报关申请数量
单位
1
1
10
千克
2
2
20
千克

图 4-185 弹出报关商品项

二、物种证明

在野生动植物进出口证书申请左侧菜单中点击证书申请——“物种证明”，右侧显示界面如图 4-186。

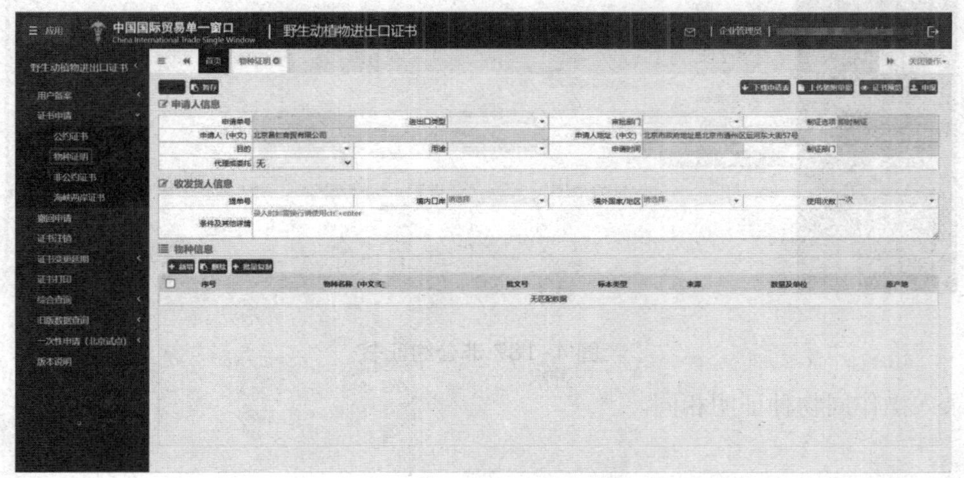

图 4-186 物种证明界面

（一）基础信息

在图物种证明中，标黄字段为必填项，用户需要如实填写。字段后带下拉三角符号的，用户可以点击下拉三角符号选择相应数据，或填写该字段对应代码，系统将自动反填需要的数据。

进出口类型：进口、出口、再出口，用户根据实际情况选择。

制证选项：默认即时制证。

申请单号：填写备案信息后系统自动生成。

申请时间：填写备案信息后系统自动生成。

（二）收发货人信息

录入提单号、境内口岸等信息，使用次数可以选择一次或多次。

（三）物种信息

小提示：

填写好基础信息和收发货人信息后，该字段才可以新增。

录入操作详见公约证书——物种信息。

三、非公约证书

在野生动植物进出口证书申请左侧菜单中点击证书申请——“非公约证书”，右侧显示界面如图 4–187:

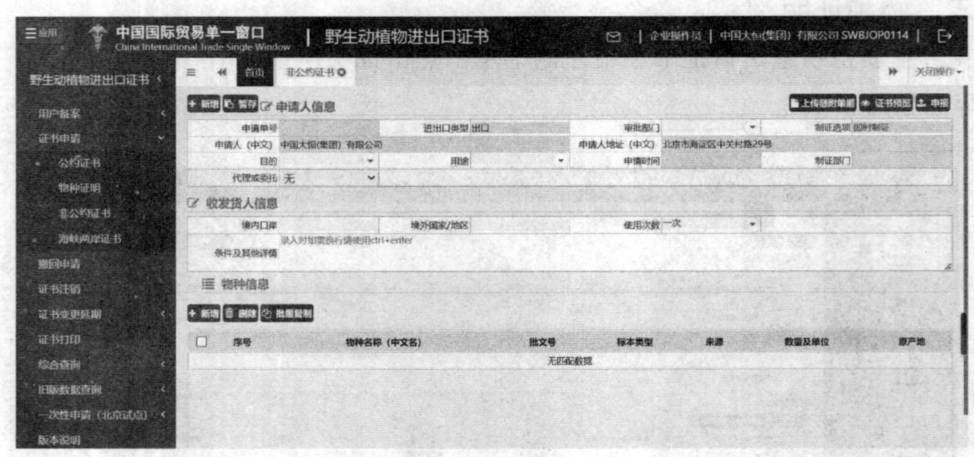

图 4–187 非公约证书

录入操作同物种证明相同。

四、海峡两岸证书

在野生动植物进出口证书申请左侧菜单中点击证书申请——“海峡两岸证书”，右侧显示界面如图 4–188:

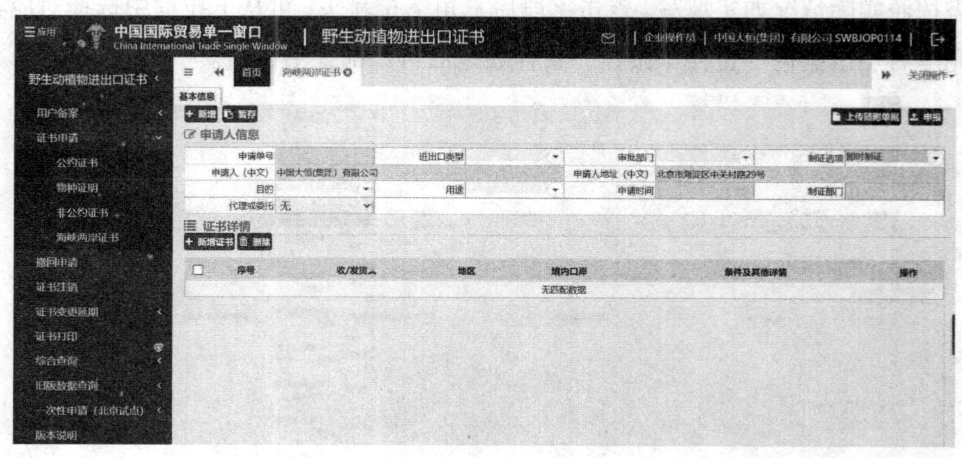

图 4-188 海峡两岸证书

第三节 证书申请——林草部门管理的物种申请

根据国家林业和草原局、国家濒管办公告 2023 年第 21 号，自 2023 年 10 月 1 日起，企业通过单一窗口向林草主管部门申请陆生野生动植物及其制品的进出口证书。

仅适用于申请林草部门管理物种的相应证书。

图 4-189 “林草部门管理的物种申请”入口

一、公约证书

（一）申请人信息

1. 录入与暂存

在野生动植物进出口证书申请左侧菜单中点击证书申请——“公约证书”，右侧显示界面如图 4-190 所示，其中，标黄字段为必填项（如进出口类型、审批部门等），用户需按照实际情况如实填写。点击字段后三角下拉箭头，可从下拉框中选择对应参数。填写完毕后点击蓝色“暂存”按钮，暂存数据后再添加证书详情。

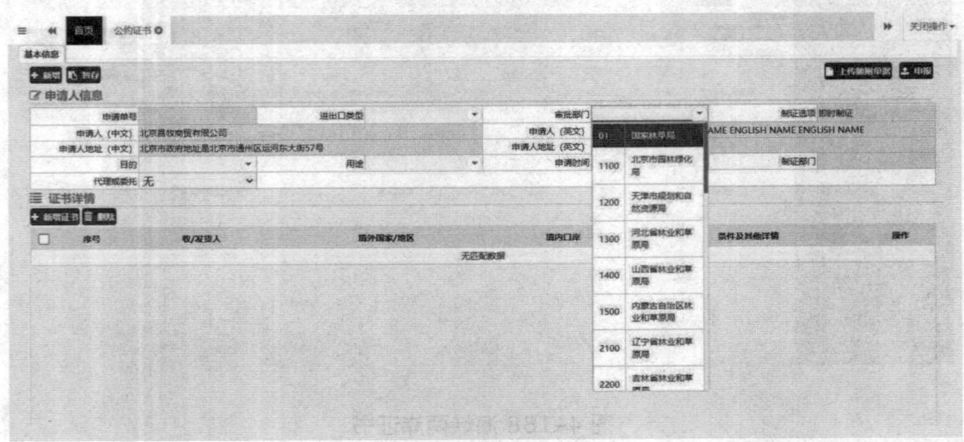

图 4-190 公约证书—基本信息

申请单号：无需填写，表头填写完毕后点击暂存，该字段自动反填。

进出口类型：进口、出口、再出口，其他—海上引进、其他—巡回展览、其他—个人所有活体动物、其他—乐器，用户根据实际情况选择。

制证选项：默认即时制证。

申请时间：暂存申请人信息后系统自动反填。

审批部门：国家濒管办未授权办事处直接发证的公约附录物种标本，审批部门必须选择国家濒管办。

国家濒管办授权办事处直接发证的公约附录物种标本，审批部门选择单位注册所在地的国家濒管办授权办事处。

代理或委托：该项填报申请人的代理或委托身份。

——申请人为自理申报的，填报“无”；

——申请人为代理委托人申报的，填报“代理”，并填报委托人信息。

——申请人为委托代理人申报的，填报“委托”，并填报代理人信息。

2. 上传随附单据

批准文件随附单据为必填项，申报公约证书前需点击上图蓝色“上传随附单据”按钮进行上传，只允许上传 PDF 文件，单个文件大小不超过 8M，且每页不超过 200K。点击“上传随附单据”按钮，系统自动跳出一个弹框，用户可以根据需要点击上传、下载或删除附件。具体页面显示如图 4-191：

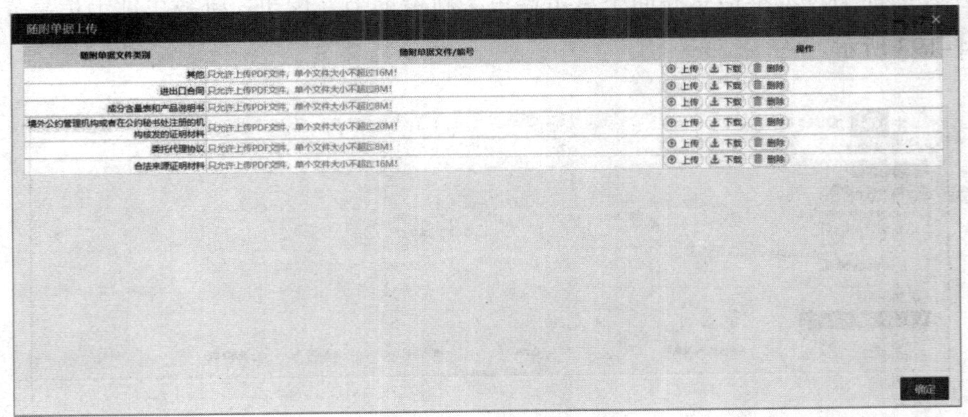

图 4-191 上传随附单据界面

3. 申报

申请人录入所有信息并上传随附单据后，可点击“申报”按钮提交申请。

4. 新增

点击蓝色“新增”按钮，界面数据清空，企业可重新录入新的申请。

5. 删除

点击蓝色“删除”按钮，界面跳出弹框，如图 4-192：

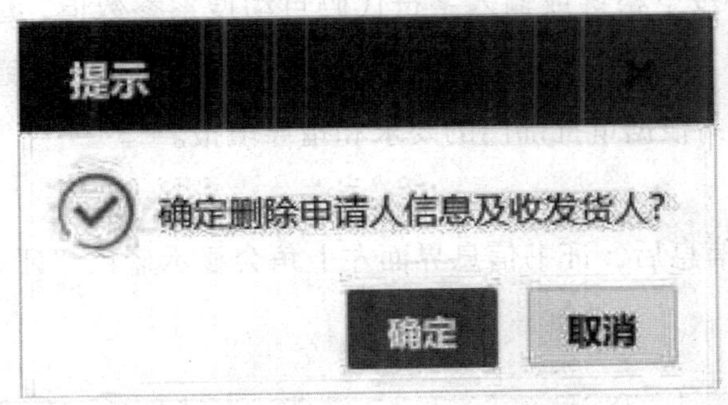

图 4-192 删除信息提示

如确认需要删除页面上已录入的基础信息及收发货人信息，可点击确认按钮将数据删除。

小提示：

删除的数据将不可恢复，需重新录入，请谨慎操作。

（二）收发货人信息

小提示：

填写好申请人信息并暂存后，该字段才可以新增。

在公约证书—基本信息界面中点击蓝色“新增证书”按钮，跳转至证书信息界面，如图 4–193 所示。

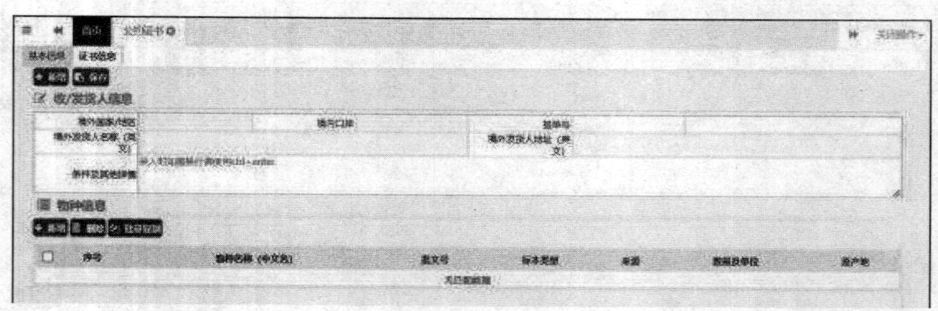

图 4–193 证书信息

1. 录入与暂存

在证书信息界面中，标黄字段为必填项（如境外国家 / 地区、境内口岸等），用户需按照实际情况如实填写。填写完毕后点击蓝色“暂存”按钮，暂存数据后再添加物种信息。

境外国家 / 地区：支持按空格键或输入字符代码自动搜索参数值，应填写境外收发货人所在的国家或地区。

境内口岸：支持按空格键或输入字符代码自动搜索参数值，应根据货物实际进出境的口岸填写。

条件及其他详情：根据审批部门的要求和指导填报。

2. 证书预览

暂存收 / 发货人信息后，证书信息界面左上角会显示蓝色“证书预览”按钮，点击即可进行证书预览：

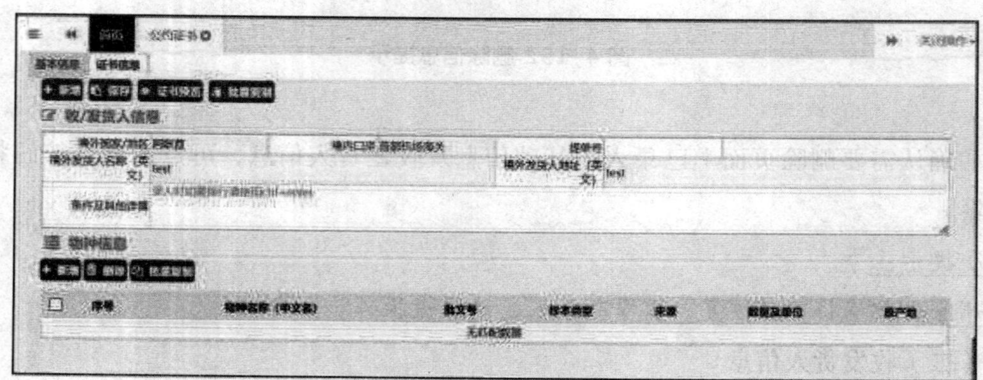

图 4–194 已暂存证书信息的界面

点击图 4–194 右上角蓝色“证书预览”按钮，页面跳转至图 4–195。点击右上打印机图标，根据您当前的浏览器设置或打印机实际情况进行打印即可。如未录入或保存任何数据，系统不提供打印完全空白物种证明的功能。如用户有需要。也可点击右上下载箭头图标下载数据。

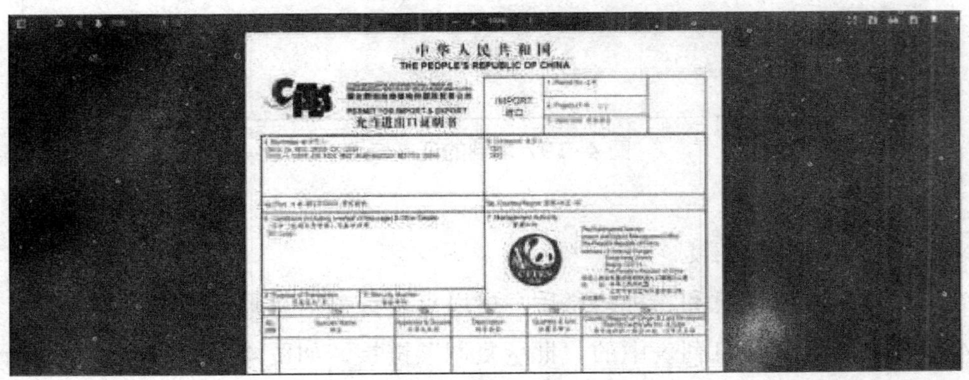

图 4–195 证书预览

3. 证书复制

（1）复制单个证书

小提示：

公约证书支持一个申请单可录入多个证书，可复制单个证书或批量复制证书。

添加完收发货人信息和物种信息后，可以点击基本信息页签证书信息列表中的“复制”链接，如图 4–196 所示，系统显示复制成功的证书信息界面，如图 4–197 所示，申请人可进行修改后保存。

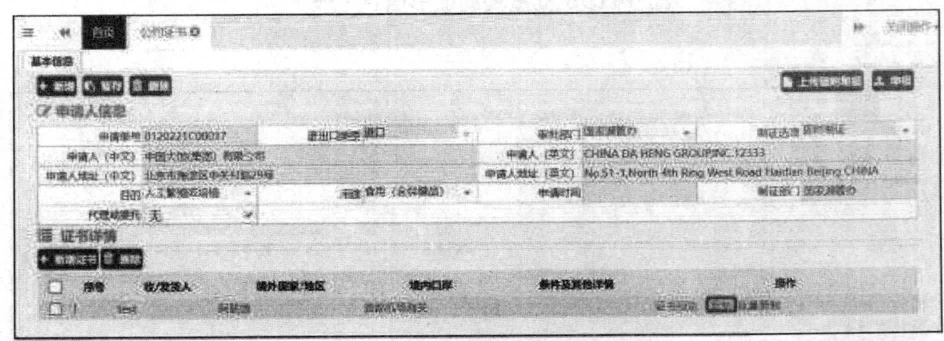

图 4–196 复制单个证书信息

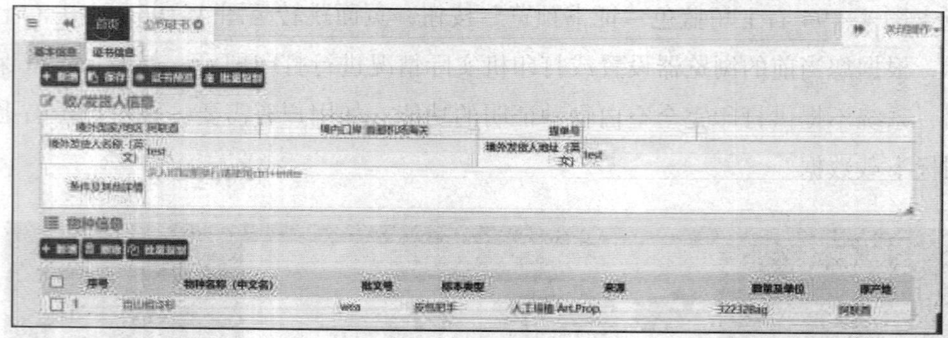

图 4-197 复制的证书信息

（2）批量复制证书信息

添加完收发货人信息和物种信息后，可以点击证书信息页签的“批量复制”按钮或基本信息页签证书信息列表中的“批量复制”链接，如图 4-198 和图 4-199 所示，单击后提示申请人输入需复制证书信息的份数，如图 4-200 所示。

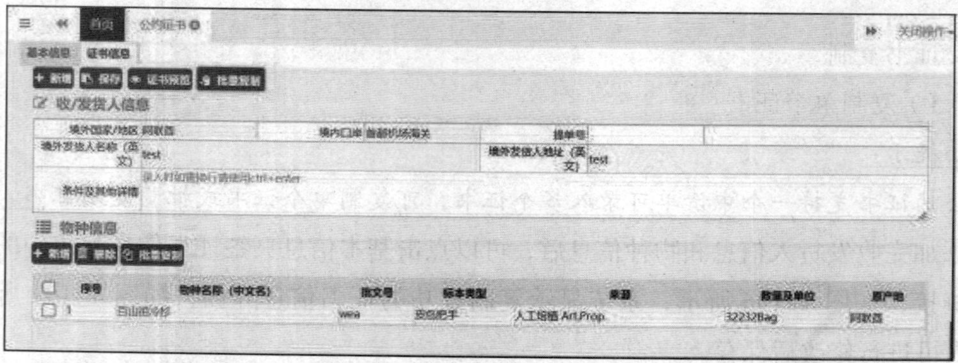

图 4-198 批量复制证书信息（一）

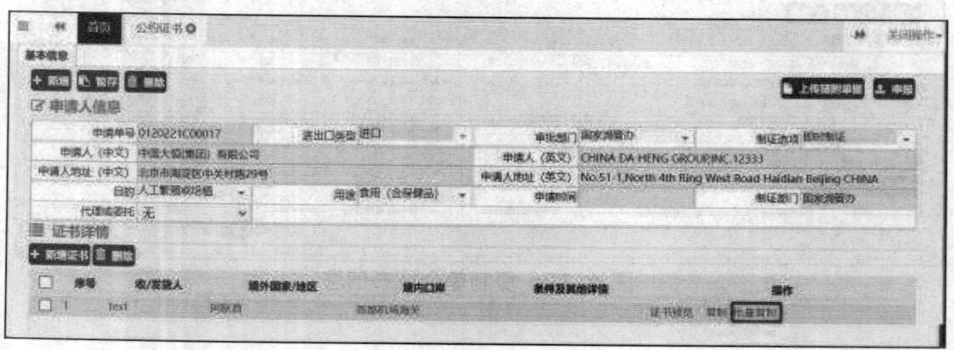

图 4-199 批量复制证书信息（二）

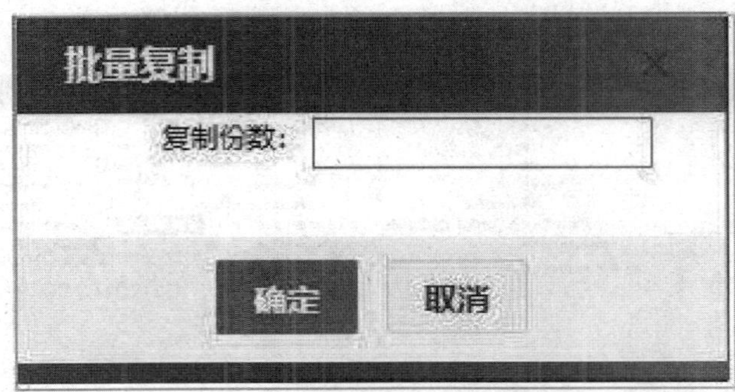

图 4-200 录入复制证书信息份数

（三）物种信息

在图证书信息中，点击蓝色“新增”按钮，界面跳出“物种信息”弹框，如图 4-201 所示。

物种信息

批文类型	国家林草主管部门批文	批文号		物种名称（中文名）		物种名称（拉丁学名）	
科		属		动植物类型		国家保护级别	
CITES附录级别		俗称		来源		标本类型	
标本标记号		申请数量		批准数量		中文数量单位	
货物总价		币制		货物总值(元)		英文数量单位	
海关商品编号		海关商品编号描述		海关报关申请计量单位		海关报关申请总数量	
原产地		原产地CITES证书号		原产地CITES证书签发日期		原产地CITES证书有效期	
前一再出口地		前一再出口地CITES证书号		前一再出口地CITES证书签发日期		前一再出口地CITES证书有效期	

清空　保存物种及商品项　新增物种及商品项

图 4-201 物种信息

在图物种信息中，标黄字段为必填项（如申请数量、中文数量单位等），用户需按照实际情况如实填写。点击字段后三角下拉箭头，可从下拉框中选择对应参数。

批文类型：默认显示“国家林草主管部门批文”，不可修改。

批文号：申请单审批通过后自动返填。

1. 物种信息界面按钮

新增物种及商品项按钮：实现复制物种功能。点击该按钮，保存已录入物种信息，并复制一条物种信息返填在界面中，用户可修改。

保存物种及商品项：点击该按钮，保存当前页面物种信息后关闭界面。清空按钮：清空页面内容重新录入。

2. 报关对应商品项

海关商品编号字段填写后，在“海关报关申请计量单位”字段后将出现蓝色“报关对应商品项”。

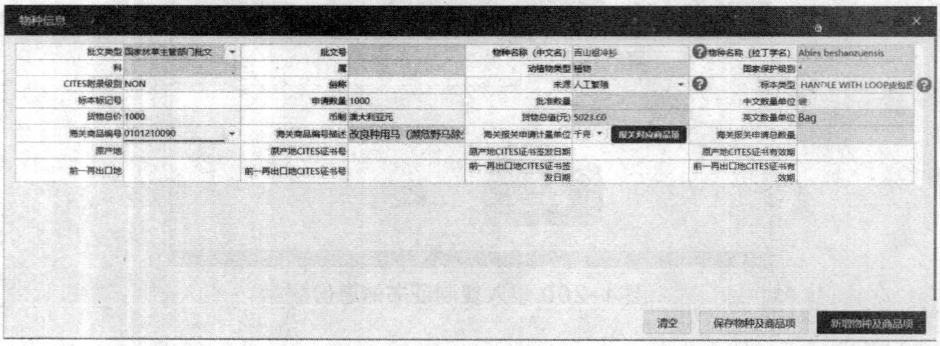

图 4-202 报关对应商品项（一）

在报关对应商品项中，规格型号和海关报关申请数量为必填项，用户需如实填写，填写完毕后点击蓝色“添加”按钮，数据将被保存至下方列表中。

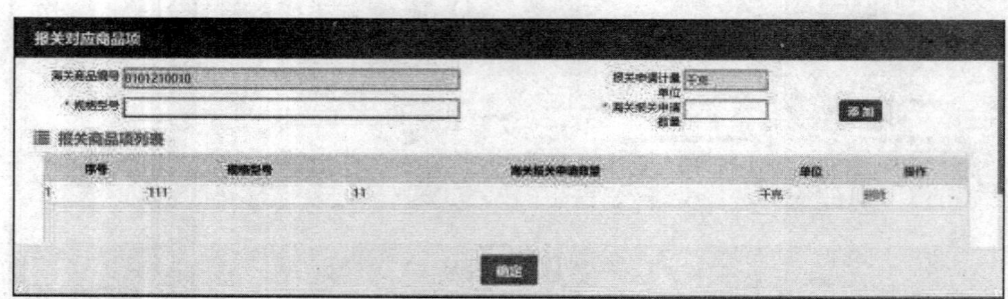

图 4-203 报关对应商品项（二）

全部填写完毕后，点击蓝色“确定”按钮，保存报关对应商品项数据。

并在图 4-202 中点击“保存物种及商品项”按钮，保存填写的数据。

3. 其他字段

海关报关申请计量单位：系统根据海关商品编码返填，默认为海关法定申报数量单位，用户可修改，但一定要做到与海关报关系统中的成交数量单位一致，在录入细项前，先要确定海关报关申请单位。

来源、标本类型、货物单价、币值等字段后带红色 * 号的为必填字段。灰色字段为系统反填字段，不可修改。

<u>小提示：</u>

<u>用户在物种信息列表中双击某行空白处，弹出该物种的报关商品项信息，如图 4-204 弹出报关对应商品项所示。</u>

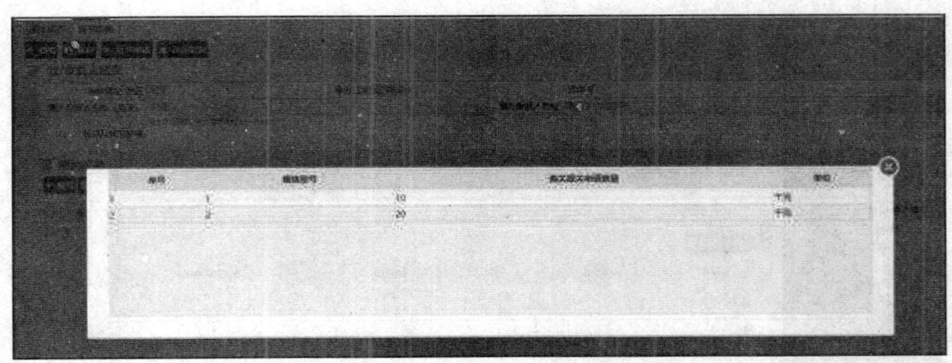

图 4-204 弹出报关商品项

二、非公约证书

在野生动植物进出口证书申请左侧菜单中点击证书申请——“非公约证书”，右侧显示界面如图 4-205:

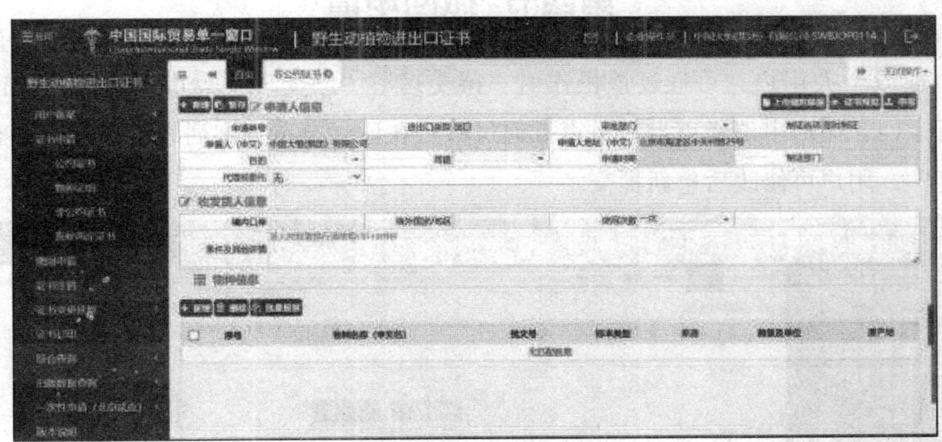

图 4-205 非公约证书

录入操作同物种证明相同。

三、海峡两岸证书

在野生动植物进出口证书申请左侧菜单中点击证书申请——“海峡两岸证书”右侧显示界面如图 4-206:

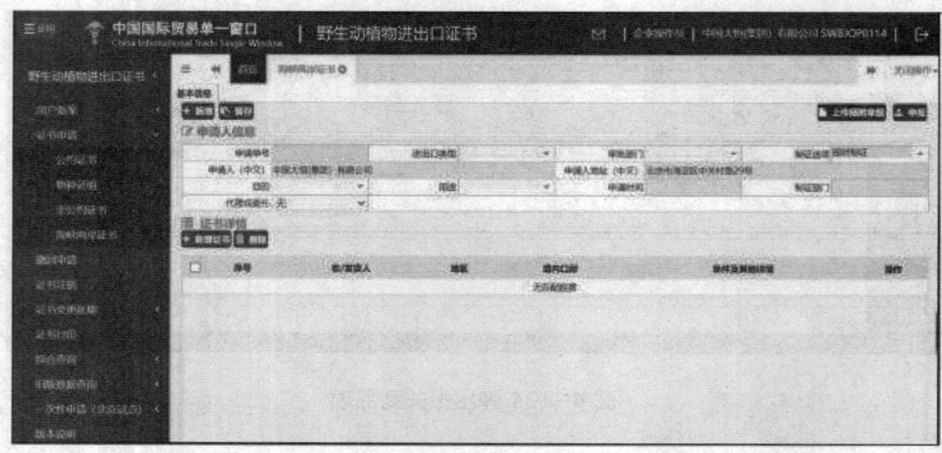

图 4-206 海峡两岸证书

第四节　撤回申请

企业或个人用户，可通过该操作对“待受理”“已受理”等审批过程中的证书申请进行撤回，撤回申请经审批人员审批通过后可在证书申请查询列表中查询，状态变为“暂存”，用户可修改后重新提交。

序号	申请单号	证书类型	审批部门	数据状态	申请时间	操作
1	0620221T00009	海峡两岸证书	国家濒管办云南省办事处	已受理	2022-10-26 14:07:18	撤回
2	0620221N00007	非公约证书	国家濒管办云南省办事处	已受理	2022-10-26 14:05:28	撤回
3	0620221C00019	一般公约证书	国家濒管办云南省办事处	已受理	2022-10-26 14:03:44	撤回
4	0620221C00018	一般公约证书	国家濒管办云南省办事处	已受理	2022-10-10 17:31:21	撤回
5	0620221C00017	一般公约证书	国家濒管办云南省办事处	已受理（正在对外确认与咨询）	2022-10-09 14:28:14	撤回
6	0120221S00010	物种证明	国家濒管办黑龙江省办事处	已受理（完成对外确认与咨询）	2022-06-14 15:23:31	撤回

图 4-207 撤回证书申请查询

点击撤回申请，界面显示如图 4-207 所示。查询条件为：申请单号、物种名称、申请日期、证书类型数据状态，查询条件均为非必填，输入完毕后点击蓝色“查询”按钮进行查询，如不输入任何条件，系统默认显示所有可撤回的数据。

点击记录后蓝色“撤回”按钮，可将该条申请撤回。

第五节 证书注销

图 4-208 证书注销

点击“证书注销”菜单，界面显示如图 4-208 所示。查询条件为：证书号、签发日期、证书类型，查询条件均为非必填，输入完毕后点击蓝色“查询”按钮进行查询，如不输入任何条件，系统默认显示所有符合条件的数据。

点击记录后蓝色“注销”按钮，可将该证书注销。

小提示：

证书申请注销后无法恢复，请谨慎操作。

第六节 证书变更延期

一、变更申请

点击变更申请，界面显示如图 4-209 所示。查询条件为：证书号、签发日期、证书类型，查询条件均为非必填，输入完毕后点击蓝色“查询”按钮进行查询，如不输入任何条件，系统默认显示所有符合条件的数据。

图 4-209 变更申请查询

点击记录后蓝色“变更”按钮，跳转至证书详情界面：

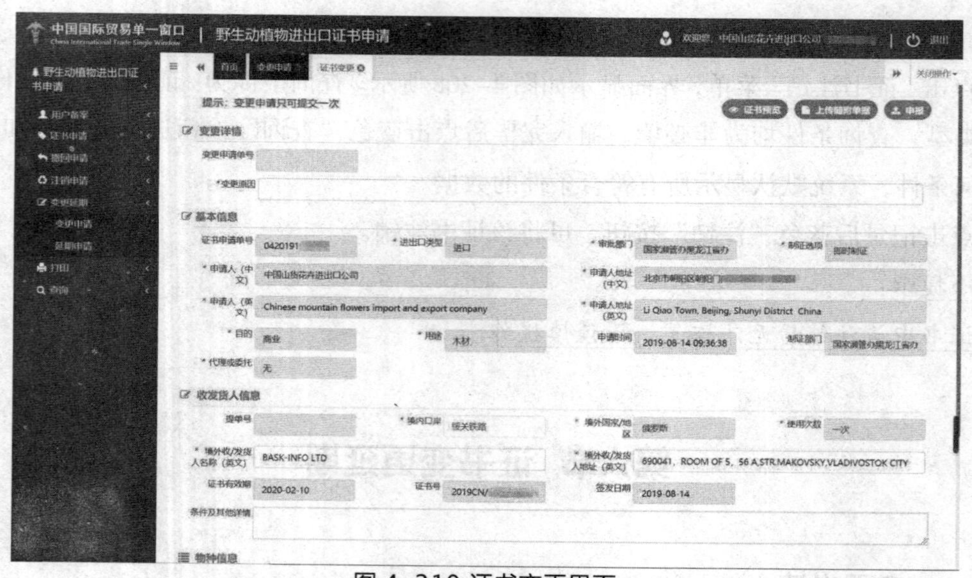

图 4-210 证书变更界面

其中，变更原因、境外收 / 发货人名称（英文）等字段后带红色星号“*”为必填项，灰色为反填项，无法修改。填写完毕后点击申报即可申报变更信息。

小提示：

1. 已注销、已撤销、已在海关核销过的证书和不在证书有效期内的证书不可变更。

2. 变更申请只能提交一次，不管审批是否通过，不再允许变更。

3. 证书变更申请和延期申请、注销申请不能同时进行。

二、延期申请

在野生动植物进出口证书申请——变更延期中点击“延期申请”模块，界面显示如图 4-211 所示。

图 4-211 延期申请

小提示：

1. 已注销、已撤销的证书不可变更。
2. 延期申请只能提交两次，不管审批是否通过，不再允许延期。
3. 证书延期申请和变更申请、注销申请不能同时进行。

第七节 证书打印

一、证书打印

（一）查询方式

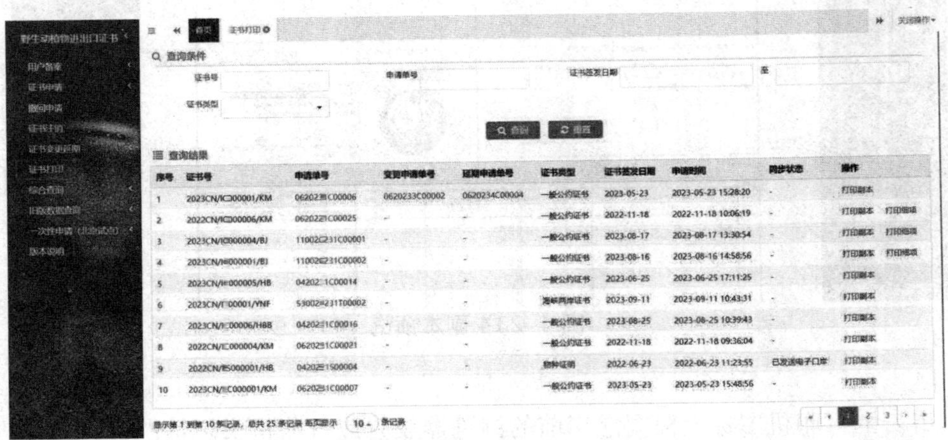

图 4-212 打印查询界面

点击证书打印，界面显示如图 4–212 所示。查询条件为：证书号、申请单号、证书签发日期、证书类型，查询条件均为非必填，输入完毕后点击蓝色“查询”按钮进行查询，如不输入任何条件，系统默认显示所有符合条件的数据。

（二）查询结果

序号	证书号	申请单号	证书类型	证书签发日期	申请时间	同步状态	操作
1	2022CN/IC000006/KM	0620221C00025	一般公约证书	2022-11-18	2022-11-18 10:06:19	-	打印副本 打印细项
2	2022CN/IC000005/KM	0620221C00023	一般公约证书	2022-11-18	2022-11-18 09:52:02	-	打印副本 打印细项
3	2022CN/IC000004/KM	0620221C00021	一般公约证书	2022-11-18	2022-11-18 09:36:04	-	打印副本
4	2022CN/IC000002/HB	0620221C00016	一般公约证书	2022-08-03	2022-08-03 09:38:23	已发送电子口岸	打印副本
5	2022CN/ES000001/HB	0420221S00004	物种证明	2022-06-23	2022-06-23 11:23:55	已发送电子口岸	打印副本
6	2021CN/ET000001/KM	0620211T00002	海峡两岸证书	2021-04-16	2021-04-16 16:18:43	已发送电子口岸	打印副本
7	2021CN/EN000001/KM	0620211N00002	非公约证书	2021-04-16	2021-04-16 16:18:20	已发送电子口岸	打印副本
8	2021CN/IS000001/KM	0620211S00001	物种证明	2021-04-16	2021-04-16 16:18:02	已发送电子口岸	打印副本
9	2021CN/IC000005/KM	0620211C00003	一般公约证书	2021-04-16	2021-04-16 16:17:44	已发送电子口岸	打印副本

图 4–213 查询结果

输入对应查询条件后，查询结果将显示在图 4–213 中，点击记录后蓝色“打印副本”按钮，跳转至证书副本预览界面：

图 4–214 副本预览

点击右上打印机图标，根据您当前的浏览器设置或打印机实际情况进行打印即可。如用户有需要。也可点击右上下载箭头图标下载 pdf 格式数据。

二、打印细项

如果一个物种有两个以上（包含两个）细项的，可点击蓝色“打印细项”按钮打印出细项清单，如图 4-215 所示，并随证书提供给报关行，以便于在报关系统录入商品项时，做到证书系统细项和报关系统商品项的对应。

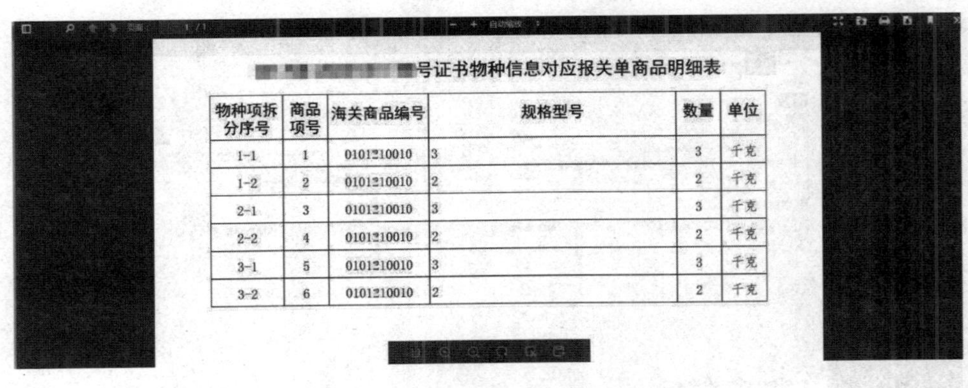

号证书物种信息对应报关单商品明细表

物种项拆分序号	商品项号	海关商品编号	规格型号	数量	单位
1-1	1	0101210010	3	3	千克
1-2	2	0101210010	2	2	千克
2-1	3	0101210010	3	3	千克
2-2	4	0101210010	2	2	千克
3-1	5	0101210010	3	3	千克
3-2	6	0101210010	2	2	千克

图 4-215 打印细项

第八节　综合查询

一、证书申请查询

图 4-216 证书申请查询

点击证书申请查询，界面显示如图 4-216 所示。询条件为：申请单号、物种名称、批文号等，查询条件均为非必填，输入完毕后点击蓝色“查询”按钮进行查询，如不输入任何条件，系统默认显示所有符合条件的数据。

（一）复制

输入对应查询条件后，查询结果将显示在证书申请查询界面中，点击记录后蓝色“复制”按钮，将复制该票证书数据，界面跳转至复制证书界面。用户可在该界面进行录入申报操作。

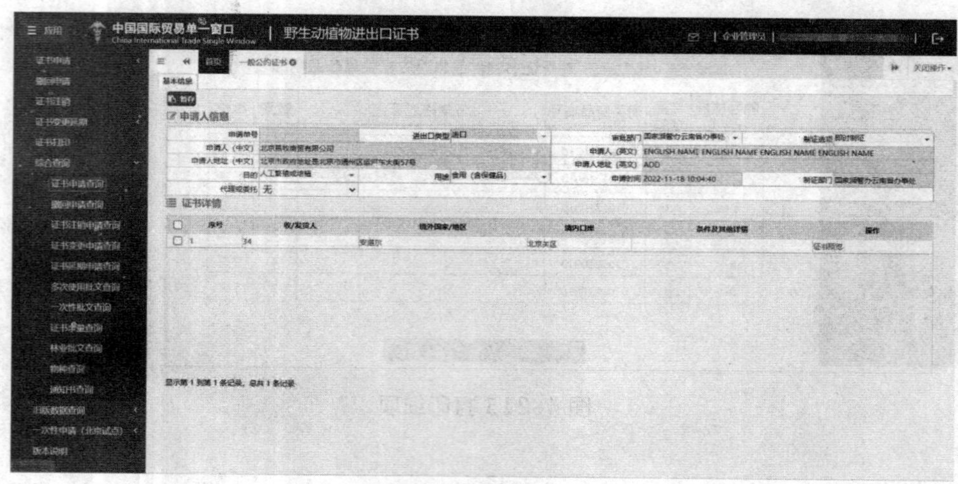

图 4-217 复制证书录入界面

小提示：

如果申请单中存在未核实的批文，将无法复制申请单，申请人可请联系审批部门尽快核实批文。

（二）修改

对已暂存状态的数据，用户可进行修改，输入对应查询条件后，查询结果将显示在证书申请查询界面中，点击记录后蓝色“修改”按钮，将跳转至该票证书数据详情界面。用户可在该界面进行修改申报操作。

二、撤回申请查询

查询操作详见证书申请查询。

三、注销申请查询

查询操作详见证书申请查询。

四、变更申请查询

查询操作详见证书申请查询。

五、延期申请查询

查询操作详见证书申请查询。

六、多次使用批文查询

申请人可点击左侧“批文查询”菜单进入批文查询主界面，如图 4–218 所示，输入批文号，点击回车键，如图 4–219 所示，可查看用户的批文。

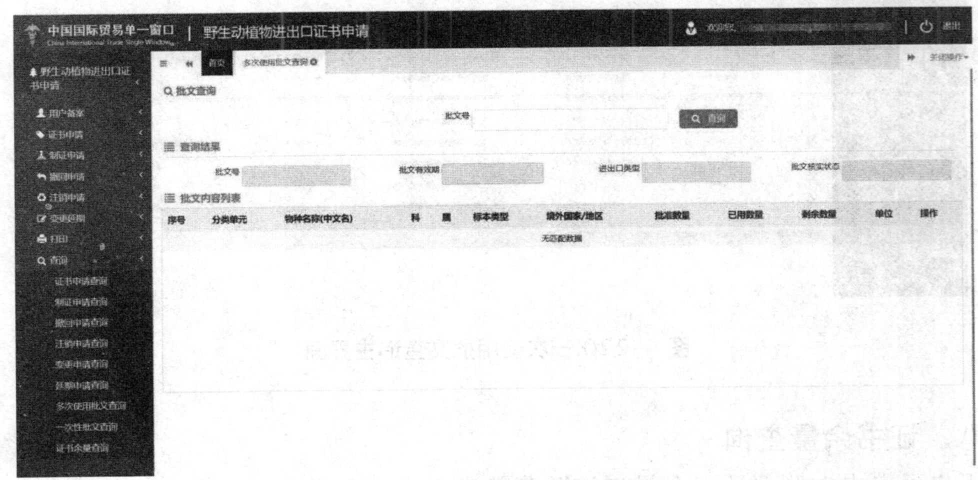

图 4–218 批文查询主界面

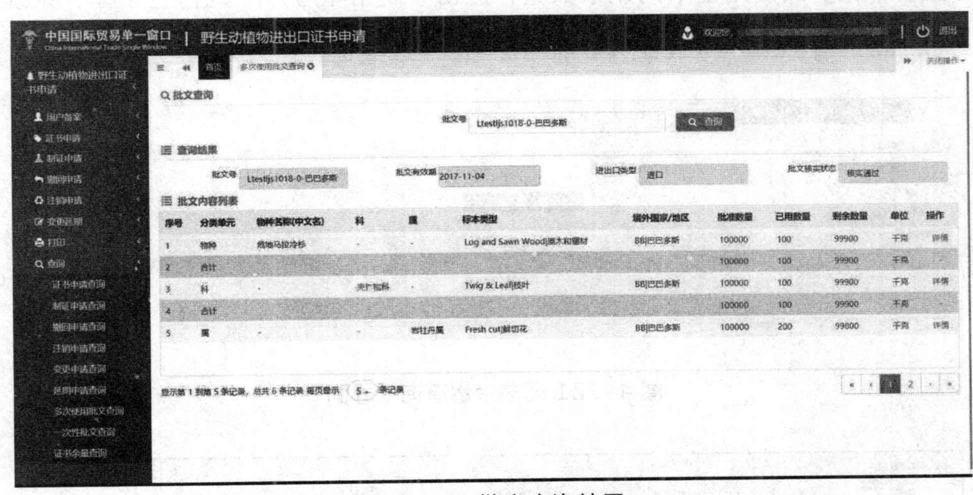

图 4–219 批文查询结果

七、一次性批文查询

用户可点击左侧“一次使用批文查询”菜单进入查询主界面，如图 4–220 所示，默认显示该企业所有一次使用批文。

图 4-220 一次使用批文查询主界面

八、证书余量查询

用户可点击左侧“证书余量查询”菜单进入查询主界面，如图 4-221 所示，默认显示该企业所有多次使用证书的剩余数量，点击“规格型号”一列蓝色字体，系统显示该证书在哪些报关单中使用过，分别使用了多少数量，如图 4-222 所示。

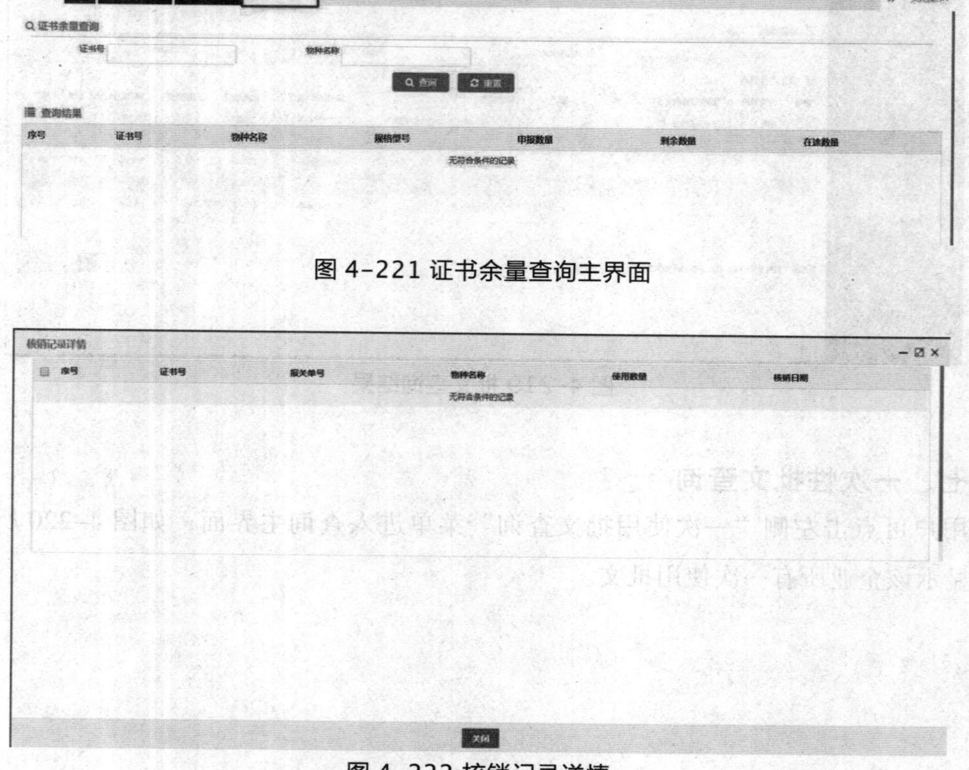

图 4-221 证书余量查询主界面

图 4-222 核销记录详情

九、林草批文查询

用户可查询林草批文，支持模糊搜索。

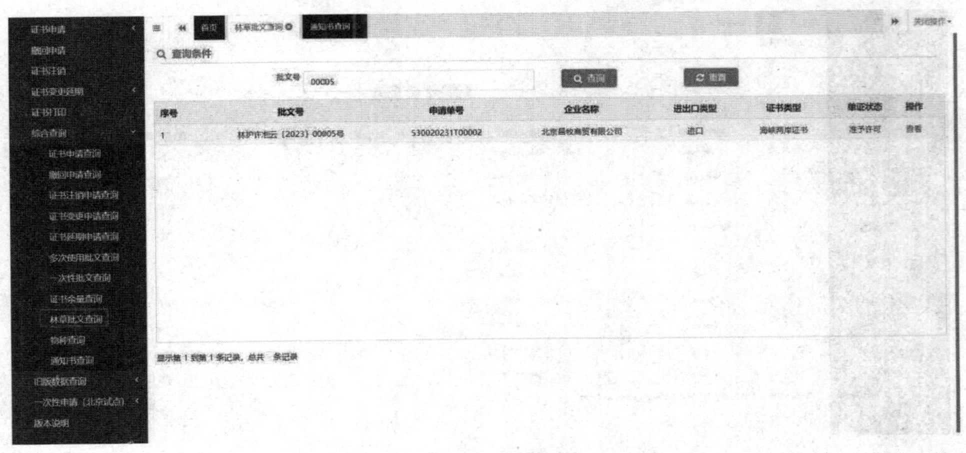

图 4-223 批文查询

国家林业和草原局

林护许准云〔2023〕00005号

行政许可决定书

北京昌牧商贸有限公司：

你单位提出的行政许可申请（收件号：530020231T00002）收悉。经审查，同意你单位以食用（含保健品）目的,从中国台湾进口人工繁殖所获《濒危野生动植物种国际贸易公约》附录NON梵净山冷杉*Abies fanjingshanensis*皮包把手100包，详见附表。

序号	物种名称（中文名）	物种名称（拉丁学名）	数量	单位	标本类型	境外国家/地区
1	梵净山冷杉	*Abies fanjingshanensis*	100	包	HANDLE WITH LOOP	中国台湾
2	梵净山冷杉	*Abies fanjingshanensis*	100	包	HANDLE WITH LOOP	中国台湾
3	梵净山冷杉	*Abies fanjingshanensis*	100	包	HANDLE WITH LOOP	中国台湾

图 4-224 林草批文样式

十、物种查询

用户可查询所有濒危物种的中文名称、物种拉丁名称等详细信息，如图 4-225 所示。

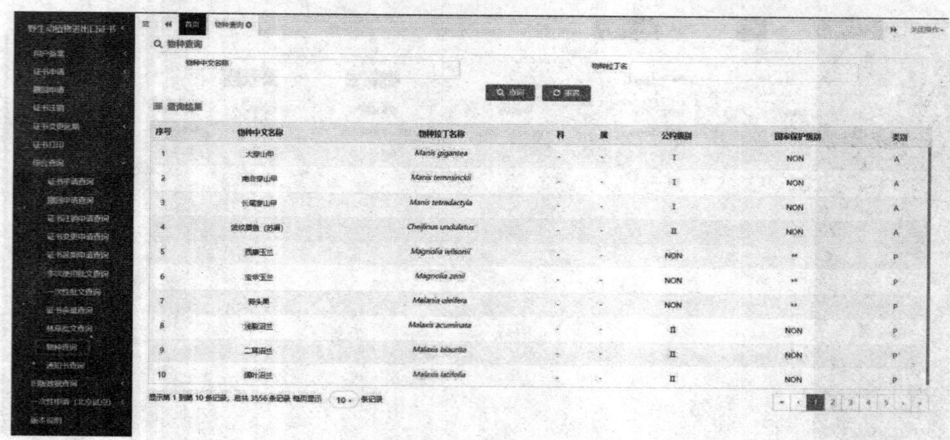

图 4-225 物种查询

十一、通知书查询

用户可以查询部委审批时下发的各类通知书。

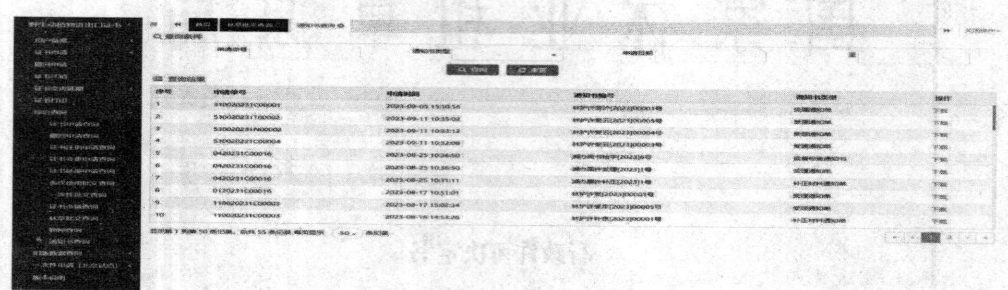

图 4-226 通知书查询

第九节 首页通知

申报成功的数据，登录后可在首页查看行政许可通知书、补正通知书或监督检查通知书，界面如图 4-227 所示，点击蓝色字段通知书编号，用户可将通知书下载至电脑端留存或查看，示例如图 4-228。

点击蓝色字段补正材料申请单编号，可进入申请单修改界面，可补正后重新提交申请。

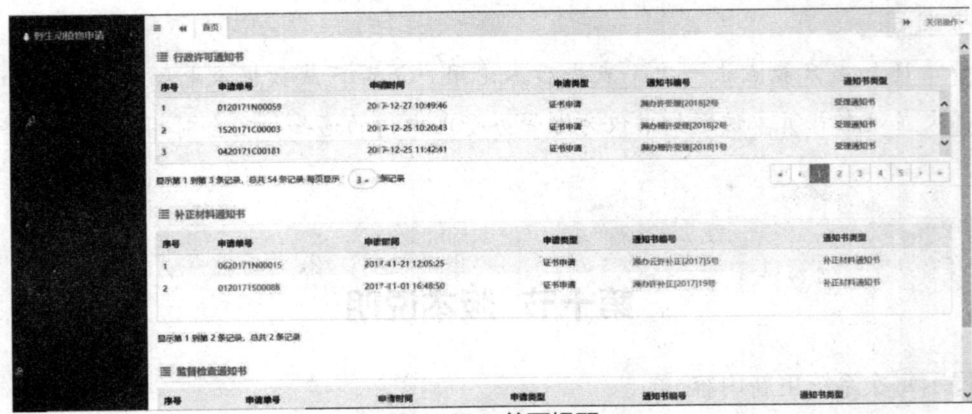

图 4-227 首页提醒

中华人民共和国 濒危物种进出口管理办公室

濒办穗许受理[2017]12号

受理行政许可申请通知书

单一窗口联调测试企业3：

2017年07月14日收悉你（单位）提出的1120171S000903的申请。经审查，该申请符合受理条件，我办依法予以受理。

如该申请需要征询国家濒危物种科学委员会的意见，或需要对所提供境外许可证或证明书进行确认的，或需要与境外相关国家（地区）管理机构或秘书处核实相关情况的，所需时间不计算在实施行政许可所规定的期限内。

特此通知。

图 4-228 受理行政许可申请通知书示例

小提示：

申请通知书只能点击一次，点击后不论用户是否下载数据至电脑端，该通知书均不会再次显示在首页。该通知书仅为濒管办受理申请的通知，不会对用户申报数据造成影响。

第十节 版本说明

展示每次系统更新内容。

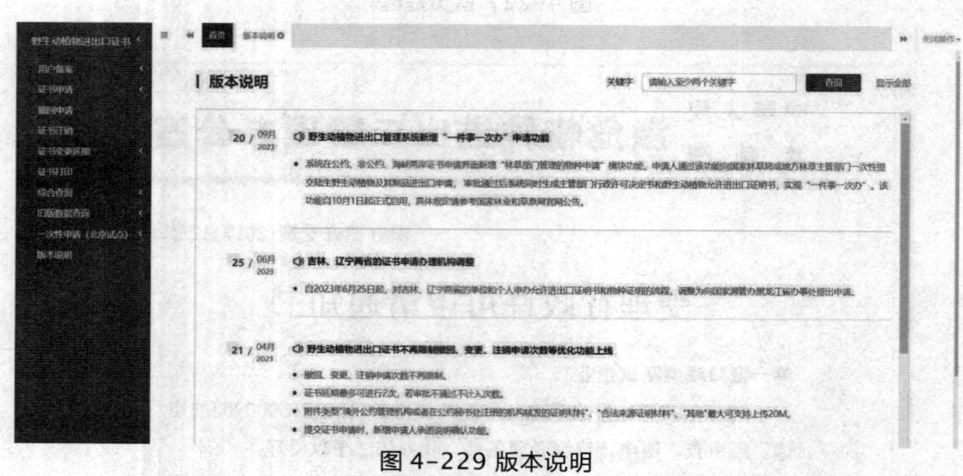

图 4-229 版本说明

第七章 出口许可证申请系统操作指南

1. 功能介绍

建设“单一窗口”出口许可证申请系统，主要包括出口许可证申请和许可证查询等功能，实现进出口企业通过“单一窗口”一点接入提交满足商务部要求的许可证申请信息，商务部审核后将审核结果返回至“单一窗口”，企业可在“单一窗口”查询审核结果。

2. 进入系统

打开中国国际贸易单一窗口门户网站，点击“业务应用”页签中“口岸执法申报”点击“口岸执法申报”下面的“监管证件”，选择“出口许可证”，登录后进入系统。

监管证件				
	农药进出口通知单	合法捕捞产品通关证明	进口兽药通关单	野生动植物进出口证书
	进口药品通关单	药品进出口准许证	民用爆炸物品进出口审批单	引进林草种子、苗木检疫审批单
	自动进口许可证	出口许可证	进口许可证	援外项目任务通知单
	黄金及黄金制品进出口准许证	银行调运人民币现钞进出境证明	赴境外加工光盘进口备案证明	音像制品（成品）进口批准单
	进口广播电影电视节目带（片）...	有毒化学品进出口环境管理放行...	农业转基因生物安全证书（进口）	国（境）外引进农业种苗检疫审...
	特种设备制造许可证及型式试验...	强制性产品认证证书或证明文件	特殊医学用途配方食品注册证书	保健食品注册证书或保健食品备...
	婴幼儿配方乳粉产品配方注册证书	进口普通化妆品备案凭证	进口特殊化妆品注册证书	进口医疗器械备案/注册证
	麻精药品进出口准许证	两用物项和技术进出口许可证	技术出口许可证	技术出口合同登记证
	人类遗传资源材料出口、出境证明	古生物化石出境批件		

图 4-230 “出口许可证”进入路径

第一节 许可证申请

企业在首次使用“单一窗口”出口许可证申请系统前，必须在单一窗口绑定商务部电子钥匙，具体操作方法如下。

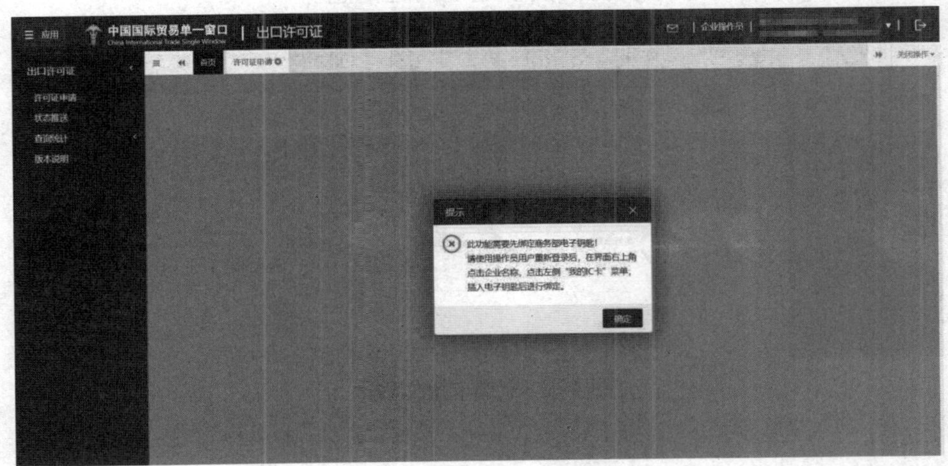

图 4-231 绑定商务部电子钥匙提示

使用操作员账号登录中国国际贸易单一窗口，并点击界面上方用户名，进入“用户管理”，如图 4-232 所示。

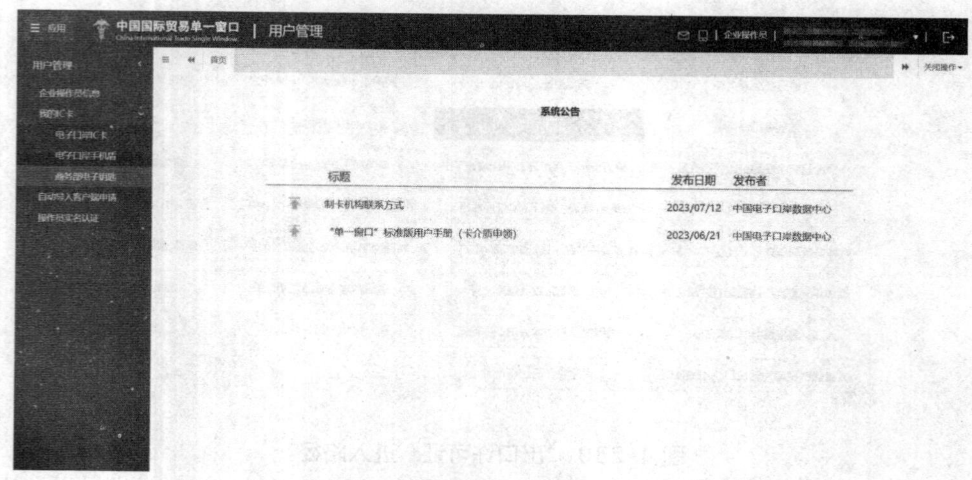

图 4-232 用户管理界面

进入“用户管理”后，点击左侧菜单“我的 IC 卡”—“商务部电子钥匙”。在右侧界面点击“绑卡”按钮，并在弹出的对话框中录入商务部电子钥匙密码，点击“确定”按钮，系统提示绑定成功，即完成商务部电子钥匙的绑定操作。此环节保证电子钥匙已经插在电脑的 USB 接口上，系统自动读取电子钥匙信息。

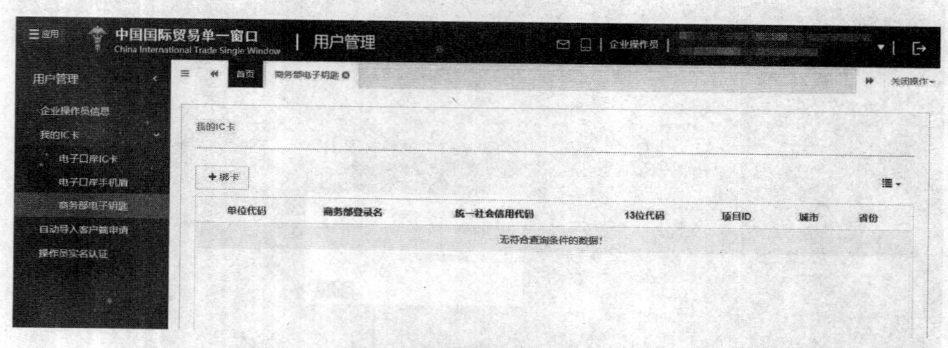

图 4-233 绑卡操作界面

完成商务部电子钥匙绑定后，即可在“单一窗口”进口许可证系统中进行单证申请、查询等操作。

小提示：

1. 在绑定商务部电子钥匙前，需下载安装“单一窗口”客户端控件；

2. 在申报环节，要保证商务部电子钥匙插在电脑上，否则无法进行相关业务操作。

许可证申请为企业提供向商务部进行出口许可证申请各类数据的录入、暂存、删除、申报等功能。点击左侧菜单栏“单证申请”，可显示右侧页面（如图 4-234）。

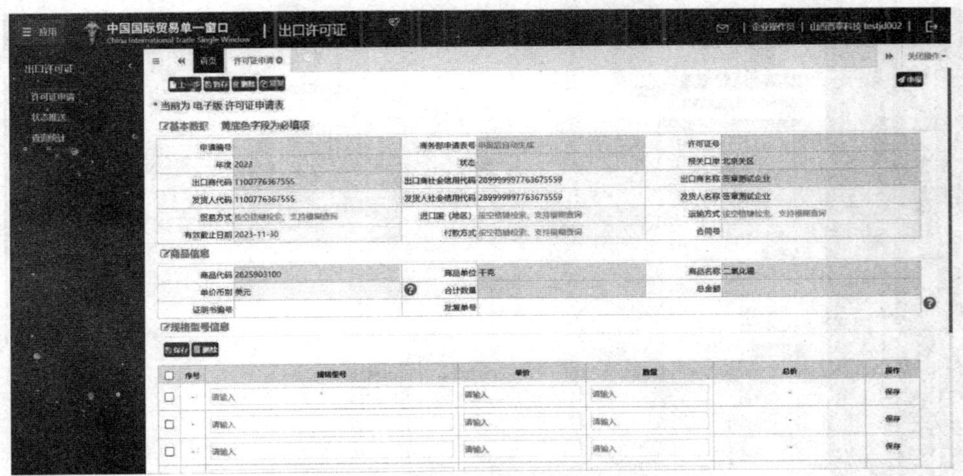
图 4-234 单证申请界面

如用户未在操作员账号管理中绑定商务部电子钥匙，登录系统即收到提示“插入电子钥匙后进行绑定”。

一、录入与暂存

点击界面上方蓝色按钮（如图 4-235）所进行的操作，将影响当前单证申请的所有数据。

图 4-235 出口许可证申请一操作按钮

小提示：

界面中，带有黄色底色的字段为必填项。

二、基本信息

用户分别对基本数据字段、商品信息字段、联系人信息，进行录入，录入完毕后，点击蓝色暂存按钮，对数据进行保存。如图 4-236 所示。

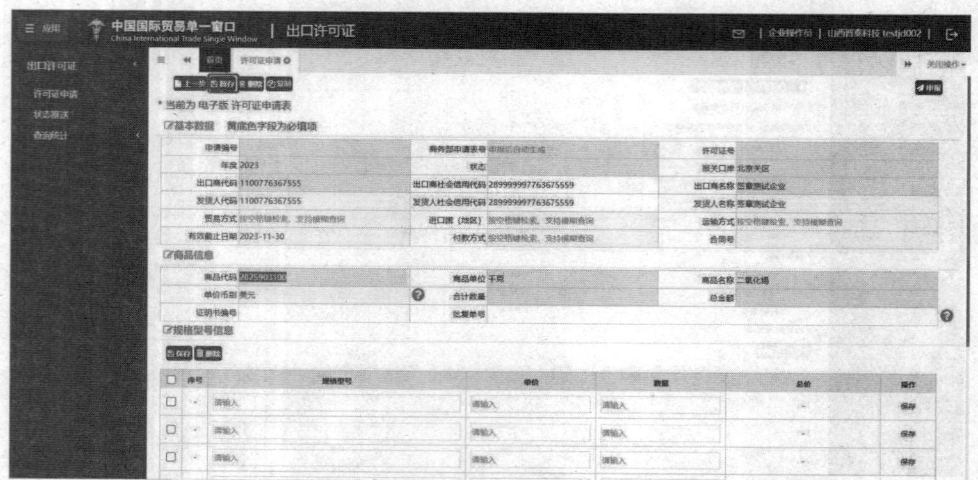

图 4-236 基本数据

三、商品信息

商品代码：点击该字段后放大镜图标，页面弹出商品代码表，用户可通过商品代码、商品大类码或商品名称字段查询出对应商品，并支持模糊查询。页面显示如图 4-237 所示。

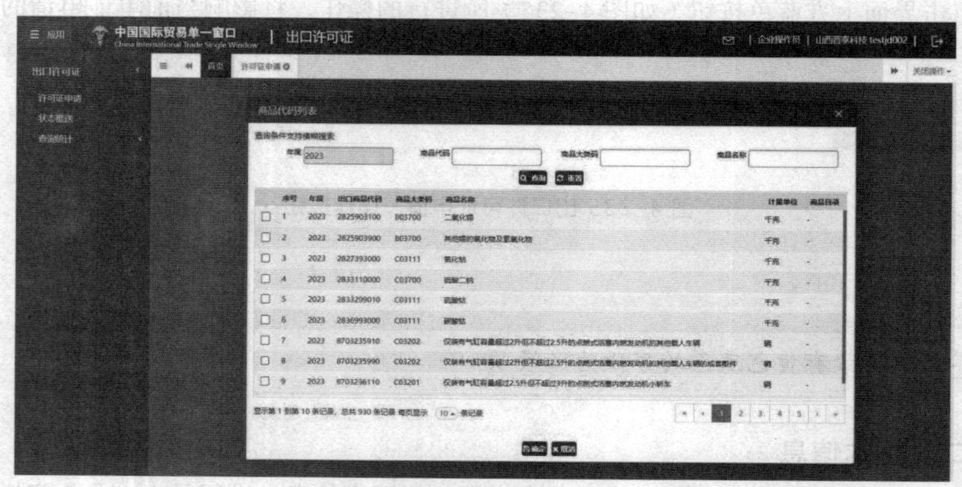

图 4-237 商品代码列表

查询完毕后，勾选对应数据并点击下方蓝色“确定”按钮，勾选数据将被反填至商品信息模块中。

单价币制：系统默认币制为美元，该字段可进行修改。

小提示：

如果为一事一批类商品（ODS），必须填写批复单号。

如果为天然砂类商品，必须填写证明书编号，没有填“无”。

四、联系人信息

其中，联系人，联系电话为必填项，用户需先录入后再进行暂存。

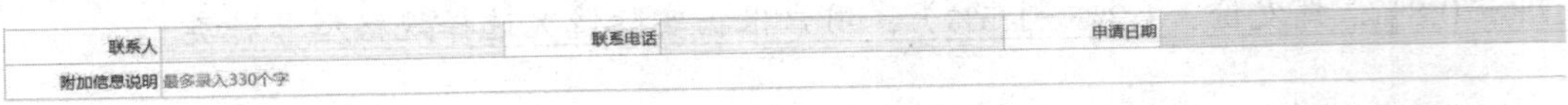

联系人		联系电话		申请日期	
附加信息说明	最多录入330个字				

图 4-238 联系人信息

五、规格型号信息

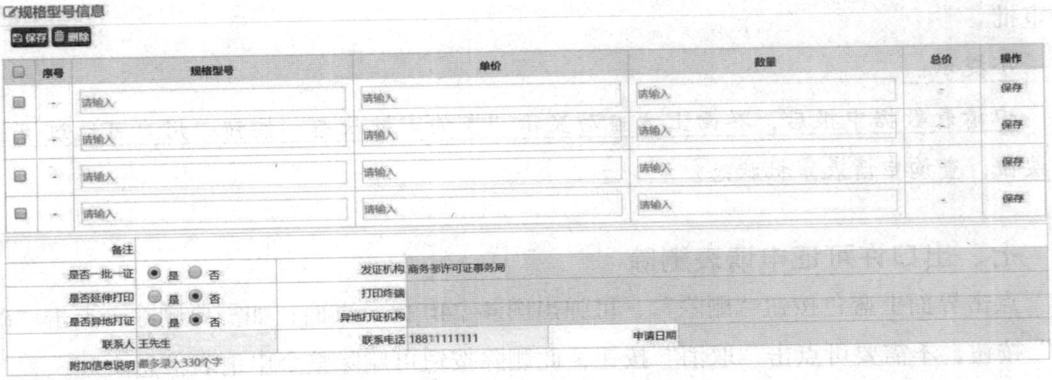

规格型号信息

保存 删除

	序号	规格型号	单价	数量	总价	操作
	-	请输入	请输入	请输入	-	保存
	-	请输入	请输入	请输入	-	保存
	-	请输入	请输入	请输入	-	保存
	-	请输入	请输入	请输入	-	保存

备注					
是否一批一证	是 否	发证机构	商务部许可证事务局		
是否延伸打印	是 否	打印终端			
是否异地打证	是 否	异地打证机构			
联系人	王先生	联系电话	18811111111	申请日期	
附加信息说明	最多录入330个字				

图 4-239 规格型号信息

用户分别对规格型号信息字段，进行录入，录入完毕后点击“保存”按钮，保存成功后，此时该规格型号信息对应操作列按钮变成“编辑”。点击编辑按钮可对该规格型号信息进行修改。勾选规格型号后，点击规格型号信息下方“删除”按钮，可对规格型号信息进行删除。录入多条信息后点击“保存”按钮，可同时保存多条规格信息。

小提示：

规格型号表体只有一条数据时，规格型号一列可为空，数量、单价必填，当表体有两条或两条以上数据，规格型号、数量、单价均为必填项，规格型号最多可填写 4 条数据。

当商品为焦炭商品（大类码为 B02800）必须录入规定的规格型号，规格型号字段系统显示下拉框选项，用户根据实际情况选择规格型号种类。规格型号分为三种：常规粒度冶金焦、铸造焦、小粒度冶金焦三种；具体的填写规则如下：常规粒度冶金焦、铸造焦、小粒度冶金焦三种规格其中之一：

（a）常规粒度冶金焦：规格（粒度：30—90mm；水分：5%；灰：10.5%—12.5%；硫：0.6%—0.75%；挥发份：1.2%—1.5%；CSR62%-65%；CRI26%-28%；M10：8%—9%；

m40:80–84）

（b）铸造焦：规格（粒度：80—250mm；水分：5%；灰：8%—12%；硫：0.6%—0.8%；挥发份：1.2%—1.5%）

（c）小粒度冶金焦：规格（粒度：10—30mm；水分：10%；灰：11.5%—13%；硫：0.7%—0.8%；挥发份：1.2%—1.5%），用户根据实际情况选择规格型号种类。

六、出口许可证申请表申报

出口证申请表，基本数据、商品信息、联系人信息，规格型号信息保存后，点击蓝色“申报”按钮，此时申请表状态未上报变为待初审，即完成申报，等待审批部门进行审批。

小提示：

申请表数据申报后，界面上方自动显示“查询审批状态”按钮，用户可通过点击该按钮，查询申请表审批状态。

七、出口许可证申请表删除

点击界面上蓝色按钮“删除”，可弹出图 4–240 提示页面；如需要删除，点击“确认”按钮，不需要可点击“取消”按钮；此删除按钮可删除整个申请表信息。

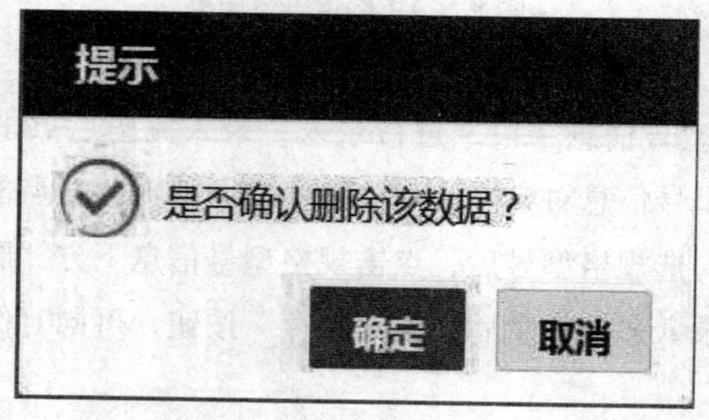

图 4–240 删除提示

小提示：

用户可对“未上报”“初审退回”“已撤销”状态的申请表数据进行删除操作。

八、出口许可证申请表复制

点击界面上方蓝色按钮“复制”，可弹出提示信息窗口、输入想复制数量（如图 4–241），再点击“确认”按钮，复制成功！系统自动生成一份新的申请表。用户可去单证查询列表找到这份新申请表。

图 4-241 复制成功提示

小提示：

用户可对任何状态下的申请表数据进行复制操作。

第二节 状态推送

用户可以使用单一窗口标准版的信息订阅推送功能，完成出口许可证申报后审核回执的推送，以便及时掌握审核状态，安排后续作业。

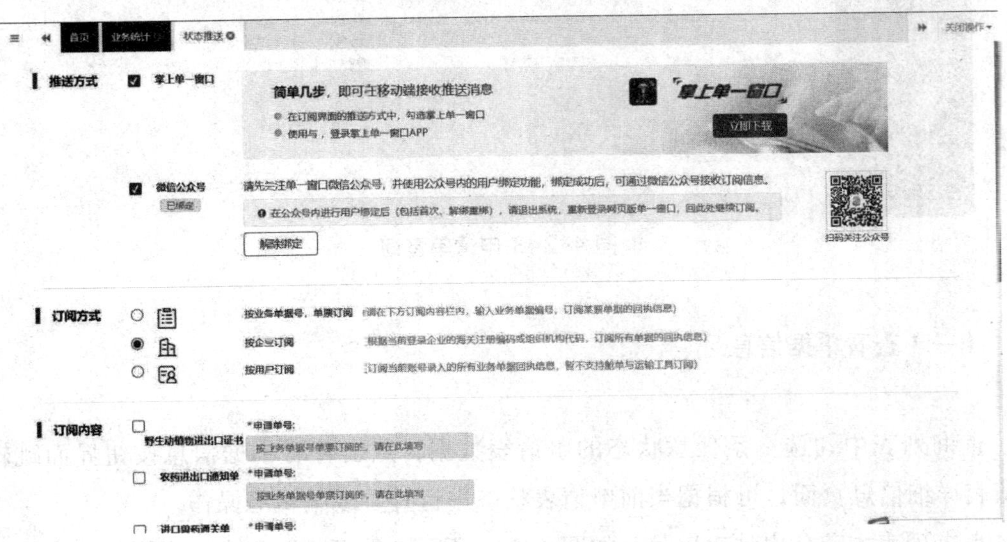

图 4-242 信息订阅推送

第三节 查询统计

一、申请单查询

为用户提供申请表详情查看、申请表查询、申请表删除、申请表撤销、申请表打印、查看申请表审批意见。

点击左侧菜单中“查询统计—申请单查询”，右侧区域展示查询界面（如图 4–243），同时系统根据用户当前的信息自动执行查询，并将查询结果显示在下方列表中，用户也可自定义录入查询条件点击“查询”蓝色按钮，执行查询。点击“重置”蓝色按钮将清空查询条件，重新填写后查询。

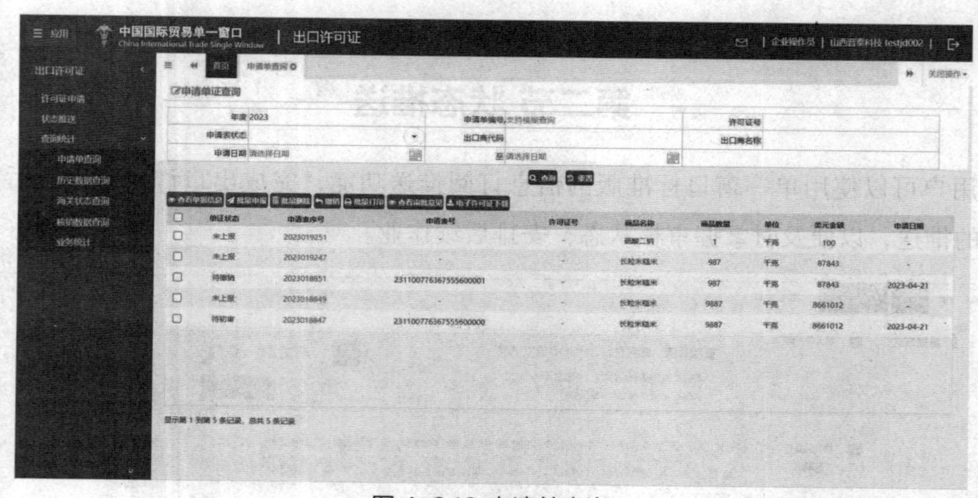

图 4–243 申请单查询

（一）查看单据信息

查询列表中勾选一条任意状态的申请表数据，点击查看单据信息按钮界面跳转至申请表详细信息页面，可根据当前申请表状态进行查看或编辑等操作。

点击列表中蓝色申请表序号，如图 4–244 所示，界面跳转至申请表详细信息页面，可根据当前申请表状态进行查看或编辑等操作。

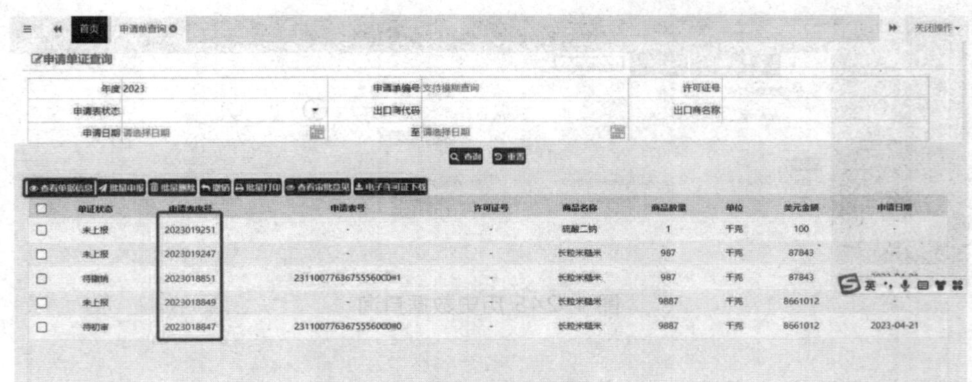

图 4-244 查看单据信息

（二）批量申报

查询列表中勾选一条或多条未上报、初审退回和已撤销状态的申请表信息，点击批量申报按钮可将申请表数据单条或多条提交至商务部出口许可证签发系统。

（三）批量删除

查询列表中勾选一条或多条未上报、初审退回和已撤销状态的申请表信息，点击删除按钮，可对申请表数据单条或者多条进行删除。

（四）撤销

查询列表中勾选一条待初审状态的申请表，可进行撤销操作，点击撤销按钮，确认撤销后，申请表即变为待撤销状态，等待商务部签发机构进行审批，审批通过后申请表状态变为已撤销。

（五）批量打印

查询列表中勾选一条或多条复审通过状态的申请表，点击批量打印按钮可打印单个或者多个申请表。

（六）查看审批意见

查询列表中勾选一条初审退回、待复审、复审通过、复审退回、已打印状态的申请表数据，点击查看审批意见按钮，可查看该申请表的审批意见。

二、历史数据查询

为用户提供申请单历史数据查询及复制功能。

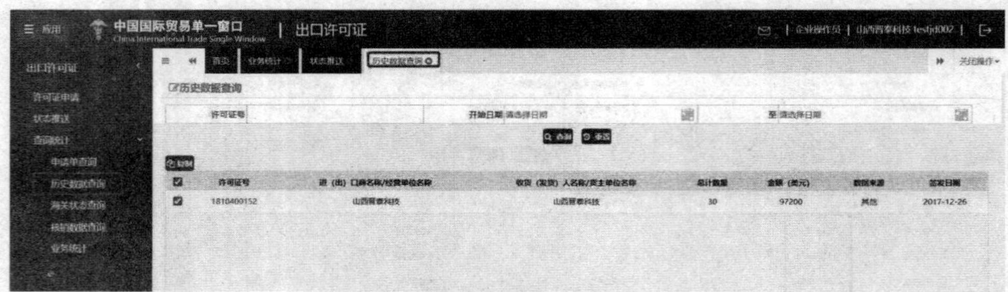

图 4-245 历史数据查询

三、海关状态查询

为用户提供申请单数据海关状态查询。

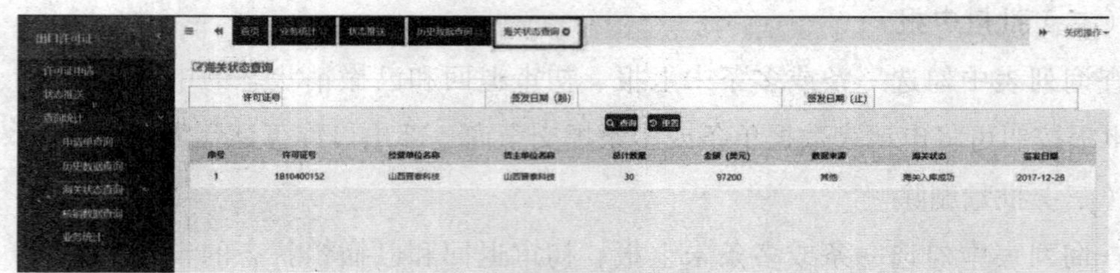

图 4-246 海关状态查询

四、核销数据查询

为用户提供商务及单窗核销数据查询。

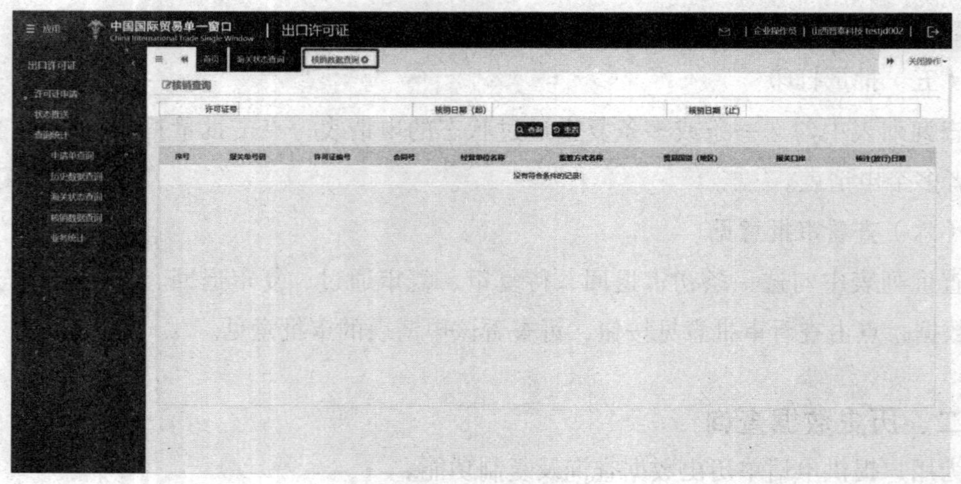

图 4-247 核销数据查询

五、业务统计

提供业务数据统计功能。

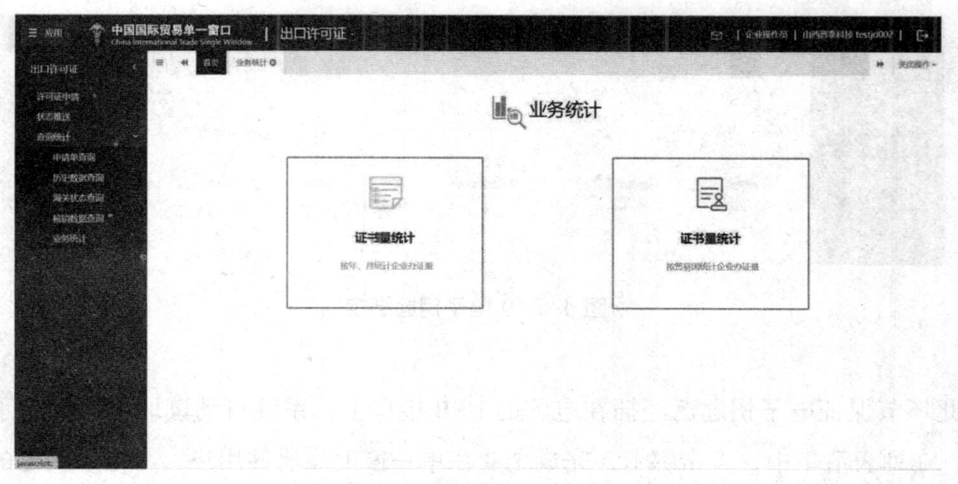

图 4-248 业务统计

第八章　自动进口许可证系统操作指南

1. 功能简介

建设“单一窗口”标准版非机电产品进口单证申请系统，主要包括非机电产品自动进口许可证申请、重农信息备案、查询统计等功能模块，实现国际贸易企业通过单一窗口一点接入，一次性提交满足商务部相关部门要求的非机电产品自动进口单证申请信息，商务部按照确定的规则进行审核，并将审核结果通过单一窗口统一反馈，便于企业查询，实现部门间数据共享。

2. 术语定义

电子钥匙：商务部要求进出口许可证企业在做相关许可证业务时必须具备电子钥匙方可进行业务操作，具体电子钥匙相关申请及发放相关还请咨询商务部相关部门。

3. 电子钥匙绑定

企业注册相关操作请参考单一窗口提供的《用户管理》，以下主要说明，已注册的企业用户如何绑定电子钥匙。请进入操作员账号用户管理界面，点击“我的 IC 卡—商务部电子钥匙”，展开界面如图 4-249。

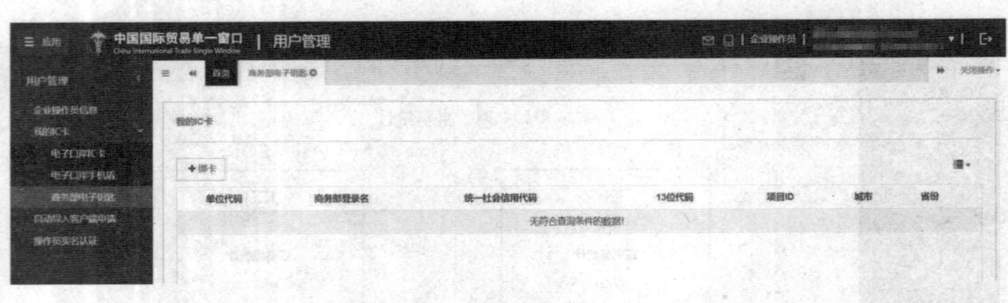

图 4-249 电子钥匙绑定

此环节保证电子钥匙已经插在电脑的USB接口上，系统自动读取电子钥匙承载的信息，在列表清单中，点击绑卡，完成企业在单一窗上注册的用户，与电子钥匙的绑定操作。

完成电子钥匙绑定后，即可在单一窗口上进行非机电产品自动进口许可证申请系统的操作。

注意：

1. 在绑定电子钥匙前，需下载安装单一窗口客户端卡控件。

2. 在登录和上报环节，要保证电子钥匙插在电脑上，否则，不能进行相关业务操作。

4. 进入系统

打开中国国际贸易单一窗口门户网站，点击“业务应用”页签中“口岸执法申报”。（如图 4-250）

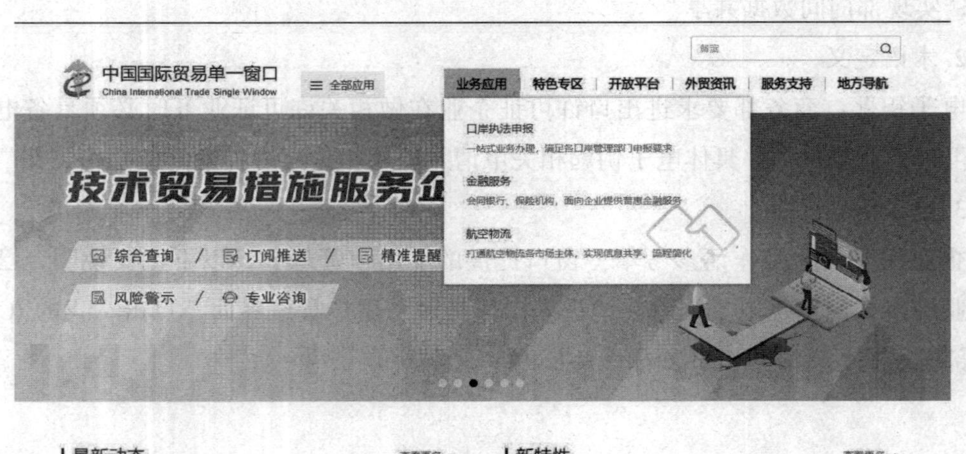

图 4-250 进入系统

点击“口岸执法申报”下面的“监管证件”，选择“进口许可证”，在新页面选择“非机电产品”登录后进入系统。

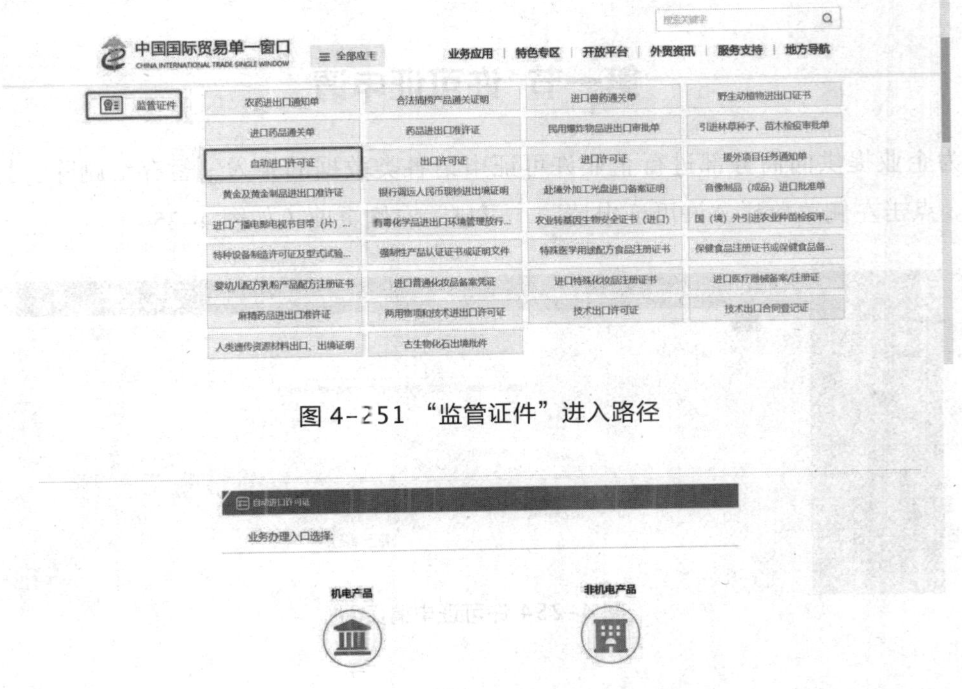

图 4-251 “监管证件”进入路径

图 4-252 机电与非机电选择页面

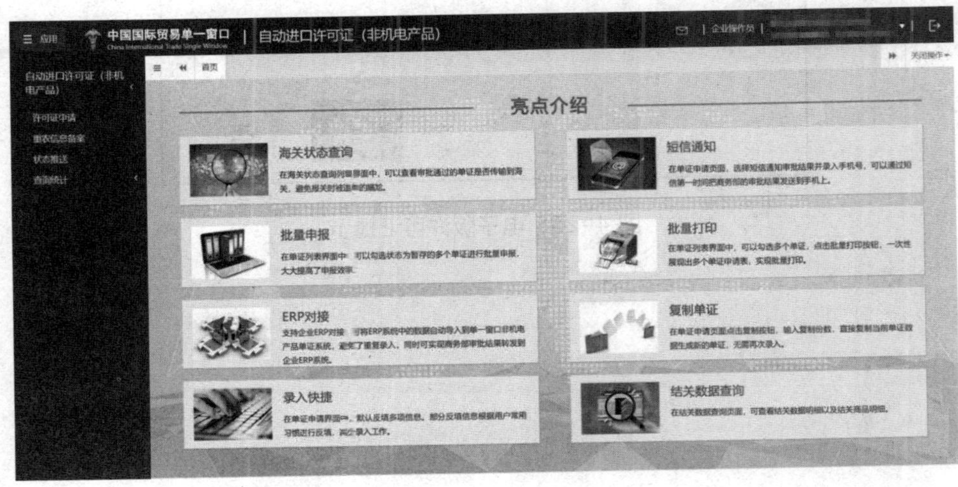

图 4-253 非机电产品自动进口许可证申请系统界面

第一节 许可证申请

为企业提供向商务部进行企业许可证申请各类数据的录入、暂存、删除、打印等功能。点击左侧菜单栏“许可证申请”，可显示右侧页面（如图 4-254）。

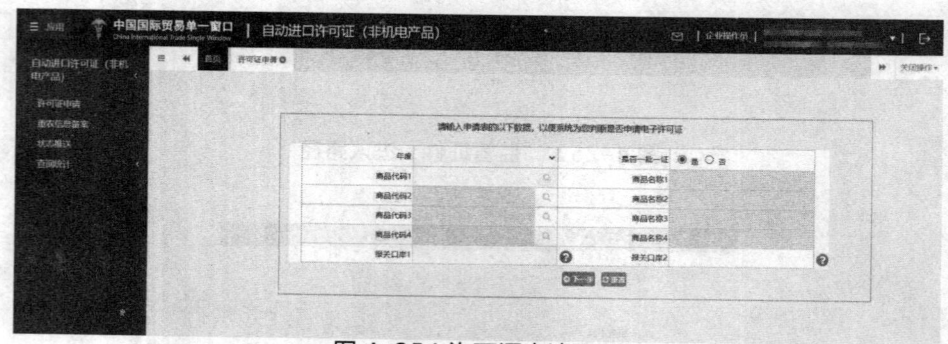

图 4-254 许可证申请页面

数据录入：是否一批一证的选择、商品代码、报关口岸等选择完毕后，可一点“下一步”按钮，根据商务部回执该商品是否可做电子版许可证信息，会弹出以下提示窗口：

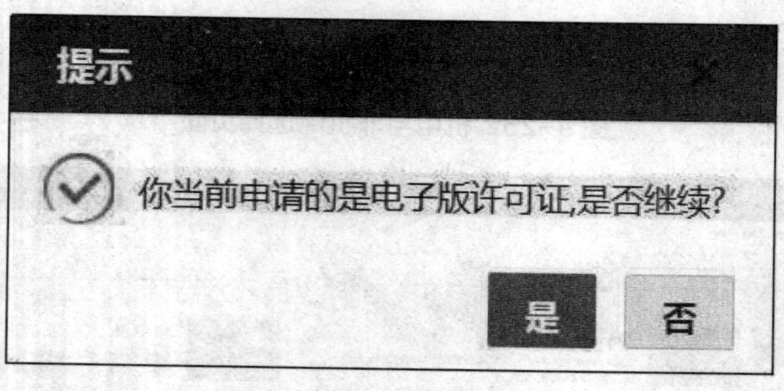

图 4-255 电子版许可证提示

点击“是”按钮，可显示右侧页面许可证申请录入界面。

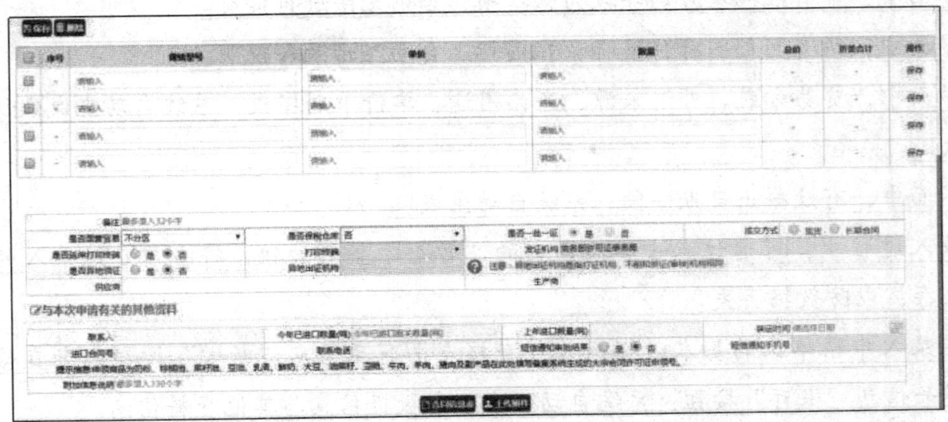

图 4-256 许可证申请录入界面（一）

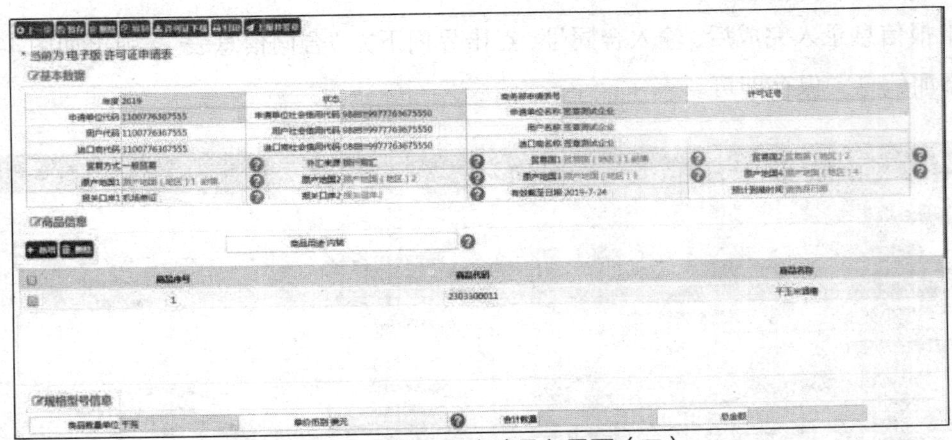

图 4-257 许可证申请录入界面（二）

一、录入与暂存

点击界面上方蓝色按钮（如图 4-258、图 4-259）所进行的操作，将影响当前许可证申请的所有数据。

图 4-258 许可证申请——普通商品操作按钮

上一步 暂存 删除 复制 铁矿石合同信息表 许可证下载 打印 上报并签章

图 4-259 许可证申请——铁矿石类商品操作按钮

小提示：

界面中，带有红色星号的字段为必填项，否则无法进行提交。

界面中，所有问号图标，鼠标放在图标上自动显示录入说明。

界面中，贸易方式、外汇来源、商品用途、单价币别字段，系统自动生成默认值，可修改。

界面中，有效截止日期字段，系统自动生成。

录入过程中，可通过点击界面顶部的“暂存”蓝色按钮，将当前正在录入的信息进行保存，以防数据丢失。

在录入申请单证的基本数据后，可直接点击商品信息“新增”按钮或者直接点击规格型号信息“保存”按钮，系统自动保存基本数据信息与其他资料信息。

二、合同信息表

申报信息录入完成后，输入合同号，点击界面下方“合同信息表”，弹出如图4–260，逐行添加信息，保存即可。

图4–260 合同信息表（局部）

小提示：

界面中申领企业信息，第一次录入需手动录入，二次再次进入合同信息表时系统自动反填申领企业信息。

合同信息表界面，可以上下左右拖拽，录入合同信息时，一些字段内容可以参照申请表信息录入，可以复制粘贴字段内容。

三、铁矿石合同信息

如商品为铁矿石类，点击左上角“铁矿石合同信息表”，弹出如图 4-261，逐行添加信息，点击暂存，保存相关信息。

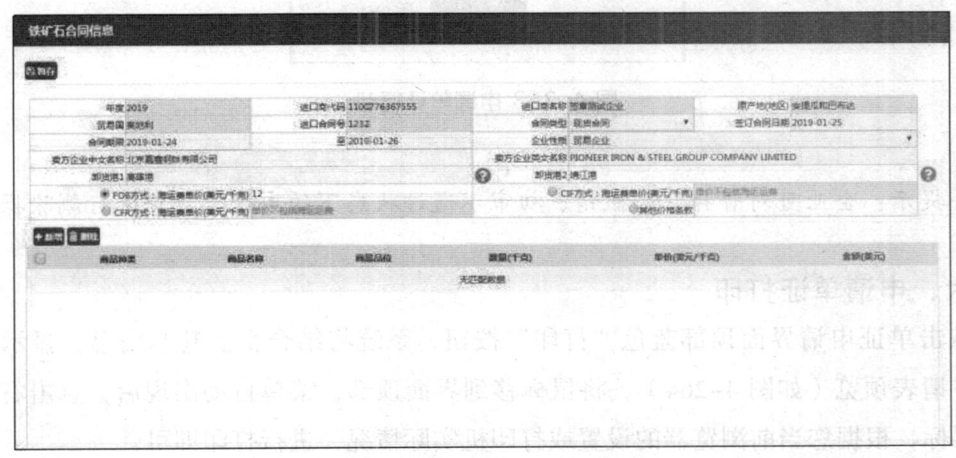

图 4-261 铁矿石合同信息

四、申请单证复制

点击界面上蓝色按钮“复制”，可弹出提示信息窗口、输入想复制数量(如图 4-262)，再点击“确认”按钮，复制成功!

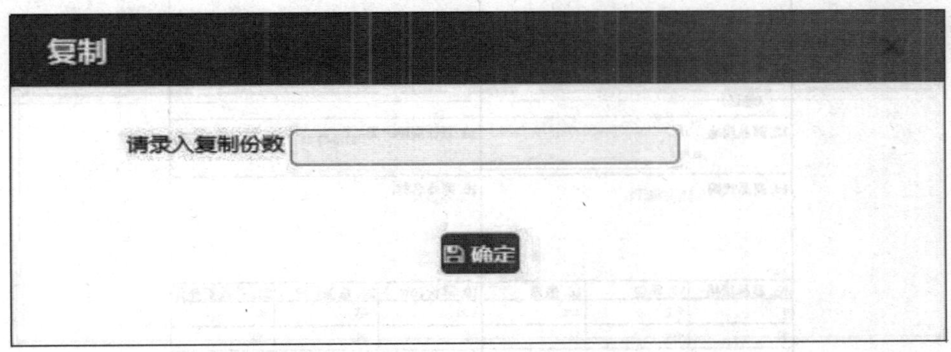

图 4-262 申请单证复制

小提示：企业可对任何状态下的申请表数据进行复制操作。

五、申请单证删除

点击界面上蓝色按钮“删除”，可弹出图 4-263 提示页面；如需要删除，点击‘确认”按钮，不需要可点击“取消”按钮；

图 4-263 申请单证复制

小提示：企业可对暂存、已撤销、初审不通过状态下的申请单数据进行删除操作。

六、申请单证打印

点击单证申请界面顶部蓝色“打印”按钮，系统将结合企业基本信息，显示企业单证申请表预览（如图 4-264）。将鼠标移到界面顶部，菜单自动出现后，点击右上打印机图标，根据您当前浏览器的设置或打印机实际情况，进行打印即可。

自动进口许可证申请表

1. 申请进口单位：	2. 自动进口许可证申请表号： 自动进口许可证号：
3. 申请单位经办人：	4. 自动进口许可证有效截止日期：2018-03-31
5. 进口用户：	6. 进口商：
7. 贸易方式：10 一般贸易	8. 贸易国：VG （地区） 9. 外汇来源：1 人民币
10. 原产地国 （地区）	11. 报关口岸：
12. 商品用途：1 自用	13. 预计到港时间：2018-03-31
14. 商品代码：	15. 商品名称：

16. 商品规格	17. 单位	18. 数量	19. 单价（CNY）	20. 总值（CNY）	21. 总值折美元
1	千克	100	1.23	123	18
33	千克	33	33	1089	159
22. 总计		133		截图(Alt + A)	177

23. 备注　12 申领日期： 申请盖章单位：	24. 签证机关审批 暂存

中华人民共和国商务部监制　　自动进口许可证联网申领系统2005版 制表

图 4-264 申请单证打印预览

七、申请单证附件上传

非机电单证申请，只有该单证为电子版时，可进行单证的附件上传操作；可点击界面下方蓝色按钮“附件上传”，可弹出附件上传操作界面，如图 4-265：

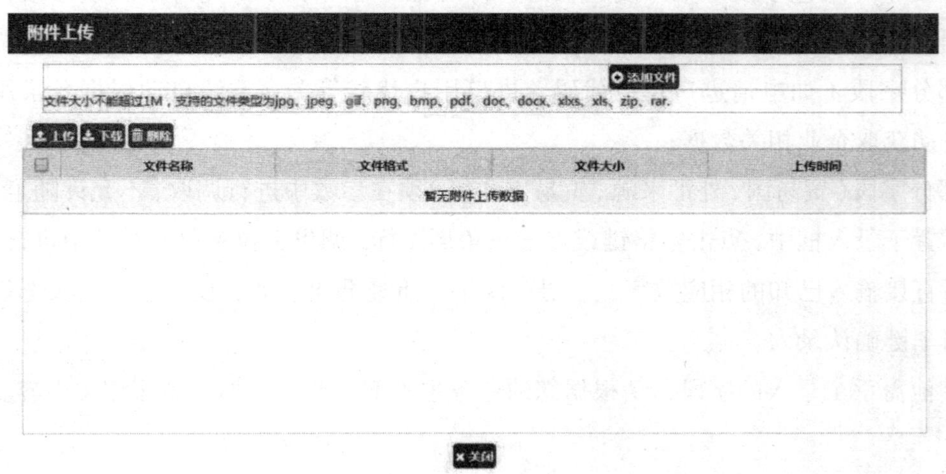

图 4-265 附件上传页面

附件上传操作步骤：

1. 点击“添加文件”按钮、选择需要上传的附件信息；如果附件超过 1M、上传附件的类型支持，会有相应错误提示信息；

2. 待步骤 1 完成后、可点击“上传”按钮，进行单据的上传操作；

3. 如果想查看附件的信息，勾选想下载的附件信息，点击“下载”按钮，对附件进行下载操作；

4. 删除操作，勾选删除的数据，点击“删除”按钮，进行删除操作；

小提示：申请电子版许可证时，也可不上传附件。

八、申请单证上报

非机电单证电子版申请，录入完单证申请详细信息、合同表信息暂存并已将附件上传后，点击蓝色“上报并签章”按钮，此时单证状态暂存变为待初审，商务部返回申请表号，即完成上报。

小提示：

当申请单证商品为铁矿石类时，界面上方显示蓝色“铁矿石合同信息表”按钮，点击铁矿石合同信息表按钮，将铁矿石合同信息录入完毕并暂存，如不录入铁矿石合同信息，系统自动提示，即无法完成上报。

申请电子版许可证时，也可不上传附件。

九、单证申请详细信息

界面中，灰色字段（如年度、状态、许可证号等）表示不允许录入或修改，系统将根据相应操作或步骤（例如申报等）后自动返填。

部分字段（如申请进口单位代码、进口用户代码等），系统自动根据登录用户的信息自动获取企业相关数据；

部分字段（贸易国、外汇来源、贸易方式等）须在参数中进行调取，不允许随意录入。将光标置于录入框中，点击空格键或点击三角形图标，调出下拉菜单并在其中进行选择。您也可直接输入已知的相应数字、字母或汉字，迅速调出参数，使用上下箭头选择后，点击回车键确认录入。

其他需手工录入的字段，请根据您的业务主管部门要求，如实填写相关内容。

第二节 重农信息备案

为企业提供向商务部进行非机电产品进口许可证商品类型为重农信息的数据进行上报并保存；点击左侧“重农信息备案”，右侧页面显示重农信息备案录入页面，如图4-266：

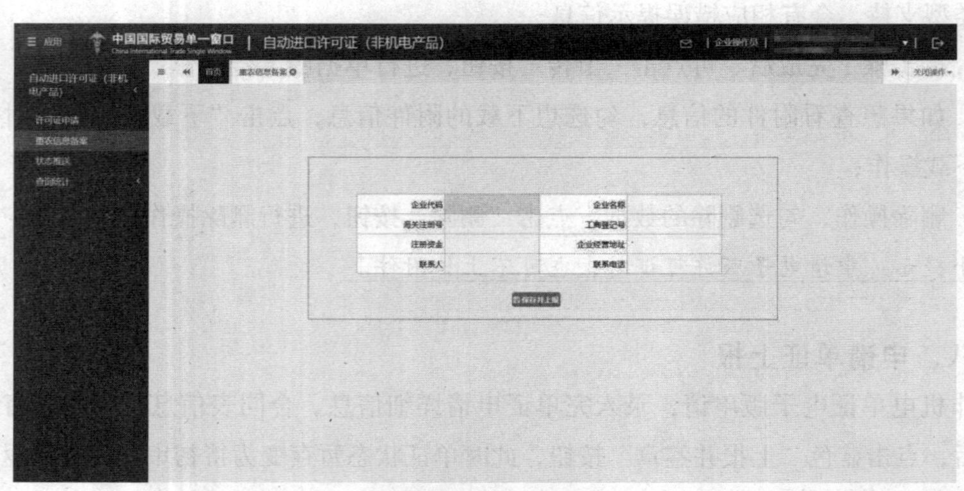

图 4-266 非机电产品进口中重农信息备案录入界面

企业代码数据为系统自动带出，不需用户填写，其他项为必填项，待数据录入完成，点击“保存并上报”按钮，进行重农商品在商务部的备案操作；

第三节 状态推送

为企业提供所关注的申请单的状态及回执信息。点击左侧菜单的“状态推送”，右侧区域展示状态推送界面。可关注公众号后，填写个人关注的申请单，并进行订阅。步骤如下：

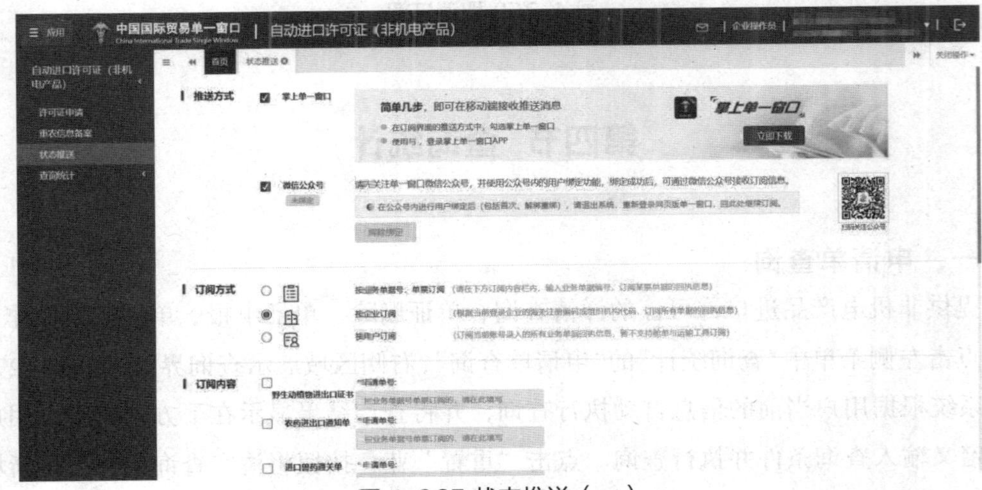

图 4-267 状态推送（一）

图 4-268 状态推送（二）

小提示：在公众号内进行企业绑定后（包括首次、解绑重绑），请退出系统，重新登录网页版单一窗口，回此处继续订阅。

如需取消订阅，可在页面底端的订阅信息记录中进行操作。先选择有效订阅信息，再将要取消订阅的内容，点击后，选择右上角的取消订阅按钮。

图 4-269 取消订阅

第四节 查询统计

一、申请单查询

提供非机电产品进口许可证的详情查询、单证删除、单证申报、单证撤销操作。

点击左侧菜单中“查询统计”的“申请单查询”,右侧区域展示查询界面(如图4-270),同时系统根据用户当前的信息自动执行查询，并将查询结果显示在下方列表中，用户也可自定义输入查询条件并执行查询。点击“重置”蓝色按钮将清空查询条件，重新填写后查询。

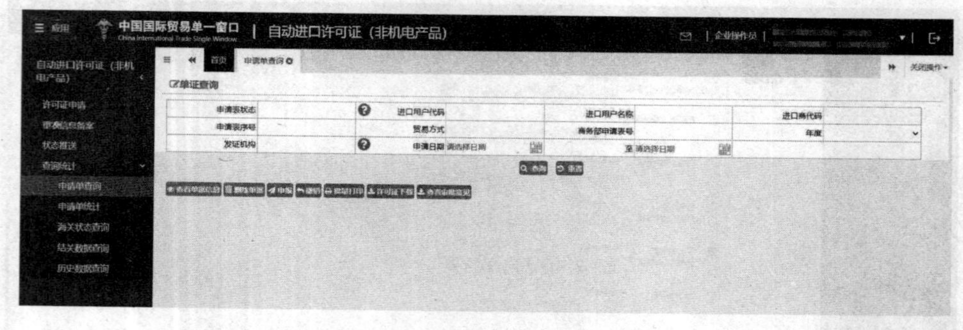

图 4-270 非机电产品进口申请单查询

点击列表中申请单编号蓝色字体，或勾选任意记录，点击界面中部“查看单据信息”白色按钮，界面跳转至非机电许可证详细信息页面，可根据当前许可证状态进行查看或编辑等。

勾选多条未申报（即暂存状态）的数据，可点击界面中部“删除单据”白色按钮，根据系统提示，将当前选中的数据进行（批量）删除，所选记录在列表中消失。删除的数据将不可恢复，需重新录入，请谨慎操作。

勾选一条数据(单证状态为待初审)可点击白色按钮“撤销”,进行单证的撤销操作。

勾选多条数据（任意单证状态）或单条数据，点击批量打印，实现批量打印单证与单条单证打印功能。

此外，还可勾选列表中多条未申报的数据，点击界面中部"申报"白色按钮，实现批量申报单证功能。

非机电提供单证审批状态查询功能，可勾选一条数据点击"查看单据信息"或者直接点击申请表序号蓝色字体，进入单证详情页，可点击蓝色按钮"查询审批状态"，对已上报的数据进行实时更新查询最新审批单证状态。

小提示：查询审批状态只可在单证状态为非暂存状态下进行查询

二、申请单统计

为企业提供单证统计查询功能。点击左侧菜单中"查询统计——申请单统计"，右侧区域展示统计查询界面（如图 4–271），可自定义查询条件，进行查询。

小提示：统计查询只可提供单证申请状态为"复审通过"数据的查询。

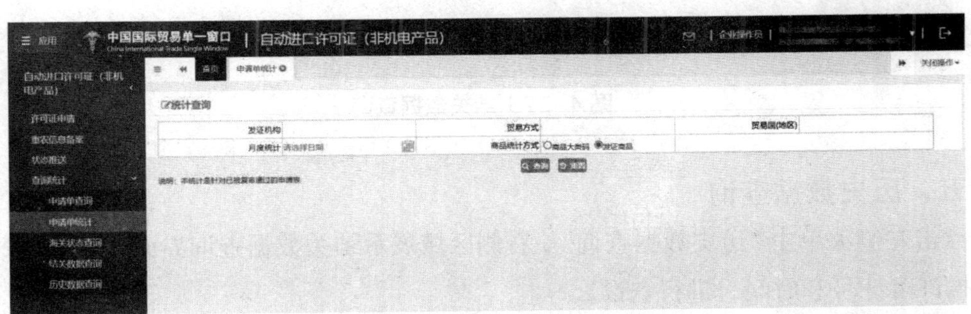

图 4–271 统计查询

三、海关状态查询

为企业提供商务部审批通过的单证是否成功发往海关查询功能。点击左侧菜单中"海关状态查询"，右侧区域展示海关状态查询界面（如图 4–272），可自定义查询条件，进行查询。

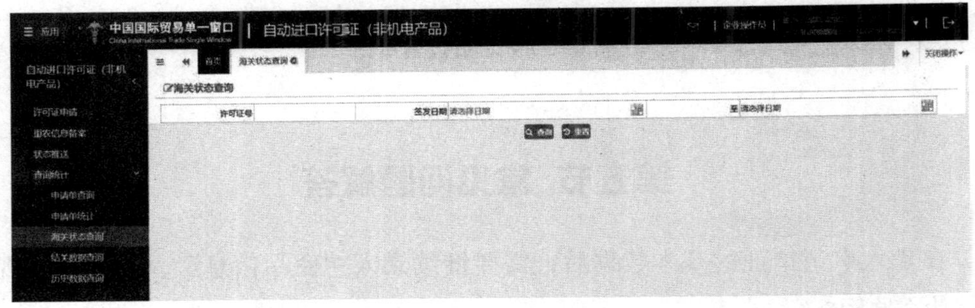

图 4–272 海关状态查询

小提示：海关状态查询只可提供单证状态为“复审通过”与“已打印或生成电子许可证”数据的查询。

四、结关数据查询

为企业提供单证结关后，结关数据明细以及商品明细查询功能。点击左侧菜单中“结关数据查询”，右侧区域展示结关数据查询界面（如图 4-273），可根据许可证号，进行查询。

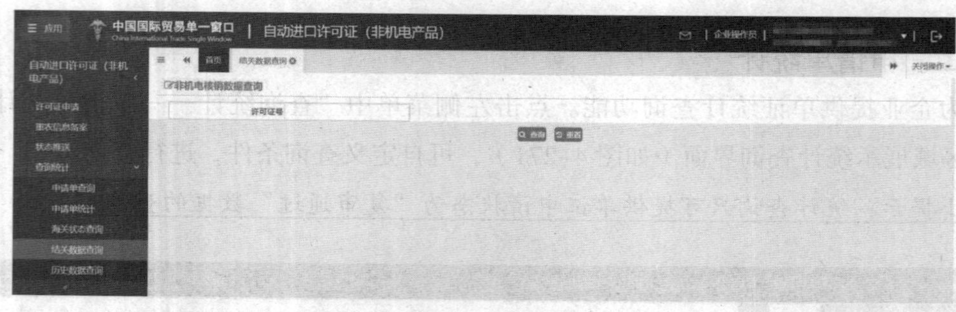

图 4-273 结关数据查询

五、历史数据查询

点击左侧菜单中“历史数据查询”，右侧区域展示结关数据查询界面（如图 4-274），可根据许可证号和时间，进行查询。

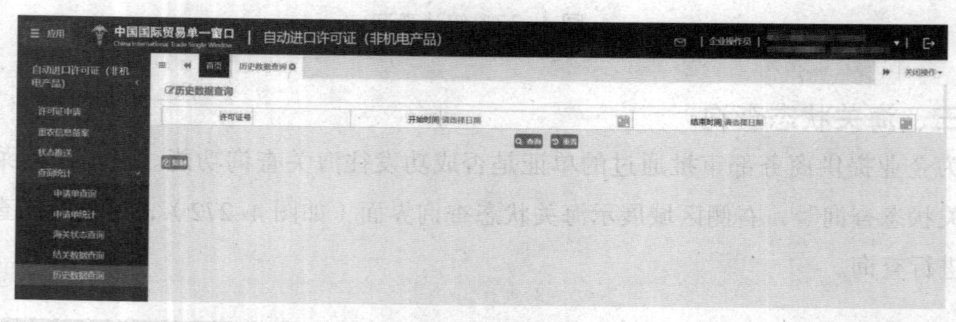

图 4-274 历史数据查询

第五节 常见问题解答

1. 在录入申请单证的基本数据后，需要继续录入“商品信息”，但此时发现不能操作是什么原因？

答：在录入申请单证的基本数据后，必须先点“暂存”按钮，方可对“商品信息”

进行修改以及对“规格型号信息”进行新增操作。

2. 单证查询界面，什么状态下的单证可以删除？

答：只有暂存状态下的单证才允许删除。

3. 单证查询界面，什么状态下的单证可以撤销？

答：单证状态为入库成功待初审，可点击“撤销”按钮，进行单证的撤销操作。

4. 统计查询功能下是否可以查看所有状态的单证？

答：不能。统计查询只可提供单证申请状态为“已复审通过”数据的查询。

第九章 进口药品通关单系统操作指南

1. 功能简介

本系统可操作报验单申请：提供进口药品、药材的基本信息录入，添加批次信息，收货单位及报验单位的录入，附件上传和报验单预览的功能。初始值设置：提供药品企业和药材企业的预录入功能。综合查询：提供进口药品报验单查询，进口药材报验单查询，通关单查询，检验通知书查询，抽样记录单查询，检验报告书查询，通关单变更查询。

2. 进入系统

打开中国国际贸易单一窗口门户网站（如图门户网站），点击“业务应用”页签中“口岸执法申报”。（如图 4–275）

图 4–275 进入系统

点击“口岸执法申报”下面的“监管证件”，选择“进口药品通关单”，登录后进入系统。

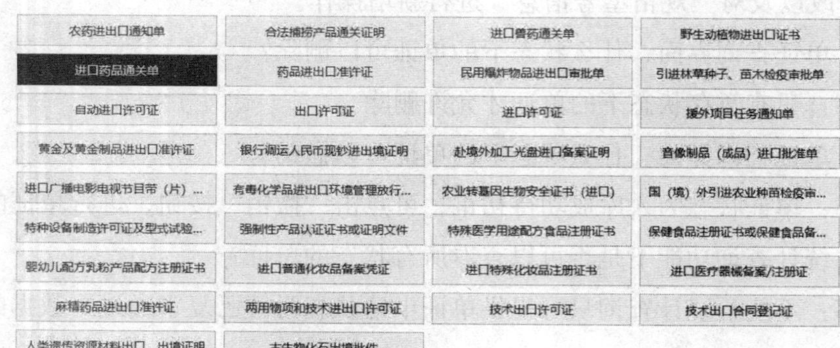

图 4-276 “进口药品通关单”进入路径

第一节 药品药材进口备案管理系统

在图 4-277 中，点击左侧菜单栏“药品药材进口备案—报验单申请”，可展开业务菜单。

图 4-277 药品药材进口管理系统—报验单申请

一、进口药品报验单申请

（一）基本信息录入

点击“进口药品报验单申请”图标，界面跳转如图 4-278 所示。

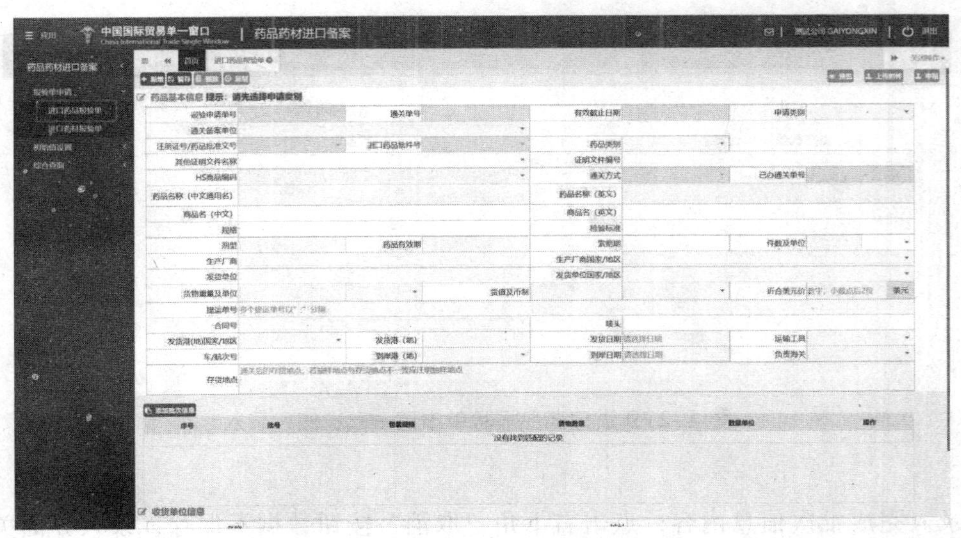

图 4-278 进口药品报验单申请界面

在上图页面中，请根据您的业务主管部门要求，如实填写相关内容。

小提示：

1. 进口药品报验单基本信息录入需要先选择申请类别！

2. 注册证号、进口药品批件号的录入框会根据申请类别的选择而改变，支持下拉选择。

部分字段右侧带有三角形标识（例如申请类别、药品类别、通关方式等）表示该类字段需要在参数中进行调取，不允许用户随意录入。

新增按钮：点击“新增”后用户可以创建一份新的药品报验单。

暂存按钮：点击“暂存”对当前录入信息进行暂存。

申报按钮：点击“申报”将当前信息向通关备案单位方申报。根据业务类型在申报时如有必填项未录入，会有相关提示。

删除按钮：用户可对暂存状态的报验单数据进行删除操作。点击“删除”按钮，系统将提示用户是否删除当前数据，删除的数据将不可恢复，需重新录入，请谨慎操作。

复制按钮：点击“复制”将当前信息进行复制，避免重复录入问题。

预览按钮：用户将申请数据保存成功后，可点击“预览”按钮预览报验单，便于企业核对录入数据。

上传附件按钮：点击“上传附件”进入附件上传界面，根据业务需要上传附件信息。

批次信息：在“进口药品报验单申请—批次信息录入”界面中可录入本次申报药品的批次信息。点击“添加批次信息”按钮进入批次信息录入界面，如图 4-279：

批次信息
批号 请输入...
包装规格 请输入...
货物数量 请输入数字
数量单位 可录入代码或汉字
提示：数量单位可以录入中文
取消
保存

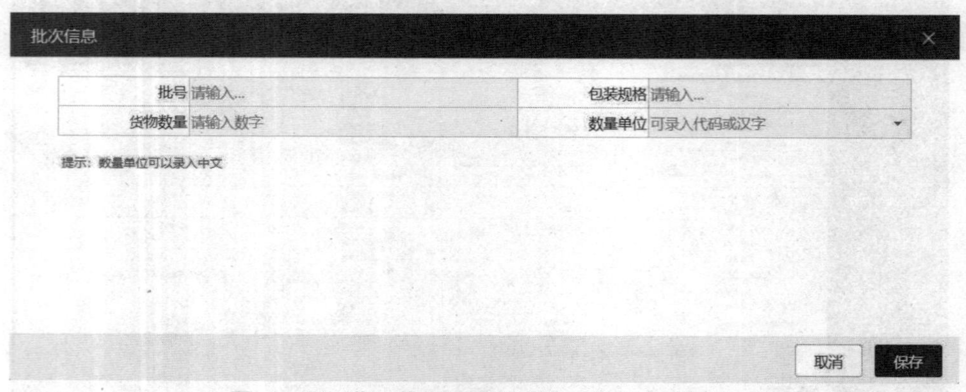

图 4-279 进口药品报验单申请—批次信息录入

录入完成批次信息内容，点击右下角“取消”按钮数据不保存，录入界面关闭；点击“保存”按钮数据保存，并在基本信息录入界面展示如图 4-280：

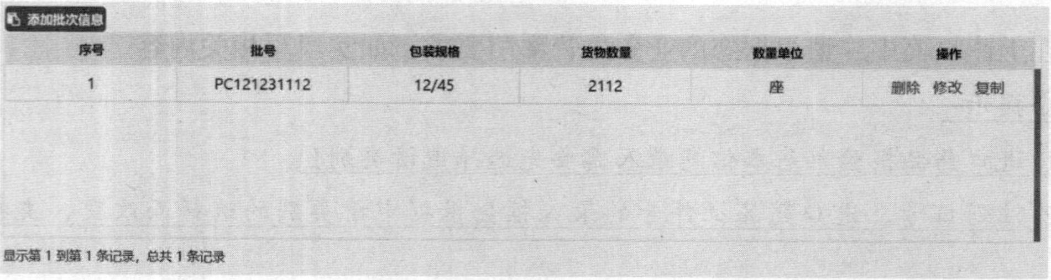

添加批次信息
序号
批号
包装规格
货物数量
数量单位
操作
1
PC121231112
12/45
2112
座
删除 修改 复制
显示第 1 到第 1 条记录，总共 1 条记录

图 4-280 批次信息展示列表

用户可在批次信息列表对当前数据进行删除、修改、复制等功能操作。

（二）收货单位 / 报验单位信息录入

用户可以根据自身业务填写收货单位信息和报验单位信息。

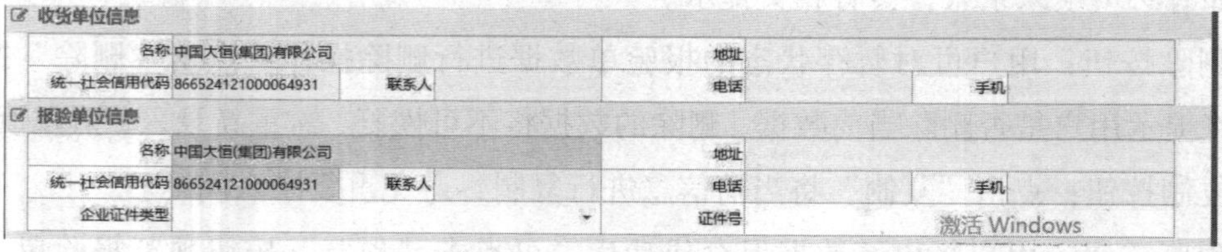

收货单位信息
名称 中国大恒(集团)有限公司
地址
统一社会信用代码 866524121000064931
联系人
电话
手机
报验单位信息
名称 中国大恒(集团)有限公司
地址
统一社会信用代码 866524121000064931
联系人
电话
手机
企业证件类型
证件号
激活 Windows

图 4-281 收货单位 / 报验单位信息录入

（三）上传附件

基本信息录入完成后，点击暂存按钮系统自动生成报验申请单号。再点击上传附件，根据申请类型上传报验单相关附件信息，用户可对暂存、已撤回、待补正状态下的附件

信息进行“上传”及“删除”操作，对附件信息可点击“预览”“下载”查看附件详情，如图 4-282：

附件信息

随附单据文件类别	随附单据文件/编号	操作
*《进口药品注册证》（或者《医药产品注册证》）（正本或副本）复印件	只能上传pdf文件，每页不超过200k，大小不能超过8M	上传 预览 下载 删除
麻醉药品、精神药品、蛋白同化制剂和肽类激素《进口准许证》复印件（麻精类药品、蛋白同化制剂和肽类激素必填）	只能上传pdf文件，每页不超过200k，大小不能超过8M	上传 预览 下载 删除
*报验单位的《药品经营许可证》（或《药品生产许可证》）和《企业法人营业执照》复印件（药品生产企业自行进口本企业生产所需原料药和制剂中间体的进口备案，应当提交其《药品生产许可证》和《企业法人营业执照》复印件）	只能上传pdf文件，每页不超过200k，大小不能超过8M	上传 预览 下载 删除
药品说明书及包装、标签的式样（原料药及制剂中间体除外）	只能上传pdf文件，每页不超过200k，大小不能超过8M	上传 预览 下载 删除
国家药品监督管理局规定批签发的生物制品，需要提供生产检定记录摘要及生产国家或者地区药品管理机构出具的批签发证明原件	只能上传pdf文件，每页不超过200k，大小不能超过8M	上传 预览 下载 删除
《药品进口管理办法》第十条规定情形以外的药品，应当提交最近一次《进口药品检验报告书》和《进口药品通关单》的复印件	只能上传pdf文件，每页不超过200k，大小不能超过8M	上传 预览 下载 删除
涉及捐赠药品需提供：捐赠药品进口备案的书面申请、受赠人社会组织登记证或组织机构代码证复印件及资质条件证明、捐赠协议复印件	只能上传pdf文件，每页不超过200k，大小不能超过8M	上传 预览 下载 删除
*原产地证明复印件	只能上传pdf文件，每页不超过200k，大小不能超过8M	上传 预览 下载 删除
*出厂检验报告书复印件	只能上传pdf文件，每页不超过200k，大小不能超过8M	上传 预览 下载 删除
其他证明性文件	只能上传pdf文件，每页不超过200k，大小不能超过8M	上传 预览 下载 删除
*购货合同复印件 货运发票复印件 装箱单复印件 提运单复印件（经其他国家或者地区转口的进口药品，需要同时提交从原产地到各转口地的全部购货合同、装箱单、提运单和货运发票）	只能上传pdf文件，每页不超过200k，大小不能超过8M	上传 预览 下载 删除 添加

图 4-282 附件信息界面

小提示：

附件类别的展示根据申请类别的更改而变化。

（四）打印控件安装

若首次使用打印功能，需先安装 CLodop 云打印服务控件。点击预览按钮，系统将给出图 4-283 提示。

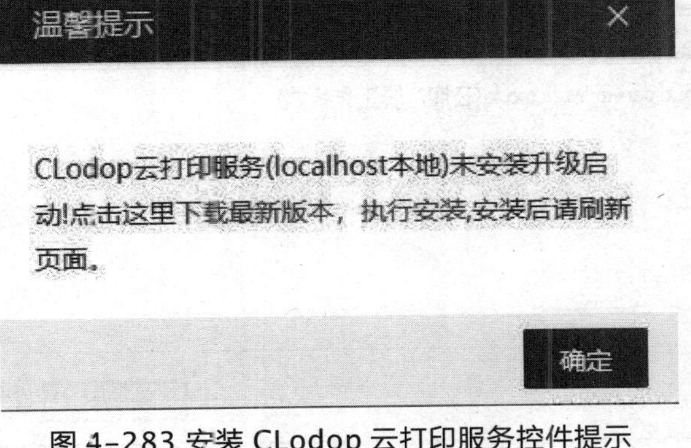

图 4-283 安装 CLodop 云打印服务控件提示

点击“执行安装”下载该控件，弹出下载界面，根据下载路径找到下载完成的控件，如图 4–284 所示。

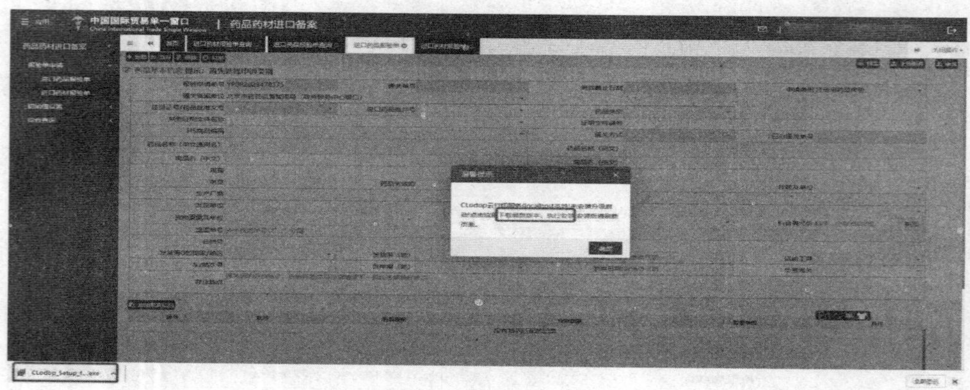

图 4–284 下载 CLodop 云打印服务控件

点击下载好的控件将执行安装操作，如图 4–285 所示，点“Next”继续按照。

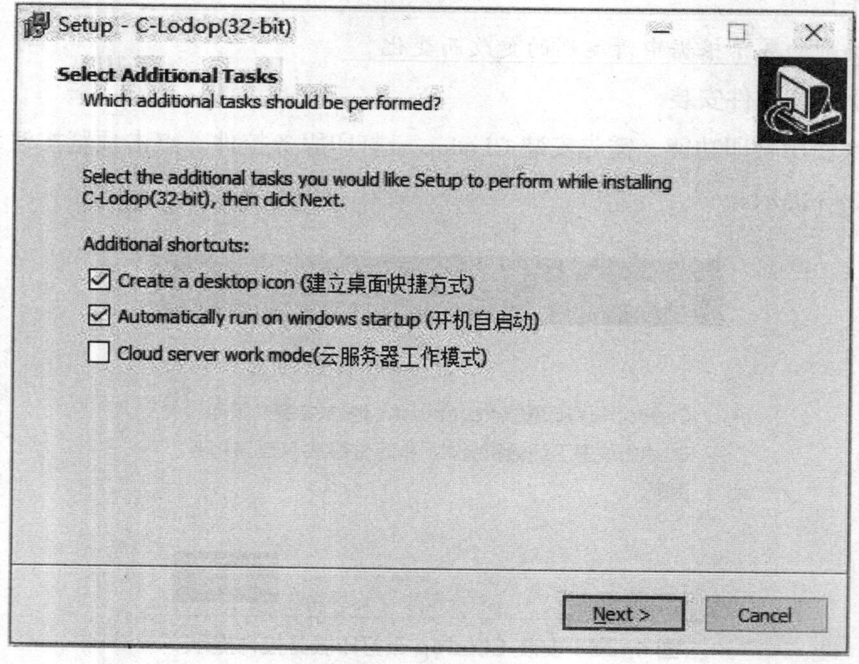

图 4–285 安装设置

安装成功后，系统给出图 4-286 提示，刷新界面可正常使用打印功能。

图 4-286 安装成功提示

信息录入完毕点击预览按钮，可对当前报验单预览、打印，如图 4-287：

适高 正常 适宽 放大 缩小 首页 上页 下页 尾页 100% 设置 打印 关闭 点击此处可打印当前预览的报验单

进口药品报验单

HS商品编码：(101101[illegible])

药品名称	中文：感康 英文:gankang	商品名	中文：典迈伦 英文：Iomeron
剂型	片剂	规格	10粒/盒
合同号/唛头	13	检验标准	检验标准中文
药品有效期	24个月	索赔期	7000
货值	4324	货物重量(单位)	12

提运单号	2113			件数	1111
发货港（地）	31	发货日期	2019-10-17	运输工具	海运
到岸港（地）	北京	到岸日期	2019-10-17	负责海关	京机场关
存货地点	13333333333				
生产厂商	药品生产企业名称			国家	美国
发货单位	7000			国家	巴林

批次详情	序号	批号	包装规格	货物数量	数量单位
	1	31	13	13	座
	-	-	-	-	-
	-	-	-	-	-
	-	-	-	-	-
	-	-	-	-	-
	批次详情见附件表（批次多于5个）				

收货单位	名称	[illegible]宁（北京）体育用品商业有限公司			
	地址	3[illegible]2			（公章） 年 月 日
	联系人	[illegible]火凤凰	电话	13311223344 13311223344	
报验单位	名称	[illegible]宁（北京）体育用品商业有限公司			
	地址	[illegible]2333			（公章） 年 月 日
	联系人	[illegible]雷恐龙	电话	13311223344 13311223344	

所附资料	(一)《进口药品注册证》(或者《医药产品注册证》)(正本或者副本)复印件☑ (二)麻醉药品、精神药品、蛋白同化制剂和肽类激素《进口准许证》(麻精类药品、蛋白同化制剂和肽类激素必填)☐ (三)报验单位的《药品经营许可证》和进口单位《营业执照》复印件☑ (四)原产地证明复印件☑ (五)购货合同复印件☐ (六)装箱单复印件☐ (七)提运单复印件☑ (八)货运发票复印件☐ (九)出厂检验报告书复印件☑ (十)药品说明书及包装、标签的式样（原料药及制剂中间体除外）☑ (十一)国家药品监督管理局规定批签发的生物制品，需要提供生产检定记录摘要及生产国家或者地区药品管理机构出具的批签发证明原件☐ (十二)《药品进口管理办法》第十条规定情形以外的药品，应当提交最近一次《进口药品检验报告书》和最近一次《进口药品通关单》的复印件☐ (十三)其他证明文件☐

国家药品监督管理局制

图 4-287 报验单预览

小提示：

如打印不清晰，可在本地浏览器打印中设置为高质量打印。

二、进口药材报验单申请

在下图中，选择进口药材报验单申请，请根据您的业务主管部门要求，如实填写相关内容。

点击“进口药材报验单申请”图标，界面跳转，如图 4–288 所示。

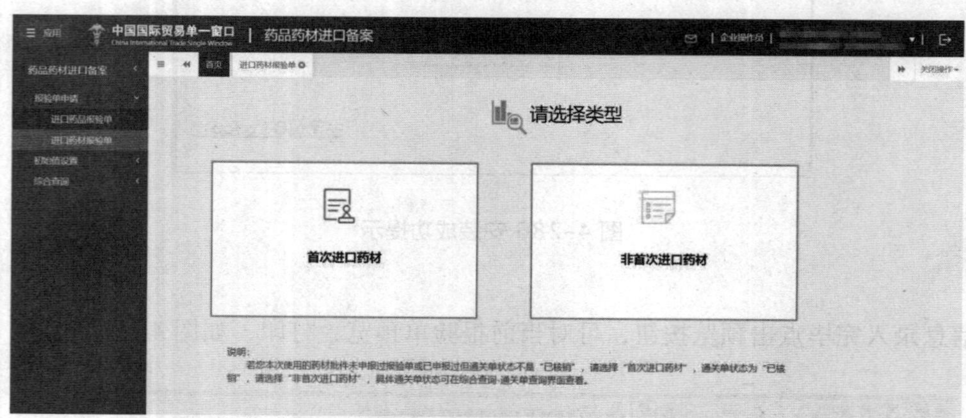

图 4–288 进口药材报验单申请选择

根据您的需求，选择申请类别后，将进入填报页面，并可以在页面的申请类别中重新更改您的选择。具体如图 4–289 所示。

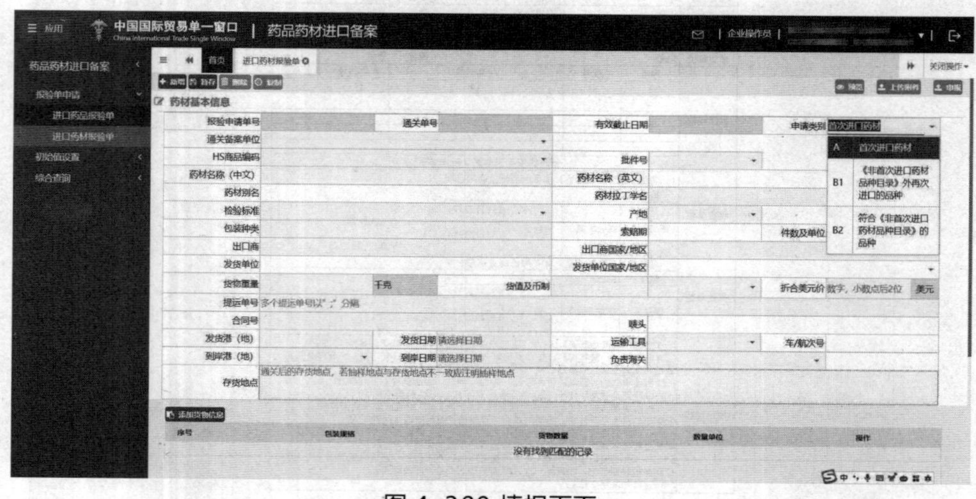

图 4–289 填报页面

部分字段右侧带有三角形标识（例如申请类别、批件号、HS 商品编码等）表示该类字段需要在参数中进行调取，不允许用户随意录入。

第二节 初始值设置

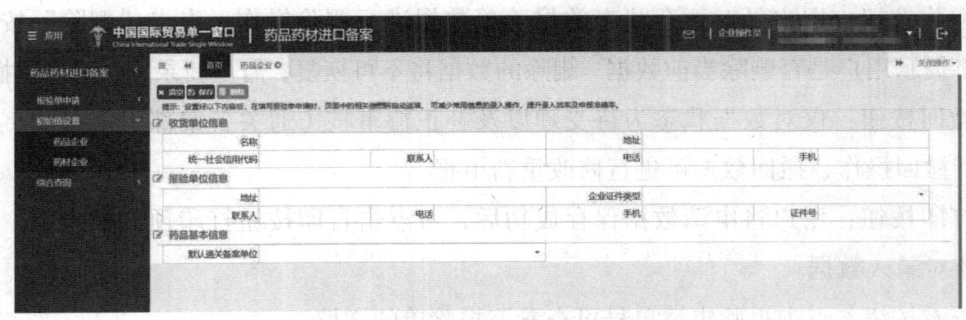

图 4-290 初始值设置

点击页面左侧的初始值设置后，可以对药品企业和药材企业的初始值进行设置.根据页面内容填写收货单位、报验单位及药品基本信息。并在保存后在填写报验单申请时，页面中的相关信息将自动返填。也可以在报验单申请页面填写。

第三节 综合查询

一、进口药品报验单查询

点击界面左侧“综合查询——进口药品报验单查询”菜单，进入报验单查询界面，列表默认显示该企业的药品报验单数据，如图 4-291 所示。

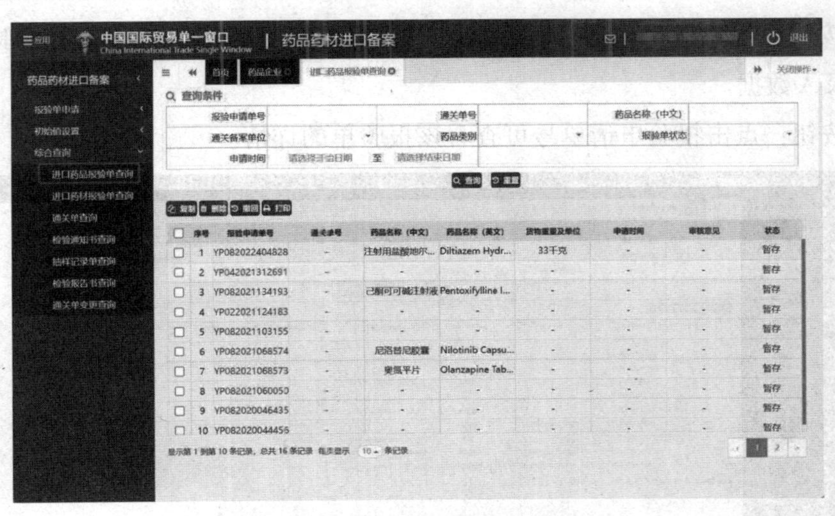

图 4-291 进口药品报验单查询界面

查询按钮：录入查询条件，点击“查询”按钮，可查询到符合条件的药材报验单数据。

重置按钮：点击“重置”按钮，查询条件将被初始化。

复制按钮：点击“复制”按钮，将当前信息进行复制，避免重复录入问题。

删除按钮：用户可对暂存状态的报验单数据进行删除操作。点击“删除”按钮，系统将提示用户是否删除当前数据，删除的数据将不可恢复，需重新录入，请谨慎操作。

撤回按钮：仅对数据状态为待受理以及补正待审核（通关备案部门未接收）的数据进行撤回操作，撤回数据可进行修改重新申报。

打印按钮：用户将申请数据保存成功后，可点击打印按钮打印预览报验单，便于企业核对录入数据。

查看按钮：点击报验申请单号可查看该报验单的详情。

二、进口药材报验单查询

点击界面左侧“综合查询——进口药材报验单查询”菜单，进入报验单查询页面。列表默认显示该企业的药材报验单数据，如图 4-292 所示。

查询按钮：录入查询条件，点击“查询”按钮，可查询到符合条件的药材报验单数据。

重置按钮：点击“重置”按钮，查询条件将被初始化。

复制按钮：点击“复制”将当前信息进行复制，避免重复录入问题。

删除按钮：用户可对暂存状态的报验单数据进行删除操作。点击“删除”按钮，系统将提示用户是否删除当前数据，删除的数据将不可恢复，需重新录入，请谨慎操作。

撤回按钮：仅对数据状态为待受理以及补正待审核（通关备案部门未接收）的数据进行撤回操作，撤回数据可进行修改重新申报。

打印按钮：用户将申请数据保存成功后，可点击打印按钮打印预览报验单，便于企业核对录入数据。

查看按钮：点击报验申请单号可查看该报验单的详情。

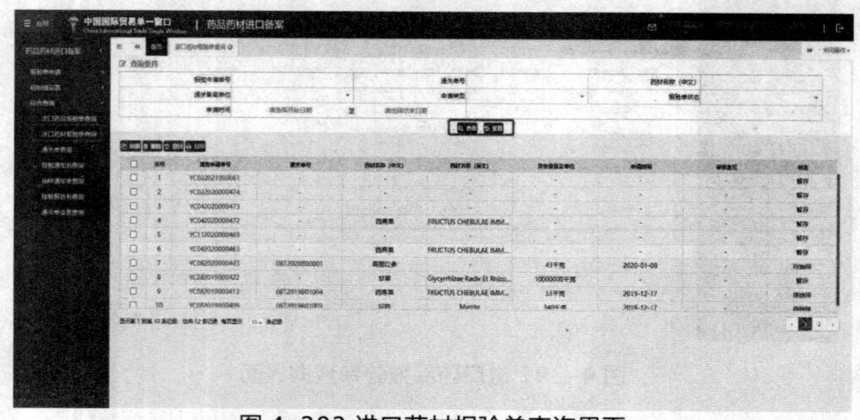

图 4-292 进口药材报验单查询界面

三、通关单查询

点击界面左侧“综合查询——通关单查询”菜单，进入通关单查询页面。列表默认显示所有本企业审核通过的通关单数据，如图 4-293 所示。

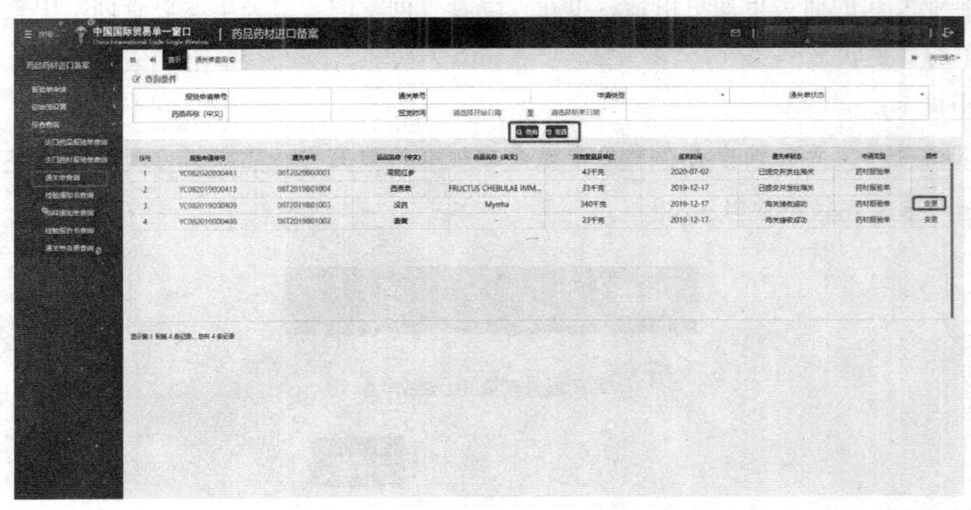

图 4-293 进口药材报验单查询界面

查询按钮：录入查询条件，点击“查询”按钮，可查询到符合条件的通关单数据。

重置按钮：点击“重置”按钮，查询条件将被初始化。

查看通关单详情：点击通关单号可查看该通关单的详情。

变更：仅审核通过待打印、海关接收成功或变更通过状态的通关单可执行变更操作。点击变更进入通关单变更界面，如图 4-294 所示。

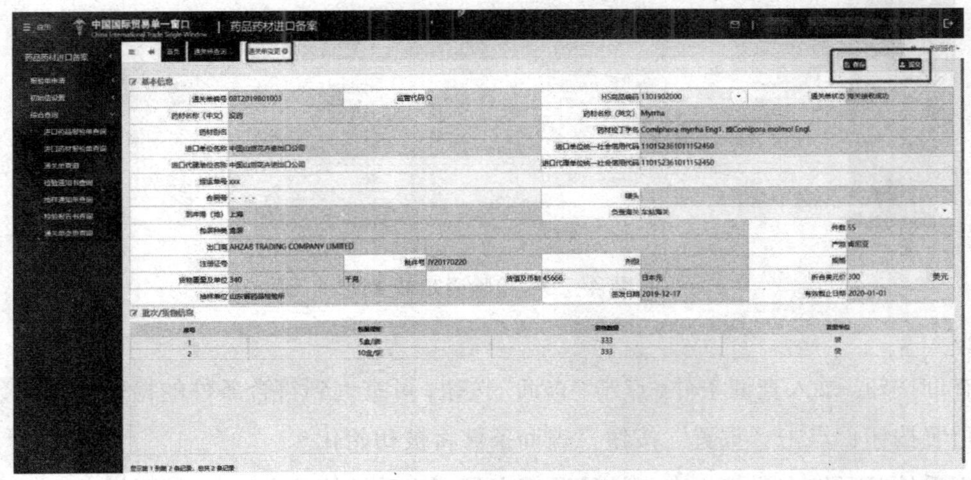

图 4-294 通关单查询

仅未置灰的字段可以变更，修改完成后点击“保存”按钮，该通关单变更状态为“变更中”。点击“提交”按钮，该变更申请将发送至通关备案单位，该通关单变更状态更新为变更待审核。

企业发起的通关单变更申请，可在“综合查询”的“通关单变更查询”中查询到通关单的变更状态。

小提示：

若通关单变更查询中存在变更中或变更待审核的变更在途数据，则该变更单不可再次提起变更，提示如图 4–295。

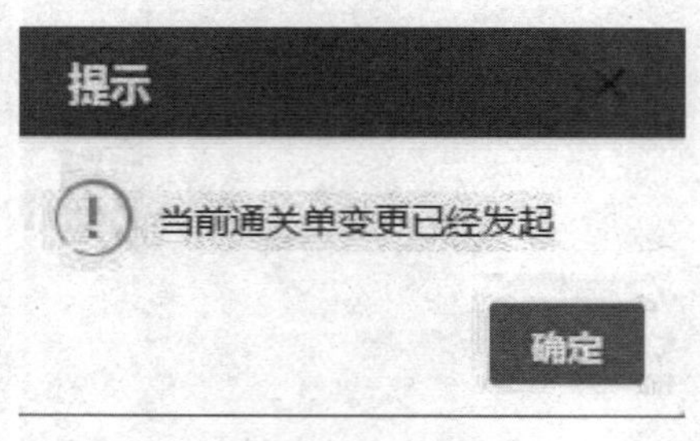

图 4–295 变更提示

四、检验通知书查询

点击界面左侧“综合查询——检验通知书查询”菜单，进入检验通知书查询界面，列表默认显示所有本企业的检验通知书数据，如图 4–296 所示。

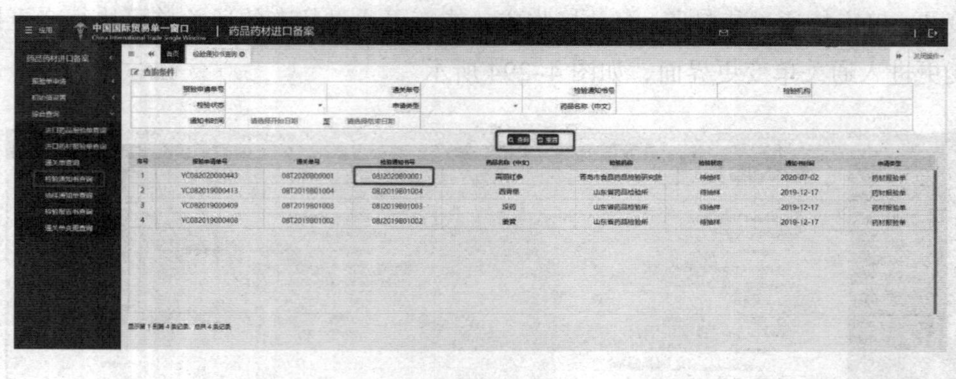

图 4–296 检验通知书查询

查询按钮：录入查询条件，点击“查询”按钮，可查询到符合条件的检验通知书数据。

重置按钮：点击“重置”按钮，查询条件将被初始化。

查看检验通知书详情：点击检验通知书号可查看该检验通知书的详情。

五、抽取记录单查询

点击界面左侧“综合查询——抽样记录单查询”菜单，进入抽样记录单查询界面，列表默认显示所有本企业的抽样记录单数据，如图 4–297 所示。

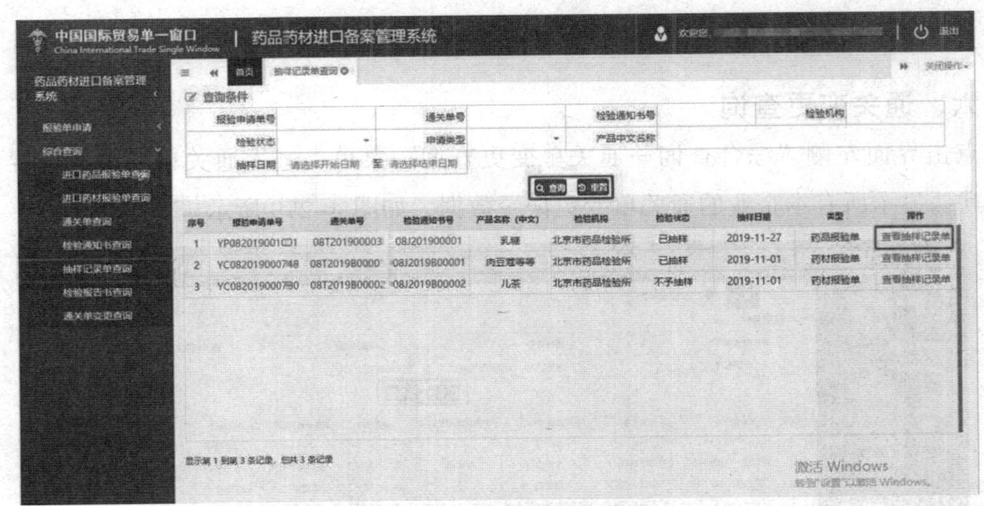

图 4–297 抽取记录单查询

查询按钮：录入查询条件，点击“查询”按钮，可查询到符合条件的抽样记录。

重置按钮：点击“重置”按钮，查询条件将被初始化。

查看抽样记录单详情：点击检验通知书号可查看抽样记录单详情。

六、检验报告书查询

点击界面左侧“综合查询——检验报告书查询”菜单，进入检验报告书查询界面，列表默认显示所有本企业的检验报告书数据，如图 4–298 所示。

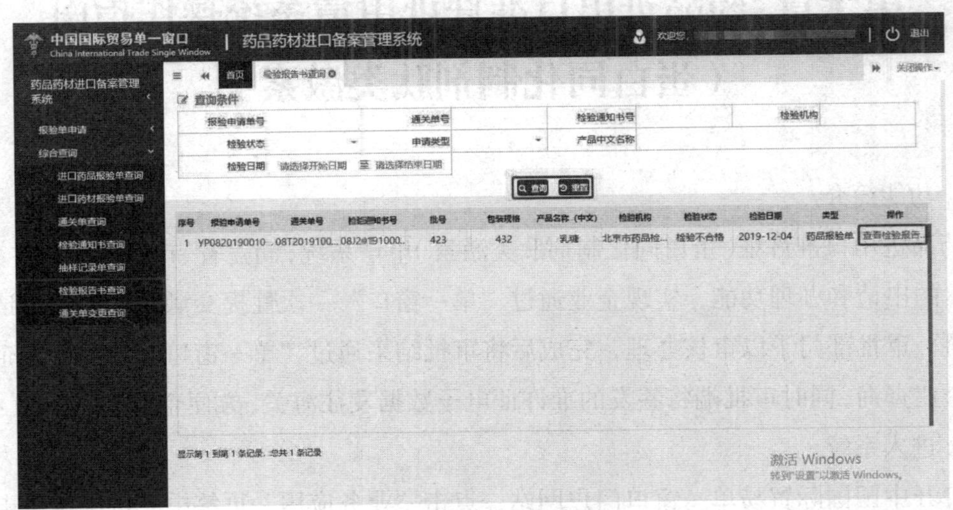

图 4–298 检验报告书查询

查询按钮：录入查询条件，点击“查询”按钮，可查询到符合条件的检验报告书数据。

重置按钮：点击“重置”按钮，查询条件将被初始化。

查看检验报告书详情：点击操作列的查看检验报告书可查看该检验报告书的详情信息。

六、通关变更查询

点击界面左侧“综合查询—通关单变更查询”菜单，进入通关单变更查询界面，列表默认显示所有本企业的通关单变更记录数据，如图 4–299 所示。

图 4–299 通关变更查询

第十章 药品进出口准许证申请系统操作指南（蛋白同化制剂肽类激素）

1. 功能简介

药品进出口准许证（蛋白同化制剂肽类激素）申请系统，涵盖省、市级药监局签发“准许证”的申请和办理功能，实现企业通过“单一窗口”一次性提交满足要求的申请信息和资料，审批部门予以审核办理，完成后将审批结果通过“单一窗口”统一反馈企业，便于企业查询，同时审批端将签发的准许证电子数据发往海关，方便企业“一站式”办理。

2. 进入系统

打开中国国际贸易单一窗口门户网站，点击“业务应用”页签中“口岸执法申报”

（如图 4–300）。

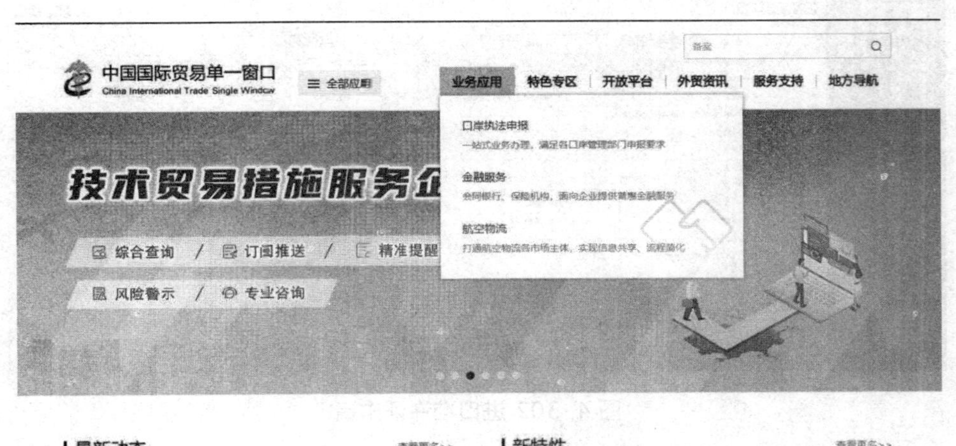

图 4–300 进入系统

点击“口岸执法申报”下面的“监管证件”，选择“药品进出口准许证”，登录后进入系统。

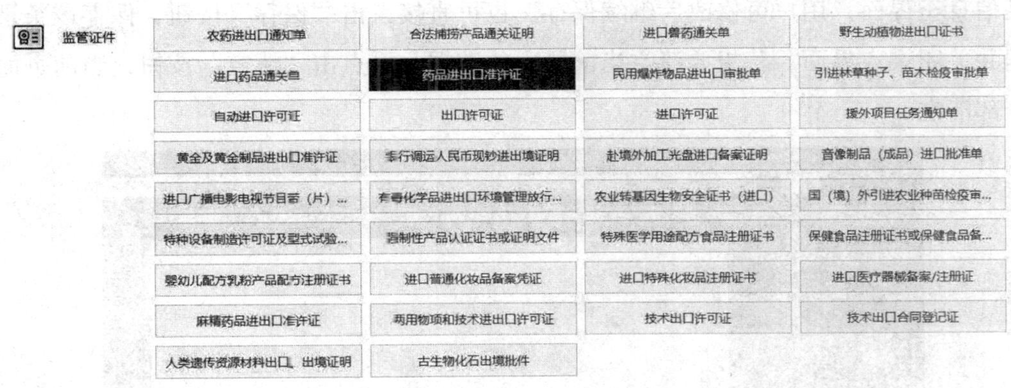

图 4–301 “药品进出口准许证”进入路径

第一节 进口准许证申请

一、基本信息

点击左侧菜单中“进口准许证申请”，右侧区域展示申请界面如图 4–302，根据登录的账号或者卡信息自动返填“进口单位名称”“进口单位地址”“进口单位名称（英文）”和“进口单位地址（英文）”字段内容。置灰输入框为系统自动返填字段，用户不能自行更改。其余输入框按照实际内容填写即可。

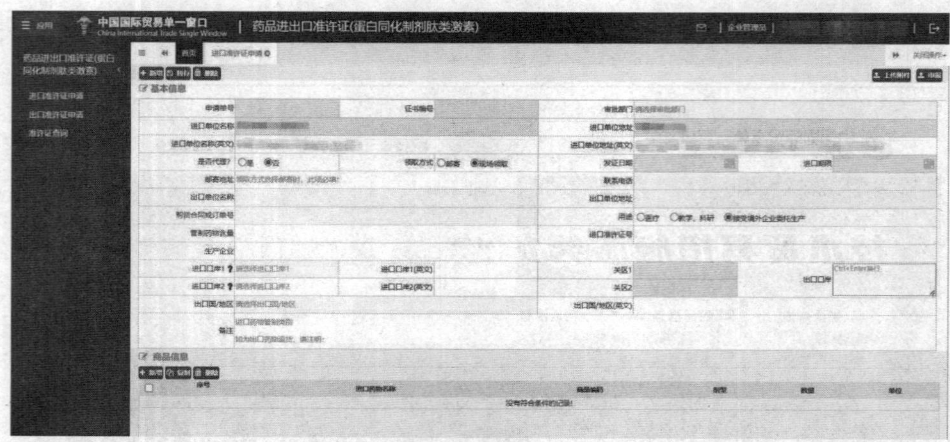

图 4-302 进口准许证申请

二、商品信息

基本信息数据录入完成后，点击商品信息下方“新增”按钮，系统在当前界面弹框展示商品信息页面如图 4-303，输入框底色为黄色的是必填项，按照实际情况录入后

点击“保存并新增”按钮，保存该条商品信息的同时界面不关闭，并复制上一条商品信息至界面，用户可修改后继续保存。也可直接点击“保存”按钮，保存该条录入数据并关闭录入界面。若想要清空当前录入的数据，可点击“清空”按钮，当前页面数据全部清空。

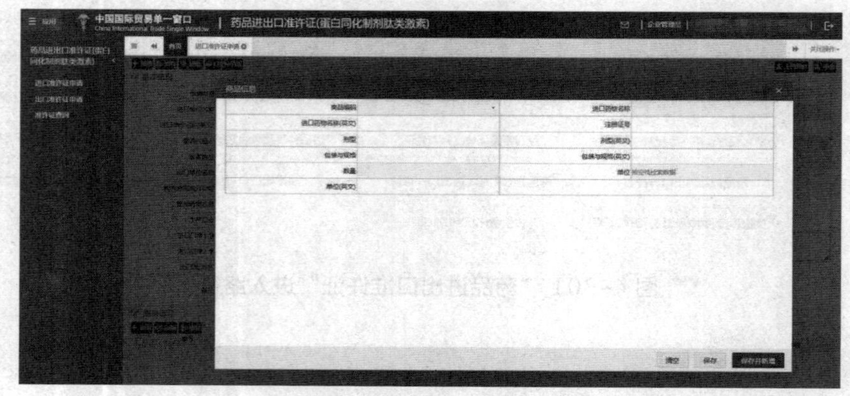

图 4-303 商品信息

小提示：

1. 商品信息项最多可录入保存四条表体。

2. 录入第一条商品信息后，后续新增的商品信息项中的商品编码、进口药物名称、进口药物名称（英文）、剂型、剂型（英文）字段置灰不可更改。如需更改，需勾选已录入的商品信息并点击“删除”按钮，删除后重新新增录入。

1. 暂存

当基本信息必填项录入完成后，点击“暂存”按钮，系统自动校验录入数据是否符合校验规则，校验通过则系统提示“暂存成功”，如图 4-304；若校验失败，系统给出相关的错误提示信息，按要求修改后再尝试暂存操作。

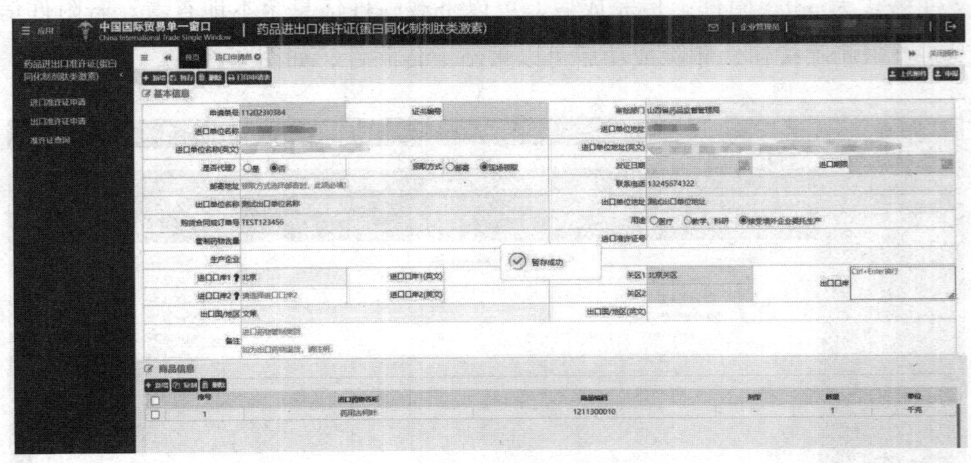

图 4-304 药品准许证暂存

2. 打印申请表

申请单暂存成功后，界面展示“打印申请表”按钮，点击此按钮后可以预览打印申请表信息，如图 4-305。企业在基本信息和商品信息录入完成后打印并盖章扫描成 PDF 文件后，在上传附件信息时使用。

药品进口准许证申请表

申请单号:	11202310396	审批部门:	山西省药品监督管理局
进口单位名称及地址:			
出口单位名称及地址:	测试出口单位名称 测试出口单位地址		
邮寄地址:		联系电话:	13245674322
管制药物含量:		进口准许证号:	
生产企业:			
进口口岸1:	北京	进口口岸2:	
关区1:	北京关区	关区2:	
出口国/地区:	阿富汗		
用途:	□医疗　□教学、科研　☑接受境外企业委托生产		
购货合同或订单号:	test111111	出口口岸:	
领取方式:	□邮寄　☑现场领取	是否代理?	□是　☑否
委托人统一社会信用代码:			
委托人企业名称:			
进口药物管制类别备注:			
如为出口药物退货，请注明:			
进口药物名称:	药用苦柯叶		
剂型:		商品编码:	1211300010
注册证号:	包装与规格:	数量:	单位:
		11	千克

图 4-305 打印申请表预览

3. 上传附件

基本信息和商品信息录入完成，点击“上传附件”按钮，输入框底色标黄的附件类型为必填项，选择相应文件后点击上传按钮，系统自动校验文件大小是否未超过 4M 并且文件格式为 pdf。附件上传完成后，可以下载附件信息至本地查看。若附件信息上传有误，点击删除按钮，删除成功后可以重新上传附件，如图 4–306。

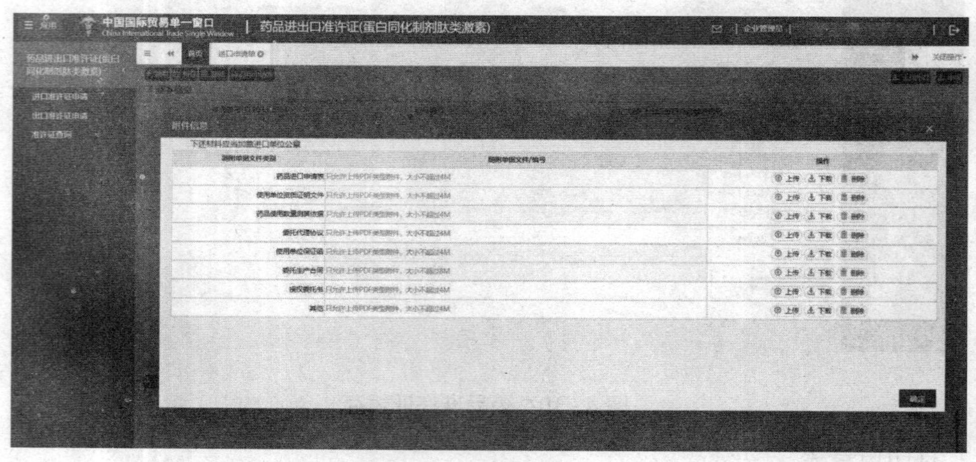

图 4–306 附件信息

4. 删除

暂存状态下的单证数据可以进行删除，点击“删除”按钮，系统提示弹框点击“确定”按钮，系统提示“删除成功”且输入框内容清空，则删除操作成功，当前页面可以重新录入新申请单内容。如图 4–307。

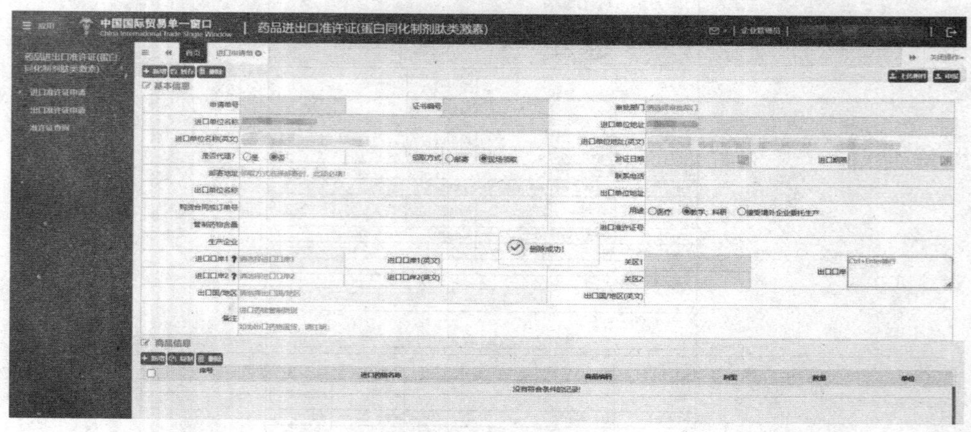

图 4–307 删除

5. 申报

当基本信息，商品信息和附件信息全部录入完成后，点击右上角“申报”按钮，系统自动校验录入数据是否符合业务规则，校验通过后系统提示“提交成功”，页面全部置灰，不能继续更改；校验不通过，系统给出相关提示信息，企业按照要求修改数据后，再重新尝试申报操作。如图 4–308。

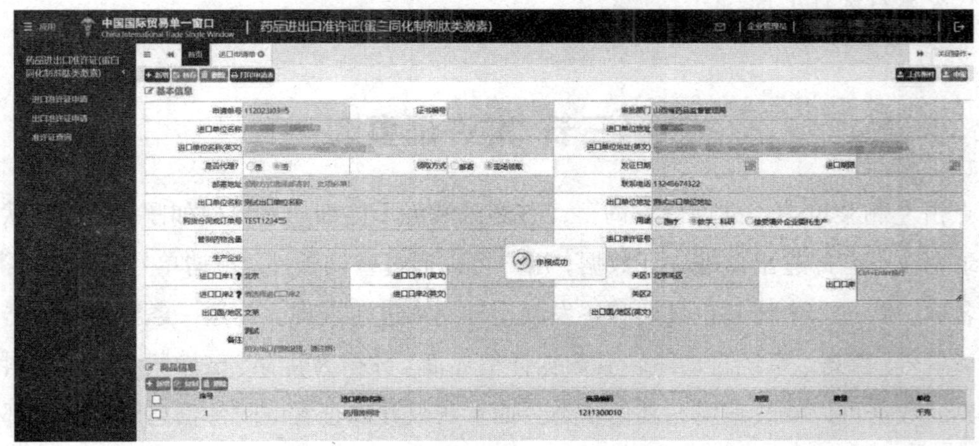

图 4–308 申报

第二节 出口准许证申请

点击左侧菜单中“出口准许证申请”，右侧区域展示申请界面如图 4–309，具体操作与进口准许证申请基本一致，可以参考以上内容进行信息录入。

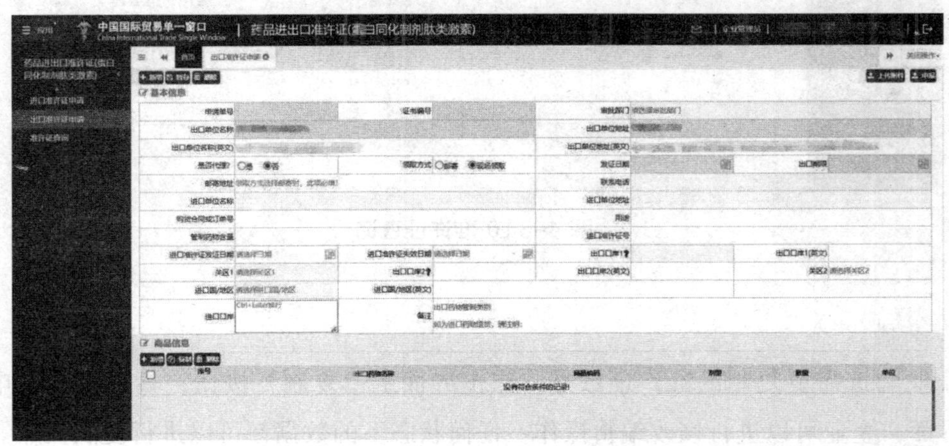

图 4–309 出口准许证申请

小提示：

如进口国家或者地区对蛋白同化制剂、肽类激素进口尚未实行许可证管理制度，需提供进口国家的药品管理机构提供的该类药品进口无需核发进口准许证的证明文件以及以下文件之一：

1. 进口国家或者地区的药品管理机构提供的同意进口该药品的证明文件；

2. 进口单位合法资质的证明文件和该药品用途合法的证明文件。附件材料应当加盖单位公章后进行上传。

第三节 准许证查询

点击左侧菜单中“准许证查询”，右侧区域展示详细信息界面如图 4–310。默认展示登录企业下全部进出口准许证数据，用户可以通过查询条件：申请单号、进出口类型、商品名称、状态、申请起止日期和签发起止日期来进行查询。勾选一条数据，点击蓝色“申请单号”字段，系统自动跳转到数据详情界面。数据为暂存、已撤回和补正材料时，详情界面数据可以修改编辑，其他状态页面置灰只允许查看，附件信息所有状态都可以下载查看。

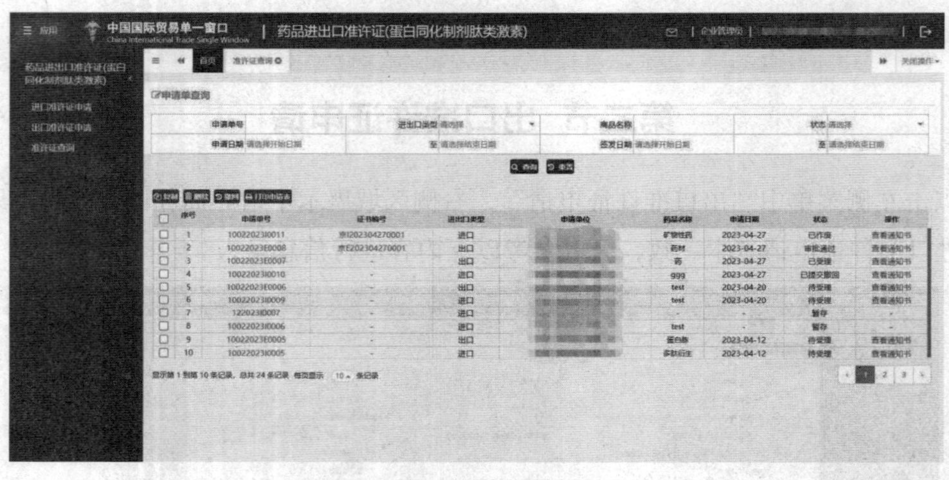

图 4–310 准许证查询

1. 复制

企业勾选需要复制的准许证数据，点击界面上“复制”按钮，界面跳转至申请单录入界面，企业可以进行修改编辑操作。任何状态下的数据都可以进行复制操作。

小提示：

需选择单条数据进行复制，不可同时勾选多条。

2. 删除

企业勾选需要删除的准许证数据，点击界面上“删除”按钮，系统弹框提示“确定删除？”，如确认删除数据，点击“确定”按钮，即可对勾选的数据进行删除。仅暂存状态的数据可以删除，其他状态点击删除时，系统给出相关提示信息，不允许删除。删除的单据不可恢复，请用户谨慎操作。

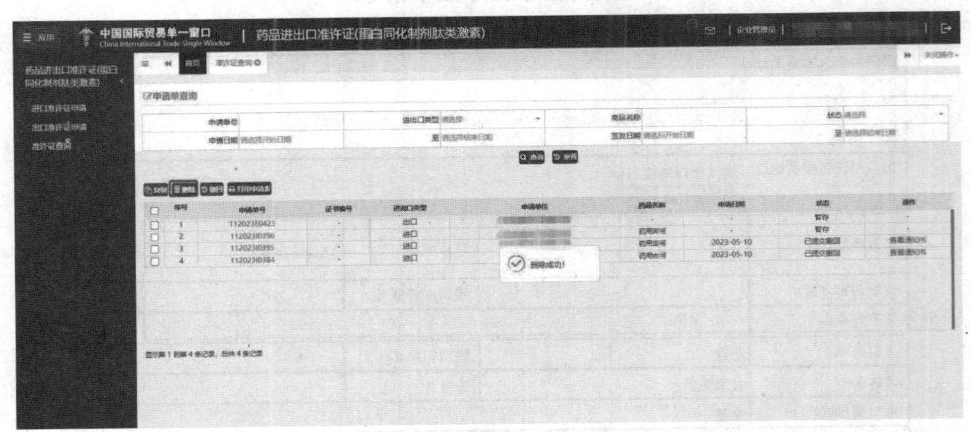

图 4-311 删除

3. 撤回

企业勾选需要撤回的准许证数据，点击界面上“撤回”按钮，系统弹框提示“确定撤回？”，如确认撤回数据，点击“确定”按钮，即可对勾选的数据进行撤回。当勾选准许证数据状态为不予受理、补正材料、审批通过、审批不通过、已作废状态不可以进行撤回操作。企业撤回后需要药监局审批通过后，申请单状态变为“已撤回”才可以再次对已撤回的数据进行修改编辑。

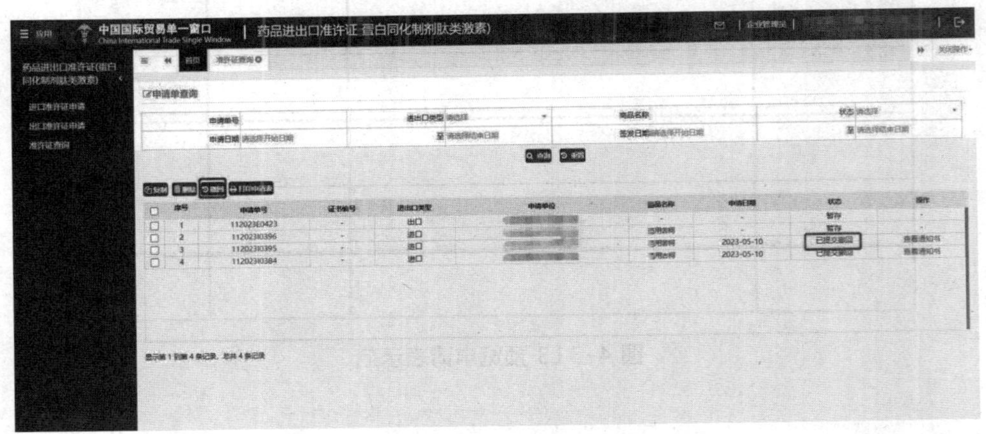

图 4-312 撤回

4. 打印申请表

企业勾选需要打印申请表的数据，点击界面上“打印申请表”按钮，系统弹框提示“是否确定打印该申请表”，点击“确定”按钮，系统自动跳转到预览界面，如图 4-313。任何状态下的数据都支持申请表打印，点击预览界面右上角打印按钮进行打印操作。

药品进口准许证申请表

申请单号:	11202310395	审批部门:	山西省药品监督管理局
进口单位名称及地址:			
出口单位名称及地址:	测试出口单位名称 测试出口单位地址		
邮寄地址:		联系电话:	13245674322
管制药物含量:		进口准许证号:	
生产企业:			
进口口岸 1:	北京	进口口岸 2:	
关区 1:	北京关区	关区 2:	
出口国/地区:	文莱		
用途:	□医疗 ☑教学，科研 □接受境外企业委托生产		
购货合同或订单号:	TEST123456	出口口岸:	
领取方式:	□邮寄 ☑现场领取	是否代理?	□是 ☑否
委托人统一社会信用代码:			
委托人企业名称:			
进口药物管制类别备注：测试			
如为出口药物退货，请注明：			
进口药物名称:	药用苦柯叶		
剂型:		商品编码:	1211300010
注册证号:	包装与规格:	数量:	单位:
		1	千克

图 4-313 预览申请表示范

5. 查看通知书

用户点击查询列表最后操作一列的蓝色“查看通知书”链接，可查看或打印审批部门出具的通知书电子版。查看通知书需要安装控件，若没有安装，系统自动弹出提示，用户可点击弹出框中的“执行安装”链接进行下载、安装控件操作，控件安装完成后刷

新查询界面，再点击

“查看通知书”链接，系统弹框显示通知书列表页面，如图4-315，点击“查看”按钮，系统自动跳转到预览界面，如图4-316，点击预览界面右上角打印按钮进行打印操作。

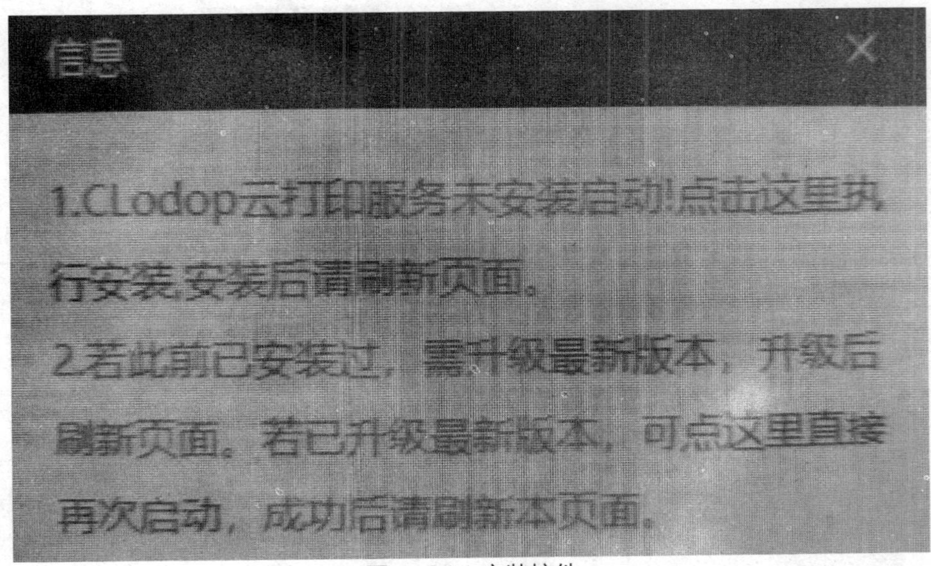

图 4-314 安装控件

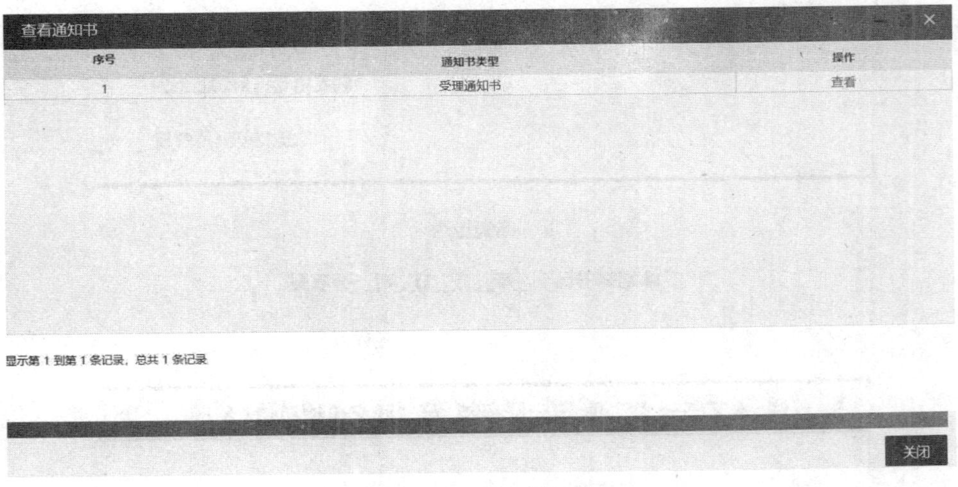

查看通知书

序号	通知书类型	操作
1	受理通知书	查看

显示第 1 到第 1 条记录，总共 1 条记录

关闭

图 4-315 通知书列表

受理通知书

编号：京E12023002

你(单位)申请蛋白同化制剂、肽类激素出口许可证审批经审查，申请合法定形式，根据《中华人民共和国行政许可法》第三十二条的规定，决定予以受理。

该申请事项审批时限为15个工作日(不含技术审评和送达时限)。有关行政许可或者不予行政许可的证明文件，我局将在规定期限内送达你(单位)。

通知书和行政许可证明文件送达方式包括当面送达和邮寄送达两种，送达地点为很少见哈坚实的

经办人:准许证-北京1

联系电话:13423222221

2023年04月27日

当面送达

本通知书已于__年__月__日__时__分收到

签收人:____________

注:本文书一式二联，第一联存档，第二联交申请单位(人)

图 4-316 预览通知书示范

6. 预览准许证

药品进出口准许证审批通过后，点击查询列表中蓝色“证书编号”链接，系统自动跳转到准许证预览界面，可预览审批部门出具的电子版准许证。

药品进口准许证

IMPORT AUTHORIZATION FOR DRUGS

编号：京I202304270001
File No.
发证日期：2023-04-27
Date of Issue

根据《中华人民共和国药品管理法》规定，现准许以下单位进口以下药品。

In pursuance of the "DRUG ADMINISTRATION LAW OF THE PEOPLE'S REPUBLIC OF CHINA", we hereby grant the importer listed below an authorization to import the consignment specified in following columns.

进口单位及地址：
Importer
ent
dis

出口单位及地址：
Exporter

进口药品名称 Name of Substances or Preparations to be Imported	商品编码 HS Code	剂型 Dosage Form	包装与规格 Package & Strength	数量 Quantity
矿物性药材	2530902000			657.435千克 657.435

管制药品含量：
Controlled Substance Content

进口批件证号：

生产企业：
Manufacturer

进口口岸：北京
Port of Entry

出口口岸：
Port of Departure

备注：
Notes
1. 经口药物管制类别
2. 含与出口商协议，请说明：

说明：
Direction
1. 本联为进口单位向海关申报办理进口手续的凭证。
This copy is to be presented to the Customs by the importer at the time of importation.
2. 本联由口岸检验所填写背面各项内容并盖章后（免检药品除外），由进口单位送还发证机关。
The importer is to return this copy, after being endorsed by the drug testing institution in the place where the port is located, to the competent authority issued the import authorization.

许可到日期前进口：
The importation must be effected before
2024-04-26
Apr 26 2024

发证机关：
The competent authority
好几款汉字江湖

（负责人签字）
(Signature)

第1联

图 4–317 预览准许证示范

第十一章 合法捕捞产品通关证明申请系统操作指南

1. 功能简介

依托“单一窗口”建设合法捕捞产品通关证明网上申领（以下简称“通关证明申领”管理系统），实现企业端通过“单一窗口”一次性提交满足农业农村部要求的申请信息，农业农村部授权单位中国远洋渔业协会（以下简称“远洋协会”）审核完成后将审核结果反馈到“单一窗口”通关证明申领系统，便于企业查询。系统包含企业备案、通关证明申请、变更申请、注销申请、通关信息查询及打印功能。

2. 进入系统

打开中国国际贸易单一窗口门户网站（如图门户网站），点击“业务应用”页签中“口岸执法申报”。（如图 4-318）

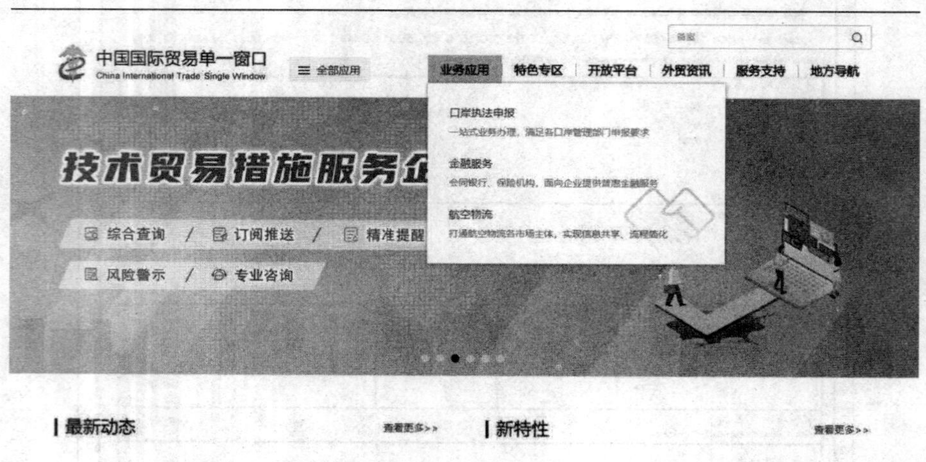

图 4-318 进入系统

点击“口岸执法申报”下面的“监管证件”，选择“引进林木种子、苗木检疫审批单”，登录后进入系统。

监管证件

农药进出口通知单	合法捕捞产品通关证明	进口兽药通关单	野生动植物进出口证书
进口药品通关单	药品进出口准许证	民用爆炸物品进出口审批单	引进林草种子、苗木检疫审批单
自动进口许可证	出口许可证	进口许可证	援外项目任务通知单
黄金及黄金制品进出口准许证	银行调运人民币现钞进出境证明	赴境外加工光盘进口备案证明	音像制品（成品）进口批准单
进口广播电影电视节目带（片）...	有毒化学品进出口环境管理放行...	农业转基因生物安全证书（进口）	国（境）外引进农业种苗检疫审...
特种设备制造许可证及型式试验...	强制性产品认证证书或证明文件	特殊医学用途配方食品注册证书	保健食品注册证书或保健食品备...
婴幼儿配方乳粉产品配方注册证书	进口普通化妆品备案凭证	进口特殊化妆品注册证书	进口医疗器械备案/注册证
麻精药品进出口准许证	两用物项和技术进出口许可证	技术出口许可证	技术出口合同登记证
人类遗传资源材料出口、出境证明	古生物化石出境批件		

图 4-319 “合法捕捞产品通关证明”进入路径

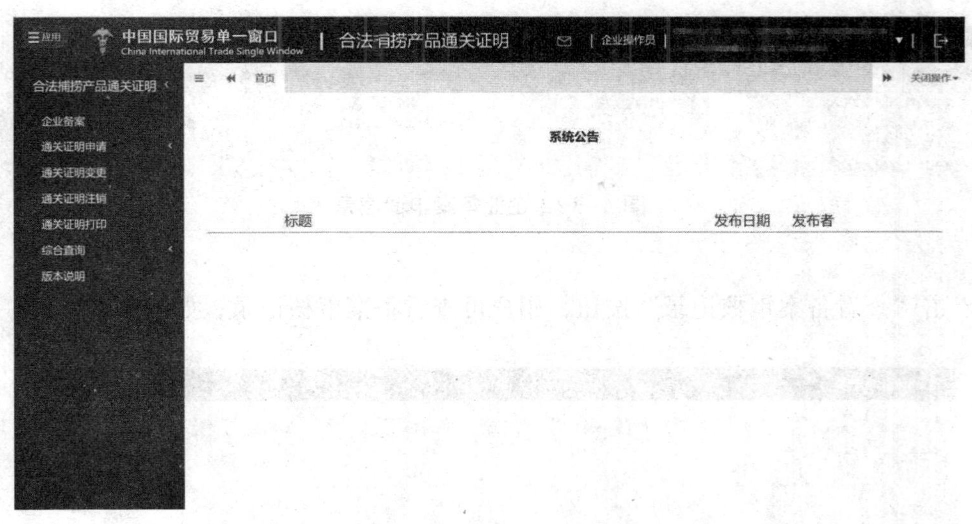

图 4-320 进入合法捕捞产品通关证明申请系统界面

第一节 企业备案

企业用户登录"单一窗口"进入系统后，首次申请通关证明需要向远洋协会提交申报企业备案申请，备案申请审批通过后，企业可申请通关证明。

点击左侧菜单"企业备案"进行备案申请，如图 4-321。

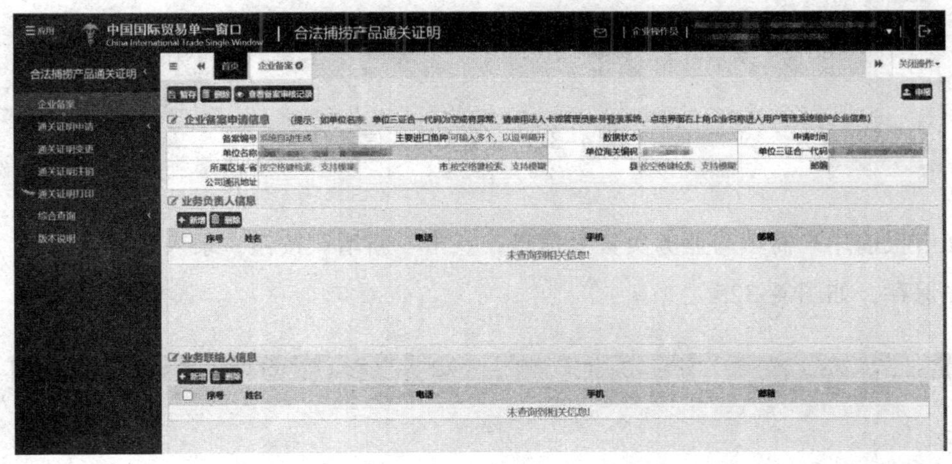

图 4-321 企业备案申请

1. 企业备案申请信息

企业备案申请信息包含企业基本信息及查看备案审核记录，如图 4-322。

图 4-322 企业备案申请信息

点击“查看备案审核记录”按钮，用户可查看备案审核记录，如图 4-323。

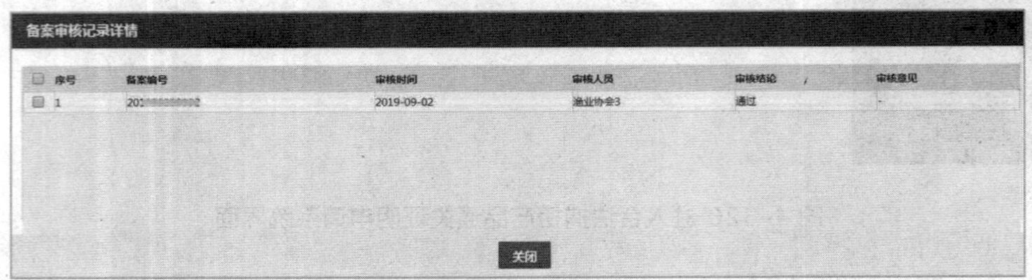

图 4-323 查看备案审核记录

2. 业务负责人信息

业务负责人信息包含新增按钮及信息列表，如图 4-324。

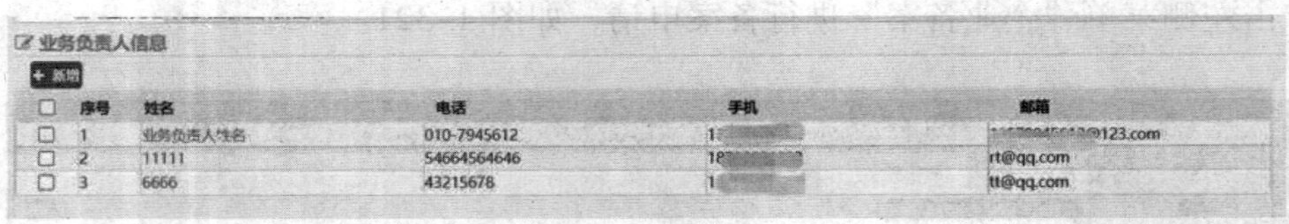

图 4-324 业务负责人信息

在申报前用户需填写业务负责人信息，点击“新增”按钮，录入负责人信息并保存，如图 4-325。

图 4-325 新增负责人信息

小提示：

新增负责人办公电话格式为区号 + 电话号码。最多可允许有 5 条业务负责人信息，最少有 1 条负责人信息。

3. 业务联络人信息

业务联络人信息包含新增按钮及信息列表，如图 4–326。

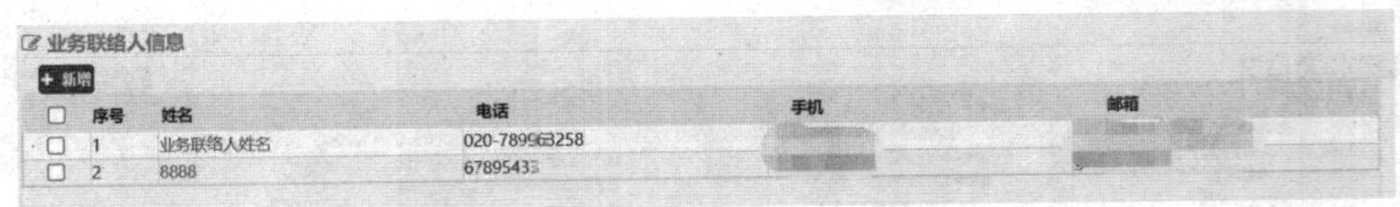

业务联络人信息

+ 新增

	序号	姓名	电话	手机	邮箱
□	1	业务联络人姓名	020-789963258		
□	2	8888	67895433		

图 4–326 业务联络人信息

业务联络人信息的操作方式请参考上述业务负责人信息。

第二节 通关证明申请

一、船运空运直接进口俄罗斯鱼货

点击页面左侧菜单栏“通关证明申请——俄罗斯鲜活冷冻进口”，如图 4–327。并且本申报页面适用于通过海运、空运方式从俄罗斯直接进口的原产自俄罗斯的鱼货（包括鱼身、鱼头、鱼尾、鱼碎、鱼片等），俄方直接签发了向中国市场出口的认证书，请进入本页面办理。从陆运边境口岸进口的，不在此页面办理。

基本信息

+ 新增 暂存 删除 上传附件 申报

基本信息

申请单号	系统自动生成	数据状态					
进口单位三证合一代码	86652	进口单位海关编码		进口单位名称			
收货单位三证合一代码	8665	收货单位海关编码	11	收货单位名称			
进口/自捕	进口	鱼货原产地	请选择鱼货原产地	捕捞渔船名称	可以输入多个，以逗号隔开，限500字符		
办理通关证明鱼种鱼货总量（实际进关重量）		外方认证书鱼货实际进关总重量		外方认证书鱼货总重量		外方检验检疫证书鱼货总重量	
外方检验检疫证书鱼货实际进关总重量		鱼货办理通关的口岸	请选择鱼货办理通关	办理类型	请选择办理类型	进口用途	请选择
本次进口鱼货均价	请填写价格，单位：美元	本次鱼货拟入境时间	请选择日期	办理通关证明总份数	请输入办理通关证明总份	捕捞/养殖	请选择
备注	集装箱号和封识号若超长在卫生证上填写不下可写在备注栏，若备注栏也填写不下，则可以发邮件到sus-ainfishery@163.com。该邮箱为农业部远洋协会邮箱。						

通关证明份数信息

+ 新增 复制 删除

□	序号	开证鱼种	产品类型	渔获类型	进口商品名称	进口商品HS编码	通关证明鱼获重量(kg)
没有符合条件的记录!							

俄方签发的合法捕捞认证书信息

+ 新增 复制 删除

□	序号	俄方认证书编号	俄方认证书上鱼获重量	鱼获品名（中文）	俄方认证书上出口商名称	俄方认证书上进口商名称	俄方认证书签发时间
无匹配数据							

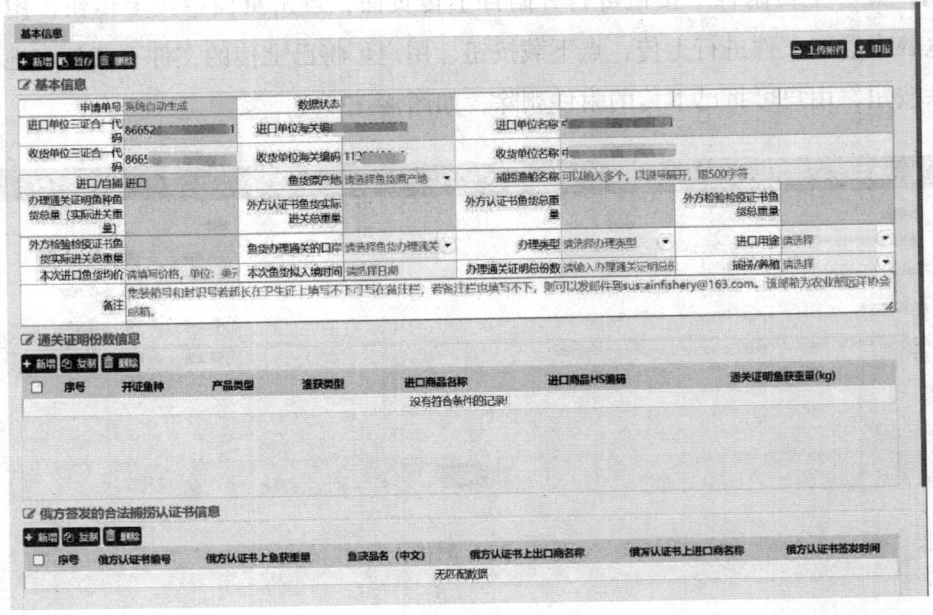

图 4–327 船运空运直接进口俄罗斯鱼货

（一）基本信息

俄罗斯鲜活冷冻进口基本信息包含新增、暂存、删除、上传附件、申报共 5 个按钮。如图 4-328。

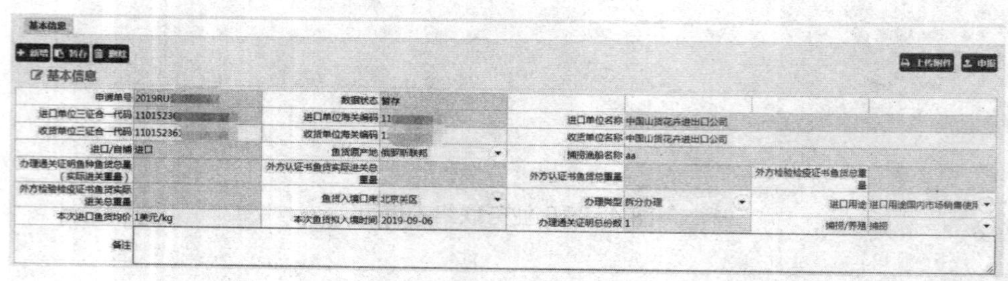

图 4-328 基本信息

1. 新增

用户申报信息后点“新增”按钮，点击弹出窗口的“是”按钮，初始化通关证明申请录入界面，便于用户继续录入新的通关证明信息。

2. 暂存

用户点“暂存”按钮可将已填写的信息保存入库，暂存完成后提示暂存成功。

3. 删除

用户点“删除”按钮弹出删除提示框，点击提示框内“确定”按钮，可将已入库的信息删除。

4. 上传附件

用户点“上传附件”按钮可打开附件上传页面，点击页面中按上传钮，用户可从本地电脑中选取文件进行上传，点下载按钮，用户可将已上传的文件下载到本地电脑，点删除按钮，用户可将已上传的附件删除，如图 4-329。

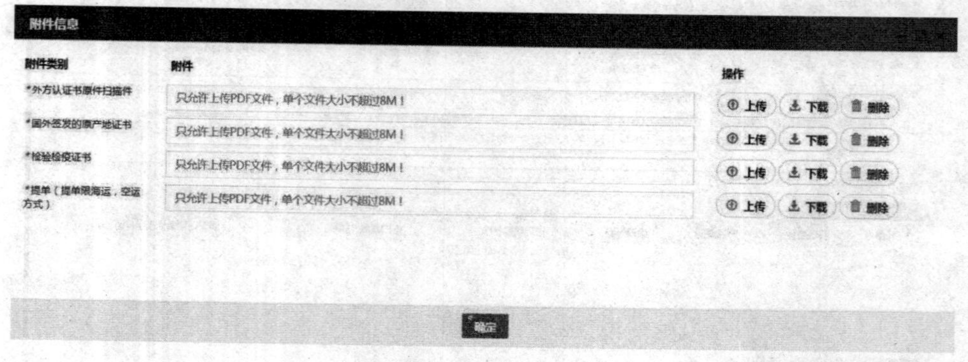

图 4-329 附件上传

5. 申报

用户录入完通关证明申请信息后可点“申报”按钮提交申报，系统逻辑校验检查通过后，申报成功，系统将企业申请信息数据提交审核。

小提示：

本次办理状态下拉菜单选择：一份俄签发的认证书对应办理一份通关证明（一对一办理）；一份俄签发的认证书办理多份通关证明（拆分办理）；俄签发的几份认证书合并办理一份通关证明（合并办理）；俄签发的几份认证书合并后再拆分办理好几份通关证明（合并后拆分办理）。

（二）通关证明份数信息

图 4-330 通关证明份数信息界面

1. 新增

用户点“新增”按钮，显示录入弹窗，录入完整的信息后点击弹窗的“保存”按钮，信息列表中即增加一条录入信息，点“清空”按钮会将已录入的信息清空，如图 4-331。

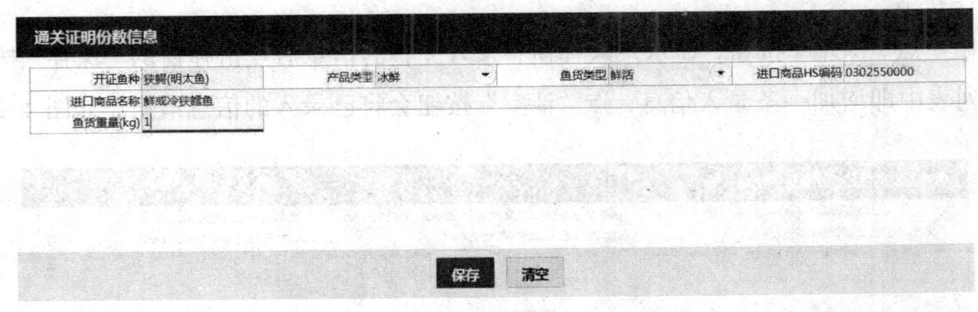

图 4-331 新增操作

2. 复制

勾选一条通关证明信息，点“复制”按钮后会弹出复制框，修改可修改内容后点“保存”按钮，信息列表中即增加一条录入信息，点“清空”按钮会将已录入的信息清空，如图 4-332。

图 4-332 复制操作

3. 删除

勾选一条信息，或点选左上角勾选所有信息，点“删除”按钮，即可删除该信息，如图 4–333。

图 4–333 删除

（三）俄方签发的合法捕捞认证书信息

俄方签发的合法捕捞认证书信息包含新增、复制、删除共 3 个按钮及信息列表，如图 4–334。

图 4–334 俄方签发的合法捕捞认证书信息

1. 新增

用户点“新增”按钮，显示录入弹窗，录入完整的信息后点击弹窗的“保存”按钮，信息列表中即增加一条录入信息，点“清空”按钮会将已录入的信息清空，如图 4–335。

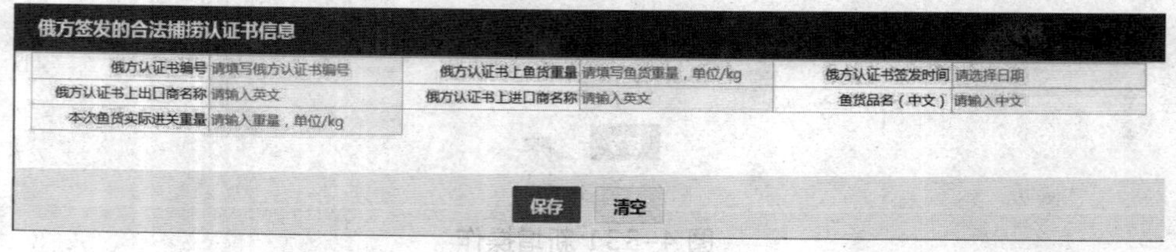

图 4–335 新增操作

小提示：

俄方认证书编号填写英文 + 阿拉伯数字；鱼货品名（中文）限 20 字符以内；俄方认证书上出口商名称、俄方认证书上进口商名称限 50 字符以内。

2. 复制

勾选一条信息，点“复制”按钮后会弹出复制框体，修改可修改内容后点击“保存”按钮，信息列表中即增加一条录入信息，点“清空”按钮会将已录入的信息清空，如图 4–336。

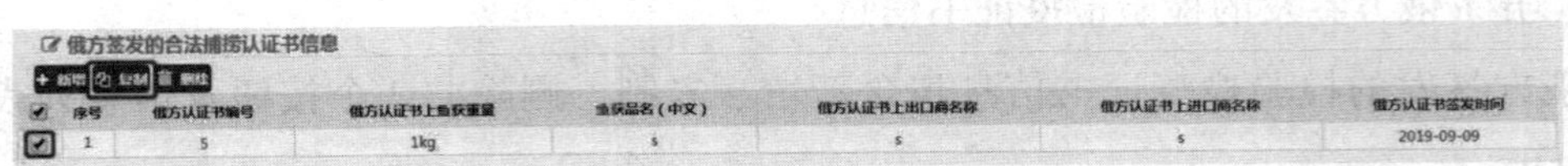

图 4-336 复制操作

3. 删除

勾选一条信息，或点选左上角勾选所有信息，点“删除”按钮，即可删除该信息。

（四）俄方签发的原产地证书

俄方签发的原产地证书包含新增、复制、删除共 3 个按钮及信息列表，如图 4-337。

图 4-337 俄方签发的原产地证书

用户点“新增”按钮后，自动跳转到原产地信息录入界面，如图 4-338。

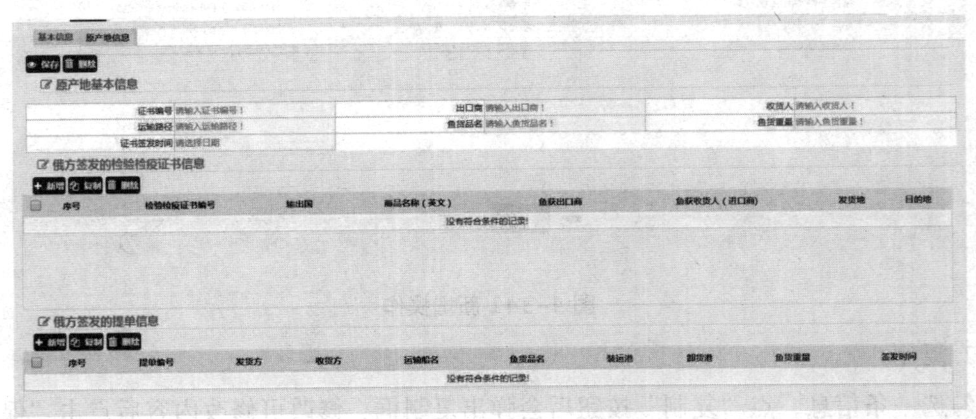

图 4-338 原产地信息

小提示：

证书编号填写英文 + 阿拉伯数字。

企业录入完整的原产地基本信息后，可点“保存”按钮进行保存，保存的信息会显示在原产地信息列表中，如图 4-339。

图 4-339 原产地证书列表

（五）俄方签发的检验检疫证书信息

俄方签发的检验检疫证书信息包含新增、复制、删除共 3 个按钮及信息列表，如图 4–340。

图 4–340 俄方签发的检验检疫证书信息

1. 新增

用户点“新增”按钮，显示录入弹窗，录入完整的信息后点击弹窗的“保存”按钮，信息列表中即增加一条录入信息，点“清空”按钮会将已录入的信息清空，如图 4–341：

俄方签发的检验检疫证书

检验检疫证书编号	请输入检验检疫证书编号	输出国/地区	请选择输出国/地区！	商品名称（英文）	请输入英文！
学名	请输入学名！	鱼货出口商		鱼货收货人（进口商）	
包装数量	单位 bags	产品净重	请输入产品净重，单位/kg	鱼货捕捞海域1（产地）	请选择捕捞海域！
鱼货捕捞海域2（产地）	请选择捕捞海域！	鱼货捕捞时间（起）	点击选择	鱼货捕捞时间（止）	点击选择
捕捞渔船	请输入捕捞渔船	目的地（目的港）	请输入目的地	鱼货运输工具名称	填写车号信息
发货地（启运港）	请输入发货地	检验检疫证书签发国/地区	请选择签发国/地区	检验检疫证书签发时间	点击选择
集装箱号	请输入集装箱号	封识号	请输入封识号	本次实际进口申报重量	请输入重量，单位/kg

图 4–341 新增操作

2. 复制

勾选一条信息，点“复制”按钮后会弹出复制框，修改可修改内容后点击“保存”按钮，信息列表中即增加一条录入信息，点“清空”按钮会将已录入的信息清空，如图 4–342。

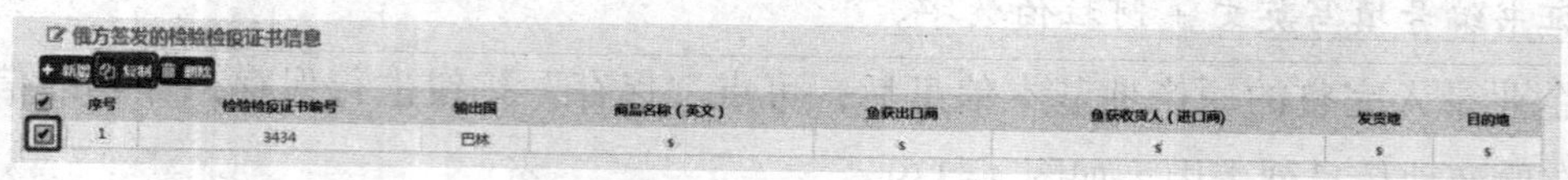

图 4–342 复制操作

3. 删除

勾选一条信息，或点选左上角勾选所有信息，点“删除”按钮，即可删除该信息，如图 4–343。

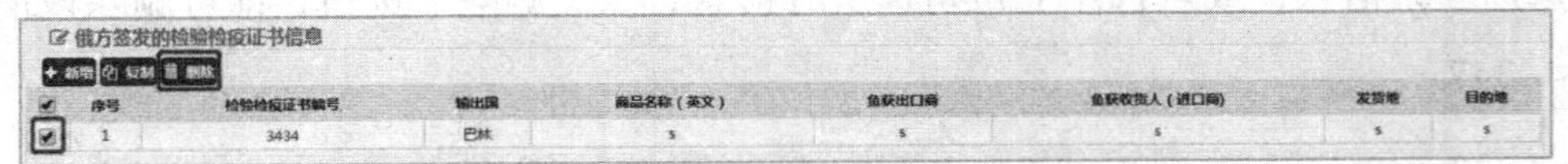

图 4–343 删除操作

（六）俄方签发的提单信息

俄方签发的提单信息包含新增、复制、删除共 3 个按钮及信息列表，如图 4–344。

图 4–344 俄方签发的提单信息

1. 新增

用户点“新增”按钮，显示录入弹窗，录入完整的信息后点击弹窗的“保存”按钮，信息列表中即增加一条录入信息，点“清空”按钮会将已录入的信息清空，如图 4–345。

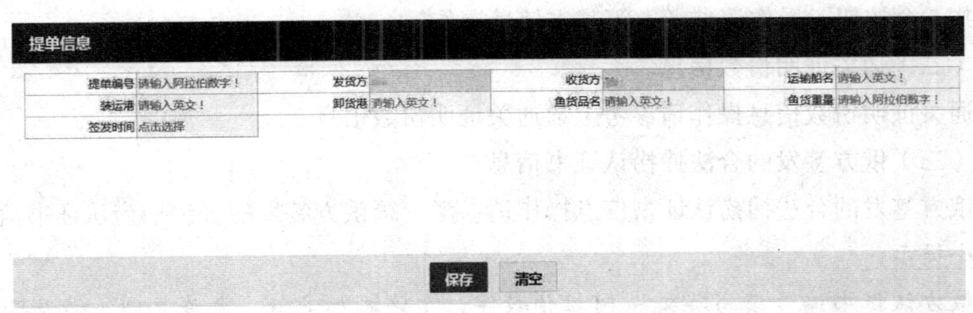

图 4–345 新增操作

2. 复制

勾选一条信息，点“复制”按钮后会弹出复制框体，修改可修改内容后点击“保存”按钮，信息列表中即增加一条录入信息，点“清空”按钮会将已录入的信息清空，如图 4–346。

图 4–346 复制操作

3. 删除

勾选一条信息，或点选左上角勾选所有信息，点“删除”按钮，即可删除该信息，如图 4-347。

图 4-347 删除操作

二、陆运边境口岸直接进口俄罗斯鱼货

点击页面左侧菜单栏“通关证明申请——陆运边境口岸直接进口俄罗斯鱼货”。

注意：

本申报页面适用于通过陆运边境口岸、以汽车或火车运输方式从俄罗斯直接进口的原产自俄罗斯的鱼货（包括鱼身、鱼头、鱼尾、鱼碎、鱼片等），俄方直接签发了向中国市场出口的认证书，请进入本页面办理。目前仅适用于“珲春地区口岸申报”进口俄罗斯鱼货通关证明办理。

（一）基本信息

陆运边境口岸直接进口俄罗斯鱼货基本信息包含新增、暂存、删除、上传附件、申报共 5 个按钮。操作请参考上篇基本信息操作。

（二）通关证明份数信息

通关证明份数信息操作请参考上篇通关证明份数信息。

（三）俄方签发的合法捕捞认证书信息

俄方签发的合法捕捞认证书信息操作请参考上篇俄方签发的合法捕捞认证书信息。

小提示：

俄方认证书编号填写英文 + 阿拉伯数字，允许添加多份、允许复制（涉及两份及以上的认证书时，如多份合并办理、多份合并再拆分等，允许添加多份认证书分别填报，每份认证书仅对应一个重量）。

（四）俄方签发的检验检疫证书

俄方签发的检验检疫证书包含新增、复制、删除共 3 个按钮及信息列表，操作请参考上篇俄方签发的检验检疫证书。

小提示：

所有填报重量的计量单位：系统统一计量单位均为 kg，填报时设置千位分隔符，以逗号隔开。

可存在多份俄方合法捕捞证书，多份俄方卫检证书。

俄方认证书鱼货总量〉= 俄方卫检证书产品总净重（大于等于，珲春地区陆运运输会出现这种情况，证书签发是一个重量，实际运输会出现短装的情况）。

通关证明鱼种鱼货总重量≤俄方认证书鱼货总量，俄方卫检证书鱼货总量。

通关证明鱼种鱼货总重量=俄方认证书鱼货实际进口总量=俄方卫检证书鱼货实际进口总量。

三、经第三国/地区中转进口俄罗斯鱼货

具体操作参考上文“船运空运直接进口俄罗斯鱼货”章节。

四、中国渔船捕捞俄罗斯鱼货运回

具体操作参考上文“船运空运直接进口俄罗斯鱼货”章节。

五、进口犬牙鱼产品

具体操作参考上文“船运空运直接进口俄罗斯鱼货”章节。

六、中国渔船捕捞金枪鱼产品运回

具体操作参考上文“船运空运直接进口俄罗斯鱼货”章节。

七、中国渔船捕捞犬牙鱼产品运回

具体操作参考上文“船运空运直接进口俄罗斯鱼货”章节。

八、中国渔船捕捞犬牙鱼运回

具体操作参考上文“船运空运直接进口俄罗斯鱼货”章节。

第三节 通关证明变更

点击页面左侧菜单栏“通关证明变更”，如图 4-348。

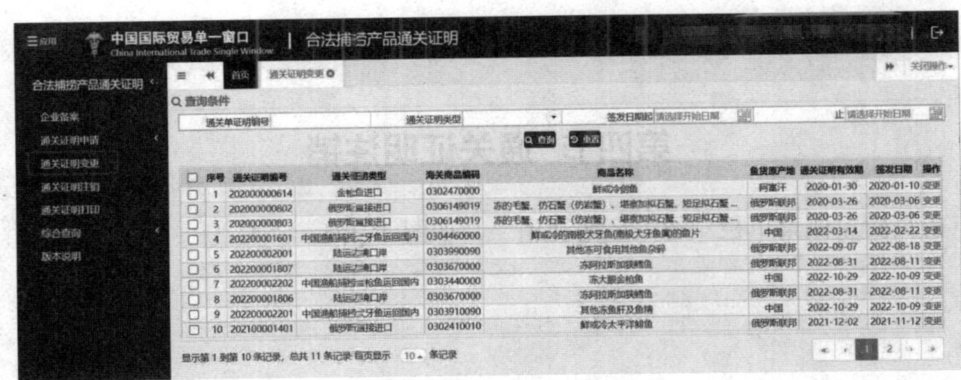

序号	通关证明编号	通关证明类型	海关商品编码	商品名称	鱼货原产地	通关证明有效期	签发日期	操作
1	202000000614	金枪鱼进口	0302470000	鲜或冷剑鱼	阿富汗	2020-01-30	2020-01-10	变更
2	202000000802	俄罗斯直接进口	0306149019	冻的毛蟹、仿石蟹（仿岩蟹）、堪察加拟石蟹、短足拟石蟹…	俄罗斯联邦	2020-03-26	2020-03-06	变更
3	202000000803	俄罗斯直接进口	0306149019	冻的毛蟹、仿石蟹（仿岩蟹）、堪察加拟石蟹、短足拟石蟹…	俄罗斯联邦	2020-03-26	2020-03-06	变更
4	202200001601	中国渔船捕捞犬牙鱼运回国内	0304460000	鲜或冷的南极犬牙鱼(南极犬牙鱼属)的鱼片	中国	2022-03-14	2022-02-22	变更
5	202200002001	陆运边境口岸	0303990090	其他冻可食用其他鱼杂碎	俄罗斯联邦	2022-09-07	2022-08-18	变更
6	202200001807	陆运边境口岸	0303670000	冻阿拉斯加狭鳕鱼	俄罗斯联邦	2022-08-31	2022-08-11	变更
7	202200002202	中国渔船捕捞金枪鱼运回国内	0303440000	冻大眼金枪鱼	中国	2022-10-29	2022-10-09	变更
8	202200001806	陆运边境口岸	0303670000	冻阿拉斯加狭鳕鱼	俄罗斯联邦	2022-08-31	2022-08-11	变更
9	202200002201	中国渔船捕捞犬牙鱼运回国内	0303910090	其他冻鱼肝及鱼精	中国	2022-10-29	2022-10-09	变更
10	202100001401	俄罗斯直接进口	0302410010	鲜或冷太平洋鲱鱼	俄罗斯联邦	2021-12-02	2021-11-12	变更

图 4-348 通关证明变更申请

用户可通过查询条件查询到通关证明信息，查询条件包括：通关证明编号、通关证明类型、签发日期起始日、签发日期截止日。条件设置完成后，点击“查询”按钮进行查询，点“重置”按钮可清空所有查询条件信息；如果没有符合条件的数据，页面会显示“没有符合条件的记录”，如果有符合条件的数据，会以列表的形式显示，如图4-349。

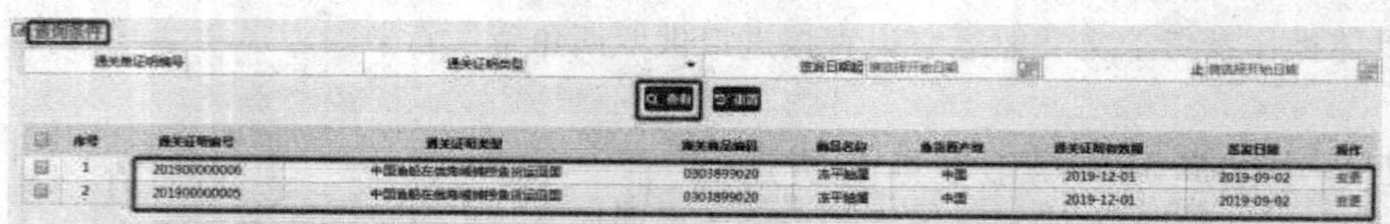

图 4-349 通过查询条件进行查询操作

选择其中一条记录，点击信息列表“变更”按钮进入详情页面，其中部分内容可做变更，完成信息填写后点“提交变更申请”按钮进行提交。

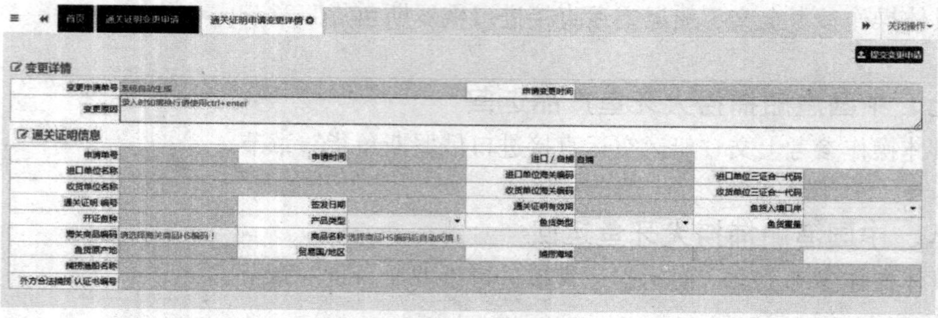

图 4-350 申请变更详情页面

小提示：

不输入查询条件默认查询所有数据；已注销或已提交注销申请的通关单不允许变更。

第四节 通关证明注销

点击页面左侧菜单栏“通关证明注销”，如图 4-351。

序号	通关证明编号	通关证明类型	海关商品编码	鱼货原产地	通关证明有效期	签发日期	数据状态	
1	202200002403	第三国转口	0302130000	阿富汗	2022-11-21	2022-11-01	海关同意变更	注销
2	202200002402	中国渔船捕捞金枪鱼运回国内	0303440000	中国	2022-11-21	2022-11-01	海关接收成功	注销
3	202200002202	中国渔船捕捞金枪鱼运回国内	0303440000	中国	2022-10-29	2022-10-09	海关接收成功	注销
4	202200002201	中国渔船捕捞犬牙鱼运回国内	0303910090	中国	2022-10-29	2022-10-09	海关接收成功	注销
5	202200002001	陆运边境口岸	0303990090	俄罗斯联邦	2022-09-07	2022-08-18	海关接收成功	注销
6	202200001807	陆运边境口岸	0303670000	俄罗斯联邦	2022-08-31	2022-08-11	海关接收成功	注销
7	202200001806	陆运边境口岸	0303670000	俄罗斯联邦	2022-08-31	2022-08-11	海关接收成功	注销
8	202200001601	中国渔船捕捞犬牙鱼运回国内	0304460000	中国	2022-03-14	2022-02-22	海关接收成功	注销
9	202000000803	俄罗斯直接进口	0306149019	俄罗斯联邦	2020-03-26	2020-03-06	海关接收成功	注销
10	202000000802	俄罗斯直接进口	0306149019	俄罗斯联邦	2020-03-26	2020-03-06	海关接收成功	注销

图 4-351 注销申请

用户可通过查询条件查询到通关证明信息，查询条件包括：通关证明编号、通关证明类型、签发日期起始日、签发日期截止日。条件设置完成后，点击“查询”按钮进行查询，点“重置”按钮可清空所有查询条件信息；如果没有符合条件的数据，页面会显示“没有符合条件的记录”，如果有符合条件的数据，会以列表的形式显示，如图 4-352。

查询条件

通关证明编号　通关证明类型　签发日期起 请选择开始日期　签发日期止 请选择结束日期

查询　重置

序号	通关证明编号	通关证明类型	海关商品编码	鱼货原产地	通关证明有效期	签发日期	数据状态	
1	201900000006	中国渔船在他海域捕捞鱼运回国	0303899020	中国	2019-12-01	2019-09-02	海关接收成功	注销
2	201900000005	中国渔船在他海域捕捞鱼运回国	0303899020	中国	2019-12-01	2019-09-02	海关接收成功	注销

图 4-352 通过查询条件进行查询操作

选择其中一条记录，点击信息列表“注销”按钮会弹出注销原因，输入注销原因后点“提交”按钮完成注销提交，不进行注销可点“关闭”按钮，如图 4-353。

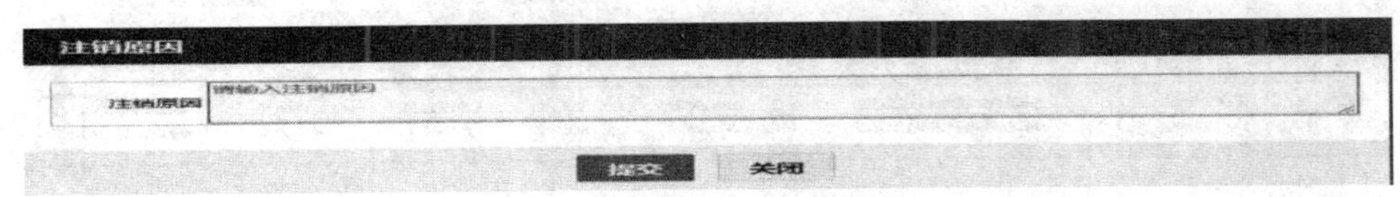

图 4-353 注销原因弹框

小提示：

查出企业用户所有未提交过注销申请的通关证明，可提交注销申请。注销申请审批部门为原通关证明的出证部门。

已提交变更申请的通关单不允许提交注销申请。

第五节 通关证明打印

点击页面左侧菜单栏“通关证明打印”，如图 4-354。

图 4-354 通关证明打印

用户可通过查询条件查询到通关证明信息，查询条件包括：通关证明编号、

通关证明类型、签发日期起始日、签发日期截止日。条件设置完成后，点击“查询”按钮进行查询，点“重置”按钮可清空所有查询条件信息；如果没有符合条件的数据，页面会显示“没有符合条件的记录”，如果有符合条件的数据，会以列

表的形式显示，选择一条，点“打印”按钮，可将该票通关证明数据以 PDF 格式显示，供用户打印，如图 4-355。

图 4-355 打印操作

第六节 综合查询

一、通关证明申请数据查询

点击页面左侧菜单栏“综合查询”，在展开的菜单中点选“通关证明申请查询”，如图 4-356。

图 4-356 通关证明申请数据查询

用户可通过查询条件查询到通关证明信息，查询条件包括：申请单号、通关证明编号、通关证明类型、进口 / 自捕、状态、申请日期起始日、申请日期截止日。条件设置完成后，点“查询”按钮进行查询，点“重置”按钮可清空所有查询条件信息；如果没有符合条件的数据，页面会显示“没有符合条件的记录”，如果有符合条件的数据，会以列表的形式显示，如图 4-357。

图 4-357 通过查询条件进行查询操作

选择一条数据，点“删除”按钮可将其删除，其中待审批、同意、补正材料、不予受理不同意的数据不允许删除; 点“撤回”按钮可将其撤回,其中已进入流程的数据无法撤回。点“查看”按钮可查看其审核意见，如图 4–358。

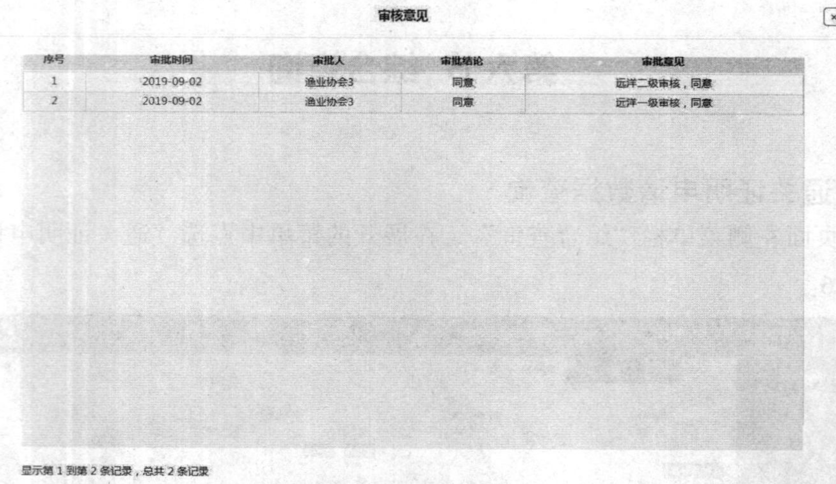

图 4–358 审核意见详情

二、通关证明注销申请查询

点击页面左侧菜单栏“综合查询”,在展开的菜单中点选“通关证明注销申请查询”,如图 4–359。

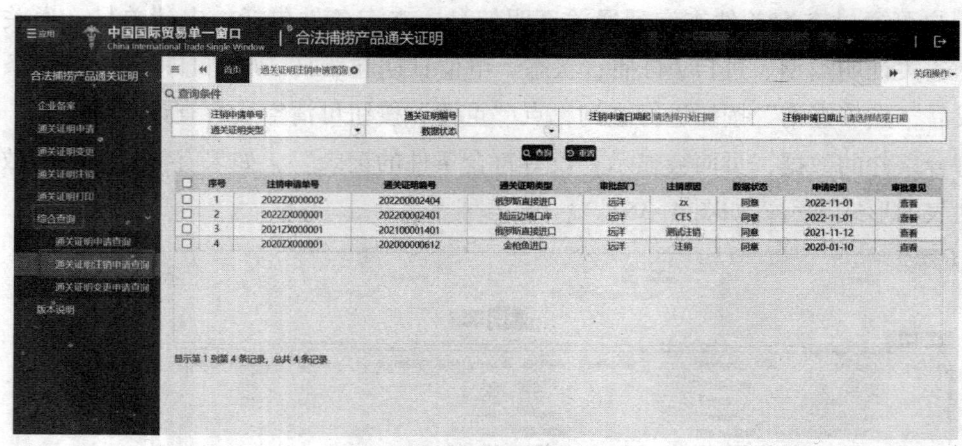

图 4–359 注销申请查询

用户可查询通关证明注销申请数据的审核状态，用户设定查询条件后，系统执行查询,在结果列表显示栏内显示符合条件的申请数据,用户选中某条记录后，可以点“查看”按钮查看该申请的审核意见。

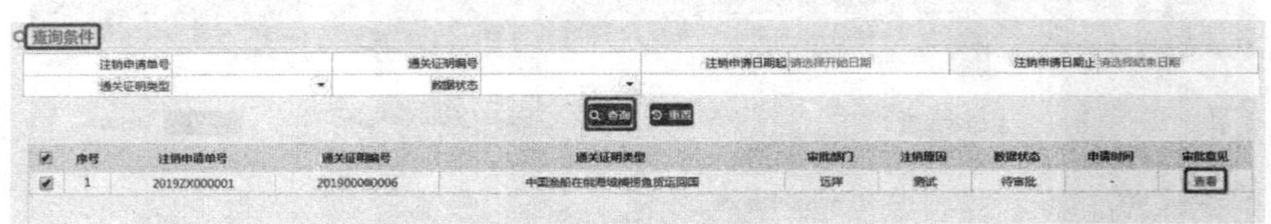

图 4-360 查看审核意见

三、通关证明变更申请查询

点击页面左侧菜单栏“综合查询”，在展开的菜单中点选“通关证明变更申请查询”，如图 4-361。

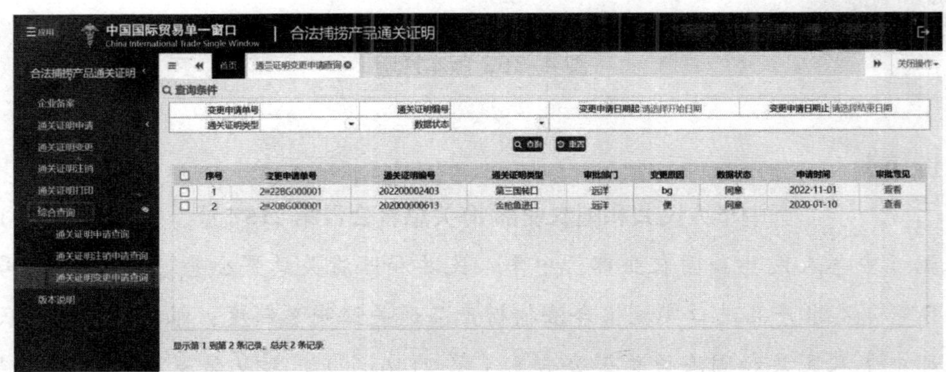

图 4-361 变更申请查询

用户可查询提交的通关证明变更申请数据的审核状态，用户设定查询条件后，系统执行查询，在结果列表显示栏内显示符合条件的申请数据，用户选中某条记录后，点击注销申请单号，可以查看该申请的详细信息，点 “查看”按钮可查看该申请的审核意见。

第七节 版本说明

点击页面左侧菜单栏“版本说明”，用来展示系统不同版本更新的主要内容，如图 4-362 所示。

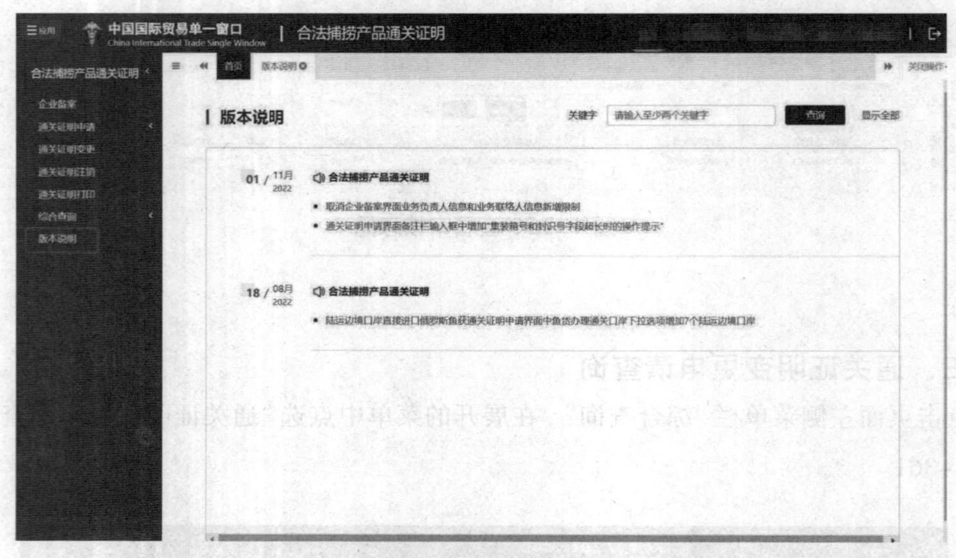

图 4-362 版本说明

【链接】

中华人民共和国农业部 海关总署公告第 2157 号

根据《中华人民共和国农业部　中华人民共和国海关总署公告》（第 1696 号），对金枪鱼等 4 类水产品进口实施《合法捕捞产品通关证明》制度；根据《中华人民共和国农业部中华人民共和国海关总署公告》（第 2146 号），对从俄罗斯进口的狭鳕等水产品实施《合法捕捞产品通关证明》制度。为加强对合法捕捞产品进口监管，有效防范和打击非法捕鱼活动，提高通关效率，农业部、海关总署决定实施《合法捕捞产品通关证明》联网核查系统。现将有关事项公告如下：

一、对附件所列水产品实行电子数据联网核查，农业部不再签发纸质版《合法捕捞产品通关证明》。具体办法为：有关单位向农业部申请《合法捕捞产品通关证明》，办结后，农业部授权单位中国远洋渔业协会通知申请单位，并实时将《合法捕捞产品通关证明》电子数据传输至海关，海关凭电子数据接受企业报关。

二、有关单位在申请《合法捕捞产品通关证明》时，应严格按照附件所列水产品清单内容，如实申报，并保证在报关时相关申报内容与申请内容一致。

本公告自 2014 年 11 月 1 日起正式执行。由农业部、海关总署负责解释。

附件：实施合法捕捞通关证明联网核查的水产品清单

中华人民共和国农业部

中华人民共和国海关总署

2014 年 10 月 28 日

附件：实施合法捕捞通关证明联网核查的水产品清单

1. 进口自俄罗斯的水产品：

中文	拉丁文	海关编码（鲜／冷冻）
红大麻哈鱼、细鳞大麻哈鱼、大麻哈鱼(种)、大鳞大麻哈鱼、银大麻哈鱼、马苏大麻哈鱼、玫瑰大麻哈鱼（太平洋鲑属）	Oncorhynchus nerka, Oncorhynchus gorbuscha, Oncorhynchus keta, Oncorhynchus tschawytscha, Oncorhynchus kisutch, Oncorhynchus masou, Oncorhynchus rhodurus	03021300.00
细鳞大麻哈鱼、大麻哈鱼(种)、大鳞大麻哈鱼、银大麻哈鱼、马苏大麻哈鱼、玫瑰大麻哈鱼（太平洋鲑属）	Oncorhynchus gorbuscha, Oncorhynchus keta, Oncorhynchus tschawytscha, Oncorhynchus kisutch, Oncorhynchus masou, Oncorhynchus rhodurus	03031200.00
狭鳕（明太鱼）	Theragra chalcogramma	03025500.00/03036700.00
平鲉属	genus Sebastes	03028990.20/03038990.20
亚洲箭齿鲽	Atherestes evermanni	03022900.10/03033900.10
大西洋庸鲽（庸鲽）	Hippoglossus hippoglossus	03022100.10/03033190.10
马舌鲽	Reinhardtius hippoglossoids	03022100.20/03033190.20
太平洋鲱鱼	Clupea pallasii	03024100.10/03035100.10
鲉鲉属（叶鳍鲉属）	genus Sebastolobus	03028990.30/03038990.30
毛蟹、金霸王蟹（帝王蟹）、仿石蟹（仿岩蟹）、堪察加拟石蟹、短足拟石蟹、扁足拟石蟹、雪蟹、日本雪蟹	Erimacrus spp .,	
Lithodes aequispinus,		
Paralomis verrilli		
Paralithodes camtschaticus,		
Paralithodes brevipes,		
Paralithodes platypus,		
Chionoecetes spp .,		
Chionoecetes japonicus	03062499.10/03061490.10	
粗饰蚶	Anadara broughtoni	03077199.20/03077990.20
蚬属	genus Corbicula	03079190.20/03079900.20
刺参，暗色刺参除外	Apostichopus japonicus	03081190.20/03081900.20
食用海胆纲	Class Echinoidea	03082190.10/03082900.10

2. 其他进口水产品：

中文	拉丁文	海关编码（鲜／冷冻）
冻大眼金枪鱼	Thunnus obesus	03034400.00
剑鱼	Xiphias gladius	03024700.00
		03035700.00
		03044500.00
		03045400.00
		03048400.00
		03049100.00
蓝鳍金枪鱼	Thunnus thynnus	03023510.00
		03034510.00
南极犬牙鱼	Dissostichus spp	03028300.00
		03038300.00
		03044600.00
		03045500.00
		03048500.00
		03049200.00

第十二章 进口广播电影电视节目带（片）提取单申请系统操作指南

1. 功能简介

建设“单一窗口”进口广播电影电视节目带（片）提取单申请系统（以下简称“审批单申请”），涵盖国家电影局和国家广播电视总局的提取单申报、提取单查询功能，实现国际贸易企业通过单一窗口一点接入，提交满足监管部门要求的审批单信息，管理部门按照相关规定进行审核，并将审批结果通过单一窗口统一反馈，便于企业查询，方便企业“一站式”办理。

2. 进入系统

打开中国国际贸易单一窗口门户网站，点击“业务应用”页签中“口岸执法申报”。（如图 4-363）

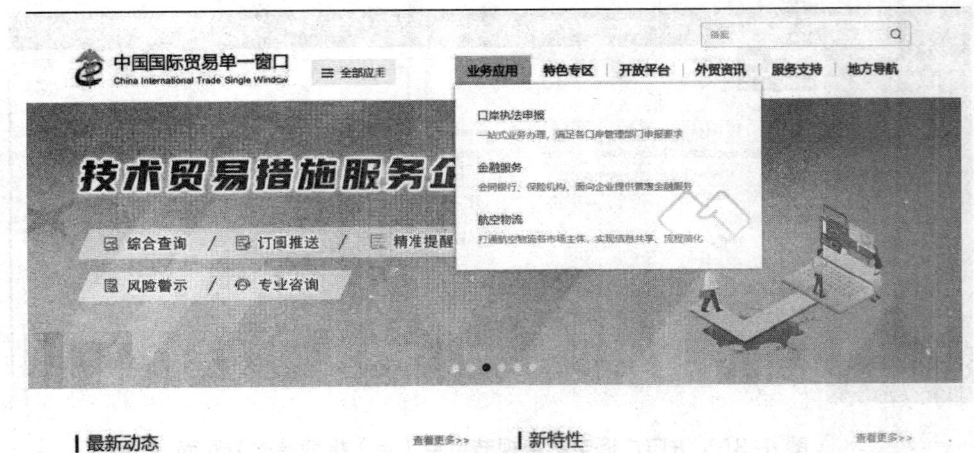

图 4-363 进入系统

点击“口岸执法申报’下面的“监管证件”，选择“进口广播电影电视节目带（片）提取单”，登录后进入系统。

监管证件

农药进出口通知单	合法捕捞产品通关证明	进口兽药通关单	野生动植物进出口证书
进口药品通关单	药品进出口准许证	民用爆炸物品进出口审批单	引进林草种子、苗木检疫审批单
自动进口许可证	出口许可证	进口许可证	援外项目任务通知单
黄金及黄金制品进出口准许证	银行调运人民币现钞进出境证明	赴境外加工光盘进口备案证明	音像制品（成品）进口批准单
进口广播电影电视节目带（片）...	有毒化学品进出口环境管理放行...	农业转基因生物安全证书（进口）	国（境）外引进农业种苗检疫审...
特种设备制造许可证及型式试验...	强制性产品认证证书或证明文件	特殊医学用途配方食品注册证书	保健食品注册证书或保健食品备...
婴幼儿配方乳粉产品配方注册证书	进口普通化妆品备案凭证	进口特殊化妆品注册证书	进口医疗器械备案/注册证
麻精药品进出口准许证	两用物项和技术进出口许可证	技术出口许可证	技术出口合同登记证
人类遗传资源材料出口、出境证明	古生物化石出境批件		

图 4-364 “进口广播电影电视节目带（片）提取单”进入路径

第一节　提取单申请

在下图中，点击左侧菜单栏“进口广播电影电视节目带（片）提取单申请”，可展开页面如图 4-365。

图 4-365 进口广播电影电视节目带（片）提取单申请界面

提取单申请实现提取单的新增、暂存、删除、申报功能。企业可自行录入提取单申请数据，申报完成后向审批端发送提取单申请信息。审批端接收到提取单申请数据后，由相关人员进行审核。

点击“提取单申请”模块，界面跳转，界面分为基本信息和载体信息两部分。

一、基本信息

提取单信息的录入：点击“提取单申请”，部分字段（例如出口单位名称、联系人姓名、联系人手机等）如图 4-366，需要用户手工录入，请根据您的业务主管部门要求，如实填写相关内容。

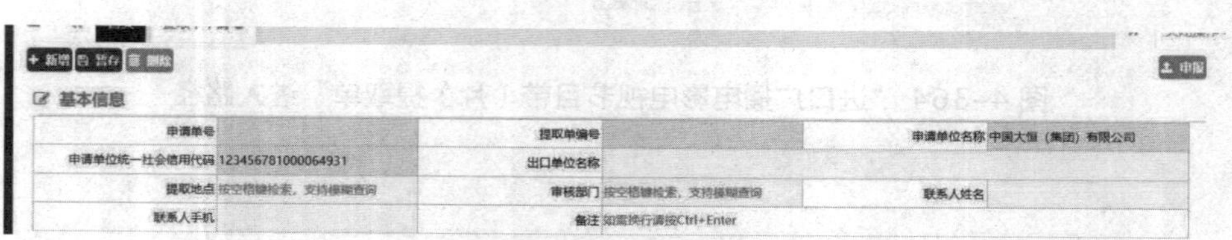

图 4-366 提取单申请—基本信息

（一）操作按钮说明

新建：点击后用户可以创建一份新的提取单申请。

暂存：点击对当前录入信息进行暂存，根据业务类型在暂存时如有必填项未录入，会有相关提示。

申报：点击后向审核部门申报当前提取单数据。

删除：用户可对暂存状态的提取单数据进行删除操作。点击界面上方“删除”蓝色按钮，系统将提示用户是否删除当前数据，删除的数据将不可恢复，需重新录入，请谨慎操作。

部分字段文本框提示“按空格键检索”，表示该类字段需要在参数中进行调取，不允许用户随意录入。直接选中该文本框，按空格键，可调出下拉菜单并在其中进行选择。如果您已经知道相关参数的代码，也可直接输入相应数字、字母或汉字，迅速调出参数，使用上下箭头选择后，点击回车键确认录入。

1. 提取地点：

（1）可在输入框中点击空格键，在显示的下拉框中，自行选择。

（2）如果下拉框中没有找到，可直接输入中文名称搜索，在显示的下拉框中选择。

2. 审核部门：

（1）可在输入框中点击空格键，在显示的下拉框中，自行选择。

（2）如果下拉框中没有找到，可直接输入中文名称搜索，在显示的下拉框中选择。

（二）录入信息说明

申请单号：点击暂存后反填至该字段，无法手动输入或修改。

提取单号：审批端审核通过后反填至该字段，无法手动输入或修改。申请单位名称：用户登录后自动反填该字段。

申请单位统一社会信用代码：用户登录后自动反填该字段。

审核部门：审核部门 01 开头的审批部门为广电总局及地方广电局，30 开头的审批部门为国家电影局，请用户按需求选择审核部门。

二、载体信息

载体信息界面实现表体信息的保存、清空功能。如图 4-367。

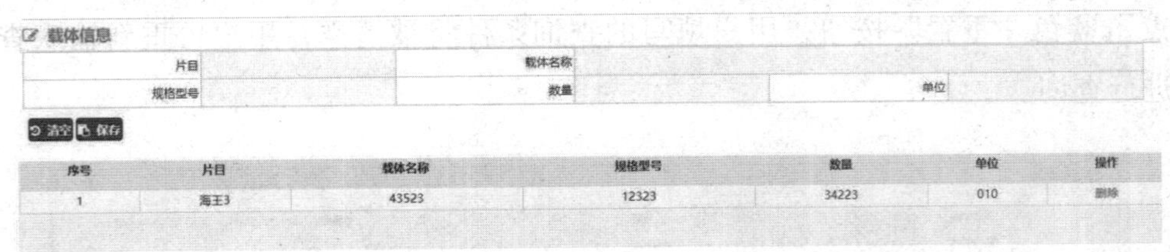

图 4-367 提取单申请 - 载体信息

（一）操作按钮说明

清空：清空界面输入的载体信息。

删除：点击“删除”按钮，可对增加的表体进行删除操作。

（二）录入信息说明

数量：小数点前最多输入 14 位，小数点后最多精确到 5 位。

第二节 提取单查询

提供提取单申请查询、复制、撤回、删除功能，点击左侧菜单中“查询”，显示如图 4-368，用户可在搜索栏中输入申请单号或片目等查询条件，并点击蓝色“查询”按钮，系统将符合条件的数据显示在下方列表中，显示申请单状态和海关同步状态。

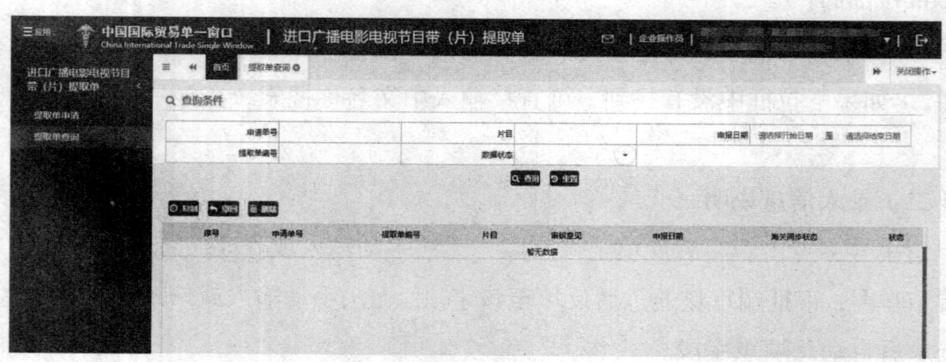

图 4-368 提取单查询

<u>小提示：</u>

<u>如不输入查询条件，系统默认显示所有符合条件的提取单。</u>

在显示的查询结果中，点击蓝色“申请单号”字段，页面将会跳转到提取单申请详情界面，可根据当前许可证状态进行查看或编辑等。

点击蓝色“重置”按钮，用户填写的查询条件将被清空，用户可重新输入查询条件并进行查询。

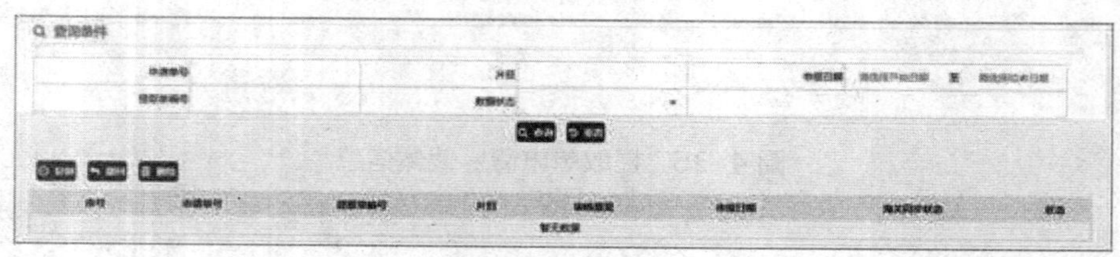

图 4-369 搜索框显示

操作按钮说明如下。

复制：任何状态的申请单均可以复制。

撤回：待审核状态的申请可以撤回，撤回后状态变为暂存。

删除：仅暂存状态可以删除，不支持批量删除。删除的数据将不可恢复，需重新录入，请谨慎操作。

【链接】

海关总署 国家电影局 国家广播电视总局公告 2018 年第 149 号

关于实施《进口广播电影电视节目带（片）提取单》联网核查的公告）

为进一步优化口岸营商环境，促进跨境贸易便利化，海关总署、国家电影局和国家广播电视总局决定对《进口广播电影电视节目带（片）提取单》（以下简称“《进口提取单》”）实行电子数据联网核查。现将有关事项公告如下：

一、自本公告发布之日起，海关总署、国家电影局和国家广播电视总局共同启动《进口提取单》电子数据与进口货物报关单电子数据的联网核查工作。

二、国家电影局、国家广播电视总局根据相关法律法规及有关规定签发《进口提取单》，并实时将《进口提取单》电子数据传输至海关。海关在通关环节进行比对核查，并按规定办理相关手续。

三、进口企业应按照现行规定，如实规范向海关申报。对于在联网核查实施前已合法申领的《进口提取单》，企业可凭纸质证件于 2018 年 12 月 31 日前在有效期内向海关办理报关手续。《进口广播电影电视节目带（片）提取单》管理货物目录详见附件。

四、因计算机管理系统、通信网络故障等原因，无法正常实施联网核查的，企业可提交纸本材料并按照要求办理相关手续。

五、企业可登录中国国际贸易“单一窗口”查询证件电子数据传输状态。

六、中国电子口岸数据中心为联网核查的技术支持部门。

中国电子口岸数据中心联系方式：010 — 95198。

本公告自发布之日起实施。

特此公告。

海关总署

国家电影局

国家广播电视总局

2018 年 10 月 29 日

附：《进口广播电影电视节目带（片）提取单》管理货物目录

序号	海关商品编号	商品名称	备注
1	3704001020	录有广播电影电视节目的电影胶片（已曝光但未冲洗）	
2	3705001020	录有广播电影电视节目的教学专用幻灯片（已曝光已冲洗）	
3	3706101010	录有广播电影电视节目的已冲洗的教学专用中宽电影胶片	
4	3706109010	录有广播电影电视节目的已冲洗的其他中宽电影胶片	
5	3706901010	录有广播电影电视节目的教学专用其他已冲洗的电影胶片	
6	3706909010	录有广播电影电视节目的其他已冲洗的电影胶片	
7	8523292820	录有广播电影电视节目的重放声音或图像信息的磁带	
8	8523292920	录有广播电影电视节目的其他磁带	
9	8523299020	其他录有广播电影电视节目的磁性媒体	
10	8523491020	录有广播电影电视节目的仅用于重放声音信息的光学媒体	
11	8523499020	其他录有广播电影电视节目的光学媒体	
12	8523512020	录有广播电影电视节目的固态非易失性存储器件（闪速存储器）	
13	8523592020	其他录有广播电影电视节目的半导体媒体	
14	8523801110	录有广播电影电视节目的唱片	
15	8523809920	其他录有广播电影电视节目的媒体	

第十三章 援外项目任务通知单申请系统操作指南

1. 功能简介

建设“单一窗口”援外项目任务通知单（以下简称“通知单”）申请系统，涵盖商务部（中国国际经济技术交流中心）的援外项目任务通知单申请功能，实现企业通过“单一窗口”一次性提交满足商务部（中国国际经济技术交流中心）要求的申请信息，审核部门审核完成后并将审核结果通过“单一窗口”统一反馈，便于企业查询。

2. 进入系统

打开中国国际贸易单一窗口门户网站，点击“业务应用”页签中“口岸执法申报”。（如图 4–370）

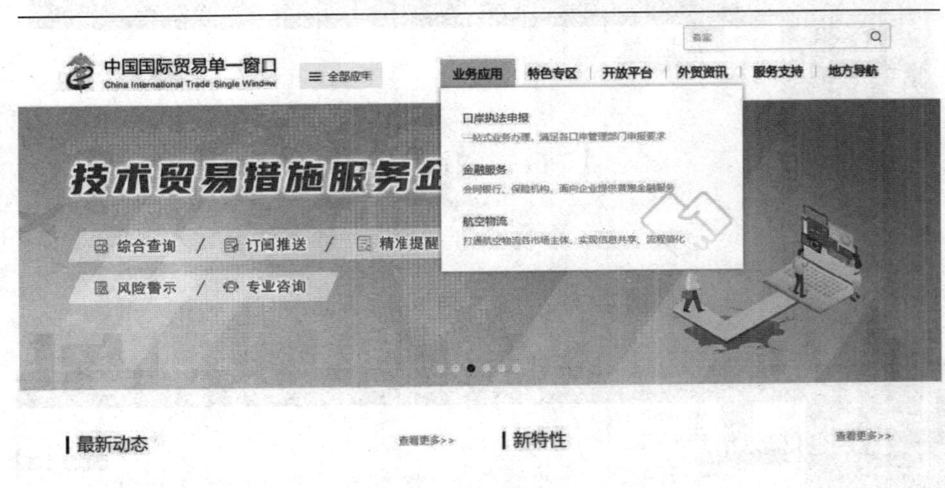

图 4-370 进入系统

点击“口岸执法申报”下面的“监管证件”，选择“援外项目任务通知单”，登录后进入系统。

监管证件

农药进出口通知单	合法捕捞产品通关证明	进口兽药通关单	野生动植物进出口证书
进口药品通关单	药品进出口准许证	民用爆炸物品进出口审批单	引进林草种子、苗木检疫审批单
自动进口许可证	出口许可证	进口许可证	援外项目任务通知单
黄金及黄金制品进出口准许证	银行调运人民币现钞进出境证明	赴境外加工光盘进口备案证明	音像制品（成品）进口批准单
进口广播电影电视节目带（片）...	有毒化学品进出口环境管理放行...	农业转基因生物安全证书（进口）	国（境）外引进农业种苗检疫审...
特种设备制造许可证及型式试验...	强制性产品认证证书或证明文件	特殊医学用途配方食品注册证书	保健食品注册证书或保健食品备...
婴幼儿配方乳粉产品配方注册证书	进口普通化妆品备案凭证	进口特殊化妆品注册证书	进口医疗器械备案/注册证
麻精药品进出口准许证	两用物项和技术进出口许可证	技术出口许可证	技术出口合同登记证
人类遗传资源材料出口、出境证明	古生物化石出境批件		

图 4-371 “援外项目任务通知单”进入路径

第一节 通知单申请

一、基本信息

点击左侧菜单中“通知单申请”，右侧区域展示两种通知单类型，选择“物资类通知单”类型后，系统进入新增界面（如图 4-372）。根据登录的账号或者卡信息自动返填“申请单位名称”字段内容。“运输方式”“最终目的国”和“审核处室”字段可以通过模糊搜索录入关键字后选择相关数据。置灰输入框为系统自动返填字段，用户不能自行更改。其余输入框按照实际内容填写即可。

图 4-372 “通知单申请”界面

图 4-373 物资类通知单申请

二、商品信息

物资类通知单基本信息暂存完成后，点击“导入商品信息”按钮，系统弹框展示商品信息导入界面(如图 4-374)；点击“模板下载”按钮，系统自动下载Excel导入模板，通过Excel模板中填写示例及说明，填写商品信息(如图 4-375)，导入商品excel表填写完成后，点击“选择文件”按钮，选择要上传的Excel表，点击“上传”按钮，系统提示“文件导入成功”，商品信息列表中显示导入成功的商品信息(如图 4-376)。

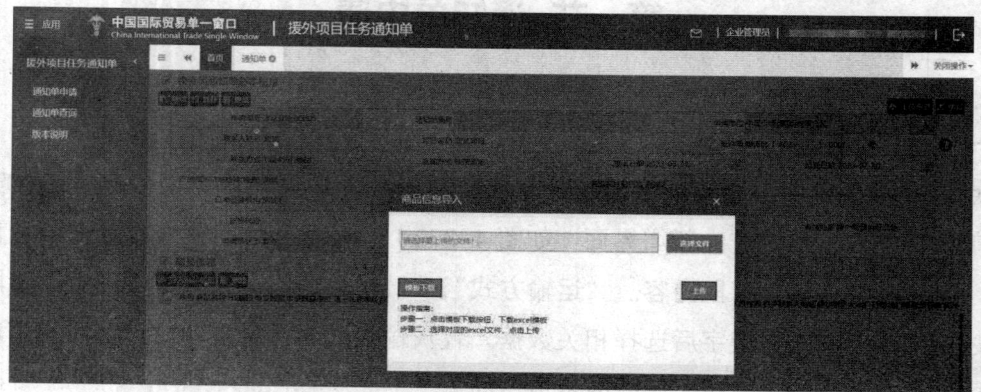

图 4-374 商品信息导入

XXX项目检验一览表

商品名称	HS编码	申报数量	申报数量单位	第一法定计量单位	第一法定单位数量	最终目的国（地区）	品牌	规格、技术参数	型号	单价(元)	总金额(元)	生产厂商	供货商	供货地	供货联系人	供货联系人电话	出厂日期	出口港	检验标准	备注
平地机	8429209000	123456	辆	辆	1234567890	美国	柳工	平地机关键参数：铲刀长：长度4265mm，高度635mm；铲刀铲土深度：555mm；最大车速：41.47 km/h；最大扭矩：980Nm/1500r/min；功率：160Kw；	CLG4215	100000	100000	广西柳工机械股份有限公司	广西柳工机械股份有限公司	广西	李经理	13900000000	2018.09.09	上海	GB/T14782-2010	该条数据为填写示例数据，使用时请删除。

图 4-375 Excel 导入模板

商品信息

导入商品信息 删除

序号	商品名称	HS编码	申报数量	申报数量单位	第一法定单位数量	第一法定计量单位	品牌	规格、技术参数	型号	单价(元)	总金额(元)	最终目的国（地区）	生产厂商	供货地	供货商	供货联系人电话	供货联系人	出厂日期	出口港	检验
1	平地机	8429209000	123456	辆	1234567890.12341	辆	柳工	平地机关键参数：铲刀长：长度4265mm，高度635mm；铲刀铲土深度：555mm；最大车速：41.47km/h；最大扭矩：980Nm/1500r/min；功率：160Kw；	CLG4215	100000	100000	美国	广西柳工机械股份有限公司	广西	广西柳工机械股份有限公司	13900000000	李经理	2018-09-09	上海	GB/T 20

图 4-376 商品信息列表

选择一条需要删除的数据，点击"删除"按钮，系统提示"删除成功"，且商品列表中不展示此数据，表示相关数据删除成功。此操作可以选择多条数据一并删除。

小提示：

填写 excel 商品信息必须按照填写示例及填写说明，去填写商品信息。商品信息列表界面中左右、上下具备滚动条滚动功能。

1. 物资类通知单新增

点击界面"新增"按钮，系统自动创建一份新的通知单证书，自动清空原始通知单基本信息与商品信息数据。

2. 物资类通知单暂存

当基本信息必填项录入完成后，点击"暂存"按钮，系统自动生成"申请单号"及申请单状态变为"暂存"。系统自动校验录入数据是否符合校验规则，校验通过则系统提示"申请单暂存成功"（如图 4-377）；若校验失败，系统给出相关的错误提示信息，按要求修改重新尝试暂存操作。

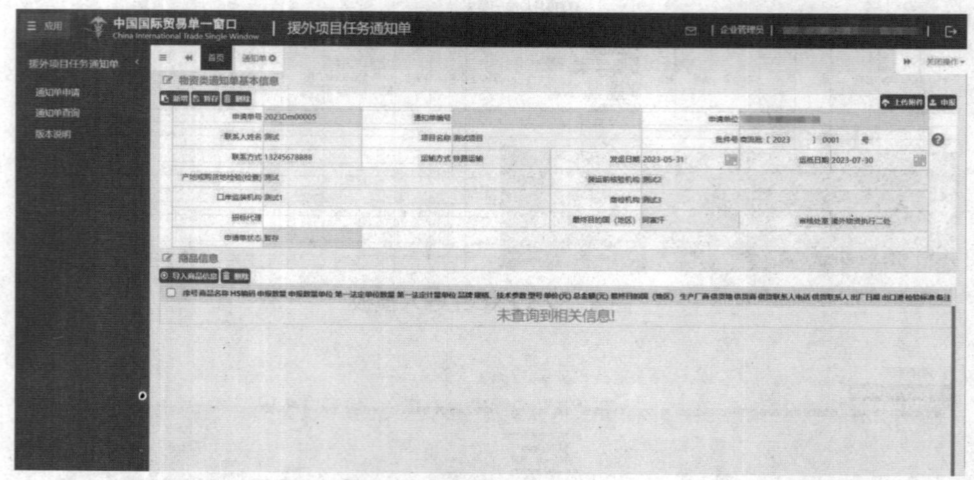

图 4-377 物资类通知单暂存

3. 物资类通知单删除

选择一票暂存状态的单证，点击“删除”按钮，系统弹框点击“确定”按钮，系统提示“申请单删除成功”，且输入框内容清空，则删除操作成功，当前页面可以重新录入新申请单数据（如图 4-378）。

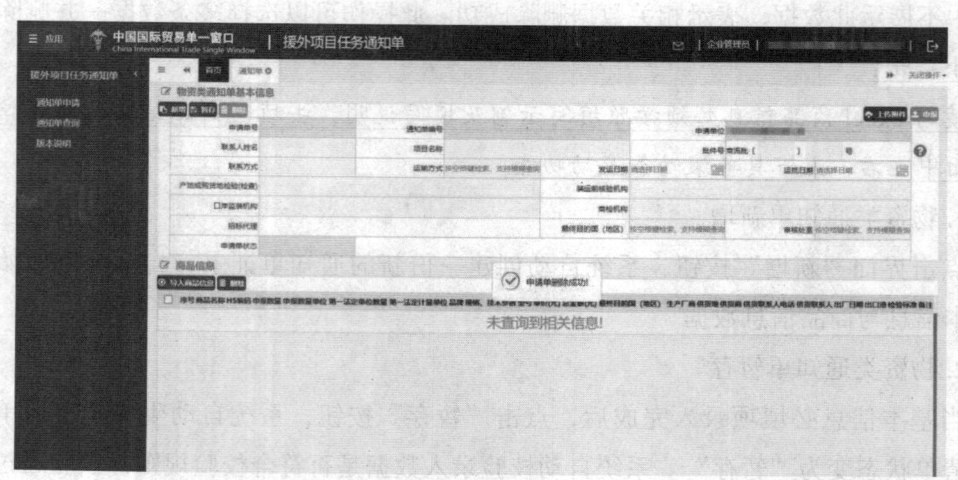

图 4-378 物资类通知单删除

4. 上传附件

通知单暂存成功后，点击“上传附件”按钮，系统弹框展示附件信息上传界面（如图 4-379）；标有 * 号的附件类型为必填项，选择相应文件后点击“上传”按钮，系统自动校验文件大小是否未超过 8M 并且文件格式为 pdf。附件上传完成后，可以下载附件信息至本地查看。若附件信息上传有误，点击“删除”按钮，删除成功后可以重新上传附件。

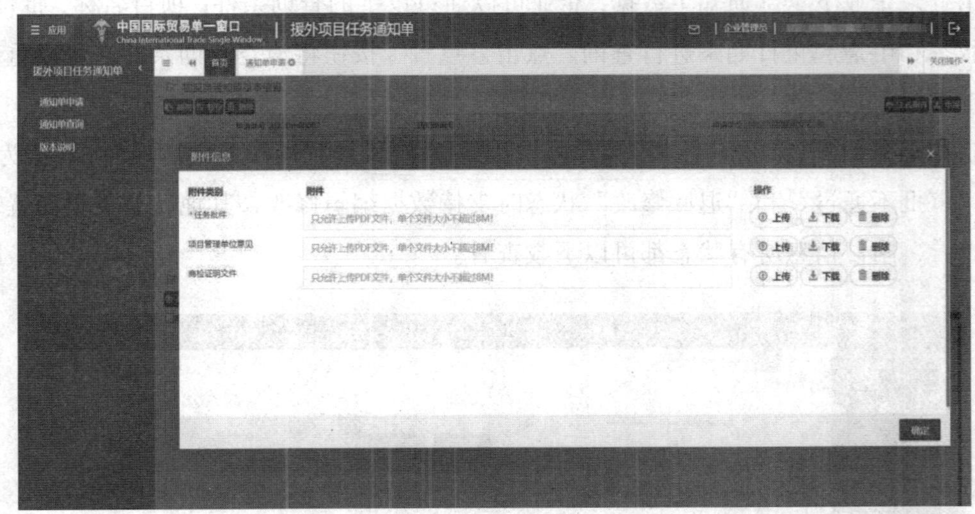

图 4-379 附件信息

5. 物资类通知单申报

当基本信息、商品信息和附件信息全部录入完成后，点击右上角“申报”按钮，系统自动校验录入数据是否符合业务规则，校验通过后系统提示“申请单申报成功”，页面全部置灰，不能继续更改；校验不通过，系统给出相关提示信息，企业按照要求修改数据后，再重新尝试申报操作（如图 4-380）。

图 4-380 物资类通知单申报

第二节 通知单查询

点击左侧菜单中“通知单查询”，右侧区域展示查询列表界面（如图 4-381）。默认展示登录企业下全部通知单数据，企业可以通过设定的查询条件：项目名称、批件号、数据状态和申请起止日期来进行查询。点击“重置”按钮将清空查询条件，可以重新填写后查询。

选中一条数据，点击蓝色“申请单号”字段，系统跳转到通知单详情界面，数据为“暂存”“审批不通过”和“退回修改”状态时支持数据编辑修改，其他状态下页面置灰只允许查看，附件信息所有状态都可以下载查看。

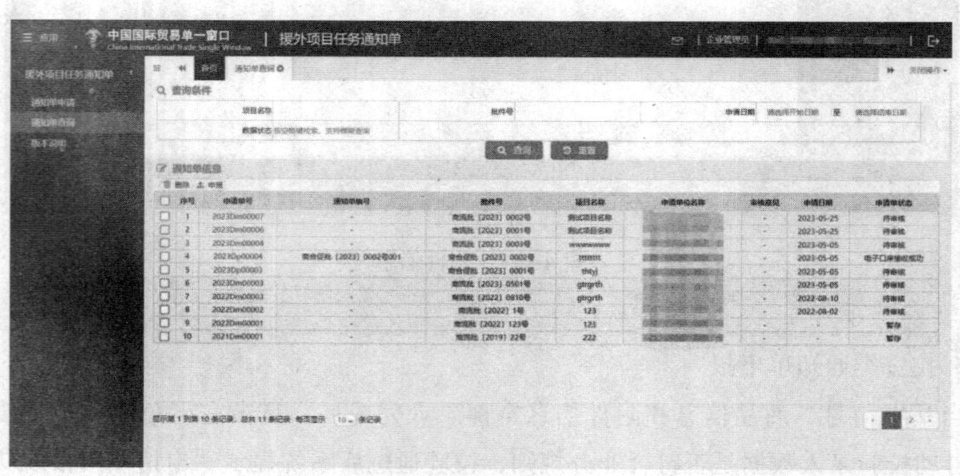

图 4-381 物资类通知单查询

1. 删除

选择一条或多条通知单数据，点击界面上“删除”按钮，仅“暂存”状态的数据可以删除，其他状态做删除操作时，系统给出相关提示信息，不允许删除。删除的数据将不可恢复，需重新录入，请谨慎操作。

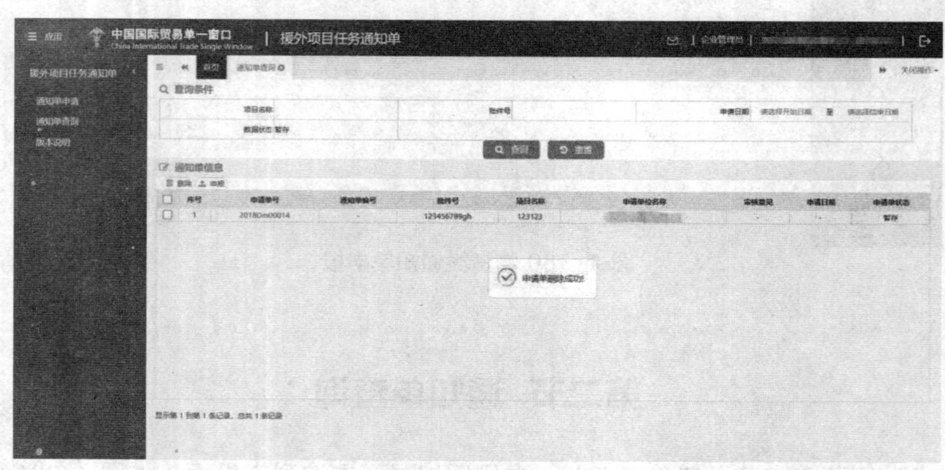

图 4-382 物资类通知单删除

2. 申报

选择一条或多条通知单数据，点击界面上“申报”按钮，仅“暂存”“审批不通过”和“退回修改”状态下的数据可以申报，其他状态做申报操作时，系统给出相关提示信息，不允许申报。

第三节 版本说明

系统通过此功能菜单，展示援外项目任务通知单系统每次更新主要内容。

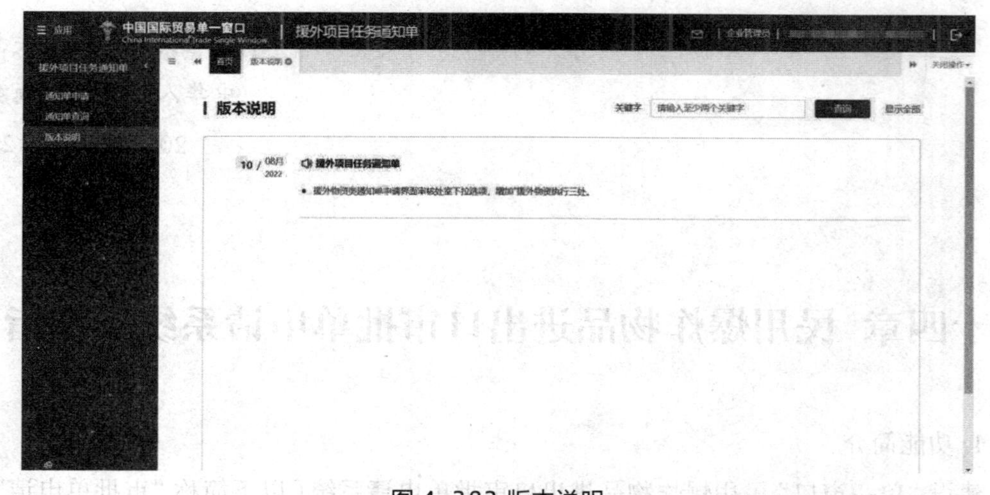

图 4-383 版本说明

【链接】

中华人民共和国海关总署 商务部公告 2018 年第 147 号

为进一步优化口岸营商环境，促进跨境贸易便利化，海关总署、商务部决定对《技术出口许可证》《技术出口合同登记证》和《援外项目任务通知函》实行电子数据联网核查。现将有关事项公告如下：

一、自本公告发布之日起，海关总署和商务部共同对技术贸易和援外物资启动《技术出口许可证》《技术出口合同登记证》和《援外项目任务通知函》电子数据与进出口货物报关单电子数据的联网核查工作。

二、商务部及其授权发证机构根据相关法律法规及有关规定签发上述证件，并将有效电子数据传输至海关。海关在通关环节对证件信息进行比对核查，并按规定办理相关手续。

三、进出口企业应按照现行规定，如实规范向海关申报。对于在联网核查实施前已合法申领的上述证件，企业可凭纸质证件于2018年12月31日前在有效期内向海关办理报关手续。

四、因计算机管理系统、通信网络故障等原因，无法正常实施联网核查的，企业可提交纸本材料并按照要求办理相关手续。

五、企业可登录中国国际贸易“单一窗口”查询证件电子数据传输状态。

六、中国电子口岸数据中心为联网核查的技术支持部门。

中国电子口岸数据中心联系方式：010-95198。

特此公告。

中华人民共和国海关总署

中华人民共和国商务部

2018年10月29日

第十四章 民用爆炸物品进出口审批单申请系统操作指南

1. 功能简介

建设“单一窗口”民用爆炸物品进出口审批单申请系统（以下简称“审批单申请”），涵盖工业和信息化部的民用爆炸物品进 / 出口审批单申请功能，实现国际贸易企业通过单一窗口一点接入，提交满足监管部门要求的审批单信息，管理部门按照相关规定进行审核，并将审批结果通过单一窗口统一反馈，便于企业查询，方便企业“一站式”办理。

2. 进入系统

打开中国国际贸易单一窗口门户网站，点击“业务应用”页签中“口岸执法申报”。（如图 4-384）

图 4-384 门户网站

点击“口岸执法申报”下面的“监管证件”，选择“民用爆炸物品进出口审批单”，登录后进入系统。

监管证件				
	农药进出口通知单	合法捕捞产品通关证明	进口兽药通关单	野生动植物进出口证书
	进口药品通关单	药品进出口准许证	民用爆炸物品进出口审批单	引进林草种子、苗木检疫审批单
	自动进口许可证	出口许可证	进口许可证	援外项目任务通知单
	黄金及黄金制品进出口准许证	银行调运人民币现钞进出境证明	赴境外加工光盘进口备案证明	音像制品（成品）进口批准单
	进口广播电影电视节目带（片）...	有毒化学品进出口环境管理放行...	农业转基因生物安全证书（进口）	国（境）外引进农业种苗检疫审...
	特种设备制造许可证及型式试验...	强制性产品认证证书或证明文件	特殊医学用途配方食品注册证书	保健食品注册证书或保健食品备...
	婴幼儿配方乳粉产品配方注册证书	进口普通化妆品备案凭证	进口特殊化妆品注册证书	进口医疗器械备案/注册证
	麻精药品进出口准许证	两用物项和技术进出口许可证	技术出口许可证	技术出口合同登记证
	人类遗传资源材料出口、出境证明	古生物化石出境批件		

图 4-385 “民用爆炸物品进出口审批单”进入路径

第一节 进口审批单申请

一、基本信息

点击左侧菜单中“进口审批单申请”，右侧区域展示详细信息界面如图 4-386。根据登录的账号或者卡信息自动返填“申请单位”字段内容。默认进口审批单“审批部门”为工业和信息化部，输入框内提示“按空格键检索，支持模糊查询”字样的字段需要选择下拉框中的内容，不允许随意录入。置灰输入框为系统自动返填字段，用户不能自行更改。其余输入框按照实际内容填写即可。

图 4-386 进口审批单申请

二、商品信息

输入框底色为黄色的是必填项，按照实际情况录入后，点击保存按钮，数据展示到界面下方，如图 4-387。

企业可以选择一条商品信息，点击蓝色“商品名称”字段，系统弹框展示商品信息详细信息，企业按照实际情况编辑修改后点击保存按钮，商品信息编辑成功；点击新增按钮，自动清空当前输入框数据，重新录入数据保存后，商品信息新增成功。

选择一条要复制的数据，点击复制按钮，当系统提示“复制成功”，表示相关数据复制成功。此操作每次只能选择一条数据进行复制操作，不支持批量复制。

选择一条需要删除的数据，点击删除按钮，系统提示“删除成功”，表示相关数据删除成功。此操作可以选择多条数据一并删除。

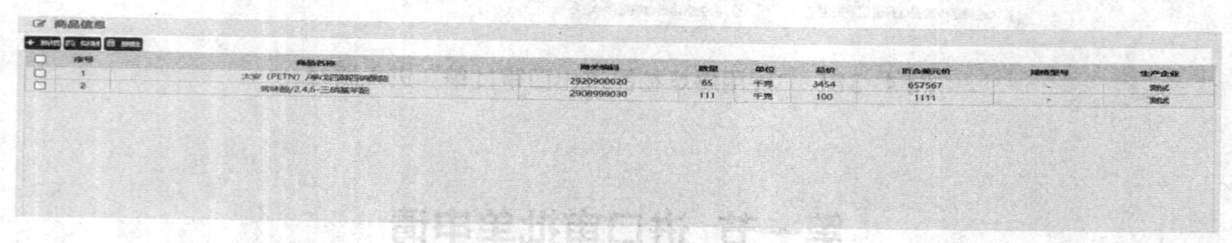

图 4-387 商品信息

小提示：

商品信息最多允许添加 10 条。

企业下拉选择海关商品名称，自动带出海关商品编码和单位并返填，若带出的商品编码有两个，企业须手动选择一个，若企业选择的海关商品名称中带有“其他”字眼的，支持企业修改补充具体的商品名称。

1. 进口审批单暂存

当基本信息必填项录入完成后，点击暂存按钮，系统自动校验录入数据是否符合校验规则，校验通过则系统提示“保存成功”，如图 4-388；若校验失败，系统给出相关的错误提示信息，按要求修改后再尝试暂存操作。

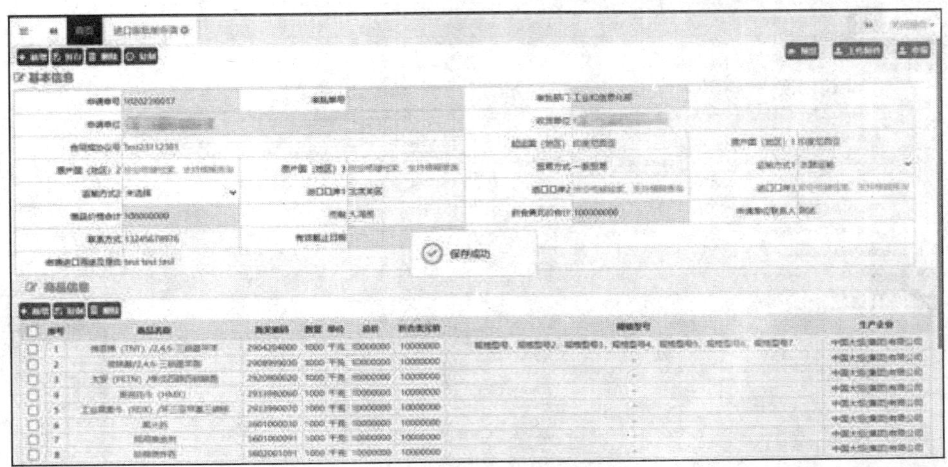

图 4-388 进口审批单暂存

2. 上传附件

基本信息和商品信息录入完成，点击“上传附件”按钮，标有 * 号的附件类型为必填项，选择相应文件后，点击上传按钮，系统自动校验文件大小是否未超过 4M 并且文件格式为 pdf。附件上传完成后，可以下载附件信息至本地查看。若附件信息上传有误，点击删除按钮，删除成功后可以重新上传附件，如图 4-389。

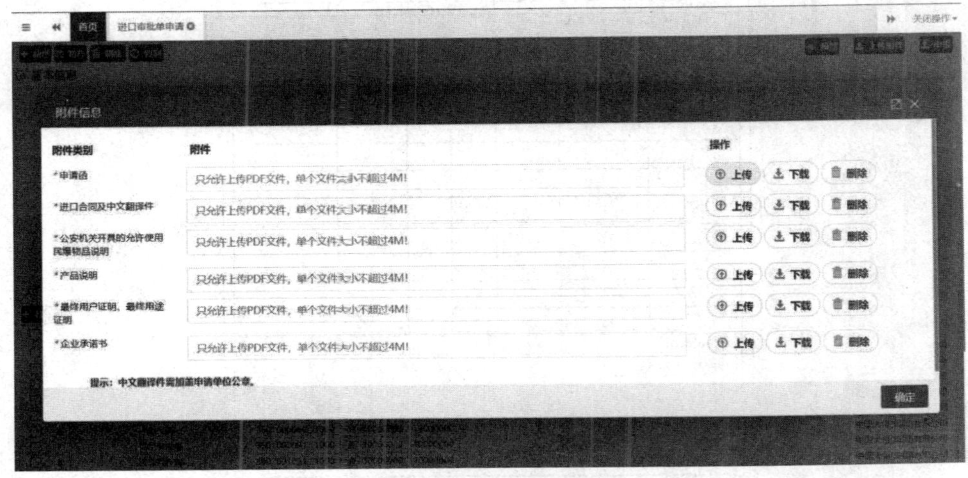

图 4-389 附件信息

3. 进口审批单复制

通过查询列表界面的复制按钮或者进出口审批单详情页面的复制按钮，选择任意状态下的单证，点击“复制”按钮，复制成功系统则打开一个新的审批单申请界面，输入框中的内容与复制的单证一致，如图 4–390。

图 4–390 进口审批单复制

4. 进口审批单预览

审批单暂存成功后，点击“预览”按钮，系统自动跳转到预览界面，如图 4–391。预览界面中，可以点击下载和打印按钮进行对应的操作。

民用爆炸物品进口审批单

1. 申请单位：测试公司	6. 审批单号：
2. 收货单位：TEST	7. 有效截止日期：
3. 合同或协议号：Test1111111	8. 起运国（地区）：孟加拉国
4. 进口口岸：太原关区	9. 原产地国（地区）：不丹
5. 贸易方式：料件销毁	10. 运输方式：水路运输
11. 申请进口用途及理由：测试用途	

12. 商品名称	13. 规格型号	14. 海关编码	15. 单位	16. 数量	17. 总价（币种）	18. 生产企业
太安（PETN）/季戊四醇四硝酸酯		2920900020	千克	65	3454日本元	测试
苦味酸/2,4,6-三硝基苯酚		2908999030	千克	111	100日本元	测试
19. 商品价格合计		3554				

20. 申请单位签章 负责人：（公章） 2023年 05月 17日	21. 审批机关签章 年 月 日

图 4–391 进口审批单预览（一）

海关放行签注栏

报关日期	报关单号	商品名称	发运数量	海关签章	备注

申请单位联系人：测试　　联系方式：13245674322

说明：

1. 本审批单一式五份，工业和信息化部、口岸海关、口岸所在地公安机关、省级民爆行业行政主管部门、申请单位各留一份。

2. 申请（发货）单位：填写与民爆物品生产或销售许可证一致的名称，并标注许可证号。

3. 运输方式：根据实际情况填写海运、空运、铁路运输或公路运输。

4. 审批单号和有效截止日期：由审批机关填写。

5. 运抵国(地区)：目的港口所属国家或地区。

6. 最终目的国(地区)：最终进口国家或地区，即进口许可文件的签发国。

7. 商品名称：与民用爆炸物品品名表中所列商品名称一致。

8. 单位：规范为千克、米、发或吨、千米、千发。

9. 币种：按出口合同实际签约币种填写，如“总价(美元)”。

10. 生产企业：出口商品的实际生产单位，国内生产企业必须与《民用爆炸物品生产许可证》企业名称一致，并标注许可证号。

图 4–392 进口审批单预览（二）

5. 进口审批单删除

选择一票暂存状态的单证，点击“删除”按钮，系统弹框确认点击“确定”按钮，提示“删除成功”且输入框内容清空，则删除操作成功，当前页面可以重新录入新审批单内容。如图 4-393。

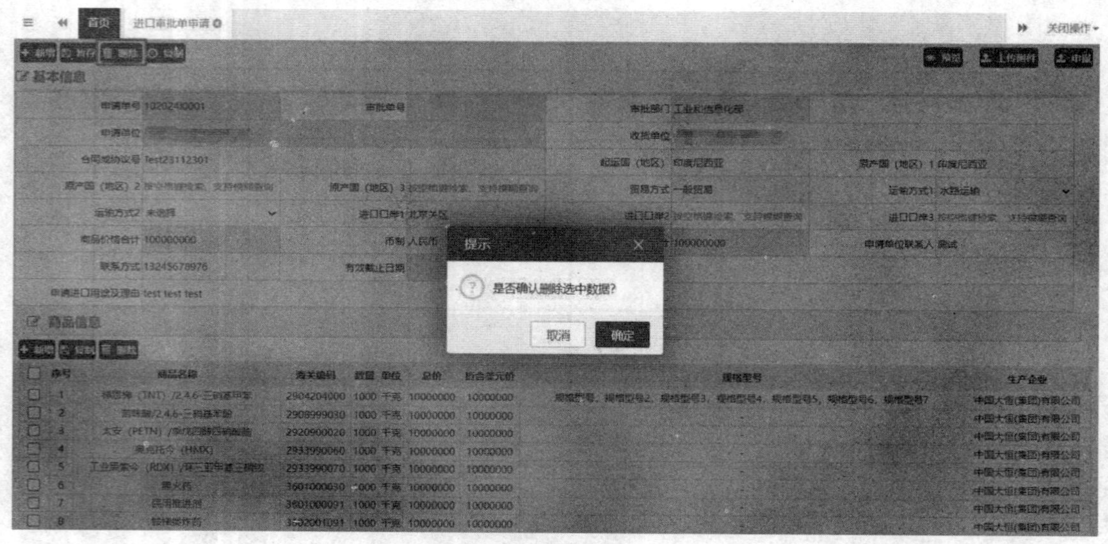

图 4-393 进口审批单删除

6. 进口审批单申报

当基本信息，商品信息和附件信息全部录入完成后，点击右上角“申报”按钮，如图 4-394。系统自动校验录入数据是否符合业务规则，校验通过后系统提示“申报成功”，且页面全部置灰，不能继续编辑修改；校验不通过，系统给出相关提示信息，企业按照要求修改数据后，再重新尝试申报操作。

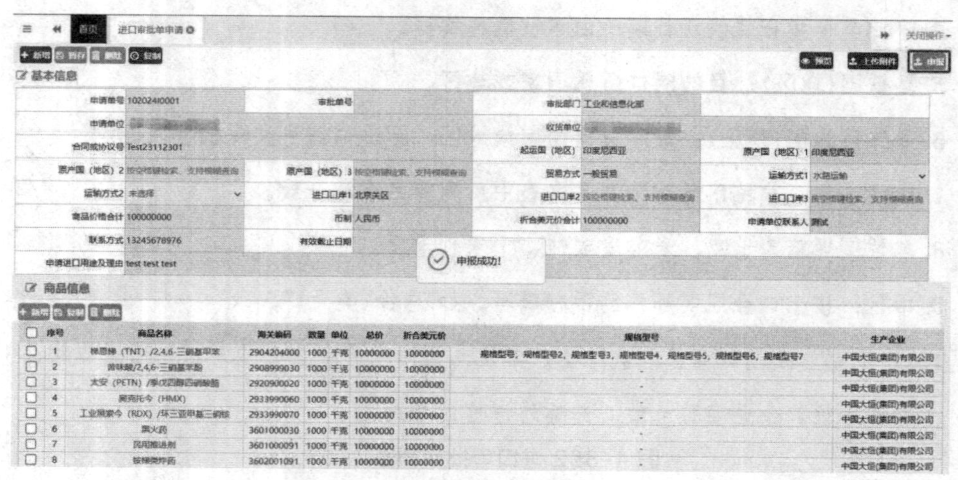

图 4-394 进口审批单申报

第二节 出口审批单申请

具体操作与上述进口审批单申请基本一致，可以参考以上内容进行信息录入。

小提示：

进口时，审批部门默认工信部，出口时审批部门可选择工信部或31个省级行政区，当审批部门选择工信部时不可填写硝酸铵商品，审批部门选择省级时，只可填写硝酸铵商品。

第三节 审批单查询

一、审批单查询

点击左侧菜单中“审批单查询”，右侧区域展示详细信息界面如图4-395。默认展示登录企业下全部审批单数据，企业可以通过设定的查询条件：申请单号、进出口类型、商品名称、状态和申请起止日期来进行查询。

选中一条数据，点击蓝色“申请单号”字段，系统跳转到数据详情界面，数据为暂存和未通过状态时支持数据编辑修改，其他状态页面置灰只允许查看，附件信息所有状态都可以下载查看。

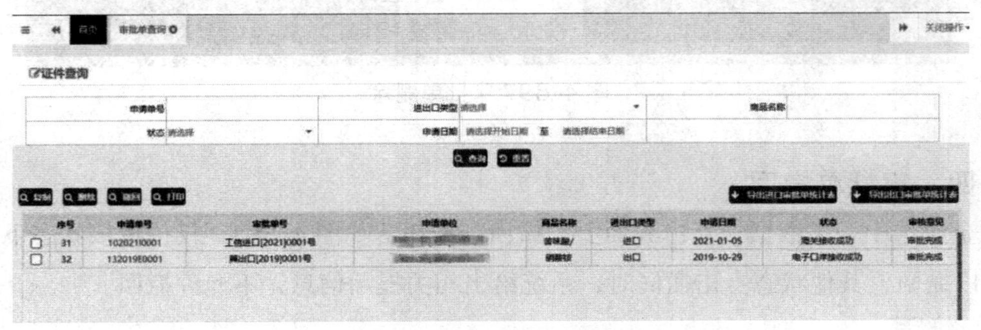

图 4-395 审批单查询

二、审批单复制

企业选中一条数据，点击界面上“复制”按钮，如图4-396，系统重新生成并打开一个审批单申请页面，点击“暂存”按钮，则审批单复制成功。任何状态下的数据都可以进行复制操作。

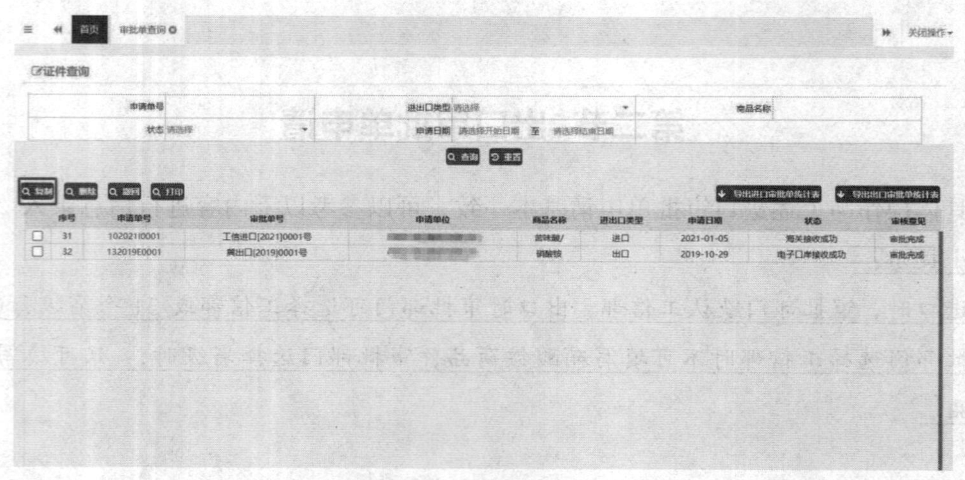

图 4-396 审批单复制

三、审批单删除

企业选中一条数据，点击界面上“删除”按钮，如图 4-397，仅暂存和未通过状态的数据可以删除，其他状态点击删除时，系统给出相关提示信息，不允许删除。

图 4-397 审批单删除

四、审批单撤回

企业选中一条数据，点击界面上“撤回”按钮，如图 4-398，仅待审核状态下的数据可以撤回，其他状态点击撤回时，系统给出相关提示信息，不允许撤回。

图 4-398 审批单撤回

五、审批单打印

企业选择一条已生成审批单号的数据，点击界面上“打印”按钮，如图 4-399，系统自动跳转到打印预览界面，点击右上角打印按钮进行打印操作。

民用爆炸物品进口审批单

1. 申请单位：	6. 审批单号：
2. 收货单位：	7. 有效截止日期：
3. 合同或协议号：Test23112301	8. 起运国（地区）：印度尼西亚
4. 进口口岸：北京关区	9. 原产地国（地区）：印度尼西亚
5. 贸易方式：一般贸易	10. 运输方式：水路运输
11. 申请进口用途及理由：test test test	

12. 商品名称	13. 规格型号	14. 海关编码	15. 单位	16. 数量	17.总价（币种）	18.生产企业
梯恩梯（TNT）/2,4,6-三硝基甲苯	规格型号、规格型号2、规格型号3、规格型号4、规格型号	2904204000	千克	1000	10000000人民币	中国大恒(集团)有限公司
苦味酸/2,4,6-三硝基苯酚		2908999030	千克	1000	10000000人民币	中国大恒(集团)有限公司
太安（PETN）/季戊四醇四硝酸酯		2920900020	千克	1000	10000000人民币	中国大恒(集团)有限公司
奥克托今（HMX）		2933990060	千克	1000	10000000人民币	中国大恒(集团)有限公司
工业黑索今（RDX）/环三亚甲基三硝铵		2933990070	千克	1000	10000000人民币	中国大恒(集团)有限公司
黑火药		3601000030	千克	1000	10000000人民币	中国大恒(集团)有限公司
民用推进剂		3601000091	千克	1000	10000000人民币	中国大恒(集团)有限公司
铵梯类炸药		3602001091	千克	1000	10000000人民币	中国大恒(集团)有限公司
爆炸加工器材		3602001091	千克	1000	10000000人民币	中国大恒(集团)有限公司
矿岩破碎器材		3602001091	千克	1000	10000000人民币	中国大恒(集团)有限公司
19.商品价格合计		100000000				

20.申请单位签章 负责人：（公章） 年　月　日	21.审批机关签章 年　月　日

图 4-399 民用爆炸物品进口审批单打印预览（一）

海关放行签注栏

报关日期	报关单号	商品名称	发运数量	海关签章	备注

申请单位联系人：gg　　　　联系方式：13245678544

说明：

1. 本审批单一式五份，工业和信息化部、口岸海关、口岸所在地公安机关、省级民爆行业行政主管部门、申请单位各留一份。

2. 申请（发货）单位：填写与民爆物品生产或销售许可证一致的名称，并标注许可证号。

3. 运输方式：根据实际情况填写海运、空运、铁路运输或公路运输。

4. 审批单号和有效截止日期：由审批机关填写。

5. 运抵国(地区)：目的港口所属国家或地区。

6. 最终目的国(地区)：最终进口国家或地区，即进口许可文件的签发国。

7. 商品名称：与民用爆炸物品品名表中所列商品名称一致。

8. 单位：规范为千克、米、发或吨、千米、千发。

9. 币种：按出口合同实际签约币种填写，如"总价(美元)"。

10. 生产企业：出口商品的实际生产单位，国内生产企业必须与《民用爆炸物品生产许可证》企业名称一致，并标注许可证号。

图 4-400 民用爆炸物品进口审批单打印预览（二）

小提示：

待审核、未通过、审批不通过、审核中这4个状态下的审批单仅带有企业印章和签名，审批单部委审批通过后，可以打印带有审批部门印章的证书。

七、导出进口审批单统计表

企业点击界面上“导出进口审批单统计表”按钮，系统自动生成并下载一份Excel，如图4-401，打开导出成功的Excel表，Excel表中仅展示审批通过的进口审批单详情信息。

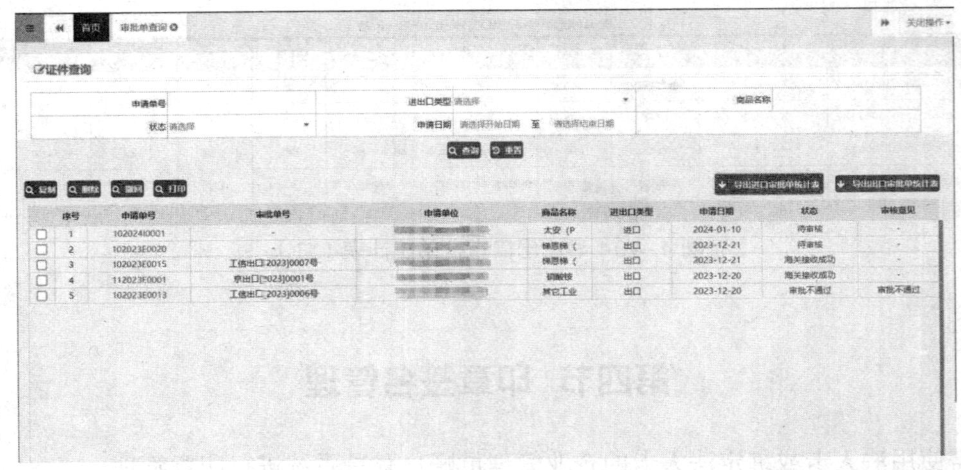

图 4-401 导出进口审批单统计表（一）

民用爆炸物品进口审批单统计表

序号	审批单号	进口口岸	起运国(地区)	合同协议号	商品名称	数量	单位	总价	币制	折合美元价
1	工信进口[2021]0001号	石家庄区	孟加拉国	543	苦味酸/2,4,6-三硝基苯酚	543	千克	543	日本元	543
2	工信进口[2023]0001号	太原关区	孟加拉国	gh56546	苦味酸/2,4,6-三硝基苯酚	65	千克	43	人民币	[illegible]6
3	工信进口[2023]0002号	天津海关	孟加拉国	gg55555	梯恩梯（TNT）/2,4,6-三硝基甲苯	54	千克	100	日本元	647

图 4-402 导出进口审批单统计表（二）

八、导出出口审批单统计表

企业点击界面上"导出出口审批单统计表"按钮，系统自动生成并下载一份Excel，如图 4-403，打开导出成功的 Excel 表，Excel 表中仅展示审批通过的出口审批单详情信息。

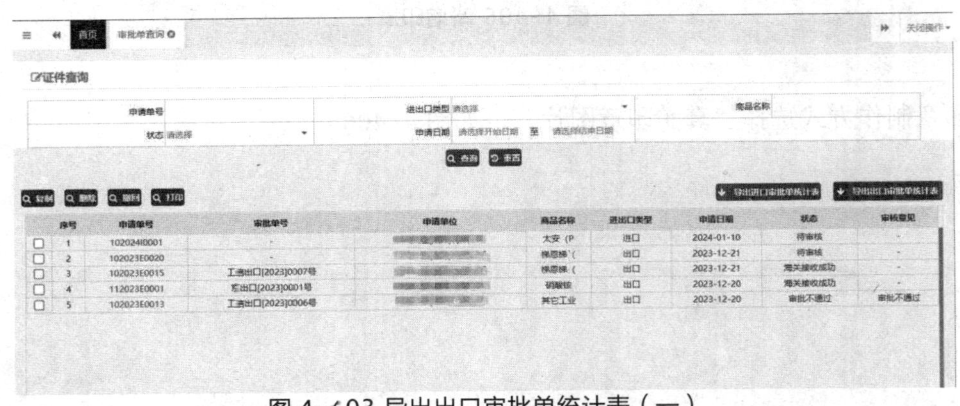

图 4-403 导出出口审批单统计表（一）

民用爆炸物品出口审批单统计表										
序号	审批单号	出口口岸	最终目的国（地区）	合同协议号	商品名称	数量	单位	总价	币制	折合美元价
1	京出口[2022]0001号	天津海关	阿富汗	345	硝酸铵	2	千克	34	港币	3
2	冀出口[2019]0001号	天津海关	巴林	532	硝酸铵	534	千克	4	港币	543
3	工信出口[2021]0001号	北京关区	赞比亚	543	苦味酸/2,4,6-三硝基苯酚	543	千克	543	新台币	543
4	工信出口[2023]0001号	石家庄区	孟加拉国	ffffff	梯恩梯（TNT）/2,4,6-三硝基甲苯	65	千克	4355	日本元	99999

图 4-404 导出出口审批单统计表（二）

第四节 印章签名管理

需使用法人卡或绑定法人卡的企业管理员账户登录系统进行印章管理。

一、印章制作

用户点击“印章签名管理—印章制作”模块，在印章制作界面中，点击“新增印章”按钮如图 4-405。

图 4-405 新增印章

印章制作方式选择“真实印章图片”。如图 4-406。

图 4-406 真实印章上传

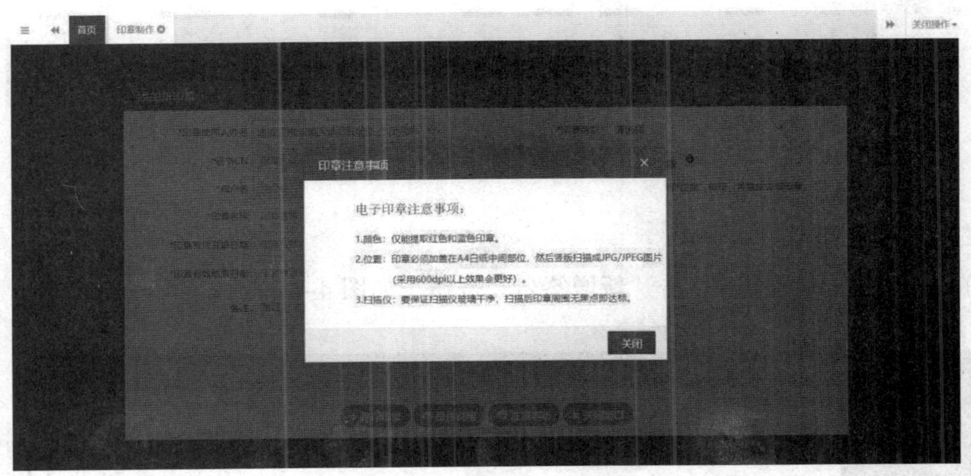

图 4-407 印章注意事项

关闭提示后，界面操作步骤如下：

第 1 步：根据采集注意事项，完成企业印章的加盖和扫描仪扫描，将扫描后的图片拷贝到电脑中；

第 2 步：在印章操作员名称处，按空格键在下拉列表中选择印章操作员姓名；下拉列表的数据来源为绑卡的法人或操作员，一般选择法人姓名即可；

第 3 步：选择印章有效期，系统已限制所选时间范围为所印章操作员卡证书有效期内；

第 4 步：印章名称填写，用于区别不同印章；

第 5 步：点击选择印章，弹出选择框，选择第 1 步准备好的扫描图片，若预览清晰度和完整性没有问题，点击页面下方保存印章按钮，输入正确的法人卡密码，即完成了印章的制作。

小提示：

1. 不要使用手机拍照、扫描A4纸，不要使用制图软件处理扫描仪扫描后的图片。

2. 印章规格：

（1）圆形印章，直径不超过4.5厘米；

（2）长方形印章，长不超过5.5厘米，宽不超过4厘米；

（3）椭圆形印章，长轴不超过5.5厘米，短轴不超过4.5厘米。

如果对之前上传的印章不满意，可选择该印章，在图4-408中依次操作“停用印章”“删除印章”，然后“新增印章”。

选择	使用人	印章名称	印章类型	使用状态	起始日期	结束日期	印章高度(毫米)	印章宽度(毫米)
☐	段小兰(操作员)	测试大恒2	合同章	已启用	2023-11-23 00:00:00	2024-11-30 00:00:00	43	43
☑	张家林(法人)	测试大恒	公司章	已启用	2023-11-23 00:00:00	2029-12-31 00:00:00	43	43
☐	操作员03(操作员)	test	公司章	已启用	2023-07-26 00:00:00	2023-07-27 00:00:00	66	119

图4-408 印章操作按钮

二、签名制作

在签名制作界面中，点击“新增签名”按钮，如图4-409。

选择	签名名称	签名类型	使用状态	制作日期	签名高度(毫米)	签名宽度(毫米)	备注
☐	詹新敏	个人签名	已启用	2022-09-16 10:13:32	13	34	-
☐	花卉操作员1	个人签名	已启用	2023-12-21 10:18:27	8	15	-

图4-409 新增签名

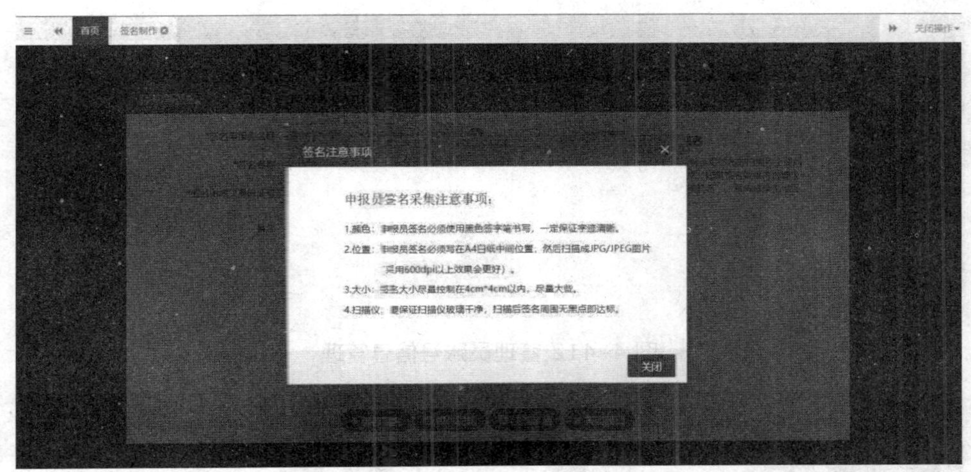

图 4-410 签名注意事项

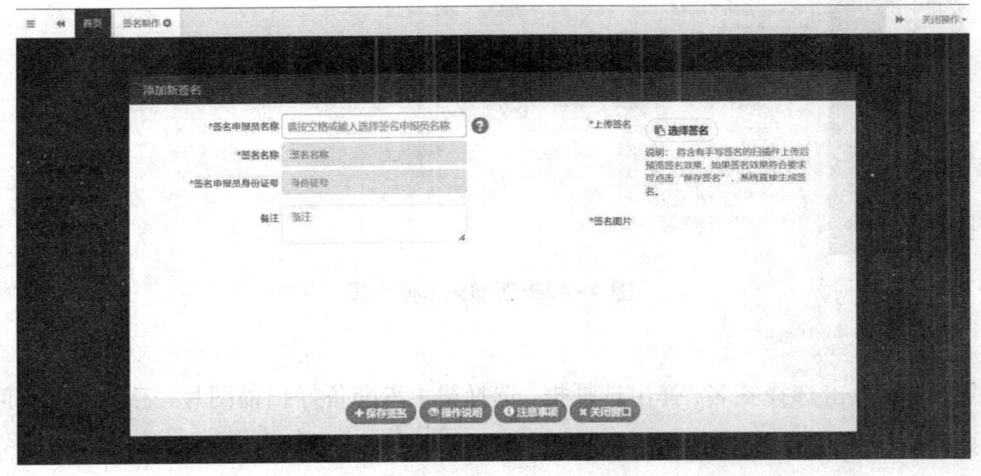

图 4-411 添加新签名

关闭提示后，界面操作步骤如下：

第 1 步：根据签名注意事项，完成申报员签名书写和扫描，拷贝到电脑中；

第 2 步：

（1）在签名申报员名称处，按空格键，在下拉列表中选择该企业有身份证注册的申报员名称，系统反填操作员身份证号、签名名称；

（2）如果在下拉列表中选择无该企业下的申报员名称，点击界面右上角的公司名称进入管理员账号信息管理界面，选择我的操作员进行新增无卡操作员。

小提示：

新增无卡操作员需要用身份证办理。

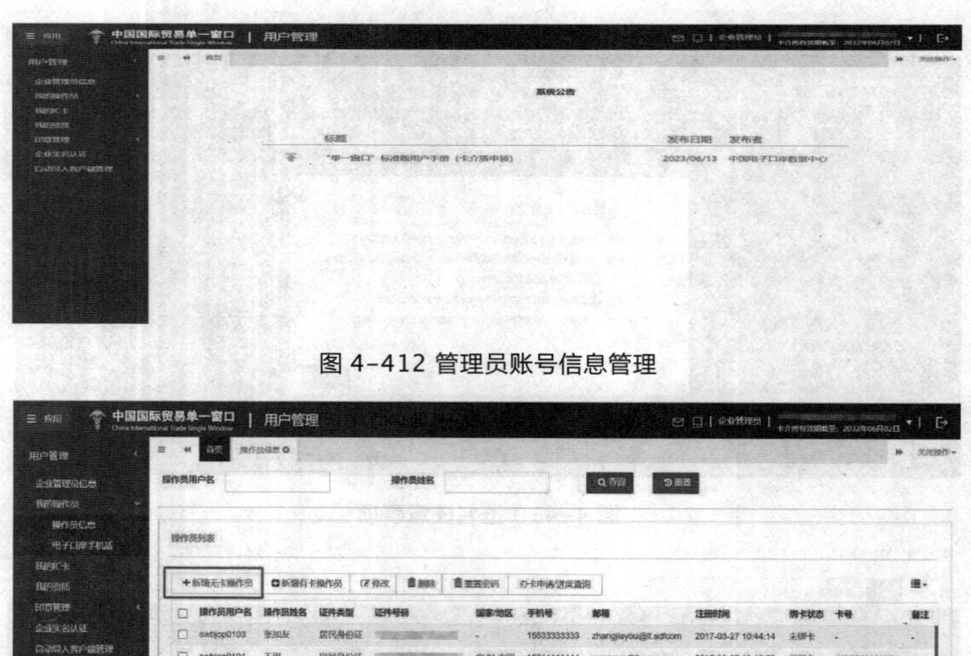

图 4-412 管理员账号信息管理

图 4-413 新增无卡操作员

第 3 步：点击选择签名，弹出选择框，选择第 1 步准备好扫描图片，若预览没有问题，点击页面下方保存签名按钮，即完成了签名的制作。

小提示：

自助打印申报员签字规格：申报员签字，长不超过 3.5cm，宽不超过 3 厘米。

如果对之前上传的签名不满意，可选择该签名，在图 4-414 中依次操作“停用签名”“删除签名”，然后“新增签名”。

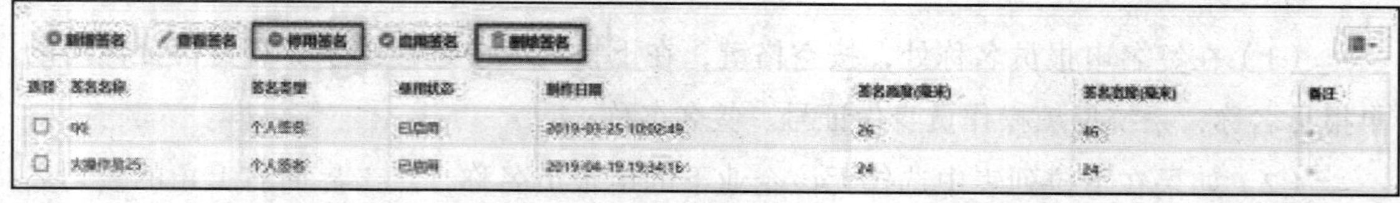

图 4-414 签名操作按钮

第五节 印章签名授权

若印章和签名有修改或删除则需要点击刷新按钮或者重新进入印章签名授权界面才能获取最新的印章和申报员签名，首次上传印章和签名成功后进入该页面无需点击“刷新”按钮。企业需要在右侧“操作”列依次设置默认印章和默认签名，如图 4-415。

图 4-415 印章签名授权

刷新：点击“刷新”按钮，可获取最新印章和签名信息。

【链接】

中华人民共和国海关总署中华人民共和国工业和信息化部公告 2018 年第 151 号

为进一步优化口岸营商环境，促进跨境贸易便利化，海关总署、工业和信息化部决定对《民用爆炸物品进口审批单》（以下简称《进口审批单》）和《民用爆炸物品出口审批单》（以下简称《出口审批单》）实施电子数据联网核查。现将有关事项公告如下：

一、自 2018 年 11 月 1 日起，海关总署、工业和信息化部通过中国国际贸易“单一窗口”平台，共同对民用爆炸物品启动《进口审批单》和《出口审批单》电子数据与进出口货物报关单电子数据的联网核查工作。

二、工业和信息化主管部门根据相关法律法规及有关规定签发《进口审批单》和《出口审批单》，并实时将《进口审批单》和《出口审批单》电子数据传输至海关。海关在通关环节进行比对核查，并按规定办理相关手续。

三、进出口企业应按照现行规定，如实规范向海关申报。对于在联网核查实施前已申领的《进口审批单》和《出口审批单》，企业可凭纸质证件于2019年4月30日前在有效期内向海关办理报关手续。《进口审批单》和《出口审批单》管理货物目录详见附件。

四、因计算机管理系统、通信网络故障以及目录中尚未列明的海关商品编号等原因，无法正常实施联网核查的或者因海关、工业和信息化主管部门审核需要的，企业可提交纸本材料并按照要求办理相关手续。

五、企业可登录中国国际贸易“单一窗口”查询证件电子数据传输状态。

六、中国电子口岸数据中心为联网核查的技术支持部门。

中国电子口岸数据中心联系方式：010-95198。

特此公告。

中华人民共和国海关总署

中华人民共和国工业和信息化部

2018年10月29日

《民用爆炸物品进/出口审批单》管理货物目录

序号	海关商品编号	商品名称	备注
1	3602009091	硝化甘油炸药	甘油三硝酸酯类混合炸药
2	3602001091	铵梯类炸药	含铵梯油炸药
3	3602001091	多孔粒状铵油炸药	
4	3602001091	改性铵油炸药	
5	3602001091	膨化硝铵炸药	
6	3602001091	其它铵油类炸药	
7	3602001091	水胶炸药	
8	3602001091	乳化炸药（胶状）	
9	3602001091	粉状乳化炸药	
10	3602001091	乳化粒状铵油炸药	重铵油炸药
11	3602001091	粘性炸药	
12	3602001091	含退役火药炸药	含退役火药的乳化、浆化、粉状炸药
13	3602001091 3602009091	其他工业炸药	
14	3602001091	震源药柱	
15	3602001091	震源弹	
16	3604900010	人工影响天气用燃爆器材	含炮弹、火箭弹等，限生产、购买、销售、运输管理
17	3602001091	矿岩破碎器材	

序号	海关商品编号	商品名称	备注
18	3602009091	中继起爆具	
19	3602001091	爆炸加工器材	
20	3603000091	油气井用起爆器	
21	9306900050	聚能射孔弹	
22	9303900010	复合射孔器	
23	9306900050	聚能切割弹	
24	9306900050	高能气体压裂弹	
25	3603000091	点火药盒	
26	3603000091 9306900050	其他油气井用爆破器材	
27	3602001091 3602009091	其他炸药制品	
28	3603000091	工业火雷管	
29	3603000091	工业电雷管	含普通电雷管和煤矿许用电雷管
30	3603000091	导爆管雷管	
31	3603000091	半导体桥电雷管	
32	3603000091	电子雷管	
33	3603000091	磁电雷管	
34	3603000091	油气井用电雷管	
35	3603000091	地震勘探电雷管	
36	3603000091	继爆管	
37	3603000091	其他工业雷管	
38	3603000091	工业导火索	
39	3603000091	工业导爆索	
40	3602009091	切割索	
41	3603000091	塑料导爆管	
42	3603000091	引火线	
43	3603000091	安全气囊用点火具	
44	3603000091	其他特殊用途点火具	
45	3604900010	特殊用途烟火制品	
46	3603000091	其他点火器材	
47	3604900010	海上救生烟火信号	
48	2904204000	梯恩梯（TNT）/2,4,6- 三硝基甲苯	限于购买、销售、运输管理
49	2933990070	工业黑索今（RDX）/ 环三亚甲基三硝铵	限于购买、销售、运输管理
50	2908999030	苦味酸 /2,4,6- 三硝基苯酚	限于购买、销售、运输管理
51	3601000091	民用推进剂	限于购买、销售、运输管理
52	2920900020	太安（PETN）/ 季戊四醇四硝酸酯	限于购买、销售、运输管理
53	2933990060	奥克托今（HMX）	限于购买、销售、运输管理
54	3602009010	其他单质猛炸药	限于购买、销售、运输管理
55	3601000030	黑火药	用于生产烟花爆竹的黑火药除外，限于购买、销售、运输管理
56	3602009091	起爆药	
57	3603000091	延期器材	

序号	海关商品编号	商品名称	备注
58	3102300000	硝酸铵	限于购买、销售、运输管理
59		国防科工委、公安部认为需要管理的其他民用爆炸物品	

备注：本目录中有关商品编号仅供参考。

第十五章 黄金及黄金制品进出口准许证系统操作指南

1. 功能简介

“单一窗口”黄金及黄金制品进出口准许证申请系统，涵盖用户备案功能、准许证申请、被代理人维护、黄金及黄金制品进出口准许证查询功能。企业通过“单一窗口”一次性提交满足要求的黄金及黄金制品进出口准许证申请信息，人民银行审核完成后将结果通过“单一窗口”统一反馈，便于企业查询。此外，本系统提供“被代理人维护功能”，对于拥有较多被代理企业的用户来说，可以通过新增被代理人信息，进而在后续黄金或黄金制品进出口准许证申请中，实现数据的复用，节省企业工作时间，提高工作效率。

2. 进入系统

打开中国国际贸易单一窗口门户网站，点击“业务应用”页签中“口岸执法申报”。（如图 4-416）

图 4-416 进入系统

点击“口岸执法申报”下面的“监管证件”，选择“黄金及黄金制品进出口准许证”，登录后进入系统。

监管证件	农药进出口通知单	合法捕捞产品通关证明	进口兽药通关单	野生动植物进出口证书
	进口药品通关单	药品进出口准许证	民用爆炸物品进出口审批单	引进林草种子、苗木检疫审批单
	自动进口许可证	出口许可证	进口许可证	援外项目任务通知单
	黄金及黄金制品进出口准许证	银行调运人民币现钞进出境证明	赴境外加工光盘进口备案证明	音像制品（成品）进口批准单
	进口广播电影电视节目带（片）...	有毒化学品进出口环境管理放行...	农业转基因生物安全证书（进口）	国（境）外引进农业种苗检疫审...
	特种设备制造许可证及型式试验...	强制性产品认证证书或证明文件	特殊医学用途配方食品注册证书	保健食品注册证书或保健食品备...
	婴幼儿配方乳粉产品配方注册证书	进口普通化妆品备案凭证	进口特殊化妆品注册证书	进口医疗器械备案/注册证
	麻精药品进出口准许证	两用物项和技术进出口许可证	技术出口许可证	技术出口合同登记证
	人类遗传资源材料出口、出境证明	古生物化石出境批件		

图 4-417 “黄金及黄金制品进出口准许证”进入路径

第一节 用户备案

点击左侧菜单中“用户备案”，右侧区域展示界面如图 4-418。根据登录的账号或者卡信息自动返填“电子口岸卡信息”，“统一社会信用代码”和“申请公司全称”字段内容，置灰输入框为系统自动返填字段，用户不能自行更改。“企业类型”“申请人公司所在地”“备案受理行”字段可以通过下拉框参数选择相关数据。其余输入框按照实际内容填写即可。

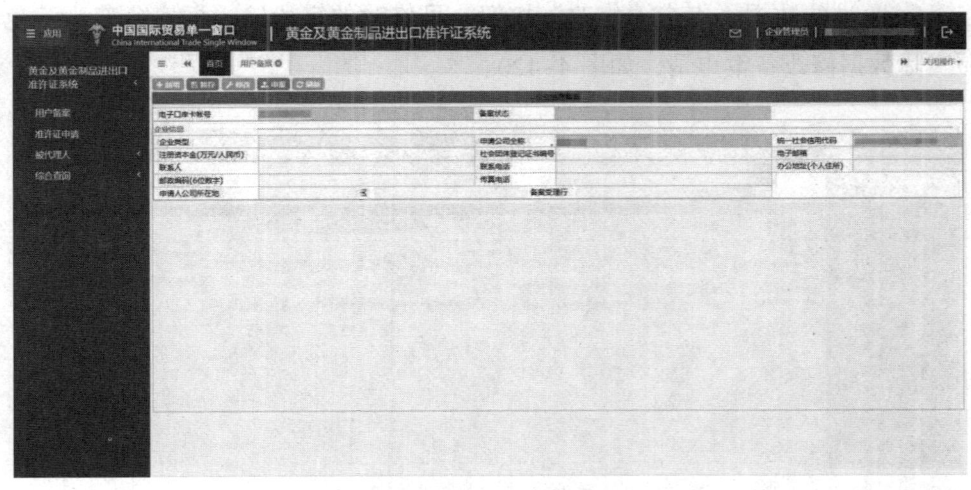

图 4-418 用户备案

一、用户备案暂存

当用户备案信息必填项录入完成后，点击暂存按钮，系统自动校验录入数据是否符合校验规则，校验通过则系统提示“操作成功”，如图 4-419；若校验失败，系统给出相关的错误提示信息，按要求修改后再尝试暂存操作。

图 4-419 用户备案暂存

二、用户备案申报

已经暂存成功的用户备案数据，点击“申报”按钮，系统自动校验录入数据是否符合业务规则，校验通过后系统提示“申报成功”，页面全部置灰，不能继续更改；校验不通过，系统给出相关提示信息，企业按照要求修改数据后，再重新尝试申报操作。

三、用户备案修改

已备案通过的数据，点击“修改”按钮，可修改的字段输入框底色变为黄色，用户按照实际数据修改备案申请，如图 4-420。

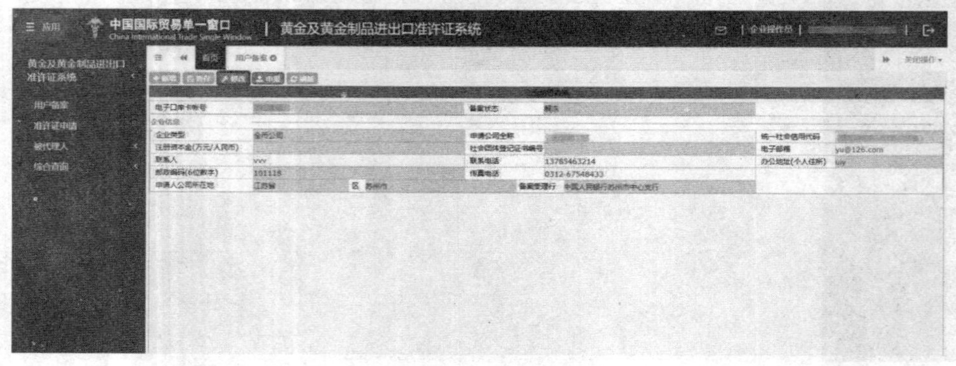

图 4-420 用户备案修改

第二节 准许证申请

一、申请人基本信息

点击左侧菜单中“准许证申请”，右侧区域展示界面如图 4-421。根据登录的账号和备案信息自动返填申请人基本信息，且输入框置灰不允许修改。“准许证类型”字段根据人民银行授权回执，下拉框展示相应的授权类型，当人民银行撤销非一批一证授权后，企业不能申报非一批一证。其余输入框按照实际内容填写即可。

图 4-421 准许证申请

二、商品明细信息

输入框底色为黄色的是必填项，按照实际数据录入后，点击回车键，数据展示到界面上方，如图 4-422。

选择一条需要删除的数据，点击“删除”按钮，系统弹框确认后，相关数据删除成功。此操作可以选择多条数据一并删除。

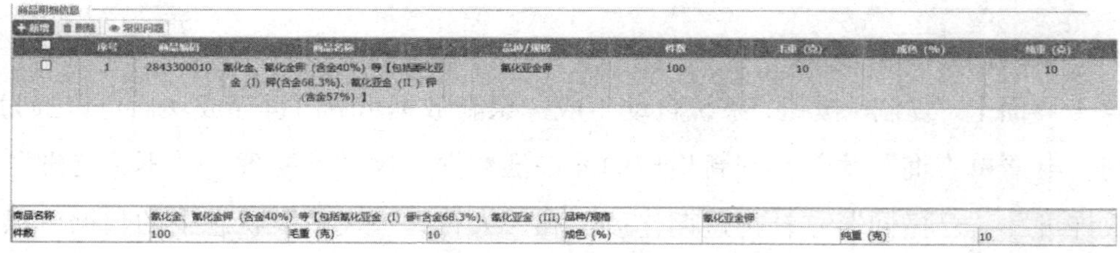

图 4-422 商品明细信息

三、证明文件

基本信息和商品信息录入完成，选择文件类型后点击“上传文件”按钮，选择相应文件后，系统自动校验文件大小和文件格式类型。附件上传完成后，点击“下载”按钮，下载附件信息至本地查看。若附件信息上传有误，点击“删除”按钮，删除成功后可以重新上传。如图 4-423。

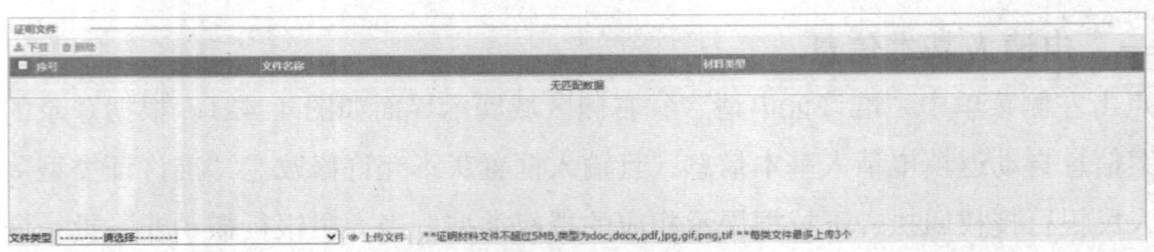

图 4-423 证明文件

四、准许证申请暂存

当基本信息必填项录入完成后，点击暂存按钮，系统自动校验录入数据是否符合校验规则，校验通过则系统提示“暂存成功”，如图 4-424；若校验失败，系统给出相关的错误提示信息，按要求修改后再尝试暂存操作。

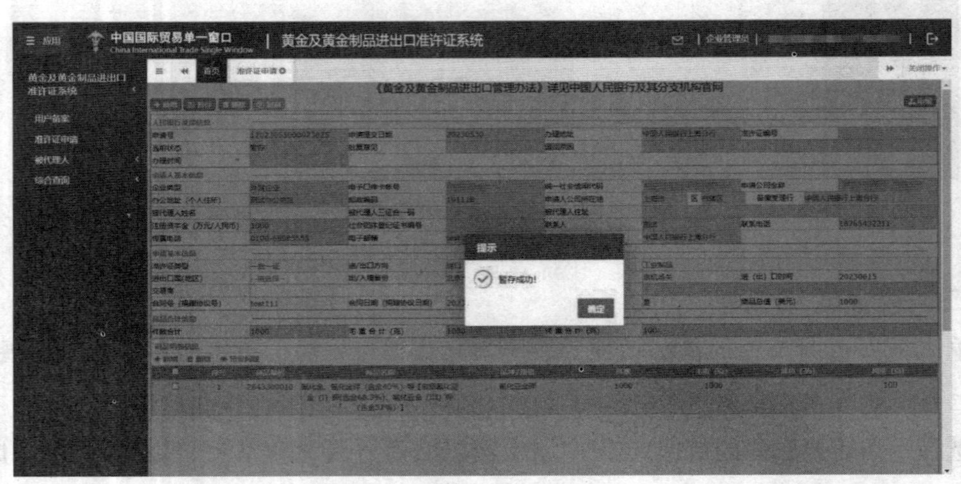

图 4-424 准许证申请暂存

五、准许证申请复制

点击界面上“复制”按钮，系统自动生成一票新数据，用户暂存成功后可以通过“综合查询—申请单查询”菜单找到新生成的准许证数据。仅“不受理”“不予受理”“不予行政许可”“已撤回”“补正过期作废”和“人行处理失败”状态下的数据可以进行复制操作。

六、准许证申请删除

选择一票暂存成功的准许证，点击“删除”按钮，系统弹框点击“确定”按钮，系统提示“删除成功”，且输入框内容清空，则删除操作成功，当前页面可以重新录入新申请单内容。如图 4–425。

图 4–425 准许证申请删除

七、准许证申请申报

当基本信息，商品信息和证明文件全部录入完成后，点击右上角“申报”按钮，系统自动校验录入数据是否符合业务规则，校验通过后系统提示“申报成功”，页面全部置灰，不能继续更改；校验不通过，系统给出相关提示信息，企业按照要求修改数据后，再重新尝试申报操作。如图 4–426。

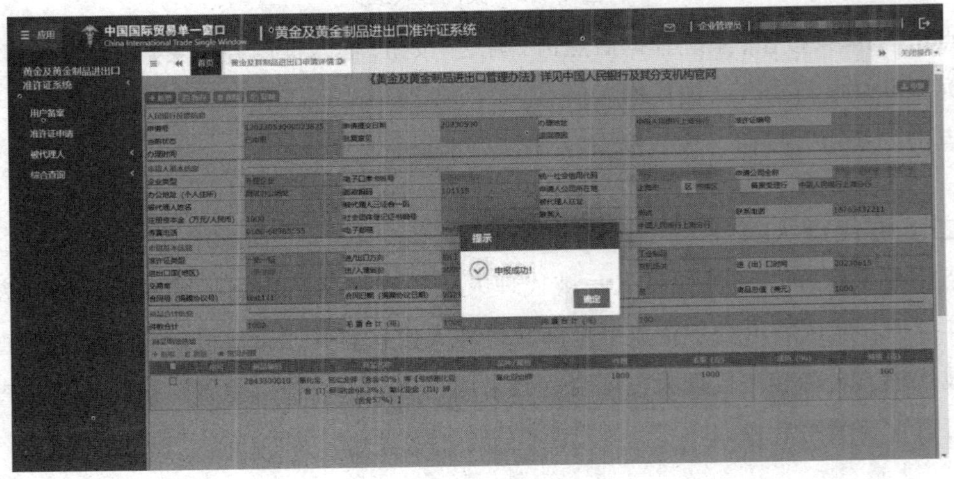

图 4–426 准许证申请申报

第三节 被代理人

一、被代理人维护

点击左侧菜单中“被代理人—被代理人维护”，右侧区域展示界面如图 4-427。输入框底色为黄色的是必填项，按照实际数据录入后，点击“申报”按钮，系统提示“操作成功”则被代理人信息新增成功，并同步至人民银行系统。

图 4-427 被代理人维护

点击“删除”按钮，系统弹框后点击“确定”按钮，输入框内容清空，则删除操作成功，当前页面可以重新录入新被代理人信息。

点击“新增”按钮，输入框内容清空，可重新录入。

二、被代理人维护查询

点击左侧菜单中“被代理人—被代理人维护查询”，右侧区域展示查询列表界面如图 4-428。默认展示登录企业下全部被代理人信息数据，企业可以通过设定的查询条件：被代理人名称和被代理人三证合一码来进行查询。点击“重置”按钮将清空查询条件，可以重新填写后查询。

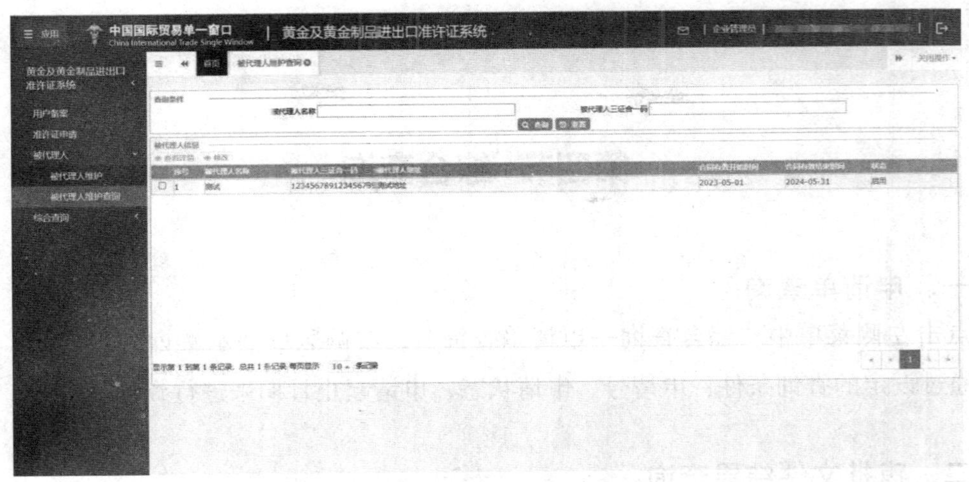

图 4-428 被代理人维护查询

选中一条数据，点击“查看详情”按钮，系统跳转到被代理人维护详情界面，页面置灰只允许查看，不支持编辑修改。

选中一条数据，点击“修改”按钮，系统跳转到被代理人维护修改界面，如图 4-429。被代理人地址和合同有效日期字段支持修改，被代理人名称和被代理人三证合一码置灰不支持编辑修改。修改完成后，可以点击“申报”按钮把修改后新数据保存并重新发给人民银行系统。

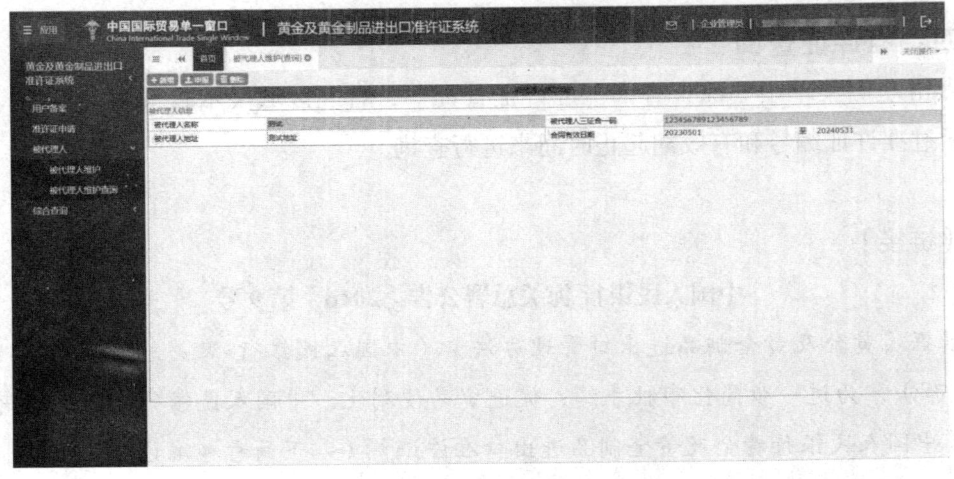

图 4-429 被代理人信息修改

第四节 综合查询

一、申请单查询

点击左侧菜单中“综合查询—申请单查询”，右侧区域展示查询列表界面。企业可以通过设定的查询条件：申请号、申请状态、申请起止日期来进行查询。

二、审批文件结果查询

点击左侧菜单中“综合查询—审批文件结果查询”，右侧区域展示查询列表界面。默认查询登录企业下全部审批文件结果数据，企业可以通过设定的查询条件：申请单号、通知书类型和接收起止日期来进行查询。

三、核销数据查询

点击左侧菜单中“综合查询—核销数据查询”，右侧区域展示查询列表界面。企业可以通过“准许证编号”来进行查询，点击“重置”按钮将清空查询条件，可以重新填写后查询。

四、准许证查询

点击左侧菜单中“综合查询—准许证查询”，右侧区域展示查询列表界面。企业可以通过准许证编号和有效期起止时间来进行查询。

【链接】

中国人民银行 海关总署公告〔2016〕第9号

根据《黄金及黄金制品进出口管理办法》（中国人民银行 海关总署令〔2015〕第1号发布），为进一步简化审批手续，促进贸易便利化，中国人民银行、海关总署决定开展《中国人民银行黄金及黄金制品进出口准许证》（以下简称《准许证》）“非一批一证”（正、背面样式见附件）管理试点工作，现将有关事宜公告如下：

一、黄金及黄金制品进出口业务频繁的法人可以按照《黄金及黄金制品进出口管理办法》的条件和审批流程，申请“非一批一证”《准许证》。

二、实行“非一批一证”的《准许证》可以在有效期内、不超过规定数量和批次报关使用。具体做法是，海关在《准许证》正本背面“海关验放签注栏”内逐笔签注核减进（出）口的数量，报关批次最多不超过12次。

三、“非一批一证”《准许证》自签发之日起6个月内有效，逾期自行失效。

四、在“非一批一证”《准许证》允许进（出）口的数量、批次未使用完之前，海关留存每次已签注的“非一批一证”《准许证》复印件。“非一批一证”《准许证》允许进（出）口的数量、批次核扣完毕，由海关收存。

五、“非一批一证”《准许证》未使用过或未使用完毕的，被许可人应在《准许证》有效期满后10个工作日内将证件交回核发机构。

六、实行“非一批一证”《准许证》管理试点海关为北京、上海、广州、南京、青岛、深圳海关。其他海关，仍按照现行规定办理。

七、实行“非一批一证”《准许证》管理试点后，中国人民银行及其分支机构将对核发的《准许证》使用情况加强监督管理。“非一批一证”《准许证》的被许可人，应在“非一批一证”《准许证》有效期满后10个工作日内将黄金及黄金制品进出口情况（包括批次、验放日期、实际进出口数量等）报送中国人民银行及其分支机构。

八、本公告自2016年6月1日起施行。

中国人民银行 海关总署

2016年4月26日

中华人民共和国海关总署中国人民银行公告2018年第152号

为进一步优化口岸营商环境，促进跨境贸易便利化，海关总署、中国人民银行决定对《银行调运人民币现钞进出境证明》（以下简称《人民币调运证明》）和《黄金及黄金制品进出口准许证》（以下简称《黄金准许证》）实施电子数据联网核查。现将有关事项公告如下：一、自本公告发布之日起，海关总署、中国人民银行共同对人民币调运、黄金及黄金制品进出口启动《人民币调运证明》和《黄金准许证》电子数据与进出口货物报关单电子数据的联网核查工作。

二、人民银行主管部门根据相关法律法规及有关规定签发《人民币调运证明》和《黄金准许证》，并实时将《人民币调运证明》和《黄金准许证》电子数据传输至海关。海关在通关环节进行比对核查，并按规定办理相关手续。三、进出口企业应按照现行规定，如实规范向海关申报。对于有效期在2019年4月30日内的《黄金准许证》，企业可以凭纸质证件向海关办理报关手续。四、因海关和人民银行主管部门审核需要及计算机管理系统、通信网络故障等原因，无法正常实施联网核查的，企业可提交纸本材料并按照要求办理相关手续。五、企业可登录中国国际贸易“单一窗口”查询证件电子数据传输状态。

六、中国电子口岸数据中心为联网核查的技术支持部门。中国电子口岸数据中心联系方式：010-95198。特此公告。

中华人民共和国海关总署

中国人民银行

2018 年 10 月 29 日

第十六章 音像制品（成品）进口批准单申请系统操作指南

1. 功能简介

建设“单一窗口”音像制品（成品）进口批准单申请系统（以下简称“审批单申请”），涵盖新闻出版部门的批准单申请功能和批准单查询功能，实现国际贸易企业通过单一窗口一点接入，提交满足监管部门要求的审批单信息，管理部门按照相关规定进行审核，并将审批结果通过单一窗口统一反馈，便于企业查询，方便企业“一站式”办理。

2. 进入系统

打开中国国际贸易单一窗口门户网站，点击“业务应用”页签中“口岸执法申报”（如图 4–430）。

图 4–430 进入系统

点击“口岸执法申报”下面的“监管证件”，选择“音像制品（成品）进口批准单”，登录后进入系统。

监管证件

农药进出口通知单	合法捕捞产品通关证明	进口兽药通关单	野生动植物进出口证书
进口药品通关单	药品进出口准许证	民用爆炸物品进出口审批单	引进林草种子、苗木检疫审批单
自动进口许可证	出口许可证	进口许可证	援外项目任务通知单
黄金及黄金制品进出口准许证	银行调运人民币现钞进出境证明	赴境外加工光盘进口备案证明	音像制品（成品）进口批准单
进口广播电影电视节目带（片）...	有毒化学品进出口环境管理放行...	农业转基因生物安全证书（进口）	国（境）外引进农业种苗检疫审...
特种设备制造许可证及型式试验...	强制性产品认证证书或证明文件	特殊医学用途配方食品注册证书	保健食品注册证书或保健食品备...
婴幼儿配方乳粉产品配方注册证书	进口普通化妆品备案凭证	进口特殊化妆品注册证书	进口医疗器械备案/注册证
麻精药品进出口准许证	两用物项和技术进出口许可证	技术出口许可证	技术出口合同登记证
人类遗传资源材料出口、出境证明	古生物化石出境批件		

图 4-431 “音像制品（成品）进口批准单”进入路径

第一节 批准单申请

点击左侧“批准单申请”菜单，进入批准单申请主界面。如图 4-432 所示。

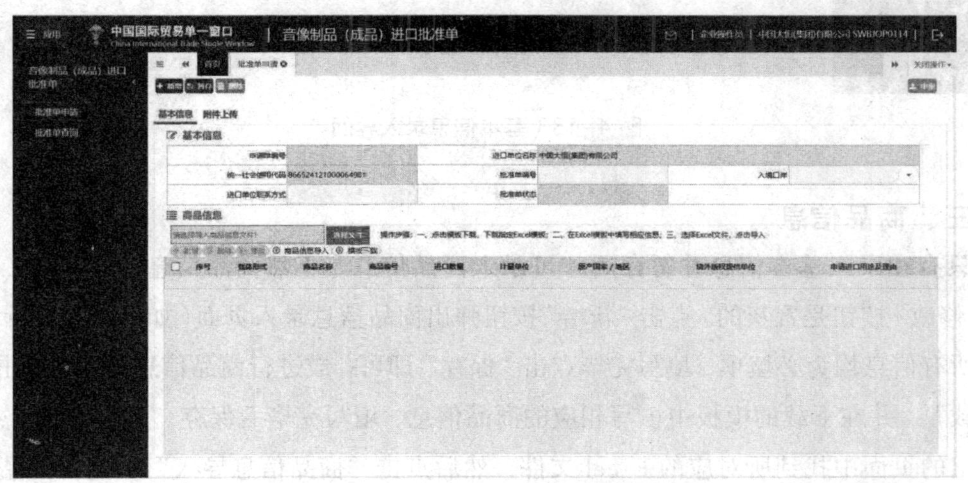

图 4-432 “批准单申请”主界面

一、批准单申请

录入页面共有“新增”“暂存”和“删除”以及“申报”四大功能按钮。

新增：点击“新增”按钮，初始化证明文件录入信息；

暂存：点击“暂存”按钮，保存录入的证明文件，必填字段未填写，暂存证明文件时会提示存在未填写信息；

申报：点击“申报”按钮，发送录入的证明文件到审批端，必填字段未填写，提交证明文件时会提示存在未填写信息；

删除：点击“删除”按钮，删除暂存的证明文件；

批准单录入申请步骤：需要先录入基本信息→暂存→再录入商品信息→最后附件上传后才可申报。

二、基本信息

基本信息需要人工录入的有批准单编号、入境口岸、进口单位联系方式。如图 4-433 所示。

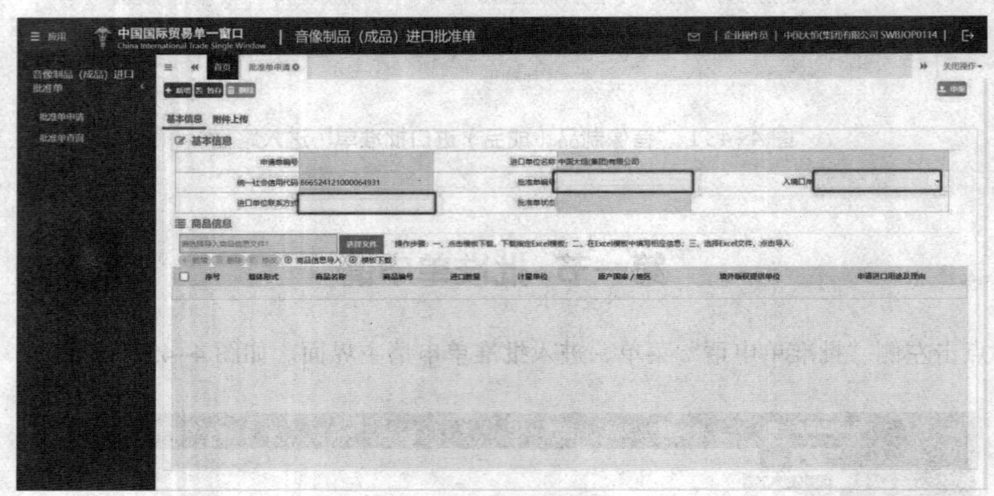

图 4-433 基本信息录入界面

三、商品信息

只有在录入基本信息并暂存后才可录入商品信息，不然商品信息的“新增”“删除”“修改”按钮是置灰的。点击“新增”按钮弹出商品信息录入页面（如图 4-434 所示），页面所有信息均为必填项，填写完毕点击“保存”即可；或进行商品信息导入，点击“模板下载”，并在下载的模板中填写相应的商品信息，填写完毕后保存；点击“选择文件”在弹出的页面中找到所对应的 Excel 文件，然后点击“商品信息导入”，进行商品导入无需手动录入。如图 4-435 所示。

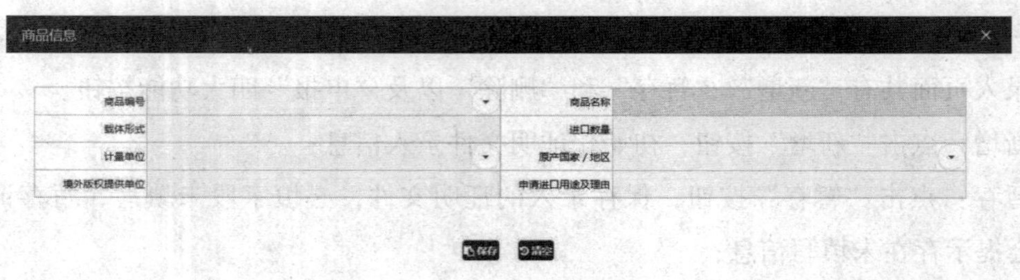

图 4-434 商品信息录入页面

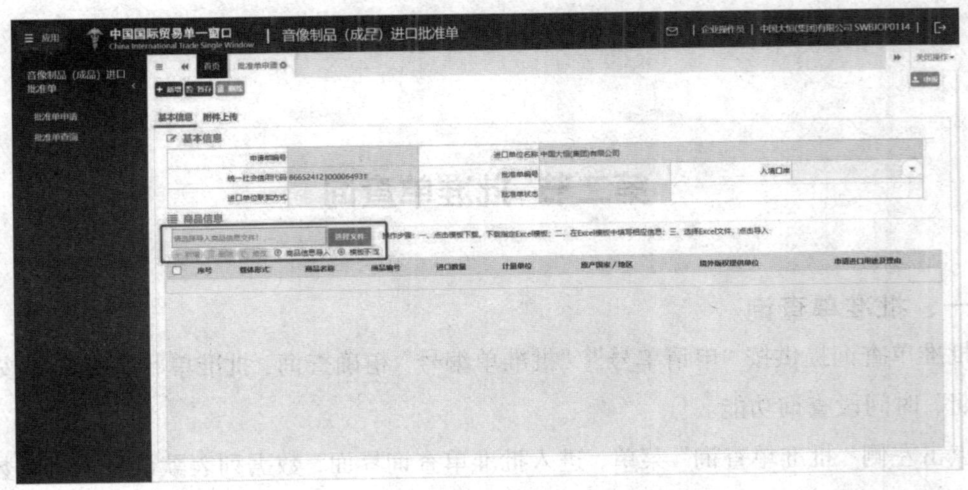

图 4-435 “选择文件”操作

四、附件上传

如果是第一次使用，先点“模版下载”，模版下载另存位置建议为桌面（附件为 Excel 格式），在下载的模板中填写相应的附件信息，

填写完毕后保存，然后点“选择文件”，在弹出的页面中找到所对应的 Excel 文件，点击上传即可。如图 4-436 所示。

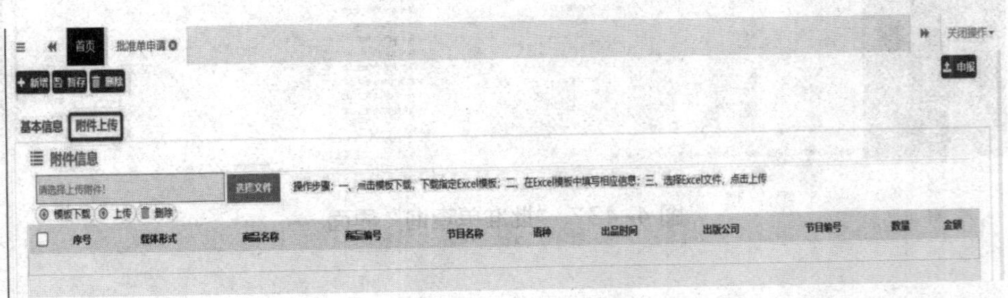

图 4-436 “批准单申请”主界面

小提示：

黄色底色字段为必填字段，置灰字段为返填字段，不需要手动录入。基本信息录入完成点击“暂存”后才可录入商品信息。

附件格式为 Excel 格式文件。

第二节 批准单查询

一、批准单查询

批准单查询提供按“申请单号”“批准单编号”精确查询、批准单状态查询和按“申报日期”时间段查询功能。

点击左侧“批准单查询”菜单，进入批准单查询界面，数据列表默认显示所有数据。如图 4-437 所示。

图 4-437 “批准单查询”界面

查询：在查询条件中输入对应查询条件，点击“查询”按钮，数据列表显示符合条件的数据。

重置：点击“重置”按钮，查询条件被初始化。

证明文件详情查询：点击列表中证明文件的申请单号，进入批准单详细信息界面，显示批准单的详细信息。

二、批准单编辑

对状态为“暂存”的证明文件，提供编辑功能，如图 4-438 所示。

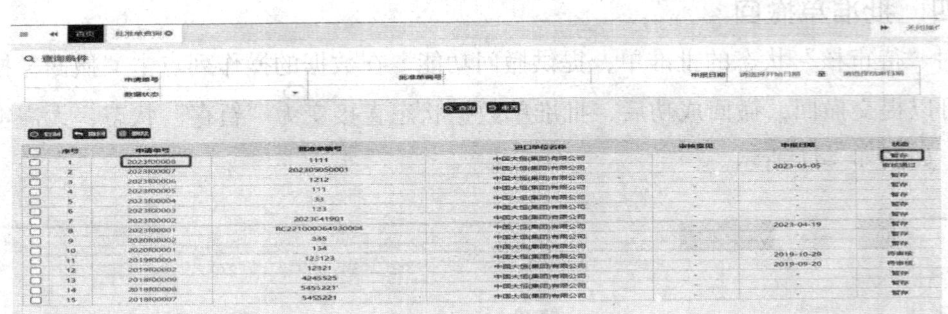

图 4-438 “暂存”证明文件

点击申请单号，进入批准单的编辑界面，可对批准单进行新增、修改、删除、申报操作。如图 4-439 所示。

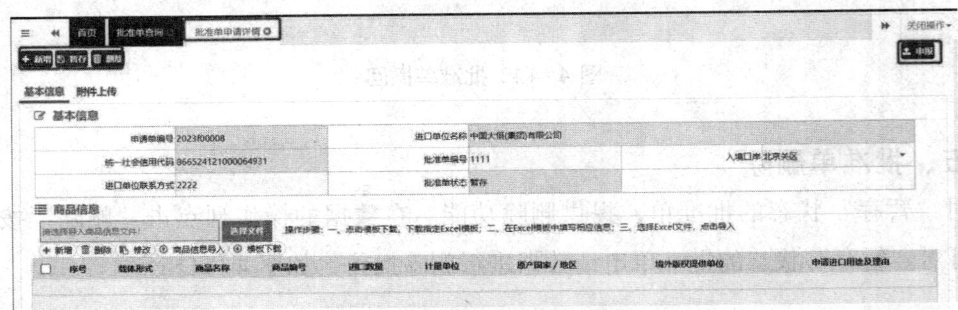

图 4-439 批准单编辑界面

三、批准单复制

对任意状态的批准单，提供复制功能。在数据的操作列点击“复制”按钮，企业选择任何状态的批准单的信息，均可以进行复制。新复制出来的批准单数据和被复制批准单的数据是一模一样的，只是不带批准单编号，如图 4-440 所示。

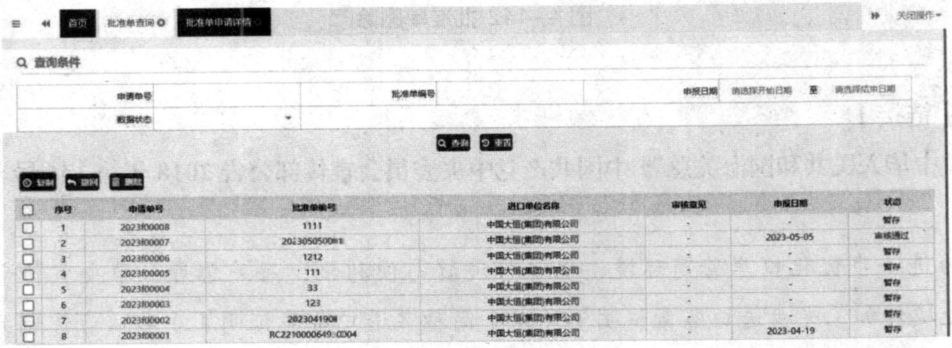

图 4-440 批准单复制

四、批准单撤回

对“待审核”状态的批准单，提供撤回功能。在数据的操作列点击“撤回”按钮，企业可以提交撤回，撤回成功后，批准单数据状态直接变为“暂存”状态，无需审批端审核。如图 4–441 所示。

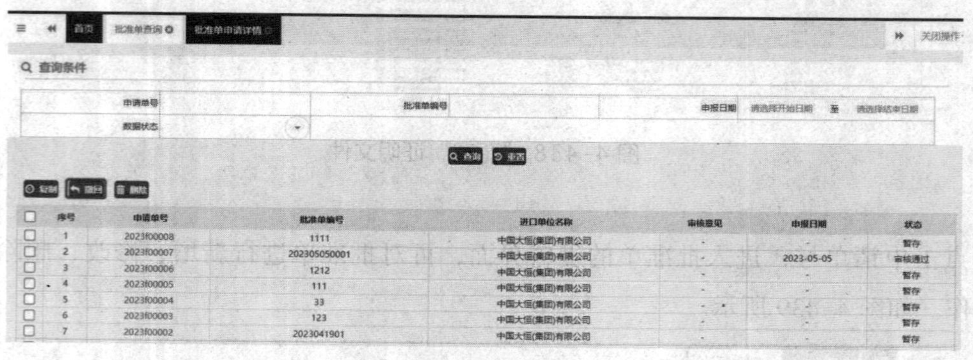

图 4–441 批准单撤回

五、批准单删除

对“暂存”状态的批准单，提供删除功能。在数据的操作列点击“删除”按钮，企业可对“暂存”状态的批准单申请数据进行删除操作。如图 4–442 所示。

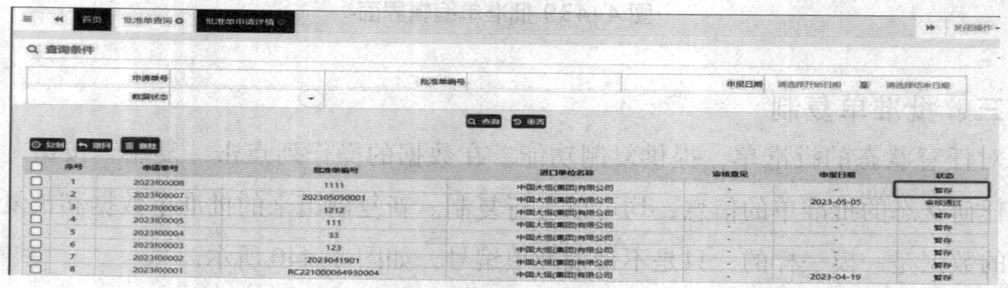

图 4–442 批准单删除

【链接】

中华人民共和国海关总署 中国共产党中央委员会宣传部公告 2018 年第 146 号

为进一步优化口岸营商环境，促进跨境贸易便利化，海关总署、中央宣传部决定对《赴境外加工光盘进口备案证明》（以下简称《进口备案证明》）和《音像制品（成品）进口批准单》（以下简称《进口批准单》）实施电子数据联网核查。现将有关事项公告如下：

一、自本公告发布之日起，海关总署、中央宣传部共同对赴境外加工光盘启动《进口备案证明》电子数据与进口货物报关单电子数据的联网核查工作。

二、自2018年11月1日起，海关总署、中央宣传部共同对进口音像制品（成品）启动《进口批准单》电子数据与进口货物报关单电子数据的联网核查工作。

三、新闻出版部门根据相关法律法规及有关规定签发《进口备案证明》《进口批准单》，并实时将《进口备案证明》《进口批准单》电子数据传输至海关。海关在通关环节进行比对核查，并按规定办理相关手续。

四、进口企业应按照现行规定，如实规范向海关申报。对于在联网核查实施前已申领的《进口备案证明》《进口批准单》，企业可凭纸质证件于2018年12月31日前在有效期内向海关办理报关手续。《进口备案证明》《进口批准单》管理货物目录详见附件。

五、因计算机管理系统、通信网络故障等原因，无法正常实施联网核查的，企业可提交纸本材料并按照要求办理相关手续。

六、企业可登录中国国际贸易“单一窗口”查询证件电子数据传输状态。

七、中国电子口岸数据中心为联网核查的技术支持部门。

中国电子口岸数据中心联系方式：010-95198。

特此公告。

中华人民共和国海关总署

中国共产党中央委员会宣传部

2018年10月18日

《赴境外加工光盘进口备案证明》管理货物目录

序号	海关商品编号	商品名称	备注
1	8523499030	其他赴境外加工并返回境内的已录制光盘	根据原8523499000拆分
2	8523801120	赴境外加工并返回境内的已录制唱片	根据原8523801100拆分

《音像制品（成品）进口批准单》管理货物目录

序号	海关商品编号	商品名称	备注
1	8523292890	其他重放声音或图像信息的磁带	
2	8523292990	已录制的其他磁带	
3	8523299090	其他磁性媒体	
4	8523491090	其他仅用于重放声音信息的已录制光学媒体	
5	8523499090	其他已录制光学媒体	

序号	海关商品编号	商品名称	备注
6	8523801190	其他已录制唱片	
7	8523809990	其他媒体	磁性、光学或半导体媒体除外

第十七章 人民币现钞进出境证明管理系统操作指南

1. 功能简介

“单一窗口”银行调运人民币现钞进出境证明文件（以下简称“证明文件”）管理系统，涵盖中国人民银行的人民币现钞进出境证明申请和签发功能，实现企业通过“单一窗口”一次性提交满足要求的申请信息，签发部门审核完成后将结果通过“单一窗口”统一反馈，便于企业查询，同时，签发端将签发的证明文件电子数据发往海关，海关将联网核查系统信息反馈给申请端及签发端，实现全流程网上操作，同时满足业务信息数据与人民银行货币发行二代系统的互通。

2. 进入系统

打开中国国际贸易单一窗口门户网站，点击“业务应用”页签中“口岸执法申报”。（图 4–443）

图 4–443 进入系统

点击“口岸执法申报”下面的“监管证件”，选择“银行调运人民币现钞进出境证明”，登录后进入系统。

监管证件

农药进出口通知单	合法捕捞产品通关证明	进口兽药通关单	野生动植物进出口证书
进口药品通关单	药品进出口准许证	民用爆炸物品进出口审批单	引进林草种子、苗木检疫审批单
自动进口许可证	出口许可证	进口许可证	援外项目任务通知单
黄金及黄金制品进出口准许证	银行调运人民币现钞进出境证明	赴境外加工光盘进口备案证明	音像制品（成品）进口批准单
进口广播电影电视节目带（片）...	有毒化学品进出口环境管理放行...	农业转基因生物安全证书（进口）	国（境）外引进农业种苗检疫审...
特种设备制造许可证及型式试验...	强制性产品认证证书或证明文件	特殊医学用途配方食品注册证书	保健食品注册证书或保健食品备...
婴幼儿配方乳粉产品配方注册证书	进口普通化妆品备案凭证	进口特殊化妆品注册证书	进口医疗器械备案/注册证
麻精药品进出口准许证	两用物项和技术进出口许可证	技术出口许可证	技术出口合同登记证
人类遗传资源材料出口、出境证明	古生物化石出境批件		

图 4-444 “银行调运人民币现钞进出境证明文件”进入路径

第一节 进出境证明申请

一、进出口证明文件信息表头

点击左侧菜单中“进出境证明申请”，右侧区域展示详细信息界面如图 4-445。根据登录的账号或者卡信息自动返填“申请单位”信息；调用日期由系统自动返填，进（出）口标识选取后，调用日期变为可编辑状态，可根据实际时间进行修改；

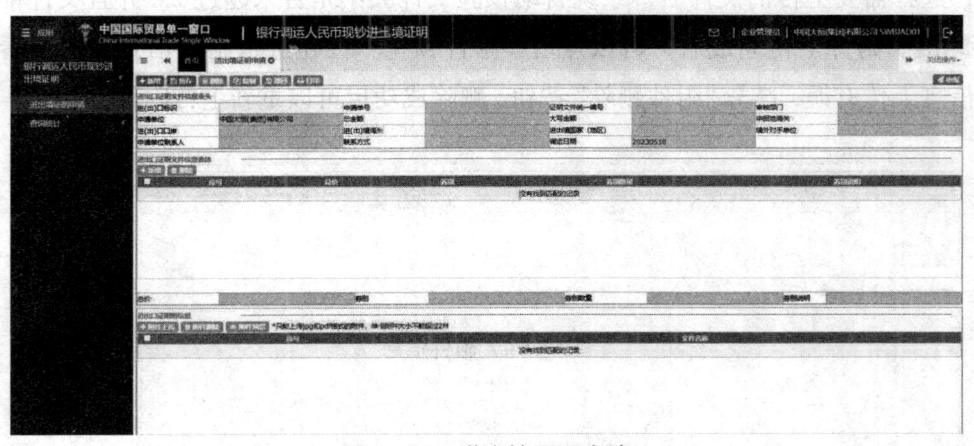

图 4-445 进出境证明申请

系统默认除进（出）口标识输入框外的所有字段置灰显示，用户通过下拉菜单选择或输入相关关键字母或汉字来选择进（出）口标识。进（出）口标识选择后，需要企业自行录入的输入框权限打开。界面中带有黄色底色的字段为必填项，请根据业务主管部门要求，如实填写。

二、进出口证明文件信息表体

券别、券别说明不允许随意录入，可在下拉菜单中进行选择也可直接输入相关关键字母或汉字进行选择。券别数量由系统根据总价和券别自动返填，不允许随意录入。信息录入完成后敲入回车键数据自动保存。如图 4–446。

企业可以点击一条表体信息，详细信息返填至下方对应的输入框中，用户可以对输入框中数据进行修改，确认无误后敲入回车键，商品信息编辑成功。

选择一条需要删除的数据，点击删除按钮，系统提示“删除成功”，表示相关数据删除成功。

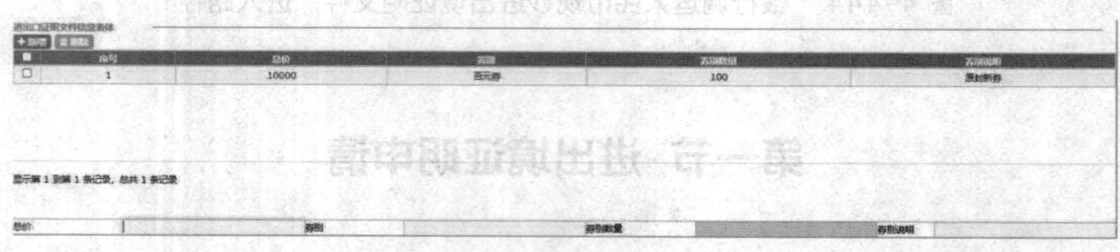

图 4–446 进出境证明文件信息表体

三、进出口证明附信息

进出口证明文件信息表头和进出口证明文件信息表体录入完成，点击“附件上传”按钮，选择需要上传的文件后，系统自动校验文件大小是否未超过 2M 并且文件格式为 pdf 和 jpg。附件上传完成后，可以点击“附件预览”按钮进行附件信息预览查看。若附件信息上传有误，点击“附件删除”按钮，删除成功后可以重新上传附件。如图 4–447。

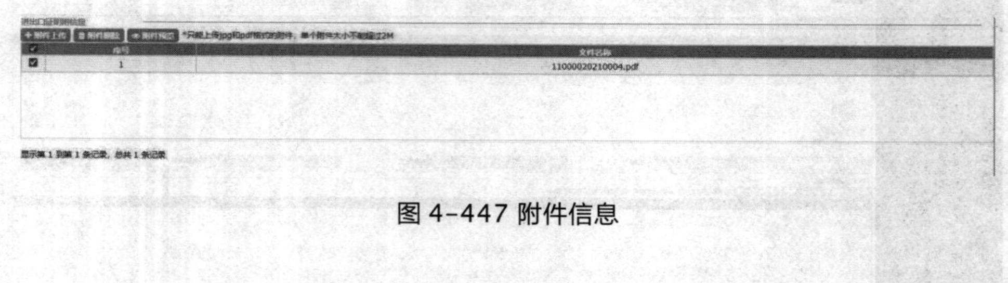

图 4–447 附件信息

第二节 查询统计

一、申请单查询

点击左侧菜单中“查询统计—申请单查询”，右侧区域展示查询列表界面。默认展示登录企业下全部申请单数据，企业可以通过设定的查询条件：进出口标识、申请单号、对手单位、进出口口岸、国家、处理状态和调运起止日期来进行查询。选择一条数据，点击“查看详情”按钮，系统跳转到数据详情界面，数据为暂存和审批不通过状态时支持数据编辑修改，其他状态页面置灰只允许查看，附件信息所有状态都可以预览查看。

二、进出境证明查询

点击左侧菜单中“查询统计—进出境证明查询”，右侧区域展示查询列表界面。默认展示登录企业下所有审批通过状态下的证明数据，企业可以通过设定的查询条件：进出口标识、国家、进出口口岸、境外对手单位、券别、券别说明和调运起止日期来进行查询。

点击界面上“导出”按钮，系统自动生成并下载一份 Excel，如图 4-448，打开导出成功的 Excel 表，Excel 表中仅展示进出境证明查询页面通过筛选条件所查询到的证明数据。

序号	申请单号	证明文件统一编号	进(出)口口岸	境外对手单位	申请单总金额	券别	券别说明	券别数量
1	20230424000000669	I00202[illegible]23042404	南疆港区	123	800000	伍角	已清分完整券	1600000
2	20230424000000665	I00202[illegible]23042405	首都国际机场	123	6600	壹角	原封新券	66000
3	20230424000000664	E00202[illegible]23042401	北京	123	50000	百元券	原封新券	500
4	20230424000000661	E00202[illegible]23042402	北京	123	50000	百元券	原封新券	500
5	20220525000000543	E00202[illegible]22061501	首都国际机场	123	10345	伍角	原封新券	20000
							已清分完整券	690
6	20201224000000528	I00202[illegible]20122402	北京平谷国际陆港	123	10000	伍角	原封新券	20000
7	20201224000000524	I00202[illegible]20122401	北京平谷国际陆港	123	10000	伍角	原封新券	20000
8	20200707000000465	E00202[illegible]20070701	首都国际机场	123	43200	百元券	原封新券	432
9	20191114000000278	I00202[illegible]19111402	广州白云机场综合保税区	123	40000	百元券	原封新券	100
						伍拾元券	未复点残损券	600

图 4-448 导出进出境证明统计表

【链接】

中华人民共和国海关总署 中国人民银行公告 2018 年第 152 号

为进一步优化口岸营商环境，促进跨境贸易便利化，海关总署、中国人民银行决定对《银行调运人民币现钞进出境证明》（以下简称《人民币调运证明》）和《黄金及黄金制品进出口准许证》（以下简称《黄金准许证》）实施电子数据联网核查。现将有关事项公告如下：

一、自本公告发布之日起，海关总署、中国人民银行共同对人民币调运、黄金及黄金制品进出口启动《人民币调运证明》和《黄金准许证》电子数据与进出口货物报关单电子数据的联网核查工作。

二、人民银行主管部门根据相关法律法规及有关规定签发《人民币调运证明》和《黄金准许证》，并实时将《人民币调运证明》和《黄金准许证》电子数据传输至海关。海关在通关环节进行比对核查，并按规定办理相关手续。

三、进出口企业应按照现行规定，如实规范向海关申报。对于有效期在 2019 年 4 月 30 日内的《黄金准许证》，企业可以凭纸质证件向海关办理报关手续。

四、因海关和人民银行主管部门审核需要及计算机管理系统、通信网络故障等原因，无法正常实施联网核查的，企业可提交纸本材料并按照要求办理相关手续。

五、企业可登录中国国际贸易“单一窗口”查询证件电子数据传输状态。

六、中国电子口岸数据中心为联网核查的技术支持部门。

中国电子口岸数据中心联系方式：010-95198。

特此公告。

中华人民共和国海关总署

中国人民银行

2018 年 10 月 29 日

第五部分 “单一窗口”——原产地证篇

第一章 海关原产地证书操作说明

第一节 企业基本信息

一、企业基本信息维护

用户点击“企业基本信息”菜单下的“企业基本信息维护”进入信息维护界面，首先查看阅读“企业基本信息维护必读”，仔细阅读后同意该注意事项，方可进行下一步操作（如图 5-1）。

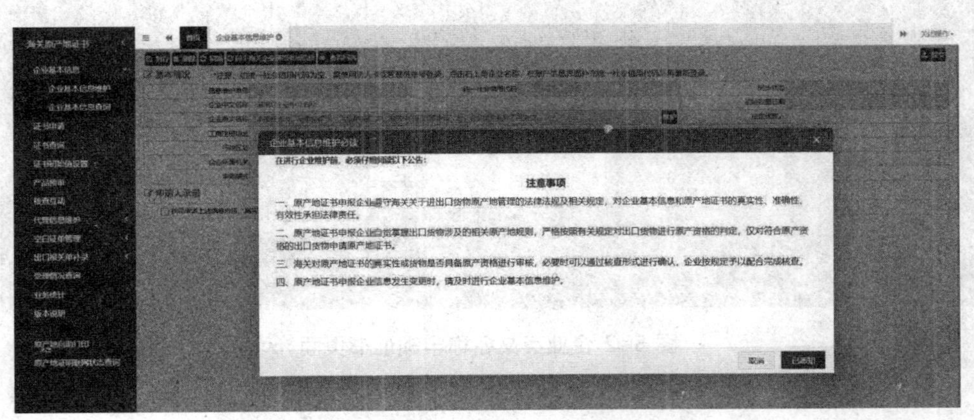

图 5-1 企业基本信息维护必读

申请人在首次办理出口货物原产地证书申领业务或产品预审时，需登录中国国际贸易【单一窗口—海关原产地证书—企业基本信息—企业基本信息维护】，如果申请人在“海关企业通用资质”系统已经进行海关备案，系统会自动调用“企业资质”信息，申请人无需再手动录入相关信息；如果申请人在“海关企业通用资质”系统尚未进行海关备案，则需手工录入基本信息。

维护企业基本信息必须勾选申请人承诺“我司承诺上述信息合法、真实、准确、有效，如有不实，我司愿承担包括法律责任的一切责任和后果。”

如系统已存有企业基本信息，但尚未完善的，需进行补录完善。

维护企业基本信息无需海关审核，点击提交【按钮】后，稍后刷新页面，当页面“同步状态”展示为“同步成功”后可办理出口货物原产地相关业务。

界面操作步骤如下。

第 1 步：填写“企业基本情况”，其中黄色底纹栏目为必填项，完成“基本情况”栏录入后点击【暂存】按钮，页面提示保存成功；

第 2 步：暂存成功后，勾选申请人承诺后，点击【提交】按钮发送至海关端。

第 3 步：点击【提交】按钮后，稍后刷新页面，当页面“同步状态”展示为“同步成功”后可办理出口货物原产地相关业务。

小提示：

1. 在页面中黄色底纹的栏目必须填写，若申领模式为“不申领证书”则企业英文名称非必填，反之企业英文名称必填（如图 5-2）。

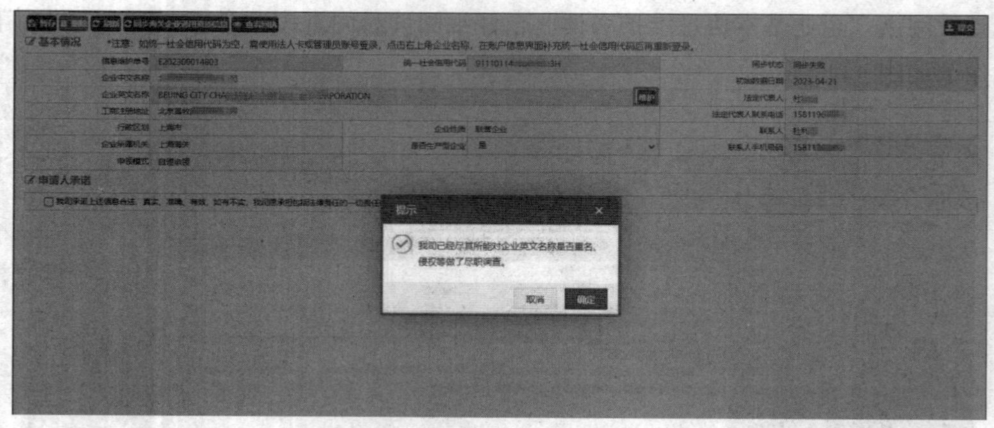

图 5-2 企业英文名称申领证书页面

2. 在页面中录入企业的基本信息后，点击【暂存】按钮后，勾选申请人承诺方可提交。

3. 页面中的“同步状态”展示为“同步成功”后，才能进行企业基本信息变更申请、产品预审等操作。

4. 页面中的“同步状态”展示为“同步失败”，可在修改后重新提交。

5. 企业信息维护和企业信息变更使用同一个菜单。

二、企业基本信息查询

企业基本信息“同步状态”展示为“同步成功”可在基本信息查询界面中查询当前企业基本信息（如图 5-3）。

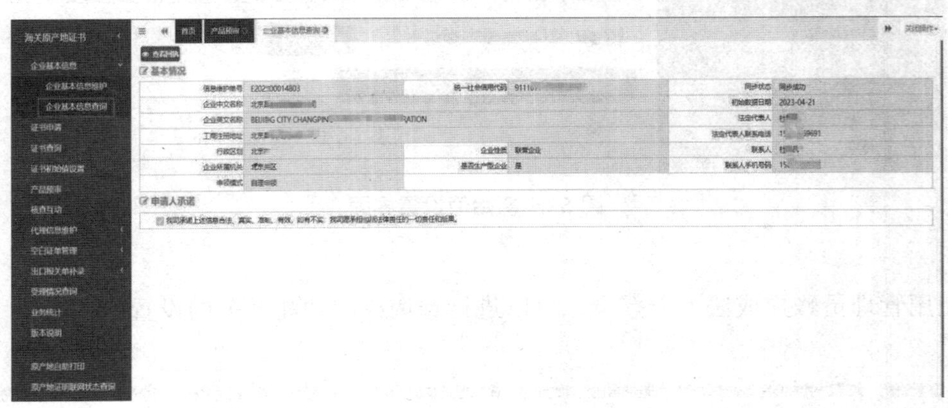

图 5-3 企业基本信息查询页面

企业基本信息提交之后可查看回执情况，点击【查看回执】按钮查看回执信息（如图 5-4）。

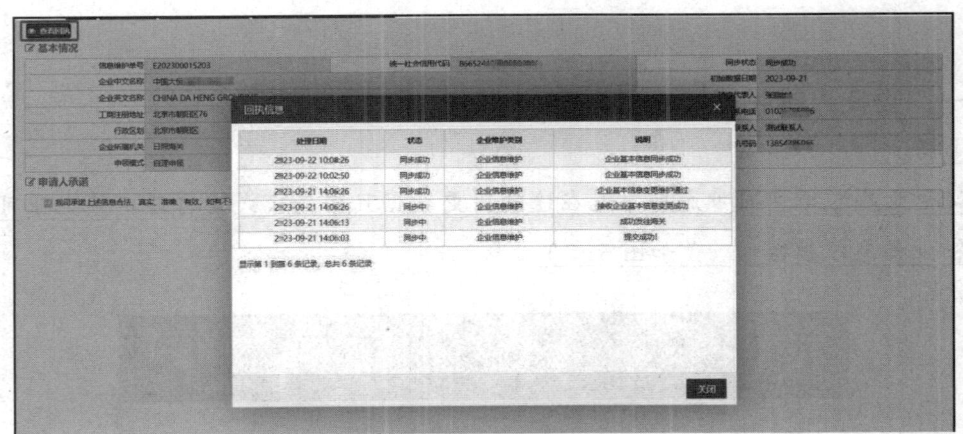

图 5-4 查看回执页面

第二节 证书初始值设置

自理企业可设置原产地证初始值，如签证机关、领证机关、申请地址、出口商英文、申报员身份证号码等。在新建证书时，页面中的相关信息将自动返填，减少了常用信息的录入操作，提升了录入效率及申报准确率（如图 5-5）。

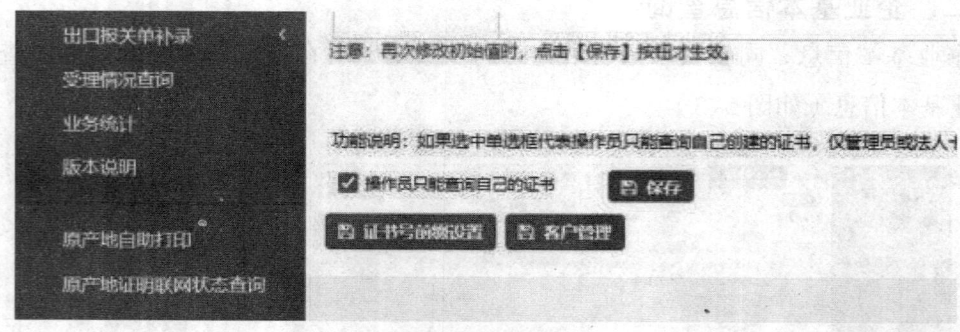

图 5-5 初始值设置界面

使用管理员账户或法人卡登录，可以进行查询权限功能开关的设置。

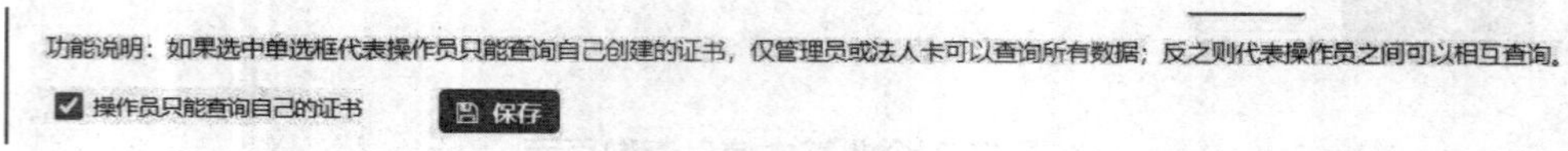

功能说明：如果选中单选框代表操作员只能查询自己创建的证书，仅管理员或法人卡可以查询所有数据；反之则代表操作员之间可以相互查询。

☑ 操作员只能查询自己的证书　保存

图 5-6　查询权限开关界面

第三节 代理信息维护

一、委托人维护代理企业信息

小提示：

仅企业基本信息同步成功、无在途的变更数据且申领模式为自理申领企业可进行代理企 业信息维护操作。（如图 5-7）

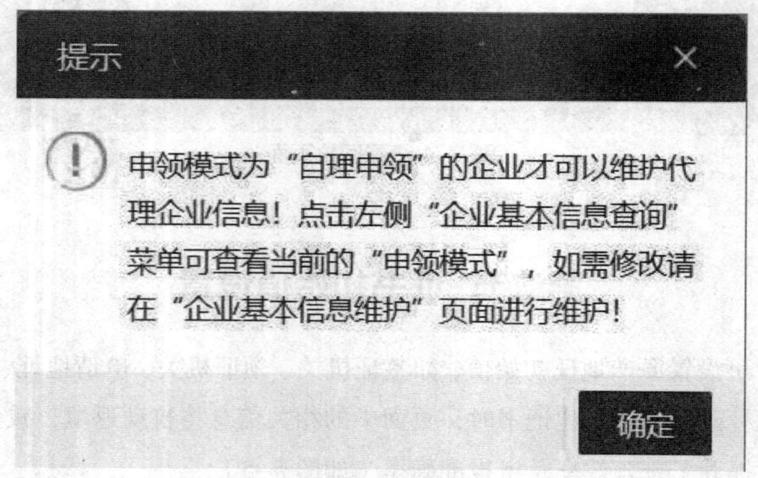

图 5-7 企业基本信息维护提示界面

点击系统左侧【代理信息维护—委托人维护代理企业信息】菜单，若当前企业还未完成企业信息维护，则系统提示：“首次维护代理企业信息请先维护企业基本信息！”（如图 5-8）。

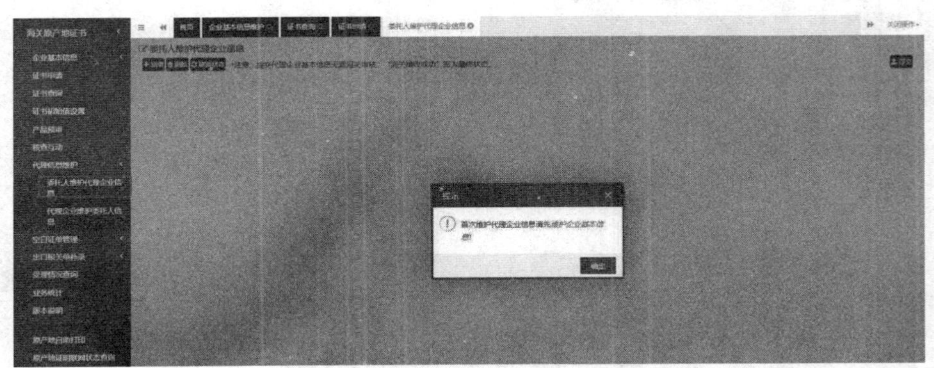

图 5-8 首次维护代理企业信息请先维护企业基本信息提示界面

若当前企业信息同步完成、没有审核中的企业变更数据，且申领模式为自理申领，则正常展示代理企业信息维护界面，列表默认显示所有本企业的代理企业维护信息（如图 5-9）。

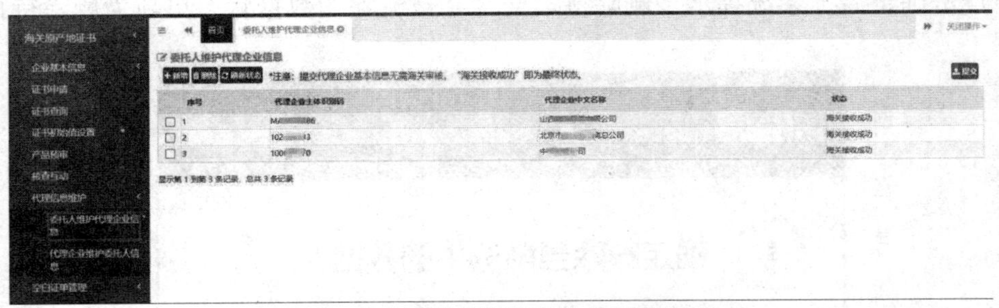

图 5-9 委托人维护代理企业信息界面

新增：用户点击【新增】按钮，将打开“新增代理企业”弹出框，企业可通过输入代理企业代码或代理企业中文名称，点击【查询】按钮查询需要新增的代理企业信息（如图 5-10）。用户勾选所需新增的代理企业信息并点击【确定】按钮后，弹出框关闭，代理企业信息维护列表新增该代理企业数据，状态为暂存待提交。

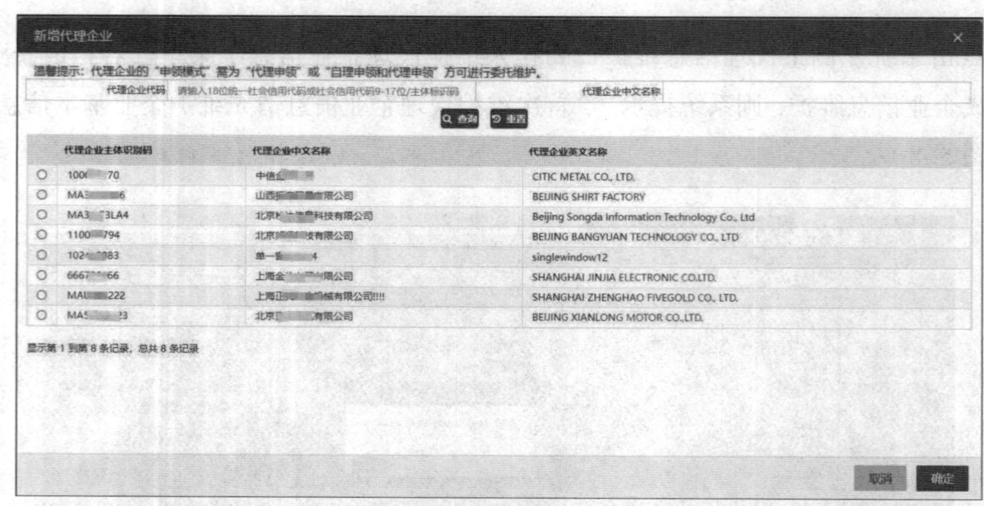

图 5-10 新增代理企业信息界面

删除：仅暂存待提交、海关接收成功状态的代理企业信息可进行删除操作。

用户勾选需要删除的代理企业信息后点击【删除】按钮，系统弹出提示框“确定删除当前选中的数据？”（如图 5-11）。若选中数据为暂存待提交的数据，则用户点击确定后，系统提示“删除成功”并刷新当前页面；若选中数据为海关接收成功的数据，则用户点击确定后，系统提示“删除待提交”，被删除的数据状态更新为删除待提交。

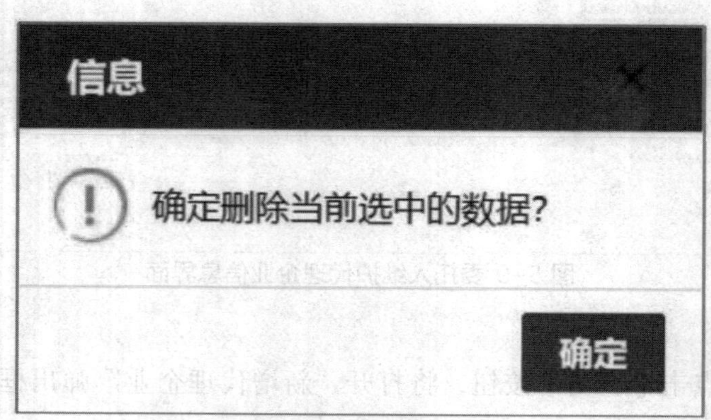

图 5-11 删除操作提示

提交：仅暂存待提交、删除待提交状态的代理企业信息可进行提交操作。

用户勾选所需要提交的代理企业信息后点击【提交】按钮，系统弹出提示框“确定提交当前选中的数据？”（如图 5-12）。用户点击确定后，系统提示“提交成功”，提交数据的状态更新为已提交。

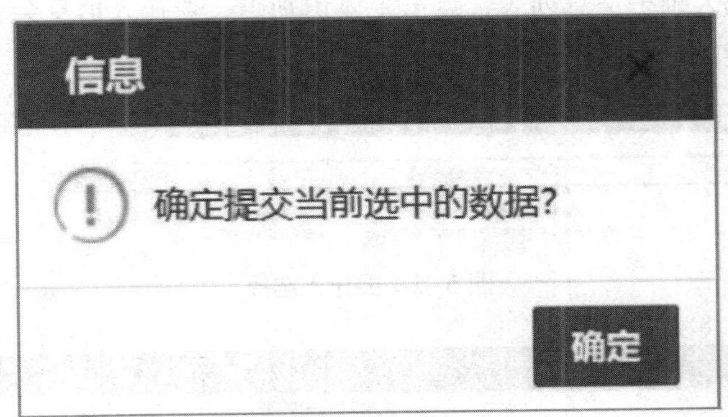

图 5-12 提交操作提示

刷新状态：点击【刷新状态】按钮，系统将刷新代理企业信息，展示代理企业的最新数据状态。

小提示：

提交代理企业基本信息无需海关审核，“海关接收成功”即为最终状态。

二、代理企业维护委托人信息

企业基本信息中申领模式包含代理申领的企业可以使用该功能，以便在新建证书页面中选择委托企业，实现数据返填，提升录入效率。自行申报企业可跳过该章节。

代理企业可以录入主体识别码、委托企业中文名称、委托企业英文名称及地址，点击【保存】按钮，录入的信息会显示在列表中，点击【新增】按钮将清空录入区域的信息，以便录入新的委托人信息来进行委托人维护（如图 5-13）。

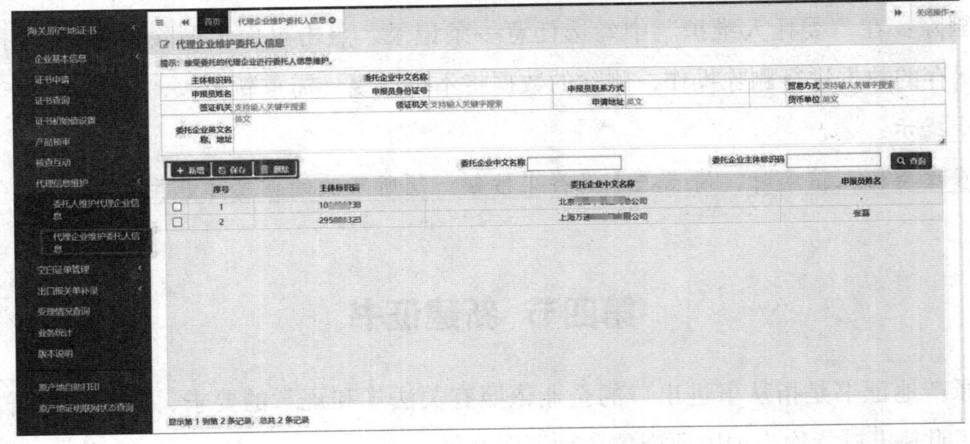

图 5-13 委托人维护

新建证书时，在公司中文名称右侧点击蓝色【选择】按钮，会自动弹出代理企业提前保存好的委托人维护信息列表，点击主体识别码，委托人信息会自动返填到录入框里（如图 5–14、图 5–15）。

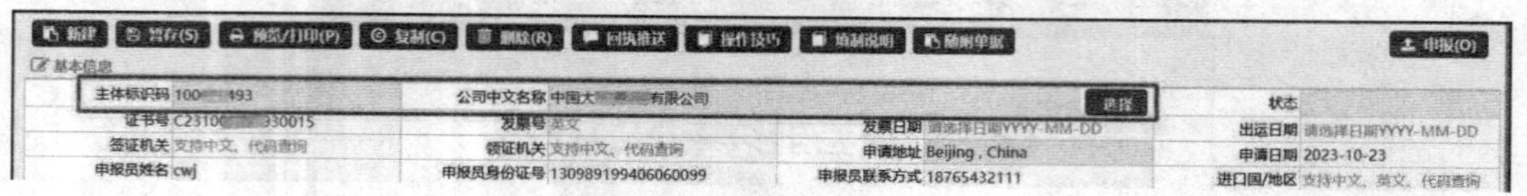

图 5–14 委托人选择

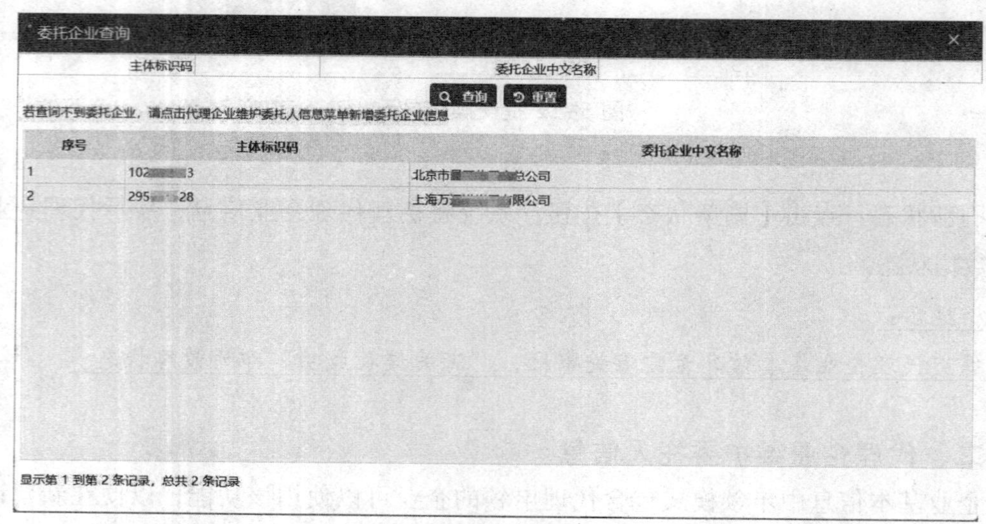

图 5–15 委托企业查询界面

新增：点击“委托人维护”界面中的【新增】按钮，将清空主体识别码、委托企业中文名称、委托企业英文名称及地址，所有信息在重新填写后保存。

删除：在“委托人维护”中勾选任意一条记录，点击界面【删除】按钮，用户可对已保存的数据进行删除操作，删除的数据将不可恢复，需重新录入，请谨慎操作。

小提示：

修改委托人信息时，请点击【保存】按钮，您所修改的信息才能生效。

第四节 新建证书

原产地证书是指从事进出口的企业依照有关法规和规章的要求，向海关总署申请的、证明其出口货物为中国原产的一种证明文件。

新建证书界面如图 5–16，用户可根据需要选择一般原产地证、RCEP 原产地证书或中国–韩国自贸区原产地证等。新建证书界面为用户提供各类原产地证书的录入、暂存、复制、删除、打印、申报等功能。

优惠贸易协定税率请到中国自由贸易区服务网查询（http：//fta.mofcom.gov.cn/）。

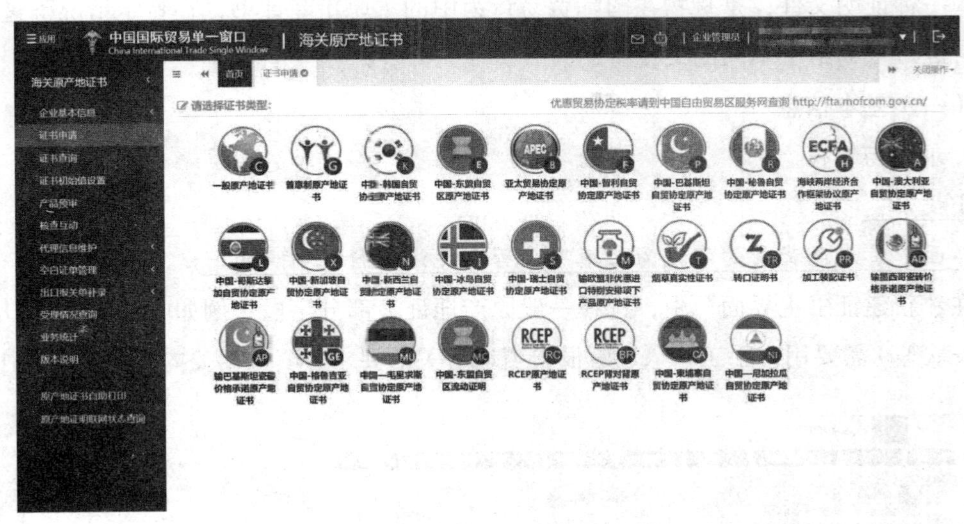

图 5-16 新建证书主界面

新建证书时，系统按照“证书类型 + 年份 + 统一社会信用代码 9—17 位或主体标识码 +4 位流水号”自动生成证书号，4 位自编流水号按照相同证书类型和相同年份从 1 开始自动计值。证书号生成后，仍可修改。

小提示：

企业未完成基本信息维护（如图 5-17）：

1. 自理企业首次申请原产地证书请先维护企业基本信息。

2. 代理企业请先在代理信息维护—代理企业维护委托人信息中添加、保存委托企业，然后在新建证书页面点击公司中文名称旁的【选择】按钮，选择委托企业。

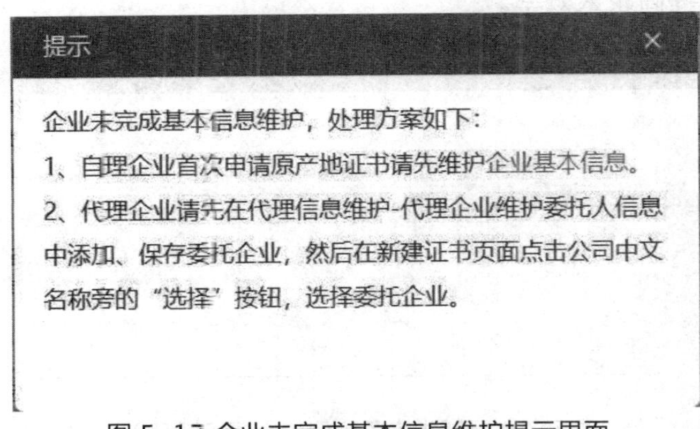

图 5-17 企业未完成基本信息维护提示界面

一、一般原产地证

一般原产地证，是产地证的一种。一般原产地证 CO 是用以证明有关出口货物和制造地的一种证明文件，是货物在国际贸易行为中的“原籍”证书，在特定情况下进口国据此对进口货物给予不同的关税待遇。

（一）基本信息

1. 录入与暂存

小提示：

界面中黄底色背景的字段为必填项，否则无法进行证书申报。

在“新建证书主界面”中，选择一般原产地证，部分字段（例如收货人、出口商、特殊条款等）需要用户手工录入，请根据当地海关的要求，填写相关内容（如图 5-18）。

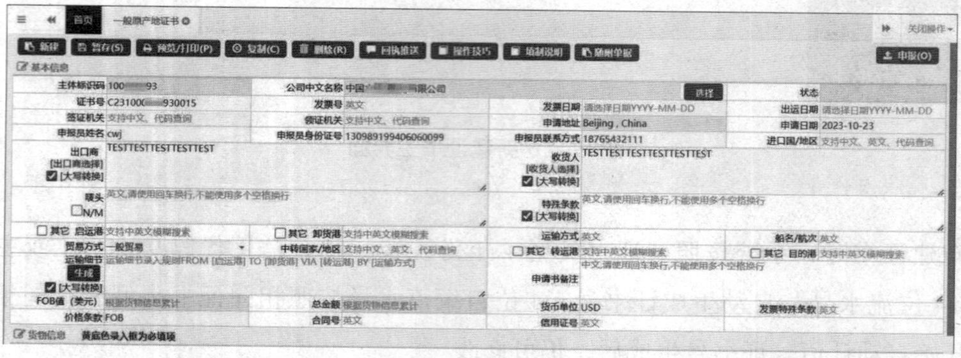

图 5-18 一般原产地证—基本信息

出口商也可在出口商维护里填写“企业简称”“出口商”信息，点击保存后出口商信息会显示在出口商列表里，双击列表可将数据返填在出口商输入框内，如下次出口商相同时，可直接在出口商维护里找到相同的数据双击返填，（进口商维护同上）可减少常用信息的录入提高录入效率。

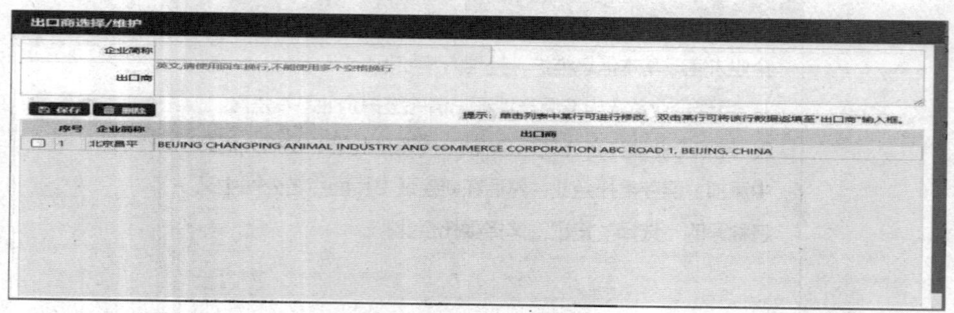

图 5-19 日期类字段（例如申请日期等）

需点击录入框后，系统自动弹出日历中选择日期，也可手动输入自己所需要的日期、目的地国家 / 地区字段。

在输入框中点击后，按空格键系统将会弹出对话框（如图 5-20），用户可自行查询，单击某一行即可完成选择。

图 5-20 基本信息—进口国 / 地区字段弹框

2. 唛头

即货物的商标或标签，如无运输标志，该项可选择“唛头 N/M”（如图 5-21）。

图 5-21 唛头 N/M

3. 运输细节

在基本信息中，填写好启运港、卸货港、运输方式、运输工具船名 / 航次等，点击“运输细节”字段下面【生成】按钮，填写过的信息将会自动生成到录入框中，如需大写可在左侧的“大写转换”复选框内打勾（如图 5-22）。

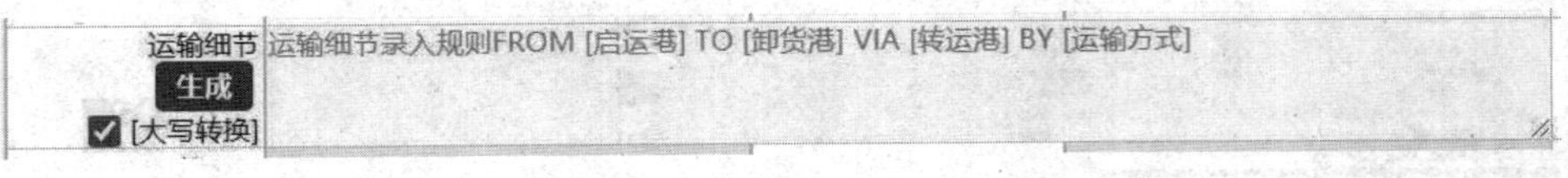

图 5-22 基本信息——运输细节【生成】

（二）货物信息

将基本信息录入完毕，点击“一般原产地证—基本信息”上方【暂存】按钮成功保存后，用户之前填写的数据将被系统保存，点击“证书查询”即可查询到之前录入并暂存的数据。“一般原产地证货物信息”带黄色底图的为必填项开始录入货物信息（如图 5–23）。

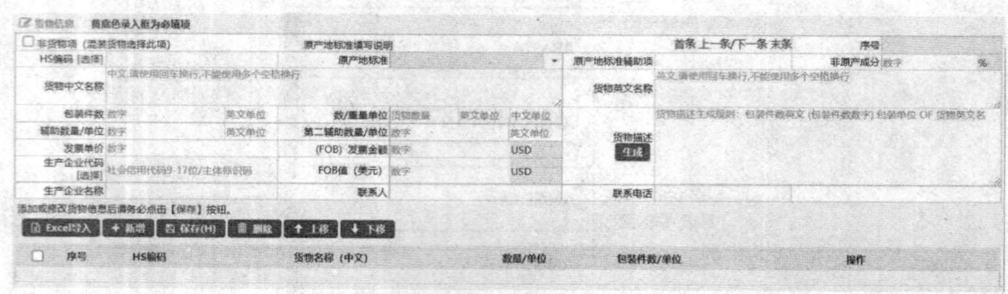

图 5–23 一般原产地货物信息

HS 编码用户可以手动录入，也可以点击 HS 编码字段后的选择红字链接进入货物维护界面，HS 编码右侧的“货物维护”，带黄色底图为必填项，可根据当地海关的要求手动录入（支持模糊查询）后点击保存以便有相同货物时直接双击列表里的货物信息可将数据返填至货物信息页面（如图 5–24），可提高录入效率。

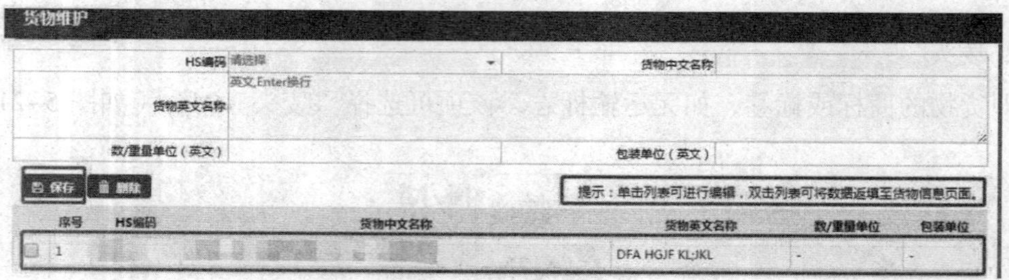

图 5–24 货物维护界

界面中，部分字段（例如包装件数、包装单位等）需用户手工录入，带黄色底图的字段需要完整填写，请根据您的实际进出口情况，填写相关内容，填写完毕后，点击货物信息界面【保存】按钮，数据被保存至列表中，具体显示如图 5–25 所示：

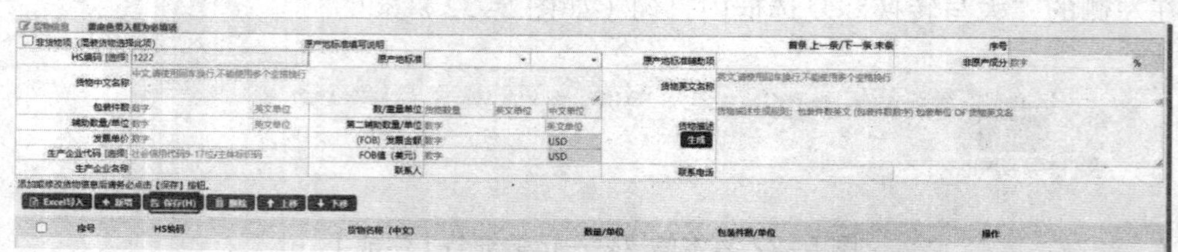

图 5–25 点击货物信息界面【保存】按钮

1. 导入

货物信息 Excel 导入，支持货物信息 Excel 表格导入。在货物信息录入界面的货物信息列表上方，点击【Excel 导入】按钮（如图 5-26），在弹出的导入界面中，先下载导入的 Excel 模板（如图 5-27），用户需要将已有的货物数据拷贝到在模板中的对应列，再选择该 Excel 文件上传，上传成功后，导入的货物信息显示在货物信息列表中。

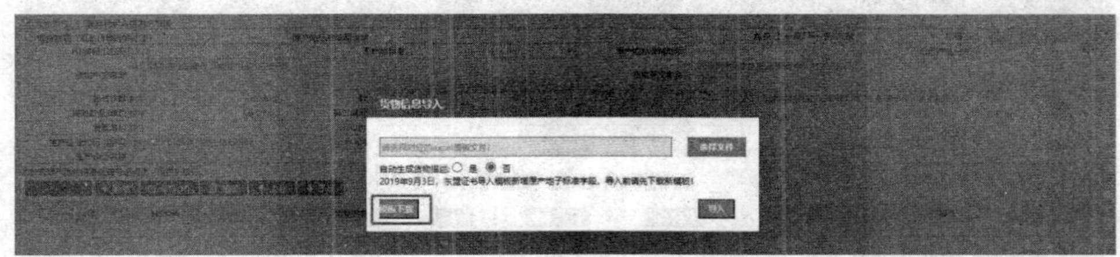

图 5-26 点击【Excel 导入】按钮

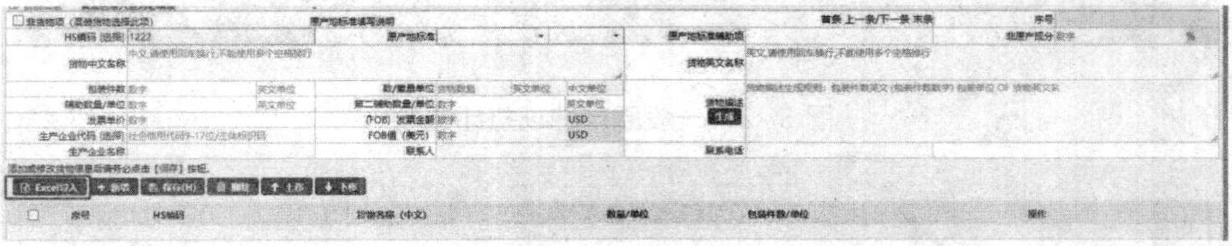

图 5-27 导入模板下载

2. 新建

在“新建原证书主界面”中点击界面上【新建】按钮，系统将自动清空当前界面内所有已录入的数据，便于用户重新录入新的证书。

小提示：

如您在录入数据的过程中，点击了【暂存】按钮，则系统将自动保存您当前所录入的数据，即使进行新增操作，也不会丢失数据，可在证书查询中进行查找。

3. 删除

用户可对暂存状态和退证状态的原产地证书数据进行删除操作。点击“新建原证书主界面”上【删除】按钮，系统将提示用户是否删除当前数据，删除的数据将不可恢复，需重新录入，请谨慎操作。

4. 预览 / 打印

（1）打印证书

点击右侧展示区界面上【预览 / 打印】按钮，系统弹出“请选择打印类型”选项，选择打印类型为：证书。详细介绍下载“打印功能使用说明下载”（如图 5-28），也可以把鼠标放在【打印格式】按钮上，提示该模式的功能。打印货物描述（如图 5-29）

换行时默认不带“—”连词符，如需连词符，请在“连词符转换”复选框里打勾（如图5–28）。

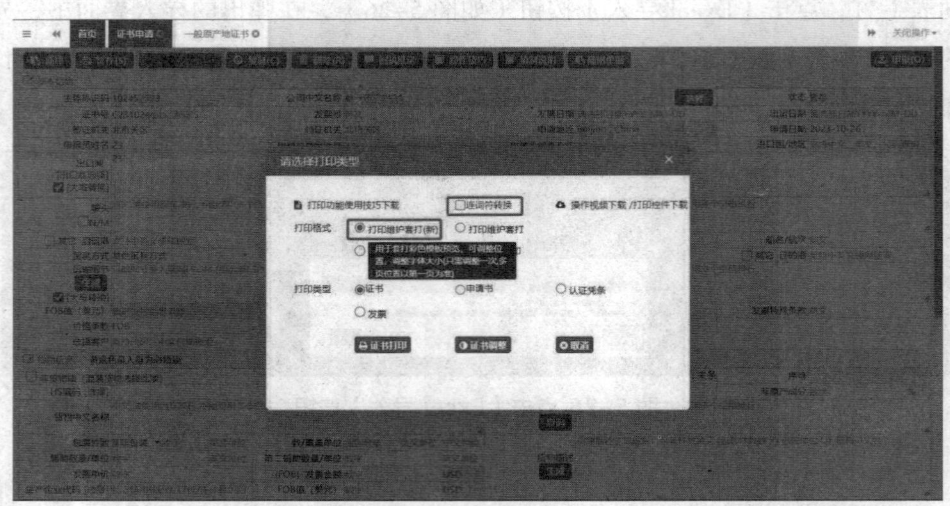

图 5–28 一般原产地证打印选项

6. Marks and numbers	7. Number and kind of packages;description of goods	8. H.S Code	9. Quantity	10. Number and date of invoices
N/M	ONE … INDUST- RY. BS … *** *** *** *** ***	01.01	100KG	JUN. 13, 2019

图 5–29 打印界面货物描述栏

套打格式（目前仅证书支持套打格式，申请书和发票无套打格式）。点击【证书打印】按钮后，页面跳转至图 5–30。点击左上【打印】图标，根据您当前的打印机实际情况进行打印即可。如未录入或保存任何数据，系统不提供打印空白原产地证书的功能。

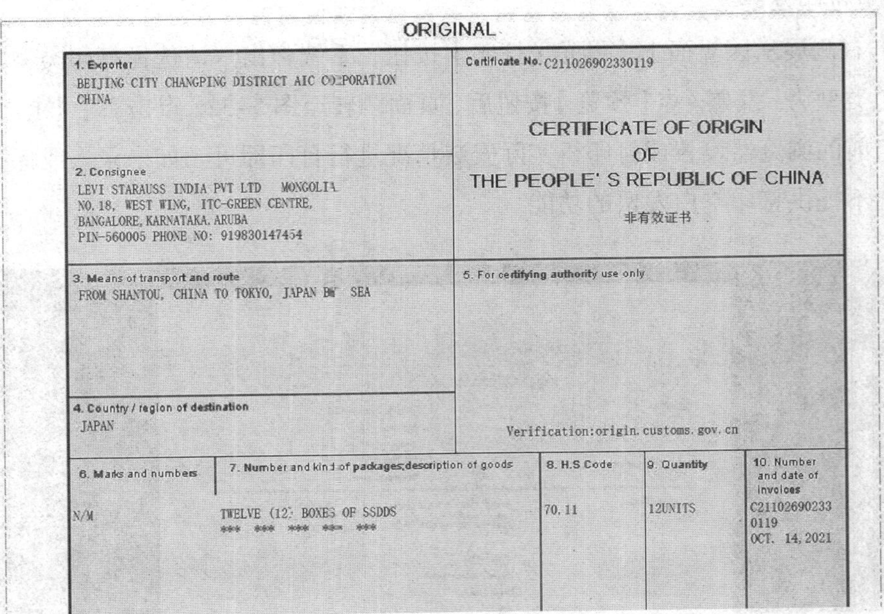

ORIGINAL

1. Exporter BEIJING CITY CHANGPING DISTRICT AIC CORPORATION CHINA	Certificate No. C211026902330119 CERTIFICATE OF ORIGIN OF THE PEOPLE' S REPUBLIC OF CHINA 非有效证书
2. Consignee LEVI STARAUSS INDIA PVT LTD MONGOLIA NO. 18, WEST WING, ITC-GREEN CENTRE, BANGALORE, KARNATAKA, ARUBA PIN-560005 PHONE NO: 919830147454	
3. Means of transport and route FROM SHANTOU, CHINA TO TOKYO, JAPAN BY SEA	5. For certifying authority use only
4. Country / region of destination JAPAN	Verification:origin.customs.gov.cn

6. Marks and numbers	7. Number and kind of packages;description of goods	8. H.S Code	9. Quantity	10. Number and date of invoices
N/M	TWELVE (12) BOXES OF SSDDS *** *** *** *** ***	70.11	12UNITS	C21102690233 0119 OCT. 14,2021

图 5-30 一般原产地证打印证书（套打新预览）

（2）打印申请书

点击右侧展示区界面上【预览 / 打印】按钮，系统弹出"请选择打印类型"选项，选择打印类型为：申请书。点【预览】按钮后，页面跳转至图 5-31。点击右上【打印】图标，根据您当前的浏览器设置或打印机实际安装情况进行打印即可。如未录入或保存任何数据，系统不提供打印空白申请书的功能。

原产地证书申请书

证书号码 C2310269339043

申请单位(盖章)：北京 公司

郑重声明

证书种类	一般原产地证书	发票号码	C231026339043
出证日期	OCT. 20,2023	商品FOB总值（美元）	$7664.78

序号	HS编码	货物名称	非原产成分	生产企业 / 联系人 / 电话	数 / 重量	单位	FOB值（美元）
1	510 1910		0%		1016.694	SET	$3832.39
2	510 10		0%		1016.694	SET	$3832.39
3							
4							
5							
6							
7							

图 5-31 一般原产地证打印申请书（标准格式预览）

（3）打印发票

点击右侧展示区界面上【预览 / 打印】按钮，系统弹出“请选择打印类型”选项，选择打印类型为：发票。点【预览】按钮后，页面跳转至图 5-32。点击右上【打印】图标，根据您当前的浏览器设置或打印机实际安装情况进行打印即可。如未录入或保存任何数据，系统不提供打印空白发票的功能。

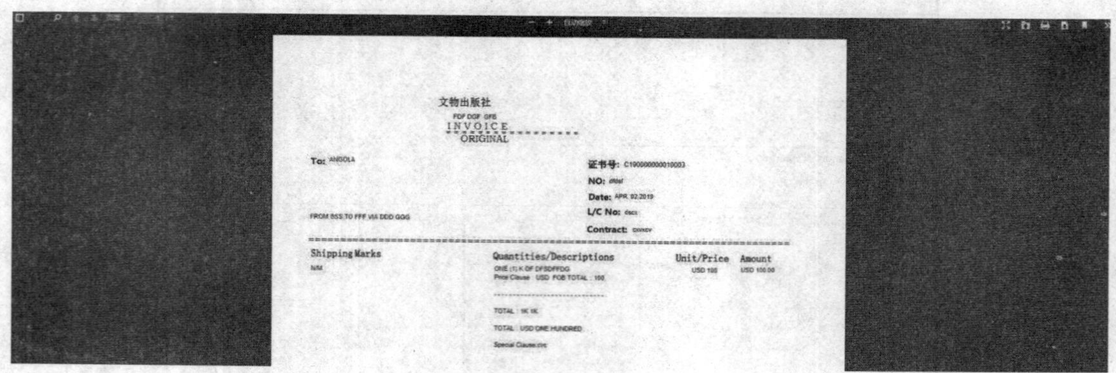

图 5-32 一般原产地证打印发票（标准格式预览）

（4）打印认证凭条

点击右侧展示区界面上【预览 / 打印】按钮，系统弹出“请选择打印类型”选项，选择打印类型为：认证凭条。点【预览】按钮后，页面跳转至图 5-33。点击右上【打印】图标，根据您当前的浏览器设置或打印机实际安装情况进行打印即可。如未录入或保存任何数据，系统不提供打印空白认证凭条的功能。

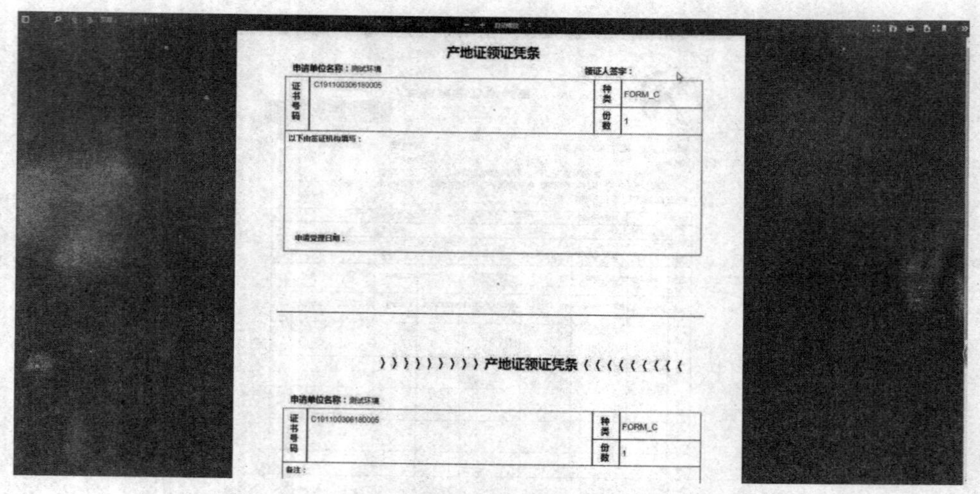

图 5-33 一般原产地证认证凭条（标准格式预览）

5. 复制

用户可基于已经暂存的原产地证书生成新的原产地证书。点击右侧展示区界面上方【复制】按钮，系统出现如下弹框，点击确定，将跳转到一票新建的数据，用户无需重复录入数据。具体页面显示如图 5–34：

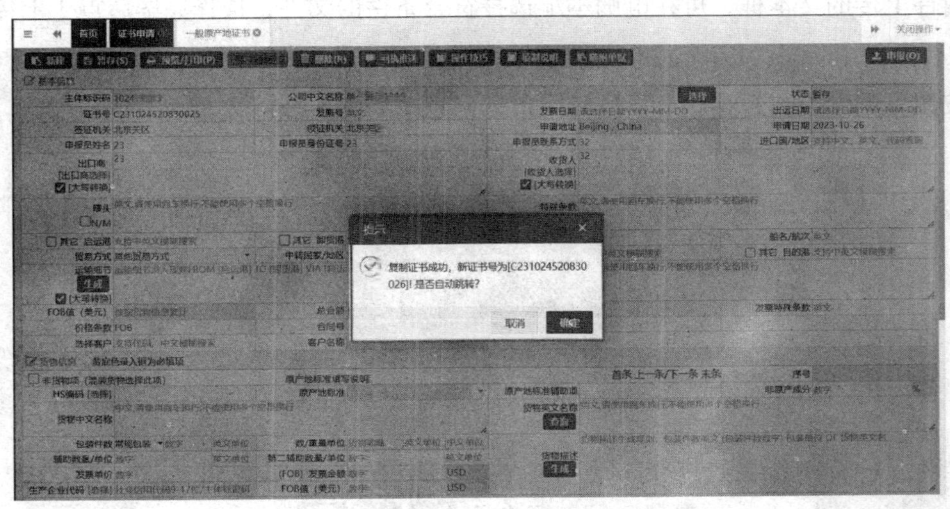

图 5–34 一般原产地证复制证书成功提示

6. 申报

用户录入完基本信息和货物信息字段数据后，在图一般原产地证——基本信息中，通过点击右上方【申报】按钮进行申报。各字段数据通过了逻辑规则校验，可将原产地证书数据申报到海关进行受理，并等待其审批，用户可以到“证书查询”界面点击单据状态，查看该票数据的海关审核回执（如图 5–35）。

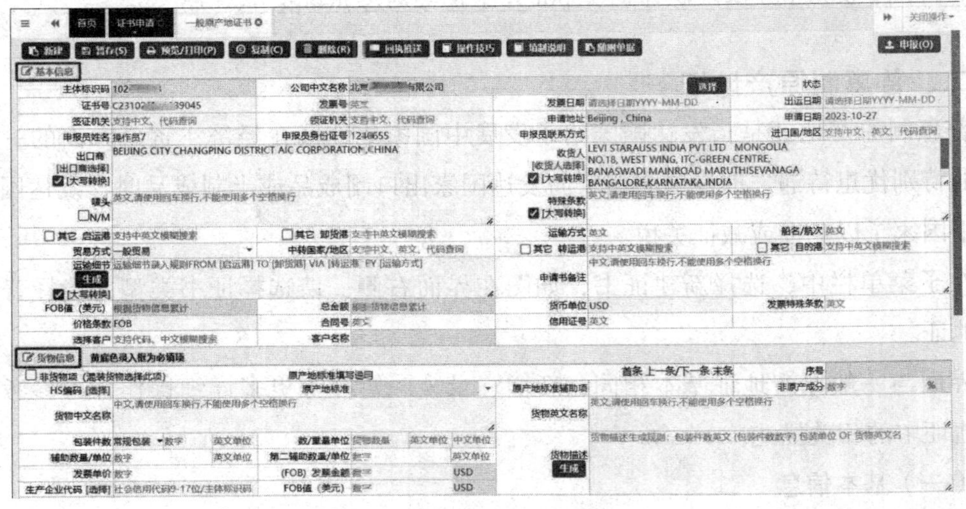

图 5–35 申报界面

7. 附件上传

用户根据自身企业需求上传随附单据信息。

随附单据信息：仅支持 pdf 格式，每页 pdf 大小不超过 300k，每份材料大小不超过 4M，填写完基本信息并点击暂存后，点【附件上传】按钮，进入随附单据上传界面，点击附件上传的文本框，可在电脑本地选择符合条件的文件，选择完毕后点【上传】按钮，进行文件上传。点【下载】按钮可下载查看已上传成功的随附单据文档信息。点【删除】按钮可删除当前暂存状态下的随附单据信息（如图 5-36）。

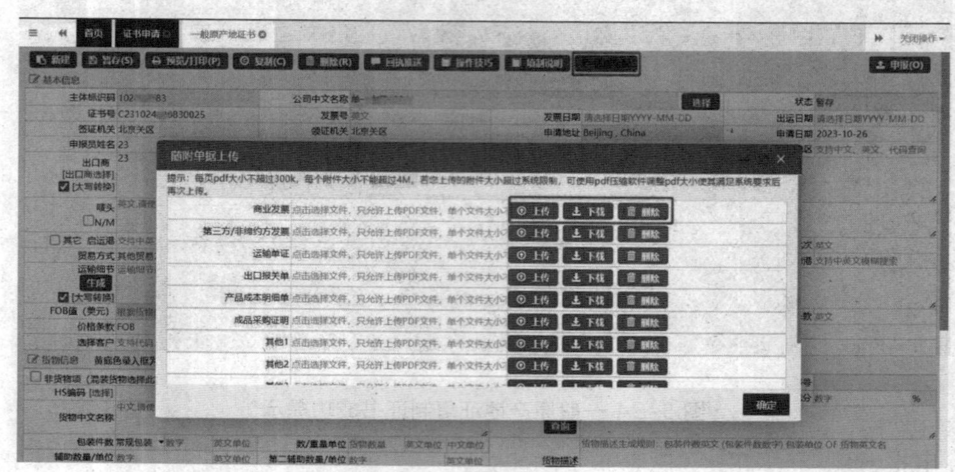

图 5-36 随附单据上传

小提示：

每页 pdf 大小不超过 300k，每个附件大小不能超过 4M。若您上传的附件大小超过系统限制，可使用 pdf 压缩软件调整 pdf 大小使其满足系统要求后再次上传。

二、普惠制原产地证

普惠制原产地证是指发达国家给予发展中国家或地区在经济、贸易方面的一种非互利的特别优惠待遇。即发展中国家向发达国家出口制成品或半制成品时，发达国家对发展中国家予以免征或减征关税。

在子菜单栏中，选择新建证书，如图在界面右侧：请选择证书类型，选择普惠制原产地证。

界面与一般原产地证基本相同，新增、录入、暂存等更多详细操作，可参考一般原产地证中的相关描述。

（一）基本信息

基本信息界面与一般原产地证基本相同，新增、录入、暂存等更多详细操作，可参考一般原产地证中的相关描述。

（二）货物信息

必须先将基本信息保存成功，才能继续进行货物信息的录入与保存操作。点击货物信息页，切换至录入界面（如图 5-37）。

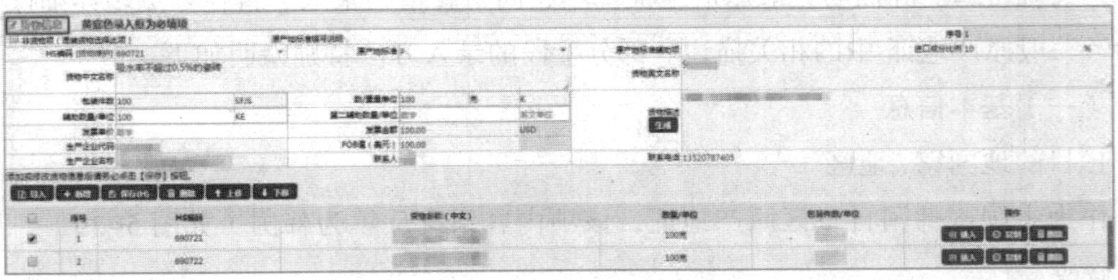

图 5-37 货物信息界面

点击原产地标准字段后的三角形小图标，调出下拉菜单并在其中进行选择。如果您已经知道相关参数，也可直接输入相应字母、迅速调出参数，使用上下箭头选择后，点击回车键确认录入。

点击原产地标准填写说明，系统弹出下述标准详情提示，供用户查看或参考。

小提示：

如您在普惠制证书，货物信息的原产地标准选择为“W”时，原产地标准辅助项字段，根据该货物的 HS 编码，自动取前 4 位，返填为 XX.XX，不可修改。

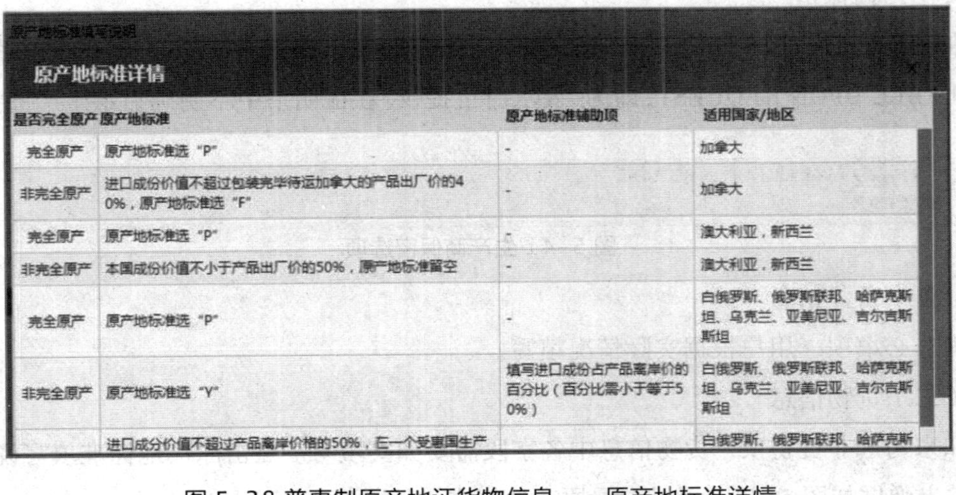

原产地标准填写说明

原产地标准详情

是否完全原产	原产地标准	原产地标准辅助项	适用国家/地区
完全原产	原产地标准选“P”	-	加拿大
非完全原产	进口成分价值不超过包装完毕待运加拿大的产品出厂价的40%，原产地标准选“F”	-	加拿大
完全原产	原产地标准选“P”	-	澳大利亚，新西兰
非完全原产	本国成分价值不小于产品出厂价的50%，原产地标准留空	-	澳大利亚，新西兰
完全原产	原产地标准选“P”	-	白俄罗斯、俄罗斯联邦、哈萨克斯坦、乌克兰、亚美尼亚、吉尔吉斯斯坦
非完全原产	原产地标准选“Y”	填写进口成份占产品离岸价的百分比（百分比需小于等于50%）	白俄罗斯、俄罗斯联邦、哈萨克斯坦、乌克兰、亚美尼亚、吉尔吉斯斯坦
	进口成分价值不超过产品离岸价格的50%，在一个受惠国生产		白俄罗斯、俄罗斯联邦、哈萨克斯

图 5-38 普惠制原产地证货物信息——原产地标准详情

三、中国—韩国自贸区原产地证

中国—韩国自贸区原产地证是依照中韩自由贸易协定和国家法律有关规定，申请人可以向各地海关、中国国际贸易促进委员会 CCPIT 及其各地方分会申请签发中韩自由贸易协定原产地证书，随附上述证书的出口货物依照中韩自由贸易协定规定在韩国享受优惠关税待遇。界面与一般原产地证基本相同，新增、录入、暂存等更多详细操作，可参考一般原产地证 中的相关描述。部分字段的录入方法特别说明如下：

（一）基本信息

1. 目的地国家 / 地区

作为中国—韩国自贸区原产地证，该项内容系统反填为韩国（如图 5-39），用户无需修改。

进口国/地区 KOREA

图 5-39 中国－韩国自贸区原产地证基本信息——进口国 / 地区

2. 生产商描述

在该项中，用户需要通过英文录入生产商实际情况（如图 5-40）。

图 5-40 中国－韩国自贸区原产地证基本信息——生产商描述

3. 生产商保密

在有需要时，用户可通过勾选：生产商保密选项（如图 5-41），使系统返填出：AVAILABLE UPON REQUEST, 即为: 要求时可提供。在证明书中不明确显示生产商描述。

图 5-41 生产商保密选项

4. 证书备注信息

为非必填项，用户根据实际情况填写。

（二）货物信息

如未勾选非货物项，货物信息中各字段需要如实填写。点击原产地标准填写说明，系统跳出弹框如图 5-42。可以查看原产地标准详情，便于用户填写。

原产地标准详情

是否完全原产	原产地标准	原产地标准辅助项	适用国家/地区
完全原产	货物在一方境内完全获得，原产地标准选“WO”	-	韩国
非完全原产	货物在一方或双方境内，且仅适用符合本章（原产地规则）规定的原产材料，原产地标准选“WP”	-	韩国
非完全原产	货物在一方或双方境内，所使用的非原产材料符合产品特定原产地规则或其他要求，原产地标准选“PSR”	-	韩国

图 5-42 中国－韩国自贸区原产地证货物信息—原产地标准详情

四、中国—东盟自贸区原产地证

中国东盟自由贸易区原产地证，是根据中国与东盟签署的《中国－东盟全面经济合作框架协议货物贸易协定》的规定签署的一种优惠性原产地证明书。由海关总署设在各地的直属机构负责签发。签证国家有文莱、柬埔寨、印度尼西亚、老挝、马来西亚、缅甸、菲律宾、新加坡、泰国、越南。

（一）基本信息

基本信息界面与一般原产地证基本相同，新增、录入、暂存等更多详细操作，可参考一般原产地证中的相关描述。部分特殊字段填写说明如图 5-43 所示。

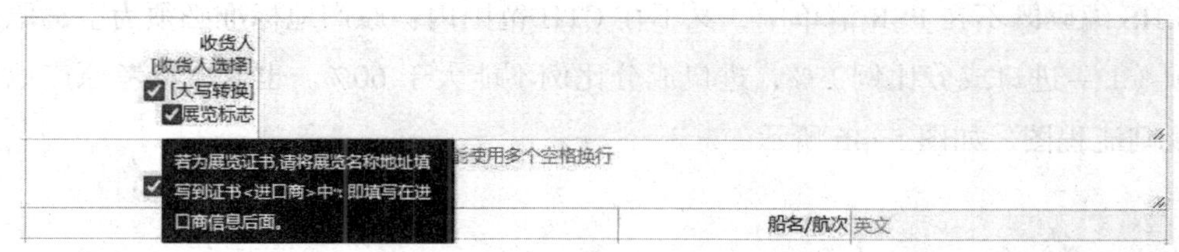

图 5-43 是否展览证书

若为展览证书（即在该字段的下拉菜单中选择“是”），用户需要将展览名称地址填写到证书〈收货人〉中：即填写在收货人信息后面。

企业勾选第三方发票 / 非缔约方公司选项后，系统显示第三方发票 / 非缔约方公司录入信息界面，企业应分别录入名称、地址（选填）、国别 / 地区（如图 5-44）。

FOB值（美元）	根据货物信息累计	总金额	根据货物信息累计	货币单位	USD	发票特殊条款	英文
价格条款	FOB	合同号	英文	信用证号	英文	☑第三方发票/非缔约方公司	
选择客户	支持代码、中文模糊搜索	客户名称					

第三方发票/非缔约方公司信息　第三方发票/非缔约方公司的国别/地区不能与中国或进口国/地区

序号	企业名称	企业地址	国别/地区	操作
-	请使用回车换行,不能使用多个空格换行	请使用回车换行,不能使用多个空格换行	支持中文、英文、代码查询	新增 编辑 保存 删除

图 5-44 是否第三方发票

（二）货物信息

货物信息中 HS 编码、原产地标准、原产地子标准、原产地标准辅助项等这些字段填写规范。

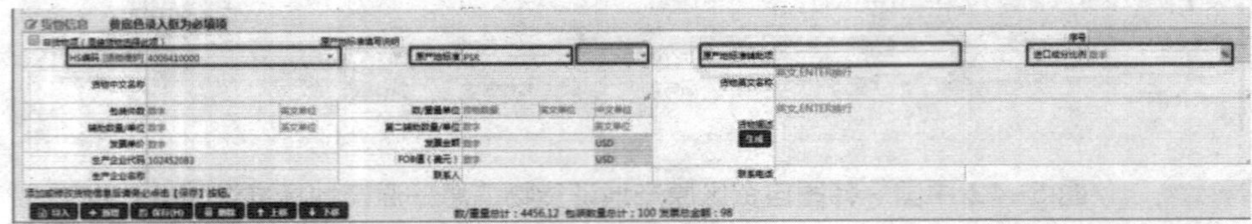

图 5-45 货物信息界面

先确认 HS 编码的原产地标准。

1. 若原产地标准为 WO 时，原产地辅助项为空，进口成分比例 0。

2. 若原产地标准为 PE 时，原产地辅助项为空，进口成分比例如 0。

3. 若原产地标准为 PSR 时，子标准（或 RVC 标准），三选一：（1）适用区域价值成分（RVC 40）；（2）适用归类改变（CTC）；（3）适用加工工序（Process Rule）。原产地标准辅助项为空，进口成分比例不能为零。

4. 若原产地标准为 CTH 时，原产地标准辅助项为空，进口成分比例不能为零。

5.HS 编码既不在 PSR 清单中，又不在 CTH 范围内：原产地标准必须为空，原产地辅助项（1 —进口成分比例）%，进口成分比例不能大于 60%。也可以参考原产地标准填写规则流程图，如图 5-46 所示。

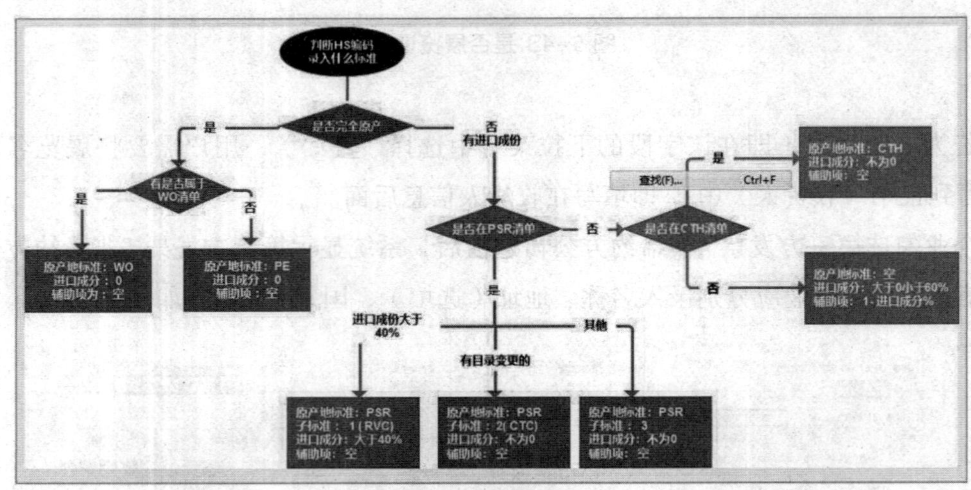

图 5-46 原产地标准填写规则

五、亚太贸易协定原产地证

（一）基本信息

基本信息参见一般原产地证。

（二）货物信息

货物信息特殊字段参见中国—韩国自贸区原产地证。

六、中国—智利自贸区原产地证

（一）基本信息

基本信息参见一般原产地证。

（二）货物信息

货物信息特殊字段参见中国—韩国自贸区原产地证。

七、中国—巴基斯坦自贸易区原产地证

（一）基本信息

基本信息参见中国—韩国自贸区原产地证。

（二）货物信息

货物信息特殊字段参见中国—韩国自贸区原产地证。

八、中国—秘鲁贸易区原产地证

（一）基本信息

基本信息参见中国—韩国自贸区原产地证。

（二）货物信息

货物信息特殊字段参见中国—韩国自贸区原产地证。

九、海峡两岸原产地证

（一）基本信息

基本信息参见中国—韩国自贸区原产地证。

其中，出口商电话、出口商传真、出口商邮箱、出口报关日期、进口商电话等字段前带黄色底纹为必填项，用户需如实填写。

（二）货物信息

货物信息特殊字段参见中国—韩国自贸区原产地证。

小提示：

仅该种证书查看或打印时均显示为中文。

十、中国—澳大利亚自贸区原产地证

（一）基本信息

基本信息参见中国—韩国自贸区原产地证。

（二）货物信息

货物信息特殊字段参见中国—韩国自贸区原产地证。

十一、中国—哥斯达黎加自贸区原产地证

（一）基本信息

基本信息参见中国—韩国自贸区原产地证。

（二）货物信息

货物信息特殊字段参见中国—韩国自贸区原产地证。

十二、中国—新加坡自贸区原产地证

（一）基本信息

基本信息参见一般原产地证。

（二）货物信息

货物信息特殊字段参见中国—韩国自贸区原产地证。

十三、中国—新西兰自贸区原产地证

（一）基本信息

基本信息参见中国—韩国自贸区原产地证。

（二）货物信息

货物信息特殊字段参见中国—韩国自贸区原产地证。

十四、中国—冰岛自贸区原产地证

（一）基本信息

基本信息参见一般原产地证。

（二）货物信息

货物信息特殊字段参见中国—韩国自贸区原产地证。

十五、中国—瑞士自贸区原产地证

依照中瑞自由贸易协定和海关总署有关规定，出口货物的发货人可以向各地海关申请签发中瑞自由贸易协定原产地证书，经各地海关核准的原产地声明人可以作出中瑞自由贸易协定原产地声明。

（一）基本信息

基本信息参见一般原产地证。

（二）货物信息

货物信息特殊字段参见中国—韩国自贸区原产地证。

十六、各国烟草真实性证书

（一）基本信息

基本信息参见一般原产地证。

（二）货物信息

货物信息特殊字段参见中国—韩国自贸区原产地证。

其中货物毛重、货物净重、重量单位等字段带黄色底纹为必填字段，用户需如实填写。

十七、转口证明书

转口证明书是指经中国转口的外国货物，由于不能取得中国的原产地证，而由中国签证机构出具的证明货物系他国原产、经中国转口的一种证明文件。

（一）基本信息

基本信息参见一般原产地证。

原产国代码填写说明如下。

图 5-47 原产国代码

如上图所示，可直接输入代码、中文或英文名称，也可先在输入框中点击后，再按回车键，系统将会弹出对话框（如图 5-48），用户可自行查询。

图 5-48 原产国代码信息

（二）货物信息

货物信息特殊字段参见中国—韩国自贸区原产地证。

十八、加工装配证书

加工装配证明书是指对全部或部分使用了进口原料或零部件而在中国进行了加工、装配的出口货物，当其不符合中国出口货物原产地标准、未能取得原产地证书时，由中国贸促会根据申请单位的申请所签发的证明中国为出口货物加工、装配地的一种证明文件。

（一）基本信息

基本信息参见一般原产地证。

特殊字段参见转口证明书。

（二）货物信息

货物信息特殊字段参见中国—韩国自贸区原产地证。

十九、输往墨西哥瓷砖价格承诺证书

（一）基本信息

基本信息参见一般原产地证。

（二）货物信息

货物信息特殊字段参见一般原产地证。

二十、输往巴基斯坦瓷砖价格承诺证书

（一）基本信息

基本信息参见中国—韩国自贸区原产地证。

（二）货物信息

货物信息特殊字段参见中国—韩国自贸区原产地证。

二十一、输欧盟非优惠进口特别安排项下产品原产地证

输欧盟非优惠进口特别安排项下产品原产地证是欧盟委员会为进口农产品而专门设计的原产地证书。

（一）基本信息

基本信息参见一般原产地证。

（二）货物信息

货物信息特殊字段参见 中国—韩国自贸区原产地证。

其中货物毛重、货物净重、重量单位等字段前带黄色底纹为必填项，用户需如实

填写。

二十二、中国－格鲁吉亚自贸协定原产地证

（一）基本信息

基本信息参见中国—韩国自贸区原产地证。

（二）货物信息

货物信息特殊字段参见普惠制原产地证。

二十三、中国－毛里求斯自贸协定原产地证

（一）基本信息

基本信息参见一般原产地证。

（二）货物信息

货物信息特殊字段参见中国—韩国自贸区原产地证。

二十四、东盟证书流动证明

（一）基本信息

基本信息参见一般原产地证。

（二）货物信息

必须先将基本信息保存成功，才能继续进行货物信息的录入与保存操作。点击【新增】按钮进入货物信息录入界面（如图 5-49）。

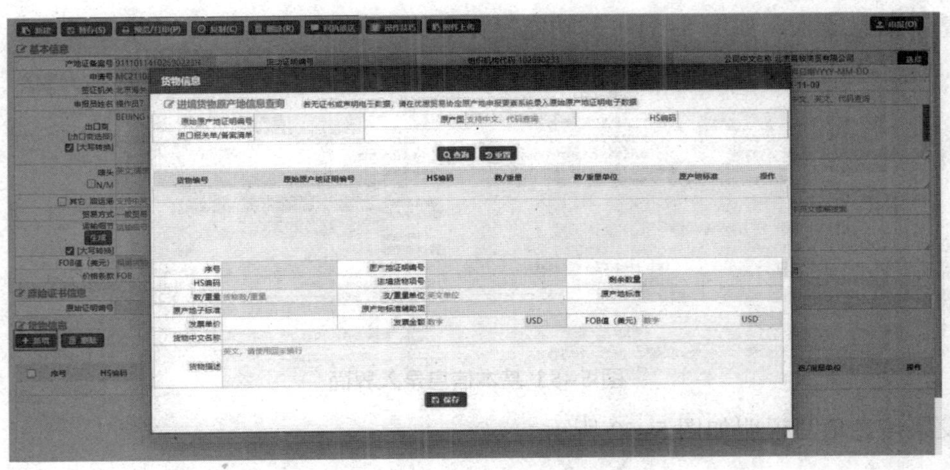

图 5-49 货物信息录入界面

根据界面提示录入进境货物原产地信息（如图 5-50），点击【查询】按钮。

图 5-50 进境货物原产地信息

进境货物原产地信息展示列表中点击操作列中的【使用】按钮，每次新增货物信息仅可选择一项，货物信息录入完成后，请务必点击【保存】按钮，进行货物信息保存。

小提示：

若无证书或声明电子数据，请在优惠贸易协定原产地申报要素系统录入原始原产地证明电子数据。

二十五、RCEP 原产地证书

（一）基本信息

基本信息录入（如图 5-51）及功能操作参见一般原产地证。

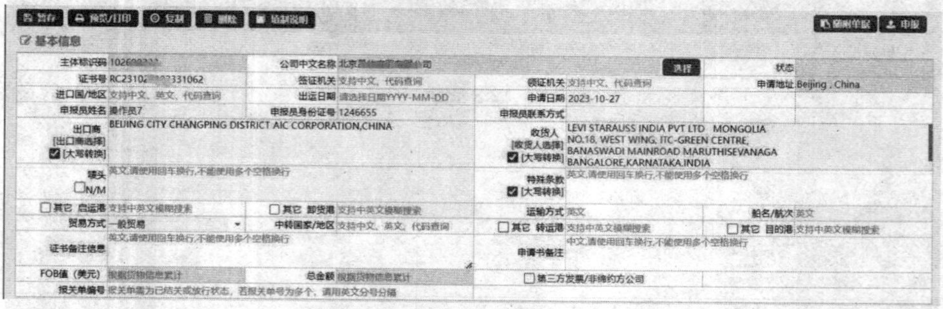

图 5-51 基本信息录入界面

发票信息填写说明如图 5-52 所示。

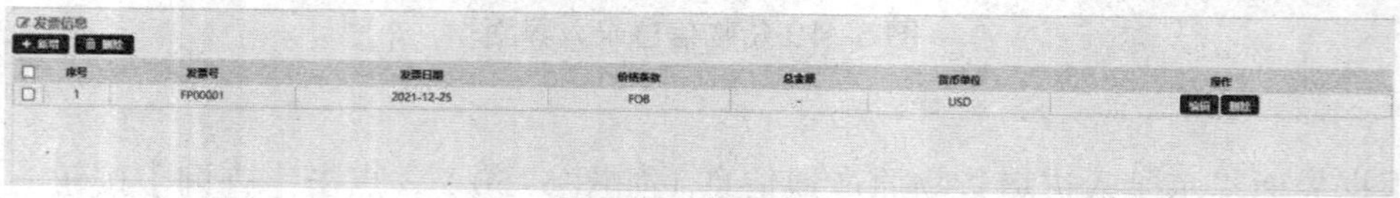

图 5-52 发票信息

展示界面新增：点击【新增】按钮界面弹出，发票信息录入界面（如图 5-53）。

发票信息

发票号		发票日期		价格条款	FOB
总金额		货币单位	USD	合同号	
信用证号		发票特殊条款			

保存

图 5-53 发票信息录入界面

小提示：

价格条款默认为 FOB，同一 RCEP 证书中多个发票信息的价格条款应填写一致。

保存：发票信息录入完成后，请务必点击【保存】按钮。

删除：支持批量删除和单个数据删除；展示界面左上方的【删除】按钮支持批量删除及单个发票信息删除；展示界面列表中的【删除】按钮，只对单个发票信息进行删除。

编辑：点击【编辑】按钮或发票号可对已保存的发票信息进行二次编辑，编辑完成后需要点击【保存】按钮。

（二）货物信息

必须先将基本信息及发票信息录入完成并保存成功，才能继续进行货物信息的录入与保存操作。点击【新增】按钮进入货物信息录入界面（如图 5-54）。

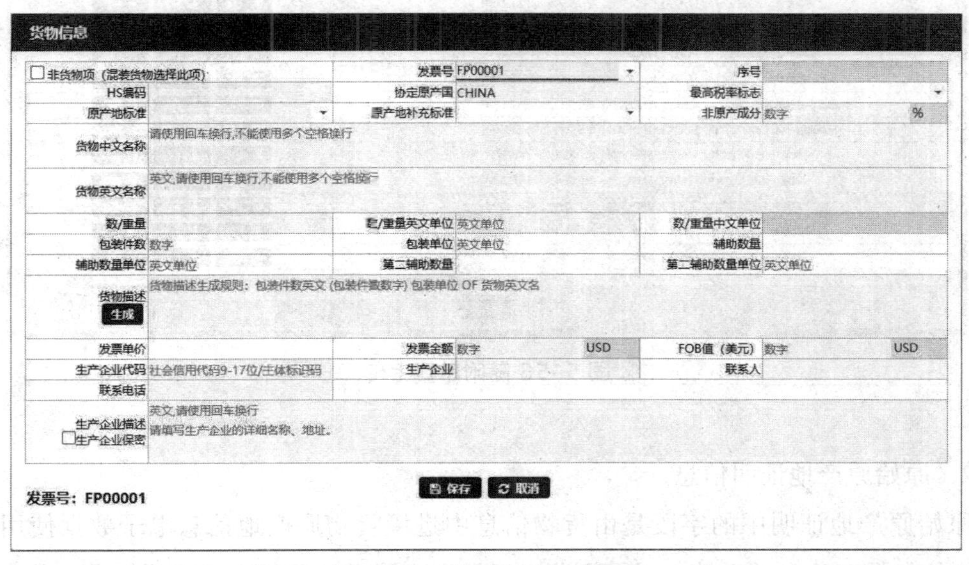

图 5-54 货物信息录入界面

小提示：

货物信息中发票号为下拉选择，选择的发票号需要与发票信息中发票号保持一致。

保存：货物信息录入完成后，请务必点击【保存】按钮。

取消：点击【取消】按钮将会关闭当前货物信息录入界面。

编辑：点击【编辑】按钮或 HS 编码可对已保存的货物信息进行二次编辑，编辑完成后需要点击【保存】按钮。

复制：可对当前录入的完成货物进行复制，展示列表下新增一条新的货物信息。

删除：支持批量删除和单个数据删除；展示界面左上方的【删除】按钮支持批量删除及单个货物删除，展示界面中列表中的【删除】按钮，只对单个货物信息进行删除（如图 5–55）。

	序号	HS编码	货物名称（中文）	发票号	协定原产国	数/重量	数/重量单位	操作
☐	1	0101301010	2323	FP-1-111	AUSTRALIA	32	SETS	编辑 复制 删除

图 5–55 货物信息展示界面

二十六、RCEP 背对背原产证书

（一）基本信息

基本信息参见一般原产地证。

1. 附件上传

RCEP 背对背原产地证书附件上传进口证书扫描件为必填项（如图 5–56）。

随附单据上传

提示：每页pdf大小不超过300k，每个附件大小不能超过4M。若您上传的附件大小超过系统限制，可使用pdf压缩软件调整pdf大小使其满足系统要求后再次上传。

单据	说明		操作
进口证书扫描件	点击选择文件，只允许上传PDF文件，单个文件大小不超过4M!		上传 下载 删除
商业发票	点击选择文件，只允许上传PDF文件，单个文件大小不超过4M!		上传 下载 删除
第三方/非缔约方发票	点击选择文件，只允许上传PDF文件，单个文件大小不超过4M!		上传 下载 删除
运输单证	点击选择文件，只允许上传PDF文件，单个文件大小不超过4M!		上传 下载 删除
出口报关单	点击选择文件，只允许上传PDF文件，单个文件大小不超过4M!		上传 下载 删除
产品成本明细单	点击选择文件，只允许上传PDF文件，单个文件大小不超过4M!		上传 下载 删除
成品采购证明	点击选择文件，只允许上传PDF文件，单个文件大小不超过4M!		上传 下载 删除
其他1	点击选择文件，只允许上传PDF文件，单个文件大小不超过4M!		上传 下载 删除
其他2	点击选择文件，只允许上传PDF文件，单个文件大小不超过4M!		上传 下载 删除
其他3	点击选择文件，只允许上传PDF文件，单个文件大小不超过4M!		上传 下载 删除
其他4	点击选择文件，只允许上传PDF文件，单个文件大小不超过4M!		上传 下载 删除
其他5	点击选择文件，只允许上传PDF文件，单个文件大小不超过4M!		上传 下载 删除

确定

图 5–56 随附单据上传

2. 原始原产地证明信息

原始原产地证明中的字段是由货物信息中进境货物原产地信息电子数据使用并完成货物信息保存后自动反填，无需企业自行录入。同时经核准出口商授权号、首次出口的 RCEP 原产国两个字段支持编辑修改（如图 5–57）。

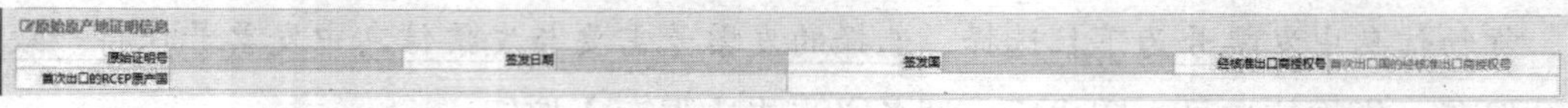

原始原产地证明信息

原始证明号		签发日期		签发国		经核准出口商授权号	首次出口国的经核准出口商授权号
首次出口的RCEP原产国							

图 5–57 原始原产地证明信息

3．发票信息

参见 RCEP 原产地证书中的发票信息。

（二）货物信息

必须先将基本信息及发票信息录入完成并保存成功，才能继续进行货物信息的录入与保存操作。点【新增】按钮进入货物信息录入界面（如图 5-58）。

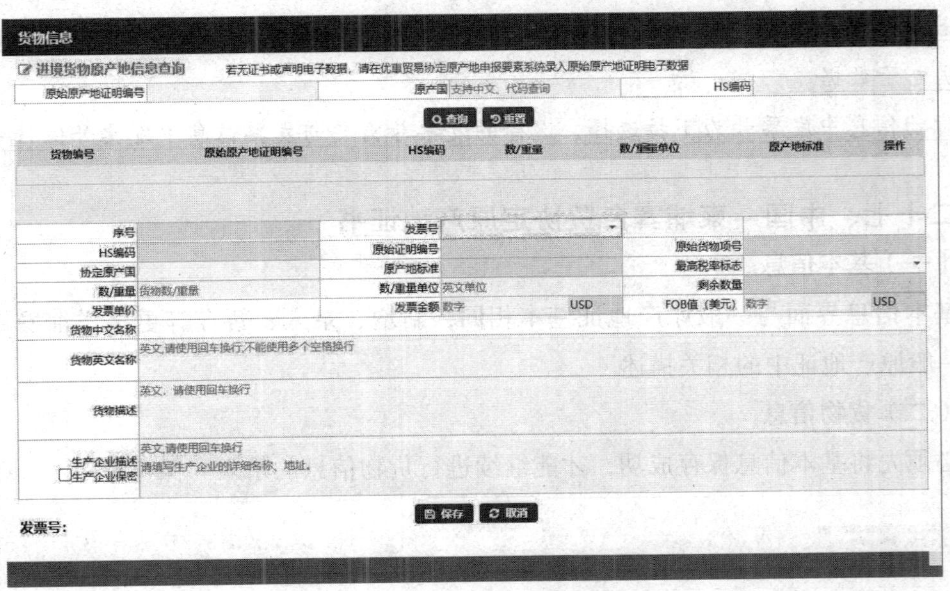

图 5-58 货物信息录入界面

根据界面提示录入进境货物原产地信息（如图 5-59），点击【查询】按钮。

货物信息

进境货物原产地信息查询　若无证书或声明电子数据，请在优惠贸易协定原产地申报要素系统录入原始原产地证明电子数据

原始原产地证明编号 TEST2021100903　原产国 文莱　HS编码 2503000000

查询　重置

货物编号	原始原产地证明编号	HS编码	数/重量	数/重量单位	原产地标准	操作
1	TEST2021100903	2503000000	1000	千克	WO	使用

图 5-59 进境货物原产地信息

进境货物原产地信息查询，录入正确的原始原产地证明编号、原产国、HS 编码点击【查询】按钮进境货物信息成功展示在显示列表中，点击操作列中的【使用】按钮，被使用的进境货物信息会反填到货物信息录入界面中，每次新增货物信息仅可选择一项；

保存：货物信息录入完成后，请务必点击【保存】按钮。

取消：点击【取消】按钮将会关闭当前货物信息界面。

编辑：点击【编辑】按钮或 HS 编码可对已保存的货物信息进行二次编辑，编辑完

成后需要点击【保存】按钮。

复制：可对当前录入的完成货物进行复制，展示列表下新增一条新的货物信息。

删除：支持批量删除和单个数据删除；展示界面左上方的【删除】按钮支持批量删除及单个货物删除，展示界面中列表中的【删除】按钮，只对单个货物信息进行删除。

小提示：

若无证书或声明电子数据，请在优惠贸易协定原产地申报要素系统录入原始原产地证明电子数据。

货物信息中发票号为下拉选择，选择的发票号需要与发票信息中发票号保持一致。

二十七、中国—柬埔寨自贸协定原产地证书

（一）基本信息

基本信息界面与一般原产地证基本相同，新增、录入、暂存等更多详细操作，可参考一般原产地证中的相关描述。

（二）货物信息

必须先将基本信息保存成功，才能继续进行货物信息的录入与保存操作。

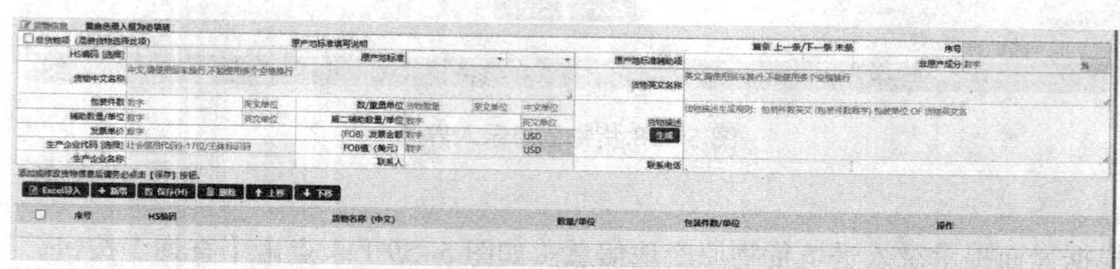

图 5-60 货物信息录入与保存界面

二十八、中国—尼加拉瓜自贸协定原产地证书

（一）基本信息

基本信息界面与一般原产地证基本相同，新增、录入、暂存等更多详细操作，可参考一般原产地证中的相关描述。

（二）货物信息

必须先将基本信息保存成功，才能继续进行货物信息的录入与保存操作。

第五节 证书查询

在原产地申报系统界面点击左侧菜单“证书查询”，根据查询条件可以查询筛选证书列表，点击【重置】按钮可清空查询条件，重新填写查询条件再次查询。

查询结果最右边第一列为单据状态，如暂存、数据接收成功、退证、审核通过等，点击某行中的具体状态，可以看到该单据的海关回执（如图 5-61）。

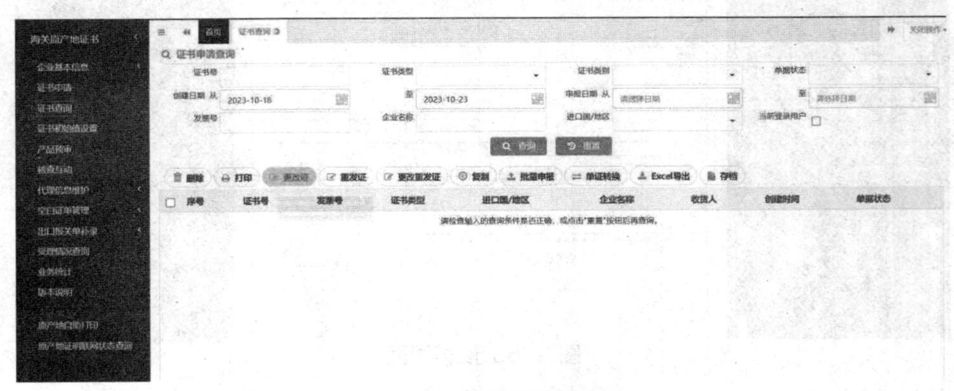

图 5-61 证书查询界面

在查询结果列表中勾选您需要的数据，可点击界面中【删除】【打印】【更改证】【重发证】【更改重发证】【复制】进行相应的操作。

1. 删除

在查询结果列表中勾选任意一条记录，点击界面【删除】按钮，用户可对暂存状态和退证状态的原产地证书进行删除操作。也可以把鼠标放在【删除】按钮上提示“选择多行，支持批量删除”，删除的数据将不可恢复，需重新录入，请谨慎操作。

2. 打印

在查询结果列表中勾选任意一条记录，点击界面【证书打印】按钮，显示界面如图 5-62 所示，选择打印的类型“证书”，选择打印的格式“标准模式”。

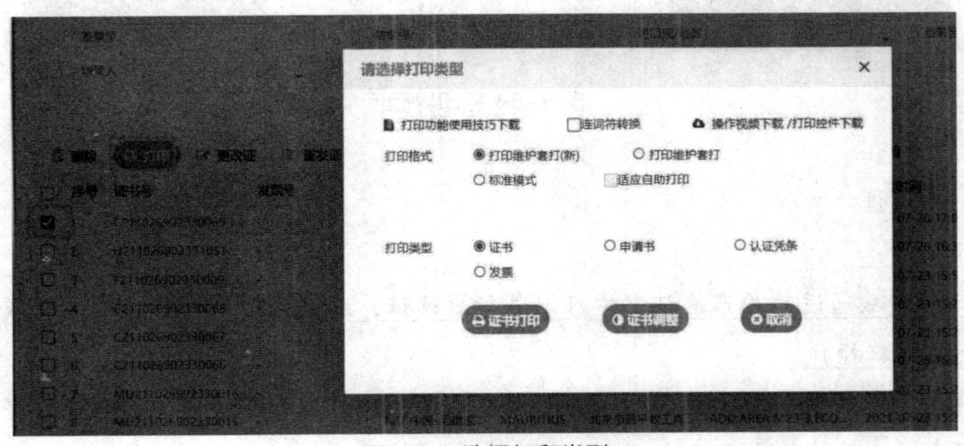

图 5-62 选择打印类型

点【预览】按钮，进行预览，也可以直接打印，如图 5-63 所示。

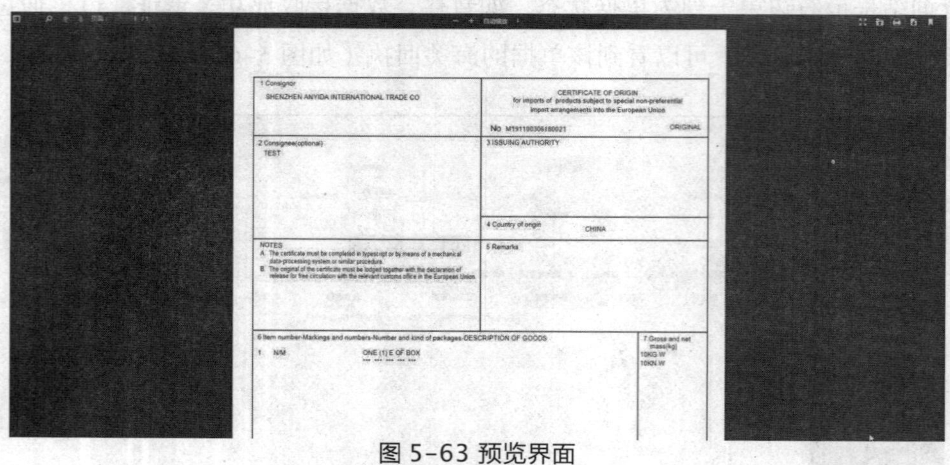

图 5-63 预览界面

也可以点击【下载】按钮直接下载到本地，保存成 PDF 文件，再由企业自行打印（如图 5-64）。

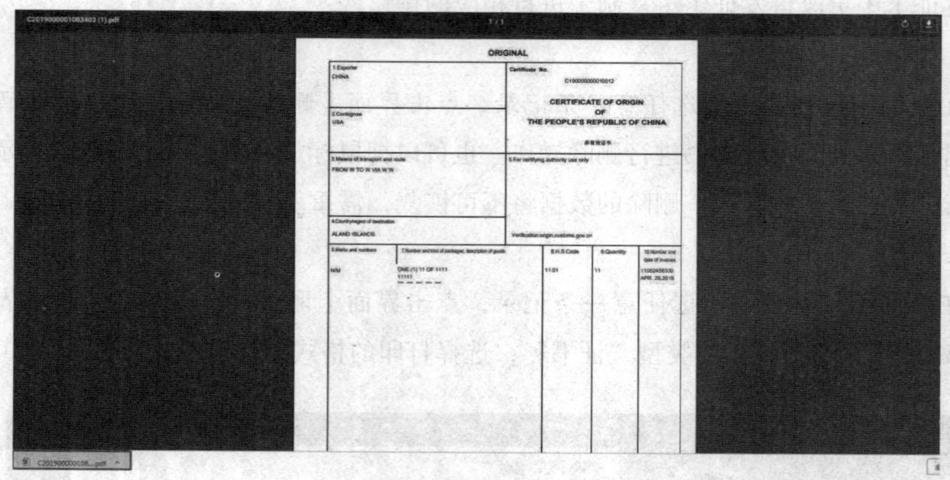

图 5-64 打印界面

3. 更改证

<u>小提示：</u>

<u>只有审核通过的原产地证书才可以进行更改证，原产地证书为暂存或申报状态无法进行更改证操作。</u>

用户对于已经签发（审核通过）的原产地证书，可发起更改证申请。更改证生成新的证书号，并关联原证书号。选择需要更改的数据，点击【更改证】按钮，系统显示如图 5-65 所示。

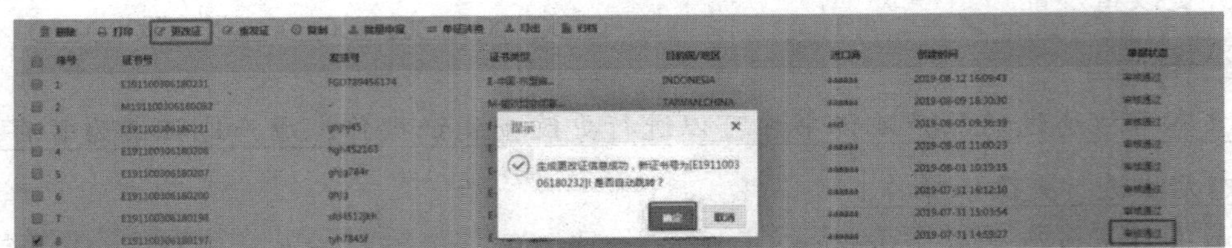

图 5-65 选择更改证

企业填写更改信息，填好后点击右上【申报】按钮，等待更改证数据审核，如图 5-66 所示。

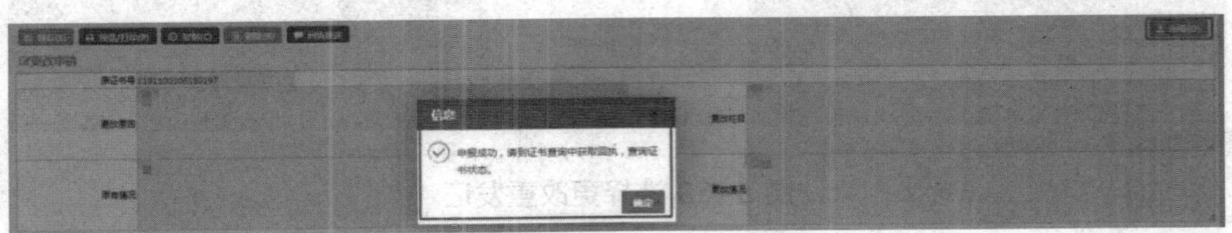

图 5-66 更改证申报成功提示

4. 重发证

小提示：

只有审核通过的原产地证书，或重发证状态处于暂存或退证的可以进行重发证。原产地证书为暂存或申报状态无法进行重发证操作。

用户对于已经签发（审核通过）的原产地证书，可发起重发证申请。重发证会生成新的证书号，并关联原证书号。选择需要更改的数据，点击【重发证】按钮，系统显示如图 5-67 所示。

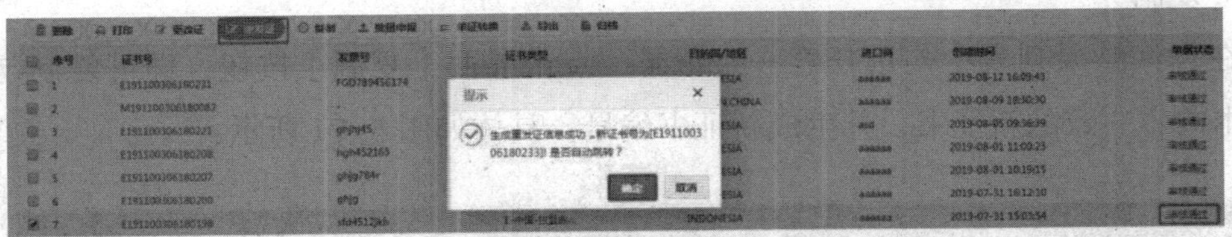

图 5-67 选择重发证

企业填写重发信息，填好后点击右上【申报】按钮，等待重发证数据审核。

图 5-68 申报成功界面

5. 更改重发证

小提示：

只有审核通过的原产地证书才可以进行更改重发证操作，原产地证书为暂存或申报状态无法进行更改证操作。

用户对于已经签发（审核通过）的原产地证书，可发起更改证申请。更改证生成新的证书号，并关联原证书号。选择需要更改的数据，点击【更改重发证】按钮，系统显示如图 5-69 所示。

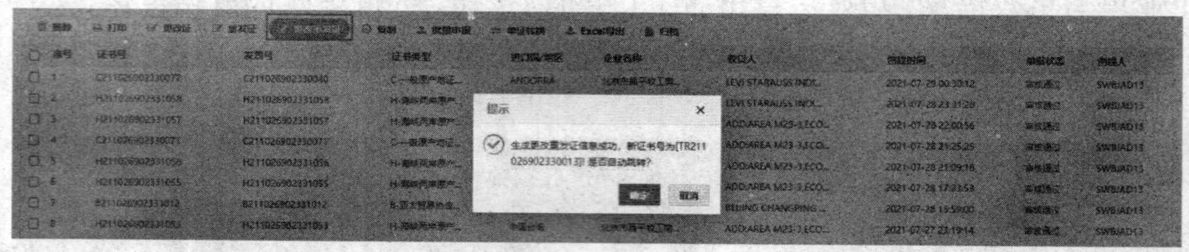

图 5-69 选择更改重发证

企业填写更改信息，填好后点击右上【申报】按钮，等待更改证数据审核，如图 5-70 所示。

图 5-70 更改重发证申报成功提示

6. 复制

在查询结果列表中勾选任意一条记录，点击界面【复制】按钮，即可复制与该证书基本内容一致的新证书，并生成新证书编号。具体如图 5-71 所示：

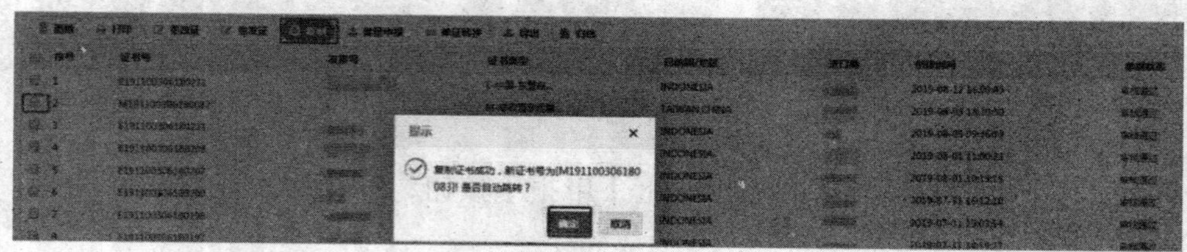

图 5-71 复制证书

7. 批量申报

在查询结果列表中勾选两条以上的数据，点击界面【批量申报】按钮，即可将这三条数据一起申报，具体如图 5–72 所示：

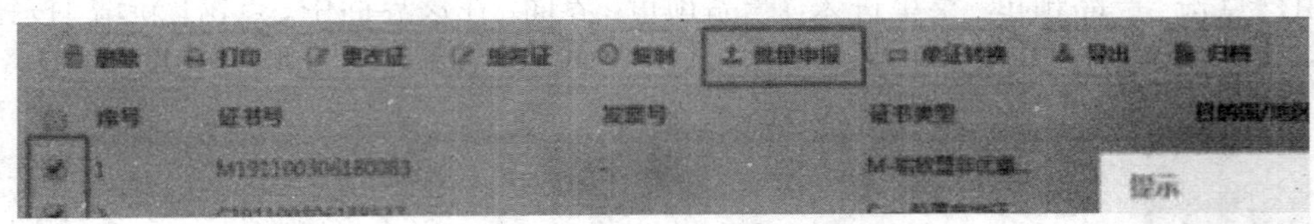

图 5–72 批量申报界面

8. 单证转换

在查询结果列表中勾选任意一条记录，点击界面中【单证转换】按钮，即可将当前证书转换成另外一种证书，并生成新证书编号。具体如图 5–73 所示：

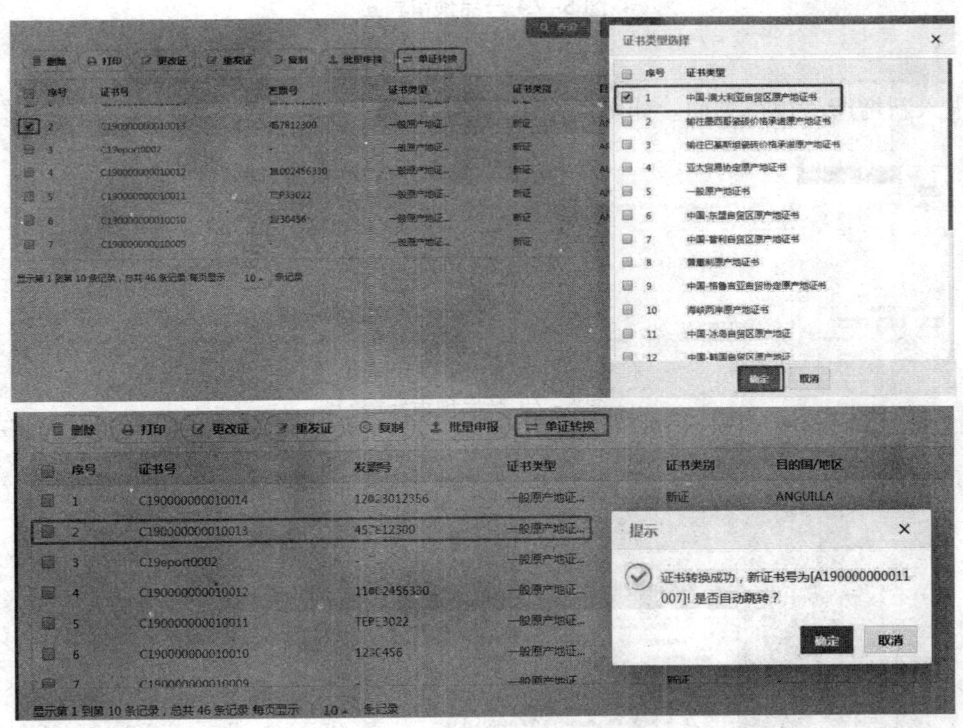

图 5–73 单证转换界面

第六节 产品预审

企业信息同步成功之后，可以进行“产品预审”操作，可以对产品进行新增、修改、变更、注销、恢复、删除、查看回执、刷新状态等操作。

一、新增

用户点击“产品预审”菜单进入“产品预审”界面，在该界面中，点击【新增】按钮（如图 5–74）。

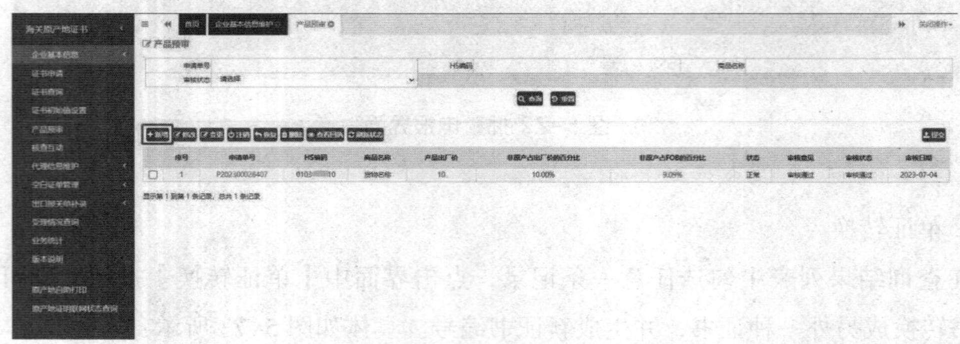

图 5–74 产品预审界面

进入新增产品预审页面。如图 5–75、图 5–76 所示：

图 5–75 产品预审新增

图 5–76 产品预审新增产品明细

新增界面操作步骤如下：

第 1 步：在“企业产品信息”栏进行信息录入，页面中黄色底纹栏目为必填项；

第2步: 在“产品生产明细”栏进行明细录入,可录入多条,可对已录入明细进行修改删除操作;

第3步:“企业产品信息”“产品生产明细”录入完成后,点击左上角【暂存】按钮提示“保存成功”,录入信息保存成功;

第4步:点击右上角【返回】按钮,回到产品预审列表页面;

第5步:在产品预审列表页面点击【查询】按钮,列表中显示新增数据(如图5–77);

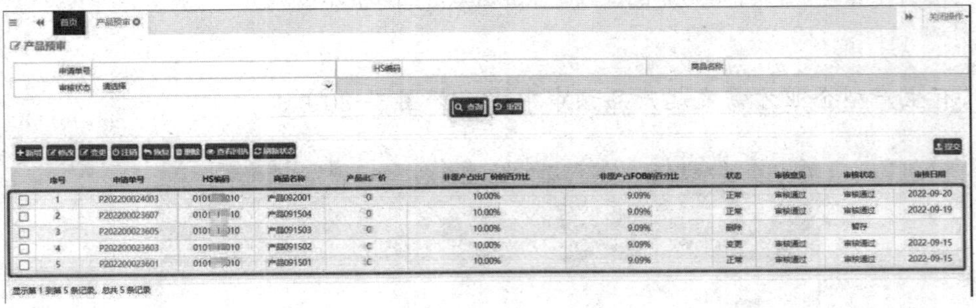

图 5–77 产品预审信息查询

第 6 步:在产品预审列表页面勾选暂存状态数据,点击右上角【提交】按钮,提交产品预审信息(如图 5–78);

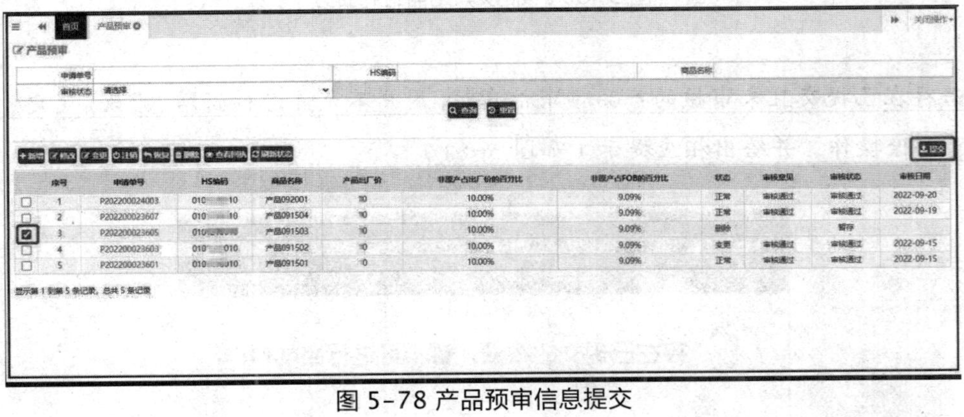

图 5–78 产品预审信息提交

小提示:

只有企业同步成功,且企业同步状态不处于变更过程中才能使用该功能(如图5–79);

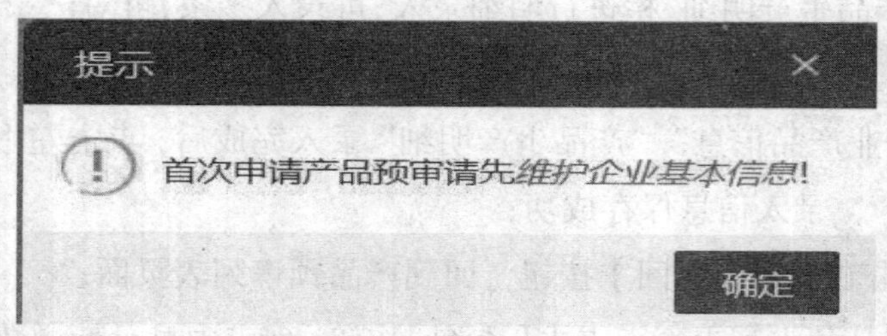

图 5-79 企业进入产品预提示

只有生产型企业才需发起产品预审申请（如图 5-80）；

图 5-80 产品预审无需进行提示

若存在已提交且未审核的产品预审信息时，用户不允许进行新增、修改、变更、注销、恢复、删除操作，并给出相应提示（如图 5-81）。

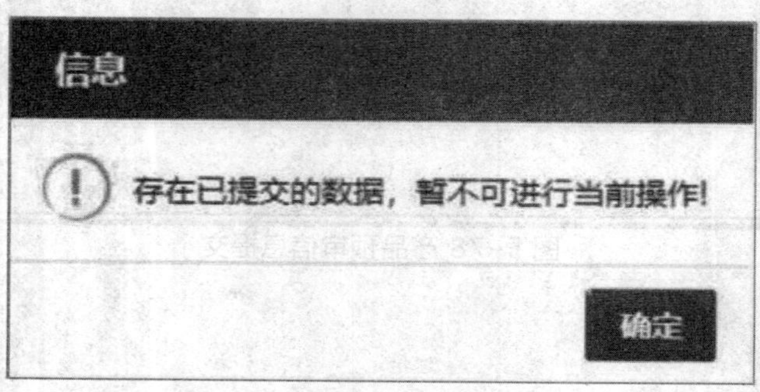

图 5-81 产品预审不可操作提示

新增页面填制要求：

单位产品 FOB 值应不小于单位产品出厂价；

产品生产明细的所有原料原产价值和原料非原产价值之和不能大于单位产品出厂

价；产品生产明细的所有原料原产价值和原料非原产价值之和不能大于单位产品 FOB 值；

是否含有进口成分选择“是”时，所有产品生产明细“原料非原产价值”总值不能为 0；是否含有进口成分选择“否”时，所有产品生产明细“原料非原产价值”总值必须为 0；产品生产明细新增页面中原料单价 × 单位产品用料 = 原料原产价值 + 原料非原产价值；

产品预审信息列表中的非原产占出厂价的百分比 = 产品生产明细列表中的原料非原产价值 / 产品信息中的单位产品出厂价；

产品预审信息列表中的非原产占 FOB 的百分比 = 产品生产明细列表中的原料非原产价值 / 产品信息中的单位产品 FOB 值；

二、修改

用户可以对暂存状态的产品预审信息进行修改操作。

操作步骤：

第 1 步：用户进入产品预审列表页面，勾选一条暂存状态数据，点击列表上方的【修改】按钮，进入修改页面（如图 5–82）；

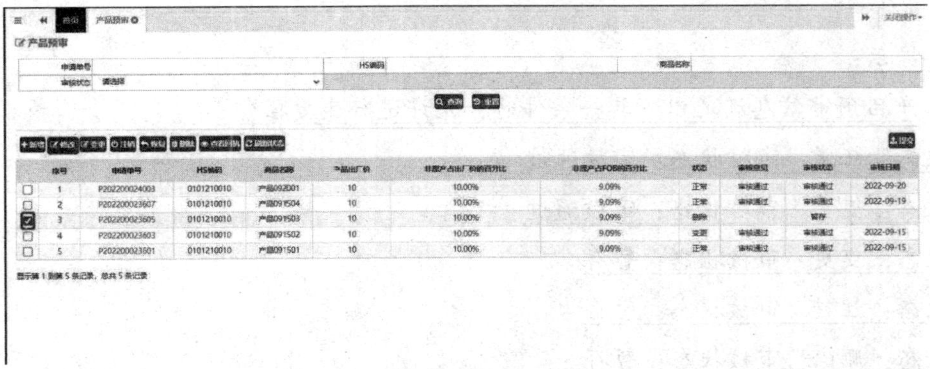

序号	申请单号	HS编码	商品名称	产品出厂价	非原产占出厂价的百分比	非原产占FOB的百分比	状态	审核意见	审核状态	审核日期
1	P202200024003	0101210010	产品092001	10	10.00%	9.09%	正常	审核通过	审核通过	2022-09-20
2	P202200023607	0101210010	产品091504	10	10.00%	9.09%	正常	审核通过	审核通过	2022-09-19
3	P202200023605	0101210010	产品091503	10	10.00%	9.09%	删除		暂存	
4	P202200023603	0101210010	产品091502	10	10.00%	9.09%	变更	审核通过	审核通过	2022-09-15
5	P202200023601	0101210010	产品091501	10	10.00%	9.09%	正常	审核通过	审核通过	2022-09-15

图 5–82 产品预审修改

第 2 步：修改页面反显已暂存数据，用户可以对“企业产品信息”“产品生产明细”进行修改；

第 3 步：修改完毕后，点击【暂存】按钮；

三、变更

用户可以对审核通过的产品预审信息进行变更操作。

操作步骤：

第 1 步：用户进入产品预审列表页面，勾选一条允许进行变更操作的数据（见本节小提示），点击列表上方的【变更】按钮，进入变更页面；

第 2 步：变更页面反显已暂存数据，用户可以对“企业产品信息”“产品生产明细”下的数据进行修改；

第 3 步：修改完毕后，点击【暂存】按钮；

第 4 步：产品预审列表页面勾选状态为“变更”且申请状态为“暂存”的数据，点击右上角【提交】按钮，提交产品预审变更申请；

如图 5-83 所示：

序号	申请单号	HS编码	商品名称	产品出厂价	非原产占出厂价的百分比	非原产占FOB的百分比	状态	审核意见	审核状态	审核日期
1	P202200024003	0101210010	产品092001	10	10.00%	9.09%	正常	审核通过	审核通过	2022-09-20
2	P202200023607	0101210010	产品091504	10	10.00%	9.09%	正常	审核通过	审核通过	2022-09-19
3	P202200023605	0101210010	产品091503	10	10.00%	9.09%	删除		暂存	
4	P202200023603	0101210010	产品091502	10	10.00%	9.09%	变更	审核通过	审核通过	2022-09-15
5	P202200023601	0101210010	产品091501	10	10.00%	9.09%	正常	审核通过	审核通过	2022-09-15

显示第 1 到第 5 条记录，总共 5 条记录

图 5-83 产品预审变更

小提示：

1. 产品预审信息满足以下其一条件时，允许进行变更操作：

状态：正常　审核状态：审核通过

状态：变更　审核状态：审核通过

状态：变更　审核状态：暂存

状态：注销　审核状态：暂存

状态：删除　审核状态：暂存

2. 产品预审变更申请审核不通过时，数据显示为变更前数据；

四、注销

用户可以对审核通过的产品预审信息进行注销操作。

操作步骤：

第 1 步：用户进入产品预审列表页面，勾选一条允许进行注销操作的数据，点击列表上方的【注销】按钮，弹框提示“是否确认提交注销申请？注销后可进行恢复。”（如图 5-84）；

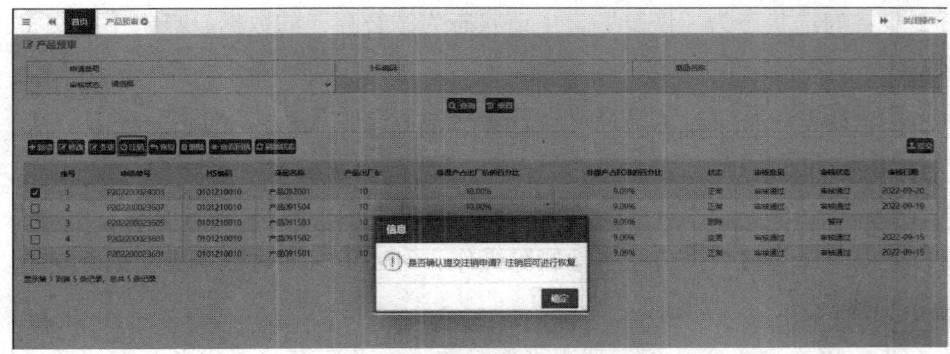

图 5-84 产品预审注销

第 2 步：勾选状态为“注销”，申请状态为“暂存”的数据，点击【提交】(如图 5-85)。

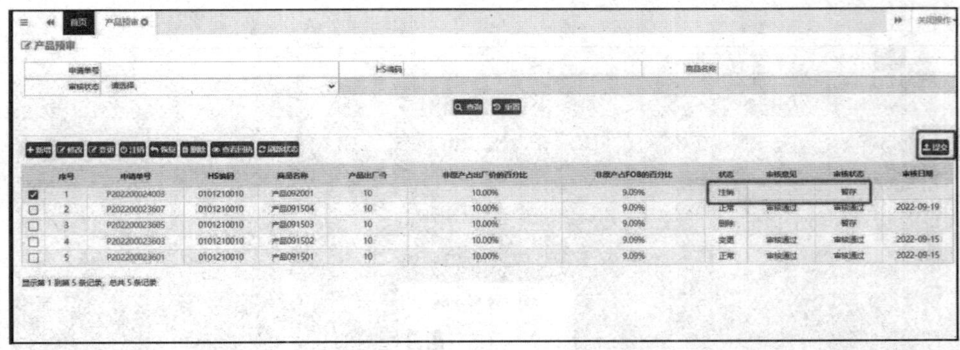

图 5-85 注销界面

五、恢复

用户可以对已注销的产品预审信息进行恢复操作。

操作步骤：

第 1 步：用户进入产品预审列表页面，勾选一条已注销的产品信息（见小提示），点击列表上方的【恢复】按钮，弹框提示“是否确认提交恢复申请”（如图 5-86）；

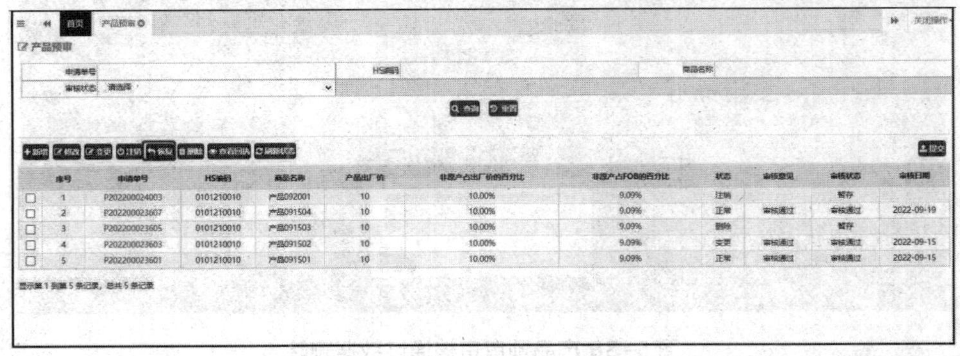

图 5-86 产品预审恢复

第 2 步：勾选状态为“恢复”，申请状态为“暂存”的数据，点击【提交】。

小提示：

产品预审恢复申请审核不通过时，数据显示为注销状态。

六、删除

用户可以对已暂存数据进行本地删除操作，对已审核通过数据提交删除申请。

操作步骤：

第 1 步：用户进入产品预审列表页面，勾选一条暂存状态或者已审核通过的产品信息，点击列表上方的【删除】按钮；

第 2 步：若为暂存状态数据，弹框提示“确定删除当前选中的数据？”（如图 5-87）；

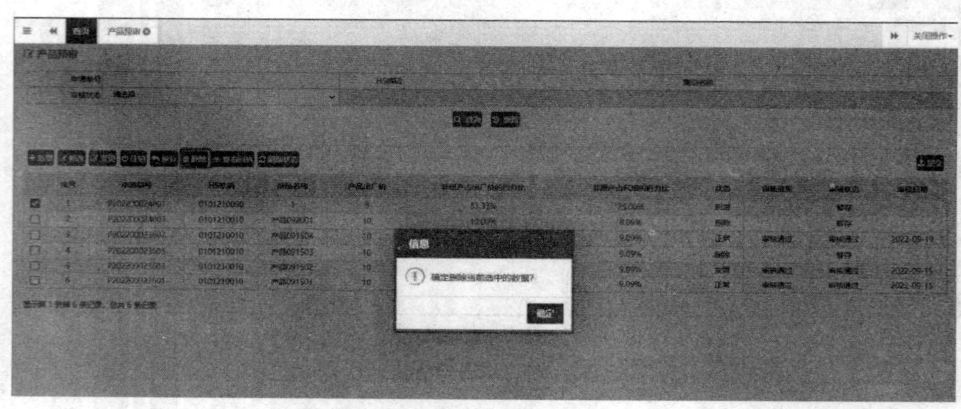

图 5-87 产品预审暂存数据删除

若为已审核通过数据，弹框提示“您删除的产品中包含已审核产品，需要提交审批端进行审核，删除后不可恢复，是否确认删除？”（如图 5-88 所示）；

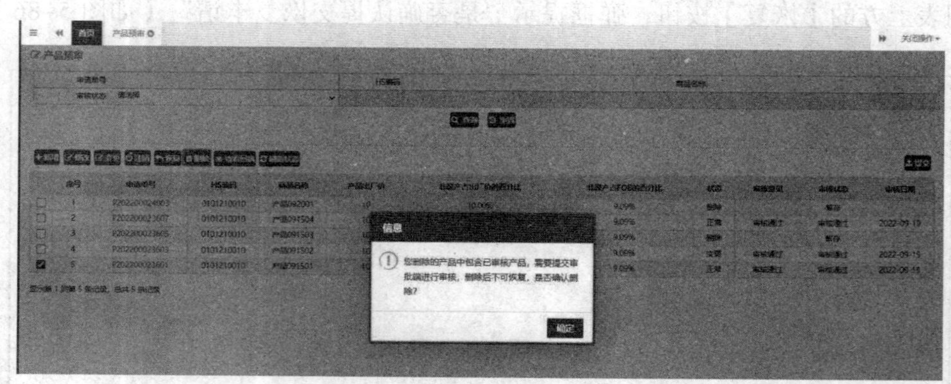

图 5-88 产品预审审核通过数据删除

第 3 步：点击【确定】按钮，若为暂存状态数据则产品信息删除，列表不显示已删除数据；若为已审核通过数据则提交删除申请，海关审核通过后列表不显示该数据。

小提示：

1. 产品预审信息满足以下其一条件时，允许进行删除操作：

状态：新增 审核状态：暂存

状态：新增 审核状态：审核不通过

状态：正常 审核状态：审核通过

状态：变更 审核状态：暂存

状态：变更 审核状态：审核通过

状态：注销 审核状态：暂存

状态：注销 审核状态：审核不通过

状态：恢复 审核状态：暂存

2. 产品预审删除申请审核不通过时，数据显示为删除前状态。

七、提交

用户可以点击【提交】按钮将产品预审信息发送至海关端审核（如图 5-89）。

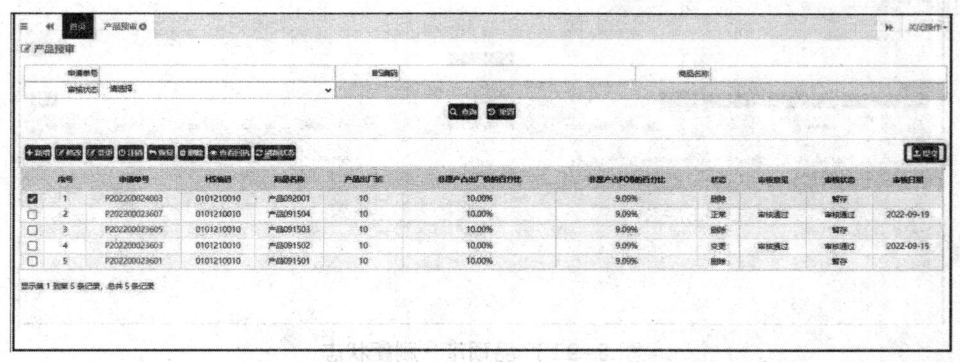

图 5-89 产品预审－提交

八、查看回执

用户可以勾选一条产品预审信息，点击【查看回执】按钮查看产品回执信息。

图 5-90 产品预审 - 查看回执

九、刷新状态

用户可以点击【刷新状态】按钮刷新产品预审信息状态。

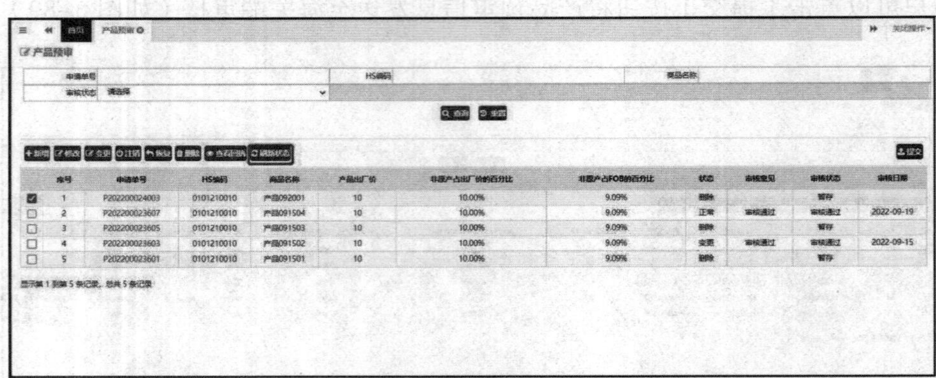

图 5-91 产品预审 - 刷新状态

十、查询

用户可以对产品预审信息进行查询操作。

操作步骤：

第 1 步：用户进入产品预审列表页面；

第 2 步：输入一条或多条查询条件，点击【查询】按钮，搜索对应信息（如图 5-92）；

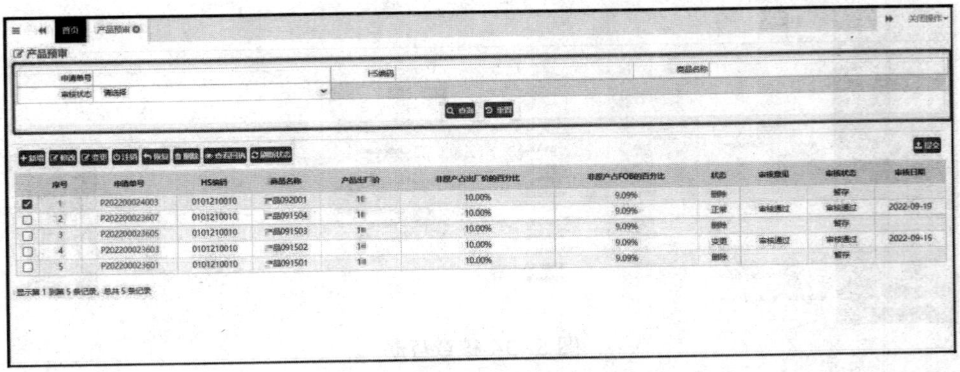

图 5-92 产品预审 - 查询

第 3 步：点击【重置】按钮，清空查询信息；

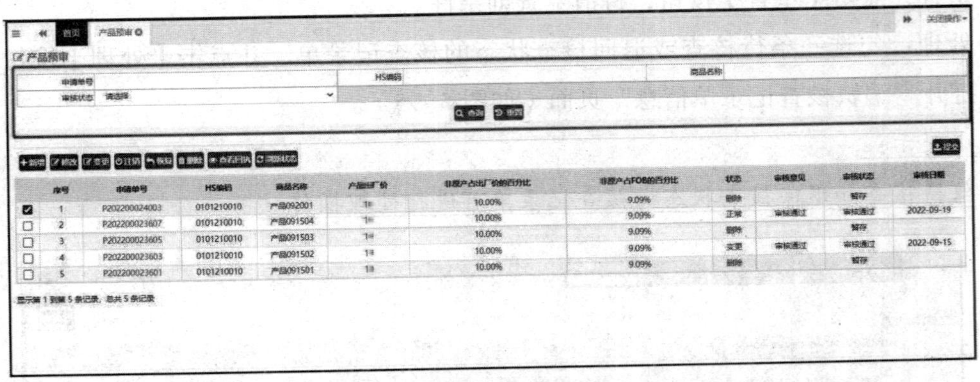

图 5-93 产品预审 - 重置

第 4 步：点击【查询】按钮，展示全部产品预审信息。

第七节 核查互动

点击系统左侧“核查互动”菜单，进入核查互动界面（如图 5-94）。系统默认展示待核查和退回核查状态的核查记录单数据，用户可录入相应查询条件，查询所需的核查记录单。

图 5-94 核查互动

查询：录入查询条件，点击【查询】按钮，核查互动列表将展示所有符合条件的核查记录单信息。

重置：点击【重置】按钮，将清空查询条件。

处理：勾选一条待核查或退回核查状态的核查记录单，并点击【处理】按钮，系统将打开“编辑核查记录单信息”页面（如图 5-95）。

小提示：

仅待核查和退回核查状态的核查记录单可进行处理操作。

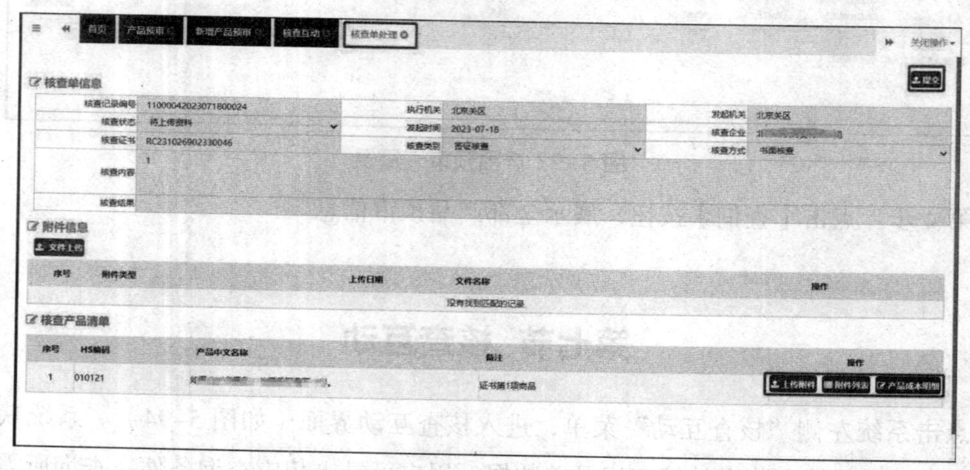

图 5-95 编辑核查记录单信息

一、上传附件

核查记录单中被勾选的电子资料均为必须上传的附件。

用户点击【上传附件】按钮，将打开文件上传弹出框，“是否必传”项标记为“必传”的为必传项。点击相应文件名称项，选择需要上传的附件后，点击【上传】按钮可完成上传操作。点击【添加】按钮，可支持上传多个相同的附件类型文件。同时在核查产品清单模块，若操作栏有【上传附件】按钮，则需进行附件的上传，操作同上（如图 5–96）。

文件上传

*注意：可上传的文件类型包括PDF、JPG、PNG，单个文件大小须控制在3M以内。同一个附件类型点击"添加"按钮可继续上传。

序号	附件类型	是否必传	文件名称	操作
1	原材料或零配件进口报关单	非必传	请点击上传按钮上传文件	上传 添加 删除
2	原材料或零配件采购发票	必传	请点击上传按钮上传文件	上传 添加 删除
3	异地核查结果单	非必传	请点击上传按钮上传文件	上传 添加 删除
4	出口货物报关单	非必传	请点击上传按钮上传文件	上传 添加 删除
5	提单	非必传	请点击上传按钮上传文件	上传 添加 删除
6	国际快递单	非必传	请点击上传按钮上传文件	上传 添加 删除
7	装箱单	非必传	请点击上传按钮上传文件	上传 添加 删除
8	贸易合同	非必传	请点击上传按钮上传文件	上传 添加 删除
9	生产企业情况	非必传	请点击上传按钮上传文件	上传 添加 删除
10	进口方清关发票	非必传	请点击上传按钮上传文件	上传 添加 删除
11	中转货物仓储情况	非必传	请点击上传按钮上传文件	上传 添加 删除
12	其他	非必传	请点击上传按钮上传文件	上传 添加 删除

确定

图 5–96 附件上传

二、维护产品成本明细

勾选需要维护的产品项，点击【维护产品成本明细】按钮，进入维护产品成本明细页面。用户在该界面录入企业产品信息和产品生产明细后，可点击【保存】按钮保存产品信息（如图 5–97）。

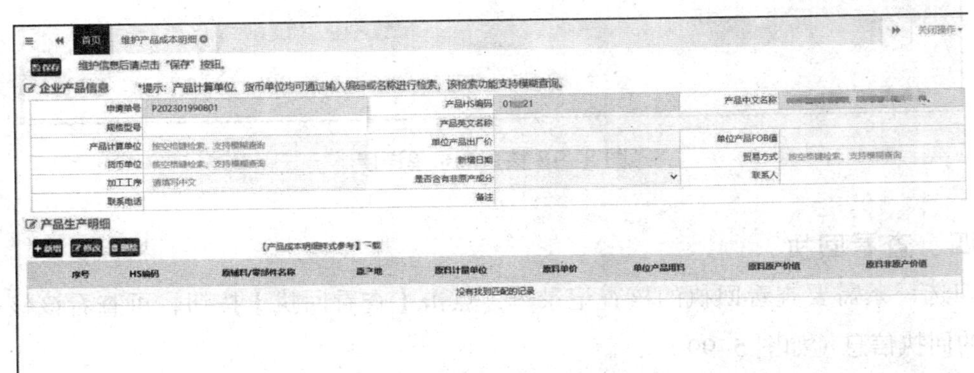

图 5–97 产品成本明细

1. 单位产品 FOB 值应不小于单位产品出厂价；

2. 产品生产明细的所有原料原产价值和原料非原产价值之和不能大于单位产品出厂价；

3. 产品生产明细的所有原料原产价值和原料非原产价值之和不能大于单位产品 FOB 值；

4. 是否含有进口成分选择“是”时，所有产品生产明细“原料非原产价值”总值不能为 0；

5. 是否含有进口成分选择“否”时，所有产品生产明细“原料非原产价值”总值必须为 0；

6. 产品生产明细新增页面中原料单价 × 单位产品用料 = 原料原产价值 + 原料非原产价值。

三、提交

上传附件并维护产品成本明细后，用户可点击【提交】按钮，发送该核查记录单数据。发送成功且海关端接收成功后，核查状态将更新为“核查中”。

查看核查记录单详情：点击需要查看的核查记录编号链接，系统将打开核查记录单的详情，点击产品预审主键可查看该产品详情（如图 5-98）。

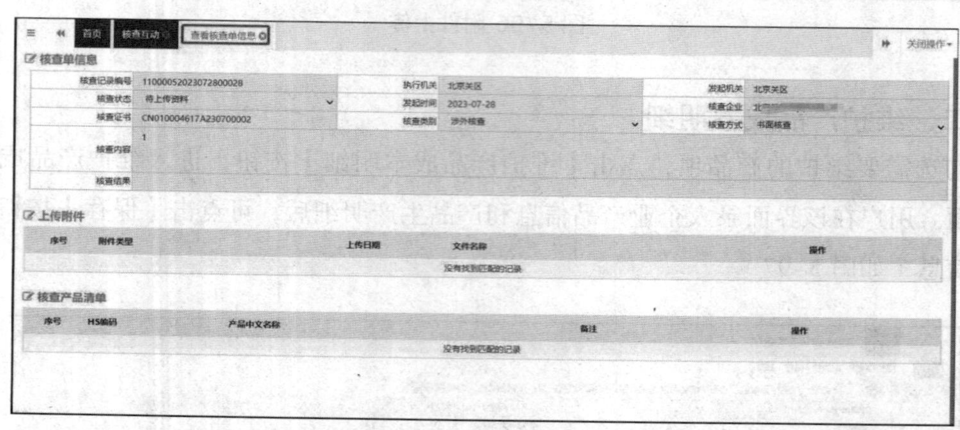

图 5-98 核查记录单详情

四、查看回执

勾选一条需要查看回执的核查记录单，点击【查看回执】按钮，可查看该核查记录单的回执信息（如图 5-99）。

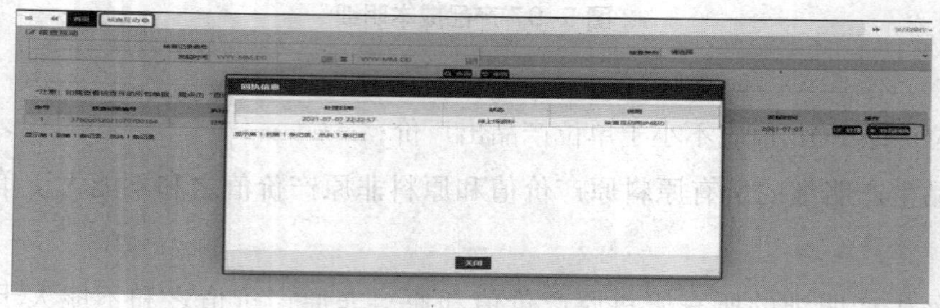

图 5-99 查看回执信息

第八节 空白证单管理

一、空白证单核销

1. 点击左侧菜单栏中“空白证单核销”菜单，进入空白证单核销页面，界面如图5-100所示。界面默认展示企业已审核通过的证书，用户可以通过查询条件：证书号、证书类型、审核起止日期进行查询。

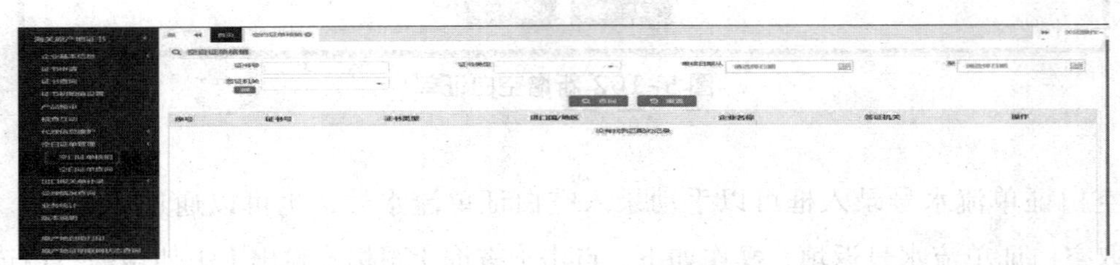

图5-100 空白证单核销1

2. 选择一个证书，点击“空白证单核销”链接，弹出【空白证单核销】窗口，如图5-101所示。

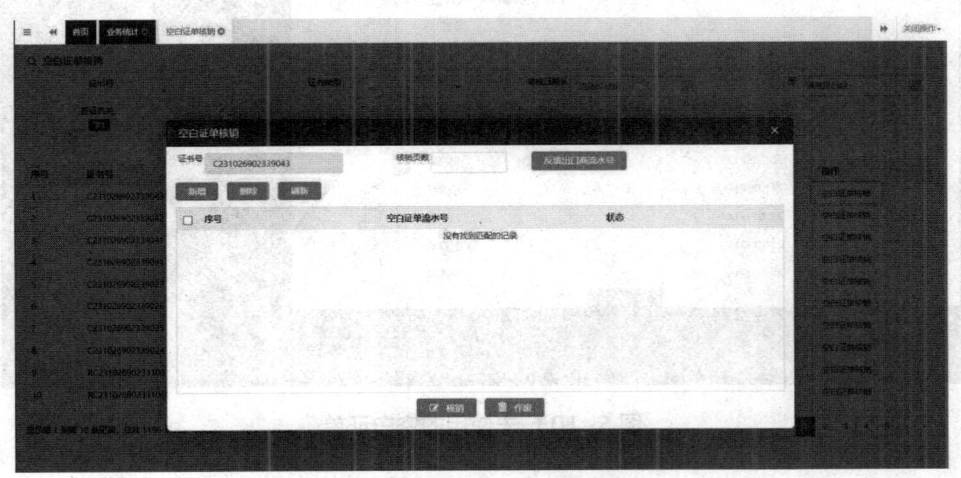

图5-101 空白证单核销2

3. 在【空白证单核销】窗口，可以通过两种方式增加空白证单；

方式一：点击【新增】按钮，空白证单列表中增加一个可编辑的空白证单流水号录入框，如图 5-102 所示。

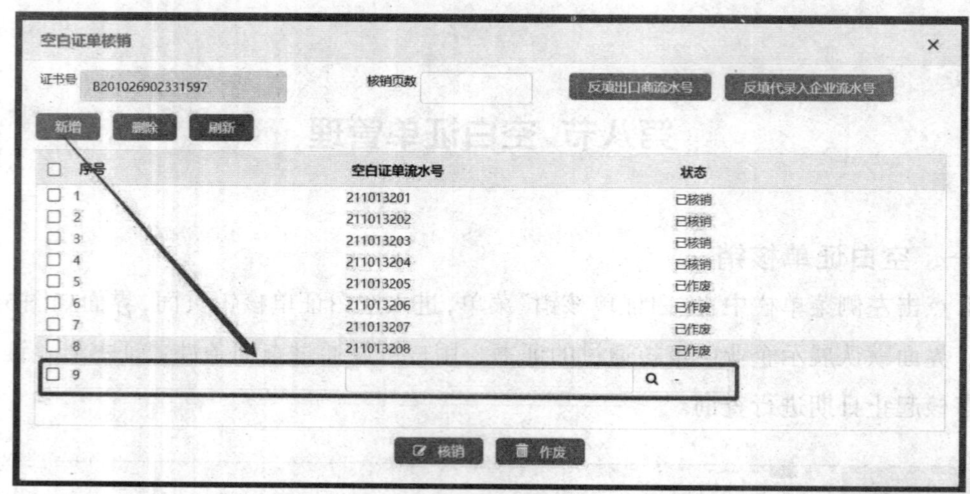

图 5-102 新增空白证单

空白证单流水号录入框可以手动录入空白证单流水号，也可以通过“查询”的方式获取空白证单流水号返填，操作如下：点击【查询】图标，弹出【未使用的空白证单】窗口，默认显示所有已领用的空白证单，如图 5-103 所示，用户可以通过查询条件：空白证单号进行精准查询。

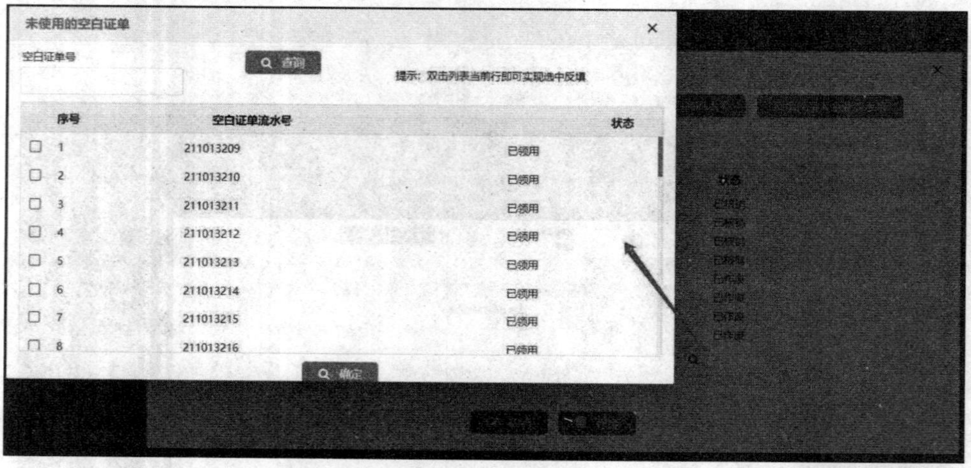

图 5-103 未使用的空白证单

勾选一个空白证单，点击【确定】按钮或者双击选择的空白证单，【未使用的空白证单】窗口关闭，选择的空白证单号显示在【空白证单核销】窗口，如图 5-104 所示。

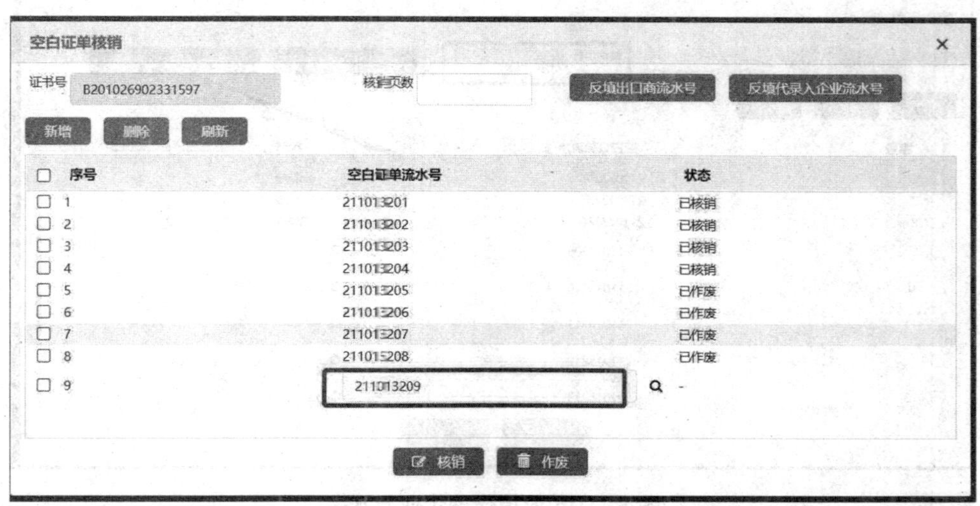

图 5-104 空白证单号自动录入

方式二：通过填写核销页数自动反填核销空白证单流水号，在【空白证单核销】窗口，若证书为企业自理证书，填写核销页数，点击“返填出口商流水号”，空白证单号会根据核销的页数自动返填，如图 5-105 所示。

空白证单核销
证书号 A211026902331080
核销页数 4
反填出口商流水号
新增 删除 刷新
序号 空白证单流水号 状态
1 21 013011
2 21 013013
3 21 013014
4 21 013015
核销 作废

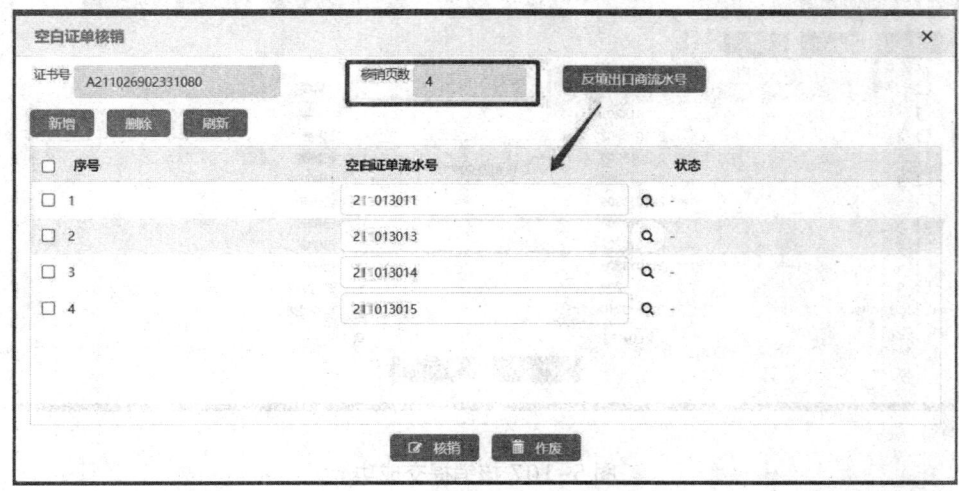

图 5-105 返填出口商流水号

若证书为企业代理证书，填写核销页数，点击“返填代理企业流水号”，空白证单号会根据核销的页数自动返填，如图 5-106 所示。

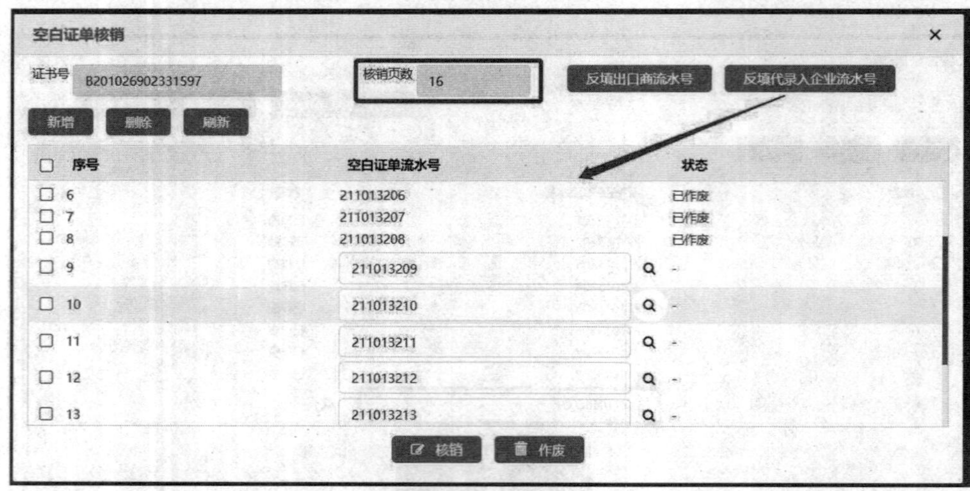

图 5-106 返填代理企业流水号

4. 在【空白证单核销】窗口，勾选未使用的空白证单，点击【核销】按钮确认后，提示：核销提交成功！（如图 5-107）

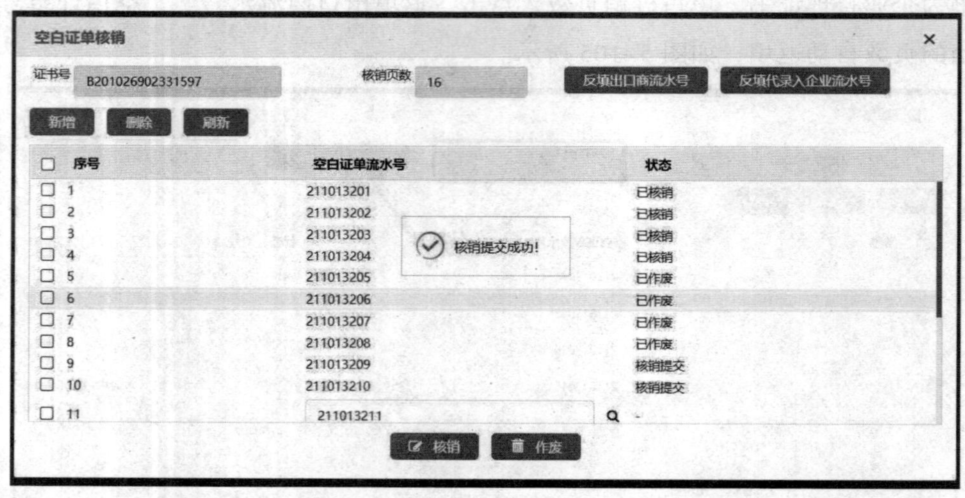

图 5-107 核销提交成功

勾选未使用的空白证单，点击【作废】按钮确认后，提示：作废提交成功！（如图 5-108）

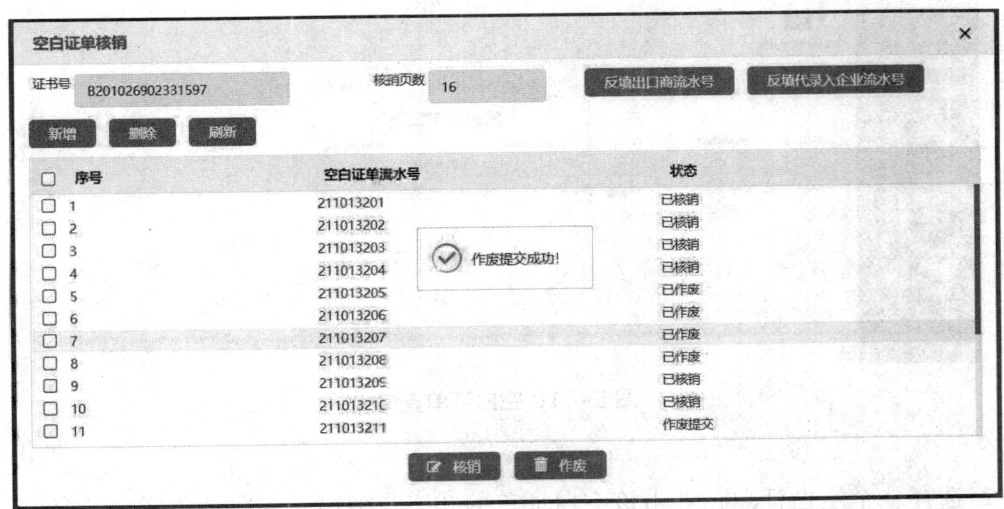

图 5-108 作废提交成功

5. 在【空白证单核销】窗口，点击【刷新】按钮，可以更新提交核销、刷新的空白证单状态，如图 5-109 所示。

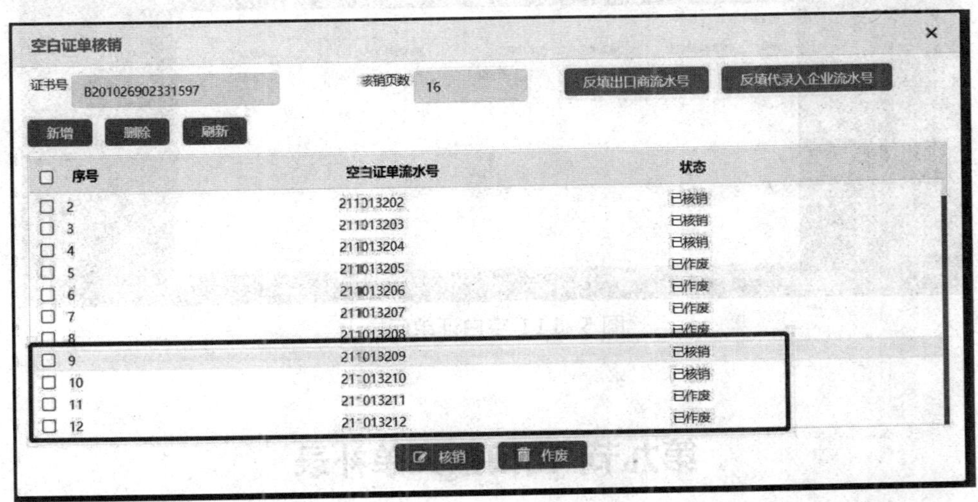

图 5-109 刷新

二、空白证单查询

1. 点击左侧菜单栏中的“空白证单查询”菜单，进入空白证单查询页面，界面如图 5-110 所示。界面默认展示企业自理证书核销 / 作废的空白证单数据，用户可以通过查询条件：空白证单流水号、空白证单类型、使用证书号、空白证书状态、领用起止日期进行查询。

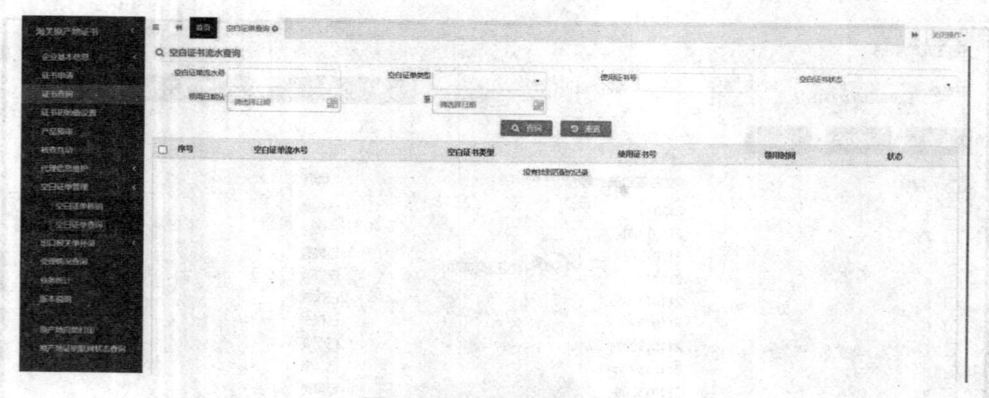

图 5-110 空白证单查询

2. 选择一个空白证单，点击该空白证单的状态，弹出“空白证单回执”窗口，可以看到该空白证单的回执信息，如图 5-111 所示。

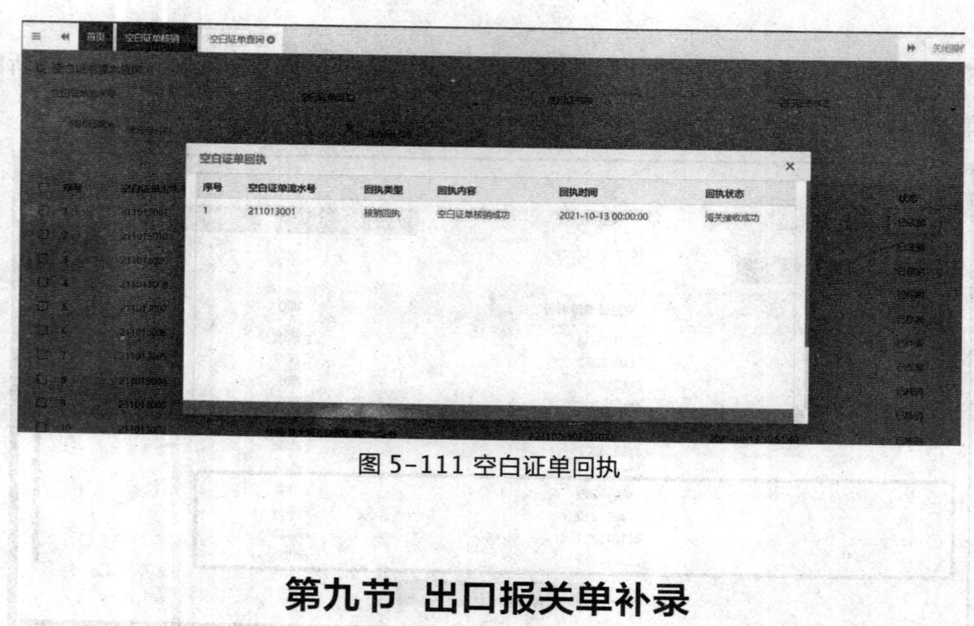

图 5-111 空白证单回执

第九节 出口报关单补录

一、报关单号补录

企业可以对签发的出口原产地证书补录已放行或者结关的出口报关单号码，可选择海关原产地证书和贸促会原产地证书补录（如图 5-112）。

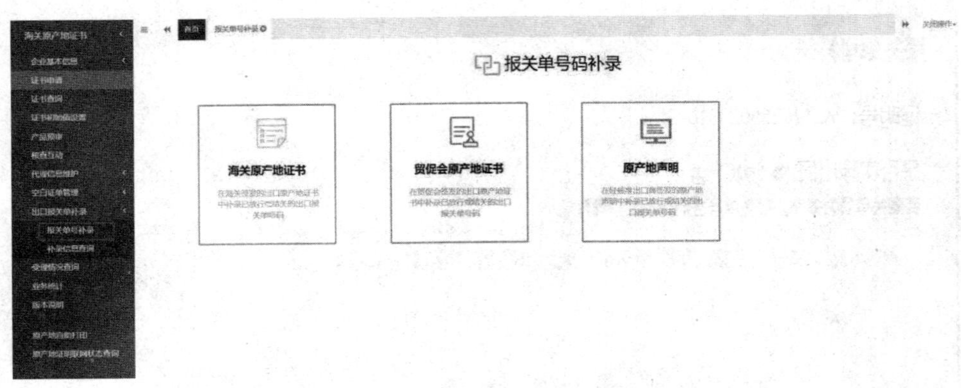

图 5-112 报关单号码补录选择界面

选择海关原产地证书，进入补录界面，用户可根据证明类型，出口商代码，证明创建日期，证明号等单一条件查询或者组合条件查询需要补录的数据，查询的补录数据均是审核通过的数据（如图 5-113）。

序号	证明号	发票号	目的国	出口商名称	创建时间	操作
1	A211026902331080	A211026902331080	AUSTRALIA	[illegible]	2021-11-12 17:23:57	补录
2	A211026902331079	A211026902331079	AUSTRALIA	[illegible]	2021-11-12 17:17:05	补录

图 5-113 海关原产地证书补录界面

点击展示列表中操作列下的【补录】按钮，弹出补录界面，根据当前证明下的货物是否已经实际出口进行选择是或者否，选择‘是’进行报关单号码补录，选择‘否’无需录报关单号码，选择/录入完整，需要点击【提交】按钮后，补录操作才算正式完成，选择了【取消】按钮，则放弃本次补录操作（如图 5-114）。

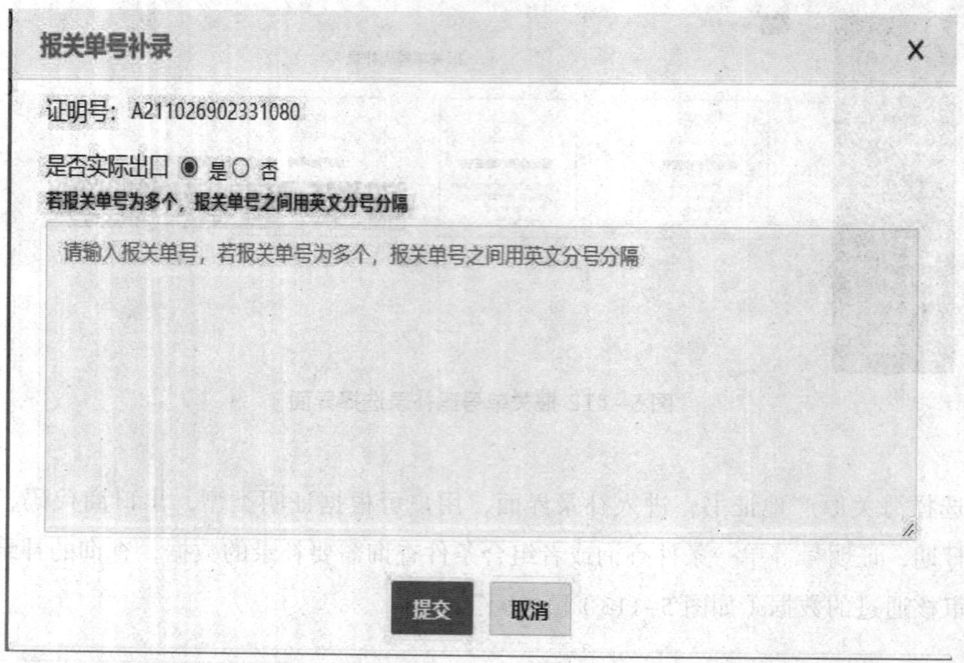

图 5-114 报关单号码补录

小提示：

若报关单号为多个，报关单号之间用英文分号分隔。

选择贸促会原产地证书，进入补录界面，用户可根据证明号，协定编号，证明签发日期等单一条件查询或者组合条件查询需要补录的数据，查询的补录数据均是审核通过的数据（如图 5-115）。

贸促会原产地证书补录操作与海关原产地证书补录操作相同。

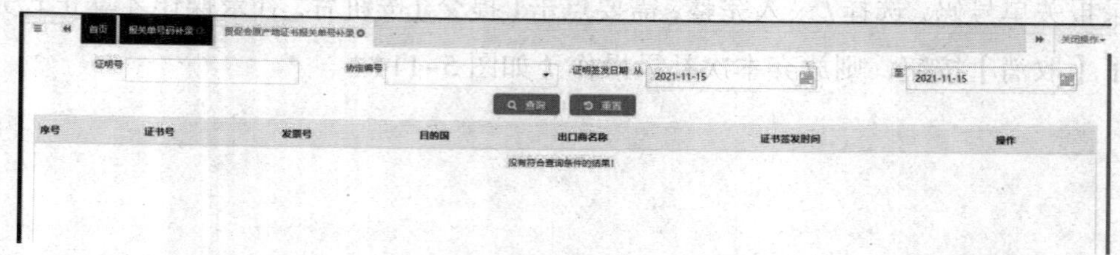

图 5-115 贸促会原产地证书补录界面

二、补录信息查询

在原产地申报系统界面点击左侧菜单“补录信息查询”，根据查询条件可以查询筛选证书列表，点击【重置】按钮可清空查询条件，重新填写查询条件再次查询。

证明号 业务类型 海关原产地证书 关联关系操作日期 从 请选择日期 至 请选择日期
出口商名称 是否实际出口 ○是 ○否
查询 重置

序号	证明号	业务类型	出口商名称	最新操作日期	是否实际出口	报关单号
1	E211026902330074	海关原产地证书	[illegible]	2021-10-14 11:34:31	是	详情
2	E211026902330063	海关原产地证书	[illegible]	2021-10-13 09:50:03	是	详情
3	E211026902330070	海关原产地证书	[illegible]	2021-10-12 16:57:44	否	详情
4	B211026902331025	海关原产地证书	[illegible]	2021-10-12 09:50:56	是	详情
5	E211026902330071	海关原产地证书	[illegible]	2021-10-12 00:00:00	是	详情
6	E211026902330061	海关原产地证书	[illegible]	2021-09-23 00:00:00	是	详情
7	S211026902330006	海关原产地证书	[illegible]	2021-09-12 15:51:20	是	详情
8	S211026902330007	海关原产地证书	[illegible]	2021-09-12 15:14:22	是	详情
9	E211026902330048	海关原产地证书	[illegible]	2021-09-08 14:35:44	是	详情
10	A211026902331025	海关原产地证书	[illegible]	2021-09-03 10:12:52	否	详情

显示第 1 到第 10 条记录，总共 19 条记录 每页显示 10 条记录

图 5-116 补录信息查询

查询界面展示列表操作类点击详情，进入详情界面（如图 5-117）。

新增：可对当前证明进行二次补录报关单号。

删除：删除当前证明的补录结果；删除成功的证明可以在补录界面重新查询补录。

刷新：可刷新展示列表。

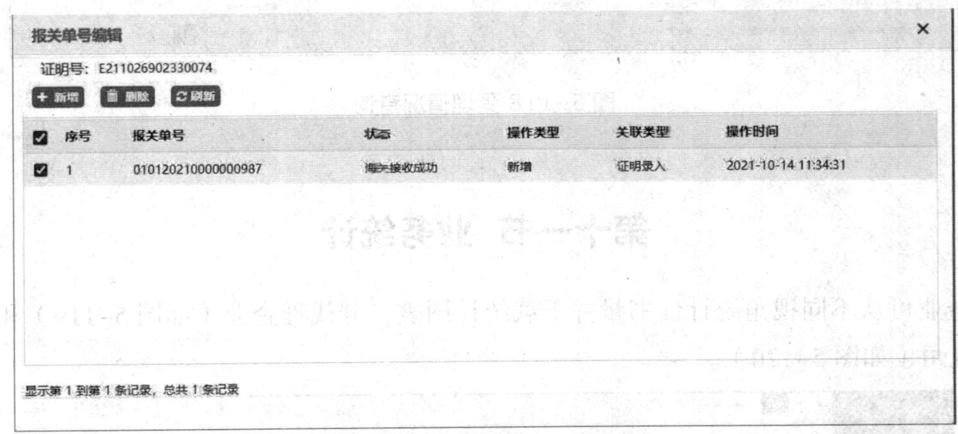

图 5-117 报关单号编辑界面

小提示：

证明补录最终状态为：海关接收成功。

第十节 受理情况查询

点击系统左侧“受理情况查询”菜单，进入受理情况查询界面（如图 5-118）。该界面展示了当前企业的基本信息以及受理情况。

首页 受理情况查询 关闭操作

受理情况查询

统一社会信用代码	企业名称	当前处理状态
		同步成功

处理日期	状态	企业申请类别	说明
2023-10-23 14:18:19	同步中	企业信息维护	接收企业基本信息变更成功
2023-10-23 14:18:19	同步成功	企业信息维护	企业基本信息变更维护通过
2023-10-23 14:15:54	同步中	企业信息维护	提交成功!
2023-10-23 14:15:45	同步中	企业信息维护	成功发往海关
2023-10-23 10:26:33	同步成功	企业信息维护	企业基本信息变更维护通过
2023-10-23 10:19:39	同步中	企业信息维护	接收企业基本信息变更成功
2023-10-23 10:17:21	同步中	企业信息维护	提交成功!
2023-10-23 10:17:12	同步中	企业信息维护	成功发往海关
2023-10-12 10:51:09	同步失败	企业信息维护	1
2023-10-12 10:49:58	同步中	企业信息维护	接收企业基本信息变更成功
2023-10-12 10:47:31	同步中	企业信息维护	成功发往海关
2023-10-12 10:47:31	同步中	企业信息维护	提交成功!
2023-09-26 14:04:41	同步中	企业信息维护	接收企业基本信息变更成功
2023-09-26 14:04:41	同步成功	企业信息维护	企业基本信息变更维护通过
2023-09-26 14:02:15	同步中	企业信息维护	成功发往海关

显示第 1 到第 15 条记录，总共 77 条记录 每页显示 15 条记录 上一页 1 2 3 4 5 下一页

图 5-118 受理情况查询

第十一节 业务统计

企业可从不同视角统计证书量并下载统计图表，分代理企业（如图 5-119）和自理企业视角（如图 5-120）。

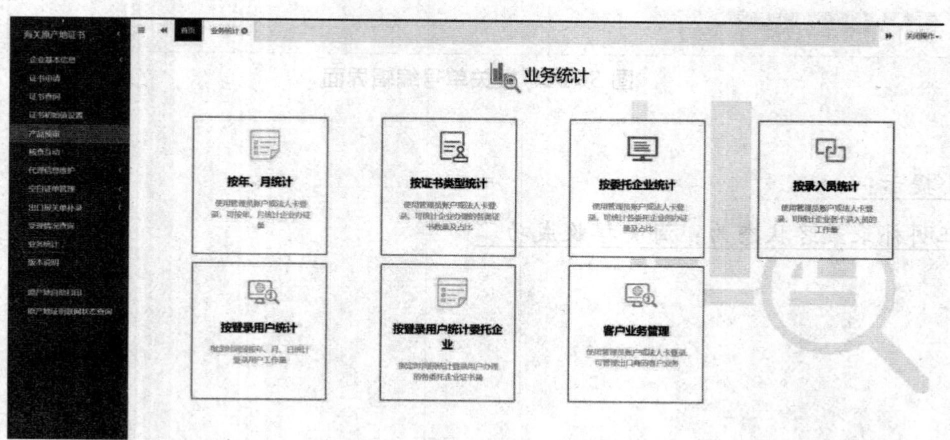

图 5-119 业务统计界面（代理企业）

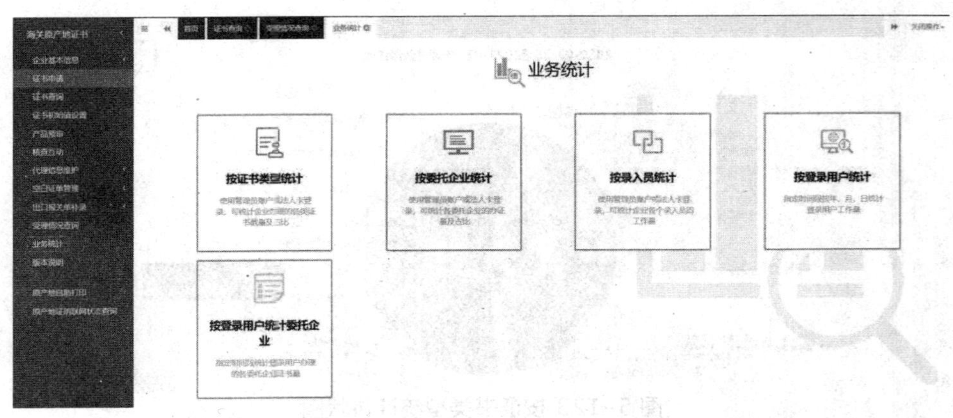

图 5-120 业务统计界面（自理企业）

以证书类型统计为例，点击“按证书类型统计”，进入按证书类型界面（如图 5-121）统计，输入查询条件点击【查询】按钮，系统展示查询结果和统计图表，企业可点击图按证书类型统计柱状图（如图 5-122）和图按证书类型统计饼状图（如图 5-123）下载图表，下载统计图表。

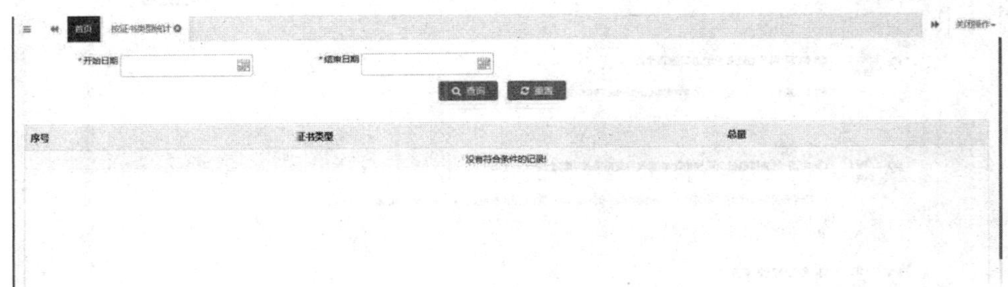

图 5-121 按证书类型统计

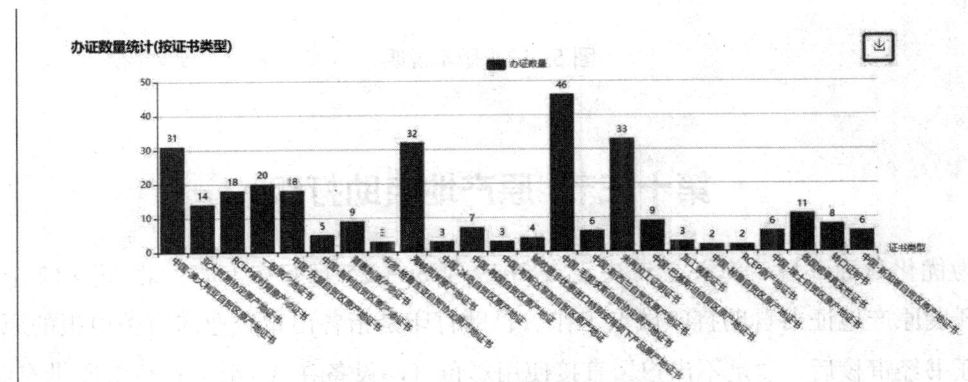

图 5-122 按证书类型统计柱状图

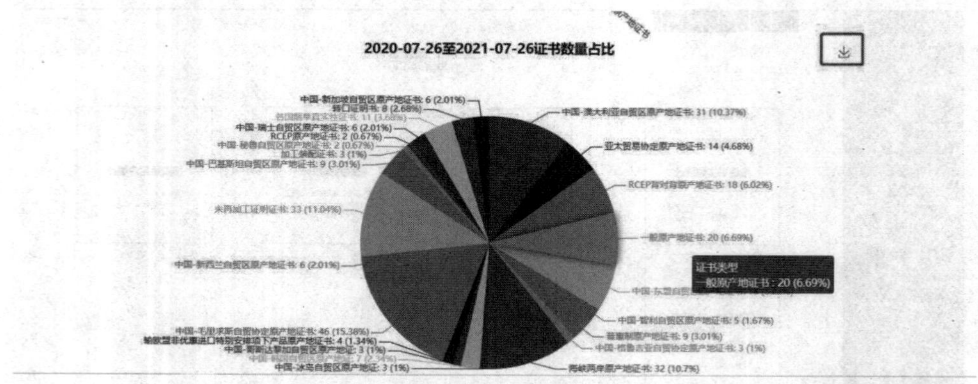

图 5-123 按证书类型统计饼状图

第十二节 版本说明

展示每次系统更新内容。

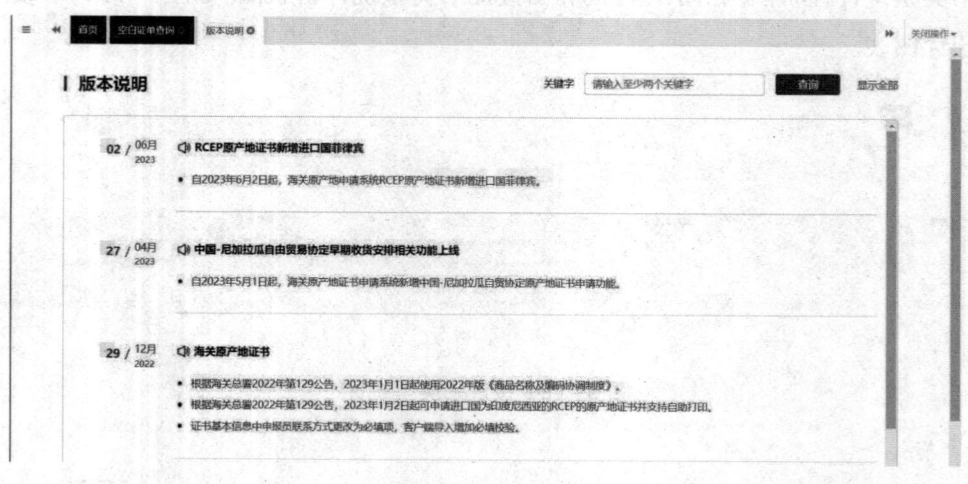

图 5-124 版本说明

第十三节 原产地自助打印

为优化营商环境，海关总署决定自 2019 年 3 月 25 日起在上海、北京等 12 个直属机关开展原产地证书自助打印试点工作。自助打印是指各出口企业向海关申报的原产地电子证书经审核后，“足不出户”直接使用彩色打印设备在 A4 纸上自行打印带有底纹、企业签章及签名、海关签章及签名的原产地证书的申领模式。

原产地证书自助打印提供以下功能：

1. 制作印章及签名；

2. 企业可以将电子印章及申报员签名笔迹信息授权给原产地证书管理系统使用；

3. 委托企业可对代理企业进行代理打印授权操作；

4. 企业可查询待打印的证书，进行证书自助打印；

5. 企业可对打印失败的证书进行异常打印申请。

完整操作手册请到原产地申报系统主界面下载，如图 5–125 所示：

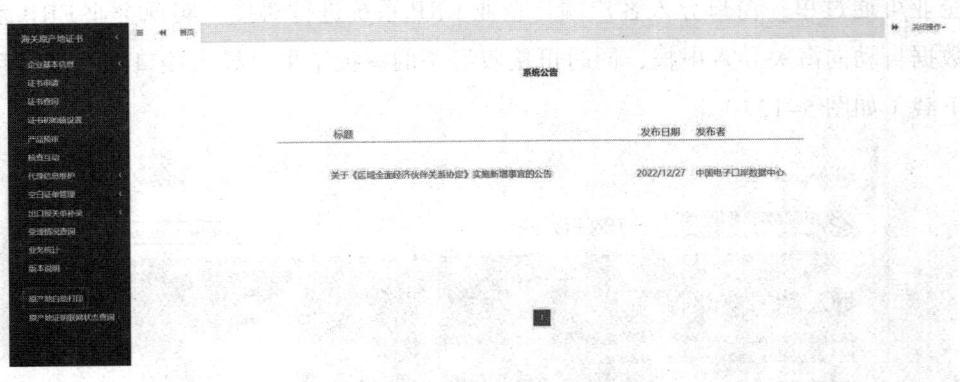

图 5–125 原产地申报系统主界面

第十四节 原产地证明联网状态查询

点击系统左侧“原产地证明联网状态查询”菜单，界面调整至“原产地证明状态查询”系统界面，可以查询已联网国家的进出证书的联网状态（如图 5–126）。

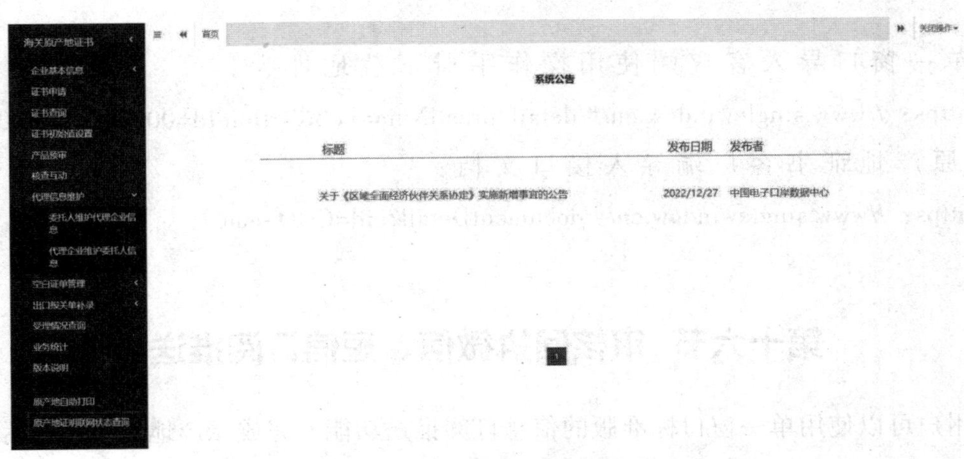

图 5–126 原产地证明联网状态查询

第十五节 原产地证书申报与企业 ERP 对接

为避免企业重复录入，降低企业成本，便利企业快速申领海关原产地证书，自行申报企业可通过单一窗口导入客户端与企业 ERP 系统进行对接，实现企业 ERP 系统原产地数据自动向海关导入申报，同时可接收海关的审批结果。导入接口规范可到系统主界面下载（如图 5-127）。

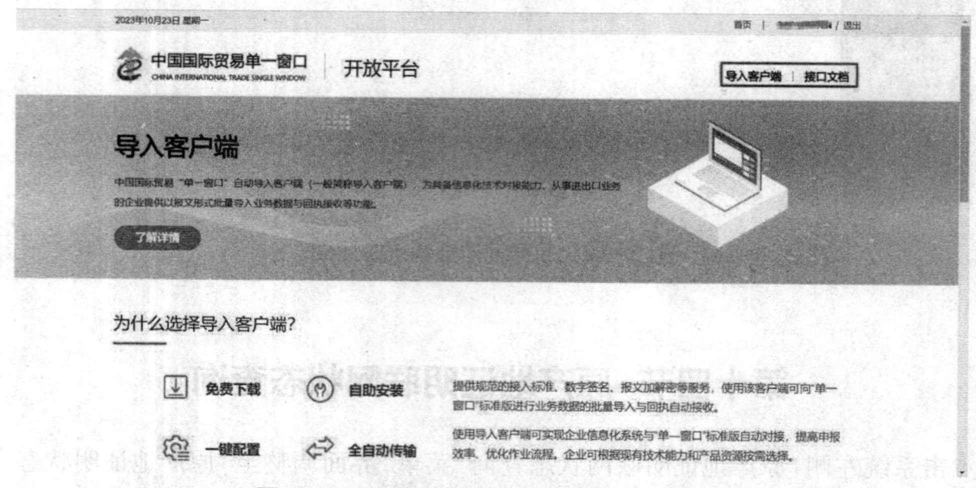

图 5-127 原产地证书申报与企业 ERP 对接

单一窗口导入客户端使用操作手册下载地址为：

https：//www.singlewindow.cn/#/detail?breadNum=bc8&articleId=0000000000002279

海关原产地证书客户端导入接口文档：

https：//www.singlewindow.cn/#/documentDetail?cid=COO-coo

第十六节 审核回执微信、短信订阅推送

用户可以使用单一窗口标准版的信息订阅推送功能，完成原产地证书申报后审核回执的推送，以便及时掌握审核状态，安排后续作业。点击新建证书界面中的【回执推送】按钮可下载操作手册，根据操作手册完成信息订阅后就可接收审核回执（如图 5-128）。

图 5-128 回执推送

微信接收到的审核回执如图 5-129 所示：

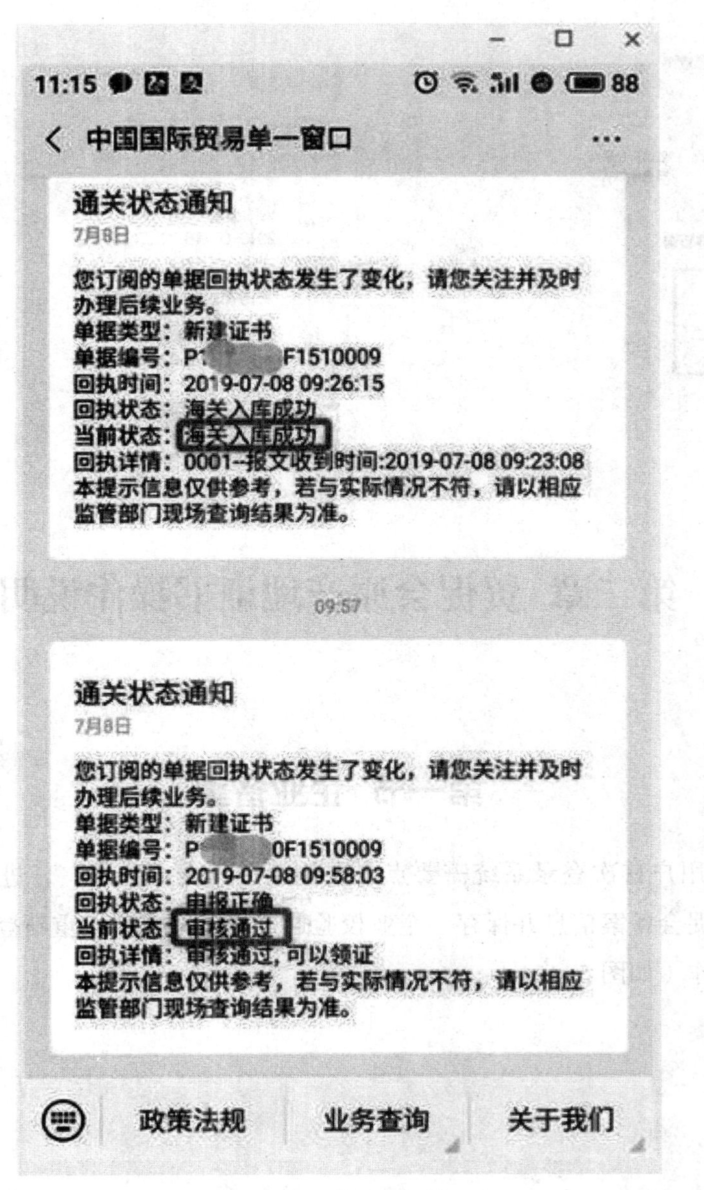

图 5-129 微信审核回执

另外，微信小程序搜索“掌上单一窗口”，进入界面也可以根据证书号主动查询证书的审核状态（如图 5-130）。

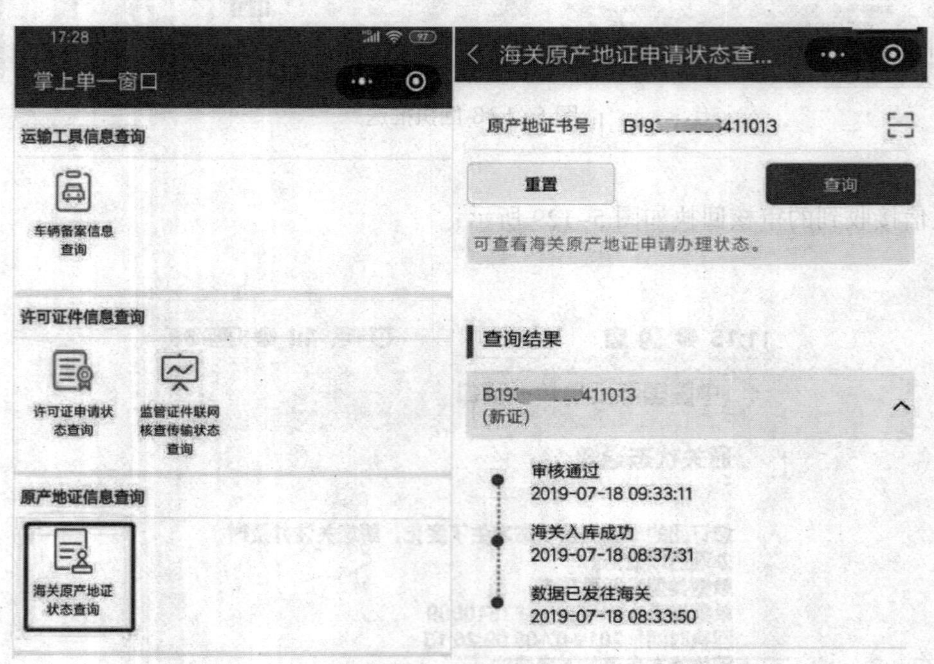

图 5-130 掌上单一窗口查询回执

第二章 贸促会原产地证书操作说明

第一节 企业备案

未备案的用户首次登录系统需要点击左侧菜单“企业备案”，进入界面如图企业备案，填写贸促会备案信息并保存，企业校验通过后备案成功，重新登录后可进行证书申报等其他操作（如图 5-131）。

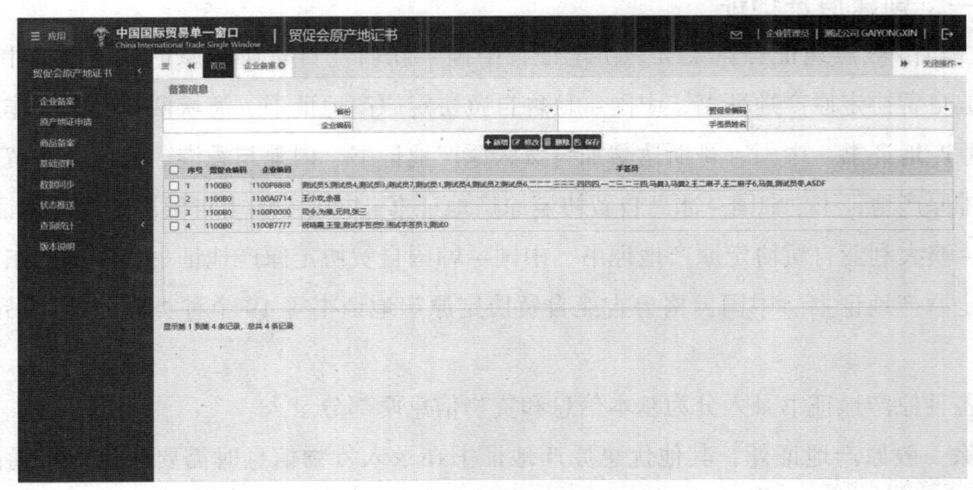

图 5-131 企业备案

填写说明如下。

1. 贸促会编码：填写 6 位的贸促会机构编码，如 1100B0。

2. 企业编码：填写 9 位企业编码，该编码为企业在贸促会注册后获得。

3. 手签员姓名：填写一个在贸促会已备案过的手签员姓名。请确保该手签员在贸促会的备案状态是正常，若填写已注销的手签员可能会导致保存失败。

小提示：

如用户录入备案信息错误，点击【保存】按钮会提示“贸促会无企业备案信息”或其他错误信息，用户需核实填写信息是否正确。

第二节 原产地证申请

在下图界面中，点击左侧菜单栏“贸促会原产地证申报系统—原产地证申请”，可展开业务菜单。

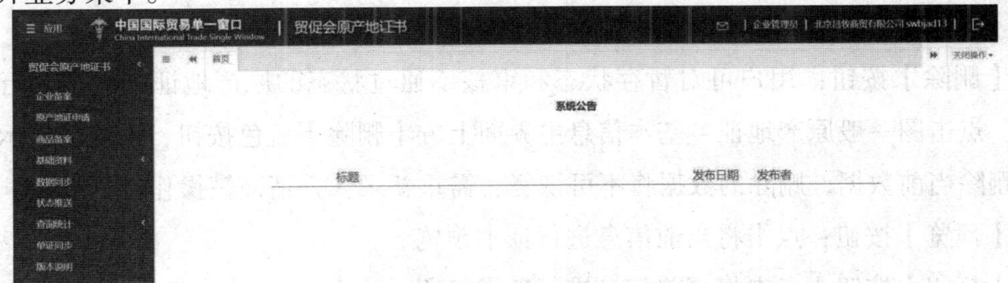

图 5-132 贸促会原产地证申报系统——原产地证申请

一、创建原产地证

提供一般产地证、亚太贸易协定证、中国—新西兰自贸协定原产地证书、中国－新加坡自贸协定原产地证书、中国—秘鲁自贸协定原产地证书、海峡两岸经济合作跨境协议原产地证书、中国－哥斯达黎加自贸区原产地证书、内地与香港、澳门紧密贸易关系安排原产地证书、中国－冰岛自贸协定原产地证书、中国—瑞士自贸协定原产地证书、中国—澳大利亚自贸协定原产地证书、中国—韩国自贸协定原产地证书、中国—东盟自贸协定原产地证书、中国－格鲁吉亚自贸协定原产地证书等19个种类原产地证书的录入。

各种原产地证书录入分为基本信息和货物信息两部分录入。

除一般原产地证外，其他优惠原产地证书在录入货物信息时需要从已审核通过的商品备案数据中选择商品数据。点击“创建原产地证”模块，界面显示如图5-133所示：

图5-133 原产地证——创建原产地证

操作按钮说明如下。

【新建】按钮：点击后用户可以创建一份新的原产地证书。

【保存】按钮：点击对当前录入信息进行暂存，根据业务类型在暂存时如有必填项未录入，会有相关提示。

【申报】按钮：点击将当前信息向申报对象方申报。

【删除】按钮：用户可对暂存状态和审核不通过状态的原产地证书数据进行删除操作。点击图一般原产地证—基本信息主界面上方【删除】蓝色按钮，系统将提示用户是否删除当前数据，删除的数据将不可恢复，需重新录入，请谨慎操作。

【预览】按钮：点击将当前信息进行证书预览。

【打印】按钮：点击将当前信息进行证书打印。

打印组件【下载】按钮：点击将下载打印预览组件。

二、一般原产地证

（一）基本信息

提供一般产地证书的录入。在原产地证——创建原产地证中，选择一般原产地证，部分字段（例如进口商、出口商、特殊条款、申请地点、签署地点等）需要用户手工录入，请根据您的业务主管部门要求，如实填写相关内容。点击“一般原产地证”图标，界面跳转，如图 5-134 所示：

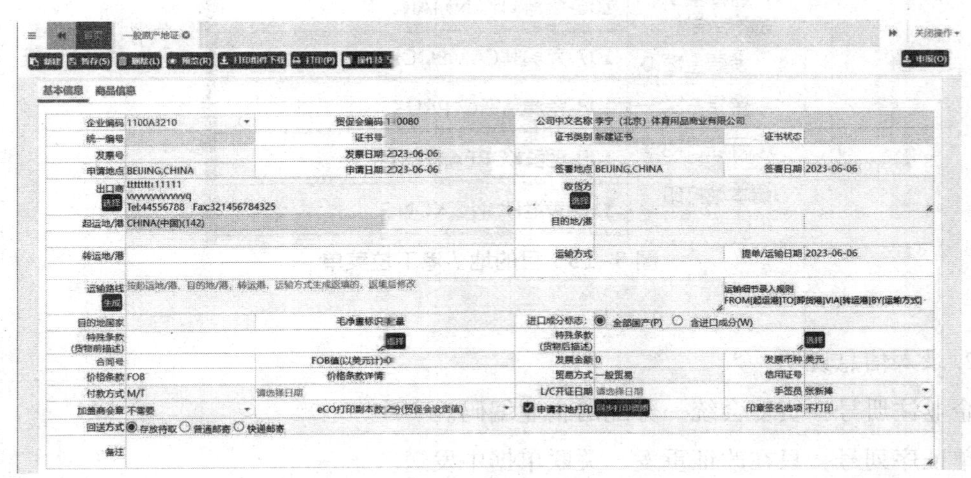

图 5-134 一般原产地证 - 基本信息

部分字段右侧带有三角形标识（例如付款方式、贸易方式等）表示该类字段需要在参数中进行调取，不允许用户随意录入。直接点击三角形图标，调出下拉菜单并在其中进行选择。如果您想使用键盘进行快捷操作，可将光标置于字段中，系统自动显示下拉菜单。如果您已经知道相关参数的代码，也可直接输入相应数字、字母或汉字，迅速调出参数，使用上下箭头选择后，点击回车键确认录入。部分字段说明如下：

日期类字段（例如签署日期等）需点击录入框后，在系统自动弹出的日历中选择日期。

1. 起运地 / 港、目的地 / 港字段

可直接输入中文名称，也可先在输入框中点击后，在弹出的对话框中（如图 5-135），自行选择。

目的地/港
运输方式
成分标志：
特殊条款
货物后描述)
发票金额 0
贸易方式
/C开证日期
请本地打印
101-阿富汗AFGHANISTAN
102-巴林BAHRIAN
103-孟加拉国BANGLADESH
104-不丹BHUTAN
105-文莱BRUNEI
106-缅甸MYANMAR
107-柬埔寨CAMBODIA
108-塞浦路斯CYPRUS
109-朝鲜KOREA,DPR
110-香港HONG KONG

图 5-135 目的地 / 港下拉菜单

2. 录入信息说明

企业注册号：贸促会统一分配的企业编码。

单证序列号：只在改证重发、关联单据中发送。

统一编号：点击保存后反填至该字段，无法手动输入或修改。手签员：贸促会备案的手签员姓名。

进口成分标志：P 全部国产，W 含进口成分。

发票金额、FOB 金额：小数点前最大长度 9 位，小数点后必须精确到 2 位。特殊条款打印：结束符打印在特殊条款（货物后描述）前。

3. 签署地点、申请地点

需输入城市名称（英文）+，国家名称（英文），如：BEIJING，CHINA（如图 5-136）。

图 5-136 签署地点

4. 运输路线

按起运地 / 港，目的地 / 港，运输方式生成返填的，返填后修改（即需先将起运地 / 港、目的地 / 港和运输方式填写完毕后，点击“运输路线”的蓝色【生成】按钮）。

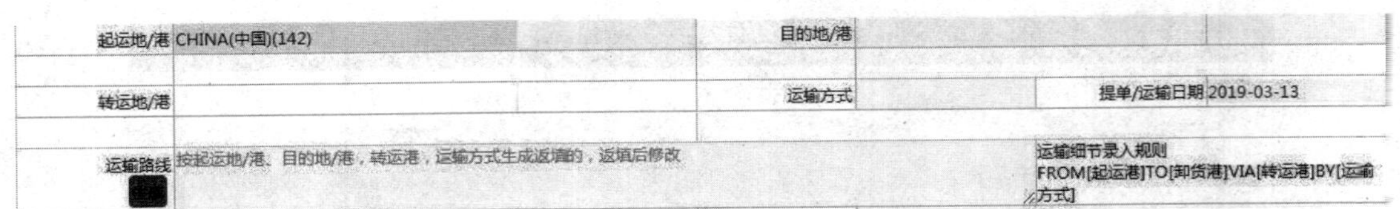

图 5-137 运输路线

5. 出口商选择

点击一般原产地证—基本信息 中的出口商【选择】蓝色按钮，页面将跳出如图 5-138 所示弹框，用户可点击蓝色【新增】【编辑】【删除】按钮，对出口商信息进行编辑。

出口商选择

搜索

新增 编辑 删除

受益人编码	名称(中)	名称(英)	电话	创建时间
2332	4	4	434	2018-07-26
1213	11	11	1212122112	2018-07-04
test002	33	1233	231121	2018-07-02
test416	中文名称	English name	010-9999-9999	2018-06-28
test415	test415	test415	test	2018-06-28
TEST	TEST	TEST	TEST	2018-06-13
wwww	QQ	QQ	-	2018-06-13
QQQQ	11	111	-	2018-06-13
asd	11	11	-	2018-06-13
222	22	22	2	2018-06-13

显示第 1 到第 10 条记录，总共 11 条记录 每页显示 10 条记录

确定 关闭

图 5-138 出口商选择

6. 特殊条款（货物前描述）、特殊条款（货物后描述）

点击一般原产地证—基本信息中的特殊条款填写框后的蓝色【选择】按钮，页面将跳出编辑框，如特殊条款信息（一）（如图 5-139）所示，用户可通过点击【新增】按钮，新增特殊条款，或直接勾选已保存的条款（如图 5-140）。

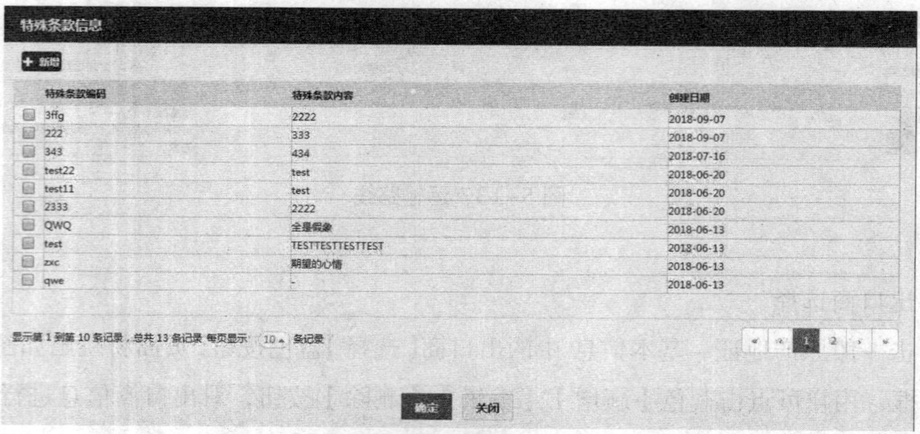

特殊条款信息

+ 新增

	特殊条款编码	特殊条款内容	创建日期
☐	3ffg	2222	2018-09-07
☐	222	333	2018-09-07
☐	343	434	2018-07-16
☐	test22	test	2018-06-20
☐	test11	test	2018-06-20
☐	2333	2222	2018-06-20
☐	QWQ	全是假象	2018-06-13
☐	test	TESTTESTTESTTEST	2018-06-13
☐	zxc	期望的心情	2018-06-13
☐	qwe	-	2018-06-13

显示第 1 到第 10 条记录，总共 13 条记录 每页显示 10 条记录

确定 关闭

图 5-139 特殊条款信息（一）

特殊条款信息

编辑特殊条款

特殊条款编码: 由数字字母组合，长度3-8位

特殊条款内容:

+ 保存 保存并新增 取消

	特殊条款编码	特殊条款内容	创建日期
☐	3ffg	2222	2018-09-07
☐	222	333	2018-09-07
☐	343	434	2018-07-16
☐	test22	test	2018-06-20
☐	test11	test	2018-06-20
☐	2333	2222	2018-06-20
☐	QWQ	全是假象	2018-06-13

确定 关闭

图 5-140 特殊条款信息（二）

7. 图片唛头

便于识别货物，支持 jpg、png、gif 格式，大小不超过 600K。填写完上方基本信息并点击保存后，点击唛头图片后蓝色【选择文件】按钮，可选择符合条件的文件，选择完毕后点击白色【上传】按钮，进行文件上传。勾选已上传的唛头图片，点击白色【编辑】或【删除】按钮，可对已上传的唛头进行操作（如图 5-141）。

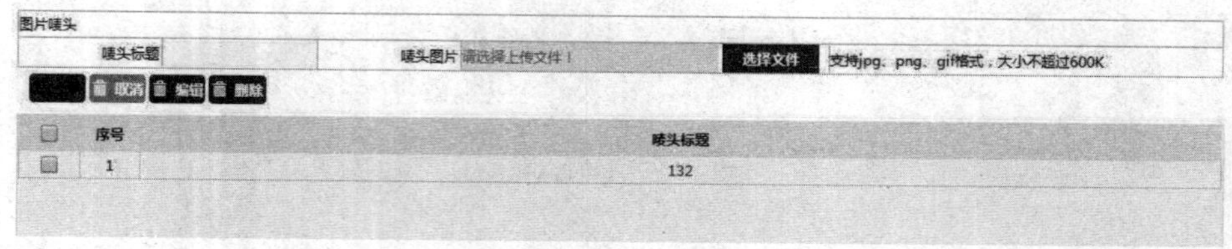

图片唛头

唛头标题 | 唛头图片 请选择上传文件！ | 选择文件 | 支持jpg、png、gif格式，大小不超过600K

取消 编辑 删除

☐	序号	唛头标题
☐	1	132

图 5-141 图片唛头

点击一般原产地证—基本信息中的【暂存】蓝色按钮后，用户之前填写的数据将被系统保存，以便下次操作时调出该票数据。

小提示：

界面中，灰色的为系统返填项无法录入或修改，带有红色星号的字段为必填项，必须如实填写完整并暂存，否则可能无法继续进行商品信息录入等操作。

（二）商品信息

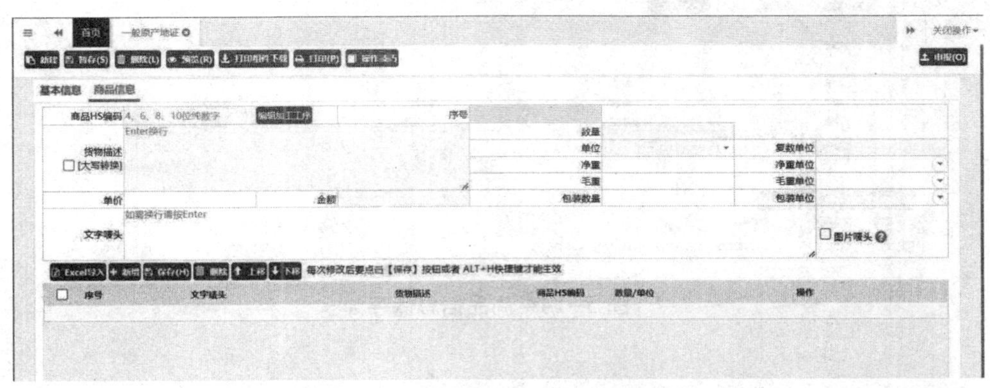

图 5-142 一般原产地证—商品信息

需将基本信息录入完毕，点击一般原产地证—基本信息上方的【暂存】

蓝色按钮成功保存后，可以点击蓝色“商品信息”模块开始录入货物信息。

【编辑加工工序】录入说明如下。

需在商品 HS 编码字段输入 6、8、10 位纯数字后，点击后方蓝色【编辑加工工序】按钮，界面将弹出加工工序编辑界面。如图 5-143 所示：

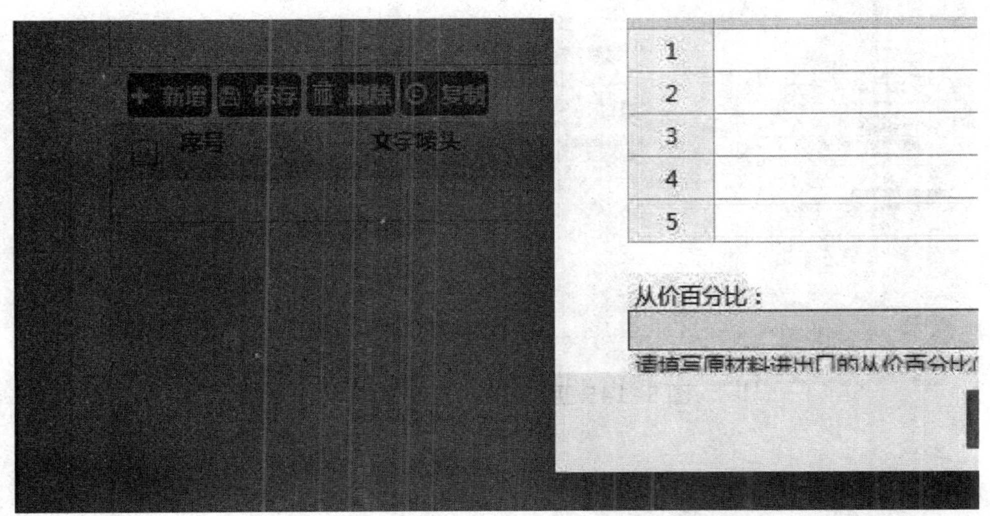

图 5-143 加工工序编辑

选择首行选项“需要申报，重新填写”或“需要申报，内容和上次一样”，选择选项 1，填写完毕后，点击蓝色【确认】按钮，保存信息；选择选项 2，下列数据不会保存，系统默认与前次申报内容一致。

商品信息填写完毕后，点击一般原产地证—商品信息左下方【保存】按钮，将已编辑完毕的商品信息保存至下方列表中，如图 5-144 所示：

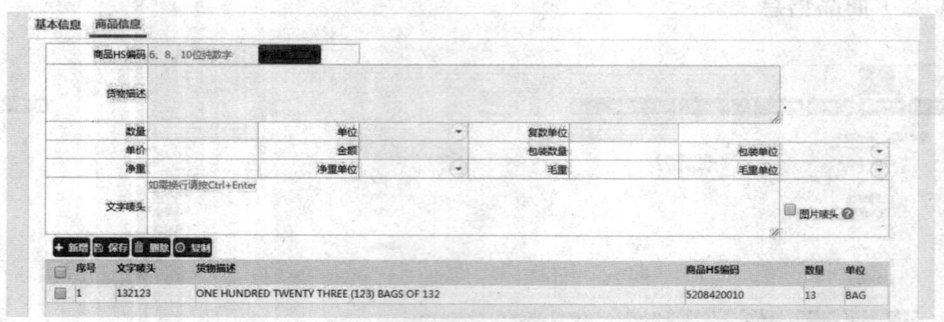

图 5-144 商品信息保存

勾选已保存的商品信息，点击【复制】或【删除】按钮，可对已上传的商品信息进行操作。

二、亚太贸易协定

（一）基本信息

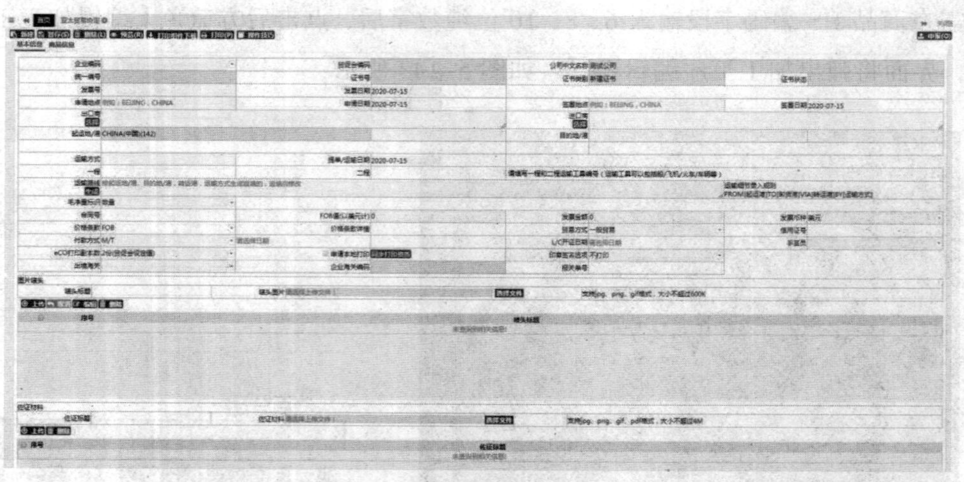

图 5-145 亚太贸易协定 - 基本信息

基本信息界面与一般原产地证基本相同，新增、录入、暂存等更多详细操作，可参考一般原产地证中的相关描述。

录入信息说明如下。

一程、二程：填写一程和二程运输工具编号（运输工具可以包括船 / 飞机 / 火车 / 车辆等）。

（二）商品信息

商品信息界面与一般原产地证基本相同，如图 5-146 所示，新增、录入、暂存等更多详细操作，可参考一般原产地证中的相关描述。

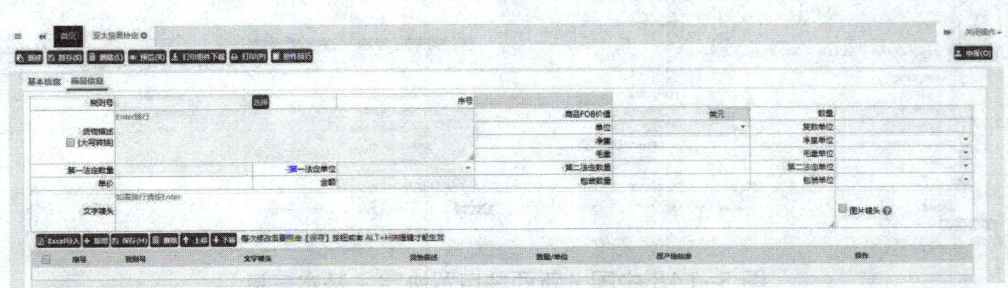

图 5-146 亚太贸易协定 - 商品信息

录入信息说明如下。

文字唛头、图片唛头：如为文字唛头，可直接在该字段中输入对应内容，如为图片唛头，需在后方对“图片唛头”进行勾选，输入框中将自动反填“SEE ATTACHMENT”。

税则号：需在贸促会原产地证申报系统——原产地证的商品备案模块中进行申请（更多详细操作，可参考商品备案信息中的相关描述），申请通过后，才会产生申请备案号，该字段无法手动输入，用户需点击该字段后蓝色【选择】按钮，在页面显示弹框中勾选对应数据并在弹框下方点击蓝色【确定】按钮。显示如图 5-147 所示：

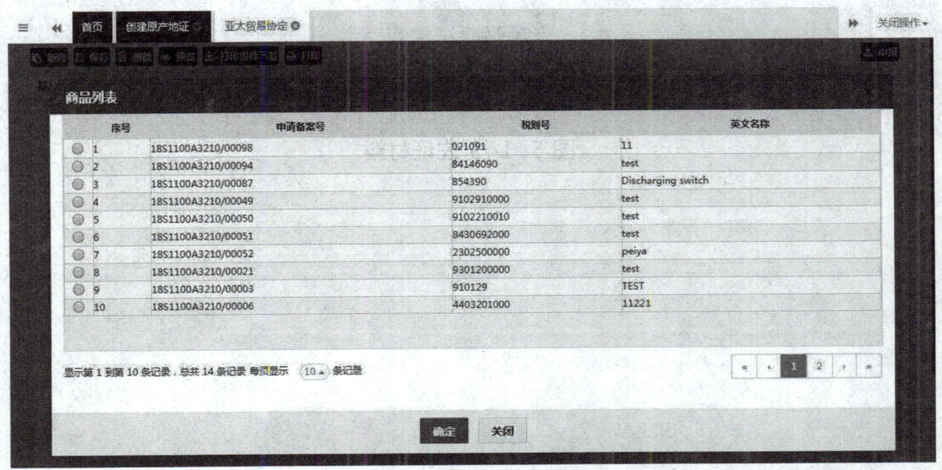

图 5-147 商品信息 - 税则号

三、中国—新西兰自贸协定

（一）基本信息

图 5-148 中国 – 新西兰自贸协定 – 基本信息

基本信息界面与一般原产地证基本相同，新增、录入、暂存等更多详细操作，可参考一般原产地证中的相关描述。

录入信息说明如下。

佐证材料：支持 jpg、png、gif、pdf 格式，大小不超过 4M。填写完上方基本信息并点击保存后，点击佐证材料后蓝色【选择文件】按钮，可选择符合条件的文件，选择完毕后点击白色【上传】按钮，进行文件上传。勾选已上传的佐证材料，点击白色【删除】按钮，可对已上传的材料进行操作（如图 5-149）。

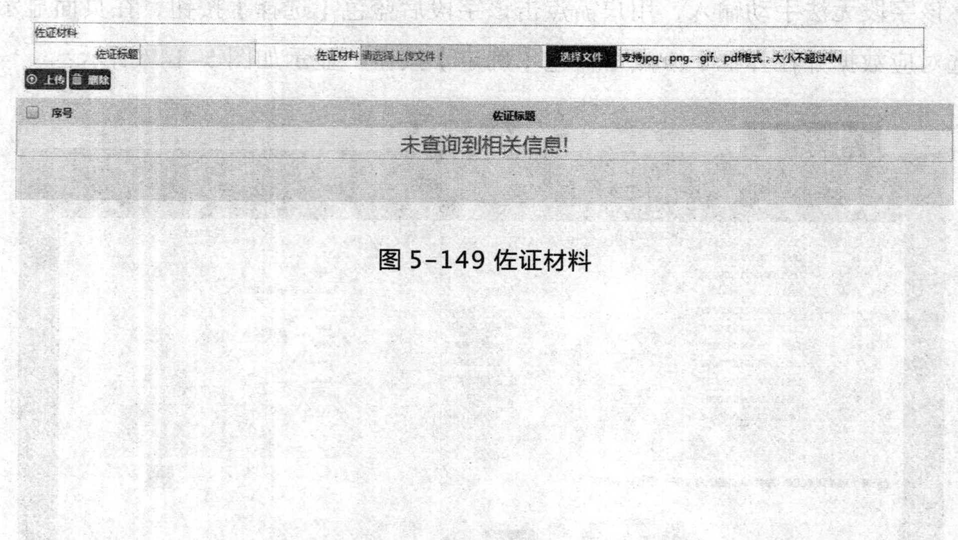

图 5-149 佐证材料

（二）商品信息

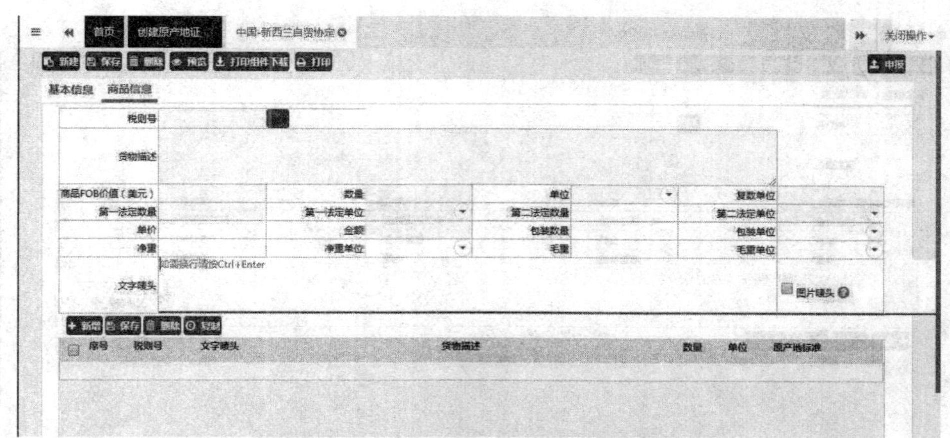

图 5-150 中国 - 新西兰自贸协定 - 商品信息

商品信息界面与一般原产地证基本相同，如 5-150 图所示，新增、录入、暂存等更多详细操作，可参考一般原产地证中的相关描述。

四、中国 - 新加坡自贸协定

（一）基本信息

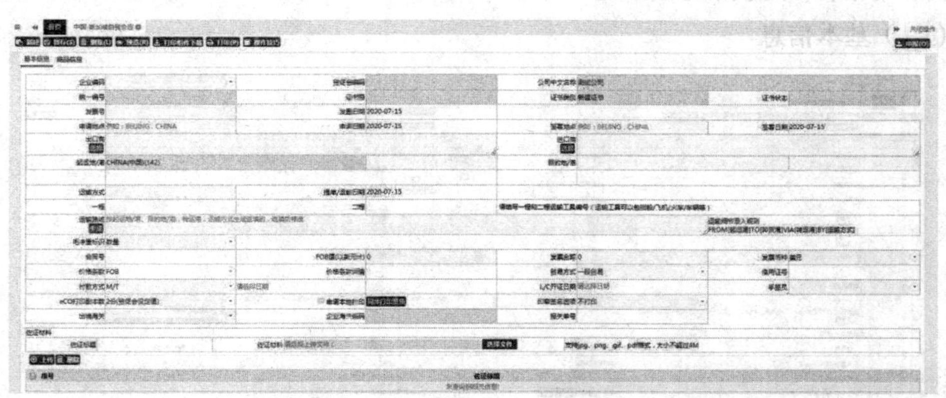

图 5-151 中国 - 新加坡自贸协定 - 基本信息

基本信息界面与一般原产地证基本相同，新增、录入、暂存等更多详细操作，可参考一般原产地证中的相关描述。

（二）商品信息

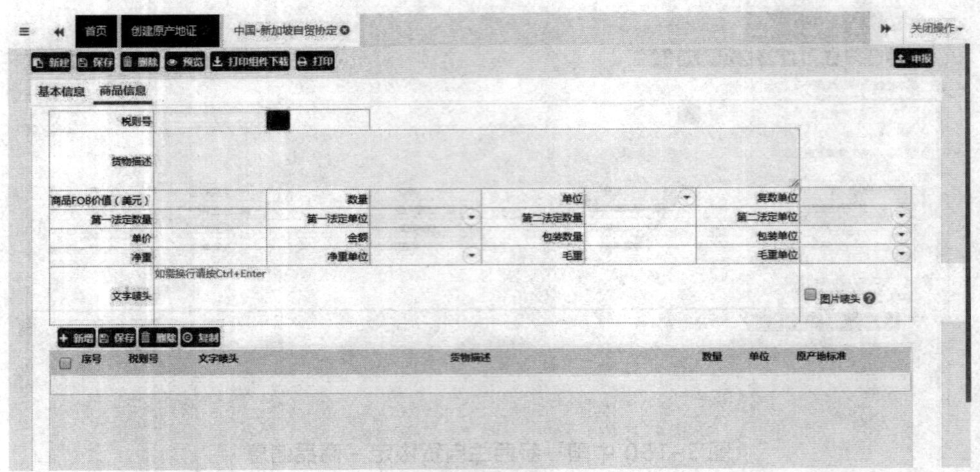

图 5-152 中国 – 新加坡自贸协定 – 商品信息

商品信息界面与一般原产地证基本相同，如图 5-152 所示，新增、录入、暂存等更多详细操作，可参考一般原产地证中的相关描述。

五、中国 – 秘鲁自贸协定

（一）基本信息

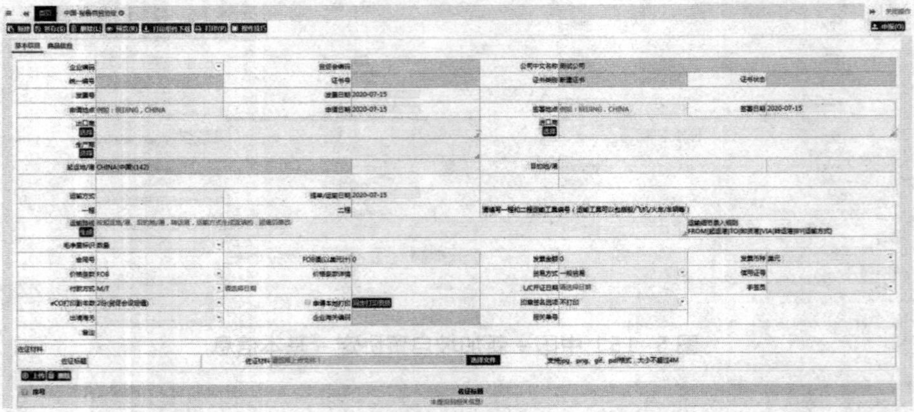

图 5-153 中国 – 秘鲁自贸协定 – 基本信息

基本信息界面与一般原产地证基本相同，新增、录入、暂存等更多详细操作，可参考一般原产地证中的相关描述。

（二）商品信息

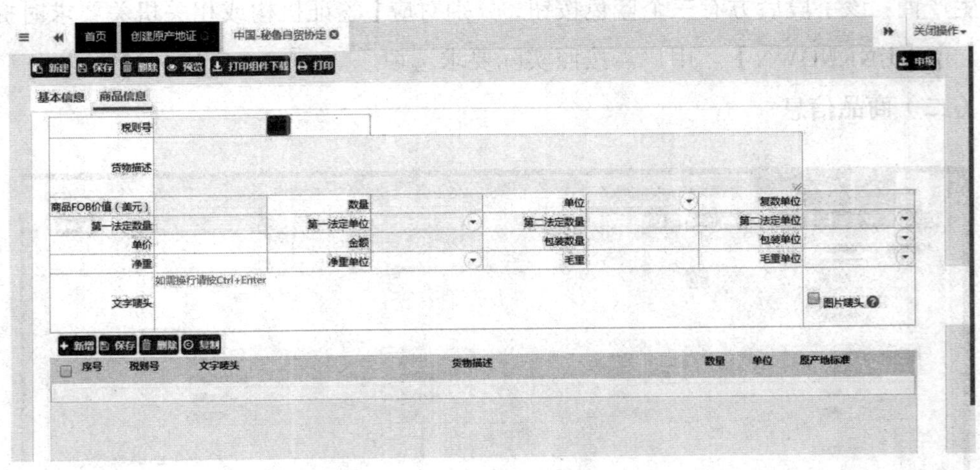

图 5-154 中国 - 秘鲁自贸协定 - 商品信息

商品信息界面与一般原产地证基本相同，如图 5-154 所示，新增、录入、暂存等更多详细操作，可参考一般原产地证中的相关描述。

六、海峡两岸经济合作框架协议

（一）基本信息

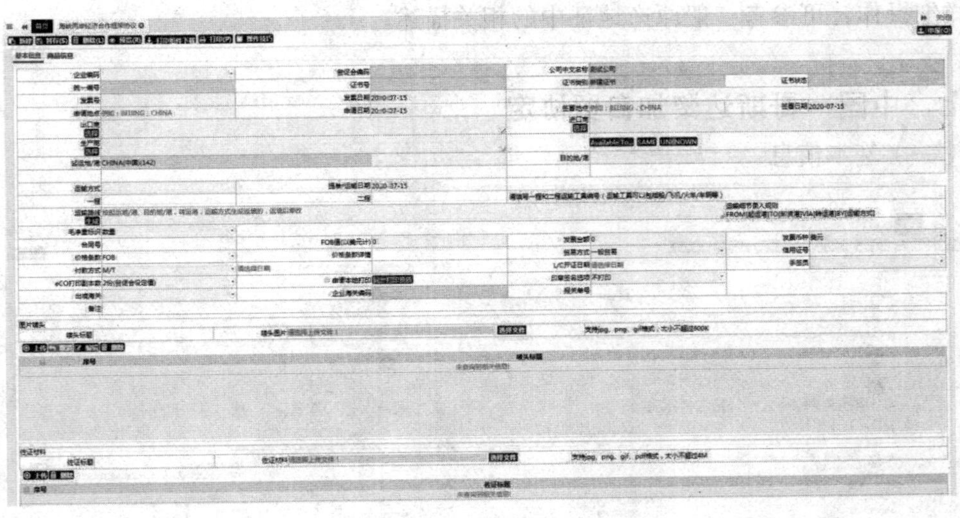

图 5-155 海峡两岸经济合作框架协议 - 基本信息

基本信息界面与一般原产地证基本相同，新增、录入、暂存等更多详细操作，可参考一般原产地证中的相关描述。

录入信息说明如下。

生产商：该字段后方有三个蓝色按钮，分别对应【签证机构或相关机关要求时提供】【同上】【UNKNOWN】。用户需按照实际要求选填。

（二）商品信息

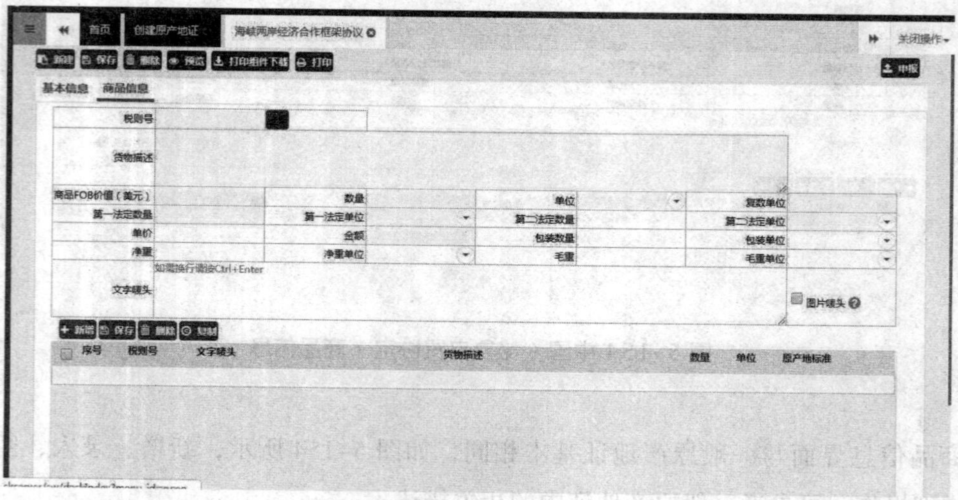

图 5-156 海峡两岸经济合作框架协议 - 商品信息

商品信息界面与一般原产地证基本相同，如图 5-156 所示，新增、录入、暂存等更多详细操作，可参考一般原产地证中的相关描述。

七、中国 - 哥斯达黎加自贸协定

（一）基本信息

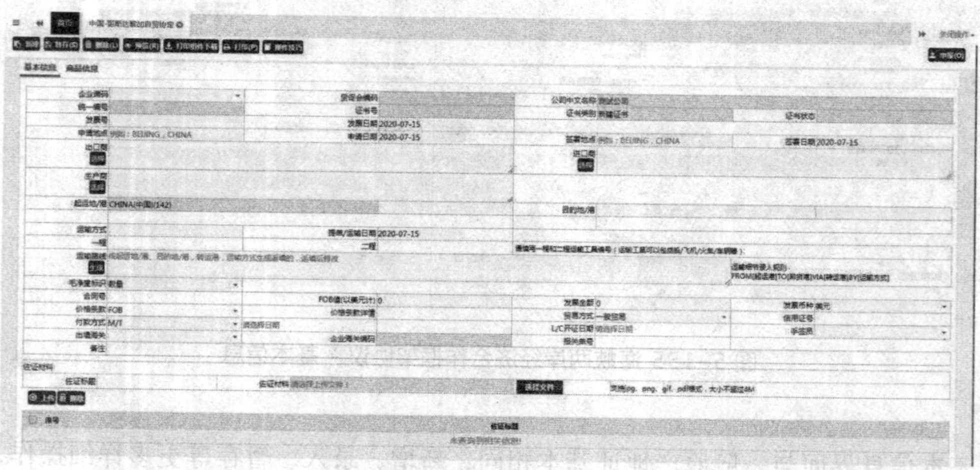

图 5-157 中国 - 哥斯达黎加自贸协定 - 基本信息

基本信息界面与一般原产地证基本相同，新增、录入、暂存等更多详细操作，可参考一般原产地证中的相关描述。

（二）商品信息

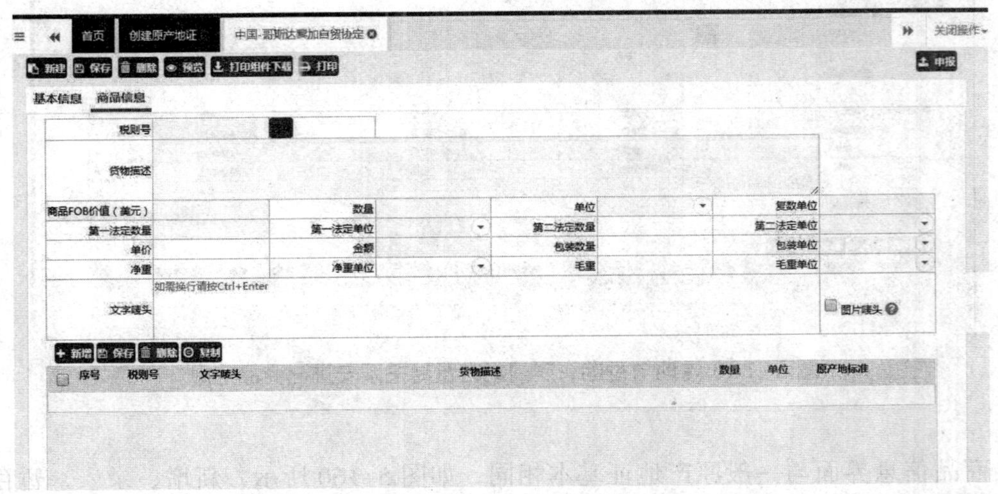

图 5-158 中国 - 哥斯达黎加自贸协定 - 商品信息

商品信息界面与一般原产地证基本相同，如图 5-158 所示，新增、录入、暂存等更多详细操作，可参考一般原产地证中的相关描述。

八、内地与香港、澳门紧密贸易关系安排

（一）基本信息

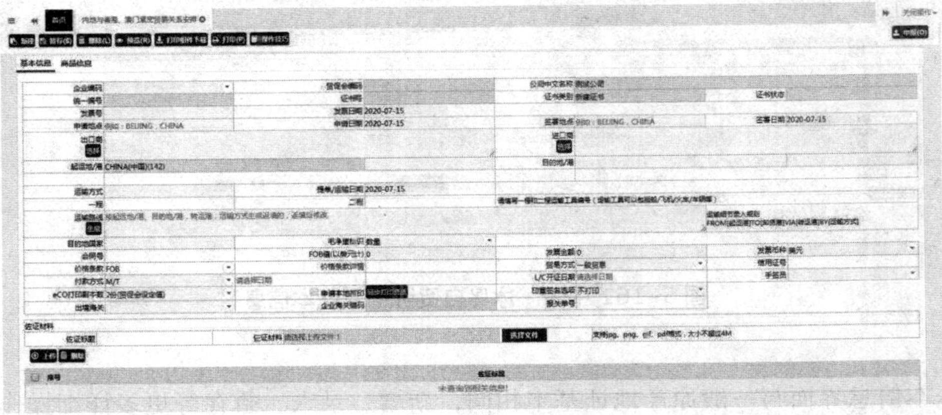

图 5-159 内地与香港、澳门紧密贸易关系安排 - 基本信息

基本信息界面与一般原产地证基本相同，新增、录入、暂存等更多详细操作，可参考一般原产地证中的相关描述。

（二）商品信息

首页 创建原产地证 内地与香港、澳门紧密贸易关系安排

关闭操作

新建 保存 删除 预览 打印组件下载 打印

申报

基本信息 商品信息

税则号

货物描述

商品FOB价值（美元） 数量 单位 复数单位

第一法定数量 第一法定单位 第二法定数量 第二法定单位

单价 金额 包装数量 包装单位

净重 净重单位 毛重 毛重单位

文字唛头 如需换行请按Ctrl+Enter

图片唛头

新增 保存 删除 复制

序号 税则号 文字唛头 货物描述 数量 单位 原产地标准

图 5-160 内地与香港、澳门紧密贸易关系安排 – 商品信息

商品信息界面与一般原产地证基本相同，如图 5-160 所示，新增、录入、暂存等更多详细操作，可参考一般原产地证中的相关描述。

九、中国 – 冰岛自贸协定

（一）基本信息

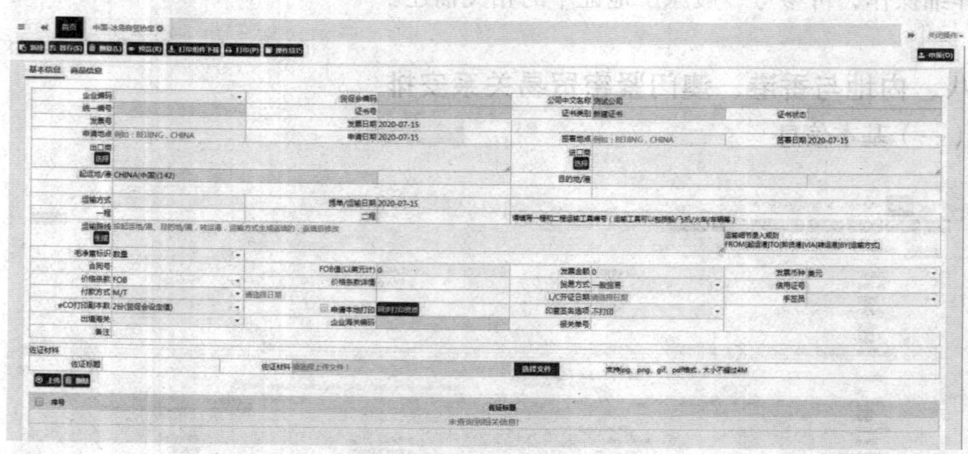

图 5-161 中国 – 冰岛自贸协定 – 基本信息

基本信息界面与一般原产地证基本相同，新增、录入、暂存等更多详细操作，可参考一般原产地证中的相关描述。

（二）商品信息

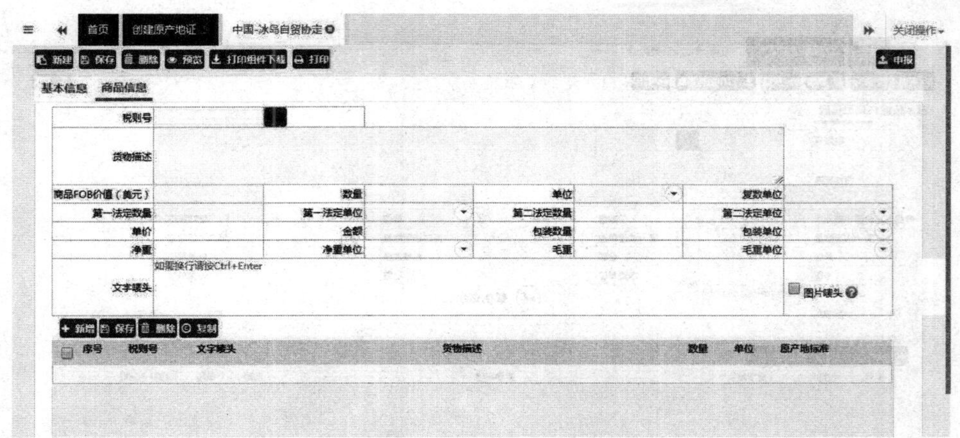

图 5-162 中国 - 冰岛自贸协定 - 商品信息

商品信息界面与一般原产地证基本相同，如图 5-162 所示，新增、录入、暂存等更多详细操作，可参考一般原产地证中的相关描述。

十、中国 - 瑞士自贸协定

（一）基本信息

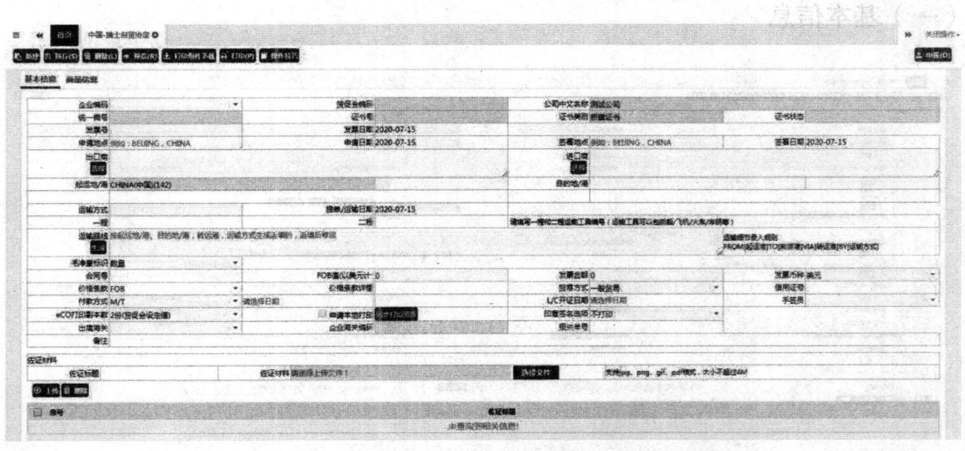

图 5-163 中国 - 瑞士自贸协定 - 基本信息

基本信息界面与一般原产地证基本相同，新增、录入、暂存等更多详细操作，可参考一般原产地证中的相关描述。

（二）商品信息

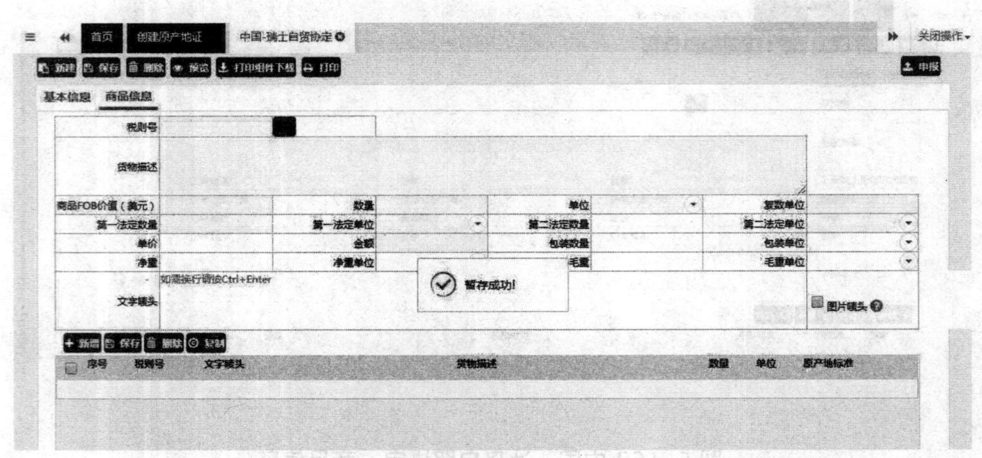

图 5-164 中国－瑞士自贸协定－商品信息

商品信息界面与一般原产地证基本相同，如图 5-164 所示，新增、录入、暂存等更多详细操作，可参考一般原产地证中的相关描述。

十一、中国－澳大利亚自贸协定

（一）基本信息

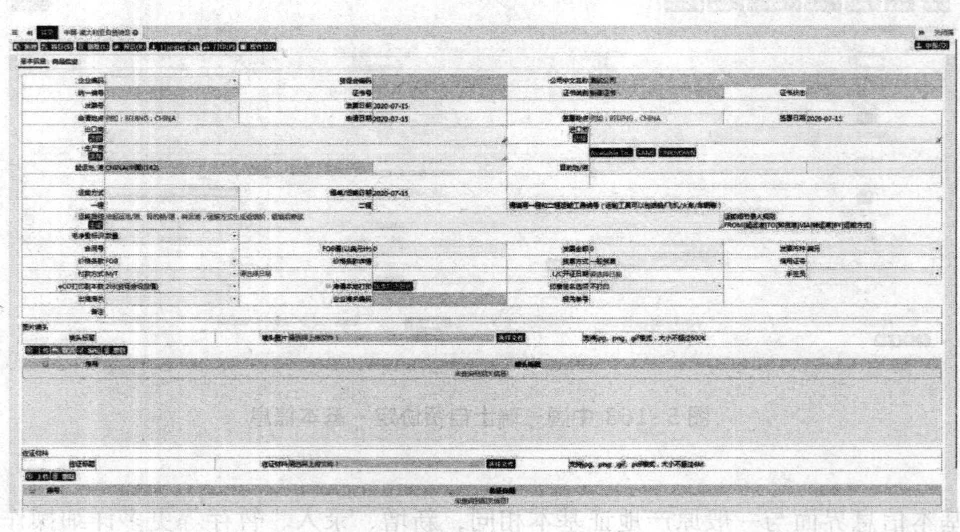

图 5-165 中国－澳大利亚自贸协定－基本信息

基本信息界面与一般原产地证基本相同，新增、录入、暂存等更多详细操作， 可参考一般原产地证中的相关描述。

（二）商品信息

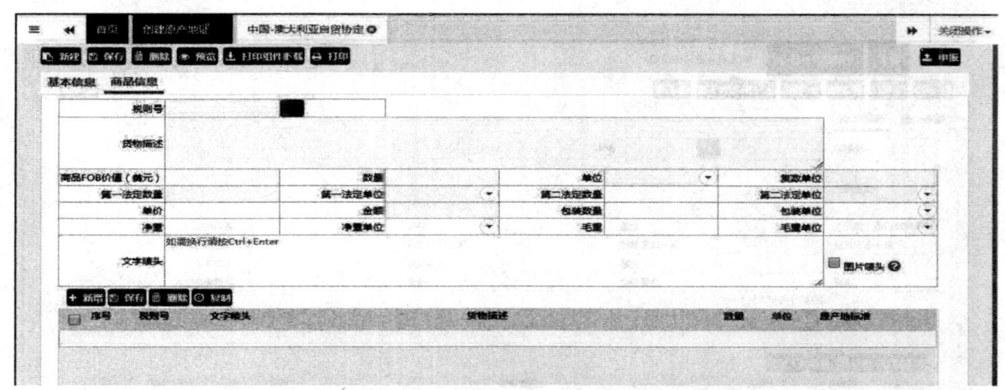

图 5-166 中国－澳大利亚自贸协定－商品信息

商品信息界面与一般原产地证基本相同，如图 5-166 所示，新增、录入、暂存等更多详细操作，可参考一般原产地证中的相关描述。

十二、中国—韩国自贸协定

（一）基本信息

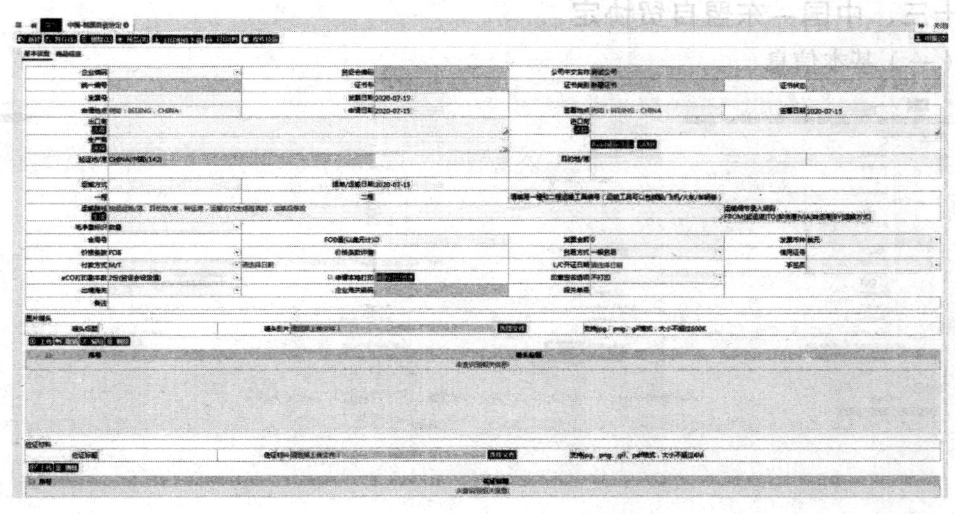

图 5-167 中国－韩国自贸协定－基本信息

基本信息界面与一般原产地证基本相同，新增、录入、暂存等更多详细操作，可参考一般原产地证中的相关描述。

（二）商品信息

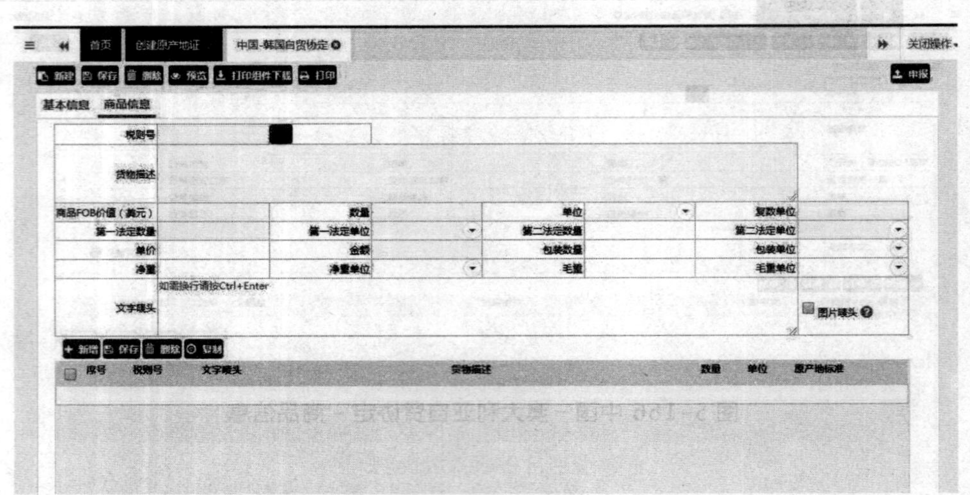

图 5–168 中国 – 韩国自贸协定 – 商品信息

商品信息界面与一般原产地证基本相同，如图 5–168 所示，新增、录入、暂存等更多详细操作，可参考一般原产地证中的相关描述。

十三、中国—东盟自贸协定

（一）基本信息

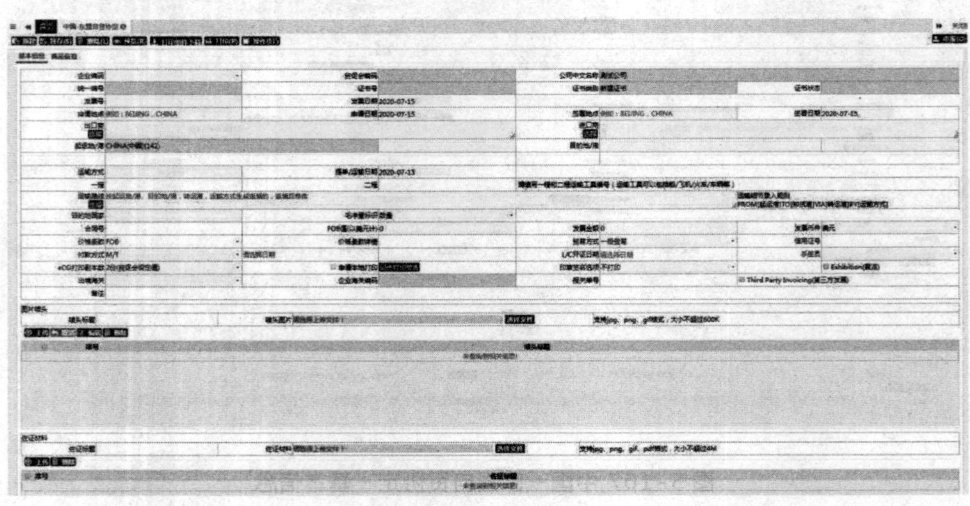

图 5–169 中国 – 东盟自贸协定 – 基本信息

基本信息界面与一般原产地证基本相同，新增、录入、暂存等更多详细操作，可参考一般原产地证中的相关描述。

（二）商品信息

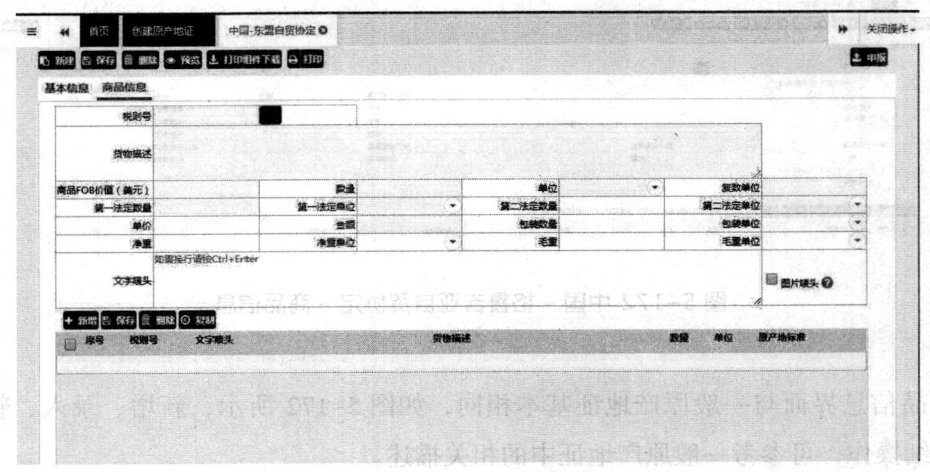

图 5-170 中国－东盟自贸协定－商品信息

商品信息界面与一般原产地证基本相同，如图 5-170 所示，新增、录入、暂存等更多详细操作，可参考一般原产地证中的相关描述。

十四、中国－格鲁吉亚自贸协定

（一）基本信息

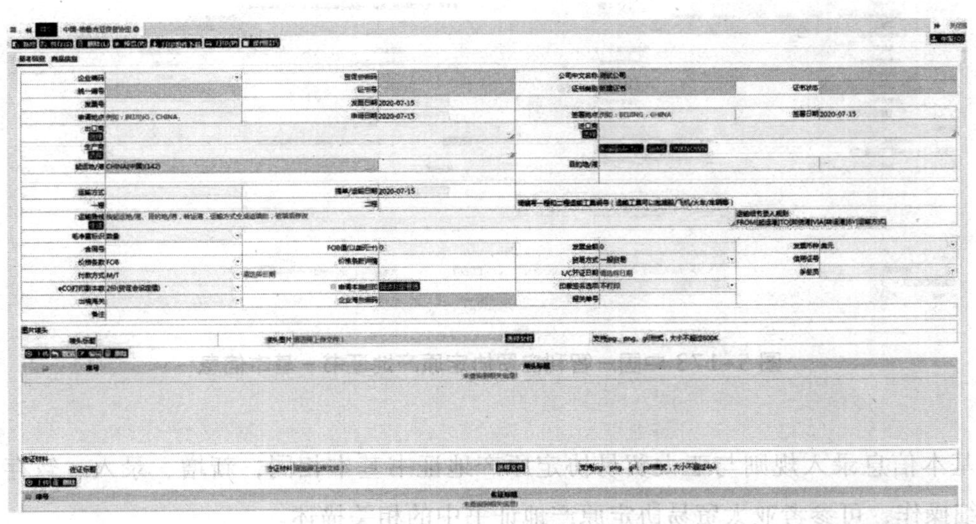

图 5-171 中国－格鲁吉亚协定－基本信息

基本信息界面与一般原产地证基本相同，新增、录入、暂存等更多详细操作，可参考一般原产地证中的相关描述。

（二）商品信息

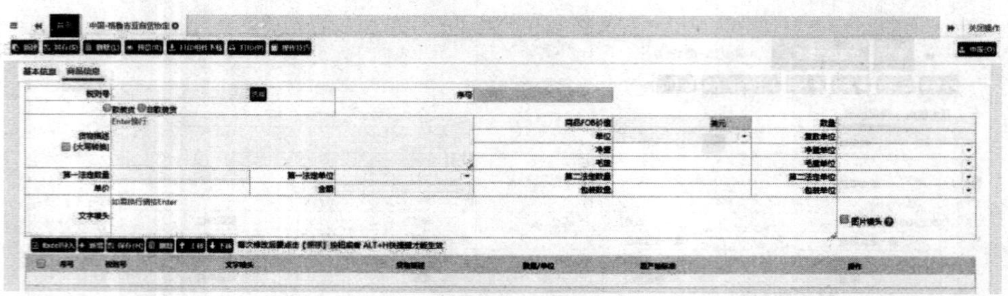

图 5-172 中国 – 格鲁吉亚自贸协定 – 商品信息

商品信息界面与一般原产地证基本相同，如图 5-172 所示，新增、录入、暂存等更多详细操作，可参考一般原产地证中的相关描述。

十五、中国—智利自贸协定原产地证书

（一）基本信息

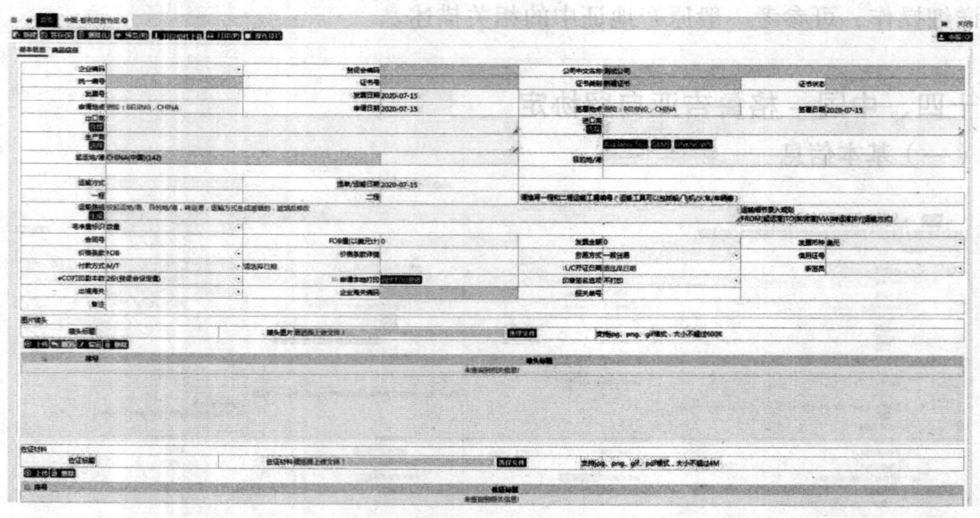

图 5-173 中国 – 智利自贸协定原产地证书 – 基本信息

基本信息录入规则与亚太贸易协定原产地证书基本相同，新增、录入、暂存等更多详细操作，可参考亚太贸易协定原产地证书中的相关描述。

（二）商品信息

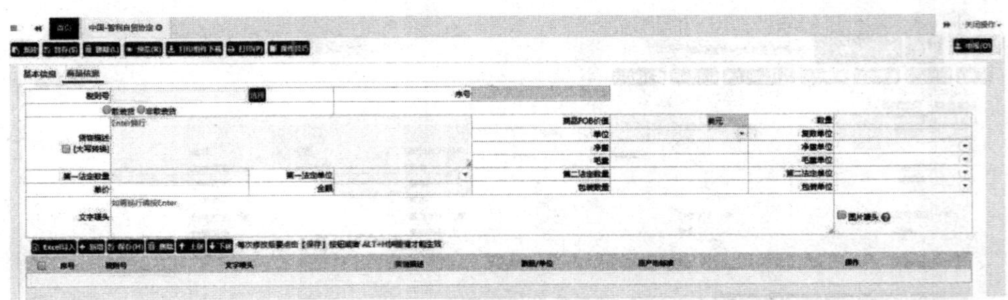

图 5-174 中国－智利自贸协定原产地证书－商品信息

商品信息录入规则与亚太贸易协定原产地证书基本相同，界面图 5-174 所示，详细操作可参考亚太贸易协定原产地证书中的相关描述。

十六、中国－毛里求斯自贸协定原产地证书

（一）基本信息

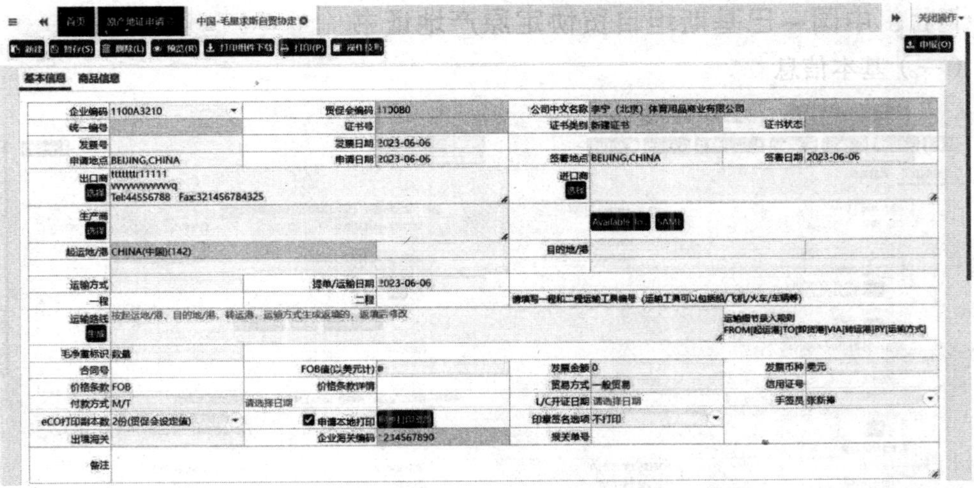

图 5-175 中国－毛里求斯自贸协定原产地证书－基本信息

基本信息录入规则与亚太贸易协定原产地证书基本相同，新增、录入、暂存等更多详细操作，可参考亚太贸易协定原产地证书中的相关描述。

（二）商品信息

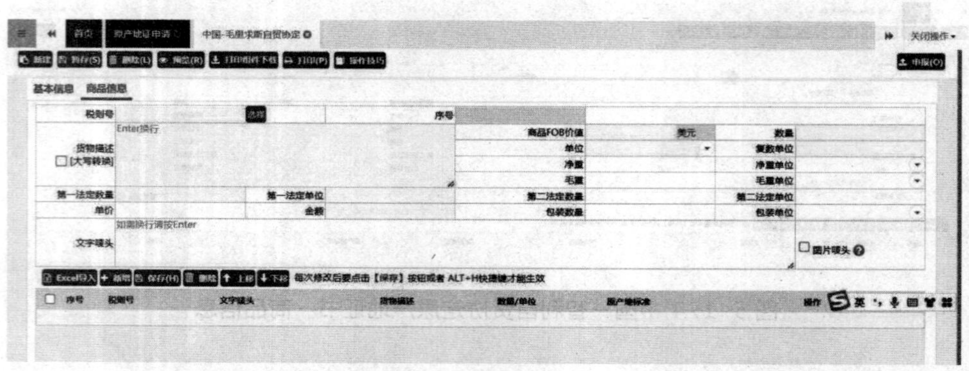

图 5-176 中国－毛里求斯自贸协定原产地证书－商品信息

商品信息录入规则与亚太贸易协定原产地证书基本相同，界面如图 5-176 所示，详细操作可参考亚太贸易协定原产地证书中的相关描述。

十七、中国—巴基斯坦自贸协定原产地证书

（一）基本信息

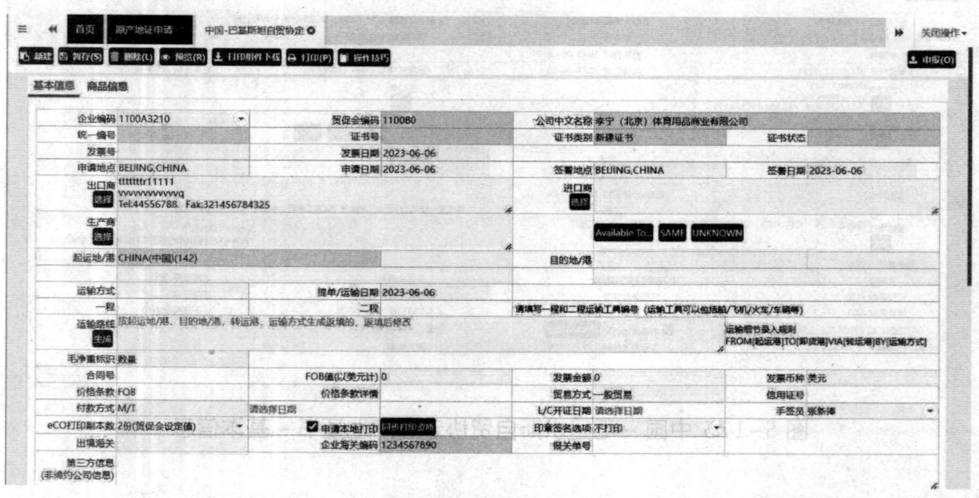

图 5-177 中国－巴基斯坦自贸协定原产地证书－基本信息

基本信息录入规则与亚太贸易协定原产地证书基本相同，新增、录入、暂存等更多详细操作，可参考亚太贸易协定原产地证书中的相关描述。

（二）商品信息

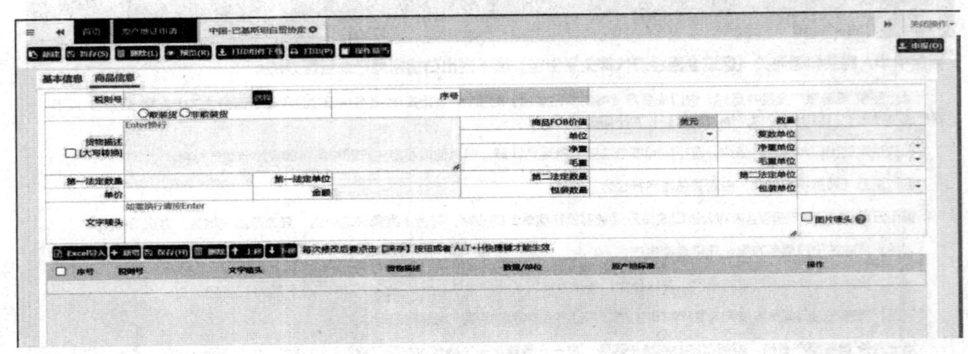

图 5-178 中国 - 巴基斯坦自贸协定原产地证书 - 商品信息

商品信息录入规则与亚太贸易协定原产地证书基本相同，界面如图 5-178 所示，详细操作可参考亚太贸易协定原产地证书 中的相关描述。

十八、区域全面经济伙伴关系协定

（一）基本信息

基本信息录入规则与亚太贸易协定原产地证书基本相同，新增、录入、暂存等更多详细操作，可参考亚太贸易协定原产地证书中的相关描述。

发票信息：提供发票信息录入功能（如图 5-179）。

图 5-179 发票信息录入功能

（二）商品信息

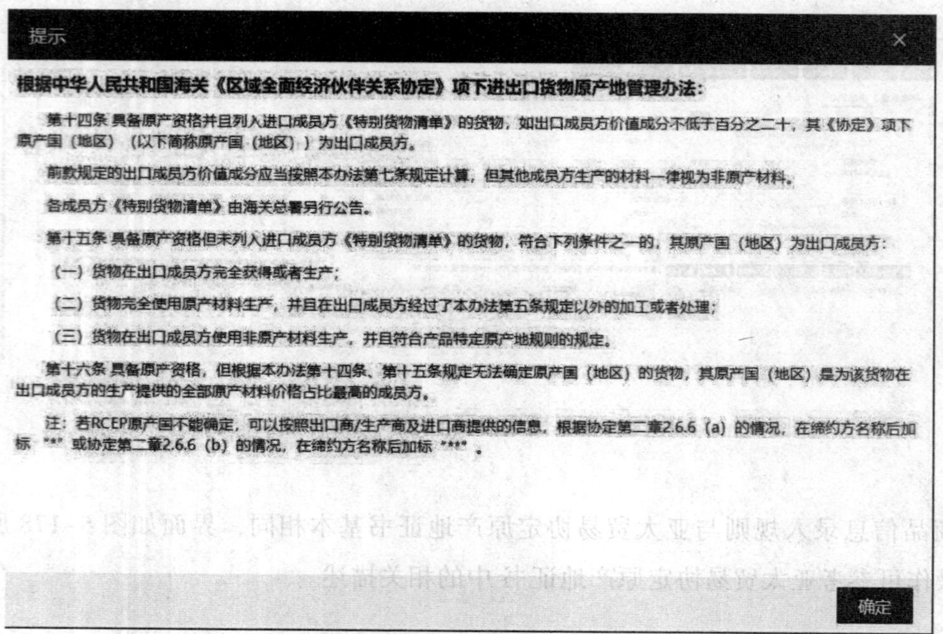

图 8-180《区域全面经济伙伴关系协定》提示

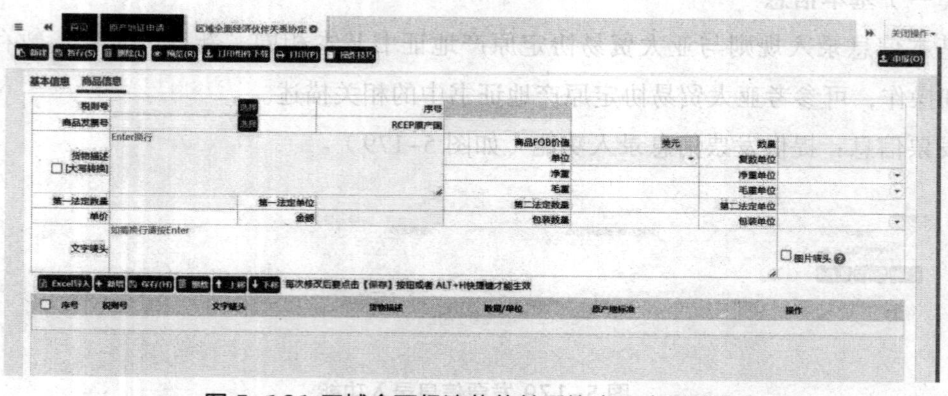

图 5-181 区域全面经济伙伴关系协定—商品信息

商品信息录入规则与亚太贸易协定原产地证书基本相同，界面如图 5-181 所示，详细操作可参考亚太贸易协定原产地证书中的相关描述。

十九、中国–柬埔寨自贸协定原产地证书

（一）基本信息

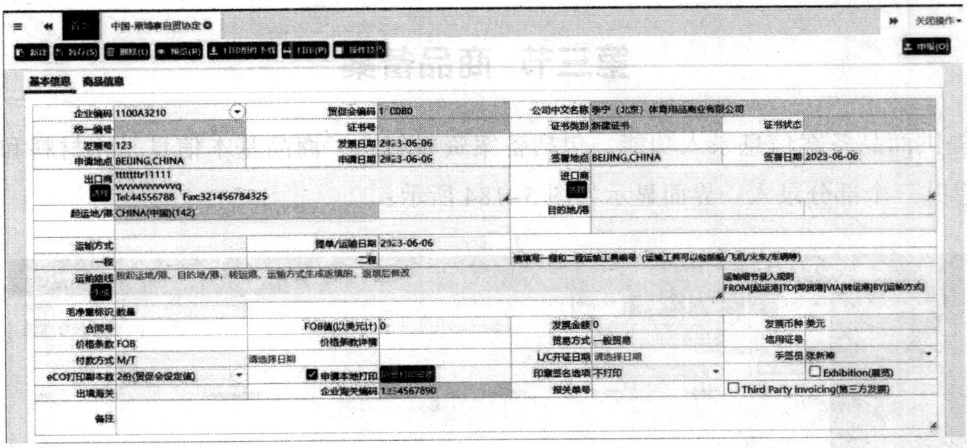

图 5-182 中国–柬埔寨自贸协定原产地证书–基本信息

基本信息录入规则与亚太贸易协定原产地证书基本相同，新增、录入、暂存等更多详细操作，可参考亚太贸易协定原产地证书中的相关描述。

（二）商品信息

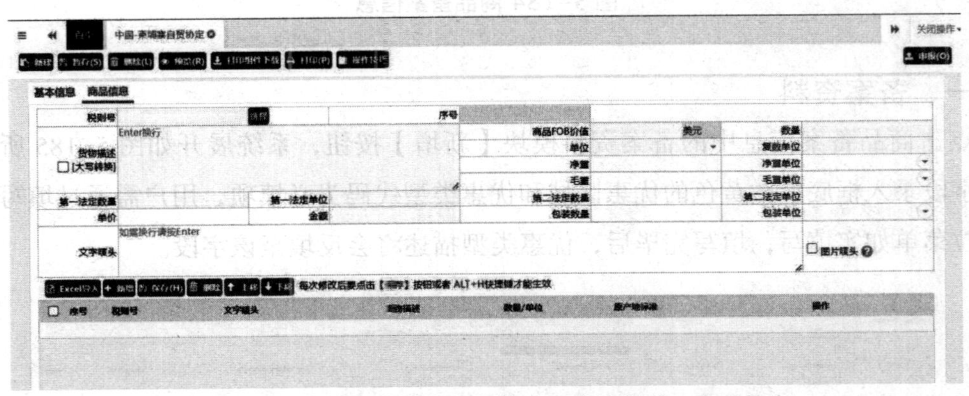

图 5-183 中国–柬埔寨自贸协定原产地证书–商品信息

商品信息录入规则与亚太贸易协定原产地证书基本相同，界面如图 5-183 所示，详细操作可参考亚太贸易协定原产地证书 中的相关描述。

第三节 商品备案

提供商品备案信息录入功能，包括备案资料信息、商品基本信息、原材料和零部件信息共三个部分录入。界面显示如图 5-184 所示：

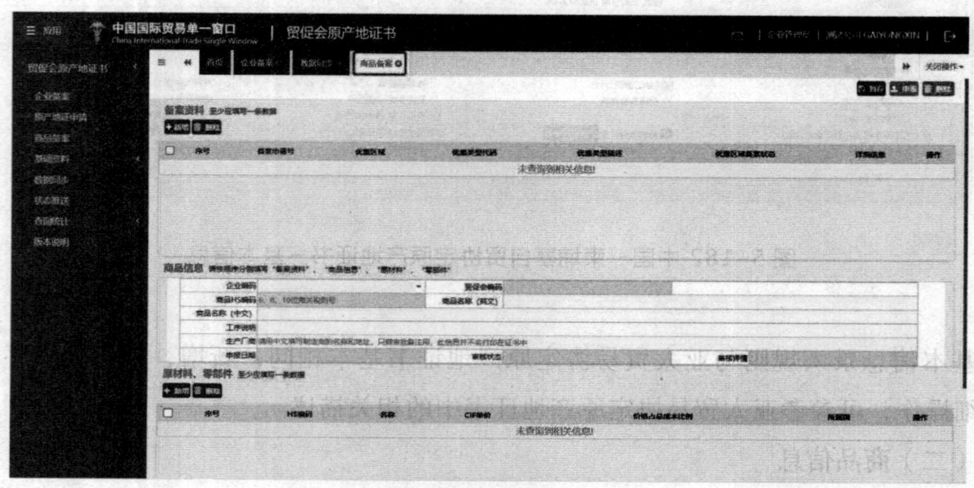

图 5-184 商品备案信息

一、备案资料

点击商品备案信息中的备案资料模块【新增】按钮，系统展开如图 5-185 所示，其中字段录入框底色微黄色的优惠区域和优惠类型代码为必填项，用户需通过填写框后的下拉菜单如实填写，填写完毕后，优惠类型描述将会反填至该字段。

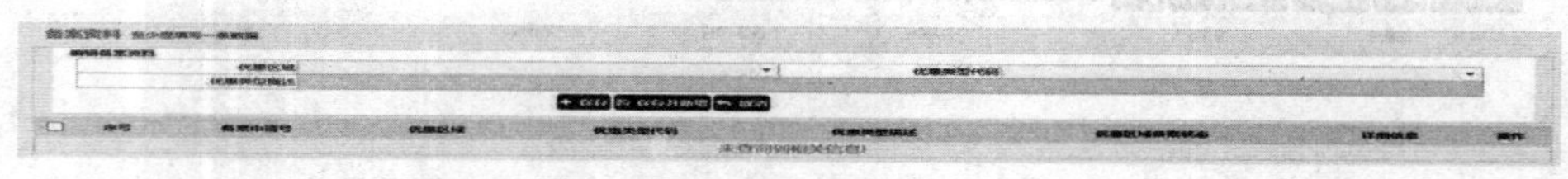

图 5-185 商品备案信息 – 备案资料（一）

填写完毕后，点击【保存】按钮，该条数据将被暂存到下方列表中。点击商品备案信息–备案资料（二）中【编辑】按钮（如图 5-186），可对该条数据进行再一次编辑。点击【保存并新增】按钮，在暂存该条数据的同时，将会展开新增备案资料模块，用户可继续录入备案资料。

图 5-186 商品备案信息 - 备案资料（二）

二、商品信息

字段录入框底色为黄色的（如商品 HS 编码、工序说明等）为必填项，用户需如实填写。灰色字段（如申报日期、审核状态等）为反填项，用户无法进行填写或修改。

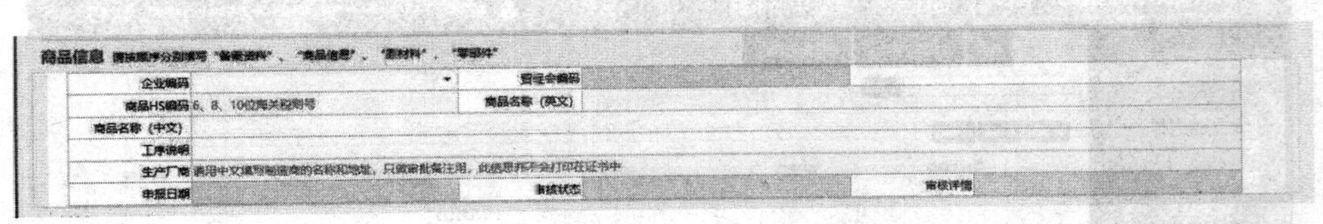

图 5-187 商品备案信息—商品信息

三、原材料、零部件

点击商品备案信息中的原材料、零部件模块【新增】按钮，系统展开如图 5-188 所示，其中字段录入框底色为黄色的（如 HS 编码、名称等）为必填项，用户需如实填写。

图 5-188 商品备案信息 - 原材料、零部件（一）

填写完毕后，点击【保存】按钮，该条数据将被暂存到下方列表中。点击后方【编辑】按钮，可对该条数据进行再一次编辑。点击【保存并新增】按钮，在暂存该条数据的同时，将会展开新增原材料、零部件模块，用户可继续录入新信息（如图 5-189）。

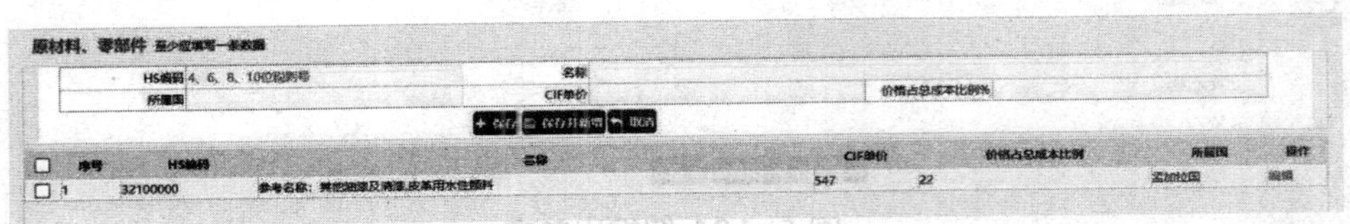

图 5-189 商品备案信息 - 原材料、零部件（二）

第四节 基础资料

一、出口商管理

用户可增加出口商信息，并进行修改或删除，用户填写原产地证书申报信息时，可以从已保存的出口商信息中选择。界面显示如图 5–190 所示：

图 5–190 出口商管理

（一）查询

用户可在出口商管理中搜索栏中输入受益人编码或名称，并点击蓝色【搜索】按钮，系统会将符合条件的数据显示在列表中。

（二）操作

新增：点击出口商管理中的白色【新增】按钮，系统展开如图 5–191 所示， 其中字段录入框带黄色底的（如受益人编码、名称等）为必填项，用户需如实填写。

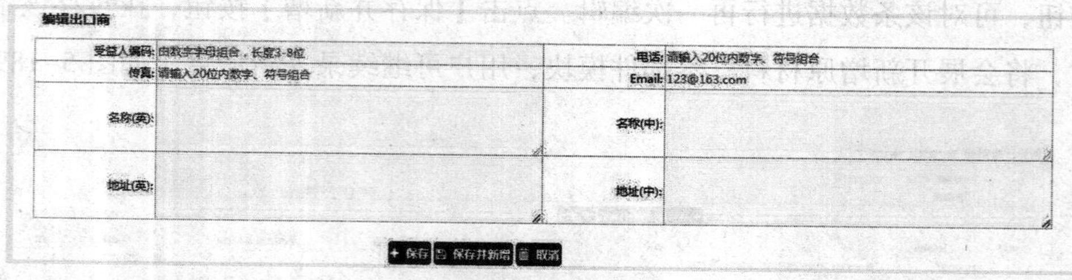

图 5–191 编辑出口商

填写完毕后，点击白色【保存】按钮，该条数据将被暂存到列表中。点击【保存并新增】

按钮，在暂存该条数据的同时，将会展开新增出口商模块，用户可继续录入出口商资料。

编辑：在出口商管理中勾选相应数据，点击白色【编辑】按钮，可对该条数据进行编辑修改。

删除：在出口商管理中勾选相应数据，点击白色【删除】按钮，可对该条数据进行删除操作。

二、进口商管理

用户可增加进口商信息，并进行修改或删除，用户填写原产地证书申报信息时，可以从已保存的进口商信息中选择。界面显示如图 5–192 所示：

图 5–192 进口商管理

（一）查询

查询界面与出口商管理基本相同，新增、编辑、删除等更多详细操作，可参考出口商管理中的相关描述。

（二）操作

操作界面与出口商管理基本相同，新增、编辑、删除等更多详细操作，可参考出口商管理中的相关描述。

三、生产商管理

用户可增加生产商信息，并进行修改或删除，用户填写原产地证书申报信息时，可以从已保存的生产商信息中选择。界面显示如图 5–193 所示：

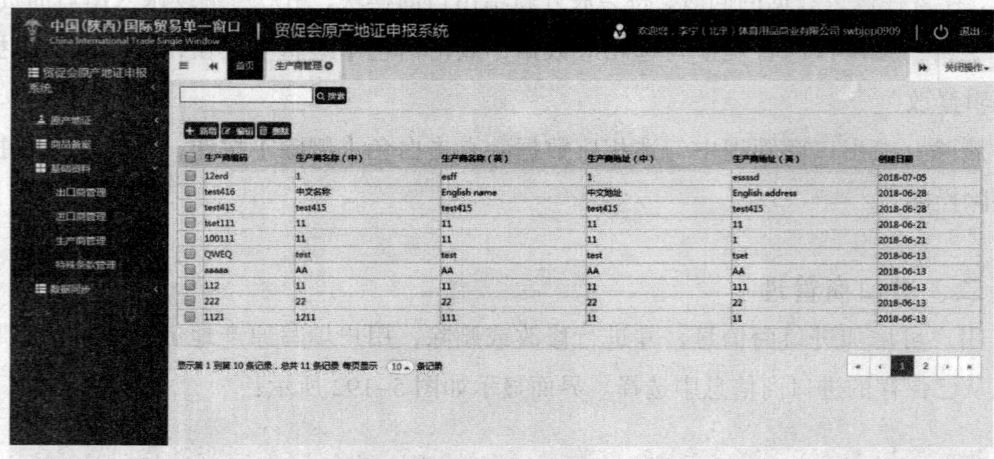

图 5-193 生产商管理

（一）查询

查询界面与出口商管理基本相同，新增、编辑、删除等更多详细操作，可参考 5.1 出口商管理中的相关描述。

（二）操作

操作界面与出口商管理基本相同，新增、编辑、删除等更多详细操作，可参考 5.1 出口商管理中的相关描述。

四、特殊条款管理

用户可增加特殊条款信息，并进行修改或删除，用户填写原产地证书申报信息时，可以从已保存的特殊条款信息中选择。界面显示如图 5-194 所示：

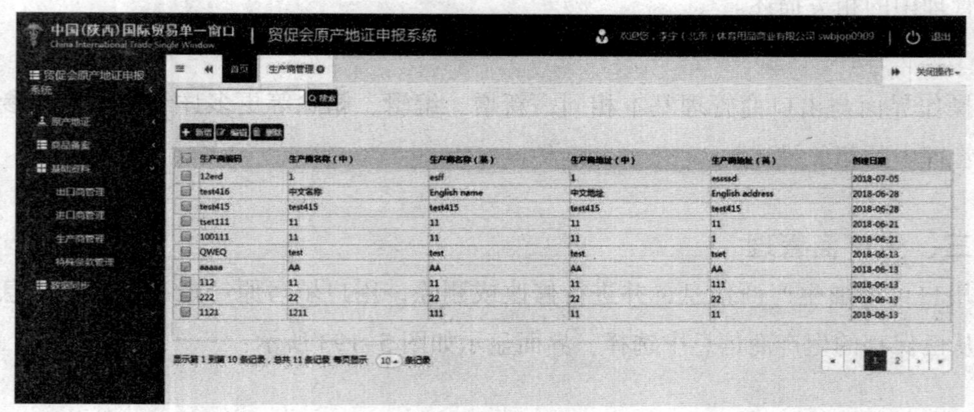

图 5-194 特殊条款管理

（一）查询

查询界面与出口商管理基本相同，新增、编辑、删除等更多详细操作，可参考出口商管理中的相关描述。

（二）操作

操作界面与出口商管理基本相同，新增、编辑、删除等更多详细操作，可参考出口商管理中的相关描述。

五、参数设置

管理员用户使用账号或法人卡登录系统后，可点击左侧“基础资料”—“参数设置”菜单，对企业操作员权限进行设置，若选中单选框并保存后，企业操作员登录后仅可查询自己创建的证书数据。

第五节 数据同步

一、同步企业信息

“单一窗口”向贸促会原产地证管理系统发起同步企业信息请求，贸促会原产地证管理系统根据同步请求将该企业的注册信息反馈给“单一窗口”，“单一窗口”根据企业信息完成账户绑定。如贸促会原产地证管理系统不存在该企业的信息，返回提示企业先去贸促会进行企业信息新增或变更。

点击【同步企业信息】按钮，系统将会跳出提示框“新增同步企业成功”，用户可在图 5-195 中查看同步状态、时间和备注等。

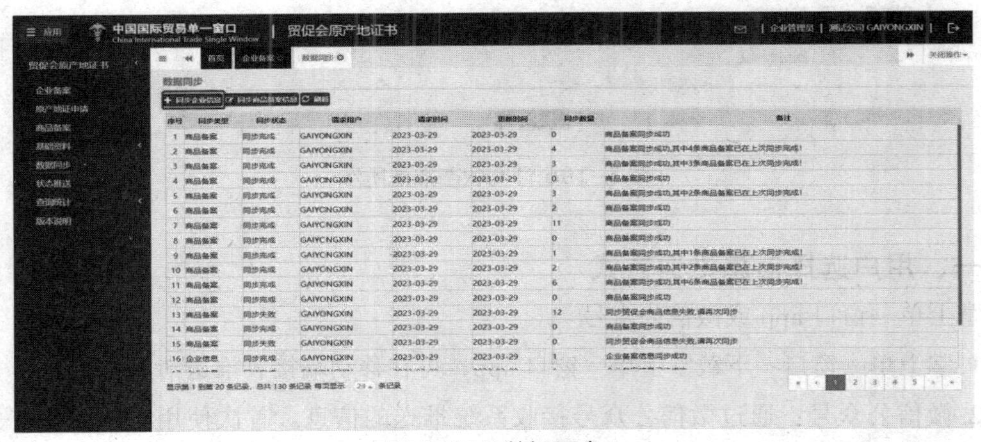

图 5-195 数据同步

二、同步商品备案信息

“单一窗口”向贸促会原产地证管理系统发起同步商品备案信息请求，贸促会原产地证管理系统根据同步请求将该企业的商品备案信息反馈给“单一窗口”。点击【同步商品备案信息】按钮，系统将会跳出提示框“新增同步商品备案成功”，用户可在数据同步中查看同步状态、时间和备注等。

小提示：

同步企业信息和商品备案信息成功后，列表中可能不会立即更新数据，需要点击界面【刷新】按钮将同步数据的结果更新至列表中。

第六节 状态推送

用户点击左侧“状态推送”菜单，进入订阅状态信息界面，如图 5-196 所示，用户可以订阅贸促会原产地证的审核状态，系统一旦接收到贸促会审核回执，将审核回执信息通过短信或微信消息推送至订阅用户，便于用户及时掌握贸促会审核情况。

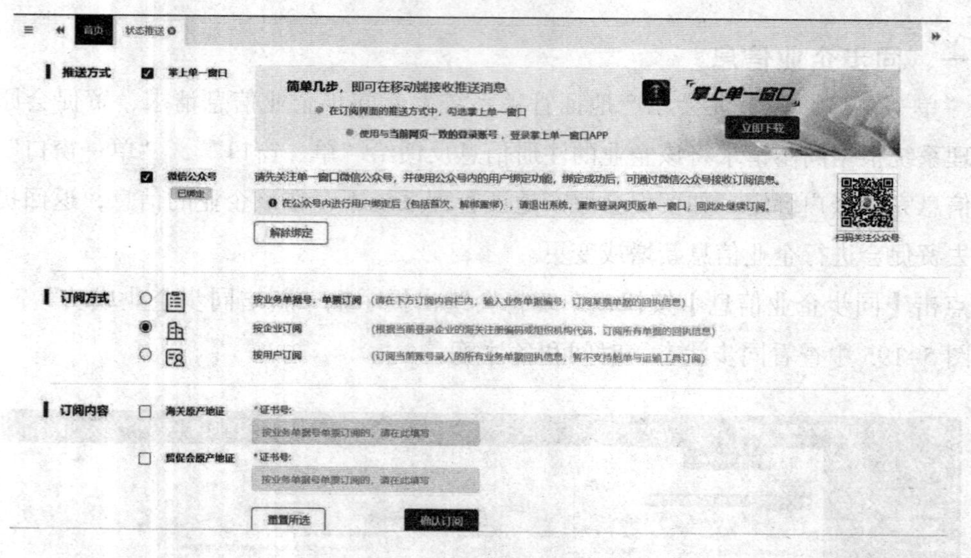

图 5-196 订阅状态推送所示

一、用户选择信息推送方式

掌上单一窗口 app 或微信公众号。

1. 掌上单一窗口：下载掌上单一窗口 app，可在移动端接收推送消息。

2. 微信公众号：通过微信公众号接收系统推送的信息。首次使用时，需要首先关注中国国际贸易单一窗口微信公众号，使用“业务查询——用户绑定”功能，绑定单一窗口账号和用户的微信号后，再登录系统做微信订阅。

二、用户选择信息订阅方式

1. 按业务单据编号订阅：仅订阅指定编号的原产地证书回执信息。

2. 按企业订阅：订阅本企业的所有原产地证书回执信息。

3. 按用户订阅：只订阅本人录入的所有原产地证书回执信息。

三、用户选择订阅内容

1. 用户选择“原产地证订阅”，勾选“贸促会原产地证”选项。

2. 点击【订阅】按钮，生成订阅记录。系统接收到贸促会回执后，即向用户推送贸促会审核回执信息，用户如不想再接收订阅信息，可点击【取消订阅】按钮取消订阅，系统不再推送原产地证状态信息。

第七节 查询统计

一、商品备案查询

用户可查询各种状态的商品备案数据，以及查询对应的审核状态。

（一）查询

点击页面右上角【展开搜索框】按钮，查询界面展开如图 5-197 搜索框显示所示：

图 5-197 搜索框显示

小提示：

如不输入查询条件，系统默认显示所有符合条件的商品信息。

在显示的查询结果中，点击“商品 HS 编码”字段，页面将会跳转到对应商品详情界面，如为暂存状态，用户可对商品备案申请进行申报、编辑、删除等操作。

点击搜索框显示中的【重置】按钮，用户填写的查询条件将被清空，用户可重新输入查询条件并进行查询。

（二）操作

点击【复制】【申报】【删除】按钮可对申请数据进行相应操作，也可点击【刷新】按钮刷新查询列表。

二、优惠原产地证查询

提供优惠原产地证查询、编辑、申报、打印等功能。

（一）查询

点击页面右上角白色【展开搜索框】按钮，查询界面展开如图 5-198 所示：

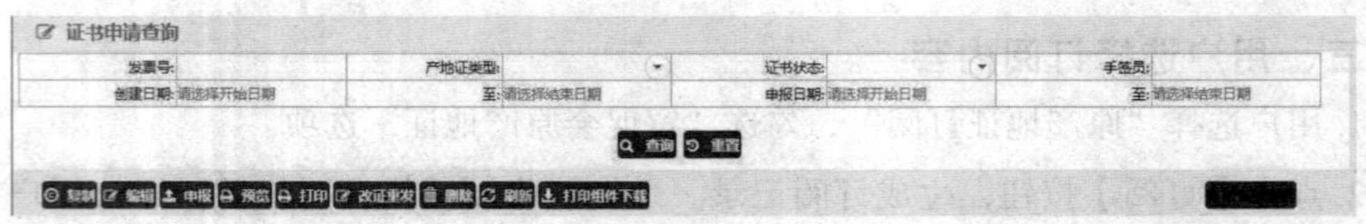

图 5-198 搜索框显示

小提示：

如不输入查询条件，系统默认显示所有符合条件的原产地证。

在显示的查询结果中，点击蓝色“发票号”字段，页面将会跳转到对应证书详情界面，如为暂存状态，用户可对证书进行申报、编辑、删除等操作。

点击搜索框显示 中的蓝色【重置】按钮，用户填写的查询条件将被清空，用户可重新输入查询条件并进行查询。

（二）操作

复制：在优惠原产地证查询中勾选对应的数据后，点击白色【复制】按钮，用户可对原产地证书进行复制操作，生成新的原产地证书。证书复制只针对同类型证书，发票号信息不做复制，复制的证书状态为暂存。

编辑：在优惠原产地证查询中勾选对应的数据后，点击白色【编辑】按钮，可对状态为暂存或审核不通过的证书进行编辑。

申报：在优惠原产地证查询中勾选对应的数据后，点击白色【申报】按钮，可对状态为暂存的证书进行申报。

预览：需先安装贸促会提供的“贸促会 CEO 打印组件”。在图优惠原产地证查询中勾选对应的数据后，点击白色【预览】按钮，可对勾选的证书进行预览。

打印：需先安装贸促会提供的“贸促会 CEO 打印组件”。在优惠原产地证查询中勾选对应的数据后，点击白色【打印】按钮，可对勾选的证书进行打印。

改正重发：用户对于已经审核通过的原产地证书，可发起改证重发申请。改证重发操作，发票号保持一致。在图优惠原产地证查询中勾选对应数据后点击白色【改证重发】按钮，系统跳出提示框“是否确认改证重发”，点击蓝色按钮【是】，页面将跳转至该票单据的编辑页面。

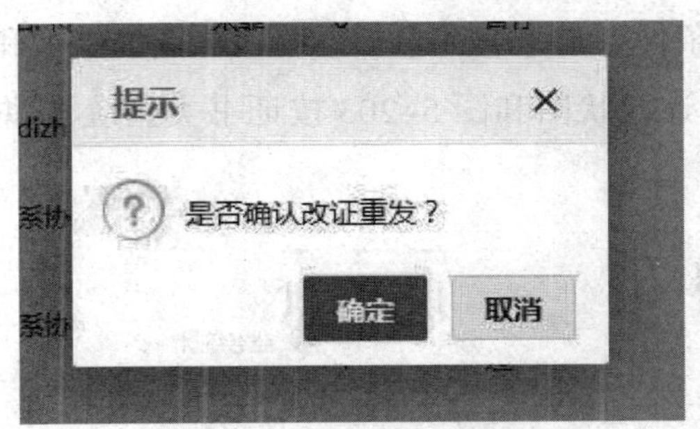

图 5-199 改证重发提示

删除：在优惠原产地证查询中勾选对应的数据后，点击白色【删除】按钮，可对证书类别是新建证书且状态为暂存的申请进行删除，可多选。

刷新：在优惠原产地证查询中点击白色【刷新】按钮，可对该页面进行刷新，以便用户查看证书的最新状态。

三、一般原产地证查询

提供优惠原产地证查询、编辑、申报、打印等功能。

（一）查询

查询界面与优惠原产地证基本相同，新增、录入、暂存等更多详细操作，可参考优惠原产地证查询中的相关描述。

（二）操作

操作界面与优惠原产地证基本相同，新增、录入、暂存等更多详细操作，可参考优惠原产地证查询中的相关描述。

四、作废原产地证查询

提供作废原产地证复制、预览等功能。

（一）查询

查询界面与优惠原产地证基本相同，新增、录入、暂存等更多详细操作，可参考优惠原产地证查询中的相关描述。

（二）操作

操作界面与优惠原产地证基本相同，新增、录入、暂存等更多详细操作，可参考优惠原产地证查询中的相关描述。

五、业务统计

企业可按不同维度统计证书量并下载统计图表，如业务统计（如图 5-200）。管理员账号或法人卡登录可按时间、证书类型查看证书量统计也可查看各录入员的工作量，操作员用户登录后可查看自己申报的证书量。

以证书类型统计为例，点击"按证书类型统计"，进入界面按证书类型统计（如

图 5-201），输入查询条件点击【查询】，系统展示查询结果和统计图表，企业可点击图 5-202 按证书类型统计柱状图和图 5-203 按证书类型统计饼状图中的下载图表，下载统计图表。

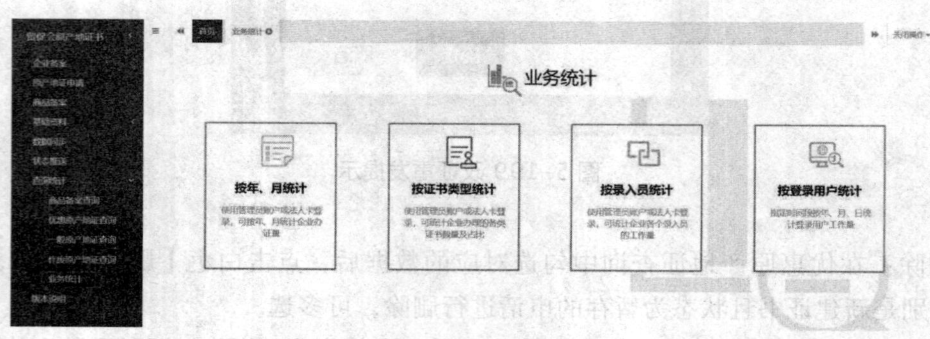

图 5-200 业务统计

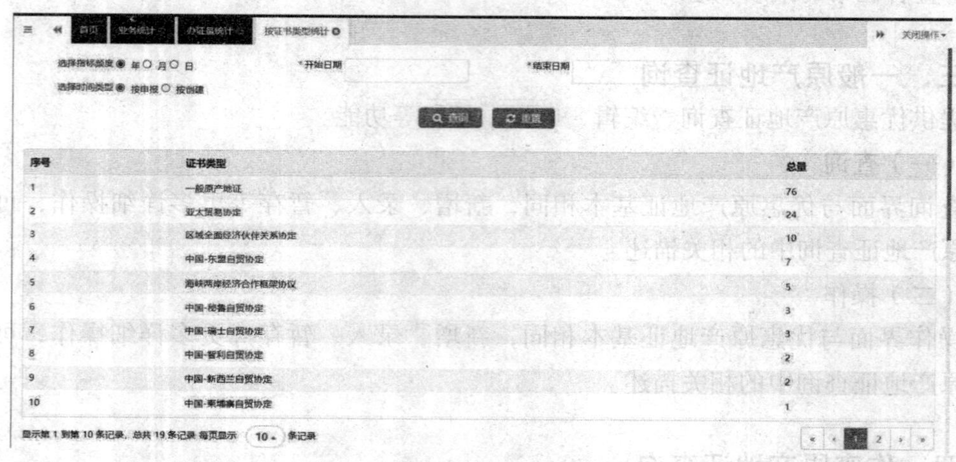

序号	证书类型	总量
1	一般原产地证	76
2	亚太贸易协定	24
3	区域全面经济伙伴关系协定	10
4	中国-东盟自贸协定	7
5	海峡两岸经济合作框架协议	5
6	中国-秘鲁自贸协定	3
7	中国-瑞士自贸协定	3
8	中国-智利自贸协定	2
9	中国-新西兰自贸协定	2
10	中国-柬埔寨自贸协定	1

图 5-201 按证书类型统计

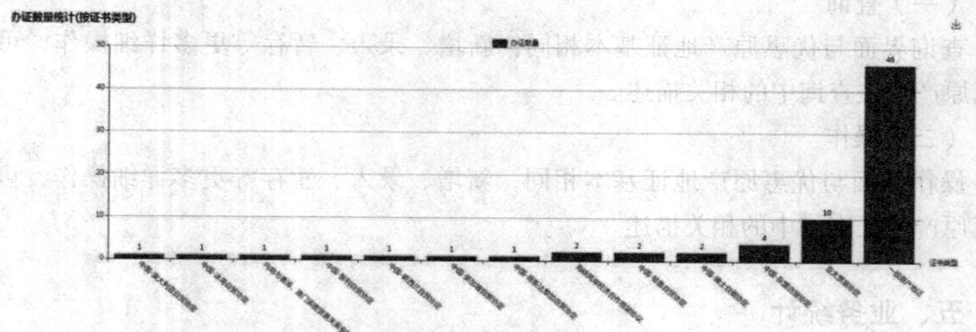

图 5-202 按证书类型统计柱状图

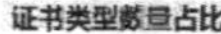

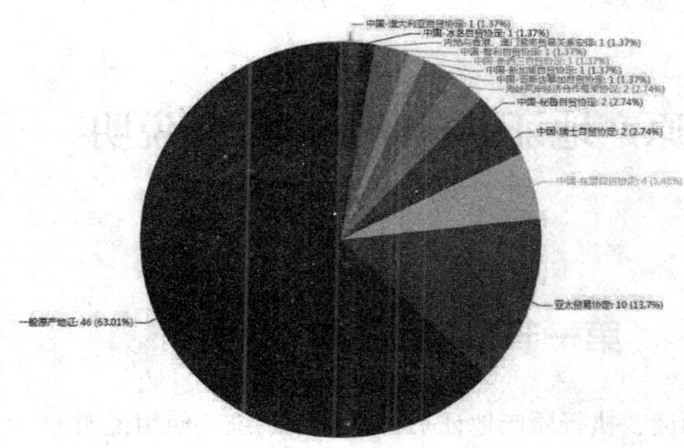

图 5-203 按证书类型统计饼状图

第八节 版本说明

版本说明：展示每次系统更新内容。

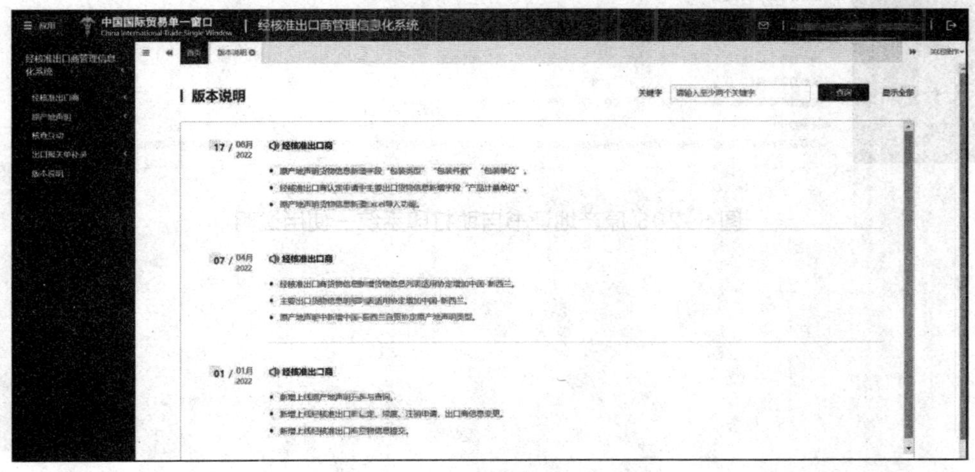

图 5-204 版本说明

第三章 原产地证书自助打印操作说明

第一节 使用说明

请企业操作人员认真阅读、执行原产地证书自助打印系统—使用说明：

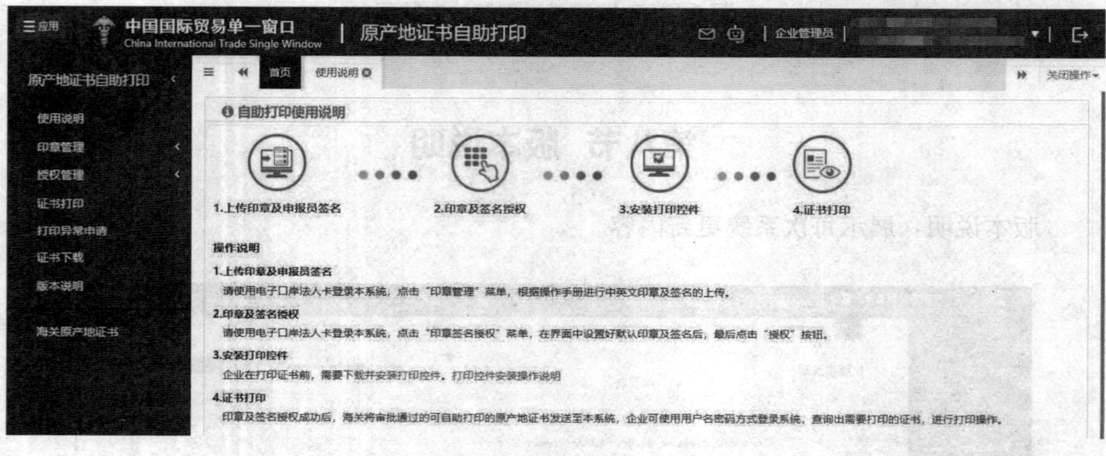

图 5-205 原产地证书自助打印系统—使用说明

第二节　印章管理

企业应首先使用电子口岸法人卡登录原产地证书自助打印（如图 5-206）。

图 5-206 原产地证书自助打印界面

一、印章制作

用户点击“印章管理”模块，在印章制作界面中，点击【新增印章】按钮（如图 5-207）。

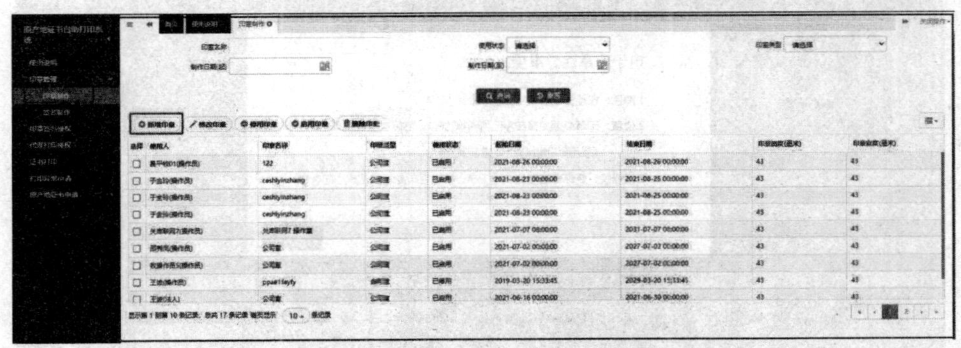

图 5-207 印章制作

印章制作方式选择“真实印章图片”（如图 5-208）。

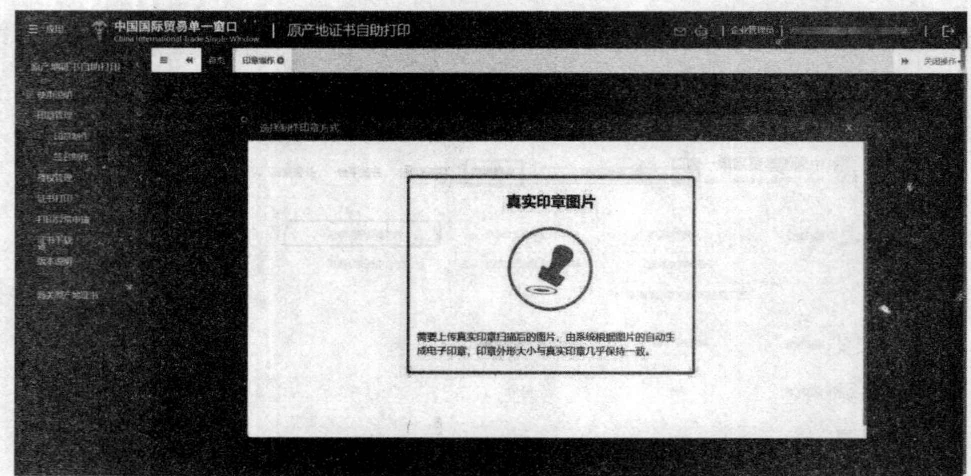

图 5-208 真实印章上传

真实印章上传提示（如图 5-209）。

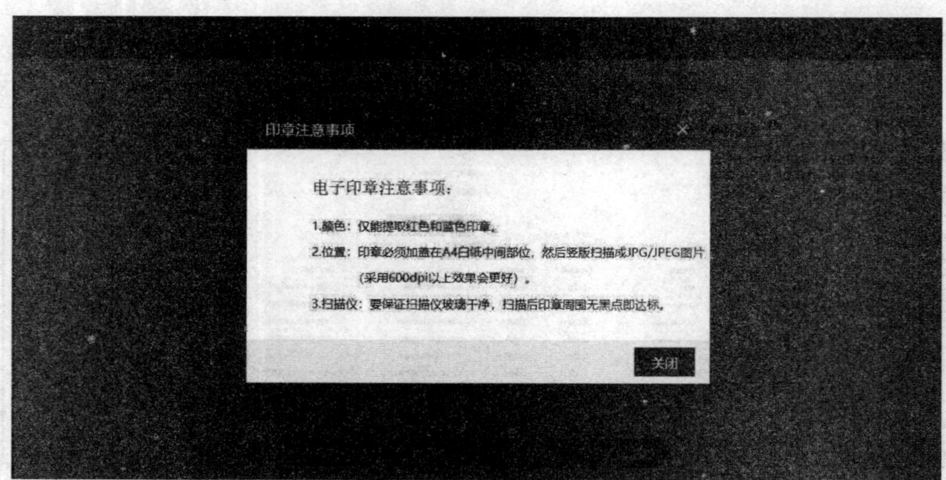

图 5-209 真实印章上传提示

关闭提示后，界面操作步骤如下：

第 1 步：根据采集注意事项，完成企业印章的加盖和扫描仪扫描，将扫描后的图片拷贝到电脑中；

第 2 步：在印章操作员名称处，按空格键在下拉列表中选择印章操作员姓名；下拉列表的数据来源为绑卡的法人或操作员，一般选择法人姓名即可；

第 3 步：选择印章有效期，系统已限制所选时间范围为所印章操作员卡证书有效期内；

第 4 步：印章名称填写，用于区别不同印章；

第 5 步：点击选择印章，弹出选择框，选择第 1 步准备好的扫描图片，若预览清晰度和完整性没有问题，点击页面下方【保存印章】按钮，输入正确的法人卡密码，即完成了印章的制作。

小提示：

1. 不要使用手机拍照、扫描 A4 纸，不要使用制图软件处理扫描仪扫描后的图片。

2. 印章规格：

（1）圆形印章，直径不超过 4.5 厘米；

（2）长方形印章，长不超过 5.5 厘米，宽不超过 4 厘米；

（3）椭圆形印章，长轴不超过 5.5 厘米，短轴不超过 4.5 厘米。

如果对之前上传的印章不满意，可选择该印章，在下图中依次操作“停用印章”“删除印章”，然后“新增印章”（如图 5–210）。

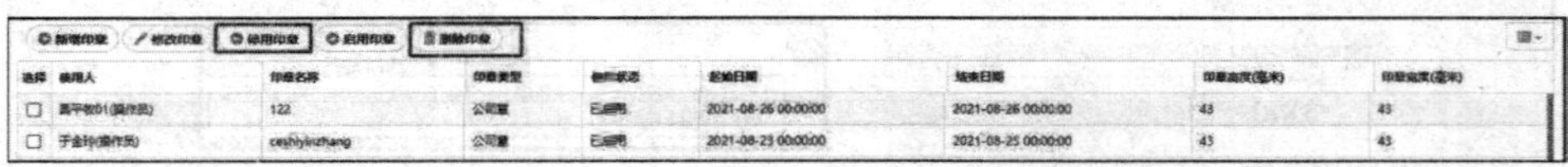

图 5–210 重新上传印章操作界面

二、签名制作

在签名制作界面中，点击【新增签名】按钮（如图 5–211），需要注意签名注意事项（如图 5–212）和上传签名提示语（如图 5–213）。

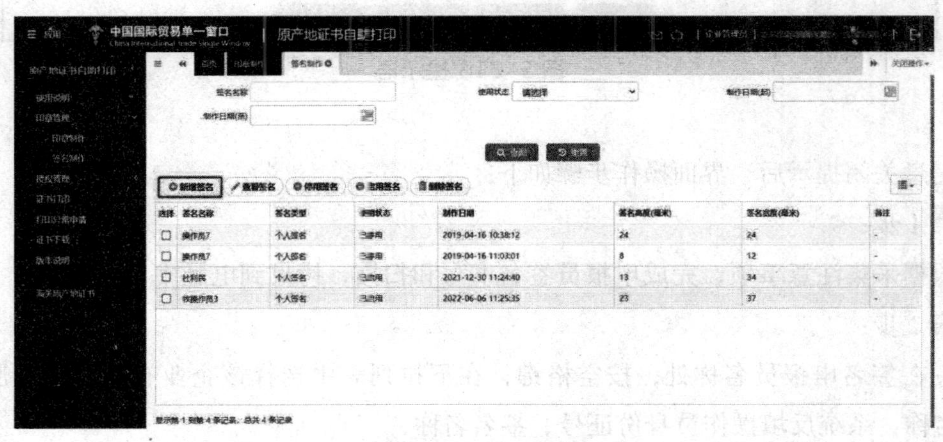

图 5–211 签名制作

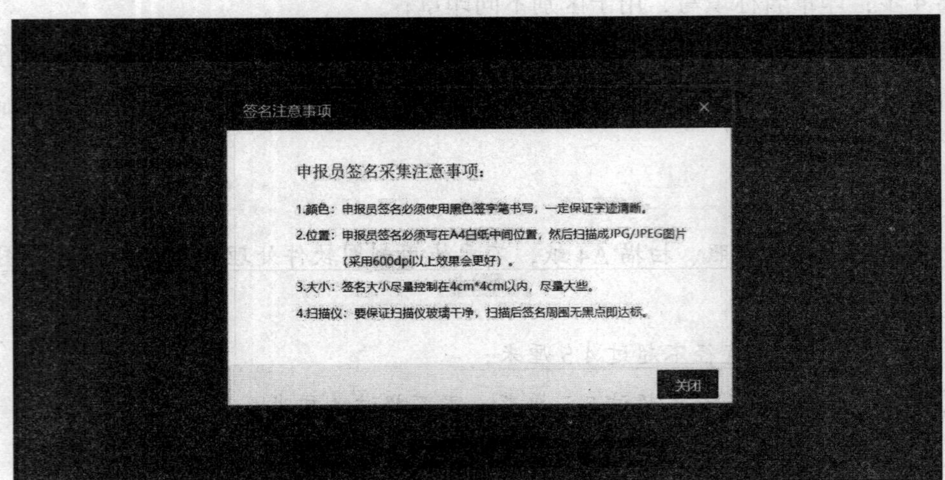

图 5-212 新增签名注意事项

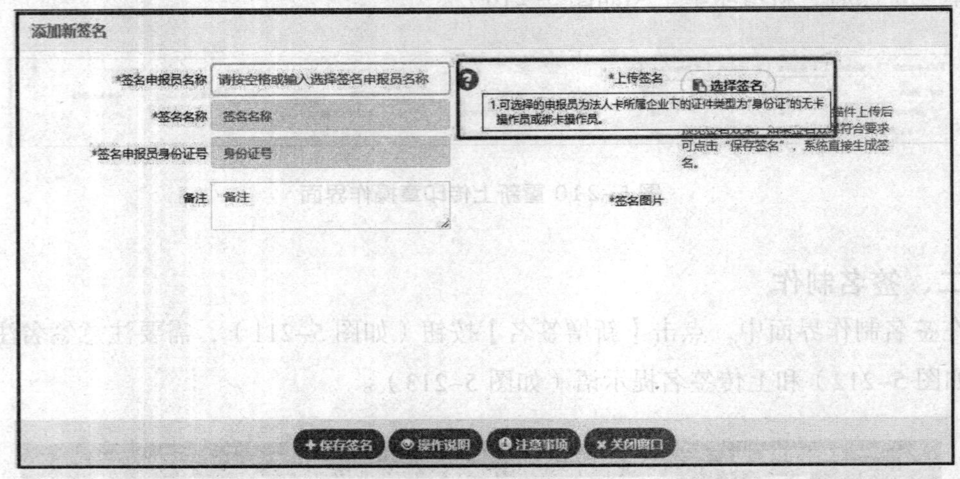

图 5-213 提示语

信息关闭提示后，界面操作步骤如下：

第 1 步：

根据采集注意事项，完成申报员签名书写和扫描，拷贝到电脑中；

第 2 步：

1. 在签名申报员名称处，按空格键，在下拉列表中选择该企业有身份证注册的申报员名称，系统反填操作员身份证号、签名名称；

2. 如果在下拉列表选择中无该企业下的申报员名称，点击界面右上角的公司名称进入管理员账号信息管理界面（如图 5-214），选择我的操作员进行新增无卡操作员（如图 5-215）。

注意：新增无卡操作员需要用身份证办理。

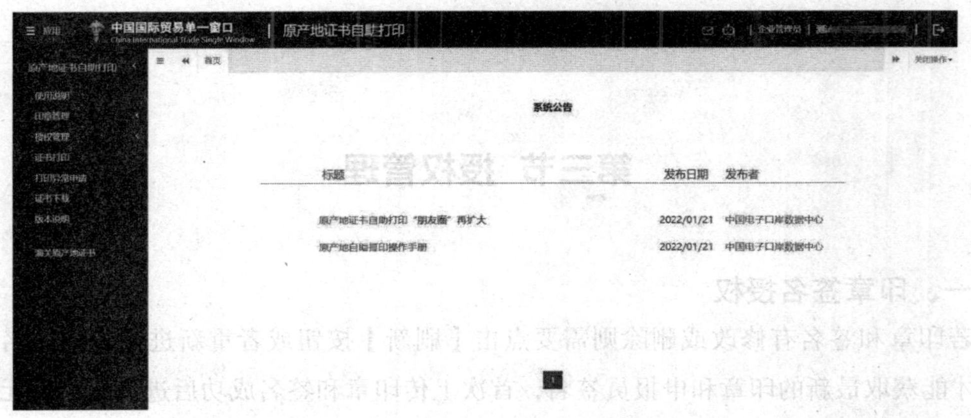

图 5-214 进入管理员账号信息管理

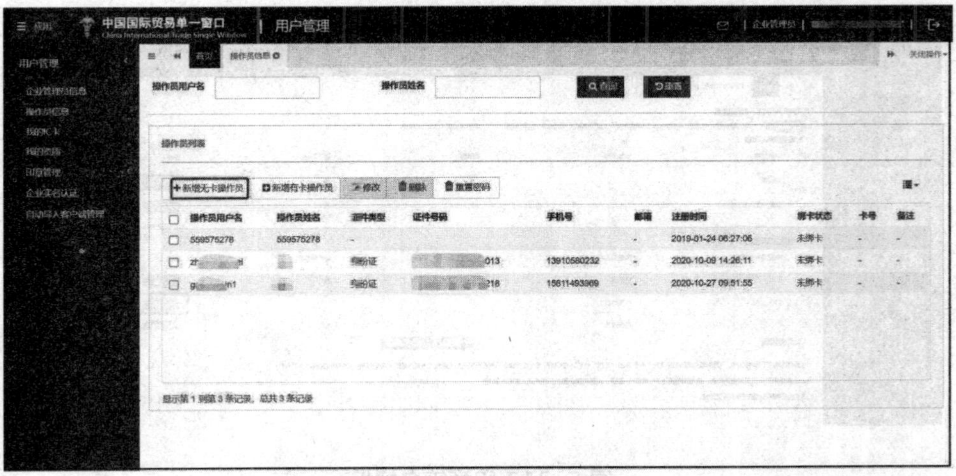

图 5-215 新增无卡操作员

第 3 步：点击选择签名，弹出选择框，选择第 1 步准备好扫描图片，若预览没有问题，点击页面下方【保存签名】按钮，即完成了签名的制作。

小提示：

自助打印申报员签字规格：申报员签字，长不超过 3.5cm，宽不超过 3 厘米。

如果对之前上传的签名不满意，可选择该签名，在下图中依次操作“停用签名”“删除签名”，然后“新增签名”。

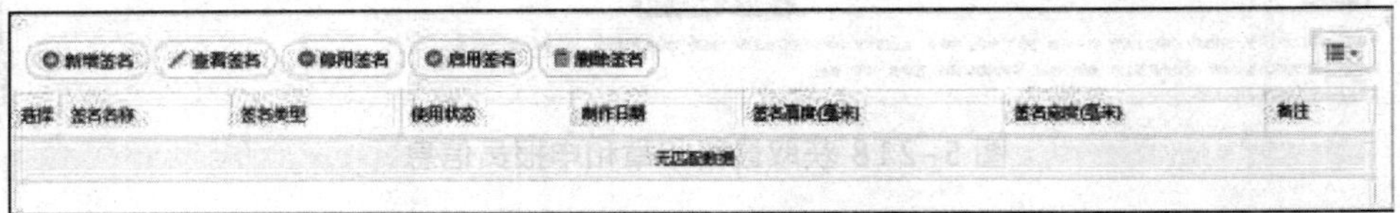

图 5-216 重新上传签名界面

第三节 授权管理

一、印章签名授权

若印章和签名有修改或删除则需要点击【刷新】按钮或者重新进入印章签名授权界面才能获取最新的印章和申报员签名，首次上传印章和签名成功后进入该页面无需点击【刷新】按钮。

企业需要在右侧“操作”列依次设置默认印章和默认签名，然后点击【授权】按钮。

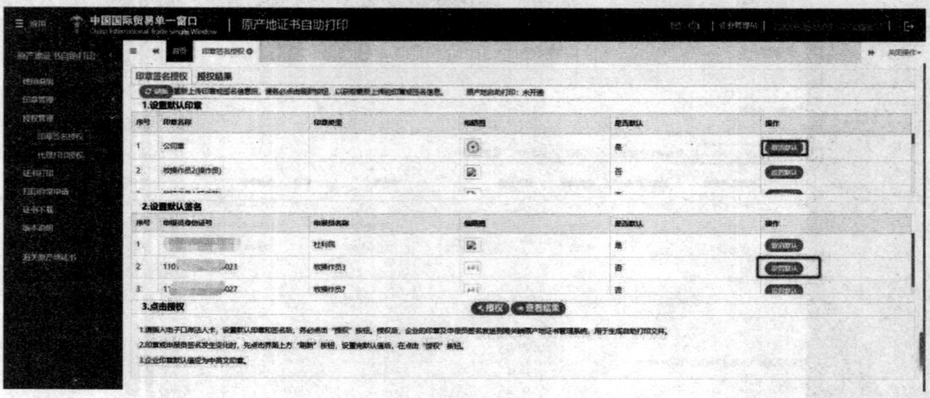

图 5-217 印章签名授权

刷新：点击【刷新】按钮，点击刷新可获取最新印章和申报员信息。

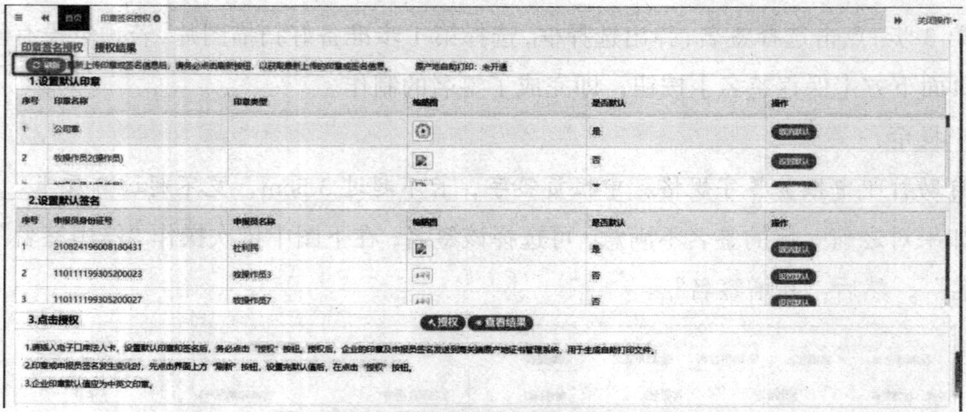

图 5-218 获取最新印章和申报员信息

授权：必须点击【授权】按钮才具备生成原产地自助打印证书的条件。

授权结果：点击【授权结果】可跳转到授权结果界面（见图 5-219），可查看印章和申报员笔迹的授权情况。

查看结果：点击【授权】按钮后，按钮上出现 120 秒倒计时，时间到方可查看授权结果。

（一）授权结果

授权结果界面可查询企业最近一次授权的回执信息。

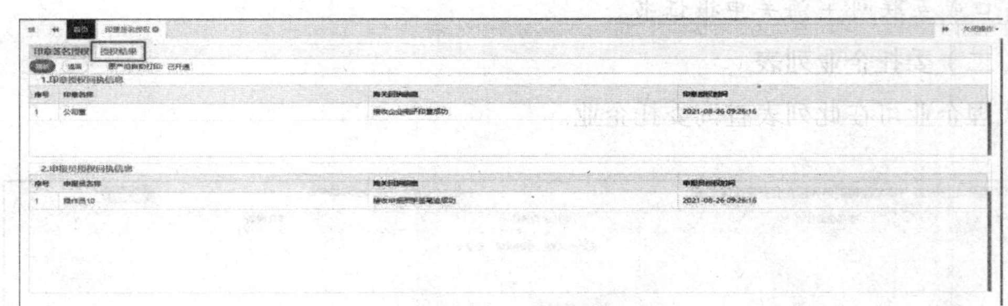

图 5-219 授权结果

刷新：点【刷新】按钮，可刷新授权结果界面。

返回：点【返回】按钮，可返回印章签名授权界面。

二、代理打印授权

（一）代理打印授权

企业如需代理打印，则需要委托企业使用法人卡登录，在代理打印授权界面进行代理打印授权，委托企业仅需授权一次。

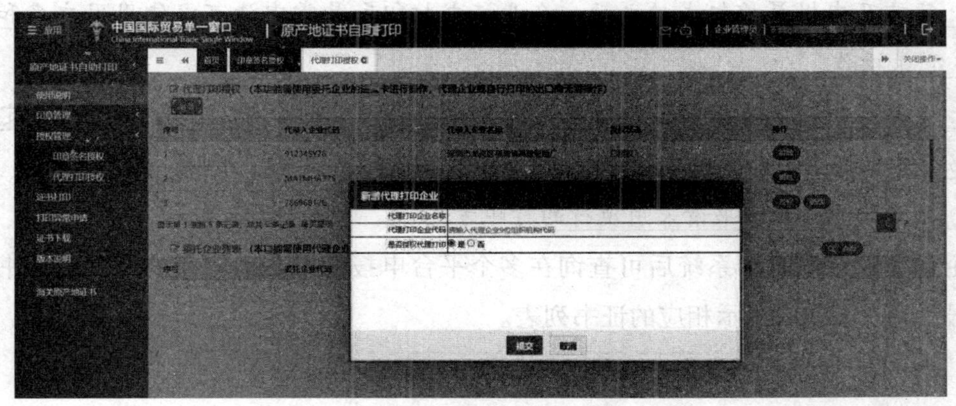

图 5-220 新增代理授权

小提示：

1. 出口商需要先完成以上印章、签名制作并授权成功；代理企业无需进行印章及签名的制作。

2. 出口商在本系统对代理录入申报企业进行代理打印授权。

3. 代理录入申报企业为委托企业申报新的证书并审批通过后即可代理打印。

4. 若代理企业查询不到在其他系统申报的符合自助打印条件的证书，可尝试通过单一窗口或互联网 + 海关申报证书。

（二）委托企业列表

代理企业可在此列表查询委托企业。

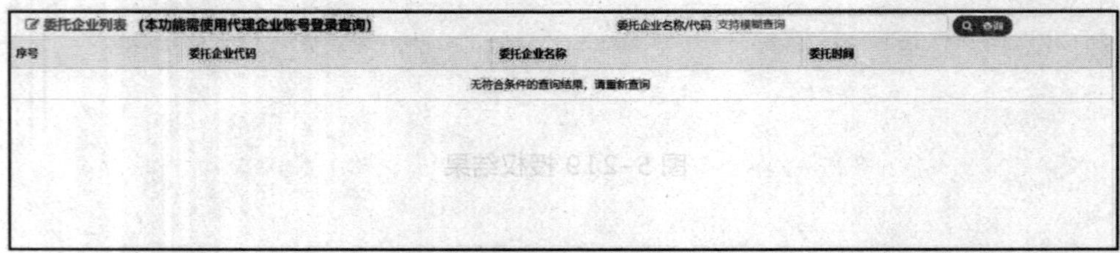

图 5-221 委托企业查询

第四节 证书打印

一、证书展示

小提示：

1. 签章及申报员授权成功之后，企业证书打印和异常申请可以使用用户名和卡密码方式登录操作。

2. 印章及申报员签名授权成功之后新申请并审批通过的海关总署公告中指定类型的证书才能在证书展示列表中展示及自助打印。

3. 原审批通过的证书请采用现行的打印方式。

企业登录自助打印系统后可查询在多个平台申报的可自助打印的原产地证书，系统根据登录人的权限展示相应的证书列表。

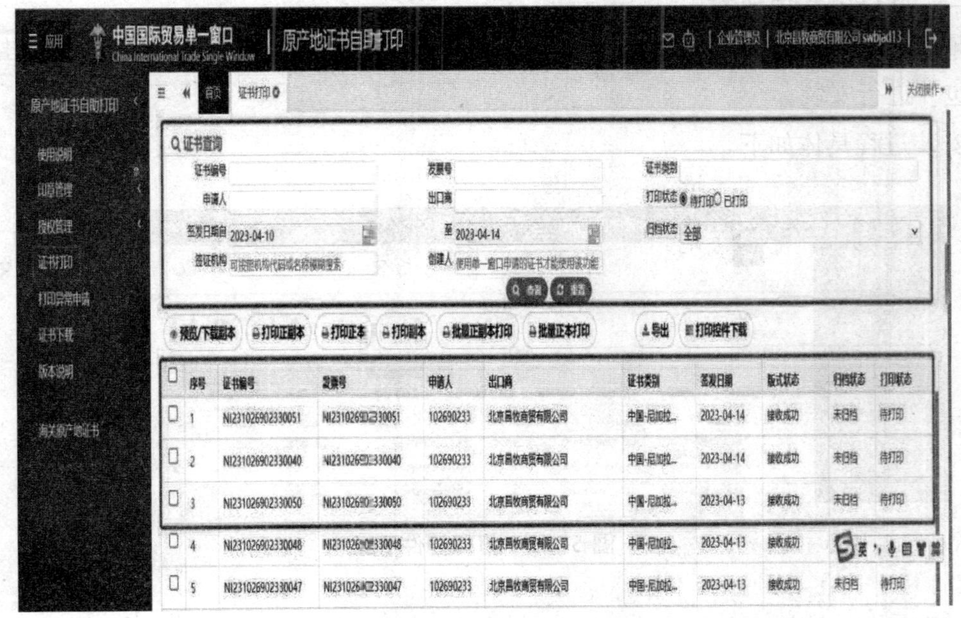

图 5-222 证书展示列表

证书查询区：用户通过查询条件，进行单一条件查询或组合查询。证书展示区：展示符合当前企业查询条件的数据信息（图 5-222）。

自助打印证书查不到：

1. 在证书打印界面输入证书编号进行查询，并依据系统提示进行操作。

2. 录入证书编号仍未查询到自助打印证书，点击证书展示区中的“查看解决办法”查看解决方法。

二、导出证书

企业可按照证书类别，申请人，签发日期等查询条件查询证书，将查询出的证书导出形成 Excel 文件（如图 5-223）。

图 5-223 证书导出

三、打印控件安装

证书打印前，请确认该台电脑是否已经安装打印控件，如未安装用户可点击下载安装包并进行安装。

安装过程具体如下。

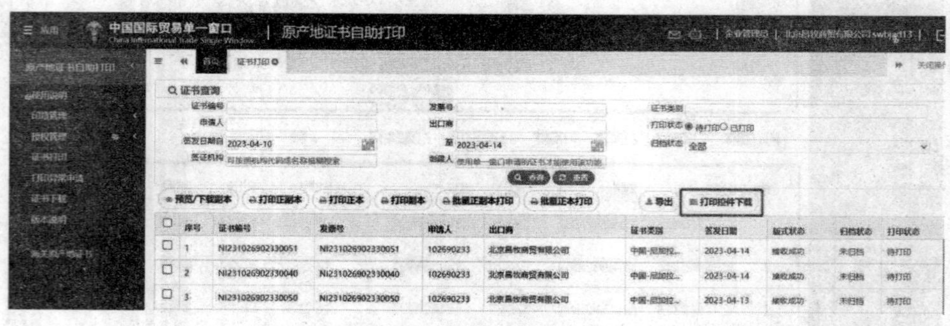

图 5-224 打印控件下载

1. 在电脑本地查找到打印控件安装包。

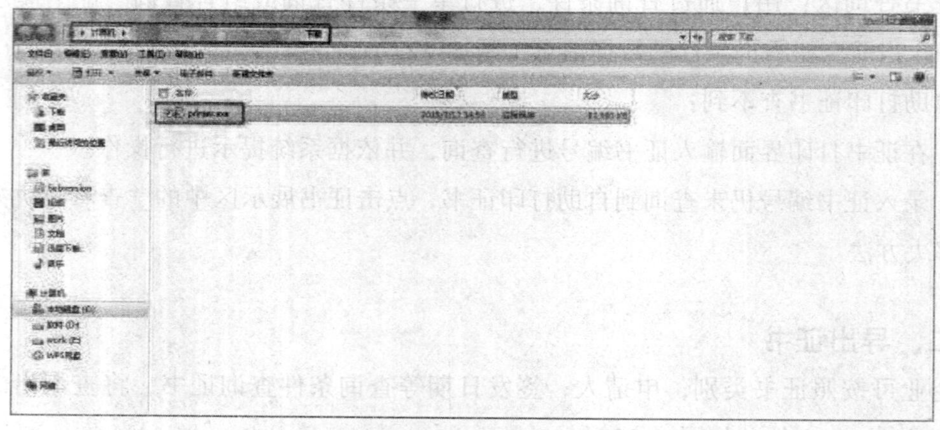

图 5-225 找到打印控件安装包

2. 双击打印控件安装包，点击【运行】按钮。

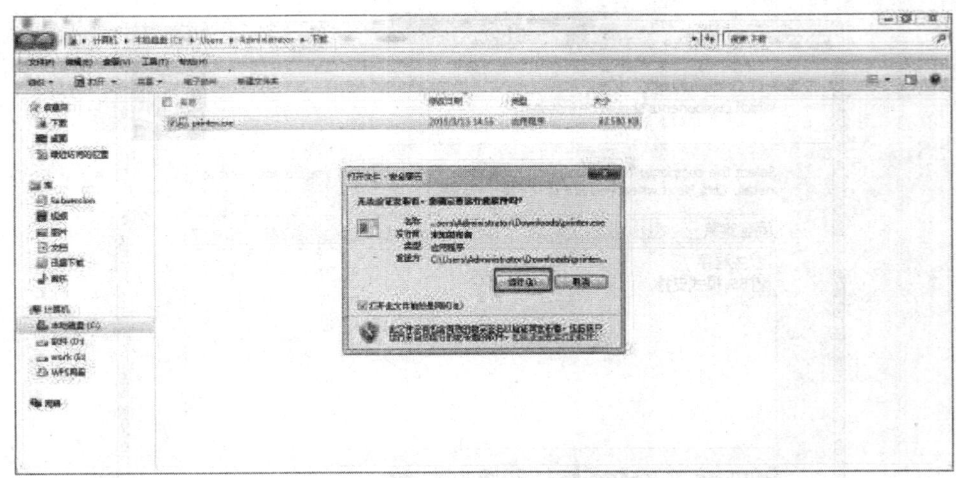

图 5-226 运行打印控件安装包

3. 点击【运行】按钮后桌面会弹出打印控件安装向导，点击下一步。

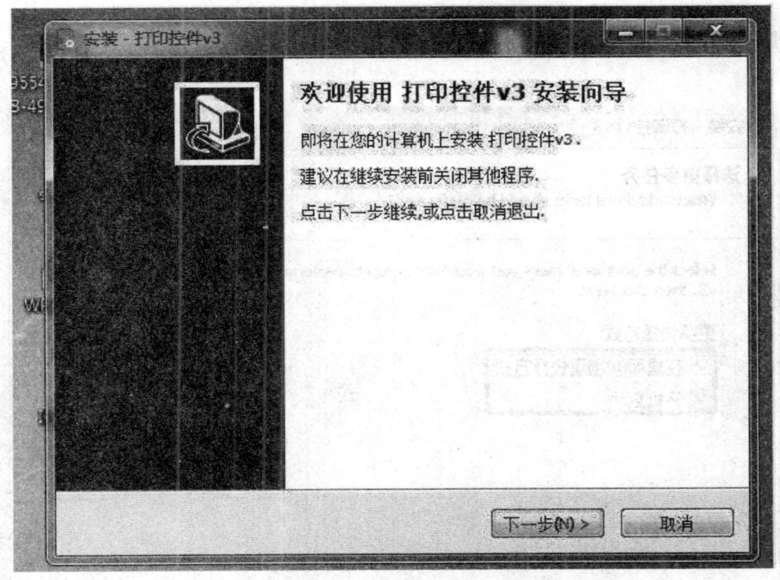

图 5-227 点击“下一步”

4. 显示安装选项，可直接点击下一步默认安装，也可选择自定义安装。

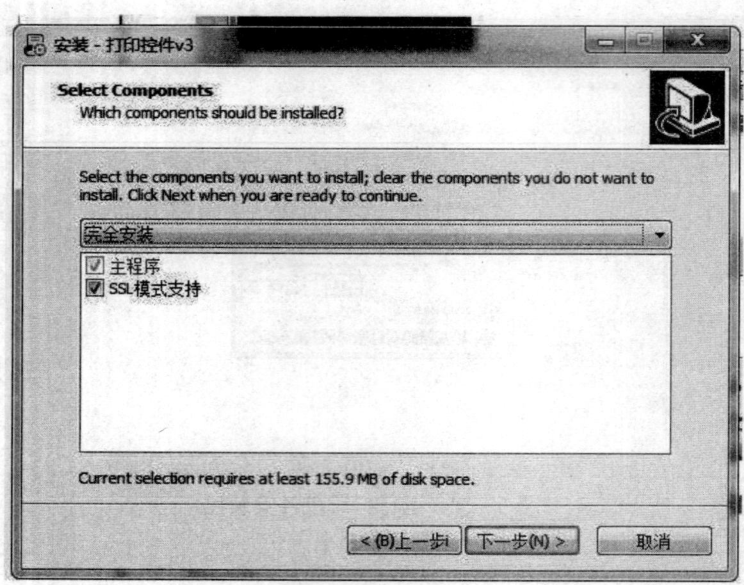

图 5-228 安装

5. 选择快捷方式，建议全部勾选。点击下一步。

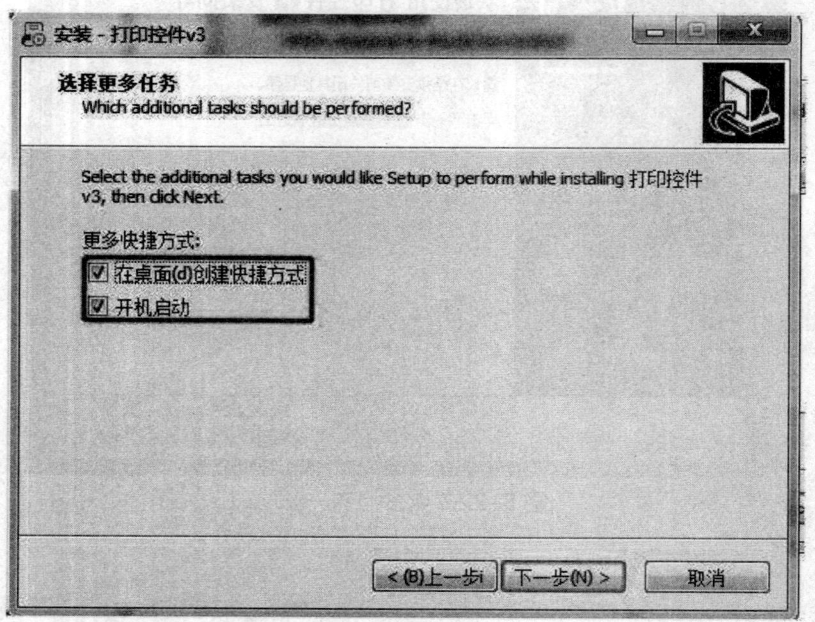

图 5-229 创建快捷方式

6. 安装过程。

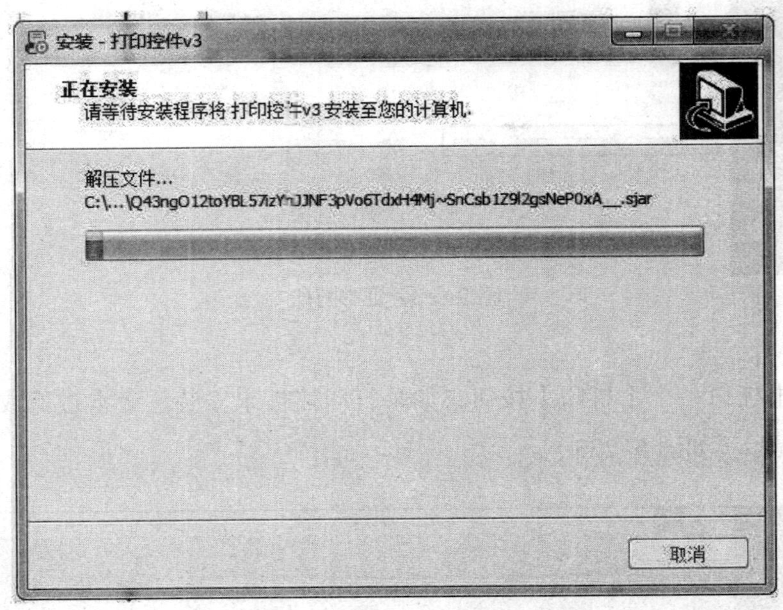

图 5-230 安装中

7. 控件安装完成后，安装界面关闭，在电脑屏幕右下方有打印控件标记，即为打印控件安装成功。安装完成打印控件后，根据提示刷新界面或重新登录。

图 5-231 安装成功

四、证书打印

小提示：

请使用支持双面自动打印的彩色打印机进行打印！

预览 / 下载副本：可以预览并支持下载副本信息。打印正副本：可以打印出证书的正副本信息。打印正本：可以打印正本信息。

打印副本：可以打印副本信息。

版式状态：是否收到了管理端发来的正副本，分为海关端生成、发送中和接收成功。

归档状态：分为已归档和未归档。已归档的证书不可打印，不可进行异常申请只有未归档证书才可打印。

打印状态：显示证书的打印状态，分为待打印和已打印。

如图 5-232 所示：

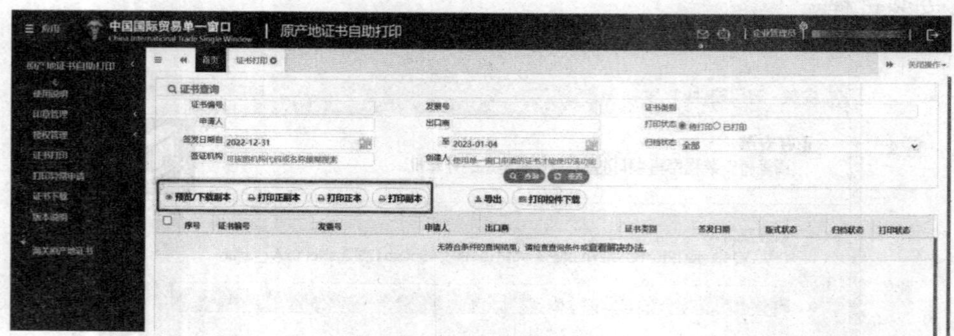

图 5-232 证书打印

企业点击任何一个【打印】按钮，如果打印控件未安装、版本过低或未启动打印控件会给出提示（如图 5-233）。

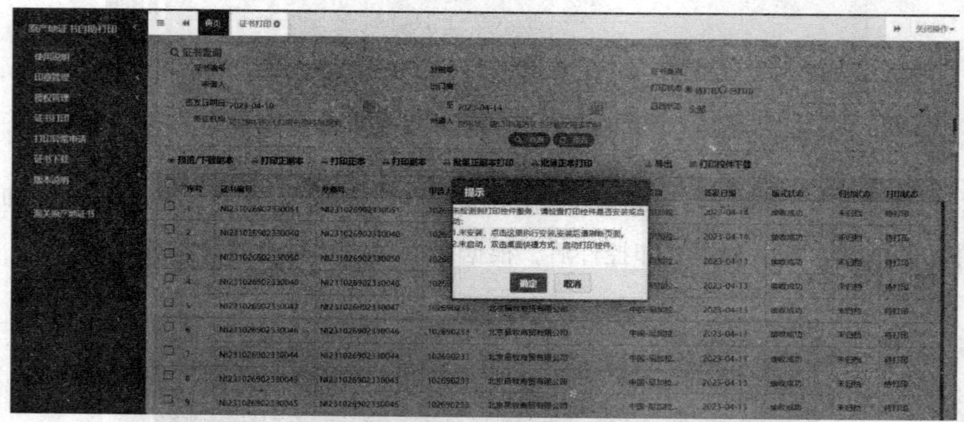

图 5-233 未安装或开启打印控件提示

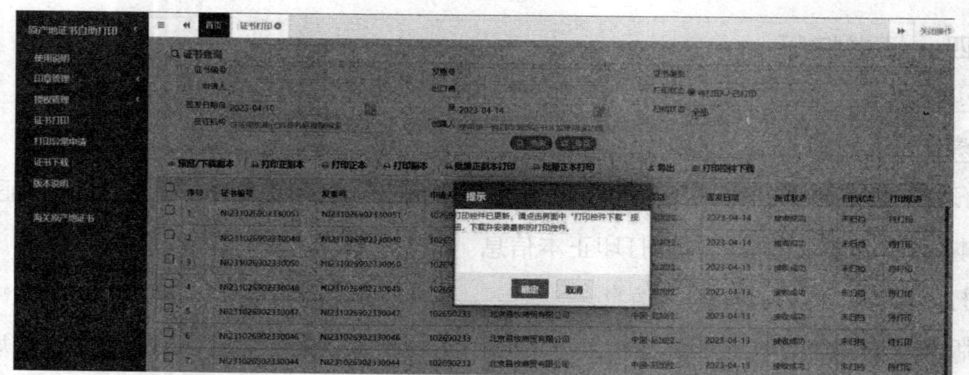

图 5-234 版本过低提示

（1）点击“执行安装”系统会重新下载打印控件。

（2）如已安装打印控件，在桌面双击打印控件快捷方式【WebPrinter】按钮可重新启动打印控件。

（3）版本过底，点击提示下载最新版本的打印控件。

证书打印，勾选要打印的证书，根据企业本身业务需要自行选择【打印】按钮。

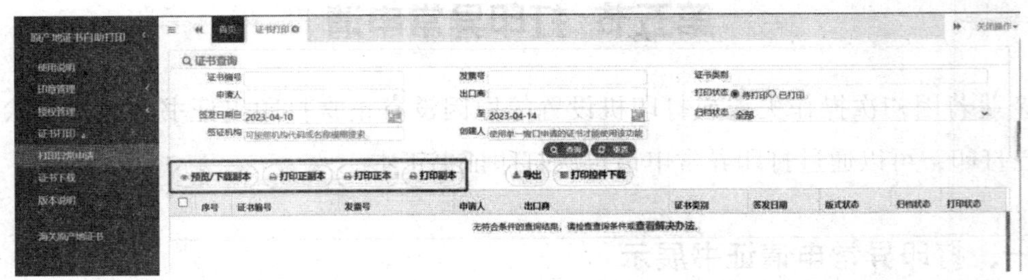

图 5-235 证书打印

打印完成后界面会给出打印是否成功的提示，点击【是】则打印成功；点击【否】界面将跳转异常打印界面，进行异常打印（如图 5-236）。

注意：

根据打印出证书的成功与否，再选【是】或【否】。

小提示：

证书每次异常打印都会记录打印的次数。

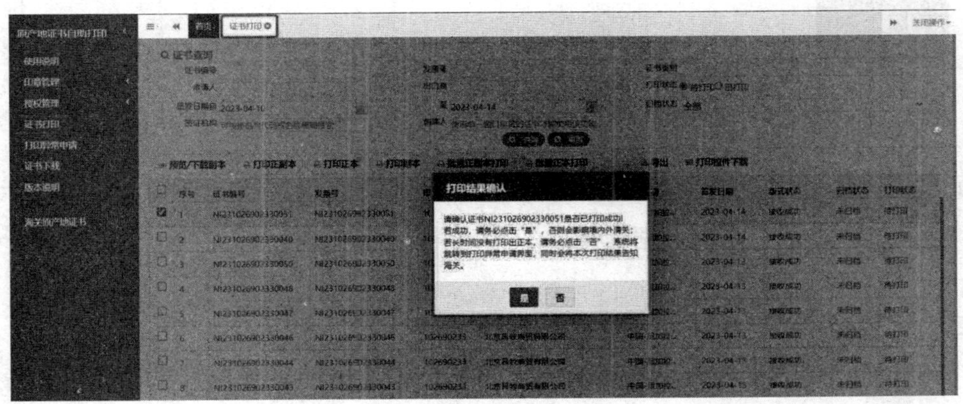

图 5-236 打印结果确认

小提示：

打印结果确认提示语

请确认证书（★★★ 证书号 ★★★）是否已打印成功！

若成功，请务必点击“是”，否则会影响清关；

若长时间没有打印出正本，请务必点击“否”，系统将跳转到打印异常申请界面，同时会将本次打印结果告知海关。

第五节 打印异常申请

企业若因初次操作失误或打印机设置等原因没有正常打印出证书，但打印状态变成了已打印，可以通过打印异常申请再次打印证书正本。

一、打印异常申请证书展示

打印异常申请界面所展示的数据状态为已打印的证书（如图 5-237）。

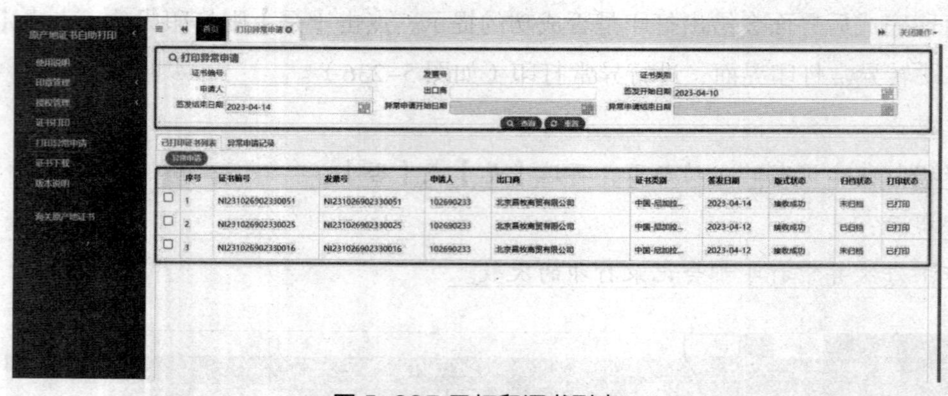

图 5-237 已打印证书列表

证书查询区：用户通过查询条件，进行单一条件查询或组合查询。证书展示区：展示符合当前企业已打印的数据信息。

二、证书异常申请

打印异常申请界面勾选一条数据点【异常申请】按钮，弹出异常申请界面（如图 5-238）。点击【提交打印】可进行异常申请打印，点【取消打印】可关闭异常申请界面，取消异常申请。

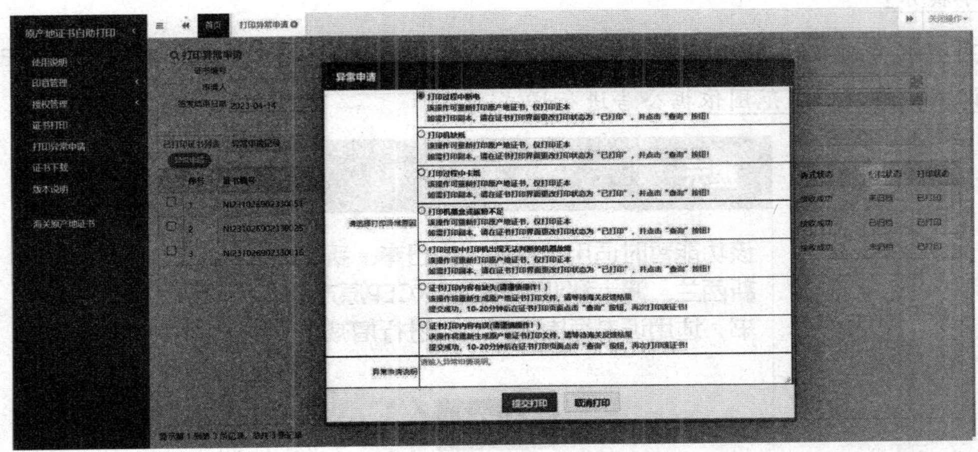

图 5-238 异常申请

根据打印出现的异常情况，选择要进行的异常申请原因和操作类型，点击【提交】按钮进行异常打印申请。提交成功后，在证书打印页面需要点击【查询】按钮。异常申请数据可在异常申请列表查询（如图 5-239）。

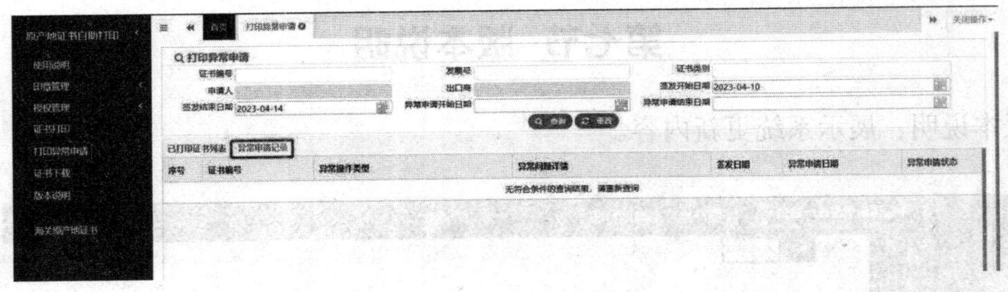

图 5-239 异常申请列表

第六节 证书下载

RCEP 证书及 RCEP 背对背证书部分证书支持电子版下载（如图 5-240）。

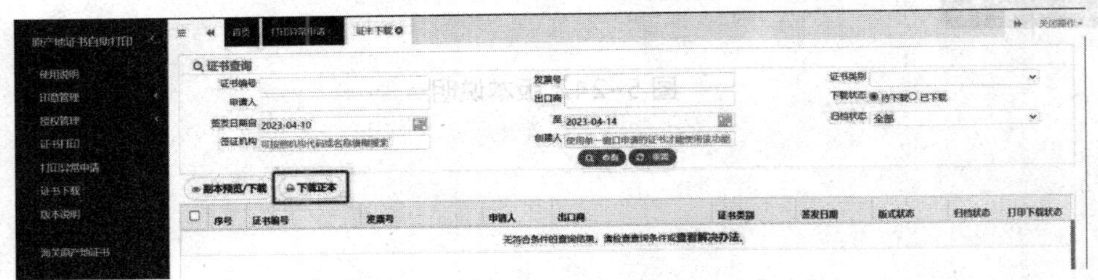

图 5-240 RCEP 电子版证书下载

<u>小提示：</u>

<u>该功能暂时适用于目的国为日本、新加坡、新西兰、澳大利亚、韩国的 RCEP 原产地证书，适用证书范围依据公告进行增减。</u>

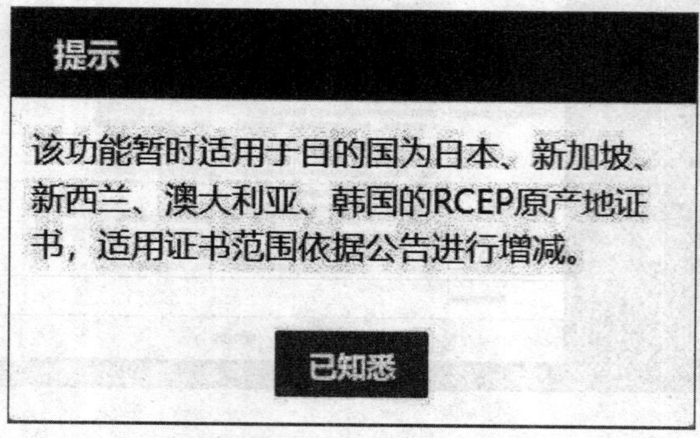

图 5-241 提示

第七节 版本说明

版本说明：展示系统更新内容。

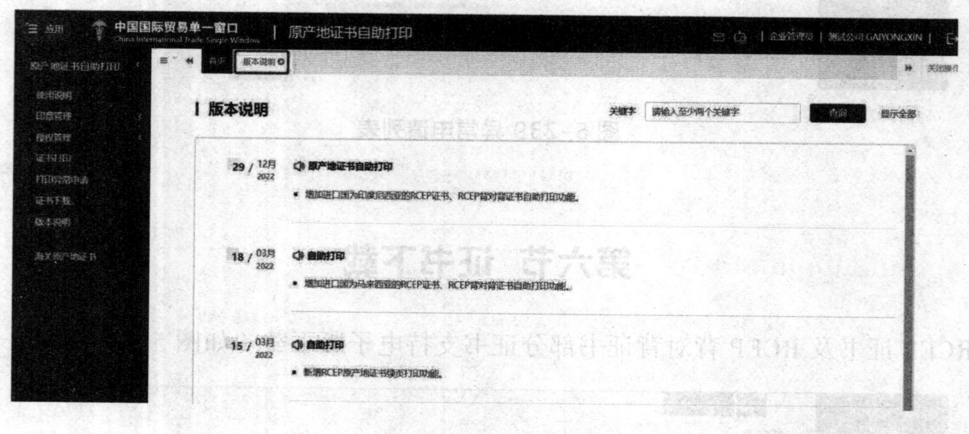

图 5-242 版本说明

第四章 经核准出口商管理信息化系统操作说明

第一节 经核准出口商

一、认定申请

点击“经核准出口商—认定申请”菜单进入经核准出口商认定申请界面，提示如图 5-243 所示。

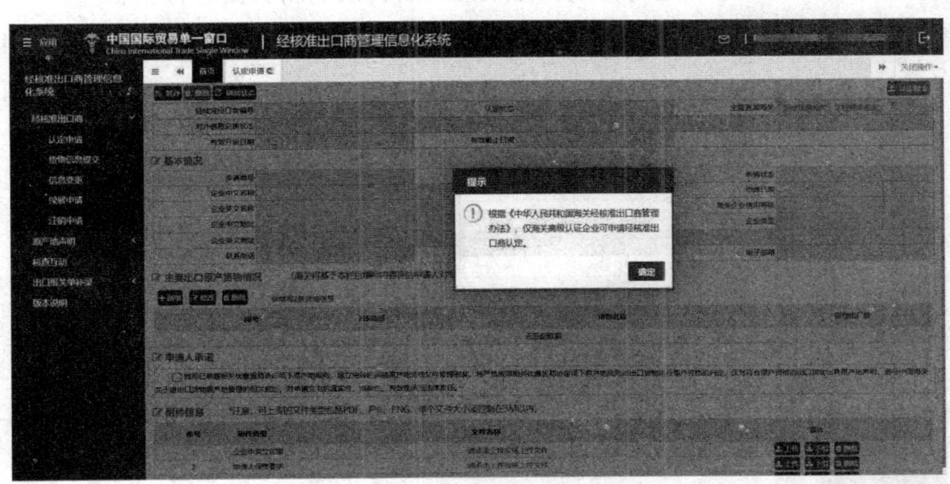

图 5-243 经核准出口商认定申请页面提示

若所属企业尚未在海关企业通用资质系统备案，需先前往中国国际贸易“单一窗口”或“互联网 + 海关”一体化网上办事平台中“企业资质”——“海关企业通用资质”进行备案，完成企业通用资质备案的高级认证企业可进入经核准出口商认定申请界面进行认定申请操作（如图 5-244）。

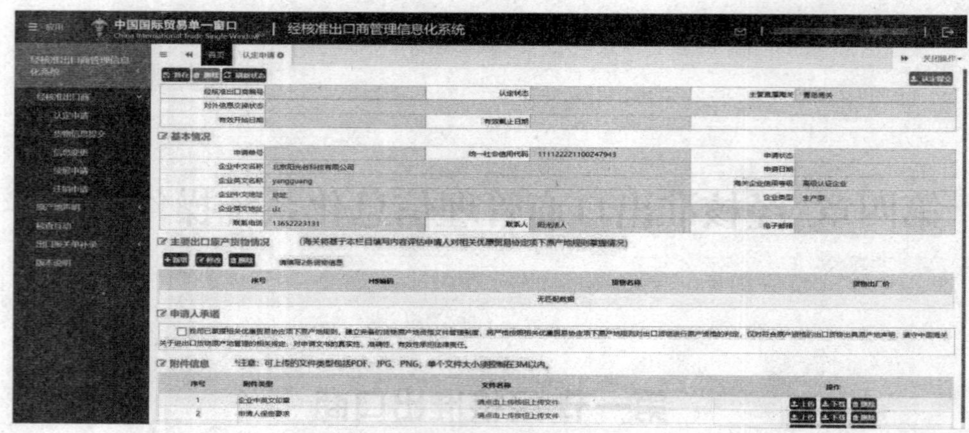

图 5-244 经核准出口商认定申请页面

第1步：经核准出口商认定申请，该页面分为四大部分的信息，分别为“基本情况”“主要出口原产货物情况”“申请人承诺”和“附件信息”；（若发现基本情况有误，需到“海关企业通用资质”系统进行修改，修改完成后再次刷新页面进行查看。）

第2步：点击“主要出口原产货物情况”中的【新增】按钮，弹出“主要出口货物信息维护”弹出框（如图5-245）；

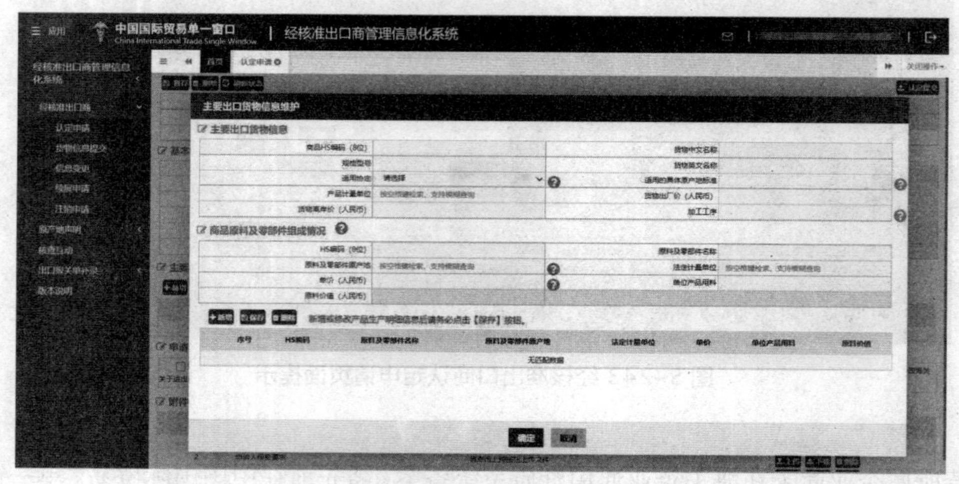

图 5-245 主要出口原产货物信息维护

第3步：填写“主要出口货物信息”和“商品原料及零部件组成情况”，其中黄色底纹栏目为必填项。填写完成原料及零部件组成情况后，点击【保存】按钮，下方列表对应增加一条“商品原料及零部件组成情况”数据（如图5-246）；

图 5-246 主要出口原产货物信息维护 - 原料及零部件组成情况

第 4 步：可对商品原料及零部件组成情况进行新增、保存或删除；

第 5 步：主要出口货物信息录入完成后，点击【确定】按钮，保存一条货物信息；

第 6 步：重复第 3-5 步，保存两条货物信息（如图 5-247）；

图 5-247 主要出口原产货物情况

第 7 步：勾选申请人承诺；

第 8 步：在"附件信息"栏点击【上传】按钮上传相应的电子文档；

第 9 步：上传完成后点击【认定提交】按钮发送至海关审核。

删除认定申请单：仅申请单状态为暂存、撤回成功、不予认定的申请单可进行删除。点击【删除】按钮，确定删除可删除当前的认定申请。

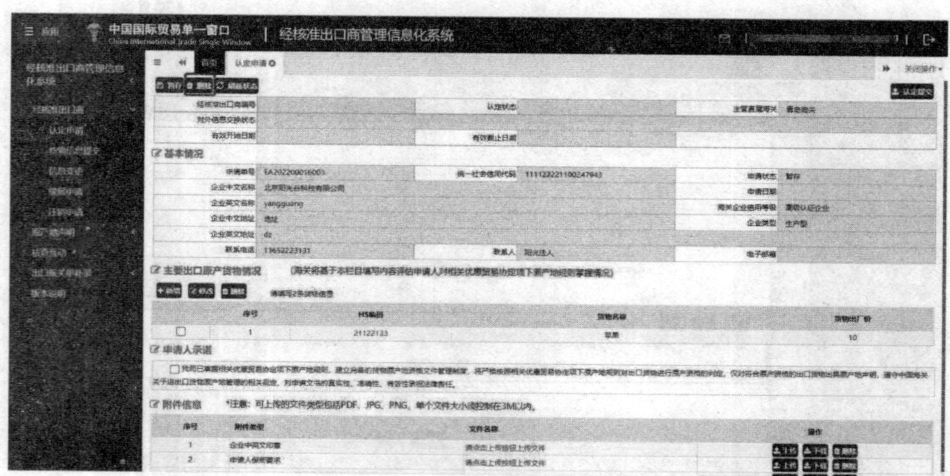

图 5-248 删除认定申请单

撤回：经核准出口商认定提交之后，若申请单状态为海关接收成功且认定状态为待认定的申请单可撤回修改（如图 5-249）。

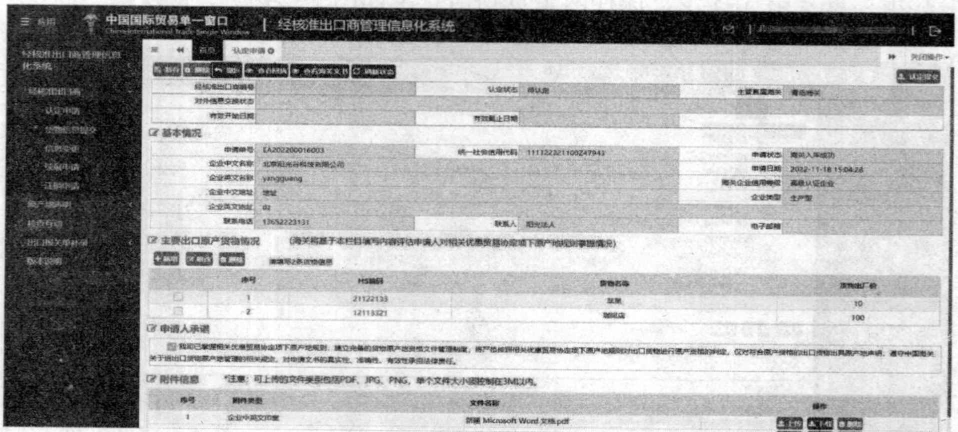

图 5-249 撤回

点击【撤回】按钮，确定撤回可提交撤回申请，请在五分钟后重新进入页面或进行状态刷新，撤回成功后，申请状态刷新为撤回成功，【认定提交】按钮为可操作状态，即可修改申请单信息后再次提交认定申请。

查看回执：点击【查看回执】按钮，可查看当前企业的回执情况，如图 5-250 所示。

回执信息

处理日期	状态	企业申请类别	说明	海关文书
2022-11-18 15:06:45	海关入库成功	经核准出口商认定申请	接收经核准出口商认定申请信息入库成功	
2022-11-18 15:04:30	成功发往海关	经核准出口商认定申请	成功发往海关	
2022-11-18 15:04:28	已提交	经核准出口商认定申请	申报成功!	
2022-08-09 15:32:40	已注销	经核准出口商注销	由于你司存在依经核准出口商申请注销的情形。自（2022-08-09）之后开具的原产地声明无效	经核准出口商认定注销通知书
2022-08-03 19:06:49	已对外信息交换	经核准出口商已对外信息交换		
2022-08-03 19:06:49	海关入库成功	经核准出口商信息变更	海关接收经核准出口商附件变更信息入库成功	
2022-08-03 19:04:27	成功发往海关	经核准出口商信息变更	成功发往海关	
2022-08-03 19:04:24	已提交	经核准出口商信息变更	申报成功!	
2022-07-28 17:41:07	已对外信息交换	经核准出口商已对外信息交换		
2022-07-28 17:41:04	已对外信息交换	经核准出口商已对外信息交换		

关闭

图 5-250 查看回执

查看海关文书：点击【查看海关文书】按钮，可预览或下载海关发送的文书信息，如图 5-251 所示。

预览/下载海关文书

处理日期	状态	企业申请类别	说明	海关文书	操作
2021-12-25 16:40:09	认定通过	经核准出口商认定申请	你司已成为海关经核准出口商，请下载经核准出口商认定书，并完成货物信息提交	经核准出口商认定书	预览 下载
2021-12-25 16:34:33	不予认定	经核准出口商认定申请	你司未能成为海关经核准出口商，请下载不予认定经核准出口商决定书	不予认定经核准出口商决定书	预览 下载

显示第 1 到第 2 条记录，总共 2 条记录

关闭

图 5-251 查看海关文书

下载认定申请书：经核准出口商认定有效后，点击【下载认定申请书】按钮，可下载认定申请书（如图 5–252）。

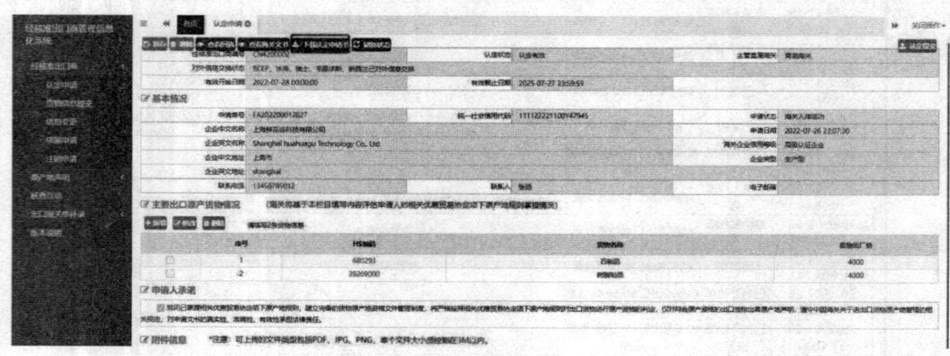

图 5–252 下载认定申请书

刷新状态：点击【刷新状态】按钮，可刷新查看该认定申请的最新状态。新增认定申请：认定申请经注销或撤销后，认定状态将更改为注销或撤销。

若需要再次申请经核准出口商认定申请，可点击【新增】按钮再次发起认定申请，如图 5–253 所示。

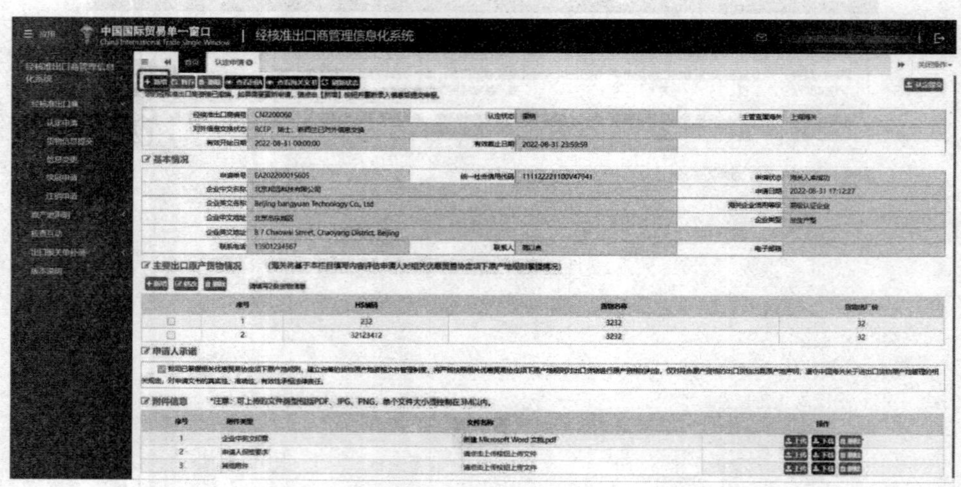

图 5–253 新增认定申请

小提示：

经核准出口商认定经撤销后，不得在 2 年内再次申请认定。若不满 2 年时点击【新增】按钮，提示如图 5–254 所示。

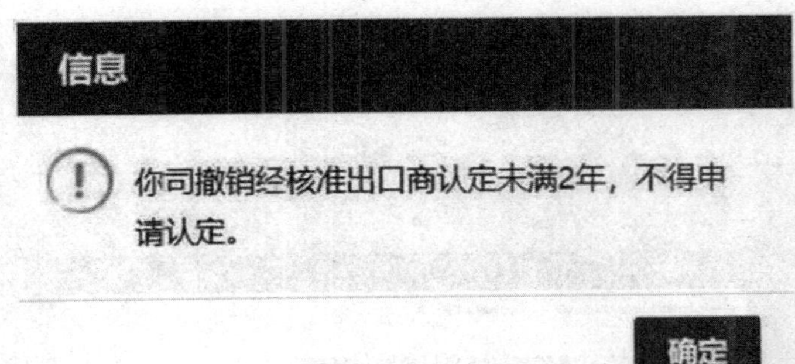

图 5-254 撤销后新增提示

二、货物信息提交

小提示：

经核准出口商认定有效后，才可进行经核准出口商货物信息的备案操作。

经核准出口商认定申请通过后，点击“经核准出口商货物信息”菜单可进入经核准出口商货物信息页面进行货物信息的备案操作，如图 5-255 所示。

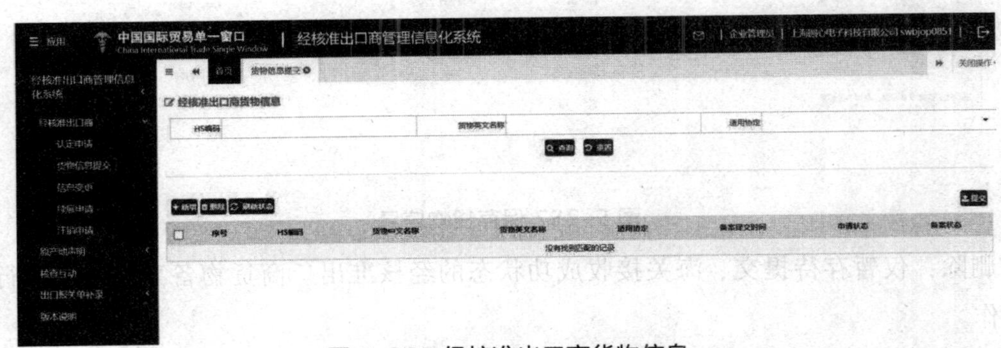

图 5-255 经核准出口商货物信息

新增：点击【新增】按钮，将打开新增货物信息弹出框（如图 5-256）。录入货物信息后点击【确定】按钮，可保存录入的货物信息，状态为暂存待提交（如图 5-257）。

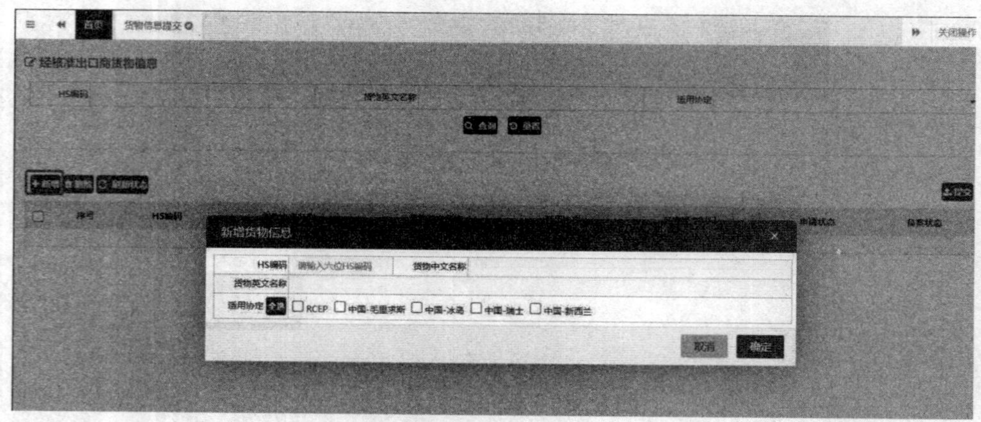

图 5-256 新增货物信息

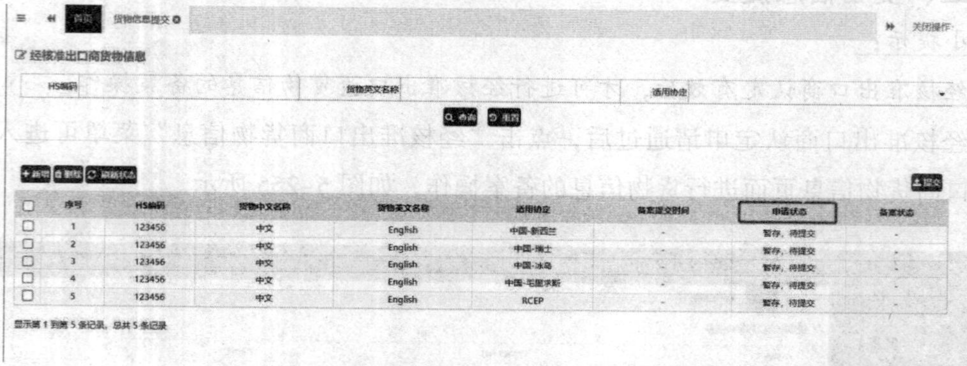

首页 货物信息提交 关闭操作

经核准出口商货物信息

HS编码 货物英文名称 适用协定

查询 重置

新增 删除 刷新状态 提交

	序号	HS编码	货物中文名称	货物英文名称	适用协定	备案提交时间	申请状态	备案状态
☐	1	123456	中文	English	中国-新西兰	-	暂存，待提交	-
☐	2	123456	中文	English	中国-瑞士	-	暂存，待提交	-
☐	3	123456	中文	English	中国-冰岛	-	暂存，待提交	-
☐	4	123456	中文	English	中国-毛里求斯	-	暂存，待提交	-
☐	5	123456	中文	English	RCEP	-	暂存，待提交	-

显示第 1 到第 5 条记录，总共 5 条记录

图 5-257 保存货物信息

删除：仅暂存待提交、海关接收成功状态的经核准出口商货物备案信息可进行删除操作。

勾选需要删除的经核准出口商货物备案信息后点击【删除】按钮，系统弹出提示框“是否确认删除该数据？”。若选中数据为暂存待提交的数据，点击确定后系统将删除被勾选的数据；若勾选数据为海关接收成功的数据，点击确定后被删除的数据状态更新为删除待提交。

提交：仅暂存待提交、删除待提交状态的经核准出口商货物备案信息可进行提交操作。

勾选需要提交的经核准出口商货物备案信息后点击【提交】按钮，系统弹出提示框“是否确认提交该数据？”。点击确定后，系统将发送货物备案申请或货物删除申请发送至海关。

刷新状态：点击【刷新状态】按钮，系统将刷新经核准出口商货物信息，展示经核准出口商货物备案信息的最新数据状态。

查询：录入查询条件，点击【查询】按钮，经核准出口商货物备案列表将展示所有符合条件的货物信息。

重置：点击【重置】按钮，将清空查询条件。

三、信息变更

小提示：

经核准出口商认定有效后，才可进行经核准出口商信息变更的操作。

经核准出口商信息变更功能仅可以变更附件信息，如需变更企业基本情况信息请前往单一窗口企业资质系统中修改。

经核准出口商认定申请通过后，可点击“经核准出口商信息变更”菜单进行信息变更操作（如图 5–258）。

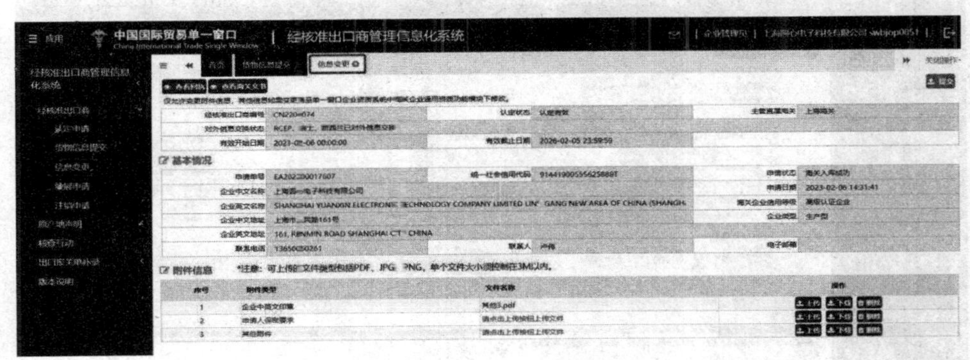

图 5–258 经核准出口商信息变更

提交变更申请：提交变更申请前，需先对经核准出口商附件信息进行上传或删除，附件信息修改后，【提交】按钮即可操作。点击【提交】按钮，确认提交即可向海关发送变更申请，等待接收海关的回执信息（无需海关审核）。

在经核准出口商信息变更页面，可以点击【查看回执】按钮查看回执信息，也可以点击【查看海关文书】按钮，预览或下载海关文书。

四、续展申请

小提示：

经核准出口商认定有效后，且在有效期届满 3 个月内才可进行经核准出口商续展申请的操作。

点击“经核准出口商续展申请”菜单进入经核准出口商续展申请页面发起续展申请，若当前日期距离有效截止日期大于 3 个月则不可进行续展操作，提示如图 5–259 所示。

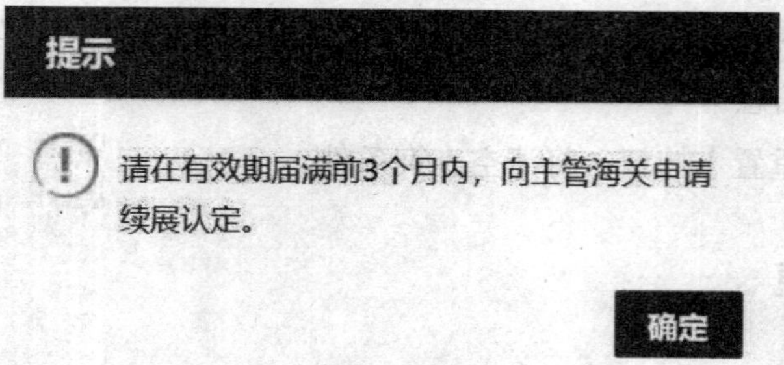

提示

请在有效期届满前3个月内，向主管海关申请续展认定。

确定

图 5-259 经核准出口商续展申请提示

若当前日期在有效期届满前 3 个月内，则可进入页面进行续展操作（如图 5-260）。

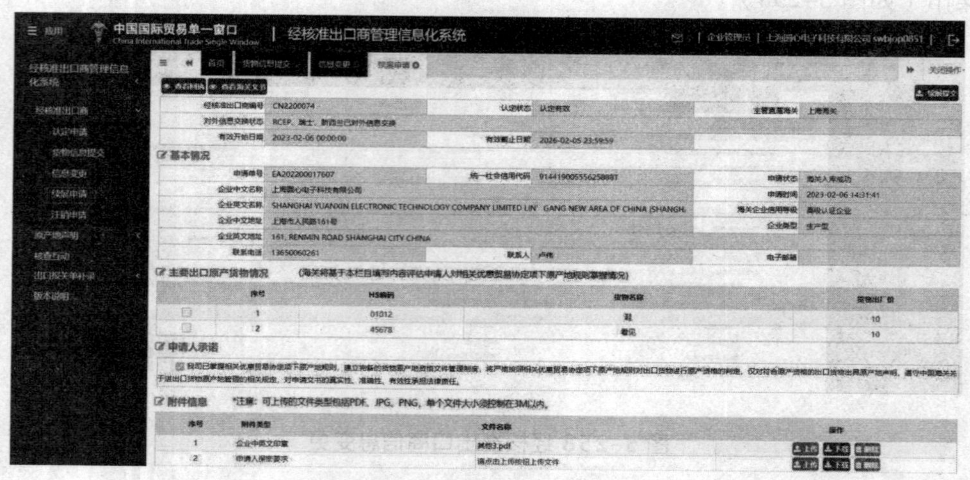

图 5-260 经核准出口商续展申请

提交续展申请：点击【续展提交】按钮，确认提交即可向海关发送续展申请，等待海关对续展业务进行审核。

在经核准出口商续展申请页面，可以点击【查看回执】按钮查看回执信息，也可以点击【查看海关文书】按钮，预览或下载海关文书。

五、注销申请

小提示：

经核准出口商认定有效后，才可进行经核准出口商注销申请的操作。

经核准出口商认定有效后，点击“经核准出口商注销申请”菜单进入经核准出口商注销申请页面可发起注销申请。（如图 5-261）

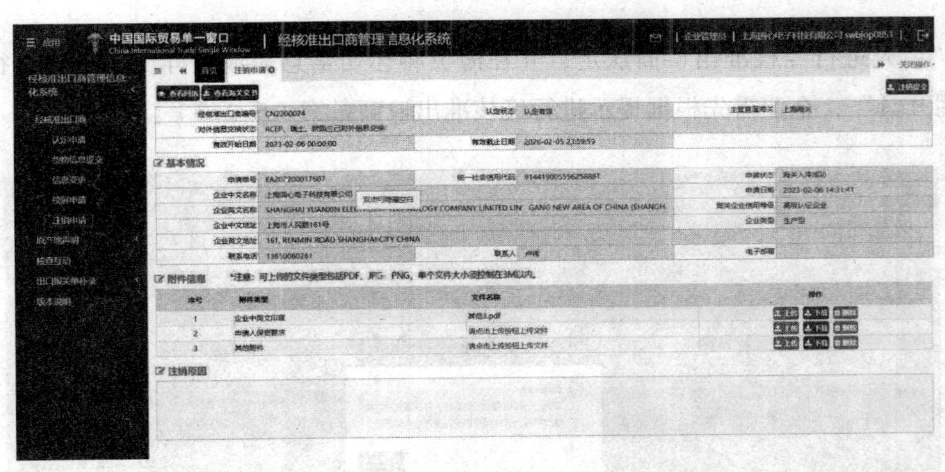

图 5-261 经核准出口商注销申请

小提示：

提交注销申请需在录入注销原因后点击【注销申请】按钮，确认提交即可向海关发送注销申请，等待接收海关的回执信息（无需海关审核）。

在经核准出口商注销申请页面，可以点击【查看回执】按钮查看回执信息，也可以点击【查看海关文书】按钮，预览或下载海关文书。

第二节 原产地声明

一、原产地声明开具

点击“原产地声明”菜单下的“声明开具”，根据企业自身业务需要选择声明类型，如图 5-262 所示：

图 5-262 原产地声明开具

用户点击声明图标进入界面，若企业未完成经核准出口商认定及对外交换，则会提示：

“请先进行经核准出口商认定，并在海关将你司信息完成对外交换后再进行原产地声明开具”；企业需先根据提示进行经核准出口商备案（5–263）。

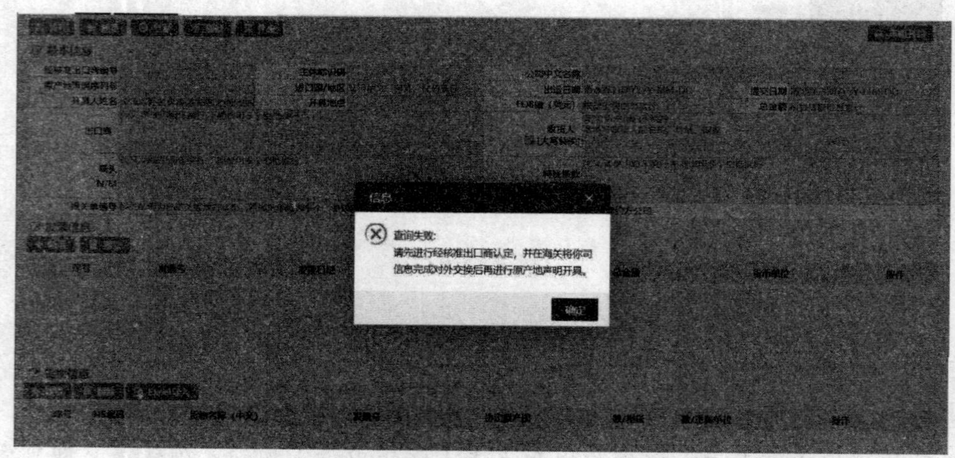

图 5–263 未进行经核准出口商认定提示

（一）RCEP 原产地声明

RCEP 声明包含基本信息，发票信息，货物信息（如图 5–264）。

小提示：

界面中，带有黄色底图的字段为必填项，否则无法打印声明。

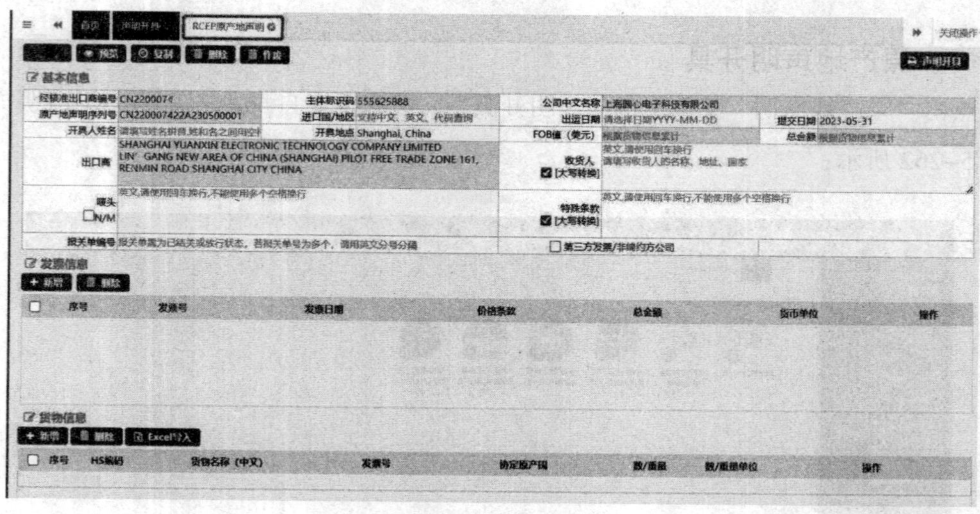

图 5–264 RCEP 声明界面

1. 基本信息

在基本信息中经核准出口商编号、公司中文名称系统自动从已认定的经核准出口商信息中获取，反填不允许修改；原产地声明序列号系统自动生成；主体标识码默认反填当前系统的登录企业信息，不允许修改；出口商默认反填经核准出口商认定申请模块中的企业英文名称和企业英文地址，开具地点根据经核准出口商直属海关获取。其他录入字段根据业务需求如实填写。

录入非缔约方信息，勾选第三方发票/非缔约方公司出现非缔约方【新增】按钮（如图 5-265），页面弹框展示第三方发票/非缔约方公司信息录入界面（如图 5-266）。

图 5-265 第三方发票 / 非缔约方公司出现非缔约方【新增】按钮

图 5-266 RCEP 声明界面非缔约方新增界面

点击【新增】按钮，录入非缔约方公司信息，点击【保存】按钮公司信息在第三方发票/非缔约方公司信息列表中显示，在列表中操作列中通过【编辑】【删除】按钮对数据修改或删除操作。

2. 发票信息

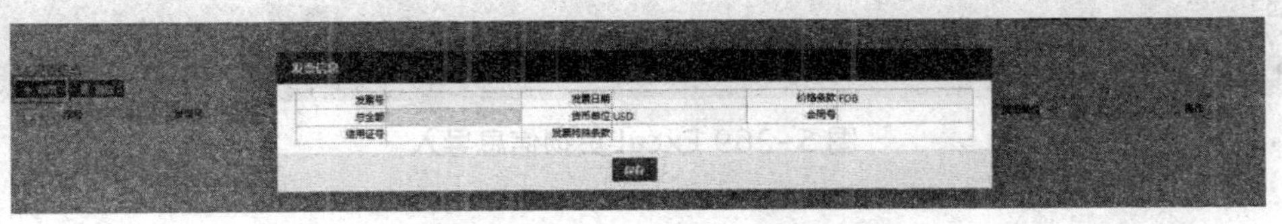

图 5-267 RCEP 声明界面发票信息

点击【新增】按钮，录入发票信息，点击【保存】按钮新增的发票信息在列表中显示，在列表中操作列中通过“编辑”“删除”对数据修改或删除操作（如图 5-267）。

小提示：

发票信息可录入多条；多条发票中的价格条款值应保持一致；同类声明发票号只能开具一次。

3. 货物信息

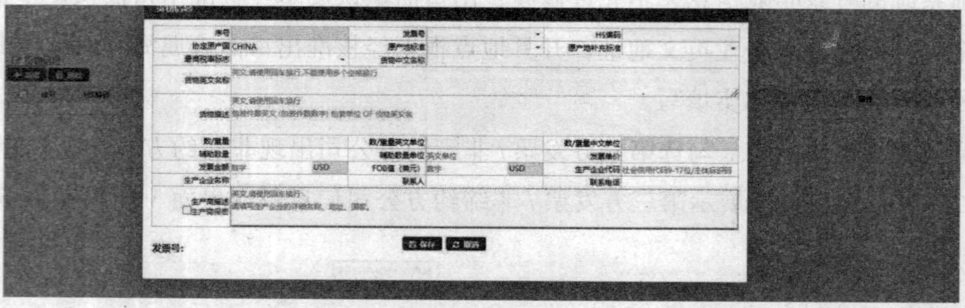

图 5-268 RCEP 声明界面货物信息

点击【新增】按钮，录入货物信息，点击【保存】按钮，录入的数据在信息列表中显示，在列表中操作列中数据进行修改或删除、复制等操作。

也可通过 Excel 导入功能，进行数据批量导入（如图 5-269）。

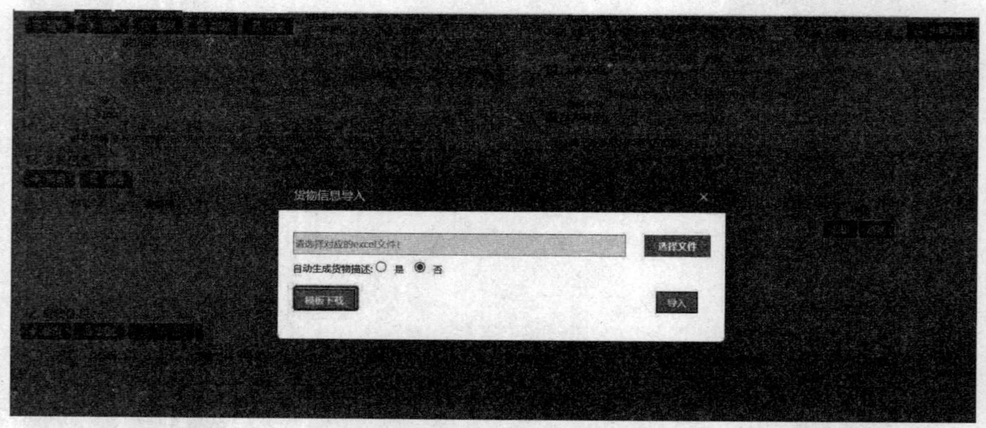

图 5-269 Excel 货物信息导入

小提示：

新建货物信息时，需要录入并保存发票信息。货物信息中的发票号只能使用本次声明中录入的发票信息，不可随意填写。

4.RCEP 声明打印

点击右上角【声明开具】按钮，声明数据提交并发往海关成功，界面自动跳转到预览打印界面，企业在打印预览界面打印声明（如图 5-270）。

1.Goods Consignec from (Exporter's name, address and country)
SHANDONG RUNZHI TRADING CO., LTD 188 [illegible]NGSHAN ROAD, LIXIA DISTRICT, JINAN CITY, SHANDONG PROVINCE

Declaration of Origin

REGIONAL COMPREHENSIVE ECONOMIC PARTNERSHIP AGREEMENT

2.Goods Consignee to (Importer's/ Consignee's name, address, country)
EWFWW

Unique reference number: CN220088322A211200007

3.Producer's name, address and country (if known)
4t3

Approved exporter: Shandong Runzhi Trading Co., Ltd

Authorisation code: CN2200883

4.Item number	5.Marks and numbers on packages	6.Number and kind of packages; and description of goods	7.HSCode of the goods (6 digit-level)	8.Origin Conferring Criterion	9.RCEP Country of Origin	10. Quantity (Gross weight or other measurement), and value (FOB) where RVC is applied	11. Invoice number(s) and date of invoice(s)
1	frefef	gag5 *** *** *** *** ***	4811.90	CTC ACU	CHINA**	53SET	3242 DEC. 01,2021

12. Remarks
THIRD-PARTY OPERATOR:1111 122222222,AFGHANISTAN

13 Declaration
The undersigned hereby declares that the above details and statements are correct and that the goods covered in this Declaration comply with the requirements specified for these goods in the Regional Comprehensive Economic Partnership Agreement. These goods are exported to:

JAPAN
(importing country)

This Declaration consists of 1 pages.

Qingdao, China,DEC. 27,2021 dcs
Place and date and signature of signatory

图 5-270 RCEP 声明打印预览界面

（二）RCEP 背对背原产地声明

RCEP 背对背声明包含基本信息，发票信息，货物信息。

小提示：

界面中，带有黄色底匡的字段为必填项，否则无法进行声明提交打印。

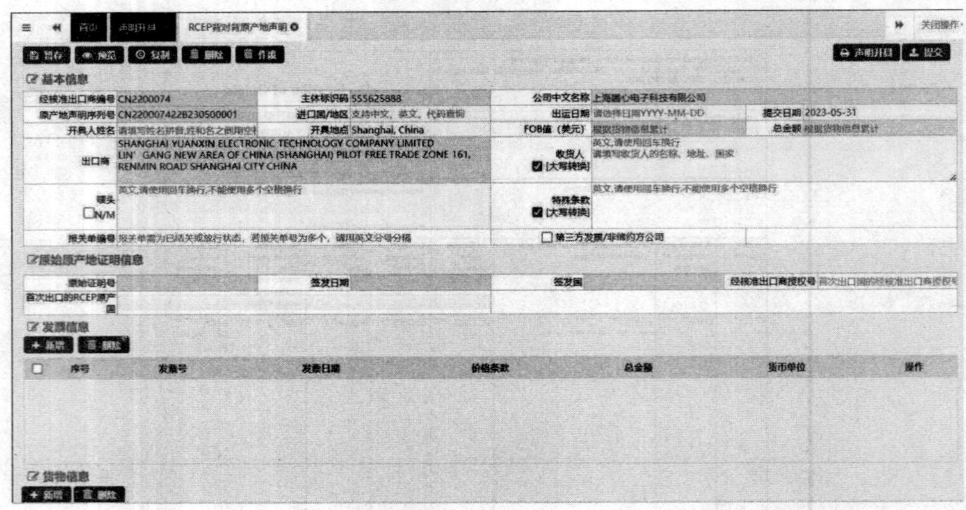

图 5-271 RCEP 背对背声明

1. 基本信息

在基本信息中经核准出口商编号、公司中文名称系统自动从已认定的经核准出口商信息中获取，反填不允许修改；原产地声明序列号系统自动生成，主体标识码默认反填当前系统的登录企业信息，不允许修改；出口商默认反填经核准出口商认定申请模块中的企业英文名称和企业英文地址，开具地点根据经核准出口商直属海关获取。其他录入字段根据业务需求如实填写。

录入非缔约方信息，勾选第三方发票 / 非缔约方公司出现非缔约方新增界面（如图 5–272）。

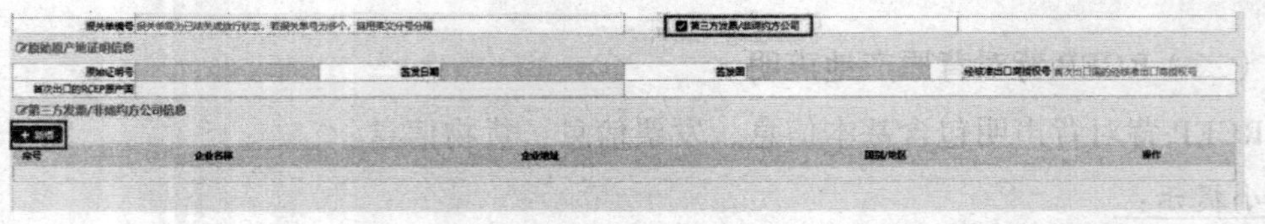

图 5–272 RCEP 背对背声明 – 非缔约方新增界面

点击【新增】按钮，录入非缔约方公司信息，点击【保存】按钮，公司信息在第三方发票 / 非缔约方公司信息列表中显示，在列表中操作列中通过“编辑”“删除”对数据修改或删除操作。

2. 发票信息

图 5-273 RCEP 背对背声明－发票信息

点击【新增】按钮，录入发票信息，点击【保存】按钮，保存成功的发票信息在发票信息列表中显示，在列表中操作列中通过“编辑”“删除”对数据修改或删除操作（如图 5-273）。

小提示：

发票信息可录入多条；多条发票中的价格条款值应保持一致；同类声明发票号只能开具一次。

3. 货物信息

点击【新增】按钮，录入货物信息，点击【保存】按钮，保存成功的数据在货物信息列表中显示，在列表中操作列中数据进行修改或删除、复制等操作（如图 5-274）。

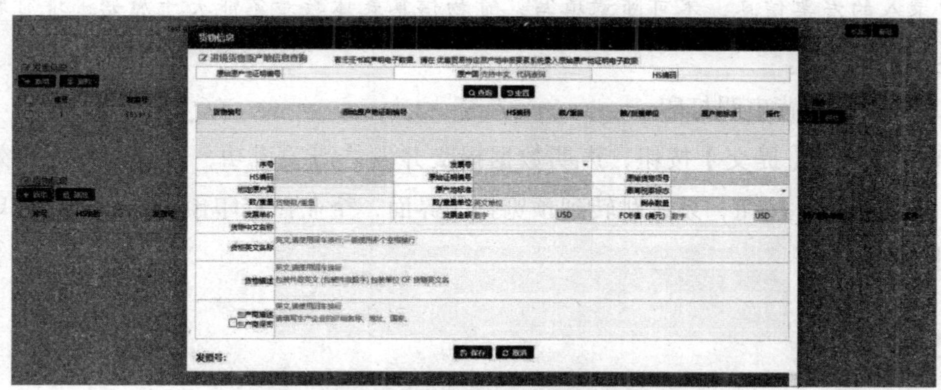

图 5-274 RCEP 背对背声明－货物信息

也可通过 Excel 导入功能，进行数据批量导入（如图 5-275）。

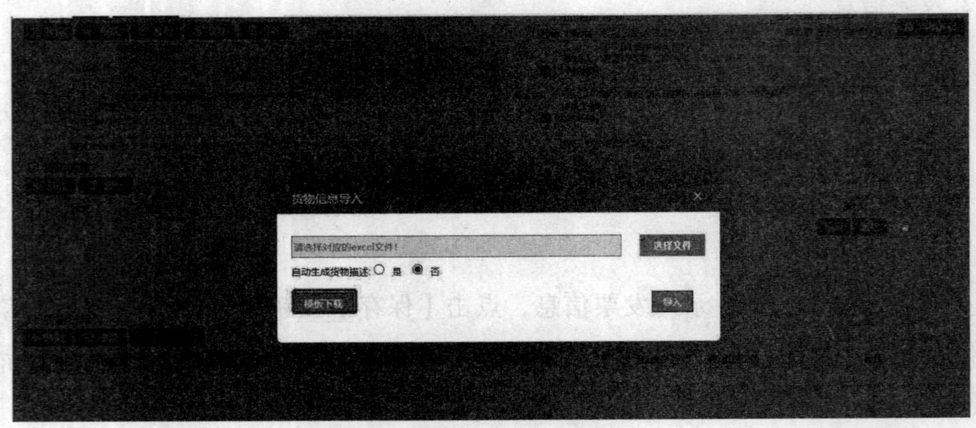

图 5-275 Excel 货物信息导入

背对背声明货物信息需要无证书或声明电子数据；若无证书或声明电子数据，请在优惠贸易协定原产地申报要素系统录入原始原产地证明电子数据。

小提示：

新建货物信息时，需要录入并保存发票信息。货物信息中的发票号只能使用本次声明中录入的发票信息，不可随意填写，货物信息表体数量不能大于原始进境货物原产地表体信息数量。

4.RCEP 背对背声明打印

点击右上角【提交】按钮，声明数据提交并发往海关成功，待状态变为有效后，点击【声明开具】按钮，系统跳转到预览打印界面，企业在打印预览界面进行打印声明（如图 5-276）。

1.Goods Consigned from (Exporter's name, address and country) BEIJING NIULANSHAN GROUP BEIJINGDONGCHENG 2.Goods Consigned to (Importer's/ Consignee's name, address, country) VF	**Declaration of Origin** REGIONAL COMPREHENSIVE ECONOMIC PARTNERSHIP AGREEMENT
3.Producer's name, address and country (if known) gfbbgf	Unique reference number: CN202104822B211200008 Approved exporter: Beijing Niulanshan group Authorisation code: CN2021048

4.Item number	5.Marks and numbers on packages	6.Number and kind of packages; and description of goods.	7.HSCode of the goods (6 digit-level)	8.Origin Conferring Criterion	9.RCEP Country of Origin	10. Quantity (Gross weight or other measurement), and value (FOB) where RVC is applied	11. Invoice number(s) and date of invoice(s)
1	gbgf	gfb *** *** *** *** ===	3920.43	"RVC"	AUSTRALIA*	1BARRELS USD:1.00	555 DEC. 01, 2021

12. Remarks
ORIGINAL PROOF OF ORIGIN REF NO.TTT778899;DATE OF ISSUANCE:DEC. 24,2021;ISSUING COUNTRY:JAPAN;RCEP COUNTRY OF ORIGIN OF THE FIRST EXPORTING PARTY:LAOS,JAPAN

13 Declaration
The undersigned hereby declares that the above details and statements are correct and that the goods covered in this Declaration comply with the requirements specified for these goods in the Regional Comprehensive Economic Partnership Agreement. These goods are exported to:

JAPAN
(importing country)

This Declaration consists of ......1...... pages.

Beijing , China,DEC. 27,2021 tes
Place and date and signature of signatory

图 5-276 RCEP 背对背声明 - 打印预览

（三）中国 - 冰岛自贸协定原产地声明

冰岛声明包含基本信息和货物信息（如图 5-277）。

小提示：

界面中，带有黄色底图的字段为必填项，否则无法打印声明。

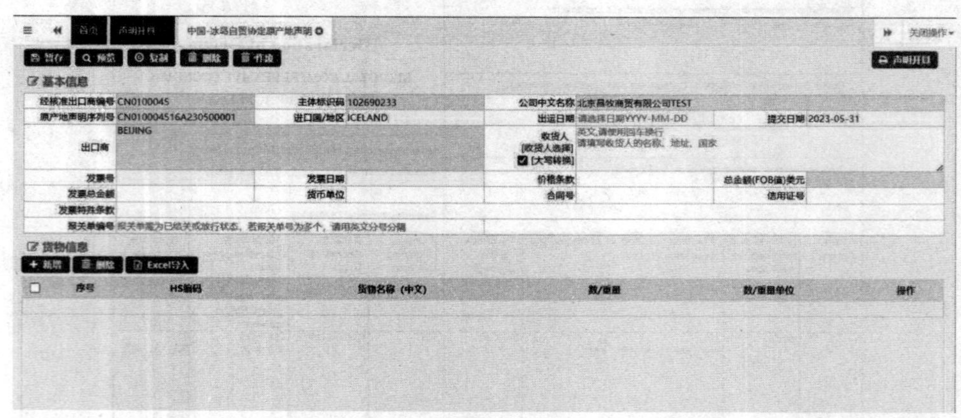

图 5-277 中国 - 冰岛自贸声明

1. 基本信息

在基本信息中经核准出口商编号、公司中文名称系统自动从已认定的经核准出口商信息中获取，反填不允许修改；原产地声明序列号系统自动生成，主体标识码默认反填当前系统的登录企业信息，不允许修改；出口商默认反填经核准出口商认定申请模块中的企业英文名称和企业英文地址，开具地点根据经核准出口商直属海关获取。其他录入字段根据业务需求如实填写。

2. 货物信息

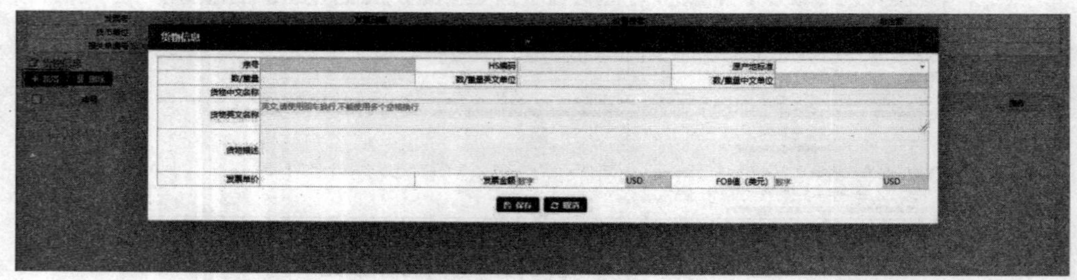

图 5-278 中国 - 冰岛自贸声明货物信息

点击【新增】按钮，录入货物信息，点击【保存】按钮，保存成功的数据在物信息列表中显示，在列表中操作列中数据进行修改或删除、复制等操作。

3. 中国—冰岛声明打印

必填项信息录入完成后，点击右上角【声明开具】按钮，声明数据提交并发送海关，系统自动跳转至打印预览界面，企业可自行完成打印操作（如图 5-279）。

(PAGE 1 OF 1)

Declaration of Origin

Free Trade Agreement between China and Iceland

Serial number of Declaration CN202104816A211200002

I BEIJING NIULANSHAN GROUP being the APPROVED EXPORTER (Registration number CN2021048) hereby declare that the goods listed in the invoice as attached to this declaration Invoice number 5456456 has complied with the Rules of Origin of Free Trade Agreement between China and Iceland, being entitled to the preferential tariff treatment under that Agreement.

Description of goods	**HS code (Six digit code)**	**Gross mass (kg) or other measure (liters, m^3, etc.)**
rerr	743215	32SETS

Signature and stamp : ____________________

Date: DEC. 27,2021

Note: This declaration must be printed and presented as a separate document accompanying the commercial invoice. The maximum number of items covered by this declaration should not exceed 20.

图 5-279 中国－冰岛自贸声明打印预览

（四）中国—瑞士自贸协定原产地声明

瑞士声明包含基本信息和货物信息（如图 5-280）。

小提示：

界面中，带有黄色底图的字段为必填项，否则无法打印声明。

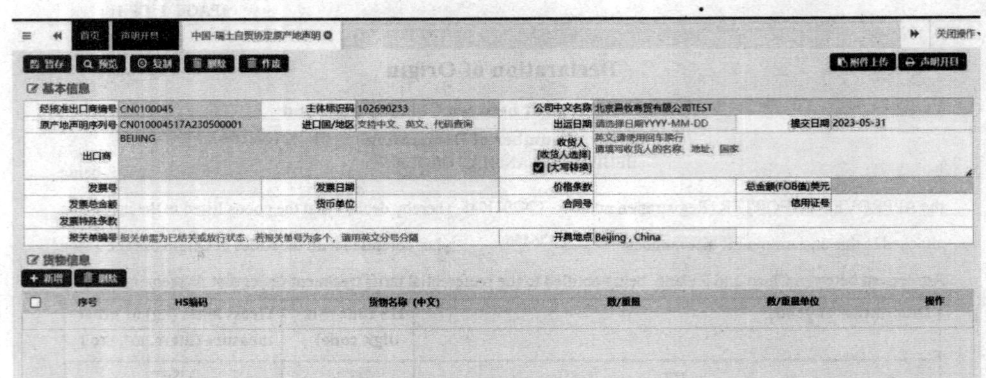

图 5-280 中国 - 瑞士自贸声明

1. 基本信息

在基本信息中经核准出口商编号、公司中文名称系统自动从已认定的经核准出口商信息中获取，反填不允许修改；原产地声明序列号系统自动生成，主体标识码默认反填当前系统的登录企业信息，不允许修改；出口商默认反填经核准出口商认定申请模块中的企业英文名称和企业英文地址，开具地点根据经核准出口商直属海关获取。其他录入字段根据业务需求如实填写。

2. 货物信息

图 5-281 中国 - 瑞士自贸声明货物信息

点击【新增】按钮，录入货物信息，点击【保存】按钮，保存成功的数据在物信息列表中显示，在列表中操作列中数据进行修改或删除、复制等操作。也可通过 Excel 导入功能，进行数据批量导入。

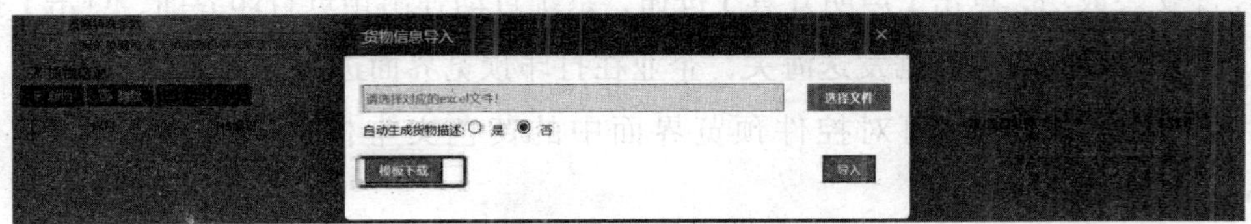

图 5-282 Excel 货物信息导入

3. 附件上传

点击右上角【附件上传】按钮进入随附单证上传界面，点击文本框，选择文件后点击【上传】按钮系统提示上传成功则附件完成上传操作，否则上传失败，系统给出相关的错误提示信息，在附件上传界面可对附件信息进行下载及删除操作（如图 5-283）。

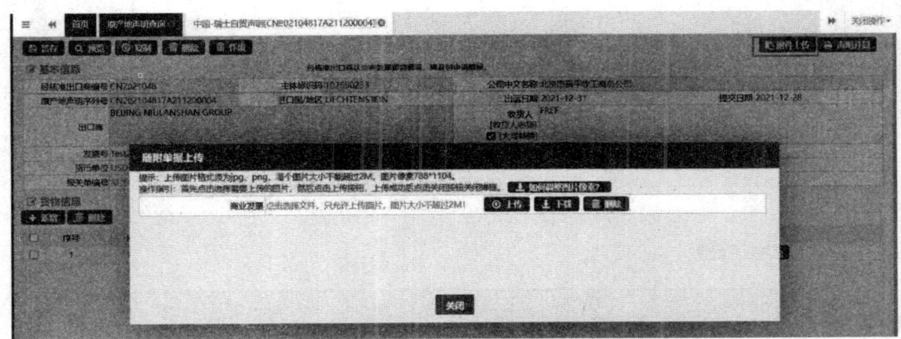

图 5-283 中国－瑞士自贸声明随附单据上传

4. 中国－瑞士声明打印

必填项和附件信息录入完成后，点击右上角【声明开具】按钮，进行声明打印。中瑞声明打印需要安装 CLodop 云打印服务，根据提示安装或重新刷新界面（如图 5-284）。

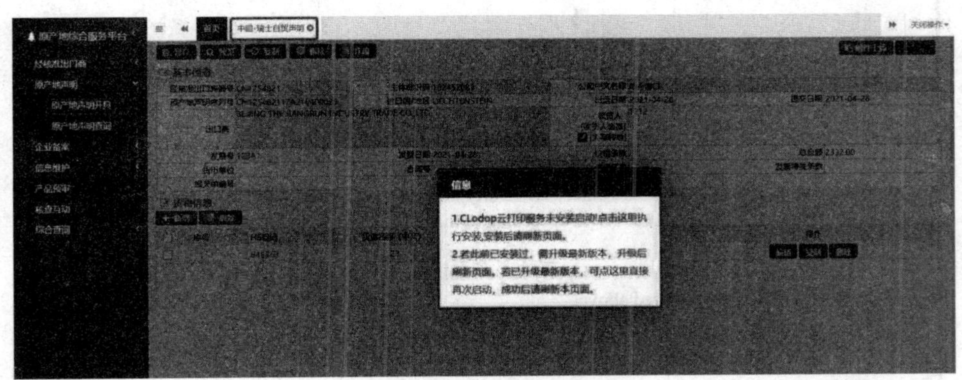

图 5-284 未安装控件声明打印提示

控件安装成功，点击【声明开具】按钮，系统自动弹出预览打印界面，点击【打印】按钮，声明开具成功并数据发送海关，企业在打印预览界面进行打印声明。

用户根据自身需求可对控件预览界面中的黄色文本框进行拖拽或移动（如图5-285）。

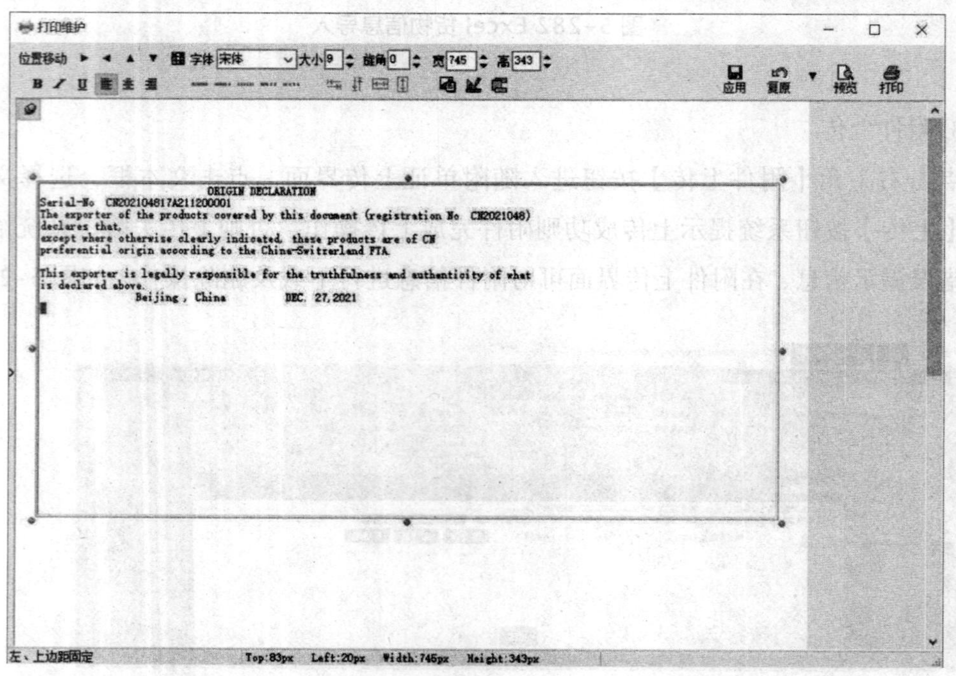

图 5-285 中国－瑞士自贸声明打印设置

5. 预览

中瑞声明【预览】按钮仅可预览声明信息（如图5-286）。

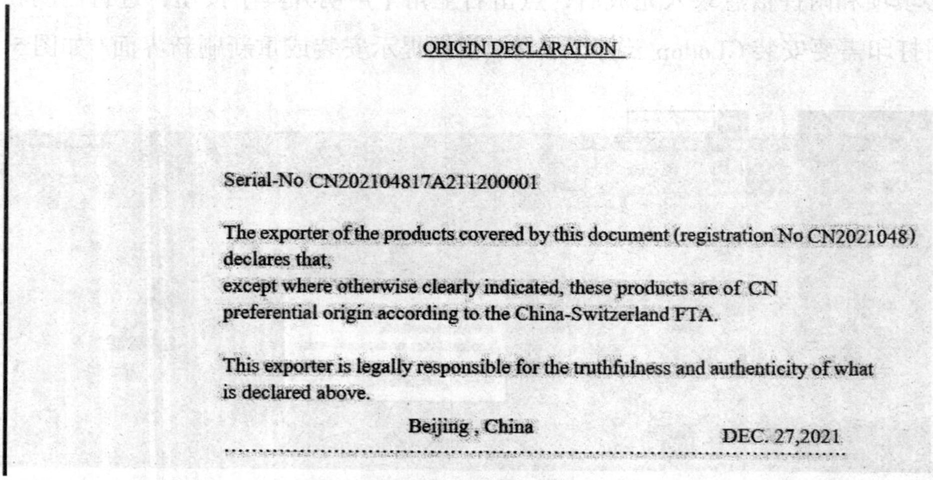

ORIGIN DECLARATION

Serial-No CN202104817A211200001

The exporter of the products covered by this document (registration No CN2021048)
declares that,
except where otherwise clearly indicated, these products are of CN
preferential origin according to the China-Switzerland FTA.

This exporter is legally responsible for the truthfulness and authenticity of what
is declared above.

Beijing , China DEC. 27,2021

图 5-286 中国－瑞士自贸声明预览

（五）中国－毛里求斯自贸协定原产地声明

中国毛里求斯声明包含基本信息和货物信息（如图 5-287）。

小提示：

界面中，带有黄色底图的字段为必填项，否则无法打印声明。

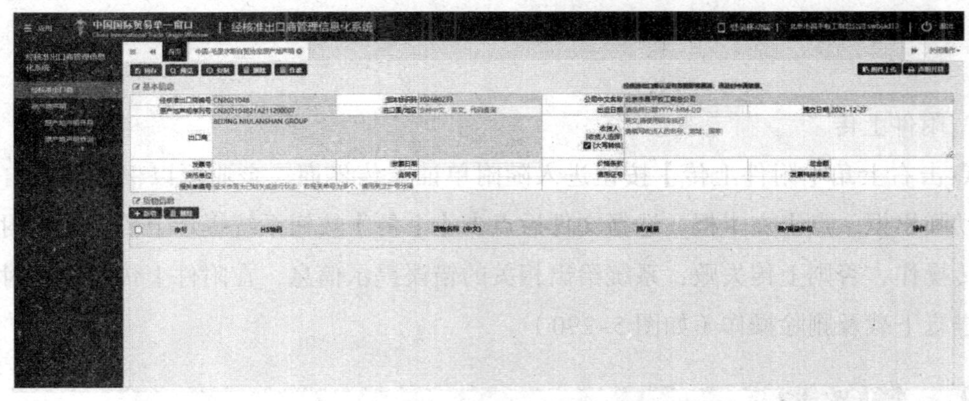

图 5-287 中国－毛里求斯自贸声明

1. 基本信息

在基本信息中经核准出口商编号、公司中文名称系统自动从已认定的经核准出口商信息中获取，反填不允许修改；原产地声明序列号系统自动生成，主体标识码默认反填当前系统的登录企业信息，不允许修改；出口商默认反填经核准出口商认定申请模块中的企业英文名称和企业英文地址，开具地点根据经核准出口商直属海关获取。其他录入字段根据业务需求如实填写。

2. 货物信息

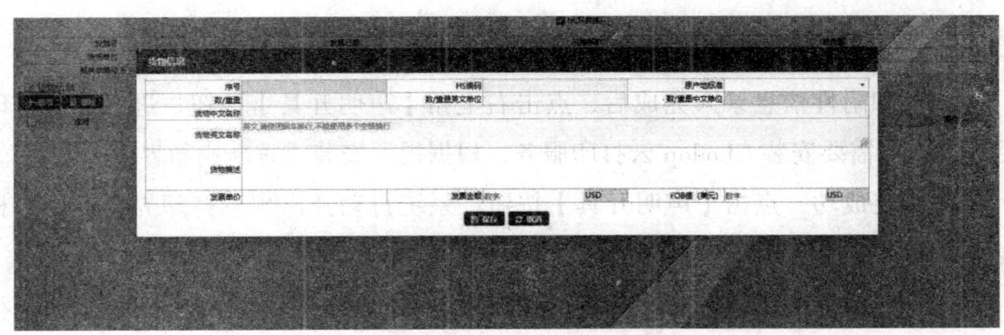

图 5-288 中国－毛里求斯自贸声明货物信息

点击【新增】按钮，录入货物信息，点击【保存】按钮，保存成功的数据在货物信息列表中显示，可在列表中操作列中数据进行修改或删除、复制等操作（如图 5-288）。

也可通过 Excel 导入功能，进行数据批量导入（如图 5-289）。

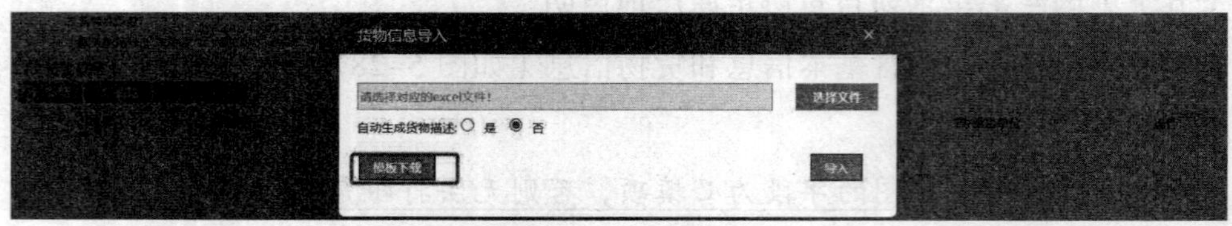

图 5-289 Excel 货物信息导入

3. 附件上传

点击右上角【附件上传】按钮进入随附单证上传界面，企业可以根据需要自行拖拽移动弹出框，点击文本框，选择文件后点击【上传】按钮系统提示上传成功则附件完成上传操作，否则上传失败，系统给出相关的错误提示信息，在附件上传界面可对附件信息进行下载及删除操作（如图 5-290）。

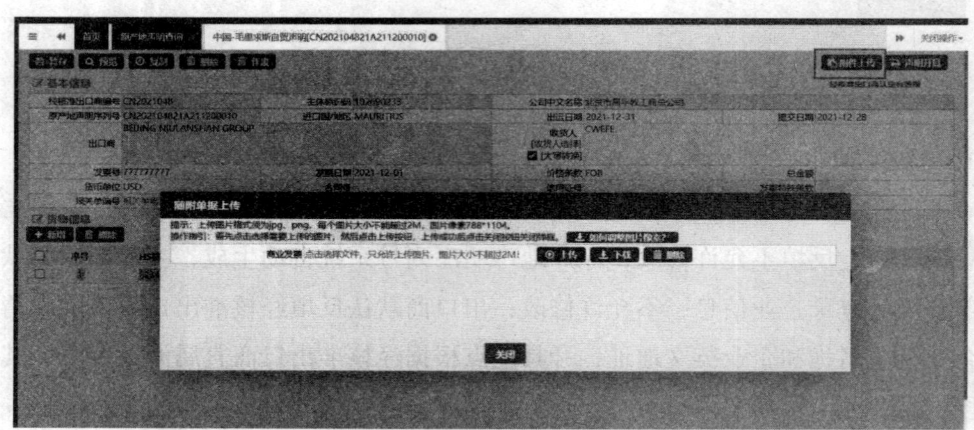

图 5-290 中国 - 毛里求斯自贸声明随附单据上传

4. 中国—毛里求斯声明打印

必填项和附件信息录入完成后，点击右上角【声明开具】按钮，进行声明打印。中毛声明打印需要安装 CLodop 云打印服务，根据提示安装或重新刷新界面。

控件安装成功，点击【声明开具】按钮，系统自动弹出预览打印界面，用户根据自身需求可对控件预览界面中的黄色文本框进行拖拽或移动。

点击【打印】按钮，声明开具成功并数据发送海关，企业在打印预览界面进行打印声明（如图 5-291）。

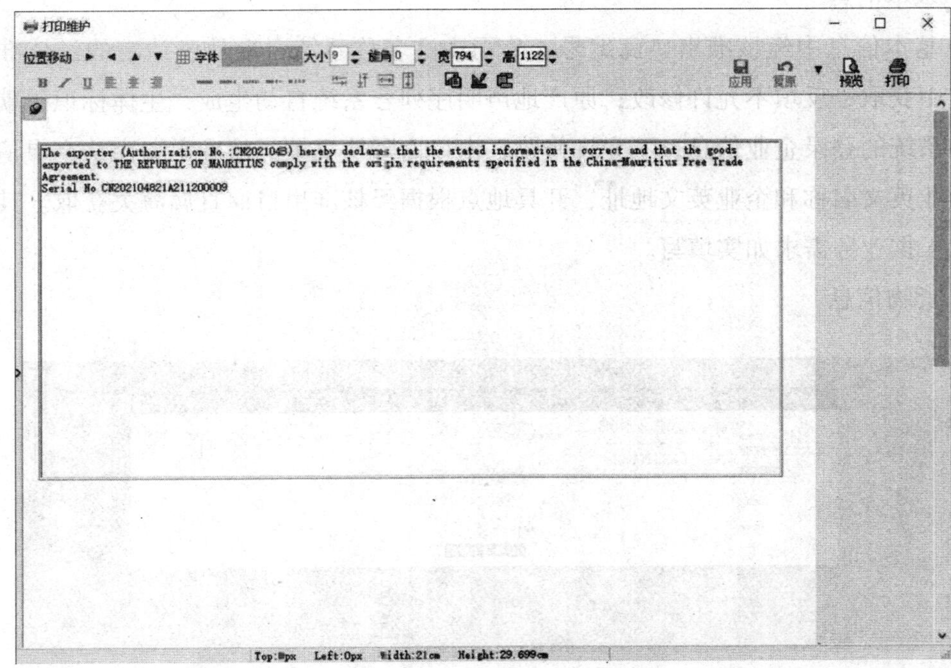

图 5-291 中国 - 毛里求斯自贸声明打印

5. 预览

中毛声明【预览】按钮仅可预览声明信息（如图 5-292）。

The exporter (Authorization No.: CN2021048) hereby declares that the stated information is correct and that the goods exported to THE REPUBLIC OF MAURITIUS comply with the origin requirements specified in the China-Mauritius Free Trade Agreement.

Serial No CN202104821A211200009

图 5-292 中国 - 毛里求斯自贸声明预览

（六）中国—新西兰自贸协定原产地声明

中国新西兰自贸协定原产地声明包含基本信息和货物信息（如图 5-293）。

小提示：界面中，带有黄色底图的字段为必填项，否则无法打印声明。

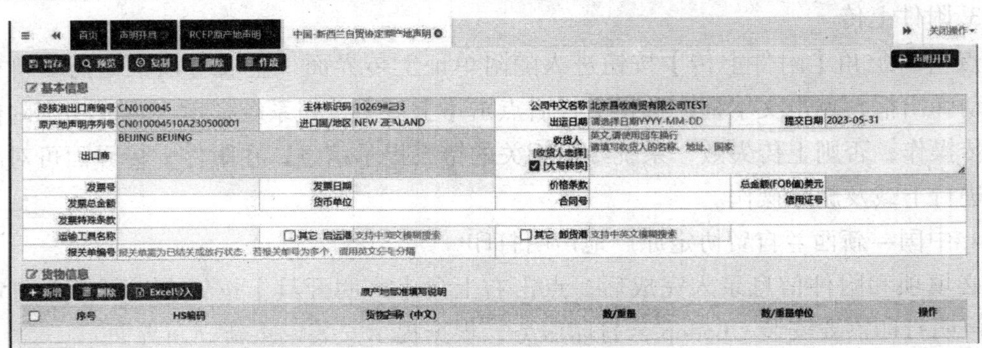

图 5-293 中国 - 新西兰自贸协定原产地自贸声明

1. 基本信息

在基本信息中经核准出口商编号、公司中文名称系统自动从已认定的经核准出口商信息中获取，反填不允许修改；原产地声明序列号系统自动生成，主体标识码默认反填当前系统的登录企业信息，不允许修改；出口商默认反填经核准出口商认定申请模块中的企业英文名称和企业英文地址，开具地点根据经核准出口商直属海关获取。其他录入字段根据业务需求如实填写。

2. 货物信息

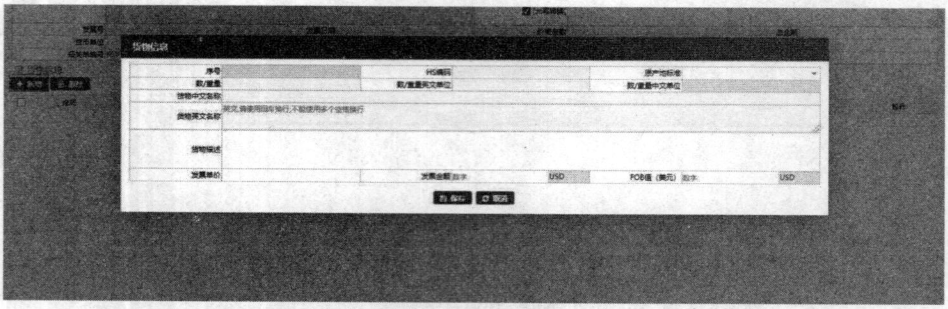

图 5-294 中国－新西兰自贸协定原产地自贸声明货物信息

点击【新增】按钮，录入货物信息，点击【保存】按钮，保存成功的数据在货物信息列表中显示，可在列表中操作列中数据进行修改或删除、复制等操作。

也可通过 Excel 导入功能，进行数据批量导入（如图 5-295）。

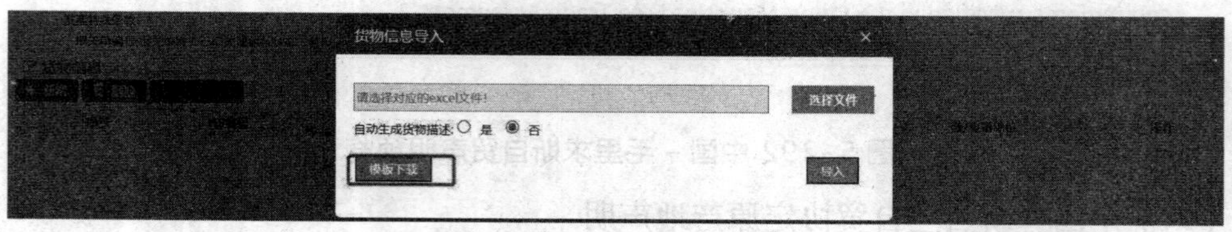

图 5-295 Excel 货物信息导入

3. 附件上传

点击右上角【附件上传】按钮进入随附单证上传界面，企业可以根据需要自行拖拽移动弹出框，点击文本框，选择文件后点击【上传】按钮系统提示上传成功则附件完成上传操作，否则上传失败，系统给出相关的错误提示信息，在附件上传界面可对附件信息进行下载及删除操作。

4. 中国—新西兰自贸协定原产地声明打印

必填项和附件信息录入完成后，点击右上角【声明开具】按钮，进行声明打印。中毛声明打印需要安装 CLodop 云打印服务，根据提示安装或重新刷新界面。

控件安装成功，点击【声明开具】按钮，系统自动弹出预览打印界面，用户根据自身需求可对控件预览界面中的黄色文本框进行拖拽或移动。

点击【打印】按钮，声明开具成功并数据发送海关，企业在打印预览界面进行打印声明。

（1）预览

中国－新西兰自贸协定原产地声明【预览】按钮仅可预览声明信息。

（2）声明复制

声明详情页面，点击【复制】按钮，系统成功，系统提示“复制声明成功，新声明序列号为[CN010004522A230500010]！是否自动跳转？”，点击【确定】按钮，系统自动跳转到复制的声明界面；若复制失败，系统给出相关提示信息（如图 5-296）。

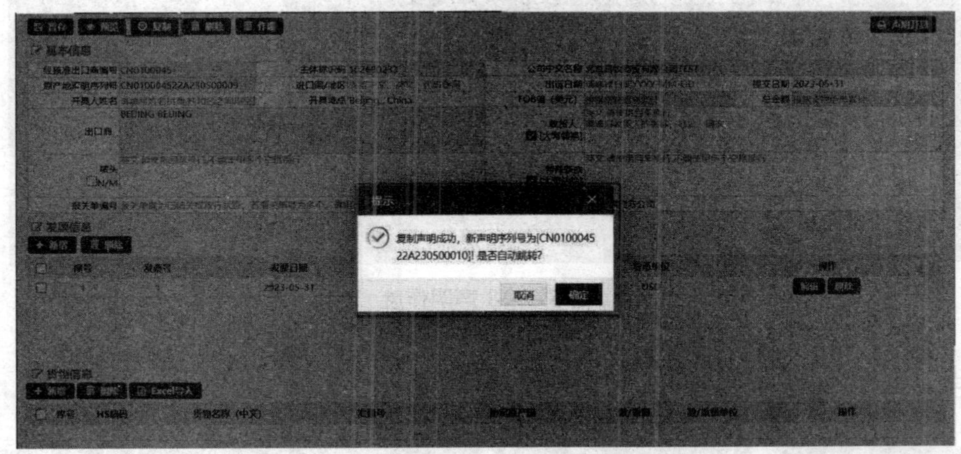

图 5-296 声明复制

（3）声明删除

仅可删除声明状态为暂时的数据（如图 5-297）。

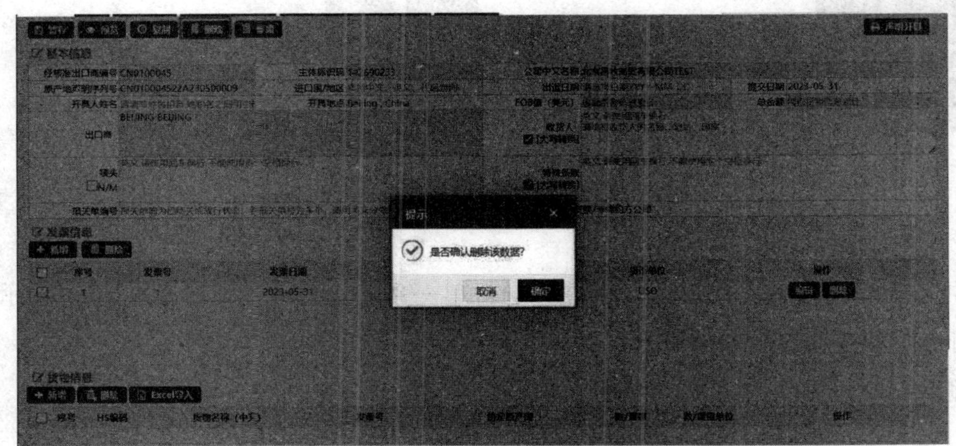

图 5-297 声明删除

（4）声明作废

选择需要作废的声明，进入声明详情页面，点击【作废】按钮，系统自动校验声明状态，除有效状态外，其他状态不允许进行作废操作，【作废】按钮置灰不允许点击。作废成功，系统提示“作废提交成功”，进入原产地声明查询界面可查询最新的状态（如图 5-298）。

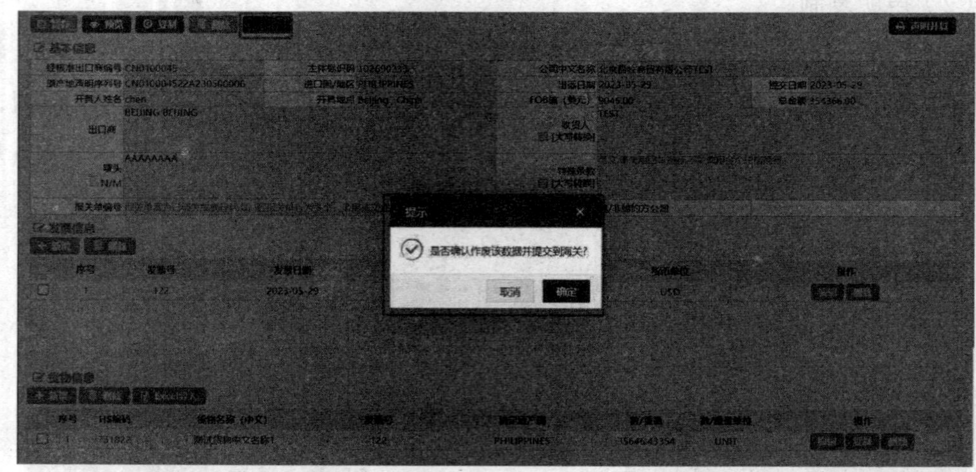

图 5-298 声明作废

三、原产地声明查询

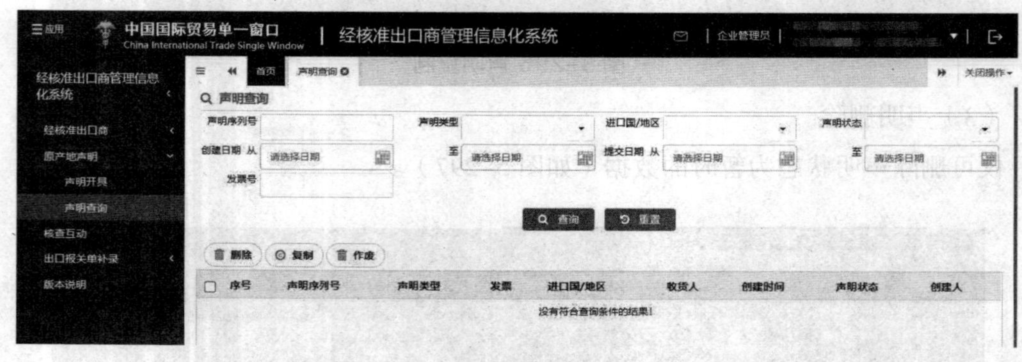

图 5-299 声明查询

声明查询区：用户通过查询条件，进行单一条件查询或组合查询。声明展示区：展示符合当前企业查询条件的数据信息。

删除：仅可删除声明状态为暂时的数据。

声明详情查看：点击蓝色“声明序列号”字段，可以查看声明的详细信息。暂存状态的声明详情界面可以继续修改编辑，其他状态页面置灰，不允许修改（如图 5-300）。

图 5-300 声明详情查看

声明回执内容查看：点击蓝色“声明状态”字段，可以查看回执明细（如图 5-301）。

序号	声明序列号	声明类型	发票	进口国/地区	收货人	创建时间	声明状态	创建人
1	CN010004522A230500010	DR-RCEP原产地声明	-	-	-	2023-05-31 19:46:00	暂存	SWBJAD13
2	CN010004522A230500009	DR-RCEP原产地声明	1	-	-	2023-05-31 19:39:25	暂存	SWBJAD13
3	CN010004510A230500001	DN-中国-新西兰自贸协定原产…	-	NEW ZEALAND	-	2023-05-31 19:39:03	暂存	SWBJAD13
4	CN010004522A230500008	DR-RCEP原产地声明	Test23053001	CAMBODIA	GGGGGGG	2023-05-30 18:07:06	有效	SWBJAD13
5	CN010004522A230500007	DR-RCEP原产地声明	546646	PHILIPPINES	TEST	2023-05-30 16:52:07	暂存	SWBJAD13
6	CN010004522A230500006	DR-RCEP原产地声明	122	PHILIPPINES	TEST	2023-05-29 13:42:15	有效	SWBJAD13

显示第 1 到第 6 条记录，总共 6 条记录

证书[CN010004522A230500006]的回执信息

序号	回执时间	回执内容	回执状态
1	2023-05-30 16:52:14	海关接收成功	海关接收成功

图 5-301 声明回执查看

第三节 核查互动

点击系统左侧“核查互动”菜单，进入核查互动界面（如图 5-302）。系统默认展示待核查和退回核查状态的核查记录单数据，用户可录入相应查询条件，查询所需的核查记录单。

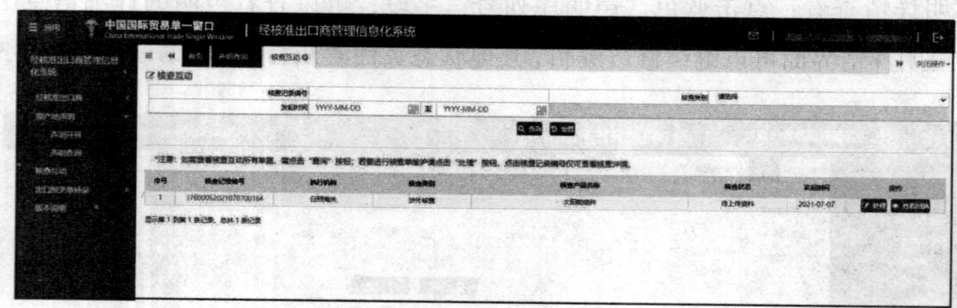

图 5-302 核查互动

查询：录入查询条件，点击【查询】按钮，核查互动列表将展示所有符合条件的核查记录单信息。

重置：点击【重置】按钮，将清空查询条件。

一、处理

勾选一条待核查或退回核查状态的核查记录单，并点击【处理】按钮，系统将打开“编辑核查记录单信息”页面（如图 5-303）。

小提示：

仅待核查和退回核查状态的核查记录单可进行处理操作。

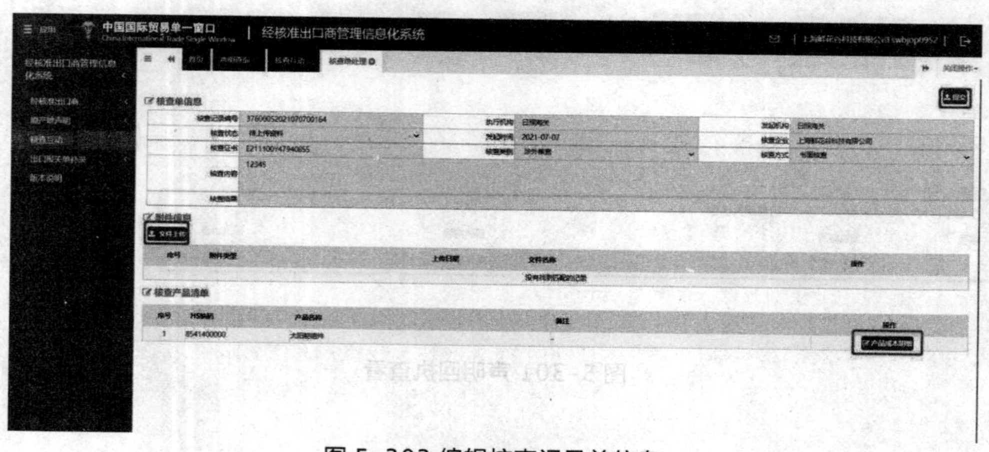

图 5-303 编辑核查记录单信息

二、上传附件

核查记录单中被勾选的电子资料均为必须上传的附件。

用户点击【上传附件】按钮，将打开文件上传弹出框，“是否必传”项标记为“必传”的为必传项。点击相应文件名称项，选择需要上传的附件后，点击【上传】按钮可完成上传操作。点击【添加】按钮，可支持上传多个相同的附件类型文件。同时在核查产品清单模块，若操作栏有【上传附件】按钮，则需进行附件的上传，操作同上。点击操作栏【附件列表】按钮，可对已上传附件进行查看（如图 5-304）。

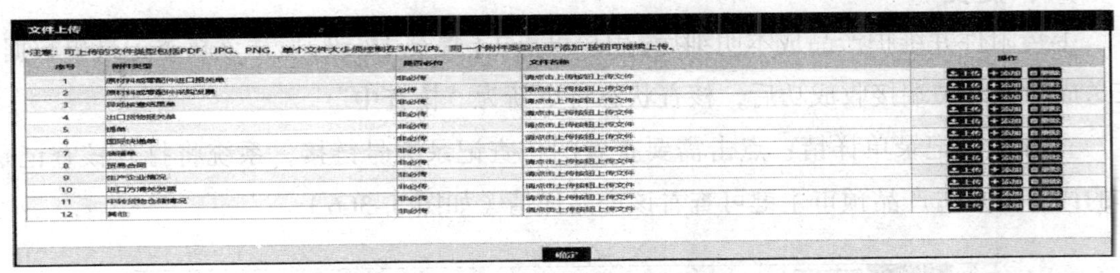

图 5-304 附件上传

三、维护产品成本明细

勾选需要维护的产品项，点击【维护产品成本明细】按钮，进入维护产品成本明细页面。用户在该界面录入企业产品信息和产品生产明细后，可点击【保存】按钮保存产品信息（如图 5-305）。

图 5-305 产品成本明细

1. 单位产品 FOB 值应不小于单位产品出厂价；

2. 产品生产明细的所有原料原产价值和原料非原产价值之和不能大于单位产品出厂价；

3. 产品生产明细的所有原料原产价值和原料非原产价值之和不能大于单位产品 FOB 值；

4. 是否含有进口成分选择"是"时，所有产品生产明细"原料非原产价值"总值不能为 0；

5. 是否含有进口成分选择"否"时，所有产品生产明细"原料非原产价值"总值必须为 0；

6. 产品生产明细新增页面中原料单价 × 单位产品用料 = 原料原产价值 + 原料非原产价值。

四、提交

上传附件并维护产品成本明细后，用户可点击【提交】按钮，发送该核查记录单数据。发送成功且海关端接收成功后，核查状态将更新为“核查中”。

查看核查记录单详情：点击需要查看的核查记录编号链接，系统将打开核查记录单的详情，点击产品预审主键可查看该产品详情（如图 5-306）。

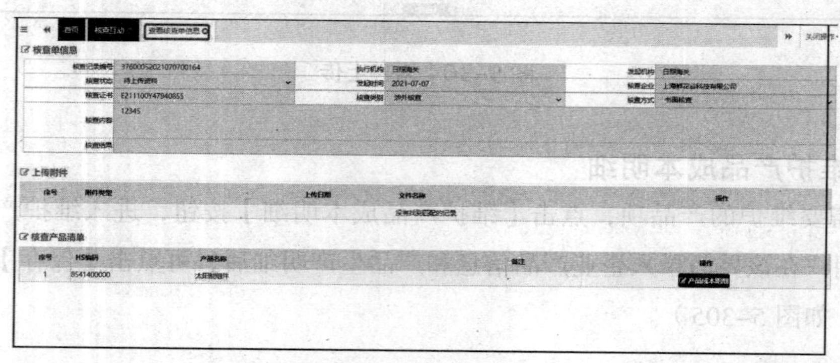

图 5-306 核查记录单详情

五、查看回执

勾选一条需要查看回执的核查记录单，点击【查看回执】按钮，可查看该核查记录单的回执信息。

第四节 出口报关单补录

一、报关单号补录

企业可以对签发的出口原产地证书补录已放行或者结关的出口报关单号码，可选择海关原产地证书、贸促会原产地证书补录和原产地声明（如图 5-307）。

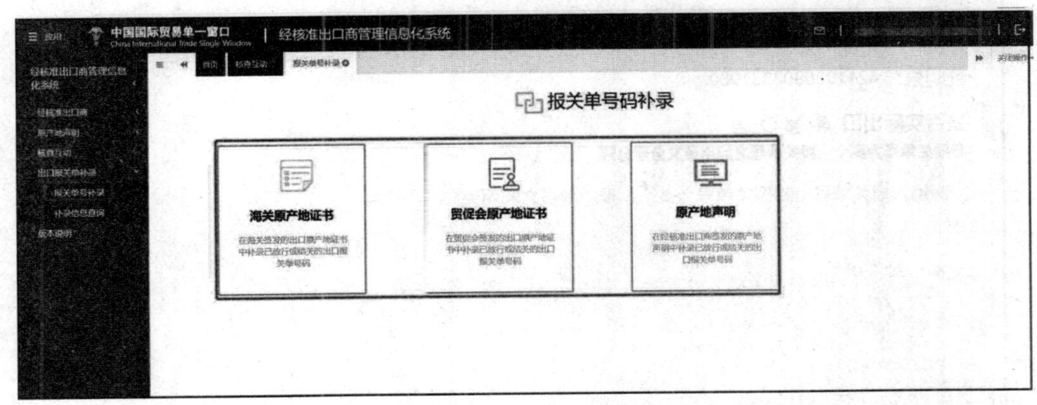

图 5-307 报关单号码补录选择界面

选择海关原产地证书，进入补录界面，用户可根据证明类型，出口商代码，证明创建日期，证明号等单一条件查询或者组合条件查询需要补录的数据，查询的补录数据均为审核通过的数据（如图 5-308）。

序号	证明号	发票号	目的国	出口商名称	创建时间	操作
1	A211026902331080	A211026902331080	AUSTRALIA	北京市昌平牧工商总公司	2021-11-12 17:23:57	补录
2	A211026902331079	A211026902331079	AUSTRALIA	北京市昌平牧工商总公司	2021-11-12 17:17:05	补录

图 5-308 报关单补录列表界面

点击展示列表中操作列下的【补录】按钮，弹出补录界面，根据当前证明下的货物是否已经实际出口进行选择是或者否，选择‘是’进行报关单号码补录，选择‘否’则无需录报关单号码，选择 / 录入完整，需要点击【提交】按钮，补录操作才算完成，若选择了【取消】按钮，则放弃本次补录操作（如图 5-309）。

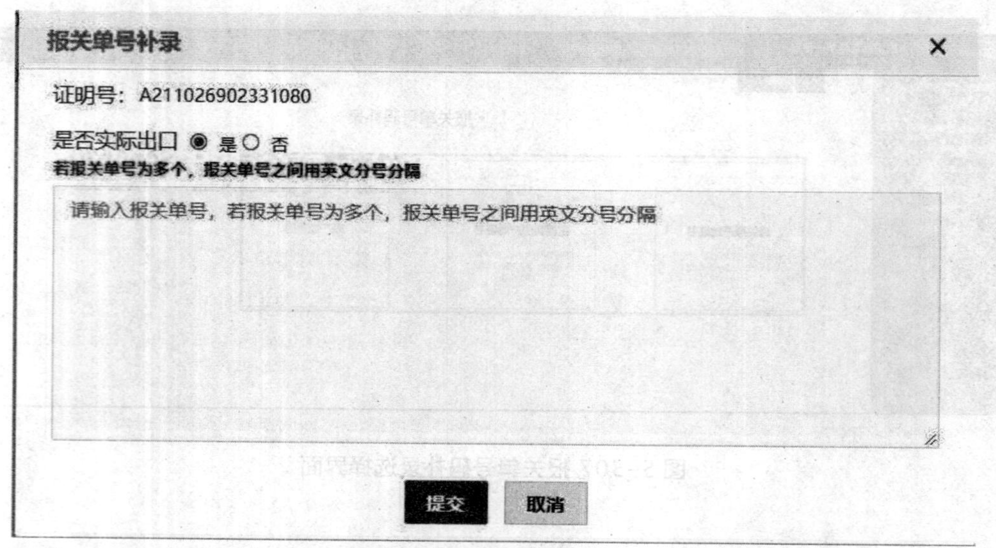

图 5-309 报关单补录界面

小提示：

若报关单号为多个，报关单号之间用英文分号分隔。

选择贸促会原产地证书，进入补录界面，用户可根据证明号，协定编号，证明签发日期等单一条件查询或者组合条件查询需要补录的数据，查询的补录数据均是审核通过的数据（如图 5-310）。

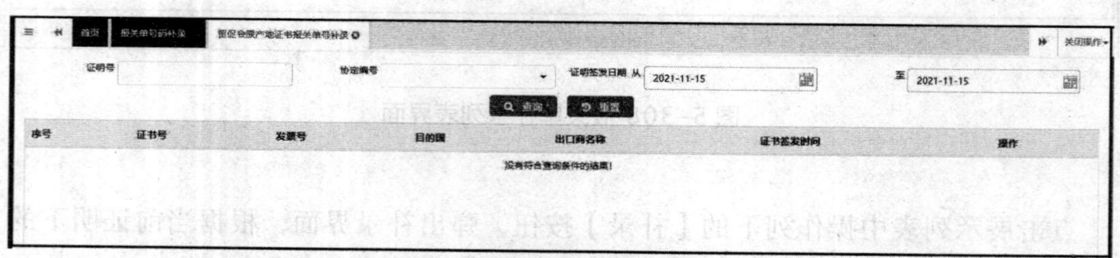

图 5-310 报关单补录列表界面

贸促会原产地证书补录、原产地声明操作与海关原产地证书补录操作相同。

二、补录信息查询

在原产地申报系统界面点击左侧菜单“补录信息查询”，根据查询条件可以查询筛选证书列表，点击【重置】蓝色按钮可清空查询条件，重新填写查询条件再次查询。

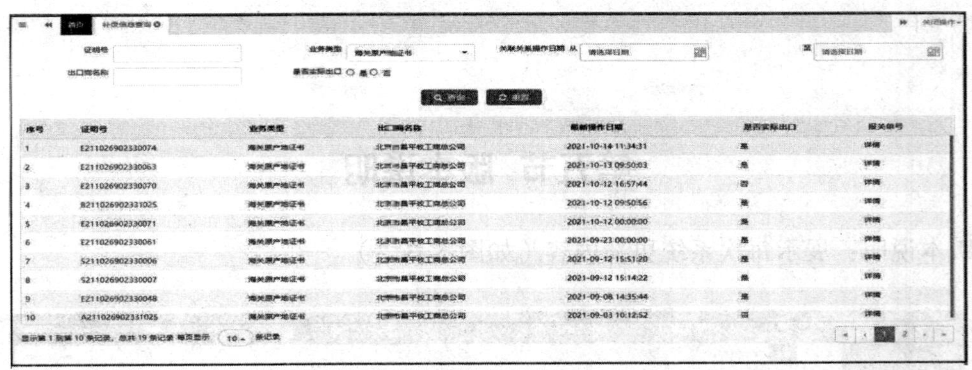

图 5-311 报关单补录信息查询界面

在查询界面展示列表下点击“报关单号”列中的【详情】按钮，进入详情界面（如图 5-312）。

新增：可对当前证明进行二次补录报关单号。

删除：删除当前证明的补录结果；删除成功的证明可以在补录界面重新查询补录。

刷新：可刷新展示列表。

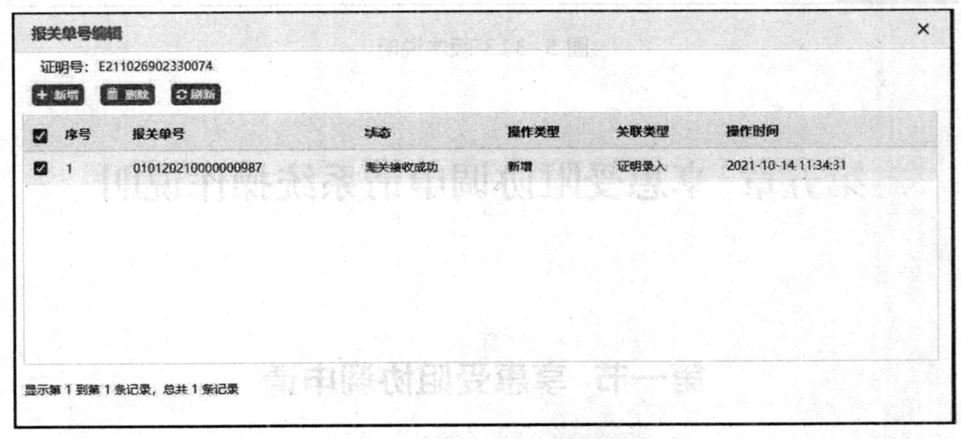

报关单号编辑

证明号：E211026902330074

序号	报关单号	状态	操作类型	关联类型	操作时间
1	010120210000000987	海关接收成功	新增	证明录入	2021-10-14 11:34:31

显示第 1 到第 1 条记录，总共 1 条记录

图 5-312 报关单补录编辑界面

小提示：

证明补录最终状态为：海关接收成功。

第五节 版本说明

版本说明：展示每次系统更新内容（如图 5-313）。

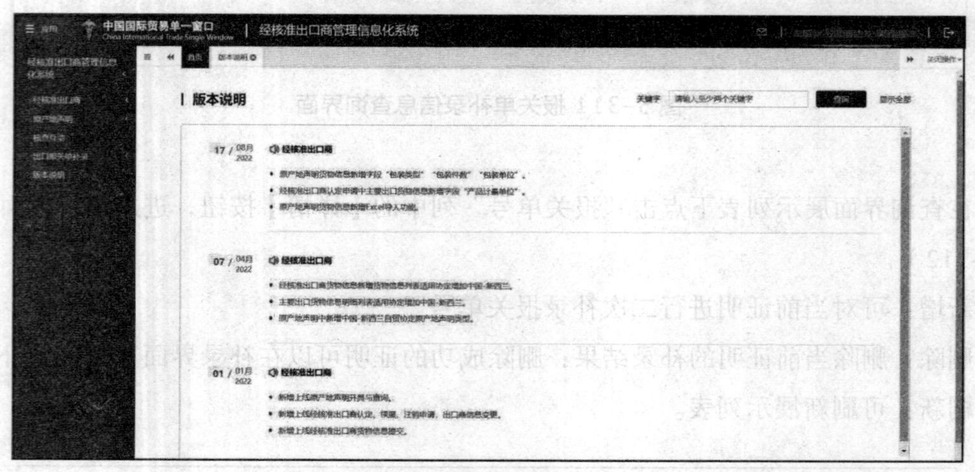

图 5-313 版本说明

第五章 享惠受阻协调申请系统操作说明

第一节 享惠受阻协调申请

一、海关原产地证书享惠受阻协调申请

（一）基本信息

点击左侧菜单中“享惠受阻协调申请”（如图 5-314），右侧区域展示四种享惠证明类型，选择海关原产地证书享惠受阻协调申请类型后，系统进入“海关原产地证书享惠受阻协调申请”新增界面（如图 5-315）。根据登录卡的信息或账号信息自动返填“企业中文名称”“社会信用代码”字段内容，以上字段返填后不可修改。“进口国家 / 地区”和“进口国家 / 地区口岸”字段可以通过模糊录入关键字后选择相关数据至输入框中；输入“原产地证书号”后，系统自动返填“优惠贸易协定代码”字段值；“出口报关单

号”“进口报关单号”和“申请事由”字段企业按照实际内容录入数据即可。

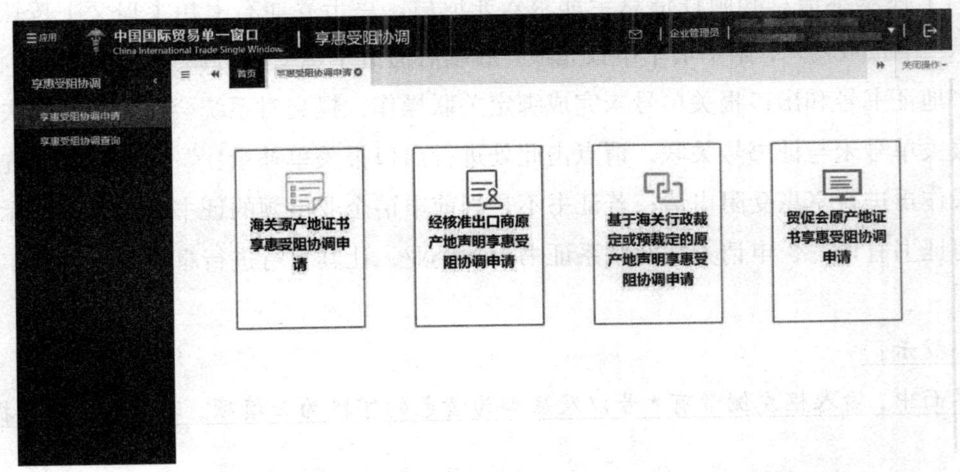

图 5-314 享惠受阻协调申请界面

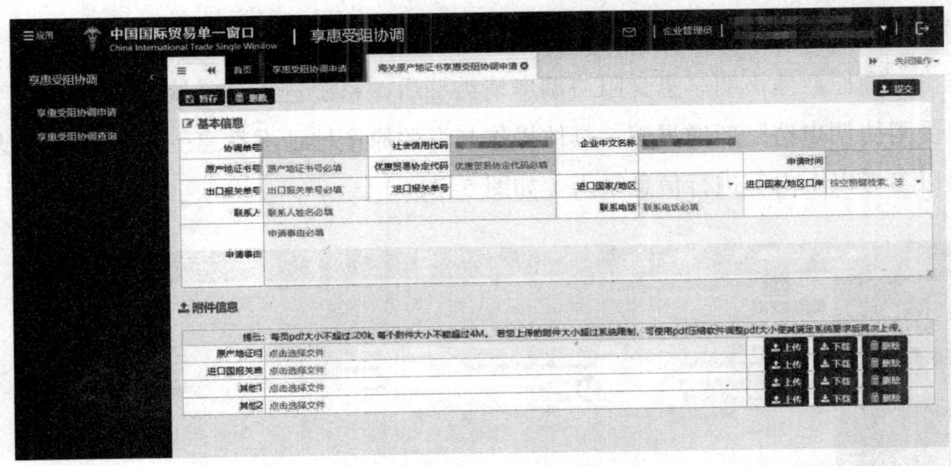

图 5-315 海关原产地证书享惠受阻协调申请

（二）上传附件

上述基本信息录入完成并且暂存成功的证书，点击文件上传输入框区域，选择相应文件后，系统自动校验文件大小是否超过 4M，点击【上传】按钮，上传成功后系统提示“上传成功”。文件上传成功后，可以下载查看文件以及删除文件后重新上传。

（三）享惠受阻协调申请单暂存

当基本信息必填项录入完成后，点击【暂存】按钮，系统自动校验填制规则，若必填项未填写，点击【暂存】按钮，则暂存失败；当输入框内容不符合校验规则，点击【暂存】按钮，系统给出相关错误提示信息，请先按照提示信息要求修改后重新暂存。

（四）享惠受阻协调申请单提交

当上述基本信息和附件信息全部录入完成后，点击界面右上角【提交】按钮，系统提示“申报成功”，则申请单申报完成，后续可通过享惠受阻协调查询功能查看状态。若原产地证书号和出口报关单号未完成绑定关联操作，提交时系统会提示“提交失败：出口报关单号未与证书号关联，请点击此处进行出口报关单补录！”，此时需要先完成关联操作再进行享惠受阻申请；若证书不是当前申请企业申领的证书，则系统提示“企业填写证书有误”，申请人需要联系证书申领企业，让其自行进行享惠受阻协调申请操作。

小提示：

界面中，输入框左侧带有★号以及底部为黄色的字段为必填项，否则无法进行提交。

二、经核准出口商原产地声明享惠受阻协调申请

（一）基本信息

点击左侧菜单中“享惠受阻协调申请”，右侧区域展示四种享惠证明类型，选择经核准出口商原产地声明享惠受阻协调申请类型后，系统进入“经核准出口商原产地声明享惠受阻协调申请”新增界面。具体操作与海关原产地证书享惠受阻协调申请基本一致，可以参考以上内容进行信息录入（如图 5-316）。

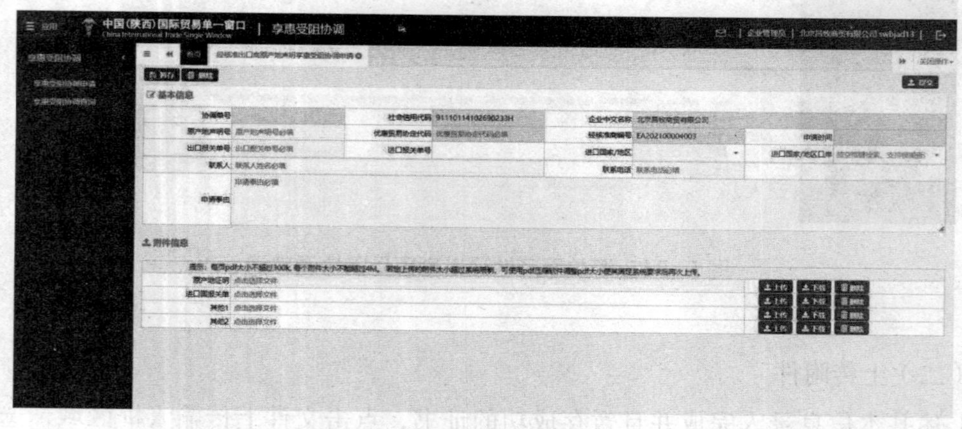

图 5-316 “经核准出口商原产地声明享惠受阻协调申请”上传附件界面

（二）上传附件

具体操作与海关原产地证书享惠受阻协调申请基本一致，可以参考以上内容进行信息录入。

（三）享惠受阻协调申请单暂存

具体操作与海关原产地证书享惠受阻协调申请基本一致，可以参考以上内容进行

信息录入。

（四）享惠受阻协调申请单提交

具体操作与海关原产地证书享惠受阻协调申请基本一致，可以参考以上内容进行信息录入。

三、基于海关行政裁定或预裁定的原产地声明享惠受阻协调申请

（一）基本信息

点击左侧菜单中“享惠受阻协调申请”，右侧区域展示四种享惠证明类型，选择基于海关行政裁定或预裁定的原产地声明享惠受阻协调申请类型后，系统进入新增界面（如图 5-317）。具体操作与海关原产地证书享惠受阻协调申请基本一致，可以参考以上内容进行信息录入。

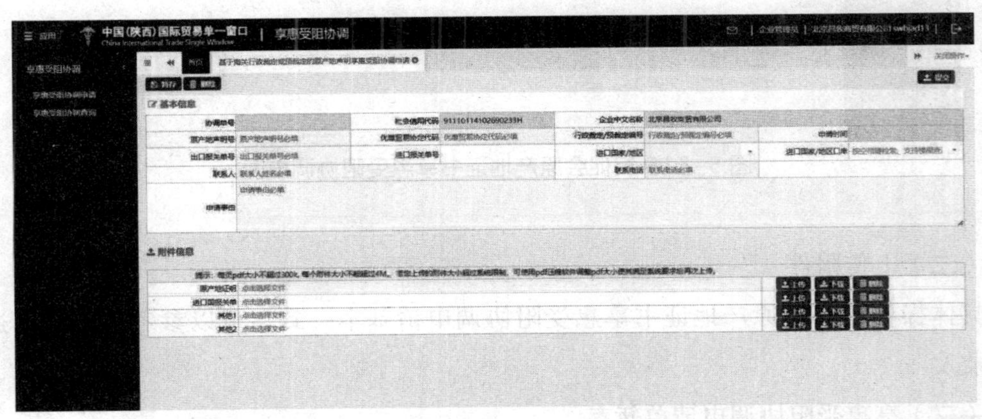

图 5-317 基于海关行政裁定或预裁定的原产地声明享惠受阻协调申请

（二）上传附件

具体操作与海关原产地证书享惠受阻协调申请基本一致，可以参考以上内容进行信息录入。

（三）享惠受阻协调申请单暂存

具体操作与海关原产地证书享惠受阻协调申请基本一致，可以参考以上内容进行信息录入。

（四）享惠受阻协调申请单提交

具体操作与海关原产地证书享惠受阻协调申请基本一致，可以参考以上内容进行信息录入。

四、贸促会原产地证书享惠受阻协调申请

（一）基本信息

点击左侧菜单中“享惠受阻协调申请”，右侧区域展示四种享惠证明类型，选择贸促会原产地证书享惠受阻协调申请类型后，系统进入“贸促会原产地证书享惠受阻协调申请”新增界面（如图 5-318）。具体操作与海关原产地证书享惠受阻协调申请基本一致，可以参考以上内容进行信息录入。

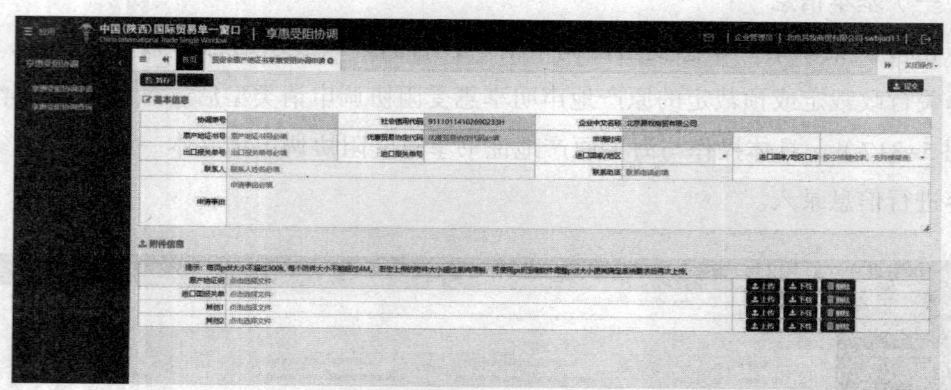

图 5-318 贸促会原产地证书享惠受阻协调申请

（二）上传附件

具体操作与海关原产地证书享惠受阻协调申请基本一致，可以参考以上内容进行信息录入。

（三）享惠受阻协调申请单暂存

具体操作与海关原产地证书享惠受阻协调申请基本一致，可以参考以上内容进行信息录入。

（四）享惠受阻协调申请单提交

具体操作与海关原产地证书享惠受阻协调申请基本一致，可以参考以上内容进行信息录入。

第二节 享惠受阻协调查询

一、申请单查询

点击左侧菜单中“享惠受阻协调查询”，右侧区域展示“享惠受阻协调查询”详细信息界面。默认展示登录企业下全部享惠受阻协调申请数据，用户可以通过查询条件：协调单号、原产地证明号、出口报关单编号、处理状态、协调单类型、优惠贸易协定代

码和提交起止日期来进行查询。勾选一条数据，点击蓝色“协调单号”字段，系统自动跳转到数据详情界面。数据为暂存、已撤回、海关接收失败以及退回状态时，详情界面数据可以修改编辑，其他状态页面置灰只允许查看，附件信息所有状态都可以下载查看（如图 5-319）。

图 5-319 享惠受阻协调查询

二、申请单删除

企业选中一条数据，点击界面上【删除】按钮，仅暂存、已撤回以及退回的状态可以删除，其他状态进行删除时，系统给出相关提示信息，不允许删除，如图 5-320 所示。

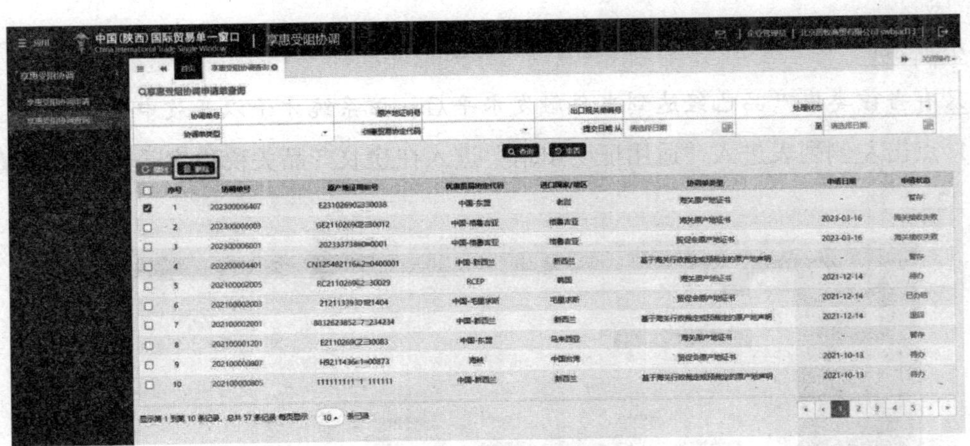

图 5-320 申请单删除

三、申请单撤回

企业选中一条待办状态下的数据，点击界面上【撤回】按钮，撤回操作成功，则系统提示“撤回成功”。当勾选数据为待办以外的状态时，【撤回】按钮置灰，不能点击，如图 5-321 所示。

图 5-321 申请单撤回

第六章 进口在途农产品关税税率适用证明管理系统操作说明

第一节 适用证明申请

小提示：

只有当该类农产品已经达到当年触发水平后，该系统才予以开放申请。

1. 点击左侧列表进入“适用证明申请”进入在途农产品关税税率适用证明申请（如图 5-322）：

图 5-322 适用证明申请主界面

2. 点击【新增】按钮，弹出“确定要新增一份适用证明吗？”（如图 5-323）

图 5-323 适用证明申请新增提示

点击【取消】，关闭该提示框。

点击【确定】，进入新增界面（如图 5-324）：

图 5-324 适用证明申请新增界面

小提示：

同一份原产地证明文件不允许多次申请。

同一份原产地证明文件上同一类别产品项下涉及多个税则号列的商品申请在途的，只选填其中某一个税则号列。

商品数量应填该产地证上全部税则号列商品的总净重。

3. 点击【上传】按钮上传有关单证，附件需要修改时，点击【上传】按钮进行替换（如图 5-325）。

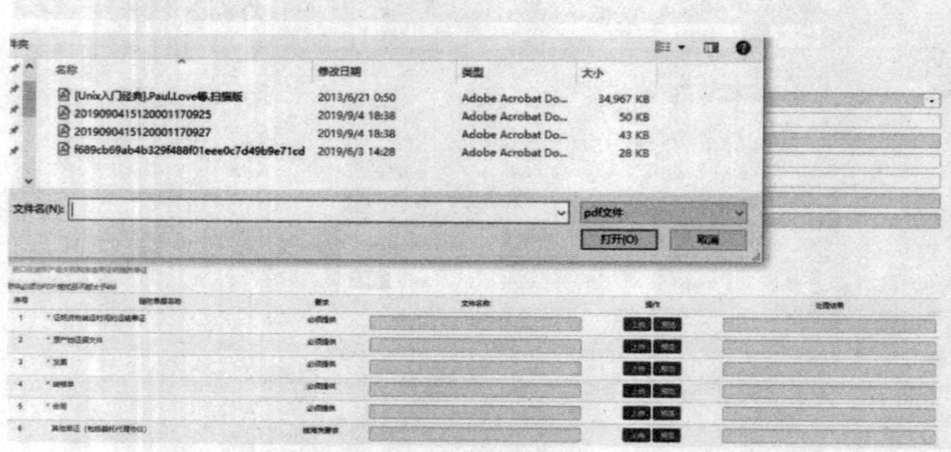

图 5-325 适用证明申请界面上传功能

小提示：

附件必须为 PDF 格式且不能大于 4M。

实际到港单证请在其他单证栏上传。到港单证可以包括：港务局出具的 DO 提货单、12360 一舱单信息查询截图等证明货物到港的单证。

4. 点击【暂存】，提示暂存成功，数据状态变为“暂存”（如图 5-326）：

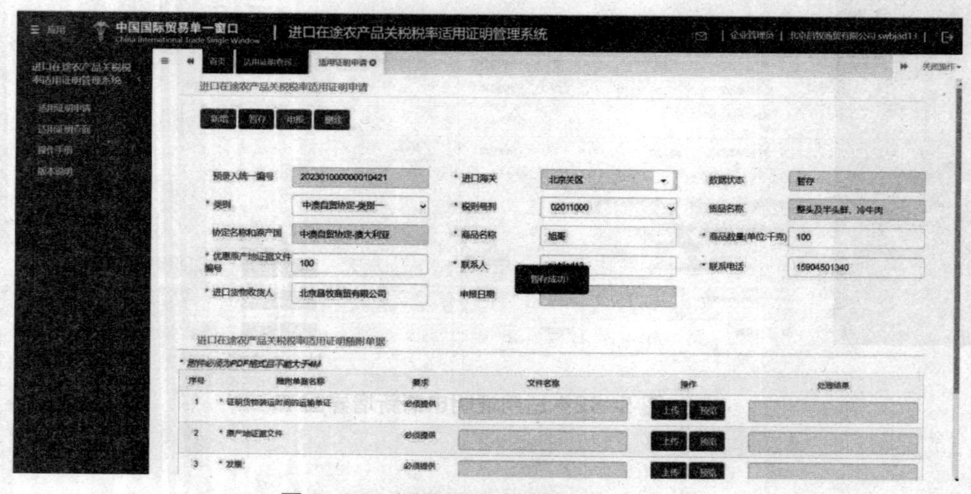

图 5-326 适用证明申请界面暂存功能

5. 点击【删除】，弹出提示“确定要删除此适用证明文件吗？”，点击【取消】则取消该操作；点击【确定】按钮，提示删除成功（如图 5-327）。

图 5-327 适用证明申请界面删除功能

6. 点击【申报】申报，提示申报成功，数据状态变为“申报”（如图 5-328）。

图 5-328 适用证明申请界面申报功能

第二节 适用证明查询

1. 点击左侧列表“适用证明查询”，进入查询界面（如图 5-329）：

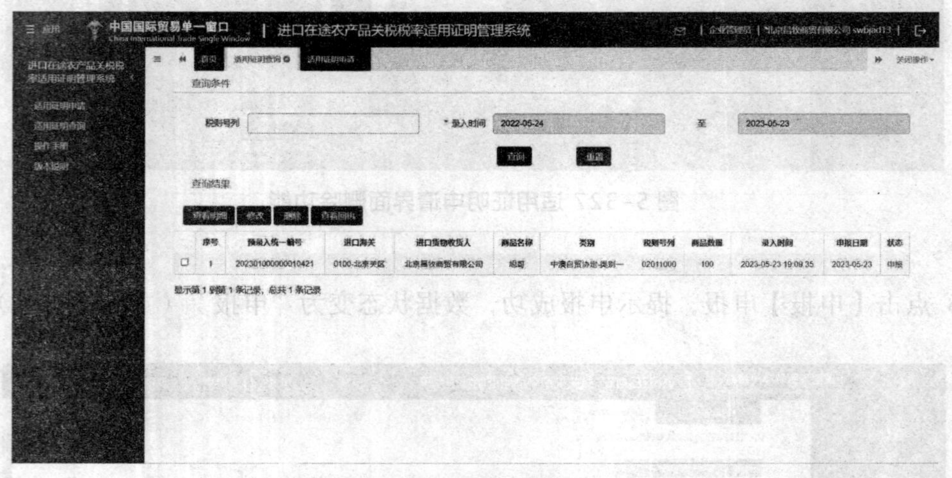

图 5-329 适用证明查询界面

输入查询条件，点击【查询】按钮，显示相应的申请列表（如图 5-330），列表“状态”栏显示该证书目前状态，状态有“暂存”“申报”“申报失败”“海关入库成功”“海关入库失败”“候补”“当年该类在途农产品额度已满”“海关审批通过”“海关审批不通过”“退单”：

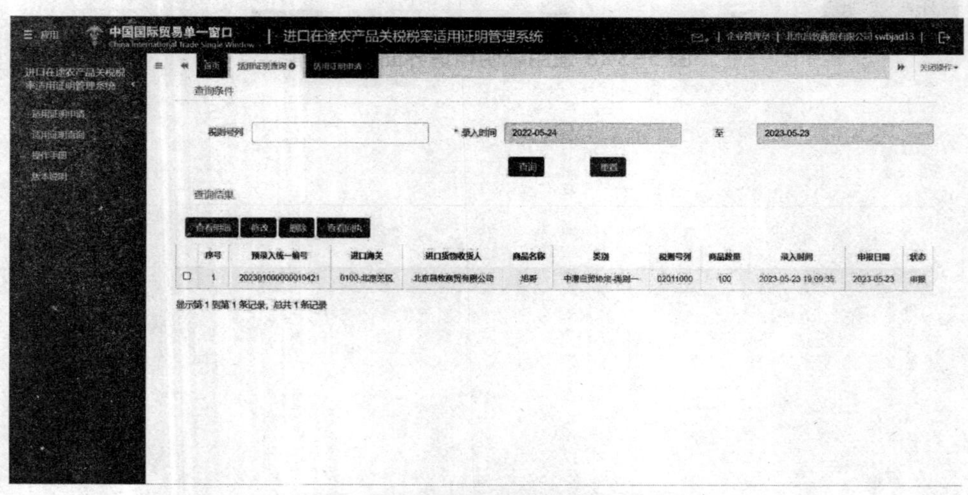

图 5-330 适用证明查询结果界面

2. 选中其中一条记录，点击【查看明细】按钮，进入明细页面（如图 5-331）：

图 5-331 适用证明查看明细界面

3. 选中该记录，点击【查看回执】，可查看回执信息，回执信息包括“海关入库成功”“海关入库失败”“候补”“当年该类在途农产品额度已满”“海关审批通过”“海关审批不通过”“退单”（如图 5-332）：

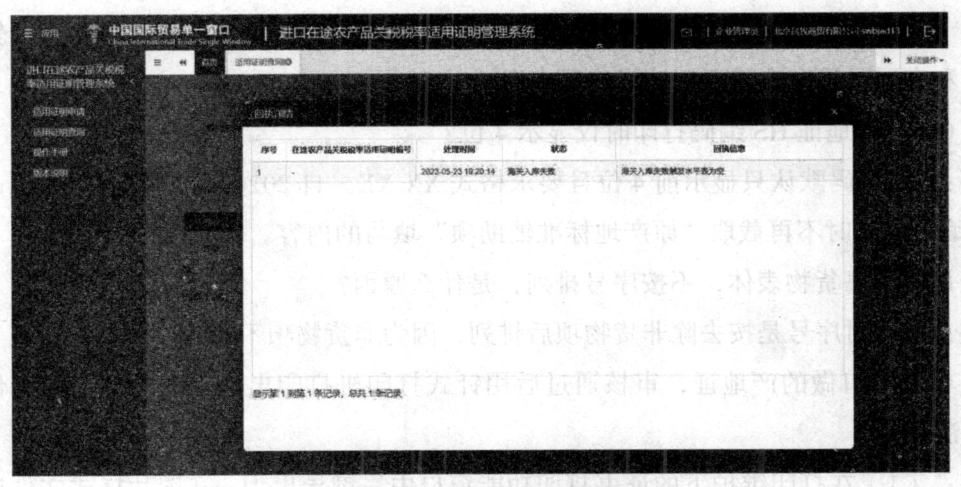

图 5-332 适用证明查看回执界面

特别提示：

“海关审批通过”的申请在回执中显示“在途农产品关税税率适用证明编号”，该编号需在报关单申报时填写在备注栏中。

第七章 常见问题解答

第一节 海关原产地证申报常见问题及解答

1. 单一窗口必须用电子口岸 IC 卡 /IKey 登录才能申请产地证吗？

答：不是必须的，使用用户名密码方式登录也可以申请证书。创建单一窗口用户名和密码的简便方法为：

（1）使用法人卡登录原产地申报系统或自助打印系统，点击右上角企业名称，点击“我的操作员”菜单，在界面中上部点击“新增无卡操作员”，根据提示完成操作，即可用新增的无用用户登录了；

（2）如果操作员卡登录过单一窗口，则卡号就是无卡的用户名，默认密码为 8 个 8，首次用卡号作为用户名登录时，要点击“海关原产地申请”系统，在弹出的页面中输入用户名和密码，第一次需要用该操作员卡激活并修改密码。

2. CO 原产地证 HS 编码打印时仅显示 4 位？

答：HS 编码默认只显示前 4 位且要求格式 XX.XX。自 2020 年 5 月起，CO 原产地证 HS 编码打印时不再截取“原产地标准辅助项”填写的内容。

3. 请问证书货物表体，不按序号排列，是什么原因？

答：打印时序号是按去除非货物项后排列，因为非货物项不打印序号。

4. 单一窗口做的产地证，审核通过后用针式打印机打印出来很模糊，请问有什么解决办法。

答：（1）在打印维护下的证书打印功能窗口中右键导出为 emf 图片格式文件进行打印；

（2）将本地打印机当前打印质量设为最大 dpi。

5. 中智原产地证签发后需要在第五栏修改信息，于是点了“更改证”，申报之后，海关关员在更改证书里能看到修改的信息，但是打印预览里第五栏没显示出来，请问为什么？

答：中智证书不打印唛头，第五栏打印的是证书备注信息，在更改证书中把证书备注信息修改了就打印出来了。

6. 申请更改证时，更改情况及更改栏目已填写，为什么打印预览时证书显示的还是原来有误的内容。

答：更改证书除了填写更改栏目之外，原证书有误的地方须在更改证中修改正确后再申报。例如：原证书出口商填写有误，更改证中须将出口商修改正确后，再申报。

7. 登录单一窗口，打开海关原产地证书申报系统，左侧的菜单栏里什么都没有？

答：不能使用单一窗口个人账号及原商检的综合服务平台账号登录。创建单一窗口用户名和密码的方法参见第一点或电话咨询 010-95198。

8. 一般原产地证已录入包装件数和包装单位，但是打印预览不显示这两项；回执内容为货物描述用英文，填写包装种类和数量，状态为退证，什么原因？

答：货物描述企业手动录入后不符合要求给退证了。货物信息录入完成后，点击货物描述中的【生成】按钮，系统会根据录入的包装件数和包装单位自动生成货物描述。

9. 打印中智原产地证书，同一台打印机，用打印维护（新）打印出来的证书很清晰，用打印维护打印的证书很模糊？

答：两种打印实现方式不同，打印维护模糊可将打印机设置为高质量打印。

10. 中智原产地证使用打印维护（新），第一页无法显示第 11 条品名？

答：有一行太长，默认宽度不够，自动换行了导致少了一行，将默认宽度拉宽，行数就正常了。

11. 原产地证审核通过以后，发现有一项内容填写错误，请问这种审核通过的是要先作废才能重新录入新证吗？

答：可以做更改证。

12. 到哪里去备案？

答：到原产地综合服务平台，可在单一窗口海关原产地证书申请系统菜单栏点击“原产地综合服务平台”菜单。

13. 在原产地证申报系统界面上如何操作，打印时 Issued Retroactively 显示打勾。

答：根据不同类型的证书，在出运日期早于申报日期的情况下，海关端审批系统会自动判断是否是后发证书，证书审批通过后，系统会自动在 Issued Retroactively 打勾。

14. 只出一件散货但有两项货物，包装件数和包装单位怎么填？

答：（1）可以报两项拆分成两条货物再申报；

（2）包装拆不开的时候，第一项写总包装件数，下面包装都写 0。

15. 请问在单一窗口可以导出 PDF 证书直接给国外客户吗？

答：可以，选中证书后，单击【打印】按钮，在弹出的页面中选择“标准模式”可以预览下载证书。

第二节 自助打印常见问题及解答

1. 原产地证书自助打印收费吗？

答：免费。

2. 原产地证书自助打印对打印机、纸张有什么要求？

答：配备彩色双面打印机，用A4纸即可打印。

3. 以后原产地证书就只能自助打印，不能到现场领取吗？

答：企业可自主选择自助打印原产地证书，或按原方式领取套打证书。同一份证书只允许以其中一种方式申领一次。

4. 打印的证书底色与套打证书有色差，是否正常？

答：因彩色打印机型号和性能不一，自助打印证书底色存在与套打证书色差的可能，不影响证书使用。

5. 哪些类型的证书可以自助打印？

答：目前有19种类型可自助打印，具体参见 https://swapp.singlewindow.cn/apswebserver/static/doc/queryQuestion.pdf。

6. 申请的原产地证书页数较多，能不能自助打印？

答：鉴于互联网网络带宽和打印机性能等原因，建议证书页数超过10页的采取套打形式。

7. 申请的原产地证书唛头较长或者有特殊字符唛头，能不能自助打印？

答：建议采取套打形式。

8. 必须使用中国电子口岸卡才能自助打印吗？

答：印章和签名上传、印章和签名授权、代理打印授权必须使用中国电子口岸法人卡；证书打印和异常申请不要求必须用卡，可以使用用户名密码方式或电子口岸卡登录。未申领中国电子口岸卡的企业，需到各地“中国电子口岸数据分中心”办理。各数据分中心的联系方式参见：http：//www.chinaport.gov.cn/kfzq/fzjg/。

9. 印章尺寸有什么要求？

答：（1）圆形印章，直径不超过4.5厘米；

（2）长方形印章，长不超过5.5厘米，宽不超过4厘米；

（3）椭圆形印章，长轴不超过5.5厘米，短轴不超过4.5厘米；

10. 签名尺寸有什么要求？

答：申报员签字，长不超过 3.5 厘米，宽不超过 3 厘米。

11. 如何上传清晰的印章？

（1）颜色：只能提取红色系和蓝色系印章

（2）位置：印章必须用力盖在干净的 A4 白纸中间区域，然后竖版扫描成 jpg 图片。

（3）电子口岸客户端控件版本必须是最新版本，最新版本可在登录界面获取。

（4）扫描：选择 600dpi 及以上扫描，保证扫描仪的玻璃干净。

（5）禁止：请勿使用手机拍照、扫描 A4 纸，请勿软件处理扫描后的图片。

12. 如何上传清晰的签名？

（1）颜色：申报员签名必须使用黑色签字笔书写，一定保证字迹清晰。

（2）位置：申报员签名必须写在干净的 A4 白纸中间区域，然后竖版扫描成 jpg 图片（采用 600dpi 及以上效果会更好）。

（3）大小：签名大小尽量控制在 3cm × 3.5cm 以内，尽量大些。

（4）扫描仪：保证扫描仪的玻璃干净，扫描后周围无黑点即达标。

（5）禁止：请勿使用手机拍照、扫描 A4 纸，请勿软件处理扫描后的图片。

13. 签名如何更改？

答：使用电子口岸法人卡登录，在签名列表界面，先勾选想删除的签名，依次点击停用签名、删除签名，然后重新新增签名，在自助打印系统中的电子印章授权界面点击【刷新】按钮后，重新点击【授权】按钮。

14. 如何删除不清晰、不符合要求的印章？

答：使用电子口岸法人卡登录，在印章列表界面，先勾选想删除的印章，依次点击停用印章、删除印章，然后重新新增印章，在自助打印系统中的电子印章授权界面点击【刷新】按钮后，重新点击【授权】按钮。

15. 上传的印章和签名大小符合规定，为什么设置默认的时候还是提示不符合规定？

答：重新上传过印章或签名后，要点击印章签名授权界面中左上角的【刷新】按钮，然后再进行设置默认并授权。

16. 印章或签名已经重新上传，为什么打印出来的证书上的印章或签名还是不正确？

答：（1）必须在电子印章授权界面点击【刷新】按钮，然后重新点击【授权】按钮，授权成功后操作第二步；

（2）在第一步操作完成后，若该证书没有归档，则在打印异常申请界面选择该证书，点击【异常申请】，在弹出的界面中根据实际情况选择最后两个原因之一，点击【提交】按钮后根据系统提示进行后续操作；若证书已经归档则需要改证重发或让海关关员解除归档重新审批通过后，待打印的证书才会更新签名或印章。

17. 印章和签名已经授权成功，为何查询不到待打印的证书？

答：（1）仅可查询授权成功之后审批通过证书。

（2）仅可查询 19 种可自助打印范围内的证书。

（3）仅可查询证书出口商或申请人是自己所在企业的证书。

18. 系统提示打印控件授权已过期，请问这种情况怎么处理？

答：原因 windows 的 hosts 文件被其他软件锁定导致打印控件无法修改或被病毒删除。解决方法：首先打开这个目录 C：\Windows\System32\drivers\etc，然后根据图 5-333、图 5-334 操作：

图 5-333 点击“查看、选项”

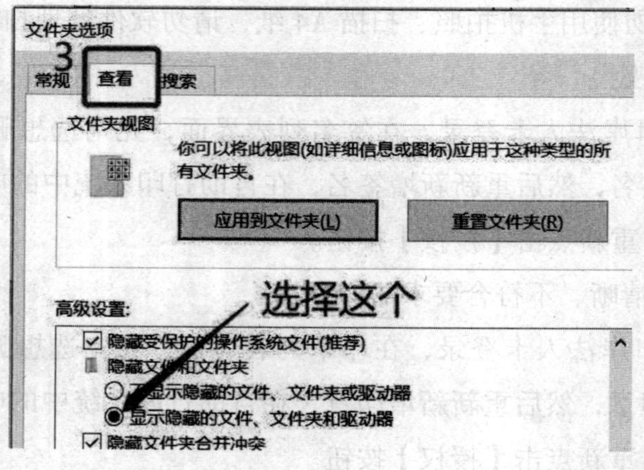

图 5-334 选择“显示隐藏的文件、文件夹和驱动器”

若该目录下有 hosts 文件，则使用记事本打开这个文件，在文件最后位置回车后增加下面这一行文字：

127.0.0.1 api.webprinter.cn

保存文件，关闭记事本，重新启动打印控件。

若该目录下没有 hosts 文件，则创建新的 hosts 文件，在使用记事本打开 hosts 文件，增加下面这一行：

127.0.0.1 api.webprinter.cn

保存文件，关闭记事本，重新启动打印控件。

19. 已安装打印控件并且已正常启动，打印时还是提示未安装或未启动打印控件，如何处理？

答：（1）参照上一条处理，同时打印控件仅支持 win7 及以上操作系统，不支持 windows xp 操作系统。

（2）网络限制，当前网络环境是否存在网络代理，自助打印控件只能在公共的互联网环境下使用。查看 Internet 协议版本 4 内的 DNS 是否设置了 IP 地址。

（3）打印控件端口被占用。

第一步，点击左下角开始菜单，打开 CMD 窗口输入命令点击回车， netstat -ano find "：443"

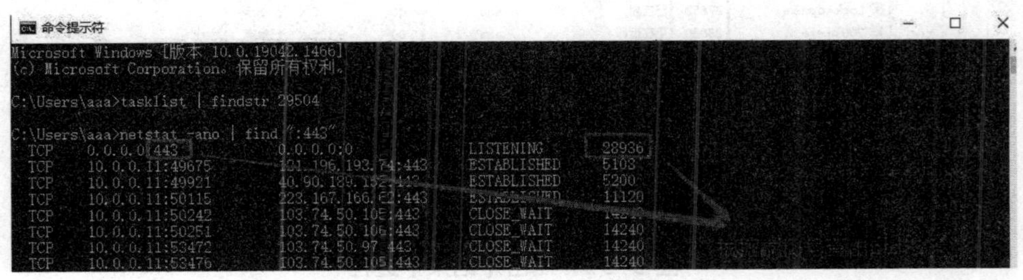

图 5-335 打开 CMD 窗口输入命令

第二步，根据端口号查出 PID，如图端口号 443 的 pid 为 28936。输入 tasklist | findstr 28936 查出当前软件信息，查出的软件信息为 webprinter.exe 证明控件端没有被占用，如果不是那么说明控件端口已经被占用了（如图 5-336）。

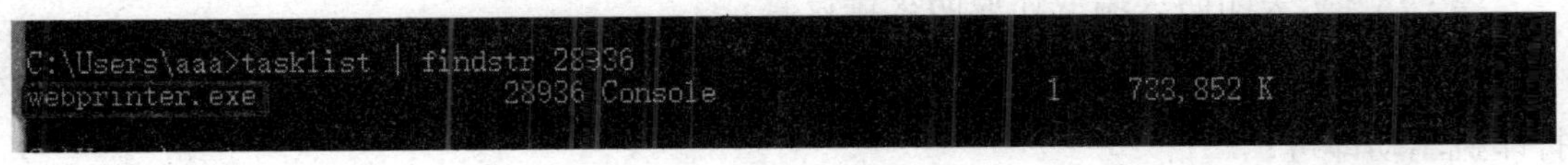

图 5-336 端口号查出 PID

第三步，关闭占用端口软件，鼠标右键点击任务栏空白处，选择【任务管理器】进入【详情信息】选择占用端口的软件鼠标右键点击【结束】进程即可（如图 5-337）。

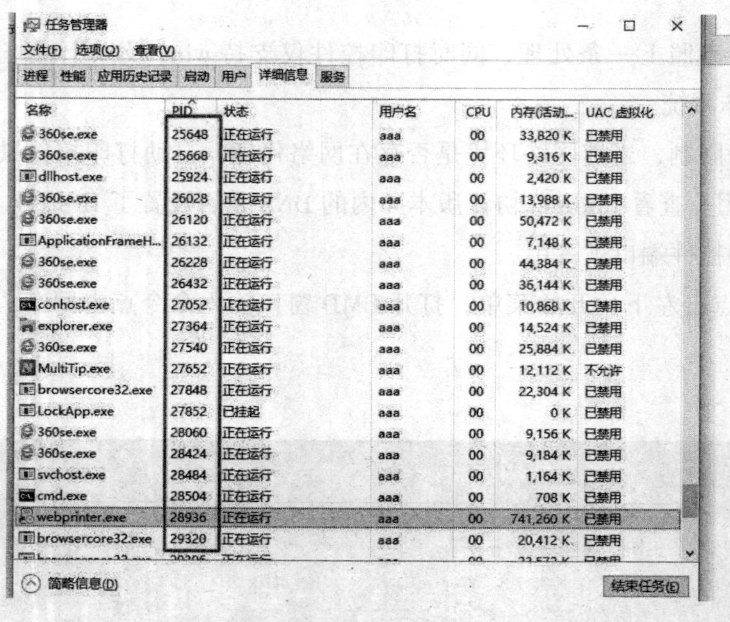

图 5-337 点击【结束】进程

20. 副本已经打印出来了，正本只有第一页，背面没有内容，如何处理？

答：正本是双面打印的，打印机要支持双面打印，若是手动双面打印的话，需要根据打印机提示及时送纸。

21. 正副本一起打印时，副本打印出来了，但无正本，如何处理？

答：（1）关闭防火墙或还原防火墙设置；

（2）本地打印机驱动对 pdf 文件兼容问题出现打印机显示打印错误，更换或升级打印机驱动即可；

（3）正副本打印对电脑配置有一定要求，建议正本、副本分开打印；

（4）如果正本是多页，建议在证书打印页面重新下载安装打印控件，同时打印前关闭一些暂时不用的程序，尽可能地增加电脑的可用内存。

22. 正本已打印出来，如何再次打印副本？

答：在证书打印页面的查询条件区域，将打印状态条件改成“已打印”，点击【查询】按钮即可查询出已打印的证书，配合其他查询条件即可快速查询出需要的证书号，勾选后点击【打印副本】按钮即可完成打印。

23. 如何打印多页证书？

答：（1）若是 5 月 25 日之前安装的打印控件，则需要在证书打印页面重新下载安装打印控件；

（2）多页证书的待打印 PDF 文件较大，在转换成打印机可识别的文件时需要较多的内存，建议打印前关闭一些暂时不用的程序，尽可能地增加电脑的可用内存；

（3）页数特别多的对电脑和打印机的性能有一定要求，确实无法打印的建议采用原有的套打方式。

24. 多页证书第一页印章和签名打印正常，但第二页开始印章和签名有白底，如何处理？

答：（1）升级打印机驱动程序或打印机本身的固件程序；

（2）按照要求重新扫描、上传、授权印章和签名；

（3）尝试更换不同操作系统的电脑或升级操作系统，如 win7 下有问题则使用 win10，若 win10 下有问题则使用 win7；

（4）更换打印机。

以上 4 点可单独尝试，也可组合尝试。

25. 中国—瑞士证书的条形码打印不全，如何处理？

答：（1）喷墨无打印边距的打印机可以打印完整；

（2）证书的真伪可以通过网站查询，可以给客户解释一下，若对方清关过程中有问题建议及时和中国海关反映。

26. 有咨询电话可以咨询自助打印的问题吗？

答：自助打印过程中如果遇到问题，可致电单一窗口服务热线 010-95198。

27. 打印异常怎么办？

答：打印过程中若遇到卡纸、断电等无法正常打印的情况，可在“打印异常申请”界面中选择打印异常的证书，点击【异常申请】按钮后选择不能正确打印的原因，除了最后两个原因，其他的原因提交后系统将自动重新打印正本。

28. 如何进行代理打印？

答：委托企业应先在自助打印系统完成印章、签名制作及授权，并在“代理打印授权”中添加代理打印企业信息，代理企业不需要进行印章和签名的上传；若其他平台申报的证书不能代理打印，可使用单一窗口申报证书，验证代理打印功能。

29. 如何设置默认打印机？

答：在本地电脑中的“打印机”相关界面中设置默认打印机。

30. 异常打印只能打印正本，如何打印副本？

答：参照上面第 24 个问题处理。

31. 打印出来没有海关签名，怎么办？

答：咨询当地海关该证书审证人员的签名是否在海关端系统上传，并且上传时间在证书审核之前。

32. 证书打印出来后海关关员签名有白色底纹怎么办？

答：咨询当地海关，一般来说关员签名要根据海关端技术团队的要求重新上传，重新上传以后该份证书需要关员重新审核一遍，企业再次打印后才能验证是否正常；如果关员暂时不能上传签名，该份证书建议使用空白证书套打。

33. 证书还没有打印就已经归档不能打印了，如何处理？

答：首先要明确没有打印的含义，没有打印指在系统中从来没有点击过【打印正本】【打印正副本】按钮，若确实是这种情况证书归档，则是海关关员手动归档所致，归档原因需要咨询海关关员，这种情况的证书有两种处理方式：一是使用空白证书套打，二是联系海关关员解除归档后重新审核一遍再进行自助打印。若点击过【打印正本】【打印正副本】按钮，没有打印出来则系统同样认为该证书已打印，但系统当天白天不会归档，可以使用异常打印再次打印证书，白天被归档的原因同样是海关关员手动归档所致。处理方式与上述两种方式一样，选择一种即可。

34. 证书上的格式是否可以调整？

答：自助打印的版式文件是在证书审核通过的时候海关端就已经固化好了，不能调整，如果有调整需求请咨询当地海关。

35. 打印出来的证书只有底纹、没有数据或者打印出来是空白纸，上面有几行英文错误信息，如何处理？

答：到打印机厂商的官方网站更新对应的打印机驱动程序，选择支持 PCL6 的驱动程序。

36. 打印一份证书时间较长，如何减少打印时间？

答：（1）使用内存及 cpu 配置较高的电脑及打印机；

（2）网络带宽稳定且速度快；

（3）电脑直接连接打印机。

37. 打印出来的证书不完整，上下都少了一些内容，如何处理？

答：将本地电脑上的默认打印机相关属性设置为 100% 打印、无缩放打印。

38. 预览副本时，浏览器页面是空白或模糊看不清，如何处理？

答：使用 chrome 浏览器预览或者使用当前浏览点击界面右上角的【下载】按钮，把副本下载到本地再打开预览。

39. 自助打印系统印章制作新增印章里怎么没有了制式印章的选择项？

答：应海关业务人员要求，海关原产地自助打印证书的印章应为真实的中英文印章。

40. 在做印章签名授权时，点击【授权】按钮，输入法人卡密码提示：当前登录信息与插入的卡信息不一致，如何处理？

答：需到“中国电子口岸数据分中心”进行卡里的芯片信息更新。各数据分中心的联系方式参见：

http://www.chinaport.gov.cn/kfzq/fzjg/

41. 原产地自助打印内查询不到证书信息，如何处理？

答：证书打印界面查询列表点击“查看解决办法”。根据解决办法的方法进行排查查询不到证书的原因。

42. 为什么证书打印时左上角会出现 W 标识？

答：中转国 / 地区为中国香港时，左上角打印 W 字样。

43. 在原产地自助打印系统的证书打印中可以找到证书，也正常打印了，但是为什么在海关原产地证申报系统证书查询时就找不到这几票证书了？

答：查询条件中单据状态改为自助打印成功或自助打印已归档就可以查询到了。

44. 东盟证书企业有填写生产企业名称，正常在打印预览的第 7 栏 *** 下方应显示录入的生产企业名称、联系人、电话但为什么不显示？

答：* 星号为字段分隔符，星号下打印信息为特殊条款项，可将其要显示的内容录入到页面中的特殊条款区域。

45. 中国巴基斯坦原产地证录入申报，录入了 FOB 值，暂存后做预览时，FOB 值的金额显示的是发票金额？

答：当货币单位不为 USD 时，FOB 值打印时取发票金额字段，因此企业在填写发票金额时应根据实际情况进行相应换算后填写。

46. 更改证是否会生成更改申请书？

答：直接勾选更改好的证书然后点击打印在打印类型里就会有【更改重发申请书】按钮，下载下来就可以了。

47. 原产地证录入的时候录入了信用证号，申报后不显示？

答：界面上录入后只显示在申请书上，如果打印在证书上，一般录在证书备注栏或者货物描述下面。

48. 东盟证书退证回执：重量需注明 G.W. 或 N.W.

答：在数 / 重量英文单位的录入框里按需选择包含 G.W. 或 N.W. 相关重量单位即可。

49. 新版东盟证书如何填写？

答：参照图 5–338 填报。

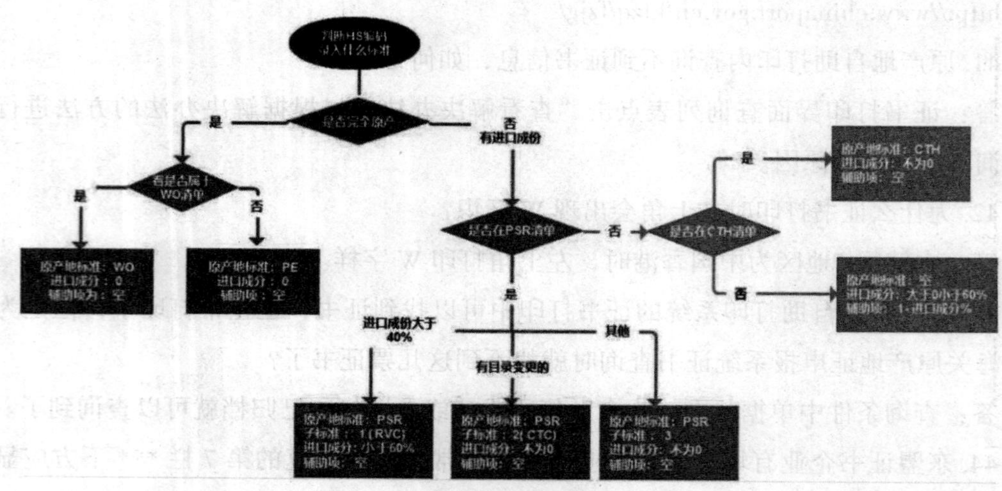

图 5-338 新版东盟证书填写示意图

50. 如何查看海关回执？

答：在证书查询页面查询列表单据状态列，点击某行中的具体状态，如申报、数据已发往海关、退证、审核通过等，可以看到该单据的海关回执。另外，单一窗口提供了回执微信推送功能，可点击新建证书界面的【回执推送】按钮，根据下载后的文档操作即可。

51. 出口商、进口商录入小写怎么转换成大写？

答：出口商、进口商可以录入大小写，如果录入的是小写在出口商、进口商左侧复选框里打勾可自动转换为大写。

52. 货物信息里，首条、上一条 / 下一条、末条有什么作用？

答：在货物信息过多时，上下滚动不方便，只要选中一条数据，可点击首条、上一条、下一条则信息自动反填。

53. 在查询页面昨天还可以查到的证书，今天就查不到了？

答：使用管理员账号登录，在初始值设置页面可设置查询权限，勾选“操作员只能查询自己的证书”单选框后，操作员只能查询到自己创建的证书，仅管理员或法人卡登录可查询所有证书，反之则操作员、管理员均可查询到当前企业下所有的证书。若操作员账号遇到之前查询到的证书，现在查不到的情况，可使用管理员或使用法人卡登录查询。

54.FE 证书打印时为什么不显示 fob 值？

答：东盟产地证原产地标准只有为百分比或 PSR（适用区域价值成分）时，打印显示 fob 值，除此之外其他情况下都不显示。

55. 点击打印时弹出“不能远程打印”提示语，是什么原因？

答：（1）重启 lodop 打印控件。

（2）先点击【打印】按钮，待弹框打开后，点击弹框右上角“打印控件下载”更新 lodop 打印控件。

56. 控件安装了，但点击打印还是弹出控件未安装的提示语，是因为什么？

答：火狐浏览器会自动拦截本地打印控件的相关请求；

解决方式：1. 使用火狐浏览器开启相关访问权限；2. 更换其他浏览器。

57. 点击打印后弹出“网络错误 .....”不能打印，要怎么做？

答：使用 360 或其他杀毒软件进行本地网络修复；更新浏览器版本或使用其他高版本浏览器。

58. 申请重发证时，提示申报员联系方式为必填项怎么办？

答：删除当前重发证，在证书查询界面选择更改重发证。

59. RCEP 证书 HS 编码使用哪版税则？

答：RCEP 证书 HS 编码自 2023 年 1 月 1 日起使用 2022 版税则。

第六部分 “单一窗口”——运输工具篇

第一章 船舶运输工具申报操作指南

第一节 备案管理

点击下图主界面左侧菜单“船舶运输工具—备案管理”，展开业务菜单（如图 6–1）。

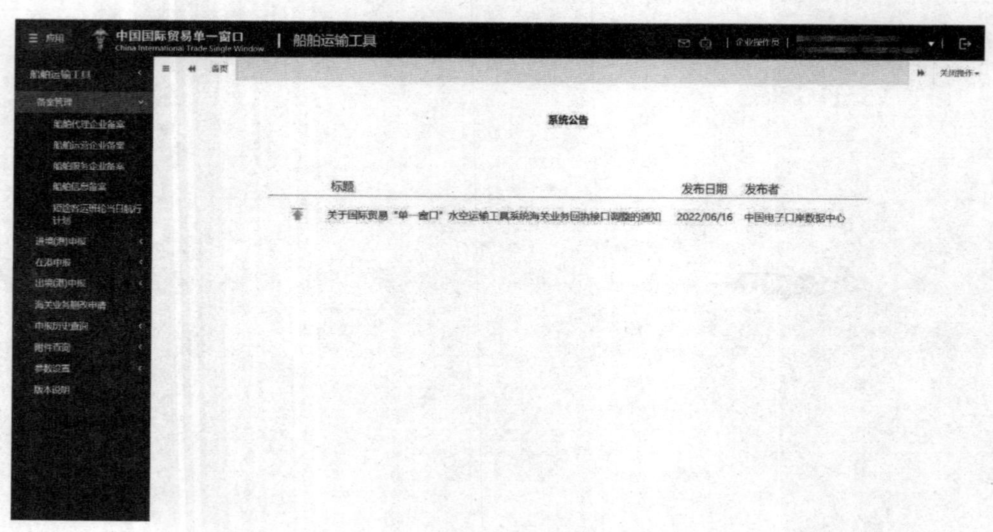

图 6–1 船舶运输工具备案管理

一、船舶代理企业备案

在图 6–1 界面左侧菜单点击“船舶代理企业备案”，系统自动根据当前登录账户的企业注册内容返填相关信息，并显示在右侧界面内，包括船舶代理企业基本信息与船代操作员信息两部分（如图 6–2）。

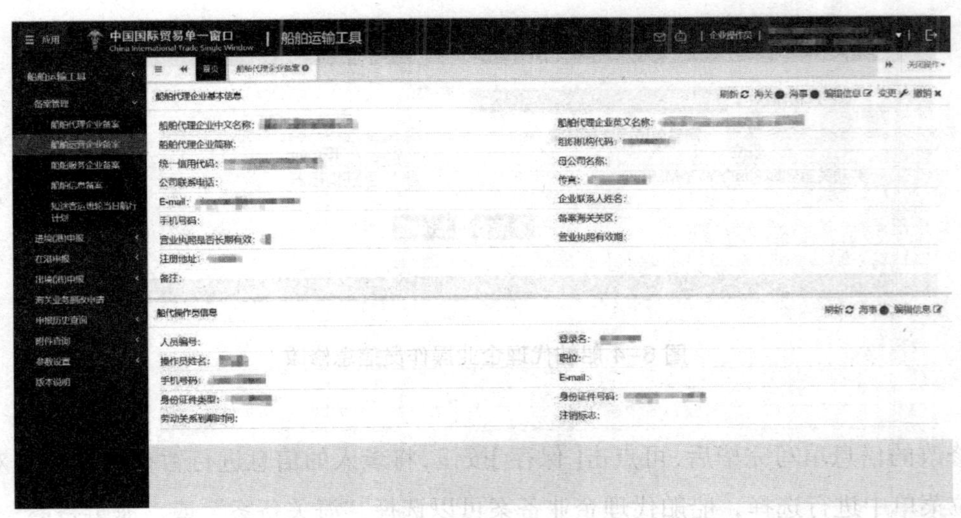

图 6–2 船舶代理企业备案

将鼠标指针停在列表右上角“海事”或“检验检疫”旁的彩色圆点上不动，可显示当前相关业务主管部门的备案状态。点击右上角的“海关”或“海事”会弹出船舶代理企业海关或海事的申报记录。

小提示：

如上图中的彩色圆点为红色，可能会影响后续业务的申报。

请船代企业业务必在此菜单内，向海事申报船舶代理企业、船代操作员的信息，并请其进行审批，确保圆点变为绿色（已备案）再进行后续业务。

点击列表右上的【刷新】按钮，可对当前页面显示的信息进行刷新。

点击列表右上的【编辑信息】按钮，系统弹出录入对话框（如图 6–3、图 6–4）可进行信息的修改、保存或申报。

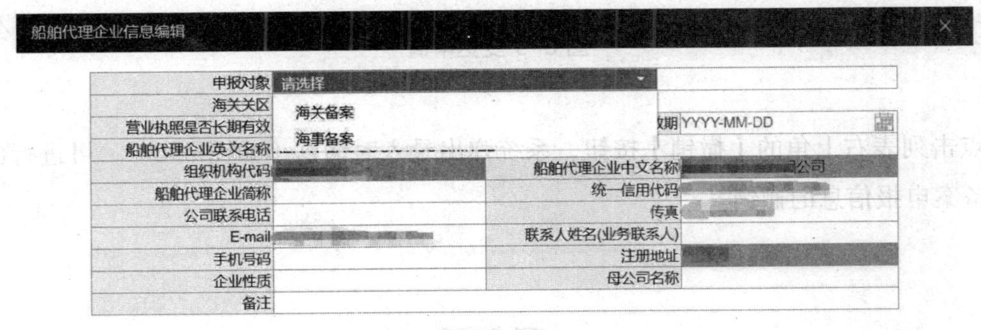

图 6–3 船舶代理企业信息修改

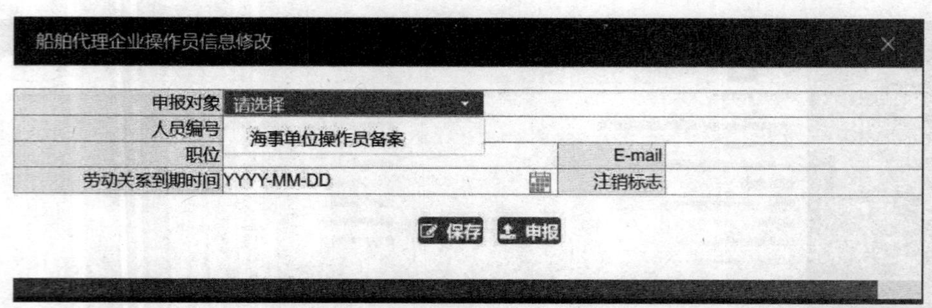

图 6-4 船舶代理企业操作员信息修改

修改的信息填写完毕后，可点击【保存】按钮，将录入的信息进行暂存。在“申报对象”的下拉菜单中进行选择，船舶代理企业备案可以选择“海关备案”或“海事备案”，船舶代理企业操作员只可选择“海事单位操作员备案”，点击【申报】蓝色按钮，将数据向相关业务主管部门进行发送。

点击列表右上角的【变更】按钮，系统弹出录入对话框（如图 6-5），可进行海关备案已申报后信息的修改、保存和申报。

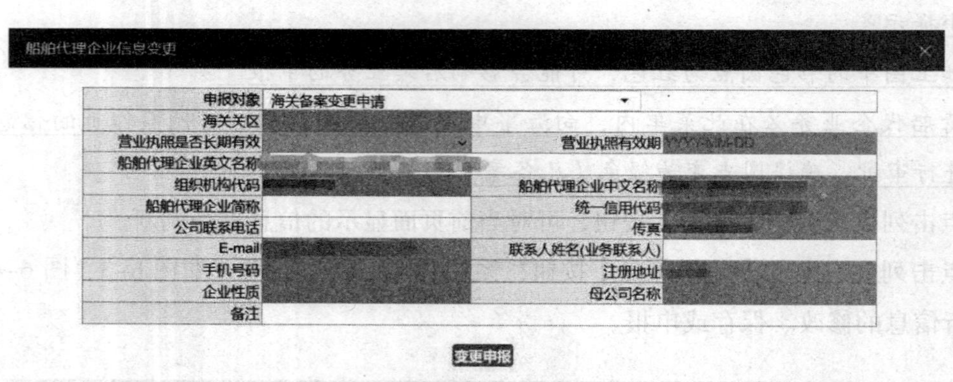

图 6-5 变更申请

点击列表右上角的【撤销】按钮，系统弹出录入对话框（如图 6-6），可进行已向海关备案申报信息的撤销。

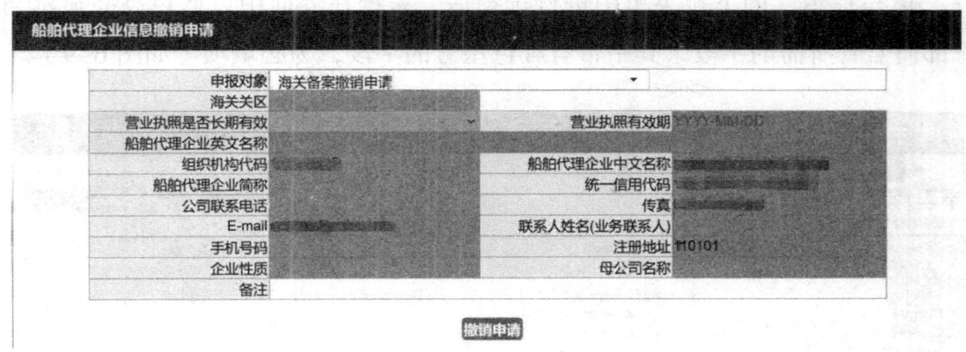

图 6-6 撤销申请

二、船舶运营企业备案

在图 6-1 界面左侧菜单中点击“船舶运营企业备案”，右侧显示录入界面。

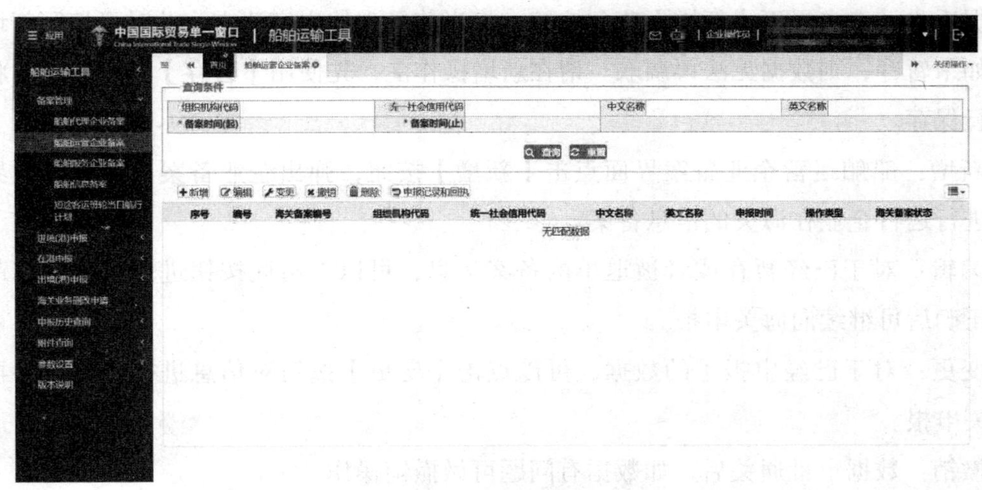

图 6-7 船舶运营企业备案

点击【新增】按钮弹出企业备案录入界面（如图 6-8）。

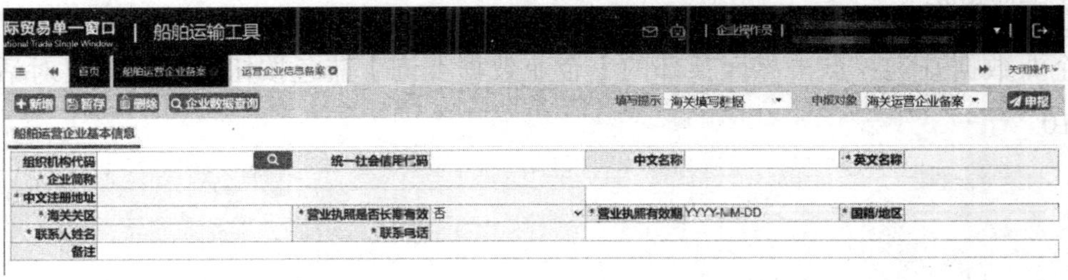

图 6-8 船舶运营企业备案录入界面

在“填写提示”的下拉菜单中进行选择后，系统在界面中以蓝色高亮显示当前业务主管部门监管所需的字段，其中带有红色星号的字段，为必填项（如图 6–9）。

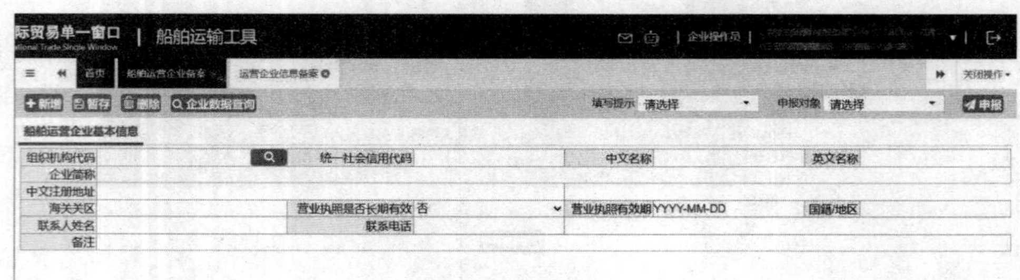

图 6-9 企业备案录入界面字段

如未选择任何填写提示，界面所有字段名称均为黑色，如上图船舶运营单位备案。录入过程中，可点击界面上方【暂存】蓝色按钮，将当前正在录入的数据进行保存，以防数据丢失。点击界面【新增】蓝色按钮，将当前录入的内容清空，此时可填写新增内容。如未暂存，则数据无法再调取。请在新增操作前，先使用【暂存】蓝色按钮，将数据进行保存。

新增：船舶运营企业备案界面点击【新增】按钮，弹出企业备案界面，在此界面可以进行运行企业在海关的信息备案。

编辑：对于已经暂存或者被退单的备案信息，可以点击此按钮进行数据的修改，修改正确后可继续向海关申报。

变更：对于已经申报了的数据，可以点击【变更】按钮对信息进行修改，并再次向海关申报。

撤销：数据审批通关后，如数据有问题可做撤销操作。

删除：点击界面的【删除】蓝色按钮，系统将提示用户是否删除当前企业备案的数据，请根据实际业务进行权衡。若当前选中数据状态为已申报及后续状态，则该类数据不允许删除，只可进行修改、暂存或申报等操作。删除的数据将不可恢复，需重新录入，请谨慎操作。

企业数据查询：点击界面顶部的【企业数据查询】蓝色按钮，系统弹出对话框如图 6–10。

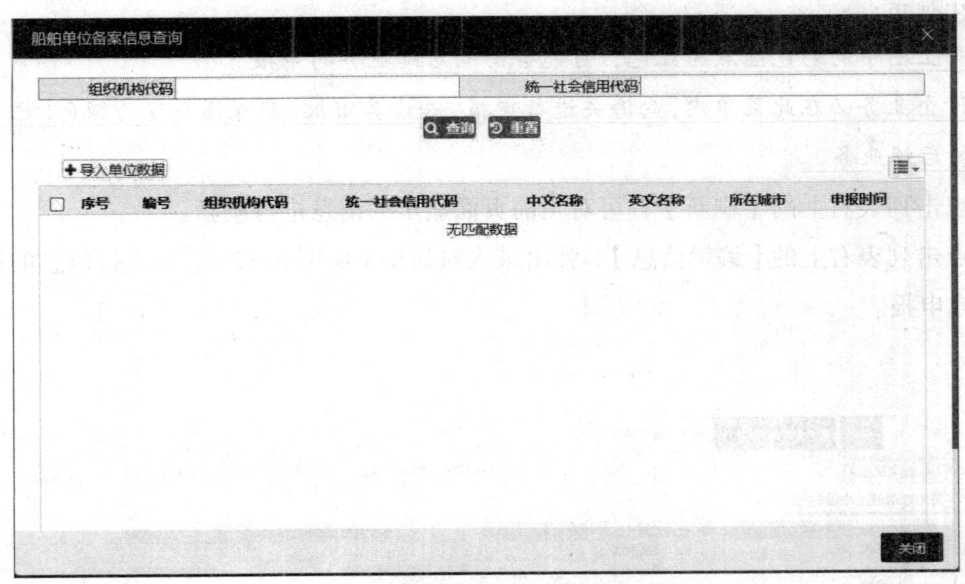

图 6-10 船舶运营单位备案信息查询

输入组织机构代码或者统一社会信用代码，点击【查询】蓝色按钮，系统将查询结果返回在下方列表中。点击【重置】清空当前录入的查询条件。

勾选记录，点击【导入单位数据】白色按钮，将相应数据导入到“单一窗口”标准版的后台（此时不会显示在界面中）。

三、船舶服务企业备案

在图 6-1 界面左侧菜单中点击“船舶服务企业备案”，系统自动根据当前登录账户的企业注册内容返填相关信息，并显示在右侧界面内（如图 6-11）。

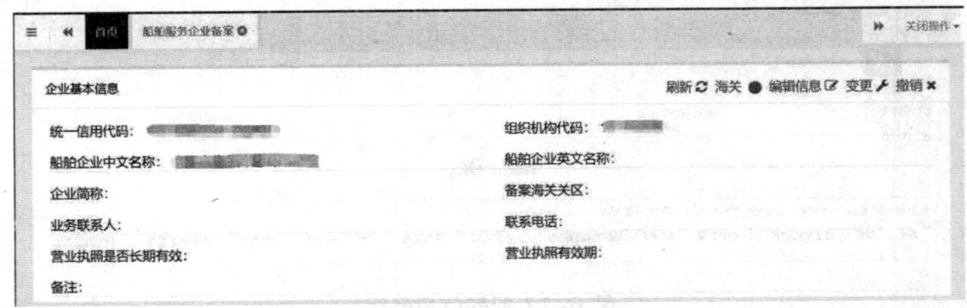

图 6-11 船舶服务企业备案

将鼠标指针停在列表右上角的红色圆点上不动，可显示当前相关企业性质的备案状态。

小提示：

如上图中的彩色圆点为红色，可能会影响后续业务的申报。

请企业务必在此菜单内，向海关进行申报，并请其审批，确保圆点变为绿色（已备案）再进行后续业务。

点击列表右上的【刷新】，可对当前页面显示的信息进行刷新。

点击列表右上的【编辑信息】，弹出录入对话框（如图 6–12），可进行信息的修改、保存或申报。

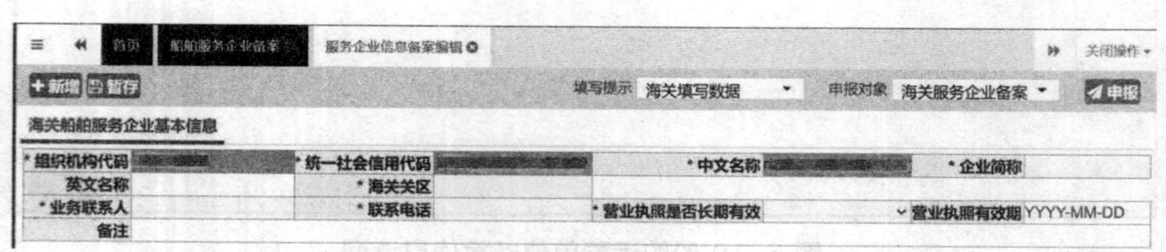

图 6–12 船舶服务企业信息修改

在操作按钮“填写提示”的下拉菜单中进行选择后，系统将自动在界面中以蓝色高亮显示当前业务主管部门监管所需的字段，其中带有红色星号的字段，为必填项。修改的信息填写完毕后，可点击【暂存】按钮，将录入的信息进行暂存。在“申报对象”的下拉菜单中进行选择，点击【申报】蓝色按钮，将数据向相关业务主管部门进行发送。

四、船舶信息备案

在图 6–1 界面左侧菜单中点击“船舶信息备案”，右侧显示录入界面（如图 6–13）。

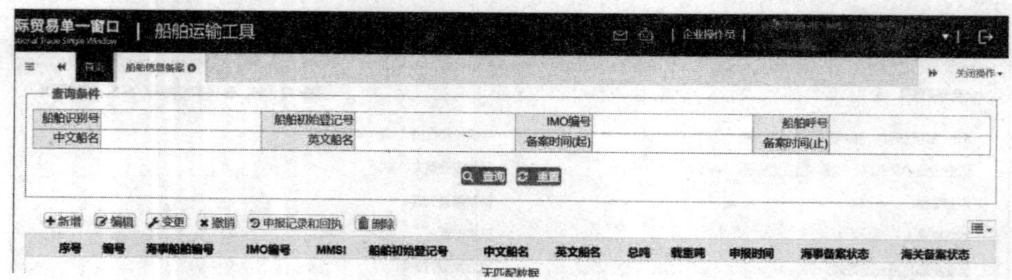

图 6–13 船舶信息备案

点击【新增】按钮，可进行船舶信息的备案（如图 6–14）。

图 6–14 船舶信息备案

小提示：

1. 在操作按钮“填写提示”的下拉菜单中进行选择后（可同时勾选多个主管部门），系统将自动在界面中以蓝色高亮显示当前业务主管部门监管所需的字段，其中带有红色星号的字段为必填项，如未选择任何填写提示，界面所有字段名称均为黑色。

2. 系统（按海事业务要求）根据船舶分类字段选择的值、自动生成海事船舶编号，规则如下：

中国籍船舶：A+ 初次登记号、

外国籍船舶：B+IMO 编号、

港澳船舶：C+ 牌簿号、

台湾船舶：D+ 船 舶 号 数 。

3. 对是否有 Imo 编号做判断，暂存的时候，如果选择是要求必须 IMO 编号必须为 7 位数字！如果选择否，船舶编号必须为 7 位或 11 位数字！如果选择手工录入，则可以录入 13 位数字或者字母（所以对于后期再出现以前老数据存在字母的情况，可以采取手工录入的方式进行）。

录入过程中，可点击界面上方【暂存】蓝色按钮，将当前正在录入的数据进行保存，以防数据丢失。

小提示：

首次调用海事的船舶数据，可通过点击页面顶端的【海事数据查询】蓝色按钮，导入数据。在下图船舶基本信息的中文船名右边，点击图标，找到这条船，把那些基础参数录入、保存即可。具体操作可参考下文海事数据查询相关描述。

此外，部分字段的操作特别说明如下：

1. 中文船名

如果不是首次进行船舶信息备案（例如调用之前的船舶数据进行修改），可点击“中文船名”右侧的【放大镜】按钮，在弹出的船舶备案信息查询窗口中，进行查询（如图6–15）

船舶基本信息

中文船名		*英文船名		*船舶呼号		MMSI	
航线性质		海船内河船标识		*船舶种类		航区	
*运营性质		*船旗国/地区		船舶国籍证书编号		国籍证书签发日期	YYYY-MM-
*船籍港		船舶通讯方式		船舶通讯号码		卫星电话	
电子邮件		*船舶监管类型		TPI/TPC		等级号	
等级证书号		救生定员		最低安全配员人数		船员限额	
客位/旅客限额		车位		船载收发信装置SIM卡号码		船载收发信装置ID号	

图 6–15 船舶备案信息查询（中文船名查询）

录入各类查询条件，点击【查询】，相应船舶备案信息显示在下方列表中。点击【重置】则清空当前录入的查询条件。

勾选列表中的信息后，可点击【导入】按钮，将相关数据返填到船舶基本信息的界面中，此时可根据实际业务需要，继续进行录入或修改操作。

小提示：

1. 船名为英文的，填报船舶登记注册的英文名称全称，不得缩写。涉及多个单词的，单词之间添加一空格位标识。

2. 无英文船名的，则填报中文船名的汉语拼音全拼，每个汉字全拼之间添加一空格位标识。

3. 填报的英文字母或拼音字母都要求大写，每个单词或单个汉字全拼的字母之间不能有空格。涉及连续的数字或特殊字符的，数字或特殊字符之间不添加空格位标识，字符与前后的字母之间各添加一空格位标识。

注意：

1. 通过海事导入的数据进行船舶信息备案时不要随意更改船名等信息，否则会与海事端数据不一致，导致备案无法通过。

2. 根据业务需要，海事方面暂不接受从单一窗口标准版系统中发送的国内船舶备案数据。目前对于国内船舶，需要用户在海事系统中进行备案，再在单一窗口里录入并暂存这个已经备案的国内船后，继续录入申报动态、单证的数据即可。

2. 船公司 / 运营单位中文名称点击字段右侧的【放大镜】按钮，在弹出的船舶单位信息查询窗口中，进行查询（如图6–16）查询、勾选及导入等操作可参考上文“中文船名”。

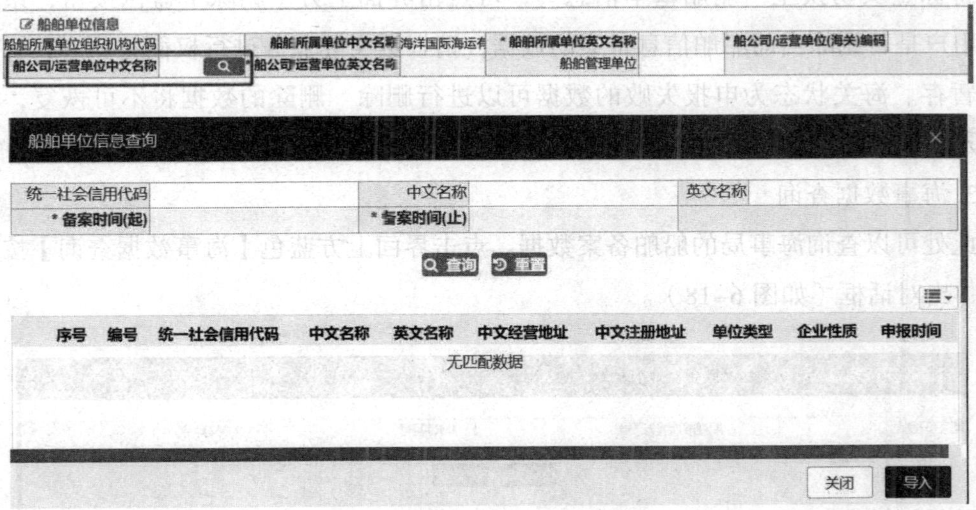

图 6-16 船舶基本信息（船舶运营单位查询）

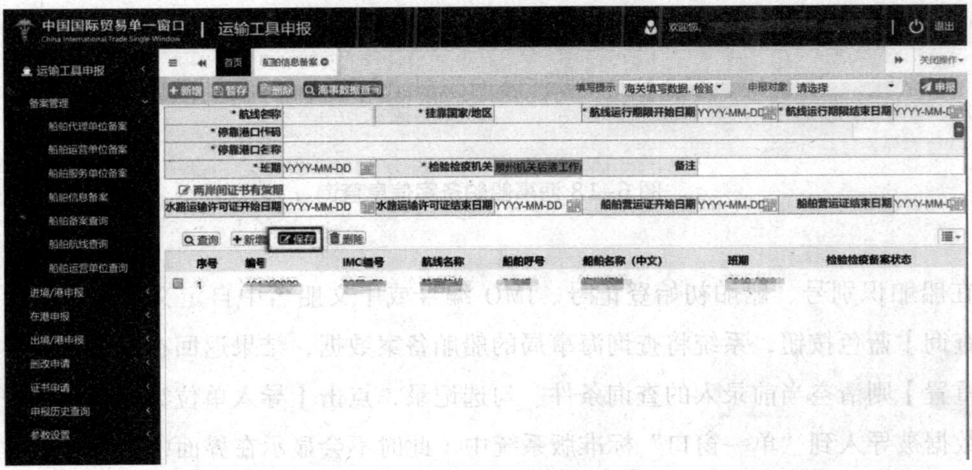

图 6-17 信息填写界面

将上图中信息填写完毕后，点击界面中部【保存】白色按钮，系统自动将记录保存至下方列表中（如图 6-17）。点击【新增】白色按钮，将清空当前界面显示的数据，便于用户重新录入并保存数据。

如果您想选择已经录入并保存过的勾选信息，可点击上图中【查询】白色按钮，系统自动查询 / 刷新出已保存的全部信息，显示在下方列表中。

在下方列表内的任意位置，使用鼠标进行点击，该行记录的相关数据自动反填到界面上方字段内。

在列表中勾选任意记录，点击【删除】白色按钮，系统将给予是否确认删除的提示，请根据实际业务进行权衡。删除后的数据需重新录入，请谨慎操作。

将标签页切换至“船舶基本信息”，可点击界面上方【删除】蓝色按钮，系统将提示用户是否删除当前船舶信息备案的数据，请根据实际业务进行权衡。

暂存、海关状态为申报失败的数据可以进行删除。删除的数据将不可恢复，需重新录入，请谨慎操作。

3. 海事数据查询

此处可以查询海事局的船舶备案数据。点击界面上方蓝色【海事数据查询】按钮，系统弹出对话框（如图 6-18）。

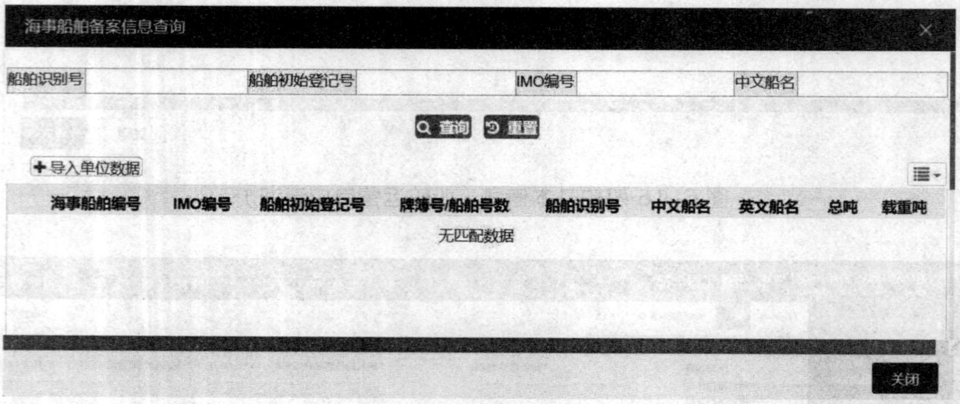

图 6-18 海事船舶备案信息查询

在船舶识别号、船舶初始登记号、IMO 编号或中文船名中自定义数据条件后，点击【查询】蓝色按钮，系统将查询海事局的船舶备案数据，结果返回在下方列表中。点击【重置】则清空当前录入的查询条件。勾选记录，点击【导入单位数据】白色按钮，相应数据被导入到“单一窗口”标准版系统中（此时不会显示在界面中）。

如果您想在录入界面调用上述导入成功的数据，需点击船舶信息备案界面中“中文船名”右侧【放大镜】按钮，在弹出的窗口中进行查询与调用。更多关于中文船名的操作可参见 上文“船舶基本信息”中的相关描述。

申报：录入完毕并确认无误的数据，可根据实际业务，通过在上述船舶信息备案操作按钮“申报对象”的下拉菜单中进行勾选后，点击界面右上方的【申报】蓝色按钮，将数据向相关业务主管部门进行发送，并等待其审批。

变更：在查询结果列表中选中一条记录，点击【变更】按钮后，展示船舶信息备案明细数据，显示内容与“船舶信息备案”初始界面一致。界面仅提供【变更申报】按钮。不可暂存。

撤销：在查询结果列表中选中一条记录，点击“撤销”后，显示船舶备案明细数据。界面仅提供【申请撤销】按钮，不可暂存；

五、短途客运班轮当日航行计划

在图6-1界面左侧菜单中点击“短途客运班轮当日航行计划”，右侧显示录入界面（如图6-19）。

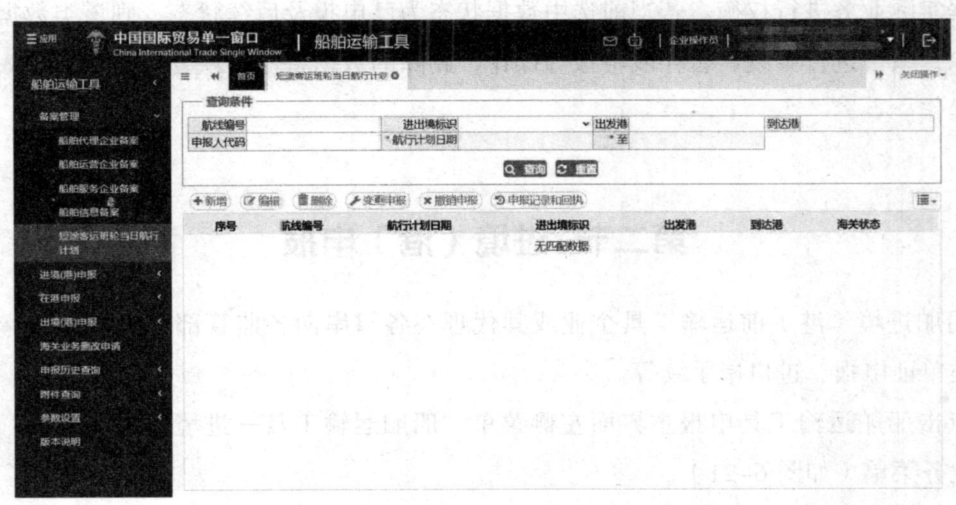

图6-19 短途客运班轮当日航行计划

新增：短途客运班轮当日航行计划界面点击【新增】按钮，弹出企业备案界面，在此界面可以进行向海关的数据申报（如图6-20）。

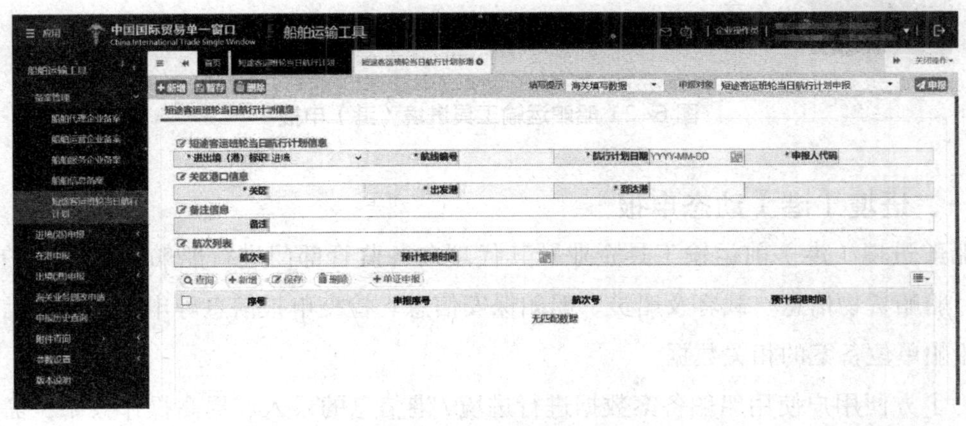

图6-20 企业备案界面

编辑：对于已经暂存或者被退单的备案信息，可以点击此按钮进行数据的修改修改正确后可继续向海关申报。

变更：对于已经申报了的数据，可以点击【变更】按钮对信息进行修改，并再次向海关申报。

撤销：数据审批通关后，如数据有问题可做撤销操作。

删除：点击界面的【删除】蓝色按钮，系统将提示用户是否删除当前企业备案的数据，请根据实际业务进行权衡。若当前选中数据状态为已申报及后续状态，则该类数据不允许删除，只可进行修改、暂存或申报等操作。删除的数据将不可恢复，需重新录入，请谨慎操作。

第二节 进境（港）申报

船舶进境（港）前运输工具企业或其代理在各口岸向各监管部门进行进口岸申请及各类单证申报、进口岸手续等。

点击船舶运输工具申报主界面左侧菜单“船舶运输工具—进境（港）申报”，可展开业务菜单（如图 6–21）。

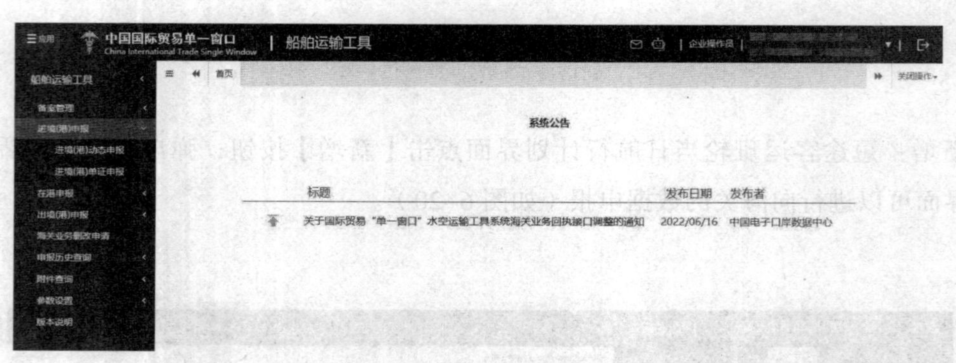

图 6–21 船舶运输工具进境（港）申报

一、进境（港）动态申报

船舶进境（港）前运输工具企业及其代理向各监管部门进行船舶信息、船舶动态信息、船舶货物信息、载客及船员、船舶保安信息、检疫申报信息等申报。船舶信息依赖于船舶单位备案的相关数据。

为了方便用户使用船舶备案数据进行进境/港信息的录入、提高操作效率，需首先点击左侧菜单“进境（港）动态申报”，右侧显示船舶备案数据的查询界面（如图 6–22）。

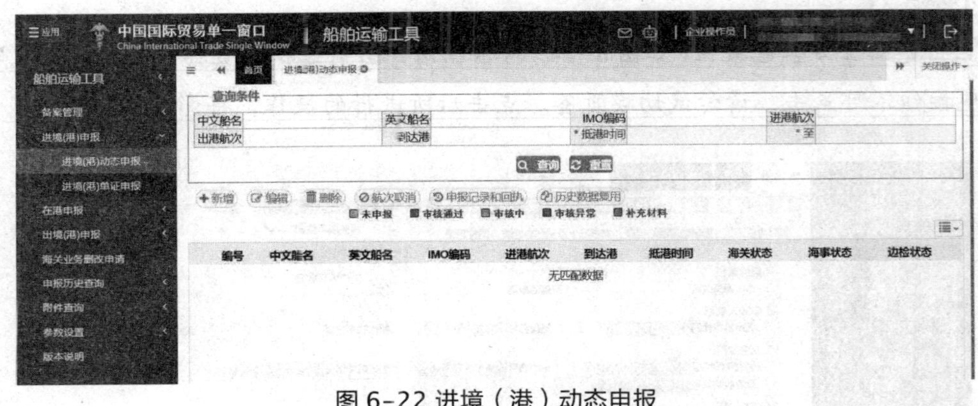

图 6-22 进境（港）动态申报

输入条件或直接点击【查询】蓝色按钮，下方列表显示相应的船舶备案信息点击【重置】则清空当前录入的查询条件。

在上图的界面中部，对不同颜色代表的状态进行了说明，可直观地在列表中，预览各业务主管部门的数据状态。

此外，还可将光标置于列表中的不同颜色上悬停，系统弹出更详细的状态信息。点击色块后，系统可弹出动态申报记录的信息框，显示更多内容。

（一）录入与暂存

首次录入数据，点击图 6-22 进境（港）动态申报中【新增】白色按钮，跳转至‘进境（港）动态新增”数据录入界面，包含船舶动态信息、海事船岸活动信息、海事前十港船到船活动和附件管理四部分，以切换页签的方式在界面中显示（如图 6-23）。

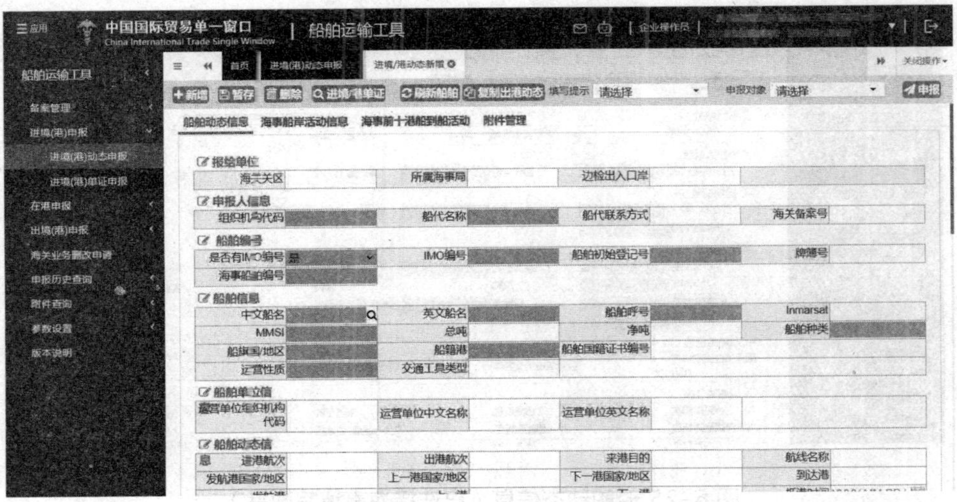

图 6-23 新增进境（港）动态申报

小提示：

点击界面上方蓝色按钮（如图 6-24）将根据用户当前选择的页签，区分是否可点击。如发现按钮不可点击，请尝试切换页签。点击后所进行的操作，将影响整票数据。

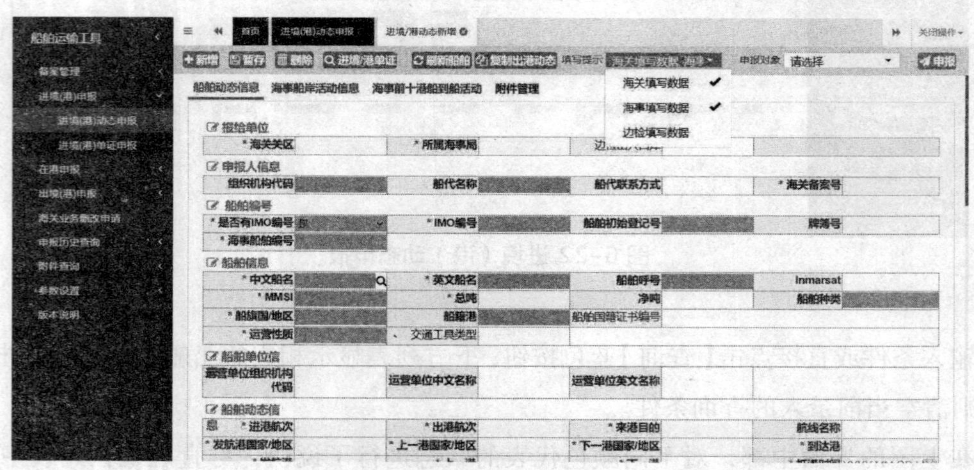

图 6-24 新增进境（港）动态申报（蓝色高亮显示字段）

录入过程中，可点击界面上方【暂存】蓝色按钮，将当前正在录入的数据进行保存，以防数据丢失。

海事船岸活动信息与海事前十港船到船活动的操作前提为，已将船舶动态信息暂存成功。

（二）船舶动态信息

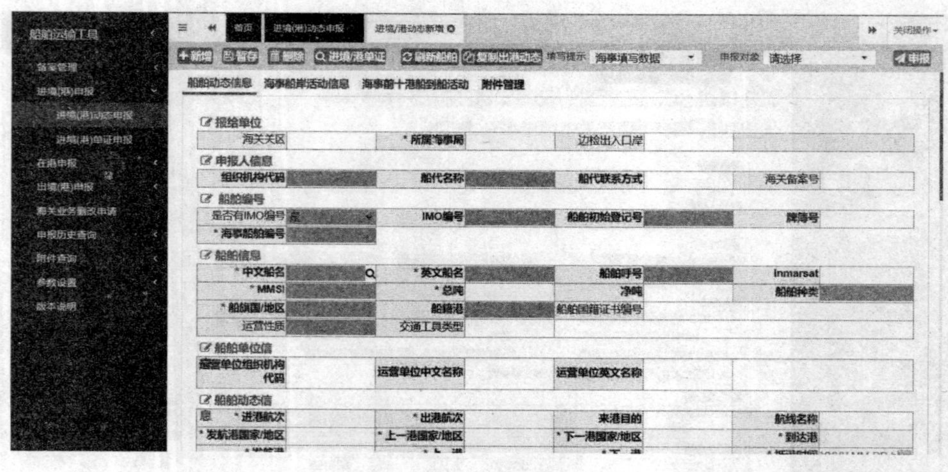

图 6-25 船舶动态信息（已选择海事填写数据）

小提示：

界面中蓝色高亮显示的字段，会根据操作按钮栏内“填写提示”当前所选业务部门的监管所需而变化。

带有红色星号的字段，为必填项。

注意：

请依据填写提示的必填项次序从前向后正确填写所有内容，避免造成因关联栏位未填写而无法录入后续栏位的问题。如：发航港国家／地区栏位未填写，发航港栏位将提示：无匹配项。

界面中，灰色字段（例如，IMO 编号、海事船舶编号、中英文船名等）表示不允许手工录入，系统将根据相应的操作或步骤后自动返填。

进港航次、进口实载货物吨数等字段需手工录入，请根据您的业务主管部门要求，如实填写相关内容。

日期类字段（例如抵港时间、离港时间等），点击录入框后，系统自动弹出日历，用户可根据实际情况进行选择，也可直接按照 YYYY-MM-DD 的格式使用键盘直接录入。

（三）部分字段操作特别说明

此外，部分字段的操作特别说明如下。

1. 中文船名

需点击“中文船名”右侧【放大镜】按钮，在弹出的船舶信息查询窗口中，进行查询。直接点 击【查询】按钮，下方列表显示全部已备案的船舶信息（如图 6-26）。也可录入各类查询条件， 点击【查询】，相应船舶信息显示在下方列表中。点击【重置】则清空当前录入的查询条件。

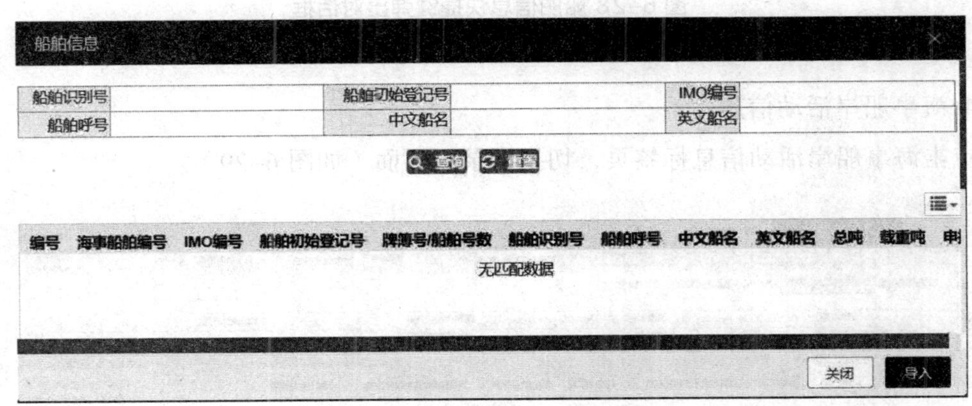

图 6-26 船舶信息查询窗口

勾选列表中的信息后，可点击【导入】按钮，将相关数据返填到船舶动态信息的部分字段中。

2. 快捷键按钮

录入界面中右下角悬停的浅灰色按钮（如图 6–27）为快捷键。

图 6–27

3. 查看船舶信息快捷键

将中文船名字段查询到的数据，返填至船舶动态信息的部分字段后，该快捷按钮出现。点击后，界面右下角弹出对话框（如图 6–28），可查看船舶信息。可拖拽该对话框至任意位置，用鼠标滚轮或键盘的上下键，使页面上下滚动，或拖拽对话框右下角，进行放大、缩小。

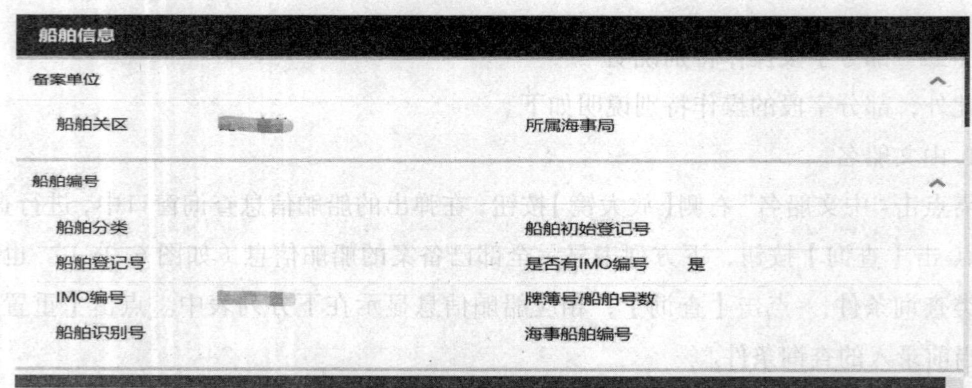

图 6–28 船舶信息快捷键弹出对话框

4. 海事船岸活动信息

点击海事船岸活动信息标签页，切换至录入界面（如图 6–29）。

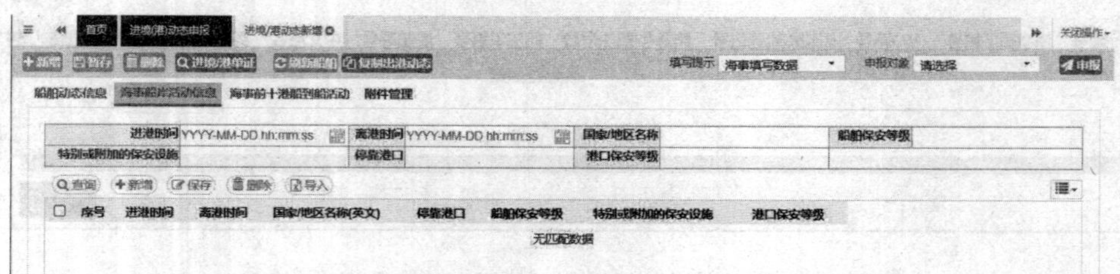

图 6–29 海事船岸活动信息（填写提示已选海事）

小提示：

界面顶部的蓝色按钮将根据用户当前选择的页签，区分是否可点击。如发现按钮不可点击，请尝试切换页签。

将上图中信息填写完毕后，点击界面中【保存】白色按钮，系统自动将记录保存至下方列表中。点击【新增】白色按钮，将清空当前界面显示的数据，便于用户重新录入并保存数据。

如果您想选择已经录入并保存过的海事船岸活动信息，可点击上图中【查询】白色按钮，系统自动查询已保存的数据，显示在下方列表中。

在下方列表记录行内的任意位置，使用鼠标进行点击，该行记录的相关数据自动反填到界面上方字段内。

在列表中勾选任意记录，点击【删除】白色按钮，系统将给予是否确认删除的提示，请根据实际业务进行权衡。删除后的数据需重新录入，请谨慎操作。

5. 海事前十港船到船活动

点击海事前十港船到船标签页，切换至录入界面（如图 6–30）。

图 6–30 海事前十港船到船活动

界面更多操作方法可参考前文“船舶动态信息”与“海事船岸活动信息”。

6. 附件管理

点击“附件管理”标签页，切换至录入界面（如图 6–31）。

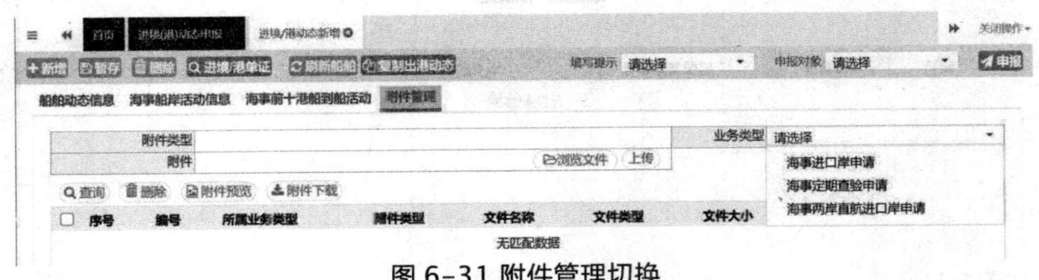

图 6–31 附件管理切换

7. 删除

【删除】蓝色按钮在新增进境（港）动态申报界面中，录入完相关数据且暂存后，如需删除，点击界面上方【删除】蓝色按钮，系统进行基本的逻辑与单证校验，弹出温馨提示，请根据实际业务进行权衡操作。删除后的数据不可恢复，请谨慎操作。如未暂存数据，点击上方的【删除】蓝色按钮，系统将弹出“无可删除数据”等字样的温馨提示。

若当前选中数据状态为已申报及后续状态，则该类数据不允许删除，只可进行修改、暂存或申报等操作。

小提示：

当前数据删除成功后，如界面“中文船名”字段为灰，代表此时不允许导入内容。需新增动态申报，“中文船名”字段才能导入。

8. 进境/港单证

船舶动态信息主要内容填写并暂存成功后，可点击进境（港）动态申报操作中的按【进境】/【港单证】按钮，系统跳转至“进境/港单证申报界面”，更多操作可参考下文“进境（港）单证申报”。

9. 刷新船舶

在进境/港动态申报界面的“船舶动态信息”标签页进行录入时，可点击进境（港）动态申报操作中的【刷新船舶】蓝色按钮，系统自动读取当前船舶已备案的相关信息，返填至界面中，将当前正在录入的部分船舶信息进行刷新。

10. 复制出港动态

转港船舶下一港进港时，由下一港船代向船方获取“出港编号”“IMO 号”，通过复制出港动态功能将部分信息导入新增表格，方便用户录入。

在进境/港动态申报界面的进境/港动态新增页面中，可点击【复制出港动态】蓝色按钮，弹出出港动态信息页面（如图 6-32）。

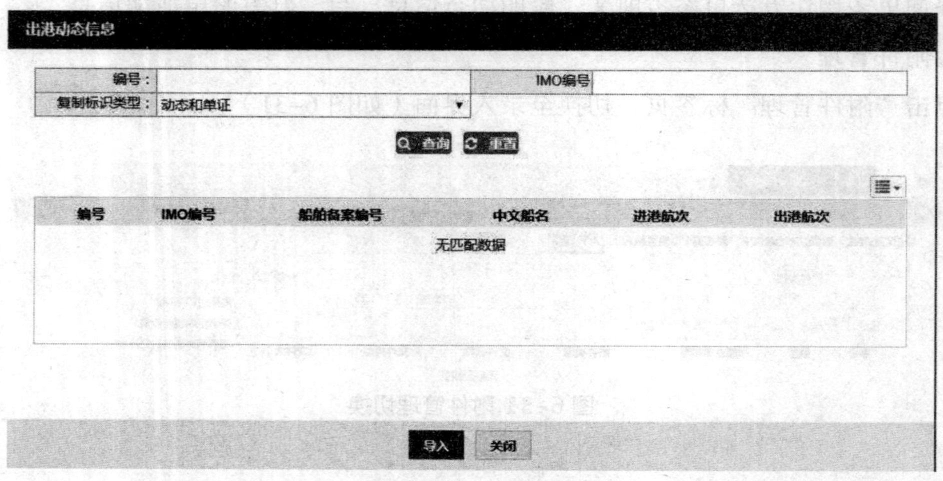

图 6-32 出港动态信息

录入编号及 IMO 编号，点击【查询】按钮，可在数据列表中显示该票数据，点击【重置】按钮，可清空编号及 IMO 编号，点三横下拉图标可选择列表中要显示的字段。

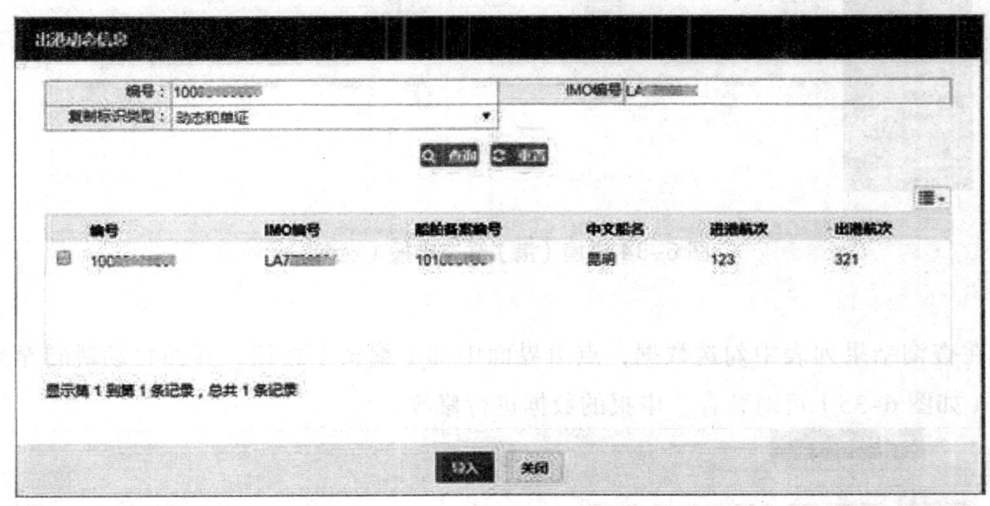

图 6-33 通过编号和 IMO 编号查询数据

勾选数据后选择复制标识类型：“动态和单证”或“仅动态”，如选择“动态和单证”时，需勾选需要复制的子单证信息，点【导入】按钮，可将该票部分数据内容复制到新增申报页面中。

11. 申报

录入完毕并确认无误的数据，可根据实际业务，通过在上述进境（港）动态申报操作中“申报对象”的下拉菜单中进行勾选后，点击界面右上方的【申报】蓝色按钮，将数据向相关业务主管部门进行发送，并等待其审批。

注意：

“进境（港）动态申报”“海事船岸活动信息”与“海事前十港船到船活动”三个页签内的申报对象相同。

12. 编辑

如您并非首次录入进境 / 港动态数据，可在进境（港）动态申报界面中进行查询后，对数据进行修改操作。

点击图进境（港）动态申报界面【查询】蓝色按钮，系统自动查询所有暂存、申报的数据，也可输入查询条件后执行查询，查询结果显示在下方列表中（如图 6-34）。点击【重置】，则清空当前输入的查询条件。关于界面中彩色状态的说明，请参考前文“进境（港）动态申报”。

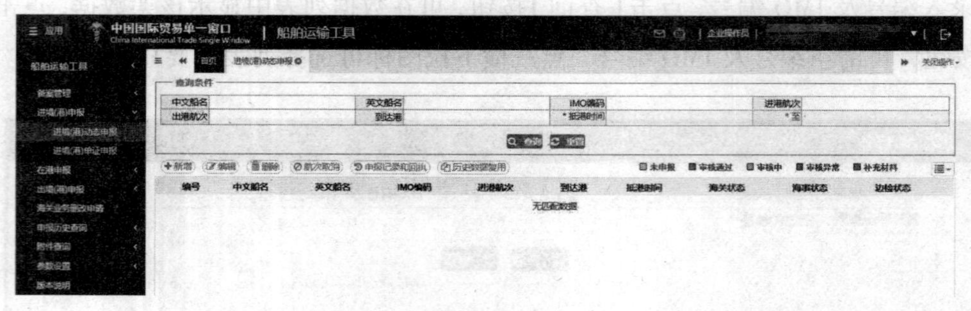

图 6-34 进境（港）动态申报（查询）

在查询结果列表中勾选数据，点击界面中部【编辑】按钮，界面自动跳转至修改界面（如图 6-35）可对暂存、申报的数据进行修改。

首页 进境(港)动态申报 进境/港动态编辑 关闭操作

暂存 删除 进境/港单证 刷新船舶 填写提示 请选择 申报对象 请选择 申报

船舶动态信息 海事船岸活动信息 海事前十港船到船活动 附件管理

报给单位

海关关区	蛇口海关	所属海事局		边检出入口岸	

申报人信息

组织机构代码		船代名称		船代联系方式		海关备案号	

船舶编号

是否有IMO编号	是	IMO编号		船舶初始登记号		牌簿号	
海事船舶编号							

船舶信息

中文船名		英文船名		船舶呼号		Inmarsat	
MMSI		总吨		净吨		船舶种类	
船籍国/地区		船籍港		船舶国籍证书编号			
运营性质	非班轮	交通工具类型					

船舶单位信息

运营单位组织机构代码		运营单位中文名称		运营单位英文名称	

船舶动态信息

进港航次	SSD110220	出港航次		来港目的		航线名称	
发航港国家/地区		上一港国家/地区	中国澳门(Macao)	下一港国家/地区		到达港	中国澳门澳门(Macau)
发航港		上一港	中国蛇口(Shekou)	下一港		抵港时间	2020-11-28 16:00:00
发航时间	YYYY-MM-DD hh	离港时间	YYYY-MM-DD hh	下一港海关关区			
前吃水		后吃水		出口最大吃水		水面以上最大高度	
定期开始时间	YYYY-MM-DD hh	定期结束时间	YYYY-MM-DD hh	航行作业区域开始		航行作业区域结束	
边检停靠码头		海关泊位代码					

图 6-35 进境（港）动态申报（修改）

可根据实际业务情况对数据进行修改。录入、保存等操作方法可参考前文，不再赘述。

13. 进境申报记录

在上述进境（港）动态申报界面执行查询操作后，在查询结果列表中勾选数据，点击【进境申报记录】白色按钮，系统根据当前数据相关申报状态，显示申报记录（如图 6-36）。

动态申报记录

查询　回执查询　附件查询　海事补充材料

申报序号	申报类型	申报时间	申报人	回执时间	回执状态	部委受理ID	附件数量
10000159057	进境（港）抵港报（海关）	2019-10-16 11:12:53	SWBJOP0201	2019-10-16 11:12:58	已申报	-	0
10000159051	进境（港）确报（海关）	2019-10-16 11:12:51	SWBJOP0201	2019-10-16 11:12:51	已申报	-	0
10000159045	进境（港）预报（海关）	2019-10-16 11:11:07	SWBJOP0201	2019-10-16 11:11:07	已申报	-	0

关闭

图 6-36 进境（港）动态申报记录

可点击上图中【查询】白色按钮，执行查询或刷新操作。在列表中勾选任意一条记录，可点击【回执查询】【附件查询】或【海事补充材料】白色按钮，系统根据当前数据实际状态，显示相应窗口（如图 6-37）。

申报历史附件查询

序号	编号	所属业务类型	附件类型	传输类型	文件名称	文件类型	文件大小	上传时间	上传人	附件下载
1	101049835	海事进口岸申请;	CAS检验报告的复印件(海事)	发送		docx	3.85MB	2019-09-02 16:35:58	SWBJOP0202	下载
2	101049837	海事进口岸申请;	《油污损害民事责任保险或其他财务保证证书》(海事)	发送		xls	130.50KB	2019-09-02 16:35:58	SWBJOP0202	下载

关闭

图 6-37 进境（港）动态申报记录（附件查询）

回执查询中，可查看回执具体信息；附件查询中，可下载附件材料至本地电脑。

二、进境（港）单证申报

进境（港）动态申报信息保存成功后，才可进行进境（港）单证申报的录入。根据监管部门要求进行总申报单、航次摘要 / 前十港信息、船上非旅客人员名单、枪支弹药信息、旅客清单、货物信息、危险品信息、船上非旅客人员物品清单、船舶证书信息、集装箱信息、压舱水报告单信息、航海健康申报单信息、附件数据的申报。

点击左侧菜单“进境（港）单证申报”，右侧显示界面如图 6-38。

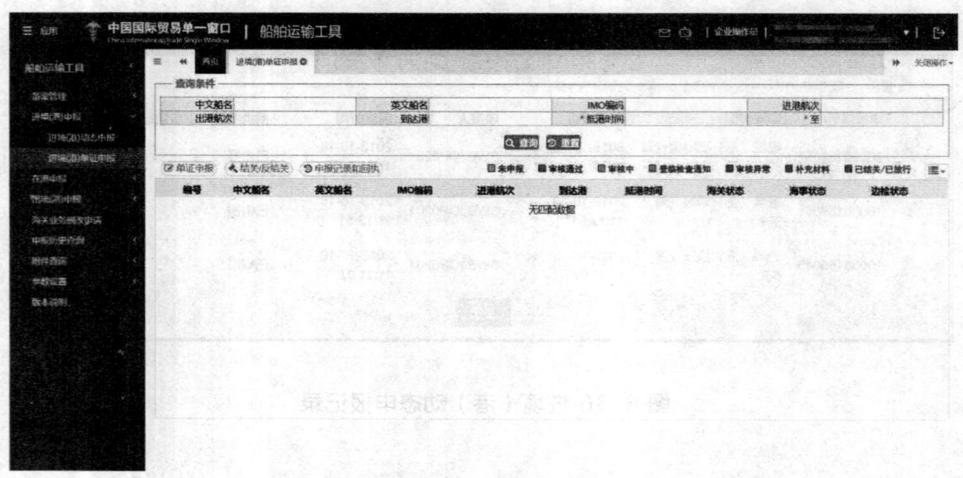

图 6-38 进境（港）单证申报

用户需输入条件或直接点击【查询】按钮。界面中各业务主管部门、不同颜色的状态操作，参见前文进境（港）动态申报相关描述。

在上图的结果列表中，勾选一条记录，点击白色【单证申报】按钮，可进入进境（港）动态单证数据编辑界面（如图 6-39）包含总申报单等十余个部分，以切换页签的方式在界面中显示。

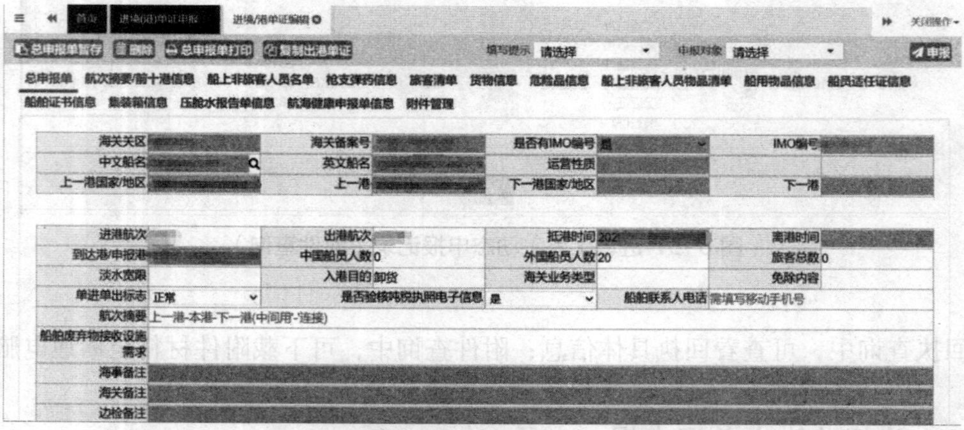

总申报单暂存 删除 总申报单打印 复制出港单证 填写提示 请选择 申报对象 请选择 申报

总申报单 航次摘要/前十港信息 船上非旅客人员名单 枪支弹药信息 旅客清单 货物信息 危险品信息 船上非旅客人员物品清单 船用物品信息 船员适任证信息 船舶证书信息 集装箱信息 压舱水报告单信息 航海健康申报单信息 附件管理

海关关区 海关备案号 是否有IMO编号 IMO编号 中文船名 英文船名 运营性质 上一港国家/地区 上一港 下一港国家/地区 下一港

进港航次 出港航次 抵港时间 离港时间 到达港/申报港 中国船员人数 外国船员人数 旅客总数 淡水宽限 入港目的 海关业务类型 免除内容 单进单出标志 是否验核吨税执照电子信息 船舶联系人电话 航次摘要 船舶废弃物接收设施需求 海事备注 海关备注 边检备注

图 6-39 进境（港）单证申报编辑

点击界面上方蓝色按钮（如图 6-40）所进行的操作，将影响整票数据。

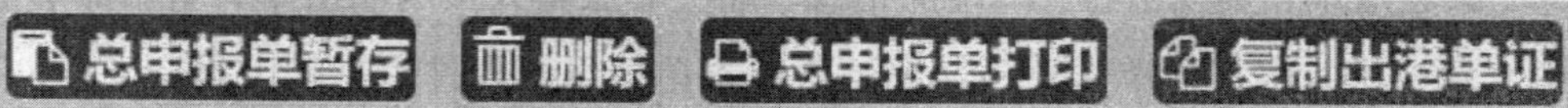

图 6-40 进境（港）单证申报操作按钮

小提示：

蓝色按钮将根据用户当前选择的页签，区分是否可点击。如发现按钮不可点击，请尝试切换页签。

在操作按钮填写提示的下拉菜单中进行选择后（可同时勾选多个主管部门），系统将自动在界面中以蓝色高亮显示当前业务主管部门监管所需的字段，其中带有红色星号的字段，为必填项（如图 6-41）。

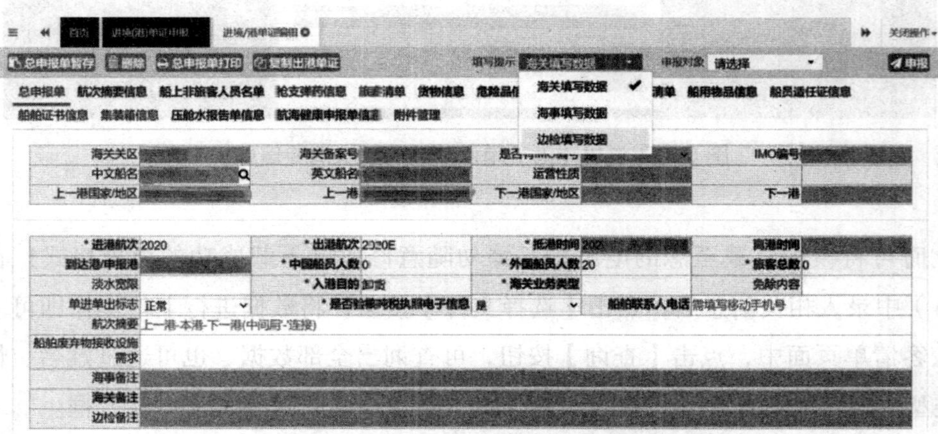

图 6-41 新增进境（港）单证申报（蓝色高亮显示字段）

录入过程中，可点击界面上方【总申报单暂存】蓝色按钮，将当前正在录入的数据进行保存，以防数据丢失。

请根据您的业务主管部门要求，如实填写各页签内的相关内容。

小提示：

界面中蓝色高亮显示的字段，会根据操作按钮栏内“填写提示”当前所选业务部门的监管所需而变化。

带有红色星号的字段，为必填项。录入“总申报单”界面的必填数据项后，须先进行“总申报单暂存”操作，否则其余信息表可能无法进行保存操作。

由于进境（港）单证申报内页签较多，更多关于录入、删除、附件管理、申报以及界面中蓝色按钮与白色按钮的操作方法，可参考前文船舶运营企业备案或进境（港）动态申报的相关描述，此处不再赘述。

此外，部分按钮的操作特别说明如下：

在航次摘要信息、船上非旅客人员名单、旅客清单等页签内（如图 6-42）有【导入】白色按钮，可通过导入方式，将本地电脑中的数据导入至单一窗口船舶运输工具申报系统中。

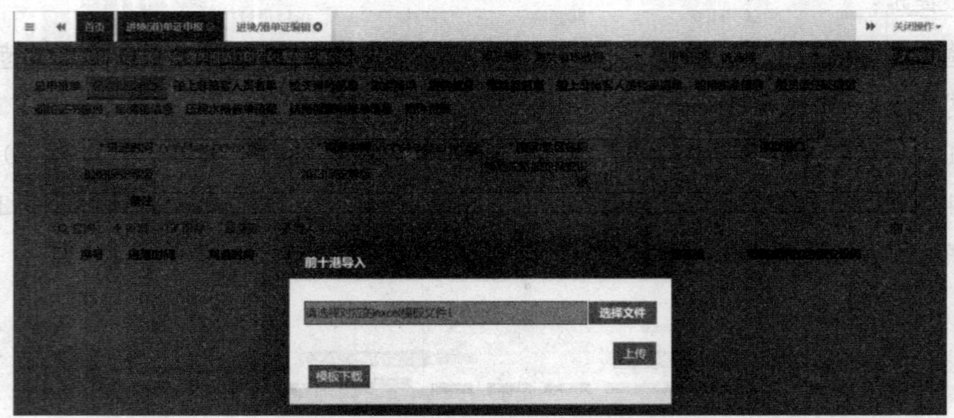

图 6-42 进境（港）单证申报（航次摘要信息）

此时可将模板下载至您的电脑中。请勿随意修改已下载成功的模板格式！在模板（表格）中录入相关信息后，点击【选择文件】按钮，将数据进行上传操作即可。

旅客清单页面中，点击【查询】按钮，可查询出全部数据，也可通过姓名、性别、证件类型、证件号码 4 个条件进行模糊查询，点【新增】按钮可清空输入框。

第三节 在港申报

船舶进境（港）后运输工具企业或其代理在各口岸向各监管部门进行在港申报，包括移泊申报、供退物料申报以及船舶卫生证办理。

点击上述船舶运输工具申报主界面左侧菜单“船舶运输工具—在港申报”，可展开业务菜单（如图 6-43）。

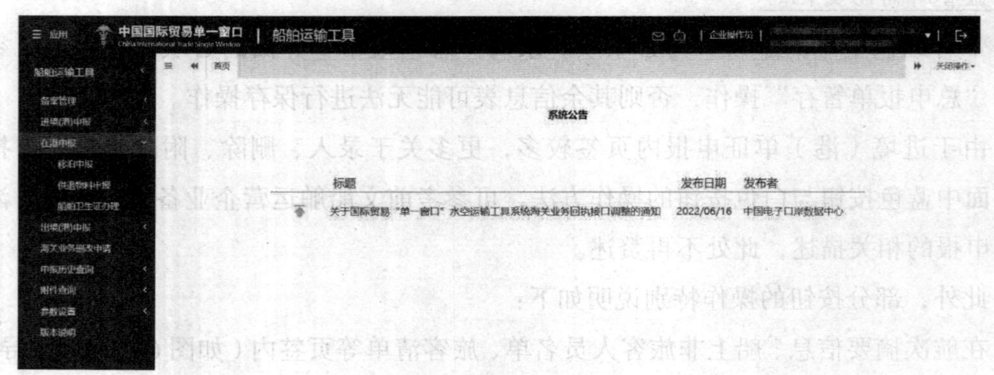

图 6-43 船舶运输工具在港申报

一、移泊申报

在图 6-43 船舶运输工具在港申报左侧菜单中点击“移泊申报”，右侧显示界面如图 6-44 所示。界面中对不同颜色代表的状态进行了说明，可直观地在列表中，预览各业务主管部门。

的数据状态。此外，还可将光标置于列表中的不同颜色上悬停，系统弹出更详细的状态信息。点击色块后，系统可弹出移泊申报记录的信息框，显示更多内容。

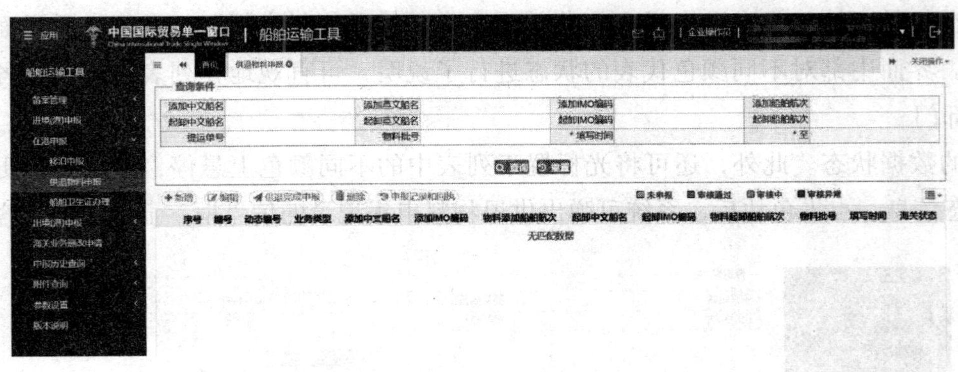

图 6-44 移泊申报（查询）

首次录入数据，点击上图中【新增】白色按钮，界面跳转至“移泊动态新增”的录入界面（如图 6-45）。

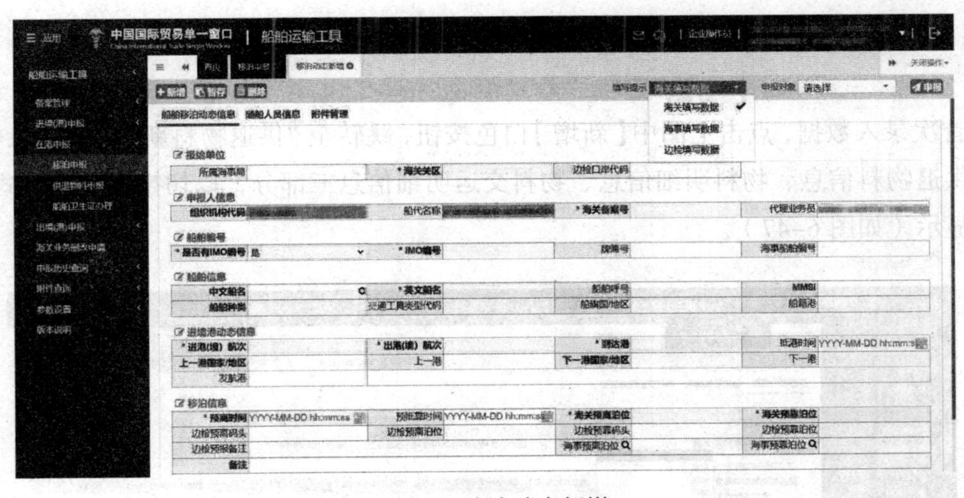

图 6-45 移泊动态新增

填写提示与申报选项，可参考前文船舶运营企业备案、船舶信息备案或进境（港）动态申报内的相关描述。

界面中各类字段的录入操作方法，可参考船舶运营企业备案、船舶信息备案或进境（港）动态申报内关于填写操作的描述。

附件管理可参考进境（港）动态申报章节内的相关描述。

【新增】【申报】【删除】（蓝色或白色）等按钮的操作方法，可参考前文船舶运营企业备案、船舶信息备案或进境（港）动态申报内的相关描述。

移泊申报记录可参考前文进境（港）动态申报关于入境申报记录的描述。

二、供退物料申报

在船舶运输工具在港申报左侧菜单中点击“供退物料申报”，右侧显示界面如图6-46。界面中部对不同颜色代表的状态进行了说明，可直观地在列表中，预览各业务主管部门

的数据状态。此外，还可将光标置于列表中的不同颜色上悬停，系统弹出更详细的状态信息。点击色块后，系统可弹出供退物料申报记录的信息框，显示更多内容。

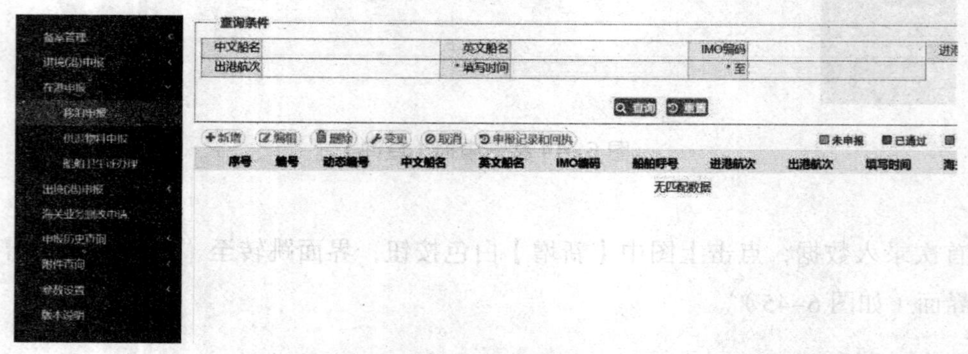

图 6-46 供退物料申报（查询）

首次录入数据，点击上图中【新增】白色按钮，跳转至“供退物料新增”的录入界面，包含供退物料信息、物料明细信息、物料交运明细信息三部分，以切换页签的方式在界面中显示（如图 6-47）。

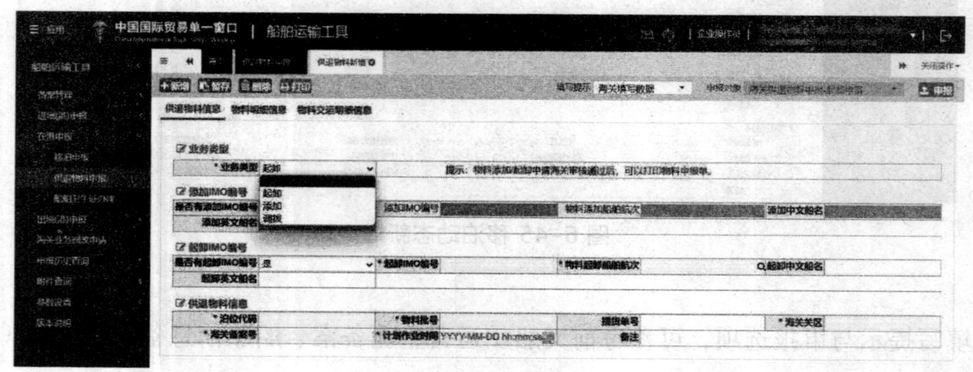

图 6-47 供退物料新增

供退物料信息录入需先选择"业务类型"，"业务类型"选取后界面字段高亮显示。物料明细信息的操作前提须为，已将供退物料信息成功进行了录入与保存操作。

更多录入或操作方法与移泊申报所述相同，不再赘述。

三、船舶卫生证办理

在船舶运输工具在港申报左侧菜单中点击"船舶卫生证办理"，右侧显示界面如图 6-48 所示。界面中部对不同颜色代表的状态进行了说明，可直观地在列表中，预览业务主管部门的数据状态。此外，还可将光标置于列表中的不同颜色上悬停，系统弹出更详细的状态信息。点击色块后，系统可弹出船舶卫生证办理申报记录的信息框，显示更多内容。

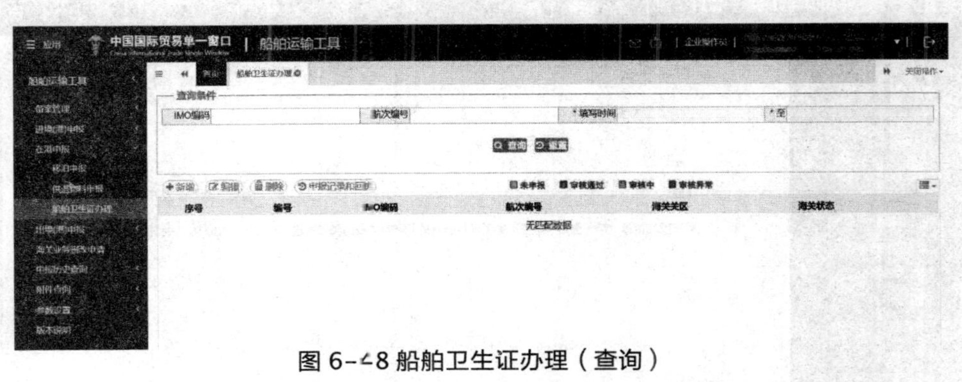

图 6-48 船舶卫生证办理（查询）

首次录入数据，点击上图中【新增】白色按钮，跳转至"船舶卫生证新增"的录入界面（如图 6-49）。

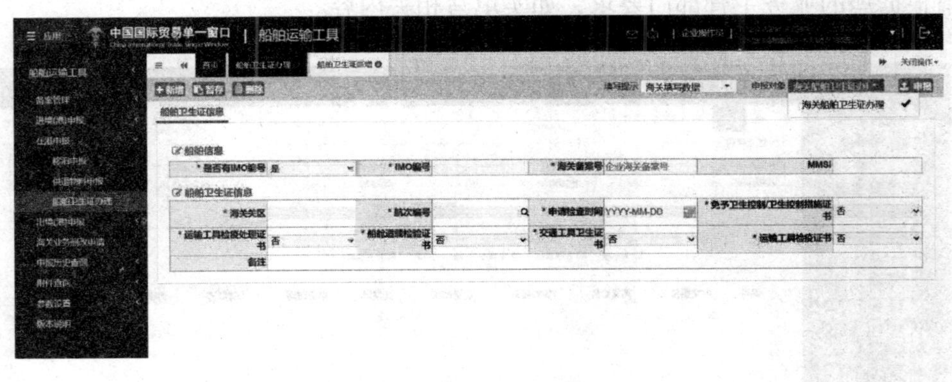

图 6-49 船舶卫生证新增

更多录入或操作方法与移泊申报所述相同，不再赘述。

第四节 出境（港）申报

船舶离境（港）前运输工具企业或其代理在各口岸向各监管部门进行出境（港）动态申报以及各类单证申报办理出口岸手续。

点击图运输工具申报主界面左侧菜单“船舶运输工具——出境（港）申报”（如图 6-50）。

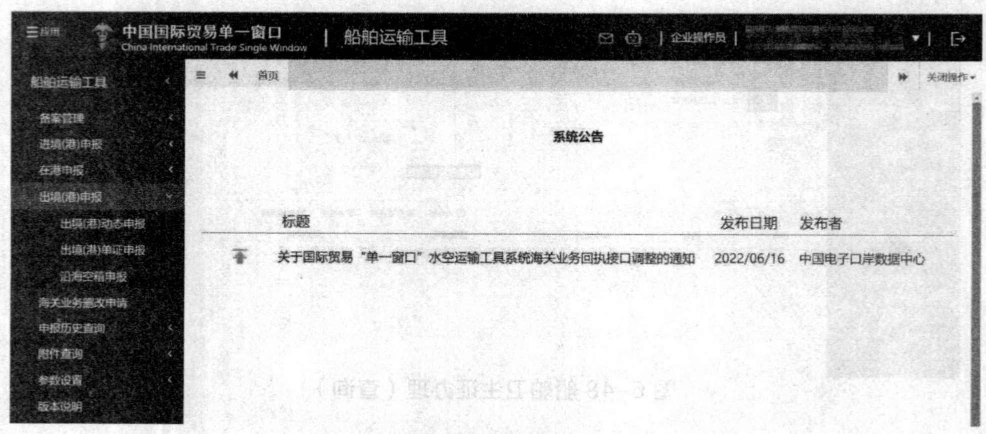

图 6-50 出境（港）动态申报

一、出境（港）动态申报

请根据您的业务主管部门要求，如实填写相关内容。

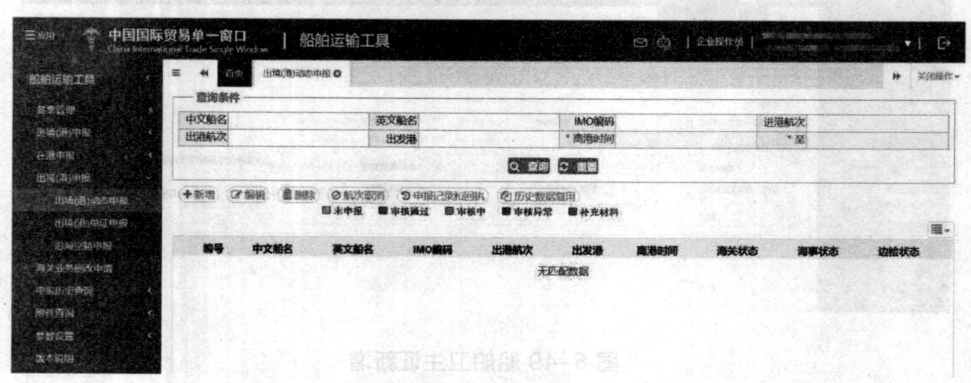

图 6-51 出境（港）动态申报信息填写

界面更多操作方法可参考进境（港）动态申报，此处不再赘述。

二、出境（港）单证申报

请根据您的业务主管部门要求，如实填写相关内容。

界面更多操作方法可参考进境（港）单证申报，不再赘述。特殊说明如下：

（一）出口联系单

出口联系单即海事业务上所需的“船舶出口岸手续联系单”数据。目前，“单一窗口”标准版系统可以将海关、边检的申报或审批结果，发送到海事。

具体操作为：在“出境（港）单证申报”界面中，选中一条查询结果，点击界面中【出口联系单】白色按钮，在弹出界面中点击【海事出口岸联系单申报】按钮，向海事发送（可多次发送，“单一窗口”系统未作限制）。

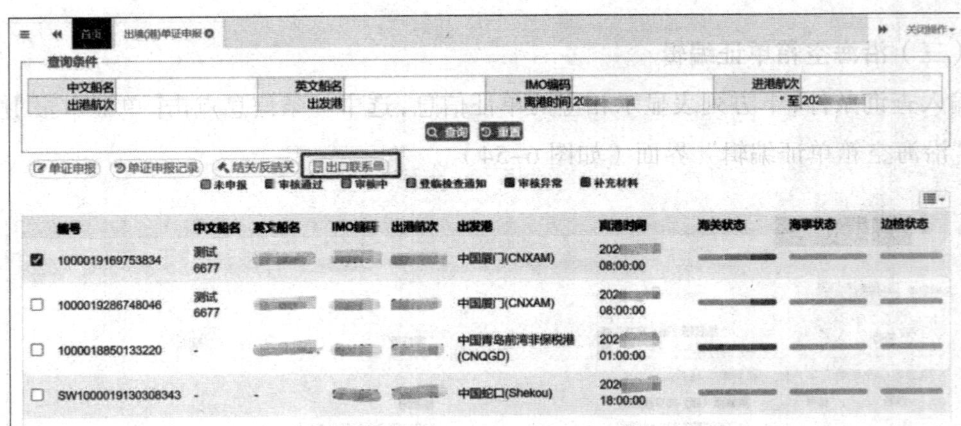

图 6-52　出口岸联系单操作

（二）沿海空箱申报

点击左侧菜单“沿海空箱申报”，右侧显示界面如图 6-53。

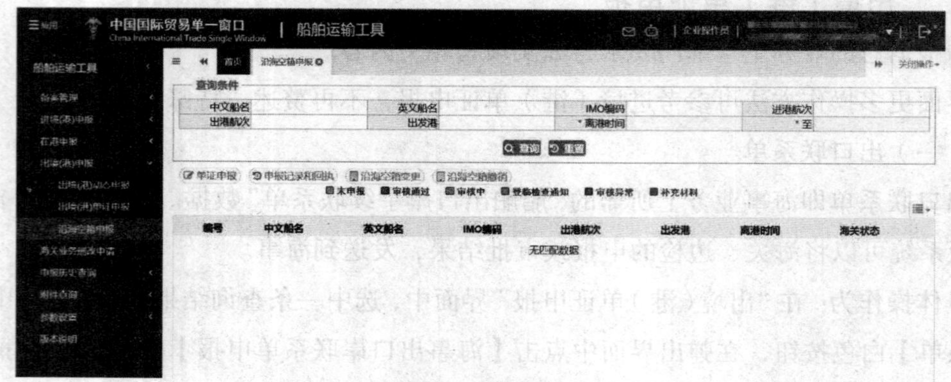

图 6-53 沿海空箱申报

（三）沿海空箱单证编辑

输入查询条件，下方列表显示相应的单证信息，选中一条信息点击【单证申报】按钮，出现“沿海空箱单证编辑”界面（如图 6-54）。

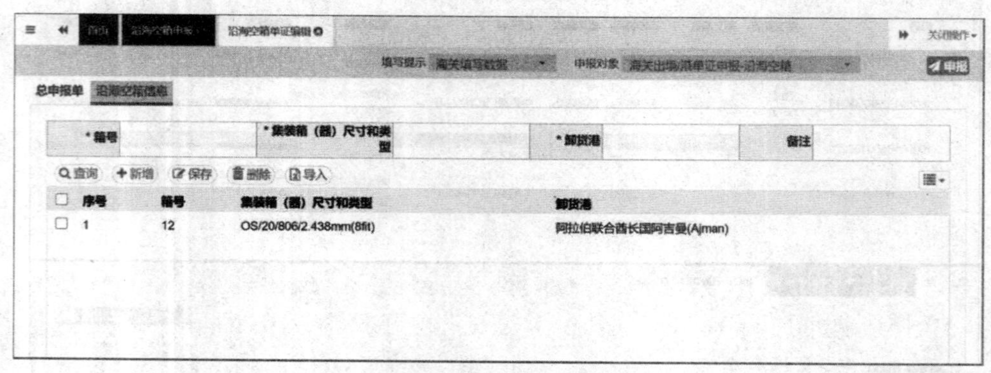

图 54 沿海空箱单证编辑

（四）沿海空箱变更

在查询下方列表选中一条记录，点击【沿海空箱变更】按钮，出现“沿海空箱信息变更”界面（如图 6-55）。

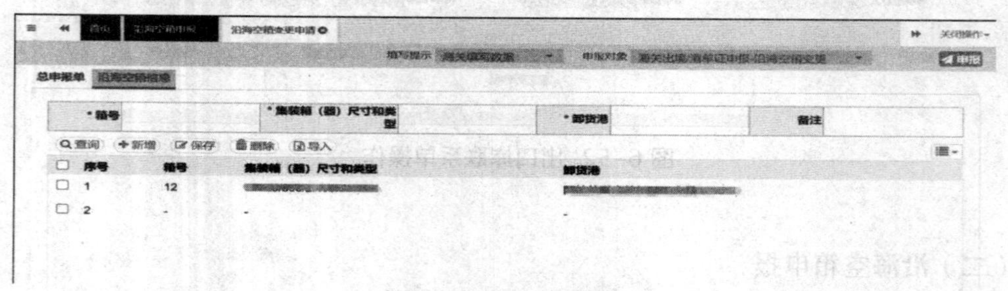

图 6-55 沿海空箱变更

填写提示选项默认为“海关填写数据”；申报对象选项默认为“沿海空箱变更”；界面仅提供【变更申报】按钮。点击“申报”后数据发往海关。

（五）沿海空箱撤销

在查询下方列表选中一条记录，点击【沿海空箱信息撤销】按钮，出现“沿海空箱信息撤销”界面（如图 6–56）。

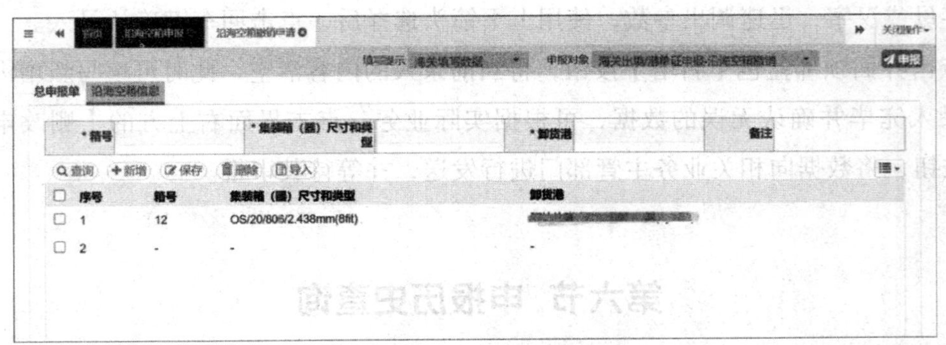

图 6–56 沿海空箱撤销

填写提示选项默认为“海关填写数据”；申报对象选项默认为“沿海空箱撤销”；界面仅提供【撤销申报】按钮。点击“申报”后数据发往海关。

第五节 删改申请

点击运输工具申报主界面 左侧菜单“海关删改申请”，右侧显示海关删改申请的界面（如图 6–57）。

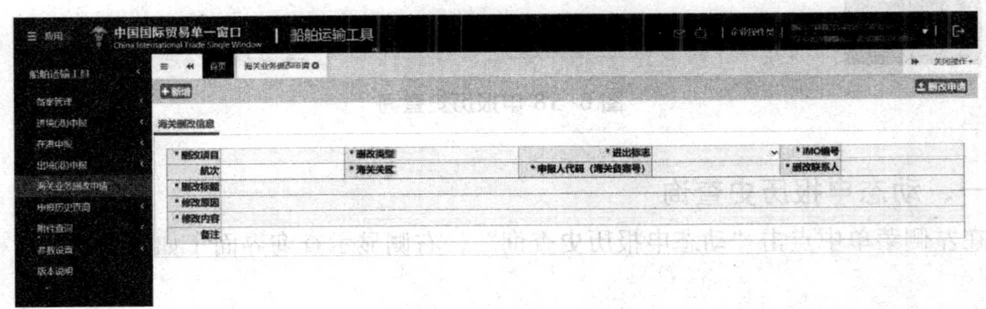

图 6–57 海关删改申请

小提示：

带有红色星号的字段，为必填项。

界面中，删改联系人字段由当前登录系统的用户信息自动返填，可修改。

IMO 编号、航次、申报人代码等字段需手工录入，请根据您的业务主管部门要求，如实填写相关内容。

删改项目、删改类型等字段需要在参数中进行调取，不可随意录入。将光标置于字段中，点击空格键，调出下拉菜单并在其中进行选择。您也可直接输入已知的相应数字、字母或汉字，迅速调出参数，使用上下箭头选择后，点击回车键确认录入。

点击界面顶部蓝色【新增】按钮，将当前录入的内容清空，此时可填写新增内容。

录入完毕并确认无误的数据，可根据实际业务，点击界面右上方的【删改申请】蓝色按钮，将数据向相关业务主管部门进行发送，并等待其审批。

第六节 申报历史查询

点击下图主界面左侧菜单“船舶运输工具——申报历史查询”，可展开业务菜单（如图 6–58）。

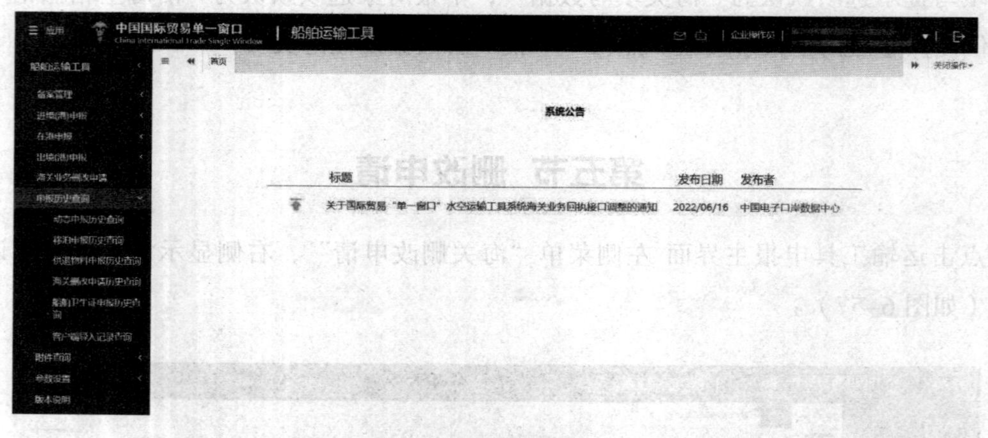

图 6–58 申报历史查询

一、动态申报历史查询

在左侧菜单中点击“动态申报历史查询”，右侧显示查询界面（如图 6–59）。

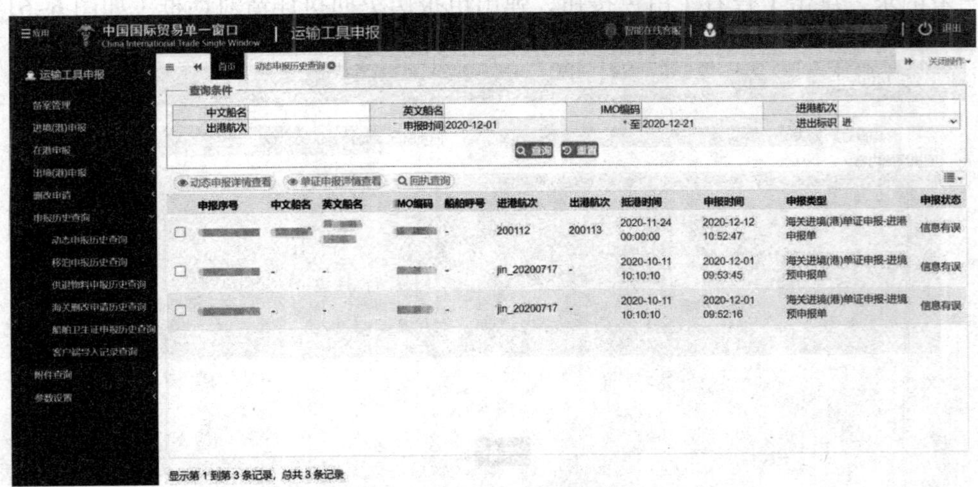

图 6-59 动态申报历史查询

界面中，申报时间默认显示为当前日期与时间前一周、进出港类型默认为进港。

可录入各类查询条件，点击【查询】，查询相应数据。点击【重置】则清空当前录入的查询条件。

（一）回执查询

在查询结果列表中，勾选任意一条记录，可点击界面中【回执查询】白色按钮，系统弹出“动态申报历史回执查询”窗口（如图 6-60）。

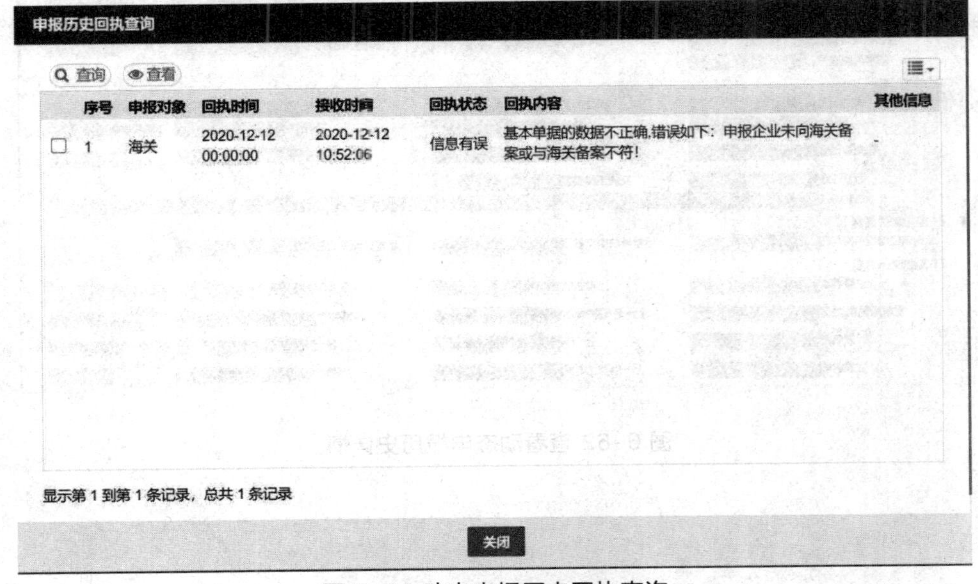

图 6-60 动态申报历史回执查询

在上图中点击【查询】白色按钮，查询回执或刷新查询结果列表。在列表中勾选任意一条记录，点击【查看】白色按钮，弹出申报历史回执详情对话框（如图 6-61）。

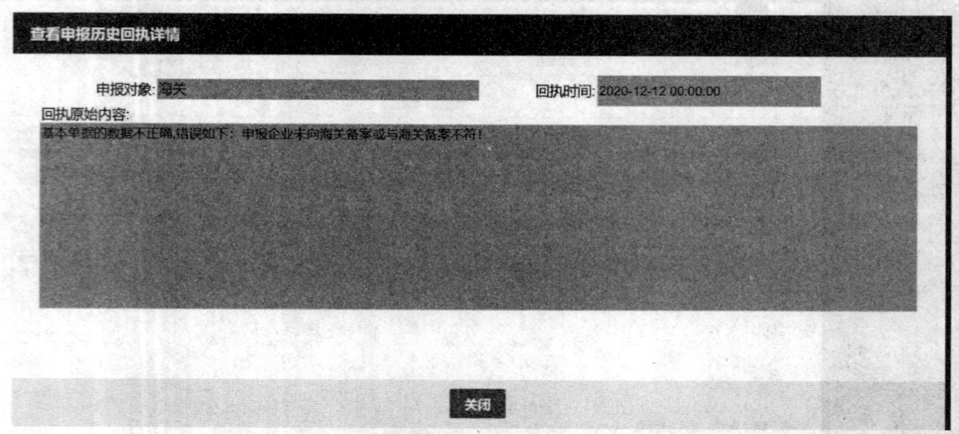

图 6-61 动态申报历史（查看申报历史回执详情）

在图 6-59 中勾选任意一条记录，点击界面中【动态申报详情查看】或【单证申报详情查看】白色按钮，系统自动跳转至详情界面（如图 6-62）。

图 6-62 查看动态申报历史详情

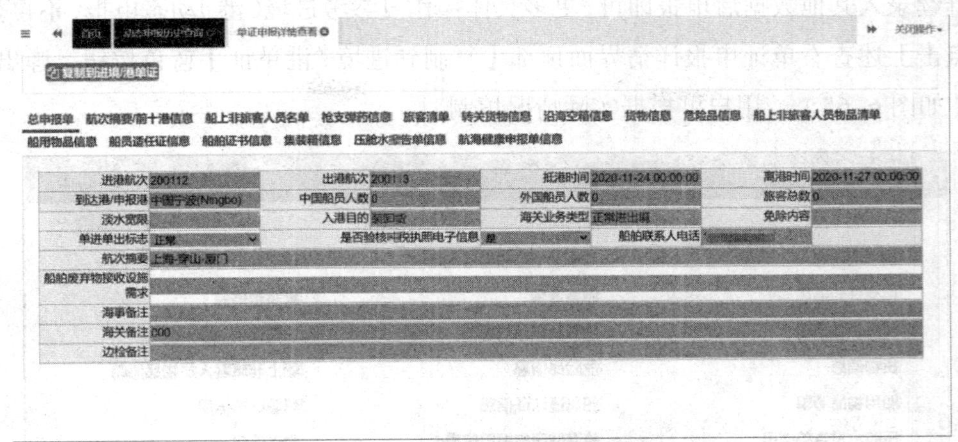

图 6-63 查看单证申报历史详情

当前界面由查询功能跳转而来，因此在上图中，字段为灰色不允许修改，仅供月户查看数据详情。

（二）复制

为方便用户操作，系统还提供复制功能。

点击 图6-63 查看动态申报历史详情界面顶部【复制到入境/港】或【复制到出境/港】蓝色按钮，界面自动跳转至入境（港）动态申报或出境（港）动态申报的新增界面，并将上述查询到的数据进行了复制（如图 6-64）。

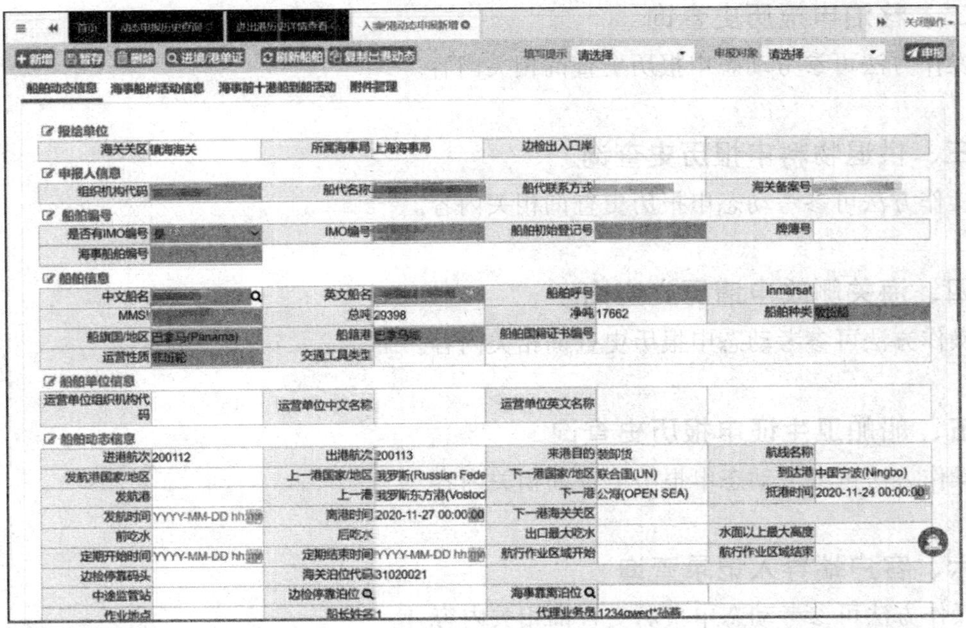

图 6-64 入境 / 港动态申报（复制）

继续录入其他数据后申报即可，更多具体操作可参考进境（港）动态申报，不再赘述。

点击上述查看单证申报详情界面顶部【复制到进境/港单证】蓝色按钮，弹出提示界面（如图6-65），用户可根据实际情况填制。

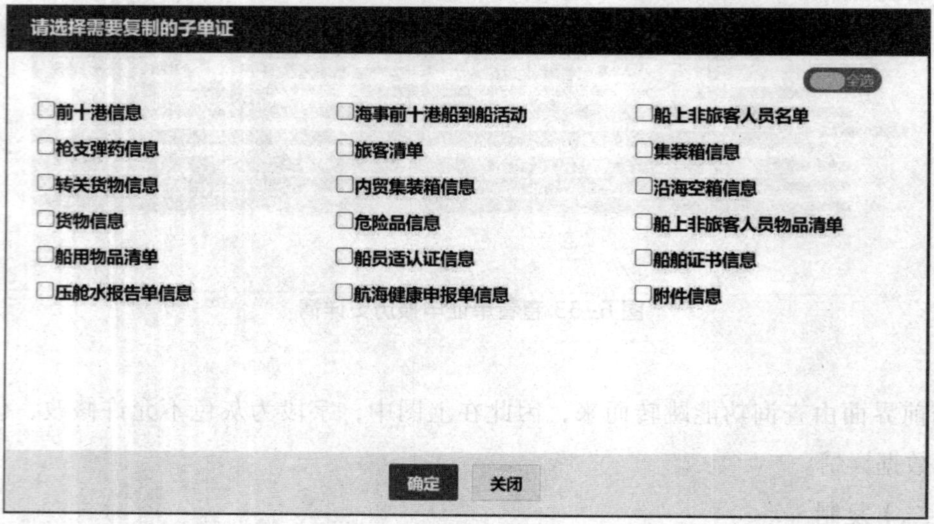

请选择需要复制的子单证

全选

前十港信息　海事前十港船到船活动　船上非旅客人员名单
枪支弹药信息　旅客清单　集装箱信息
转关货物信息　内贸集装箱信息　沿海空箱信息
货物信息　危险品信息　船上非旅客人员物品清单
船用物品清单　船员适认证信息　船舶证书信息
压舱水报告单信息　航海健康申报单信息　附件信息

确定　关闭

图6-65 进境（港）动态申报（复制选项）

选择后系统跳转至进境（港）单证申报界面，并将用户勾选的数据进行复制。继续录入其他数据后申报即可，更多具体操作可参考进境（港）单证申报，不再赘述。

二、移泊申报历史查询

操作方法可参考动态申报历史查询相关内容。

三、供退物料申报历史查询

操作方法可参考动态申报历史查询相关内容。

四、海关删改申请历史查询

操作方法可参考动态申报历史查询相关内容。

五、船舶卫生证申报历史查询

操作方法可参考动态申报历史查询相关内容。

六、客户端导入记录查询

操作方法可参考动态申报历史查询相关内容。

第七节　附件查询

在左侧菜单中点击“附件查询”，右侧显示查询界面（如图 6-66）。

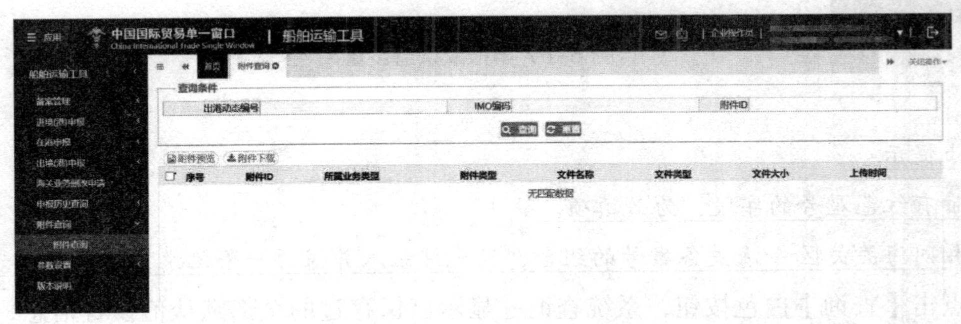

图 6-66 附件查询

查询上一港出港动态 / 单证的离港证附件和上一港进港 / 境对应的附件（页面申报、客户端导入以及 restful 申报均可在此查看）。

小提示：

出港动态编号和 IMO 编码必填。

目前只支持图片和 pdf 的预览，其他格式的附件可以先下载再进行查看。

第八节　参数设置

为了减少用户在部分常用字段中的反复录入操作，可对进境 / 港、出境 / 港或在港申报的部分字段进行默认设置。设置保存成功后，进入相应界面，根据业务规则录入后，系统将已保存的值自动返填。

在船舶运输工具备案管理左侧菜单中点击“申报默认值设置”，右侧显示查询界面（如图 6-67）。

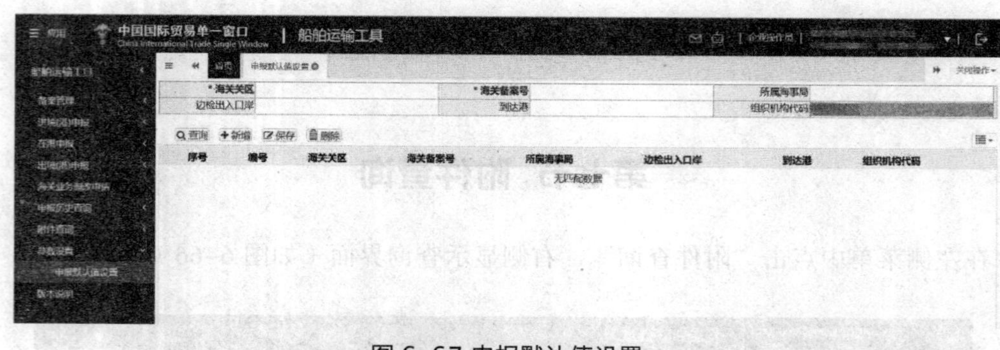

图 6-67 申报默认值设置

小提示：

带有红色星号的字段，为必填项。

相同海关关区＋海关备案号的组合，只允许录入并保存一条记录，不可重复。

点击【查询】白色按钮，系统查询并显示已保存过的全部默认值设置信息，显示在下方列表中。

如果您想修改某条默认值设置，在下方列表里任意点击某条记录的空白处，界面上方返填当前点选的默认值信息，手工修改后点击【保存】白色按钮即可。

如果您想新增一条默认值设置，在上图中的海关关区、海关备案号等字段内录入或手工修改数据后，点击【保存】白色按钮，将记录保存至下方列表中。

小提示：

录入海关关区后，系统先自动返填一个默认的（直属关区＋组织机构代码）海关备案号，此时可以手工修改海关备案号，再保存即可。

点击【新增】白色按钮，将清空当前界面显示的数据，便于用户重新录入并保存数据。在列表中勾选任意记录，点击【删除】白色按钮，可将记录进行删除。删除后的数据需重新录入，请根据实际业务进行权衡。

【链接】

关于调整水空运进出境运输工具监管相关事项的公告

（海关总署公告 2018 年第 127 号）

为贯彻落实国务院机构改革要求，切实加强海关对水空运进出境运输工具监管，进一步规范进出境运输工具电子数据申报，现就有关事项公告如下：

一、相关企业应当严格按照《中华人民共和国海关进出境运输工具监管办法》（海关总署令第 196 号公布，根据海关总署令第 240 号修改）、《国际航行船舶出入境检验检疫管理办法》（原质检总局令第 38 号公布，根据原质检总局令第 196 号、海关总署令第238号、第240号修改）以及本公告关于水空运进出境运输工具申报时限、数据项、填制规范的规定，向海关申报进出境运输工具电子数据。

二、进境船舶必须在最先抵达的境内口岸指定地点接受检疫，运输工具负责人应当在船舶预计抵达口岸24小时前（航程不足24小时的，在驶离上一口岸时）向海关申报《中华人民共和国海关船舶进境预申报单》电子数据；进境船舶抵达设立海关的地点时，运输工具负责人应当向海关申报《中华人民共和国海关船舶进境申报单》电子数据；船舶出境时，运输工具负责人应当向海关申报《中华人民共和国海关船舶出境申报单》电子数据。

进出境船舶在境内从一个设立海关的地点驶往另一个设立海关的地点的，运输工具负责人应当向驶离地海关申报《中华人民共和国海关船舶出港申报单》电子数据，向目的地海关申报《中华人民共和国海关船舶进港申报单》电子数据。相关申报时限要求和具体数据项填制条件见附件1及附件9。

三、对于需实施运输工具登临检查的，海关在接收运输工具动态和申报单电子数据后，以电子指令形式向运输工具负责人下达运输工具登临检查通知。运输工具负责人应当根据海关要求，配合海关对运输工具实施检查、检验、检疫；对因前置作业要求等原因，海关需要指定地点（锚地、泊位、机坪、机位等）登临检查的，运输工具负责人应当将运输工具停泊在指定地点。

四、增加下列水空运进出境运输工具申报数据项

（一）《水运运输工具备案数据项》中增加“水上移动通信业务标识码（MMSI）”“船载收发信装置SIM卡号码”“船载收发信装置ID号”申报数据项，填制条件和填制规范见附件2及附件13。

（二）《水运运输工具进境（港）预报动态数据项》《水运运输工具进境（港）确报动态数据项》《水运运输工具抵港动态数据项》《水运运输工具出境（港）预报动态数据项》《水运运输工具出境（港）确报动态数据项》中增加“是否需要中途监管”“中途监管站”申报数据项，填制条件和填制规范见附件3、附件4、附件5、附件7、附件8及附件13。

（三）《水运运输工具申报单数据项》中增加“是否申请验核船舶吨税执照电子信息”“船长联系电话”“船员携带观赏植物数量”“船员携带宠物数量”申报数据项及航海健康申报、压舱水申报相关申报数据项，填制条件和填制规范见附件9及附件13。

（四）《水运运输工具供退物料申报数据项》中增加“计划供退时间”申报数据项，取消“随附单据页数”“随附单据种类”“其他单据页数”申报数据项，填制条件和填制规范见附件10及附件13。

（五）新增《水运运输工具卫生证书申请数据项》，具体数据项填制条件和填制规范见附件11及附件13。

（六）《空运运输工具备案数据项》中航线航空器备案、通用航空器备案增加“客舱座位分布图”申报数据项，填制条件和填制规范见附件14及附件24。

（七）《空运运输工具申报单数据项》中增加“是否有健康异常”“是否发现病媒生物”“是否发现外来有害生物”“是否有有效灭蚊证明”申报数据项，填制条件和填制规范见附件23及附件24。

五、部分水运进出境运输工具数据项调整如下

（一）《水运运输工具备案数据项》《水运运输工具进境（港）预报动态数据项》《水运运输工具进境（港）确报动态数据项》《水运运输工具抵港动态数据项》《水运运输工具移泊动态数据项》《水运运输工具出境（港）预报动态数据项》《水运运输工具出境（港）确报动态数据项》《水运运输工具单证申报数据项》《水运运输工具供退物料申报数据项》《水运运输工具删改申请数据项》中的“IMO号码”数据项、“船舶IMO编号”数据项，统一更名为“船舶编号”数据项。

（二）《水运运输工具备案数据项》中的“船舶建造日期”由“选填项”调整为“必填项”，填制条件和填制规范见附件2及附件13。

（三）《水运运输工具供退物料申报数据项》中的“实际数量”由“必填项”调整为“选填项”，填制条件和填制规范见附件10及附件13。

六、海关总署公告2017年第56号、2018年第93号中关于水空运运输工具申报时限、数据项、填制规范与本公告不一致的，以本公告为准。

本公告自2018年11月15日起施行。

特此公告。

海关总署

2018年10月10日

第二章 航空器运输工具申报操作指南

第一节 备案管理

用户可以在“备案管理”菜单进行“航空器企业信息备案”“航空器信息备案”“航

班信息备案”“当日飞行计划备案”录入与申报等操作。相关备案数据录入后点击“申报”将向相关业务主管部门申报。用户还可通过“航空器备案查询”“航班信息查询”“当日飞行计划查询”菜单进行对应查询操作。

点击 运输工具申报主界面 左侧菜单“航空运输工具——备案管理”，展开业务菜单（如图 6–68）。

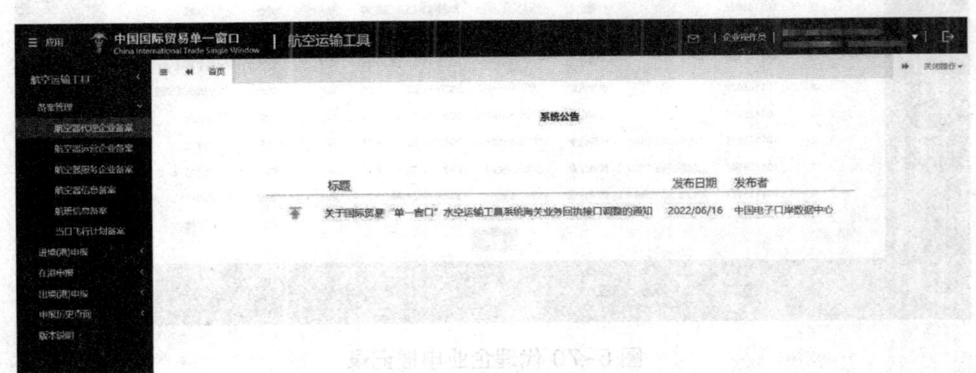

图 6–68 航空器“备案管理”主界面

一、航空器代理企业备案

在左侧菜单中点击“航空器代理企业备案”菜单，进入不可编辑的预览页面（如图 6–69），右上方显示【刷新】【海关、边检状态指示灯】【编辑信息】【变更】和【撤销】按钮。

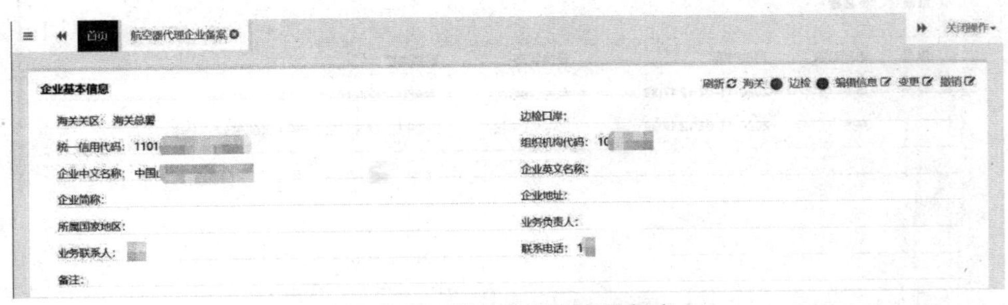

图 6–69 航空器代理企业备案

（一）海关、边检的状态指示灯

点击海关、边检的状态指示灯，弹出海关、边检代理企业备案申报记录页面，如图 6–70。

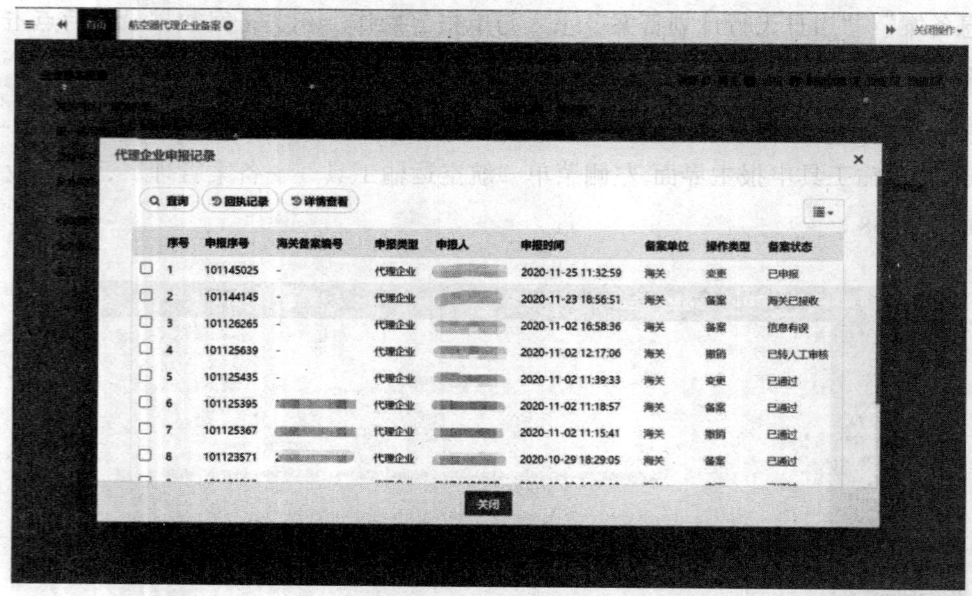

代理企业申报记录

查询 回执记录 详情查看

	序号	申报序号	海关备案编号	申报类型	申报人	申报时间	备案单位	操作类型	备案状态
☐	1	101145025	-	代理企业	[illegible]	2020-11-25 11:32:59	海关	变更	已申报
☐	2	101144145	-	代理企业	[illegible]	2020-11-23 18:56:51	海关	备案	海关已接收
☐	3	101126265	-	代理企业	[illegible]	2020-11-02 16:58:36	海关	备案	信息有误
☐	4	101125639	-	代理企业	[illegible]	2020-11-02 12:17:06	海关	撤销	已转人工审核
☐	5	101125435	-	代理企业	[illegible]	2020-11-02 11:39:33	海关	变更	已通过
☐	6	101125395	[illegible]	代理企业	[illegible]	2020-11-02 11:18:57	海关	备案	已通过
☐	7	101125367	[illegible]	代理企业	[illegible]	2020-11-02 11:15:41	海关	撤销	已通过
☐	8	101123571	[illegible]	代理企业	[illegible]	2020-10-29 18:29:05	海关	备案	已通过

关闭

图 6-70 代理企业申报记录

用户可以在代理企业备案申报记录页面列表查询变更和撤销申报记录，在查询结果列表中通过“操作类型”展示列展示变更、撤销记录。

在查询结果列表中选中一条操作类型为“变更”或“撤销”的记录，点击该页面上方的【回执记录】按钮，可查看相应的回执明细信息（如图 6-71）。

申报历史回执查询

查询 查看

	序号	申报对象	回执时间	回执状态	回执内容
☐	1	海关	2020-11-02 12:17:32	海关已接收	系统已经收到申报;
☐	2	海关	2020-11-02 12:17:32	已转人工审核	自动审核开关未开启，运输工具系统转人工处理

关闭

图 6-71 申报历史回执查询

在查询结果列表中选中一条操作类型为“变更”或“撤销”的记录，点击该页面上方的【详情查看】按钮，可查看相应的明细数据（如图 6-72）。

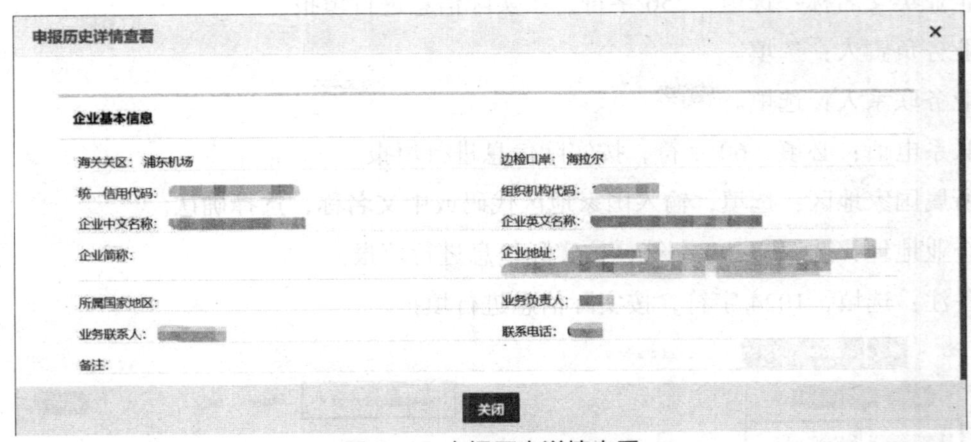

图 6-72 申报历史详情查看

（二）编辑信息

点击【编辑信息】按钮可进入航空器代理企业备案修改页面，在“填写提示”的下拉菜单中进行选择后（可同时勾选多个主管部门），系统在界面中以蓝色高亮显示当前业务主管部门监管所需的字段，其中黄底填写框字段，为必填项（如图 6-73）。

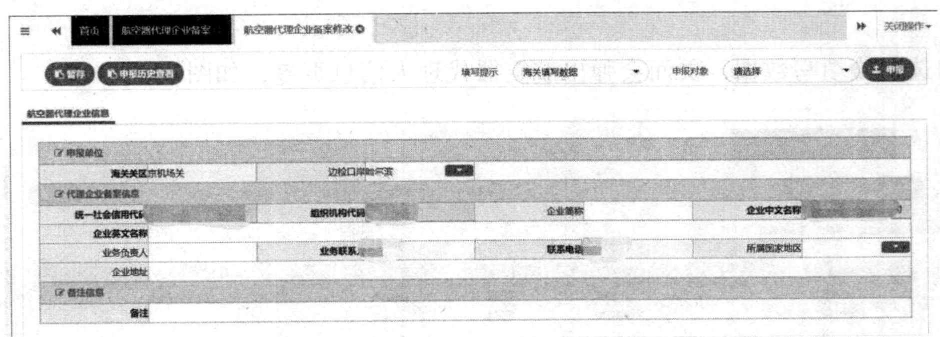

图 6-73 航空器代理企业备案修改—海关填写数据

录入过程中，可点击界面左上方【暂存】蓝色按钮，将当前正在录入的数据进行保存，以防数据丢失。

1. 航空器代理企业信息录入说明

海关关区：选填，输入海关关区 4 位代码或中文名称确认。

边检口岸：选填，输入边检口岸 3 位代码或中文名称确认。

统一社会信用代码：灰色，由系统自动返填。

组织机构代码：灰色，由系统自动返填。

企业简称：选填，60 字符。

企业中文名称：灰色，由系统自动返填。

企业英文名称：选填，256 字符，按实际信息进行填报。

业务负责人：选填。

业务联系人：选填。

联系电话：必填，60 字符，按实际信息进行填报。

所属国家地区：选填，输入国家地区代码或中文名称，选择确认。

企业地址：选填，200 字符，按实际信息进行填报。

备注：选填，1024 字符，按实际信息进行填报。

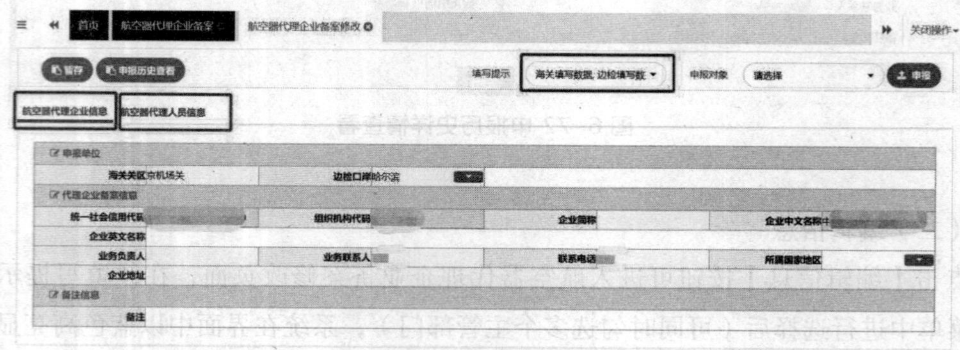

图 6-74 航空器代理企业信息

勾选边检填写数据，页面会弹出航空器代理人信息页签，如图 6-75。

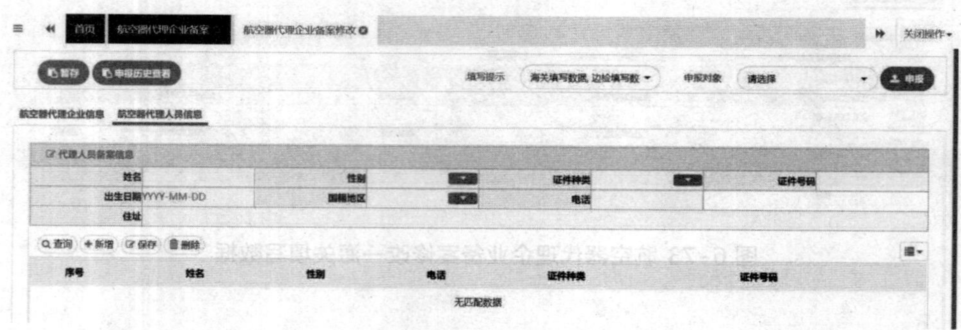

图 6-75 航空器代理人员信息

2. 航空器代理人员信息录入说明

姓名：必填，50 个字节，按实际信息填写。

性别：必填，从下拉框中选择。

证件种类：必填，按实际信息填写。

证件号码：必填，35 个字节，按实际信息填写。

出生日期：必填，按实际信息的日期列表中选择。

国籍地区：必填，输入国家地区代码或中文名称，选择确认。

电话：必填，20 个字节，按实际信息填写。

住址：必填，200 个字节，按实际信息填写。

3. 操作按钮说明

查询：点击可以查询到本企业所有代理人员备案信息。

新增：点击将清空当前录入的代理人员备案信息，可以重新录入保存新信息。

保存：点击将当前已录入备案信息进行保存，保存的信息会在列表中显示。

删除：选中列表中记录点击可以将其删除，删除的记录不可恢复。

小提示：

建议用户先点击【申报历史查看】按钮，查询已备案的代理人员信息，避免重复备案。

如未选择任何填写提示，界面所有字段名称均为黑色，如图 6-76。

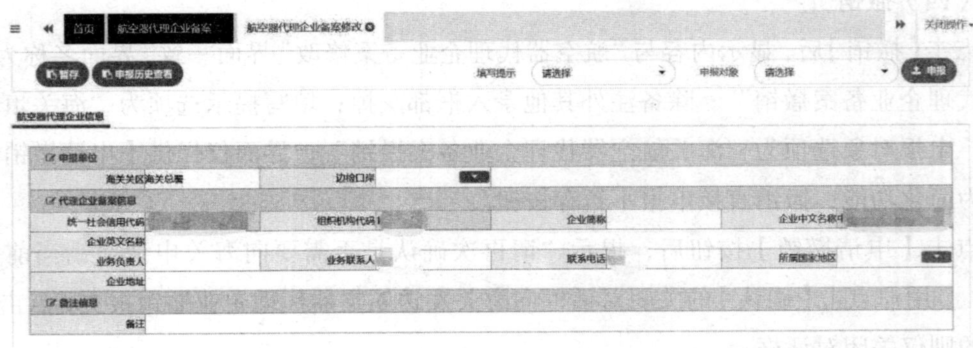

图 6-76 航空器企业备案修改

（三）变更

点击右上角的【变更】按钮后显示内容与“航空器代理企业备案修改”界面一致，界面名称为“航空器代理企业备案变更”。组织机构代码、统一社会信用代码录入框默认置灰；默认填写提示选项为“海关填写数据”；申报对象选项为“海关航空器代理企业备案变更”；界面仅提供【变更申报】按钮，为简化功能，变更直接申报不设暂存按钮，点击【变更申报】后，海关航空器代理企业变更即发往海关。

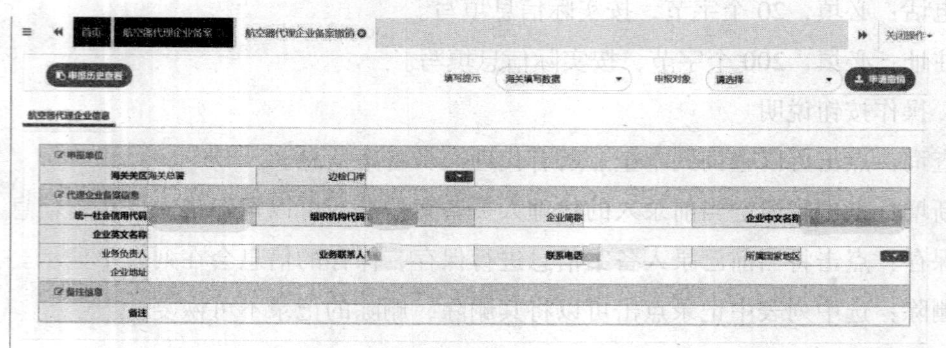

图 6-77 航空器代理企业备案变更

（四）撤销

点击【撤销】后，显示内容与“航空器代理企业备案修改”界面一致，界面名称为“航空器代理企业备案撤销”。除备注外其他录入框都灰掉；填写提示选项为“海关填写数据”；申报对象选项为“海关航空器代理企业备案撤销”；界面仅提供【申请撤销】按钮，为简化功能，撤销直接申报不暂存按钮。

点击【申请撤销】按钮后，提示“请再次确认是否需要向海关申请撤销当前企业备案？”用户点击【确认】的关闭对话框向海关发送航空器代理企业撤销报文，点击“返回”的则仅关闭对话框。

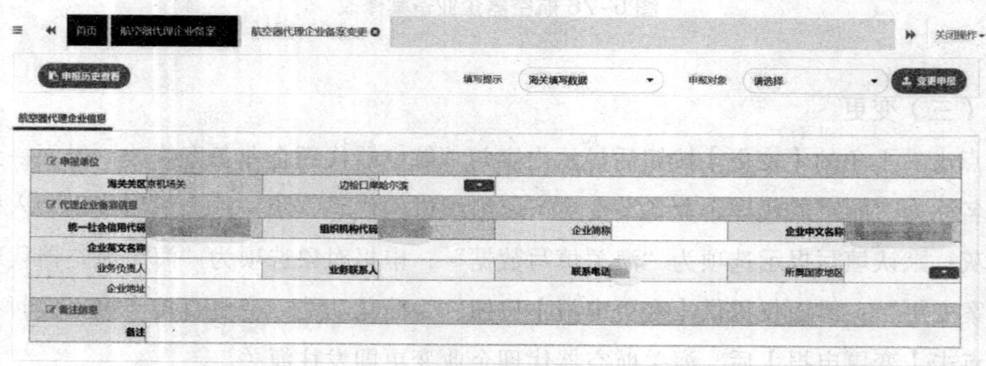

图 6-78 航空器代理企业备案撤销

（五）申报

录入完毕并确认无误的数据，可根据实际业务，通过航空器代理企业备案修改界面中“申报对象”的下拉菜单中进行勾选后，点击界面右上方的【申报】蓝色按钮，将数据向相关业务主管部门进行发送，并等待其审批。

二、航空器运营企业备案

在航空器运营企业备案界面查询条件框，备案起止时间必填，点击【查询】按钮，下方列表显示备案时间起止内全部航空器运营企业备案记录（如图 6-79）。也可录入各类查询条件，点击【查询】按钮，相应航空器运营企业备案信息显示在下方列表中。点击【重置】则清空当前录入的查询条件。

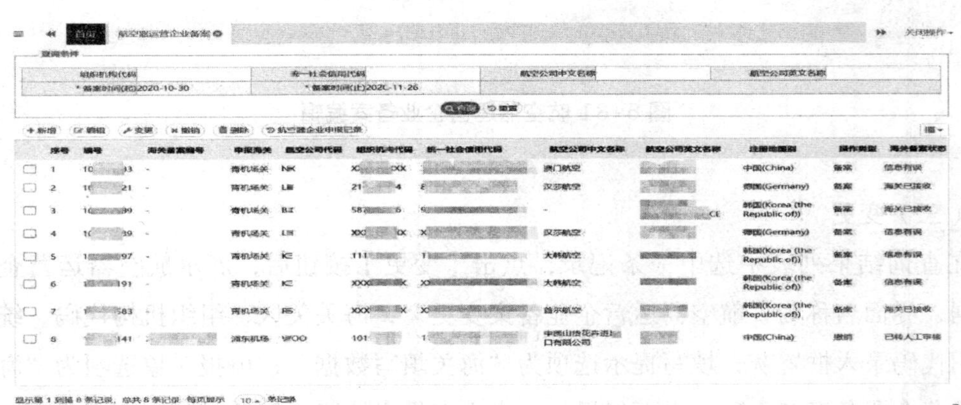

图 6-79 航空器运营企业备案查询

（一）新增

点击【新增】按钮将清空当前录入的航空器运营企业备案信息，可以重新录入保存新信息，如图 6-80。

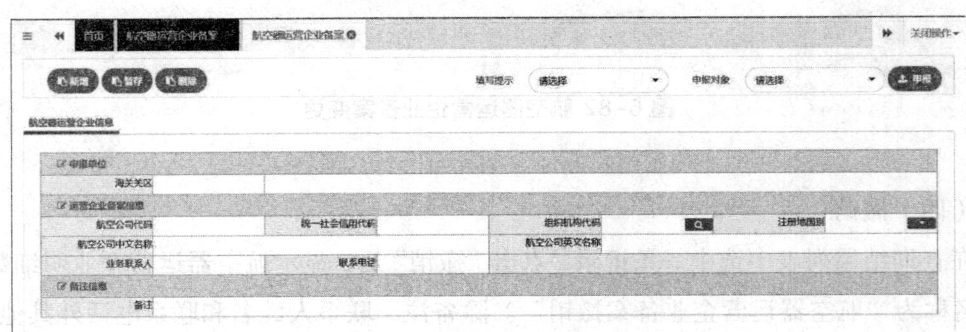

图 6-80 航空器运营企业备案新增

（二）编辑

在查询列表中勾选其中一条记录，点击【编辑】按钮对该条信息进行编辑，进入航空器运营企业备案编辑界面，填写提示选项为“海关填写数据”；申报对象选项为“海关航空器运营企业备案变更”，如图 6-81。

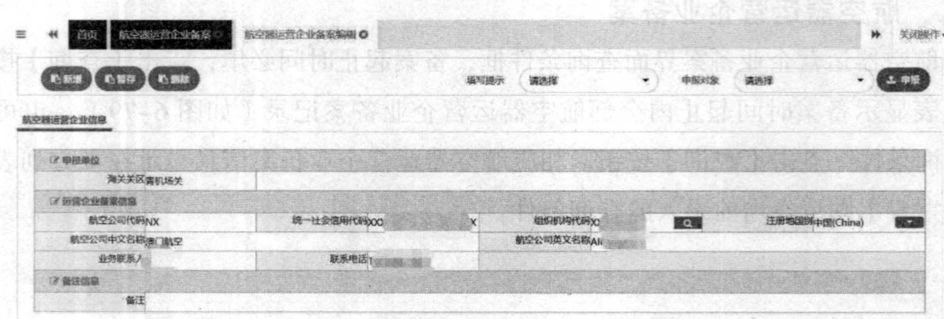

图 6-81 航空器运营企业备案编辑

（三）变更

在查询结果列表中选中一条记录，点击【变更】按钮后，展示航空器运营企业明细数据，界面名称为“航空器运营企业备案变更”，海关关区、组织机构代码、统一社会信用代码录入框置灰；填写提示选项为“海关填写数据”；申报对象选项为“海关航空器运营企业备案变更”；界面仅提供【变更申报】按钮。

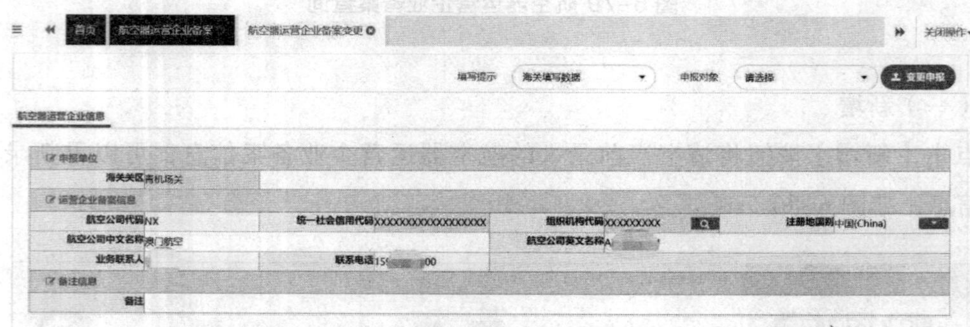

图 6-82 航空器运营企业备案变更

（四）撤销

在查询结果列表中选中一条记录，点击“撤销”后，显示航空器运营企业明细数据，界面名称为“航空器运营企业备案撤销”。除备注、联系人姓名和联系电话外其他录入框都不能编辑；填写提示选项为“海关填写数据”时，联系人姓名、联系电话高亮可编辑；申报对象选项为“海关航空器运营企业备案撤销”；界面仅提供【申请撤销】按钮，为简化功能，撤销直接申报不设暂存按钮；

点击【申请撤销】按钮后，提示“是否向（‘XX 海关’）进行海关—运营企业备案撤销申请？”用户点击【确认】的关闭对话框向海关发送航空器运营企业撤销报文，点击【返回】的则仅关闭对话框。

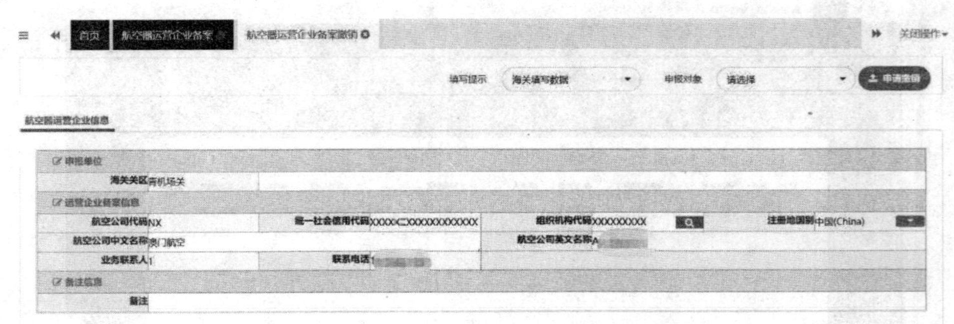

图 6-83 航空器运营企业备案撤销

（五）删除

选中列表中记录点击可以将其删除，删除的记录不可恢复。

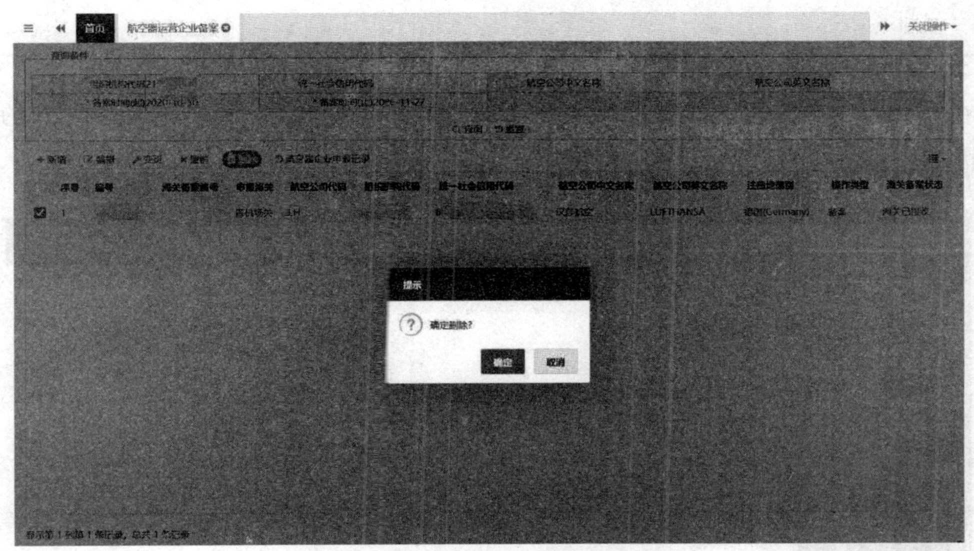

图 6-84 航空器运营企业备案撤销

（六）航空器企业申报记录

增加变更和撤销历史记录的查询功能：点击查询页面列表上方的【航空器企业申报记录】按钮，在弹出的运营企业备案申报历史记录列表查询中，增加变更和撤销申报记录的查询功能；在查询结果列表中选中一条操作类型为“变更”或“撤销”的记录，点击该页面上方的【回执查询】按钮，可查看相应的回执明细信息；在查询结果列表中选中一条操作类型为“变更”或“撤销”的记录，点击该页面上方的【详情查看】按钮，可查看相应的明细数据。

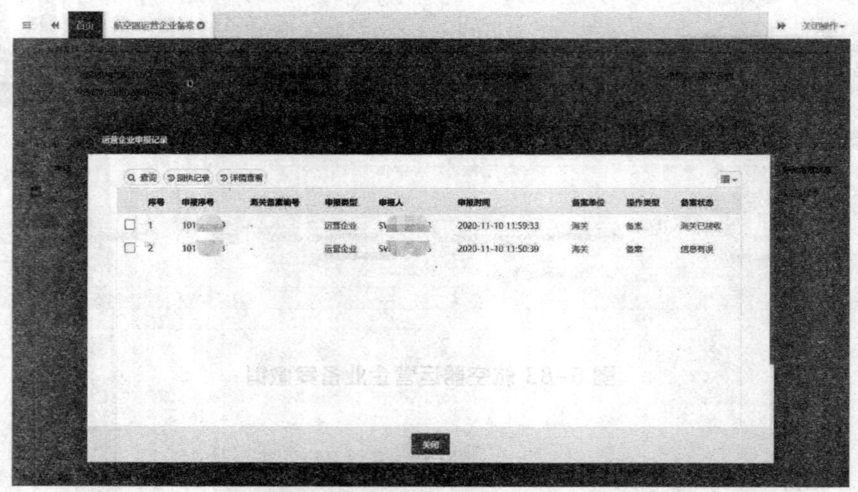

图 6-85 航空器企业申报记录

三、航空器服务企业备案

在左侧菜单中点击“航空器服务企业备案”，系统自动根据当前登录账户的企业注册内容返填相关信息，并显示在右侧界面内（如图 6-86）。

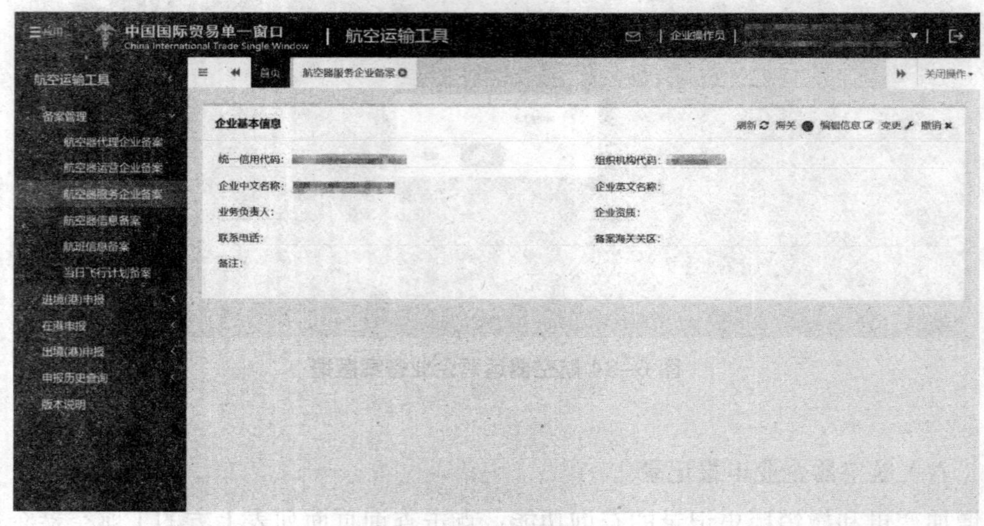

图 6-86 航空器服务企业备案

将鼠标指针停在列表右上角的彩色圆点上不动，可显示当前相关企业性质的备案状态。

小提示：

如果上图中的彩色圆点为红色，可能会影响后续业务的申报。

请企业务必在此菜单内，向海关进行申报，并请其审批，确保圆点变为绿色（已备案）再进行后续业务。

点击列表右上【刷新】按钮，可对当前页面显示的信息进行刷新。

点击列表右上的【编辑信息】白色按钮，系统弹出录入对话框（如图6-87、图6-88），可进行信息的修改、保存或申报。

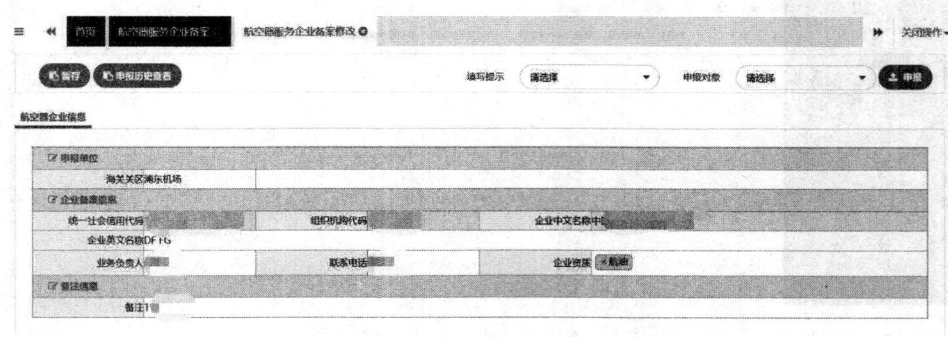

图 6-87 航空器服务企业信息修改

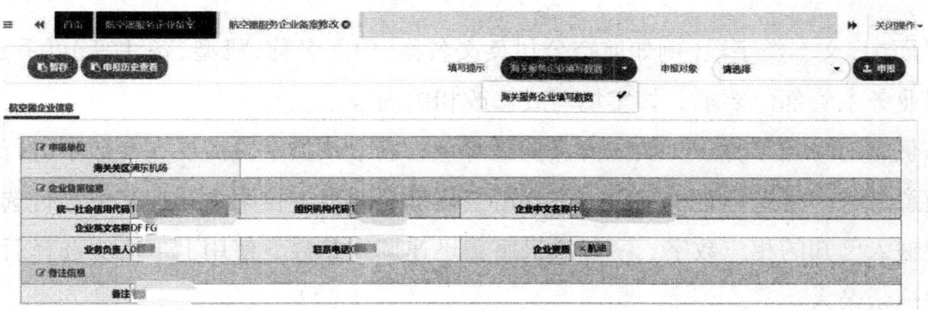

图 6-88 航空器服务企业信息修改

在操作按钮“填写提示”的下拉菜单中进行选择后，系统将自动在界面中以蓝色高亮显示当前业务主管部门监管所需的字段，其中带黄底框字段，为必填项。修改的信息填写完毕后，可点击【暂存】按钮，将录入的信息进行暂存。在“申报对象”的下拉菜单中进行选择，点击【申报】蓝色按钮，将数据向相关业务主管部门进行发送。

变更、撤销：相关操作可以参考上述航空器代理企业备案变更、撤销。

四、航空器信息备案

（一）航空器备案申报

用户在系统左边菜单栏“备案管理”下点击“航空器备案申报”，在打开的网页中可以对航空器信息进行新增、编辑、删除、变更申报、撤销申报及航空器备案申报记录查询的操作。

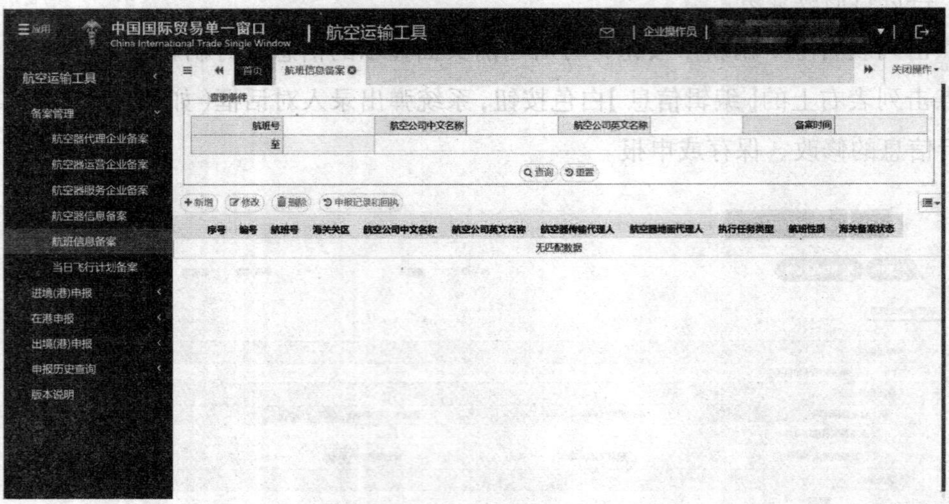

图 6-89 航空器信息备案

界面中，文本类字段（例如航空公司英文名称、中文名称、机型、备注等）可手工录入，请根据业务主管部门要求，如实填写或修改相关内容。

右侧带有三角形标识（例如海关关区等），表示该类字段需要在参数中进行调取，不可随意录入。将光标置于字段中，点击空格键，调出下拉菜单并在其中进行选择。也可直接输入已知的相应数字、字母或汉字，迅速调出参数，使用上下箭头选择后，点击回车键确认录入。

此外，部分字段的操作特别说明如下：如果不是首次进行航空器信息备案（例如调用之前的航空器信息数据进行修改），可点击“航空器注册编号”字段右侧的【放大镜】按钮，在弹出的窗口中进行查询（如图 6-90）。

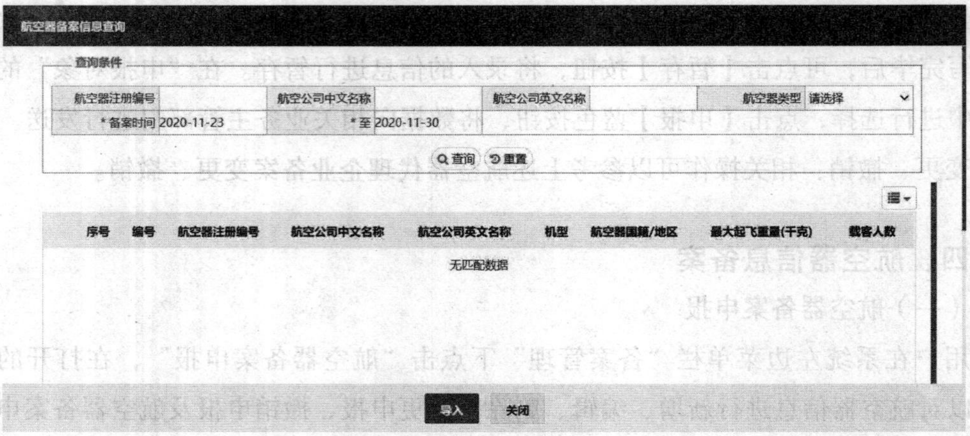

图 6-90 航空器备案信息查询

可录入航空器注册编号、航空器类型或中、英文名称，选择备案时间，点击【查询】蓝色按钮，相关信息显示在下方列表中（如图 6-91）。点击【重置】则清空当前录入的查询条件。

航空器备案信息查询

查询条件

航空器注册编号		航空公司中文名称		航空公司英文名称		航空器类型	请选择
* 备案时间	2020-10-08	* 至	2020-11-30				

查询 重置

	序号	编号	航空器注册编号	航空公司中文名称	航空公司英文名称	机型	航空器国籍/地区	最大起飞重量(千克)	载客人数
☐	1	1011	BM	澳门航空	AIR MACAU	A320	-	64000	158
☑	2	1011	HL	大韩航空	KE	A330	-	327785	296
☐	3	1011	12	-	1234	123	-	1234	1
☐	4	1011	P1	-	ABCDGR	A9000	安道尔(Andorra)	5999	400

导入 关闭

图 6-91 航空器备案信息查询（列表）

勾选列表中的信息后，点击【导入】蓝色按钮，将相关数据返填到航空器备案申报基本信息的界面中（如图 6-92）。此时可根据实际业务需要，继续进行录入或修改操作。

1. 操作按钮说明

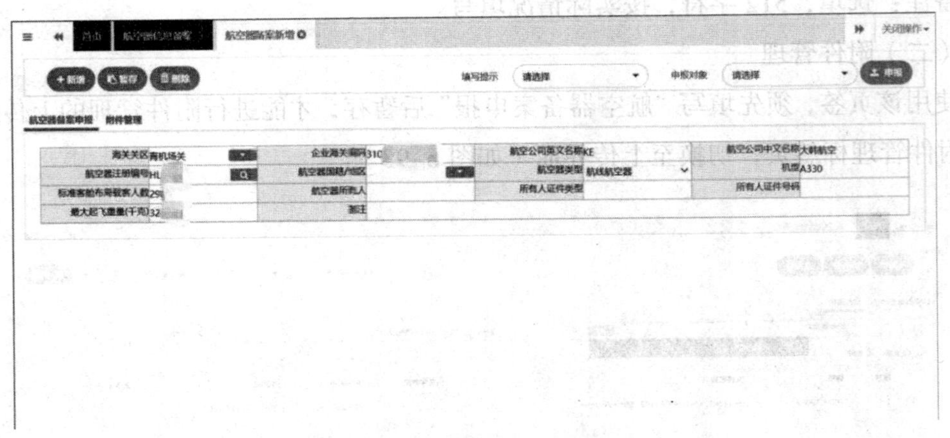

图 6-92 航空器备案信息查询（返填）

新增：点击界面顶部的【新增】蓝色按钮，将当前录入的内容清空，此时可填写新增内容。如未暂存，则数据无法再调取。请在新增操作前，先使用【暂存】蓝色按钮，将需 保存的已填写数据进行保存。

暂存：对当前已录入数据进行暂存，暂存时如果相关字段填写不规范，会有提示。

删除：只可以删除状态为暂存的记录，删除后数据不可恢复。

申报：点击【申报】按钮，当前录入企业信息将向所选申报对象发送。申报时会对相关字段进行初核，如有相关字段不符合相关填报要求无法申报成功，用户可按系统返回提示信息修改后再申报。

2. 录入信息说明

海关关区：必填，输入海关关区 4 位代码或中文名称确认。

航空公司英文名称：必填，256 字符，按实际信息填写。

航空公司中文名称：选填，256 字符，按实际信息填写。

航空器注册编号：必填，25 字符，按实际信息填写或点击录入框右边的【查询】按钮查询已有信息进行导入。

航空器国籍 / 地区：必填，输入国家地区代码或中文名称确认。

航空器类型：必填，按实际信息在下拉框选择确认。

机型：必填，35 字符，按实际信息填写或在下拉框选择确认。

最大起飞重量（公斤）：必填，14 位整数，按实际信息填写。

标准客舱布局载客人数：选填，4 位整数，按实际信息填写。

航空器所有人：必填，256 字符，按实际信息填写。

所有人证件类型：选填，按实际信息下拉框选择。

所有人证件号码：选填，35 字符，按实际信息填写。

备注：选填，512 字符，按实际情况填写。

（二）附件管理

使用该页签，须先填写“航空器备案申报”后暂存，才能进行附件管理的上传操作。点击附件管理标签页，切换至上传界面（如图 6–93）。

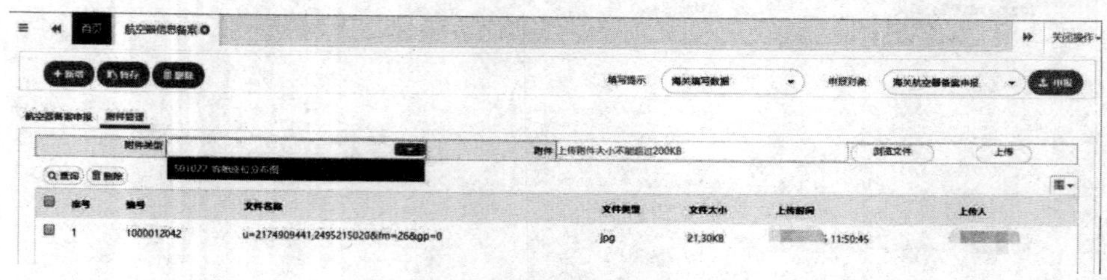

图 6–93 附件管理

界面中，右侧带有三角形标识（附件类型），表示该类字段需要在参数中进行调取，不可随意录入。将光标置于字段中，点击空格键，调出下拉菜单（客舱座位分布图）并进行选择。

小提示：

上传附件大小不能超过 200KB。

1. 变更申报

在航空器信息备案查询列表中选中需要变更的备案记录，点击【变更申报】按钮，即进入航空器备案变更页面，灰色字段不可以更改，企业可以根据自身需求进行修改航空器备案信息如图 6-94。

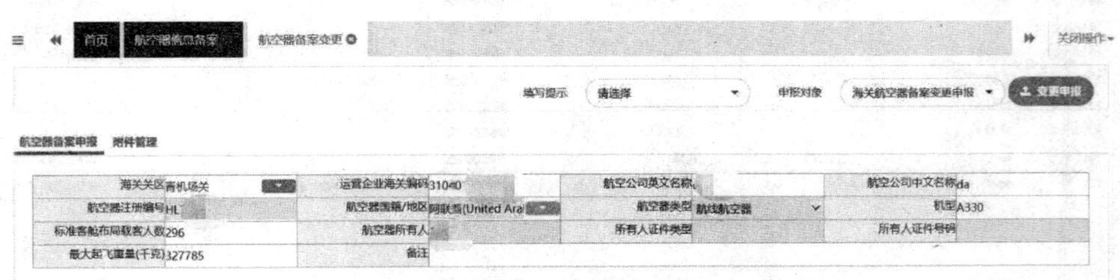

图 6-94 航空器备案变更

2. 撤销申报

在航空器信息备案查询列表中选中需要撤销的备案记录，点击【撤销申报】按钮，即进入航空器备案撤销页面，确定撤销，即可点击【撤销申报】按钮进行撤销申请，如图 6-95。

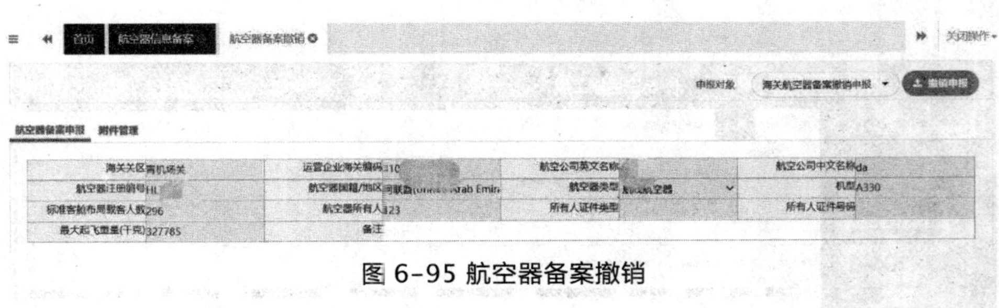

图 6-95 航空器备案撤销

3. 航空器备案申报记录

在查询结果列表“海关备案状态”前新增“操作类型”列，取值为：申报、变更申报、撤销申报。系统执行查询时，在该列显示最新一次操作的操作类型。

在“航空器备案申报记录”页面，系统执行查询时，备案状态列显示最新一次操作的操作类型，并对应显示该操作的海关状态。

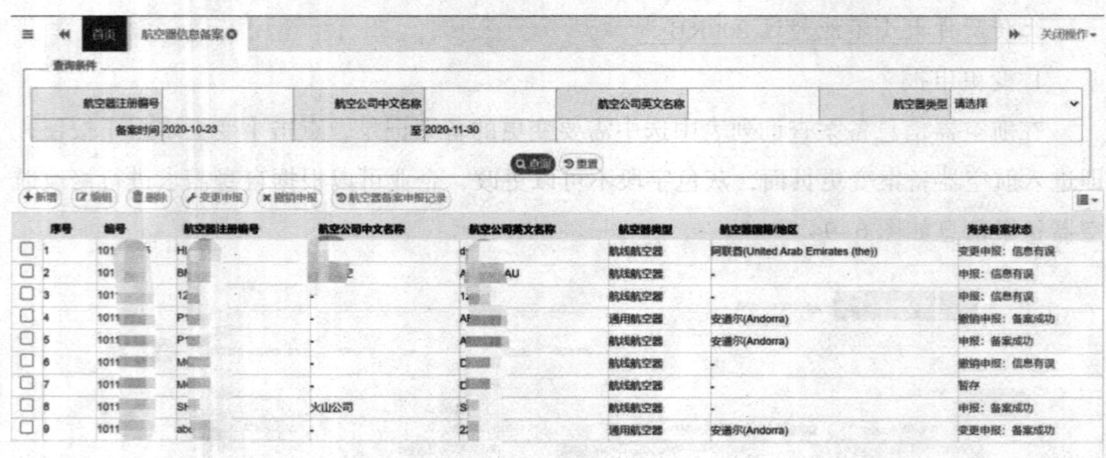

图 6-96 航空器备案申报记录

五、航班信息备案

本系统相关操作，请参考“考航空器信息备案”。在航班信息备案管理界面左侧菜单中点击“航班信息备案”，点击【新增】按钮后，显示录入界面。包括航班信息、航段信息两部分，以切换页签的方式在界面中显示（如图 6-97）。

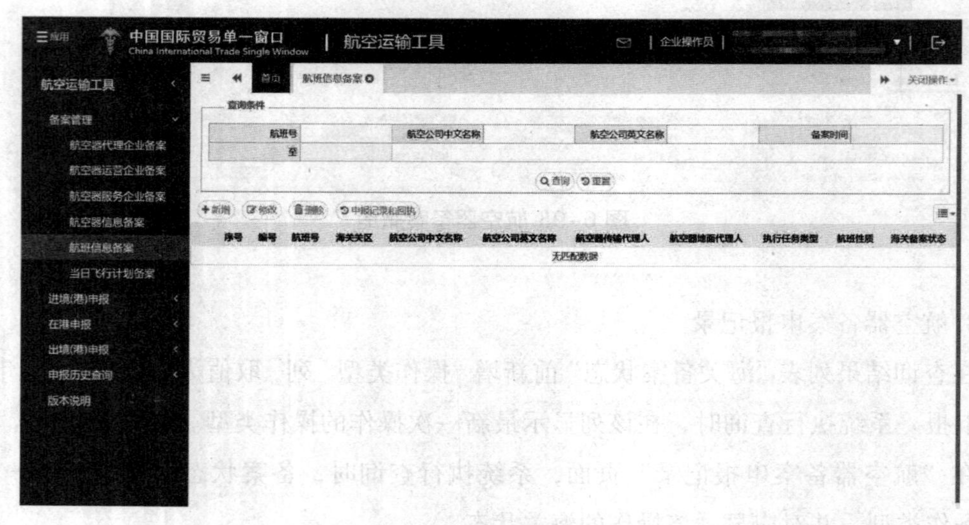

图 6-97 航班信息备案

（一）航班信息

录入信息说明如下。

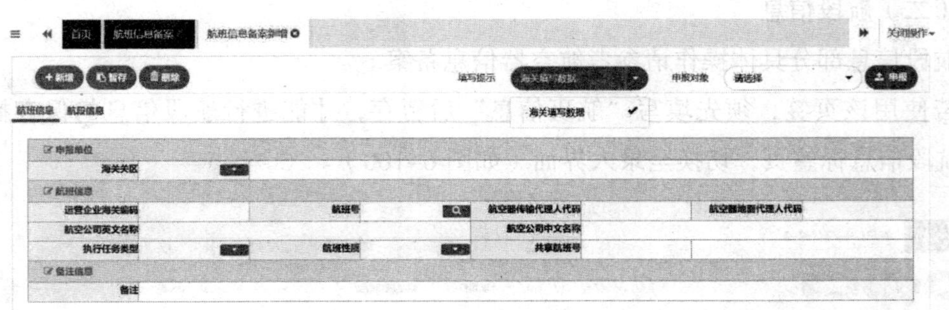

图 6-98 航班信息

英文航空公司名称：必填，256 位字符，按实际信息填写。

中文航空公司名称：选填，255 位字符，按实际信息填写。

航班号：必填，按实际信息填写。或点击右边点击录入框右边的【查询】按钮，查询已有信息进行导入（如图 6-99）。

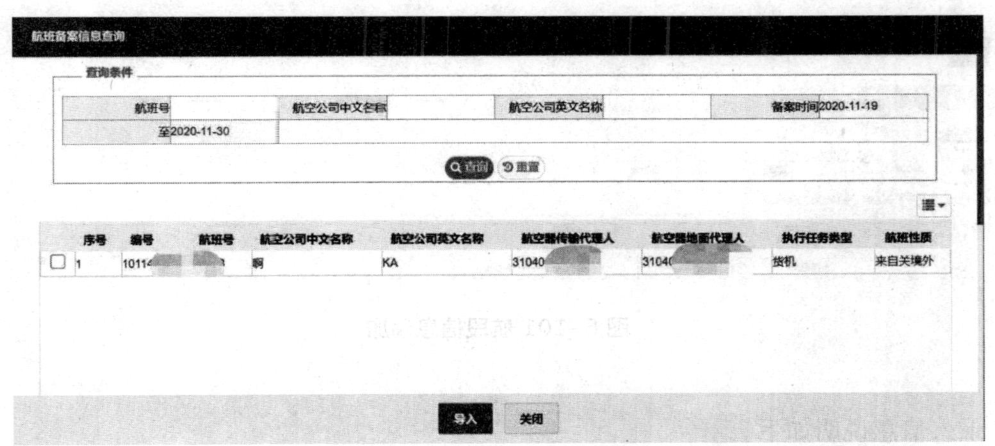

图 6-99 航班备案信息查询

航空器传输代理人：必填，18 位字符，填写在中国海关进出境运输工具管理系统备案的航空器代理企业代码。

航空器地面代理人：必填，18 位字符，填写在中国海关进出境运输工具管理系统备案的航空器代理企业代码，按实际信息填写。

运营企业海关编码：同上，按实际信息填写。

共享航班号，选填，256 位字符，按实际信息填写。

执行任务类型：必填，在下拉框中选择。

航班性质：必填，在下拉框中选择。

备注：选填，512 位字符，按业务主管部门要求填报。

（二）航段信息

航段信息部分具体操作请参考航空器信息备案。

若使用该页签，须先填写“航班信息”后暂存，才能进行航段信息的保存操作。点击航段信息标签页，切换至录入界面（如图 6-100）。

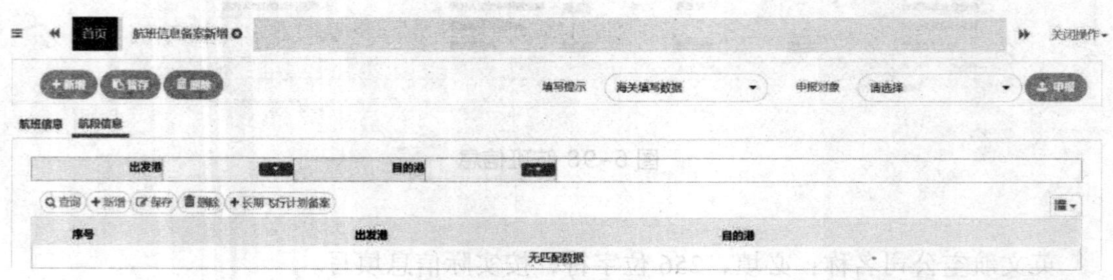

图 6-100 航段信息

选择出发港与目的港后点击【保存】，在列表中显示才能确认保存完成，如图 6-101。

图 6-101 航段信息添加

录入信息说明如下。

出发港：必填，输入 3 位空运港口代码或中文名称确认。

目的港：同上。

选中任一保存列表中的信息，点击【长期飞行计划备案】按钮，可以在弹出的“长期飞行计划”界面按实际需求进行该航班的长期飞行计划备案，如图 6-102。

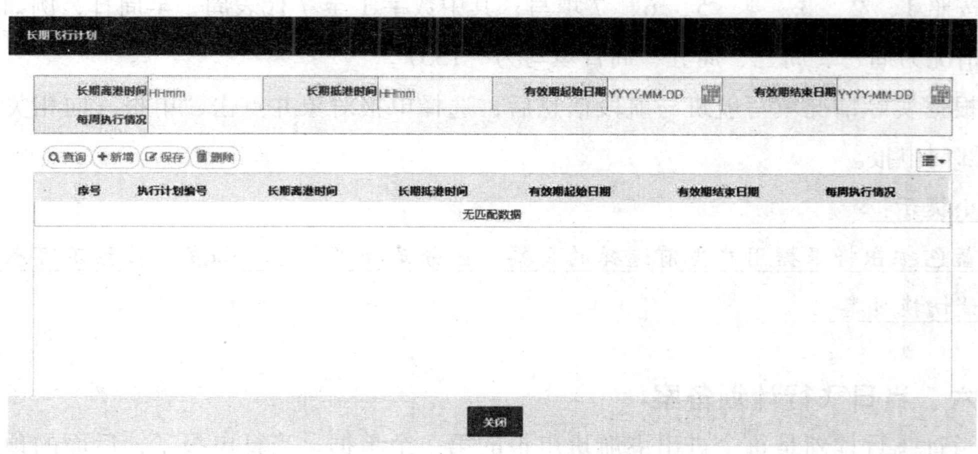

图 6-102 长期飞行计划备案界面

录入相关字段后，点击【保存】，在列表中显示才能确认保存完成，如图 6-103。

长期飞行计划

长期离港时间	HHmm	长期抵港时间	HHmm	有效期起始日期	YYYY-MM-DD	有效期结束日期	YYYY-MM-DD
每周执行情况							

查询 新增 保存 删除

序号	执行计划编号	长期离港时间	长期抵港时间	有效期起始日期	有效期结束日期	每周执行情况
1	101052307	1256	1657	2019-10-11	2019-10-15	4124

关闭

图 6-103 长期飞行计划录入保存

长期离港时间：必填，24 小时制例如 18：30 填 1830。按照该航班向中国民航总局备案的夏秋或冬春计划中的离港时间填写。

长期抵港时间：同上。按照该航班向中国民航总局备案的夏秋或冬春计划中的抵港时间填写。

有效期起始日期必填，直接时间列表中选择按照中国民航总局批复的该航班夏秋或冬春计划中的有效期起始日期填写。

有效期结束日期：同上按照中国民航总局批复的该航班夏秋或冬春计划中的有效期结束日期填写。

每周执行情况：必填，512 位字符，按实际情况填写。根据航班每周实际运营情况分别按照 1、2、3、4、5、6、7 填写；其中数字 1 至 7 代表周一至周日，例如航班运营情况为周一、周三、周五、周日填写为“1357”。

根据实际情况填写航班与航段信息后，选择申报对象并点击“申报”向相关业务主管部门申报。

小提示：

蓝色按钮将根据用户当前选择的页签，区分是否可点击。如发现按钮不可点击，请尝试切换页签。

六、当日飞行计划备案

当日飞行计划是每个进出港航班申报的第一个单据，当日申报了，后面的预报和确报总申报单才可以申报。否则会被退单。具体操作与填写说明请参考“航班信息备案”。

用户可以在航空器运输工具中的备案管理下“当日飞行计划备案”子菜单打开，进行当日飞行计划备案操作。

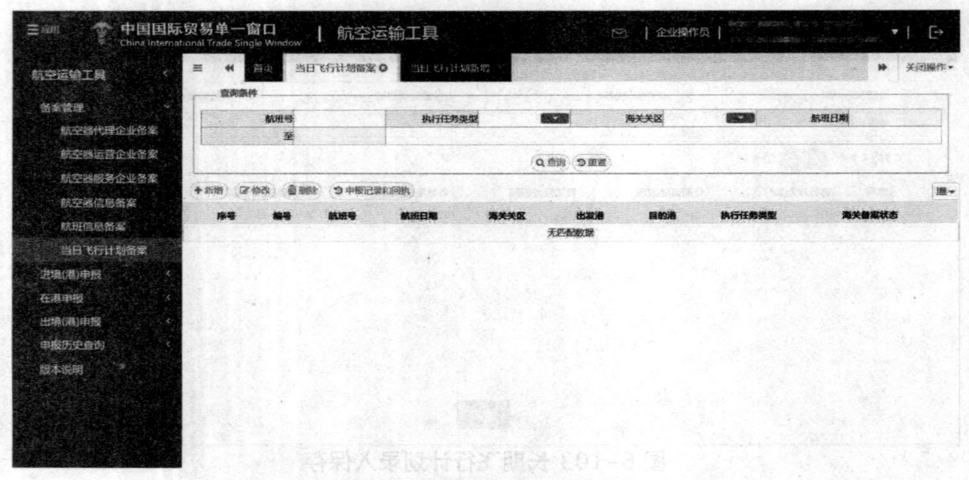

图 6-104 当日飞行计划备案

小提示：

出发港或目的港为国外空港时，不需要填写对应的海关关区代码。

第二节 进境（港）申报

一、进境（港）动态申报

如图 6-105，进入“进境（港）动态申报”网页，根据网页上方的查询条件输入相关信息，点击【查询】按钮，可以查询到相关信息记录，查询到的信息显示在列表中，同时可以选择列表中信息进行修改、删除、查看申报记录等操作。也可点击【新增】按钮录入新的动态申报数据。

图 6–105 进境 / 港动态申报

图 6–106 进境（港）动态申报（状态列表）

在上图的界面中部，对不同颜色代表的状态进行了说明，可直观地在列表中预览各业务主管部门的数据状态。

此外，可将光标置于列表中的不同颜色条上悬停，系统将弹出详细的状态信息（显示预报与确报的状态）。点击颜色条后，系统可弹出“动态申报记录”的信息框，显示更多内容。该功能同【入境申报记录】按钮。

“进境（港）动态申报”界面操作按钮说明如下。

查询：输入查询条件后，可以查询到对应查询条件的企业备案信息。

重置：点击【重置】，原输入的查询条件信息将清空。

新增：点击【新增】按钮，系统自动打开“进境 / 港动态新增”页面。

修改：可对列表中选中的数据进入数据明细，可对数据进行修改、暂存与申报。在界面下方列表中选中一条记录点击本按钮，系统自动打开“进境 / 港动态修改”页面。

删除：只可以删除海关状态为暂存的记录，删除后数据不可恢复。

入境申报记录：选择列表中一条记录，点击本按钮，可以查询该数据从首次申报至当前时间的企业申报情况及回执情况（如图 6–107）。

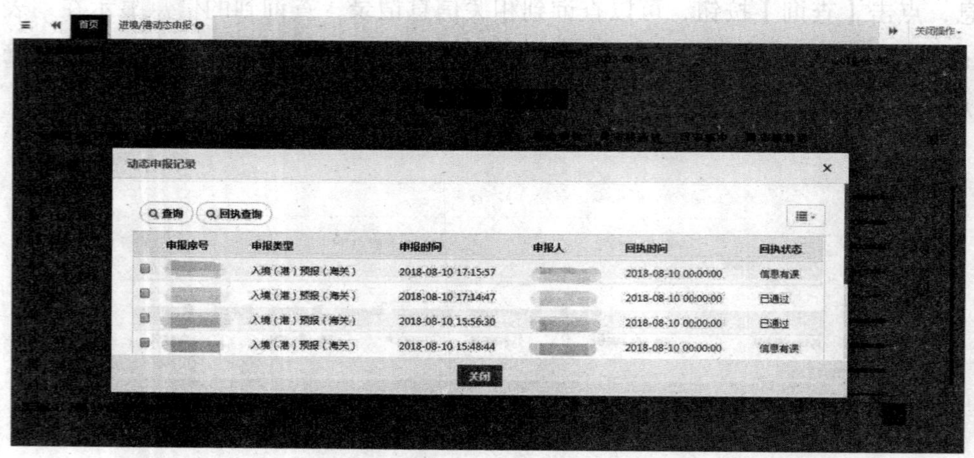

图 6-107 动态申报记录

（一）进境（港）动态新增

在“进境/港动态申报”界面点击【新增】按钮，系统自动打开“进境/港动态新增”页面，如图 6-108。

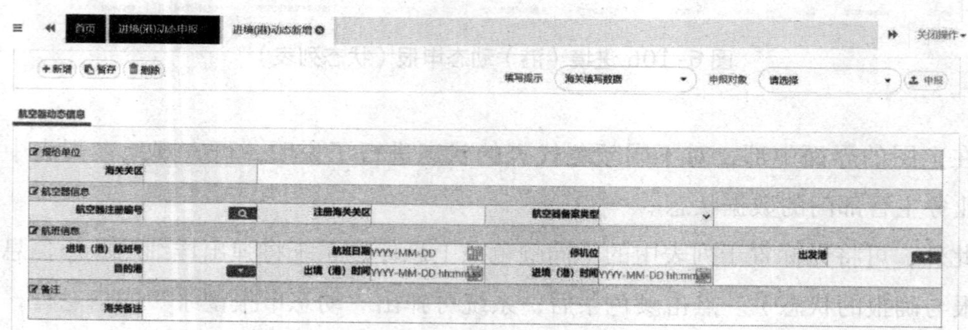

图 6-108 进境（港）动态新增

1.“进境（港）动态新增”界面操作按钮说明

新增：点击后清除当前界面中所有信息新建空白录入界面，如当前已有录入数据建议保 存后再点击该按钮，否则当前已录入数据无法找回。

暂存：对当前已录入数据进行暂存，暂存时如果相关字段填写不规范，会有提示。

删除：删除当前数据。一旦删除无法恢复，请慎用。

申报：点击【申报】按钮，当前录入企业信息将向所选申报对象发送。申报时会对相关字段进行初核，如有相关字段不符合相关填报要求无法申报成功，用户可按系统返回提示信息修改后再申报。

2. 录入信息说明

海关关区：必填，4 位海关关区代码或中文名称。

航空器注册编号：必填，25 字符。填写方式参照航空器备案申报中对航空器注册编号的说明。

进港航班号：必填，17 字符。

航班日期：必填，在时间列表中选择。

停机位：必填，35 字符，按实际信息填写。

出发港：必填，输入 3 位空运港口代码或中文名称确认。按照上一个起飞航空港 IATA（国际航空运输协会）三字代码填写（包括所有国内、国外航空港）。

目的港：必填，输入 3 位空运港口代码或中文名称确认。按照接受申报航空港的 IATA（国际航空运输协会）三字代码填写。

离港时间：必填，在时间列表选择日期与时间。填写上一港实际起飞时间或计划起飞时间；时间格式为 24 小时制，数据格式为“YYYY-MM-DD hh:mm:ss+08”；航程不足 4 小时的，航空器起飞前申报；航程超过 4 小时的，航空器抵达本港的 4 小时以前申报。

抵港时间：必填，在时间列表选择日期与时间。填写根据离港时间计算所得的时间或飞行计划中的预计抵达时间。

备注：选填，512 字符。

（二）进境（港）动态修改

在“进境（港）动态申报”界面根据网页上方的查询条件输入相关信息，点击【查询】，在下方查询结果列表中选中一条记录点击本按钮，系统自动打开“进境 / 港动态修改”页面，除灰色字段无法修改外，其他操作参照“进境 / 港动态新增”，如图 6–109。

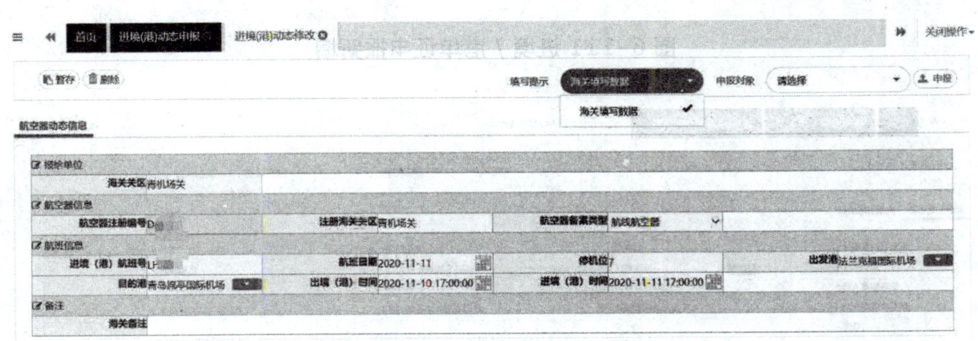

图 6–109 进境（港）动态修改

二、进境（港）航班取消申报

因天气或其他原因，航班需要临时取消时，在“当日飞行计划”后、“确报动态”前发送，可以通过新增或查询出相关记录进行修改的方式进行操作。相关操作可以参考进境（港）动态申报。

三、进境（港）单证申报

相关界面操作可以参考进境（港）动态申报。在左侧菜单中进境（港）申报菜单下点击“进境（港）单证申报”，界面如图 6-110、图 6-111 和图 6-112 所示。

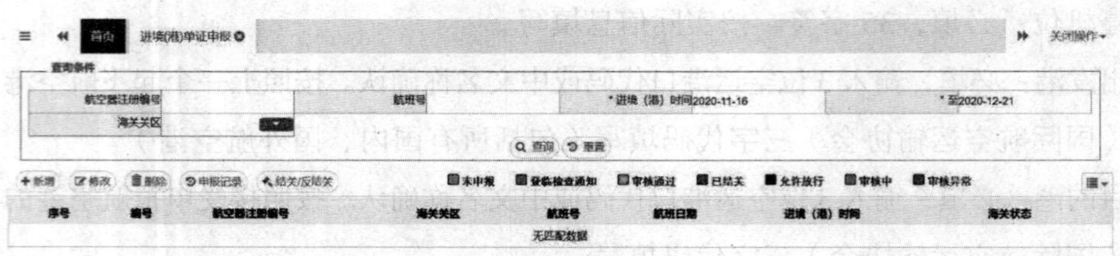

图 6-110 进境 / 港单证申报

通过新增或修改的方式可以分别打开“进境 / 港单证申报新增”和“进境 / 港单证申报修改”页面。

页面包括“总申报单信息”“机组名单信息”两部分，以切换页签的方式在界面中显示（如图 6-111）。

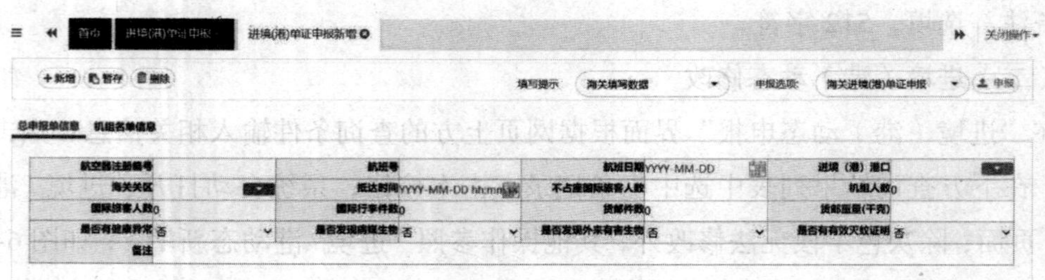

图 6-111 进境 / 港单证申报新增

图 6-112 进境（港）单证申报修改

（一）总申报单信息

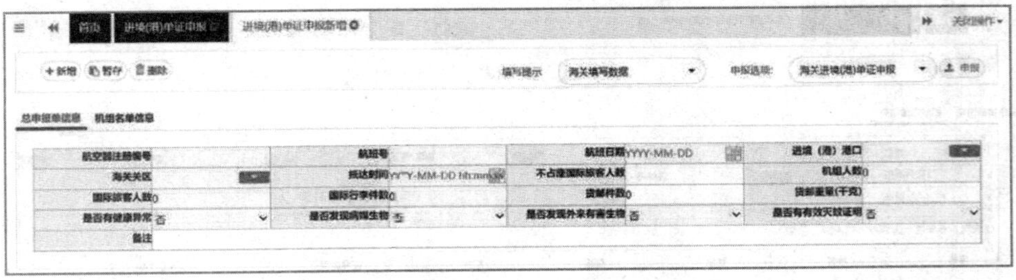

图 6-113 进境（港）单证申报新增—总申报单信息

小提示：

申报历史查询提供用户曾经进行的所有申报记录查询，同一条进境或出境动态数据如果多次申报，在查询界面会产生多条申报记录。总申报单信息和机组名单信息是单独申报的，选择的申报选项不一样，需要申报两次。

录入信息说明如下。

航空器注册编号：必填，25 字符，按实际信息填写。

航班号：必填，17 字符，按实际信息填写。

航班日期：必填，在时间列表中选择。

进境（港）港口：必填，输入 3 位空运港口代码或中文名称确认。

海关关区：必填，4 位海关代码。

抵达时间：必填，在时间列表中选择。

不占座国际旅客人数：选填，4 位整数。

机组人数：必填，4 位整数。

国际旅客人数：同上。

国际行李件数：选填，8 位整数。

货邮件数：同上。

货邮重量：选填，8 位整数，3 位小数。

是否有健康异常：必填，下拉选择“是”或“否”。

是否发现病媒生物：必填，下拉选择“是”或“否”。

是否发现外来有害生物：必填，下拉选择“是”或“否”。

是否有有效灭蚊证明：必填，下拉选择“是”或“否”。

备注：选填，512 字符。

（二）机组名单信息

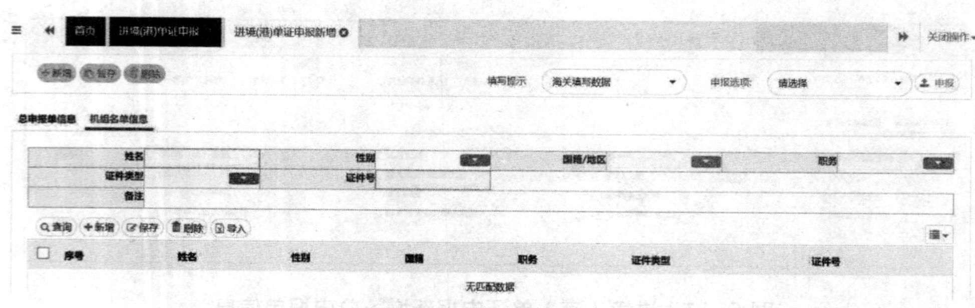

图 6-114 进境 / 港单证申报—机组名单信息

录入信息说明：除备注项为选填项外，其它必填，按实际情况填写后保存，可录入多项。总申报信息暂存后，机组名单信息支持 Excel 导入（如图 6-115）。

图 6-115 进境 / 港单证申报—机组名单导入

（三）结关 / 反结关

新增空运进境电子结关申请、空运出境电子结关申请单证类型、空运进境电子反结关申请、空运出境电子反结关申请单证类型及相应的录入申报页面。企业可在完成进境或出境单证申报及相关作业后，向海关提交电子结关申请；对于已结关的航空器因特殊情况需要反结关的，企业可以向海关提交电子反结关申请。空运电子结关申请和反结关申请数据申报后对 应海关回执均为：海关审批通过、待海关人工审核或退单。

在进境单证和出境单证查询页面的查询结果列表上方增加【结关】/【反结关】按钮，在查询结果列表中选择一条单证信息后点击此按钮，打开相应的进境或出境结关 / 反结关申请新增录入页面，页面标题“结关 / 反结关申请”，自动返填并置灰：航班号、航班日期、到达港、航空器注册编号和海关关区；结关类型和申报人海关备案编号（不置灰，用户可以修改），待用户编辑确认后进行申报，如图 6–116。

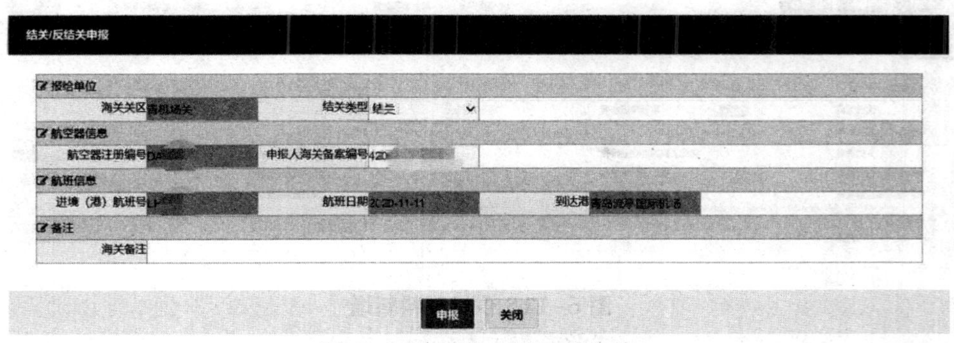

图 6–116 结关 / 反结关申报

第三节 在港申报

本章相关操作可以参考进境（港）单证申报及进境（港）动态申报。

一、供退物料申报

如下图，进入“供退申报”网页，根据网页上方的查询条件输入相关信息，点击【查询】，可以查询到相关信息记录，查询到的信息显示在列表中，同时可以选择列表中信息进行修改、删除、查看供退物料申报记录等操作。也可点击【新增】按钮录入新的供退物料申报数据。

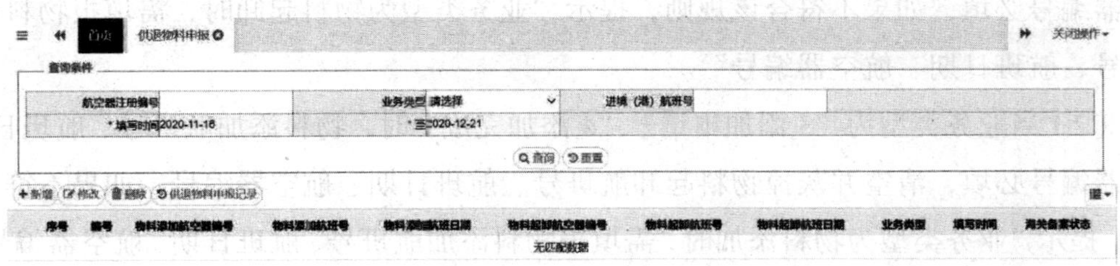

图 6–117 供退物料申报

（一）供退物料信息

1. 供退物料新增

在“供退物料信息”界面点击【新增】按钮，系统自动打开“供退物料信息新增”页面，如图 6–118。

2. 录入信息说明

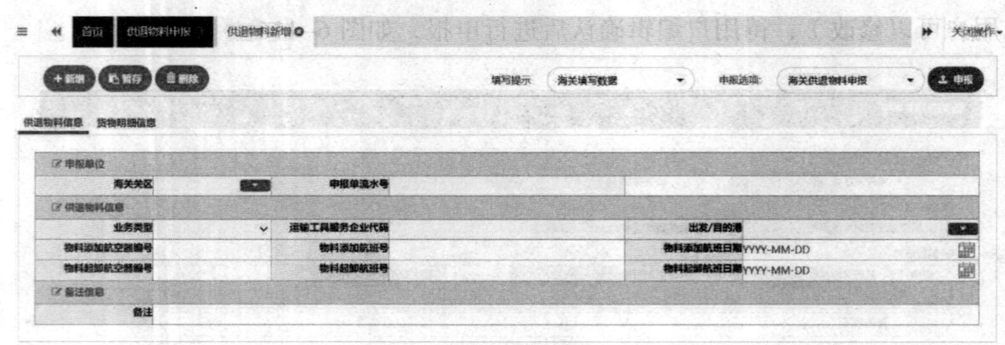

图 6-118 供退物料新增

海关关区：必填，4 位海关关区代码或中文名称。

申报单流水号：必填，最大长度：35 位字符。编号规则为“航班号 + 航班计划执行日期”。

业务类型：必填，根据实际情况在下拉框选择。

运输工具服务企业代码：必填，填报经海关备案的企业统一社会信用代码。暂无统一社 会信用代码的，填写 13 位海关备案代码。最大长度：18 位字符。

出发 / 目的港：必填，输入 3 位空运港口代码或中文名称确认。

物料起卸 / 添加航空器编号、物料起卸 / 添加航班号、物料起卸 / 添加航班日期，填写要求如下：

（1）当业务类型为“1 起卸申请”“2 起卸完成”时，物料起卸航班号、航班日期、航空器编号必填，如果不符合该规则，提示“业务类型为物料起卸时，需填报物料起卸航班号、航班日期、航空器编号”。

（2）当业务类型为“3 添加申请”“4 添加完成”时，物料添加航班号、航班日期、航空器编号必填，清空并灰掉物料起卸航班号、航班日期、航空器编号；如果不符合该规则，提示“业务类型为物料添加时，需填报物料添加航班号、航班日期、航空器编号”。

（3）当业务类型为“5 调拨”时，起卸航班和添加航班的航班号、航班日期、航空器编号都必填；如果不符合该规则，提示“业务类型为调拨时，需同时填报物料起卸（调出）航班和添加（调入）航班的航班号、航班日期、航空器编号”。

（4）对于历史数据，“业务类型”为 S 供机时，历史数据中的航班号、航班日期、航空器编号显示到界面的“物料添加航班号”“物料添加航班日期”“物料添加航空器编号”。“业务类型”为 R 退机时，历史数据中的航班号、航班日期、航空器编号显示到界面的“物料起卸航班号”“物料起卸航班日期”“物料起卸航空器编号”。

备注：选填，512 字符。

（二）货物明细信息

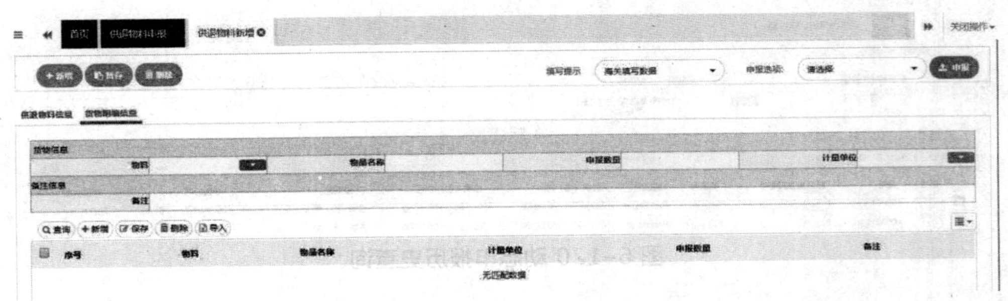

图 6-119 货物明细信息

录入信息说明如下。

物料：必填，在列表中选择。

物品名称：必填，根据实际情况填写。

申请数量：必填，根据实际情况填写。

计量单位：必填，可输入计量单位 3 位代码或中文名称确认。

备注：选填，512 字符。

二、海关在港申报

参照“进境（港）动态申报”，选择“滞留原因”根据情况填写“海关备注”后申报。

第四节 出境（港）申报

相关操作可以参考“第二章 进境（港）申报”。

第五节 申报历史查询

一、动态申报历史查询

如图 6-120，进入“动态申报历史查询”网页，根据网页上方的查询条件输入相关信息，点击【查询】按钮，可以查询到相关信息记录，查询到的信息显示在列表中，同时可以选择列表中信息进行“申报记录详情查看” “回执查询”等操作。

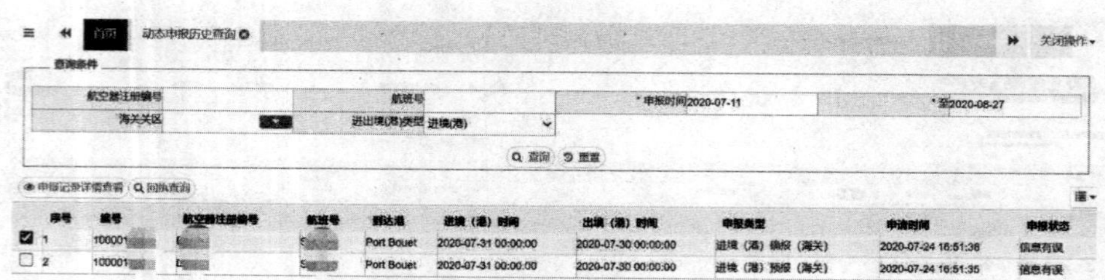

图 6-120 动态申报历史查询

（一）申报记录详情查看

在查询结果列表中，勾选中任意一条记录，可点击界面中【申报记录详情查看】白色按钮，系统弹出“申报记录详情查看”窗口（如图 6-121）。

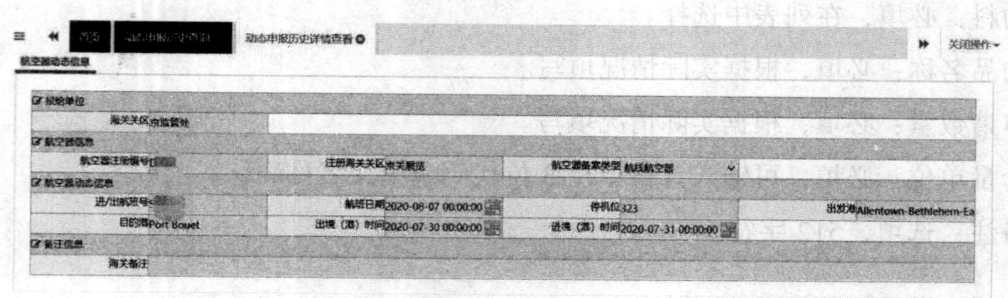

图 6-121 申报记录详情查看

当前界面由查询功能跳转而来，因此在上图中，字段为灰色不允许修改，仅供用户查看数据详情。

小提示：

申报历史查询提供用户曾经进行的所有申报记录查询，同一条进境或出境动态数据如果多次申报，在查询界面会产生多条申报记录。

（二）回执查询

在查询结果列表中，勾选中任意一条记录，可点击界面中【回执查询】白色按钮，系统弹出“申报历史回执查询”窗口（如图 6-122）。

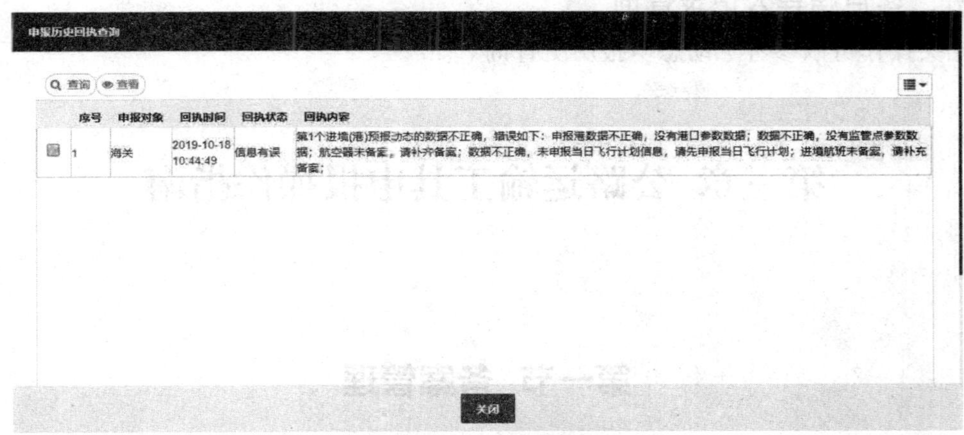

图 6-122 申报历史回执查询

在上图中点击【查询】白色按钮，查询回执或刷新查询结果列表。在列表中勾选任意一条记录，点击【查看】白色按钮，弹出“查看申报历史回执详情”对话框（如图6-123）。

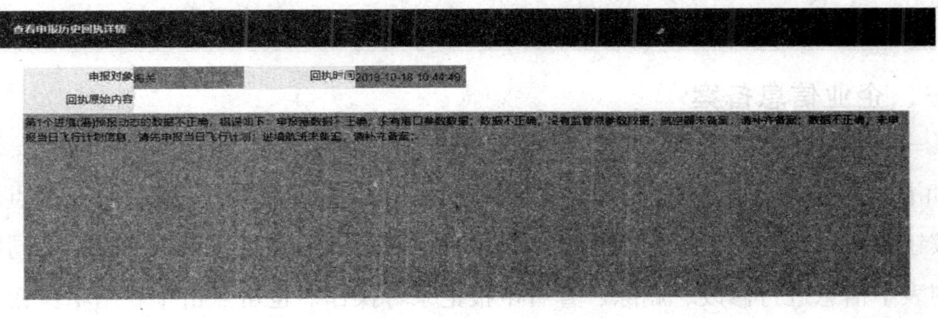

图 6-123 查看申报历史回执详情

二、供退物料申报历史查询

相关操作可以参考“动态申报历史查询”。

三、在港申报历史查询

相关操作可以参考“动态申报历史查询”。

四、单证申报历史查询

相关操作可以参考“动态申报历史查询”。

五、客户端导入记录查询

相关操作可以参考“动态申报历史查询”。

第三章 公路运输工具申报操作指南

第一节 备案管理

运输企业、物流公司、货主或其代理人、运输工具业务代理单位、旅行社等相关企业可以在本系统中进行国际道路运输车辆、来往港澳车辆及驾驶人员信息备案等操作。

用户登录“单一窗口”后，点击“运输工具—公路”，可以进入备案管理。

备案管理菜单中包括“企业信息备案、车辆信息备案、挂车信息备案及驾驶员信息备案”4 个子菜单，新用户备案时需先进行企业信息备案。已备案信息用户不需要重复备案。

一、企业信息备案

（一）“企业信息备案”界面操作说明

如下图，进入该信息备案网页，根据网页上方的查询条件输入相关信息，点击【查询】按钮，可以查询到企业相关信息备案记录，查询到的信息显示在列表中，同时可以选择列表中信息进行修改、删除、查看申报记录等操作。也可点击【新增】按钮，直接打开企业信息备案录入网页，录入新的备案数据。

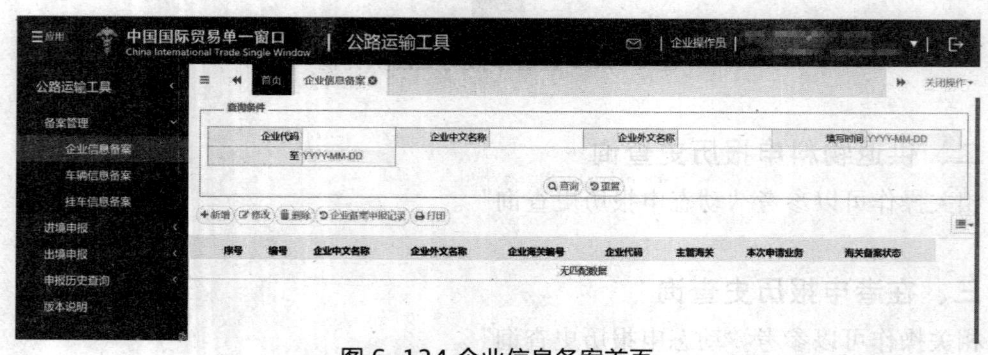

图 6-124 企业信息备案首页

查询：输入查询条件后，可以查询到对应查询条件的企业备案信息。

重置：点击【重置】，原输入的查询条件信息将清空。

新增：如果用户想新增备案信息，点击【新增】按钮直接跳转到相关录入界面。

修改：可对列表中选中的数据进入数据明细，可对数据进行修改、暂存与申报。

删除：只可以删除海关状态为暂存的记录，删除后数据不可恢复。

企业备案申报记录：如图，选择列表记录，可以查询该数据从首次申报至当前时间的企业备案申报情况及回执情况。

如果要进行新备案，用户点击【新增】按钮，网页将跳转至“企业备案申报”录入界面。如图 6-125：

图 6-125 企业备案新增

（二）企业备案申报

“企业备案申报”界面操作说明：

新增：点击后清除当前界面中所有信息，如当前已有录入数据，建议保存后再点击该按钮，否则当前已录入数据无法找回。

暂存：对当前已录入数据进行暂存，暂存时如果相关字段填写不规范，会有提示。

删除：删除当前数据。一旦删除无法恢复，请慎用。

申报：点击【申报】按钮，当前录入企业信息将向所选申报对象发送。申报时会对相关字段进行初核，如有相关字段不符合相关填报要求无法申报成功，用户可按系统返回提示信息修改后再申报。

“企业备案”录入页面上方的【新增】【暂存】【删除】【申报】按钮只在‘企业备案申报”表中才能点击；在其他分页信息表填写的信息要使用当前页的相关按钮，所有录入数据确认完成后，返回“企业备案申报”进行该备案数据申报。

小提示：

申报时，如出现提示“批文扫描图不能为空”，需先上传相关附件。

在“企业备案申报”网页才可进行选择，“提示信息”字段选择“海关填写数据”后，界面录入表单项目自动显示相关必填项与选填项。带星号“*”为必填项。数据录入中，由于选择的业务等信息不同，还会继续对网页中的必填项目进行调整。

录入字段说明如下。

填写提示：选填，直接点击列表选择，现只开放“海关填写数据”。选择后相关字段如果为必填项会带星号“*”。

申报对象：必填，在“企业备案申报”网页才可进行选择，必须选择申报对象后，才能进行申报。

企业海关编号：选填，海关十位编码。

主管海关代码：必填，4 位海关代码，填写当地海关负责公路运输工具企业备案信息的主管部门。具体情况请向当地海关咨询了解。

企业注册地：必填，下拉列表选择“境内、境外”。不允许修改变更。

企业备案类型：根据企业实际情况直接输入代码或选中录入框在列表中选择确定。目前只提供“4、经营性来往港澳公路运输企业”及“5、非经营性来往港澳公路交通工具负责人”两种备案业务。

企业代码：必填，20 位字符，如用户为境内企业，填写企业 9 位组织机构代码；如用户为境外企业，填写境外商业登记号码或个人身份证号码，或交通部签发的道路经营许可证。公 / 私用公路交通工具负责人（指标所有人）如没有组织机构代码的，录入境外商业登记号码或个人身份证号码，不够 9 位的，编号前以 0 补够。

批准机关：必填，64 位字符，填写道路运输许可证或批准文件对应的主管部门。

批文 / 许可证编号：必填，64 位字符，填写道路运输许可证或批准文件上相关编号。

批文 / 许可证有效期：必填，在列表中选择，填写道路运输许可证或批准文件上的有效期。

企业中文名称：选填，255 位字符，填写申请企业对应中文名称。

企业外文名称：选填，255 位字符，填写申请企业对应外文名称。

企业负责人：选填，64 位字符，填写申请企业负责人。

企业负责人联系电话：选填，32 位字符，填写申请企业负责人联系电话。

批准行驶口岸：必填，可填写多个口岸，输入 4 位海关口岸按回车键确认。

本次申请业务：必填，可多选，点击录入框下拉列表选择，按实际申请情况选择申请业务类型。

企业经营类型：必填，可多选，点击录入框下拉列表选择：货运企业、客运企业、转关运输企业、其他。

企业经营资格：选填，可多选，点击录入框下拉列表选择，“具有来往港澳资格、具有进出境资格、具有境内公路承运海关监管货物运输资格”。

担保方式：必填，点击录入框，按实际情况选择担保方式。

担保函编号：必填，32 位字符，根据实际情况填写相关编号。

担保金额（万元）：必填，根据担保文件上金额填写，9 位整数，2 位小数。

担保期限：必填，根据担保文件时间选择，YYYY-MM-DD。

企业地址：255 位字符，选填，按实际情况填写。

境内联系电话：必填，32 位字符，按实际情况填写。

境内联系地址：必填，255 位字符，按实际情况填写。

运输工具服务企业名称：选填，255 位字符，按实际情况填写。

运输工具服务企业地址：选填，255 位字符，按实际情况填写。

运输工具服务企业联系电话：选填，32 位字符，按实际情况填写。

批准货运车辆指标数、批准客运车辆指标数：选填，根据企业向相关主管业务部门申请的指标数据填写，最多填写 9 位整数。

担保企业组织机构代码：必填，填写 9 位组代，根据担保文件信息进行填写。

担保企业名称（人、单位）：必填，255 位字符，根据担保文件信息进行填写。

担保企业法人代表：必填，32 位字符，根据担保文件信息进行填写。

担保企业电话：必填，32 位字符，根据担保文件信息进行填写。

担保企业地址：必填，255 位字符，根据担保文件信息进行填写。

担保企业联系人：必填，32 位字符，根据担保文件信息进行填写。

担保企业联系人电话：必填，32 位字符，根据担保文件信息进行填写。

备注：255 位字符，根据企业实际情况与业务主管部门相关要求填写。

（三）境外企业信息

当“企业备案申报”表中的“企业注册地”用户选择为“境外”时，“境外企业信息”录入页面所有信息为必填。

填写要求，按实际情况进行填写，填写完成后，点击【保存】按钮，相关信息保存到下面列表中，可填写多个。如图 6-126：

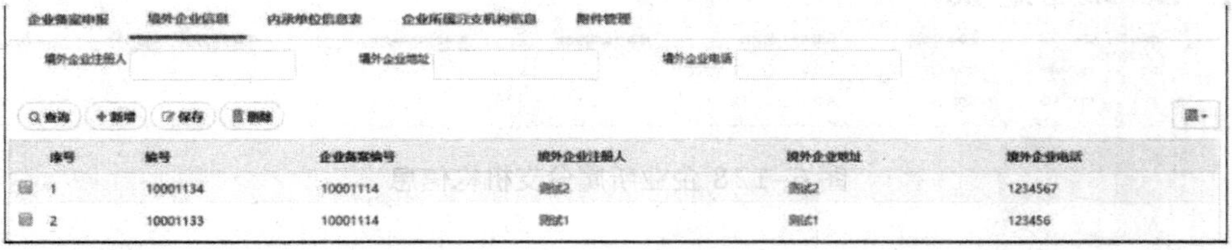

图 6-126 境外企业信息

录入字段说明

境外企业注册人：选填，255 位字符，按实际情况填写。可填写多个。

境外企业地址：选填，255 位字符，按实际情况填写。

境外企业电话 ：选填，32 位字符，按实际情况填写。

（四）内承单位信息表

按实际情况进行填写，填写完成后，点击【保存】按钮，相关信息保存到下面列表中。可填写多个内承单位信息。

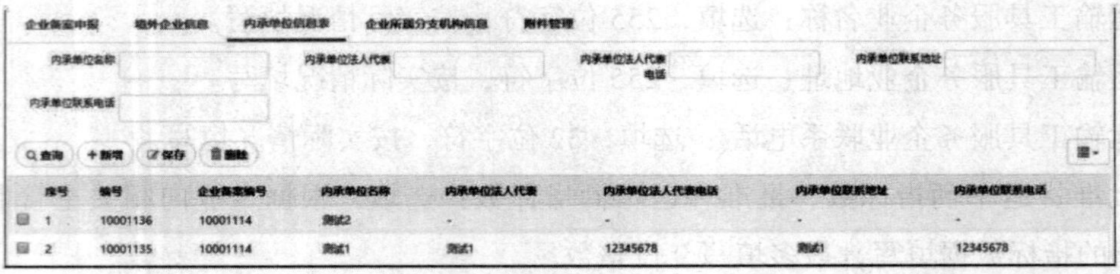

图 6-127 内承单位信息表

录入字段说明如下。

内承单位名称：选填，255 位字符，填写企业内地承办单位名称。

内承单位法人代表：选填，32 位字符，按实际情况填写。

内承单位法人代表电话：选填，32 位字符，按实际情况填写。

内承单位联系地址：选填，255 位字符，按实际情况填写。

内承单位联系电话：选填，32 位字符，按实际情况填写。

（五）企业所属分支机构信息

按实际情况进行填写，填写完成后，点击【保存】按钮，相关信息保存到下面列表中。可填写多个。

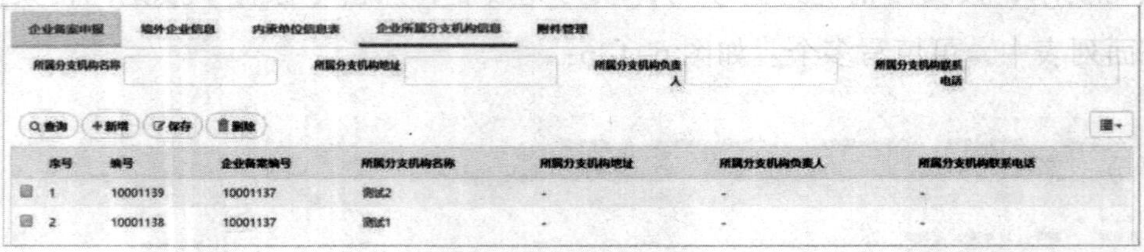

图 6-128 企业所属分支机构信息

录入字段说明如下。

所属分支机构名称：选填，32 位字符，按实际情况填写。

所属分支机构地址：选填，255 位字符，按实际情况填写。

所属分支机构负责人：选填，32 位字符，按实际情况填写。

所属分支机构联系电话：选填，32 位字符，按实际情况填写。

（六）附件管理

必填，按业务主管部门要求上传需核验的相关材料扫描件。如图 6-129：

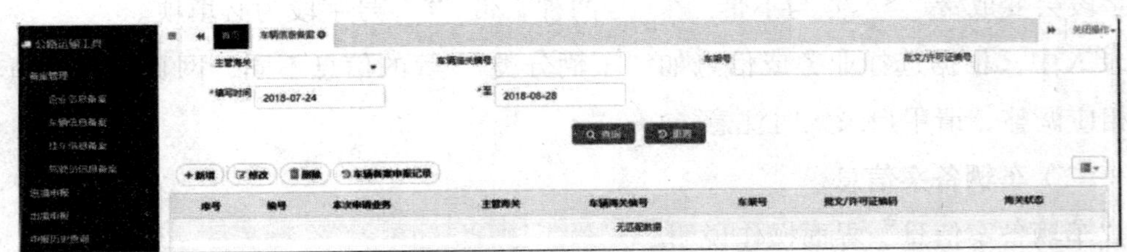

图 6-129 附件管理

先选择“附件类型”下拉框“批文扫描图”选项，点击【浏览文件】，选中本地电脑中的文件，点击【上传】按钮进行文件上传，可上传多个附件。

附件上传要求：

单个附件大小不能超过 150K，支持 jepg、jpg、png、bmp、gif、icon、tiff、exif 图片格式上传。如超过上传大小限制。

二、车辆信息备案

点击系统左侧菜单“备案管理”下的“车辆信息备案”，企业可以通过该系统对企业需要来往国际道路运输车辆、港澳车辆的车辆信息进行信息录入，并向主管业务部门申报，审核通过后的车辆方可开展相关业务。

（一）“车辆信息备案”界面操作说明

进入该信息备案网页，如图6-130，根据网页上方的查询条件输入相关信息，点击【查询】，可以查询到企业相关车辆备案信息，查询到的信息显示在列表中，同时可以选择列表中信息进行修改、删除、查看申报记录等操作。也可点击【新增】按钮直接打开车辆信息备案录入网页录入新的备案数据。详细操作可参考“企业信息备案”操作说明。

企业信息申报 境外企业信息 内承单位信息表 企业所属分支机构信息 附件管理

附件类型 附件 浏览文件 上传

查询 删除

序号	编号	文件名称	文件类型	文件大小	上传时间	上传人
1	10001517	批准文件	PNG	61.57KB	2018-08-07 13:48:35	WJ20180101

图 6-130 车辆信息备案

小提示：

企业信息备案海关审核通过后方可进行车辆信息备案操作。

如果用户想新增备案信息，点击【新增】按钮直接跳转到【车辆备案新增】录入界面。用户可先选择“填写提示”与“申报对象”，选择“填写提示”下拉列表信息后，系统录入字段会变成带“*”号与不带“*”号两种，带“*”号字段为必填项。

录入中，根据选择业务或信息如“车辆分类” 等的信息不同，网页会将必填项目进行相应调整，请用户录入时注意。

（二）车辆备案信息

“车辆备案信息”界面操作说明

相关操作说明请参考“企业备案申报”内容。

录入字段说明

填写提示：选填，直接点击列表选择，现只开放“海关填写数据”。

申报对象：必填，直接点击列表选择，现只开放“海关车辆备案申报”。

车辆海关编号：选填，根据实际情况填写。

主管海关：必填，填写当地海关负责车辆备案信息的4位海关代码。具体情况请向当地海关咨询了解。

车辆分类：必填，按行驶证上车辆类型在列表中选择。

车辆注册地：必填，列表选择“境内”或“境外”，车牌号如“粤****港”填写“境外”，其他填写“境内”。

车架号：必填，30位字符，审核通过后不可修改。填写对应的车辆识别代码信息，一般是由17位字母、数字组成的VIN编码。

所属企业代码：选择后返填。在“动态信息”界面中选择相关查询条件进行查询，在查询列表中选择车辆所属企业进行导入。导入后反填企业信息备案中所备案的企业代码到该栏中。

车辆指标编号：20位字符，填写车辆指标主管部门核发的指标证明文件上的指标编号。

国内车牌：必填，32位字符，按实际信息填写。

国内车牌颜色：根据实际情况，点击录入框选择。

外籍车牌：选填，32位字符，按实际情况填写。

挂车车牌：选填，32位字符，按实际情况填写。

挂车车架号：选填，30位字符，填写对应的车辆识别代码信息，一般是由17位字母、数字组成的VIN编码。

使用性质：必填，按实际情况从列表选择确认。

车辆国籍/地区：车辆注册地为境内自动返填“中国”，车辆注册地为境外在列表中选择“香港”或“澳门”。

车辆运输资格：必填，可多选，按实际情况从列表中选择。选项有“1 具有来往港澳资格、2 具有进出境资格、3 具有境内公路承运海关监管货物运输资格”。

批准车辆进出口岸：必填，可多选，输入口岸海关 4 位代码确认 。

车辆行驶证编号：选填，32 位字符，按实际信息填报。

车辆登记车主名称：选填，255 位字符，按实际信息填报。

车辆登记车主证件号码：选填，32 位字符，按实际信息填报。

车主境内联系地址：选填，255 位字符，按实际信息填报。

车主境内联系电话：选填，32 位字符，按实际信息填报。

车辆类型（型样—规格）：必填，按车辆实际信息从列表中选择确认。

车辆类型（型样—结构）：同上。

厂牌：必填，20 位字符，按车辆实际信息填报。

型号：选填，20 位字符，按车辆实际信息填报。

排气量（cc）：选填，5 位整数，按车辆实际信息填报。

车辆出厂日期：选填，YYYY-MM-DD

发动机号：选填，30 位字符，按车辆实际信息填报。

核定载客/核定载质量（人/千克）：选填，9 位整数，按车辆实际信息填报。

自重（整备质量）（千克）：同上。

准牵引总质量（千克）：同上。

货箱内部尺寸（M）—长：选填，7 位整数，2 位小数，如 10.20 米填写 10.20。

货箱内部尺寸（M）—宽：同上。

货箱内部尺寸（M）—高：同上。

外廓尺寸（M）—长：同上。

外廓尺寸（M）—宽：同上。

外廓尺寸（M）—高：同上。

车身颜色：选填，10 位字符，按车辆实际信息填报。

油箱容量（公升）：选填，9 位整数，按车辆实际信息填报。

行驶通道标志：灰色不可填写，申报后由海关返填。

批文/许可证编号：必填，64 位字符，填写道路运输许可证或批准文件上相关编号。

批文/许可证有效期：必填，填写道路运输许可证或批准文件上的有效期，格式为 YYYY-MM-DD。

申报企业代码：必填，20 位字符，如用户为境内企业，填写企业 9 位组织机构代码；

如用户为境外企业，填写境外商业登记号码或个人身份证号码，或交通部签发的道路经营许可证。公 / 私用公路交通工具负责人（指标所有人）如没有组织机构代码的，录入境外商业登记号码或个人身份证号码，不够 9 位的，编号前以 0 补够。

本次申请业务：必填，可多选，点击录入框下拉列表选择，按实际申请情况选择申请业务类型。

备注：选填，根据实际情况或主管业务部门要求填报。

（三）附件管理

选填，按业务主管部门要求上传相关附件（包括“车前 45 度照片、车后 45 度照片、油箱照片、车底照片”）；详细操作参考企业信息备案的附件管理。

三、挂车信息备案

点击系统左侧菜单“备案管理”下的“挂车信息备案”，企业可以通过该系统对挂车信息进行信息录入、修改、删除、申报及信息查询等操作。该业务主要针对内陆海关。

（一）“挂车信息备案”界面操作说明

进入该信息备案网页，如图 6–131，根据网页上方的查询条件输入相关信息，点击【查询】，可以查询到企业相关挂车备案信息，查询到的信息显示在下方列表中，同时可以选择列表中信息进行修改、删除、查看申报记录等操作。也可点击【新增】按钮重新开始新的挂车备案数据录入。详细操作可参考“企业信息备案”操作说明。

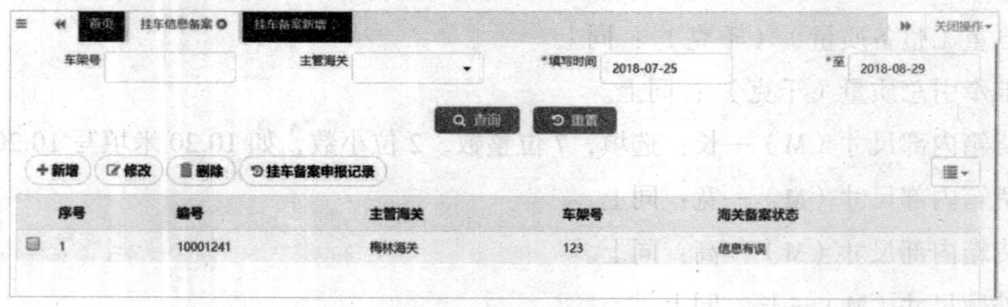

图 6–131 挂车信息备案

如果用户想新增备案信息，点击【新增】按钮直接跳转到“挂车备案新增”录入界面。用户可先选择“填写提示”与“申报对象”，选择“填写提示”下拉列表信息后，根据填写要求，网页部分录入字段会显示为带“*”号必填项。

录入中，根据选择业务或信息等的信息不同，网页中的必填项目将会进行相应调整，请用户录入时注意。

（二）挂车备案信息

界面相关操作说明请参考“企业备案申报”内容。

录入字段说明相关说明参考“车辆备案信息”录入字段说明。

（三）挂车备案附件管理

选填，按业务主管部门要求上传相关附件；详细操作参考企业信息备案的附件管理。

四、驾驶员信息备案

点击系统左侧菜单“备案管理”下的“驾驶员信息备案”，企业可以通过该系统对驾驶员信息进行录入、修改、删除、申报及信息查询等操作。本系统现主要用于“驾驶员分类”第 2 项与第 4 项对应的“来往港澳公路运输工具驾驶员备案，来往港澳公/私用公路交通工具驾驶员备案”。

（一）“驾驶员信息备案”界面操作说明

进入该信息备案网页，如图 6–132，根据网页上方的查询条件输入相关信息，点击【查询】，可以查询到企业相关驾驶员备案信息，查询到的信息显示在下方列表中，同时可以选择列表中信息进行修改、删除、查看申报记录等操作。也可点击【新增】按钮重新开始新的驾驶员信息备案数据录入。详细操作可参考“企业信息备案”操作说明。

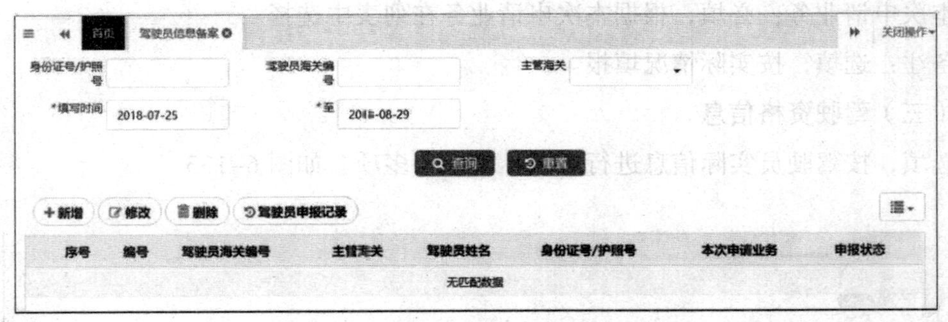

图 6–132 驾驶员信息备案

如果用户想新增备案信息，点击【新增】按钮直接跳转到备案新增界面。用户可先选择“填写提示”与“申报对象”，选择“填写提示”下拉列表信息后，根据填写要求，网页部分录入字段会显示为带“*”号必填项。

录入中，根据选择业务或信息等的信息不同，网页中的必填项目将会进行相应调整，请用户录入时注意。

（二）驾驶员备案信息

界面相关操作说明请参考“企业备案申报”内容。

录入字段说明

驾驶员海关编号：必填，10 位字符。

主管海关代码：必填，4 位海关代码，填写当地海关负责公路运输工具企业备案信息的主管部门。具体情况请向当地海关咨询了解。

驾驶员分类：必填，按实际情况在列表中选择。

身份证号 / 护照号：必填，18 位字符。按实际信息填写。

驾驶员姓名：必填，20 位字符，按实际信息填写。

籍贯：选填，20 位字符，按实际信息填写。

国籍：必填，录入国籍代码表选择。中国为 CN，中国香港为 HK，中国澳门为 MO。

出生年月日：必填，列表中选择。

性别：必填，列表中选择。

居住地址：选填，255 位字符，按实际情况填报。

所属企业代码：必填，20，位字符，境内企业，填写企业 9 位组织机构代码；境外企业，填写境外商业登记号码或个人身份证号码，或交通部签发的道路经营许可证。

申报企业代码：必填，20，位字符，境内企业，填写企业 9 位组织机构代码；境外企业，填写境外商业登记号码或个人身份证号码，或交通部签发的道路经营许可证。

本次申请业务：必填，根据本次申请业务在列表中选择。

备注：选填，按实际情况填报。

（三）驾驶资格信息

选填，按驾驶员实际信息进行填报，可录入多项。如图 6–133：

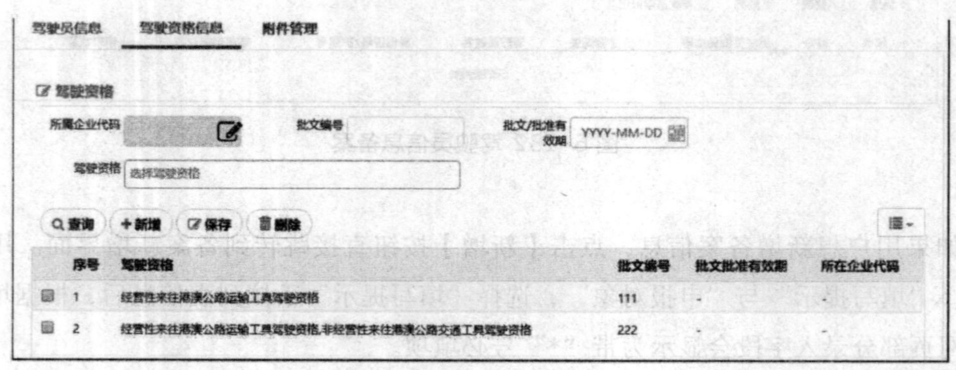

图 6–133 驾驶资格信息

所属企业代码：必填，20 位字符，如用户为境内企业，填写企业 9 位组织机构代码；如用户为境外企业，填写境外商业登记号码或个人身份证号码，或交通部签发的道路经营许可证。

批文编号：必填，64 位字符，填写相关批准文件上相关编号。

批文 / 批准有效期：必填，在列表中选择，填写相关批准文件上相关日期。

驾驶资格：在列表中选择。

（四）附件管理

选填，按业务主管部门要求上传相关附件；详细操作参考企业信息备案的附件管理。

第二节 进境申报

点击系统界面左侧菜单“进境申报”下的“进境动态申报”，该系统用于企业向边检机关部门申报相关车辆进境信息数据，如图 6–134。该界面详细操作可参考“企业信息备案”操作说明。

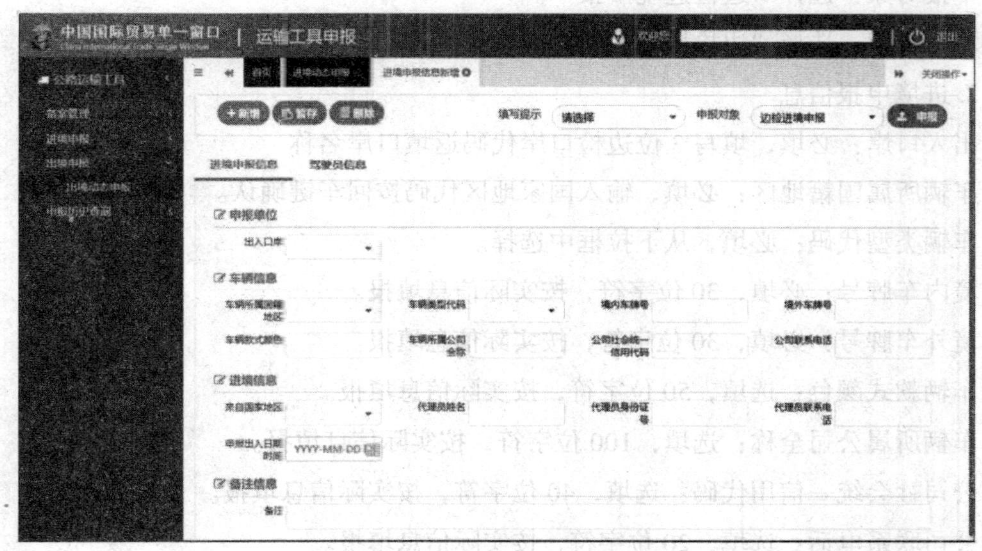

图 6–134 进境动态申报页面

“车辆备案信息”界面操作说明如下。

点击【新增】后，界面如图 6–135，按实际情况进行信息填写。界面相关操作说明请参考“企业备案申报”内容。

小提示：

“进境申报信息”与“驾驶员信息”两项内容均录入保存后方可进行申报。

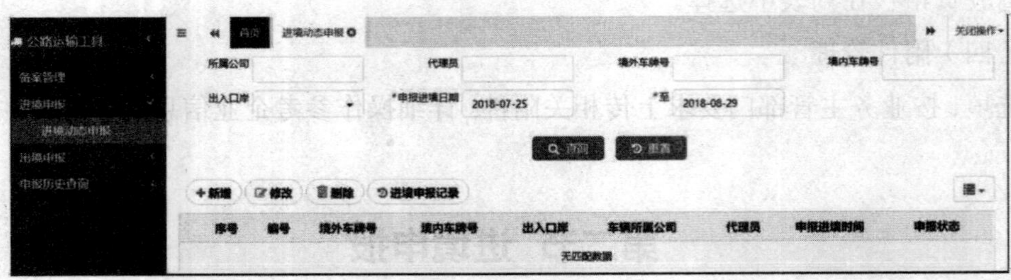

图 6-135 进境申报信息新增

1. 录入字段说明

申报对象：选择“边检进境申报”。

填写提示：选择“边检填写数据”。

2. 进境申报信息

出入口岸：必填，填写 3 位边检口岸代码返填口岸名称。

车辆所属国籍地区：必填，输入国家地区代码按回车键确认。

车辆类型代码：必填，从下拉框中选择。

境内车牌号：必填，30 位字符，按实际信息填报。

境外车牌号：必填，30 位字符，按实际信息填报。

车辆款式颜色：选填，50 位字符，按实际信息填报。

车辆所属公司全称：选填，100 位字符，按实际信息填报。

公司社会统一信用代码：选填，40 位字符，按实际信息填报。

公司联系电话：选填，20 位字符，按实际信息填报。

来自国家地区：必填，输入国家地区代码按回车键确认。

代理员姓名：选填，50 位字符，按实际信息填报。

代理员身份证号：选填，20 位字符，按实际信息填报。

代理员联系电话：选填，20 位字符，按实际信息填报。

申报出入日期时间：必填，按实际信息在时间列表中选择。

备注：选填，按业务主管部门要求填报。一般要求填写货物品类与数量信息。

3. 驾驶员信息

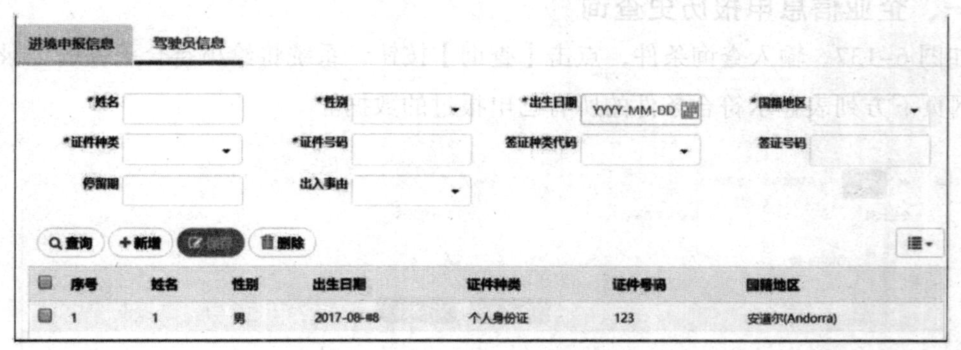

图 6-136 驾驶员信息

姓名：必填，50 位字符，按实际情况填写。

性别：必填，在下拉框中选择确认。

出生日期：必填，按实际信息在列表中选择确认。

国籍地区：必填，按实际信息输入国籍代码进行选择确认。

证件种类：必填，按实际信息在下拉框中选择确认。

证件号码：必填，20 位字符，按实际信息进行填写。

签证种类代码：选填，按实际信息在下拉框中选择确认。

签证号码：选填，20 位字符，按实际信息进行填写。

停留期：选填，3 位整数，以“天”为单位，按实际信息进行填写。

出入事由：选填，按实际信息在下拉框中选择确认。

第三节 出境申报

根据业务主管部门要求如实填写。系统具体操作与录入说明请参考“进境动态申报”。

第四节 申报历史查询

用户可通过各历史查询功能，对各类业务的申报历史数据、回执进行查询，且只能对查询到的数据进行查看，不能进行其他操作，如需对数据进行操作，可进行对应菜单进行。

一、企业信息申报历史查询

如图 6–137，输入查询条件，点击【查询】按钮，系统将给出符合条件的记录，在系统网页下方列表显示符合条件的所有已申报过的数据。

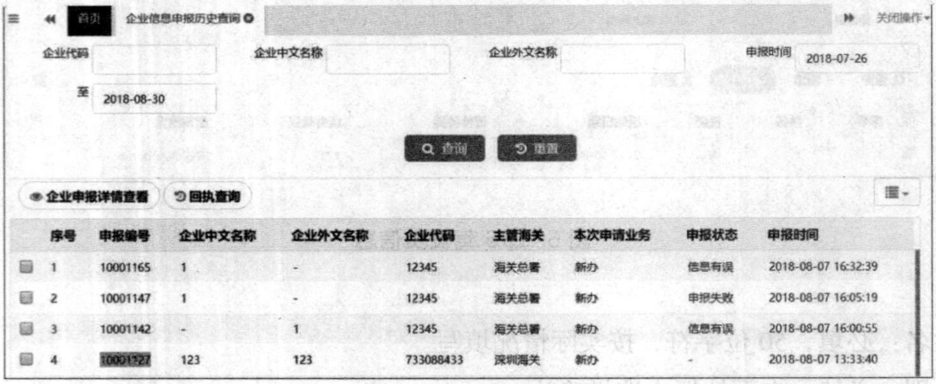

首页　企业信息申报历史查询　关闭操作

企业代码　企业中文名称　企业外文名称　申报时间 2018-07-26 至 2018-08-30

查询　重置

企业申报详情查看　回执查询

序号	申报编号	企业中文名称	企业外文名称	企业代码	主管海关	本次申请业务	申报状态	申报时间
1	10001165	1	-	12345	海关总署	新办	信息有误	2018-08-07 16:32:39
2	10001147	1	-	12345	海关总署	新办	申报失败	2018-08-07 16:05:19
3	10001142	-	1	12345	海关总署	新办	信息有误	2018-08-07 16:00:55
4	10001127	123	123	733088433	深圳海关	新办	-	2018-08-07 13:33:40

图 6–137 企业信息申报历史查询

用户选中列表中数据后，点击“企业申报详情查看”，可以查看到原申报时的所填报信息。

用户在查询到的列表中，选择相关数据后，点击“回执查询”，可以查看到该记录所有回执信息。如图 6–138：

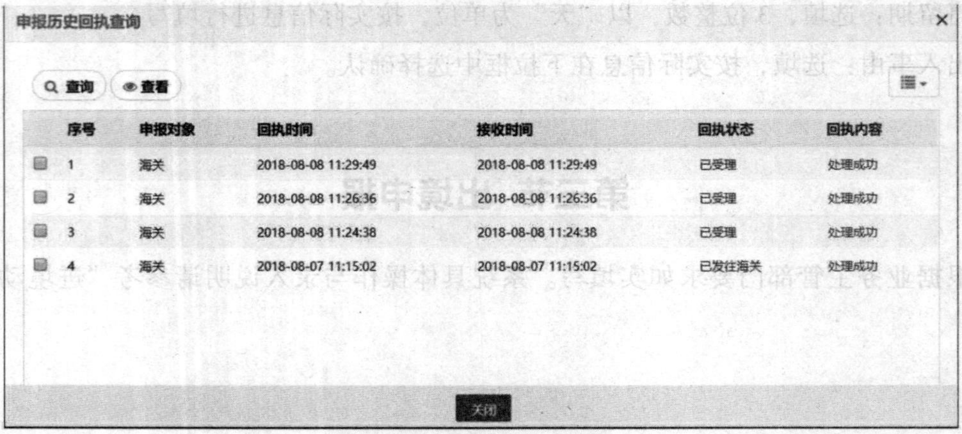

申报历史回执查询

查询　查看

序号	申报对象	回执时间	接收时间	回执状态	回执内容
1	海关	2018-08-08 11:29:49	2018-08-08 11:29:49	已受理	处理成功
2	海关	2018-08-08 11:26:36	2018-08-08 11:26:36	已受理	处理成功
3	海关	2018-08-08 11:24:38	2018-08-08 11:24:38	已受理	处理成功
4	海关	2018-08-07 11:15:02	2018-08-07 11:15:02	已发往海关	处理成功

关闭

图 6–138 企业信息申报历史回执查询

选择“申报历史回执查询”列表中记录，选择【查看】按钮，可以查看该回执详细信息。

二、车辆信息申报历史查询

本业务相关查询操作请参考“企业信息申报”历史查询。

三、挂车信息申报历史查询

本业务相关查询操作请参考“企业信息申报”历史查询。

四、动态申报历史查询

如图，输入查询条件，点击【查询】按钮，系统将给出符合条件的记录，在网页下方列表显示符合条件的已申报过的数据。

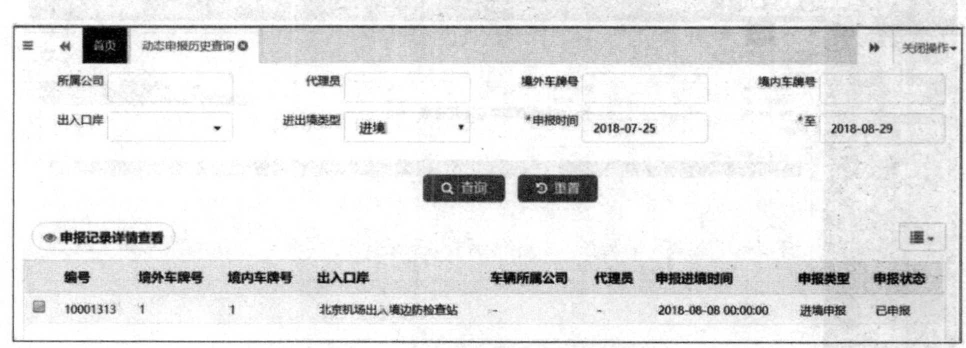

图 6-139 动态申报历史查询

在查询信息列表中，选择相关记录，点击“申报记录详情查看”，可以查看到原申报时的所填报信息。

五、客户端导入记录查询

本业务相关查询操作请参考“企业信息申报”历史查询。

第四章 铁路运输工具申报操作指南

第一节 进境计划表

企业可自行录入或者委托代理企业完成进境计划表的数据录入，录入完成申报后向海关发送申报信息。海关收到进境计划表信息后，由关员进行审核，审核后将审核结果发送到铁路运输工具申报系统。企业可通过铁路运输工具申报系统查询审核结果。进境计划表功能模块包括计划表数据录入、暂存、删除、申报功能。

一、表头

小提示：

界面中，带有黄色输入框的字段为必填项，否则可能无法继续进行暂存或申报等操作。

点击界面中“进境计划表”，右侧区域展示录入界面（如图 6-140）。

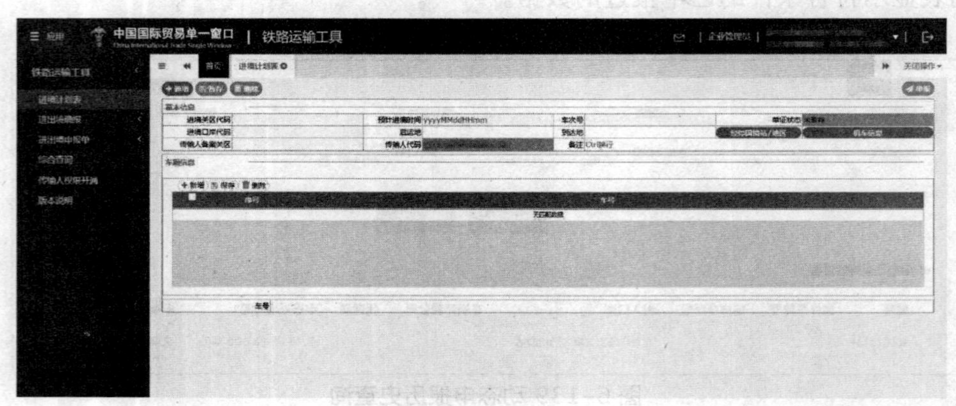

图 6-140 铁路运输工具申报系统——列车进境计划表

点击界面上方蓝色按钮所进行的操作，将影响当前的整票数据。

1. 新增

（1）界面各录入字段中，带黄色输入框的字段为必填项，置灰输入框的字段为系统反填项或不可修改项。（注：此规则适用于所有业务，且各字段输入框颜色标识会随着数据状态的不同而变化。）

（2）暂存前表头必填项信息必须填写，否则不可暂存。

（3）业务主键—车次号、进境关区代码。

（4）系统根据企业备案信息自动返填该企业的“传输人备案关区、传输人代码”。

（5）表头信息录入完成后，点击【暂存】按钮，系统保存表头数据，然后可以依次录入表体信息，表头信息不暂存时，表体信息仍可录入。

2. 暂存

点击【暂存】按钮，可对当前录入的内容进行保存，系统弹出提示框提示暂存成功。

3. 删除

可删除整票计划表数据。点击铁路运输工具申报系统—列车进境计划表界面上方【删除】蓝色按钮，系统将提示用户是否删除当前数据，删除的数据将不可恢复，需重新录入，请谨慎操作。

小提示：

当列车进境计划表暂存成功后，【删除】按钮方可激活，可点击操作。

4. 申报

列车进境计划表数据录入完毕，可点击右上方的【申报】蓝色按钮进行申报。

小提示：

1. 申报即意味着您的数据已向相关业务主管部门进行发送，并等待其审批。

2. 申报时，必须选择至少一条车厢信息，才能申报成功。

3. 申报时，表头和表体中的必填项必须录入相关数据，才能申报成功。

二、表体—车厢信息

计划表中集装箱信息挂靠在当前车厢信息下，包括“新增、保存、删除、修改”功能；

1. 车厢信息—新增

车厢表体录入信息后，点击铁路运输工具申报系统—列车进境计划表界面中车厢信息的【新增】白色按钮，车厢列表中新增一条车厢信息。

录入车厢信息时，应该先录入信息再点击【新增】按钮，直接点击【新增】按钮则提示“车号不能为空”。

2. 车厢信息—保存

车厢表体录入信息后，点击铁路运输工具申报系统—列车进境计划表界面中车厢信息的【保存】白色按钮，车厢列表中新增一条车厢信息。

录入车厢信息时，应该先录入信息再点击【保存】按钮，直接点击【保存】按钮则提示“车号不能为空”。

3. 车厢信息—删除

在铁路运输工具申报系统—列车进境计划表界面车厢信息中只是选择一条车厢信息，点击【删除】的白色按钮，点击【确定】，将删除本条表体数据。

4. 车厢信息—修改

在铁路运输工具申报系统—列车进境计划表界面车厢信息列表中选某条车厢信息，当前车厢信息回显在输入框中，直接在输入框进行修改，修改完成后点击【新增】或【保存】按钮，则成功修改当前车厢信息。

小提示：

车厢信息下的“经停国境站”为必填项，需选择一条车厢信息后，完成对“经停国境站”的新增/保存、修改、删除。

当添加集装箱信息时，需要先选择一条提运单，直接点击【新增】按钮则提示“车号不能为空”。

第二节 进出境确报

一、进境确报

运输企业可自行录入或者委托代理企业完成车辆进境的数据录入，录入完成申报后向海关发送申报信息。海关收到进境确报信息后，由关员进行审核，审核后将审核结果发送到铁路运输工具申报系统。企业可通过铁路运输工具申报系统查询审核结果。进境确报功能模块包括运输工具数据录入、暂存、删除、申报、调取进境计划表功能。

（一）表头

小提示：

界面中，带有黄色输入框的字段为必填项，否则可能无法继续进行暂存或申报等操作。

点击铁路运输工具申报系统——进出境确报界面中“进境确报”，右侧区域展示录入界面（如图 6-141）。

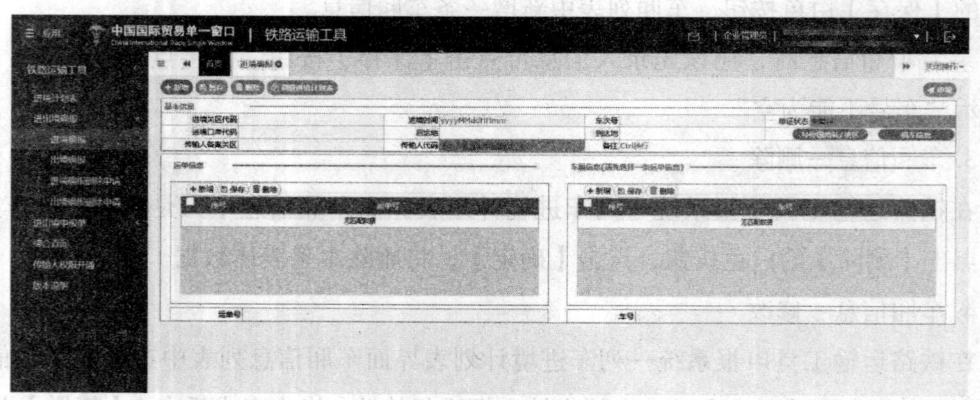

图 6-141 铁路运输工具申报系统——进境确报

1. 新增

（1）界面各录入字段中，带黄色输入框的字段为必填项，置灰输入框的字段为系统反填项或不可修改项。

（2）暂存前表头必填项信息必须填写，否则不可暂存。

（3）系统根据企业备案信息自动返填该企业的“传输人备案关区、传输人代码”。

（4）页面“单证状态”自动返填。

（5）表头信息录入完成后，点击【暂存】按钮，系统保存表头数据，然后可以依次录入表体信息，表头信息不暂存时，表体信息仍可录入。

2. 暂存

点击【暂存】按钮，可对当前录入的内容进行保存，系统弹出提示框提示暂存成功。

小提示：

至少完成对进境确报业务主键“车次号、航次号、进境关区代码”录入，【暂存】按钮方可激活，可点击操作。

3. 删除

点击铁路运输工具申报系统—进境确报上方【删除】蓝色按钮，系统将提示用户是否删除当前数据，删除的数据将不可恢复，需重新录入，请谨慎操作。

小提示：

当进境确报暂存成功后，【删除】按钮方可激活，可点击操作。

4. 申报

进境确报数据录入完毕，可点击右上方的【申报】蓝色按钮进行申报。

小提示：

1. 申报即意味着您的数据已向相关业务主管部门进行发送，并等待其审批。

2. 申报时，必须填写运单信息和车厢信息，才能申报成功，否则出现提示“运单信息不能为空！”

3. 申报时，表头和表体中的必填项必须录入相关数据，才能申报成功。

（二）表体—运单信息

表头数据录入完毕，在上述铁路运输工具申报系统—进境确报表头下方依次新增表体：运单信息、车厢信息，包括“新增、保存、删除、修改”功能。

1. 运单信息—新增

（1）录入表体运单信息后，点击铁路运输工具申报系统—进境确报界面中运单信息的【新增】白色按钮，运单列表中新增一条运单信息。

（2）录入运单信息时，应该先录入信息再点击【新增】按钮，直接点击【新增】按钮则提示“运单号不能为空”。

2. 运单信息—保存

（1）运单表体录入信息后，点击铁路运输工具申报系统—进境确报界面中运单信息的【保存】白色按钮，运单列表中新增一条运单信息。

（2）录入运单信息时，应该先录入信息再点击【保存】按钮，直接点击【保存】按钮则提示“运单号不能为空”。

3. 运单信息—删除

在铁路运输工具申报系统—进境确报运单信息中，只选择一条运单信息，点击【删除】的白色按钮，点击【确定】，将删除本条表体数据。

4. 运单信息—修改

在铁路运输工具申报系统—进境确报运单信息列表中，选某条运单信息，当前运单信息回显在输入框中，直接在输入框进行修改，修改完成后点击【新增】或【保存】按钮，则成功修改当前运单信息。

5. 运单信息—车厢

在铁路运输工具申报系统—进境确报运单信息列表中，选择一条运单信息后进行新增、保存或删除车厢信息。

（1）在车厢表体中录入相关信息后，点击【新增】或【保存】按钮或输入完成最后一个数据项后，点击 Enter（回车）键，则增加一条车厢信息；

（2）在车厢表体列表中选择一条车厢信息后，点击【删除】按钮，则删除当前车厢信息，直接点击【删除】按钮则提示“请选中一行数据”。

小提示：

当添加车厢信息时，需要先选择一条运单信息，直接点击【新增】按钮则提示“请选择一条运单信息”。

6. 表体—修改

在铁路运输工具申报系统—进境确报表体列表中，选某车厢或者集装箱，当前车厢或者集装箱信息回显在输入框中，直接在输入框进行修改，修改完成后点击【新增】或【保存】按钮，则成功修改当前车厢或集装箱信息。

小提示：

录入表头业务主键：车次号、进境关区代码后，才可点击【调取进境计划表】按钮，只可调取已经接受申报的计划表数据，否则提示“未查询到相关数据”。

二、出境确报

运输企业可自行录入或者委托代理企业完成运输工具出境的数据录入，录入完成申报后向海关发送申报信息。海关收到运输工具出境确报信息后，由关员进行审核，审核后将审核结果发送到铁路运输工具申报系统。企业可通过铁路运输工具申报系统查询审核结果。运输工具出境确报功能模块包括出境确报数据录入、暂存、删除、申报、调取列车出境申报单功能。

（一）表头

小提示：

界面中，带有黄色输入框的字段为必填项，否则可能无法继续进行暂存或申报等操作。

点击铁路运输工具申报系统—进出境确报界面中“出境确报”，右侧区域展示录入界面（如图 6–142）。

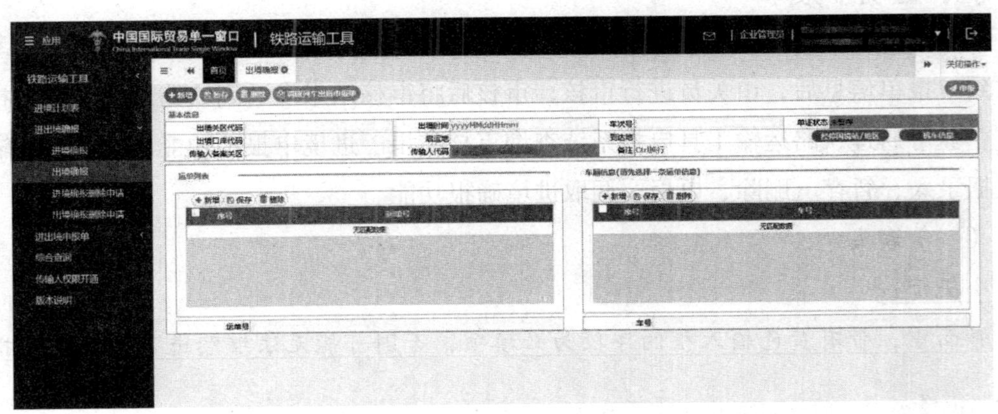

图 6–142 铁路运输工具申报系统—出境确报

出境确报的新增、暂存、删除、申报、调取列车出境申报单功能操作请参考进境确报章节。

小提示：

调取列车出境申报单：录入海关已接受申报的出境申报单的业务主键后，点击“调取列车出境申报单”后，可返填部分数据（具体返填数据项包括：出境口岸代码、出境日期和时间、机车编号、国籍、总车辆数、重车数、空车数、重箱数、空箱数、铁路通知人，及所有运单信息、车厢信息、集装箱信息）。

（二）表体—运单信息

表头数据录入完毕，在铁路运输工具申报系统—出境确报界面表头下方依次新增表体：运单信息、车厢信息。

表体的录入请参考“进境确报”章节。

小提示：

如无新增表体需要，调取列车出境申报单后可录入表头其他信息后直接申报。

第三节 进出境申报单

一、进境申报单

运输企业完成进境申报单的数据录入，录入完成申报后向海关发送申报信息。海关收到申报单信息后，由关员进行审核，审核后将审核结果发送到铁路运输工具申报系统。企业可通过铁路运输工具申报系统查询审核结果。进境申报单功能模块包括运输工具数据录入、暂存、删除、申报、调取进境确报功能。

（一）表头

小提示：

界面中，带有黄色输入框的字段为必填项，否则可能无法继续进行暂存或申报等操作。

点击铁路运输工具申报系统—进出境申报单界面中“进境申报单”，右侧区域展示录入界面（如图 6–143）。

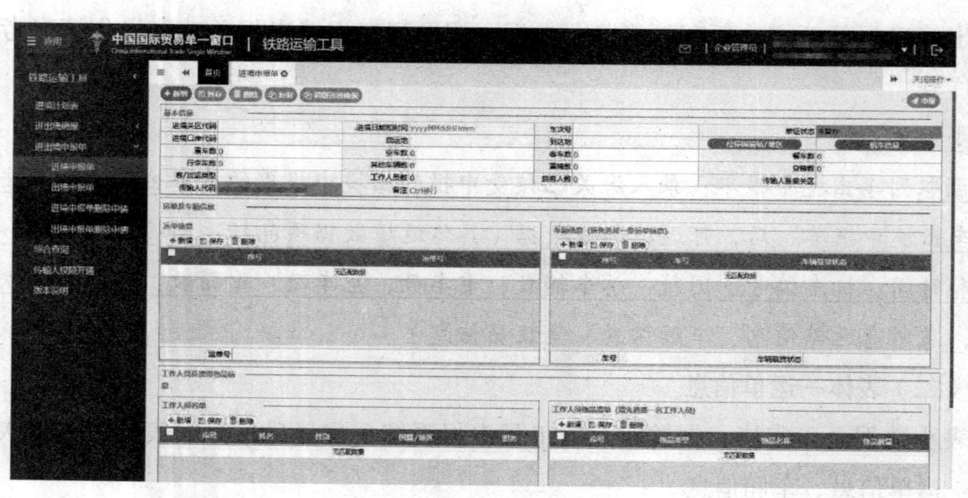

图 6–143 铁路运输工具申报系统—进境申报单

点击界面上方蓝色按钮所进行的操作，将影响当前的整票数据。

1. 新增

（1）界面各录入字段中，带黄色输入框的字段为必填项，置灰输入框的字段为系统返填项或不可修改项。

（2）暂存前表头必填项信息必须填写，否则不可暂存。

（3）系统根据企业备案信息自动返填该企业的“备案关区、企业代码”。

（4）页面“单证状态”自动返填。

（5）表头信息录入完成后，点击【暂存】按钮，系统保存表头数据，然后可以依次录入表体信息，表头信息不暂存时，表体信息仍可录入。

2. 暂存

点击【暂存】按钮，可对当前录入的内容进行保存，系统弹出提示框提示暂存成功。

3. 删除

可删除整票进境申报单数据。点击铁路运输工具申报系统—进境申报单上方【删除】蓝色按钮，系统将提示用户是否删除当前数据，删除的数据将不可恢复，需重新录入，请谨慎操作。

小提示：

当进境申报单暂存成功后，【删除】按钮方可激活，可点击操作。

4. 申报

进境申报单数据录入完毕，可点击右上方的【申报】蓝色按钮进行申报。

5. 调取进境确报

录入海关已接受申报的进境确报的业务主键后，点击“调取进境确报”后，可返填表头部分数据，具体返填数据项包括：进境口岸代码、进境日期和时间、机车编号、国籍、总车辆数、重车数、空车数、重箱数、空箱数、铁路通知人、工作人员数、旅客人数、客车数、餐车数、行李车数，及所有运单信息（包含“经停国境站”）、车厢信息、集装箱信息。

小提示：

1. 申报即意味着您的数据已向相关业务主管部门进行发送，并等待其审批。

2. 申报时，必须填写运单信息和车厢信息，才能申报成功，否则出现提示“运单信息不能为空！”

3. 申报时，表头和表体中的必填项必须录入相关数据，才能申报成功。

（二）表体—运单信息

进境申报单中集装箱信息、车厢信息挂靠在当前运单信息下，包括“新增、保存、删除、保存”功能。

1. 运单信息—新增

（1）运单表体录入信息后，点击铁路运输工具申报系统—进境申报单界面中运单信息的【新增】白色按钮，运单列表中新增一条运单信息。

（2）录入运单信息时，应该先录入信息再点击【新增】按钮，直接点击【新增】按钮则提示“运单号不能为空！请录入或选择一条运单信息！”。

2. 运单信息—保存

（1）运单表体录入信息后，点击铁路运输工具申报系统—进境申报单界面中运单信息的【保存】白色按钮，运单列表中新增一条运单信息。

（2）录入运单信息时，应该先录入信息再点击【保存】按钮，直接点击【保存】按钮则提示“运单号不能为空！请录入或选择一条运单信息！”。

3. 运单信息—删除

在铁路运输工具申报系统—进境申报单运单信息中，只是选择一条运单信息，点击【删除】的白色按钮，点击【确定】，将删除本条表体数据。如未选择则提示“请选中一行数据”。

4. 运单信息—修改

在铁路运输工具申报系统—进境申报单运单信息列表中选某条运单信息，当前运单信息回显在输入框中，直接在输入框进行修改，修改完成后点击【新增】或【保存】按钮，则成功修改当前运单信息。

5. 运单信息—车厢

在铁路运输工具申报系统—进境申报单运单信息列表中，选择一条运单信息后进行新增或删除车厢信息。

（1）在车厢表体中录入相关信息后，点击【新增】或【保存】按钮或输入，完成最后一个数据项后，点击 Enter（回车）键，则增加一条车厢信息；

（2）在车厢表体列表中选择一条车厢信息后，点击【删除】按钮，则删除当前车厢信息，直接点击【删除】按钮则提示“请选中一行数据”。

小提示：

当添加车厢信息时，需要先选择一条运单信息，直接点击【新增】按钮则提示“运单号不能为空，请录入或选择一条运单信息！”

二、出境申报单

运输企业完成出境申报单的数据录入，录入完成申报后向海关发送申报信息。海关收到出境申报单信息后，由关员进行审核，审核后将审核结果发送到铁路运输工具申报系统。企业可通过铁路运输工具申报系统查询审核结果。出境申报单功能模块包括申报单数据录入、暂存、删除、申报功能。

（一）表头

小提示：

界面中，带有黄色输入框的字段为必填项，否则可能无法继续进行暂存或申报等操作。

点击铁路运输工具申报系统—进出境申报单界面中“出境申报单”，右侧区域展示录入界面（如图 6–144）。

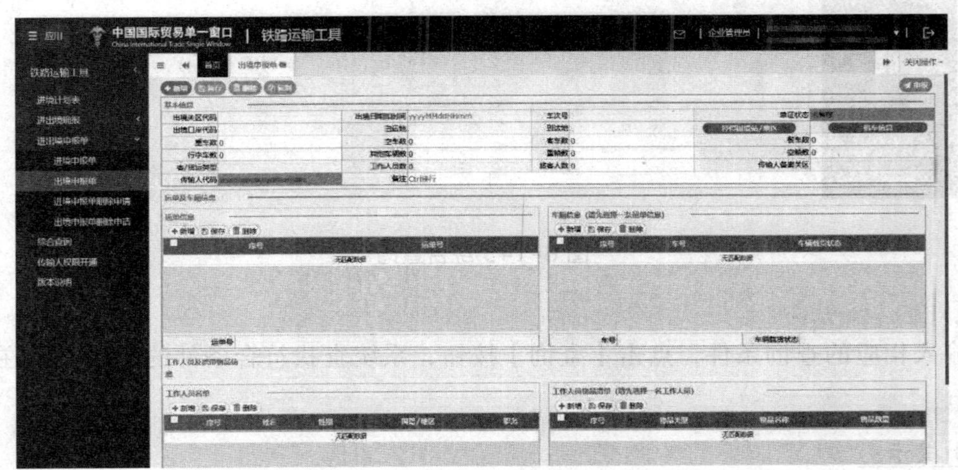

图 6–144 铁路运输工具申报系统—出境申报单

点击界面上方蓝色按钮所进行的操作，将影响当前的整票数据。

出境申报单的新增、暂存、删除、申报功能操作请参考进境申报单章节。

（二）表体—运单信息

出境申报单表体包括运单、车厢和集装箱信息，包括“新增、修改、删除、保存”功能；

表体的“新增、修改、删除、保存”功能，请参见“进境申报单”章节。

第四节 综合查询

企业完成运输工具录入和申报后，可通过铁路运输工具申报系统查询申报结果铁路运输工具申报系统提供“单证类型查询”。

企业录入运输工具数据后，点击【暂存】或【申报】后，即可通过单证类型查询模块，查询单证类型详情。

点击选择菜单“综合查询”，进入“综合查询”界面，如图 6–145：

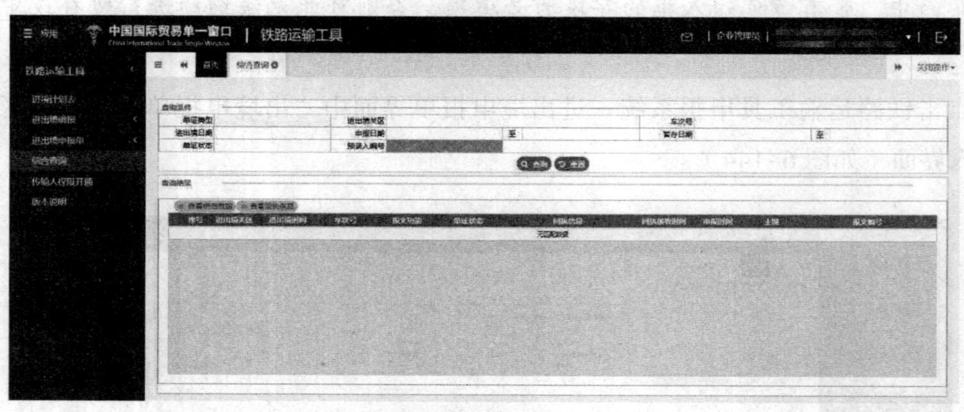

图 6-145 综合查询

输入相应的查询条件，点击【查询】按钮，系统查找符合条件的记录显示在查询列表中。

小提示：

录入查询条件中的“单证类型”和“进出境关区、车次号、单证状态”中的一个或多个时，提示“请补充其他查询条件后再执行查询！”多个条件必须录入。

1. 查看明细数据

在单证类型查询详情列表中，选择一条单证记录，点击【查看明细数据】按钮，页面跳转至相应的单证页面，页面返填回显相应的数据。此时，数据允许编辑。

小提示：

①根据数据不同的单证类型，可进行不同的操作修改，如：申报过的数据修改后只能申报，暂存的数据可以进行“暂存、删除、申报”；

②修改需遵循当前单证页面的业务规则；

③【查询明细】按钮在无查询数据时，该按钮置灰显示，不可点击。

2. 查看回执信息

在单证类型查询详情列表中，选择一条单证记录，点击【查看回执信息】按钮，系统会跳转至海关查询回执页面，可在该页面查看海关回执的详细内容。

小提示：

【海关回执】按钮在无查询数据时，该按钮置灰显示，不可点击。

第五章 常见问题解答

第一节 业务咨询类

1. 运输工具海事国内转港与港澳船舶申报的业务流程。

答：（1）船舶从香港进到国内的第一个港口，就是进口岸，需要申请进口岸审批和办理进口岸手续；从国内最后一个港口出去香港，就是出口岸，需要办理出口岸手续。

（2）船舶直接从香港、澳门过来深圳，要申请办理进口岸审批（即“单一窗口”平台进港动态申报）和办理进口手续（即“单一窗口”平台进港单证申报）。船舶从深圳直接出去香港、澳门，要办理出口岸手续。

（3）船舶从国内港口驶往深圳和从深圳驶往国内港口，不用且不能办理进出口岸手续，但必须按报告制的规定办理船舶进出港报告（千万记住这不是进出口岸手续，不要在“单一窗口”平台和海事船舶监督系统办理）。

2. 运输工具海事申报单证误发送到 XXX 海事局，该如何更改？

答：已发送的数据无法再修改，需联系已申报的监管部门退回来进行修改向正确的监管部门再发送申报。

3. 运输工具海事申报出口香港船舶在 2020 年 6 月 14 日已办理出口手续且已通过，但该船是 6 月 18 日才出口香港，且通过出口离港证自签发起 24 小时内有效。是否可联系海事退回修改？

答：已申报并通过的数据无法进行修改，需联系海事端特殊处理，海事可以取消 6 月 14 日的出口岸手续重新申报即可。

4. 港口为“公海”的如何申报？

答：国家选择“UN—联合国”，港口对应“OPSEA- 公海”。

第二节 页面操作类

1. 运输工具海事申报进出口岸手续失败：本船在本港口局最近一次的业务是于2020-06-13 10:35:25 在 XX 海事局下申报的是出港申请，不能重复申报。

答：本次出港按照单出办理，再次申报按照一进一出正常办理。

2. 船舶备案申报发送时提示：国内船舶不允许通过单一窗口向海事申报！

答：国内船舶暂时只能让企业线下联系海事备案，再把船舶备案数据导入“单一窗口”。

3. 运输工具海事申报进口岸申报失败提示：没有该船的信息，请先提交船舶备案信息！

答：在进境 / 港动态调取的船舶数据有校验缺失或不符合海事申报需要的字段，通过船舶信息备案模块调取已备案过的船舶数据进行补充即可。

操作流程：点击“船舶信息备案”模块（可通过“海事数据查询”导入数据到单一窗口）——调取相应的船名记录反填至船舶信息栏目，进行补充或修改海事船舶数据暂存——动态调取已导入或暂存的船舶数据，补充船舶动态数据发送进口岸申请成功。

4. 运输工具海事申报提示“本船本航次在本港口局下尚未办理船舶申报，请核对航次或请办理船舶申请”。

答：从以下方面检查：

（1）该船该航次是否办理了船舶进口岸申请。

（2）进口岸手续的航次号跟进口岸申请的航次号是否一致。

（3）如果在“单一窗口”上查到这条船的进口岸申请航次号是跟进口岸手续一致的话，建议企业跟政务中心那边查下正确的航次号，有可能进口岸申请的航次号被修改过。

5. 运输工具海事申报失败提示：没有该申报单位信息或该申报单位没有该申报人员信息。

答：在船代单位信息界面点击“修改信息”，将船代单位和船代操作员的数据向海事进行备案申报，待红灯变成绿灯即可开展海事申报。

6. 运输工具海事申报在进境动态可调取到船舶中文船名，在出境动态查找不出该船舶数据。

答：出境数据需调用进境数据，可暂存一票进境数据再进行出境申报。

7. 运输工具海事申报船舶备案失败，提示：该船舶已提交备案申请，正在备案。

答：该船舶正在备案中，请联系海事审批。

8. 运输工具海事申报进口岸手续提示：在本港口局下有本船尚未审批的申请手续业务，请联系海事局确认。

答：将船名反馈到海事查询申报记录，在海事端查询存在该条船舶的申报数据并作审核处理。（因在现场已手工录入了而没对企业在“单一窗口”发送的数据作处理影响该条船舶的下一水申报）。

9. 运输工具海事申报进 / 出口岸申请未通过的情况是否再提交动态不会成功？重新申报失败之后需要再申报一次等通过吗？

答：核查出 / 入境申报记录第 1 条已申报，第 2 条申报失败，进口岸申请已成功申报发送到海事，由海事审批即可。已申报就无须重新提交申报，重新申报即会申报失败。

10. 运输工具海事申报进口岸申请申报失败，由原来的申报成功是审核中（橙色）现在变成申报失败（红色）。

答：核查出 / 入境申报记录第 1 条是申报成功，第 2 条是申报失败。已申报成功后无须重复提交，重复申报则会提示申报失败。

11. 运输工具申报上传船员清单提示：导入 Excel 异常。

答：核查上传的模板是否为旧模板，模板为选择项的不能输入需选择相应的字段内容，可重新下载一份 EXCEL 表格模板，填充数据进行上传。

12. 运输工具单证申报失败：CYMDWSBJ 证件号码不能包含空格！

答：核查已录入船员清单或 EXCEL 模板的船员证件号码是否有空格并录入正确。

13. 运输工具海事申报“海事进口岸申请信息申报请求失败，CDS 详情信息：[交通部接口调用异常]”。

答：按照以下方面排查：

①先清理浏览器缓存再操作。

②核查已上传的附件是否超 10M，需压缩上传的文件大小为 10M 内，如无上传附件的情况可向运维人员报障处理。

14. 企业海事申报的时候提示“接口服务参数（备案人员电话）为空或无效”。

答：该问题主要是由于企业使用有卡登录，运输工具申报为无卡操作，需要企业管理员在用户管理中添加无卡操作员，维护用户名、身份证号、手机号等信息。

15. 企业在系统申报进出口岸时，“提示在 xxx 海事局下申报的是进港申请，不能重复申报”。

答：本次进港按照单进办理，出港正常办理，再次申报按照一进一出正常办理。

16. 企业已备案的船舶信息资料不全或不对如何处理？

答：可在船舶信息备案那调出船舶信息并修改相关字段后暂存，再进行进出口岸单证申报。

17. 企业进行申报的时候提示“没有该船的信息，请先提交船舶备案信息”。

答：企业需在船舶信息备案处调出船舶信息，补全后向海事申报备案，海事备案后再进行申报即可。

18. 企业进出境手续申报时，提示“船长姓名不能为空”，动态申报页面和船舶信息备案页面都无“船长姓名”字段。

答：单证申报必须有一个船员的职位是船长。

19. 企业申报出口岸手续时提示“海事进出口岸手续申报失败！海事进出口岸手续请求失败，详细信息：

“接口服务执行失败，

java.sql.SQLIntegrityConstraintViolationException:

ORA-0001:unique

constraint(CVICSE.PK_T_SHIP_PORT_CREWCERT)

violated”。

答：出现该提示建议检查船员职务是否有重复。

20. 同一条船同一条记录多次向边检发送，会弹出如下提示框“该数据的移民局进出境 / 港单证申报，已在申报中，是否继续申报？”

答：如果继续申报，则边检在交通工具后台审批系统中接收多条数据，边检之前数据审批通过之后，船代也可以对同一条数据也可以继续申报，但会弹出提醒。

21. 移民局入境 / 港申报时提示“申报时间不能晚于抵港时间，请核对后申报”。

答：在动态申报页面修改抵港时间，然后点击【进境 / 港单证】按钮，会刷新单证中总申报单中的“抵港时间”，重新申报即可。

22. 移民局进出境 / 港单证申报失败！“ZWCBM 至少包含一个中文字符”。

答：中文船名必须包含一个中文字符。

23. 移民局进出境 / 港单证信息错误：“船长姓名不能为空！船长国籍不能为空！”

答：船员清单中必须有个人职务为船长。

24. “移民局进出境 / 港单证申报失败！国籍地区：HKG 证件类别：14 证件号码：H010432xxxx 校验不通过”。

答：原因是国籍 / 地区、证件号码、证件类型校验不一致，请检查这三项是否正确。

25. 出境 / 港单证申报提示：海事进出口岸手续申报失败，海事进出口岸手续请求失败，详情信息（接口服务执行失败，申报的预抵时间与预离间隔大于 24 小时，不能重复申报）。

答：根据提示检查申报的预抵时间与预离时间间隔是否大于 2 小时；若是申报出口岸手续，需进境 / 港单证审批通过之后，才可以报出境 / 港单证申报。

26. 运输工 SAAS 版的录入界面字段太多了，且没有必填和非必填的区分标志，分不清哪个是申报需要的字段，如何处理？

答：运输工具 SAAS 版的录入界面整合了海关、海事、边检多家部委所需的所有字段，在页面右上角蓝色【申报】按钮左侧“填写提示”的下拉框里，可通过勾选某个部委，将页面中该部委所需的字段标蓝，并在必填项前加上红色星号用以区分。

27. 运输工具 SAAS 版录入 IMO 号的时候需要加 UN 或 CN 吗？

答：录入时，企业无需在 IMO 前加上 UN，系统在发往海关时在报文中自动添加。

28. 进出境 / 港动态申报页面，船舶信息部分的录入框是灰色的，无法填写，如何处理？

答：点击船舶信息下“中文船名”文字框右侧的放大镜，在这里查找到船后，可将其导入到页面。

29. 在进出境 / 港动态申报页面，通过“中文船名”右侧放大镜查找并导出的船舶信息有误，且页面置灰无法修改，应如何操作？

答：需要在“船舶信息备案”里同样用“中文船名”右侧的放大镜找到这条船，修改后点击右上角的“申报”。再回到动态申报页面，点击上方的“刷新船舶”。

30. 船舶动态信息里，发航港、上一港、下一港等点击下拉框提示无匹配数据？

答：SAAS 版的录入遵循“从上到下，从左到右”的原则，某些字段之间存在上下级关系，例如发航港，需要填写过“发航港国家 / 地区”之后点击下拉框才会有反应，上一港则对应“上一港国家 / 地区”，以此类推。

31. 点开“备案管理”菜单，第一个是“船舶代理单位备案”，这个模块是做什么用的？

答：如果当前登录的用户属于船舶代理企业，根据海事与检验检疫的要求，需要在此将船代的企业与操作员信息如实填写、申报。否则可能会影响后续业务数据的申报。

（1）界面显示的信息，是根据当前登录用户已注册过的数据自动返填的。

（2）可点击界面右侧【修改信息】按钮，在弹出的对话框中如实填写信息并申报。

（3）鼠标悬停在界面右侧的红绿色指示灯，可以显示当前申报状态。

32. 录入并暂存过的船舶信息，在哪里能找到这票数据继续录入并申报？

答：暂存的数据如果想继续录入或修改，可以在船舶信息备案界面的“中文船名”字段旁，点击【编辑图标】按钮，通过 IMO 编号、船名等条件查询并导入到船舶信息备案界面，此时可继续对数据进行录入或修改。

33. 在“单一窗口”标准版系统中，录入并向海事申报国内船舶的数据，提示“海事船舶备案信息错误：国内船舶不允许通过单一窗口向海事申报”。进行动态数据申报时，又遇到提示“海事进出口岸确报申报失败！没有该船的信息！”，如何处理？

答：根据目前实际业务，海事暂不接受从单一窗口标准版系统中发送的国内船舶备案数据。对于国内的船舶，需要到海事系统中进行备案，再在“单一窗口”里录入并暂存这个已经备案的国内船后，继续录入申报动态、单证的数据即可。

34. 已经向海关、海事等部门备案过船的信息了，可不可以直接做进口岸申请、预报等业务？

答：可以。不过，需要将已经备案好的船信息，在“单一窗口”标准版的系统里，导入或调出来暂存一下。再做进口岸申请、预报、抵港等等动态申报时，能够调用到船的信息就可以了。

35. 在船舶编号区域内，海事船舶编号应该如何填写？

答：依照海事业务要求，系统将根据填写的“船舶分类”与船舶编号区域中的部分字段自动生成，规则如下：

中国籍船舶：A+ 船舶初始登记号

外国籍船舶：B+IMO 编号

港澳船舶：C+ 牌簿号 / 船舶号数

台湾船舶：D+ 牌簿号 / 船舶号数

36. 动态申报新增的页面，组织机构代码、中文船名等字段是灰色的，怎么录入？

答：点击“中文船名”旁边的放大镜图标，查询出船舶信息，点击【导入】按钮，系统自动将船舶的信息返填到这些字段里。

37. 动态申报页面里，申报人信息区域的“海关备案号”系统自动带出了大关区代码与组织机构代码的数据，申报海关预报之后，被退单提示“船舶代理企业未向海关备案或与海关备案不符”，怎么办？

答：目前，“海关备案号”字段，部分海关需要直属关区开头的数据、部分海关需要隶属关区。用户可以通过申报默认值设置，进行自定义。

（1）从左侧菜单进入“备案管理——申报默认值设置”。

（2）录入海关关区、手动修改或录入海关备案号等数据后点击【保存】按钮，系统将您当前设置的申报默认值记录到下方列表中。

（3）可以保存多条记录（无论关区大小，一个海关关区代码只允许保存一条申报默认值记录）。

（4）再回到动态申报的界面中，在“海关关区”字段录入上述申报默认值记录，系统自动返填您保存过的海关备案号等数据，不用再每一票都手工修改。

38. 用户在“单一窗口”标准版运输工具系统，“申报历史查询——动态申报历史查询”界面，能够查询到某条船的出境 / 港记录，但是在“出境 / 港申报”页面里，却查询找不到这票相同的数据，为什么？

答：“申报历史查询——动态申报历史查询”界面中的时间条件为“申报时间”，进、出境/港申报界面的时间条件为抵、离港时间，请确认好输入的时间条件是否正确后，重新查询。

39. 向海事申报进口岸申请、进口岸手续等数据时，上传的附件大小是否有限制？

答：目前，由于海事系统原因，向海事申报大于5M的附件，会遇到提示：交通部调用接口失败。请确认上传附件控制在5M以内，若超过，建议先将附件进行压缩处理再申报。

40. 船舶备案信息中，“是否有IMO编号”这个字段根据什么来确定？

答：船舶信息备案中，是否有IMO编号，选择是，系统默认IMO号是UN开头，选择否，默认是CN开头。

41. 海关单证显示“已通过”状态是否代表最终状态？

答：最终状态应该是“允许放行”，在已通过状态之后，等待海关风险分析，如不需要登临检查，则下发“允许放行”的状态回执。

第七部分 “单一窗口”——舱单申报篇

第一章 水运舱单申报系统操作指南

第一节 原始舱单

水运原始舱单界面如图 7-1，为用户提供水运原始舱单数据的录入、暂存、修改、变更、删除等功能，可依次点击左侧菜单栏“水运舱单——原始舱单”进行展开。

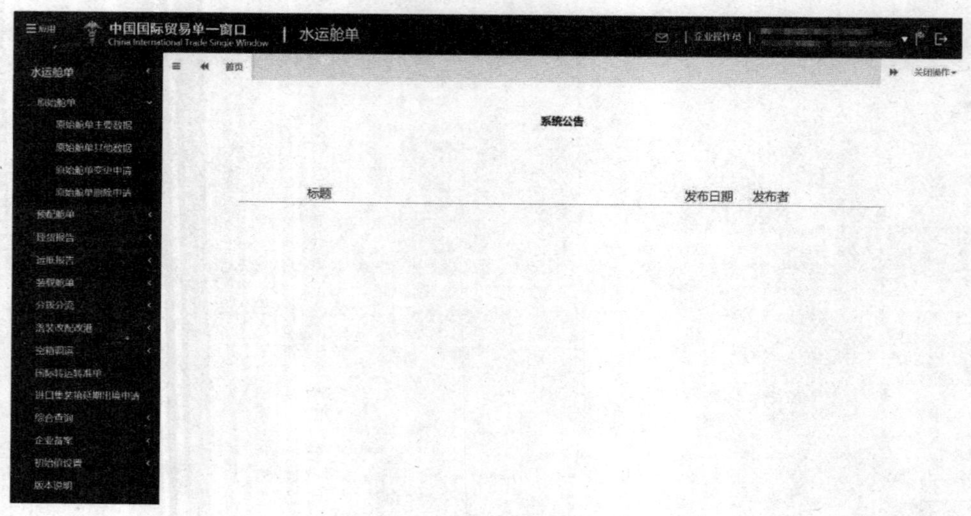

图 7-1 水运原始舱单

一、原始舱单主要数据

原始舱单主要数据是指舱单传输人向海关传输的反映进境运输工具装载货物、物品或承载旅客的信息的舱单。

点击图 7-1 中“原始舱单主要数据”，右侧区域展示录入界面（如图 7-2）。界面上方为表头（基本字段）部分、下方列表为表体（提运单信息）部分。

点击界面上方蓝色按钮所进行的操作，将影响当前的整票数据。

小提示：

界面中，带有红色星号的字段为必填项，否则可能无法继续进行保存或申报等操作。

界面中的白色按钮，所影响的数据仅为当前涉及的页签或字段。

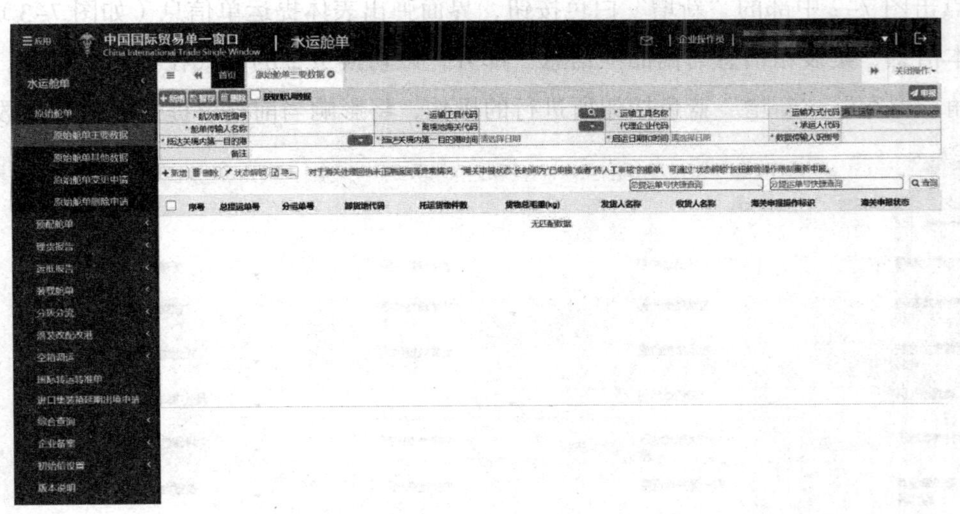

图 7-2 原始舱单主要数据

（一）录入与暂存

1. 表头

界面中，部分字段（例如航次航班编号等）需要用户手工录入，请根据您的业务主管部门要求，如实填写相关内容。

部分字段右侧带有三角形标识（例如离境地海关代码等），表示该类字段需要在参数中进行调取，不可随意录入。直接点击三角形图标，调出下拉菜单并在其中进行选择。您也可直接输入已知的相应数字、字母或汉字，迅速调出参数，使用上下箭头选择后，点击回车键确认录入。

日期类字段（例如启运日期和时间等），点击录入框后，系统自动弹出日历，用户可根据实际情况进行选择。

录入航次航班编号与运输工具代码后，按键盘回车键，系统将查找该票数据是否已经存在，如找到则自动返填所有已存在的数据，并将航次航班编号和运输工具代码字段置灰，不允许修改。

点击“暂存”蓝色按钮后，航次航班编号和运输工具代码字段变为灰色，不允许修改。

录入运输工具代码后，可点击字段旁的放大镜图标，系统自动查找运输工具中备案的相关数据。如未查询到信息，则弹出提示“在运输工具中没有找到此备案信息”，更多关于运输工具备案信息的查询，请参考本书第六部分《运输工具篇》。

2. 表体

需将表头数据录入完毕，点击图 7–2 上方的“暂存”蓝色按钮成功保存后，方可新增表体提运单数据。

点击图 7–2 中部的“新增”白色按钮，界面弹出表体提运单信息（如图 7–3）。包括基本信息、集装箱信息与商品项信息三部分，以切换页签的方式在界面中显示。点击右下角“保存”“新增”蓝色按钮所进行的操作，将影响当前整票提运单信息的数据。

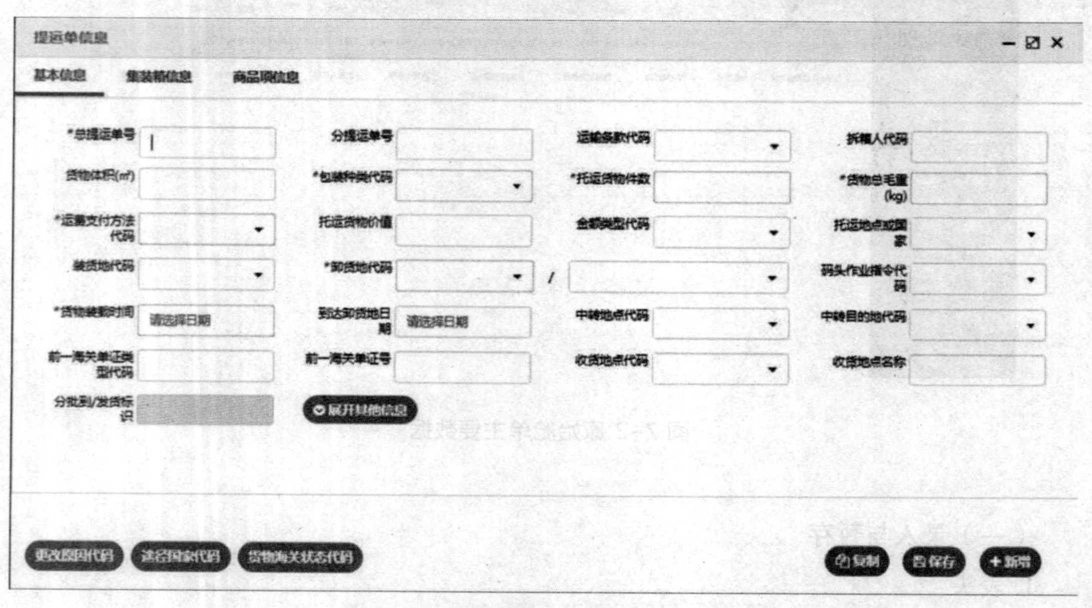

图 7–3 原始舱单主要数据——表体提运单信息

基本信息、集装箱信息、商品项信息三个页签，其中集装箱信息不是必填项，可根据实际业务选择填写，基本信息与商品项信息则必须填写。

（1）基本信息

界面中，部分字段（例如总提运单号、分提运单号、拆箱人代码等）需用户手工录入，请根据您的业务主管部门要求，如实填写相关内容。

部分字段右侧带有三角形标识（例如运输条款代码、包装种类代码等），表示该类字段需要在参数中进行调取，不可随意录入。直接点击三角形图标，调出下拉菜单并在其中进行选择。您也可直接输入已知的相应数字、字母或汉字，迅速调出参数，使用上下箭头选择后，点击回车键确认录入。

日期类字段（如货物装载时间等）点击录入框后，系统自动弹出日历，用户可根据实际情况进行选择。

在图 7–3 中，点击“展开其他信息”蓝色按钮，编辑框下方展开更多信息，例如收发货人、通知人等。可点击“收起其他信息”蓝色按钮，将更多信息再次收起。

需将提运单基本信息上方必要字段填写完毕，并点击图 7–3 右下角“保存”蓝色按钮后，才可继续录入或保存收货人信息、发货人信息、通知人信息、货物交付目的信息、其他联系信息、界面下方途经国家代码与货物海关状态代码等。部分蓝色按钮弹出的编辑框，操作说明如下：

①联系方式

在图 7–3 中，点击任意“联系方式”蓝色按钮，系统弹出编辑框，根据实际情况如实填写。

调用参数字段或手工录入字段要求与“基本信息”一致，不再赘述。

录入相应信息后，点击图 7–3 中“保存”白色按钮，系统自动将记录保存至下方列表中。点击“新增”白色按钮，将清空当前界面显示的数据，便于用户重新录入并保存数据。在列表中对任意记录进行勾选（可多选），可点击“删除”白色按钮进行删除。

小提示：

联系信息不限类别，但最多可录入 3 条记录。

②途经国家代码

具体操作参考上文“联系方式”。

小提示：

途经国家信息，每种代码限录入一次，最多录入 99 条记录。

③货物海关状态代码

具体操作参考上文“联系方式”。

小提示：

货物海关状态信息，每种代码限录入 1 次。

④更改原因代码

“更改原因代码”蓝色按钮，只可在变更申请或删除申请时点击录入。

（2）集装箱信息

集装箱信息录入与上文“基本信息”录入一致，不再赘述。

需将集装箱信息录入完毕后，点击“保存”白色按钮，才能继续点击“封志信息”蓝色按钮，弹出编辑框如图 7–4：

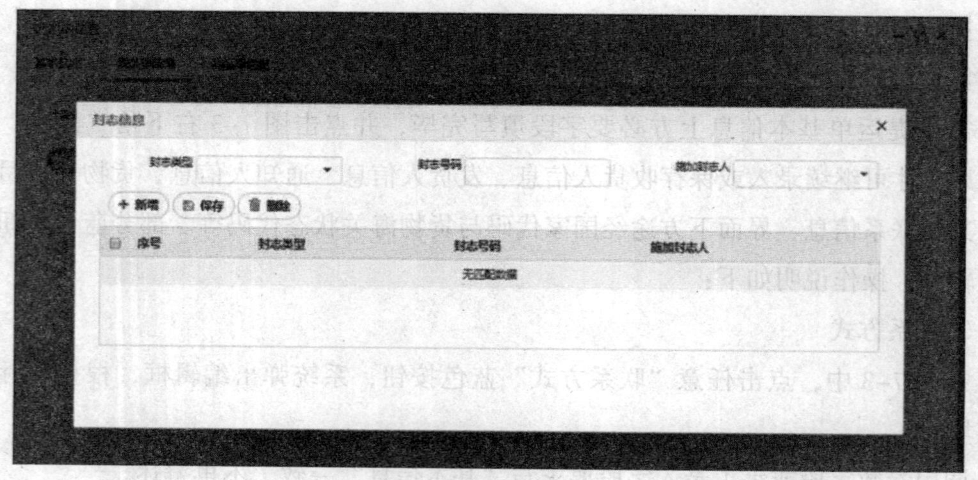

图 7-4 原始舱单主要数据——集装箱封志信息

封志信息不是必填内容，可根据实际业务情况进行录入。各类白色按钮操作方法与上述内容一致，不再赘述。

<u>小提示：</u>

<u>封志信息最多可录入 9 条记录。</u>

（3）商品项信息

商品项信息录入与上文“基本信息”录入一致，不再赘述。

需将商品项信息录入完毕并点击“保存”白色按钮，或选中“原始舱单主要数据—商品项信息”列表中已存在的任意一条数据，才能继续点击“集装箱编号、唯一托运信息”蓝色按钮，弹出编辑框如图 7-5。

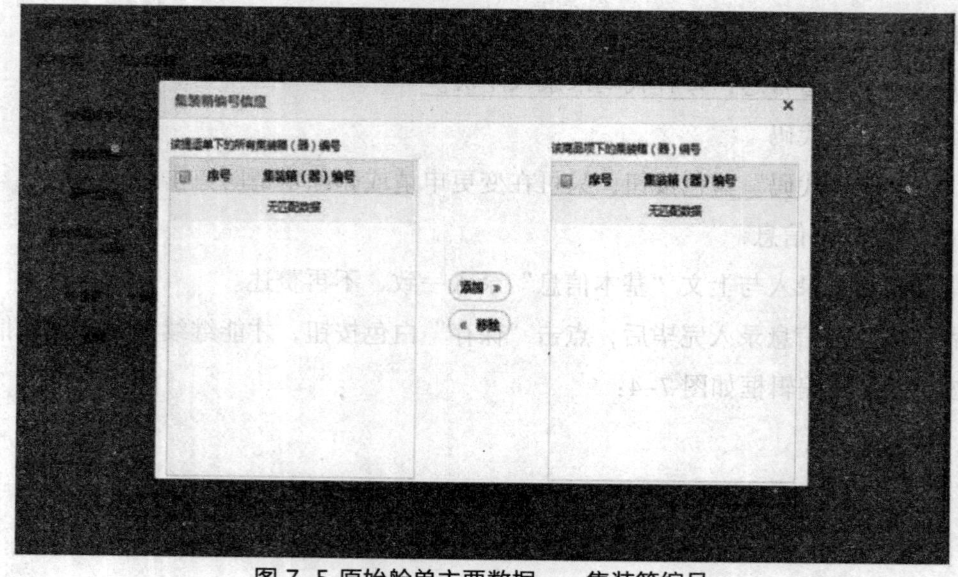

图 7-5 原始舱单主要数据——集装箱编号

根据界面提示，在左侧区域勾选任意欲添加的集装箱（器）编号，点击“添加”白色按钮，记录跳转到右侧区域中即可。勾选右侧区域任意记录，点击“移除”白色按钮，可撤销上述的添加操作。

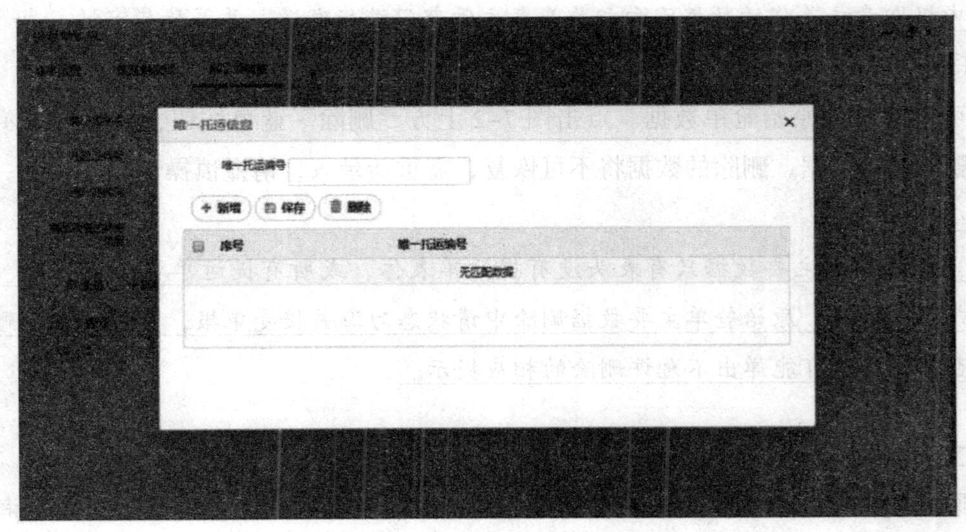

图 7-6 原始舱单主要数据——唯一托运信息

录入相应信息后，点击上图中“保存”白色按钮，系统自动将记录保存至下方列表中。点击“新增”白色按钮，将清空当前界面显示的数据，便于用户重新录入并保存数据。在列表中对任意记录进行勾选（可多选），可点击“删除”白色按钮进行删除。

小提示：

商品项信息最多可录入 999 条记录；唯一托运信息最多可录入 99 条记录。

（4）表体信息

根据上述操作录入并保存完毕的表体数据，显示在下方列表中。此时可点击列表中“总提运单号”或“海关申报状态”一栏内的蓝色字体，系统将弹出对话框展示更多详细信息。

勾选任意记录，点击“删除”白色按钮，可对当前选中的表体进行删除操作。

①新增

在图 7–2 中，点击界面上方“+ 新增”蓝色按钮，系统将自动清空当前界面内所有已录入的数据，便于用户重新录入一票数据。

小提示：

如您在录入数据的过程中，点击了“暂存”按钮，则系统将自动保存您当前所录入的数据，即使进行新增操作，也不会丢失数据，可在综合查询中进行查找。

②申报

可勾选图 7-2 中录入完毕并确认无误的表体数据，通过点击右上方的“向海关申报”蓝色按钮进行申报。

小提示：

申报即意味着您的数据已向相关业务主管部门进行发送，并等待其审批。

③删除

可删除整票原始舱单数据。点击图 7-2 上方“删除”蓝色按钮，系统将提示用户是否删除当前数据，删除的数据将不可恢复，需重新录入，请谨慎操作。

小提示：

当原始舱单主要数据只有表头没有提运单表体，或所有提运单状态为暂存、申报失败或海关退单，原始舱单主要数据删除申请状态为海关接受申报，可进行该项删除操作。否则，系统可能弹出不允许删除的相应提示。

二、原始舱单其他数据

原始舱单其他数据属于非必填部分，请根据您的实际业务选择填写，或咨询相关业务主管部门。更多详细操作，可参考上文“原始舱单主要数据”中的相关描述。

三、原始舱单变更申请

点击“水运原始舱单界面”中“原始舱单变更申请”，可手工录入各个字段，或输入已录入并保存过的航次航班编号与运输工具代码等字段后，按键盘回车键，系统将查找并自动返填所有已存在的数据内容。

新增、暂存等更多详细操作，可参考上文“原始舱单主要数据”中的相关描述。

小提示：

原始舱单主要数据状态为海关接受申报时，可进行变更申请。

原始舱单其他数据状态为暂存、申报失败、海关退单、海关接受申报时，可进行暂存、申报等变更申请。

原始舱单变更申请状态为暂存、申报失败、海关退单海关接受申报时，可进行暂存、申报等变更申请。

原始舱单删除申请状态为申报失败、海关退单时，可进行暂存、申报等变更申请。否则，系统可能给予无符合条件的数据等提示。

四、原始舱单删除申请

点击“水运原始舱单界面”中“原始舱单删除申请”，可手工录入各个字段，或输入已录入并保存过的航次航班编号与运输工具代码等字段后，按键盘回车键，系统将查找并自动返填所有已存在的数据内容。

新增、申报等更多详细操作，可参考上文“原始舱单主要数据”中的相关描述。

小提示：

当原始舱单主要数据状态为海关接受申报时，才可进行删除申请。

原始舱单其他数据状态为暂存、申报失败、海关退单、海关接受申报时，可进行申报、删除申请操作。

原始舱单变更申请状态为暂存、申报失败、海关退单、海关接受申报时，可进行申报、删除申请操作。

原始舱单删除申请状态为申报失败、海关退单，可进行申报、删除申请操作。

否则，系统可能给予无符合条件的数据等提示。

第二节 预配舱单

水运预配舱单界面如图 7-7，为用户提供水运预配舱单数据的录入、暂存、修改、变更、删除等功能，可依次点击左侧菜单栏“水运舱单—预配舱单”进行展开。

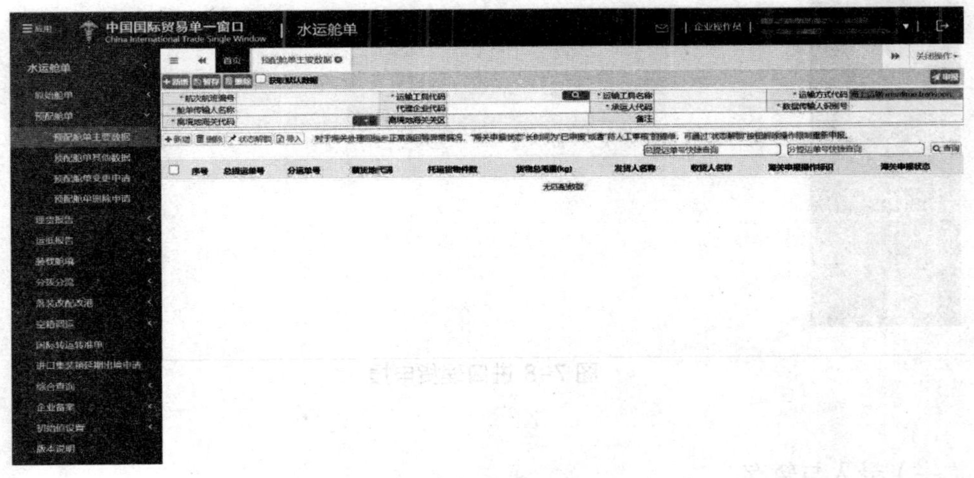

图 7-7 水运预配舱单

一、预配舱单主要数据

具体操作参考上文“原始舱单”相关章节。

二、预配舱单其他数据

具体操作参考上文“原始舱单”相关章节。

三、预配舱单变更申请

具体操作参考上文“原始舱单”相关章节。

四、预配舱单删除申请

具体操作参考上文“原始舱单”相关章节。

第三节 理货报告

一、进口理货申报

点击左侧“理货报告”——“进口理货申报”，右侧区域展示录入界面（如图 7-8）。界面上方为表头部分、下方列表为表体（提运单信息、集装箱信息）部分。

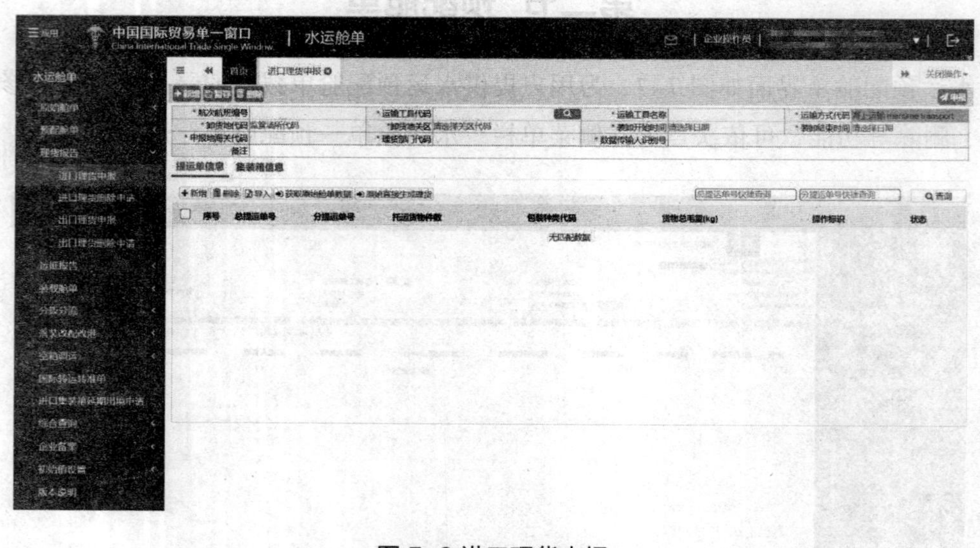

图 7-8 进口理货申报

（一）录入与暂存

本章节仅对理货报告的特殊部分进行说明，更多详细操作可参考上文“原始舱单主要数据”中的相关描述。

小提示：

界面中，带有红色星号的字段为必填项，否则可能无法继续进行保存或申报等操作。

界面中的白色按钮，所影响的数据仅为当前涉及的页签或字段。

1. 表头

首次进口理货申报界面，运输方式代码默认为海上运输。

需录入表头数据后，点击界面上方“暂存”蓝色按钮，才能点击理货责任人名称与船长/大副名称右侧的“联系方式”蓝色按钮。

2. 表体

需录入表头数据后，点击“暂存”蓝色按钮，方可新增表体数据。

表体分提运单信息、集装箱信息两部分。其中，提运单信息和集装箱信息可根据实际业务选择其一填写申报，不可同时申报。如果用户同时勾选了提单和集装箱，系统将给予“提单和集装箱不允许同时申报！”等提示信息。

（1）提运单信息

在图7–9中，选中提运单信息标签页，点击界面中部“新增”白色按钮，可参见上文表头的录入方法，不再赘述。

（2）集装箱信息

在图7–9中，选中集装箱信息标签页，点击界面中部“新增”白色按钮，需录入集装箱信息后，点击“保存”蓝色按钮，保存成功后，才能点击封志信息或集装箱残损信息。封志信息与集装箱残损信息不是必填选项，用户可根据实际业务情况进行录入。更多具体操作可参见上文“原始舱单主要数据”中表体的相关描述。

小提示：

提运单表体和集装箱表体最多录入9999条。封志号码和施加封志人最多录入9条。联系方式最多录入3条。集装箱（器）残损信息最多录入99条。

（二）新增

在图7–9中点击界面上方“+ 新增”蓝色按钮，系统将自动清空当前界面内所有已录入的数据，便于用户重新录入一票数据。

小提示：

如您在录入数据的过程中，点击了“暂存”按钮，则系统将自动保存您当前所录入的数据，即使进行新增操作，也不会丢失数据，可在综合查询中进行查找。

（三）申报

可勾选图7–9中录入完毕并确认无误的表体数据，通过点击右上方的“向海关申报”蓝色按钮进行申报。

小提示：

申报即意味着您的数据已向相关业务主管部门进行发送，并等待其审批。

（四）删除

可删除整票进口理货申报的数据。点击图7–9上方的“删除”蓝色按钮，系统将提示用户是否删除当前数据，删除的数据将不可恢复，需重新录入，请谨慎操作。

小提示：

当进口理货数据只有表头没有提运单表体或集装箱表体，或所有提运单状态为暂存、申报失败或海关退单，进口理货数据删除申请状态为海关接受申报，可进行该项删除操作。否则，系统可能弹出不允许删除的相应提示。

二、进口理货删除申请

实现水运进口理货报告删除申请的录入、申报功能，提供水运进口理货报告删除申请录、申报界面，由用户手工录入并申报水运进口理货报告删除申请。

点击界面中“进口理货删除申请”，可手工录入各个字段，或输入已录入并保存过的航次航班编号与运输工具代码等字段后，按键盘回车键，系统将查找并自动返填所有已存在的数据内容。

新增、申报等更多详细操作，可参考上文“原始舱单主要数据”或“进口理货申报”中的相关描述。

小提示：

进口理货报告删除申请状态为申报失败、海关退单时，可进行申报、删除申请操作。否则，系统可能给予无符合条件的数据等提示。

三、出口理货申报

实现出口理货报告新增数据的录入、修改、暂存功能，提供出口理货报告新增数据录入界面，由用户手工录入或修改出口理货报告新增数据。

更多详细操作，可参考上文“原始舱单主要数据”或“进口理货申报”中的相关描述。

四、出口理货删除申请

实现水运出口理货报告删除申请的录入、申报功能，提供水运出口理货报告删除申请录入、申报界面，由用户手工录入并申报水运出口理货报告删除申请。

点击界面中“出口理货删除申请”，可手工录入各个字段，或输入已录入并保存过的航次航班编号与运输工具代码等字段后，按键盘回车键，系统将查找并自动返填所有已存在的数据内容。

新增、申报等更多详细操作，可参考“原始舱单主要数据”或“进口理货申报”中的相关描述。

小提示：

出口理货报告删除申请状态为申报失败、海关退单时，可进行申报、删除申请操作。否则，系统可能给予无符合条件的数据等提示。

第四节 运抵报告

一、分流分拨运抵申报

是指为防止货物、物品积压，阻塞港口，根据港口行政管理部门的决定，将相关货物、物品疏散到其他海关监管场所的行为。

点击界面左侧"运抵报告"——"分流分拨运抵申报"，右侧区域展示录入界面如图 7-9。界面上方为表头部分、下方列表为表体（提运单信息、集装箱信息）部分。

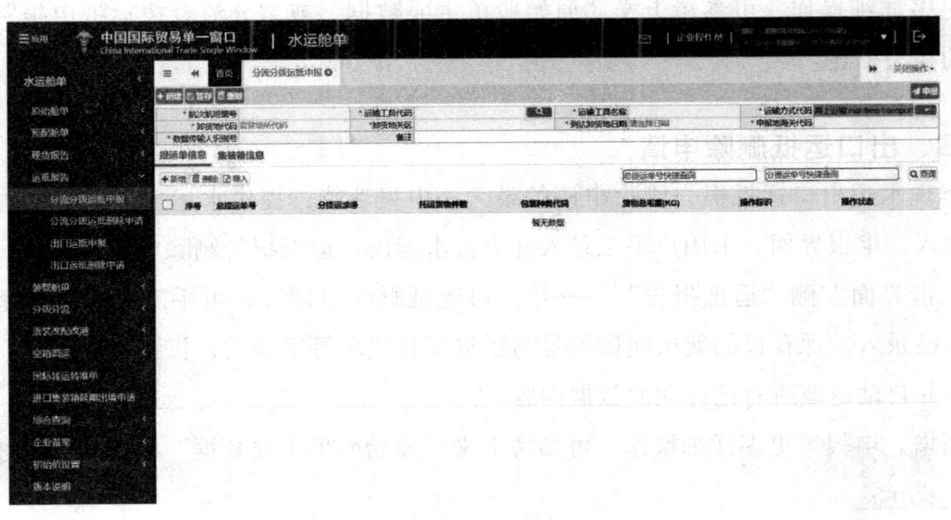

图 7-9 分流分拨运抵申报

录入与暂存、新增、申报、删除具体操作参考上文"进口理货申报"章节。

小提示：

当分流分拨运抵数据只有表头没有提运单表体或集装箱表体，或者所有提运单状态为暂存、申报失败或海关退单，分流分拨运抵数据删除申请状态为海关接受申报，可进行该项删除操作。否则，系统可能弹出不允许删除的相应提示。

二、分流分拨运抵删除申请

实现分流分拨运抵报告删除申请的录入、申报功能，提供分流分拨运抵报告删除申请录入、申报界面，由用户手工录入并申报分流分拨运抵报告删除申请。

点击界面中“分流分拨运抵删除申请”，可手工录入各个字段，或输入已录入并保存过的航次航班编号与运输工具代码等字段后，按键盘回车键，系统将查找并自动返填所有已存在的数据内容。

新增、申报等更多详细操作，可参考上文“原始舱单主要数据”中的相关描述。

小提示：

分流分拨运抵删除申请状态为申报失败、海关退单时，可进行申报、删除申请操作。否则，系统可能给予无符合条件的数据等提示。

三、出口运抵申报

实现出口运抵报告新增数据的录入、修改、暂存功能，提供出口运抵报告新增数据录入界面，由用户手工录入或修改出口运抵报告新增数据。

更多详细操作，可参考上文“原始舱单主要数据”或“分流分拨运抵申报”等章节中的相关描述。

四、出口运抵删除申请

实现水运出口运抵报告删除申请的录入、申报功能，提供水运出口运抵报告删除申请录入、申报界面，由用户手工录入并申报水运出口运抵报告删除申请。

点击界面左侧“运抵报告”——“出口运抵删除申请”，可手工录入各个字段，或输入已录入并保存过的航次航班编号与运输工具代码等字段后，按键盘回车键，系统将查找并自动返填所有已存在的数据内容。

新增、申报等更多详细操作，可参考上文“原始舱单主要数据”中的相关描述。

小提示：

出口运抵删除申请状态为申报失败、海关退单时，可进行申报、删除申请操作。否则，系统可能给予无符合条件的数据等提示。

第五节 装载舱单

一、装载舱单申报

点击左侧“装载舱单”——“装载舱单申报”，右侧区域展示录入界面，如图 7–10。界面上方为表头部分、下方列表为表体（提运单等信息）部分。

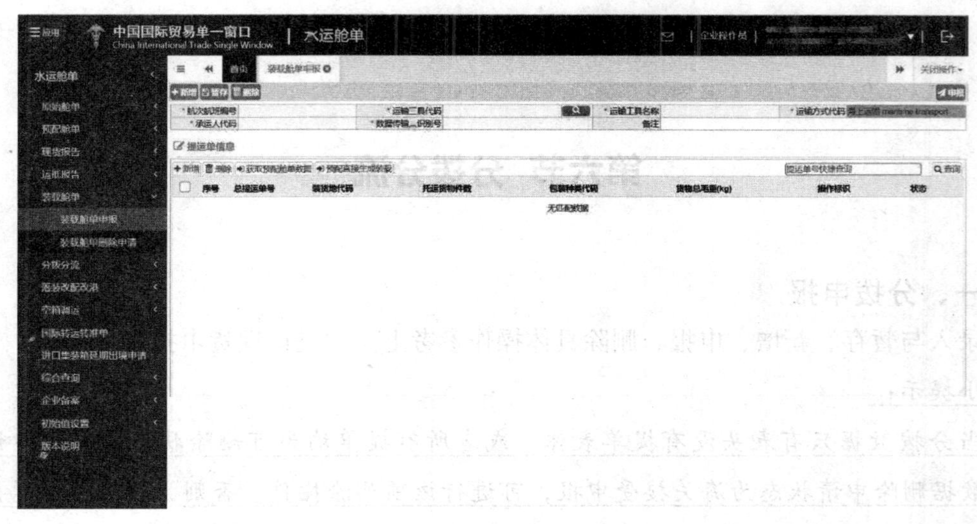

图 7-10 装载舱单申报

录入与暂存、新增、申报、删除具体操作参考上文进口理货申报章节。

小提示：

当装载舱单数据只有表头没有提运单表体或集装箱表体，或者所有提运单状态为暂存、申报失败或海关退单，装载数据删除申请状态为海关接受申报，可进行该项删除操作。否则，系统可能弹出不允许删除的相应提示。

二、装载舱单删除申请

实现水运装载舱单删除申请的录入、申报功能，提供水运装载舱单删除申请录入、申报界面，由用户手工录入并申报水运装载舱单删除申请。

点击图 7-11 界面中“装载舱单删除申请”，可手工录入各个字段，或输入已录入并保存过的航次航班编号与运输工具代码等字段后，按键盘回车键，系统将查找并自动返填所有已存在的数据内容。

新增、申报等更多详细操作，可参考上文“原始舱单主要数据”中的相关描述。

小提示：

装载舱单删除申请状态为申报失败、海关退单时，可进行申报、删除申请操作。否则，系统可能给予无符合条件的数据等提示。

第六节 分拨分流

一、分拨申报

录入与暂存、新增、申报、删除具体操作参考上文“进口理货申报”章节。

小提示：

当分拨数据只有表头没有提单表体，或者所有提单均为可删除状态的分拨申请，分拨数据删除申请状态为海关接受申报，可进行该项删除操作。否则，系统可能弹出不允许删除的相应提示。

二、分拨删除申请

实现水运分拨申请删除申请的录入、申报功能，提供水运分拨申请删除申请录入、申报界面，由用户手工录入并申报水运分拨申请删除申请。

点击界面左侧“分拨分流”——“分拨删除申请”，可手工录入各个字段，或输入已录入并保存过的航次航班编号、运输工具代码等字段后，按键盘回车键，系统将查找并自动返填所有已存在的数据内容。

新增、申报等更多详细操作，可参考上文“原始舱单主要数据”中的相关描述。

小提示：

分拨删除申请状态为申报失败、海关退单时，可进行申报、删除申请操作。否则，系统可能给予无符合条件的数据等提示。

三、分流申报

实现分流申请新增数据的录入、修改、暂存功能，提供分拨申请新增数据录入界面，由用户手工录入或修改分拨申请新增数据。

更多说明，可参考上文“原始舱单主要数据”或“分拨申报”等章节中的相关描述。

四、分流删除申请

实现水运分流删除申请的录入、申报功能，提供水运分流删除申请录入、申报界面，由用户手工录入并申报水运分流删除申请。

点击界面左侧“分拨分流”——“分流删除申请”，可手工录入各个字段，或输入已录入并保存过的航次航班编号与运输工具代码等字段后，按键盘回车键，系统将查找并自动返填所有已存在的数据内容。

新增、申报等更多详细操作，可参考上文“原始舱单主要数据”中的相关描述。

小提示：

分拨删除申请状态为申报失败、海关退单时，可进行申报、删除申请操作。否则，系统可能给予无符合条件的数据等提示。

第七节 落装改配改港

一、出口直接改配申请

实现出口直接改配申请新增数据的录入、修改、暂存功能，提供新增数据录入界面，由用户手工录入或修改数据。

点击左侧“落装改配改港”——“出口直接改配申请”，右侧区域展示录入界面如图 7-11。界面上方为表头部分、下方列表为表体（提运单信息）部分。

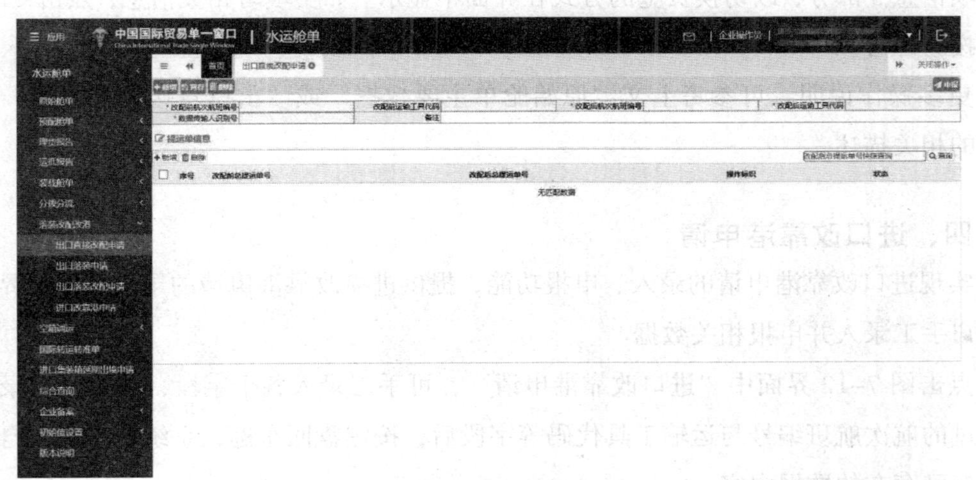

图 7-11 出口直接改配申请

录入与暂存、新增、申报、删除具体操作参考上文进口理货申报章节。

小提示：

当出口直接改配申请数据只有表头没有提单表体，或者所有提单均为暂存、可删除等状态，可进行该项删除操作。否则，系统可能弹出不允许删除的相应提示。

二、出口落装申请

实现出口落装申请删除申请的录入、申报功能，提供出口落装申请的录入、申报界面，由用户手工录入并申报申请数据。

点击图 7–12 界面中“出口落装申请”，可手工录入各个字段，或输入已录入并保存过的航次航班编号与运输工具代码等字段后，按键盘回车键，系统将查找并自动返填所有已存在的数据内容。

新增、申报等更多详细操作，可参考上文“原始舱单主要数据”中的相关描述。

小提示：

分拨删除申请状态为申报失败、海关退单时，可进行申报、删除申请操作。否则，系统可能给予无符合条件的数据等提示。

三、出口落装改配申请

实现出口落装改配申请数据的录入、修改、暂存功能，提供分拨申请新增数据录入界面，由用户手工录入或修改数据。

点击图 7–12 界面中“出口落装改配申请”，录入表头数据后，点击界面上方“暂存”蓝色按钮，才能新增表体数据。点击“新增”白色按钮，包括基本信息、集装箱信息与商品项信息 3 部分，以切换页签的方式在界面中显示。如实填写相关信息，点击“保存”白色按钮即可。

更多操作说明，可参考上文“原始舱单主要数据”或“出口直接改配申请”等章节中的相关描述。

四、进口改靠港申请

实现进口改靠港申请的录入、申报功能，提供进口改靠港申请的录入、申报界面，由用户手工录入并申报相关数据。

点击图 7–12 界面中“进口改靠港申请”，可手工录入各个字段，或输入已录入并保存过的航次航班编号与运输工具代码等字段后，按键盘回车键，系统将查找并自动返填所有已存在的数据内容。

更多操作说明，可参考上文“原始舱单主要数据”或“出口直接改配申请”等章节中的相关描述。

第八节 空箱调运

一、进口空箱调运申请

实现进口空箱调运数据的录入、修改、暂存功能，提供水运进口空箱调运新增数据录入界面，由用户手工录入或修改数据。

点击图 7–12 左侧“空箱调运”——“进口空箱调运申请”，右侧区域展示录入界面。录入与暂存、新增、申报、删除具体操作参考上文“进口理货申报”章节。

小提示：

当进口空箱调运申请的数据只有表头没有提单表体，或所有提单均为暂存等状态时，可进行该项删除操作。否则，系统可能弹出不允许删除的相应提示。

二、出口空箱调运申请

实现出口空箱调运申请的录入、申报功能，提供水运出口空箱调运申请录入、申报界面，由用户手工录入并申报数据。

点击界面中“出口空箱调运申请”，可手工录入各个字段，或输入已录入并保存过的航次航班编号与运输工具代码等字段后，按键盘回车键，系统将查找并自动返填所有已存在的数据内容。

更多详细操作，可参考上文“原始舱单主要数据”或“进口空箱调运申请”的相关描述。

第九节 国际转运准单

实现国际转运准单数据的录入、暂存、删除等功能，提供国际转运准单新增数据录入界面，由用户手工录入或修改数据。

依次点击左侧菜单栏“水运舱单——国际转运准单”，右侧区域展示录入界面如图 7–12。

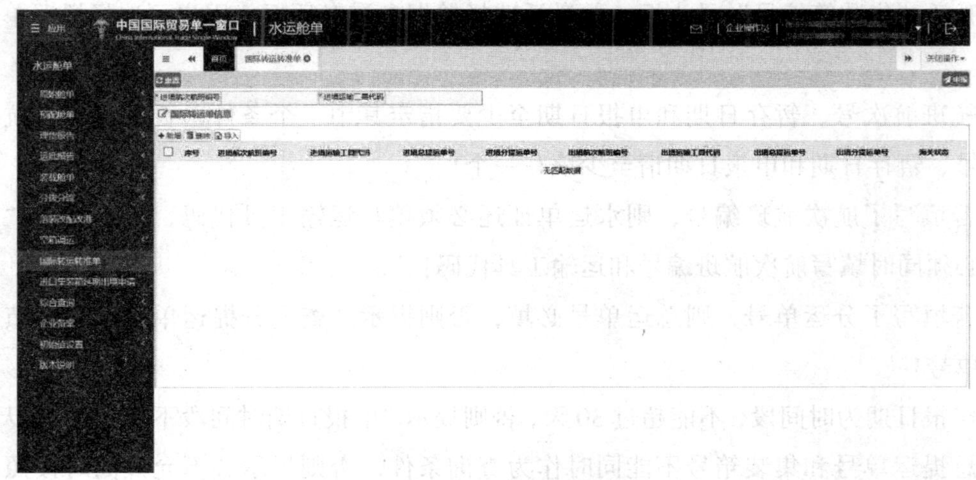

图 7–12 国际转运准单

录入与暂存、新增、申报、删除具体操作参考上文“进口理货申报”章节。

第十节 综合查询

提供水运舱单申报系统所有单证的状态和回执查询功能：用户登录海空运舱单申报系统，进入综合查询页面，输入查询条件并执行查询，系统以列表方式展现符合条件的记录及其状态，用户可进一步查看其中每条记录的详细信息和回执信息。

在左侧“综合查询”菜单中点击“单证查询”，右侧显示界面如图 7-13。

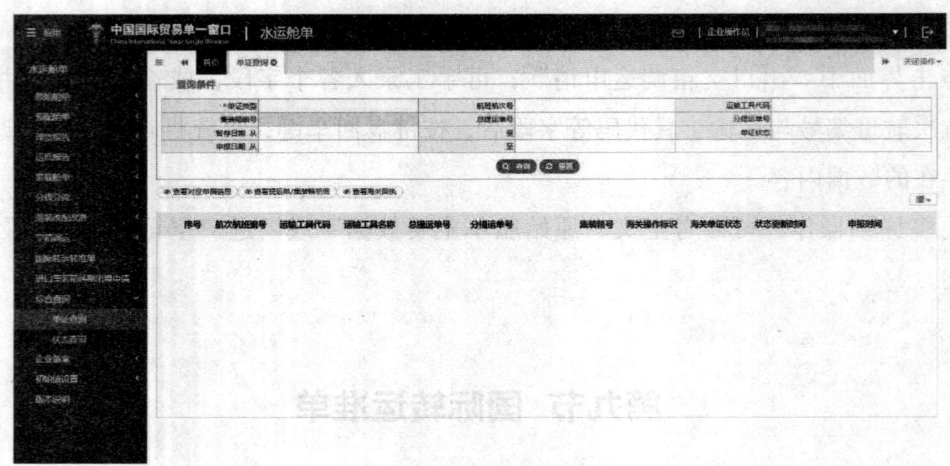

图 7-13 单证查询

单证类型为必填项，否则提示“单证类型必填！”若“单证类型”选择的是“水运出口运抵”或“水运分流运抵”“水运进口理货”“水运出口理货”，回车或光标移开时激活“集装箱编号”录入框；并激活选择单据查询对话框，用户可选择提运单或集装箱。

航班航次号、暂存日期和申报日期至少要指定其中一个条件，否则提示“航次航班编号、暂存日期和申报日期请至少填写一个！”

若填写了航次航班编号，则水运单证还必须填写运输工具代码，否则提示“水运单证必须同时填写航次航班编号和运输工具代码！”

若填写了分运单号，则总运单号必填，否则提示“查询分提运单时，必须填写总提运单号！”

申报日期为时间段，不能超过 30 天，否则提示“申报日期时间段不能超过 30 天！”

总提运单号和集装箱号不能同时作为查询条件，否则提示“不允许同时按照提运单号和集装箱编号查询！”

点击“重置”蓝色按钮将清空查询条件，重新填写后查询。

输入相应查询条件，点击“查询”蓝色按钮，查询结果显示在下方列表中，在列表中勾选任意记录，可点击界面中“查看对应单据信息”“查看提运单 / 集装箱明细”或“查看海关回执”等白色按钮，系统自动跳转至相应详细信息界面。

第十一节 常见问题解答

1. 舱单申报系统申报的提单状态被卡在“已申报”或是“转人工”，海关也看不到单子，该怎么办？

答：这种状况的原因可能是提运单信息内企业代码类别填错。选中提单，点击提单列表上方的“状态解锁”按钮，即可将“已申报”或是“转人工”对应的提单的状态变为可修改、删除的“暂存”状态，企业可以修改后重报。

2. “单一窗口”系统中录入时，提运单信息下的收发货人 / 通知人代码应如何填写？

答：收发货人、通知人代码要按照海关总署 2017 年第 56 号公告附件 40《企业代码类型汇总表》对应的代码类型填写，填写格式为“代码缩写 + 企业代码”。“单一窗口”录入时，在“收发货人 / 通知人代码”一栏内直接填入企业代码，在“企业代码类型”一栏内填写代码缩写，代码及代码类型在页面上为两个拆分字段，企业无需在代码前加上代码缩写，系统在发往海关时在报文中自动将两者合并生成“代码缩写 + 企业代码”的报文格式。

3. 原始舱单和预配舱单传输时限的具体规定是什么？

答：原始舱单：集装箱船应于装船的 24 小时以前，非集装箱船舶应于抵达境内第一目的港的 24 小时以前向海关传输主要数据。应在进境货物、物品运抵目的港以前向海关传输原始舱单其他数据。

预配舱单：应在报关前向海关传输主要数据。在海关接受主要数据传输后，集装箱船舶应在装船的 24 小时以前，非集装箱船舶应在开始装载货物、物品的 2 小时以前向海关传输预配舱单其他数据。

装载舱单：运输工具开始装载货物、物品的 30 分钟前。

理货报告：出境运输工具驶离装货港的 6 小时内。

4. 超过规定时限后舱单还能传输吗？

答：按照目前海关舱单系统设置，超过规定时限后，系统还是可以接受舱单及相关电子数据传输的，但是，数据报文必须由海关关员进行人工审核后才可以入库。

第二章　空运舱单申报系统操作指南

空运舱单申报系统具体操作与水运舱单申报系统一致，参考上文《水运舱单申报系统操作指南》章节，此处不再赘述。

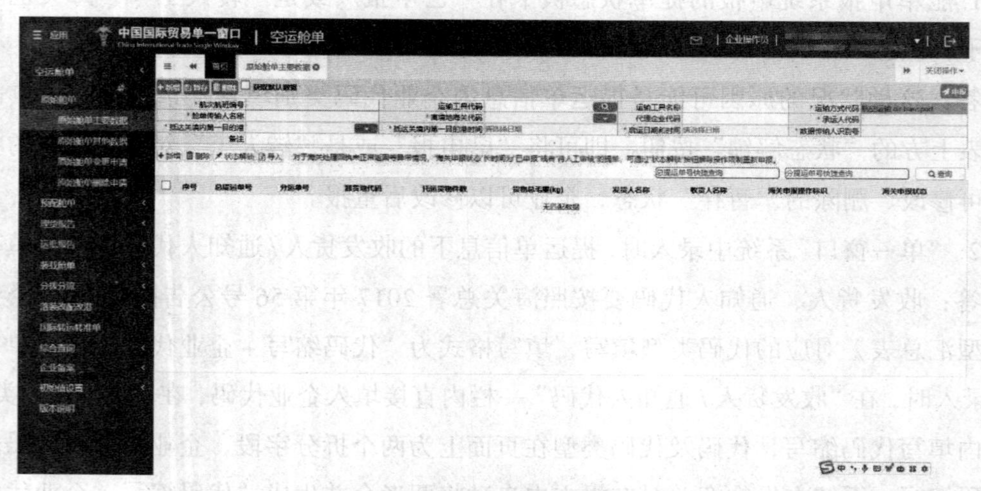

图 7-14 空运舱单界面

第三章　公路舱单申报系统操作指南

第一节　原始舱单

原始舱单的数据录入、暂存、删除、申报、变更等具体操作与水运原始舱单一致，参考上文《水运舱单申报系统操作指南》中《原始舱单》章节，此处不再赘述。

第二节　预配舱单

预配舱单的数据录入、暂存、删除、申报、变更等具体操作与水运预配舱单一致，参考上文《水运舱单申报系统操作指南》中《预配舱单》章节，此处不再赘述。

第三节 车辆进出境确报

公路车辆进出境确报：公路进 / 出境车辆在抵达公路口岸监管点前，应向海关以电子数据方式提交车辆进 / 出境确报，告知海关确切的抵达时间及所载货物批次信息。

一、载货车辆进境确报

运输企业可自行录入或者委托代理企业完成载货车辆进境的数据录入，录入完成申报后向海关发送申报信息。海关收到载货车辆进境确报信息后，由关员进行审核，审核后将审核结果发送到公路舱单申报系统。企业可通过公路舱单申报系统查询审核结果。载货车辆进境确报功能模块包括舱单数据录入、暂存、删除、申报、打印功能。

（一）表头

小提示：

界面中，带有黄色输入框的字段为必填项，否则可能无法继续进行暂存或申报等操作。

点击公路舱单申报系统左侧“载货车辆进境确报”——“载货车辆进境确报”右侧区域展示录入界面（如图 7-15）。界面分为表头（基本备案信息填写）、表体（运输工具信息 + 托架 / 拖挂车信息 + 集装箱信息）。

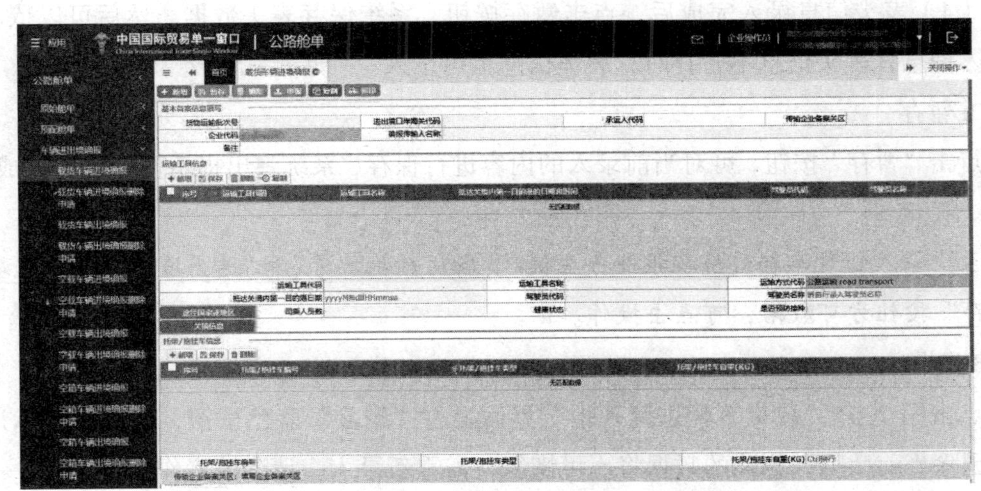

图 7-15 公路舱单申报系统——载货车辆进境确报

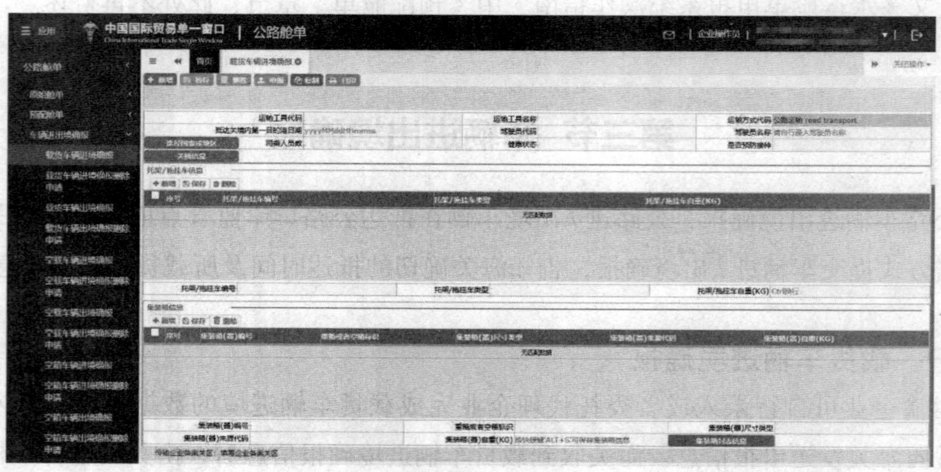

图 7-16 公路舱单申报系统——载货车辆进境确报（续）

点击界面上方蓝色按钮所进行的操作，将影响当前的整票数据。

1. 新增

（1）界面各录入字段中，带黄色输入框的字段为必填项，置灰输入框的字段为系统反填项或不可修改项。

（2）暂存前表头必填项信息必须填写，否则不可暂存。

（3）系统根据企业备案信息自动返填该企业的“传输企业备案关区、企业代码、确报传输人名称”。

（4）表头信息录入完成后，点击暂存按钮，系统保存表头数据，然后可以依次录入表体信息，表头信息不暂存时，表体信息也可录入。

2. 暂存

点击“暂存”按钮，可对当前录入的内容进行保存，系统弹出提示框提示暂存成功。

小提示：

至少录入载货车辆进境确报业务主键“货物运输批次号”和“进出境口岸海关代码”，“暂存”按钮方可激活，可点击操作。

3. 删除

点击图 7-15“载货车辆进境确报”界面上方“删除”蓝色按钮，系统将提示用户是否删除当前数据，删除的数据将不可恢复，需重新录入，请谨慎操作。

小提示：

当载货车辆进境确报暂存成功后，“删除”“申报”按钮方可激活，可点击操作。

4. 申报

载货车辆进境数据录入完毕，可点击右上方的“申报”蓝色按钮进行申报。

小提示：

（1）申报即意味着您的数据已向相关业务主管部门进行发送，并等待其审批。

（2）申报时，默认选择运输工具、托架 / 拖挂车、集装箱信息都申报。

（3）申报时，表头和表体中的必填项必须录入相关数据，才能申报成功。

5. 打印

用户点击右上角的“打印”蓝色按钮，系统将生成一个 PDF 文件，可直接打印或保存文件。

小提示：

当载货车辆进境确报申报成功后，“打印”按钮方可激活，可点击操作。

（二）表体

表头数据录入完毕，在图 7-16 表头下方依次新增表体：运输工具信息、托架 / 拖挂车信息、集装箱信息。

1. 录入表体—运输工具信息、托架 / 拖挂车信息或者集装箱信息时，应该先录入信息再点击“新增”按钮，直接点击“新增”按钮则提示“运输工具代码不能为空”。

2. 录入运输工具信息、托架 / 拖挂车信息或者集装箱信息时，可使用如下方式进行录入：先录入完信息至最后一项后，点击 Enter（回车）键增加一条表体信息。

小提示：

录入集装箱信息封志信息时，应注意页面录入提示规则，如图 7-17 所示：

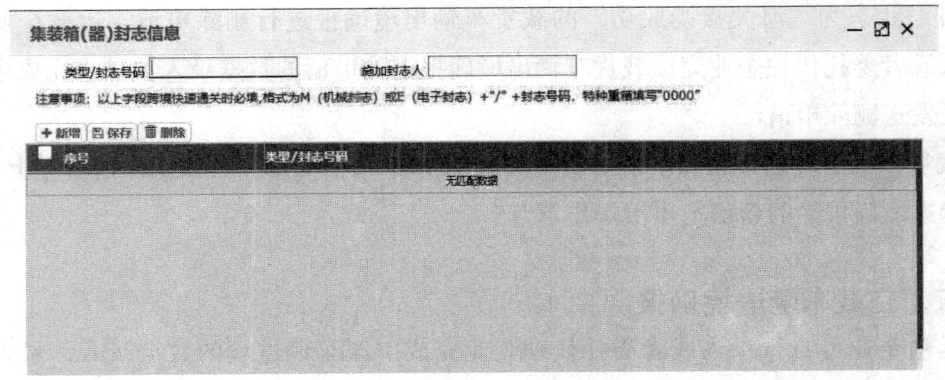

图 7-17 集装箱信息封志信息录入

二、载货车辆出境确报

运输企业可自行录入或者委托代理企业完成载货车辆出境的数据录入，录入完成申报后向海关发送申报信息。海关收到载货车辆出境确报信息后，由关员进行审核，审核后将审核结果发送到公路舱单申报系统。企业可通过公路舱单申报系统查询审核结果。载货车辆出境确报功能模块包括舱单数据录入、暂存、删除、申报、打印功能。

载货车辆出境确报的新增、暂存、删除、申报、打印功能操作请参考上文《载货车辆进境确报》章节。

三、载货车辆进境确报删除申请

可对状态为“海关接受成功”的载货车辆进境确报进行删除申请。运输企业可自行录入或者委托代理企业完成载货车辆进境确报删除申请的数据录入，录入完成申报后向海关发送删除申请。

载货车辆进境确报删除申请功能模块提供新增、申报功能，具体操作请参考上文《载货车辆进境确报》的新增与申报操作章节。

小提示：

1. 对于已经申报过的载货车辆进境确报，通过在 公路舱单申报系统—载货车辆进境确报删除申请 表头页面输入业务主键“货物运输批次号”和“进出境口岸海关代码”，点击 Enter（回车）键返填已申报的载货车辆进境确报数据，点击左上方的“申报”蓝色按钮进行申报。

2. 载货车辆进境确报删除申请，表体置灰不可录入和更改。

四、载货车辆出境确报删除申请

可对状态为“海关接受成功”的载货车辆出境确报进行删除申请。运输企业可自行录入或者委托代理企业完成载货车辆出境确报删除申请的数据录入，录入完成申报后向海关发送删除申请。

载货车辆出境确报删除申请功能模块提供新增、申报功能，具体操作请参考上文《载货车辆进境确报》的新增与申报操作章节。

五、空载车辆进境确报

运输企业可自行录入或者委托代理企业完成空载车辆进境的数据录入，录入完成申报后向海关发送申报信息。海关收到空载车辆进境信息后，由关员进行审核，审核后将审核结果发送到公路舱单申报系统。企业可通过公路舱单申报系统查询审核结果。空载车辆进境确报功能模块包括舱单数据录入、暂存、删除、申报功能。

空载车辆进境确报的新增、暂存、删除、申报功能操作请参考上文《载货车辆进境确报》章节。

六、空载车辆出境确报

运输企业可自行录入或者委托代理企业完成空载车辆出境的数据录入，录入完成申报后向海关发送申报信息。海关收到空载车辆出境确报信息后，由关员进行审核，审核后将审核结果发送到公路舱单申报系统。企业可通过公路舱单申报系统查询审核结果。空载车辆出境确报功能模块包括舱单数据录入、暂存、删除、申报功能。

空载车辆出境确报的新增、暂存、删除、申报功能操作请参考上文《载货车辆进境确报》章节。

七、空载车辆进境确报删除申请

可对状态为“海关接受成功”的空载车辆进境确报进行删除申请。运输企业可自行录入或者委托代理企业完成空载车辆进境确报删除申请的数据录入，录入完成申报后向海关发送删除申请。

空载车辆进境确报删除申请功能模块提供新增、申报功能，具体操作请参考上文《载货车辆进境确报》的新增与申报操作章节。

八、空载车辆出境确报删除申请

可对状态为“海关接受成功”的空载车辆出境确报进行删除申请。运输企业可自行录入或者委托代理企业完成空载车辆出境确报删除申请的数据录入，录入完成申报后向海关发送删除申请。

空载车辆出境确报删除申请功能模块提供新增、申报功能，具体操作请参考上文《载货车辆进境确报》的新增与申报操作章节。

九、空箱车辆进境确报

运输企业可自行录入或者委托代理企业完成空箱车辆进境的数据录入，录入完成申报后向海关发送申报信息。海关收到空箱车辆进境确报信息后，由关员进行审核，审核后将审核结果发送到公路舱单申报系统。企业可通过公路舱单申报系统查询审核结果。空箱车辆进境确报功能模块包括舱单数据录入、暂存、删除、申报功能。

空箱车辆进境确报的新增、暂存、删除、申报功能操作，请参考上文《载货车辆进境确报》章节。

十、空箱车辆出境确报

运输企业可自行录入或者委托代理企业完成空箱车辆出境的数据录入，录入完成申报后向海关发送申报信息。海关收到空箱车辆出境确报信息后，由关员进行审核，审核后将审核结果发送到公路舱单申报系统。企业可通过公路舱单申报系统查询审核结果。

空箱车辆出境确报功能模块包括舱单数据录入、暂存、删除、申报功能。

空箱车辆出境确报的新增、暂存、删除、申报功能操作，请参考上文《载货车辆进境确报》章节。

十一、空箱车辆进境确报删除申请

可对状态为“海关接受成功”的空箱车辆进境确报进行删除申请。运输企业可自行录入或者委托代理企业完成空箱车辆进境确报删除申请的数据录入，录入完成申报后向海关发送删除申请。

空箱车辆进境确报删除申请功能模块提供新增、申报功能，具体操作请参考上文《载货车辆进境确报》的新增与申报操作章节。

十二、空箱车辆出境确报删除申请

可对状态为“海关接受成功”的空箱车辆出境确报进行删除申请。运输企业可自行录入或者委托代理企业完成空箱车辆出境确报删除申请的数据录入，录入完成申报后向海关发送申报信息。

空箱车辆出境确报删除申请功能模块只提供申报功能，具体操作请参考上文《载货车辆进境确报》的新增与申报操作章节。

第四节 理货报告

理货报告是指海关监管场所经营人或者理货部门对进出境运输工具所载货物的实际装卸情况予以核对、确认的记录。

理货报告的数据录入、保存、删除、申报等具体操作与水运舱单理货报告一致，参考上文《水运舱单申报系统操作指南》中《理货报告》章节，此处不再赘述。

第五节 运抵报告

运抵报告是指进出境货物运抵海关监管场所时，海关监管场所经营人向海关提交的反映货物实际到货情况的记录。

运抵报告的新增、保存、删除、申报等具体操作与水运舱单出口运抵申报和删除一致，参考上文《水运舱单申报系统操作指南》的《运抵报告》章节，此处不再赘述。

第六节 装箱清单

装箱清单是指反映以集装箱运输的出境货物在装箱以前的实际装载信息的单据。

一、装箱清单申报

企业完成装箱清单的数据录入，录入完成申报后向海关发送申报信息。海关收到装箱清单信息后，由关员进行审核，审核后将审核结果发送到公路舱单申报系统。企业可通过公路舱单申报系统查询审核结果。装箱清单模块包括数据录入、暂存、删除、申报功能。

（一）表头

小提示：

界面中，带有黄色输入框的字段为必填项，否则可能无法继续进行暂存或申报等操作。

点击 公路舱单申报系统—装箱清单 界面中“装箱清单申报”，右侧区域展示录入界面（如图 7–18）。界面分为表头（基本信息）、表体（提运单信息）。

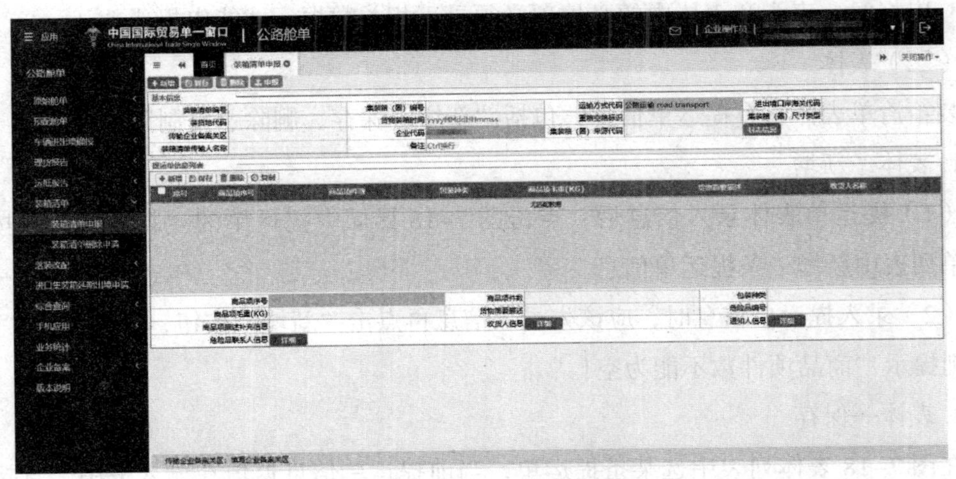

图 7–18 公路舱单申报系统—装箱清单申报

点击界面上方蓝色按钮所进行的操作，将影响当前的整票数据。

1. 新增

（1）界面各录入字段中，带黄色输入框的字段为必填项，置灰输入框的字段关系统反填项或不可修改项。

（2）暂存前表头必填项信息必须填写，否则不可暂存。

（3）系统根据企业备案信息自动返填该企业的“传输企业备案关区、企业代码”。

（4）表头信息录入完成后，点击暂存按钮，系统保存表头数据，然后可以依次录入表体信息，表头信息不暂存时，表体信息也可录入。

2. 暂存

点击“暂存”按钮，可对当前录入的内容进行保存，系统弹出提示框提示暂存成功。

3. 删除

可删除整票装箱清单数据。点击图 7–18 上方“删除”蓝色按钮，系统将提示用户是否删除当前数据，删除的数据将不可恢复，需重新录入，请谨慎操作。

小提示：

装箱清单暂存成功后，“删除”和“申报”按钮方可激活，可点击操作。

4. 申报

装箱清单数据录入完毕，可点击右上方的“申报”蓝色按钮进行申报。

小提示：

1. 申报即意味着您的数据已向相关业务主管部门进行发送，并等待其审批。

2. 申报时，必须选择提运单，才能申报成功，否则出现提示“申报失败，无提（运）单信息”。

3. 申报时，表头和表体中的必填项必须录入相关数据，才能申报成功。

（二）表体

装箱清单表体只有提运单信息，包括“新增、保存、删除、复制”功能。

1. 表体—新增

（1）提运单表体录入信息后，点击图 7–18 界面中提运单的“新增”白色按钮，提运单列表中新增一条提运单信息。

（2）录入提运单信息时，应该先录入信息再点击“新增”按钮，直接点击“新增”按钮则提示“商品项件数不能为空！”

2. 表体—保存

在图 7–18 表体列表中选某条提运单，当前提运单信息返填在输入框中，直接在输入框进行修改，修改完成后点击“新增”或“保存”按钮，则成功修改当前提运单信息。

3. 表体—删除

在图 7–18 表体中至少选择一条提运单信息，点击“删除”的白色按钮，点击“确定”，将删除本条表体数据。如未选择，则提示“请勾选需删除的数据”。

4. 提运单—复制

在图 7-18 中至少选择一条点击提运单界面“复制”白色按钮，系统将复制当前界面已录入提运单的数据，同时新复制的提运单商品项序号自动递增，直接点击复制按钮，则提示“请选中一行数据”。

二、装箱清单删除申请

可对状态为“海关接受成功”的装箱清单进行删除申请。企业完成进装箱清单删除申请的数据录入，录入完成申报后向海关发送删除申请。装箱清单删除申请功能模块包括舱单数据录入、申报功能。

（一）表头

小提示：

界面中，带有黄色输入框的字段为必填项，否则可能无法继续进行申报操作。

点击公路舱单申报系统左侧界面中“装箱清单”——“装箱清单删除申请”，右侧区域展示录入界面（如图 7-19）。界面分为表头（基本信息）、表体（提运单信息）。

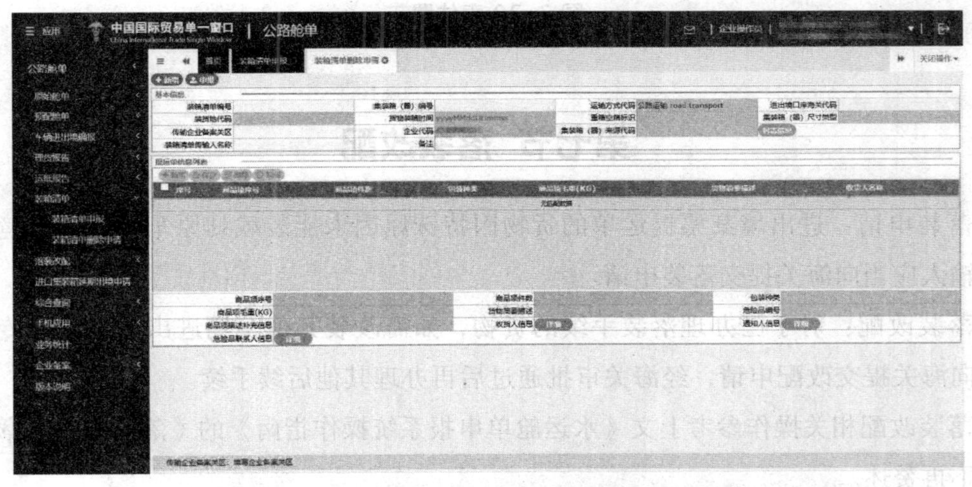

图 7-19 公路舱单申报系统——装箱清单删除申请

点击界面上方蓝色按钮所进行的操作，将影响当前的整票数据。

1. 新增

（1）界面各录入字段中，带黄色输入框的字段为必填项，置灰输入框的字段为系统反填项或不可修改项。

（2）申报前表头必填项信息必须填写，否则不可申报。

（3）系统根据企业备案信息自动返填该企业的“传输企业备案关区、企业代码”。

（4）表头信息录入完成后，直接点击申报按钮。

2. 申报

（1）录入装箱清单删除申请数据完毕，点击左上方的“申报”蓝色按钮进行申报。

（2）对于已经申报过的装箱清单数据，通过在图 7-19 表头页面输入业务主键“装箱清单编号 + 集装箱（器）编号”，点击 Enter（回车）键返填已申报的装箱清单数据，点击右上方的“申报”蓝色按钮进行申报。

（二）表体

装箱清单删除申请，表体置灰不可录入和更改，如图 7-20 所示：

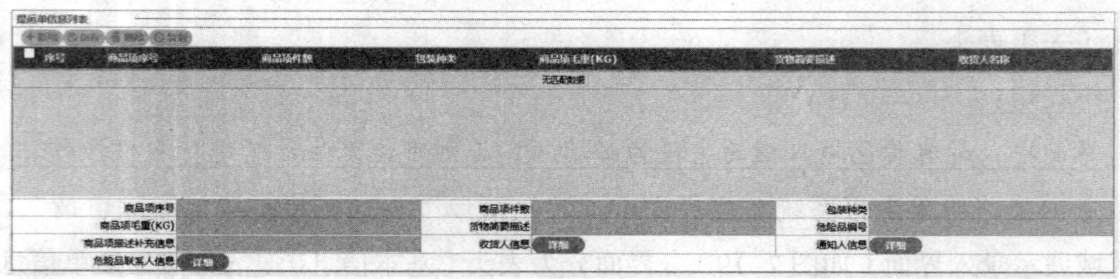

图 7-20 表体置灰

第七节 落装改配

落装申请：进出境某票提运单的货物因特殊原因未能装载到原车辆上进出境，舱单传输人应当向海关提交落装申请。

落装改配：对于已办理落装手续的货物，如需改装其他车辆进出境，舱单传输人应当向海关提交改配申请，经海关审批通过后再办理其他后续手续。

落装改配相关操作参考上文《水运舱单申报系统操作指南》的《落装改配》章节，此处不再赘述。

第八节 综合查询

企业完成舱单录入和申报后，可通过公路舱单申报系统查询申报结果，公路舱单申报系统提供“单证状态查询”和“海关回执查询”。

一、单证状态查询

企业录入舱单数据后，点击“暂存”或“申报”后，即可通过单证状态查询模块，查询单证状态。

点击选择菜单“综合查询—单证状态查询”，进入“单证状态查询”界面，如图 7-21：

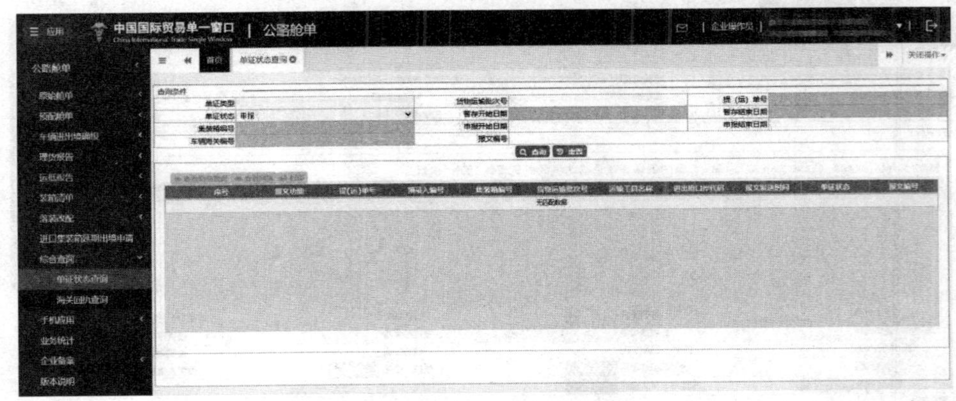

图 7-21 单证状态查询

输入相应的查询条件．点击“查询”按钮，系统查找符合条件的记录显示在查询列表中。

小提示：

查询条件中的单证类型和“货物运输批次号 / 申报日期区间 / 报文编号”两个条件必须录入，否则出现如图 7-22 提示：

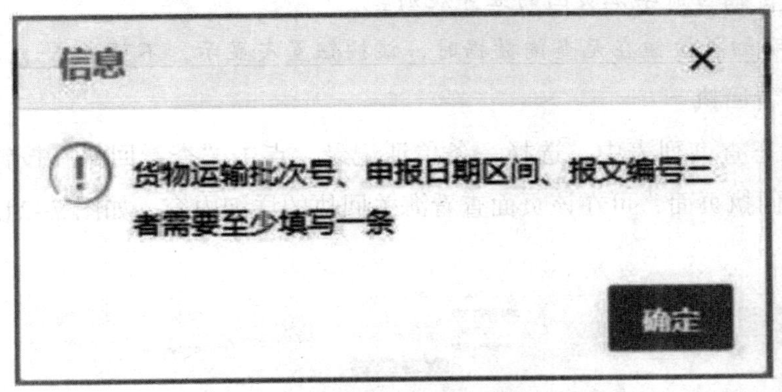

图 7-22 查询条件提示

（一）查看明细数据

在单证状态查询列表中，选择一条单证记录，点击“查看明细数据”按钮，页面跳转至相应的单证页面，页面返填相应的数据。此时，数据允许编辑。如图 7-23。

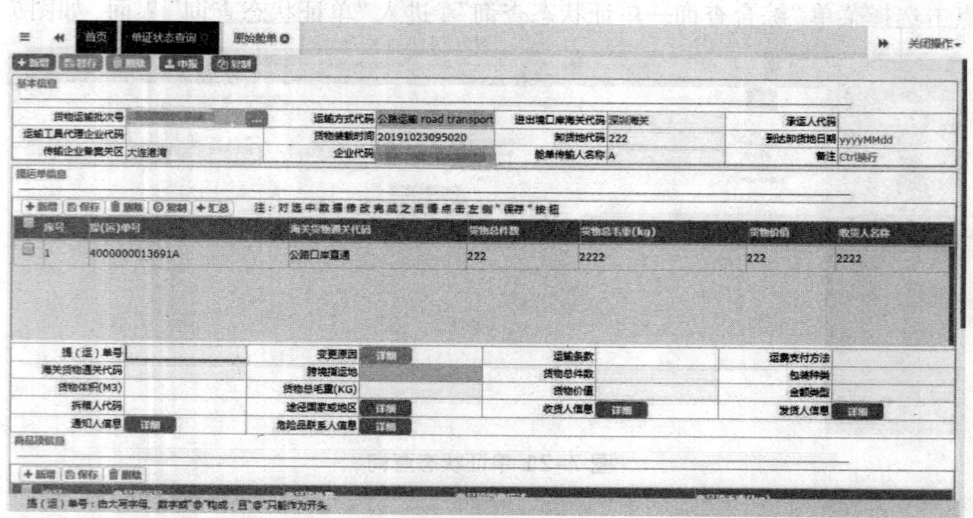

图 7-23 单证状态查看明细

小提示：

1. 根据不同的单证状态，可进行不同的操作，如：申报过的数据修改后只能申报，暂存的数据可以进行暂存、删除、申报。

2. 修改需遵循当前单证页面的业务规则。

3. “查询明细”按钮在无查询数据时，该按钮置灰显示，不可点击。

（二）查看回执

在单证状态查询列表中，选择一条单证记录，点击“查看回执”按钮，系统会跳转至海关查询回执页面，可在该页面查看海关回执的详细内容。如图 7-24。

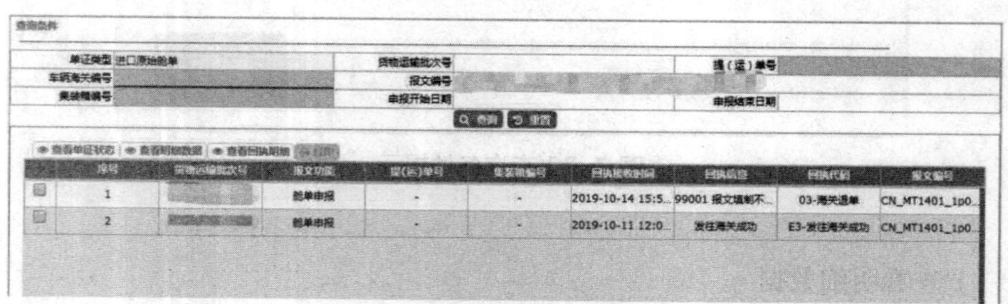

图 7-24 单证状态查看回执

小提示：

“查看回执明细”按钮在无查询数据时，该按钮置灰显示，不可点击。

（三）打印

在单证状态查询列表中，用户点击“打印”按钮，系统将生成一个 PDF 文件，可直接打印或保存文件。

小提示：

满足如下两个条件才能激活打印按钮，其他情况置灰显示不可点击：

1. 只能载货车辆进出境确报的单证且申报过。

2. 进出境口岸海关代码必须为 53 开头。

（四）重置

在单证状态查询列表中，点击“重置”按钮，则清空当前页面所有查询数据和查询条件。

二、海关回执查询

企业完成数据录入和申报后向海关发送申报信息。海关收到申报信息后，由关员进行审核，审核后将审核结果发送到公路舱单申报系统。企业可通过公路舱单申报系统中海关回执查询审核结果。

点击选择菜单“综合查询—海关回执查询”，进入“海关回执查询”界面，如下图：

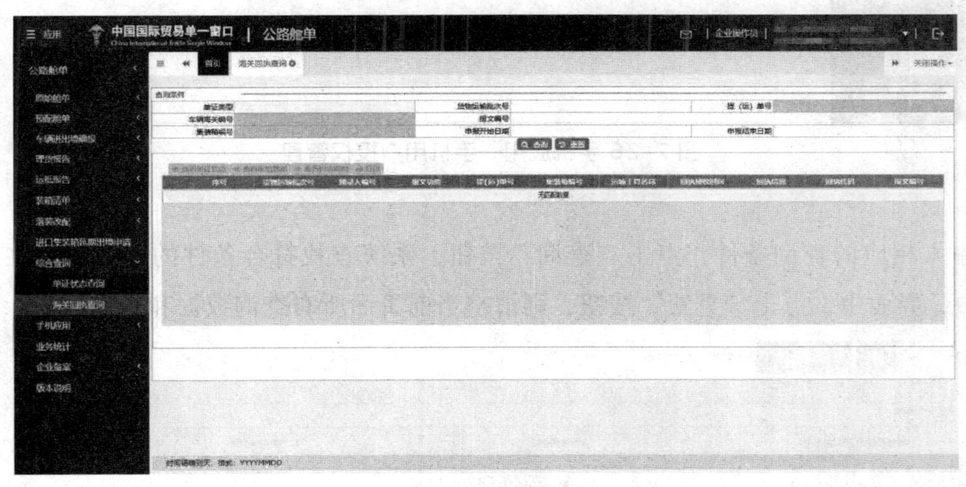

图 7-25 海关回执查询

输入相应的查询条件，点击“查询”按钮，系统查找符合条件的记录显示在查询列表中。

海关回执查询的查看明细数据、查看回执明细、打印、重置等操作与上文《单证状态查询》章节一致。

第九节　手机应用

为配合手机端功能，公路舱单系统提供手机端申报设置和查询等操作，包括“手机用户授权管理、手机应用设置、人工确认申报、已确认数据查询”这 4 个功能模块。

一、手机用户授权管理

手机用户授权管理模块提供“查看授权信息、修改授权信息、删除授权信息和新增驾驶员授权”功能。

点击左侧菜单“手机应用—手机用户授权管理”，进入“手机用户授权管理”界面，如图 7-26：

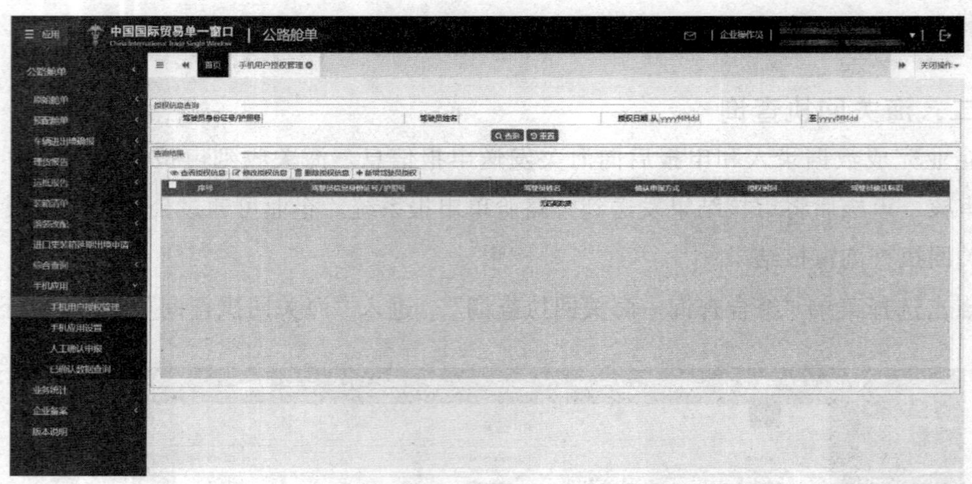

图 7-26 手机应用—手机用户授权管理

输入相应的查询条件，点击“查询”按钮，系统查找符合条件的记录显示在查询列表中，界面中，点击“重置”按钮，则清空当前页面所有查询数据和查询条件。

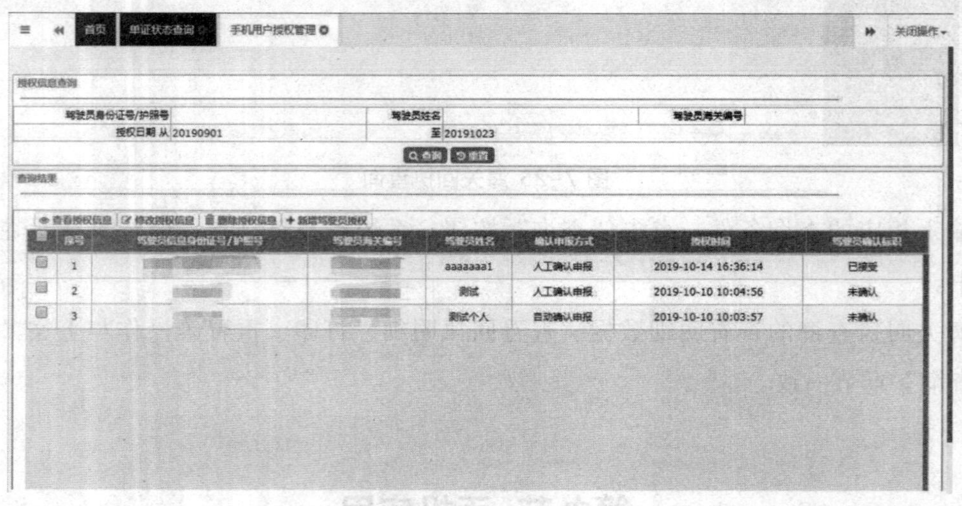

图 7-27 手机应用—查询列表

小提示：

查询条件中的驾驶员身份证号／护照号和驾驶员姓名和授权日期等三个条件必须录入其中之一，否则提示“查询条件不能都为空，请填写！”

（一）查看授权信息

在图 7-27 界面中，选择一条表体记录，点击“查看授权信息”按钮，弹出授权详细信息页面，页面返填相应的数据。此时，数据不允许编辑，只允许查看。如图 7-28。

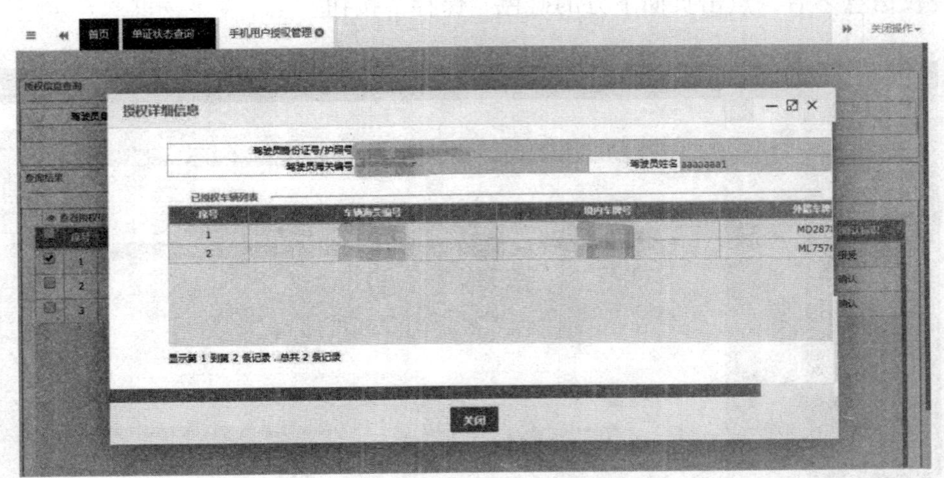

图 7-28 查看授权信息

（二）修改授权信息

在图 7-27 界面中，选择一条表体记录，点击“修改授权信息”按钮，弹出授权详细信息页面，页面返填相应的数据。此时，数据允许编辑，可以更改授权车辆信息和确认申报方式，修改完成之后点击页面下方蓝色“保存”按钮，如图 7-29。

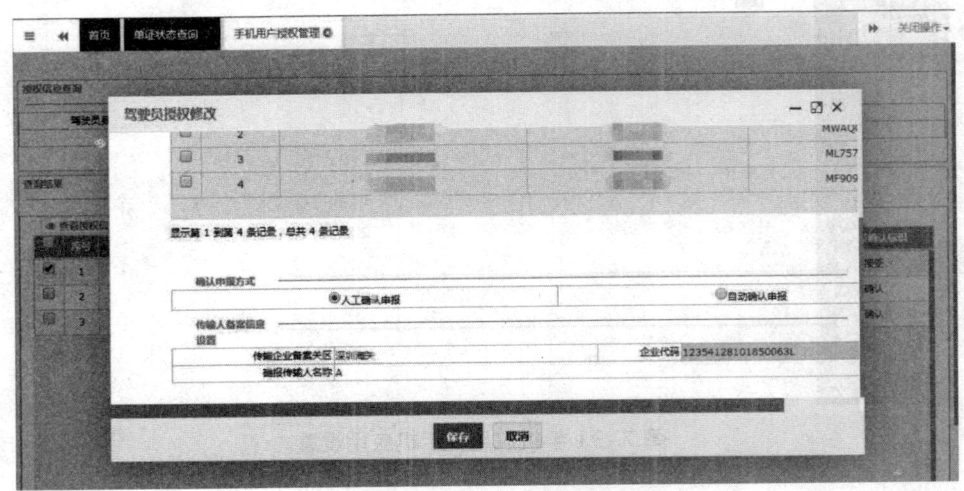

图 7-29 修改授权信息

（三）删除授权信息

在图 7–27 界面中，选择一条表体记录，点击“删除授权信息”按钮，页面弹出提示框，提示“确定要删除选中的记录吗？”点击“是”，删除该条授权信息，点击“否”不做任何操作，删除的数据将不可恢复，需重新录入，请谨慎操作。

（四）新增驾驶员授权

在图 7–27 界面中，点击“新增驾驶员授权信息”按钮，弹出如下新增授权页面，录入授权信息之后，点击页面下方的蓝色“保存”按钮。

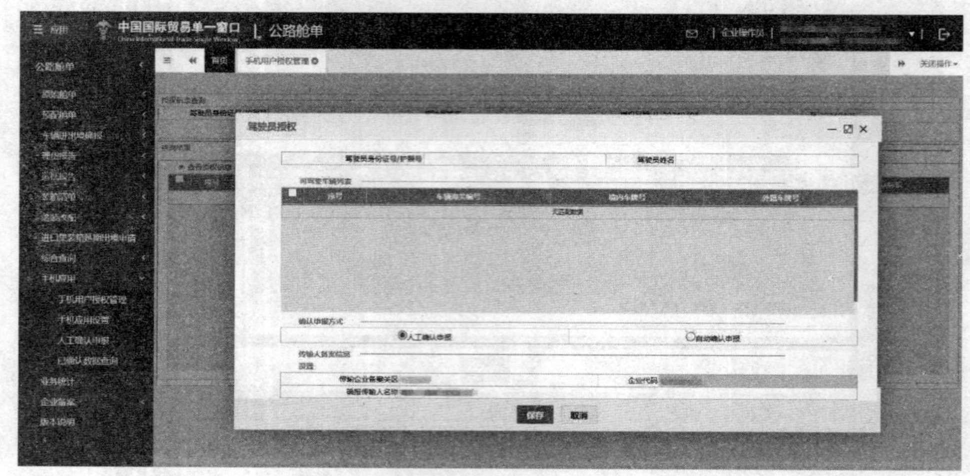

图 7–30 新增驾驶员授权信息

二、手机应用设置

点击左侧菜单“手机应用—手机应用设置”，进入“手机应用设置”界面，如图 7–31:

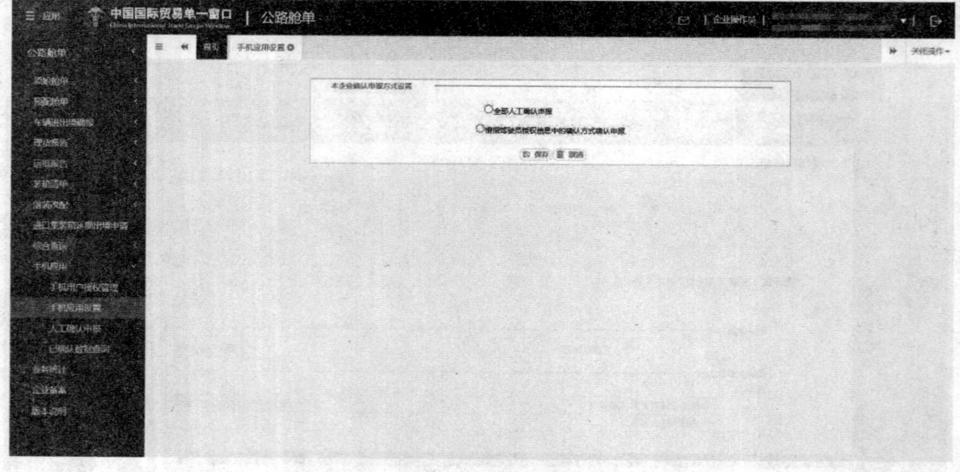

图 7–31 手机应用—手机应用设置

有两种申报方式可选择：1. 全部人工确认申报；2. 根据驾驶员授权信息中的确认方式确认申报。选择申报方式之后，点击图 7–31 页面上的白色“保存”按钮，进行保存，也可选择点击“取消”按钮，取消设置。

注意：

如果在此界面中选择“全部人工确认申报”，该企业的所有确认申报方式一律都变成“人工确认申报”，即使在上述中的“修改授权信息”中选择“自动确认申报”，系统仍旧以此界面中的设置为准。

三、人工确认申报

驾驶员通过手机端提交的空载车辆进出境确报或者是空箱车辆进出境确报数据，需要人工确认申报的数据，会首先提交到人工确认申报模块，企业可以通过该模块查看驾驶员提交的数据明细，对数据进行申报操作或者是退回操作等，进入该模块的时候，首先会显示所有需要人工申报的数据，也可以手动录入查询条件进行查询。

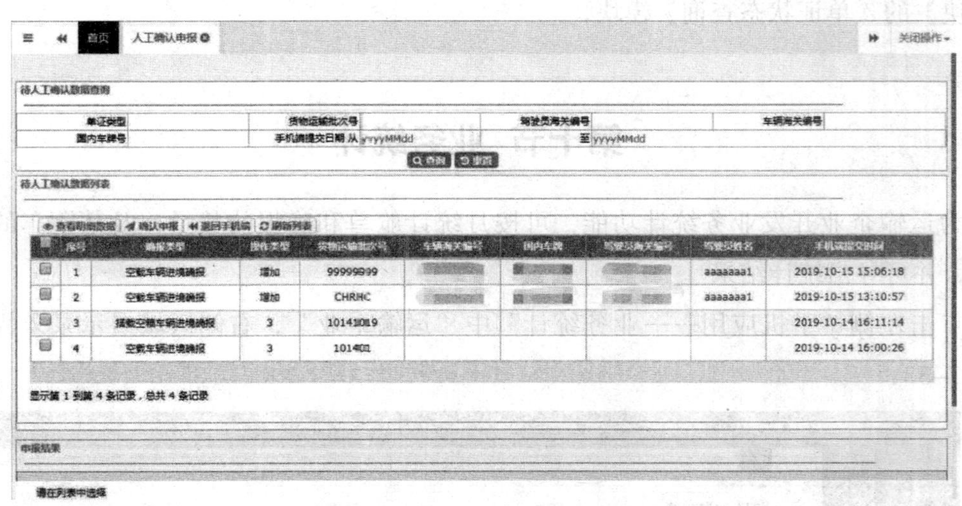

图 7–32 手机应用—人工确认申报

（一）查看明细数据

在图 7–32 界面中，选择一条单证记录，点击“查看明细数据”按钮，页面跳转至相应的单证页面，页面返填相应的数据。此时，数据允许编辑。

小提示：

1. 可以对数据进行修改，然后再申报，或者直接申报操作。

2. 修改需遵循当前单证页面的业务规则。

（二）确认申报

在图 7-32 界面中，选择一条单证记录，点击“确认申报”白色按钮可进行数据申报。

小提示：

申报即意味着您的数据已向相关业务主管部门进行发送，并等待其审批。

（三）退回手机端

可以通过该模块，实现一键退单操作。

在图 7-32 中，选中需要退回手机端的数据，点击“退回手机端”白色按钮，数据将被退回至手机端。

（四）刷新列表

点击图 7-32 页面上的“刷新列表”白色按钮，可进行刷新操作。

四、已确认数据查询

企业可以通过该模块查询通过手机端申报的数据，其具体操作参考上文《综合查询模块》的《单证状态查询》模块，

第十节 业务统计

为运输企业开发业务统计功能，可按月统计舱单和确报的数量，及某辆车的确报情况，并可导出统计结果。

点击左侧“手机应用——业务统计”中“运输企业”，右侧区域展示录入界面，如图 7-33：

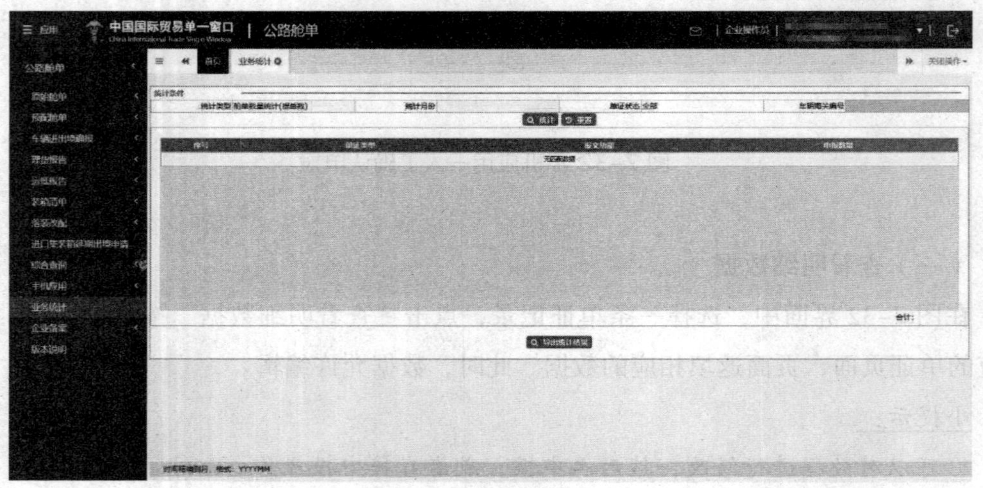

图 7-33 手机应用—业务统计

输入相应的统计条件，点击“统计”按钮，系统查找符合条件的记录显示在查询列表中，如图 7-34，界面中，点击“重置”按钮，则清空当前页面所有查询数据和查询条件。点击下图蓝色“导出统计结果”按钮，结果将直接下载到默认文件夹。

首页 运输企业 关闭操作

统计条件

统计类型 舱单数量统计(提单数) 统计月份 201510 单证状态 全部 车辆海关编号

统计 重置

序号	单证类型	报文功能	申报数量
1	进口原始舱单	删除申请	10
2	进口原始舱单	变更申请	10
3	进口原始舱单	舱单申报	46
4	出口预配舱单	删除申请	10
5	出口预配舱单	变更申请	12
6	出口预配舱单	舱单申报	18

合计：106

导出统计结果

图 7-34 导出统计结果

第十一节 企业备案

为便利舱单传输人向海关申请开通舱单传输权限，加快海关现场办理速度，新增舱单传输企业备案申请功能。

企业备案界面如图 7-35，可依次点击左侧菜单栏“公路舱单系统—企业备案”进行展开。

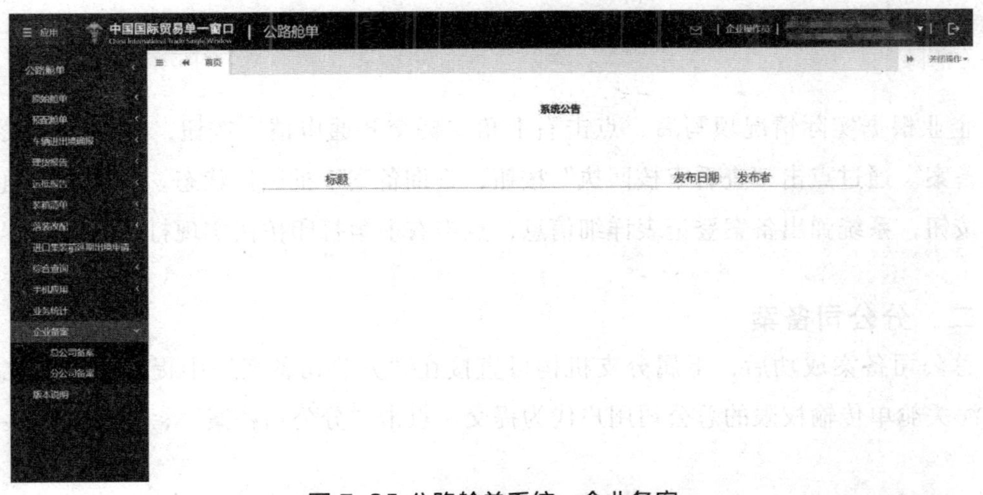

图 7-35 公路舱单系统—企业备案

企业可通过图 7–35 页面中间系统公告中“中国电子口岸数据中心新增舱单传输人备案申请功能”的蓝色字样，查看备案申请功能介绍。

一、总公司备案

目前尚未取得海关舱单传输人识别号（舱单传输企业备案代码）的进出境运输工具负责人、货运代理企业等舱单电子数据传输义务人，在到海关现场办理舱单传输备案手续之前，可根据运输方式选择进入水运 / 空运 / 公路舱单申报系统，通过系统中的企业备案功能预先提交备案申请电子数据，待收到“等待海关人工审核”回执后，自助打印备案登记表，持此登记表及其他海关要求的纸质材料，到当地海关现场办理备案手续。点击“总公司备案”，界面如图 7–36：

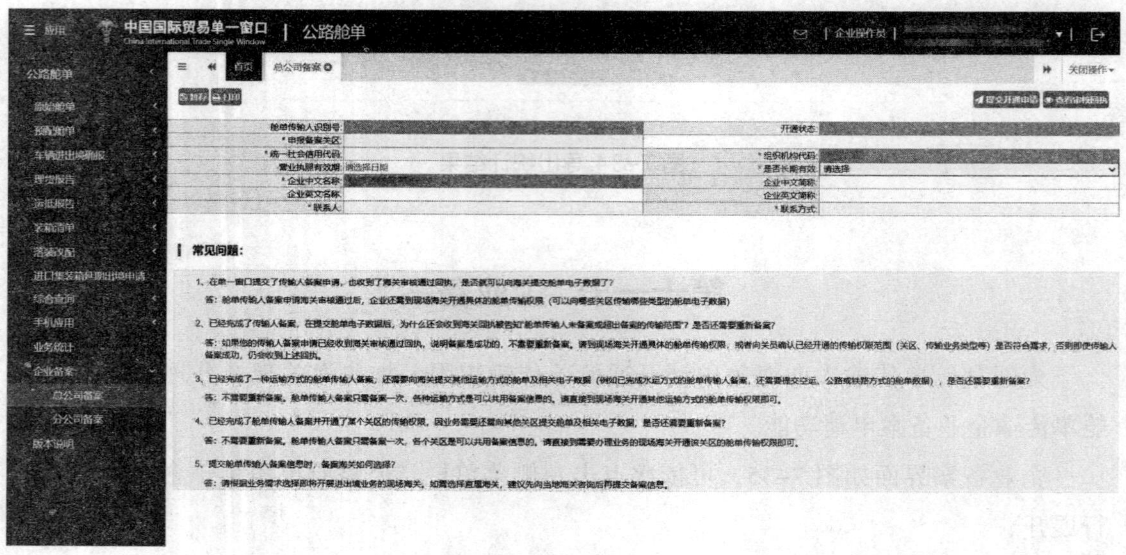

图 7–36 企业备案—总公司备案

企业根据实际情况填写后，点击右上角“提交开通申请”按钮，即可向海关申报企业备案。通过点击“查看审核回执”按钮，查询备案审批回执状态。点击左上角“打印”按钮，系统弹出备案登记表详细信息，点击右上角打印按钮实现打印。

二、分公司备案

总公司备案成功后，下属分支机构可直接在“分公司备案”中提交申请，也可由具备海关舱单传输权限的总公司用户代为提交。点击“分公司备案”，界面如图 7–37：

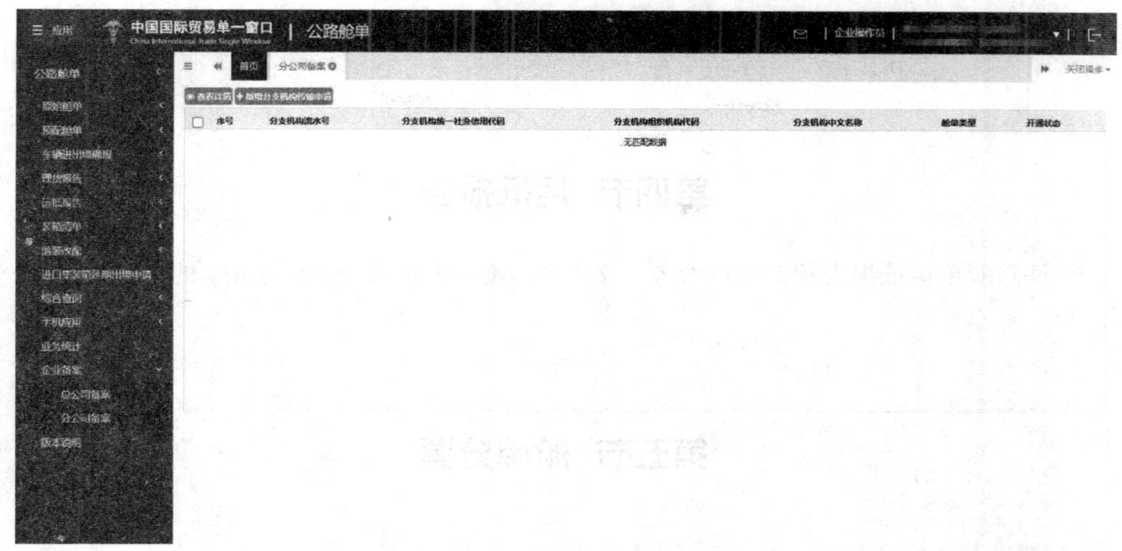

图 7-37 企业备案—分公司备案

系统在列表中自动显示已备案的分支机构信息。可以点击“新增分支机构传输申请’按钮增加分支机构。

页面详细操作可参考上文《总公司备案》，此处不再赘述。

第四章 铁路舱单申报系统操作指南

第一节 原始舱单

铁路原始舱单相关操作参考上文《水运舱单申报系统操作指南》的《原始舱单》章节。

第二节 预配舱单

铁路预配舱单相关操作参考上文《水运舱单申报系统操作指南》的《预配舱单》章节。

第三节 理货报告

铁路舱单理货报告相关操作参考上文《水运舱单申报系统操作指南》的《理货报告》章节。

第四节 运抵报告

铁路舱单运抵报告相关操作参考上文《水运舱单申报系统操作指南》的《运抵报告》章节。

第五节 舱单分票

一、舱单分票

分票是由货运代理企业通过本系统向海关提交进境运单分票申请，海关比对原始舱单进行审核并向企业反馈审核回执，企业可通过铁路舱单申报系统查看海关回执。分票模块包括舱单数据录入、暂存、删除、复制、申报功能。

（一）表头

小提示：

界面中，带有黄色输入框的字段为必填项，否则可能无法继续进行暂存或申报等操作。

点击菜单栏左侧“舱单分票”——“原始舱单分票”，右侧区域展示录入界面（如图 7-38）。界面分为表头和表体：提运单 + 分票后运单 + 分票后运单集装箱 + 分票后运单商品项。

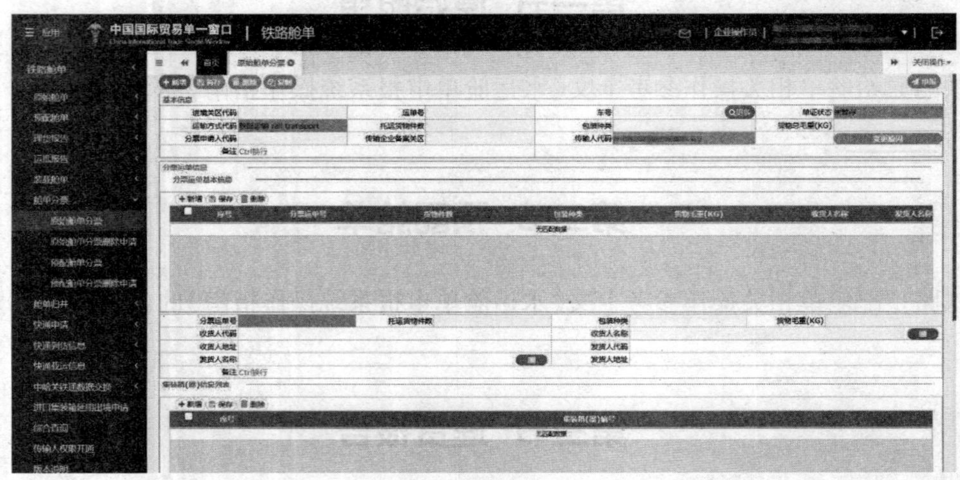

图 7-38 铁路舱单申报系统—原始舱单分票

点击界面上方蓝色按钮所进行的操作，将影响当前的整票数据。

1. 新增

（1）界面各录入字段中，带黄色输入框的字段为必填项，置灰输入框的字段为系统反填项或不可修改项。

（2）系统根据企业备案信息自动返填该企业的“备案关区、传输人代码、分票申请人代码”。

（3）表头信息录入完成后，点击“暂存”按钮，系统保存表头数据，然后可以依次录入表体信息，表头信息不暂存时，表体信息仍可录入。

2. 暂存

点击“暂存”按钮，可对当前录入的内容进行保存，系统弹出提示框提示暂存成功。

3. 删除

可删除整票舱单数据。点击图 7–38 上方“删除”蓝色按钮，系统将提示用户是否删除当前数据，删除的数据将不可恢复，需重新录入，请谨慎操作。

小提示：

装箱清单暂存成功后，“删除和复制”按钮方可激活，可点击操作。

4. 复制

可对数据进行复制操作。点击图 7–38 上方的“复制”按钮，业务主键会清空，单证状态变为“未暂存”，其他数据保持不变。

5. 申报

原始舱单分票数据录入完毕，可点击右上方的“申报”蓝色按钮进行申报。

小提示：

1. 申报即意味着您的数据已向相关业务主管部门进行发送，并等待其审批。

2. 在录入“运单号、进境关区代码”后，对应舱单已经做过申报并且海关审核通过，“货物总毛重（kg）”输入框会自动反填对应舱单的总毛重，反之会弹出提示信息“没有查询到对应的数据”，点击“确定”按钮之后，可继续录入。

3. 申报时，所有分运单累计重量必须与表头中总运单总量保持一致，否则申报失败。

（二）表体

分票中表体包括分运单信息、分运单的集装箱信息、分运单的商品项信息。

1. 表体—新增

（1）分运单或者集装箱或者商品项表体录入信息后，点击图 7–38 界面中提运单的“新增”白色按钮，对应表体列表中新增一条分运单或者集装箱或者商品项信息。

（2）录入集装箱或者商品项信息时，必须选中一条分运单信息，否则提示“分票运单号不能为空”。

2. 表体—删除

在图 7-38 表体中，至少选择一条分运单信息，点击“删除”的白色按钮，点击“确定”，将删除本条表体数据。

3. 表体—修改

在图 7-38 表体列表中选某条分运单，当前分运单信息回显在输入框中，直接在输入框进行修改，修改完成后点击“新增”或“保存”按钮，则成功修改当前分运单信息。

二、进境运单分票删除申请

企业完成进境运单分票删除申请的数据录入，录入完成申报后向海关发送申报信息。进境运单分票删除申请功能模块包括舱单数据录入、申报功能。

（一）表头

小提示：

界面中，带有黄色输入框的字段为必填项，否则可能无法继续进行申报操作。

点击图 7-38 菜单栏舱单分票界面中“原始舱单分票删除申请”，右侧区域展示录入界面（如图 7-39）。界面分为表头和表体：提运单（分运单 + 集装箱 + 商品项）。

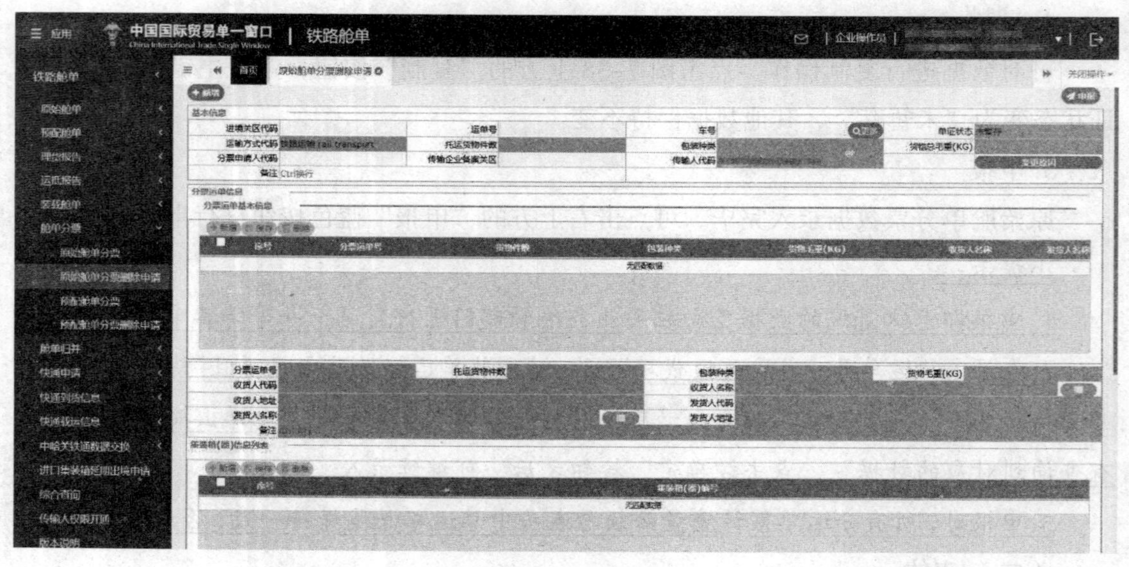

图 7-39 铁路舱单申报系统——原始舱单分票删除申请

点击界面上方蓝色按钮所进行的操作，将影响当前的整票数据。

1. 新增

（1）界面各录入字段中，带黄色输入框的字段为必填项，置灰输入框的字段为系统反填项或不可修改项。

（2）申报前表头必填项信息必须填写，否则不可申报。

（3）系统根据企业备案信息自动返填该企业的“备案关区、舱单传输人代码、分票申请人代码、单证状态、运输方式代码”。

（4）表头信息录入完成后，直接点击“申报”按钮。

2. 申报

（1）重新录入进境运单分票删除申请数据完毕，点击右上方的“申报”蓝色按钮进行申报。

（2）对于已经申报过的分票，通过在表头页面输入业务主键“运单号、进境关区代码”，点击 Enter（回车）键返填已申报的进境运单分票数据，点击右上方的“申报”蓝色按钮进行申报。

（二）表体

进境运单分票删除申请，表体置灰不可录入和更改。

第六节 舱单归并

舱单归并功能模块实现进境归并的新增、修改、申报功能，主要内容包括申报企业基本信息，进口货物信息如：归并后运单、待归并运单。

具体操作参考上文《舱单分票》相关操作。

第七节 快通申请

快通申请功能模块实现进出境快通的新增、修改、复制、申报功能。

一、快通（进境）申请

企业完成进境直通的数据录入，录入完成申报后向海关发送申报信息。海关收到进境直通信息后，由关员进行审核，审核后将审核结果发送到铁路舱单申报系统。企业可通过铁路舱单申报系统查询审核结果。进境直通功能模块包括舱单数据录入、暂存、删除、复制、申报功能。

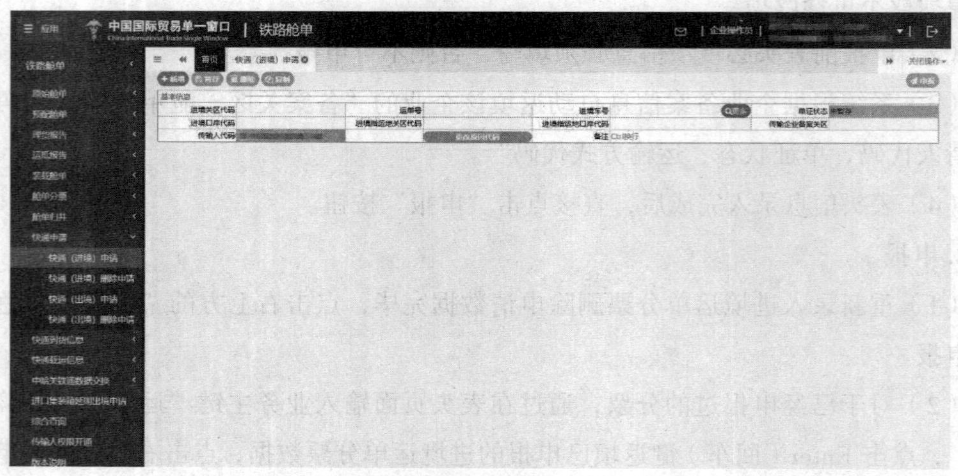

图 7-40 铁路舱单申报系统—快通申请

点击界面上方蓝色按钮所进行的操作，将影响当前的整票数据。

二、快通（出境）申请

快通（出境）申请具体操作参考上文《快通（进境）申请》章节。

三、快通（进境）删除申请

企业完成快通（进境）删除申请的数据录入，录入完成申报后向海关发送申报信息。快通（进境）删除申请功能模块包括数据录入、申报功能。

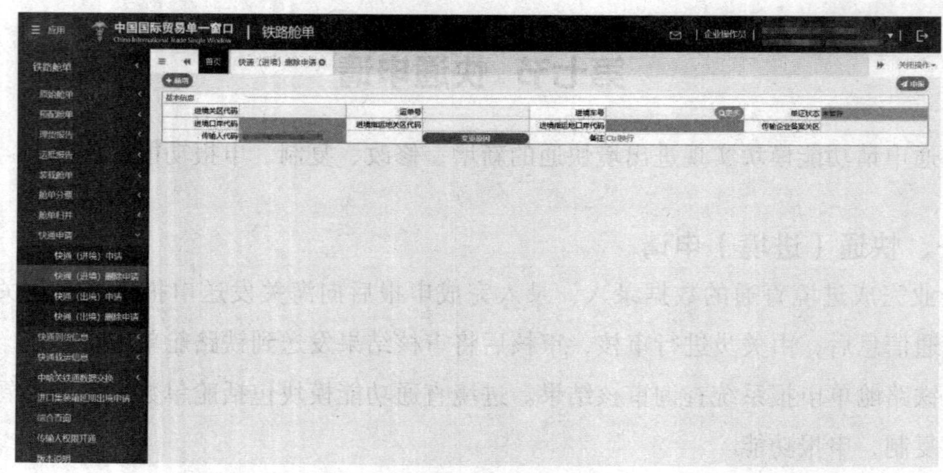

图 7-41 铁路舱单申报系统——快通（进境）删除申请

点击界面上方蓝色按钮所进行的操作，将影响当前的整票数据。

四、快通（出境）删除申请

企业完成快通（出境）删除申请的数据录入，录入完成申报后向海关发送申报信息。出境直通删除申请功能模块包括数据录入、申报功能。具体操作参考上文《快通（进境）删除申请》章节。

第八节 快通到货信息

一、快通（进境）到货信息

企业完成快通（进境）到货信息的数据录入，录入完成申报后向海关发送申报信息。海关收到快通（进境）到货信息后，由关员进行审核，审核后将审核结果发送到铁路舱单申报系统。企业可通过铁路舱单申报系统查询审核结果。进口到货功能模块包括舱单数据录入、暂存、删除、复制、申报功能。

（一）表头

小提示：

界面中，带有黄色输入框的字段为必填项，否则可能无法继续进行暂存或申报等操作。

点击铁路舱单申报系统左侧“快通(进境)到货信息”界面中“快通(进境)到货信息”，右侧区域展示录入界面（如图 7-42）。界面分为表头和表体：提运单（集装箱）。

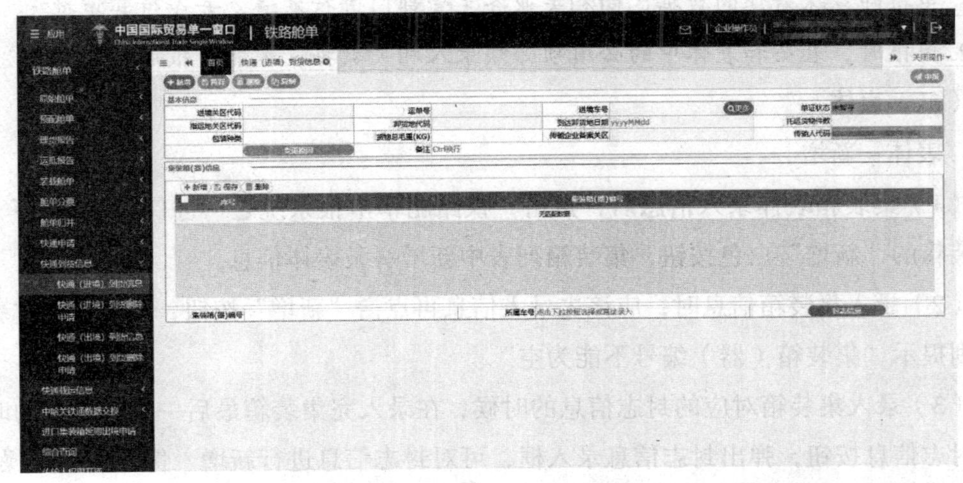

图 7-42 铁路舱单申报系统—快通（进境）到货信息

点击界面上方蓝色按钮所进行的操作，将影响当前的整票数据。

1. 新增

（1）界面各录入字段中，带黄色输入框的字段为必填项，置灰输入框的字段为系统反填项或不可修改项。

（2）系统根据企业备案信息自动返填该企业的“备案关区、传输人代码”。

（3）表头信息录入完成后，点击“暂存”按钮，系统保存表头数据，然后可以依次录入表体信息，表头信息不暂存时，表体信息仍可录入。

2. 暂存

点击“暂存”按钮，可对当前录入的内容进行保存，系统弹出提示框提示暂存成功。

3. 删除

可删除整票数据。点击图 7–42 上方“删除”蓝色按钮，系统将提示用户是否删除当前数据，删除的数据将不可恢复，需重新录入，请谨慎操作。

小提示：

当快通（进境）到货信息暂存成功后，“删除和复制”按钮方可激活，可点击操作。

4. 复制

可对数据进行复制操作。点击图 7–42 上方的“复制”按钮，业务主键会清空，单证状态变为“未暂存”，其他数据保持不变。

5. 申报

进口到货数据录入完毕，可点击右上方的“申报”蓝色按钮进行申报。

小提示：

1. 申报即意味着您的数据已向相关业务主管部门进行发送，并等待其审批。

2. 申报时，表头和表体中的必填项必须录入相关数据，才能申报成功。

（二）表体

1. 表体—新增

（1）集装箱表体录入信息后，点击“铁路舱单申报系统——进口到货信息”界面中集装箱的“新增”白色按钮，集装箱列表中新增一条表体信息。

（2）录入集装箱信息时，应该先录入信息再点击“新增”按钮，直接点击“新增”按钮则提示“集装箱（器）编号不能为空”。

（3）录入集装箱对应的封志信息的时候，在录入完集装箱最后一个输入框的时候，点击封志信息按钮，弹出封志信息录入框，可对封志信息进行新增、保存、删除操作。

2. 表体—删除

在“铁路舱单申报系统——进口到货信息”表体中，只是选择一条集装箱信息，点击“删除”的白色按钮，点击“确定”，将删除本条表体数据。如未选择则提示“请选中一行数据”。

3. 表体—修改

在“铁路舱单申报系统——进口到货删除”表体列表中，选某条者集装箱信息，当前集装箱信息回显在输入框中，直接在输入框进行修改，修改完成后点击“新增或保存”按钮，则成功修改当前信息。

二、快通（出境）到货信息

出口到货信息具体操作参考上文《快通（进境）到货信息》章节。

三、快通（进境）到货删除申请

企业完成快通（进境）到货删除申请的数据录入，录入完成申报后向海关发送回报信息。快通（进境）到货删除申请功能模块包括数据录入、申报功能。

（一）表头

小提示：

界面中，带有黄色输入框的字段为必填项，否则可能无法继续进行申报操作。

点击铁路舱单申报系统“快通到货信息”——“快通（进境）到货删除申请”右侧区域展示录入界面（如图 7-43）。界面分为表头、表体、提运单（集装箱）。

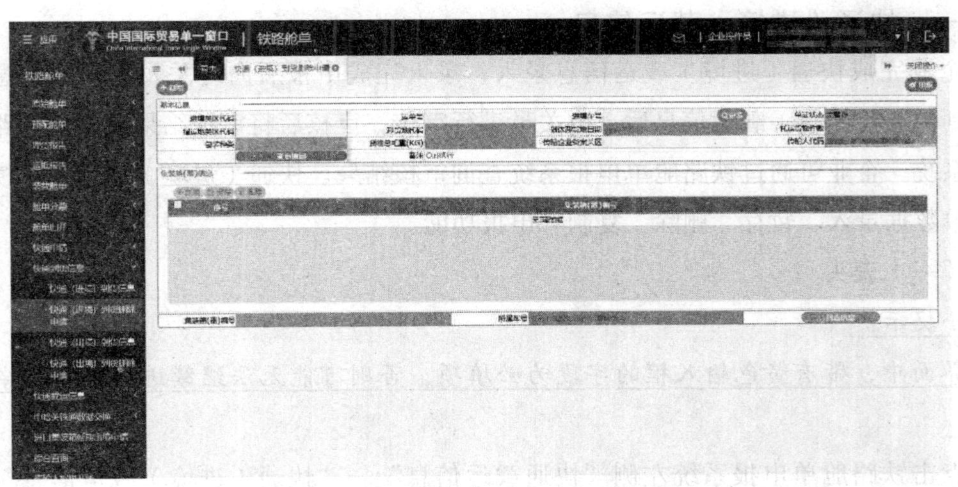

图 7-43 铁路舱单申报系统——快通（进境）到货删除申请

点击界面上方蓝色按钮所进行的操作，将影响当前的整票数据。

1. 新增

（1）界面各录入字段中，带黄色输入框的字段为必填项，置灰输入框的字段为系统反填项或不可修改项。

（2）系统根据企业备案信息自动返填该企业的“备案关区、传输人代码”。

（3）表头信息录入完成后，直接点击“申报”按钮。

2. 申报

（1）重新录入快通（进境）到货删除申请数据完毕，点击右上方的“申报”蓝色按钮进行申报。

（2）对于已经申报过的进境直通，通过在申请表头页面输入业务主键“运单号”“进境关区代码”，点击 Enter（回车）键返填已申报的进境直通数据，点击右上方的“申报”蓝色按钮进行申报。

（二）表体

快通（进境）到货删除申请中，不允许录入集装箱。

四、快通（出境）到货删除申请

快通（出境）到货删除申请具体操作参考上文《快通（进境）到货删除申请》章节。

第九节 快通载运信息

一、快通（进境）载运信息

企业完成快通（进境）载运信息录入，录入完成申报后向海关发送申报信息。海关收到快通（进境）载运信息后，由关员进行审核，审核后将审核结果发送到铁路舱单申报系统。企业可通过铁路舱单申报系统查询审核结果。快通（进境）载运信息模块包括舱单数据录入、暂存、删除、复制、申报功能。

（一）表头

小提示：

界面中，带有黄色输入框的字段为必填项，否则可能无法继续进行暂存或申报等操作。

点击铁路舱单申报系统左侧“快通载运信息”—“快通（进境）载运信息”，右侧区域展示录入界面（如图 -44）。

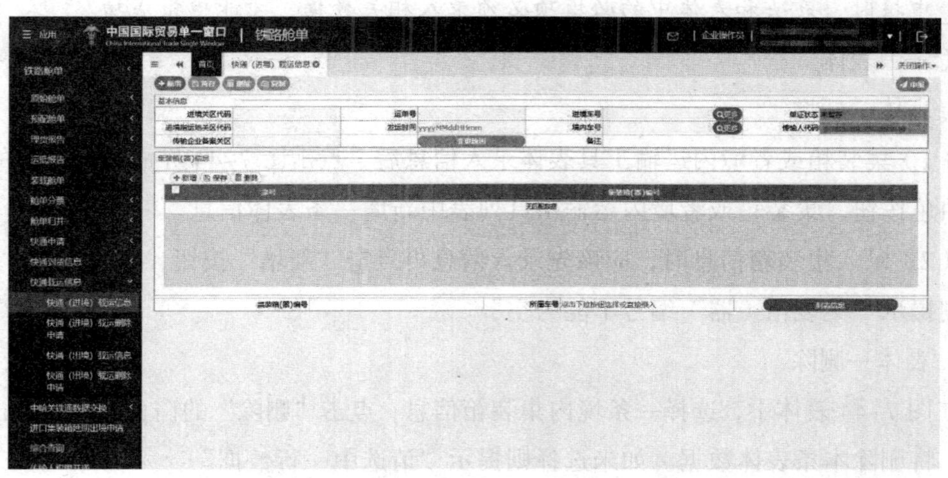

图 7-44 铁路舱单申报系统一快通（进境）载运信息

点击界面上方蓝色按钮所进行的操作，将影响当前的整票数据。

1. 新增

（1）界面各录入字段中，带黄色输入框的字段为必填项，置灰输入框的字段为系统反填项或不可修改项。

（2）系统根据企业备案信息自动返填该企业的“备案关区、传输人代码”。

（3）表头信息录入完成后，点击“暂存”按钮，系统保存表头数据，然后可以依次录入表体信息，表头信息不暂存时，表体信息仍可录入。

2. 暂存

点击“暂存”按钮，可对当前录入的内容进行保存，系统弹出提示框提示暂存成功。

3. 删除

可删除整票数据。点击图 7-44 上方“删除”蓝色按钮，系统将提示用户是否删除当前数据，删除的数据将不可恢复，需重新录入，请谨慎操作。

小提示：

快通（进境）载运信息暂存成功后，“删除和复制”按钮方可激活，可点击操作。

4. 复制

可对数据进行复制操作。点击图 7-44 上方的“复制”按钮，业务主键会清空，单证状态变为“未暂存”，其他数据保持不变。

5. 申报

快通（进境）载运信息数据录入完毕，可点击右上方的“申报”蓝色按钮进行申报。

小提示：

1. 申报即意味着您的数据已向相关业务主管部门进行发送，并等待其审批。

2. 申报时，表头和表体中的必填项必须录入相关数据，才能申报成功。

（二）表体

1. 表体—新增

（1）集装箱或者境内运输工具表体录入信息后，点击图 7-44 界面中提运单的“新增”白色按钮，集装箱或者境内运输工具列表中新增一条表体信息。

（2）录入集装箱信息时，应该先录入信息再点击“新增”按钮，直接点击“新增”按钮则提示“集装箱（器）编号不能为空”。

2. 表体—删除

在图 7-44 表体中，选择一条境内集装箱信息，点击“删除”的白色按钮，点击“确定”，将删除本条表体数据。如未选择则提示“请选中一行数据”。

3. 表体—修改

在图 7-44 表体列表中，选择某条境内运输工具或者集装箱，当前选中信息回显在输入框中，直接在输入框进行修改，修改完成后点击“新增”“保存”按钮，则成功修改当前表体信息。

二、快通（进境）载运删除申请

企业完成快通（进境）载运删除申请的数据录入，录入完成申报后向海关发送申报信息。快通（进境）载运删除申请功能模块包括舱单数据录入、申报功能。

（一）表头

小提示：

界面中，带有黄色输入框的字段为必填项，否则可能无法继续进行申报操作。

点击铁路舱单申报系统左侧“快通载运信息”界面中“快通（进境）载运删除申请”，右侧区域展示录入界面（如图 7-45）。

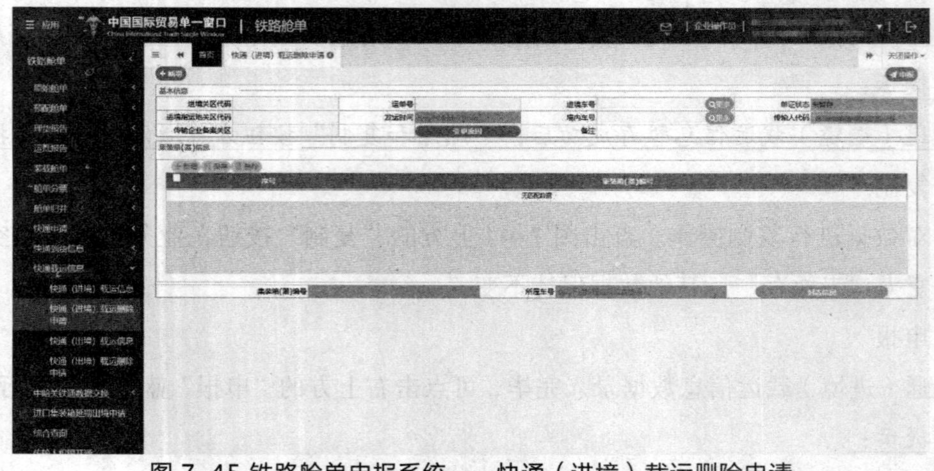

图 7-45 铁路舱单申报系统——快通（进境）载运删除申请

点击界面上方蓝色按钮所进行的操作，将影响当前的整票数据。

1. 新增

（1）界面各录入字段中，带黄色输入框的字段为必填项，置灰输入框的字段为系统反填项或不可修改项。

（2）申报前表头必填项信息必须填写，否则不可申报。

（3）系统根据企业备案信息自动返填该企业的“备案关区、传输人代码”。

（4）表头信息录入完成后，直接点击“申报”按钮。

2. 申报

重新录入快通（进境）载运删除申请数据完毕，点击右上方的“申报”蓝色按钮进行申报。

（二）表体

快通（进境）载运删除申请中，不允许录入集装箱信息。

第十节 中哈关铁通数据交换

中哈关铁通功能模块实现中欧班列货物的新增、修改、申报、删除、上传随附单据功能，主要内容包括申报中哈关铁通数据基本信息，表体信息如：报关单信息、发票信息、安全智能锁信息。

一、中哈关铁通数据交换申请

企业完成中哈关铁通交换数据的录入，录入完成申报后向海关发送申报信息。海关收到交换数据信息后，由关员进行审核，审核后将审核结果发送到铁路舱单申报系统。企业可通过铁路舱单申报系统查询审核结果。数据交换申请模块包括交换数据录入、暂存、删除、复制、申报功能。

（一）表头

小提示：

界面中，带有黄色输入框的字段为必填项，否则可能无法继续进行暂存或申报等操作。

点击铁路舱单申报系统左侧“中哈关铁通数据交换”——“中哈关铁通数据交换申请”，右侧区域展示录入界面（如图 7-46）。界面分为表头和表体：报关单信息、发票信息、安全智能锁信息。

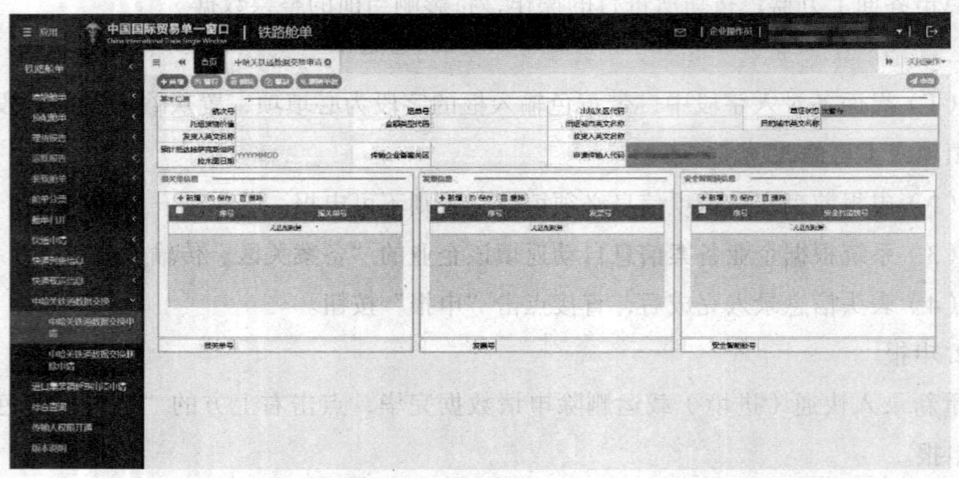

图 7-46 铁路舱单申报系统—中哈关铁通数据交换申请

1. 新增

（1）界面各录入字段中，带黄色输入框的字段为必填项，置灰输入框的字段为系统反填项或不可修改项。

（2）暂存前“航次号”“运单号”“出境关区代码”“传输企业备案关区”“申请传输人代码”字段必填，否则提示：XXX 不能为空。

（3） 系统根据企业备案信息自动返填该企业的“传输企业备案关区、申请传输人代码”。

（4）表头信息录入完成后，点击暂存按钮，系统保存表头数据，然后可以依次录入表体信息，表头信息不暂存时，表体信息仍可录入。

2. 暂存

点击“暂存”按钮，可对当前录入的内容进行保存，系统弹出提示框提示暂存成功。

3. 删除

可删除整票数据。点击图 7-46 界面上方“删除”蓝色按钮，系统将提示用户是否删除当前数据，删除的数据将不可恢复，需重新录入，请谨慎操作。

小提示：

交换数据暂存成功后，“删除、复制、随附单据”按钮方可激活，可点击操作。其中随附单据窗口需选择两类扫描件进行附件上传，缺一不可。

4. 复制

可对数据进行复制操作。点击图 7-46 上方的“复制”按钮，业务主键会被清空，单证状态变为“未暂存”，其他数据保持不变。

5. 申报

交换数据录入完毕，可点击右上方的“申报”蓝色按钮进行申报。

小提示：

1. 申报即意味着您的数据已向相关业务主管部门进行发送，并等待其审批。

2. 申报时，表头和表体中的必填项（包含随附单据）必须录入相关数据，才能申报成功。

（二）表体

中哈关铁通数据交换申请表体为报关单信息、发票信息、安全智能锁信息，包括“新增、修改、删除”功能；

1. 表体—新增

（1）报关单、发票或者智能关锁表体录入信息后，点击图 7–46 界面中各表体的“新增”按钮，各表体列表中新增一条信息。

（2）录入报关单信息时，应该先录入报关单号再点击“新增”或“保存”按钮，直接点击“新增”或“保存”按钮则提示“报关号不能为空”。

（3）录入发票信息时，应先录入发票号后点击“保存”“新增”按钮，直接点击“新增”“保存”按钮，会弹出提示信息“发票号不能为空”。

（4）录入安全智能锁信息时，应该先录入安全智能锁号，再点击“新增”或“保存”按钮，直接点击“新增”或“保存”按钮则提示“安全智能锁号不能为空”。

2. 表体—删除

在图 7–46 表体中，至少选择一条表体信息，点击“删除”的白色按钮，点击“确定”，将删除本条表体数据。如未选择则提示“请选择一行数据”。

3. 表体—修改

在图 7–46 表体列表中，选择某条表体信息，当前选中信息回显在输入框中，直接在输入框进行修改，修改完成后点击“新增或保存”按钮，则成功修改当前表体信息。

二、中哈关铁通数据交换删除申请

企业完成数据交换删除申请的数据录入，录入完成申报后向海关发送申报信息。数据交换删除申请功能模块包括交换数据录入、申报功能。

（一）表头

小提示：

界面中，带有黄色输入框的字段为必填项，否则可能无法继续进行申报操作。

点击铁路舱单申报系统中哈关铁通界面左侧“中哈关铁通数据交换删除申请”，右侧区域展示录入界面（如图 7–47）。界面分为表头和表体：报关单信息、发票信息、安全智能锁信息。

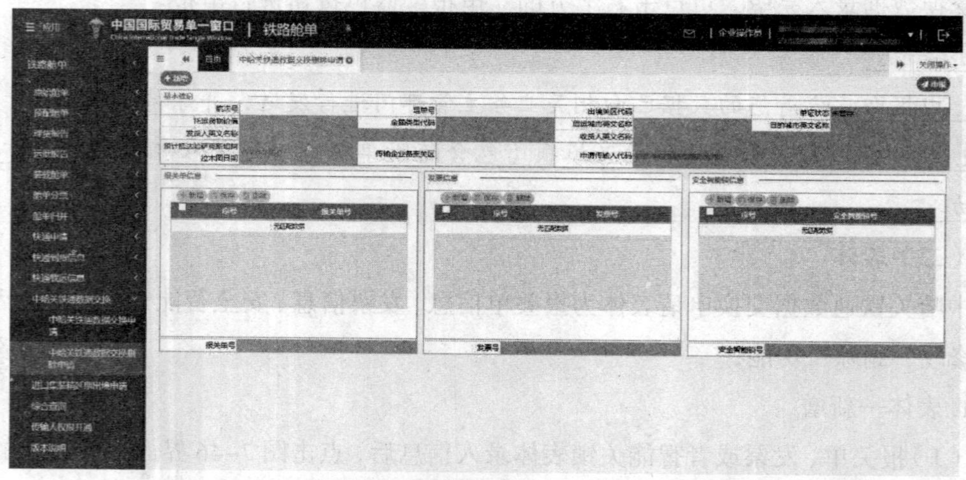

图 7-47 铁路舱单申报系统——中哈关铁通删除申请

点击界面上方蓝色按钮所进行的操作，将影响当前的整票数据。

1. 新增

（1）界面各录入字段中，带黄色输入框的字段为必填项，置灰输入框的字段为系统反填项或不可修改项。

（2）申报前表头必填项信息必须填写，否则不可申报。

（3）系统根据企业备案信息自动返填该企业的“传输企业备案关区、申请传输人代码”。

（4）表头信息录入完成后，直接点击申报按钮。

2. 申报

（1）重新录入中哈关铁通数据交换删除申请数据完毕，点击右上方的“申报”蓝色按钮进行申报。

（2）对于已经申报过的交换数据申请，通过在图 7-47 表头页面输入业务主键“航次号、运单号、出境关区代码”，点击 Enter（回车）键返填已申报的中哈关铁通数据交换申请数据，点击右上方的“申报”蓝色按钮进行申报。

（二）表体

中哈关铁通数据交换删除申请中，不允许录入、修改表体信息。

第十一节 进口集装箱延期出境申请

点击铁路舱单申报系统中哈关铁通界面中左侧“进口集装箱延期出境申请”，右侧区域展示录入界面（如图7-48）。企业可通过此功能向海关申请进口集装箱延期出境，并在综合查询中查询相应的海关处理结果。

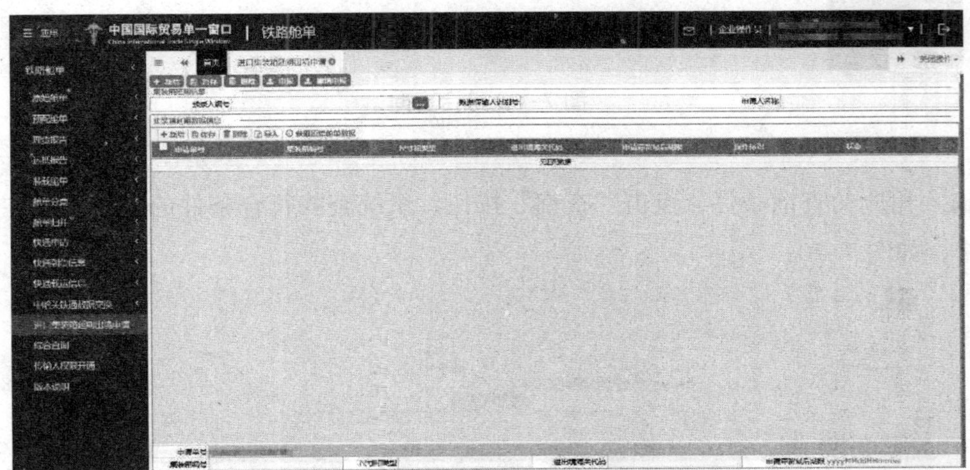

图7-48 进口集装箱延期出境申请录入界面

小提示：

界面中，带有黄色输入框的字段为必填项，否则可能无法继续进行暂存或申报等操作。

第十二节 综合查询

企业完成舱单暂存和申报后，可在综合查询页面查询该单证类型的回执。

企业录入舱单数据后，点击“暂存”或“申报”后，即可通过综合查询页面查询单证的状态。

点击选择菜单“综合查询”，进入“综合查询”界面，如图7-49：

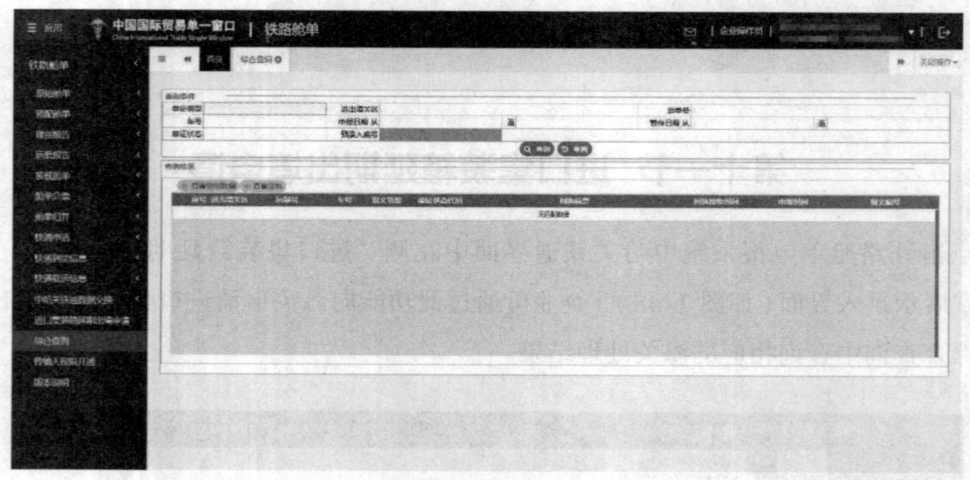

图 7-49 综合查询

输入相应的查询条件，点击“查询”按钮，系统查找符合条件的记录显示在查询列表中，如图 7-50：

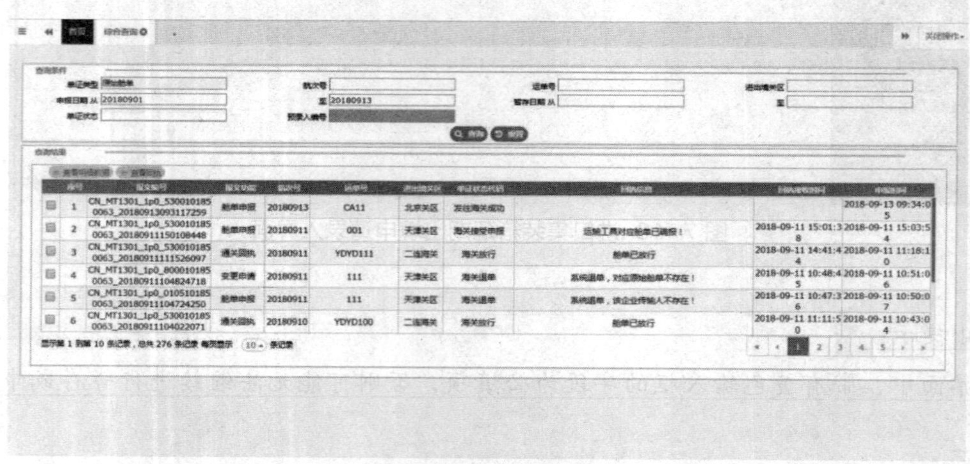

图 7-50 综合查询页面查询详情

小提示：

查询条件中的单证类型为必须录入，否则提示“单证类型为必填项”。

1. 查看明细数据

在图 7-50 中，选择一条单证记录，点击“查看明细数据”按钮，页面跳转至相应的单证页面，页面返填回显相应的数据。此时，数据允许编辑。

小提示：

1. 根据数据不同的单证状态，可进行不同的操作修改，如：申报过的数据修改后只能申报，暂存的数据可以进行“暂存、删除、申报”。

2. 修改需遵循当前单证页面的业务规则。

3. “查询明细”按钮在无查询数据时，该按钮置灰显示，不可点击。

2. 查看回执

在图 7-50 界面中，选择一条单证记录，点击“查看回执”按钮，系统会跳转至海关查询回执页面，可在该页面查看海关回执的详细内容。

小提示：

“查看回执”按钮在无查询数据时，该按钮置灰显示，不可点击。

关于调整进出境铁路列车及其所载货物、物品舱单电子数据申报传输有关事项的公告

海关总署公告 2020 年第 68 号

为进一步加强海关对进出境铁路列车及其所载货物、物品的管理，规范有关数据申报传输，根据《中华人民共和国海关进出境运输工具监管办法》（海关总署令第 196 号公布，根据海关总署令第 240 号修改，以下简称《运输工具监管办法》）及《中华人民共和国海关进出境运输工具舱单管理办法》（海关总署令第 172 号公布，根据海关总署令第 235 号、第 240 号修改，以下简称《舱单管理办法》），现就进出境铁路列车及其所载货物、物品舱单电子数据申报传输的有关事项公告如下：

一、进出境铁路列车负责人、海关监管作业场所经营人等相关铁路物流企业，应当按照《运输工具监管办法》《舱单管理办法》，在经营业务所在地的直属海关或者经直属海关授权的隶属海关办理相关备案手续，完成备案后，企业即可向海关申报传输电子数据。

二、相关铁路物流企业应当按照《运输工具监管办法》《舱单管理办法》以及本公告关于申报传输时限、数据项、填制规范的规定，向海关申报传输进出境铁路列车的动态信息和申报单证、舱单及舱单相关电子数据。

三、进出境铁路列车未装载货物、物品的，海关不要求申报传输舱单及舱单相关电子数据，相关铁路物流企业只需申报传输进出境铁路列车的动态信息和申报单证。

四、进出境铁路列车负责人或货运代理企业可根据需要，向海关申请舱单归并和舱单分票。

申请归并的舱单应当为同一进出境口岸、同一进出境日期、同一车次、同一境内收发货人、同一合同、同一品名。

五、进境铁路列车载有过境货物的，铁路货运代理企业应当在原始舱单其他数据传输时限前告知进境铁路列车负责人，并由进境铁路列车负责人按照规定向海关传输原始舱单其他数据。

六、启用铁路舱单后，报关单、转关单有关栏目的填制规范要求变更如下，其他

栏目填制规范要求不变：

（一）出口货物报关单中的“运输工具名称”免于填报。

（二）报关单、转关单中的“提运单号”填报运单号。

七、本公告自2020年7月1日起施行。海关总署公告2018年第160号同时废止。

特此公告。

海关总署

2020年5月19日

第十三节 常见问题

1. 在单一窗口提交了传输人备案申请，也收到了海关审核通过回执，是否就可以向海关提交舱单电子数据了？

答：舱单传输人备案申请海关审核通过后，企业还需到现场海关开通具体的舱单传输权限（可以向哪些关区传输哪些类型的舱单电子数据）

2. 已经完成了传输人备案，在提交舱单电子数据后，为什么还会收到海关回执被告知“舱单传输人未备案或超出备案的传输范围”？是否还需要重新备案？

答：如果您的传输人备案申请已经收到海关审核通过回执，说明备案是成功的，不需要重新备案。请到现场海关开通具体的舱单传输权限，或者向关员确认已经开通的传输权限范围（关区、传输业务类型等）是否符合需求，否则即使传输人备案成功，仍会收到上述回执。

3. 已经完成了一种运输方式的舱单传输人备案，还需要向海关提交其他运输方式的舱单及相关电子数据（例如已完成水运方式的舱单传输人备案，还需要提交空运、公路或铁路方式的舱单数据），是否还需要重新备案？

答：不需要重新备案。舱单传输人备案只需备案一次，各种运输方式是可以共用备案信息的。请直接到现场海关开通其他运输方式的舱单传输权限即可。

4. 已经完成了舱单传输人备案并开通了某个关区的传输权限，因业务需要还需向其他关区提交舱单及相关电子数据，是否还需要重新备案？

答：不需要重新备案。舱单传输人备案只需备案一次，各个关区是可以共用备案信息的。请直接到需要办理业务的现场海关开通该关区的舱单传输权限即可。

5. 提交舱单传输人备案信息时，备案海关如何选择？

答：请根据业务需求选择即将开展进出境业务的现场海关。如需选择直属海关，建议先向当地海关咨询后再提交备案信息。

第八部分 “单一窗口”——货物申报篇

第一章 货物申报操作指南

第一节 两步申报

根据海关总署 2019 年第 127 号公告，开展两步申报的企业可在此进行数据录入与申报。

在“两步申报”通关模式下，第一步，企业概要申报后经海关同意即可提离货物；第二步，企业在规定时间内完成完整申报。更多业务适用详情，请咨询您的业务主管部门。

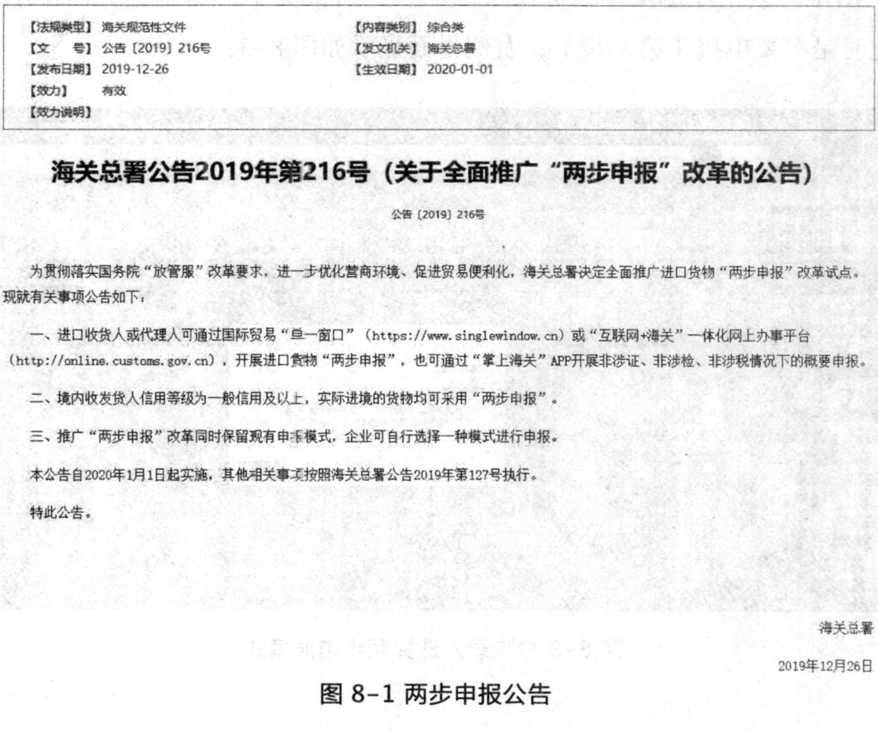

【法规类型】	海关规范性文件	【内容类别】	综合类
【文　　号】	公告〔2019〕216号	【发文机关】	海关总署
【发布日期】	2019-12-26	【生效日期】	2020-01-01
【效力】	有效		
【效力说明】			

海关总署公告2019年第216号（关于全面推广“两步申报”改革的公告）

公告〔2019〕216号

为贯彻落实国务院“放管服”改革要求，进一步优化营商环境、促进贸易便利化，海关总署决定全面推广进口货物“两步申报”改革试点。现就有关事项公告如下：

一、进口收货人或代理人可通过国际贸易“单一窗口”（https://www.singlewindow.cn）或“互联网+海关”一体化网上办事平台（http://online.customs.gov.cn），开展进口货物“两步申报”，也可通过“掌上海关”APP开展非涉证、非涉检、非涉税情况下的概要申报。

二、境内收发货人信用等级为一般信用及以上，实际进境的货物均可采用“两步申报”。

三、推广“两步申报”改革同时保留现有申报模式，企业可自行选择一种模式进行申报。

本公告自2020年1月1日起实施，其他相关事项按照海关总署公告2019年第127号执行。

特此公告。

海关总署

2019年12月26日

图 8-1 两步申报公告

在图 8-2 中，点击左侧菜单栏“货物申报—两步申报”，展开业务菜单。

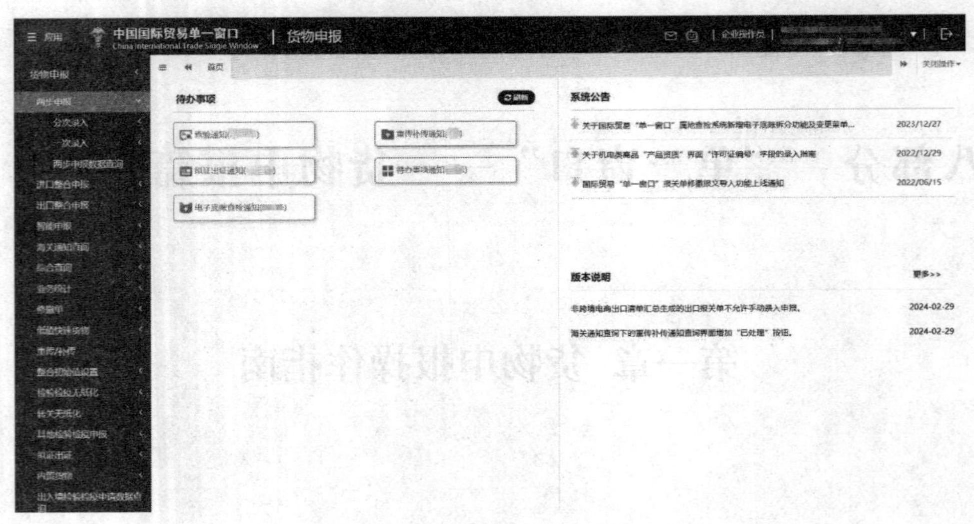

图 8-2 两步申报界面

一、分次录入

注意：

“两步申报分次录入”在系统中的操作包括两个步骤：概要申报（第一步）、完整申报（第二步）。更多详细解释，请参考海关总署发布的相关法律法规。

在上图中，点击左侧菜单“分次录入——进口报关单”后需进行两步申报模式的选择，此时是概要申报（第一步），右侧界面显示如图 8-3：

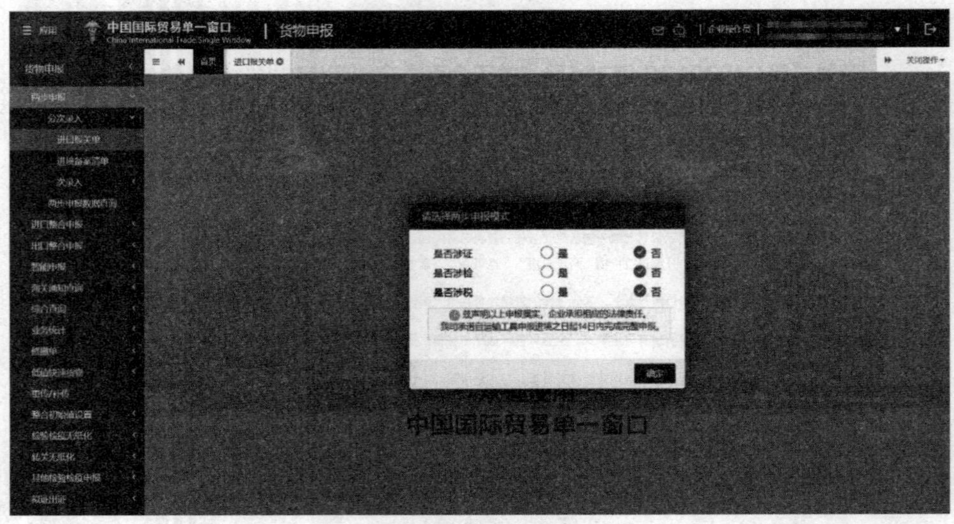

图 8-3 分次录入选择两步申报模式

请根据实际情况，在“是否涉证、是否涉检、是否涉税”中如实勾选。

小提示：

请如实勾选，如果与后续完整申报时的涉证、涉检、涉税情况不一致，可能会被海关退单导致删单重报。

在图 8-3 选择两步申报模式中，系统默认全部为“否”。

如实勾选后，在以下几种情形时，概要申报（第一步）录入界面不同，下文逐一说明

1. 非证 + 非检 + 非税（“非证 + 非检 + 涉税”时的录入界面与其相同）；

2. 涉证 + 非检 + 非税；

3. 非证 + 涉检 + 非税；

4. 涉证 + 涉检 + 非税（“涉证 + 涉检 + 涉税”时的录入界面与其相同）。

注意：

1. 两步申报模式下，【报关单类型】默认为“通关无纸化”，不可修改。不显示在概要申报界面，在备录界面显示。

2. 代理报关的，需在备录界面录入代理报关委托协议（电子）编号。

3. 概要申报时，可在备录界面上传随附单据 pdf。

（一）进口报关单（分次录入）——概要申报（第一步）

1. 非证 + 非检 + 非税

注：“非证 + 非检 + 涉税”时的录入界面与其相同。

在图 8-3 选择两步申报模式中，“是否涉证、是否涉检、是否涉税”全部勾选了否右侧录入界面如图 8-4。顶端显示当前两步申报的模式为“非证、非检、非税”。录入部分包括基本信息、商品信息、集装箱。

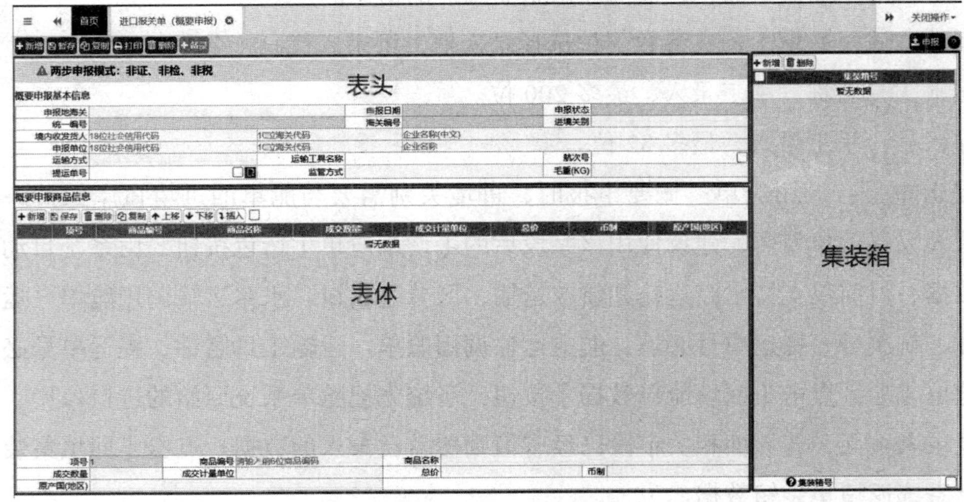

图 8-4 非证 + 非检 + 非税模式（界面说明）

（1）录入与暂存

界面各字段需按照海关总署 2019 年第 18 号公告的要求进行填制。可通过点击界面顶端的【暂存】蓝色按钮，将当前正在录入的基本信息数据进行保存，以防数据丢失。

1）基本信息

⚠ 两步申报模式：非证、非检、非税

概要申报基本信息

申报地海关			申报日期		申报状态	
统一编号			海关编号		进境关别	
境内收发货人	18位社会信用代码	10位海关代码		企业名称(中文)		
申报单位	18位社会信用代码	10位海关代码		企业名称		
运输方式		运输工具名称			航次号	
提运单号		监管方式			毛重(KG)	

图 8-5 概要申报（非证 + 非检 + 非税 基本信息）

申报地海关（必填）：在参数下拉表中选择，也可录入代码、名称。

申报日期、申报状态、统一编号、海关编号：置灰，不允许录入，暂存或申报后，系统自动生成。

进境关别（必填）：建议使用提运单号右侧的【调用舱单】按钮，以便与所录入的运输工具、航次号、提运单号对应舱单的进境关别保持一致。也可在参数下拉表中选择。

境内收发货人（必填）：社会信用代码，必填，可录入 18 位字符或“NO”。无信用代码时，可填写“NO”，注意使用大写，填写“NO”时，请务必填写海关编码。海关代码（必填），最多 10 位，可为海关临时编码。企业名称（必填），最多 70 位。

申报单位（必填）：社会信用代码（必填），录入 18 位或“NO”；海关代码（必填），最多 10 位，可为海关临时编码；企业名称（必填），最多 70 位。新增数据时，自动返填申报单位初始值，即当前登录企业用户的信息。

运输方式（必填）：在参数下拉选择录入框，可录入代码、名称。

运输工具名称：手工录入，最多 200 位。

航次号：手工录入，最多 32 位。

提运单号：调用舱单。概要申报时，进境关别需要与舱单的进境口岸保持一致。因此录入完提运单号后，建议使用该字段后的【调用舱单】蓝色按钮，由系统自动返填舱单数据。目前仅支持水路运输和航空运输，区分进出口。水路运输调用舱单：运输工具名称、航次号、提运单号必填；航空运输调用舱单：运输工具名称、提运单号必填。调用舱单成功，点击【回填舱单数据】按钮，系统先把舱单系统原始的进口口岸、毛重返填至录入页面，若界面相关字段已经有值则覆盖已录入的数据。点击【回填集装箱】按钮，系统返填集装箱数据。

监管方式（必填）：在参数下拉表选择，也可录入代码、名称。

毛重（必填）：调用舱单成功（点击【回填舱单数据】按钮），系统将原始舱单的毛重返填至录入页面，若界面相关字段已经有值则覆盖已录入的数据。

2）概要申报商品信息

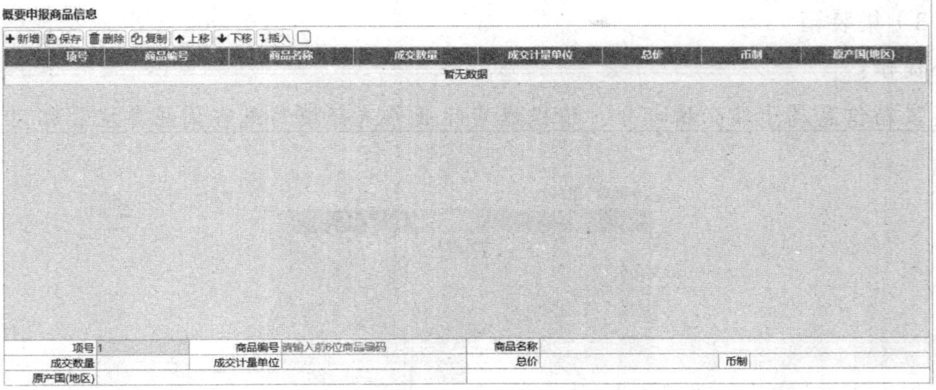

图 8-6 概要申报（非证 + 非检 + 非税 商品信息）

新增：清空表体录入区域的内容，便于重新录入数据。

删除：勾选表体记录后，点击【删除】按钮，删除所勾选商品信息，请谨慎操作！

小提示：

当商品信息的各项内容比较相似时，使用复制操作，可减少相同内容的重复录入。勾选一条表体记录，复制选中的商品信息，并自动返填项号、商品名称、数量等内容可进行修改。

上移、下移：勾选表体记录后，可对选中的商品信息进行相应操作。点击一次【上移】按钮，当前选中的货物表体上移，项号自动减 1；点击一次【下移】按钮，当前选中的货物表体下移，项号自动加 1。

插入：勾选一条表体记录，点击【插入】按钮，录入的数据被插入到选中的货物表体上方，选中的表体项号自动加 1。

项号：字段为灰，不允许录入，系统自动按顺序生成。

商品编号（必填）：非涉检时，手工填写商品编号的前 6 位数字。

小提示：

非涉检时，该字段完全由手工填写，系统不会弹出商品列表框供选择。

商品名称（必填）：非涉检时，手工填写商品名称。

成交数量（必填）：与成交计量单位相对应，根据实际情况手工填写。整数最多 14 位，小数最多 5 位，不可录入负数。

成交计量单位（必填）：在参数下拉表选择，也可录入代码或名称。

总价（必填）：根据实际情况手工填写。整数最多15位，小数最多2位，不可录入负数。

币制（必填）：在参数下拉表选择，也可录入代码、名称。

原产国（地区）：在参数下拉表中选择，也可录入代码、名称。

（3）集装箱

小提示：

集装箱信息属于非必填部分，请根据实际业务选择填写或咨询业务主管部门。

图 8-7 集装箱号界面

新增：清空录入区域的内容，便于重新录入数据。

删除：勾选记录后，点击【删除】按钮，删除所勾选的集装箱信息，请谨慎操作！

集装箱号（必填）：录入集装箱号。勾选字段右侧的复选框，系统自动将录入的字母转换为大写。

录入后，点击回车键，系统将录入的集装箱号自动保存到上方列表中。通过调用舱单功能，系统可将原始舱单的毛重返填至录入页面，若已经有值则覆盖已录入的数据。

小提示：

集装箱号区分大小写。不符合集装箱录入要求时，字段底色变为红色给予警示。

（2）操作（按钮）

复制：点击界面上方【复制】蓝色按钮，系统将当前的数据（包括两步申报模式、境内收发货人、运输方式以及商品信息等内容）进行复制，自动新增生成一票概要申报数据。此时可以对复制出来的数据，进行修改、录入、暂存等操作。

打印：点击界面上方【打印】蓝色按钮，系统弹出“打印报关单”选项（如图8-8）。

打印报关单

类型	报关单	备案清单	
打印格式	核对单	商品附加页	集装箱附加页
打印机列表	Microsoft Print to PDF	设为默认	
打印范围	请键入页码或页码范围(用逗号分隔，从文档开头算起)，例如：1,3,5-12		
左边距(PX)			
上边距(PX)			

取消 直接打印 打印预览

图 8-8 打印报关单（概要申报）

类型：根据实际打印需要，进行勾选 / 复选。

打印格式：在概要申报时可选择核对单、商品附加页、集装箱附加页。

根据本地打印机设置，在“打印机列表”中进行选择。如果想将列表中的某个打印机设置为默认，选择后点击后面【设为默认】白色按钮即可。点击【打印预览】蓝色按钮，系统展示预览页面。点击【直接打印】按钮，根据本地打印机的连接或设置直接进行打印。

删除：点击界面上方【删除】蓝色按钮，系统提示“是否确认删除该数据”。当数据状态为已申报等状态时，表示您所申报的数据已被相关业务主管部门接收，此时不允许删除。删除的数据不可恢复，需重新录入，请谨慎操作。

+ 备录：点击界面上方的【+ 备录】绿色按钮后，系统弹出备录界面（如图 8-9），界面字段与整合申报报关单的界面相同。

注意：

代理报关的，必须于概要申报前，在备录页面中填写代理报关委托协议（电子）编号。

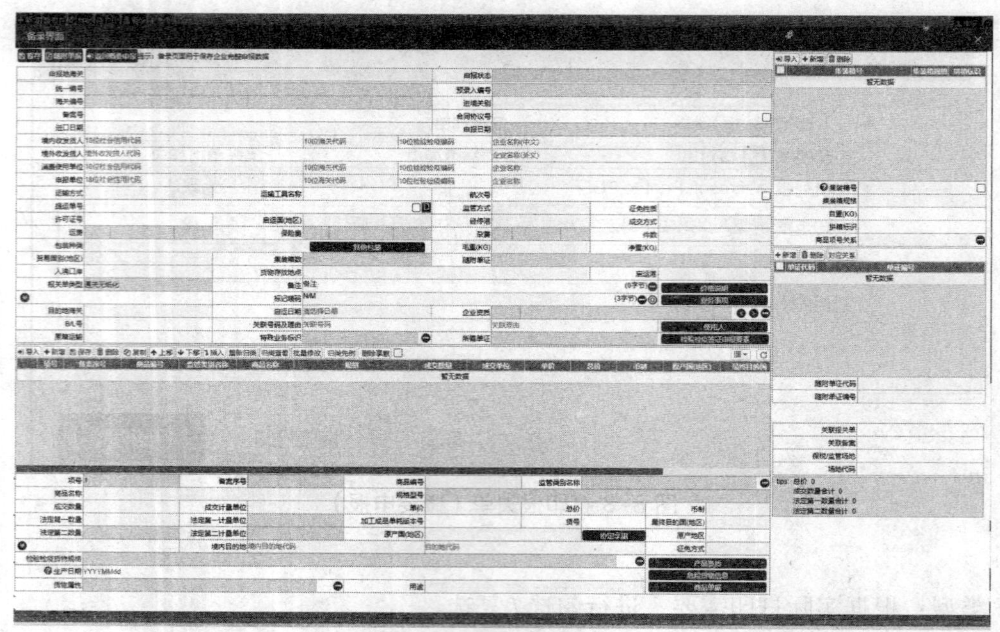

图 8-9 概要申报备录界面

备录页面主要用于保存完整申报（第二步）的数据。用户可在此录入该票报关单的其他已知信息，便于完整申报时减少录入操作。

小提示：

备录内所录入的信息（除下文特别说明的内容外），在概要申报（第一步）时不向海关发送，仅保存以便减少完整申报（第二步）时的录入操作。

两步申报模式下，“报关单类型”字段由系统默认为“通关无纸化”，不可修改，显示在备录界面内。

概要申报所录入的内容，在备录界面也可以修改。修改后的内容系统将自动更新到概要申报界面（即关闭备录对话框，概要申报界面显示修改后的内容）。

界面各字段需按照海关总署 2019 年第 18 号公告的要求进行填制，更多详情可参考下文进口报关单整合申报。部分重要功能特别说明如下：

随附单据：必须先填写基本信息中“申报地海关”，【随附单据】按钮才可点击。点击备录界面的【随附单据】蓝色按钮，弹出录入界面（如图 8-10）。操作方法可参考上文“进口报关单整合申报”的“随附单据”部分，下文仅说明在概要申报时需要进行的操作。

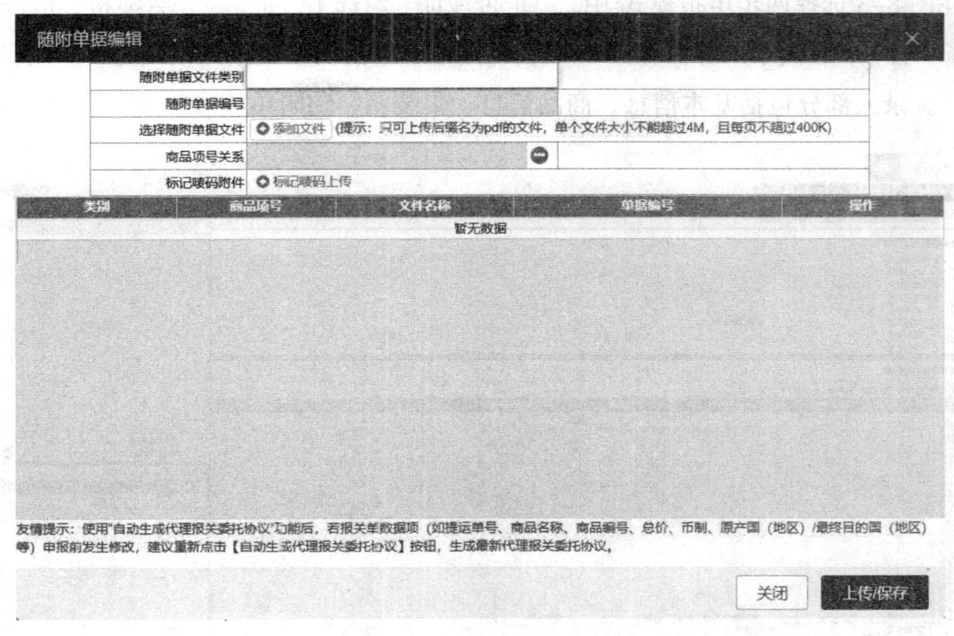

图 8-10 随附单据

随附单据文件类别：按空格键调出下拉菜单，或录入数字代码后回车，快捷录入。代理报关时，必须在此处选择“10000001- 代理报关委托协议（电子）”类别。

随附单据编号：选择“电子代理报关委托协议编号”后，手工录入编号后按回车键，系统自动将当前随附单据编号记录保存至列表中。

录入概要申报（第一步）数据时，可在备录页面的“随附单据”内上传各类 pdf 文件。但概要申报时，所上传的文件暂不向海关发送（因不属于概要申报的要素，仅为用户预先上传 pdf 提供该功能）。待完整申报（第二步）时，可对已上传的文件或随附单据编号进行修改，进行完整申报时再由系统一并发送。

申报：将录入完毕并确认无误的数据，通过点击界面右上方的【申报】蓝色按钮，向海关进行申报。

“非证 + 非检 + 涉税”模式时，相关操作参考下文“涉税”部分。

小提示：

随附单据上传，必须使用卡介质进行操作。

申报即意味着您的数据将向相关主管部门进行发送，并等待其审批。

概要申报（第一步）所申报的数据一旦被海关审批通过，在后续进行完整申报（第二步）时，由系统自动带出。除【总价】的修改、【商品编号】后 4 位的补录以外，其他概要申报的数据不允许修改。

2. 涉证 + 非检 + 非税

在图 8–3 选择两步申报模式 中，“是否涉证”勾选了“是”“是否涉检、是否涉税”勾选了“否”，右侧录入界面如图 8–11。顶端显示当前两步申报的模式为“涉证、非检、非税”。录入部分包括基本信息、商品信息、集装箱、随附单证。

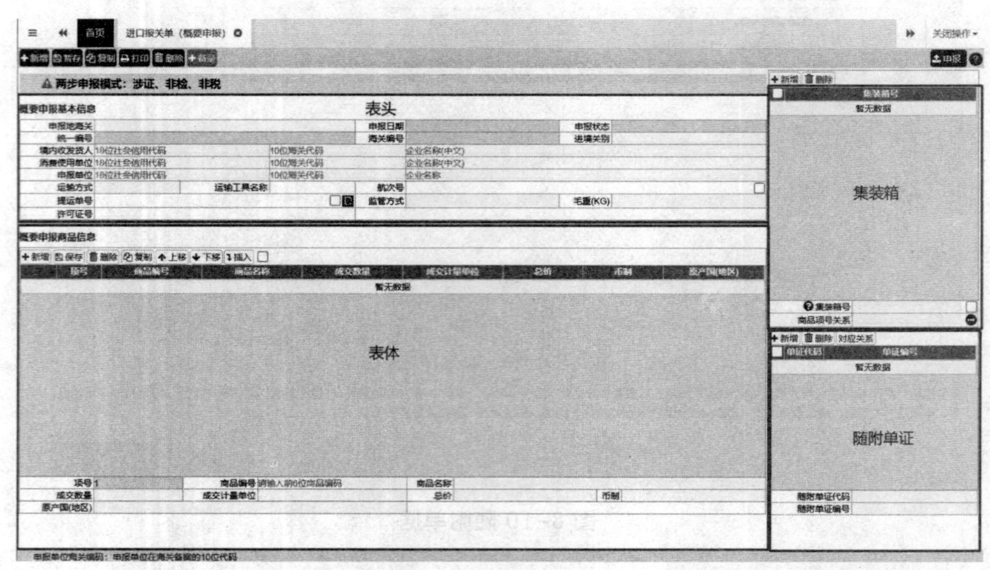

图 8–11 涉证 + 非检 + 非税模式（界面说明）

（1）录入与暂存

界面各字段需按照海关总署 2019 年第 18 号公告的要求进行填制。可通过点击界面顶端的【暂存】蓝色按钮，将当前正在录入的基本信息数据进行保存，以防数据丢失。

填写字段参考上文“1. 非证 + 非检 + 非税”的录入与暂存章节。部分特殊字段如下：

随附单证：界面图 8–12 所示。

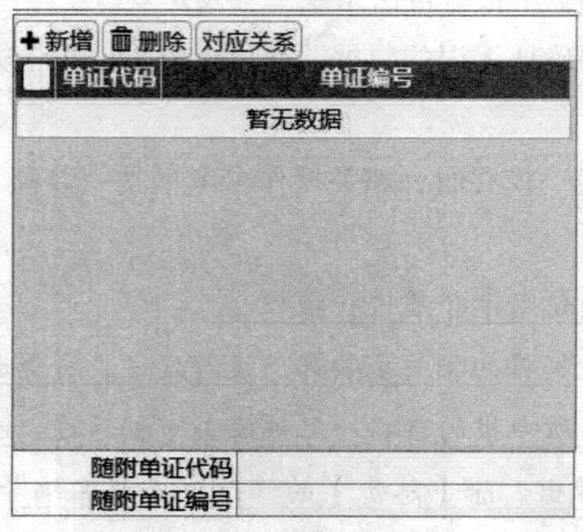

图 8–12 随附单证界面

小提示：

涉证时，系统将校验"随附单证"部分或"许可证号"字段任意一处，是否填写了海关禁限管制所需的证件编号。如果全部为空，则不允许继续申报。

涉证模式下，录入界面右侧下方会出现随附单证部分。

新增：清空录入区域的内容，便于重新录入数据。

删除：勾选记录后，点击【删除】按钮，删除所勾选的集装箱信息，请谨慎操作！

对应关系：

E- 濒危物种出口允许证

R- 兽药通关单

F- 濒危物种进口允许证

J- 黄金及其制品进出口准许证或批件

k- 民用爆炸物品进口审批单

d- 援外项目任务通知单

t- 关税配额证明

e- 关税配额外优惠税率进口棉花配额证

q- 国别关税配额证明

在随附单证代码字段，选择或录入以上许可证时，点击【对应关系】按钮，在弹出的界面中（如图 8-13），录入报关单商品信息项号与对应随附单证的商品项号。

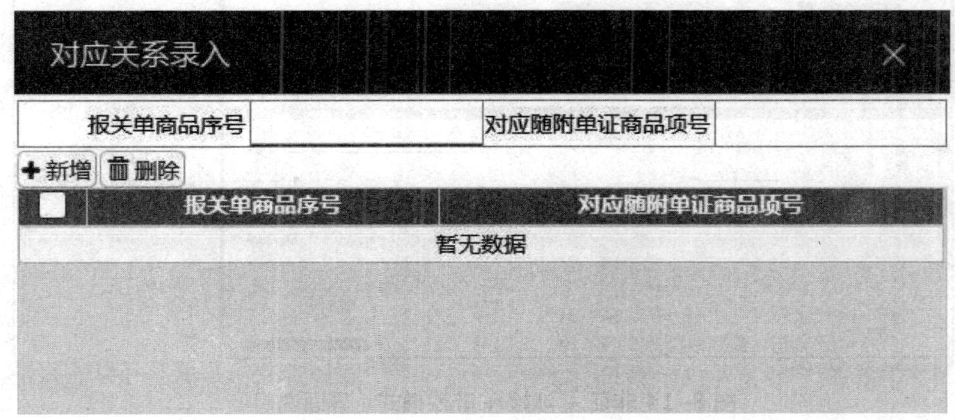

图 8-13 对应关系界面

随附单证代码（必填）：在参数下拉表中选择，也可录入代码、名称。

随附单证编号（必填）：根据海关要求或实际业务，手工填写。完成录入操作后，按回车键，系统将录入的内容自动保存到上方列表中。

（2）操作（按钮）

复制、打印、删除、+ 备录与上文一致，请参考“1. 非证 + 非检 + 非税”关于操作（按钮）部分的操作说明。

申报：对于涉证的概要申报数据，申报时系统将校验许可证号或随附单证是否为空。如全部未填写，系统提示“许可证号和随附单证不能同时为空！”请填写完整后再申报。将录入完毕并确认无误的数据，通过点击界面右上方的【申报】蓝色按钮，向海关进行申报。

小提示：

进行申报，必须使用卡介质。

申报即意味着您的数据将向相关主管部门进行发送，并等待其审批。

概要申报（第一步）所申报的数据一旦被海关审批通过，在后续进行完整申报（第二步）时，将由系统自动带出。除“总价”的修改、“商品编号”后 4 位的补录以外，其他概要申报的数据不允许修改。

3. 非证 + 涉检 + 非税

在图 8-3 选择两步申报模式中，“是否涉检”勾选了“是”“是否涉证、是否涉税”勾选了“否”，右侧录入界面如图 8-14。顶端显示当前两步申报的模式为“非证、涉检、非税”。录入部分包括基本信息、商品信息、集装箱。

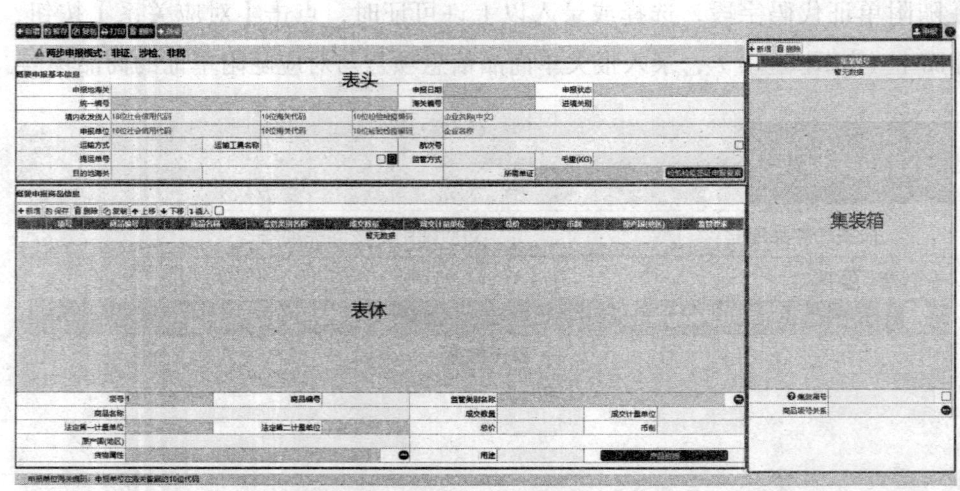

图 8-14 非证 + 涉检 + 非税模式（界面说明）

具体操作请参考“1. 非证 + 非检 + 非税”章节的操作说明。

4. 涉证 + 涉检 + 非税

注：“涉证 + 涉检 + 涉税”时的录入界面与其相同。

在图 8-3 选择两步申报模式中，“是否涉证、是否涉检”勾选了“是”“是否涉税”勾选了“否”，右侧录入界面如图 8-15。顶端显示当前两步申报的模式为“涉证、涉检、非税”。录入部分包括基本信息、商品信息、集装箱、随附单证。

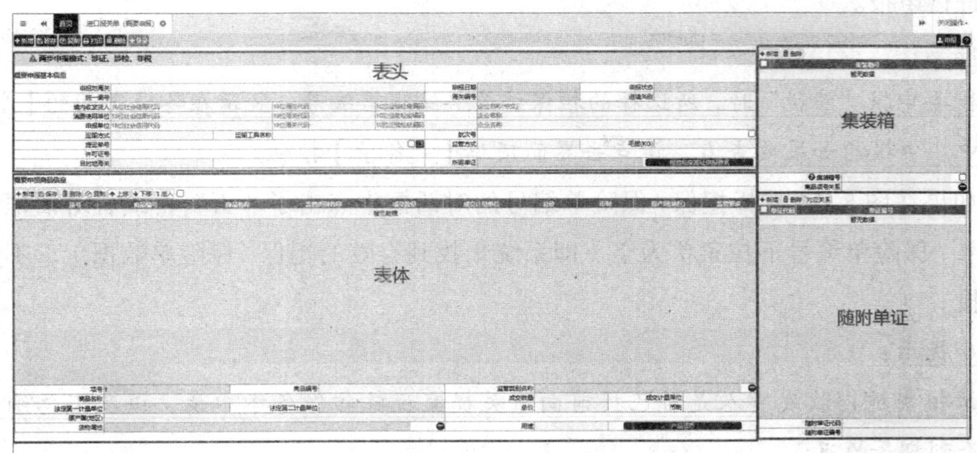

图 8-15 涉证 + 涉检 + 非税模式（界面说明）

具体操作请参考“2. 涉证 + 非检 + 非税”章节的操作说明。

5. 涉税

“非证 + 非检 + 涉税”模式时的界面、操作与“1. 非证 + 非检 + 非税”相同，请参考上文。

“涉证 + 涉检 + 涉税”模式时的界面、操作，与“4. 涉证 + 涉检 + 非税”相同，请参考上文。

在图 8-3 选择两步申报模式中，“是否涉税”勾选了“是”，录入完毕点击【申报】按钮时，系统将弹出选择担保 / 保险单编号的对话框（如图 8-16）。

请选择担保通关模式1

◉是否使用汇总征税担保通关模式?

请选择担保备案编号：

担保备案编号有效期： 2023-05-17 至 2023-11-03

选择汇总征税担保通关模式的的，可在缴款期限（15日）或者下月第5个工作日前缴纳税款。

○是否使用纳税期限担保通关模式?

请选择担保备案编号：

担保备案编号有效期：

选择纳税期限担保通关模式的，应在缴款期限（15日）内缴纳税款。

○是否使用分期纳税担保通关模式?

请选择担保备案编号：

担保备案编号有效期：

分期纳税通关模式仅针对经财政部，海关总署，国税总局确认的企业专用，税款于货物进口后2到6年内缴纳，请确认选定的担保物期限是否在规定的纳税期限。

填制提示：

1.请按担保通关模式选取担保备案编号。2021年12月1日后备案的担保可同时用于汇总征税和纳税期限担保，担保备案编号对应的用途可在单一窗口税费支付系统查询。

2.担保备案编号将会返填在备注栏的最前面，如备注栏超长，请重新填写备注信息。

否 是

图 8-16 通关模式选择界面

根据实际情况选择汇总征税担保编号或纳税期限担保的保险单编号，点击【是】继续进行申报。

注意：

概要申报“涉税”时，所选择的担保编号 / 保险单编号，显示在备录页面的【备注】字段中。申报后如果要查看，请点击界面顶端【+备录】按钮。

如果在图 8-16 选择担保 / 保险单编号的对话框中点击了“否”，或者对话框中担保编号 / 保险单编号下拉菜单为空（即系统未找到有效的担保 / 保险单数据），不可继续申报。

小提示：

请核实境内收发货人是否已提前向海关提交税收担保备案申请，以及汇总纳税资质是否到期等情况。

（二）进口报关单（分次录入）——完整申报（第一步）

在概要申报数据查询界面进行查询（详情参见下文“两步申报数据查询”），点击带有底色（浅红色）数据的蓝色统一编号字样，系统自动弹出该票数据完整申报的界面（如图 8-17）。

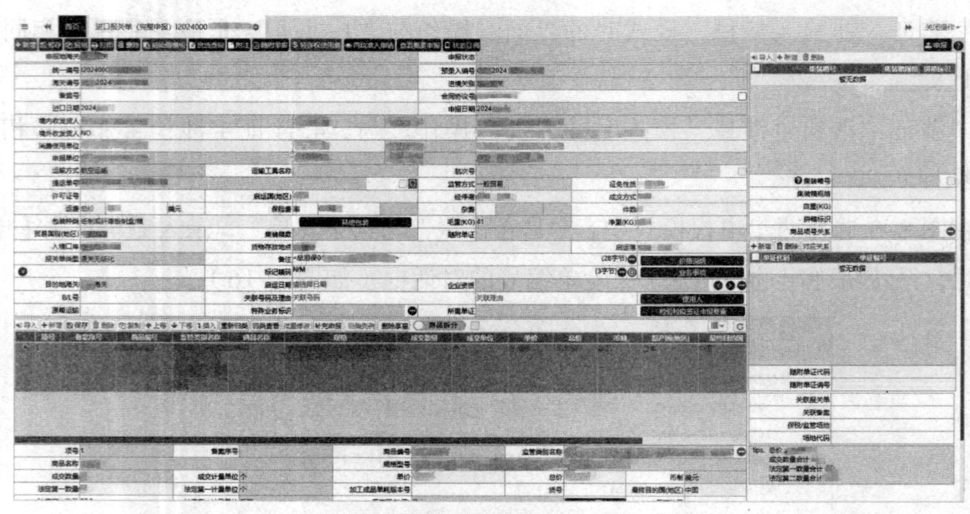

图 8-17 完整申报（第二步）

注意：

概要申报（第一步）所申报的数据一旦被海关审批通过，进行完整申报（第二步）时，由系统自动带出。除【总价】的修改、【商品编号】后 4 位的补录以外，其他概要申报的数据（字段）置灰、不允许修改。

1. 界面补录 / 修改

界面各字段需按照海关总署 2019 年第 18 号公告的要求进行填制，更多详情可参考下文“进口报关单整合申报”。部分功能特别说明如下。

进境关别：概要申报时如果调用了舱单数据，因“两步申报”进境关别需要与舱单的进境口岸保持一致，建议此处不要手工修改。

选中表体列表中的任意一条记录，可在下方补充录入商品信息。但因概要申报的商品信息已审批通过，所以在完整申报（第二步）时，表体的“导入、新增、删除、复制、上移、下移、插入、批量修改、归类先例”白色按钮不可使用。

商品编号：补充输入商品编号的后4位，回车后，系统弹出匹配的商品列表框供选择，勾选所需的商品信息。

关于规格型号（申报要素）等内容的录入方式，可参考进口报关单整合申报中关于录入商品信息的说明，此处不再赘述。

总价：可在此修改概要申报时录入的预估总价，系统根据输入的字段进行联动计算。

总价 = 单价 × 成交数量 单价 = 总价 ÷ 成交数量

2. 操作（按钮）

复制：点击界面上方【复制】蓝色按钮，系统将当前的完整申报数据进行复制，自动新增生成一票进口整合申报的报关单数据。此时可以对复制出来的数据，进行修改、录入、暂存等操作。

打印：点击界面顶端【打印】蓝色按钮，系统弹出“打印报关单”选项。更多操作可参考上文进口报关单整合申报中的打印。

注意：

对于完整申报（第二步）的数据，点击界面顶端【暂存】蓝色按钮后，即可进行打印操作。

删除：完整申报的删除操作可参考进口报关整合申报中的删除部分。

查看概要申报：点击界面顶端【查看概要申报】蓝色按钮，系统展示当前完整申报（第二步）对应的概要申报（第一步）数据，供查看。

注意：

“两步申报”不支持非金二加工贸易的手／账册，即完整申报时【备案号】字段不可填写非金二（原加工贸易）手册、账册编号。

（三）进境备案清单（分次录入）

进境备案清单两步申报（概要申报、完整申报）的录入界面与各类操作，与上文进口报关单（分次录入）一致，除以下特别说明外，请参考上文，此处不再赘述。

点击界面上方的【+备录】绿色按钮后，系统弹出备录界面（如图8-18）。

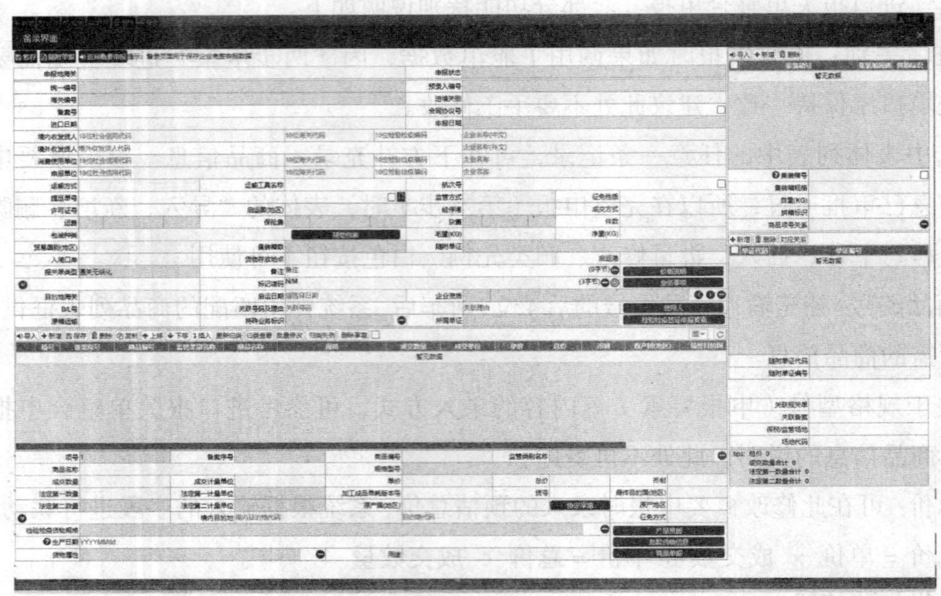

图 8-18 进境备案清单备录界面

根据海关总署公告与相关要求，进境备案清单两步申报时，“报关单类型”为“通关无纸化”“清单类型”为“一般备案清单”，由系统自动返填，不允许修改。

二、一次录入

在图 8-19 中，点击左侧菜单“一次录入—进口报关单”后，需进行两步申报模式的选择，右侧界面显示如图 8-19：

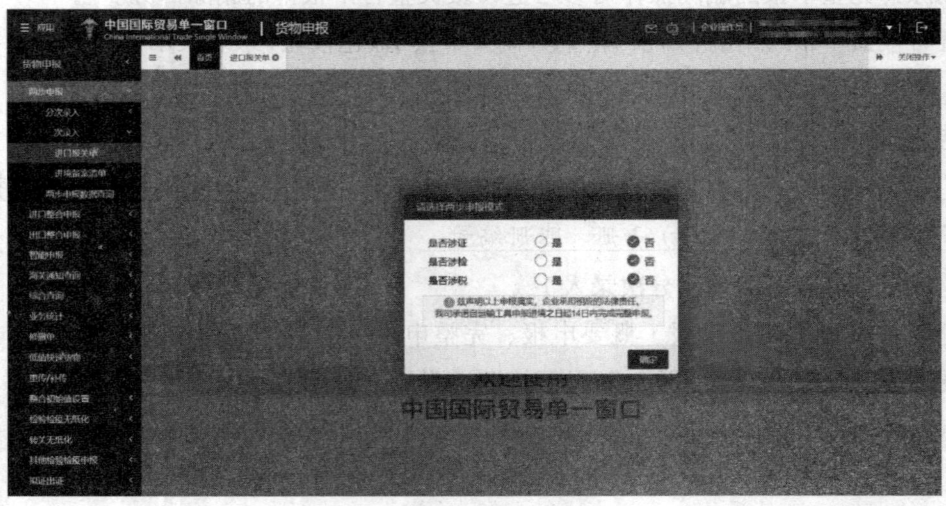

图 8-19 一次录入选择模式

（一）进口报关单（一次录入）

企业用户在进口报关单（一次录入）界面，可以完成进口报关单全量数据的录入、暂存、修改等操作。蓝底色字段，代表概要申报所需填写的数据。根据用户所选申报模式高亮显示不同的概要申报字段。

报关单数据录入界面及规范参见“进口报关单整合申报”此处不再赘述。

概要申报部分参见“两步申报—分次录入—概要申报”，此处不再赘述。

按钮功能参见“两步申报—分次录入”，此处不再赘述。

注意：

1. 一次录入模式下，蓝底色字段代表概要申报所需填写的数据。

2. 系统自动根据用户所选择的是否涉证 / 税 / 检，在界面中返填蓝底色字段。

3. 界面提供一次录入模式：辅助提交，如不勾选“辅助提交”，默认为“人工提交”。

4. “辅助提交”模式只用于一次录入模式下。

5. “辅助提交”只可取消一次。

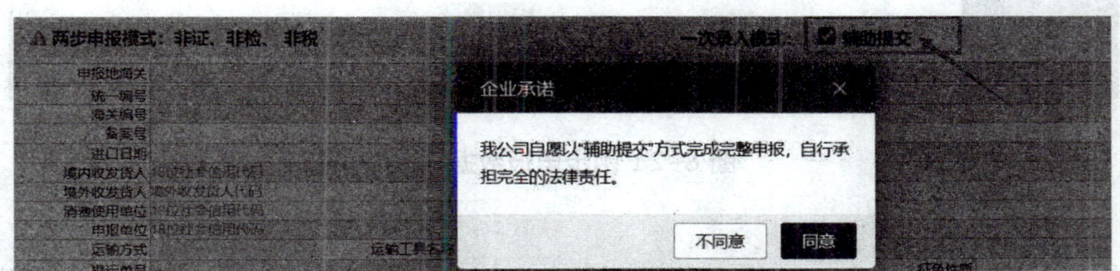

图 8-20 一次录入模式—辅助提交

界面提供一次录入模式“辅助提交”，如不勾选“辅助提交”，默认为“人工提交”，即“概要申报”提货放行后需要用户手动点击【申报】完成“完整申报”。若企业选择“辅助提交”，“概要申报”提货放行后系统自动完成“完整申报”。

若选择“辅助提交”，系统弹出提示框，提示框下方提供【同意】和【不同意】按钮。企业点击【同意】按钮后返回预录入界面，并选中“辅助提交”；点击【不同意】按钮取消辅助提交，更改为人工提交。

小提示：

“辅助提交”只可取消一次，取消后不允许再次选取。

在一次录入模式，企业只录入了概要申报字段，如不勾选“辅助提交”，可以先申报概要申报部分，提货放行后可以继续录入完整申报部分。如勾选“辅助提交”，则需要把所有概要申报和完整申报部分（必填项）数据全部录入后再申报。如数据录入不完整，会有相关提示。

（二）进境备案清单（一次录入）

进境备案清单两步申报（一次录入）的录入界面与各类操作，与上文进口报关单（一次录入）、进境备案清单整合申报一致，请参考上文，此处不再赘述。

三、两步申报数据查询

可使用各类查询条件，进行概要申报数据的查询、查看、打印等操作。

小提示：

此处仅提供概要申报数据的查询。

如果要直接查询完整申报数据，请移步至“数据查询/统计”菜单进行操作。

在左侧菜单中点击“两步申报——两步申报数据查询”，右侧显示查询界面。

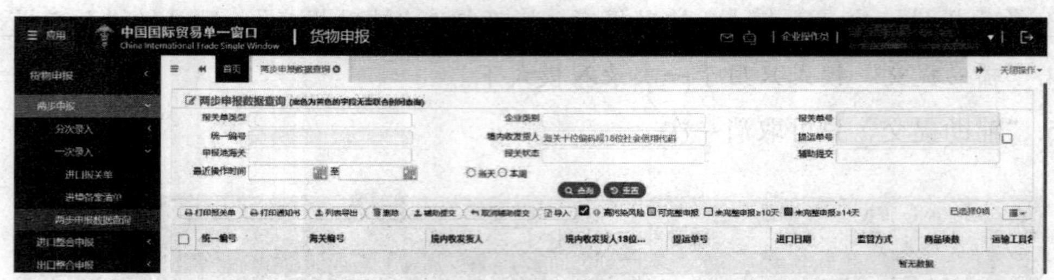

图 8-21 两步申报数据查询

查询/查看：界面中，“报关单类型、企业类别、申报地海关、报关状态”需在参数中进行调取，按键盘空格键，可调出下拉菜单并在其中进行选择。其中“报关单类型”默认显示为一般报关单、“企业类别”默认显示为报关申报单位，可删除默认显示，使用键盘空格键重新选择。

主要查询条件字段，所包含的选项如下。

报关单类型：一般报关单、备案清单。

企业类别：报关申报单位、消费使用/生产销售单位、报关收发货人、报关录入单位。

小提示：

查询时输入的时间范围，不能超过 7 天。

输入条件，点击【查询】蓝色按钮，查询结果显示在下方列表中（如图 8-22）。点击【重置】蓝色按钮将清空查询条件，重新填写后查询。

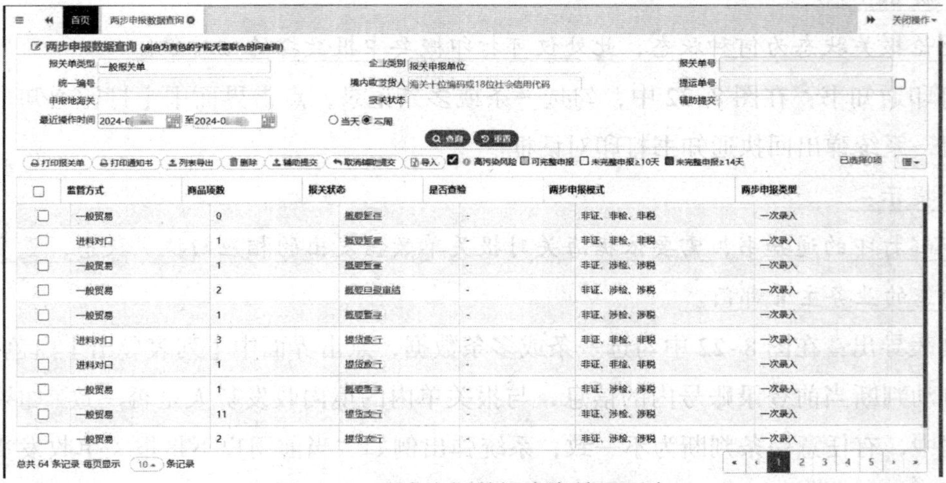

图 8-22 两步申报数据查询结果列表

在查询结果列表中，不同底色代表的意义如下：

1. 浅粉底色，代表当前数据可进行完整申报。

2. 浅黄底色，代表当前数据未进行完整申报≥10 天。

3. 深粉底色，代表当前数据未进行完整申报≥ 14 天。

列表下方可以查看当前查询结果的总记录数、自行选择每页显示的记录条数。在图 两步申报数据查询结果列表 中，点击“报关状态”栏内的蓝色字样，界面下方可显示相应回执。

在图 8-22 中，点击“统一编号”，系统自动根据当前数据的状态，自动跳转至相应界面（概要或完整）。

概要申报界面：对于“报关状态”为概要暂存、概要申报入库等属于第一步申报阶段的数据，点击蓝色的统一编号后，系统自动跳转至概要申报的详情界面。此时可根据当前数据状态对概要申报数据进行修改、申报或查看。例如：概要暂存、申报失败、概要申报退单的，可进行修改、申报。概要申报入库、概要申报审结等状态，只允许进行查看。

完整申报界面：在查询结果列表中，可对带有底色的数据进行完整申报的录入、申报等操作。点击统一编号蓝色字样，系统自动跳转至完整申报界面，操作可参考上文“完整申报”（第二步）部分内容。

打印报关单：在图 8-22 中，勾选一条或多条记录，点击界面中【打印报关单】白色按钮，系统弹出打印对话框。更多关于打印的操作请参考上文“分次录入”中的打印部分。

小提示：

无论报关状态为何种状态，此处仅可打印概要申报数据的核对单！

打印通知书：在图 8-22 中，勾选一条或多条记录，点击界面中【打印通知书】白色按钮，系统弹出回执通知书打印对话框。

小提示：

能够打印的通知书，需要依据海关对报关单数据发出的相应回执 / 状态，更多详情请咨询您的业务主管部门。

列表导出：在图 8-22 中勾选一条或多条数据，点击界面中【列表导出】白色按钮，系统自动判断当前登录账号内的信息，与报关单内的境内收发货人是否一致 . 如果所选的数据中，有任意一条判断为不一致，系统弹出例如“当前用户不是报关单收发货人，无法进行导出”的提示信息。如果判断一致，系统根据浏览器的下载设置，将 Excel 表格下载到默认文件夹中（在浏览器中，可使用“Ctrl+J”的方式，快速打开下载内容页进行查看）。

小提示：

当前登录的账号，必须为报关单内的收发货人，否则不允许进行导出操作。进行导出操作，须使用卡介质。

删除: 勾选图 8-22 中【删除】右侧的复选框,此时可在下方列表中同时勾选多条记录。点击界面中【删除】白色按钮，系统将提示是否删除当前报关单数据。当数据为概要申报入库、概要申报审结、补充申报、提货放行等状态时，表示您所申报的数据已被相关业务主管部门接收或审批，此时不允许在“单一窗口”标准版系统中进行删除操作。删除的数据将不可恢复，需重新录入，请谨慎操作。

辅助提交: 如录入界面没有勾选“辅助提交”, 可在“两步申报数据查询”里点击【辅助提交】按钮。列表中可同时勾选多条记录。点击界面中【辅助提交】白色按钮，会有提示信息，点【同意】，页面弹出辅助提交结果提示框，点【确定】完成。

取消辅助提交：如要取消“辅助提交”，可在“两步申报数据查询”里点击【取消辅助提交】按钮。列表中可同时勾选多条记录。点击界面中【取消辅助提交】白色按钮，会有提示信息，点【确定】页面弹出取消辅助提交结果提示框，点【确定】完成。

如果在一次录入的界面就勾选了“辅助提交”, 一旦概要申报不是提货放行的状态，而是完整申报，系统会自动取消开始所勾选的“辅助提交”，即变成需要企业手动完成“完整申报”数据的提交。数据查询时辅助提交要选“否”才能查到相应数据。

小提示：

1.“辅助提交”“取消辅助提交”只试用于一次录入模式。

2. 选择“辅助提交”模式，概要申报“提货放行”后系统自动进行完整申报。

3. 如“取消辅助提交”，概要申报“提货放行”后需要用户手动提交完整申报。

第二节 进口整合申报

一般货物的进口申报业务，可在此进行数据录入与申报，更多业务适用详情，请咨询您的业务主管部门。

在图 –23 中，点击左侧菜单栏“货物申报—进口整合申报”，展开业务菜单。

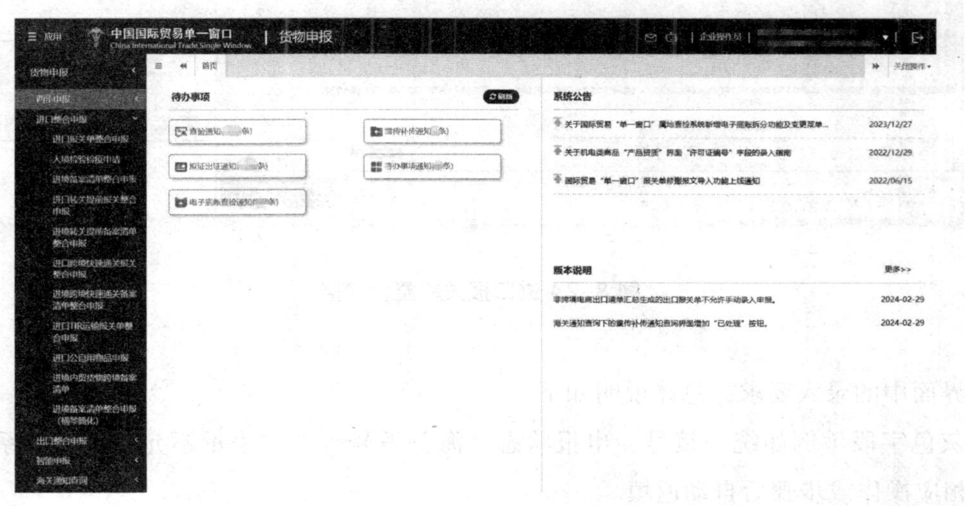

图 8-23 进口整合申报

一、进口报关单整合申报

对进口货物的报关数据进行一次录入、关联调取与暂存、删除、打印等操作。

（一）录入与暂存

在左侧菜单中点击“进口整合申报—进口报关单整合申报”，右侧显示录入界面，包括基本信息、商品信息、集装箱、随附单证、涉检信息等部分（如图 8–24）。

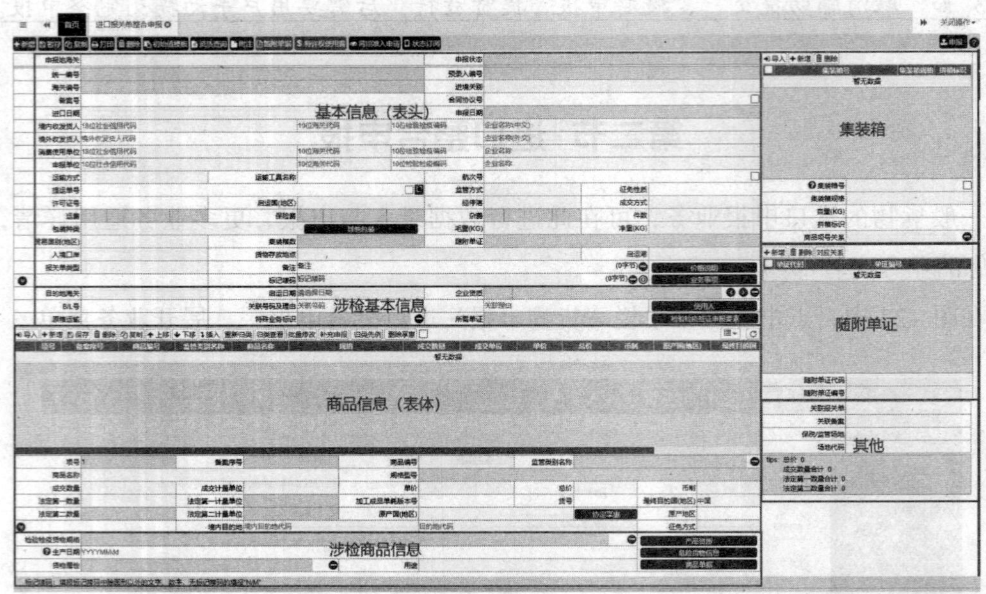

图 8-24 进口报关单整合申报

界面中的录入要求，总体说明如下。

灰色字段（例如统一编号、申报状态、海关编号等）：表示不允许录入，系统将根据相应操作或步骤后自动返填。

境外收发货人、运输工具名称、提运单号等字段：需要用户手工录入，部分字段内的灰色字体为录入提示，请如实填写相关内容。

部分字段（例如运输方式、监管方式等）：需要在参数中进行调取，不允许随意录入。使用键盘空格键，可调出下拉菜单并在其中进行选择。也可以输入已知的相应数字、字母或汉字，迅速调出参数，选择后点击回车键确认录入。

日期类字段（例如进口日期、启运日期等）：可直接输入“YYYY-MM-DD”格式的日期，或点击录入框，在系统弹出的日历中进行选择。

勾选类字段（例如税单无纸化、自报自缴、原箱运输标识等）：请根据您的实际业务填写。勾选代表“是”，不勾选代表“否”。

界面上方蓝色按钮（如图 8-25），影响整票进口报关单的数据。具体操作说明参见下文新增、复制、打印、删除、初始值模板、随附单据、申报等内容。

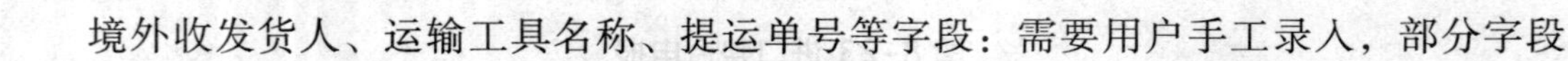

+新增 暂存 复制 打印 删除 初始值模板 资质查询 附注 随附单据 特许权使用费 两步准入申请 状态订阅 申报

图 8-25 进口报关单整合申报（操作按钮）

可通过点击界面中的【暂存】蓝色按钮，将当前正在录入的基本信息数据进行保存，以防数据丢失。

<u>小提示：</u>

<u>上图蓝色操作按钮将根据当前的相关业务或操作，区分是否可点击，将光标悬停在字段上系统可弹出相应提示。</u>

<u>下文提到的白色按钮，所影响的数据仅为当前涉及的页签或字段。</u>

1. 基本信息

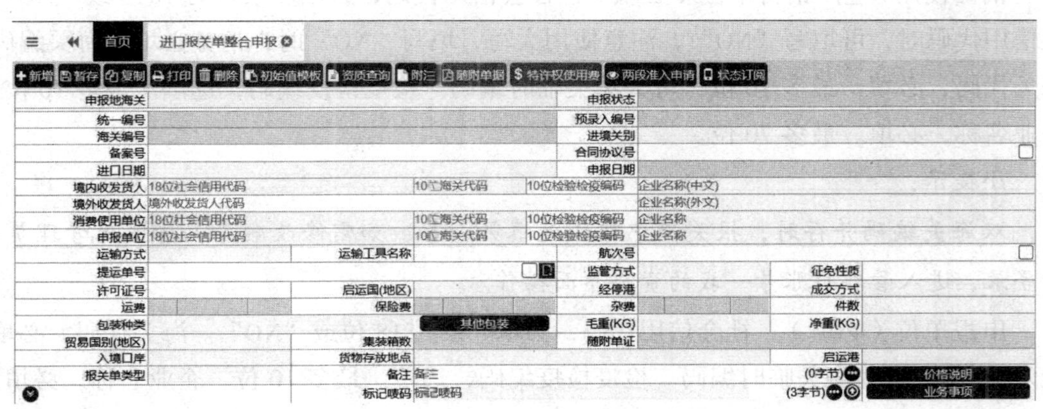

图 8-26 进口报关单整合申报（基本信息）

申报地海关（必填）：在参数下拉表中选择，也可录入代码、名称。

申报状态、统一编号、预录入编号、海关编号、申报日期：置灰，不允许录入，暂存或申报后，系统自动生成。

进 / 出境关别（必填）：参数下拉表选择，也可录入代码、名称。

备案号：长度为 12 位字符。备案号为空时，参照现行一般贸易方式的报关单，直接录入商品信息（表体）；备案号不为空时，系统根据录入的备案序号，返填备案号对应已备案的信息。

合同协议号：长度为 32 位。录入备案号、运输方式、监管方式 3 项，系统可返填合同协议号，返填后可以修改。

进出口日期（必填）：进口，暂存后自动返填当前系统时间；出口，申报后系统自动返填海关系统返回的时间。

境内收发货人（必填）：社会信用代码，必填。可录入 18 位字符或“NO”；无信用代码时，可填写“NO”，注意使用大写，填写“NO”时，请务必填写海关编码。海关代码，必填。最多 10 位，可为海关临时编码。检疫检疫编码，选填。最多 10 位。企业名称，必填。最多 70 位。

<u>小提示：</u>

<u>双海关编码并存时，报关单中默认返填第一个，如需修改顺序，请使用管理员账</u>

号登录，进入管理员账号—我的资质界面操作。

境外收发货人（必填）：代码，选填。最多 20 位。

企业名称（外文），必填。最多 100 位。企业名称，如有检验检疫等特殊需要的，在英文名称后填报该单位或自然人除英文外的其他外文名称，以半角括号分隔。为已互认 AEO 企业的，同时填报 AEO 编码。如果确实无法获取境外收发货人信息，名称可填写“NO”，代码可为空。

消费使用 / 生产销售单位（必填）：社会信用代码，必填。录入为 18 位或“NO”。无信用代码时，可填写“NO”，注意使用大写，填写“NO”时，请务必填写海关编码。海关代码，必填。最多 10 位，可为海关临时编码。检疫检疫编码，选填。最多 10 位。企业名称，必填。最多 70 位。

小提示：

双海关编码并存时，报关单中默认返填第一个，如需修改顺序，请使用管理员账号登录，进入管理员账号—我的资质界面操作。

申报单位（必填）：社会信用代码，必填。录入 18 位或“NO”。海关代码，必填。最多 10 位，可为海关临时编码。检疫检疫编码，选填。最多 10 位。企业名称，必填。最多 70 位。新增一票报关单时，自动返填申报单位初始值，即当前登录企业用户的信息。

小提示：

双海关编码并存时，报关单中默认返填第一个，如需修改顺序，请使用管理员账号登录，进入管理员账号—我的资质界面操作。

运输方式（必填）：在参数下拉选择录入框，可录入代码、名称。

运输工具：手工录入，最多 200 位。

航次号：手工录入，最多 32 位。

提运单号：提运单号字段右侧的蓝色按钮，为“调用舱单”的按钮。

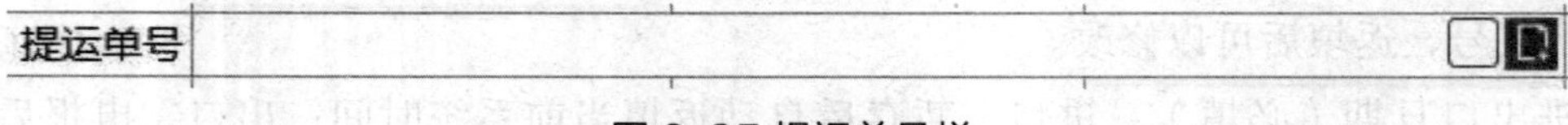

图 8-27 提运单号栏

目前仅支持水路运输和航空运输，区分进出口。水路运输调用舱单：运输工具名称、航次号、提运单号必填；航空运输调用舱单：运输工具名称、提运单号必填；调用舱单成功，点击【回填舱单数据】按钮，系统先把舱单系统原始 / 预配的进出口岸、件数、毛重返填至录入页面，若原来有值就覆盖原来数据；点击【回填集装箱】按钮，系统返填集装箱数据。

监管方式（必填）：在参数下拉表选择，也可录入代码、名称。

征免性质：在参数下拉表选择，也可录入代码、名称。

许可证号：最多20位，超长自动截取。

小提示：

一份报关单只允许填报一个许可证号。

许可证号格式：年-XX-顺序号，例经贸部发：00-AA-000001

启运国（地区）、经停港（进口必填）：在参数下拉表选择，也可录入代码、名称。

运抵国（地区）、指运港（出口必填）：在参数下拉表选择，也可录入代码、名称。

成交方式（必填）：在参数下拉表选择，也可录入代码、名称。进口报关单的成交方式为CIF或出口报关单的成交方式为FOB时，不允许录入运费，也不允许录入保费；进口报关单的成交方式为C&I或出口报关单的成交方式为C&F时，允许录入运费，不允许录入保费；进口报关单的成交方式为C&F或出口报关单的成交方式为C&I时，不允许录入运费，允许录入保费。

运费—运费代码、运费/率、运费币制、保险费—保险费代码、保险费/率、保险费币制、杂费—杂费代码、杂费/率、杂费币制：填写规范类似，此处以运费为例进行说明：

运费				保险费				杂费		

图8-28 运杂费按钮

三个录入框依次为“标志代码、*费/费率、*费币制”。

标志代码与*费/费率对应关系如下。

标志代码1-率：费率录入0.0001-99，代表费率是0.0001%-99%。

标志代码2-单价：整数最多录入10位，小数点后面最多录入4位。

标志代码3-总价：整数最多录入12位，小数点后面最多录4位。

小提示：

当标志代码录入1-率时，币制字段置灰不可编辑，即无需录入。

运费币制：在参数下拉表选择，也可录入代码、名称。

件数（必填）：填报有外包装的进出口货物的实际件数。不得填报“0”，散装货物建议填报“1”。

包装种类（必填）：在参数下拉表选择，也可录入代码、名称。页面录入包装种类及件数保存后，显示在当前字段。

其他包装：包装种类，建议填写运输包装。如果有其他辅助包装，在【其他包装】按钮中填报。

点【其他包装】按钮，弹出其他包装信息的编辑页面，通过勾选，选中其他包装信息，点击【保存】按钮即可。

包装种类 其他包装

编辑其他包装信息

序号	包装材料种类代码	包装材料种类名称
1	00	散装
2	01	裸装
3	04	球状罐类
4	06	包/袋
5	22	纸制或纤维板制盒/箱
6	23	木制或竹藤等植物性材料制盒/箱
7	29	其他材料制盒/箱
8	32	纸制或纤维板制桶
9	33	木制或竹藤等植物性材料制桶
10	39	其他材料制桶
11	41	中型散装容器
12	42	便携式罐体
13	43	可移动罐柜
14	92	再生木托
15	93	天然木托
16	98	植物性铺垫材料
17	99	其他包装

保存

图 8-29 包装界面

小提示：

其他包装信息，可能需要将纸箱、塑料桶、支撑物，特别是支撑物做好申报。植物源性材料的包装，是海关最为关注的包装。其他包装选择包装种类即可，无需填写件数。

毛重（KG)、净重（KG)（必填）：毛重、净重不足 1，小数点后最多可保留两位数字。

贸易国别（地区）（必填）：参数下拉表选择，也可录入代码、名称。

集装箱数：不允许录入，系统通过页面右侧的集装箱信息进行返填，显示在当前字段中。

随附单证：不允许录入，系统根据页面右侧的随附单证信息返填，显示在当前字段。

入境口岸（进口必填）：在参数下拉表选择，也可录入代码、名称。按照海关规定的《国内口岸编码表》选择填报相应的境内口岸名称及代码。

小提示：

进口货物填写从运输工具卸离的第一个境内口岸；中转货物填写货物最终卸离的境内口岸。从特殊监管区输出的，填写具体特殊监管区名称或特殊监管区所在城市名称。

出境口岸（出口必填）：在参数下拉表选择，也可录入代码、名称。

货物存放地点（必填）：根据实际情况手工录入。

小提示：

填写货物入境后拟实施检验检疫现场作业的场所或地点，包括海关监管作业场所、分拨仓库、定点加工厂、隔离检疫场、企业自有仓库等。

启运港（进口必填）、指运港（出口必填）：在参数下拉表选择，也可录入代码、名称。

报关单类型、清单类型（必填）：在参数下拉表选择，也可录入代码、名称。

备注（选填）：点击右侧蓝色圆形按钮，可弹出备注完整界面进行编辑或查看（如图 8–30）。

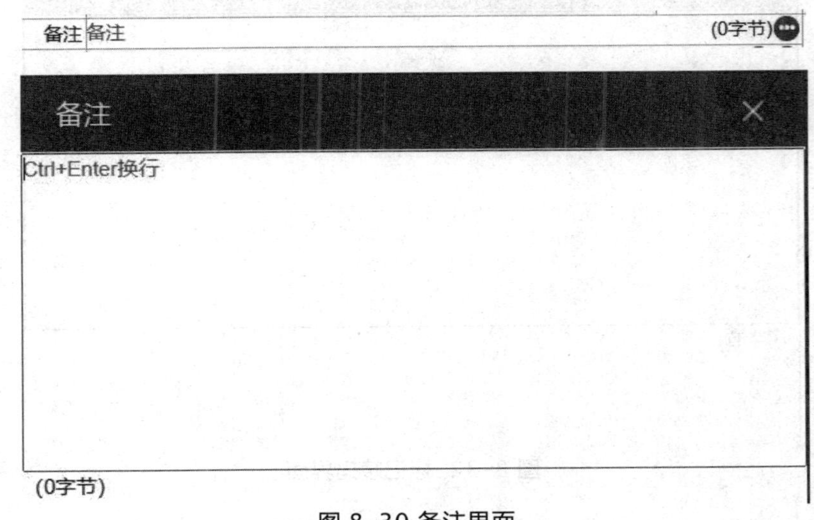

图 8–30 备注界面

价格说明：点击“价格说明”蓝色按钮，弹出完整界面。

包含“特殊关系确认、价格影响确认、与货物有关的特许权使用费支付确认、公式定价确认、暂定价格确认”5 部分：在参数下拉表选择，也可录入代码、名称。

价格说明

特殊关系确认

价格影响确认

与货物有关的特许权使用费支付确认

公式定价确认

暂定价格确认

确定

图 8–31 价格说明界面

标记唛码（必填）：标记唛码录入中除图形以外的文字、数字，无标记唛码的填报 N/M。

点击右侧蓝色圆形按钮，可弹出标记唛码完整录入界面（如图 8–32），进行编辑或查看。

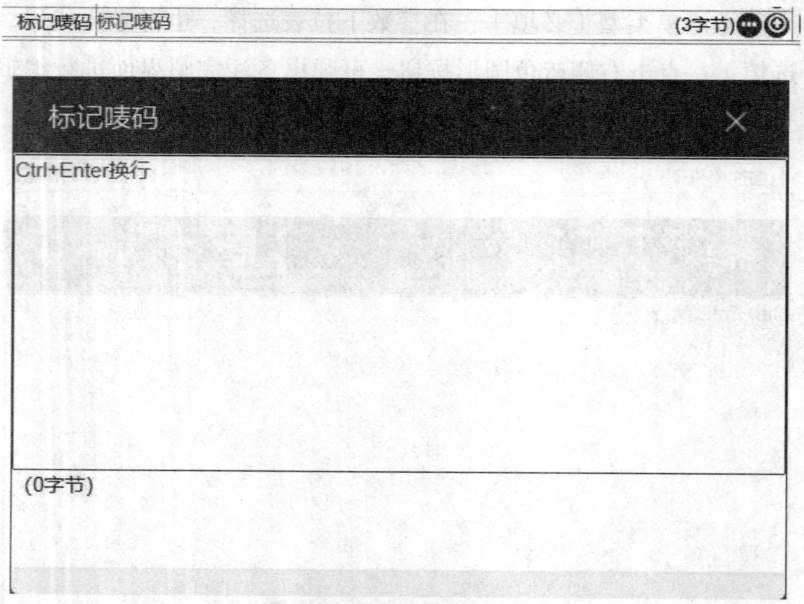

标记唛码 标记唛码 (3字节)

标记唛码

Ctrl+Enter换行

(0字节)

图 8–32 标记唛码界面

点击蓝色上传按钮，可弹出附件上传窗口（如图 8–33），包括“预览、上传、下载、删除”功能。

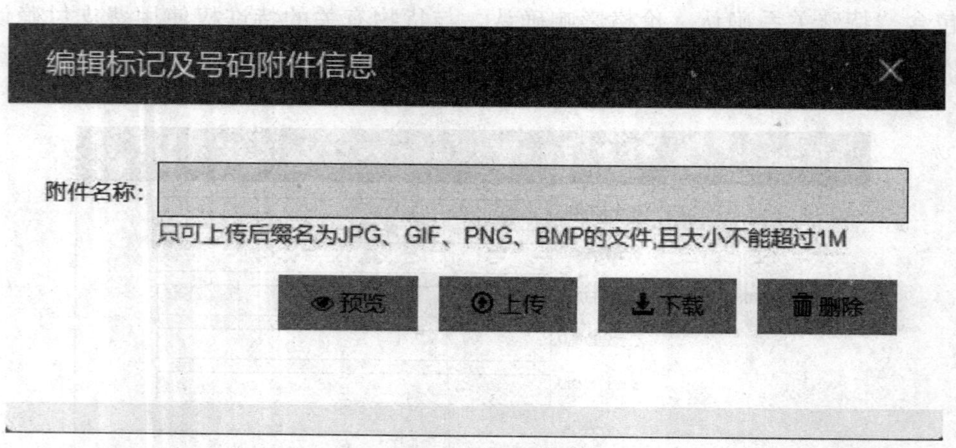

图 8–33 附件名称填写界面

业务事项：点击【业务事项】蓝色按钮，弹出业务事项完整界面（如图 8–34），以进口业务事项为例。

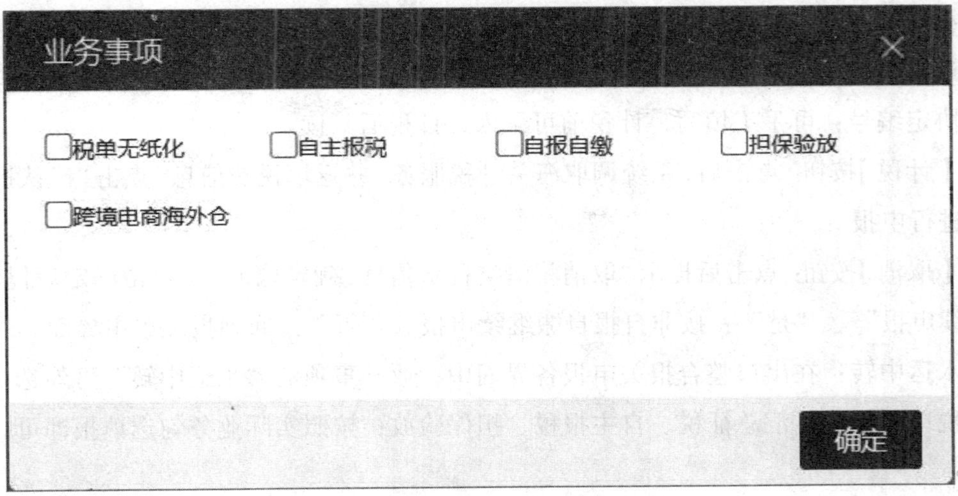

业务事项

税单无纸化 自主报税 自报自缴 担保验放

跨境电商海外仓

确定

图 8-34 业务事项界面

2. 自报自缴

完成报关单录入后，勾选业务事项中的“自报自缴”，点击【申报】按钮时，系统弹出自报自缴界面。

勾选“自报自缴”，可能需要满足以下两个条件：

（1）报关单类型是通关无纸化；

（2）报关单申报企业所在关区已开通“自主报税”模式（详情咨询主管海关）。

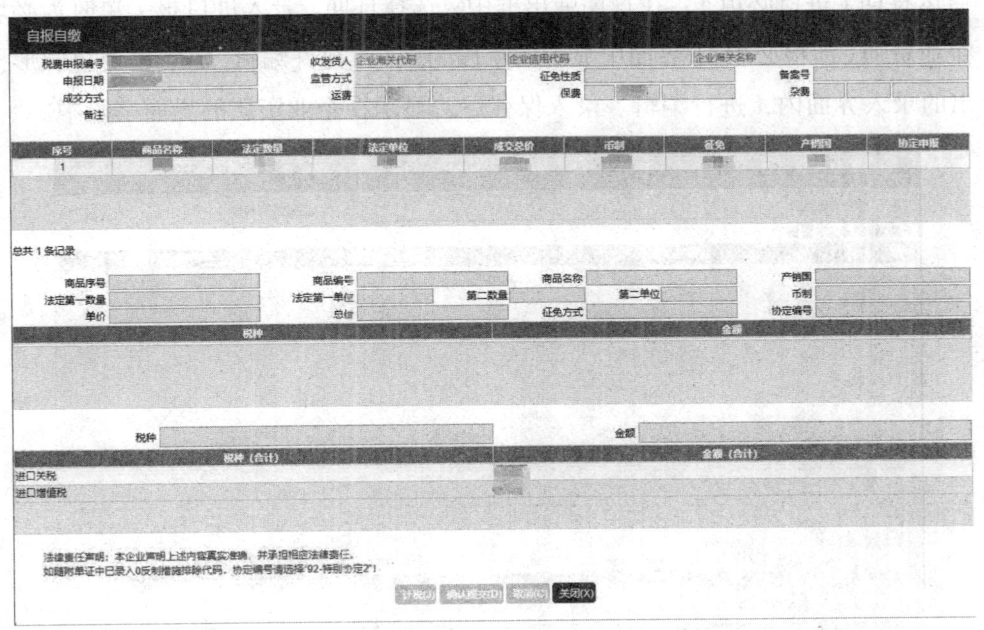

图 8-35 自报自缴界面

小提示：

置灰的字段，只读，不允许编辑，系统自动从报关单表头或表体中获取并返填。

协定编号：可手工填写，计税前可录入，计税后只读。

【计税】按钮：点击后，系统调取海关计税服务，并返填税费信息。点击“确认提交”，继续进行申报。

【取消】按钮：点击后提示“取消将清空税费信息，确定取消？”点击确定后提示“是否继续申报”。“是”：按非自报自缴继续申报。“否”：回到报关单主界面。

水运中转：在出口整合报关申报各界面中，业务事项的“水运中转”可勾选。

税单无纸化、汇总征税、自主报税、担保验放：按照实际业务勾选填报即可。

3. 涉检基本信息

在报关单录入页面，填写基本信息后，如果需要填写涉检基本信息，点击左下角蓝色方向按钮，可弹出涉检报关信息录入区域（如图 8-36）。

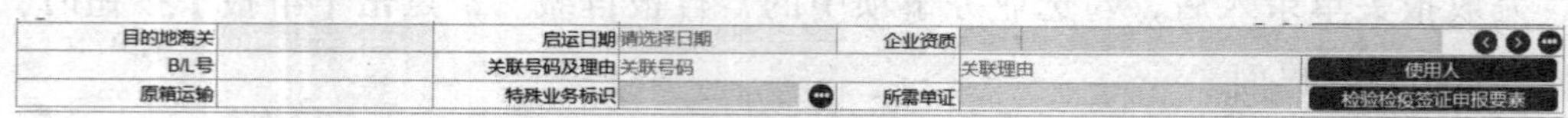

图 8-36 涉检报关信息录入界面

目的地海关：在参数下拉表选择，也可录入代码、名称。

启运日期（进口必填）：在日期弹出框中，选择日期。录入进口报关单时为必填项。

企业资质（涉检必填）：界面中显示的字段为灰，不允许编辑，需点击蓝色圆形按钮，在弹出的录入界面内，进行编辑。录入保存后，显示在企业资质的界面字段中。

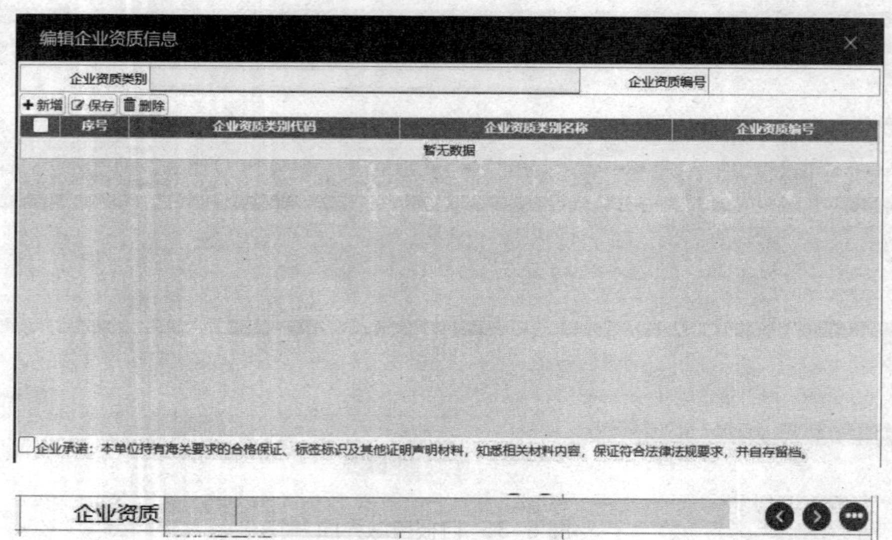

图 8-37 企业资质界面

录入多条数据时，主界面中默认显示第一条企业资质信息，可以通过点击蓝色圆形方向按钮，依次查看所录入的企业资质信息。

企业资质类别：在参数下拉表选择，也可录入代码、名称。

企业资质编号：手工录入。

录入企业资质类别和对应的企业资质编号，点击“保存”或直接按回车键，下方列表显示已录入的数据；勾选表格序号前的复选框，点击“删除”，可以对已录入数据进行删除。

启运日期（进口必填）：在日期弹出框中，选择日期。录入进口报关单时为必填项。

B/L 号（进口）：在参数下拉表选择，也可录入代码、名称。填写入境货物的提货单或出库单号码。当运输方式为“航空运输”时无需填写，其他运输方式时必填。

关联号码及理由：填写关联报关单号的关联理由，当有关联报关单号时填写。

使用人（进口）：点击【使用人】按钮，弹出使用人录入界面（如图 -38）。

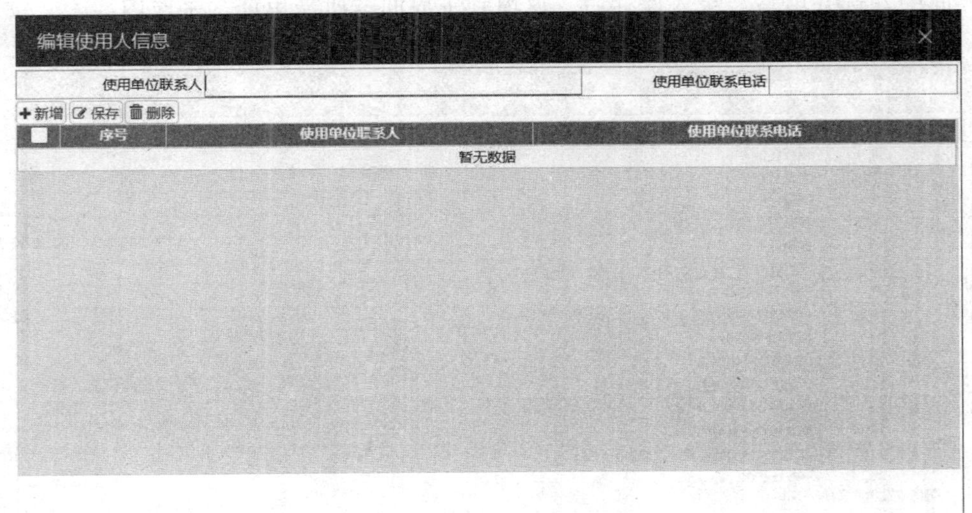

图 8-38 编辑使用人界面

录入使用单位联系人和对应的联系号码，点击“保存”或直接按回车键，下方列表显示已录入的数据。勾选表格序号前的复选框，点击【删除】，可以对已录入数据进行删除。

原箱运输（进口）：在参数下拉表选择，也可录入代码、名称。

特殊业务标识：界面中显示的字段为灰，不允许编辑，需点击蓝色圆形按钮，在弹出的界面中进行勾选。勾选后点击【确定】，返填到“特殊业务标识”字段。

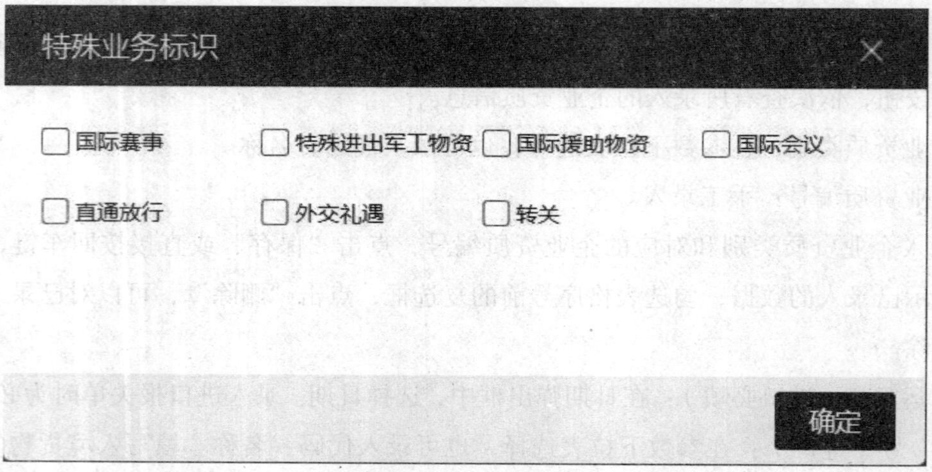

特殊业务标识

国际赛事 特殊进出军工物资 国际援助物资 国际会议

直通放行 外交礼遇 转关

确定

图 8-39 特殊业务标识界面

所需单证、检验检疫签证申报要素：点击【检验检疫签证申报要素】按钮，在弹出的界面中勾选并填写。录入保存后，返填到主界面“所需单证”字段内。

检验检疫签证申报要素

序号	证书代码	证书名称	正本数量	副本数量
1	11	品质证书	1	2
2	12	重量证书	1	2
3	13	数量证书	1	2
4	14	兽医卫生证书	1	2
5	15	健康证书	1	2
6	16	卫生证书	1	2
7	17	动物卫生证书	1	2
8	18	植物检疫证书	1	2
9	19	熏蒸/消毒证书	1	2
10	20	出境货物换证凭单	1	2
11	21	入境货物检验检疫证明（申请出具）	1	2
12	22	出境货物不合格通知单	1	2
13	23	集装箱检验检疫结果单	1	2
14	24	入境货物检验检疫证明（申请不出具）	1	2
15	25	随车检验单	1	2

境内收发货人名称(外文)

境外收发货人名称(中文)

境外发货人地址 发货人地址

卸毕日期 请选择日期

商品英文名称

保存

图 8-40 检验检疫签证申报要素界面

小提示：

此处的签证申报要素，指当前企业预期向海关申请的、由海关审批后发出的证书。

界面中的“所需单证”字段为灰，不允许编辑。由录入的检验检疫签证申报要素返填。

商品英文名称：界面中显示的字段为灰，不允许编辑，需点击上图“检验检疫签证申报要素”中的蓝色圆形按钮，在弹出的录入界面中勾选后点击【保存】按钮即可。

小提示：

必须先录入好商品信息（表体），在此处点开商品英文名称的界面中，才能看到商品列表。如果没录入任何商品信息，此处列表中为空。

4. 商品信息

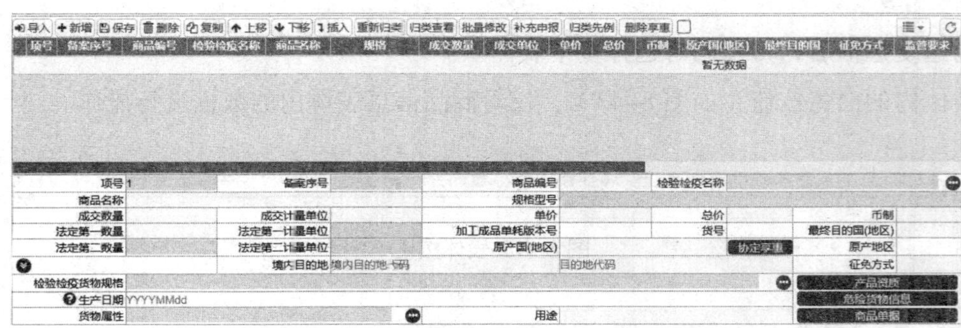

图 8-41 进口报关单整合申报（商品信息）

界面中的录入要求，总体说明如下。

灰色字段（例如项号、规格型号、法定第一计量单位等）：表示不允许录入，系统将根据相应操作或步骤后自动返填。

商品编号、成交数量等字段：需要用户手工录入，部分字段内的灰色字体为录入提示，请如实填写相关内容。

部分字段（例如币制、境内目的地等）：需要在参数中进行调取，不允许随意录入。使用键盘空格键，可调出下拉菜单并在其中进行选择。也可以输入已知的相应数字、字母或汉字，迅速调出参数，选择后点击回车键确认录入。

日期类字段：可输入“YYYY-MM-DD”格式的日期，或点击录入框，在系统弹出的日历中进行选择。

选择类字段（例如货物属性）：请根据您的实际业务填写。勾选后底色变深，不勾选的底色为白色。

完成所有的录入操作，在最后一个字段点击回车后，将所录入的商品信息，保存到表体列表中。

（1）商品信息（表体）操作按钮

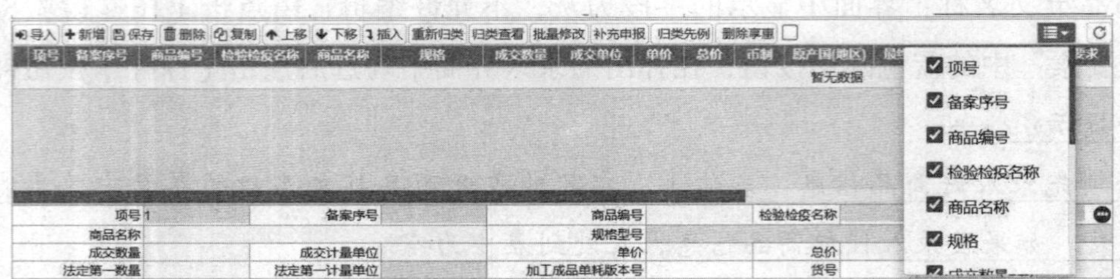

图 8-42 商品信息复选框

勾选复选框后，可以同时选择多个表体项。

表体内的白色按钮（如图 8-43），仅对商品信息表体内的数据进行操作。

图 8-43 表体按钮

导入：可通过导入 Excel 表格将商品信息进行导入操作。点击“导入”白色按钮，系统弹出导入框（如图 -44），首先点击“模板下载”蓝色按钮，将 Excel 模板文件保存到电脑中，根据模板内的要求，填写并保存商品信息，再点击“选择文件”蓝色按钮，选择填写完的 Excel 文件，点击【上传】按钮，将商品信息导入到表体列表中。

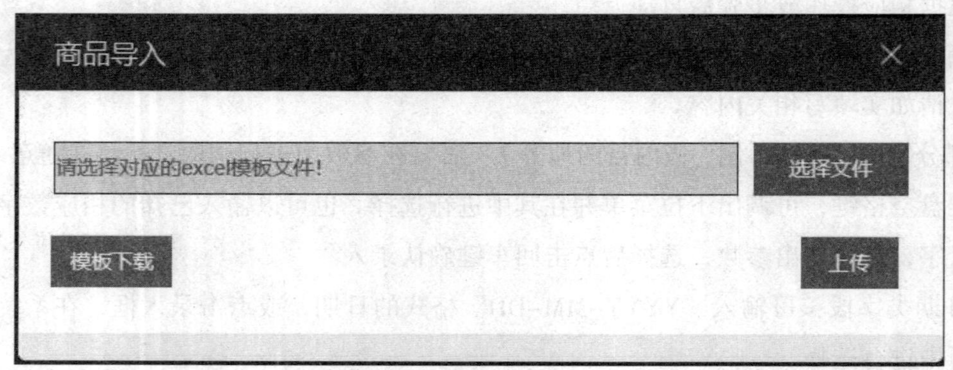

图 8-44 商品导入界面

新增：清空表体录入区域的内容，便于重新录入数据。

删除：勾选表体记录后，点击【删除】按钮，删除所勾选商品信息，请谨慎操作！

复制：勾选一条表体记录，复制选中的商品信息，并自动返填项号、商品名称、数量等内容，可进行修改。

小提示：

当商品信息的各项内容比较相似时，使用复制操作，可减少相同内容的重复录入。

上移、下移：勾选表体记录后，可对选中的商品信息进行相应操作。点击一次【上移】按钮，当前选中的货物表体上移，项号自动减1；点击一次【下移】按钮，当前选中的货物表体下移，项号自动加1。

插入：勾选一条表体记录，点击【插入】按钮，录入的数据被插入到选中的货物表体上方，选中的表体项号自动加1。

重新归类：勾选一条表体记录，可修改已录入商品信息内的规格型号。

归类查看：勾选一条表体记录，可查看已录入商品信息的规格型号。

批量修改：勾选多条表体记录，系统弹出录入框。可批量修改商品信息内的币制、原产国（地区）、征免方式等信息。

补充申报：可对商品信息进行补充申报内容的填写。首次录入、暂存或退单等状态的报关单，可以进行主动补充申报。被动补充申报请联系主管海关咨询。

小提示：

每一票报关单允许填报多份补充申报单。

当一条商品信息表体录入完成后，【补充申报】按钮可用。不录入或者未选中任何商品信息数据时，【补充申报】按钮不可用。

一个商品信息表体项只能录入一条某种类型的补充申报单，补充申报单和表体项是一对一的关系。

只有以下类型的报关单，可以进行补充申报，其他类型界面内没有【补充申报】按钮。

进口整合申报——进口报关整合申报、进口转关提前报关整合申报、进口公路舱单跨境快速通关报关整合申报、进境公路舱单跨境快速通关备案清单整合申报、进口多式联运报关单整合申报、进口公自用物品申报。

出口整合申报——出口报关整合申报、出口转关提前报关整合申报、出口公路舱单跨境快速通关报关整合申报、出口公路舱单跨境快速通关备案清单整合申报、出口二次转关、出口多式联运报关单整合申报、出口公自用物品申报。

勾选一条表体记录，点击【补充申报】按钮，系统弹出录入框自动展示已录入完毕的商品信息表体，每一项表体后都有复选框（价格、归类、原产地），勾选后下方对应的录入框（价格补充申报单、归类补充申报单、原产地补充申报单）变亮，根据实际情况进行填写。

去掉任意一个复选框内的勾选，系统会弹出提示框，删除后的数据需要重新填写（该操作仅删除某一序号内的、某一类型补充申报单，并不会删除所有补充申报数据）。

在补充申报列表中，勾选表体，还可进行以下操作：

1）复制

勾选一条没录入过补充申报内容的表体（例如序号为2的表体），点击【复制】按钮，系统弹出对话框（如下图）。选择列表中已经录入过补充申报内容的记录（例如序号为1的表体已录入过价格、归类的补充申报的数据），勾选复制类型后，点击【确定】按钮即可（系统将序号为1的补充申报数据，复制到序号为2的表体中）。

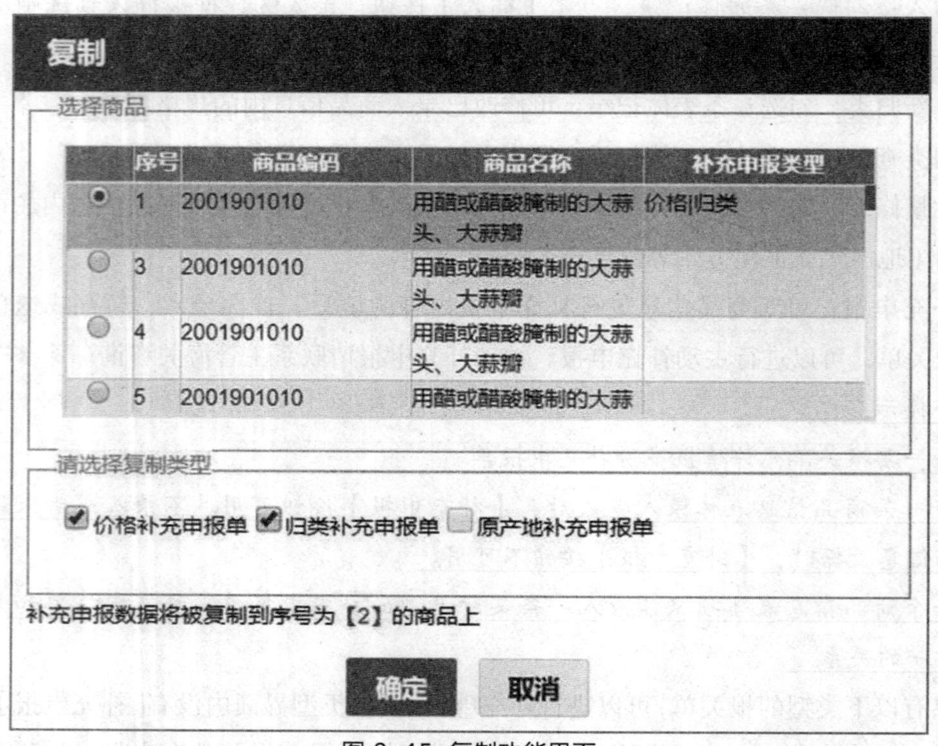

图 8-45 复制功能界面

2）打印

勾选一条已经录入过补充申报内容的记录，点击【打印】按钮，系统自动展示可打印的补充申报单类型，可进行打印预览或直接打印等操作。

小提示：

没有在界面中录入补充申报内容的，可能不会显示在打印类型中。

3）返回报关单

点击【返回报关单】按钮，返回报关单主界面。

（2）录入商品信息

项号	1	备案序号		商品编号		检验检疫名称			
商品名称				规格型号					
成交数量		成交计量单位		单价		总价		币制	
法定第一数量		法定第一计量单位		加工成品单耗版本号		货号		最终目的国(地区)	
法定第二数量		法定第二计量单位		原产国(地区)		协定享惠		原产地区	
		境内目的地	境内目的地代码		目的地代码			征免方式	

图 8-46 商品信息录入界面

项号：字段为灰，不允许录入，系统自动生成。

备案序号：默认为灰，不允许录入。当基本信息的“备案号”字段填写成功后，“备案序号”被点亮，可录入备案数据（例如手册、账册、减免税等）内对应的表体序号，调用备案数据。

商品编号（必填）：至少输入商品编号的前 4 位数字，或输入 10 位完整的商品编号，回车后，可弹出匹配的商品列表框，选择即可。

例如，输入商品编号前 4 位，回车，弹出模糊匹配前 4 位商品编码的商品列表（如图 8-47），勾选所需的商品信息。点击【确定】后，自动返填“商品名称、成交单位、法定第一计量单位”等内容。点击【取消】，则不返填。

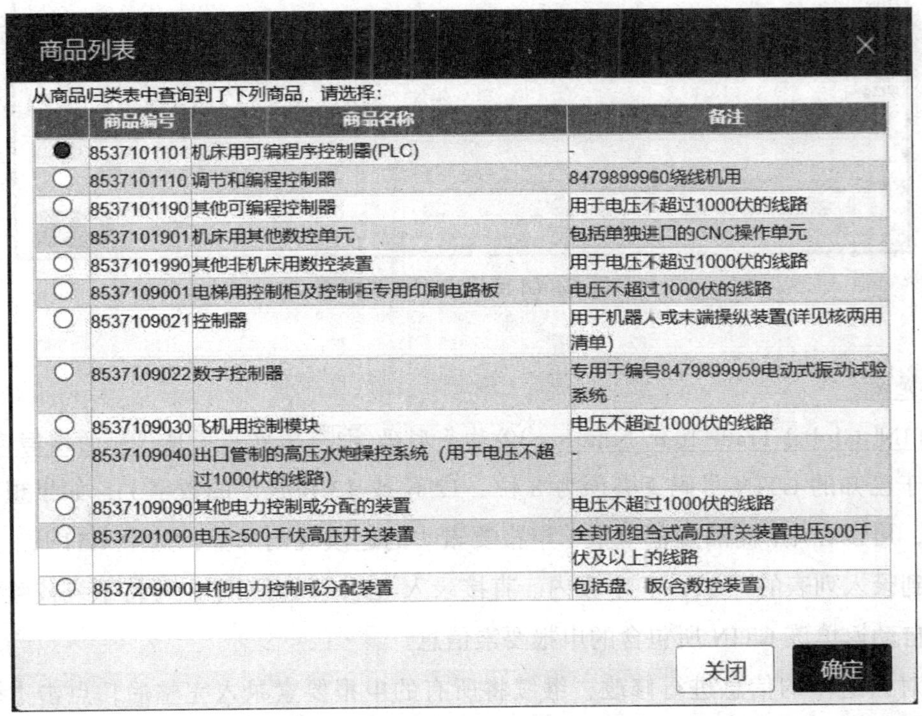
商品列表

从商品归类表中查询到了下列商品，请选择：

	商品编号	商品名称	备注
●	8537101101	机床用可编程序控制器(PLC)	-
○	8537101110	调节和编程控制器	8479899960绕线机用
○	8537101190	其他可编程控制器	用于电压不超过1000伏的线路
○	8537101901	机床用其他数控单元	包括单独进口的CNC操作单元
○	8537101990	其他非机床用数控装置	用于电压不超过1000伏的线路
○	8537109001	电梯用控制柜及控制柜专用印刷电路板	电压不超过1000伏的线路
○	8537109021	控制器	用于机器人或末端操纵装置(详见核两用清单)
○	8537109022	数字控制器	专用于编号8479899959电动式振动试验系统
○	8537109030	飞机用控制模块	电压不超过1000伏的线路
○	8537109040	出口管制的高压水炮操控系统（用于电压不超过1000伏的线路)	-
○	8537109090	其他电力控制或分配的装置	电压不超过1000伏的线路
○	8537201000	电压≥500千伏高压开关装置	全封闭组合式高压开关装置电压500千伏及以上的线路
○	8537209000	其他电力控制或分配装置	包括盘、板(含数控装置)

关闭 确定

图 8-47 商品列表界面

规格型号：输入商品编号后回车，在弹出的“商品规范申报—商品要素申报”录入界面中填写。录入完毕后点击【确定】蓝色按钮，所录入的信息自动返填到商品信息界面中，系统自动以“|”号将规格型号各项内容进行分隔，展示在界面中。

商品规范申报-商品申报要素

返填规则	○税号 ○GTIN ○汽车零件号 ○CAS
商品信息	8537101101-机床用可编程序控制器(PLC)

规格型号（根据海关规定，以下要素应全部填报）。

品牌类型	
出口享惠情况	不适用于进口报关单
用途	
原理	
电压	
品牌（中文或外文名称）	
型号	
GTIN	
CAS	
其他	
规格型号	(0/255字节)

友情提示：点击确定按钮后将根据界面商品申报要素进行重新归类。

取消 确定

图 8-48 商品申报要素界面

小提示：

GTIN(Global Trade Item Number)俗称条形码，即全球贸易项目代码的缩写及简称。

对于已知的 GTIN 号码（必须为 8 位、12 位或 13 位长度的数字），如果想减少录入操作，可以在 图 商品规范申报（申报要素）的返填规则部分，选中 GTIN， 光标自动跳转到录入列表的“GTIN”字段内。直接录入 GTIN 码后回车，等待系统校验信息成功后，自动返填该 GTIN 所包含的申报要素信息。

可对已返填的信息进行修改，继续将所有的申报要素录入完整后，点击【确定】蓝色按钮。系统根据当前 GTIN 码返填该商品的申报要素、成交计量单位、单价、币制、原产国、目的国、征免方式等信息。

注意：

对于系统自动对碰与校验的 GTIN 信息库，可分为以下两部分：

1. 海关总署提供的 GTIN 相关标准参数

系统首先通过当前所录入的 GTIN 码查找标准参数。如果对碰成功，直接返填相关申报要素与商品信息。

2. 企业录入的 GTIN 与其他规格型号的历史参数

如果在标准参数中未查找到记录，系统根据当前报关单内的“境内收发货人海关十位编码 + 商品编码 + GTIN 码”查找历史参数。即对于历史参数，只能对相同境内收发货人所录入过的信息进行调用。

对于 excel 模板导入的数据，只需在最新的 excel 模板列表中填写“项号”与已知的“GTIN”号码（如下图），无需录入其他商品信息。保存 excel 后直接进行导入。

汽车零件号：零部件编号作为汽车零部件类商品的唯一识别代码，以汽车零件号为索引、建立合规的品牌汽车零部件标准数据库。企业申报时只需录入“型号”，系统即可通过标准库返填所有申报要素，简化申报操作、提高效率、减少差错。

商品规范申报（申报要素）的返填规则部分，选中“汽车零件号”，光标自动跳转到录入列表的“型号”字段内。录入已知的汽车零部件型号后回车，等待系统校验信息、自动返填该型号所包含的申报要素信息。可对已返填的信息进行修改，继续将所有的申报要素录入完整后，点击【确定】蓝色按钮返回报关单界面。

小提示：

根据实际业务，主要的汽车零部件税号集中在税则的第 84、85、87 章节。更多的适用情况，请咨询您的主管海关！

对于 excel 模板导入的数据，在最新的 excel 模板列表中填写“项号”与已知的“汽车零件号（型号）”。保存 excel 后直接进行导入。

小提示：

Chemical Abstracts Service，简称 CAS，是某种物质（化合物、高分子材料、生物序列 [Biological sequences]）、混合物或合金的唯一的数字识别号码。

对于已知的 CAS 码，如果想减少录入操作，可以在商品规范申报（申报要素）的返填规则部分，选中 CAS，光标自动跳转到录入列表的“CAS”字段内。直接录入 CAS 码后回车，等待系统校验信息成功后，自动返填该 CAS 所包含的商品信息。

可对已返填的信息进行修改，继续将所有的申报要素录入完整后，点击“确定’蓝色按钮。系统根据当前 CAS 码返填该商品的申报要素、成交计量单位、单价、币制、原产国、目的国、征免方式等信息。

注意：

对于系统自动对碰与校验的 CAS 码信息库，可分为以下两部分：

1. 海关总署提供的 CAS 码相关标准参数

系统首先通过当前所录入的 CAS 码查找标准参数。如果对碰成功，直接返填相关商品信息。

2.CAS 与其他规格型号的历史参数

企业录入的如果在标准参数中未查找到记录，系统根据当前报关单内的境内收发货人海关十位编码 + 商品编码 + CAS 码查找历史参数。即对于历史参数，只能对相同境内收发货人所录入过的信息进行调用。

如系统根据 CAS 码在标准参数库中查询出来的商品编码与企业录入的商品编码

不一致时，系统在商品申报要素界面给出提示信息："该 CAS 码的参考商品编号为 XXXX，仅供参考，请核对并准确填报！"

对于 excel 模板导入的数据，只需在最新的 excel 模板列表中填写"项号"与已知的"CAS"号码，无需录入其他商品信息。保存 excel 后直接进行导入。

如系统根据 CAS 码在标准参数库中查询出来的商品编码与企业在 Excel 模板中录入的商品编码不一致时，系统在商品申报要素界面给出提示信息："第 n 条商品，CAS 码 xxxx-xx-x 的参考商品编号为 XXXX/n 仅供参考，请核对并准确填报！"

商品名称（必填）：输入商品编号后按回车键，系统自动返填。

检验检疫名称：录入 10 位数字的商品编号后，系统自动显示该商品对应的检验检疫名称，如果一个商品编号对应多个检验检疫名称时，选择一个即可。点击检验检疫名称字段右侧的蓝色圆形按钮，也可弹出选择界面。

成交数量、单价、总价（必填）：手工录入，系统会根据输入的字段进行联动计算。计算方式如下：总价 = 单价 × 成交数量　单价 = 总价 ÷ 成交数量

成交计量单位（必填）：通过商品编号返填，可修改。在参数下拉表选择，也可录入代码或名称。

币制（必填）：在参数下拉表选择，也可录入代码、名称。

法定第一数量（必填）：法定第一数量对应法定第一计量单位，必填。

法定第二数量：如果当前输入的商品编号存在法定第二计量单位，则允许录入法定第二数量。如果系统判断不存在第二计量单位，法定第二数量字段为灰，不允许录入。

法定第一计量单位：字段为灰，不允许编辑，根据输入的商品编号，系统自动返填。

法定第二计量单位：字段为灰，不允许编辑，根据输入的商品编号，系统自动返填。如果系统判断不存在第二计量单位，置空。

加工成品单耗版本号：适用加工贸易货物出口报关单，应与加贸手、账册中的成品单耗版本一致。

货号：加工料件 / 成品货号，即加贸手账册中的料件 / 成品企业内部的货物编号。

最终目的国（地区）（进口必填）：在参数下拉表中选择，也可录入代码、名称。进口最终目的国默认值：中国。

原产国（地区）：在参数下拉表中选择，也可录入代码、名称。

协定享惠：点击【协定享惠】蓝色按钮，弹出录入界面（如图 8-49）。

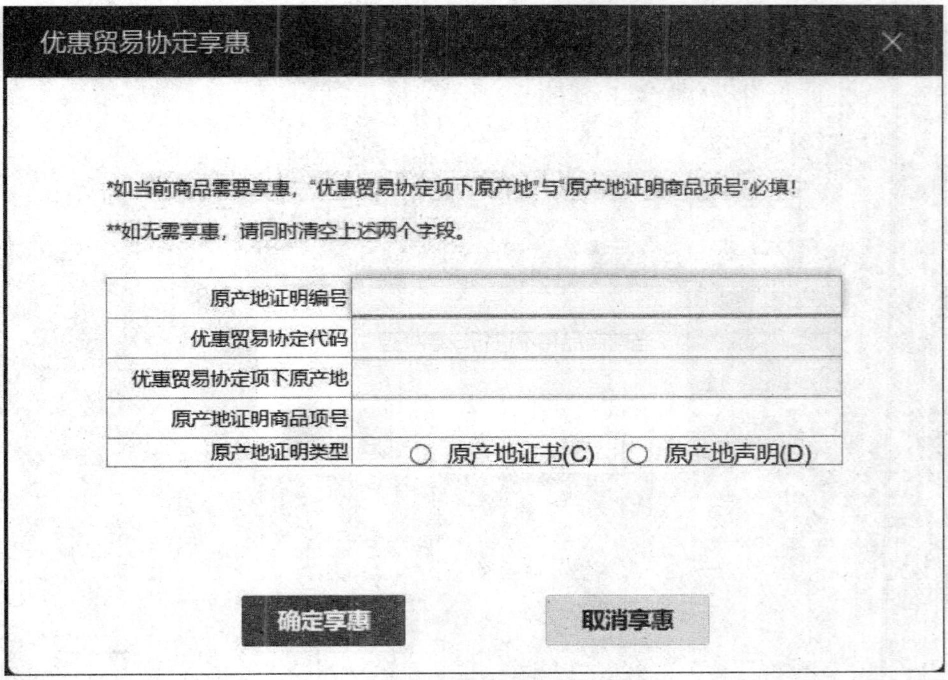

优惠贸易协定享惠 ×

*如当前商品需要享惠，“优惠贸易协定项下原产地”与“原产地证明商品项号”必填！

**如无需享惠，请同时清空上述两个字段。

原产地证明编号	
优惠贸易协定代码	
优惠贸易协定项下原产地	
原产地证明商品项号	
原产地证明类型	○ 原产地证书(C) ○ 原产地声明(D)

确定享惠 取消享惠

图 8-49 享惠填写界面

原产地证明编号：手工录入对应原产地证明编号。

优惠贸易协定代码：根据原产地证明编号反填或手工录入。

优惠贸易协定项下原产地：根据原产地证明编号反填或在下拉菜单中选择录入。

原产地证明商品项号：享惠商品填写，与报关单商品项一一对应，如果当前商品不申请享惠，则无需填写。

原产地证明类型：根据原产地证明编号返填或手工选择。

小提示：

1. 需要享惠的商品，填写完毕对应信息后，点击【确定享惠】按钮。如果点击【取消享惠】灰色按钮，那么会取消该商品与原产地的对应关系，系统会弹出如下提示，点击【确认】按钮，将删除该条商品与原产地的对应关系。

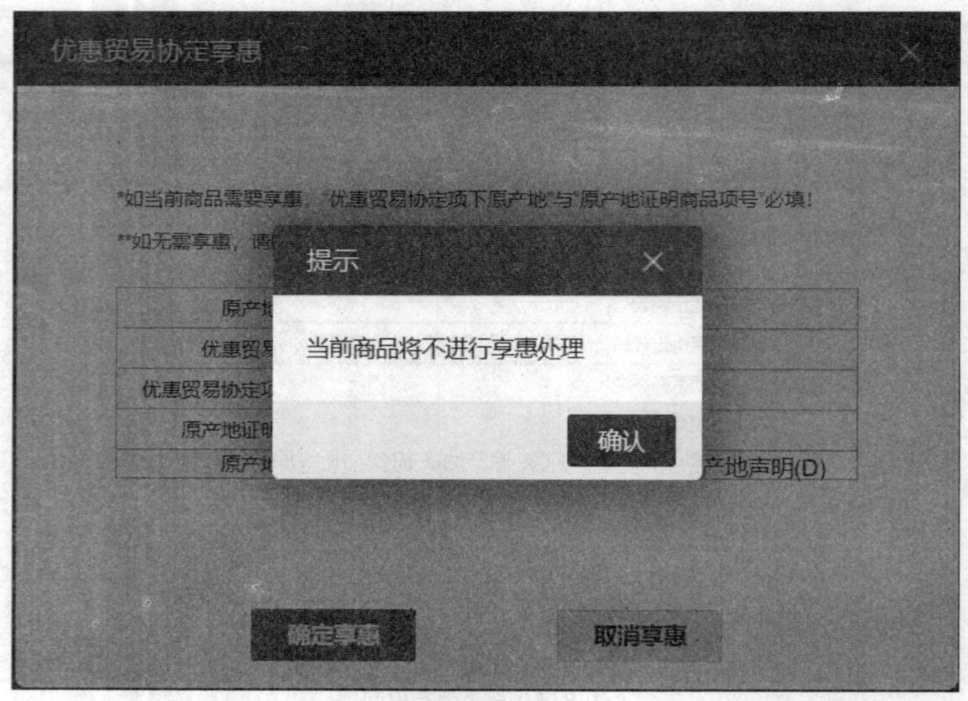

图 8-50 享惠确认界面

2. 如果需要删除该票报关单所有商品的享惠信息，则可以通过商品表体上方功能栏【删除享惠】白色按钮，点击该按钮，系统弹出如下提示，在界面上点击【确定】按钮即可删除。

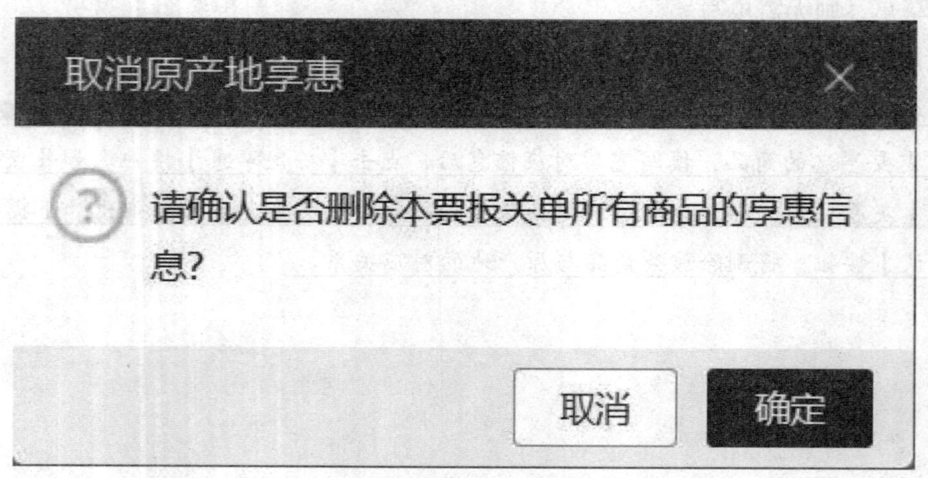

图 8-51 删除享惠界面

3. 小金额货物，在原产地证书编号栏填写"XJE00000"，原产地证明商品项号栏目填写本报关单中商品的项号，无需填写原产地类型。

原产地区：在参数下拉表中选择，也可录入代码、名称。

境内目的地（进口必填）：在参数下拉表选择，也可录入代码、名称。

征免方式：在参数下拉表选择，也可录入代码、名称。应按照海关有关政策规定，对报关单所列每项商品信息，选择海关规定的征减免税方式。

5. 涉检商品信息

先录入商品信息，如果需要填写涉检内容，点击左下角蓝色方向按钮，展开涉检商品信息的录入区域（如图 8-52）。

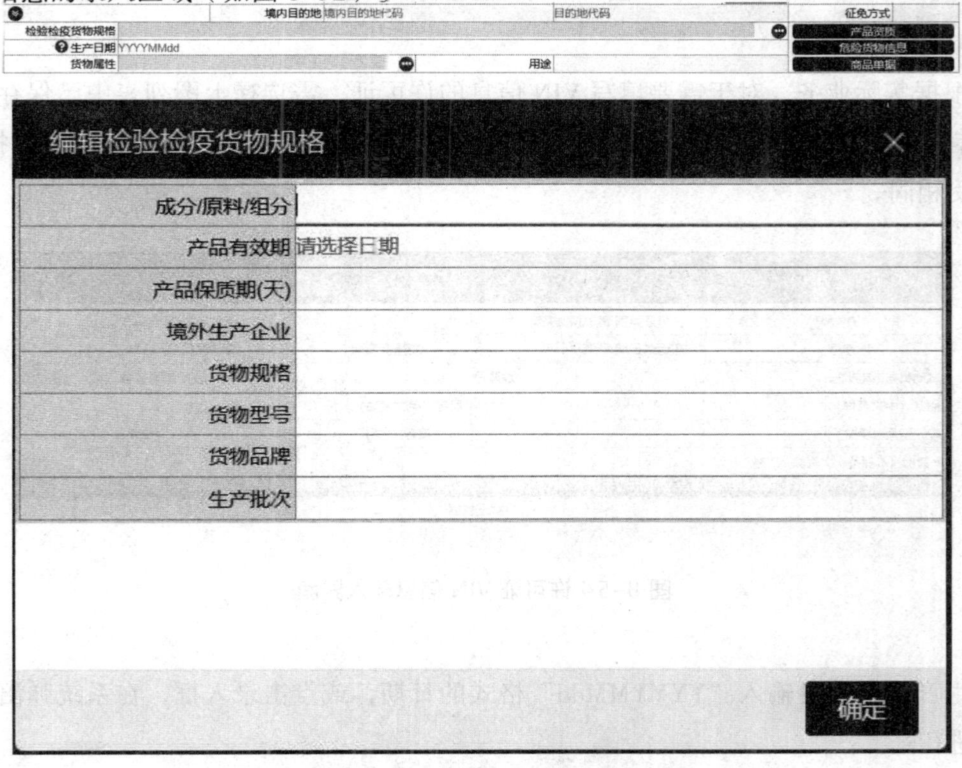

图 8-52 涉检商品信息录入界面

录入后，点击【确定】按钮，系统自动将内容到返填该字段中，展示数据置灰不允许直接修改，如修改，可点击录入字段右侧的蓝色圆形按钮，再次打开下图的检验检疫货物规格界面，重新录入。

产品资质：选中一条已录入商品信息的表体记录，点击【产品资质】蓝色按钮，弹出录入界面。

灰色字段由系统自动从商品信息中读取，不允许修改。在参数下拉表中选择许可证类别、录入许可证编号等信息后，点击【保存】白色按钮，将许可证信息保存在下方列表中。点击【新增】按钮，清空上方所有字段中录入的内容，重新录入。选中下方列表中的记录，可点击【删除】白色按钮进行删除。

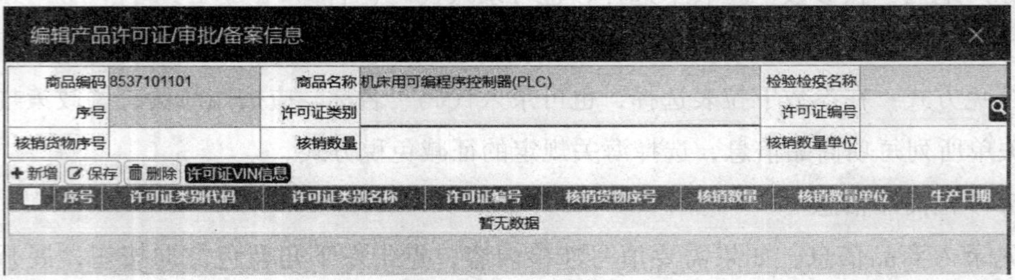

图 8-53 产品资质录入界面

根据实际业务，对于需要填写 VIN 信息的许可证，需选择上图列表中已保存的许可证信息，点击【许可证 VIN 信息】蓝色按钮，弹出录入界面。录入、保存与删除等操作，与上文相同。

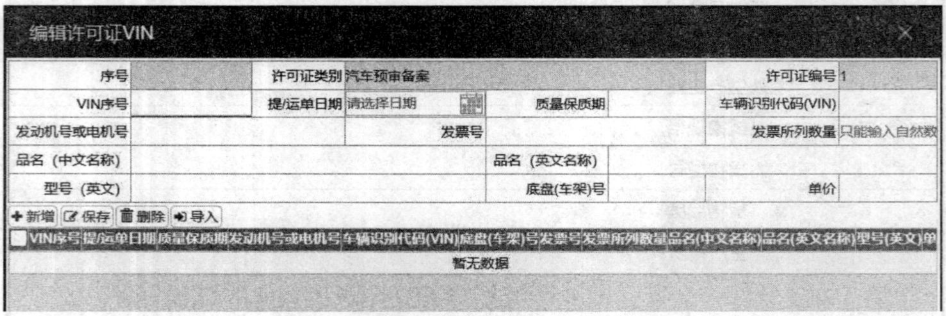

图 8-54 许可证 VIN 信息录入界面

生产日期：可输入“YYYYMMdd”格式的日期，或点击录入框，在系统弹出的日历中进行选择。

危险货物信息 ：点击【危险货物信息】蓝色按钮，弹出录入界面（如下图 危险货物信息录入）。货物为危险货物时，UN 编码、危险货物名称、危包类别、危包规格必填。

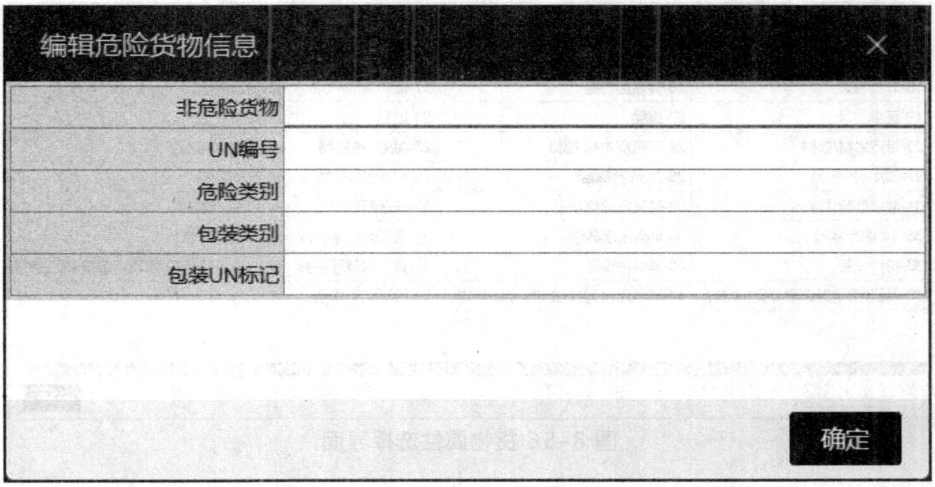

编辑危险货物信息

非危险货物	
UN编号	
危险类别	
包装类别	
包装UN标记	

确定

图 8-55 危险货物信息录入界面

商品编码涉及危险化学品的产品必须在“货物属性”栏勾选“散装危险化学品”“件装危险化学品”或“非危险化学品” 中的一项且仅能勾选一项才可继续申报。

小提示：

1. 件装危险化学品是具有包装的危险化学品，比如：桶、罐、箱、袋、中型散装容器和大包装等装载的危险化学品；

2. 散装危险化学品是除件装危险化学品之外的危险化学品，比如：船舱、槽罐车、tank 罐装载的危险化学品）。

“货物属性”中勾选“散装危险化学品”并且“危险货物信息”项下“非危险货物”一项选择“是”的，则不需要填写“危险货物信息”的其余子项；若“非危险货物”一项选择“否”的，则需要填写“UN 编码”和“危险类别”两项。

“货物属性”中勾选“件装危险化学品”并且“危险货物信息”项下“非危险货物”一项选择“是”的，则不需要填写“危险货物信息”的其余子项；若“非危险货物”一项选择“否”的，则需要填写“UN 编号”“危险类别”“包装类别”以及“包装 UN 标记”四个子项。

“货物属性”中勾选“非危险化学品”的，则不强制填写“危险货物信息”。

货物属性：界面中的字段为灰，不允许直接输入。点击字段右侧的蓝色圆形按钮，弹出录入界面。选择并点击【确定】后，系统将所选内容返填到界面的字段中。根据实际申报需要，在属性中进行点击，字段呈蓝色，表示选中。再次点击，字段呈白色，表示取消。

货物属性 ×

11-3C目录内	12-3C目录外	13-无需办理3C认证	14-预包装
15-非预包装	16-转基因产品	17-非转基因产品	18-首次进出口
19-正常	20-废品	21-旧品	22-成套设备
23-带皮木材/板材	24-不带皮木材/板材	25-A级特殊物品	26-B级特殊物品
27-C级特殊物品	28-D级特殊物品	29-V/W非特殊物品	30-市场采购
31-散装危险化学品	32-件装危险化学品	33-非危险化学品	34-I类医疗器械
35-II类医疗器械	36-III类医疗器械	37-医疗器械零部件	38-非医疗器械
39-特种设备	40-非特种设备	41-真空包装等货物	42-办理进口登记用饲料和饲料添加剂样
43-科研用饲料和饲料添加剂样品	44-其他用途饲料和饲料添加剂样品	46-检验结果采信	

取消 确定

图 8-56 货物属性选择界面

用途：在参数下拉表中选择，也可录入代码、名称。

商品单据：点击【商品单据】蓝色按钮，弹出录入界面（如图 8-57），界面会显示当前商品对应的危险化学品证书 PDF 信息。

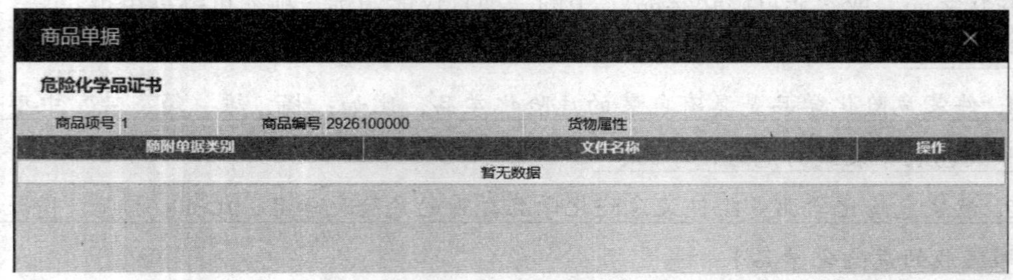

图 8-57 商品单据界面

6. 集装箱

小提示：

集装箱信息属于非必填部分，请根据实际业务选择填写或咨询业务主管部门。

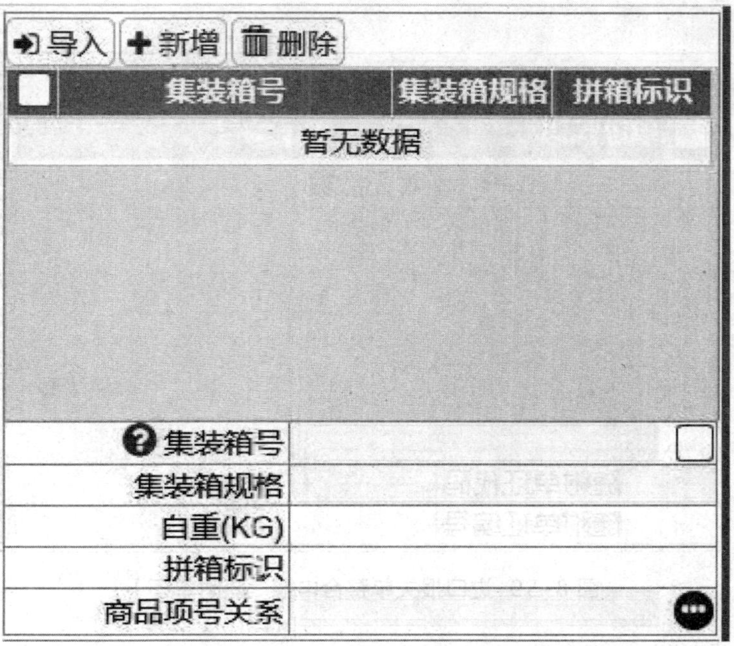

图 8-58 进口报关单整合申报（集装箱）

在任意字段内，回车，光标自动跳转到下一字段。完成录入操作后，在最后一个字段内，点击回车，系统将录入的内容自动保存到上方列表中。

导入：可通过导入 Excel 表格将集装箱信息进行导入操作。

新增：清空录入区域的内容，便于重新录入数据。

删除：勾选记录后，点击【删除】按钮，删除所勾选的集装箱信息，请谨慎操作！

集装箱号（必填）：录入集装箱号。勾选字段右侧的复选框，系统自动将录入的字母转换为大写。

小提示：

集装箱号区分大小写。不符合集装箱录入要求时，字段底色变为红色给予警示。

集装箱规格（必填）：在参数下拉表中选择，也可录入代码、名称。

自重：按实际情况填写。

拼箱标识：在参数下拉表中选择，也可录入代码、名称。

商品项号关系（必填）：录入集装箱和商品信息之间的关系，箱货关系按每个集装箱为单元进行填写。可以在“商品项号关系”字段中，直接输入商品信息的项号。也可以点击字段右侧的蓝色圆形按钮，在弹出的界面中勾选/复选商品信息，保存即可。

7. 随附单证

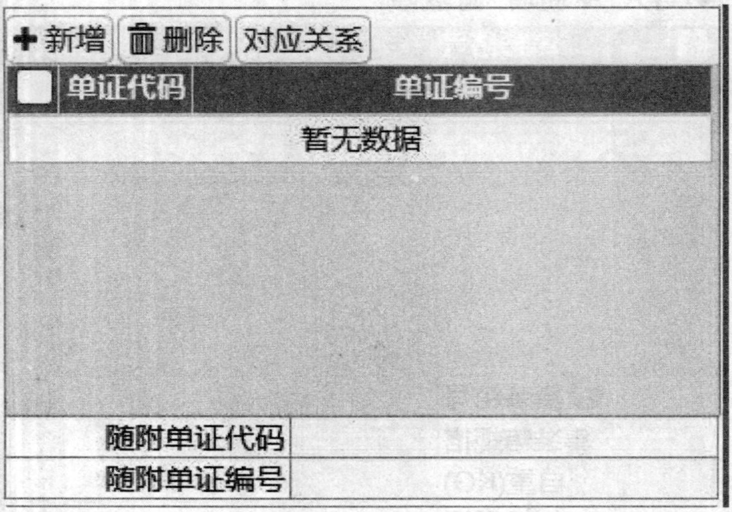

图 8-59 进口报关单整合申报（随附单证）

在任意字段内，回车，光标自动跳转到下一字段。完成录入操作后，在最后一个字段内，点击回车，系统将录入的内容自动保存到上方列表中。

上侧白色按钮（如图 8-60），仅对随附单证的数据进行操作。

图 8-60 上侧按钮

新增：清空录入区域的内容，便于重新录入数据。

删除：勾选记录后，点击【删除】按钮，删除所勾选的集装箱信息，请谨慎操作！

对应关系：

E- 濒危物种出口允许证

R- 兽药通关单

F- 濒危物种进口允许证

J- 黄金及黄金制品进出口准许证

k- 民用爆炸物品进口审批单

d- 援外项目任务通知单

t- 关税配额证明

e- 关税配额外优惠税率进口棉花配额证

q- 国别关税配额证明

在随附单证代码字段，选择或录入以上许可证时，点击【对应关系】按钮，在弹出的界面中（如图 8–61），录入报关单商品信息项号与对应随附单证的商品项号。

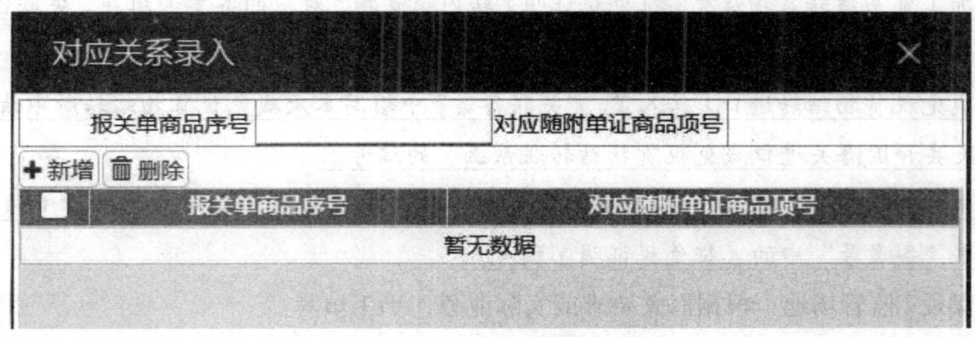

图 8–61 对应关系录入界面

随附单证代码（必填）：在参数下拉表中选择，也可录入代码、名称。

随附单证编号（必填）：根据海关要求或实际业务，手工填写。

8. 其他

关联报关单	
关联备案	
保税/监管场地	
场地代码	

tips: 总价 0
成交数量合计 0
法定第一数量合计 0
法定第二数量合计 0

图 8–62 进口报关单整合申报（其他）

关联报关单：与当前报关单有关联关系的报关单号，手工填写。

小提示：

加工贸易结转类的报关单，先办理进口报关，可将进口报关单号填入出口报关单的“关联报关单”中。

办理进口货物直接退运手续的，除另有规定外，先填写出口报关单，再填写进口报关单，再将出口报关单号填入进口报关单的“关联报关单”中。

减免税货物结转出口（转出），先办理进口报关，再将进口（转入）报关单号填在出口报关单的“关联报关单”中。

关联备案：与当前报关单有关联关系、同时在业务规范方面又要求填报的备案号.

手工填写。

小提示：

加工贸易结转货物及凭《征免税证明》转内销货物，对应的备案号填在“关联备案”中。

减免税货物结转进口（转入），“关联备案”中填写本次减免税货物结转所申请《中华人民共和国海关进口减免税货物结转联系函》的编号。

减免税货物结转出口（转出），“关联备案”中填写与其相对应的进口（转入）报关单“备案号”中的《征免税证明》编号。

保税 / 监管场地：根据海关要求或实际业务，手工填写。

场地代码：根据海关要求或实际业务，手工填写。

Tips：此处信息是系统提供的，对商品信息的简单计算。请注意，此处计算为数字的相加，价格与数量不涉及汇率、计量单位！

（二）操作（按钮）

1. 新增

点击界面上方【新增】蓝色按钮，将立即清空当前界面显示的数据，便于用户重新录入并保存一票进口报关单的数据。如果没有将当前录入的内容进行暂存（保存）操作，清空的数据将不可恢复，需重新录入，请谨慎操作。

2. 复制

点击界面上方【复制】蓝色按钮，系统将当前的数据（包括收发货人、消费使用单位、运输方式以及商品信息等内容）进行复制，自动新增生成一票报关单数据。此时可以对复制出来的数据，进行修改、录入、暂存等操作。

3. 打印

点击界面上方【打印】蓝色按钮，系统弹出“打印报关单”选项（如图 8-63）。

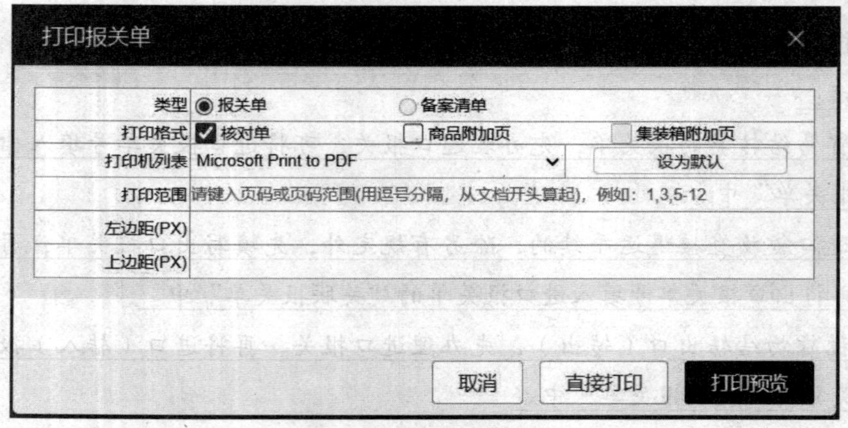

图 8-63 打印报关单

“类型”“打印格式”，根据实际打印需要，进行勾选/复选。

根据本地打印机设置，在“打印机列表”中进行选择。如果想将列表中的某个打印机设置为默认，选择后点击后面“设置默认”白色按钮即可。

点击【打印预览】蓝色按钮，系统展示预览页面（如图 8-64）。点击【直接打印】按钮，根据本地打印机的连接或设置直接进行打印。

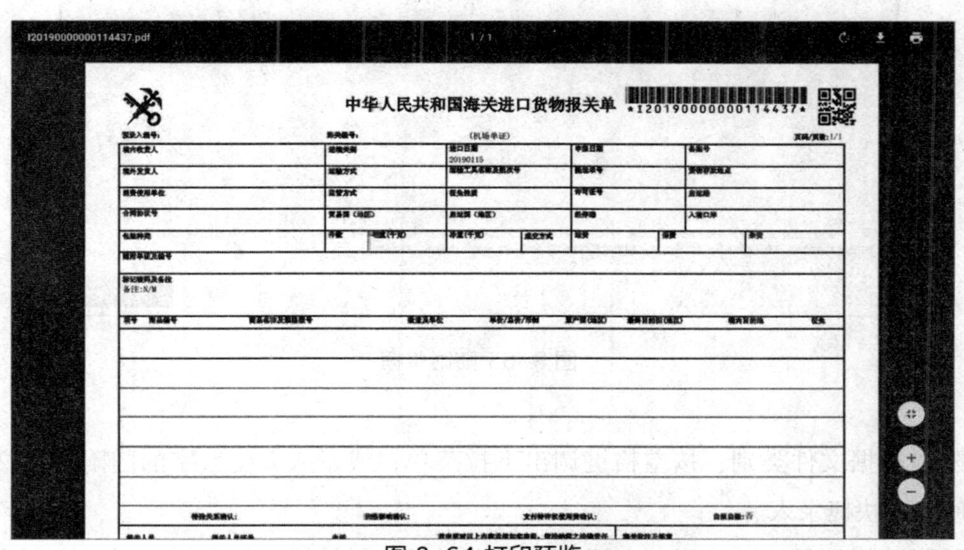

图 8-64 打印预览

4. 删除

点击界面上方【删除】蓝色按钮，系统提示“是否确认删除该数据”。当数据状态为已申报、操作成功等状态时，表示您所申报的数据已被相关业务主管部门接收，此时不允许删除。删除的数据将不可恢复，需重新录入，请谨慎操作。

5. 初始值模板

点击界面顶部的【初始值模板】蓝色按钮，系统弹出初始值模板选择的界面，在此选择已设置好的模板，部分参数自动返填到当前报关单界面中，减少重复录入。

6. 随附单据

小提示：

随附单据上传，必须使用 IC 卡或 Ikey 进行操作。

需先填写基本信息中“申报地海关”，并且“报关单类型”字段选择了“M-通关无纸化”，【随附单据】按钮才能被点亮。点击界面上方【随附单据】蓝色按钮，弹出录入界面（如图 8-65）。

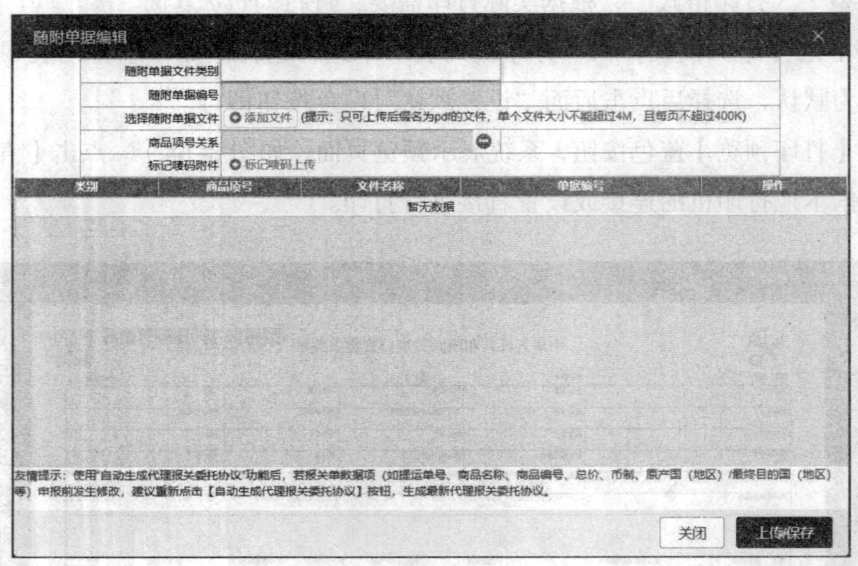

图 8-65 随附单据

随附单据文件类别：按空格键调出下拉菜单，或录入 8 位数字的随附单据文件代码后回车，快捷录入。

随附单据编号：默认置灰，不允许录入。当随附单据文件类别选择了“电子代理报关委托协议编号、减免税货物税款担保证明”任意一项时，变成必填项。录入完毕后按回车键，系统自动将当前随附单据编号记录保存至列表中。

在“随附单据文件类别”中，输入中文或文件类别的数字代码，可调出下拉菜单选择。（如图 8-66）

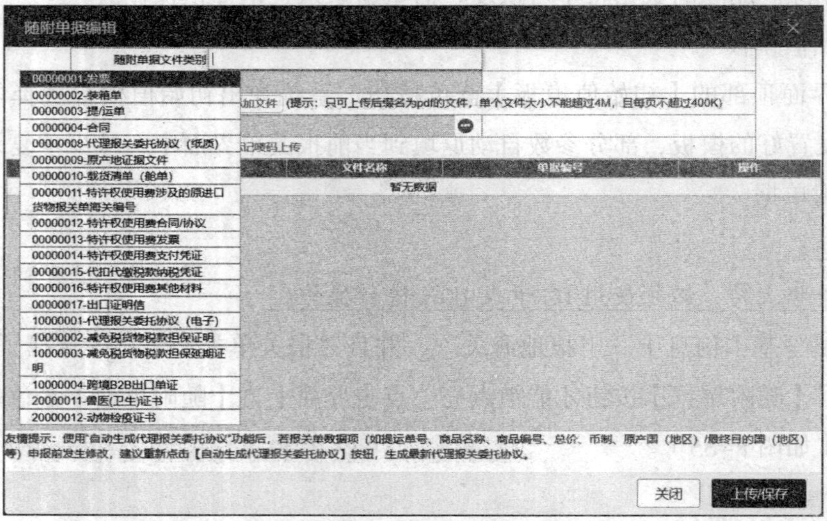

图 8-66 随附单据文件类别下拉菜单选择

选择完毕后，系统自动触发，或点击“添加文件”白色按钮，弹出选择 pdf 文件的对话框，供用户在本地电脑中选择文件。选择相应的 pdf 文件后，点击【打开】按钮，文件自动添加至列表中。

随附单据文件类别与 pdf 文件或电子数据为一对一的关系（即随附单据文件类别相同的，只能对应一个 pdf 或电子数据）。按上述步骤，依次录入所需申报的随附单据内容。同时可对上传的 pdf 文件进行下载、删除等操作。点击“上传 / 保存”蓝色按钮，等待系统将随附单据进行上传即可。

商品项号关系：当随附单据文件类别为“80000001- 企业符合性声明、80000002- 抑制剂或稳定剂情况说明、80000003- 危险公示标签、80000004- 安全数据单”，并且货物属性为“31- 散装危险化学品”或“32- 件装危险化学品”时，需填报商品项号对应关系。选择随附单据文件后，系统自动弹出随附单据与商品项号对应关系界面，如下图，企业可勾选需要关联的商品。

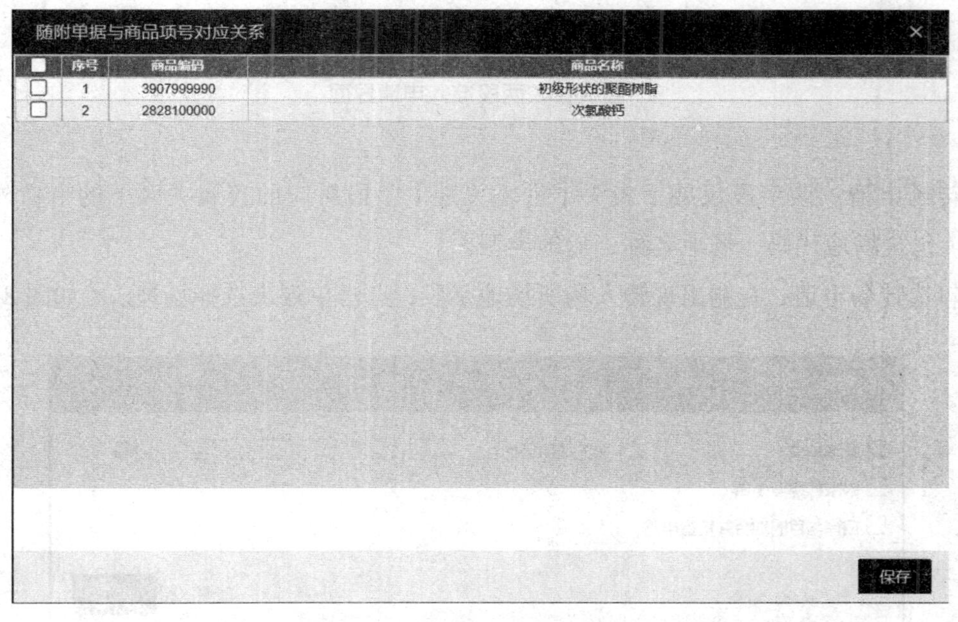

图 8-67 随附单据与商品项号对应关系

7. 两段准入申请

小提示：

1. 仅适用于涉检“进口报关单 / 进境备案清单”；

2. 满足“两段准入”信息化监管条件，申报时弹窗展示“两段准入申报”界面可勾选“两段准入申报”信息，与进口报关单同时向海关申报；

3. 不满足“两段准入”信息化监管条件，申报时系统不弹出两段准入信息框；

4. 对于满足“两段准入”信息化监管条件的报关单，海关将会返回两段准入放行回执；

5. 对于满足“两段准入”信息化监管条件时，两段准入勾选项，不勾选，也可继续申报；

6. 进行修撤单操作时，“两段准入申请”信息可点击查看，不允许修改。

点击页面上【两段准入申请】按钮弹出录入界面（如图 -68），可勾选“两段准入申报”信息。如满足“两段准入”信息化监管条件，不点击【两段准入申请】按钮，申报时也会弹窗展示“两段准入申报”界面（如下图）。

两段准入申请
转场申请
附条件提离申请
口岸与目的地合并检查申请
取消
确定

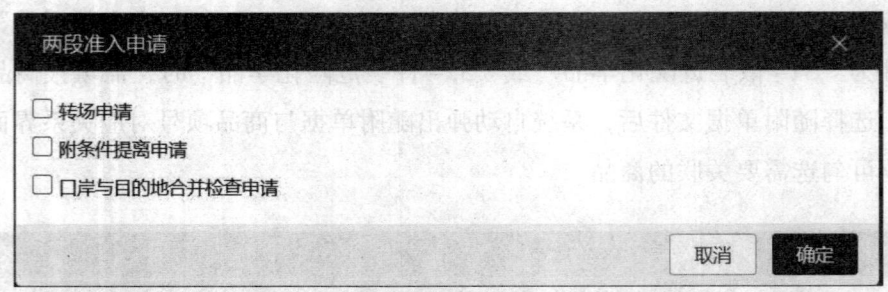

图 8-68 两段准入申请界面

转场申请：该字段仅展示表头【进境关别】字段对应的直属关区下的卡口外监管场地（包含场地代码、场地名称、场地类型）。

勾选转场申请，右侧出现转入场所场地字段，点击单列表选择场地。（如图 8-69）

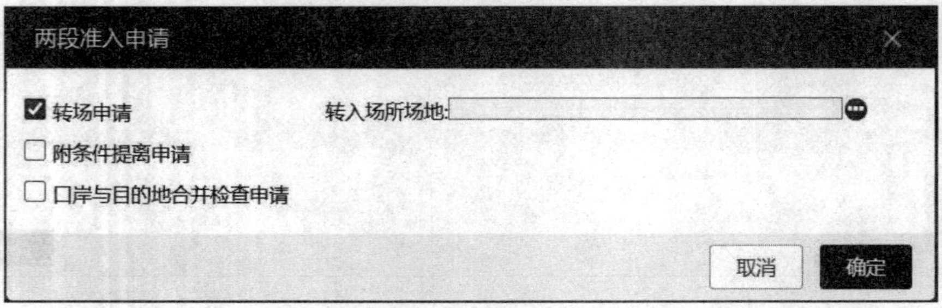

两段准入申请
转场申请
转入场所场地:
附条件提离申请
口岸与目的地合并检查申请
取消
确定

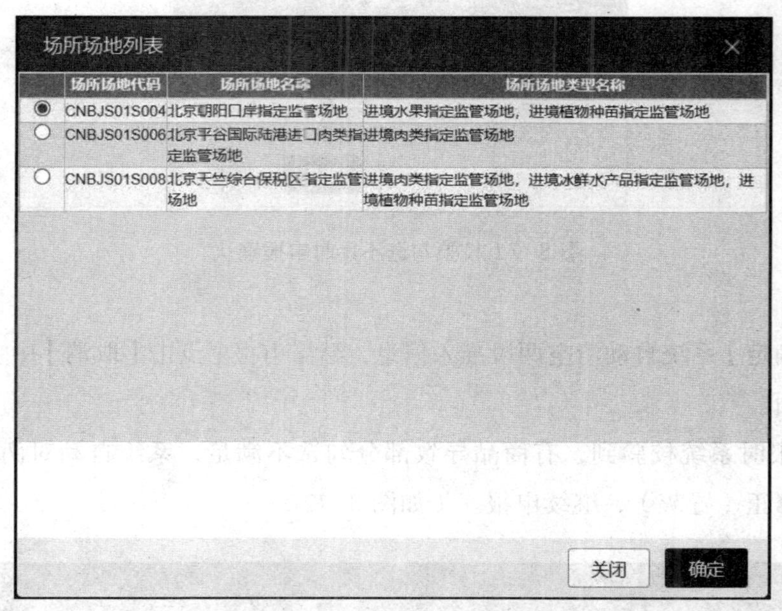
场所场地列表

	场所场地代码	场所场地名称	场所场地类型名称
◉	CNBJS01S004	北京朝阳口岸指定监管场地	进境水果指定监管场地，进境植物种苗指定监管场地
○	CNBJS01S006	北京平谷国际陆港进口肉类指定监管场地	进境肉类指定监管场地
○	CNBJS01S008	北京天竺综合保税区指定监管场地	进境肉类指定监管场地，进境冰鲜水产品指定监管场地，进境植物种苗指定监管场地

关闭 确定

图 8-69 转场申请系列操作

不满足“两段准入”信息化监管条件，申报时系统不弹出两段准入信息框。如主动填报了两段准入申请信息，申报时弹出提示“当前报关单暂不符合“两段准入”信息化监管条件，不允许申报两段准入申请，系统将清空两段准入申请的申报信息，是否继续申报？”（如图 8-70）

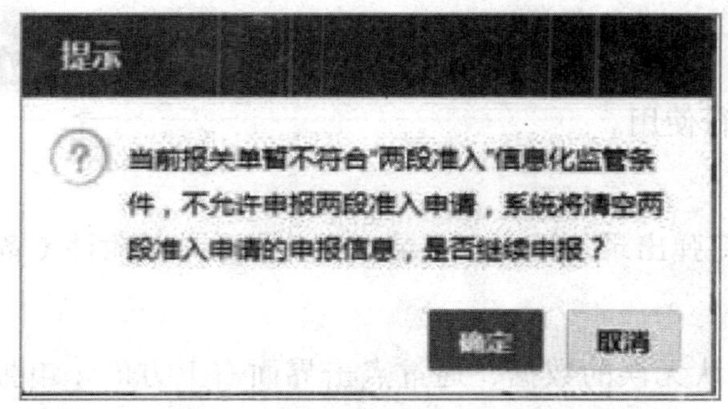

图 8-70 报关单不符合时申报确认

点击【确定】系统自动清空两段准入信息，继续申报。点击【取消】中止申报操作，返回录入界面。

满足“两段准入”信息化监管条件，如主动填报了两段准入申请信息，申报时系统校验到有商品导致 3 个勾选都不满足，则弹出提示“当前报关单商品不允许申报两段准入申请，系统将清空两段准入的申报信息，是否继续？”（如图 8-71）

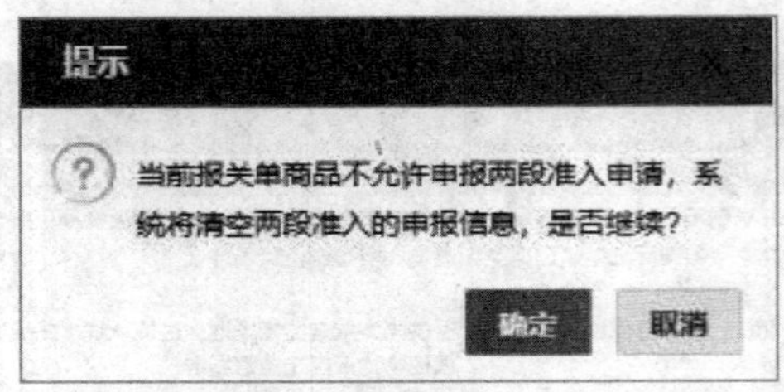

图 8-71 校验勾选不足时申报确认

点击【确定】系统自动清空两段准入信息，继续申报。点击【取消】中止申报操作，返回录入界面。

如果申报时系统校验到，有商品导致部分勾选不满足，系统自动对两段准入申请的选项进行修正（置灰），继续申报。（如图 8-72)

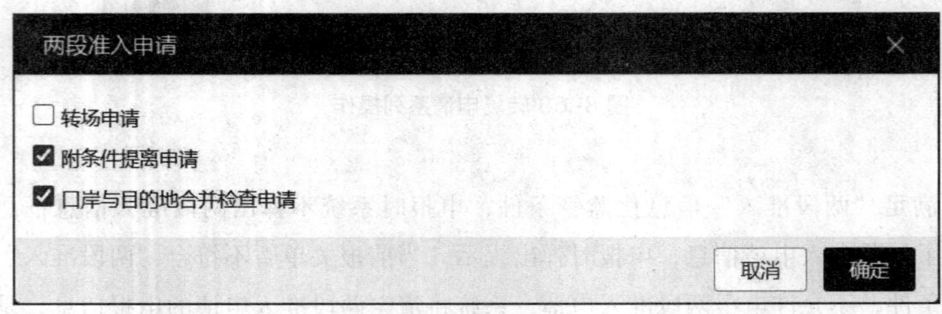

图 8-72 系统修正界面

8. 资质查询

按照实际情况进行使用。

9. 附注

点击【附注】按钮弹出录入界面，可录入当前报关单的附注（备忘）信息，非必填。

10. 申报

将录入完毕并确认无误的数据，通过点击界面右上方的【申报】蓝色按钮，向海关进行申报。

小提示：

进行申报，必须使用电子口岸卡介质。

申报即意味着您的数据将向相关业务主管部门进行发送，并等待其审批。

二、入境检验检疫申请

对入境货物检验检疫申请数据进行录入、暂存、删除、打印等操作。进入该模块，系统弹出使用提示，请注意提示内的申报要求，根据实际业务需要使用入境检验检疫申请功能。

在左侧菜单中点击“进口整合申报—入境检验检疫申请”，右侧显示录入界面，包括基本信息、商品信息、基本信息（其他）、集装箱信息等部分（如下图）。

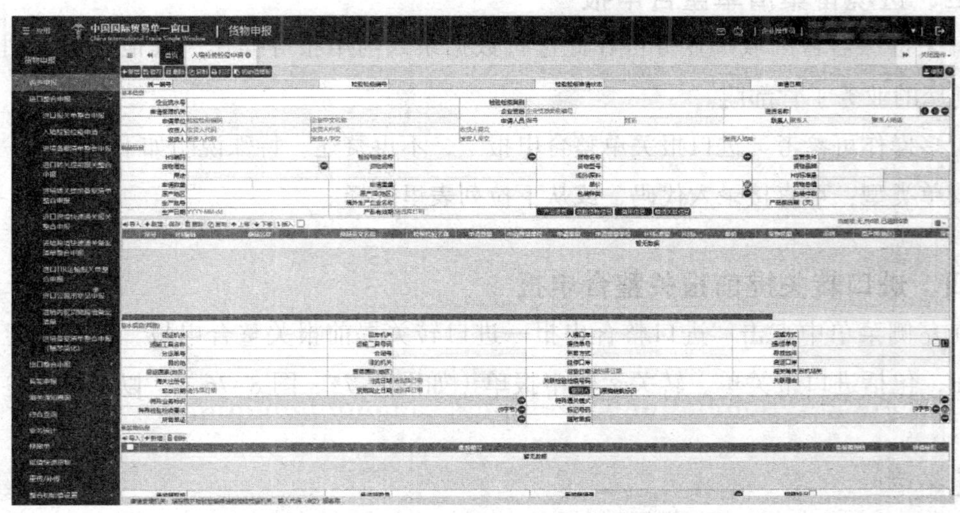

图 8-73 入境检验检疫申请界面

界面中的录入要求，总体说明如下：

灰色字段（例如统一编号、检验检疫编号等）：表示不允许录入，系统将根据相应操作或步骤后自动返填。

部分字段内的灰色字体为录入提示：请如实填写相关内容。

申请受理机关、用途、启运国家等字段：需要在参数中进行调取，不允许随意录入。使用键盘空格键，可调出下拉菜单并在其中进行选择。也可以输入已知的相应数字、字母或汉字，迅速调出参数，选择后点击回车键确认录入。

日期类字段（例如启运日期、到货日期等）：点击录入框，在系统弹出的日历中进行选择。

勾选类字段（例如原箱装载标识、拼箱标识等）：请根据您的实际业务填写。勾选代表“是”，不勾选代表“否”。

界面上方蓝色按钮（如图 8-74）：影响整票入境检验检疫数据。具体操作说明可参见下文出境检验检疫申请相关内容。

+新增 暂存 删除 复制 打印 初始值模板　申报

图 8-74 界面上方蓝色按钮（操作按钮）

可通过点击界面中的【暂存】蓝色按钮，将当前正在录入的基本信息数据进行保存，以防数据丢失。

更多录入与操作方法，请参考下文出境检验检疫申请部分。

三、进境备案清单整合申报

海关特殊监管区域等业务可在此进行数据录入与申报等操作，其他业务适用详情请咨询您的业务主管部门。

更多操作可参考“进口报关单整合申报”，不再赘述。特殊说明如下：

清单类型：可直接录入代码，或从下拉列表里选择。

四、进口转关提前报关整合申报

在左侧菜单中点击“进口整合申报—进口转关提前报关整合申报”，右侧显示录入界面，包括进口报关单、转关运输申报单（如图 8–75、图 8–76），以切换页签的方式显示。

小提示：

在报关单界面录入“申报地海关”，才能点击进入转关运输申报单界面。

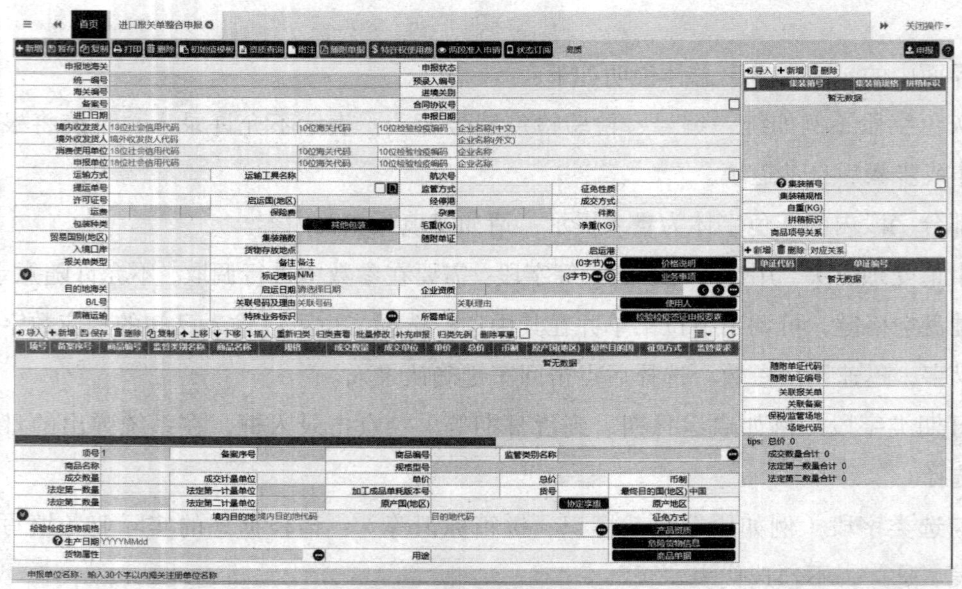

图 8–75 进口转关提前报关整合申报（报关单）

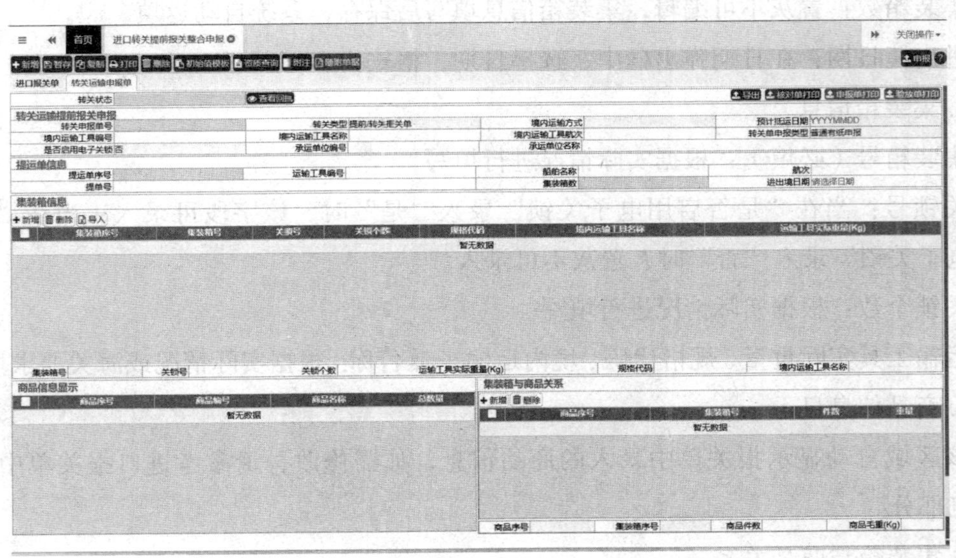

图 8-76 进口转关提前报关整合申报（转关运输申报单）

报关单与转关运输申报单中各类字段的操作方法与各类按钮的使用，可参考上文“进口报关单整合申报”。

转关运输申报单包括转关运输提前报关申报、提运单信息、集装箱信息、商品信息显示、集装箱与商品关系。

1. 转关运输提前报关申报

转关状态：置灰不可编辑，系统自动返填。点击【查看回执】蓝色按钮，弹出转关单回执对话框。

转关申报单号：置灰不可编辑，申报后由系统自动生成。

转关类型（必填）、境内运输方式（必填）：在参数下拉表选择，也可录入代码、名称。

境内运输工具名称：手工录入运输工具名称。

转关单申报类型（必填）、是否启用电子关锁（必填）：在参数下拉表选择，也可录入代码、名称。

载货清单号：手工录入载货清单号。

备注：手工录入。

2. 提运单信息

提运单序号：置灰不可编辑，系统自动返填。

运输工具编号、船舶名称、航次、提单号：手工录入运输工具编号、船舶名称、航次、提单号。

集装箱数：置灰不可编辑，集装箱信息填写后保存，系统自动返填。

进出境日期：在日期弹出框中，选择日期，格式为 YYYY-MM-dd。

3. 集装箱信息

集装箱号（必填）：根据实际情况进行填写。

关锁号：当在“是否启用电子关锁”录入“是”时，该字段可录入；当在“是否启用电子关锁”录入“否”时，置灰不可录入。

关锁个数：根据实际情况进行填写。

运输工具实际重量、规格代码、境内运输工具名称：根据实际情况或海关要求填写。

4. 商品信息显示

该区域自动显示报关单中录入的商品信息，如需修改，请参考进口报关单中的商品信息部分。

5. 集装箱与商品关系

在此录入转关运输集装箱信息中的集装箱序号与商品信息中的商品序号对应关系。集装箱信息与商品信息可参考上文。

商品序号（必填）：填写报关单界面、已录入商品信息中对应的商品序号。

集装箱序号（必填）：填写报关单界面、已录入集装箱信息中对应的序号。

商品件数、商品毛重：根据实际情况手工填写。

五、进境转关提前备案清单整合申报

报关单数据录入的基本操作参考“进口报关单整合申报”；转关运输提前报关录入方法可参考“进口转关提前报关整合申报”；更多业务适用详情，请咨询主管海关。

六、进口跨境快速通关报关整合申报

基本操作参考“进口报关单整合申报”。更多业务适用详情，请咨询主管海关。

七、进境跨境快速通关备案清单整合申报

基本操作参考“进口报关单整合申报”。更多业务适用详情，请咨询主管海关。

八、进口 TIR 运输报关单整合申报

基本操作参考“进口报关单整合申报”。更多业务适用详情，请咨询主管海关。

九、进口公自用物品申报

在左侧菜单中点击“进口整合申报—进口公自用物品申报”，右侧显示录入界面。报关单中各类字段的操作方法与各类按钮的使用，可参考“进口报关单整合申报”。

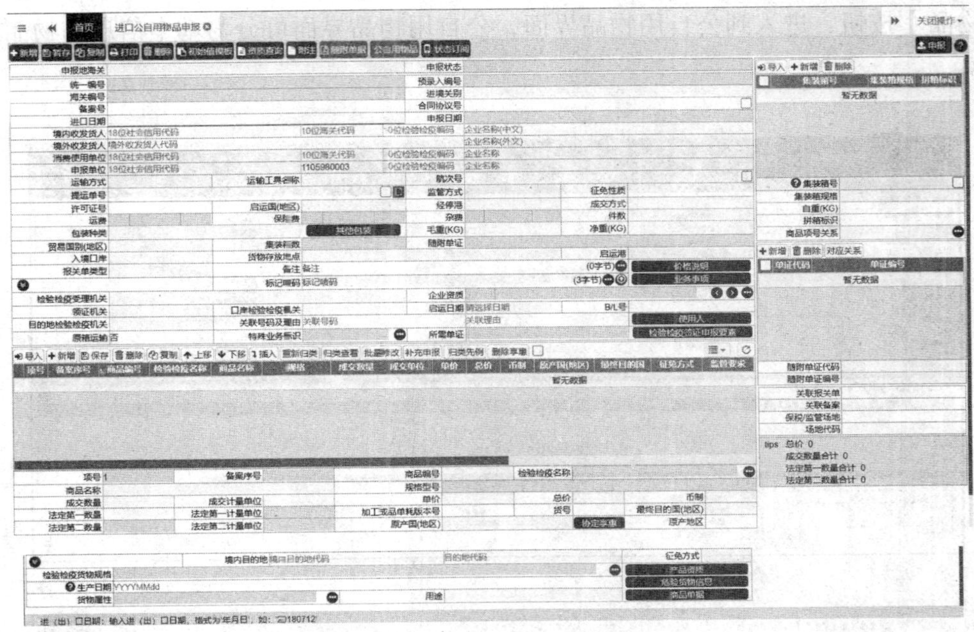

图 8-77 进口公自用物品申报界面

在报关单页面上方有浅蓝色按钮【公自用物品】，刚进入页面时，该按钮是浅蓝色，不可操作，需要点击页面中【业务事项】，在弹出的弹窗中对业务进行选择。【公自用物品业务类型】按空格键在下拉框中进行选择。

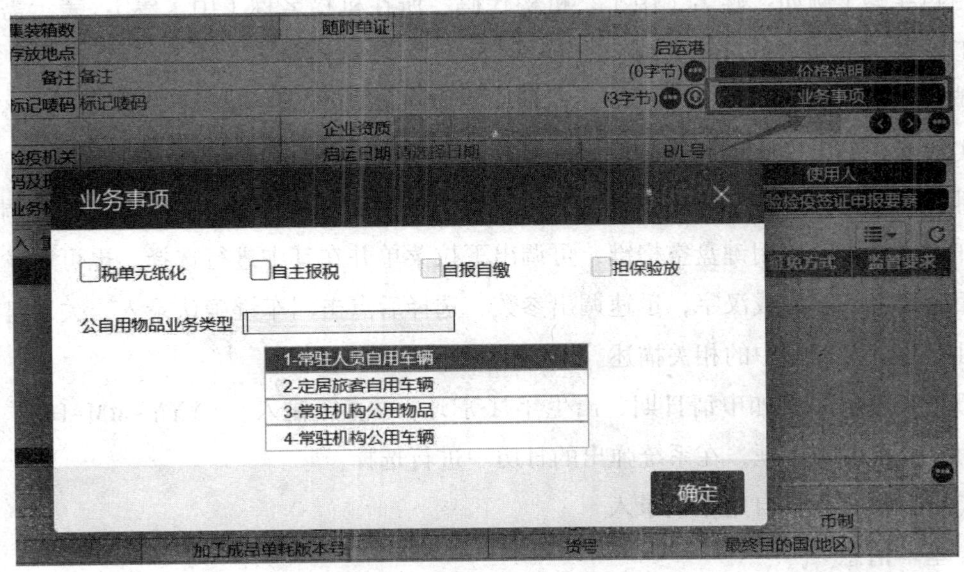

图 8-78 公自用物品业务类型选择

点击【确定】后，在报关单页面上方的【公自用物品】按钮变为深蓝色，点击【公自用物品】按钮，进入到公自用物品界面，公自用物品界面可分为基本信息和物品信息两部分。

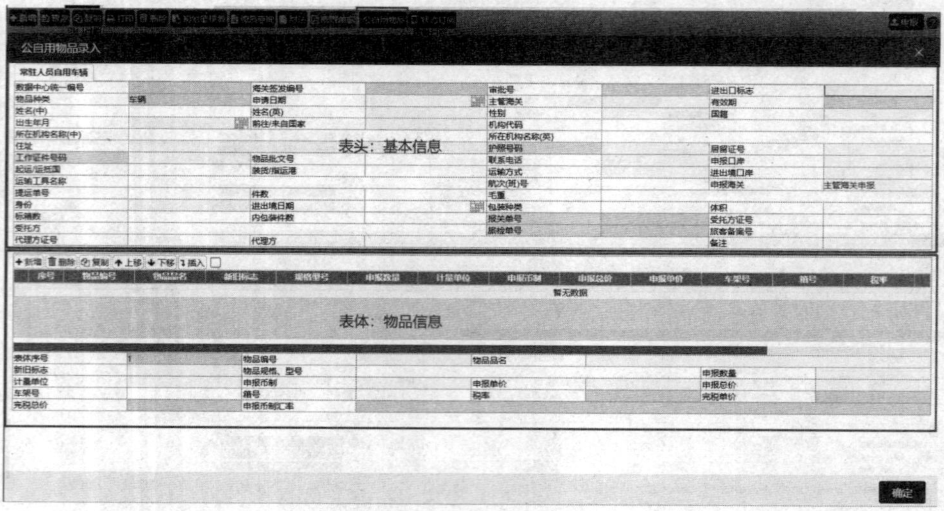

图 8-79 公自用物品录入

界面中的录入要求，总体说明如下。

灰色字段(例如：数据中心统一编号、海关签发编号、审批号等)：表示不允许录入，系统将根据相应操作或步骤后自动返填。

白色字段[例如：姓名（中）、机构代码、所在机构名称（中）等]：表示需要用户手工录入，请如实填写相关内容即可。

黄色字段[例如：姓名（英）、住址、护照号码等]：表示必填字段，用户必须录入真实数据，如果没有填写，数据无法保存和申报。

部分黄色字段（例如进出口标志、主管海关、性别等）：需要在参数中进行调取，不允许随意录入。使用键盘空格键，可调出下拉菜单并在其中进行选择。也可以输入已知的相应数字、字母或汉字，迅速调出参数，选择后点击回车键确认录入。关于键盘操作，可参考重要提醒中的相关描述。

日期类字段（例如申请日期、出生年月等）：可直接输入“YYYY-MM-DD”格式的日期，或点击录入框，在系统弹出的日历中进行选择。

（一）常驻人员自用车辆录入

1. 基本信息

数据中心统一编号、海关签发编号、审批号、有效期、报关单号、旅检单号：置灰，不允许录入，数据申报后系统自动返填。

进出口标志（必填）：在参数下拉表中选择，也可录入代码、名称。

物品种类：系统根据在【业务事项】中选择的【公自用物品类型】进行返填，在该界面不允许录入。

申请日期、出生日期（必填）：日期字段可直接输入“YYYY-MM-DD”格式的日期，或点击录入框，在系统弹出的日历中进行选择。

主管海关（必填）：在参数下拉表中选择，也可录入代码、名称。

性别（必填）：按空格键在参数下拉表中选择，也可以录入代码（0-女、1-男），也可以直接录入汉字（女、男）。

国籍（必填）：按空格键在参数下拉表中选择，也可以录入缩写英文（大小写都可以），也可以直接录入中文。

前往/来自国家（必填）：按空格键在参数下拉表中选择，也可以录入缩写英文（大小写都可以），也可以直接录入中文。

机构代码：手动录入，长度为10位字符。

申报口岸（必填）：在参数下拉表中选择，也可录入代码、名称。

申报海关：系统自动返填，不允许录入。

身份（必填）：在参数下拉表中选择，也可录入代码、名称。

进出境日期：系统默认申请日期，用户也可以根据需求直接输入“YYYY-MM-DD”格式的日期，或点击录入框，在系统弹出的日历中进行选择。

包装种类：按空格键在参数下拉表中选择，也可录入代码、名称。

体积：手动录入，长度为20位字符，其中体积整数最多14位，小数最多5位。

标箱数：手动录入，长度为20位字符，该字段只能填写整数。

内包装件数：手动录入，长度为10位字符，该字段只能填写整数。

2. 表体信息

表体序号：系统自动返填，初始默认数据为“1”，不可更改。

物品编号、物品名称（必填）：手动录入。

新旧标志（必填）：按空格键在参数下拉表中选择，也可以录入代码（0-新、1-旧），也可以直接录入汉字（新、旧）。

申报数量（必填）：在“物品种类”中显示：车辆，该字段限制只能填写数字“1”；在“物品种类”中显示：一般物品，该字段不做长度限制。

车架号、箱号：可手动录入商品信息进行填写；车架号字段：当“物品种类”显示“车辆”，需要填写车架号；当“物品种类”显示“一般物品”，没有车架号，无需填写。

税率、完税单价、完税总价、申报币制汇率：置灰，不允许录入，数据申报后系统自动返填。在“公自用物品类型”中选择：物品类，不存在该字段。

小提示：

录入所有商品表体信息后，请按“Enter/回车键”，才可以将数据保存至商品列表中。

在“物品种类”中显示：车辆，表体只能录入一条数据，不可以做“新增”“复制”“上移”“下移”“插入”操作。

在录入完所有数据后点击【确定】按钮，完成公自用物品的录入。

（二）定居旅客自用车辆录入

具体业务操作请参考“常驻人员自用车辆录入”。

身份（必填）：系统自动返填：来华定居旅客。

（三）常驻机构公用物品

具体业务操作请参考“常驻人员自用车辆录入”。

货物种类：系统自动返填，一般物品，不可录入。

机构代码（必填）：手动录入，长度为10位字符。

常驻机构（必填）：手动录入。

申报海关（必填）：在参数下拉表中选择，也可录入代码、名称。

申报数量（必填）：在“物品种类”中显示：“车辆”，该字段限制只能填写数字“1”；在“物品种类”中显示：“一般物品”，该字段不做长度限制。

车架号：当“物品种类”显示“一般物品”，没有车架号，无需填写。

（四）定居旅客自用车辆录入

具体业务操作请参考“常驻人员自用车辆录入”。

申报数量（必填）：在“物品种类”中显示：“车辆”，该字段限制只能填写数字“1”；在“物品种类”中显示：“一般物品”，该字段不做长度限制。

十、进境内贸货物跨境备案清单

基本操作参考进口报关单整合申报。更多业务适用详情，请咨询主管海关。

十一、进境备案清单整合申报（横琴极简）

基本操作参考进口报关单整合申报。更多业务适用详情，请咨询主管海关。

特殊说明如下：

监管方式：置灰，默认显示“内贸货物跨境运输”。启运国（地区）：置灰，默认显示“中国”。

成交方式：置灰，默认显示“CIF”。

运费、保险费、杂费：置灰，默认显示0。

第三节 出口整合申报

一、出口报关单整合申报

对出口货物的报关数据进行一次录入、关联调取与暂存、删除、打印等操作。

在左侧菜单中点击“出口整合申报—出口报关单整合申报”，右侧显示录入界面，包括基本信息、商品信息、集装箱、随附单证、涉检信息等部分（如图 8-80）。

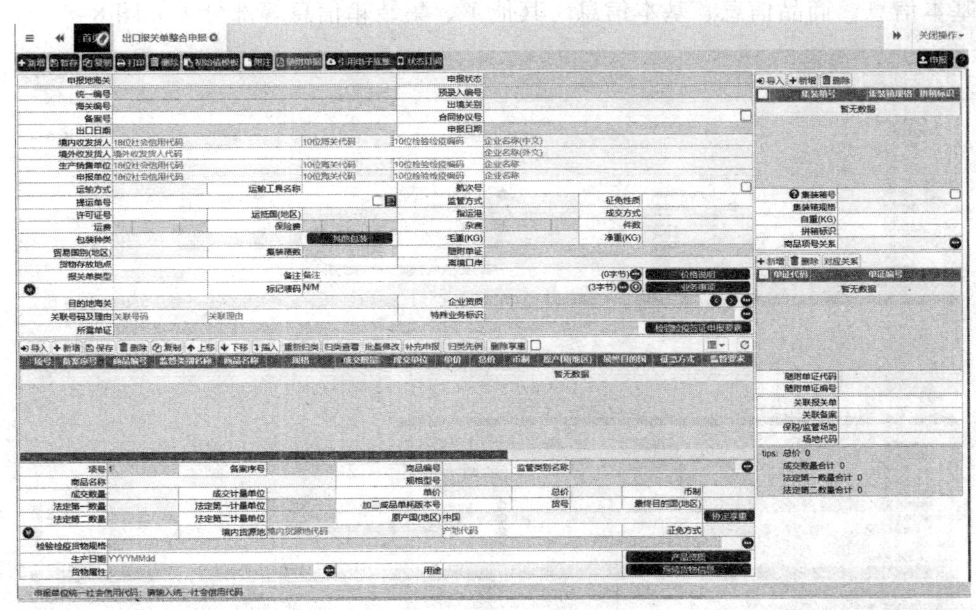

图 8-80 出口报关单整合申报

出口整合报关单中各类字段的操作方法与按钮的使用，可参考“进口报关单整合申报”。

特殊操作说明如下：

引用电子底账：在出口整合申报界面顶端，可见【引用电子底账】蓝色按钮。点击【引用电子底账】，弹出输入电子底账号界面。该电子底账号对应的是出境检验检疫申请中已经审核通过的电子底账数据。

录入审批通过的电子底账号码，点击【引用】蓝色按钮，触发调用引用电子底账数据。根据电子底账调用出的数据，返填到报关单表头数据字段，包括“申报地海关、境内收发货人代码、境内收发货人名称、合同协议号、提运单号、运抵国、运输工具名称”等数据，减少录入操作。

二、出境检验检疫申请

涉检的出境货物，可向海关业务主管部门进行出境检验检疫数据申请。可对出境检验检疫申请数据进行录入、暂存、删除、打印、申报等操作。

出境检验检疫申请，该申请审核通过之后即电子底账，可以在出口报关单申报时被调用。

（一）录入与暂存

在左侧菜单中点击“出口整合申报—出境检验检疫申请”，右侧显示录入界面，包括基本信息、商品信息、基本信息（其他）、集装箱信息等部分（如图 8-81）。

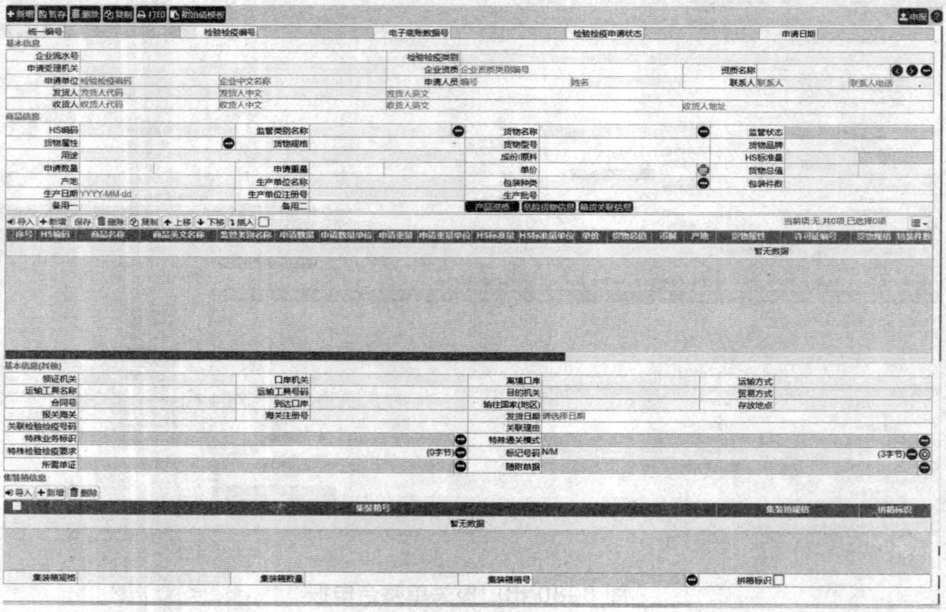

图 8-81 出境检验检疫申请

界面中的录入要求，总体说明如下。

灰色字段（例如统一编号、检验检疫编号、电子底账数据号等）：表示不允许录入，系统将根据相应操作或步骤后自动返填。

部分字段内的灰色字体：为录入提示，请如实填写相关内容。

申请受理机关、用途、到达口岸等字段：需要在参数中进行调取，不允许随意录入。使用键盘空格键，可调出下拉菜单并在其中进行选择。也可以输入已知的相应数字、字母或汉字，迅速调出参数，选择后点击回车键确认录入。关于键盘操作，可参考重要提醒中的相关描述。

日期类字段（例如生产日期、发货日期等）：点击录入框，在系统弹出的日历中进行选择。

勾选类字段（例如拼箱标识等）：请根据您的实际业务填写。勾选代表“是”，不勾选代表“否”。

界面上方蓝色按钮：影响整票出境检验检疫数据。具体操作说明参见下文新增、暂存、删除、复制、打印、初始值模板等内容。

可通过点击界面中的“暂存”蓝色按钮，将当前正在录入的基本信息数据进行保存，以防数据丢失。

小提示：

上图蓝色操作按钮将根据当前的相关业务或操作，区分是否可点击，将光标悬停在字段上系统可弹出相应提示。

下文中的白色按钮，所影响的数据仅为当前页签或字段。

1. 基本信息

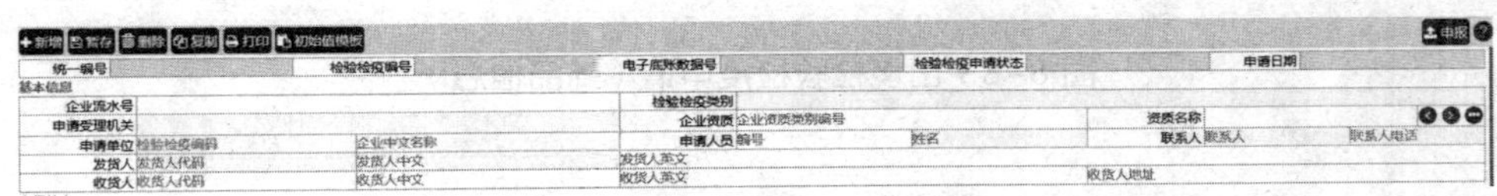

图 8-82 出境检验检疫申请（基本信息）

统一编号、检验检疫编号、电子底账数据号、检验检疫申请状态、申请日期：置灰不允许录入，暂存或申报后，系统自动生成。

企业流水号：最多40位字符，企业自行编辑，不可重复。

检验检疫类别（必填）：按空格键后选取，或直接输入对应代码。

申请受理机关（必填）：在参数下拉表选择，也可录入代码、名称。

企业资质：可填写多个资质记录。点击名称字段后方蓝色按钮，在弹出的录入界面内，进行编辑。录入保存后，显示在企业资质的界面字段中。

录入多条数据时，主界面中默认显示第一条企业资质信息，可以通过点击蓝色方向按钮，依次查看所录入的企业资质信息。

序号：灰色不可录入，保存成功后系统自动生成。

企业资质类别编号：在参数下拉表选择，也可录入代码、名称。

企业资质编号：手工录入。

企业名称：手工录入。

企业组织机构代码：手工录入。

点击【保存】白色按钮，下方列表显示已录入的数据。勾选表格序号前的复选框，点击【删除】，可以对已录入数据进行删除。点击【新增】，清空表体录入区域的内容，便于重新录入数据。

申请单位（必填）：填写企业在报检资质备案中的企业检验检疫代码与企业中文名称。

申请人员：姓名必填，其他可按照海关要求填写。

联系人、联系人电话（必填）：必填，按实际情况填写。

发货人（必填）：填写发货人代码、发货人中文名称、发货人英文名称（选填）。

收货人：如需填写，按相应文本框内提示输入收货人代码、收货人中文名称、收货人英文名称及收货人地址。

2. 商品信息

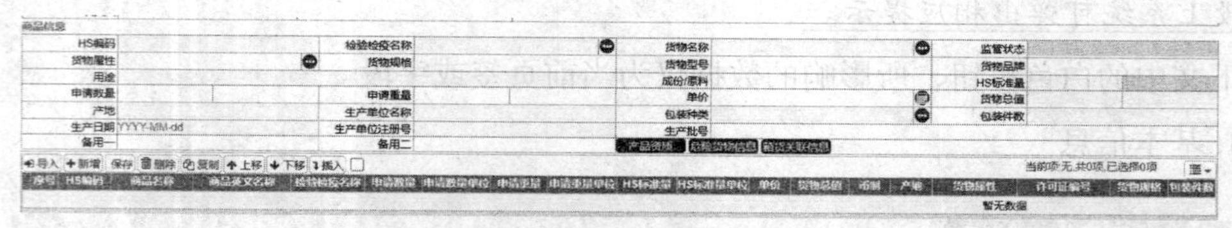

图 8-83 出境检验检疫申请（商品信息）

HS 编码（必填）：填写对应的 10 位商品编码，可输入商品编码前 4 位回车后选择或全部录入后确认。

检验检疫名称（必填）：长度为 255 位字符。

填写商品编码对应的商品名称。也可以点击录入框右侧蓝色按钮，在弹出的检验检疫编码列表中重新选取，也可手工直接修改。

货物名称（必填）：长度为 255 位字符。按要求实际情况填写。该录入框可直接进行录入或修改。如该项有要求录入货物英文名称的，可以点击右侧蓝色按钮，在弹出的框内进行录入、确定。

监管状态：录入 HS 编码后，由系统自动返填。

货物属性：点击右侧蓝色按钮，在弹出的框内勾选后，点击“确定”即可。

货物规格、货物型号、货物品牌：最多 100 位字符，根据实际情况及业务主管部门要求填写。

用途（必填）：在参数下拉表选择，也可录入代码、名称。

成分 / 原料：最多 400 位字符，根据实际情况进行填写。

HS 标准量（必填）：填写该商品对应标准计量单位的数量。由数量与单位组成。前一个框内为数字，标准数量最多为 19 位数字，小数后 5 位，不能为负数。后一个灰色框内为标准单位，由系统自动返填，不可修改。

申请数量、申请重量：按实际情况填写。前一个框内为数字，最多可录入19位数字小数后5位。后一个框内为单位，在参数下拉表选择，也可录入代码、名称。

单价：按实际情况填写，最多可录入20位数字。

货物总值（必填）：前一个框内为货物总值，最多可录入20位数字。后一个框内为币制，在参数下拉表选择，也可录入代码、名称。

产地（必填）：在参数下拉表选择，也可录入代码、名称。

生产单位名称（必填）：按实际情况填写。

包装种类（必填）：在参数下拉表选择，也可录入代码、名称。

包装件数（必填）：按实际情况填写。

生产日期：在日期弹出框中，选择日期，格式为YYYYMMdd。

生产单位注册号（必填）：填写生产单位的检验检疫注册编码。

生产批号：填写商品的生产批号。

备用一、备用二：填写主管业务部门要求填报的其他商品信息。

产品资质：填写完商品信息后，可点击【产品资质】，进入编辑许可证信息界面（如下图）。许可证信息与VIN信息按实际情况与主管业务部门要求进行填写。具体操作可参考上文进口报关单中关于产品资质的相关内容。

危险货物信息：填写完商品信息后，可点击【危险货物信息】，进入编辑界面，按实际情况填写或选择，如果非危险化学品，在其方框内打勾后点击确定。

箱货关联信息：填写完商品信息后，可点击【箱货关联信息】，进入编辑界面，按实际情况填写或选择参数。

导航栏：商品信息下方的白色按钮，只对商品信息列表进行相关操作。点击【导入】会弹出商品导入界面，更多操作可参考上文进口报关单整合申报导入表体部分；点击【新增】，清空表体录入区域的内容，便于重新录入数据。如未将上次的录入内容进行过暂存（保存），清空的数据不可恢复；点击【保存】，保存当前录入的商品信息，所有必填项都录入完成才能保存成功；选中列表中一项或多项商品信息后，点击后【删除】，删除已选中商品信息。删除的数据不可恢复；勾选一条表体记录，点击【复制】，系统复制选中的商品信息，自动返填商品名称、重量等内容，可进行修改；点击【上移】，当前选中商品的上移，商品序号自动减1；点击【下移】，当前选中的商品下移，商品序号自动加1；点击【插入】，录入的数据被插入到选中的商品项上方，选中的商品序号以下的信息自动减1；在【插入】按钮右侧，选中后，商品列表展示左侧增加一个多选框。

3. 基本信息（其他）

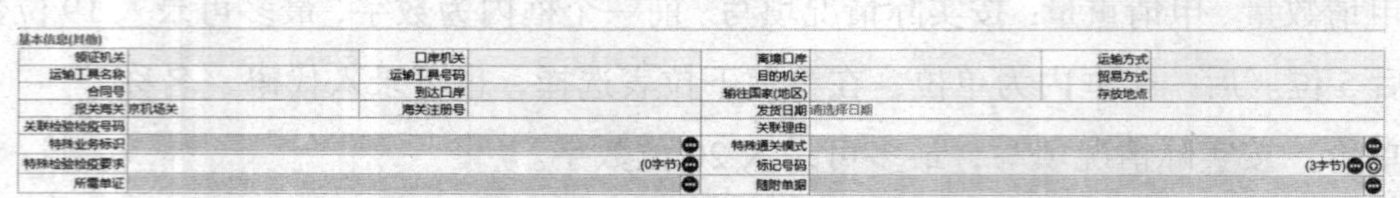

图 8-84 出境检验检疫申请（基本信息—其他）

领证机关（必填）：填报领取证单的检验检疫机关，在参数下拉表选择，也可输入代码或汉字后选择对应机关。

口岸机关（必填）：填报对入境货物实施检验检疫的检验检疫机关，在参数下拉表选择，也可输入代码或汉字后选择对应机关。

离境口岸（必填）：在参数下拉表选择，也可输入代码或汉字后选择对应口岸。

运输方式（必填）：在参数下拉表选择，也可录入代码、名称。

运输工具名称：选填，最多 50 字符，按实际情况填写。

运输工具号码：选填，最多 32 字符，按实际情况填写。

目的机关（必填）：在参数下拉表中选择，也可录入代码、名称。

贸易方式（必填）：根据实际对外贸易情况、按海关规定的《监管方式代码表》选择填报相应的监管方式简称及代码。

合同号（必填）：最多 32 字符，填报进出口货物合同（包括协议或订单）编号。

到达口岸（必填）：在参数下拉表中选择，也可录入代码、名称。

输往国家（地区）（必填）：在参数下拉表中选择，也可录入代码、名称。

存放地点（必填）：最多 100 字符，按实际情况填写。

报关海关：口岸海关代码，在参数下拉表中选择，也可录入代码、名称。

海关注册号：录入企业的海关十位编码。

发货日期：在日期弹出框中，选择日期，格式为 YYYY-MM-dd。

关联检验检疫号码、关联理由：根据实际情况与主管业务部门要求进行填报。

特殊业务标识：选填，点击字段右侧蓝色圆形按钮，根据实际情况进行勾选。无相关特殊业务的不勾选。

特殊通关模式：按实际情况进行勾选、确认。

特殊检验检疫要求：根据主管业务部门要求进行填写。

标记号码：选填，最多 400 字符，即标记唛码，填报标记唛码中除图形以外的文字、数字，无标记唛码的填报“N/M”。点击右侧蓝色圆形按钮，可进行上传附件。

所需单证：按实际情况填报。点击右侧蓝色按钮，进行选择、编辑。

随附单据：根据实际业务选择填写或咨询相关业务主管部门。

需先将基本信息保存成功，才能继续进行随附单据的录入与保存操作。点击页面下方“随附单据”右侧蓝色圆形按钮，弹出录入界面。系统默认显示随附单据类别代码与名称。点击【新增】，界面自动复制当前的随附单据并生成一条新的记录。可根据实际情况，录入编号、序号及数量等信息后，点击【保存】即可。

4. 集装箱信息

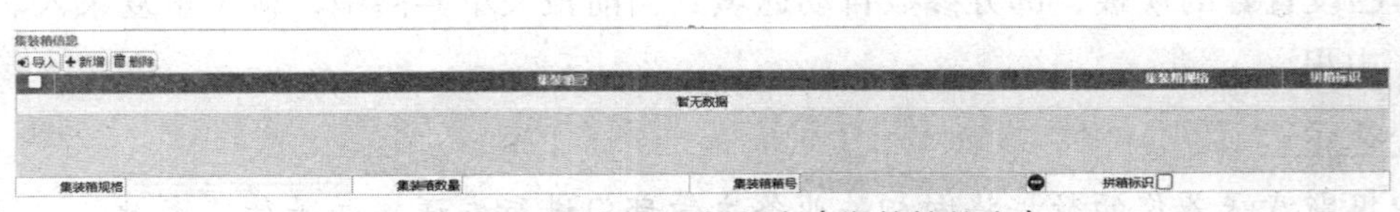

图 8-85 出境检验检疫申请（集装箱信息）

请根据您的实际业务选择填写，或咨询相关业务主管部门。

必须先将基本信息保存成功，才能继续进行集装箱信息的录入与保存操作。先录入集装箱规格与对应数量，再录入该规格的集装箱箱号，可以录入多个。按实际情况勾选是否拼箱。

集装箱规格（必填）：在参数下拉表中选择，也可录入代码、名称。现行《集装箱规格代码表》采用 2 位数字代码。

集装箱数量：选填，按实际情况进行填写。

集装箱箱号：最多 11 字符，按实际情况进行填写。点击右侧蓝色圆形图标，在弹出的集装箱详细信息录入界面中进行录入。录入后按回车键，返填至上方列表中，序号自动生成。

（二）操作（按钮）

1. 新增

点击界面上方“新增”蓝色按钮，将立即清空当前界面显示的数据，便于用户重新录入并保存一票出境检验检疫申请的数据。如您未将上次的录入内容进行过暂存（保存）操作，清空的数据将不可恢复，需重新录入，请谨慎操作。

2. 删除

点击界面上方“删除”蓝色按钮，系统提示是否删除当前数据，数据状态包括已申报、正确或成功等状态时，表示您所申报的检验检疫申请数据已被审批系统接收，此时不允许在“单一窗口”标准版系统中进行删除操作。删除的数据将不可恢复，需重新录入，请谨慎操作。

3. 复制

点击界面上方“复制”蓝色按钮，系统将当前的数据（包括申请单位、发货人、商品信息以及集装箱信息等内容）进行复制，自动新增生成一票新的出境检验检疫申请数据。此时可以对复制出来的数据，进行修改、录入、暂存等操作。

4. 打印

可参考“进口报关单整合申报”中，关于打印的相关描述，不再赘述。

5. 初始值模板

点击界面顶部的“初始值模板”蓝色按钮，系统弹出初始值模板选择的界面，在此选择已设置好的模板，部分参数自动返填到当前报关单界面中，减少重复录入。

6. 申报

小提示：

申报即意味着您的数据将向相关业务主管部门进行发送，并等待其审批。

进行出境检验检疫申请，可能需要在“管理员账户—我的资质”中，将检验检疫账号密码进行绑定。将录入完毕并确认无误的数据，通过点击界面右上方的“申报”蓝色按钮，向海关进行申报。

三、出境备案清单整合申报

海关特殊监管区域等业务可在此进行数据录入与申报等操作，其他业务适用详情请咨询您的业务主管部门。

更多操作可参考“进口报关整合申报”“出口报关单整合申报”。

四、出口转关提前报关整合申报

出口报关单数据录入的基本操作可参考“进口报关整合申报”“出口报关单整合申报”。

出口转关运输提前报关录入方法可参考“进口转关提前报关整合申报”。

特殊说明如下：

载货清单号：用汽车转关的提前报关货物填“@+13位载货清单号”。其他提前报关货物填“@+16位转关申报单预录入号”。

小提示：

申报地海关为南方模式即广州、黄埔、深圳等广东关区时，该字段才能显示。

运输工具编号：进出境运输方式为汽车时，录入载货清单号（13位），其他进出境运输方式时可为空。

航次：海运时录入进境船舶航次号码（最多6位字符，超过6位的取最后6位）；空运时录入总运单号（11位，中间不得以“—”连接。例如781—45678912，应录入78145678912）；其他运输方式时可为空。

五、出境转关提前备案清单整合申报

报关单数据录入的基本操作可参考“进口报关单整合申报”。

转关运输提前报关录入方法可参考“进口转关提前报关整合申报”。

六、出口跨境快速通关报关整合申报

基本操作可参考“进口报关单整合申报”。

更多业务适用详情请咨询主管海关。

七、出境跨境快速通关备案清单整合申报

基本操作可参考“进口报关单整合申报”。

更多业务适用详情请咨询主管海关。

八、出口二次转关

基本操作可参考“进口报关单整合申报”“出口转关提前报关整合申报”。

更多业务适用详情请咨询主管海关。

九、出口 TIR 运输报关单整合申报

基本操作可参考“进口报关单整合申报”。

更多业务适用详情请咨询主管海关。

十、出口公自用物品申报

基本操作可参考“进口报关单整合申报”“进口公自用物品申报”。

更多业务适用详情请咨询主管海关。

十一、出境内贸货物跨境备案清单及运输联系单

基本操作可参考“进口报关单整合申报”“进口转关提前报关整合申报”。

十二、出境备案清单整合申报（横琴极简）

基本操作可参考“进口报关单整合申报”

第四节 智能申报系统

一、智能申报预配置

企业法人用户使用卡介质登录“单一窗口”货物申报系统，进入“智能申报预配置”菜单，可以对配置模板名称、进出口标志、启用标志、使用单位信息、辅助跳过规则、舱单运抵规则进行智能申报预配置的新增、查询、修改、删除。

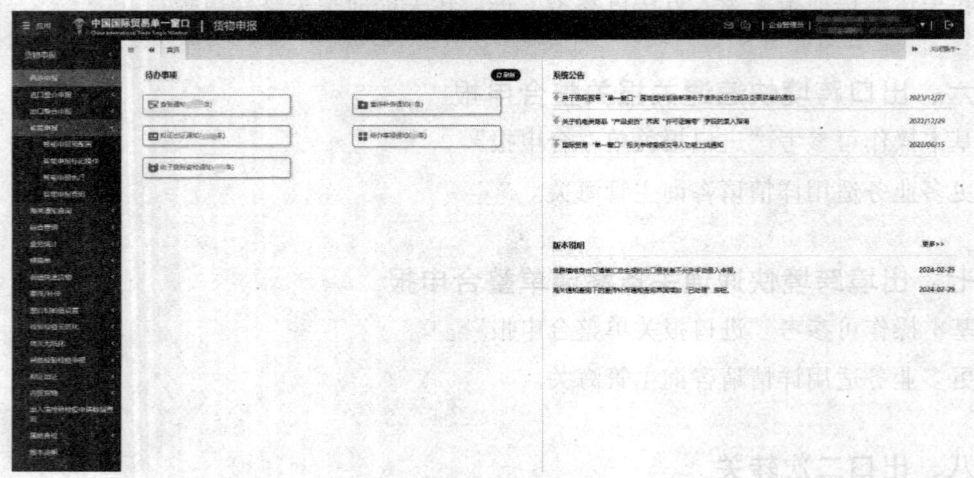

图 8-86 智能申报界面

小提示：

本系统适用于进行进出口贸易的境内收发货人，消费使用单位和申报单位。

（一）界面录入说明

点击左侧菜单栏“智能申报——智能申报预配置”，右侧界面展示如图 8-87。

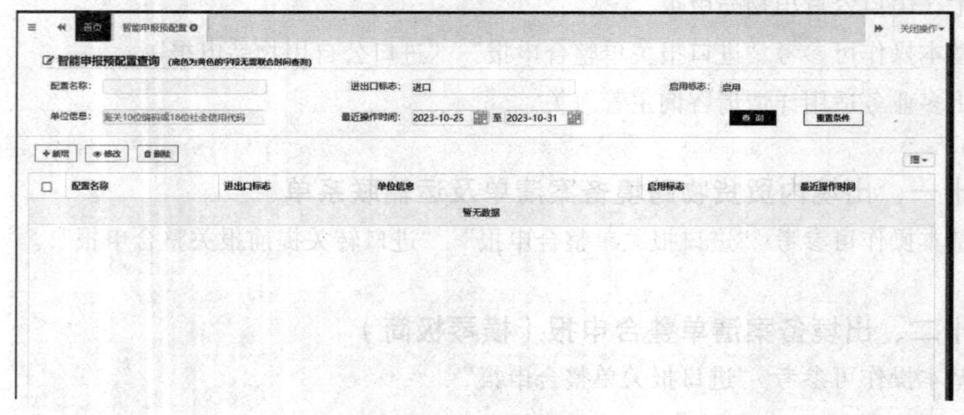

图 8-87 智能申报预配置

配置名称：填写配置名称。

进出口标志：默认显示进口，可填写 I- 进口或 E- 出口。

启用标志：默认显示启用，可填写 1- 启用或 0- 停用。

单位信息：填写境内收发货人或申报单位的海关 10 位码或 18 位社会信用代码。

最近操作时间：默认展示为最近一周，输入的时间范围，不能超过三个月。查询：输入查询条件，点击【查询】蓝色按钮，查询结果显示在下方列表中（如下图）。

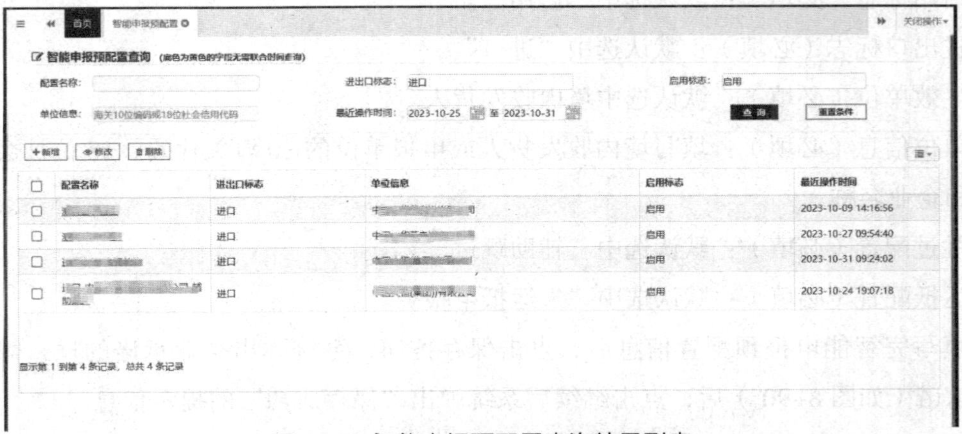

智能申报预配置查询（底色为黄色的字段无需联合时间查询）

配置名称：　进出口标志：进口　启用标志：启用

单位信息：海关10位编码或18位社会信用代码　最近操作时间：2023-10-25 至 2023-10-31　查询　重置条件

新增　修改　删除

配置名称	进出口标志	单位信息	启用标志	最近操作时间
	进口		启用	2023-10-09 14:16:56
	进口		启用	2023-10-27 09:54:40
	进口		启用	2023-10-31 09:24:02
	进口		启用	2023-10-24 19:07:18

显示第 1 到第 4 条记录，总共 4 条记录

图 8-88 智能申报预配置查询结果列表

点击上图中的蓝色配置名称，系统自动跳转至智能申报预配置的详细信息界面。

在列表最下方，可以查看当前查询结果的总记录数、自行选择每页显示的记录条数。还可以点击右下角的蓝色数字或按钮换页。

重置条件：点击【重置条件】按钮将清空查询条件，重新填写后查询。

（二）操作（按钮）

新增：用户点击【新增】按钮，系统弹出智能申报预配置界面（如图 新增智能申报预配置界面）。

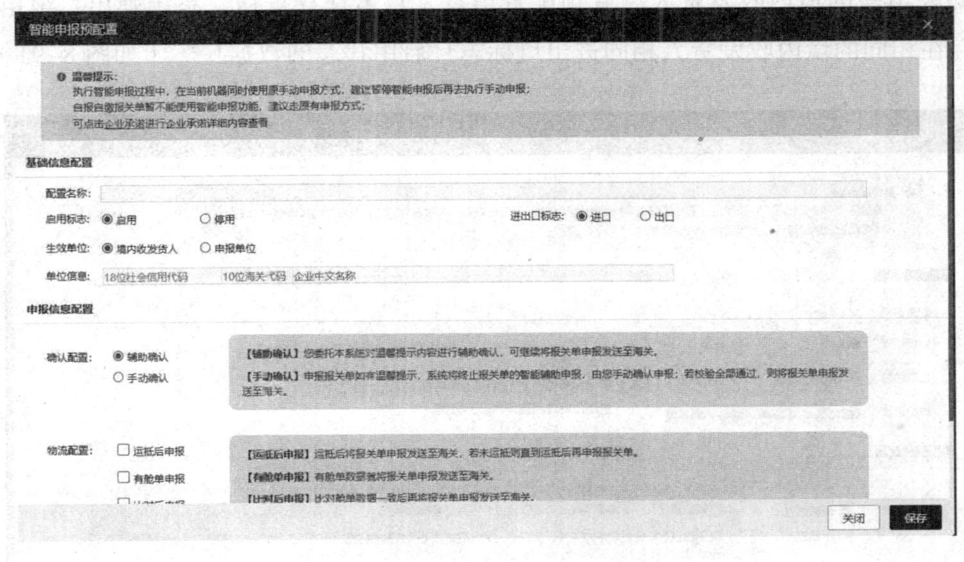

图 8-89 新增智能申报预配置界面

配置名称（必填）：填写配置名称。

启用标志（必填）：默认选中“启用”。

进出口标志（必填）：默认选中“进口”。

生效单位（必填）：默认选中境内收发货人。

单位信息（必填）：填写境内收发货人或申报单位的 10 海关代码、18 位社会信用代码和企业名称。

跳过配置（必填）：默认选中“辅助跳过”。

运抵配置（必填）：默认选中“未运抵申报”。

填写完智能申报预配置信息后，点击保存按钮，系统弹出企业承诺的框，需勾选企业承诺（如图 8–90）后，点击继续后系统弹出“保存成功”的提示信息。

企业承诺
企业承诺
本企业使用智能申报，知悉相关配置要求及功能规则，报关申报的一切结果由本企业自行承担。
取消
继续

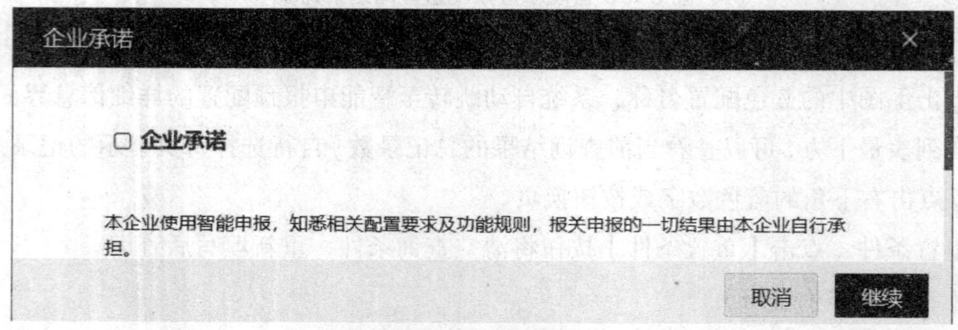

图 8–90 企业承诺勾选界面

如果填写的境内收发货人已有预配置信息，点击保存按钮，系统弹出“该申报单位下存在相同的境内收发货人相同进出口标志且启用状态的数据！”（如图 8–91）。

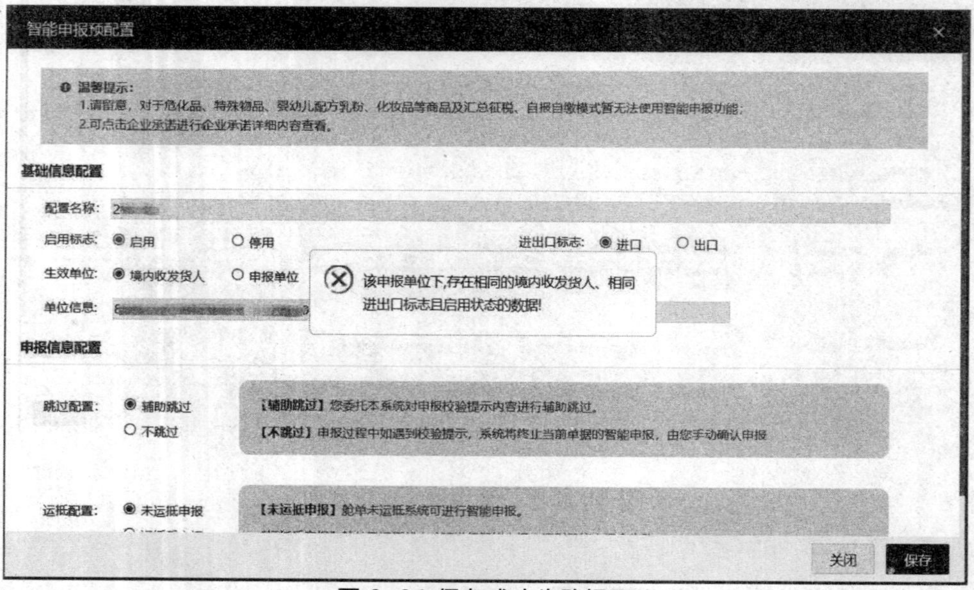

智能申报预配置
温馨提示：
1.请留意，对于危化品、特殊物品、婴幼儿配方乳粉、化妆品等商品及汇总征税、自报自缴模式暂无法使用智能申报功能；
2.可点击企业承诺进行企业承诺详细内容查看。
基础信息配置
配置名称:
启用标志:
启用
停用
进出口标志:
进口
出口
生效单位:
境内收发货人
申报单位
单位信息:
该申报单位下,存在相同的境内收发货人、相同进出口标志且启用状态的数据!
申报信息配置
跳过配置:
辅助跳过
不跳过
【辅助跳过】您委托本系统对申报校验提示内容进行辅助跳过。
【不跳过】申报过程中如遇到校验提示，系统将终止当前单据的智能申报，由您手动确认申报
运抵配置:
未运抵申报
【未运抵申报】舱单未运抵系统可进行智能申报。
关闭
保存

图 8–91 保存成功失败提示

修改：用户在智能申报预配置查询结果列表里选中一条智能申报预配置数据，点击【修改】按钮，弹出智能申报预配置修改界面（如图 8-92）。

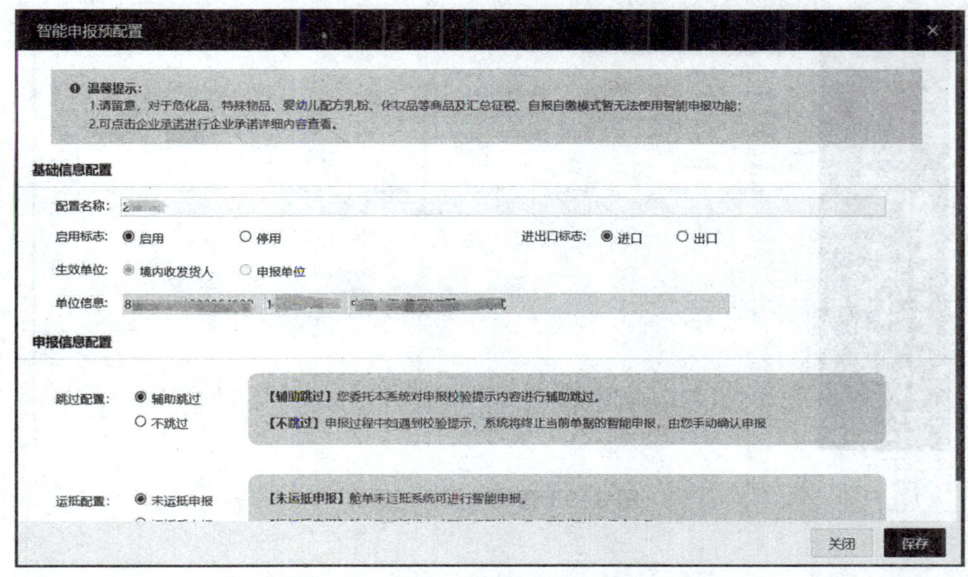

图 8-92 智能申报预配置修改界面

修改完成后点击保存按钮，系统弹出企业承诺的框，需勾选企业承诺后，点击继续后系统弹出“保存成功”的提示信息。

小提示：

1. 新增预配置同一家境内收发货人，相同的进出口标志启用状态的数据只能新增一条预配置。

2. 生效单位和单位信息不支持修改。

删除：用户在智能申报预配置查询结果列表里（图 智能申报预配置查询结果列表）选中一条或者多条智能申报预配置数据，点击【删除】按钮，弹出删除确认提示框，点击确定将删除预配置信息，删除成功弹出“预配置删除成功”。

已被删除的数据将不可恢复，需重新录入，请谨慎操作。

二、智能申报标记操作

企业法人用户或者操作员用户使用卡介质登录“单一窗口”货物申报系统，进入“智能申报标记操作”菜单，对智能申报报关单添加智能申报标记，智慧化区分传统申报模式报关单和智能申报模式报关单。

小提示：

本系统适用于进行进出口贸易的境内收发货人，消费使用单位和申报单位。

（一）界面录入说明

点击左侧菜单栏“智能申报——智能申报标记操作”，右侧界面展示如图 8-93。

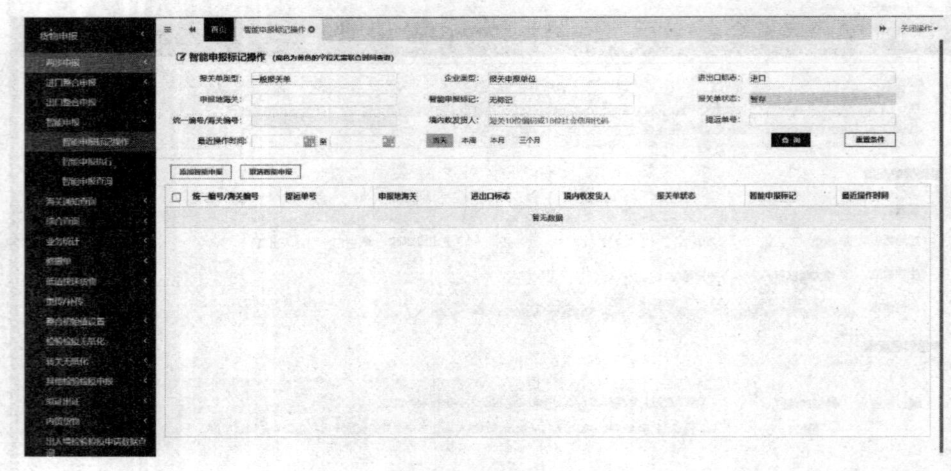

图 8-93 智能申报标记操作

报关单类型：默认显示一般报关单，在参数下拉表中选择，也可录入代码、名称。

企业类别：默认显示报关单申报单位，在参数下拉表中选择，也可录入代码、名称。

进出口标志：默认显示进口，可填写 I- 进口、E- 出口。

申报地海关：在参数下拉表中选择，也可录入代码、名称。

智能申报标记：默认显示无标记，可填写无标记、有标记。

报关单状态：置灰，默认显示暂存。

统一编号 / 海关编号：填写统一编号或者海关编号。

境内收发货人：填写境内收发货人的海关 10 位码或者 18 位社会信用代码。

提运单号：填写提运单号。

最近操作时间：默认展示为最近一周，输入的时间范围，不能超过三个月。也可点击当天、本周、本月、三个月进行快速查询。

查询：输入查询条件，点击【查询】蓝色按钮，查询结果显示在下方列表中（如图 8-94)。

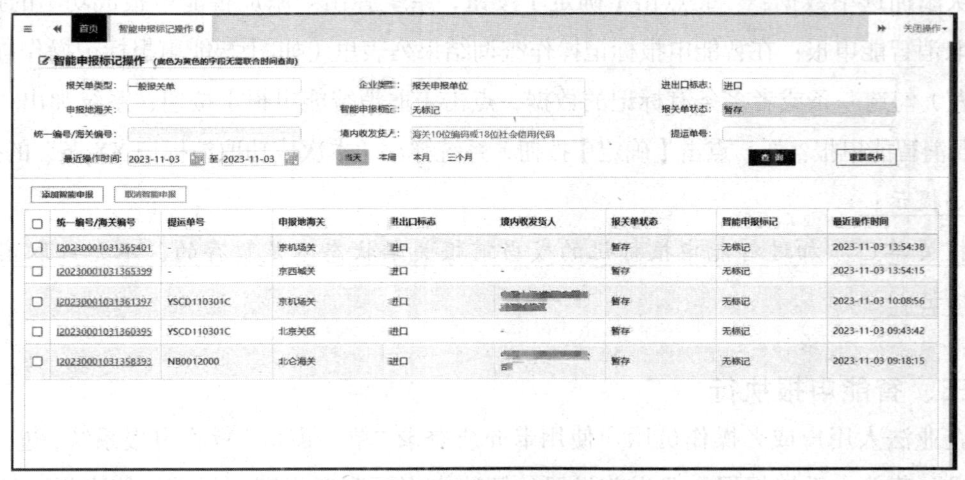

图 8-94 智能申报标记操作查询结果列表

在列表最下方，可以查看当前查询结果的总记录数、自行选择每页显示的记录条数。还可以点击右下角的蓝色数字或按钮换页。

在智能申报标记操作查询结果列表里点击统一编号 / 海关编号蓝色超链接的，可跳转至报关单详情界面（如图 8-95）。

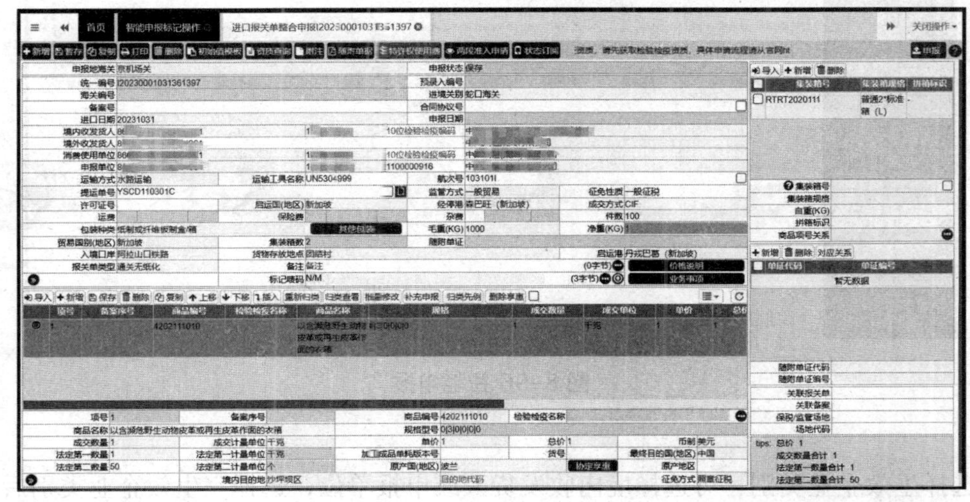

图 8-95 报关单详情

重置条件：点击【重置条件】按钮将清空查询条件，重新填写后查询。

（二）操作（按钮）

添加智能申报：在智能申报标记操作查询结果列表里（如图 智能申报标记操作查询结果列表）勾选一条或者多条无标记的数据，点击【添加智能申报】按钮，系统弹出“是否确认添加选中数据？”，点击【确定】按钮，系统弹出“添加智能申报成功”的提示。

取消智能申报：在智能申报标记操作查询结果列表里（如图 智能申报标记操作查询结果列表）勾选一条或者多条有标记的数据，点击【取消智能申报】按钮，系统弹出“是否确认取消智能申报？”，点击【确定】按钮，系统弹出“本次成功取消标记 XX 条”的提示。

小提示：

报关单已添加过智能申报标记的或当前报关单状态不是暂存的，不允许取消智能申报标记。

三、智能申报执行

企业法人用户或者操作员用户使用卡介质登录“单一窗口”货物申报系统，进入“智能申报”菜单，系统根据企业提前设置的智能申报预配置规则，将带智能申报标记的报关单执行智能申报操作。

（一）界面录入说明

点击左侧菜单栏“智能申报——智能申报执行”，右侧界面展示如图 8-96。

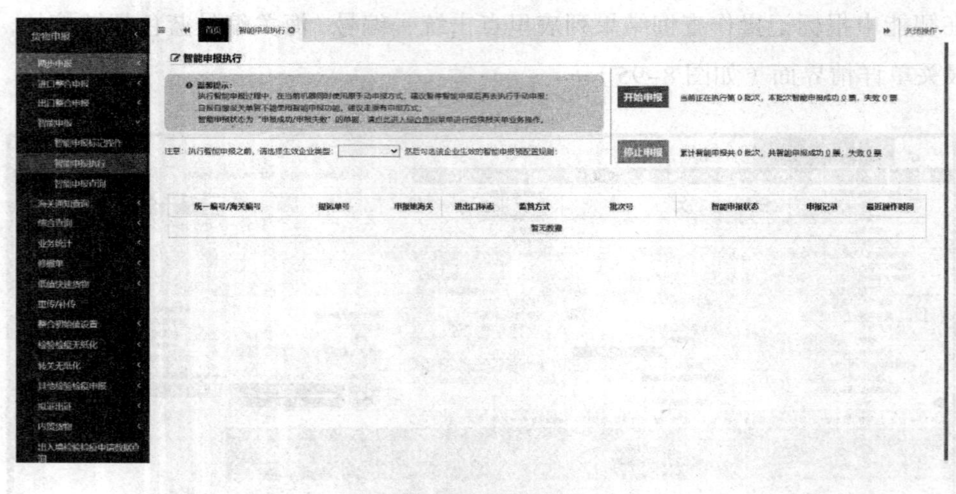

图 8-96 智能申报

选择生效企业类别：可选择境内收发货人或申报单位，选择完生效企业类别后，下方会展示出该企业的预配置规则，勾选要使用的预配置规则后可以开始申报报关单数据。

（二）操作（按钮）

开始申报：选择预配置规则后，点击【开始申报】按钮，系统会弹出提示“您选择了 XX 个预配置规则，是否确认开始申报”，点击【确定】按钮，系统会自动获取带智能申报标记的报关单数据进行申报，并依次弹出“开始智能申报统一编号 XXXX 的数据”（如图 8-97），并展示智能申报过程中的温馨提示信息（如图 8-98），该批次智能申报完成后，会在页面展示智能申报结果（如图 8-99）。

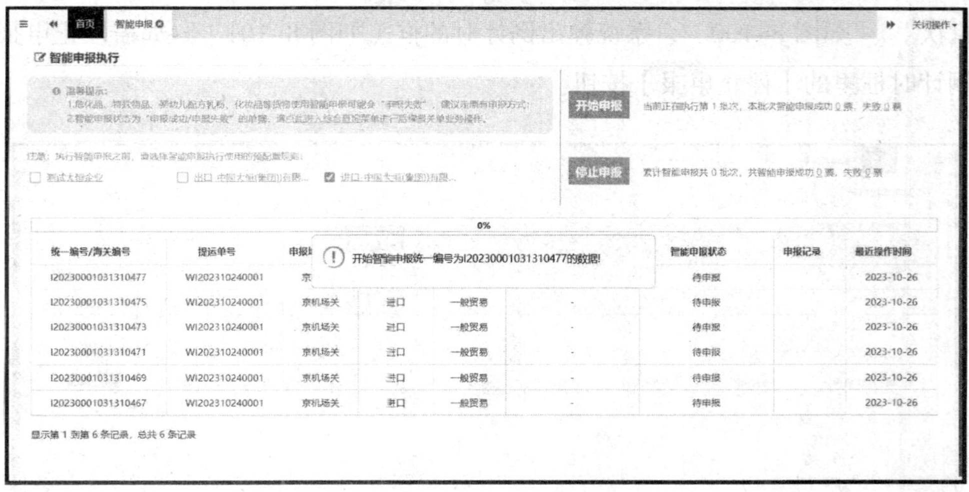

图 8-97 开始智能申报提示

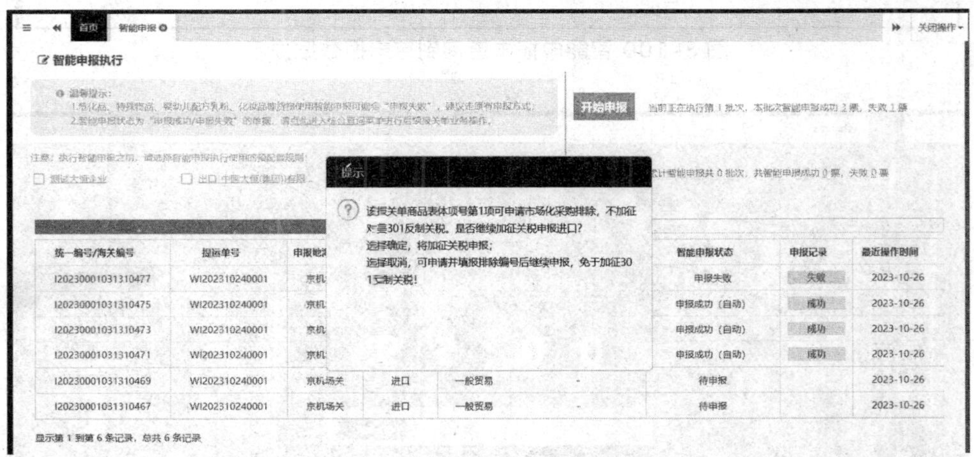

图 8-98 智能申报温馨提示

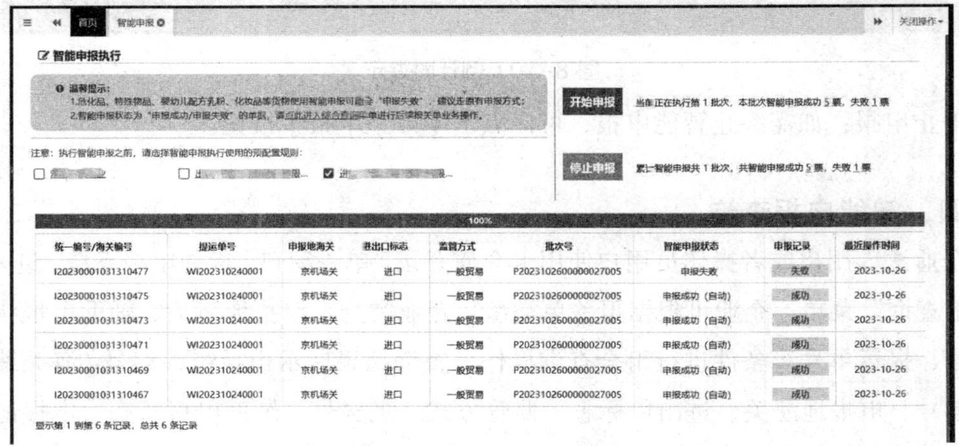

图 8-99 智能申报完成

如果未查询待申报的数据，系统会弹出提示“未查询待申报的数据，倒计时进行下一批次”（如图 8-100），系统弹出倒计时的框（如图 8-101），如需停止申报，请点击倒计时框里的【停止申报】按钮。

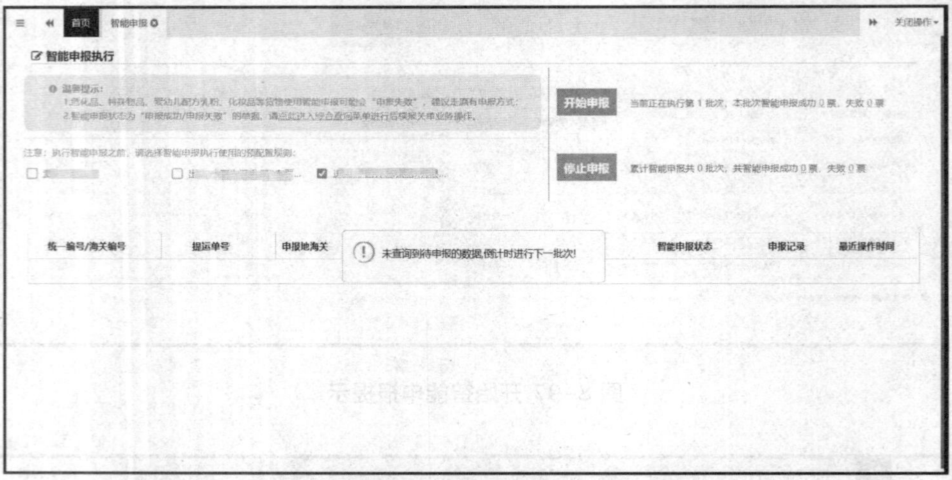

图 8-100 智能申报未查询到待申报数据提示

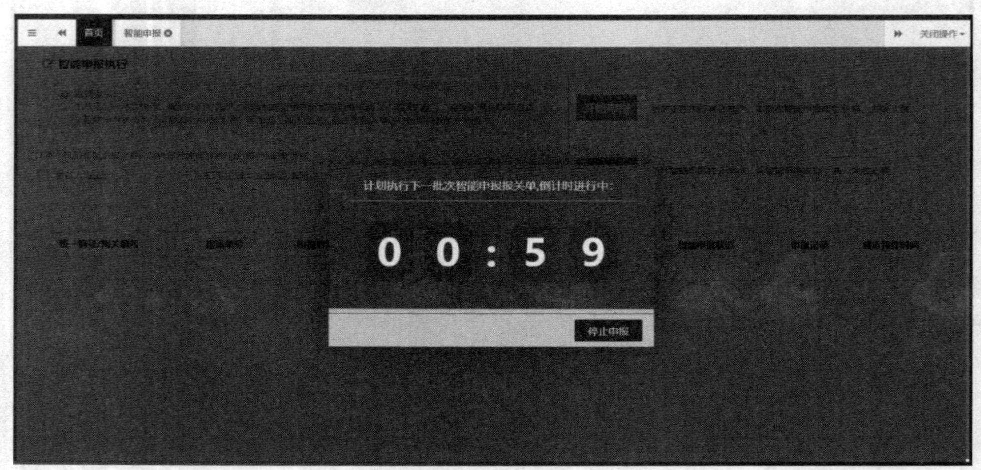

图 8-101 倒计时提示

停止申报：如需终止智能申报，可以点击【停止申报】按钮。

四、智能申报查询

企业法人用户或者操作员用户使用卡介质登录“单一窗口”货物申报系统，进入“智能申报查询”菜单，企业可根据报关单类型、企业类别、申报地海关、辅助申报状态、批次号、提运单号等条件进行组合查询操作。查询结果展示包括统一编号 / 海关编号、提运单号、申报地海关、进出口标志、监管方式、批次号、辅助申报状态、申报记录、最近操作时间。

（一）界面录入说明

点击左侧菜单栏“智能申报——智能申报查询”，右侧界面展示如图 8-102。

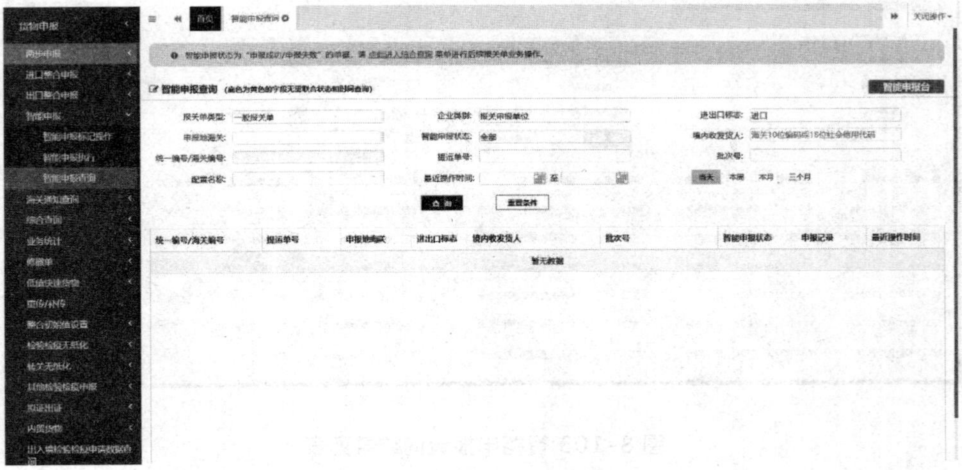

图 8-102 智能申报查询

报关单类型：默认显示一般报关单，在参数下拉表中选择，也可录入代码、名称。

企业类别：默认显示报关单申报单位，在参数下拉表中选择，也可录入代码、名称。

进出口标志：默认显示进口，可填写 I- 进口、E- 出口。

申报地海关：在参数下拉表中选择，也可录入代码、名称。

智能申报状态：默认显示全部，在参数下拉表中选择，也可录入代码、名称。

境内收发货人：填写境内收发货人的海关 10 位码或者 18 位社会信用代码。

统一编号 / 海关编号：填写统一编号或者海关编号。

提运单号：填写提运单号。

批次号：填写智能申报的批次号。

配置名称：填写预配置名称。

最近操作时间：默认展示为最近一周，输入的时间范围，不能超过三个月。也可点击当天、本周、本月、三个月进行快速查询。

（二）操作（按钮）

查询：输入查询条件，点击【查询】蓝色按钮，查询结果显示在下方列表中（如图 8-103)。

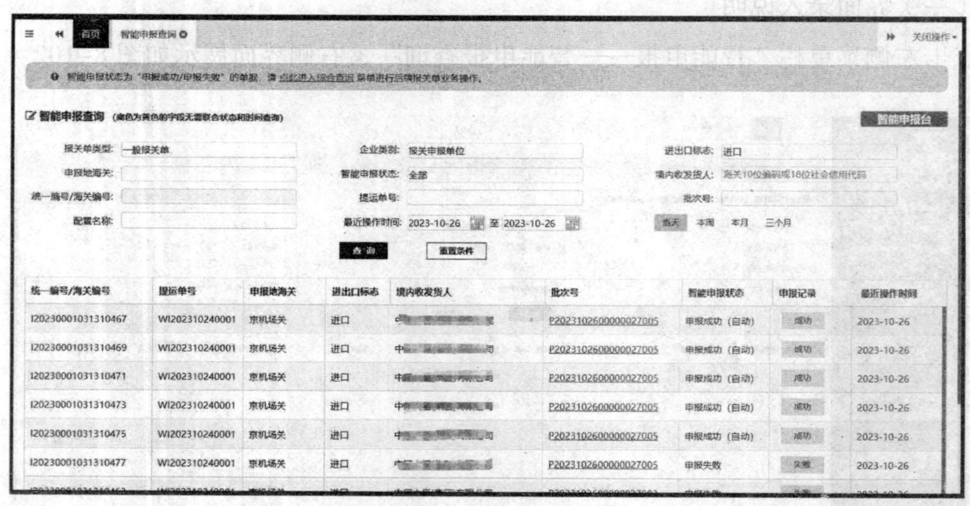

图 8-103 智能申报查询结果列表

重置条件：点击【重置条件】按钮将清空查询条件，重新填写后查询。

申报记录：点击智能申报查询结果列表的申报记录栏里【成功】或【失败】，可查看智能申报明细情况，分别如图 8-104、图 8-105 所示。

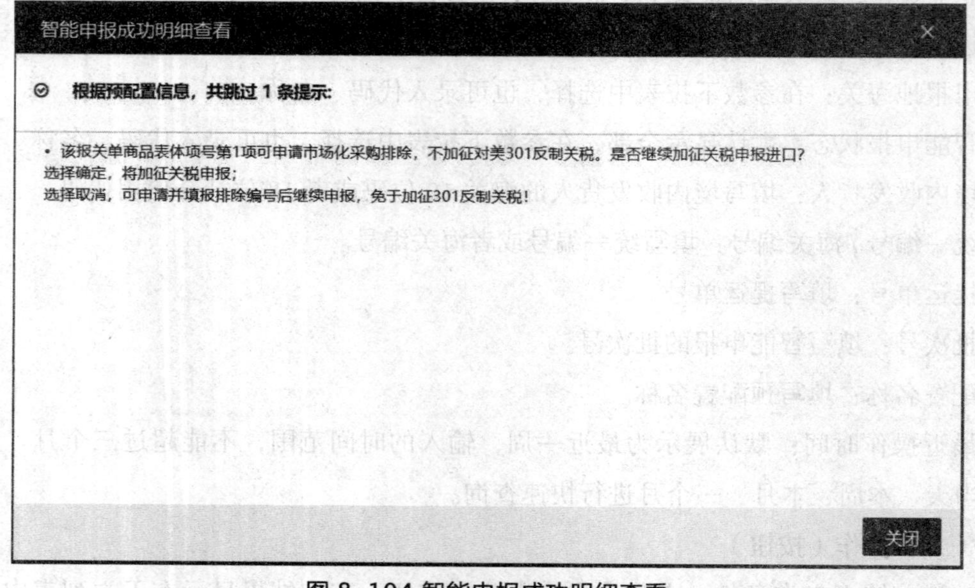

图 8-104 智能申报成功明细查看

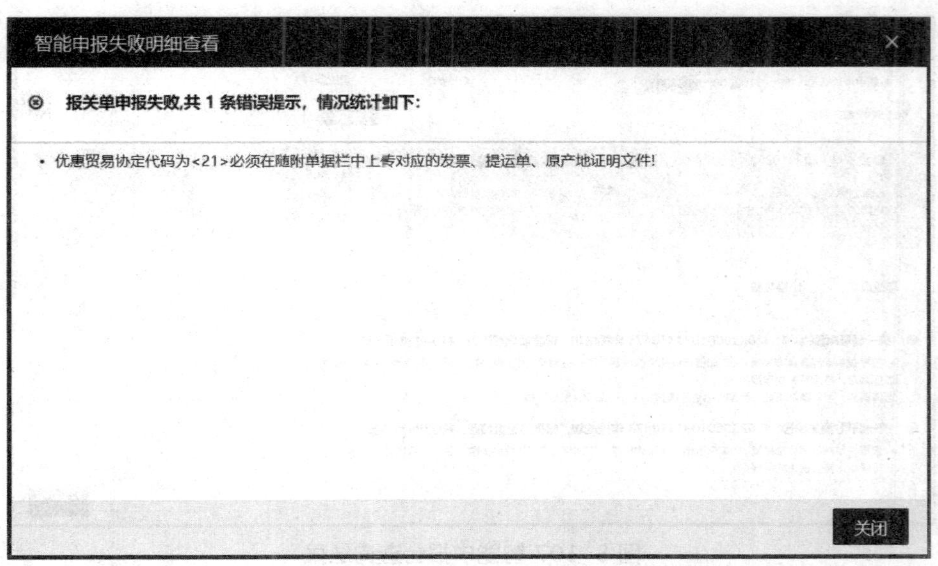

图 8-105 智能申报失败明细查看

智能申报台：点击【智能申报台】按钮，系统弹出智能申报台界面（如图 8-106），在该界面可以按智能申报批次号、提运单号、统一编号 / 海关编号查询智能申报的明细情况。

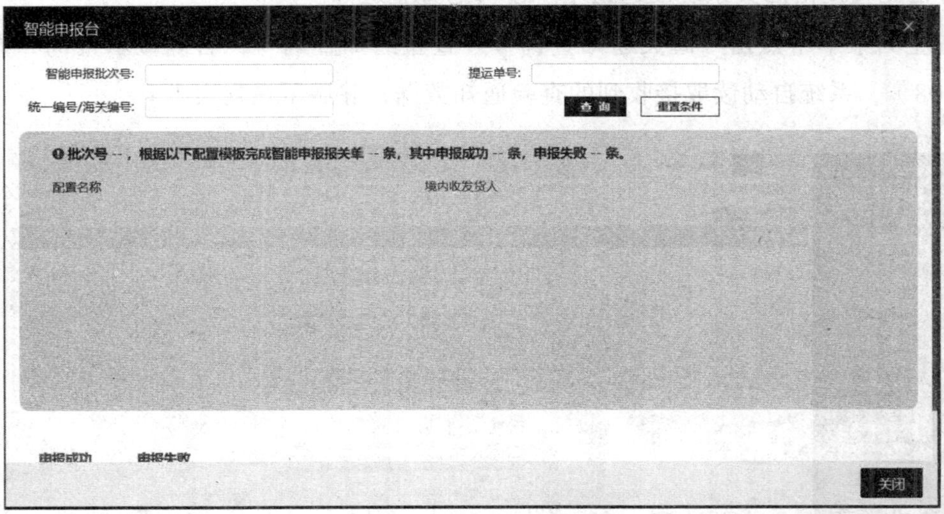

智能申报台
智能申报批次号:　提运单号:
统一编号/海关编号:　查 询　重置条件
批次号 -- ，根据以下配置模板完成智能申报报关单 -- 条，其中申报成功 -- 条，申报失败 -- 条。
配置名称　境内收发货人
申报成功　申报失败
关闭

图 8-106 智能申报台

输入查询条件，点击【查询按钮】，可按查询条件查询智能申报的情况（如图 8-107）。

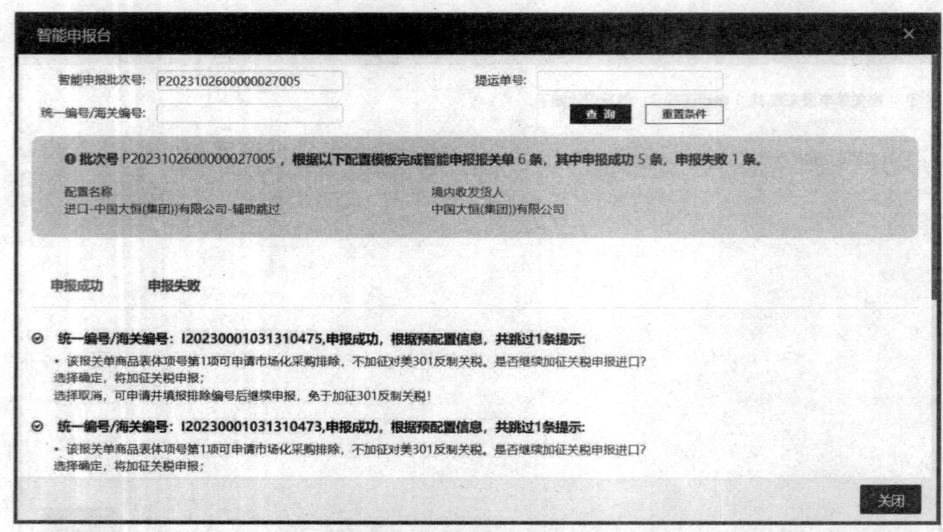

图 8-107 智能申报台查询结果

第五节 海关通知查询

一、查验通知查询

可在此查询由海关系统发送到单一窗口的查验通知。

在左侧菜单中点击“海关通知查询——查验通知查询”，右侧显示查询界面（如图 8-108），系统自动读取接收到的查验通知数据，并展示在列表中。

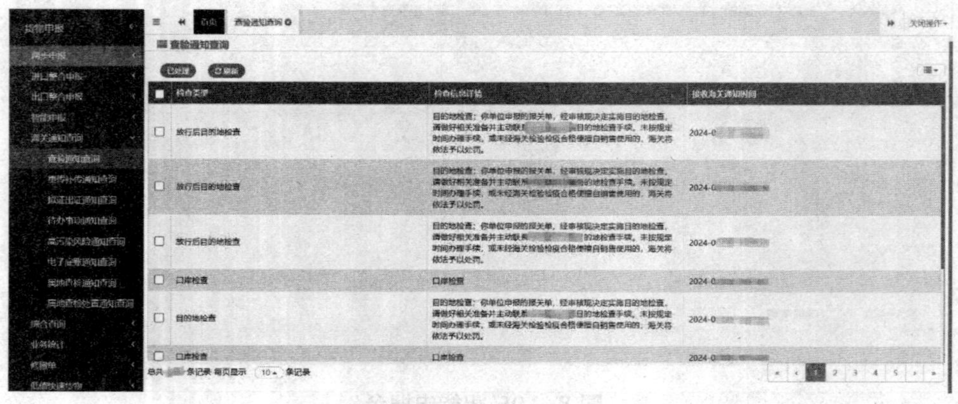

图 8-108 查验通知查询

由系统自动读取接收到的海关发送至单一窗口的查验通知数据，并展示在列表中。

在列表中勾选一条或者多条记录，点击【已处理】蓝色按钮，系统会弹出提示信息，点击“是”，查验通知查询列表中将不再展示该条通知内容；点击“否”，查验通知查询列表中继续保留展示通知内容。

点击【刷新】蓝色按钮，系统会重新读取查验通知数据，并展示在列表里。

二、重传补传通知查询

可在此查询由海关系统发送到单一窗口的重传补传通知。

在左侧菜单中点击“海关通知查询——重传补传通知查询”，右侧显示查询界面（如图 8-109），系统自动读取接收到的重传补传通知数据，并展示在列表中。

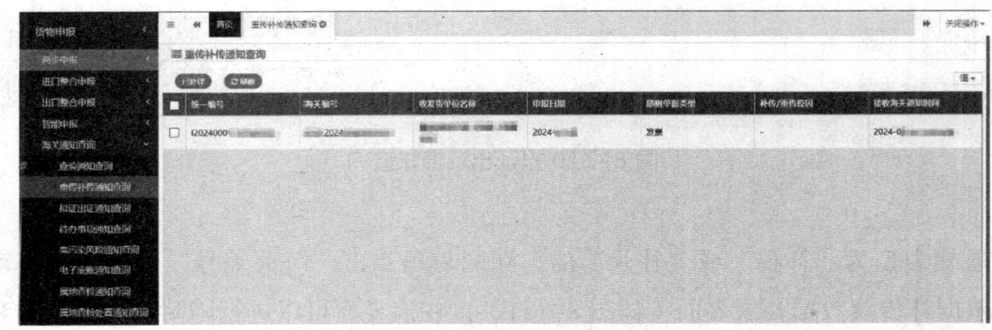

图 8-109 重传补传通知查询

在列表里点击“海关编号”，系统会自动跳转至重传 / 补传界面，在该界面可以进行随附单据的重传和补传。重传补传成功的数据，在上述列表中将不再进行展示。

点击【刷新】蓝色按钮，系统会重新读取重传补传通知数据，并展示在列表里。

三、拟证出证通知查询

可在此查询由海关系统发送到单一窗口的拟证出证通知。

在左侧菜单中点击“海关通知查询——拟证出证通知查询”，右侧显示查询界面（如图 8-110），系统自动读取接收到的拟证出证通知数据，并展示在列表中。

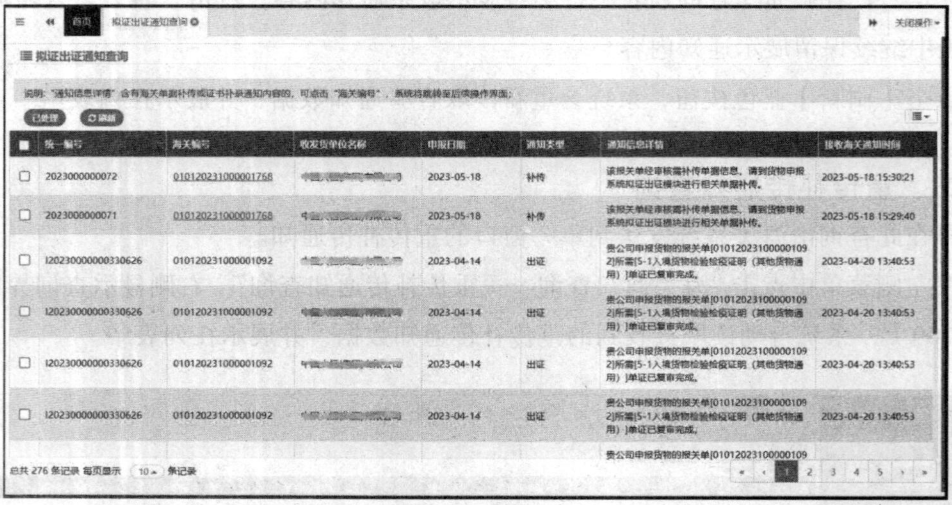

图 8-110 拟证出证通知查询

通知类型为“补传”或“补录”的，在列表里点击“海关编号”，系统会自动跳转至单据补传及数据补录界面（如图 8-111），在该界面可以进行随附单据的补传和数据补录。补传或补录成功的数据，在拟证出证通知查询列表中将不再进行展示。

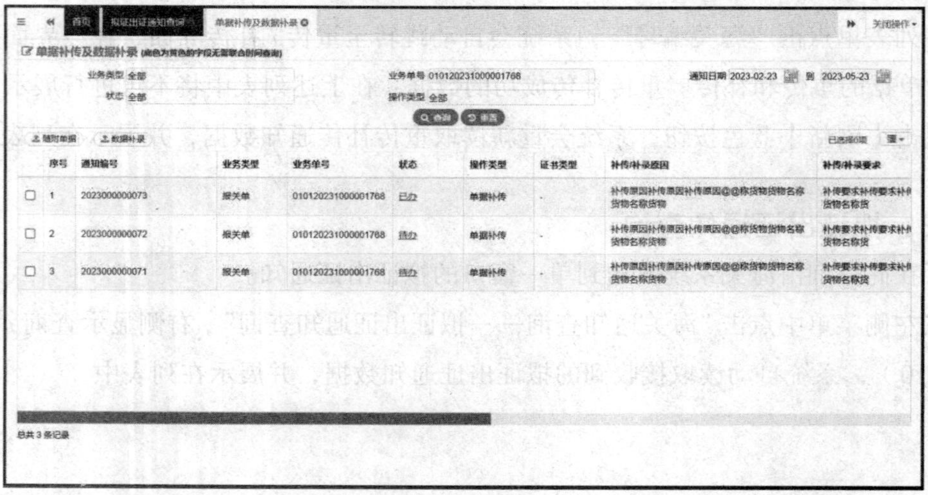

图 8-111 单据补传及数据补录

通知类型为“出证”的，在列表中勾选一条或者多条记录，点击【已处理】蓝色按钮，系统会弹出提示信息，点击“是”，拟证出证通知查询列表中将不再展示该条通知内容；点击“否”，拟证出证通知查询列表中继续保留展示通知内容。

点击【刷新】蓝色按钮，系统会重新读取拟证出证通知数据，并展示在列表里。

四、待办事项通知查询

可在此查询由海关系统发送到单一窗口的待办事项通知。

在左侧菜单中点击“海关通知查询——待办事项通知查询”，右侧显示查询界面（如图 8–112），系统自动读取接收到的待办事项通知数据，并展示在列表中。

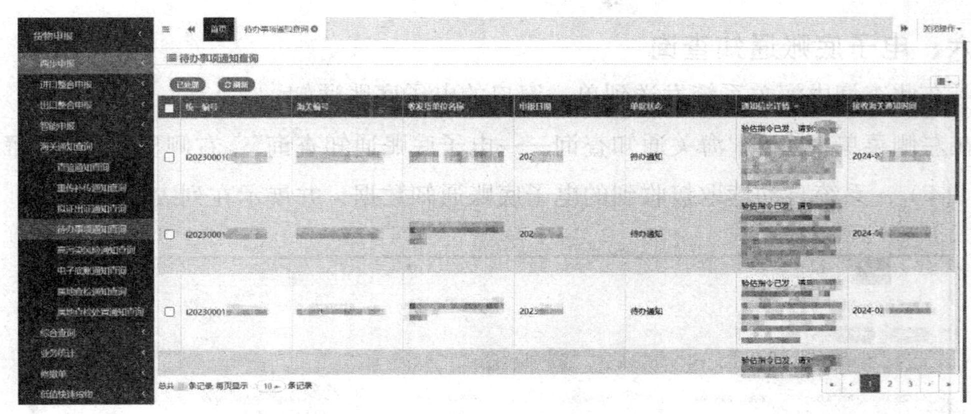

图 8–112 待办事项查询

在列表中勾选一条或者多条记录，点击【已处理】蓝色按钮，系统会弹出提示信息，点击“是”，待办事项通知查询列表中将不再展示该条通知内容；点击“否”，待办事项通知查询列表中继续保留展示通知内容。

点击【刷新】蓝色按钮，系统会重新读取待办事项通知数据，并展示在列表里。

五、高污染风险通知查询

可在此查询由海关系统发送到单一窗口的高污染风险通知。

在左侧菜单中点击“海关通知查询——高污染风险通知查询”，右侧显示查询界面（如图 8–113），系统自动读取接收到的高污染风险通知数据，并展示在列表中。

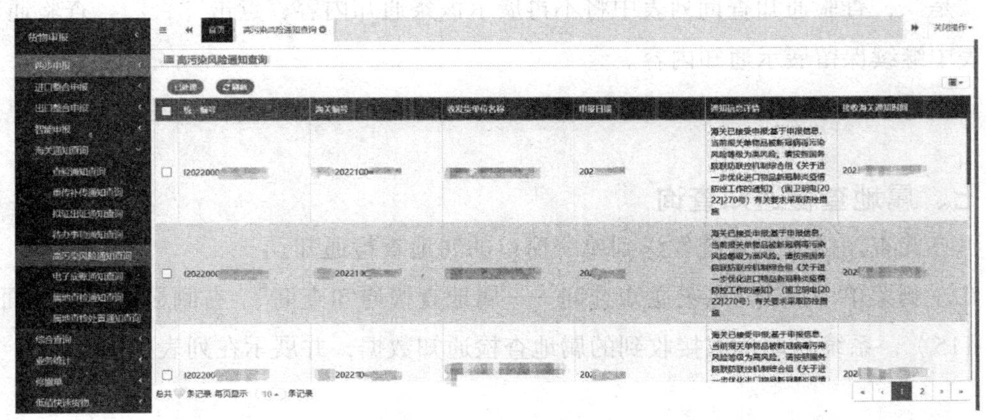

图 8–113 高污染风险通知查询

在列表中勾选一条或者多条记录，点击【已处理】蓝色按钮，系统会弹出提示信息，点击“是”，高污染风险通知查询列表中将不再展示该条通知内容；点击“否”，高污染风险通知查询列表中继续保留展示通知内容。

点击【刷新】蓝色按钮，系统会重新读取高污染风险通知数据，并展示在列表里。

六、电子底账通知查询

可在此查询由海关系统发送到单一窗口的电子底账通知。

在左侧菜单中点击“海关通知查询——电子底账通知查询”，右侧显示查询界面（如图 8-114），系统自动读取接收到的电子底账通知数据，并展示在列表中。

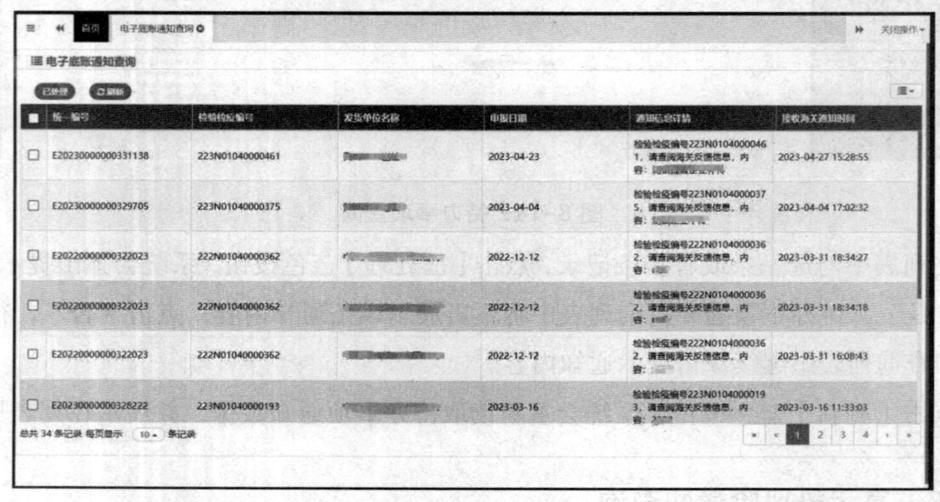

图 8-114 电子底账通知查询

在列表中勾选一条或者多条记录，点击【已处理】蓝色按钮，系统会弹出提示信息，点击“是”，查验通知查询列表中将不再展示该条通知内容；点击“否”，查验通知查询列表中继续保留展示通知内容。

点击【刷新】蓝色按钮，系统会重新读取电子底账通知数据，并展示在列表里。

七、属地查检通知查询

可在此查询由海关系统发送到单一窗口的属地查检通知。

在左侧菜单中点击“海关通知查询——属地查检通知查询”，右侧显示查询界面（如图 8-115），系统自动读取接收到的属地查检通知数据，并展示在列表中。

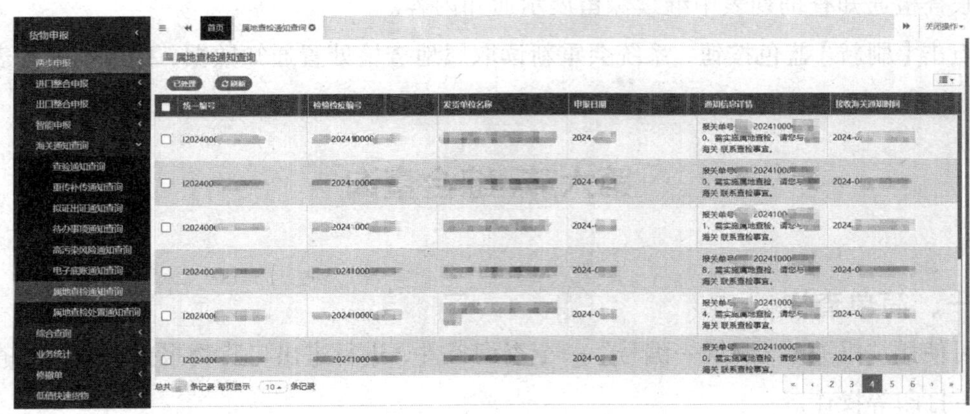

图 8-115 属地查检通知查询

在列表中勾选一条或者多条记录，点击【已处理】蓝色按钮，系统会弹出提示信息，点击“是”，属地查检通知查询列表中将不再展示该条通知内容；点击“否”，属地查检通知查询列表中继续保留展示通知内容。

点击【刷新】蓝色按钮，系统会重新读取属地查检通知数据，并展示在列表里。

八、属地查检处置通知查询

可在此查询由海关系统发送到单一窗口的属地查检处置通知。

在左侧菜单中点击“海关通知查询——属地查检处置通知查询”，右侧显示查询界面（如图 8-116），系统自动读取接收到的属地查检处置通知数据，并展示在列表中。

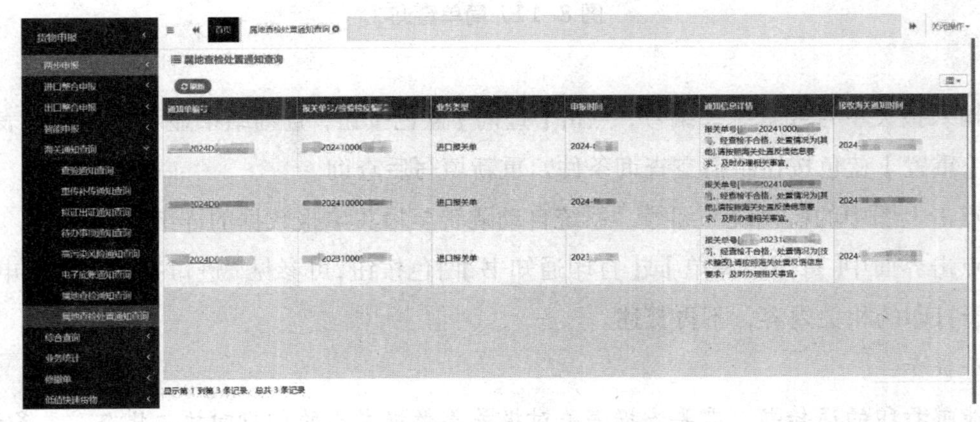

图 8-116 属地查检处置通知查询

在列表中勾选一条或者多条记录，点击【已处理】蓝色按钮，系统会弹出提示信息，点击“是”，属地查检处置通知查询列表中将不再展示该条通知内容；点击“否”，电子底账查检通知查询列表中继续保留展示通知内容。

点击【刷新】蓝色按钮，系统会重新读取属地查检处置通知数据，并展示在列表里。

第六节 综合查询

一、简单查询

可使用“报关单号 / 统一编号”一个查询条件，进行进出口货物报关单数据的查询、查看、打印等操作。

在左侧菜单中点击“综合查询——简单查询”，右侧显示查询界面（如图 8-117）。

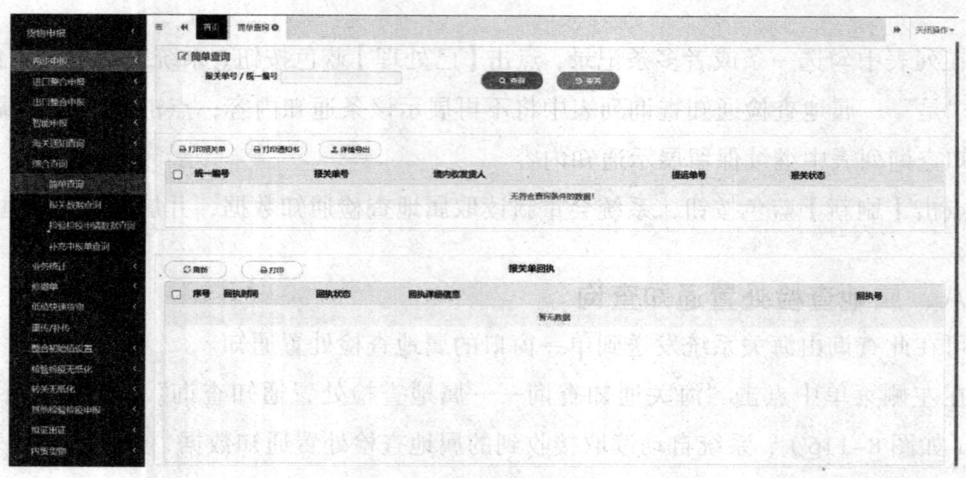

图 8-117 简单查询

输入报关单号或者统一编号，点击【查询】蓝色按钮，查询结果显示在下方列表中。点击【重置】蓝色按钮将清空查询条件，重新填写后查询。

点击上图中的蓝色统一编号，系统自动跳转至报关申报数据的详细信息界面。

点击界面中【打印报关单】或【打印通知书】白色按钮，可参见“进口报关单整合申报”中关于打印的相关内容，不再赘述。

小提示：

能够打印的通知书，需要依据海关对报关单数据发出的相应回执 / 状态，更多详情请咨询您的业务主管部门。

在报关单回执列表里勾选一条或者多条记录，点击报关单回执部分【打印】白色按钮，可打印相应的通知书。

二、报关数据查询

可使用各类查询条件，进行进出口货物报关单数据的查询、查看、打印等操作。

小提示：

登录单一窗口的账号，需要绑定 IC 卡或 Ikey，否则仅作为“报关录入单位”查询暂存（保存）状态的数据。

（一）基本查询

在左侧菜单中点击“综合查询——报关数据查询”，右侧显示查询界面（如图 8–118）。

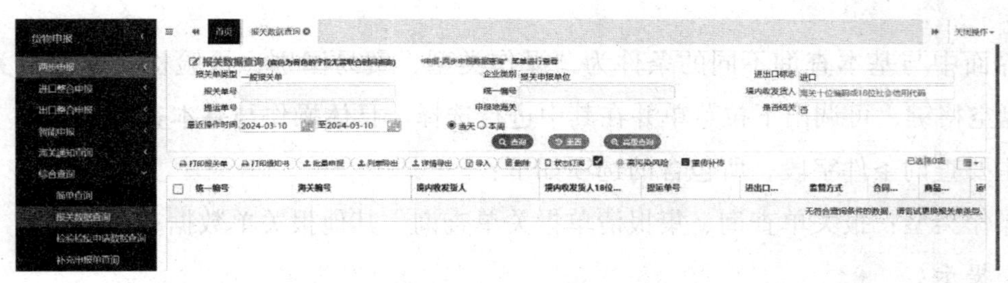

图 8–118 报关数据查询

界面中，“报关单类型、企业类别、进出口标志、是否结关”需在参数中进行调取，按键盘空格键，可调出下拉菜单并在其中进行选择。

其中“报关单类型”默认显示为一般报关单，“企业类别”默认显示为报关申报单位，可删除默认显示，使用键盘空格键重新选择。

主要查询条件字段，所包含的选项如下：

报关单类型：一般报关单、转关提前报关单、备案清单、转关提前备案清单、出口二次转关。

企业类别：报关申报单位、报关收发货人、报关录入单位。

小提示：

基本查询时，输入的时间范围，不能超过 7 天。

输入条件，点击【查询】蓝色按钮，查询结果显示在下方列表中。点击【重置】蓝色按钮将清空查询条件，重新填写后查询。

（二）高级查询

点击图 8–118 中【高级查询】绿色按钮，查询条件显示如图 8–119 所示：

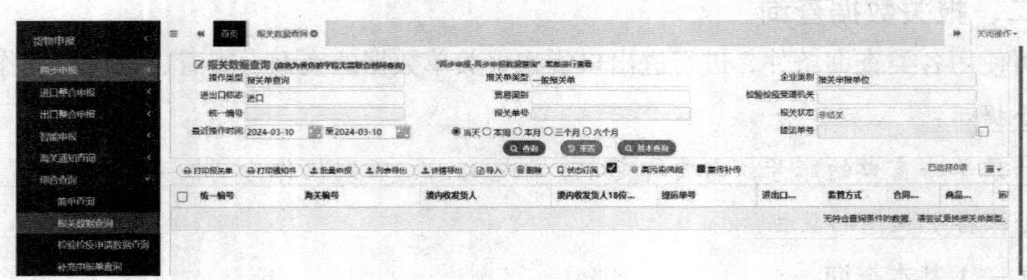

图 8-119 高级查询

界面中与基本查询不同的条件为“操作类型、贸易国别、检验检疫受理机关”，按键盘空格键，可调出下拉菜单并在其中进行选择。具体操作与基本查询相同。

主要查询条件字段，所包含的选项如下：

操作类型：报关单查询、集报清单报关单查询、其他报关单数据查询。

小提示：

选择的“操作类型”不同，界面部分查询条件字段，可能会置灰不允许输入。

检验检疫申请数据查询、补充申报单查询可参考上文报关数据查询章节。

第七节 业务统计

一、报关业务统计

可使用各类条件，统计报关业务数据，并进行打印、导出等操作。

在左侧菜单中点击“数据查询 / 统计——报关业务统计”，右侧显示查询界面（如下图）。

系统默认统计当前报关人员的录入数量、商品项数、折算单据数、申报单据量、通过单据量、退单单据量。也可选择日期、进出口标志、申报地海关、报关员编号、境内收发货人代码等条件进行个性化统计。

查询操作可参考上文 报关数据查询，不再赘述。

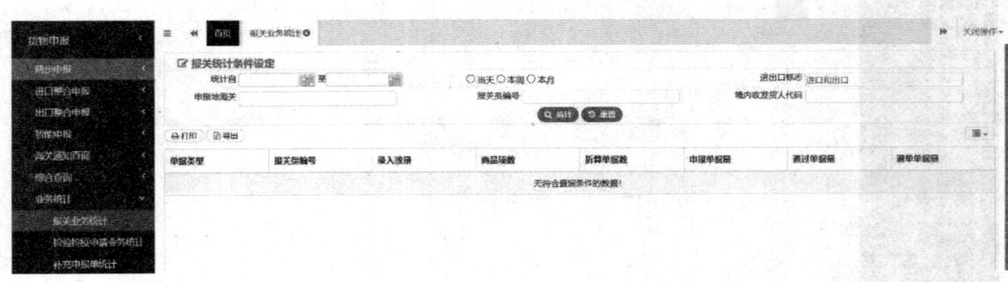

图 8-120 报关业务统计

二、检验检疫申请业务统计

可使用各类条件，统计检验检疫申请业务数据，并进行打印、导出等操作。具体操作可参考上文报关数据查询或报关业务统计，不再赘述。

三、补充申报单业务统计

可使用各类条件，统计补充申报单业务数据，并进行打印。具体操作可参考上文报关数据查询或报关业务统计，不再赘述。

第八节 修撤单

企业可向海关发起报关单或者低值快速货物报关单的修改、撤销申请，也可对海关发起的修改、撤销申请进行操作，以及状态查询等功能。特定业务状态的报关单才可进行修改、撤销申请。更多业务适用详情，请咨询您的业务主管部门。

小提示：

首次发起修改的数据，在“修改申请”界面中查询，并提出修改申请。

首次发起撤销的数据，在“撤销申请”界面中查询，并提出撤销申请。

已做过修撤的数据在“数据查询”界面中查找。

一、修改申请

在左侧菜单中点击‘修撤单—修改申请”，右侧显示界面如图 8-121：

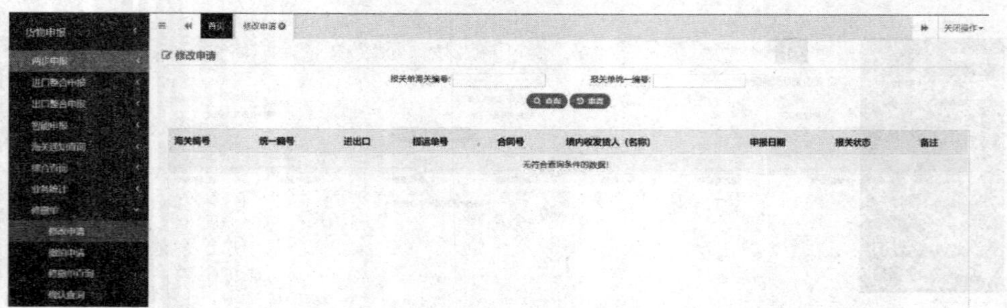

图 8-121 修改申请

输入任意查询条件，点击【查询】蓝色按钮进行查询，或点击【重置】蓝色按钮清空当前录入的条件。查询结果将显示在下方列表（如图 8-122）。

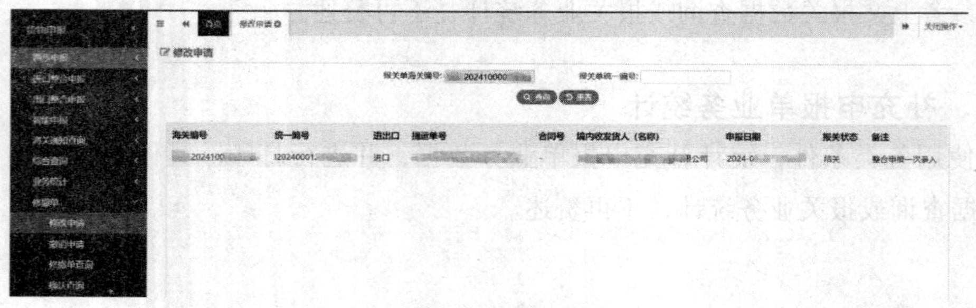

图 8-122 修改申请查询结果列表

点击蓝色海关编号字样，跳转至详细信息，该票数据如果是在“原进口申报”中申报的，则跳转至关检融合前的修撤单界面。如果在“进 / 出口整合申报”中申报的，则跳转至新版修撤单界面（如图 8-123）。

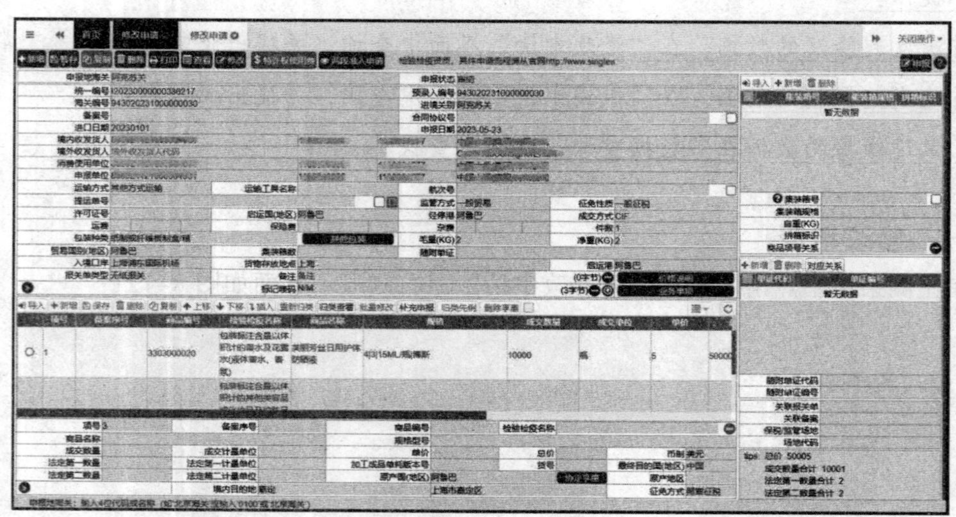

图 8-123 修撤单—修改申请详细信息

选中允许进行修改的字段，界面顶端的【修改】蓝色按钮变为可点击状态，点击后系统弹出对话框，可录入欲修改的数据。

界面中，部分字段（例如申报地海关、预录入编号、报关单类型、海关编号、备案号、申报日期、许可证号、项号等）无法选中，表示不允许修改。

部分字段（例如出境关别、境内收发货人、生产销售单位、备注、标记唛码等）需要用户手工录入，请根据您的业务主管部门要求，如实修改相关内容。

特殊字段说明：

价格说明、特殊业务标识、其他包装、许可证：原来通过选择按钮进行选填的，则需通过点击该字段后的选择按钮，才能进行修改。

注意：

“两步申报”的概要申报数据，无论在任何状态下，都不可进行修改申请。

“两步申报”的完整申报数据，进行修改申请与现有进口报关单整合申报一致，操作方法请参考上文，不再赘述。

小提示：

完整申报数据修改申请经海关审核通过后，概要申报的数据不会联动进行修改，仍显示为原始申报的数据。

二、撤销申请

操作说明如下。

小提示：

“撤销申请”即常说的“删单”。

在左侧菜单中点击“修撤单—撤销申请”，右侧显示界面如图 8–124。

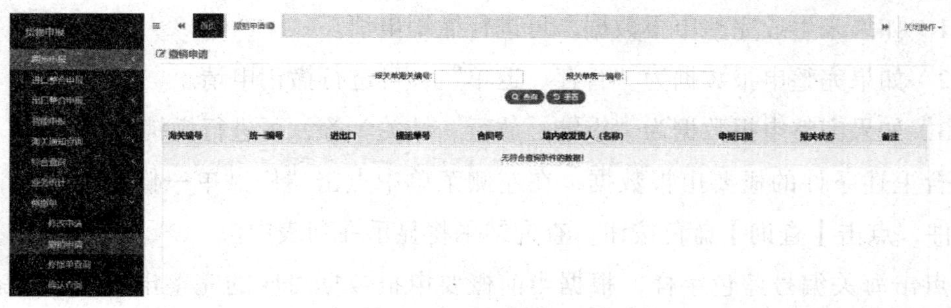

图 8–124 修撤单（撤销申请）

输入任意查询条件，点击【查询】蓝色按钮，或点击【重置】蓝色按钮清空当前录入的条件。查询结果将显示在下方列表中。

点击蓝色海关编号字样，跳转至详细信息。点击【暂存】按钮弹出对话框（如图

8-125），如实填写撤销原因、联系人及联系方式等内容后，即可申请申报操作。其他具体操作可参考上文“修改申请”。

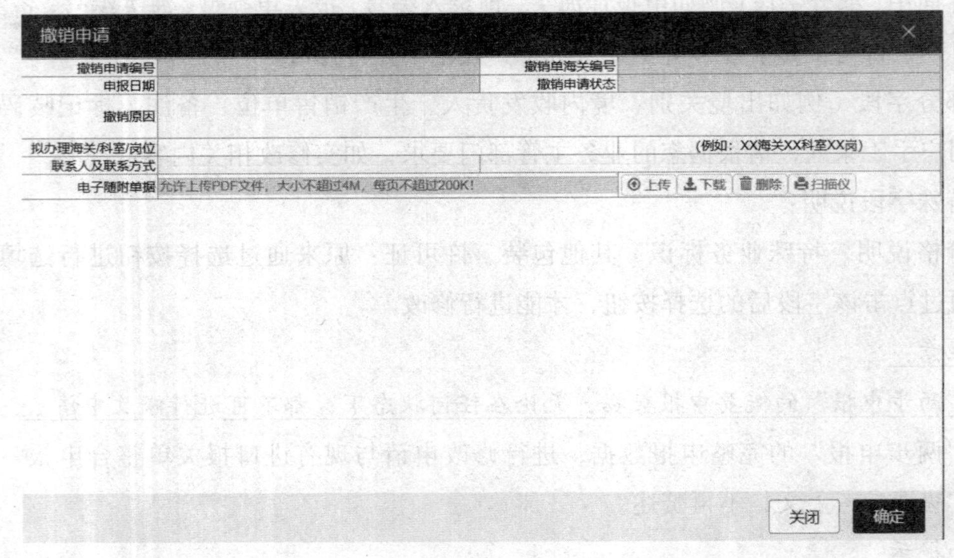

图 8-125 撤销申请填写界面

三、两步申报撤销申请

（一）概要申报

概要申报的报关状态为“概要申报审结、提货放行”等审批通过的状态，是概要申报可进行撤销申请的前提。此外，还必须结合当前概要申报数据对应的完整申报报关状态，由系统判断是否可进行撤销申请。

1. 概要申报审批通过后：

（1）如果未生成完整申报数据，可进行撤销申请。

（2）如果完整申报数据为“暂存、退单”，可进行撤销申请。

（3）如果完整申报数据为“审结、放行、结关”等，可进行撤销申请。

符合上述条件的概要申报数据，在左侧菜单中点击“修撤单—修改申请”，输入查询条件，点击【查询】蓝色按钮，查询结果将显示在列表中。

2. 点击海关编号蓝色字样，根据当前概要申报数据对应的完整申报报关状态，系统跳转至不同的撤销界面。

（1）如果未生成完整申报数据，或完整申报数据状态为“暂存、退单”，系统跳转至概要申报的撤销界面（如下图）。点击【暂存】按钮弹出对话框，如实填写撤销原因、联系人及联系方式等内容后，申报即可。其他功能按钮可参考上文“修改申请”的操作按钮说明部分。

（2）如果已生成完整申报数据，并且完整申报数据状态为“审结、放行、结关”等状态时，系统跳转至进口报关单整合申报数据的撤销界面，可参考上文操作说明部分。

（二）完整申报

完整申报数据，进行撤销申请与现有进口报关单整合申报一致。

四、修撤单查询

查询企业主动发起的修改或撤销申请的数据。

在左侧菜单中点击“修撤单—修撤单查询”，右侧显示界面如图 8-126：

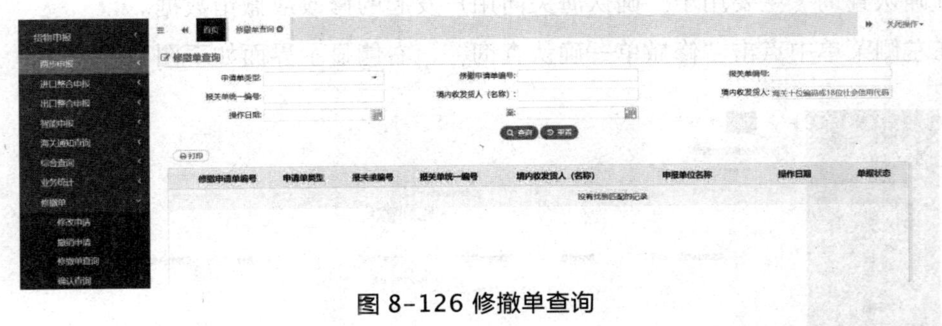

图 8-126 修撤单查询

输入任意查询条件，点击【查询】蓝色按钮进行查询，或点击【重置】按钮清空当前录入的条件。查询结果将显示在下方列表（如图 8-127）。

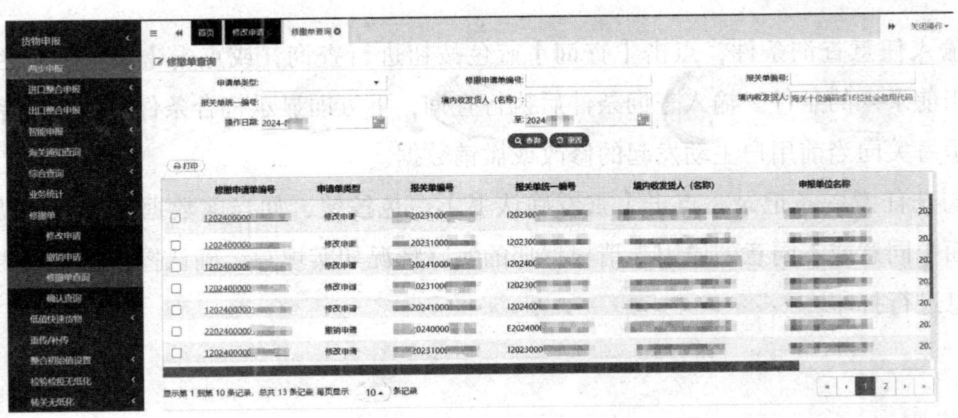

图 8-127 修撤单查询结果

选中任意一条记录，点击【打印】白色按钮，系统根据当前数据状态，可提供《准予 / 撤销进出口货物报关单决定书》或《进出口货物报关单修改 / 撤销申请表》的打印功能。

点击查询结果列表中的蓝色修撤申请单编号，界面跳转至修撤单详情界面。点击单据状态栏蓝色字体，根据当前的业务状态，可查看单据状态或打印以上决定书、申请表功能。

小提示：

当前针对的报关单，只允许有一票正在办理的修改单或撤销单。

转关运输申报单、公自用物品、补充申报只能查看无法进行修改申请。

五、确认查询

小提示：

“确认查询”主要用于，确认海关向用户发起的修改或撤销数据。

在左侧菜单中点击“修撤单—确认查询”，右侧显示界面如下图：

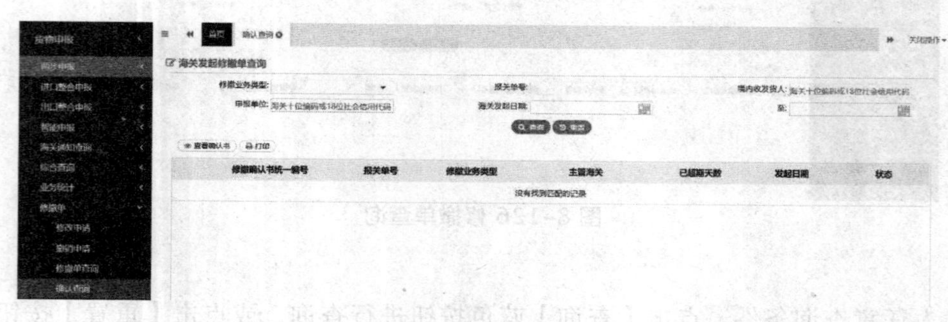

图 8-128 修撤单（确认查询）

输入任意查询条件，点击【查询】蓝色按钮进行查询，或点击【重置】蓝色按钮清空当前录入的条件。输入查询条件后执行查询，下方即显示符合条件的数据，系统默认显示海关向当前用户主动发起的修改或撤销数据。

勾选任意一条记录，点击【查看确认书】白色按钮，如当前数据需进行确认，则在界面中同意或不同意的原因，请根据您的实际情况如实填写。确认操作后，可对此修撤信息进行打印。

第九节 低值快速货物申报

低值快速货物（原C类快件）是指通过快件渠道运输的，价值在5000元人民币（不包括运、保、杂费等）及以下的货物，但符合以下条件之一的除外：“（一）涉及许可证件管制的；（二）需要办理出口退税、出口收汇或者进口付汇的；（三）一般贸易监管方式下依法应当进行检验检疫的；（四）货样广告品监管方式下依法应当进行口岸检疫的。”

一、进口申报（原 C 类快件）

在左侧菜单中点击“低值快速货物——进口申报（原 C 类快件）”，右侧显示界面如图 8-129。

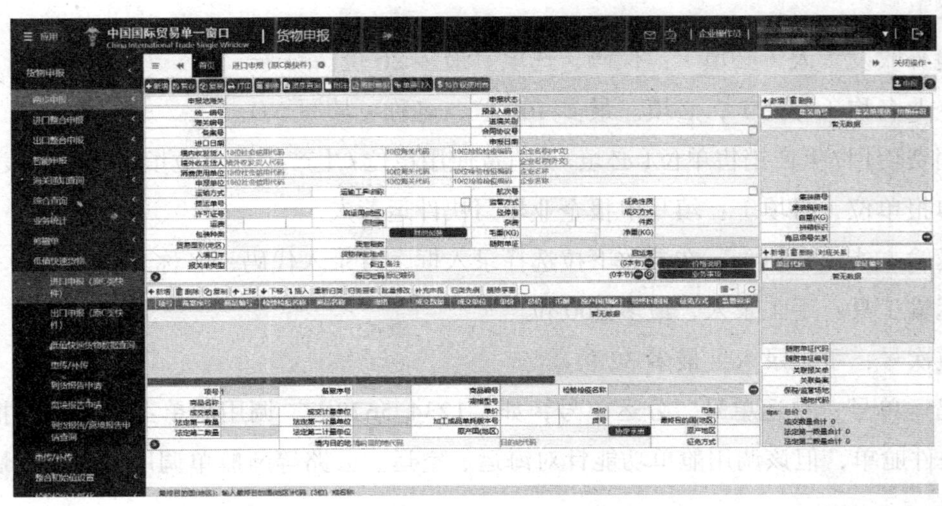

图 8-129 低值快速货物 - 进口申报（原 C 类快件）

企业通过单一窗口申报低值快速货物（原 C 类快件）报关单数据，报文字段与货物申报字段相同，录入、暂存、申报参考上文 进口申报整合 进口报关单整合申报章节。其中“单票导入”操作可在低值快速货物申报系统，支持单票 XML 格式的报文导入，需企业使用卡介质登录系统，并点击“进口申报（原 C 类快件）录入界面”上方的【单票录入】按钮，如 图 单票录入 。点击【单票导入】按钮后，企业可选择格式为 XML 格式的单票报文进行上传。报文导入至申报界面后，为“暂存”状态，企业确认申报数据无误，点击【申报】按钮进行申报操作即可。

基本信息录入说明如下。

申报地海关（必填）：在参数下拉表中选择，也可录入代码、名称。

申报状态、统一编号、预录入编号、海关编号、申报日期 置灰，不允许录入，暂存或申报后，系统自动生成。

进 / 出境关别（必填）：参数下拉表选择，也可录入代码、名称。

备案号：长度为 12 位字符。备案号为空时，参照现行一般贸易方式的报关单，直接录入商品信息（表体）。备案号不为空时，系统根据录入的备案序号，返填备案号对应已备案的信息。

合同协议号：长度为 32 位。

录入备案号、运输方式、监管方式三项，系统可返填合同协议号，返填后可以修改。

进出口日期（必填）：进口，暂存后自动返填当前系统时间。出口，申报后系统自动返填海关系统返回的时间。

境内收发货人（必填）：收发货企业对应填写 C 类快件的经营单位（具有进出口经营权）。

境外收发货人（必填）：代码，选填。最多 20 位。

企业名称（外文），必填。最多 100 位，名称可填写 NO。

消费使用 / 生产销售单位（必填）：消费使用单位 / 生产销售单位填写实际收发件人。

申报单位（必填）：填写申报企业填写快件运营人。

运输方式（必填）：在参数下拉选择录入框，可录入代码、名称。

运输工具：手工录入，最多 200 位。

航次号：手工录入，最多 32 位。

提运单号：主运单号 _ 分运单号，如“1234_5678”。调用舱单：由于快件报关单对应快件舱单，但该调用舱单功能针对海运、空运、公路等新舱单调用，不支持快件舱单调用。

监管方式（必填）：在参数下拉表选择，也可录入代码、名称。

征免性质：在参数下拉表选择，也可录入代码、名称。

许可证号：最多 20 位，超长自动截取。

启运国（地区）、经停港（进口必填）：在参数下拉表选择，也可录入代码、名称。

运抵国（地区）、指运港（出口必填）：在参数下拉表选择，也可录入代码、名称。

成交方式（必填）：在参数下拉表选择，也可录入代码、名称。

进口的成交方式为 CIF 或出口的成交方式为 FOB 时，不允许录入运费，也不允许录入保费。进口的成交方式为 C&I 或出口的成交方式为 C&F 时，允许录入运费，不允许录入保费。进口的成交方式为 C&F 或出口的成交方式为 C&I 时，不允许录入运费，允许录入保费。

运费、保险费、杂费：填写规范类似，此处以运费为例进行说明。

右侧的三个录入框依次为“标志代码、* 费 / 费率、* 费币制”。标志代码与 * 费 / 费率对应关系如下。

标志代码 1- 率：费率录入 0.0001-99，代表费率是 0.0001%—99%。

标志代码 2- 单价：整数最多录入 10 位，小数点后面最多录入 4 位。

标志代码 3- 总价：整数最多录入 12 位，小数点后面最多录入 4 位。

小提示：

当标志代码录入 1- 率时，币制字段置灰不可编辑，即无需录入。

运费币制：在参数下拉表选择，也可录入代码、名称。

件数（必填）：填报有外包装的进出口货物的实际件数。不得填报 0，散装货物建议填报 1。

包装种类（必填）：在参数下拉表选择，也可录入代码、名称。页面录入包装种类及件数保存后，显示在当前字段。

其他包装：包装种类，建议填写运输包装。如果有其他辅助包装，在【其他包装】按钮中填报。点【其他包装】按钮，弹出其他包装信息的编辑页面。通过勾选，选中其他包装信息，点击【保存】按钮即可。

小提示：

其他包装信息，可能需要将纸箱、塑料桶、支撑物，特别是支撑物做好申报。植物源性材料的包装，是海关最为关注的包装。其他包装选择包装种类即可，无需填写件数。

毛重（KG)、净重（KG)（必填）：毛重、净重需录入小于 1 且小数点保留到后两位的数字

贸易国别（地区）（必填）：参数下拉表选择，也可录入代码、名称。

集装箱数：不允许录入，系统通过页面右侧的集装箱信息进行返填，显示在当前字段中。

随附单证：不允许录入，系统根据页面右侧的随附单证信息返填，显示在当前字段。

入境口岸（进口必填）：在参数下拉表选择，也可录入代码、名称。按照海关规定的《国内口岸编码表》选择填报相应的境内口岸名称及代码。

小提示：

进口货物填写从运输工具卸离的第一个境内口岸；中转货物填写货物最终卸离的境内口岸。从特殊监管区输出的，填写具体特殊监管区名称或特殊监管区所在城市名称。

出境口岸（出口必填）：在参数下拉表选择，也可录入代码、名称。

货物存放地点（必填）：根据实际情况手工录入。

小提示：

填写货物入境后拟实施检验检疫现场作业的场所或地点，包括海关监管作业场所、分拨仓库、定点加工厂、隔离检疫场、企业自有仓库等。

启运港（进口必填）、指运港（出口必填）：在参数下拉表选择，也可录入代码、名称。

报关单类型、清单类型（必填）：在参数下拉表选择，也可录入代码、名称。

备注（选填）：点击右侧蓝色圆形按钮，可弹出备注完整界面进行编辑或查看。

价格说明：点击【价格说明】蓝色按钮，弹出完整界面。包含“特殊关系确认、价格影响确认、与货物有关的特许权使用费支付确认、公式定价确认、价格暂定确认”

五部分：在参数下拉表选择，也可录入代码、名称。

标记唛码（必填）：标记唛码录入中除图形以外的文字、数字，无标记唛码的填报 N/M。

点击右侧蓝色圆形按钮，可弹出标记唛码完整录入界面，进行编辑或查看。

点击蓝色上传按钮，可弹出附件上传窗口，包括“预览、上传、下载、删除”功能。

小提示：

1. 企业通过单一窗口申报低值快速货物（原 C 类快件）报关单数据，报文字段与货物申报字段相同。

2. 提运单号填写格式为：主运单号 _ 分运单号，如“1234_5678”。

3. 随附单据传输：分运单、发票、委托书（已签订电子委托的无需上传）、其他单证。

4.C 类快件货物总价折合人民币不能超过 5000 元，超过 5000 会被退单。

二、出口申报（原 C 类快件）

出口低值快速货物（原 C 类快件）申报中各类字段的操作方法与按钮的使用，可参考进口申报（原 C 类快件）。

三、低值快速货物数据查询

可使用各类查询条件，进行低值快速货物（原 C 类快件）申报数据的查询、查看、打印等操作。

1. 查询

在左侧菜单中点击“低值快速货物数据查询”（如图 8-130），右侧显示查询界面。

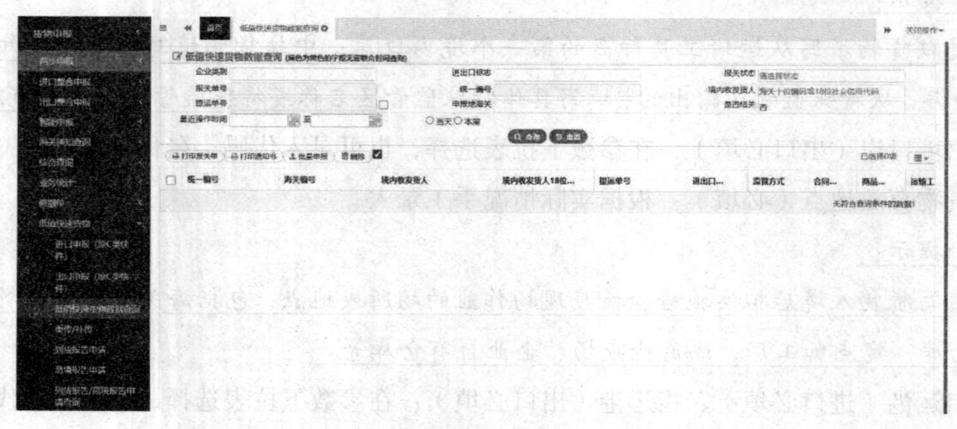

图 8-130 低值快速货物数据查询

界面中，“企业类别、进出口标志、是否结关”需在参数中进行调取，按键盘空格键，可调出下拉菜单并在其中进行选择。

其中，“企业类别”默认显示为报关申报单位，可删除默认显示，使用键盘空格键重新选择。

小提示：

查询时，输入的时间范围，不能超过7天。

输入条件，点击【查询】蓝色按钮，查询结果显示在下方列表中。点击【重置】蓝色按钮将清空查询条件，重新填写后查询。

点击显示的蓝色统一编号，系统自动跳转至申报数据的详细信息界面。

在列表最下方，可以查看当前查询结果的总记录数、自行选择每页显示的记录条数。还可以点击右下角的蓝色数字或按钮换页。点击状态栏内的蓝色字样，界面下方显示相应的回执。

2. 打印

在数据查询结果列表中，勾选一条记录，可点击界面中【打印报关单】或【打印通知书】白色按钮，可参见上文“进口报关单整合申报”中关于打印的相关内容，不再赘述。

小提示：

能够打印的通知书，需要依据海关对报关单数据发出的相应回执/状态，更多详情请咨询您的业务主管部门。

3. 删除

勾选数据查询结果列表中【删除】右侧的复选框，此时可在下方列表中同时勾选多条记录。点击界面中【删除】白色按钮，系统将提示是否删除当前数据。当数据为申报成功、成功入库、审结等状态时，表示您所申报的数据已被相关业务主管部门接收，此时不允许在“单一窗口”标准版系统中进行删除操作。删除的数据将不可恢复，需重新录入，请谨慎操作。

4. 批量申报

在数据查询结果列表中，同时勾选多条状态为保存的数据，点击界面中【批量申报】白色按钮，系统将提示“已选中X条数据，是否确认申报”。等待系统自动进行申报前的校验，并弹出申报详细信息提示框。用户可查看申报结果，或根据提示修改数据后重新申报。

小提示：

1. 登录单一窗口的账号，需要绑定卡介质；

2. 用户在数据查询界面，可以根据特定的条件，查询到符合条件的数据结果，同时也可根据最近操作时间进行模糊查询。

3. 申报即意味着您的数据将向相关业务主管部门进行发送，并等待其审批。进行申报，必须使用 I 卡或 Ikey。

四、重传 / 补传

需要重传或补传低值快速货物（原 C 类快件）报关单的随附单据，海关会发送重传或补传指令。用户根据指令，在此对随附单据进行重新或补充上传的操作。

报关单的境内收发货人、消费使用单位 / 生产销售单位、申报单位三者之一，能够进行随附单据的补传或重传操作。

注意：

随附单据 pdf 文件的重传 / 补传，以海关发出的指令为准。

收到海关发出的指令后，重传 / 补传操作是一次性的，即在重传 / 补传信息的界面中，一旦查询并且上传过 pdf 文件，不能够再次查询到该票报关单。

在左侧菜单中点击“低值快速货物——重传 / 补传”，右侧显示“重传 / 补传”界面，如图 8-131。

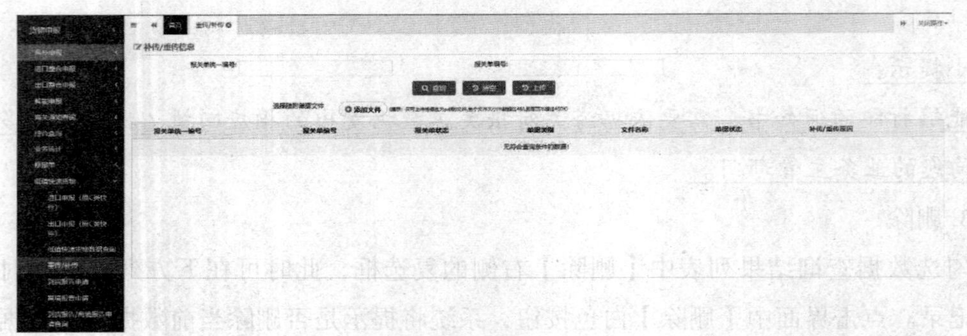

图 8-131 重传 / 补传

输入查询条件后执行查询，下方即显示符合条件的数据，系统下方列表中默认显示当前需要重传 / 补传的数据。

选中任意一条记录后，点击【添加文件】按钮，系统弹出对话框如图 8-132：

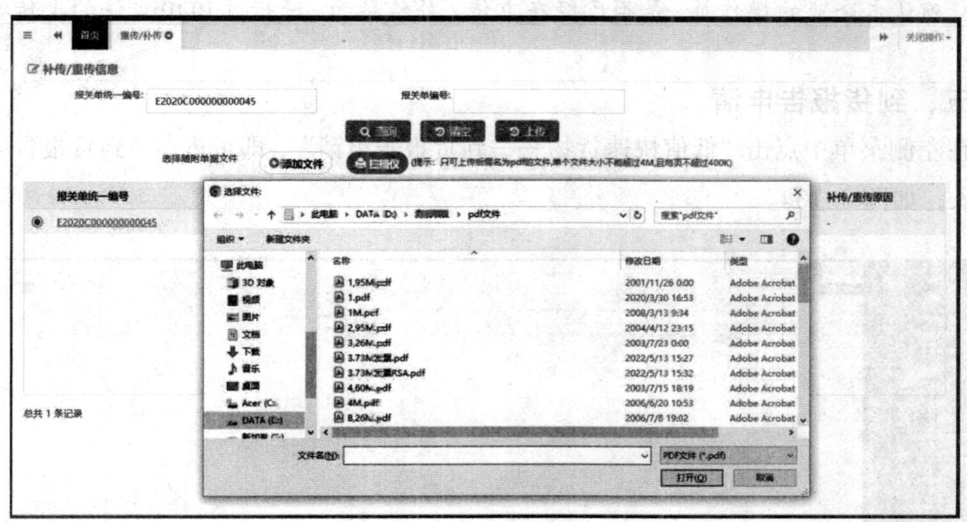

图 8-132 添加文件

可在本地电脑内选择需要重传 / 补传的 pdf 文件，随附单据添加完成后，“报关单编号”等内容会变成红色，此时企业点击【上传】按钮即可完成重传 / 补传操作。如图 8-133。

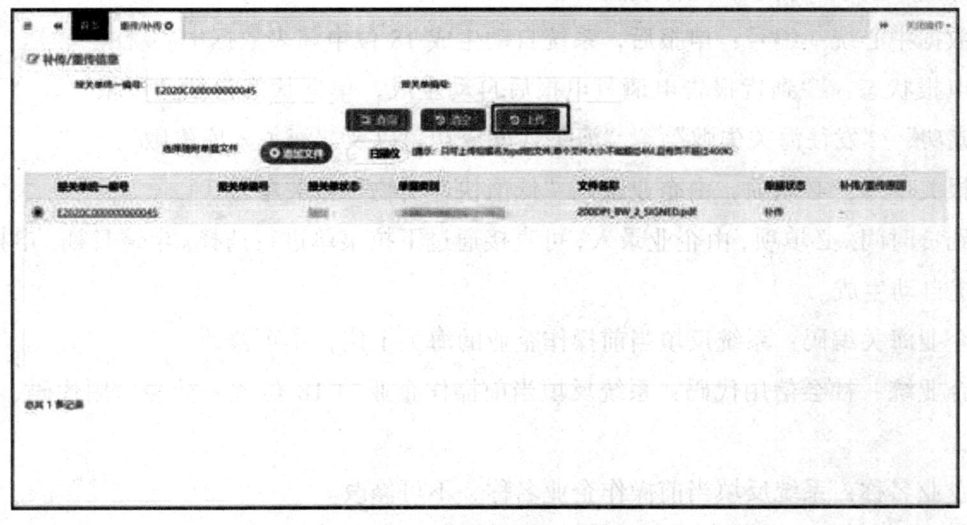

图 8-133 重传 / 补传操作

小提示：

如果在重传 / 补传信息界面，查询无符合条件的数据，可做如下检查：

1. 在“低值快速货物申报”—“低值快速货物数据查询”界面查看回执，海关是否发出重传 / 补传指令；

2. 检查报关单号是否输入正确。

3. 确认本企业的操作员，是否已经在重传 / 补传界面，进行过 PDF 文件的上传操作。

五、到货报告申请

在左侧菜单中点击“低值快速货物——到货报告申请”，即可进行“到货报告申请”的录入，如图 8-134。

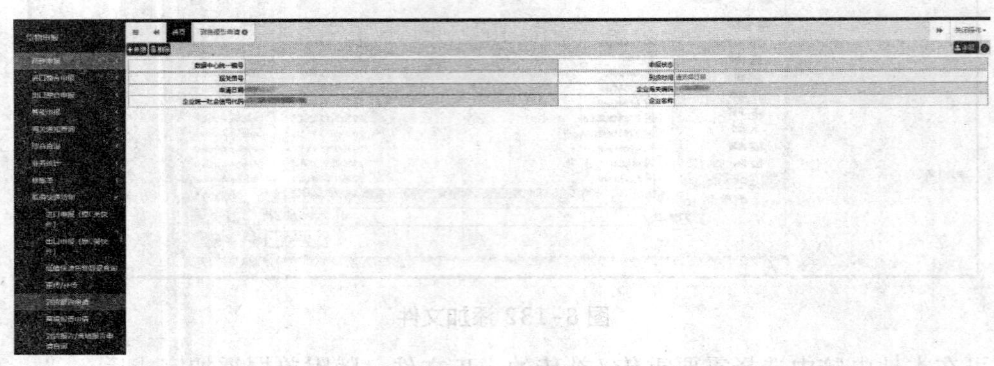

图 8-134 到货报告申请界面

界面中的录入要求，具体说明如下。

数据中心统一编号：申报后，系统自动生成 18 位申请表数据中心统一编号。

申报状态：“到货报告申请”申报后自动生成，单据状态包括“申报”、“发往海关成功”“发往海关失败”，“海关入库成功”以及“海关入库失败”。

报关单号：必填项，由企业录入“低值快速货物”报关单号。

到货时间：必填项，由企业录入，可直接通过下拉菜单进行选择。申请日期：申报后，由系统自动生成。

企业海关编码：系统反填当前操作企业的海关十位，不可修改。

企业统一社会信用代码：系统反填当前操作企业的 18 位统一社会信用代码，不可修改。

企业名称：系统反填当前操作企业名称，不可修改。

小提示：

企业在申报“到货报告申请”时，当前申请单位海关编码或统一社会信用代码必须满足低值快速货物报关单上的申报单位，否则无法申报。

六、离境报告申请

在左侧菜单中点击“低值快速货物——离境报告申请”，即可进行“离境报告申请”的录入。如图 8-135。

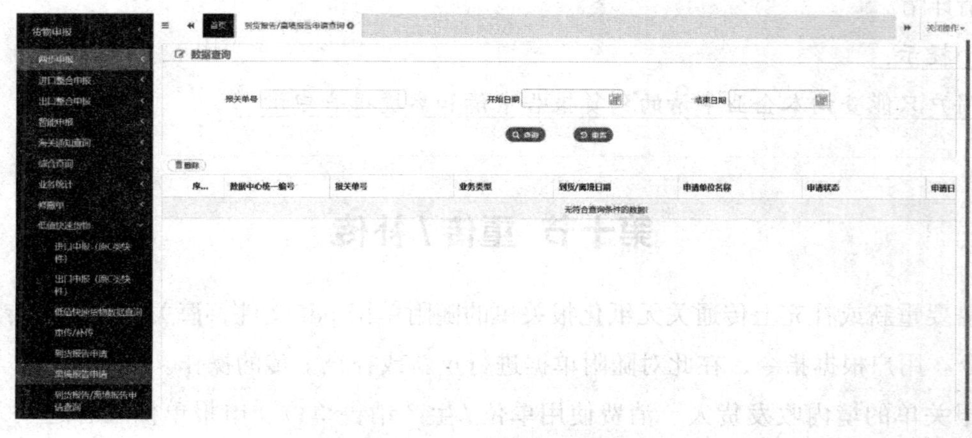

图 8–135 离境报告申请

界面中的录入要求，与“到货报告申请”保持一致，具体说明请见到货报告申请。

小提示：

企业在申报“离境报告申请”时，当前申请单位海关编码或统一社会信用代码必须满足低值快速货物报关单上的申报单位，否则无法申报。

七、到货报告 / 离境报告申请查询

在左侧菜单中点击 “低值快速货物——到货报告 / 离境报告申请查询”，右侧显示界面如图 8–136。

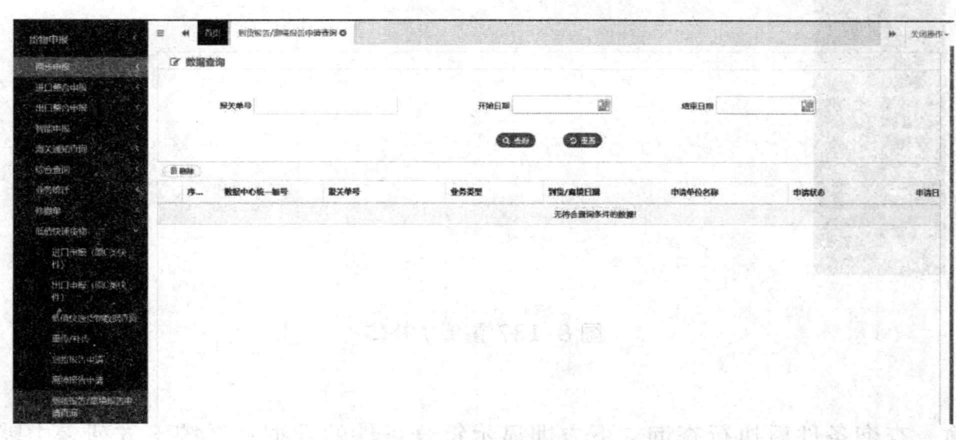

图 8–136 到货报告 / 离境报告申请查询

在“到货报告 / 离境报告申请查询”中，企业可以通过“报关单号”或“日期”进行查询，查询到的单据状态包含“申报”“发往海关成功”“发往海关失败”，“海关入库成功”和“海关入库失败”5 种状态。企业可点击蓝色“数据中心统一编号”，查

看申请详情。

小提示：

用户只能查询本企业申请的到货报告申请和离境报告申请。

第十节 重传 / 补传

需要重新或补充上传通关无纸化报关单的随附单据 pdf 文件，海关会发送重传或补传指令。用户根据指令，在此对随附单据进行重新或补充上传的操作。

报关单的境内收发货人、消费使用单位 / 生产销售单位、申报单位三者之一，能够进行随附单据的补传或重传操作。

注意：

随附单据 pdf 文件的重传 / 补传，以海关发出的指令为准。

收到海关发出的指令后，重传 / 补传操作是一次性的，即在重传 / 补传信息的界面中，一旦查询并且上传过 pdf 文件，不能够再次查询到该票报关单。

在左侧菜单中点击“重传 / 补传”，右侧显示界面如图 8–137。

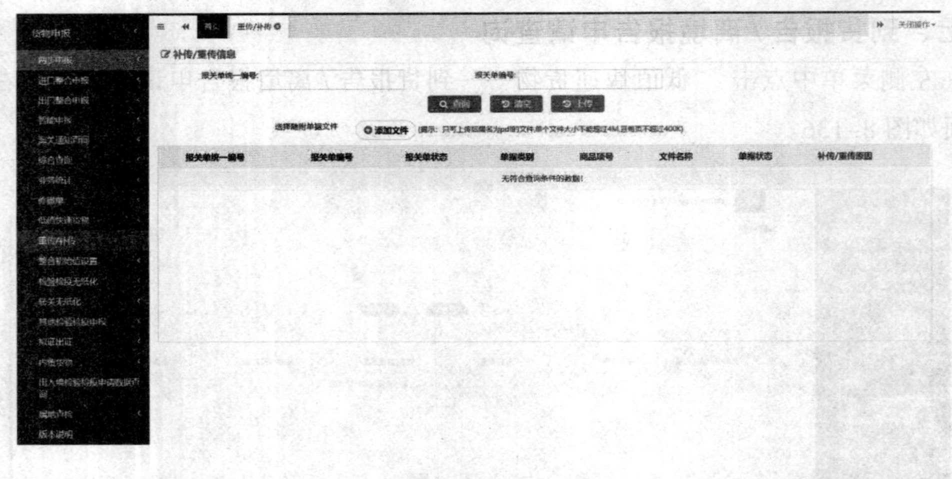

图 8–137 重传 / 补传

输入查询条件后执行查询，下方即显示符合条件的数据，系统下方列表中默认显示当前需要重传 / 补传的数据。选中任意一条记录后，点击【添加文件】按钮。可在本地电脑内选择需要重传 / 补传的 pdf 文件，随附单据添加完成后，“报关单编号”等内容会变成红色，此时企业点击【上传】按钮即可完成重传 / 补传操作。

小提示：

如果在重传 / 补传信息界面，查询无符合条件的数据，可做如下检查：

1. 在“数据查询 / 统计”界面查看回执，海关是否发出重传 / 补传指令。

2. 检查报关单号是否输入正确。

3. 确认本企业的操作员，是否已经在重传 / 补传界面，进行过 PDF 文件的上传操作。

第十一节　整合初始值设置

一、进口初始值

为了减少用户在部分常用字段中反复录入相同内容，此功能可对进口申报的部分字段进行默认设置。设置保存成功后，进入“进口申报”菜单内的各个录入界面时，点击“初始值模板”，可以调用在此保存过的默认值。

在左侧菜单中点击【整合初始值设置】——【进口整合初始值设置】，右侧显示界面如图 8-138：

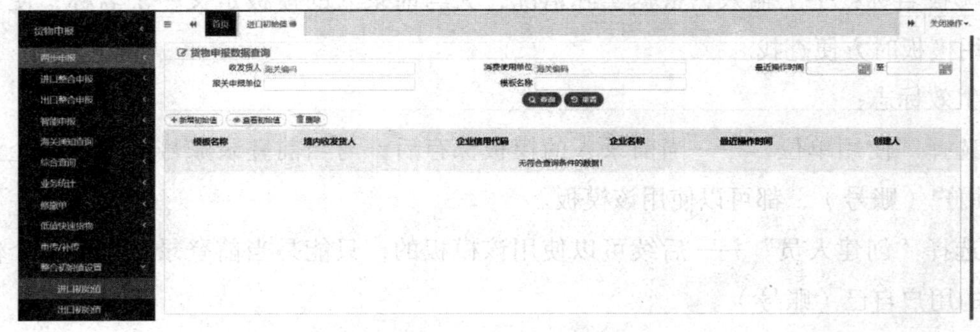

图 8-138 进口初始值

如已保存过初始值，输入条件后进行查询，并在下方查询结果列表中选中记录，可点击上图中【查看初始值、删除】白色按钮，进行查看或删除操作。查看某一票初始值数据时，可以根据实际需要进行修改、保存。

如果您想新增设置一份数据，请点击【新增初始值】白色按钮，界面跳转至录入界面（如图 8-139）。

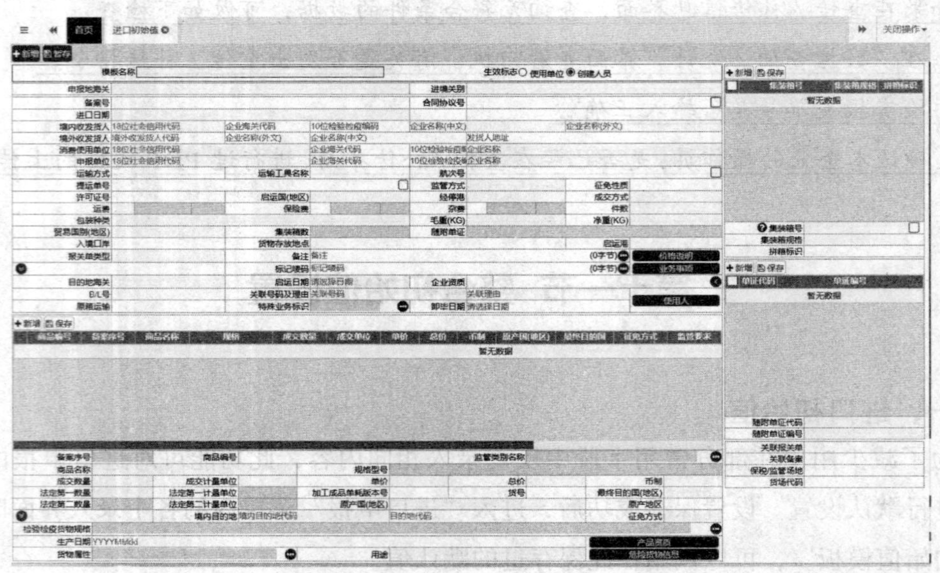

图 8-139 录入界面

模板名称：手工输入，根据实际情况，为当前录入的模板定义一个名称，便于后续使用模板时方便查找。

生效标志：

选择“使用单位”——当前录入的模板保存后，与当前登录账号同属一家企业的所有用户（账号），都可以使用该模板。

选择“创建人员”——后续可以使用该模板的，只能是当前登录且创建那个保存模板的用户自己（账号）。

录入您所需要的进口申报字段默认值，各字段说明与操作方法请参见上文“进口报关单整合申报”。

点击界面上方【暂存】蓝色按钮，系统提示保存成功，您所录入的默认值保存成功。点击上图中【新增】蓝色按钮，界面中所有已录入并保存过的值被清空，可重新输入值并保存。

二、出口整合初始值设置

此功能可对出口申报的字段进行默认设置。设置保存成功后，进入“出口整合申报”菜单内的各个录入界面时，点击“初始值模板”，可以调用在此保存过的默认值。

具体操作可参考上文“进口报关单整合申报”与“进口整合初始值设置”。

第十二节 检验检疫无纸化

对报检的备案单据进行录入、关联调取与暂存、删除、打印等操作。更多业务适用详情请咨询您的业务主管部门。

小提示：

进行报检申报，须已将检验检疫申报账号及密码绑定成功，

点击左侧菜单栏“货物申报——检验检疫无纸化”，可展开业务菜单。

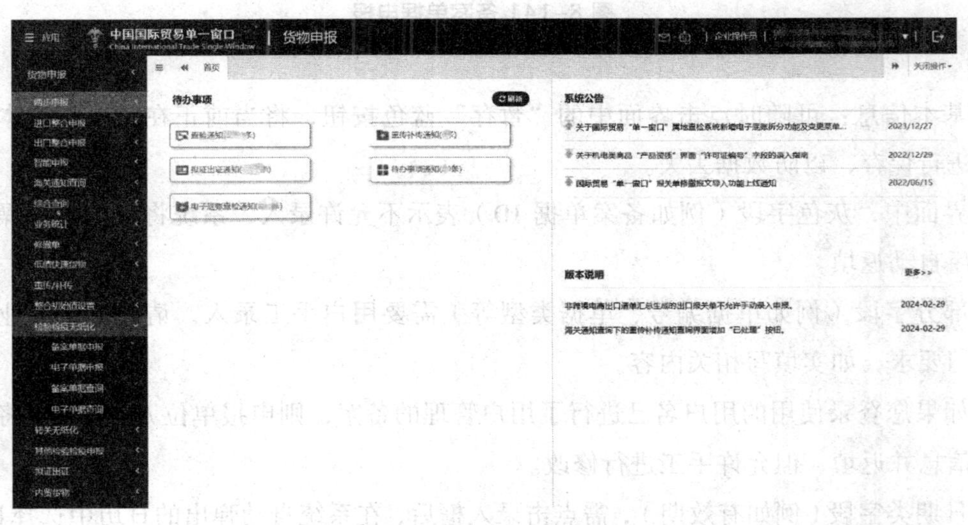

图 8-140 检验检疫无纸化界面

点击菜单时，系统进行企业资格验证，只有经过报检无纸化备案的企业才能允许无纸化操作。未经过验证的企业，系统可能会弹出“您尚未备案，无法进行报检无纸化操作”的提示，并将页面置灰，此时不允许在页面内进行操作。

一、备案单据申报

对报检的备案单据进行录入、关联调取与暂存、删除、申报等操作。

录入与暂存：在左侧菜单中点击“检验检疫无纸化——备案单据申报”，右侧显示录入界面，包括基本信息与商品信息两部分（如图 8-141）。点击界面上方蓝色按钮所进行的操作，将影响整票进口备案单据的数据。

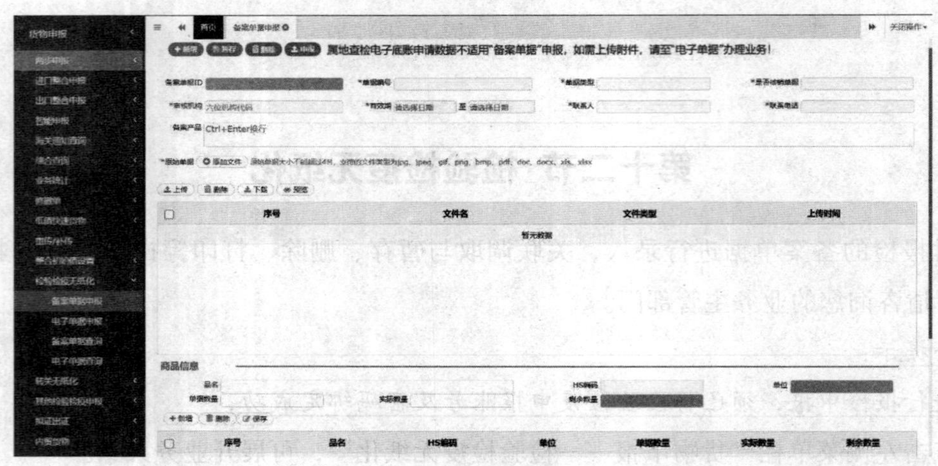

图 8-141 备案单据申报

基本信息：可随时点击界面中的"暂存"蓝色按钮，将当前正在录入的基本信息数据进行保存，以防数据丢失。

界面中，灰色字段（例如备案单据 ID）表示不允许录入，系统将根据相应操作或步骤后自动返填。

部分字段（例如单据编号、单据类型等）需要用户手工录入，请根据您的业务主管部门要求，如实填写相关内容。

如果您登录使用的用户名已进行了用户管理的备案，则申报单位 / 报检单位将自动获取信息并返填，但允许手工进行修改。

日期类字段（例如有效期），需点击录入框后，在系统自动弹出的日历中选择日期。

特殊操作说明如下。

上传单据：在图 8-142 中，点击【添加文件】按钮，选择文件， 点击【上传】进行文件上传，具体操作如图所示。

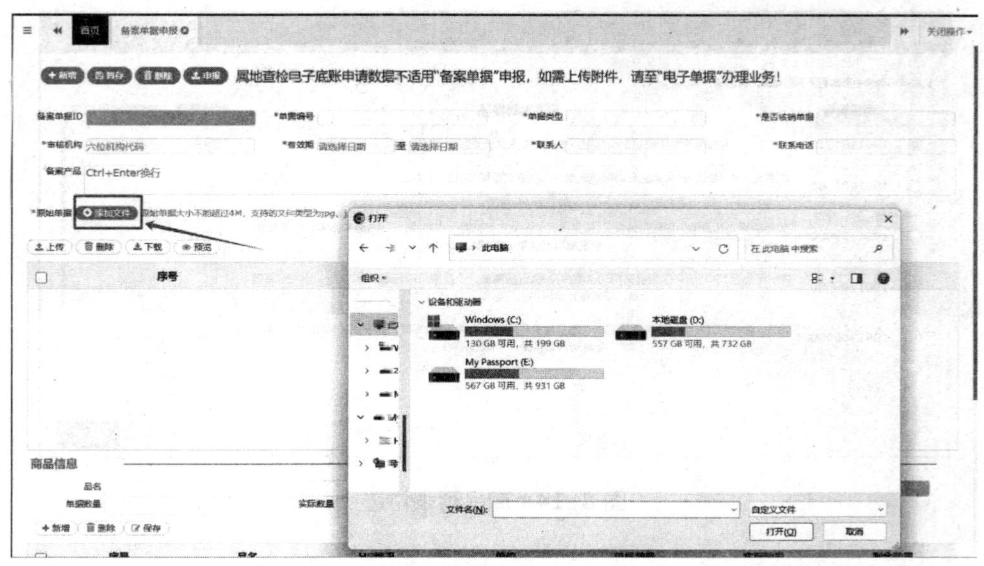

图 8-142 上传单据操作

商品信息：建议先将基本信息保存成功，再继续进行商品信息的录入与保存操作。点击商品标签页，切换至录入界面（如图 8-143）。

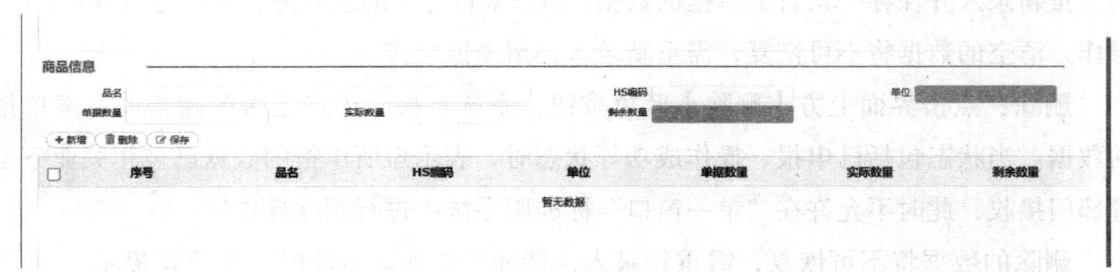

图 8-143 商品信息录入界面

界面中，灰色字段（例如单位等）表示不允许录入，系统将根据相应操作或步骤后自动返填。

部分字段（例如商品名称、单据数量等）需要用户手工录入，请根据您的业务主管部门要求，如实填写相关内容。

特殊操作说明如下。

HS 编码：HS 编码非必填项，如需录入，须录入至少 4 位（最多 10 位）数字的商品编码，点击界面任意空白处或使用键盘“Tab”键，系统自动弹出选择商品的列表（如图 8-144），需进行勾选后，点击“确定”蓝色按钮。

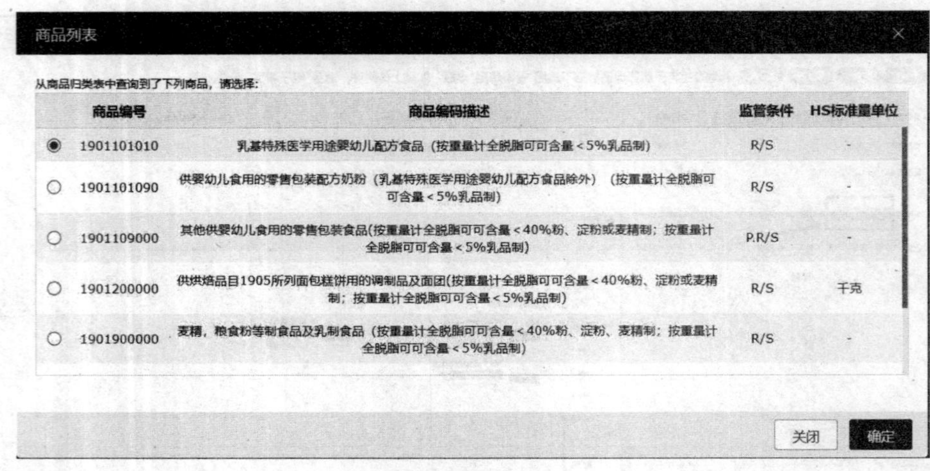

图 8-144 商品列表勾选

录入完毕后，可点击【暂存】按钮保存信息。

申报：确认信息填写无误后，可点击界面上方【申报】蓝色按钮，将备案单据进行申报。申报后，系统将提示“申报成功”。

新增：点击界面上方【新增】蓝色按钮，将立即清空当前界面显示的数据，便于用户重新录入并保存一票备案单据的数据。如您未将上次的录入内容进行过暂存（保存）操作，清空的数据将不可恢复，需重新录入，请谨慎操作。

删除：点击界面上方【删除】蓝色按钮，系统将提示用户是否删除当前备案单据的数据。当状态包括已申报、操作成功等状态时，表示您所申报的数据已被相关业务主管部门接收，此时不允许在“单一窗口”标准版系统中进行删除操作。

删除的数据将不可恢复，需重新录入，请谨慎操作。删除时，系统将提示：“确定删除？”。

二、电子单据申报

对报检的电子单据进行录入、关联调取与暂存、删除、申报等操作。

在左侧菜单中点击“检验检疫无纸化——电子单据申报”，右侧默认显示查询界面（如图 8-145）。

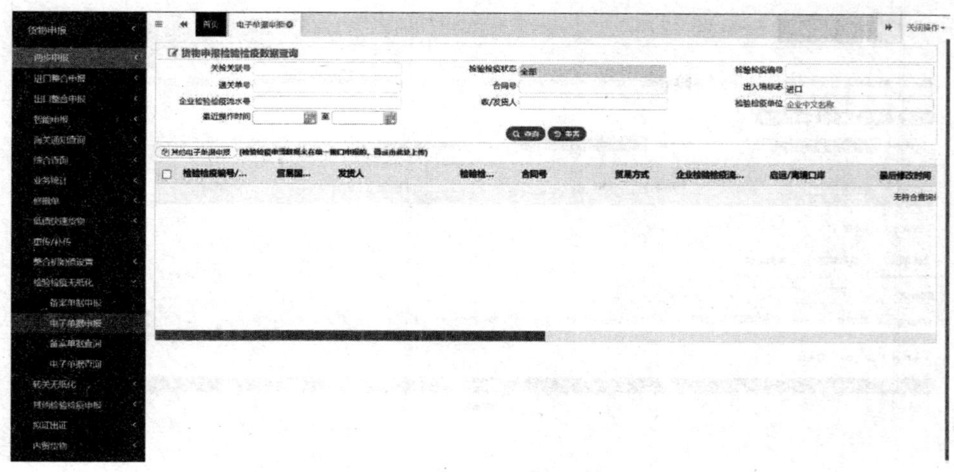

图 8-145 电子单据申报

其他电子单据申报：对于用户通过其他系统申报的出 / 入境检验检疫申请、其他报检中的出境集装箱适载申报和出境包装报检业务，需要补传随附单据的报检单，可点击界面上的“其他电子单据申报”，进入电子单据录入界面，选择需要的业务类型，即可补传随附单据。

查询：在上图界面中，输入相应的查询条件并点击【查询】蓝色按钮，系统会显示符合条件的数据。

小提示：

最近操作时间和出入境标志为必填项，企业需输入后进行查询。

点击“报检号 / 关检关联号”链接，可进入电子单据录入页面，如果还未生成报检号，系统可能会弹出“此报检单尚未生成报检号”的提示，并且不允许打开电子单据的录入页面。

录入：在查询结果列表中，点击页面上的“报检号 / 关检关联号”链接，进入电子单据录入界面（如图 8-146），其中电子单据 ID、报检号、受理机构等信息由系统反填，无需填写，也不允许修改。

图 8-146 电子单据录入

上传单据：用户需先选择单据类型，录入单据名称，再点击【添加文件】白色按钮，选择需要上传的随附单据，点击【上传】按钮进行上传。

备案单据：界面显示如图 8-147 所示，点击“备案单据”，下拉框会展示已通过审批通过的“非核销”备案单据列表，选择一条，点击【保存】白色按钮，数据添加到下方表格中。

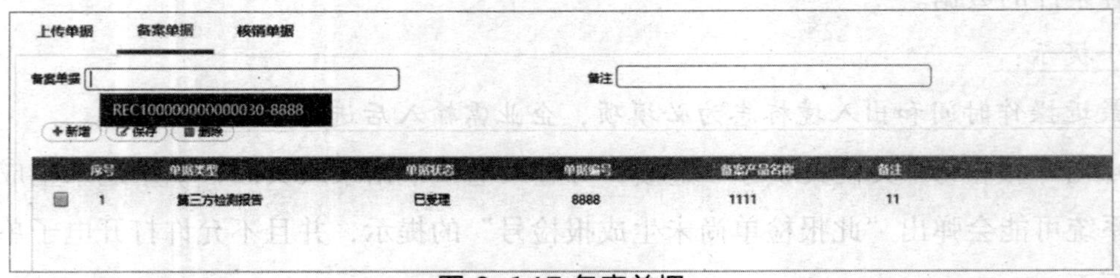

图 8-147 备案单据

核销单据：点击“核销单据”，下拉框会展示已通过审批通过的“核销”备案单据列表，选择一条，关联的数据将自动添加到下方表格中，可进行单据的预核销数量填写。如图 8-146。

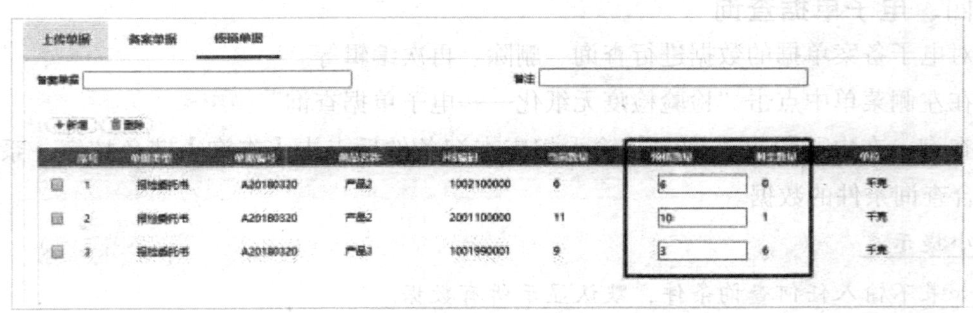

图 8-148 核销单据步骤

暂存 / 申报：点击页面上方【暂存】蓝色按钮，可随时将数据进行保存。点击【申报】蓝色按钮，可进行电子单据数据的申报。

删除：点击界面上方【删除】蓝色按钮，系统将提示用户是否删除当前备案单据的数据。当状态包括已申报、操作成功等状态时，表示您所申报的数据已被相关业务主管部门接收，此时不允许在“单一窗口”标准版系统中进行删除操作。删除的数据将不可恢复，需重新录入，请谨慎操作。

三、备案单据查询

对备案单据进行查询、删除、再次编辑等。

在左侧菜单中点击“检验检疫无纸化——备案单据查询”，右侧展开显示查询界面。

查询：输入相应查询条件，并点击蓝色【查询】按钮，系统会显示所有符合查询条件的数据。

小提示：

如果不输入任何查询条件，默认显示所有数据。

回执：在备案单据查询结果中，点击状态栏内的蓝色字段，界面下方将会显示具体回执信息。

删除：在备案单据查询结果中，勾选相应数据，点击界面左上方【删除】白色按钮，系统将提示用户是否删除当前备案单据的数据，删除的数据将不可恢复，需重新录入，请谨慎操作。

小提示：

报检状态包括已发往海关成功等状态时，表示您所申报的数据已被海关接收，此时不允许在“单一窗口”标准版系统中进行删除操作。

四、电子单据查询

对电子备案单据的数据进行查询、删除、再次编辑等。

在左侧菜单中点击“检验检疫无纸化——电子单据查询”。

查询：在电子单据查询中，输入相应查询条件后点击【查询】蓝色按钮，系统显示符合查询条件的数据。

小提示：

如果不输入任何查询条件，默认显示所有数据。

回执：在电子单据查询结果中，点击状态栏内的蓝色字段，界面下方将显示。

第十三节 转关无纸化

转关作业无纸化是指海关运用信息化技术，对企业向海关申报的转关申报单或者汽车载货清单电子数据进行审核、放行、核销，无需收取纸质单证、签发纸质关封、签注相关监管簿，实现全流程无纸化管理的转关作业方式。

点击“货物申报—转关无纸化”，界面显示如图 8-149：

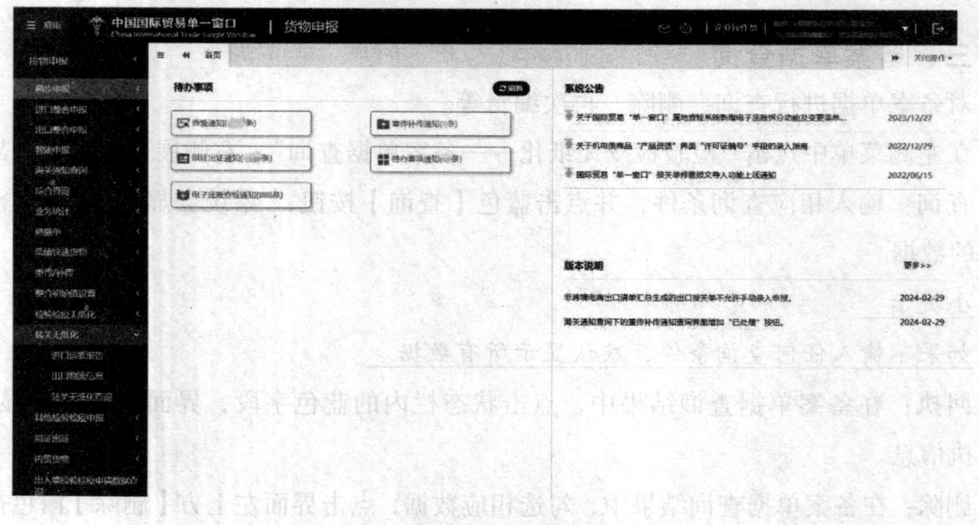

图 8-149 转关无纸化

一、进口运抵报告

进口转关货物运抵指运地海关监管作业场所，监管作业场所经营人应当向海关申报转关运抵报告电子数据。点击界面“转关无纸化中—进口运抵报告”，页面显示如图 8-150：

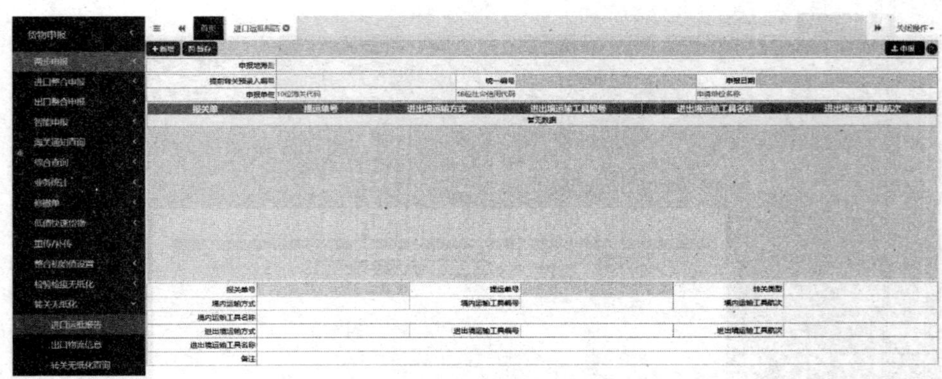

图 8-150 进口运抵报告

（一）特殊字段说明

提前转关预录入编号：该标黄字段为必填项，用户可在报关数据查询模块中，查询出状态为“转关申报单无纸自动审放通过”的进口转关提前报关单，点击单号查看详情中的转关运输申报单，将转关申报单号填写至“进口运抵报告”该字段中。

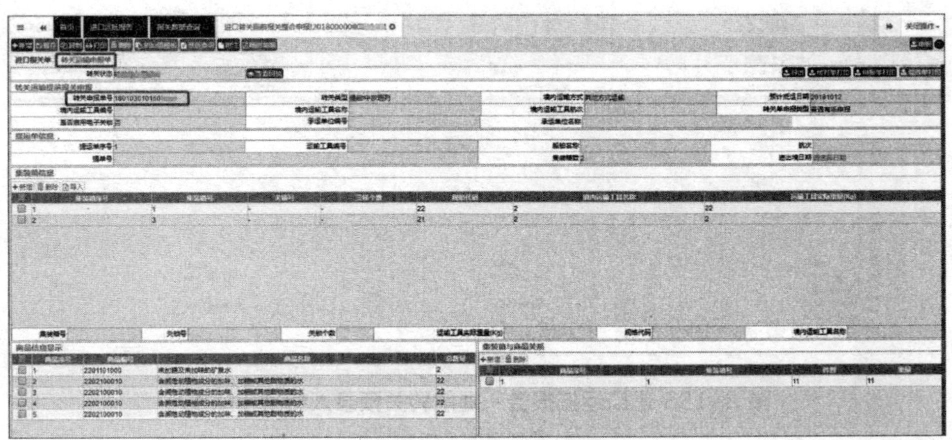

图 8-151 转关运输申报单详情（一）

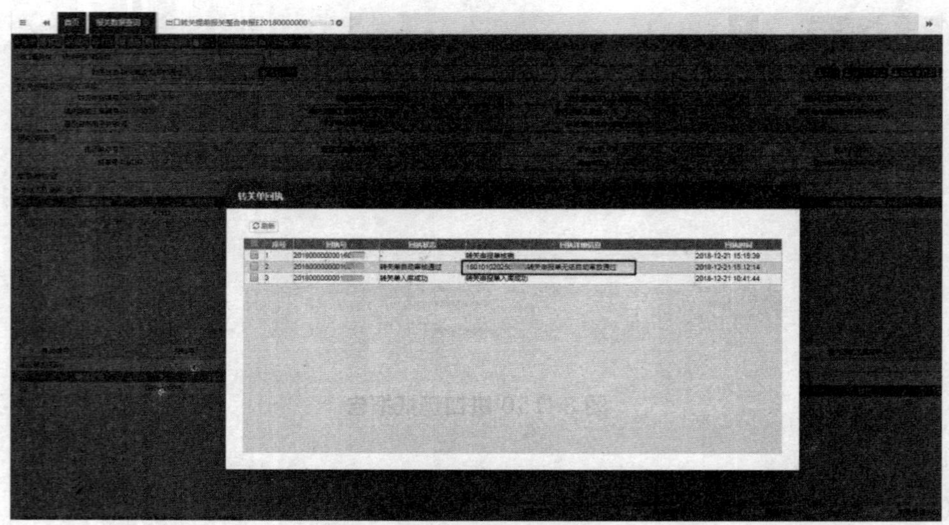

图 8-152 转关运输申报单详情（二）

填写完毕后点击回车，相关数据被反填至下方列表中：

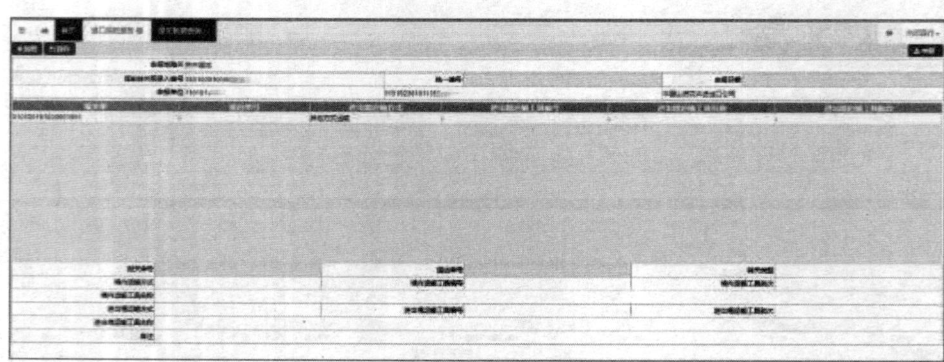

图 8-153 进口运抵报告—提前转关预录入编号（一）

点击列表中该条数据，详细信息反填至最下方表体中，其中灰色字段不可修改，白色字段用户可根据实际情况进行修改。

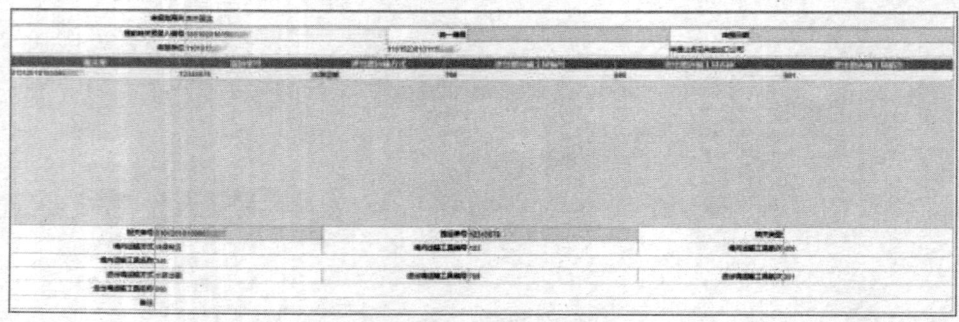

图 8-154 进口运抵报告—提前转关预录入编号（二）

统一编号：无需填写，暂存成功后该项自动反填。

（二）操作按钮说明

暂存：填写完相关内容后，点击图 8–153 中左上角蓝色【暂存】按钮，可将数据保存。

新增：点击页面左上角蓝色【新增】按钮，可新增一票单据。

申报：将所有信息填写完毕后，点击右上角蓝色【申报】按钮，数据将被申报到海关进行核销。该数据允许重复申报。

二、出口物流信息

出口转关货物运抵出境地海关监管作业场所后，监管作业场所经营人应当向海关申报出口物流信息电子数据。点击界面“转关无纸化中——出口物流信息”，页面显示如图 8–155：

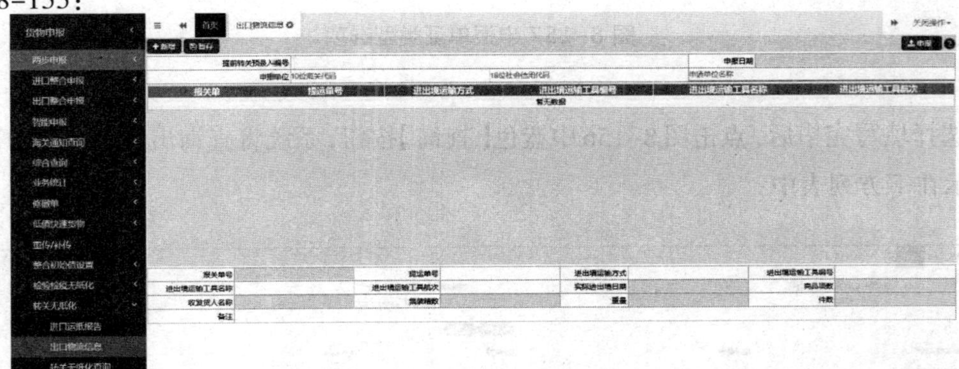

图 8–155 出口物流信息

更多关于新增、暂存、申报等操作，可参考上文进口运抵申报。

三、转关无纸化查询

用户可在该模块中查询已暂存或申报的数据，点击界面转关无纸化中“转关无纸化查询”。页面显示如图 8–156：

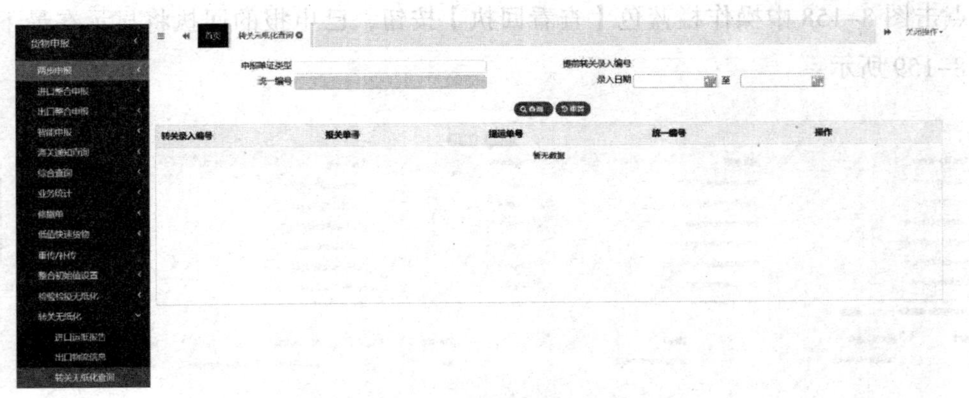

图 8–156 转关无纸化查询

其中，“申报单证类型”和“录入日期”为必填项，用户可通过下拉弹框选择对应的业务：

图 8-157 申报单证类型选项

选择填写完毕后，点击图 8-156 中蓝色【查询】按钮，系统将查询出符合条件的数据，并显示在下方列表中：

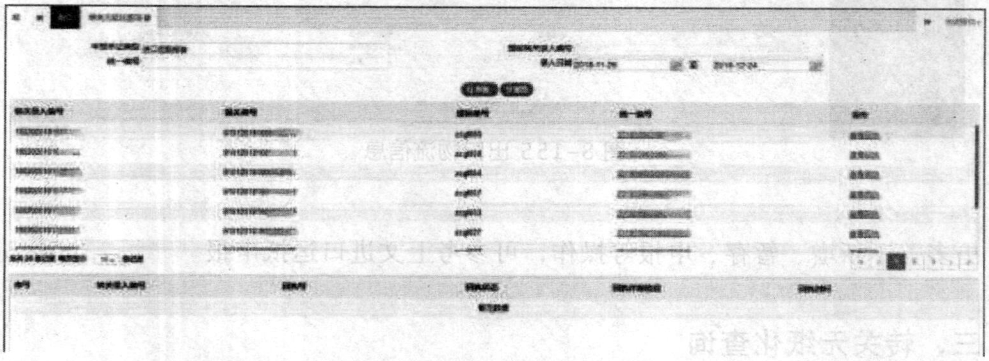

图 8-158 转关无纸化查询结果（一）

点击图 8-158 中操作栏蓝色【查看回执】按钮，已申报的回执将显示在最下方，如图 8-159 所示：

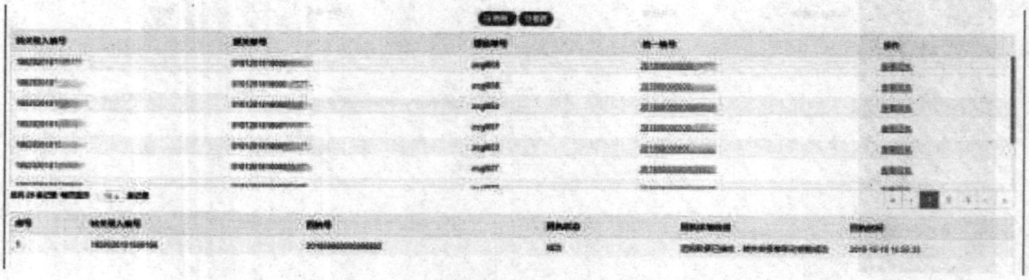

图 8-159 转关无纸化查询结果（二）

第十四节 其他检验检疫申报

一般货物的报检业务，可在此进行数据录入与申报，更多业务适用详情请咨询您的相关业务主管部门。

小提示：

本文档仅对操作进行适当说明，其他填制要求请参见第三篇重要提醒中的相关描述。进行报检申报，须已将检验检疫申报账号及密码绑定成功。

在图 8-160 中，点击左侧菜单栏“货物申报—其他检验检疫申报”，可展开业务菜单。

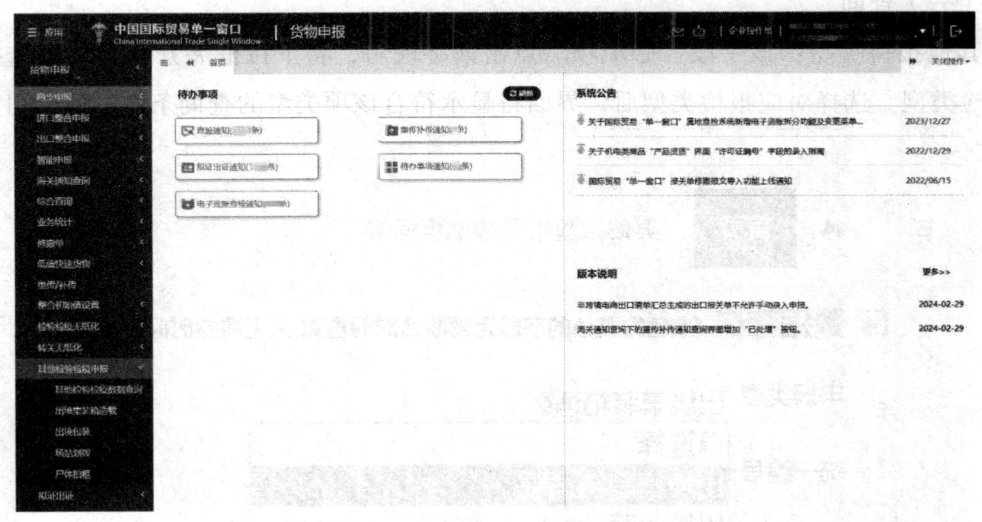

图 8-160 其他检验检疫申报

一、其他检验检疫数据查询

提供其他 4 类报检单录入、提交、修改、查询、打印报检单等操作。点击图 8-160 中 “其他检验检疫数据查询” 模块，右侧显示界面如图 8-161：

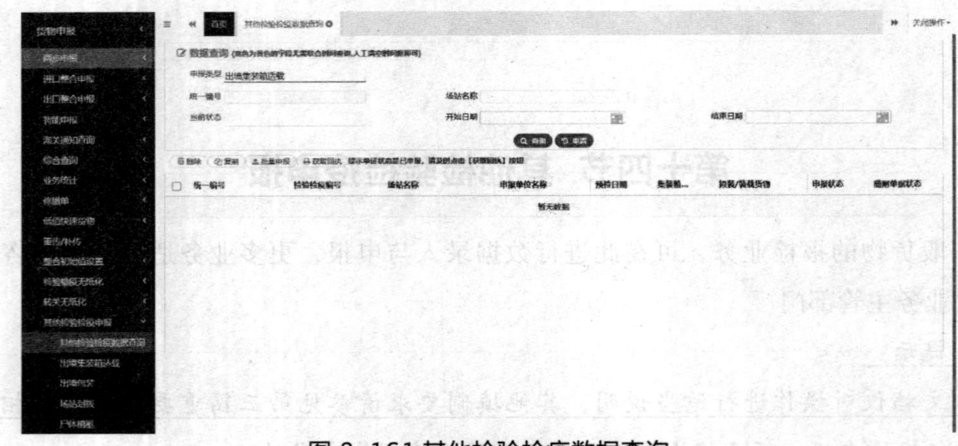

图 8-161 其他检验检疫数据查询

（一）查询

其他报检类型：该字段为必填项。点击该字段后，将下拉框展开，用户可选择对应报检类型。选择对应报检类型后，界面将显示符合该项类型的查询条件，便于用户查询。

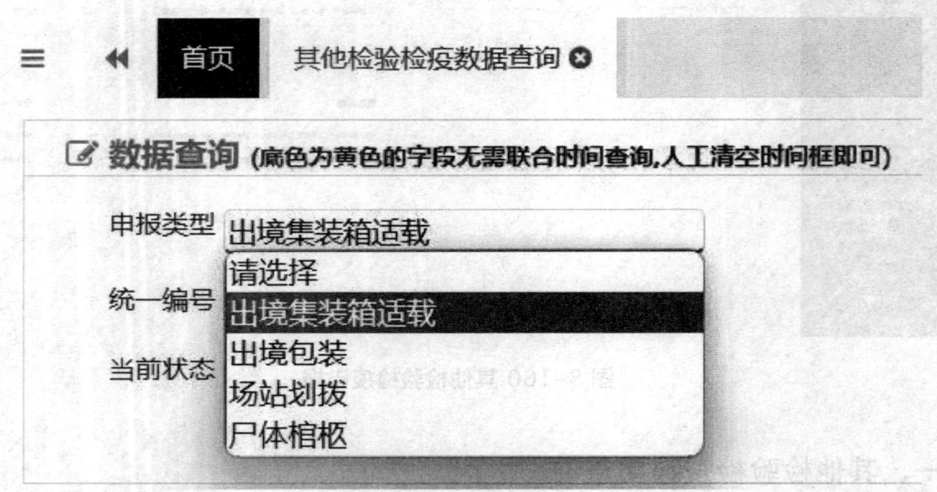

图 8-162 报检类型查询

统一编号：该项为选填项，填写统一编号后，操作日期可以不填写。

操作日期：数据查询界面中其他报检类型、申报日期开始日期、结束日期是必选项，查询前进行必选校验，申报开始和结束日期不能超过一个月，否则提示“查询申报日期中间间隔不能超过 31 天”。

填写完相应查询条件后，点击图 8-161 查询条件中蓝色【查询】按钮，系统将符合条件的数据显示在列表中。

（二）删除

在图 8–162 查询结果中，勾选相应的数据，点击左上角白色【删除】按钮，即可删除对应数据，删除的数据不可恢复，请用户谨慎操作。

小提示：

状态为暂存或申报失败的数据可以进行删除操作。

（三）获取回执

单证状态是已申报，请及时点击页面左上角白色【获取回执】按钮来获取主干系统的最新回执信息。

小提示：

单证正确申报后，请及时点击【获取回执】按钮进行查询。获取回执这项操作，并非针对选中的报检单，而是针对该企业所有报检数据。

（四）重置

点击图 8–161 查询条件中蓝色【重置】按钮，查询条件将被清空重置，可输入新的查询条件。

二、出境集装箱适载

对集装箱报检单进行申报、修改、查看、删除、查询回执等操作。

在左侧菜单中点击"其他报检—出境集装箱适载"，右侧显示界面如图 8–163：

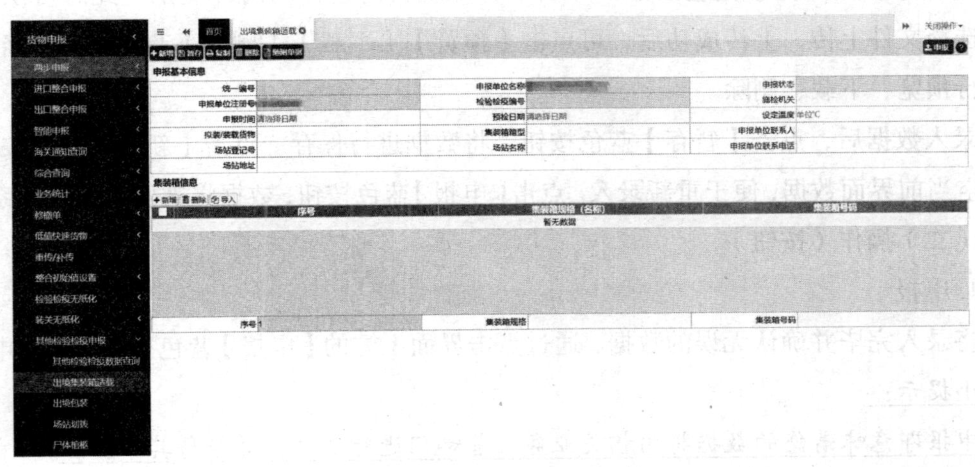

图 8–163 出境集装箱适载

（一）录入与暂存

更多关于录入、选择参数的操作，可参考上文"进口报关单整合申报"或"出境检验检疫申请"。

随附单据：

用户需要上传随附单据时，需要先将页面中的必填项（黄底色字段）录入点击暂存后才可点击随附单据按钮，若用户未暂存，直接点击【随附单据】按钮，系统会提示：请先保存基本信息！点击图 8-163 中左上角蓝色【随附单据】按钮，界面显示如图 8-164 所示：

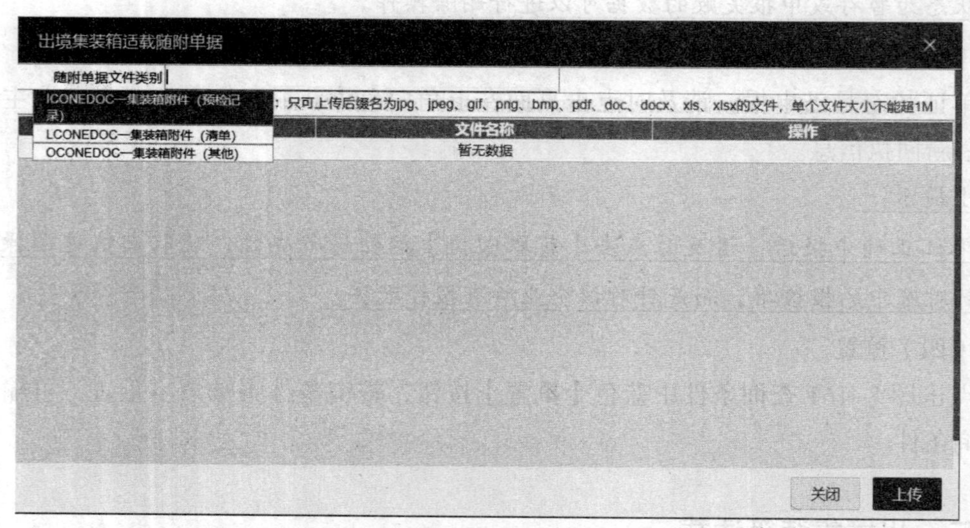

图 8-164 出境集装箱适载随附单据

点击【添加文件】蓝色按钮，界面中将出现当前选择的附件类别，此时可从本地电脑选择文件上传，上传成功后，可点击【预览】【下载】【删除】蓝色按钮对当前附件进行预览、下载、删除。

录入数据后，点击【暂存】蓝色按钮，将数据进行保存。点击【新增】蓝色按钮，将清空当前界面数据，便于重新录入。点击【申报】蓝色按钮，数据将被发送到主干系统。

（二）操作（按钮）

1. 申报

将录入完毕并确认无误的数据，通过点击界面上方的【申报】蓝色按钮，进行申报。

小提示：

申报即意味着您的数据将向相关业务主管部门进行发送，并等待其审批。

2. 复制

在出境集装箱适载申报界面中点击左上角【复制】按钮，系统将对当前报检基本信息进行复制至新的一票。

3. 删除

在出境集装箱适载申报界面中点击左上角蓝色【删除】按钮，系统将对当前已填写的报检基本信息数据进行删除。删除的数据将不可恢复，需重新录入，请谨慎操作。

三、出境包装

对出境包装报检数据进行申报、修改、查看、复制、打印、删除、随附单据上传等操作。在左侧菜单中点击"其他检验检疫申报—出境包装"，右侧显示界面如图 8-165。

图 8-165 出境包装

更多关于新增、录入、复制、删除、查询、获取回执等操作，可参考上文"出境检验检疫申请"或"出境集装箱适载"。

特殊说明如下。

打印：在查询结果列表中，选中一条记录，点击界面左上角蓝色【打印】白色按钮可打印该报检数据。在下方报检回执区域内，点击【打印凭条】蓝色按钮，可打印该回执凭条。

四、场站划拨

对场站划拨报检数据进行申报、修改、删除等操作。

在左侧菜单中点击"其他检验检疫申报——场站划拨"，右侧显示界面如图 8-166

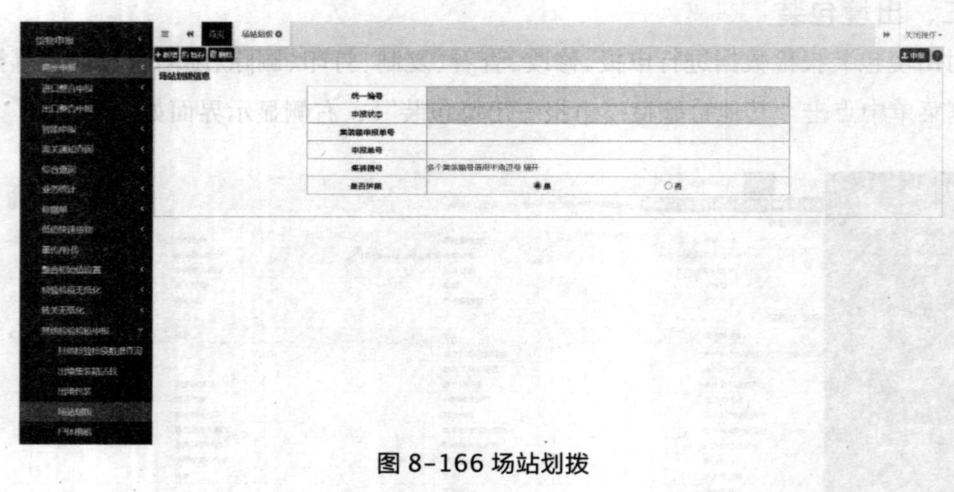

图 8-166 场站划拨

更多关于新增、录入、删除等操作，可参考上文“出境检验检疫申请”或“出境集装箱适载”。

五、尸体棺柩

对尸体棺柩报检数据进行申报、修改、删除等操作。

在左侧菜单中点击“其他检验检疫申报——尸体棺柩报检”，右侧显示界面如图8-167：

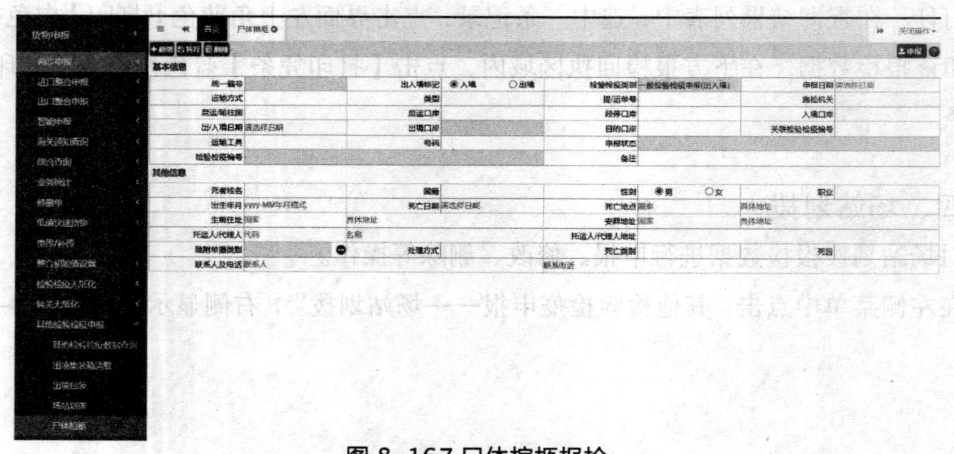

图 8-167 尸体棺柩报检

更多关新增、录入、删除等操作，可参考“出境检验检疫申请”或“出境集装箱适载申报”。

第十五节 拟证出证

一、进境检验检疫证书

对于拟证出证系统提出需补传和证书补录数据的业务单号，企业可通过此界面补充上传相关单据和补录相关数据。

小提示：

本系统适用于进行进出口贸易的境内收发货人，消费使用单位和申报单位。

在图 8-168 界面中，点击左侧菜单栏“货物申报—拟证出证—进境检验检疫证书”，可展开业务菜单。

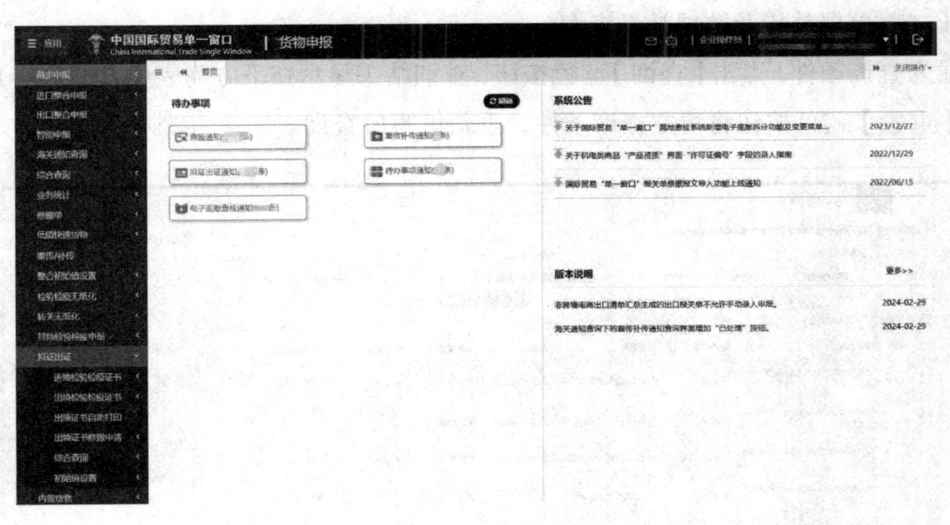

图 8-168 货物申报—拟证出证—进境检验检疫证书

（一）单据补传及数据补录

提供单据补传及数据补录通知的查询功能及随附单据上传、证书数据补录申报功能。

点击左侧菜单栏“拟证出证—进境检验检疫证书—单据补传及数据补录”，右侧界面展示如图 8-169。

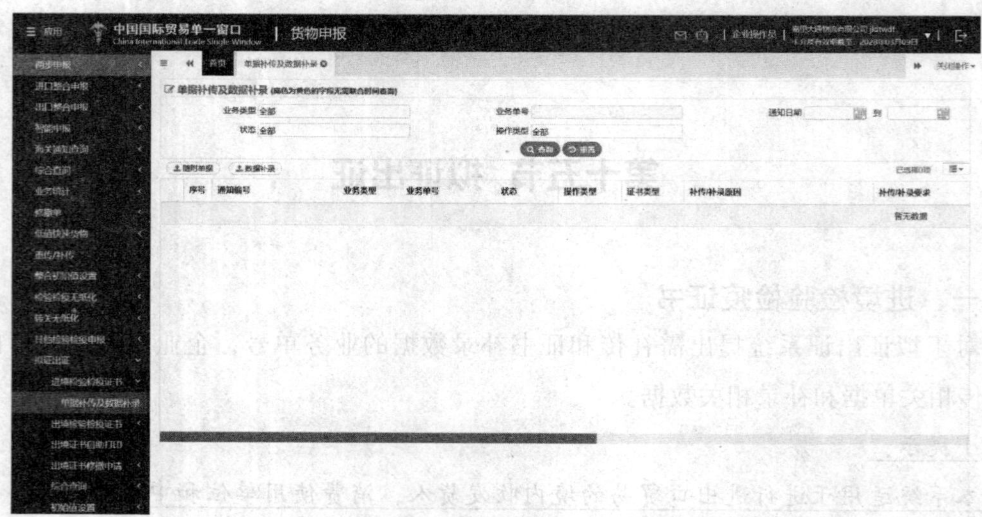

图 8-169 单据补传及数据补录

（二）单据补传及数据补录查询

输入查询条件，点击【查询】蓝色按钮，查询结果显示在下方列表中（如图 8-170）。点击【重置】蓝色按钮将清空查询条件，重新填写后查询。

单据补传及数据补录 (底色为黄色的字段无需联合时间查询)

业务类型 全部　业务单号　通知日期 2022-09-25 到 2022-12-23

状态 全部　操作类型 全部

序号	通知编号	业务类型	业务单号	状态	操作类型	证书类型	补传/补录原因	补传/补录要求
1	b507066822154e8abb6c4179c084fa58	报关单	010120221000004827	海关审核合格	数据补录	进口中药材	测试20221019	生产批号
2	9e36d6b5d25c460280105b65b29d22f5	报关单	010120221000003037	海关入库成功	单据补传	-	w	w
3	c31cd557482b49af84aeb3adbddd2385	报关单	010120221000004829	海关审核合格	数据补录	进口中药材	生产日期	生产日期
4	131ff4ed55d64664ab627941571ecd50	报关单	010120221000004829	海关审核不合格	单据补传	-	生产日期	生产日期
5	41a754640e3a45f9a7af1b50b1372ee6	报关单	010120221000004829	海关审核不合格	数据补录	进口食品	规格型号	规格型号

总共 5 条记录

图 8-170 单据补传及数据补录查询结果列表

小提示：

起止时间所选择的范围，不能超过 90 天。超过时提示“通知日期范围不能超过 90 天”

点击通知书查询结果状态栏内的蓝色字样，界面下方显示相应的回执（如图 8-171）。

点击回执部分【刷新】白色按钮，可刷新回执。点击【关闭】白色按钮，可关闭查看回执列表。

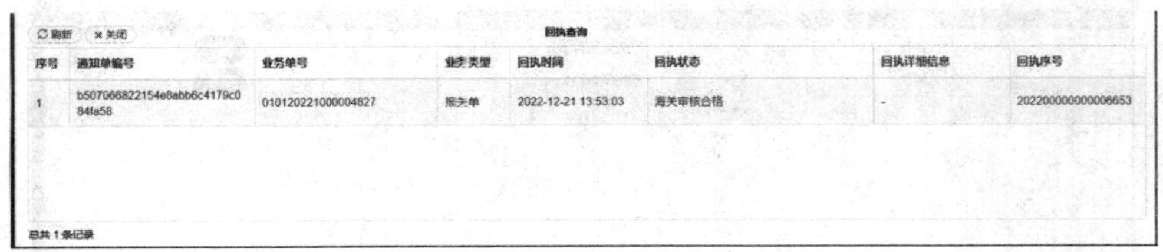

序号	通知单编号	业务单号	业务类型	回执时间	回执状态	回执详细信息	回执序号
1	b507066822154e8abb6c4179c084fa58	010120221000004827	报关单	2022-12-21 13:53:03	海关审核合格	-	202200000000006653

图 8-171 通知书回执查询

（三）随附单据补传

用户选中一条通知书查询结果，单据类型是单据补传时，【随附单据】按钮变成蓝色高亮显示，【数据补录】按钮置灰不可操作；点击【随附单据】按钮，进入随附单据上传界面（如图 8-172）。

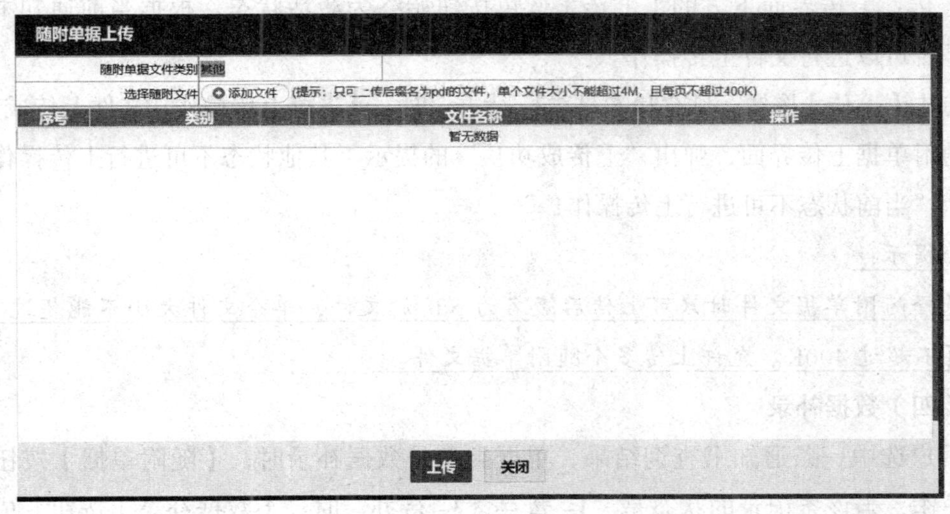

图 8-172 随附单据上传界面

随附单据文件类别：固定为“其他”，不可修改。

选择随附单据：右侧【＋添加文件】按钮根据状态判断是否可点击操作，只有状态是“3- 待办”时，可点击操作，其他状态置灰不可点击操作。

选择文件后，选择的随附单据文件类别、文件名称等信息显示在下方列表中（如图 8-173）。

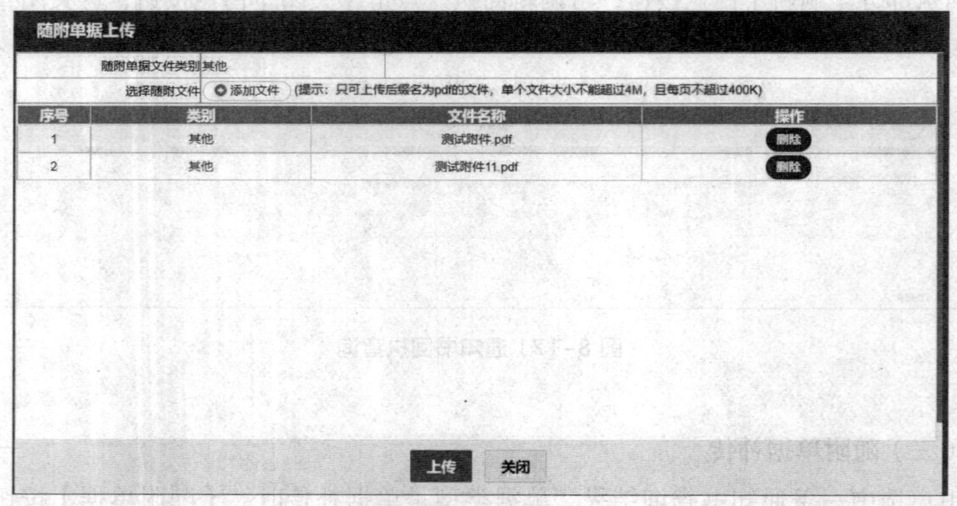

图 8-173 随附单据上传结果列表

上传：上传界面下方的【上传】蓝色按钮始终为激活状态。根据当前通知书状态判断是否可以进行文件上传操作。

点击【上传】按钮，只有状态是“3- 待办”时，可进行上传操作，文件上传成功后，关闭随附单据上传界面，弹出“上传成功！”的提示。其他状态不可进行上传操作，弹出提示“当前状态不可进行上传操作！”。

小提示：

选择随附单据文件时只可上传后缀名为 pdf 的文件，单个文件大小不能超过 4M，且每页不超过 400K。允许上传多个随附单据文件。

（四）数据补录

用户选中一条通知书查询结果，单据类型是数据补录时，【随附单据】按钮置灰不可操作，当该条记录的状态是“1- 暂存、3- 待办”时，【数据补录】按钮变成蓝色高亮显示，其他状态置灰不可操作。点击【数据补录】按钮，根据该条需要补录的通知书证书类型跳转到证书模板表单中进行补录操作。目前支持补录的证书类别有：进口食品、进口乳品、进口水产品、进口肉类、进口化妆品、进口中药材，补录界面分别如下图所示。

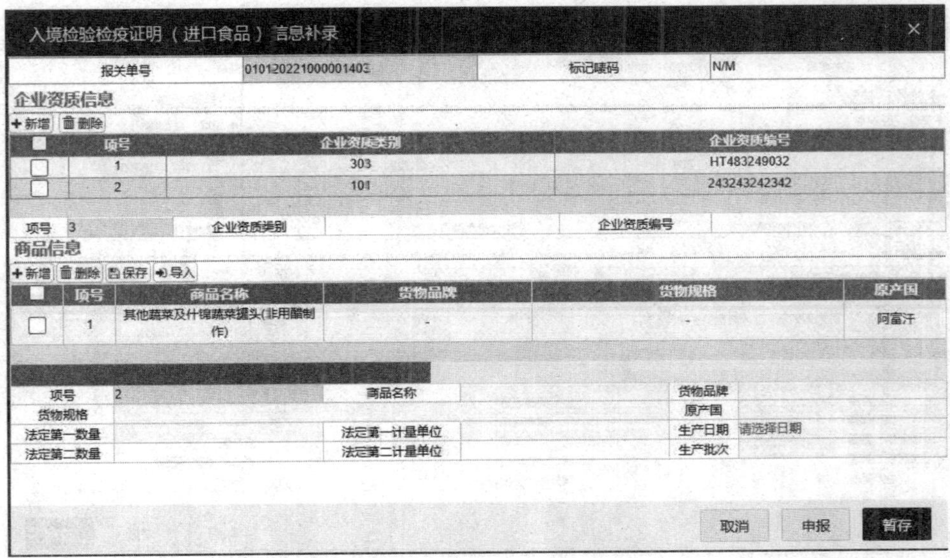

图 8-174 进口食品证书补录界面

入境检验检疫证明（进口乳品）信息补录

报关单号	010120221000001420	标记唛码	N/M

企业资质信息

新增 删除

项号	企业资质类别	企业资质编号
1	290	C472847982

项号 2 企业资质类别 企业资质编号

商品信息

新增 删除 保存 导入

项号	商品名称	货物品牌	法定第一数量	法定第一计量单位	生产日期	生产批次
	早产儿/低出生体重婴儿配方（乳基）、母乳营养补					

项号	2	商品名称			
货物品牌		货物规格			
法定第一数量		法定第一计量单位		原产国	
法定第二数量		法定第二计量单位		生产日期	请选择日期
生产批次		产品保质期(天)			

取消 申报 暂存

图 8-175 进口乳品证书补录界面

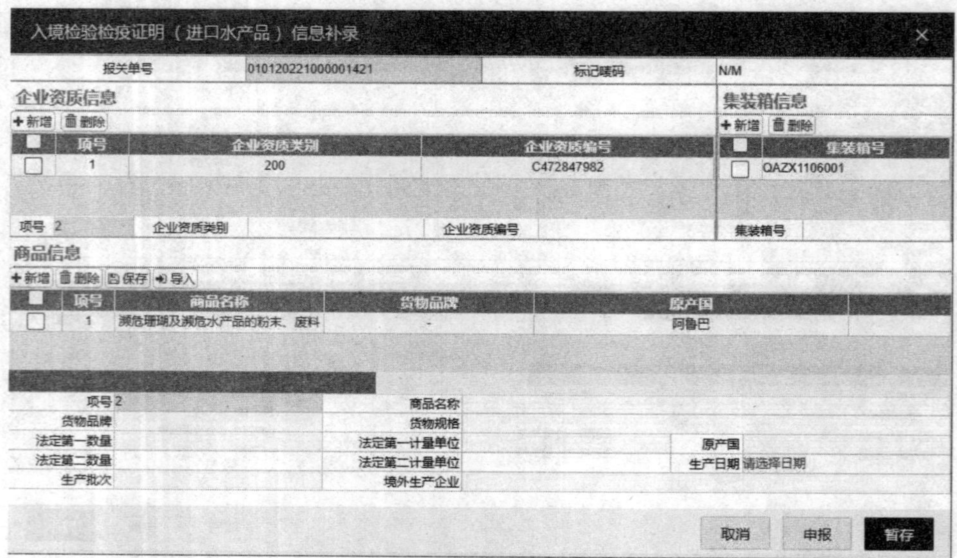

图 8-176 进口水产品证书补录界面

入境检验检疫证明（进口肉类）信息补录

报关单号 010120221000001422　标记唛码 N/M

企业资质信息

+新增 删除

项号	企业资质类别	企业资质编号
1	200	C472847982

项号 2　企业资质类别　企业资质编号

集装箱信息

+新增 删除

集装箱号
QAZX1106001

集装箱号

商品信息

+新增 删除 保存 导入

项号	商品名称	货物品牌	原产国
1	鲜、冷或冻的乳鸽肉及其杂碎	-	阿鲁巴

项号 2　商品名称

货物品牌　货物规格

法定第一数量　法定第一计量单位　原产国

法定第二数量　法定第二计量单位　生产日期 请选择日期

生产批次　境外生产企业

取消　申报　暂存

图 8-177 进口肉类证书补录界面

图 8-178 进口化妆品证书补录界面

图 8-179 进口中药材证书补录界面

界面中的录入要求，总体说明如下。

灰色字段（例如“标记唛码”等）表示不允许录入，系统将根据相应操作或步骤后自动返填。

黄底字段表示必填字段，需要用户手工录入，为空时不允许申报。

部分字段（例如原产国等）需要在参数中进行调取，不允许随意录入。使用键盘空格键，可调出下拉菜单并在其中进行选择。也可以输入已知的相应数字、字母或汉字，迅速调出参数，选择后点击回车键确认录入。

生产日期字段点击录入框，在系统弹出的日历中进行选择。

1. 表头

报关单号	010120221000001422	标记唛码	N/M

图 8-180 表头示范

报关单号：返填，不可录入，系统自动反填。

标记唛码：返填，系统自动反填报关单中数据，企业可修改。

2. 企业资质信息

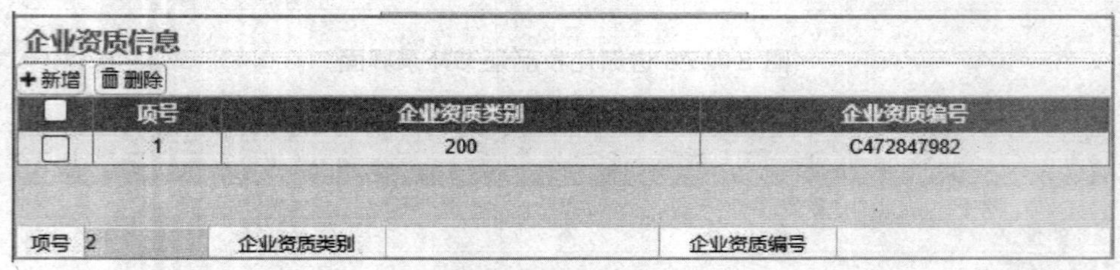

企业资质信息

+新增 删除

	项号	企业资质类别	企业资质编号
□	1	200	C472847982

项号	2	企业资质类别		企业资质编号	

图 8-181 企业资质信息示范

企业资质类别：返填报关单中数据，允许修改。

企业资质编号：返填报关单中数据，允许修改。

点击企业资质信息模块中新增或删除按钮，可对企业资质列表信息进行新增或删除操作。

3. 商品信息

商品信息

+新增 删除 保存 导入

	项号	商品名称	货物品牌	原产国
□	1	鲜、冷或冻的乳鸽肉及其杂碎	-	阿鲁巴

项号	2	商品名称			
货物品牌		货物规格			
法定第一数量		法定第一计量单位		原产国	
法定第二数量		法定第二计量单位		生产日期	请选择日期
生产批次		境外生产企业			

图 8-182 商品信息

录入完毕后，在最后一个字段点击回车键或点击【保存】按钮，将录入的商品信息数据，保存到商品信息列表中。

商品信息字段录入格式要求同报关单，除法定第二数量、法定第二计量单位非必填，其余字段必填。

4. 导航栏

商品信息下方的白色按钮，只对商品信息列表进行相关操作。

点击【新增】，清空商品信息录入界面，序号显示当前表体列表数量加一。点击【保存】，保存当前录入的商品信息到商品信息列表中。

选中列表中一项或多项商品信息后，点击【删除】，系统会弹出提示“是否确认删除已选中的数据？”，点击确定将删除已选中的商品信息。

点击【导入】按钮，弹出商品导入对话框，如图 8-183。

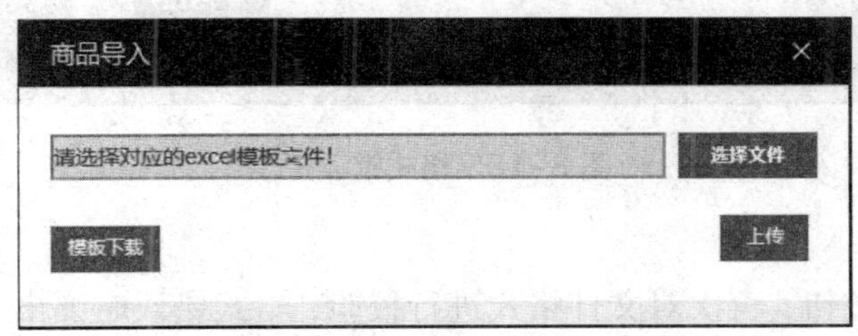

图 8-183 商品导入

录入框内默认显示提示信息“请选择对应的 excel 模板文件！”，不可手动输入。

点击【模板下载】按钮，可下载对应证书类型的导入模板。点【选择文件】按钮，弹出文件选择框，如图 8-184。

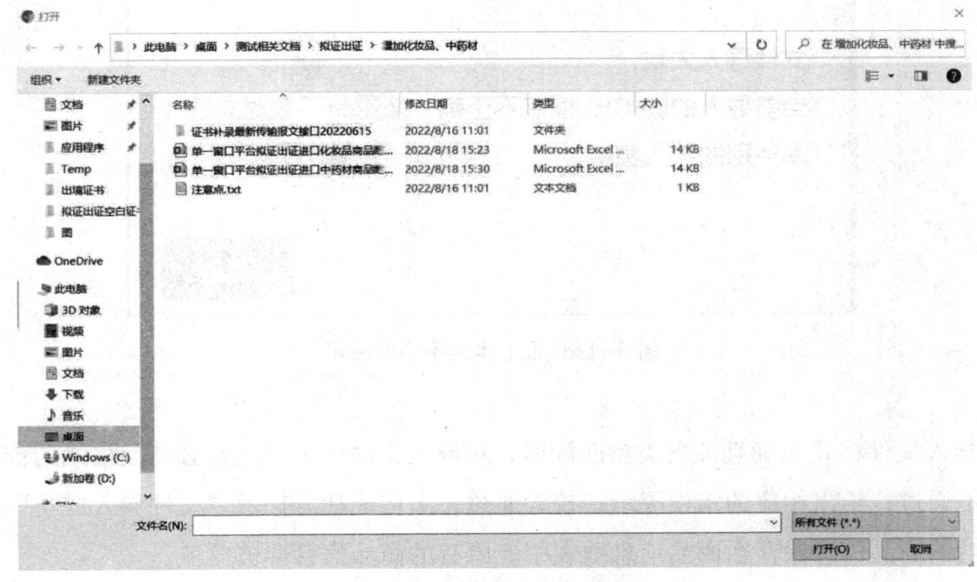

图 8-184 文件选择框

选择文件，点击【打开】按钮，对选择的导入文件进行格式校验，校验不通过时，提示“导入格式错误，请导入 xls/xlsx 格式文件！”，如图 8-185，文件名称返填在录入框内，可重新选择。

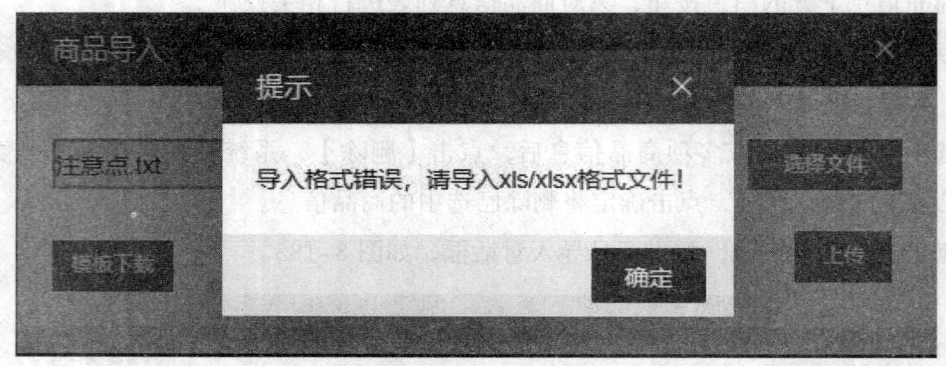

图 8-185 格式错误提示

点击【上传】按钮，再次对文件格式进行校验，格式错误时弹出与上图同样的提示，上传失败。格式正确时，对导入文件的证书类型与当前补录界面的证书类型是否一致进行校验，不一致时，弹出如图 8-186 的提示“上传失败”。

图 8-186 证书类别不匹配提示

导入文件格式正确且证书类型匹配时，对导入文件中字段进行必填及格式的校验，校验不通过，给出相应的错误提示；校验通过，上传成功。提示“文件导入成功”，导入成功的商品信息保存在商品信息列表中。原有的商品信息会被覆盖。

5. 集装箱信息

点击集装箱信息模块中【新增】或【删除】按钮，可对集装箱信息列表进行新增或删除操作。集装箱号的录入规则同报关单。

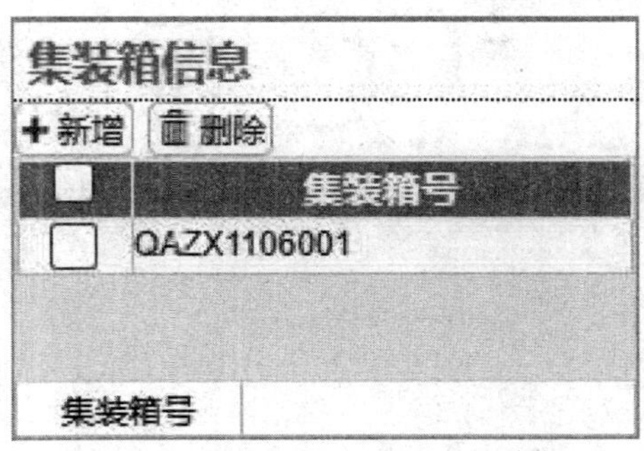

图 8-187 集装箱信息

点击补录界面下方的【暂存】按钮后，系统弹出提示“暂存成功”，状态变为“暂存”。若系统对录入的内容逻辑检查未通过，界面会提示相应错误信息。

用户在补录界面录入完毕后，点击【申报】按钮，系统弹出提示“数据申报成功”，状态更新为“已办”，证书补录数据发往海关。

小提示：

1. 申报时，一条企业资质信息中企业资质类别与企业资质编号需同时有值，同时为空时需删除此条企业资质信息。

2. 商品信息中法定第二数量与法定第二计量单位需同时为空或同时有值。

二、出境检验检疫证书

提供 23 种出境检验检疫证书的申请、出境通用证书（无格式）申请、空白证书申请、空白证书作废申请、空白证书退领申请、出境检验检疫电子证书自助打印等功能。

（一）证书申请

提供 23 种出境检验检疫证书申请的录入、暂存、复制、删除、随附单据上传、提交等功能。

点击左侧菜单栏“拟证出证—出境检验检疫证书—证书申请”，右侧界面展示如图 8-188。

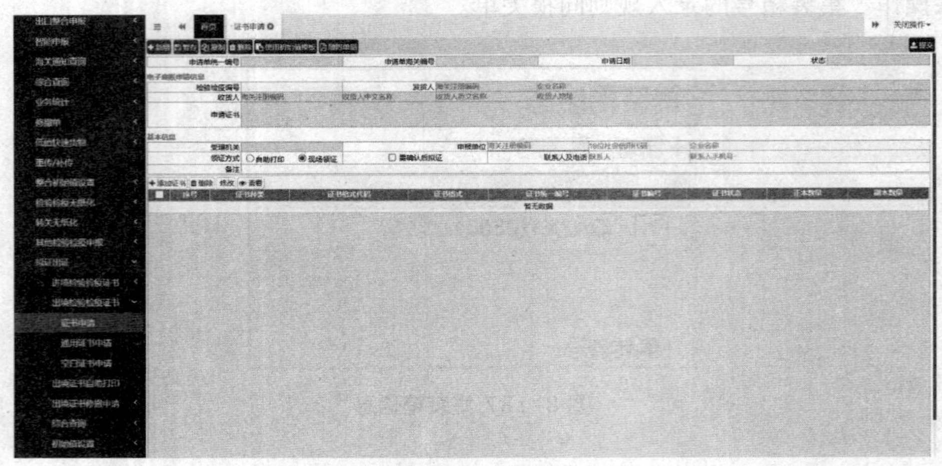

图 8-188 出境证书申请

1. 录入说明

表头界面如图 8-189 所示：

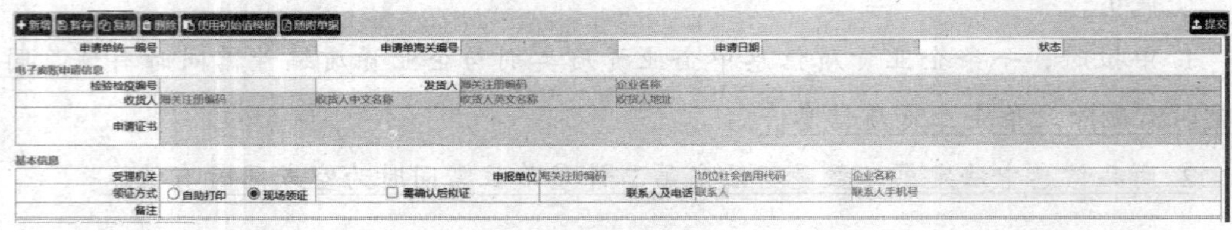

图 8-189 表头界面

（1）界面录入要求总体说明

申请单统一编号：返填，不可录入，暂存或提交后系统自动生成。

申请单海关编号：返填，不可录入，海关入库成功后返回该编号。

申请日期：返填，不可录入，暂存或提交后由系统自动根据当前日期进行显示。

状态：返填，不可录入，由系统自动根据当前数据状态进行显示。

（2）电子底账申请信息

检疫检疫编号：必填，可输入属地查检系统的检验检疫编号，输入完编号后点击回车键系统会反填发货人、收货人、申请证书、受理机关等信息。

发货人：返填，不可录入，由系统自动根据检验检疫编号的信息反填显示。

收货人：返填，不可录入，由系统自动根据检验检疫编号的信息反填显示。

申请证书：返填，不可录入，由系统自动根据检验检疫编号的信息反填显示。

小提示：

1. 如果检验检疫编号对应的电子底账未勾选所需单证时，输入检验检疫编号回车，系统会弹出如下提示，此时不能申请证书。

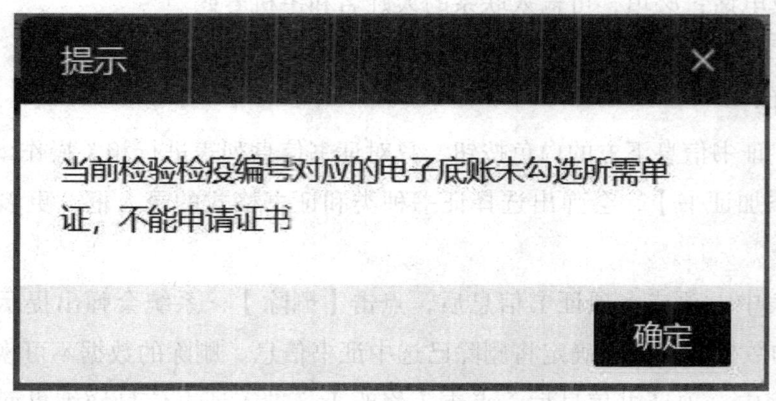

图 8-190 电子底账未勾选所需单证提示

2. 如果检验检疫编号对应的电子底账申请单的发货单位或者申报单位和当前登录用户的海关十位不一致时，输入检验检疫编号回车，系统会弹出如下提示，此时需要先录入发货单位的海关注册编号和企业名称，点确定后，才能申请证书。

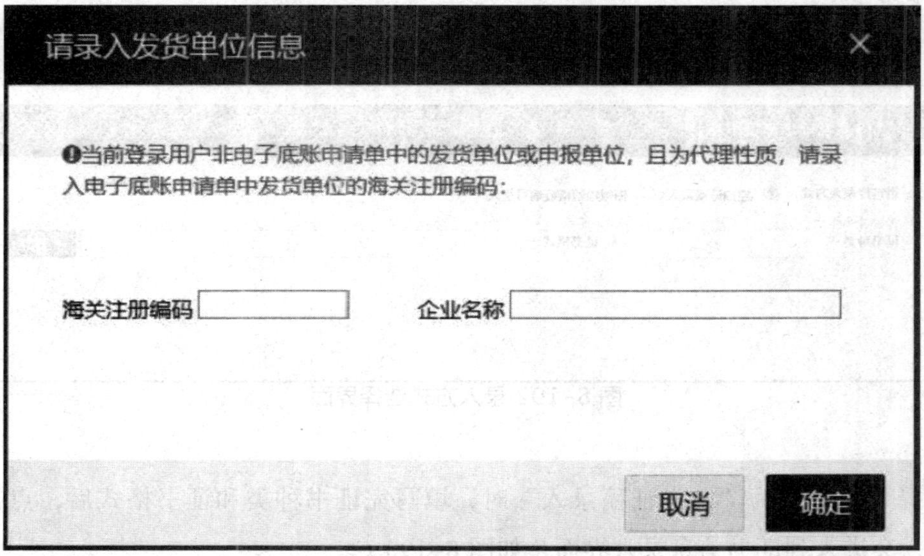

请录入发货单位信息

×

当前登录用户非电子底账申请单中的发货单位或申报单位，且为代理性质，请录入电子底账申请单中发货单位的海关注册编码：

海关注册编码　　企业名称

取消　确定

图 8-191 录入发货单位信息提示

（3）基本信息

受理机关：返填，不可录入，由系统自动根据检验检疫编号的信息反填显示。

申报单位：返填，可修改，系统自动反填当前插卡的海关注册编码的 10 位、18 位和名称。

领证方式：必填，自助打印和现场领证二选一，需确认后拟证可根据实际情况选择。

联系人及电话：必填，可输入联系的人姓名和手机号码。

备注：非必填，填写未尽事宜，最多 1024 位。

（4）表体

导航栏：证书信息下方的白色按钮，只对证书信息列表进行相关操作。

点击【添加证书】，会弹出选择证书种类和证书格式的录入框，更多操作可参考添加证书部分。

选中列表中一项或多项证书信息后，点击【删除】，系统会弹出提示“是否确认删除已选中的数据？”，点确定将删除已选中证书信息。删除的数据不可恢复。

选中列表中一项证书信息后，点击【修改】，进入证书信息详细界面，可以修改证书里的字段信息。

选中列表中一项证书信息后，点击【查看】，进入证书信息详细界面，界面所有字段都是置灰。

2. 添加证书

点击添加证书按钮，企业可选择录入方式，系统默认选择空白证稿录入。

小提示：

证书种类可供选择的是属地查检系统里勾选的所需单证的种类。

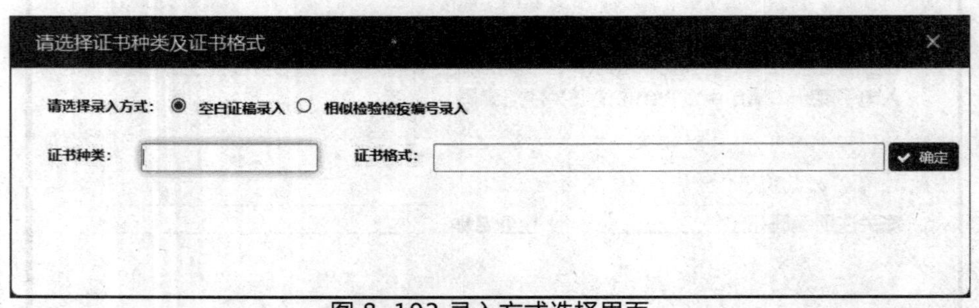

图 8-192 录入方式选择界面

选择录入方式为“空白证稿录入”时，填写完证书种类和证书格式后，点击确定按钮后，会进入到证书信息录入界面（如图 8-193）。

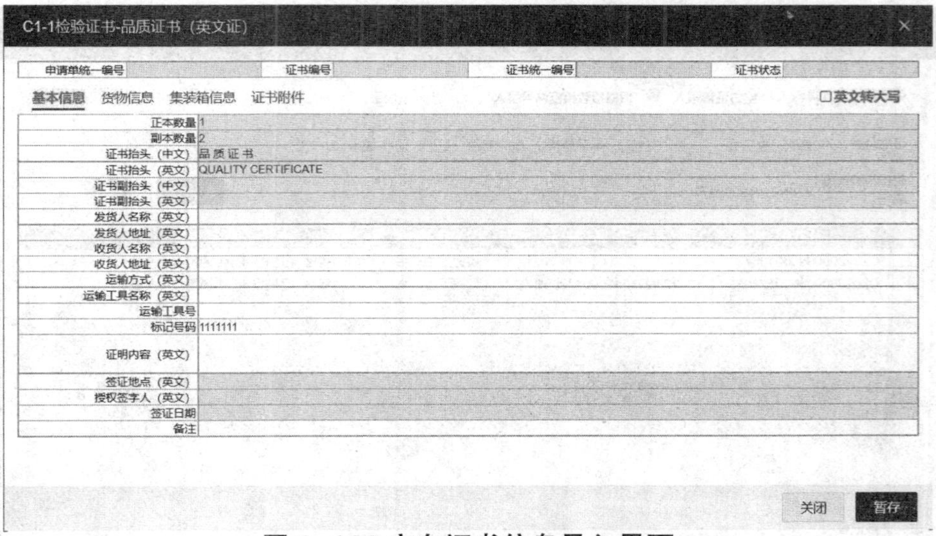

图 8-193 空白证书信息录入界面

选择录入方式为“相似检验检疫编号录入”时，填写证书种类、证书格式、相似检验检疫编号，点击查询按钮后，会查询出符合条件的证书数据。

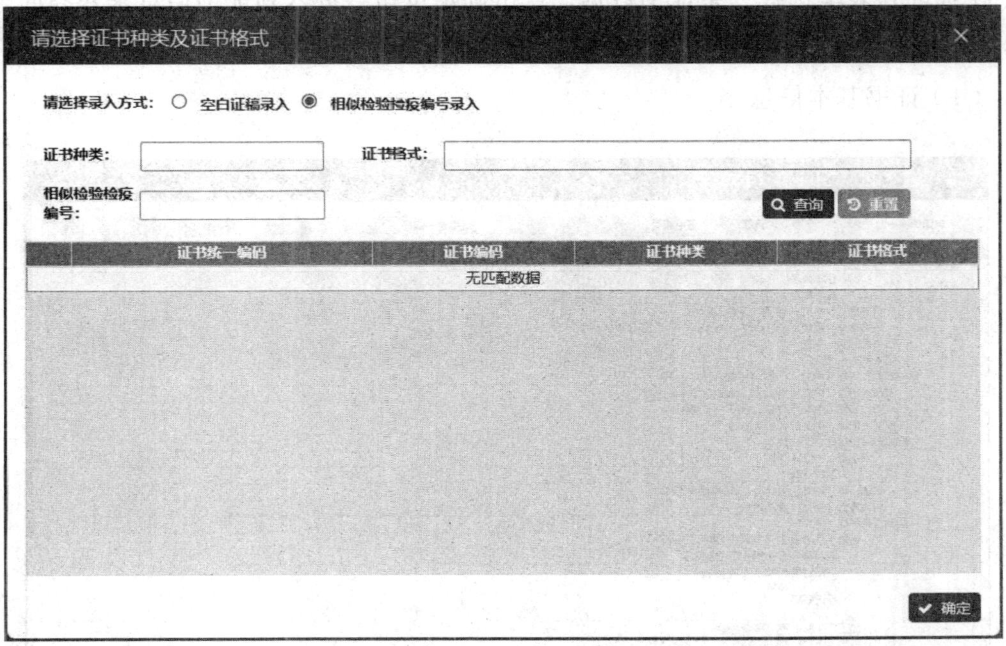

图 8-194 证书数据查询

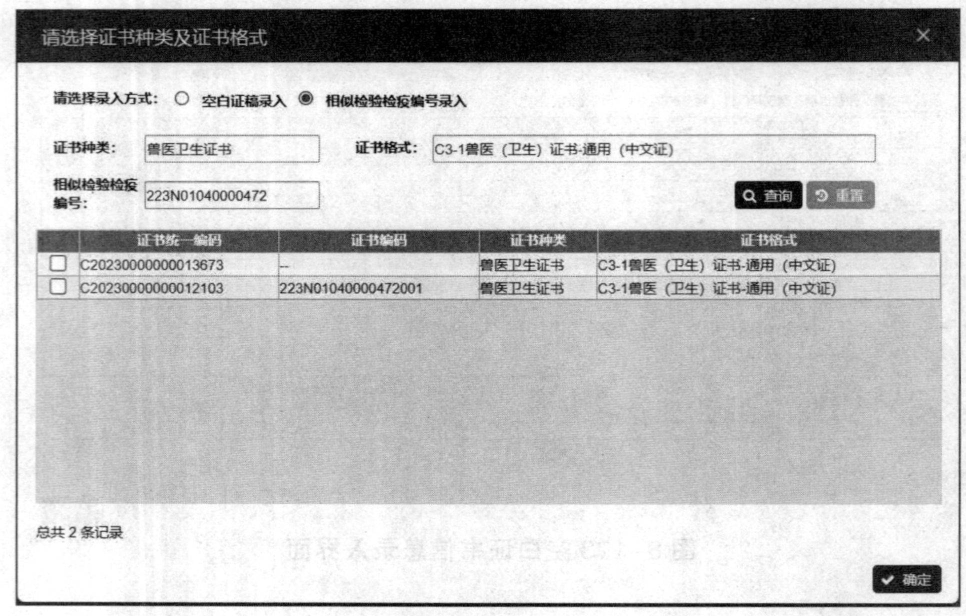

图 8-195 证书数据查询显示示范

在查询列表里选择一条证书数据，点击确定按钮会进入到证书信息录入界面（如图 8-196），系统会根据规则自动反填数据到录入界面上。

（1）证书基本信息

C3-1兽医（卫生）证书-通用（中文证）

申请单统一编号 A20230000000320327 证书编号 证书统一编号 证书状态

基本信息 货物信息 集装箱信息 证书附件 □英文转大写

正本数量	1
副本数量	2
证书抬头（中文）	兽医（卫生）证书
证书抬头（英文）	VETERINARY (HEALTH) CERTIFICATE
证书副抬头（中文）	
证书副抬头（英文）	
发货人名称（中文）	
发货人地址（中文）	
收货人名称（中文）	
收货人地址（中文）	
输往国家/地区（中文）	埃及
启运地（中文）	上海
发货日期	
到达口岸（中文）	圣托马（美属维尔京群岛）
运输方式（中文）	水路运输
运输工具名称（中文）	
运输工具号码	
集装箱号	
铅封号	
标记号码	N/M
加工厂注册号	
加工厂名称（中文）	

关闭 暂存

图 8-196 相似检验检疫编号证书信息录入界面

申请单统一编号：返填，不可录入，暂存或提交后系统自动生成。

证书编号：返填，不可录入，海关入库成功后返回该编号。

证书统一编号：返填，不可录入，暂存或提交后由系统自动生成。

状态：返填，不可录入，由系统自动根据当前数据状态进行显示。

正本数量：返填，系统反填电子底账所需单证的正本数量。

副本数量：返填，系统反填电子底账所需单证的副本数量。

证书抬头（中文）：返填，系统根据选择的证书种类和格式自动设置默认值。

证书抬头（英文）：返填，系统根据选择的证书种类和格式自动设置默认值。

证书副抬头（中文）：返填，系统根据选择的证书种类和格式自动设置默认值。

证书副抬头（英文）：返填，系统根据选择的证书种类和格式自动设置默认值。

其他录入字段，标黄色底色的为必填项，录入规则可参考实际证书的录入规则录入即可。

小提示：

1. 证书录入界面的字段会根据选择的证书种类和证书格式动态调整展示。

2. 证书基本信息里的到达口岸、输往国家（地区）、运输工具等字段系统会自动反填电子底账的相应字段的值。

（2）证书货物信息

货物信息录入前需要先勾选电子底账申请货物列表里的货物，点确定按钮后，才能在证书货物信息栏里录入货物信息字段的值。

录入完货物信息，在最后一个字段点击回车键或者点击表体的保存按钮，将所录入的货物信息，保存到表体列表中。

小提示：

1. 证书货物信息里的商品编码、商品名称、申请重量、重量单位、申请数量、数量单位、包装件数、包装种类等字段系统会自动反填电子底账的相应字段的值。

2. 货物信息的申请数量、申请重量、件数不能超过电子底账货物信息里的值。

3. 不允许新增货物信息，只能选择电子底账里有的货物信息进行修改。

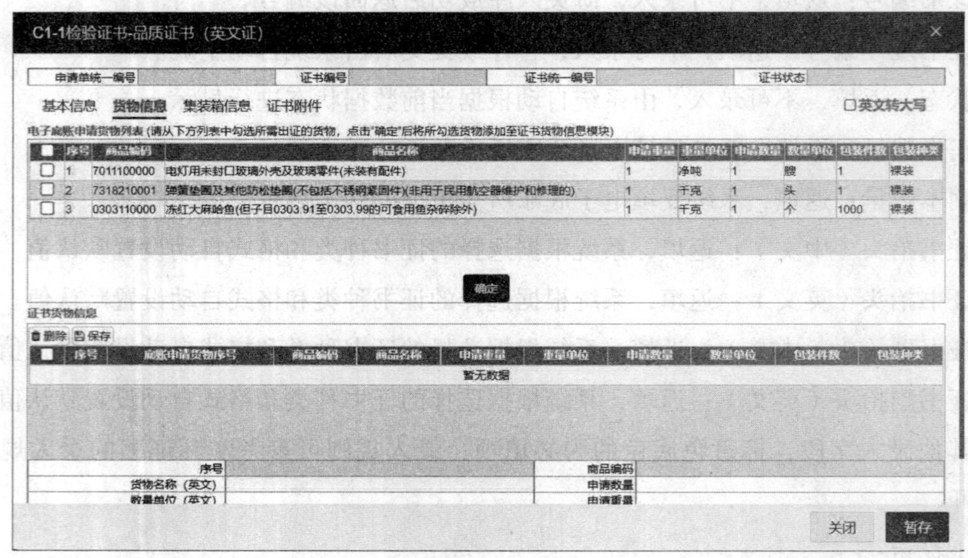

图 8-197 证书货物信息录入界面

（3）证书集装箱信息

集装箱信息录入前需要先勾选电子底账申请集装箱列表里的集装箱，点确定按钮后，才能在证书集装箱信息栏里录入集装箱信息字段的值。

录入完集装箱信息，在最后一个字段点击回车键或者点击表体的保存按钮，将所录入的集装箱信息，保存到表体列表中。

小提示：

1. 证书集装箱信息里的集装箱规格、集装箱数量、拼箱标识、集装箱号等字段系统会自动反填电子底账的相应字段的值。

2. 允许新增集装箱信息。

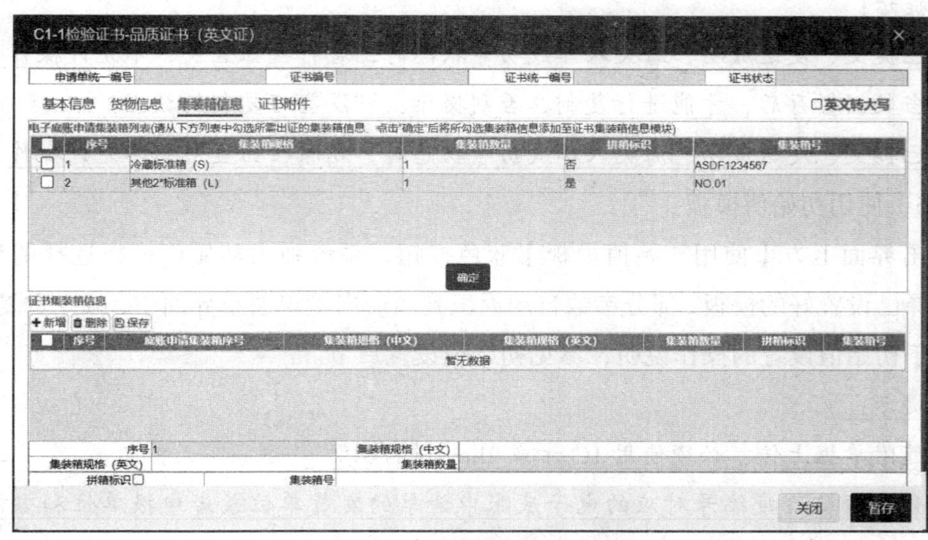

图 8-198 证书集装箱信息录入界面

（4）证书附件

可以上传标记唛码图片的附件信息，一次只能上传一个图片，可以对上传成功的图片进行预览、下载和删除。

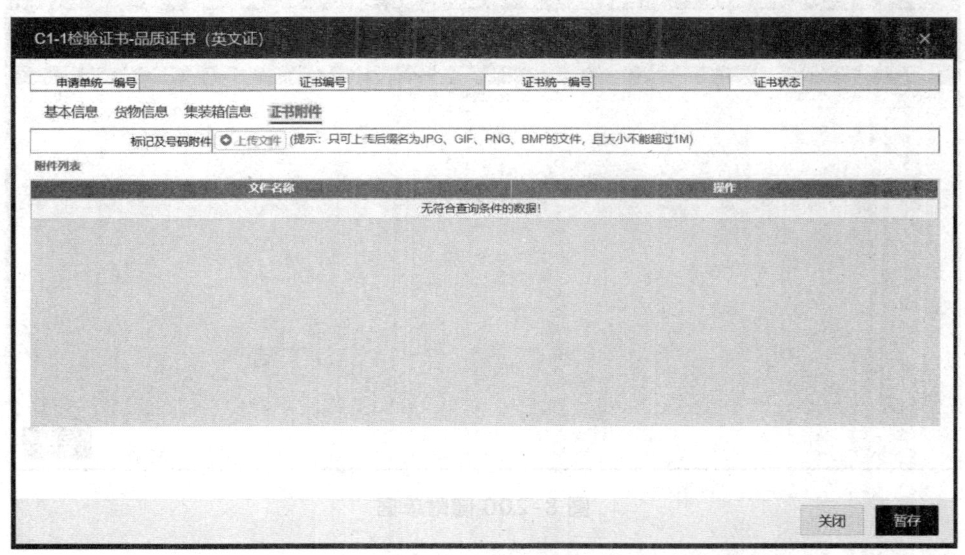

图 8-199 证书附件录入界面

证书信息录入完成后，需点击页面下方暂存按钮，保存该证书信息到证书表体列表中。确认信息无误后，点击页面下方关闭按钮，关闭该证书信息的录入框。

更多关于新增、录入、删除等操作，可参考“进境检验检疫证书”。

小提示：

1. 已提交、发送成功、海关入库成功等状态时，暂存按钮置灰，不允许操作。

2. 当数据暂存后，才能进行复制，否则提示："没有可复制的数据！"

3. 已提交、发送成功、海关入库成功等状态时，删除按钮置灰，不允许操作。

（5）使用初始值模板

点击界面上方【使用初始值模板】蓝色按钮，系统弹出初始值模板选择的界面，在此选择已设置好的模板，部分参数自动返填到当前出境申请单界面中，减少重复录入。更多关于初始值设置的操作说明，参见初始值设置章节。

小提示：

1. 随附单据上传，必须使用 IC 卡或 Ikey 进行操作。

2. 如果检验检疫编号对应的电子底账申请单的发货单位或者申报单位和当前登录随附单据上传用户的海关十位不一致时，必须在随附单据上传"签证委托书"！

（6）随附单据上传

须先填写基本信息中"检验检疫编号"，单据是暂存状态，【随附单据】按钮才能操作。点击界面上方【随附单据】蓝色按钮，弹出录入界面（如图 8-200）。

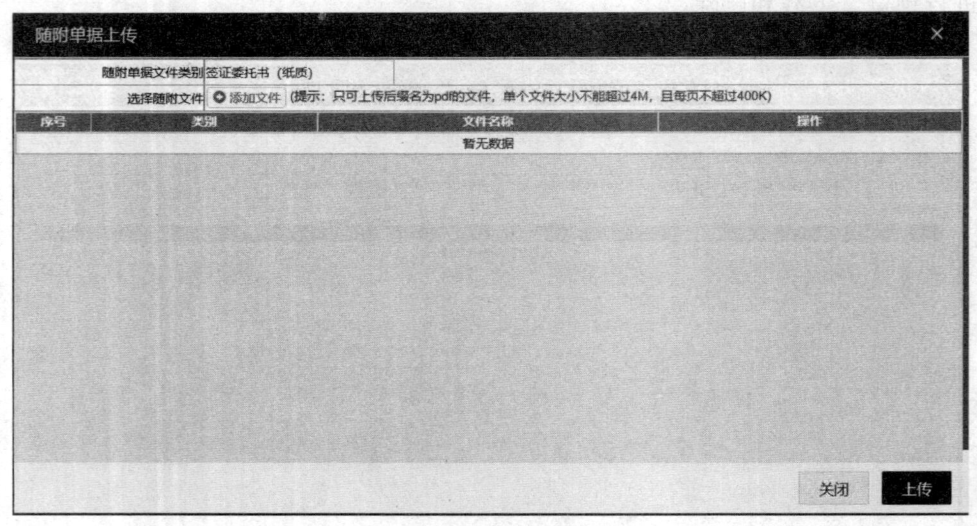

图 8-200 随附单据

随附单据文件类别默认显示签证委托书（纸质）。

按空格键调出下拉菜单，或录入 8 位数字的随附单据文件代码后回车，快捷录入。

在"随附单据文件类别"中，输入中文或文件类别的数字代码，可调出下拉菜单选择（如图 8-201）。

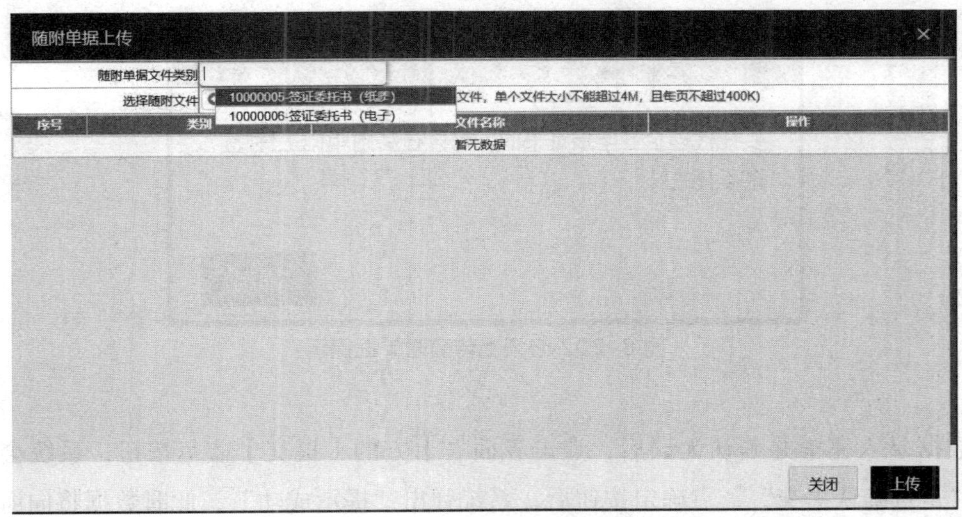

图 8-201 随附单据文件类别

选择完毕后，系统自动触发或点击“添加文件”白色按钮，弹出选择 pdf 文件的对话框，供用户在本地电脑中选择文件。选择相应的 pdf 文件后，点击打开按钮，文件自动添加至列表中。

随附单据文件类别与 pdf 文件或电子数据为一对一的关系（即随附单据文件类别相同的，只能对应一个 pdf 或电子数据）。按上述步骤，依次录入所需申报的随附单据内容。同时可对上传的 pdf 文件进行下载、删除等操作。

点击图 8-201 中 “上传” 蓝色按钮，等待系统将随附单据进行上传即可。

（7）提交

小提示：

进行提交，必须使用电子口岸卡介质。

提交即意味着您的数据将向相关业务主管部门进行发送，并等待其审批。

如果检验检疫编号对应的电子底账申请单的发货单位或者申报单位和当前登录用户的海关十位不一致时，点击界面右上方的【提交】蓝色按钮，系统会弹出提示“委托代理企业申报证书时，必须在随附单据上传“签字委托书””。

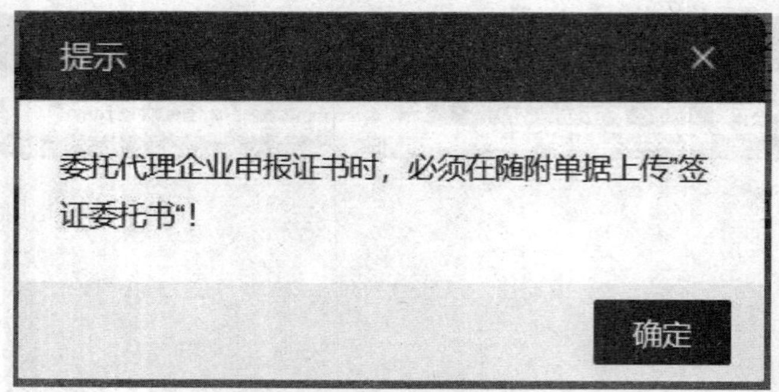

图 8-202 必须上传随附单据提示

数据录入完毕并确认无误后，点击界面右上方的【提交】蓝色按钮，系统会弹出提示“是否确认提交”，点确定按钮后，系统弹出“提示成功”，此时数据将向海关进行发送。

在提交成功的界面(如图8-204)上点击“暂时不需要,谢谢”会关闭提示框,点击“去订阅”系统会跳转到订阅推送系统界面（如图 8-205）。

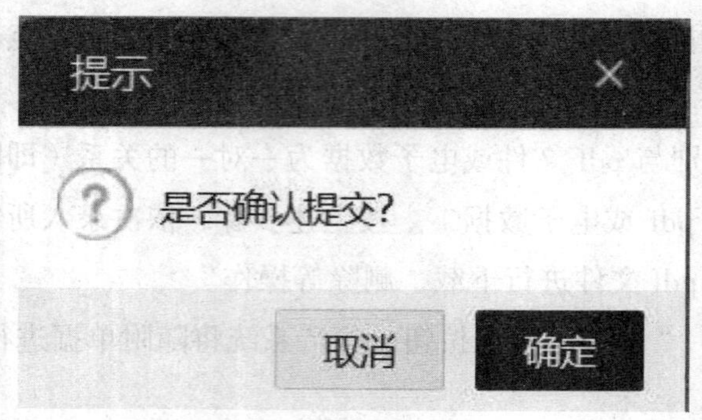

图 8-203 确认提交

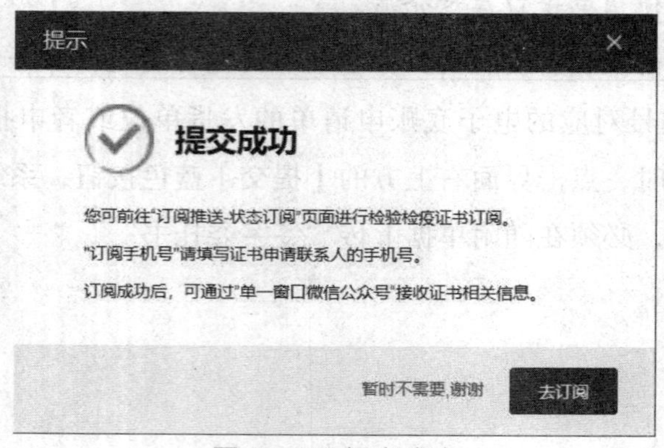

图 8-204 提交成功

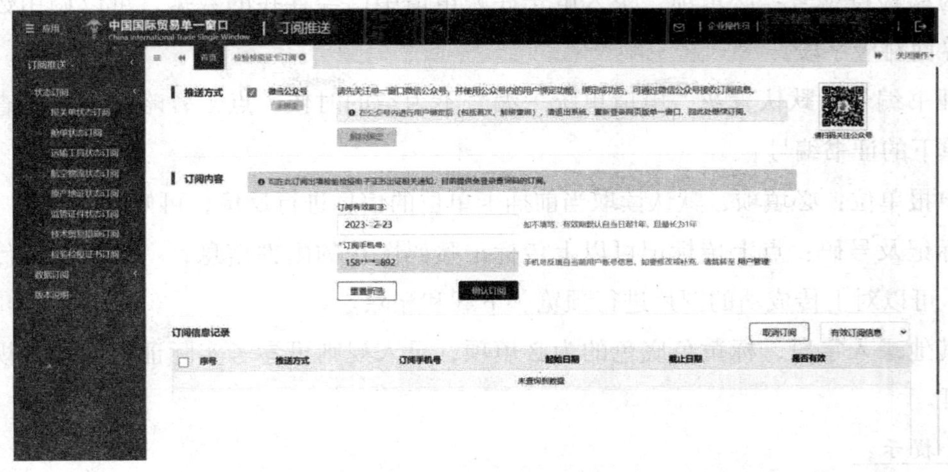

图 8-205 订阅推送

（二）通用证书申请

提供通用证书（无格式）的录入、暂存、复制、删除、提交等功能。

点击左侧菜单栏“拟证出证—出境检验检疫证书—通用证书申请”，右侧界面展示如图 8-206。

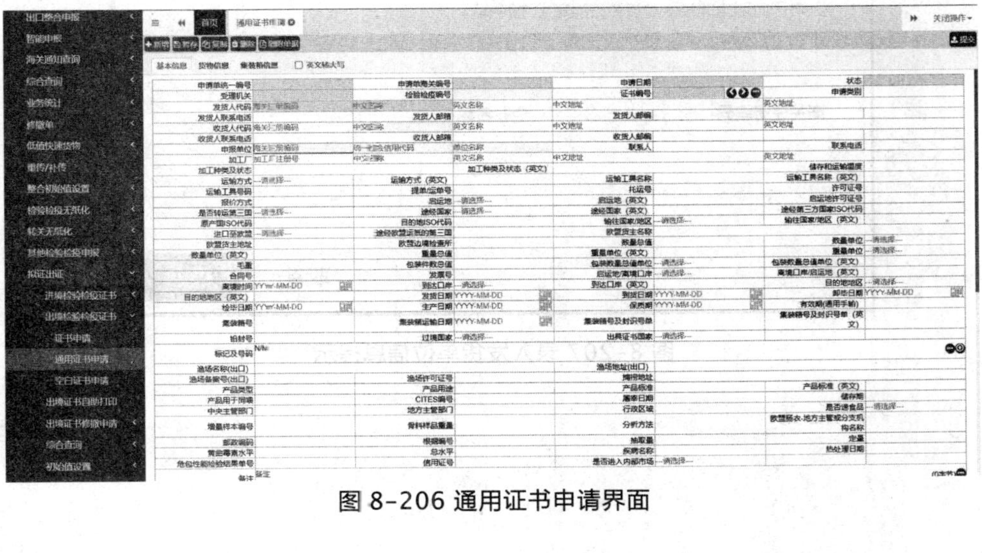

图 8-206 通用证书申请界面

界面的录入要求，总体说明参照“证书申请”。

基本信息录入说明如下。

申请单统一编号、申请单海关编号、申请日期、状态：默认置灰，暂存或提交成功后，系统自动赋值。

受理机关、发货人代码：默认置灰，根据检验检疫编号进行反填。

检验检疫编号：必填项，录入电子底账申请中已经存在的数据，可以调用数据反填到界面对应字段。

证书编号：默认置灰，申请单统一编号不为空的时候，点击省略标记可以查询该申请单下的证书编号。

申报单位：必填项，默认读取当前插卡单位的信息进行反填，可修改。

标记及号码：点上传标记可以上传标记唛码图片的附件信息，一次只能上传一个图片，可以对上传成功的图片进行预览、下载和删除。

其他录入字段，标黄色底色的为必填项，录入规则可参考实际证书的录入规则录入即可。

小提示：

如果检验检疫编号对应的电子底账申请单的发货单位或者申报单位和当前登录用户的海关十位不一致时，输入检验检疫编号回车，系统会弹如下提示，此时需要先录入发货单位的海关注册编号和企业名称，点确定后，才能申请证书。

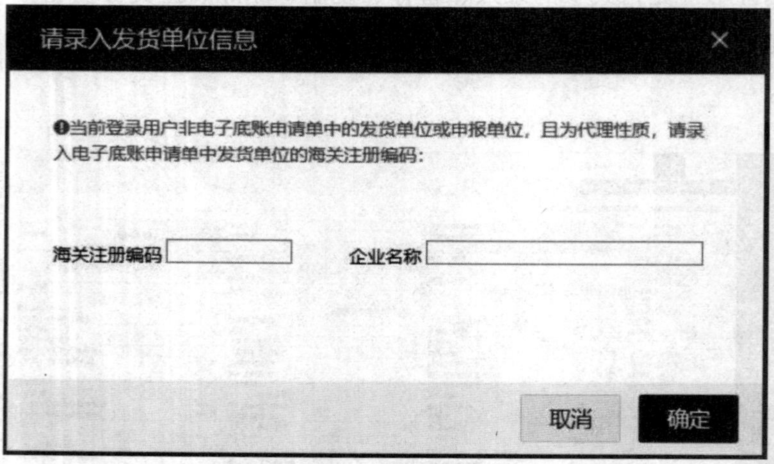

请录入发货单位信息

当前登录用户非电子底账申请单中的发货单位或申报单位，且为代理性质，请录入电子底账申请单中发货单位的海关注册编码：

海关注册编码 企业名称

取消 确定

图 8-207 录入发货单位信息提示

1. 货物信息

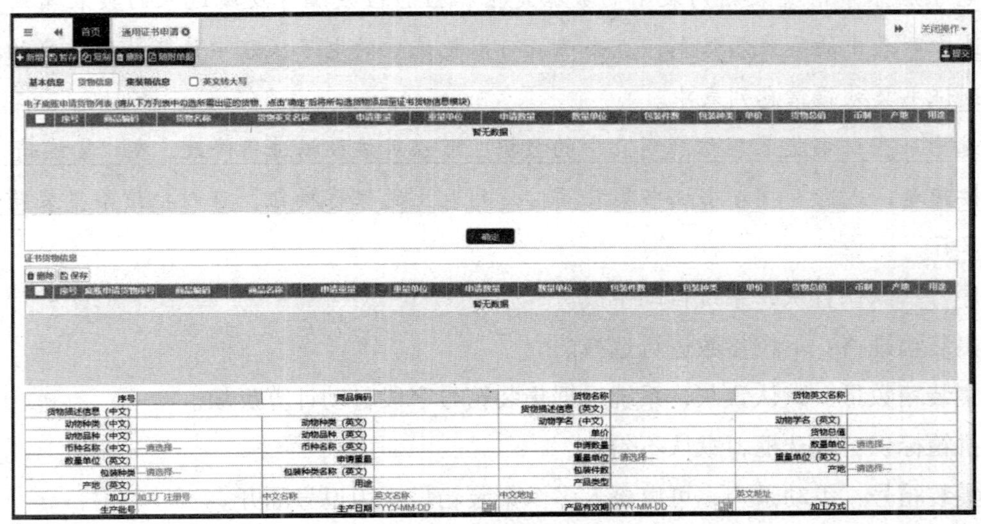

图 8-208 货物信息界面

小提示：

电子底账申请货物列表中的数据是根据检验检疫编号反填过来的列表信息，选中列表中的货物，点击确认可以把选中的电子底账申请货物信息的数据反填到证书货物信息列表中。

选中一条证书货物信息列表中的数据，可以对该数据进行修改，在最后一个字段“必填字段”按回车，或者直接点击证书货物信息列表上的保存按钮，可以把该条货物信息进行保存。

序号、商品编码、货物名称：默认置灰，不可修改，根据检验检疫编号中的货物信息进行反填。

2. 集装箱信息

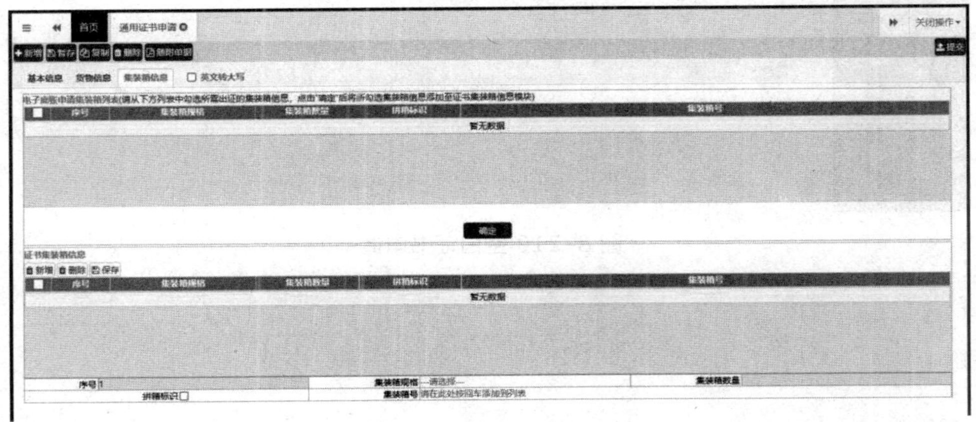

图 8-209 集装箱信息

小提示：

电子底账申请集装箱列表中的数据是根据检验检疫编号反填过来的集装箱列表信息，选中列表中的集装箱信息，点击确认可以把选中的电子底账申请集装箱信息的数据反填到证书集装箱信息列表中。

选中一条证书集装箱信息列表中的数据，可以对该数据进行修改，在“集装箱号”字段按回车，或者直接点击证书集装箱信息列表上的保存按钮，可以把该条集装箱信息进行保存。

序号：默认置灰，系统自动生成。

集装箱规格：下拉参数进行选择。

集装箱数量：默认置灰，系统根据集装箱号字段自动计算反填。

拼箱标识：勾选框，默认不勾选。

集装箱号：手动录入，可以录入多个集装箱号，用逗号隔开。

操作（按钮）：界面上方蓝色按钮，新增、暂存、复制、删除、随附单据、提交等内容。具体操作说明参照“证书申请”。

（三）空白证书申请

提供空白证书的录入、暂存、删除、提交、打印等功能。

点击左侧菜单栏“拟证出证——出境检验检疫证书——空白证书申请”，右侧界面展示如图 8-210。

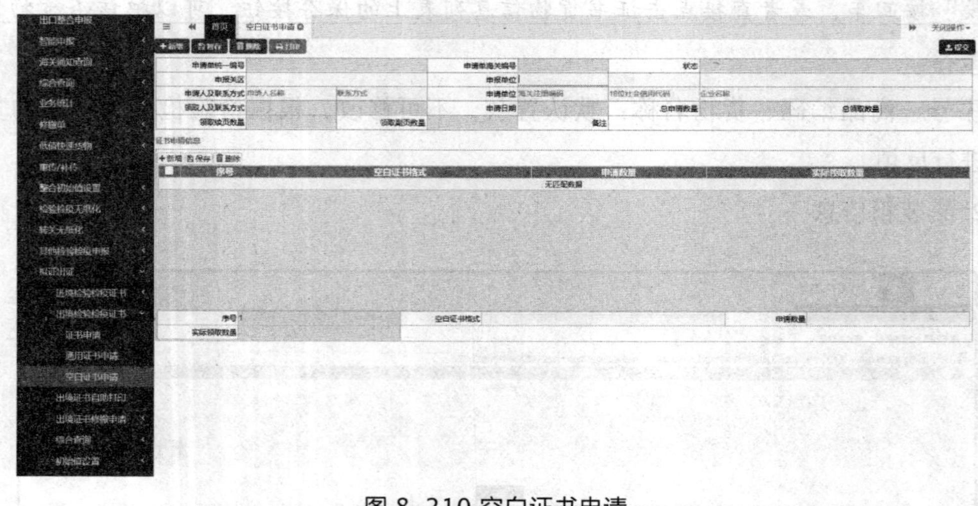

图 8-210 空白证书申请

1. 表头录入说明

首页 空白证书申请 关闭操作
新增 暂存 删除 打印 提交

申请单统一编号			申请单海关编号		状态		
申报关区			申报单位				
申请人及联系方式	申请人名称	联系方式	申请单位	海关注册编码	18位社会信用代码	企业名字	
领取人及联系方式			申请日期		总申请数量		总领取数量
领取续页数量		领取副页数量		备注			

图 8-211 表头

申请单统一编号：返填，不可录入，暂存或提交成功后系统自动生成。

申请单海关编号：返填，不可录入，海关入库成功后返填。

状态：返填，不可录入，系统根据当前申请单状态返填。

申报关区：必填，使用键盘空格键，可调出下拉参数并在其中进行选择，也可以输入已知的相应的数字或关区中文名称，迅速调出参数，选中后点击回车键确认录入 。

申报单位：返填，可修改，系统自动反填当前插卡的海关注册编码的 10 位、18 位和名称。

申请人及联系方式：必填，可录入申请人名称及联系方式。

领取人及联系方式：返填，不可录入，企业线下领取空白证书成功后，由内网返回。

申请日期：返填，不可录入，申请数据提交成功后，系统自动获取当前时间生成。

总申请数量：返填，不可录入，计算证书申请信息中的申请数量之和返填。

总领取数量：返填，不可录入，计算内网返回的证书申请信息中实际领取数量之和返填。

领取续页数量：返填，不可录入，企业线下领取空白证书成功后，由内网返回。

领取副页数量：返填，不可录入，企业线下领取空白证书成功后，由内网返回

备注：选填，企业可录入。

2. 证书申请信息

图 8-212 证书申请信息界面

空白证书格式：必填，使用键盘空格键，可调出下拉参数并在其中进行选择，也可以输入已知的相应的数字或空白证书格式名称，迅速调出参数，选中后点击回车键确

认录入。

申请数量：必填，只允许录入 0–999 之间的正整数。

实际领取数量：返填，不可录入，企业线下领取空白证书成功后，由内网返回。

导航栏：证书申请信息下方的白色按钮，只对证书申请信息列表进行相关操作。

小提示：

1. 证书申请信息录入完毕后，需点击【保存】按钮或在申请数量字段点击回车键，将所录入的证书申请信息，保存到表体列表中。

2. 证书申请信息不可保存重复的空白证书格式，重复时进行保存操作弹出提示“已存在相同空白证书格式的申请信息！”。

3. 证书申请信息最大允许录入的条数为 10 条。

3. 操作（按钮）

界面上方蓝色按钮（如图 8–213）的操作，影响整票空白证书的数据。

图 8–213 空白证书申请（操作按钮）

小提示：

已提交、发送成功、海关入库成功等状态时，暂存、删除按钮置灰，不允许操作。

打印：点击界面上方【打印】蓝色按钮，当前申请单状态不为海关已受理时，弹出提示“没有可打印的数据！”，当前申请单状态为海关已受理时，弹出空白证书领取通知打印对话框，如图 8–214。

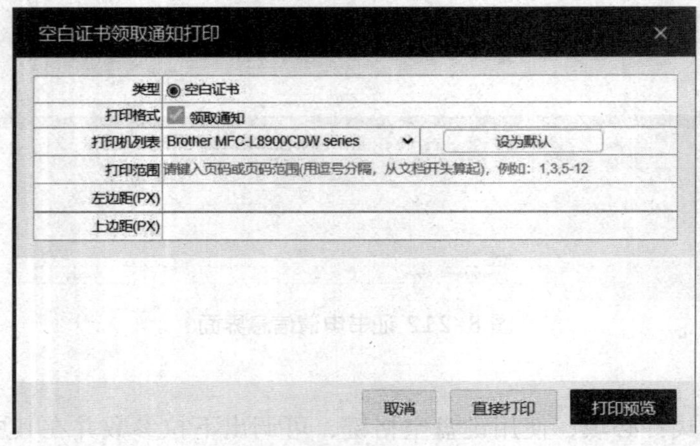

图 8–214 空白证书领取通知打印对话框

点击【取消】按钮，取消打印操作。

点击【直接打印】按钮，弹出提示“打印内容已经送入打印队列”，打印成功。点击【打印预览】按钮，弹出待打印的空白证书领取通知 pdf 文件预览界面，此界面可进行文件的下载、打印等操作。

小提示：

仅海关已受理状态可以进行空白证书领取通知的打印。

提交：数据录入完毕并确认无误后，通过点击界面右上方的【提交】蓝色按钮，系统会弹出提示“是否确认提交”，点确定按钮后，系统弹出“提示成功”，此时数据将向海关进行发送。

小提示：

进行提交，必须使用 IC 卡或 Ikey。

提交即意味着您的数据将向相关业务主管部门进行发送，并等待其审批。

三、出境证书自助打印

小提示：

出境证书自助打印功能仅允许领证方式为“自助打印”时使用，需在已成功领取的空白单证上进行自助打印。

点击左侧菜单栏“拟证出证——出境证书自助打印”，右侧界面展示如图 8-215。

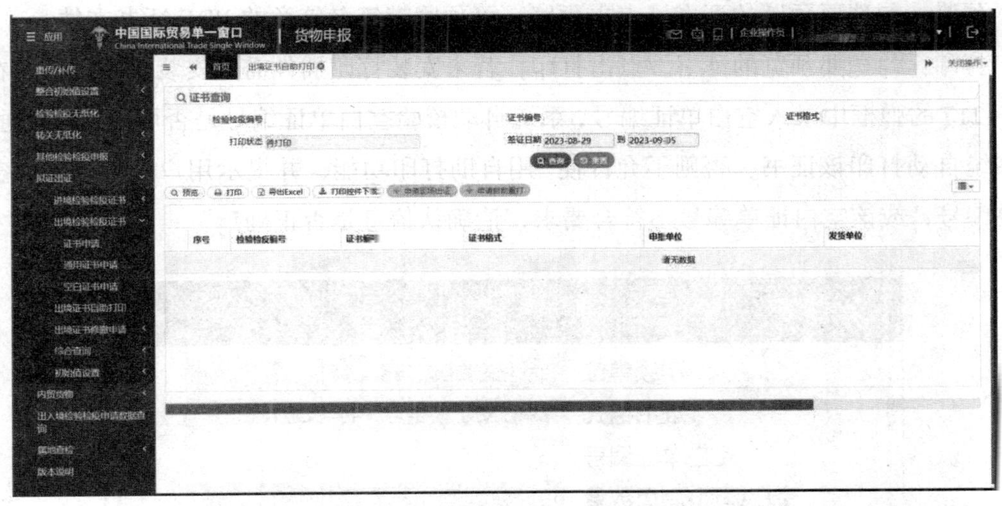

图 8-215 出境证书自助打印

检验检疫编号：选中该条件时，输入检疫检疫编号。

证书编号：选中该条件时，输入证书编号。

证书格式：选中该条件时，可在下拉菜单中选择证书格式。

打印状态：选中该条件时，有“已打印”和“待打印”两种，默认显示“待打印”。

签证日期：选中该条件时，可在下拉日历里选择起止时间。

小提示：

起止时间所选择的范围，不能超过 30 天。

输入查询条件，点击【查询】蓝色按钮，查询结果显示在下方列表中（如图 8-216）。点击【重置】蓝色按钮将清空查询条件，重新填写后查询。

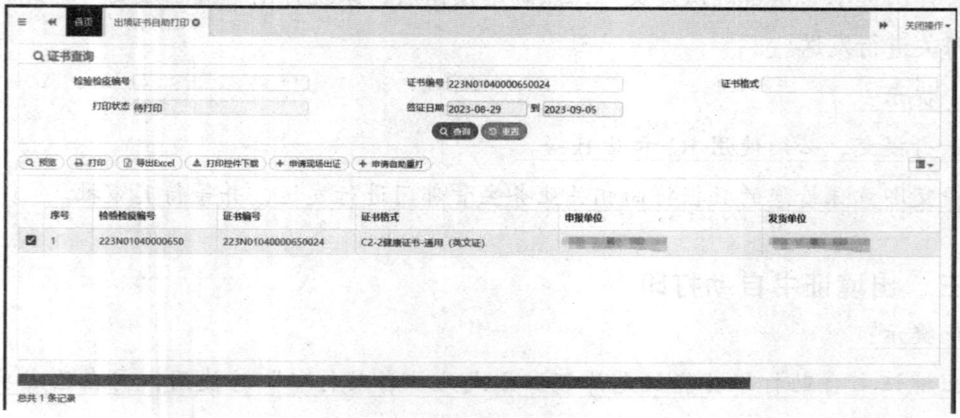

图 8-216 出境证书自助打印查询结果列表

预览：勾选要预览的证书，点击预览，可预览带签名签章的 PDF 证书文件。

打印：勾选要预览的证书，点击打印，若未安装打印插件需先安装打印插件，在如图 8-217 的弹框中录入空白单证编号，系统自动校验空白单证编号是否可用，校验通过，则系统自动打印该证书，否则不允许使 用自助打印功能，并提示用户“不存在该空白证单编号，或该空白证单编号不符合要求，请确认信息是否正确！”

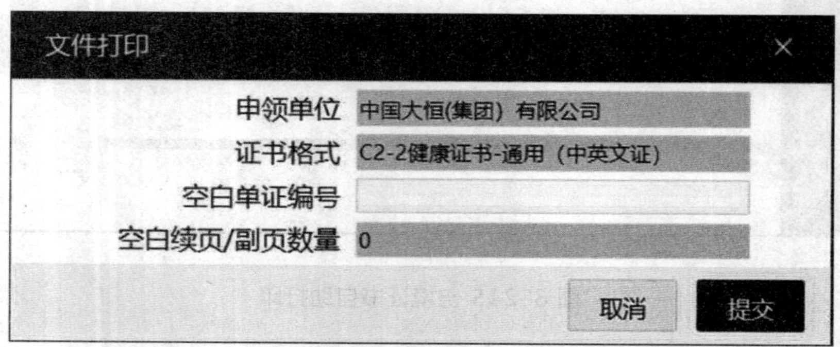

图 8-217 出境检验检疫电子证书自助打印弹框

打印完成后，用户需确认打印结果，如图 8-218：

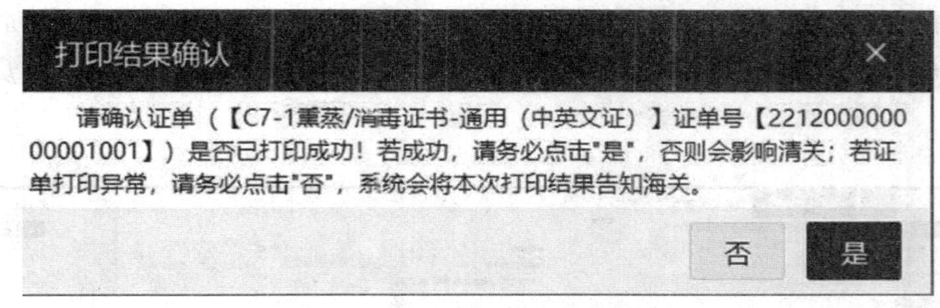

图 8-218 打印结果确认弹框

导出 Excel：输入查询条件查询出自助打印的结果数据后，点击导出 Excel 按钮，数据会导出到本地的 Excel 文件里，名称为“自助打印列表 .xls”。

打印控件下载：点击“打印控件下载”会下载打印所需的控件到本机。

小提示：

1. 未安装打印插件，点击打印，系统会进行如下提示：

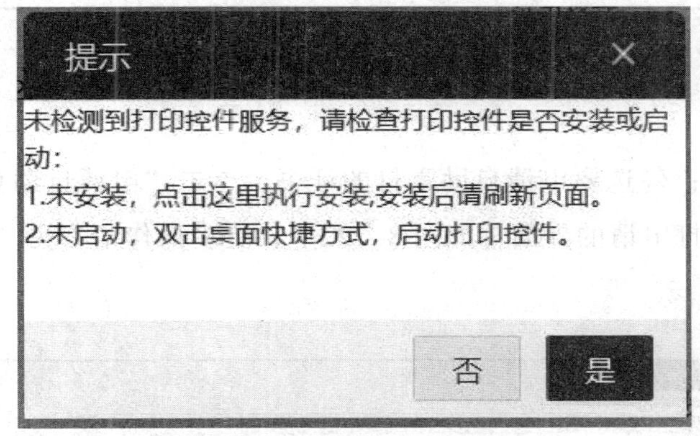

图 8-219 打印控件提示弹框

2. 若当前设备未连接打印机，则提示：

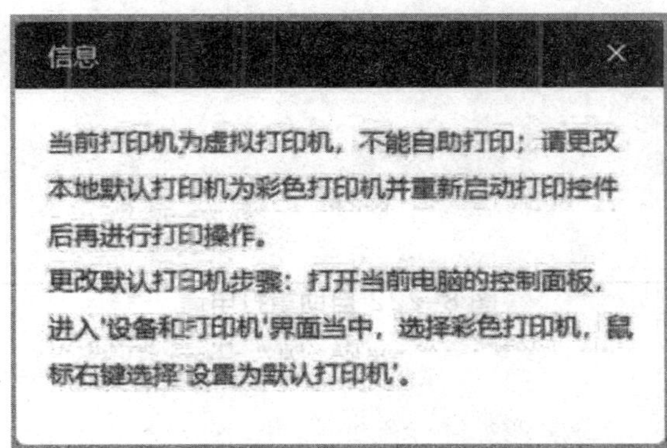

图 8-220 设备未连接打印机提示弹框

申请现场出证：勾选要申请现场出证的证书，点击“申请现场出证”按钮，系统自动跳转到现场出证申请的界面（如图 8-221），更多操作请参见“现场出证 / 自助重打查询”。

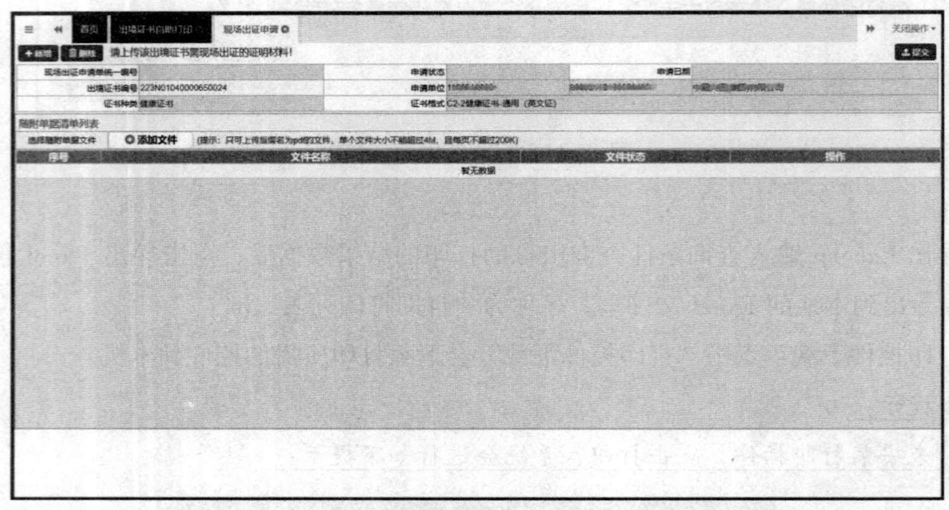

图 8-221 现场出证申请

申请自助重打：勾选要申请自助重打的证书，点击“申请自助重打”按钮，系统自动跳转到自助重打申请的界面（如图 8-222），更多操作请参见“现场出证 / 自助重打查询”。

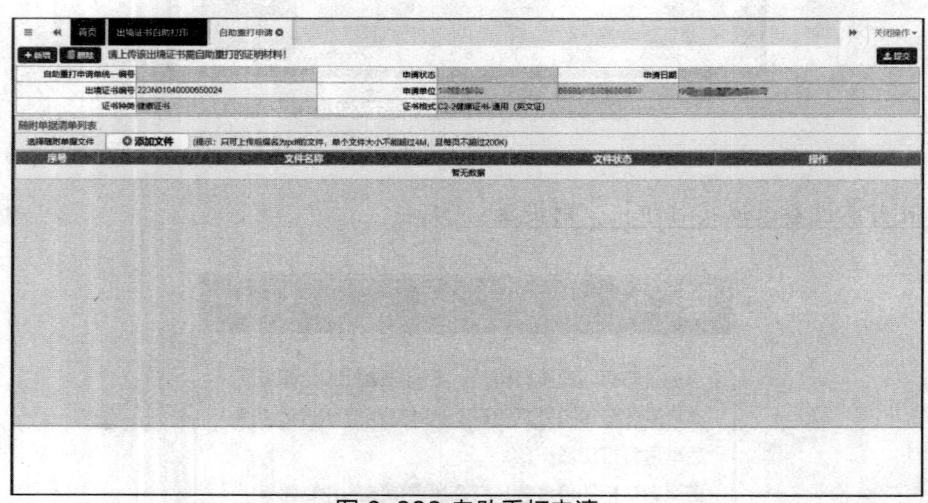

图 8-222 自助重打申请

四、出境证书修撤申请

（一）出境证书修改申请

点击左侧菜单栏“拟证出证—出境证书修撤申请—出境证书修改申请”，右侧界面展示如图 8-223。

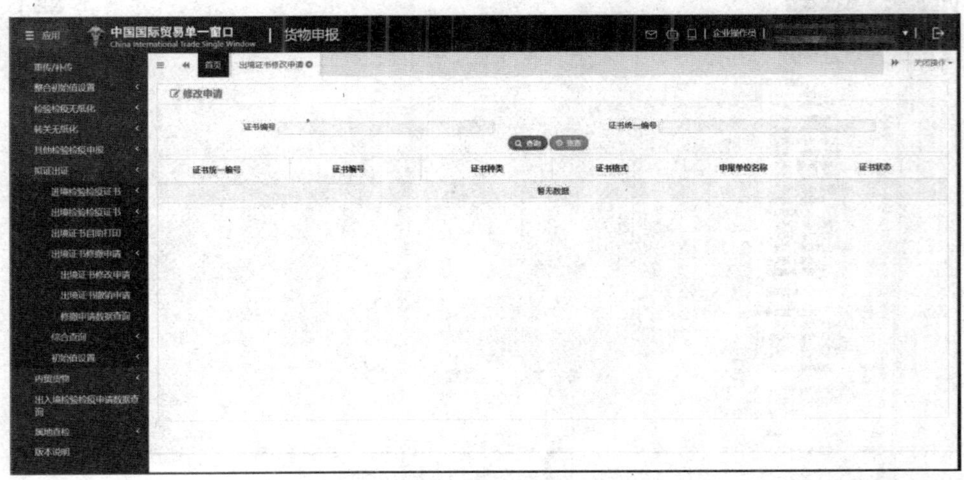

图 8-223 出境证书修改申请

证书编号：选中该条件时，输入出境证书的证书编号。

证书统一编号：选中该条件时，输入出境证书的统一编号。

<u>小提示：</u>

<u>修改申请仅支持查询证书状态为“证书待打印”“海关已打印”“企业已自助打印”的出境证书数据。</u>

输入查询条件，点击【查询】蓝色按钮，查询结果显示在下方列表中（如图 8-224）。点击【重置】橙色按钮将清空查询条件，重新填写后查询。

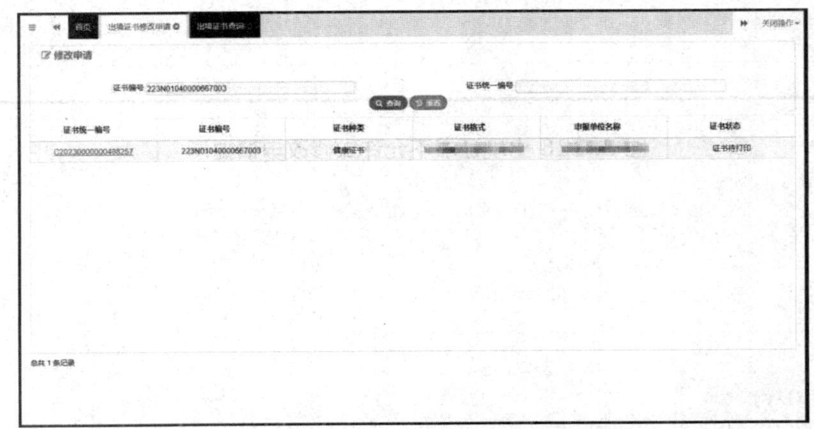

图 8-224 出境证书修改申请查询结果列表

点击出境证书修改申请查询结果列表里的蓝色“证书统一编号”字段，系统自动跳转到出境证书修改申请录入界面（如图 8-225）。如果该证书不允许做修改申请的，系统会自动弹出不允许做修改申请的提示（如图 8-226）。

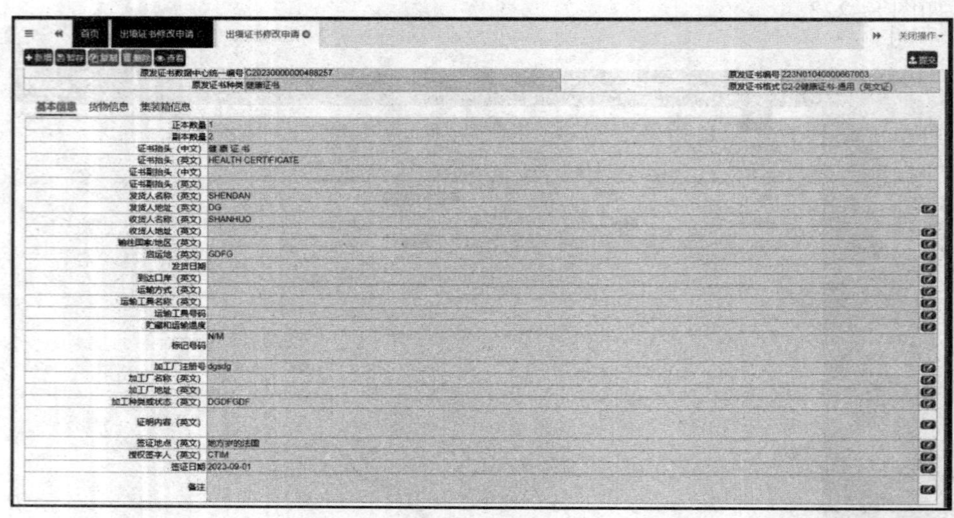

图 8-225 出境证书修改申请录入

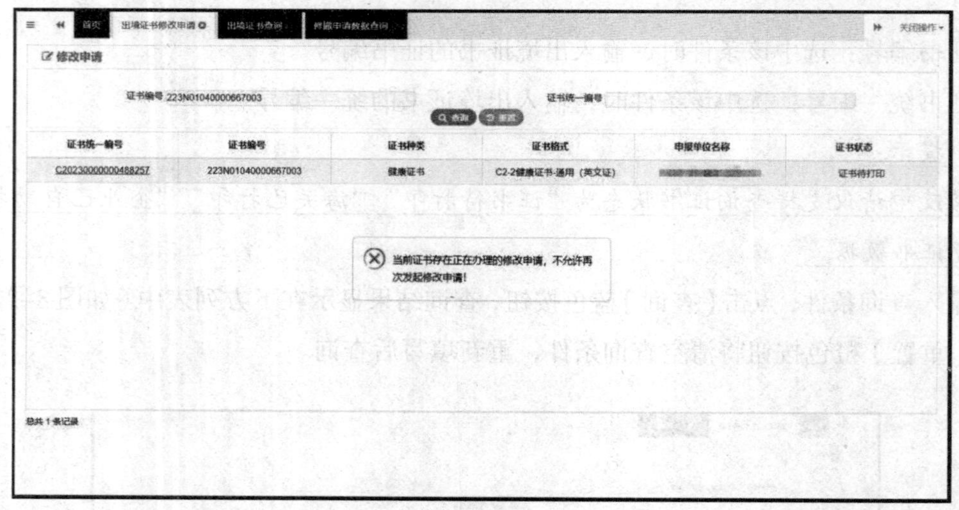

图 8-226 出境证书不允许做修改申请提示

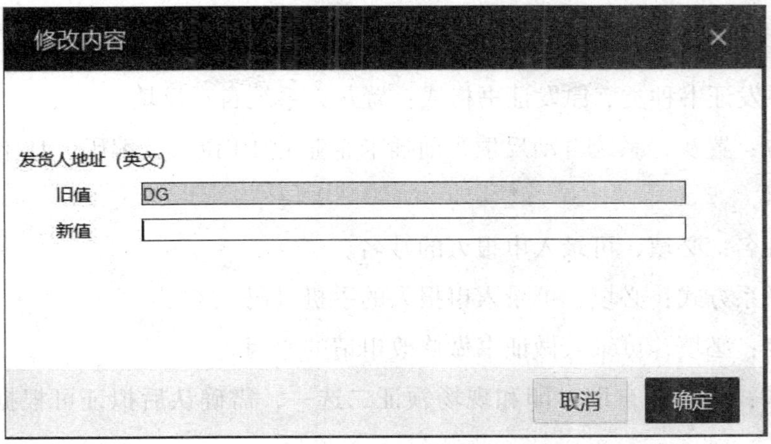

图 8-227 修改内容

在出境证书修改申请录入界面（如图 8-225）需要修改的字段后面点修改笔图标，系统弹出修改内容界面（如图 8-227），界面里展示修改的字段名称、旧值、新值，在新值的录入框里输入要修改的内容，点击【确定】按钮，数据修改成功。

界面中，部分字段（例如正本数量、副本数量、证书抬头（中文）、证书抬头（英文）等字段后面修改笔图标的），表示不允许修改。

操作按钮说明如下。

1. 新增：点击新增按钮，可以创建一份新的修改申请。

2. 暂存：点击暂存按钮，对当前录入信息进行暂存，系统弹出“修改单信息填写”的对话框（如图 8-228），可对列表中的修改信息进行删除操作，删除的数据将不可恢复，需重新录入，请谨慎操作。

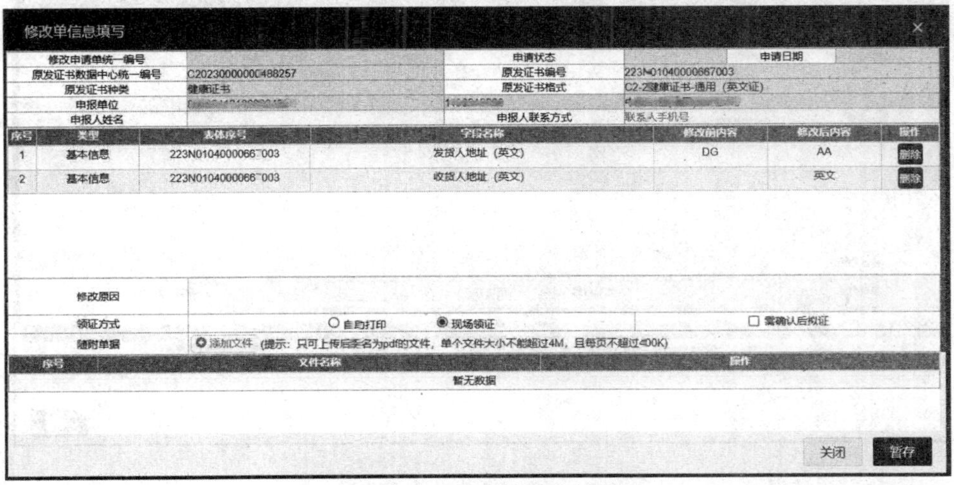

图 8-228 修改单信息填写

修改申请单统一编号、申请状态、申请日期、原发证书数据中心统一编号、原发证书编号、原发证书种类、原发证书格式：置灰，系统自动反填。

申报单位：置灰，系统自动反填当前插卡企业的 10 位海关编码、18 位社会信用代码和企业名称。

申报人姓名：必填，可录入申报人的姓名。

申报人联系方式：必填，可录入申报人的手机号码。

修改原因：必填，可录入做证书做修改申请的原因。

领证方式：必填，自助打印和现场领证二选一，需确认后拟证可根据实际情况进行勾选。

随附单据：必填，上传该出境证书修改申请相关的材料，最多可以上传 10 个 PDF 文件。

在“修改单信息填写”界面，录入以上信息后，点击暂存按钮，系统会先校验 PDF 文件，校验通过后，弹出提示“暂存成功”。

3. 复制：可对修改申请状态为“办结（不同意）”的修改单，进行复制生成一份新的修改单。

小提示：

已提交、发送成功、海关入库成功等状态时，删除按钮置灰，不允许操作。

4. 删除：点击界面上方【删除】蓝色按钮，系统会弹出提示“是否确认删除已选中的数据？”，点确定将删除整票修改申请数据。删除的数据不可恢复。

5. 查看：可对当前录入信息进行查看，系统弹出对话框（如图 8-229）。此页面中，只能查看信息，不允许进行修改操作。

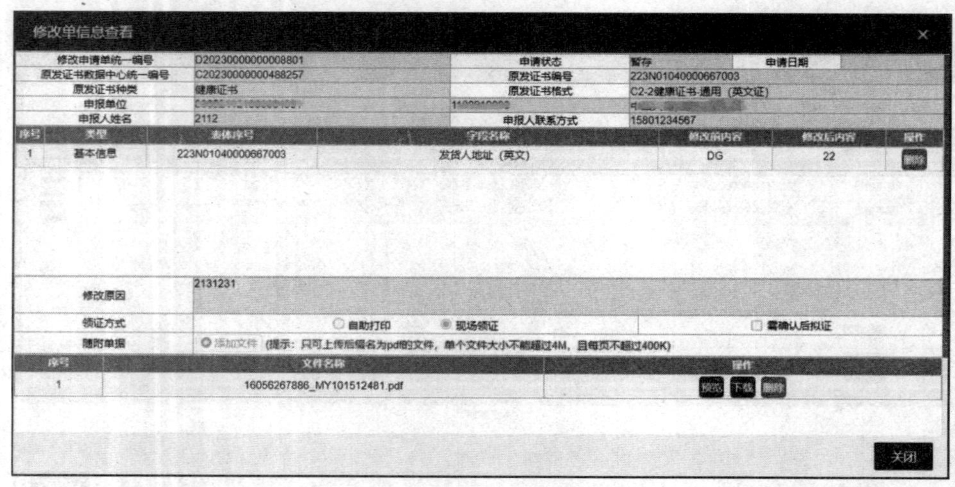

图 8-229 修改信息查看

6. 提交：点击【提交】按钮，系统弹出“修改单信息提交”的对话框（如图 8–230），可对列表中的信息进行删除操作，删除的数据将不可恢复，需重新录入，请谨慎操作。

修改单信息提交

修改申请单统一编号	D20230000000008801	申请状态	暂存	申请日期
原发证书数据中心统一编号	C20230000000488257	原发证书编号	223N010≡0000667003	
原发证书种类	健康证书	原发证书格式	C2-2健康证书-通用（英文证）	
申报单位				
申报人姓名	2112	申报人联系方式	1580123–567	

序号	类型	表体序号	字段名称	修改前内容	修改后内容	操作
1	基本信息	223N01040000667003	发货人地址（英文）	DG	22	删除

修改原因	2131231
领证方式	○自助打印 ◉现场领证 □需确认后拟证
随附单据	添加文件（提示：只可上传后缀名为pdf的文件，单个文件大小不能超过4M，且每页不超过400K

序号	文件名称	操作
1	16056267886_MY10151243 .pdf	预览 下载 删除

关闭 提交

图 8–230 修改单信息提交

修改申请单统一编号、申请状态、申请日期、原发证书数据中心统一编号、原发证书编号、原发证书种类、原发证书格式：置灰，系统自动反填。

申报单位：置灰，系统自动反填当前插卡企业的 10 位海关编码、18 位社会信用代码和企业名称。

申报人姓名：必填，可录入申报人的姓名。

申报人联系方式：必填，可录入申报人的手机号码。

修改原因：必填，可录入做证书做修改申请的原因。

领证方式：必填，自助打印和现场领证二选一，需确认后拟证可根据实际情况进行勾选。

随附单据：必填，上传该出境证书修改申请相关的材料，最多可以上传 10 个 PDF 文件。

在“修改单信息提交”界面，录入以上信息后，点击提交按钮，系统会先校验 PDF 文件，校验通过后，弹出提示“提交成功”。

（二）出境证书撤销申请

点击左侧菜单栏“拟证出证—出境证书修撤申请—出境证书撤销申请”，右侧界面展示如图 8–231。

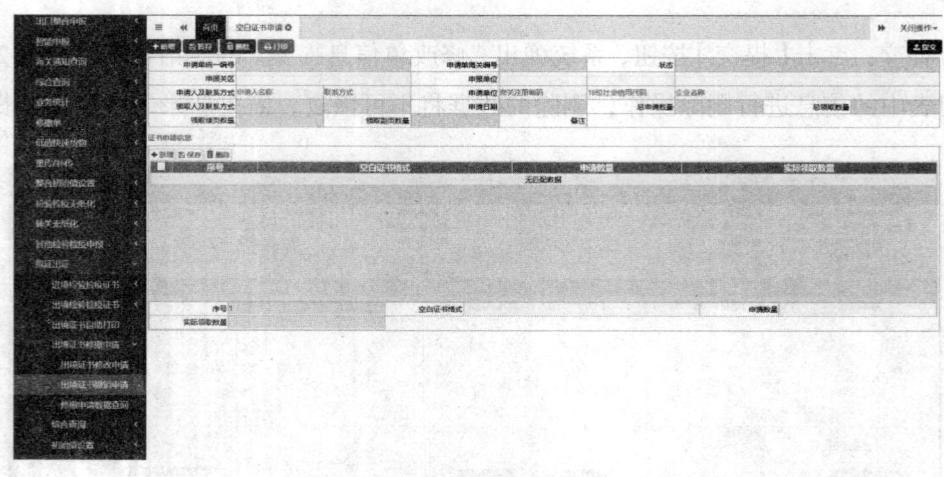

图 8-231 出境证书撤销申请

证书编号：选中该条件时，输入出境证书的证书编号。

证书统一编号：选中该条件时，输入出境证书的统一编号。

小提示：

企业出境证书申请提交后（证书状态除“暂存”“海关入库失败”“发往海关失败”之外的），便可以发起出境证书撤销申请。

输入查询条件，点击【查询】蓝色按钮，查询结果显示在下方列表中（如图 8-232）。点击【重置】橙色按钮将清空查询条件，重新填写后查询。

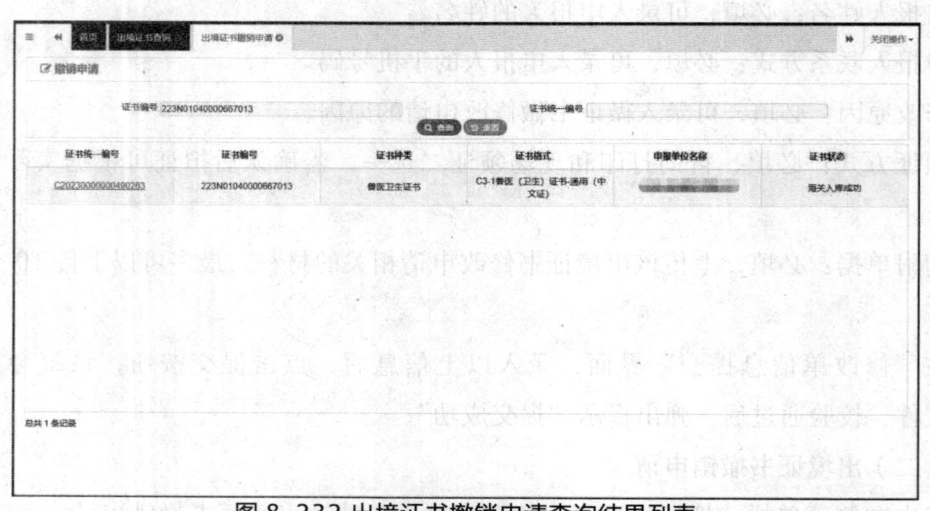

图 8-232 出境证书撤销申请查询结果列表

点击出境证书撤销申请查询结果列表里的蓝色“证书统一编号”字段，系统自动跳转到出境证书撤销申请录入界面（如图 8-233）。

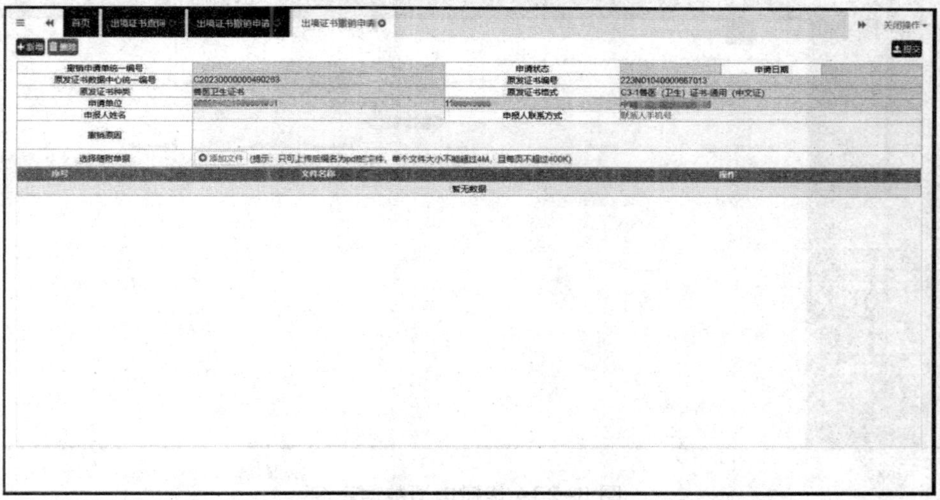

图 8-233 出境证书撤销申请录入

撤销申请单统一编号、申请状态、申请日期、原发证书数据中心统一编号、原发证书编号、原发证书种类、原发证书格式：置灰，系统自动反填。

申报单位：置灰，系统自动反填当前插卡企业的 10 位海关编码、18 位社会信用代码和企业名称。

申报人姓名：必填，可录入申报人的姓名。

申报人联系方式：必填，可录入申报人的手机号码。

撤销原因：必填，可录入做证书做修改申请的原因。

随附单据：必填，上传该出境证书撤销申请相关的材料，最多可以上传 10 个 PDF 文件。

操作按钮说明：

新增：点击新增按钮，可以创建一份新的撤销申请。

删除：点击界面上方【删除】蓝色按钮，系统会弹出提示“是否确认删除已选中的数据？”，点确定将删除整票撤销申请数据。删除的数据不可恢复。

提交：点击提交按钮，系统会先校验 PDF 文件，校验通过后，弹出提示“提交成功”。

小提示：

已提交、发送成功、海关入库成功等状态时，删除按钮置灰，不允许操作。

（三）修撤申请数据查询

点击左侧菜单栏“拟证出证—出境证书修撤申请—修撤申请数据查询”，右侧界面展示如图 8-234。

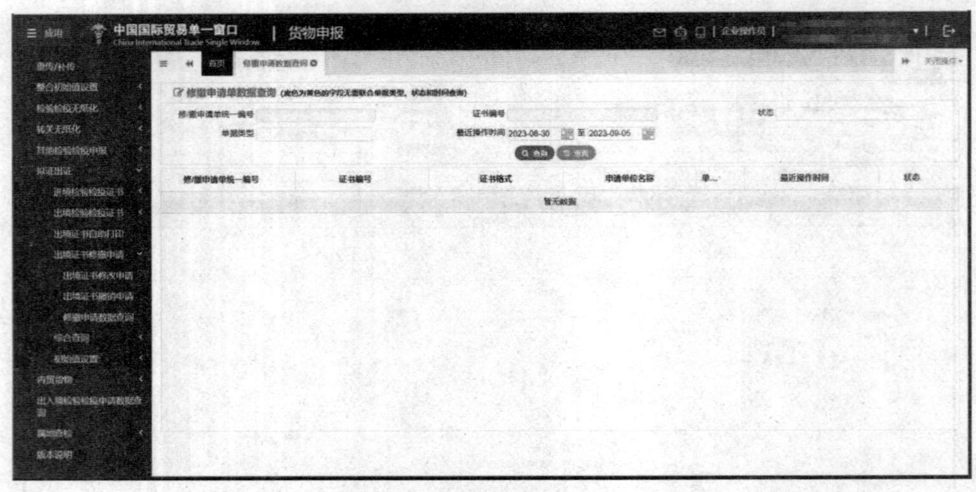

图 8-234 修撤申请数据查询

修撤申请单统一编号：选中该条件时，输入修撤申请单统一编号。

证书编号：选中该条件时，输入证书编号。

状态：选中该条件时，可在下拉菜单中选择修撤申请的状态。

单据类型：选中该条件时，可在下拉菜单中选择单据类型 1- 修改、2- 撤销。

最近操作时间：选中该条件时，可在下拉日历里选择起止时间。

小提示：

起止时间所选择的范围，不能超过 30 天。底色为黄色的字段无需联合状态和时间查询。

输入查询条件，点击【查询】蓝色按钮，查询结果显示在下方列表中（如图 8-235）。点击【重置】蓝色按钮将清空查询条件，重新填写后查询。

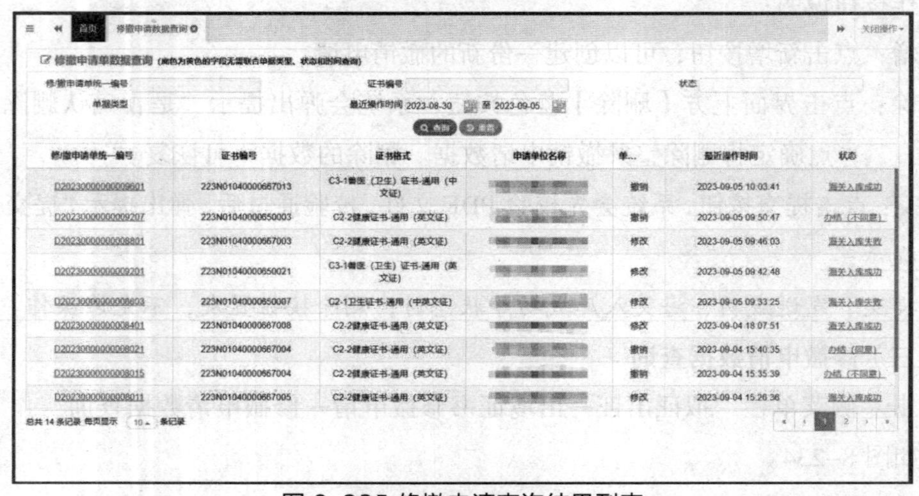

图 8-235 修撤申请查询结果列表

在查询结果列表（如图 8-235）中，选中一条数据，点击图中的蓝色“修撤申请单统一编号”，系统自动跳转至修撤申请的详细信息界面。

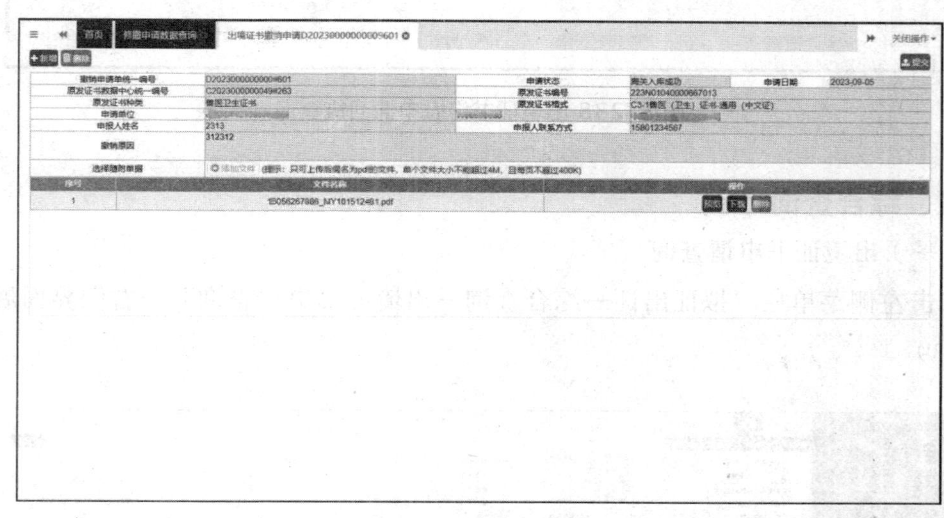

图 8-236 撤销申请详情界面

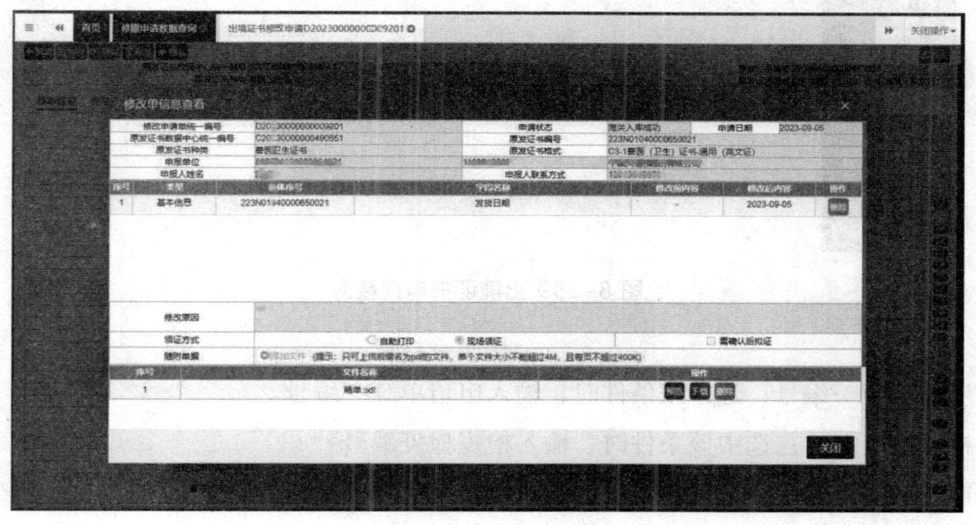

图 8-237 修改申请详情界面

在查询结果列表（如图 8-235）中，点击状态栏内的蓝色字样，界面下方显示相应的回执（如图 8-238）。点击回执部分【刷新】白色按钮，可刷新回执。点击【关闭】白色按钮，可关闭查看回执列表。

刷新 关闭

出境证书修撤申请回执

序号	修/撤申请单统一编号	回执代码	回执状态	回执详细信息	回执时间
1	D20230000000009207	202300000001302937	办结（不同意）	证书编号[223N01040000650003]，证书名称[C2-2健康证书-通用(英文证)]，证书撤销审核不通过，不通过原因：的黄金时代和。	2023-09-05 09:52:54
2	D20230000000009207	202300000001302936	海关入库成功	修/撤申请单统一编号[D20230000000009207]，海关入库成功	2023-09-05 09:52:09

图 8-238 出境证书修撤申请回执查询

五、综合查询

（一）出境证书申请查询

点击左侧菜单栏“拟证出证—综合查询—出境证书申请查询”，右侧界面展示如图 8-239。

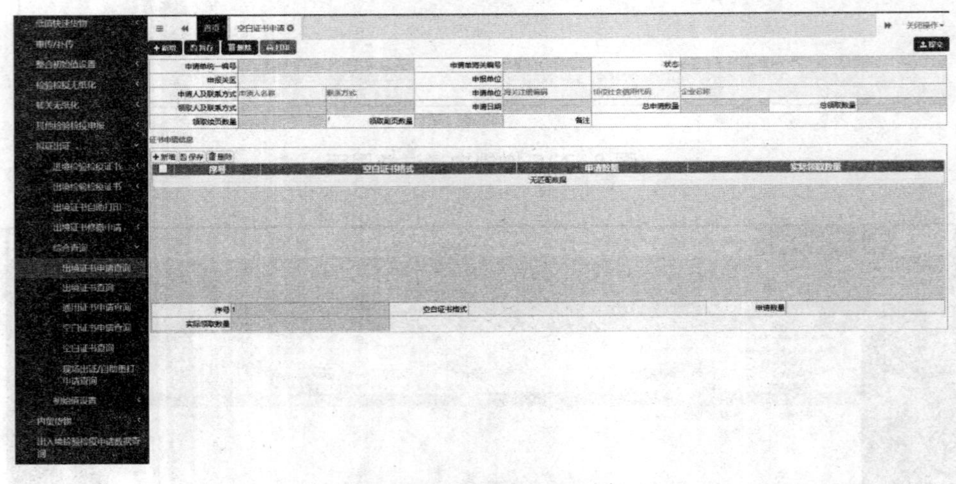

图 8-239 出境证书申请查询

申请单统一编号：选中该条件时，输入申请单统一编号。

检验检疫编号：选中该条件时，输入检疫检疫编号。

申请状态：选中该条件时，可在下拉菜单中选择申请单的状态。

最近操作时间：选中该条件时，可在下拉日历里选择起止时间。

小提示：

起止时间所选择的范围，不能超过 30 天。底色为黄色的字段无需联合状态和时间查询。

输入查询条件，点击【查询】蓝色按钮，查询结果显示在下方列表中（如图 8-240）。点击【重置】蓝色按钮将清空查询条件，重新填写后查询。

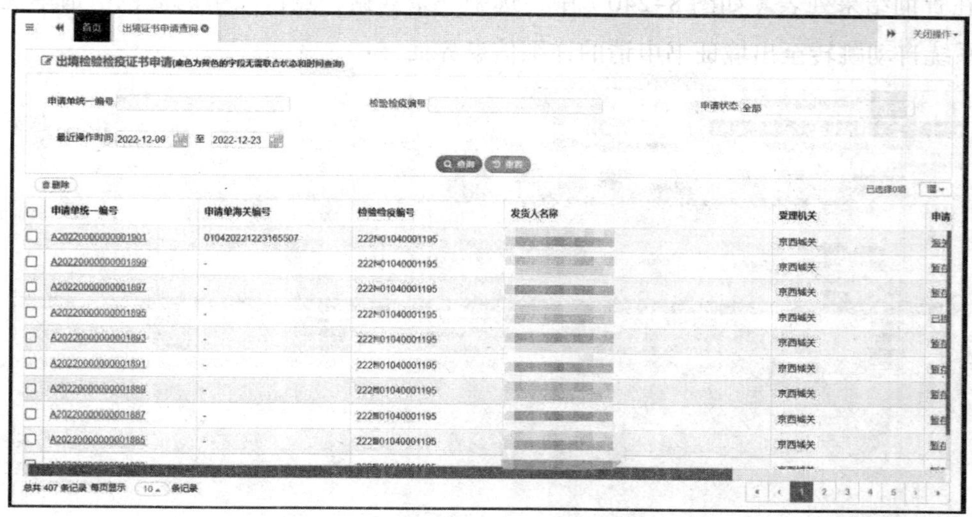

图 8-240 出境证书申请查询结果列表

选中查询结果列表中的一条或者多条记录，点击上图中【删除】白色按钮，系统会弹出提示“是否确认删除已选中的数据？”，点确定可进行出境证书申请的删除操作。删除的数据不可恢复。如果选中的数据是允许删除的状态，则系统弹出删除成功提示（如图 8-241），如果选中的数据有不允许删除的状态，则系统会弹出删除失败提示（如图 8-242）。

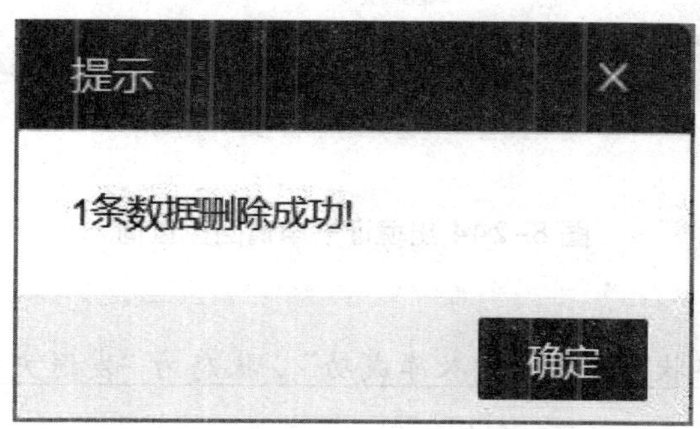

图 8-241 删除提示 1

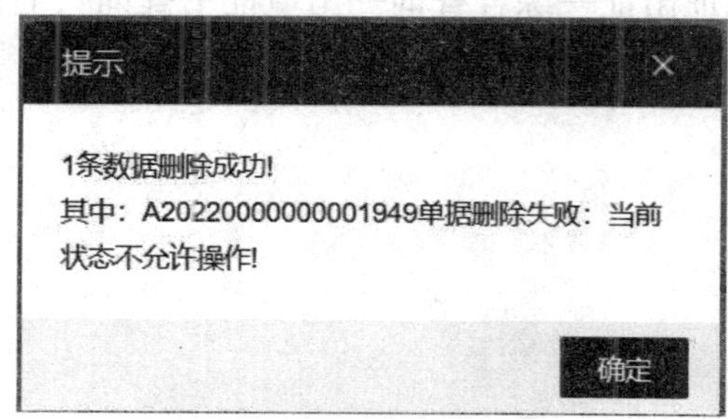

图 8-242 删除提示 2

在查询结果列表（如图 8-240）中，选中一条数据，点击图中的蓝色申请单统一编号，系统自动跳转至出境证书申请的详细信息界面。

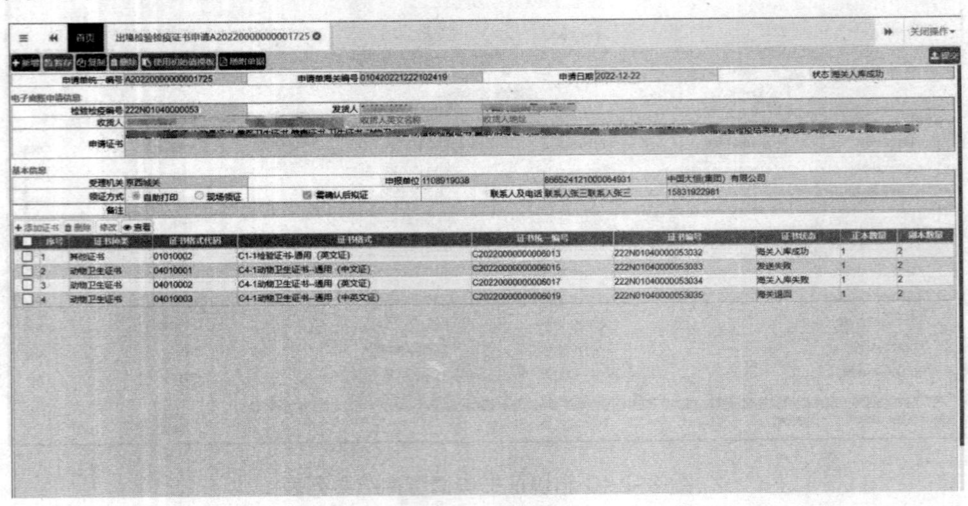

图 8-243 出境证书申请详情界面

在查询结果列表（如图 8-240）中，点击单据状态栏内的蓝色字样，界面下方显示相应的回执（如图 8-244）。点击回执部分【刷新】白色按钮，可刷新回执。点击【关闭】白色按钮，可关闭查看回执列表。

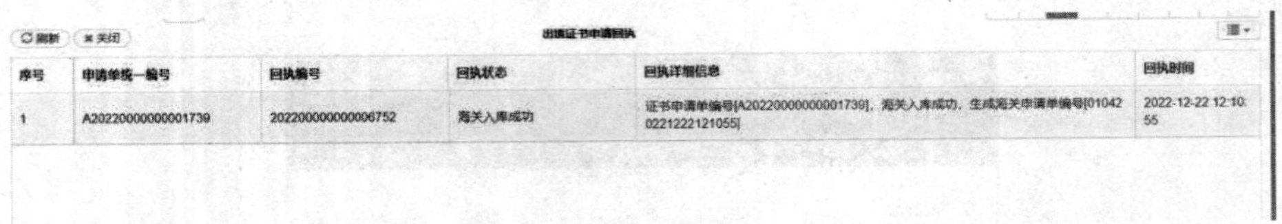

图 8-244 出境证书申请回执查询

小提示：

出境证书申请最终状态是“海关入库成功”，状态为“发送失败”，“海关入库失败”的单据，允许再次提交。

（二）出境证书查询

点击左侧菜单栏“拟证出证—综合查询—出境证书查询”，右侧界面展示如图 8-245。

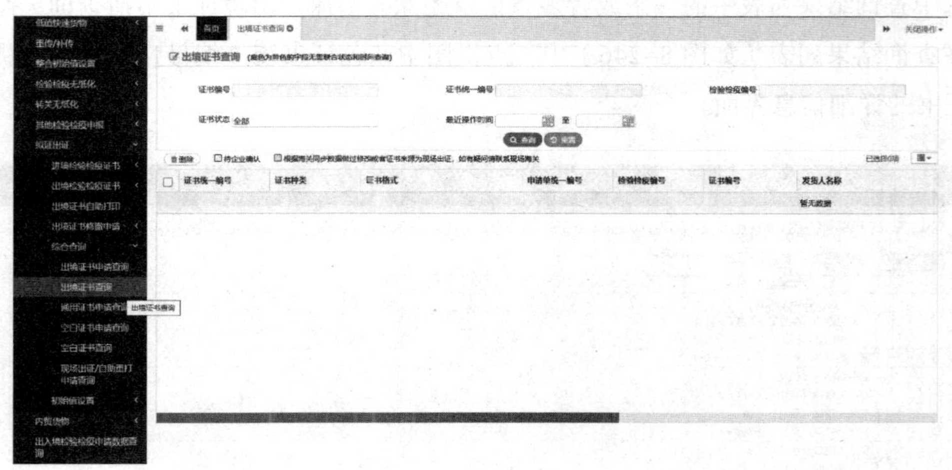

图 8-245 出境证书查询

证书编号：选中该条件时，输入证书编号。

证书统一编号：选中该条件时，输入证书单统一编号。

检验检疫编号：选中该条件时，输入检疫检疫编号。

证书状态：选中该条件时，可在下拉菜单中选择证书的状态。

最近操作时间：选中该条件时，可在下拉日历里选择起止时间。

<u>小提示：</u>

<u>起止时间所选择的范围，不能超过 30 天。底色为黄色的字段无需联合状态和时间查询。</u>

输入查询条件，点击【查询】蓝色按钮，查询结果显示在下方列表中（如图 8-246）。点击【重置】蓝色按钮将清空查询条件，重新填写后查询。

图 8-246 出境证书查询结果列表

选中查询结果列表中的一条或者多条记录删除时参照“出境证书申请查询”操作。

在查询结果列表（如图 8-246）中，点击图中蓝色证书统一编号，系统自动跳转至出境证书的详细信息界面。

C1-1检验证书-重量证书（英文证）

申请单统一编号 A2022000000001833 申请单状态 海关入库成功 证书统一编号 C2022000000006271 证书编号 222N22010000913004 证书状态 海关入库成功

基本信息 货物信息 集装箱信息 证书附件 英文转大写

正本数量	1
副本数量	2
证书抬头（中文）	重量证书
证书抬头（英文）	WEIGHT CERTIFICATE
证书副抬头（中文）	
证书副抬头（英文）	
发货人名称（英文）	zhagnsan
发货人地址（英文）	san
收货人名称（英文）	zhagnsan
收货人地址（英文）	
运输方式（英文）	
运输工具名称（英文）	
运输工具号	
标记号码	123
证明内容（英文）	
签证地点（英文）	
授权签字人（英文）	
签证日期	
备注	

关闭

图 8-247 出境证书详情界面

在查询结果列表（如图 8-246）中，点击证书状态栏内的蓝色字样，界面下方显示相应的回执（如图 8-248）。点击回执部分【刷新】白色按 钮，可刷新回执。点击【关闭】白色按钮，可关闭查看回执列表。

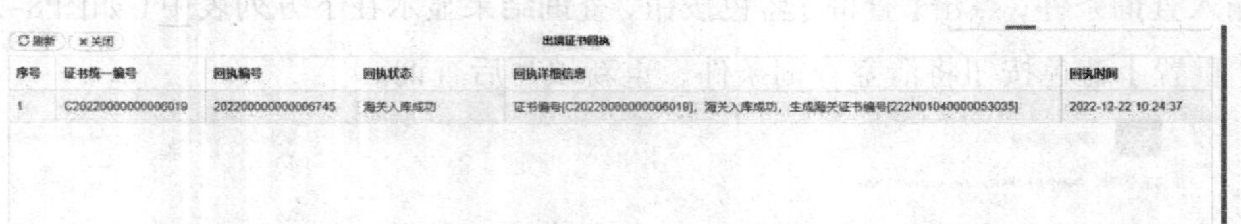

刷新 关闭

出境证书回执

序号	证书统一编号	回执编号	回执状态	回执详细信息	回执时间
1	C2022000000006019	2022000000006745	海关入库成功	证书编号[C2022000000006019]，海关入库成功，生成海关证书编号[222N01040000053035]	2022-12-22 10:24:37

图 8-248 出境证书回执详情

证书状态是“待企业确认”或“企业确认结果海关入库失败”的，企业点击下图中的蓝色证书统一编号，系统自动跳转至企业确认界面，企业可选择同意或者不同意，选择不同意时需填写不同意原因及修改意见。

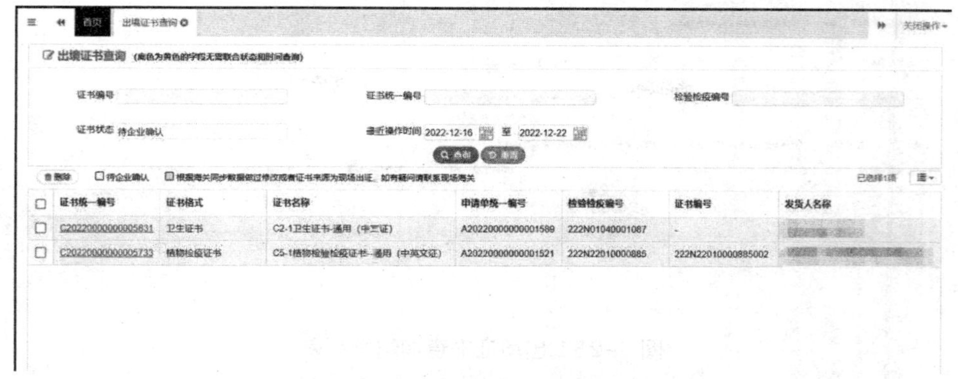

图 8-249 出境证书查询结果列表（待企业确认）

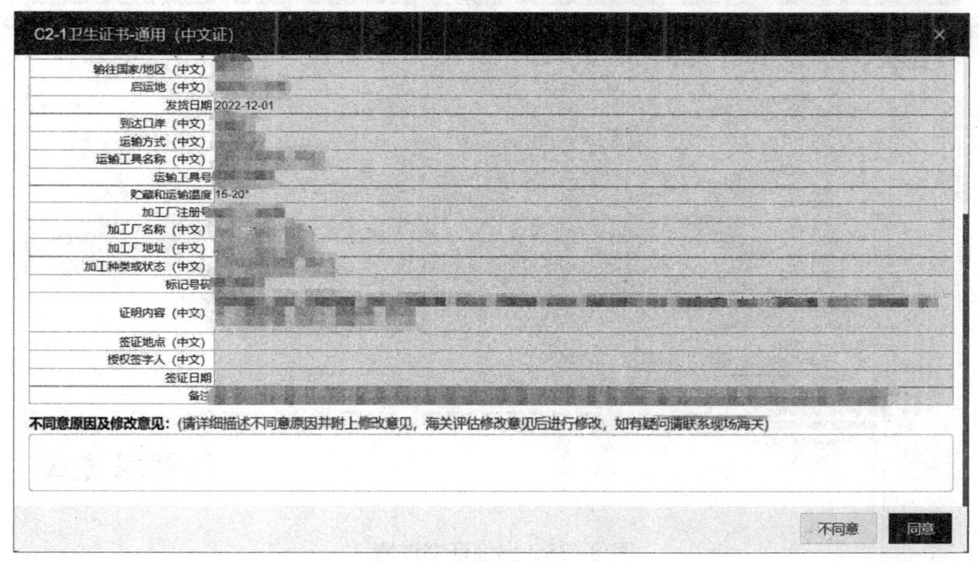

图 8-250 出境证书企业确认界面

出境证书申请单状态是“海关入库成功”，证书状态是“暂存”“发送失败”、“海关入库失败”“海关退回”时，允许企业再次单独提交证书。企业点击图 8-250 中的蓝色证书统一编号，系统自动跳转至证书详情界面（如图 8-252），企业可修改该证书信息后，再次暂存或者提交。

出境证书申请单状态不是“海关入库成功”，证书状态是“暂存”“发送失败”“海关入库失败”时，企业点击图 8-246 中的蓝色证书统一编号，系统自动跳转至证书详情界面（如图 8-253），企业可修

改该证书信息后再次暂存，不能提交，需去对应的申请单界面进行提交。

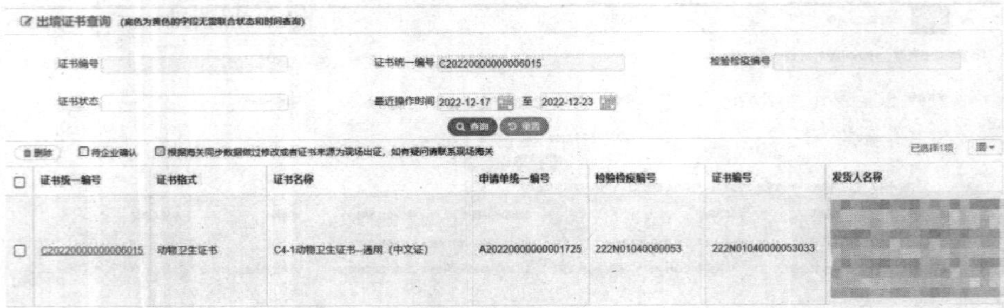

图 8-251 出境证书查询结果列表

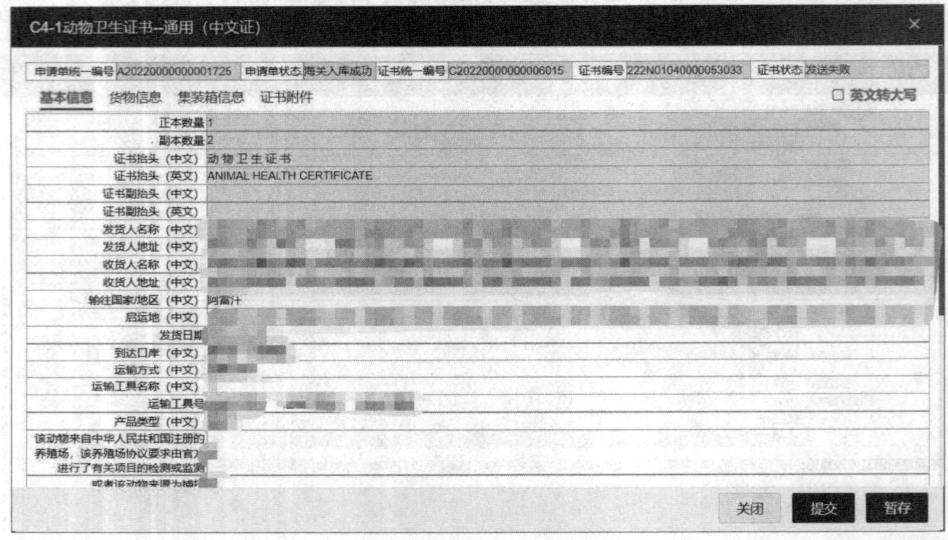

图 8-252 出境证书详情 1

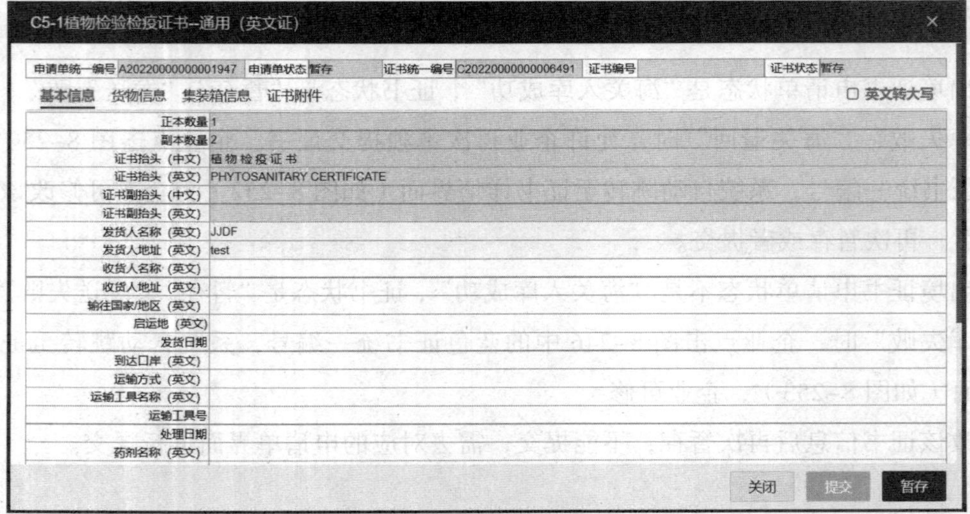

图 8-253 出境证书详情 2

（三）通用证书申请查询

点击左侧菜单栏“拟证出证—综合查询—通用证书申请查询”，右侧界面展示如下图。

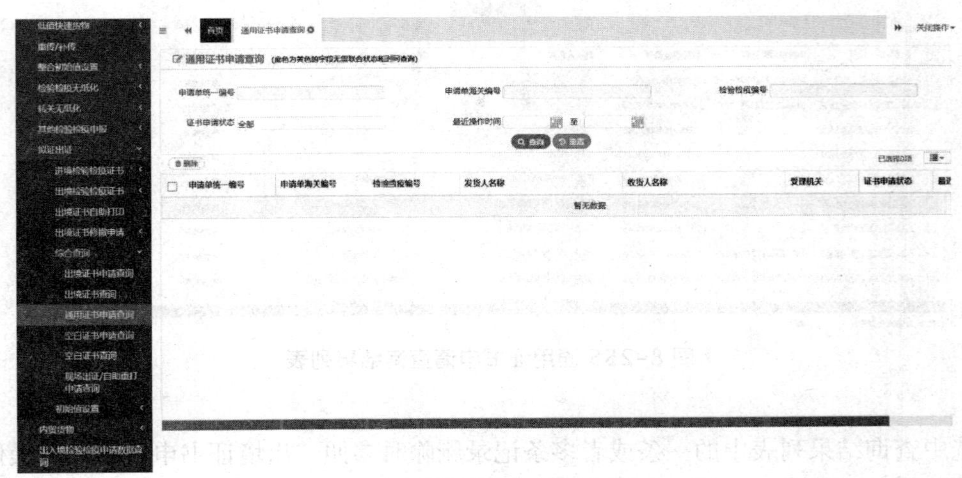

图 8-254 通用证书申请查询

申请单统一编号：选中该条件时，输入申请单统一编号。

申请单海关编号：选中该条件时，输入申请单海关编号。

检验检疫编号：选中该条件时，输入检疫检疫编号。

证书申请状态：选中该条件时，可在下拉菜单中选择申请单的状态。

最近操作时间：选中该条件时，可在下拉日历里选择起止时间。

小提示：

起止时间所选择的范围，不能超过 30 天。底色为黄色的字段无需联合状态和时间查询。

输入查询条件，点击【查询】蓝色按钮，查询结果显示在下方列表中（如图 8-255）。点击【重置】蓝色按钮将清空查询条件，重新填写后查询。

图 8-255 通用证书申请查询结果列表

选中查询结果列表中的一条或者多条记录删除时参照“出境证书申请查询”操作 。

在查询结果列表（如图 8-255）中，点击图中的蓝色申请单统一编号，系统自动跳转至通用证书申请数据的详细信息界面。

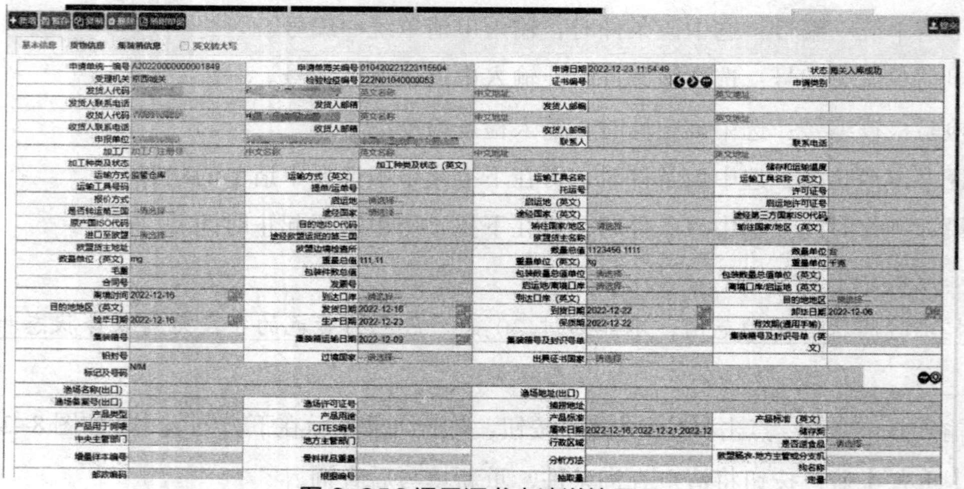

图 8-256 通用证书申请详情界面

在查询结果列表（如图 8-255）中，点击证书申请状态栏内的蓝色字样，界面下方显示相应的回执（如图 8-257）。点击回执部分【刷新】白色按钮，可刷新回执。点击【关闭】白色按钮，可关闭查看回执列表。

通用证书回执

序号	申请单统一编号	回执编号	回执状态	回执详细信息	回执时间
1	A20220000000001789	20220000000006837	海关入库成功	证书申请单编号[A20220000000001789]，海关入库成功，生成海关申请单编号[010420221222214225]	2022-12-22 21:42:25

图 8-257 通用证书申请回执查询

（四）空白证书申请查询

点击左侧菜单栏“拟证出证—综合查询——空白证书申请查询”，右侧界面展示如图 8–258。

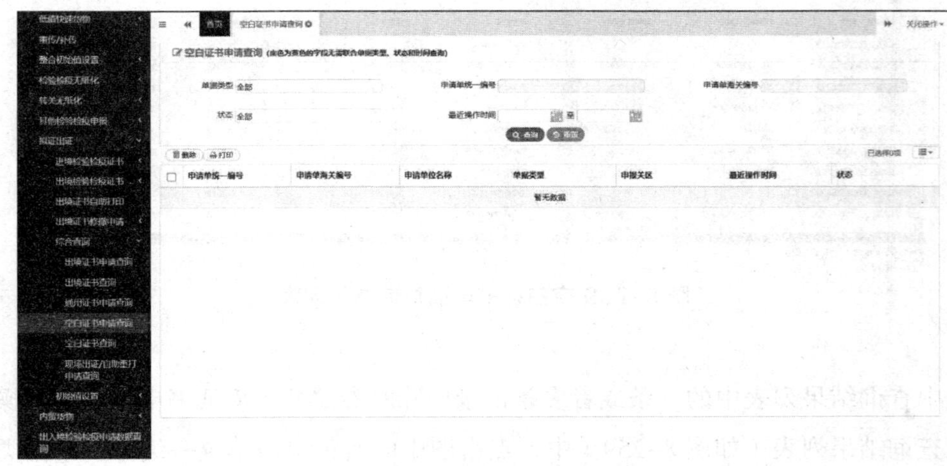

图 8–258 空白证书申请查询

单据类型：默认显示全部，可在下拉菜单中选择不同的单据类型，包括空白证书申请、空白证书退领申请、空白证书作废申请。

申请单统一编号：选中该条件时，输入空白证书申请单统一编号。

申请单海关编号：选中该条件时，输入申请单海关编号。

状态：选中该条件时，可在下拉菜单中选择申请单的状态。

最近操作时间：默认显示最近 7 天，选中该条件时，可在下拉日历里选择起止时间。

小提示：

起止时间所选择的范围，不能超过 30 天。

底色为黄色的字段无需联合单据类型、状态和时间查询。

输入查询条件，点击【查询】蓝色按钮，查询结果显示在下方列表中（如图 8–259）。点击【重置】橙色按钮将清空查询条件，重新填写后查询。

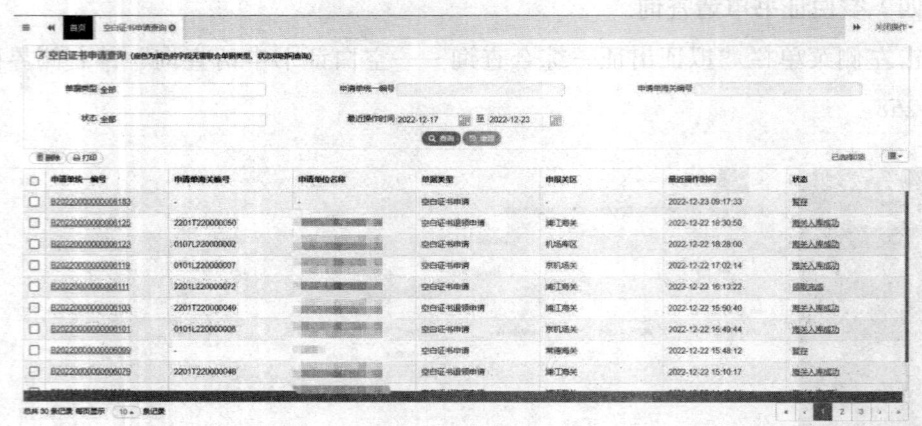

图 8-259 空白证书申请查询结果列表

选中查询结果列表中的一条或者多条记录删除时参照“出境证书申请查询”操作。

在查询结果列表（如图 8-259）中，点击图中的蓝色申请单统一编号，单据类型是空白证书申请时，系统自动跳转至空白证书申请的详细信息界面（如图 8-260）；单据类型是空白证书退领申请时，系统自动跳转至空白证书退领申请的详细信息界面（如图 8-261）；单据类型是空白证书作废申请时，系统自动跳转至空白证书作废申请的详细信息界面（如图 8-262）。

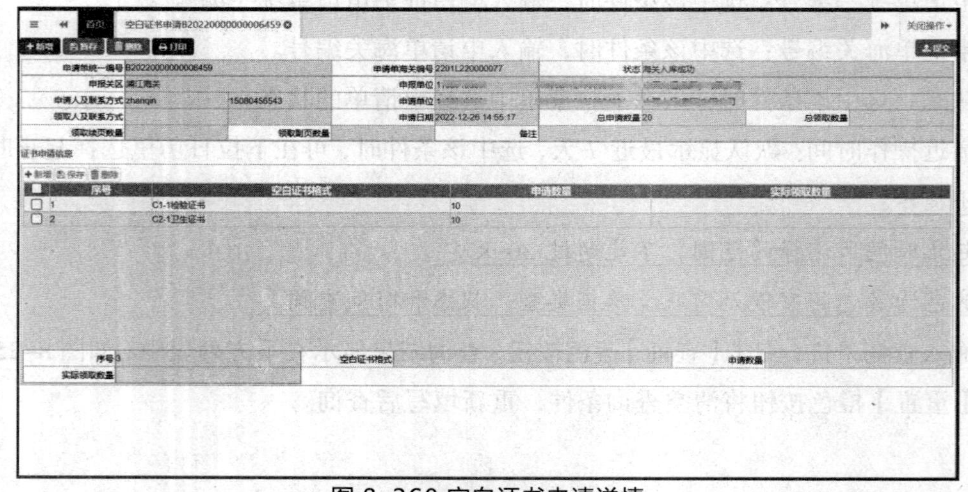

图 8-260 空白证书申请详情

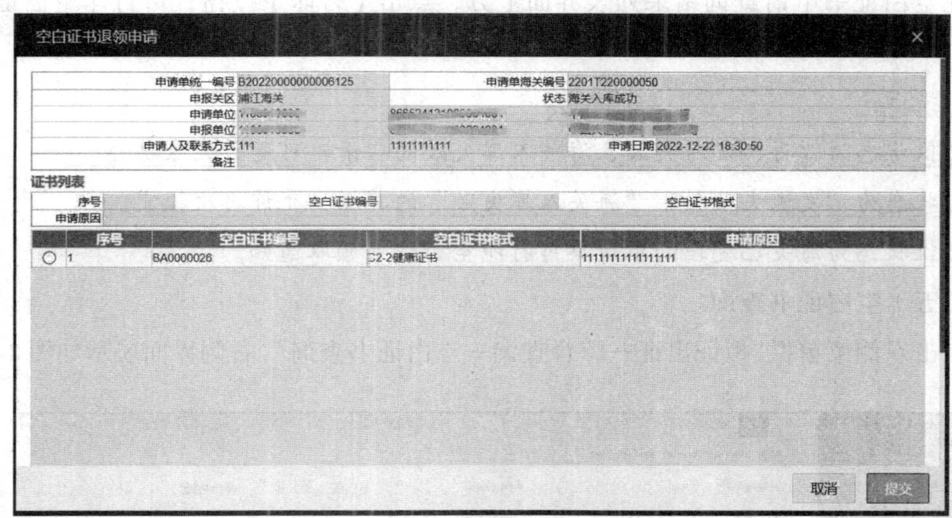

空白证书退领申请

申请单统一编号	B20220000000006125	申请单海关编号	2201T220000050
申报关区	浦江海关	状态	海关入库成功
申请人及联系方式	111	11111111111	申请日期 2022-12-22 18:30:50
备注			

证书列表

序号	空白证书编号	空白证书格式	申请原因
1	BA0000026	C2-2健康证书	1111111111111111

取消　提交

图 8-261 空白证书退领申请详情

空白证书作废申请

申请单统一编号	B20220000000006063	申请单海关编号	
申报关区	浦江海关	状态	海关入库成功
申请人及联系方式	申请人名称		申请日期 2022-12-22 14:46:14
备注	备注		

证书列表

序号	空白证书编号	空白证书格式	申请原因
1	BA0000018	C5-1植物检疫证书	申请原因，污染作废
2	BA0000025	C2-2健康证书	申请原因，污染作废
3	BA0000021	C5-1植物检疫证书	申请原因，污染作废
4	BA0000011	C2-2健康证书	申请原因，污染作废
5	BA0000027	C5-1植物检疫证书	申请原因，污染作废
6	BA0000029	C5-1植物检疫证书	申请原因，污染作废
7	BA0000013	C5-1植物检疫证书	申请原因，污染作废
8	BA0000016	C5-1植物检疫证书	申请原因，污染作废
9	BA0000027	C2-2健康证书	申请原因，污染作废
10	BA0000006	C5-1植物检疫证书	申请原因，污染作废
11	BA0000014	C5-1植物检疫证书	申请原因，污染作废

取消　提交

图 8-262 空白证书作废申请详情

在空白证书申请查询结果列表（如图 8-259）中，点击状态栏内的蓝色字样，界面下方显示相应的回执（如图 8-263）。点击回执部分【刷新】白色按钮，可刷新回执。点击【关闭】白色按钮，可关闭查看回执列表。

刷新　关闭

空白证书回执

序号	申请单统一编号/申请单海关编号	回执号	回执状态	回执详细信息	回执时间
1	2201L220000072	20220000000003889	领取完成	编号[B20220000000006111]，已领取！	2022-12-23 09:49:12
2	2201L220000072	20220000000003795	海关入库成功	编号[B20220000000006111]，空白单证申请数据入库成功！请至现场领取空白单证	2022-12-22 16:15:07

图 8-263 空白证书回执详情

在空白证书申请查询结果列表界面上方，点击【打印】按钮，可打印空白证书领取通知。

小提示：

1. 仅状态为暂存、发送失败、海关入库失败的申请单可进行删除操作。

2. 状态为“发送失败”，“海关入库失败”的单据，允许再次提交。

3. 仅状态为海关已受理的申请单可打印空白证书领取通知。

（五）空白证书查询

点击左侧菜单栏“拟证出证—综合查询—空白证书查询”，右侧界面展示如图 8-264。

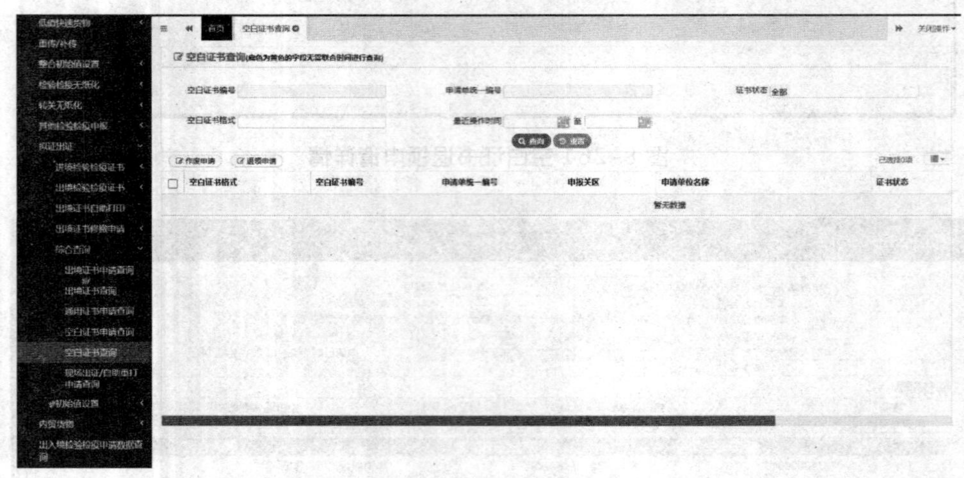

图 8-264 空白证书查询

空白证书编号：选中该条件时，输入空白证书编号。

申请单统一编号：选中该条件时，输入空白证书申请单统一编号。

证书状态：默认显示全部，选中该条件时，可在下拉菜单中选择空白证书的状态。

空白证书格式：选中该条件时，可在下拉菜单中选择空白证书格式。

最近操作时间：默认显示最近 15 天，选中该条件时，可在下拉日历里选择起止时间。

小提示：

起止时间所选择的范围，不能超过 15 天。底色为黄色的字段无需联合时间查询。

输入查询条件，点击【查询】蓝色按钮，查询结果显示在下方列表中（如图 8-265）。点击【重置】橙色按钮将清空查询条件，重新填写后查询。

空白证书查询(底色为黄色的字段无需联合时间进行查询)

空白证书编号　申请单统一编号　证书状态 全部

空白证书格式　最近操作时间 2022-12-12 至 2022-12-26

查询　重置

作废申请　退领申请　已选择0项

空白证书格式	空白证书编号	申请单统一编号	申报关区	申请单位名称	证书状态
C4-1动物卫生证书	BA0401019	B2022[illegible]000000005937	浦江海关		有效
C4-1动物卫生证书	BA0401018	B2022[illegible]000000005937	浦江海关		有效
C4-1动物卫生证书	BA0401020	B2022[illegible]000000005937	浦江海关		有效
C4-1动物卫生证书	BA0401017	B2022[illegible]000000005937	浦江海关		有效
C4-1动物卫生证书	BA0401015	B2022[illegible]000000005937	浦江海关		有效
C4-1动物卫生证书	BA0401013	B2022[illegible]000000005937	浦江海关		有效
C4-1动物卫生证书	BA0401011	B2022[illegible]000000005937	浦江海关		有效
C4-1动物卫生证书	BA0401012	B2022[illegible]000000005937	浦江海关		有效
C4-1动物卫生证书	BA0401014	B2022[illegible]000000005937	浦江海关		有效

图 8-255 空白证书查询结果列表

点击查询结果列表上方的功能按钮【作废申请】和【退领申请】，可对企业领取的空白证书进行作废申请或退领申请。

没有勾选查询结果数据时，点击【作废】/【退领申请】按钮，弹出提示“请至少选择一条数据！”。

勾选一条或多条查询结果数据时，点击【作废申请】按钮，弹出空白证书作废申请界面，如图 8-266。

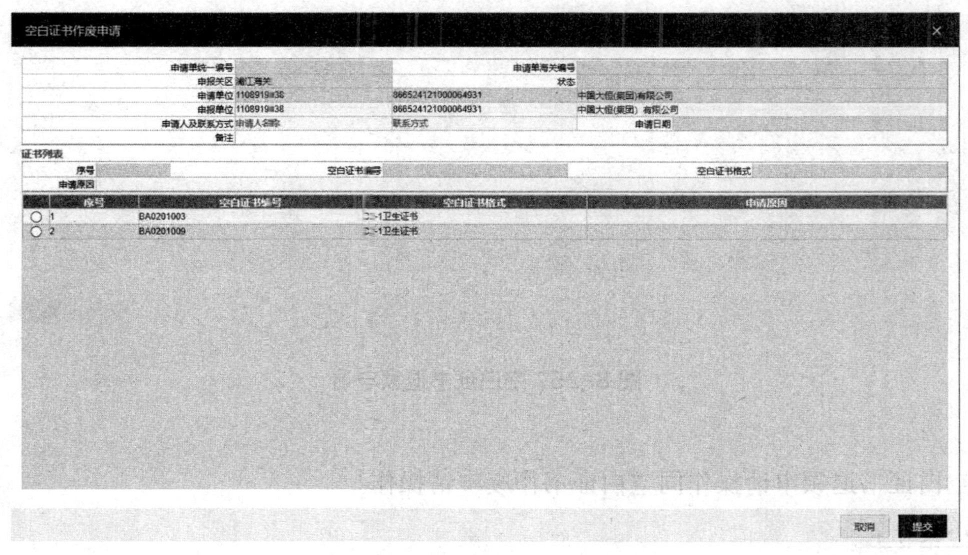

图 8-266 空白证书作废申请

界面录入说明如下。

表头申请单统一编号、申请单海关编号、申报关区、状态、申请单位字段返填。

不可录入；申报单位：必填，返填当前登录卡信息，可修改；申请人及联系方式：必填，企业输入申请人名称及联系方式；备注：选填，企业可录入。

证书列表中空白证书编号、空白证书格式置灰，返填空白证书查询界面选中的空白证书信息，不允许修改；申请原因必填，需先选中一条证书列表信息，再进行申请原因的录入，当录入证书列表序号为 1 的申请原因并保存至证书列表

后，其他证书列表自动保存相同的申请原因。可选中修改序号 2 以及 2 以后的单条证书列表的申请原因。

点击作废申请界面右下角的【取消】按钮，可取消当前作废申请操作，关闭作废申请界面，返回原空白证书查询界面。

录入空白证书作废申请数据完整无误后，点击作废申请界面右下角的【提交】按钮，将空白证书的作废申请数据发往海关。空白证书状态由有效更新为作废申请。

勾选空白证书查询结果列表中的一条或多条数据时，点击【退领申请】按钮，弹出空白证书退领申请界面，如图 8-267。

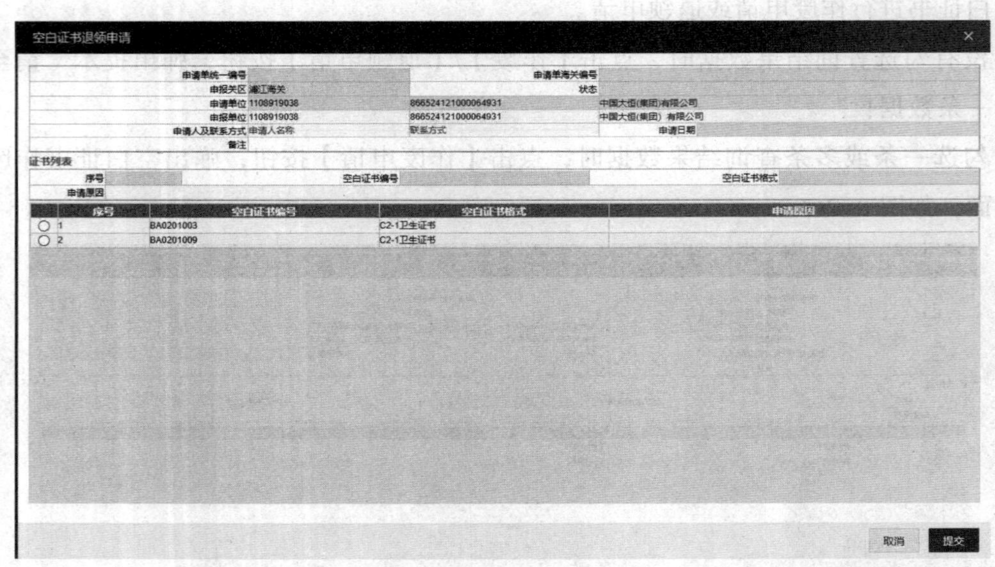

图 8-267 空白证书退领申请

空白证书退领申请操作同空白证书作废申请操作。

小提示：

1. 只支持对同一票空白证书申请单的空白证书（申请单统一编号相同）做批量作废 / 退领申请，不满足时提示“只支持同一票申请单的空白证书批量作废 / 退领”。

2. 只支持对证书状态为有效的空白证书进行作废申请 / 退领申请，不满足时提示“当前证书状态不允许作废 / 退领”。

3. 证书列表信息录入申请原因后需按回车键保存

4. 作废申请 / 退领申请提交成功后，可至空白证书申请查询界面查询此申请。

（六）现场出证 / 自助重打查询

点击左侧菜单栏“拟证出证——综合查询——现场出证 / 自助重打查询”，右侧界面展示如图 8-268。

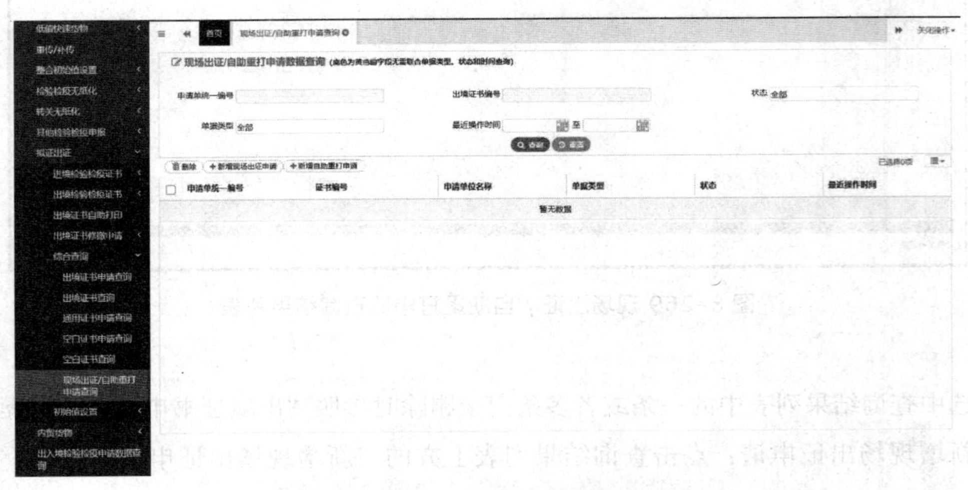

图 8-268 现场出证 / 自助重打申请查询

申请单统一编号：选中该条件时，输入现场出证 / 自助重打的申请单统一编号。

出境证书编号：选中该条件时，输入出境证书编号。

状态：默认显示全部，选中该条件时，可在下拉菜单中选择现场出证 / 自助重打申请的状态。

单据类型：默认显示全部，选中该条件时，可在下拉菜单中选择现场出证申请或者自助重打申请。

最近操作时间：默认显示最近一周，选中该条件时，可在下拉日历里选择起止时间。

小提示：

起止时间所选择的范围，不能超过 30 天。底色为黄色的字段无需联合时间查询。

输入查询条件，点击【查询】蓝色按钮，查询结果显示在下方列表中（如图 8-269）。点击【重置】橙色按钮将清空查询条件，重新填写后查询。

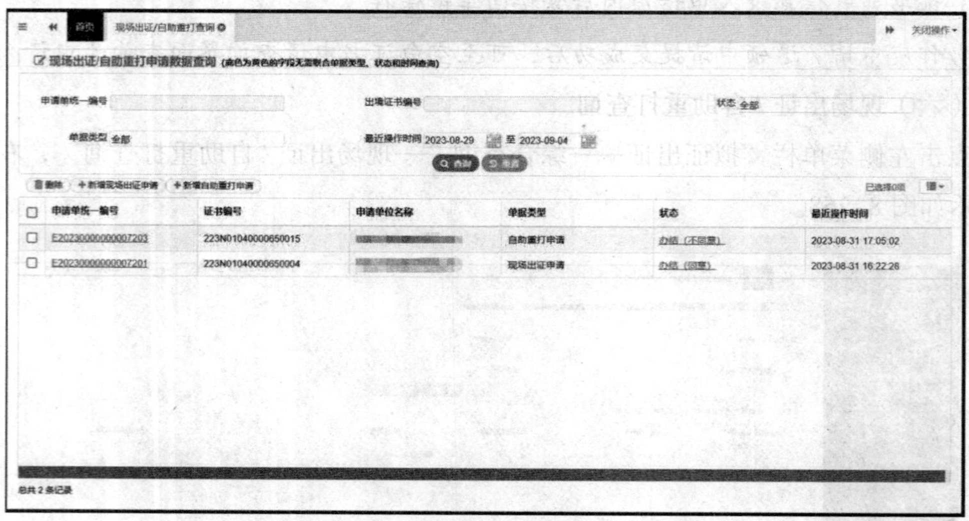

图 8-269 现场出证 / 自助重打申请查询结果列表

选中查询结果列表中的一条或者多条记录删除时参照“出境证书申请查询”操作。

新增现场出证申请：点击查询结果列表上方的“新增现场出证申请”按钮，系统自动跳转到现场出证申请界面，如图 8-270。

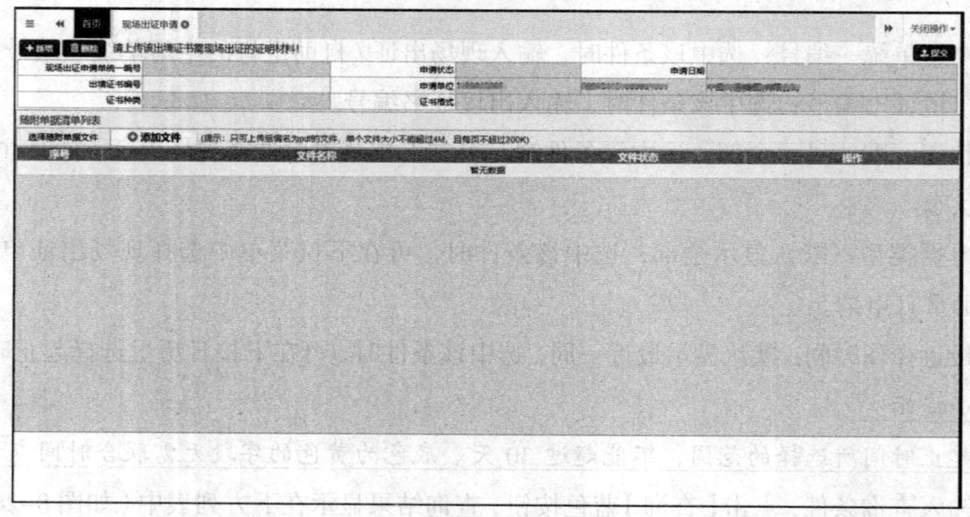

图 8-270 新增现场出证申请界面

界面录入说明如下。

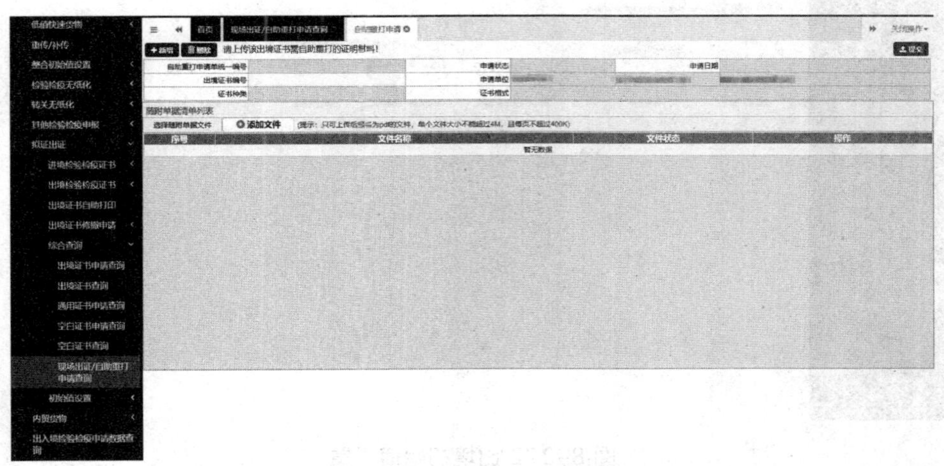

图 8-271 录入说明界面

现场出证申请单统一编号：置灰，系统自动反填生成的编号。

申请状态：置灰，系统自动反填。

申请日期：置灰，系统自动反填。

出境证书编号：可录入，输入需要现场出证的出境证书编号的值。

申请单位：置灰，系统自动反填当前插卡企业的 10 位海关编码、18 位社会信用代码和企业名称。

证书种类：置灰，输入出境证书编号后，系统自动反填该票证书的证书种类。

证书格式：置灰，输入出境证书编号后，系统自动反填该票证书的证书格式。

随附单据清单列表：上传该出境证书需现场出证的证明材料，最多可以上传 10 个 PDF 文件。

六、初始值设置

为了减少用户在部分常用字段中反复录入相同内容，此功能可对出境证书申请的部分字段进行默认设置。设置保存成功后，进入“证书申请”菜单录入界面时，点击“使用初始值模板”，可以调用在此保存过的默认值。

在左侧菜单中点击“拟证出证——初始值设置——出境初始值”，右侧显示界面如图 8-272。

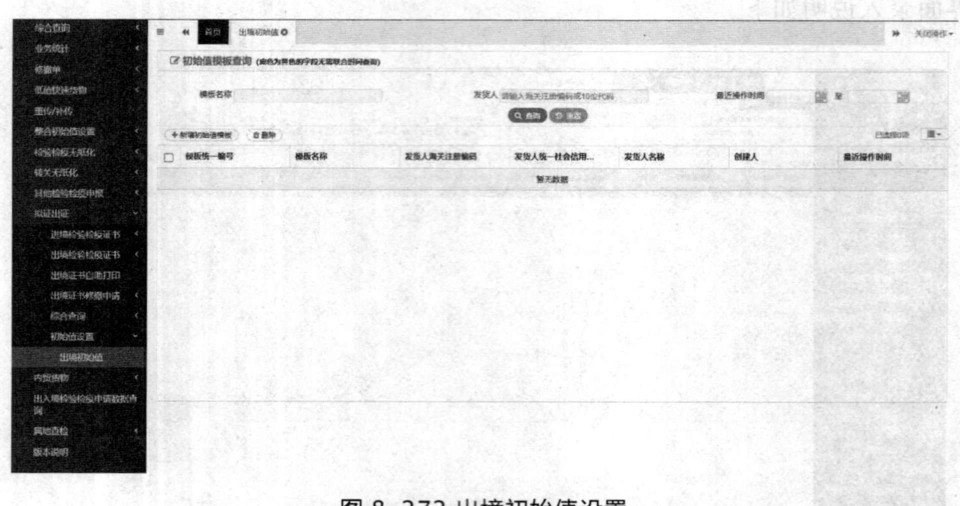

图 8-272 出境初始值设置

模板名称：选中该条件时，输入模板名称。

发货人：选中该条件时，输入海关注册编码或 18 位信用代码。

最近操作时间：选中该条件时，可在下拉日历里选择起止时间。

小提示：

起止时间所选择的范围，不能超过 30 天。底色为黄色的字段无需联合状态和时间查询。

如已保存过初始值，输入查询条件，点击【查询】蓝色按钮，查询结果显示在下方列表中（如图 8-273）。点击【重置】蓝色按钮将清空查询条件，重新填写后查询。

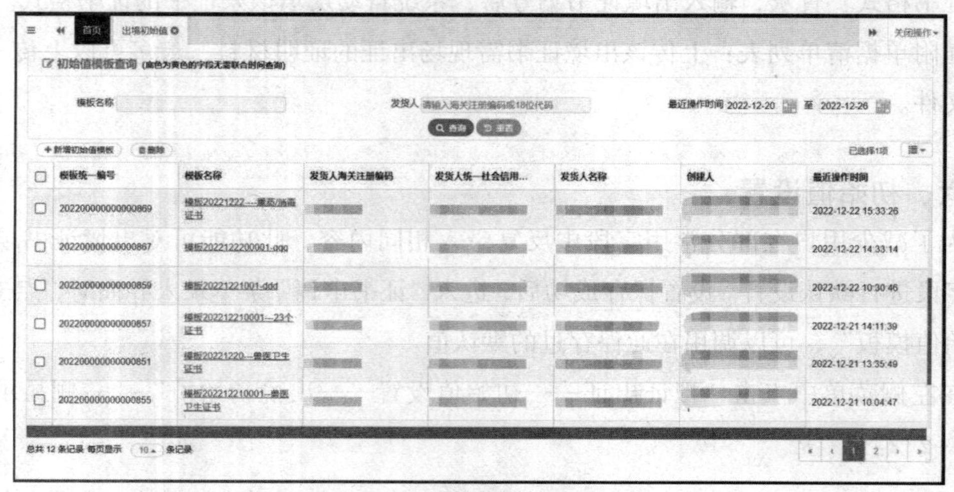

图 8-273 出境初始值查询结果列表

在查询结果列表中选中记录，可点击模板名称，跳转到证书详情界面。查看某一票初始值数据时，可以根据实际需要进行修改、保存。

删除：选中查询结果列表中的一条或者多条记录，点击上图中【删除】白色按钮，系统会弹出提示“是否确认删除已选中的数据？”，点确定可进行模板删除操作。删除的数据不可恢复。

新增初始值模板：如果想新增设置一份模板数据，点击上图中【新增初始值模板】白色按钮，界面跳转至录入界面（如图 8-274）。

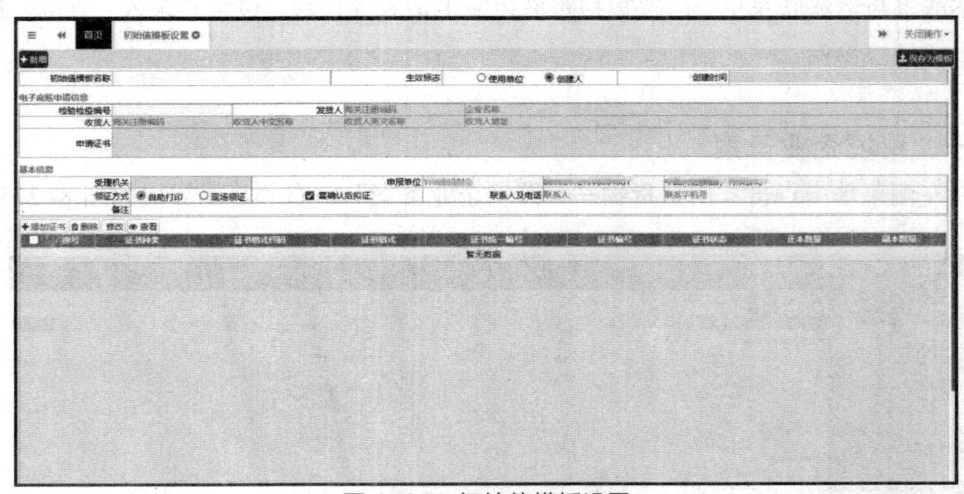

图 8-274 初始值模板设置

模板名称：手工输入，根据实际情况，为当前录入的模板定义一个名称，便于后续使用模板时方便查找。

生效标志：选择“使用单位”——当前录入的模板保存后，与当前登录账号同属一家企业的所有用户（账号），都可以使用该模板。选择“创建人员”——后续可以使用该模板的，只能是当前登录，且创建那个保存模板的用户自己（账号）。

创建时间：返填，不可录入，保存为模板后由系统自动根据当前时间进行显示。

小提示：

电子底账申请信息、基本信息、添加证书表体等字段的录入规则请参见“界面录入说明”

保存为模板：模板信息录入完成之后，点击界面上方【保存为模板】蓝色按钮系统提示暂存成功，您所录入的默认值保存成功。

新增：点击上图中【新增】蓝色按钮，界面中所有已录入并保存过的值被清空，可重新输入值并保存。

第十六节 内贸货物

内贸货物跨境运输系统主要包含跨境企业备案、跨境企业查询、内贸货物出境运输备案清单与运输联系单、内贸货物跨境运输申请表等模块，包含其录入、查询、打印、变更、注销等操作。

一、跨境企业备案

在左侧菜单中点击“内贸货物——跨境企业备案”，右侧显示界面如图 8-275。

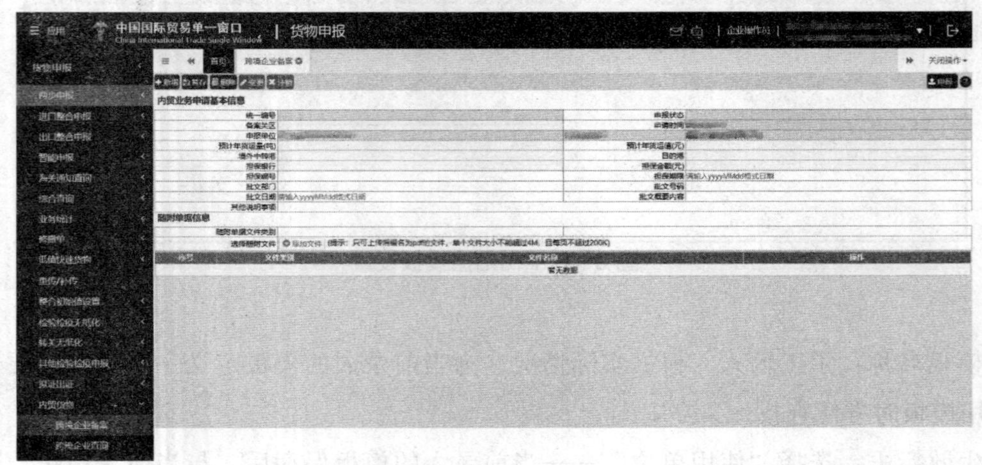

图 8-275 跨境企业备案

1. 基本信息录入

统一编号、申报状态、申请时间置灰，不允许录入，暂存或申报后，系统自动生成。备案关区在参数下拉表中选择，也可录入代码、名称。

申报单位：置灰、不允许录入、系统自动获取当前卡介质的信息反填到界面上。

预计年货运量（吨）：必填，长度为 20 位字符，只能录入数字。

预计年货运值（元）：必填，长度为 20 位字符，只能录入数字。

境外中转港：必填，长度为 255 位字符。

目的港：必填，下拉参数可选择，长度为 20 位字符。

担保银行：必填，长度为 255 位字符。

担保金额（元）：必填，长度为 20 位字符，只能录入数字。

担保编号：选填，长度为 32 位字符。

担保期限：选填，长度为 8 位字符，格式为“yyyyMMdd”。

批文部门：选填，长度为 255 位字符。

批文号码：选填，长度为 32 位字符。

批文日期：选填，长度为 8 位字符，格式为“yyyyMMdd”。

批文概要内容：选填，长度为 1024 位字符。

其他说明事项：选填，长度为 255 位字符。

随附单据信息界面如图 8–276 所示。

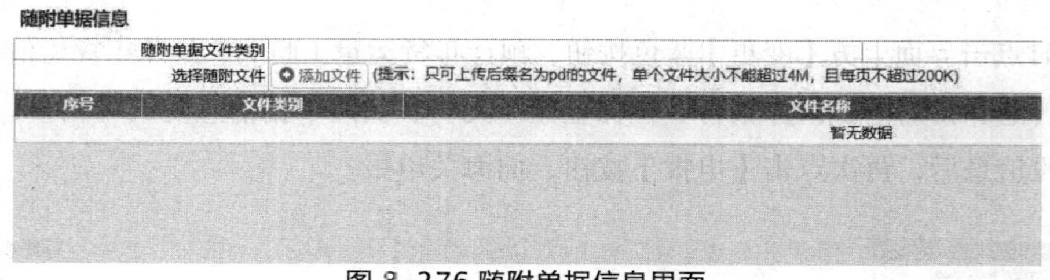

图 8–276 随附单据信息界面

2. 随附单据文件类别

按空格键调出下拉菜单，或录入 8 位数字的随附单据文件代码后回车，快捷录入。00000001– 社会信用代码证、00000002– 省政府批文、00000003– 银行担保凭证 是必须上传的随附单据。或点击“添加文件”白色按钮，弹出选择 pdf 文件的对话框，供用户在本地电脑中选择文件。选择相应的 pdf 文件后，点击打开按钮，文件自动进行上传，上传成功的文件会自动添加到列表里。

新增：点击界面上方【新增】蓝色按钮，将立即清空当前界面显示的数据，便于用户重新录入并保存一票跨境企业备案的数据。如果没有将当前录入的内容进行暂存（保存）操作，清空的数据将不可恢复，需重新录入，请谨慎操作。

暂存：点击界面上方【新增】蓝色按钮，系统弹出提示“暂存成功”，状态变为“暂存”。若系统对录入的内容逻辑检查未通过，界面会提示相应错误信息。

删除：点击界面上方【删除】蓝色按钮，系统提示“确定删除？”。点确定将删除整票数据。当数据状态为已申报、海关入库成功等状态时，表示您所申报的数据已被相关业务主管部门接收，此时不允许删除。删除的数据将不可恢复，需重新录入，请谨慎操作。

变更：当跨境企业备案数据状态是“海关审批通过”，从跨境企业查询界面查询出审批通过的企业备案数据，进入到明细界面后，【变更】按钮被点亮，如图 8–277。

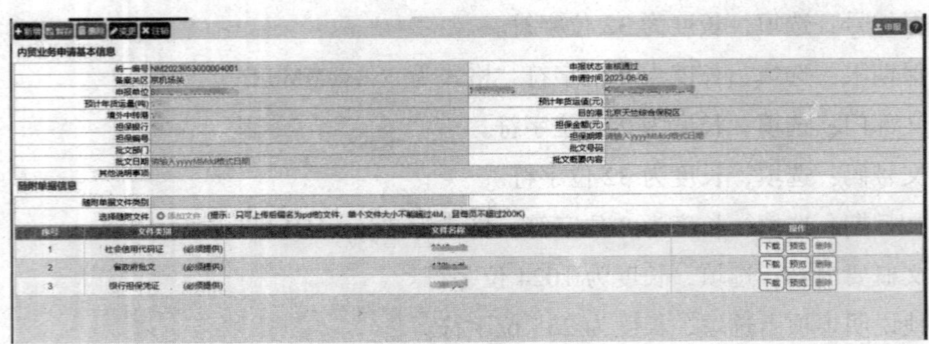

图 8-277 变更界面

此时点击界面上方【变更】蓝色按钮，预计年货运量（吨）、预计年货运值（元）、境外中转港、目的港、担保银行、担保金额（元）、随附单据信息变成可编辑，可修改这些字段信息后，再次点击【申报】按钮，向海关申报。

图 8-278 申报界面

注销：当跨境企业备案数据状态是“海关审批通过”，从跨境企业查询界面查询出审批通过的企业备案数据，进入到明细界面后，【注销】按钮被点亮，如图 8-279。

图 8-279 注销界面

此时点击界面上方【注销】蓝色按钮，界面上会出现“注销申请理由”字段，输入注销理由后，点击【申报】按钮，向海关申报。

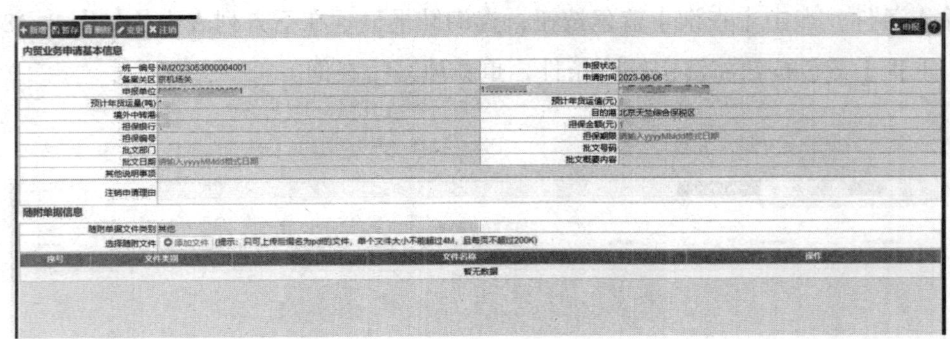

图 8-280 申报界面

申报：将录入完毕并确认无误的数据，通过点击界面右上方的【申报】蓝色按钮，系统提示“确定申报？”，点确定按钮，数据将向海关进行申报。

小提示：

进行申报，必须使用电子口岸卡介质。

申报即意味着您的数据将向相关业务主管部门进行发送，并等待其审批。

二、跨境企业查询

在左侧菜单中点击“内贸货物——跨境企业查询”，右侧显示界面如图 8-281。

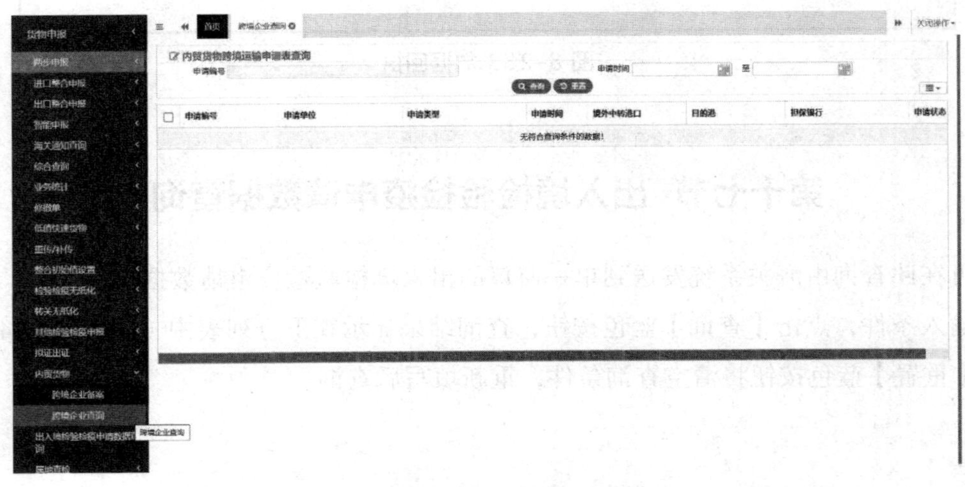

图 8-281 跨界企业查询界面

界面中，“申请编号”需输入跨境企业备案的统一编号，“申请时间”可以从日期控件里选择。

小提示：

查询时，输入的时间范围，不能超过30天。

输入条件，点击【查询】蓝色按钮，查询结果显示在下方列表中（如图8–282）。点击【重置】蓝色按钮将清空查询条件，重新填写后查询。

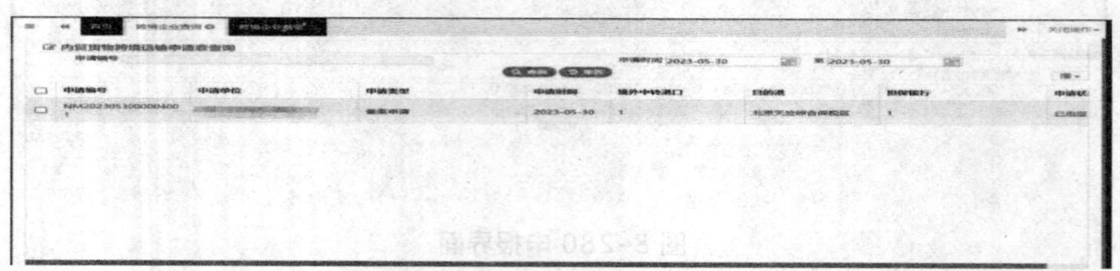

图8–282 数据查询结果列表

点击上图中的蓝色统一编号，系统自动跳转至申报数据的详细信息界面。点击状态栏内的蓝色字样界面下方显示相应的回执（如图8–283）。

点击回执部分【刷新】白色按钮，可刷新回执．点击【关闭】白色按钮，可关闭查看回执列表。

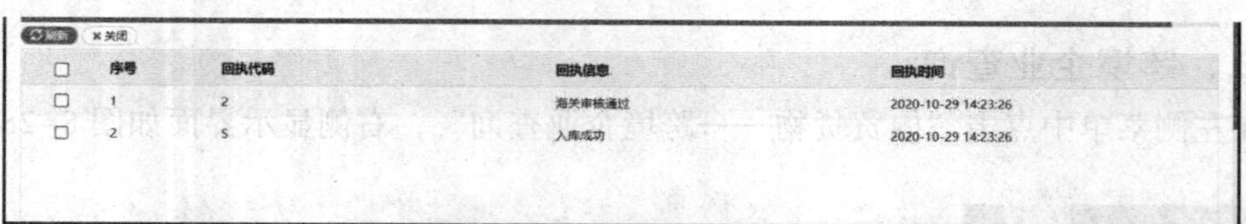

图8–283 数据回执

第十七节 出入境检验检疫申请数据查询

可在此查询由海关系统发送到单一窗口的出入境检验检疫申请数据。

输入条件，点击【查询】蓝色按钮，查询结果显示在下方列表中（如图8–284）。点击【重置】蓝色按钮将清空查询条件，重新填写后查询。

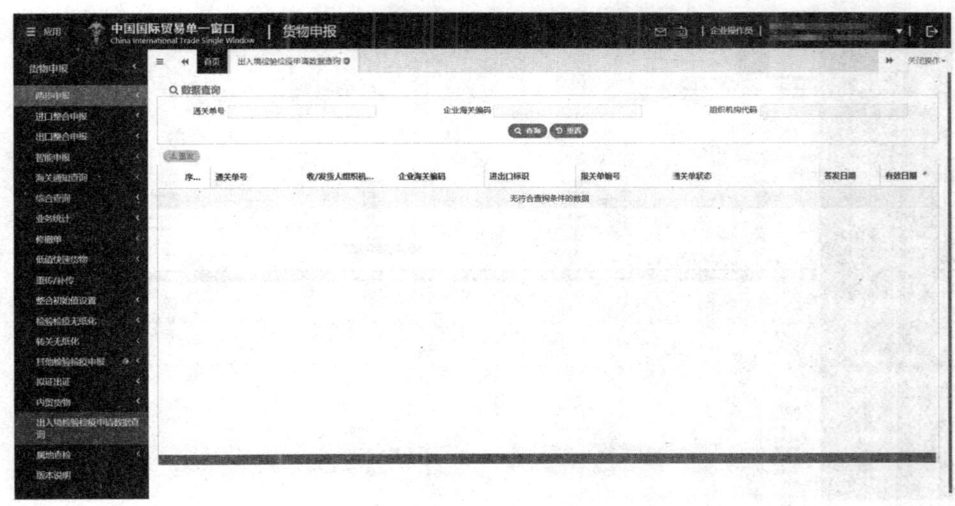

图 8-284 出入境检验检疫申请数据查询

第十八节 属地查检

属地查检系统主要为企业提供出境检验检疫申请、出境检验检疫申请查询、电子底账查询、电子底账拆分申请、电子底账拆分申请查询、出口危险货物包装申请、综合处置等功能。

一、出境检验检疫

（一）检验检疫申请

涉检的出境货物，可向海关业务主管部门进行属地查检－出境检验检疫申请。可对出境检验检疫申请数据进行录入、暂存、删除、打印、申报等操作。

在左侧菜单中点击“属地查检—出境检验检疫—检验检疫申请”，右侧显示录入界面，包括“基本信息、商品信息、基本信息（其他）、集装箱信息”等部分（如图 8-285）。

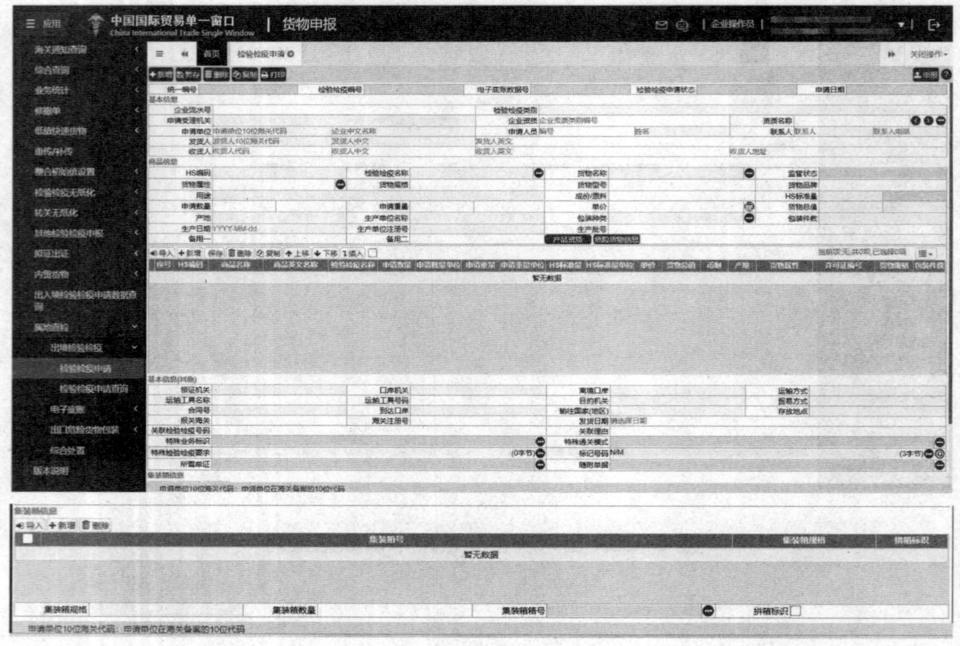

图 8-285 检验检疫申请

1. 界面录入说明

（1）总体说明

灰色字段（例如统一编号、检验检疫编号、电子底账数据号等）表示不允许录入，系统将根据相应操作或步骤后自动返填。

部分字段内的灰色字体为录入提示，请如实填写相关内容。

申请受理机关、用途、到达口岸等字段，需要在参数中进行调取，不允许随意录入。使用键盘空格键，可调出下拉菜单并在其中进行选择。也可以输入已知的相应数字、字母或汉字，迅速调出参数，选择后点击回车键确认录入。

日期类字段（例如生产日期、发货日期等），点击录入框，在系统弹出的日历中进行选择。

勾选类字段（例如是否主要包装、拼箱标识等），请根据您的实际业务填写。勾选代表“是”，不勾选代表“否”。

界面上方蓝色按钮（如图 8-286），影响整票电子底账数据。具体操作说明参见下文新增、暂存、删除、复制、打印、申报等内容。

图 8-286 检检检疫申请（操作按钮）

可通过点击界面中的【暂存】蓝色按钮，将当前正在录入的基本信息数据进行保存，以防数据丢失。

小提示：

上图蓝色操作按钮将根据当前的相关业务或操作，区分是否可点击，将光标悬停在字段上系统可弹出相应提示。

下文中的白色按钮，所影响的数据仅为当前页签或字段。

（2）基本信息

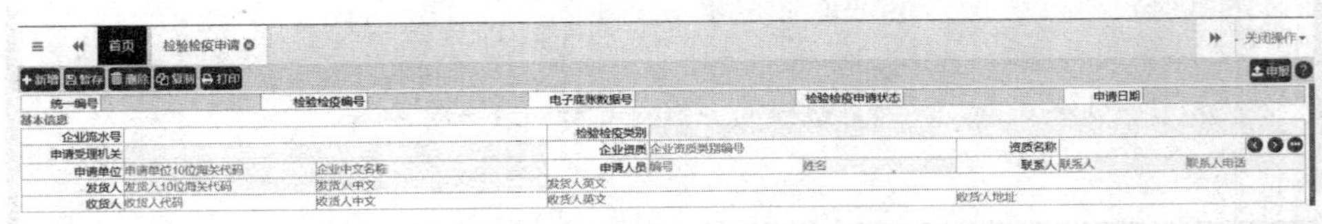

图 8-287 检验检疫申请（基本信息）

统一编号（置灰）：统一编号是预录入出境检验检疫申请单的编号，一票出境检验检疫申请单对应一个预录入编号，由系统自动生成。

检验检疫编号（置灰）：海关返回的检验检疫编号，由系统自动反填到界面上。

电子底账数据号（置灰）：海关返回的电子底账数据号，由系统自动反填到界面上。

检验检疫申请状态（置灰）：是出境检验检疫申请单的申请状态，由系统自动生成。

申请日期（置灰）：暂存或申报后，系统自动生成。

企业流水号（选填）：由企业自行确定填报内容，不可重复。

检验检疫类别（必填）：按空格键后选取，或直接输入对应代码。

申请受理机关（必填）：填写产地/组货地海关，在参数下拉表选择，也可录入代码、名称。

企业资质：填写货物的生产商/出口商企业名称及必须取得的资质类别、编号，可填写多个资质记录。点击名称字段后方三点蓝色按钮，在弹出的录入界面内（如图 8-288），进行编辑。录入保存后，显示在企业资质的界面字段中。

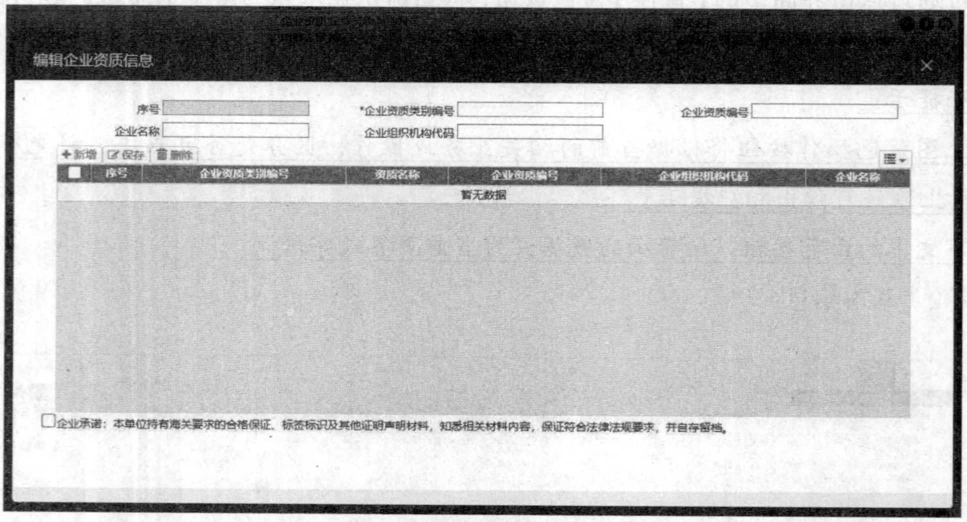

图 8-288 企业资质录入界面

录入多条数据时，主界面中默认显示第一条企业资质信息，可以通过点击蓝色方向按，依次查看所录入的企业资质信息。

序号：灰色不可录入保存成功后系统自动生成。

企业资质类别编号：按照申报货物的实际情况在列表中选择对应的资质类别。

企业资质编号：填写货物的生产 / 进出口 / 代理商必须取得的许可 / 审批 / 注册登记 / 备案文件编号。

企业名称：填写货物的生产 / 进出口 / 代理商名称。

企业组织机构代码：填写货物的生产 / 进出口 / 代理商的组织机构代码。

申请单位代码（必填）：填写申请单位在海关的备案登记编号。

申请单位企业中文名称（必填）：填写申请单位在海关的备案登记名称。

申请人员：姓名必填，其他可按照海关要求填写。

联系人（必填）：填写与海关联系现场查检事宜的人员姓名。

联系人电话（必填）：填写与海关联系现场查检事宜的人员的联系方式，如是固定电话则要填写区号。

发货人代码（必填）：填写在海关备案登记的境内发货单位或自然人及其备案登记代码，特殊情况下，允许使用特殊申请单位代码。

发货人中文（必填）：填写在海关备案登记的境内发货单位或自然人的中文名称。

发货人英文（选填）：填写在海关备案登记的境内发货单位或自然人的英文名称。

收货人代码(选填)：填写境外收货单位或自然人。收货人通常指外贸合同中的买方、信用证开证申请人或合同 / 信用证指定的收货人。

收货人中文(选填)：填写境外收货单位或自然人。收货人通常指外贸合同中的买方、信用证开证申请人或合同 / 信用证指定的收货人。

收货人英文（选填）：填写境外收货单位或自然人。收货人通常指外贸合同中的买方、信用证开证申请人或合同 / 信用证指定的收货人。

收货人地址（选填）：填写境外收货单位或自然人的地址信息。

（3）商品信息

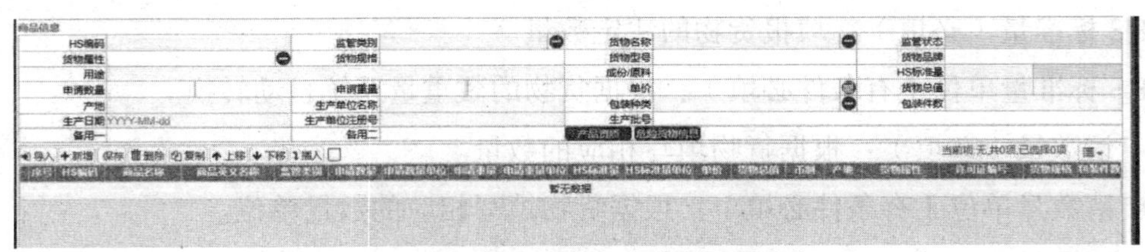

图 8-289 检验检疫申请（商品信息）

HS 编码（必填）：填写有效的 10 位数 HS 编码（以当年海关公布的商品税则编码分类为准）。HS 编码应与货物相对应，并与海关报关时的 HS 编码一致。

监管类别（必填）：在填写 HS 编码后系统会自动带出申报货物对应的监管类别，根据具体货物正确点选监管类别后系统会自动带出监管类别。也可以点击录入框右侧三点蓝色按钮，在弹出的监管类别列表中重新选取，也可手工直接修改。

货物名称（必填）：按要求实际情况填写。该录入框可直接进行录入或修改。如该项有要求录入货物英文名称的，可以点击右侧三点蓝色按钮，在弹出的框内进行录入、点击确定。

监管状态：录入 HS 编码后，由系统自动返填。

货物属性：点击右侧三点蓝色按钮，在弹出的框内（如图 8-290）勾选后，点击确定即可。

货物属性

11-3C目录内	12-3C目录外	13-无需办理3C认证	14-预包装
15-非预包装	16-转基因产品	17-非转基因产品	18-首次进出口
19-正常	20-废品	21-旧品	22-成套设备
23-带皮木材/板材	24-不带皮木材/板材	25-A级特殊物品	26-B级特殊物品
27-C级特殊物品	28-D级特殊物品	29-V/W非特殊物品	30-市场采购
31-散装危险化学品	32-件装危险化学品	33-非危险化学品	34-I类医疗器械
35-II类医疗器械	36-III类医疗器械	37-医疗器械零部件	38-非医疗器械
39-特种设备	40-非特种设备	41-真空包装等货物	42-办理进口登记用饲料和饲料添加剂样
43-科研用饲料和饲料添加剂样品	44-其他用途饲料和饲料添加剂样品	46-检验结果采信	

取消　确定

图 8-290 货物属性

货物规格（选填）：填写货物的规格。

货物型号（选填）：填报货物的所有型号。多个型号的，以"；"分隔。

货物品牌（选填）：填报货物的品牌名称，中文、英文都有的，同时填写

用途（必填）：填写货物的使用范围或目的。

成份 / 原料（选填）：填写货物含有的成份、货物原料或化学品组份。

HS 标准量（必填）：填报货物的法定数量。

HS 标准量单位（有条件必填）：根据货物的数重量系统自动转换。

申请数量（选填）：根据货物填写相应的数量。

申请数量单位（有条件必填）：根据货物填写相应的数量单位。

申请重量（选填）：根据货物填写相应的重量。

申请重量单位（有条件必填）：根据货物填写相应的重量单位。

单价（选填）：填写货物的实际成交单价和币制。

货物总值（必填）：填写货物实际成交的商品总价格。

币值(必填)：按海关规定的《货币代码表》选择相应的货币名称及代码填报，如《货币代码表》中无实际成交币种，需将实际成交货币按申报日外汇折算率折算成《货币代码表》列明的货币填报。

产地(必填)：输入准确的产地，应具体至区、县，不得超过申请受理机关辖区范围。

生产单位名称（必填）：填写货物在境内的生产单位的名称。

包装种类（必填）：在参数下拉表选择，也可录入代码、名称。

包装件数（必填）：填写货物实际的运输包装件数。

生产日期（必填）：填写货物生产加工制造完毕的日期。

生产单位注册号（必填）：填报货物在境内的生产单位备案登记编号，海关10位企业备案号。

生产批号（选填）：填写货物的生产批号，多个生产批号的，以"；"分隔。

备用一、备用二：填写主管业务部门要求填报的其他商品信息。

产品资质（选填）：填写完商品信息后，可点击【产品资质】，进入编辑许可证信息界面（如图 8-291）。许可证信息按实际情况与主管业务部门要求进行填写。

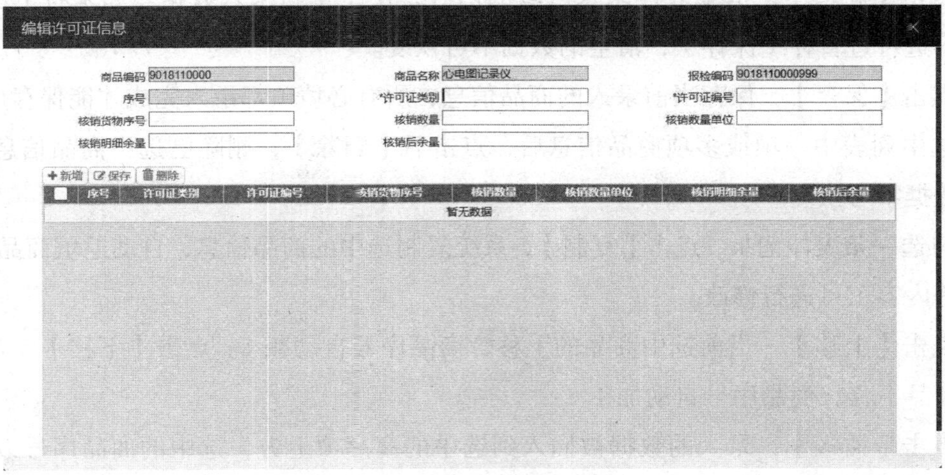

图 8-291 编辑许可证信息

危险货物信息（有条件必填）：填写完商品信息后，可点击【危险货物信息】，进入编辑界面（如图 8-292)。列入国家《危险化学品名录》的危险品税号应填写此栏目内容。如为危险品则填写 UN 编码、危险货物名称、危包类别及包装规格；如为非危险品，则勾选“非危险化学品”项。

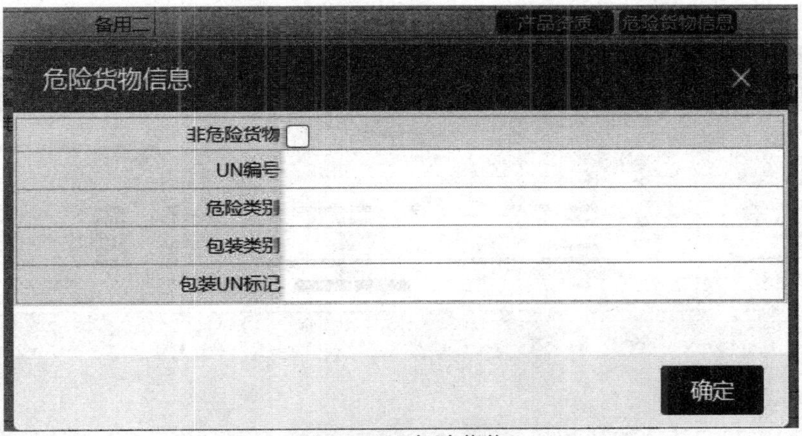

图 8-292 危险货物

导航栏：商品信息下方的白色按钮（如图 8-293)，只对商品信息列表进行相关操作。

图 8-293 导航栏按钮

点击【导入】，会弹出商品导入界面，更多操作可参考“操作（按钮）”部分。

点击【新增】，清空表体录入区域的内容，便于重新录入数据。如未将上次的录入内容进行过暂存（保存），清空的数据不可恢复。

点击【保存】，保存当前录入的商品信息，所有必填项都录入完成才能保存成功。

选中列表中一项或多项商品信息后，点击后【删除】，删除已选中商品信息。删除的数据不可恢复。

勾选一条表体记录，点击【复制】，系统复制选中的商品信息，自动返填商品名称、重量等内容，可进行修改。

点击【上移】，当前选中商品的上移，商品序号自动减 1。点击【下移】，当前选中的商品下移，商品序号自动加 1。

点击【插入】，录入的数据被插入到选中的商品项上方，选中的商品序号以下 的信息自动减 1。

列表多选框：在【插入】按钮右侧，选中后，商品列表展示左侧增加一个多选框，如图 8–294。

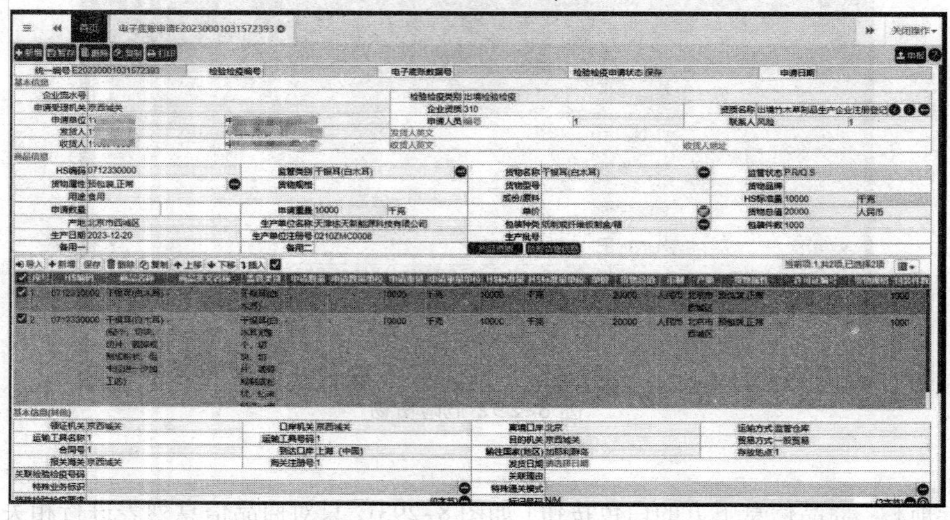

图 8–294 检验检疫申请（基本信息 – 其他）

领证机关（必填）：填写领证海关。企业可在领证地领取检验检疫证单。

口岸机关（有条件必填）：填写货物离境口岸的海关。申报类别为“出境预检”时，口岸机关可以为空。

离境口岸（必填）：选择货物随运输工具离开的离境口岸。

运输方式（必填）：填写货物离境时使用的运输方式。

运输工具名称（选填）：填写运输货物的有独立动力装置的交通工具名称。

运输工具号码（选填）：填写运输货物的有独立动力装置的交通工具号码。

目的机关（必填）：填写实施货物属地现场查检的海关。

贸易方式（必填）：根据实际对外贸易情况、按海关规定的《监管方式代码表》选择填报相应的监管方式简称及代码。

合同号（必填）：对外贸易合同、订单的号码。企业未签订合同的，应在此项注明无合同及原因，如：长期客户无合同。

到达口岸（必填）：选择输往国家的具体口岸。口岸在系统中没有的，可选择国家名称。

输往国家（地区）（必填）：选择输入货物最终的目的国家或地区。输往海关特殊监管区的，直接选择对应的海关特殊监管区。

存放地点（必填）：填写货物的存放地点。

报关海关（选填）：填写报关地所在的海关，原则上填写现场海关机构代码，无法确定的可填写报关地直属海关机构代码。

海关注册号（有条件必填）：填写发货人在海关备案注册取得的编号。

发货日期（选填）：填写出境拟装运日期。

关联检验检疫号码（选填）：填写与货物相关的检验检疫号码，多个检验检疫号码的，用“；”分隔。

关联理由（选填）：填写关联检验检疫号码的关联理由。

特殊业务标识（选填）：点击字段右侧蓝色圆形按钮，根据实际情况进行勾选。无相关特殊业务的不勾选。

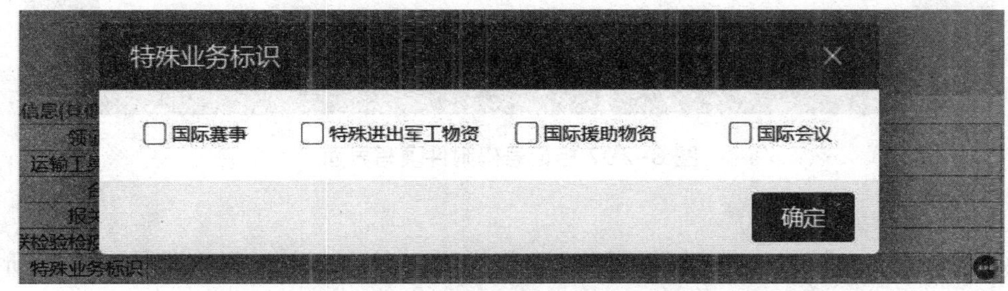

图 8-295 特殊业务表示界面

特殊通关模式（选填）：填写企业申请享受的特殊通关政策，按实际情况进行勾选、确认。

图 8-296 特殊通关模式界面

特殊检验检疫要求（选填）：填写合同、信用证中与检验检疫有关的特殊要求或检验检疫机构要求在此栏输入的内容。

标记号码（必填）：填报货物实际的标记及号码内容，应与合同、发票、提单等有关外贸单据保持一致。标记及号码不能在系统中输入或者输入不全的，应点击“附页”，并上传无法手工在计算机系统录入的标记及号码的图案或内容。无标记号码的输入“N/M”。

标记号码附件（选填）：标记及号码不能在系统中输入或者输入不全的，应点击“附件”，并上传无法手工在计算机系统录入的标记及号码的图案或内容。点击右侧蓝色圆形按钮，可进行上传附件（如图 8-297）。

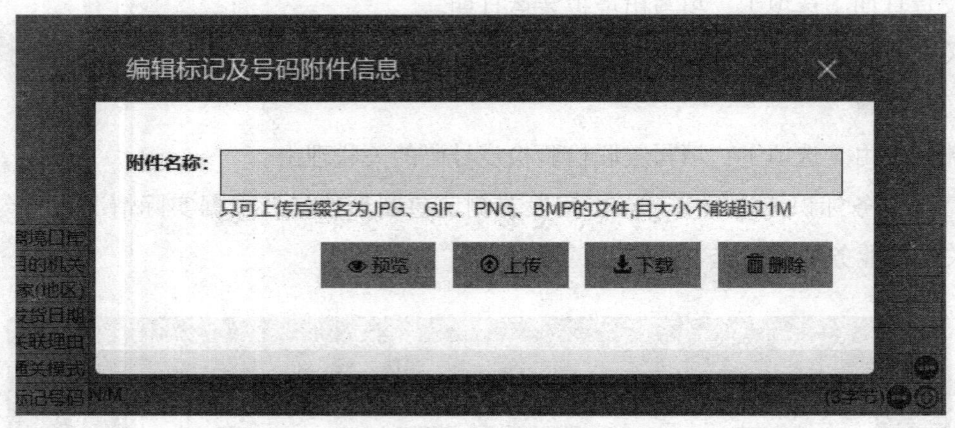

图 8-297 标记号码附件填写界面

所需单证（必填）：选择所需要的证单代码、名称、正、副本份数。点击所需单证右侧蓝色按， 弹出录入界面（如图 8-298），可进行选择、编辑，最多可勾选 17 项单证信息。点击【保存】按钮，可将勾选信息保存至录入界面。

编辑所需单证信息

序号	证书代码	证书名称	正本数量	副本数量
1	11	品质证书	1	2
2	12	重量证书	1	2
3	13	数量证书	1	2
4	14	兽医卫生证书	1	2
5	15	健康证书	1	2
6	16	卫生证书	1	2
7	17	动物卫生证书	1	2
8	18	植物检疫证书	1	2
9	19	熏蒸/消毒证书	1	2
10	20	出境货物换证凭单	1	2
11	22	出境货物不合格通知单	1	2
12	23	集装箱检验检疫结果单	1	2
13	98	其他单	1	2
14	99	其他证书	1	2
15	94	电子底账	1	2
16	21	入境货物检验检疫证明（申请出具）	1	2

保存

图 8-298 所需单证填写界面

随附单据（必填）：根据实际业务选择填写或咨询相关业务主管部门。需先将基本信息保存成功，才能继续进行随附单据的录入与保存操作。点击页面下方“随附单据”右侧三点蓝色圆形按钮，弹出录入界面（如图 8-299)。

随附单据编辑

保存

序号	随附单据类别代码	随附单据名称	随附单据编号	核销货物序号	核销数量	核销后明细余量	核销后余量	操作
1	102001	合同						新增
2	102002	发票						新增
3	102003	信用证						新增
4	102004	装箱单						新增
5	102011	其他相关许可/审批文件						新增
6	102028	海关免税证明						新增
7	102034	进出口电池备案书						新增
8	102038	入/出境特殊物品卫生检疫审批单						新增
9	102039	代理报关委托书						新增
10	102040	换证凭单						新增
11	102041	厂检单						新增
12	102042	包装性能检验结果单						新增
13	102043	危险货物运输包装使用鉴定结果单						新增
14	102044	型式试验确认书						新增
15	102045	卫生注册证书						新增

图 8-299 随附单据编辑

系统默认显示随附单据类别代码与名称。

点击上图右侧【新增】蓝色字体，界面自动复制当前的随附单据并生成一条新的记录。可根据实际情况，录入编号、序号及数量等信息后，点击【保存】白色按钮即可。

集装箱信息：请根据您的实际业务选择填写或咨询相关业务主管部门。

必须先将基本信息保存成功，才能继续进行集装箱信息的录入与保存操作。先录入集装箱规格与对应数量，再录入该规格的集装箱箱号，可以录入多个。按实际情况勾选是否拼箱。

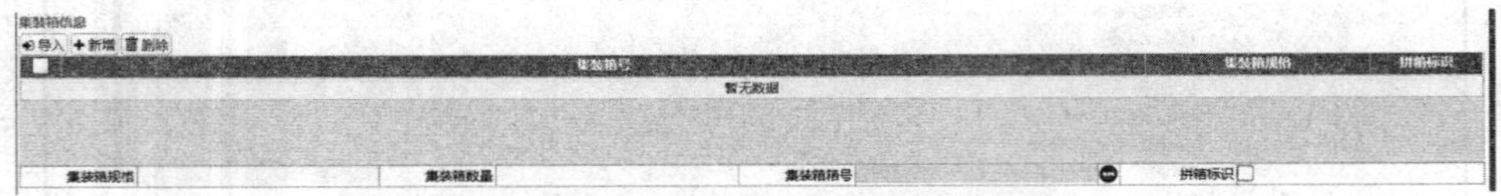

图 8-300 检验检疫申请（集装箱信息）

集装箱规格（有条件必填）：填写载运货物出境货物集装箱规格。

集装箱数量（选填）：填写各种规格集装箱的数量。

集装箱箱号（选填）：填写每个规格集装箱对应的集装箱号码。点击右侧蓝色圆形图标，在弹出的集装箱详细信息录入界面中（如图 8-301）进行录入。录入后按回车键，数据将返填至上方列表中，序号自动生成。

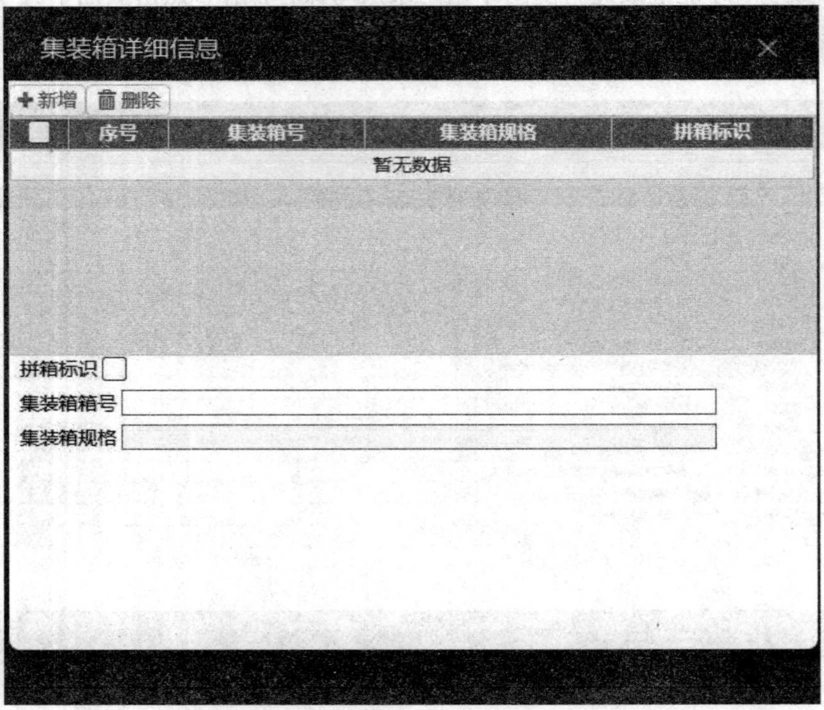

图 8-301 集装箱详细信息

拼箱标识（选填）：如有拼箱，填写拼箱标识。

导航栏：集装箱信息下方的白色按钮，只对集装箱部分进行相关操作。更多操作可参见上文商品信息中的导航栏部分。

2. 操作（按钮）

新增：点击界面上方【新增】蓝色按钮，将立即清空当前界面显示的数据，便于用户重新录入并保存一票电子底账申请的数据。如您未将上次的录入内容进行过暂存操作，清空的数据将不可恢复，需重新录入，请谨慎操作。

暂存：点击界面上方【暂存】蓝色按钮，系统弹出提示“暂存成功”，状态变为“暂存”。若系统对录入的内容逻辑检查未通过，界面会提示相应错误信息。

小提示：

已申报、申报正确、报检成功等状态时，暂存按钮置灰，不允许操作。

删除：点击界面上方“删除”蓝色按钮，系统提示是否删除当前数据，数据状态为已申报、申报正确、报检成功或查检通知状态时，表示您所申报的检验检疫申请数据已被审批系统接收，此时不允许在“单一窗口”标准版系统中进行删除操作。已被删除的数据将不可恢复，需重新录入，请谨慎操作。

复制：点击界面上方“复制”蓝色按钮，系统将当前的数据（包括申请单位、发货人、商品信息以及集装箱信息等内容）进行复制，自动新增生成一票新的电子底账申请 数据。此时可以对复制出来的数据，进行修改、录入、暂存等操作。

打印：点击界面上方“打印”蓝色按钮，弹出打印申请单弹窗。选择标准格式或套打格式，并勾选检验检疫申请单或集装箱附加页（有集装箱信息才可勾选）。选择打印机后点击【直接打印】即完成打印操作。也可点击【预览打印】直接在浏览器中预览板式文件。

申报：将录入完毕并确认无误的数据，通过点击界面右上方的“申报”蓝色按钮，向海关进行申报。

小提示：

申报即意味着您的数据将向相关业务主管部门进行发送，并等待其审批。

3. 与原“出境检验检疫申请（旧）”的区别

“检验检疫申请”录入规范基本上与原“出境检验检疫申请（旧）”一致，不一致内容如下：

（1）申请单位、发货人、收货人代码需录入海关十位编码；

（2）申请受理机关、领证机关、口岸机关、目的机关需选择四位海关代码；

（3）基本信息中的运输方式、贸易方式、输往国家（地区）、到达口岸，商品信息中的币种、包装种类，集装箱信息中的集装箱规格，以上字段使用海关规范参数，与报关单参数一致。

（二）检验检疫申请查询

可使用各类条件，查询检验检疫申请数据，并进行打印、导出等操作。

在左侧菜单中点击“属地查检—出境检验检疫—检验检疫申请查询”，右侧显示查询界面（如图 8-302)，默认初始化查询界面为“基础查询”界面。

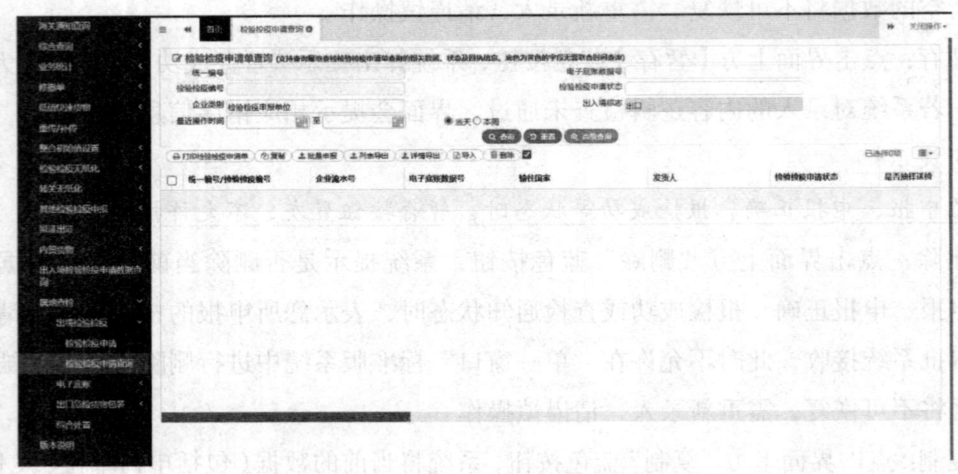

图 8-302 检验检疫申请数据查询

统一编号：选中该条件时，填写检验检疫申请的统一编号。

电子底账数据号：选中该条件时，填写海关返回的电子底账号。

检验检疫编号：选中该条件时，填写海关返回的检验检疫编号。

检验检疫申请状态：可通过空格调出状态参数。可选参数包括：41- 保存、42- 已申报、43- 申报正确、44- 报检失败、45- 报检成功、46- 查检通知。

企业类别：通过空格调出企业类别参数。可选企业类别包括：检验检疫申报单位、检验检疫收发货人、创建人。默认展示为检验检疫申报单位。

出入境标志：默认展示为出口，并且置灰不可修改。

最近操作时间：默认展示为当天，输入的时间范围，不能超过 7 天。可选择“当天”或“本周” 快速切换查询时间。

1. 操作按钮说明

查询：输入查询条件，点击【查询】蓝色按钮，查询结果显示在下方列表中（如图 8-303)。

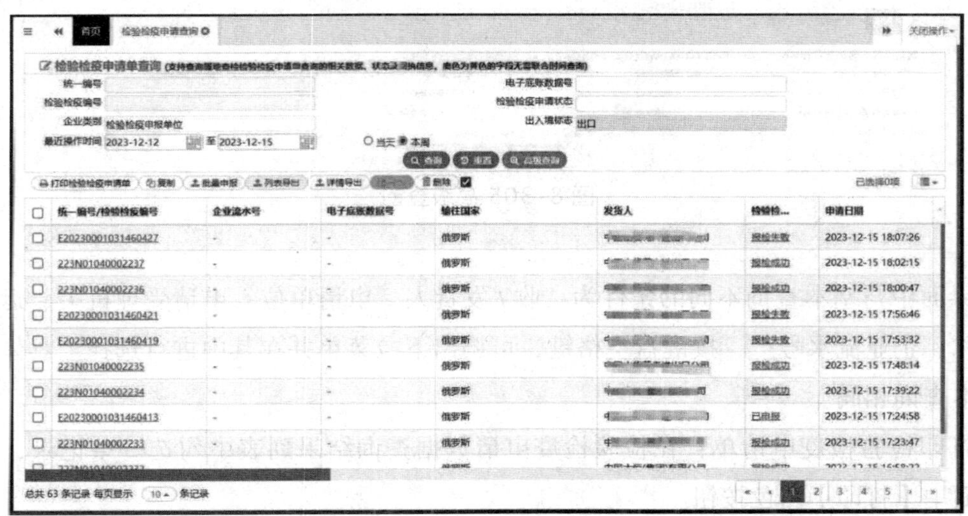

统一编号/检验检疫编号	企业流水号	电子底账数据号	输往国家	发货人	检验检...	申请日期
E2023000103146O427	-	-	俄罗斯		报检失败	2023-12-15 18:07:26
223N01040002237	-	-	俄罗斯		报检成功	2023-12-15 18:02:15
223N01040002236	-	-	俄罗斯		报检成功	2023-12-15 18:00:47
E20230001031460421	-	-	俄罗斯		报检失败	2023-12-15 17:56:46
E20230001031460419	-	-	俄罗斯		报检失败	2023-12-15 17:53:32
223N01040002235	-	-	俄罗斯		报检成功	2023-12-15 17:48:14
223N01040002234	-	-	俄罗斯		报检成功	2023-12-15 17:39:22
E20230001031460413	-	-	俄罗斯		已申报	2023-12-15 17:24:58
223N01040002233	-	-	俄罗斯		报检成功	2023-12-15 17:23:47

图 8-303 检验检疫申请数据查询结果列表

点击上图中的蓝色统一编号，系统自动跳转至检验检疫申请数据的详细信息界面。

在列表最下方，可以查看当前查询结果的总记录数、自行选择每页显示的记录条数。还可以点击右下角的蓝色数字或按钮换页。

重置：点击【重置】蓝色按钮将清空查询条件，重新填写后查询。

回执查看：点击查询列表一检验检疫状态栏内的蓝色字样，界面下方显示相应的回执（如图 8-304）。点击回执部分【刷新】白色按钮，可刷新回执。点击【关闭】白色按钮，可关闭查看回执列表。选中回执记录，根据业务状态，点击【打印】白色按钮，打印相应的通知书。

刷新　打印　关闭

检验检疫申请单回执

序号	检验检疫编号/统一编号	回执号	回执流水号	回执代码	回执信息	附加信息	回执时间
1	E2022000000324565	20220[illegible]000000065614	3	4200	检验检疫编号222N22010001043，已生成电子底账数据号，电子底账数据号为222N22010001043001。	-	2022-12-25 10:38:46
2	E2022000000324565	20220[illegible]000000065619	2	1100	统一编号E2022000000324565，电子审核通过，正式生成检验检疫编号为:222N22010001043。	-	2022-12-25 10:38:33
3	E2022000000324565	20220[illegible]000000065606	1	1000	申请检验检疫成功！统一编号E2022000000324565，已成功接收数据，待审核。	-	2022-12-25 10:37:32
4	E2022000000324565	20220[illegible]000000065592	-	0000	统一编号E2022000000324565直接申报成功	-	2022-12-25 10:37:21

总共 4 条记录

图 8-304 检验检疫申请数据回执

高级查询：点击检验检疫申请数据查询界面中【高级查询】绿色按钮，查询条件显示如图 8-305 所示：

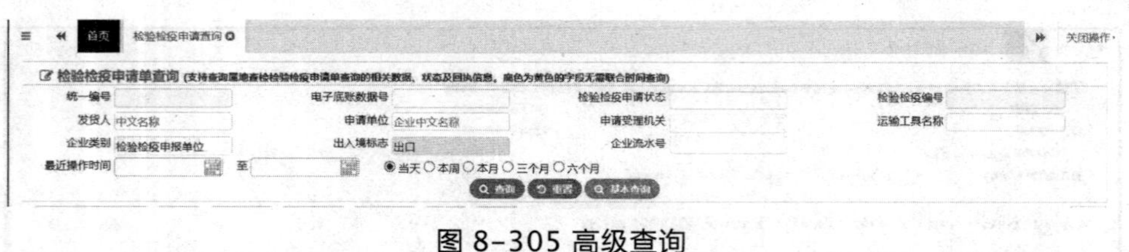

图 8-305 高级查询

界面中与基本查询不同的条件为“收 / 发货人、申请单位、申请受理机关、运输工具名称、企业流水号”，按键盘空格键，可调出下拉菜单并在其中进行选择。具体操作与基本查询相同。

打印检验检疫申请单：在检验检疫申请数据查询结果列表中勾选一条记录，可点击界面中【打印】白色按钮。

复制：在检验检疫申请数据查询结果列表中勾选一条记录，可点击界面中【复制】白色按钮，系统将当前的数据（包括申请单位、发货人、商品信息以及集装箱信息等内容）进行复制，自动新增生成一票新的电子底账申请数据。此时可以对复制 出来的数据，进行修改、录入、暂存等操作。

批量申报：在检验检疫申请数据查询结果列表中同时勾选多条状态为保存的数据，点击界面中【批量申报】白色按钮，系统将提示“已选中 X 条数据，是否确认申报”。等待系统自动进行申报前的校验，并弹出申报详细信息提示框。用户可查看申报结果，或根据提示修改数据后重新申报。

小提示：

申报即意味着您的数据将向相关业务主管部门进行发送，并等待其审批。

列表导出：在检验检疫申请数据查询结果列表中勾选多条数据，点击界面中【列表导出】白色按钮，系统根据浏览器的下载设置，将 Excel 表格下载到默认文件夹中。

详情导出：在检验检疫申请数据查询结果列表中勾选多条数据，点击界面中【列表导出】白色按钮，系统根据浏览器的下载设置，将 Excel 表格下载到默认文件夹中。

导入：点击检验检疫申请数据查询中的【导入】白色按钮，系统弹出对话框，可进行模板下载，根据模板要求将数据录入并保存在本地电脑中，再进行导入上传操作。

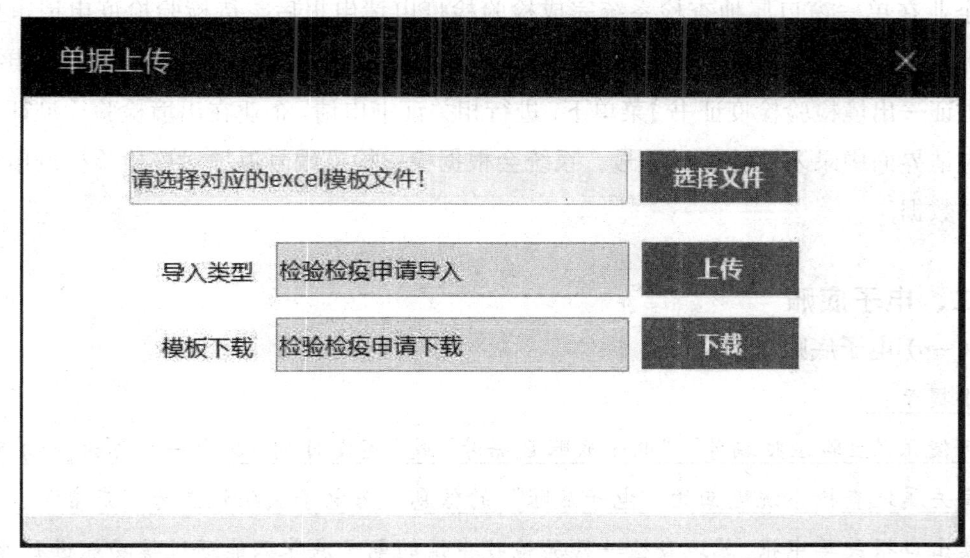

图 8-306 单据上传界面

模板下载：在弹窗内模板下载处，点击【下载】蓝色按钮，将 excel 模板文件保存到电脑中，根据模板内的要求，填写并保存商品信息。

导出文件：在弹窗内点击【选择文件】蓝色按钮，从电脑中选择填写完的 excel 文件，点击【上传】按钮，将数据进行导入操作。

删除：勾选检验检疫申请数据查询结果列表界面中【删除】右侧的复选框，此时可在下方列表中同时勾选多条记录。点击界面中【删除】白色按钮，系统将提示是否删除当前电子底账申请数据。当数据为已申报、申报正确、报检成功、查检通知状态时，表示您所申报的数据已被相关业务主管部门接收，此时不允许在系统中进行删除操作。删除的数据将不可恢复，需重新录入，请谨慎操作。

2. 关联系统

（1）电子底账引用

企业通过单一窗口属地查检系统完成检验检疫申请后，待检验检疫申请审核通过并生成电子底账数据号后，可在【货物申报—出口整合申报—出口报关单整合申报】菜单下进行出口报关单申请时，通过【引用电子底账】调用反填电子底账数据。

（2）电子单据申报

企业在单一窗口属地查检系统完成检验检疫申请后，可至【货物申报—检验检疫无纸化—电子单据申报】菜单下查询已保存的检验检疫申请数据。点击“检验检疫编号/关检关联号”链接，进入电子单据录入页面，进行电子单据申请。

（3）出境检验检疫证书申请

企业在单一窗口属地查检系统完成检验检疫申请申报后，待检验检疫申请审核通过，可基于该票检验检疫申请的检验检疫编号和勾选的所需单证信息，至【货物申报—拟证出证—出境检验检疫证书】菜单下，进行相关证书申请。企业在出境检验检疫证书—证书申请界面中录入检验检疫编号，系统会根据检验检疫编号返填对应检验检疫申请中填报的数据。

二、电子底账

（一）电子底账查询

小提示：

可使用“检验检疫编号”“电子底账数据号”或“签发日期”其中一个作为查询条件，查询海关属地查检系统返回的“电子底账”的信息。若电子底账状态为“正常”，可进行后续出口报关单申报。属地查检—检验检疫申请的电子底账只能通过该功能进行查询。

在左侧菜单中点击“属地查检—电子底账—电子底账查询”，右侧显示查询界面（如图 8-307）：

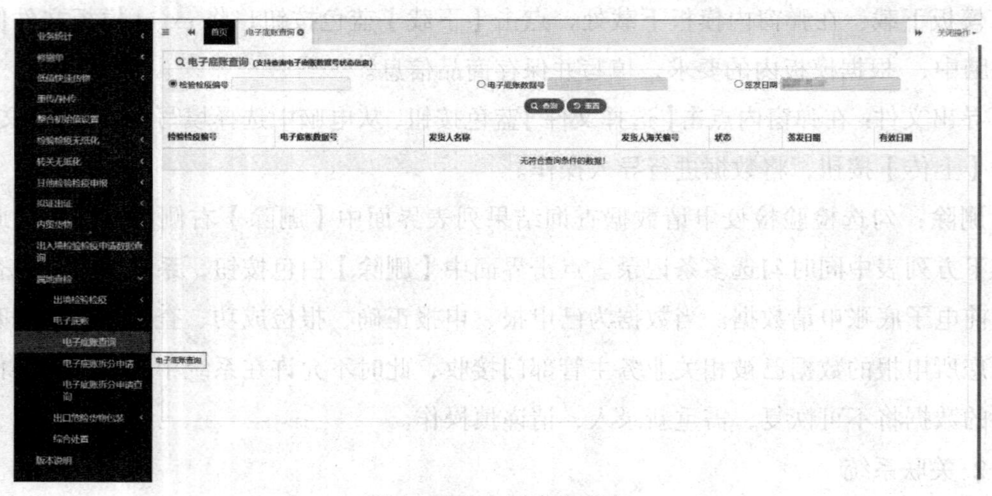

图 8-307 电子底账查询

检验检疫编号：选中该条件时，填写海关返回的检验检疫编号。

电子底账数据号：选中该条件时，填写海关返回的电子底账号。

签发日期：选中该条件时，填写海关返回的签发日期，通过时间控件选择录入日期。

操作按钮说明如下。

查询：选中查询条件前面的单选按钮后，对应查询条件录入框放开可编辑，输入查询条件，点击【查询】蓝色按钮，查询结果显示在下方列表中（如图 8-308)。

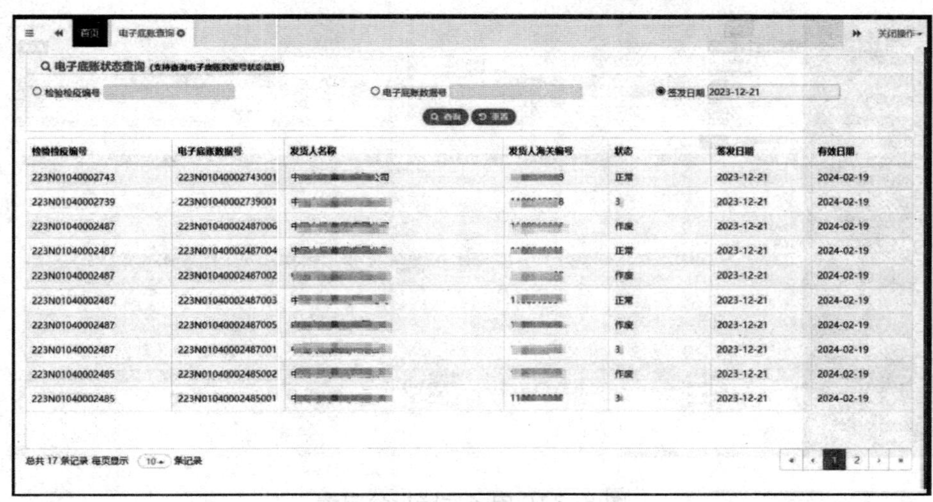

图 8-308 电子底账查询结果列表

重置：点击【重置】蓝色按钮将清空查询条件，重新填写后查询。

电子底账详情查看：点击电子底账查询结果列表界面里电子底账数据号蓝色超链接，可查看电子底账详细信息。

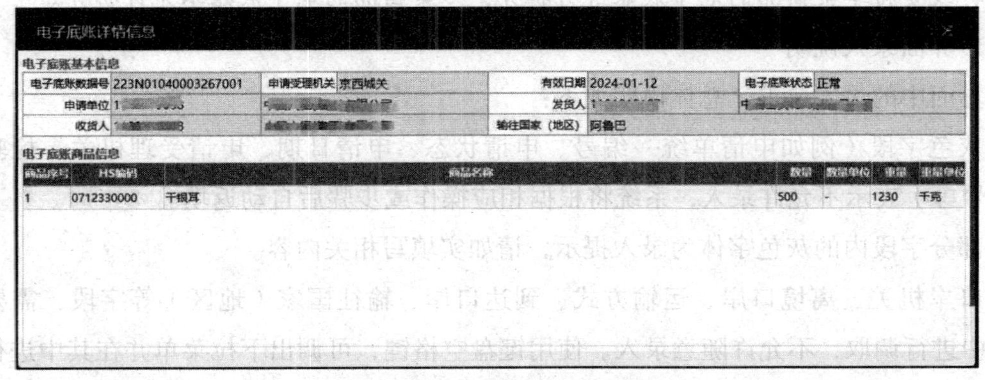

图 8-309 电子底账详情信息

（二）电子底账拆分申请

在左侧菜单中点击“属地查检—电子底账—电子底账拆分申请”，右侧显示录入界面，包括申报基本信息、电子底账商品信息、分单商品信息等部分（如图 8-310）。

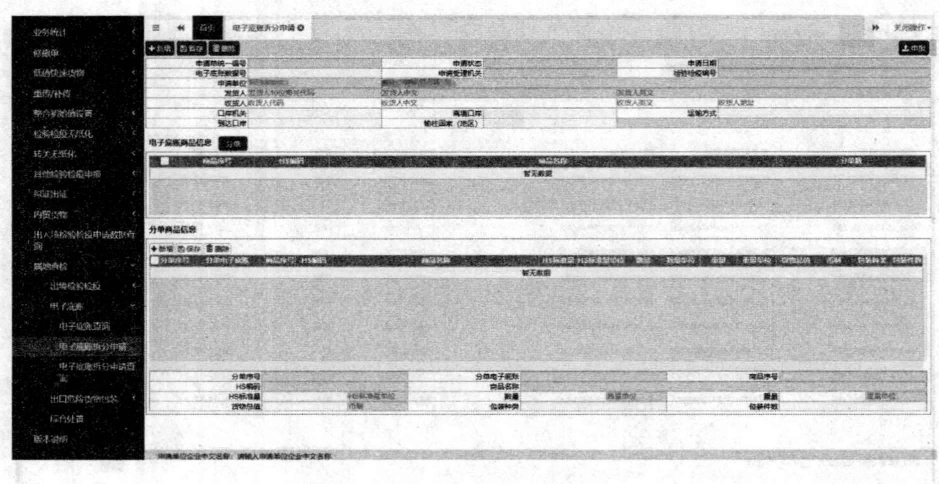

图 8-310 电子底账拆分申请

小提示：

1. 仅支持电子底账的申报单位允许对该票电子底账发起拆分申请。

2. 总单电子底账允许发起拆分申请，分单电子底账不允许发起拆分申请。

3. 仅支持状态是正常和拆分未完成的电子底账发起拆分申请。

4. 仅支持单条商品的电子底账进行拆分，多条商品的电子底账不允许拆分。

1. 界面录入说明

界面中的录入要求，总体说明如下：

灰色字段（例如申请单统一编号、申请状态、申请日期、申请受理机关、检验检疫编号等）表示不允许录入，系统将根据相应操作或步骤后自动返填。

部分字段内的灰色字体为录入提示，请如实填写相关内容。

口岸机关、离境口岸、运输方式、到达口岸、输往国家（地区）等字段，需要在参数中进行调取，不允许随意录入。使用键盘空格键，可调出下拉菜单并在其中进行选择。也可以输入已知的相应数字、字母或汉字，迅速调出参数，选择后点击回车键确认录入。

界面上方蓝色按钮（如图 8-311），影响整票电子底账拆分申请数据。具体操作说明参见下文新增、暂存、删除、申报等内容。

图 8-311 拆分申请（操作按钮）

可通过点击界面中的“暂存”蓝色按钮，将当前正在录入的基本信息数据进行保存，以防数据丢失。

小提示：

上图蓝色操作按钮将根据当前的相关业务或操作，区分是否可点击，将光标悬停在字段上系统可弹出相应提示。

下文中的白色按钮，所影响的数据仅为当前页签或字段。

2. 基本信息录入

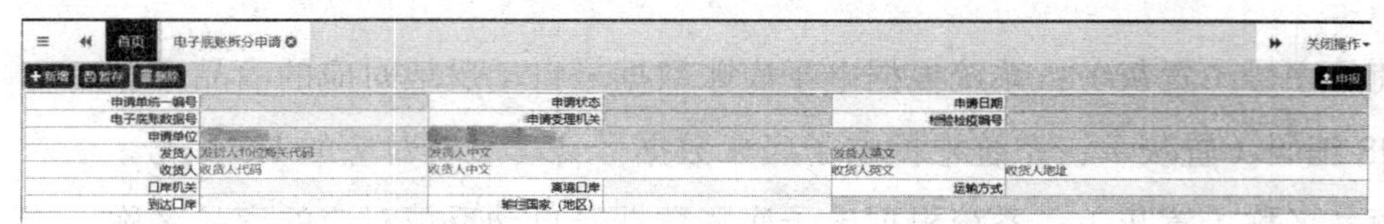

图 8-312 基本信息录入界面

申请单统一编号（置灰）：置灰，由系统自动生成。

申请状态（置灰）：是拆分申请单的申请状态，系统自动生成。

申请日期（置灰）：申报后，系统自动生成。

电子底账数据号（必填）：填写电子底账数据号的值。

申请受理机关（置灰）：系统根据电子底账数据号自动反填对应的申请受理机关。

检验检疫编号（置灰）：系统根据电子底账数据号自动反填对应的检验检疫编号。

申请单位（置灰）：系统自动读取当前登录卡介质的10位海关代码和企业名称信息反填到界面上。

发货人（置灰）：系统根据电子底账数据号自动反填对应的发货人10位海关代码、发货人中文、发货人英文。

收货人（选填）：系统根据电子底账数据号自动反填对应的收货人10位海关代码、收货人中文、收货人英文、收货人地址，反填后的数据允许修改。

口岸机关（必填）：系统根据电子底账数据号自动反填对应的口岸机关，反填后的数据允许修改。

离境口岸（必填）：系统根据电子底账数据号自动反填对应的离境口岸，反填后的数据允许修改。

运输方式（必填）：系统根据电子底账数据号自动反填对应的运输方式，反填后的数据允许修改。

到达口岸（必填）：系统根据电子底账数据号自动反填对应的到达口岸，反填后的数据允许修改。

输往国家（地区）（必填）：系统根据电子底账数据号自动反填对应的输往国家（地区），反填后的数据允许修改。

电子底账商品信息界面如图 8-313 所示。

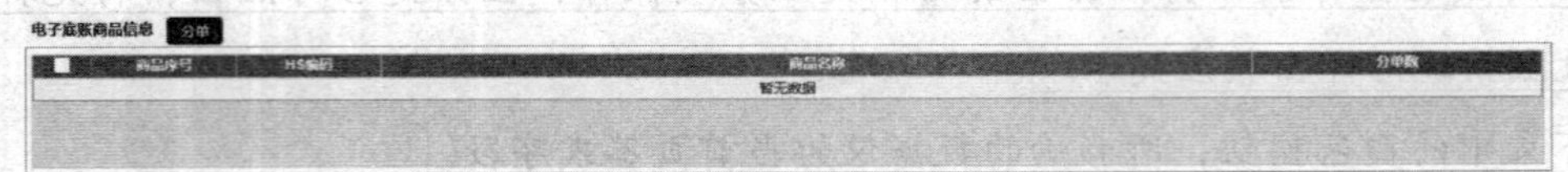

图 8-313 电子底账商品信息界面

商品序号（置灰）：系统根据电子底账数据号自动反填对应的商品序号。

HS 编码（置灰）：系统根据电子底账数据号自动反填对应的 HS 编号。

商品名称（置灰）：系统根据电子底账数据号自动反填对应的商品名称。

分单数（必填）：填写分单数，最大支持录入两位整数。填写完分单数回车会自动触发分单。

分单：点击分单按钮，系统会按照分单数量将当前表体拆分成多条表体，并在分单商品信息里展示。

小提示：

若已存在分单商品信息，对“分单数”修改后回车或再次点击【分单】按钮，系统会弹出提示信息“已录入的分单商品信息将被清空并重新生成新的分单商品信息，请确认是否继续？”，点击是，根据“分单数”更新分单商品信息；点击否，将“分单数”置回修改前数据，不更新分单商品信息。

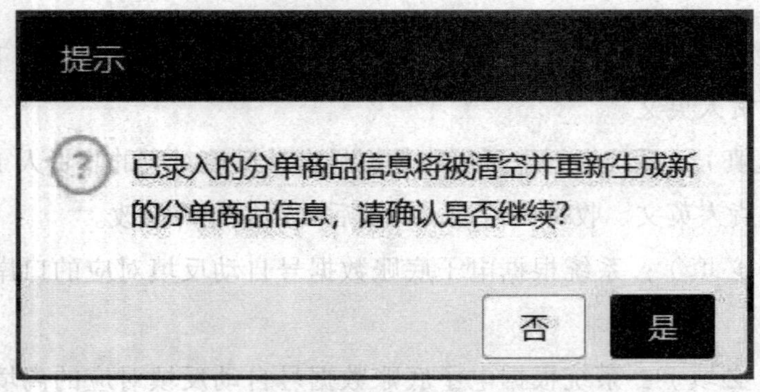

图 8-314 分单提醒

分单商品信息界面如图 8-315 所示。

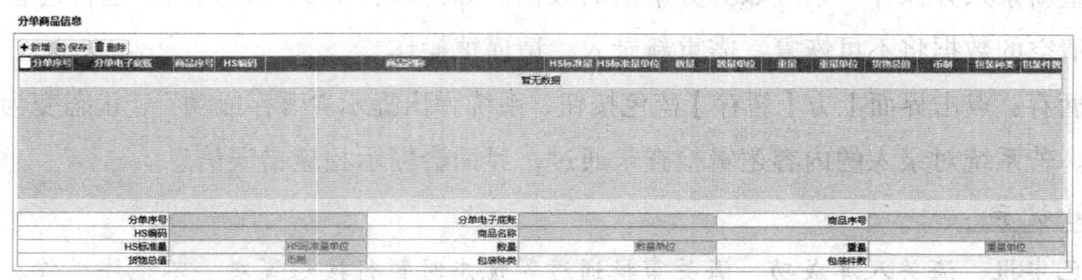

图 8-315 分单商品信息界面

分单序号（置灰）：置灰，由系统自动生成。

分单电子底账（置灰）：海关返回的分单电子底账号，由系统自动反填到界面上。

商品序号（置灰）：系统自动反填电子底账商品信息的商品序号的值。

HS 编码（置灰）：系统自动反填电子底账商品信息的 HS 编码的值。

商品名称（置灰）：系统自动反填电子底账商品信息里的商品名称的值。

HS 标准量（必填）：填写 HS 标准量的值，整数最多 14 位小数最多 5 位，不可输入 0 或负数。

HS 标准量单位（置灰）：系统自动反填电子底账商品信息的里 HS 标准量单位的值。

数量（选填）：填写数量的值，整数最多 14 位小数最多 5 位，不可输入 0 或负数。

数量单位（置灰）：系统自动反填电子底账商品信息里的数量单位的值。

重量（选填）：填写重量的值，整数最多 14 位小数最多 5 位，不可输入 0 或负数。

重量单位（置灰）：系统自动反填电子底账商品信息里的重量单位的值。

货物总值（必填）：填写货物总值，整数最多 15 位，小数最多 3 位，不可输入 0 或负数。

币制（置灰）：系统自动反填电子底账商品信息的里币制的值。

包装种类（必填）：在参数下拉表选择，也可录入代码、名称。

包装件数（必填）：填写货物实际的运输包装件数，整数最多 14 位小数最多 5 位，不可输入 0 或负数。

新增：点击【新增】按钮，新增一条待编辑的分单表体数据，同时“分单数”同步加 1。

保存：点击【保存】按钮，系统会校验数据格式及字段必填，检验通过后将企业录入数据保存至列表；

删除：在分单商品信息列表里勾选一条或者多条数据，点击【删除】按钮，系统会删除已选中商品信息，删除的数据不可恢复。

3. 操作（按钮）

新增：点击界面上方蓝色【新增】按钮，将立即清空当前界面显示的数据，便于用户重新录入并保存一票底账拆分申请的数据。如您未将上次的录入内容进行过暂存操作，清空的数据将不可恢复，需重新录入，请谨慎操作。

暂存：点击界面上方【暂存】蓝色按钮，系统弹出提示“暂存成功”，状态变为“暂存”。若系统对录入的内容逻辑检查未通过，界面会提示相应错误信息。

小提示：

已申报、海关入库成功、海关审批通过等忧态时暂行按钮置灰，不允许操作。

删除：点击界面上方【删除】蓝色按钮，系统提示“是否删除当前数据”，数据状态为已申报、海关入库成功、海关审批通过或拆分完成状态时，表示您所申报的底账拆分申请数据已被审批系统接收，此时不允许在“单一窗口”标准版系统中进行删除操作。已被删除的数据将不可恢复，需重新录入，请谨慎操作。

申报：将录入完毕并确认无误的数据，点击界面右上方的“申报”蓝色按钮，系统弹出提示“是否确认申报该数据”，点击确定按钮，系统提示“申报成功”，数据将向海关申报。

小提示：

1. 申报即意味着您的数据将向相关业务主管部门进行发送，并等待其审批。

2. 多个分单商品 HS 标准量、数量、重量、货物总值、包装件数之和不能大于原电子底账相同货物序号的剩余 HS 标准量、剩余数量、剩余重量、剩余货物总值、剩余包装件数，若多个分单商品 HS 标准量、数量、重量、货物总值、包装件数之和大于原电子底账相同货物序号的剩余值，点击“申报”按钮，系统会弹出温馨提示信息（如图 8-316），点击“确定”，继续申报，点击“取消”，终止申报。

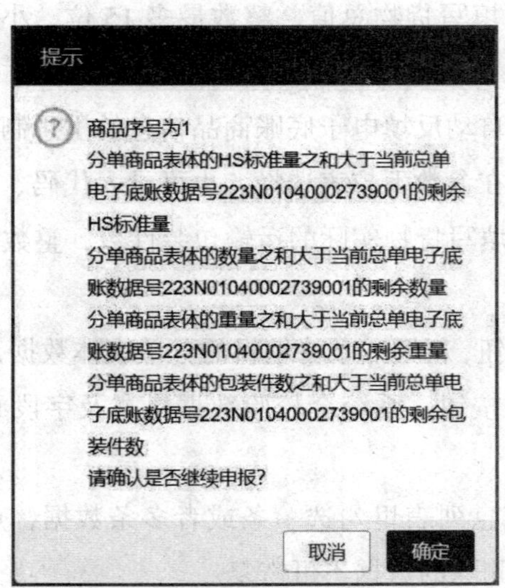

图 8-316 数据比对温馨提示

4. 电子底账拆分申请查询

在左侧菜单中点击“属地查检—电子底账—电子底账拆分申请查询”，右侧显示查询界面（如图 8–317)。

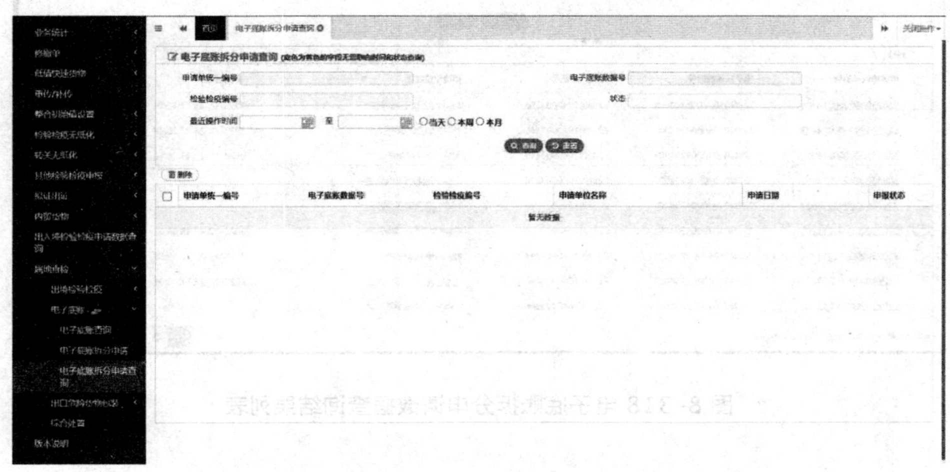

图 8–317 电子底账拆分申请查询

申请单统一编号：选中该条件时，填写电子底账拆分申请的申请单统一编号。

电子底账数据号：选中该条件时，填写电子底账拆分申请的电子底账数据号。

检验检疫编号：选中该条件时，填写电子底账拆分申请的检验检疫编号。

状态：选中该条件时，在下拉参数里选择状态。可选参数包括：0– 暂存、1– 已申报、2– 申报失败、3– 海关入库成功、4 – 海关入库失败、5 – 退回、6 – 海关审批通过、7 – 拆分完成。

最近操作时间：默认展示为当天，输入的时间范围，不能超过 30 天。可选择“当天”或“本周”或“本月”快速切换查询时间。

小提示：

起止时间所选择的范围，不能超过 30 天。底色为黄色的字段无需联合状态和时间查询。

相关操作按钮说明如下。

查询：输入查询条件，点击【查询】蓝色按钮，查询结果显示在下方列表中（如图 8–318)。

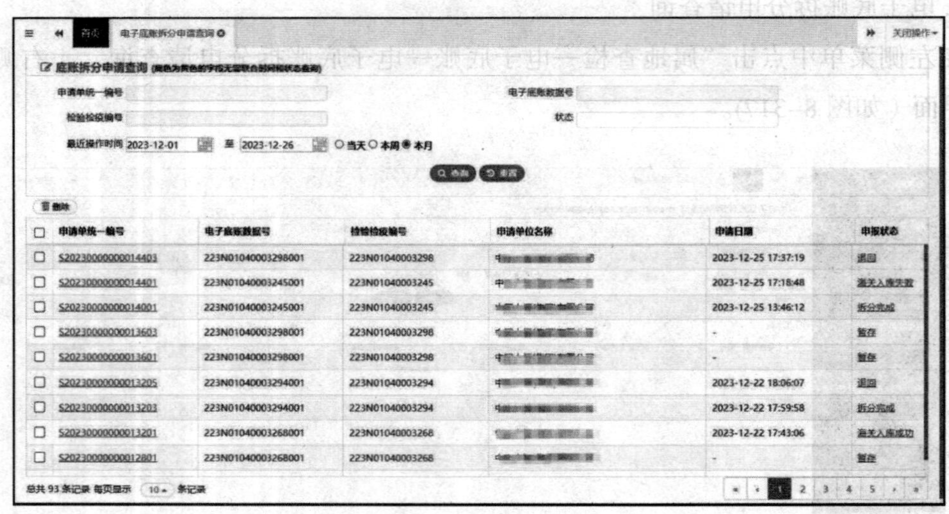

图 8-318 电子底账拆分申请数据查询结果列表

点击上图中的蓝色统一编号，系统自动跳转至电子底账拆分申请数据的详细信息界面。

在列表最下方，可以查看当前查询结果的总记录数、自行选择每页显示的记录条数。还可以点击右下角的蓝色数字或按钮换页。

重置：点击【重置】蓝色按钮将清空查询条件，重新填写后查询。

回执查看：点击查询列表－申报状态栏内的蓝色字样，界面下方显示相应的回执(如图 8-319)。点击回执部分【刷新】白色按钮，可刷新回执。点击【关闭】白色按钮，可关闭查看回执列表。

刷新 关闭 拆分申请单回执

电子底账数据号/统一编号	回执号	回执代码	回执信息	附加信息	回执时间
223N01040002487001	202300000000011601	4202	检验检疫编号223N01040002487，电子底账已拆分，电子底账数据号为223N01040002487002,223N01040002487003,223N01040002487004。	-	2023-12-21 16:08:08
223N01040002487001	202300000000011201	4206	检验检疫编号223N01040002487，电子底账拆分审核通过。	-	2023-12-21 14:31:44
223N01040002487001	202300000000010803	4203	检验检疫编号223N01040002487，电子底账拆分入库成功。	-	2023-12-21 13:50:00

图 8-319 电子底账拆分申请数据回执

删除：在电子底账拆分申请数据查询结果列表中勾选一条或者多条记录，可点击界面中 【删除】白色按钮，系统将提示“是否确认删除所选数据？”。点确定按钮，系统自动进行删除前的校验，并弹出提示“删除成功 XX 条，删除失败 XX 条，失败原因等”。删除的数据将不可恢复，需重新录入，请谨慎操作。

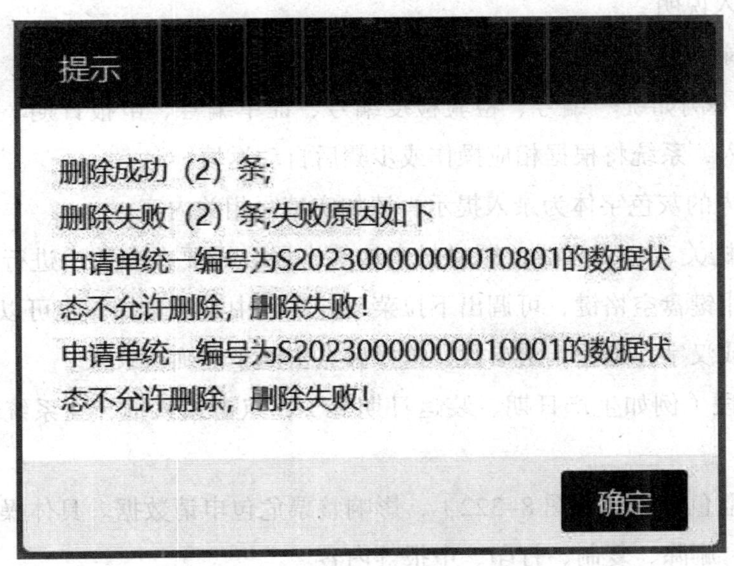

图 8-320 删除结果提示

三、出口危险货物包装

（一）危包申请

出口危险货物包装申请是指根据《中华人民共和国进出口商品检验法》及其实施条例规定，出口危险货物包装容器生产企业应当向产地海关申请危险货物包装容器性能检验，出口危险货物的生产企业应当向产地海关申请危险货物包装容器使用鉴定。

在左侧菜单中点击“属地查检—出口危险货物包装—危包申请”，右侧显示录入界面，包括申报基本信息、业务规格信息等部分（如图 8-321)。

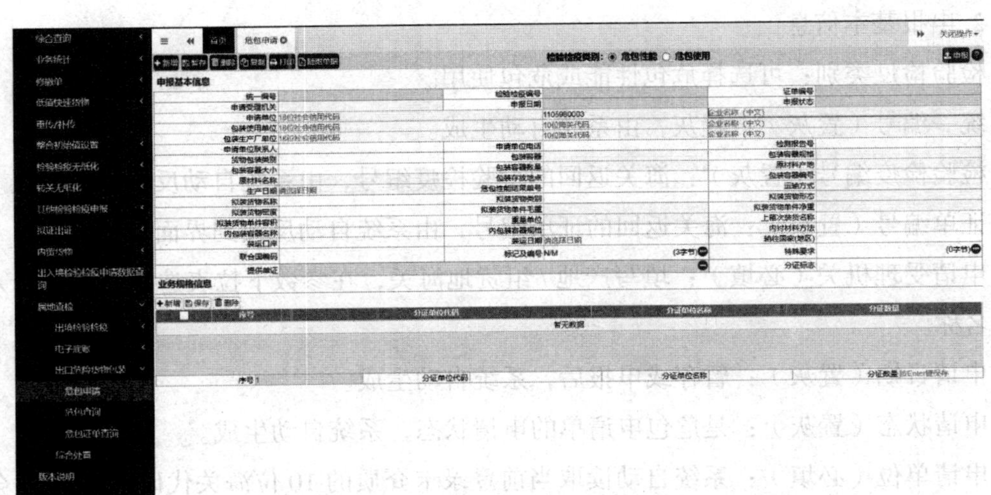

图 8-321 危包申请

1. 界面录入说明

界面中的录入要求，总体说明如下：

灰色字段（例如统一编号、检验检疫编号、证单编号、申报日期、申报状态等）表示不允许录入，系统将根据相应操作或步骤后自动返填。

部分字段内的灰色字体为录入提示，请如实填写相关内容。

申请受理机关、包装容器、原材料产地等字段，需要在参数中进行调取，不允许随意录入。使用键盘空格键，可调出下拉菜单并在其中进行选择。也可以输入已知的相应数字、字母或汉字，迅速调出参数，选择后点击回车键确认录入。

日期类字段（例如生产日期、装运日期等），点击录入框，在系统弹出的日历中进行选择。

界面上方蓝色按钮（如图 8–322），影响整票危包申请数据。具体操作说明参见下文新增、暂存、删除、复制、打印、申报等内容。

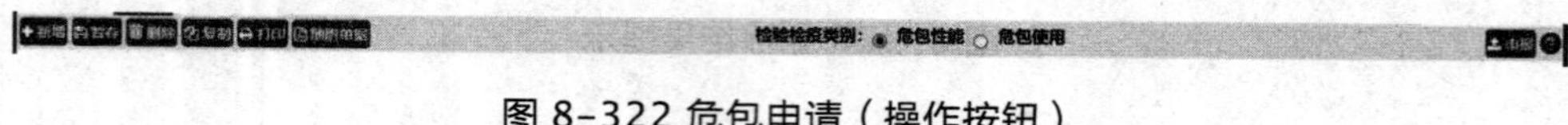

图 8–322 危包申请（操作按钮）

可通过点击界面中的“暂存”蓝色按钮，将当前正在录入的基本信息数据进行保存，以防数据丢失。

小提示：

上图蓝色操作按钮将根据当前的相关业务操作，区分是否可点击，将光标悬停在字段上系统可弹出相应提示。

下文中的白色按钮，所影响的数据仅为当前页签或字段。

2. 申报基本信息

检验检疫类别：可选择危包性能或危包使用。

统一编号（置灰）：置灰，由系统自动生成。

检验检疫编号（置灰）：海关返回的检验检疫编号，由系统自动反填到界面上。

证单编号（置灰）：海关返回的证单编号，由系统自动反填到界面上。

申请受理机关（必填）：填写产地 / 组货地海关，在参数下拉表选择，也可录入代码、名称。

申请日期（置灰）：暂存或申报后，系统自动生成。

申请状态（置灰）：是危包申请单的申请状态，系统自动生成。

申请单位（必填）：系统自动读取当前登录卡介质的 10 位海关代码、18 位社会信用代码和企业名称信息反填到界面上。

包装使用单位（必填）：填写包装使用单位的 10 位海关代码、18 位社会信用代码和企业名称。

包装生产单位（必填）：填写包装生产单位的0位海关代码、18位社会信用代码和企业名称。

申请单位联系人（选填）：填写申请单位联系人名称。

申请单位电话（选填）：填写申请单位联系电话。

检测报告号（选填）：填写检测报告号。

货物包装类别（选填）：填写货物包装类别，在参数下拉表选择，也可录入代码、名称。

包装容器规格（必填）填写包装容器代码，在参数下拉表选择，也可录入代码、名称。

包装容器规格（必填）：填写包装容器规格。

包装容器大小（选填）：填写包装容器大小，整数位最多14位，小数最多5位，不可输入负数。

包装容器数量（必填）：填写包装容器数量，整数位最多14位，小数最多5位，不可输入负数。

原材料产地：填写原材料产地，在参数下拉表选择，也可录入代码、名称。检验检疫类别是“危包性能”时该字段必填，检验检疫类别是“危包使用”时该字段选填。

原材料名称：填写原材料名称。检验检疫类别是“危包性能”时该字段必填，检验检疫类别是“危包使用”时该字段选填。

包装存放地点：填写包装存放地点。检验检疫类别是“危包性能”时该字段选填，检验检疫类别是“危包使用”时该字段必填。

包装容器编号（选填）：填写包装容器编号。

生产日期（必填）：在日期弹出框中，选择日期。

危包性能结果单号：填写危包性能结果单号，检验检疫类别是“危包性能”时该字段选填，检验检疫类别是“危包使用”时该字段必填。

运输方式（必填）：填写运输方式，在参数下拉表选择，也可录入代码、名称。

拟装货物名称（选填）：填写拟装货物名称。

拟装货物类别：填写拟装货物名称。检验检疫类别是“危包性能”时该字段选填，检验检疫类别是“危包使用”时该字段必填。

拟装货物形态（必填）：填写拟装货物形态，在参数下拉表选择，也可录入代码、名称。

拟装货物密度（选填）：填写拟装货物密度，整数位最多14位，小数最多5位，不可输入负数。

拟装货物单件毛重（必填）：填写拟装货物单件毛重，整数位最多14位，小数最多5位，不可输入负数。

拟装货物单件净重（必填）：填写拟装货物单件净重，整数位最多14位，小数最多5位，不可输入负数。

拟装货物单价容积（选填）：填写拟装货物容积。

重量单位（必填）：填写重量单位，在参数下拉表选择，也可录入代码、名称。

上箱次装货名称：填写上箱次装货名称，检验检疫类别是“危包性能”时该字段选填，检验检疫类别是“危包使用”时该字段必填。

内包装容器名称（选填）：填写内包装容器名称。

内包装容器规格（选填）：填写内包装容器规格。

内衬材料方法（选填）：填写内衬材料方法。

装运口岸（选填）：填写装运口岸，在参数下拉表选择，也可录入代码、名称。

装运日期（选填）：在日期弹出框中，选择日期。

输往国家（地区）（选填）：填写输往国家（地区），在参数下拉表选择，也可录入代码、名称。

联合国编码（选填）：填写联合国编码。

标记及编号（选填）：填写标记及编号，可点击三点蓝色按钮，在弹出的界面里录入值。

特殊要求（选填）：填写特殊要求，可点击三点蓝色按钮，在弹出的界面里录入值。

提供单证（选填）：点击三点蓝色按钮在弹出的界面勾选需要的单证。

分证标志（选填）：填写分证标志，在参数下拉表选择，也可录入代码、名称。

业务规格信息：

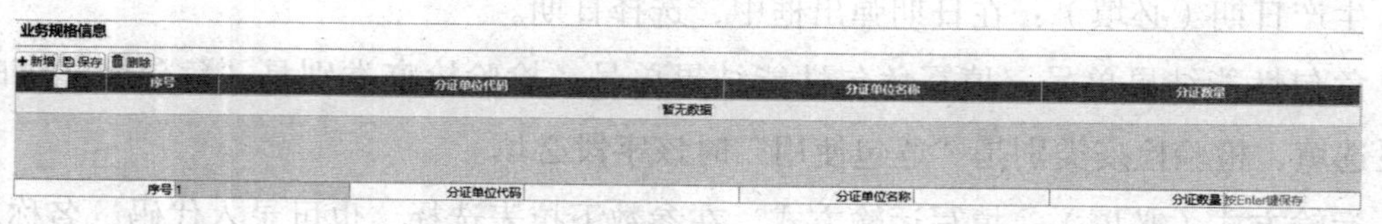

图 8-323 业务规格信息界面

分证单位代码（选填）：填写分证单位代码。

分证单位名称（选填）：填写分证单位名称。

分证数量（选填）：填写分证数量。

3. 操作（按钮）

新增：点击界面上方“新增”蓝色按钮，将立即清空当前界面显示的数据，便于用户重新并保存一票电子底账申请的数据。如您未将上次的录入内容进行过暂存操作，清空的数据将不可恢复，需重新录入，请谨慎操作。

暂存：点击界面上方“暂存”蓝色按钮，系统弹出提示“暂存成功”，状态变为“暂存”。若系统对录入的内容逻辑检查未通过，界面会提示相应错误信息。

小提示：

已申报、申报正确、报检成功等状态时，暂存按钮置灰，不允许操作。

删除：点击界面上方【删除】蓝色按钮，系统提示“是否删除当前数据”，数据状态为已申报、申报正确、报检成功或查检通知状态时，表示您所申报的检验检疫申请数据已被审批系统接收，此时不允许在“单一窗口”标准版系统中进行删除操作。已被删除的数据将不可恢复，需重新录入，请谨慎操作。

复制：点击界面上方【复制】蓝色按钮，系统将当前的数据（包括申请单位、包装使用单位、业务规格信息等内容）进行复制，自动新增生成一票新的危包申请数据。此时可以对复制出来的数据，进行修改、录入、暂存等操作。

打印：点击界面上方【打印】蓝色按钮，弹出“出口危险货物包装申请打印”界面。可选择打印格式和打印标记，选择打印机后点击【直接打印】即完成打印操作。也可点击【预览打印】直接在浏览器中预览板式文件。

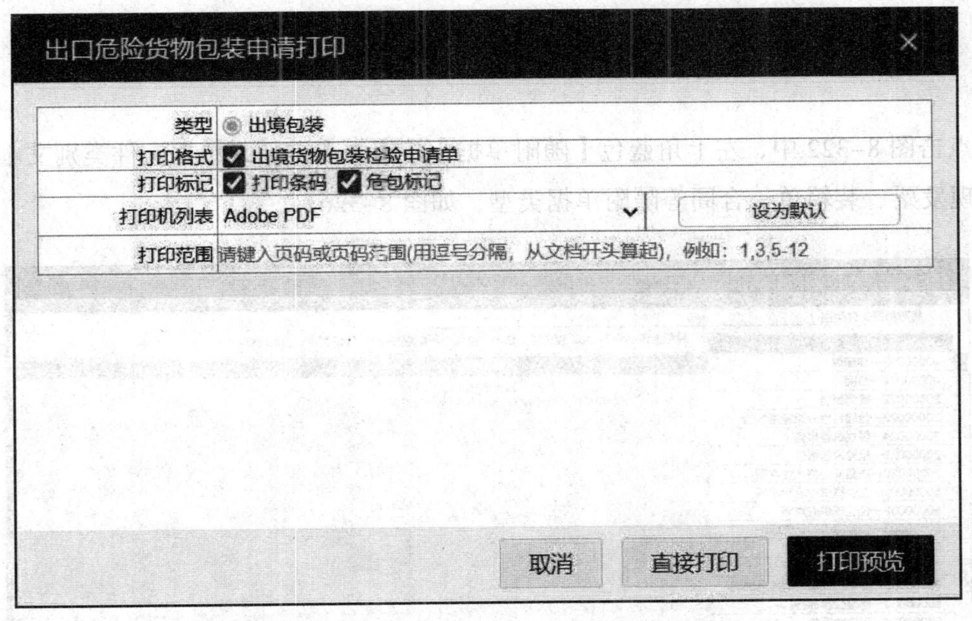

图 8-324 出口危险货物包装申请打印界面

4. 随附单据

小提示：

1. 随附单据上传需要使用卡介质登录，才可以上传附件，用户名 + 密码登录将无法上传随附单据。

2. 随附单据如未上传，将无法事后补传。如需补传随附单据，请联系当地海关。

用户需要上传随附单据时，需要先将页面中的申请受理机关等字段录入，点击暂存后，即可点击左上角的随附单据按钮。若用户未暂存，直接点击随附单据按钮，系统会提示：请先保存基本信息！提示如图 8-325：

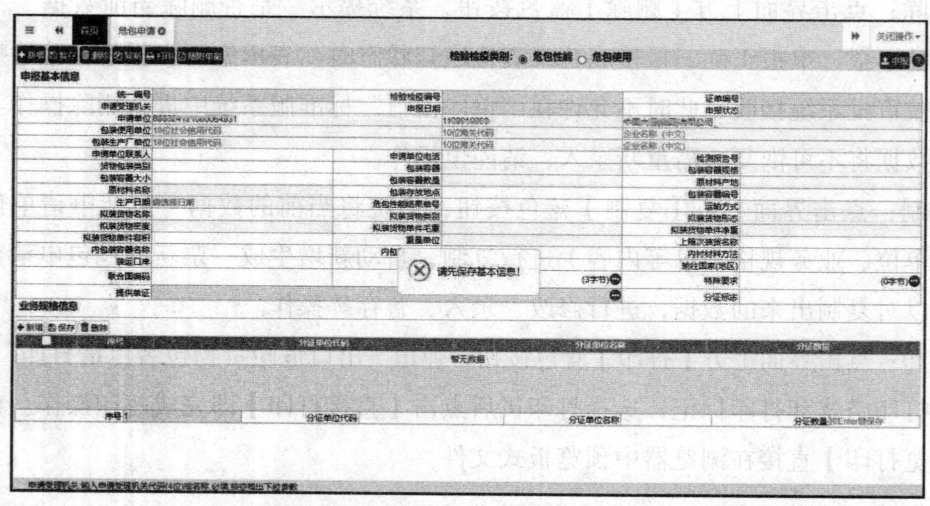

图 8-325 系统提示

点击图 8-322 中，左上角蓝色【随附单据】按钮，点击随附单据文件类别文本框，即出现发票、装箱单、合同等随附单据类型，如图 8-326：

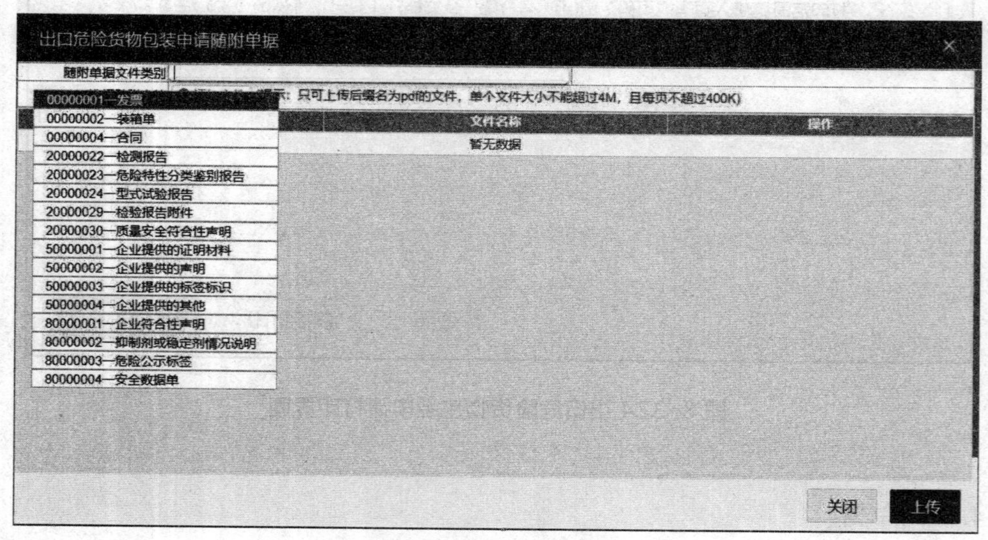

图 8-326 随附单据

点击【添加文件】蓝色按钮，界面中将出现当前选择的附件类型（如图 8–324），此时可从本地电脑选择文件上传，上传成功后，可点击【预览】【下载】【删除】蓝色按钮对当前附件进行预览、下载、删除。

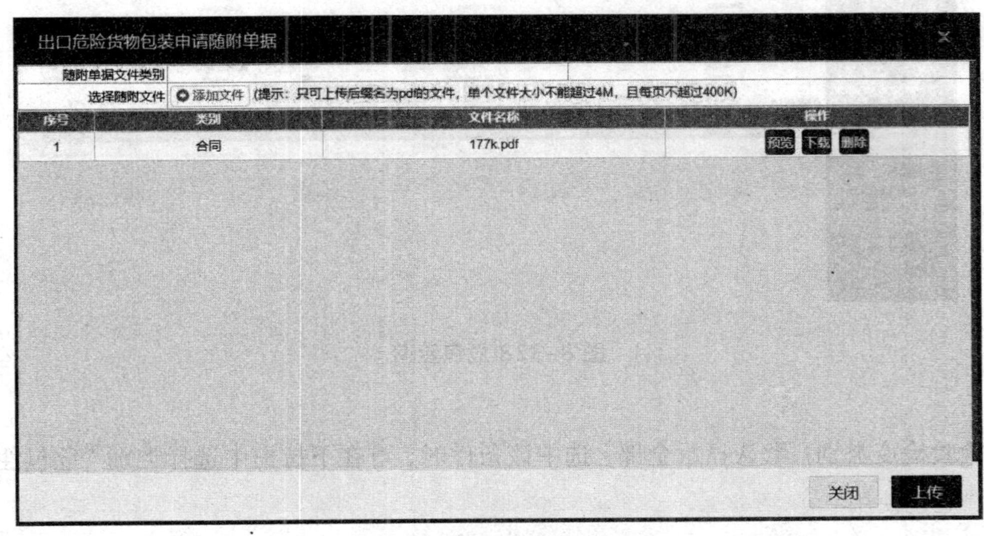

图 8–327 随附单据上传成功

申报：将录入完毕并确认无误的数据，点击界面右上方的“申报”蓝色按钮，系统弹出提示“是否确认申报该数据”，点击确定按钮，系统提示“申报成功”. 数据将向海关申报。

小提示：

申报即意味着您的数据将向相关业务主管部门进行发送，并等待其审批。

（二）危包查询

出口危险货物包装查询是指申请单位向海关提交申请后，查询流程环节及办理情况。

在左侧菜单中点击“属地查检—出口危险货物包装—危包查询”，右侧显示查询界面（如图 8–328)。

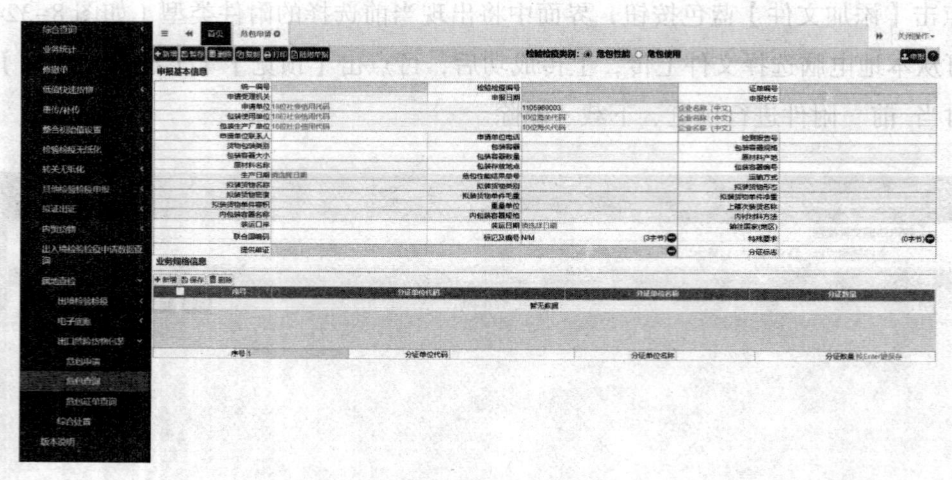

图 8-328 危包查询

检验检疫类别：默认显示全部，选中该条件时，可在下拉框中选择类别“危包性能”或者“危包使用”。

统一编号：选中该条件时，填写危包申请的统一编号。

检验检疫编号：选中该条件时，填写海关返回的检验检疫编号。

包装使用单位：选中该条件时，填写包装使用单位名称。

输往国家（地区）：选中该条件时，在下拉参数里选择国家。

状态：选中该条件时，在下拉参数里选择状态。可选参数包括：0- 申报中、1- 已申报、2- 申报收到、3- 申报正确、9- 申报失败、W- 暂存、X- 未知状态。

最近操作时间：默认展示为当天，输入的时间范围，不能超过 90 天。可选择“当天”或“本周”或“本月”快速切换查询时间。

小提示：

起止时间所选择的范围，不能超过 90 天。底色为黄色的字段无需联合状态和时间查询。

操作按钮说明如下。

查询：输入查询条件，点击【查询】蓝色按钮，查询结果显示在下方列表中（如图 8-329)。

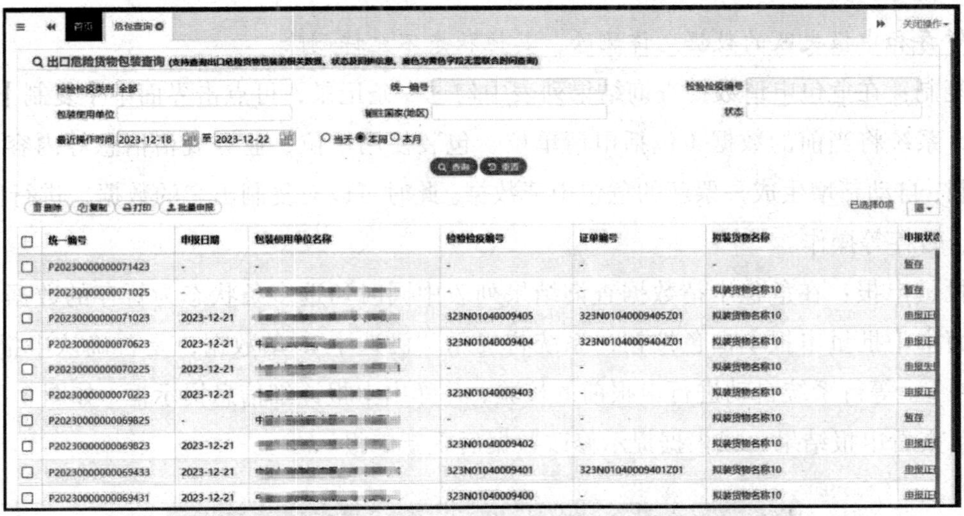

图 8-329 危包申请数据查询结果列表

点击上图中的蓝色统一编号，系统自动跳转至危包申请数据的详细信息界面。在列表最下方，可以查看当前查询结果的总记录数、自行选择每页显示的记录条数。还可以点击右下角的蓝色数字或按钮换页。

重置：点击【重置】蓝色按钮将清空查询条件，重新填写后查询。

回执查看：点击查询列表－申报状态栏内的蓝色字样，界面下方显示相应的回执（如图 8-330）。点击回执部分【刷新】白色按钮，可刷新回执。点击【关闭】白色按钮，可关闭 查看回执列表。

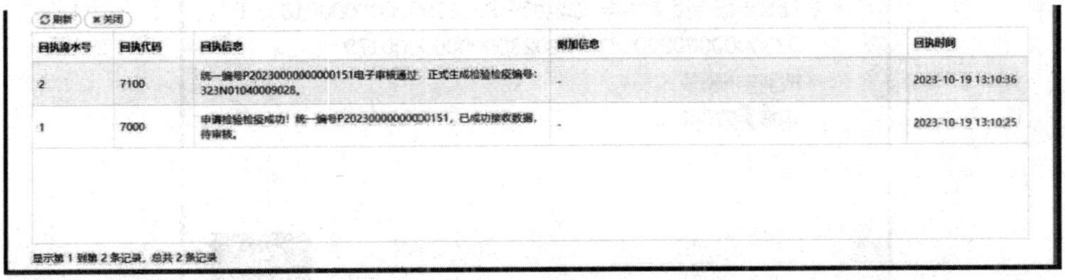

图 8-330 危包申请数据回执

删除：在危包申请数据查询结果列表中勾选一条或者多条记录，可点击界面中【删除】白色按钮，系统将提示“是否确认删除所选数据？”。点确定按钮，系统自动进行删除前的校验，并弹出提示“删除成功 XX 条，删除失败 XX 条，失败原因等”。删除的数据将不可恢复，需重新录入，请谨慎操作。

小提示：

暂存和申报失败的数据允许删除，其他状态不允许删除。

复制：在危包申请数据查询结果列表中勾选一条记录，可点击界面中【复制】白色按钮，系统将当前的数据（包括申请单位、包装使用单位、业务规格信息等内容）进行复制，自动新增生成一票新的危包申请数据。此时可以对复制出来的数据，进行修改、录入、暂存等操作。

批量申报：在危包申请数据查询结果列表中同时勾选多条状态为暂存的数据，点击界面中【批量申报】白色按钮，系统将提示“已选中 X 条数据，是否确认申报所选数据？”。等待系统自动进行申报前的校验，并弹出申报详细信息提示框（如图 8-331)。用户可查看申报结果，或根据提示修改数据后重新申报。

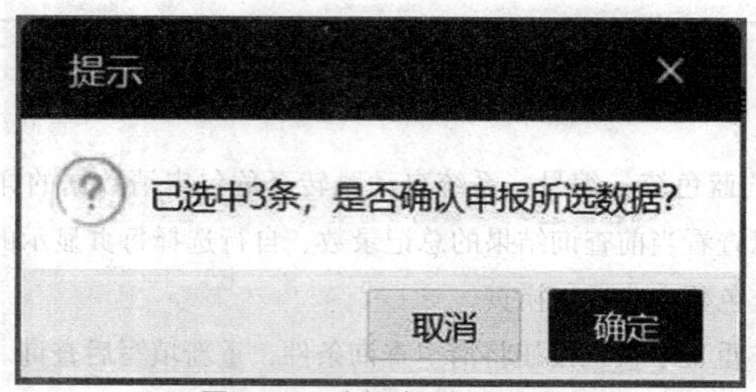

图 8-331 申报确认提示信息

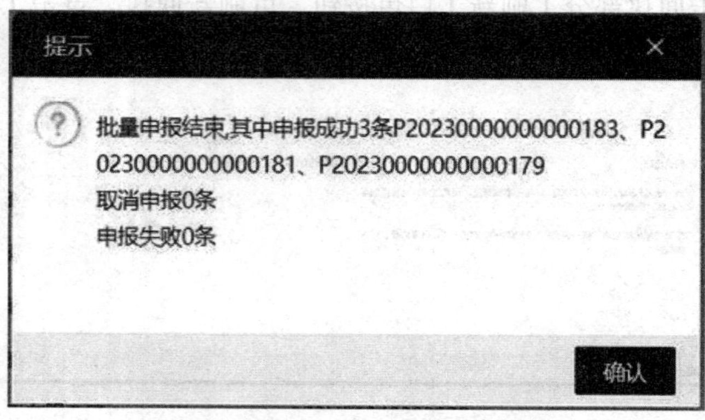

图 8-332 申报结果提示信息

小提示：

申报即意味着您的数据将向相关业务主管部门进行发送，并等待其审批。

（三）危包证单查询

出口危险货物包装证单查询是指申请单位根据申请单号、申请时间等信息，查询海关出具的证单信息并下载。

在左侧菜单中点击“属地查检—出口危险货物包装—危包证单查询”，右侧显示查询界面（如图 8-333）。

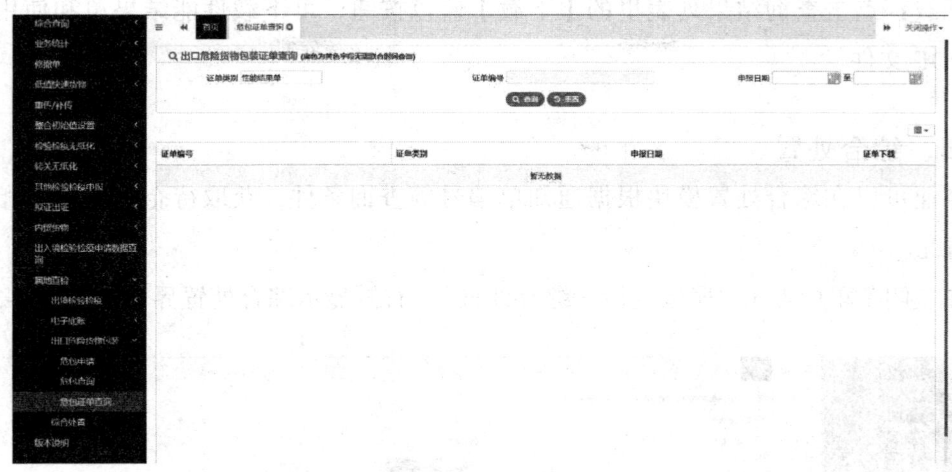

图 8-333 危包证单查询

证单类别：选中该条件时，可在下拉框中选择类别“性能结果单”或“使用鉴定单”。

证单编号：选中该条件时，填写海关返回的证单编号。

申报日期：默认展示为当天，输入的时间范围，不能超过 30 天。

小提示：

起止时间所选择的范围，不能超过 30 天。底色为黄色的字段无需联合时间查询。

操作按钮说明如下。

查询：输入查询条件，点击【查询】蓝色按钮，查询结果显示在下方列表中（如图 8-334）。

首页 危包证单查询 关闭操作

出口危险货物包装证单查询

证单类别 使用鉴定单 证单编号 申报日期 2023-10-01 至 2023-10-19

查询 重置

证单编号	证单类别	申报日期	证单下载
323N01040000294Z02	使用鉴定单	2023-10-13	下载
323N01040000159Z01	使用鉴定单	2023-10-12	下载
323N01040000131Z01	使用鉴定单	2023-10-12	下载
323N01040000132Z01	使用鉴定单	2023-10-12	下载
323N01040000287Z01	使用鉴定单	2023-10-13	下载
323N01040000295Z01	使用鉴定单	2023-10-13	下载
323N01040000294Z01	使用鉴定单	2023-10-13	下载
323N01040000278Z01	使用鉴定单	2023-10-12	下载
323N01040000294Z03	使用鉴定单	2023-10-13	下载

图 8-334 危包证单数据查询结果列表

重置：点击【重置】蓝色按钮将清空查询条件，重新填写后查询。

下载：点击查询结果列表里的【下载】蓝色按钮，可下载性能结果单和使用鉴定单的 PDF 文件。

四、综合处置

企业可以在综合处置模块根据通知单编号等查询条件，获取待企业处置的相关通知单情况。

在左侧菜单中点击“属地查检—综合处置”，右侧显示综合处置界面（如图 8-335）：

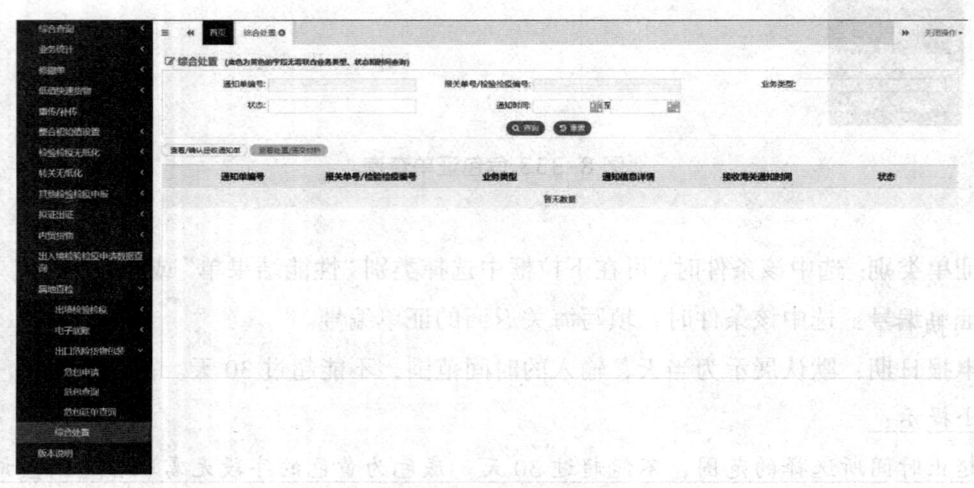

图 8-335 综合处置界面

通知单编号：选中该条件时，填写通知单编号。

报关单号 / 检验检疫编号：选中该条件时，填写报关单号 / 检验检疫编号。

业务类型：通过空格调出业务类型参数。可选的业务类型包括：1- 进口报关单、2- 出境检验检疫申请、3- 出口危险货物包装申请。

状态：通过空格调出状态参数。可选的状态包括：0- 未签收、1- 已签收，待提交材料、2- 保存、3- 已提交、4- 海关入库成功、5- 海关入库失败、6- 退回、7- 已处置。

通知时间：默认展示时间范围为最近一周，输入的时间范围，不能超过 30 天。

小提示：

起止时间所选择的范围，不能超过 30 天。底色为黄色的字段无需联合状态和时间查询。

操作按钮说明如下。

查询：输入查询条件，点击【查询】蓝色按钮，查询结果显示在下方列表中（如图 8-336）。

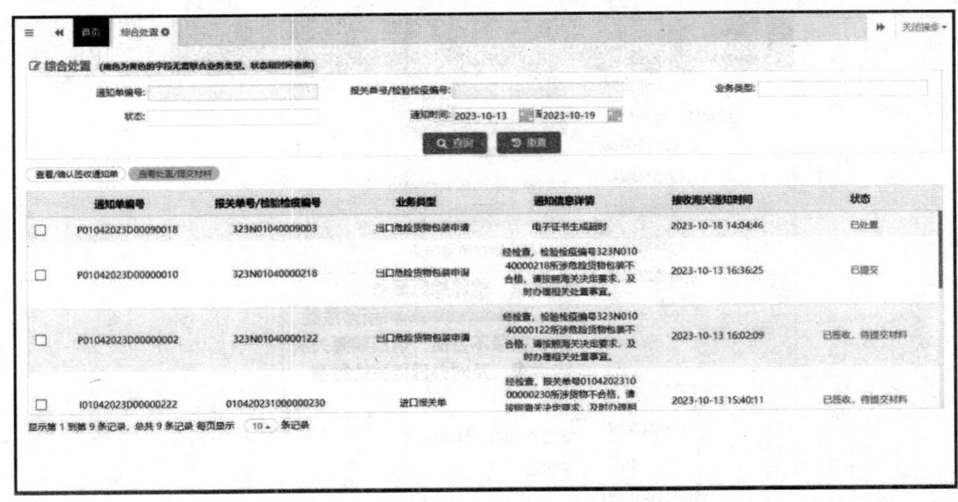

图 8-336 综合处置查询结果列表

重置：点击【重置】蓝色按钮将初始化查询条件。

回执查看：点击综合处置查询结果列表状态栏内的蓝色字样，界面下方显示相应的回执（如图 8-337)。点击回执部分【刷新】蓝色按钮，可刷新回执。点击【关闭】白色按钮，可关闭查看回执列表。

刷新 关闭 综合处置回执

序号	通知单编号	回执号	回执状态	回执详情信息	回执时间
1	P01042023D00000197	202300000000000031	海关接收成功（确认签收）	接收成功。	2023-10-16 14:12:13
2	P01042023D00000197	202300000000000029	海关接收成功（确认签收）	检验检疫编号323N01040000293，确认签收情况入库成功。	2023-10-16 14:12:12

图 8-337 综合处置回执详情

查看 / 确认签收通知单：企业可通过“查看 / 确认签收通知单”功能对海关出具的处置意见及相关文书进行查看及确认签收。

企业在图 8-336 综合处置查询结果列表界面中，选中一条数据，点击“查看 / 确认签收通知单”按钮，弹出海关通知书详情界面。当通知单状态为“未签收”状态时，展示“确认签收”按钮，其他状态时不展示，如图 8-338。

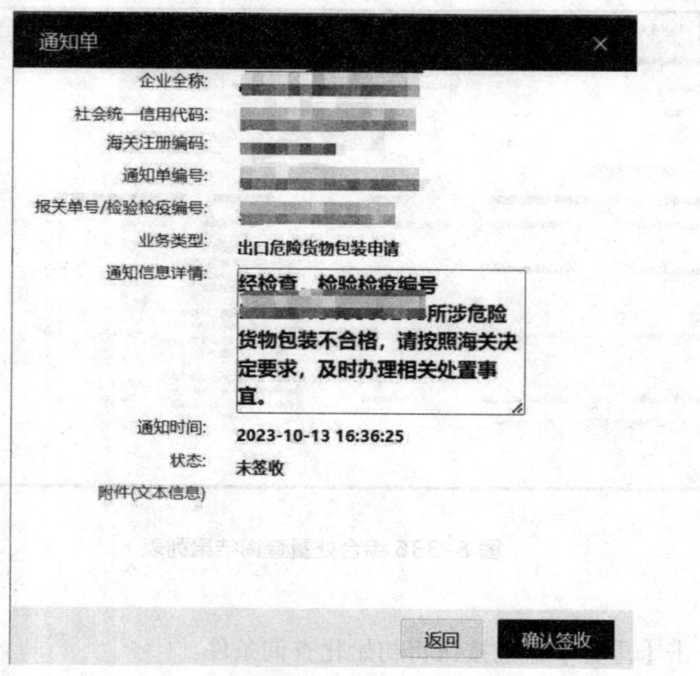

图 8-338 “未签收”状态的海关通知书详情界面

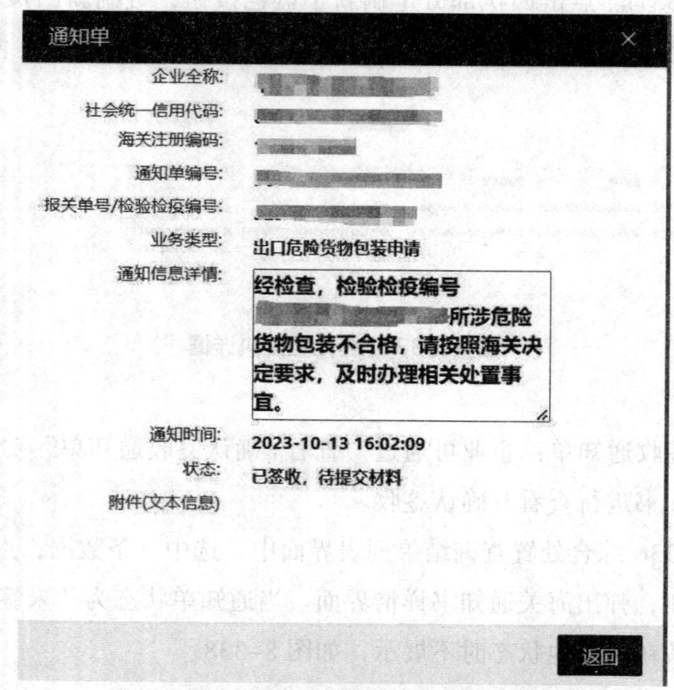

图 8-339 其他状态的海关通知书详情界面

企业可点击海关通知书详情界面上的“附件（文本信息）”蓝色字样，查看附件信息内容，如果没有附件的，系统会提示“没有附件的相关信息！”。点击“返回”按钮，返回至“综合处置”界面。

小提示：

点击“确认签收”按钮，当该通知单需要提交材料时，单据状态更新为“已签收待提交材料”；当该通知单无需提交材料时，单据状态更新为“已处置”。

查看 / 确认签收通知单：企业在“综合处置”界面选中具体通知单，当该通知单状态为“未签收”时，“查看处置 / 提交材料”按钮不可操作，其他状态均可操作。

点击“查看处置 / 提交材料”按钮，当该通知单无需提交材料时，系统弹出提示：“该通知单无需补充提交材料。”，如图 8-340。

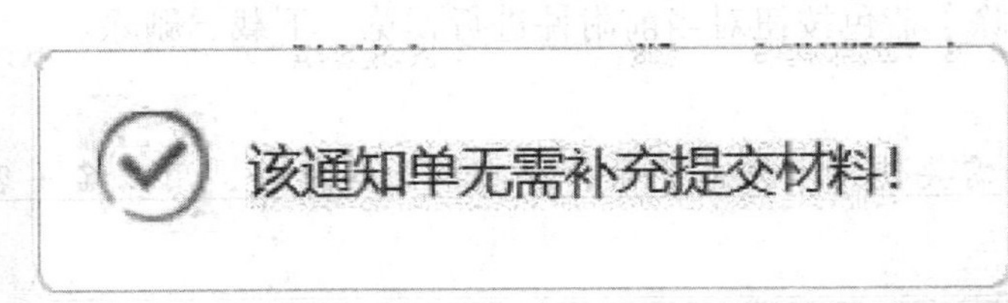

图 8-340 无需补充提交材料提示

当该通知单需要提交材料时，系统跳转至“处置结果录入”界面，如图 8-341。

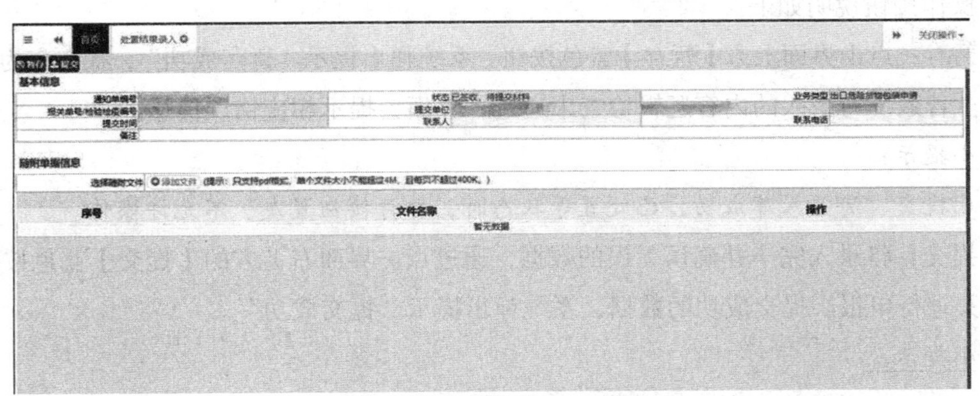

图 8-341 处置结果录入界面

界面录入说明如下。

通知单编号：置灰，系统自动返填当前选中的通知单的通知单编号。

状态：置灰，系统自动返填当前选中的通知单的状态。

业务类型：置灰，系统自动返填当前选中的通知单的业务类型。

报关单号 / 检验检疫编号：置灰，系统自动返填当前选中的通知单的报关单号 / 检验检疫编号。

提交单位（必填）：系统自动反填当前插卡企业的 10 位海关编码、18 位社会信用代码和企业名称。

提交时间：置灰，进行提交操作后，系统自动获取当前时间返填。

联系人（必填）：填写联系人名称。

联系电话（必填）：填写联系人电话。

备注（选填）：填写其他需要说明的内容。

随附单据信息（必填）：上传相关附件材料，最多支持上传 10 个 pdf 附件，单个文件大小不能超过 4M，且每页不超过 400K。上传成功的文件支持预览、下载和删除功能。

点击【添加文件】按钮，此时可从本地电脑选择文件上传，上传成功后，可点击【预览】【下载】【删除】蓝色按钮对当前附件进行预览、下载、删除。

小提示：

随附单据上传需要使用卡介质登录，才可以上传附件，用户名 + 密码登录将无法上传随附单据。

图 8-342 随附单据信息界面

操作按钮说明如下。

暂存：点击界面上方【暂存】蓝色按钮，系统弹出提示“暂存成功”，状态变为“暂存”。若系统对录入的内容逻辑检查未通过，界面会提示相应错误信息。

小提示：

已提交、海关入库成功、已处置等状态时，暂存按钮置灰，不允许操作。

提交：将录入完毕并确认无误的数据，通过点击界面右上方的【提交】蓝色按钮，向海关进行申报。提交成功的数据，系统弹出提示“提交成功”。

小提示：

当该通知单提交材料发给海关成功后，收到海关已接收的回执，单据状态将被更为“已处置”。

单一窗口操作指南

下册

INTERNATIONAL TRADE SINGLE WINDOW OPERATION GUIDE

《单一窗口操作指南》编委会　编

UNITY PRESS 團結出版社

图书在版编目（CIP）数据

单一窗口操作指南 /《单一窗口操作指南》编委会编 .
-- 北京 : 团结出版社 , 2024.3
ISBN 978-7-5234-0568-0

Ⅰ . ①单… Ⅱ . ①单… Ⅲ . ①进出口商品—海关手续
—中国—指南 Ⅳ . ① F752.65-62

中国国家版本馆 CIP 数据核字 (2024) 第 208321 号

出　版：团结出版社
（北京市东城区东皇城根南街84号　邮编：100006）
电　话：（010）65228880 65244790
网　址：http://www.tjpress.com
E-mail：zb65244790@vip.163.com
经　销：全国新华书店
印　装：三河市华东印刷有限公司

开　本：185mm × 260mm　16开
印　张：126.5
字　数：2250千字
版　次：2024年3月第1版
印　次：2024年3月第1次印刷

书　号：ISBN978-7-5234-0568-0
定　价：680.00元（上、下册）

第十九节 版本说明

输入关键字可在此查询单一窗口版本更新历史内容。

图 8-343 单一窗口版本说明界面

第二章 集中申报系统操作指南

第一节 集报备案

企业适用集中申报的通关方式，需要事先向海关提出备案申请。备案申请时填写的表格称为集报备案，包括企业资质息备案和企业商品信息备案两部分内容。同一企业可以申报一般贸易货物集中申报资质和保税货物集中申报资质两种。保税货物不需要填写一般贸易货物备案

在图 8-344 中，点击左侧菜单栏“集中申报——集报备案”，可展开业务菜单。

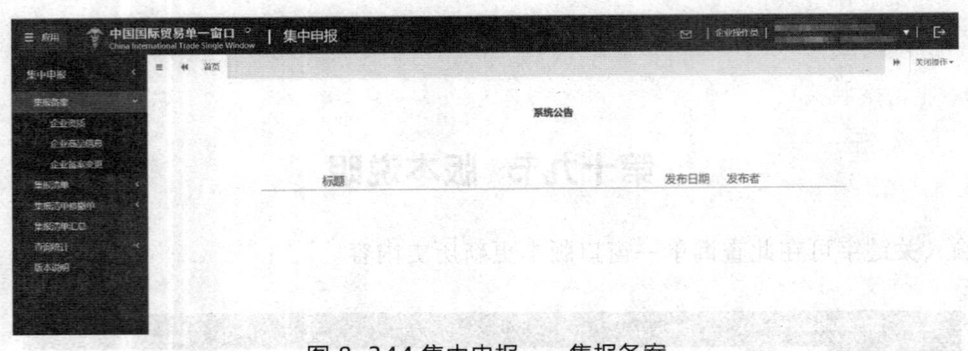
图 8-344 集中申报——集报备案

一、企业资质备案

“企业资质”包括一般贸易货物资质备案和保税货物资质备案两种。一般贸易货物在“企业资质备案”海关审批通过后，需进行“企业商品信息备案”。保税货物则只需“企业资质备案”海关审批通过即可，无需进行“企业商品信息备案”。

点击“企业资质备案”模块，界面显示如图 8-342 所示：

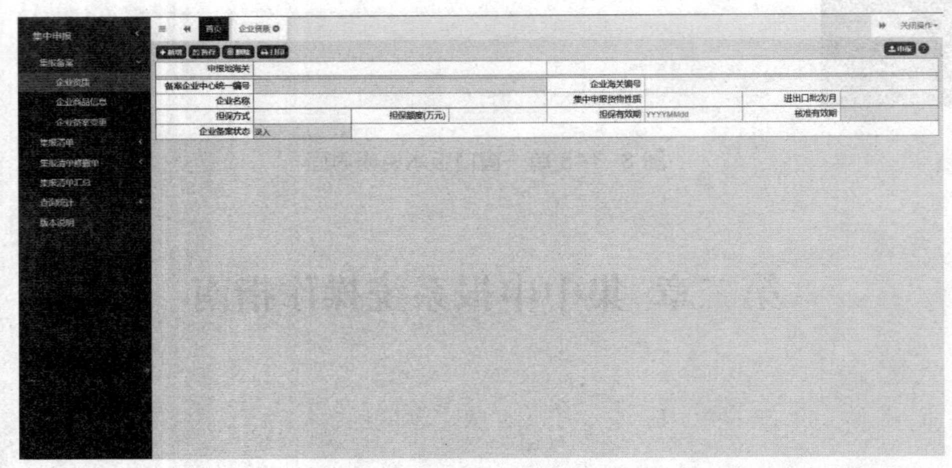
图 8-345 集报备案——企业资质

其中，灰色字段为反填项，无需用户录入，黄色字段为必填项，用户需如实填写。申报地海关、集中申报货物性质字段，用户可通过录入代码，通过下拉参数表进行选择。

（一）特殊字段说明

海关编号、企业名称、担保方式：根据登录的操作员账号默认反填，无需用户填写或修改。

担保有效期：字段格式为 yyyyMMdd（如 20190101），如用户填写格式错误，当光标移动至下一字段，系统将自动校验并提示。

备案企业中心统一编号：用户填写完界面信息并点击暂存后，该字段即自动反填，无需用户填写或修改。

企业备案状态：灰色不可录入，系统反填，首次录入时，显示“录入”。用户点击“申报”后，状态变更为“已申报”，后续状态需在数据查询 / 统计模块中查询。

关区代码：申报地海关为 07 开头，则集中申报货物性质可选边境小额（同一般贸易）；申报地海关为 57 开头，则集中申报货物性质可选对外承包出口货物（同一般贸易）；选择保税货物，担保方式、担保额度（万元）、担保有效期均置灰，且不需企业商品信息备案。

（二）操作按钮说明

新增按钮：点击后用户可以创建其他关区的新的备案。

暂存按钮：点击对当前录入信息进行暂存，其中，申报地海关、企业海关编号、企业名称、集中申报货物性质为必填项，根据业务类型在暂存时如有必填项未录入，会有相关提示。

申报按钮：填写完毕并点击暂存后，点击将当前信息向申报对象方申报。

删除按钮：用户可对备案为暂存、接受失败、核准拒绝、取消资质状态的企业资质备案数据进行删除操作。点击集报备案—企业资质备案主界面上方蓝色【删除】按钮，系统将提示用户是否删除当前数据，删除的数据将不可恢复，需重新录入，请谨慎操作。

打印按钮：用户可对当前暂存状态的备案表进行打印操作，点击集报备案—企业资质备案主界面上方蓝色【打印】按钮，系统将会出现一个弹框，如图 6-346 所示：

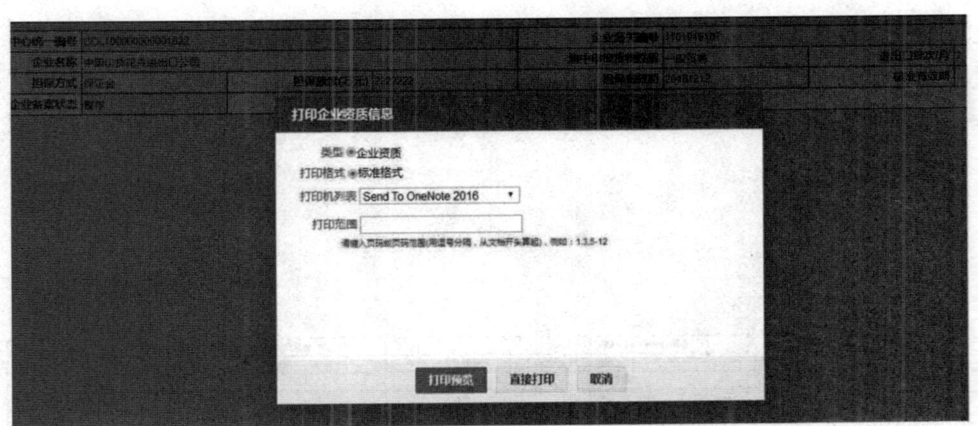

图 8-346 打印企业资质信息

在打印之前，用户可对填写的信息进行预览。点击图 8-346 中的蓝色“打印预览”按钮，将会跳转至打印界面。

小提示：

记录下反填的备案企业中心统一编号，可在查询统计——备案表查询模块查询使用。

二、企业商品信息备案

界面显示如图 8–347 所示：

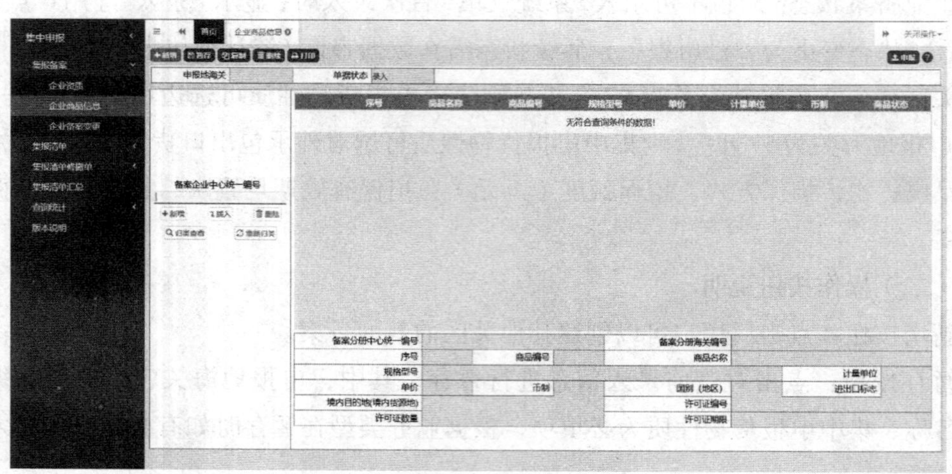

图 8–347 企业商品信息（一）

（一）录入

企业操作员在集报备案模块下点击图 8–347 界面右侧的“企业资质备案中心统一编号”，填写资质备案时返填的“备案企业中心统一编号”，并回车。

界面右侧的商品信息录入栏变为可写模式，如图 8–348 所示：

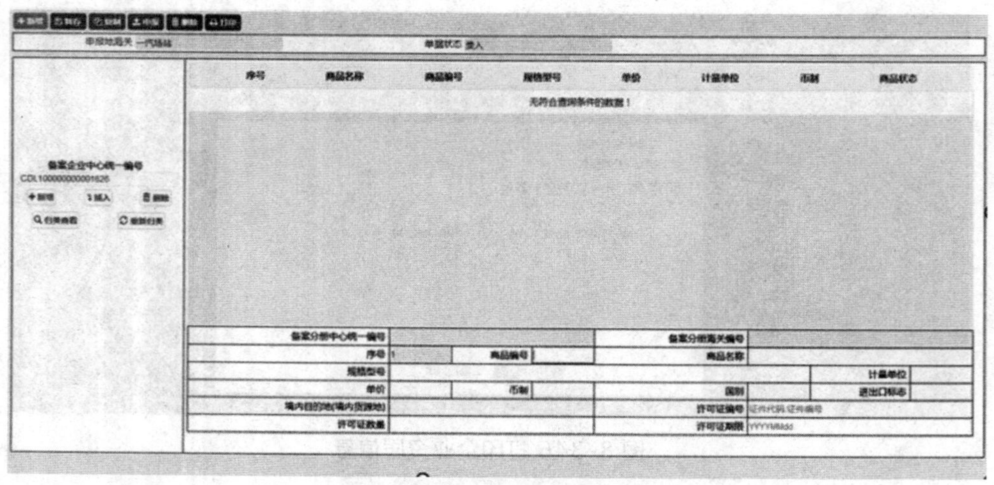

图 8–348 企业商品信息备案（二）

企业商品信息备案由分册组成，同一份资质备案可对应多本分册。企业可根据实际情况来决定每一分册下的商品项数，新增分册可点击页面左侧的白色【新增】按钮，在新增界面上方的“企业资质备案中心统一编号”处，再次填写资质备案时返填的“备案企业中心统一编号”，点击回车，即可新增一本分册。（每一分册最多可录入 9C 项商品信息，多于 9 项时，系统自动生成新的分册）。

同一分册的录入方法为：灰色为反填项，无需用户录入修改。黄色为必填项，用户需录入商品相关信息。录完一条商品信息点回车键，该商品信息自动返填到“备案表表体”处，同时可录入新的商品信息。如图 8–349 所示：

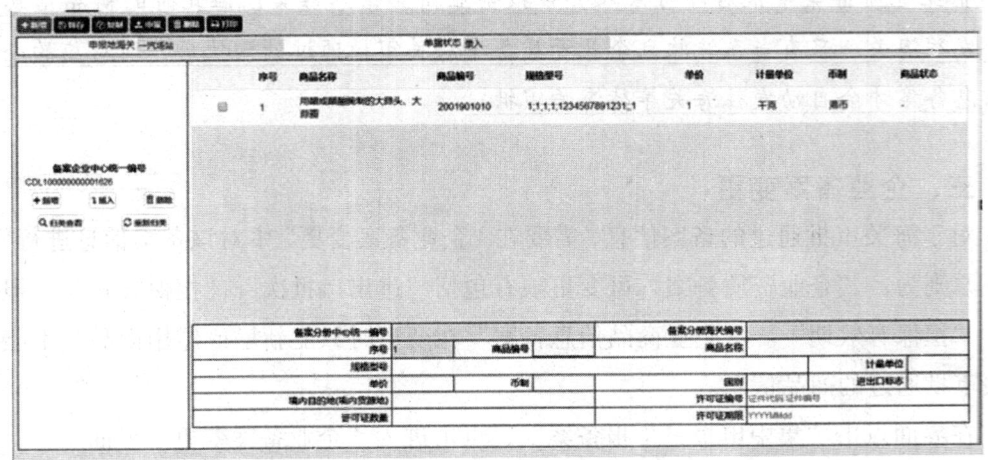

图 8–349 企业商品信息备案（三）

当该分册的所有商品信息录入完成后，即可点击页面上方的蓝色“暂存”“申报”按钮，来完成对该分册的申报。

同一分册下商品信息的新增、插入、删除可通过界面左侧的白色“新增”“插入”“删除”按钮来实现。

（二）特殊字段说明

许可证编号：企业申领的商务部及其授权发证机关签发的进（出）口货物许可证的编号，录入方式为：证件代码＋:（英文半角）＋证件编号 。

（三）操作按钮说明

商品新增：页面初始化，可新录入一条商品。

商品插入：在选中的商品前插入一条商品，保存后代替序号，后面商品序号加 1。

商品删除：删除选中的一条商品，后面商品序号减 1。

归类查看：查看选中商品的商品申报要素。

重新归类：修改选中商品的商品申报要素。

备案新增：初始化页面。

备案暂存：保存备案。

备案复制：暂存之后的状态均可复制。

备案申报：商品录入保存之后可申报。

备案删除：备案为暂存、接受失败、核准拒绝、取消资质状态，可进行删除。

备案打印：商品录入保存之后状态可打印。

小提示：

保税货物的备案商品信息通过新金二系统获取。

企业资质备案申报后即可录入并申报企业商品信息备案，但此时的商品信息备案并未发往海关。只有当系统收到企业资质备案海关审批通过的回执后，所对应的企业商品信息备案才会自动发往海关等待海关审批。

三、企业备案变更

对于海关审批通过的备案信息，需要在“企业备案变更”中对该备案信息进行变更。变更原则为：“企业资质备案”可变更项有包括“进出口批次”“担保方式”“担保额度”“担保有效期”。“企业商品信息备案”在变更时只能新增或停用商品，不能修改海关审批通过的商品信息。

在界面点击“集中申报—集报备案”，点击进入“企业备案变更”界面。

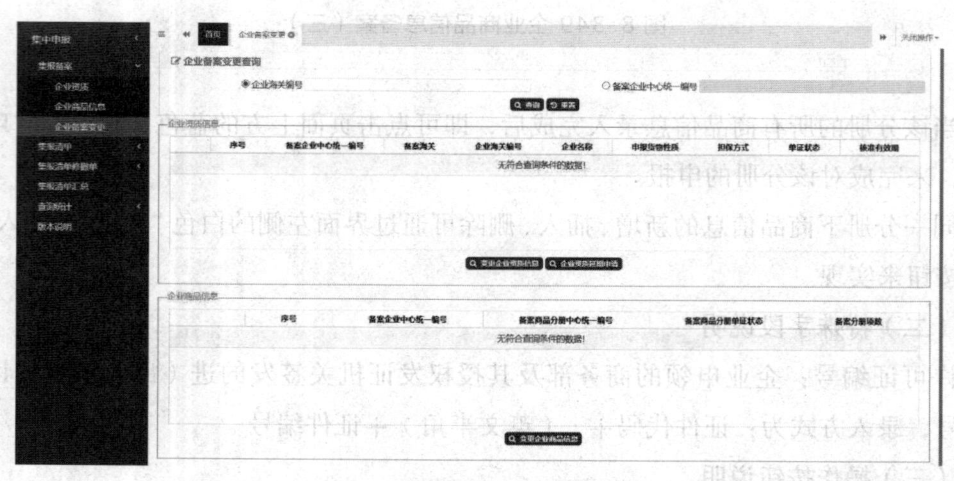

图 8-350 企业备案变更

小提示：

对已申报而海关还未审批的数据，用户无法进行查询变更。

（一）企业备案变更查询

对于海关审批通过的备案信息，需要在“企业备案变更”中对该备案信息进行变更。变更原则为：“企业资质备案”可变更项有包括“进出口批次”“担保方式”“担保额度”“担保有效期”。“企业商品信息备案”在变更时只能新增或停用商品，不能修改海关审批通过的商品信息。

勾选图 8-350 中“企业海关编号”或“备案企业户心统一编号”其中一个字段，并输入对应查询条件，点击蓝色“查询”按钮。查询结果显示在列表中。

（二）变更企业资质信息

如果需要变更企业资质信息，则需选中该资质信息，点击蓝色“变更企业资质信息”按钮，界面将跳转至企业资质信息变更界面。修改黄色字段后点击“暂存”并申报，即可申报企业备案变更信息。

（三）企业资质延期申请

如果企业备案的核准有效期需要进行延期，则需选中该资质信息，点击蓝色“企业资质延期申请”按钮，界面将跳转至企业资质信息变更界面。该界面所有字段均为灰色无法修改，企业在该界面上点击蓝色“企业资质申请延期”按钮，即可完成延期操作。

小提示：

延期日距核准有效期到期前 10 天内，且集中申报货物性质为保税货物的，可进行延期。

（四）企业商品信息

如果需要“新增”或“停用”企业商品信息，则需选中该商品信息，点击蓝色“变更企业商品信息”按钮，页面跳转至企业商品信息变更界面，勾选对应商品信息，点击界面左侧白色“新增”或“停用”按钮，可对该数据进行相应操作。

第二节 集报清单

集中申报企业以集报清单为介质，向海关申请办理货物验放手续，月底再将集报清单汇总生成集报报关单集中办理报关手续。

集报清单通过在界面上的“备案号”处填写分册所对应的“备案分册海关编号”来实现集报清单与备案信息的关联。

一、进口一般贸易集报清单

点击集中申报—集报备案界面中的进口一般贸易集报清单，界面显示如图 8-351 所示：

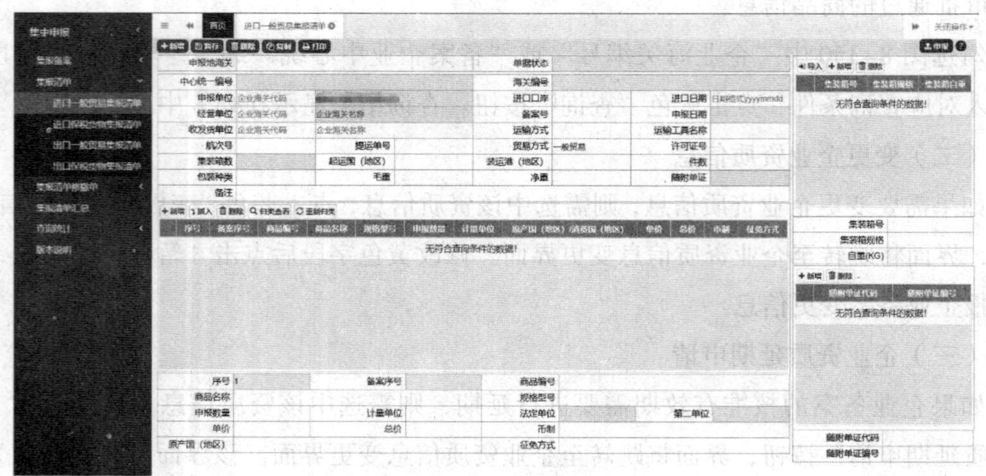

图 3-351 商品备案信息

标黄的字段（如运输方式、运输工具名称等）为必填项，用户需如实填写。灰色字段（如申报日期、贸易方式等）为反填项，用户无法进行填写或修改。

录入完表头信息后，点击回车，表体录入栏变为可写状态。在“备案序号”处填写所需录入商品在备案分册中的“序号”，点击回车，即可调出该商品所备案的部分信息，将该商品的所有信息填写完毕后点击回车，该商品信息出现在“集报清单表体”列表中。此时可再次录入新的商品信息。全部录入完毕，对该清单进行暂存、申报操作。

（一）特殊字段说明

申报地海关：需填写已在企业资质备案中申报备案且状态为“海关审批通过”的关区，需要和经营单位备案的“申报地海关”保持一致。

备案号：与该集报清单对应的 12 位备案单证号，保税货物为账册编号、手册编号，一般贸易货物为集报备案表编号。

备案序号：该货物在账册、手册或一般贸易货物商品备案表中的备案序号。

许可证号：“许可证号”一栏一旦填写许可证，那么该清单下的所有商品必须为此许可证所对应的商品。

小提示：

1. 当运输方式为水路运输时，运输工具名称、航次号、提运单号、件数、毛重、净重等项需与舱单信息相符。

2. 当商品为涉证商品时，申报数量不能超过许可证许可数量。

（二）操作按钮说明

清单新增：新增一票清单。

清单暂存：输入申报地海关，即可暂存，并生成中心统一编号。

商品插入：在选中的商品前插入一条商品，保存后代替序号，后面商品序号加 1。

商品删除：删除选中的一条商品，后面商品序号减 1。

重新归类：修改选中商品的商品申报要素。

二、 进口保税货物集报清单

录入界面与进口一般贸易集报清单基本相同，新增、录入、暂存等更多详细操作，可参考上文“进口一般贸易集报清单”中的相关描述。

三、出口一般贸易集报清单

录入界面与进口一般贸易集报清单基本相同，新增、录入、暂存等更多详细操作，可参考上文“进口一般贸易集报清单”中的相关描述。

四、出口保税货物集报清单

录入界面与进口一般贸易集报清单基本相同，新增、录入、暂存等更多详细操作，可参考上文“进口一般贸易集报清单”中的相关描述。

第三节 集报清单修撤单

小提示：

可以进行修撤的集报清单状态：7. 海关审批通过；9. 已委托；10. 已承运；11. 已运境；12. 待汇总；15. 已结关。

一、修改申请

（一）查询

用户可查询集报清单状态为已结关的数据，并对相应数据进行修改。界面显示如图 8-352 所示：

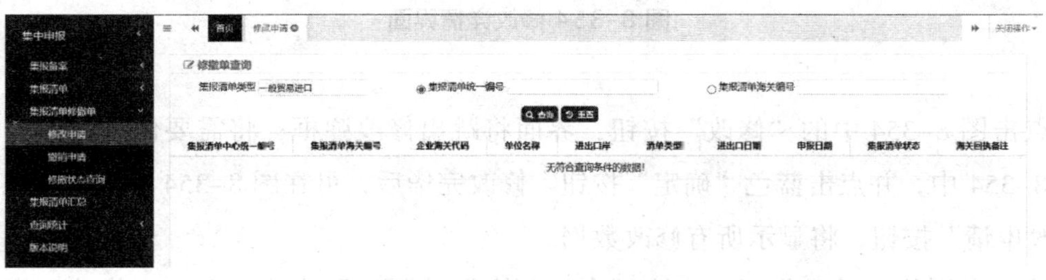

图 8-352 修改申请

在图 8–352 中选择相应的查询项，并输入查询条件，点击蓝色“查询”按钮，系统将把符合条件的数据显示在下方列表中。

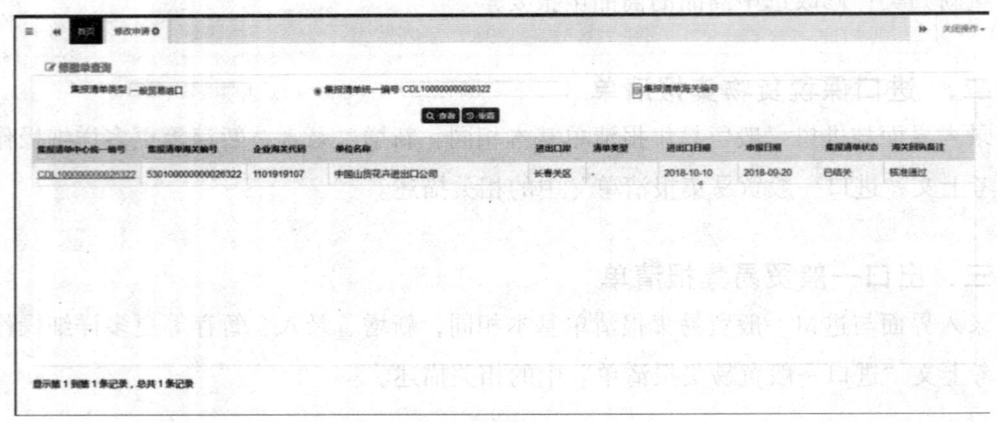

图 3–353 修改申请查询

（二）操作

在图 8–353 中，点击对应的集报清单中心统一编号，界面将跳转至修改详情界面：

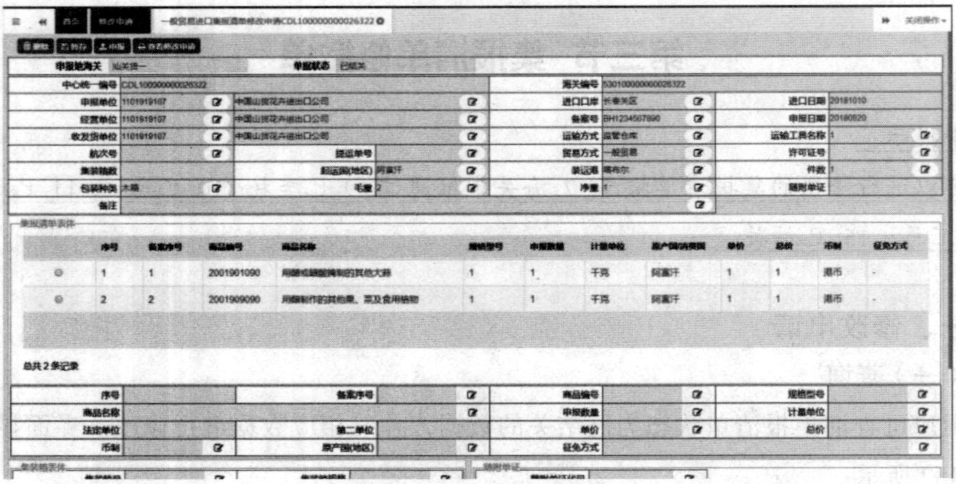

图 8–354 修改详情界面

点击图 8–354 中的“修改”按钮，界面将跳出修改弹框；将需要修改的内容填写至图 8–354 中，并点击蓝色“确定”按钮。修改完毕后，可在图 8–354 中点击蓝色“查看修改申请”按钮，将显示所有修改数据。

检查完需修改的数据后，点击蓝色“暂存”按钮，跳出弹框同上，修改原因、联系人等字段变为可填状态，其中，黄色字段为必填项，企业需如实填写，填写完毕后，点击下方白色“确定”按钮，保存该部分信息。填写完毕后，点击图 8–354 中左上角的“申报”按钮，即可申报修改申请。

二、撤销申请

录入界面与集报清单修改申请基本相同，新增、录入、暂存等更多详细操作，可参考上文“修改申请”中的相关描述。

三、修撤状态查询

用户可通过该模块查询已申报的修撤申请。界面显示如图 8-355 所示：

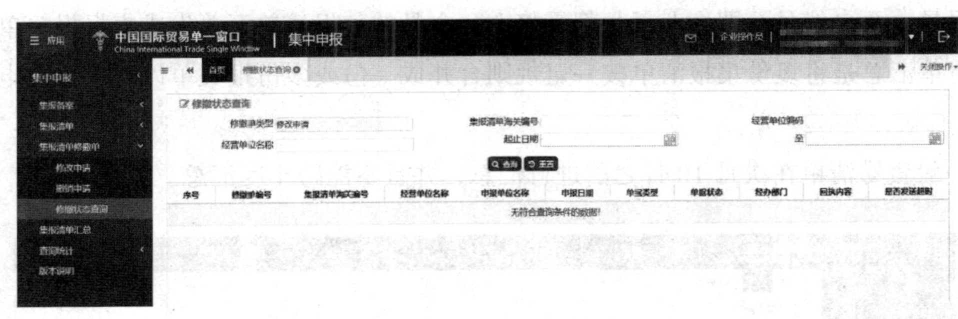

图 8-355 修撤状态查询界面

其中，修撤单类型为必选项，用户需按要求选择，其他查询条件为选填项，如不输入，直接点击蓝色“查询”按钮，系统将显示所有符合条件的数据在列表区域。查询结果如图 8-356 所示：

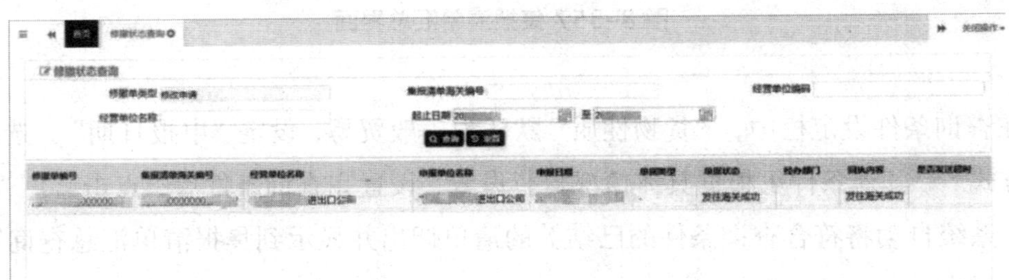

图 8-356 修撤状态查询结果

点击图 8-356 中的修撤单编号或集报清单编号，界面将跳转至详情界面，用户在此页面上无法对正在办理修撤申请业务的单据进行修撤操作。

第四节 集报清单汇总

一、集报清单汇总

集报企业应按照海关规定的时间，定期向海关申报集报报关单。目前，海关规定的期限是一个自然月，即企业每月都需将上一个月的集报清单汇总生成集报报关单并申报。清单汇总是将多份集报清单按一定规则合并成一份或多份报关单以便向海关申报的过程。

一般贸易清单在次月 10 日之前进行汇总，并且不能跨年度汇总。

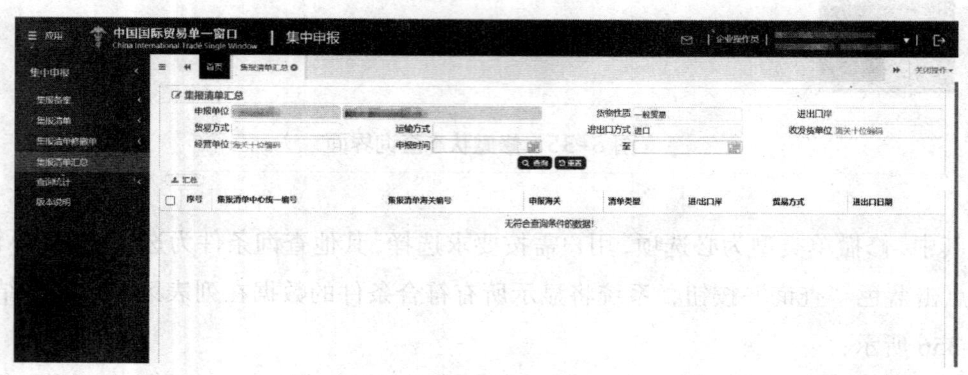

图 8-357 集报清单汇总界面

在查询条件设定栏中，“货物性质”默认为一般贸易，设定“申报日期”，选择“进出口方式”，其他条件可根据具体情况自行设置，设置完查询条件后，点击蓝色“查询”按钮，系统自动将符合查询条件的已结关的清单调出并显示到集报清单汇总查询结果下方显示栏中。

在列出的查询结果中，企业操作员可根据需要勾选或点击集报清单中心统一编号字段左侧的小框进行全选，选择好需要汇总的清单后，点击白色“汇总”按钮。系统弹出提示框如图 8-358：

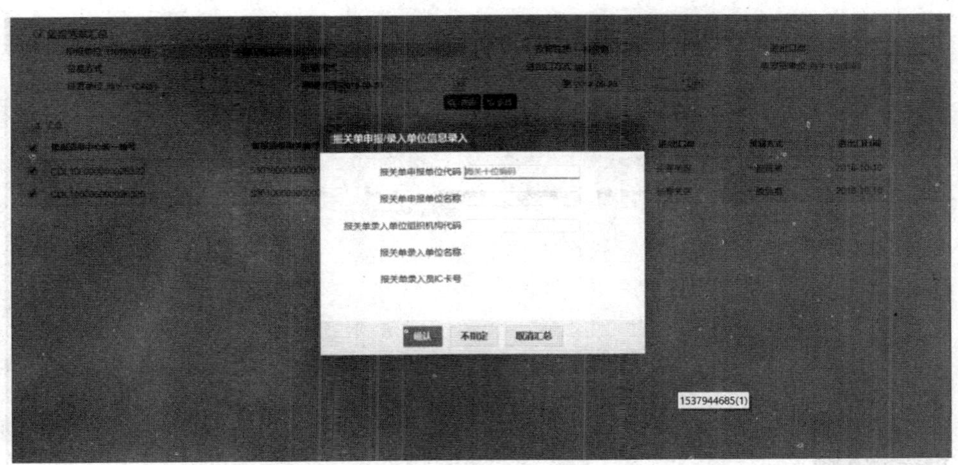

图 8-358 集报清单汇总提示

如果需要代理报关，则需将报关单代理申报单位的10位海关编码填写在“报关单申报单位代码”处，填写完毕点击回车，系统自动调出该报关单申报单位的名称，点击蓝色“确认”按钮。

如果无需代理报关，则无需填写，直接点击白色“不指定”按钮。系统弹出“您确认不指定报关申报/录入单位并进行汇总吗”的提示框。确认不指定点击“是”，确认指定的点击“取消”系统返回集报清单汇总提示所示界面。

确认完是否代理报关后，系统弹出“汇总成功”的对话框，如图8-358。注意，此时清单尚未真正汇总成报关单，需等定时处理程序处理后才能实际汇总成报关单。

第五节 查询统计

一、备案表查询

在集中申报主界面中展开“查询统计”模块并点击备案表查询子菜单栏，进入备案表查询界面，界面显示如图8-359所示：

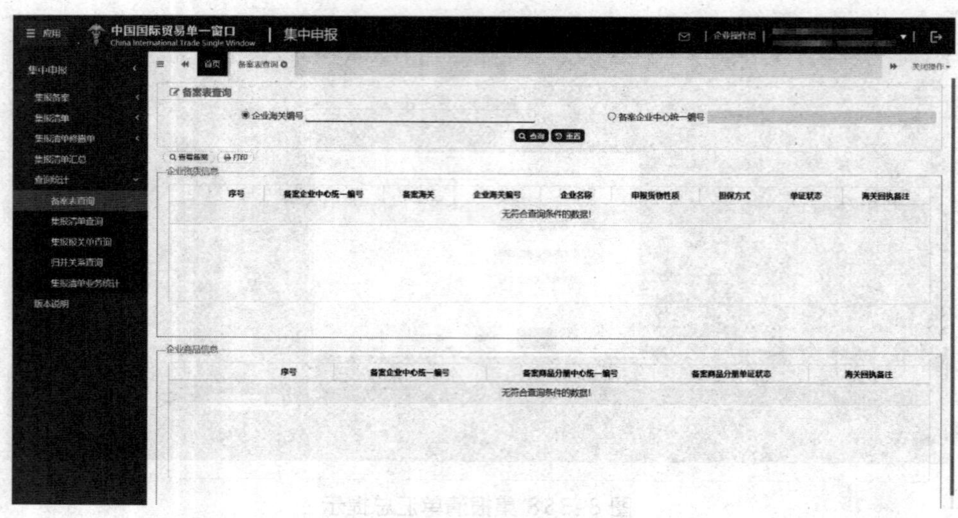

图 8-359 备案表查询

进行查询条件设定，点击蓝色“查询”按钮。系统调出所要查询的“企业资质信息”“企业商品信息”，选中符合条件的信息，并点击白色“查看备案”按钮，显示备案详情。

系统进入详细信息界面，即可查看“企业资质备案”状态及“企业商品信息”状态。当“企业资质备案”状态及“备案商品分册列表”下的分册状态均为海关审批通过后，即可进行申报集报清单。

在备案商品分册列表中点击海关审批通过的分册，页面下方可查看该分册所对应的“备案分册海关编号”，记录此号以便进行集报清单申报。

二、集报清单查询

在集中申报主界面中展开“查询统计”模块并点击集报清单查询子菜单栏，进入集报清单查询界面，界面显示如图 8-360 所示：

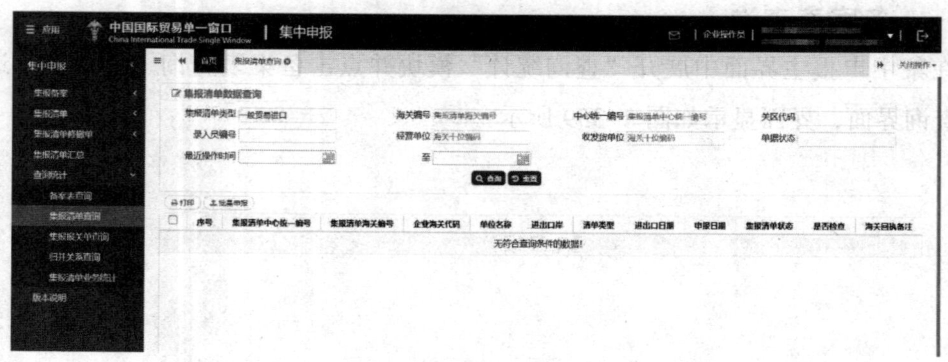

图 8-360 集报清单查询界面

在查询条件设定栏中，集报清单类型默认为一般贸易进口，其他条件可根据具体情况自行设置，设置完查询条件后，点击蓝色“查询”按钮，系统自动将符合查询条件的数据显示到集报清单汇总查询结果下方显示栏中，如不填写其他项，系统默认显示所有符合条件的数据。

当该清单的“集报清单状态”为“已结关”时，即可进行下一步的集报清单汇总。

点击蓝色“集报清单中心统一编号”，界面跳转至详情界面，状态为“暂存”，可继续录入操作。状态为“发往海关成功”“已汇总”“结关”等，则页面置灰，不允许填写、修改操作，仅可进行新增、复制或打印操作。

三、集报报关单查询

用于查询集报报关单，对暂存的集报报关单进行申报，或对不受理、查验、已结等状态的集报报关单进行回执通知书打印等操作。

1. 查询

小提示：

首次查询，需先在归并关系查询中查询出集报报关单中心统一编号，记录后在查询界面中点击“高级查询”，在标黄的“统一编号”字段中输入对应数据后点击查询。

在查询条件设定栏中，如选择基本查询，“报关单类型”默认为一般报关单，“企业类别”默认为报关申报单位，“进出口标志”默认为进口，设定“申报日期”，选择“是否结关”，其他条件可根据具体情况自行设置，设置完查询条件后，点击蓝色“查询”按钮，系统自动将符合查询条件的集报报关单调出并显示到下方显示栏中。

如选高级查询，用户需将查询到的集报报关单中心统一编号输入标黄“统一编号”字段，其他字段设置同上。

2. 操作

打印报关单：勾选需打印的报关单，点击查询显示栏中的白色“打印报关单”按钮。系统将跳出弹框，设置好所需数值后，点击“打印预览”或“直接打印”按钮即可。

列表导出：用户需为报关单收发货人才可进行此操作。

其他操作按钮可参考货物申报。

四、归并关系查询

用于查询已汇总的集报清单的报关统一单号，用户需勾选对应查询条件，输入需查询的统一编号并点击蓝色“查询”按钮，查询结果将会显示在下方列表中。

五、集报清单业务统计

企业操作员在“查询统计”模块，点击进入“集报清单业务统计”界面。在该界面下企业可以根据查询需要设定查询条件，来实现对一定时间内集报清单的统计工作，界面显示如图 8-361 所示：

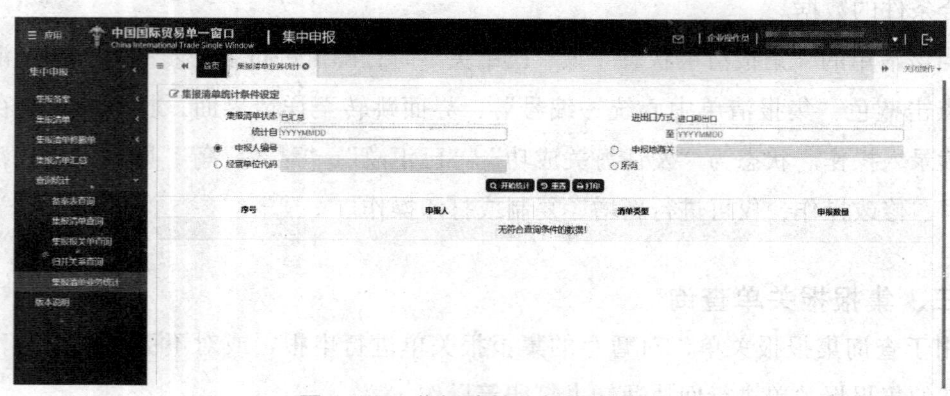

图 8-361 集报清单业务统计界面

1. 查询

用户输入相应查询条件后，点击蓝色“开始统计”按钮，系统将把符合条件的数据显示在页面下方列表处。

2. 打印

对查询的结果，用户可选择打印。点击图 8-361 中蓝色“打印”按钮，可对集报清单统计列表进行打印操作。

第三章 电子代理报关委托操作指南

第一节 操作说明（被委托方—报关企业）

被委托方，又称报关企业、申报单位（以下简称“报关企业”）。使用报关企业管理员账号（或法人卡）、操作员账号（或操作员卡）登录系统，左侧显示不同的菜单项：

1. 使用管理员账号（或法人卡）登录，可见“企业登记、委托关系管理、委托关系变更管理、查询统计”4 个菜单项。

2. 使用操作员账号（或操作员卡）登录，可见“委托关系管理、委托关系变更管理、查询统计”3 个菜单项。

注意：

必须使用已绑定卡介质的账号，或直接使用卡介质登录“单一窗口”；

当前登录用户必须具有报关企业资格。

具备上述两个条件，才能查看、使用报关企业相关的菜单与功能。

如果当前用户具有双重身份（即经营单位、申报单位双重身份），登录系统后，要选择本次需要使用的角色后，再进行相应操作。

一、企业登记

小提示：

本菜单为使用报关企业管理员账号（或法人卡）登录系统后独有的。

委托方（经营单位）的用户无需使用本功能。

企业登记即“报关企业信息登记”。必须先使用报关企业已绑卡的管理员账号（或法人卡）登录系统，进行报关企业信息登记的申报，由其所属的地方报关协会确认后，方可开始使用报关委托的发起、确认等操作。如果未登记或登记有效期超期，则无法使用系统相关功能。

（一）报关企业信息登记

首次进行报关企业信息登记的报关企业，在此进行录入与申报。

使用报关企业已绑卡的管理员账号（或法人卡）登录系统，点击左侧菜单栏“企业登记——报关企业信息登记”，右侧界面展示如图 8-362：

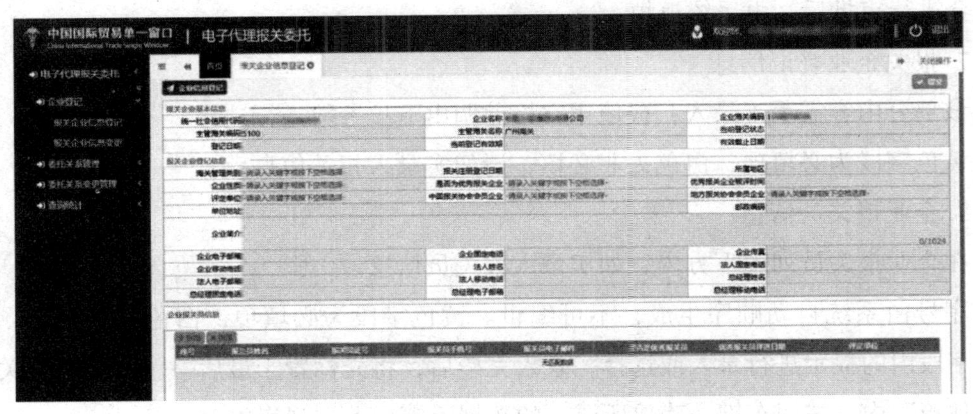

图 8-362 报关企业信息登记

小提示：

如果当前报关企业已经登记备案成功，上图界面的所有按钮与字段全部为灰，不可点击。

点击界面顶端的【企业信息登记】蓝色按钮，使界面中的字段变为可编辑状态（如

图 8-363）。

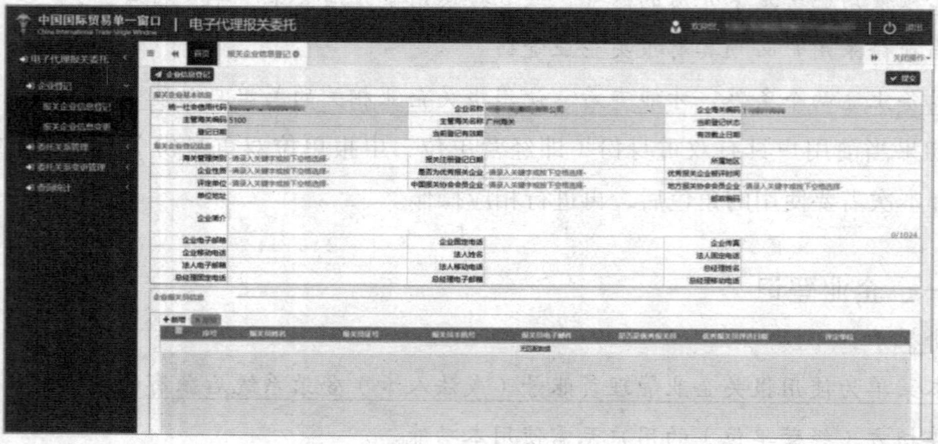

图 8-363 报关企业信息登记（可编辑）

报关企业信息登记编辑界面，由上至下分为“报关企业基本信息、报关企业登记信息、企业报关员信息、审批信息”4 部分。

1. 报关企业基本信息

该部分内容为灰，不允许编辑。统一社会信用代码、企业名称、企业海关编码、主管海关编码、主管海关名称，由系统自动根据当前报关企业已备案的信息进行获取与展示。当前登记状态、登记日期、当前登记有效期、有效截止日期，申报并等待地方报关协会进行审批后，由系统返填。

2. 报关企业登记信息

该部分内容需手工录入，或使用空格键调出下拉参数进行选择。

黄色字段为必填项，白色为非必填，请如实录入相关信息。

3. 企业报关员信息

在企业报关员列表下方内，如实录入报关员信息。

序号由系统自动顺序生成，不可编辑。黄色字段为必填项，白色为非必填。根据界面字段内的提示进行录入或选择，录入完毕后，将光标置于最后一个字段“报关员的电子邮箱”内，按回车键，确保所录入的数据返填到上方列表中。

点击【新增】白色按钮，清空列表下方、界面中已录入的内容，便于重新录入数据。

在列表中，勾选一条已录入报关员信息，可点击【删除】白色按钮，进行删除。删除后的信息需要重新录入，请谨慎操作。

4. 审批信息

该部分内容为灰，不允许编辑。申报并等待地方报关协会进行审批后，由系统返填。

小提示：

提交即意味着您的数据将向相关业务主管部门进行发送，并等待其审批。

确认录入完毕的数据准确无误，点击界面右上方的【提交】蓝色按钮进行申报。

（二）报关企业信息变更

注意：

请留意，如果报关企业的登记信息需要变更、即将超期或已超期，请及时在此进行变更操作。

使用报关企业的管理员账号（或法人卡）登录系统，点击左侧菜单栏“企业登记——报关企业信息变更”，右侧界面展示如图 8-364：

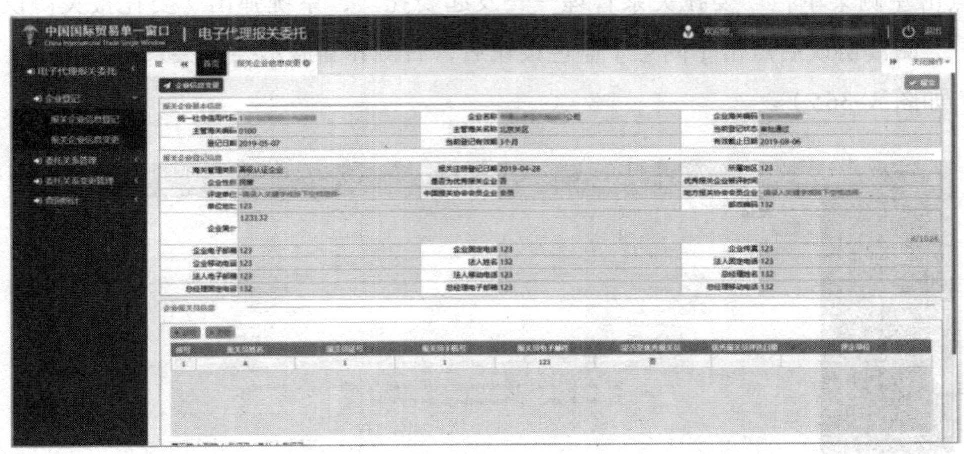

图 8-364 报关企业信息变更

小提示：

如果当前报关企业没有登记备案，上图界面的所有按钮与字段全部为灰，不可点击。

点击界面顶端的【企业信息变更】蓝色按钮，使界面中的字段变为可编辑状态。

报关企业信息登记编辑界面，由上至下分为“报关企业基本信息、报关企业登记信息、企业报关员信息、审批信息”4 部分。

其中，“评定单位、优秀报关企业被评时间、优秀报关员评选日期”等字段为灰，代表不允许在进行变更时修改。其他字段录入方法与操作说明可参考上文“报关企业信息登记”，不再赘述。

二、委托关系管理

委托关系作为统称时，可包括委托申请（也称委托书）与委托协议两部分。在系统中，报关委托双方都可以互相向对方发起电子代理报关委托申请。无论哪一方发起申请，都需要经过对方确认，才能继续建立电子代理报关委托协议。

小提示：

一份电子代理报关委托协议对应一份报关单的随附单据，不可重复使用。

（一）发起委托

报关企业用户，使用已绑定卡介质的管理员账号（或法人卡）与操作员账号（或操作员卡）登录后，都可以在此进行委托申请（又称委托关系、委托书）的录入、发起操作。

请注意，“被委托方法人代表授权签署人”字段，系统自动读取当前登录用户注册“单一窗口”系统时的姓名，详情见下文。

点击左侧菜单栏“委托关系管理——发起委托”，系统弹出《委托报关协议通用条款》，阅读协议后点击【同意】蓝色按钮后，右侧界面展示委托关系（委托书）录入界面（如图 8-365）。

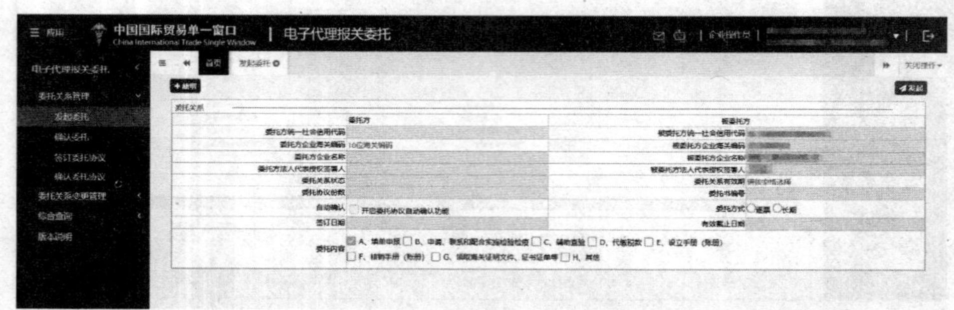

图 8-365 发起委托（报关企业）

左侧为“委托方”信息，右侧为“被委托方”信息。

报关企业发起委托申请（委托书）时，界面内置灰的字段，由系统自动读取当前用户的注册信息或等待委托方（经营单位）确认该委托书后返填。

被委托方统一社会信用代码、被委托方企业海关编码、被委托方企业名称系统读取当前用户在“单一窗口”标准版的注册信息，如需修改，请使用管理员用户名 + 密码（或法人卡）登录系统，进入“管理员账号信息管理”界面进行操作。

被委托方法人代表授权签署人：系统读取当前登录“单一窗口”标准版账号内、用户的真实姓名。操作员与管理员的姓名，只能使用管理员用户名 + 密码（或法人卡）登录系统后进行操作。因此如需修改，请移步至“管理员账号信息管理”界面。

小提示：

此处，系统自动获取当前登录“单一窗口”标准版账号内的姓名，不会返填当前企业的法人姓名。

图 8–365 界面中，只允许录入或勾选“委托方企业海关编码、委托关系有效期、委托方式、委托内容”4 个字段。

委托方企业海关编码：手工录入委托方的海关 10 位数编码，回车。

委托方统一社会信用代码、委托方企业名称、委托方法定代表人授权签署人、签订日期、委托书编号、有效截止日期：置灰，不可修改，等待委托方（经营单位）确认该委托书后返填。

委托关系状态、委托协议份数：置灰，不可修改，系统自动返填。

委托方关系有效期：点击空格，在下拉菜单中选择（3 个月 /6 个月 /9 个月 /12 个月）。

委托方式：根据实际需要，单选“逐票”或“长期”。

委托内容：根据实际需要勾选，可多选。

点击界面顶端的【新增】蓝色按钮，系统将清空界面中已录入的内容，便于重新录入数据。

确认录入完毕并的数据准确无误，点击界面右上方的【发起】蓝色按钮，等待委托方确认即可。

（二）确认委托

报关企业用户，使用已绑定卡介质的管理员账号（或法人卡）与操作员账号（或操作员卡）登录后，都可以在此对委托方发起的委托申请（委托书），进行确认。

点击左侧菜单栏“委托关系管理——确认委托”，右侧界面展示如图 8–366：

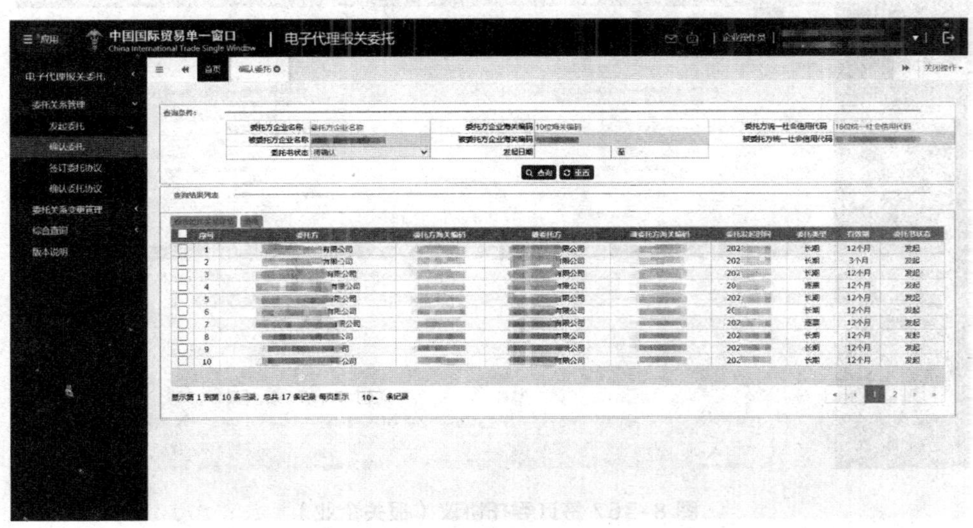

图 8–366 确认委托（报关企业）

界面中，“被委托方企业名称、被委托方企业海关编码、被委托方统一社会信用代码、委托书状态”字段为灰，不可修改。由系统自动读取当前用户的注册信息或显示固定的内容。

可直接点击【查询】按钮，也可以任意输入或选择“委托方企业名称、委托方企业海关编码、委托方统一社会信用代码、发起日期”等条件，进行精准查询。

勾选列表中的记录，【查看委托关系详情】【拒绝】白色按钮被点亮。

【拒绝】即不同意委托方发起的委托申请（委托书）。多选后，可进行批量拒绝的操作。

勾选一条记录，点击【查看委托关系详情】白色按钮，界面跳转至委托关系（委托书）详情界面，该界面的内容只允许查看，不可修改。

可点击右上角【接受】蓝色按钮，同意当前的委托申请（委托书）。同意后，即与界面中的委托方建立了委托关系，可进行后续委托协议等业务操作。如不同意，点击【拒绝】蓝色按钮，即不与委托方建立委托关系。

（三）签订委托协议

注意：

委托关系（即委托书）必须为“确认”的状态，才能在此签订委托协议。

报关企业用户，使用已绑卡的管理员账号（或法人卡）与操作员账号（或操作员卡）登录后，都可以在此进行委托协议的录入、发起操作。

点击左侧菜单栏“委托关系管理——签订委托协议”，右侧界面展示如图 8-367：

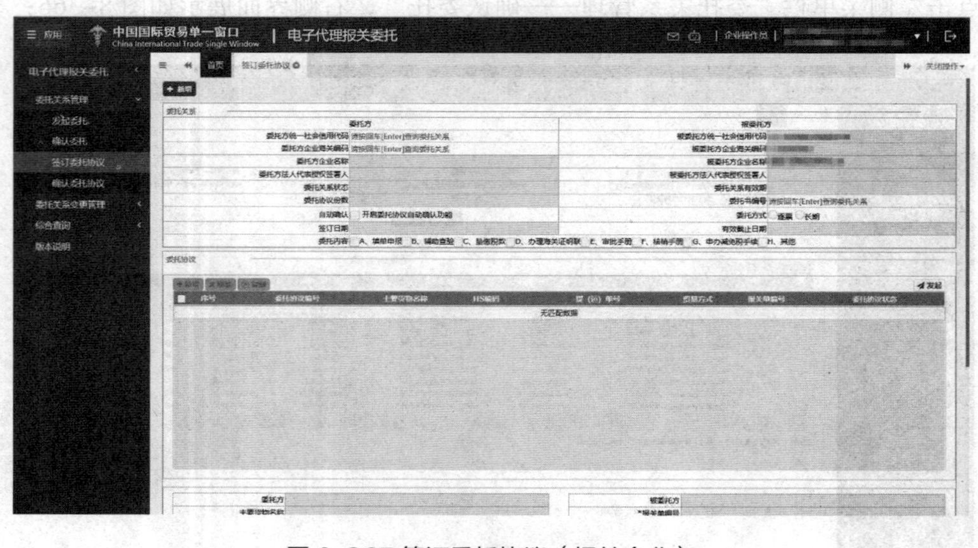

图 8-367 签订委托协议（报关企业）

分为“委托关系”与“委托协议”上下两部分。

由报关企业发起委托协议时，界面内置灰的字段，由系统自动读取当前用户的注册信息或手工输入信息后系统进行返填。

1. 委托关系

委托方统一社会信用代码、委托方企业海关编码、委托书编号：

界面中，委托方的统一社会信用代码、海关编码与委托书编号为黄底色，任选其一，必填录入。

输入后敲回车键，此时系统自动查找双方状态为“确认”的委托关系（委托书）数据。如果双方委托关系的状态不是“确认”，在此输入编码回车后，系统可能弹出未查询到委托关系的提示。

委托方企业名称、委托方法人代表授权签署人、委托关系状态、委托协议份数、签订日期、被委托方法人代表授权签署人、委托关系有效期、委托方式、有效截止日期、委托内容：

以上字段置灰，不可录入或编辑，系统根据输入委托方的统一社会信用代码、海关编码或委托书编号，进行返填。

被委托方统一社会信用代码、被委托方企业海关编码、被委托方企业名称：

以上字段置灰，不可录入或编辑，系统读取当前用户在“单一窗口”标准版的注册信息并进行返填。

2. 委托协议

注意：

系统成功读取并返填“确认”状态的委托关系（委托书），界面下方的委托协议部分才能进行录入。否则，此处字段与按钮全部为灰，不可操作。

由报关企业发起委托协议时，委托方、被委托方的内容都可以填写。其中，黄底色字段为必填项。

根据实际情况录入主要货物名称、HS 编码、货物总价等信息。

货物总价后默认为“美元”，可点击空格键、手工录入币制代码或中文，在下拉参数中选择。

贸易方式、原产地/货源地，需点击空格或手工录入代码/中文，在下拉参数中选择。

进/出口日期、收到证件日期，需在界面弹出的日历框中进行选择。

将委托协议的具体内容录入完毕后，无需点击任何按钮，将光标置于字段中，一直点击键盘回车键；或将光标置于最后一个字段（被委托方联系电话）内，点击一次回车键，当前录入的内容，自动跳转至上方列表中即可。

在列表中勾选一条已录入的委托协议，可点击【复制】白色按钮，系统自动复制并生成下一序号的委托协议，自动保存在列表中。

选中记录，界面下方字段变为可编辑。修改后，一直点击键盘回车键；或将光标置于最后一个字段（被委托方联系电话）内，点击一次回车键，将修改内容进行保存。

在列表中，勾选一条已录入协议信息，可点击【删除】白色按钮，进行删除。删除后的信息需要重新录入，请谨慎操作。

注意：

录入并返填到列表中的委托协议（委托协议状态为“-”的数据），如果没有进行过【发起】操作，系统不予保存，关闭当前界面再次进入后，需要重新录入。

在列表中勾选委托协议（可多选），点击右侧【发起】白色按钮，在弹出提示中选择“是”，发送（申报）委托协议的数据。

（四）确认委托协议

报关企业用户，使用已绑定卡介质的管理员账号（或法人卡）与操作员账号（或操作员卡）登录后，都可以在此对委托方发起的委托协议，进行确认。

点击左侧菜单栏“委托关系管理——确认委托协议”，右侧界面展示如图 8-368：

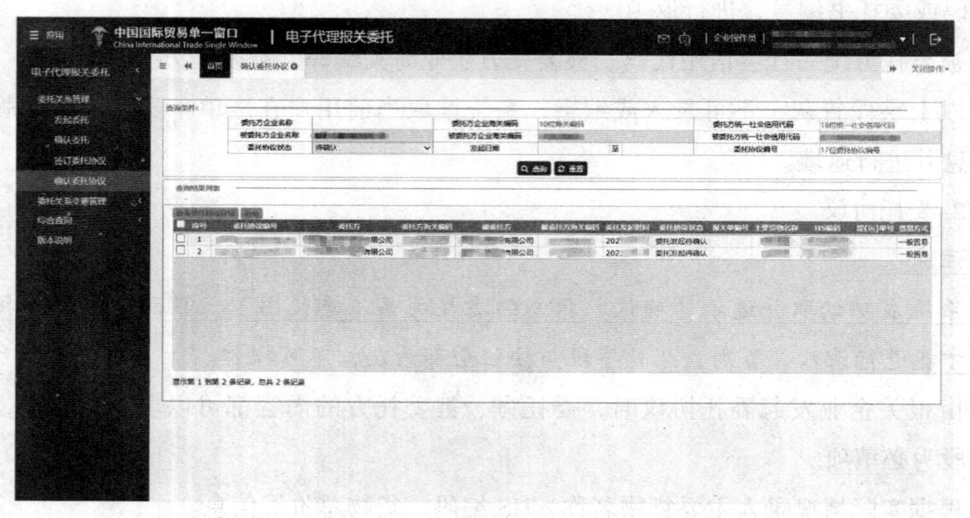

图 8-368 确认委托协议（报关企业）

“被委托方企业名称、被委托方企业海关编码、被委托方统一社会信用代码、委托协议状态”字段为灰，不可修改。由系统自动读取当前用户的注册信息或显示固定的内容。

可以直接点击【查询】按钮，或任意输入或选择“委托方企业名称、委托方企业海关编码、委托方统一社会信用代码、发起日期、委托协议编号”等条件，进行精准查询。

勾选列表中的记录，【查看委托协议详情】【拒绝】白色按钮被点亮。

【拒绝】即不同意委托方发起的委托协议。多选后，可进行批量拒绝的操作。

勾选一条记录，点击【查看委托协议详情】白色按钮，界面跳转至委托协议详情界面。该界面内，委托关系部分只允许查看，委托协议部分右侧“被委托方”的内容，需要填写后再进行接收或拒绝等操作。如果同时存在多条待确认的委托协议，请选中一条，在下方区域内进行填写（如图 8-369）。

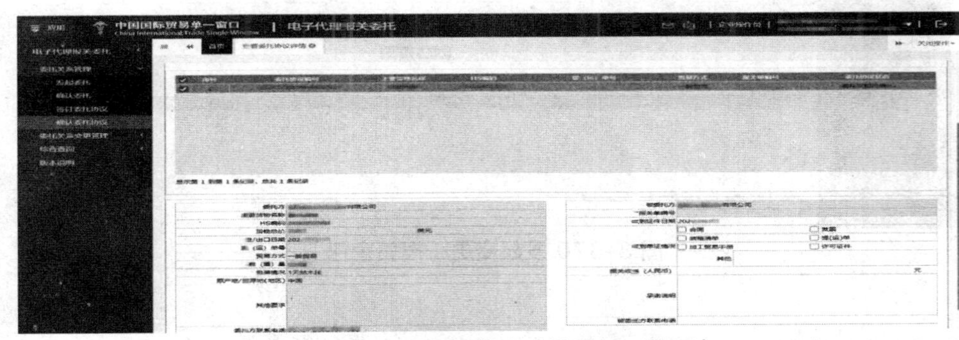

图 8-369 确认委托协议（被委托方填写）

收到证件日期：在界面弹出的日历框中进行选择。

收到单证情况：根据实际情况进行勾选（可多选），必须至少勾选一种。

报关收费、承诺说明、被委托方联系电话：非必填，根据实际情况填写。

录入完毕后，将光标置于最后一个字段（被委托方联系电话）内，该字段下边框为蓝色，此时点击一次回车键，当前录入的界面变为灰色，系统自动将所录入内容保存到列表所选中的委托协议中。

在委托协议列表中，可选中任意记录进行查看，确认录入并保存完毕后，可勾选委托协议，点击底部【接受】或【拒绝】蓝色按钮继续操作即可。

注意：

如未按照上文描述进行操作（没有使用回车键将数据保存、界面未变灰），点击【接受】按钮时，系统可能会弹出“收到证件日期不能为空”等提示。

【接受】操作成功后的委托协议状态，变为“委托确认已发海关”，等待海关系统接收成功并返回“委托协议可报关”的状态，即可进行代理报关。

三、委托关系变更管理

委托双方的委托关系（委托书）状态为确认后，如果需要对委托事项内容或有效期进行变更，可在此对委托关系进行变更管理等操作。

小提示：

已超过有效期的委托关系（委托书），不可在此做变更，需双方重新发起委托申请。

（一）委托关系变更

点击左侧菜单栏“委托关系变更管理——发起变更”，右侧界面展示如图 8-370：

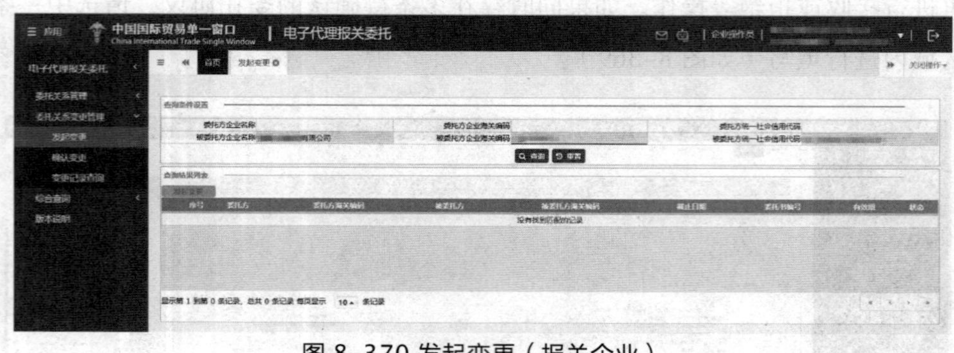

图 8-370 发起变更（报关企业）

界面中“被委托方企业名称、被委托方企业海关编码、被委托方统一社会信用代码”字段为灰，由系统自动读取当前用户的注册信息返填。

可以任意输入“委托方企业名称、委托方企业海关编码、委托方统一社会信用代码”等条件，点击【查询】按钮，进行精准查询。

勾选列表中的记录，【发起变更】白色按钮被点亮。

小提示：

在有效截止日期 30 天内的委托关系（委托书），才能在此进行变更操作。

勾选一条记录，点击【发起变更】白色按钮，界面跳转至委托关系（委托书）发起变更界面。界面中，灰色字段为不可修改项。可进行变更的字段为“委托关系书有效期”“委托内容”两项。

1. 委托方关系有效期

点击空格，在下拉菜单中选择（3 个月 /6 个月 /9 个月 /12 个月）。选择相应月份，待对方确认（同意）本次变更。

小提示：

选择相应月份，待对方确认（接受）本次变更后，从对方确认之日开始，有效截止日期叠加延长所选择的月份（时长）。

2. 委托内容

根据实际需要勾选，可多选，也可以取消勾选。

确认内容无误后，点击右上角【发起变更】蓝色按钮，即可向委托方（经营单位）发起委托关系（委托书）变更，待对方确认。

（二）确认变更

点击左侧菜单栏“委托关系变更管理——确认变更”，右侧界面展示如图 8-371。

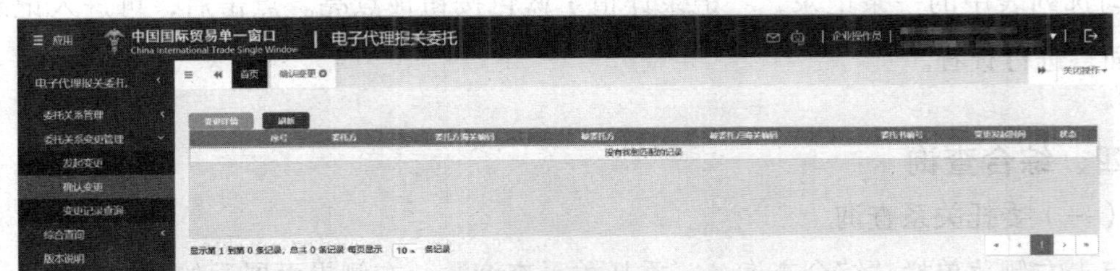

图 8-371 确认变更

系统自动获取当前企业确认变更数据，展示在列表中。可点击【刷新】蓝色按钮，重新查询。

勾选列表中的一条记录，【变更详情】蓝色按钮被点亮。点击后，可进入变更详情界面。查看确认变更的详情后，可根据实际情况点击【接受变更】或【拒绝变更】蓝色按钮。

如接受变更，对方发起的变更内容即生效。如拒绝变更，对方发起的变更内容不生效，可重新发起委托关系变更。

小提示：

自确认（接受）本次变更之日开始，有效截止日期叠加延长所选择的月份（时长）。

（三）变更记录查询

点击左侧菜单栏“委托关系变更管理——变更记录查询”，右侧界面展示如图 8-372

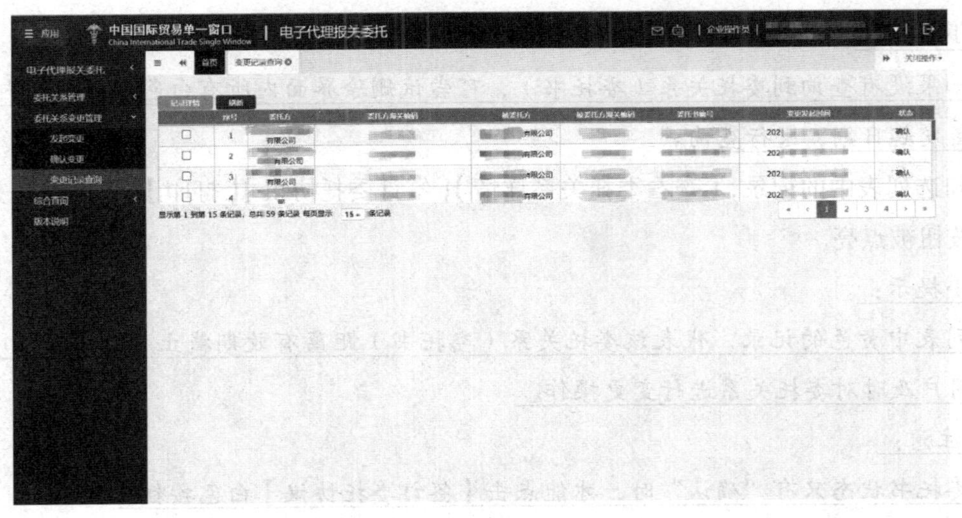

图 8-372 变更记录查询

系统自动获取当前企业的委托关系（委托书）变更记录，展示在列表中。可点击【刷新】蓝色按钮，重新查询变更记录。

勾选列表中的一条记录，【记录详情】蓝色按钮被点亮。点击后，可进入记录详情界面，进行查看。

四、综合查询

（一）委托关系查询

点击左侧菜单栏“综合查询——委托关系查询”，右侧界面展示如图 8-373：

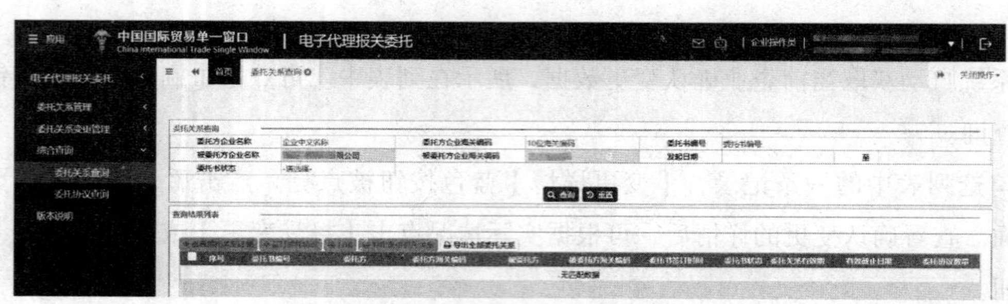

图 8-373 委托关系查询（报关企业）

界面中，“被委托方企业名称、被委托方企业海关编码、被委托方统一社会信用代码”字段为灰，不可修改。由系统自动读取并返填当前用户的注册信息。

可以任意输入或选择“委托方企业名称、委托方企业海关编码、委托方统一社会信用代码、委托书编号、委托书状态、发起日期、主管关区”等条件，点击【查询】按钮，进行精准查询。

小提示：

如果没有查询到委托关系（委托书），可尝试删除界面内所有白色字段中的内容，只保留发起日期，进行查询。

勾选列表中的记录，【查看委托关系详情】【签订委托协议】【打印】【导出委托关系】白色按钮被点亮。

小提示：

列表中黄色的记录，代表该委托关系（委托书）距离有效期截止日期小于 30 天，提醒用户及时对委托关系进行变更操作。

注意：

委托书状态只有“确认”时，才能点击【签订委托协议】白色按钮。

委托书状态为“发起、拒绝、终止、作废”等状态时，该按钮为灰，不能点击。

1. 查看委托关系详情

在列表中勾选任意一条记录，点击【查看委托关系详情】白色按钮，进入详情界面供查看。

2. 签订委托协议

小提示：

委托书状态只有“确认”时，才能点击【签订委托协议】白色按钮。

勾选查询结果列表中状态为“确认”的记录，点击【签订委托协议】白色按钮界面跳转至签订（新增）委托协议的界面（如图 8-374）。

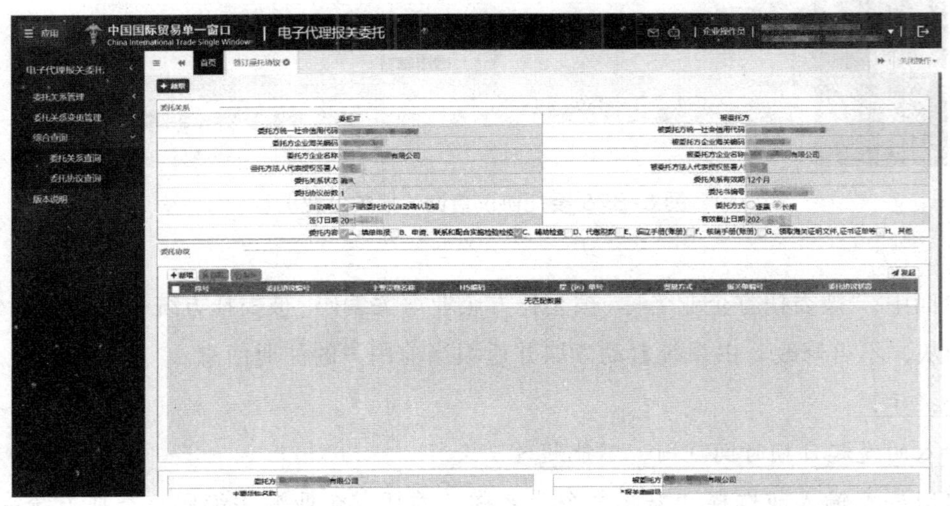

图 8-374 签订委托协议（报关企业）

分为“委托关系”与“委托协议”上下两部分。

因上一步是由“确认”状态的委托关系（委托书）进入的当前界面，因此上部分委托关系全部置灰，不允许修改。

下部分发起委托协议的操作，可参考上文“签订委托协议”的委托协议部分。

3. 打印

任何状态的代理报关委托书，都可以进行打印操作。

勾选一条或多条记录，点击【打印】白色按钮，界面弹出打印预览界面。如果勾选了多条记录，可点击【下页】【尾页】【首页】【上页】按钮进行切换查看。还可以点击【适高】【正常】【适宽】【放大】【缩小】按钮调整预览效果。

点击【设置】按钮，调整打印机设置。预览无误，可点击【打印】按钮进行打印。

4. 导出委托关系

任何状态的代理报关委托书，都可以进行导出委托关系操作。

勾选一条或多条记录，点击【导出委托关系】白色按钮，系统自动以 Excel 格式进行导出，并保存在浏览器默认的文件夹中。

小提示：

多数浏览器，都可以通过键盘的“Ctrl+J”的快捷键组合，调出下载详情。

（二）综合查询

点击左侧菜单栏“综合查询——委托协议查询”，右侧界面展示如图 8-375：

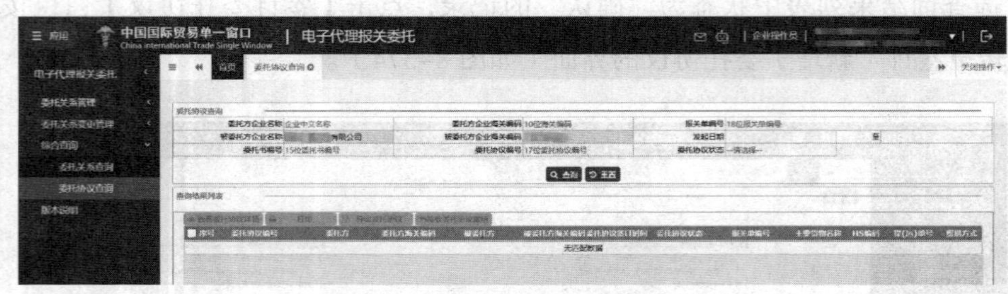

图 8-375 委托协议查询（报关企业）

界面中，“被委托方企业名称、被委托方企业海关编码、被委托方统一社会信用代码”字段为灰，不可修改。由系统自动读取并返填当前用户的注册信息。

小提示：

输入的发起日期时间范围，不能超过 7 天。

可以任意输入或选择“委托方企业名称、委托方企业海关编码、委托方统一社会信用代码、委托协议编号、委托协议状态、发起日期、主管海关、报关单编号”等条件，点击【查询】按钮，进行精准查询。

小提示：

如果没有查询到委托协议，可尝试删除界面内所有白色字段中的内容，只保留发起日期，进行查询。

勾选列表中的记录，【查看委托协议详情】【打印】【导出委托协议】【接收委托协议撤销】白色按钮被点亮。

【查看委托协议详情】【打印】【导出委托协议】的更多操作，可参考下文“委托关系”查询。

勾选列表中状态为“委托撤销待确认”的记录，点击【接收委托协议撤销】白色按钮，同意经营单位发起的撤销（发起撤销操作，参见下文“发起委托协议撤销”）。

第二节 操作说明（委托方—经营单位）

委托方，对外签订并执行进出口贸易合同的中国境内企业或单位，也称经营单位、境内收发货人。

小提示：

自理报关时，由于不涉及委托报关的行为，不需要向海关提交代理报关委托材料，因此也无需使用本系统。

注意：

必须使用已绑定卡介质的账号（管理员、操作员账号均可）或直接使用卡介质（法人卡、操作员卡均可）登录“单一窗口”。

当前登录用户的身份为经营单位（境内收发货人）。

具备上述两个条件，才能查看、使用经营单位相关的菜单与功能。

如果当前用户具有双重身份（即经营单位、申报单位双重身份），登录系统后，系统弹出提示选择本次需要使用的角色后，再进行相应操作。

一、委托关系管理

发起委托申请、签订委托协议、确认委托申请、确认委托协议等操作参考上文“操作说明”（被委托方—报关企业）委托关系管理章节。

（一）报关企业查询

提供在线查询已登记报关企业信息的功能。使用已绑卡的单一窗口用户账号（或卡介质）登录系统，点击左侧菜单栏“委托关系管理——报关企业查询”，右侧界面展示如图 8–376。

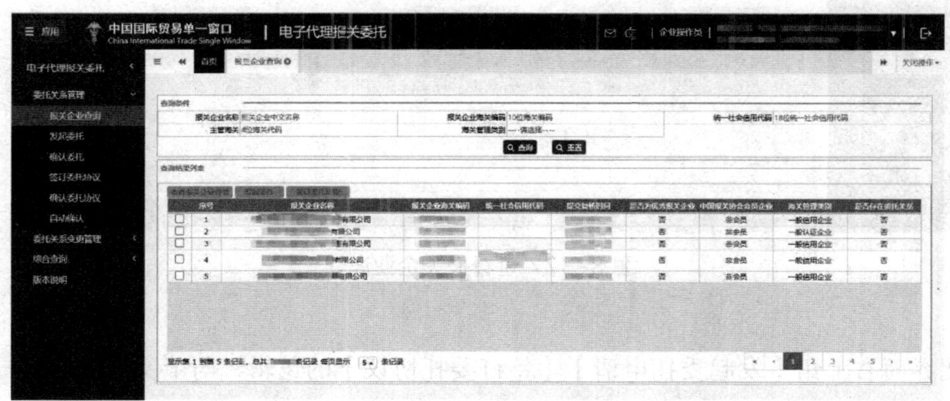

图 8–376 报关企业查询

可直接点击【查询】蓝色按钮，系统查找所有已在报关协会登记成功的报关企业，展示在下方列表中。也可通过输入或选择“报关企业名称、报关企业海关编码、统一社会信用代码、主管海关、海关管理类别”任意条件，进行精准查询。

报关企业名称：手工输入企业中文名称。

报关企业海关编码：手工输入报关企业10位数海关编码。

统一社会信用代码：手工输入报关企业18位统一社会信用代码。

主管海关：在参数下拉表中选择，也可录入代码、名称。

海关管理类别：在参数下拉表中选择。

勾选一条列表中的记录，【查看报关企业详情】【发起委托申请】【签订委托协议】白色按钮，会根据数据的不同状态、被点亮。

注意：

“是否存在委托关系”为“否”时，可以点击【发起委托申请】。

“是否存在委托关系”为“是”时，可以点击【签订委托协议】。

1. 查看报关企业详情

在列表中勾选任意一条记录，点击【查看报关企业详情】白色按钮，进入详情界面供查看（如图8-377）。

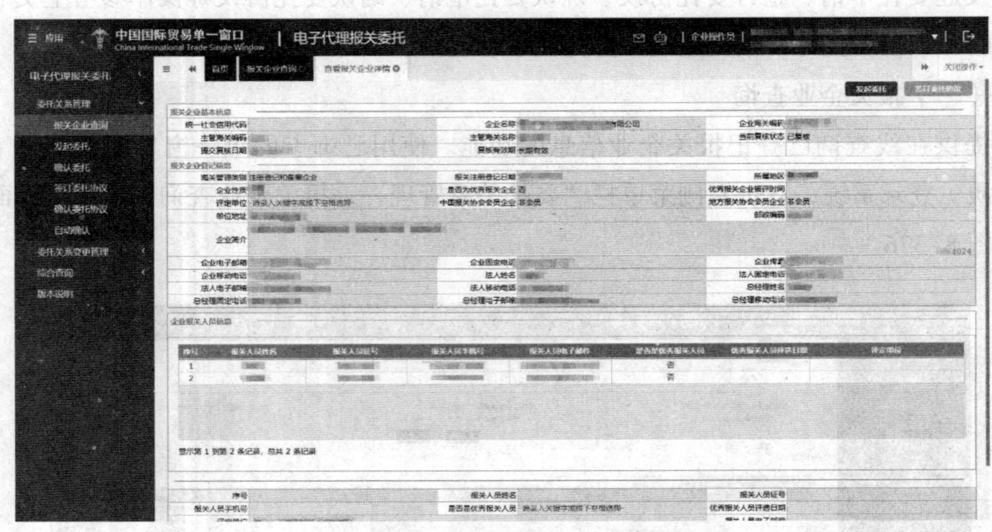

图8-377 查看报关企业详情

此界面右上角【发起委托申请】【签订委托协议】的逻辑，与上文一致：

——系统判断当前登录用户与该报关企业未建立委托关系（委托书），则可以点击【发起委托申请】按钮。

——系统判断当前登录用户与该报关企业已建立委托关系（委托书），则可以点击【签订委托协议】按钮。

2. 发起委托

在列表中勾选一条“是否存在委托关系”为“否”的记录，点击【发起委托】白色按钮，系统弹出《委托报关协议通用条款》，阅读协议后点击【同意】蓝色按钮后，右侧界面展示委托关系（委托书）录入界面（如图 8-378）。

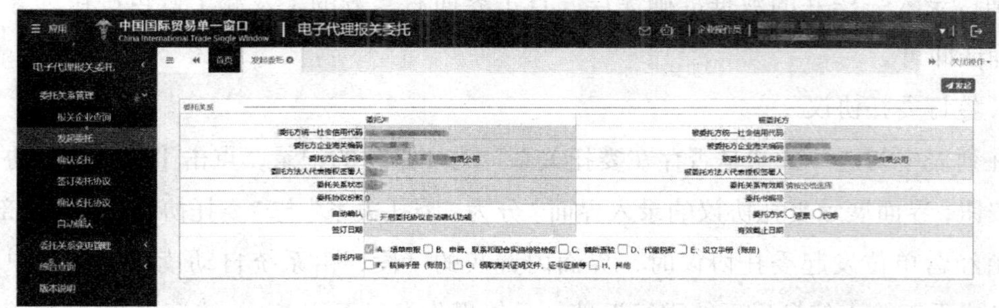

图 8-378 发起委托

左侧为“委托方”信息，右侧为“被委托方”信息。

经营单位发起委托申请（委托书）时，界面内置灰的字段，由系统自动读取当前用户的注册信息，或等待委托方（报关企业）确认该委托书后返填。

（被）委托方统一社会信用代码、（被）委托方企业海关编码、（被）委托方企业名称：系统读取企业在“单一窗口”标准版的注册信息。如需修改委托方的内容，请使用管理员用户名 + 密码（或法人卡）登录系统，进入“管理员账号信息管理”进行操作。

委托方法人代表授权签署人：系统读取当前登录“单一窗口”标准版账号内用户的真实姓名。操作员与管理员的姓名，只能使用管理员用户名 + 密码（或法人卡）登录系统后进行操作。因此如需修改，请移步至“管理员账号信息管理”进行操作。

小提示：

此处，系统自动获取当前登录“单一窗口”标准版账号内的姓名，不会返填当前企业的法人姓名。

被委托方法人代表授权签署人、有效截止日期：对方（报关企业）确认当前的委托申请（委托书）后，系统返填。

委托方关系状态、委托协议份数、签订日期：置灰，不可修改，系统自动返填。

自动确认：如果要开启自动确认功能，可以在此时勾选。

小提示：

本菜单为使用经营单位用户账号（或卡介质）登录系统后，独有的。

关于自动确认的更多内容，请参考下文“自动确认开关管理”。

委托方关系有效期：点击空格，在下拉菜单中选择（3 个月 /6 个月 /9 个月 /12 个月）。

委托方式：根据实际需要，单选“逐票”或“长期”。

委托内容：根据实际需要勾选，可多选。

点击界面顶端的【新增】蓝色按钮，系统将清空界面中已录入的内容，便于重新录入数据。

确认录入完毕并的数据准确无误，点击界面右上方的【发起】蓝色按钮，等待委托方确认即可。

3. 签订委托协议

在列表中勾选一条“是否存在委托关系”为“是”的记录，点击【签订委托协议】白色按钮，界面展示委托协议的录入界面。分为“委托关系”与“委托协议”上下两部分。

由经营单位发起委托协议时，界面内置灰的字段，由系统自动读取当前用户的注册信息或手工输入信息后系统进行返填。具体操作参见下文 5.1.3 签订委托协议。

（二）自动确认

小提示：

本菜单为使用经营单位用户账号（或卡介质）登录系统后独有的。

为提高工作效率，经营单位用户可以根据自身业务的实际情况，自行选择对某些报关企业，开启电子委托协议的自动确认功能。

开启该功能后，报关企业发起的委托协议，不需要经营企业登录系统手工逐票确认，系统将自动进行确认处理，确认后委托协议即生效。

注意：

自动确认功能，需要满足以下条件：

经营单位、报关企业之间的委托关系（委托书）已经建立，并处于有效期内。

经营单位可以在此，随时开启或者关闭与某家报关企业之间的自动确认功能。

自动确认功能开启后，只有从报关企业发起的委托协议会被自动确认。如果由经营单位发起，依旧需要对方（报关企业）填补相关信息后，逐票确认。

点击左侧菜单栏“委托关系管理——自动确认”，系统弹出风险提示对话框。勾选“以上风险提示我已阅读”复选框后，点击【同意】蓝色按钮。自动确认开关管理界面显示如图 8-379。

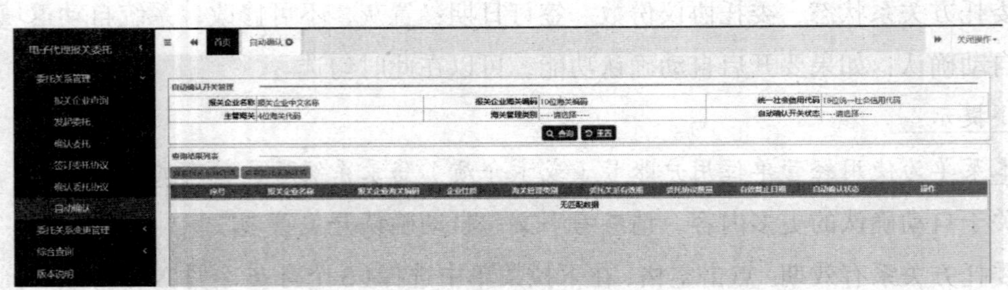

图 8-379 自动确认

可直接点击【查询】按钮，也可以任意输入或选择“报关企业名称、报关企业海关编码、统一社会信用代码、主管海关、海关管理类别、自动确认开关状态”等条件，进行精准查询。

勾选列表中的记录，【查看报关企业详情】【查看委托关系详情】白色按钮被点亮。

界面中，“自动确认状态”字段，代表经营单位与该报关企业之间的自动确认开关是否打开。

点击【开启开关】，系统弹出提示“是否开启自动确认功能”，点击【确定】开启开关，为当前报关企业自动确认的功能，即时生效。

如果当前选中一条“自动确认状态”为“开启”的记录，点击【关闭开关】，系统弹出提示“是否关闭自动确认功能”，点击【确定】，关闭开关，为当前报关企业自动确认的功能，即时关闭。

点击【查看报关企业详情】，界面跳转至当前选中的报关企业详情界面；点击【查看委托关系详情】，界面跳转至当前选中的报关企业委托关系（委托书）界面，仅供查看。

小提示：

自动确认功能的开启，是货物申报中进/出口整合申报报关单派生委托协议的基础。

二、委托关系变更管理

委托双方的委托关系（委托书）状态为确认后，如果需要对委托事项内容或有效期进行变更，可在此对委托关系进行变更管理等操作。

小提示：

已超过有效期的委托关系（委托书），不可在此做变更，需双方重新发起委托申请。

（一）委托关系变更

点击左侧菜单栏“委托关系变更管理——发起变更”，右侧界面展示如图 8-380：

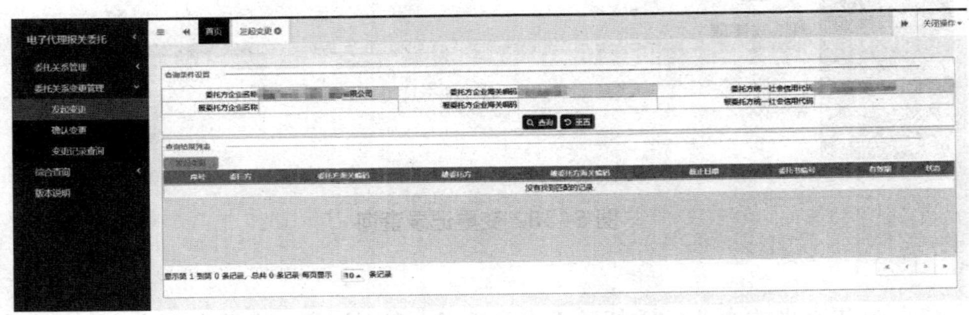

图 8-380 发起变更（经营单位）

界面中“委托方企业名称、委托方企业海关编码、委托方统一社会信用代码”字段为灰，由系统自动读取当前用户的注册信息返填。

可以任意输入“被委托方企业名称、被委托方企业海关编码、被委托方统一社会信用代码”等条件，点击【查询】按钮，进行精准查询。

勾选列表中的记录，【发起变更】白色按钮被点亮。

小提示：

在有效截止日期 30 天内的委托关系（委托书），才能在此进行变更操作。

勾选一条记录，点击【发起变更】白色按钮，界面跳转至委托关系（委托书）发起变更界面。操作参见上文 委托关系变更章节。

（二）确认变更

点击左侧菜单栏“委托关系变更管理——确认变更”，右侧展示如图 8-381：

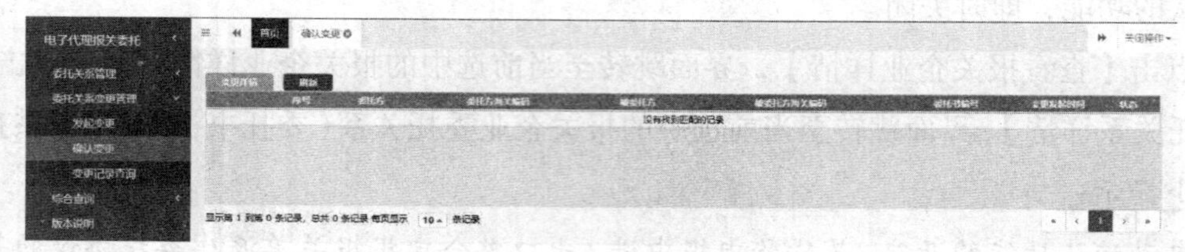

图 8-381 确认变更

系统自动获取当前企业确认变更数据，展示在列表中。可点击【刷新】蓝色按钮，重新查询。

更多操作可参考上文“确认变更”。

（三）变更记录查询

点击左侧菜单栏“委托关系变更管理——变更记录查询”，右侧界面展示如图 8-382：

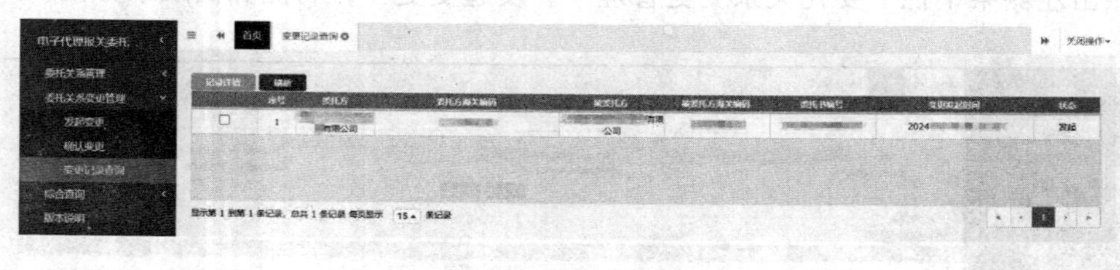

图 8-382 变更记录查询

系统自动获取当前企业的委托关系（委托书）变更记录，展示在列表中。可点击【刷新】蓝色按钮，重新查询变更记录。

更多操作可参考上文“变更记录查询”。

三、综合查询

（一）委托关系查询

点击左侧菜单栏“综合查询——委托关系查询”，右侧界面展示如图 8-383：

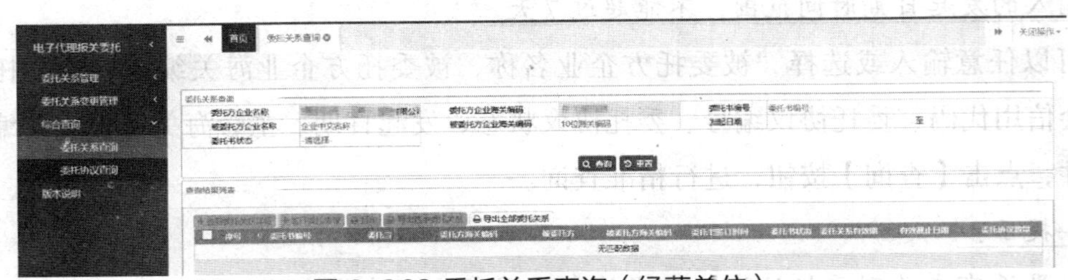

图 8-383 委托关系查询（经营单位）

界面中，“委托方企业名称、委托方企业海关编码、委托方统一社会信用代码”字段为灰，不可修改。由系统自动读取并返填当前用户的注册信息。

可以任意输入或选择“被委托方企业名称、被委托方企业海关编码、被委托方统一社会信用代码、委托书编号、委托书状态、发起日期、主管关区”等条件，点击【查询】按钮，进行精准查询。

小提示：

如果没有查询到委托关系（委托书），可尝试删除界面内所有白色字段中的内容，只保留发起日期，进行查询。

勾选列表中的记录，【查看委托关系详情】【签订委托协议】【打印】【导出委托关系】白色按钮被点亮。

注意：

委托书状态只有“确认”时，才能点击【签订委托协议】白色按钮。

委托书状态为“发起、拒绝、终止、作废”等状态时，该按钮为灰，不能点击。

（二）委托协议查询

点击左侧菜单栏“综合查询——委托协议查询”，右侧界面展示如图 8-384：

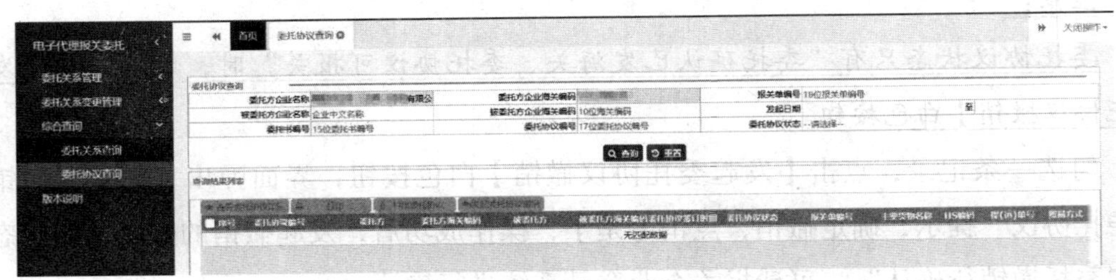

图 8-384 委托协议查询（经营单位）

界面中，“委托方企业名称、委托方企业海关编码、委托方统一社会信用代码”字段为灰，不可修改。由系统自动读取并返填当前用户的注册信息。

小提示：

输入的发起日期时间范围，不能超过 7 天。

可以任意输入或选择“被委托方企业名称、被委托方企业海关编码、被委托方统一社会信用代码、委托协议编号、委托协议状态、发起日期、主管海关、报关单编号”等条件，点击【查询】按钮，进行精准查询。

小提示：

如果没有查询到委托协议，可尝试删除界面内所有白色字段中的内容，只保留发起日期，进行查询。

勾选列表中的记录，【查看委托协议详情】【打印】【导出委托协议】【发起委托协议撤销】白色按钮被点亮。

1. 查看委托协议详情

在列表中勾选任意一条记录，点击【查看委托协议详情】白色按钮，进入详情界面查看。

2. 打印

任何状态的委托协议，都可以进行打印操作。勾选一条或多条记录，点击【打印】白色按钮，界面弹出打印预览界面。

3. 导出委托协议

任何状态的委托协议，都可以进行导出委托关系操作。

勾选一条或多条记录，点击【导出委托协议】白色按钮，系统自动以 Excel 格式进行导出，并保存在浏览器默认的文件夹中。

小提示：

多数浏览器，都可以通过键盘的“Ctrl+J”的快捷键组合，调出下载详情。

4. 发起委托协议撤销

注意：

委托协议状态只有“委托确认已发海关、委托协议可报关”时，才能点击【发起委托协议撤销】白色按钮。

勾选一条记录，点击【发起委托协议撤销】白色按钮，界面弹出“是否要撤销该份委托协议”提示，确定撤销，点击【是】，操作成功后，发起撤销的委托协议状态变为“委托撤销待确认”，可请报关企业登录系统进行确认。

第四章 预约通关系统操作指南

第一节 预约申请

点击左侧菜单“预约申请”进入录入界面。

录入界面由 3 部分组成——“预约申请基本信息、商品名称及 HS 编码、预约通关报关单号反馈”（如图 8-385）。

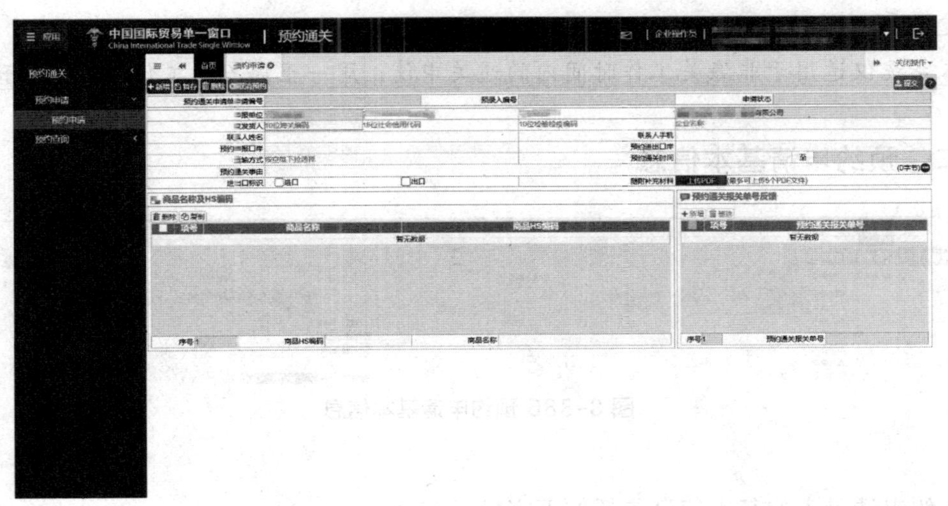

图 8-385 预约申请录入界面

一、说明

（一）关于企业信用等级

1. 系统自动判断界面中的“申报单位”与“收发货人”两个主体的资质，申报时系统取较低的等级资质。

2. 企业信用等级划分说明：高级认证企业为高级企业；一般认证企业及一般信用企业为一般企业。

（二）关于失信企业

1. 失信企业禁止申请预约通关。

2. 如果当前登录的卡介质属于失信企业，系统弹框提示“失信企业不允许操作”。

3. 如果当前登录的卡介质属于非失信企业，但是在预约通关界面“收发货人”字段录入了失信企业的10位海关编码，系统也会弹出提示“失信企业不允许操作”。

（三）操作流程说明

1. 将“预约申请表头、商品名称及HS编码”信息录入完成后，点击右上角“预约申报”蓝色按钮向海关申报。

2. 海关审批通过后，用户需在所预约的时间后5天内反馈报关单号，在“预约通关报关单号反馈”栏内录入相关预约通关报关单号（必须保证预约通关的进出口标记与预约通关申请单数据、申报单位、收发货人、预约申请申报口岸、进出口岸与报关单数据一致，报关单号申报日期要晚于预约申请单提交日期）。

3. 点击“预约申报”蓝色按钮，向海关反馈预约通关报关单号。

小提示：

本系统仅适用于非海关工作时间内的通关申请，周一至周五的工作时间无法预约。

二、预约申请基本信息

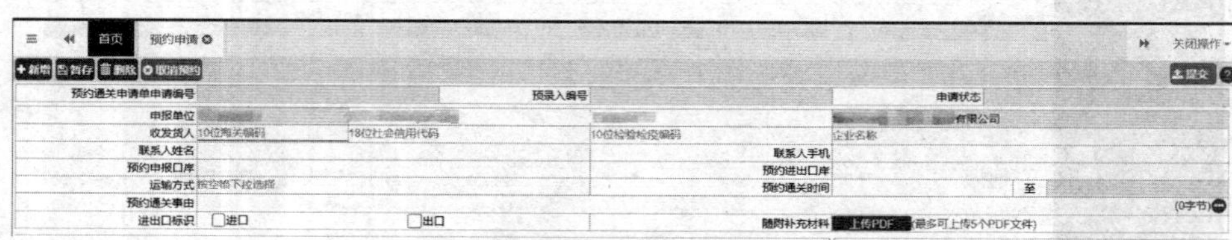

图 8-386 预约申请基本信息

预约申请录入的基本信息包括如下字段：

预约通关申请单申请编号：企业收到“审批通过”回执后，由系统自动生成并返填，不可编辑。

申报单位（10位海关编码，18位社会信用代码，10位检验检疫编码，企业名称）：系统读取登录卡介质内的10位海关编码，自动返填其余3项信息。

预录入编号、申请状态：置灰不可编辑，暂存后，系统自动生成。

收发货人（10位海关编码，18位社会信用代码，10位检验检疫编码，企业名称）：手工录入收发货人的10位海关编码，系统自动返填其余3项信息。

联系人、联系人手机：如实填写相关信息。

预约申报口岸：录入预约申报的口岸，可输入中文名称或口岸数字代码，支持模糊搜索。

预约进出口岸：录入预约申报的口岸，可输入中文名称或口岸数字代码，支持模糊搜索。

运输方式：录入运输方式名称，或敲空格键直接在下拉菜单中选择。

预约通关时间：只需填写起始时间，截止时间由系统自动生成（预约通关时间起始时间 + 两小时）。

预约通关事由、进出口标识、随附补充材料：根据实际业务需求填写或勾选。

随附补充材料：点击“上传PDF”蓝色按钮，在随附单据编辑弹框中点击“添加文件”按钮。系统弹出选择文件页面，选中文件，点击“打开”后，再点击“上传/保存”。

（限制要求：随附补充材料最多上传个附件，附件大小不超过4M，每页不超过200KB。）

三、商品名称及HS编码

根据实际业务需求填写。（限制要求：商品名称所有字符长度相加不得超过4000字符。）

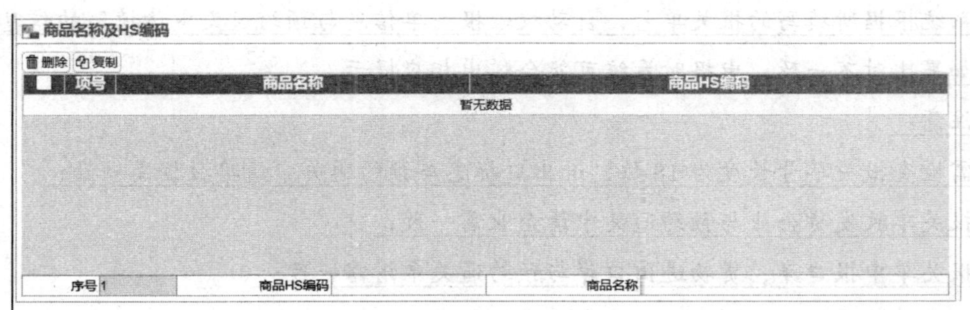

图 8-387 商品名称及HS编码

序号：系统返填，不可修改。

商品HS编码：手工录入至少4位数字的商品HS编码，回车，即可弹出商品列表。

商品名称：根据选择的商品HS编码返填，可手工修改。

四、预约通关报关单号反馈

预约通关申请审批通过后，在“预约通关报关单号”字段填写相关预约通关报关单号，点击“新增”按钮可录入多票报关单号（限制要求：报关单票数不得超过50票）。操作方式与商品名称相同，录入报关单号后按回车键，将报关单返填至上方列表。

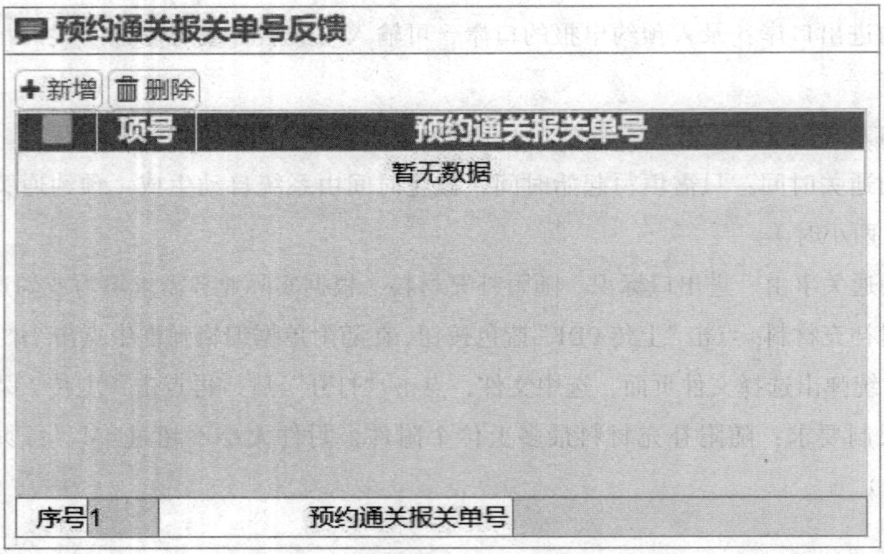

预约通关报关单号反馈

+新增 删除

	项号	预约通关报关单号
	暂无数据	

序号 1 预约通关报关单号

图 8-388 预约通关报关单号反馈

小提示：

系统根据所填写的报关单号，自动校验报关单信息与预约通关申请填写的信息。

如果比对不一致，申报时系统可能会弹出相应提示。

注意：

需检查报关单号长度为 18 位，进出口标志与预约通关申请单数据需一致；

报关单收发货企业与预约通关申请企业需一致；

报关单申报口岸、货物进出口岸与预约通关申请需一致；

报关单号申报日期要晚于预约申请单提交日期。

五、预约通关取消

在企业预约约定时间前，企业可以随时取消预约通关。

预约通关申请申报后，当数据为“已受理、预约成功”的状态时，均可在“预约申请”界面顶端点击“取消预约”蓝色按钮，向海关申报预约通关取消的数据。未受理、退单或超过预约时间的预约申请单不可取消。

小提示：

首次进入预约申请录入界面时，没有此模块。

预约通关申请的数据审批通过之后，界面才会出现“情况说明”录入框。

如果海关审批通过后，用户需在所预约的时间后 5 天内反馈报关单号，若没有通过“单一窗口”反馈报关单号的，用户可在情况说明的文本框内，输入需要向海关说明的申报信息，也可按照海关要求上传 PDF 资料。

点击“上传 PDF”蓝色按钮，点击“添加文件”，系统弹出选择文件页面。选中文件，点击“打开”，再点击“上传 / 保存”。确认无误后点击“预约申报”按钮向海关申报。（限制要求：情况说明只允许上传 1 个附件，附件大小不超过 4M，每页不超过 200KB。）

小提示：

预约通关申请审批后未反馈报关单号，只能在此向海关发送一次情况说明，请务必谨慎操作。

六、预约通关注意事项

1. 以下情况禁止企业进行新增预约操作：

（1）申报企业或收发货人企业无报关资质，不允许新增预约操作。

（2）申报企业或收发货人企业为失信企业，不允许新增预约操作。

（3）申报企业或收发货人企业存在 I- 通关完成未反馈状态，不允许新增预约操作。

2. 预约通关时间需满足以下条件：

（1）预约通关时间必须是海关非工作时间。

（2）申报地海关与进出口海关不同的，应最迟在预约通关时间前的最后一个海关工作日下班前 24 小时提出预约申请，高级认证企业可放宽至 8 小时。

（3）申报地海关与进出口海关相同的，应最迟在预约通关时间前的最后一个海关工作日下班前 8 小时提出预约申请，高级认证企业可放宽至 4 小时。

第二节 预约通关查询

企业可通过选择企业类别，申请时间等条件检索企业通过“预约申请”提交的暂存、申报、海关已受理、退单、预约成功等状态申请信息。选择企业类别后，选择“申请时间段”即可快速查询相关信息，也可以配合选择收发货人、状态、预约时间检索条件精准查询。

点击左侧菜单“预约查询—预约通关查询”进入查询界面（如图 8-389）。

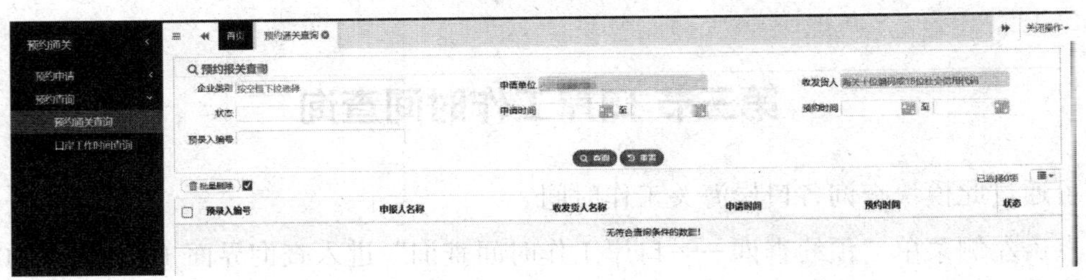

图 8-389 预约通关查询

一、操作流程说明

1. 在“企业类别”字段，按空格键调出下拉菜单，可选择“A- 申请单位、B- 收发货人”。

2.“申请单位”字段，由系统自动获取当前登录卡介质内的 10 位海关编码。

3. 当企业类别选择了“B- 收发货人”时，“收发货人”字段必须填写预约申请数据中的收发货人代码。

4. 在“状态”字段，敲空格调出下拉菜单，可选择相应状态。

5.“申请时间”“预约时间”字段，可选择起始时间和结束时间。时间区间不得超过 15 天，选择后点击“查询”按钮。

6. 可录入预约申请的“预录入编号”，进行查询。

小提示：

企业类别必填，企业类别选择为收发货人时，需输入收发货人代码。

申请时间及预约时间的查询跨度不超过 15 天。

二、查看回执

点击列表中的蓝色状态，页面下方列表显示回执列表。可将光标移至页面下方滚动鼠标滑轮查看详细回执。点击“刷新”按钮可获取最新回执，点击“关闭”按钮可关闭回执列表。

三、修改和继续申报

点击“预录入编号”的某条蓝色编号，页面跳转至“预约申请 ***”，可以修改“暂存”状态的信息后重新申报。也可以针对所选数据不同的状态，通过界面的“预约通关报关单号反馈”“情况说明”模块，分别进行报关单号申报、情况说明申报。

四、批量删除

可勾选一条或者多条“暂存”状态的信息，点击“批量删除”按钮删除预约申报信息。删除的数据不可恢复，需重新录入，请谨慎操作。

第三节 口岸工作时间查询

可通过此模块查询各口岸海关工作时间。

点击左侧菜单“预约查询——口岸工作时间查询”进入查询界面（如图 8-390）。

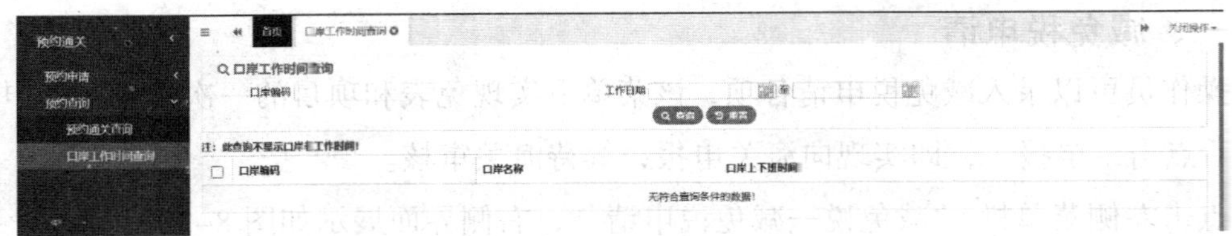

图 8-390 口岸工作时间查询

操作流程说明如下。

在“工作日期”字段选择起始时间和结束时间，时间区间不得超过 15 天，点击“查询”按钮。也可在“口岸编码”字段输入关区名称或 4 位关区代码，在下拉菜单中选择后，进行精准查询。

小提示：

查询内容不显示海关口岸非工作时间，如表内未查到口岸工作时间，请联系口岸更新工作日历。

第五章 减免税申报系统操作指南

享受减免税优惠政策的企业通过“单一窗口”录入减免税申请数据向海关申报，海关接收申报数据后进行审核，并将审核结果发回“单一窗口”平台，企业可在“单一窗口”平台查看审核回执。

使用操作员 IC 或 Ikey 登录系统，进入左侧菜单“减免税”，展开业务菜单（如图 8-391）。

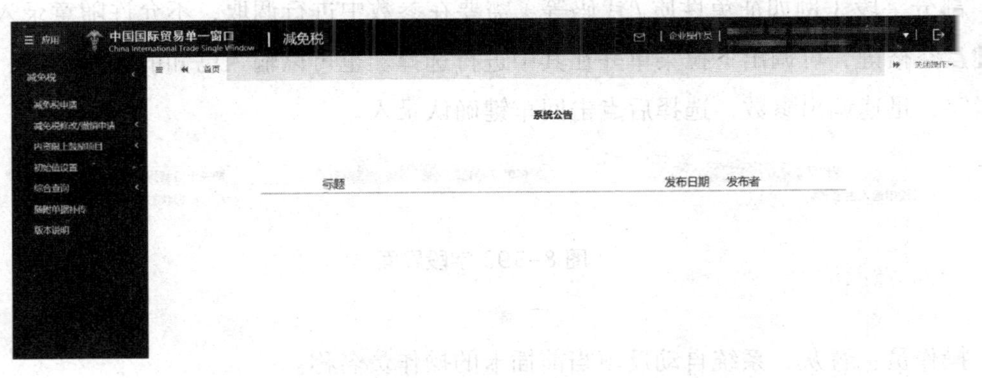

图 8-391 减免税主界面

一、减免税申请

操作员可以录入减免税申请各项，该菜单下实现免表和项目的一次录入一次申报，录完后点击“申报”，即实现向海关申报，等待海关审核。

点击左侧菜单栏 “减免税—减免税申请”，右侧界面展示如图 8–392：

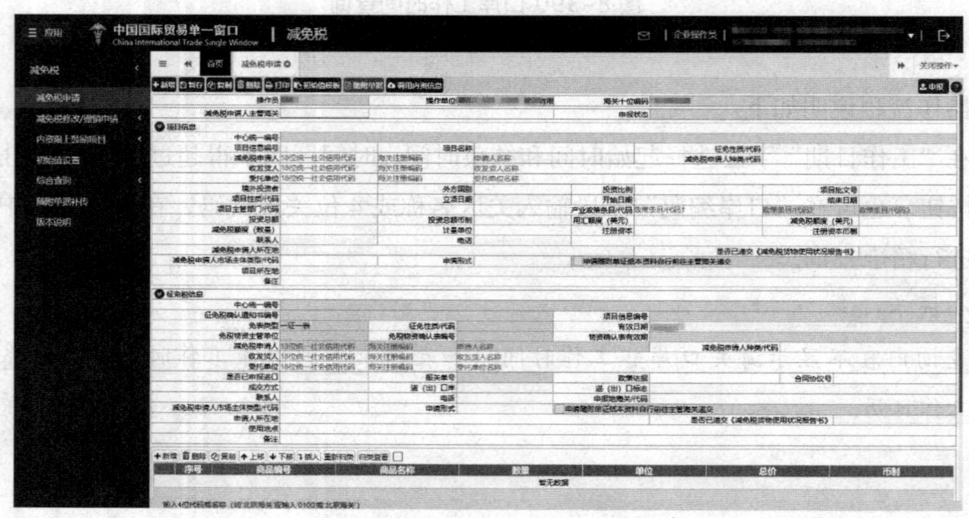

图 8–392 减免税申请

（一）界面字段说明

界面中的录入要求，总体说明如下：

灰色字段（例如操作员等）表示不允许录入，系统将根据相应操作或步骤后自动返填。

黄底字段表示必填字段，需要用户手工录入，为空时不允许申报。

部分字段（例如征免性质 / 代码等）需要在参数中进行调取，不允许随意录入。使用键盘空格键，可调出下拉菜单并在其中进行选择。也可以输入已知的相应数字、字母或汉字，迅速调出参数，选择后点击回车键确认录入。

操作员		操作单位	有限	海关十位编码	
减免税申请人主管海关				申报状态	

图 8–393 字段界面

操作员：置灰，系统自动反填当前插卡的操作员名称。

操作单位：置灰，系统自动反填当前插卡的操作员单位名称。

海关十位编码：置灰，系统自动反填当前插卡的海关注册编码的 10 位。

减免税申请人主管海关：4 位数字，根据《关区代码表》填写。

申报状态：置灰，系统自动生成。

（二）项目信息

项目信息							
中心统一编号							
项目信息编号		项目名称				征免性质/代码	
减免税申请人	18位统一社会信用代码	海关注册编码	申请人名称			减免税申请人种类/代码	
收发货人	18位统一社会信用代码	海关注册编码	收发货人名称				
受托单位	18位统一社会信用代码	海关注册编码	受托单位名称				
境外投资者		外方国别		投资比例		项目批文号	
项目性质/代码		立项日期		开始日期		结束日期	
项目主管部门/代码				产业政策条目/代码	政策条目/代码1	政策条目/代码2	政策条目/代码3
投资总额		投资总额币制		用汇额度（美元）		减免税额度（美元）	
减免税额度（数量）		计量单位		注册资本		注册资本币制	
联系人		电话					
减免税申请人所在地						是否已递交《减免税货物使用状况报告书》	
减免税申请人市场主体类型/代码		申请形式		申请随附单证纸本资料自行前往主管海关递交			
项目所在地							
备注							

图 8-394 项目信息界面

中心统一编号：暂存或申报时由系统自动生成。

项目信息编号：必填项。可手工录入或不录，在暂存 / 申报时，由系统自动生成；规则为四位关区 + 四位年份 +3 位征免性质 +4 位流水号。

项目名称：填写项目的立项名称。

征免性质 / 代码：按海关规定的《征免性质代码表》选择填写相应的征免性质及代码。

减免税申请人：填写进出口货物减免税申请人的中文名称、海关注册编码（无海关注册编码的无需填报）、18 位法人和其他组织统一社会信用代码。

减免税申请人种类 / 代码：填写减免税申请人的种类及代码，由 3 位数字和 1 位小写英文字母组成，表示进口税收优惠政策项下的不同享惠主体类型。

收发货人：填写在海关备案的对外签订并执行进出口贸易合同（包括协议或订单）的中国境内法人或其他组织名称、海关注册编码、18 位法人和其他组织统一社会信用代码。

委托单位：填写接受减免税申请人委托，代其办理有关减免税手续的单位名称、海关注册编码、18 位法人和其他组织统一社会信用代码。

境外投资者：录入境外投资者名称，最长 30 个字符。

外方国别：可输入汉字，英文或 3 位数字的国别地区代码。可参照《国别（地区）代码表》输入。若输入汉字必须校验其是否为合法国别代码。

投资比例：输入分数，格式为：14/86，49/51，中方 / 外方。最多可输入 10 个字符。

项目批文号：填写项目主管部门批准该项目立项的文件编号。

项目性质 / 代码：鼓励类投资项目，本栏目填报《确认书》《通知单》或其他相关文件列明的项目性质及代码。自有资金项目，本栏目填报

“外资项目内资商品 /N”。其他项目无需填写。

立项日期：必填项。8 位数字，例如：20010101。注：项目立项日期早于或等于开始日期。

开始日期：必填项。8 位数字，例如：20010101。注：项目开始日期早于或等于结束日期。

结束日期：必填项。8 位数字，例如：20010101。

项目主管部门 / 代码：鼓励类投资项目和自有资金项目，本栏目填写 4 位项目主管部门及代码，由 1 位英文字母和 3 位阿拉伯数字组成。其他项目无需填写。

产业政策条目 / 代码：对于有项目确认书的项目备案，必须填写此项； 对于其他项目备案，则不需填写，可在下拉参数里选择。

投资总额：鼓励类投资项目，本栏目填报《确认书》《通知单》或其他相关文件列明的投资总额及币制。自有资金项目，本栏目填报《更新设备证明》或《技改证明》中列明的自有资金总额及币制。对于不需要进行投资额度管理的项目，本栏目统一填报 999999999999 美元。

投资总额币制：必填项。本栏目应根据实际成交情况按海关规定的《货币代码表》选择填报相应的货币名称或代码，如《货币代码表》中无实际成交币种，根据外汇管理局的规定，需转换后填报。输入 3 位货币代码（3 位数字）；按空格键可以调出《货币代码表》。

用汇额度（美元）：填写项目进口设备用汇额。鼓励类投资项目，本栏目填报《确认书》《通知单》或其他相关文件列明的用汇额度。自有资金项目，本栏目填报《更新设备证明》或《技改证明》中列明的用汇额度。对于不需要进行用汇额度管理的项目，本栏目统一填报 999999999999 美元。

减免税额度（美元）：填写同用汇额度。注：减免税额度 <= 用汇额度。

减免税额度（数量）：填写可以享受减免税政策的货物数量，按进出口货物的法定第一计量单位进行折算，法定计量单位以《中华人民共和国海关统计商品目录》中的计量单位为准。对于不需要进行数量额度管理的， 不填写该字段。

计量单位：3 位计量单位代码（3 位数字），按空格键可以调出《计量单位代码表》。

注册资本：填写减免税申请人的注册资本及币制，根据规定无需在市场监管部门登记注册的减免税申请人无需填写。

注册资本币制：输入 3 位货币代码（3 位数字）；按空格键可以调出

《货币代码表》。

联系人：填写联络人姓名。

电话：填写联络人传呼机号或手机号码。

减免税申请人所在地：减免税申请人为企业法人的，本栏目填写企业法人登记注册地；减免税申请人为事业单位、社会团体、民办非企业单位、基金会、国家机关等非企业法人组织的，本栏目填写其住所地；减免税申请人为投资项目单位所属非法人分支机构的，本栏目填报其办理营业登记地。

是否已递交《减免税货物使用状况报告书》：根据实际情况选择“需要递交已经递交”“需要递交暂未递交”和“不需要递交”进行填报。按照相关进出口税收优惠政策规定，减免税货物办结进口放行手续后，海关不按特定减免税货物进行后续监管的，以及上年度没有减免税货物在海关监管年限内的，该字段填写“不需要递交”。

减免税申请人市场主体类型 / 代码：根据国家市场监督管理总局规定的市场主体登记注册类型进行填报，未在市场监管部门进行市场主体登记注册的减免税申请人无需填报。

申请形式：选择 1- 有纸时，系统会将“申请随附单证纸本资料自行前往主管海关递交”前的复选框自动勾选上。选择 0- 无纸时，须上传随附单据，随附单据按钮可点。

项目所在地：鼓励类项目和自有资金项目，填写投资项目实际建设地址。项目存在多个建设地址的，填写主要地址，在项目信息备注栏填写其他地址。其他项目填写减免税申请人所在地。

备注：除政策另有规定外，本栏目填报对项目信息相关栏目的补充内容。

（三）征免税信息表头

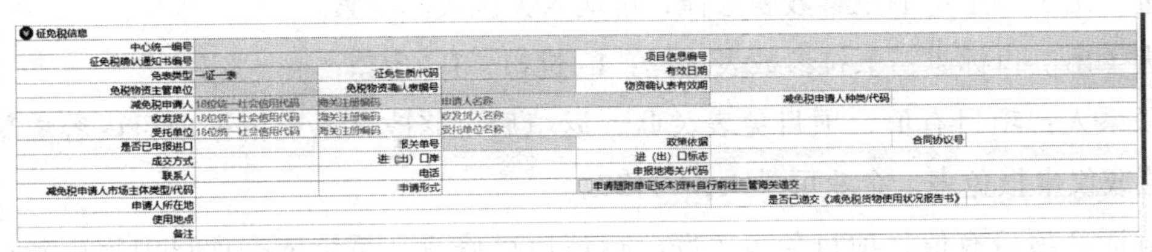

图 8-395 征免税信息表头界面

中心统一编号：默认置灰，暂存或申报时由系统自动生成。

征免税确认通知书编号：默认置灰，海关返回时自动反填。

项目信息编号：默认置灰，系统自动反填项目信息里的“项目信息编号”的值。

免表类型：默认置灰，系统自动反填。

征免性质 / 代码：默认置灰，系统自动反填目信息模块“征免性质 / 代码”。

有效日期：系统显示默认值（系统当前时间 +6 个月），可进行修改。

免税物资主管单位：默认置灰，当“征免性质 / 代码”字段为“606- 海洋石油、605- 勘探开发煤层气、610- 海上应急救援”时，此字段提供下拉参数表供选择。

免税物资确认表编号：默认置灰，当主管单位字段有值且为“1- 中国海洋石油集团有限公司”，此字段可供企业录入。

物资确认表有效期：默认置灰，系统根据免税物资确认表编号的值进行反填，不能修改。

减免税申请人：默认置灰，系统自动反填项目信息里的减免税申请人信息。项目无值或仅申报免表，企业可录入，可修改。

减免税申请人种类代码：项目有值，项目免表关联，返填后可修改。项目无值或仅申报免表，企业可录入，可修改。

收发货人：项目有值，项目免表关联，返填后可修改，系统依据项目内容更新；项目无值或仅申报免表，企业可录入，可修改，可以根据 10 位或 18 位编码返填企业信息。

委托单位：项目有值，项目免表关联，返填后可修改，系统依据项目内容更新；项目无值或仅申报免表，企业可录入，可修改，可以根据 10 位或 18 位编码返填企业信息。

是否已申报进口：下拉参数表选择：Y– 是，N– 否

报关单号: 默认置灰。货物“是否已申报进口”为“是”时，报关单号变成可编辑状态，必填。

政策依据：录入相应的审核依据文件号。如署税（1997）1062 号文。

合同协议号：录入合同协议号码。

成交方式：下拉参数表选择，必填。

进（出）口岸：下拉参数表选择，可输入关区代码检索。

进（出）口标志：下拉参数表选择：I– 进口，E– 出口。

联系人：项目有值，项目免表关联，返填后可修改，系统依据项目内容更新；项目无值或仅申报免表，企业可录入，可修改。

电话：项目有值，项目免表关联，返填后可修改，系统依据项目内容更新；项目无值或仅申报免表，企业可录入，可修改。

申报地海关 / 代码：下拉参数表选择，可输入关区代码检索。

减免税申请人市场主体类型 / 代码：下拉参数表；项目有值，项目免表关联，返填可修改，系统依据项目内容更新；项目无值或仅申报免表，企业可录入，可修改。

申请形式：选择 1– 有纸时，系统会将“申请随附单证纸本资料自行前往主管海关递交”前的复选框自动勾选上。选择 0– 无纸时，须上传随附单

据，随附单据按钮可点。

申请人所在地：项目有值，项目免表关联，返填可修改，系统依据项目内容更新；项目无值或仅申报免表，企业可录入，可修改。

是否已递交《减免税货物使用状况报告书》：下拉参数表选择：2：需要递交，已经递交；3：需要递交，暂未递交；4：不需递交。

使用地点：按要求填写使用地点。

备注：本栏目填报对免表信息相关栏目的补充内容。

（四）表体

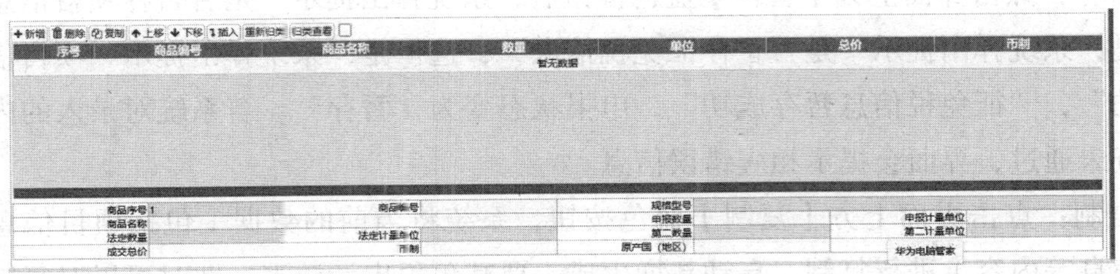

图 8-396 征免税信息表体界面

商品序号：默认置灰，系统自动反填。

商品编号：输入该项货物对应的商品编码，输入 4 位商编，可以弹出相应的商品名称。

规格型号：输入商品编号后回车，在弹出的“商品规范申报 – 商品要素申报”录入界面中填写。录入完毕后点击【确定】蓝色按钮，所录入的信息自动返填到商品信息界面中，系统自动以“|”号将规格型号各项内容进行分隔，展示在界面中。

商品名称：根据商品编码可以自动反填。

申报数量：填写进出口货物的成交数量，整数最多 11 位，小数最多 4 位，不可输入负数。

申报计量单位：下拉参数表选择。

法定数量：默认置灰，法定计量单位和申报计量单位一致时，不可编辑，系统自动返填申报数量。

法定计量单位：默认置灰，依据商品编码返填。

第二数量：默认置灰，如果当前输入的商品编号存在第二计量单位，则允许录入第二数量。如果系统判断不存在第二计量单位，法定第二数量字段为灰，不允许录入。

第二计量单位：默认置灰，依据商品编码返填。

成交总价：填写进出口货物实际成交的商品总价格，无实际成交交割的，填写货值。整数最多 11 位，小数最多 4 位，不可输入负数。

币制：根据实际成交情况按海关规定的《货币代码表》选择填报相应的货币名称或代码，如《货币代码表》中无实际成交币种，根据外汇管理局的规定，需转换后填报。录入 3 位数字或按空格键可以调出《货币代码表》。

原产国（地区）：输入 3 位数字，可直接读取国别、地区名称。如：中国应输入“142”或“中国”，或输入 1 位数字，可从弹出的《国别代码表》中选择。

（五）操作（按钮）

新增：点击界面上方【新增】蓝色按钮后，将立即清空当前界面显示的数据，便于用户重新录入并保存一票减免税申请的数据。如果没有将当前录入的内容进行暂存操作，清空的数据将不可恢复，需重新录入，请谨慎操作。

暂存：点击界面上方【暂存】蓝色按钮后，系统弹出提示“是否暂存项目信息”，选择是，系统弹出提示“是否暂存征免税信息”，选择是，系统弹出提示“项目信息暂存成功”，“征免税信息暂存成功”，申报状态变为“暂存”。若系统对录入的内容逻辑检查未通过，界面会提示相应错误信息。

复制：点击界面上方【复制】蓝色按钮，系统将当前的数据（包括项目信息、征免税信息等内容）进行复制，自动新增生成一票减免税申请数据。此时可以对复制出来的数据，进行修改、录入、暂存等操作。

删除：点击界面上方【删除】蓝色按钮，系统提示“是否删除该数据？”，选择“是”后，系统将删除该票数据。当数据状态为已申报、海关入库成功、海关审批通过等状态时，表示您所申报的数据已被相关业务主管部门接收，此时不允许删除。删除的数据将不可恢复，需重新录入，请谨慎操作。

打印：点击界面上方【打印】蓝色按钮，系统会弹出减免税打印界面（如图 8-397），选择需要打印的内容和打印机后，可点击选择直接打印，或者打印预览后再打印。

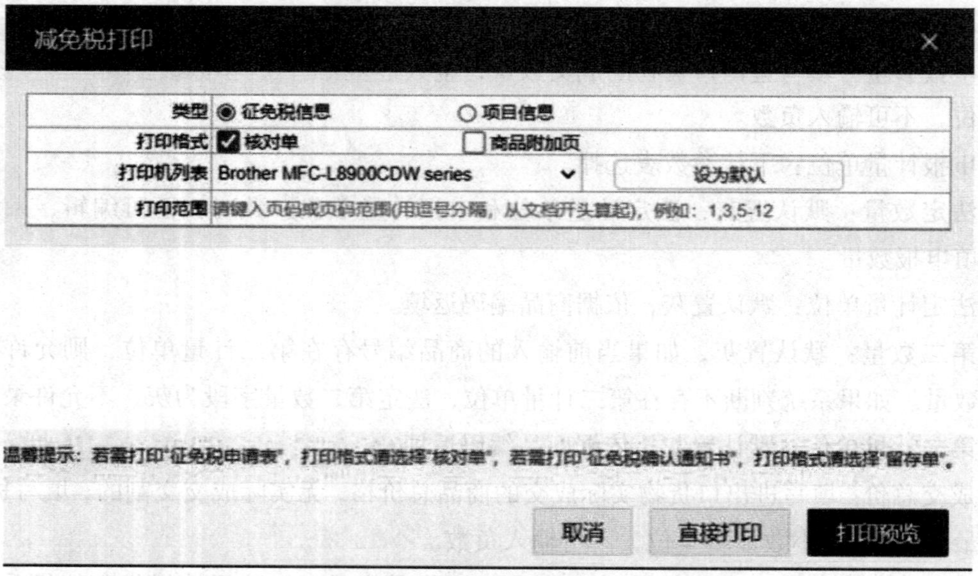

图 8-397 减免税打印

在打印之前，用户可对填写的信息进行预览。点击图 8-397 中的蓝色“打印预览”按钮，将会跳转至预览界面。

初始值模板：点击界面上方【初始值模板】蓝色按钮，系统会弹出初始值模板选择界面（如图 8-398），用户可调用已保存的初始值模板。勾选对应数据后，点击蓝色“确定”按钮，该模板内的数据将会自动反填至减免税申请界面对应字段中。

初始值模板选择 ×

从以下模板中选择想用的初始值模板，请选择：

	模板名称	创建时间
☐	测试111	2022-09-26 10:33:41
☐	20220922种类代码	2022-09-22 16:16:59
☐	25222	2022-08-31 19:05:11
☐	15222	2022-08-31 11:04:25
☐	20220621	2022-06-20 17:48:20
☐	20220620	2022-06-20 17:06:31
☐	618222	2022-06-16 14:33:54
☐	123QWE	2022-06-13 19:45:20
☐	22020531_01	2022-05-31 17:34:43

总共 34 条记录 每页显示 10 条记录 « ‹ 1 2 3 4 › »

取消 确定

图 8-398 初始值模板选择

随附单据：项目和征免税信息的申请形式为无纸时，“随附单据”按钮变成可点击状态，此时需要上传随附单据。点击界面上方【随附单据】蓝色按钮，系统将会出现一个弹框（如图 8-399），点击【项目信息随附单据上传】按钮，页面会跳转到项目信息随附单据上传界面（如图 8-400），点击【征免税信息随附单据上传】按钮，页面会跳转到征免税信息随附单据上传界面（如图 8-401）。

在“随附单据文件类别”里输入 8 位随附单据文件代码或者按空格键调出文件类别的下拉参数，选择随附单据文件类别后，点击图 8-400 或图 8-401 中白色“添加文件”按钮，弹出选择 pdf 文件的对话框，供用户在本地电脑中选择文件。选择相应的 pdf 文件后，点击打开按钮，文件自动添加至列表中。选择完需要上传的文件后，点击蓝色“上传 / 保存”按钮，上传数据至系统中，显示上传完成即可。

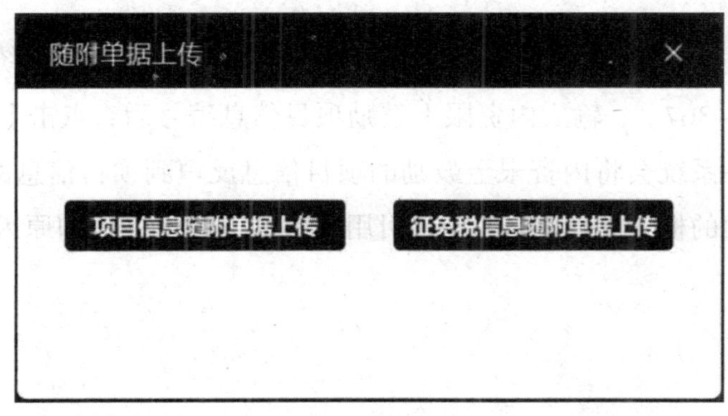

图 8-399 随附单据上传（一）

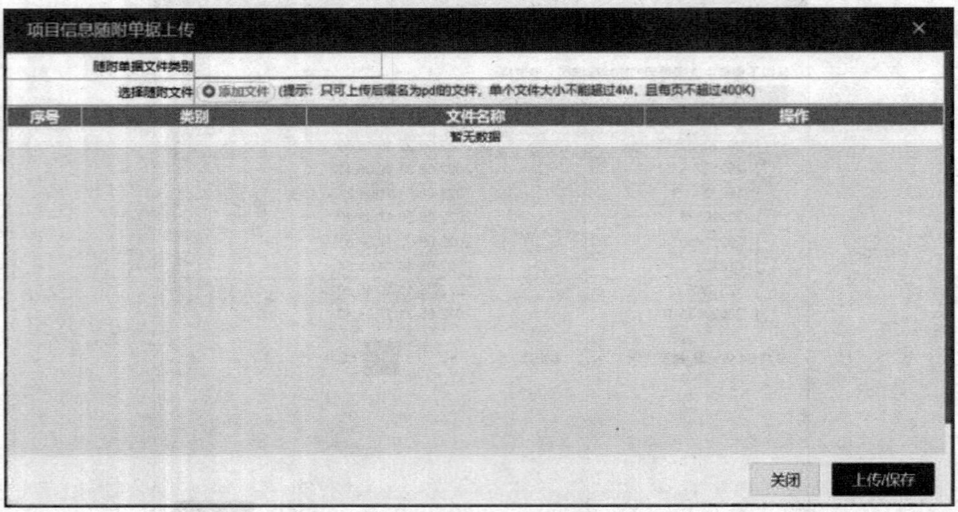

图 8-400 随附单据上传（二）

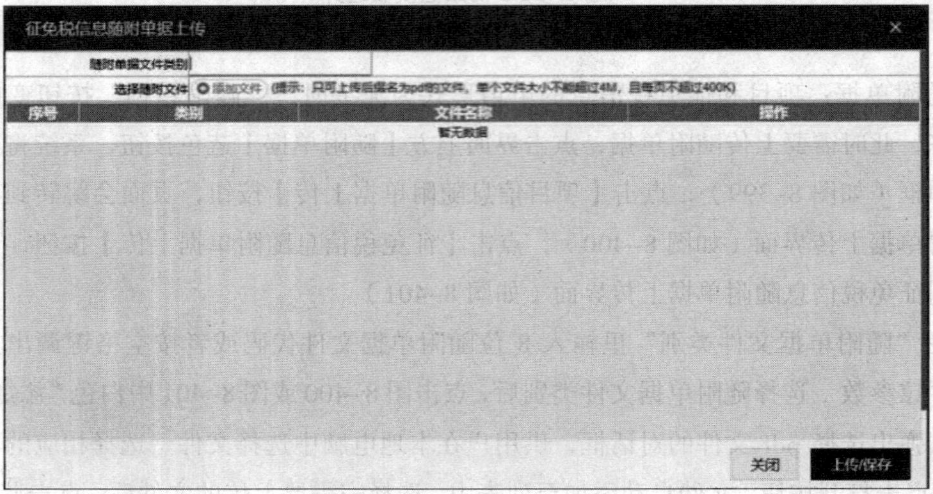

图 8-401 随附单据上传（三）

调用内资信息：点击界面上方【调用内资信息】蓝色按钮，系统会弹出调用内资信息界面（如图 8-367），输入内资限上鼓励项目信息编号后，点击【引用】蓝色按钮，符合引用条件的，系统会将内资限上鼓励的项目信息反填到项目信息的字段上，并弹出调用内资信息成功的框（如图 8-403），引用失败的会弹出失败的原因（如图 8-404）。

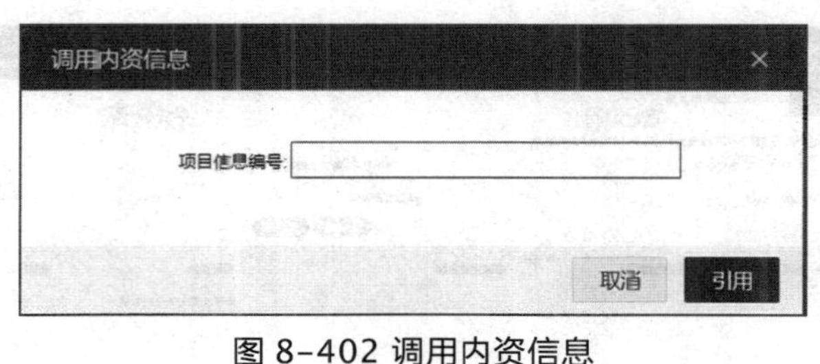

图 8-402 调用内资信息

图 8-403 调用内资信息成功

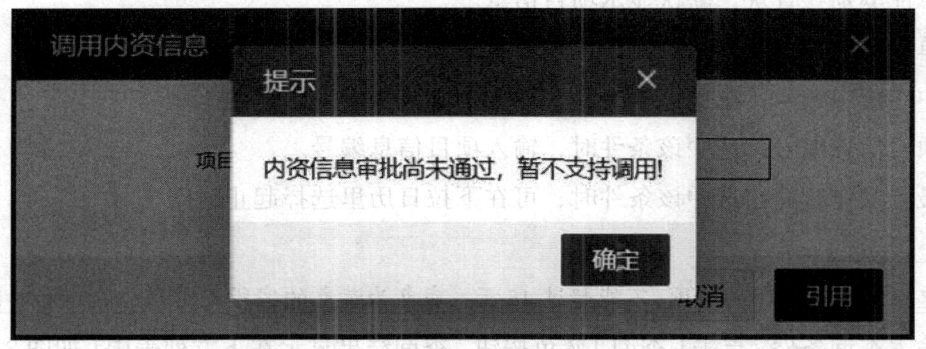

图 8-404 调用内资信息失败

申报：将录入完毕并确认无误的数据，通过点击界面右上方的【申报】蓝色按钮向海关进行申报。

小提示：

进行申报，必须使用电子口岸卡介质。

申报即意味着您的数据将向相关业务主管部门进行发送，并等待其审批。

二、减免税修改 / 撤销申请

（一）项目信息撤销申请

在左侧菜单中点击"减免税修改 / 撤销申请—项目信息撤销申请"，右侧显示界面如图 8-405。

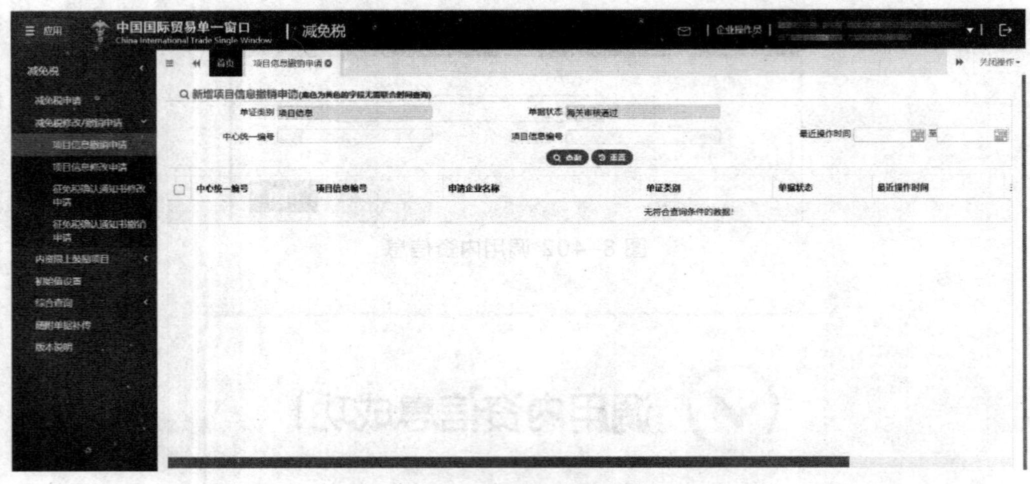

图 8-405 项目信息撤销申请查询

单证类别：置灰，默认显示项目信息。

单据状态：置灰，默认显示海关审批通过。

中心统一编号：选中该条件时，输入中心统一编号。

项目信息编号：选中该条件时，输入项目信息编号。

最近操作时间：选中该条件时，可在下拉日历里选择起止时间。

小提示：

起止时间所选择的范围，不能超过 15 天。底色为黄色的字段无需联合状态和时间查询。

输入查询条件，点击【查询】蓝色按钮，查询结果显示在下方列表中（如图 8-406）。点击【重置】蓝色按钮将清空查询条件，重新填写后查询。

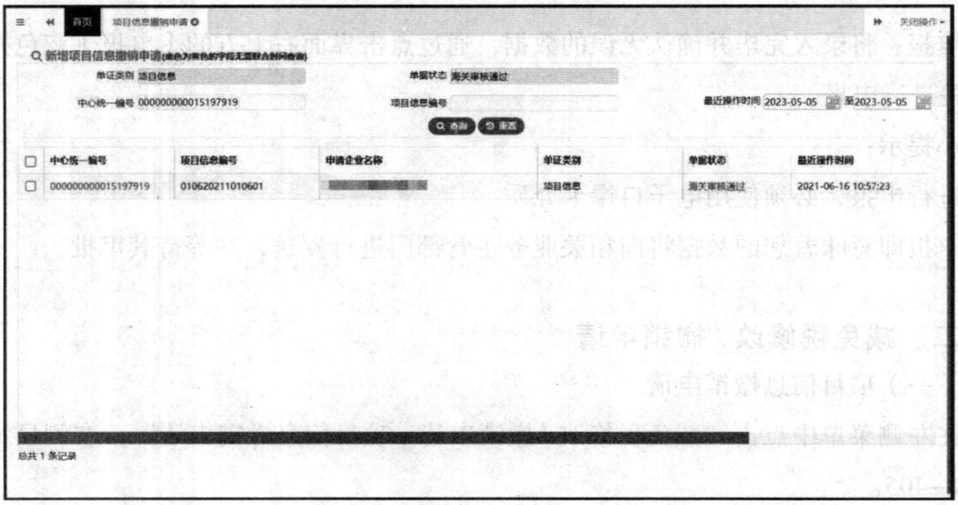

图 8-406 项目信息撤销申请查询结果列表

在查询结果列表（如图 8-406）中，选中一条数据，点击图中的蓝色中心统一编号，系统自动跳转至项目信息撤销申请的详细信息界面（如图 8-407）。

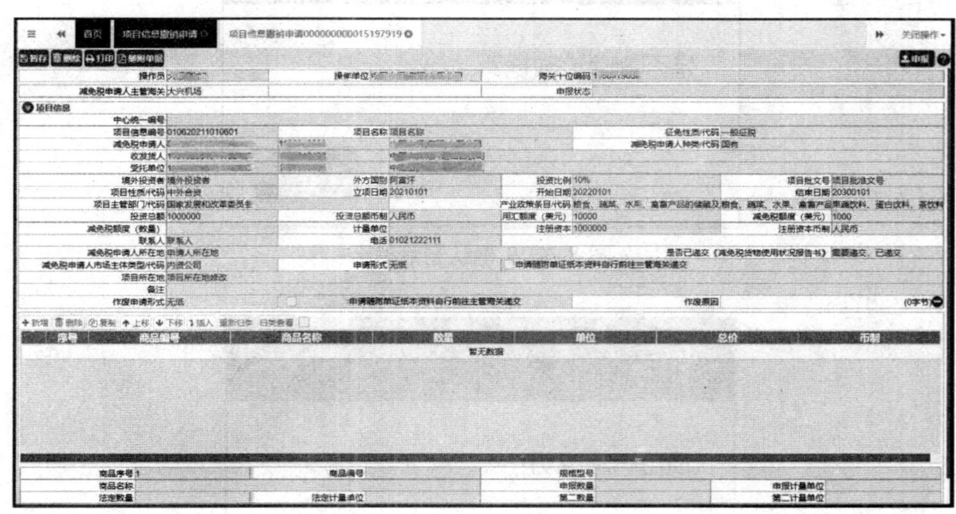

图 8-407 项目信息撤销申请详情界面

小提示：

减免税申请人主管海关和作废原因字段可编辑，其他字段全部置灰，不能进行修改。

暂存：点击界面上方【暂存】蓝色按钮后，系统弹出提示“暂存成功”，状态变为“暂存”。若系统对录入的内容逻辑检查未通过，界面会提示相应错误信息。

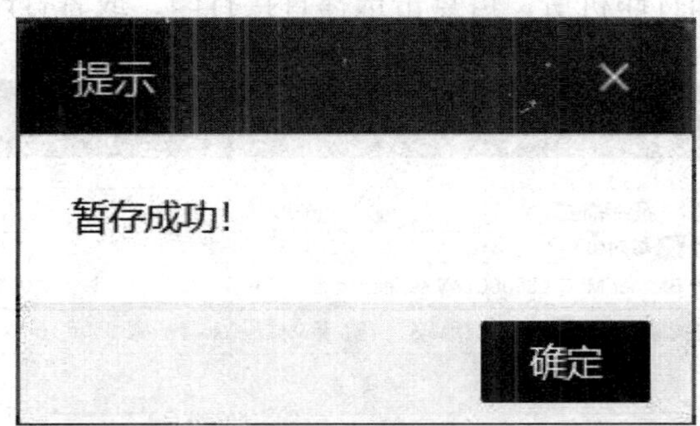

图 8-408 暂存成功提示

删除：点击界面上方【删除】蓝色按钮，系统会弹出提示“是否确认删除该数据？”，选择是后，系统会弹出提示“项目删除成功”，此时将删除整票项目撤销申请数据。删除的数据不可恢复。

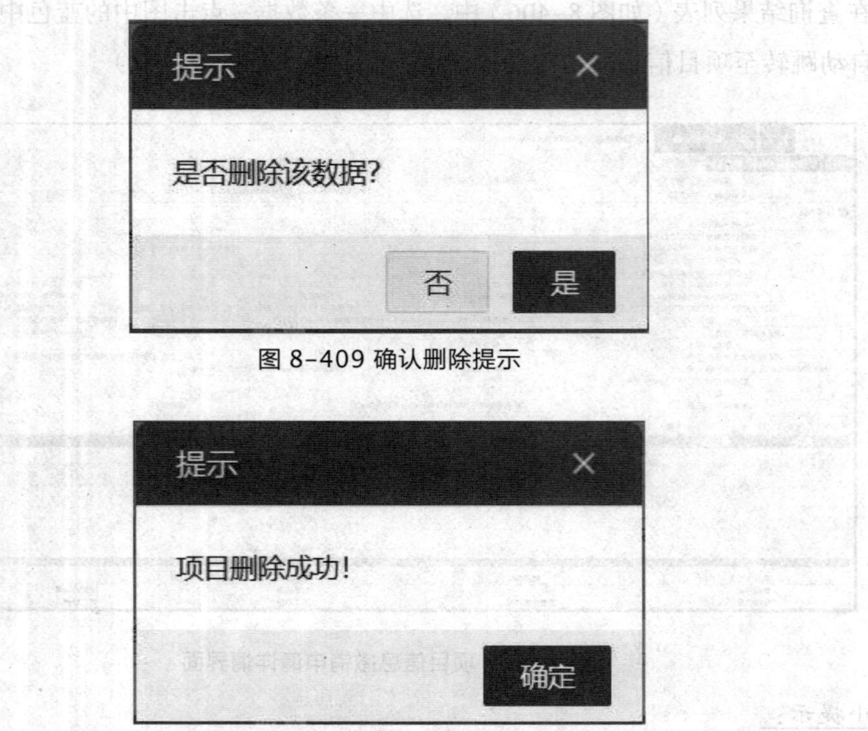

图 8-409 确认删除提示

图 8-410 删除成功提示

打印：点击界面上方【打印】蓝色按钮，系统会弹出减免税打印界面（如图 8-411），选择需要打印的内容和打印机后，可点击选择直接打印，或者打印预览后再打印。

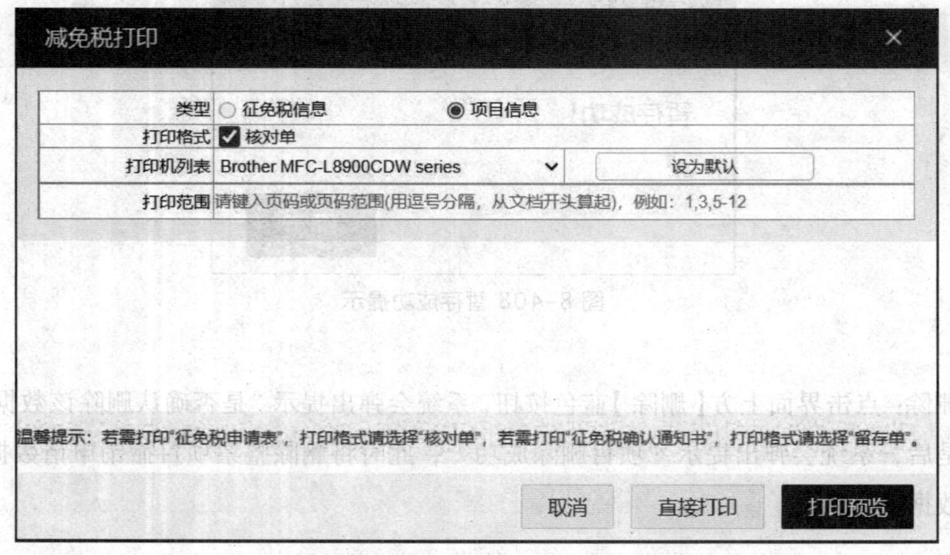

图 8-411 减免税打印

随附单据：点击界面上方【随附单据】蓝色按钮，系统会弹出随附单据上传界面（如图 8-412）。

小提示：

申请形式是无纸时，才能上传随附单据。

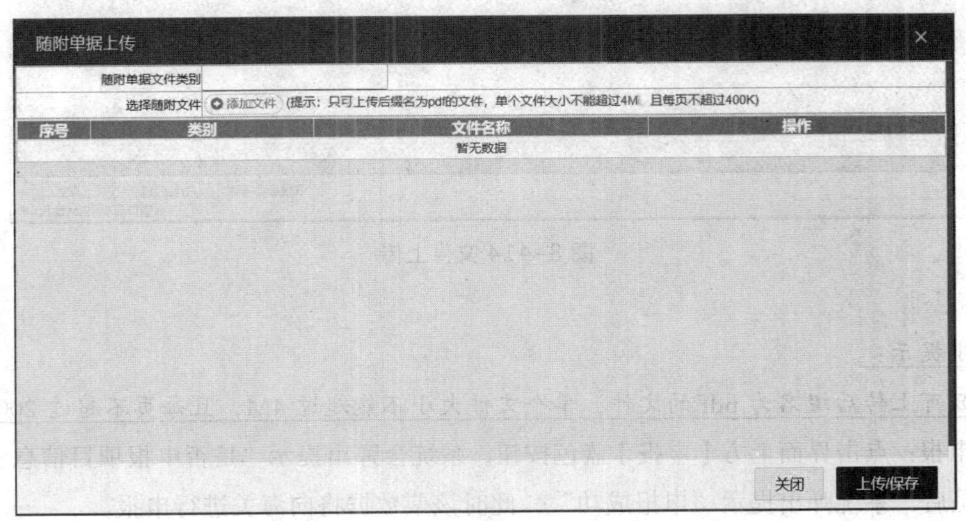

图 8-412 随附单据上传（一）

用户需先选择随附单据文件类别，光标在该字段点击后，从下拉菜单中选择对应文件类别，选择完毕后，点击图 8-412 中白色【添加文件】按钮，从文件夹中选择符合条件的文件。选中的文件将会显示在图 8-413 下方列表中。

随附单据上传

随附单据文件类别 扫描仪

选择随附文件 添加文件 (提示：只可上传后缀名为pdf的文件，单个文件大小不能超过4M，且每页不超过400K)

序号	类别	文件名称	操作
1	发票	202k.pdf	删除
2	合同	180k.pdf	删除

关闭 上传/保存

图 8-413 随附单据上传（二）

选择完需要上传的文件后，点击蓝色【上传】/【保存】按钮，上传数据至系统中显示上传完成即可。

文件上传信息

上传中的任务(0) 已完成历史记录(2) 出错的历史记录(0)

文件名	状态	描述	文件大小	替换标志	开始时间	完成时间
202305061048017016161...	上传完成	upload file success	245721	Y	2023-05-06 10:48:22	2023-05-06 10:48:22
202305061048017016161...	上传完成	upload file success	222494	Y	2023-05-06 10:48:22	2023-05-06 10:48:22

保留最近1小时 只保留当天 清空

关闭窗口后不再自动显示出来

图 8-414 文件上传

小提示：

只可上传后缀名为 pdf 的文件，单个文件大小不能超过 4M，且每页不超过 200K。

申报：点击界面上方【申报】蓝色按钮，系统会弹出提示“是否申报项目信息？”，选择是后，系统弹出提示“申报成功”，此时该票数据将向海关进行申报。

小提示：

进行申报，必须使用电子口岸卡介质。

申报即意味着您的数据将向相关业务主管部门进行发送，并等待其审批。

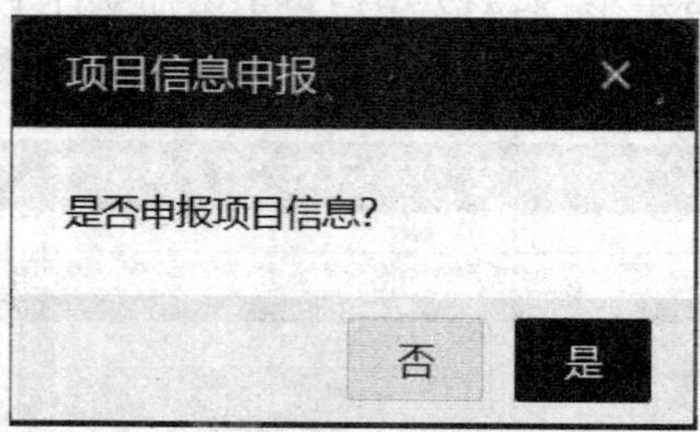

图 8-415 确认申报提示

图 8-416 申报成功提示

（二）项目信息修改申请

在左侧菜单中点击“减免税修改 / 撤销申请—项目信息修改申请”，右侧显示界面如图 8–417。

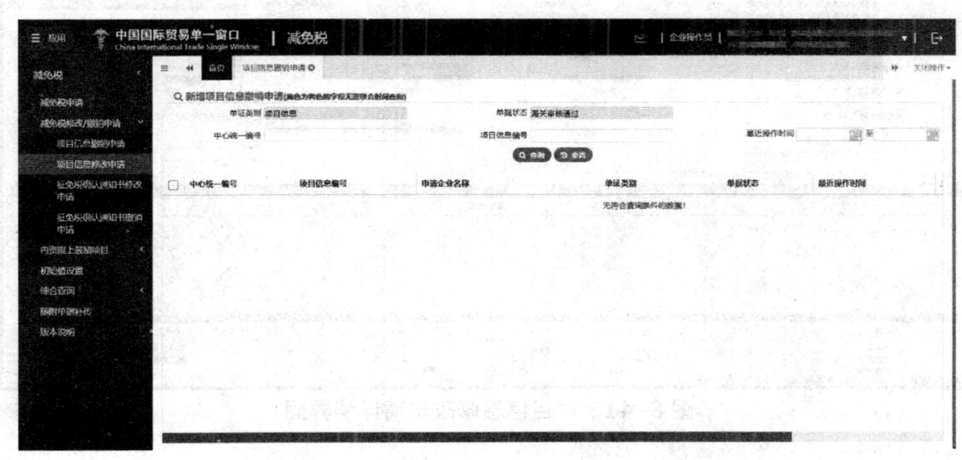

图 8–417 项目信息修改申请查询

中心统一编号：选中该条件时，输入中心统一编号。

项目信息编号：选中该条件时，输入项目信息编号。

输入查询条件，点击【查询】蓝色按钮，查询结果显示在下方列表中（如图图 8–418）。点击【重置】蓝色按钮将清空查询条件，重新填写后查询。

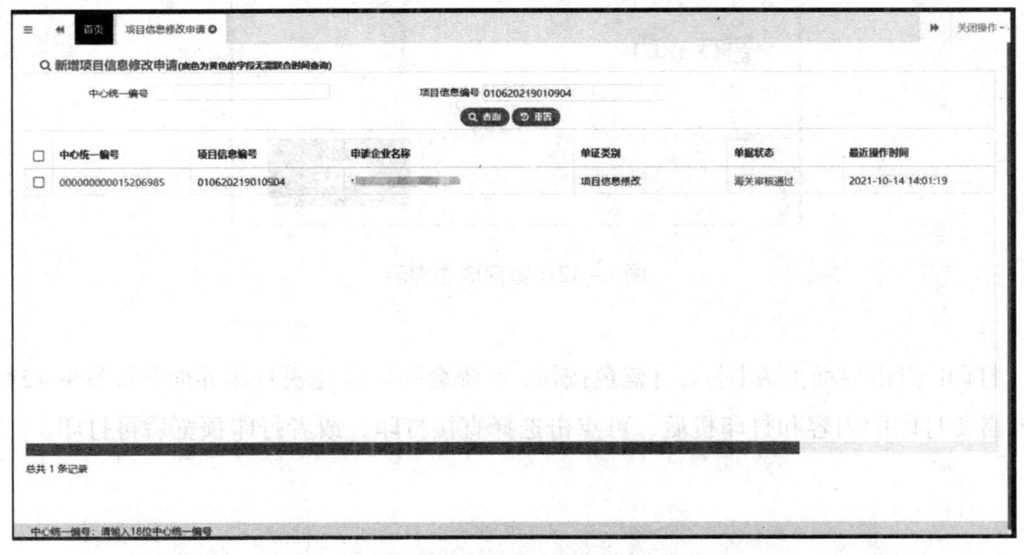

图 8–418 项目信息修改申请查询结果列表

在查询结果列表（如图 8–418）中，选中一条数据，点击图中的蓝色中心统一编号，系统自动跳转至项目信息修改申请的详细信息界面（如图 8–419）。

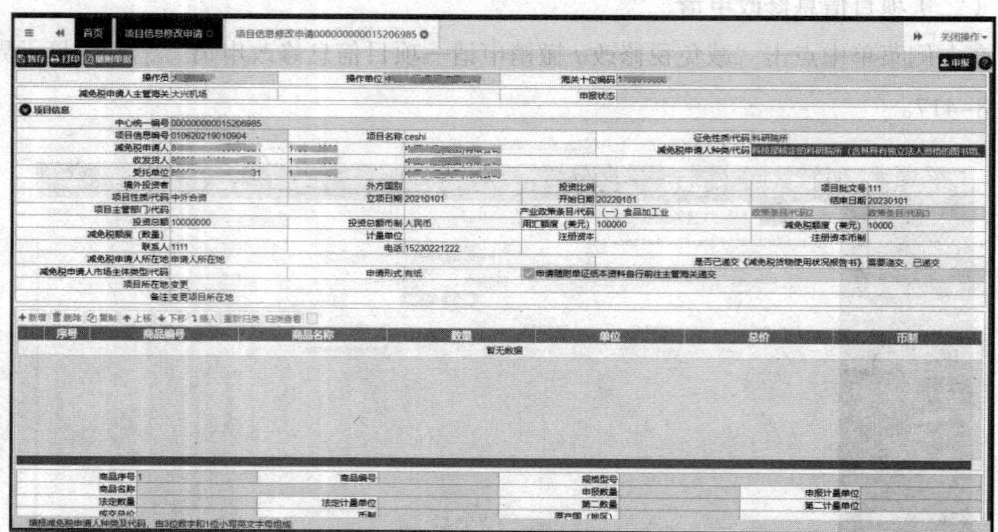

图 8-419 项目信息修改申请详情界面

暂存：修改完数据后，点击界面上方【暂存】蓝色按钮后，系统弹出提示“暂存成功”，状态变为“暂存”。若系统对录入的内容逻辑检查未通过，界面会提示相应错误信息。

图 8-420 暂存成功提示

打印：点击界面上方【打印】蓝色按钮，系统会弹出减免税打印界面（如图 8-421），选择需要打印的内容和打印机后，可点击选择直接打印，或者打印预览后再打印。

减免税打印

类型	○ 征免税信息 ◉ 项目信息	
打印格式	☑ 核对单	
打印机列表	Brother MFC-L8900CDW series	设为默认
打印范围	请键入页码或页码范围(用逗号分隔，从文档开头算起)，例如：1,3,5-12	

温馨提示：若需打印"征免税申请表"，打印格式请选择"核对单"，若需打印"征免税确认通知书"，打印格式请选择"留存单"。

取消 直接打印 打印预览

图 8-421 减免税打印

随附单据：

小提示：

申请形式是无纸时，才能上传随附单据。

点击界面上方【随附单据】蓝色按钮，系统会弹出随附单据上传界面（如图 8-422），点击【项目信息随附单据上传】蓝色按钮，系统跳转到项目信息随附单据上传界面（如图 8-423）。

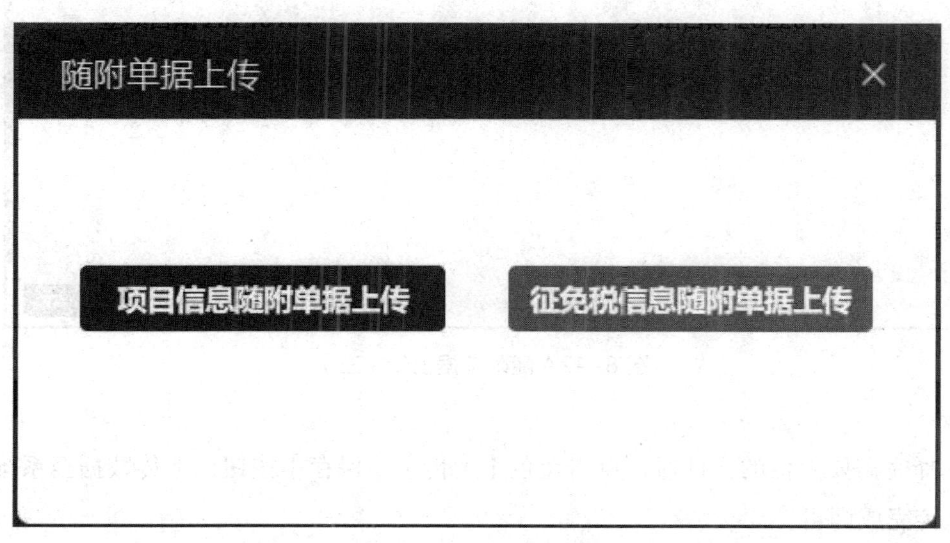

图 8-422 随附单据上传（一）

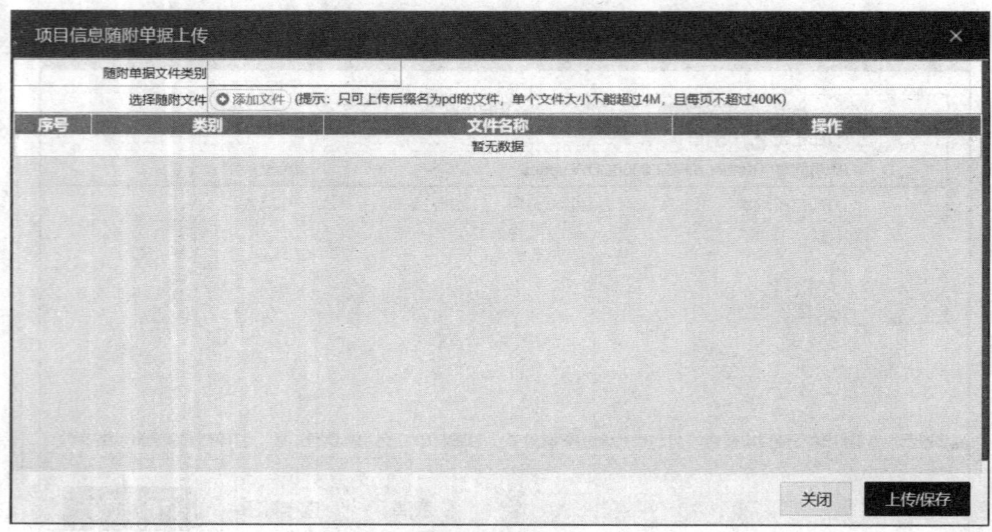

图 8-423 随附单据上传（二）

用户需先选择随附单据文件类别，光标在该字段点击后，从下拉菜单中选择对应文件类别，选择完毕后，点击图 8-423 中白色【添加文件】按钮，从文件夹中选择符合条件的文件。选中的文件将会显示在图 8-424 下方列表中。

项目信息随附单据上传

随附单据文件类别 扫描仪

选择随附文件 添加文件 (提示：只可上传后缀名为pdf的文件，单个文件大小不能超过4M，且每页不超过400K)

序号	类别	文件名称	操作
1	发票	177k.pdf	删除
2	合同	177k.pdf	删除

关闭 上传/保存

图 8-424 随附单据上传（三）

选择完需要上传的文件后，点击蓝色【上传】【保存】按钮，上传数据至系统中，显示上传完成即可。

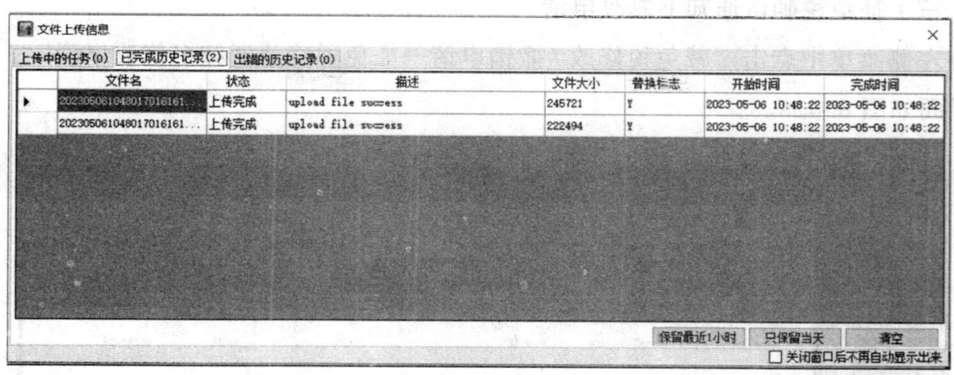

图 8-425 文件上传

小提示：

只可上传后缀名为 pdf 的文件，单个文件大小不能超过 4M，且每页不超过 200K。

申报：

小提示：

进行申报，必须使用电子口岸卡介质。

申报即意味着您的数据将向相关业务主管部门进行发送，并等待其审批。

修改完数据后，点击界面上方【申报】蓝色按钮，系统会弹出提示“是否申报项目信息？”，选择是后，系统弹出提示“申报成功”，此时该票数据将向海关进行申报。

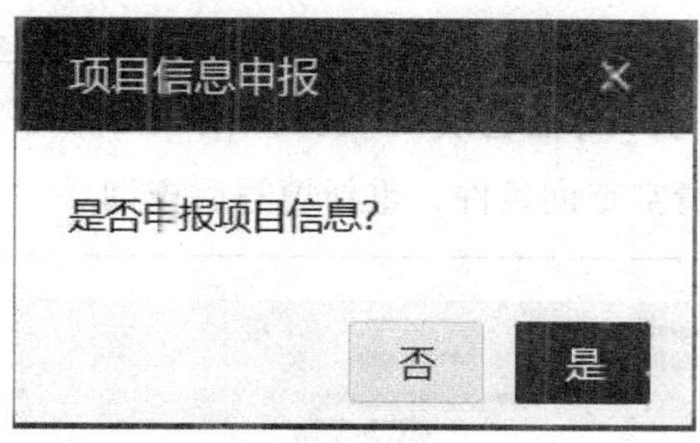

图 8-426 确认申报提示

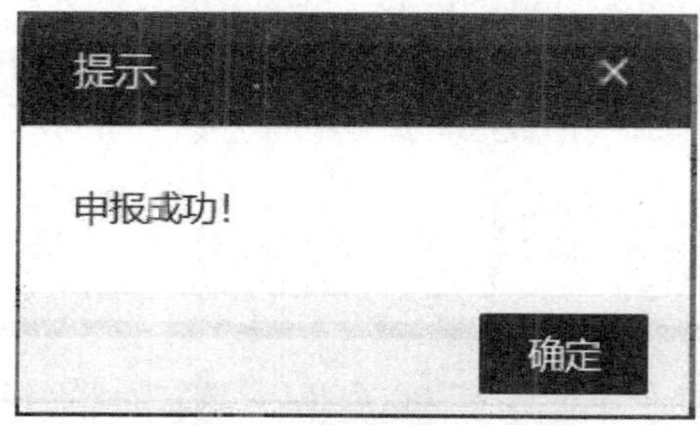

图 8-427 申报成功提示

（三）征免税确认通知书修改申请

在左侧菜单中点击“减免税修改/撤销申请—征免税确认通知书修改申请”，右侧显示界面如图 8-428。

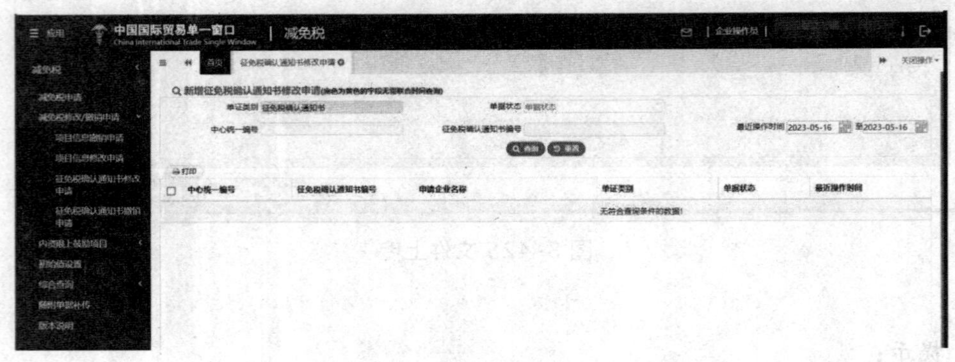

图 8-428 征免税确认通知书修改申请查询

单证类别：置灰，默认显示征免税确认通知书。

单据状态：选中该条件时，可按空格键在下拉参数里选择状态。

中心统一编号：选中该条件时，输入中心统一编号。

征免税确认通知书编号：选中该条件时，输入征免税确认通知书编号。

最近操作时间：选中该条件时，可在下拉日历里选择起止时间。

小提示：

起止时间所选择的范围，不能超过 15 天。底色为黄色的字段无需联合状态和时间查询。

输入查询条件，点击【查询】蓝色按钮，查询结果显示在下方列表中（如图 8-429）。点击【重置】蓝色按钮将清空查询条件，重新填写后查询。

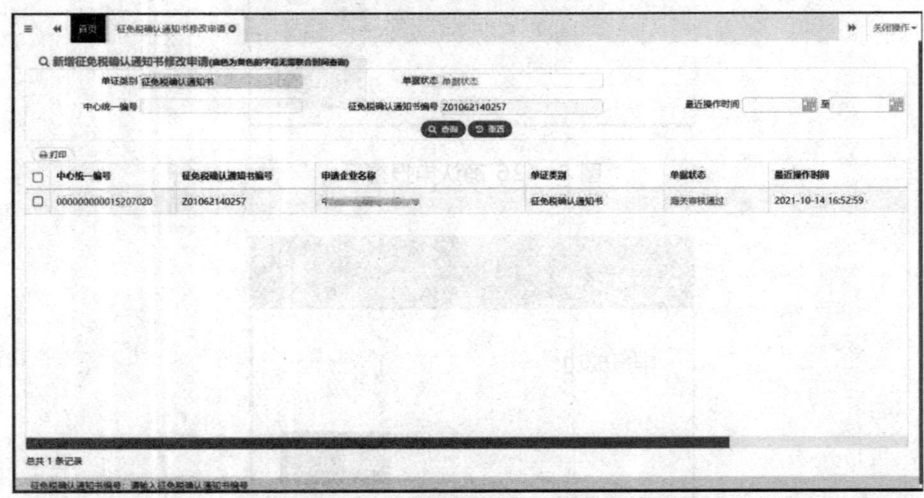

图 8-429 征免税确认通知书修改申请查询结果列表

在查询结果列表（如图 8-429）中，选中一条数据，点击图中的蓝色中心统一编号，系统自动跳转至征免税确认通知书修改申请的详细信息界面（如图 8-430）。

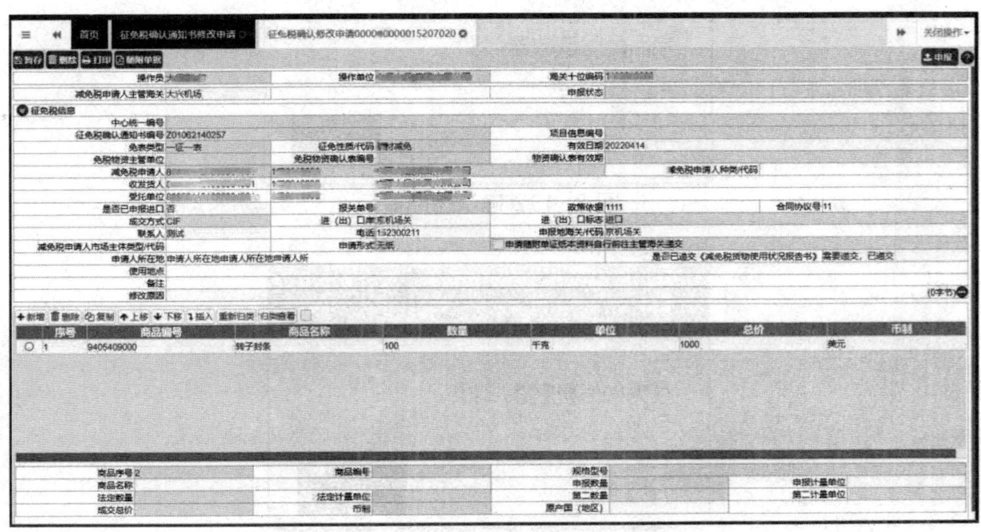

图 8-430 征免税确认通知书修改申请详情界面

暂存：修改完数据后，点击界面上方【暂存】蓝色按钮后，系统弹出提示“暂存成功”，状态变为“暂存”。若系统对录入的内容逻辑检查未通过，界面会提示相应错误信息。

图 8-431 暂存成功提示

删除：点击界面上方【删除】蓝色按钮，系统会弹出提示“是否确认删除该数据？”选择是后，系统会弹出提示“征免税信息删除成功”，此时将删除整票修改申请数据。删除的数据不可恢复。

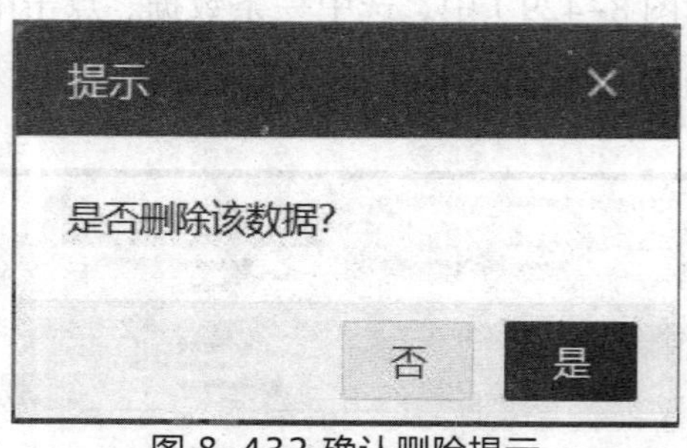

图 8-432 确认删除提示

图 8-433 删除成功提示

打印：点击界面上方【打印】蓝色按钮，系统会弹出减免税打印界面（如图 8-434），选择需要打印的内容和打印机后，可点击选择直接打印，或者打印预览后再打印。

减免税打印

类型	◉ 征免税信息	○ 项目信息
打印格式	☑ 核对单	☐ 商品附加页
打印机列表	Brother MFC-L8900CDW series	设为默认
打印范围	请键入页码或页码范围(用逗号分隔，从文档开头算起)，例如：1,3,5-12	

温馨提示：若需打印"征免税申请表"，打印格式请选择"核对单"，若需打印"征免税确认通知书"，打印格式请选择"留存单"。

取消 直接打印 打印预览

图 8-434 减免税打印

随附单据：

小提示：

申请形式是无纸时，才能上传随附单据。

点击界面上方【随附单据】蓝色按钮，系统会弹出随附单据上传界面（如图 8-435）。

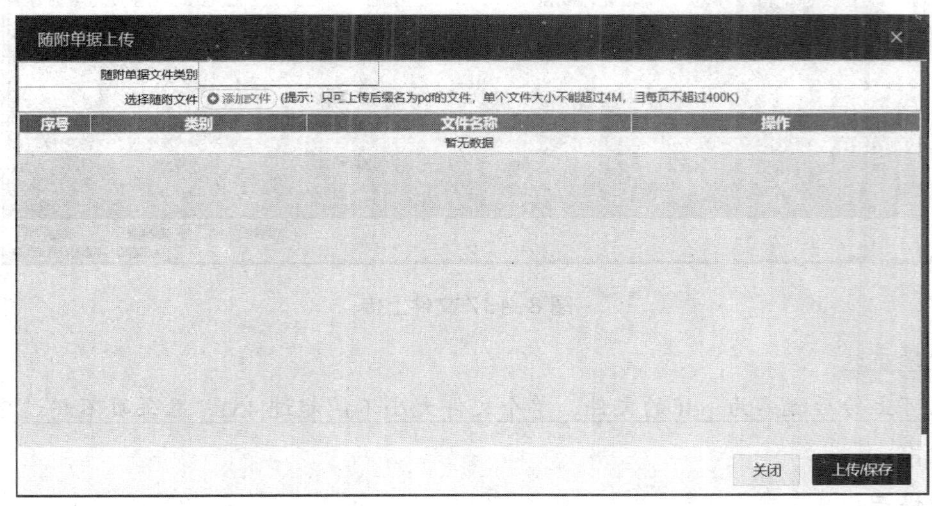

图 8-435 随附单据上传（一）

用户需先选择随附单据文件类别，光标在该字段点击后，从下拉菜单中选择对应文件类别，选择完毕后，点击图 8-435 中白色【添加文件】按钮，从文件夹中选择符合条件的文件。选中的文件将会显示在图 8-436 下方列表中。

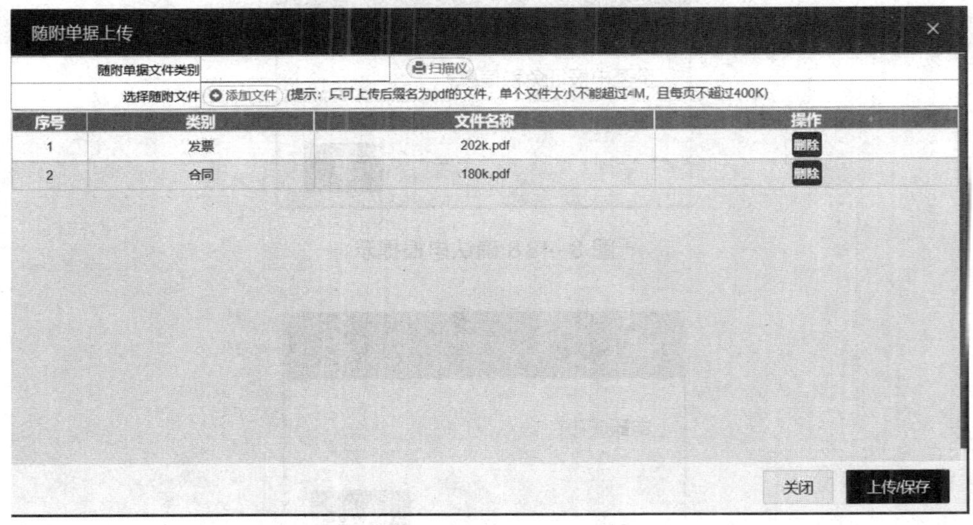

图 8-436 随附单据上传（二）

选择完需要上传的文件后，点击蓝色“上传/保存”按钮，上传数据至系统中，显示上传完成即可。

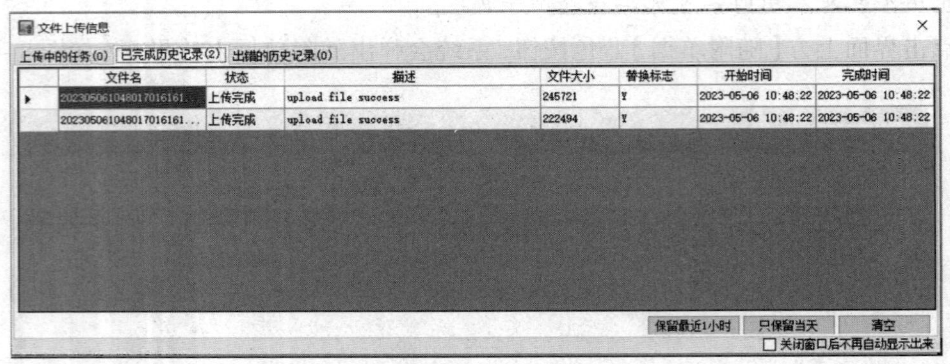

图 8-437 文件上传

小提示：

只可上传后缀名为 pdf 的文件，单个文件大小不能超过 4M，且每页不超过 200K。

申报：

小提示：

进行申报，必须使用电子口岸卡介质。

申报即意味着您的数据将向相关业务主管部门进行发送，并等待其审批。

修改完数据后，点击界面上方【申报】蓝色按钮，系统会弹出提示“是否申报征免税信息？”选择是后，系统弹出提示“申报成功”，此时该票数据将向海关进行申报。

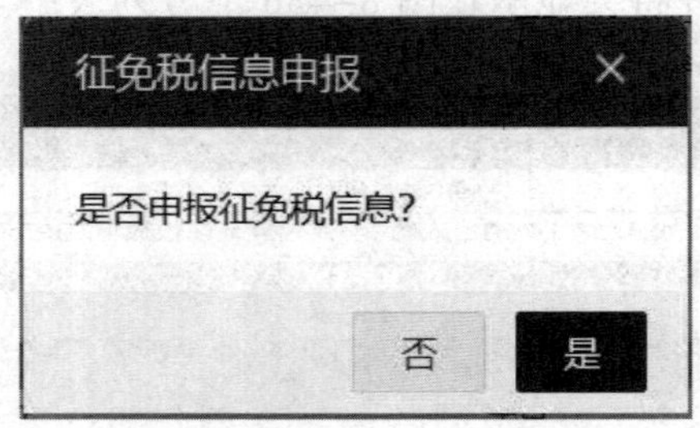

图 8-438 确认申报提示

图 8-439 申报成功提示

（四）征免税确认通知书撤销申请

在左侧菜单中点击“减免税修改 / 撤销申请—征免税确认通知书撤销申请”，右侧显示界面如图 8-440。

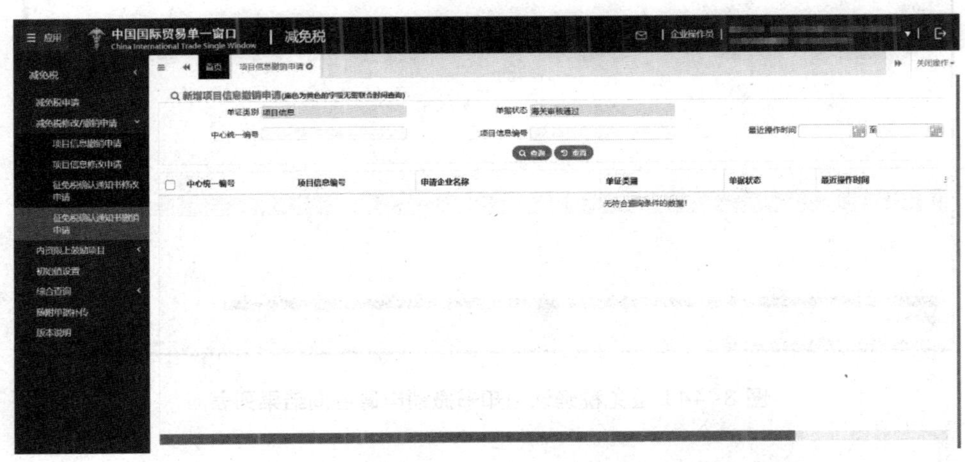

图 8-440 征免税确认通知书撤销申请查询

单证类别：置灰，默认显示征免税确认通知书。

单据状态：置灰，默认显示海关审批通过。

中心统一编号：选中该条件时，输入中心统一编号。

征免税确认通知书编号：选中该条件时，输入征免税确认通知书编号。

最近操作时间：选中该条件时，可在下拉日历里选择起止时间。

小提示：

起止时间所选择的范围，不能超过 15 天。底色为黄色的字段无需联合状态和时间查询。

输入查询条件，点击【查询】蓝色按钮，查询结果显示在下方列表中（如图 8-441）。点击【重置】蓝色按钮将清空查询条件，重新填写后查询。

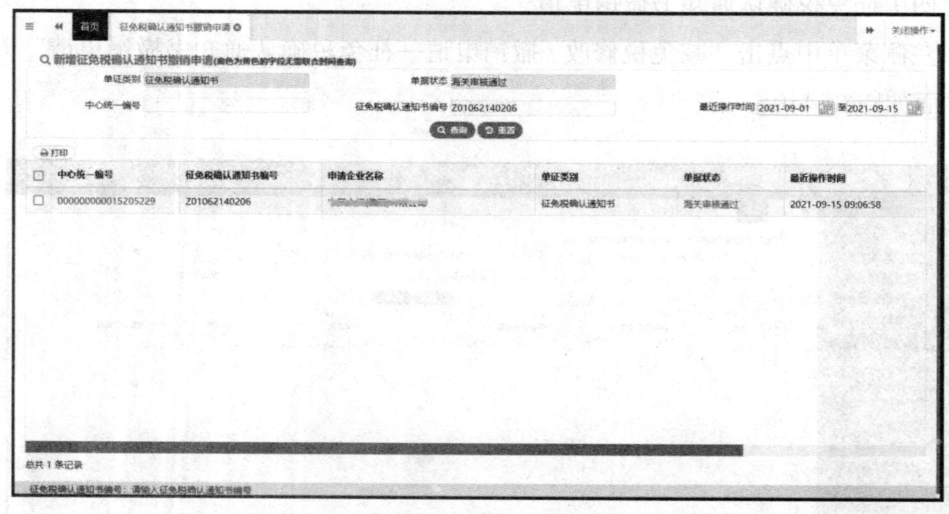

图 8-441 征免税确认通知书撤销申请查询结果列表

在查询结果列表（如图 8-441）中，选中一条数据，点击图中的蓝色中心统一编号，系统自动跳转至征免税确认通知书撤销申请的详细信息界面（如图 8-442）。

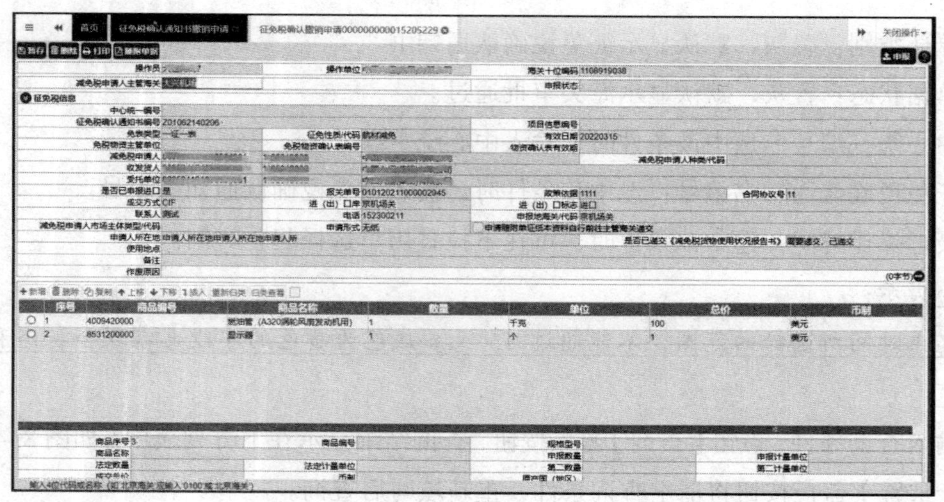

图 8-442 征免税确认通知书撤销申请详情界面

小提示：

减免税申请人主管海关和作废原因字段可编辑，其他字段全部置灰，不能进行修改。

暂存：点击界面上方【暂存】蓝色按钮后，系统弹出提示“暂存成功”，状态变为“暂存”。若系统对录入的内容逻辑检查未通过，界面会提示相应错误信息。

图 8-443 暂存成功提示

删除：点击界面上方【删除】蓝色按钮，系统会弹出提示“是否确认删除该数据？”，选择是后，系统会弹出提示“项目删除成功”，此时将删除整票项目撤销申请数据。删除的数据不可恢复。

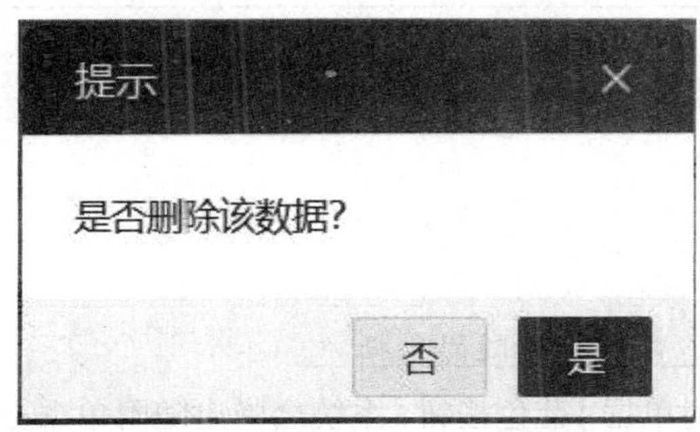

图 8-444 确认删除提示

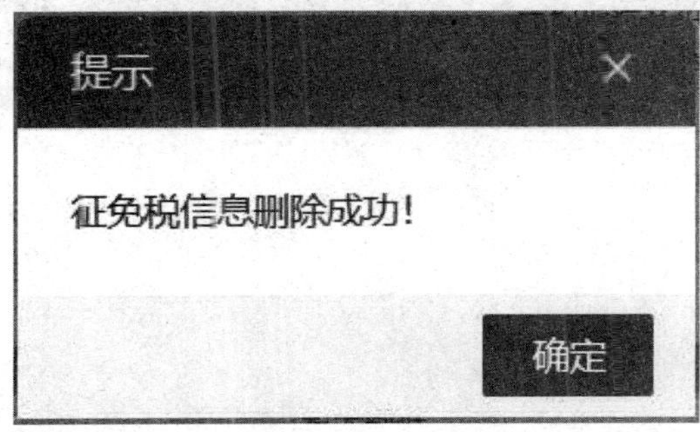

图 8-445 删除成功提示

打印：点击界面上方【打印】蓝色按钮，系统会弹出减免税打印界面（如图 8-446），选择需要打印的内容和打印机后，可点击选择直接打印，或者打印预览后再打印。

减免税打印

类型	◉ 征免税信息	○ 项目信息
打印格式	☑ 核对单	☐ 商品附加页
打印机列表	Brother MFC-L8900CDW series	设为默认
打印范围	请键入页码或页码范围(用逗号分隔，从文档开头算起)，例如：1,3,5-12	

温馨提示：若需打印"征免税申请表"，打印格式请选择"核对单"，若需打印"征免税确认通知书"，打印格式请选择"留存单"。

取消　直接打印　打印预览

图 8-446 减免税打印

随附单据：

小提示：

申请形式是无纸时，才能上传随附单据。

点击界面上方【随附单据】蓝色按钮，系统会弹出随附单据上传界面（如图 8-447）。

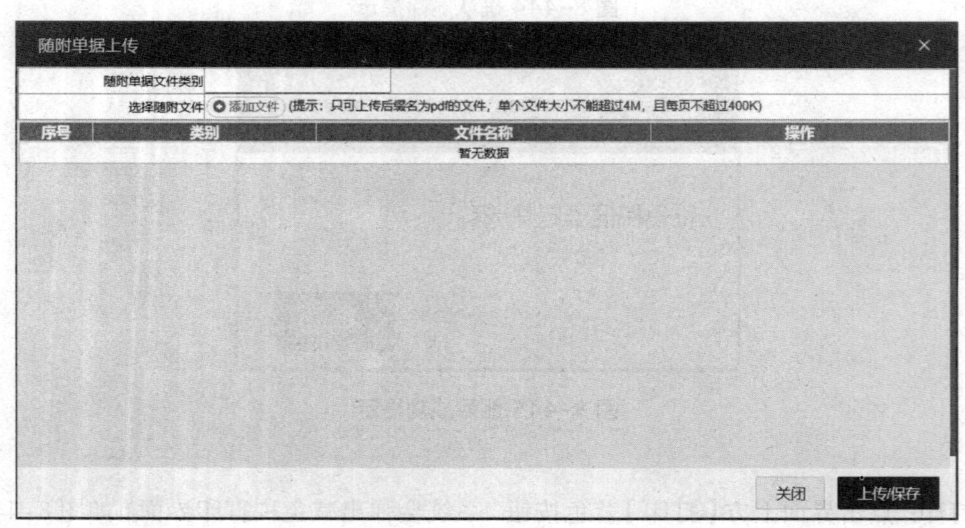

图 8-447 随附单据上传（一）

用户需先选择随附单据文件类别，光标在该字段点击后，从下拉菜单中选择对应文件类别，选择完毕后，点击图 8-447 中白色【添加文件】按钮，从文件夹中选择符合条件的文件。选中的文件将会显示在图 8-448 下方列表中。

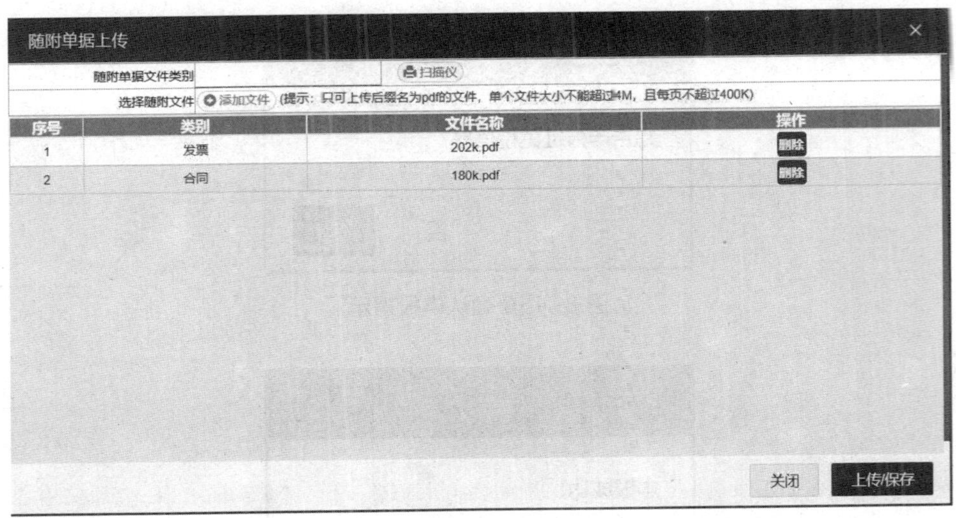

图 8-448 随附单据上传（二）

选择完需要上传的文件后，点击蓝色【上传】/【保存】按钮，上传数据至系统中显示上传完成即可。

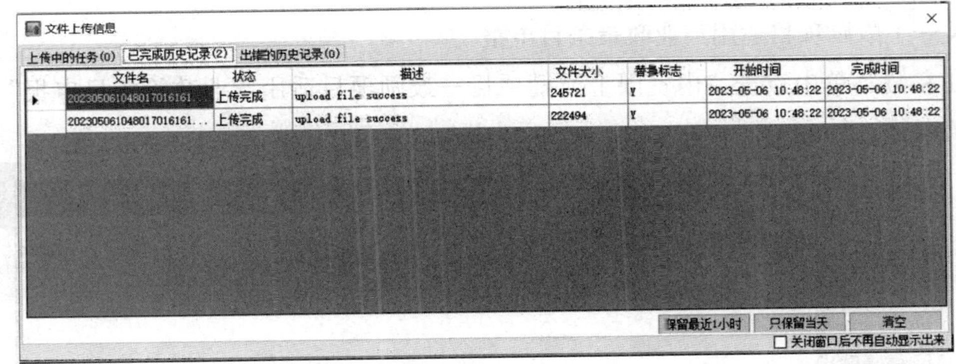

图 8-449 文件上传

小提示：

只可上传后缀名为 pdf 的文件，单个文件大小不能超过 4M，且每页不超过 200K。

申报：

小提示：

进行申报，必须使用电子口岸卡介质。申报即意味着您的数据将向相关业务主管部门进行发送，并等待其审批。

点击界面上方【申报】蓝色按钮，系统会弹出提示“是否申报征免税信息？”，选择是后，系统弹出提示“申报成功”，此时该票数据将向海关进行申报。

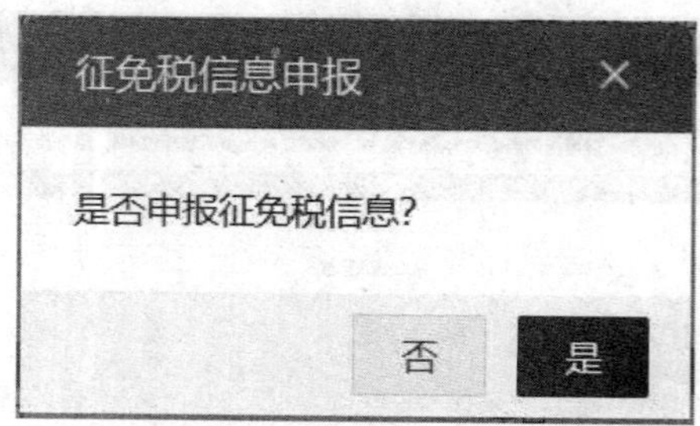

图 8-450 确认申报提示

图 8-451 申报成功提示

三、内资限上鼓励项目

（一）鼓励项目适用产业政策条目申报

在左侧菜单中点击“内资限上鼓励项目—鼓励项目适用产业政策条目申报”，右侧显示界面如图 8-452。

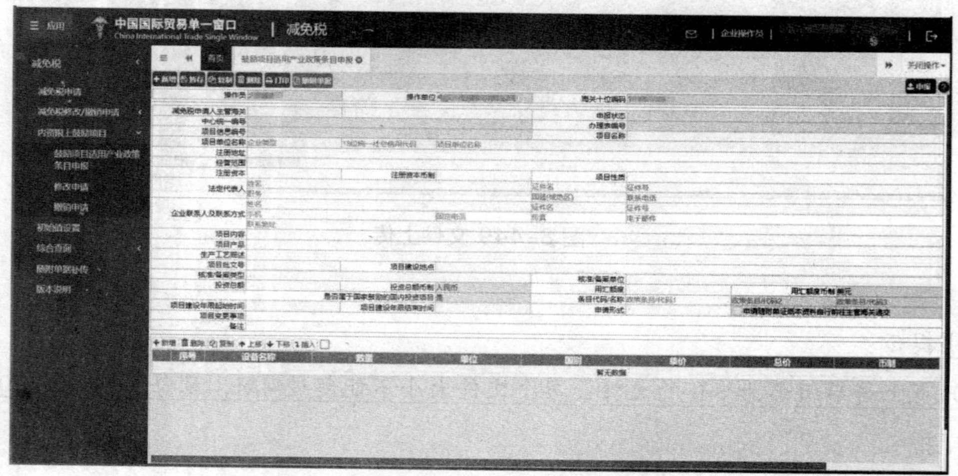

图 8-452 鼓励项目适用产业政策条目申报

1. 界面字段说明

界面中的录入要求，总体说明如下：

灰色字段（例如操作员等），表示不允许录入，系统将根据相应操作或步骤后自动返填。

黄底字段表示必填字段，需要用户手工录入，为空时不允许申报。

部分字段（例如项目性质等），需要在参数中进行调取，不允许随意录入。使用键盘空格键，可调出下拉菜单并在其中进行选择。也可以输入已知的相应数字、字母或汉字，迅速调出参数，选择后点击回车键确认录入。

操作员		操作单位		海关十位编码	

图 8-453 字段界面

操作员：置灰，系统自动反填当前插卡的操作员名称。

操作单位：置灰，系统自动反填当前插卡的操作员单位名称。

海关十位编码：置灰，系统自动反填当前插卡的海关注册编码的10位。

2. 表头

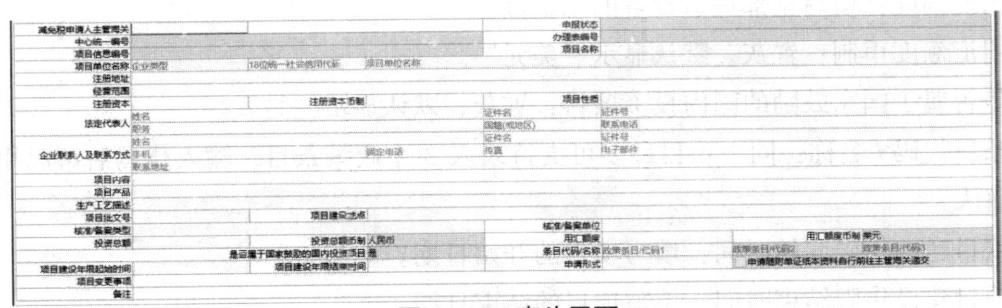

减免税申请人主管海关				申报状态			
中心统一编号				办理表编号			
项目信息编号				项目名称			
项目单位名称	企业类型	18位统一社会信用代码	项目单位名称				
注册地址							
经营范围							
注册资本		注册资本币制		项目性质			
法定代表人	姓名			证件名	证件号		
	职务			国籍(或地区)	联系电话		
企业联系人及联系方式	姓名			证件名	证件号		
	手机		固定电话	传真	电子邮件		
	联系地址						
项目内容							
项目产品							
生产工艺描述							
项目批文号		项目建设地点					
核准/备案类型				核准/备案单位			
投资总额		投资总额币制	人民币	用汇额度		用汇额度币制	美元
		是否属于国家鼓励的国内投资项目	是	条目代码/名称	政策条目代码1	政策条目代码2	政策条目代码3
项目建设年限起始时间		项目建设年限结束时间		申请形式		申请随附单证纸本资料自行前往主管海关递交	
项目变更事项							
备注							

图 8-454 表头界面

减免税申请人主管海关：填写项目单位所在地的直属海关，如郑州海关4600。

申报状态：置灰，系统自动生成。

中心统一编号：置灰，系统自动生成。

办理表编号：置灰，系统自动反填海关审批通过后的编号。

项目信息编号：置灰，系统自动反填海关审批通过后的编号。

项目名称：鼓励类投资项目、自有资金项目、重大技术装备项目、科技重大专项项目填写对应的项目名称，其他项目填写对应的征免性质简称。

项目单位名称：填写企业类型，可下拉参数中选择；填写18位统一信用代码后会自动反填项目单位名称。

注册地址：手工录入，最多 255 位。

经营范围：手工录入，最多 255 位。

注册资本：手工录入，整数最多 12 位，小数最多 3 位，不可输入负数。

注册资本币制：在下拉参数中选择，也可录入代码、名称。

项目性质：在下拉参数中选择，也可录入代码、名称。

法定代表人：填写法定代表人的姓名、证件名、证件号、职务、国籍、联系电话。

企业联系人及联系方式：填写企业联系人的姓名、证件名、证件号、手机、联系地址等信息。

项目内容：根据项目备案证明填写，项目内容较多的，应选取主要内容进行填写；

项目产品：手工录入，最多 255 位。

生产工艺描述：手工录入，最多 1000 位。

项目批文号：手工录入，最多 50 位。

项目建设地点：手工录入，最多 255 位。

核准 / 备案类型：下拉参数选择，0- 核准，1- 备案。

核准 / 备案单位：手工录入，最多 255 位。

投资总额：填写项目备案证明上的投资总额。

投资总额币制：置灰，默认显示“人民币”。

用汇额度：填写全部进口设备的总金额。

用汇额度币制：置灰，默认显示“美元”。

是否属于国家鼓励的国内投资项目：置灰，默认显示“是”。

条目代码 / 名称：同一项目最多可支持录入 3 个政策条目，输入代码后可以用鼠标选择确认。

项目建设年限起始时间：填写项目的开始日期。

项目建设年限结束时间：填写项目的结束日期。

申请形式：选择 1- 有纸时，系统会将“申请随附单证纸本资料自行前往主管海关递交”前的复选框自动勾选上。选择 0- 无纸时，须上传随附单据，随附单据按钮可点。

备注：手工录入，最多 255 位。

3. 表体

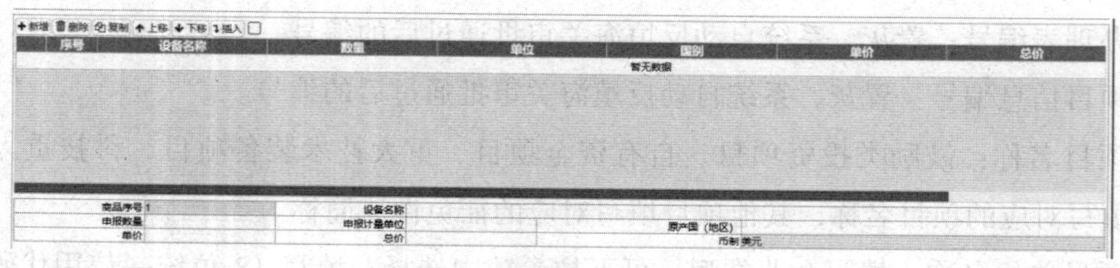

图 8-455 表体界面

商品序号：置灰，系统自动生成。

设备名称：手工录入，最多 255 位。

申报数量：手工录入，整数最多 14 位，小数最多 4 位，不可输入负数。

申报计量单位：在下拉参数中选择，也可录入代码、名称。

原产国（地区）：在下拉参数中选择，也可录入代码、名称。

单价：手工录入，整数最多 14 位，小数最多 4 位，不可输入负数。

总价：手工录入，整数最多 14 位，小数最多 4 位，不可输入负数。

币制：置灰，默认显示美元。

4. 操作（按钮）

新增：点击界面上方【新增】蓝色按钮后，将立即清空当前界面显示的数据，便于用户重新录入并保存一票鼓励项目适用产业政策条目申报的数据。如果没有将当前录入的内容进行暂存操作，清空的数据将不可恢复，需重新录入，请谨慎操作。

暂存：点击界面上方【暂存】蓝色按钮后，系统弹出提示“暂存成功”，状态变为“暂存”。若系统对录入的内容逻辑检查未通过，界面会提示相应错误信息。

图 8-456 暂存成功提示

复制：点击界面上方【复制】蓝色按钮，系统将当前的数据进行复制，自动新增生成一票鼓励项目适用产业政策条目申报数据。此时可以对复制出来的数据，进行修改、录入、暂存等操作。

删除：点击界面上方【删除】蓝色按钮，系统会弹出提示“是否确认删除该数据？”选择是后，系统会弹出提示“项目删除成功”，此时将删除整票撤销申请数据。删除的数据不可恢复。

图 8-457 确认删除提示

图 8-458 删除成功提示

打印：点击界面上方【打印】蓝色按钮，系统会弹出鼓励项目适用产业政策条目申报打印界面（如图 8-459），选择需要打印的内容和打印机后，可点击选择直接打印，或者打印预览后再打印。

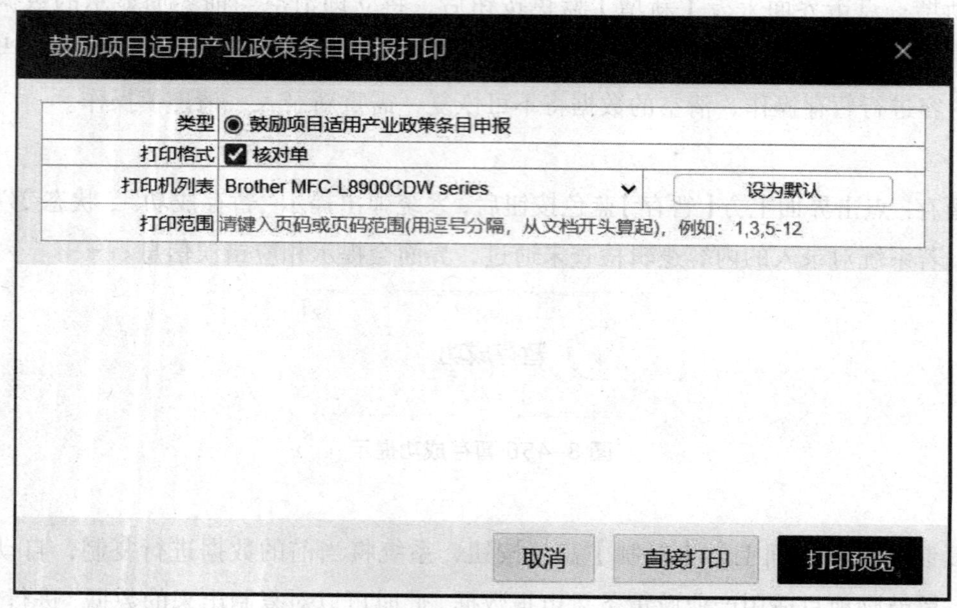

图 8-459 鼓励项目适用产业政策条目申报打印

随附单据：

小提示：

申请形式是无纸时，才能上传随附单据。

点击界面上方【随附单据】蓝色按钮，系统会弹出随附单据上传界面（如图 8-460）。

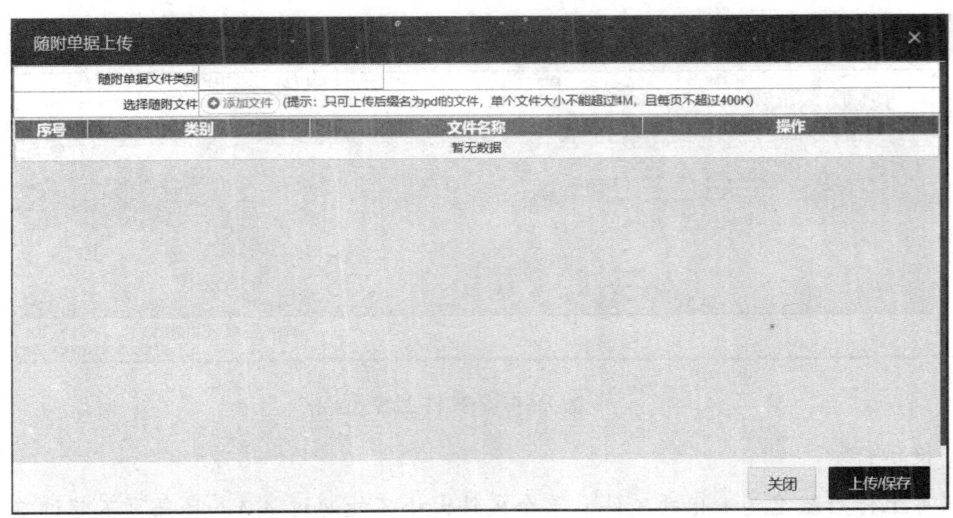

图 8-460 随附单据上传（一）

用户需先选择随附单据文件类别，光标在该字段点击后，从下拉菜单中选择对应文件类别，选择完毕后，点击图 8-460 中白色【添加文件】按钮，从文件夹中选择符合条件的文件。选中的文件将会显示在图 8-461 下方列表中。

随附单据上传

随附单据文件类别 扫描仪

选择随附文件 添加文件 (提示：只可上传后缀名为pdf的文件，单个文件大小不能超过4M，且每页不超过400K)

序号	类别	文件名称	操作
1	发票	202k.pdf	删除
2	合同	180k.pdf	删除

关闭 上传/保存

图 8-461 随附单据上传（二）

选择完需要上传的文件后，点击蓝色【上传】/【保存】按钮，上传数据至系统中，显示上传完成即可。

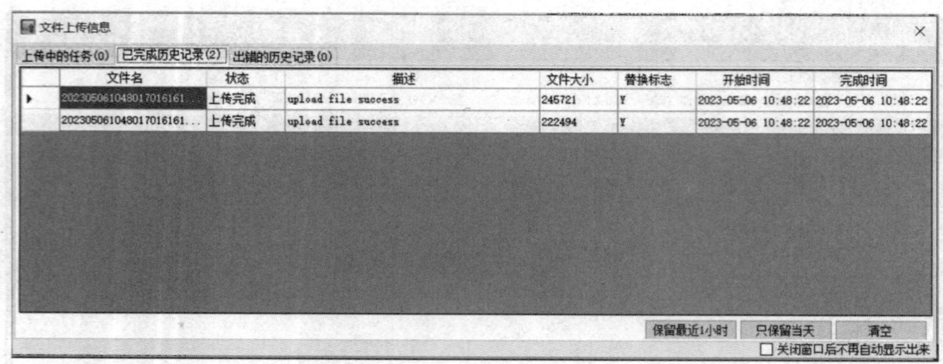

图 8-462 文件上传

小提示：

只可上传后缀名为 pdf 的文件，单个文件大小不能超过 4M，且每页不超过 200K。

申报：

小提示：

进行申报，必须使用电子口岸卡介质。

申报即意味着您的数据将向相关业务主管部门进行发送，并等待其审批。

点击界面上方【申报】蓝色按钮，系统会弹出提示“是否确认申报该数据？”，选择是后，系统弹出提示“申报成功”，此时该数据将向海关进行申报。

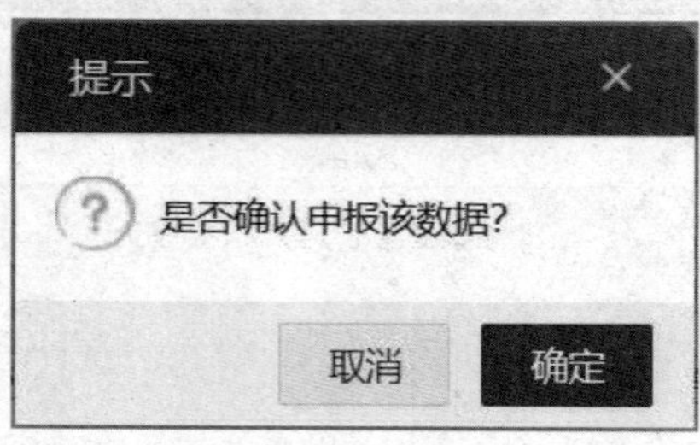

图 8-463 确认申报提示

图 8-464 申报成功提示

（二）修改申请

在左侧菜单中点击“内资限上鼓励项目—修改申请”，右侧显示界面如图 8-465。

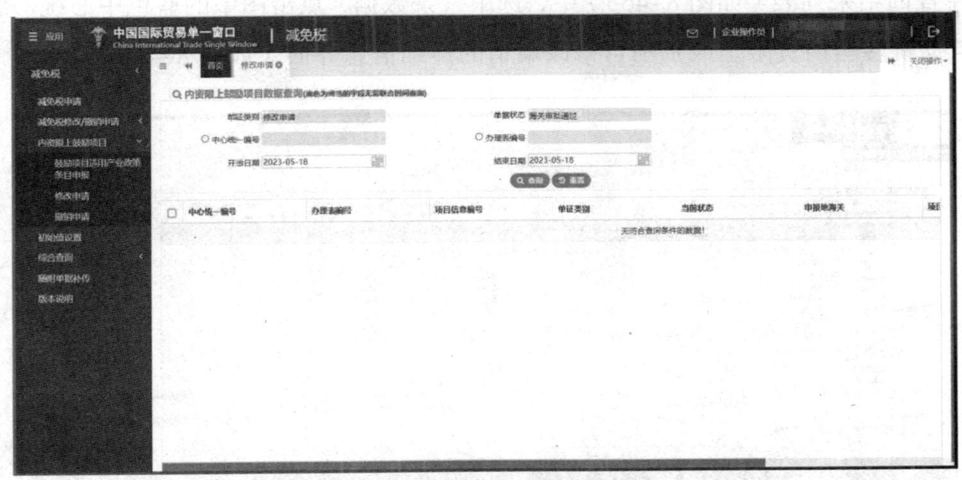

图 8-465 内资限上鼓励项目数据查询

单证类别：置灰，默认显示修改申请。

单据状态：置灰，默认显示海关审批通过。

中心统一编号：选中该条件时，输入中心统一编号。

办理表编号：选中该条件时，输入办理表编号。

开始日期、结束日期：选中该条件时，可在下拉日历里选择起止时间。

小提示：

起止时间所选择的范围，不能超过 15 天。底色为黄色的字段无需联合状态和时间查询。

查询：输入查询条件，点击【查询】蓝色按钮，查询结果显示在下方列表中（如图 8-466）。点击【重置】蓝色按钮将清空查询条件，重新填写后查询。

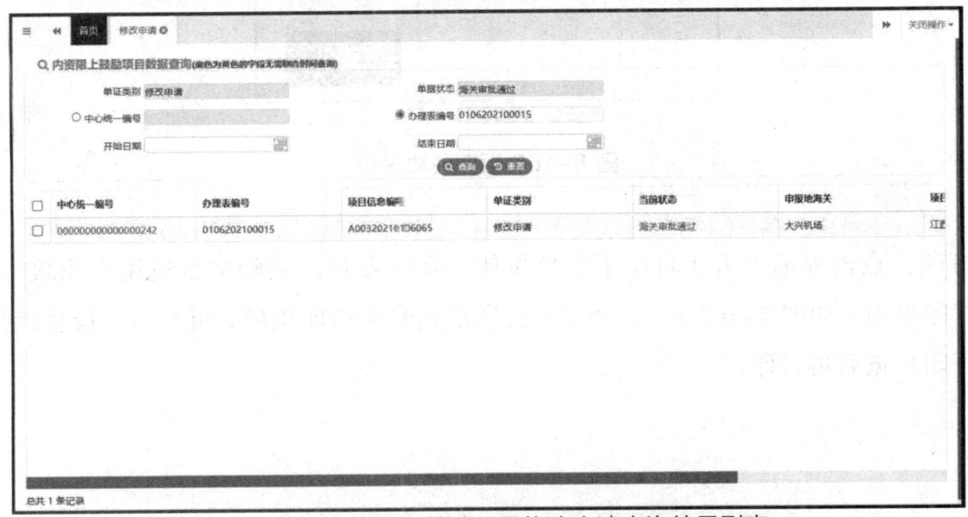

图 8-466 内资限上鼓励项目修改申请查询结昊列表

在查询结果列表（如图 8–466）中，选中一条数据，点击图中的蓝色中心统一编号，系统自动跳转至内资限上鼓励项目修改申请的详细信息界面（如图 8–467）。

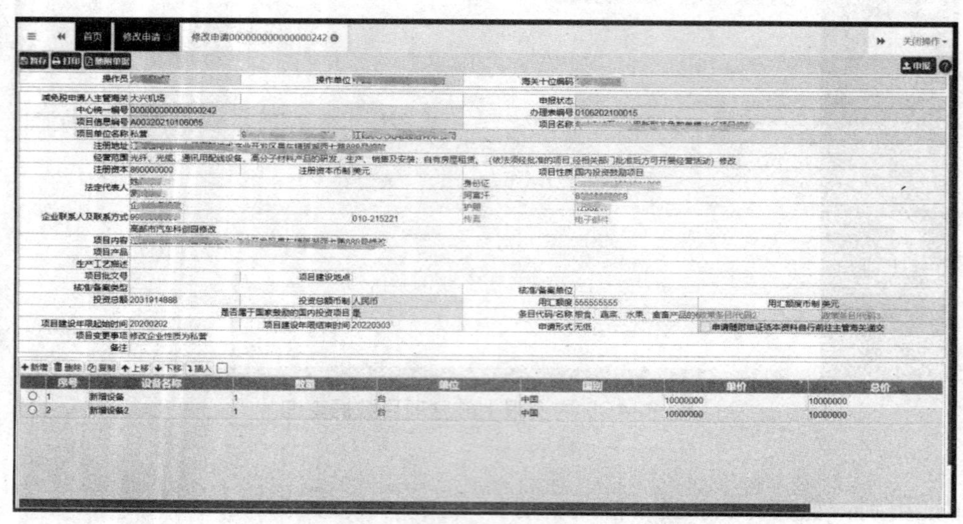

图 8–467 内资限上鼓励项目修改申请详情界面

暂存：修改完数据后，点击界面上方【暂存】蓝色按钮后，系统弹出提示“暂存成功”，状态变为“暂存”。若系统对录入的内容逻辑检查未通过，界面会提示相应错误信息。

图 8–468 暂存成功提示

打印：点击界面上方【打印】蓝色按钮，系统会弹出鼓励项目适用产业政策条目申报打印界面（如图 8–469），选择需要打印的内容和打印机后，可点击选择直接打印，或者打印预览后再打印。

鼓励项目适用产业政策条目申报打印

类型 ◉ 鼓励项目适用产业政策条目申报
打印格式 ☑ 核对单
打印机列表 设为默认
打印范围 请键入页码或页码范围(用逗号分隔，从文档开头算起)，例如：1,3,5-12

取消 直接打印 打印预览

图 8-469 鼓励项目适用产业政策条目申报打印

随附单据：

<u>小提示：</u>

<u>申请形式是无纸时，才能上传随附单据。</u>

点击界面上方【随附单据】蓝色按钮，系统会弹出随附单据上传界面（如图 8-436）。

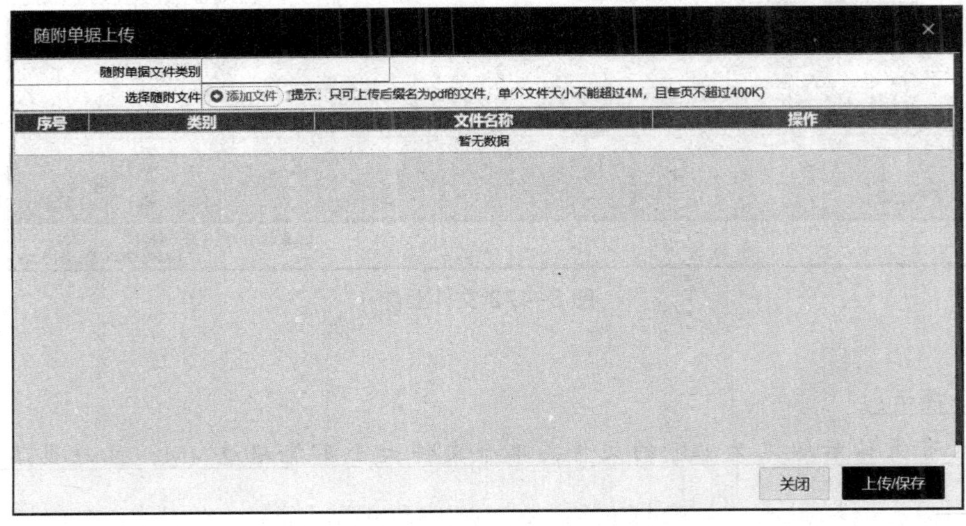

图 8-470 随附单据上传（一）

用户需先选择随附单据文件类别，光标在该字段点击后，从下拉菜单中选择对应文件类别，选择完毕后，点击图 8-470 中白色【添加文件】按钮，从文件夹中选择符合条件的文件。选中的文件将会显示在图 8-471 下方列表中。

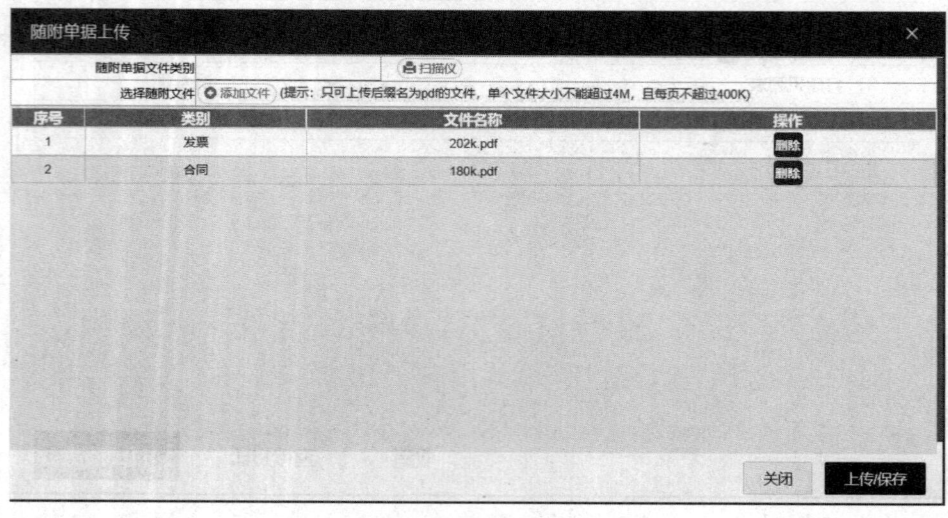

图 8-471 随附单据上传（二）

选择完需要上传的文件后，点击蓝色【上传】/【保存】按钮，上传数据至系统中，显示上传完成即可。

文件上传信息

上传中的任务(0)　已完成历史记录(2)　出错的历史记录(0)

	文件名	状态	描述	文件大小	替换标志	开始时间	完成时间
▸	202305061048017016161...	上传完成	upload file success	245721	Y	2023-05-06 10:48:22	2023-05-06 10:48:22
	202305061048017016161...	上传完成	upload file success	222494	Y	2023-05-06 10:48:22	2023-05-06 10:48:22

保留最近1小时　只保留当天　清空

☐ 关闭窗口后不再自动显示出来

图 8-472 文件上传

小提示：

只可上传后缀名为 pdf 的文件，单个文件大小不能超过 4M，且每页不超过 200K。

申报：

小提示：

进行申报，必须使用电子口岸卡介质。

申报即意味着您的数据将向相关业务主管部门进行发送，并等待其审批。

点击界面上方【申报】蓝色按钮，系统会弹出提示"是否确认申报该数据？"，选择是后，系统弹出提示"申报成功"，此时该票数据将向海关进行申报。

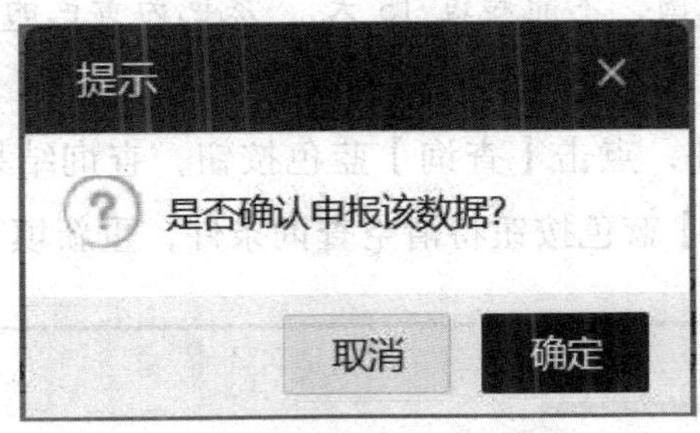

图 8-473 确认申报提示

图 8-474 申报成功提示

（三）撤销申请

在左侧菜单中点击"内资限上鼓励项目—撤销申请"，右侧显示界面如图 8-475。

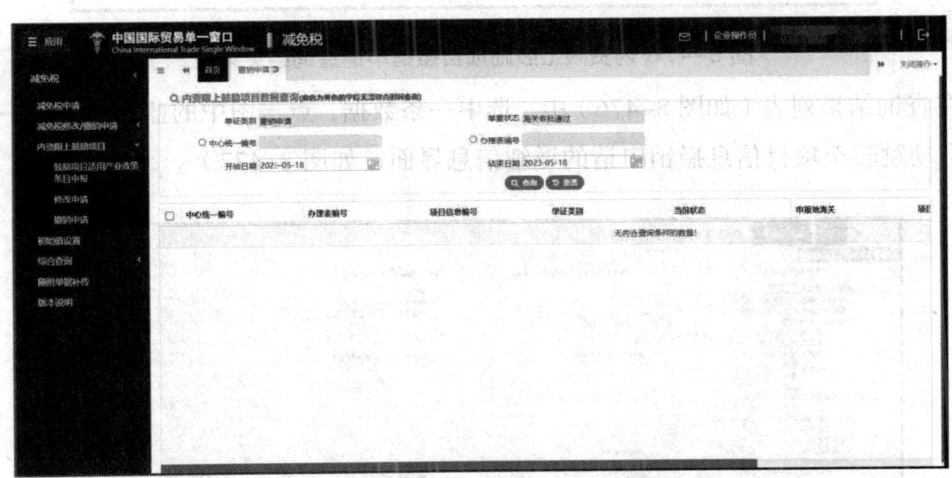

图 8-475 内资限上鼓励项目撤销申请查询

单证类别：置灰，默认显示撤销申请。

单据状态：置灰，默认显示海关审批通过。

中心统一编号：选中该条件时，输入中心统一编号。

办理表编号：选中该条件时，输入办理表编号。

开始日期、结束日期：选中该条件时，可在下拉日历里选择起止时间。

小提示：

起止时间所选择的范围，不能超过 15 天。底色为黄色的字段无需联合状态和时间查询。

查询：输入查询条件，点击【查询】蓝色按钮，查询结果显示在下方列表中（如图 8-476）。点击【重置】蓝色按钮将清空查询条件，重新填写后查询。

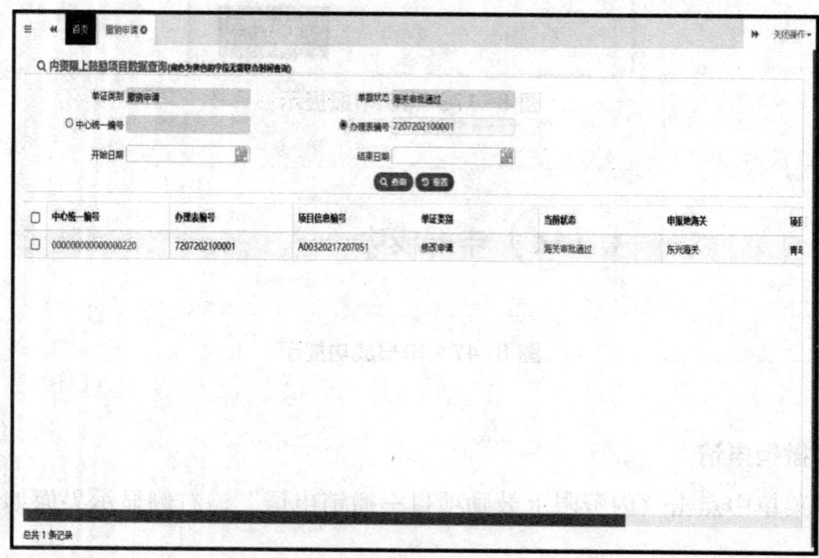

图 8-476 内资限上鼓励项目撤销申请查询结果列表

在查询结果列表（如图 8-476）中，选中一条数据，点击图中的蓝色中心统一编号，系统自动跳转至项目信息撤销申请的详细信息界面（如图 8-477）。

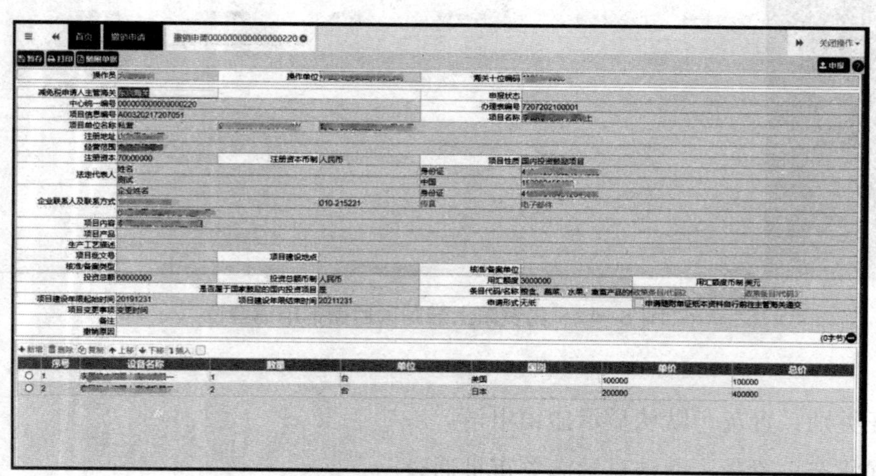

图 8-477 内资限上鼓励项目撤销申请详情界面

小提示：

减免税申请人主管海关、申请形式、撤销原因字段可编辑，其他字段全部置灰，不能进行修改。

暂存：点击界面上方【暂存】蓝色按钮后，系统弹出提示“暂存成功”，状态变为“暂存”。若系统对录入的内容逻辑检查未通过，界面会提示相应错误信息。

图 8-478 暂存成功提示

打印：点击界面上方【打印】蓝色按钮，系统会弹出鼓励项目适用产业政策条目申报打印界面（如图 8-479），选择需要打印的内容和打印机后，可点击选择直接打印，或者打印预览后再打印。

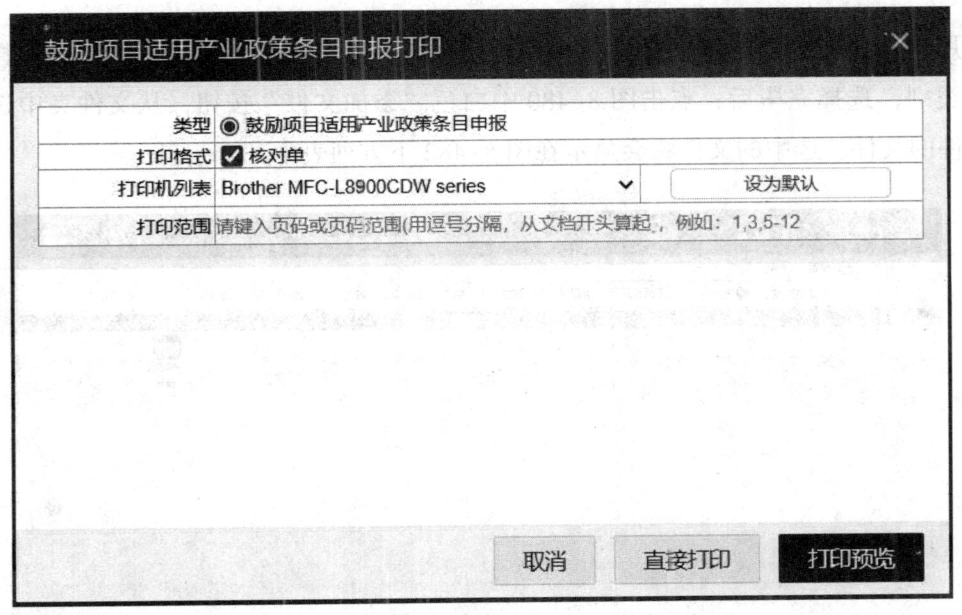

图 8-479 鼓励项目适用产业政策条目申报打印

随附单据：

小提示：

申请形式是无纸时，才能上传随附单据。

点击界面上方【随附单据】蓝色按钮，系统会弹出随附单据上传界面（如图 8-480）。

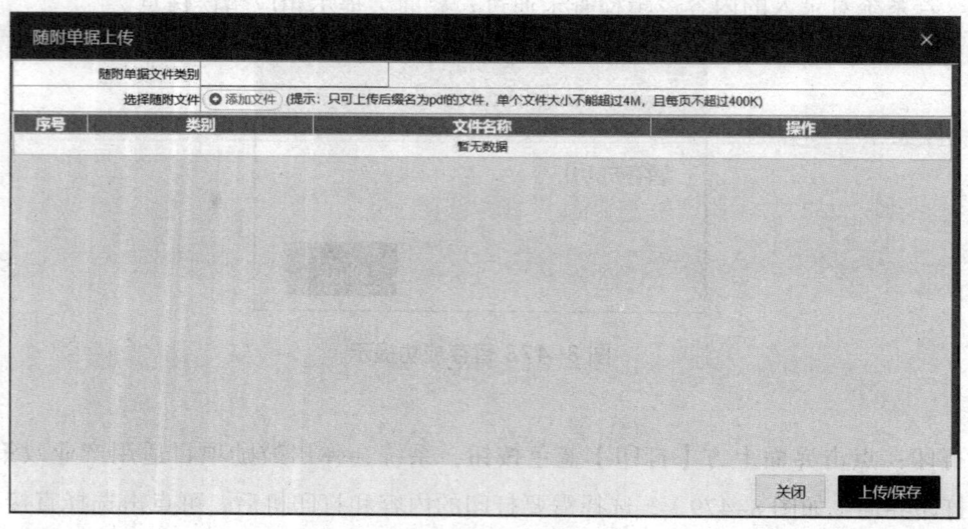

图 8-480 随附单据上传（一）

用户需先选择随附单据文件类别，光标在该字段点击后，从下拉菜单中选择对应文件类别，选择完毕后，点击图 8-480 中白色“添加文件”按钮，从文件夹中选择符合条件的文件。选中的文件将会显示在图 8-482 下方列表中。

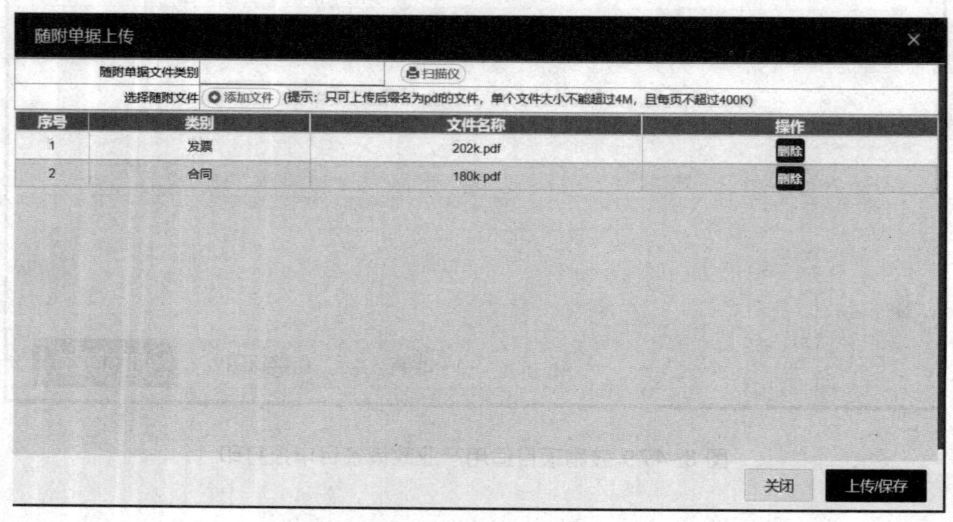

图 8-481 随附单据上传（二）

选择完需要上传的文件后，点击蓝色【上传】/【保存】按钮，上传数据至系统中，显示上传完成即可。

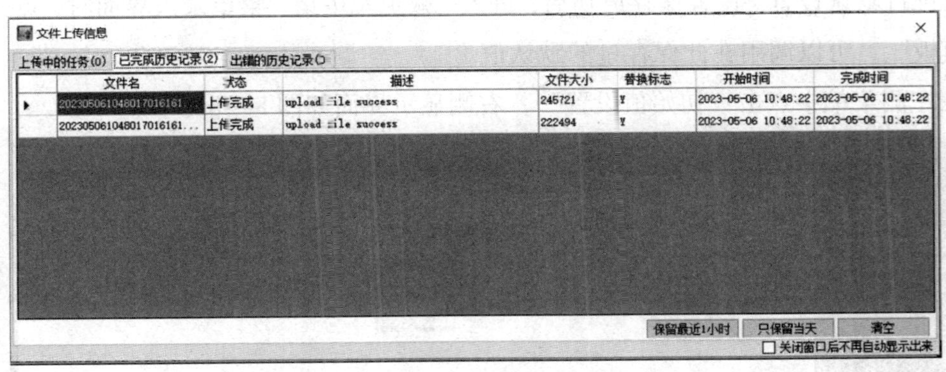

图 8-482 文件上传

小提示：

只可上传后缀名为 pdf 的文件，单个文件大小不能超过 4M，且每页不超过 200K。

申报：

小提示：

进行申报，必须使用电子口岸卡介质。

申报即意味着您的数据将向相关业务主管部门进行发送，并等待其审批。

点击界面上方【申报】蓝色按钮，系统会弹出提示“是否确认申报该数据？”选择是后，系统弹出提示“申报成功”，此时该票数据将向海关进行申报。

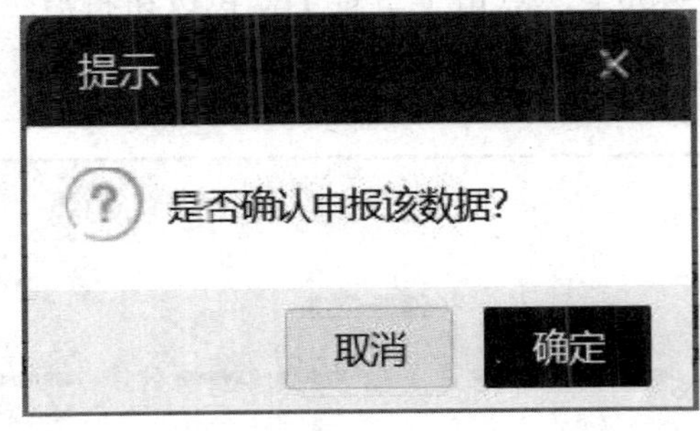

图 8-483 确认申报提示

图 8-484 申报成功提示

四、初始值设置

为了减少用户在部分常用字段中反复录入相同内容，此功能可对减免税申请的部分字段进行默认设置。设置保存成功后，进入“减免税申请”菜单录入界面时，点击“初始值模板”，可以调用在此保存过的默认值。

在左侧菜单中点击“初始值设置”，右侧显示界面如图 8-485。

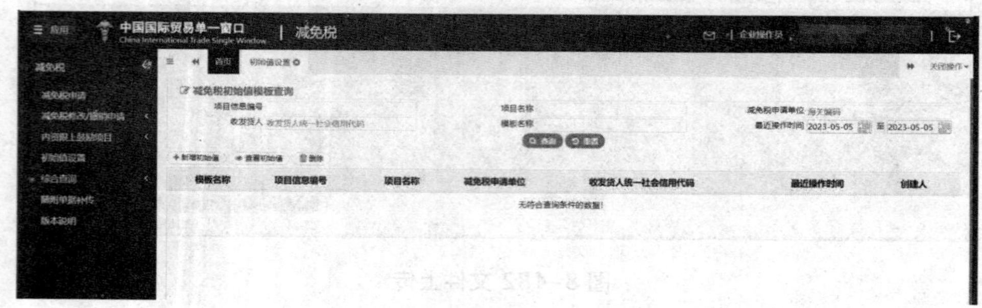

图 8-485 初始值设置

项目信息编号：选中该条件时，输入项目信息编号。

项目名称：选中该条件时，输入项目名称。

减免税申请单位：选中该条件时，输入申请单位海关注册编码

收发货人：选中该条件时，输入收发货人 18 位信用代码。

模板名称：选中该条件时，输入模板名称。

最近操作时间：选中该条件时，可在下拉日历里选择起止时间。

查询：如已保存过初始值，输入查询条件，点击【查询】蓝色按钮，查询结果显示在下方列表中（如图 8-486）。点击【重置】蓝色按钮将清空查询条件，重新填写后查询。

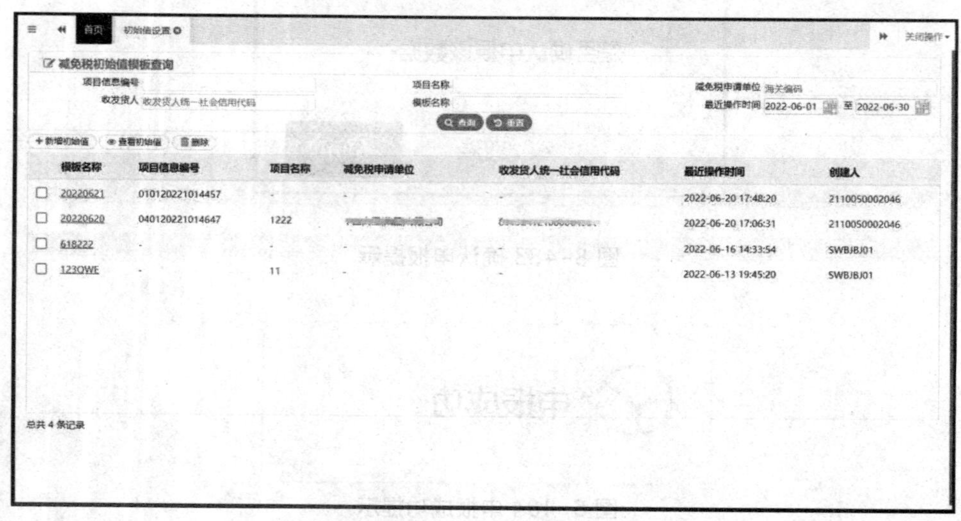

图 8-486 减免税初始值查询结果列表

在查询结果列表中选中记录，可点击模板名称，跳转到减免税申请详情界面。查看某一票初始值数据时，可以根据实际需要进行修改、保存。

新增初始值：在图 8-487 中，点击白色【新增初始值】按钮，界面将跳转到新增初始值界面，在该界面中，用户可设置常用数值并进行保存，方便后续录入业务。

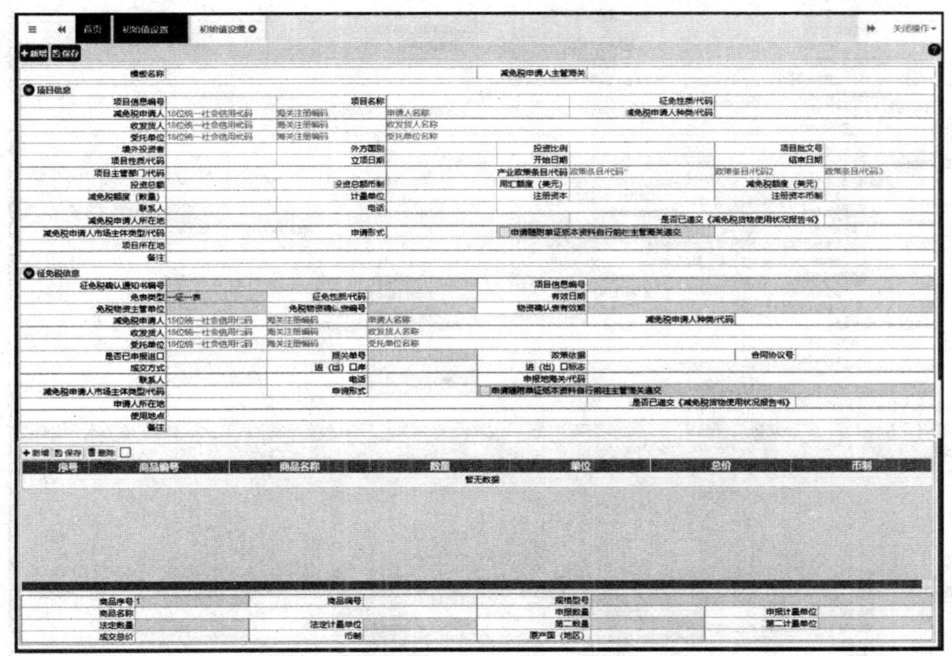

图 8-487 初始值设置录入界面

填写完毕后，点击页面左上角蓝色【保存】按钮，即可保存成功。

查看初始值：在图 8-486 中，勾选对应模板后点击页面左上方白色【查看初始值】按钮，或直接点击蓝色模板名称，界面将跳转至初始值详情界面，用户可对该条数据再次编辑或查看。

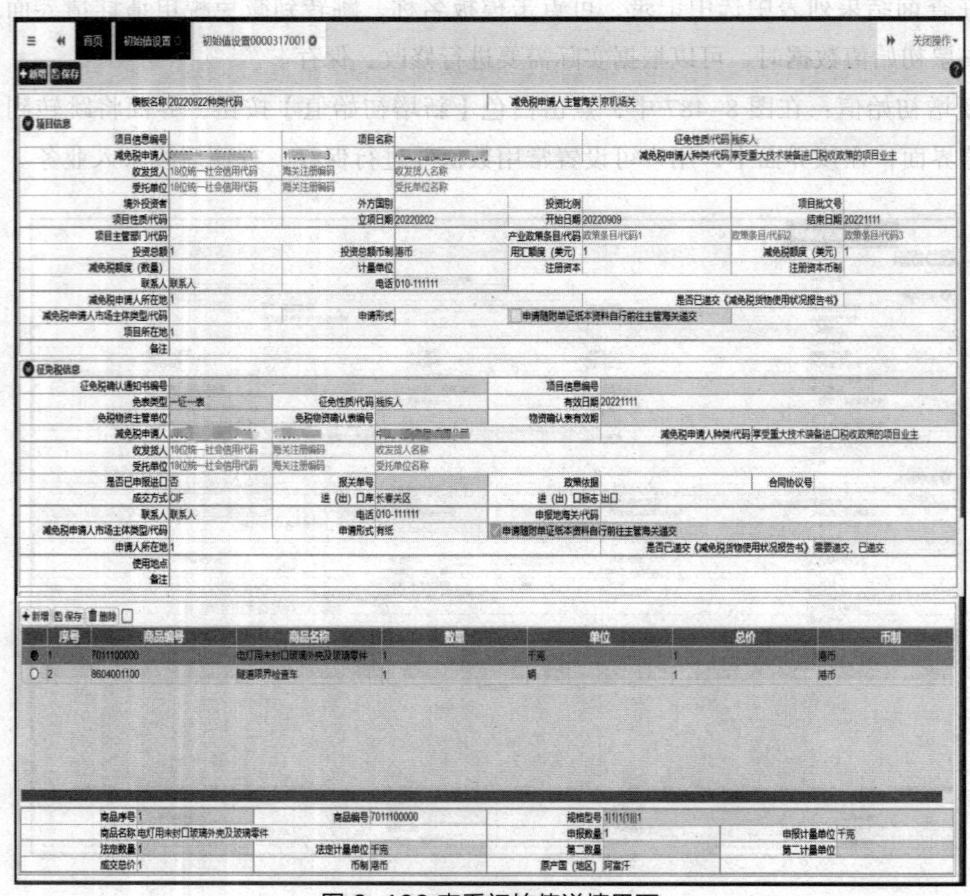

图 8-488 查看初始值详情界面

删除：在减免税初始值查询结果列表中，勾选对应模板后点击页面左上方白色【删除】按钮，用户可对该条数据进行删除，删除后不能回复，请用户谨慎操作。

图 8-489 删除成功提示

五、综合查询

（一）减免税数据查询

点击左侧菜单栏“综合查询—减免税数据查询”，右侧界面展示如图 8-490。

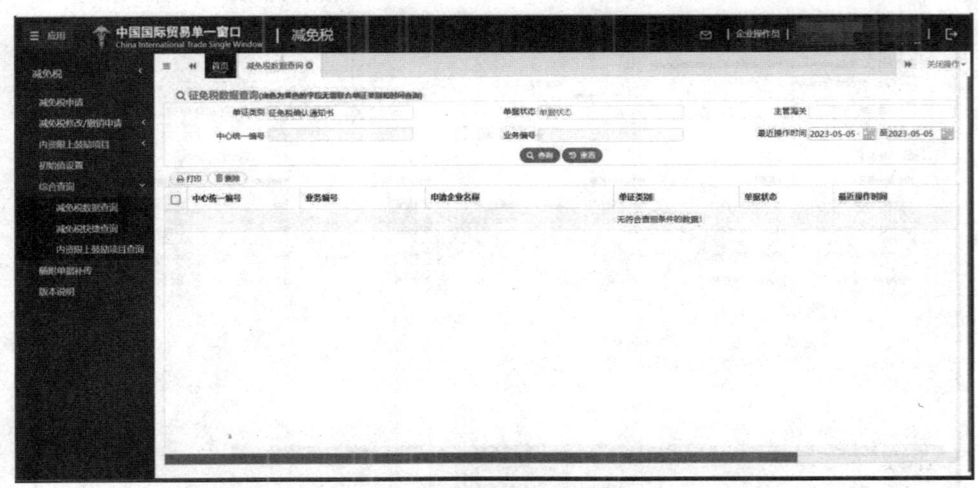

图 8-490 减免税数据查询

单证类别：选中该条件时，可在下拉菜单中选择单证类别。

单据状态：选中该条件时，可在下拉菜单中选择申请单的状态。

主管海关：选中该条件时，可在下拉菜单中选择主管海关，也可输入关区代码检索出关区名称反填到界面。

中心统一编号：选中该条件时，输入中心统一编号。

业务编号：选中该条件时，输入业务编号。

最近操作时间：选中该条件时，可在下拉日历里选择起止时间。

小提示：

起止时间所选择的范围，不能超过 15 天。底色为黄色的字段无需联合状态和时间查询。

查询：输入查询条件，点击【查询】蓝色按钮，查询结果显示在下方列表中（如图 8-491）。点击【重置】蓝色按钮将清空查询条件，重新填写后查询。

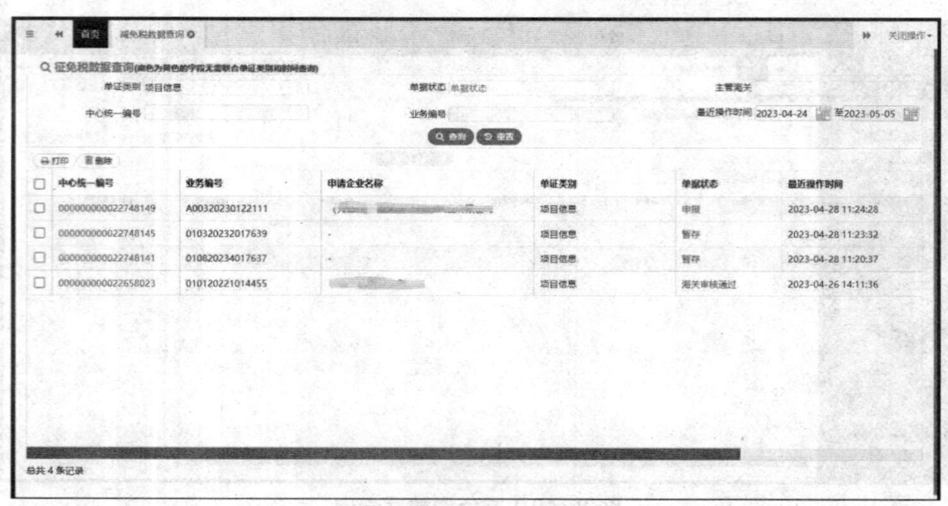

图 8-491 减免税申请查询结果列表

打印：在查询结果列表中，选择一条或者多条记录，点击上图中【打印】白色按钮，系统会弹出减免税打印界面（如图 8-492），选择需要打印的内容和打印机后，可点击选择直接打印，或者打印预览后再打印。

减免税打印

类型 ◉ 征免税信息 ○ 项目信息
打印格式 ☑ 核对单 ☐ 商品附加页
打印机列表 Brother MFC-L8900CDW series 设为默认
打印范围 请键入页码或页码范围(用逗号分隔，从文档开头算起)，例如：1,3,5-12

温馨提示：若需打印“征免税申请表”，打印格式请选择“核对单”，若需打印“征免税确认通知书”，打印格式请选择“留存单”。

取消 直接打印 打印预览

图 8-492 减免税打印

删除：在查询结果列表中，选择一条或者多条记录，点击上图中【删除】白色按钮，系统会弹出提示“是否确认删除已选中的数据？”（如图 8-493），点确定可进行减免税申请的删除操作。删除的数据不可恢复。如果选中的数据是允许删除的状态，则系统提示（如图 8-494）。

如果选中的数据有不允许删除的状态，则系统提示（如图 8-495）。

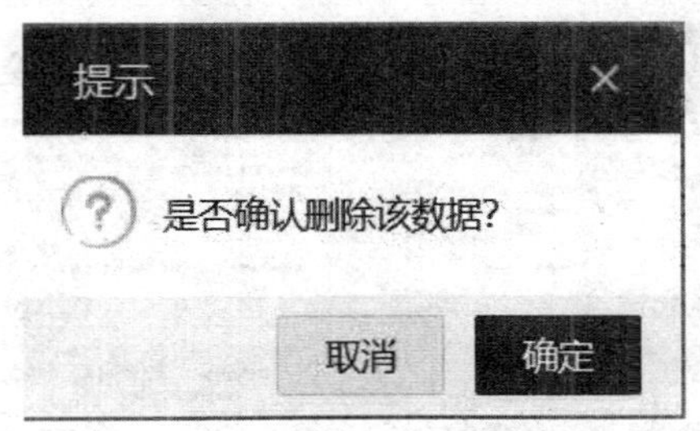

图 8-493 确认删除提示

图 8-494 删除提示 1

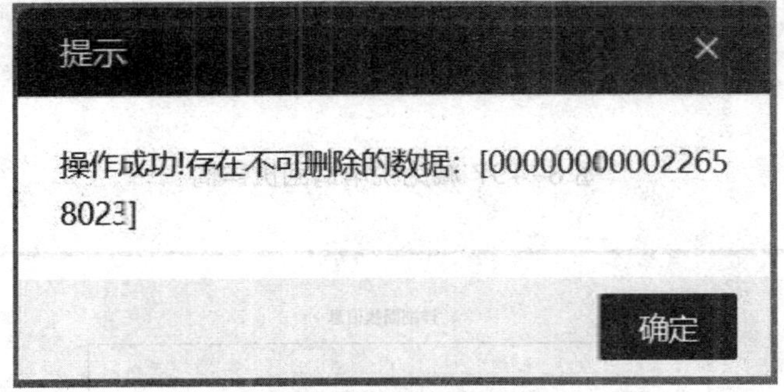

图 8-495 删除提示 2

在查询结果列表中，选中一条数据，点击图中的蓝色中心统一编号，系统自动跳转至减免税申请的详细信息界面（如图 8-496）。

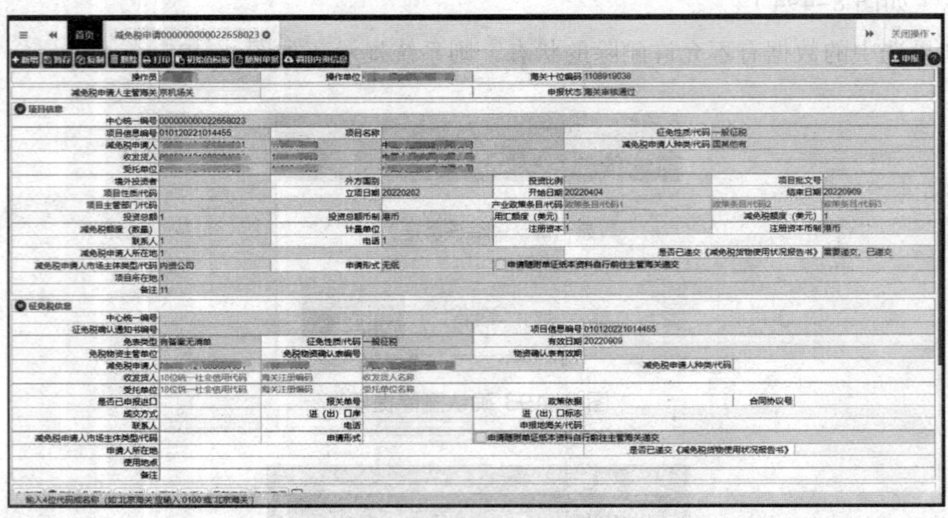

图 8-496 减免税申请详情界面

在查询结果列表中，点击申请单状态栏内的蓝色字样，界面下方显示相应的回执（如图 8-497）。点击回执部分【刷新】白色按钮，可刷新回执。点击【关闭】白色按钮，可关闭查看回执列表。点击【打印】白色按钮，可打印详情回执信息（如图 8-498）。

刷新 关闭 打印

征免税回执查询

	序号	中心统一编号	业务编号	当前状态	回执详细信息	回执时间
☐	1	000000000022726153	010120231017281	审批未通过或入库不通过	[减免税申请人种类/代码不能为空]	2023-02-21 13:55:36
☐	2	000000000022726153	-	入预录库成功	海关入库成功	2023-02-21 13:42:36

图 8-497 减免税申请回执详情

详细回执信息

中心统一编号： 000000000022726153

海关编号： 010120231017281

回执信息： [减免税申请人种类/代码不能为空]

当前状态： 审批未通过或入库不通过

打印时间：2023/05/05 14:00:54

图 8-498 打印详情回执信息

（二）减免税快捷查询

点击左侧菜单栏“综合查询—减免税快捷查询”，右侧界面展示如图 8-499。

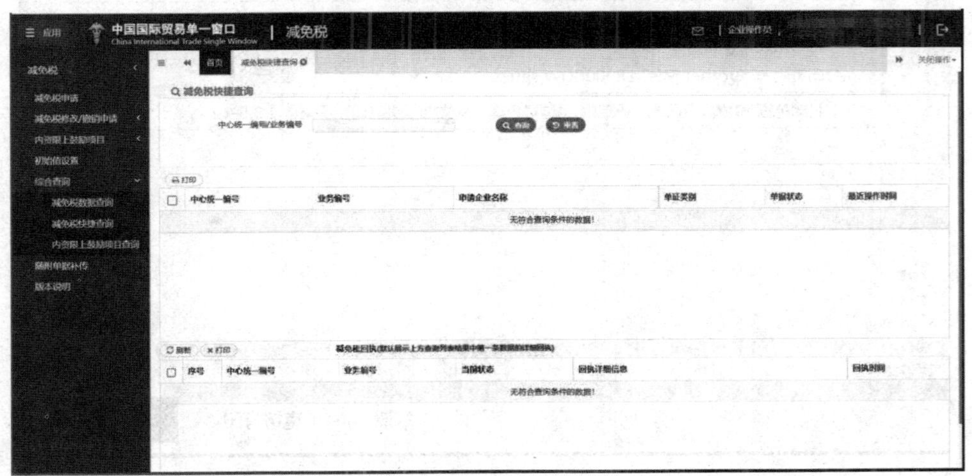

图 8-499 减免税快捷查询

中心统一编号 / 业务编号：输入减免税申请的中心统一编号或者业务编号

输入中心统一编号 / 业务编号，点击【查询】蓝色按钮，查询结果显示在下方列表中（如图 8-500）。点击【重置】蓝色按钮将清空查询条件，重新填写后查询。

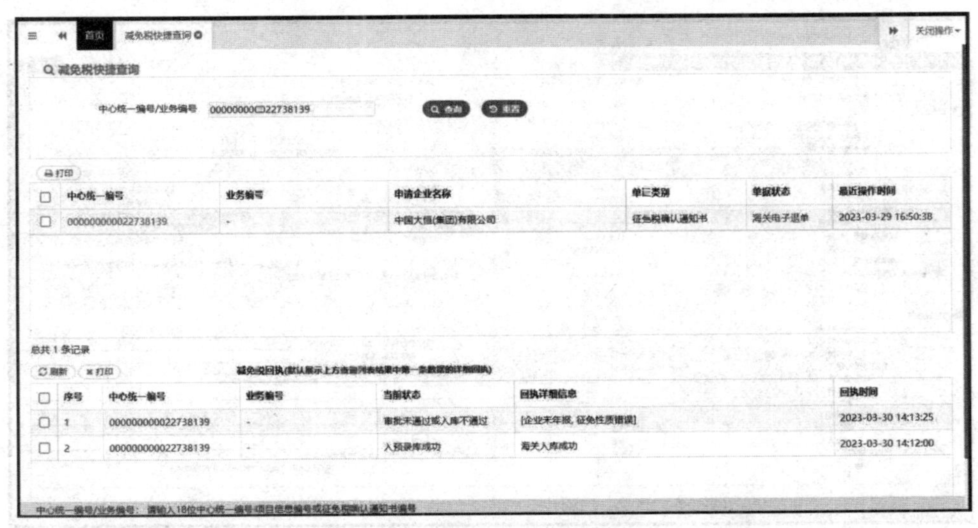

图 8-500 减免税快捷查询结果列表

打印：选中查询结果列表中的一条记录，点击上图中【打印】白色按钮，系统会弹出减免税打印界面（如图 8-501），选择需要打印的内容和打印机后，可点击选择直接打印，或者打印预览后再打印。

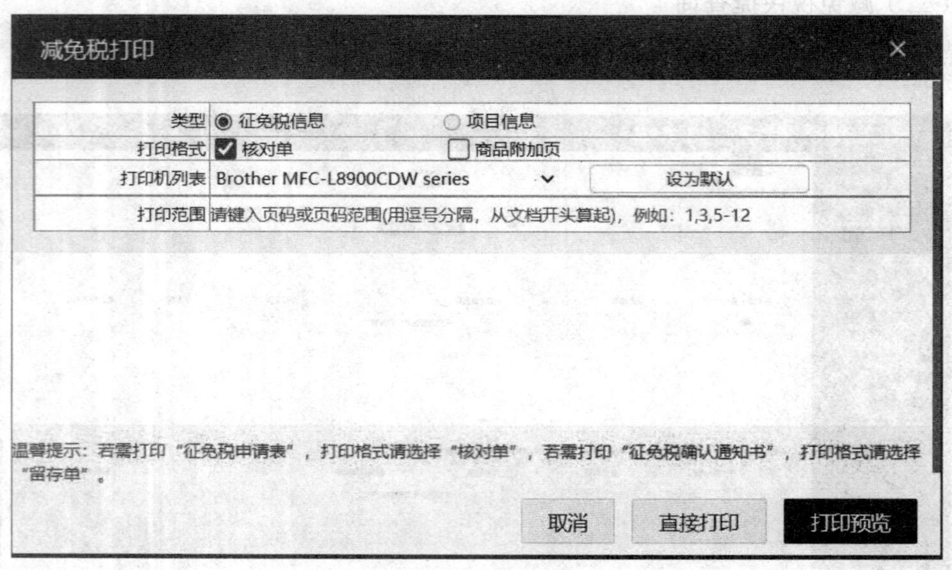

图 8-501 减免税打印

在减免税快捷查询结果列表中，选中一条数据，点击图中的蓝色中心统一编号，系统自动跳转至减免税申请的详细信息界面（如图 8-502）。

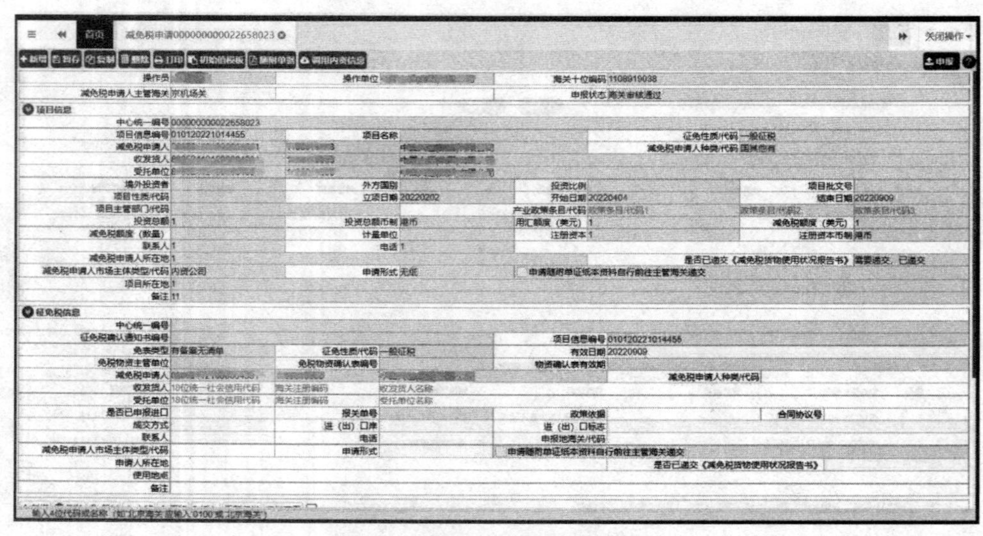

图 8-502 减免税申请详情界面

（三）内资限上鼓励项目查询

点击左侧菜单栏“综合查询—内资限上鼓励项目查询”，右侧界面展示如图 8-503。

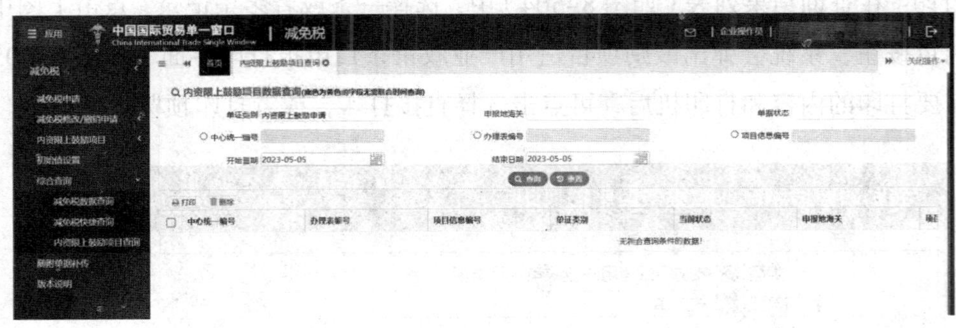

图 8-503 内资限上鼓励项目查询

单证类别：选中该条件时，可在下拉菜单中选择单证类别。

申报地海关：选中该条件时，可在下拉菜单中选择主管海关，也可输入关区代码检索出关区名称反填到界面。

单据状态：选中该条件时，可在下拉菜单中选择单据状态。

中心统一编号：选中该条件时，输入中心统一编号。

办理表编号：选中该条件时，输入办理表编号。

项目信息编号：选中该条件时，输入项目信息编号。

开始日期、结束日期：选中该条件时，可在下拉日历里选择起止时间。

小提示：

起止时间所选择的范围，不能超过 15 天。底色为黄色的字段无需联合状态和时间查询。

查询：输入查询条件，点击【查询】蓝色按钮，查询结果显示在下方列表中（如图 8-504）。点击【重置】蓝色按钮将清空查询条件，重新填写后查询。

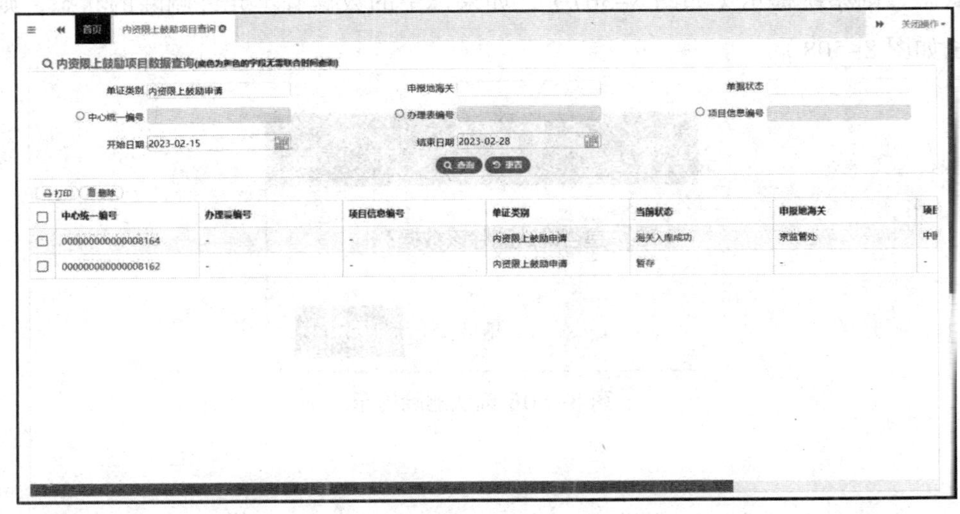

图 8-504 内资限上鼓励项目查询结果列表

打印：在查询结果列表（如图 8-504）中，选择一条或者多条记录，点击上图中【打印】白色按钮，系统会弹出鼓励项目适用产业政策条目申报打印界面（如图 8-505），选择需要打印的内容和打印机后，可点击选择直接打印，或者打印预览后再打印。

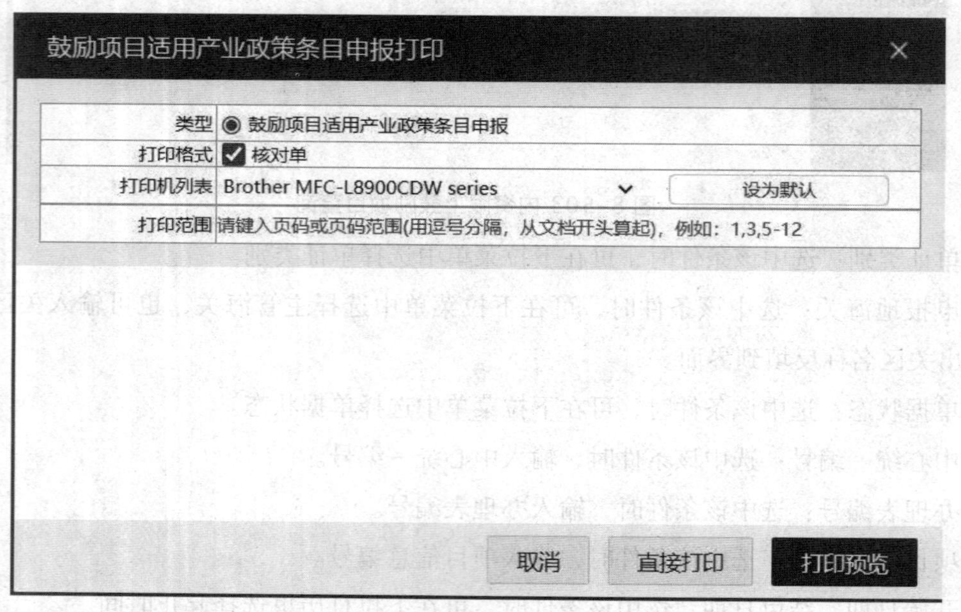

图 8-505 鼓励项目适用产业政策条目申报打印

删除：在查询结果列表（如图 8-470）中，选择一条或者多条记录，点击上图中【删除】白色按钮，系统会弹出提示“是否确认删除已选中的数据？”（如图 8-506），点确定可进行减免税申请的删除操作。删除的数据不可恢复。如果选中的数据是允许删除的状态，则系统提示（如图 8-507），如果选中的数据有不允许删除的状态，则系统提示（如图 8-508）。

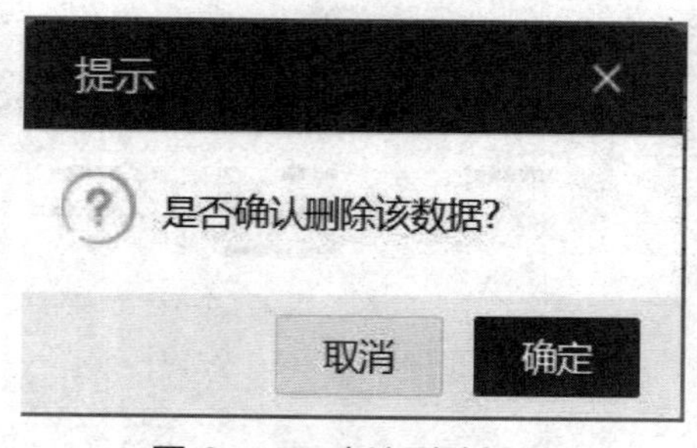

图 8-506 确认删除提示

图 8-507 删除提示 1

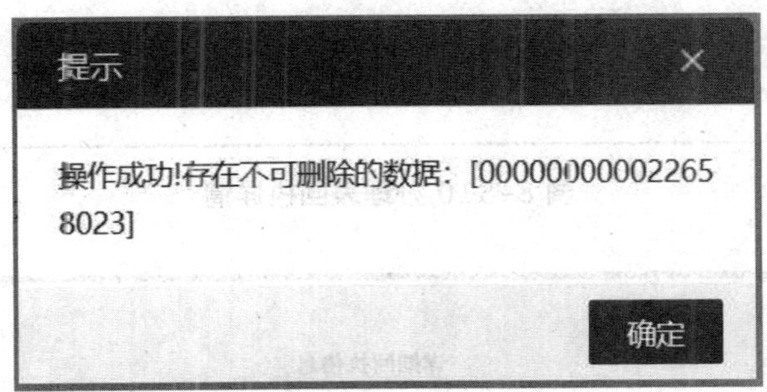

图 8-508 删除提示 2

在查询结果列表中，选中一条数据，点击图中的蓝色中心统一编号，系统自动跳转至鼓励项目申请详细信息界面。

图 8-509 鼓励项目申请详情界面

在查询结果列表（如图 8-505）中，点击当前状态栏内的蓝色字样，界面下方显示相应的回执（如图 8-510）。点击回执部分【刷新】白色按钮，可刷新回执。点击【关闭】

白色按钮，可关闭查看回执列表。点击【打印】白色按钮，可打印详情回执信息（如图 8–511）。

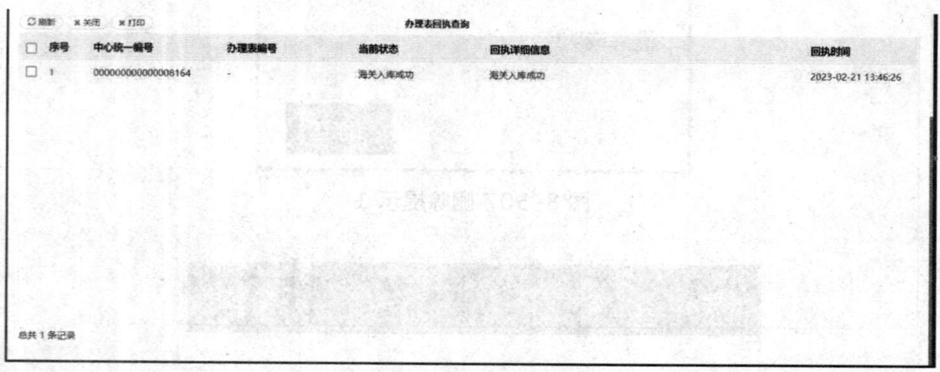

序号	中心统一编号	办理表编号	当前状态	回执详细信息	回执时间
1	0000000000000008164	-	海关入库成功	海关入库成功	2023-02-21 13:46:26

图 8–510 办理表回执详情

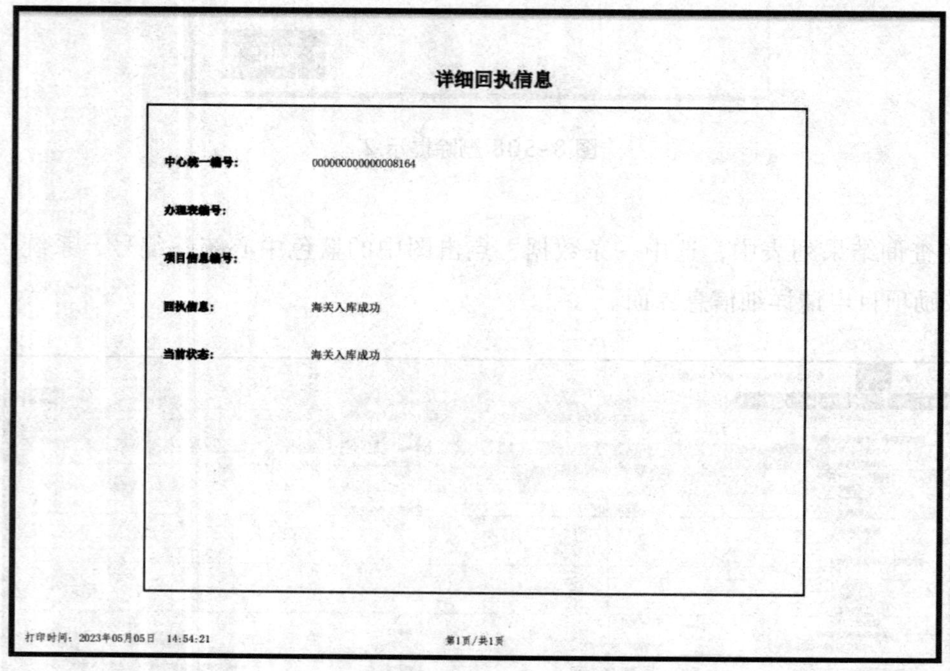

详细回执信息

中心统一编号： 0000000000000008164

办理表编号：

项目信息编号：

回执信息： 海关入库成功

当前状态： 海关入库成功

打印时间：2023年05月05日 14:54:21　　第1页/共1页

图 8–511 打印详情回执信息

六、随附单据补传

点击左侧菜单栏“随附单据补传”，右侧界面展示如图 8–512。

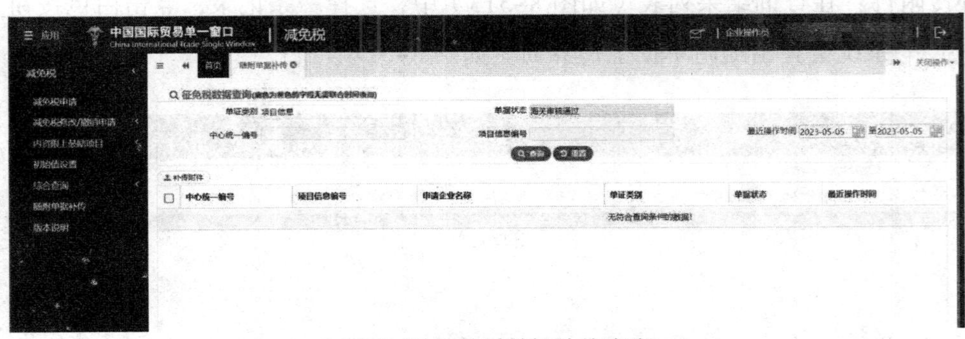

图 8-512 随附单据补传查询

单证类别：选中该条件时，可在下拉菜单中选择单证类别。

单据状态：当单证类别是项目信息时，该字段置灰，默认显示海关审批通过；当单证类别是征免税确认通知书时，该字段变成可编辑状态，可下拉菜单中选择单据状态。

中心统一编号：选中该条件时，输入中心统一编号。

项目信息编号：选中该条件时，输入项目信息编号。

最近操作时间：选中该条件时，可在下拉日历里选择起止时间。

小提示：

起止时间所选择的范围，不能超过 15 天。底色为黄色的字段无需联合状态和时间查询。

查询：输入查询条件，点击【查询】蓝色按钮，查询结果显示在下方列表中（如图 8-513）。点击【重置】蓝色按钮将清空查询条件，重新填写后查询。

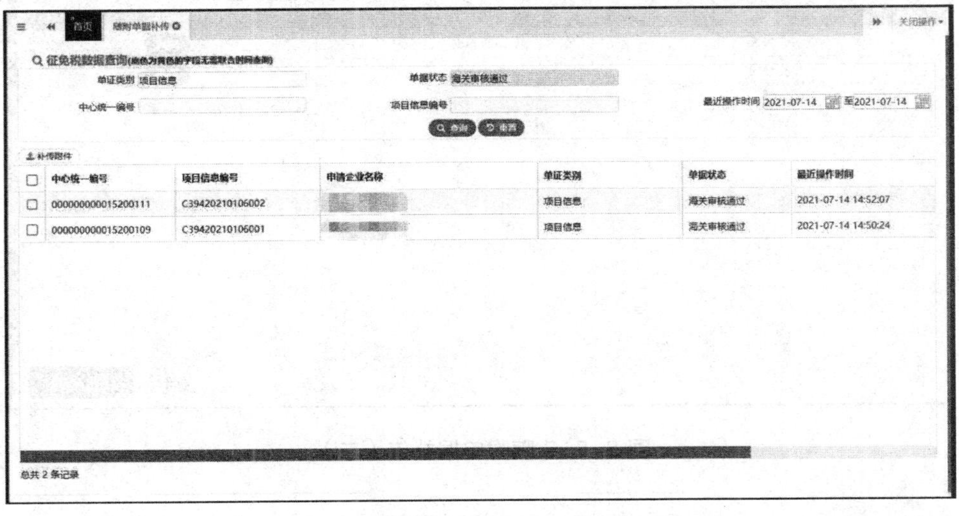

中心统一编号	项目信息编号	申请企业名称	单证类别	单据状态	最近操作时间
000000000015200111	C39420210106002		项目信息	海关审核通过	2021-07-14 14:52:07
000000000015200109	C39420210106001		项目信息	海关审核通过	2021-07-14 14:50:24

总共 2 条记录

图 8-513 随附单据补传查询结果列表

补传附件：在查询结果列表（如图 8-513）中，选择一条记录，点击白色按钮【补传附件】，系统会弹出随附单据上传界面（如图 8-514）。

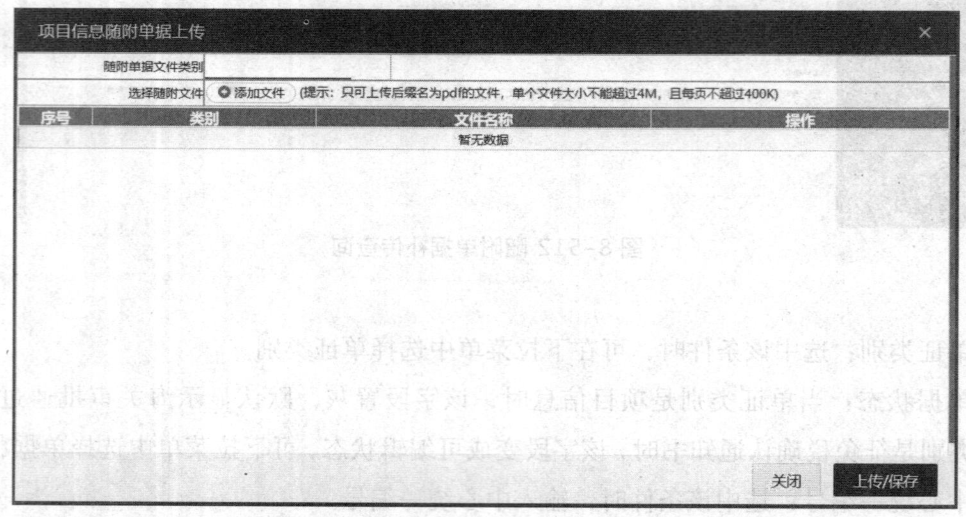

图 8-514 随附单据上传（一）

用户需先选择随附单据文件类别，光标在该字段点击后，从下拉菜单中选择对应文件类别，选择完毕后，点击图 8-514 中白色“添加文件”按钮，从文件夹中选择符合条件的文件。选中的文件将会显示在图 8-515 下方列表中。

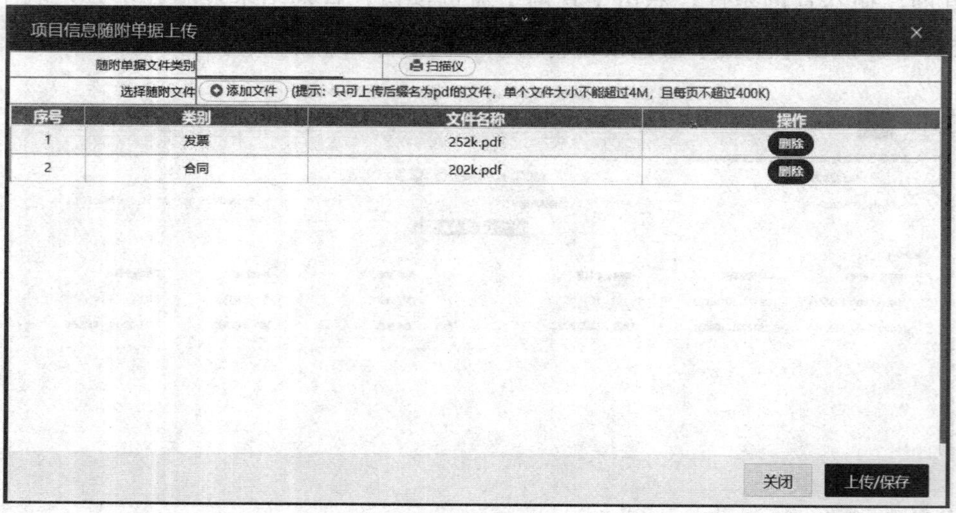

图 8-515 随附单据补传（二）

选择完需要上传的文件后，点击蓝色【上传】/【保存】按钮，上传数据至系统中，显示上传完成即可。

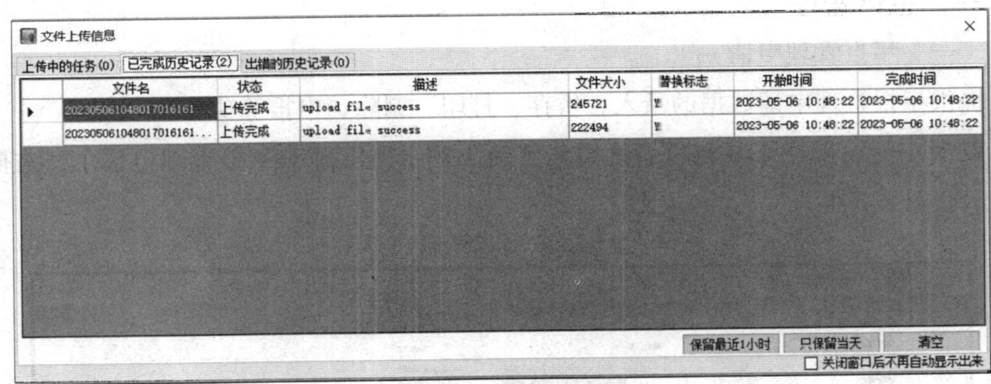

图 8-516 文件上传

小提示：

只可上传后缀名为 pdf 的文件，单个文件大小不能超过 4M，且每页不超过 200K。

第六章 减免税后续

第一节 减免税后续申请

包括减免税后续管理工作中的年报管理申请、主体变更申请、货物结转申请、货物退运（出口）申请、货物补税申请、解除监管证明申领、使用地点变更申请、异地监管申请、结束异地监管申请、贷款抵押申请、合同备案申请、贷款抵押延期申请、合同延期备案申请、贷款抵押（延期）结案申请、税款担保申请、税款担保延期等功能模块的录入、暂存、申报、打印、删除等功能。

进入左侧菜单“减免税后续申请（新）”，展开业务菜单（如图 8-517）。

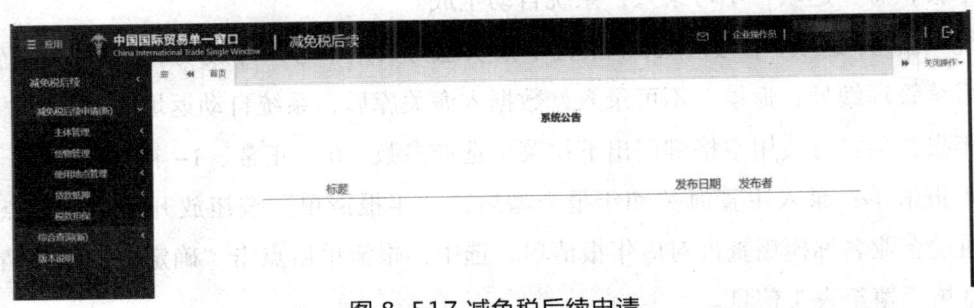

图 8-517 减免税后续申请

一、主体管理

（一）年报管理申请

提供年报管理申请数据的录入、暂存、打印、删除、申报等功能。

点击左侧菜单栏【减免税后续申请（新）—主体管理—年报管理申请】，右侧界面展示如图 8-518。

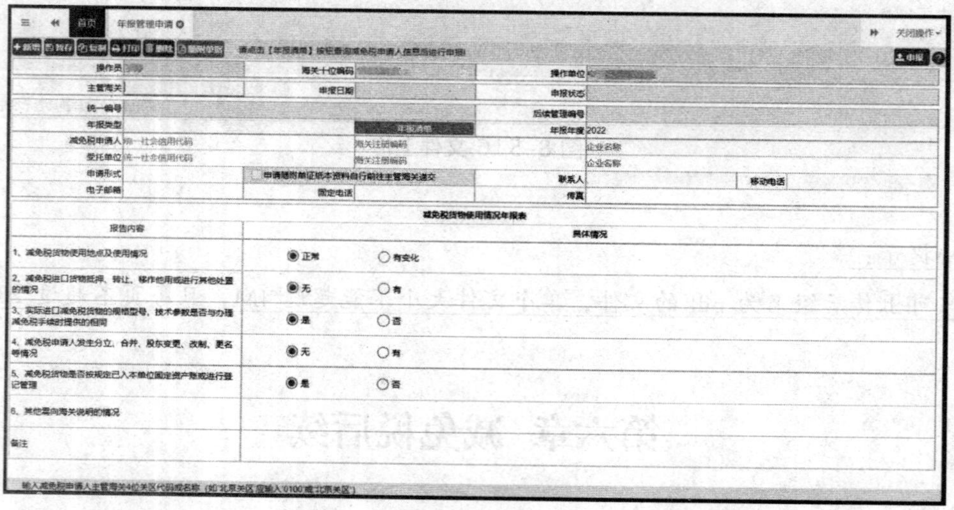

图 8-518 年报管理申请

1. 界面字段说明

（1）表头

操作员：返填，不可录入，由系统自动读取用户注册信息。

海关十位编码：返填，不可录入，由系统自动读取用户注册信息。

操作单位：返填，不可录入，由系统自动读取用户注册信息。

主管海关：必填，可输入关区代码或名称调出参数。

申报日期：返填，不可录入，系统自动生成。

申报状态：返填，不可录入，系统自动生成。

统一编号：返填，不可录入，申报且申报状态为数据中心入库成功后，系统自动生成。

后续管理编号：返填，不可录入，数据入海关库后，系统自动返填。

年报类型：可使用空格键调出下拉菜单选择参数“0 —正常、1– 补报”。

年报清单：录入主管海关和年报类型后，“年报清单”按钮放开可点击。点击后弹窗通过企业名称模糊查询对应年报清单，选中年报清单后点击“确定”，年报清单企业信息被返填至表头信息。

年报年度：必填，手工填写，长度不超过 4 位数字。

减免税申请人统一社会信用代码：自理时必填，手工录入或通过年报清单返填，可修改。

减免税申请人海关注册编码：非必填，手工录入或通过年报清单返填，可修改。

减免税申请人企业名称：必填，手工录入或年报清单返填，可修改。

受托单位统一社会信用代码：自理时选填，代理时必填，手工录入或通过海关注册编码返填，可修改。

受托单位海关注册编码：非必填，手工录入或通过统一社会信用代码返填，可修改。

受托单位企业名称：非必填，手工录入或通过海关注册编码 / 统一社会信用代码返填，可修改。

联系人：必填，手工录入，不超过 18 个字节

移动电话：必填，手工录入，不超过 11 个字节

电子邮箱：非必填，手工录入，不超过 64 个字节。

固定电话：非必填，手工录入，不超过 15 个字节。

传真：非必填，手工录入，不超过 18 个字节。

申请形式：可使用空格键调出下拉菜单选择参数“0- 无纸、1- 有纸”。当选择“有纸”时，“申请随附单证纸质资料自行前往主管海关递交”前面的复选框被自动勾选，不可修改。当选择“无纸”时，界面顶端的随附单据蓝色按钮被点亮。

（2）表体

“减免税货物使用情况年报表”部分，根据左侧提示的报告内容，根据实际填写具体情况。

减免税货物使用地点及使用情况：可选择“正常”或“有变化”。当选择“有变化”时，弹出附表《减免税货物使用变化情况明细表》，在附表中输入“征免税确认通知书编号”，调用返填免表数据至商品表体，若返填字段无值可手工录入。附表商品表体条数最多限制 300 条。

减免税进口货物抵押、转让、移作他用或进行其他处置的情况：可选择“无”或“有”。当选择“有”时，弹出附表《减免税货物使用变化情况明细表》，在附表中输入“征免税确认通知书编号”，调用返填免表数据至商品表体，若返填字段无值可手工录入。附表商品表体条数最多限制 300 条。

实际进口减免税货物的规格型号、技术参数是否与办理减免税手续时提供的相同：可选择“是”或“否”。当选择“否”时，弹出附表《减免税货物实际进口时变化情况表》，在附表中输入“征免税确认通知书编号”，调用返填免表数据至商品表体，若返填字段无值可手工录入。附表商品表体条数最多限制 100 条。

减免税申请人发生分立、合并、股东变更、改制、更名等情况：可选择“无”或“有”。

当选择"有"时，弹出附表《减免税申请人变更情况表》，在附表中手工录入商品表体回车保存至商品列表。附表商品表体条数最多限制 50 条。

减免税货物是否按规定已入本单位固定资产账或进行登记管理：可选择"是"或"否"。当选择"否"时，弹出附表减免税货物未按规定计入固定资产或未进行登记管理情况明细表，在附表中输入"征免税确认通知书编号"，调用返填免表数据至商品表体，若返填字段无值可手工录入。附表商品表体条数最多限制 100 条。

其他需向海关说明的情况：非必填，手工填写，长度不超过 255 个字节（约 127 汉字）。

备注：非必填，手工填写未尽事宜，长度不超过 255 个字节（约 127 汉字）。

2. 操作（按钮）

（1）常规说明

新增：始终为激活状态。点击【暂存】按钮后，界面字段全部清空，可重新录入一票新数据。

暂存：点击【暂存】按钮后，申报状态变为"暂存"。若系统对录入的内容逻辑检查未通过，界面会提示相应错误信息。

小提示：

"海关入库成功"等申报状态时，暂存按钮置灰，不允许操作。

打印：点击【打印】按钮后，系统弹出提示（如图 8-519）。

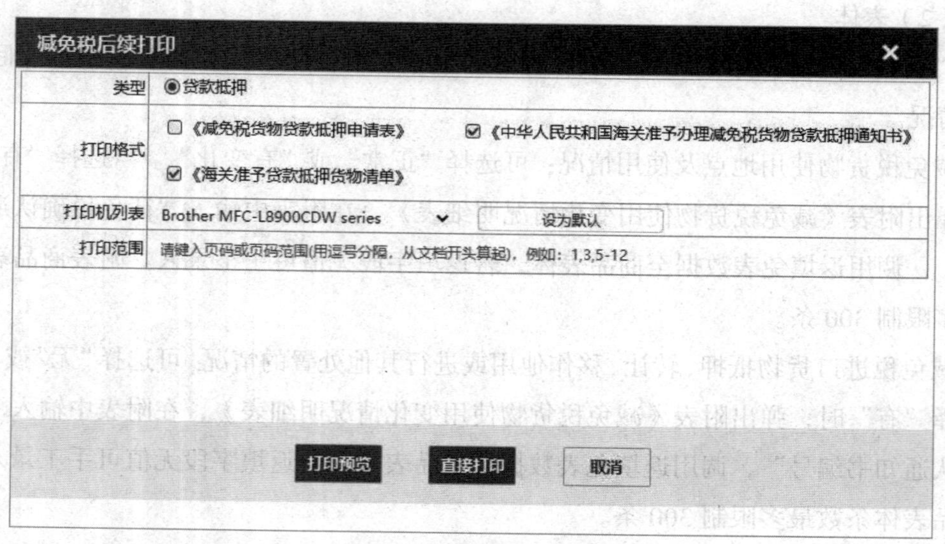

图 8-519 贷款抵押打印

"类型""打印格式"为系统默认，可修改。用户根据本地打印机设置，在"打印机列表"中进行选择。如果想将列表中的某个打印机设置为默认，选择后点击后面【设置默认】白色按钮即可。"打印范围"无需录入。

点击【打印预览】蓝色按钮，系统展示预览页面（如图 8-520）。点击【打印预览】按钮，根据本地打印机的连接或设置直接进行打印。

减免税货物贷款抵押申请表

统一编号：0000000000001162781

减免税申请人名称	中国大恒(集团)有限公司	海关注册编码	1108919038	统一社会信用代码	866524121000064931
金融机构名称	1	申请抵押期限	2022年06月30日 至 2022年07月06日		

序号	征免税确认通知书编号	商品项号	商品名称	规格型号	数量	单位	总价	币制	进口放行日期

申请事项说明	1
备注	

我公司(单位)承诺不将减免税货物向银行和非银行金融机构以外的自然人、法人或非法人组织办理贷款抵押。

减免税申请人（签章）

年 月 日

图 8-520 预览页面

小提示：

单据状态为暂存、申报、发往海关失败、发往海关成功、海关入库失败、海关入库成功、退单、已作废时，可打印《减免税货物贷款抵押申请表》；

单据状态为“审核通过”“已合同备案”“已结案”时，可打印《减免税货物贷款抵押申请表》《中华人民共和国海关准予办理减免税货物贷款抵押通知书》《海关准予贷款抵押货物清单》；

单据状态为“海关不予办理”时，可打印《减免税货物贷款抵押申请表》《中华人民共和国海关不准予办理减免税货物贷款抵押通知书》。

删除：点击【删除】按钮，系统提示是否要删除该票单据（如图 8-521）。点击【确认】后系统删除相应的数据，同时界面字段全部清空，可重新录入一票数据。

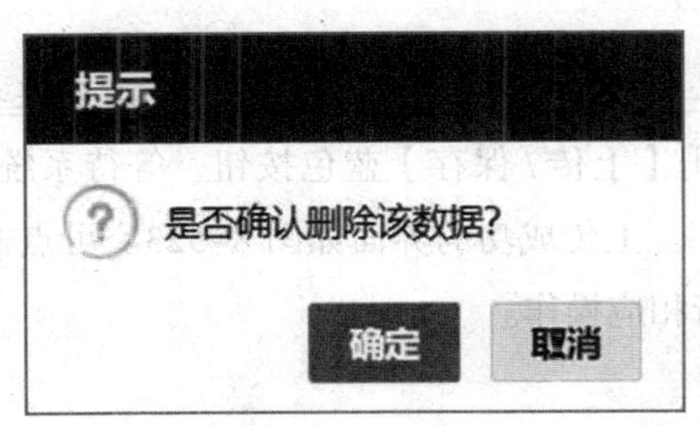

图 8-521 删除提示

小提示：

"海关入库成功、海关审批通过"等申报状态时，删除按钮置灰，不允许操作。暂存状态的数据，删除后不可恢复，只能重新录入，请谨慎操作！

（2）随附单证

小提示：

只有"申请形式"字段选择了"0- 无纸"时，随附单据蓝色按钮才能被点亮。

点击【随附单据】按钮，系统弹出上传窗口（如图 8-522）。

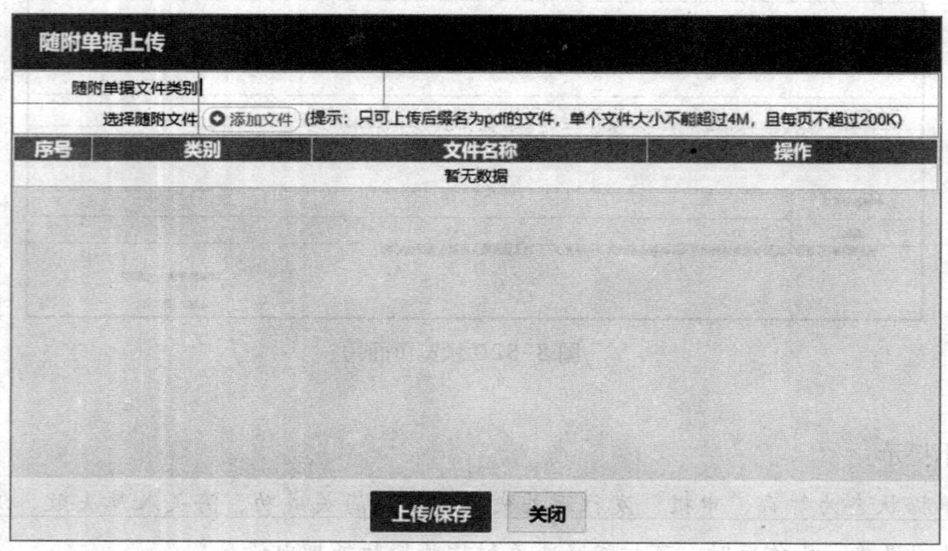

图 8-522 随附单据上传

"随附单据文件类别"字段可输入代码或使用空格键调出参数选择。然后点击【添加文件】白色按钮，在本地电脑中选择相应的 PDF 文件。同一种随附单据文件类别，只允许上传一份 PDF 文件。

只允许上传后缀名为 pdf 的文件，单个文件大小不能超过 4MB，每页不超过 200KB。

小提示：

上传随附单据时，必须保证电子口岸 IC 卡或 Ikey 正确连接在电脑中。

上传完毕后，可点击【上传 / 保存】蓝色按钮，等待系统将 PDF 文件与贷款抵押申请数据进行关联与保存。上传成功的界面如图 8-523。可点击右侧【预览】【下载】【删除】蓝色按钮，进行相应操作。

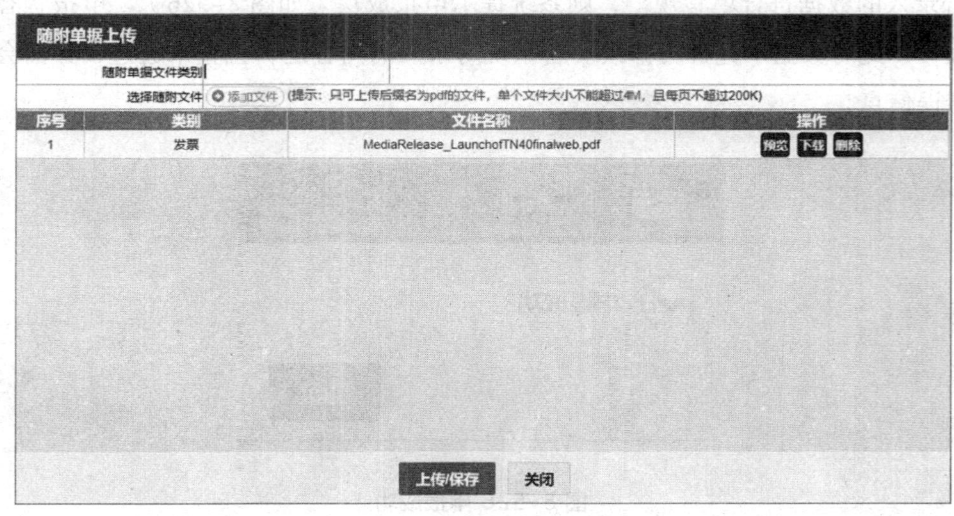

图 8-523 随附单据上传成功

（3）申报

小提示：

申报时，必须保证电子口岸 IC 卡或 Ikey 正确连接在电脑中。

如果使用用户名 + 口令方式登录，必须保证登录账户内绑定的 IC 卡或 Ikey 连接到电脑中，并按照系统提示输入卡密码。否则系统给予提示“当前卡号 XXXX 与用户注册信息卡号 XXXX 不一致，无法进行申报”。

表体内必须至少选中一条记录才能进行申报，否则系统弹出提示如图 8-524：

图 8-524 申报校验提示

点击【申报】按钮，系统弹出提示如图 8-525：

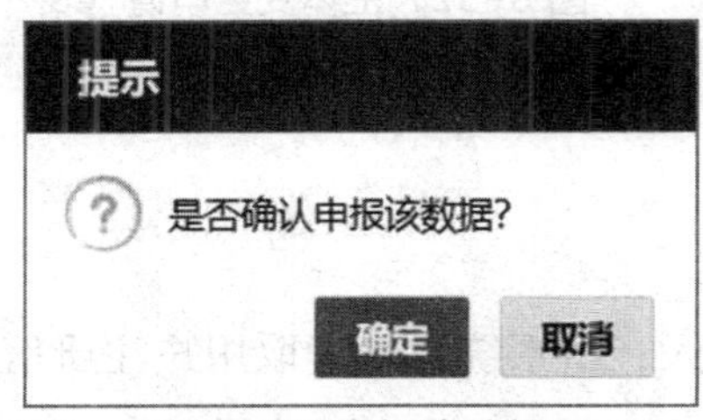

图 8-525 申报确认提示

若录入的数据符合填写规范，则系统提示申报成功（如图 8-526）。申报状态变为“申报”，此时数据不允许再修改。若系统对录入的内容逻辑检查未通过，界面会提示相应错误信息。

图 8-526 申报成功

（二）主体变更申请

提供主体变更申请数据的录入、暂存、打印、申报等功能。

点击左侧菜单栏【减免税后续申请（新）—主体管理—主体变更申请】，右侧界面展示如图 8-527。

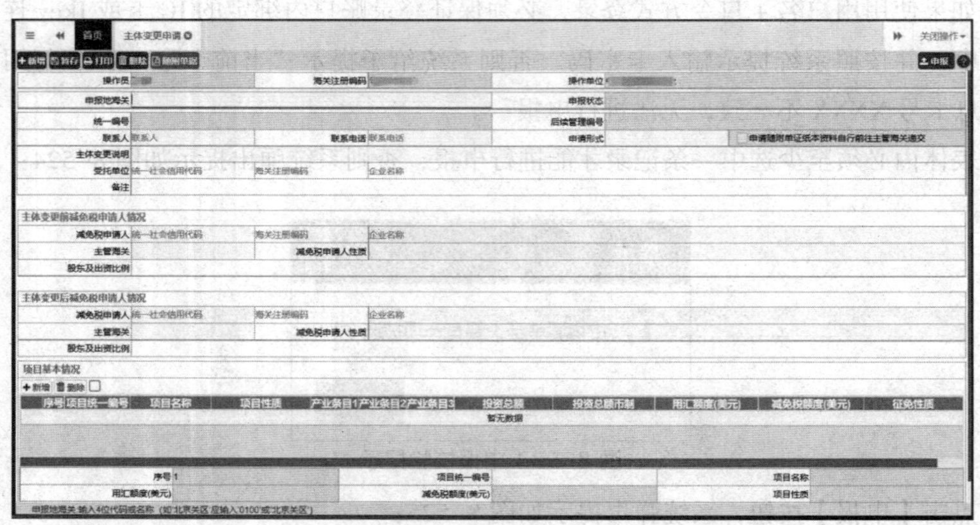

图 8-527 主体变更申请

1. 界面字段说明

（1）表头

操作员：返填，不可录入，由系统自动读取用户注册信息。

海关注册编码：返填，不可录入，由系统自动读取用户注册信息。

操作单位：返填，不可录入，由系统自动读取用户注册信息。

申报地海关：必填，可输入关区代码或名称调出参数。

申报状态：返填，不可录入，系统自动生成。

统一编号：返填，不可录入，申报且申报状态为数据中心入库成功后，系统自动生成。

后续管理编号：返填，不可录入，数据入海关库后，系统自动返填。

申请形式：可使用空格键调出下拉菜单选择参数"0-无纸、1-有纸"。当选择"有纸"时，"申请随附单证纸质资料自行前往主管海关递交"前面的复选框被自动勾选，不可修改。当选择"无纸"时，界面顶端的随附单据蓝色按钮被点亮。

主体变更说明：必填，手工填写，长度不超过255个字节（约127个汉字）。

受托单位统一社会信用代码：自理时选填，代理时必填，手工录入或通过海关注册编码返填，可修改。

受托单位海关注册编码：非必填，手工录入或通过统一社会信用代码返填，可修改。

受托单位企业名称：非必填，手工录入或通过海关注册编码/统一社会信用代码返填，可修改。

备注：非必填，手工填写，长度不超过255个字节（约127个汉字）。

（2）主体变更前/后减免税申请人情况

减免税申请人统一社会信用代码：必填，手工录入或通过海关注册编码返填，可修改。减免税申请人海关注册编码：非必填，手工录入或通过统一社会信用代码返填，可修改。

减免税申请人企业名称：必填，手工录入或通过海关注册编码/统一社会信用代码返填，可修改。

主管海关：必填，可输入关区代码或名称调出参数。

减免税申请人性质：必填，直接输入参数代码、中文或使用空格键调出下拉菜单，选择参数。

股东及出资比例：非必填，手工填写，长度不超过510个字节。

（3）项目基本情况

项目表体部分的录入方法为，在录入框内输入或选择内容后，使用回车键进行跳转，并且在每段表体的最后一个字段内使用回车键，将所录入的内容返填至表体的列表内（如图8-528）。

表体部分的【新增】【删除】白色按钮，仅对表体起作用。

点击【新增】白色按钮，界面清空当前录入的表体内容，便于重新录入数据。勾选表体列表内的任意记录，点击【新增】白色按钮，将删除所选择的表体内容。

序号：返填，系统自动顺序生成，不可修改。

项目统一编号：必填，手工填写（到减免税系统中查询本企业的数据），长度不超过 18 位字节。

项目名称：返填，录入项目统一编号后回车，系统自动根据项目统一编号调取。

用汇额度（美元）：返填，录入项目统一编号后回车，系统自动根据项目统一编号调取。

减免税额度（美元）：返填，录入项目统一编号后回车，系统自动根据项目统一编号调取。

项目性质：返填，录入项目统一编号后回车，系统自动根据项目统一编号调取。

投资总额：返填，录入项目统一编号后回车，系统自动根据项目统一编号调取。

投资总额币制：返填，录入项目统一编号后回车，系统自动根据项目统一编号调取。

产业条目：返填，录入项目统一编号后回车，系统自动根据项目统一编号调取。

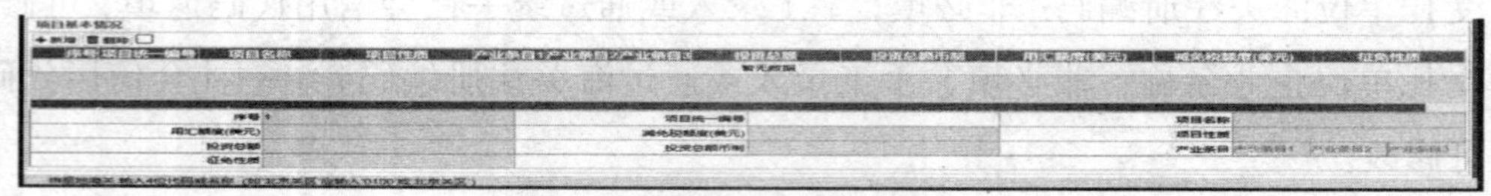

图 8-528 项目基本情况录入

2. 操作（按钮）

界面顶端的新增、暂存、打印、删除、随附单据与申报蓝色按钮，参见“年报管理申请——操作（按钮）”。

项目基本情况部分的白色按钮说明如下：

新增：点击【新增】按钮后，系统清空表体中显示的所有内容，可重新录入数据。

删除：勾选任意表体记录，点击【删除】按钮，系统删除所选中的数据。

小提示：

注意！删除的表体数据不可恢复，需要重新录入，请谨慎操作。

二、货物管理

（一）货物结转申请

提供货物结转申请数据的录入、暂存、打印、申报等功能。

点击左侧菜单栏【减免税后续申请（新）—货物管理—货物结转申请】，右侧界面展示如图 8-529。

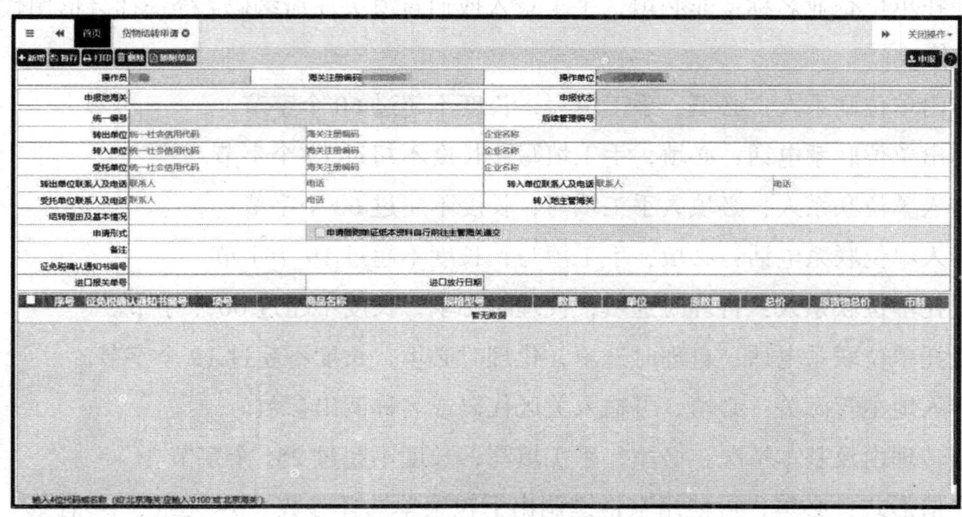

图 8-529 货物结转申请

1. 界面字段说明

（1）表头

操作员：返填，不可录入，由系统自动读取用户注册信息。

海关注册编码：返填，不可录入，由系统自动读取用户注册信息。

操作单位：返填，不可录入，由系统自动读取用户注册信息。

申报地海关：必填，可输入关区代码或名称调出参数。

申报状态：返填，不可录入，系统自动生成。

统一编号：返填，不可录入，申报且申报状态为数据中心入库成功后，系统自动生成。

后续管理编号：返填，不可录入，数据入海关库后，系统自动返填。

转出单位统一社会信用代码：必填，手工录入或通过海关注册编码返填，可修改。

转出单位海关注册编码：非必填，手工录入或通过统一社会信用代码返填，可修改。

转出单位企业名称：必填，手工录入或通过海关注册编码/统一社会信用代码返填，可修改。

转入单位统一社会信用代码：必填，手工录入或通过海关注册编码返填，可修改。

转入单位海关注册编码：非必填，手工录入或通过统一社会信用代码返填，可修改。

转入单位企业名称：必填，手工录入或通过海关注册编码/统一社会信用代码返填，可修改。

受托单位统一社会信用代码：自理时选填，代理时必填，手工录入或通过海关注册编码返填，可修改。

受托单位海关注册编码：非必填，手工录入或通过统一社会信用代码返填，可修改。

受托单位企业名称：非必填，手工录入或通过海关注册编码 / 统一社会信用代码返填，可修改。

转出单位联系人：必填，手工填写，长度不超过 60 个字节。

转出单位联系电话：必填，手工填写，长度不超过 19 个字节。

转入单位联系人：必填，手工填写，长度不超过 60 个字节。

转入单位联系电话：必填，手工填写，长度不超过 19 个字节。

受托单位联系人：自理时选填，代理时必填，长度不超过 60 个字节。

受托单位联系电话：自理时选填，代理时必填，长度不超过 19 个字节。

转入地主管海关：必填，可输入关区代码或名称调出参数。

结转理由及基本情况：必填，手工填写，长度不超过 255 个字节。

申请形式：必填，可使用空格键调出下拉菜单选择参数“0– 无纸、1– 有纸”。当选择“有纸”时，“申请随附单证纸质资料自行前往主管海关递交”前面的复选框被自动勾选，不可修改。当选择“无纸”时，界面顶端的随附单据蓝色按钮被点亮。

备注：非必填，手工填写，长度不超过 255 个字节（约 127 汉字）。

征免税证明编号：手工填写，填写已经审批通过的征免税证明编号（需到减免税系统中查询本企业的数据）。录入后回车，系统自动读取征免税证明内的表体，返填在下方表中。

（2）表体

小提示：

在表头录入征免税证明编号后，回车，系统自动读取该免表项下的货物信息，并显示在下方列表中。

返填出来的表体货物信息，只允许修改“数量”字段。但所输入的数量不能超过“原数量”（即征免税证明中相关商品申报数量）。

用户根据申报需要，可勾选某一行货物记录前的复选框，手工在“数量”字段内输入。手工输入“数量”后，“申报货物总价”将自动随着输入的“数量”而变化。（原征免税证明单价 × 数量）。不勾选表示不选择（不申报）该货物。表体中的其他字段由征免税证明中返填，不允许修改。

小提示：

被选中的货物表体，将在点击申报按钮后，向海关发送！

如果在所有表体最上方的复选框里打勾，所有表体都会被选中。已勾选部分表体货物并修改“数量”的示意图如图 8–530：

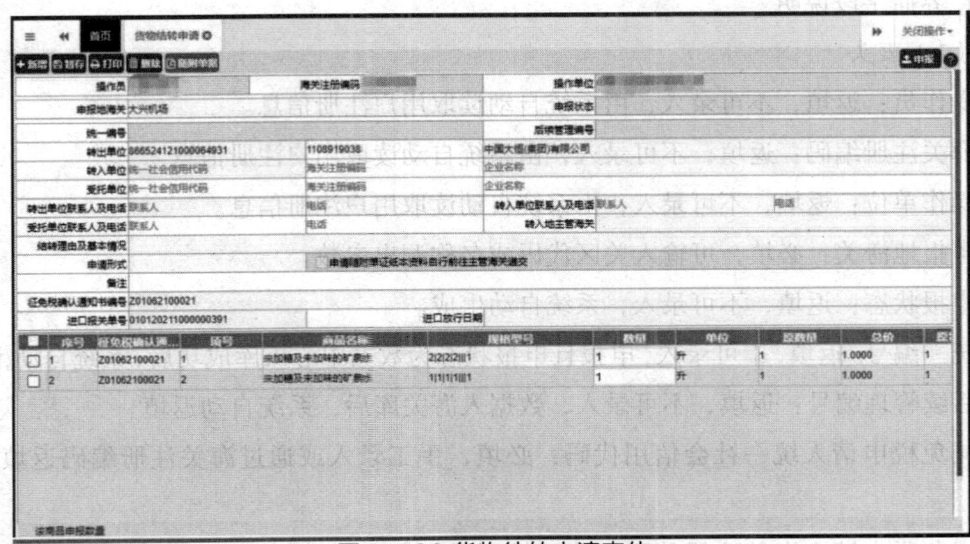

图 3-530 货物结转申请表体

2. 操作（按钮）

新增、暂存、打印、删除、随附单据与申报按钮，参见“年报管理申请——操作（按钮）”。

（二）货物退运（出口）申请

提供货物退运（出口）申请数据的录入、暂存、打印、删除、申报等功能。

点击左侧菜单栏【减免税后续申请（新）——货物管理——货物退运（出口）申请】，右侧界面展示如图 8-531。

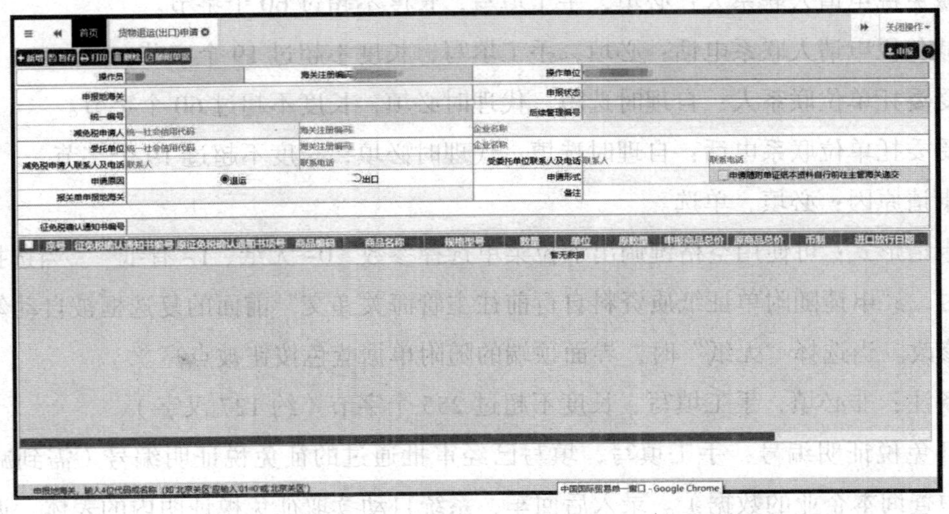

图 8-531 货物退运（出口）申请

1. 界面字段说明

（1）表头

操作员：返填，不可录入，由系统自动读取用户注册信息。

海关注册编码：返填，不可录入，由系统自动读取用户注册信息。

操作单位：返填，不可录入，由系统自动读取用户注册信息。

申报地海关：必填，可输入关区代码或名称调出参数。

申报状态：返填，不可录入，系统自动生成。

统一编号：返填，不可录入，申报且申报状态为数据中心入库成功后，系统自动生成。

后续管理编号：返填，不可录入，数据入海关库后，系统自动返填。

减免税申请人统一社会信用代码：必填，手工录入或通过海关注册编码返填，可修改。

减免税申请人海关注册编码：非必填，手工录入或通过统一社会信用代码返填，可修改。

减免税申请人企业名称：必填，手工录入或通过海关注册编码 / 统一社会信用代码返填，可修改。

受托单位统一社会信用代码：自理时选填，代理时必填，手工录入或通过海关注册编码返填，可修改。

受托单位海关注册编码：非必填，手工录入或通过统一社会信用代码返填，可修改。

受托单位企业名称：非必填，手工录入或通过海关注册编码 / 统一社会信用代码返填，可修改。

减免税申请人联系人：必填，手工填写，长度不超过 60 个字节。

减免税申请人联系电话：必填，手工填写，长度不超过 19 个字节。

受委托单位联系人：自理时选填，代理时必填，长度不超过 60 个字节。

受委托单位联系电话：自理时选填，代理时必填，长度不超过 19 个字节。

申请原因：必填，单选。

申请形式：可使用空格键调出下拉菜单选择参数“0– 无纸、1– 有纸”。当选择“有纸”时，“申请随附单证纸质资料自行前往主管海关递交”前面的复选框被自动勾选，不可修改。当选择“无纸”时，界面顶端的随附单据蓝色按钮被点亮。

备注：非必填，手工填写，长度不超过 255 个字节（约 127 汉字）。

征免税证明编号：手工填写，填写已经审批通过的征免税证明编号（需到减免税系统中查询本企业的数据）。录入后回车，系统自动读取征免税证明内的表体，返填在下方表中。

（2）表体

小提示：

在表头录入征免税证明编号后，回车，系统自动读取该免表项下的货物信息，并显示在下方列表中。

返填出来的表体货物信息，只允许修改“数量”字段。但所输入的数量不能超过“原数量”（即征免税证明中相关商品申报数量）。

用户根据申报需要，可勾选某一行货物记录前的复选框，手工在“数量”字段内输入。

手工输入“数量”后，“申报货物总价”将自动随着输入的“数量”而变化。

（原征免税证明单价 × 数量）。不勾选表示不选择（不申报）该货物。表体中的其他字段由征免税证明中返填，不允许修改。

小提示：

被选中的货物表体，将在点击申报按钮后，向海关发送！

如果在所有表体最上方的复选框里打勾，所有表体都会被选中。已勾选部分表体货物并修改“数量”的示意图如图 8–532。

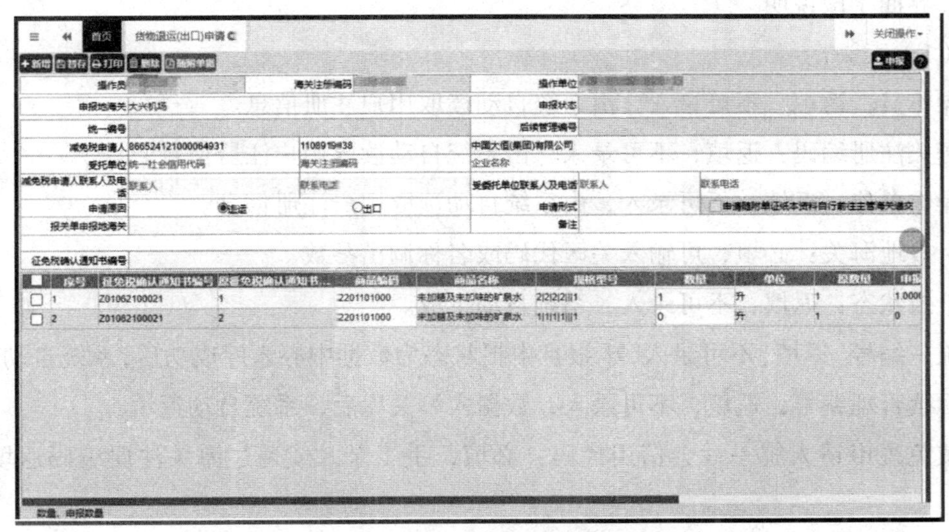

图 8–532 货物退运申请表体

2. 操作（按钮）

新增、暂存、打印、删除、随附单据与申报按钮，参见“年报管理申请——操作（按钮）”。

（三）货物补税申请

提供货物补税申请数据的录入、暂存、打印、申报等功能。

点击左侧菜单栏【减免税后续申请（新）—货物管理—货物补税申请】，右侧界面展示如图 8–533。

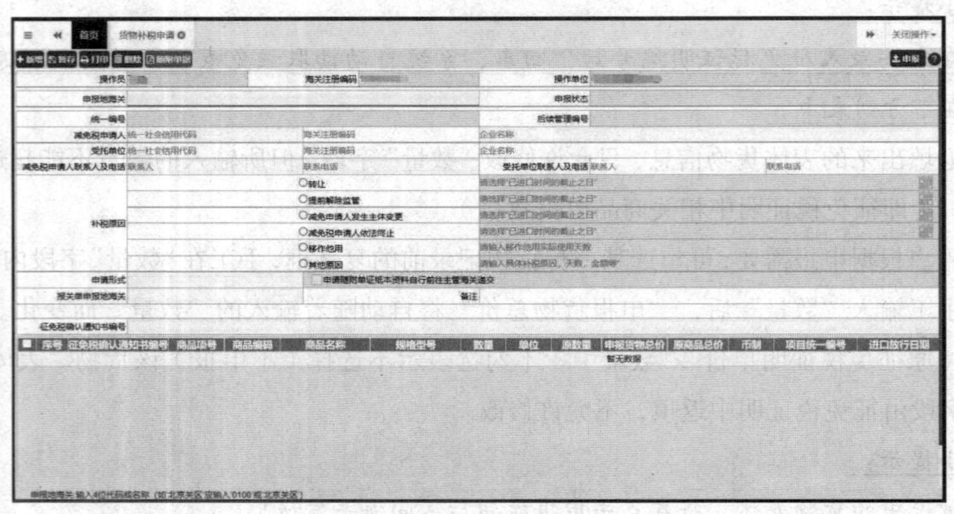

图 8-533 货物补税申请

1. 界面字段说明

（1）表头

操作员：返填，不可录入，由系统自动读取用户注册信息。

海关注册编码：返填，不可录入，由系统自动读取用户注册信息。

操作单位：返填，不可录入，由系统自动读取用户注册信息。

申报地海关：必填，可输入关区代码或名称调出参数。

申报状态：返填，不可录入，系统自动生成。

统一编号：返填，不可录入，申报且申报状态为数据中心入库成功后，系统自动生成。

后续管理编号：返填，不可录入，数据入海关库后，系统自动返填。

减免税申请人统一社会信用代码：必填，手工录入或通过海关注册编码返填，可修改。

减免税申请人海关注册编码：非必填，手工录入或通过统一社会信用代码返填，可修改。

减免税申请人企业名称：必填，手工录入或通过海关注册编码 / 统一社会信用代码返填，可修改。

受托单位统一社会信用代码：自理时选填，代理时必填，手工录入或通过海关注册编码返填，可修改。

受托单位海关注册编码：非必填，手工录入或通过统一社会信用代码返填，可修改。

受托单位企业名称：非必填，手工录入或通过海关注册编码 / 统一社会信用代码返填，可修改。

减免税申请人联系人：必填，手工填写，长度不超过 60 个字节。

减免税申请人联系电话：必填，手工填写，长度不超过 19 个字节。

受委托单位联系人：自理时选填，代理时必填，长度不超过 60 个字节。

受委托单位联系电话：自理时选填，代理时必填，长度不超过 19 个字节。

补税原因：必填，单选。勾选不同原因对应填写内容处放开，原因内容必填。

申请形式：可使用空格键调出下拉菜单选择参数“0- 无纸、1- 有纸”。当选择“有纸”时，“申请随附单证纸质资料自行前往主管海关递交”前面的复选框被自动勾选，不可修改。当选择“无纸”时，界面顶端的随附单据蓝色按钮被点亮。

报关单申报地海关：必填，可输入关区代码或名称调出参数。

备注：非必填，手工填写，长度不超过 255 个字节（约 127 汉字）。

征免税证明编号：手工填写，填写已经审批通过的征免税证明编号（需到减免税系统中查询本企业的数据）。录入后回车，系统自动读取征免税证明内的表体，返填在下方表中。

（2）表体

小提示：

在表头录入征免税证明编号后，回车，系统自动读取该免表项下的货物信息，并显示在下方列表中。

返填出来的表体货物信息，只允许修改“数量”字段。但所输入的数量不能超过“原数量”（即征免税证明中相关商品申报数量）。

用户根据申报需要，可勾选某一行货物记录前的复选框，手工在“数量”字段内输入。

手工输入“数量”后，“申报货物总价”将自动随着输入的“数量”而变化。

（原征免税证明单价 × 数量）。不勾选表示不选择（不申报）该货物。表体中的其他字段由征免税证明中返填，不允许修改。

小提示：

被选中的货物表体，将在点击申报按钮后，向海关发送！

如果在所有表体最上方的复选框里打勾，所有表体都会被选中。已勾选部分表体货物并修改“数量”的示意图如图 8-534。

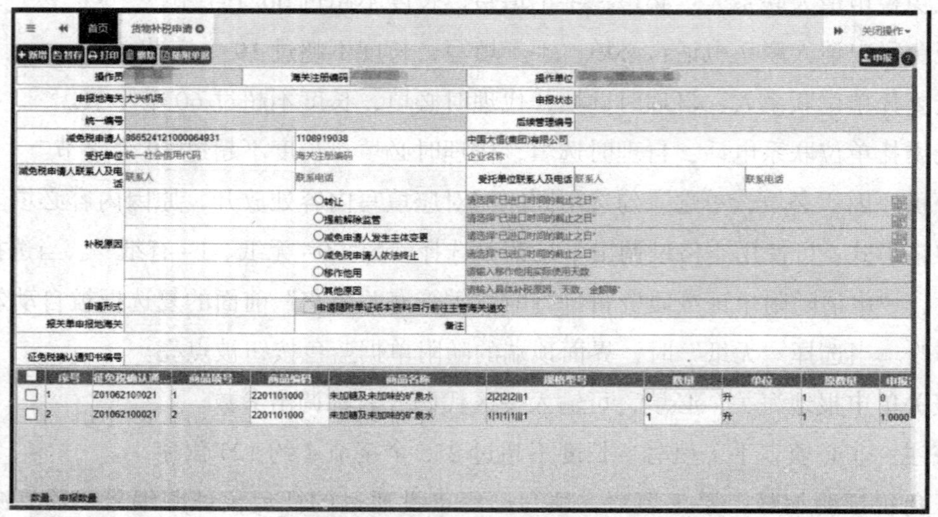

图 8-534 货物补税申请表体

2. 操作（按钮）

新增、暂存、打印、删除、随附单据与申报按钮，参见“年报管理申请 -- 操作（按钮）”。

（四）解除监管证明申领

提供解除监管申请数据的录入、暂存、打印、删除、申报等功能。

点击左侧菜单栏【减免税后续申请（新）—货物管理—解除监管证明申领】，右侧界面展示如图 8-535。

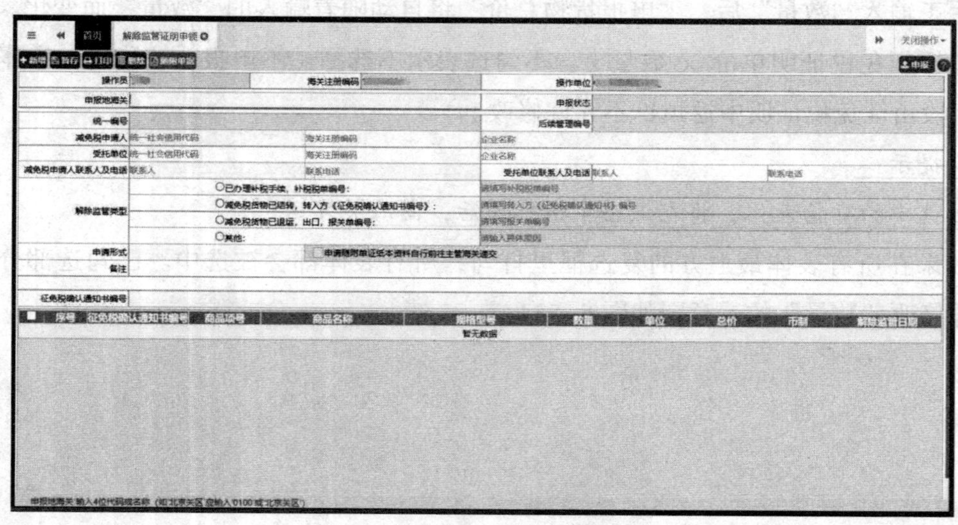

图 8-535 解除监管证明申领

1. 界面字段说明

（1）表头

操作员：返填，不可录入，由系统自动读取用户注册信息。

海关十位：返填，不可录入，由系统自动读取用户注册信息。

操作单位：返填，不可录入，由系统自动读取用户注册信息。

申报地海关：必填，可输入关区代码或名称调出参数。

申报状态：返填，不可录入，系统自动生成。

统一编号：返填，不可录入，申报且申报状态为数据中心入库成功后，系统自动生成。

后续管理编号：返填，不可录入，数据入海关库后，系统自动返填。

减免税申请人统一社会信用代码：必填，手工录入或通过海关注册编码返填，可修改。

减免税申请人海关注册编码：非必填，手工录入或通过统一社会信用代码返填可修改。

减免税申请人企业名称：必填，手工录入或通过海关注册编码/统一社会信用代码返填，可修改。

受托单位统一社会信用代码：自理时选填，代理时必填，手工录入或通过海关注册编码返填，可修改。

受托单位海关注册编码：非必填，手工录入或通过统一社会信用代码返填，可修改。

受托单位企业名称：非必填，手工录入或通过海关注册编码/统一社会信用代码返填，可修改。

减免税申请人联系人：必填，手工录入。

减免税申请人联系电话：必填，手工录入。

受委托单位联系人：自理时选填，代理时必填，可修改。

受委托单位联系电话：自理时选填，代理时必填，可修改。

解除监管类型：必填，单选。选中类型后对应填写内容处放开：

——选择“已办理补税手续，补税税单编号：”时，填写补税税单编号；

——选择“减免税货物已结转，转入方《征免税确认通知书编号》：”时，填写转入方《征免税确认通知书》编号；

——选择“减免税货物已退运、出口，报关单编号：”时，填写报关单编号；

——选择“其他：”时，填写具体原因。

申请形式：必填，可使用空格键调出下拉菜单选择参数“0-无纸、1-有纸”。当选择“有纸”时，“申请随附单证纸质资料自行前往主管海关递交”前面的复选框被自动勾选，不可修改。当选择“无纸”时，界面顶端的随附单据蓝色按钮被点亮。

备注：非必填，手工填写，长度不超过 255 个字节（约 127 汉字）。

征免税证明编号：手工填写，填写已经审批通过的征免税证明编号（需到减免税系统中查询本企业的数据）。录入后回车，系统自动读取征免税证明内的表体，返填在下方表中。

（2）表体

小提示：

在表头录入征免税证明编号后，回车，系统自动读取该免表项下的货物信息，并显示在下方列表中。

返填出来的表体货物信息，只允许修改“数量”字段。但所输入的数量不能超过“原数量”（即征免税证明中相关商品申报数量）。

用户根据申报需要，可勾选某一行货物记录前的复选框，手工在“数量”字段内输入。手工输入“数量”后，“申报货物总价”将自动随着输入的“数量”而变化。

（原征免税证明单价 × 数量）。不勾选表示不选择（不申报）该货物。表体中的其他字段由征免税证明中返填，不允许修改。

小提示：

被选中的货物表体，将在点击申报按钮后，向海关发送！

如果在所有表体最上方的复选框里打勾，所有表体都会被选中。已勾选部分表体货物并修改“数量”的示意图如图 8-536。

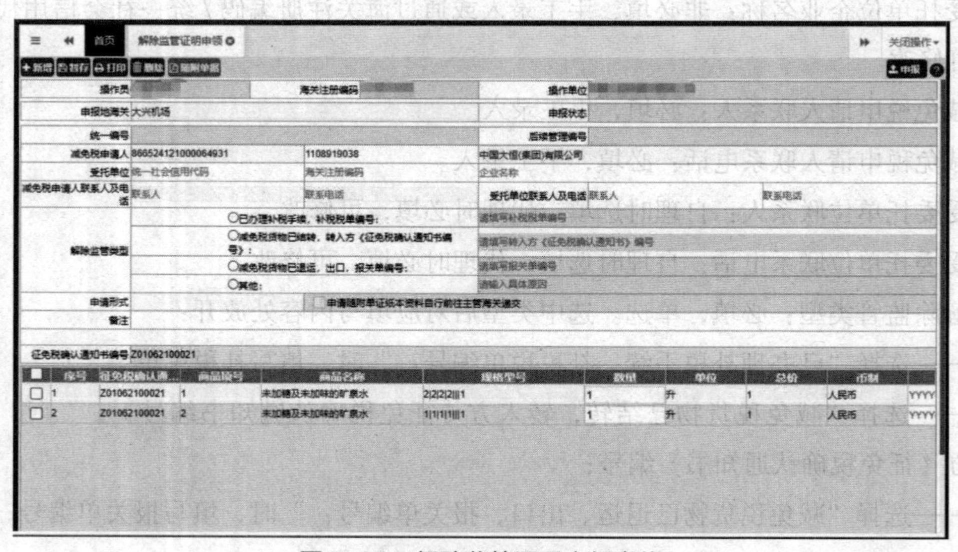

图 8-536 解除监管证明申领表体

2. 操作（按钮）

新增、暂存、打印、删除、随附单据与申报按钮，参见“年报管理申请 -- 操作（按钮）。”

三、使用地点管理

（一）使用地点变更申请

提供异地监管申请数据的录入、暂存、打印、删除、申报等功能。

点击左侧菜单栏【减免税后续申请(新)——使用地点管理——使用地点变更申请】右侧界面展示如图 8–537。

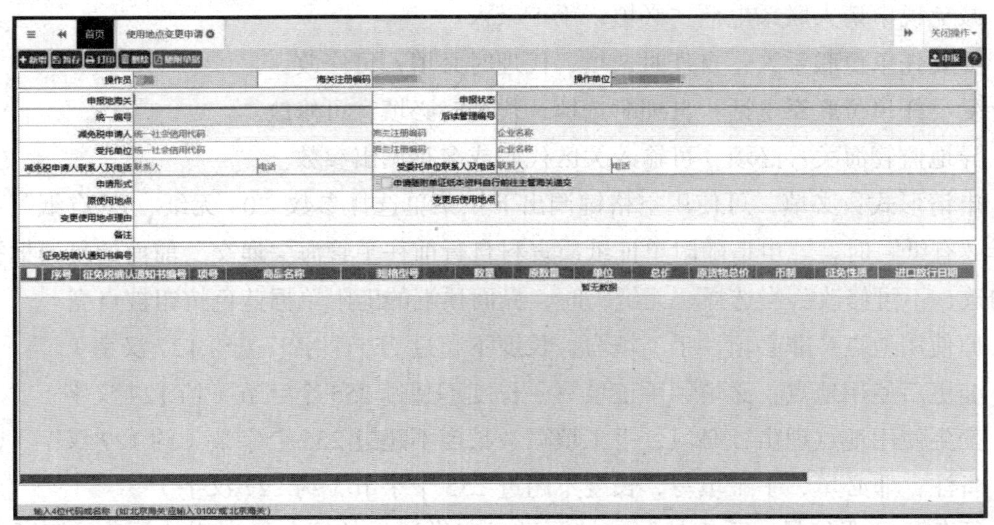

图 8–537 使用地点变更申请

1. 界面字段说明

（1）表头

操作员：返填，不可录入，由系统自动读取用户注册信息。

海关注册编码：返填，不可录入，由系统自动读取用户注册信息。

操作单位：返填，不可录入，由系统自动读取用户注册信息。

申报地海关：必填，可输入关区代码或名称调出参数。

申报状态：返填，不可录入，系统自动生成。

统一编号：返填，不可录入，申报且申报状态为数据中心入库成功后，系统自动生成。

后续管理编号：返填，不可录入，数据入海关库后，系统自动返填。

减免税申请人统一社会信用代码：必填，手工录入或通过海关注册编码返填，可修改。

减免税申请人海关注册编码：非必填，手工录入或通过统一社会信用代码返填，可修改。

减免税申请人企业名称：必填，手工录入或通过海关注册编码 / 统一社会信用代码返填，可修改。

受托单位统一社会信用代码：自理时选填，代理时必填，手工录入或通过海关注册编码返填，可修改。

受托单位海关注册编码：非必填，手工录入或通过统一社会信用代码返填，可修改。

受托单位企业名称：非必填，手工录入或通过海关注册编码 / 统一社会信用代码返填，可修改。

减免税申请人联系人：必填，手工录入。

减免税申请人联系电话：必填，手工录入。

受委托单位联系人：自理时选填，代理时必填，可修改。

受委托单位联系电话：自理时选填，代理时必填，可修改。

异地监管海关：必填，可输入关区代码或名称调出参数。

申请形式：必填，可使用空格键调出下拉菜单选择参数“0- 无纸、1- 有纸”。当选择“有纸”时，“申请随附单证纸质资料自行前往主管海关递交”前面的复选框被自动勾选，不可修改。当选择“无纸”时，界面顶端的随附单据蓝色按钮被点亮。

原使用地点：非必填，手工填写，长度不超过 255 个字节（约 127 汉字）。

变更后使用地点：必填，手工填写，长度不超过 255 个字节（约 127 汉字）。

变更使用地点理由：必填，手工填写，长度不超过 255 个字节（约 127 汉字）。

备注：非必填，手工填写，长度不超过 255 个字节（约 127 汉字）。

征免税证明编号：手工填写，填写已经审批通过的征免税证明编号（需到减免税系统中查询本企业的数据）。录入后回车，系统自动读取征免税证明内的表体，返填在下方表中。

（2）表体

小提示：

在表头录入征免税证明编号后，回车，系统自动读取该免表项下的货物信息，并显示在下方列表中。

返填出来的表体货物信息，只允许修改“数量”“进口放行日期”字段。

数量：所输入的数量不能超过“原数量”（即征免税证明中相关商品申报数量）。

总价：手工输入“数量”后，“总价”随修改的“数量”自动计算赋值（原征免税确认通知书总价 / 原数量 × 数量）。

进口放行日期：根据征免税确认通知书编号自动返填，若返填有值，可修改；若返填无值，允许录入，格式：YYYY-MM-DD。

表体中的其他字段由征免税证明中返填，不允许修改。

用户根据申报需要，可勾选某一行货物记录前的复选框，不勾选表示不选择（不申报）该货物。

小提示：

被选中的货物表体，将在点击申报按钮后，向海关发送！

如果在所有表体最上方的复选框里打勾，所有表体都会被选中。已勾选部分表体货物并修改“数量”的示意图如图 8-538。

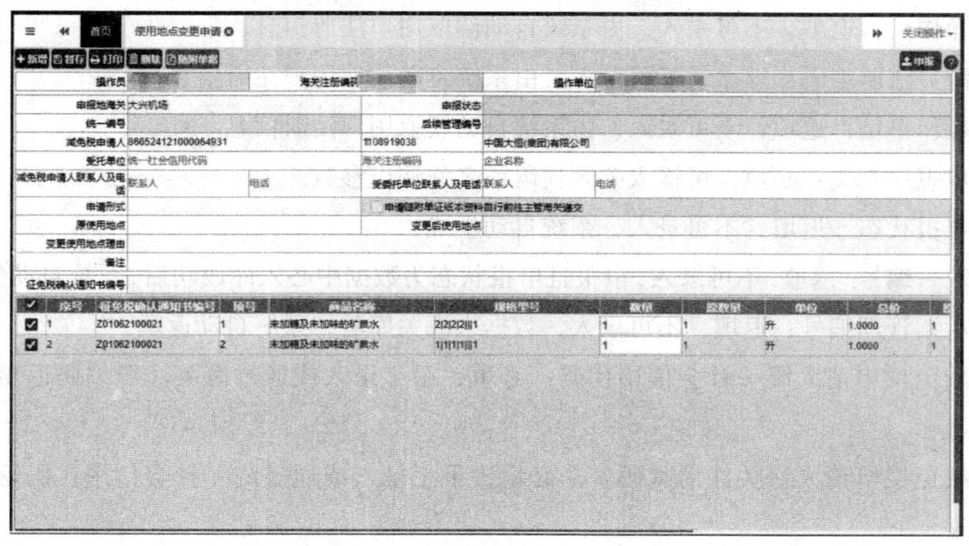

图 8-538 使用地点变更申请表体

2. 操作（按钮）

新增、暂存、打印、删除、随附单据与申报按钮，参见“年报管理申请 -- 操作（按钮）。”

（二）异地监管申请

提供异地监管申请数据的录入、暂存、打印、删除、申报等功能。

点击左侧菜单栏【减免税后续申请（新）——使用地点管理——异地监管申请】，右侧界面展示如图 8-539。

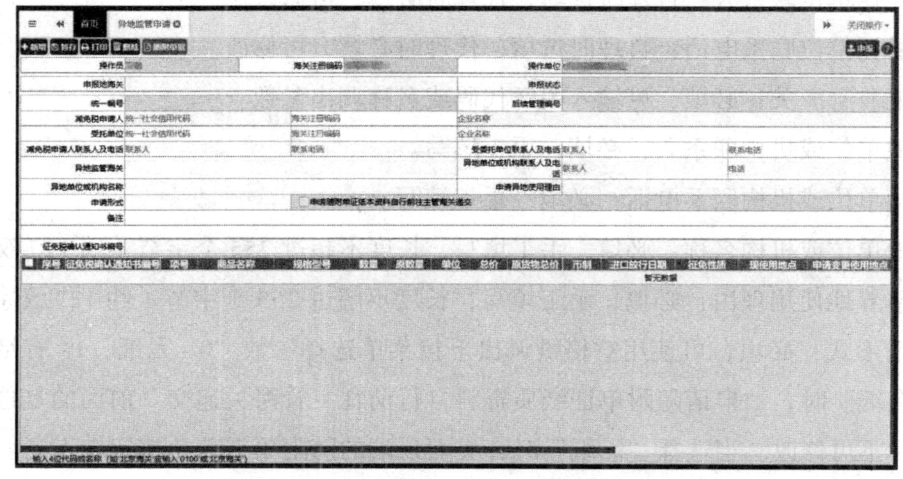

图 8-539 异地监管申请

1. 界面字段说明

（1）表头

操作员：返填，不可录入，由系统自动读取用户注册信息。

海关注册编码：返填，不可录入，由系统自动读取用户注册信息。

操作单位：返填，不可录入，由系统自动读取用户注册信息。

申报地海关：必填，可输入关区代码或名称调出参数。

申报状态：返填，不可录入，系统自动生成。

统一编号：返填，不可录入，申报且申报状态为数据中心入库成功后，系统自动生成。

后续管理编号：返填，不可录入，数据入海关库后，系统自动返填。

减免税申请人统一社会信用代码：必填，手工录入或通过海关注册编码返填，可修改。

减免税申请人海关注册编码：非必填，手工录入或通过统一社会信用代码返填，可修改。

减免税申请人企业名称：必填，手工录入或通过海关注册编码 / 统一社会信用代码返填，可修改。

受托单位统一社会信用代码：自理时选填，代理时必填，手工录入或通过海关注册编码返填，可修改。

受托单位海关注册编码：非必填，手工录入或通过统一社会信用代码返填，可修改。

受托单位企业名称：非必填，手工录入或通过海关注册编码 / 统一社会信用代码返填，可修改。

减免税申请人联系人：必填，手工录入。

减免税申请人联系电话：必填，手工录入。

受委托单位联系人：自理时选填，代理时必填，可修改。

受委托单位联系电话：自理时选填，代理时必填，可修改。

异地监管海关：必填，可输入关区代码或名称调出参数。

异地单位或机构联系人：必填，手工填写。

异地单位或机构联系电话：必填，手工填写。

异地单位或机构名称：必填，手工填写，长度不超过 255 个字节（约 127 汉字）。

申请异地使用理由：必填，手工填写，长度不超过 255 个字节（约 127 汉字）。

申请形式：必填，可使用空格键调出下拉菜单选择参数“0– 无纸、1– 有纸”。当选择“有纸”时，“申请随附单证纸质资料自行前往主管海关递交”前面的复选框被自动勾选，不可修改。当选择“无纸”时，界面顶端的随附单据蓝色按钮被点亮。

备注：非必填，手工填写，长度不超过 255 个字节（约 127 汉字）。

征免税证明编号：手工填写，填写已经审批通过的征免税证明编号（需到减免税系统中查询本企业的数据）。录入后回车，系统自动读取征免税证明内的表体，返填在下方表中。

（2）表体

<u>小提示：</u>

<u>在表头录入征免税证明编号后，回车，系统自动读取该免表项下的货物信息，并显示在下方列表中。</u>

返填出来的表体货物信息，只允许修改“数量”“进口放行日期”字段：

数量：所输入的数量不能超过“原数量”（即征免税证明中相关商品申报数量）。

总价：手工输入“数量”后，“总价”随修改的“数量”自动计算赋值（原征免税确认通知书总价 / 原数量 × 数量）。

进口放行日期：根据征免税确认通知书编号自动返填，若返填有值，可修改；若返填无值，允许录入，格式：YYYY-MM-DD。

现使用地点：非必填，手工填写，长度不超过 255 个字节（约 127 汉字）。

申请变更使用地点：必填，手工填写，长度不超过 255 个字节（约 127 汉字）。

表体中的其他字段由征免税证明中返填，不允许修改。

用户根据申报需要，可勾选某一行货物记录前的复选框，不勾选表示不选择（不申报）该货物。

<u>小提示：</u>

<u>被选中的货物表体，将在点击申报按钮后，向海关发送！</u>

如果在所有表体最上方的复选框里打勾，所有表体都会被选中。已勾选部分表体货物并修改“数量”的示意图如图 8-540。

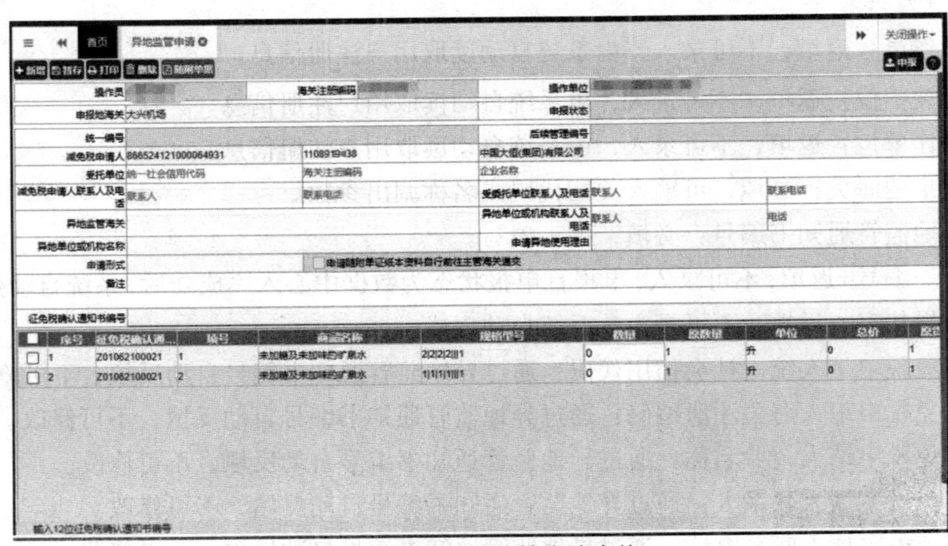

图 8-540 异地监管申请表体

2. 操作（按钮）

新增、暂存、打印、删除、随附单据与申报按钮，参见“年报管理申请 -- 操作（按钮）。”

（三）结束异地监管申请

提供结束异地监管申请数据的录入、暂存、删除、申报等功能。

点击左侧菜单栏【减免税后续申请（新）——使用地点管理——结束异地监管申请】，右侧界面展示如图 8-541。

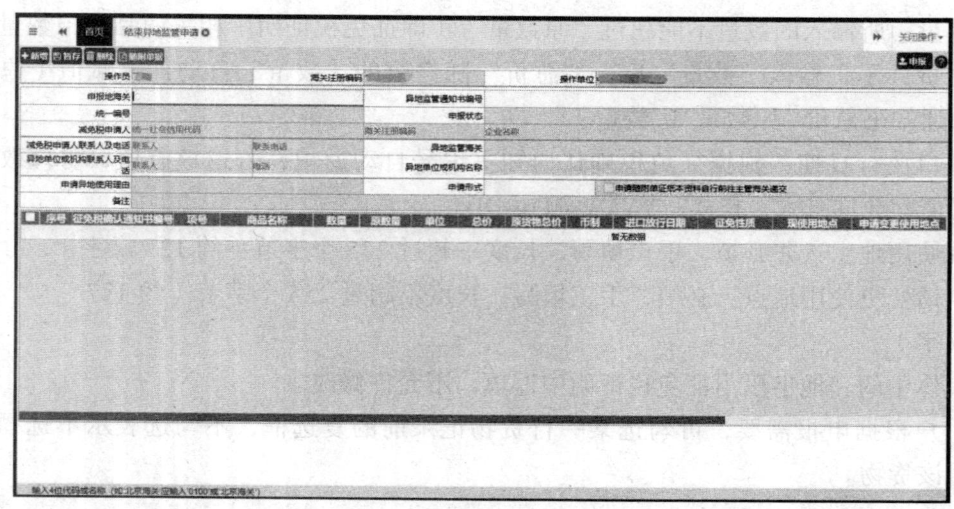

图 8-541 结束异地监管申请

1. 界面字段说明

（1）表头

操作员：返填，不可录入，由系统自动读取用户注册信息。

海关十位：返填，不可录入，由系统自动读取用户注册信息。

操作单位：返填，不可录入，由系统自动读取用户注册信息。

申报地海关：必填，可输入关区代码或名称调出参数。

异地监管通知书编号：必填，手工填写。

统一编号：返填，不可录入，申报且申报状态为数据中心入库成功后，系统自动生成。

申报状态：返填，不可录入，系统自动生成。

减免税申请人统一社会信用代码：通过异地监管通知书编号自动反填，不可修改。

减免税申请人海关注册编码：通过异地监管通知书编号自动反填，不可修改。

减免税申请人企业名称：通过异地监管通知书编号自动反填，不可修改。

减免税申请人联系人：通过异地监管通知书编号自动反填，不可修改。

减免税申请人联系电话：通过异地监管通知书编号自动反填，不可修改。

异地监管海关：通过异地监管通知书编号自动反填，不可修改。

异地单位或机构联系人：通过异地监管通知书编号自动反填，不可修改。

异地单位或机构联系电话：通过异地监管通知书编号自动反填，不可修改。

异地单位或机构名称：通过异地监管通知书编号自动反填，不可修改。

申请异地使用理由：通过异地监管通知书编号自动反填，不可修改。

申请形式：必填，可使用空格键调出下拉菜单选择参数“0- 无纸、1- 有纸”。当选择“有纸”时，“申请随附单证纸质资料自行前往主管海关递交”前面的复选框被自动勾选，不可修改。当选择“无纸”时，界面顶端的随附单据蓝色按钮被点亮。

备注：通过异地监管通知书编号自动反填，不可修改。

（2）表体

小提示：

在表头录入已核销的异地监管通知书编号后，回车，系统自动读取该异地监管通知书的货物信息，并显示在下方列表中。

表体货物信息，取自异地监管通知书，不允许修改。

2. 操作（按钮）

新增、暂存、打印、删除、随附单据与申报按钮，参见“年报管理申请 -- 操作（按钮）。”

四、贷款抵押

（一）贷款抵押申请

提供贷款抵押申请数据的录入、暂存、打印、删除、申报等功能。

点击左侧菜单栏【减免税后续申请（新）——贷款抵押——贷款抵押申请】，右侧界面展示如图 8-542。

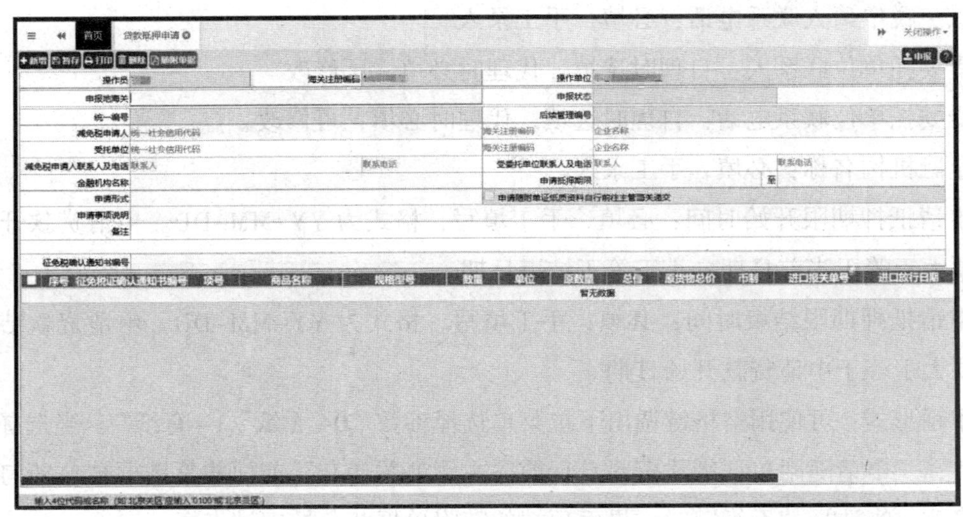

图 8-542 贷款抵押申请

1. 界面字段说明

（1）表头

操作员：返填，不可录入，由系统自动读取用户注册信息。

海关十位：返填，不可录入，由系统自动读取用户注册信息。

操作单位：返填，不可录入，由系统自动读取用户注册信息。

申报地海关：必填，可输入关区代码或名称调出参数。

申报状态：返填，不可录入，系统自动生成。

统一编号：返填，不可录入，申报且申报状态为数据中心入库成功后，系统自动生成。

后续管理编号：返填，不可录入，数据入海关库后，系统自动返填。

减免税申请人统一社会信用代码：必填，手工录入或通过海关注册编码返填，可修改。

减免税申请人海关注册编码：非必填，手工录入或通过统一社会信用代码返填，可修改。

减免税申请人企业名称：必填，手工录入或通过海关注册编码 / 统一社会信用代码返填，可修改。

受托单位统一社会信用代码：自理时选填，代理时必填，手工录入或通海关注册编码返填，可修改。

受托单位海关注册编码：非必填，手工录入或通过统一社会信用代码返填，可修改。

受托单位企业名称：非必填，手工录入或通过海关注册编码 / 统一社会信用代码返填，可修改。

减免税申请人联系人：必填，手工录入。

减免税申请人联系电话：必填，手工录入。

受委托单位联系人：自理时选填，代理时必填，可修改。

受委托单位联系电话：自理时选填，代理时必填，可修改。

金融机构名称：必填，手工录入。

申请抵押期限开始时间：必填，手工填写，格式为 YY-MM-DD。申请贷款开始日期必须大于等于当前日期，小于等于结束日期。

申请抵押期限结束时间：必填，手工填写，格式为 YY-MM-DD。申请贷款结束日期必须大于等于申请贷款开始日期。

申请形式：可使用空格键调出下拉菜单选择参数“0- 无纸、1- 有纸”。当选择“有纸”时，“申请随附单证纸质资料自行前往主管海关递交”前面的复选框被自动勾选，不可修改。当选择“无纸”时，界面顶端的随附单据蓝色按钮被点亮。

申请事项说明：必填，手工填写，长度不超过 255 个字节（约 127 汉字）。

备注：非必填，手工填写，长度不超过 255 个字节（约 127 汉字）。

征免税证明编号：手工填写，填写已经审批通过的征免税证明编号（需到减免税系统中查询本企业的数据）。录入后回车，系统自动读取征免税证明内的表体，返填在下方表中。

（2）表体

小提示：

在表头录入征免税证明编号后，回车，系统自动读取该免表项下的货物信息，并显示在下方列表中。

返填出来的表体货物信息，只允许修改“数量”“进口报关单号”“进口放行日期”字段：

数量：所输入的数量不能超过“原数量”（即征免税证明中相关商品申报数量）。

总价：手工输入“数量”后，“总价”随修改的“数量”自动计算赋值

（原征免税确认通知书总价 / 原数量 × 数量）。

进口报关单号：根据征免税确认通知书编号自动返填，若返填有值，可修改；若返填无值，允许录入，18 位报关单号。

进口放行日期：根据征免税确认通知书编号自动返填，若返填有值，可修改；若返填无值，允许录入，格式：YYYY-MM-DD。

表体中的其他字段由征免税证明中返填，不允许修改。

用户根据申报需要，可勾选某一行货物记录前的复选框，不勾选表示不选择（不申报）该货物。

小提示：

被选中的货物表体，将在点击申报按钮后，向海关发送！

如果在所有表体最上方的复选框里打勾，所有表体都会被选中。已勾选部分表体货物并修改“数量”的示意图如图 8-543：

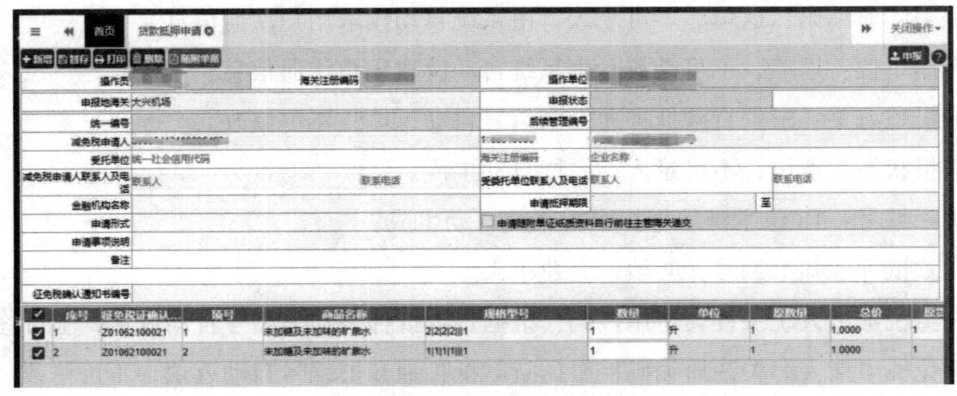

操作员		海关注册编码		操作单位	
申报地海关	大兴机场			申报状态	
统一编号				后续管理编号	
减免税申请人					
受托单位	统一社会信用代码		海关注册编码	企业名称	
减免税申请人联系人及电话	联系人	联系电话	受委托单位联系人及电话	联系人	联系电话
金融机构名称			申请抵押期限	至	
申请形式			申请随附单证纸质资料自行前往主管海关递交		
申请事项说明					
备注					
征免税确认通知书编号					

☑	序号	征免税证确认...	项号	商品名称	规格型号	数量	单位	原数量	总价	原总
☑	1	Z01062100021	1	未加糖及未加味的矿泉水	2|2|2|2|||1	1	升	1	1.0000	1
☑	2	Z01062100021	2	未加糖及未加味的矿泉水	1|1|1|1|||1	1	升	1	1.0000	1

图 8-543 贷款抵押申请表体

2. 操作（按钮）

新增、暂存、打印、删除、随附单据与申报按钮，参见“年报管理申请——操作（按钮）”。

（二）合同备案申请

提供合同备案申请数据的录入、暂存、删除、申报等功能。

点击左侧菜单栏【减免税后续申请（新）——贷款抵押——合同备案申请】，右侧界面展示如图 8-544。

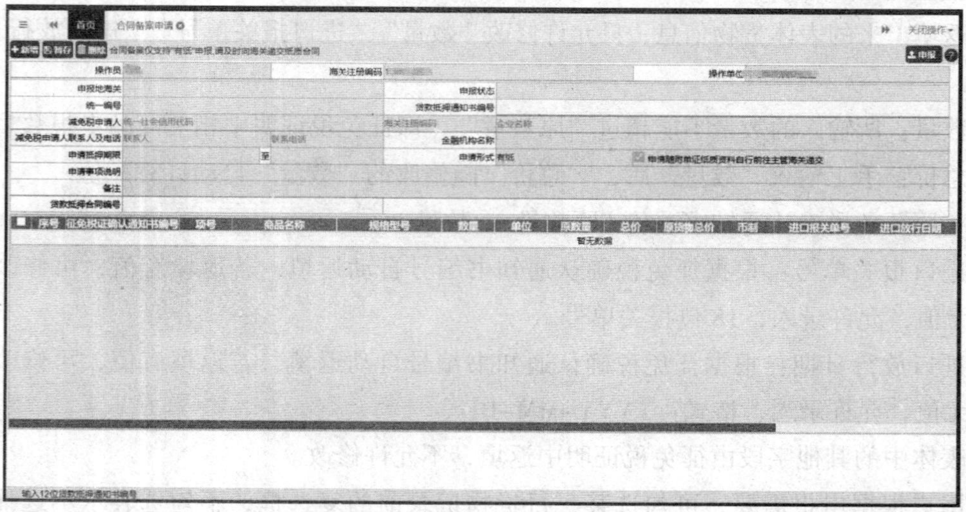

图 8-544 合同备案申请

1. 界面字段说明

（1）表头

操作员：返填，不可录入，由系统自动读取用户注册信息。

海关注册编码：返填，不可录入，由系统自动读取用户注册信息。

操作单位：返填，不可录入，由系统自动读取用户注册信息。

申报地海关：根据贷款抵押通知书编号自动返填，不可修改。

申报状态：返填，不可录入，系统自动生成。

统一编号：18 位主键编号，申报系统自动生成。

贷款抵押通知书编号：必填，企业录入。

减免税申请人统一社会信用代码：根据贷款抵押通知书编号自动返填，不可修改。

减免税申请人海关注册编码：根据贷款抵押通知书编号自动返填，不可修改。

减免税申请人企业名称：根据贷款抵押通知书编号自动返填，不可修改。

减免税申请人联系人：根据贷款抵押通知书编号自动返填，不可修改。

减免税申请人联系电话：根据贷款抵押通知书编号自动返填，不可修改。

金融机构名称：根据贷款抵押通知书编号自动返填，不可修改。

申请抵押期限开始时间：根据贷款抵押通知书编号自动返填，不可修改。

申请抵押期限结束时间：根据贷款抵押通知书编号自动返填，不可修改。

申请形式：系统默认‘有纸”。默认勾选“申请随附单证纸质资料自行前往主管海关递交”，置灰不可修改。

申请事项说明：根据贷款抵押通知书编号自动返填，不可修改。

备注：根据贷款抵押通知书编号自动返填，不可修改。

贷款抵押合同编号：必填，手工填写，长度不超过65个字节。

（2）表体

小提示：

在表头录入审批通过的贷款抵押通知书编号后，回车，系统自动读取货物信息，并显示在下方列表中。

表体货物信息，取自贷款抵押通知书，不允许修改。

2. 操作（按钮）

新增、暂存、删除、申报按钮，参见“年报管理申请——操作（按钮）”。

（三）贷款抵押延期申请

提供贷款抵押延期数据的录入、暂存、打印、删除、申报等功能。

点击左侧菜单栏【减免税后续申请——贷款抵押——贷款抵押延期申请】，右侧界面展示如图8–545。

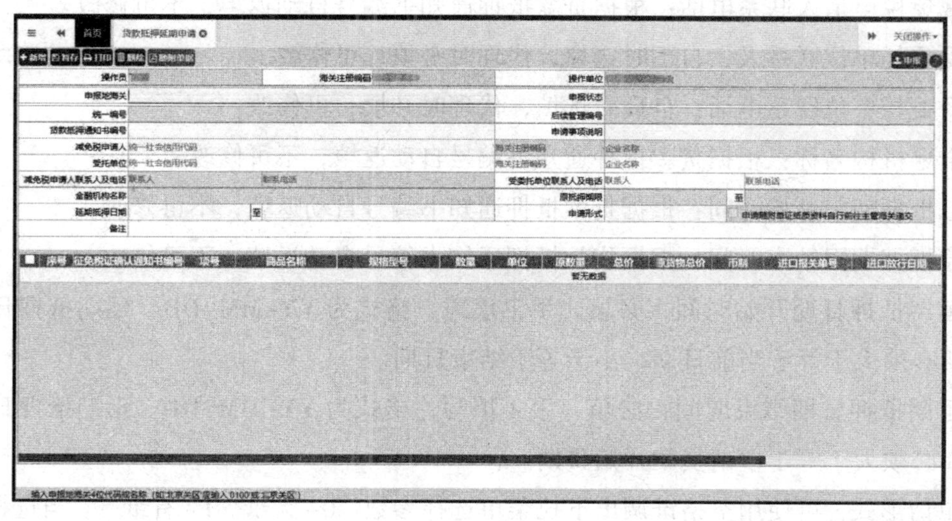

图8–545 贷款抵押延期申请

1. 界面字段说明

（1）表头

操作员：返填，不可录入，由系统自动读取用户注册信息。

海关注册编码：返填，不可录入，由系统自动读取用户注册信息。

操作单位：返填，不可录入，由系统自动读取用户注册信息。

申报地海关：根据贷款抵押通知书编号自动返填，不可修改。

申报状态：返填，不可录入，系统自动生成。

统一编号：18 位主键编号，申报系统自动生成。

贷款抵押通知书编号：必填，企业录入。

申请事项说明：必填，手工填写，长度不超过 255 个字节（约 127 汉字）。

后续管理编号：返填，不可录入，数据入海关库后，系统自动返填。

减免税申请人统一社会信用代码：必填，手工填写，长度不超过 18 个字节。

减免税申请人海关注册编码：根据贷款抵押通知书编号自动返填，不可修改。

减免税申请人企业名称：根据贷款抵押通知书编号自动返填，不可修改。

受托单位统一社会信用代码：自理时选填，代理时必填，手工录入或通过海关注册编码返填，可修改。

受托单位海关注册编码：非必填，手工录入或通过统一社会信用代码返填，可修改。

受托单位企业名称：非必填，手工录入或通过海关注册编码 / 统一社会信用代码返填，可修改。

减免税申请人联系人：根据贷款抵押通知书编号自动返填，不可修改。

减免税申请人联系电话：根据贷款抵押通知书编号自动返填，不可修改。

受委托单位联系人：自理时选填，代理时必填，可修改。

受委托单位联系电话：自理时选填，代理时必填，可修改。

金融机构名称：根据贷款抵押通知书编号自动返填，不可修改。

原抵押期限开始时间：根据贷款抵押通知书编号自动返填，不可修改。

原抵押期限结束时间：根据贷款抵押通知书编号自动返填，不可修改。

延期抵押日期开始时间：必填，手工填写，格式为 YY-MM-DD。延期抵押日期开始日期必须大于等于当前日期，小于等于结束日期。

延期抵押日期结束时间：必填，手工填写，格式为 YY-MM-DD。延期抵押日期开始日期必须大于等于申请贷款开始日期。

申请形式：可使用空格键调出下拉菜单选择参数“0- 无纸、1- 有纸”。当选择“有纸”时，“申请随附单证纸质资料自行前往主管海关递交”前面的复选框被自动勾选，不可修改。当选择“无纸”时，界面顶端的随附单据蓝色按钮被点亮。

备注：非必填，手工填写，长度不超过 255 个字节（约 127 汉字）。

（2）表体

<u>小提示：</u>

<u>在表头录入审批通过的贷款抵押通知书编号后，回车，系统自动读取货物信息，并显示在下方列表中。</u>

表体货物信息，取自贷款抵押通知书，不允许修改。

2. 操作（按钮）

新增、暂存、打印、删除、随附单据与申报按钮，参见“年报管理申请 -- 操作（按钮）”。

（四）合同延期备案申请

提供合同延期备案申请数据的录入、暂存、删除、申报等功能。

点击左侧菜单栏【减免税后续申请（新）——贷款抵押——合同延期备案申请】，右侧界面展示如图 8–546。

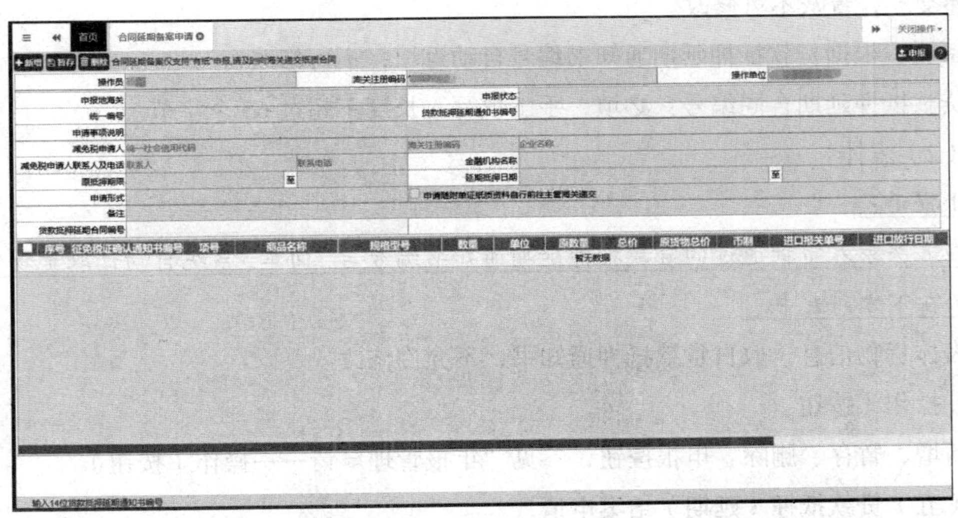

图 8–546 合同延期备案申请

1. 界面字段说明

（1）表头

操作员：返填，不可录入，由系统自动读取用户注册信息。

海关注册编码：返填，不可录入，由系统自动读取用户注册信息。

操作单位：返填，不可录入，由系统自动读取用户注册信息。

申报地海关：根据贷款抵押通知书编号自动返填，不可修改。

申报状态：返填，不可录入，系统自动生成。

统一编号：18 位主键编号，申报系统自动生成。

贷款抵押延期通知书编号：必填，企业录入。

减免税申请人统一社会信用代码：根据贷款抵押通知书编号自动返填，不可修改。

减免税申请人海关注册编码：根据贷款抵押通知书编号自动返填，不可修改。

减免税申请人企业名称：根据贷款抵押通知书编号自动返填，不可修改。

减免税申请人联系人：根据贷款抵押通知书编号自动返填，不可修改。

减免税申请人联系电话：根据贷款抵押通知书编号自动返填，不可修改。

金融机构名称：根据贷款抵押通知书编号自动返填，不可修改。

原抵押期限开始时间：根据贷款抵押延期通知书编号自动返填，不可修改。

原抵押期限结束时间：根据贷款抵押延期通知书编号自动返填，不可修改。

延期抵押日期开始时间：根据贷款抵押通知书编号自动返填，不可修改。

延期抵押日期结束时间：根据贷款抵押通知书编号自动返填，不可修改。

申请形式：系统默认“有纸”。默认勾选“申请随附单证纸质资料自行前往主管海关递交”，置灰不可修改。

备注：根据贷款抵押延期通知书编号自动返填，不可修改。

贷款抵押延期合同编号：必填，手工填写，长度不超过 65 个字节。

（2）表体

小提示：

在表头录入审批通过的贷款抵押延期通知书编号后，回车，系统自动读取货物信息，并显示在下方列表中。

表体货物信息，取自贷款抵押通知书，不允许修改。

2. 操作（按钮）

新增、暂存、删除、申报按钮，参见“年报管理申请——操作（按钮）”。

（五）贷款抵押（延期）结案申请

提供贷款抵押（延期）结案申请数据的录入、暂存、删除、申报等功能。

点击左侧菜单栏【减免税后续申请（新）——贷款抵押——贷款抵押（延期）结案申请】，右侧界面展示如图 8-547。

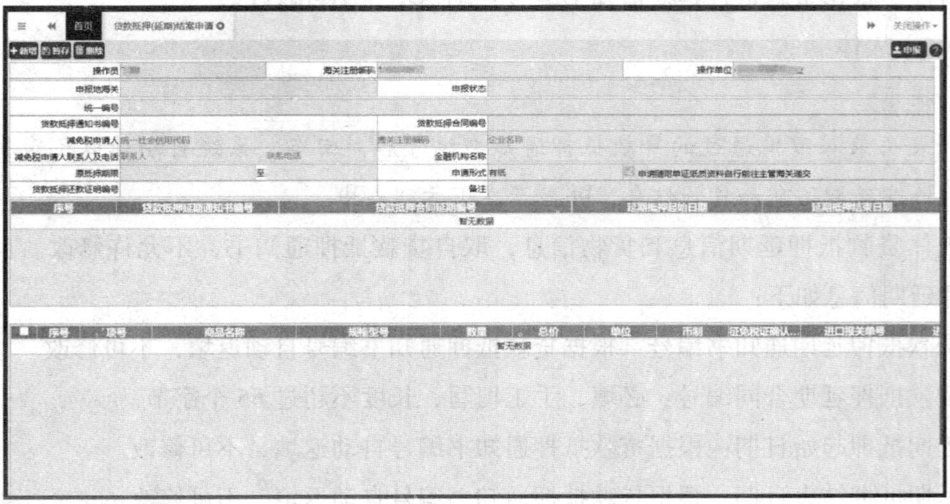

图 8-547 贷款抵押（延期）结案申请

1. 界面字段说明

（1）表头

操作员：返填，不可录入，由系统自动读取用户注册信息。

海关注册编码：返填，不可录入，由系统自动读取用户注册信息。

操作单位：返填，不可录入，由系统自动读取用户注册信息。

申报地海关：根据贷款抵押通知书编号自动返填，不可修改。

申报状态：返填，不可录入，系统自动生成。统一编号：18 位主键编号，申报系统自动生成。

贷款抵押通知书编号：必填，企业录入。

减免税申请人统一社会信用代码：根据贷款抵押通知书编号自动返填，不可修改。

减免税申请人海关注册编码：根据贷款抵押通知书编号自动返填，不可修改。

减免税申请人企业名称：根据贷款抵押通知书编号自动返填，不可修改。

减免税申请人联系人：根据贷款抵押通知书编号自动返填，不可修改。

减免税申请人联系电话：根据贷款抵押通知书编号自动返填，不可修改。

金融机构名称：根据贷款抵押通知书编号自动返填，不可修改。

原抵押期限开始时间：根据贷款抵押延期通知书编号自动返填，不可修改。

原抵押期限结束时间：根据贷款抵押延期通知书编号自动返填，不可修改。

申请形式：系统默认“有纸”。默认勾选“申请随附单证纸质资料自行前往主管海关递交”，置灰不可修改。

贷款抵押还款证明编号：必填，手工填写，长度不超过 65 个字节。

备注：根据贷款抵押延期通知书编号自动返填，不可修改。

（2）表体

小提示：

在表头录入审批通过的贷款抵押通知书编号后，回车，系统自动读取已审核通过的贷款抵押延期信息和货物信息，并显示在下方列表中。

表体贷款抵押延期信息和货物信息，取自贷款抵押通知书，不允许修改。反填贷款抵押延期信息如下：

贷款抵押延期通知书编号：根据贷款抵押通知书编号自动返填，不可修改。

贷款抵押延期合同编号：必填，手工填写，长度不超过 65 个字节。

延期抵押起始日期：根据贷款抵押通知书编号自动返填，不可修改。

延期抵押结束日期：根据贷款抵押通知书编号自动返填，不可修改。

2. 操作（按钮）

新增、暂存、删除、申报按钮，参见“年报管理申请 -- 操作（按钮）”。

（六）税款担保

1. 税款担保申请

提供税款担保申请数据的录入、暂存、复制、打印、删除、申报等功能。点击左侧菜单栏【减免税后续申请（新）——税款担保——税款担保申请】，右侧界面展示如图 8-548。

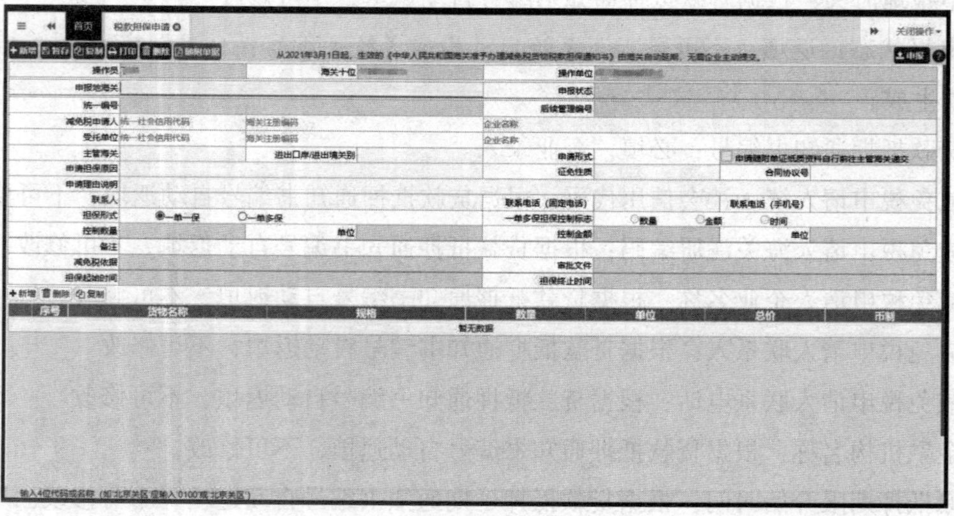

图 8-548 税款担保申请

（1）界面字段说明

1）表头

操作员：返填，不可录入，由系统自动读取用户注册信息。

海关十位：返填，不可录入，由系统自动读取用户注册信息。

操作单位：返填，不可录入，由系统自动读取用户注册信息。

申报地海关：必填，可输入关区代码或名称调出参数。

申报状态：返填，不可录入，系统自动生成。

统一编号：返填，不可录入，申报且申报状态为数据中心入库成功后，系统自动生成。

后续管理编号：返填，不可录入，数据入海关库后，系统自动返填。

减免税申请人统一社会信用代码：自理时必填，手工填写或通过海关注册编码返填。

减免税申请人海关注册编码：非必填，手工填写或通过统一社会信用代码返填。

减免税申请人企业名称：必填，手工填写或通过统一社会信用代码或海关注册编码返填。

受托单位统一社会信用代码：代理时必填，手工填写或通过海关注册编码返填。

受托单位海关注册编码：非必填，手工填写或通过统一社会信用代码返填。

受托单位企业名称：代理时必填，手工填写或通过海关注册编码返填。

主管海关：必填，可输入关区代码或名称调出参数。

进出口岸 / 进出境关别：必填，可输入关区代码或名称调出参数。

申请形式：非必填，可使用空格键调出下拉菜单选择参数“0- 无纸、1- 有纸”。当选择“有纸”时，“申请随附单证纸质资料自行前往主管海关递交”前面的复选框被自动勾选，不可修改。当选择“无纸”时，界面顶端的随附单据蓝色按钮被点亮。

申请担保原因：必填，可使用空格键调出下拉菜单选择参数。

征免性质：必填，可使用空格键调出下拉菜单选择参数。

合同协议号：非必填，手工填写，长度不超过 64 个字节。

申请理由说明：必填，手工填写，长度不超过 512 个字节（约 256 个汉字）。

联系人：必填，手工填写，长度不超过 256 个字节（约 128 个汉字）。

联系电话（固定电话）：必填，手工填写，长度不超过 19 个字节。

联系电话（手机号）：必填，手工填写，长度不超过 11 个字节。

担保形式：单选，必填。

一单多保担保控制标志：当担保形式选择“一单多保”时，此标志放开可选。

控制数量：一单多保担保控制标志选择“数量”时，“控制数量”放开必填，支持整数最多 14 位，小数最多 5 位。

（数量）单位：必填，一单多保担保控制标志选择“数量”时，“单位”放开必填，可使用空格键调出下拉菜单选择参数。

控制金额：一单多保担保控制标志选择“金额”时，“控制数量”放开必填，支持整数最多 14 位，小数最多 5 位。

（金额）单位：必填，一单多保担保控制标志选择“数量”时，“单位”放开必填，可使用空格键调出下拉菜单选择参数“142- 人民币，502- 美元”。

备注：非必填，手工填写，长度不超过 255 个字符（约 127 汉字）。

减免税依据：返填，海关审核后系统返填。

审批文件：返填，海关审核后系统返填。

担保起始时间：返填，海关审核后系统返填。

担保终止时间：返填，海关审核后系统返填。

2）表体

表体部分的录入方法为，在录入框内输入或选择内容后，使用回车键进行跳转，并且在每段表体的最后一个字段内使用回车键，将所录入的内容返填至表体的列表内（如图 8-549）。

表体部分的【新增】【删除】【复制】白色按钮，仅对表体起作用。

点击【新增】白色按钮，界面清空当前录入的表体内容，便于重新录入数据。勾选表体列表内的任意记录，点击【删除】白色按钮，将删除所选择的表体内容；点击【复制】白色按钮，系统自动复制一条选中的表体，生成一条新表体。

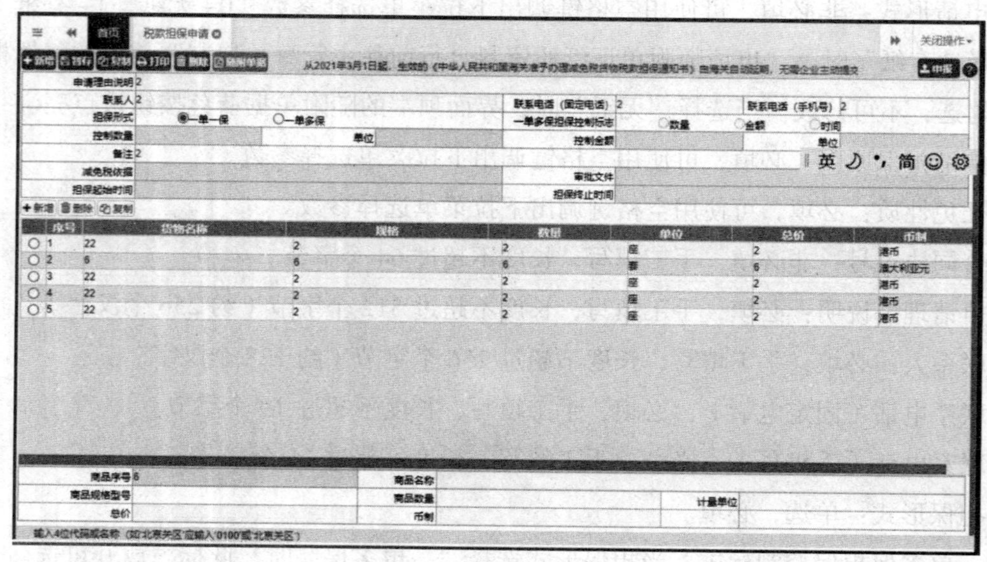

图 8-549 税款担保录入表体内容

商品序号：返填，系统自动顺序生成，不可修改。

商品名称：必填，系统根据录入，可修改。

商品规格型号：非必填，手工录入，可修改。

商品数量：支持录入整数最多 14 位，小数最多 4 位。

计量单位：必填，直接输入参数代码、中文或使用空格键调出下拉菜单，选择参数。

总价：支持录入整数最多 14 位，小数最多 4 位。

币制：必填，直接输入参数代码、中文或使用空格键调出下拉菜单，选择参数。

（2）操作（按钮）

界面顶端的新增、暂存、打印、删除、随附单据与申报蓝色按钮，参见“年报管理申请 -- 操作（按钮）”。表体部分的白色按钮说明如下：

新增：点击【新增】按钮后，系统清空表体中显示的所有内容，可重新录入数据。

删除：勾选一条表体记录，点击【删除】按钮，系统删除所选中的数据。

小提示：

注意！删除的表体数据不可恢复，需要重新录入，请谨慎操作。

复制：勾选一条表体记录，点击【复制】按钮，系统以选中的数据为基础，复制出一条新的表体，自动返填在表体列表内。

2. 税款担保延期

提供税款延期担保数据的录入、暂存、打印、删除、申报等功能。

点击左侧菜单栏【减免税后续申请（新）—税款担保—税款担保延期】，右侧界面展示如图 8-550。

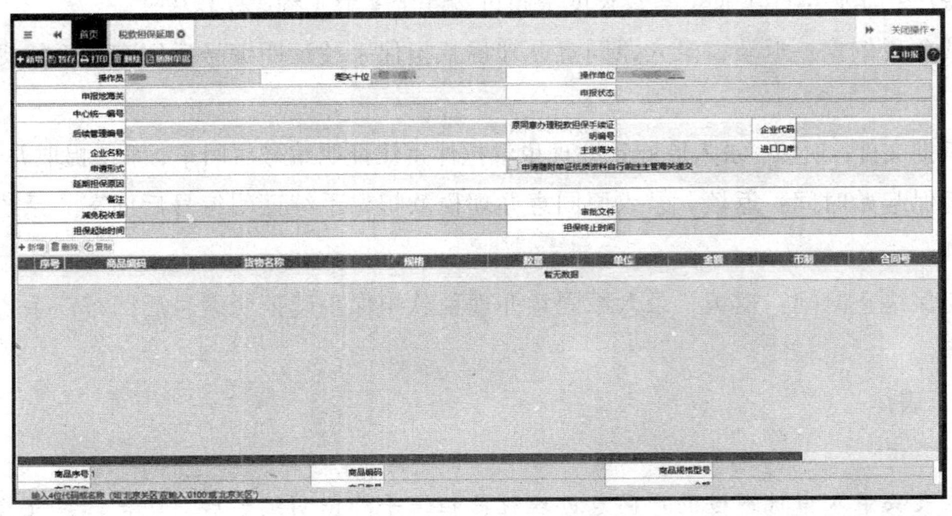

图 8-550 税款担保延期

（1）界面字段说明

1）表头

操作员：返填，不可录入，由系统自动读取用户注册信息。

海关十位：返填，不可录入，由系统自动读取用户注册信息。

操作单位：返填，不可录入，由系统自动读取用户注册信息。

申报地海关：必填，可输入关区代码或名称调出参数。

申报状态：返填，不可录入，系统自动生成。

中心统一编号：返填，不可录入，申报且申报状态为数据中心入库成功后，系统自动生成。

后续管理编号：返填，不可录入，数据入海关库后，系统自动返填。

原同意办理税款担保手续证明编号：必填，手工填写，填写审批通过的税款担保申请的“后续管理编号”后，摁回车键，企业代码、名称等字段由系统返填。

企业代码：返填，系统根据原同意办理税款担保手续证明编号返填。

企业名称：返填，系统根据原同意办理税款担保手续证明编号返填。

主送海关：必填，录入原同意办理税款担保手续证明编号后回车，系统提取并返填。

进口口岸：必填，录入原同意办理税款担保手续证明编号后回车，系统提取并返填。

申请形式：可使用空格键调出下拉菜单选择参数“0- 无纸、1- 有纸”。当选择“有纸”时，“申请随附单证纸质资料自行前往主管海关递交”前面的复选框被自动勾选，不可修改。当选择“无纸”时，界面顶端的随附单据蓝色按钮被点亮。

延期担保原因：必填，手工填写，长度不超过 255 个字节。

备注：非必填，手工填写，长度不超过 255 个字节（约 127 汉字）。

减免税依据：返填，录入原同意办理税款担保手续证明编号后回车，系统提取并返填。

审批文件：返填，录入原同意办理税款担保手续证明编号后回车，系统提取并返填。

担保起始时间：返填，录入原同意办理税款担保手续证明编号后回车，系统提取并返填。

担保终止时间：返填，录入原同意办理税款担保手续证明编号后回车，系统提取并返填。

2）表体

小提示：

在表头录入审批通过的原同意办理税款担保手续证明编号后，回车，系统自动读取货物信息，并显示在下方列表中。

表体货物信息，取自原同意办理税款担保手续证明，不允许修改。

（2）操作（按钮）

新增、暂存、打印、删除、随附单据与申报按钮，参见“年报管理申请——操作（按钮）”。

第二节 综合查询

可查询减免税后续管理的“货物补税、贷款抵押、合同备案、合同延期备案、贷款抵押延期、贷款抵押（延期）结案、主体变更、解除监管、年报管理、使用地点变更、税款担保、税款担保延期、货物退运、异地监管、结束异地监管和货物结转等数据。

进入左侧菜单“综合查询（新）”，右侧展示界面如图 8-551。

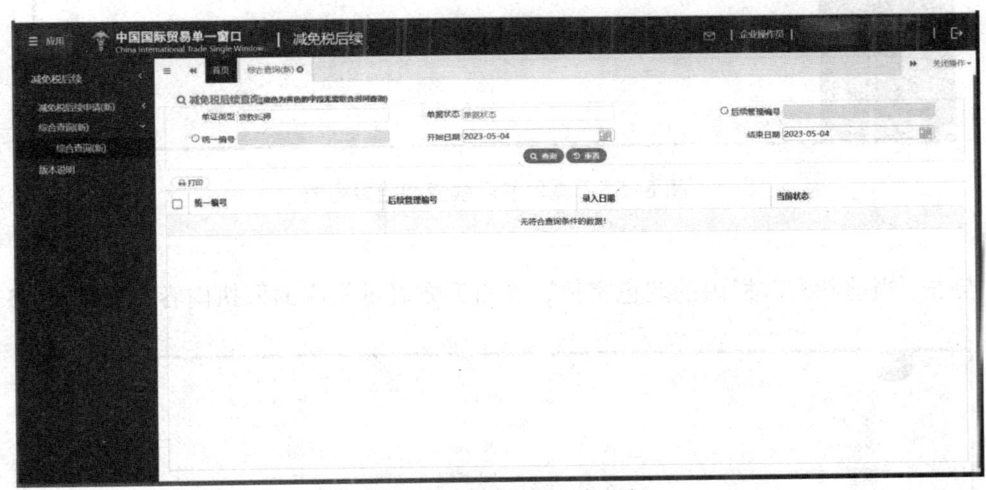

图 8-551 减免税后续查询

1. 界面字段说明

界面各查询条件填写说明如下：

单证类型：必填，直接输入参数代码、中文或使用空格键调出下拉菜单，选择参数。

单据状态：选填，直接输入参数代码、中文或使用空格键调出下拉菜单，选择参数。

统一编号：勾选字段前的复选框后，手工输入。

后续管理编号：勾选字段前的复选框后，手工输入。

开始日期：不勾选“统一编号”和“后续管理编号”时必填，将光标置于字段内，系统弹出日历框，选择日期即可。

结束日期：不勾选“统一编号”和“后续管理编号”时必填，将光标置于字段内，系统弹出日历框，选择日期即可。

小提示：

“开始日期”与“结束日期”期间范围，不能超过 30 天。

执行查询后界面如图 8–552。点击“统一编号”栏内蓝色数字，系统自动跳转到相应业务数据的界面，详细信息参见第四篇内相关内容，此处不再赘述。

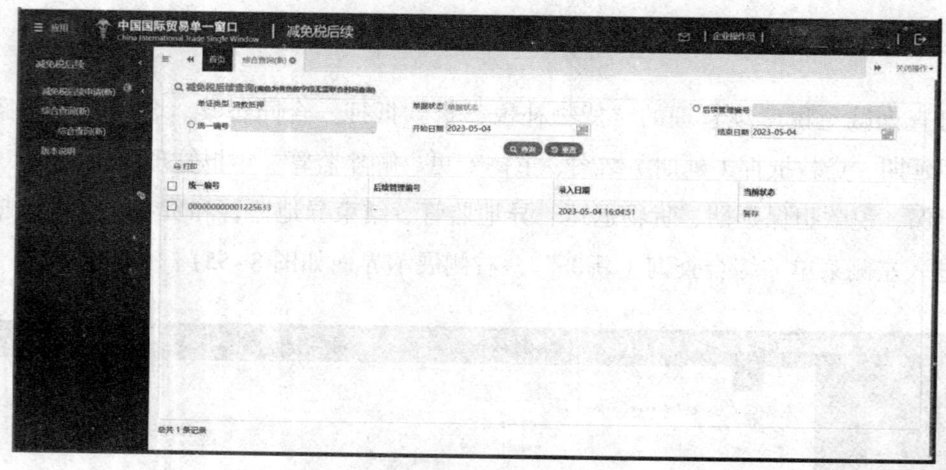

图 8–552 减免税后续查询结果列表

点击“当前状态”栏内的蓝色字体，界面下方展示相应的回执内容（如图 8–553）。

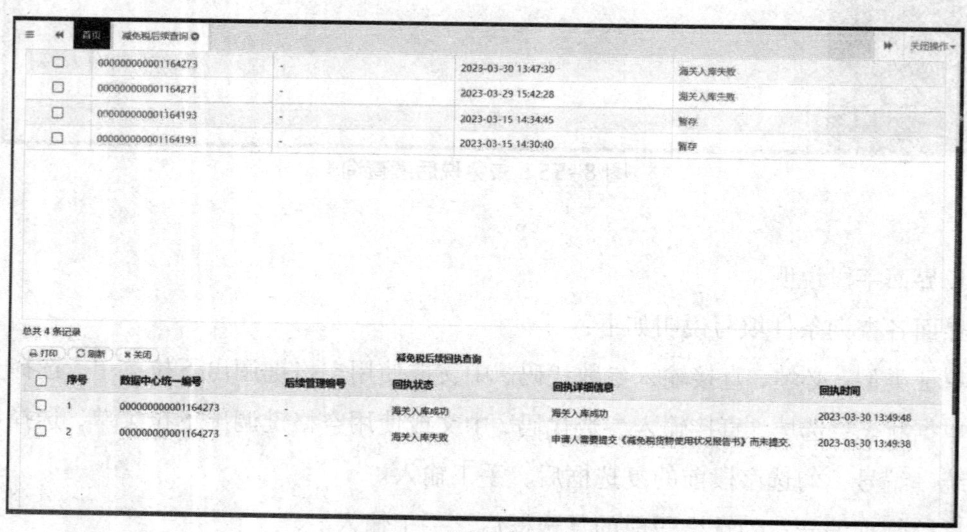

图 8–553 减免税后续回执查询

2. 操作（按钮）

打印：在查询结果列表中，勾选任意一条记录，点击【打印】白色按钮，系统弹出提示（如图 8–554）。

减免税后续打印

类型	◉ 贷款抵押
打印格式	☑ 《减免税货物贷款抵押申请表》
打印机列表	Brother DCP-7190DW (副本 1) 设为默认
打印范围	请键入页码或页码范围(用逗号分隔，从文档开头算起)，列如：1,3,5-12

打印预览 直接打印 取消

图 8-554 打印

“类型”为系统默认，不可修改。用户根据本地打印机设置，在“打印机列表”中进行选择。如果想将列表中的某个打印机设置为默认，选择后点击后面【设置默认】白色按钮即可。“打印范围”无需录入。

点击【打印预览】蓝色按钮，系统展示预览页面（如图 8-555）。点击【直接打印】按钮，根据本地打印机的连接或设置直接进行打印。

减免税货物贷款抵押申请表

统一编号：00000000001162781

减免税申请人名称	中国声恒(集团)有限公司	海关注册编码	1108919038	统一社会信用代码	866524121000064931
金融机构名称	1	申请抵押期限	2022年06月30日 至 2022年07月06日		

序号	征免税确认通知书编号	商品项号	商品名称	规格型号	数量	单位	总价	币制	进口放行日期

申请事项说明	1
备注	

我公司(单位)承诺不将减免税货物向银行和非银行金融机构以外的自然人、法人或非法人组织办理贷款抵押。

减免税申请人（签章）

年 月 日

图 8-555 打印预览

小提示：

申报状态为暂存后的各类状态，都可以进行打印。

刷新：在下方回执列表中，点击【刷新】白色按钮，可对回执信息进行刷新操作。

以便查看最新的回执记录。

关闭：在下方回执列表中，点击【关闭】白色按钮，系统自动关闭界面下方的“减免税后续回执查询”列表。

第七章 转关系统操作指南

第一节 转关单

一、进口转关单申报

提供进口转关单数据的录入、暂存、复制、打印、申报等功能。

点击左侧菜单栏“转关单——进口转关单申报”，右侧界面展示如图 8-556。

图 8-556 进口转关单

（一）界面录入说明

界面中的录入要求，总体说明如下：

灰色字段（例如申报状态、数据中心统一编号等）表示不允许录入，系统将根据相应操作或步骤后自动返填。

境内运输工具名称、备注等字段，需要用户手工录入。

部分字段（例如进出口岸、境内运输方式等）需要在参数中进行调取，不允许随意录入。使用键盘空格键，可调出下拉菜单并在其中进行选择。也可以输入已知的相应数字、字母或汉字，迅速调出参数，选择后点击回车键确认录入。

日期类字段，可输入“YYYY-MM-DD”格式的日期，或点击录入框，在系统弹出的日历中进行选择。

1. 表头

申报地海关：必填，可输入关区代码或名称调出参数。

申报状态：返填，不可录入，由系统自动根据当前数据状态进行显示。

进出口岸：必填，可输入关区代码或名称调出参数。

数据中心统一编号：返填，不可录入，暂存后系统自动生成。

转关单预录入编号：

（1）当“进出口岸”选择了广东地区的关区时（广东模式），转关单预录入编号为必填，录入13位的载货清单号。

（2）当“进出口岸”为非广东关区时（非广东模式），该字段置灰，无需填写，海关接收成功后由系统返填。

是否启用电子关锁：使用空格键或直接输入“Y”或“N”调出参数，选择“是”或“否”即可，系统默认选中“否”。

（1）选择“是”时，下方集装箱信息部分，“关锁号、关锁个数”字段置灰，不允许填写。

（2）选择“否”时，下方集装箱信息部分，“电子关锁号”字段置灰，不允许填写。

申报单位编码：必填，输入申报单位海关10位注册编码，系统自动读取并返填13位统一社会信用代码。

申报单位名称：系统根据输入的海关10位注册编码返填，可手工修改。

转关方式：必填，在参数下拉表中选择，也可录入代码、名称。

境内运输方式：非必填，在参数下拉表中选择，也可录入代码、名称。

境内运输工具编号：根据“运输方式”字段所录入的内容，系统自动将该字段置灰不允许录入或根据实际情况录入境内运输工具的编号。

境内运输工具名称：非必填，根据实际情况录入境内运输工具名称。

境内运输工具航次：根据“运输方式”字段所录入的内容，系统自动将该字段置灰不允许录入，或根据实际情况录入境内运输工具航次。

承运单位编号：根据“运输方式”字段所录入的内容，系统自动将该字段置灰不允许录入或手工录入承运单位编号。

承运单位名称：非必填，手工填写，长度不超过60个字符（约30汉字）。

集装箱总数：返填，根据下方集装箱信息内录入的数据，由系统自动计算，不允许修改。有集装箱的返填实际自然箱数，无集装箱的为0。

标箱数：返填，根据下方集装箱信息内录入的数据，系统根据集装箱信息内录入的数量、规格等自动计算并返填，不允许修改。

空箱数：非必填，手工填写，输入空箱个数。

总件数：返填，根据下方商品信息内录入的数据，由系统自动返填，不允许修改。

总重量：返填，根据下方商品信息内录入的数据，由系统自动返填，不允许修改。

转关单申报类型：返填，系统返填“无纸申报”，不允许修改。

预计抵运指运地日期：非必填，系统默认显示当前电脑的系统日期。手工填写，必须大于等于当前日期，格式为“YYYY-MM-DD”。

备注：非必填，填写未尽事宜。长度不超过60个字符（约30汉字）。

2. 提运单信息

录入完毕后，在最后一个字段（收货人）点击回车键，将所录入的提运单信息，保存到表体列表中。

提运单序号：返填，系统自动按顺序生成，不允许修改。

进出境运输方式：在参数下拉表中选择，也可录入代码、名称。

运输工具编号：根据“进出境运输方式”字段所录入的内容，系统自动将该字段置灰不允许录入，或显示为“船舶编号、车牌号、飞机编号”等。请根据实际情况录入运输工具的编号。

运输工具英文名：根据“进出境运输方式”字段所录入的内容，系统自动将该字段置灰不允许录入或显示为“船舶英文名称”等。请根据实际情况录入运输工具英文名称。

航次/车次/班次：根据“进出境运输方式”字段所录入的内容，系统自动将该字段置灰不允许录入，或显示为“航次号、车次号、航班号”等。请根据实际情况录入。

提单号：运输方式为海运时录入正本提单号、铁路录入运单号、空运录入分运单号。

进出境日期：录入格式为“YYYY-MM-DD”。

件数：手工录入，如实填写。最大长度9位字符。

重量：手工录入，如实填写。最大长度19位字符14位整数+4位小数）。

报关单号、集装箱数、收货人：手工录入，如实填写。

3. 集装箱信息

录入完毕后，在最后一个字段（备注）点击回车键，将所录入的集装箱信息，保存到表体列表中。

提运单序号：必填，录入提运单信息部分已录入完毕、对应的序号。

集装箱序号：返填，系统自动按顺序生成，不允许修改。

电子关锁号：根据表头的“是否启用电子关锁”字段所选择的内容，系统自动置灰或手工录入电子关锁号。

小提示：

启用电子关锁时，必须录入电子关锁号，才能对转关单数据进行暂存操作。

关锁号：根据表头的“是否启用电子关锁”字段所选择的内容，系统自动置灰或手工录入关锁号。

集装箱号：必填，手工录入 11 位集装箱号。

规格：录入集装箱规格，长度 1 位字符。

境内运输工具名称：录入运输工具名称。

关锁个数：根据表头的“是否启用电子关锁”字段所选择的内容，系统自动置灰或如实录入关锁个数。

运输工具实际重量（车重）：手工如实填写。

备注：填写未尽事宜。长度不超过 32 个字符（约 16 汉字）。

4. 商品信息

录入完毕后，在最后一个字段（币制）点击回车键，将所录入的商品信息，保存到表体列表中。

提运单序号：录入提运单信息部分已录入完毕、对应的序号。

商品序号：返填，系统自动按顺序生成，不允许修改。

商品编码：录入至少 4 位数字的商品编码，系统可弹出商品列表进行具体选择。

品名及规格：根据系统弹出的商品规范申报（申报要素）对话框，如实录入当前商品的规格型号，点击对话框中的【确定】蓝色按钮即可。

包装：在参数下拉表中选择，也可录入代码、名称。

件数：录入商品的件数。

单位：在参数下拉表中选择，也可录入代码、名称。

重量：手工如实填写。

价格：手工如实填写。最大长度 19 位字符（14 位整数 +4 位小数）。

币制：在参数下拉表中选择，也可录入代码、名称。

5. 集装箱商品关联信息

录入完毕后，在最后一个字段（商品毛重 KG）点击回车键，将所录入的信息，保存到表体列表中。

提运单序号：录入提运单信息部分已录入完毕、对应的序号。

集装箱序号：录入集装箱信息部分已录入完毕、对应的序号。

商品序号：录入商品信息部分已录入完毕、对应的序号。

集装箱号：返填，系统根据集装箱序号进行返填。

商品件数：手工如实填写。

商品毛重（KG）：手工如实填写。

（二）操作按钮

界面上方蓝色按钮，影响整票转关单数据。具体操作说明参见下文新增、复制、打印、初始值模板、申报等内容。

小提示：

界面中部的白色按钮，所影响的仅为某一局部的数据，并非整票转关单数据。

新增：界面顶端的【新增】蓝色按钮始终为激活状态。点击后，界面字段全部清空，可重新录入一票新数据；界面中间的【新增】白色按钮，点击后，对应的局部信息全部清空，可重新录入新的提运单、集装箱等数据。

暂存：点击【暂存】按钮后，申报状态变为“暂存”。若系统对录入的内容逻辑检查未通过，界面会提示相应错误信息。

小提示：

申报、海关接收等状态时，暂存按钮置灰，不允许操作。

复制：点击“复制”按钮后，系统自动根据当前数据、复制出一票新的转关单数据并展示在界面中，继续录入或修改即可。

小提示：

当前数据暂存后，才能进行复制操作。否则系统提示“没有可复制的数据”。

打印：点击【打印】按钮后，系统弹出提示（如图 8–557）。

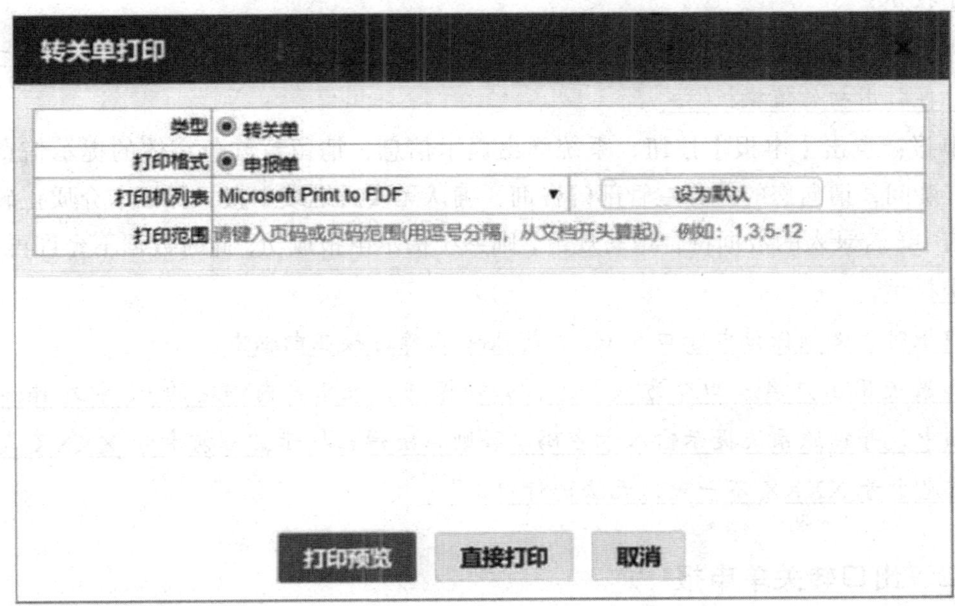

图 8-557 转关单打印

“类型”“打印格式”为系统默认，不可修改。用户根据本地打印机设置，在“打印机列表”中进行选择。如果想将列表中的某个打印机设置为默认，选择后点击后面【设置默认】白色按钮即可。“打印范围”无需录入。

点击【打印预览】蓝色按钮，系统展示预览页面。点击【直接打印】按钮，根据本地打印机的连接或设置直接进行打印。

小提示：

暂存状态之后的数据，都可以进行打印。

删除：点击【删除】按钮，系统提示是否要删除该票单据，点击【确认】后，系统删除相应的数据，同时界面字段全部清空，可重新录入一票数据。

在提运单、集装箱等信息列表中进行勾选，点击界面中间的【删除】白色按钮，列表中所勾选的数据被删除。

小提示：

“申报、海关接收通知”等申报状态时，删除按钮置灰，不允许操作。

暂存状态的数据，删除后不可恢复，只能重新录入，请谨慎操作！

初始值模板：录入一票新数据时，点击【初始值模板】按钮，系统弹出“初始值模板选择”的对话框。选中后点击【确定】蓝色按钮，将模板中的内容返填至转关单界面中，减少重复录入。

小提示：

如果对已暂存的数据进行初始值调用，系统将提示“请先点击新增，开始一票新单据，再引用初始值模板”。

申报：点击【申报】按钮，系统弹出提示信息，请留意红色字体的提示信息，对此如有疑问，请向您的业务主管部门咨询，确认无误后继续申报，保证卡介质正确连接在电脑中。若录入的数据符合填写规范，则系统提示申报成功，此时数据不允许再修改。

小提示：

申报时，必须保证电子口岸 IC 卡或 Ikey 正确连接在电脑中。

如果使用用户名 + 口令方式登录，必须保证登录账户内绑定的 IC 卡或 Ikey 连接到电脑中，并按照系统提示输入卡密码。否则系统弹出提示“当前卡号 XXXX 与用户注册信息卡号 XXXX 不一致，无法进行申报”。

二、出口转关单申报

出口转关单申报录入、新增、暂存、打印、删除、初始值模板与申报等操作，可参考上文“进出口转关单申报”，此处不再赘述。

三、出口物流信息修改

可在此修改出口转关单的提运单信息。对“审核通过、放行通过、审批通过（提运单待修改）”等状态的出口转关单，在此进行修改录入与提交操作。

点击左侧菜单栏“转关单—出口物流信息修改”，右侧界面展示如图 8-558。

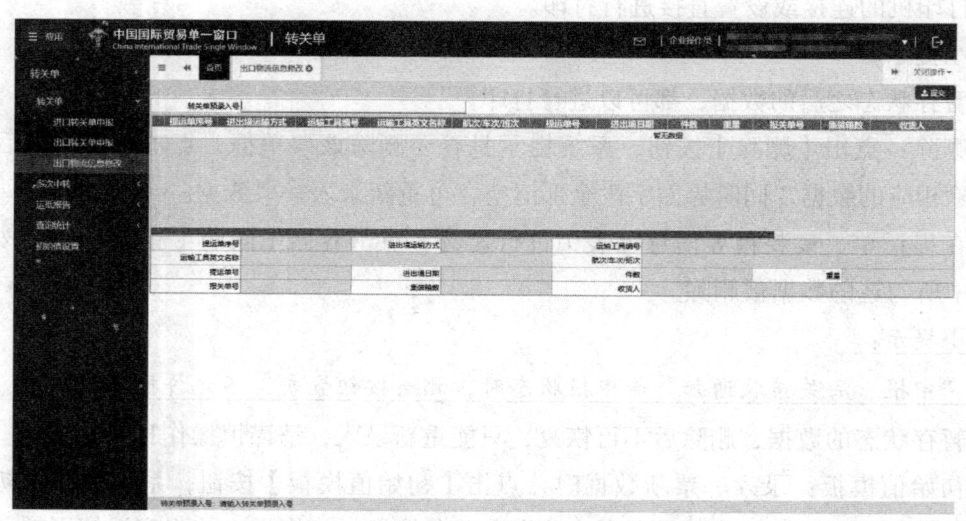

图 8-558 出口物流信息修改

（一）界面字段说明

转关单预录入号：手工录入，填写出口转关单预录入号后，按回车键，系统自动校验并返填转关单内容。如填写的单号不符合状态或类型等要求，系统会弹出相应提示信息。

在提运单信息列表中勾选数据，界面下方自动返填该转关单提运单信息。

“申报状态、数据中心统一编号、报关单号”等字段不允许修改，可修改界面内白色字段里的内容。录入操作方式可参考上文进口转关单申报——界面录入说明的提运单信息部分，不再赘述。

修改（录入）完毕后一直按回车键，界面中间列表中的数据自动显示为修改后的内容。

确认录入完毕的数据无误，可点击界面右上角【提交】蓝色按钮，系统弹出提示“请确认是否修改以上列表中的数据”，点击【是】后即向业务主管部门进行申报。

（二）操作（按钮）

录入、新增、暂存、打印、删除、初始值模板与申报等操作，可参考上文“进口转关单申报操作”（按钮）章节，此处不再赘述。

第二节 多次中转

一、进口多次中转申报

提供进口多次中转转关申请数据的录入、暂存、复制、打印、申报等功能。点击左侧菜单栏“多次中转——进口多次中转申请”，右侧界面展示如图 8-559。

图 8-559 进口多次中转申请

（一）界面录入说明

界面中的录入要求，总体说明如下：

灰色字段（例如申报状态、数据中心统一编号等）表示不允许录入，系统将根据相应操作或步骤后自动返填。

境内运输工具名称、备注等字段，需要用户手工录入。

部分字段（例如转关类型等）需要在参数中进行调取，不允许随意录入。使用键盘空格键，可调出下拉菜单并在其中进行选择。也可以输入已知的相应数字、字母或汉字，迅速调出参数，选择后点击回车键确认录入。

日期类字段，可输入“YYYYMMDD”格式的日期，或点击录入框，在系统弹出的日历中进行选择。

（二）操作（按钮）

增加换装地：该按钮在暂存、退单状态时可点击，其他状态默认置灰不可点击，点击该按钮可以新增一个换装地的信息，换装地最多支持 3 个，录入信息可参照表头信息进行录入。

确认：该按钮只有在上一程收到了核销的回执时，才会放开可点击。

录入、新增、暂存、打印、删除申报等操作，可参考上文“进口转关单申报”，此处不再赘述。

二、出口多次中转申报

提供出口多次中转申请数据的录入、暂存、复制、打印、申报等功能。

点击左侧菜单栏“多次中转—出口多次中转申请”，右侧界面展示如图 8-560。

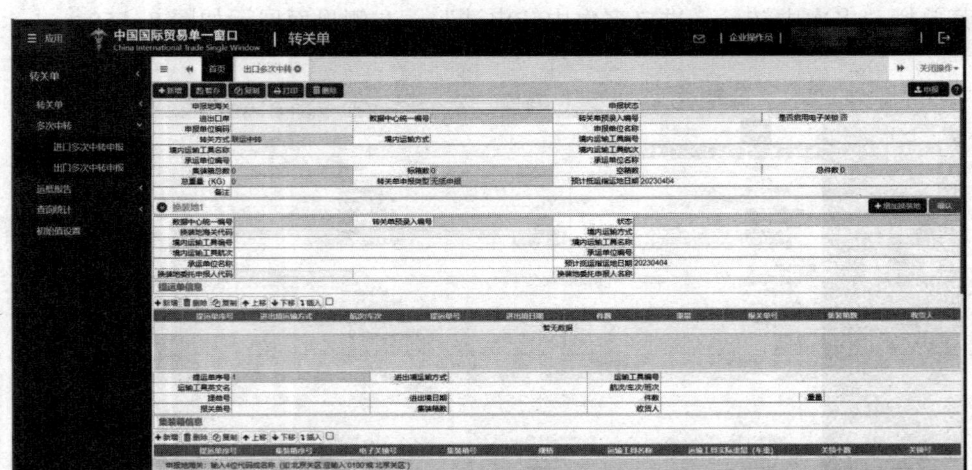

图 8-560 出口多次中转申请

界面录入、新增、暂存、打印、删除与申报等操作，可参考上文"进口多次中转申报"，此处不再赘述。

第三节 运抵报告

一、进口转关运抵报告

提供进口转关运抵报告数据的录入、暂存、申报等功能。

点击左侧菜单栏"运抵报告—进口转关运抵报告"，右侧界面展示如图 8-561。

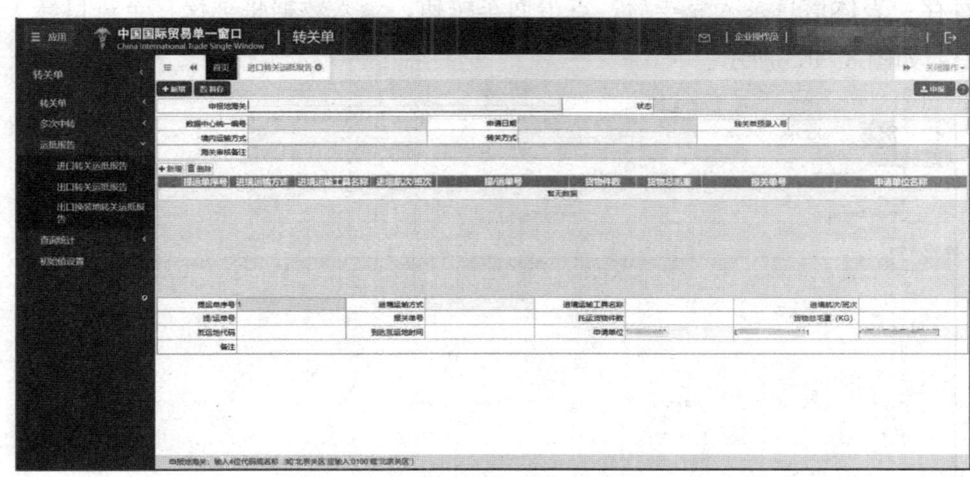

图 8-561 进口转关运抵报告

（一）界面录入说明

界面中的录入要求，总体说明如下：

灰色字段（例如状态、数据中心统一编号等）表示不允许录入，系统将根据相应操作或步骤后自动返填。

境内运输工具名称、备注等字段，需要用户手工录入。

部分字段（例如申报地海关、境内运输方式等）需要在参数中进行调取，不允许随意录入。使用键盘空格键，可调出下拉菜单并在其中进行选择。也可以输入已知的相应数字、字母或汉字，迅速调出参数，选择后点击回车键确认录入。

（二）操作（按钮）

界面上方蓝色按钮（如图 8-562），影响整票转关运抵数据。具体操作说明参见下文新增、申报等内容。

图 8-562 进口转关运抵报告（操作按钮）

小提示：

界面中部的白色按钮，所影响的仅为某一局部的数据，并非整票转关单数据。

新增：界面顶端的【新增】蓝色按钮始终为激活状态。点击后，界面字段全部清空，可重新录入一票新数据。

界面中间的【新增】白色按钮，点击后，对应的局部信息全部清空，可重新录入新的提运单、集装箱等数据。

暂存：表体信息录入完毕后，点击回车按钮，录入数据将被保存至进口转关运抵报告中。如图 8-563 所示。

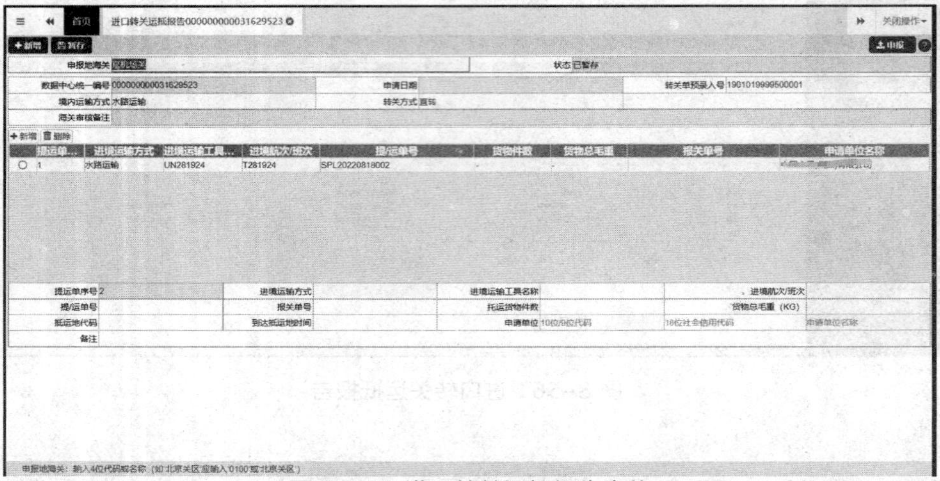

图 8-563 进口转关运抵报告表体

点击【暂存】按钮后，申报状态变为“已暂存”。

若企业未录入表体直接点击暂存按钮，系统会弹框：没有需要暂存的数据。用户需将页面信息录入完整再点击暂存。若系统对录入的内容逻辑检查未通过，界面会提示相应错误信息。

小提示：

申报、海关接收等状态时，暂存按钮置灰，不允许操作。

进口转关运抵报告中，每条表体的申请单位都要和卡关联的企业一致才可以进行申报。

二、出口转关运抵报告

提供出口转关运抵报告数据的录入、暂存、复制、打印、申报等功能。

点击左侧菜单栏“运抵报告——出口转关运抵报告”，右侧界面展示如图 8-564。

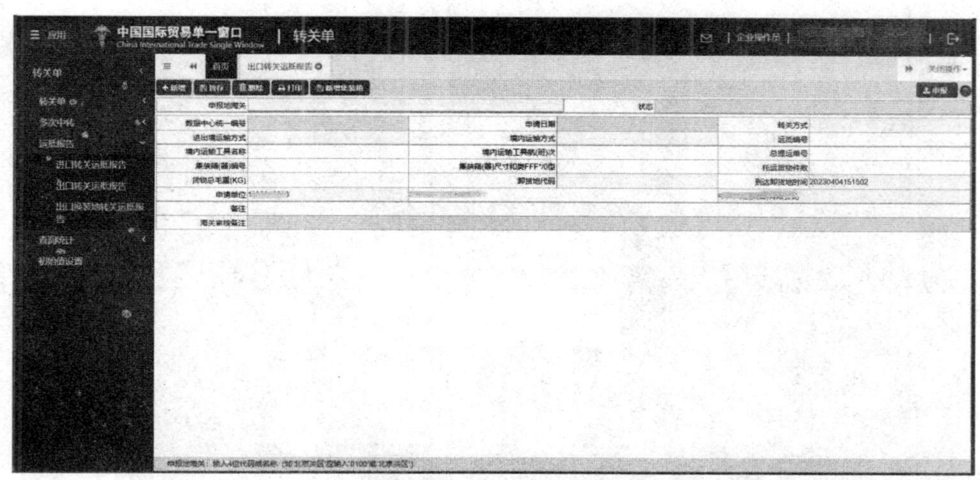

图 8-564 出口转关运抵报告

小提示：

出口运抵报告申报时卡关联的企业要和界面的申请单位一致才可以进行申报。

（一）界面录入说明

界面字段录入等操作，可参考上文“进口转关运抵申报”，此处不再赘述。

（二）界面字段说明

境内运输工具名称：手工录入，境内运输工具名称：北方模式选填；南方模式填写“@”+13 位载货清单号；水运中转模式必填：境内水路运输填报驳船船名，境内铁路运输填报车名（主管海关 4 位关别代码 +“TRAIN”）；境内公路运输填报车名（三管海关 4 位关别代码 +“TRUCK”）。

（三）操作（按钮）

界面上方蓝色按钮（如图 8-565），影响整票转关运抵数据。具体操作说明参见下文新增、申报等内容。

图 8-565 出口转关运抵报告（操作按钮）

新增：界面顶端的【新增】蓝色按钮始终为激活状态。点击后，界面字段全部清空，可重新录入一票新数据。

暂存：点击【暂存】按钮后，申报状态变为“已暂存”。

新增集装箱：新增集装箱按钮功能与新增按钮基本一致，点击【新增集装箱】按钮，页面提示如图 8–566 所示：

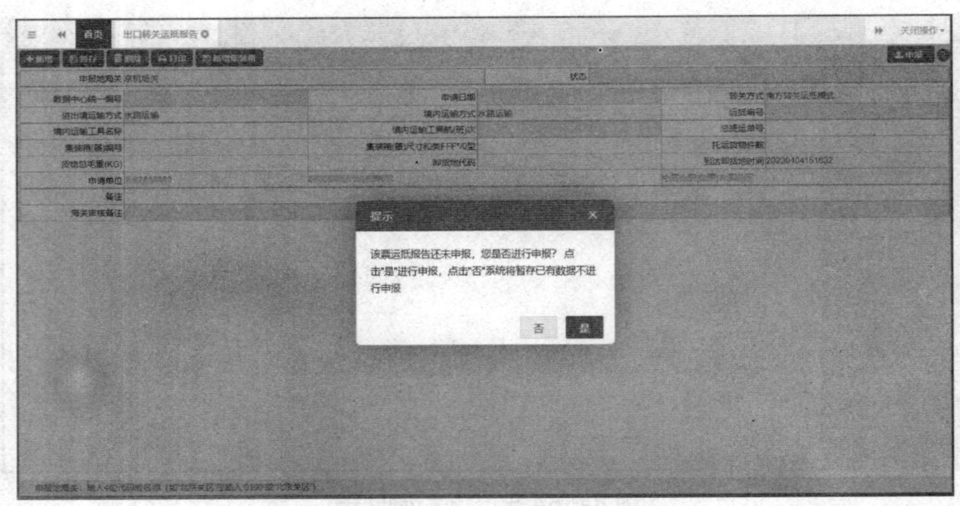

图 8–566 点击【新增集装箱】按钮后提示

此时点击【否】，状态变为已暂存，点击【是】，则该票出口转关运抵报告将被申报，在申报成功（如图 8–567）的提示框中点击【确定】按钮，页面新增一票新的出口转关运抵报告，新增数据中，集装箱（器）编号、集装箱（器）尺寸和类 FFF*/0 型、到达卸货地时间，这三个字段会清空，其他字段保留。

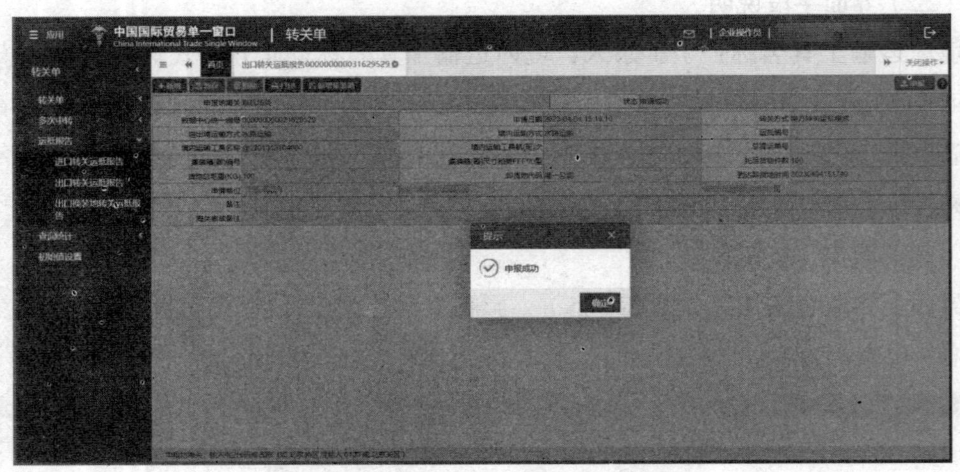

图 8–567 点击【新增集装箱】按钮后申报成功提示

删除：在查询统计—出口转关运抵报告查询中查询出对应数据，如图 8-568 所示：

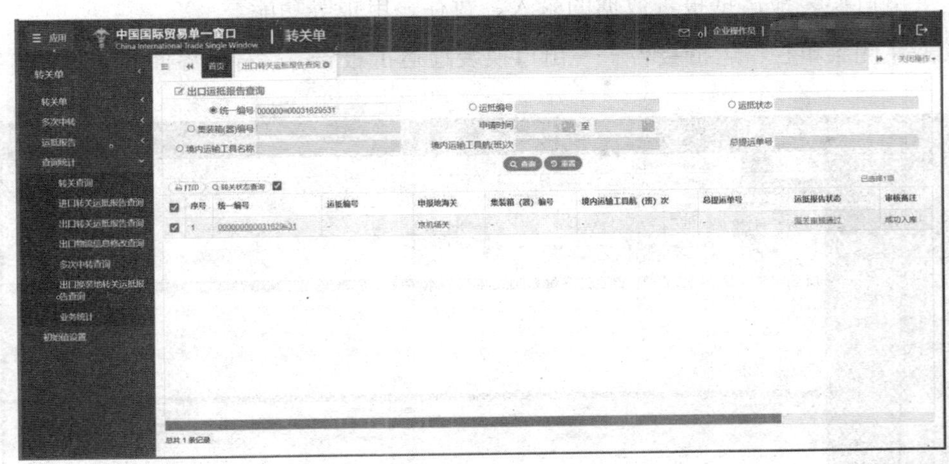

图 8-568 出口转关运抵报告查询

在查询出的数据中，点击蓝色统一编号。跳转至详情界面，点击蓝色【删除】按钮，界面显示如图 8-569。

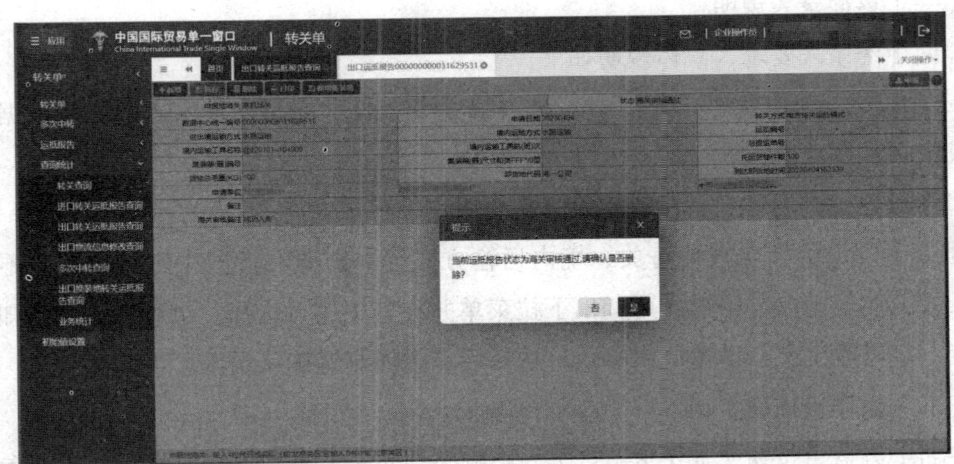

图 8-569 点击【删除】提示

小提示：

查询状态为：【G-海关审核通过】【B-删除申请失败】【F-删除申请海关审核不通过】的出口转关运抵报告可以进行删除，删除需发往海关，由海关业务部门进行审批。

三、出口换装地运抵报告

提供出口换装地运抵报告数据的录入、暂存、申报等功能。

点击左侧菜单栏“运抵报告——出口换装地运抵报告”，右侧界面展示如图 8-570。

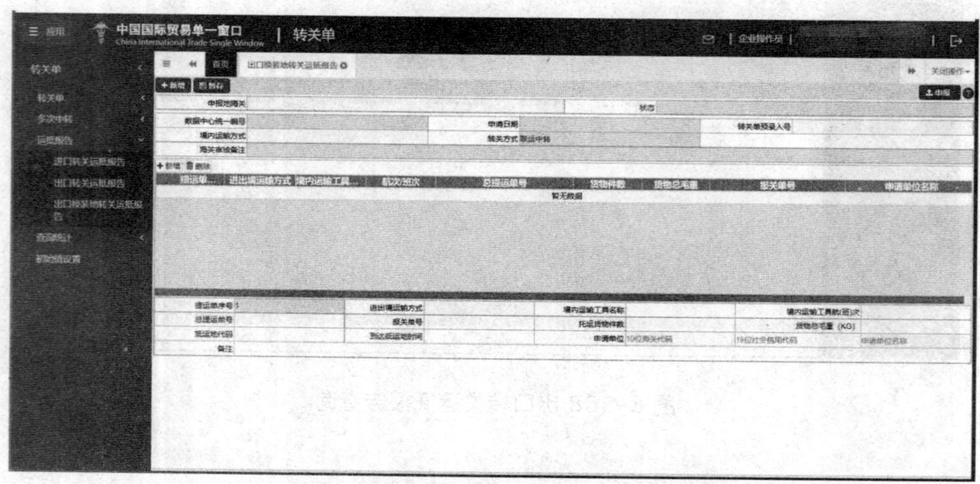

图 8-570 出口换装地运抵报告

（一）界面录入说明

界面中的录入要求，总体说明如下：

灰色字段（例如状态、数据中心统一编号等）表示不允许录入，系统将根据相应操作或步骤后自动返填。

境内运输工具名称、备注等字段，需要用户手工录入。

部分字段（例如申报地海关、境内运输方式等）需要在参数中进行调取，不允许随意录入。使用键盘空格键，可调出下拉菜单并在其中进行选择。也可以输入已知的相应数字、字母或汉字，迅速调出参数，选择后点击回车键确认录入。

（二）操作（按钮）

界面上方蓝色按钮（如图 8-571），影响整票转关运抵数据。具体操作说明参见下文新增、申报等内容。

图 8-571 出口换装地运抵报告（操作按钮）

小提示：

界面中部的白色按钮，所影响的仅为某一局部的数据，并非整票转关单数据。

新增：界面顶端的【新增】蓝色按钮始终为激活状态。点击后，界面字段全部清空，可重新录入一票新数据。

界面中间的【新增】白色按钮，点击后，对应的局部信息全部清空，可重新录入新的提运单、集装箱等数据。

暂存：表体信息录入完毕后，点击回车按钮，录入数据将被保存至出口换装地运抵报告中。如图 8-572 所示。

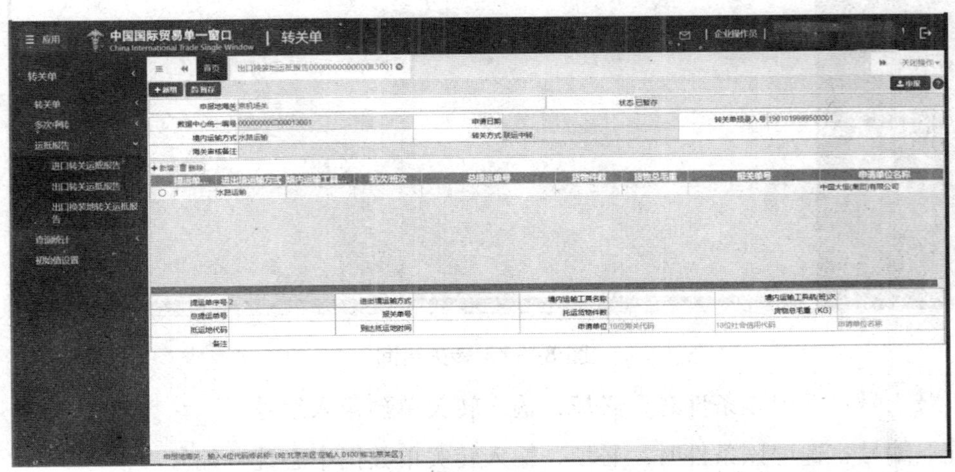

图 8-572 出口换装地运抵报告表体

点击【暂存】按钮后，申报状态变为“已暂存”。

若企业未录入表体直妾点击暂存按钮，系统会弹框：没有需要暂存的数据。用户需将页面信息录入完整再点击暂存。若系统对录入的内容逻辑检查未通过，界面会提示相应错误信息。

小提示：

申报、海关接收等状态时，暂存按钮置灰，不允许操作。

进口转关运抵报告中，每条表体的申请单位都要和卡关联的企业一致才可以进行申报。

第四节 查询统计

提供转关单数据、出口物流信息修改数据的查询、打印与业务数据统计等功能。

一、转关查询

点击左侧菜单栏“查询统计—转关查询”，右侧界面展示如图 8-573。

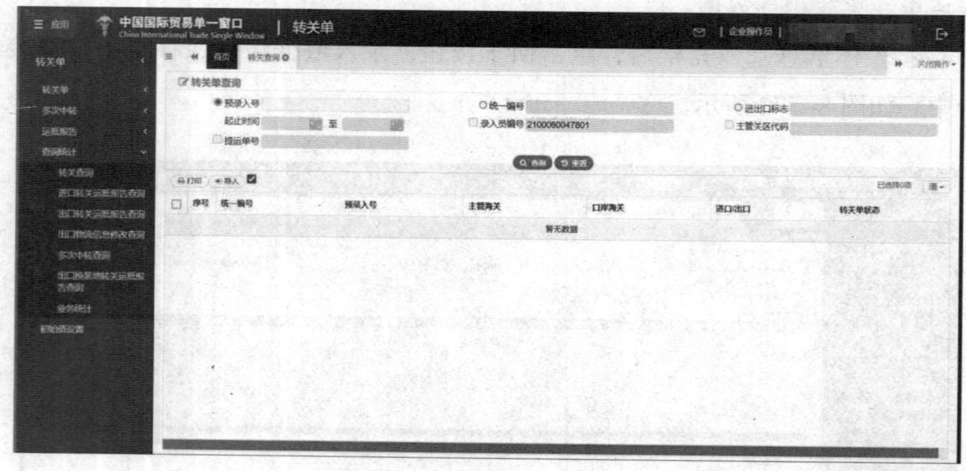

图 8-573 转关查询

预录入号：选中该条件时，必填，输入转关单预录入编号。

统一编号：选中该条件时，必填，输入转关单数据中心统一编号。

进出口标志：选中该条件时，可在下拉菜单中选择“I- 进口、E- 出口”。

起止时间：选中“进出口标志”时，该字段可进行选择。

小提示：

起止时间所选择的范围，不能超过 30 天。

录入员编号：非必填，系统默认读取当前登录操作员所绑定的卡介质编号。勾选后，执行查询时只查询该录入员操作的数据。

主管关区代码：选中该条件时，必填，可输入关区代码或名称调出参数。

输入条件，点击【查询】蓝色按钮，查询结果显示在下方列表中（如图 8-574）。点击【重置】蓝色按钮将清空查询条件，重新填写后查询。

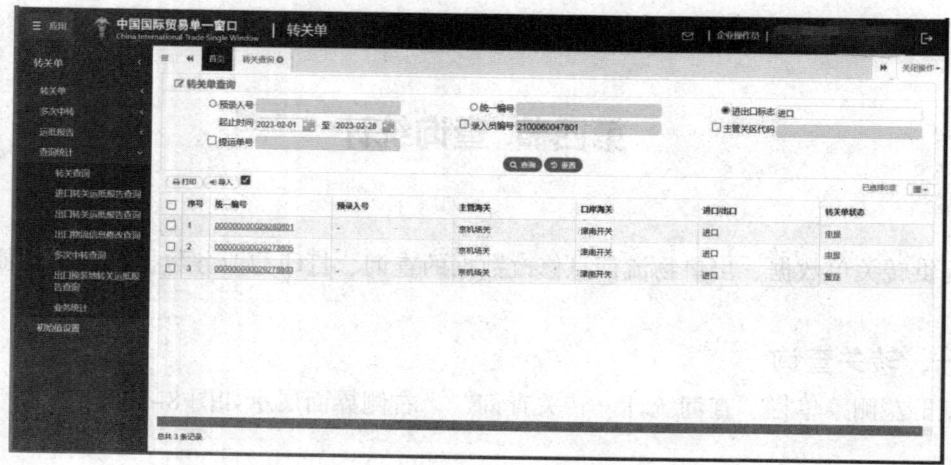

图 8-574 转关数据查询结果列表

点击上图中的蓝色统一编号，系统自动跳转至转关单数据的详细信息界面。点击转关单状态栏内的蓝色字样，界面下方显示相应的回执（如图 8–575）。点击回执部分【刷新】白色按钮，可刷新回执。点击【关闭】白色按钮，可关闭查看回执列表。

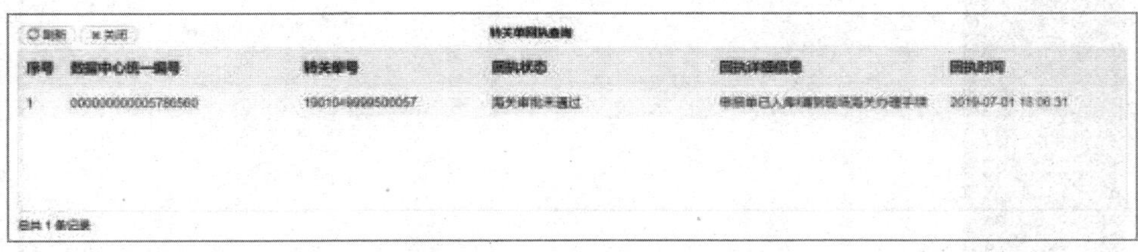

图 8–575 转关单回执查询

二、进口转关运抵报告查询

点击左侧菜单栏“查询统计—进口转关运抵报告查询”，右侧界面展示如图 8–576。

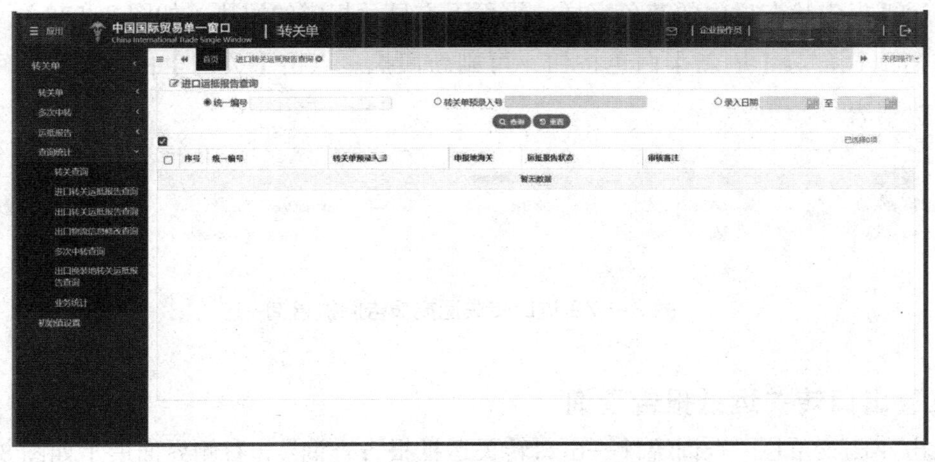

图 8–576 进口转关运抵报告查询

预录入号：选中该条件时，必填，输入转关单预录入编号。

统一编号：选中该条件时，必填，输入转关单数据中心统一编号。

录入时间：选中该条件时，开始时间和结束时间可以根据日历控件进行选择。

<u>小提示：</u>

<u>起止时间所选择的范围，不能超过 30 天。</u>

输入条件，点击【查询】蓝色按钮，查询结果显示在下方列表中（如图 8–577）。点击【重置】蓝色按钮将清空查询条件，重新填写后查询。

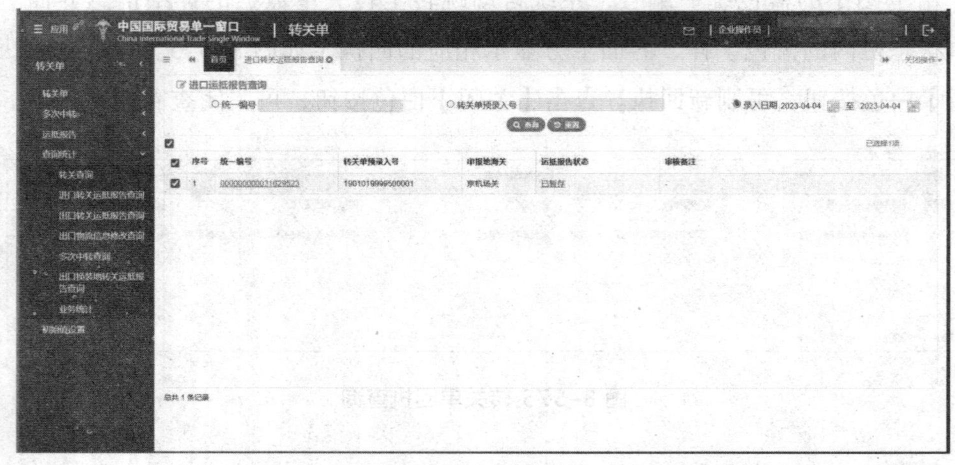

图 8-577 进口运抵报告查询结果列表

点击上图中的蓝色统一编号，系统自动跳转至进口运抵报告的详细信息界面。点击进口运抵报告状态栏内的蓝色字样，界面下方显示相应的回执（如图 8-578）。

点击回执部分【刷新】白色按钮，可刷新回执。点击【关闭】白色按钮，可关闭查看回执列表。

刷新 关闭

运抵报告回执查询

序号	数据中心统一编号	回执号	回执状态	回执详细信息	回执时间
1	000000000000006917	000000000000001968	失败	转关单已经核销，无需发送运抵报文	2021-12-25 10:34:00

图 8-578 进口转关运抵报告回执查询

三、出口转关运抵报告查询

点击左侧菜单栏“查询统计—出口转关运抵报告查询”，右侧界面展示如图 8-579。

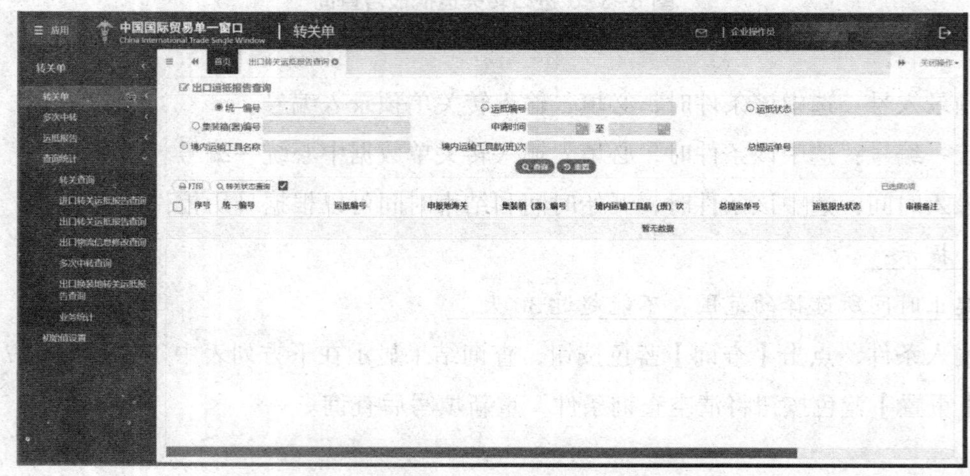

图 8-579 出口转关运抵报告查询

统一编号：选中该条件时，必填，输入转关单数据中心统一编号。

运抵编号：选中该条件时，必填，输入运抵编号。

运抵状态：选中该条件时，必填，运抵状态有下拉参数可供选择。

集装箱（器）编号：选中该条件时，必填，录入集装箱编号。

申请时间：选中运抵状态和集装箱（器）编号条件时，申请时间默认放开，默认现在当前时间。境内运输工具名称：选中该条件时，境内运输工具名称、境内运输工具航（班）次、总提运单号三个条件可以组合进行查询。

小提示：

申请时间所选择的范围，不能超过 30 天。

输入条件，点击【查询】蓝色按钮，查询结果显示在下方列表中（如图 8-580）。点击【重置】蓝色按钮将清空查询条件，重新填写后查询。

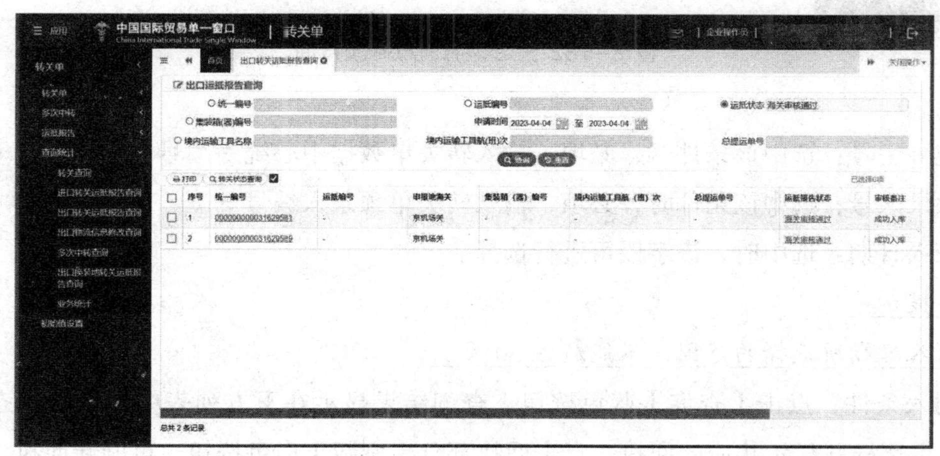

图 8-580 出口转关运抵报告数据查询结果列表

点击上图中的蓝色统一编号，系统自动跳转至出口转关运抵报告的详细信息界面。

点击运抵报告状态栏内的蓝色字样，界面下方显示相应的回执（如图 8-581）。点击回执部分【刷新】白色按钮，可刷新回执。点击【关闭】白色按钮，可关闭查看回执列表。

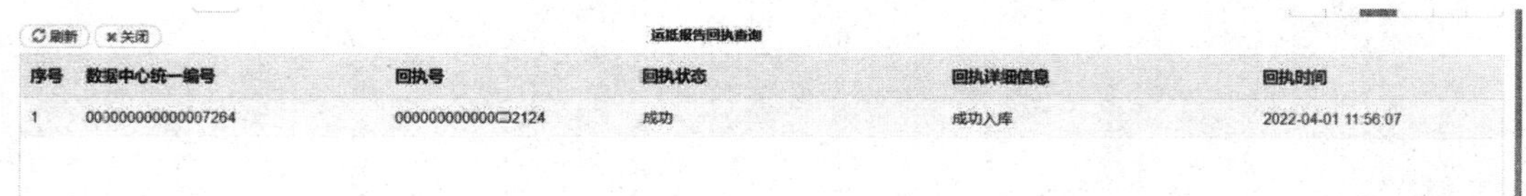

刷新 关闭

运抵报告回执查询

序号	数据中心统一编号	回执号	回执状态	回执详细信息	回执时间
1	0000000000000007264	000000000000□2124	成功	成功入库	2022-04-01 11:56:07

图 8-581 出口转关运抵报告回执查询

四、出口物流信息修改查询

点击左侧菜单栏“查询统计—出口物流信息修改查询”，右侧界面展示如图 8–582。

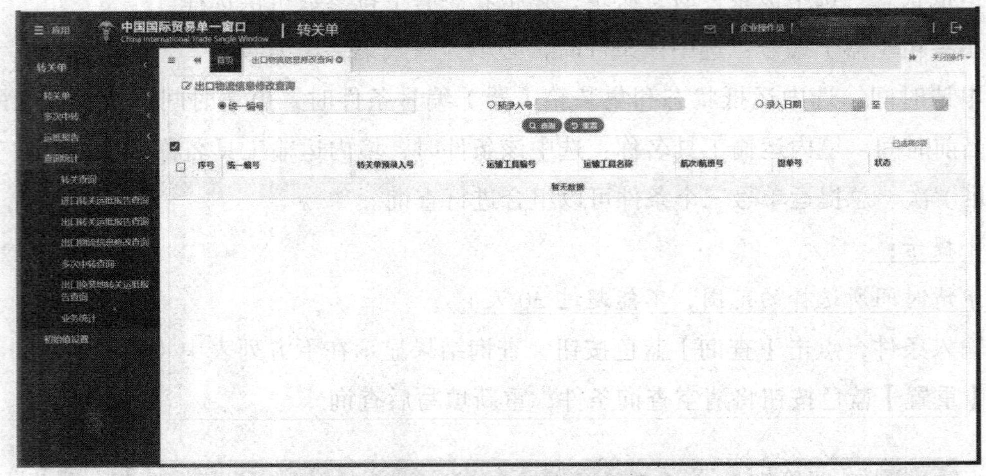

图 8–582 出口物流信息修改查询

统一编号：选中该条件时，必填，输入转关单数据中心统一编号。

预录入号：选中该条件时，必填，输入转关单预录入编号。

录入日期：选中时，该字段可进行选择。

小提示：

录入日期所选择的范围，不能超过 30 天。

输入条件，点击【查询】蓝色按钮，查询结果显示在下方列表中，点击状态一栏内的蓝色字样，显示相应的回执。点击回执部分【刷新】白色按钮，可刷新回执。点击【关闭】白色按钮，可关闭查看回执列表。

点击【重置】蓝色按钮将清空查询条件，重新填写后查询。

五、多次中转查询

点击左侧菜单栏“查询统计—多次中转查询”，右侧界面展示如图 8–583。

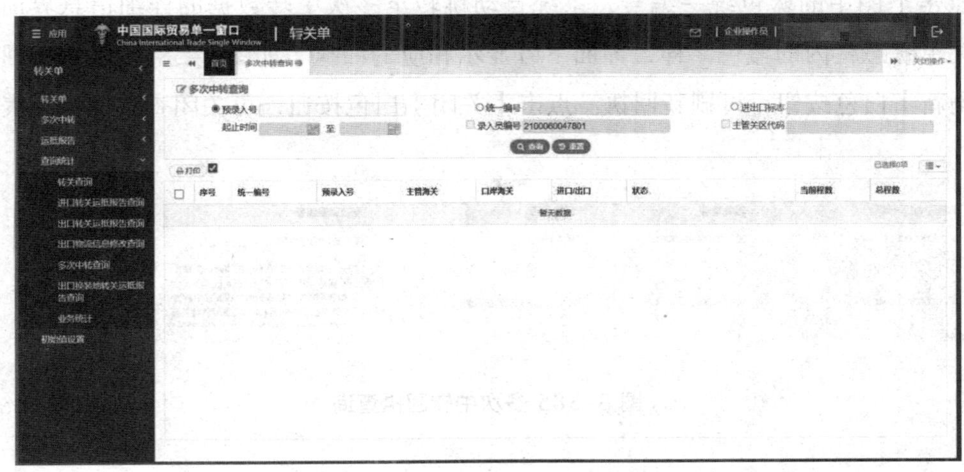

图 8-583 多次中转查询

预录入号：选中该条件时，必填，输入转关单预录入编号。

统一编号：选中该条件时，必填，输入转关单数据中心统一编号。

进出口标志：选中该条件时，可在下拉菜单中选择“I- 进口、E- 出口”。

起止时间：选中“进出口标志”时，该字段可进行选择。

小提示：

起止时间所选择的范围，不能超过 30 天。

录入员编号：非必填，系统默认读取当前登录操作员所绑定的卡介质编号。勾选后，执行查询时只查询该录入员操作的数据。

主管关区代码：选中该条件时，必填，可输入关区代码或名称调出参数。

输入条件，点击【查询】蓝色按钮，查询结果显示在下方列表中（如图 8-584）。点击【重置】蓝色按钮将清空查询条件，重新填写后查询。

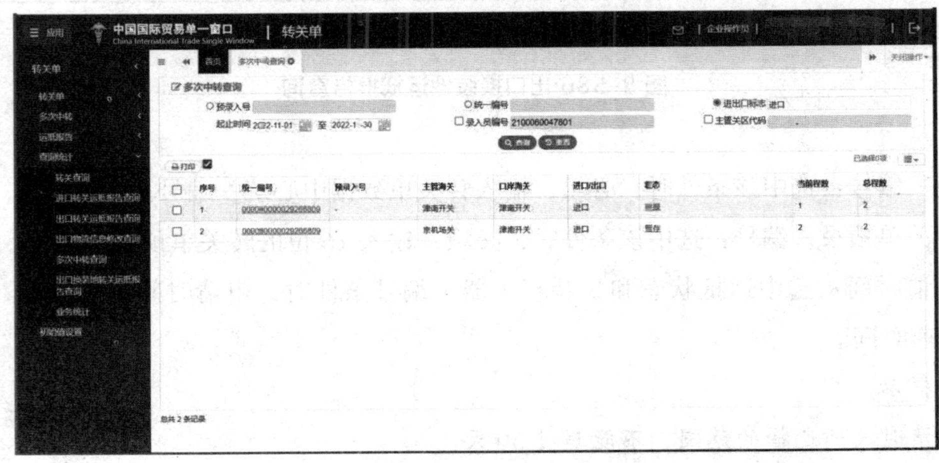

图 8-584 多次中转数据查询结果列表

点击上图中的蓝色统一编号，系统自动跳转至多次中转数据的详细信息界面。点击转关单状态栏内的蓝色字样，界面下方显示相应的回执（如图 8–585）。点击回执部分【刷新】白色按钮，可刷新回执。点击【关闭】白色按钮，可关闭查看回执列表。

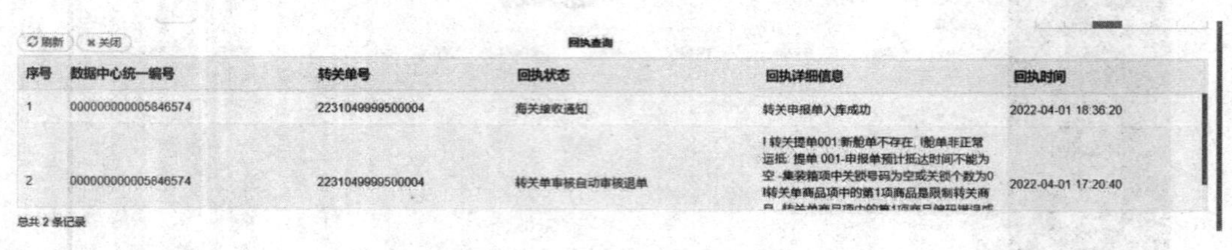

图 8–585 多次中转回执查询

六、出口换装地转关运抵报告查询

点击左侧菜单栏“查询统计—出口换装地转关运抵报告查询”，右侧界面展示如图 8–586。

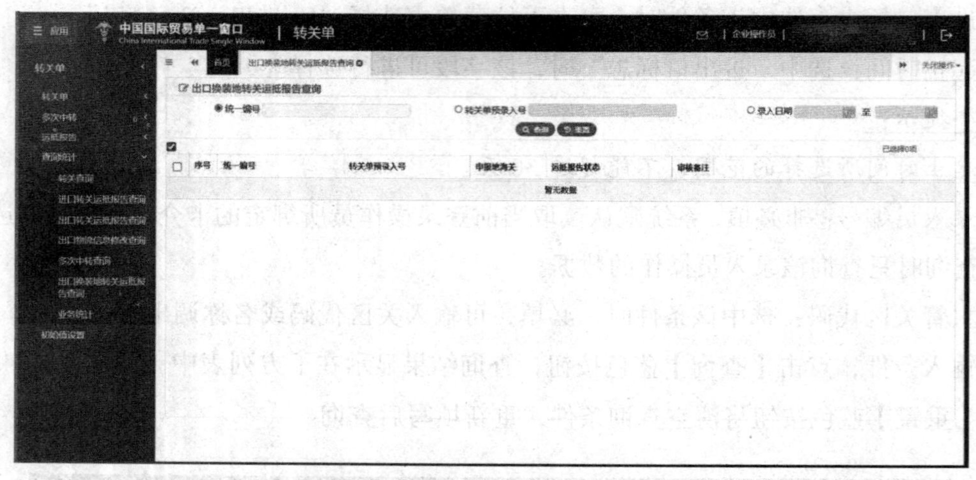

图 8–586 出口换装地运抵报告查询

统一编号：选中该条件时，必填，输入转关单数据中心统一编号。

转关单预录入编号：选中该条件时，必填，输入 16 位的转关单预录入编号。

申请时间：选中运抵状态和集装箱（器）编号条件时，申请时间默认放开，默认现在当前时间。

小提示：

申请时间所选择的范围，不能超过 30 天。

输入条件，点击【查询】蓝色按钮，查询结果显示在下方列表中（如图 8–587）。

点击【重置】蓝色按钮将清空查询条件，重新填写后查询。

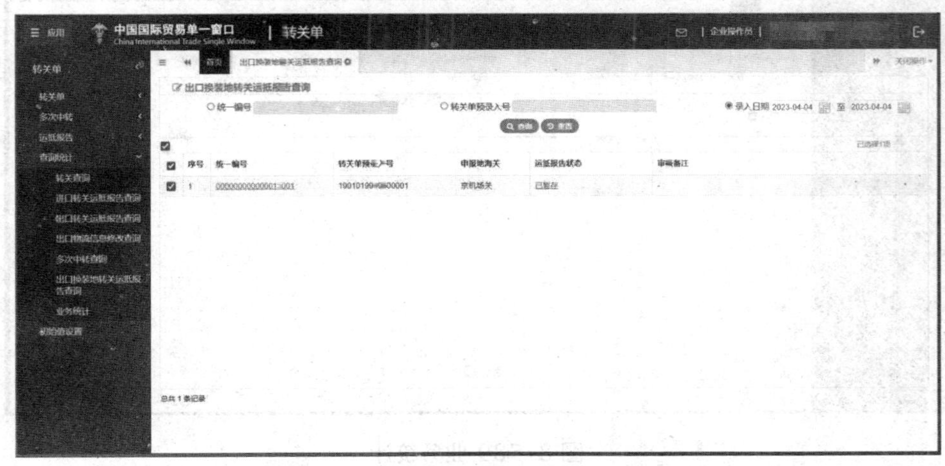

图 8-587 出口换装地转关运抵报告数据查询结果列表

点击上图中的蓝色统一编号，系统自动跳转至出口换装地运抵报告的详细信息界面。

点击运抵报告状态栏内的蓝色字样，界面下方显示相应的回执（如图 8-588）。点击回执部分【刷新】白色按钮，可刷新回执。点击【关闭】白色按钮，可关闭查看回执列表。

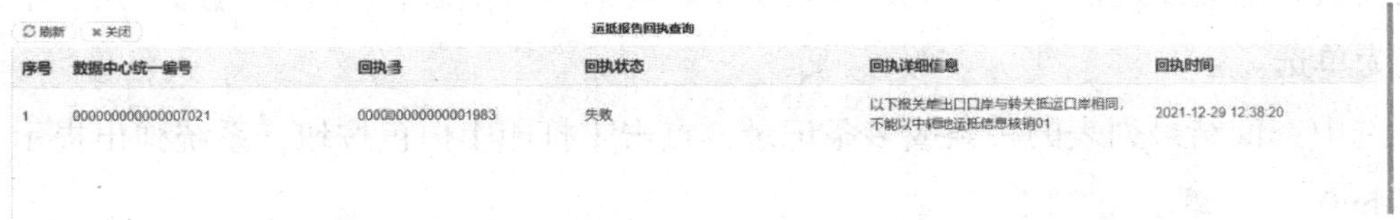

图 8-588 出口换装地转关运抵报告回执查询

七、业务统计

点击左侧菜单栏“查询统计—业务统计”，右侧界面展示如图 8-589。

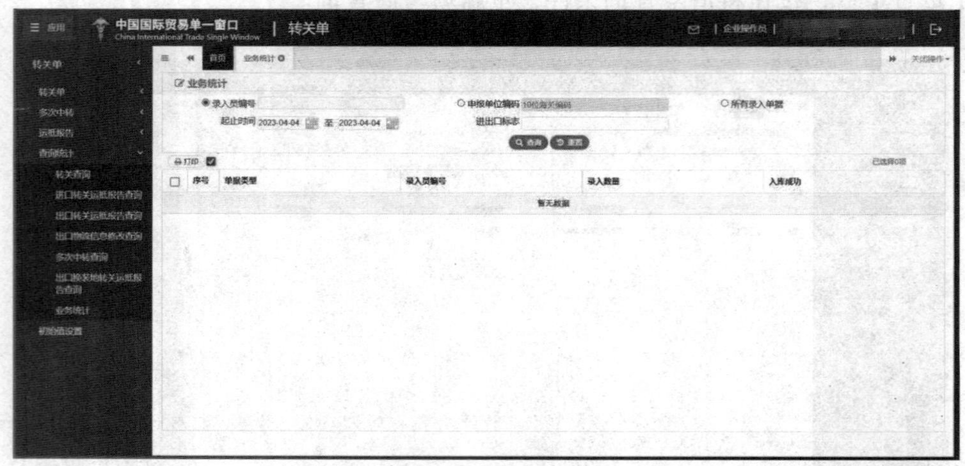

图 8-589 业务统计

录入员编号：选中该条件时，必填，输入录入员编号（例如 IC 卡号）。

申报单位编码：选中该条件时，必填，输入申报单位海关 10 位编码。

所有录入数据：选中时，系统仅依据所选择的起止时间进行查询统计。

起止时间：必填，在弹出的日历框中选择统计的开始、结束时间。

进出口标志：可在下拉菜单中选择“I- 进口、E- 出口”。

输入条件，点击【查询】蓝色按钮，查询结果显示在下方列表中。勾选【打印】白色按钮右侧的复选框，可在下方列表中同时勾选多条记录；去掉该勾选，列表中的记录变为单选。

选中查询结果列表的一条或多条记录，点击【打印】白色按钮，系统弹出提示（如图 8-590）。

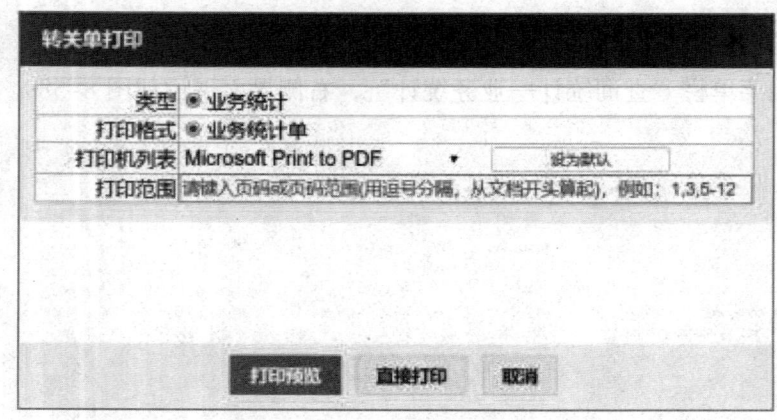

图 业务统计单打印

转关单打印

类型	◉ 业务统计
打印格式	◉ 业务统计单
打印机列表	Microsoft Print to PDF ▾ 设为默认
打印范围	请键入页码或页码范围(用逗号分隔，从文档开头算起)，例如：1,3,5-12

打印预览 直接打印 取消

图 8-590 转关单打印

“类型”“打印格式”为系统默认，不可修改。用户根据本地打印设置，在“打印机列表”中进行选择。如果想将列表中的某个打印机设置为默认，选择后点击后面【设置默认】白色按钮即可。“打印范围”无需录入。

点击【打印预览】蓝色按钮，系统展示预览页面（如图 8-591）。点击【直接打印】按钮，根据本地打印机的连接或设置直接进行打印。

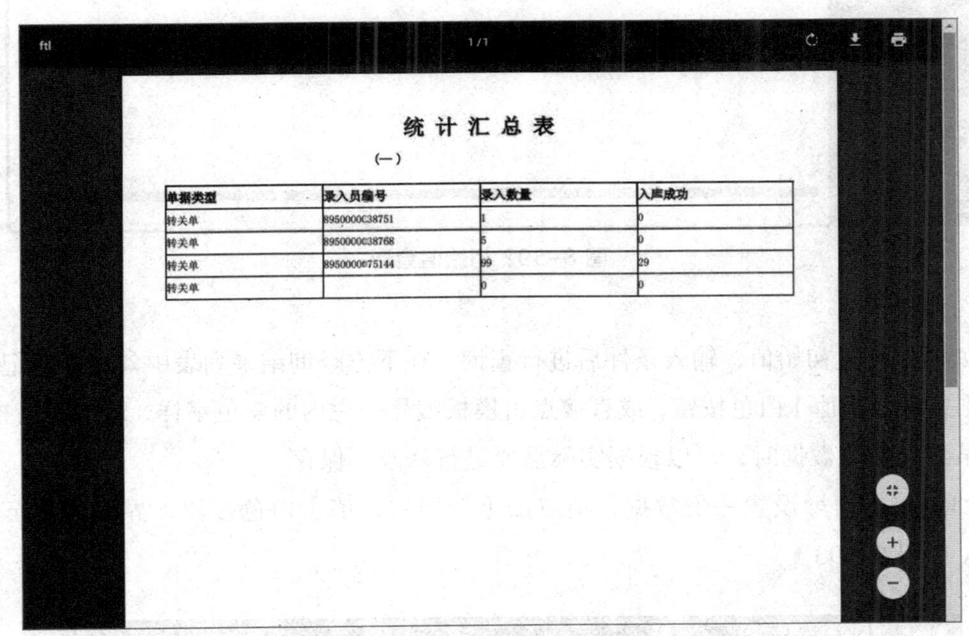

统计汇总表

(一)

单据类型	录入员编号	录入数量	入库成功
转关单	8950000C38751	1	0
转关单	8950000C38768	5	0
转关单	8950000#75144	99	29
转关单		0	0

图 8-591 业务统计打印预览

第五节 初始值设置

为了减少用户在部分常用字段中反复录入相同内容，此功能可对转关单的字段进行默认设置。设置保存成功后，进入进 / 出口转关单录入界面时，点击【初始值模板】蓝色按钮，可以调用在此保存过的默认值。

在左侧菜单中点击“初始值设置—初始值查询”，右侧显示界面如图 8-592。

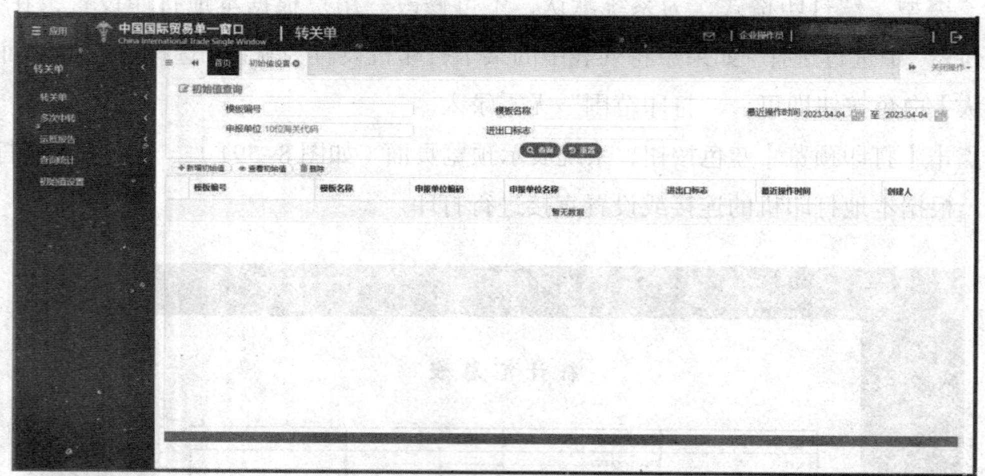

图 8-592 初始值查询

如已保存过初始值，输入条件后进行查询。在下方查询结果列表中勾选任意记录，点击【查看初始值】白色按钮，或直接点击模板编号一栏内的蓝色字样，进行详情查看。查看某票初始值数据时，可以根据实际需要进行修改、保存。

如果您想新增设置一份数据，请点击【新增初始值】白色按钮，界面跳转至录入界面（如图 8-593）。

图 8-593 新增初始值

模板名称：必填，根据实际情况，为当前的模板定义、录入一个名称， 以便后续使用模板时进行查找。

模板编号：返填，暂存模板成功后，由系统自动返填。

进出口标志：必填，可在下拉菜单中选择“I- 进口、E- 出口”。此处选择进口，则只能在录入进口转单时调用；选择出口，只能在录入出口转关单时调用。

继续录入您所需要的字段默认值，各字段说明与操作方法请参见“进口转关单申报-界面录入说明”。

点击上图中【新增】蓝色按钮，界面中所有已录入的值被清空，可重新录入。点击界面上方【暂存】蓝色按钮，将当前所录入的默认值进行保存。

第八章 通关无纸化协议签约系统操作指南

第一节 三方协议签约

进入左侧菜单“三方协议签约”，展开业务菜单（如图 8-594）。

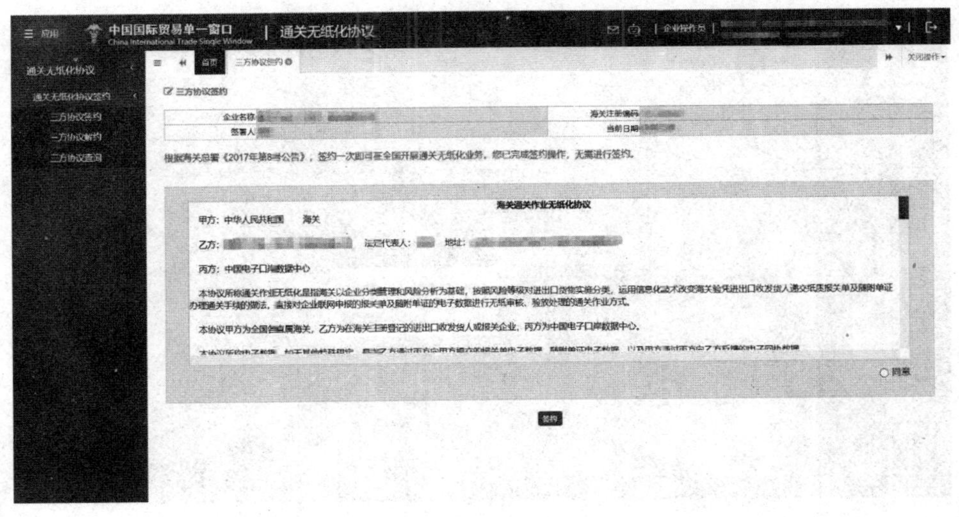

图 8-594 三方化协议签约

签约时系统是按海关 10 位编码识别的，如企业是双海关 10 位企业，进菜单后需先选择对应海关 10 位。

根据海关总署《2017 年第 8 号公告》，签约一次即可在全国开展通关无纸化业务。用户选择对应海关 10 位后，阅读协议内容，勾选页面右下角红色【同意】按钮，并点击右上角【签约】，即可完成三方协议签约。

如用户已经签约，界面会有相应提示“您已完成签约操作，无需进行签约”，即表示之前已经进行无纸化签约，无需重复签约。

小提示：

1. 需插入法人卡进行签约操作，如未插卡或插入操作员卡，签约时系统会提示“只有法人卡可以操作！”

2. 签约成功后，可进入“三方协议查询”菜单项下进行状态查询。

3. 货物申报业务中，报关单类型是通关无纸化时，申报单位和境内收发货人都要分别进行三方协议签约。

第二节 三方协议解约

企业三方签约成功后，如需解除签约关系，可进入该菜单项下进行解约操作。

只有已进行三方签约的企业可以进行解约操作。

进入左侧菜单“三方协议解约”，右侧展示界面如图 8-595。

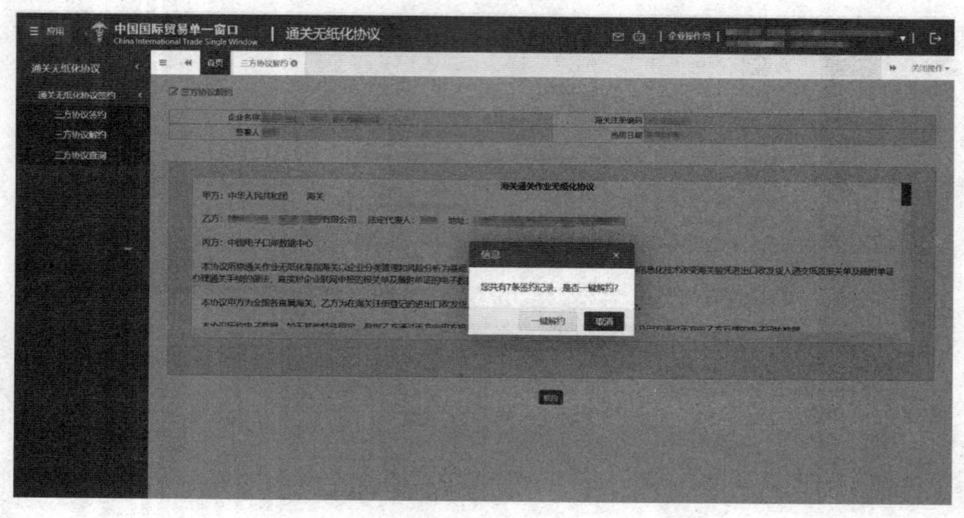

图 8-595 三方协议解约

阅读协议内容后，点击右上角蓝色【解约】按钮，系统提示是否解约，点击【确定】按钮，即可进行解约。

小提示：

1. 需插入法人卡进行签约操作，如未插卡或插入操作员卡，签约时系统会提示“只有法人卡可以操作！”

2. 解约成功后，可进入“三方协议查询”菜单项下进行状态查询。

第三节 三方协议查询

三方协议签约或解约后，可进入该菜单项下查询是否签约成功。

进入左侧菜单“三方协议查询”，右侧展示界面如图 8-596。

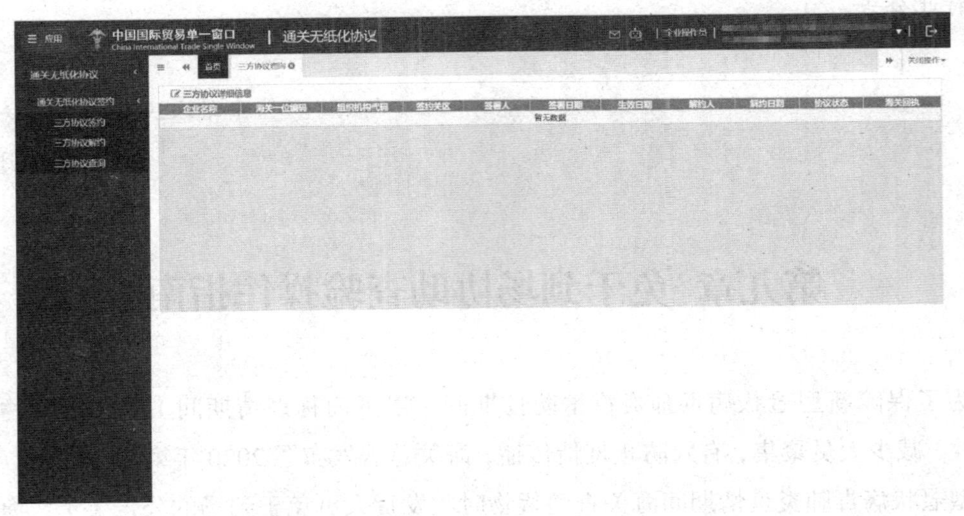

图 8-596 三方协议查询

小提示：

1. 签约需要海关审批，解约无需海关审批。三方协议签约的最终状态为签约海关审批、签约海关退单；三方协议解约的最终状态为解约成功。

2. 协议状态为“签约海关审批”状态的协议可进行解约，“签约申报”“签约已发往海关”“签约海关入库失败”“签约海关入库成功”状态，则不允许进行解约操作。

3. 需插入法人卡进行签约操作，如未插卡或插入操作员卡，签约时系统会提示“只有法人卡可以操作！”

4. 签约关区字段：默认读取企业法人卡中的注册地海关，显示某一关区，但全国有效。

5. 如企业存在双号并行（双海关 10 位）的情况，在货物申报中申报报关单提示：“通关无纸化三方协议不存在”，请确保三方协议查询中海关 10 位编码和报关单中的海关 10 位编码一致。

【链接】

中华人民共和国海关总署公告 2017 年第 8 号

为加快落实外贸稳增长政策措施，进一步深化通关作业无纸化改革工作，提高贸易便利化水平，海关总署决定将适用通关作业无纸化企业范围扩大到所有信用等级企业。

企业经与直属海关、第三方认证机构（中国电子口岸数据中心）签订电子数据应用协议后，可在全国海关适用“通关作业无纸化”通关方式，不再需要重复签约。

本公告自公布之日起执行。

特此公告。

中华人民共和国海关总署

2017 年 2 月 3 日

第九章 免于到场协助查验操作指南

为了保障新型冠状病毒肺炎疫情防控期间（以下简称疫情期间）进出境货物的快速验放，减少人员聚集，有效防止疫情传播，海关总署发布了 2020 年第 24 号公告（《关于新型冠状病毒肺炎疫情期间海关查验货物时收发货人可免于到场的公告》），海关货物查验时收发货人可免于到场。收发货人在收到海关货物查验通知后，通过互联网申请方式向海关申请告知无法到场，经海关同意后，可选择不到场协助海关实施查验。

为此，“单一窗口”标准版紧急开发并上线了免于到场协助查验申请系统。本系统主要包括报关单、非报关单申请数据的录入、暂存、删除、申请以及查询等功能。

第一节 免于到场协助查验申请（报关单）

注意：

在免于到场协助查验申请（报关单）内录入的报关单，必须满足以下条件：

1. 报关单当前必须属于未放行的状态。

2. 当前申请单位的海关十位与报关单境内收发货人海关 10 位一致。

点击左侧菜单“免于到场协助查验申请（报关单）”，右侧界面如图 8-597。

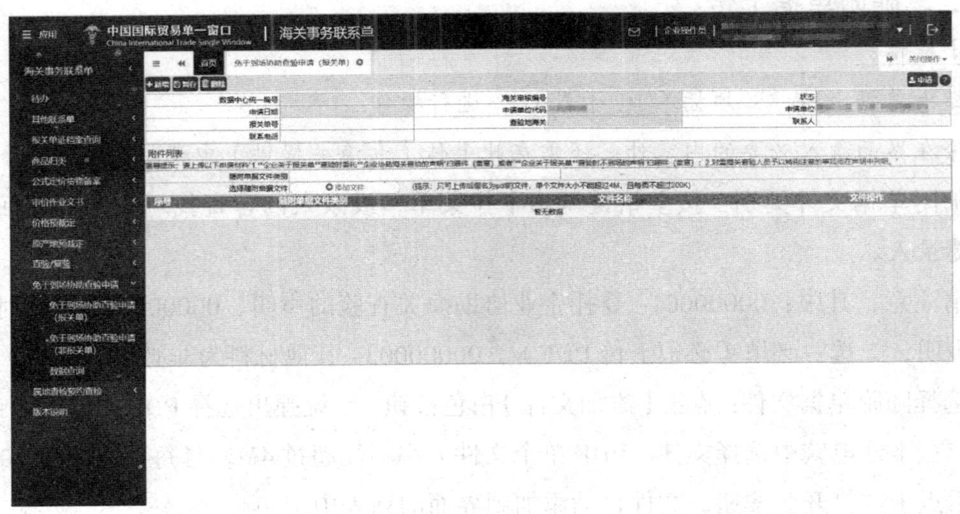

图 8-597 免于到场协助查验申请（报关单）

小提示：

已提交申请的数据或海关已同意免于协助查验申请的报关单号，不允许再次录入、提交申请。

一、录入说明

数据中心统一编号：返填，不可录入，暂存成功后系统自动生成。

海关审核编号：返填，不可录入，海关审批后返回。

状态：返填，不可录入，由系统自动根据当前数据状态进行显示。

申请日期：返填，不可录入，暂存成功后系统自动生成。

申请单位代码：返填，不可录入，系统读取当前登录用户的海关 10 位编码。

申请单位：返填，不可录入，系统读取当前登录用户的企业名称。

报关单号：必填，录入 18 位报关单号，且报关单状态必须属于未放行的状态、当前申请单位是报关单境内收发货人（海关 10 位编码一致）。

查验地海关：返填，录入报关单号后回车，由系统返填。

联系人：必填，填写联系人姓名。

联系电话：必填，请如实录入有效的联系电话号码。

注意：

如果当前报关单所属的查验口岸未在试点范围内，系统可能会给予“不在受理范围内、暂不满足条件”等提示，请咨询您的主管海关。

二、随附单据上传

小提示：

随附单据上传，必须插入 IC 卡或 Ikey 进行操作。

除在界面录入必要的内容外，还需在此上传（向海关提供）申请材料 PDF。

随附单据文件类别：按空格键调出下拉菜单，或录入内容查找对应参数后回车进行快捷录入。

请注意，其中：00000001- 委托企业协助海关查验的声明、00000002- 查验时不到场的声明，二选一必填（必须上传 PDF）。00000003- 其他材料为非必填（上传）项。

选择随附单据文件：点击【添加文件】白色按钮，系统弹出选择 PDF 文件的对话框，供用户在本地电脑中选择文件。PDF 单个文件大小不能超过 4M，且每页不超过 200K。选择后点击“打开”按钮，文件自动添加到界面的列表中。

随附单据文件类别与 PDF 文件是一对一的关系（即随附单据文件类别相同的，只能对应一份 PDF），如再次上传，可能会覆盖前次所上传的文件。此外，提交申请前还可对已上传的 PDF 文件进行删除、重新上传等操作。

三、操作（按钮）

暂存：首次点击该按钮后，状态变为“暂存”。若系统对录入的内容逻辑检查未通过，界面会提示相应错误信息。录入过程中，可通过点击界面上方的【暂存】蓝色按钮，将当前正在录入的内容进行保存，以防数据丢失。

小提示：

已申请、海关接收成功等状态时，暂存按钮置灰，不允许操作。

新增：界面顶端的【新增】蓝色按钮始终为激活状态。点击后，当前界面所录入的字段全部被清空，以便重新录入一票数据。

删除：点击该按钮，系统提示是否要删除该票单据，点击确认后系统删除相应的数据，同时界面字段被清空，可重新录入一票数据。

小提示：

当单据状态属于“已申请、发往海关成功、海关接收成功、不同意、同意”时，“删除”按钮置灰，不允许操作。

暂存状态的数据，删除后不可恢复，只能重新录入，请谨慎操作！

申请：如果使用用户名 + 口令方式登录，必须将当前登录账户内绑定的 IC 卡或 Ikey 连接到电脑中，并按照提示输入卡密码。

确认录入的数据无误后在此进行申请，保证卡介质正确连接在电脑中。若录入的数据符合填写规范，系统提示申请成功，此时数据不允许再修改。

小提示：

申请时，必须保证电子口岸 IC 卡或 Ikey 正确连接在电脑中。

第二节 免于到场协助查验申请（非报关单）

本模块包括非报关单类申请数据的录入、删除、申请等功能。

点击左侧菜单“免于到场协助查验申请（非报关单）”，右侧界面如图 8-598。

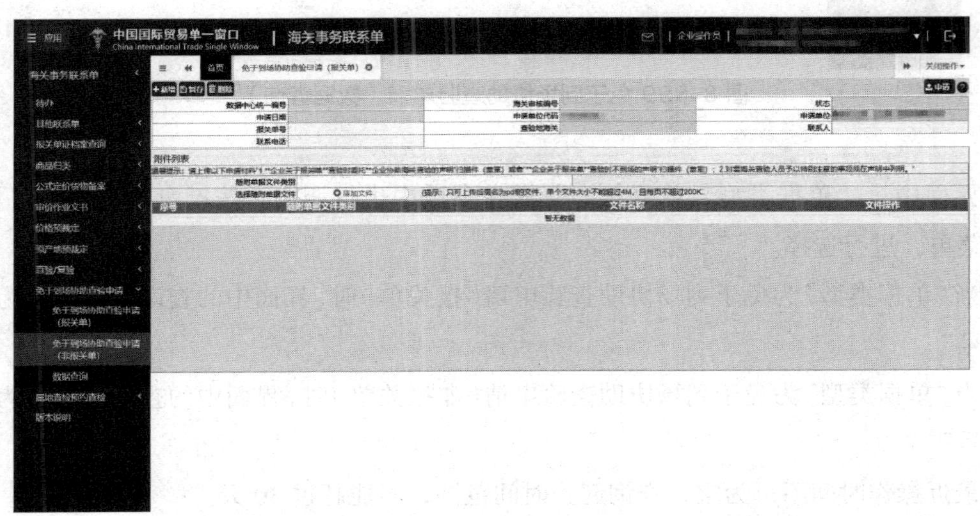

图 8-598 免于到场协助查验申请（非报关单）

录入说明、随附单据上次、操作（按钮）可参考上文《免于到场协助查验申请（报关单）》章节。

第三节 数据查询

提供报关单、非报关单的免于到场协助查验申请数据的查询功能。

点击左侧菜单“免于到场协助查验申请—数据查询”，右侧界面如图 8-599。

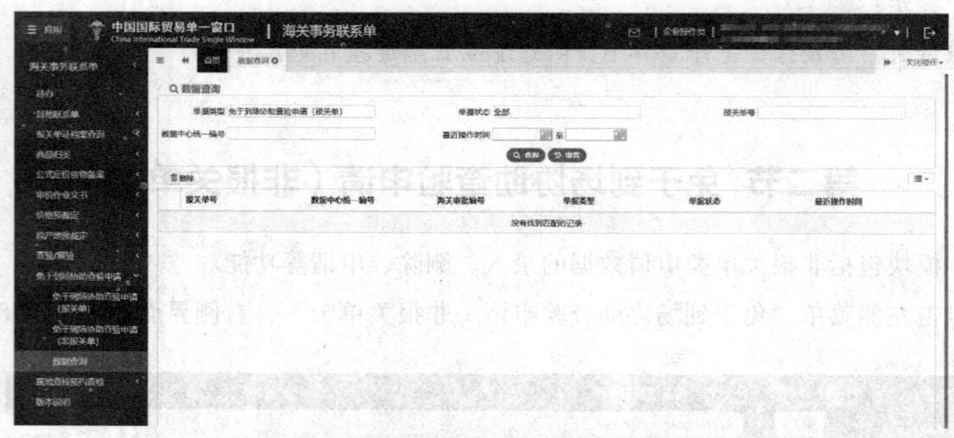

图 8-599 免于到场协助查验申请（数据查询）

界面中，“单据类型、单据状态”需在参数中进行调取，按键盘空格键，可调出下拉菜单，进行选择。

当“单据类型”为免于到场协助查验申请（报关单）时，界面中的查询条件显示为“报关单号”。

当“单据类型”为免于到场协助查验申请（非报关单）时，界面中的查询条件变为“提运单号”。

最近操作时间不可为空，查询起止时间范围，不能超过 30 天。

此外，还可输入数据中心统一编号进行查找。

输入条件后，点击【查询】蓝色按钮，查询结果显示在下方列表中（如图 8-600）。点击【重置】蓝色按钮将清空查询条件，重新填写后查询。

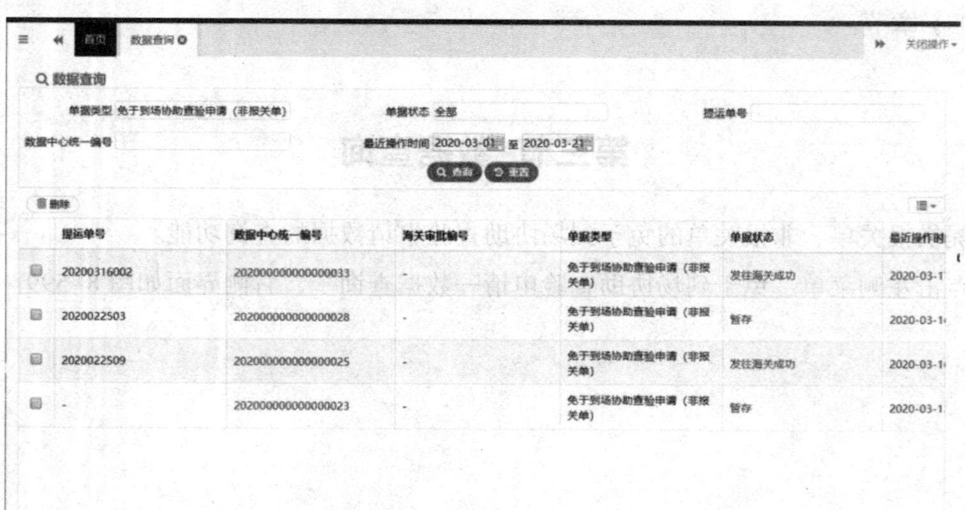

图 8-600 数据查询结果列表

点击上图中的蓝色统一编号，系统自动跳转到数据的详细信息界面。

当查询结果较多时，在列表下方可以查看当前查询结果的总记录数、自行选择每页显示的记录条数。还可以点击右下角的蓝色数字或按钮换页。

对于暂存、发送失败、接收失败等状态的数据，可以勾选后点击界面【删除】白色按钮，删除数据。

小提示：

删除后的数据不可恢复，只能重新录入，请谨慎操作！

在查询结果列表中，点击"单据状态"栏内的蓝色字样，界面下方显示回执详细信息。点击【刷新】白色按钮，可刷新回执。点击【关闭】白色按钮，可关闭查看回执列表。

【链接】

关于新型冠状病毒肺炎疫情期间海关查验货物时收发货人可免于到场的公告

海关总署公告 2020 年第 24 号

为保障新型冠状病毒肺炎疫情防控期间（以下简称疫情期间）进出境货物的快速验放，减少人员聚集，有效防止疫情传播，现就疫情期间海关货物查验时收发货人可免于到场事宜公告如下：

一、收发货人在收到海关货物查验通知后，可选择以下方式，不到场协助海关实施查验：

（一）委托存放货物的海关监管作业场所经营人、运输工具负责人等到场。

（二）通过电子邮件、电子平台等方式告知海关无法到场，海关在收发货人不到场的情况下实施查验。

二、因进出境货物具有特殊属性，需海关查验人员予以特别注意的，收发货人或其代理人应当在海关实施查验前声明。需要收发货人提供相关材料配合海关查验的，收发货人可通过电子邮件等方式向海关发送相关材料的扫描件（盖章）。

三、海关对相关货物完成查验后，由存放货物的海关监管作业场所经营人、运输工具负责人在查验记录上签名确认。

特此公告。

海关总署

2020 年 2 月 11 日

第十章 危险货物申报操作指南

第一节 前言

依托电子口岸平台建设国际贸易单一窗口危险品申报系统，实现为企业提供“包装货物 安全适运报告”，货报（散装液体），货报（固体散装），固体散装安全适运报告，“船舶载运包装货物进出港口申请”，船报（散装液体），船报（固体散装），船舶载运固体散装报告，集装箱装箱证明书，液货过驳申请，各类单据的录入、保存、申报功能。适用于全国范围的危险品申报。

小提示：

关于录入要求

本文仅对“单一窗口”标准版危险品申报的界面与基本功能进行指导性介绍。

关于界面

危险品申报界面中：界面中标黄字段，为必填项。因相关业务数据有严格的填制规范，如在系统录入过程中，字段右侧弹出红色提示，代表您当前录入的数据有误，请根据要求重新录入。

危险品申报界面中：灰色底色的字段为返填项。

第二节 进入或退出系统

打开“单一窗口”标准版门户网站（如图 8-601），在页面顶端点击“业务应用”字样；下拉列表选择“口岸执法申报（如图 8-602）”页签找到单一窗口各类业务应用的系统入口。

图 8-601 门户网站

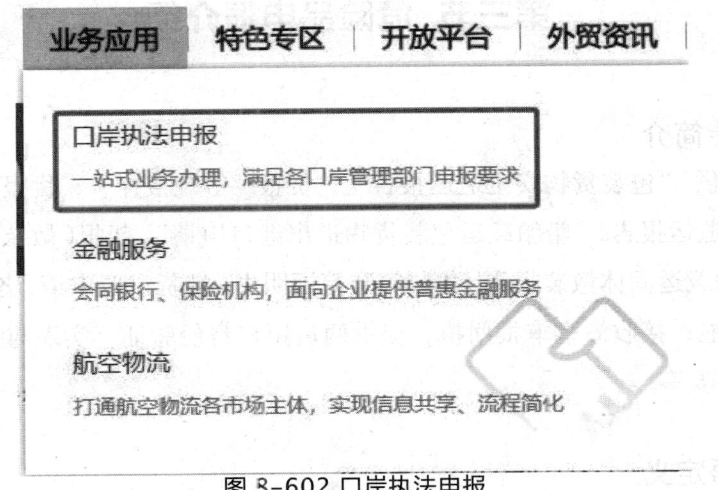

图 8-602 口岸执法申报

进入系统点击【货物申报】选【危险货物】进入申请系统的界面。登录系统后，点击右上角【退出】字样，可安全退出系统（如图 8-603）。

图 8-603 安全退出系统

第三节 危险品申报介绍

一、功能简介

为企业提供 “包装货物安全适运报告”，货报（散装液体），货报（固体散装），固体散装安全适运报告，“船舶载运包装货物进出港口申请”，船报（散装液体），船报（固体散装），船舶载运固体散装报告，集装箱装箱证明书，液货过驳申请，各类单据的录入，保存，申报功能；接收海事审批回执；提供两员用户身份验证，实现与海事的两员信息同步、参数同步等。

二、术语定义

“包装货物安全适运报告”：危险 / 污染危害性货物安全适运申报（包装货物）。

货报（散装液体）：危险 / 污染危害性货物安全适运申报（散装液体）。

货报（固体散装）：危险货物安全适运申报（固体散装）。

“船舶载运包装货物进出港口申请”：船舶载运危险 / 污染危害性货物申报（包装货物）。

船报（散装液体）：船舶载运危险 / 污染危害性货物申报（散装液体）。

船报（固体散装）：船舶载运危险货物申报。

第四节 操作说明

一、危险货物安全适运报告

危险货物安全适运报告包括：“包装货物安全适运报告”、散装液体货物安全适运报告、固体散装货物（B 组）安全适运报告。

（一）包装货物安全适运报告

1. 查询

点击左侧【包装货物安全适运报告】菜单，进入“包装货物安全适运报告”查询页面，不录入查询条件时，系统自动取暂存时间为近 7 日的数据，按时间降序展示；用户录入查询条件，查询结果列表显示满足查询条件的记录，查询结果如图 8-604 所示。

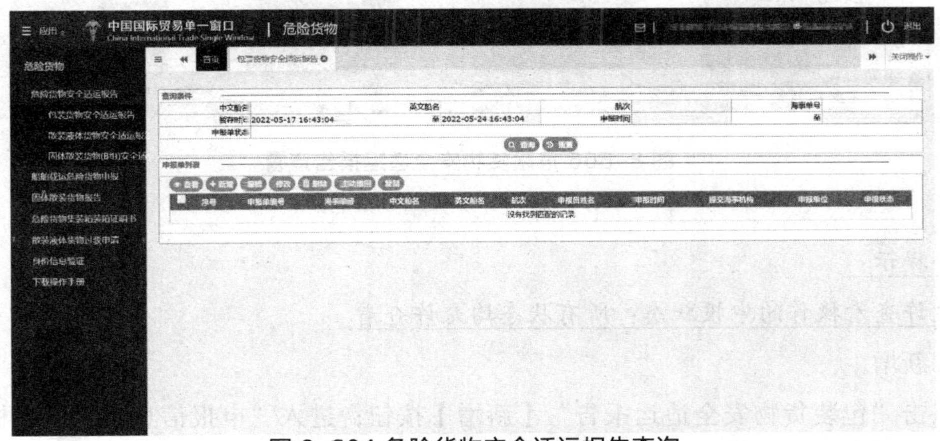

图 8-604 危险货物安全适运报告查询

小提示：

航次、暂存时间、申报时间至少填写一项！否则弹出以下提示（如图 8-605）。

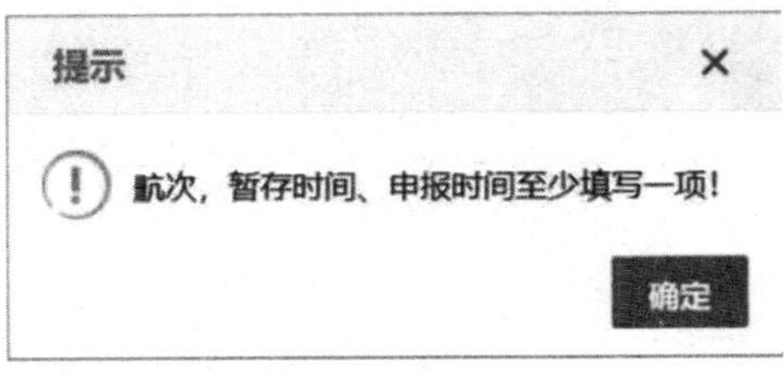

图 8-605 提示

2. 查看

点击左侧“包装货物安全适运报告”菜单，进入“包装货物安全适运报告”查询页面；查询出数据后，在申报单列表勾选需要查看的记录，点击【查看】按钮；进入申报信息页面，可查看录入的具体数据，如图 8-606。

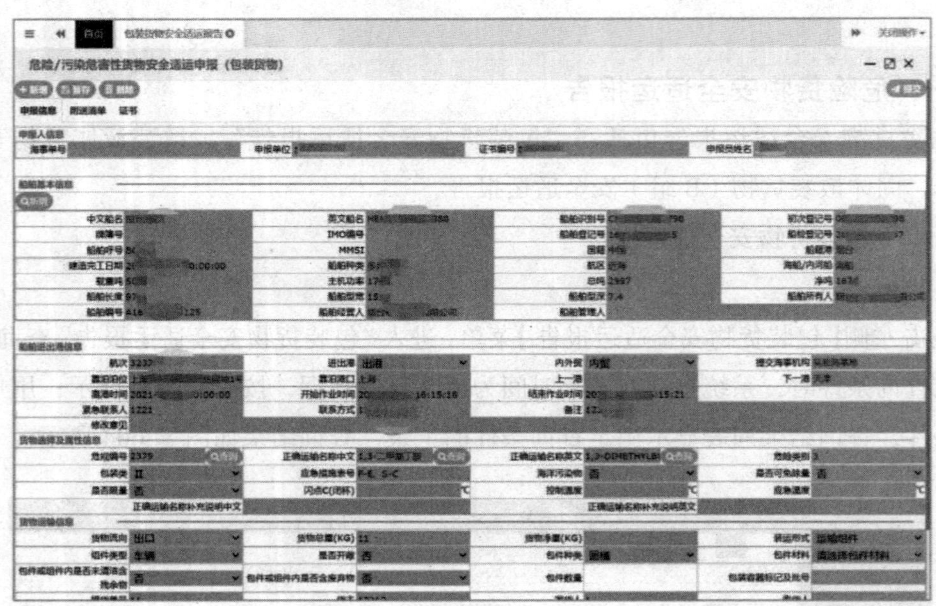

图 8-606 危险货物安全适运报告查看

小提示：

允许查看操作的申报状态：所有状态均允许查看。

3. 新增

点击“包装货物安全适运报告”【新增】按钮；进入“申报信息”界面，根据录入界面初始化规则初始化空白的界面（如图 8-607）。

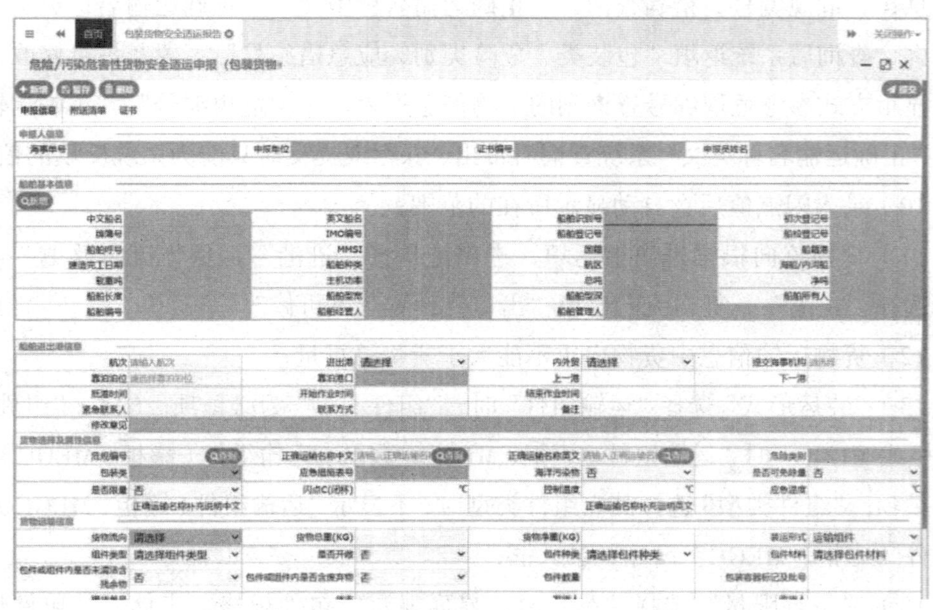

图 8-607 危险货物安全适运报告新增

字段录入规则：

（1）上一港、下一港、装货港、卸货港、起运港、目的港，填写提示：若您的目标港口不在 11 预设内，请正确输入港口名称或代码，并在下方备注中录入港口国家等信息。

（2）申报单位：系统带出，不能修改，两员报送单位；

（3）申报员姓名：系统带出，不能修改，两员姓名；

（4）证书编号：系统带出，不能修改，两员证书编号；

（5）海事单号：点击提交后，成功调用海事申报接口，会自动反填海事单号；

（6）提交海事机构：下拉列表支持模糊查询；靠泊泊位：根据所选海事机构带出下拉列表并支持模糊查询，选择完“提交海事机构”后再选择“靠泊泊位”时，若选择的机构包含下级机构，则泊位下拉框中会展示所有本级及下级机构的泊位；靠泊港口：根据泊位自动带，不能修改；

（7）“进出港”选择进港时，上一港为必填项；选择出港时，上一港和下一港均为非必填项；

（8）“进出港”选择进港时，抵港时间必填，开始作业时间和结束作业时间不能小于抵港时间；选择出港时，离港时间必填，开始作业时间和结束作业时间不能大于离港时间；

（9）根据“危规编号”“正确运输名称中文”“正确运输名称英文”可查询包装

货物信息，“危规编号”精确查询、“正确运输名称中文”“正确运输名称英文”支持模糊查询，查询后系统返填“包装类、危险类别、应急措施号”，置灰不可修改；危险类别的显示方式参考危规编号查询到的货物信息列表。（“危规编号”“正确运输名称中文”“正确运输名称英文”系统查询后带出，保存或提交时只能为系统反填的信息）；

（10）录入闪点值后，自动显示所在的范围；

（11）货物流向根据进出港返填，进出港选择“进港”，货物流向返填“进口”进出港选择“出港”，货物流向返填“出口”；置灰不可修改；

（12）货物运输信息中货物净重不能大于货物总重量；

（13）“装运形式”选择“运输组件”时，“组件类型”为必填项；（14）“组件类型”为“罐柜或MEGC”时“运输组件（罐柜、MEGC）数量、运输组件（罐柜、MEGC）尺寸”置为选填项；“组件类型”选择其它组件类型时，不显示“运输组件（罐柜、MEGC）数量、运输组件（罐柜、MEGC）尺寸”录入框；

（15）“是否限量”选择“是”时，界面显示“包件规格”表体，“包件规格”信息必填，可以录入多条（无限添加）；“包件数量”置为必填项。保存时，需校验包件规格的“本规格件数”之和等于“包件数量”，不符合该条校验规则时，提示“包件总数与包件数量不同”；包件规格列表需要分页显示。“是否限量”选择“否”时，界面不显示“包件规格”表体，包件数量为选填项。

（16）“进出港”选择进港时，收货人为必填项；选择出港时，发货人为必填项；

（17）进港时，目的港、卸货港根据靠泊港口反填，起运港、装货港根据上一港反填，可手动选择进行修改；出港时，起运港、装货港根据靠泊港口反填，目的港、卸货港根据下一港反填，可手动选择进行修改。

（18）“组件类型”为“集装箱或罐柜”时，界面会显示“货物运输组件”信息表体。其中，“货物运输组件编号”“货物运输组件尺寸”“整箱/拼箱”为必填项；运输组件列表需要分页显示。“组件类型”为其他选项时，不显示“货物运输组件”信息表体；

（19）若“组件类型”为“集装箱”，“货物运输组件编号”填写装箱证明书中的“集装箱箱号”，保存后，通过“中文船名、航次、集装箱箱号”关联“装箱证明书编号”，自动回显。（“装箱证明书编号”为申报集装箱装箱证明书的“海事单号”。）“货物运输组件编号”可手动录入，若录入的不是集装箱箱号，或者未申报集装箱装箱证明书，则无法自动回显装箱证明书编号，但仍可以申报。组件类型为“罐柜”时，“装箱证明书编号”置灰，不显示。

（20）附件材料：“防油污作业证书、适航证书、适装证书”，置为选填项；“危险品清单或积载图”可在“其他材料”处上传。

4. 船舶基本信息

点击船舶基本信息列表的【新增】按钮，录入查询条件，点击【查询】(如图 8-608)；在下方船舶列表中显示查询结果（如图 8-609）；选中一条查询结果，点击该条记录；回显该条船舶信息（如图 8-610）至“申报信息”界面的船舶基本信息录入框（如图 8-611），同时录入框置灰，不可修改。

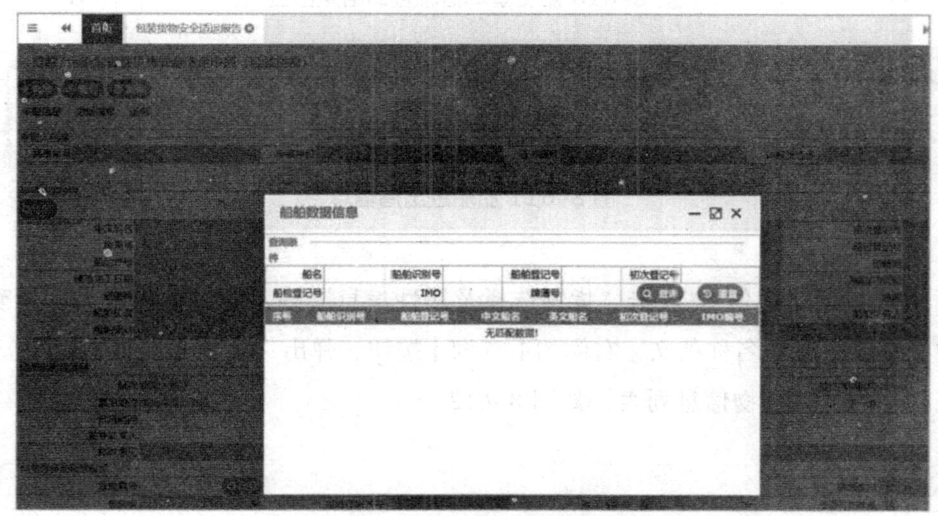

图 8-608 船舶基本信息查询

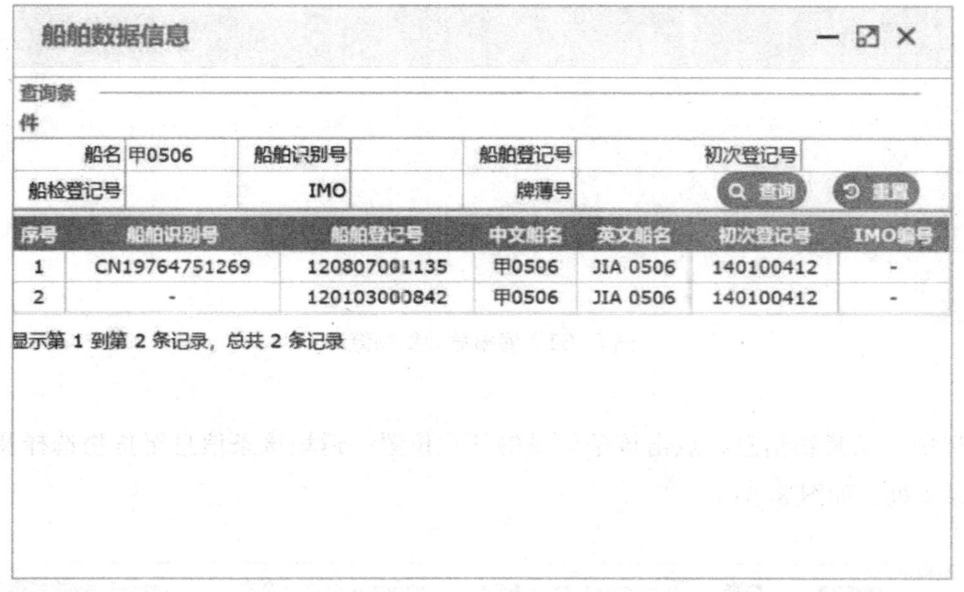

图 8-609 船舶基本信息查询结果

船舶基本信息

Q新增

中文船名	甲0506	英文船名	JIA 0506	船舶识别号	CN197[illegible]1269	初次登记号	1401[illegible]
[illegible]		IMO编号		船舶登记号	12080[illegible]135	船检登记号	1977[illegible]0163
船舶呼号		MMSI		国籍	中国	船籍港	武汉
建造完工日期	1977-07-01 00:00:00	船舶种类	驳船	航区	内河A	海船/内河船	内河船
载重吨		主机功率		总吨	470	净吨	164
船舶长度	61	船舶型宽	10.5	船舶型深	2.1	船舶所有人	武汉长江轮船公司
船舶编号	A1208[illegible]35	船舶经营人		船舶管理人			

图 8-610 船舶基本信息查询结果回显

船舶进出港信息

航次	123	进出港	进港	内外贸	请选择	提交海事机构	吴淞海事局
靠泊泊位	上海吴淞长江口锚地3号	靠泊港口	上海	上一港		下一港	
抵港时间		开始作业时间		结束作业时间			
紧急联系人		联系方式		备注			
修改意见							

图 8-611 船舶进出港信息

货物选择及属性信息 点击“货物选择及属性信息”列表中，危规编号、正确运输名称中文、正确运输名称英文，右侧的【查询】按钮，弹出“海事危规货物查询”窗口，显示查询到的包装货物信息列表，如图 8-612。

海事危规货物查询

序号	危规编号	正确运输名称中文	正确运输名称英文	危险类别	包装类型
1	2379	1,3-二甲基丁胺	1,3-DIMETHYLBUTYLAMINE	3	II

显示第 1 到第 1 条记录，总共 1 条记录

图 8-612 海事危规货物查询

选中一条货物信息，点击该条记录的任意位置，返填该条信息至货物选择及属性信息录入框，如图 8-613。

货物选择及属性信息

危规编号	2379 Q查询	正确运输名称中文	1,3-二甲基丁胺 Q查询	正确运输名称英文	1,3-DIMETHYLBU Q查询	危险类别	3
包装类	II	应急措施表号	F-E, S-C	海洋污染物		是否可免除量	否
是否限量	否	闪点C(闭杯)	℃	控制温度	℃	应急温度	℃
正确运输名称补充说明中文				正确运输名称补充说明英文			

图 8-613 货物选择及属性信息

5. 货物运输信息

点击“货物运输组件信息”列表上方的【新增】按钮；清空“货物运输组件输入信息”录入框信息，逐一录入“货物运输组件输入信息”数据项，点击【保存】按钮，“货物运输组件输入信息”列表新增一条记录，如图 8-614。

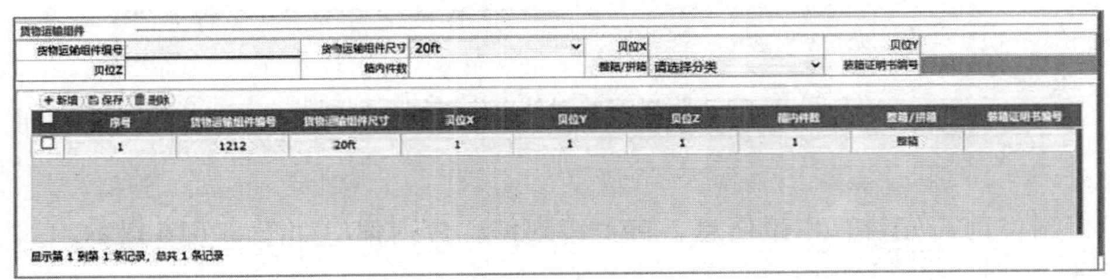

图 8-614 “货物运输组件输入信息”列表新增记录

6. 附送清单

点击“申请材料”右侧的【附送清单】按钮，可以在此界面上传附件材料。在单证编号录入框点击空格键，弹出单证类型，用户可以选择需要上传的附件类型，再点击浏览文件，弹出文件选择，用户选择对应的文件上传，如图 8-615。

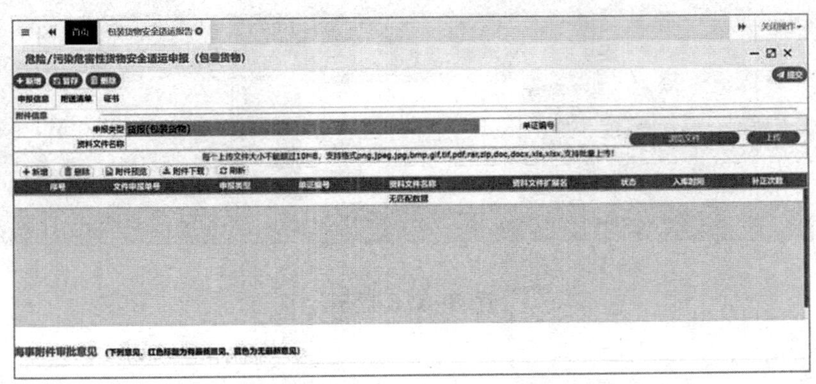

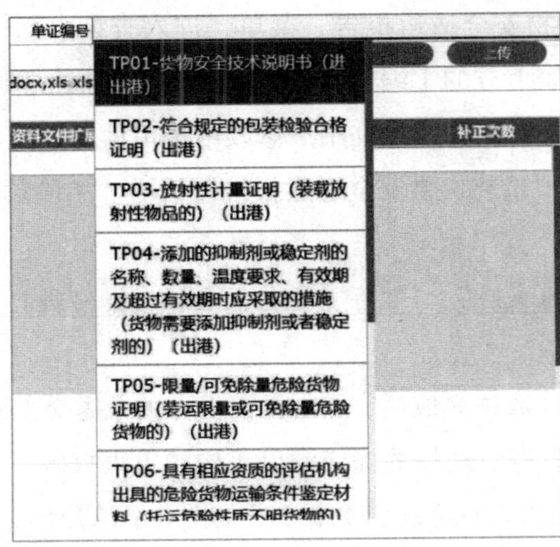

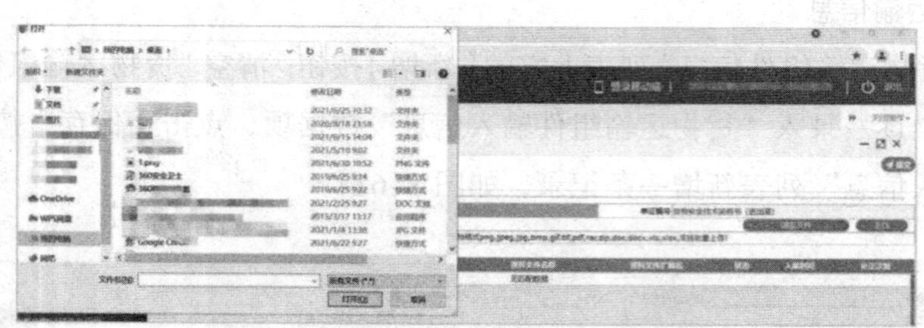

图 8-615 附送清单附件上传过程系列图片

上传附件前需先暂存申报信息，再上传附件，否则弹出如图 8-616 提示。

注意：

货物安全技术说明书（进出港）为必填项，其他均为非必填。

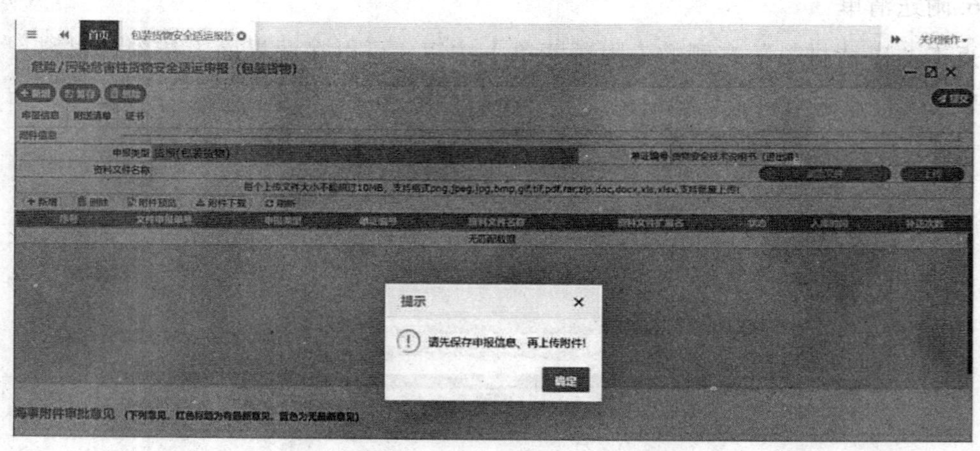

图 8-616 提示

7. 编辑

点击左侧“包装货物安全适运报告”菜单，进入查询页面，在申报单列表选中一条记录，点击申报单列表上方的【编辑】按钮，进入“申报信息”页面，回填该申报单已填写数据，允许用户进行编辑，允许用户修改申报单信息、重新选择船舶信息。

字段录入规则：同“包装货物安全适运报告”新增“字段录入规则”。

小提示：

申报单状态为“申报失败”“暂存”“待提交”时，可进行“编辑”操作。

8. 申报

在申报信息界面录入数据完成后，点击界面上方的【提交】按钮。用户点击【提交】时，校验该项业务是否具有所选择的提交海事机构的申报权限，若无，则提示“未查询到事项机构对应关系，是否确认申报该数据？”如图 8-617 所示，点击【是】，继续申报，点击【否】，取消申报。

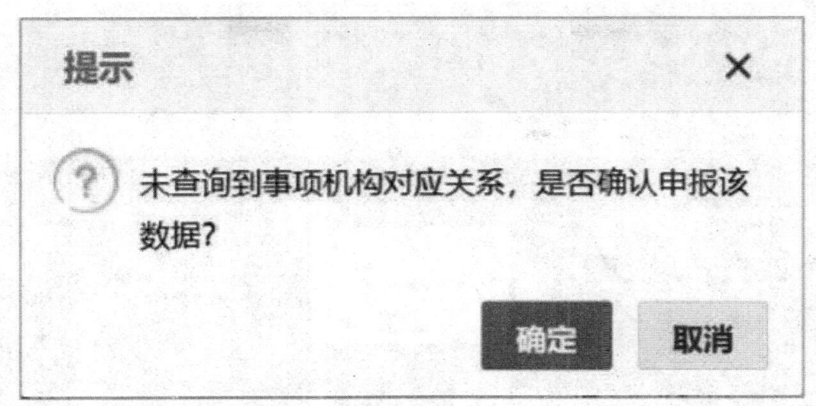

图 8-617 提示

小提示：

申报单状态为“申报失败”“暂存”“待提交”，可点击“提交”。

9. 修改

点击左侧“包装货物安全适运报告”菜单，进入查询页面，在申报单列表选中一条“已提交（需修改）”申报记录，点击申报单列表上方的【修改】按钮。根据海事返回的修改意见，进行表体内容的修改，打开“申请材料”页面，回显用户已上传附件；每个附件下方显示海事给出的对应修改意见，“申报信息”页面修改完成后，可点击【暂存】按钮，保存已修改的表体内容。

字段录入规则：同“包装货物安全适运报告”新增“字段录入规则”。

小提示：

申报状态为“已提交（需修改）”时，允许操作“修改”按钮，海事未给出修改意见的申报单信息不允许修改。

10. 删除

申报单只有在“暂存”“待提交”“申报失败”时可进行删除操作。“暂存、申报失败”状态，用户点击列表【删除】按钮，提示“是否确认删除”（如图 8-618）。点击【是】删除该数据（本地删除），点击【否】取消删除。“待提交”状态，点击【删除】后向海事发删除报文。

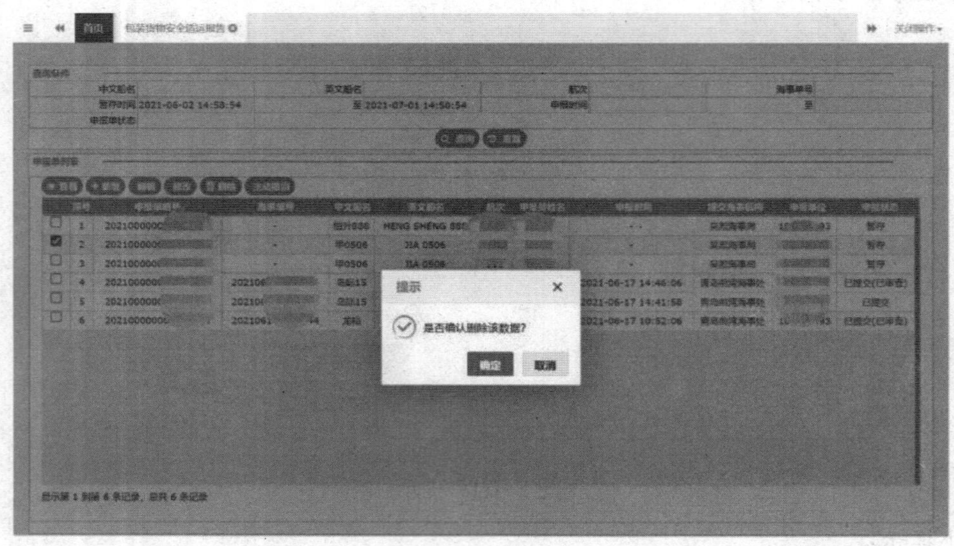

图 8-618 “是否确认删除”页面

11. 主动撤回

点击左侧“包装货物安全适运报告”菜单，进入查询页面，选中一条可进行撤回操作的记录，点击申报单列表上方【主动撤回】按钮（如图 8-619）；调用海事撤回接口，接收海事回执。撤回成功，状态变为“待提交”，可操作【编辑】【删除】按钮。撤回失败，提示“撤回失败 + 失败原因”，状态不变。

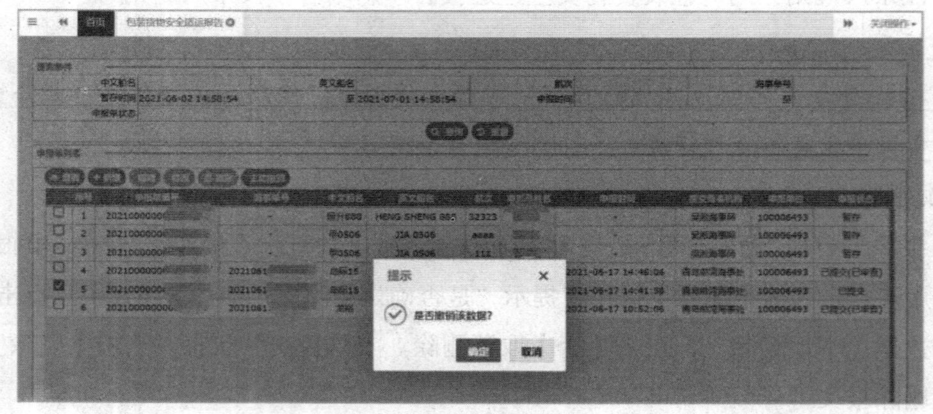

图 8-619 主动撤回

小提示：

申报状态为“已提交”“已提交（需修改）”时，允许操作“主动撤回”按钮。

11. 复制

点击左侧“包装货物安全适运报告”菜单，进入查询页面，选中一条记录，点击申报单列表上方【复制】按钮，会提示“复制是将选中的信息复制一份，作为一条新数据进行暂存操作！是否继续？”如图 8-620 所示。点击确定按钮、会进入到新增界面默认暂存一票同样的数据（a. 包括附件信息也会被复制 b. 除海事单号不被复制其他数据均会被复制）

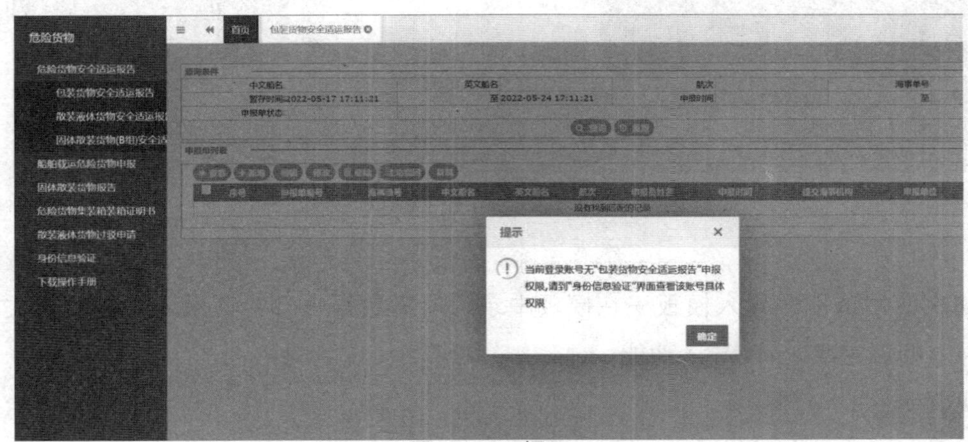

图 8-620 提示

小提示：

（1）任何状态的数据都允许操作【复制】按钮。

（2）若依然需要使用复制过来的附件则需要选中该附件点击确认上传按钮、待状态变为接收成功后方可进行申报单的提交申请。

13. 货物运输组件 excel 导入

进入到“包装货物安全适运报告”编辑界面—装运形式选择（运输组件）—组件类型选择（集装箱或罐柜），此时会出现货物运输组件表体，如图 8-621 所示。点击导入 Excel。

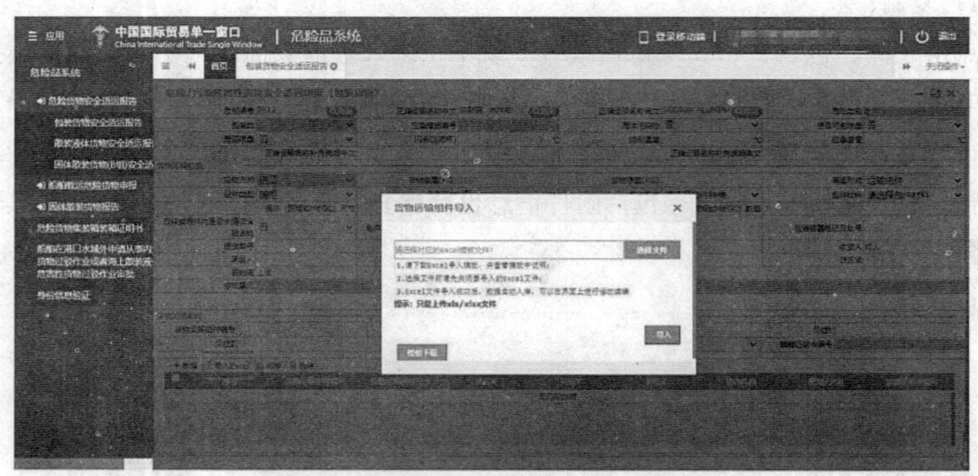

图 8-621 货物运输组件 excel 导入

初次使用请下载导入模板—在模板中录入所需数据—选择该录入好的模板文件、点击导入即可完成 excel 导入功能。

小提示：

当组件类型选择集装箱时，货物运输组件编号控制格式必须为“4 位大写字母 +7 位数字”。

（二）散装液体货物安全适用报告

1. 查询

参见“包装货物安全适运报告”查询（如图 8-622）。

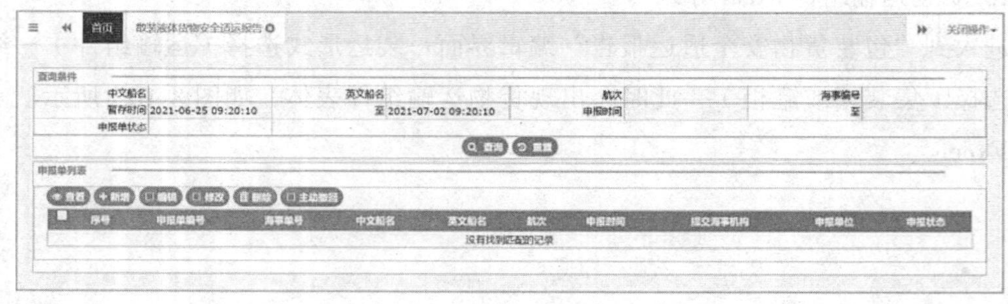

图 8-622 散装液体货物安全适运报告查询

2. 查看

点击左侧“散装液体货物安全适运报告”菜单，进入货报（散装液体）查询页面；查询 出数据后，在申报单列表勾选需要查看的记录，点击【查看】按钮；进入申报信息页面，可 查看录入的具体数据，如图 8-623。

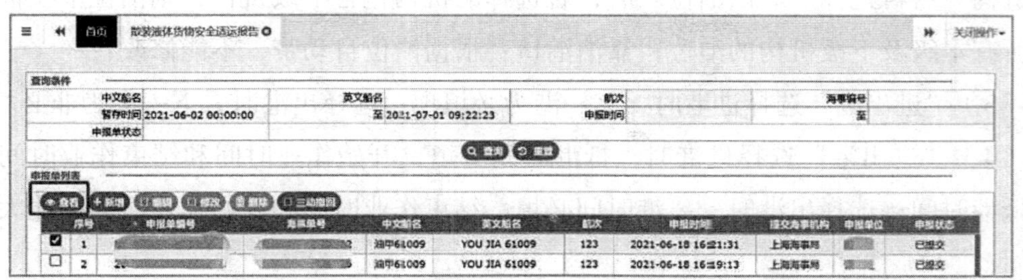

图 8-623 液散装体货物安全适运报告查看

小提示：

允许查看操作的申报状态：所有状态均允许查看。

3. 新增

点击“散装液体货物安全适运报告”【新增】按钮；进入“申报信息”界面，根据录入 界面初始化规则初始化空白的界面（如图 8-624）；

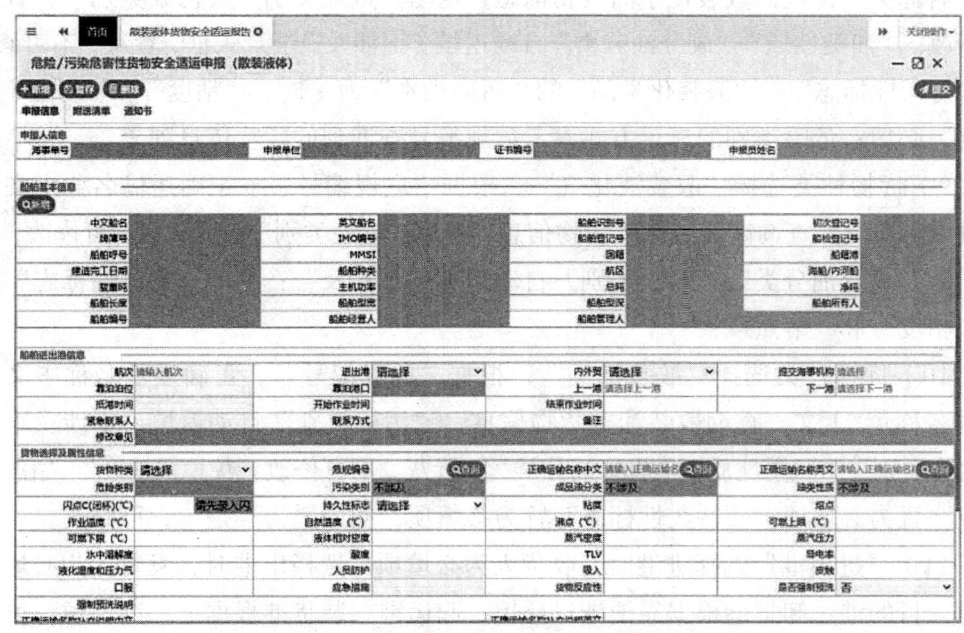

图 8-624 散装液体货物安全适运报告新增

字段录入规则：

（1）上一港、下一港、装货港、卸货港、起运港、目的港，扩充了外籍港口，填写提示：若您的目标港口不在预设内，请正确输入港口名称，并在下方备注中录入港口国家等信息；

（2）靠泊泊位：根据所选海事机构带出下拉列表并支持模糊查询，选择完“提交海事机构”后再选择“靠泊泊位”时，若选择的机构包含下级机构，则泊位下拉框中会展示所有本级及下级机构的泊位；靠泊港口：根据泊位自动带，不能修改；

（3）“进出港”选择进港时，上一港为必填项；选择出港时，下一港为非必填项；

（4）“进出港”选择进港时，抵港时间必填，开始作业时间和结束作业时间不能小于抵港时间；选择出港时，离港时间必填，结束作业时间和开始作业时间不能大于离港时间；

（5）录入闪点值后，自动显示值所在的范围；

（6）“货物流向”根据“进出港”返填，进出港选择“进港”，货物流向返填“进口”；进出港选择“出港”，货物流向返填“出口”，置灰，不可修改；

（7）“危规编号”“正确运输名称中文”“正确运输名称英文”可手动录入进行查询，系统查询后带出，可以修改，保存或提交时，只能为系统反填的数据。“危规编号”精确查询，“正确运输名称中文”“正确运输名称英文”支持模糊查询。

（8）货物种类选择“散装化学品”，根据“危规编号”、正确运输名称中文、正确运输名称英文，查询散装化学品货物信息，返填“危险类别”“污染类别”，置灰、不可修改；“油类性质”“成分油分类”自动返填“不涉及”至录入框，置灰，不可修改；灰掉“持久性标志”；“散装化学品”的“污染类别”为Y时，“粘度”和“溶点”“作业温度”必填；危险类别的显示方式参考危规编号查询到的货物信息列表。

（9）货物种类选择“散装液化气”，根据“危规编号”、正确运输名称中文、正确运输名称英文，查询散装液化气货物信息，返填“危险类别”，置灰、不可修改；“油类性质”“成分油分类”“污染类别”自动返填“不涉及”；灰掉“持久性标志”“闪点”“粘度”和“溶点”；

（10）货物种类选择“散装油类”，根据“危规编号”、正确运输名称中文、正确运输名称英21文，查询散装油类货物信息，“污染类别”自动返填“不涉及”；返填“危险类别”“油类性质”“成分油分类”，置灰、不可修改；灰掉“粘度”“溶点”；“闪点”置为必填项；“持久性标志”置为必填项，初始置为“是”，可修改。

（11）“进出港”选择进港时，收货人为必填项；选择出港时，发货人为必填项；进港时，目的港、卸货港根据靠泊港口反填，起运港、装货港根据上一港反填，可手动选择进行修改；出港时，起运港、装货港根据靠泊港口反填，目的港、卸货港根据下一港反填，可手动选择进行修改。上一港、下一港、靠泊港口用同一个码表。

4. 船舶基本信息

点击船舶基本信息列表的【新增】按钮，录入查询条件，点击【查询】（如图8-625）；在下方船舶列表中显示查询结果（如图8-626）；选中一条查询结果，点击该条记录；回显该条船舶信息（如图8-627）至“申报信息”界面的船舶基本信息录入框，同时录入框置灰，不可修改。

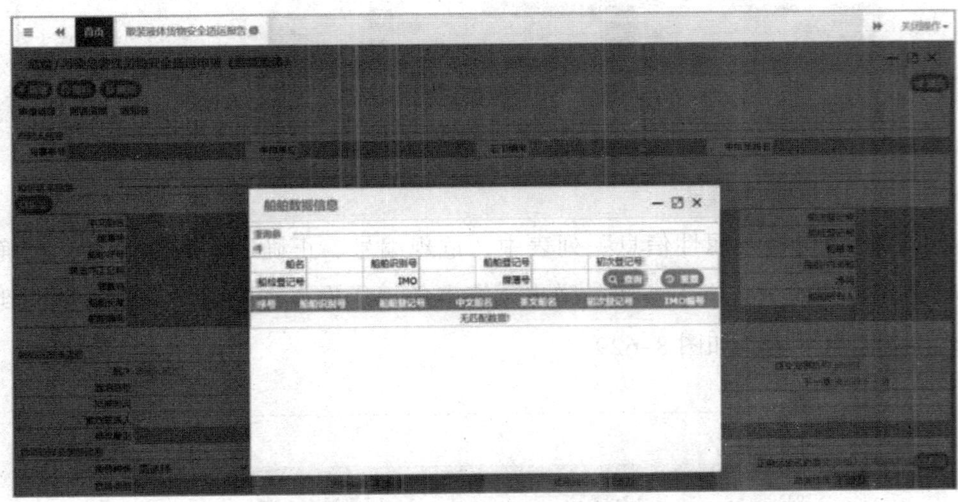

图 8-625 船舶基本信息查询

船舶数据信息

查询条件

船名	甲0506	船舶识别号		船舶登记号		初次登记号	
船检登记号		IMO		牌薄号		查询	重置

序号	船舶识别号	船舶登记号	中文船名	英文船名	初次登记号	IMO编号
1	CN19764751269	120807001135	甲0506	JIA 0506	140100412	-
2	-	120103000842	甲0506	JIA 0506	140100412	-

显示第 1 到第 2 条记录，总共 2 条记录

图 8-626 船舶基本信息查询结果

船舶基本信息

新增

中文船名	甲0506	英文船名	JIA 0506	船舶识别号	CN192[illegible]1269	初次登记号	1401[illegible]
牌薄号		IMO编号		船舶登记号	12080[illegible]35	船检登记号	1977[illegible]0163
船舶呼号		MMSI		国籍	中国	船籍港	武汉
建造完工日期	1977-07-01 00:00:00	船舶种类	驳船	航区	内河A	海船/内河船	内河船
载重吨		主机功率		总吨	470	净吨	164
船舶长度	61	船舶型宽	10.5	船舶型深	2.1	船舶所有人	武汉长江轮船公司
船舶编号	A12080[illegible]35	船舶经营人		船舶管理人			

图 8-627 船舶基本信息查询结果回显

船舶进出港信息

航次	123	进出港	进港	内外贸	请选择	提交海事机构	吴淞海事局
靠泊泊位	上海吴淞长江口锚地3号	靠泊港口	上海	上一港		下一港	
抵港时间		开始作业时间		结束作业时间			
紧急联系人		联系方式		备注			
修改意见							

图 8-628 船舶进出港信息

5. 货物选择及属性信息

点击“货物选择及属性信息”列表中，危规编号、正确运输名称中文、正确运输名称英 文，右侧的【查询】按钮，弹出“海事危规货物查询”窗口，显示查询到的散装液体货物信 息列表，如图 8-629。

散装液体货物信息查询

序号	危规编号	正确运输名称中文	正确运输名称英文	污染类别
1	3022	1,2-环氧丁烷	1,2-Butylene oxide	Y

显示第 1 到第 1 条记录，总共 1 条记录

图 8-629 散装液体货物信息查询

选中一条货物信息，点击该条记录的任意位置，返填该条信息至货物选择及属性信息录入框，如图 8-630。

图 8-630 货物选择及属性信息录入框

6. 附送清单

同“包装货物安全适运报告”附送清单上传。其中货物安全技术说明书（进出港）为必填项，其他均为非必填。

7. 编辑

点击左侧“散装液体货物安全适运报告”菜单，进入查询页面，在申报单列表选中一条记录，点击申报单列表上方的【编辑】按钮，进入“申报信息”页面，回填该申

报单已填写数据，允许用户进行编辑，允许用户修改申报单信息、重新选择船舶信息。

字段录入规则：

同货报（散装液体）新增“字段录入规则”。

小提示：

申报单状态为“申报失败”“暂存”“待提交”时，可进行“编辑”操作。

8. 申报

在申报信息界面录入数据完成后，点击界面上方的【提交】，系统会判断需上传的附件是否均已成功上传，若均已上传成功，弹出提示框“请确认是否提交信息准确，承诺提交材料与原件一致”，点击【是】，继续申报；点击【否】，取消申报，可进入“申报信息”页面进行勾选承诺后继续申报。若有附件未成功上传，则如图 8-631 提示。

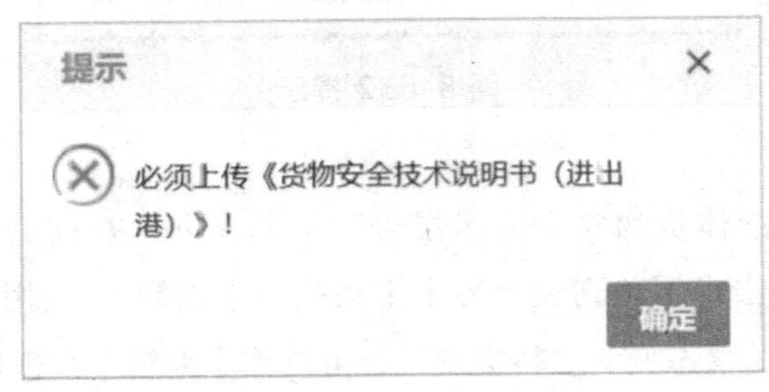

图 8-631 提示

小提示：

申报单状态为“申报失败”“暂存”“待提交”，可点击【提交】。

9. 修改

点击左侧“散装液体货物安全适运报告”菜单，进入查询页面，在申报单列表选中一条“已提交（需修改）”状态的申报记录，点击申报单列表上方的【修改】按钮。根据海事返回的修改意见，进行表体内容的修改，海事未给出修改意见的申报单信息不允许修改。

打开“申请材料”页面，回显用户已上传附件；每个附件下方显示海事给出的对应修改意见，“申报信息”页面修改完成后，可点击【暂存】按钮，保存已修改的表体内容。

字段录入规则：

同货报（散装液体）新增“字段录入规则”。

小提示：

申报状态为“已提交（需修改）”时，允许操作“修改”按钮。

10. 删除

申报单只有在“暂存”“待提交”“申报失败”时可进行删除操作。“暂存”状态，用户点击列表【删除】按钮，提示“是否确认删除”点击【是】删除该数据（本地删除），点击【否】取消删除。“待提交、申报失败”状态，点击【删除】后向海事发删除报文。

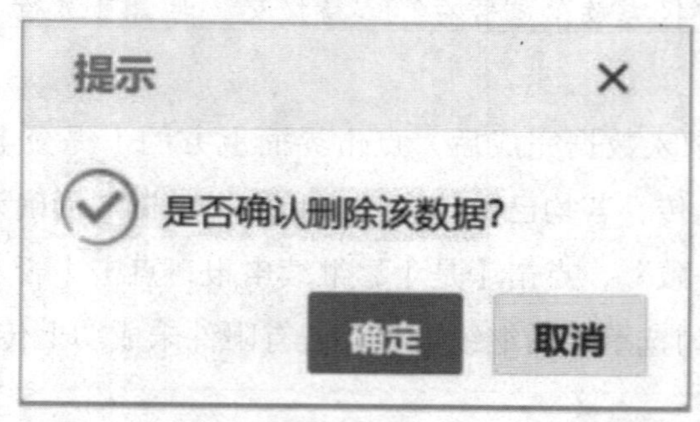

图 8-632 提示

11. 主动撤回

点击左侧“散装液体货物安全适运报告”菜单，进入查询页面，选中一条可进行撤回操 作的记录，点击申报单列表上方【主动撤回】按钮；调用海事撤回接口，接收海事回执。撤回成功，状态变为“待提交”，可操作【编辑】【删除】按钮。撤回失败，提示“撤回失败 + 失败原因”，状态不变。

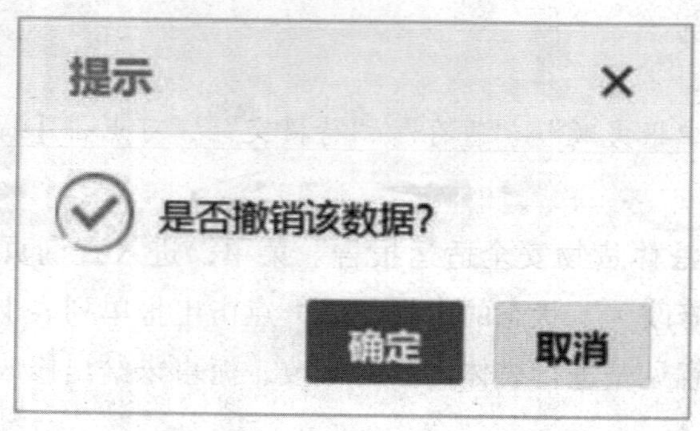

图 8-633 提示

小提示：

申报状态为“已提交”“已提交（需修改）”时，允许操作【主动撤回】按钮。

12. 复制

参见“包装货物安全适运报告”复制。

（三）固体散装货物（B 组）安全适运报告

1. 查询

参见“包装货物安全适运报告”查询（如图 8–634）。

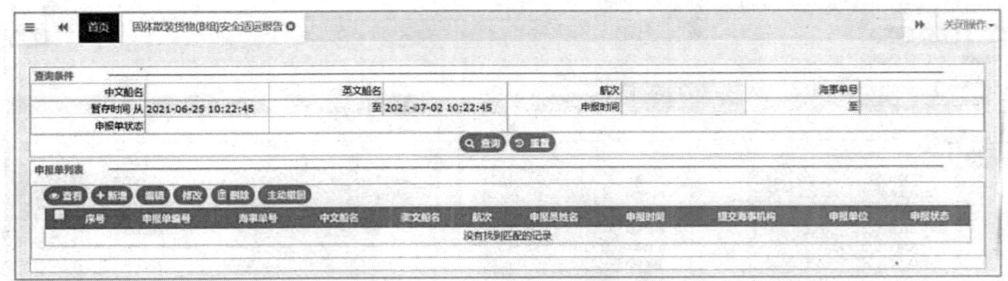

图 8–634 固体散装货物（B 组）安全适运报告查询

2. 查看

点击“固体散装货物（B 组）安全适运报告”菜单，进入货报（散装固体）查询页面；查询出数据后，在申报单列表勾选需要查看的记录，点击【查看】按钮；进入申报信息页面，可查看录入的具体数据，如图 8–635：

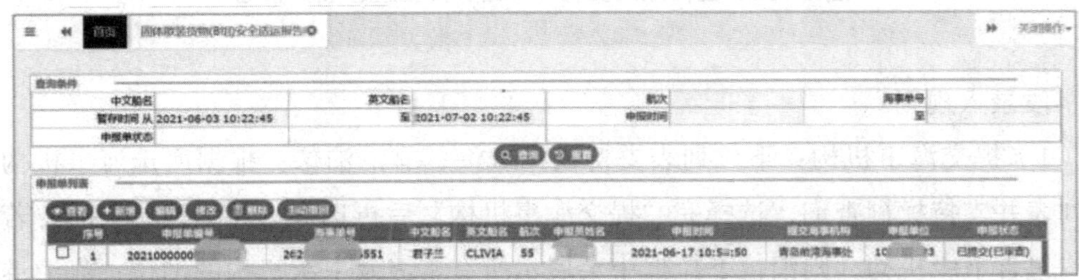

图 8–635 固体散装货物（B 组）安全适运报告查看

小提示：

允许查看操作的申报状态：所有状态均允许查看。

3. 新增

点击“固体散装货物（B 组）安全适运报告”【新增】按钮；进入“申报信息”界面，根据录入界面初始化规则初始化空白的界面（如图 8–636）；

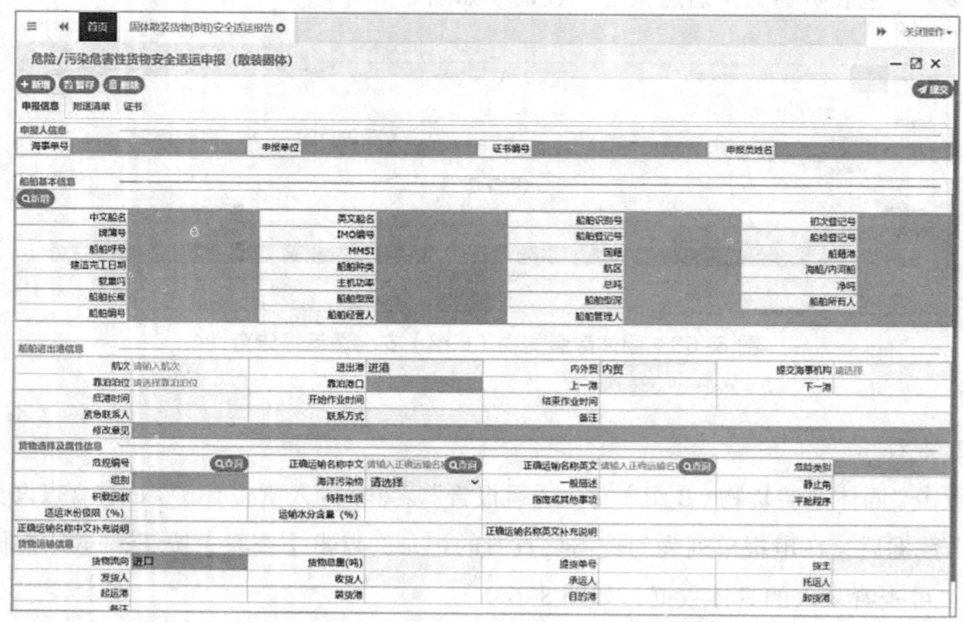

图 8-636 固体散装货物（B 组）安全适运报告新增

字段录入规则：

（1）提交海事机构：下拉列表支持模糊查询；靠泊泊位：根据所选海事机构带出下拉列表并支持模糊查询，选择完“提交海事机构”后再选择“靠泊泊位”时，若选择的机构包含下级机构，则泊位下拉框中会展示所有本级及下级机构的泊位；靠泊港口：根据泊位自动带，不能修改；靠泊港口：根据泊位自动带，不能修改；

（2）上一港、下一港、装货港、卸货港、起运港、目的港，扩充了外籍港口，填写提示：若您的目标港口不在预设内，请正确输入港口名称，并在下方备注中录入港口国家等信息；

（3）“进出港”选择进港时，上一港为必填项；选择出港时，下一港为非必填项；

（4）“进出港”选择进港时，抵港时间必填，开始作业时间和结束作业时间不能小于抵港时间；选择出港时，离港时间必填，结束作业时间和开始作业时间不能大于离港时间；

（5）根据“危规编号”“正确运输名称中文”“正确运输名称英文”可查询固体散装货物信息。“危规编号”精确查询、“正确运输名称中文”“正确运输名称英文”支持模糊查询。查询后系统返填“组别”“危险类别”，置灰不可修改；同时反填“静止角”“积载因数”，可进行修改。危险类别的显示方式参考危规编号查询到的货物信息列表。“危规编号”“正确运输名称中文”“正确运输名称英文”系统查询后带出，可以修改，保存或提交时只能为系统反填的信息。

（6）货物流向根据进出港返填，进出港选择“进港”，货物流向返填“进口”进出港选择“出港”，货物流向返填“出口”；置灰，不可修改。

（7）“进出港”选择进港时，收货人为必填项；选择出港时，发货人为必填项；

（8）进港时，目的港、卸货港根据靠泊港口反填，起运港、装货港根据上一港反填可手动选择进行修改；出港时，起运港、装货港根据靠泊港口反填，目的港、卸货港根据下一港反填，可手动选择进行修改。上一港、下一港、靠泊港口用同一个码表。

4. 船舶基本信息

参见“包装货物安全适运报告”新增 – 船舶基本信息。

5. 货物选择及属性信息

参见“包装货物安全适运报告”新增 – 货物选择及属性信息。

6. 附送清单

上传方式同“包装货物安全适运报告”附送清上传。其中货物安全技术说明书（进出港）为必填项，其他均为非必填。

7. 编辑

点击左侧“固体散装货物（B 组）安全适运报告”菜单，进入查询页面，在申报单列表选中一条记录，点击申报单列表上方的【编辑】按钮，进入“申报信息”页面，可填该申报单已填写数据，允许用户进行编辑，允许用户修改申报单信息、重新选择船舶信息。

字段录入规则：

同货报（固体散装）新增“字段录入规则”。

小提示：

申报单状态为“申报失败”“暂存”“待提交”时，可进行“编辑”操作。

8. 申报

参见散装液体货物安全适用报告 – 申报。

小提示：

申报单状态为“申报失败”“暂存”“待提交”，可点击【提交】。

9. 修改

点击左侧“固体散装货物（B 组）安全适运报告”菜单，进入查询页面，在申报单列表选中一条“已提交（需修改）”状态的申报记录，点击申报单列表上方的【修改】按钮。根据海事返回的修改意见，进行表体内容的修改，海事未给出修改意见的申报单信息不允许修改。打开“附送清单”页面，回显用户已上传附件；每个附件下方显示海事给出的对应修改意见，“申报信息”页面修改完成后，可点击【暂存】按钮，保存已修改的表体内容。

字段录入规则：

同“包装货物安全适运报告”新增“字段录入规则”。

小提示：

申报状态为“已提交（需修改）”时，允许操作【修改】按钮。

10. 删除

参考“包装货物安全适运报告”删除。主动撤回参考“包装货物安全适运报告”撤回。

11. 复制

参考“包装货物安全适运报告”复制。

二、船舶载运危险货物申报

船报包括：船舶载运包装货物进出港口申请、船舶载运散装液体货物进出港口审批申请、船舶载运固体散装货物（B组）进出港口申请。

（一）船舶载运包装货物进出港口申请

1. 查询

参考“包装货物安全适运报告”查询。

2. 查看

参考“包装货物安全适运报告”查看。

小提示：

允许查看操作的申报状态：所有状态均允许查看。

3. 新增

点击“船舶载运包装货物进出港口申请”【新增】按钮；进入“申报信息”界面，根据录入界面初始化规则初始化空白的界面（如图 8-637）；

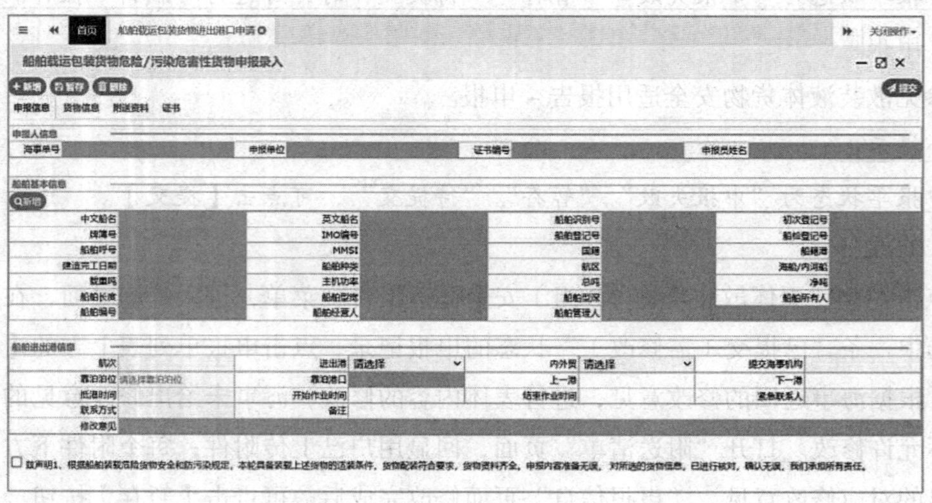

图 8-637 船报载运包装货物进出港口申请新增

字段录入规则：

（1）提交海事机构：下拉列表支持模糊查询；靠泊泊位：根据所选海事机构带出下拉列表并支持模糊查询，选择完“提交海事机构”后再选择“靠泊泊位”时，若选择的机构包含下级机构，则泊位下拉框中会展示所有本级及下级机构的泊位；靠泊港口：根据泊位自动带，不能修改；靠泊港口：根据泊位自动带，不能修改；

（2）上一港、下一港、装货港、卸货港、起运港、目的港，扩充了外籍港口，填写提示：若您的目标港口不在预设内，请正确输入港口名称，并在下方备注中录入港口国家等信息。

（3）“进出港”选择进港时，上一港为必填项；选择出港时，下一港为必填项；

（4）“进出港”选择进港时，抵港时间必填，开始作业时间和结束作业时间不能小于抵港时间；选择出港时，离港时间必填，结束作业时间和开始作业时间不能大于离港时间；

（5）根据“危规编号、正确运输名称中文、正确运输名称英文”三个字段查询包装危险货物信息，“包装类”“危险类别”，由系统查询带出，置灰，不可修改；“危规编号”“正确运输名称中文”“正确运输名称英文”可手动录入进行查询，系统查询后带出，可以修改，保存或提交时，只能为系统反填的数据。“危规编号”精确查询，“正确运输名称中文”“正确运输名称英文”支持模糊查询。危险类别的显示方式参考危规编号查询到的货物信息列表。

（6）船舶进出港选择“进港”时，货物流向只能选择“进港”和“过境”；船舶进出港选择“出港”时，货物流向只能选择“出港”和“中转”；

（7）“装运形式”选择“运输组件”时，“组件类型”为必填项；

（8）“组件类型”为“罐柜或MEGC”时，“运输组件（罐柜、MEGC）数量、运输组件（罐柜、MEGC）尺寸”为选填项，选择其他组件类型时，灰掉；

（9）“是否限量”选择“是”时，界面显示“包件规格”表体，包件规格可以录入多条（无限添加）；“包件数量”置为必填项。保存时，需校验包件规格的“本规格件数”之和等于“包件数量”，不符合该条校验规则时，提示“包件总数与包件数量不同”；包件规格列表需要分页显示。

（10）“是否限量”选择“否”时，界面不显示“包件规格”表体，包件数量为选填项。

（11）包件或组件内是否未清洁含残余物、包件或组件内是否含废弃物，必填。

（12）“进出港”选择进港时，收货人为必填项；选择出港时，发货人为必填项；货物流向选择进港或出港时，货主为必填项；货物流向选择过境或中转时，货主为选填项；货物流向选择过境时，收货人为非必填；货物流向选择“中转”时，“发货人”设为非必填。

（13）进港时，目的港、卸货港根据靠泊港口反填，起运港、装货港根据上一港反填，可手动选择进行修改；出港时，起运港、装货港根据靠泊港口反填，目的港、卸货港根据下一港反填，可手动选择进行修改。上一港、下一港、靠泊港口用同一个码表。

（14）“组件类型”为“集装箱或罐柜”时，界面显示“货物运输组件输入信息”。其中，“货物运输组件编号”“货物运输组件尺寸”“整箱 / 拼箱”为必填项；运输组件列表需要分页显示。

（15）若“组件类型”为“集装箱”，“货物运输组件编号”填写装箱证明书中的“集装箱箱号”，保存后，通过“中文船名、航次、集装箱箱号”关联“装箱证明书编号”，自动回显。（“装箱证明书编号”为申报集装箱装箱证明书的“海事单号”。）“货物运输组件编号”可手动录入，若录入的不是集装箱箱号，或者未申报集装箱装箱证明书，则无法自动回显装箱证明书编号，但仍可以申报。组件类型为“罐柜”时，“装箱证明书编号”置灰，不显示。

（16）货物信息列表需要分页显示。

（17）附件材料：“防油污作业证书、适航证书、适装证书”，置为选填项；“危险品清单或积载图”可在“其他材料”处上传。

4. 附送清单

上传方式同“包装货物安全适运报告”附送清单上传。注：所有证明材料均为非必填。

5. 编辑

点击左侧“船舶载运包装货物进出港口申请”菜单，进入查询页面，在申报单列表选中一条记录，点击申报单列表上方的【编辑】按钮，进入“申报信息”页面，回填该申报单已填写数据，允许用户进行编辑。

字段录入规则：同“船舶载运包装货物进出港口申请”新增“字段录入规则”。

小提示：

申报单状态为“申报失败”“暂存”“待提交”时，可进行“编辑”操作。

6. 申报

在申报信息界面录入数据完成后，点击界面上方的【提交】，系统会判断需上传的附件是否均已成功上传，若均已上传成功，弹出提示框“请确认是否提交信息准确，承诺提交材料与原件一致”，点击【是】，继续申报；点击【否】，取消申报，可进入“申报信息”页 面进行勾选承诺后继续申报。若有附件未成功上传，则弹出提示“请在附件上传成功后申报！”

小提示：

申报单状态为“申报失败”“暂存”“待提交”，可点击“提交”。

7. 补正

点击左侧“船报载运包装货物进出港口申请”菜单，进入查询页面，在申报单列表选中一条状态为“待补正”的记录，点击申报单列表上方的【补正】按钮，进入“申报信息”页面，回填该申报单已填写数据，根据海事返回的补正意见，进行表体内容的修改。

字段录入规则：同“船舶载运包装货物进出港口申请”新增“字段录入规则”。

小提示：

申报状态为“待补正”时，允许操作【补正】按钮。

8. 取消

点击左侧“船舶载运包装货物进出港口申请”菜单，进入查询页面，选中一条可进行取消操作的记录，点击申报单列表上方【取消】按钮，取消成功，状态变为“待提交”，可操作【编辑】【删除】按钮。取消失败，提示“取消失败＋失败原因。

小提示：

申报状态为“待受理”“待补正”时，允许操作【取消】按钮。

9. 删除

同“包装货物安全适运报告”删除。

10. 复制

同“包装货物安全适运报告”复制。

11. 运输组件 excel 导入

参考“包装货物安全适运报告”运输组件 excel 导入。

12. 货物 excel 导入

进入到“船舶载运包装货物进出港口”编辑界面—切换到货物信息 tab—点击导入货物，弹框如图 8-638。下载导入模板录入数据进行导入上传或直接使用海事平台的 excel 模板将后缀名改成 xlsx 进行上传也可以。

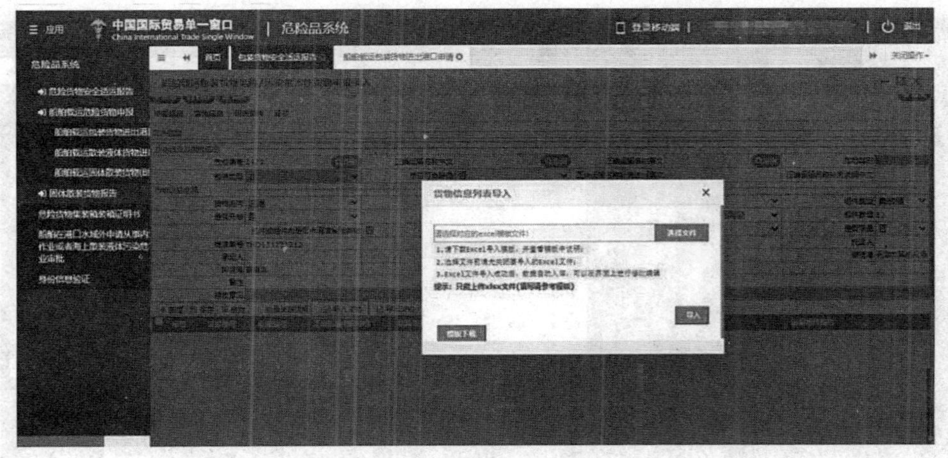

图 8-638 货物 excel 导入弹框

导入或录入完货物数据后、点击表头的【暂存】按钮—该界面可以直观的看到货物和集装箱数量，如图 8-639 所示。

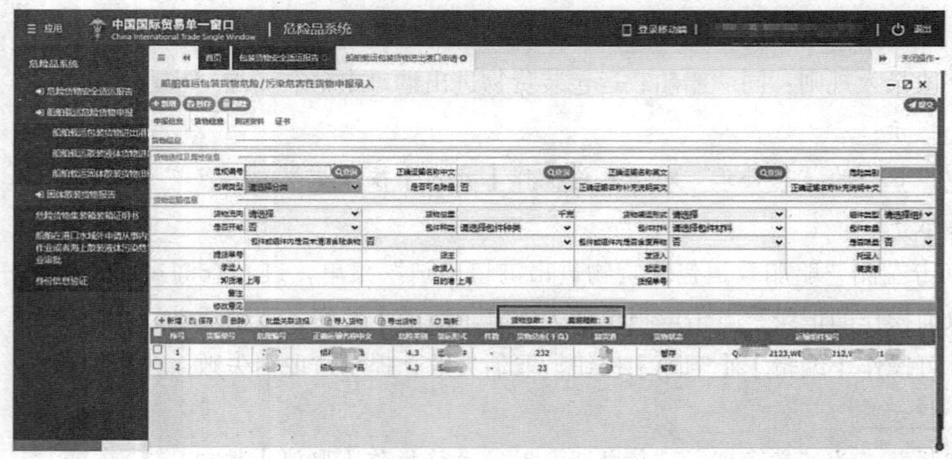

图 8-639 【暂存】按钮页面

小提示：

重复的运输组件号：数量算一条。

13. 货物导出

进入到"船舶载运包装货物进出港口"编辑界面——切换到货物信息 tab——点击【导出货物】。会将该票单子所有的货物数据导入到 excel 中便于查看。

14. 批量关联货报

进入到"船舶载运包装货物进出港口"编辑界面——切换到货物信息 tab——点击批量关联货报。界面如图 8-640。

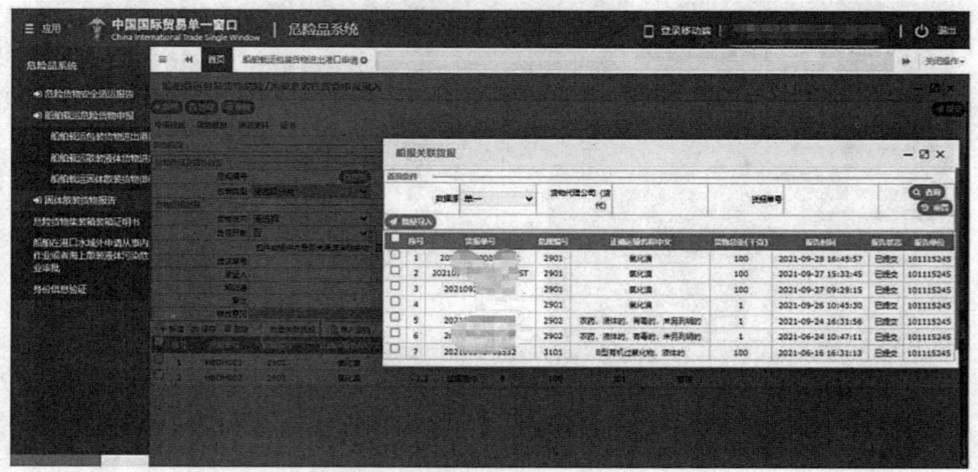

图 8-640 批量关联货报

数据源默认显示单一、会默认查询出满足条件的货报数据（根据船舶编号、航次、进出港标识、海事机构作为默认条件进行查询货报数据）；选中所需导入的数据点击批量导入，即可将单一库中的数据导入（导入的数据需要点击表头的暂存按钮、导入的数据才能入库，若不点击表头的【暂存】按钮、当关闭该界面再次进入时、导入的数据会消失）。

数据源切换到海事（如图 8-641 所示），点击【查询】按钮——会查询出满足条件的海事一网通办系统申报的货报数据，选中查询出的数据点击海事数据导入——导入的数据会显示在货物列表下，货物状态显示为“海事一网通办货报数据—待导入”，如图 8-642 所示：

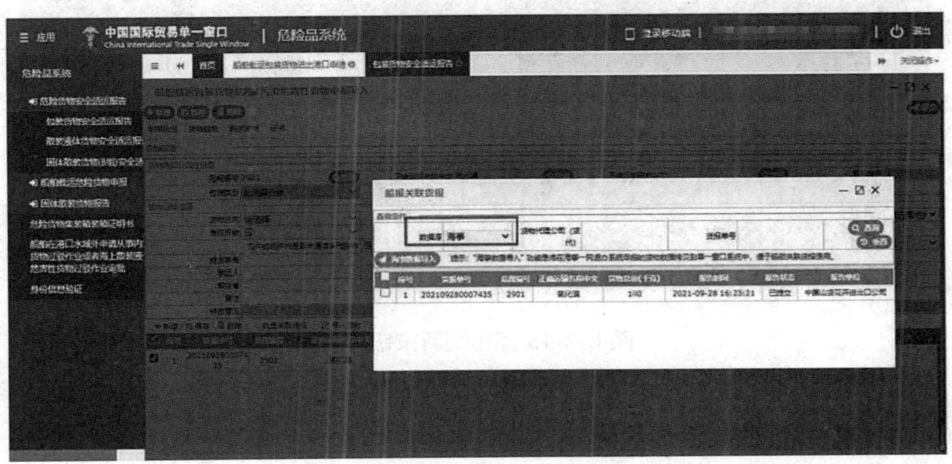

图 8-641 数据源切换到海事

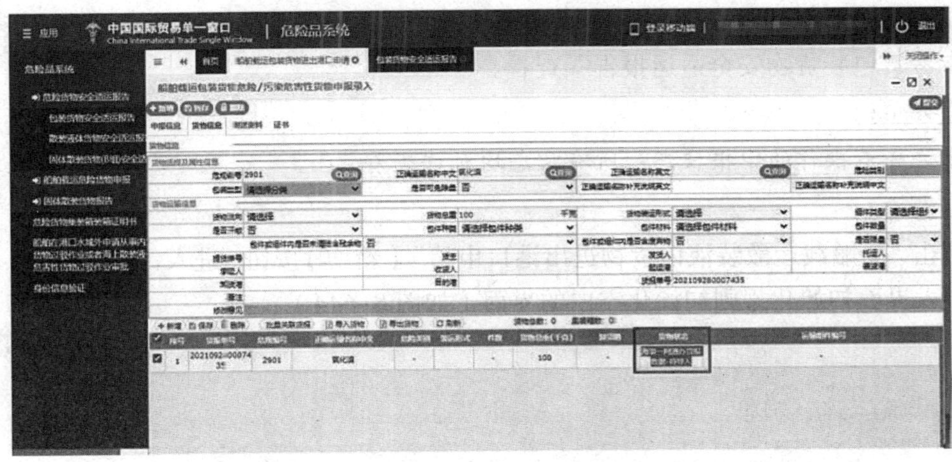

图 8-642 海事一网通办货报数据—待导入

注意：

（1）由于查询海事的货报数据通过调用接口形式、获取海事的货报详情数据信息可能需要点时间，企业用户可以通过点击列表中的刷新按钮查看货报数据是否成功导入（当货物状态为：海事一网通办货报数据—导入完成即代表海事货报数据导入成功）。

（2）当该界面的货物数据通过手动录入或通过关联货报导入单一的货报数据未点击表头的【暂存】按钮——点击刷新按钮时会给予“有未暂存的货物信息，刷新后未暂存的货物信息将丢失，是否刷新”，如图 8-643 所示：

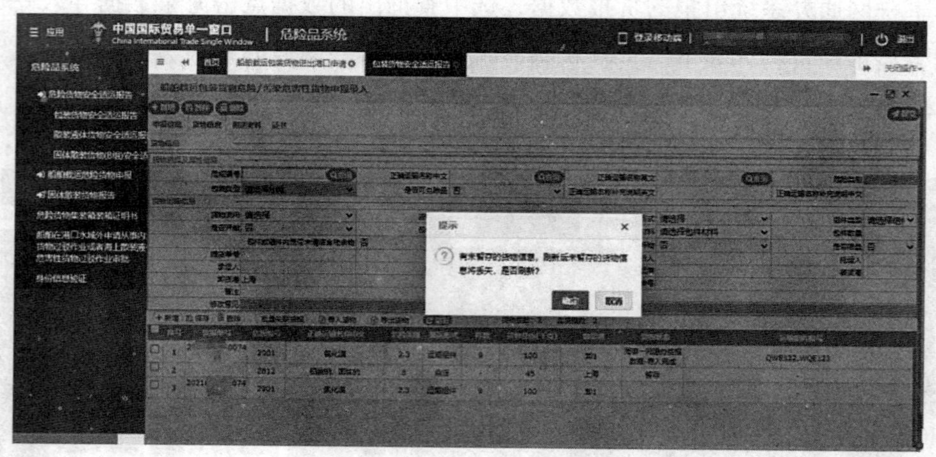

图 8-643 点击刷新按钮页面

（二）船舶载运散装液体货物进出港口申请

1. 查询

参考“包装货物安全适运报告”查询。

2. 查看

参考“包装货物安全适运报告”查看。

小提示：

允许查看操作的申报状态：所有状态均允许查看。

3. 新增

点击“船舶载运散装液体货物进出港口申请”【新增】按钮；进入“申报信息”界面，根据录入界面初始化规则初始化空白的界面（如图 8-644）；

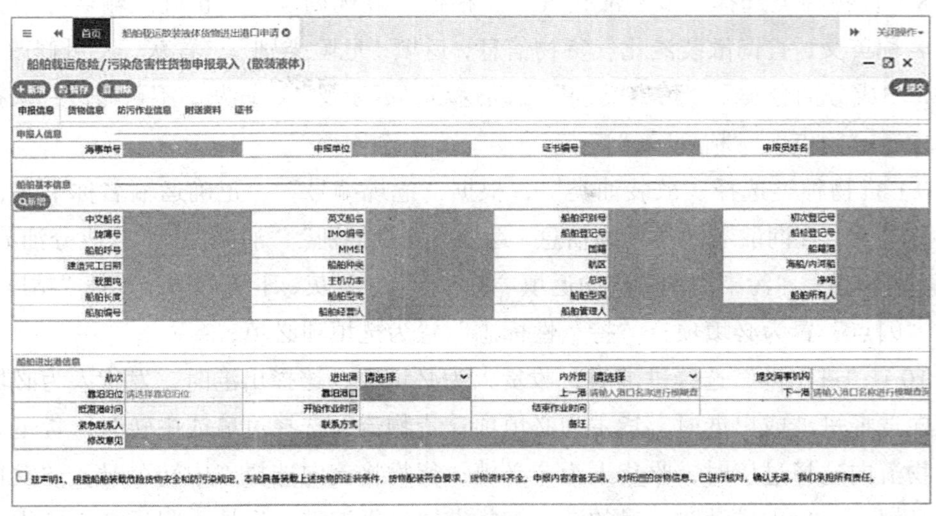

图 8-644 船舶载运散装液体货物进出港口申请新增

字段录入规则：

（1）提交海事机构：下拉列表支持模糊查询；靠泊泊位：根据海事机构带出下拉列表并支持模糊查询，下拉列表需显示直属海事机构和分支海事机构下的泊位；靠泊港口：根据泊位自动带，不能修改；

（2）上一港、下一港、装货港、卸货港、起运港、目的港，扩充了外籍港口，填写提示：“若您的目标港口不在预设内，请正确输入港口名称，并在下方备注中录入港口国家等信息；

（3）“进出港”选择进港时，上一港为必填项；选择出港时，下一港为必填项；

（4）“进出港”选择进港时，抵港时间必填，开始作业时间和结束作业时间不能小于抵港时间；“进出港”选择出港时，离港时间必填，结束作业时间和开始作业时间不能大于离港时间；

（5）船舶进出港选择“进港”时，货物流向只能选择“进港”和“过境”；船舶进出港选择“出港”时，货物流向只能选择“出港”和“中转”；

（6）“危规编号”“正确运输名称中文”“正确运输名称英文”可手动录入进行查询，系统查询后带出，可以修改，保存或提交时，只能为系统反填的数据。“危规编号”精确查询，“正确运输名称中文”“正确运输名称英文”支持模糊查询。

（7）货物种类选择“散装化学品时”，根据“危规编号”、正确运输名称中文、正确运输名称英文，查询散装化学品货物信息，返填“危险类别”“污染类别”，置灰，不可修改；“油类性质”“成分油分类”自动返填“不涉及”，置灰，不可修改；灰掉“持久性标志”；散装化学品污染类别为 Y 时，“粘度”“溶点”“装卸货温度”置为必填。危险类别的显示方式参考危规编号查询到的货物信息列表。

（8）货物种类选择“散装液化气”，根据“危规编号”、正确运输名称中文、正确运输名称英文，查询散装液化气货物信息，返填“危险类别”，置灰，不可修改。“油类性质”“成分油分类”“污染类别”自动返填“不涉及”，置灰，不可修改；灰掉“持久性标志”“闪点”“粘度”“溶点”；

（9）货物种类选择“散装油类”，根据“危规编号”、正确运输名称中文、正确运输名称英文，查询散装油类货物信息，返填“危险类别”“油类性质”“成分油分类”，置灰，不可修改；“污染类别”自动返填“不涉及”，置灰，不可修改；灰掉“粘度”“溶点”；“闪点”置为必填项；“持久性标志”置为选填项必填；

（10）“进出港”选择进港时，收货人为必填项；选择出港时，发货人为必填项；货物流向选择进港或出港时，货主为必填项；货物流向选择过境或中转时，货主为选填项；货物流向选择过境时，收货人为非必填；货物物流向选择“中转”时，“发货人”设为非必填。（11）进港时，目的港、卸货港根据靠泊港口反填，起运港、装货港根据上一港反填，可手动选择进行修改；出港时，起运港、装货港根据靠泊港口反填，目的港、卸货港根据下一港反填，可手动选择进行修改。上一港、下一港、靠泊港口用同一个码表。

（12）防污作业信息：初始默认置为“否”，可手动进行更改。液舱信息列表、货物信息列表均分页显示。当“防污作业信息”都选“否”时，“舱室编号”为非必填项；当“防污作业信息”存在“是”时，“舱室编号”为必填项；

（13）附件材料：“防油污作业证书、适航证书、适装证书”，置为选填项；“危险品清单或积载图”可在“其他材料”处上传。

4. 附送清单

同“包装货物安全适运报告附送清单上传。注：所有证明材料均为非必填。

5. 编辑

点击左侧“船舶载运散装液体货物进出港口申请”菜单，进入查询页面，在申报单列表选中一条记录，点击申报单列表上方的【编辑】按钮，进入“申报信息”页面，回填该申报单已填写数据，允许用户进行编辑。

字段录入规则：

同“船舶载运散装液体货物进出港口申请”新增“字段录入规则”。

小提示：

申报单状态为“申报失败”“暂存”“待提交”时，可进行“编辑”操作。

6. 申报

在申报信息界面录入数据完成后，点击界面上方的【提交】，系统会判断需上传的附件是否均已成功上传，若均已上传成功，弹出提示框“请确认是否提交信息准确，承诺提交材料与原件一致”，点击“是”，继续申报；点击“否”，取消申报，可进入

“申报信息”页面进行勾选承诺后继续申报。若有附件未成功上传，则弹出提示“请在附件上传成功后申报！”

小提示：

申报单状态为“申报失败”“暂存”“待提交”，可点击【提交】。

7. 补正

参考“船舶载运包装货物进出港口申请”补正。

8. 取消

参考“船舶载运包装货物进出港口申请”取消。

9. 删除

参考“包装货物安全适运报告”删除。

10. 复制

参考“包装货物安全适运报告”复制。

11. 批量关联货报

参考“船舶载运包装货物进出港口申请”批量关联货报。

（三）船舶载运固体散装货物（B 组）进出港口申请

1. 查询

参考“包装货物安全适运报告”查询。查看参考“包装货物安全适运报告”查看。

小提示：

允许查看操作的申报状态：所有状态均允许查看。

2. 新增

点击“船舶载运固体散装货物（B 组）进出港口申请”【新增】按钮；进入“申报信息”界面，根据录入界面初始化规则初始化空白的界面（如图 8-645）；

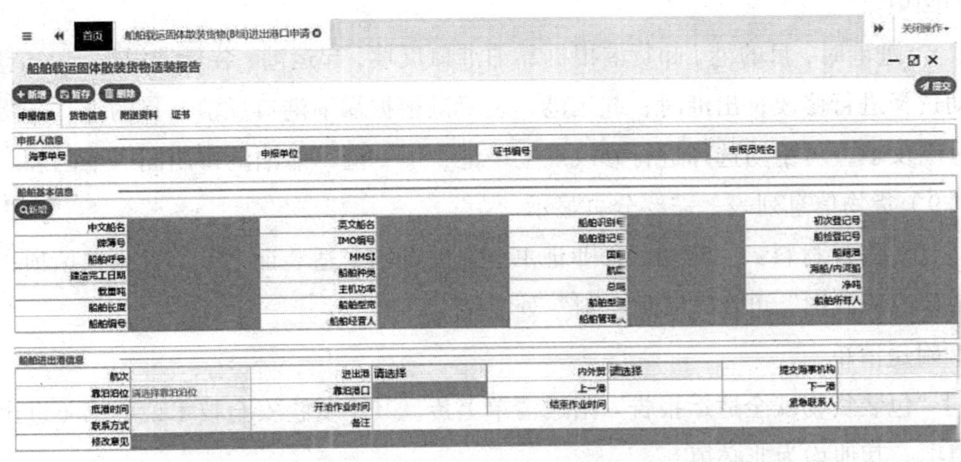

图 8-645 船舶载运固体散装货物（B 组）进出港口申请新增

字段录入规则：

（1）提交海事机构：下拉列表支持模糊查询；靠泊泊位：根据所选海事机构带出下拉列表并支持模糊查询，选择完“提交海事机构”后再选择“靠泊泊位”时，若选择的机构包含下级机构，则泊位下拉框中会展示所有下级机构的泊位；靠泊港口：根据泊位自动带，不能修改；靠泊港口：根据泊位自动带，不能修改；

（2）上一港、下一港、装货港、卸货港、起运港、目的港，扩充了外籍港口，填写提示“若您的目标港口不在预设内，请正确输入港口名称，并在下方备注中录入港口国家等信息。

（3）“进出港”选择进港时，上一港为必填项；选择出港时，下一港为必填项；

（4）“进出港”选择进港时，抵离港时间填写抵港时间，开始作业时间和结束作业时间不能小于抵港时间；选择出港时，抵离港时间填写离港时间，结束作业时间和开始作业时间不能大于离港时间；

（5）船舶进出港选择“进港”时，货物流向只能选择“进港”和“过境”；船舶进出港选择“出港”时，货物流向只能选择“出港”和“中转”；散液不允许中转；

（6）根据“危规编号”、正确运输名称中文、正确运输名称英文，查询固体散装货物信息，反填“危险类别”“组别”，置灰，不可修改。“危规编号”“正确运输名称中文”“正确运输名称英文”可手动录入进行查询、系统查询后带出，可以修改；危险类别的显示方式参考危规编号查询到的货物信息列表。

（7）“进出港”选择进港时，收货人为必填项；选择出港时，发货人为必填项；货物流向选择进港或出港时，货主为必填项；货物流向选择过境或中转时，货主为选填项；货物流向选择过境时，收货人为非必填；货物物流向选择“中转”时，“发货人”设为非必填。

（8）进港时，目的港、卸货港根据靠泊港口反填，起运港、装货港根据上一港反填，可手动选择进行修改；出港时，起运港、装货港根据靠泊港口反填，目的港、卸货港根据下一港反填，可手动选择进行修改。上一港、下一港、靠泊港口用同一个码表。

（9）货物信息列表，需要分页显示。

（10）附件材料：“防油污作业证书、适航证书、适装证书”，置为选填项；“危险品清单或积载图”可在“其他材料”处上传。

3. 附送清单

同“包装货物安全适运报告”附送清单上传。其中货物安全技术说明书（进出港）为必填项，其他均为非必填。

4. 编辑

参照“船舶载运包装货物进出港口申请”编辑。

5. 申报

在申报信息界面录入数据完成后，点击界面上方的【提交】，系统会判断需上传的附件是否均已成功上传，若均已上传成功，弹出提示框“请确认是否提交信息准确，承诺提交材料与原件一致”，点击【是】，继续申报；点击【否】，取消申报，可进入“申报信息”页面进行勾选承诺后继续申报。若有附件未成功上传，则弹出提示“请在附件上传成功后申报！”

小提示：

申报单状态为“申报失败”“暂存”“待提交”，可点击【提交】。

小提示：

点击【提交】，需校验“货物信息”页签中“货物运输信息”表体已保存记录的“货物流向”和“申报信息”页签中“船舶进出港信息”的“进出港”是否匹配。若不匹配，提示“进出港和货物流向不匹配，无法继续申报”。

6. 补正

参考“船舶载运包装货物进出港口申请”补正。

7. 取消

参考“船舶载运包装货物进出港口申请”取消。

8. 删除

同“包装货物安全适运报告”删除。

9. 复制

参考“包装货物安全适运报告”复制。

10. 批量关联货报

参考“船舶载运包装货物进出港口申请”批量关联货报。

三、固体散装货物报告

（一）固体散装货物（A 组和 C 组）货物安全适运报告

1. 查询

参见“包装货物安全适运报告”查询。

2. 查看

参见“包装货物安全适运报告”查看。

小提示：

允许查看操作的申报状态：所有状态均允许查看。

3. 新增

点击“固体散装货物（A 组和 C 组）货物安全适运报告”【新增】按钮；进入“申

报信息”界面，根据录入界面初始化规则初始化空白的界面（如图 8-646）；

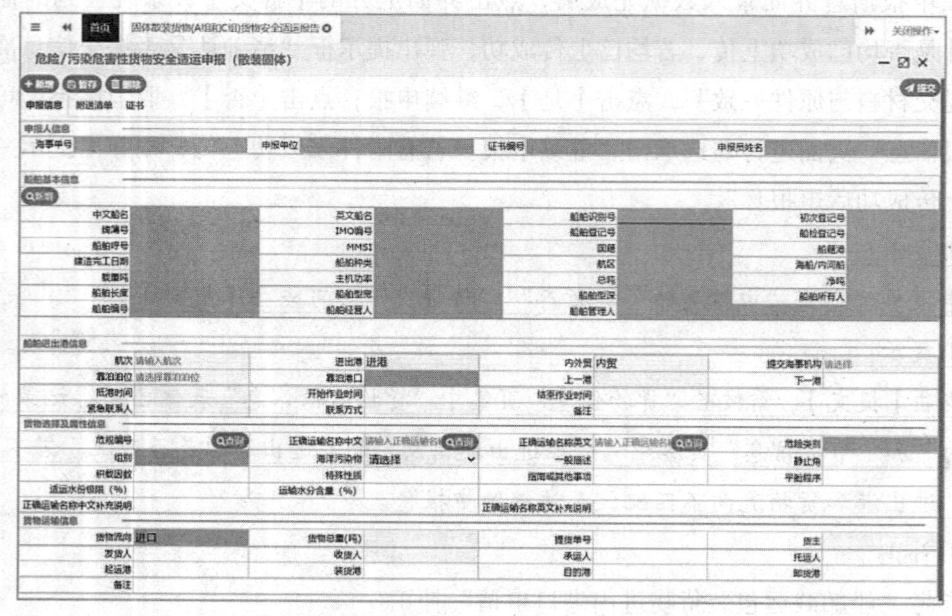

图 8-646 固体散装货物（A 组和 C 组）货物安全适运报告新增

字段录入规则：

（1）根据“危规编号”、正确运输名称中文、正确运输名称英文，查询固体散装 AC 组货物信息，反填“危险类别”“组别”，置灰，不可修改；带出“静止角”“积载因数”，可修改。“危规编号”“正确运输名称中文”“正确运输名称英文”可手动录入进行查询，系统查询后带出，可以修改，保存或提交时，只能为系统反填的数据。“危规编号”精确查询，“正确运输名称中文”“正确运输名称英文”支持模糊查询。危险类别的显示方式参考危规编号查询到的货物信息列表；

（2）靠泊泊位：根据所选海事机构带出下拉列表并支持模糊查询，选择完“提交海事机构”后再选择“靠泊泊位”时，若选择的机构包含下级机构，则泊位下拉框中会展示所有下级机构的泊位；靠泊港口：根据泊位自动带，不能修改；

（3）“进出港”选择进港时，上一港为必填项；选择出港时，下一港为非必填项；

（4）上一港、下一港、装货港、卸货港、起运港、目的港，扩充了外籍港口，填写提示：若您的目标港口不在预设内，请正确输入港口名称，并在下方备注中录入港口国家等信息；

（5）货物流向根据进出港返填，进出港选择“进港”，货物流向返填“进口”进出港选择“出港”，货物流向返填“出口”；置灰，不可修改。

（6）进港时，目的港、卸货港根据靠泊港口反填，起运港、装货港根据上一港反填，可手动选择进行修改；出港时，起运港、装货港根据靠泊港口反填，目的港、卸货港根据下一港反填，可手动选择进行修改。

（7）其余字段录入规则，同“货报（固体散装）”货物新增“字段录入规则”。

4. 附送清单

同“包装货物安全适运报告”附送清单上传。

注意：

所有证明材料均为非必填。

5. 编辑

同“包装货物安全适运报告”编辑。

字段录入规则：

同“固体散装货物（A 组和 C 组）货物安全适运报告”新增“字段录入规则”。

小提示：

申报单状态为“申报失败”“暂存”“待提交”时，可进行“编辑”操作。

6. 申报

同“包装货物安全适运报告”申报。

7. 删除

参考“包装货物安全适运报告”删除。

8. 主动撤回

同“包装货物安全适运报告”撤回。

9. 复制

参考“包装货物安全适运报告”复制。

（二）船舶载运固体散装货物（A 组和 C 组）进出港口报告

1. 查询

参见“包装货物安全适运报告”查询。

2. 查看

参见“包装货物安全适运报告”查看。

3. 新增

点击“船舶载运固体散装货物（A 组和 C 组）进出港口报告”【新增】按钮；进入“申报信息”界面，根据录入界面初始化规则初始化空白的界面（如图 8-647）；

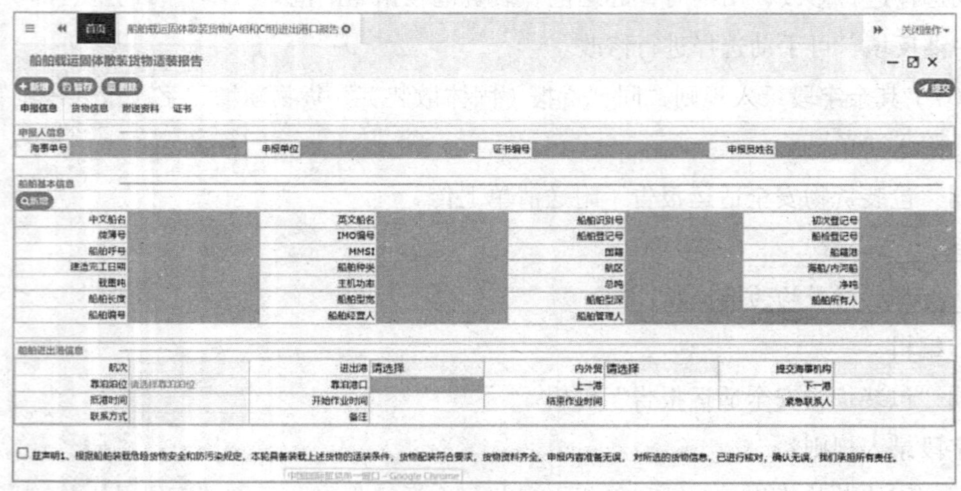

图 8-647 船舶载运固体散装货物（A 组和 C 组）进出港口报告新增

字段录入规则：

（1）根据“危规编号”、正确运输名称中文、正确运输名称英文，查询固体散装 AC 组货物信息，反填“危险类别”“组别”，置灰，不可修改；“危规编号”“正确运输名称中文”“正确运输名称英文”可手动录入进行查询、系统查询后带出，可以修改；危险类别的显示方式参考危规编号查询到的货物信息列表；

（2）上一港、下一港、装货港、卸货港、起运港、目的港，扩充了外籍港口，填写提示“若您的目标港口不在预设内，请正确输入港口名称，并在下方备注中录入港口国家等信息”；

（3）船舶进出港选择“进港”时，货物流向只能选择“进港”和“过境”；船舶进出港选择“出港”时，货物流向只能选择“出港”和“中转”；货物流向选择过境时，收货人为非必填；货物流向选择“中转”时，“发货人”设为非必填。

（4）进港时，目的港、卸货港根据靠泊港口反填，起运港、装货港根据上一港反填，可手动选择进行修改；出港时，起运港、装货港根据靠泊港口反填，目的港、卸货港根据下一港反填，可手动选择进行修改。上一港、下一港、靠泊港口用同一个码表。

（5）其余字段录入规则，同“固体散装安全适运报告”新增“字段录入规则”。

4. 附送清单

同“包装货物安全适运报告”附送清单上传。

注意：

所有证明材料均为非必填。

5. 编辑

同“包装货物安全适运报告”编辑。

6. 申报

同“包装货物安全适运报告”申报。

7. 删除

同“包装货物安全适运报告”删除。

8. 撤回

同“包装货物安全适运报告”撤回。

9. 复制

同“包装货物安全适运报告”复制。

10. 批量关联货报

同“船舶载运包装货物进出港口申请”批量关联货报。

四、危险货物集装箱装箱证明书

1. 查询

参见“包装货物安全适运报告”查询。

2. 查看

点击“危险货物集装箱装箱证明书”菜单，进入危险货物集装箱装箱证明书查询页面；查询出数据后，在申报单列表勾选需要查看的记录，点击【查看】按钮；进入申报信息页面，可查看录入的具体数据，如图 8-648 所示。

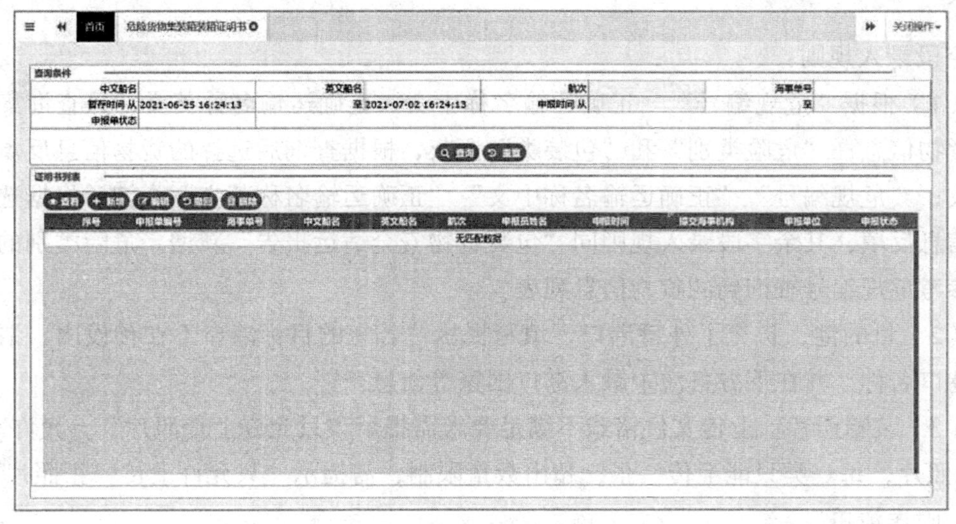

图 8-648 申报信息页面

小提示：

允许查看操作的申报状态：所有状态均允许查看。

3. 新增

点击“危险货物集装箱装箱证明书”【新增】按钮；进入“申报信息”界面，根据录入 界面初始化规则初始化空白的界面（如图 8-649）；

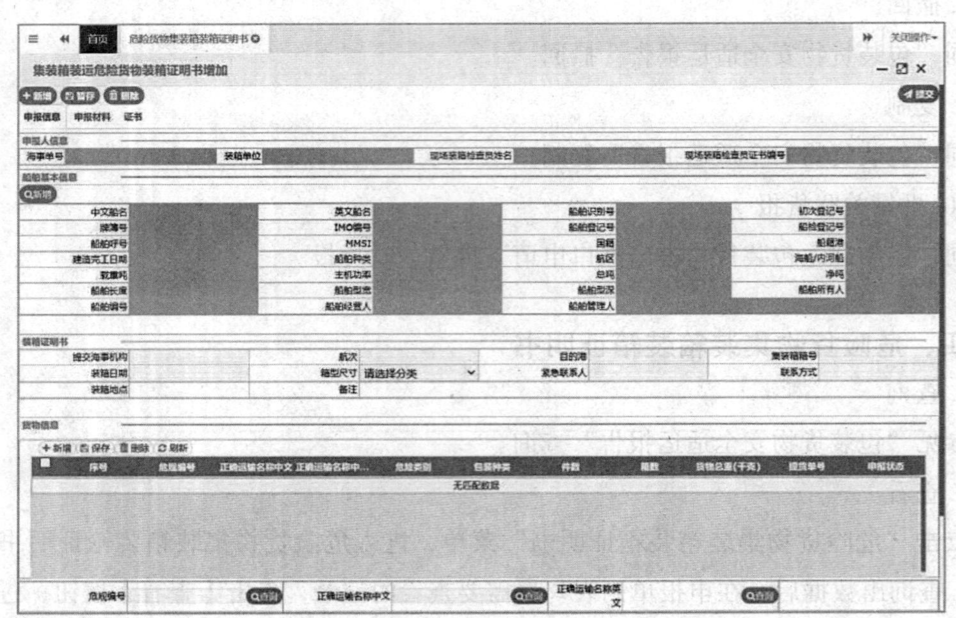

图 8-649 危险货物集装箱装箱证明书新增

字段录入规则：

（1）根据“危规编号”、正确运输名称中文、正确运输名称英文，只查询集装箱危险货物信息；“危险类别”和“包装类”置灰，根据查询后选择的货物信息反填，不可修改；“危规编号”“正确运输名称中文”“正确运输名称英文”查询后根据选择的货物信息反填，其余字段录入规则同“包装货物安全适运报告”新增。危险类别的显示方式参考危规编号查询到的货物信息列表。

（2）目的港，扩充了外籍港口，填写提示“若您的目标港口不在预设内，请正确输入港口名称，并在下方备注中录入港口国家等信息。”

（3）装箱照片：上传文件格式不满足要求需提示“只允许上传照片”，允许 jpg、png 的照片，每一类只能上传一张，超出数量限制，需提示“只允许上传一张照片”。

4. 附送清单

同“包装货物安全适运报告”附送清单上传。

注意：

装箱前、中、后照片均为非必填。

5. 编辑

同"包装货物安全适运报告"编辑。

6. 申报

同"包装货物安全适运报告"申报。申报前需要校验："中文船名、航次、集装箱箱号"相同的申报单不得重复提交，"中文船名 + 航次 + 集装箱箱号"是组合唯一，只能申报一次；若不满足规则，点击【保存】或【申报】时需提示"同一艘船、同一航次、同一集装箱的证明书不允许多个检查员填报，无法重复添加！"

小提示：

保存或申报时，校验是否添加货物信息，若无，提示"请添加货物信息"。删除同"包装货物安全适运报告"删除。

小提示：

仅可对状态为"暂存、申报失败"的数据点击删除，直接物理删除。撤回同"包装货物安全适运报告"撤回。

五、散装液体货物过驳申请

1. 查询

参考"包装货物安全适运报告"查询。

注意：

只有当前操作员身份是否是液货过驳作业申请申报人员，才可以查询到相关数据。

2. 查看

同"包装货物安全适运报告"查看。

3. 新增

点击"船舶在港口水域外申请从事内河危险货物过驳作业或者海上散装液体污染危害性 货物过驳作业审批"【新增】按钮；进入"申报信息"界面，根据录入界面初始化规则初始化空白的界面（如图 8–650）。

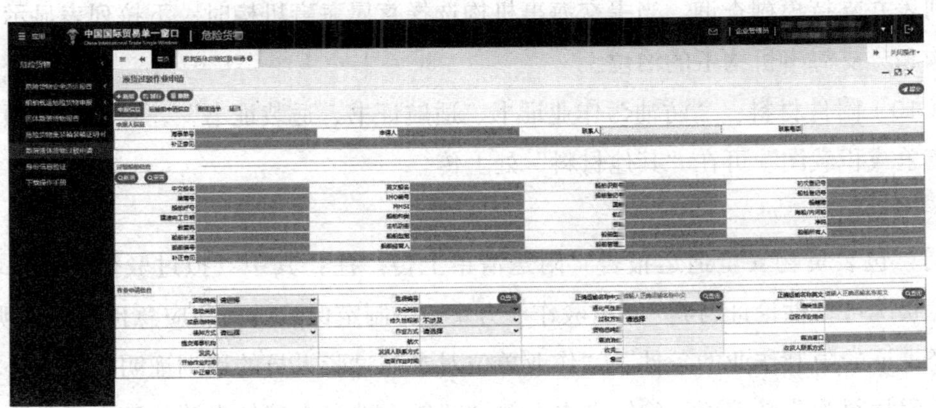

图 8–650 散装液体货物过驳申请

字段录入规则：

（1）选择装 / 卸载船舶、过驳船舶不能为空；过驳船舶仅能添加一条船，且必须有一条。装卸载船信息可添加多条，不可与过驳船信息重复，若重复，给出提示“添加船舶不可与过驳船舶重复”。（根据船舶编号判断过驳船和装卸载船信息是否重复。）

（2）装卸方式选择“卸船”时，显示“装载船信息”，作业申请信息列表的“发货人”和“发货人联系方式”必填；选择“装船”时，显示“卸载船信息”，作业申请信息列表的“收货人”和“收货人联系方式”必填。

（3）“危规编号”“正确运输名称中文”“正确运输名称英文”系统查询后带出；

（4）货物种类选择“散装化学品”，根据“危规编号”、正确运输名称中文、正确运输名称英文，查询散装化学品货物信息，返填“危险类别”“污染类别”，置灰；“油类性质”“成分油分类”“液化气性质”返填“不涉及”，置灰。灰掉“持久性标志”；危险类别的显示方式参考危规编号查询到的货物信息列表。

（5）货物种类选择“散装液化气”，根据“危规编号”、正确运输名称中文、正确运输名称英文，查询散装液化气货物信息，返填“危险类别”“液化气性质“，置灰；“油类性质”“成分油分类”“污染类别”自动返填“不涉及”，置灰。灰掉“持久性标志”；

（6）货物种类选择散装油类时，根据“危规编号”、正确运输名称中文、正确运输名称英文，查询散装油类货物信息，返填“危险类别”“油类性质”“成分油分类”，置灰。“污染类别”“液化气性质“自动返填“不涉及”；持久性标志为必填项；

（7）装 / 卸载船信息列表中的“作业数量（吨）= 每条装 / 卸载船的过驳次数 * 单次载运数量（吨）”。

（8）申报人：个人账号显示申报员姓名，法人账户显示企业名称。

（9）提交海事机构：下拉列表支持模糊查询；靠泊泊位：根据所选海事机构带出下拉列表并支持模糊查询，当提交海事机构选择直属海事机构时，下拉列表显示直属海事机构和分支海事机构下的泊位。

（10）附件材料：“防油污作业证书、适航证书、适装证书”，置为选填项；“危险品清单或积载图”可在“其他材料”处上传。

4. 附送清单

同”包装货物安全适运报告”附送清单上传。注：其中“拟过驳作业点水域概况和环境状况可行性论证材料”“过驳作业方案、已制定保障措施和应急预案的证明材料，包括经论证的限制作业的条件”“作业单位对参与过驳人员的培训证明”均为必填项，其他证明材料为非必填项。编辑点击左侧“船舶在港口水域外申请从事内河危险货物过驳作业或者海上散装液体污染危害性货物过驳作业审批”菜单，进入查询页面，在申报单列表选中一条记录，点击申报单列表上方的【编辑】按钮，进入“申报信息”页面，回填该申报单已填写数据，允许用户进行编辑。

字段录入规则：

同“液货过驳作业申请”新增“字段录入规则”。申报在申报信息界面录入数据完成后，点击界面上方的【提交】，系统会判断需上传的附件是否均已成功上传，若均已上传成功，弹出提示框“请确认是否提交信息准确，承诺提交材料与原件一致”，点击【是】，继续申报；点击【否】，取消申报，可进入“申报信息”页面进行勾选承诺后继续申报。若有附件未成功上传，则弹出提示“请在附件上传成功后申报！”

小提示：

申报单状态为“申报失败”“暂存”“待提交”，可点击“提交”。补正同“船舶载运包装货物进出港口申请”补正。

5. 附送清单

同”包装货物安全适运报告”附送清单上传。

注意：

其中“拟过驳作业点水域概况和环境状况可行性论证材料”“过驳作业方案、已制定保障措施和应急预案的证明材料，包括经论证的限制作业的条件”“作业单位对参与过驳人员的培训证明”均为必填项，其他证明材料为非必填项。

6. 编辑

点击左侧“船舶在港口水域外申请从事内河危险货物过驳作业或者海上散装液体污染危害性货物过驳作业审批”菜单，进入查询页面，在申报单列表选中一条记录，点击申报单列表上方的【编辑】按钮，进入“申报信息”页面，回填该申报单已填写数据，允许用户进行编辑。

字段录入规则：

同“液货过驳作业申请”新增“字段录入规则”。

7. 申报

在申报信息界面录入数据完成后，点击界面上方的【提交】，系统会判断需上传的附件是否均已成功上传，若均已上传成功，弹出提示框“请确认是否提交信息准确，承诺提交材料与原件一致”，点击【是】，继续申报；点击【否】，取消申报，可进入“申报信息”页面进行勾选承诺后继续申报。若有附件未成功上传，则弹出提示“请在附件上传成功后申报！”

小提示：

申报单状态为“申报失败”“暂存”“待提交”，可点击“提交”。补正同“船舶载运包装货物进出港口申请”补正。

8. 取消

参考“船舶载运包装货物进出港口申请”取消。

9. 删除

参考“船舶载运包装货物进出港口申请”删除。

10. 复制

参考“包装货物安全适运报告”复制。

六、身份信息验证

新用户登录，点击左侧“身份信息验证”菜单，进入身份验证界面，根据登录用户信息，返填统一社会信用代码或申报员身份证号，点击【两员验证】按钮，从海事返填验证信息至界面录入框，不可修改。如图 8-651 所示。

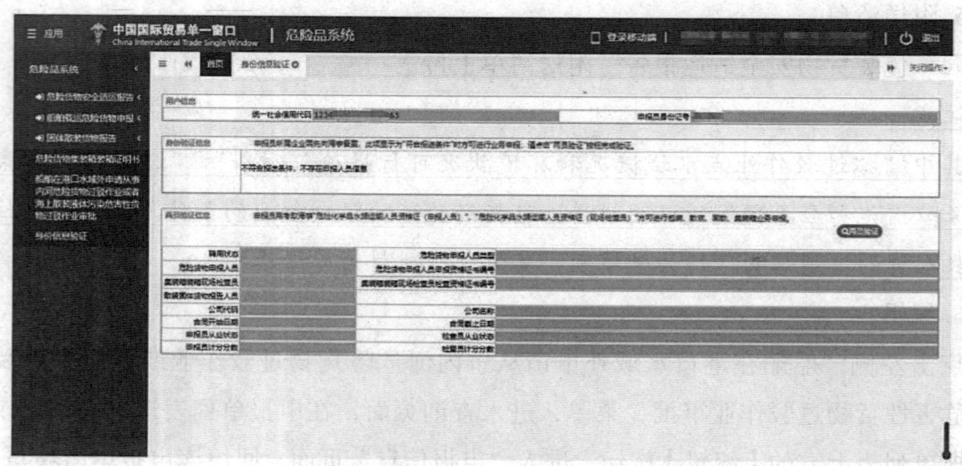

图 8-651 “两员验证”页面

字段录入规则：

（1）身份验证信息、两员验证信息，由系统返填，不可修改。

（2）两员包括：危险货物申报人员、集装箱装箱现场检查员和散装固体货物报告人员。

（3）危险货物申报人员类型包括：包装危险货物、散装固体危险货物、散装液体危险货物。

第十一章 常见问题解答

一、业务咨询类

1. 已注册的操作员卡能否申报报关单？

答：不能。只能使用已在单一窗口注册的报关员卡进行报关单申报操作。

2. 单一窗口系统能否进行非金二手册授权？

答：目前单一窗口只能进行金关二期手册授权，非金二手册业务仍需在原 QP 系统操作。

3. 企业能否通过单一窗口操作集装箱适载报检、包装报检等报检业务？

答：能。选择货物申报里的其他报检即可进行相关业务操作。

4. 进出口初始化设置（默认值）的作用？

答：进出口初始化设置是提前将企业基本信息和商品相关信息进行填写保存，后续可调取使用，减少重复录入。

5. 单一窗口申报报关单时是否有"提前报关"选择？

答：否，报关单默认设置为"一般报关"。

6. 企业在申报新版报关单时，一票报关单是否允许填入两个许可证号？

答：根据海关总署公告 2018 年第 60 号《关于修订〈中华人民共和国海关进出口货物报关单填制规范〉的公告》规定：一份报关单只允许填报一个许可证号，该项目最多支持录入 20 位字符。

9. 企业的出口申报，需要自行在属地报检，委托代理报关公司在另一地区报关，应该如何操作？

答：企业先完成报检并生成电子底账数据后，代理报关公司引用该电子底账数据进行报关，在"随附单证代码"选择"电子底账"并录入随附单证编号。

10. 涉检必填项包括哪些？

答：1. 监管类别名称（表体）；2. 境内收货人检验检疫 10 位编码（表头）；3. 申报单位检验检疫 10 位编码（表头）；4. 货物存放地点（表头）；5. 境内目的地（表体）；6. 入境口岸（表头）；7. 目的地海关（表头）；8. 启运日期（表头）；9. 用途代码（表体）；

10. 启运港（表头）；11. 货物属性代码（表体）；12. 集装箱数量（表头）；13. 标记唛码（表头）。

11. 一份单证中多商品，部分涉检，部分不涉检，如何申报？

答：只要有一个品名为涉检，则其余商品涉检项目必填。

12. 报关单已结关但检验检疫没有收到数据，应该如何处理？

答：报关单已结关，检验检疫没有收到数据可能是海关系统在分发数据时，未将报关单数据向检验检疫部门发送。如果报关单已经结关，建议及时与现场检务部门联系，由现场海关根据实际情况判断。如果现场海关认为作业成功、没有风险可直接放行。由于各地情况不一，单证和货物情况也各不相同，请以现场海关意见为准。

13. 涉检报关单回执中没有检疫的放行回执，应该如何处理？

答：如果回执状态是“已发检验检疫审核”，说明数据已经发送至海关，需尽快联系海关检务部门审核人员进行审核确认。审核通过后，企业端才能收到带有检验检疫编号的回执。

14. 报关单长时间处于海关入库成功状态，应该如何处理？

答：单一窗口货物申报系统是为进出口企业提供相关关务数据录入、传输和查询的系统。单一窗口所有子系统均只做录入时的逻辑判断，不负责单据的审核工作。货物申报系统接到的所有回执（包括不限于入库成功、退单、审结等）都是由海关审单系统返回的。

如收到“海关入库成功”回执，即表示申报数据已由单一窗口系统成功发送至海关审单系统，单据已进入海关审单流程。

15. 报关单退单提示申请检验检疫失败，单号已被受理，不能再修改，应该如何处理？

答：在整合申报界面申报单据，海关退单后重新申报，由于海关检务部门没有退单，企业重新申报报关单造成退单：申请检验检疫失败，单号已被受理，不能再修改。

此种情况请现场海关联系当地海关技术部门处理。（需将已生成的检验检疫号提供给海关检务部门，说明下情况，再根据海关退单原因修改后重新申报。）

16. 用户反馈在单一窗口无法接收客户在电子口岸平台发起的电子报关委托协议，该如何处理？

答：请用户确认客户发起的委托协议是否在单一窗口平台发起的，需要遵从单一窗口发起、单一窗口接受的原则。

17. 操作员卡可以办理代理委托关系 / 协议吗？

答：可以，操作员卡或有绑定卡介质的账号密码登录都可以进行操作。

18. 已超过有效期的委托关系（委托书）是否可以进行委托关系变更？

答：不可以，已超过有效期的委托关系（委托书），不可在此做变更，需双方重新发起委托申请。

19. 什么状态的代理报关委托书可以进行导出委托关系操作？

答：任何状态的代理报关委托书，都可以进行导出委托关系操作。

20. 用户确认委托申请时，是否可以修改委托关系详情？

答：查看委托关系详情，该界面的内容只允许查看，不可修改。

21. 电子报关代理委托的正确操作流程。

答：首先需要经营单位用户在单一窗口平台进行“发起委托申请”，由报关企业在单一窗口进行“确认委托申请”，随后经营单位随即可以进行“发起委托协议”，再次由报关企业进行“确认委托协议”操作，最后报关企业即可为经营单位进行代理报关操作。

二、页面操作类

1. “单一窗口”能否查询到 QP 预录入系统的报关单数据？

答：能，可以在【数据查询 / 统计】—【报关数据查询】栏目，点击“高级查询”，“操作类型”选择“其他报关单数据查询”，输入报关单编号进行查询。

2. “单一窗口”录入报关单环节能否编辑统一社会信用代码栏目？

答：能。该栏目可手动进行编辑。

3. “单一窗口”能否调用舱单数据？

答：能，在报关单录入环节，输入运输方式（暂时只支持在“单一窗口”申报的海运和空运舱单）运输工具名称、航次号、提运单号即可调用舱单数据。

4. 企业如何查询已暂存的报关单数据？

答：暂存后的报关单可以在【数据查询 / 统计】—【报关数据查询】栏目进行查询。

5. 企业能否修改报关单商品申报要素栏的信息？

答：能。勾选所修改的商品信息，点击表体上方的“重新归类”，修改完成后需将光标移至“征免方式”栏目，点击回车键，即可完成修改。

6. 能否通过系统中找到报关单的导入模板？模板是否有格式要求？

答：能。可在【数据查询 / 统计】—【报关数据查询】中的菜单栏找到【导入】按钮，进行模板下载；按模板已设定的格式进行填写以文本格式进行导入。

7. 企业能否在“单一窗口”录入并暂存报关单，再由其他申报单位进行申报操作？

答：能。通过报关单“申报单位”栏目填写目标申报单位（海关 10 位编码）即可。

8. 报检单能否批量申报？

答：能。在【检验检疫申请数据查询】处勾选多条数据进行批量申报。

9.“单一窗口”申报汇总征税的报关单是否和 QP 预录入系统一样操作?

答：是。如企业具有汇总征税资质，申报报关单时会自动跳出保函，注意不要勾选担保验放栏目。

10. 报检单查询状态显示报检成功，回执信息一直显示待审核，应该如何处理?

答：企业可联系监管单位查明原因。因查询状态为报检成功（待审单中心审单），说明企业申报的数据已被监管单位系统拦截转至人工审核。

11. 录入报关单的表体商品信息时，商品显示蓝色，是否异常?

答：否。蓝色字体为“单一窗口”系统特有提示，该商品是法检货物。

12. 录入报关单的表体商品信息时，在序号后面显示“¥”符号，是否异常?

答：否。“¥”符号为“单一窗口”系统特有提示，该商品可能需要缴税。

13. 报关单上传随附单据时，上传页面一直在加载，无法继续操作，应该如何处理?

答：根据以下步骤处理：

（1）检查网络环境。

（2）上传随附单据，必须使用 IC 卡或者 IKEY 卡进行操作，具体操作：先退出系统，插上卡后，点击卡介质重新登录再操作。

（3）建议企业使用 google chrome（谷歌）浏览器。

（4）使用“单一窗口”助手检测并修复和重启客户端控件。

14. 填制报关单时，录入了原产地编号，系统不返填商品项和产地证的对应关系，应该如何填写?

答：需要先录入商品信息并已保存，录入原产地证编号后，点击界面上的“原产地”按钮会自动弹出“原产地对应关系”录入框，在录入框中手工录入原产地的对应关系。

15. 退单或入库失败；数据项【ciq 编码】不能为空或不符。

答：可以按以下排查：

（1）申报涉检但没有填写监管类别名称（涉检表体数据都要有监管类别名称）。

（2）参数库不是最新（ciq 编码参数如果不是最新，进入 e-CIQ 系统时会提示 ciq 编码不符）。

16. 退单或入库失败；XX 单位未备案、无报关权或企业不允许异地报关（[XX 单位] XX 单位统一社会信用代码与海关注册编码对应关系不正确）。

答：主要为申报单位和经营单位的问题。

（1）检查 18 位信用代码是否填写且填写正确。

（2）单位的海关 10 位编码对应的企业和填写 18 位信用代码对应的企业不一致。

（3）企业 18 位信用代码在属地海关未备案。

小提示：

2、3 项的问题，可到属地海关修改或备案。

17. 货物申报时提示 UN 编码不能为空！危险货物名称不能为空！

答：因部分 HS 编码调整，被列入危险货物，企业需在非危险化学品选择“是”。

18. 页面提示进入检务章程请按规定检查相关章程，如何操作？

答：根据提示检查检验检疫货物规格的相关字段是否有录入。

19. 申报进出口整合报关单时显示第一条商品属于医疗器械的申报提示该如何处理？

答：该提示属于页面针对进口医疗器械商品进行校验增加的提示信息。申报商品可按照页面提示操作上传资料，或在表头备注栏填写“非医疗器械”。

20. 如何查询货物放行后海关下发的验估指令？

答：点击“货物申报”进入页面，点击【数据查询/统计】，再点击下面的【待办事项查询】，即可看到放行后验估指令的通知信息。相关进出口企业、单位应当及时查询有无放行后验估指令的通知，并根据要求，配合海关做好税收征管工作。

21. 报关单退单提示随附单证未传输，应该如何处理？

答：如上传报关单随附单据后，海关看不到或无法正常打开，或是报关单被退单，原因为“基本电子随附单证未传输”，请做如下检查：

（1）请尝试下载随附单据，检查随附单据能否正常下载及查看。如果已上传的随附单据无法正常下载及查看，请先重新上传随附单据，重传后需要再次尝试是否可以正常下载及查看，确保没问题可以直接申报。

（2）如果问题仍然存在，建议重新生成 PDF 文件后再次上传。

（3）如果“单一窗口”可以正常上传随附单据，但现场海关看不到数据，请联系“单一窗口”工作人员处理。

22. 申报报关单时提示证件无效，应该如何处理？

答：请确认申报时使用的是否为报关员卡，并核实报关员卡是否在有效期内。

23. 货物申报退单提示企业名称信息和海关注册登记信息不一致，应该如何处理？

答：企业名称和海关注册登记信息不一致，以致申报退单。之后企业在海关更正了企业名称后，申报报关单仍然退单。如遇到此种情况，请与海关确认备案的企业名称是否有误。如申报的名称与海关企业资质备案的不一致，无论如何填写企业名称都会被退单；报关单录入界面的企业名称可以手动修改，企业确认与海关企业资质备案中的名称，无误即可申报。退单是由海关操作，如有其他问题，可进一步联系申报地海关排查。

24. 用户发起报关代理委托申请时提示“报关企业信息未通过，不能发起委托申请”该如何处理？

答：咨询被委托方（报关行）报关企业信息登记是否在有效期内，如该信息登记超期建议被委托方在“报关企业信息变更”菜单栏延期后再发起委托申请。

25. 企业在确认委托协议时显示“收到证件日期不能为空”提示该如何处理？

答：将委托协议的具体内容录入完毕后，无需点击任何按钮，将光标置于字段中，一直点击键盘回车键；或将光标置于最后一个字段（被委托方联系电话）内，点击一次回车键，当前录入的内容，自动跳转至上方列表中即可

26. 办理货物申报电子代理委托业务的时候，页面提示“没有查到申报单位的企业备案信息”，应该如何处理？

答：建议企业用法人卡登录，进入“用户管理——我的资质”，点击“更新海关注册编码”，然后重新登录进行操作。

27. 在办理货物申报的时候，查到暂存的报关单点击申报的时候，页面提示调用SWP服务失败，应如何处理？

答：检查表体的规格型号是否有其他的特殊字符，建议重新手工录入规格型号。

28. 用户进入代理报关委托模块进行协议签署时，系统出现提示“IC卡内信息不足”，该如何处理？

答：请用户使用法人卡登录系统，进入用户管理模块，检查企业信息是否完整，企业的海关注册代码是否有刷新出来，用户是否有绑定IC卡，若没有，请补充后重新登录系统。

29. 委托协议如何开启自动确认开关功能？

答：自动确认开关管理功能为企业用户使用管理员账号或法人卡IC卡登录系统后才能操作的选项。企业可根据实际情况自行选择对某些报关企业，开启电子委托协议的自动确认功能。开启该功能后，报关企业发起的委托协议，不需要经营企业登录系统手工逐票确认，系统将自动进行确认处理，确认后委托协议即生效。

30. 如何进行委托关系变更？

答：委托双方的委托关系（委托书）状态为确认后，如果需要对委托事项内容或有效期进行变更，可在此对委托关系进行变更管理等操作。

31. 在系统进行委托关系变更操作，是否有时间限制？

答：在有效截止日期30天内的委托关系（委托书），才能在系统中进行变更操作。

32. 委托书处于什么状态，用户才可以发起【签订委托协议】的操作？

答：委托书状态只有“确认”时，才能进行【签订委托协议】操作。

33. 在【委托关系查询】页面列表出现黄色的数据记录，请问表示什么？

答：若列表中显示黄色的记录，代表该委托关系（委托书）距离有效期截止日期小于30天，提醒用户及时对委托关系进行变更操作。

34. 如何才能进行报关企业登记/变更信息操作？

答：必须具备下述两个条件，才能查看、使用报关企业相关的菜单与功能：

（1）必须使用已绑定卡介质的账号或直接使用卡介质登录“单一窗口”。

（2）当前登录用户必须具有报关企业资格。

35. 报关行企业用户如何发起委托申请？

答：报关企业用户，使用已绑定卡介质的管理员账号（或法人卡）与操作员账号（或操作员卡）登录后，都可以在系统中进行委托申请（又称委托关系、委托书）的录入、发起操作。

36. 发起委托申请时，委托方和被委托方的委托方统一社会信用代码、委托方企业名称、委托方法定代表人授权签署人、签订日期、委托书编号、有效截止日期都为不可修改状态，请问如何处理？

答：等待委托方（经营单位）确认该委托书后，上述内容系统都会自动返填。

37. 如何签订委托协议？

答：在签订委托协议模块页面，需要用户将委托方的统一社会信用代码、海关编码与委托书编号为黄底色，任选其一，必填录入。输入后敲回车键，此时系统自动查找双方状态为“确认”的委托关系，方可新增委托协议。

38. 如何查找代理委托协议编号？

答：用户在委托协议查询页面，可以通过录入企业海关编码信息，得出委托及被委托的协议数据，其中就有一项为代理委托协议编号。

第九部分 “单一窗口”——加贸保税篇

第一章 加工贸易手册系统操作指南

第一节 加工贸易手册

电子手册功能模块实现电子手册的备案新增、暂存、删除、导入、查询、变更等功能，主要内容包括电子手册企业基本信息，进出口料件、成品和单耗等数据。

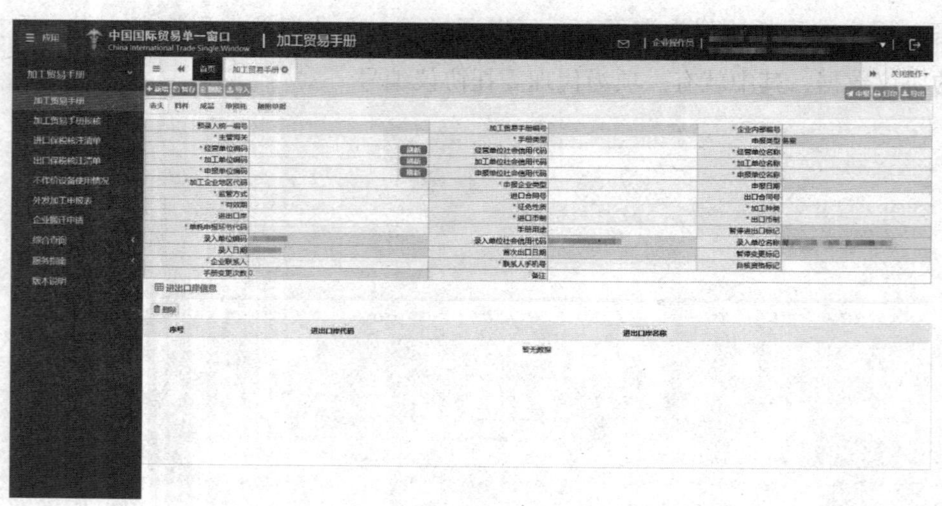

图 9-1 加工贸易手册系统界面

一、加工贸易手册备案

企业可自行录入或者委托预录入机构完成加工贸易手册数据录入，录入完成申报后向海关发送申报信息。海关收到加工贸易手册信息后，由关员进行审核，审核后将审核结果发送到电子口岸。企业可通过电子口岸查询审核结果。加工贸易手册功能模块包括加工贸易手册录入新增、修改、删除、导入、复制、申报、查询、打印功能等。

（一）表头

小提示：

界面中，带有红色星号的字段为必填项，否则可能无法继续进行保存或申报等操作。

点击图 9–1 界面左列中“加工贸易手册”，右侧区域展示录入界面（如图 9–2）。界面分为表头、料件、成品、单损耗、随附单据。

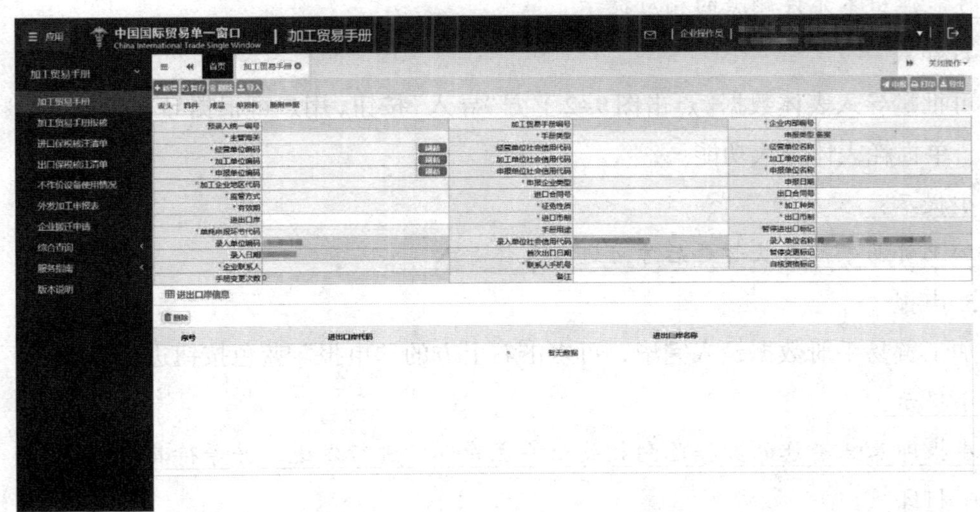

图 9–2 加工贸易手册表头

点击界面上方“新增”“暂存”等蓝色按钮所进行的操作，将影响当前的整票数据。

1. 新增

（1）界面各录入字段中，带红色星号的字段为必填项，灰色底色的字段为系统反填项或不可修改项。（注：此规则适用于所有业务，且各字段颜色标识会随着数据状态的不同而变化）

（2）暂存前必须录入经营单位代码和加工单位代码。

经营单位代码、加工单位代码和申报单位代码录入海关 10 位编码，回车后系统会自动反填经营单位社会信用代码、经营单位名称、加工单位社会信用代码、加工单位名称和申报单位社会信用代码、申报单位名称。

（3）表头信息录入完成后，点击暂存按钮，系统保存表头数据，然后可以依次录入表体信息，表头信息不暂存时，表体信息不可录入。

（4）加工贸易手册信息录入界面包含五部分：表头、料件、成品、单损耗和随附单据。表头信息表为必填，表体信息可以根据实际情况选择填写。

2. 暂存

点击暂存按钮，可对当前录入的内容进行保存，系统弹出提示框提示暂存成功。

3. 删除

可删除整票加工贸易手册数据。点击图 9–2 上方“删除”蓝色按钮，系统将提示用户是否删除当前数据，删除的数据将不可恢复，需重新录入，请谨慎操作。

小提示：

当加工贸易手册状态为暂存、申报失败或海关退单，可进行该项删除操作。否则，系统可能弹出不允许删除的相应提示。

4. 导入

可批量导入表体数据。点击图 9–2 上方“导入”按钮，用户可根据导入模板进行料件、成品、单损耗表体导入功能。

小提示：

加工贸易手册表头暂存后才可进行表体导入。

5. 申报

加工贸易手册数据录入完毕，可点击右上方的“申报”蓝色按钮进行申报。

小提示：

申报即意味着您的数据已向相关业务主管部门进行发送，并等待其审批。

6. 打印

系统提供任何状态下的打印功能，用户点击右上角的“打印”蓝色按钮，系统将生成一个 PDF 文件，可直接打印或保存文件。

7. 导出

可导出表头、表体数据。点击图 9–2 上方“导出”按钮，系统可将表头表体数据导出为 excel 格式保存在本地。

（二）料件

须将表头数据录入完毕，点击图 9–2 上方的“暂存”按钮成功保存后，方可新增表体数据。

1. 表体—新增

点击料件界面中的“新增”白色按钮，系统将自动清空当前界面内所有已录入的数据，便于用户重新录入一票数据，如图 9–3：

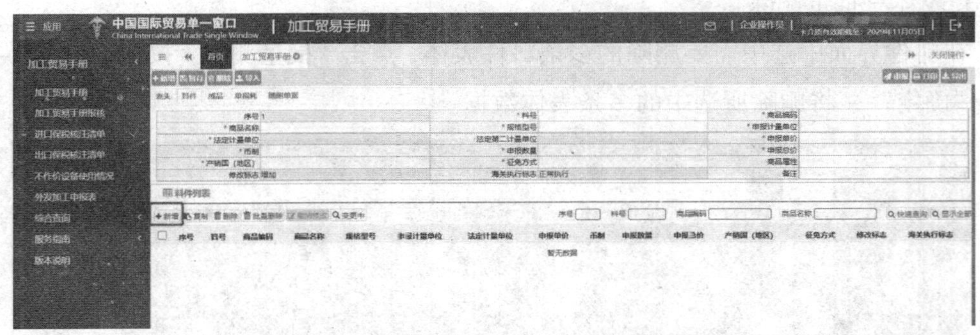

图 9-3 加工贸易手册料件表体—新增

小提示：

界面中，带有红色星号的字段为必填项，否则可能无法继续进行保存或申报等操作。

在图 9-3 中点击界面录入完成相应数据后，在“备注’字段处回车，系统将自动校验并保存当前界面内已录入的数据，如图 9-4：

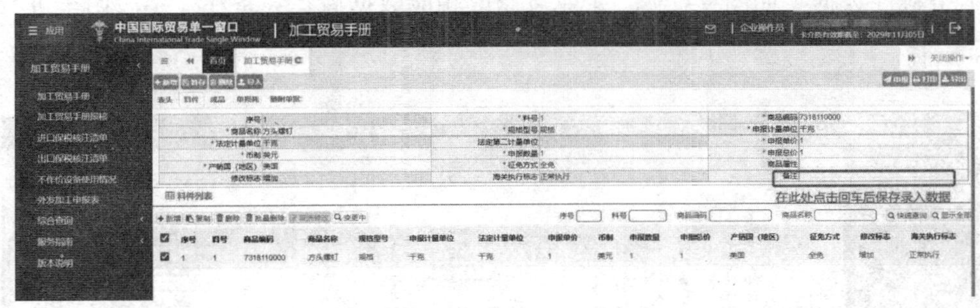

图 9-4 料件表体—保存

2. 表体—删除

在料件界面中选中某条料件表体，点击“删除”按钮（如图 9-5），点击“确定”，将删除本条表体数据。

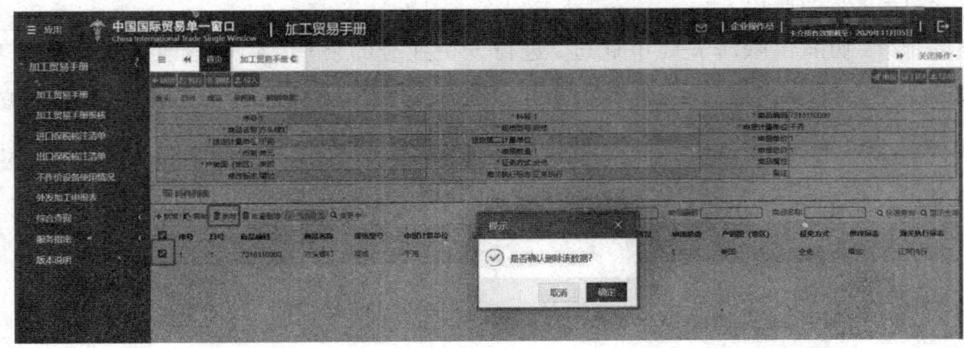

图 9-5 加工贸易手册料件表体删除

3. 表体—批量删除

在料件界面中选中需要删除的多条料件表体，点击“批量删除”按钮（如图 9–6），点击“确定”，将删除所选中的多条表体数据。

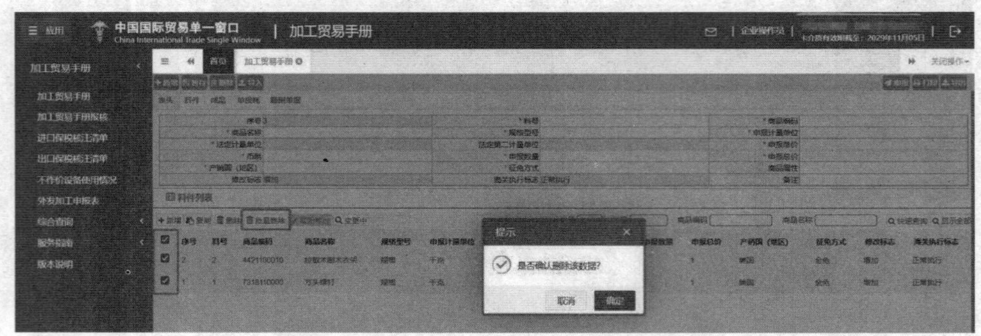

图 9–6 加工贸易手册料件表体批量删除

4. 表体—复制

在料件界面中选中某条需要复制的料件表体，点击“复制”的白色按钮，系统将复制本条料件数据（如图 9–7），企业可修改相应数据后在“备注”字段回车进行保存操作。

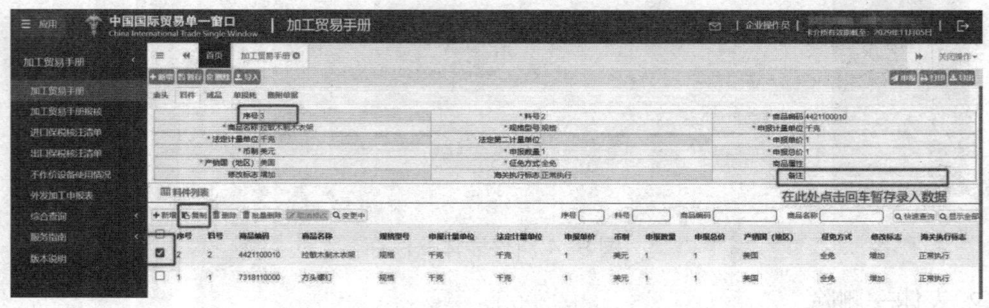

图 9–7 加工贸易手册料件复制

5. 表体—取消修改

取消修改功能仅限海关终审通过，进行变更业务时使用。企业修改某条数据成功后，想取消修改时，可选中已修改的数据点击“取消修改”按钮，修改标志恢复为未修改。如图 9–8。

图 9-8 加工贸易手册料件取消修改

6. 表体—变更中

变更中功能仅限海关终审通过，进行变更业务时使用。企业修改数据成功后，可点击“变更中”按钮，系统将本次变更修改的数据全部列出。

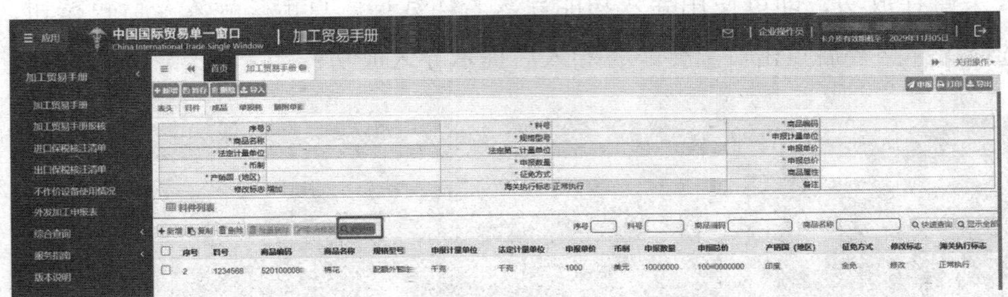

图 9-9 加工贸易手册料件变更中

7. 表体—快速查询

用户输入相应的查询条件，点击“快速查询”的白色按钮，系统将在本次数据中查询出相应数据。

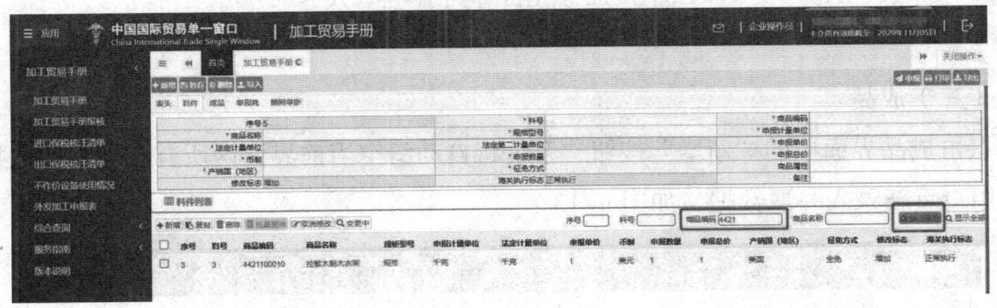

图 9-10 加工贸易手册料件快速查询

8. 表体—显示全部

用户使用快速查询或变更中功能查询出某条数据后，需要回到全部数据时，点击“显示全部”按钮，系统将本次数据全部列出。

图 9-11 加工贸易手册料件显示全部

9. 表体—导入

表头暂存成功，即可使用导入功能导入表体数据。点击“导入”蓝色按钮，系统提示选择保存路径后点击“上传”，导入后提示导入成功：

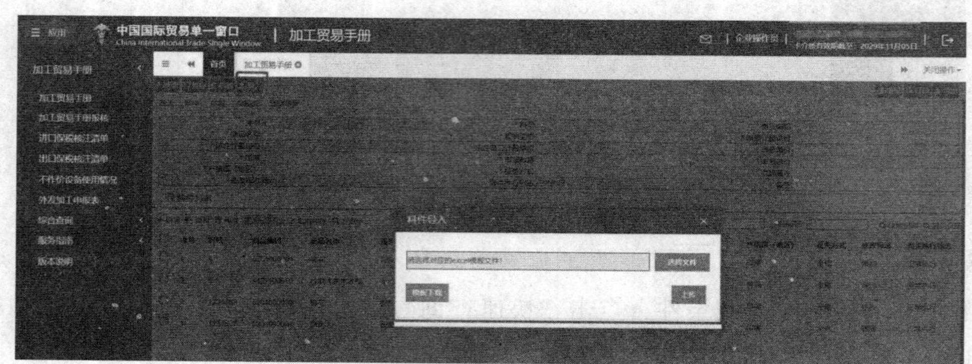

图 9-12 加工贸易手册料件导入

（三）成品

点击成品界面中的“新增”按钮，系统将自动清空当前界面内所有已录入的数据，便于用户重新录入一票数据，如图 9-13：

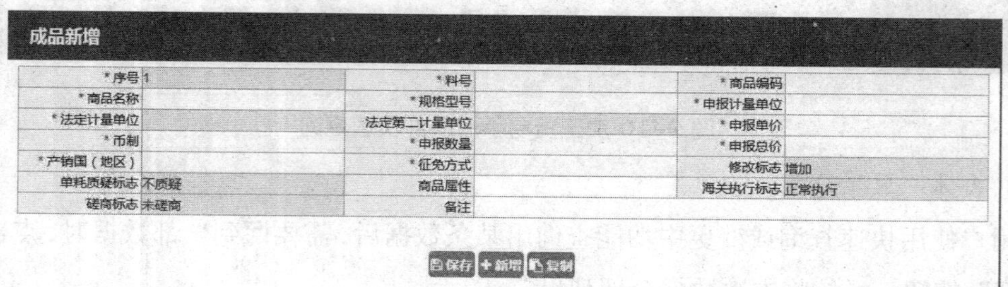

图 9-13 加工贸易手册成品

小提示：

成品表体具体操作同料件表体。

（四）单耗损

点击单损耗界面中的“新增”按钮，界面弹出表体单损耗信息。点击下方“新增、删除、修改”蓝色按钮所进行的操作，将影响当前整票料件表体信息的数据。

单耗新增

序号	1	*成品序号		成品料号	
成品商品编码		成品商品名称		*料件序号	
料件料号		料件商品编码		料件商品名称	
*单耗版本号	0	单耗		*净耗	
*有形损耗率（%）		*无形损耗率（%）	0	*单耗申报状态	已申报
*保税料件比例（%）	100	*修改标志	增加	*企业执行标志	
备注					

保存　+新增　复制

图 9-14 加工贸易手册单损耗

表体—批量修改单耗申报状态操作说明如下。

在单损耗界面中选中需要修改单耗申报状态的数据，点击“批量修改单耗申报状态”按钮，系统将弹出提示信息（如图 9–15），企业点击“确认”按钮后修改相应数据。

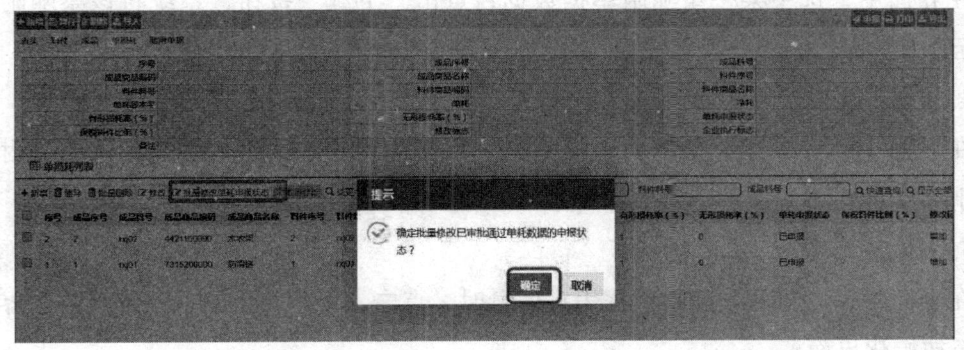

图 9-15 加工贸易手册单损耗申报状态批量修改

小提示：

单损耗表体具体操作同料件表体。

（五）随附单据

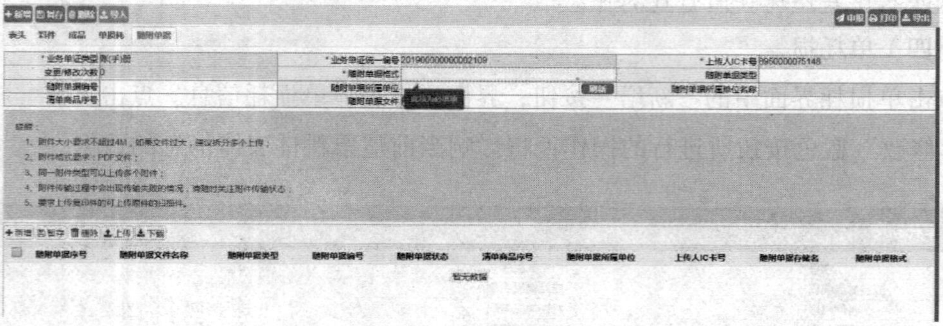

图 9-16 随附单据

1. 表体—暂存

填写随附单据表头信息，点击“文件选择”，选择文件存储路径，文件加载成功。点击“暂存”按钮，文件保存至表体，状态为待上传。

2. 表体—上传

在界面中，选中待上传的随附单据，点击“上传”按钮，系统提示：上传成功。

3. 表体—下载

在界面中，选中某一条随附单据数据，点击“下载”按钮，系统将该票随附单据下载至本地。

4. 表体—删除

在界面中，选中某一条随附单据数据，点击“删除”按钮，系统将该票随附单据直接删除

5. 表体—新增

在界面中，填写部分随附单据表头信息时，点击“新增”按钮，系统将清空界面，恢复至初始化界面。

二、加工贸易手册变更

加工贸易手册变更功能模块包括加工贸易手册录入新增、修改、删除、申报、查询、打印功能。

用户点击“综合查询—加工贸易手册查询”，输入查询条件进行查询，选中需要变更的数据，点击“变更”按钮，如图 9–17：

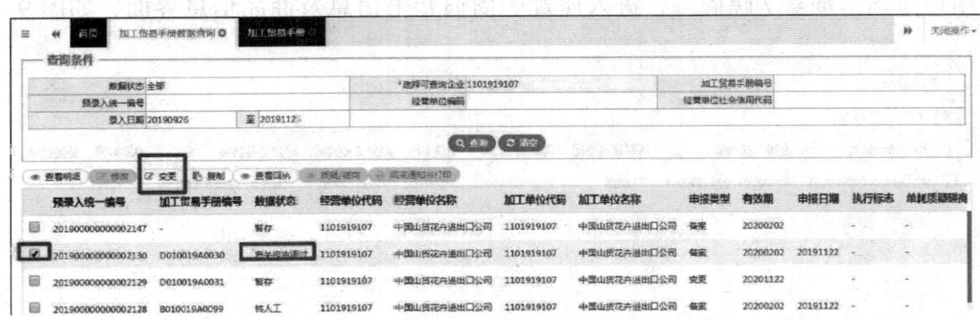

图 9–17 数据查询

系统提示：是否确认变更该数据？点击“确定”，进入变更录入界面。用户可以对表头、料件、成品、单损耗和随附单据数据进行修改，表体可以新增或删除。

小提示：加工贸易手册状态只有为海关终审通过的状态才可以进行变更，具体操作同加工贸易手册备案。

三、加工贸易手册质疑 / 磋商

本功能模块主要提供加工贸易手册备案数据单损耗的质疑、磋商查看和申报等功能。企业可自行录入或者委托预录入机构完成加工贸易手册数据，录入完成申报后向海关发送申报信息。海关收到加工贸易手册信息后，由关员进行审核，审核时若发现成品对应的单损耗数据有问题，会向企业发送单损耗质疑通知书或磋商通知书。企业收到质疑通知书后，可以针对本次质疑补充证明料件以随附单据的情况申报给海关，关员审核确认无误后，会向企业发送质疑入库成功回执，然后再发送该手册数据的审批通过回执。企业收到磋商通知书后，双方进行沟通，达成一致意见后，海关会向企业发送磋商记录回执，然后再发送该手册数据的审批通过回执。点击“综合查询—加工贸易手册查询”，右侧区域展示查询界面，选择单耗质疑磋商状态为“海关发起单耗质疑”的数据，如图 9–18：

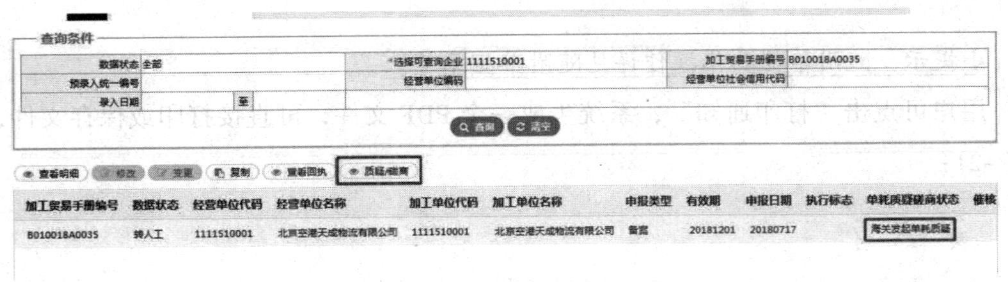

图 9–18 质疑 / 磋商

用户点击“质疑 / 磋商”，进入质疑磋商通知书信息及商品信息界面，如图 9–19：

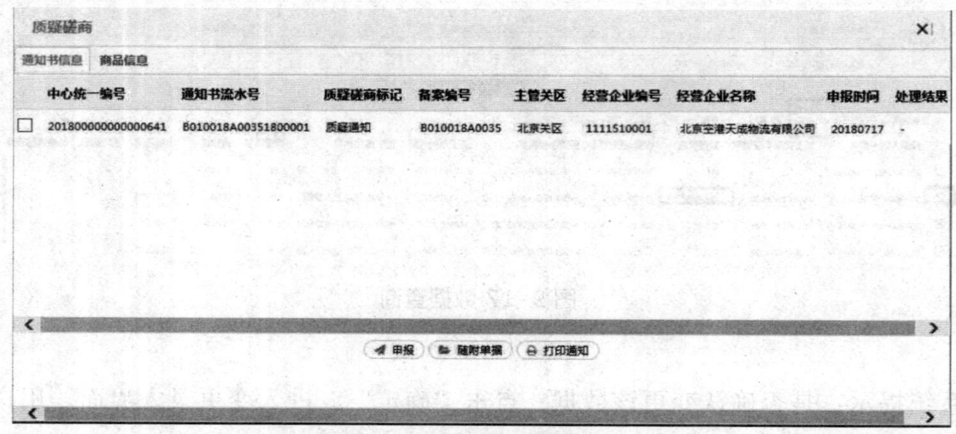

图 9–19 质疑磋商通知书

选中通知书记录，点击商品记录，系统显示该通知书中质疑磋商的商品记录信息，点击“随附单证”按钮选择需要上传的随附单证文件，点击“申报”按钮申报质疑申报数据，如图 9–20：

质疑磋商

通知书信息 商品信息

序号	料号	商品编码	商品名称	规格型号	申报计量单位	申报单价	币制	申报数量	单耗质疑标志	磋商标志
1	exg001	8409919100	[深]电控燃油喷射装置	21	千克	3.12	人民币	2	质疑	未磋商
2	exg002	7315200000	[深]防滑链	31	千克	8	人民币	3	质疑	未磋商

申报 随附单据 打印通知

图 9–20 质疑磋商商品信息

小提示：随附单据具体操作详见随附单据章节。

用户可点击“打印通知”，系统生成一个 PDF 文件，可直接打印或保存文件，如图 9–21：

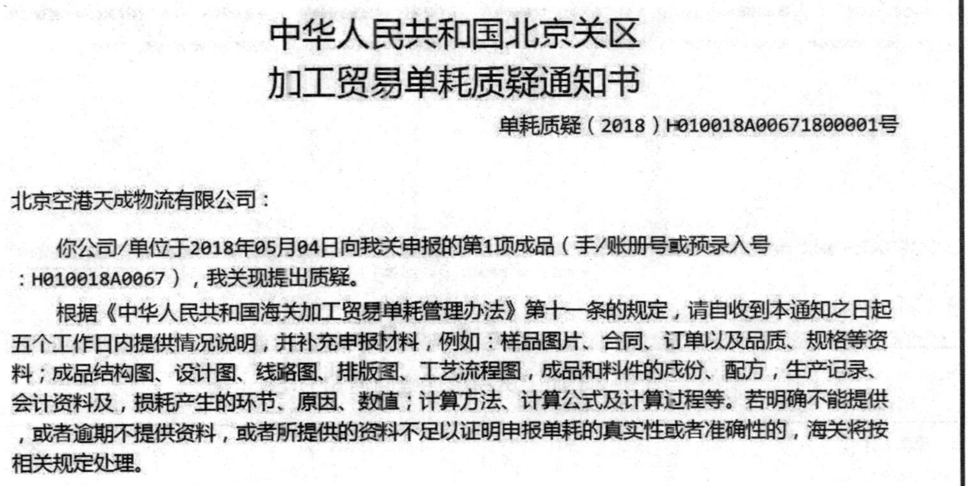

中华人民共和国北京关区
加工贸易单耗质疑通知书

单耗质疑（2018）H010018A00671800001号

北京空港天成物流有限公司：

你公司/单位于2018年05月04日向我关申报的第1项成品（手/账册号或预录入号：H010018A0067），我关现提出质疑。

根据《中华人民共和国海关加工贸易单耗管理办法》第十一条的规定，请自收到本通知之日起五个工作日内提供情况说明，并补充申报材料，例如：样品图片、合同、订单以及品质、规格等资料；成品结构图、设计图、线路图、排版图、工艺流程图，成品和料件的成份、配方，生产记录、会计资料及，损耗产生的环节、原因、数值；计算方法、计算公式及计算过程等。若明确不能提供，或者逾期不提供资料，或者所提供的资料不足以证明申报单耗的真实性或者准确性的，海关将按相关规定处理。

图 9-21 质疑通知书

如海关对企业申报的单耗质疑申报仍然存在疑义，则会发送单耗磋商通知书，组织企业面谈，如图 9-22：

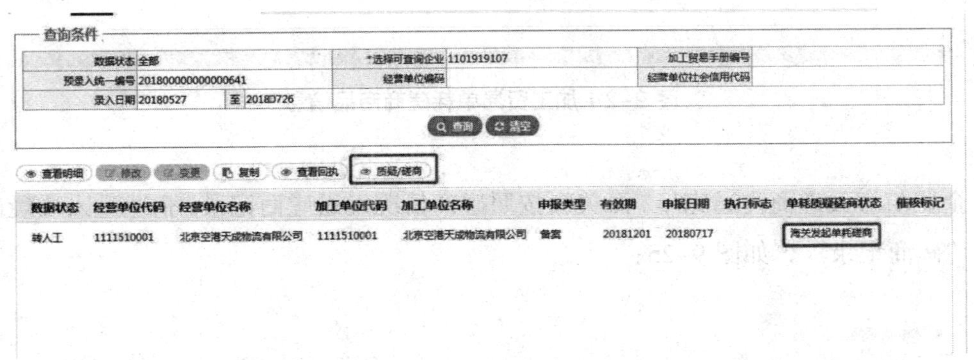

图 9-22 加工贸易单耗磋商查询

用户选中磋商记录，点击“质疑 / 磋商”，查看具体磋商通知书及商品信息，如图 9-23、图 9-24：

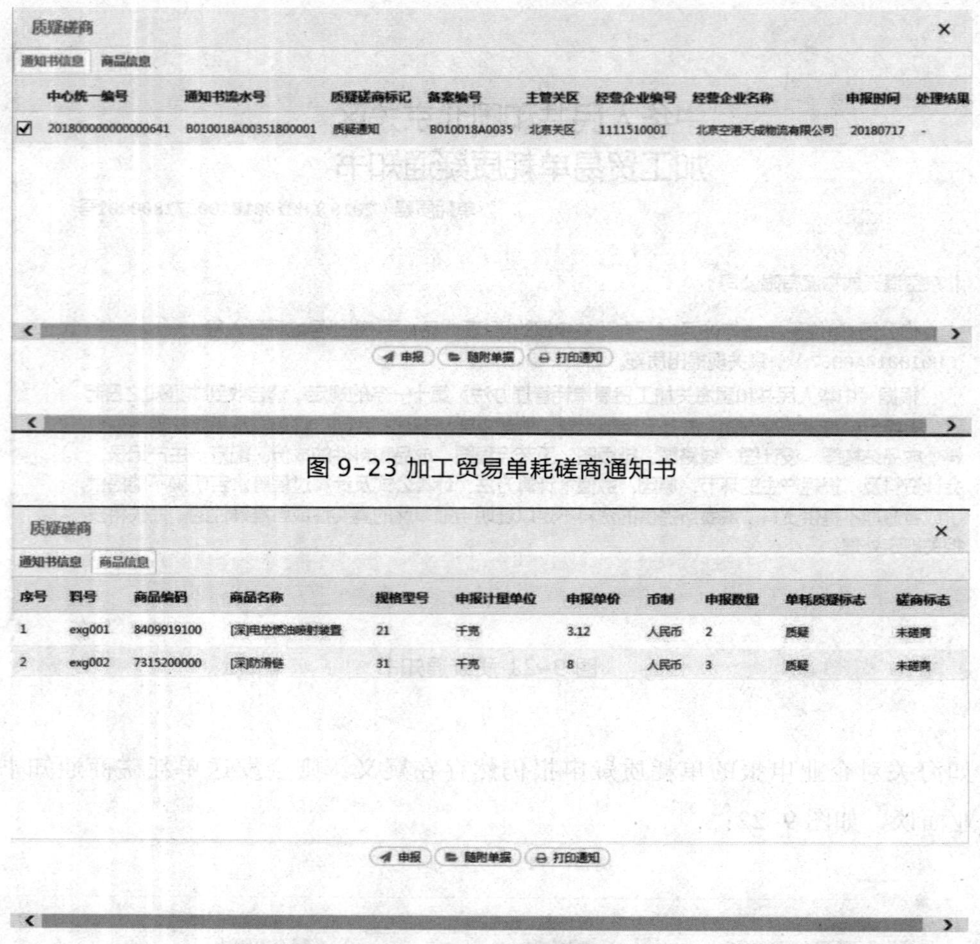

质疑磋商

通知书信息　商品信息

	中心统一编号	通知书流水号	质疑磋商标记	备案编号	主管关区	经营企业编号	经营企业名称	申报时间	处理结果
☑	2018000000000641	B010018A00351800001	质疑通知	B010018A0035	北京关区	1111510001	北京空港天成物流有限公司	20180717	-

申报　随附单据　打印通知

图 9-23 加工贸易单耗磋商通知书

质疑磋商

通知书信息　商品信息

序号	料号	商品编码	商品名称	规格型号	申报计量单位	申报单价	币制	申报数量	单耗质疑标志	磋商标志
1	exg001	8409919100	[深]电控燃油喷射装置	21	千克	3.12	人民币	2	质疑	未磋商
2	exg002	7315200000	[深]防滑链	31	千克	8	人民币	3	质疑	未磋商

申报　随附单据　打印通知

图 9-24 加工贸易单耗磋商商品信息

企业与海关磋商沟通完毕，海关会按照磋商情况发送磋商记录，企业进入质疑磋商，点击“磋商记录”，如图 9-25：

账册单耗磋商

预录入统一编号	2018000000000641	备案编号	B010018A0035	经营企业编号	1111510001	经营企业名称	北京空港天成物流有限公
企业法人代表名称	企业法人	企业法人代表身份证号	123456789123456789			电话号码	13411012131
主管关区	北京关区	海关经办官员姓名	海关经办官员	海关法人代表姓名	983456789123456789		
加贸企业相关资料描述	资料描述						
海关相关资料描述	资料描述						
单耗磋商结果描述	单耗磋商结果描述						

商品序号	成品序号	成品名称	料件序号	料件名称	单耗版本号	申报单/净耗数量	确定单/净耗数量	申报有形损耗率	确认有形损耗率
2	1	[深]电控燃油喷射装置	2	[闽]木衣架	0	0.00225	0.0023	0.2	0.2

图 9-25 加工贸易单耗磋商记录

在图 9–25 界面点击“打印磋商记录”，进入磋商记录打印界面，如图 9–26：

北京关区单耗磋商记录表

磋商记录编号：H010018A00671800007

根据《中华人民共和国海关加工贸易单耗管理办法》规定，海关依法与你公司/单位进行单耗磋商。磋商内容将成为海关确定单耗的依据。你公司/单位将为所提供资料承担法律责任。

企业名称	北京空港天成物流有限公司	企业编码	1111510001	手/账册号、预录入号	H010018A0067

成品项号	成品名称	料件项号	料件名称	申报单/净耗	确定单/净耗	申报损耗	确定损耗
1	种用硬粒小麦	1	种用硬粒小麦	1	0.2	1	0.6

法人代表/授权代理人	企业法人	身份证号码	213156356546546546	联系电话	12351235686
加工贸易单位提供的资料清单	加贸企业相关资料描述				
海关掌握的的资料清单	海关相关资料描述				
单耗磋商结果：确认单耗的方法单耗磋商结果描述。根据以上方法确定单耗的数值（另附表）					
海关经办人：海关经办		法人代表/授权代理人：海关法人		年 月 日	
海关盖章			企业盖章		

图 9–26 打印磋商记录示范

四、加工贸易手册结案通知书打印

本功能模块主要提供加工贸易手册结案通知书的打印功能。

用户点击“综合查询—加工贸易手册数据查询”，输入查询条件进行查询，选中需要打印结案通知书的数据，点击“结案通知书打印”按钮，如图 9–27：

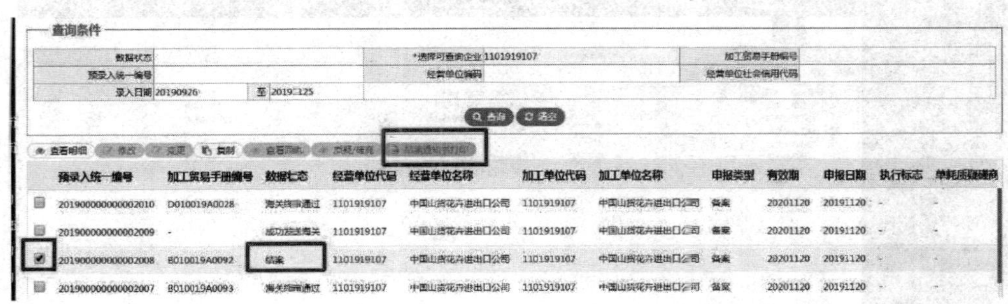

图 9–27 结案通知书打印

系统跳转到结案通知书页面，如图 9–28，用户点击“打印”图标，可进行结案通知书的打印操作。

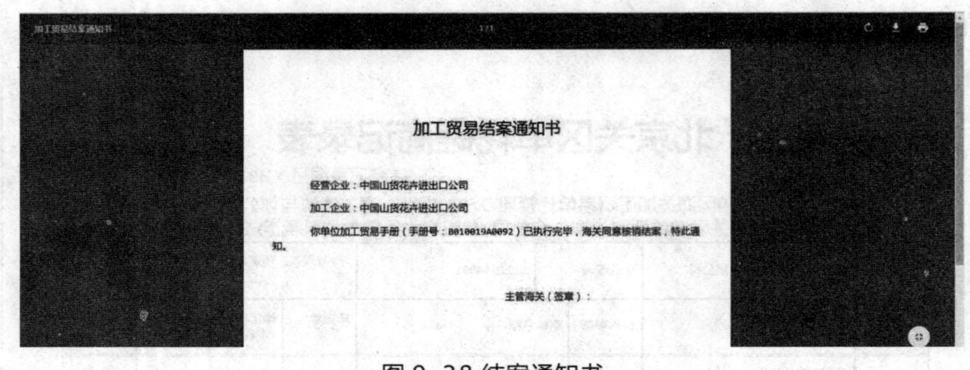

加工贸易结案通知书

经营企业：中国山货花卉进出口公司

加工企业：中国山货花卉进出口公司

你单位加工贸易手册（手册号：B010019A0092）已执行完毕，海关同意核销结案，特此通知。

主管海关（签章）：

图 9-28 结案通知书

小提示：

加工贸易手册状态只有为结案的状态数据才可以进行结案通知书的打印。

第二节 加工贸易手册报核

一、加工贸易手册报核申报

加工贸易手册报核功能模块提供按照报核周期，对本核销周期内核注清单、库存情况进行申报，提供手册核销。加工贸易手册报核功能包括录入新增、暂存、申报、修改、删除、打印等功能。

点击选择菜单“加工贸易手册报核”，进入加工贸易手册报核信息录入界面，如图 9-29：

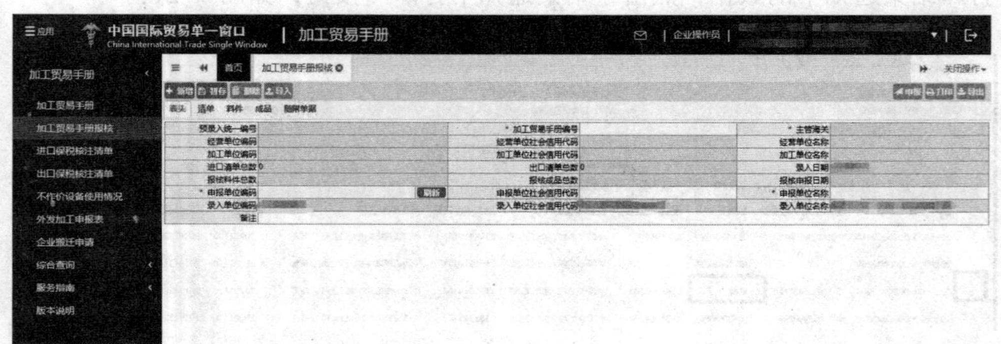

图 9-29 加工贸易手册报核

点击界面上方“新增”“暂存”等蓝色按钮所进行的操作，将影响当前的整票数据。

小提示：

界面中，带有红色星号的字段为必填项，否则可能无法继续进行保存或申报等操作。界面中的白色按钮，所影响的数据仅为当前涉及的页签或字段。

1. 新增

在界面中，点击"新增"按钮，光标跳转到"加工贸易手册编号"录入框，录入"加工贸易手册编号"后按回车键，系统自动调出并反填对应的加工贸易手册基本信息，同时"申报单位代码""申报单位社会信用代码""申报单位名称"和"报核截止日期"，以及"备注"字段开放为可录入状态，如图 9-30：

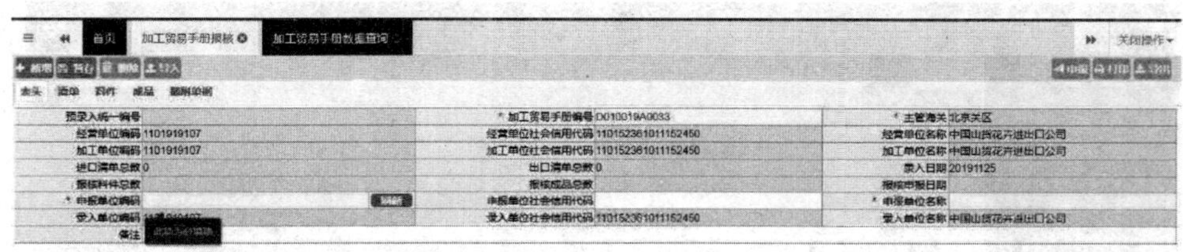

图 9-30 加工贸易手册报核表头

2. 暂存

点击"暂存"按钮，可对当前录入的内容进行保存，系统弹出提示框提示暂存成功。

3. 删除

可删除整票加工贸易手册报核数据。点击图 9-30 上方"删除"按钮，系统将提示用户是否删除当前数据，删除的数据将不可恢复，需重新录入，请谨慎操作。

小提示：

当加工贸易手册报核状态为暂存、申报失败或海关退单，可进行该项删除操作。否则，系统可能弹出不允许删除的相应提示。

4. 申报

加工贸易手册报核数据录入完毕，可点击右上方的"申报"按钮进行申报。

小提示：

申报即意味着您的数据已向相关业务主管部门进行发送，并等待其审批。

5. 打印

系统提供任何状态下的打印功能，用户点击右上角的"打印"按钮，系统将生成一个 PDF 文件，可直接打印或保存文件。

6. 导入

可批量导入表体数据。点击图 9-30 上方"导入"按钮，用户可根据导入模板进行料件、成品、单损耗表体导入功能。

小提示：

加工贸易手册报核表头暂存后才可进行表体导入。

7. 导出

可导出表头、表体数据。点击图 9–30 上方“导出”按钮，系统可将表头表体数据导出为 excel 格式保存在本地。

二、清单

录入手册报核表头信息后，点击界面上方“暂存”按钮，方可新增表体数据。

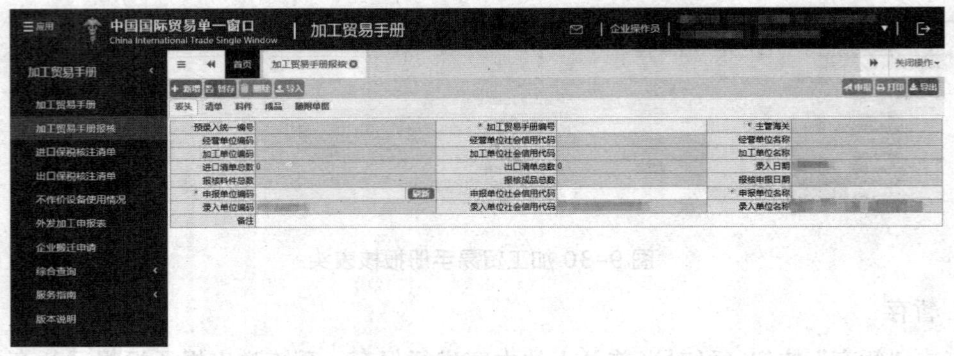

图 9–31 加工贸易手册报核清单

1. 新增（首次点击）

在图 9–31 界面中，点击“新增”按钮，系统显示清单新增信息，用户录入“报核清单编号”，输入完成后点击“新增”按钮，如图 9–32：

图 9–32 加工贸易手册报核清单新增

2. 保存

在图 9–32 中点击界面“保存”按钮，系统将自动校验并保存当前界面内已录入的数据。

3. 新增

在图 9–31 中点击界面“新增”按钮，系统将自动清空当前界面内所有已录入的数据，便于用户重新录入一票数据。

4. 自动提取

点击界面“自动提取”按钮，系统弹出提示信息，用户点击“确认”按钮后，系统自动提取该手册号所关联的核注清单数据，如图 9–33：

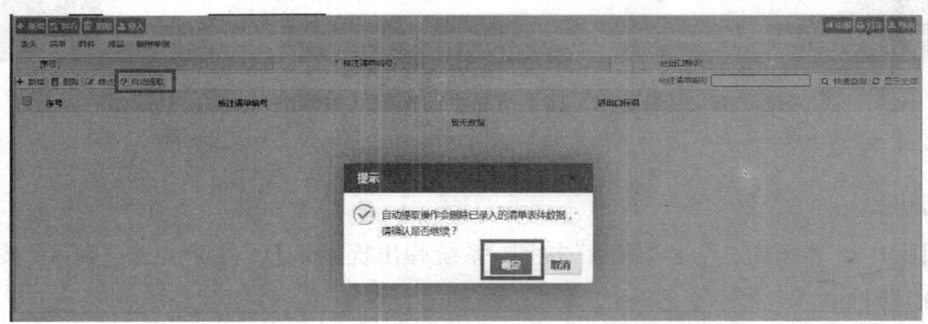

图 9–33 加工贸易手册报核清单自动提取

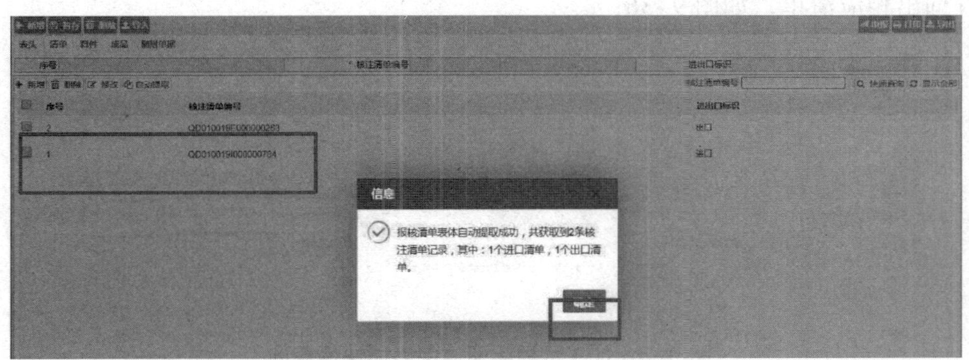

图 9–34 加工贸易手册报核清单自动提取成功

5. 修改

在图 9–33 界面中，点击“修改”按钮，系统弹出清单修改界面，用户可以修改核注清单编号，修改完成后，点击“暂存”按钮，如图 9–35：

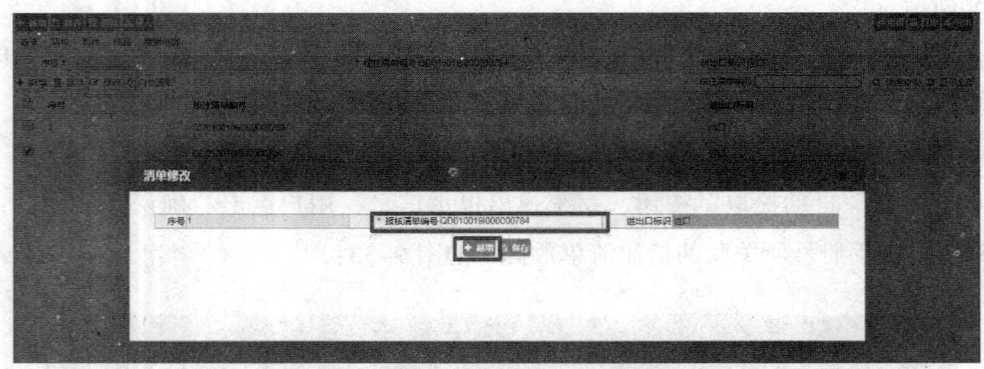

图 9-35 加工贸易手册报核清单修改

6. 删除

在图 9-35 界面中，点击“删除”按钮，系统弹出提示信息，用户点击“确认”按钮后，删除相应数据。

7. 快速查询

用户在查询条件处输入“清单编号”，点击“快速查询”按钮，系统将在本次数据中查询出相应清单，如图 9-36：

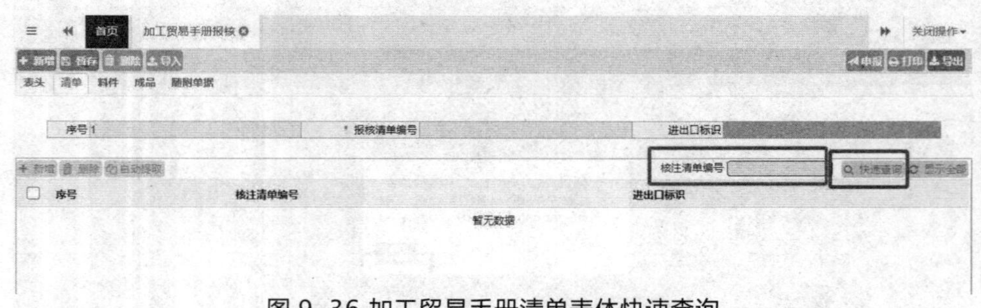

图 9-36 加工贸易手册清单表体快速查询

8. 显示全部

用户使用快速查询功能查询出某条数据后，需要回到全部数据时，点击“显示全部”按钮，系统将本次数据全部列出。

三、料件

在料件界面中，点击“新增”按钮，界面弹出表体料件信息。点击下方“新增、删除、修改”按钮所进行的操作，将影响当前整票料件表体信息的数据。如下图：

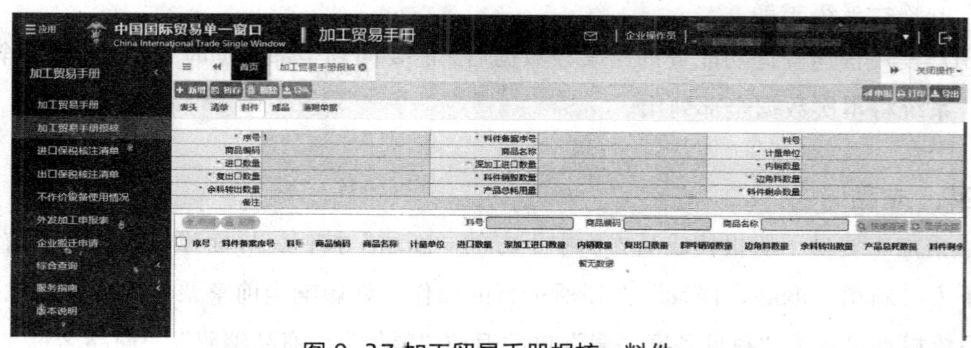

图 9-37 加工贸易手册报核—料件

1. 新增（首次点击）

在图 9-37 界面中，系统根据录入的“料件备案序号”和“实际剩余数量”自动反填其他信息，备注录入框中按回车键，保存手册报核料件表体。

小提示：

界面中，带有红色星号的字段为必填项，否则可能无法继续进行保存或申报等操作。

2. 保存

在料件新增界面中点击“保存”按钮，系统将自动校验并保存当前界面内已录入的数据。

3. 新增

在加工贸易手册报核料件界面中点击“新增”按钮，系统将自动清空当前界面内所有已录入的数据，便于用户重新录入一票数据。

小提示：

如您在录入数据的过程中，点击了“保存”按钮，则系统将自动保存您当前所录入的数据，即使进行新增操作，也不会丢失数据。

4. 表体—删除

在加工贸易手册报核料件界面中选中某条料件表体，点击“删除”按钮，点击“确定”，将删除本条表体数据。

5. 表体—修改

在加工贸易手册报核料件界面中选中某条料件表体，点击“修改”按钮，系统将弹出本条料件录入界面，企业修改相应数据。

6. 表体—快速查询

用户输入相应的查询条件，点击“快速查询”的白色按钮，系统将在本次数据中查询出相应数据。

7. 表体—显示全部

用户使用快速查询功能查询出某条数据后，需要回到全部数据时，点击“显示全部”按钮，系统将本次数据全部列出。

四、成品

点击加工贸易手册报核成品界面中下方的“新增”按钮，界面弹出表体成品信息。点击下方“新增、删除、修改”按钮所进行的操作，将影响当前整票料件表体信息的数据。系统根据录入的“料件备案序号”自动返填“料号”“商品编码”“商品名称”“计量单位”。备注录入框中按回车键，保存手册报核成品表体。如图 9–38：

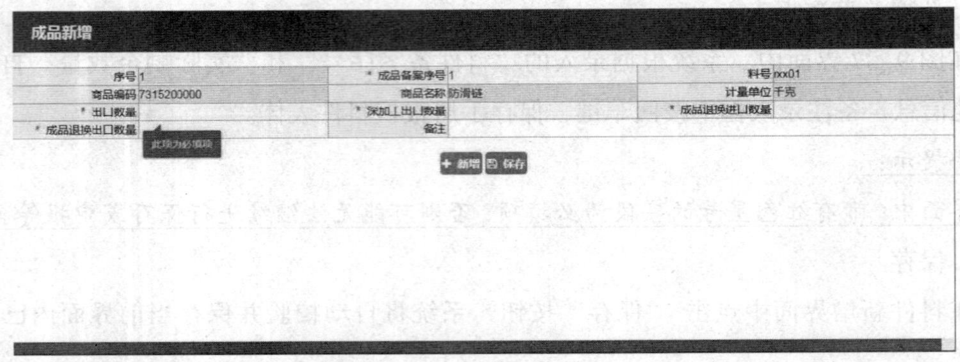

图 9–38 加工贸易手册报核成品

<u>小提示：成品表体具体操作同料件表体。</u>

五、随附单据

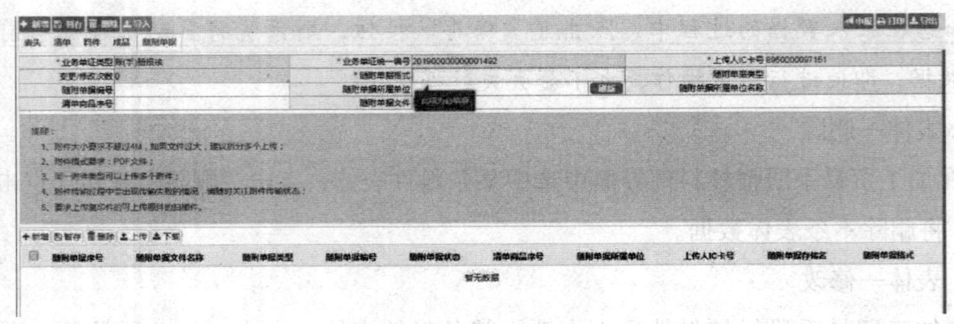

图 9–39 随附单据

第三节 保税核注清单

一、进口保税核注清单申报

本功能模块主要提供进口保税核注清单的新增、修改、删除、查询、暂存、申报、复制、打印等功能。

（一）表头

点击选择菜单“进口保税核注清单”，进入进口保税核注清单录入界面，如图 9-40。

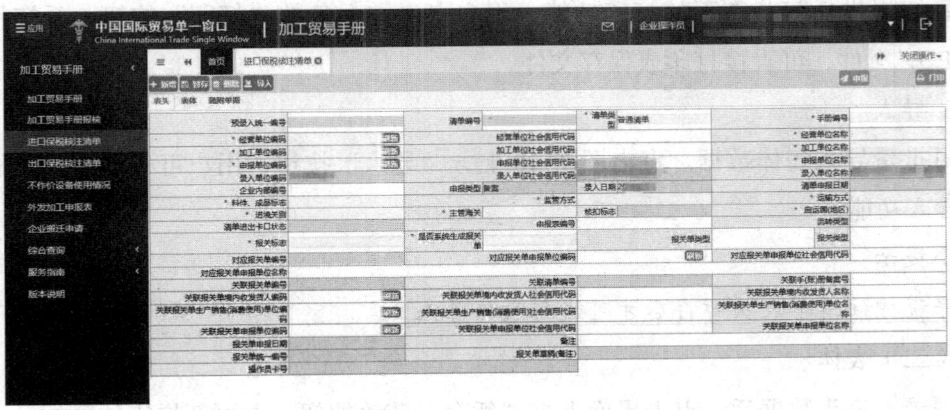

图 9-40 进口保税核注清单 - 表头

点击界面上方蓝色按钮（新增、暂存、删除、导入等）所进行的操作，将影响当前的整票数据。

1. 新增

在图 9-40 界面中录入“手（帐）册编号”，按回车键，系统根据“手（账）册编号”自动返填“经营单位代码”“经营单位社会信用代码”和“经营单位名称”信息，以及“收发货单位代码”“收发货单位社会信用代码”和“收发货单位名称”信息，同时录入框为白色底色的字段开放为可录入状态。

小提示：界面中，带有红色星号的字段为必填项，否则可能无法继续进行保存或申报等操作。界面中的灰色字段，为系统返填字段无需填写。

2. 暂存

点击“暂存”按钮，可对当前录入的内容进行保存，系统弹出提示框提示暂存成功。

3. 删除

可删除整票保税核注清单数据。点击图 9–40 上方“删除”按钮，系统将提示用户是否删除当前数据，删除的数据将不可恢复，需重新录入，请谨慎操作。

小提示：

当保税核注清单状态为暂存、申报失败或海关退单，可进行该项删除操作。否则，系统可能弹出不允许删除的相应提示。

4. 申报

保税核注清单数据录入完毕，可点击右上方的“申报”按钮进行申报。

小提示：

申报即意味着您的数据已向相关业务主管部门进行发送，并等待其审批。

5. 打印

系统提供任何状态下的打印功能，用户点击右上角的“打印”按钮，系统将生成一个 PDF 文件，可直接打印或保存文件。

6. 导入

可批量导入表体数据。点击图 9–40 上方“导入”按钮，用户可根据导入模板进行表体导入功能。

小提示：

保税核注清单表头暂存后才可进行表体导入。

（二）表体

须录入表头数据后，点击界面上方“暂存”蓝色按钮，方可新增表体数据。

图 9–41 保税核注清单表体

1. 表体—新增

在图 9–41 中点击“新增”按钮，界面清空已有数据，企业进行表体录入。

2. 表体—删除

在图 9–41 中选中某条料件表体，点击“删除”的白色按钮，点击“确定”，将删除本条表体数据。

3. 表体—复制

在图 9–41 中选中需要复制的某条料件表体，点击“复制”的白色按钮，点击“确定”，将复制本条表体数据。

4. 表体—商品快速查询

用户点击“商品快速查询”按钮，系统弹出查询条件界面。

用户商品快速查询界面中输入相应查询信息后点击“查询”按钮，系统将在本次数据中查询出相应数据。

二、出口保税核注清单申报

出口保税核注清单申报具体操作详见进口保税核注清单申报章节。

三、保税核注清单两步申报

本功能模块主要提供保税核注清单两步申报功能。

企业在报关单系统中进行概要申报后，概要申报状态为“提货放行”时，录入核注清单表头数据如图 9–42。

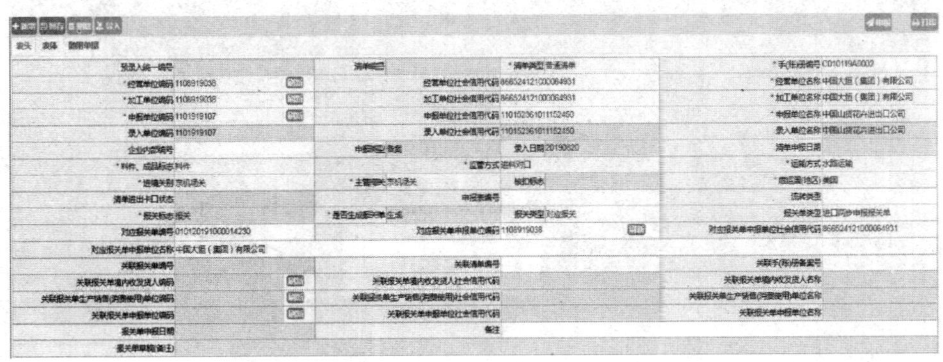

图 9–42 核注清单表头数据

<u>小提示：</u>

<u>加贸手册报两步申报核注清单时，在报关单类型选择“X：进口两步申报报关单”在对应报关单编号处填写概要申报返回的海关编号数据</u>

核注清单申报成功后，系统在备注处返填成功信息，用户可根据生成的报关单草稿进行完整申报。

四、保税核注清单修改申请

本功能模块主要提供保税核注清单修改申请功能。

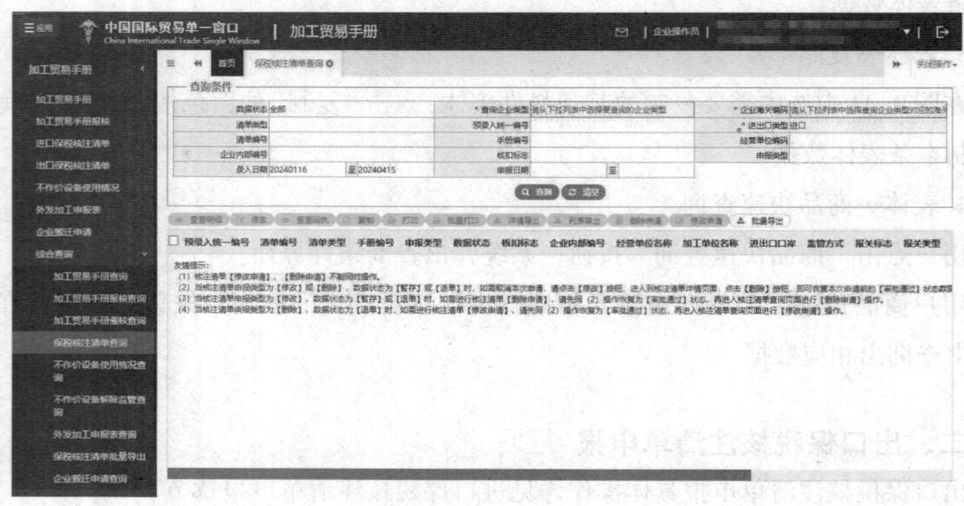

图 9-43 保税核注清单查询

在图 9-43 界面中，输入查询条件，选中需要修改的数据，点击“修改申请”按钮，系统调出提示信息，用户点击“确认”按钮，如图 9-44：

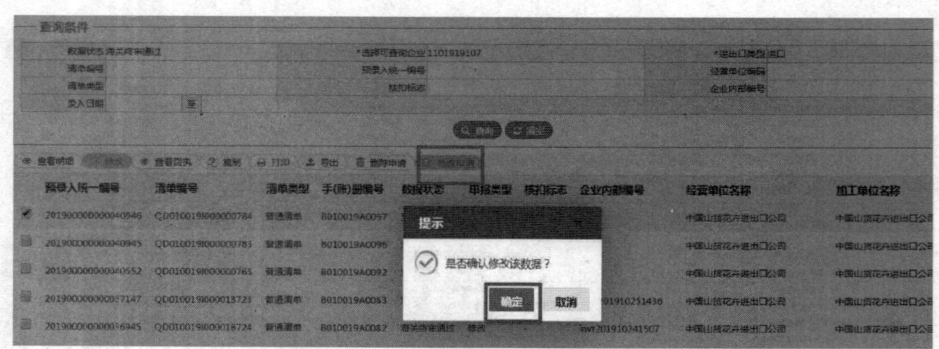

图 9-44 保税核注清单修改申请

系统进入保税核注清单修改申请界面，用户可对保税核注清单部分字段进行修改。

小提示：

1. 核注清单状态为预审批通过、审批通过状态，且核扣标志为“预核扣”“未核扣”的数据可以申请修改；

2. 清单类型为“2- 集中报关”“4- 简单加工”“8- 保税电商”“9- 一纳成品内销”的核注清单不允许修改；

3. 修改后的核注清单不再重新生成报关单草稿和报关单。

五、保税核注清单删除申请

本功能模块主要提供保税核注清单删除申请功能。

在保税核注清单查询界面中，输入查询条件，选中需要删除的数据，点击“删除申请”按钮，系统弹出提示信息。用户点击“确定”按钮，进入保税核注清单录入界面，点击“删除申请”按钮后，系统弹出提示框，点击“确认”按钮，完成删除。

小提示：

1. 满足如下条件的核注清单，可以申请删除：

（1）报关标志为“非报关”的核注清单，核注状态为“预核注”“正式核注”时允许删除；

（2）报关标志为“报关”，核注状态为“预核注”时允许删除。

2. 清单类型为“2－集中报关”“4－简单加工”“8－保税电商”“9－一纳成品内销”的核注清单不允许删除。

六、保税核注清单生成报关单草稿

核注清单预审批通过，可以自动生成一份暂存的报关单草稿，用户可以登录货物申报系统调出并申报报关单。

小提示：

核注清单表头，报关标志字段选择“报关”时，核注清单预审批通过自动生成一份暂存的报关单草稿。

核注清单表头，报关标志字段选择“非报关”时，不生成暂存的报关单草稿。

点击选择菜单“综合查询—保税核注清单查询”，进入“保税核注清单查询”界面输入查询条件。选择的预审批通过数据，点击“查看明细”，进入核注清单详情界面，点击“表体”，查看报关单草稿表体列表。

登录 货物申报系统 ，进入 货物申报 – 数据查询 / 统计 – 报关数据查询 界面，点击“高级查询”，操作类型选择“其他报关单数据查询”，输入报关单统一编号即可调出报关单数据。

第四节　不作价设备使用情况

不作价设备功能模块实现不作价设备解除监管证明信息查询、不作价设备年度使用情况的申报和查询，实现不作价设备手册的管理。不作价设备功能包括不作价设备解除监管证明查询；不作价设备年度使用情况的新增、录入、修改、删除、暂存、查询、打印等功能。相关按钮操作请见上述相关篇章。

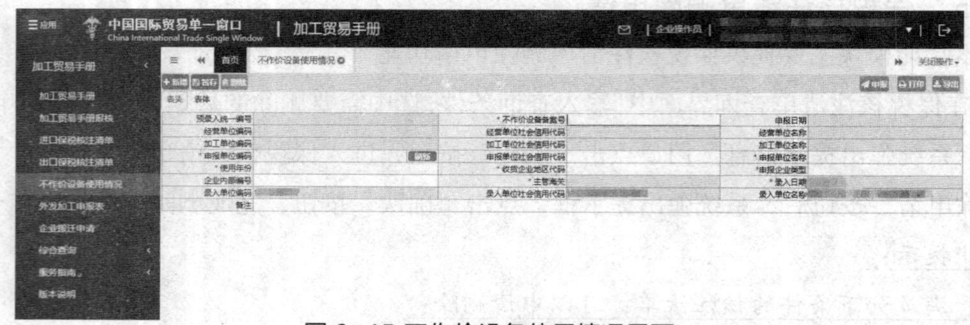

图 9-45 不作价设备使用情况界面

第五节 外发加工申报表

外发加工功能模块实现外发加工申报表、收发货单的预录入功能，包括新增、录入、修改、删除、暂存、查询、打印等功能。相关按钮操作请见上述相关篇章。

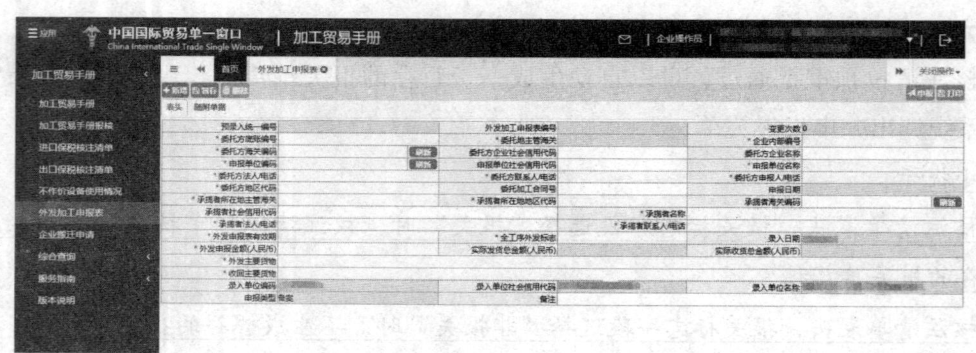

图 9-46 外发加工申报表界面

一、外发加工申报表备案

本功能模块主要提供外发加工申报表的新增、修改、删除、查询、暂存、申报、复制、打印、变更申请等功能。相关按钮操作请见上述相关篇章。

二、外发加工申报表变更

企业可自行录入或者委托预录入机构完成外发加工申报表数据变更录入，外发加工备案变更功能模块包括外发加工申报表新增、修改、删除、申报、查询、打印功能。相关按钮操作请见上述相关篇章。

第六节　综合查询

一、加工贸易手册查询

本模块主要提供企业查询加工贸易手册数据的功能。点击选择菜单“综合查询—加工贸易手册查询”，输入查询条件，点击“查询”按钮，系统查找符合条件的记录显示在查询列表中。

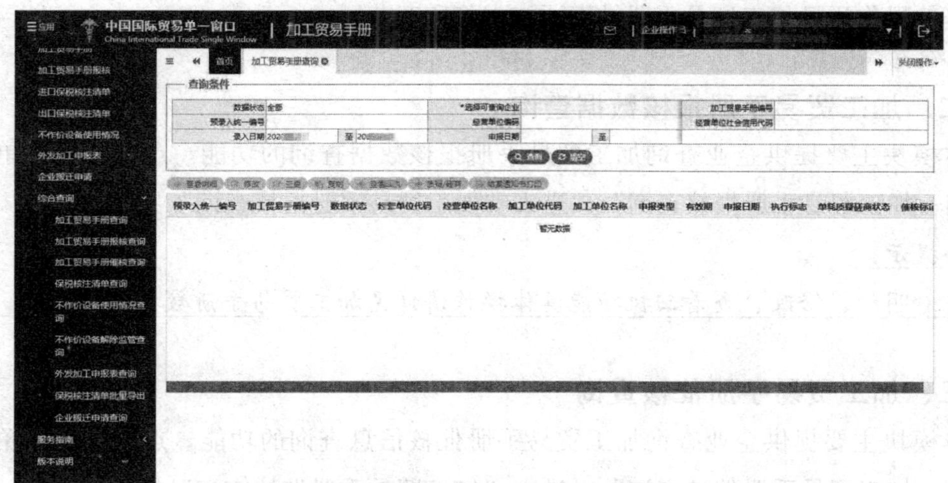

图 9-47 加工贸易手册查询界面

1. 查看明细

在图 9-47 界面中，点击“查看明细”按钮，系统进入加工贸易手册录入界面。此时，数据为只读状态，不允许编辑。

2. 修改

在图 9-47 界面中，点击“修改”按钮，系统进入加工贸易手册录入界面。

小提示：

1. 数据状态为暂存和退单的数据可进行修改操作，数据如果已经申报，则不可再修改。

2. 修改时灰色底色的字段不可修改。

3. 对修改完毕的数据可继续进行暂存操作，也可直接进行申报。

3. 查看回执

在图 9–47 界面中，点击“查看回执”按钮，系统会显示最近一次收到的海关回执的详细内容。

小提示：

如果相应手册数据没有收到海关任何回执，则查看回执按钮不可用

4. 变更

具体操作详见加工贸易手册变更章节。

5. 质疑 / 磋商

具体操作详见加工贸易手册质疑磋商章节。

6. 结案通知书打印

具体操作详见加工贸易手册结案通知书打印章节。

二、加工贸易手册报核数据查询

本模块主要提供企业查询加工贸易手册报核数据查询的功能。点击选择菜单“综合查询—加工贸易手册报核查询”，进入“加工贸易手册报核查询”界面。

小提示：

查看明细、修改、查看回执功能具体操作请详见加工贸易手册数据查询章节。

三、加工贸易手册催核查询

本模块主要提供企业查询加工贸易手册催核信息查询的功能。点击选择菜单“综合查询—加工贸易手册催核查询”，进入“加工贸易手册催核查询”界面。

小提示：

查询条件中的选择可查询企业条件必须录入，其他条件可以根据需要录入。查看回执功能具体操作请详见加工贸易手册数据查询章节。

四、保税核注清单查询

系统提供保税核注清单（进口）/（出口）详细信息、单据状态及回执信息的查询功能。点击选择菜单“综合查询—保税核注清单查询”，进入保税核注清单数据查询界面，选择可查询企业。

1. 修改

在保税核注清单数据查询界面中，输入查询条件，选中需要修改的数据，点击“修改”按钮，系统进入保税核注清单录入界面，用户可对保税核注清单相应字段进行修改。

小提示：

（1）保税核注清单数据状态为暂存、退单、海关接收失败时才可进行保税核注清

单修改功能。

（3）修改时灰色底色的字段不可修改。

（4）对修改完毕的数据可继续进行暂存操作，也可直接进行申报。

2. 复制

在保税核注清单数据查询界面中，输入查询条件，选中需要复制的数据，点击“复制”按钮，系统弹出提示信息，用户点击“确认”按钮，系统便可生成一份新的保税核注清单，并进入保税核注清单录入界面。

3. 打印

在保税核注清单数据查询界面中，输入查询条件，选中需要打印的数据，点击“打印”按钮，系统显示选中的核注清单数据内容，用户点击“打印”图标进行打印。

4. 导出

在保税核注清单数据查询界面中，输入查询条件，选中需要导出的数据，点击“导出”按钮，系统自动导出 excel 文件，并保存在本地。

小提示：

查看明细、修改、查看回执功能具体操作请详见上文 加工贸易手册数据查询章节。

5. 修改申请

具体操作详见上文保税核注清单修改申请章节。

6. 删除申请

具体操作详见上文保税核注清单删除申请章节。

五、不作价设备使用情况查询

本模块主要提供企业查询不作价设备使用情况查询的功能。

查看明细、修改、查看回执功能具体操作请详见上文 加工贸易手册数据查询章节。

六、不作价设备解除监管数据查询

本模块主要提供企业查询用户有关不作价设备解除监管信息的功能。

查看明细、打印功能具体操作请详见上文 加工贸易手册数据查询章节。

七、外发加工申报表数据查询

本模块主要提供企业查询外发加工申报表数据的功能。

查看明细、修改、查看回执功能具体操作请详见上文 加工贸易手册数据查询章节。

变更具体操作请详见上文 外发加工申报表变更章节。

八、外发加工收发货数据查询

本模块主要提供企业查询外发加工收发货数据的功能。

查看明细、修改、查看回执功能具体操作请详见上文加工贸易手册数据查询章节。

撤销具体操作详见上文外发加工发货单撤销。

第七节 常见问题解答

1. 企业申请加工贸易手册设立时“关区代码”栏目应如何申报?

答：手册表头“关区代码”栏目按行政区域对应的属地海关及关区代码申报，具体可到地方海关网查询。

2. 企业申请设立加工贸易手册时，表头“进出口岸”栏目应如何申报?

答：根据金关二期系统设置要求，企业应当根据合同和生产经营安排如实选择填报有关加工贸易货物实际进出境口岸，“进出口岸”应详细填报有关隶属海关的 4 位关区代码，不可笼统填报直属海关关区代码（如“深圳海关 5300”等）。确因特殊情况无法准确填报的，应当在有关设立手册的书面申请报告中如实说明情况。经海关核准，有关栏目可暂不填报。

3. 企业申请设立加工贸易手册时，表头“单耗申报环节”应如何申报?

答：按照目前金关二期系统设置，手册表头“单耗申报环节”栏目企业可填报为“出口前”或“报核前”。除经海关核准在报核前申报单耗的企业（如参与“加工贸易单耗自核试点”企业）可填报为“报核前”外，其他企业原则上应填报为“出口前”。

4. 金二手册跟传统的加工贸易手册在管理上有什么区别?

答：（1）取消了企业申请设立手册备案资料库的环节

（2）生产能力信息：取消了《生产能力证明》，但系统实现了与商务部门系统的联网，企业须按要求在商务部门要求的系统上如实、完整地申报生产能力信息

（3）单耗申报：取消了“备案时”申报单耗，保留“出口前”申报单耗和“报核前”申报单耗。有形损耗率（%）和无形损耗率（%）分开申报。

注：电子化手册的单耗版本统一填写“0”（默认值）

（4）随附单证实现了在同一系统中无纸化上传。

5. 金二合同批准后，可以变更料件损耗吗?

答：单耗申报环节为“报核前”的，可以变更，但需要等海关审批该申报模式。

6. 手册的变更，有形损耗与无形损耗是否要分开申报?

答：系统提供“有形损耗率”“无形损耗率”两个栏目，是必填项，企业应按规定分别申报有形损耗和无形损耗。

7. 加工贸易保税核注清单是否支持导出 EXCEL 文件功能?

答：支持，企业可在【保税核注清单数据查询】栏目找到“导出”按钮进行导出操作。

8. 加工贸易手账册是否支持导出 EXCEL 文件功能?

答：支持，进入加工贸易手账册详细页面，右上角找到“导出”按钮进行导出操作。

9. 非金二手册需要在哪里委托授权？

答：非金二手册需要在 QP 系统授权。

10. 为什么加贸手册的结案通知书按钮置灰不能点击？

答：加工贸易手册状态只有为结案的状态数据才可以进行结案通知书的打印。

11. 加工贸易手册随附单据上传分别需要点击哪些按钮？

答：（1）点击“文件选择”，选择文件存储路径，文件加载成功；（2）点击“暂存”按钮，文件保存至表体，状态为待上传；（3）选中待上传的随附单据，点击“上传”按钮。

第二章 加工贸易账册系统操作指南

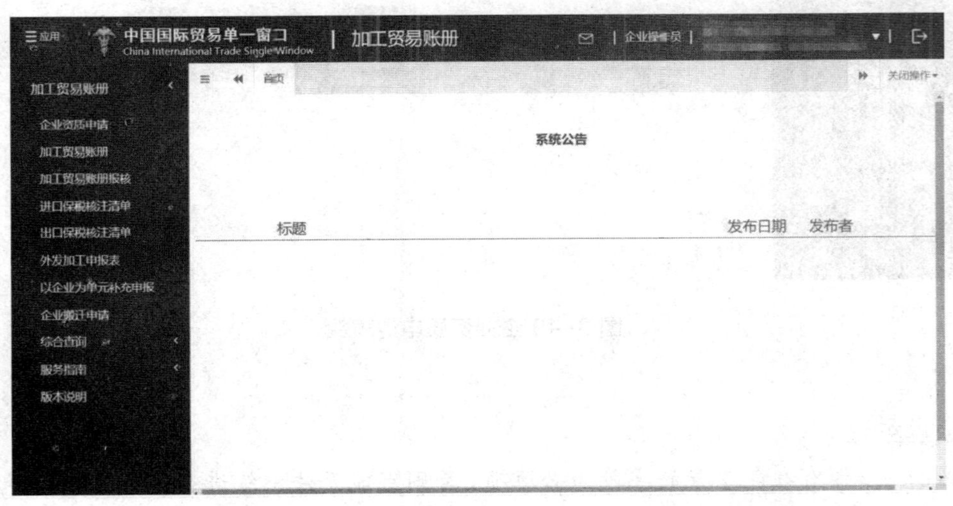

图 9-48 加工贸易账册系统界面

第一节 企业资质申请

企业资质申请功能模块实现企业资质申请的备案新增、修改、删除、查询、暂存、申报、打印、变更等功能，主要内容包括联网监管企业基本信息、商务部门业务批准证相关信息等。

一、企业资质申请备案

企业可自行录入或者委托预录入机构完成企业资质申请数据录入，录入完成申报后向海关发送申报信息。海关收到企业资质申请信息后，由关员进行审核，审核后将审核结果发送到电子口岸。企业可通过电子口岸查询审核结果。企业资质申请功能模块包括企业资质申请录入新增、修改、删除、申报、查询、打印功能。

点击图9–48界面中“企业资质申请”，右侧区域展示录入界面。界面分为表头、料件、成品、随附单据。

（一）表头

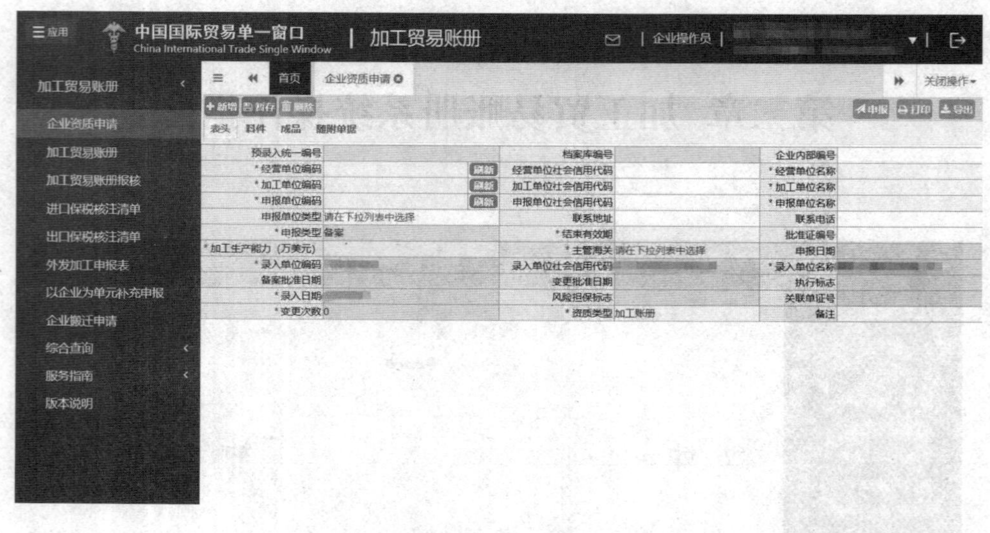

图9–49 企业资质申请表头

<u>小提示：</u>

<u>界面中，带有红色星号的字段为必填项，否则可能无法继续进行保存或申报等操作。</u>

1. 新增

（1）界面各录入字段中，带红色星号的字段为必填项，灰色底色的字段为系统反填项或不可修改项。（注：此规则适用于所有业务，且各字段颜色标识会随着数据状态的不同而变化。）

（2）录入、经营、申报、加工单位代码录入、经营、申报、加工单位代码系统自动反填用户信息的海关编码、单位社会信用代码、单位名称。

（3）表头信息录入完成后，点击暂存按钮，系统保存表头数据，然后可以依次录入表体信息，表头信息不暂存时，表体信息不可录入。

（4）企业资质申请备案录入界面包含四部分：表头、料件、成品和随附单据。表头信息表为必填，表体信息可以根据实际情况选择填写。

2. 暂存

点击图 9-49 上方“暂存”蓝色按钮，可对当前录入的内容进行保存，系统弹出提示框提示暂存成功。

3. 删除

可删除整票企业资质申请数据。点击图 9-49 上方“删除”蓝色按钮，系统将提示用户是否删除当前数据，删除的数据将不可恢复，需重新录入，请谨慎操作。

小提示：

当企业资质申请状态为暂存、申报失败或海关退单，可进行该项删除操作。否则，系统删除按钮均置灰，不允许删除。

4. 申报

企业资质申请数据录入完毕，可点击右上方的“申报”蓝色按钮进行申报。

小提示：

申报即意味着您的数据已向相关业务主管部门进行发送，并等待其审批。

5. 打印

系统提供任何状态下的打印功能，用户点击右上角的“打印”蓝色按钮，系统将生成一个 PDF 文件，可直接打印或保存文件。

6. 导出

可导出表头、表体数据。点击图 9-49 上方“导出”按钮，系统可将表头表体数据导出为 excel 格式保存在本地。

（二）料件

须将表头数据录入完毕、点击图 9-49 上方的“暂存”蓝色按钮成功保存后，方可新增表体数据。

1. 表体—新增

点击料件界面中的“新增”按钮，系统将自动清空当前界面内所有已录入的数据，便于用户重新录入一票数据。

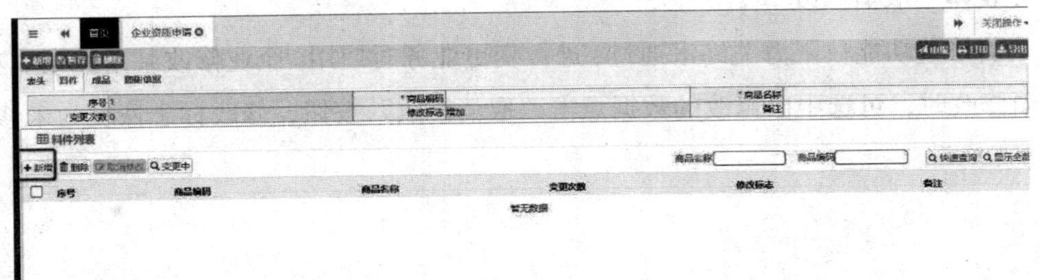

图 9-50 企业资质申请料件

小提示：

界面中，带有红色星号的字段为必填项，否则可能无法继续进行保存或申报等操作。

在图 9-50 中点击界面录入完成相应数据后，在“备注”字段处回车，系统将自动校验并保存当前界面内已录入的数据，如图 9-51：

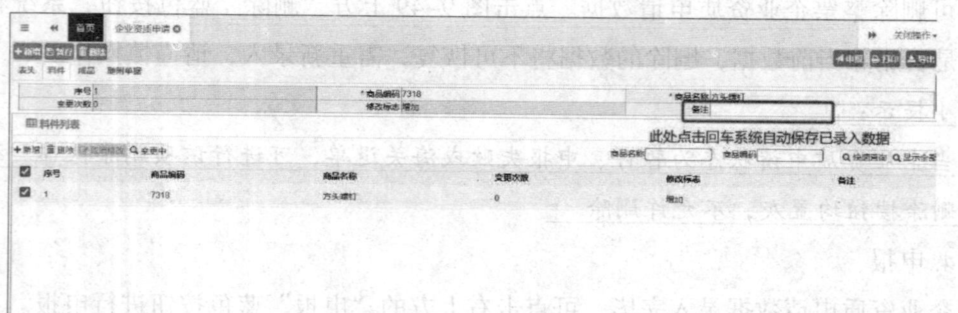

图 9-51 料件表体—保存

2. 表体—删除

在企业资质申请—料件界面中选中某条料件表体，点击“删除”的白色按钮（如图 9-52），点击“确定”，将删除本条表体数据。

图 9-52 企业资质申请料件表体删除

3. 表体—取消修改

取消修改功能仅限海关终审通过，进行变更业务时使用。企业修改某条数据成功后，想取消修改时，可选中已修改的数据点击“取消修改”按钮，修改标志恢复为未修改，如图 9-53。

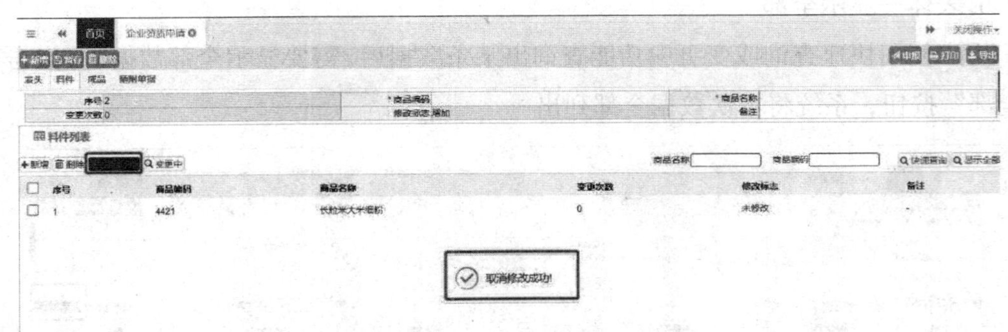

图 9-53 企业资质申请料件取消修改

4. 表体—变更中

变更中功能仅限海关终审通过，进行变更业务时使用。企业修改数据成功后，可点击“变更中”按钮，系统将本次变更修改的数据全部列出。

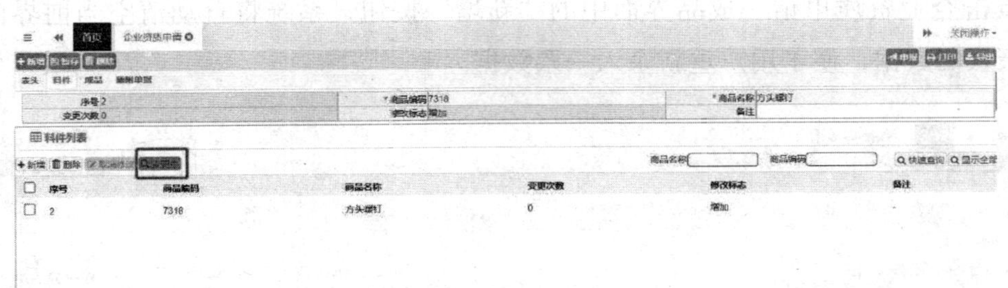

图 9-54 企业资质申请料件变更中

5. 表体—快速查询

用户输入相应的查询条件，点击“快速查询”按钮，系统将在本次数据中查询出相应数据。

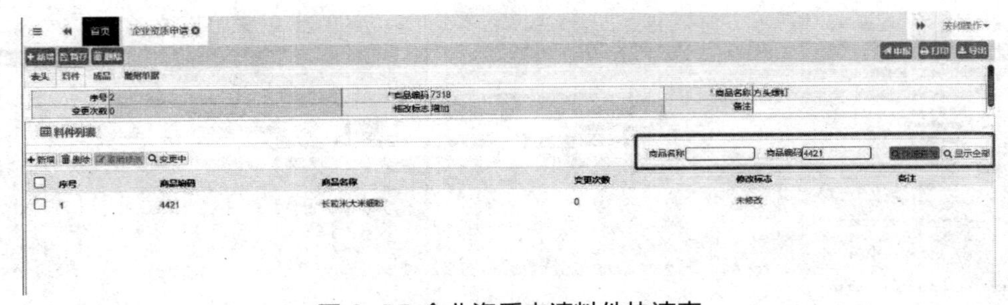

图 9-55 企业资质申请料件快速查

6. 表体—显示全部

用户使用快速查询或变更中功能查询出某条数据后，需要显示全部数据时，点击“显示全部”按钮，系统将本次数据全部列出。

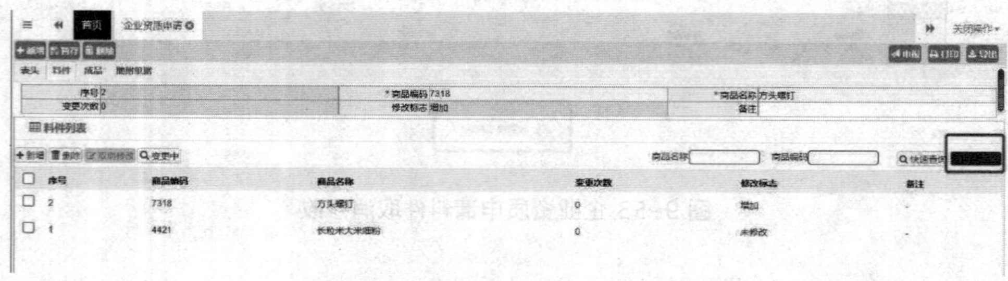

图 9-56 企业资质申请料件显示全部

（三）成品

点击企业资质申请—成品界面中的“新增”按钮，系统将自动清空当前界面内所有已录入的数据，便于用户重新录入一票数据。

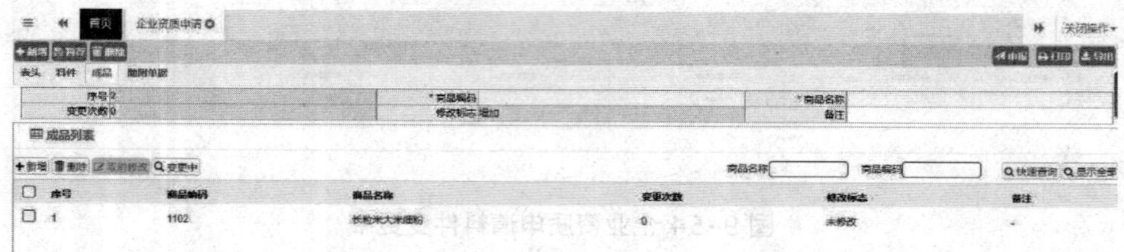

图 9-57 企业资质申请—成品

小提示：

成品表体具体操作同料件表体。

（四）随附单据

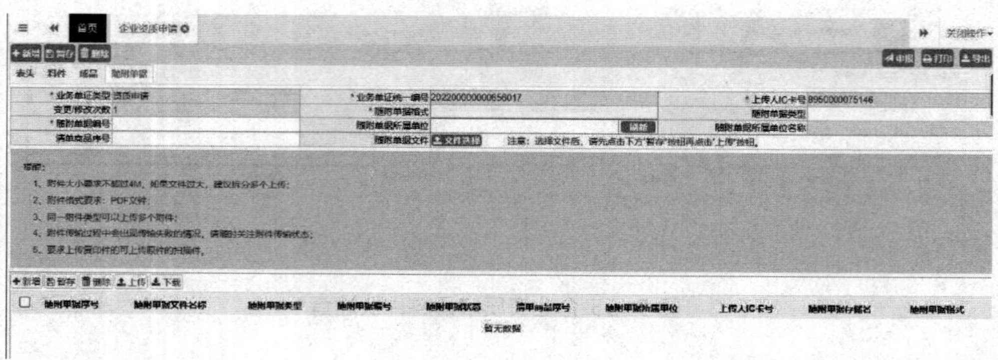

图 9-58 随附单据

1. 表体—暂存

填写随附单据表头信息，点击“文件选择”，选择文件存储路径，文件加载成功。点击“暂存”按钮，文件保存至表体，状态为待上传，如图 9-59：

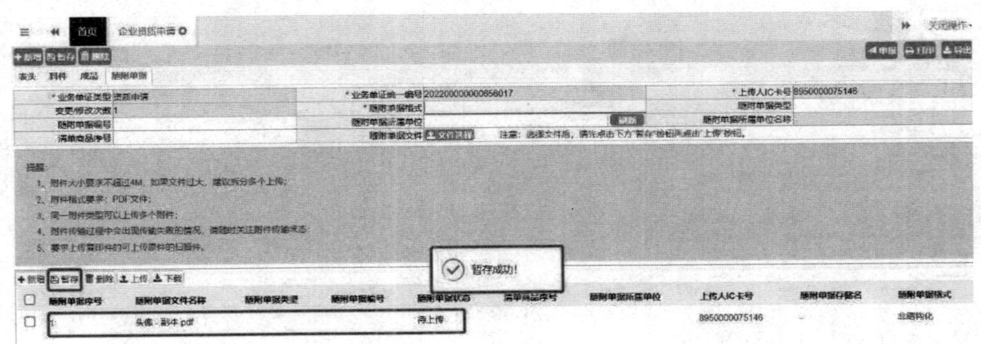

图 9-59 随附单证暂存

2. 表体—上传

在图 9-59 界面中，选中待上传的随附单据，点击“上传”按钮，系统提示：上传成功，如图 9-60：

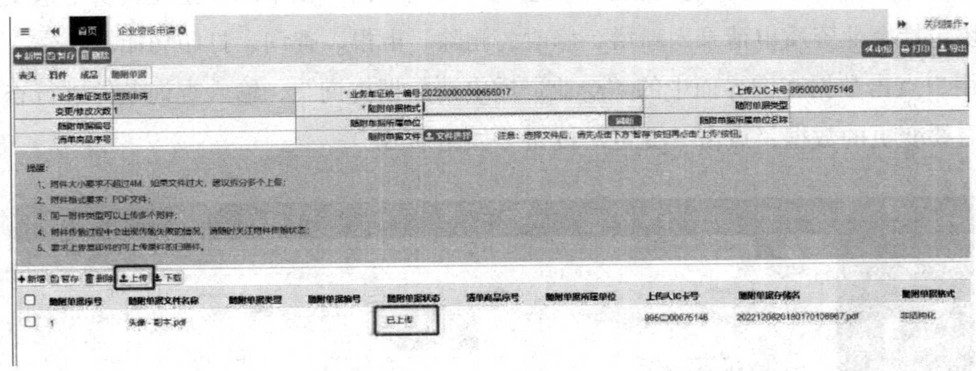

图 9-60 随附单证上传

3. 表体—下载

在图 9-60 界面中，选中某一条随附单据数据，点击“下载”按钮，系统将该票随附单据下载至本地。

4. 表体—删除

在图 9-60 界面中，选中某一条随附单据数据，点击“删除”按钮，系统将该票随附单据直接删除。

5. 表体—新增

在随附单据界面中，填写部分随附单据表头信息时，点击新增按钮，系统将清空界面，恢复至初始化界面。

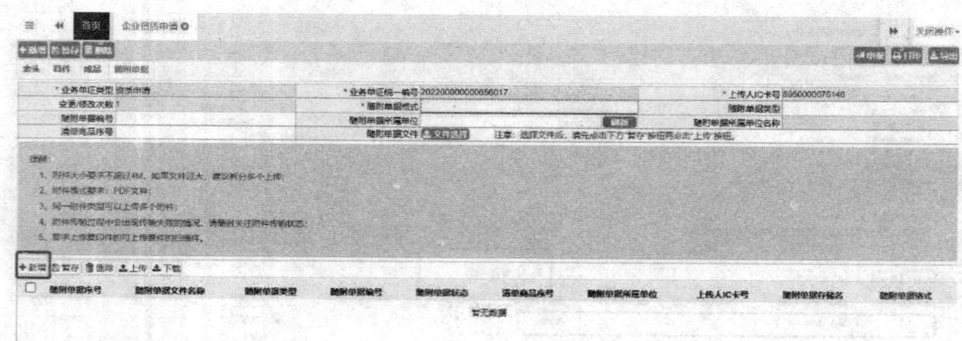

图 9-61 随附单证 - 新增

二、企业资质申请变更

企业可自行录入或者委托预录入机构完成企业资质申请变更录入，录入完成申报后向海关发送申报信息。海关收到企业资质申请变更信息后，由关员进行审核，审核后将审核结果发送到单一窗口，企业可通过单一窗口查询审核结果。企业资质申请变更功能模块包括企业资质申请录入新增、修改、删除、申报、查询、打印功能。

用户点击数据查询界面中的“企业资质申请数据查询”，输入查询条件进行查询，选中需要变更的数据，点击“变更”按钮（如图 9-62）。

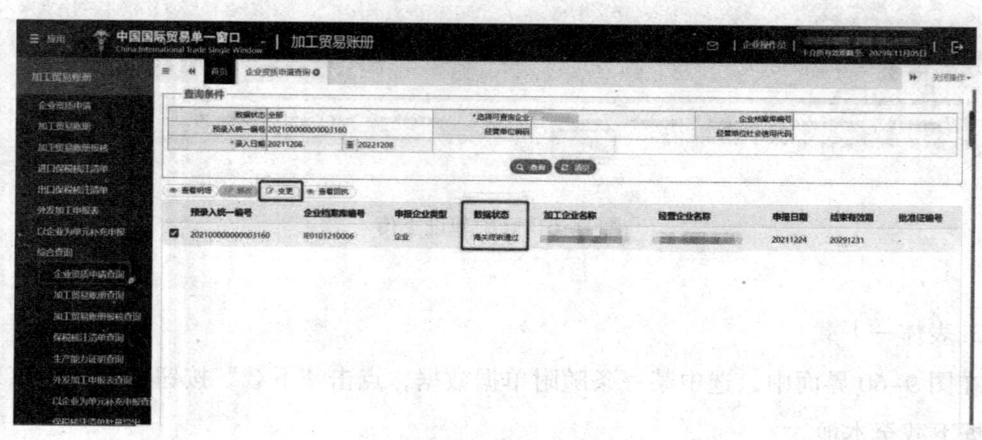

图 9-62 企业资质申请数据查询

系统提示：是否确认变更该数据？点击“确定”，进入变更录入界面。用户可以对表头、料件、成品和随附单据数据进行修改、新增或删除。

小提示：

企业资质申请状态只有为海关终审通过的状态才可以进行变更，具体操作同企业资质申请备案。

第二节 加工贸易账册

加工贸易账册功能模块实现账册的备案新增、修改、删除、查询、变更等功能，主要内容包括加工贸易账册企业基本信息，进出口料件、成品和单损耗、随附单据等数据。

一、加工贸易账册备案

加工贸易账册功能模块包括加工贸易账册新增、修改、删除、申报、查询、打印功能。

点击加工贸易账册系统界面中“加工贸易账册”，右侧区域展示录入界面。界面分为表头、料件、成品、单损耗、随附单据。

点击界面上方蓝色按钮（新增、暂存、删除、导入等）所进行的操作，将影响当前的整票数据。

（一）表头

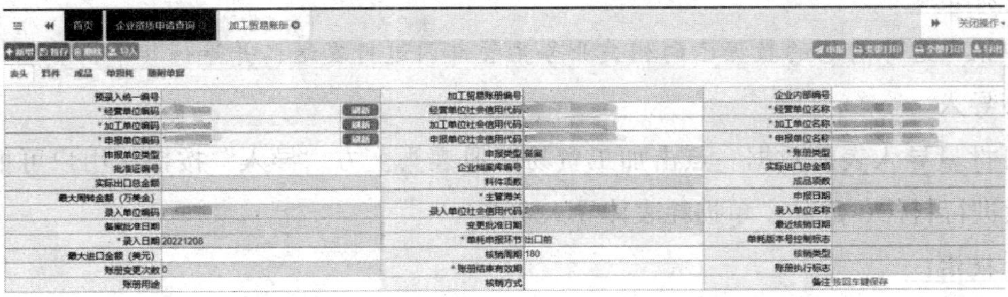

图 9-63 加工贸易账册表头

1. 新增

（1）界面各录入字段中，带红色星号的字段为必填项，灰色底色的字段为系统反填项或不可修改项。（注：此规则适用于所有业务，且各字段颜色标识会随着数据状态的不同而变化。）

（2）暂存前必须录入经营单位代码和加工单位代码。

经营单位代码、加工单位代码和申报单位代码录入海关 10 位编码，回车后系统会自动反填经营单位社会信用代码、经营单位名称、加工单位社会信用代码、加工单位名称和申报单位社会信用代码、申报单位名称。

（3）料件项数和成品项数系统会根据录入的料件和成品数量自动反填。

（4）表头信息录入完成后，点击暂存按钮，系统保存表头数据，然后可以依次录入表体信息，表头信息不暂存时，表体信息不可录入。

（5）加工贸易账册信息录入界面包含五部分：表头、料件、成品、单损耗和随附单据。表头信息表为必填，表体信息可以根据实际情况选择填写。

2. 暂存

点击加工贸易账册表头上方“暂存”蓝色按钮，可对当前录入的内容进行保存，系统弹出提示框提示暂存成功。

3. 删除

可删除整票加工贸易账册数据。点击加工贸易账册表头上方“删除”蓝色按钮，系统将提示用户是否删除当前数据，删除的数据将不可恢复，需重新录入，请谨慎操作。

小提示：

当加工贸易账册状态为暂存、申报失败或海关退单，可进行该项删除操作。否则，系统可能弹出不允许删除的相应提示。

4. 申报

加工贸易账册数据录入完毕，可点击右上方的“申报”蓝色按钮进行申报。

小提示：

申报即意味着您的数据已向相关业务主管部门进行发送，并等待其审批。

5. 导入

可批量导入表体数据。点击加工贸易账册表头上方“导入”按钮，用户可根据导入模板进行料件、成品、单损耗表体导入功能。

小提示：

加工贸易账册表头暂存后才可进行表体导入。

6. 全部打印

系统提供任何状态下的打印功能，用户点击右上角的“全部打印”蓝色按钮，系统将生成一个 PDF 文件，可直接打印或保存文件全部数据内容。

7. 变更打印

系统提供在变更状态下的打印功能，用户变更数据后，点击右上角的“变更打印”蓝色按钮，系统将生成一个 PDF 文件，可直接打印或保存文件变更后数据内容。

8. 导出

可导出表头、表体数据。点击加工贸易账册表头上方“导出”按钮，系统可将表头表体数据导出为 excel 格式保存在本地。

（二）料件

须将表头数据录入完毕、点击加工贸易账册表头上方的“暂存”蓝色按钮成功保存后，方可新增表体数据。

1. 表体—新增

点击加工贸易账册—料件界面中的“新增”白色按钮，系统将自动清空当前界面内所有已录入的数据，便于用户重新录入一票数据。

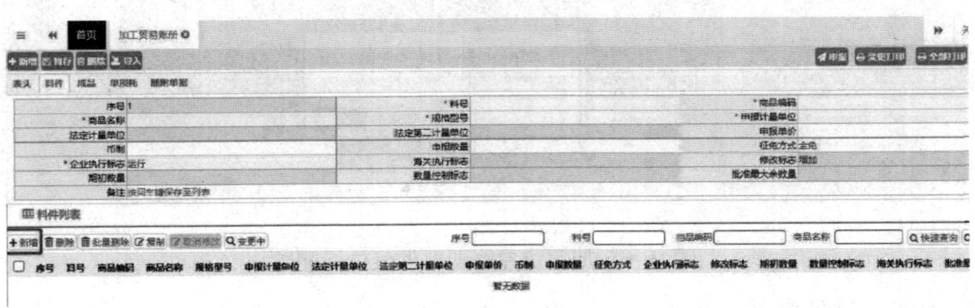

图 9-64 加工贸易账册料件

小提示：

1. 耗料账册为记账式账册，无需录入表体，待核注清单终审通过，自动反填耗料账册表体。

2. 界面中，带有红色星号的字段为必填项，否则可能无法继续进行保存或申报等操作。

在加工贸易账册—料件界面中点击界面录入完成相应数据后，在“备注”字段处回车，系统将自动校验并保存当前界面内已录入的数据，如图 9-65：

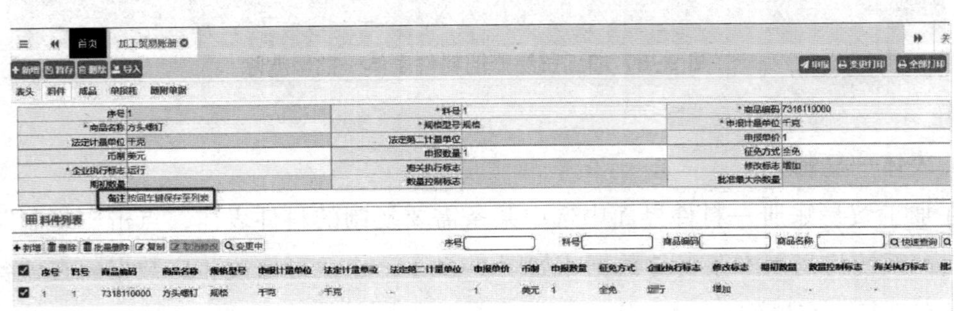

图 9-65 料件表体—保存

2. 表体—删除

在加工贸易账册—料件界面中选中某条料件表体，点击“删除”的白色按钮（如图 9–66），点击“确定”，将删除本条表体数据。

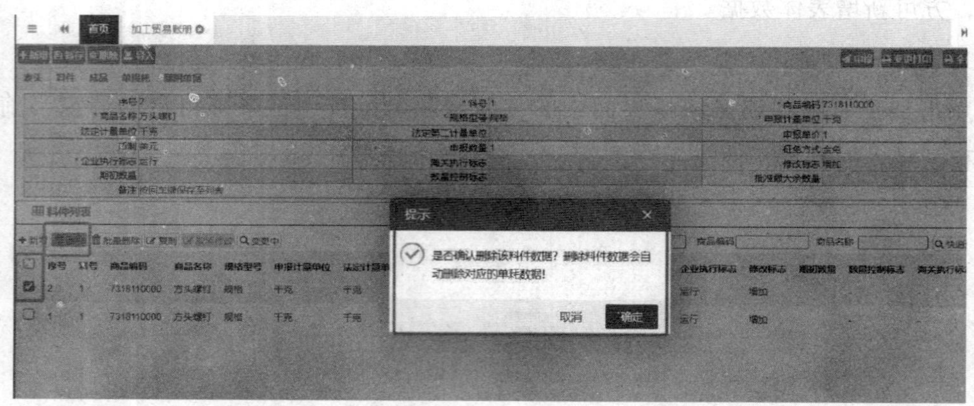

图 9–66 加工贸易账册料件表体—删除

3. 表体—批量删除

在加工贸易账册—料件界面中选中需要删除的多条料件表体，点击“批量删除”按钮（如图 9–67），点击“确定”，将删除所选中的多条表体数据。

图 9–67 加工贸易账册料件表体—批量删除

4. 表体—复制

在加工贸易账册—料件界面中选中某条需要复制的料件表体，点击“复制”的白色按钮，系统将复制本条料件数据（如图 9–68），企业可修改相应数据后在“备注”字段回车进行保存操作。

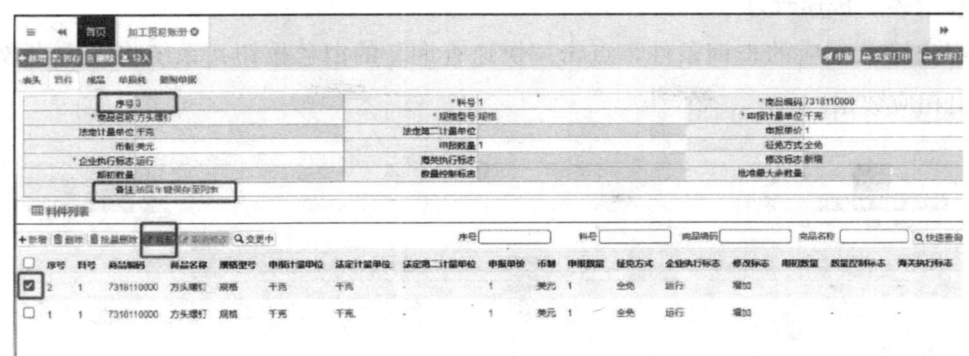

图 9-68 加工贸易账册料件—复制

5. 表体—取消修改

取消修改功能仅限海关终审通过，进行变更业务时使用。企业修改某条数据成功后，想取消修改时，可选中已修改的数据点击“取消修改”的白色按钮，修改标志恢复为未修改，如图 9-69：

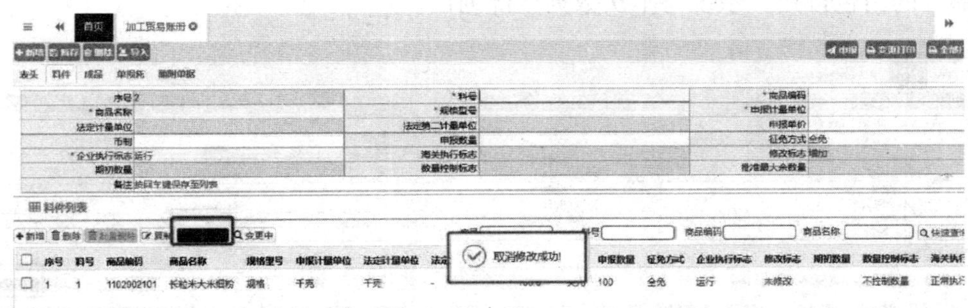

图 9-69 加工贸易账册料件—取消修改

6. 表体—变更中

变更中功能仅限海关终审通过，进行变更业务时使用。企业修改数据成功后，可点击“变更中”的白色按钮，系统将本次变更修改的数据全部列出。

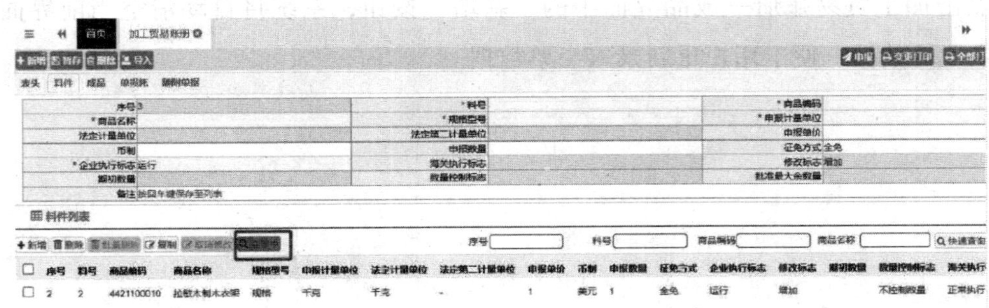

图 9-70 加工贸易账册料件变更中

7. 表体—快速查询

用户输入相应的查询条件，点击“快速查询”的白色按钮，系统将在本次数据中查询出相应数据。

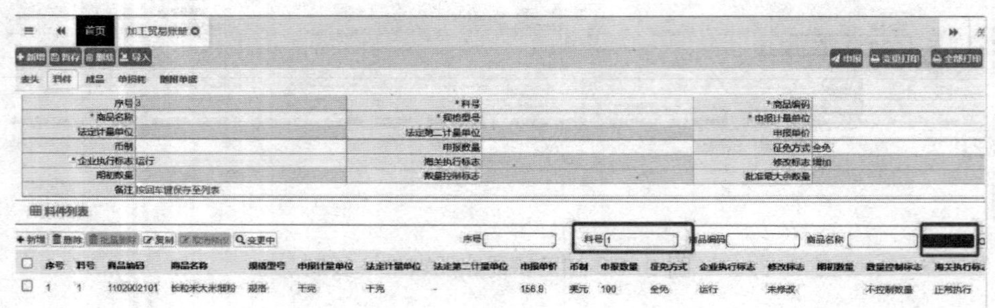

图 9-71 加工贸易账册料件—快速查询

8. 表体—显示全部

用户使用快速查询或变更中功能查询出某条数据后，需要回到全部数据时，点击“显示全部”的白色按钮，系统将本次数据全部列出。

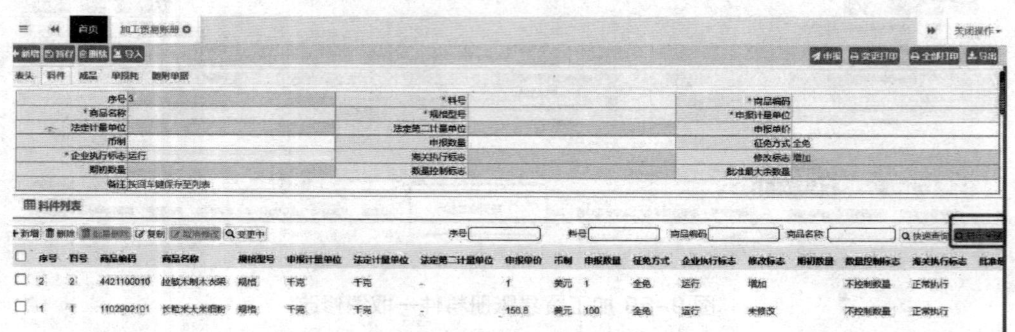

图 9-72 加工贸易账册料件显示全部

（三）成品

点击加工贸易账册—成品界面中的“新增”按钮，系统将自动清空当前界面内所有已录入的数据，便于用户重新录入一票数据。

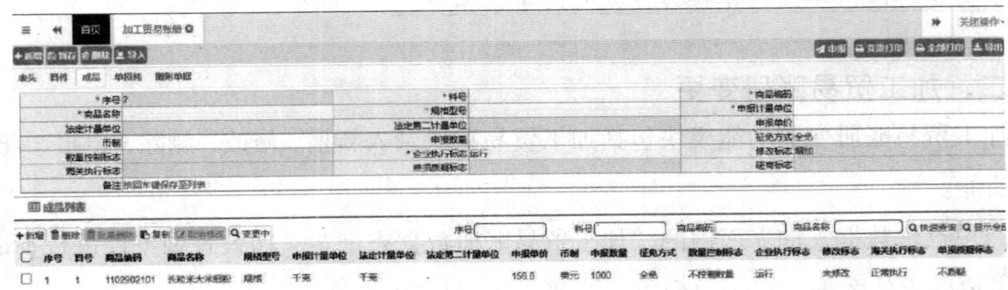

图 9-73 加工贸易账册成品

小提示：成品表体具体操作同料件表体。

（四）单损耗

点击加工贸易账册—单损耗界面中的"新增"按钮，系统将自动清空当前界面内所有已录入的数据，便于用户重新录入一票数据。

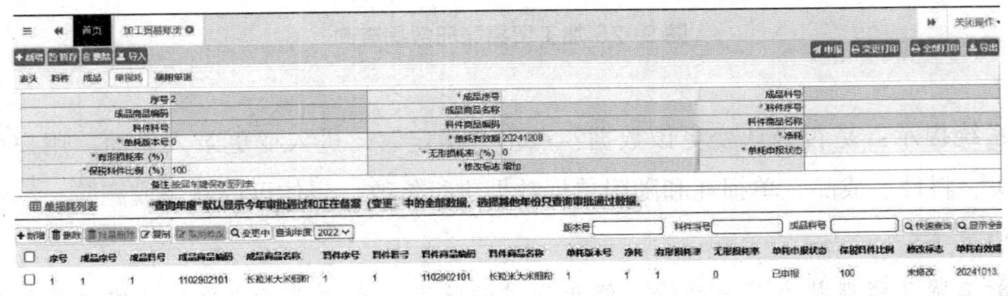

图 9-74 加工贸易账册单损耗

小提示：单损耗表体具体操作同料件表体。

（五）随附单证

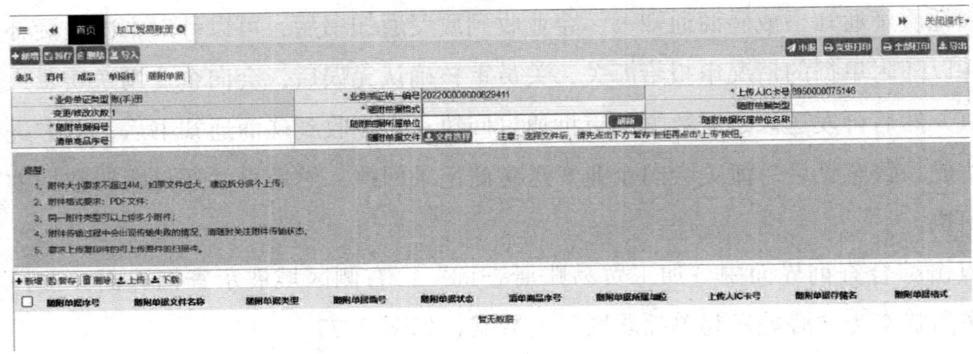

图 9-75 随附单据

小提示：随附单据具体操作详见随附单据章节。

二、加工贸易账册变更

加工贸易账册变更功能模块包括加工贸易账册录入新增、修改、删除、申报、查询、打印功能。

用户点击数据查询界面中的“加工贸易账册数据查询”，输入查询条件进行查询，选中需要变更的数据，点击“变更”按钮（如图 9–76）。

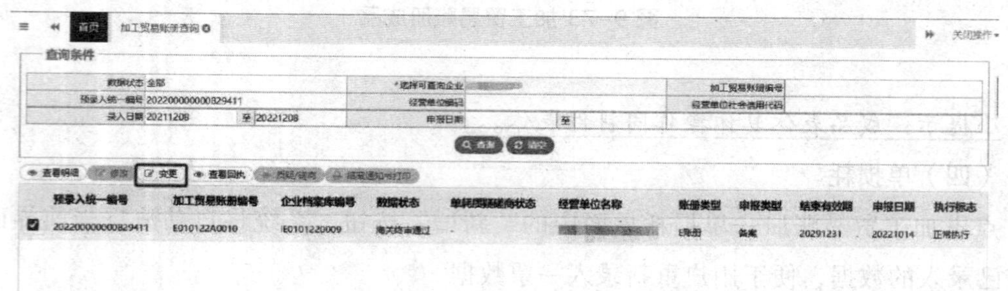

图 9–76 加工贸易账册数据查询

系统提示：是否确认变更该数据？点击“确定”，进入变更录入界面。用户可以对表头、料件、成品、单损耗和随附单据数据进行修改，表体可以新增或删除。

小提示：

加工贸易账册状态只有为海关终审通过的状态才可以进行变更，具体操作同加工贸易账册备案。

三、加工贸易账册单损耗质疑磋商

本功能模块主要提供加工贸易账册备案数据单损耗的质疑、磋商查看和申报等功能。海关关员审核时加工贸易账册时若发现成品对应的单损耗数据有问题，会向企业发送单损耗质疑通知书或磋商通知书。企业收到质疑通知书后，可以针对本次质疑补充证明料件以随附单据的情况申报给海关，关员审核确认无误后，会向企业发送质疑入库成功回执，然后再发送该账册数据的审批通过回执。企业收到磋商通知书后，双方进行沟通，达成一致意见后，海关会向企业发送磋商记录回执，然后再发送该账册数据的审批通过回执。

点击综合查询界面中“加工贸易账册查询”，右侧区域展示查询界面，选择单耗质疑磋商状态为“海关发起单耗质疑”的数据，如图 9–77：

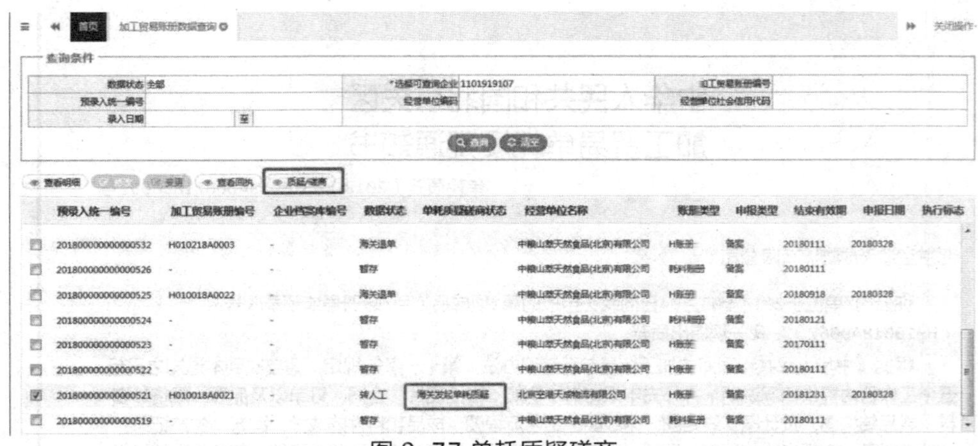

图 9-77 单耗质疑磋商

用户点击“质疑 / 磋商”，进入质疑磋商通知书信息及商品信息界面，如图 9-78：

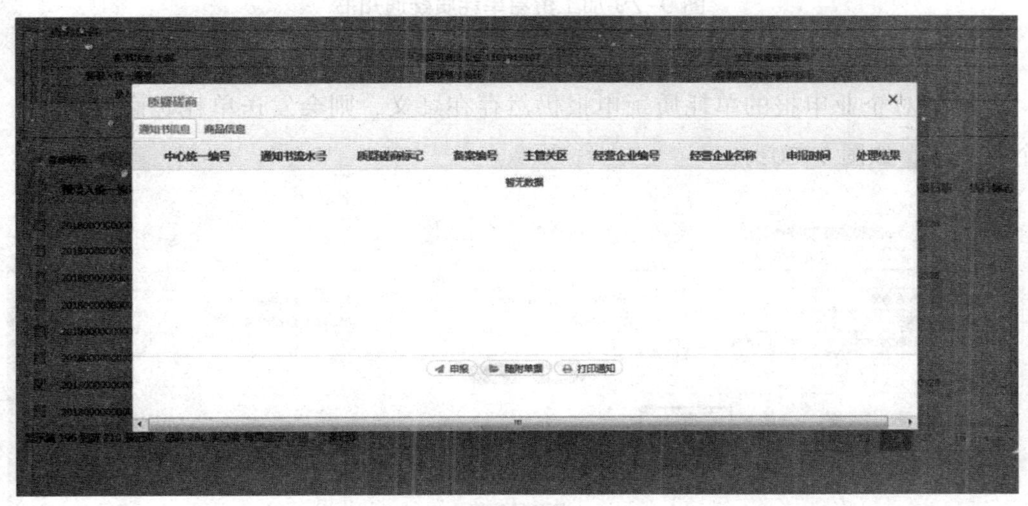

图 9-78 单耗质疑磋商通知书

选中通知书记录，点击商品记录，系统显示该通知书中质疑磋商的商品记录信息，点击“随附单证”按钮选择需要上传的随附单证文件，点击“申报”按钮申报质疑申报数据。

小提示：

随附单证具体操作详见随附单证章节。

用户可点击“打印通知”，系统生成一个 PDF 文件，可直接打印或保存文件，如图 9-79：

中华人民共和国北京关区
加工贸易单耗质疑通知书

单耗质疑（2018）H010018A00671800001号

北京空港天成物流有限公司：

你公司/单位于2018年05月04日向我关申报的第1项成品（手/账册号或预录入号：H010018A0067），我关现提出质疑。

根据《中华人民共和国海关加工贸易单耗管理办法》第十一条的规定，请自收到本通知之日起五个工作日内提供情况说明，并补充申报材料，例如：样品图片、合同、订单以及品质、规格等资料；成品结构图、设计图、线路图、排版图、工艺流程图，成品和料件的成份、配方，生产记录、会计资料及，损耗产生的环节、原因、数值；计算方法、计算公式及计算过程等。若明确不能提供，或者逾期不提供资料，或者所提供的资料不足以证明申报单耗的真实性或者准确性的，海关将按相关规定处理。

图 9-79 加工贸易单耗质疑通知书

如海关对企业申报的单耗质疑申报仍然存在疑义，则会发送单耗磋商通知书，组织企业面谈，如图 9-80：

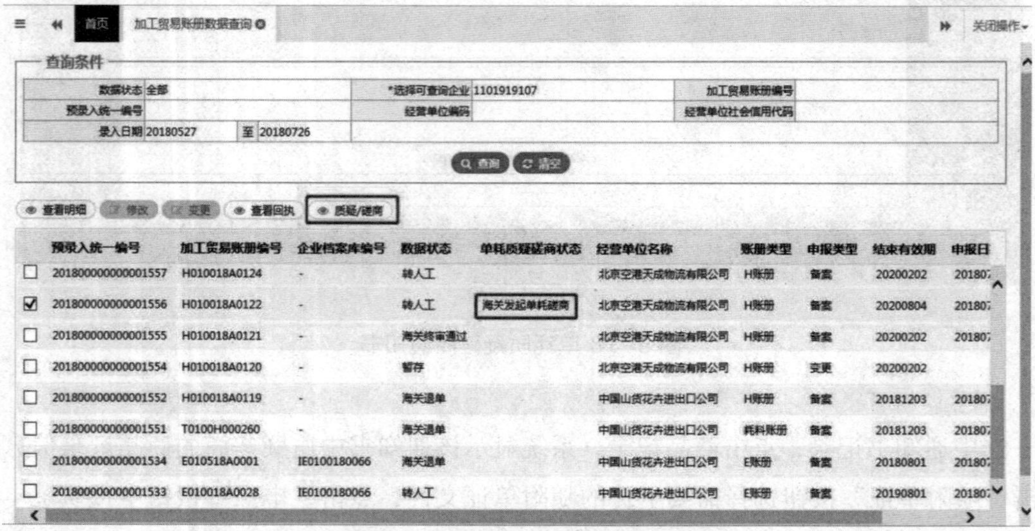

首页 加工贸易账册数据查询 关闭操作

查询条件

数据状态	全部			*选择可查询企业	1101919107	加工贸易账册编号	
预录入统一编号				经营单位编码		经营单位社会信用代码	
录入日期	20180527	至	20180726				

查询 清空

查看明细 修改 变更 查看回执 质疑/磋商

	预录入统一编号	加工贸易账册编号	企业档案库编号	数据状态	单耗质疑磋商状态	经营单位名称	账册类型	申报类型	结束有效期	申报日
☐	20180000000001557	H010018A0124	-	转人工		北京空港天成物流有限公司	H账册	备案	20200202	201807
☑	20180000000001556	H010018A0122	-	转人工	海关发起单耗磋商	北京空港天成物流有限公司	H账册	备案	20200804	201807
☐	20180000000001555	H010018A0121	-	海关终审通过		北京空港天成物流有限公司	H账册	备案	20200202	201807
☐	20180000000001554	H010018A0120	-	暂存		北京空港天成物流有限公司	H账册	变更	20200202	
☐	20180000000001552	H010018A0119	-	海关退单		中国山货花卉进出口公司	H账册	备案	20181203	201807
☐	20180000000001551	T0100H000260	-	海关退单		中国山货花卉进出口公司	耗料账册	备案	20181203	201807
☐	20180000000001534	E010518A0001	IE0100180066	海关退单		中国山货花卉进出口公司	E账册	备案	20180801	201807
☐	20180000000001533	E010018A0028	IE0100180066	转人工		中国山货花卉进出口公司	E账册	备案	20190801	201807

图 9-80 加工贸易单耗磋商查询

1. 用户选中磋商记录，点击“质疑 / 磋商”，查看具体磋商通知书及商品信息，如图 9-8、图 9-82：

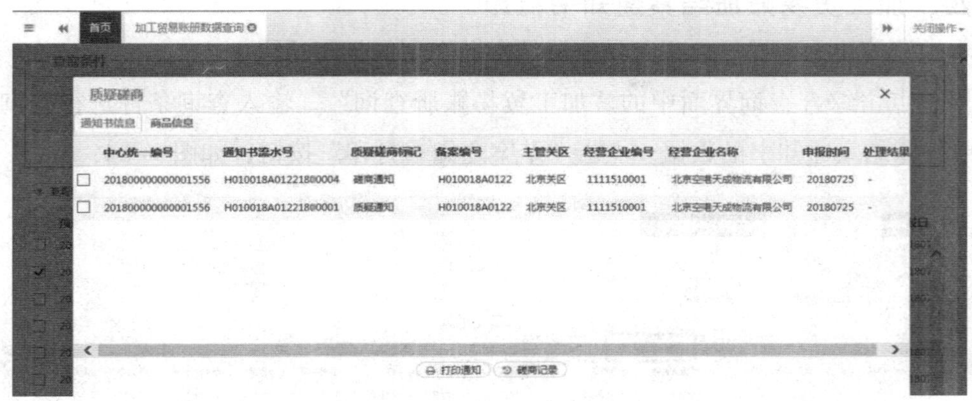

图 9-81 加工贸易单耗磋商通知书

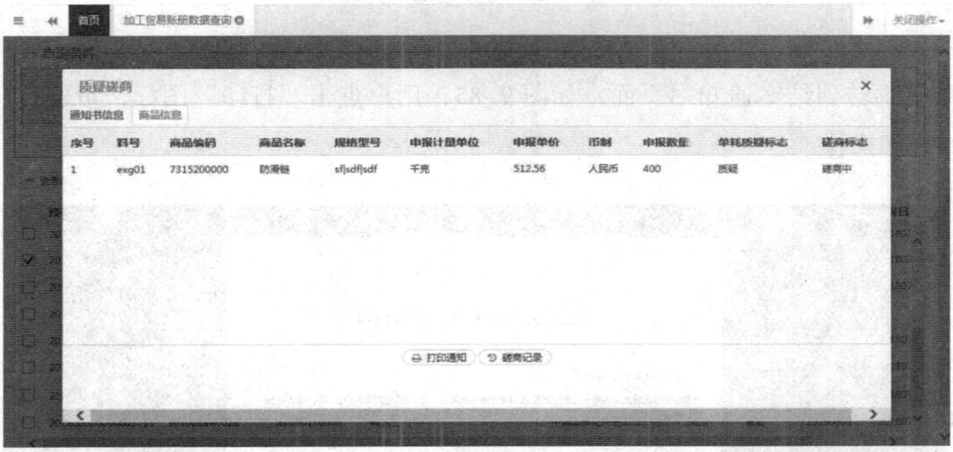

序号	料号	商品编码	商品名称	规格型号	申报计量单位	申报单价	币制	申报数量	单耗质疑标志	磋商标志
1	exg01	7315200000	防滑链	sf|sdf|sdf	千克	512.56	人民币	400	质疑	磋商中

图 9-82 加工贸易单耗磋商商品信息

企业与海关磋商沟通完毕，海关会按照磋商情况发送磋商记录，企业进入质疑磋商，点击“磋商记录”，如图 9-83：

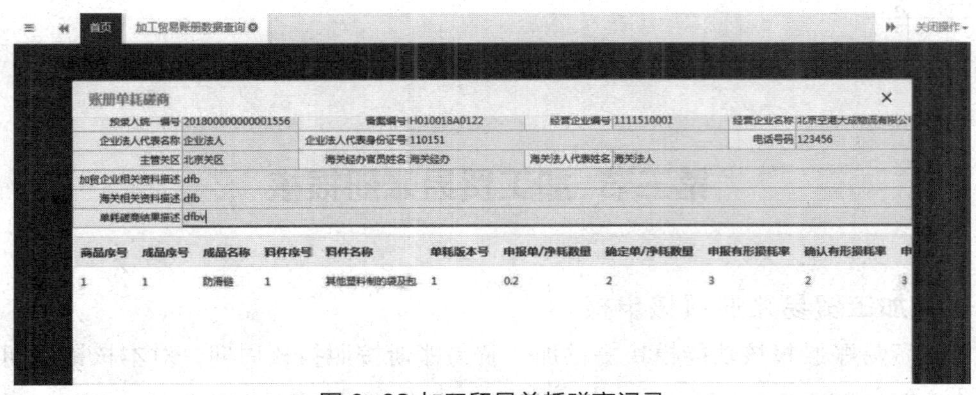

图 9-83 加工贸易单耗磋商记录

四、加工贸易账册结案通知书打印

本功能模块主要提供加工贸易账册结案通知书的打印功能。

用户点击综合查询界面中的“加工贸易账册查询”，输入查询条件进行查询，选中需要打印结案通知书的数据，点击“结案通知书打印”按钮，如图 9-84：

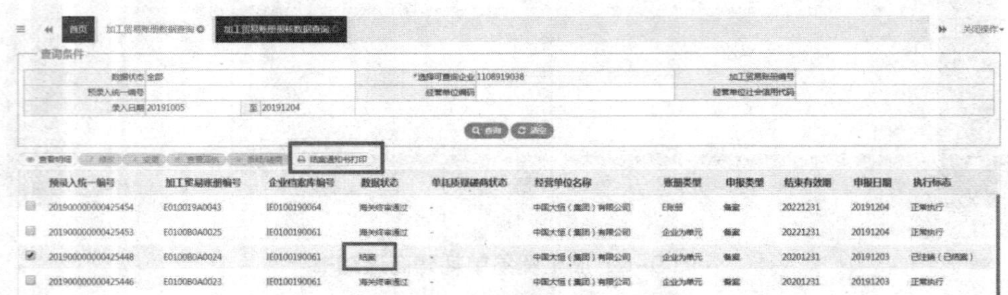

图 9-84 结案通知书打印

系统跳转到结案通知书页面，如图 9-85，用户点击“打印”图标，可进行结案通知书的打印操作。

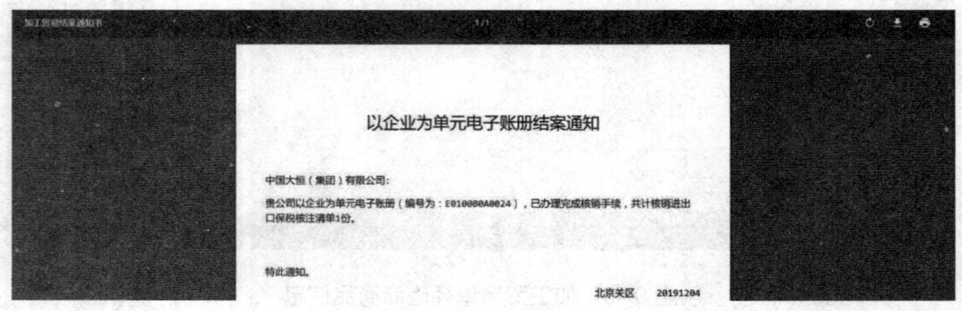

图 9-85 结案通知书

小提示：

加工贸易账册状态只有为结案的状态数据才可以进行结案通知书的打印。

第三节 加工贸易账册报核

一、加工贸易账册报核申报

加工贸易账册报核功能模块提供加工贸易账册按照报核周期，对本核销周期内核注清单、库存情况进行申报，提供账册的滚动核销。加工贸易账册报核功能包括录入新增、暂存、申报、修改、删除、打印等功能。

点击选择菜单“加工贸易账册报核”，进入加工贸易账册报核信息录入界面，如图 9-86：

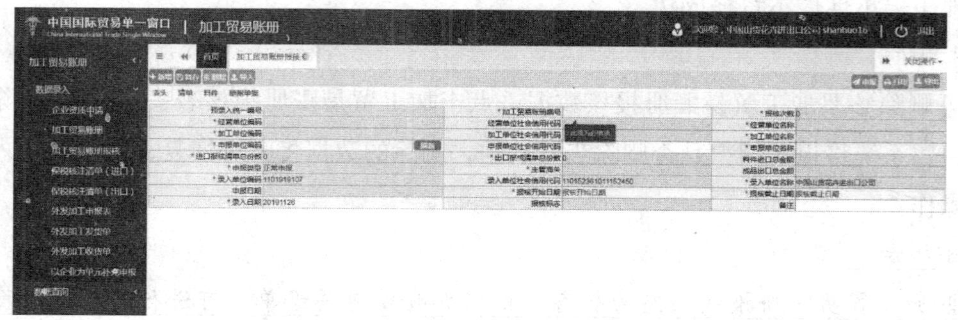

图 9-86 加工贸易账册报核

（一）表头

点击界面上方蓝色按钮（如新增、暂存、删除、导入等）所进行的操作，将影响当前的整票数据。

小提示：

界面中，带有红色星号的字段为必填项，否则可能无法继续进行保存或申报等操作。界面中的白色按钮，所影响的数据仅为当前涉及的页签或字段。

1. 新增

在加工贸易账册报核表头所示的界面中，点击新增按钮，光标跳转到“加工贸易账册编号”录入框，录入“加工贸易账册编号”后按回车键，系统自动调出并反填对应的加工贸易账册基本信息，同时“申报单位代码”“申报单位社会信用代码”“申报单位名称”和“报核截止日期”，以及“备注”字段开放为可录入状态，如图 9-87：

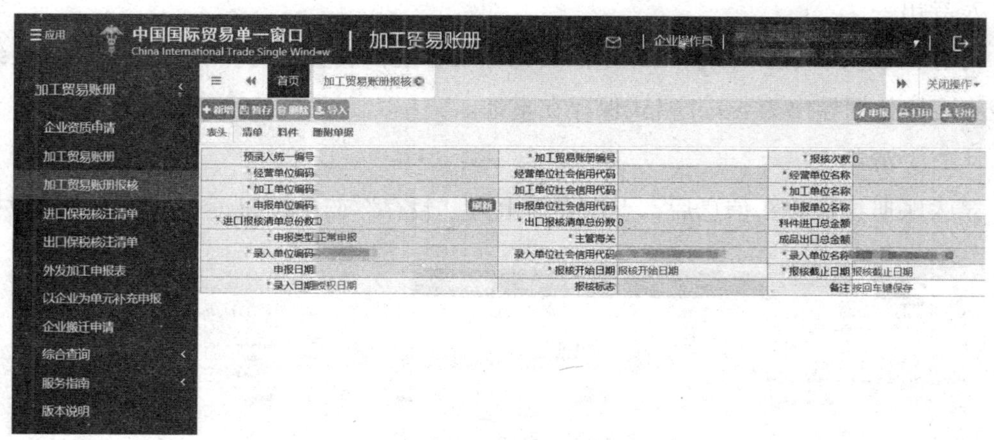

图 9-87 加工贸易账册报核表头

2. 暂存

点击加工贸易账册报核表头上方“暂存”蓝色按钮，可对当前录入的内容进行保存，系统弹出提示框提示暂存成功。

3. 删除

可删除整票加工贸易账册报核数据。点击加工贸易账册报核表头 上方“删除”蓝色按钮，系统将提示用户是否删除当前数据，删除的数据将不可恢复，需重新录入，请谨慎操作。

小提示：

当加工贸易账册报核状态为暂存、申报失败或海关退单，可进行该项删除操作。否则，系统可能弹出不允许删除的相应提示。

4. 申报

加工贸易账册报核数据录入完毕，可点击右上方的“申报”蓝色按钮进行申报。

小提示：

申报即意味着您的数据已向相关业务主管部门进行发送，并等待其审批。

5. 打印

系统提供任何状态下的打印功能，用户点击右上角的“打印”蓝色按钮，系统将生成一个 PDF 文件，可直接打印或保存文件。

6. 导入

可批量导入表体数据。点击加工贸易账册报核表头上方“导入”按钮，用户可根据导入模板进行料件、成品、单损耗表体导入功能。

小提示：

加工贸易账册报核表头暂存后才可进行表体导入。

7. 导出

可导出表头、表体数据。点击加工贸易账册报核表头上方“导出”按钮，系统可将表头表体数据导出为 excel 格式保存在本地。

（二）清单

录入账册报核表头信息后，点击界面上方“暂存”蓝色按钮，方可新增表体数据。

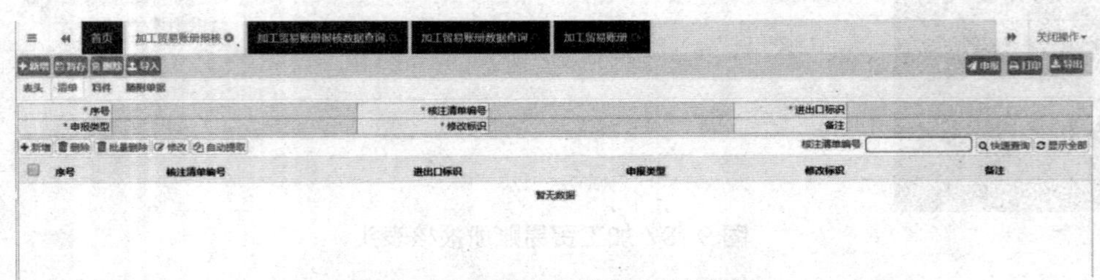

图 9-88 加工贸易账册报核清单

1. 清单—新增

在图 9-88 界面中，点击“新增”按钮，系统显示清单新增信息，用户录入“报核清单编号”，输入完成后点击“新增”按钮，如图 9-89：

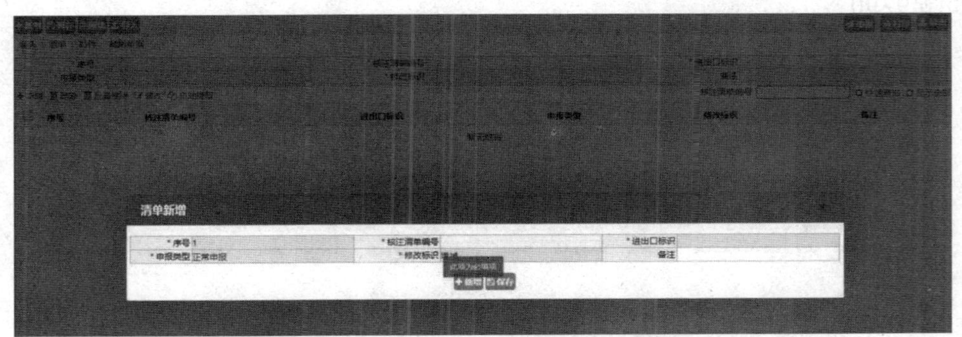

图 9-89 加工贸易账册报核清单—新增

2. 清单—保存

在图 9-89 中点击界面“保存”按钮，系统将自动校验并保存当前界面内已录入的数据。

3. 清单——自动提取

在图 9-88 界面中，点击“自动提取”按钮，系统弹出提示信息，用户点击“确认”按钮后，系统自动提取该手册号所关联的核注清单数据。

4. 清单—修改

在图 9-88 界面中，点击“修改”按钮，系统弹出清单修改界面，用户可以修改核注清单编号，修改完成后，点击“暂存”按钮。

5. 清单—删除

在图 9-88 界面中，点击“删除”按钮，系统弹出提示信息，用户点击“确认”按钮后，删除相应数据。

6. 清单—批量删除

在图 9-88 下方列表中选中需要删除的多条清单表体，点击“批量删除”按钮，点击“确定”，将删除所选中的多条表体数据。

7. 清单—快速查询

用户在查询条件处输入“清单编号”，点击“快速查询”按钮，系统将在本次数据中查询出相应清单。

8. 清单—显示全部

用户使用快速查询功能查询出某条数据后，需要回到全部数据时，点击“显示全部”按钮，系统将本次数据全部列出。

（三）料件

在加工贸易账册报核—料件界面中，点击“新增”按钮，界面弹出表体料件信息。点击下方“新增、删除、修改”按钮所进行的操作，将影响当前整票料件表体信息的数据。如图 9–90：

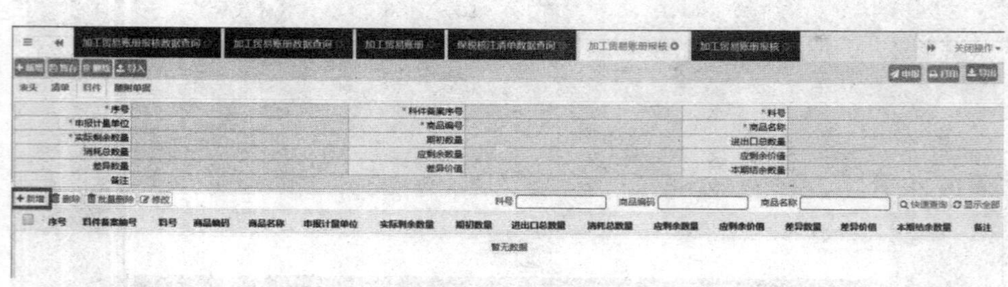

图 9–90 加工贸易账册报核料件

1. 新增

在加工贸易账册报核—料件界面中，系统根据录入的“料件备案序号”和“实际剩余数量”自动反填其他信息，备注录入框中按回车键，保存账册报核料件表体。如图 9–91：

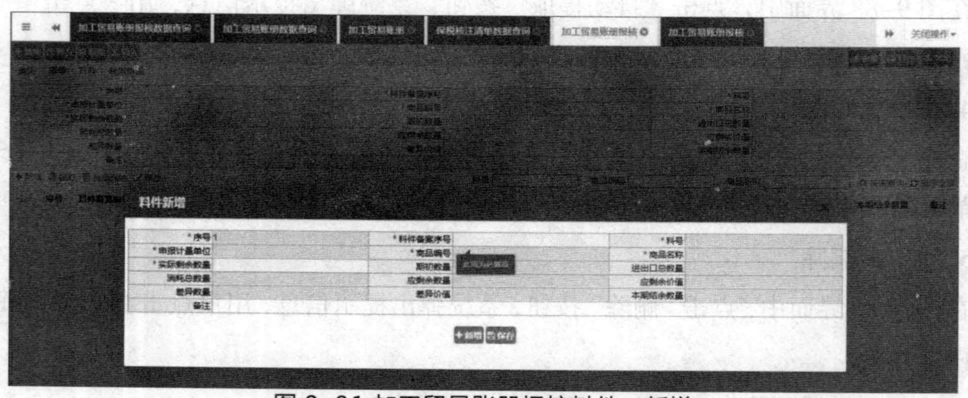

图 9–91 加工贸易账册报核料件—新增

小提示：

界面中，带有红色星号的字段为必填项，否则可能无法继续进行保存或申报等操作。

2. 保存

在图 9–91 中点击界面“保存”按钮，系统将自动校验并保存当前界面内已录入的数据。

小提示：

如您在录入数据的过程中，点击了“保存”按钮，则系统将自动保存您当前所录入的数据，即使进行新增操作，也不会丢失数据。

3. 表体—删除

在加工贸易账册报核—料件中选中某条料件表体，点击“删除”按钮，点击“确定”，将删除本条表体数据。

4. 表体—批量删除

在加工贸易账册报核—料件中选中需要删除的多条料件表体，点击“批量删除”按钮，点击“确定”，将删除所选中的多条表体数据。

5. 表体—修改

在加工贸易账册报核—料件中选中某条料件表体，点击“修改”按钮，系统将弹出本条料件录入界面，企业修改相应数据。

6. 表体—快速查询

用户输入相应的查询条件，点击“快速查询”的白色按钮，系统将在本次数据中查询出相应数据。

7. 表体—显示全部

用户使用快速查询功能查询出某条数据后，需要回到全部数据时，点击“显示全部”按钮，系统将本次数据全部列出。

（四）成品

点击加工贸易账册报核—成品中下方的“新增”按钮，界面弹出表体成品信息。点击下方“新增、删除、修改”按钮所进行的操作，将影响当前整票料件表体信息的数据。系统根据录入的“料件备案序号”自动返填“料号”“商品编码”“商品名称”“计量单位”。备注录入框中按回车键，保存手册报核成品表体。

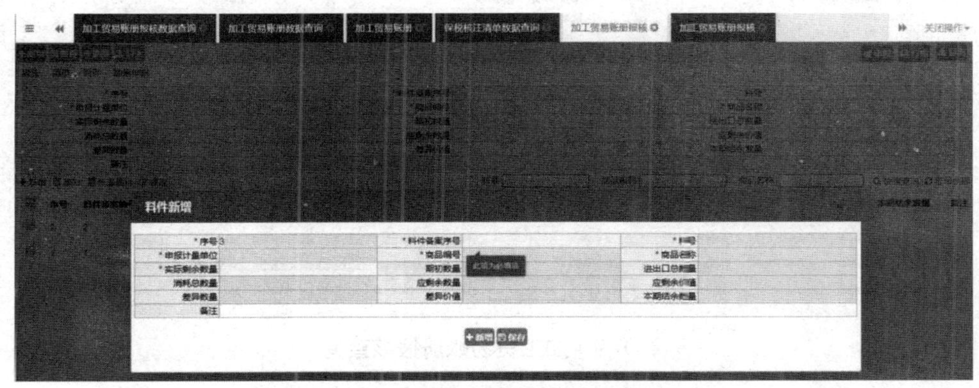

图 9-92 加工贸易账册报核成品

小提示：成品表体具体操作同料件表体。

（五）随附单据

加工贸易账册报核数据查询 加工贸易账册数据查询 加工贸易账册 保税核注清单数据查询 加工贸易账册报核 加工贸易账册报核 关闭操作

表头 清单 料件 随附单据

*业务单证类型 账(手)册报核 *业务单证统一编号 201900000000035235 *上传人IC卡号 8950000097151

变更/修改次数 2 *随附单据格式 随附单据类型

随附单据编号 随附单据所属单位 随附单据所属单位名称

清单商品序号 随附单据文件

提醒：

1、附件大小要求不超过4M，如果文件过大，建议拆分多个上传；

2、附件格式要求：PDF文件；

3、同一附件类型可以上传多个附件；

4、附件传输过程中会出现传输失败的情况，请随时关注附件传输状态；

5、要求上传复印件的可上传原件的扫描件。

新增 暂存 删除 上传 下载

随附单据序号	随附单据文件名称	随附单据类型	随附单据编号	随附单据状态	清单商品序号	随附单据所属单位	上传人IC卡号	随附单据存储名	随附单据格式
暂无数据									

图 9-93 随附单据

小提示：

随附单据具体操作详见前篇随附单据章节。

二、加工贸易账册报核差异处置

提供加工贸易账册报核的差异处置功能：对于数据状态为“转人工”，且差异确认状态为“待确认”的加工贸易账册报核，用户需进行差异处置操作。

点击选择菜单“综合查询”—“加工贸易账册报核查询”，进入加工贸易账册报核数据查询界面，输入查询条件，查询出需要差异处置的加工贸易账册报核数据，如图 9-94：

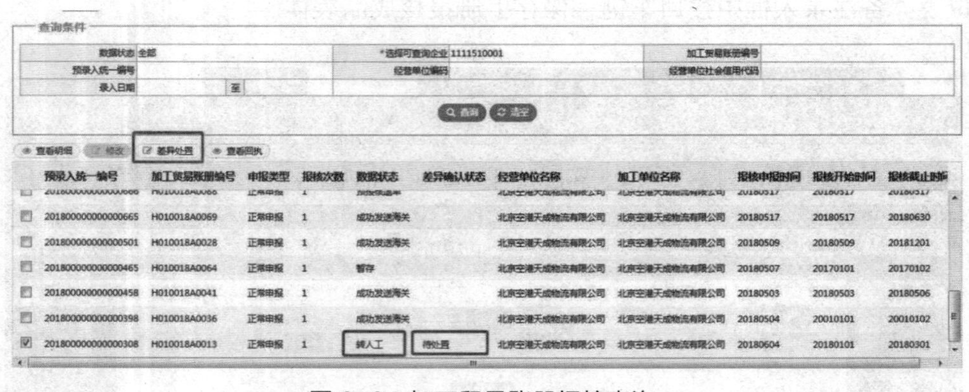

图 9-94 加工贸易账册报核查询

在图 9-94 界面中，选中需要差异处置的报核数据，点击“差异处置”按钮，进行差异处置操作，如下图：

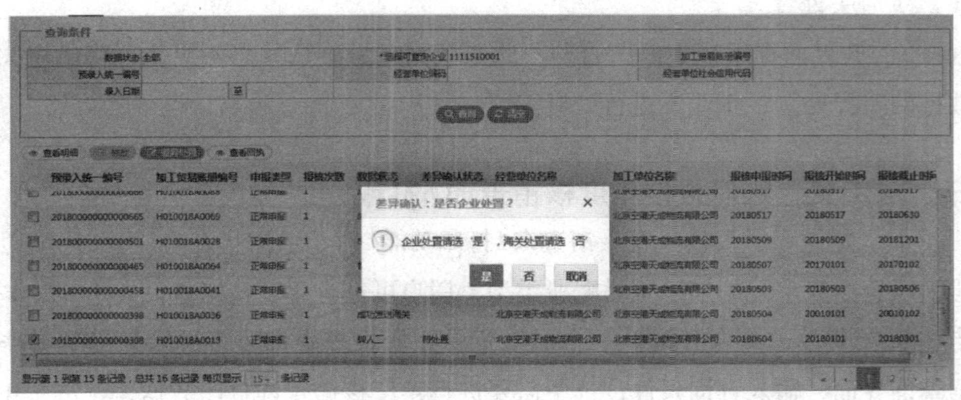

图 9-95 加工贸易账册报核差异处置

（一）企业处置

在图 9-95 中，选择“是”进行企业处置，跳转到加工贸易账册报核企业处置界面，如图 9-96：

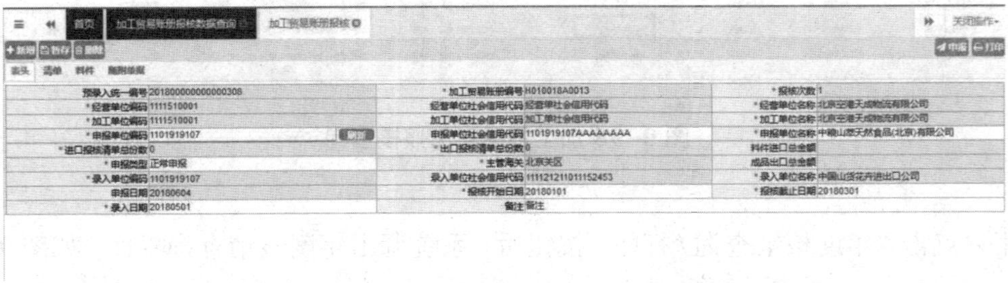

图 9-96 加工贸易账册报核企业处置

在图 9-96 界面中的“申报类型”录入框中按空格键，选择申报类型并按“暂存”按钮进行保存，修改报核清单、料件表体数据后按“申报”进行申报，申报成功后，此票数据的差异确认状态更新为“企业处置已发送”，如图 9-97：

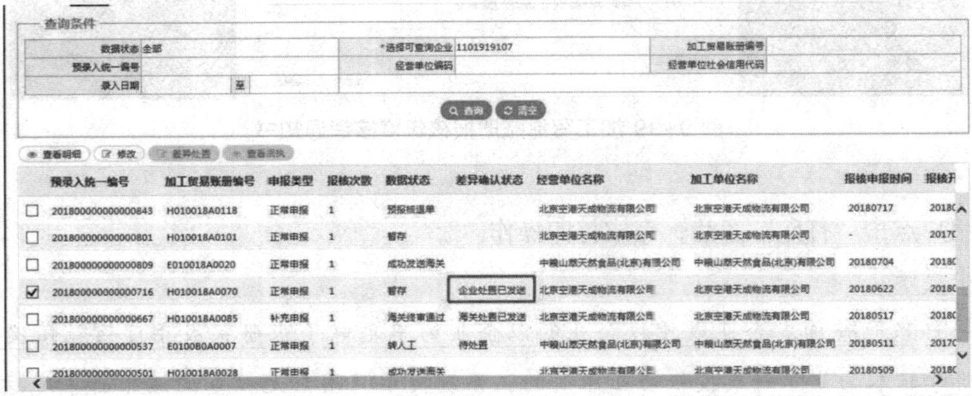

图 9-97 加工贸易账册报核企业处置已发送

（二）海关处置

在图 9–95 界面提示框中的“否”，此票数据差异确认状态不更新，将由海关进行此票数据的差异处置，企业不进行处置。

三、加工贸易账册报核年度核销查询 / 打印

提供加工贸易账册报核年度核销查询 / 打印功能：对于数据状态为“海关终审通过”，且账册为以企业为单元的加工贸易账册类型，用户可进行年度核销查询 / 打印操作。

点击选择菜单“综合查询”—“加工贸易账册报核查询”，进入加工贸易账册报核数据查询界面，输入查询条件，选中需要进行年度核销查询打印数据，点击“年度核销查询 / 打印”按钮，如图 9–98：

预录入统一编号	加工贸易账册编号	申报类型	报核次数	数据状态	差异确认状态	经营单位名称	加工单位名称	报核申报时间	报核开始时间	报核截止时间
201900000000426413	E010080A0019	正常申报	2	转人工	-	中国大恒（集团）有限公司	北京空港天成物流有限公司	20191204	20160203	20160302
201900000000426412	E010080A0019	正常申报	1	海关终审通过	-	中国大恒（集团）有限公司	北京空港天成物流有限公司	20191204	20160102	20160202
201900000000426393	E010080A0024	正常申报	1	海关终审通过	-	中国大恒（集团）有限公司	中国大恒（集团）有限公司	20191203	20191203	20191203
201900000000426379	E010080A0023	正常申报	1	转人工	-	中国大恒（集团）有限公司	中国大恒（集团）有限公司	20191203	20191203	20191203

图 9–98 加工贸易账册报核查询

用户点击“年度核销查询 / 打印”按钮后，系统调出年度核销查询界面，如图 9–99：

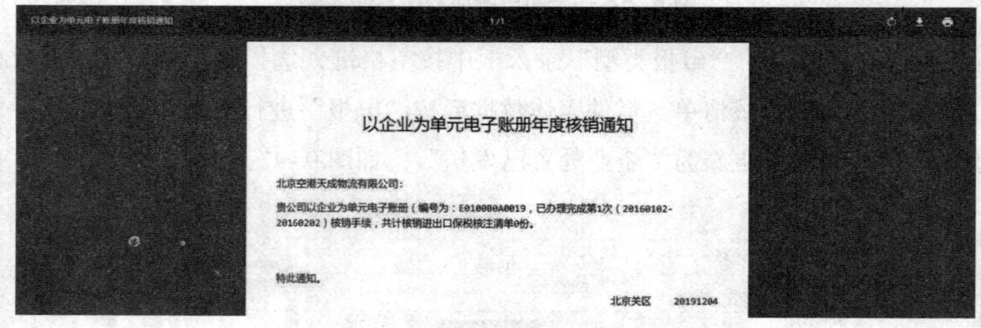

图 9–99 加工贸易账册报核年度核销通知书

用户点击“打印”图片，完成打印操作。

<u>小提示：</u>

<u>用户只能查询本企业或授权企业的以企业为单元电子账册完成年度核销情况。输入账册号非本企业账册或授权企业账册的，系统提示“用户无权查询该账册年度核销情况”。</u>

第四节 进口保税核注清单

一、进口保税核注清单申报

本功能模块主要提供进口保税核注清单的新增、修改、删除、查询、暂存、申报、复制、打印等功能。

（一）表头

点击选择菜单"进口保税核注清单"，进入进口保税核注清单录入界面，如图9-100：

图 9-100 进口保税核注清单表头

点击界面上方蓝色按钮所进行的操作，将影响当前的整票数据。

1. 新增

在图9-100界面中录入"手（帐）册编号"，按回车键，系统根据"手（账）册编号"自动返填"经营单位代码""经营单位社会信用代码"和"经营单位名称"信息，以及"收发货单位代码""收发货单位社会信用代码"和"收发货单位名称"信息，同时录入框为白色底色的字段开放为可录入状态。

小提示：

界面中，带有红色星号的字段为必填项，否则可能无法继续进行保存或申报等操作。界面中的灰色字段，为系统返填字段无需填写。

2. 暂存

点击图9-100上方"暂存"蓝色按钮，可对当前录入的内容进行保存，系统弹出提示框提示暂存成功。

3. 删除

可删除整票保税核注清单数据。点击图 9–100 上方“删除”蓝色按钮，系统将提示用户是否删除当前数据，删除的数据将不可恢复，需重新录入，请谨慎操作。

小提示：

当保税核注清单状态为暂存、申报失败或海关退单，可进行该项删除操作。否则，系统可能弹出不允许删除的相应提示。

4. 申报

保税核注清单数据录入完毕，可点击右上方的“申报”蓝色按钮进行申报。

小提示：

申报即意味着您的数据已向相关业务主管部门进行发送，并等待其审批。

5. 打印

系统提供任何状态下的打印功能，用户点击右上角的“打印”蓝色按钮，系统将生成一个 PDF 文件，可直接打印或保存文件。

6. 导入

可批量导入表体数据。点击图 9–100 上方“导入”按钮，用户可根据导入模板进行表体导入功能。

小提示：

保税核注清单表头暂存后才可进行表体导入。

（二）表体

须录入表头数据后，点击界面上方“暂存”蓝色按钮，方可新增表体数据。

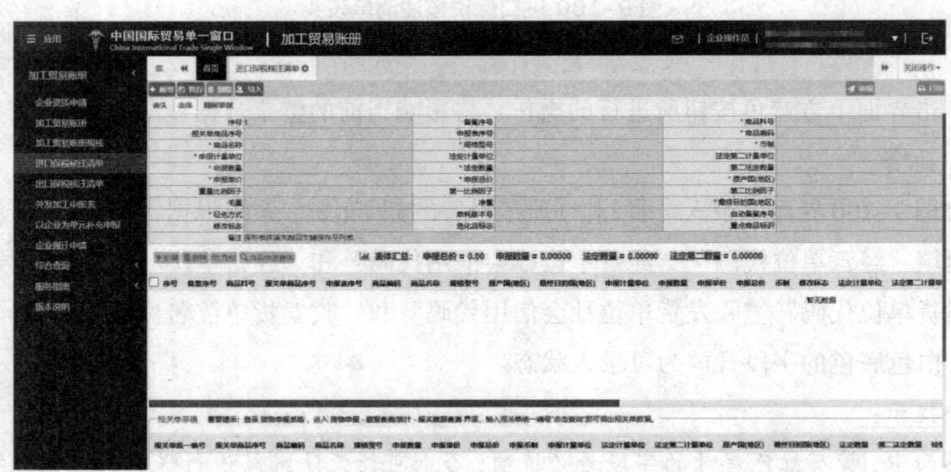

图 9–101 保税核注清单表体

1. 表体—新增

在图 9–101 中点击“新增”按钮，界面清空已有数据，企业进行表体录入。

小提示：

记账式账册（累计物流账册 / 加工贸易耗料账册）录入表体备案序号字段时需注意：

1. 通过核注清单完成通关手续的已存在的备案序号，在新增表体时需要填写，通过备案序号调出商品信息；

2. 不存在备案序号的，新增表体时备案序号为空。

2. 表体—删除

在图 9-101 中选中某条料件表体，点击“删除”的白色按钮，点击“确定”，将删除本条表体数据。

3. 表体—复制

在图 9-101 中选中需要复制的某条料件表体，点击“复制”的白色按钮，点击“确定”，将复制本条表体数据。

4. 表体—商品快速查询

用户点击“商品快速查询”按钮，系统弹出查询条件界面。

用户在保税核注清单商品快速查询界面中输入相应查询信息后点击“查询”按钮，系统将在本次数据中查询出相应数据。

（三）随附单据

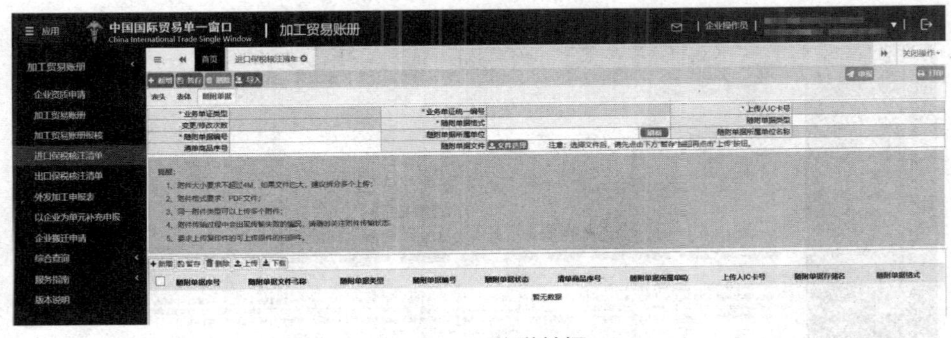

图 9-102 随附单据

小提示：

随附单据具体操作详见前篇随附单据章节。

二、保税核注清单两步申报

本功能模块主要提供保税核注清单两步申报功能。

企业在报关单系统中进行概要申报后，概要申报状态为“提货放行”时，录入核注清单表头数据如图 9-103。

图 9-103 录入核注清单表头数据

小提示：

加贸账册报两步申报核注清单时，在报关单类型选择“X：进口两步申报报关单”在对应报关单编号处填写概要申报返回的海关编号数据

核注清单申报成功后，系统在备注处返填成功信息，用户可根据生成的报关单草稿进行完整申报。

三、保税核注清单修改申请

本功能模块主要提供保税核注清单修改申请功能。

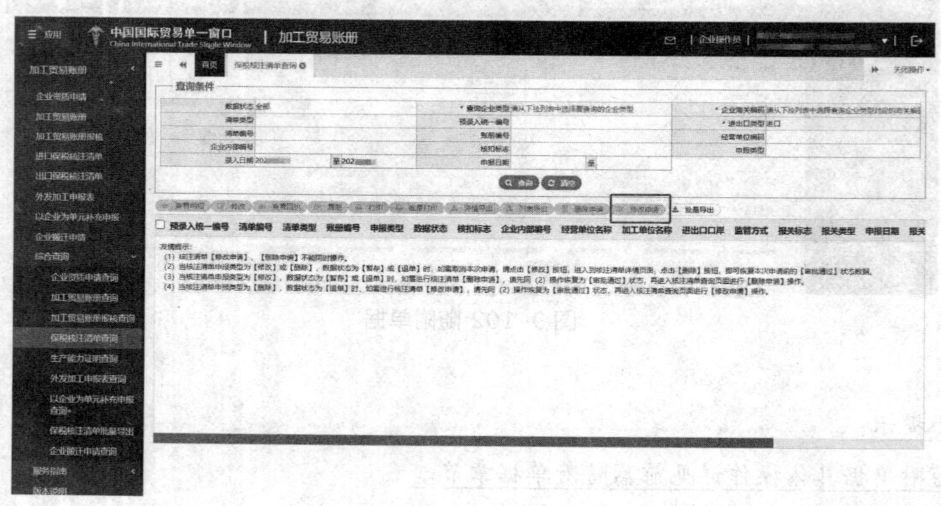

图 9-104 保税核注清单查询

在图 9-104 界面中，输入查询条件，选中需要修改的数据，点击“修改申请”按钮，系统调出提示信息，用户点击“确认”按钮，系统进入保税核注清单修改申请界面，用户可对保税核注清单部分字段进行修改。

小提示：

1. 核注清单状态为预审批通过、审批通过状态，且核扣标志为“预核扣”“未核扣”的数据可以申请修改；

2. 清单类型为“2- 集中报关”“4- 简单加工”“8- 保税电商”“9- 一纳成品内销”的核注清单不允许修改；

3. 修改后的核注清单不再重新生成报关单草稿和报关单。

四、保税核注清单删除申请

本功能模块主要提供保税核注清单删除申请功能。

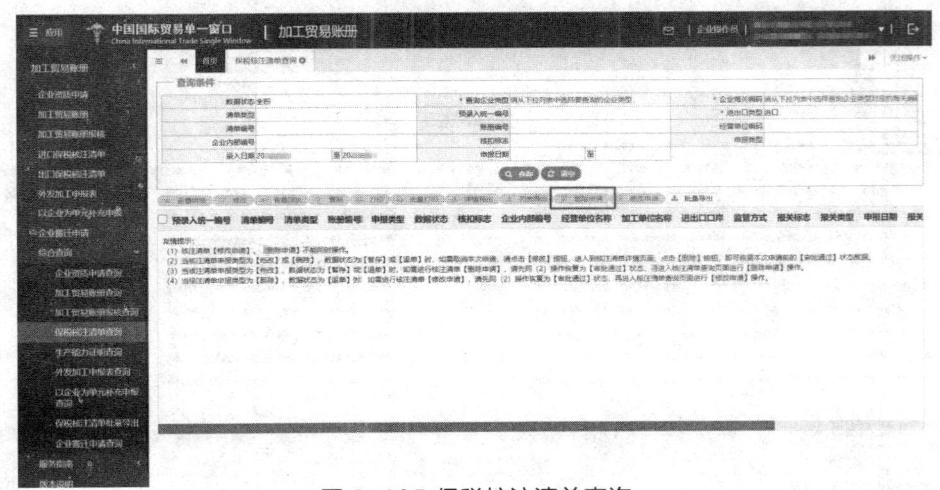

图 9-105 保税核注清单查询

在图 9-105 界面中，输入查询条件，选中需要删除的数据，点击“删除申请”按钮，系统弹出提示信息，用户点击“确定”按钮，进入保税核注清单录入界面，点击“删除申请”按钮后，系统弹出提示框，点击“确认”按钮，完成删除。

小提示：

1. 满足如下条件的核注清单，可以申请删除。

（1）报关标志为“非报关”的核注清单，核注状态为“预核注”“正式核注”时允许删除；

（2）报关标志为“报关”，核注状态为“预核注”时允许删除。

2. 清单类型为“2- 集中报关”“4- 简单加工”“8- 保税电商”“9- 一纳成品内销”的核注清单不允许删除。

五、保税核注清单生成报关单草稿

核注清单预审批通过，可以自动生成一份暂存的报关单草稿，用户可以登录货物申报系统调出并申报报关单。

小提示：

核注清单表头，报关标志字段选择“报关”时，核注清单预审批通过自动生成一份暂存的报关单草稿。

核注清单表头，报关标志字段选择“非报关”时，不生成暂存的报关单草稿。

点击选择菜单“保税核注清单查询”界面中的预审批通过数据，点击“查看明细”，进入核注清单详情界面，点击“表体”，查看报关单草稿表体列表，如图 9-106：

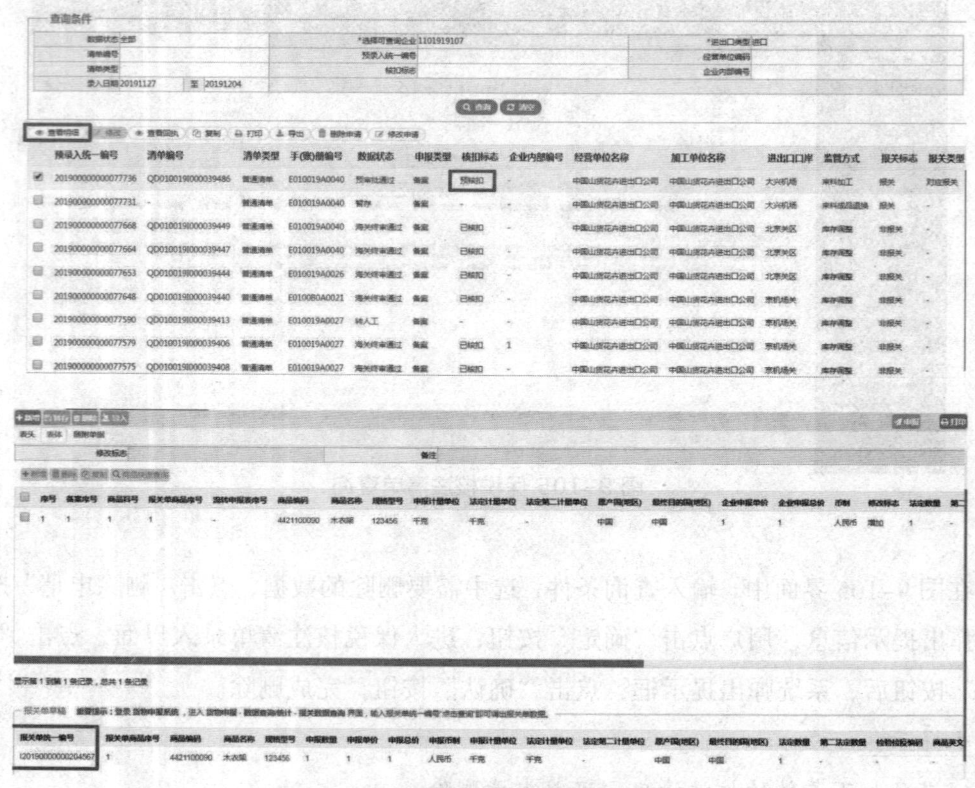

图 9-106 核注清单报关单草稿表体列表

登录货物申报系统，进入货物申报—综合查询—报关数据查询界面，点击“高级查询”，操作类型选择“其他报关单数据查询”，输入报关单统一编号即可调出报关单数据。

第五节 出口保税核注清单申报

小提示：

出口保税核注清单申报具体操作详见进口保税核注清单申报章节。

第六节 外发加工申报表

外发加工功能模块实现外发加工申报表、收发货单的录入功能，包括新增、录入、修改、删除、暂存、查询、打印等功能。

一、外发加工申报表备案

本功能模块主要提供外发加工申报表的新增、修改、删除、查询、暂存、申报、复制、打印、变更申请等功能。

（一）表头

点击选择菜单“外发加工申报表”，进入外发加工申报表录入界面，如图 9-107：

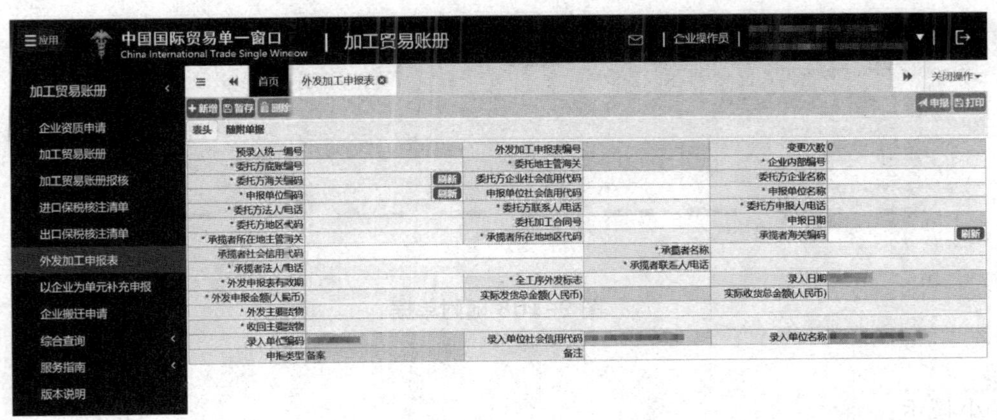

图 9-107 外发加工申报表

点击界面上方蓝色按钮所进行的操作，将影响当前的整票数据。

1. 新增

在外发加工申报表界面中录入“委托方底账编号”，按回车键，系统根据“委托方底账编号”自动返填“委托地主管海关”；

2. 暂存

点击外发加工申报表上方“暂存”按钮，可对当前录入的内容进行保存，系统弹出提示框提示暂存成功。

3. 删除

可删除整票外发加工申报表数据。点击外发加工申报表上方“删除”按钮，系统将提示用户是否删除当前数据，删除的数据将不可恢复，需重新录入，请谨慎操作。

小提示：

当外发加工备案状态为暂存、申报失败或海关退单，可进行该项删除操作。否则，系统可能弹出不允许删除的相应提示。

4. 申报

外发加工备案数据录入完毕，可点击右上方的“申报”按钮进行申报。

小提示：

申报即意味着您的数据已向相关业务主管部门进行发送，并等待其审批。

5. 打印

系统提供任何状态下的打印功能，用户点击右上角的“打印”按钮，系统将生成一个 PDF 文件，可直接打印或保存文件。

（二）随附单据

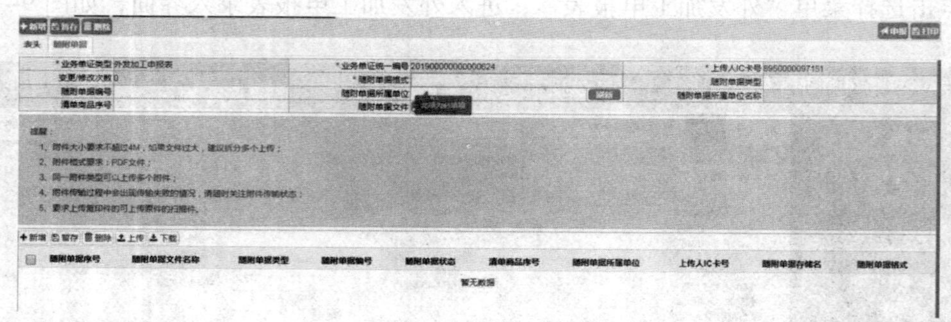

图 9-108 随附单据

小提示：

随附单据具体操作详见前篇随附单据章节。

二、外发加工申报表变更

企业可自行录入或者委托预录入机构完成外发加工申报表数据变更录入，外发加工备案变更功能模块包括外发加工申报表新增、修改、删除、申报、查询、打印功能。

用户点击综合查询—外发加工申报表查询界面中的“外发加工申报表数据查询”，

输入查询条件进行查询，选中需要变更的数据，点击“变更”按钮（如图 9-109）。

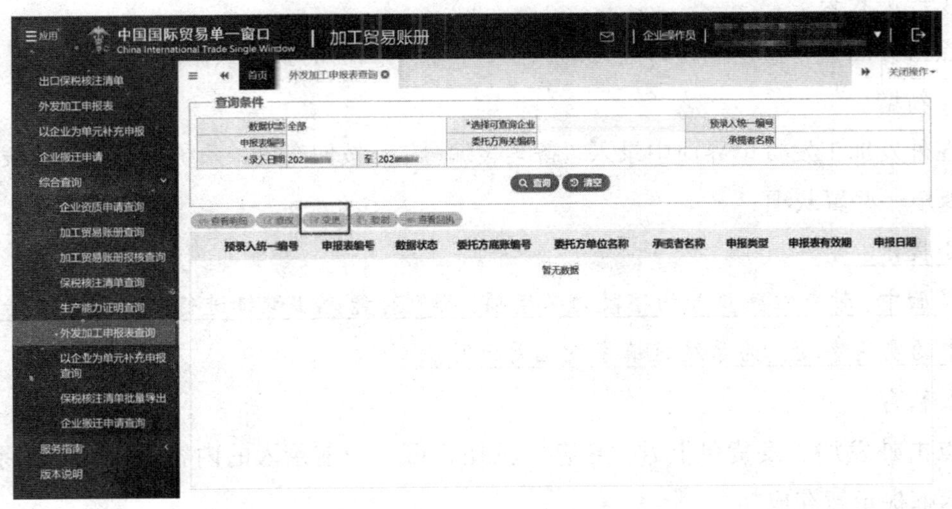

图 9-109 外发加工申报表查询

系统提示：是否确认变更该数据？点击“确定”，进入变更录入界面。用户可以对数据进行修改。

小提示：

外发加工备案状态只有为海关终审通过的状态才可以进行变更，具体操作同加工贸易账册备案。

第七节 外发加工发货单

本功能模块主要提供出入库单的新增、修改、删除、查询、暂存、申报、撤销、打印等功能。

点击选择菜单“外发加工发货单”，进入外发加工发货单录入界面，如图 9-110：

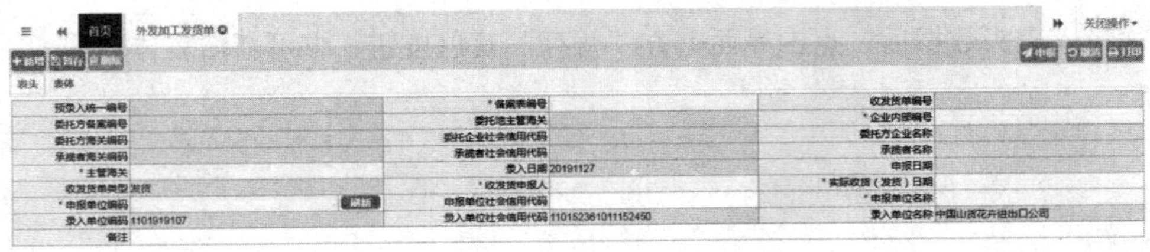

图 9-110 外发加工发货单

一、外发加工发货单备案

（一）表头

点击界面上方蓝色按钮所进行的操作，将影响当前的整票数据。

1. 新增

在外发加工发货单界面中录入“备案表编号”，按回车键，系统根据“备案表编号”自动返填一些置灰项；

小提示：

界面中，带有红色星号的字段为必填项，否则可能无法继续进行保存或申报等操作。界面中的灰色字段，为系统返填字段无需填写。

2. 暂存

点击外发加工发货单上方“暂存”按钮，可对当前录入的内容进行保存，系统弹出提示框提示暂存成功。

3. 删除

可删除整票外发加工发货单数据。点击外发加工发货单上方“删除”蓝色按钮，系统将提示用户是否删除当前数据，删除的数据将不可恢复，需重新录入，请谨慎操作。

小提示：

当外发加工发货单状态为暂存、申报失败或海关退单，可进行该项删除操作。否则，系统可能弹出不允许删除的相应提示。

4. 申报

外发加工发货单数据录入完毕，可点击右上方的“申报”蓝色按钮进行申报。

小提示：

申报即意味着您的数据已向相关业务主管部门进行发送，并等待其审批。

5. 打印

系统提供任何状态下的打印功能，用户点击右上角的“打印”蓝色按钮，系统将生成一个 PDF 文件，可直接打印或保存文件。

（二）表体

须录入表头数据后，点击界面上方“暂存”蓝色按钮，方可新增表体数据。

+新增　暂存　删除

表头　表体

商品序号		备案序号		商品编码	
商品名称				申报计量单位	
币制		外发/收回货物数量		外发/收回货物金额	

+新增　删除　修改　商品编码　商品名称

商品序号	备案序号	商品编码	商品名称	申报计量单位	外发/收回货物数量	外发/收回货物金额
31	31	4421[illegible]00090	木衣架	千克	600	120000
30	30	7315[illegible]00000	食用蛇	千克	600	60000
29	29	4421[illegible]00090	木衣架	千克	600	120000
28	28	7315200000	食用蛇	千克	600	60000
27	27	4421[illegible]00090	木衣架	千克	600	120000

图 9–111 外发加工发货单表体

1. 表体—新增

点击图 9–111 界面中的“新增”白色按钮，界面弹出表体料件信息。点击下方‘新增、保存”按钮所进行的操作，将影响当前整票料件表体信息的数据。如图 9–112：

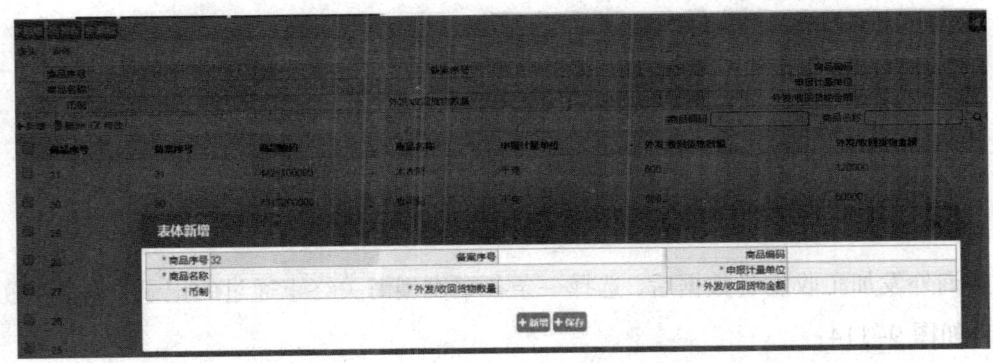

图 9–112 外发加工发货表体—新增

小提示：

界面中，带有红色星号的字段为必填项，否则可能无法继续进行保存或申报等操作。

2. 表体—删除

在图 9–111 中选中某条料件表体，点击“删除”按钮，点击“确定”，将删除本条表体数据。

3. 表体—修改

在图 9–111 中选中某条料件表体，点击“修改”按钮，系统将弹出本条表体录入界面，企业修改相应数据。

4. 表体—快速查询

用户输入相应的查询条件，点击“快速查询”的白色按钮，系统将在本次数据中查询出相应数据。

5. 表体—显示全部

用户使用快速查询功能查询出某条数据后，需要回到全部数据时，点击“显示全部”按钮，系统将本次数据全部列出。

二、外发加工发货单撤销

点击选择菜单“综合查询”—“外发加工收发货单查询”，进入“外发加工收发货单查询”界面。

查询条件

数据状态	全部	*选择可查询企业	1101919107	*收发货单类型	发货
备案表编号		预录入统一编号		收发货单编号	
委托方企业编码		承揽者名称		录入日期	20180521 至 20180720

查询 清空

查看明细 修改 撤销 查看回执

预录入统一编号	备案表编号	收发货单类型	数据状态	委托方备案编号	收发货编号	委托方企业编码	委托方企业名称	承揽
2018000000000000296	WF010018000051	发货	海关接收成功	E010018A0026	WF010018000051F0003	1108919118	中国电子器材总公司	大
2018000000000000295	WF010018000051	发货	海关接收成功	E010018A0026	WF010018000051F0002	1108919118	中国电子器材总公司	大
2018000000000000291	WF010018000051	发货	海关接收成功	E010018A0026	WF010018000051F0001	1108919118	中国电子器材总公司	大
2018000000000000289	WF010018000038	发货	暂存	E010018A0020	-	1101919107	中粮山萃天然食品(北京)有限公司	中粮
2018000000000000288	WF010018000036	发货	暂存	E010080A0009	-	1101919107	中粮山萃天然食品(北京)有限公司	北京
2018000000000000287	WF010117000006	发货	海关退单	E010117A0003	WF010117000006F0004	1104919016	北方化工科技有限责任公司	北方
2018000000000000285	WF010018000038	发货	暂存	E010018A0020	WF010018000038F0002	1101919107	中粮山萃天然食品(北京)有限公司	中粮

图 9–113 外发加工收发货查询

查询外发加工收发货数据后，选择一条备案类型海关终审通过的记录，点击“撤销”按钮，如图 9–114：

图 9–114 外发加工数据查询界面

点击“撤销”按钮，进入详情页，点击“撤销”按钮，弹出对话框，输入撤销原因后，点击“确定”按钮后，显示“撤销申请操作成功”。

第八节 外发加工收货单

本功能模块主要提供外发加工收货单的新增、修改、删除、查询、暂存、申报、撤销、打印等功能。

点击选择菜单“外发加工收货单”，进入外发加工收货单录入界面，如图 9–115：

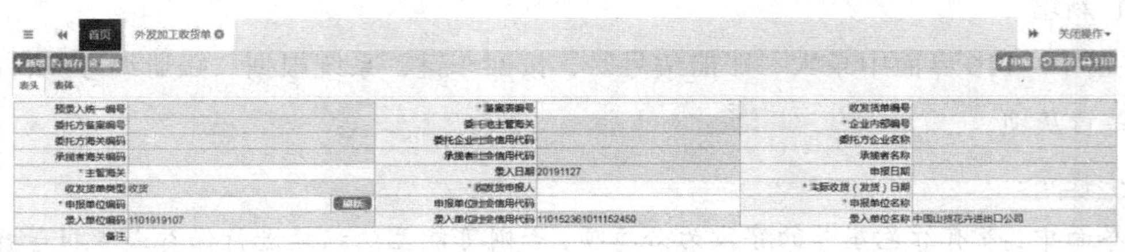

图 9–115 外发加工收货单

一、外发加工收货单备案

外发加工收货单备案具体操作详见前篇外发加工发货单备案章节。

二、外发加工收货单撤销

外发加工收货单撤销具体操作详见前篇外发加工发货单备案章节。

第九节 以企业为单元补充申报

本功能模块主要提供以企业为单元的账册进行补充申报的新增、修改、删除、查询、暂存、申报、打印等功能。

点击选择菜单“以企业为单元补充申报”，进入以企业为单元补充申报录入界面，如图 9–116：

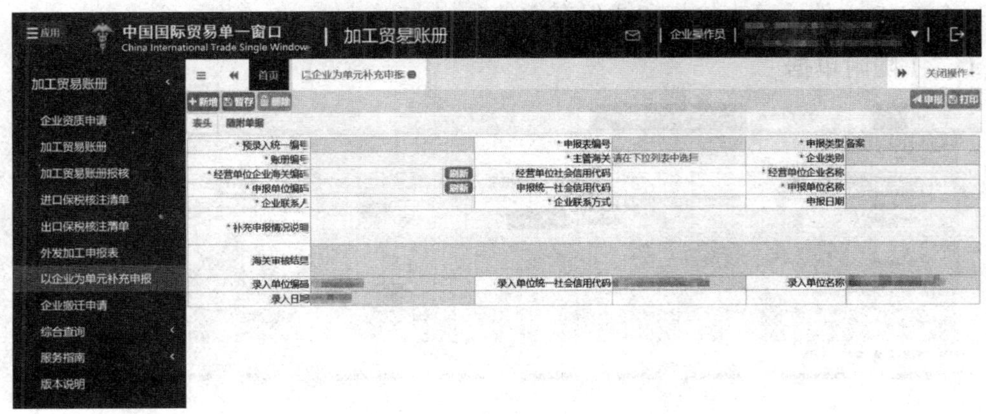

图 9–116 以企业为单元补充申报

（一）表头

点击界面上方蓝色按钮所进行的操作，将影响当前的整票数据。

1. 新增

在图 9–116 界面中录入“账册编号”，按回车键，系统根据“账册编号”自动返填一些置灰项。

小提示：

界面中，带有红色星号的字段为必填项，否则可能无法继续进行保存或申报等操作。界面中的灰色字段，为系统返填字段无需填写。

2. 暂存

点击图 9–116 上方“暂存”按钮，可对当前录入的内容进行保存，系统弹出提示框提示暂存成功。

3. 删除

可删除整票外发加工发货单数据。点击图 9–116 上方“删除”蓝色按钮，系统将提示用户是否删除当前数据，删除的数据将不可恢复，需重新录入，请谨慎操作。

小提示：

当以企业为单元补充申报的状态为暂存、申报失败或海关退单，可进行该项删除操作。否则，系统可能弹出不允许删除的相应提示。

4. 申报

外发加工发货单数据录入完毕，可点击右上方的“申报”蓝色按钮进行申报。

小提示：

申报即意味着您的数据已向相关业务主管部门进行发送，并等待其审批。

5. 打印

系统提供任何状态下的打印功能，用户点击右上角的“打印”蓝色按钮，系统将生成一个 PDF 文件，可直接打印或保存文件。

（二）随附单据

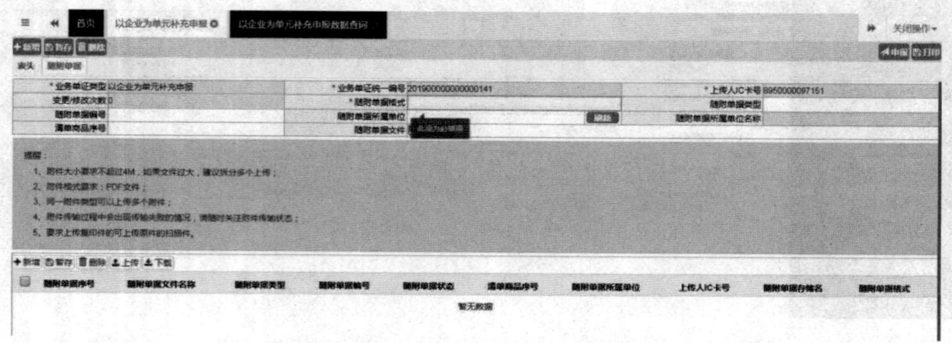

图 9–117 随附单据

随附单据具体操作详见前篇随附单据章节。

第十节 企业搬迁申请

本功能模块主要提供企业搬迁申请申报的新增、修改、删除、查询、暂存、申报、打印等功能。

点击选择菜单“企业搬迁申请”，进入企业搬迁申请录入界面，如图 9-118：

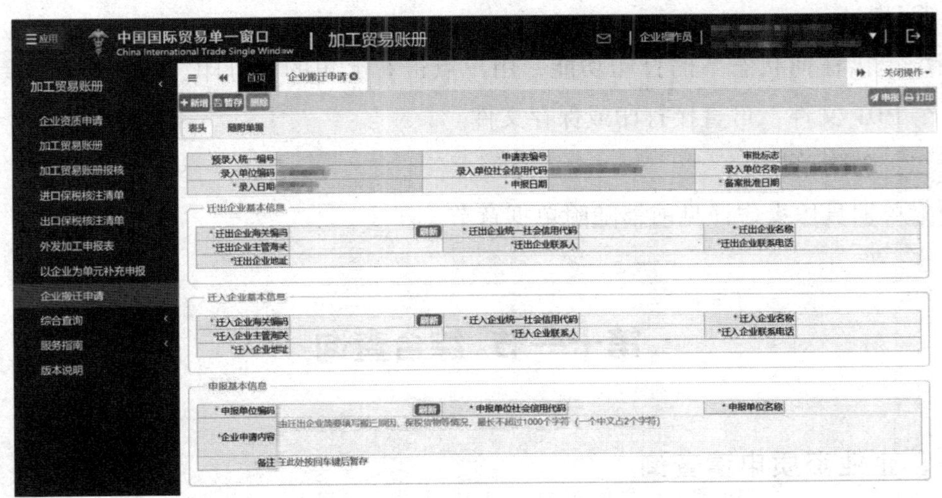

图 9-118 企业搬迁申请

（一）表头

点击界面上方蓝色按钮所进行的操作，将影响当前的整票数据。

1. 新增

在图 9-118 申报界面中录入迁出企业基本信息、迁入企业基本信息、申报基本信息。

小提示：

界面中，带有红色星号的字段为必填项，否则可能无法继续进行保存或申报等操作。界面中的灰色字段，为系统返填字段无需填写。

2. 暂存

点击图 9-118“暂存”按钮，可对当前录入的内容进行保存，系统弹出提示框提示暂存成功。

3. 删除

可删除整票企业搬迁申请数据。点击图 9-118 上方“删除”蓝色按钮，系统将提示用户是否删除当前数据，删除的数据将不可恢复，需重新录入，请谨慎操作。

小提示：

当以企业为单元补充申报的状态为暂存、申报失败或海关退单，可进行该项删除操作。否则，系统可能弹出不允许删除的相应提示。

4. 申报

企业搬迁申请录入完毕，可点击右上方的“申报”蓝色按钮进行申报。

小提示：

申报即意味着您的数据已向相关业务主管部门进行发送，并等待其审批。

5. 打印

系统提供任何状态下的打印功能，用户点击右上角的“打印”蓝色按钮，系统将生成一个 PDF 文件，可直接打印或保存文件。

（二）随附单据

随附单据具体操作详见前篇随附单据章节。

第十一节 综合查询

一、企业资质申请查询

本模块主要提供企业资质申请查询。

点击选择菜单“综合查询”—“企业资质申请查询”进入查询界面，如图 9–119：

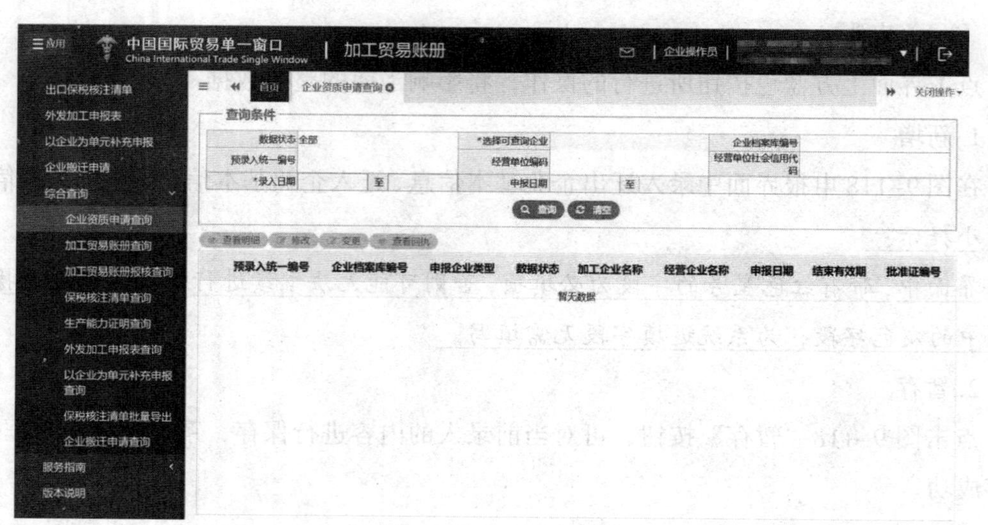

图 9–119 企业资质申请查询

输入查询条件，点击“查询”按钮，系统查找符合条件的记录显示在查询列表中

小提示：

查询条件中的选择可查询企业条件必须录入，才可以查询出对应信息。

1. 查看明细

在图 9-119 界面中，点击“查看明细”按钮，系统进入企业资质申请数据录入界面。此时，数据为只读状态，不允许编辑。

2. 修改

在图 9-119 界面中，点击“修改”按钮，系统进入企业资质申请录入界面。

小提示：

1. 数据状态为暂存和退单的数据可进行修改操作，数据如果已经申报，则不可再修改。

2. 修改时灰色底色的字段不可修改。

3. 对修改完毕的数据可继续进行暂存操作，也可直接进行申报。

3. 查看回执

在企业资质申请界面中，点击“查看回执”按钮，系统会显示最近一次收到的海关回执的详细内容。

小提示：

如果没有收到海关任何回执，则查看回执按钮不可用。

4. 变更

具体操作详见前篇企业资质申请变更章节。

二、其他查询

加工贸易账册查询、加工贸易账册报核查询、保税核注清单查询、生产能力证明查询、外发加工申报表查询、以企业为单元补充申报查询、保税核注清单批量导出、企业搬迁申请查询，本模块为企业提供对应的查询功能。具体操作详见前篇相关章节。

第十二节 常见问题解答

1. 账册核销时，“核销周期”与“账册结束有效期”应如何申报？

答：联网监管电子账册即 E 账册报核才有这两项内容，以企业为单元账册没有这两项。E 账册的“核销周期”按现行联网监管电子账册的规定办理，即不能超过 1 年；E 账册的“结束有效期”可按营业执照上的有效期填报。

2.“单耗版本”如何申报？

答：账册在设立时无需备案单耗版本，但应在出口前备案单耗版本。账册在备案单耗版本时，企业自行编写录入单耗版本，可以从“1”开始编号或企业自编编号。但账册的单耗版本不能填为“0”，这是电子化手册统一填写的单耗版本。

3. 账册核销应如何申报？

答：业报核时只需申报“实际剩余料件”，其他项由系统根据相应的核销范围自动核算。

差异处理：需要调整库存的，由企业申报核注清单，该核注清单的“监管方式”栏填写 AAAA。

注：E 账为滚动核销，以企业为单元账册核销时需开设新的账册，办理余料结转。

4. 为什么在加工贸易账册模块中，输入 C 字母开头的账册号提示查不到该账册数据？

答：C 字母开头对应的是加工贸易手册，企业应该在加工贸易手册模块操作。E 字母开头的对应的才是加工贸易账册。

5. 加工贸易账册保税核注清单的导入按钮为什么是灰色的无法点击？

答：需要录完表头信息以后暂存，在表体的页面才能导入。

6. 账册的料件一次性最多可以导出多少条数据？

答：一次最多导出 3000 条数据，超出 3000 条数据的可分多次导出。

第三章 海关特殊监管区域系统操作指南

第一节 加工贸易账册

具体操作参考上文加工贸易手册系统操作指南中加工贸易手册相关章节。

第二节 物流账册

点击海关特殊监管区域系统界面中“物流账册”，右侧区域展示录入界面（如图 9–120）。界面分为表头、表体、随附单据。

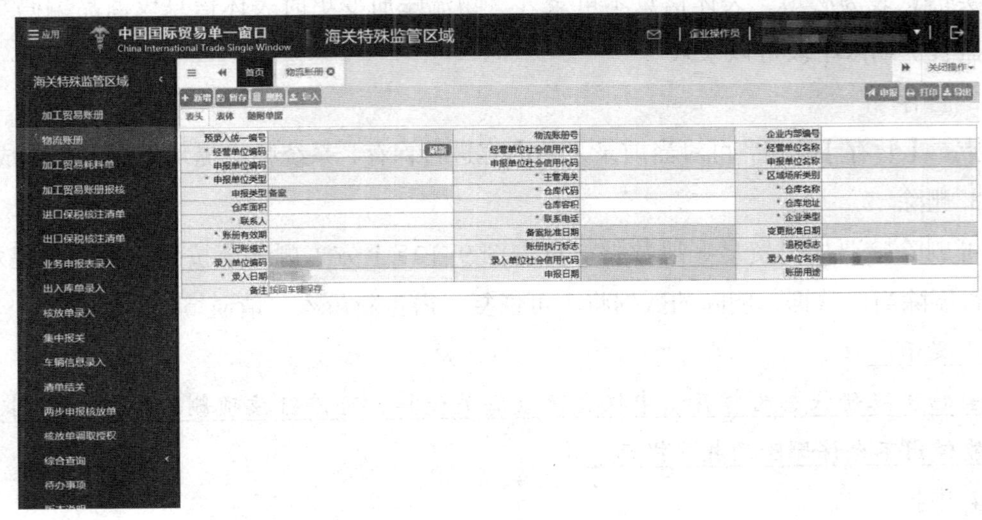

图 9–120 物流账册表头

一、物流账册备案

本功能模块主要提供物流账册备案的录入申报功能。

企业可自行录入或者委托预录入机构完成物流账册数据录入，录入完成申报后向海关发送申报信息。海关收到物流账册信息后，由关员进行审核，审核后将审核结果发送到“单一窗口”。企业可通过“单一窗口”查询审核结果。物流账册功能模块包括物流账册录入新增、修改、删除、申报、查询、打印功能。

小提示：

界面中，带有红色星号的字段为必填项，否则可能无法继续进行保存或申报等操作。

界面中的按钮，所影响的数据仅为当前涉及的页签或字段。

（一）表头

1. 新增

（1）界面各录入字段中，蓝色底色的字段为必填项，黄色底色的字段为选填项，灰色底色的字段为系统反填项或不可修改项。（注：此规则适用于所有业务，且各字段颜色标识会随着数据状态的不同而变化。）

（2）暂存前必须录入经营单位代码。

（3）经营单位代码录入海关 10 位编码，回车后系统会自动反填经营单位社会信用代码、经营单位名称。

（4）表头信息录入完成后，点击【暂存】按钮，系统保存表头数据，备案时表体信息不可录入。

（5）物流账册信息录入界面包含三部分：表头、表体和随附单据。物流账册备案时表头信息表为必填，表体信息不可录入。物流账册变更时表体信息仅商品编码与 存储（监管）期限字段可以录入。

2. 暂存

点击【暂存】按钮，可对当前录入的内容进行保存，系统弹出提示框提示暂存成功。

3. 删除

可删除整票加工贸易账册数据。点击图 9-120 上方【删除】按钮，系统将提示用户是否删除当前数据，删除的数据将不可恢复，需重新录入，请谨慎操作。

小提示：

当物流账册状态为暂存、申报失败或海关退单，可进行该项删除操作。否则，系统可能弹出不允许删除的相应提示。

4. 申报

物流账册数据录入完毕，可点击右上方的【申报】按钮进行申报。

小提示：

申报即意味着您的数据已向相关业务主管部门进行发送，并等待其审批。

5. 打印

系统提供任何状态下的打印功能，用户点击右上角的【打印】按钮，系统将生成一个 PDF 文件，可直接打印或保存文件。

6. 导入

可批量导入表体数据。点击图 9-120 上方【导入】按钮，用户可根据导入模板进行料件、成品、单损耗表体导入功能。

小提示：

物流账册表头暂存后才可进行表体导入。

7. 导出

可导出表头、表体数据。点击图 9-120 上方【导出】按钮，系统可将表头表体数据导出为 excel 格式保存在本地。

8. 打印

系统提供任何状态下的打印功能，用户点击右上角的【打印】蓝色按钮，系统将生成一个 PDF 文件，可直接打印或保存文件。

（二）表体

物流账册为记账式账册，备案时表体不可录入。根据海关终审通过的核注清单的记账回执记录物流账册表体数据。

变更时，可以使用“导入”功能，进行批量导入表体。

（三）随附单据

随附单据具体操作详见上文 加工贸易账册系统操作指南 企业申请资质备案随附单据章节。

二、物流账册变更

本功能模块主要提供物流账册的变更功能。

企业可自行录入或者委托预录入机构完成物流账册数据变更录入，录入完成申报后向海关发送申报信息。海关收到物流账册信息后，由关员进行审核，审核后将审核结果发送到“单一窗口”。企业可通过“单一窗口”查询审核结果。物流账册变更功能模块包括加工贸易账册录入新增、暂存、删除、导入、申报、打印功能。

点击选择菜单“综合查询—物流账册查询”，进入“物流账册查询”界面，输入查询条件，点击【查询】按钮，查找审批通过的要变更的记录，点击【变更】按钮，如图 9-121：

查询条件

数据状态	全部	* 选择可查询企业	1101919107	物流账册号	
预录入统一编号		经营单位编码		经营单位社会信用代码	
录入日期	20190929 至 201911□8				

查询 清空

查看明细 修改 变更 查看回执

统一编号	物流账册号	状态	企业内部编码	经营单位编码	经营单位名称	申报类型	账册有效期	申报时间
2019000000046241	L0100A19A017	海关终审通过	linda2019112601	1101919107	中国山货花卉进出口公司	变更	20200101	20191128
2019000000046042	L0100A19A016	海关终审通过	linda2019112601	1101919107	中国山货花卉进出口公司	备案	20200101	20191126
2019000000046041	-	待导入随附单据	企业内部编号_BWS_01	1101919107	中国山货花卉进出口公司	备案	20200101	20191125
2019000000045642	L0100A19A002	海关退单	linda20191122002	1101919107	中国山货花卉进出口公司	备案	20200101	20191122
2019000000045641	-	暂存	linda20191122001	1101919107	中国山货花卉进出口公司	备案	20200101	
2019000000045241	L0100A19A001	海关终审通过	linda001	1101919107	中国山货花卉进出口公司	变更	20200101	20191126
2019000000044841	-	成功发送海关	企业内部编号acmp_02	1101919107	中国山货花卉进出口公司	备案	20200101	20191107
2019000000044641	-	海关接收失败	企业内部编号acmp_01	1101919107	中国山货花卉进出口公司	备案	20200101	20191106
2019000000044441	L0100A19A017	暂存	企业内部编码103101	1101919107	中国山货花卉进出口公司	变更	20200101	

显示第 1 到第 11 条记录，总共 11 条记录

图 9-121 物流账册数据查询

系统提示：是否确认变更该数据？点击【确定】，进入变更录入界面。用户可以对表头、表体数据进行修改。

导入：物流账册的导入功能仅限变更业务时批量变更表体商品编码及存储（监管）期限信息时使用，根据模板格式点击【选择文件】，从本地选择需要上传的表体文件，用户点击【上传】按钮，选择本地导入数据。

小提示：

1. 物流账册进行变更才可导入表体。物流账册状态只有为海关终审通过的状态才可以进行变更，具体操作同物流账册备案。

2. 根据物流账册导入模板进行导入。

第三节 加工贸易耗料单

一、加工贸易耗料单备案

本功能模块主要提供加工贸易耗料单的录入申报功能。

企业可自行录入或者委托预录入机构完成加工贸易耗料单数据录入，录入完成申报后向海关发送申报信息。海关收到加工贸易耗料单信息后，由关员进行审核，审核后将审核结果发送到“单一窗口”。企业可通过“单一窗口”查询审核结果。加工贸易耗料单功能模块包括加工贸易耗料单录入新增、修改、删除、申报、查询、打印功能。

二、加工贸易耗料单变更

本功能模块主要提供加工贸易耗料单的变更功能。

企业可自行录入或者委托预录入机构完成加工贸易耗料单数据变更录入，录入完成申报后向海关发送申报信息。海关收到加工贸易耗料单信息后，由关员进行审核，审核后将审核结果发送到“单一窗口”。企业可通过“单一窗口”查询审核结果。加工贸易耗料单变更功能模块包括加工贸易账册录入新增、修改、删除、申报、查询、打印功能。

小提示：

加工贸易耗料单备案和变更操作参考加工贸易账册的备案与变更。

三、加工贸易耗料单作废

本功能模块主要提供加工贸易耗料单数据作废功能。

企业可自行申请或者委托预录入机构申请加工贸易耗料单作废，申请完成申报后向海关发送申报信息。海关收到加工贸易耗料单作废申请后，由关员进行审核，审核后将审核结果发送到“单一窗口”。企业可通过“单一窗口”查询审核结果。

点击选择菜单“综合查询—加工贸易耗料单查询”，进入“加工贸易耗料单查询”界面，输入查询条件，点击【查询】按钮，选中要作废的耗料单数据，点击【作废】按钮，如图 9-122：

图 9-122 加工贸易耗料单查询

弹出作废确认框，点击【确认】，进入数据录入详情页，点击【作废申请】，弹出“申请成功”。

第四节 加工贸易账册报核

包括加工贸易账册报核申报、加工贸易账册报核差异处理和加工贸易账册报核年度核销查询 / 打印等功能。具体操作与上文加工贸易账册系统操作指南中加工贸易账册报核章节一致。

第五节 保税核注清单

一、进口保税核注清单申报

（一）表头

点击选择菜单“进口保税核注清单”，进入进口保税核注清单录入界面，如图 9-123:

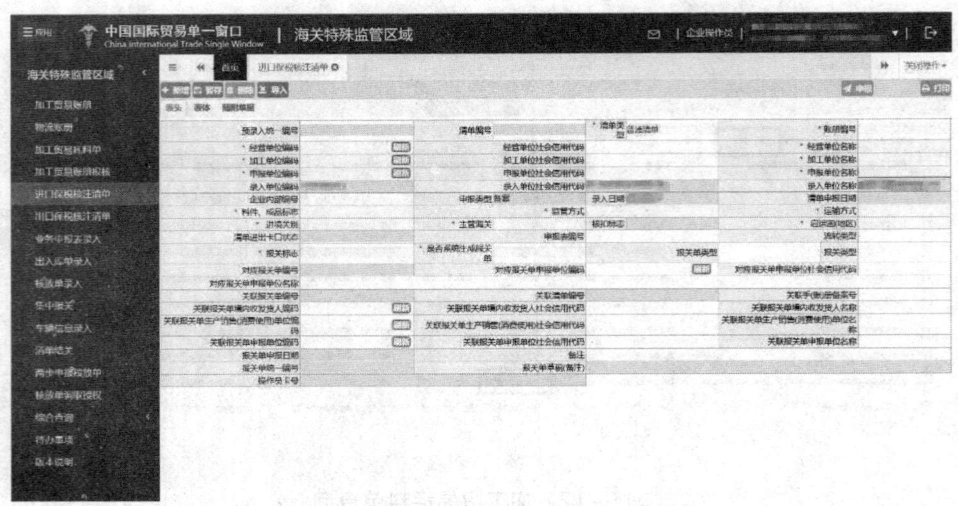

图 9-123 保税核注清单（进口）表头

1. 新增

在图 9-123 界面中录入“手（帐）册编号”，按回车键，系统根据“手（账）册编号”自动返填“经营单位代码”“经营单位社会信用代码”和“经营单位名称”信息，以及“收发货单位代码”“收发货单位社会信用代码”和“收发货单位名称”信息，同时录入框为白色底色的字段开放为可录入状态。

小提示：

界面中，带有红色星号的字段为必填项，否则可能无法继续进行保存或申报等操作。界面中的灰色字段，为系统返填字段无需填写。

2. 暂存

点击【暂存】按钮，可对当前录入的内容进行保存，系统弹出提示框提示暂存成功。

3. 删除

可删除整票保税核注清单数据。点击图 9-123 上方【删除】蓝色按钮，系统将提示用户是否删除当前数据，删除的数据将不可恢复，需重新录入，请谨慎操作。

小提示：

当保税核注清单状态为暂存、申报失败或海关退单，可进行该项删除操作。否则，系统可能弹出不允许删除的相应提示。

4. 申报

保税核注清单数据录入完毕，可点击右上方的【申报】按钮进行申报。

小提示：

申报即意味着您的数据已向相关业务主管部门进行发送，并等待其审批。

5. 导入

可批量导入表体数据。点击图 9–123 上方【导入】按钮，用户可根据导入模板进行表体导入功能。

小提示：

保税核注清单表头暂存后才可进行表体导入。

6. 打印

系统提供任何状态下的打印功能，用户点击右上角的【打印】按钮，系统将生成一个 PDF 文件，可直接打印或保存文件。

（二）表体

须录入表头数据后，点击界面上方【暂存】按钮，方可新增表体数据。

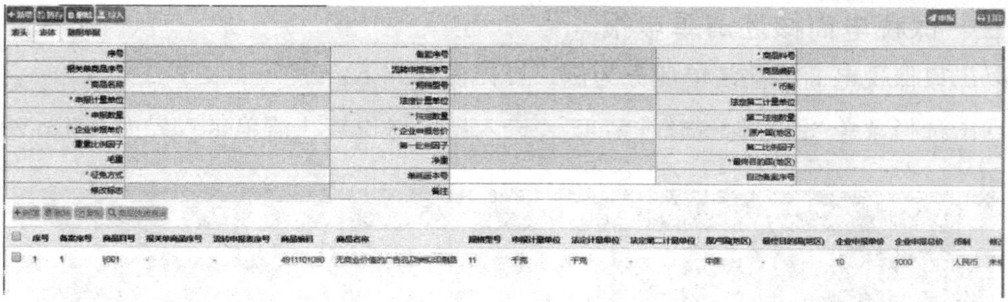

图 9–124 保税核注清单表体

1. 表体—新增

在图 9–124 中点击【新增】按钮，界面清空已有数据，企业进行表体录入。

小提示：

记账式账册（累计物流账册 / 加工贸易耗料账册）录入表体备案序号字段时需注意。

（1）通过核注清单完成通关手续的已存在的备案序号，在新增表体时需要填写，通过备案序号调出商品信息。

（2）不存在的备案序号，新增表体时备案序号为空，待核注清单。

2. 表体—删除

在图 9–124 中选中某条料件表体，点击【删除】按钮，点击【确定】，将删除本条表体数据。

3. 表体—复制

在图 9–124 中选中需要复制的某条料件表体，点击【复制】的白色按钮，点击【确定】，将复制本条表体数据。

4. 表体—商品快速查询

用户点击【商品快速查询】按钮，系统弹出查询条件界面，用户在界面中输入相应查询信息后点击【查询】按钮，系统将在本次数据中查询出相应数据。

（三）随附单据

小提示：

随附单据具体操作详见上文加工贸易账册系统操作指南 企业申请资质备案随附单据章节。

二、出口保税核注清单申报

小提示：

出口保税核注清单申报具体操作详见进口保税核注清单申报章节。

三、保税电商核注清单申报

以出口保税电商核注清单业务为例，具体操作如下：

点击选择菜单“出口保税核注清单”，进入出口保税核注清单录入界面，如图 9-125：

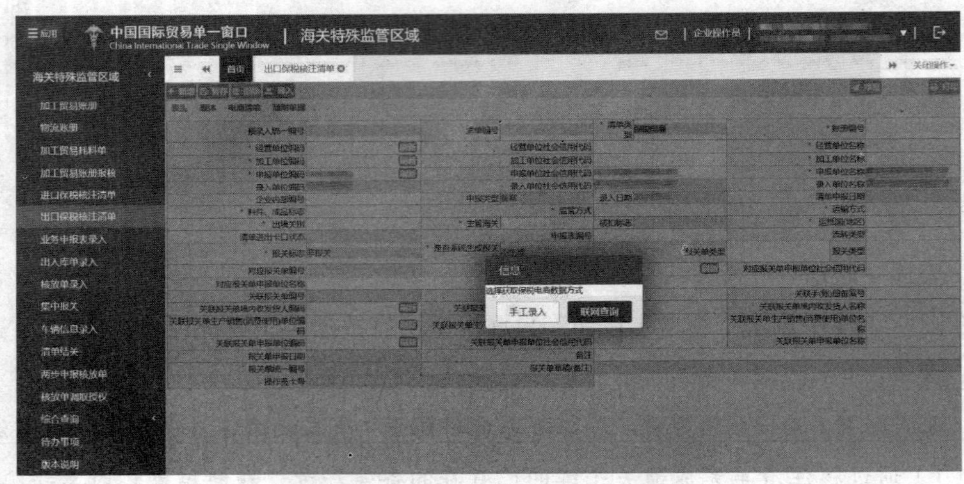

图 9-125 出口保税电商核注清单表头

1. 联网查询

系统提示获取保税电商数据方式，选择“联网查询”进入出口保税核注清单录入界面，如图 9-126：

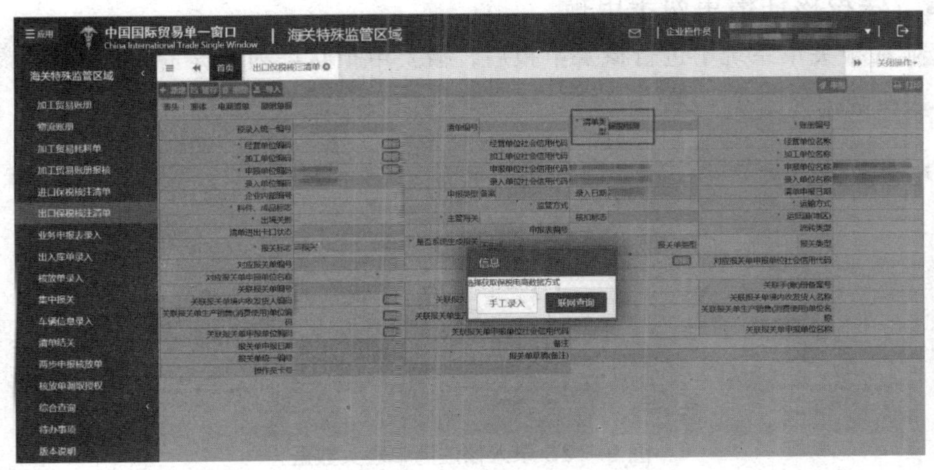

图 9–126 保税电商核注清单联网查询

录入核注清单表头数据，表体不可录入，【新增】、【删除】、【复制】等按钮均置灰。点击"随附电商单"，进入随附电商单表体，如图 9–127：

图 9–127 保税电商随附电商单

点击【快速查询】按钮，进入查询界面，输入起始时间，查询随附电商单信息，点击【确定】，保存随附电商单信息。选中电商清单编号，点击【获取表体】，系统查询出所选电商清单合并后的表体信息，点击【确定】，保存表体信息。

小提示：

查询日期间隔必须小于 3 天。

2. 手工录入

系统提示获取保税电商数据方式，选择"手工录入"进入出口保税核注清单录入界面，录入核注清单表头数据，暂存成功后，手工录入表体及随附电商单数据。数据录入完成后点击【申报】，系统校验数据准确性，校验失败企业修改后重新申报。

四、保税核注清单两步申报

企业在报关单系统中进行概要申报后，概要申报状态为“提货放行”时，录入核注清单表头数据如图 9-128。

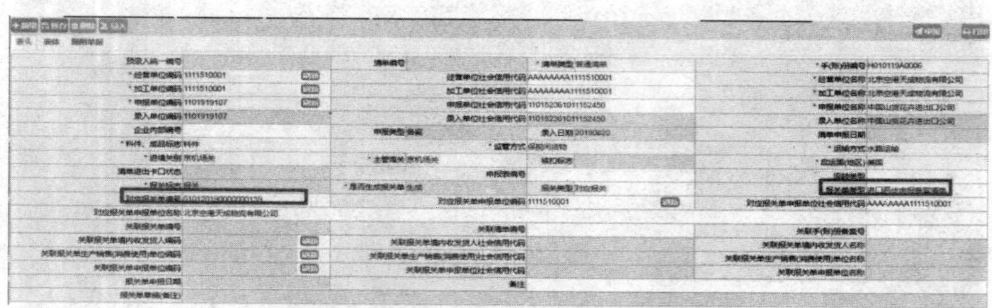

图 9-128 录入核注清单表头数据

小提示：

加贸账册报两步申报核注清单时，在报关单类型选择 Y：进口两步申报备案清单。在对应报关单编号处填写概要申报返回的海关编号数据。

核注清单申报成功后，系统在备注处返填成功信息，用户可根据生成的报关单草稿进行完整申报。

五、保税核注清单修改申请

本功能模块主要提供保税核注清单修改申请功能。

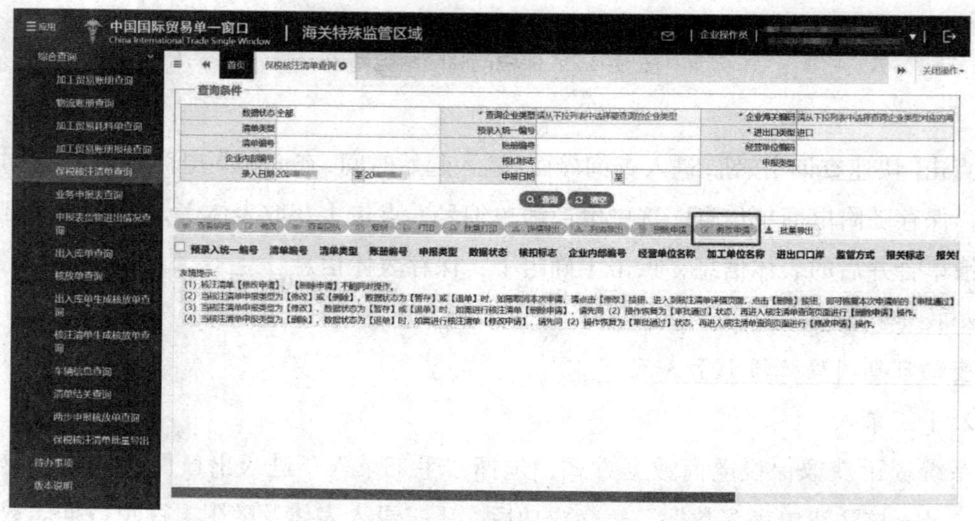

图 9-129 保税核注清单修改申请

在“保税核注清单查询”界面中，输入查询条件，选中需要修改的数据，点击【修改申请】按钮，系统调出提示信息，用户点击【确认】按钮。系统进入保税核注清单修改申请界面，用户可对保税核注清单部分字段进行修改。

小提示：

（1）核注清单状态为预审批通过、审批通过状态，且核扣标志为“预核扣”“已核扣”的数据可以申请修改。

（2）清单类型为“2—集中报关”“4—简单加工”“8-保税电商”“9—纳成品内销”的核注清单不允许修改。

（3）修改后的核注清单不再重新生成报关单草稿和报关单。

六、保税核注清单删除申请

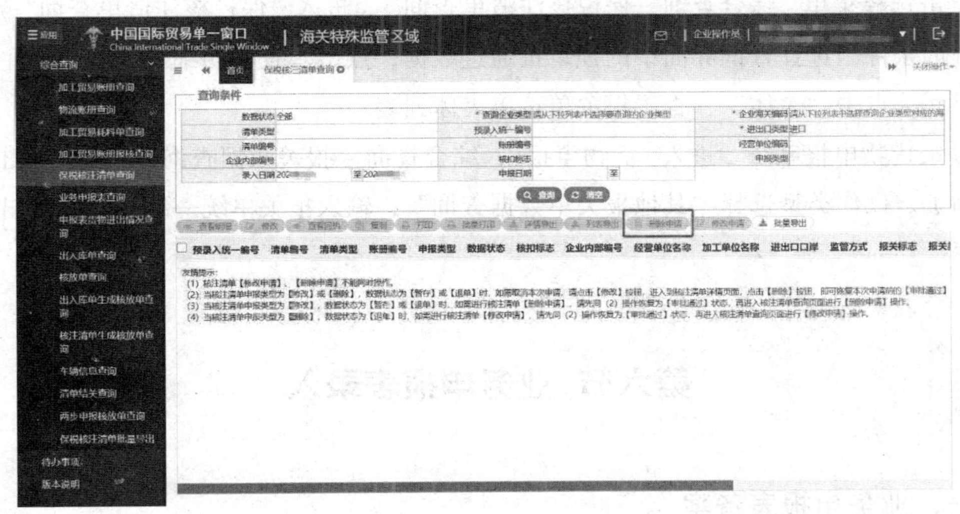

图 9-130 保税核注清单删除申请

在保税核注清单查询界面中，输入查询条件，选中需要删除的数据，点击【删除申请】按钮，系统弹出提示信息，点击【确定】按钮，进入核注清单录入界面，点击【删除申请】按钮后，系统弹出提示框，点击【确认】按钮，完成删除。

删除申请退单后，点击【修改】按钮，进入核注清单表头界面，点击【删除】按钮，数据状态回到上一状态，用户可对该票数据重新操作。

小提示：

满足如下条件的核注清单，可以申请删除：

（1）报关标志为“非报关”的核注清单，核注状态为“预核注”“正式核注”时允许删除；

（2）报关标志为“报关”，核注状态为“预核注”时允许删除。

清单类型为“2—集中报关”“4—简单加工”“8- 保税电商”“9—纳成品内销”的核注清单不允许删除。

七、保税核注清单生成报关单草稿

核注清单预审批通过，可以自动生成一份暂存的报关单草稿，用户可以登录货物申报系统调出并申报报关单。

小提示：

核注清单表头，报关标志字段选择“报关”时，核注清单预审批通过自动生成一份暂存的报关单草稿。

核注清单表头，报关标志字段选择“非报关”时，不生成暂存的报关单草稿。

点击选择菜单“综合查询—保税核注清单查询”，进入“保税核注清单查询”界面，输入查询条件，选择查询界面中的预审批通过数据，点击“查看明细”，进入核注清单详情界面，点击“表体”，查看报关单草稿表体列表。

登录货物申报系统，进入“货物申报 - 综合查询 - 报关数据查询”界面，点击【高级查询】，操作类型选择“其他报关单数据查询”，输入报关单统一编号即可调出报关单数据。

第六节 业务申报表录入

一、业务申报表备案

本功能模块主要提供业务申报表备案的录入申报功能。

企业可自行录入或者委托预录入机构完成业务申报表数据录入，录入完成申报后向海关发送申报信息。海关收到业务申报表信息后，由关员进行审核，审核后将审核结果发送到“单一窗口”。企业可通过“单一窗口”查询审核结果。业务申报表功能模块包括业务申报表录入新增、修改、删除、申报、查询、打印功能。

二、 业务申报表变更

本功能模块主要提供业务申报表的变更功能。

业务申报表变更功能模块包括业务申报表录入新增、修改、删除、申报、查询、打印功能。

小提示：

业务申报表状态为海关终审通过时，可进行变更操作。否则，【变更】按钮不可用。

业务申报表的备案和变更操作参考加工贸易账册的备案与变更。

三、业务申报表结案

本功能模块主要提供业务申报表的结案功能。

点击选择菜单“综合查询—业务申报表查询”，进入“业务申报表查询”界面，或者点击选择菜单“业务申报表录入—修改”，进入“业务申报表查询”界面。输入查询条件，点击【查询】【按钮】，选中海关终审通过的记录，点击【结案】按钮，如图 9–131：

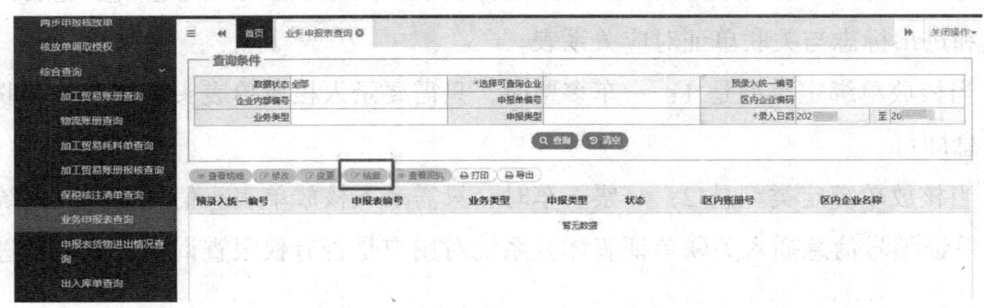

图 9–131 业务申报表查询

系统弹出提示信息，用户点击【确认】按钮，系统跳转到结案录入界面，点击【结案申请】申请结案，结案时不允许对表头、表体、单耗和随附单据数据进行修改。系统弹出提示信息，用户点击【确认】按钮，完成出入库单结案操作。

第七节 出入库单

一、出入库单备案

具体操作参考加工贸易账册的备案。

二、出入库单作废

具体操作参考加工贸易料耗单的作废操作。

三、出入库单修改申请

具体操作参考保税核注清单修改申请操作。

小提示：

审核通过且未置过卡标记的出入库单才可以申请修改，已集报、完全过卡的不能修改。

第八节 核放单

核放单的备案与作废具体操作参考上文出入库单的相关操作。

表体和关联单证录入规则：

1. 核放单录入核放单类型和进出标准，与关联单证对应关系应遵循上述表：核放单类型和进出标志与关联单证对应关系表。

2. 当核放单绑定类型是 1：一车多票时，只需要录入核放单表头、核放单关联单证表体信息即可。

3. 当核放单绑定类型是 2：一票一车时，只需录入核放单表头信息即可，系统自动将关联单证编号信息插入关联单证表体。系统对用户是否有权限查询该关联单证进行权限检查。

4. 当核放单绑定类型是 3：一票多车时，只需要录入核放单表头、核放单表体信息即可，系统自动将关联单证编号信息插入关联单证表体。系统对用户是否有权限查询该关联单证进行权限检查。

5. 当核放单类型是 5：卡口登记货物时，核放单表头的绑定类型、关联单证类型、关联单证编号字段为空，不可录入，核放单表体信息企业自行录入。核放单关联单证表体不可录入。

6. 当核放单类型是 6：空车进出区，核放单表头的绑定类型、关联单证类型、关联单证编号字段为空，不可录入，核放单表体信息不可录入，核放单关联单证表体不可录入。

小提示：

核放单表体查询只能查询本企业有权限的待绑定单证，一车多票绑定其他企业单证的情况，请直接在核放单关联单证编号字段录入单证编号。

第九节 集中报关

本功能模块主要是将业务类型为 A—分送集报的出入库单生成集报核注清单。

点击选择菜单“集中报关”，进入集中报关生成界面，如图 9-132：

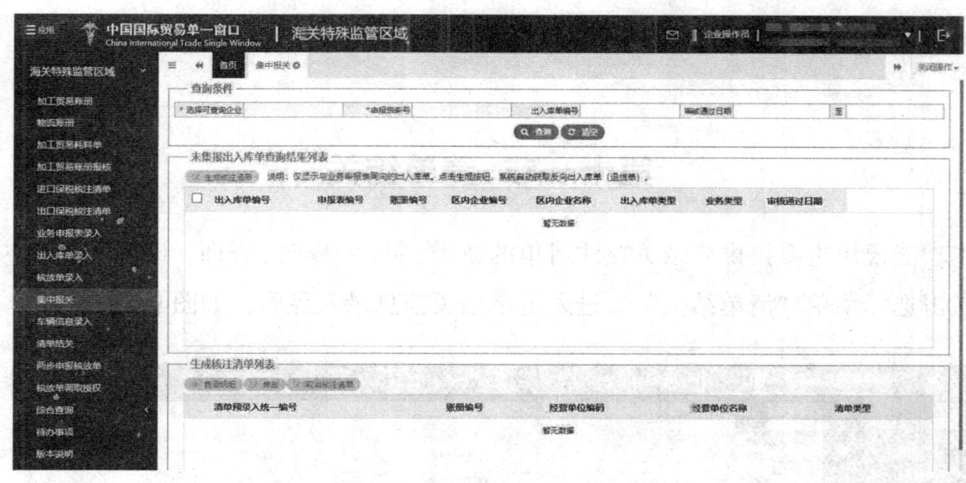

图 9-132 集中报关

输入查询条件，点击【查询】按钮，系统显示符合查询条件的查询结果列表，选中需要生成集报核注清单的出入库单数据，或者点击选择点击“全选复选框”选中全部出入库单，然后点击【生成核注清单】按钮，系统根据归并原则，在生成的核注清单列表中产生核注清单记录。

1. 取消核注清单

选中生成的核注清单后点击【取消核注清单】按钮，弹出删除核注清单成功的提示信息，该出入库单恢复为未生成核注清单状态。

2. 查看明细

选择生成的核注清单后，点击【查看明细】按钮，进入核注清单界面，展示该票核注清单详细数据。

3. 修改

选中生成的核注清单，点击【修改】按钮，进入核注清单界面，进行补录申报具体操作同进口保税核注清单申报章节。

第十节 车辆信息

车辆信息的备案与变更操作参考加工贸易的备案与变更操作。

第十一节 清单结关

本功能模块主要提供待结关核注清单的新增、暂存、修改、查询、申报、打印等功能。

点击选择菜单“清单结关”，进入清单结关信息录入界面，如图 9-133：

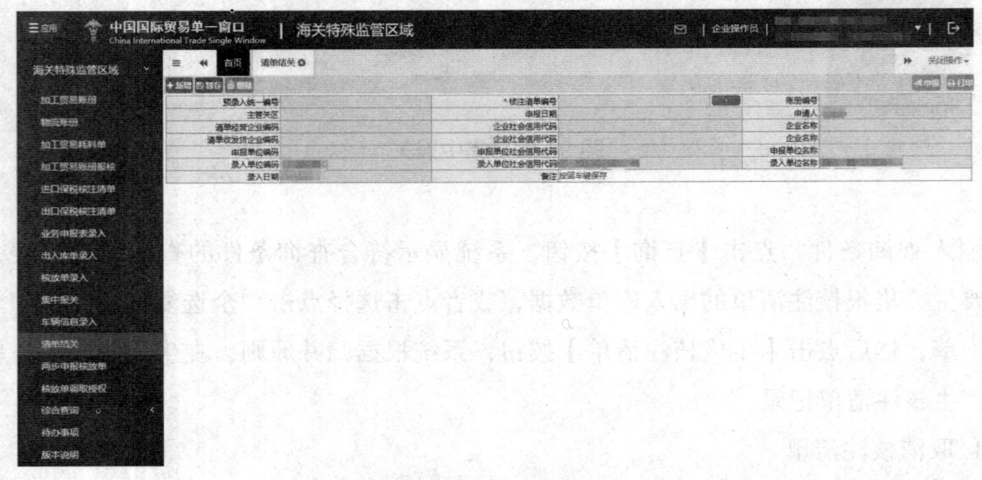

图 9-133 清单结关备案

1. 新增

在“清单结关备案”界面点击“核注清单编号”，系统进入待结关核注清单查询界面，用户输入“所属企业编码”和“清单类型”后点击【查询】按钮，查询出待结关的核注清单数据，选中需要结关的核注清单数据，点击【确定】按钮，系统返填待结关核注清单相应信息。

2. 暂存

点击【暂存】按钮，可对当前录入的内容进行保存，系统弹出提示框提示暂存成功。

3. 删除

用户暂存待结关清单信息后，可删除整票核注清单数据。点击图 9-133 上方【删除】蓝色按钮，系统将提示用户是否删除当前数据，删除的数据将不可恢复，需重新录入，请谨慎操作。

小提示：

当清单结关状态为暂存、申报失败或海关退单，可进行该项删除操作。否则，系统【删除】按钮置灰不允许删除。

4. 申报

用户暂存待结关清单信息后，可点击右上方的【申报】按钮进行申报。

小提示：

申报即意味着您的数据已向相关业务主管部门进行发送，并等待其审批。

5. 打印

用户暂存待结关清单信息后，点击右上角的【打印】按钮，系统将生成一个 PDF 文件，可直接打印或保存文件。

第十二节 两步申报核放单

本功能模块主要提供进行概要申报后的核放单的新增、暂存、修改、查询、申报等功能。两步申报核放单录入界面包含两部分：表头、表体。其录入与上文 保税核注清单的表头、表体录入部分。

第十三节 核放单调取授权

本功能模块主要提供企业间核放单的授权调取功能。

点击选择菜单“核放单调取授权”，进入核放单调取授权界面，如图 9–134：

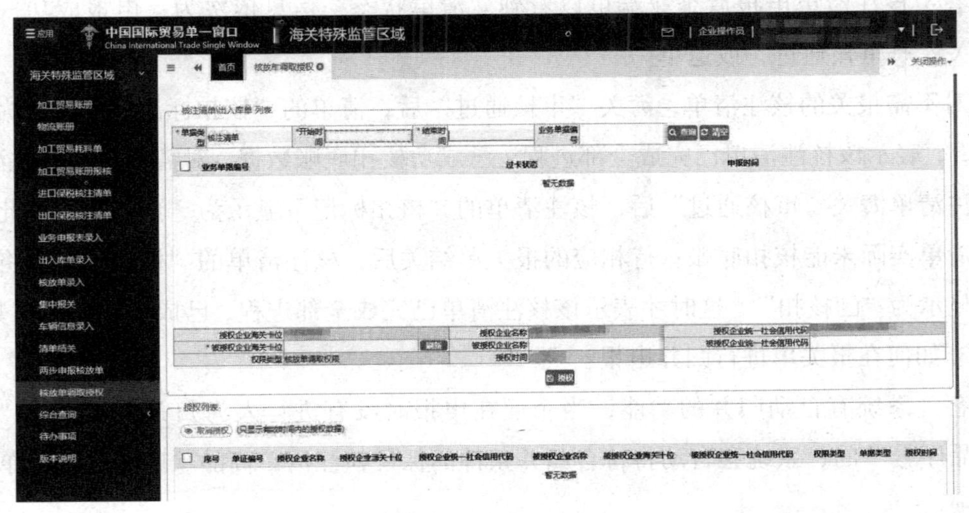

图 9–134 核放单调取授权界面

1. 授权

输入查询条件，点击【查询】按钮，系统显示符合查询条件的查询结果列表；用户在“被授权企业海关十位”处录入需要授权的企业信息后点击【刷新】，系统自动返填“被授权企业名称”和“被授权企业统一社会编号代码”；用户选择一条需要授权的数据，点击【授权】，完成对企业的授权操作。

2. 取消授权

企业需要对授权企业取消授权，选中需要取消授权的数据，点击【取消授权】按钮。

第十四节 数据查询

包括对本章节内的所有业务进行查询。具体操作可见加工贸易手册与账册的数据查询章节。

第十五节 常见问题解答

1. 出入库单新增页面，上方操作键均为灰色不可点击，无法暂存或申报？

答：需要在录入最后一个备注栏内敲回车键激活操作键状态。

2. 如何正确解读“清单状态”和“核扣标记”？

答：核注清单申报后企业端可以看到“清单状态”信息依次为：申报成功—成功入海关库—审核通过，或退单。

对不需报关的核注清单，海关“审核通过”后，清单的“核扣标记”就显示为“已核扣”，表示该核注清单已完成全部进程，已成功核扣底账数据。对需报关的核注清单，在核注清单海关“审核通过”后，核注清单的“核扣标记”显示为“预核扣”，此时该核注清单实际未能核扣底账；待相应的报关单结关后，核注清单的“核扣标记”将自动修改显示为“已核扣”，这时才表示该核注清单已完成全部进程，已成功核扣底账数据。

3. 如何在报关单进行归并申报？

答：系统有自动归并的功能，当企业在申报时没有进行人为归并，不填写“报关单商品序号”的，系统会自动将符合归并条件的保税核注清单商品项归并为报关单同一商品项。

企业要人为进行归并，人为控制报关单的表体内容时，在清单中对每项商品的“报关单商品序号”栏填写拟生成的报关单的相应商品序号，即可按企业需要进行归并或不归并，生成企业想生成的报关单表体项。企业在进行人为归并时也需符合归并原则。

4. 金二报关单在单一窗口申报后退单，原因如提示：报关单表体商品名称与核注清单不符，企业自行核对是相符的，问题出在哪里？

答：金二商品名称字节需要控制在50个字节以内，缩短品名。

第四章 保税物流管理系统操作指南

第一节 物流账册

本模块可实现物流账册的备案新增、修改、删除、查询、变更等功能，主要内容包括物流账册企业基本信息，表体信息和随附单据等数据。

点击“保税物流管理—物流账册”，右侧区域展示录入界面，分为表头、表体、随附单据。

一、物流账册备案

本模块提供物流账册备案的录入申报功能。企业可自行录入或者委托预录入机构完成物流账册数据录入，录入完成申报后向海关发送申报信息。海关收到物流账册信息后，由关员进行审核，审核后将审核结果发送到电子口岸。企业可通过电子口岸查询审核结果。物流账册功能模块包括物流账册录入新增、修改、删除、申报、查询、打印功能。

小提示：

1. 点击界面上方蓝色按钮所进行的操作，将影响当前的整票数据。

2. 界面中，带有红色星号的字段为必填项，否则可能无法继续进行保存或申报等操作。

3. 界面中的白色按钮，所影响的数据仅为当前涉及的页签或字段。

（一）表头

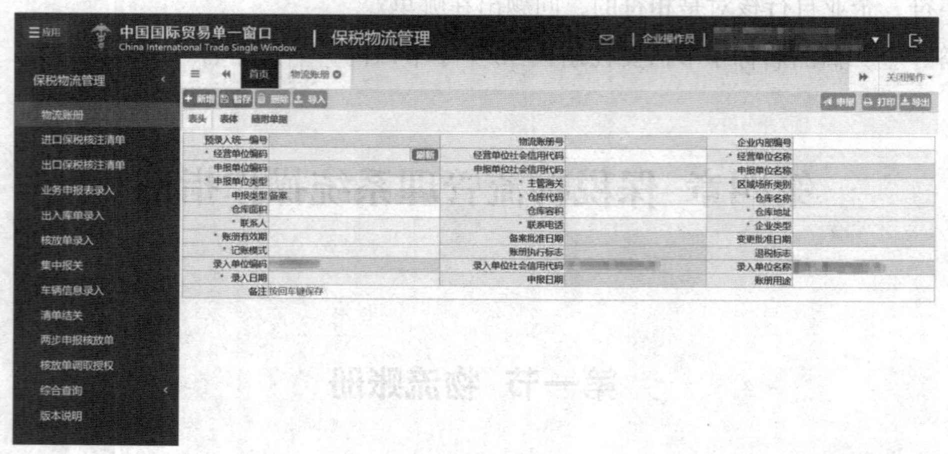

图 9-135 物流账册表头

1. 新增

（1）界面各录入字段中，蓝色底色的字段为必填项，黄色底色的字段为选填项，灰色底色的字段为系统反填项或不可修改项。（注：此规则适用于所有业务，且各字段颜色标识会随着数据状态的不同而变化）

（2）暂存前必须录入经营单位编码。

（3）经营单位编码录入海关 10 位编码，回车后系统会自动反填经营单位社会信用代码、经营单位名称。

（4）表头信息录入完成后，点击【暂存】按钮，系统保存表头数据，备案时表体信息不可录入。

（5）物流账册信息录入界面包含三部分：表头、表体和随附单据。物流账册备案时表头信息表为必填，表体信息不可录入。物流账册变更时表体信息仅商品编码与存储（监管）期限字段可以录入。

2. 暂存

点击【暂存】按钮，可对当前录入的内容进行保存，系统弹出提示框提示暂存成功。

3. 删除

可删除整票加工贸易账册数据。点击“加工贸易账册表头”上方【删除】蓝色按钮，系统将提示用户是否删除当前数据，删除的数据将不可恢复，需重新录入，请谨慎操作。

小提示：

当物流账册状态为暂存、申报失败或海关退单，可进行该项删除操作。否则，系统可能弹出不允许删除的相应提示。

4. 申报

物流账册数据录入完毕，可点击右上方的【申报】蓝色按钮进行申报。

小提示：

申报即意味着您的数据已向相关业务主管部门进行发送，并等待其审批。

5. 打印

系统提供任何状态下的打印功能，用户点击右上角的【打印】蓝色按钮，系统将生成一个 PDF 文件，可直接打印或保存文件。

（二）表体

物流账册为记账式账册，备案时表体不可录入。根据海关终审通过的核注清单的记账回执记录物流账册表体数据。

变更时，可以使用“导入”功能，进行批量导入表体。

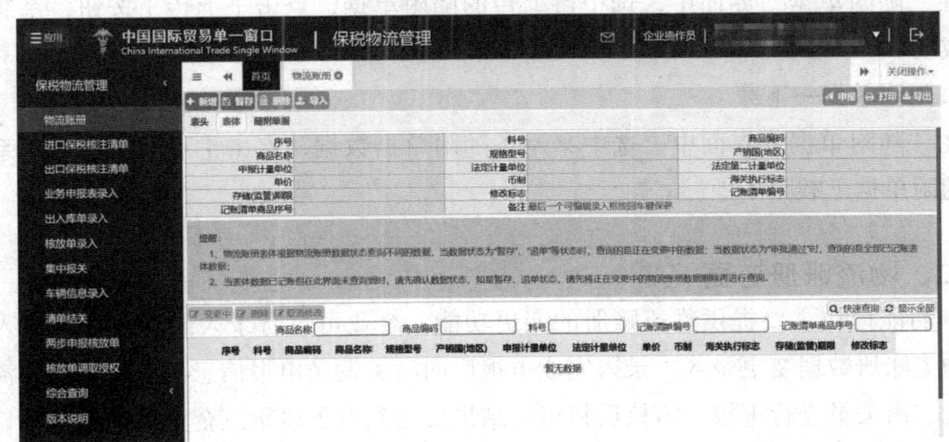

图 9-136 物流账册表体

表体—快速查询：用户输入相应的查询条件，点击【快速查询】白色按钮，系统将在本次数据中查询出相应数据。

（三）随附单据

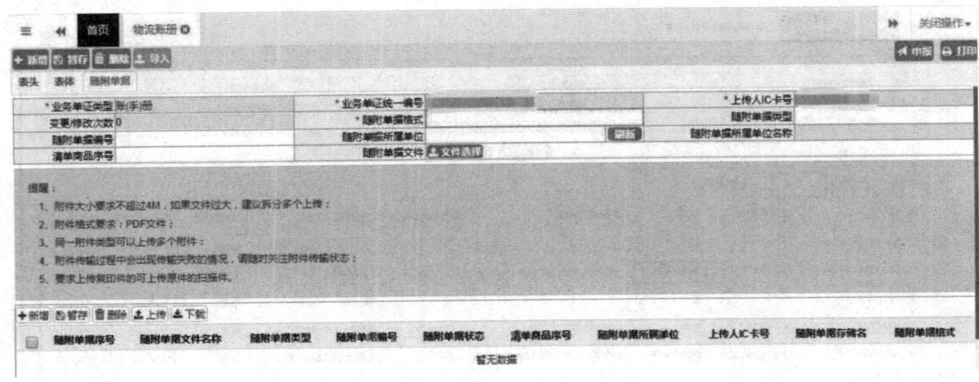

图 9-137 随附单据

1. 随附单据—新增

在“随附单据”界面中，填写部分随附单据表头信息时，点击【新增】按钮，系统将清空界面，恢复至初始化界面。

2. 随附单据—暂存

填写随附单据表头信息，点击“文件选择”选择文件存储路径，文件加载成功。点击【暂存】按钮，文件保存至随附单据，状态为待上传。

3. 随附单据 – 删除

在“随附单据”界面中，选中某一条随附单据数据，点击【删除】按钮，系统将该票随附单据直接删除。

4. 随附单据—上传

在“随附单据”界面中，选中待上传的随附单据，点击【上传】按钮，系统提示上传成功。

5. 随附单据—下载

在“随附单据”界面中，选中某一条随附单据数据，点击【下载】按钮，系统将该票随附单据下载至本地。

二、物流账册变更

本功能模块主要提供物流账册的变更功能。企业可自行录入或者委托预录入机构完成物流账册数据变更录入，录入完成申报后向海关发送申报信息。海关收到物流账册信息后，由关员进行审核，审核后将审核结果发送到电子口岸。企业可通过电子口岸查询审核结果。物流账册变更功能模块包括加工贸易账册录入新增、暂存、删除、导入、申报、打印功能。

点击“保税物流管理—综合查询—物流账册查询”，右侧区域展示物

流账册数据查询界面，输入查询条件，点击【查询】按钮，查找审批通过的要变更的记录，点击【变更】按钮，如图 9–138：

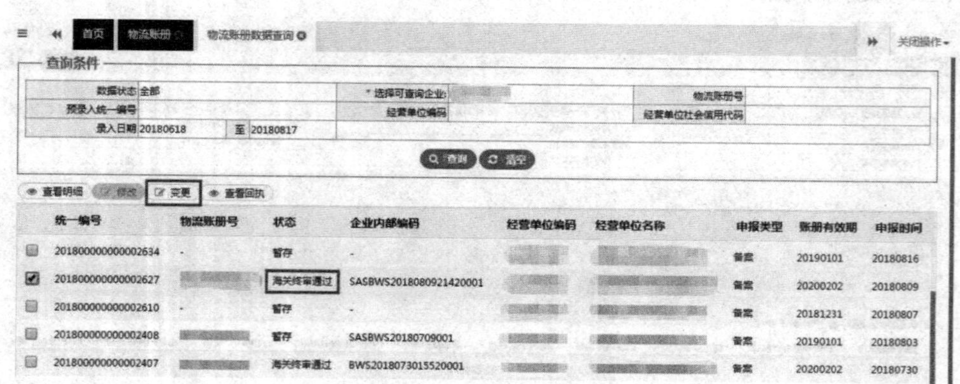

图 9–138 物流账册数据变更

系统提示：是否确认变更该数据？点击【确定】，进入变更录入界面。用户可以对表头、表体数据进行修改。

导入：物流账册的导入功能仅限变更业务时批量变更表体商品编码及存储（监管）期限信息时使用，点击【导入】按钮，选择本地导入数据。如数据格式正确，系统提示：导入成功。

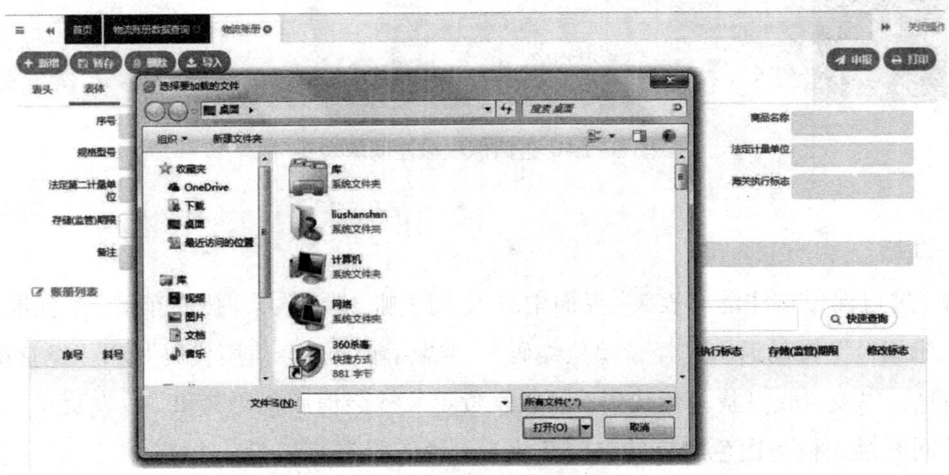

图 9-139 物流账册表体导入

小提示：

物流账册状态只有为海关终审通过的状态才可以进行变更，具体操作同物流账册备案。

第二节 进口保税核注清单

一、进口保税核注清单申报

本功能模块主要提供进口保税核注清单的新增、修改、删除、查询、暂存、申报、复制、打印等功能。

（一）表头

点击“保税物流管理→进口保税核注清单”，右侧区域展示录入界面，分表头、表体、随附单据。

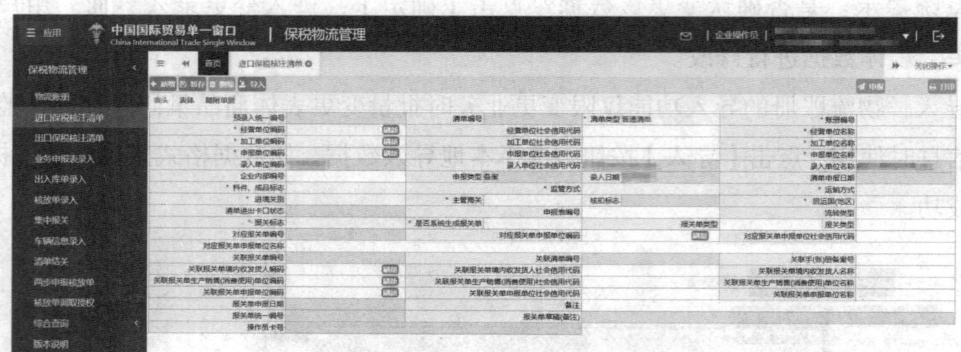

图 9–140 进口保税核注清单表头

1. 新增

在“进口保税核注清单表头”界面中录入“手(帐)册编号”，按回车键，系统根据“手（账）册编号”自动返填“经营单位编码”“经营单位社会信用代码”和“经营单位名称”信息，以及“收发货单位代码”“收发货单位社会信用代码”和“收发货单位名称”信息，同时录入框为白色底色的字段开放为可录入状态，如图 9–141：

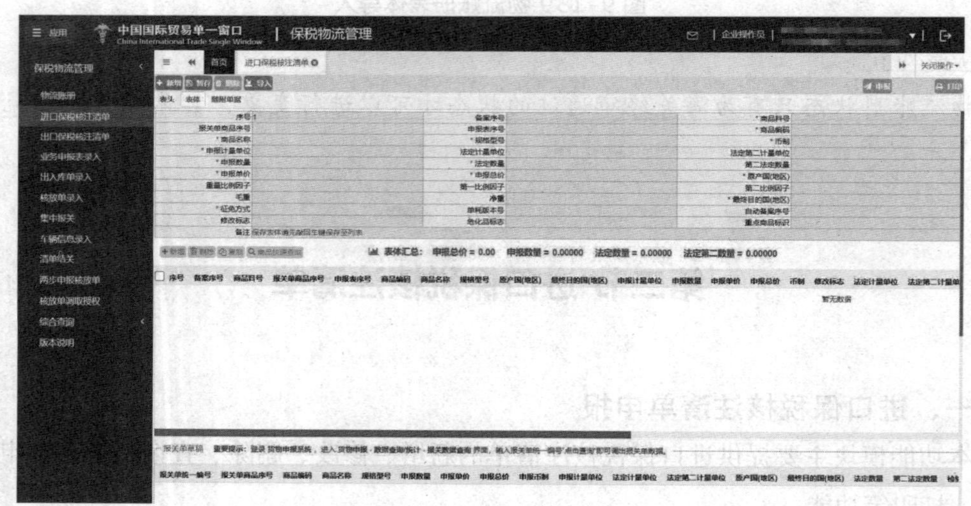

图 9–141

小提示：

界面中，带有红色星号的字段为必填项，否则可能无法继续进行保存或申报等操作。界面中的灰色字段，为系统返填字段无需填写。

2. 暂存

点击【暂存】按钮，可对当前录入的内容进行保存，系统弹出提示框提示暂存成功。

3. 删除

可删除整票保税核注清单数据。点击“保税核注清单表头”上方【删除】蓝色按钮，系统将提示用户是否删除当前数据，删除的数据将不可恢复，需重新录入，请谨慎操作。

小提示：

当保税核注清单状态为暂存、申报失败或海关退单，可进行该项删除操作。否则，系统可能弹出不允许删除的相应提示。

4. 申报

保税核注清单数据录入完毕，可点击右上方的【申报】蓝色按钮进行申报。

小提示：

申报即意味着您的数据已向相关业务主管部门进行发送，并等待其审批。

5. 打印

系统提供任何状态下的打印功能，用户点击右上角的【打印】蓝色按钮，系统将生成一个 PDF 文件，可直接打印或保存文件。

（二）表体

须录入表头数据后，点击界面上方【暂存】蓝色按钮，方可新增表体数据。

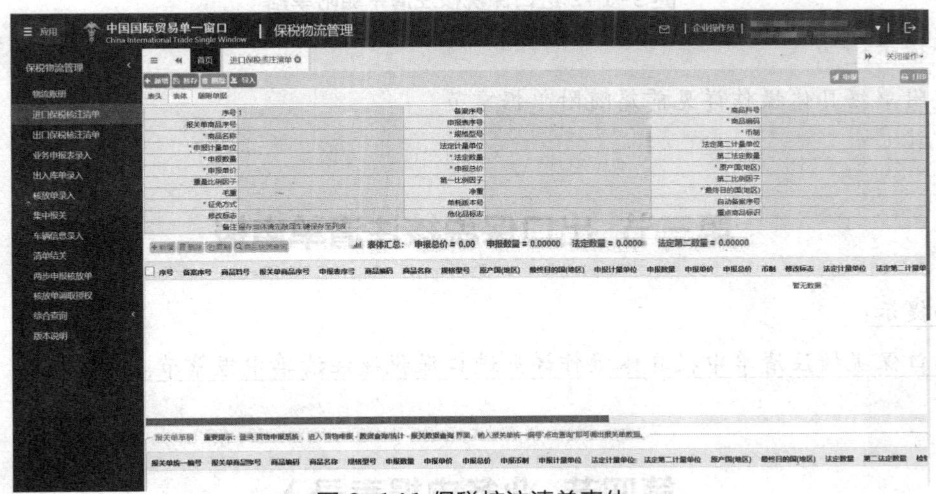

图 9-141 保税核注清单表体

1. 表体—新增

在“保税核注清单表体”中点击【新增】白色按钮，界面清空已有数据，企业进行表体录入。

2. 表体—删除

在“保税核注清单表体”中选中某条料件表体，点击【删除】的白色按钮，点击【确定】，将删除本条表体数据。

3. 表体—快速查询

用户输入商品料号、商品编码、商品名称或记账清单编号的其中一个，点击【快速查询】的白色按钮，系统将在本次数据中查询出相应数据。

4. 表体—显示全部

用户使用快速查询功能查询出某条数据后，需要回到全部数据时，点击【查询全部】的白色按钮，系统将本次数据全部列出。

（三）随附单据

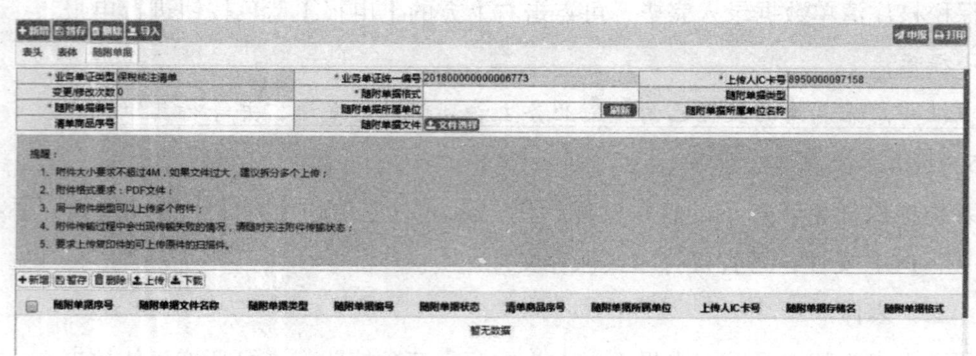

图 9-142 进口保税核注清单随附单据

小提示：

随附单据具体操作详见前篇随附单据章节。

第三节 出口保税核注清单申报

小提示：

出口保税核注清单申报具体操作详见进口保税核注清单申报章节。

第四节 业务申报表录入

一、业务申报表备案

本功能模块主要提供业务申报表备案的录入申报功能。企业可自行录入或者委托预录入机构完成业务申报表数据录入，录入完成申报后向海关发送申报信息。海关收到业务申报表信息后，由关员进行审核，审核后将审核结果发送到电子口岸。企业可通过电子口岸查询审核结果。业务申报表功能模块包括业务申报表录入新增、修改、删除、申报、查询、打印功能。

（一）表头

点击选择菜单“业务申报表录入”，进入“保税物流管理系统—业务申报表—新增”的信息录入界面，如图 9–143：

图 9–143 业务申报表表头

点击界面上方蓝色按钮所进行的操作，将影响当前的整票数据。

1. 界面各录入字段中，带红色星号的字段为必填项，其他字段为选填项，灰色底色的字段为系统反填项或不可修改项。（注：此规则适用于所有业务，且各字段颜色标识会随着数据状态的不同而变化。）

2. 暂存前必须录入区内企业编码。

3. 区内企业编码、区外企业编码录入海关 10 位编码，回车后系统会自动反填区内企业社会信用代码、区内企业名称、区外企业社会信用代码、区外企业名称。

4. 底账料件成品标志字段填写规则

（1）业务类型为分送集报、简单加工、保税展示交易时底账料件成品标志字段必填，其他业务类型时不可填写；

（2）业务类型为分送集报、简单加工、保税展示交易时，区内账册号为物流账册时，底账料件成品标志字段系统返填成 I 料件；区内账册号为加工账册时，由企业录入。

（3）表头信息录入完成后，点击【暂存】按钮，系统保存表头数据，然后可以依次录入表体信息，表头信息不暂存时，表体信息不可录入。

（4）业务申报表录入界面包含五部分：表头、表体、单耗和随附单据。表头信息表为必填，表体信息可以根据实际情况选择填写。

小提示：

暂存、删除、申报、打印功能具体操作详见物流账册备案章节相关功能。

（二）表体

须录入表头数据后，点击界面上方【暂存】蓝色按钮，方可新增表体数据。

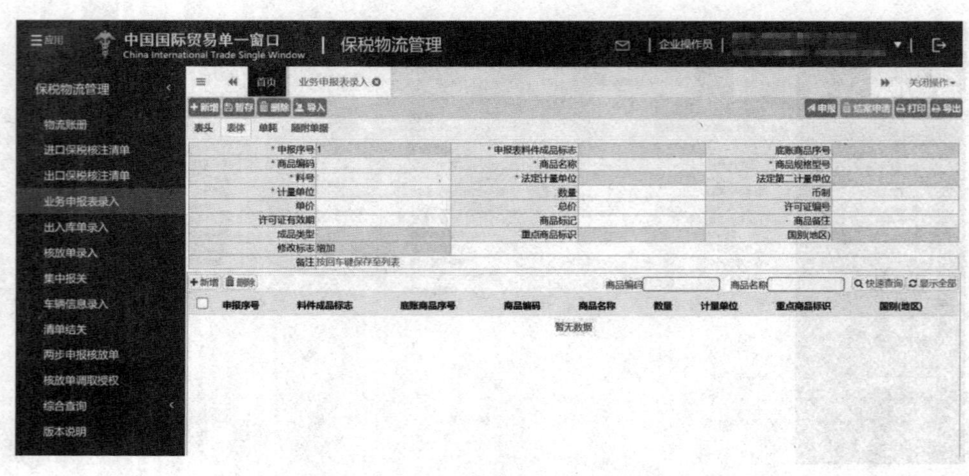

图 9-144 业务申报表录入表体

1. 申报表料件成品标志代码字段为外发加工、简单加工类型的申报表专用，业务类型为外发加工时可以填写 I：料件 / 半成品、E：成品 / 残次品、R：边角料、副产品；简单加工时可以填写 I：料件 / 半成品、E：成品 / 残次品；其他业务类型必须填写 I：料件 / 半成品。

2. 底账商品序号字段录入规则：

（1）分送集报、保税展示交易、简单加工类型的业务申报表料件成品标志为“料件”时该字段可录入，其他情况该字段不可录入。

（2）分送集报、保税展示交易类型的业务申报表，区内账册类型为加工贸易账册中的耗料账册和工单账册时，底账商品序号字段必填；货物流向为出区的物流账册时底账商品序号字段必填。

（3）简单加工类型的业务申报表，底账料件成品标志字段为料件时，底账商品序号字段必填。

（4）如果填写了底账商品序号字段，则必须从底账信息中调取到商品信息，否则该字段必须为空。

（5）底账商品序号字段录入调出有关底账数据后，该字段不允许再修改。

3. 导入

业务申报表提供表体料件及单耗批量导入功能，点击【导入】按钮，选择本地导入数据。如数据格式正确，系统提示：导入成功。

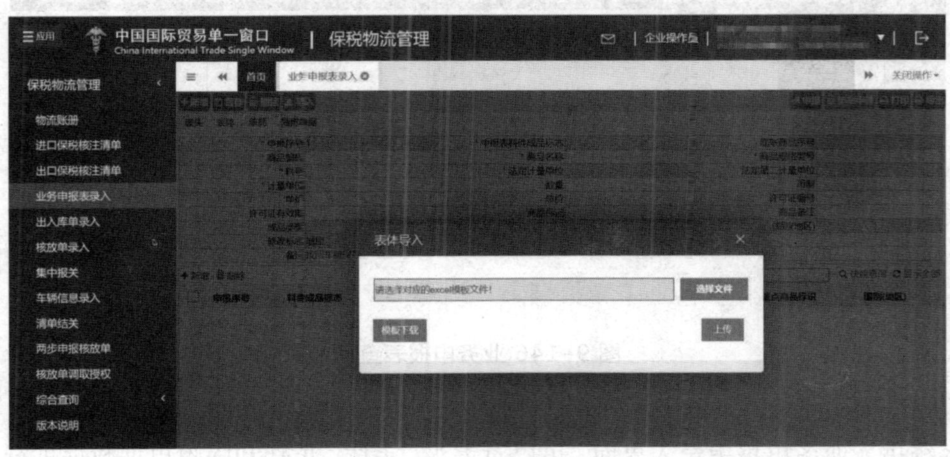

图 9-145 业务申报表录入导入

小提示：

表体新增、删除、导入、快速查询、显示全部功能具体操作详见保税核注清单（进口）申报章节。

（三）随附单据

小提示：

随附单据具体操作详见前篇随附单据章节。

二、业务申报表变更

本功能模块主要提供业务申报表的变更功能。企业可自行录入或者委托预录入机构完成业务申报表数据变更录入，录入完成申报后向海关发送申报信息。海关收到业务申报表变更信息后，由关员进行审核，审核后将审核结果发送到电子口岸。企业可通过电子口岸查询审核结果。业务申报表变更功能模块包括业务申报表录入新增、修改、删除、申报、查询、打印功能。

点击“保税物流管理—综合查询—业务申报表查询”，右侧区域展示查询界面，输入查询条件进行查询，选中数据状态为海关终审通过，需要变更的数据，点击【变更】按钮，如图 9-146：

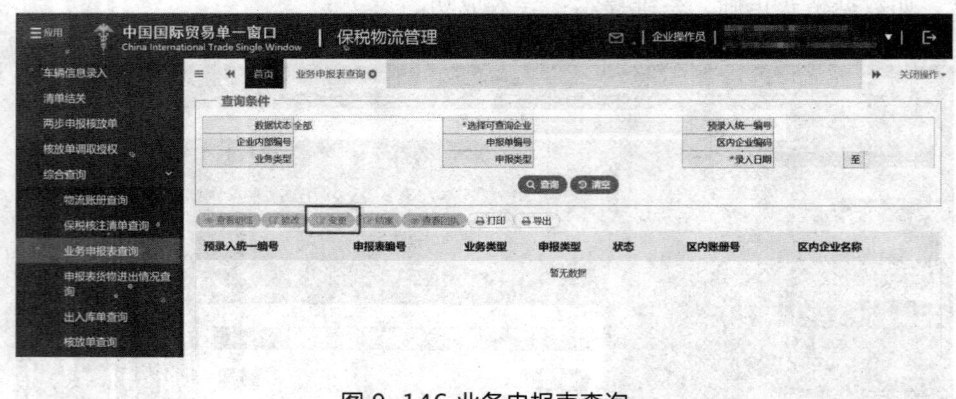

图 9-146 业务申报表查询

系统进入业务申报表录入界面，可以对表头、表体、单耗和随附单据数据进行修改，表体可以新增或删除。具体操作参考业务申报表备案章节。

小提示：

业务申报表状态为海关终审通过时，可进行变更操作。否则，【变更】按钮不可用。

三、业务申报表结案

本功能模块主要提供业务申报表的结案功能。企业可自行或者委托预录入机构完成业务申报表数据结案申请，申报后向海关发送申报信息。海关收到业务申报表结案信息后，由关员进行审核，审核后将审核结果发送到电子口岸。企业可通过电子口岸查询审核结果。

点击“保税物流管理—综合查询—业务申报表查询”，或依次点击“保税物流管理—业务申报表—修改”，进入业务申报数据查询界面。输入查询条件，点击【查询】按钮，选中海关终审通过的记录，点击【结案】按钮。

系统跳转到结案录入界面，点击“结案申请”申请结案，结案时不允许对表头、表体、单号和随附单据数据进行修改。

第五节 出入库单录入

本功能模块主要提供出入库单的新增、修改、删除、查询、暂存、申报、作废、打印等功能。

点击“保税物流管理—出入库单录入”，右侧区域展示录入界面，分为表头、表体。如图 9-147：

图 9-147 出入库单表头

一、出入库单备案

点击界面上方蓝色按钮所进行的操作，将影响当前的整票数据。

小提示：

表体数量很多时可以根据申报表序号、商品编码、商品名称进行查找需要的表体，录入查询条件后点击【查询】按钮，查询出符合条件的记录，如图 9-148：

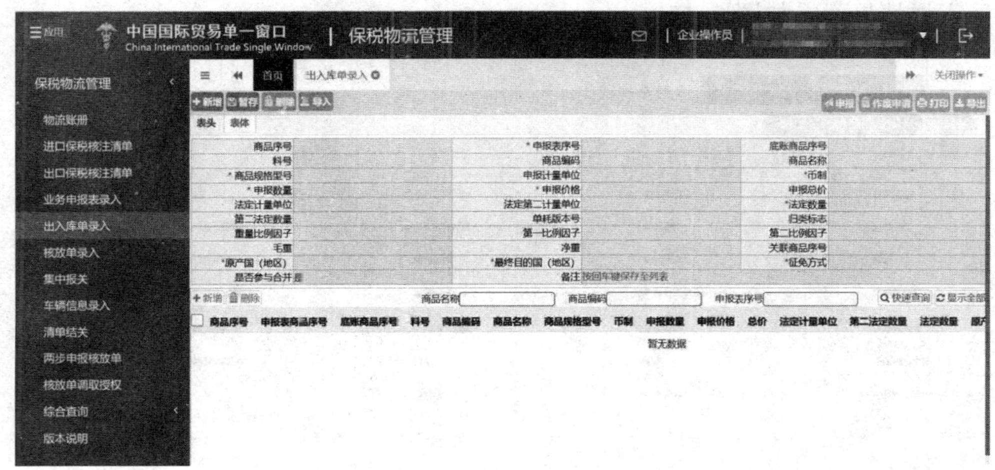

图 9-148 出入库单录入表体

小提示：

新增、暂存、删除、申报、打印功能具体操作同物流账册备案章节相关功能。导入功能具体操作同业务申报表章节相关功能。

二、出入库单作废

点击“保税物流管理→综合查询→出入库单查询”，右侧区域展示查询界面，如图 9-149：

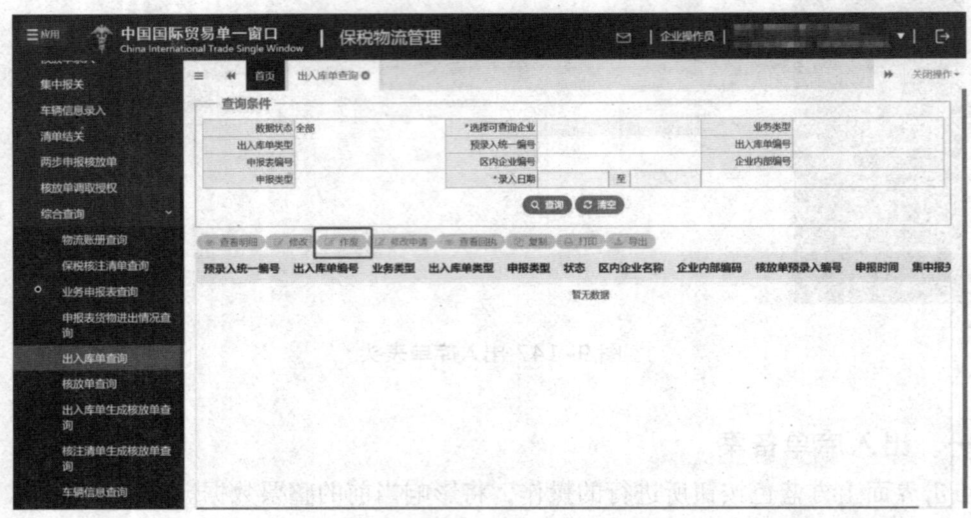

图 9-149 出入库单数据查询

查询出入库单数据后，选择一条数据类型为海关终审通过的记录，点击【作废】按钮，进入录入详情界面，如图 9-150：

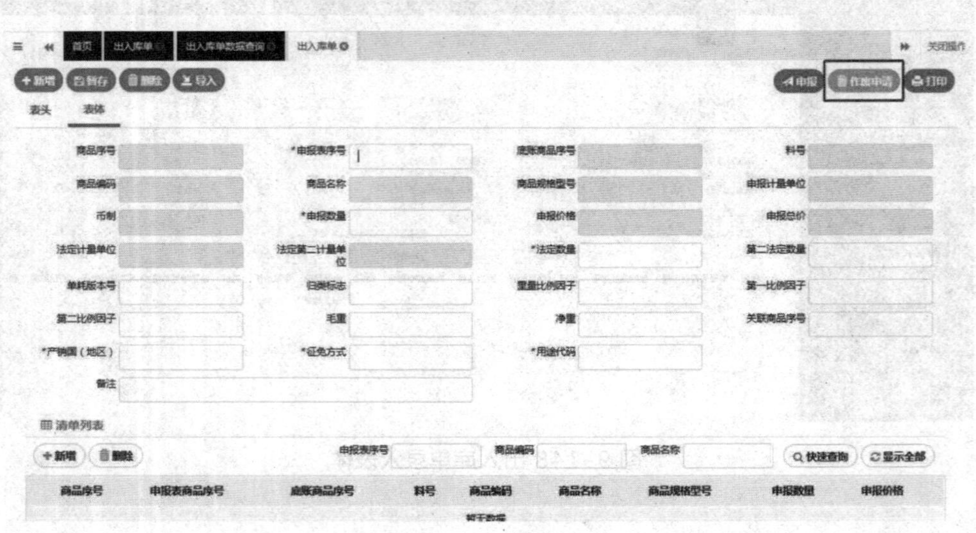

图 9-150 出入库单录入界面

点击“作废申请”，弹出对话框，点击【确定】按钮，提示“作废成功”。

第六节 放单录入

本功能模块主要提供核放单的新增、修改、删除、查询、暂存、申报、作废、打印等功能。

一、核放单备案

点击“保税物流管理—核放单”，右侧区域展示核放单录入界面，分为表头、表体、关联单证，如图 9–151：

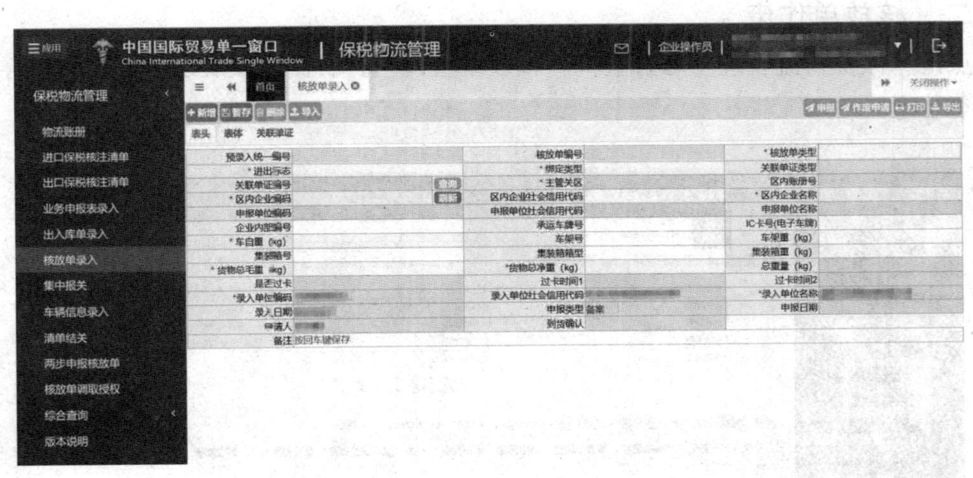

图 9–151 核放单表头

表头字段全部录入完毕后，在备注字段回车或点击【暂存】按钮，系统提示暂存成功。

表体和关联单证录入规则：

1. 核放单录入核放单类型和进出标准，与关联单证对应关系应遵循上述表：核放单类型和进出标志与关联单证对应关系表。

2. 当核放单绑定类型是一车多票时，只需要录入核放单表头、核放单关联单证表体信息即可。

3. 当核放单绑定类型是一票一车时，只需录入核放单表头信息即可，系统自动将关联单证编号信息插入关联单证表体。系统对用户是否有权限查询该关联单证进行权限检查。

4. 当核放单绑定类型是一票多车时，只需要录入核放单表头、核放单表体信息即可，系统自动将关联单证编号信息插入关联单证表体。系统对用户是否有权限查询该关联单证进行权限检查。

5. 当核放单类型是卡口登记货物时，核放单表头的绑定类型、关联单证类型、关联单证编号字段为空，不可录入，核放单表体信息企业自行录入。核放单关联单证表体不可录入。

6. 当核放单类型是空车进出区，核放单表头的绑定类型、关联单证类型、关联单证编号字段为空，不可录入，核放单表体信息不可录入，核放单关联单证表体不可录入。

小提示：

删除、申报、打印功能具体操作请详见加工贸易账册备案章节。导入功能具体操作同业务申报表章节相关功能。

二、核放单作废

点击“保税物流管理→综合查询→核放单查询”，右侧区域展示核放单查询界面，如图 9-152：

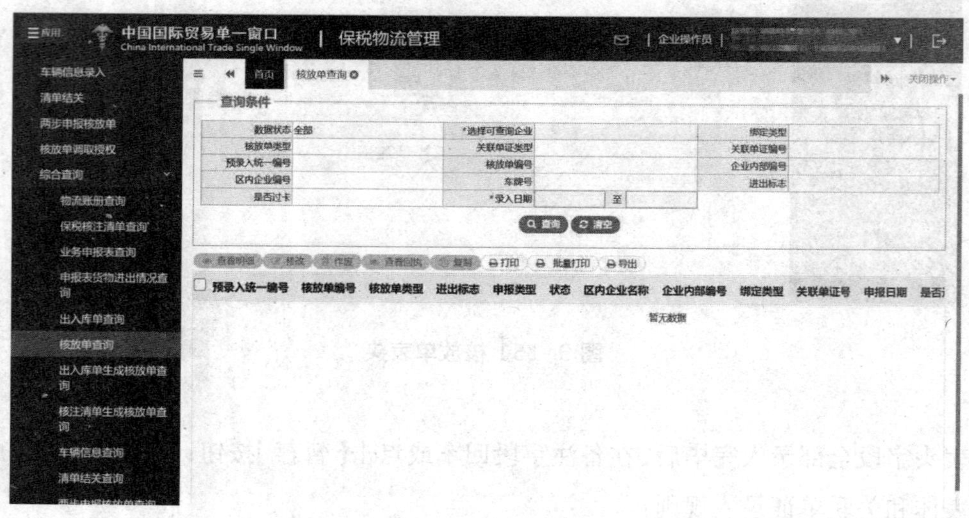

图 9-152 核放单查询

查询核放单数据后，选择一条数据状态为海关终审通过的记录，点击【作废】按钮，如图 9-153：

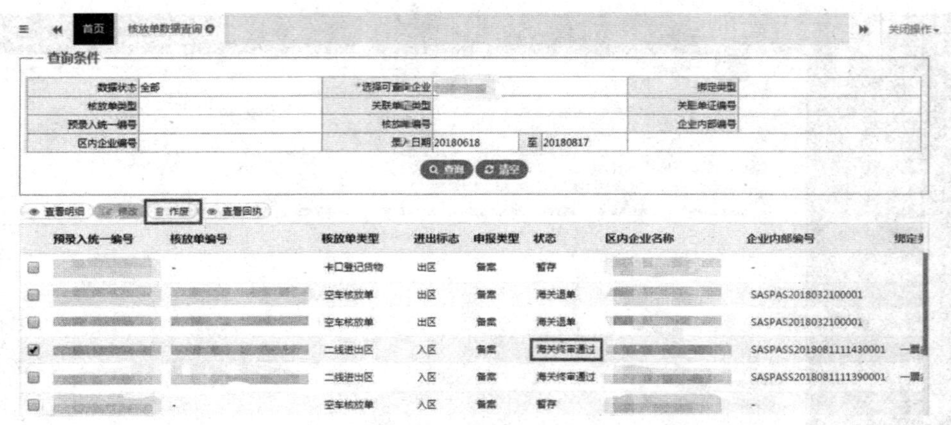

图 9-153 核放单作废

点击【确定】进入数据录入界面，点击【作废申请】按钮，如图 9-154：

预录入统一编号		核放单编号		*核放单类型	二线进出区
*进出标志	入区	*绑定类型	一票多车	关联单证类型	核注清单
*关联单证编号		*主管关区	北京关区	区内账册号	
*区内企业编码		区内企业社会信用代码		区内企业名称	
申报单位编码		申报单位社会信用代码		申报单位名称	
企业内部编号		承运车牌号		IC卡号(电子车牌)	
*车自重	1230	车架号		*车架重	12300
集装箱号		集装箱箱型		集装箱重	
*货物总毛重	11070	*货物总净重	11000	总重量	24600
是否过卡	已过卡	过卡时间1	20180811 12:04:57	过卡时间2	
*录入单位编码		录入单位社会信用代码		*录入单位名称	
录入日期	20180811	申报类型	作废	申报日期	20180811
申请人	操作员09	到货确认			
备注	备注				

图 9-154 核放单申请作废

第七节 集中报关

本功能模块主要是将业务类型为 A—分送集报的出入库单生成集报核注清单。点击“保税物流管理—集中报关”，右侧区域展示集中报关生成界面，如图 9-155：

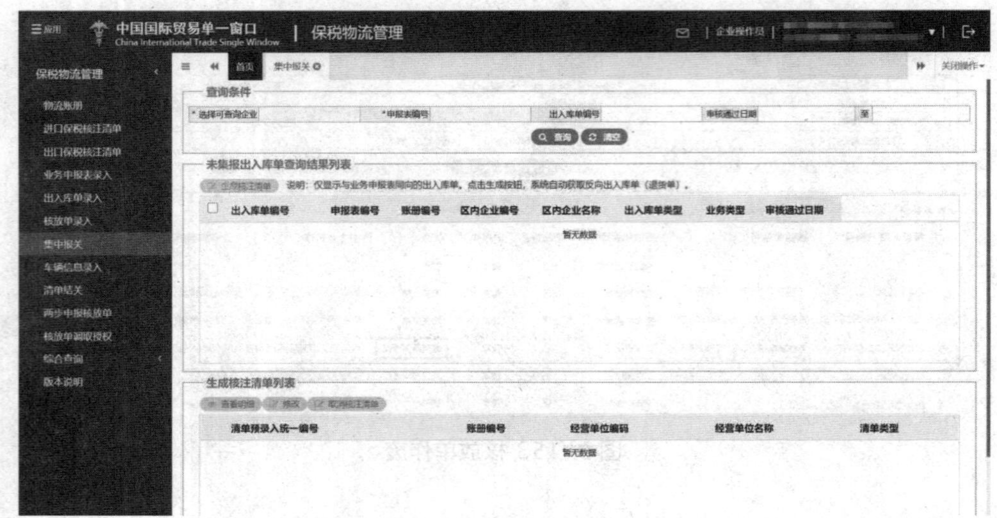

图 9-155 集中报关

输入查询条件，点击【查询】按钮，系统显示符合查询条件的查询结果列表，选中需要生成集报核注清单的出入库单数据，或者点击“全选复选框”选中全部出入库单，然后点击【生成核注清单】按钮，系统根据归并原则，在生成的核注清单列表中产生核注清单记录。如图 9-156：

未集报出入库单查询条件

申报表编号 Y0100A180021　出入库单编号　审核通过日期　至

查询　清空

未集报出入库单查询结果列表

生成核注清单

出入库单编号	申报表编号	账册编号	区内企业编号	区内企业名称	业务类型	出入库单类型	审核通过日期
X0100I180411000001	Y0100A180021	-	1111510001	北京空港天成物流有限公司	分送集报	入区	20180409
X0100I180413000001	Y0100A180021	-	1111510001	北京空港天成物流有限公司	分送集报	入区	20180409
X0100I180415000001	Y0100A180021	-	1111510001	北京空港天成物流有限公司	分送集报	入区	20180409
X0100I180416000001	Y0100A180021	-	1111510001	北京空港天成物流有限公司	分送集报	入区	20180409
X0100I180417000001	Y0100A180021	-	1111510001	北京空港天成物流有限公司	分送集报	入区	20180409

生成核注清单列表

查看明细　取消核注清单

清单预录入统一编号	账册编号	经营单位编码	经营单位名称	清单类型
2018000000000001274	-	1111510001	北京空港天成物流有限公司	集报清单

图 9-156 核注清单记录

1. 取消核注清单

选中生成的核注清单后点击【取消核注清单】按钮，弹出删除核注清单成功的提示信息，该出入库单恢复为未生成核注清单状态，如图 9-157：

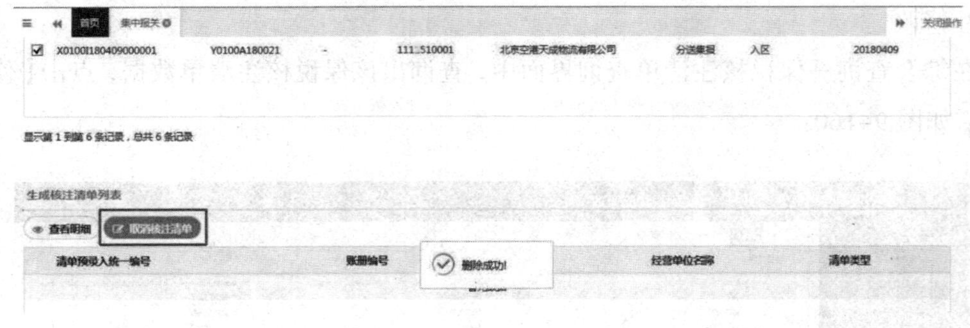

图 9-157 集中报关—取消核注清单

2. 查看明细

选择生成的核注清单后，点击【查看明细】按钮，如图 9-158：

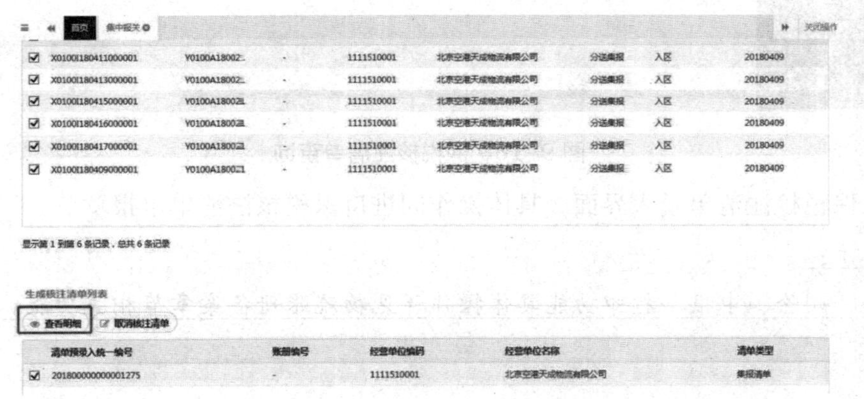

图 9-158 集中报关—查看明细

进入核注清单录入界面，如图 9-159：

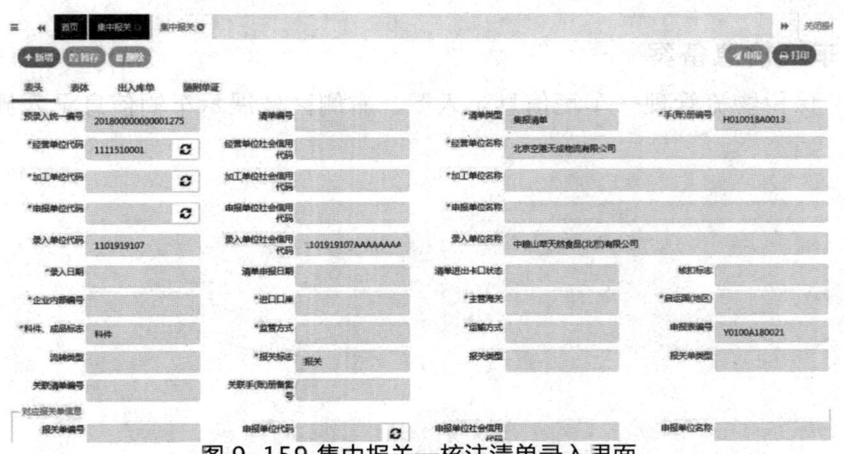

图 9-159 集中报关—核注清单录入界面

3. 修改

在综合查询—保税核注清单查询界面中，查询出该保税核注清单数据，点击【修改】按钮，如图 9-160：

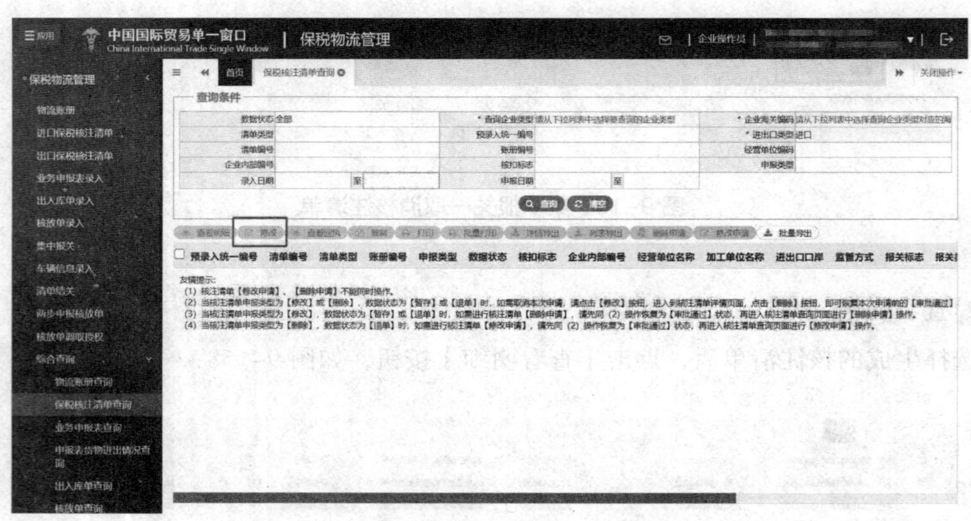

图 9-160 保税核注清单查询

进入保税核注清单录入界面，具体操作同进口保税核注清单申报章节。

小提示：

暂存、删除、申报、打印功能具体操作详见物流账册备案章节相关功能。

第八节 车辆信息录入

本功能模块主要提供车辆信息的新增、修改、删除、查询、暂存、申报、变更、打印等功能。

一、车辆信息备案

点击“保税物流管理—车辆信息录入”，右侧区域展示车辆信息录入界面，如图 9-161：

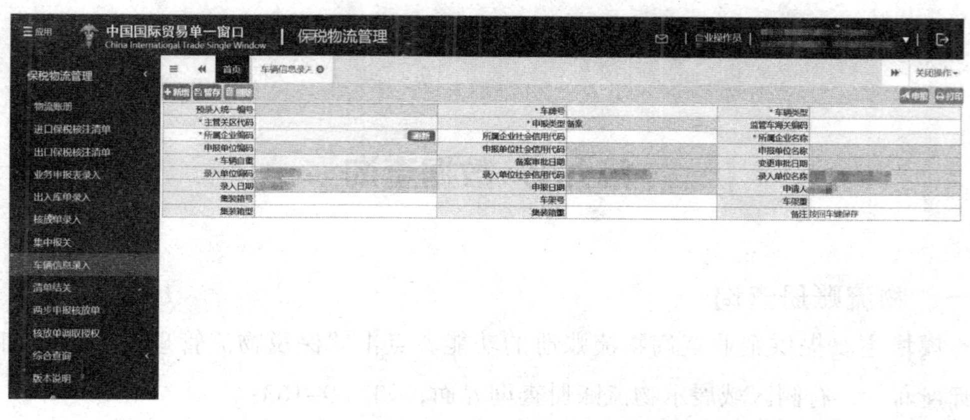

图 9–161 车辆信息备案

表头字段全部录入完毕后，在备注字段回车或点击【暂存】按钮，系统提示“暂存成功”。

小提示：

新增、删除、申报、打印功能具体操作请详见物流账册备案章节。

二、车辆信息变更

点击“保税物流管理—车辆信息查询”，右侧区域展示车辆信息查询界面，输入查询条件，点击【查询】按钮，查询出车辆信息后，选择审批通、过状态的车辆信息，点击【变更】按钮。弹出对话框提示“确认要变更数据吗？”点击【确定】进入车辆信息变更录入界面，如图 9–162：

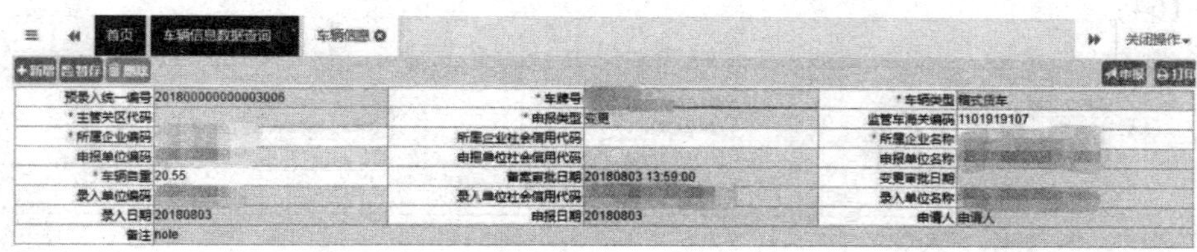

图 9–162 车辆信息变更录入

小提示：

新增、删除、申报、打印功能具体操作请详见物流账册备案章节。

第九节　数据查询

一、物流账册查询

本模块主要提供企业查询物流账册的功能。点击“保税物流管理—综合查询→物流账册查询”，右侧区域展示物流账册查询界面，如图 9-163：

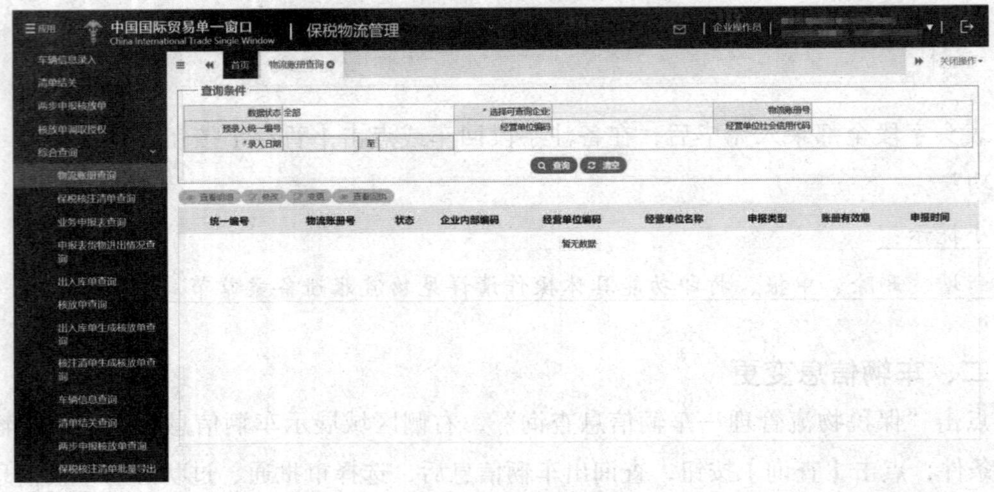

图 9-163 物流账册查询

输入查询条件，点击【查询】按钮，系统查找符合条件的记录显示在查询列表中，如图 9-164：

查询条件

数据状态	全部		* 选择可查询企业		物流账册号	
预录入统一编号			经营单位编码		经营单位社会信用代码	
录入日期	20180618	至 20180817				

查询　清空

查看明细　修改　变更　查看回执

统一编号	物流账册号	状态	企业内部编码	经营单位编码	经营单位名称	申报类型	账册有效期	申报时间
20180000000002640	-	暂存	-			备案	20181212	20180817
20180000000002639	-	暂存	-			备案	20181010	20180817
20180000000002637	-	暂存	-			备案	20200101	20180816
20180000000002634	-	暂存	-			备案	20190101	20180816
20180000000002627		海关终审通过	SASBWS2018080921420001			备案	20200202	20180809
20180000000002610	-	暂存	-			备案	20181231	20180807
20180000000002408		暂存	SASBWS20180709001			备案	20190101	20180803

图 9-164 物流账册查询详情

小提示：

查询条件中的数据状态和选择可查询企业两个条件必须录入，其他条件可以根据需要录入查看明细。

在"物流账册查询"界面中，点击【查看明细】按钮，系统进入物流账册录入界面。此时，数据为只读状态，不允许编辑。如图 9–165：

新增 暂存 删除 导入 申报 打印

表头 表体 随附单据

预录入统一编号		仓库账册号		企业内部编号	
* 经营单位编码		经营单位社会信用代码		* 经营单位名称	
申报单位编码		申报单位社会信用代码		申报单位名称	
* 申报单位类型	企业	* 主管海关	连加工区	* 区域场所类别	保税物流中心B
申报类型	备案	* 仓库代码	111111	* 仓库名称	111111
* 仓库面积	111111	仓库容积		* 仓库地址	11111111
* 联系人	1111	* 联系电话	11111111	* 企业类型	综合保税区
* 账册有效期	20181010	备案批准日期		变更批准日期	
* 记账模式	可累计	账册执行标志		退税标志	
录入单位编码		录入单位社会信用代码		录入单位名称	
* 录入日期	20180817	申报日期	20180817	备注	

图 9–165 物流账册数据查看明细

1. 修改

在"物流账册查询"界面中，点击【修改】按钮，系统进入物流账册录入界面。如图 9–166：

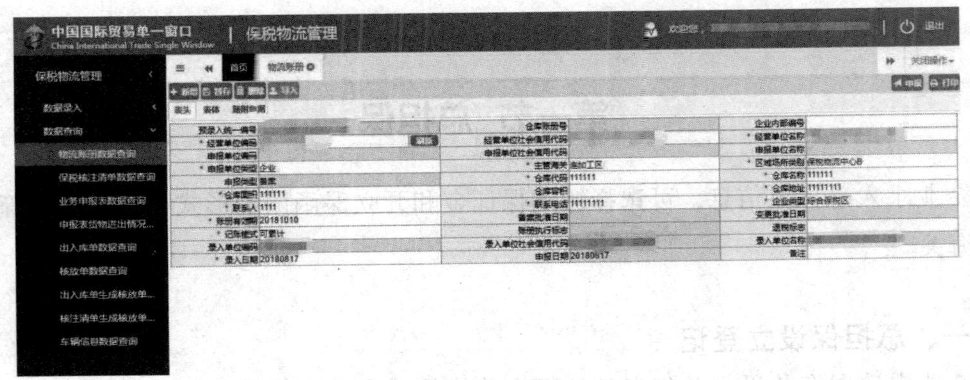

图 9–166 物流账册数据修改

小提示：

1. 数据状态为暂存和退单的数据可进行修改操作，数据如果已经申报，则不可再修改。

2. 修改时灰色底色的字段不可修改。

3. 对修改完毕的数据可继续进行暂存操作，也可直接进行申报。

2. 查看回执

在“物流账册查询”界面中，点击【查看回执】按钮，系统会显示最近一次收到的海关回执的详细内容。

小提示：

如果相应账册数据没有收到海关任何回执，则【查看回执】按钮不可用。

3. 变更

具体操作详见物流账册变更章节。

二、其他查询

保税核注清单查询、业务申报表查询、申报表货物进出情况查询、出入库单查询、核放单查询、出入库单生成核放单查询、核注清单生成核放单查询、车辆信息查询、清单结关查询、两步申报核放单查询。本模块为企业提供对应的查询功能。具体操作详见前篇相关章节。

第五章 保税担保管理系统操作指南

第一节 总担保

企业录入总担保信息，可选择缴纳保证金和开立保函两种形式，申报后，等待发送给海关。

一、总担保设立登记

企业申请向海关设立总担保的，可在此模块录入总担保设立申请。总担保包含缴纳保证金和开立保函两种形式。

点击“总担保—总担保设立登记”，右侧区域展示录入界面（如图 9–167）。

图 9-167 总担保设立登记

点击界面上方蓝色按钮所进行的操作，将影响当前的整票数据。

小提示：

界面中，带有红色星号的字段为必填项，否则可能无法继续进行保存或申报等操作。

1. 新增

界面各录入字段中，带红色星号的字段为必填项，灰色底色的字段为系统反填项或不可修改项。（注：此规则适用于所有业务，且各字段颜色标识会随着数据状态的不同而变化）

2. 暂存

点击【暂存】按钮，可对当前录入的内容进行保存，系统弹出提示框提示暂存成功。

3. 删除

可删除整票总担保设立登记数据。点击“总担保设立登记”上方【删除】按钮，系统将提示用户是否删除当前数据，删除的数据将不可恢复，需重新录入，请谨慎操作。

小提示：

当总担保设立登记状态为暂存、申报失败或海关退单，可进行该项删除操作。否则，系统可能弹出不允许删除的相应提示。

4. 打印

系统提供任何状态下的打印功能，用户点击右上角的【打印】蓝色按钮，系统将生成个 PDF 文件，可直接打印或保存文件。

5. 申报

总担保设立登记数据录入完毕，可点击右上方的【申报】蓝色按钮进行申报。

小提示：

1. 申报即意味着您的数据已向相关业务主管部门进行发送，并等待其审批。

2. 必须插入当前用户绑定的电子钥匙才可进行申报。

二、总担保变更登记

总担保变更只允许变更保函及保函有效期。企业设立总担保后需变更的，可通过此模块录入总担保变更申请。用户点击“总担保—总担保变更登记”，输入查询条件进行查询，选中需要变更的数据，点击【变更登记】按钮（如图 9-168）。

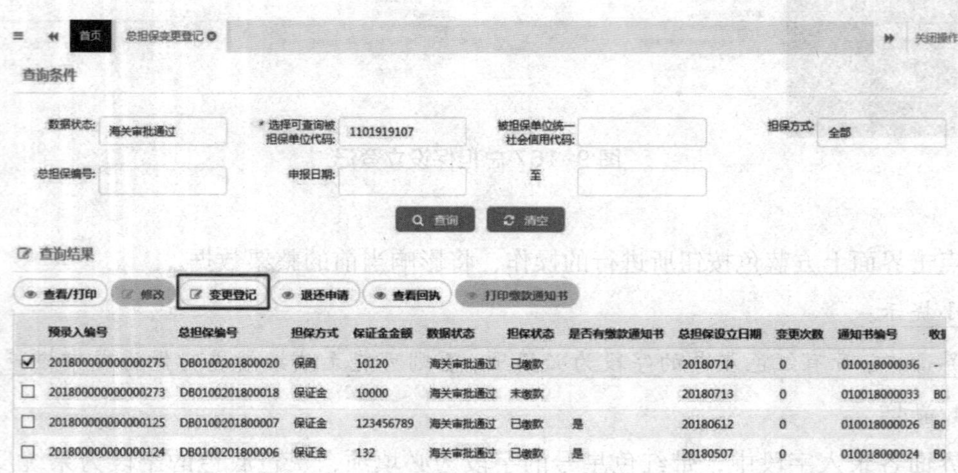

图 9-168 保证金变更登记

系统提示：是否确认变更该数据？点击【确定】，进入总担保设立登记录入界面。用户可以对保函进行变更修改后进行变更申报。

小提示：

只有在数据状态是“审核通过”且担保类型是“保函”时，【变更】按钮是亮色可点击，其他时候为灰色不可点击。

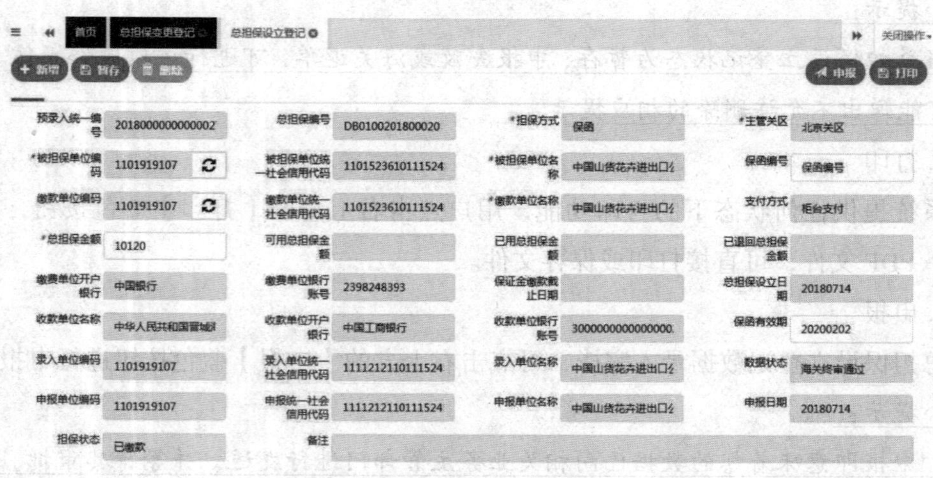

图 9-169 保证金变更登记录入界面

小提示：

仅总担保金额与保函编号可以变更。界面操作同总担保设立登记。

三、总担保退还申请

根据权限控制要求，用户在总担保查询功能中查询到需要退还的总担保后，点击【退还申请】按钮进入总担保退还界面，修改录入收款单位有关信息后，向海关申报。

点击选择菜单“退还申请—总担保退还申请”，进入总担保退还申请查询界面，如图 9-170 所示：

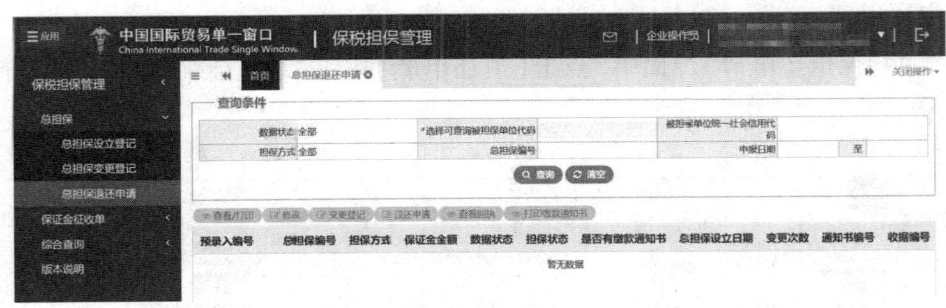

图 9-170 总担保退还申请

点击界面上方蓝色按钮所进行的操作，将影响当前的整票数据。

小提示：

界面中，带有红色星号的字段为必填项，否则可能无法继续进行保存或申报等操作。界面中的白色按钮，所影响的数据仅为当前涉及的页签或字段。

1. 查看 / 打印

在“总担保退还申请”的界面中，点击【查看】/【打印】按钮，光标跳转到总担保退还详情页面，页面所有字段均置灰，不可修改，如图 9-171 所示：

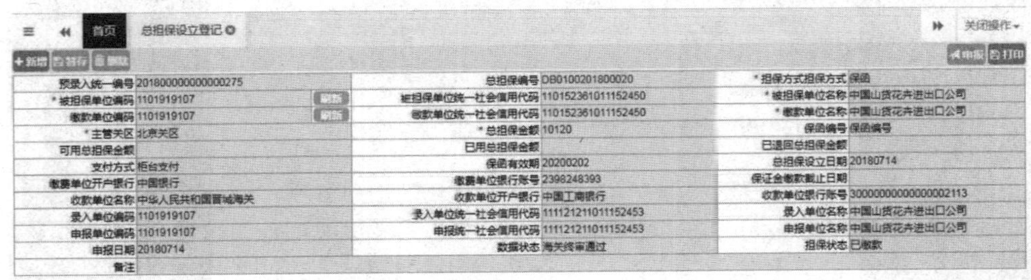

图 9-171 总担保退还申请 – 查看 / 打印

2. 修改

在“总担保退还申请”所示的界面中，点击【修改】按钮，光标跳转到总担保退还详情页面，页面所有字段均置灰，不可修改。

3. 变更登记

在“总担保退还申请”界面中，点击【变更登记】按钮，系统会显示最近一次收到的海关回执的详细内容。

小提示：

如果相应账册数据没有收到海关任何回执，则【查看回执】按钮不可用。

4. 退还申请

在“总担保退还申请”界面中，点击【退还申请】按钮，系统会跳转到退还申请界面，如图 9–172：

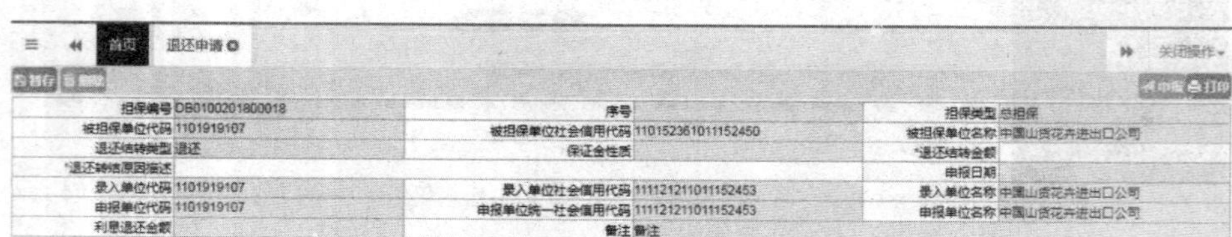

图 9–172 总担保退还申请

小提示：

数据状态必须为海关审批通过才可进行退还申请操作。

5. 查看回执

在“总担保退还申请”界面中，点击【查看回执】按钮，系统会显示最近一次收到的海关回执的详细内容，如图 9–173：

图

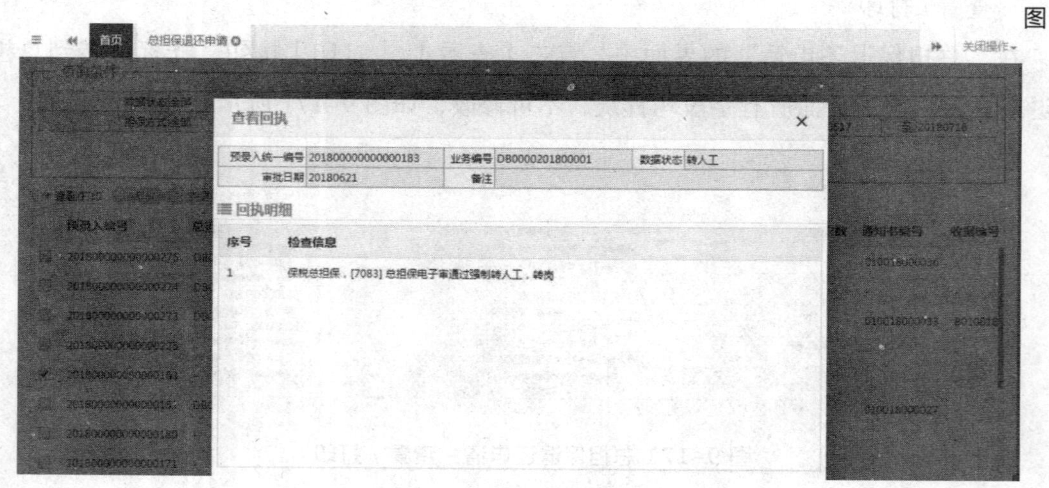

9–173 总担保退还查看回执

小提示：

如果相应账册数据没有收到海关任何回执，则【查看回执】按钮不可用打印缴款通知书。

在“总担保退还申请”界面中，点击【打印缴款通知书】按钮，系统会打开PDF界面，如图9-174：

图9-174 总担保退还打印缴款通知书

小提示：

有缴款通知书才可使用打印缴款通知书功能，如图9-175。

总担保退还申请 关闭操作

查询条件

数据状态	全部	*选择可查询被担保单位代码	1111510001	被担保单位统一社会信用代码	
担保方式	全部	总担保编号		申报日期	至

查看/打印 修改 变更登记 退还申请 查看回执 打印缴款通知书

预录入编号	总担保编号	担保方式	保证金金额	数据状态	担保状态	是否有缴款通知书	总担保设立日期	变更次数	通知书编号	收据
2018000000000000182	-	保证金	1	暂存			-	-	-	-
2018000000000000179	-	保证金	12	暂存			-	-	-	-
2018000000000000178	DB0100201800014	保函	1293	暂存	已缴款		20180614	1	-	-
2018000000000000177	DB0100201800013	保证金	1293.234	海关审批通过	未缴款		20180614	0	010018000030	B01
2018000000000000176	-	保证金	1000	暂存				-	-	-
2018000000000000175	-	保证金	39287493.23234	暂存				-	-	-
2018000000000000174	DB0100201800012	保函	90239.23	暂存	已缴款		20180614	1	-	-
2018000000000000173	DB0100201800011	保证金	1092323.234	海关审批通过	已缴款	是	20180612	0	010018000025	B01

图9-175 栏目信息：是否有缴款通知书

第二节 保证金征收单

被担保单位或被担保单位指定的委托代理单位可查询到该保证金征收单，点击【确认】按钮后，可看到具体保证金征收单信息，并对被担保单位、企业信息、缴款单位、缴款账号等信息进行修改、补充录入，完成后点击【确认】按钮，对该保证金征收单进行确认。

图 9-176 保税担保管理系统主界面

一、保证金征收单确认

被担保单位或被担保单位指定的委托代理单位可查询到该保证金征收单，点击【确认】按钮后，可看到具体保证金征收单信息，并对被担保单位、企业信息、缴款单位、缴款账号等信息进行修改、补充录入，完成后点击【确认】按钮，对该保证金征收单进行确认。

本模块主要提供担保管理系统保证金确认功能模块。

点击选择菜单“保证金征收单—保证金征收单确认”进入“保证金征收单确认”界面，如图 9-177：

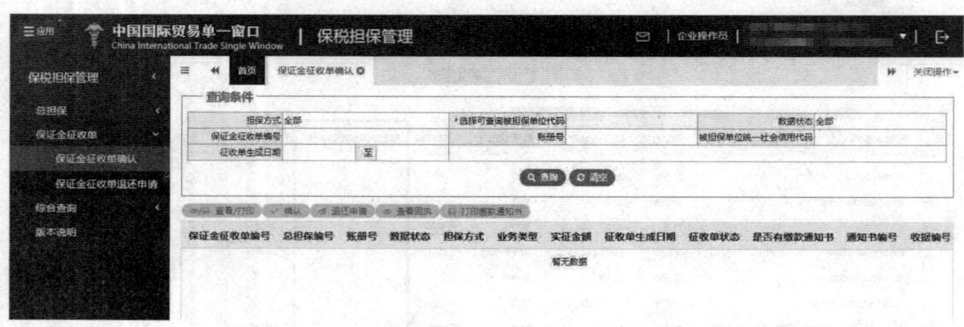

图 9-177 保证金确认

输入查询条件，点击【查询】按钮，系统查找符合条件的记录显示在查询列表中。

小提示：

查询条件中的选择可查询企业条件必须录入，才可以查询出对应信息。

1. 查看 / 打印

在“保证金征收单查询”界面中，点击【查看】/【打印】按钮，系统进入保证金征收单数据录入界面。此时，数据为只读状态，不允许编辑。点击【打印】按钮，页面生成 PDF 界面，可供下载或打印。

在“保证金征收单查询”界面中，点击【确认】按钮，系统进入保证金确认录入界面。

小提示：

①修改时灰色底色的字段不可修改。

②对修改完毕的数据可继续进行暂存操作，也可直接进行申报。

③数据状态为暂存和退单的数据可进行修改操作，数据如果已经申报或已海关审批通过，则不可再修改。

退还申请在“保证金征收单查询”界面中，点击【退还申请】按钮，系统会跳转到退还申请界面。

小提示：

①数据状态必须为海关审批通过才可进行退还申请操作。

②退还结转金额、退还结转原因描述为必填。

2. 查看回执

在“保证金征收单查询”界面中，点击【查看回执】按钮，系统会显示最近一次收到的海关回执的详细内容。

小提示：

如果相应账册数据没有收到海关任何回执，则【查看回执】按钮不可用。

3. 打印缴款通知书

在“保证金征收单查询”界面中，点击【打印缴款通知书】按钮，系统会打开PDF界面。

小提示：

有缴款通知书才可使用打印缴款通知书功能。

二、保证金征收单退还申请

根据权限控制要求，用户在总担保查询功能中查询到需要退还的总担保后，点击【退还申请】按钮进入总担保退还界面，修改录入收款单位有关信息后，向海关申报。

点击选择菜单“保证金征收单—保证金征收单退还申请”，进入保证金征收单退还申请查询界面，如图 9–178 所示：

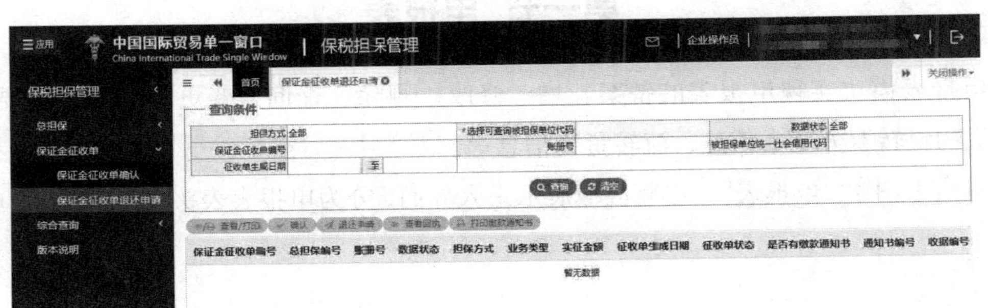

图 9–178 保证金征收单退还申请

点击界面上方蓝色按钮所进行的操作，将影响当前的整票数据。

小提示：

界面中，带有红色星号的字段为必填项，否则可能无法继续进行保存或申报等操作。界面中的白色按钮，所影响的数据仅为当前涉及的页签或字段。

具体功能操作可参见总担保退还申请。

第三节 综合查询

一、保证金征收单查询

详见保证金确认。

二、总担保查询

详见总担保变更登记。

三、退还结转查询

本模块根据权限控制要求，可以查询用户有关保证金/总担保退还申请信息，并对查询出来的保证金/总担保退还申请进行查看明细、修改、查看回执等操作。

小提示：

界面中，带有红色星号的字段为必填项，否则可能无法继续进行保存或申报等操作。

第六章 保税货物流转系统操作指南

第一节 申报表

申报表模块实现申报表的备案新增、修改、删除、查询、变更等功能，主要内容包括货物流转双方基本信息，流转货物信息等。

点击下图中“申报表”，右侧区域展示录入界面，分为申报表表头、表体、随附单据。

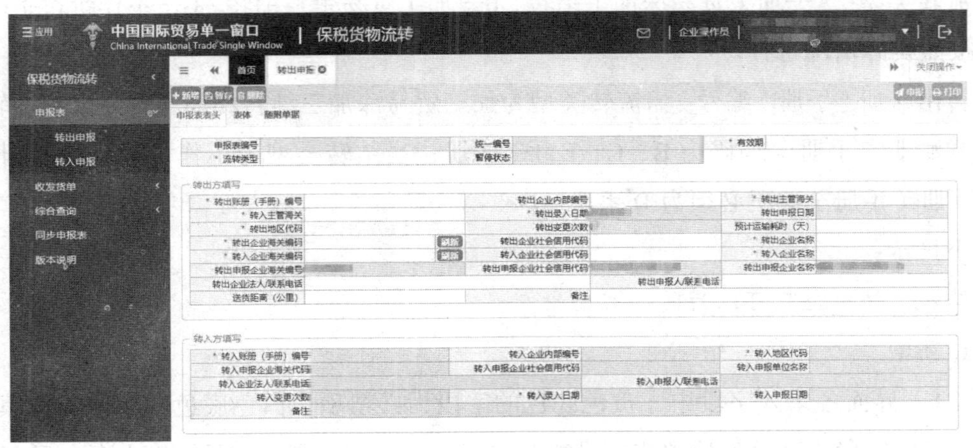

图 9-179 保税货物流转系统申报主界面

一、转出申报表备案

本功能模块主要提供转出申报表备案的录入申报功能。

企业可自行录入或者委托预录入机构完成转出申报表数据录入，录入完成申报后向海关发送申报信息。海关收到转出申报表信息后，由关员进行审核，审核后将审核结果发送到电子口岸。企业可通过电子口岸查询审核结果。转出申报表功能模块包括录入新增、修改、删除、申报、查询、打印功能。

点击界面上方蓝色按钮所进行的操作，将影响当前的整票数据。

小提示：

界面中，带有红色星号的字段为必填项，否则可能无法继续进行保存或申报等操作。界面中的白色按钮，所影响的数据仅为所涉及的页签或字段。

（一）表头

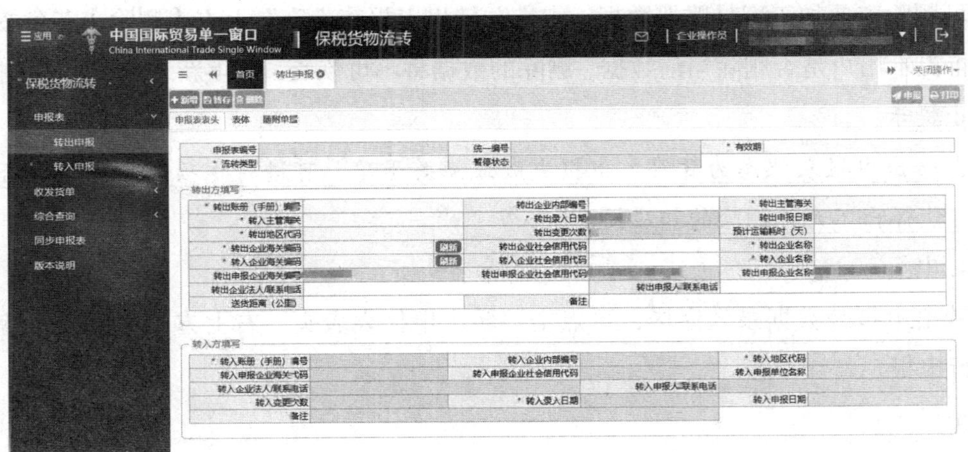

图 9-180 转出申报表表头

流转类型：A—加工贸易深加工结转、B—加工贸易余料结转、C—不作价设备结转，企业按照实际情况选择。

转出账册（手册）编号：当流转类型为加工贸易深加工结转和加工贸易余料结转时，转出方账册（手册）编码为B、C、E手/账册；当结转类型为不作价设备结转时，转出方账册（手册）编码必须为D手册。

小提示：

转入、转出企业可以为同一家企业。

1. 新增

（1）界面各录入字段中，黄色底色的字段为必填项，白色底色的字段为选填项，灰色底色的字段为系统反填项或不可修改项。（注：此规则适用于所有业务，且各字段颜色标识会随着数据状态的不同而变化。）

（2）转出/转入企业海关编码录入海关10位编码，回车后系统会自动反填经营单位社会信用代码、经营单位名称。

（3）表头信息录入完成后，点击【暂存】按钮，系统保存表头数据，方可录入表体信息。

（4）暂存前必须录入表头流转类型、有效期、转出账册（手册）编号、转出主管海关、转出地区代码、转出企业海关编码、转出企业名称、转出主管海关、转入企业海关编码、转入企业名称、转入主管海关。

2. 暂存

点击“转出申报表表头”上方的【暂存】蓝色按钮，可对当前录入的内容进行保存，系统弹出提示框提示暂存成功。

3. 删除

可删除整票加工贸易账册数据。点击“转出申报表表头”上方【删除】蓝色按钮，系统将提示用户是否删除当前数据，删除的数据将不可恢复，需重新录入，请谨慎操作。

小提示：

当转出申报表状态为暂存、申报失败或海关退单，可进行该项删除操作。否则，系统可能弹出不允许删除的相应提示。

4. 申报

转出申报表数据录入完毕，可点击“转出申报表表头”右上方的【申报】蓝色按钮进行申报。

小提示：

申报即意味着您的数据已向相关业务主管部门进行发送，并等待其审批。

5. 打印

系统提供任何状态下的打印功能，用户点击“转出申报表表头”右上角的【打印】蓝色按钮，系统将生成一个 PDF 文件，可直接打印或保存文件。

（二）表体

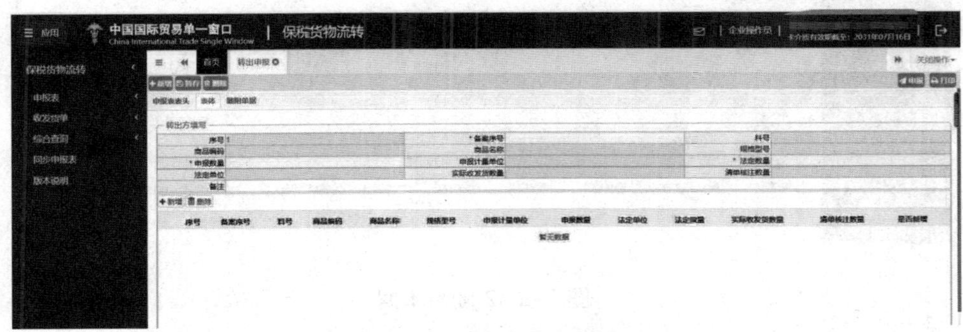

图 9-181 转出申报表表体

须录入表头数据后，点击界面上方【暂存】蓝色按钮，暂存成功后方可新增表头数据。根据表头填写的转出账册（手册）编号，调用备序表体数据。

1. 备案序号，从加工贸易账册（手册）中调用商品备案序号，其表体数据调用情况如下：

（1）当流转类型字段为 A：加工贸易深加工结转时，转出表体调取转出电子账册（手册）备案数据的成品表体；

（2）当流转类型字段为 B：加工贸易余料结转时，转出表体调取转出电子账册（手册）备案数据的料件表体；

（3）当流转类型字段为 C：不作价设备结转时，转出表体调取转出电子账册（手册）备案数据的料件表体；

小提示：

转出方、转入方表体，流转双方备案序号必须一一对应。

2. 表体—新增

点击【新增】的白色按钮，系统初始化表体界面，企业新增一条数据。

3. 表体—删除

表体列表中选中一条已录入的表体数据，数据返填至上方界面，点击【删除】按钮，本条数据从表体中删除

（三）随附单据

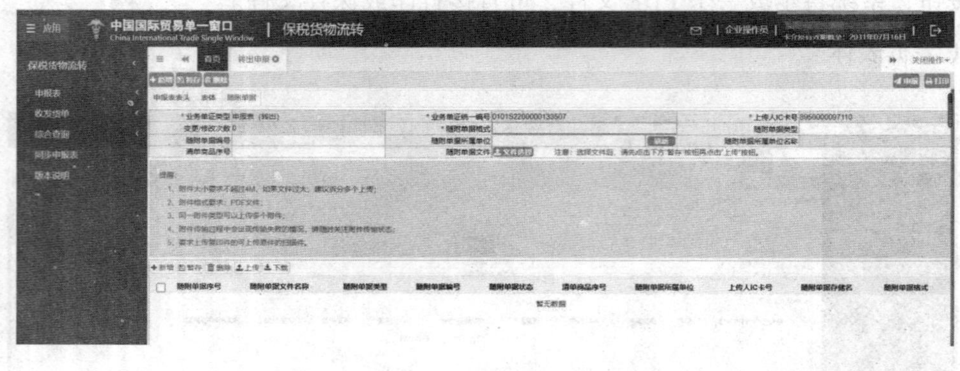

图 9-182 随附单据

1. 表体—暂存

填写随附单据表头信息，点击“文件选择”，选择文件存储路径，文件加载成功。点击【暂存】按钮，文件保存至表体，状态为待上传，如图 9-183：

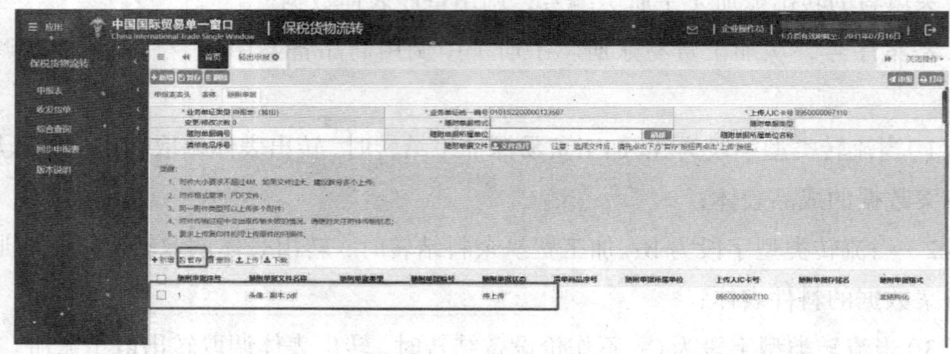

图 9-183 随附单证暂存

2. 表体—上传

在“随附单证暂存”界面中，选中待上传的随附单据，点击【上传】按钮，系统提示：上传成功，如图 9-184：

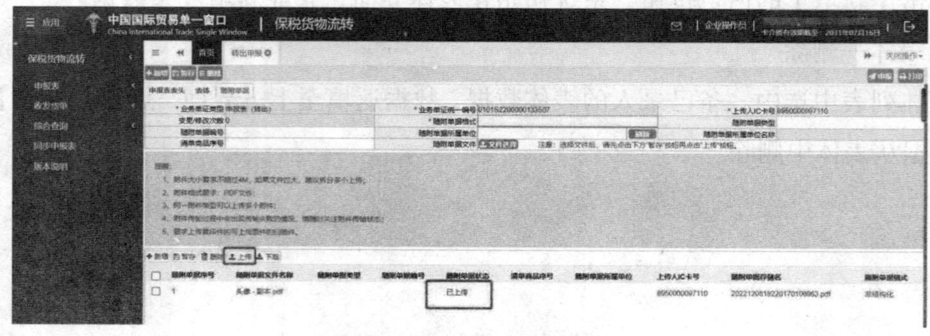

图 9-184 随附单证上传

3. 表体—下载

在“随附单证上传”界面中，选中某一条随附单据数据，点击【下载】按钮，系统将该票随附单据下载至本地。

4. 表体—删除

在“随附单证上传”界面中，选中某一条随附单据数据，点击【删除】按钮，系统将该票随附单据直接删除。

5. 表体—新增

在“随附单据”界面中，填写部分随附单据表头信息时，点击【新增】按钮，系统将清空界面，恢复至初始化界面。

二、转入申报表备案

本功能模块主要提供保税货物流转申报表转入方的录入、暂存、申报、修改、删除、打印、变更功能。转出申报表备案成功后，进入转入申报表备案环节。

企业点击“申报表—转入申报”，进入转入申报表备案界面，如图 8-185：

（一）表头

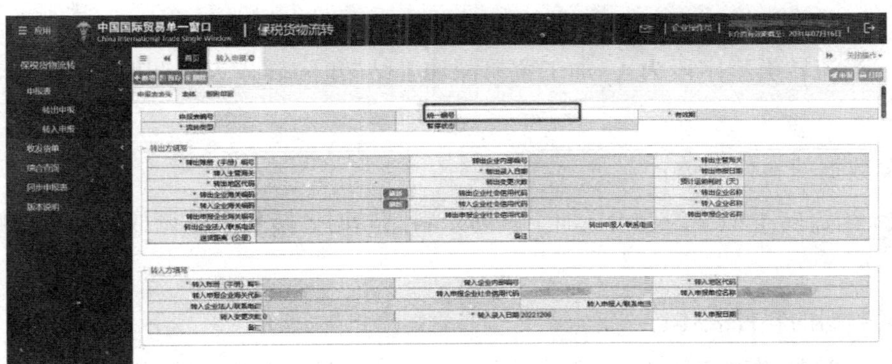

图 9-185 转入申报表表头

统一编号：输入已备案成功的转出申报表统一编号，调出转出申报表数据，如图 9-186：

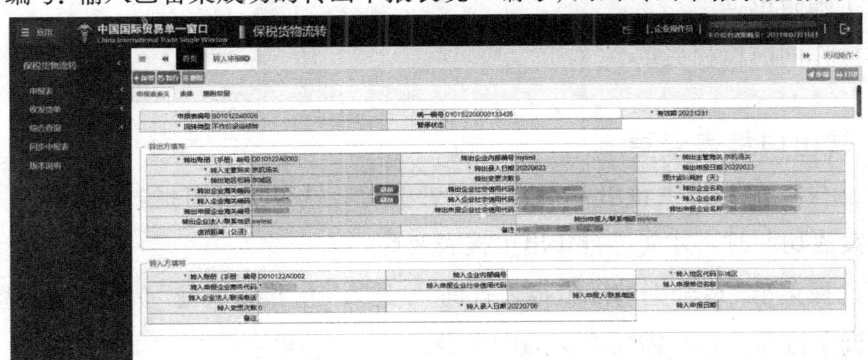

图 9-186 转出申报表数据

（二）表体

录入转入账册（手册）编号及转入地区代码，点击【暂存】按钮，表头暂存成功，进入表体录入界面，如图 9–187：

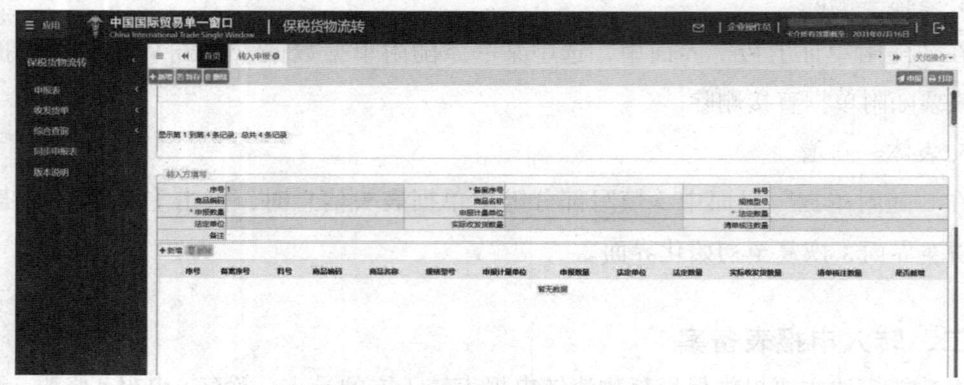

图 9–187 转入申报表表体

1. 转入申报表备案，录入表体数据时，不可对转出申报表数据进行修改。

2. 备案序号：从加工贸易账册（手册）中调用商品备案序号，其表体数据调用情况如下：

（1）当流转类型字段为 A：加工贸易深加工结转时，转入表体调取转入电子账册（手册）

备案数据的料件表体；

（2）当流转类型字段为 B：加工贸易余料结转时，转入表体调取转入电子账册（手册）

备案数据的料件表体；

（3）当流转类型字段为 C：不作价设备结转时，转入表体调取转入电子账册（手册）备案数据的料件表体；

（三）随附单据

具体操作同前篇相关章节。

三、转出申报表变更

本功能模块主要提供转出申报表的变更功能。只有转出申报表及转入申报表状态均为“备案成功”时，才能进行转出申报表变更。

点击选择菜单“综合查询—申报表查询”，进入“申报表查询”界面，输入查询条件，点击【查询】按钮，选择需要变更的申报表，如图 9–188：

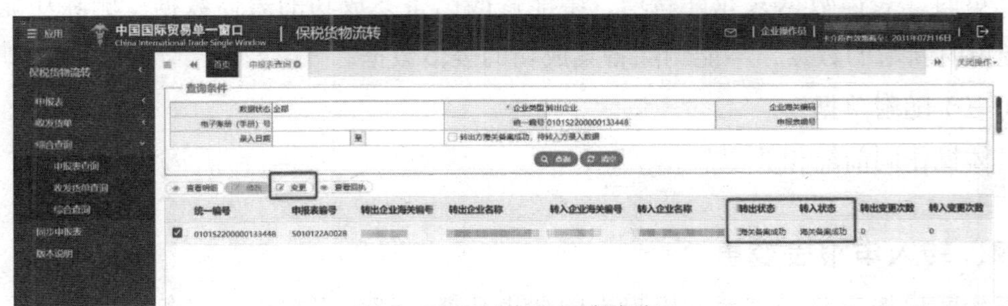

图 9-188 转出申报表查询

系统提示：是否确认变更该数据？点击【确定】，进入变更录入界面。用户可以对表头、表体数据进行修改。

（一）表头

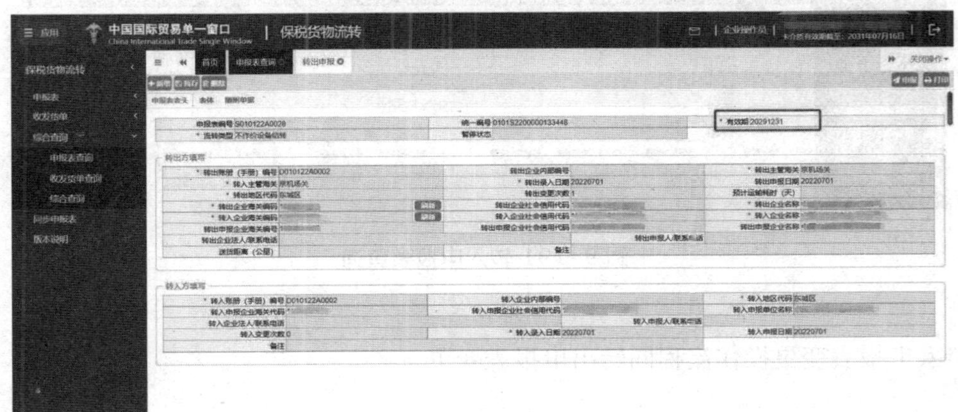

图 9-189 转出申报表表头

转出申报表变更时，表头字段只能变更有效期字段。

小提示：

转出申报表、转入申报表均须备案成功，才可进行转出申报表变更。

（二）表体

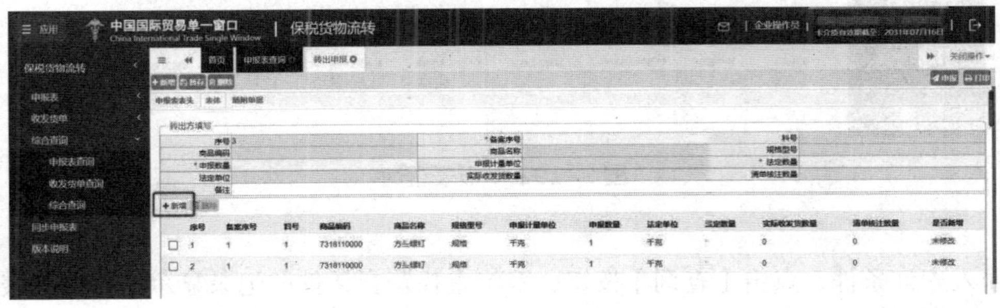

图 9-190 转出申报表表体

变更时，表体数据只允许新增，不能修改已备案成功的表体数据。删除功能只能删除变更时新增的数据，不能删除备案成功的表体数据。

（三）随附单据

具体操作同前篇相关章节。

四、转入申报表变更

本功能模块主要提供转入申报表的变更功能。转出申报表变更备案成功后，进入转入申报表变更。

点击选择菜单“综合查询—申报表查询”，进入“申报表查询”界面，输入查询条件，点击【查询】按钮，选择需要变更的申报表，如图 9-191：

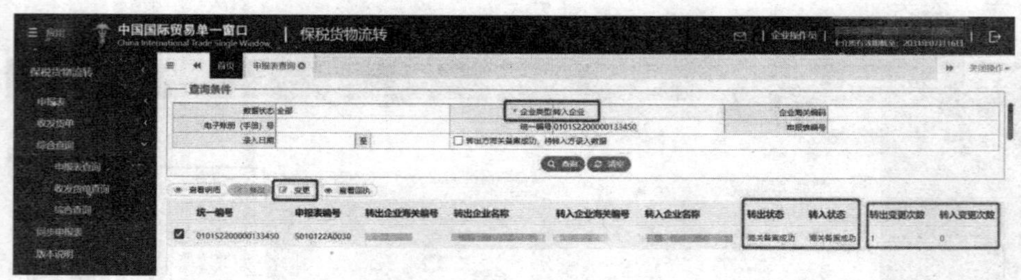

图 9-191 转入申报表查询

转入申报表变更操作流程同转出申报表变更。

五、申报表查询

本功能模块主要提供企业查询转入、转出申请数据的功能。点击“综合查询—申报表查询”，进入“申报表查询”界面，如图 9-192：

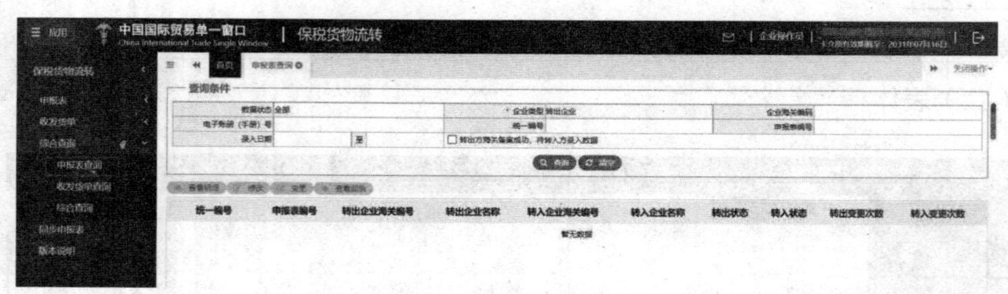

图 9-192 申报表查询

输入查询条件，点击【查询】按钮，系统查找符合条件的记录显示在查询列表中，如图 9-193：

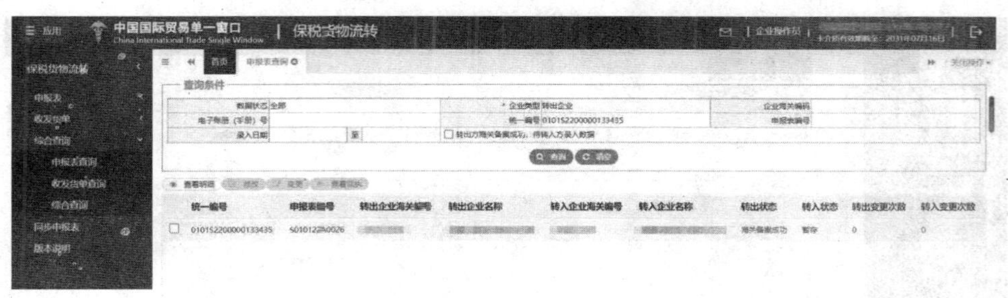

图 9-193 申报表查询详情

(一)查看明细

在"申报表数据查询详情"界面中,点击【查看明细】按钮,系统进入申报表录入界面。此时,数据为只读状态,不允许编辑。如 9-194 图:

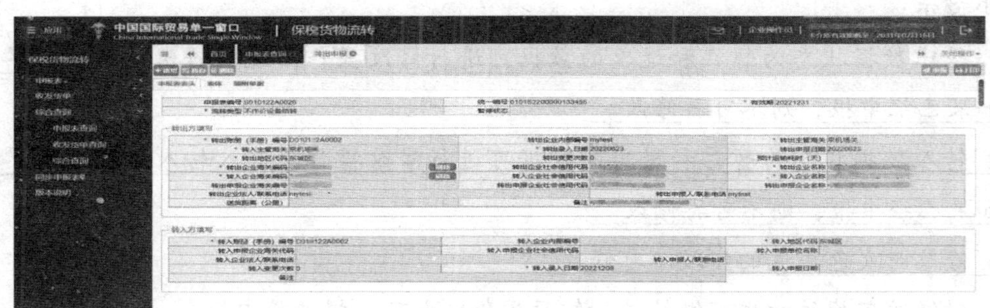

图 9-194 申报表查看明细

小提示:

当企业类型选择为转出企业时,进入转出申报录入界面;当企业类型选择为转入企业时,进入转入申报录入界面;

(二)修改

在"申报表数据查询详情"界面中,点击【修改】按钮,系统进入申报表录入界面。如图 9-195:

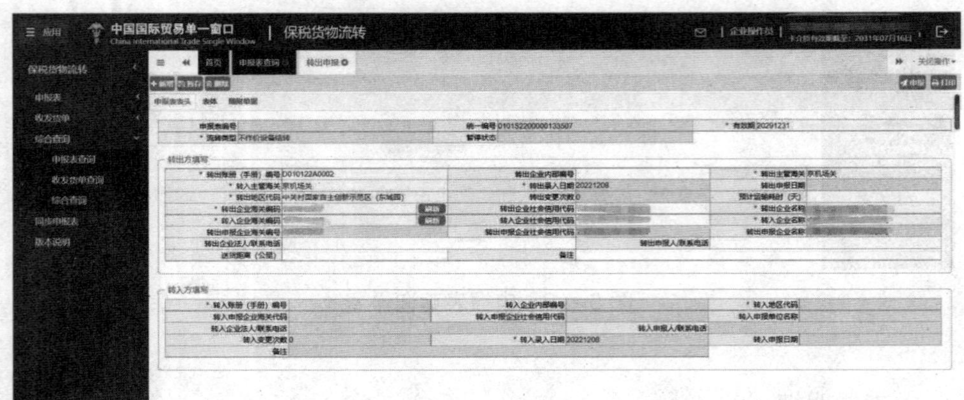

图 9-195 申报表修改

小提示：

1. 转出数据状态为暂存和退单的数据可进行修改操作，进入转出申报录入界面，数据如果已经申报，则不可再修改。

2. 转入数据状态为暂存和退单的数据可进行修改操作，进入转入申报录入界面，数据如果已经申报，则不可再修改。

3. 修改时灰色底色的字段不可修改。

4. 对修改完毕的数据可继续进行暂存操作，也可直接进行申报。

（三）查看回执

在“申报表查询详情”界面中，点击【查看回执】按钮，系统会显示最近一次收到的海关回执的详细内容。如图 9-196：

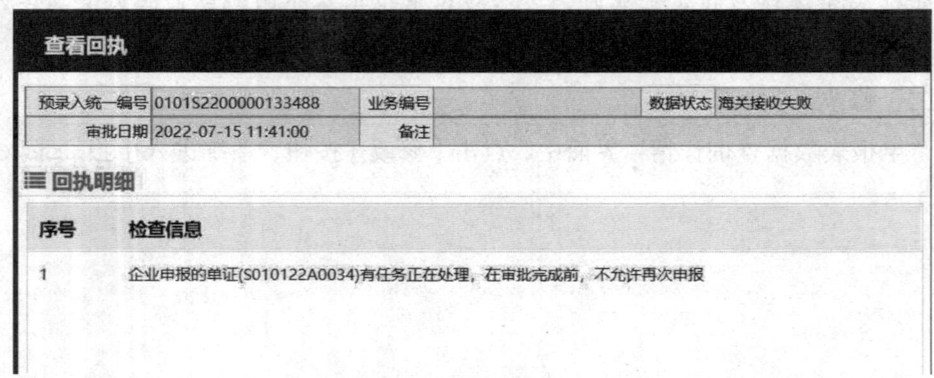

图 9-196 申报表查看回执

小提示：

如果相应申报表数据没有收到海关任何回执，则【查看回执】按钮不可用。

（四）变更

具体操作详见转出申报表变更章节。

第二节 收发货单

一、发货登记

本功能模块实现保税货物流转货物实际发货的管理，包括录入、修改、删除、查询、发货单撤销等功能。

（一）表头

点击选择菜单“收发货单—发货登记”，进入发货登记录入界面，如图 9-197：

图 9-197 发货登记表头

在“发货登记表头”界面中录入“申报表编号”，按回车键，系统根据“申报表编号”自动返填转出方信息，如图 9-198：

图 9-198 发货登记表头

申报表编号：填写已备案成功的申报表编号。系统根据申报表编号自动返填转入企业海关编码、转入企业社会信用代码、转入企业名称、转出企业海关编码、转出企业社会信用代码、转出企业名称、转出主管海关字段。

（二）表体

填写表头发货信息，点击【暂存】，进入表体录入界面，如图 9-199：

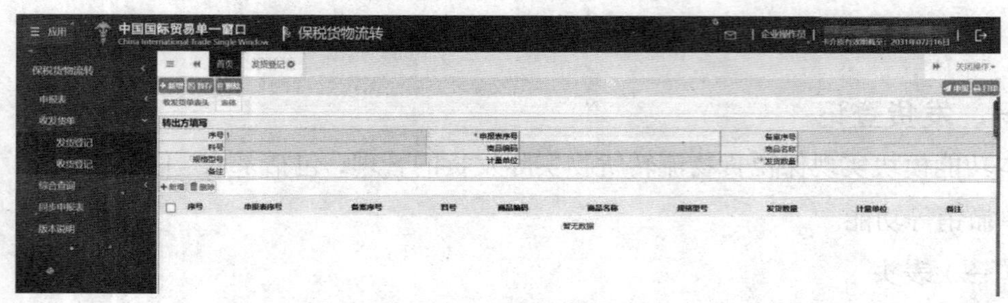

图 9-199 发货登记表体

1. 申报表序号

填写已备案成功的申报表序号。

2. 表体—新增

在“发货登记表体”中点击【新增】白色按钮，界面清空已有数据，企业进行表体录入。

3. 表体—删除

在“发货登记表体”中选中某条料件表体，点击【删除】白色按钮，点击【确定】，将删除本条表体数据。

（三）随附单据

具体操作同前篇相关章节。

小提示：

发货登记、收货登记表体，流转双方申报表序号必须一一对应。

发货登记表头及表体填写完毕，可以点击【暂存】按钮，对当前录入的内容进行保存，系统弹出提示框提示暂存成功。也可直接点击【申报】按钮，向海关申报。

发货登记海关审批通过，状态显示为海关备案成功。此时，收货企业进行收货登记。

二、收货登记备案

本功能模块实现保税货物流转货物实际收货的管理，包括录入、修改、删除、查询、发货单撤销等功能。

（一）表头

点击选择菜单“收发货单—收货登记”，进入收货登记录入界面，如图 9-200：

图 9-200 收货登记表头

在“收货登记表头”界面中录入“统一编号”，按回车键，系统根据“统一编号”自动返填转出方信息，如图 9-201：

图 9-201 收货登记表头

统一编号：填写已备案成功的发货单统一编号。系统校验当前用户是否为转入企业或转入代理企业，如校验通过，系统自动返填“转入主管海关”字段，并调出发货数据。

（二）表体

填写表头收货信息，点击【暂存】，进入表体录入界面，如图 9-202：

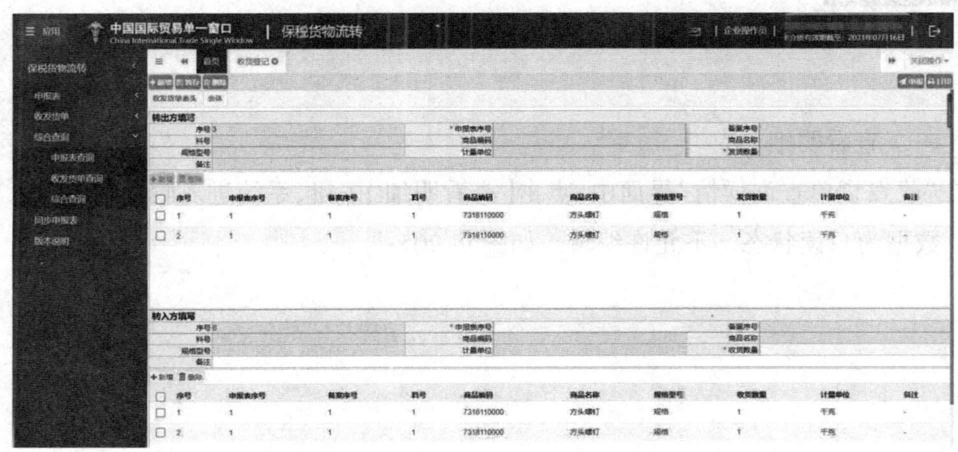

图 9-202 收货登记表体

申报表序号：填写已备案成功的申报表序号。

（三）随附单据

具体操作同前篇相关章节。

三、收发货单查询

本功能模块主要提供企业查询收发货单数据的功能。

点击“综合查询—收发货单查询”，进入“收发货单查询”界面，如图 9-203：

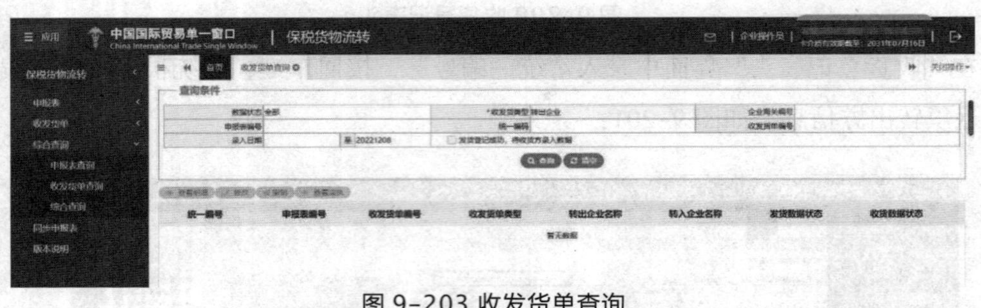

图 9-203 收发货单查询

输入查询条件，点击【查询】按钮，系统查找符合条件的记录显示在查询列表中，如图 9-204：

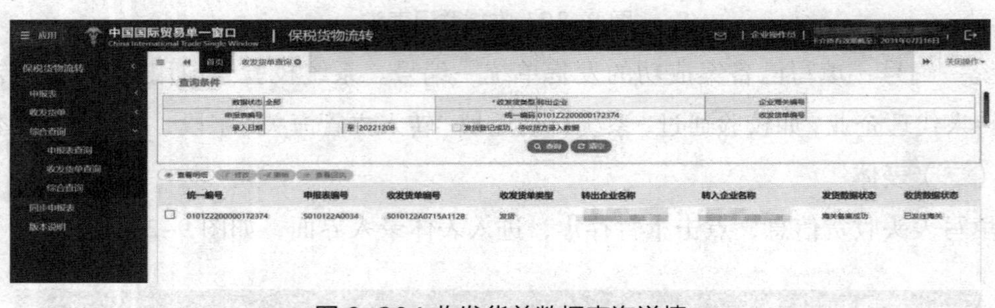

图 9-204 收发货单数据查询详情

（一）查看明细

在“收发货单查询详情”界面中，点击【查看明细】按钮，系统进入收发货单录入界面。此时，数据为只读状态，不允许编辑。如图 9-205：

图 9-205 收发货单查看明细

小提示：

当企业类型选择为转出企业时，进入发货单录入界面；当企业类型选择为转入企业时，进入收货单录入界面。

（二）修改

在“收发货单查询详情”界面中，点击【修改】按钮，系统进入收发货单录入界面。如图 9-206：

图 9-206 收发货单修改

小提示：

1. 发货登记状态为暂存和退单的数据可进行修改操作，进入发货登记录入界面，数据如果已经申报，则不可再修改。

2. 收货登记状态为暂存和退单的数据可进行修改操作，进入收货登记录入界面，数据如果已经申报，则不可再修改。

3. 修改时灰色底色的字段不可修改。

4. 对修改完毕的数据可继续进行暂存操作，也可直接进行申报。

（三）查看回执

在“收发货单查询详情”界面中，点击【查看回执】按钮，系统会显示最近一次收到的海关回执的详细内容，如图 9–207：

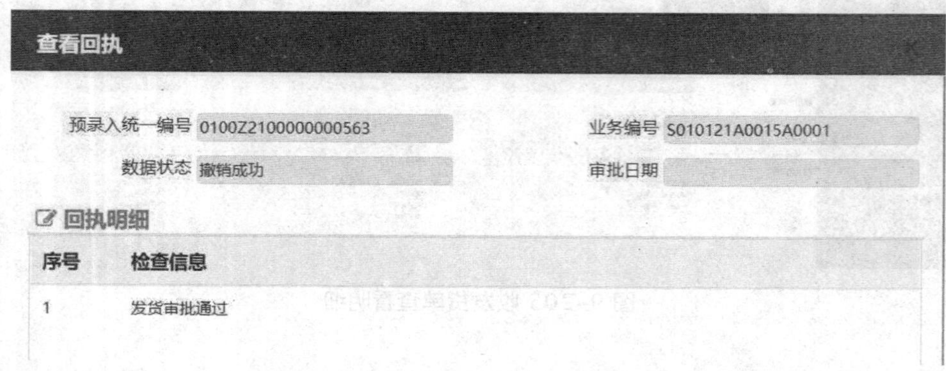

图 9–207 收发货单查看回执

小提示：

如果相应收发货单数据没有收到海关任何回执，则【查看回执】按钮不可用。

（四）撤销

在“收发货单查询详情”界面中，点击【撤销】按钮，进入收发货单录入界面，如图 9–208：

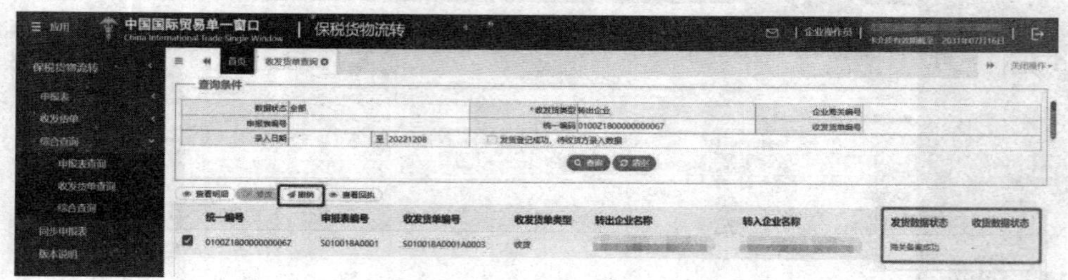

图 9–208 收发货单录入界面

点击【撤销】按钮，撤销本票发货单，如图 9–209：

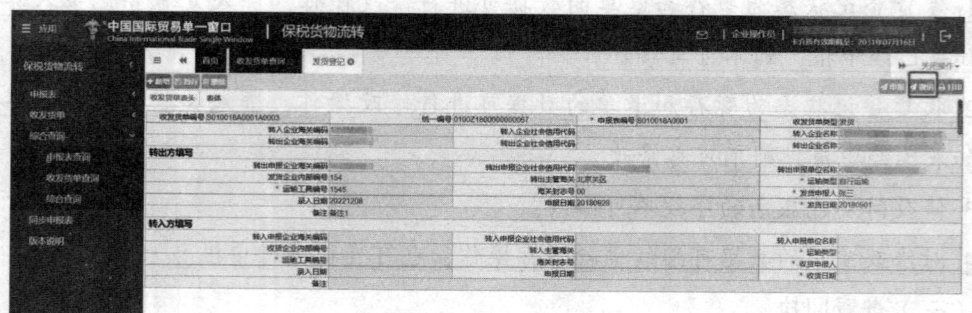

图 9–209 撤销本票发货单

小提示：

只有当发货登记海关备案成功且收货登记未申报的状态可以进行撤销操作。

第三节 综合查询

本功能模块主要提供企业查询海关备案成功的申报表及其关联的收发货单的功能。点击选择菜单“综合查询—综合查询”，进入综合查询界面，如图 9–210：

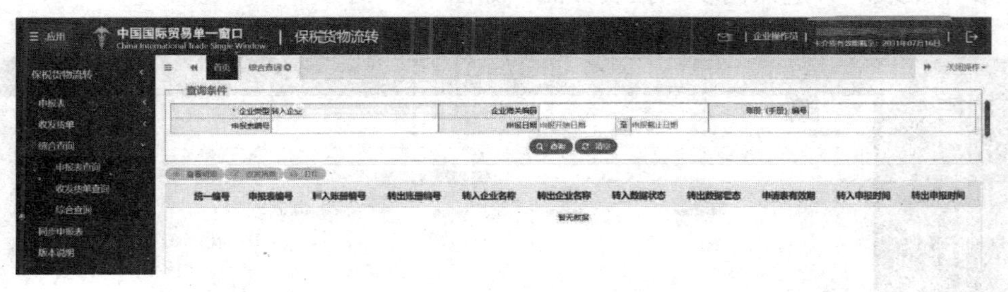

图 9–210 综合查询

输入查询条件，点击【查询】按钮，系统查找符合条件的记录显示在查询列表中，如图 9–211：

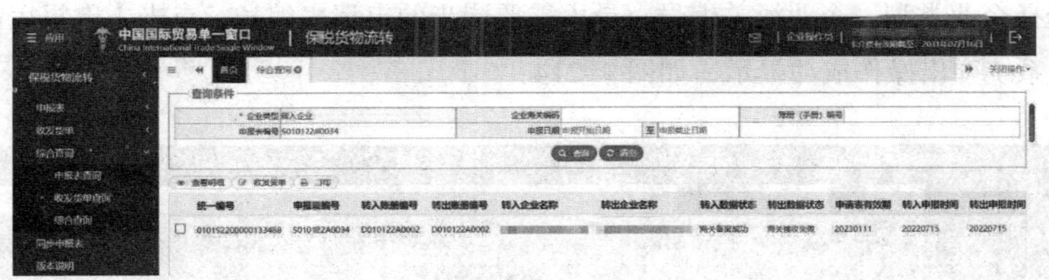

图 9–211 查询列表

点击【收发货单】按钮，进入收发货单查询界面，如图 9–212：

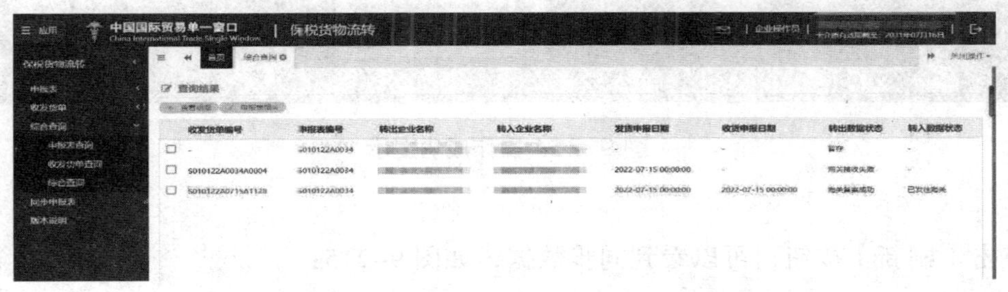

图 9–212 收发货单查询界面

点击【查看明细】按钮，进入收发货登记录入界面。点击【申报表相关】按钮，进入申报表查询界面，可以查看申报表明细数据。

第四节 同步申报表

本功能模块主要提供将海关备案成功的结转申报表数据从海关备案系统同步到单一窗口保税货物流转系统的功能，包括实时的收发货数量、已报关数量等。点击选择菜单“同步申报表”，进入同步申报表界面，如图 9–213：

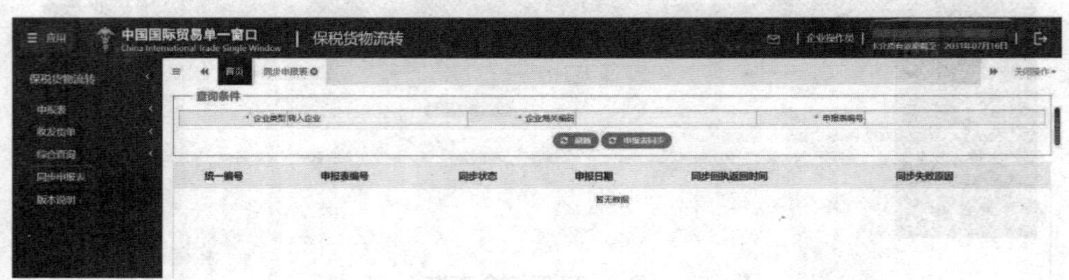

图 9–213 同步申报表

选择企业类型、企业海关编号，录入需要同步的申请表编号，点击【申报表同步】按钮，系统弹出操作成功提示，如图 9–214：

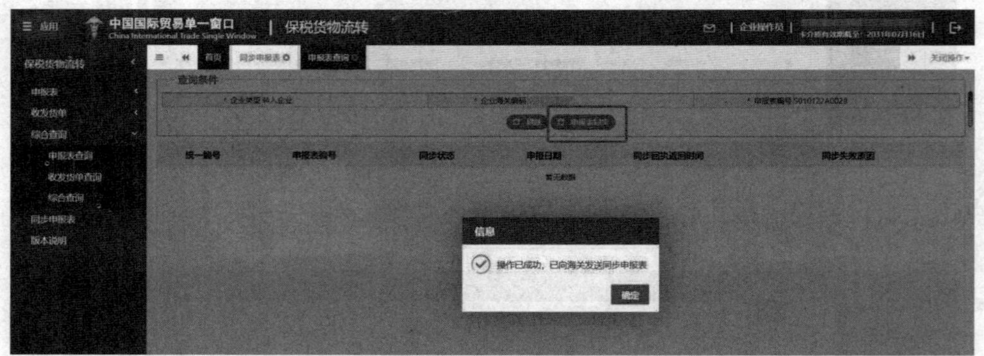

图 9–214 操作成功提示

点击【刷新】按钮，可以看到同步数据，如图 9–215：

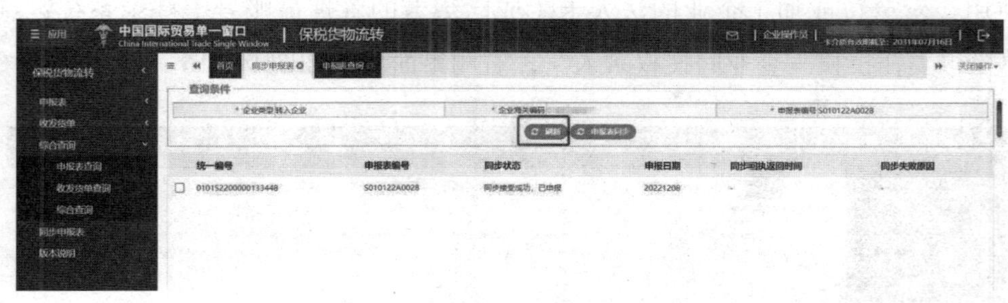

图 9-215 同步申报表查询

申报表同步后的详细信息，可到申报表查询界面查询。

第七章 委托授权系统操作指南

本系统可对加工贸易（金二）手 / 账册数据（包括金二的加工贸易手册、加工贸易账册、海关特殊监管区域、保税物流管理、保税担保管理、保税货物流转、出境加工等）进行授权管理。

注意：

进行委托授权的顺序必须为：1. 企业间授权；2. 企业内授权。

即：经营单位 / 加工单位登录系统，进行步骤 1 的企业间授权。代理企业登录系统，进行步骤 2 的企业内授权。

术语定义：

企业间授权：（金二）加工贸易手 / 账册的经营单位或加工单位，将本企业手 / 账册的权限授给代理企业。

企业内授权：经营单位或加工单位为代理企业进行企业间授权后，对应的代理企业，对本企业内的操作员进行授权。

第一节 企业间授权录入

一、概述

加工贸易手 / 账册的经营单位或加工企业，在此将本企业手 / 账册的权限授给代理企业。

权限子系统包括加工贸易手册、加工贸易账册、海关特殊监管区域、保税物流管理、保税担保管理、保税货物流转、出境加工等。授权类型包括查询权、操作权、报关权。

使用经营单位或加工企业的法人卡（或已绑卡的管理员账号）登录系统，点击左侧菜单栏“委托授权—企业间授权录入”，右侧界面展示如图 9–216。

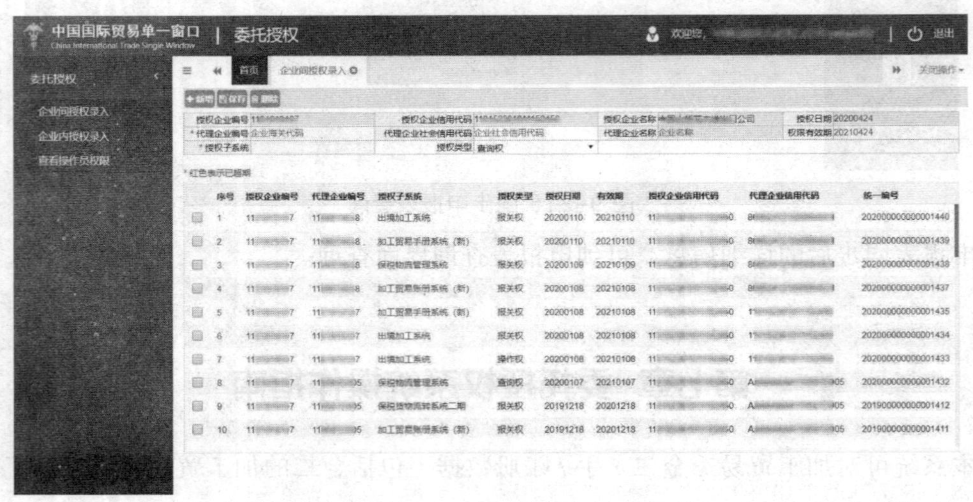

图 9–216 企业间授权

界面中“*红色表示已超期”是一句提醒，即如果企业间授权列表中有红色的记录，代表该条权限记录已经超期，提醒企业重新进行授权操作。

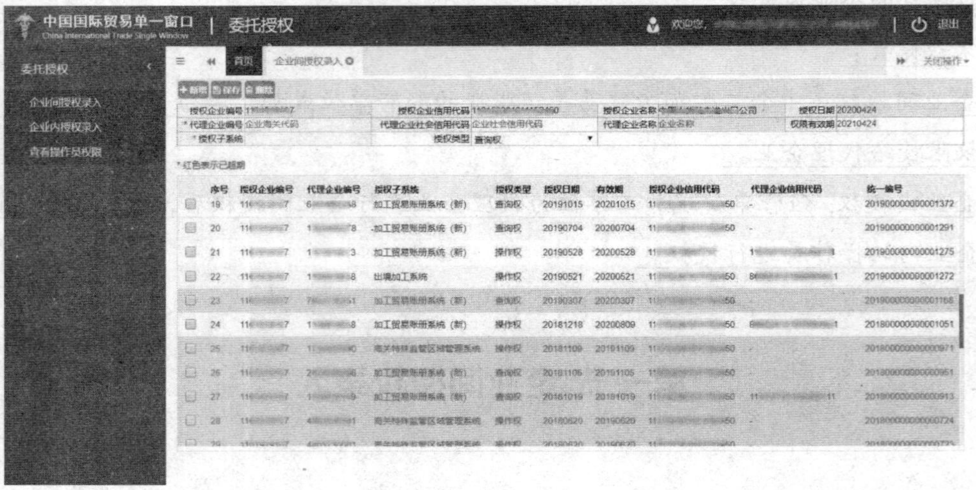

图 9–217 企业间授权（含已超期的记录）

小提示：

如果遇到以下提示，请进行对应的操作：“当前用户未绑卡，请在用户模块中绑卡后进行操作！”——在管理员账号信息管理界面，进行绑定法人 IC 卡的操作。“当前用户不是管理员，请管理员登录后进行操作！”——当前使用了操作员账号或 IC 卡登录导致。使用已绑定法人 IC 卡或 Ikey 的账号或直接使用法人卡登录。

二、企业间授权操作

在企业间授权界面内，授权企业编号、授权企业信用代码、授权企业名称、授权日期字段为灰，由系统自动读取当前登录账号信息与电脑时间进行返填。

在“代理企业编号”字段内，录入代理企业的海关十位回车，系统自动返填代理企业名称。代理企业社会信用代码为非必填项。权限有限期默认为当前日期顺延一年，可手工修改。

在“授权子系统”字段内按空格键，在下拉菜单中选择需要授权的（金二）加工贸易子系统。

点击“授权类型”字段，可在下拉菜单中选择需要授权的权限。

确认无误后，点击界面顶端【保存】蓝色按钮，将企业间的授权记录，保存在下方列表中（如图 9–218）。

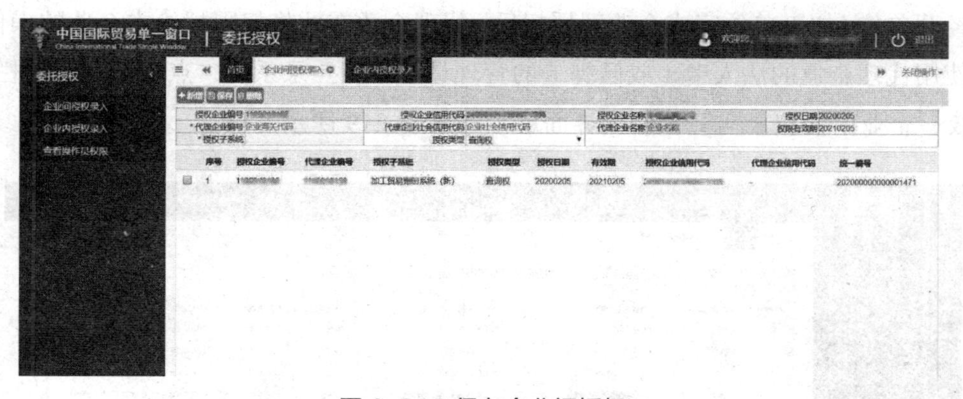

图 9–218 保存企业间授权

“授权子系统”与“授权类型”字段为单选，因此需要根据实际需要，对不同的加工贸易子系统与权限类型，在此分别进行授权操作：重复上述步骤进行保存即可。

1. 新增

界面顶端的【新增】蓝色按钮始终为激活状态。

点击后，系统自动清空代理企业编号、代理企业社会信用代码、代理企业名称、授权子系统字段，授权类型默认为查询权。此时可重新录入新的数据进行保存。

2. 删除

注意：

（金二）加工贸易委托授权的数据，不向海关发送，仅保存在单一窗口端。

一次只能删除一条记录。

企业间授权记录被删除后，代理企业对应的企业内授权记录，会全部被删除！

如果不再需要某个代理企业或某种权限类型，可在此进行删除操作。

在企业间授权界面，选中需要进行删除的记录，点击界面顶端【删除】蓝色按钮。被删除的数据，在下方列表中消失。

小提示：

操作失误，把授权记录删掉了，怎么办？

没关系，因为（金二）加工贸易委托授权的数据不向海关发送，如果误删除了，再重新录入保存授权记录就可以了。

第二节 企业内授权录入

一、概述

经营单位 / 加工单位完成企业间授权后，代理企业在此将权限授给本企业的操作员。

使用代理企业的法人卡（或已绑卡的管理员账号）登录系统，点击左侧菜单栏“委托授权—企业内授权录入”，右侧界面展示如图 5–219 所示。

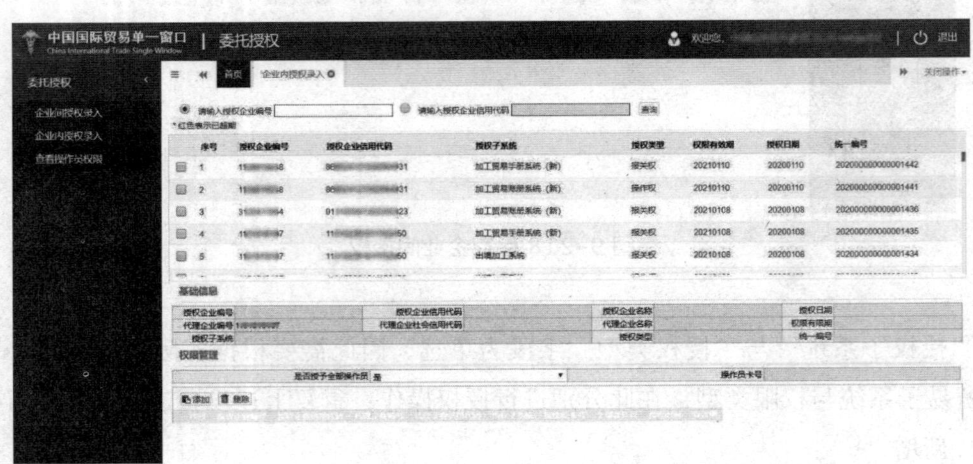

图 9–219 企业内授权

界面中“* 红色表示已超期”是一句提醒，即如果企业内授权列表中有红色的记录，代表该条权限记录已经超期，提醒企业重新进行授权操作。如果经营单位 / 加工单位还没有为当前登录的代理企业做企业间授权，此界面为空白，列表显示“暂无数据”。

如果经营 / 加工单位已为当前登录的代理企业做过企业间授权，系统自动显示，已

经被经营 / 加工单位操作过的企业间授权记录（如图 9–220）。

也可单选“请输入授权企业编号、授权企业信用代码”字段，输入具体的、某个经营 / 加工单位的海关十位或 18 位社会信用代码，点击【查询】白色按钮，进行查找。

图 9–220 企业内授权（含已超期的记录）

二、企业内授权操作

在企业内授权界面的列表中选中一条记录，在界面下方可直接进行企业内授权操作（如图 9–221）。

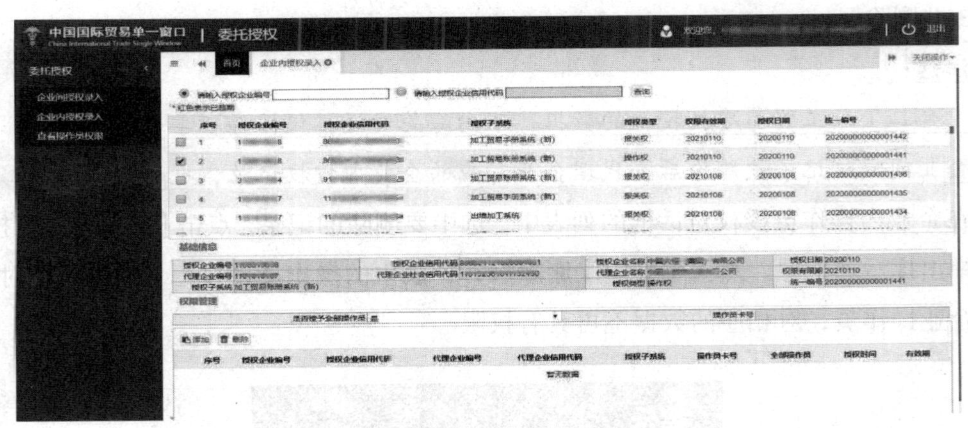

图 9–221 为企业内操作员授权

1. 基础信息

弹框上半部分字段全部为灰，由系统自动返填经营 / 加工单位做的企业间授权相应的数据。

2. 权限管理

在“是否授予全部操作员”栏内进行选择：

如果选择是，操作员 IC 卡号不置灰，不需要填写，此时默认授予当前代理企业的所有操作员。

如果选择否，需要单独录入被授权的代理企业操作员 IC 卡号，只授权给指定的操作员。

点击【添加】白色按钮，企业内授权信息会添加到下方列表中（如图 9-222），授权成功。

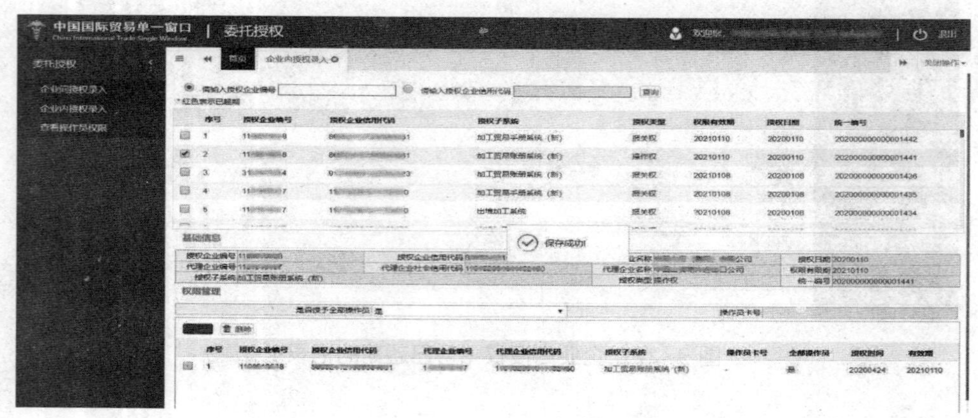

图 9-222 企业内授权成功

3. “删除”

注意：

（金二）加工贸易委托授权的数据，不向海关发送，仅保存在单一窗口端。

企业间授权记录被删除后，代理企业对应的企业内授权记录，也会被删除！

在企业内操作员授权对话框的列表中，选中要删除的记录，点击【删除】白色按钮。系统弹出提示如下图。点击【确定】删除后，列表中的操作员授权记录消失，即对应的代理企业操作员，对相应的数据不再具有权限。

图 9-223 企业内授权删除提示

小提示：

操作失误，把授权记录删掉了，怎么办？

没关系，因为（金二）加工贸易委托授权的数据不向海关发送，如果误删除了，再重新录入保存授权记录就可以了。

第三节 查看操作员权限

被授权的代理企业，可在此查看本企业授权操作员、显示代理授权等信息。使用代理企业的法人卡（或已绑卡的管理员账号）登录系统，点击左侧菜单栏“委托授权—查看操作员权限”，右侧界面展示如图 9–224 所示。

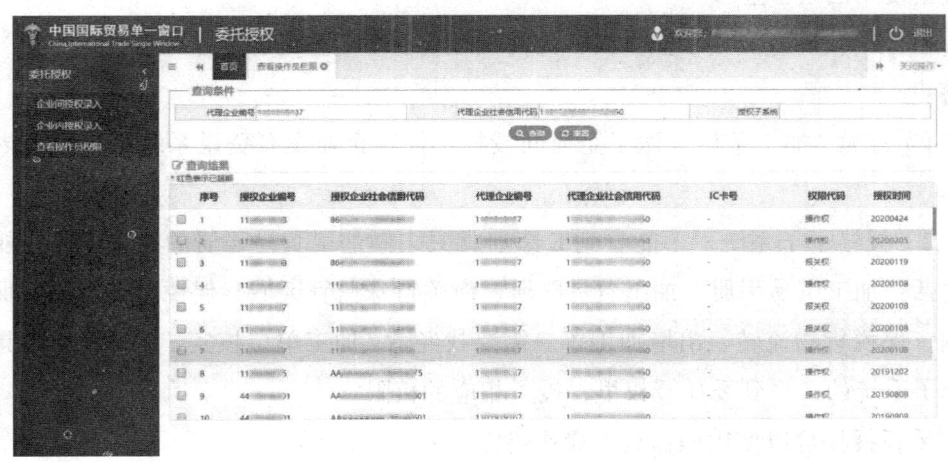

图 9–224 查看操作员权限

系统自动显示当前代理企业已经授权成功的企业内授权记录。界面中“红色表示已超期”是一句提醒，即如果有红色的记录，代表该条权限记录已经超期，提醒企业重新进行授权操作。

代理企业编号、代理企业社会信用代码不可编辑。可以在“授权子系统”的下拉列表中，选择要查询的授权子系统，点击【查询】蓝色按钮，即可筛选显示。

小提示：

当企业内授权，选择授予了全部操作员时，查看操作员权限只显示一条记录，而且该记录 IC 卡号的值为空。

第四节 常见问题解答

1.“当前用户未绑卡，请在用户模块中绑卡后进行操作！”

答：当前使用的管理员账号没有绑定卡介质。需要在“管理员账号信息管理—我的 IC 卡”内，绑定法人 IC 卡。

2.“当前用户不是管理员，请管理员登录后进行操作！”

答：当前使用了操作员账号或 IC 卡登录导致。使用已绑定法人 IC 卡或 Ikey 的账号或直接使用法人卡登录。

3. 已经给代理企业授了操作权，为何代理企业不能查询、操作账册数据？

答：

（1）经营 / 加工单位只做了企业间授权，代理企业没有登录系统进行企业内授权的操作。

（2）授错了子系统。不能看到 E 账册就失去做加工贸易账册的权限。因为权限子系统包括：加工贸易手册、加工贸易账册、海关特殊监管区域、保税物流管理、保税担保管理、保税货物流转、出境加工等。需要找经营 / 加工单位核实，手 / 账册是具体属于哪个子系统的，再到委托授权里，授予相应的权限。

4. 委托授权可以使用操作员卡操作吗？

答：必须使用法人卡或管理员账号登录操作。

第八章 出境加工账册系统操作指南

第一节 出境加工账册备案

企业可自行录入或者委托预录入机构完成出境加工账册数据录入，录入完成申报后向海关发送申报信息。海关收到出境加工账册信息后，由关员进行审核，审核后将审核结果发送到电子口岸。企业可通过电子口岸查询审核结果。出境加工账册功能模块包括出境加工账册录入新增、修改、删除、复制、申报、查询、打印功能等。

点击界面上方蓝色按钮所进行的操作，将影响当前的整票数据。

一、表头

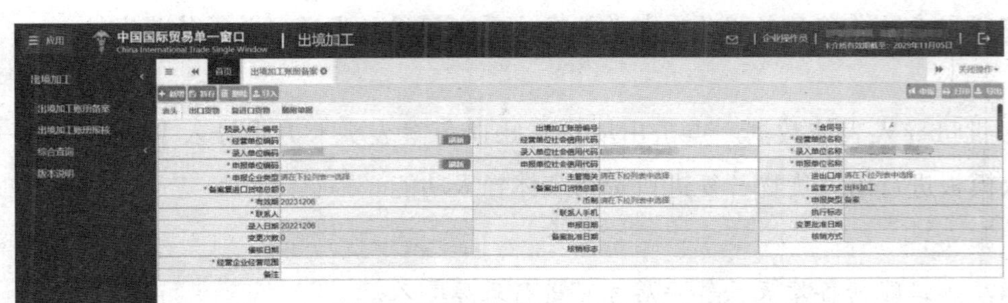

图 9-225 出境加工账册备案表头

1. 新增

（1）界面各录入字段中，带红色星号的字段为必填项，灰色底色的字段为系统反填项或不可修改项。（注：此规则适用于所有业务，且各字段颜色标识会随着数据状态的不同而变化。）

（2）暂存前必须录入经营单位代码和加工单位代码。经营单位代码、加工单位代码和申报单位代码录入海关 10 位编码，回车后系统会自动反填经营单位社会信用代码、经营单位名称、加工单位社会信用代码、加工单位名称和申报单位社会信用代码、申报单位名称。

（3）表头信息录入完成后，点击【暂存】按钮，系统保存表头数据，然后可以依次录入表体信息，表头信息不暂存时，表体信息不可录入。

（4）出境加工账册备案信息录入界面包含四部分：表头、出口货物、复进口货物和随附单据。表头信息表为必填，表体信息可以根据实际情况选择填写。

2. 暂存

点击出境加工账册备案表头上方【暂存】蓝色按钮，可对当前录入的内容进行保存，系统弹出提示框提示暂存成功。

3. 删除

可删除整票出境加工账册备案数据。点击出境加工账册备案表头上方【删除】蓝色按钮，系统将提示用户是否删除当前数据，删除的数据将不可恢复，需重新录入，请谨慎操作。

小提示：

当出境加工账册备案数据状态为暂存、申报失败或海关退单，可进行该项删除操作。否则，系统可能弹出不允许删除的相应提示。

4. 申报

出境加工账册备案数据录入完毕，可点击右上方的【申报】蓝色按钮进行申报。

小提示：

申报即意味着您的数据已向相关业务主管部门进行发送，并等待其审批。

5. 导入

可批量导入表体数据。点击出境加工账册备案表头上方【导入】按钮，用户可根据导入模板进行出口货物、复进口货物表体导入功能。

小提示：

出境加工账册备案表头暂存后才可进行表体导入。

6. 打印

系统提供任何状态下的打印功能，用户点击右上角的【打印】蓝色按钮，系统将生成一个 PDF 文件，可直接打印或保存文件。

小提示：

出境加工账册备案表头暂存后才可进行表体导入。

二、出境货物

须将表头数据录入完毕点击出境加工账册表头界面上方的【暂存】按钮成功保存后，方可新增表体数据（如图 9–226）。

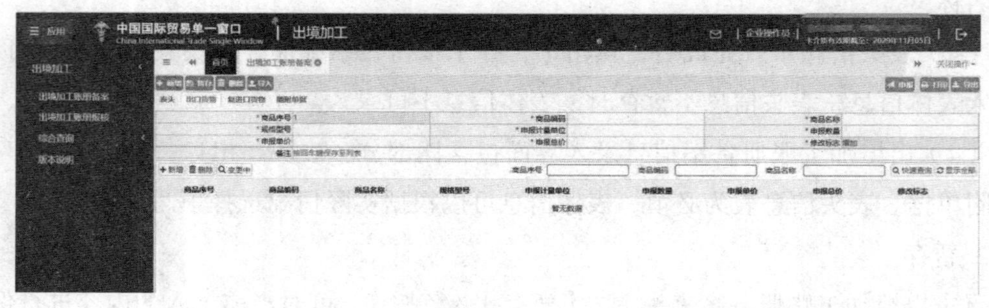

图 9–226 出境加工账册出口货物表体

（一）表体—新增

点击出境加工账册出口货物界面中的【新增】白色按钮，系统将自动清空当前界面内所有已录入的数据，弹出初始化出口货物录入界面，用户在商品编码一栏中填写商品编号时，填入 4 位后即可进行商品信息的匹配，选择后系统会自动反填 10 位商品编码和商品名称，在备注空栏处点击回车键，系统将数据暂存，如图 9–227 所示：

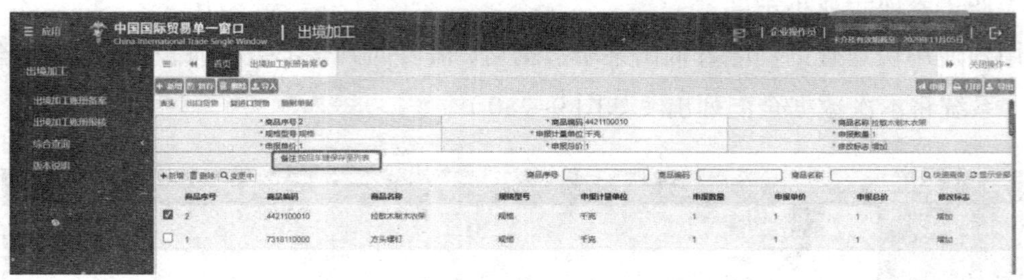

图 9-227 出境加工账册出口货物表体

小提示：

界面中，带有红色星号的字段为必填项，否则可能无法继续进行保存或申报等操作。

（二）表体—删除

在出境加工账册出口货物界面中选中某条表体，点击【删除】按钮，点击“确定”，将删除本条表体数据（如图 9-228）。

图 9-228 出境加工账册出口货物表体删除

（三）表体—快速查询

用户输入相应的查询条件，点击【快速查询】的白色按钮，系统将在本次数据中查询出相应数据（如图 9-229）。

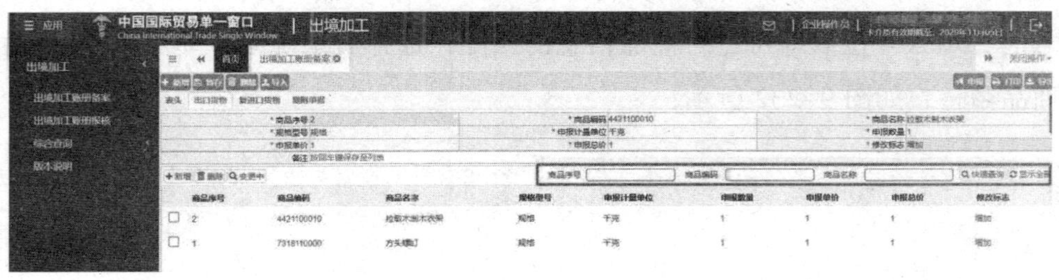

图 9-229 出境加工账册出口货物快速查询

（四）表体—显示全部

用户使用快速查询功能查询出某条数据后，需要回到全部数据时，点击【显示全部】按钮，系统将本次数据全部列出（如图 9-230）。

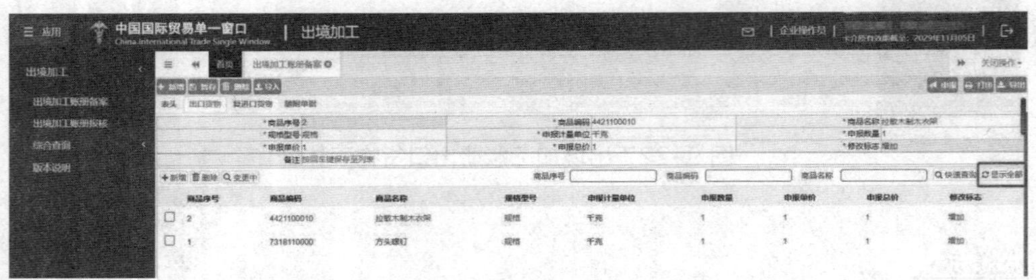

图 9-230 出境加工账册出口货物显示全部

三、复进口货物

（一）复进口货物—新增

点击出境加工账册备案界面中的“复进口货物”，如图 9-231 所示。点击下方白色按钮【新增】【删除】按钮所进行的操作，将影响当前复进口货物信息的数据。

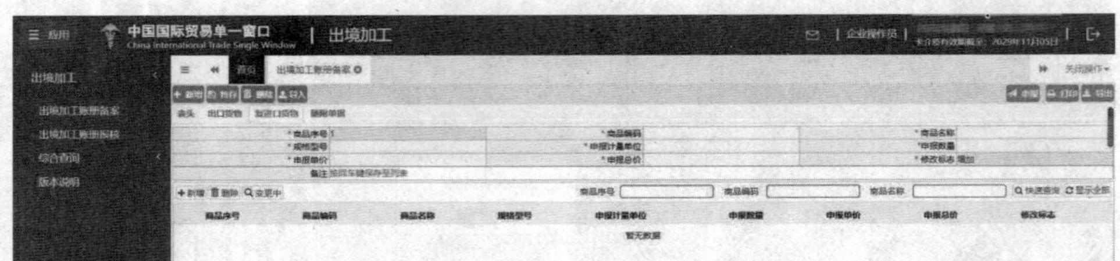

图 9-231 出境加工账册复进口货物

小提示：

界面中，带有红色星号的字段为必填项，否则可能无法继续进行暂存或申报等操作。

点击出境加工账册出口货物界面中的【新增】白色按钮，系统将自动清空当前界面内所有已录入的数据，弹出初始化出口货物录入界面，用户在商品编码一栏中填写商品编号时，填入 4 位后即可进行商品信息的匹配，选择后系统会自动反填 10 位商品编码和商品名称，如图 9-232 所示：

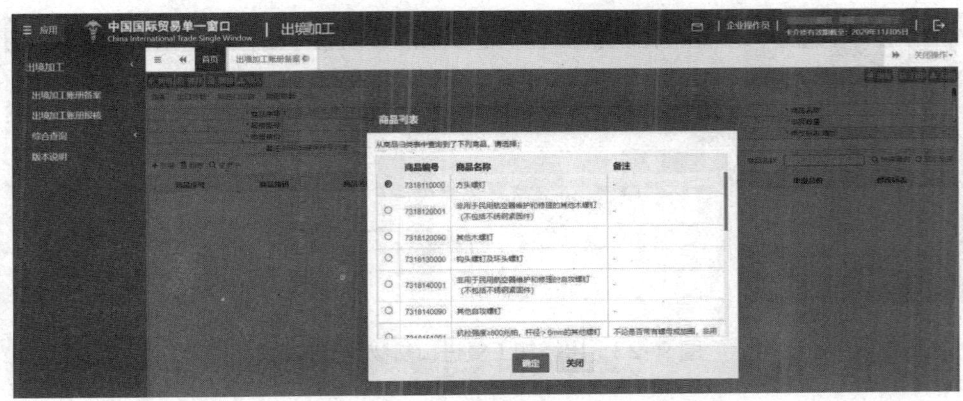

图 9-232 出境加工账册复进口货物新增时商品匹配

用户录入完成后，在备注空栏处点击回车键，系统将数据暂存，如图 9-233 所示：

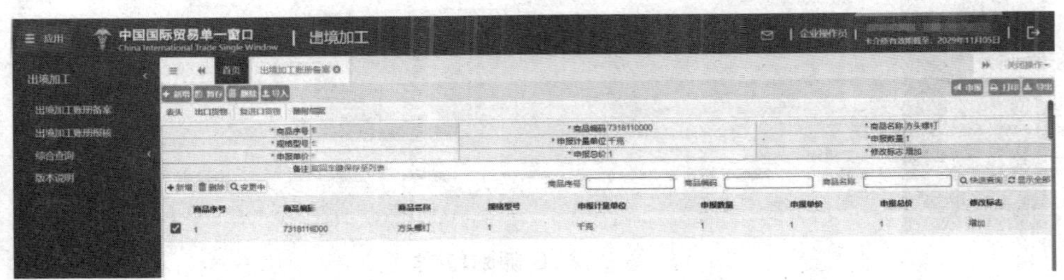

图 9-233 出境加工账册复进口货物新增

（二）复进口货物—删除

在出境加工账册复进口货物中点击界面白色【删除】按钮，系统将删除所选取的复进口货物记录，如图 9-234 所示：

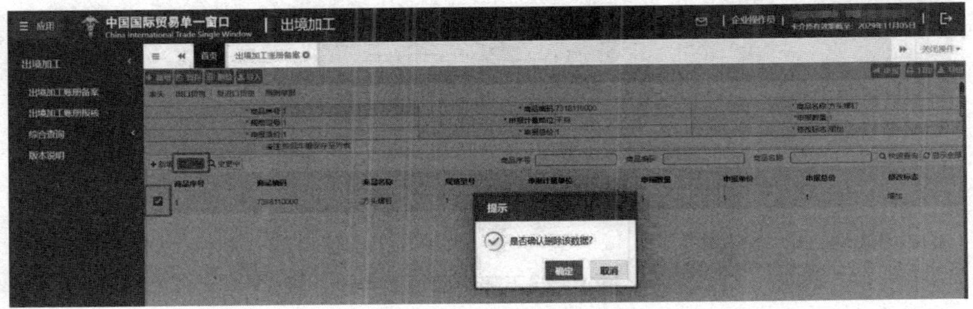

图 9-234 出境加工复进口货物删除

点击确定后，删除选定数据，如图 9-235 所示：

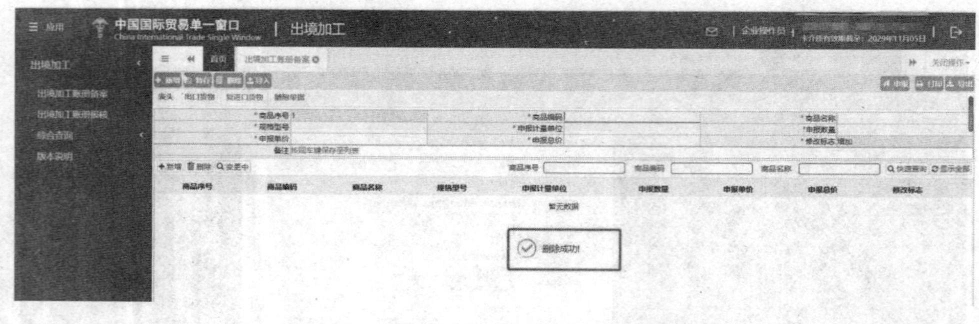

图 9-235 出境加工复进口货物删除成功

四、随附单证

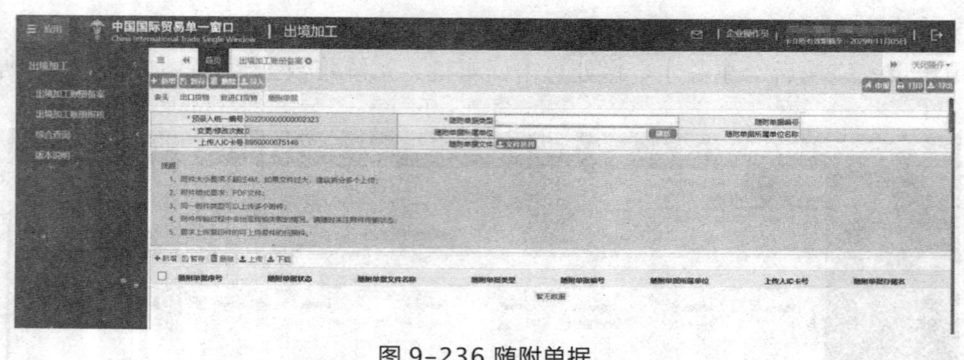

图 9-236 随附单据

（一）表体—暂存

填写随附单据表头信息，点击“文件选择”，选择文件存储路径，文件加载成功。点击【暂存】按钮，文件保存至表体，状态为待上传，如图 9-237 所示：

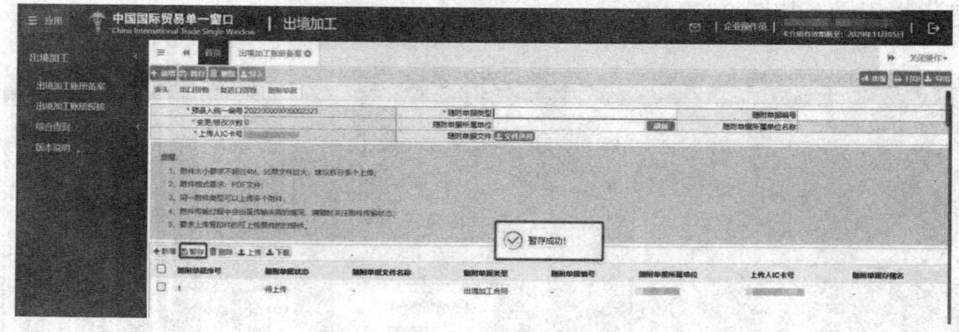

图 9-237 随附单证暂存

（二）表体—上传

在随附单证暂存界面中，选中待上传的随附单据，点击【上传】按钮，系统提示：

上传成功，如图 9-238 所示：

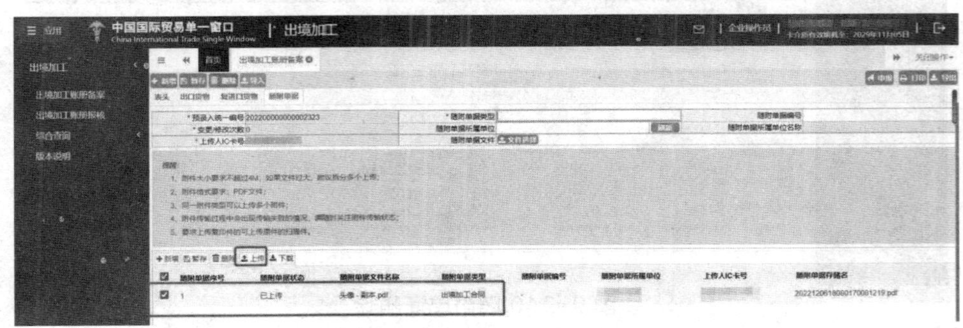

图 9-238 随附单证上传

（三）表体—下载

在随附单证上传界面中，选中某一条随附单据数据，点击【下载】按钮，系统将该票随附单据下载至本地。

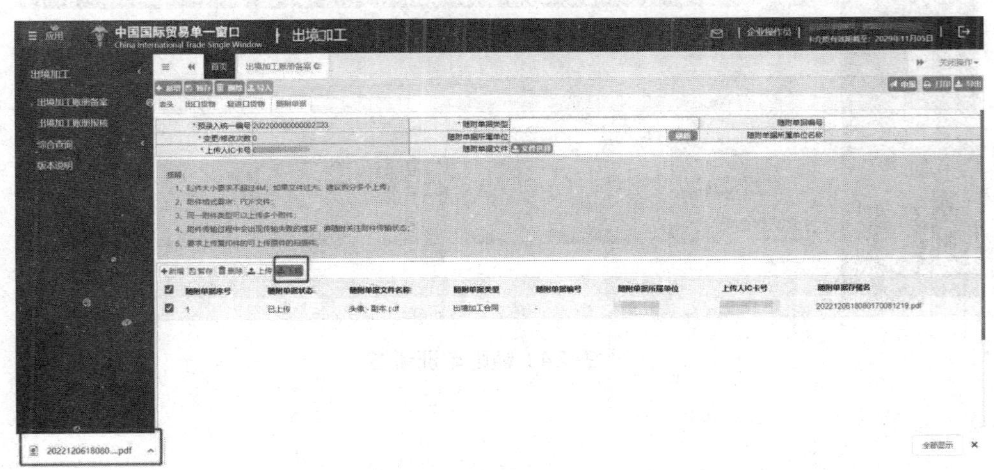

图 9-239 随附单证下载

（四）表体—删除

在随附单证上传界面中，选中某一条随附单据数据，点击【删除】按钮，系统将该票随附单据直接删除。

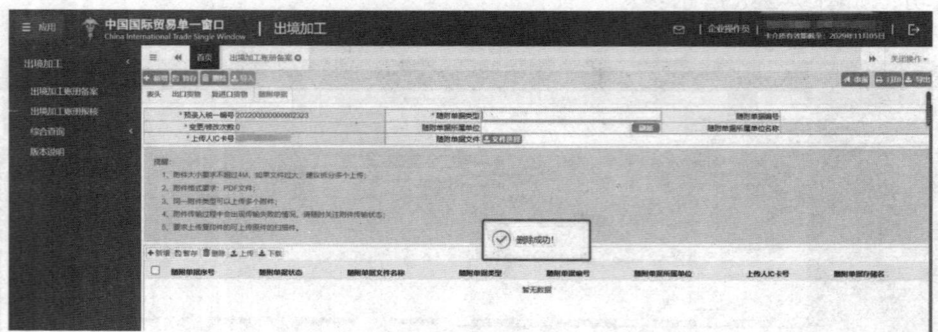

图 9–240 随附单证删除

（五）表体—新增

在随附单据界面中，填写部分随附单据表头信息时，点击【新增】按钮，系统将清空界面，恢复至初始化界面（如图 9–241）。

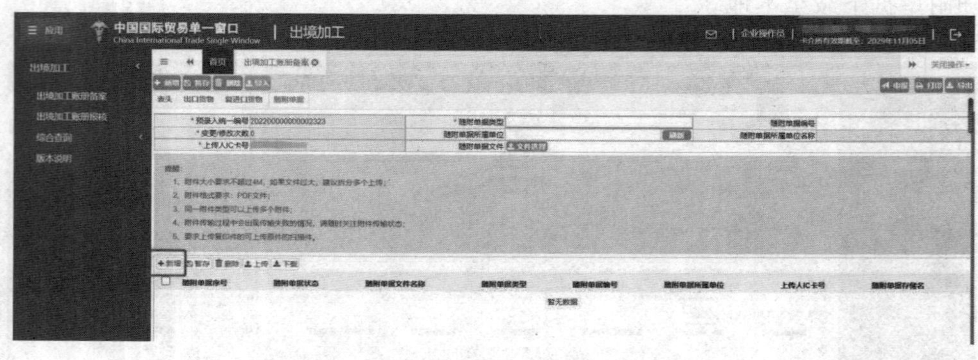

图 9–241 随附单证新增

第二节 出境加工账册变更

出境加工账册变更功能模块包括出境加工账册录入新增、修改、删除、申报、查询、打印、导入功能。

用户点击综合查询界面中的“出境加工账册数据查询”，输入查询条件进行查询，选中需要变更的数据，点击【变更】按钮（如图 9–242）。

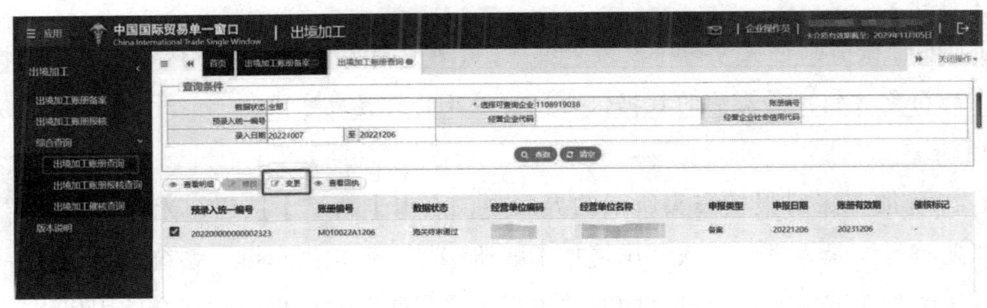

图 9-242 出境加工账册数据查询

系统提示：是否确认变更该数据？点击"确定"，进入变更录入界面。用户可以对表头、料件、成品和随附单据数据进行修改、新增或删除。

小提示：

1. 出境加工账册状态只有为海关终审通过的状态才可以进行变更，具体操作同出境加工账册备案。

2. 账册变更时，每次延期不超过半年。

第三节 出境加工账册报核

一、出境加工账册报核申报

出境加工账册报核功能包括录入新增、暂存、申报、修改、删除、打印等功能。

点击选择菜单"出境加工账册报核"，进入出境加工账册报核信息录入界面，如图 9-243 所示：

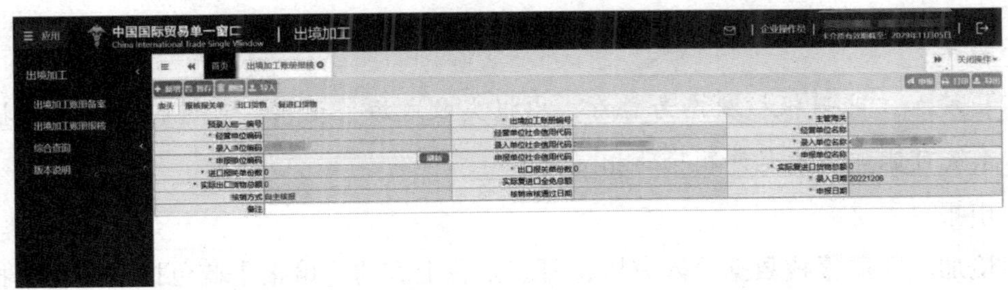

图 9-243 出境加工账册报核

（一）表头

点击界面上方蓝色按钮所进行的操作，将影响当前的整票数据。

小提示：

界面中，带有红色星号的字段为必填项，否则可能无法继续进行保存或申报等操作。界面中的白色按钮，所影响的数据仅为当前涉及的页签或字段。

1. 新增

在出境加工账册报核表头所示的界面中，点击【新增】按钮，光标跳转到“出境加工账册编号”录入框，录入“出境加工账册编号”后按回车键，系统自动调出并反填对应的出境加工账册基本信息，同时“申报单位代码”“申报单位社会信用代码”“申报单位名称”和“报核截止日期”，以及“备注”字段开放为可录入状态，如图 9-244 所示：

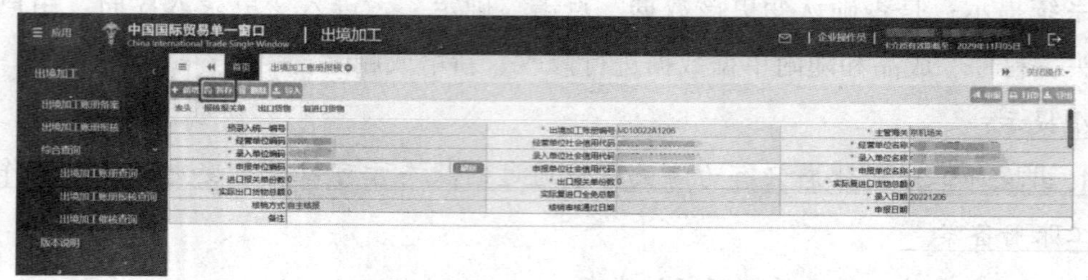

图 9-244 出境加工账册报核表头

2. 暂存

点击出境加工账册报核表头上方【暂存】蓝色按钮，可对当前录入的内容进行保存，系统弹出提示框提示暂存成功。

3. 删除

可删除整票加工贸易账册报核数据。点击出境加工账册报核表头上方【删除】蓝色按钮，系统将提示用户是否删除当前数据，删除的数据将不可恢复，需重新录入，请谨慎操作。

小提示：

当出境加工账册报核状态为暂存、申报失败或海关退单，可进行该项删除操作。否则，系统可能弹出不允许删除的相应提示。

4. 申报

出境加工账册报核数据录入完毕，可点击右上方的【申报】蓝色按钮进行申报。

小提示：

申报即意味着您的数据已向相关业务主管部门进行发送，并等待其审批。

5. 打印

系统提供任何状态下的打印功能，用户点击右上角的【打印】蓝色按钮，系统将生成一个 PDF 文件，可直接打印或保存文件。

6. 导入

可批量导入表体数据。点击出境加工账册报核表头上方【导入】按钮，用户可根据导入模板进行料件、成品、单损耗表体导入功能。

小提示：

出境加工账册报核表头暂存后才可进行表体导入。

（二）报核报关单

录入账册报核表头信息后，点击界面上方【暂存】蓝色按钮，方可新增表体数据。

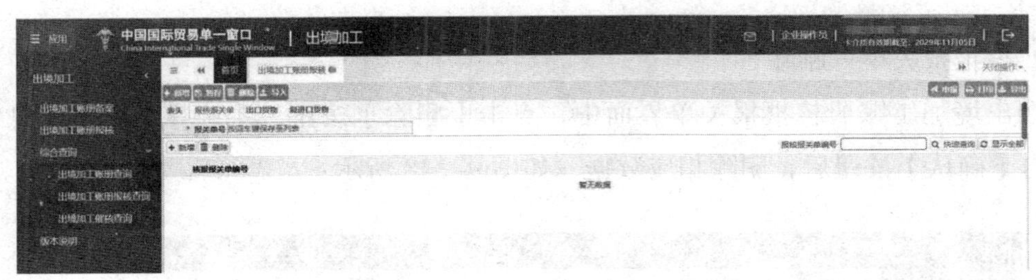

图 9-245 出境加工账册核报报关单

1. 核报报关单—新增

在出境加工账册核报报关单新增中点击界面【新增】按钮，系统将自动清空当前界面内所有已录入的数据，便于用户重新录入一票数据（如图 9-246）。

图 9-246 出境加工账册核报报关单新增

用户在报关单号处录入进出口报关单号，录入完成后点击回车键，完成暂存操作，如图 9-247：

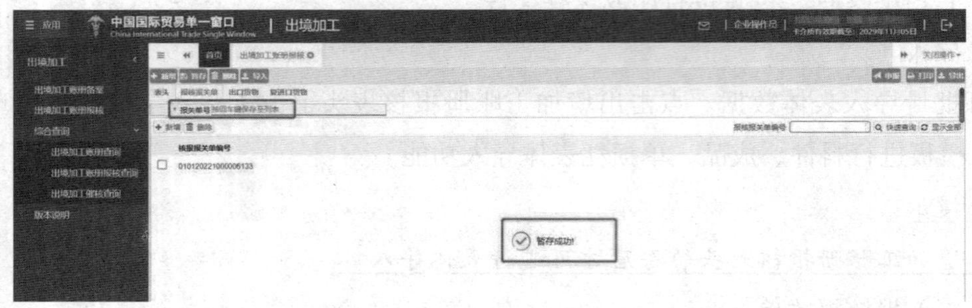

图 9-247 出境加工账册核报报关单录入完成

2. 核报报关单—删除

在出境加工账册核报报关单界面中，点击【删除】按钮，系统弹出提示信息，用户点击【确认】按钮后，删除相应数据，如图 9-248 所示：

图 9-248 出境加工核报报关单删除

3. 核报报关单—快速查询

用户在查询条件处输入“核报报关单编号”，点击【快速查询】按钮，系统将在本次数据中查询出相应报关单，如图 9-249 所示：

图 9-249 出境加工核报报关单快速查询

4. 核报报关单—显示全部

用户使用快速查询功能查询出某条数据后，需要回到全部数据时，点击【显示全部】

按钮，系统将本次数据全部列出（如图 9–250）。

图 9–250 出境加工核报报关单显示全部

（三）出口货物

在出境加工报核出口货物界面中，点击【新增】按钮，界面弹出表体料件信息。点击下方【新增】【删除】【修改】按钮所进行的操作，将影响当前整票料件表体信息的数据。如图 9–251 所示：

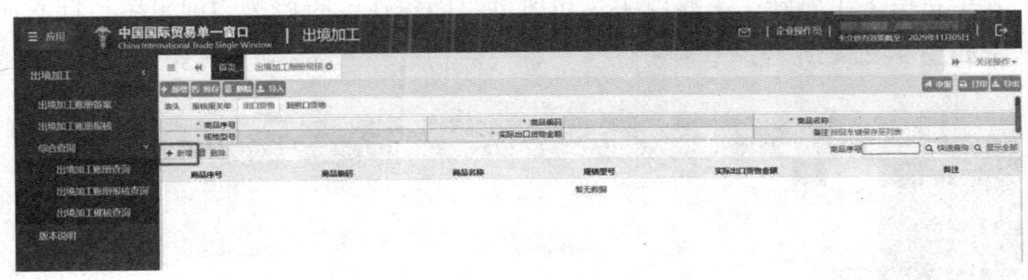

图 9–251 出境加工账册报核出口货物

1. 出口货物—新增

在出境加工账册报核出口货物界面中，系统根据录入的“商品序号”自动反填其他信息，备注录入框中按回车键，保存出境加工账册报核出口货物，如图 9–252 所示：

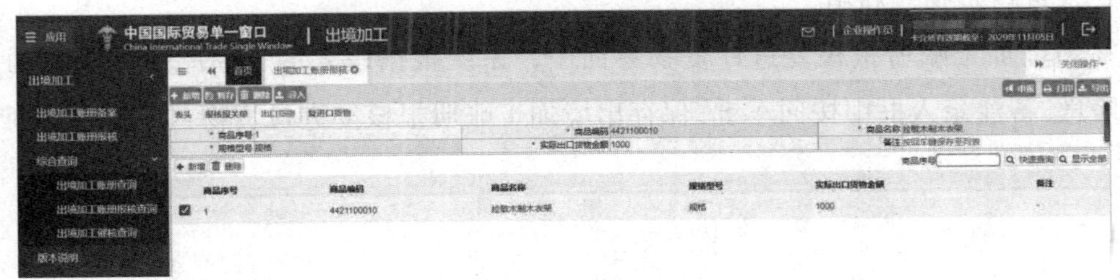

图 9–252 出境加工账册报核出口货物新增

小提示：

界面中，带有红色星号的字段为必填项，否则可能无法继续进行保存或申报等操作。

2. 出口货物—删除

在出境加工账册报核出口货物 中选中某条出口货物表体，点击【删除】按钮（如图 9-253），点击“确定”，将删除本条表体数据。

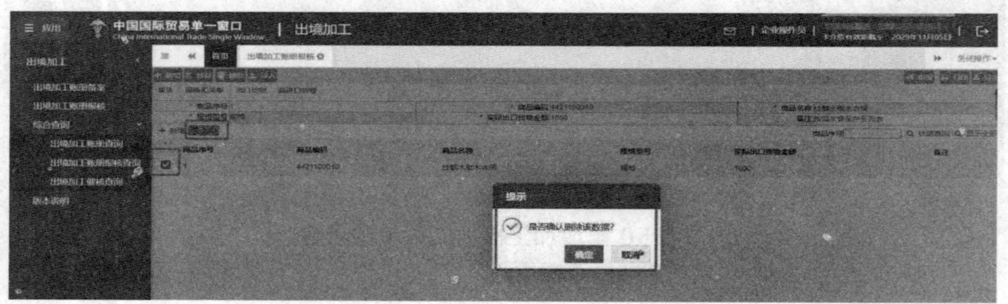

图 9-253 出境加工账册报核出口货物删除

（四）复进口货物

在出境加工报核复进口货物 界面中，点击【新增】按钮，界面弹出表体料件信息。点击下方【新增】【删除】【修改】按钮所进行的操作，将影响当前整票料件表体信息的数据，如图 9-254 所示：

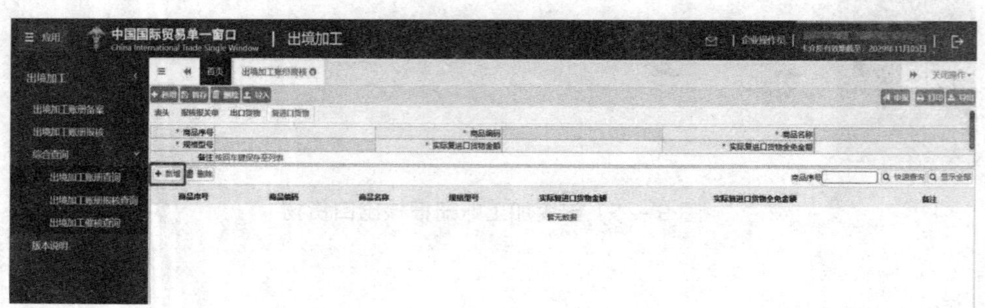

图 9-254 出境加工账册报核复进口货物

1. 复进口货物—新增

在出境加工账册报核复进口货物界面中，系统根据录入的“商品序号”自动反填其他信息，备注录入框中按回车键，保存出境加工账册报核复进口货物，如图 9-255 所示：

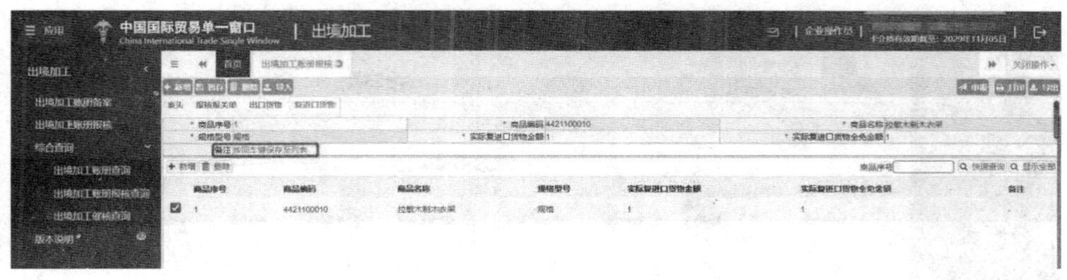

图 9-255 出境加工账册报核复进口货物新增

小提示：

界面中，带有红色星号的字段为必填项，否则可能无法继续进行保存或申报等操作。

2. 复进口货物—删除

在出境加工账册报核复进口货物 中选中某条出口货物表体，点击【删除】按钮（如图 9-256），点击“确定”，将删除本条表体数据。

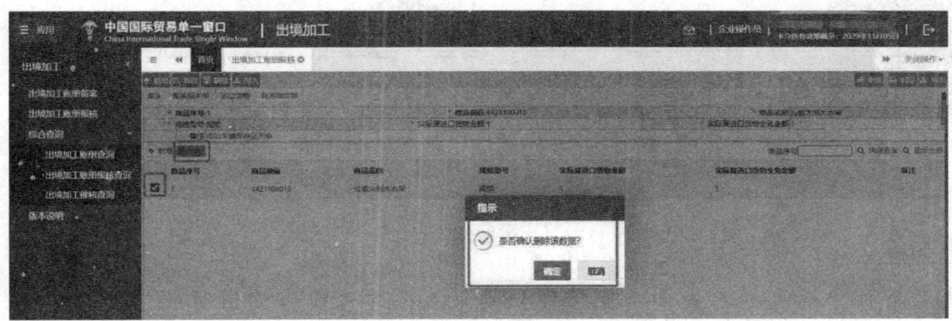

图 9-256 出境加工账册报核复进口货物删除

第四节 数据查询

一、出境加工账册查询

本模块主要提供企业查询、修改、变更出境加工账册数据的功能点击选择菜单“综合查询－－出境加工账册查询”进入“出境加工账册查询”界面，如图 9-257 所示：

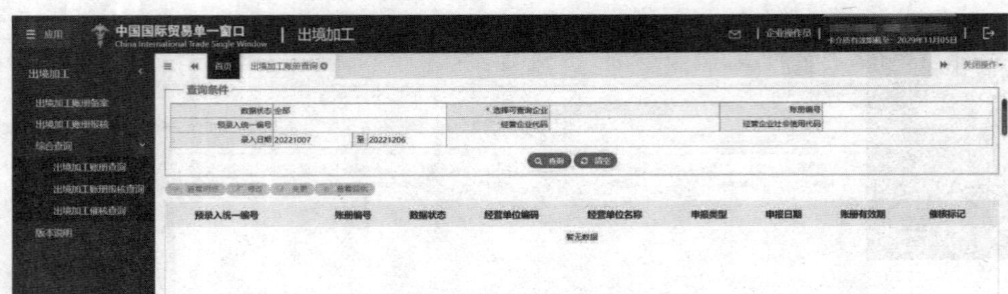

图 9-257 出境加工账册查询

输入查询条件，点击【查询】按钮，系统查找符合条件的记录显示在查询列表中，如图 9-258 所示：

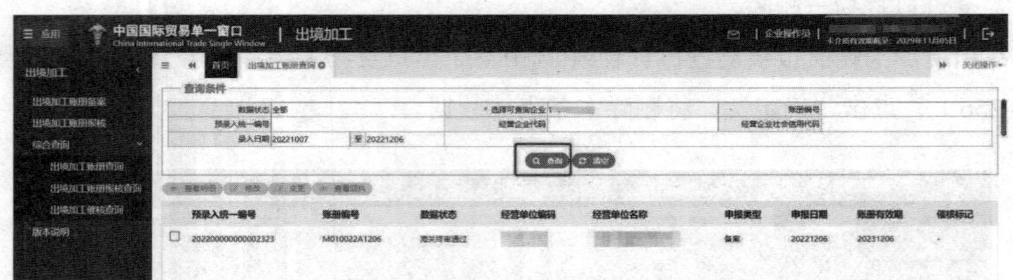

图 9-258 出境加工数据查询详情

小提示：

查询条件中的选择可查询企业条件必须录入，才可以查询出对应信息。

（一）查看明细

在出境加工账册数据查询详情界面中，点击【查看明细】按钮，系统进入出境加工账册数据录入界面。此时，数据为只读状态，不允许编辑，如图 9-259 所示：

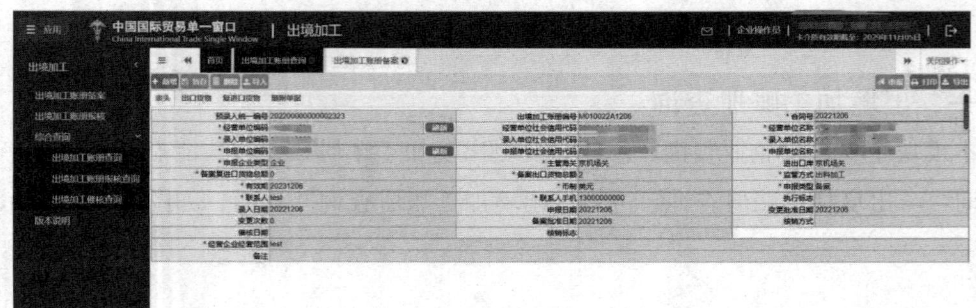

图 9-259 出境加工账册数据查看明细

修改：在出境加工账册数据查询详情界面中，点击【修改】按钮，系统进入出境加工账册录入界面，如图 9-260 所示：

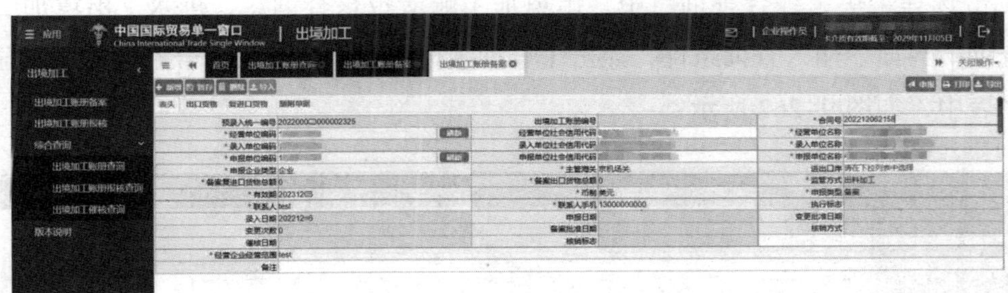

图 9-260 出境加工账册修改

小提示：

1. 数据状态为暂存和退单的数据可进行修改操作，数据如果已经申报，则不可再修改。

2. 修改时灰色底色的字段不可修改。

3. 对修改完毕的数据可继续进行暂存操作，也可直接进行申报。

（二）查看回执

在出境加工数据查询详情界面中，点击【查看回执】按钮，系统会显示最近一次收到的海关回执的详细内容，如图 9-261 所示：

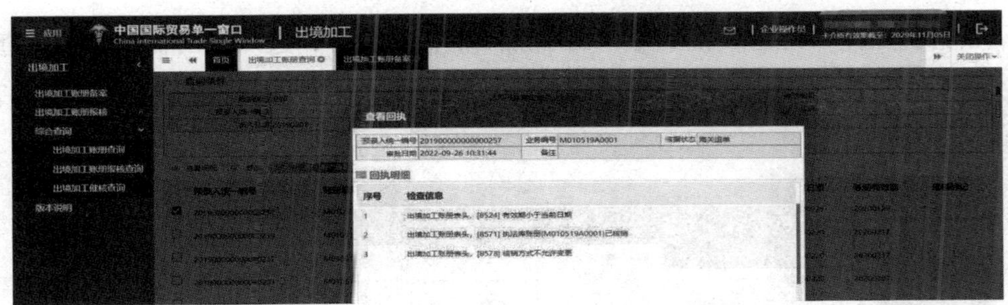

图 9-261 出境加工数据查询查看回

小提示：

如果没有收到海关任何回执，则查看回执按钮不可用

（三）变更

具体操作详见相关章节。

二、出境加工账册报核查询

本模块主要提供企业查询、修改出境加工账册报核数据的功能。

点击选择菜单“综合查询”中“出境加工账册报核查询”，进入“出境加工账册报核查询”界面，输入查询条件，点击【查询】按钮，系统查找符合条件的记录显示在查询列表中，如图 9-262 所示：

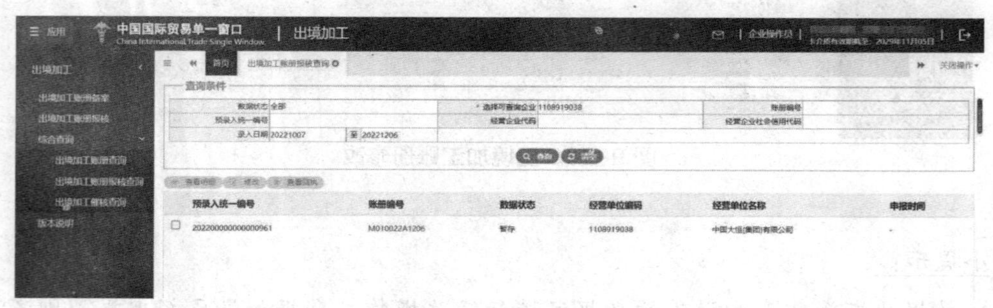

图 9-262 出境加工账册报核查询

小提示：

查看明细、修改、查看回执功能具体操作请详见出境加工账册数据查询章节。

三、出境加工账册催核查询

本模块主要提供企业查询出境加工催核数据的功能。

点击选择菜单“综合查询”中“出境加工催核查询”，进入“出境加工催核查询”界面，输入查询条件，点击【查询】按钮，系统查找符合条件的记录显示在查询列表中，如图 9-263 所示：

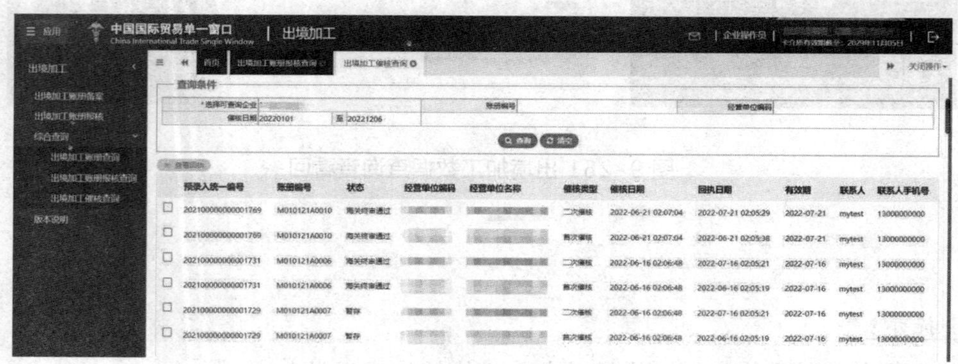

图 9-263 出境加工催核查询

查看回执：选中其中一条记录，勾选后点击“查看回执”，可查看海关的回执数据，如图 9-264 所示：

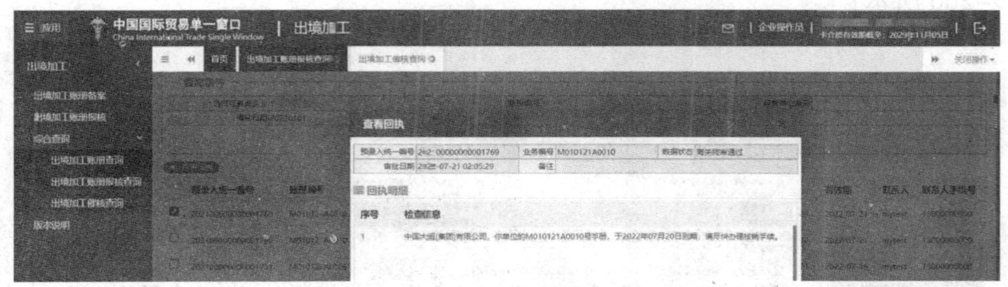

图 9-264 出境加工催核查看回执

海关对账册进行催核后，企业账册备案时登记的手机会收到催核短信，如图 9-265 所示：

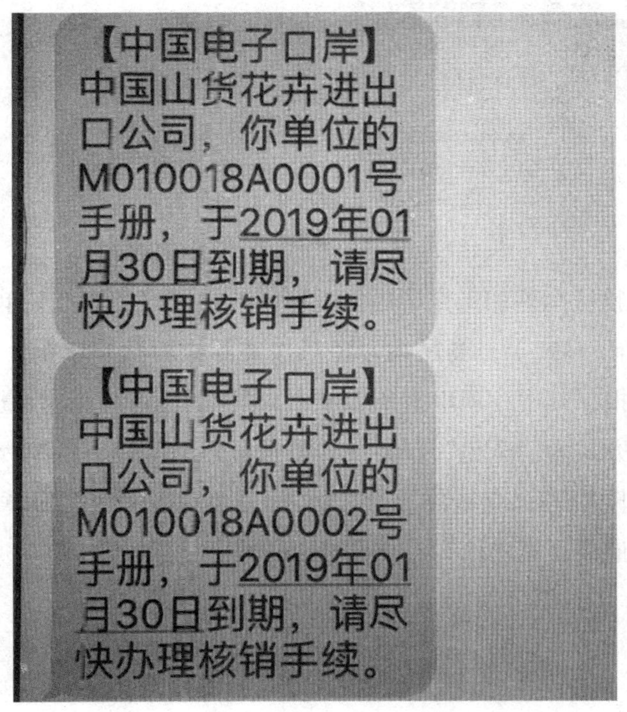

图 9-265 出境加工催核短信

第五节 出境加工通关环节

通关环节企业应按下列方式进行申报（示例）：

1. 出境加工货物从国内出口，填报出口货物报关单，监管方式为“出料加工”（监管代码 1427），征减免税方式为“全免”，备案号一栏填写账册编码，其他项目据实填写，如图 9-266 所示：

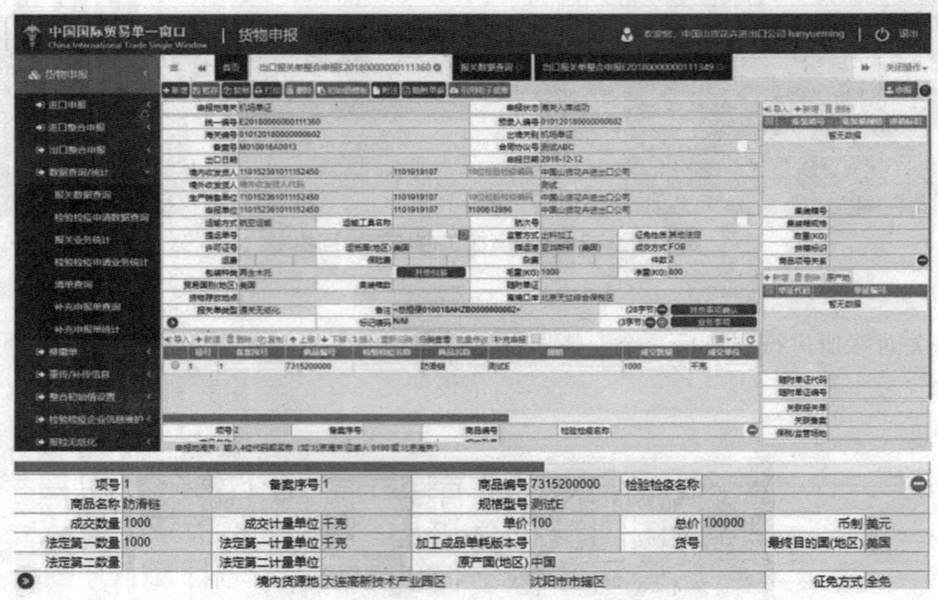

图 9-266 出境加工出口报关单

2. 出境加工货物从国外加工完毕后复进口，填报进口货物报关单，监管方式为“出料加工”（监管代码 1427），商品编号栏目按实际报验状态填报，每一项复进口货物分列两个商品项填报，其中一项申报所含原出口货物价值，商品数量填写复进口货物实际数量，征减免税方式为“全免”；另一项申报境外加工费、料件费、复运进境的运输及其相关费用和保险费等，商品数量为 0.1，征减免税方式为“照章征税”，备案号一栏填写账册号。其他项目据实填写，如图 9-267 所示：

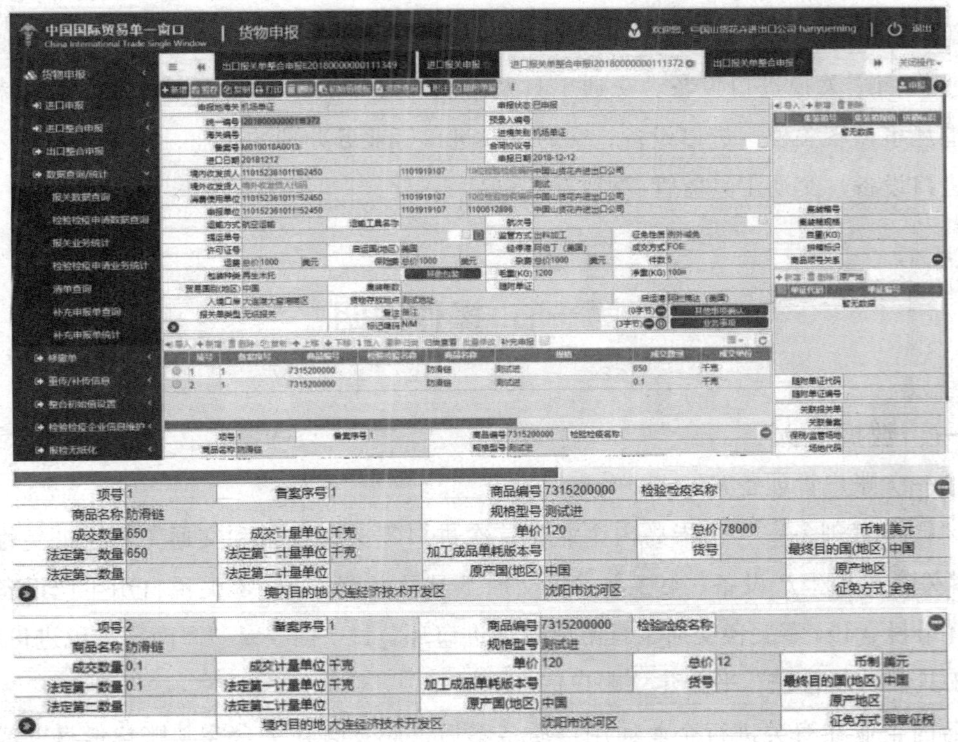

图 9-267 出境加工进口报关单

3. 出境加工复进口报关单全免金额不得超过已出口报关单金额，否则会造成报关单退单，如图 9-268 所示：

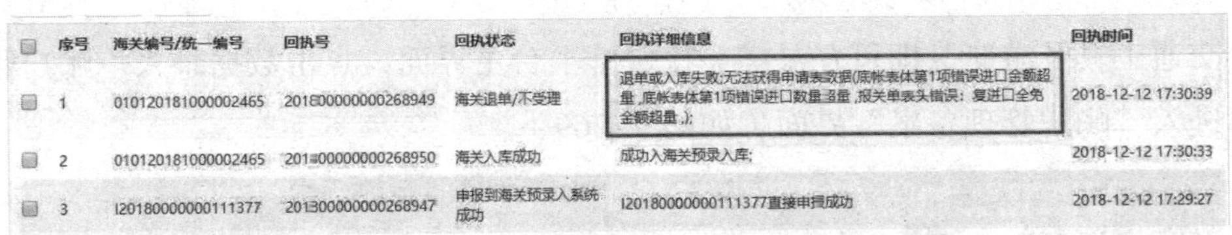

图 9-268 出境加工复进口报关单退单

第九章　海南零关税设备、交通工具及游艇管理平台

为贯彻落实党中央、国务院关于海南自由贸易港建设有关决策部署，落实早期“零关税”，需要建设适合 2025 封关运作前进口设备、交通工具“零关税”的信息化平台，依托科技手段，满足业务需求，为全岛封关运作先行先试。“海南零关税进口设备、交通工具及游艇管理平台”（简称：零关税监管平台）坚持“安全、高效、便捷”原则，

依托现有“H2010 通关管理系统”信息化系统，实现对“零关税”进口设备、交通工具进口等业务办理。

“海南零关税进口设备、交通工具及游艇管理平台”系统应用范围涵盖海南自由贸易港从事“零关税”进口设备、交通工具进口等业务办理的企业，满足海关对“零关税”进口设备、交通工具监管、监控的需要。

第一节 操作说明

一、数据录入

（一）账户管理备案

“账户管理备案”是指岛内企业在首次进口零关税设备和交通工具（征免性质：491 零关税自用生产设备、492 零关税交通工具及游艇、493 零关税自用生产设备缴纳进口环节税、494 零关税交通工具游艇缴纳进口环节税）前登录“海南零关税进口设备、交通工具及游艇管理”平台建立账户信息。

岛内企业在海关进行企业通用资质备案后，应及时在平台完善账户信息，或在首次申报零关税进口设备和交通工具时，根据系统提示及时在平台上建立和完善账户信息。

小提示：

未建立企业账户信息的，首次申报进口设备、交通工具，系统将予以退单。

1. 暂存 / 申报

企业用户使用卡介质登录系统后，在标准版应用—加工贸易中选择“海南零关税设备、交通工具及游艇”即可登录零关税监管平台主界面，点击数据录入—账户管理备案，即进入“账户管理备案”界面（如图 9–269）。

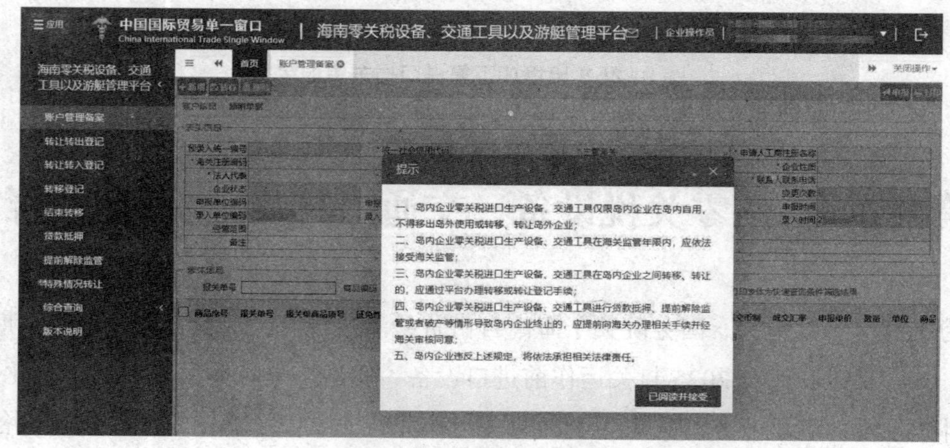

图 9–269 账户管理平台

用户阅读完提示信息，并点击【已阅读并接受】按钮，即可录入企业账户信息，分为“表头信息”和“表体信息”和“随附单据”三部分。其中黄色字段为必填项，白色字段为选填项，灰色字段为系统返填项（不可在录入界面修改）。

（1）表头/表体

表头信息录入中，“主管海关、申请人工商注册名称、海关注册编码、企业地址、经营范围”，系统根据“统一社会信用代码”字段录入的数据进行自动返填。

“申报单位编码”“申报单位社会信用代码”“申报单位名称”，在企业点击【申报】按钮后，系统从当前操作员信息中获取，系统自动反填。

“录入单位编码”“录入单位社会信用代码”“录入单位名称”，在界面初始化时，系统从当前操作员信息中获取，系统自动返填。

企业录入表头后，即可点击【暂存】按钮对表头数据进行暂存，或点击【申报】按钮申报直接申报表头数据。“账户管理备案”海关审核通过后，表体字段自动反填企业用户申报的报关单表体信息（征免性质为491、492、493、494的报关单），表体字段均无法进行修改。

（2）随附单据

用户表头数据暂存成功后，即可在“随附单据”栏进行随附单据的上传。用户进入随附单据录入初始化界面，其中，“业务单证类型”默认“账户”；“业务单证统一编号”显示本票单证统一编号；“上传人IC卡号”显示企业当前使用的IC卡号；“变更/修改次数”根据实际变更修改次数显示；“随附单据格式”默认非结构化；“随附单据类型”默认为“文件”。其他字段可录入。

功能键【上传】和【关闭】常亮，【下载】键置灰，不可使用。只有当选中的文件为已上传状态时，【下载】按钮可使用。

2. 修改/删除/变更

（1）修改

用户需要在数据查询—综合查询界面，查询到需要修改的账户管理数据，勾选并点击界面上方的【修改】按钮，即可进入到“企业账户信息”界面。

用户可以在“企业账户信息”界面对账户管理数据内容进行修改，保存并申报修改后数据。用户只可以在账户管理数据为“暂存”“发往海关失败”“海关接收失败”“海关审批退单”时对数据进行修改操作，其他状态下，【修改】按钮为灰色。账户管理查询（如图9–270）。

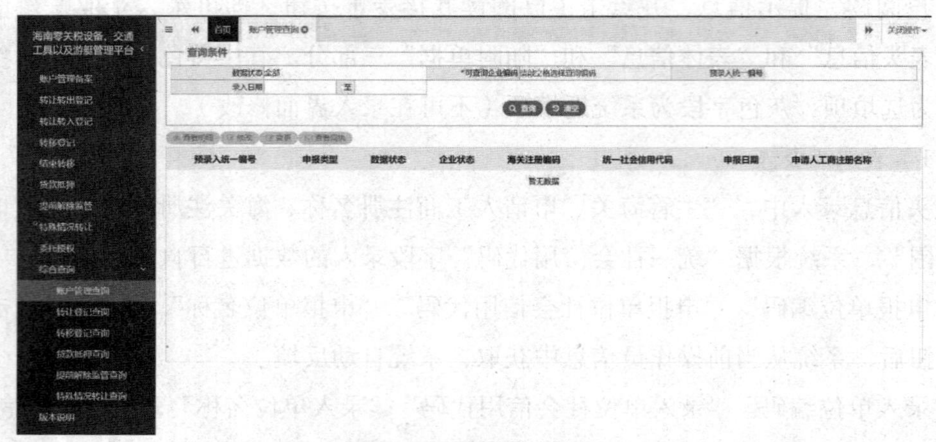

图 9–270 账户管理查询

（2）删除

用户需要在数据查询—综合查询界面，查询到需要删除的账户管理数据，勾选并点击界面上方的【修改】按钮，进入到“企业账户信息”界面，点击修改界面上方的【删除】按钮，即可完成删除操作。用户只可以在账户管理数据为“暂存”“发往海关失败”“海关接收失败”“海关审批退单”时对数据进行删除操作，其他状态下，“企业账户信息”界面中的【删除】按钮为灰色，用户无法做删除操作。

（3）变更

用户需要在数据查询—综合界面，查询到需要变更的账户管理数据，勾选并点击界面上方的【变更】按钮，进入“企业账户信息”界面。用户可以在“企业账户信息”界面对账户管理数据内容进行变更，保存并申报变更后数据。用户只可以在账户管理数据为“海关终审通过”时对数据进行变更操作（如图 9–271）。其他状态下，【变更】按钮为灰色，用户无法做变更操作。

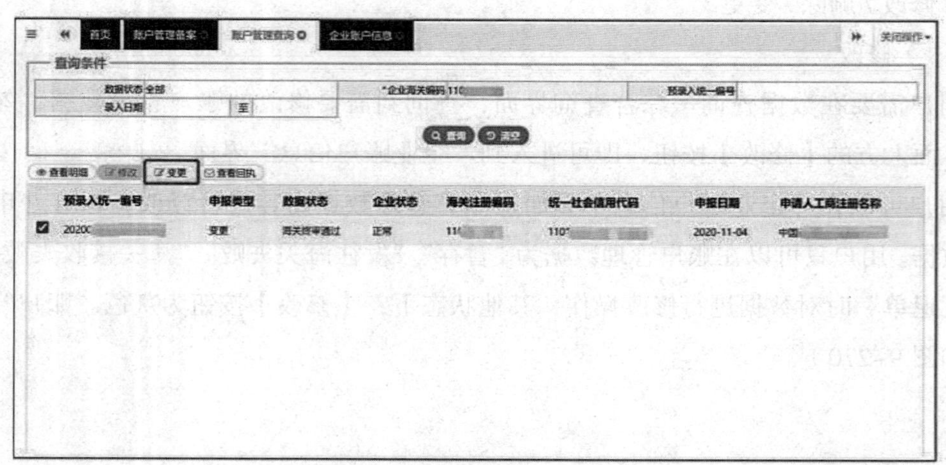

图 9–271 变更

3. 打印

用户可以在“账户管理备案”（或“企业账户信息”）界面上方，点击【打印】按钮，打印账户管理备案申请数据（如图 9-272）。

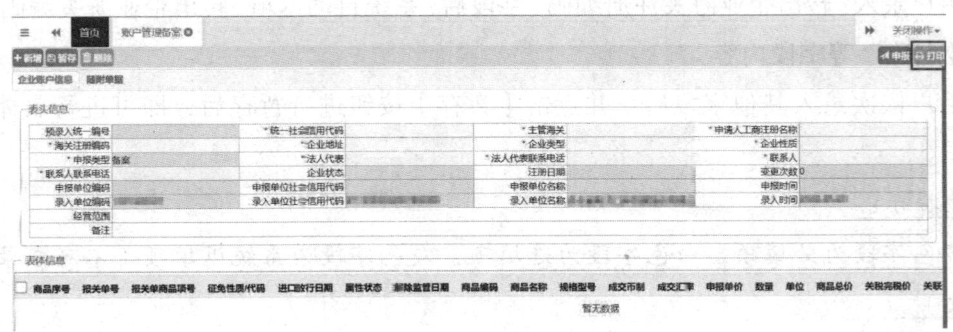

图 9-272 打印

（二）转让转出登记

“转让”是指在海关监管年限内，岛内企业将零关税设备、交通工具转让给其他岛内企业的，需要办理零关税设备、交通工具的转让登记手续。零关税设备、交通工具在岛内企业之间转让的，自行办理登记手续，无需补缴进口税款。

转出企业应通过“海南零关税进口设备、交通工具以及游艇管理平台”填报“转让登记清单（转出）”。

1. 暂存 / 申报

转出自理报关企业用户或转出代理报关企业用户使用卡介质登录系统后，在标准版应用—加工贸易中选择“海南零关税设备、交通工具及游艇”即可登录零关税监管平台主界面，点击数据录入—转让转出登记，即进入“转让转出登记”界面（如图 9-273）。

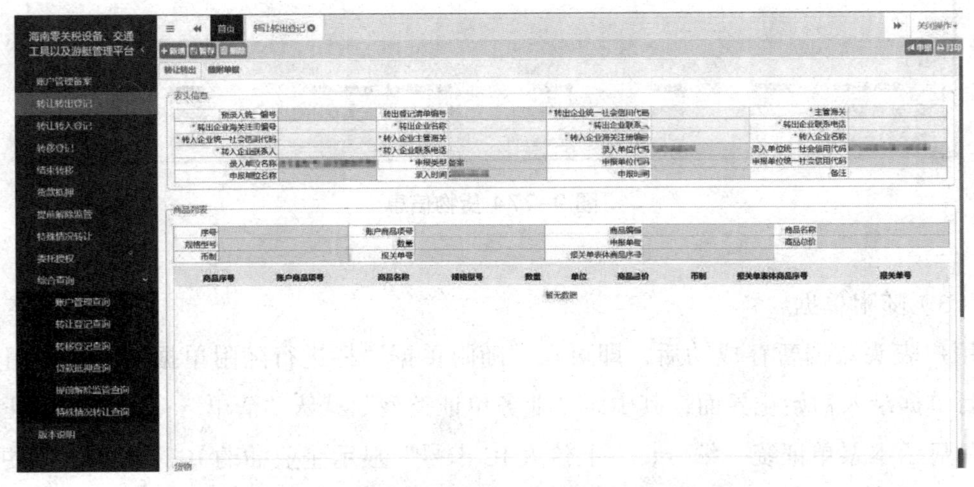

图 9-273 转让转出登记

（1）表头

在“转让转出登记”界面下，系统根据当前使用IC卡信息自动返填“录入单位代码”“录入单位统一社会信用代码”和“录入单位名称”字段内容。

用户录入“转出企业海关注册编码”字段后，系统自动返填“转出企业海关编码”“转出企业名称”等字段内容。

用户依次录入其他字段后，并点击【暂存】按钮进行暂存后，即可进行表体数据的操作。

小提示：

黄色字段为必填项，白色字段为选填项，灰色字段为系统返填项（不可在录入界面修改）。

（2）表体

用户表头信息录入完成后，“货物”一栏会调取企业已申报的货物信息（征免性质为491、492、493、494的报关单）。用户在“货物”一栏中勾选需要转出的设备、交通工具项（只有商品属性状态为“监管年限内自用”可勾选），勾选过的货物信息自动返填至“商品列表”，如图9-274货物信息。

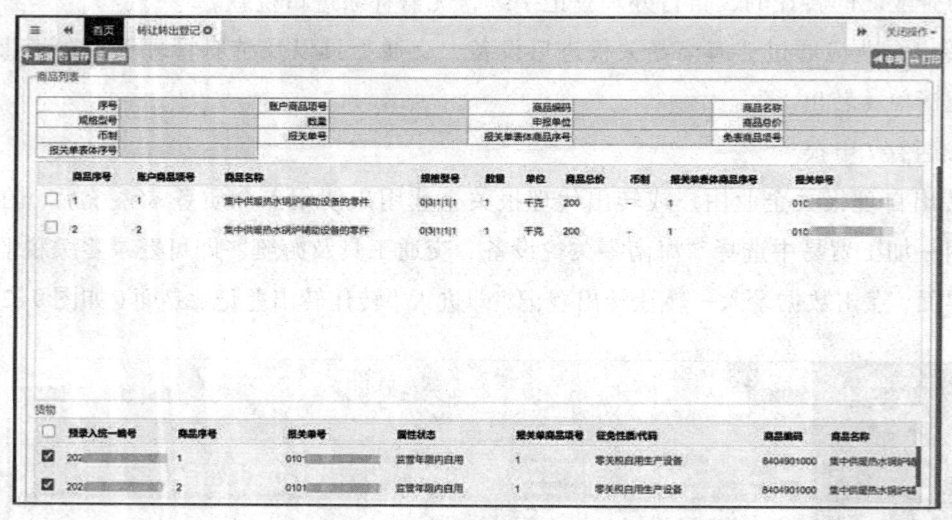

图9-274 货物信息

（3）随附单据

用户表头数据暂存成功后，即可在“随附单据”栏进行随附单据的上传。用户进入随附单据录入初始化界面，其中，“业务单证类型”默认“清单”；“业务单证统一编号”显示本票单证统一编号；“上传人IC卡号”显示企业插的IC卡号；“变更/修改次数”根据实际变更修改次数显示；“随附单据格式”默认非结构化；“随附单据类型”默认为“文件”。其他字段可录入。如图 9-275 随附单据。

功能键【上传】和【关闭】常亮，【下载】键置灰，不可使用。只有当选中的文件为已上传状态时，【下载】按钮可使用。

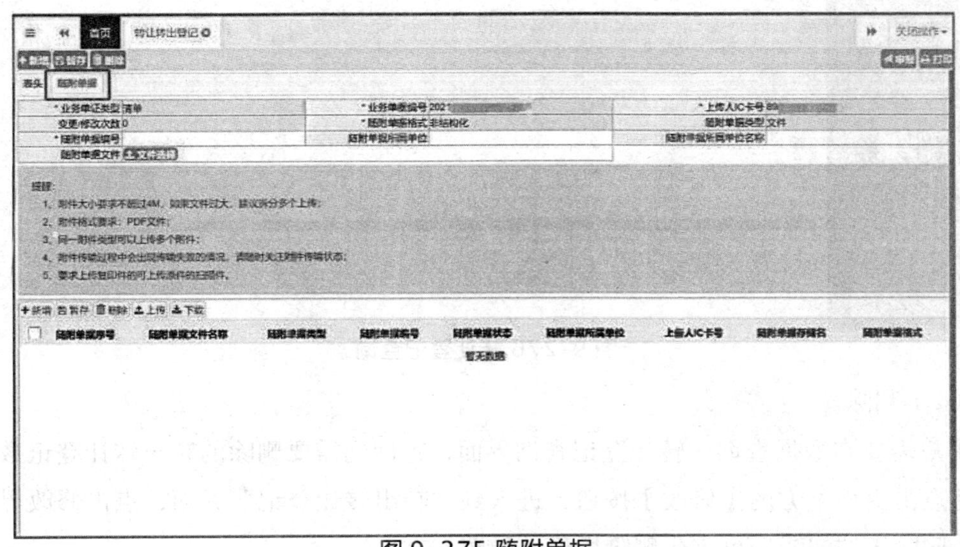

图 9-275 随附单据

用户在“转让转出申请”中表头、表体及随附单据录入完成，企业确认数据无误后，即可点击【申报】按钮完成申报操作。

小提示：

企业需要在“转出转让登记”审批通过后的一个月内，申报“转入转让登记”。如果未在一个月内申报“转入转让登记”，“转出转让登记”的数据状态则会变为“转出到期未确认”。企业如果需要继续申报转让登记，新增“转出转让登记”重报即可。

2. 修改 / 删除 / 撤销

（1）修改

用户需要在综合查询—转让登记查询界面，查询到需要修改的转出转让数据，勾选并点击界面上方的【修改】按钮，即可进入到“转出转让登记”界面。

用户可以在“转出转让登记”界面对转出转让数据内容进行修改，并保存并申报修改后数据。用户只可以在转出转让数据为“暂存”“发往海关失败”“海关接收失败”“海关审批退单”时对数据进行修改操作，转让登记查询（如图 9-276）。其他状态下，【修改】按钮为灰色。

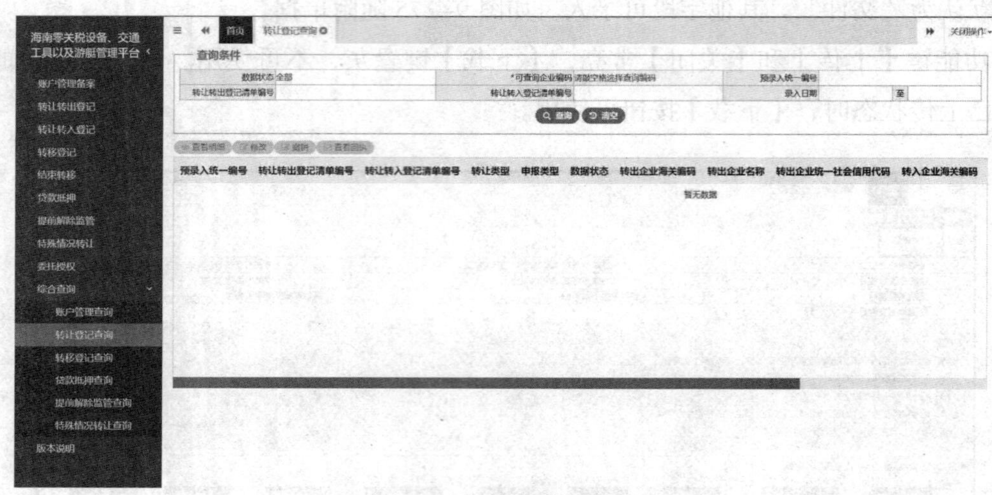

图 9-276 转让登记查询

（2）删除

用户需要在数据查询—转让登记查询界面，查询到需要删除的转出转让登记数据，勾选并点击界面上方的【修改】按钮，进入到“转出转让登记”界面，点击修改界面上方的【删除】按钮，即可完成删除操作（如图 9–277）。

用户只可以在转出转让数据为“暂存”“发往海关失败”“海关接收失败”“海关审批退单”时对数据进行删除操作，其他状态下，“转出转让登记”界面中的【删除】按钮为灰色，用户无法做删除操作。

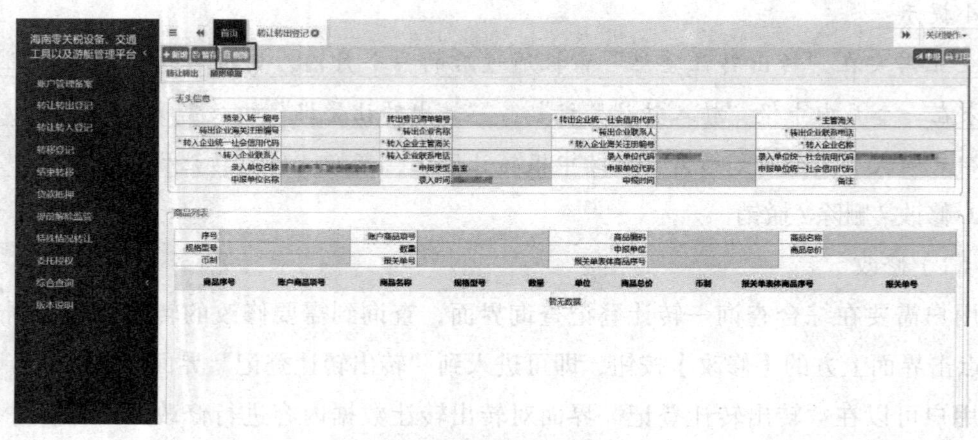

图 9-277 删除

（3）撤销

用户需要在数据查询—转让登记查询界面，查询到需要撤销的转出转让登记 数据，勾选并点击界面上方的【撤销】按钮，进入到“转出转让登记”界面，点击【申报】按钮，即可完成撤销操作（如图 9–278）。

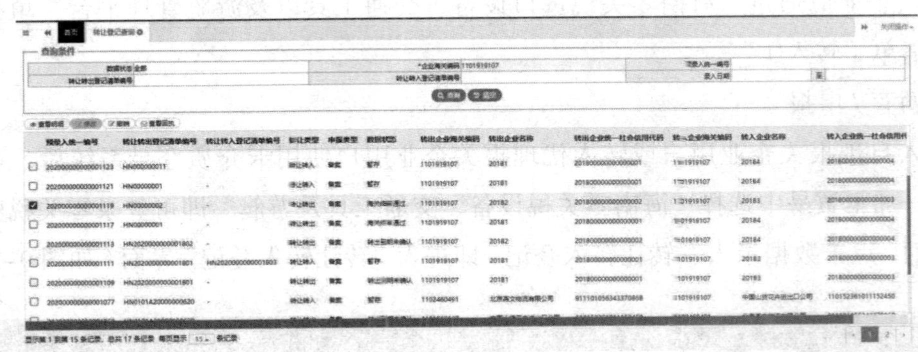

图 9-278

小提示：

转出转让登记状态为“海关终审通过”，并且对应转入转让登记状态为数据状态为“暂存”“申报失败”“审批退单”时，【撤销】按钮可用。

3. 打印

用户可以在“转出转让登记”界面上方，点击【打印】按钮，打印转出转让登记申请数据（如图 9-279）。

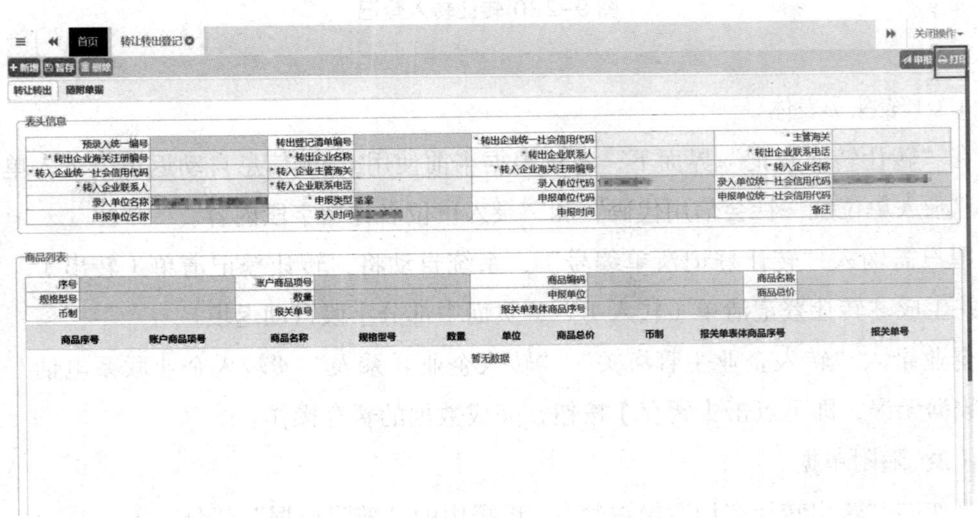

图 9-279 打印

（三）转让转入登记

“转让”是指在海关监管年限内，岛内企业将零关税设备、交通工具转让给其他岛内企业的，需要办理零关税设备、交通工具的转让登记手续。零关税设备、交通工具在岛内企业之间转让的，自行办理登记手续，无需补缴进口税款。

转入企业应通过“海南零关税进口设备、交通工具以及游艇管理平台”填报“转让登记清单（转入）”。

1. 暂存 / 申报

转入自理报关企业用户或转入代理报关企业用户使用卡介质登录系统后，在标准版应用—加工贸易中选择“海南零关税设备、交通工具及游艇”即可登录零关税监管平台主界面，点击数据录入—转让转入登记，即进入“转让转入登记”界面（如图 9–280）。

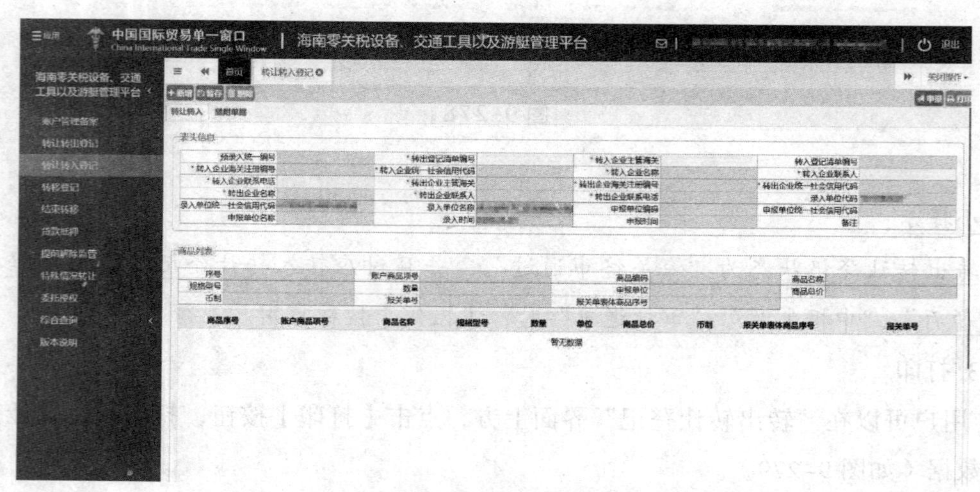

图 9–280 转让转入登记

（1）表头 / 表体

在“转让转入登记”界面下，系统根据当前使用 IC 卡信息自动返填“录入单位代码”“录入单位统一社会信用代码”和“录入单位名称”字段内容。

用户需输入“转让登记清单编号”，系统自动将“转让登记清单（转出）”数据导入并生成“转让登记清单（转入）”，页面中部分字段自动返填。

企业录入“转入企业主管海关”“转入企业联系人”“转入企业联系电话”后，确认数据无误，即可点击【暂存】按钮，完成数据的暂存操作。

（2）随附单据

操作同“转出转让登记”模块暂存 / 申报中的“随附单据”部分。

用户在“转让转入申请”中表头、表体及随附单据录入完成，企业确认数据无误后，即可点击【申报】按钮完成申报操作。

小提示：

企业需要在“转出转让登记”审批通过后的一个月内，申报“转入转让登记”。如果未在一个月内申报“转入转让登记”，“转出转让登记”的数据状态则会变为“转出到期未确认”。企业如果需要继续申报转让登记，新增“转出转让登记”重报即可。

2. 修改 / 删除

操作同“转出转让登记”—修改 / 删除 / 撤销中的“修改”及“删除”部分。

3. 打印

操作同“转出转让登记”—打印。

（四）转移登记

“零关税设备、交通工具转移”是指在海关监管年限内，岛内企业将零关税设备、交通工具转移给其他岛内企业使用，需要办理零关税设备、交通工具的转移登记手续。零关税设备（交通工具）在岛内企业之间转移的，自行办理转移登记手续，无需补缴进口税款。

零关税设备和交通工具转移使用结束时，岛内企业办理转移结束登记手续。零关税设备和交通工具在转移使用期间到达监管年限的，自动解除监管。

1. 暂存 / 申报

转出自理报关企业用户或转出代理报关企业用户使用卡介质登录系统后，在标准版应用—加工贸易中选择“海南零关税设备、交通工具及游艇”即可登录零关税监管平台主界面，点击数据录入—转移登记，即进入“转移登记”界面（如图 9–281）。

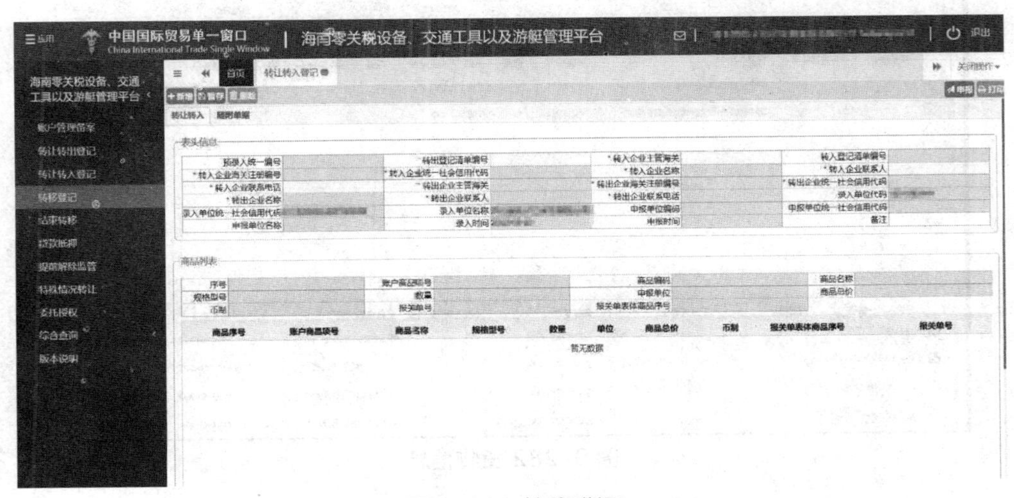

图 9–281 转移登记

（1）表头

在“转移登记”界面项下，系统根据当前使用IC卡信息自动返填“录入单位代码”“录入单位统一社会信用代码”和“录入单位名称”字段内容。

企业录入“统一社会信用代码”字段后，系统会对“主管海关”“海关注册编码”“企业名称”进行返填；企业需要手动录入“申请人名称”“联系人”“联系电话”“货物转移起始日期”“货物转移结束日期”“货物转移使用人”“货物转移使用地点”。

企业录入“转移使用企业统一社会信用代码”，系统会对“转移使用企业主管海关”“转移使用企业海关注册编号”“转移使用企业名称”进行返填；企业需要手动录入“转移使用企业联系人”“转移使用企业联系电话”。

用户依次完成上述字段的录入，并点击【暂存】按钮进行暂存后，即可进行表体数据的操作。

小提示：

黄色字段为必填项，白色字段为选填项，灰色字段为系统返填项（不可在录入界面修改）。

（2）表体

用户表头信息录入完成后，“货物”一栏会调取企业已申报的货物信息（征免性质为491、492、493、494的报关单）。用户在“货物”一栏中勾选需要转移的设备、交通工具项（只有商品属性状态为“监管年限内自用”可勾选），勾选过的货物信息自动返填至“商品列表”（如图9–282）。

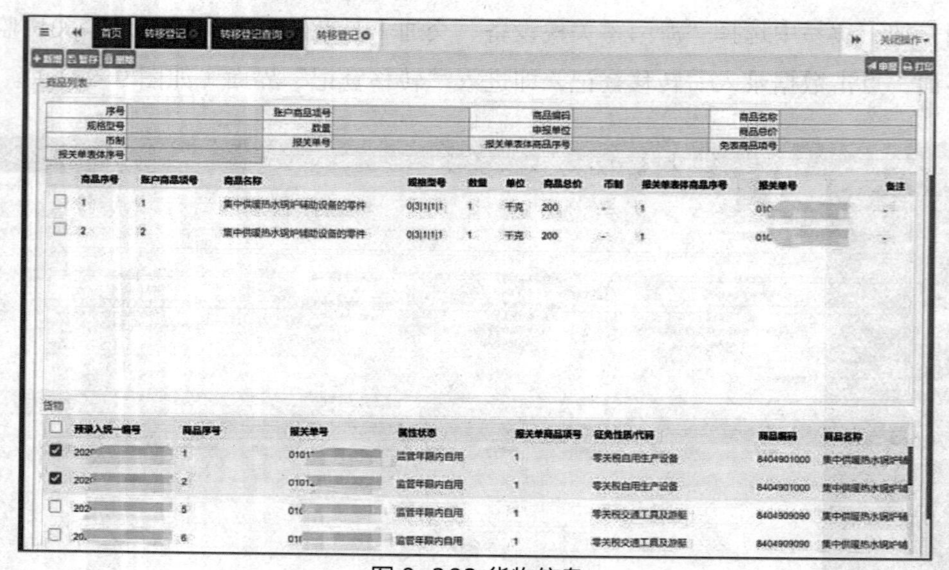

图9–282 货物信息

（3）随附单据

用户表头数据暂存成功后，即可在“随附单据”栏进行随附单据的上传。用户进入随附单据录入初始化界面，其中，“业务单证类型”默认“清单”；“业务单证统一编号”显示本票单证统一编号；“上传人IC卡号”显示企业插的IC卡号；“变更/修改次数”根据实际变更修改次数显示；“随附单据格式”默认非结构化；“随附单据类型”默认为“文件”，其他字段可录入（如图9–283）。

功能键【上传】和【关闭】常亮，【下载】键置灰，不可使用。只有当选中的文件为已上传状态时，【下载】按钮可使用。

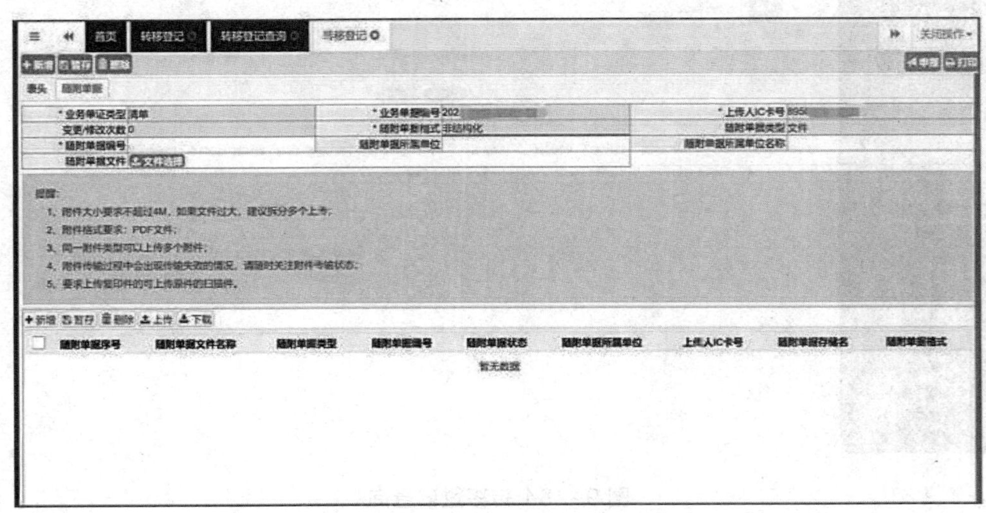

图 9-283 随附单据

用户在“转移登记”中表头、表体及随附单据录入完成，企业确认数据无误后，即可点击【申报】按钮完成申报操作。

小提示：

系统对已满结束转移的设备、运输工具属性状态字段自动置为“1. 监管年限内自用”。企业可在“账户管理查询”中查询商品属性信息。

2. 修改

用户需要在综合查询—转移登记查询界面，查询到需要修改的转移登记数据，勾选并点击界面上方的【修改】按钮，即可进入到“转移登记”界面。用户可以在“转移登记”界面对转移登记数据内容进行修改，并保存并申报修改后数据。

用户只可以在转移登记数据为“暂存”“发往海关失败”“海关接收失败”“海关审批退单”时对数据进行修改操作（如图 9-284）。其他状态下，【修改】按钮为灰色。

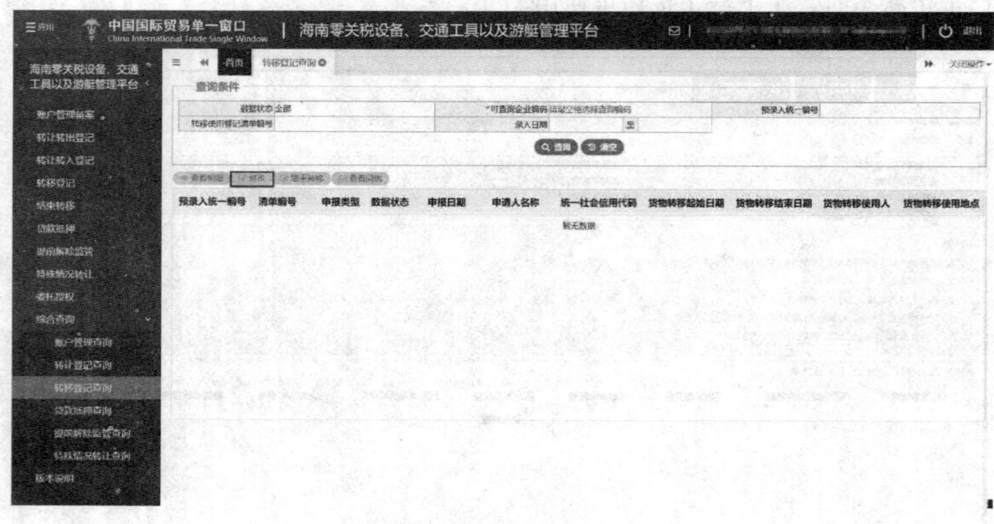

图 9-284 转移登记查询

3. 打印

用户可以在“转移登记”界面上方，点击【打印】按钮，打印转移登记申请数据。如图 9-285。

首页 转移登记 转移登记查询 转移登记 关闭操作

新增 暂存 删除 申报 打印

表头 随附单据

转移表头信息

预录入统一编号		转移使用登记清单编号		*统一社会信用代码		*主管海关	
*海关注册编码		*企业名称		*申请人名称		*联系人	
*联系电话		*货物转移起始日期		*货物转移结束日期		*货物转移使用人	
*货物转移使用地点		*转移使用企业统一社会信用代码		*转移使用企业主管海关		*转移使用企业海关注册编号	
*转移使用企业名称		*转移使用企业联系人		*转移使用企业联系电话		录入单位代码	
录入单位统一社会信用代码		录入单位名称		申报单位编码		申报单位统一社会信用代码	
申报单位名称		录入时间	2021-01-14	申报时间		备注	

商品列表

序号		账户商品项号		商品编码		商品名称	
规格型号		数量		申报单位		商品总价	
币制		报关单号		报关单表体商品序号		免表商品项号	
报关单表体序号							

商品序号	账户商品项号	商品名称	规格型号	数量	单位	商品总价	币制	报关单表体商品序号	报关单号	备注
暂无数据										

图 9-285 打印

（五）结束转移

1. 申报

转出自理报关企业用户或转出代理报关企业用户使用卡介质登录系统后，在标 准版应用—加工贸易中选择“海南零关税设备、交通工具及游艇”即可登录零关 税监管平台主界面，点击数据录入—结束转移，即进入“结束转移”界面。如图 9-286 结束转移 。

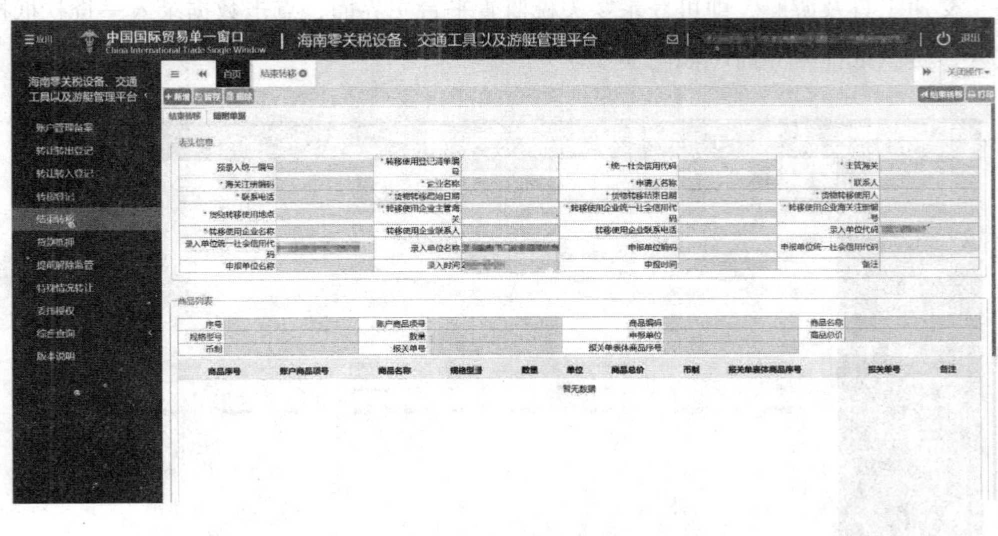

图 9-286 结束转移

（1）表头 / 表体

在“结束转移”界面下，系统根据当前使用IC卡信息自动返填“录入单位代码”“录入单位统一社会信用代码”和“录入单位名称”字段内容。

用户需输入“转移使用登记清单编号”，系统自动从转移登记备案数据中调出该转移清单编号所对应的转移登记备案数据详细内容，并返填至当前“结束转移”界面。

（2）随附单据

操作同“转移登记”—暂存 / 申报中的“随附单据”部分。

用户确认在“结束转移”申请中数据无误后，即可点击【结束转移】按钮完成申报操作。

2. 修改 / 删除

操作同“转移登记”—修改 / 删除中的“修改”及“删除”部分。

3. 打印

操作同“转移登记”—打印。

（六）贷款抵押

“零关税设备、交通工具贷款抵押”是指在海关监管年限内，岛内企业以零关税进口设备、交通工具向境内或境外金融机构办理贷款抵押的，应事先通过“海南零关税进口设备、交通工具平台”向海关提出申请，经海关审核通过后，方可办理抵押贷款相关手续。

1. 暂存 / 申报

企业用户使用卡介质登录系统后，在标准版应用—加工贸易中选择“海南零关税设备、交通工具及游艇”即可登录零关税监管平台主界面，点击数据录入—贷款抵押，即进入“贷款抵押”界面（如图 9-287）。

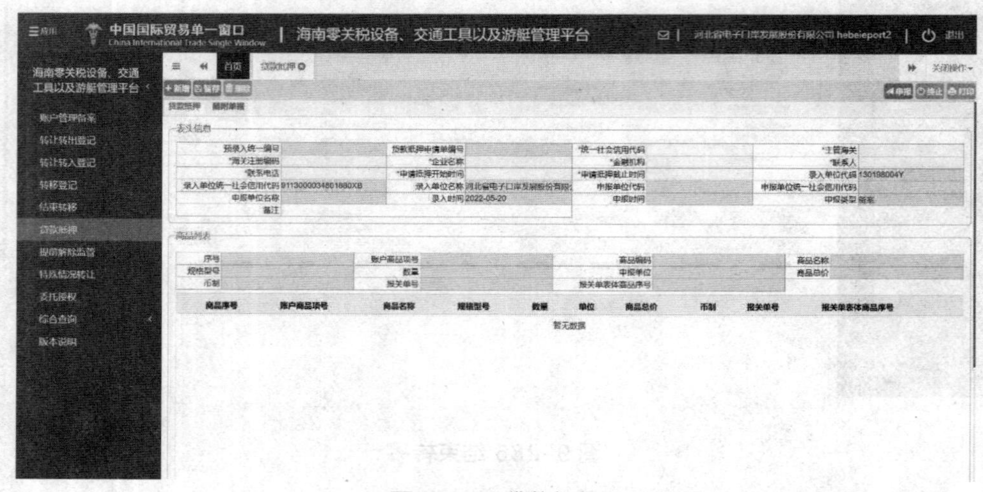

图 9-287 贷款抵押

（1）表头

在“贷款抵押”界面项下，系统根据当前使用IC卡信息自动返填“录入单位代码”“录入单位统一社会信用代码”和“录入单位名称”字段内容。

企业录入“统一社会信用代码”字段后，系统会对“主管海关”“海关注册编码”“企业名称”进行返填；企业需要手动录入“金融机构”“联系人”“联系电话”“申请抵押开始时间”“申请抵押截止时间”。

用户依次完成上述字段的录入，并点击【暂存】按钮进行暂存后，即可进行表体数据的操作。

小提示：

黄色字段为必填项，白色字段为选填项，灰色字段为系统返填项（不可在录入界面修改）。

（2）表体

用户表头信息录入完成后，“货物”一栏会调取企业已申报的货物信息（征免性质为 491、492、493、494 的报关单）。用户在“货物”一栏中勾选需要进行贷款抵押的设备、交通工具项（只有商品属性状态为“监管年限内自用”可勾选），勾选过的货物信息自动返填至“商品列表”（如图 9-288）。

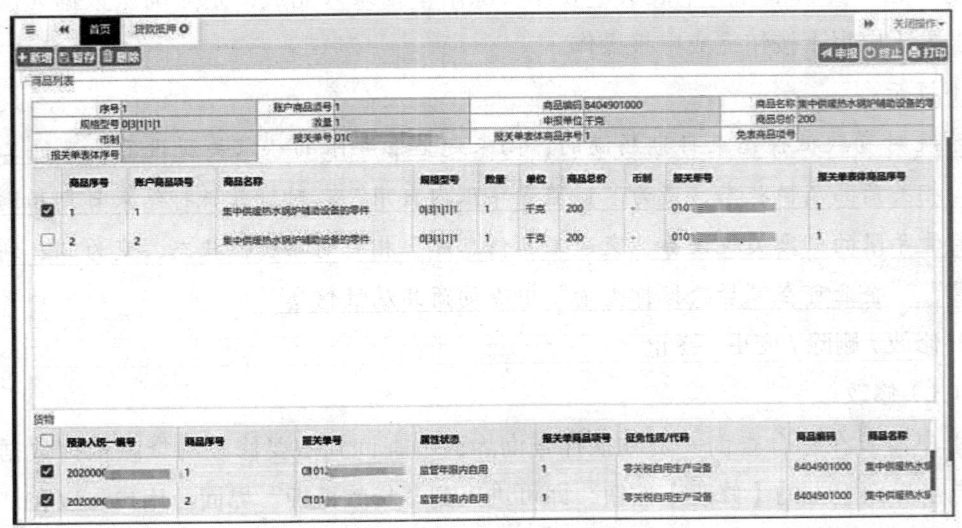

图 9-288 货物信息

小提示：

系统只允许用户勾选商品属性状态为“监管年限内自用”的商品项。

（3）随附单据

用户表头数据暂存成功后，即可在“随附单据”栏进行随附单据的上传。用户进入随附单据录入初始化界面，其中，“业务单证类型”默认“清单”；“业务单证统一编号”显示本票单证统一编号；“上传人 IC 卡号”显示企业插的 IC 卡号；“变更 / 修改次数”根据实际变更修改次数显示；“随附单据格式”默认非结构化；“随附单据类型”默认为“文件”。其他字段可录入（如图 9-289）。

功能键【上传】和【关闭】常亮，【下载】键置灰，不可使用。只有当选中的文件为已上传状态时，【下载】按钮可使用。

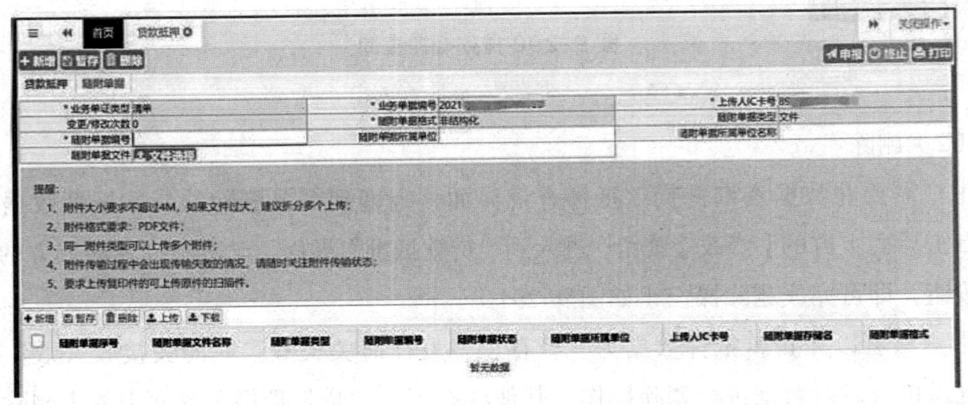

图 9-289 随附单据

用户在“贷款抵押”中表头、表体及随附单据录入完成，企业确认数据无误后，即可点击【申报】按钮完成申报操作。

小提示：

系统对贷款抵押结束日期届满的，尚未超监管年限的“零关税设备、交通工具信息库”相关商品属性状态，变为“1. 监管年限内自用”；对贷款抵押结束日期届满的，已满监管年限的“零关税设备、交通工具信息库”相关商品属性状态，变为“2. 到期解除监管”。企业可在“贷款抵押查询”中查询商品属性信息。

2. 修改 / 删除 / 变更 / 终止

（1）修改

用户需要在综合查询—贷款抵押查询界面，查询到需要修改的贷款抵押数据，勾选并点击界面上方的【修改】按钮，即可进入到“贷款抵押”界面。用户可以在“贷款抵押”界面对转移登记数据内容进行修改，并保存并申报修改后数据。

用户只可以在贷款抵押数据为“暂存”“发往海关失败”“海关接收失败”“海关审批退单”时对数据进行修改操作（如图 9–290）。其他状态下，【修改】按钮为灰色。

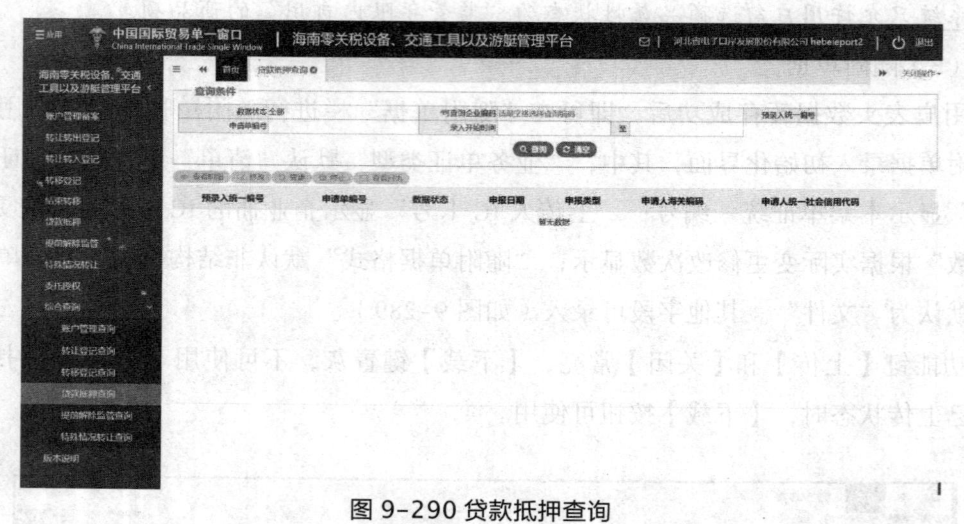

图 9–290 贷款抵押查询

（2）删除

用户需要在数据查询—贷款抵押查询界面，查询到需要删除的贷款抵押数据，勾选并点击界面上方的【修改】按钮，进入到“贷款抵押”界面，点击修改界面上方的【删除】按钮，即可完成删除操作（如图 9–291）。

用户只可以在贷款抵押数据为“暂存”“发往海关失败”“海关接收失败”“海关审批退单”时对数据进行删除操作，其他状态下，“贷款抵押”界面中的【删除】按钮为灰色，用户无法做删除操作。

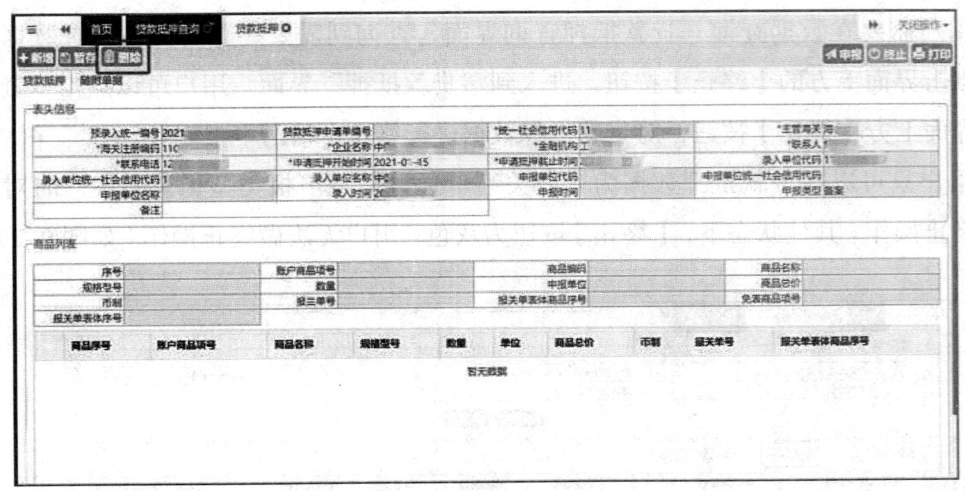

图 9–291 删除

（3）变更

用户需要在综合查询—贷款抵押查询界面，查询到需要变更的贷款抵押数据，勾选并点击界面上方的【变更】按钮，进入到“贷款抵押”界面。用户可以在“贷款抵押”界面对贷款抵押数据内容进行变更，保存并申报变更后数据。

用户只可以在贷款抵押数据为“海关终审通过”时对数据进行变更操作（如图 9–292）。其他状态下，【变更】按钮为灰色，用户无法做变更操作。

图 9–292 变更

小提示：

（1）贷款抵押数据内容只允许修改抵押结束日期（包括结束日期的提前和结束日期的延期）；

（2）“申报类型”为“终止”时，【变更】按钮为灰色，用户无法做变更操作。

（4）终止

用户需要在数据查询—贷款抵押查询界面，查询到需要终止的贷款抵押数据，勾选并点击界面上方的【终止】按钮，进入到“贷款抵押”界面。用户可以点击“贷款抵押”界面上方【终止】按钮，对贷款抵押数据进行终止申请的申报。

用户只可以在贷款抵押数据为“海关终审通过”且申报类型为“备案”时对数据进行终止操作。其他状态下，【终止】按钮为灰色，用户无法做终止操作（如图 9–293）。

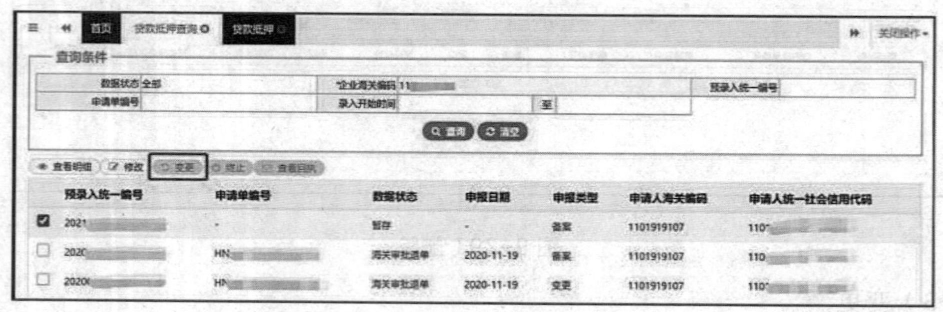

图 9–293 终止

3. 打印

用户可以在“贷款抵押”界面上方，点击【打印】按钮，打印转移登记申请数据（如图 9–294）。

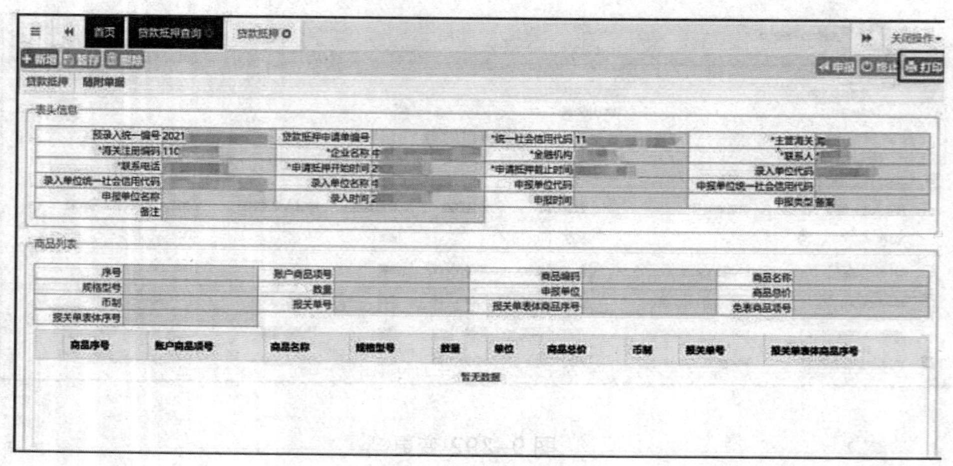

图 9–294 打印

（七）提前解除监管

零关税进口设备、交通工具海关监管年限届满的，自动解除监管。在海关监管内的进口零关税设备、交通工具，企业申请提前解除监管的，应当向海关申请办理补缴税款或退运出境手续。

“零关税进口设备、交通工具的提前解除监管”是指在海关监管年限内，岛内企业需要申请零关税设备、交通工具提前解除监管（补税解除监管和退运解除监管）的，需向海关申请，海关审核通过并办理补税或退运手续后，提前解除监管手续。

1. 暂存 / 申报

企业用户使用卡介质登录系统后，在标准版应用—加工贸易中选择“海南零关税设备、交通工具及游艇”即可登录零关税监管平台主界面，点击数据录入—提前解除监管，即进入“提前解除监管”界面（如图 9-295）。

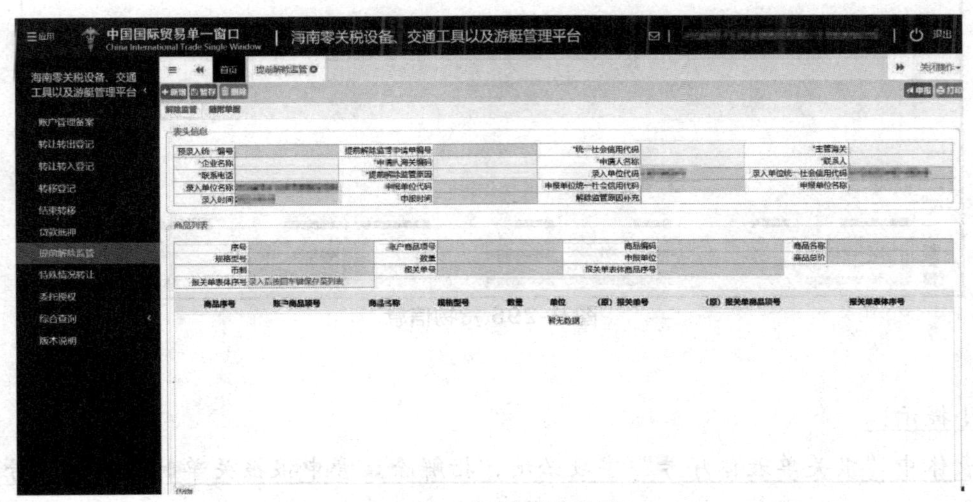

图 9-295 提前解除监管

（1）表头

在“提前解除监管”界面项下，系统根据当前使用IC卡信息自动返填“录入单位代码”“录入单位统一社会信用代码”和“录入单位名称”字段内容。

企业录入“统一社会信用代码”字段后，系统会对“主管海关”“企业名称”“申请人海关编码”进行返填；企业需要手动录入“申请人名称”“联系人”“联系电话”“提前解除监管原因”。

用户依次完成上述字段的录入，并点击【暂存】按钮进行暂存后，即可进行表体数据的操作。

小提示：

黄色字段为必填项，白色字段为选填项，灰色字段为系统返填项（不可在录入界面修改）。

（2）表体

用户表头信息录入完成后，“货物”一栏会调取企业已申报的货物信息（征免性质为 491、492、493、494 的报关单）。用户在“货物”一栏中勾选需要提前解除监管的设备、交通工具项（只有商品属性状态为“监管年限内自用”可勾选），勾选过的货物信息自动返填至“商品列表”（如图 9–296）。

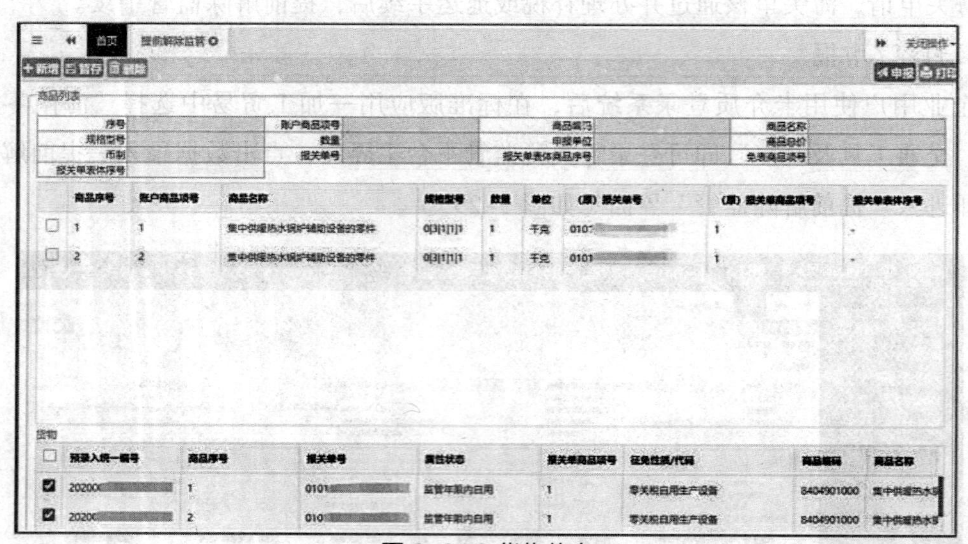

图 9–296 货物信息

小提示：

表体中“报关单表体序号”字段必填，指解除监管申报报关单时的表体序号，录入时允许重复，但是不允许缺号、断号。

（3）随附单据

用户表头数据暂存成功后，即可在“随附单据”栏进行随附单据的上传。用户进入随附单据录入初始化界面，其中，“业务单证类型”默认“清单”；“业务单证统一编号”显示本票单证统一编号；“上传人 IC 卡号”显示企业插的 IC 卡号；“变更 / 修改次数”根据实际变更修改次数显示；“随附单据格式”默认非结构化；“随附单据类型”默认为“文件”。其他字段可录入（如图 9–297）。

功能键【上传】和【关闭】常亮，【下载】键置灰，不可使用。只有当选中的文件为已上传状态时，【下载】按钮可使用。

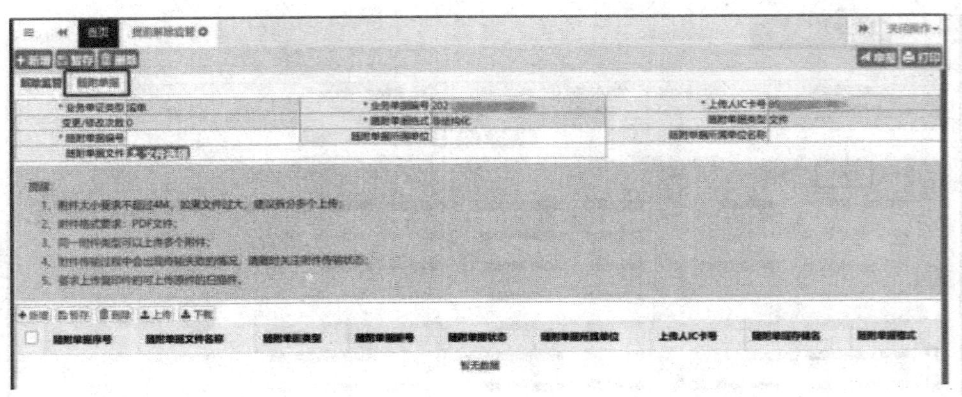

图 9-297 随附单据

用户在“提前解除监管”中表头、表体及随附单据录入完成，企业确认数据无误后，即可点击【申报】按钮完成申报操作。

小提示：

系统自动检测监管期限已满的设备、运输工具，并将“属性状态”字段自动置为“2—到期解除监管”。

3. 修改 / 删除

（1）修改

用户需要在数据查询—提前解除监管查询界面，查询到需要修改的提前解除监管数据，勾选并点击界面上方的【修改】按钮，即可进入到“提前解除监管”界面。

用户可以在“提前解除监管”界面对提前解除监管数据内容进行修改，并保存并申报修改后数据。用户只可以在提前解除监管数据为“暂存”“发往海关失败”“海关接收失败”“海关审批退单”时对数据进行修改操作（如图 9-298）。其他状态下，【修改】按钮为灰色。

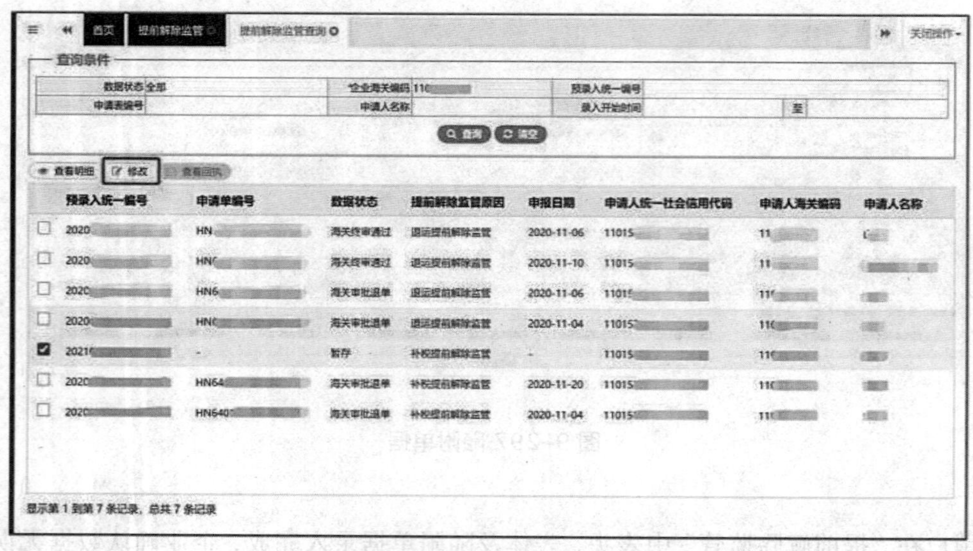

图 9-298 提前解除监管查询

（2）删除

用户需要在数据查询—提前解除监管查询界面，查询到需要删除的提前解除监管数据，勾选并点击界面上方的【修改】按钮，进入到“提前解除监管”界面，点击修改界面上方的【删除】按钮，即可完成删除操作（如图 9-299）。用户只可以在提前解除监管数据为“暂存”“发往海关失败”“海关接收失败”“海关审批退单”时对数据进行删除操作，其他状态下，“提前解除监管”界面中的【删除】按钮为灰色，用户无法做删除操作。

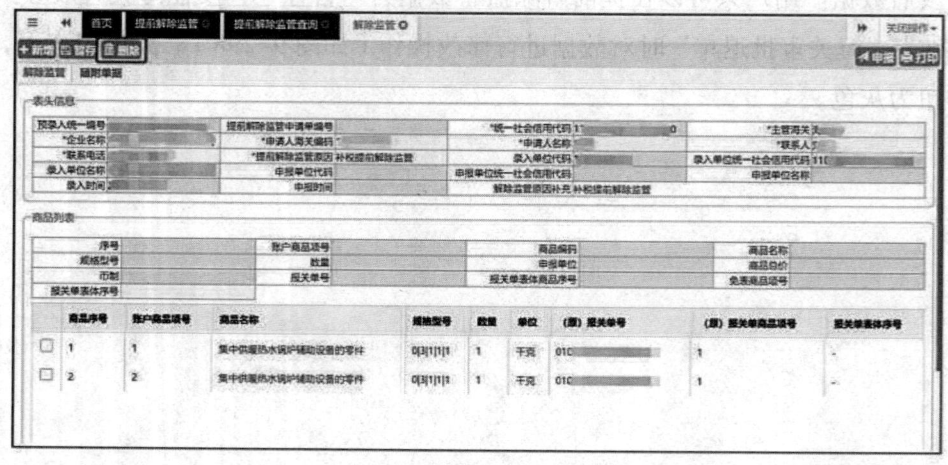

图 9-299 删除

3. 打印

用户可以在“提前解除监管”界面上方，点击【打印】按钮，打印提前解除监管申请数据（如图 9-300）。

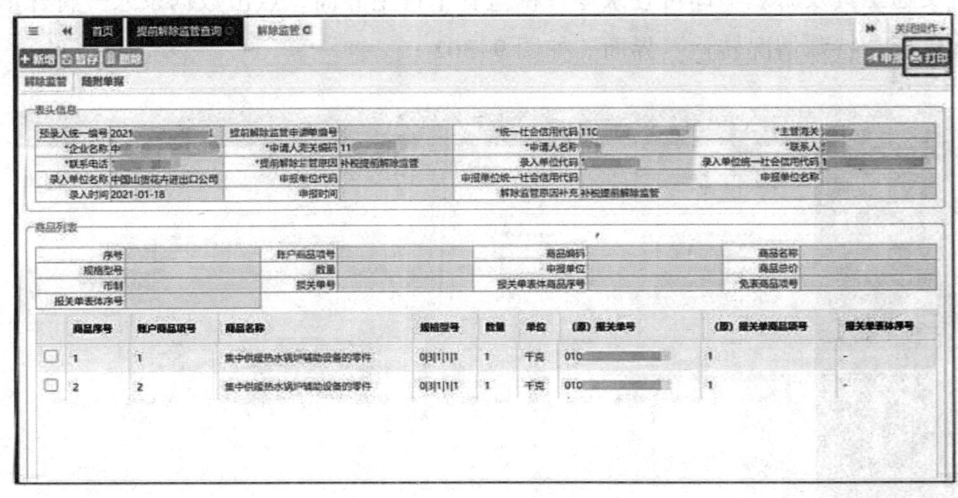

图 9-300 打印

4. 通关申报

补税提前解除监管填写申报“进口货物报关单”，退运提前解除监管填写申 报“出口货物报关单”。报关单的关联随附单证栏代码选择“# 海南零关税清单”，编号录入提前解除监管清单编号，系统自动返填清单全部表体至报关单表体（如图 9-301）。

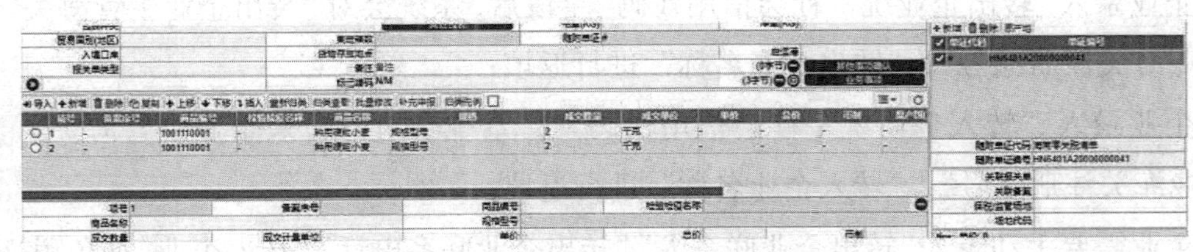

图 9-301 提前解除监管通关申报

小提示：

退运报关单完成出口申报、补税报关单完成补税并单证放后，企业账户信息的相关 商品属性状态变成“提前解除监管”。

（八）特殊情况转让

“零关税进口设备、交通工具的特殊情况转让申请”是指在海关监管年限内，岛内企业需要将零关税设备、交通工具转让岛外企业的，需要向海关做特殊情况转让申请，海关审核通过并办理补税手续。

1. 暂存 / 申报

企业用户使用卡介质登录系统后，在标准版应用—加工贸易中选择“海南零关税设备、交通工具及游艇”即可登录零关税监管平台主界面，点击数据录入—特殊情况转让，即进入“特殊情况转让”界面（如图 9–302）。

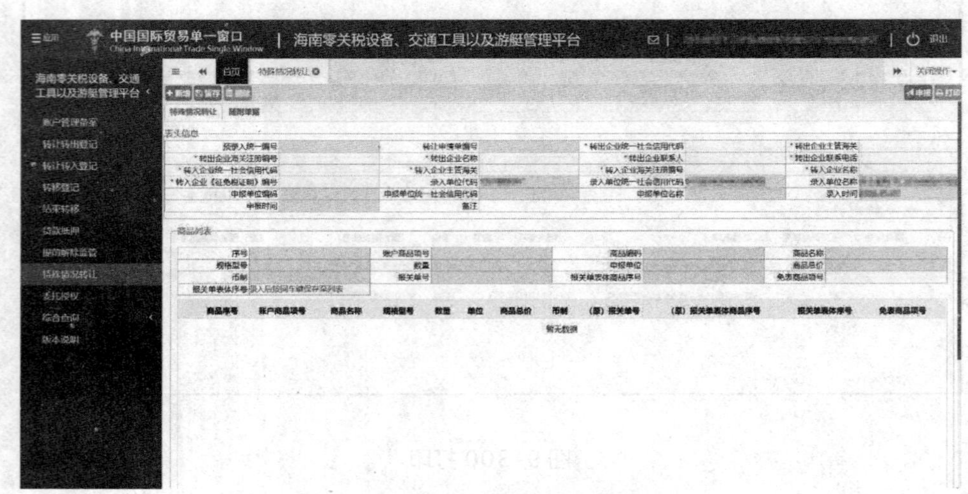

图 9–302 特殊情况转让

（1）表头

在“特殊情况转让”界面项下，系统根据当前使用 IC 卡信息自动返填“录入单位代码”“录入单位统一社会信用代码”和“录入单位名称”字段内容。

企业录入“转出企业统一社会信用代码”字段后，系统会对“转出企业主管海关”“转出企业海关注册编号”“转出企业名称”进行返填；

企业录入“转入企业统一社会信用代码”，系统会对“转入企业主管海关”“转入企业海关注册编号”“转入企业名称”进行返填；

企业需要手动录入“转出企业联系人”“转出企业联系电话”“转入企业《征免税证明》编号”。

用户依次完成上述字段的录入，并点击【暂存】按钮进行暂存后，即可进行表体数据的操作。

小提示：

黄色字段为必填项，白色字段为选填项，灰色字段为系统返填项（不可在录入界面修改）。

（2）表体

用户表头信息录入完成后，“货物”一栏会调取企业已申报的货物信息（征免性质为 491、492、493、494 的报关单）。用户在“货物”一栏中勾选需要做特殊情况转让的设备、交通工具项（只有商品属性状态为“监管年限内自用”可勾选），勾选过的货物信息自动返填至“商品列表”（如图 9-303）。

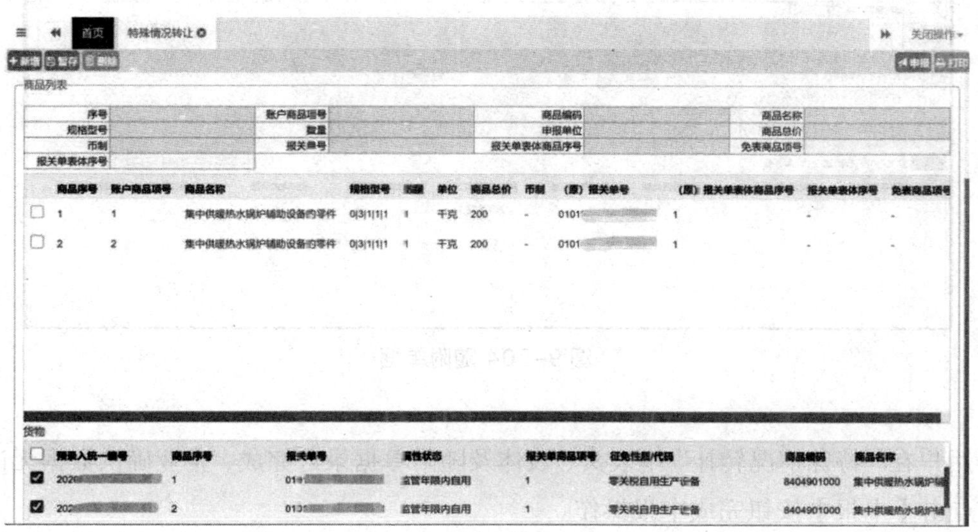

图 9-303 货物信息

小提示：

表体中“报关单表体序号”字段必填，录入时允许重复，但是不允许缺号、断号。

（3）随附单据

用户表头数据暂存成功后，即可在“随附单据”栏进行随附单据的上传。用户进入随附单据录入初始化界面，其中，“业务单证类型”默认“清单”；“业务单证统一编号”显示本票单证统一编号；“上传人 IC 卡号”显示企业插的 IC 卡号；“变更 / 修改次数”根据实际变更修改次数显示；“随附单据格式”默认非结构化；“随附单据类型”默认为“文件”。其他字段可录入（如图 9-304）。

功能键【上传】和【关闭】常亮，【下载】键置灰，不可使用。只有当选中的文件为已上传状态时，【下载】按钮可使用。

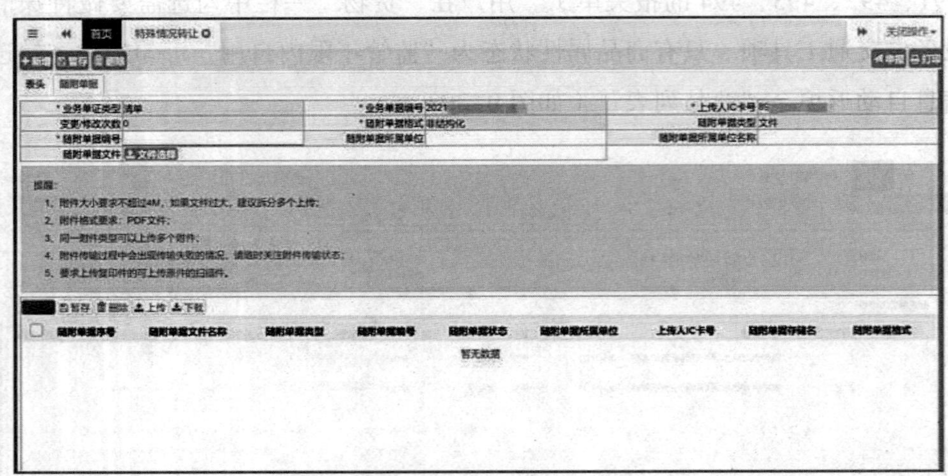

图 9-304 随附单据

用户在“特殊情况转让”中表头、表体及随附单据录入完成，企业确认数据无误后，即可点击【申报】按钮完成申报操作。

2. 修改 / 删除

（1）修改

用户需要在数据查询—特殊情况转让查询界面，查询到需要修改的特殊情况转让数据，勾选并点击界面上方的【修改】按钮，即可进入到“特殊情况转让”界面。

用户可以在“特殊情况转让”界面对提前解除监管数据内容进行修改，并保存并申报修改后数据。用户只可以在转出转让数据为“暂存”“发往海关失败”“海关接收失败”“海关审批退单”时对数据进行修改操作（如图 9-305）。其他状态下，【修改】按钮为灰色。

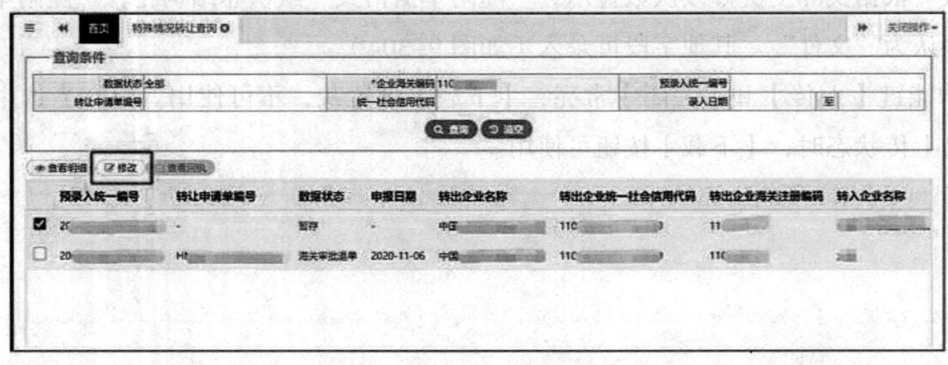

图 9-305 特殊情况转让查询

（2）删除

用户需要在数据查询—特殊情况转让查询界面，查询到需要删除的特殊情况转让数据，勾选并点击界面上方的【修改】按钮，进入到“特殊情况转让”界面，点击修改界面上方的【删除】按钮，即可完成删除操作（如图 9-306）。

用户只可以在特殊情况转让数据为“暂存”“发往海关失败”“海关接收失败”“海关审批退单”时对数据进行删除操作. 其他状态下，“特殊情况转让”界面中的【删除】按钮为灰色，用户无法做删除操作。

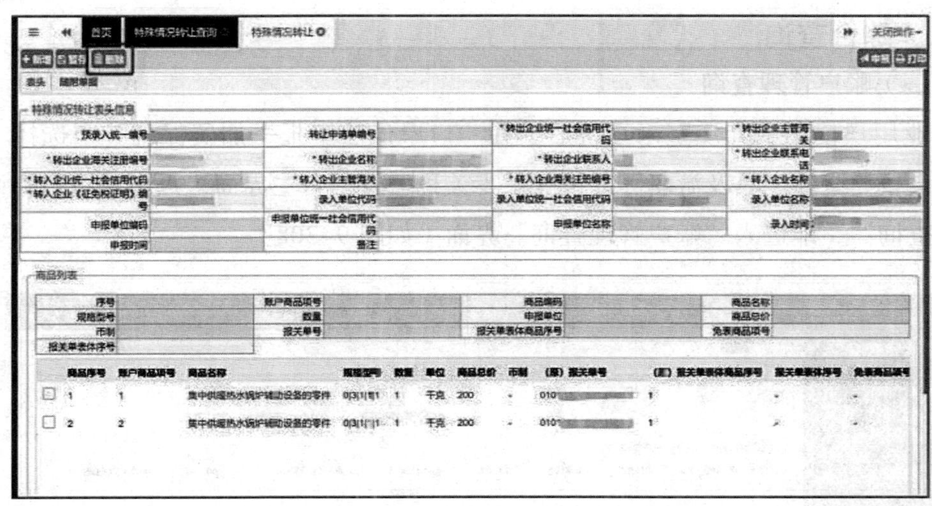

图 9-306 删除

3. 打印

用户可以在“特殊情况转让”界面上方，点击【打印】按钮，打印特殊情况转让申请数据（如图 9-307）。

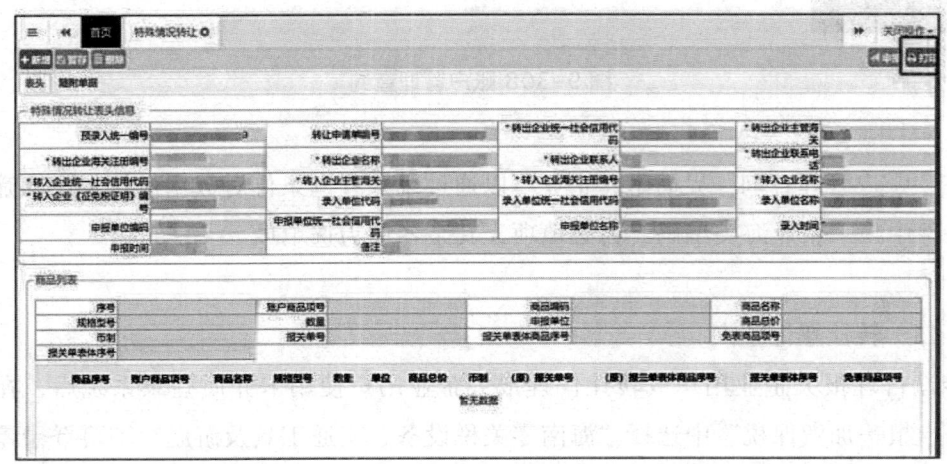

图 9-307 打印

4. 通关申报

岛内企业填写申报“进口货物报关单”，关联随附单证栏代码选择“# 海南零关税清单”，编号录入特殊情况转让清单编号，系统自动返填清单全部表体至报关单表体，操作同提前解除监管通关申报。报关单其他内容按照减免税报关填制要求填写。

小提示：

结转报关单完成补税并单证放后，企业账户信息的相关商品属性状态变成“提前解除监管”。

二、综合查询

（一）账户管理查询

企业用户使用卡介质登录系统后，在“口岸执法申报—加贸保税”中选择“海南零关税设备、交通工具及游艇”即可登录零关税监管平台主界面，点击“综合查询—账户管理查询”，即进入“账户管理查询”界面（如图 9-308）。

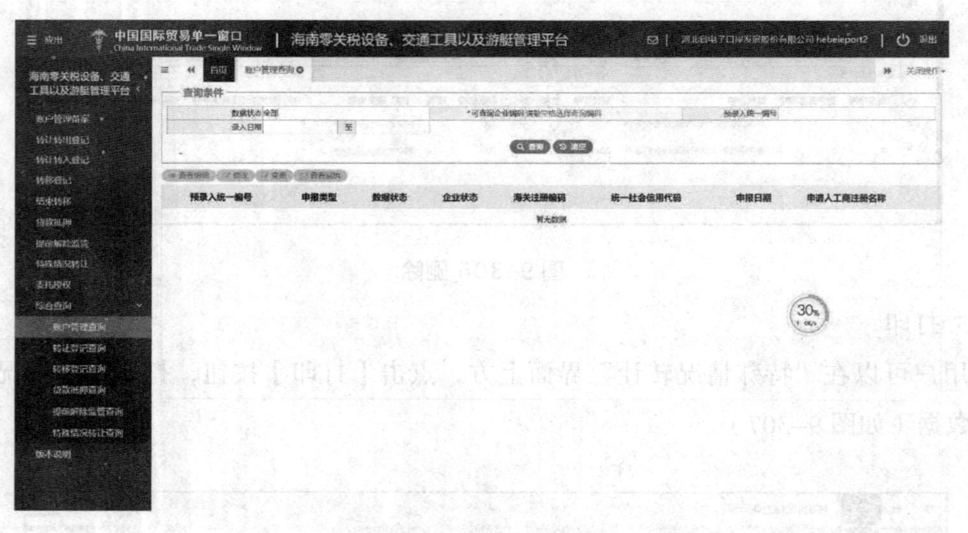

图 9-308 账户管理查询

在“账户管理查询”界面中，企业可以通过录入查询条件对数据进行查询和筛选。查询条件中，“企业海关编码”为必填项，其余各项为选填项。

（二）转让登记查询

转让自理报关企业用户或转让代理报关企业用户使用卡介质登录系统后，在“口岸执法申报—加贸保税”中选择“海南零关税设备、交通工具及游艇”即可登录零关税监管平台主界面，点击数据查询—转让登记查询，即进入“转让登记查询”界面（如图

9-309）。

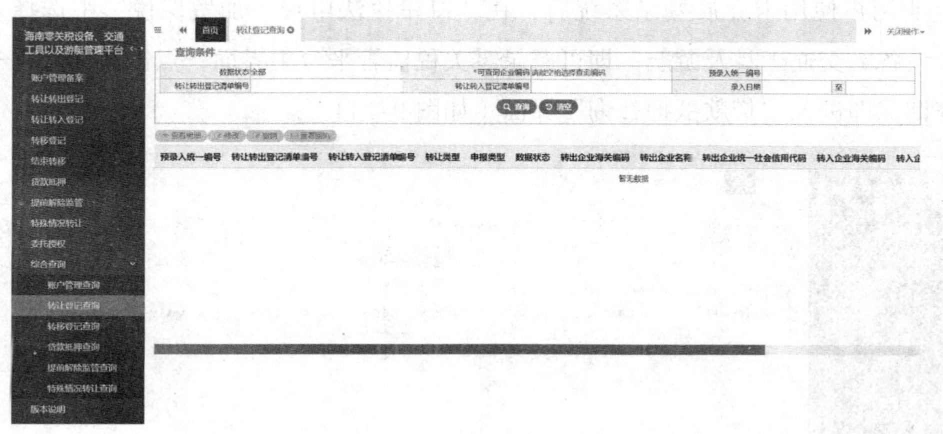

图 9-309 转让登记查询

在“转让登记查询”界面中，企业可以通过录入查询条件对数据进行查询和筛选。查询条件中，“企业海关编码”为必填项，其余各项为选填项。

（三）转移登记查询

转出自理报关企业用户或转出代理报关企业用户使用卡介质登录系统后，在“口岸执法申报—加贸保税”中选择“海南零关税设备、交通工具及游艇”即可登录零关税监管平台主界面，点击数据查询—转让登记查询，即进入“转移登记查询”界面（如图 9-310）。

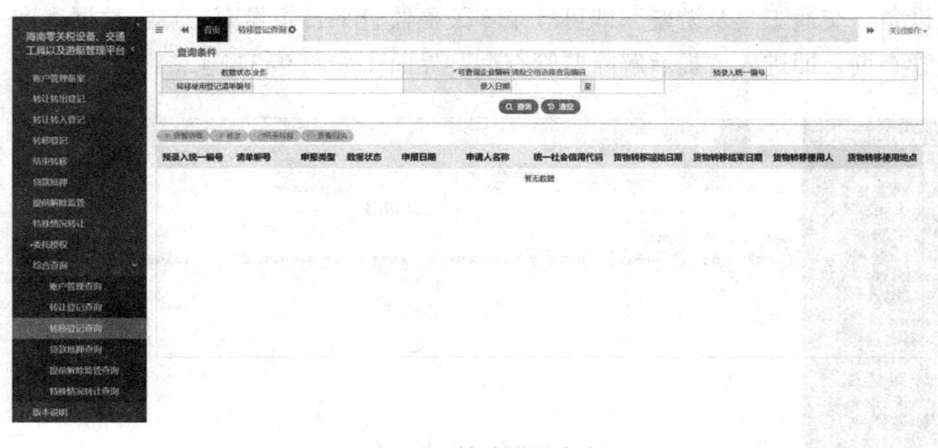

图 9-310 转移登记查询

在“转移登记查询”界面中，企业可以通过录入查询条件对数据进行查询和筛选。查询条件中，“企业海关编码”为必填项，其余各项为选填项。

（四）贷款抵押查询

企业用户使用卡介质登录系统后，在“口岸执法申报—加贸保税”中选择“海南零关税设备、交通工具及游艇”即可登录零关税监管平台主界面，点击数据查询—贷款抵押查询，即进入“贷款抵押查询”界面（如图 9-311）。

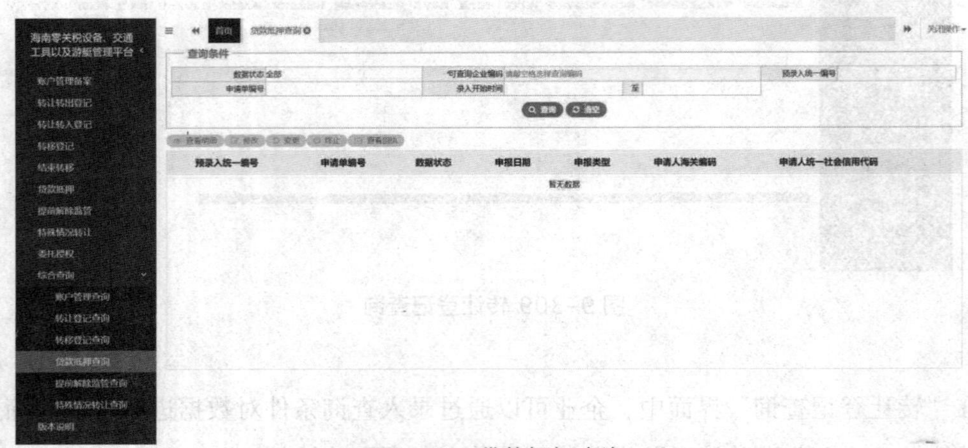

图 9-311 贷款抵押查询

在“贷款抵押查询”界面中，企业可以通过录入查询条件对数据进行查询和筛选。查询条件中，“企业海关编码”为必填项，其余各项为选填项。

五、提前解除监管查询

企业用户使用卡介质登录系统后，在“口岸执法申报—加贸保税”中选择“海南零关税设备、交通工具及游艇”即可登录零关税监管平台主界面，点击数据查询—提前解除监管查询，即进入“提前解除监管查询”界面（如图 9-312）。

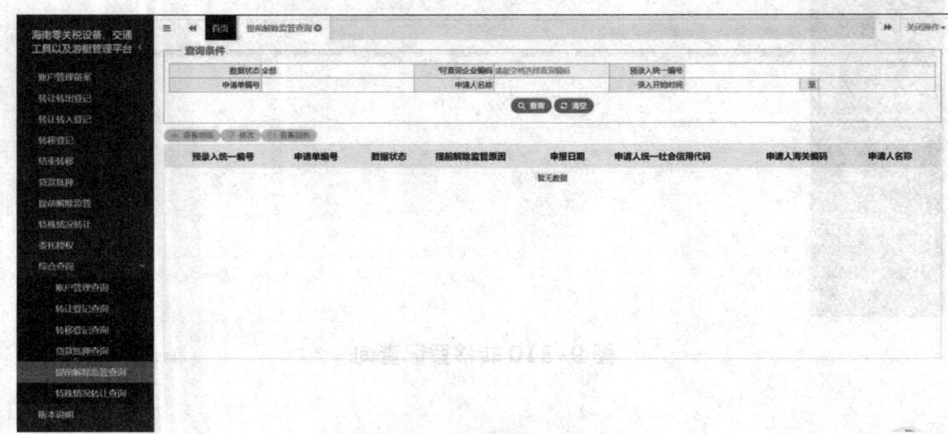

图 9-312 提前解除监管查询

在“提前解除监管查询”界面中，企业可以通过录入查询条件对数据进行查询和筛选。查询条件中，“企业海关编码”为必填项，其余各项为选填项。

六、特殊情况转让查询

企业用户使用卡介质登录系统后，在“口岸执法申报—加贸保税”中选择“海南零关税设备、交通工具及游艇”即可登录零关税监管平台主界面，点击数据查询—特殊情况转让查询，即进入“特殊情况转让查询”界面（如图 9–313）。

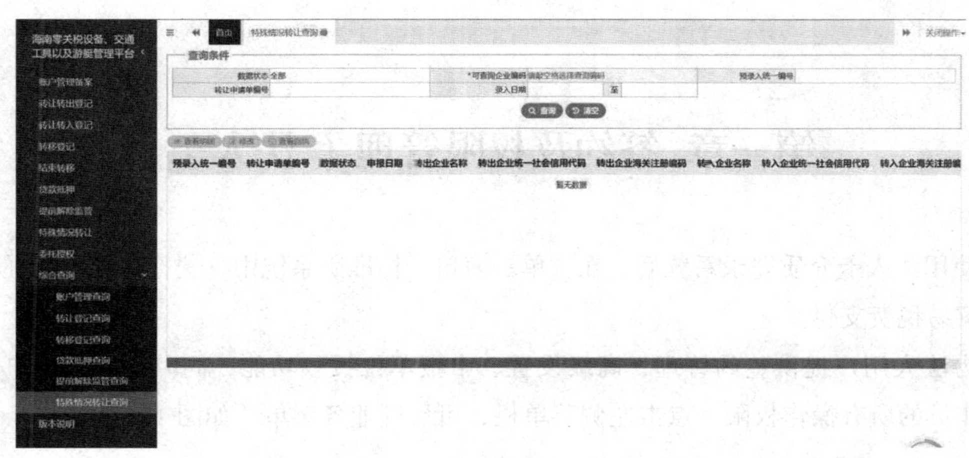

图 9–313 特殊情况转让查询

在“特殊情况转让查询”界面中，企业可以通过录入查询条件对数据进行查询和筛选。查询条件中，“企业海关编码”为必填项，其余各项为选填项。

第十部分 “单一窗口”——税费办理篇

第一章 签约及权限管理（法人）

使用法人卡介质登录系统后，在“单一窗口”标准版系统中，选择进入税费办理—货物贸易税费支付。

为法人用户提供签约管理、高级设置、申报单位授权功能，同时，法人用户也具有操作员的所有操作权限。点击左侧菜单栏，可展开业务菜单（如图 10–1）。

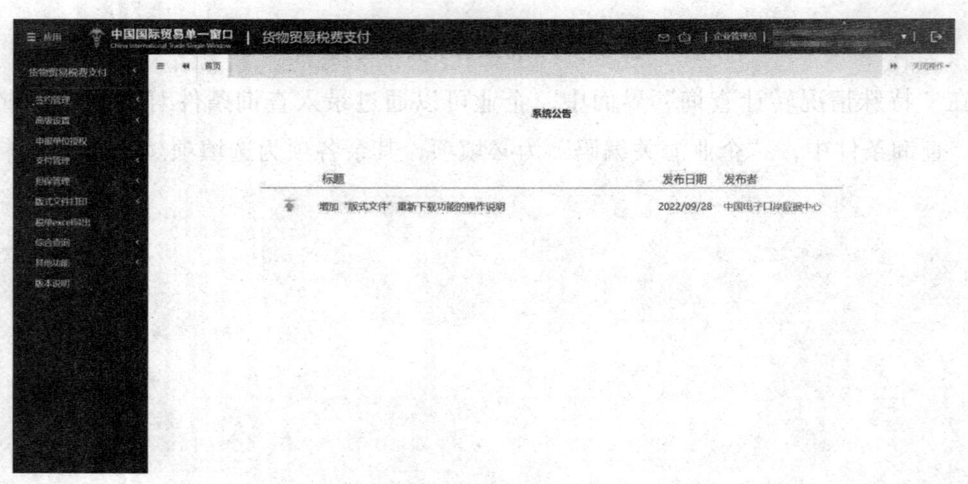

图 10–1 税费支付系统（法人）

第一节 签约管理

提供企业信息查看、三方协议签约与查看、关区备案信息查看、业务权限授权等功能。

一、企业信息

提供企业信息备案数据的查看功能。

确保法人 IC 卡或 Ikey 正确连接在电脑中，点击左侧菜单栏“签约管理—企业信息查看”，右侧界面展示如下图。

界面提供企业基本信息与联系人信息的查看功能，系统自动获取当前企业在“单一窗口”注册的用户信息等内容进行返填。

小提示：

如果您觉得此处展示的信息有误，请使用企业管理员账号登录系统，进入管理员账号管理界面，进行修改或确认。

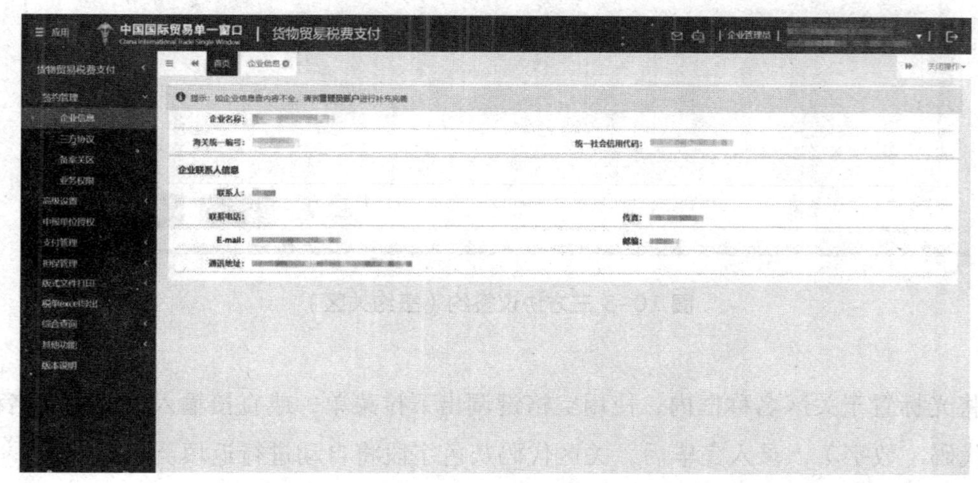

图 10-2 企业信息

二、三方协议

提供税费支付三方（银行、企业与海关）协议的签署、解约、查询、删除、查看明细等功能。

（一）协议签署

1. 签约关区

点击“三方协议”界面中【协议签署】白色按钮，系统弹出录入框如图 10-3。

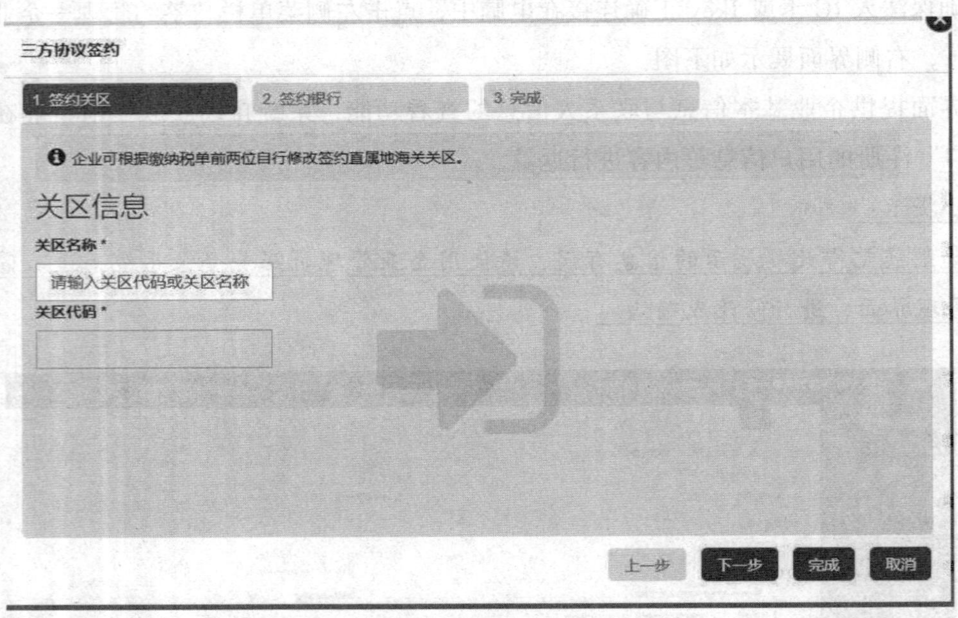

图 10-3 三方协议签约（签约关区）

将光标置于关区名称框内，使用空格键调出下拉菜单，或直接输入关区中文名称、关区代码（数字），录入完毕后，关区代码灰色字段将自动进行返填。

2. 签约银行

签约关区操作完成后，点击【下一步】按钮，录入框如图 10–4 所示。

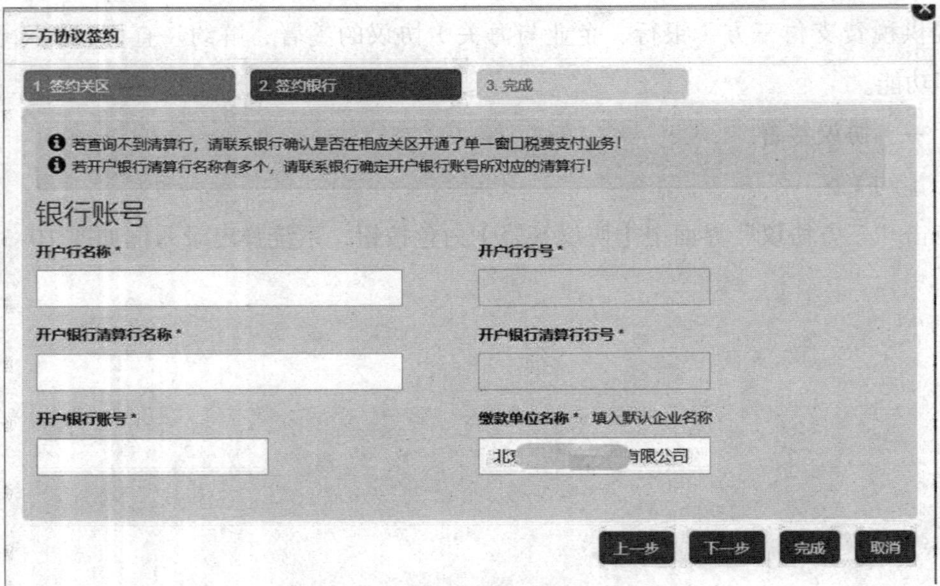

三方协议签约

1. 签约关区　2. 签约银行　3. 完成

若查询不到清算行，请联系银行确认是否在相应关区开通了单一窗口税费支付业务！

若开户银行清算行名称有多个，请联系银行确定开户银行账号所对应的清算行！

银行账号

开户行名称 *　开户行行号 *

开户银行清算行名称 *　开户银行清算行行号 *

开户银行账号 *　缴款单位名称 *　填入默认企业名称

北京……有限公司

上一步　下一步　完成　取消

图 10–4 三方协议签约（签约银行）

（1）“开户行名称”字段内，不允许随意录入。可以模糊搜索或直接使用空格键调出下拉菜单，选择开户行后，开户行行号自动返填。

（2）“开户银行清算行名称”字段，不允许随意录入。使用空格键调出下拉菜单，选择开户行对应的清算行，清算行行号自动返填。

（3）“开户账号”字段内，填写企业在对应商业银行开设的对公账号。

小提示：

此处“开户账号”的商业银行与步骤1选择的开户行同属一家即可。企业开设对公账号的所在地区，可以与当前签约的关区不同。

（4）“缴款单位名称”字段，系统自动返填当前登录介质内的企业名称，可手工进行修改。

小提示：

如果遇到企业名称有括弧全半角问题，造成与银行留存的名称不一致签约不通过可以在此处手工修改括弧后，重新签约。

上述内容选择或填写无误后，点击【下一步】蓝色按钮。

3. 完成

系统展示甲、乙、丙三方的信息，核对无误后，阅读协议内容，勾选“我同意协议条款”如图10–5。

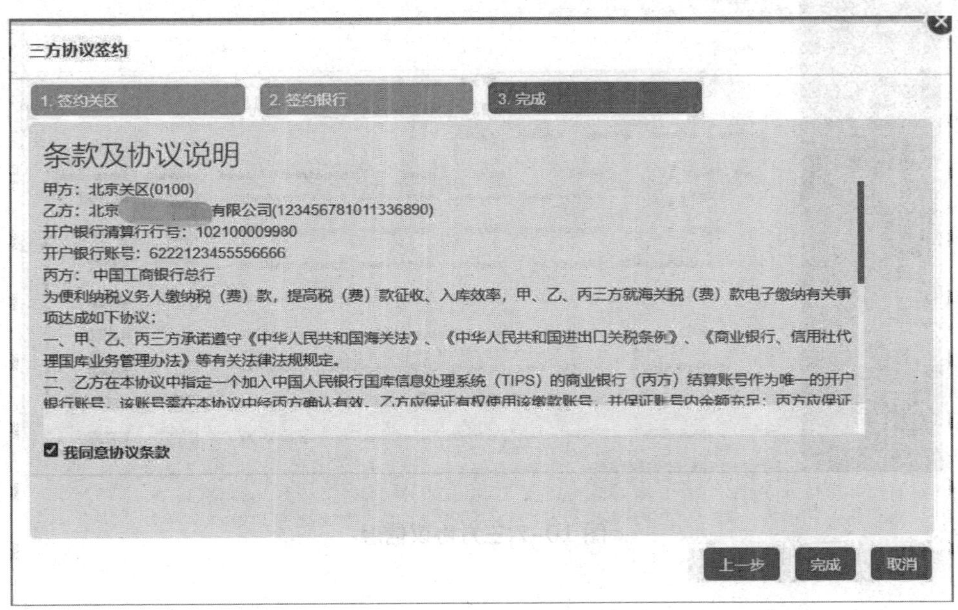

图 10–5 三方协议签约（签约完成）

小提示：

在上述操作过程中，可随时点击【取消】按钮，取消当前三方协议签约的操作。

被取消的协议系统不保存，需重新发起协议签署。

点击【完成】按钮，系统弹出提示框如下图。

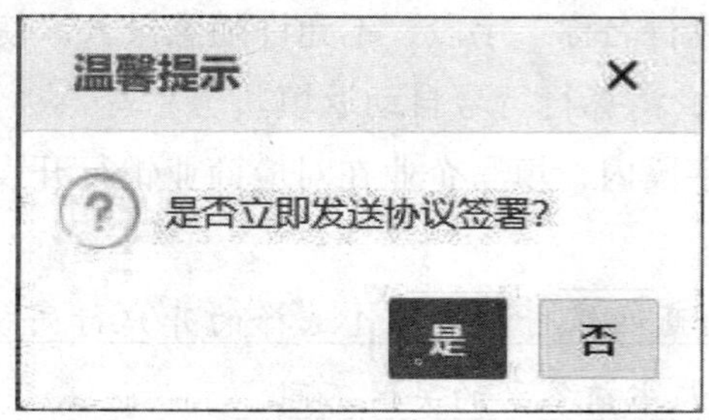

图 10-6 三方协议签约（发送提示）

点击【是】，发送协议；如点击【否】，系统自动保存当前已录入的数据，同时在三方协议列表中显示“未签约”状态的记录。

（二）协议查询

确保法人 IC 卡或 Ikey 正确连接在电脑中，点击左侧菜单栏“签约管理—三方协议”，右侧界面展示如图 10–7。

图 10–7 三方协议信息

系统自动获取三方协议签约的数据，并展示在结果列表中。如系统未自动刷新，可点击列表右上【刷新】图标手动刷新。成功获取数据后，列表内显示当前的查询结果。可自定义选择每页显示的记录数，也可点击底部右侧的页数按钮跳转。

三方协议的状态包括“未签约、签约处理中、签约失败、签约成功、解约处理中、解约成功”。点击相应的彩色状态条，系统弹出相应的对话框，供用户进行签约或展示详细记录。

“未签约”——当前三方协议为暂存状态，点击后出现签约对话框（如图 10-8）。后续操作请参考上文协议签署部分。

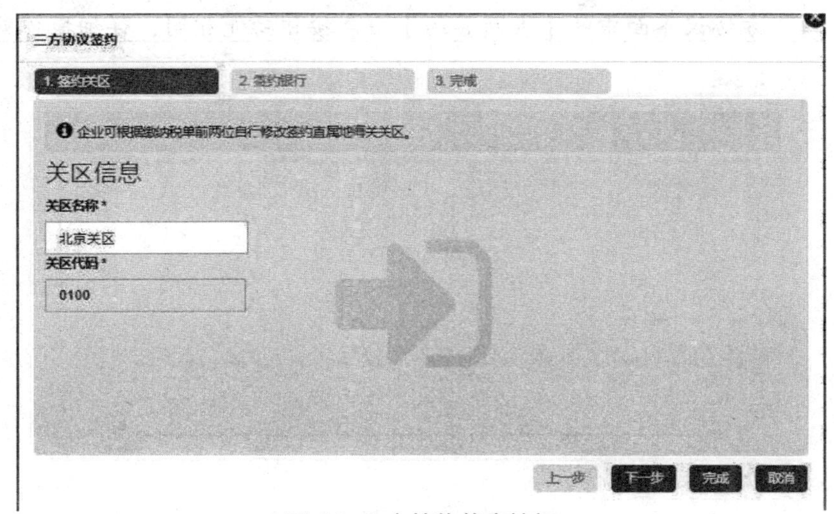

图 10-8 未签约状态按钮

“签约处理中”——当前三方协议的签约数据已发送，等待海关、银行审批，点击后展示签约记录（如图 10-9）。上部分为签约记录，选中任意一条记录，中部时间轴展示当前记录的状态，同时下方列表展示当前签约的回执说明等详细信息。

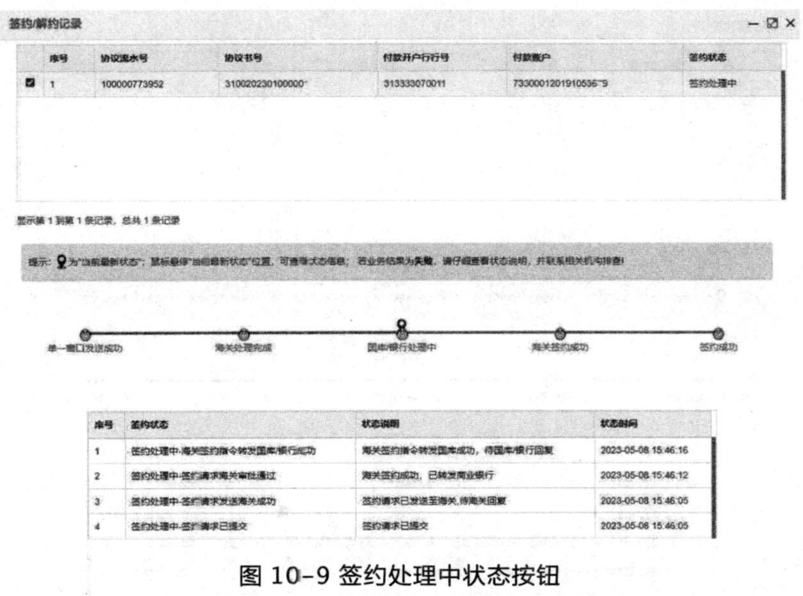

	序号	协议流水号	协议书号	付款开户行行号	付款账户	签约状态
☑	1	100000773952	310020230100000	313333070011	7330001201910536̄9	签约处理中

序号	签约状态	状态说明	状态时间
1	签约处理中-海关签约指令转发国库/银行成功	海关签约指令转发国库成功，待国库/银行回复	2023-05-08 15:46:16
2	签约处理中-签约请求海关审批通过	海关签约成功，已转发商业银行	2023-05-08 15:46:12
3	签约处理中-签约请求发送海关成功	签约请求已发送至海关,待海关回复	2023-05-08 15:46:05
4	签约处理中-签约请求已提交	签约请求已提交	2023-05-08 15:46:05

图 10-9 签约处理中状态按钮

“签约失效”——当前三方协议的签约数据被海关或银行退回，点击后展示签约记录（如图 10–10）。上部分为签约记录，选中任意一条记录，中部时间轴展示当前记录的状态，下方列表展示当前签约的回执说明等详细信息。

小提示：

下图提示框左上角有【重新签约】按钮，对于签约失败的记录，可在此点击进行重新签约，与三方协议界面中的【重新签约】白色按钮功能相同，详细操作见下文。

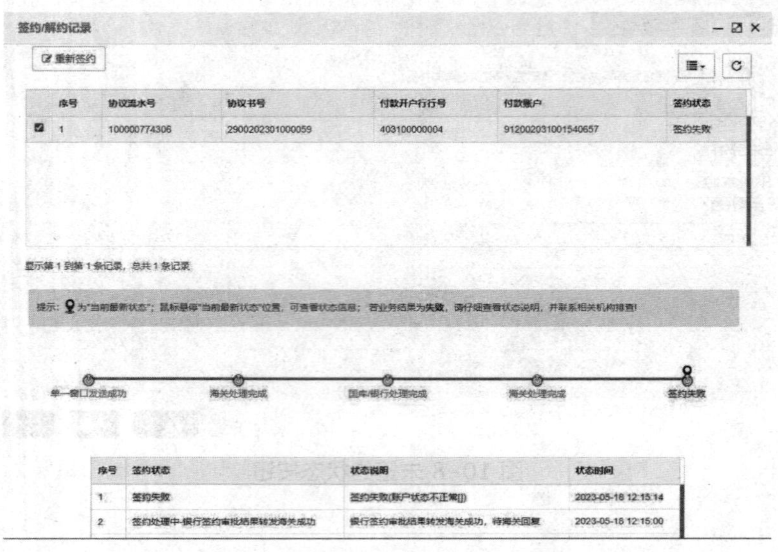

图 10–10 签约失败状态按钮

“签约成功”——当前三方协议的签约数据，海关、银行已审批通过，点击后展示签约记录（如图 10–11）。

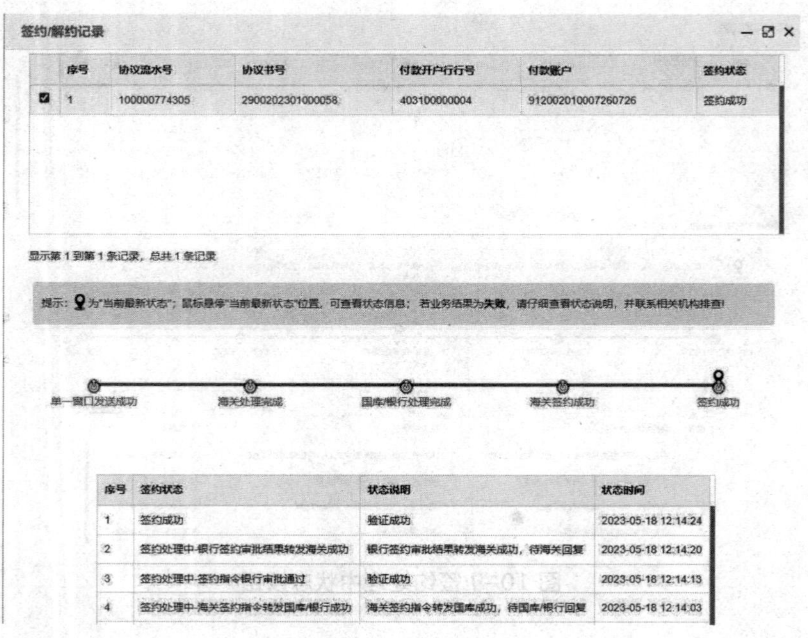

图 10–11 签约成功状态按钮

“解约处理中”——签约成功的三方协议数据被执行了解约操作。点击后展示签约记录（如图 10–12）。上部分为解约记录，选中任意一条记录，中部时间轴展示当前记录的状态，下方列表展示回执说明等详细信息。

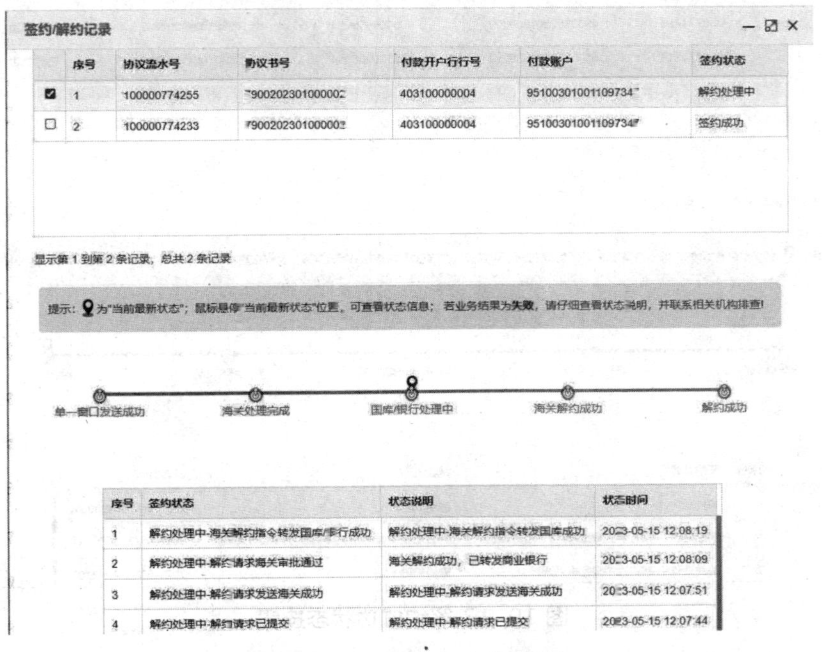

图 10–12 解约处理中状态按钮

“解约成功”——当前三方协议数据的解约已成功。点击后展示相关记录（如图 10–13）。

小提示：

图 10–13 提示框左上角有【重新签约】按钮，对于解约成功的记录，可在此点击进行重新签约，与三方协议界面中的【重新签约】白色按钮功能相同，详细操作见下文。

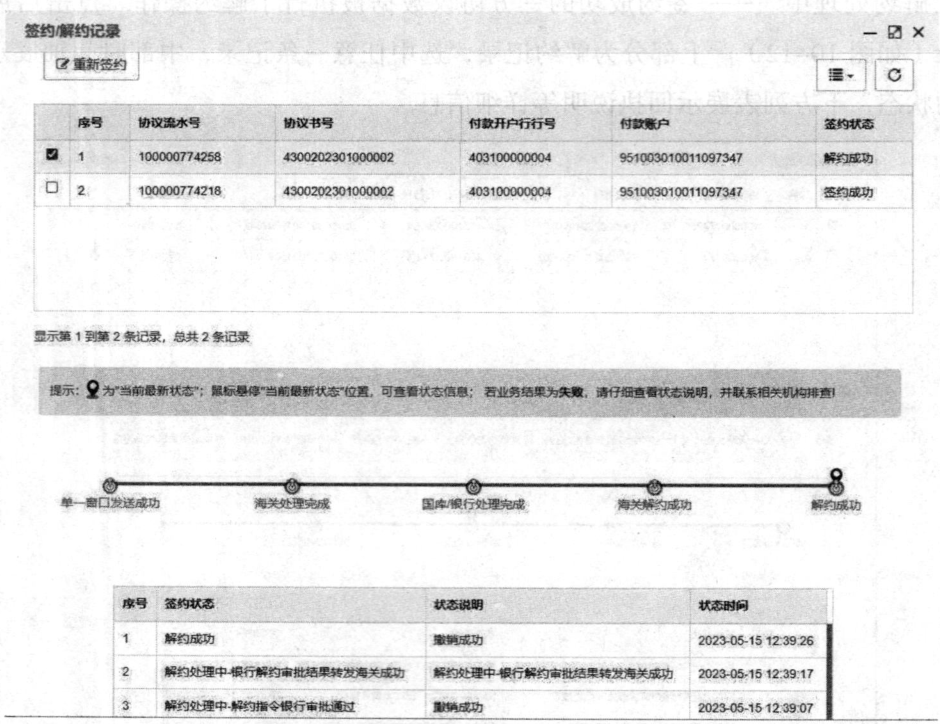

图 10-13 解约成功状态按钮

（三）协议删除

在三方协议信息结果列表中勾选状态“未签约”的记录，点击【协议删除】白色按钮，系统弹出提示如图 10-14。

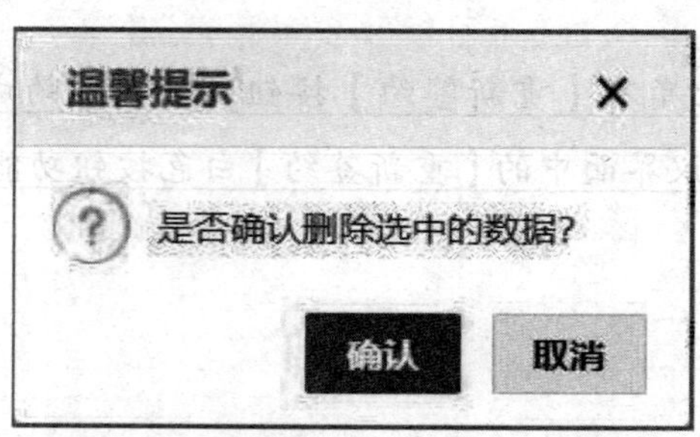

图 10-14 三方协议信息（删除提示）

点击【确认】，将数据进行删除。删除的数据将不可恢复，需重新录入，请谨慎操作。

（四）协议明细

在三方协议信息结果列表中勾选任意一条记录，点击【协议明细】白色按钮，系统弹出信息如图 10-15，供查看。建议使用鼠标滚轮上下滚动查看完整信息。

图 10-15 协议明细

（五）协议解约

在三方协议信息结果列表中勾选"签约成功"的记录，点击【协议解约】白色按钮，系统弹出提示信息如图 10-16。

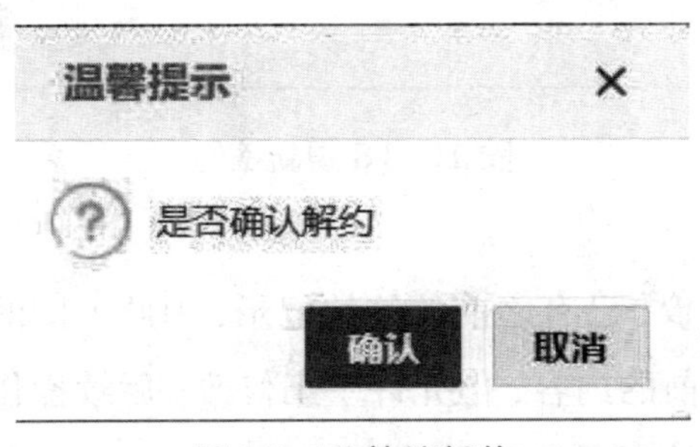

图 10-16 协议解约

点击【确认】按钮后，系统发送解约协议，并弹出提示信息如下图，同时，在三方协议列表中显示——"解约处理中"状态的记录；点击【取消】，解约申请被取消。

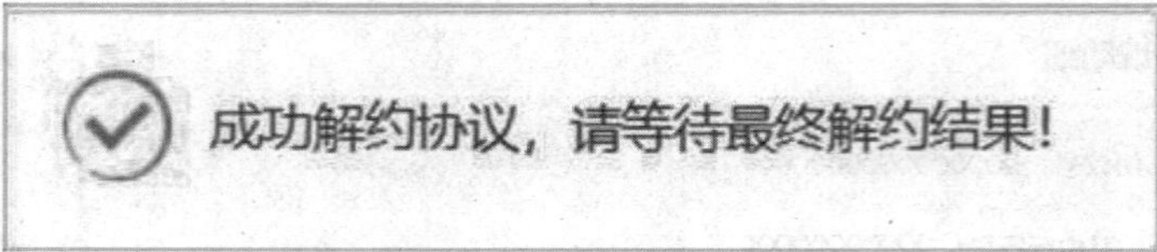

图 10-17 协议解约发送提示

如海关与银行对上述解约数据都审批通过，协议状态变“解约成功”，此时可点击【重新签约】白色按钮，重新发起签约，更多操作详见“重新签约”。

（六）重新签约

在三方协议信息结果列表界面中勾选任意“签约失败”或“解约成功”的记录，点击界面顶部的【重新签约】白色按钮，系统弹出对话框如图 10-18。

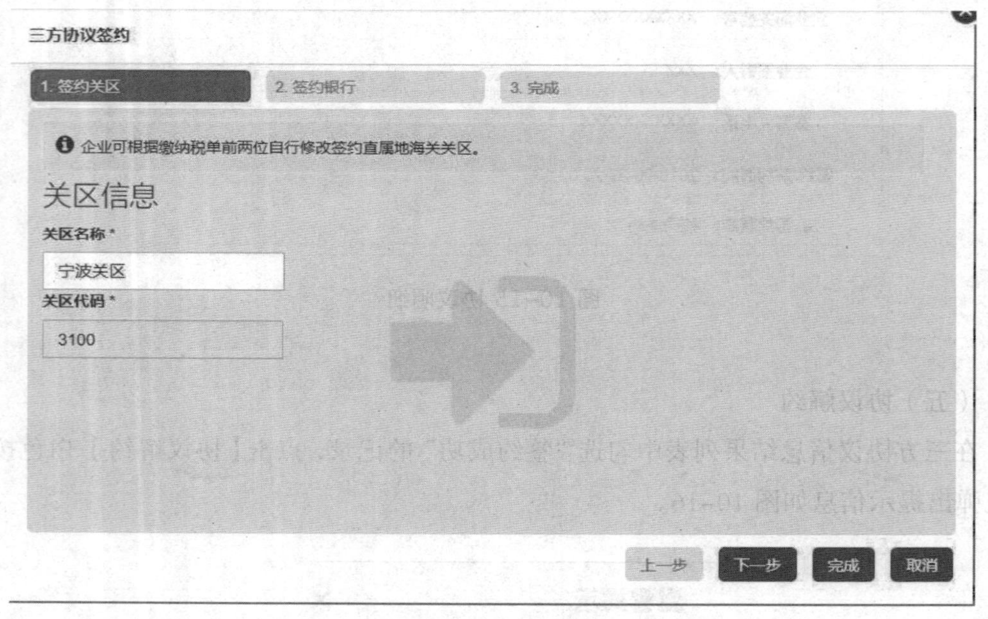

图 10-18 重新签约

因重新签约的三方协议，已有之前的签约记录，因此上图的三方协议签约对话框中，将自动返填该三方协议之前的内容，但允许手工修改。后续操作与上文相同，请参考“协议签署”的相关步骤，此处不再赘述。

小提示：

点击签约失败红色状态条弹出的签约记录对话框中，也有【重新签约】白色按钮，点击后的操作与此处相同。

三、关区备案

提供税费支付企业关区备案信息的查看功能。确保法人 IC 卡或 Ikey 正确连接在电脑中，点击左侧菜单栏“签约管理 —关区备案”，右侧界面展示如图 10–19。

提示：三方协议签约时发起关区备案，签约成功相应关区则为开通状态。

序号	关区代码	备案关区	审批状态	审批时间
1	0100	北京关区	已开通	2018-06-13 16:51:41
2	0200	天津海关	已开通	2018-07-03 20:11:43
3	0400	石家庄区	已开通	2018-07-04 09:56:09
4	0500	太原关区	已开通	2018-07-04 09:56:39
5	0600	满洲里关	已开通	2018-07-06 10:16:55
6	0700	呼特关区	已开通	2018-07-04 09:56:49
7	0800	沈阳关区	已开通	2016-06-28 10:33:05
8	0900	大连海关	已开通	2018-06-25 14:25:57
9	1500	长春关区	已开通	2013-07-02 09:49:37
10	1900	哈尔滨区	已开通	2018-07-04 09:55:59

显示第 1 到第 10 条记录，总共 42 条记录 每页显示 10 条记录

图 10–19 关区备案

小提示：

关区备案信息就是以海关直属关区为单元，展示海关、商业银行与企业所签署的三方协议。

1. 如果某关区没有进行过任何三方签约或签约全部失败，此处显示“未开通”。

2. 如果某关区有任何一家商业银行的三方签约成功或全部成功，显示“已开通”。

系统自动展示所有海关关区的备案信息，“已开通”状态的默认排列在前面。可以通过界面上方关区代码进行搜索。可自定义选择每页显示的记录数，也可点击底部右侧的页数按钮，进行切换。

点击“关区代码”一列下的蓝色关区数字，系统弹出关区签署三方协议（如图 10–20）。

关区签署三方协议查看

序号	开户行名称	银行账号	协议书号	统一社会信用代码	签约状态
1	中国民生银行股份有限公司	630003895	0800201801000042	123456781011336890	签约失败
2	招商银行	110902816410201		123456781011336890	签约处理中
3	中国银行	440358889225	0800201801000036	123456781011336890	签约成功
4	交通银行	110060149018800007726	0800201801000034	123456781011336890	签约成功
5	平安银行总行营业部	15000090553870	0800201801000030	123456781011336890	签约成功
6	华夏银行	10250000001556459	0800201801000037	123456781011336890	签约成功

图 10–20 关区签署三方协议查看

四、业务权限授权

提供税费支付企业相关业务权限（关区、协议）的授权功能。

确保法人 IC 卡或 Ikey 正确连接在电脑中，点击左侧菜单栏“签约管理 — 业务权限”授权，右侧界面展示如图 10-21。

图 10-21 业务权限授权

界面展示两个选项：

1.“不启用系统权限”：系统默认勾选此项。该项适合无需进行支付权限管理的企业，设置简单、快捷。更多具体内容见下文“不启用系统权限”。

2.“启用系统权限”：该选项适合组织架构分明、需要进行支付权限设置的企业。更多具体内容见下文“启用系统权限”。

（一）税费支付权限说明

税费支付系统内的权限分为“税单查询、申请支付、确认支付、保函查询、版式文件打印”。

1.“税单查询”——查询税单的基础权限。授予该权限后，操作员卡介质登录系统，左侧菜单出现税费单查询菜单。如果开启了系统权限控制，可能还需配合签约关区、三方协议的权限共同使用，详见下文“启用系统权限”部分。

2.“申请支付”——发起税费单支付申请的权限。授予该权限后，操作员卡介质登录系统，左侧菜单出现税费单支付、查询等菜单，税费单支付界面出现【申请支付】白色按钮。

3.“确认支付”——确认支付或直接支付税费单的权限。授予该权限后，操作员卡介质登录系统，左侧菜单出现税费单支付、查询等菜单，支付界面出现【确认支付】、【退回申请】白色按钮。同时开启申请支付与确认支付权限，支付界面才能出现【直接支付】、【重新支付】白色按钮。

4.“保函查询”——查询保函备案数据的权限。授予该权限后，操作员卡介质登录系统，左侧菜单出现保函备案信息菜单。

5.“版式文件打印”——查询、打印版式文件（海关专用缴款书）的权限。授予该权限后，操作员卡介质登录系统，可以打印版式文件。

6.“税单导出”——查询、导出已支付完成税单 excel 文件的权限。授予该权限后，操作员卡介质登录系统，可以导出 excel 税单文件。

（二）不启用系统权限

在业务权限授权界面中，保持系统默认勾选的“不启用系统权限”不变，直接点击【完成】蓝色按钮，系统弹出提示（如图 10–22），可快速、便捷地完成业务权限授权。

此时，当前企业的所有操作员（已成功注册单一窗口并且进行了绑卡）拥有该企业所有关区、所有协议的业务操作权限（包括查询、支付申请、确认支付、保函查询、版式文件打印）。

图 10–22 不启用系统权限授权成功

小提示：

不启用系统权限，不必进行高级设置。

退出浏览器，使用企业操作员卡介质重新登录，进行税费单查询、支付等操作即可。

（三）启用系统权限

小提示：

使用“启用系统权限”选项前，请先至高级设置中，建立部门、角色并分配权限。

1. 启用系统权限

在业务权限授权界面中，勾选的“启用系统权限”选项，此时界面下方自动出现【下一步】蓝色按钮（如图 10–23）。

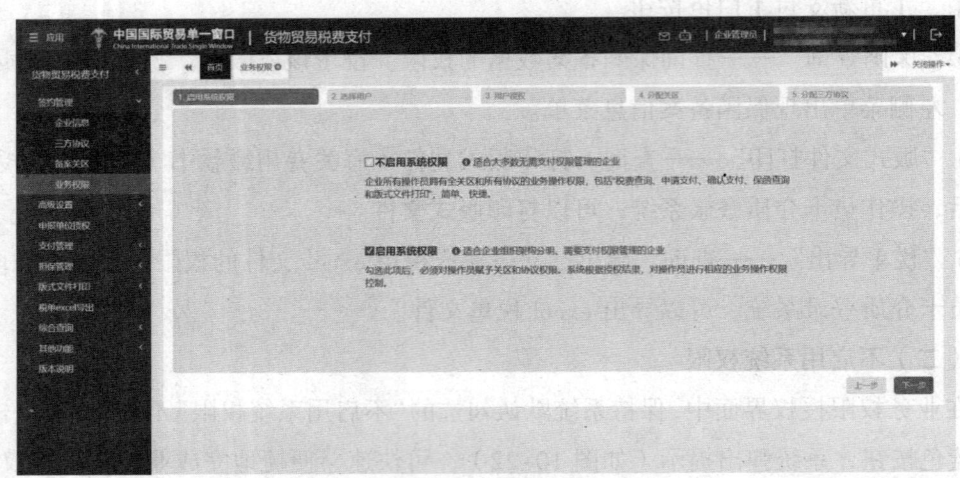

图 10-23 启用系统权限

点击【下一步】按钮，进入第 2 步选择用户界面，同时弹出提示信息，如图 10-24。

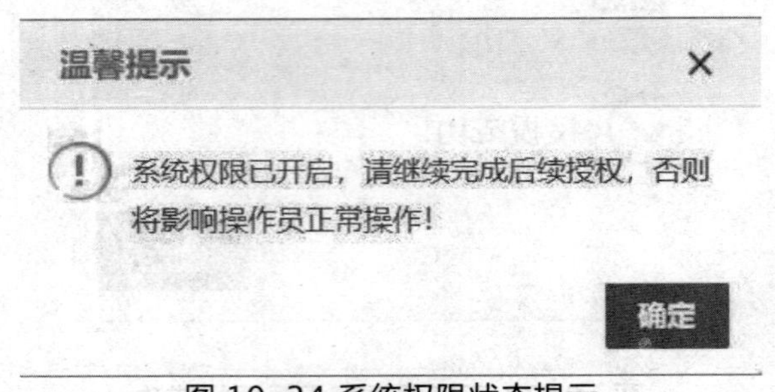

图 10-24 系统权限状态提示

2. 选择用户

系统自动读取当前企业已成功注册单一窗口的操作员信息，展示在列表中（如图 10-25）。也可使用右上角搜索框进行查找，直接输入关键字，系统自动查找匹配项，无需点击【查询】按钮。

图 10–25 选择用户

勾选一条待授权的用户记录，点击【下一步】蓝色按钮，进入第 3 步用户授权界面。

3. 用户授权

系统根据高级设置中该部门、该操作员对应的角色相关权限，显示在界面中（如图 10–26）。

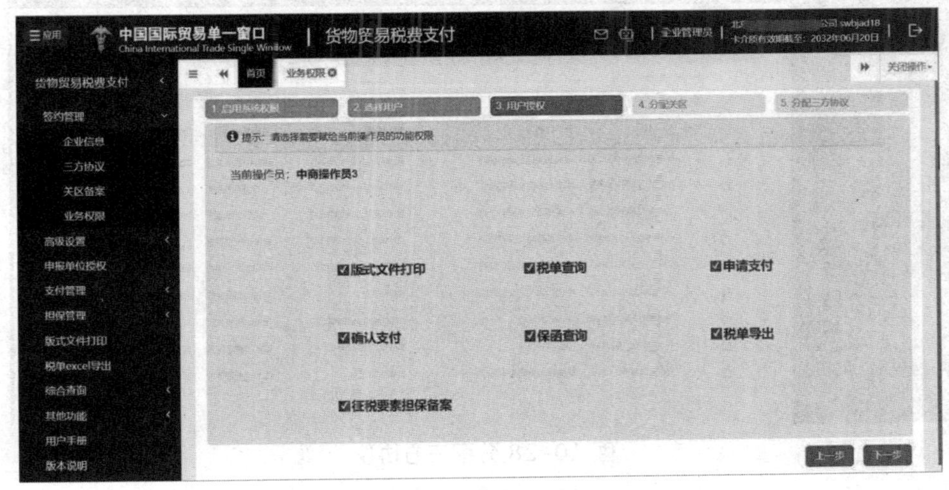

图 10–26 用户授权

也可在此修改当前操作员的权限设置，点击【下一步】蓝色按钮，进入第 4 步分配关区界面。

4. 分配关区

系统自动读取当前企业备案成功的关区，显示在界面中（如图 10–27）。

图 10-27 分配关区

勾选（可多选）需要分配给该操作员的关区记录，点击【下一步】蓝色按钮，进入第 5 步分配三方协议界面。

5. 分配三方协议

系统自动读取当前关区已签约成功的三方协议，显示在界面中（如图 10-28）。

图 10-28 分配三方协议

如果协议较多，可点击右上下拉菜单，通过输入“协议书号、开户行名称、银行账号、关区代码”进行查找，直接输入关键字，系统自动查找匹配项，无需点击查询按钮。

勾选（可多选）需要分配给该操作员的三方协议，点击【完成】蓝色按钮即可。

第二节 高级设置

提供部门管理、角色管理、用户管理等功能。

一、部门管理

提供增加、修改、删除部门、为部门授权以及为部门分配用户等功能。

确保法人 IC 卡或 Ikey 正确连接在电脑中，点击左侧菜单栏“高级设置— 部门管理”，右侧界面展示如图 10–29。

图 10–29 部门管理

（一）新增部门

使用鼠标右键选中该企业的顶级公司，展开菜单如图 10–30。

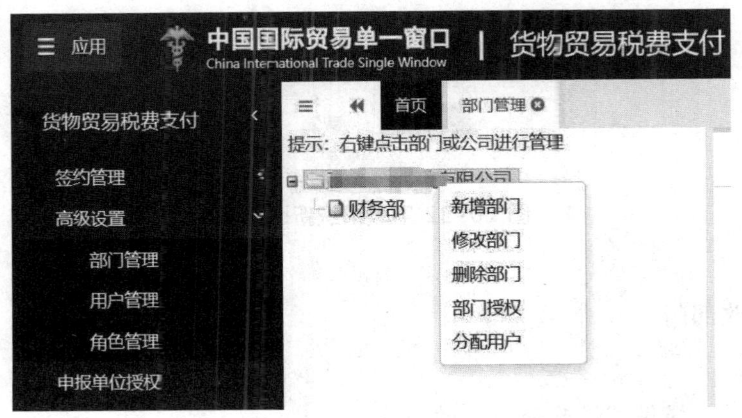

图 10–30 部门管理（右键菜单）

点击上图中【新增部门】，系统弹出录入框如图 10-31。红色星号为必填项，根据企业实际情况录入信息，点击【保存】蓝色按钮即可。

添加部门 ×

*部门名称

*部门类型 ◎分公司 ◉部门

备注

保存 取消

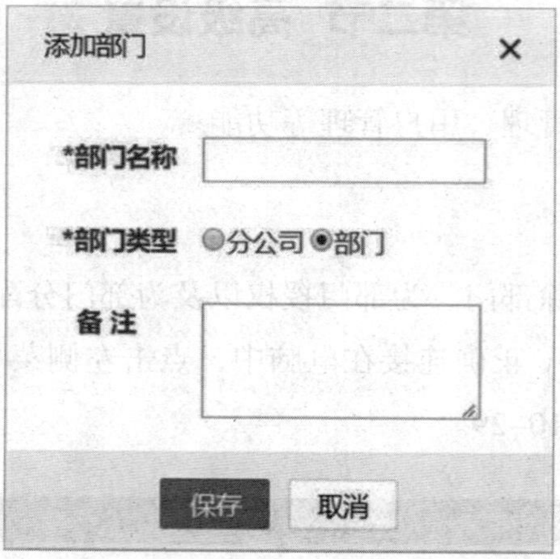

图 10-31 顶级公司新增部门

如果选中的不是企业顶级公司，而是下级组织或某个部门，点击新增部门，界面弹出录入框如图 10-32（与顶级公司相比，无需选择部门类型）。红色星号为必填项，录入信息并点击【保存】蓝色按钮即可。

添加部门 ×

*部门名称

备注

保存 取消

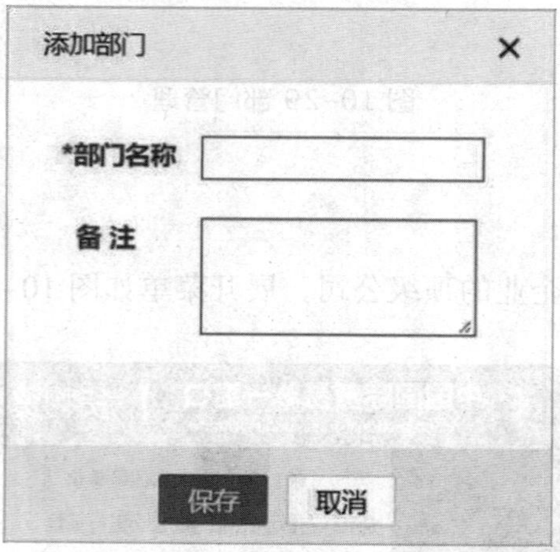

图 10-32 下级组织新增部门

（二）修改部门

小提示：

顶级公司，不提供“修改部门”的功能。

使用鼠标右键选中下级组织或部门，在弹出的菜单中点击【修改部门】，系统弹出录入框如图 10–33。在编辑部门页面中，红色星号为必填项，修改或录入信息，点击【保存】蓝色按钮即可。

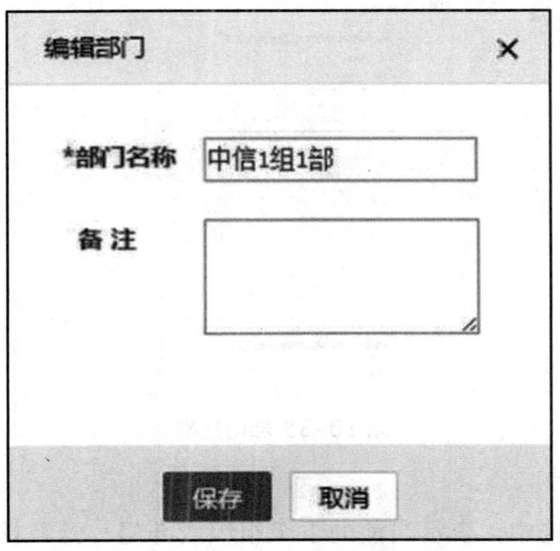

图 10–33 下级组织修改部门

（三）删除部门

使用鼠标右键选中部门或公司的名称，在弹出的菜单中点击【删除部门】，系统弹出录入框如图 10–34。

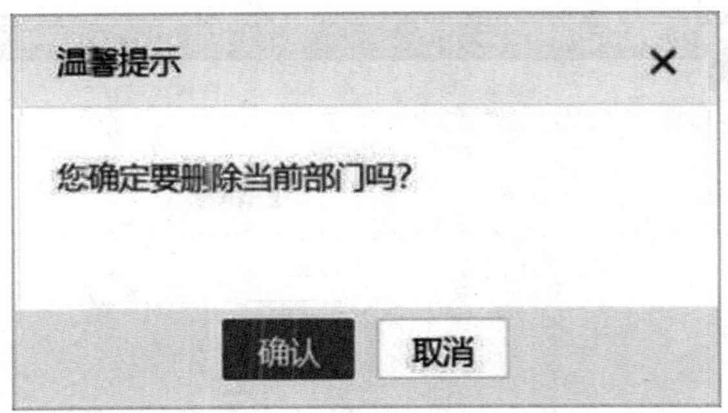

图 10–34 删除部门

（四）部门授权

使用鼠标右键选中部门名称，在弹出的菜单中点击【部门授权】，右侧展示系统提供的“税单查询、申请支付、确认支付、保函查询、版式文件打印、税单导出”权限（如图 10–35）。

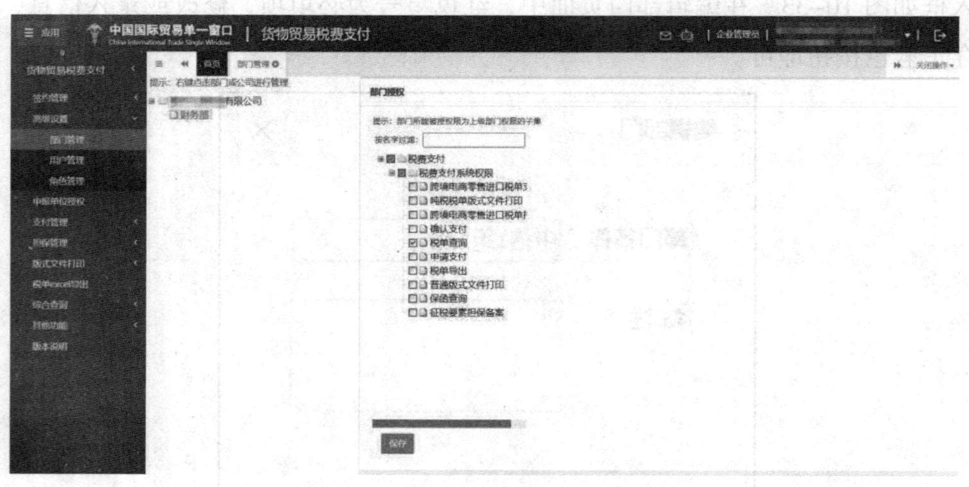

图 10-35 部门授权

右侧的复选框被选中，表示当前的下级组织或部门，已经具有了对应的权限。没有勾选的，不具有相关权限。点击【保存】蓝色按钮，完成对当前部门的授权。

1. 分配用户

使用鼠标右键选中公司或部门名称，在弹出的菜单中点击【分配用户】，右侧自动读取当前公司或部门的操作员用户（如图 10-36）。如果用户记录较多，可填写用户名，点击【查询】蓝色按钮，快速定位到某一用户。

图 10-36 分配用户

小提示：

此处“用户”的数据，来自成功注册了“单一窗口”标准版的操作员账户。

如果要新增企业操作员账户，需要在“单一窗口”登录页面进行有卡注册，或者由管理员在“账号管理—我的操作员”里进行新增。更多操作，可参见《“单一窗口”标准版用户手册（用户管理篇）》。

2. 添加用户

将当前企业在“单一窗口”标准版中已注册的操作员，添加到税费支付的用户管理中。

点击分配用户界面中的【添加用户】白色按钮，弹出录入框如图 10-37：

添加用户 ×

部门名称 请选择部门 ▾ 用户名

查询 重置

	用户名	部门名称	真实姓名	是否管理员
	SWBJAD08C2	北京中商百佳贸易有限公司	操作员8	否

保存 取消

图 10-37 添加用户

可选择部门、录入用户名进行查询或搜索，勾选用户记录后，点击【保存】蓝色按钮，将选中的用户保存到当前分公司或部门中，返填到下方列表中。

3. 移出用户

勾选分配用户界面列表中的一个或多个用户记录，点击【移出用户】白色按钮，弹出对话框（如图 10-38），选择部门，点击【保存】蓝色按钮，可将单个或多个用户移动到所选的部门中。

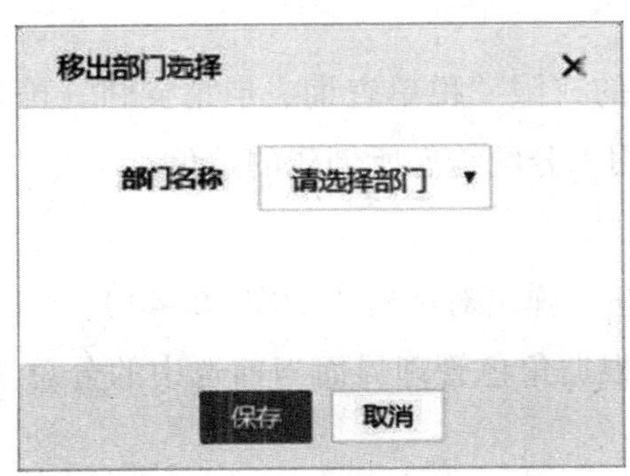

图 10-38 移出用户

4. 指定管理员

小提示：

管理员，具有该部门的全部权限。

勾选列表中的一个或多个用户记录，点击【指定管理员】白色按钮，系统弹出提示“是否将此 X 个用户设置成管理员？”，点击【确定】蓝色按钮，完成管理员的设置。

5. 取消管理员

勾选列表中的一个或多个用户记录，点击【取消管理员】白色按钮，系统弹出提示“是否取消此 X 个用户的管理员资格？”，点击【确定】蓝色按钮，完成管理员的取消。

二、角色管理

提供新增、修改、删除角色，给角色分配权限等功能。

确保法人 IC 卡或 Ikey 正确连接在电脑中，点击左侧菜单栏“高级设置—角色管理”，点击部门名称，右侧显示“企业角色管理、角色权限分配”界面。

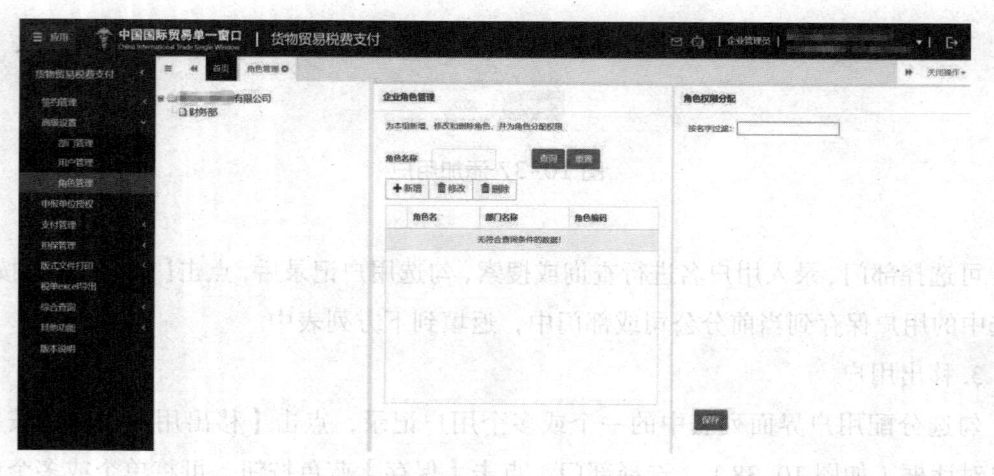

图 10-39 角色管理

界面右侧的税费支付的权限“税单查询、申请支付、确认支付、保函查询、版式文件打印”由系统设定，用来分配给您所创建的角色。

（一）新增（角色）

点击【新增】白色按钮，弹出对话框（如图 10-40）。

新增角色的功能，是根据角色管理界面当前选中的分总司或部门创建的，因此不需要填写部门名称。

红色星号为必填项，根据企业实际情况，自定义填写角色名称、角色编码、角色描述，点击【保存】蓝色按钮，将当前新增的用户，保存在角色管理界面的“企业角色管理”

下方列表中。

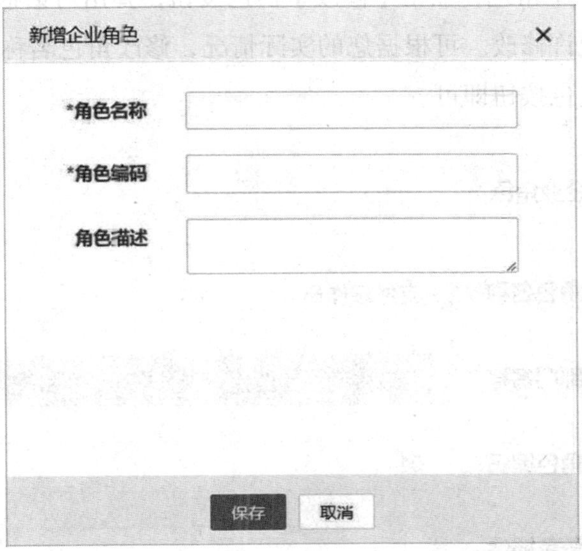

新增企业角色 ×

*角色名称

*角色编码

角色描述

保存 取消

图 10-40 新增角色

勾选列表中的一个角色，在角色管理界面右侧税费支付系统权限中，勾选需要分配给这个角色的权限，点击【保存】蓝色按钮，系统弹出“分配成功”的提示（如图 10-41）。

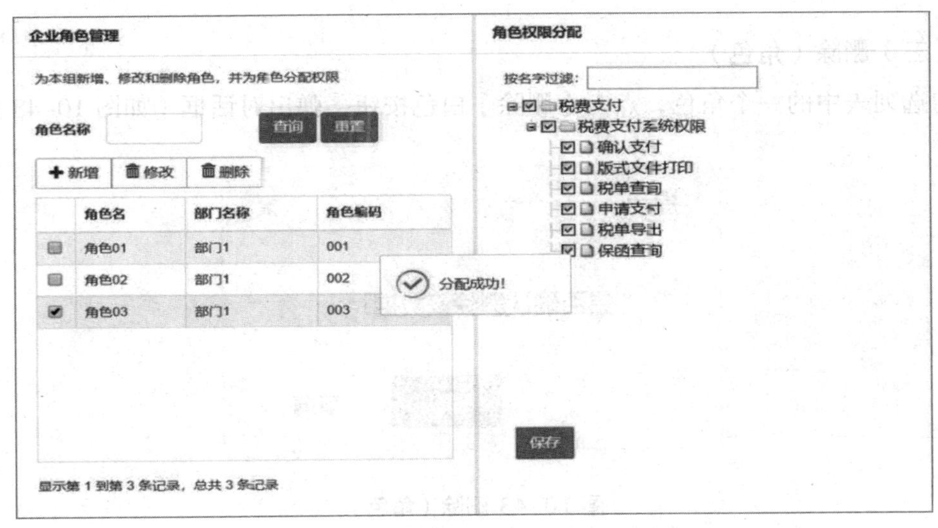

图 10-41 角色权限分配

（二）修改（角色）

小提示：

仅修改当前角色的名称、编码或描述。如果想修改当前角色的权限，参照上文新增角色权限分配的相关勾选操作、并保存即可，无需在此处修改。

勾选列表中的一个角色，点击【修改】白色按钮，弹出对话框（如图 10-42）。部门名称为灰色，不允许修改。可根据您的实际情况，修改角色名称、角色编码、角色描述，点击【保存】蓝色按钮即可。

图 10-42 修改角色

（三）删除（角色）

勾选列表中的一个角色，点击【删除】白色按钮，弹出对话框（如图 10-43）。

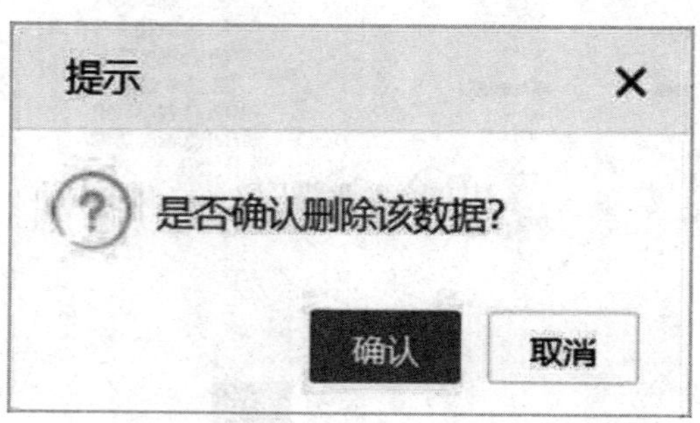

图 10-43 删除（角色）

三、用户管理

提供为税费支付的用户分配或撤销角色等功能，使用户拥有角色所对应的权限。

小提示：

此处“用户”的数据，来自成功注册了“单一窗口”标准版的操作员账户。

如果要新增企业操作员账户，需要在“单一窗口”登录页面进行有卡注册，或者由管理员在“账号管理—我的操作员”里进行新增。更多操作，可参见《“单一窗口”标准版用户手册（用户管理篇）》。

操作用户管理的前提为，创建并分配好角色与权限。相关操作参考上文角色管理。

确保法人 IC 卡或 Ikey 正确连接在电脑中，点击左侧菜单栏“高级设置—用户管理”点击公司或部门名称，右侧显示“企业用户列表、用户角色分配”界面（如图 10-44）。

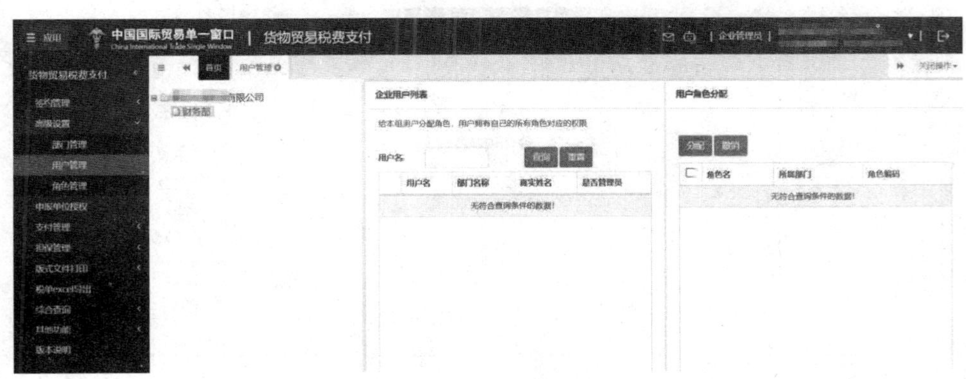

图 10-44 用户管理

（一）分配（角色）

在企业用户列表中勾选用户记录，点击右侧【分配】蓝色按钮，弹出对话框（如图 10-45）。如果创建的角色较多，可填写角色名称进行查询。

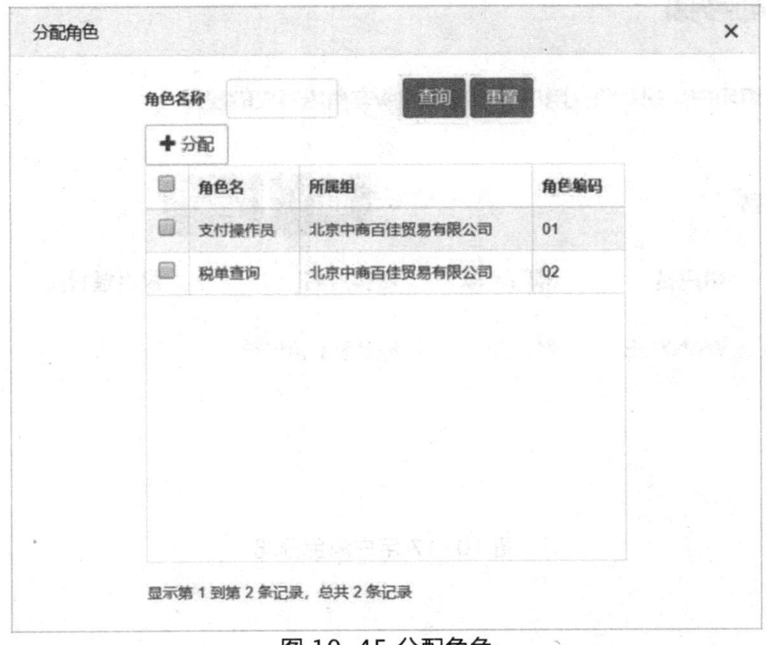

图 10-45 分配角色

可勾选一个或多个角色，点击分配角色界面中的【分配】白色按钮，系统弹出提示“分配成功”（如图 10-46）。

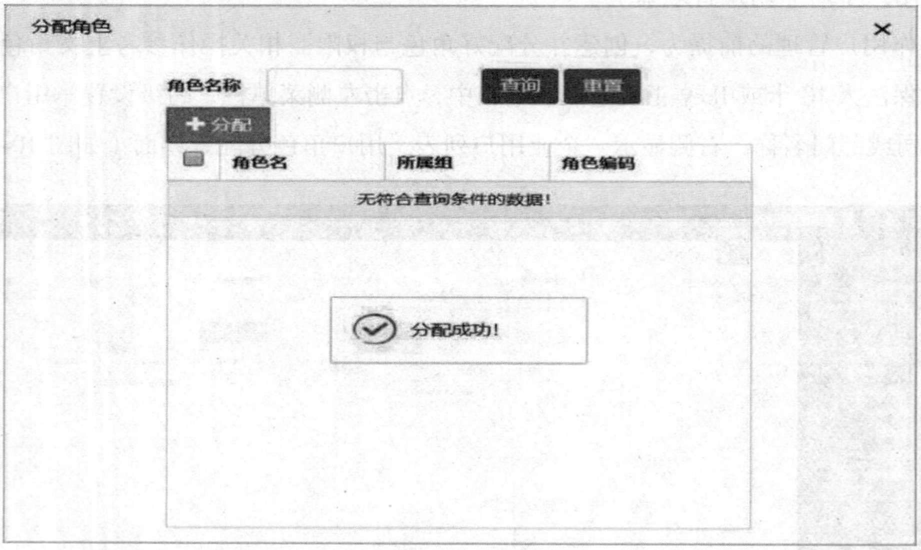

图 10-46 分配角色成功

此时，回到用户管理界面，选中用户记录，右侧显示已成功分配给当前用户的角色（如图 10-47）。

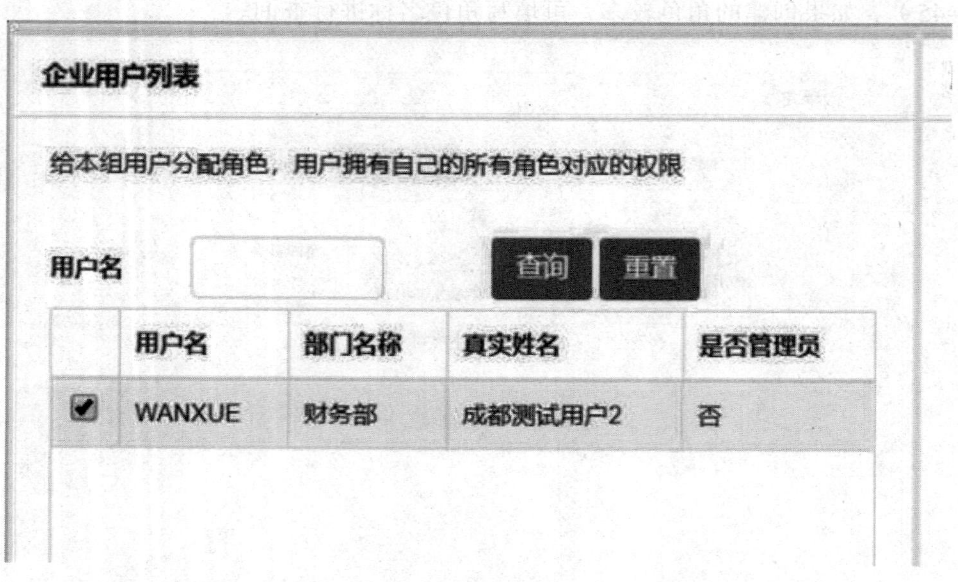

图 10-47 用户角色分配

（二）撤销（角色）

在企业用户列表中勾选一个用户，同时勾选用户角色分配中的一个或多个角色，点击右侧【撤销】蓝色按钮，弹出对话框（如图 10-48）。

小提示：

当前用户被撤销的角色，可以重新再次分配。

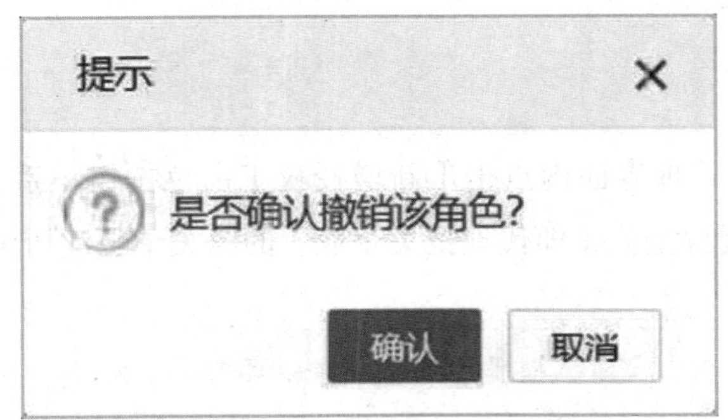

图 10-48 撤销角色

第三节　申报单位授权

境内收发货人可在此处，为自己的代理报关企业进行授权。授权成功后，报关企业可打印支付完毕的税单版式文件。

确保法人 IC 卡或 Ikey 正确连接在电脑中，点击左侧菜单栏“申报单位授权”，右侧自动展示所有授权记录（如图 10-49）。

图 10-49 申报单位授权管理

系统自动获取授权记录数据，并展示在结果列表中。如系统未自动刷新，可点击列表右上【刷新】图标手动刷新。成功获取数据后，列表内显示当前的查询结果。可自定义选择每页显示的记录数，也可点击底部右侧的页数按钮跳转。

可通过输入被授权企业海关注册编码、被授权企业名称或授权状态进行筛选查询。授权状态包括“已授权（授权成功）、已过期（授权已过期）、已解除（授权解除）”三种。

一、新增授权

在申报单位授权管理界面内点击【新增授权】白色按钮，系统弹出录入框（如图10-50），请输入被授权企业（即代理报关企业）的海关十位注册编码，点击【下一步】蓝色按钮。

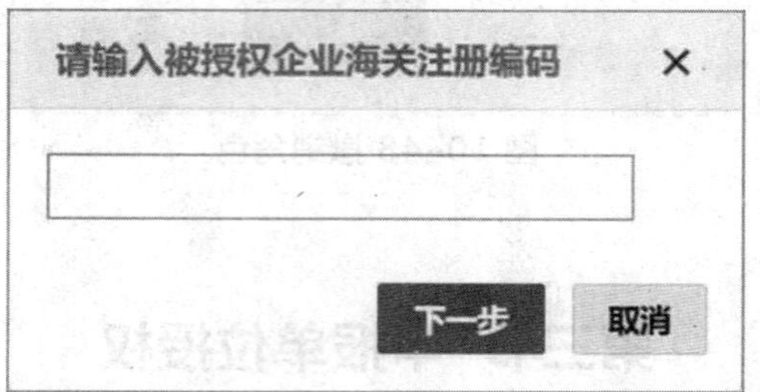

图 10-50 输入被授权企业海关注册编码

系统自动根据输入的被授权企业海关十位编码进行查找，企业信息查找成功后弹出录入框（如图10-51），确认被授权企业信息、选择失效日期后，点击【确认】蓝色按钮。

被授权企业信息 ×

授权企业海关注册编码:	11119[illegible]9
被授权企业名称:	中国[illegible]公司
被授权企业海关注册编码:	11[illegible]-111[illegible]
被授权企业统一社会信用代码:	1101[illegible]
生效日期:	2019-07-02
失效日期:	

确认 取消

图 10-51 被授权企业信息

小提示：

关于双海关十位：

如果授权企业或被授权企业具有双海关十位，系统自动读取并展示在被授权企业信息界面内；仅需进行一次授权操作，即可对被授权企业的两个海关十位同时授权。

首次操作时可能需要您输入当前法人 IC 或 Key 的密码（如图 10–52）。耐心等待系统读取信息成功后，提示“授权成功”即可。授权成功的数据自动返填在界面列表中。

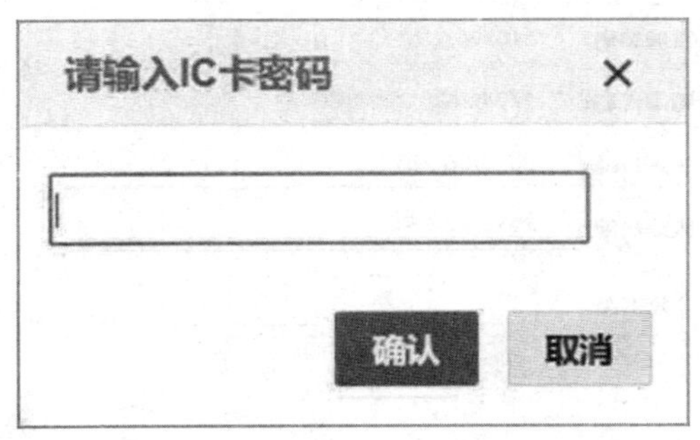

图 10–52 密码输入

报关企业打印版式文件的具体操作，请参考“版式文件打印”章节。

小提示：

申报单位授权成功后，报关企业可打印的版式文件，不受授权时间的限制。即授权操作以前为该境内收发货人申报的报关单税单版式文件，也可以打印。

二、授权解除

在申报单位授权管理界面列表中勾选一条“已授权”状态的记录，点击【授权解除】白色按钮，系统弹出信息框（如图 10–53）。如果确认要解除给当前报关企业的授权，确保法人 IC 卡或 Ikey 正确连接在电脑中，点击【是】蓝色按钮即可。

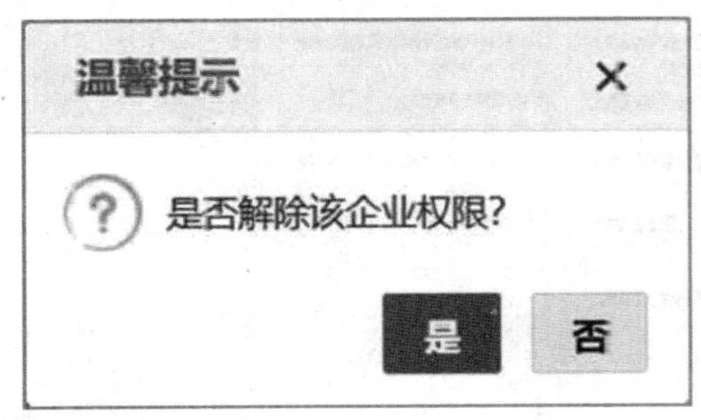

图 10–53 输入 IC 卡密码提示

三、授权延期

在申报单位授权管理界面列表中勾选一条“已授权”状态的记录，点击【授权延期】白色按钮，系统弹出信息框（如图 10-54）。

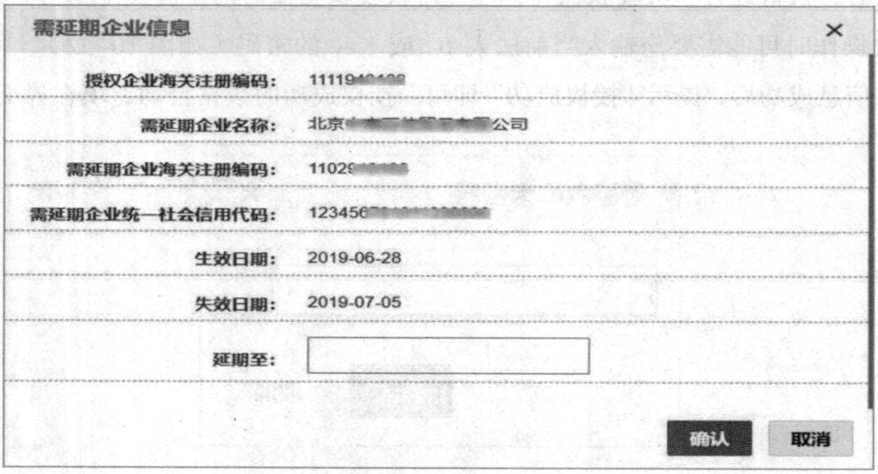

需延期企业信息 ×

授权企业海关注册编码：	11119
需延期企业名称：	北京 公司
需延期企业海关注册编码：	11029
需延期企业统一社会信用代码：	123456
生效日期：	2019-06-28
失效日期：	2019-07-05
延期至：	

确认 取消

图 10-54

系统自动读取当前授权记录的相关信息，在“延期至”字段选择最新的失效日期后，确保法人 IC 卡或 Ikey 正确连接在电脑中，点击【确认】蓝色按钮，等待系统读取信息后，提示“延期成功”即可。

四、重新授权

在申报单位授权管理界面列表中勾选一条“已解除”或“已过期”的记录，点击【重新授权】白色按钮，系统弹出信息框（如图 10-55）。

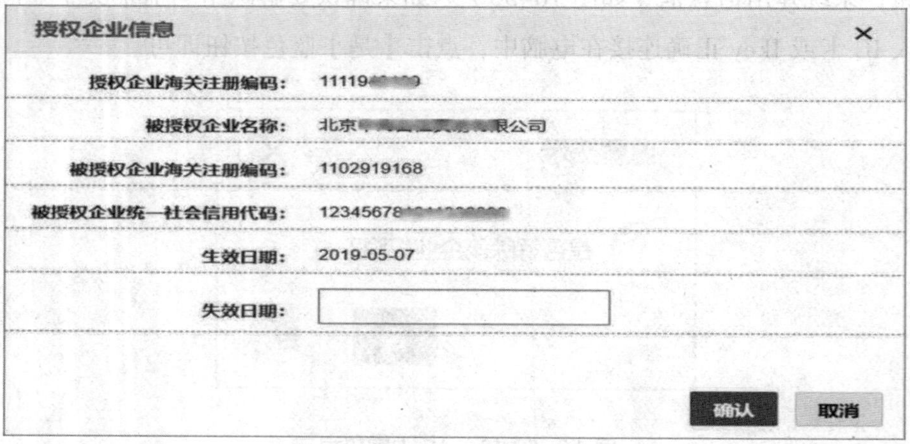

授权企业信息 ×

授权企业海关注册编码：	11119
被授权企业名称：	北京 限公司
被授权企业海关注册编码：	1102919168
被授权企业统一社会信用代码：	12345678
生效日期：	2019-05-07
失效日期：	

确认 取消

图 10-55 授权企业信息界面

系统自动读取当前授权记录的相关信息，在“失效日期”字段进行选择后，确保法人 IC 卡或 Ikey 正确连接在电脑中，点击【确认】蓝色按钮，等待系统读取信息后，提示“重新授权成功”即可。

第二章 支付管理

使用法人或操作员卡介质登录系统后，在“单一窗口”标准版系统中，选择进入“税费办理—货物贸易税费支付—支付管理”。

为法人、操作员用户提供税费单的查询、支付、保函查询与版式文件打印等功能。点击左侧菜单栏“税费单支付”，可展开业务菜单（如图 10-56）。

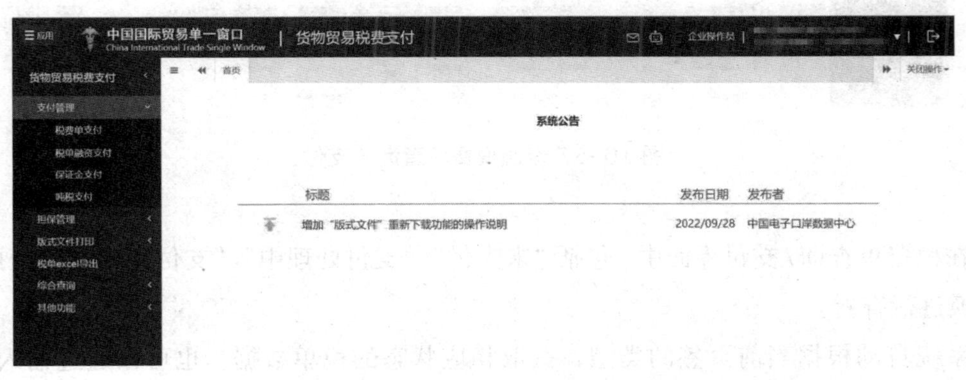

图 10-56 税费单支付系统

小提示：

如果使用操作员卡介质登录系统后，无法看到【税费单支付】菜单，请使用法人卡介质登录系统，确认相关授权配置。更多内容，请参考高级设置等章节的相关内容。

第一节 税费单支付

提供海关已成功发出的税费单支付、查询等功能，在此可进行普通税种、滞报金和滞纳金税单、低值快速货物税单的支付。“保证金”与“船舶吨税”的支付，请参考下文。

点击左侧菜单栏“普通税费单查询/支付”，右侧界面展示如图 10-57，包括“未支付、支付处理中、支付完成”三个页签。

小提示：

没有被分配关区及协议的操作员，可能无法看到相应关区的税单数据。请使用法人卡介质登录系统，确认相关授权配置。更多操作，可参考“业务权限授权”或“高级设置”等章节的相关内容。

图 10-57 普通税费单查询 / 支付

在税费单查询 / 支付界面中，包括“未支付”“支付处理中”“支付完成”三个页签，可切换进行查看。

系统自动根据当前页签的类型，获取相应状态的税单数据。也可以通过输入“报关单号”、选择“税单生成时间”“税单支付时间”或“税单扣款时间”或“货物税单类型”进行查询，查询时间跨度最大 90 天。查询结果展示在下方列表中。

如系统未自动刷新，可点击列表右上【刷新】图标手动刷新。成功获取数据后，列表内显示当前的查询结果。可自定义选择每页显示的记录数，也可点击底部右侧的页数按钮跳转。

“普通税费单查询 / 支付”页签中的白色按钮，根据当前用户的权限进行显示或隐藏，说明如下：

（1）拥有申请支付权限的，能够看到【申请支付】按钮。

（2）拥有确认支付权限的，能够看到【确认支付】按钮。

（3）拥有申请支付 + 确认支付权限的，能够看到【直接支付】、【重新支付】按钮。

关于相关权限的分配操作，请参考“业务权限授权”或“高级设置”等章节的相关内容。

一、未支付

图 10-58 税费单查询 / 支付（未支付）

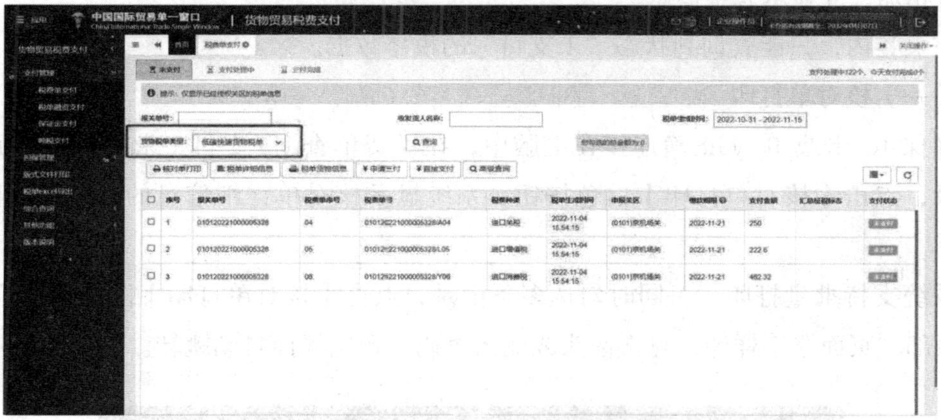

图 10-59 低值快速货物税单（未支付）

"未支付"页签内，根据监管部门对支付的相关要求，系统默认查询距离当前日期近 14 天的数据。如系统未自动刷新，可点击列表右上【刷新】图标手动刷新。也可以输入报关单号、选择税单生成时间（查询时间跨度最大 90 天，下同），选择货物税单类型，或使用"高级查询"功能，进行查找。

如果当前登录的企业为报关单内的三家单位之一（境内收发货人、消费使用单位、申报单位），可在"收发货人单位"字段内录入，支持模糊查询，搜索相同收发货人一定时间内的普通货物税单、低值快速货物税单数据。

点击列表右上角的【筛选】按钮，可通过勾选 / 取消勾选操作，自定义在列表中进行展示的栏目（如图 10-60）。

图 10-60 税费单查询 / 支付（未支付）自定义列表栏目

勾选一条或多条记录后，页面右上绿色区域内，系统自动对所勾选记录的支付金额进行相加，并显示总金额。

该页签内，只能查询到状态“未支付”的税单数据。

（一）核对单打印

确保 IC 卡或 Ikey 正确连接在电脑中，在税费单查询 / 支付（未支付）界面中勾选记录，点击【核对单打印】白色按钮，系统显示核对单详细信息的预览（如图 10-61）。

系统支持批量打印——同时勾选多条记录，点击【核对单打印】白色按钮后， 在下图顶部“页面”字样旁，点击箭头或输入页码，预览界面自动跳转。

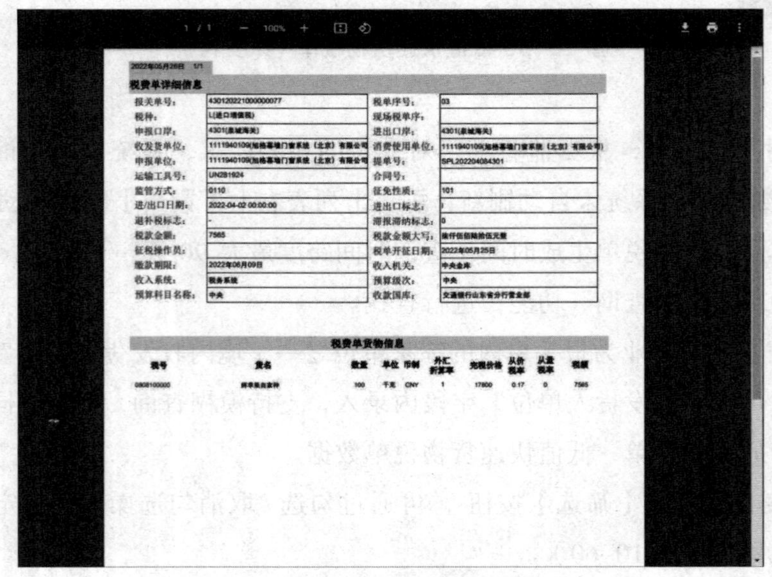

1 / 1 100%

2022年05月26日 1/1

税费单详细信息

报关单号：	430120221000000077	税单序号：	03
税种：	L(进口增值税)	现场税单序：	
申报口岸：	4301(泉城海关)	进出口岸：	4301(泉城海关)
收发货单位：	1111940109(旭格幕墙门窗系统（北京）有限公司	消费使用单位：	1111940109(旭格幕墙门窗系统（北京）有限公司)
申报单位：	1111940109(旭格幕墙门窗系统（北京）有限公司	提单号：	SPL202204084301
运输工具号：	UN281924	合同号：	
监管方式：	0110	征免性质：	101
进/出口日期：	2022-04-02 00:00:00	进出口标志：	I
退补税标志：	-	滞报滞纳标志：	0
税款金额：	7565	税款金额大写：	柒仟伍佰陆拾伍元整
征税操作员：		税单开征日期：	2022年05月25日
缴款期限：	2022年06月09日	收入机关：	中央金库
收入系统：	税务系统	预算级次：	中央
预算科目名称：	中央	收款国库：	交通银行山东省分行营业部

税费单货物信息

税号	货名	数量	单位	币制	外汇折算率	完税价格	从价税率	从量税率	税额
0808100000	[illegible]	100	千克	CNY	1	17800	0.17	0	7565

图 10-61 核对单预览

点击界面右上角【打印机】图标，根据您当前浏览器的设置或打印机实际情况，进行打印即可。

（二）税单详细信息

在税费单查询/支付（未支付）结果列表界面中勾选任意一条记录，点击【税单详细信息】白色按钮，系统弹出当前选中税单记录的详细信息（如图 10-62）。在该对话框中，可放大页面，或使用鼠标滚轮或键盘的上下键，滚动页面。

税单详细信息

税费单序号：	03	报关单号：	430120221000000077
提单号：	SPL202204084301	税费种类：	进口增值税
税费单号：	430120221000000077-L03	税单开征日期：	2022-05-25 16:48:33
收发货单位编码：	1111940109	收发货单位名称：	旭格幕墙门窗系统（北京）有限公司
消费使用单位/生产销售单位编码：	1111940109	消费使用单位/生产销售单位名称：	旭格幕墙门窗系统（北京）有限公司
申报单位编号：	1111940109	申报单位名称：	旭格幕墙门窗系统（北京）有限公司
纳税人识别号：		备案关区：	(4301)泉城海关
征免性质：	一般征税	监管方式：	一般贸易
进出口岸：	(4301)泉城海关	进/出口日期：	2022-04-02 00:00:00
进出口标志：	进口	主要商品名称：	鲜苹果自家种
缴款期限：	2022-06-09	支付金额：	7565
税单生成时间：	2022-05-25 16:46:35	税单打印缴款单位：	

图 10-62 税单详细信息

（三）税单货物信息

在税费单查询/支付（未支付）结果列表界面中勾选任意一条记录，点击【税单货物信息】白色按钮，系统弹出当前选中记录的货物信息（如图 10-63）。

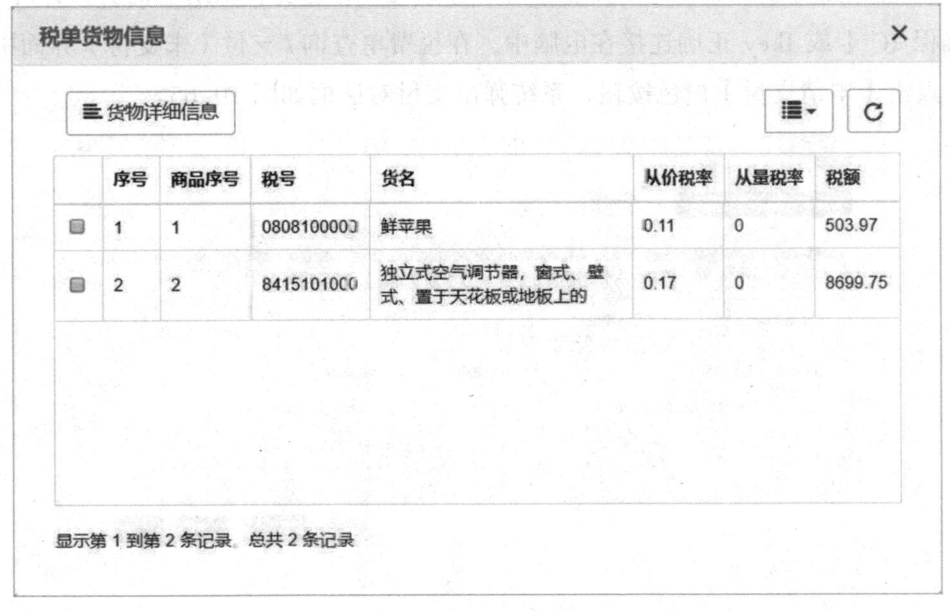

税单货物信息

货物详细信息

	序号	商品序号	税号	货名	从价税率	从量税率	税额
	1	1	0808100000	鲜苹果	0.11	0	503.97
	2	2	8415101000	独立式空气调节器，窗式、壁式、置于天花板或地板上的	0.17	0	8699.75

显示第 1 到第 2 条记录，总共 2 条记录

图 10-63 税单货物信息

系统自动获取当前税单货物信息的数据并展示在结果列表中。在税单货物信息界面中勾选一条记录，点击【货物详细信息】白色按钮，此时界面将继续弹出当前选中货物的详细信息（如图 10–64）。

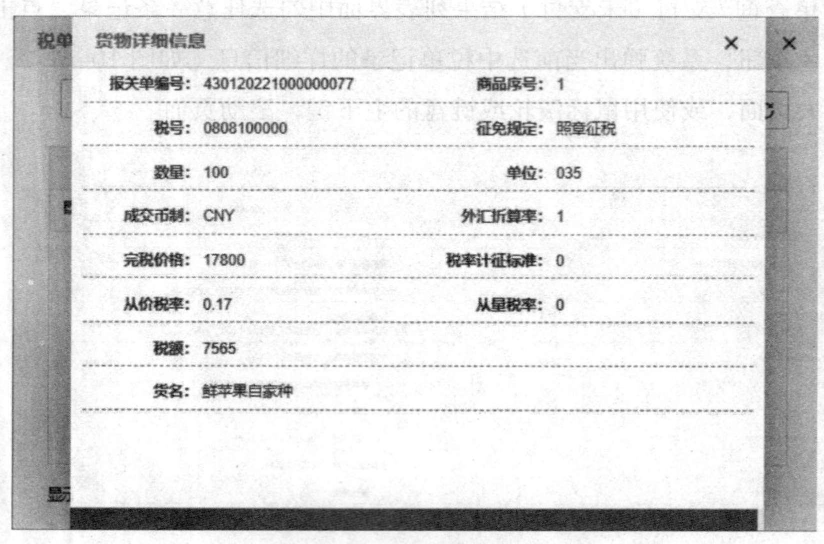

图 10–64 货物详细信息

（三）申请支付

<u>小提示：</u>

<u>如果无法在此看到相应关区的税单数据或支付按钮，请确认“业务权限授权”或“高级设置”的配置是否正确。更多内容，请参考上文“税费支付权限”说明相关内容。</u>

确保 IC 卡或 Ikey 正确连接在电脑中，在税费单查询 / 支付（未支付）界面中勾选记录，点击【申请支付】白色按钮，系统弹出支付对话框如图 10–65。

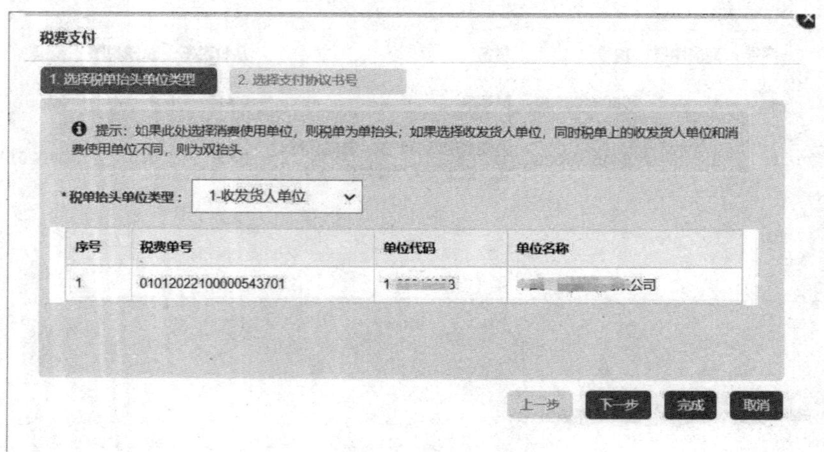

图 10–65 申请支付（选择税单抬头单位）

1. 选择税单抬头单位类型

小提示：

系统显示的初始税单抬头单位为“收发货人单位”，同时下方列表自动展示报关单/税单内收发货人单位的代码与名称。

将光标置于上图“税单抬头单位”一栏内，点击空格键，系统弹出下拉菜单（如图 10–66），选择后续要打印的单位类型（下拉菜单内的单位类型，为报关单/税单内的对应单位），包括“收发货人单位”“消费使用单位”两种。

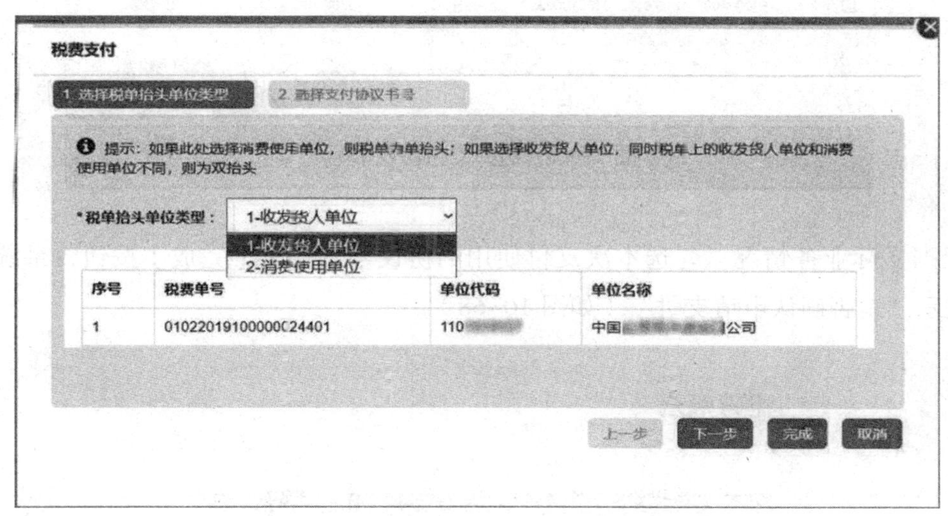

图 10–66 选择税单抬头单位

选择完毕后，下方列表中，根据报关单/税单内的信息，生成版式文件或核对单打印的单位代码、名称等信息。确认无误后，点击【下一步】蓝色按钮，进入选择协议书号界面。

小提示：

如果此处选择消费使用单位，税单为单抬头。如果选择收发货人单位，同时税单上的收发货人单位和消费使用单位不同（不同的海关十位编码），则版式文件或核对单为双抬头。

2. 选择支付协议书号

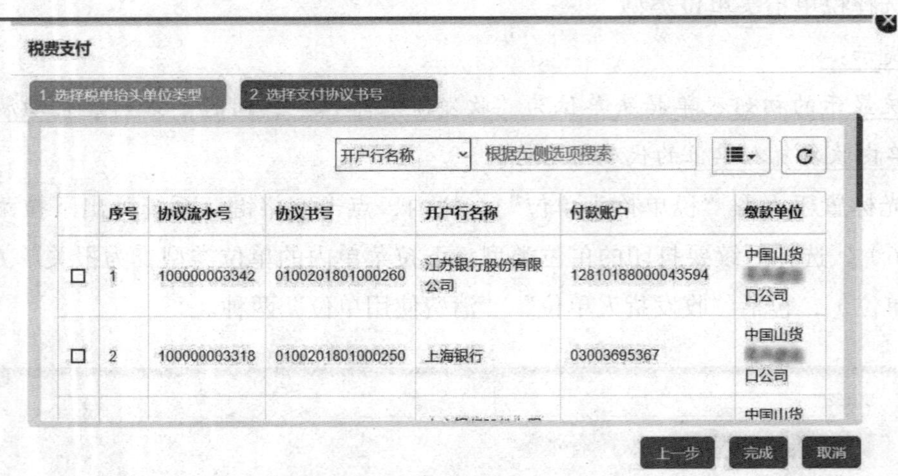

图 10-67 选择支付协议书号

根据实际业务情况，勾选本次支付使用的协议号，点击【完成】按钮，系统弹出确认提示"是否确认申请支付"（如图 10-68）。

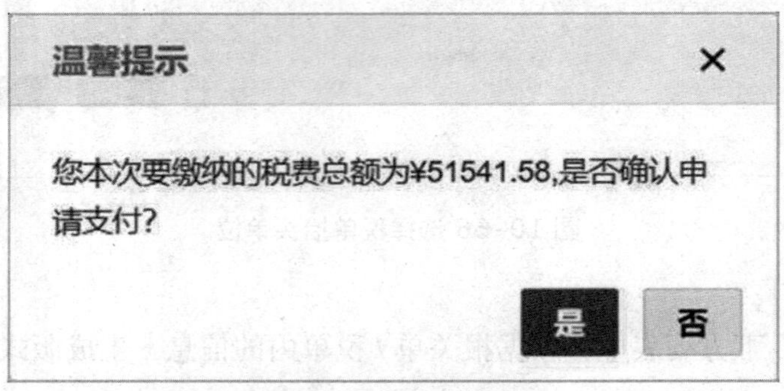

图 10-68 申请支付提示

确保 IC 卡或 Ikey 正确连接在电脑中，点击【是】，完成申请支付的操作。点击【否】，当前支付提示框自动关闭，返回选择协议号的界面。

（四）直接支付

小提示：

如果无法在此看到相应关区的税单数据或支付按钮，请确认"业务权限授权"或"高级设置"的配置是否正确。更多内容，请参考上文"税费支付权限"说明相关内容。

确保 IC 卡或 Ikey 正确连接在电脑中，在税费单查询 / 支付（未支付）界面中勾选未支付的记录，点击【直接支付】白色按钮，系统弹出支付录入框如图 10-69。

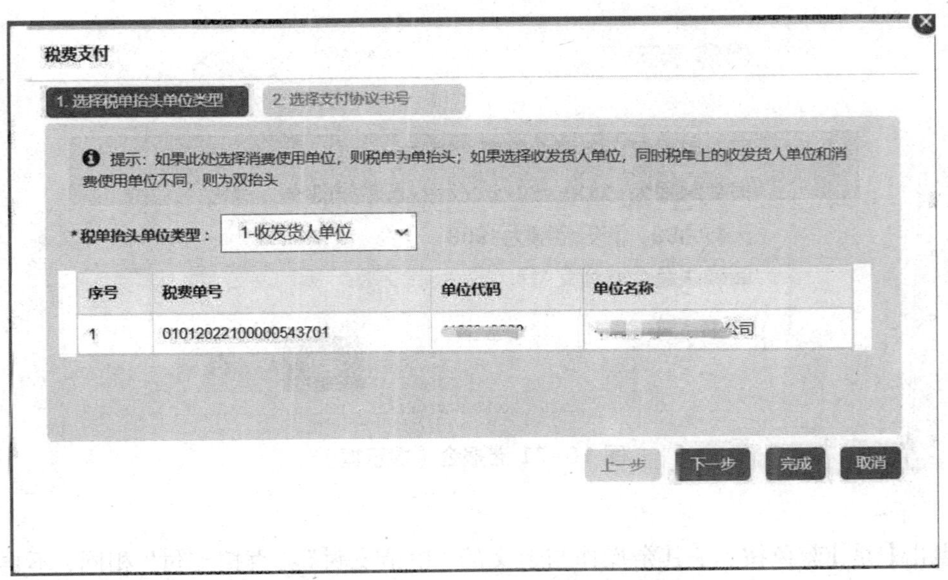

图 10-69 直接支付（选择税单抬头单位）

将光标置于上图“税单抬头单位”一栏内，点击空格键，系统弹出下拉菜单，其他操作与“申请支付”步骤相同，参考上文。

根据实际业务情况，勾选本次支付使用的协议号，点击【完成】按钮，系统弹出确认提示“是否立即支付”（如图 10-70）。

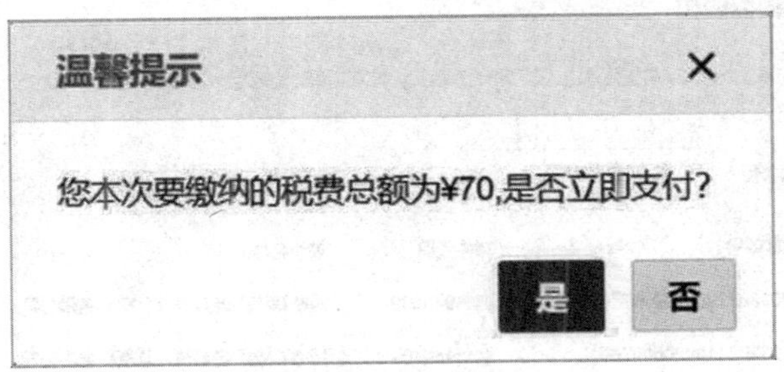

图 10-70 直接支付提示

确保 IC 卡或 Ikey 正确连接在电脑中，点击【是】，完成直接支付的操作。点击【否】，当前支付提示框自动关闭，返回选择协议号的界面。

滞报金：如果勾选的记录“税费种类”为滞报金，点击【申请支付】或【直接支付】白色按钮，系统弹出提示框如图 10-71。

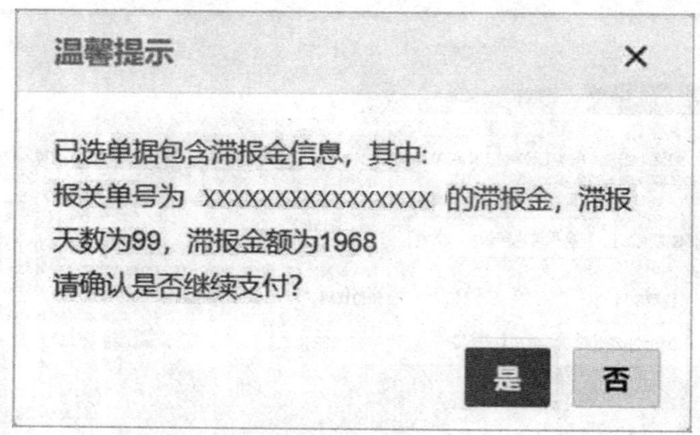

图 10-71 滞报金（提示框）

点击【是】蓝色按钮，其余操作与上文的“申请支付”“直接支付”相同，不再赘述。

（五）批量支付（申请 / 直接支付）

确保 IC 卡或 Ikey 正确连接在电脑中，在税费单查询 / 支付（未支付）界面中勾选多条记录，点击【申请支付】或【直接支付】白色按钮，系统弹出支付对话框如图 10-72。

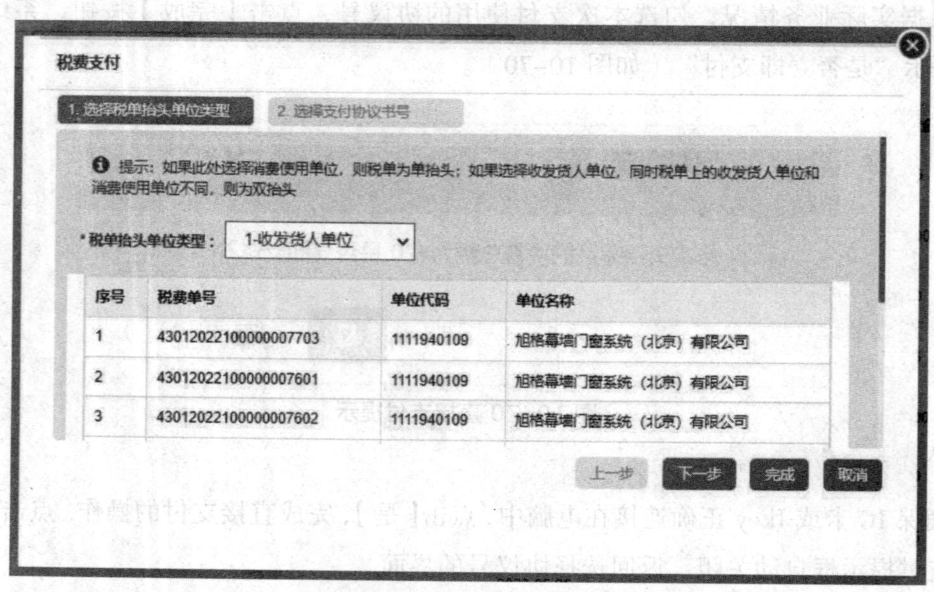

图 10-72 批量支付（选择税单抬头单位）

1. 选择税单打印缴款单位

<u>小提示：</u>

<u>系统默认值显示税单抬头单位为“收发货人单位”，同时下方列表自动展示报关</u>

单/税单内收发货人单位的代码与名称。

将光标置于上图“税单抬头单位”一栏内，点击空格键，系统弹出下拉菜单，选择后续要打印的单位类型（下拉菜单内的单位类型，为报关单/税单内的对应单位），包括“收发货人单位、消费使用单位”两种。

选择完毕后，下方列表中，根据报关单/税单内的信息，生成版式文件或核对单打印的缴款单位代码、名称等信息。

确认无误后，点击【下一步】蓝色按钮，进入选择协议书号界面。

小提示：

如果此处选择消费使用单位，税单为单抬头。如果选择收发货人单位，同时税单上的收发货人单位和消费使用单位不同（不同的海关十位编码），则版式文件或核对单为双抬头。

2. 选择支付协议书号

图 10-73 选择支付协议书号

根据实际业务情况，勾选本次支付使用的协议号，点击【完成】按钮，系统弹出申请或直接支付的提示。

确保 IC 卡或 Ikey 正确连接在电脑中，点击【是】，完成批量支付操作。点击【否】，当前支付提示框自动关闭，返回选择协议号的界面。

3. 汇总征税标志

对于汇总征税报关单，在税费支付系统中，可显示汇总征税标志。

在税费单查询/支付（未支付）查询结果列表界面中，有“汇总征税标志”一列（如图 10-74）。也可以通过高级查询筛选汇总征税标志的报关单，详见下文“高级查询”。

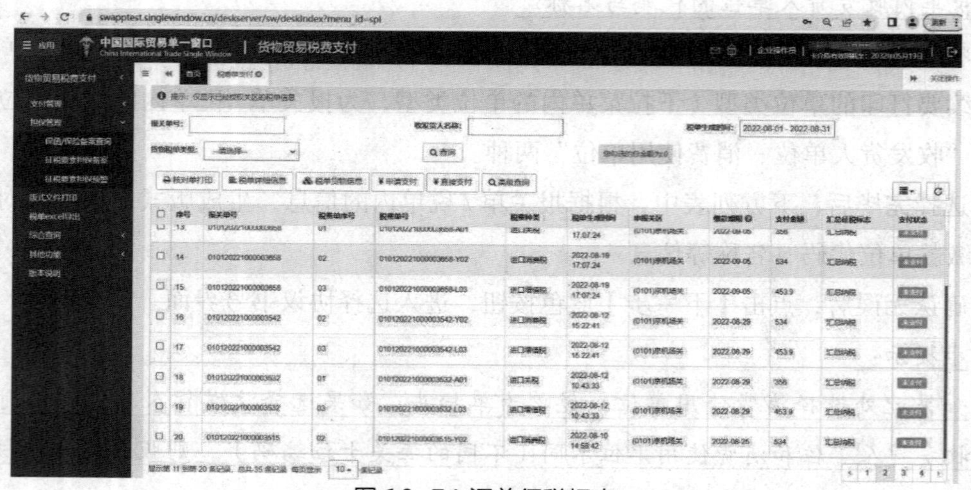

图 10-74 汇总征税标志

4. 高级查询

确保 IC 卡或 Ikey 正确连接在电脑中，在税费单查询 / 支付（未支付）界面中，点击【高级查询】白色按钮，系统弹出查询框如图 10-75。

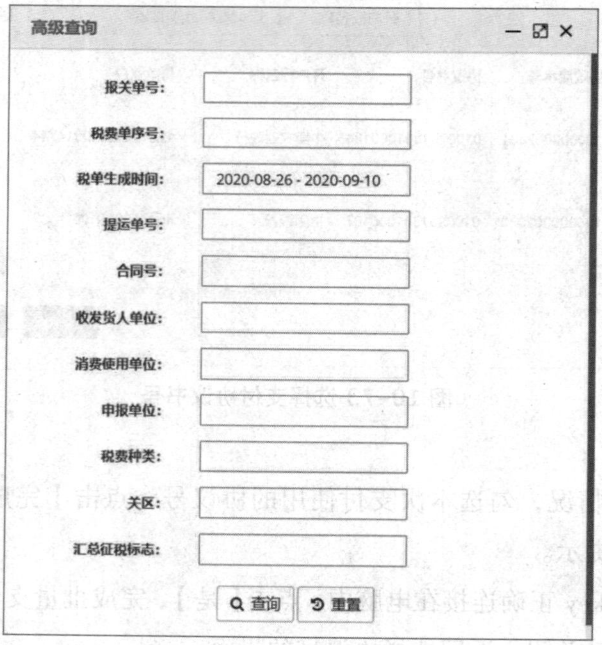

高级查询

报关单号：

税费单序号：

税单生成时间：2020-08-26 - 2020-09-10

提运单号：

合同号：

收发货人单位：

消费使用单位：

申报单位：

税费种类：

关区：

汇总征税标志：

查询　重置

图 10-75 高级查询

在上图中，可点【放大】按钮，将当前的信息框放大。再点【缩小】按钮，将已放大的信息框缩小至原大小。

可通过输入报关单号、税费单序号、提运单号、合同号、收发货人单位、消费使用单位、申报单位，在税费种类、关区、汇总征税标志字段中点击空格键带出参数选择或直接输入关键字后进行查询。点击【重置】按钮清空查询条件，可重新填写。

其中，税单生成时间的选择方法为，将光标置于录入框中，在弹出的日历框中，可点击“<”或“<<”向前查找日期，在左侧部分选择开始日期，点击下图中的“>”或“>>”扩大日历范围，在右侧部分选择截止日期，点击【确定】后，选中的区域变成绿色（如图 10-76），执行查询。点击【清空】按钮，清除已选择的日期，可重新选择。

« ‹ 2019年 3月

日	一	二	三	四	五	六
24	25	26	27	28	1	2
3	4	5	6	7	8	9
10	11	12	13	14	15	16
17	18	19	20	21	22	23
24	25	26	27	28	29	30
31	1	2	3	4	5	6

2019年 4月 › »

日	一	二	三	四	五	六
31	1	2	3	4	5	6
7	8	9	10	11	12	13
14	15	16	17	18	19	20
21	22	23	24	25	26	27
28	29	30	1	2	3	4
5	6	7	8	9	10	11

清空 确定

图 10-76 高级查询（日历框）

二、支付处理中

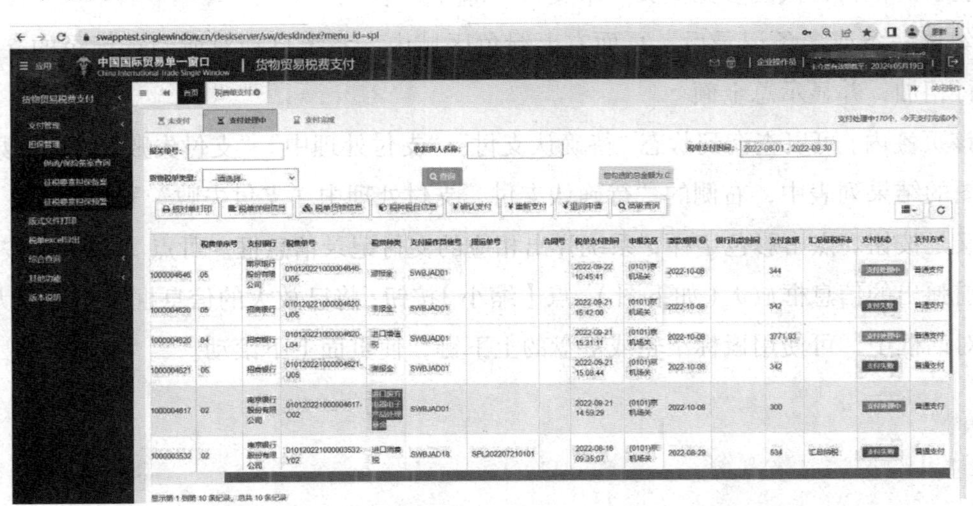

图 10-77 税费单（普通税单 + 低值货物）查询 / 支付（支付处理中）

图 10-78 低值货物税单支付处理中页面

“支付处理中”页签内，系统自动执行查询，默认查询距离当前日期近 14 天的数据。也可以输入报关单号、选择税单生成时间，或使用高级查询功能，进行手动查找。如系统未自动刷新，可点击列表右上【刷新】图标手动刷新。也可以 使用高级查询功能，进行查找。

如果当前登录的企业为报关单内的三家单位之一（境内收发货人、消费使用单位、申报单位），可在“收发货人单位”字段内录入，支持模糊查询，搜索相同收发货人一定时间内的税单数据。还可以根据货物类型下拉列表选择，查找普通货物税单、低值快速货物税单。

点击列表右上角的【筛选】按钮 ，可通过勾选 / 取消勾选操作，自定义在列表中进行展示的栏目，截图参见上文“未支付”部分。

勾选一条或多条记录后，页面右上绿色区域内，系统自动对所勾选记录的支付金额进行相加，并显示总金额。

该页签内，可以查询到状态“待确认支付”“支付处理中”“支付失败”的税单数据。在上图的结果列表中，右侧的“待确认支付、支付处理中、支付失败”彩色字样，既是状态又是按钮。点击彩色字样，系统弹出相应的支付记录信息框。可点【放大】按钮，将当前弹出的信息框放大（如下图）。点【缩小】按钮，将已放大的信息框缩小至原大小。在该对话框中，可使用鼠标滚轮或键盘的上下键，使页面上下滚动。

支付记录

	序号	交易流水号	协议书号	缴款单位	交易金额	支付状态	支付时间
☑	1	00000240	4300202201000007	[illegible]（北京）有限公司	7565	支付失败	2022-05-24 18:39:48

显示第 1 到第 1 条记录，总共 1 条记录

序号	支付状态	状态说明	状态时间
1	支付失败	[illegible]	2022-05-24 18:41:21
2	支付处理中-银行支付审批结果转发海关成功	银行支付结果转发海关成功，待海关回复	2022-05-24 18:41:04
3	支付处理中-银行支付审批不通过	[illegible]	2022-05-24 18:40:59
4	支付处理中-海关支付指令转发国库成功	海关支付指令转发国库成功，待国库/银行回复	2022-05-24 18:40:09

显示第 1 到第 7 条记录，总共 7 条记录

图 10-79 支付记录

（一）税单详细信息

具体操作与上文“未支付”部分“税单详细信息”的内容相同，不再赘述。

（二）税单货物信息

具体操作与上文“未支付”部分“税单货物信息”的内容相同。

（三）税种税目信息

确保 IC 卡或 Ikey 正确连接在电脑中，在税费单查询 / 支付（支付处理中）界面勾选记录，点击【税种税目信息】白色按钮，系统弹出信息框如下图。可点击【放大】按钮，将当前弹出的信息框放大（如下图）。点【缩小】按钮，将已放大的信息框缩小至原大小。

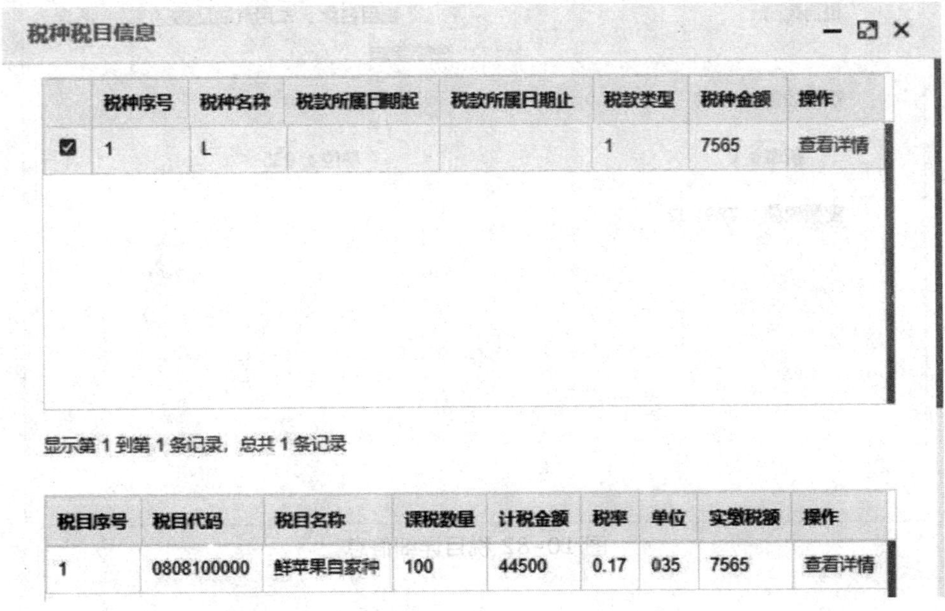

税种税目信息

	税种序号	税种名称	税款所属日期起	税款所属日期止	税款类型	税种金额	操作
☑	1	L			1	7565	查看详情

显示第 1 到第 1 条记录，总共 1 条记录

税目序号	税目代码	税目名称	课税数量	计税金额	税率	单位	实缴税额	操作
1	0808100000	鲜苹果自家种	100	44500	0.17	035	7565	查看详情

图 10-80 税种税目信息

在图 10–80 中，点击上下两部分的【查看详情】蓝色字体，可分别查看当前记录的税种与税目详细信息（如图 10–81、图 10–82）。

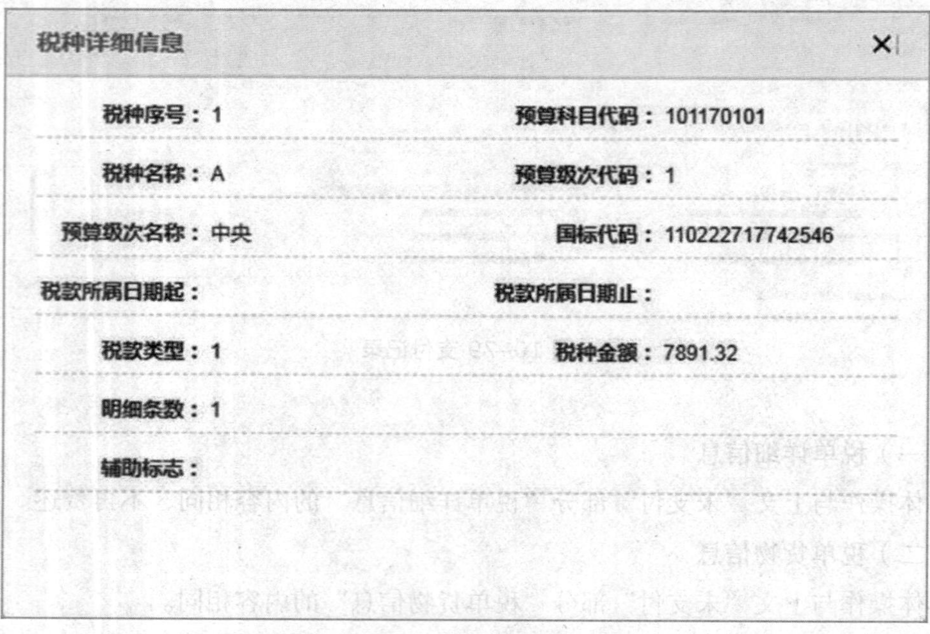

税种详细信息

税种序号：1　预算科目代码：101170101

税种名称：A　预算级次代码：1

预算级次名称：中央　国标代码：110222717742546

税款所属日期起：　税款所属日期止：

税款类型：1　税种金额：7891.32

明细条数：1

辅助标志：

图 10–81 税种详细信息

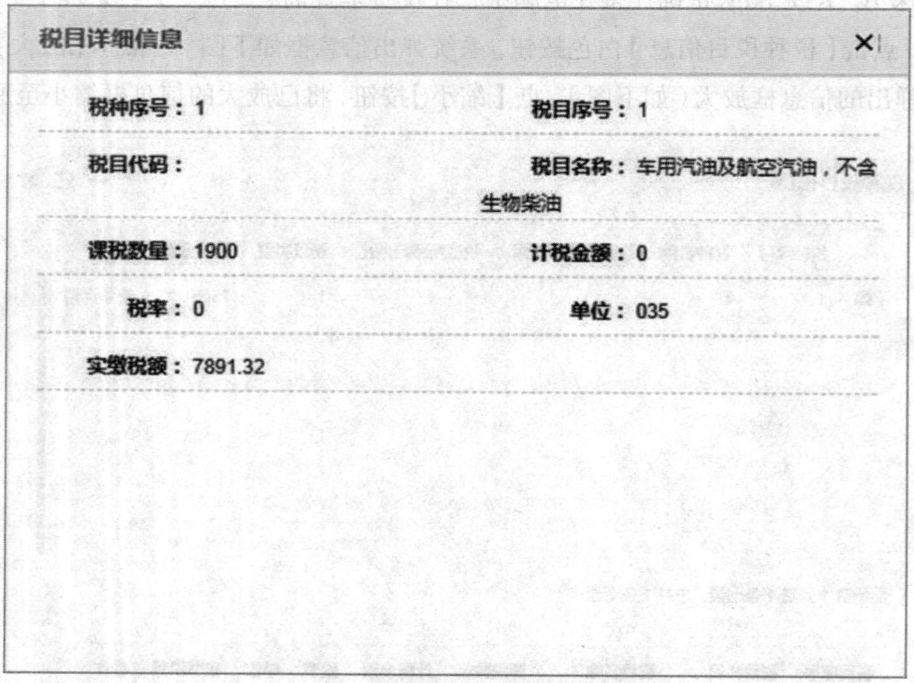

税目详细信息

税种序号：1　税目序号：1

税目代码：　税目名称：车用汽油及航空汽油，不含生物柴油

课税数量：1900　计税金额：0

税率：0　单位：035

实缴税额：7891.32

图 10–82 税目详细信息

（四）确认支付

小提示：

如果无法在此看到相应关区的税单数据或支付按钮，请确认"业务权限授权"或"高级设置"的配置是否正确。更多内容，请参考上文"税费支付权限说明"相关内容。

确保 IC 卡或 Ikey 正确连接在电脑中，在税费单查询 / 支付（支付处理中）界面勾选状态为"待确认支付"的记录，点击【确认支付】白色按钮，系统弹出对话框如图 10-83。

图 10-83 确认支付提示

确保 IC 卡或 Ikey 正确连接在电脑中，点击【是】，系统弹出提示"确认支付完成"，完成确认支付的操作。点击【否】，当前支付提示框自动关闭，返回查询列表界面。

（五）重新支付

支付失败的税费单，可在此进行重新支付。

小提示：

如果无法在此看到相应关区的税单数据或支付按钮，请确认"业务权限授权"或"高级设置"的配置是否正确。更多内容，请参考上文"税费支付权限说明"相关内容。

确保 IC 卡或 Ikey 正确连接在电脑中，在税费单查询 / 支付（支付处理中）界面勾选一条"支付失败"状态的记录，点击界面中的【重新支付】白色按钮，系统弹出录入框如图 10-84。

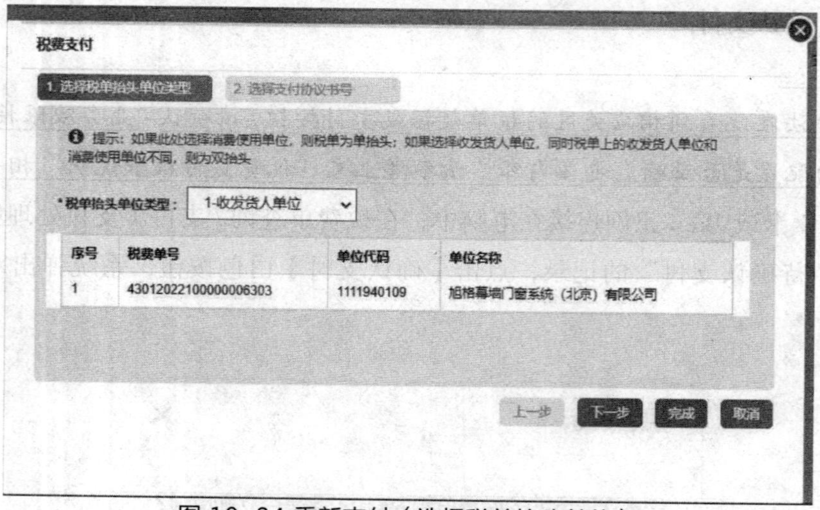

图 10-84 重新支付（选择税单抬头单位）

1. 选择税单抬头单位

小提示：

系统显示的初始税单抬头单位为“收发货人单位”，同时下方列表自动展示报关单/税单内收发货人单位的代码与名称。

将光标置于上图“税单抬头单位”一栏内，点击空格键，系统弹出下拉菜单（如图 10–85），选择后续要打印的单位类型（下拉菜单内的单位类型，为报关单/税单内的对应单位），包括“收发货人单位、消费使用单位”两种。

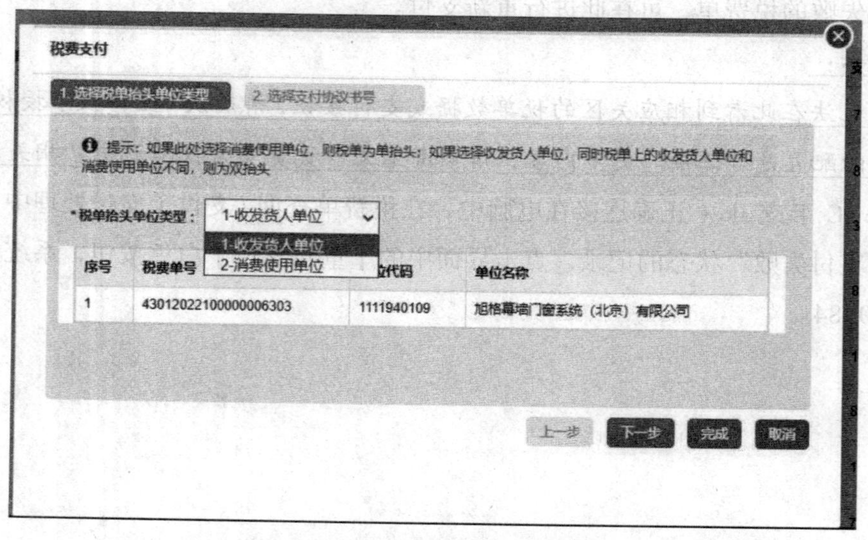

图 10–85 重新支付（选择税单抬头单位）

选择完毕后，下方列表中，根据报关单/税单内的信息，生成版式文件或核对单打印的缴款单位代码、名称等信息。确认信息无误，点击【下一步】蓝色按钮，进入选择协议书号界面。

小提示：

如果此处选择消费使用单位，税单为单抬头。如果选择收发货人单位，同时税单上的收发货人单位和消费使用单位不同（不同的海关十位编码），则版式文件或核对单为双抬头。

2. 选择支付协议书号

图 10-86 选择支付协议书号

根据实际业务情况，搜索并选择本次支付的协议号，点击【完成】按钮，系统弹出确认提示“是否立即支付”（如图 10-87）。

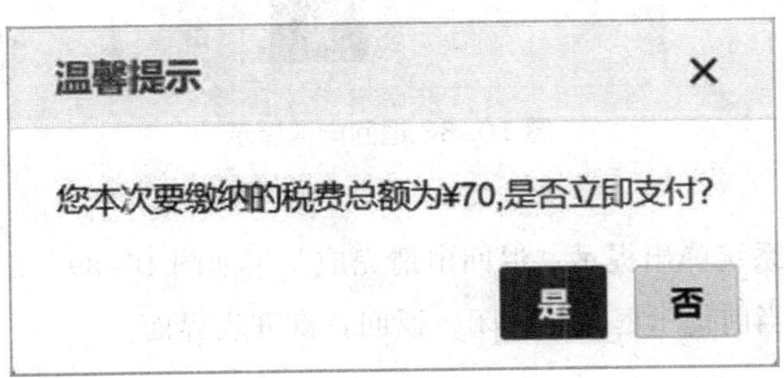

图 10-87 直接支付提示

确保 IC 卡或 Ikey 正确连接在电脑中，点击【是】，完成本次支付操作。点击【否】，当前支付提示框自动关闭，返回选择协议号的界面。

小提示：

重新支付与直接支付效力相同，支付后，该税单状态为“支付处理中”，可到【支付处理中】页签里查找并跟踪状态，无需再进行后续操作，等待海关、国库与银行审批通过后扣款即可。

（六）批量支付（确认 / 重新支付）

确保 IC 卡或 Ikey 正确连接在电脑中，在税费单查询 / 支付（支付处理中）界面勾选多条状态为“待确认支付”的记录，可点击【确认支付】进行确认，操作与上文“确认支付”相同，不再赘述。

勾选多条状态为“支付失败”的记录，可点击【重新支付】按钮，操作与上文“重新支付”相同。

（七）退回申请

小提示：

只有开通了“确认支付”权限，才能进行“退回申请”操作，否则不显示该按钮。更多内容，请参考上文税费支付权限说明、业务权限授权或高级设置相关内容。

确保 IC 卡或 Ikey 正确连接在电脑中，在税费单查询 / 支付（支付处理中）界面勾选状态为“待确认支付”的记录，点击【退回申请】白色按钮，系统弹出对话框如图 10-88。

图 10-88 退回申请提示

点击【是】，系统弹出提示“退回申请完成”（如图 10-89），完成确认支付的操作。点击【否】，当前提示框自动关闭，返回查询列表界面。

图 10-89 退回申请完成

如果进行退回操作的用户，与发起申请支付的企业不是同一家单位，系统弹出以下提示。请联络发起申请支付的企业进行退回操作。

图 10–90 非本企业发起申请、退回操作提示

小提示：

退回申请可以进行批量操作，即可以同时选择多笔“待确认支付”状态下的税单，同时进行退回操作。

（八）高级查询

确保 IC 卡或 Ikey 正确连接在电脑中，在税费单查询 / 支付（支付处理中）界面中，点击【高级查询】白色按钮，系统弹出查询框如图 10–91。

高级查询

报关单号:
税费单序号:
税单支付时间: 2020-08-26 - 2020-09-10
提运单号:
合同号:
收发货人单位:
消费使用单位:
申报单位:
税费种类:
关区:
支付状态:
汇总征税标志:
协议书号:
缴款单位:

查询 重置

图 10–91 支付处理中（高级查询）

可通过输入报关单号、税费单序号、提运单号、合同号、收发货人单位、消费使用单位、申报单位，在税费种类、关区、支付状态字段中点击空格键带出参数选择或直接输入关键字后进行查询。点击【重置】按钮清空查询条件，可重新填写。

其中，在“支付状态”字段中点击空格键，系统弹出下拉菜单，可选择“待确认支付、支付处理中、支付失败”，进行查询。

其他操作与上文“未支付”部分“高级查询”的内容相同，此处不再赘述。

三、支付完成

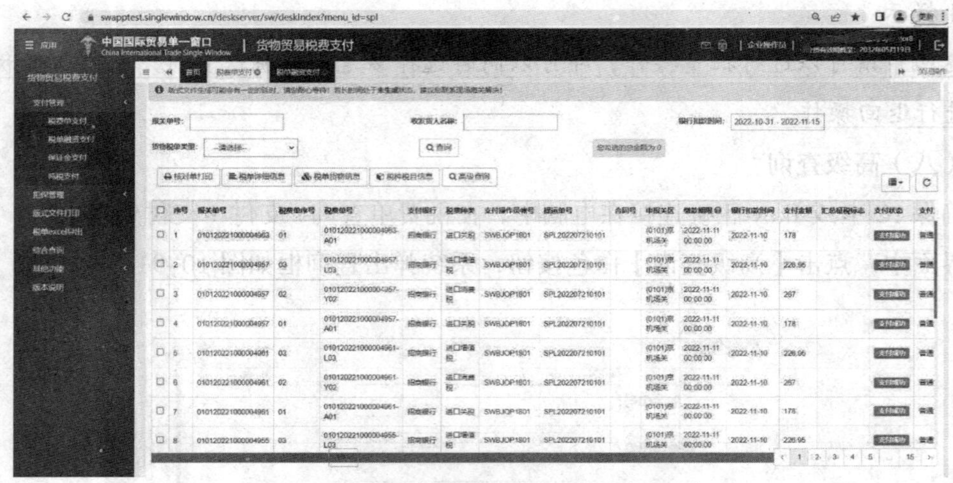

图 10–92 税费单查询 / 支付（支付完成）

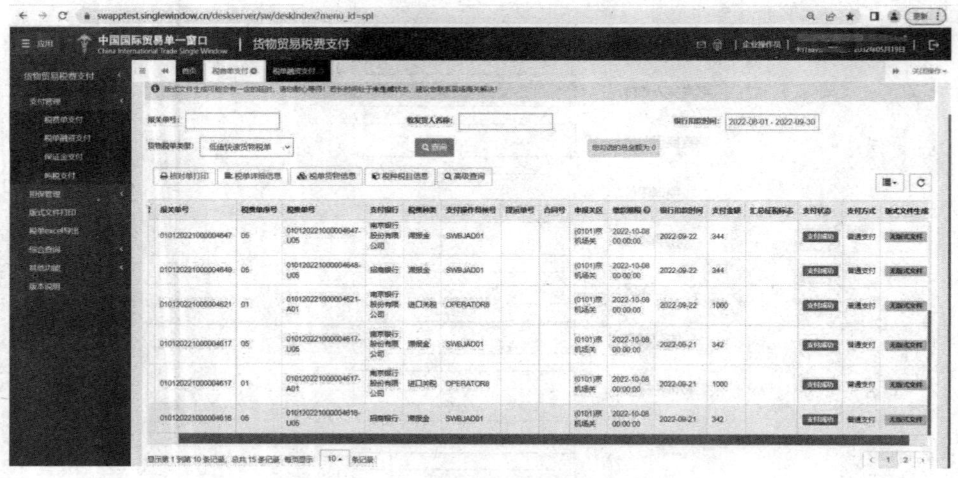

图 10–93 低值快速货物支付已完成页面

“支付完成”页签内，系统自动执行查询，默认查询距离当前日期近 14 天的数据。如系统未自动刷新，可点击列表右上 “刷新”图标手动刷新。也可以输入报关单号、选择银行扣款时间，或使用高级查询功能，进行查找。

如果当前登录的企业为报关单内的三家单位之一（境内收发货人、消费使用单位、申报单位），可在“收发货人单位”字段内录入，支持模糊查询，搜索相同收发货人一定时间内的税单数据。也可根据货物税单类型查询：普通货物、低值快速货物税单支付已完成数据点击列表右上角的【筛选】按钮，可通过勾选 / 取消勾选操作，自定义在列表中进行展示的栏目，截图参见上文“未支付”部分。

该页签内，只能查询到状态“支付成功”的税单数据。

在上图的结果列表中，右侧的“支付成功”绿色字样，既是状态又是按钮。点击彩色字样，系统弹出相应的支付记录信息框。可点【放大】按钮，将当前弹出 的信息框放大（如图 10–94）。点【缩小】按钮，将已放大的信息框缩小至原大小。在该对话框中，可使用鼠标滚轮或键盘的上下键，使页面上下滚动。

支付记录

提示：[illegible]

	序号	交易流水号	协议书号	缴款单位	交易金额	支付状态	支付时间
☑	1	CUSTOMS012022052500000315	4300202201000010	旭格幕墙门窗系统（北京）有限公司	338	支付成功	2022-05-25 18:53:08

显示第 1 到第 1 条记录，总共 1 条记录

序号	支付状态	状态说明	状态时间
1	支付成功	银行扣税成功,海关核注成功	2022-05-25 19:11:02
2	支付处理中-银行支付审批结果转发海关成功	银行支付结果转发海关成功，待海关回复	2022-05-25 19:07:23
3	支付处理中-支付指令银行审批通过	支付请求银行审批通过，结果待发送海关	2022-05-25 19:04:19
4	支付处理中-海关支付指令转发国库成功	海关支付指令转发国库成功，待国库/银行回复	2022-05-25 19:01:04

显示第 1 到第 7 条记录，总共 7 条记录

图 10–94 支付完成（支付记录）

（一）核对单打印

具体操作与上文“未支付”部分“核对单打印”的内容相同，不再赘述。

（二）税单详细信息

具体操作与上文“未支付”部分“税单详细信息”的内容相同，不再赘述。

（三）税单货物信息

具体操作与上文“未支付”部分“税单货物信息”的内容相同。

（四）税种税目信息

具体操作与上文“支付处理中”部分“税种税目信息”的内容相同。

高级查询功能说明如下。

确保 IC 卡或 Ikey 正确连接在电脑中，在税费单查询 / 支付（支付完成）

界面中，点击【高级查询】白色按钮，系统弹出查询框如图 10–95。

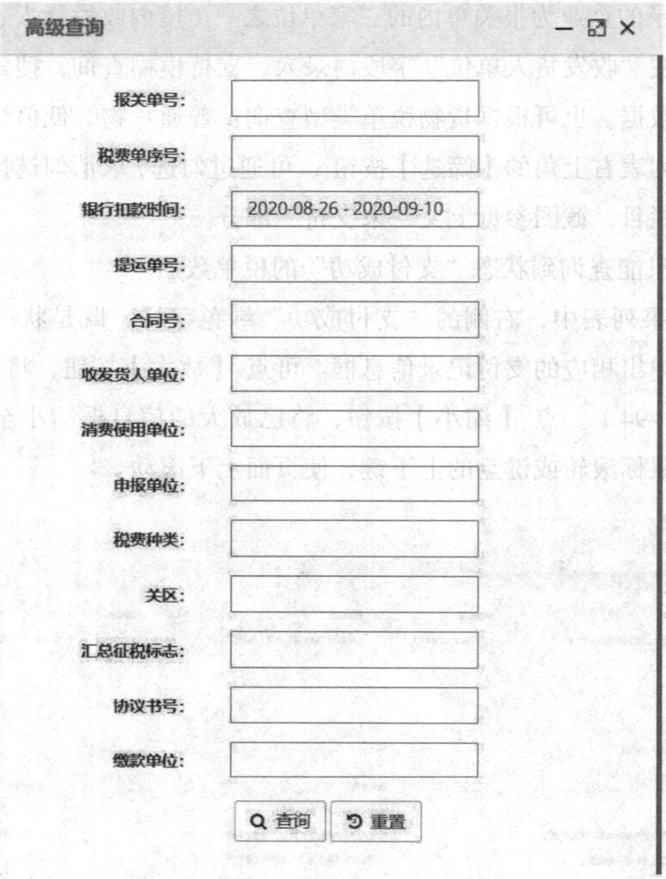

图 10-95 支付完成（高级查询）

可通过输入报关单号、税费单序号、提运单号、合同号、收发货人单位、消费使用单、申报单位，在税费种类、关区字段中点击空格键带出参数选择或直接输入关键字后进行查询。点击【重置】按钮清空查询条件，可重新填写。

其他与上文“未支付”部分“高级查询”的内容相同，此处不再赘述。

第二节 税单融资支付

提供海关已成功发出的税费单支付、查询等功能，在此可使用已经审批通过的融资贷款申请，支付普通税单、低值快速货物税单。

点击左侧菜单栏【税单融资支付】，右侧界面展示如图 10-96，包括“未支付”“支付处理中”“支付完成”“融资查询”四个页签。

小提示：

关于融资贷款申请的相关操作，请参考金融服务操作。

图 10-96 普通税单融资支付

在普通税单融资支付界面中，包括“未支付”“支付处理中”“支付完成”“融资查询”四个页签，可切换进行查看。

系统自动根据当前页签的类型，获取相应状态的税单数据。也可以通过输入“报关单号”选择“税单生成时间”“税单支付时间”“税单扣款时间”或“货物税单类型”进行查询，查询时间跨度最大 90 天。查询结果展示在下方列表中。

如系统未自动刷新，可点击列表右上【刷新】图标手动刷新。成功获取数据后，列表内显示当前的查询结果。可自定义选择每页显示的记录数，也可点击底部右侧的页数按钮跳转。

“普通税单融资支付”页签中的白色按钮，根据当前用户的权限进行显示或隐藏，说明如下：

拥有申请支付 + 确认支付权限的，能够看到【直接支付】按钮。

关于相关权限的分配操作，请参考“业务权限授权”或“高级设置”等章节的相关内容。

一、未支付

图 10–97 普通税单融资支付（未支付）

“未支付”页签内，默认查询距离当前日期近 14 天的数据。如系统未自动刷新，可点击列表右上【刷新】图标手动刷新。也可以输入报关单号、选择税单生成时间（查询时间跨度最大 90 天，下同），货物税单类型或使用高级查询功能，进行查找。

勾选一条或多条记录后，页面右上绿色区域内，系统自动对所勾选记录的支付金额进行相加，并显示总金额。

该页签内，只能查询到状态“未支付”的税单数据。

（一）税单详细信息

在普通税单融资支付（未支付）结果列表中勾选任意一条记录，点击【税单详细信息】白色按钮，系统弹出当前选中税单记录的详细信息（如图 10–98）。在该对话框中，可放大页面，或使用鼠标滚轮或键盘的上下键，滚动页面。

税单详细信息

税费单序号：	03	报关单号：	430120221000000077
提单号：	SPL202204084301	税费种类：	进口增值税
税费单号：	430120221000000077-L03	税单开征日期：	2022-05-25 16:48:33
收发货单位编码：	1111940109	收发货单位名称：	旭格幕墙门窗系统（北京）有限公司
消费使用单位/生产销售单位编码：	1111940109	消费使用单位/生产销售单位名称：	旭格幕墙门窗系统（北京）有限公司
申报单位编号：	1111940109	申报单位名称：	旭格幕墙门窗系统（北京）有限公司
纳税人识别号：		备案关区：	(4301)泉城海关
征免性质：	一般征税	监管方式：	一般贸易
进出口岸：	(4301)泉城海关	进/出口日期：	2022-04-02 00:00:00
进出口标志：	进口	主要商品名称：	鲜苹果自家种
缴款期限：	2022-06-09	支付金额：	7565
税单生成时间：	2022-05-25 16:46:35	税单打印缴款单位：	

图 10–98 税单详细信息

（二）税单货物信息

在普通税单融资支付（未支付）结果列表中勾选任意一条记录，点击【税单货物信息】白色按钮，系统弹出当前选中记录的货物信息（如图 10-99）。

税单货物信息 ×

货物详细信息

	序号	商品序号	税号	货名	从价税率	从量税率	税额
□	1	1	0808100000	鲜苹果	0.11	0	503.97
□	2	2	8415101000	独立式空气调节器，窗式、壁式、置于天花板或地板上的	0.17	0	8699.75

显示第 1 到第 2 条记录，总共 2 条记录

图 10-99 税单货物信息

系统自动获取当前税单货物信息的数据并展示在结果列表中。在税单货物信息界面中勾选一条记录，点击【货物详细信息】白色按钮，此时界面将继续弹出当前选中货物的详细信息（如图 10-100）。

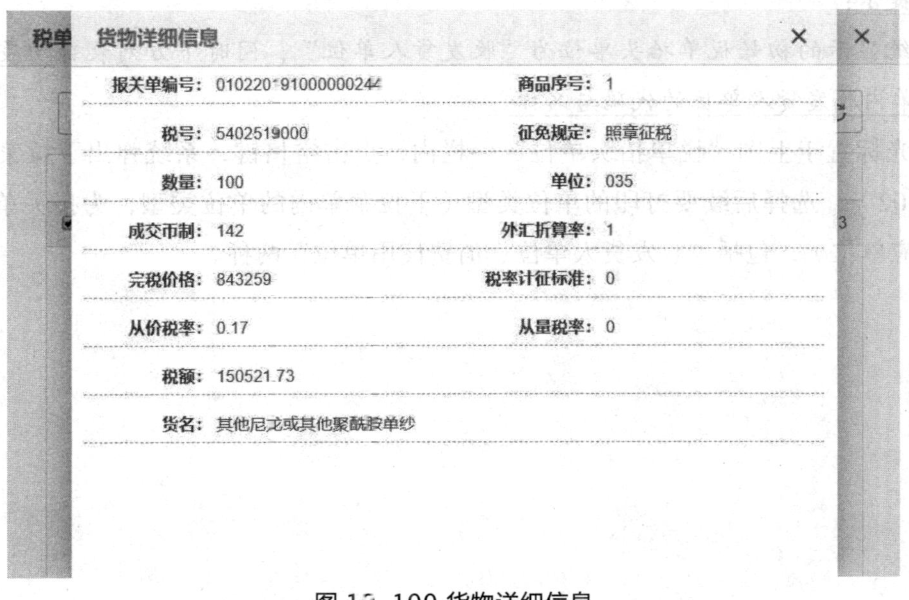
货物详细信息 ×

报关单编号：010220*910000002** 商品序号：1

税号：5402519000 征免规定：照章征税

数量：100 单位：035

成交币制：142 外汇折算率：1

完税价格：843259 税率计征标准：0

从价税率：0.17 从量税率：0

税额：150521.73

货名：其他尼龙或其他聚酰胺单纱

图 10-100 货物详细信息

（三）直接支付

小提示：

如果无法在此看到相应关区的税单数据或支付按钮，请确认“业务权限授权”或“高级设置”的配置是否正确。更多内容，请参考上文“税费支付权限说明”相关内容。

确保 IC 卡或 Ikey 正确连接在电脑中，在普通税单融资支付（未支付）界面中勾选未支付的记录，点击【直接支付】白色按钮，系统弹出支付录入框如图 10–101。

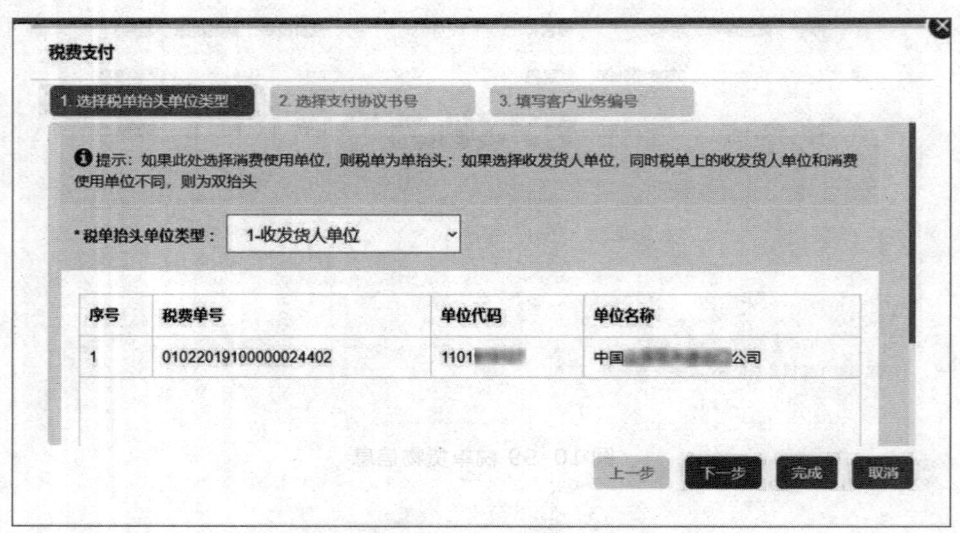

图 10–101 直接支付（选择税单抬头单位）

1. 选择税单抬头单位类型

小提示：

系统显示的初始税单抬头单位为“收发货人单位”，同时下方列表自动展示报关单 / 税单内收发货人单位的代码与名称。

将光标置于上图“税单抬头单位”一栏内，点击空格键，系统弹出下拉菜单（如图 10–102），选择后续要打印的单位类型（下拉菜单内的单位类型，为报关单 / 税单内的对应单位），包括“收发货人单位、消费使用单位”两种。

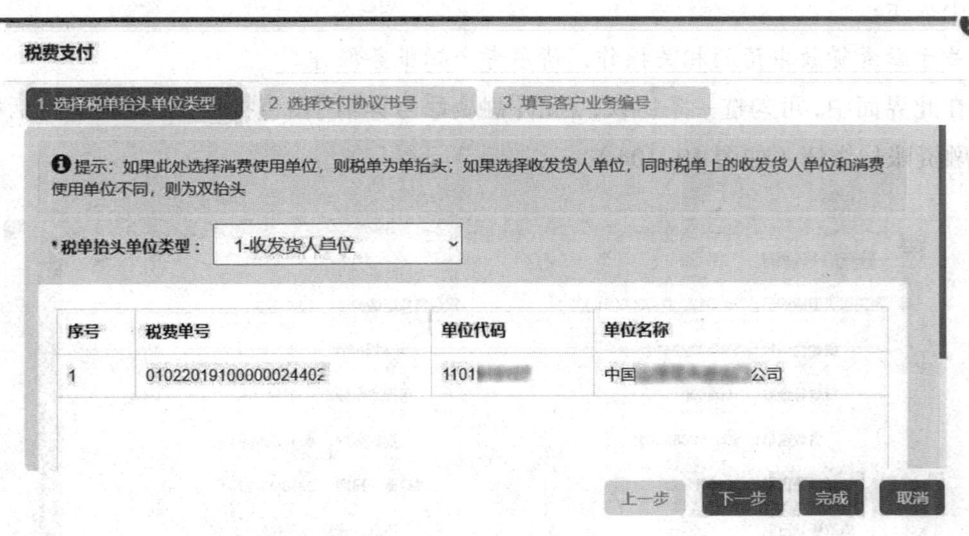

图 10–102 选择税单抬头单位

选择完毕后，下方列表中，根据报关单 / 税单内的信息，生成版式文件或核对单打印的单位代码、名称等信息。确认无误后，点击【下一步】蓝色按钮，进入选择协议书号界面。

小提示：

如果此处选择消费使用单位，税单为单抬头。如果选择收发货人单位，同时税单上的收发货人单位和消费使用单位不司（不同的海关十位编码），则版式文件或核对单为双抬头。

2. 选择支付协议书号

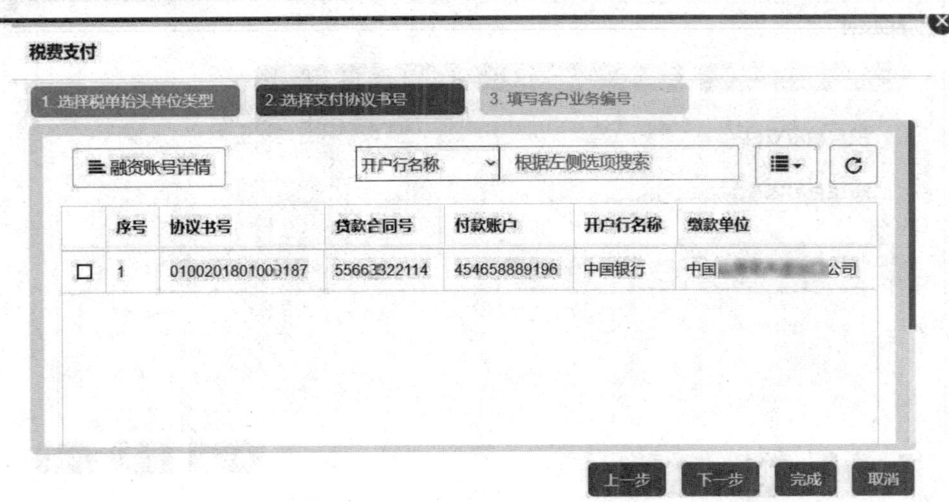

图 10–103 选择支付协议书号

小提示：

关于融资贷款申请的相关操作，请参考金融服务操作。

在此界面中，可勾选一条协议，点击【融资账号详情】白色按钮，在弹出的对话框内，查看融资账号详情（如图 10–104）。

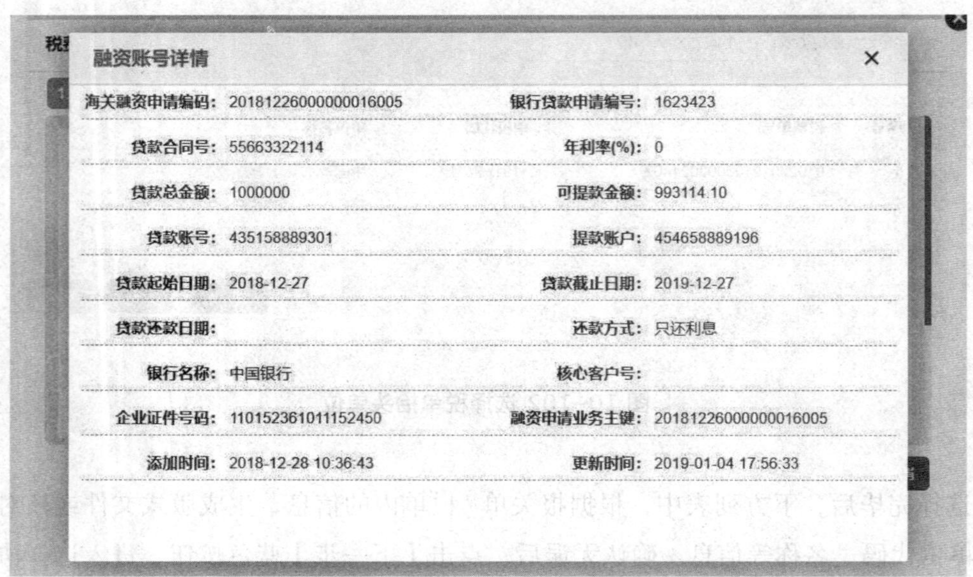

图 10–104 融资账号详情

根据实际业务情况，勾选本次支付使用的协议号，点击【下一步】按钮，进入填写客户业务编号界面。

3. 填写客户业务编号

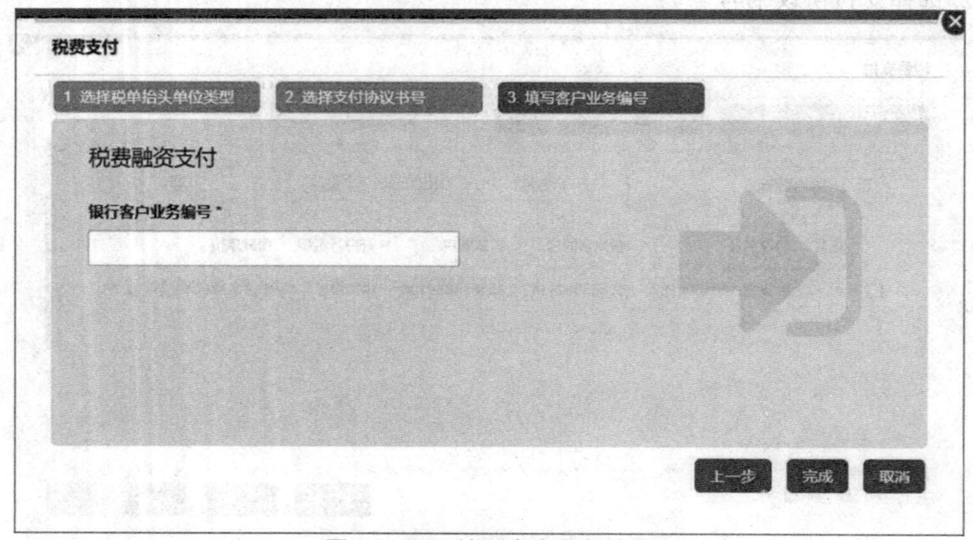

图 10–105 填写客户业务编号

银行客户业务编号：企业自行填写该笔交易的内部编号，可用于后续对账使用。无特别填写要求，英文或数字都可。

该客户业务编号可在后续融资查询——“提款记录”中，进行提款记录的查找。

小提示：

关于融资贷款的更多操作，请参考金融服务操作。

点击【完成】按钮，系统弹出确认提示“是否立即支付”（如图 10–106）。

图 10–106 立即支付提示

确保 IC 卡或 Ikey 正确连接在电脑中，点击【是】，完成直接支付的操作。点击【否】，当前支付提示框自动关闭，返回融资支付的界面。

4. 高级查询

确保 IC 卡或 Ikey 正确连接在电脑中，点击【高级查询】白色按钮，系统弹出查询框如图 10–107。

高级查询

报关单号：

税费单序号：

税单生成时间： 2022-05-12 - 2022-05-27

提运单号：

合同号：

收发货人单位：

消费使用单位：

申报单位：

税费种类：

关区：

查询 重置

图 10–107 高级查询

在上图中，可点【放大】按钮，将当前的信息框放大。再点【缩小】按钮，将已放大的信息框缩小至原大小。

可通过输入报关单号、税费单序号、提运单号、合同号、消费使用单位，在税费种类、关区字段中点击空格键带出参数选择或直接输入关键字后进行查询。点击【重置】按钮清空查询条件，可重新填写。

其中，税单生成时间的选择方法为，将光标置于录入框中，在弹出的日历框中，可点击“<”或“<<”向前查找日期，在左侧部分选择开始日期，点击下图中的“>”或“>>”扩大日历范围，在右侧部分选择截止日期，点击【确定】后，选中的区域变成绿色（如图 10-108），执行查询。点击【清空】按钮，清除已选择的日期，可重新选择。

图 10-108 高级查询（日历框）

二、支付处理中

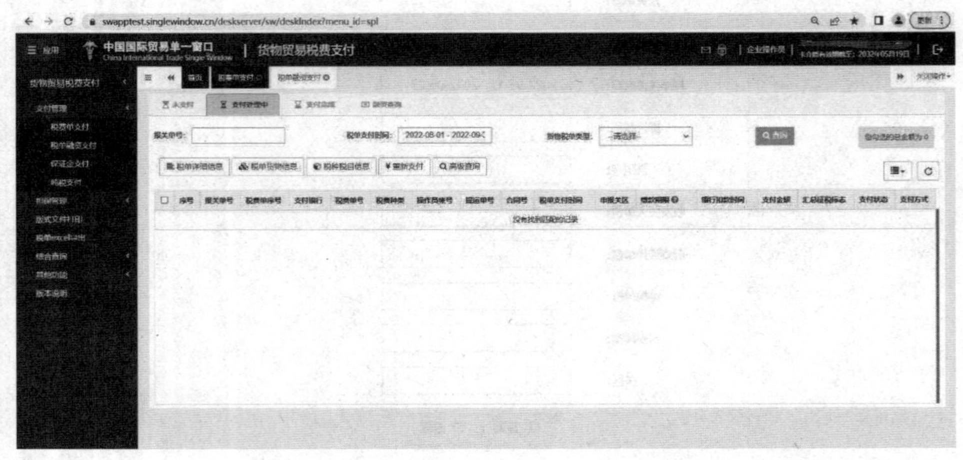

图 10-109 普通税单融资支付（支付处理中）

“支付处理中”页签内，系统自动执行查询。也可以输入报关单号、选择税单支付时间，或使用高级查询功能，进行手动查找。如系统未自动刷新，可点击列表右上【刷新】图标手动刷新。也可以使用高级查询功能，进行查找。

勾选一条或多条记录后，页面右上绿色区域内，系统自动对所勾选记录的支付金额进行相加，并显示总金额。

该页签内，可以查询到状态“支付处理中”“支付失败”的税单数据。

在上图的结果列表中，右侧的“待确认支付、支付处理中、支付失败”彩色字样，既是状态又是按钮。点击彩色字样，系统弹出相应的支付记录信息框。可点【放大】按钮，将当前弹出的信息框放大（如图 10-110）。点【缩小】按钮，将已放大的信息框缩小至原大小。在该对话框中，可使用鼠标滚轮或键盘的上下键，使页面上下滚动。

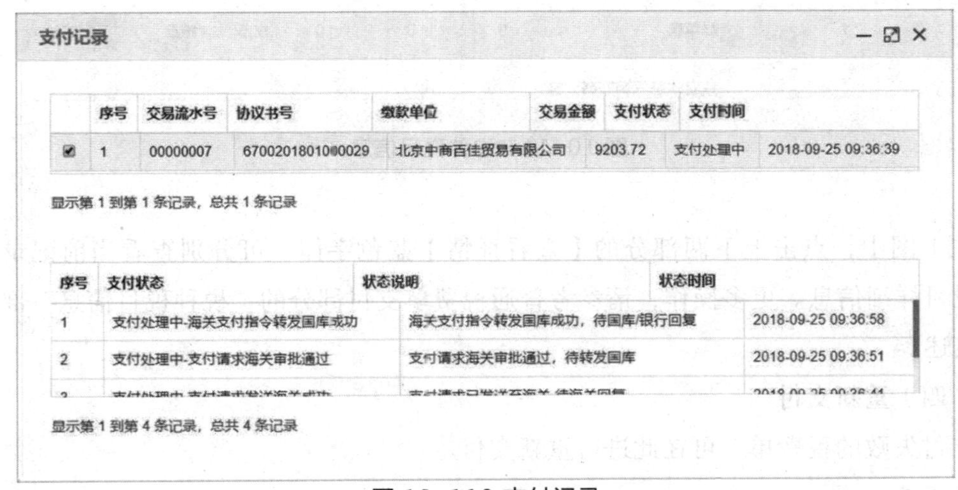

图 10-110 支付记录

（一）税单详细信息

具体操作与上文“未支付”部分“税单详细信息”的内容相同，不再赘述。

（二）税单货物信息

具体操作与上文“未支付”部分“税单货物信息”的内容相同。

（三）税种税目信息

确保 IC 卡或 Ikey 正确连接在电脑中，勾选记录，点击【税种税目信息】白色按钮，系统弹出信息框如下图。可点【放大】按钮，将当前弹出的信息框放大（如图 10-111）。点【缩小】按钮，将已放大的信息框缩小至原大小。

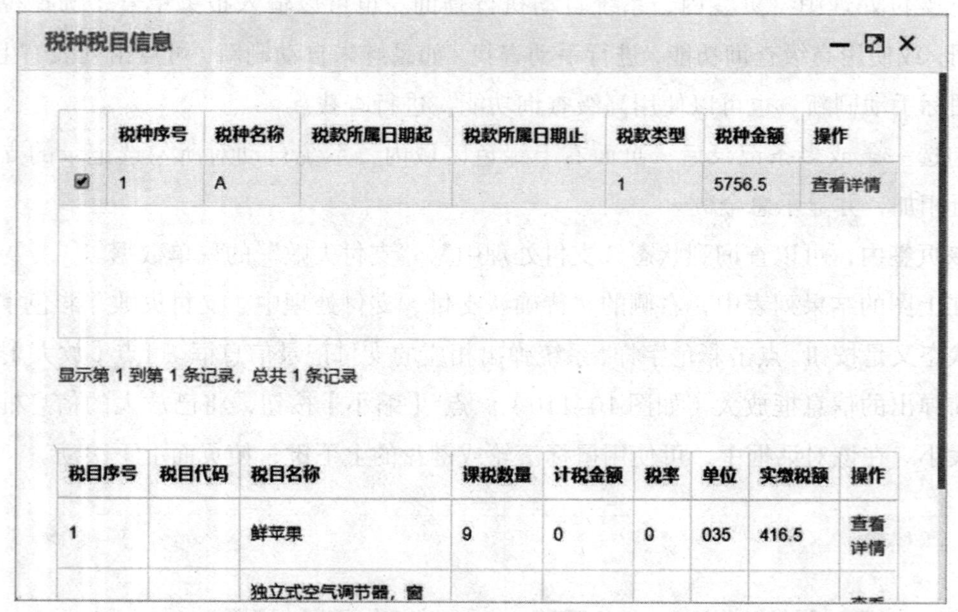
税种税目信息

	税种序号	税种名称	税款所属日期起	税款所属日期止	税款类型	税种金额	操作
☑	1	A			1	5756.5	查看详情

显示第 1 到第 1 条记录，总共 1 条记录

税目序号	税目代码	税目名称	课税数量	计税金额	税率	单位	实缴税额	操作
1		鲜苹果	9	0	0	035	416.5	查看详情
		独立式空气调节器，窗						

图 10-111 税种税目信息

在上图中，点击上下两部分的【查看详情】蓝色字体，可分别查看当前记录的税种与税目详细信息。更多操作，请参考普通税费单支付部分的“税种税目信息”部分，不再赘述。

（四）重新支付

支付失败的税费单，可在此进行重新支付。

<u>小提示：</u>

<u>如果无法在此看到相应关区的税单数据或支付按钮，请确认业务权限授权或高级设置的配置是否正确。更多内容，请参考上文税费支付权限说明相关内容。</u>

确保 IC 卡或 Ikey 正确连接在电脑中，在普通税单融资支付（支付处理中）界面勾选一条“支付失败”状态的记录，点击界面中的【重新支付】白色按钮，系统弹出录入框如图 10–112。

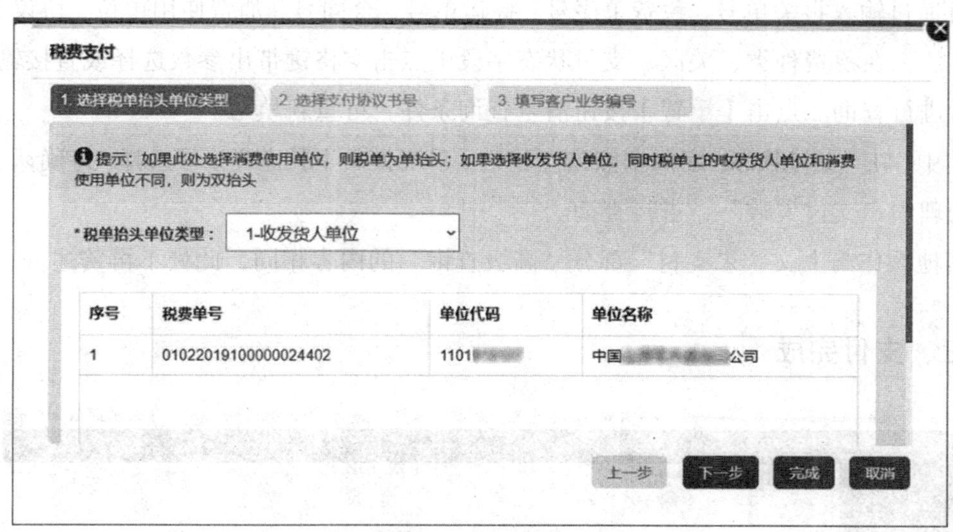

图 10-112 重新支付（选择税单抬头单位）

其他操作与上文相同，可参考普通税单融资支付的“直接支付”部分。

高级查询功能说明如下。

确保 IC 卡或 Ikey 正确连接在电脑中，在普通税单融资支付（支付处理中）界面中，点击【高级查询】白色按钮，系统弹出查询框如图 10-113。

高级查询

报关单号：

税费单序号：

提运单号：

合同号：

消费使用单位：

税费种类：

税单支付时间：2019-02-01 - 2019-04-17

关区：

支付状态：

协议书号：

缴款单位：

查询　重置

图 10-113 支付处理中（高级查询）

可通过输入报关单号、税费单序号、提运单号、合同号、消费使用单位、协议书号、缴款单位，在税费种类、关区、支付状态字段中点击空格键带出参数选择或直接输入关键字后进行查询。点击【重置】按钮清空查询条件，可重新填写。

其中，在“支付状态”字段中点击空格键，系统弹出下拉菜单，可选择“待确认支付、支付处理中、支付失败”，进行查询。

其他操作与上文“未支付”部分“高级查询”的内容相同，此处不再赘述。

三、支付完成

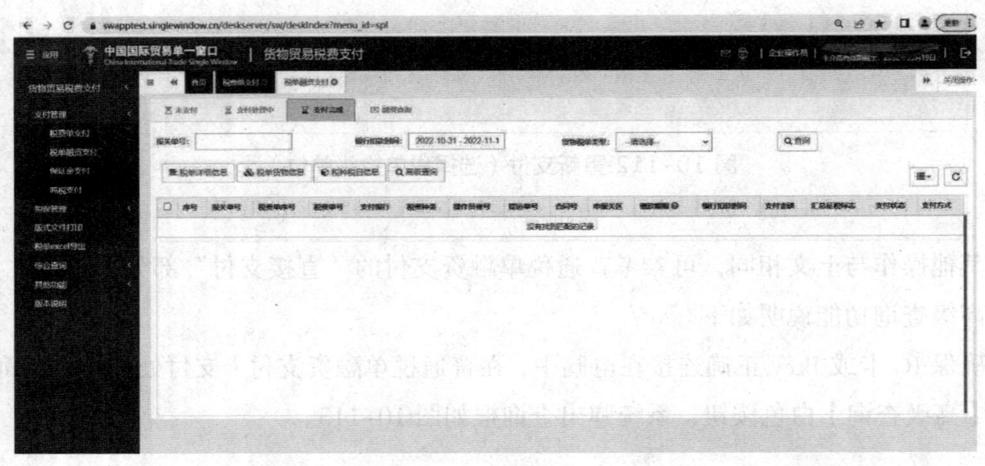

图 10-114 普通税单融资支付（支付完成）

“支付完成”页签内，系统自动执行查询。如系统未自动刷新，可点击列表右上图标手动刷新。也可以输入报关单号、选择银行扣款时间，或使用高 级查询功能，进行查找。

该页签内，只能查询到状态“支付成功”的税单数据。

在上图的结果列表中，右侧的“支付成功”绿色字样，既是状态又是按钮。点击彩色字样，系统弹出相应的支付记录信息框。可点【放大】按钮，将当前弹出 的信息框放大（如图 10-115）。点【缩小】按钮，将已放大的信息框缩小至原大小。在 该对话框中，可使用鼠标滚轮或键盘的上下键，使页面上下滚动。

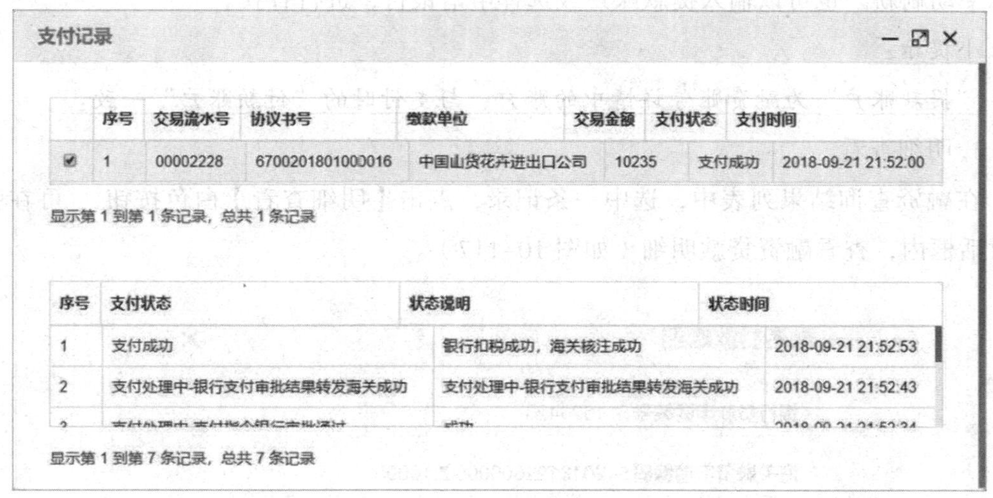

图 10-115 支付完成（支付记录）

（一）税单详细信息

具体操作与上文“未支付’ 部分“税单详细信息”的内容相同，不再赘述。

（二）税单货物信息

具体操作与上文“未支付”部分“税单货物信息”的内容相同。

（三）税种税目信息

具体操作与上文“支付处理中”部分“税种税目信息”的内容相同。

（四）高级查询

具体操作与上文“支付处理中”部分“高级查询”的内容相同。

（五）融资查询

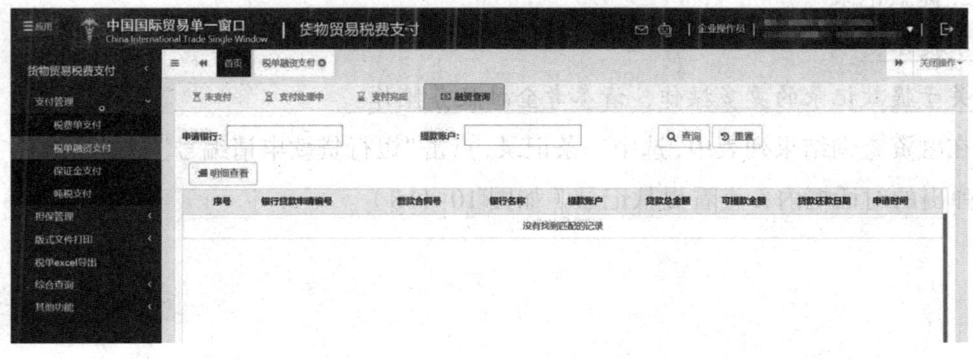

图 10-116 融资查询

“融资查询”页签内，系统自动执行查询。如系统未自动刷新，可点击列表右二图标手动刷新。也可以输入提款账户或选择申请银行，进行查找。

小提示：

“提款账户”为融资账号详情中的账户，与支付时的“付款账户”一致。

1. 明细查看

在融资查询结果列表中，选中一条记录，点击【明细查看】白色按钮，可在弹出的对话框内，查看融资贷款明细（如图 10-117）。

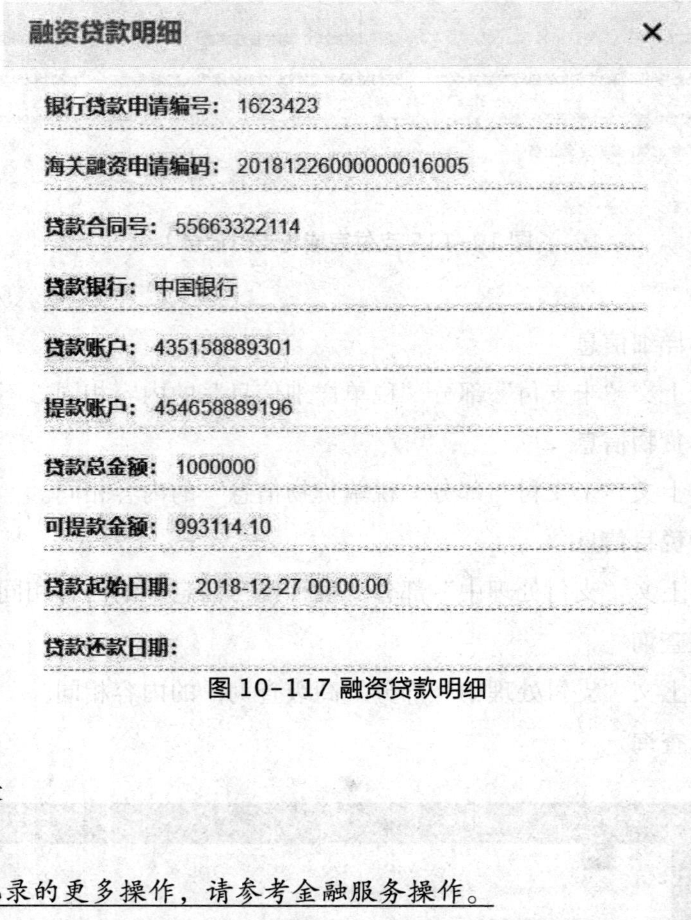

融资贷款明细 ×

银行贷款申请编号：1623423

海关融资申请编码：20181226000000016005

贷款合同号：55663322114

贷款银行：中国银行

贷款账户：435158889301

提款账户：454658889196

贷款总金额：1000000

可提款金额：993114.10

贷款起始日期：2018-12-27 00:00:00

贷款还款日期：

图 10-117 融资贷款明细

2. 提款记录

小提示：

关于提款记录的更多操作，请参考金融服务操作。

在融资查询结果列表中，选中一条记录，点击“银行贷款申请编号”栏内的绿色字样，可在弹出的对话框内，查看提款记录（如图 10-118）。

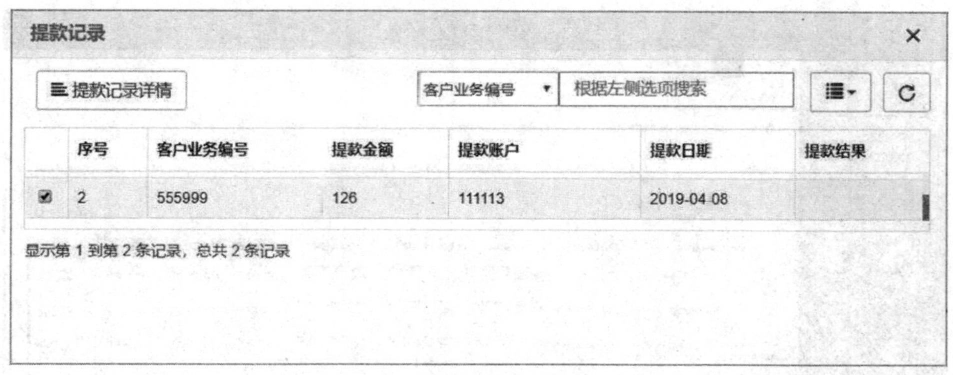

图 10-118 提款记录

可输入支付第三步时填写的“客户业务编号”进行搜索。选中一条记录，点击【提款记录详情】白色按钮，可在弹出的对话框内，查看提款记录详情（如图 10-119）。

提款记录详情

客户业务编号	555999
单一窗口融资编号：	RZXX000022382265
企业证件号码：	91110114102690233H
银行绑定号：	BOC2019040801
提款账户：	111113
贷款账号：	123456
提款金额：	126
提款金额货币：	CNY
提款结果：	
提款日期：	2019-04-08
提款结果说明：	

图 10-119 提款记录详情

第三节 保证金支付

提供海关发出保证金数据的支付、查询等功能。点击左侧菜单栏“保证金支付”，右侧界面展示如下图，包括“未支付、支付处理中、支付完成”三个页签。

图 10-120 保证金支付

在保证金支付界面中，包括“未支付、支付处理中、支付完成” 三个页签，可切换进行查看。

系统自动根据当前页签的类型，获取相应状态的税单数据。也可以通过输入“报关单号”、选择“保证金生成时间”进行查询，查询时间跨度最大 90 天。查询结果展示在下方列表中。

如系统未自动刷新，可点击列表右上【刷新】图标手动刷新。成功获取数据后，列表内显示当前的查询结果。可自定义选择每页显示的记录数，也可点击底部右侧的页数按钮跳转。

【保证金支付】页签中的白色按钮，根据当前用户的权限进行显示或隐藏，说明如下：

（1）拥有申请支付权限的，可以看到【申请支付】按钮。

（2）拥有确认支付权限的，可以看到【确认支付】按钮。

（3）拥有申请支付 + 确认支付权限的，可以看到【直接支付】、【重新支付】按钮。

关于相关权限的分配操作，请参考“业务权限授权”或“高级设置”等章节的相关内容。

一、未支付

保证金“未支付”页签内，默认查询距离当前日期近 14 天的数据。如系统未自动刷新，可点击列表右上 【刷新】图标手动刷新。也可以输入报关单号、选择保证金生成时间（查询时间跨度最大 90 天，下同），或使用高级查询功能，进行查找。

勾选一条或多条记录后，页面右上绿色区域内，系统自动对所勾选记录的支付金额进行相加，并显示总金额。该页签内，只能查询到状态的保证金数据。

（一）保证金详细信息

在结果列表中勾选任意一条记录，点击【保证金详细信息】白色按钮，系统弹出当前选中记录的详细信息（如图 10-121）。在该对话框中，可放大页面，或使用鼠标滚轮或键盘的上下键，滚动页面。

保证金详细信息

保金/函文号：	J67042018100000016	报关单号：	670420181000000038
申报关区：	(6704)湛江南油	操作类型：	002
保证金金额：	25265.22	登记日期：	2018-09-19
期限：	2018-12-31	生成时间：	2018-09-19 17:33:49
消费使用单位/生产销售单位编码：	1101919107	消费使用单位/生产销售单位名称：	中国山货花卉进出口公司
申办单位编码：	1101919107	申办单位名称：	中国山货花卉进出口公司
申报单位编码：	1101919107	申报单位名称：	中国山货花卉进出口公司
主要商品税号：	8415101000	主要商品名称：	独立式空气调节器，窗式、壁式、置于天花板或地板上的
担保单位名称：	中国山货花卉进出口公司		

图 10-121 保证金详细信息

（二）申请支付

小提示：

如果无法在此看到相应关区的税单数据或支付按钮，请确认"业务权限授权"或"高级设置"的配置是否正确。更多内容，请参考上文"税费支付权限说明"相关内容。

确保 IC 卡或 Ikey 正确连接在电脑中，在保证金支付（未支付）界面中勾选记录，点击【申请支付】白色按钮。系统弹出支付对话框如图 10-122。

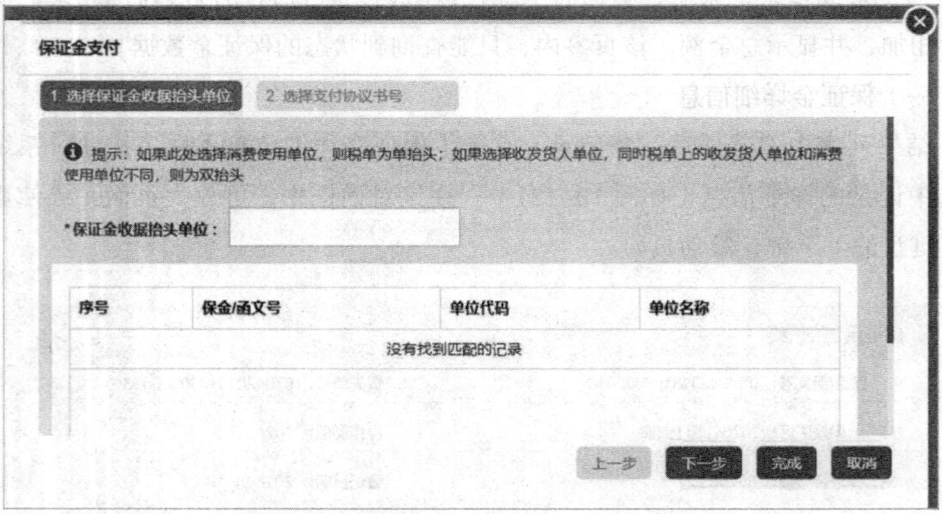

图 10–122 保证金申请支付（选择保证金收据抬头单位）

1. 选择保证金收据抬头单位

将光标置于上图“保证金收据抬头单位”一栏内，点击空格键，系统弹出下拉菜单（如图 10–123），选择后续要打印的单位类型（下拉菜单内的单位类型，为报关单 / 税单内的对应单位），包括“收发货人单位”“消费使用单位”“申报单位”三种。

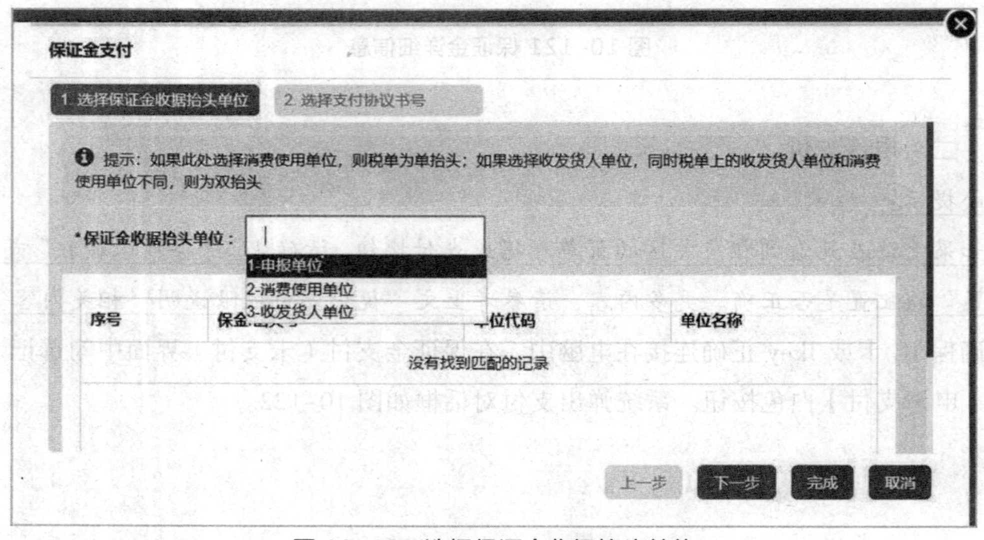

图 10–123 选择保证金收据抬头单位

选择完毕后，下方列表中，根据报关单 / 税单内的信息，生成保证金收据打印的单位代码、名称等信息。确认无误后，点击【下一步】蓝色按钮，进入选择协议书号界面。

2. 选择支付协议书号

图 10-124 选择保证金支付协议书号

根据实际业务情况，勾选本次支付使用的协议号，点击【完成】按钮，系统弹出确认提示“是否确认申请支付”。

确保 IC 卡或 Ikey 正确连接在电脑中，点击【是】，完成申请支付的操作。点击【否】，当前支付提示框自动关闭，返回选择协议号的界面。

（三）直接支付

确保 IC 卡或 Ikey 正确连接在电脑中，在保证金查/支付（未支付）界面中勾选记录，点击【直接支付】白色按钮，更多操作与上文相同，可参考税费单支付章节的“直接支付”与保证金的“申请支付”部分。

（四）批量支付

申请支付、直接支付时的批量支付功能，可参考税费单支付章节的“批量支付（申请/直接支付）”部分。

（五）高级查询

确保 IC 卡或 Ikey 正确连接在电脑中，在保证金查询/支付（未支付）界面中，点击【高级查询】白色按钮，系统弹出查询框如下图。

可通过报关单号、保金/函文号、消费使用单位、保证金生成时间或关区进行查询，任意选择一项条件录入进行查询即可。如点击【重置】按钮将清空查询条件，可重新填写。

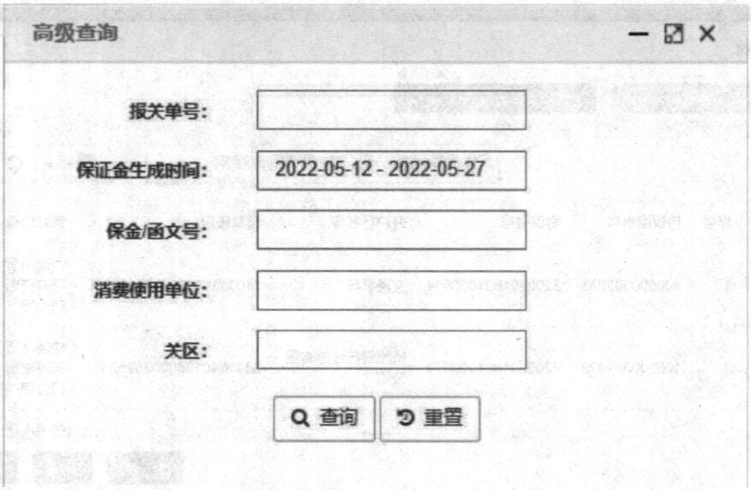

图 10-125 保证金支付（高级查询）

其他操作与上文税费单“未支付”部分“高级查询”的内容相同，不再赘述。

二、支付处理中

保证金“支付处理中”页签内，系统自动执行查询。如系统未自动刷新，可点击列表右上图标手动刷新。也可以输入报关单号、选择保证金生成时间，或使用高级查询功能，进行查找。勾选一条或多条记录后，页面右上绿色区域内，系统自动对所勾选记录的支付金额进行相加，并显示总金额。

该页签内，可以查询到状态“待确认支付”“支付处理中”“支付失败”的保证金数据。结果列表中，右侧的“待确认支付、支付处理中、支付失败”彩色字样，既是状态又是按钮。点击彩色字样，系统弹出相应的支付记录信息框。可点【放大】按钮，将当前弹出的信息框放大（如图 10-126）。点【缩小】按钮，将已放大的 信息框缩小至原大小。在该对话框中，可使用鼠标滚轮或键盘的上下键，使页面上下滚动。

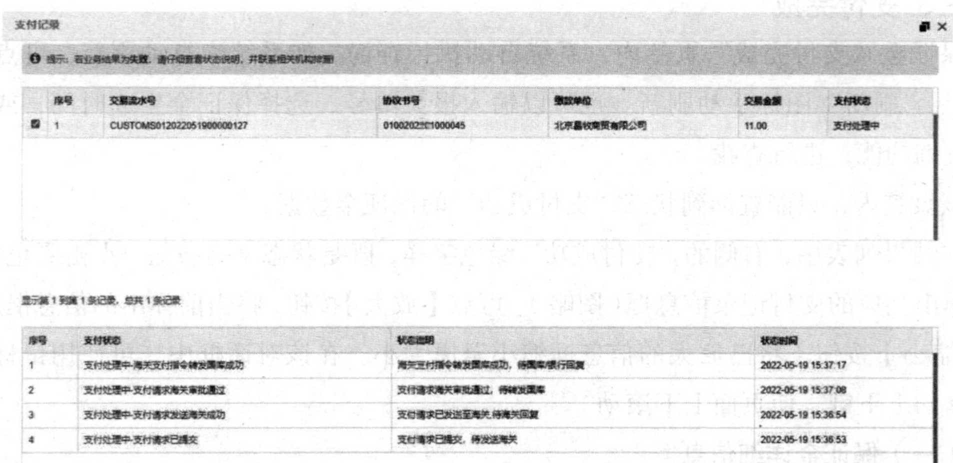

图 10-126 支付记录

（一）保证金详细信息

具体操作与保证金“未支付”部分“保证金详细信息”的内容相同，此处不再赘述。

（二）确认支付

确保 IC 卡或 Ikey 正确连接在电脑中，在保证金查询 / 支付（支付处理中）界面勾选“待确认支付”状态的记录，点击【确认支付】白色按钮，其他操作与上文相同，可参考税费单支付章节的“确认支付”部分。

（三）重新支付

支付失败的保证金，可在此进行重新支付。

确保 IC 卡或 Ikey 正确连接在电脑中，在保证金查询 / 支付（支付处理中）界面勾选“支付失败”状态的记录，点击界面中的【重新支付】白色按钮，其他操作与上文相同，可参考税费单支付章节的“重新支付”部分。

（四）批量支付

确认支付、重新支付时的批量支付功能，可参考税费单支付章节的“批量支付（确认 / 重新支付）”部分。

（五）退回申请

只有“待确认支付”状态下的税单才能使用“退回申请”功能。只有申请支付该笔税费单的用户，才能对该笔税费单进行退回操作。

具体操作与上文普通税费单“退回申请”部分内容相同。

（六）高级查询

具体操作与上文保证金查询“未支付”部分“高级查询”的内容相同。

三、支付完成

保证金“支付完成”页签内，系统自动执行查询。如系统未自动刷新，可点击列表右上 “刷新”图标手动刷新。也可以输入报关单号、选择保证金生成时间，或使用高级查询功能，进行查找。

该页签内，只能查询到状态“支付成功”的保证金数据。

在结果列表中，右侧的“支付成功”绿色字样，既是状态又是按钮。点击彩色字样，系统弹出相应的支付记录信息框（图略）。可点【放大】按钮，将当前弹出的信息框放大。点【缩小】按钮，将已放大的信息框缩小至原大小。在该对话框中，可使用鼠标滚轮或键盘的上下键，使页面上下滚动。

（一）保证金详细信息

具体操作与保证金“未支付”部分“保证金详细信息”的内容相同，此处不再赘述。

（二）高级查询

具体操作与上文保证金查询“未支付”部分“高级查询”的内容相同。

第四节　吨税支付

提供海关发出吨税数据的支付、查询等功能。点击左侧菜单栏“吨税支付”，右侧界面展示如下图，包括“未支付”“支付处理中”“支付完成”三个页签。

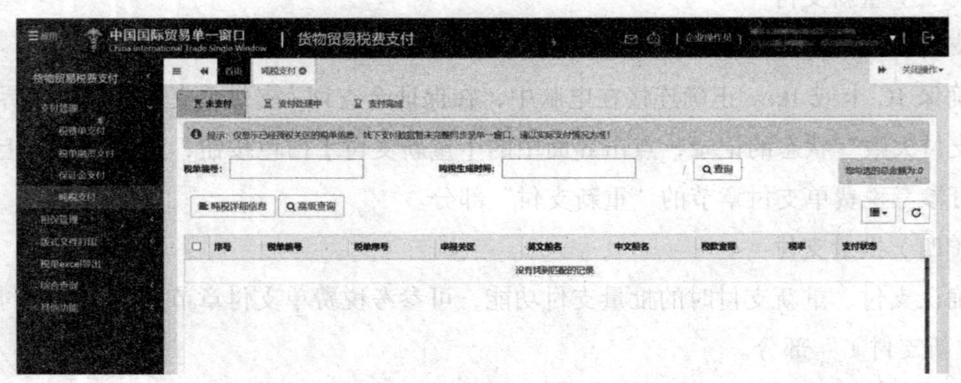

图 10-127 吨税支付

在吨税支付界面中，包括“未支付、支付处理中、支付完成”三个页签，可切换进行查看。

系统自动根据当前页签的类型，获取相应状态的税单数据。也可以通过输入“税单编号”、选择“吨税生成时间”进行查询，查询时间跨度最大 90 天。查询结果展示在下方列表中。

如系统未自动刷新，可点击列表右上【刷新】图标手动刷新。成功获取数据后，列表内显示当前的查询结果。可自定义选择每页显示的记录数，也可点击底部右侧的页数按钮跳转。

【吨税支付】页签中的白色按钮，根据当前用户的权限进行显示或隐藏，说明如下：

（1）拥有申请支付权限的，可以看到【申请支付】按钮。

（2）拥有确认支付权限的，可以看到【确认支付】按钮。

（3）拥有申请支付 + 确认支付权限的，可以看到【直接支付】【重新支付】按钮。

关于相关权限的分配操作，请参考“业务权限授权”或“高级设置”等章节的相关内容。

一、未支付

吨税“未支付”页签内，默认查询距离当前日期近 14 天的数据。如系统未自动刷新，可点击列表右上【刷新】图标手动刷新。也可以输入税单编号、选择吨 税生成时间（查询时间跨度最大 90 天，下同），或使用高级查询功能，进行查找。

勾选一条或多条记录后，页面右上绿色区域内，系统自动对所勾选记录的支付金额进行相加，并显示总金额。

该页签内，只能查询到状态“未支付”的吨税数据。

（一）吨税详细信息

在结果列表中勾选任意一条记录，点击【吨税详细信息】白色按钮，系统弹出当前选中记录的详细信息（如图 10-128）。在该对话框中，可放大页面，或使用鼠标滚轮或键盘的上下键，滚动页面。

吨税详细信息

税单序号：	01	报关单号：	220120186000053210
退补税标志：	-	滞报滞纳标志：	0
税款金额：	1500.00	收入机关：	财政部
预算科目代码：	1011501	税单生成时间：	2018-09-22 15:05:12
操作类型：	001	税率：	1.50
中文船名：		英文船名：	w1
抵港日期：	2018-09-22	国籍：	
申报关区：	(2201)浦江海关	协议书号：	
税单打印缴款单位编码：		税单打印缴款单位名称：	
签约单位/缴费单位编号：		签约单位/缴费单位名称：	
申报单位编号：	1101919107	申报单位名称：	中国山货花卉进出口公司
确认发送标志：	0	确认时间：	
中心统一编号：		申请扣税时间：	
业务报文号：			

图 10-128 吨税详细信息

（二）申请支付

<u>小提示：</u>

<u>如果无法在此看到相应关区的税单数据或支付按钮，请确认“业务权限授权”或“高级设置”的配置是否正确。更多内容，请参考上文“税费支付权限说明”相关内容。</u>

确保 IC 卡或 Ikey 正确连接在电脑中，在吨税支付（未支付）界面中勾选记录，点击【申请支付】白色按钮，系统弹出支付对话框如图 10-129。

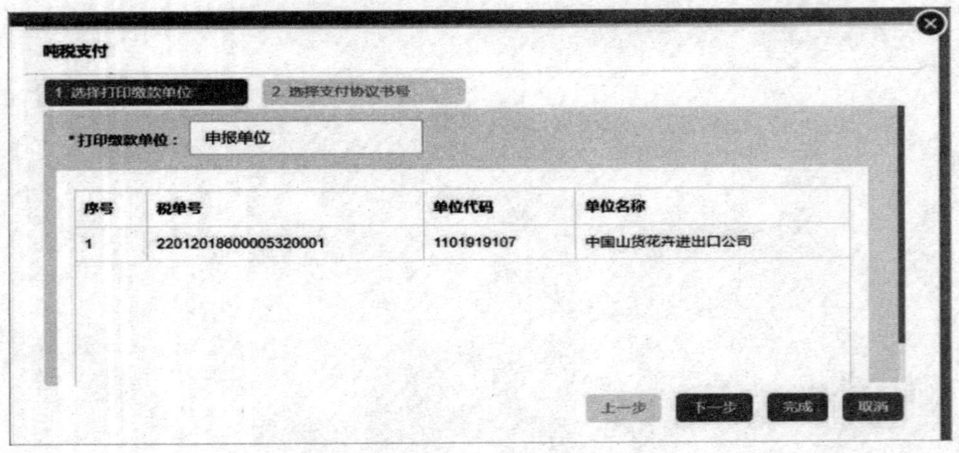

图 10-129 吨税申请支付（选择打印缴款单位）

1. 选择打印缴款单位

上图"打印缴款单位"一栏内，不允许修改单位类型，"申报单位"为吨税详细信息中对应的申报单位，详细内容可参考上文"吨税详细信息"。

确认下方列表中，船舶吨税的税单号、单位代码、名称等信息无误后，点击【下一步】蓝色按钮，进入选择协议书号界面。

2. 选择支付协议书号

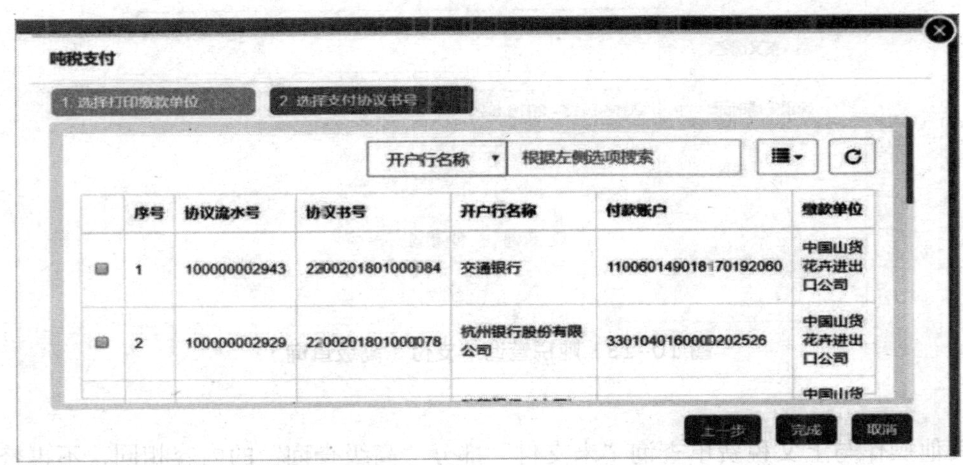

图 10-130 选择吨税支付协议书号

根据实际业务情况，勾选本次支付使用的协议号，点击【完成】按钮，系统弹出确认提示"是否确认申请支付"。

确保 IC 卡或 Ikey 正确连接在电脑中，点击【是】，完成申请支付的操作。

点击【否】，当前支付提示框自动关闭，返回选择协议号的界面。

（三）直接支付

确保 IC 卡或 Ikey 正确连接在电脑中，在吨税查询 / 支付（未支付）界面中勾选记录，点击【直接支付】白色按钮，更多操作与上文相同，可参考税费单支付章节的"直接支付"与吨税支付的"申请支付"部分。

（四）批量支付

申请支付、直接支付时的批量支付功能，可参考税费单支付章节的"批量支付（申请 / 直接支付）"部分。

（五）高级查询

确保 IC 卡或 Ikey 正确连接在电脑中，在吨税查 / 支付（未支付）界面中，点击【高级查询】白色按钮，系统弹出查询框如下图。

可通过报关单号、税单序号、中文船名、英文船名、吨税生成时间或关区进行查询，任意选择一项条件录入进行查询即可。如点击【重置】按钮将清空查询条件，可重新填写。

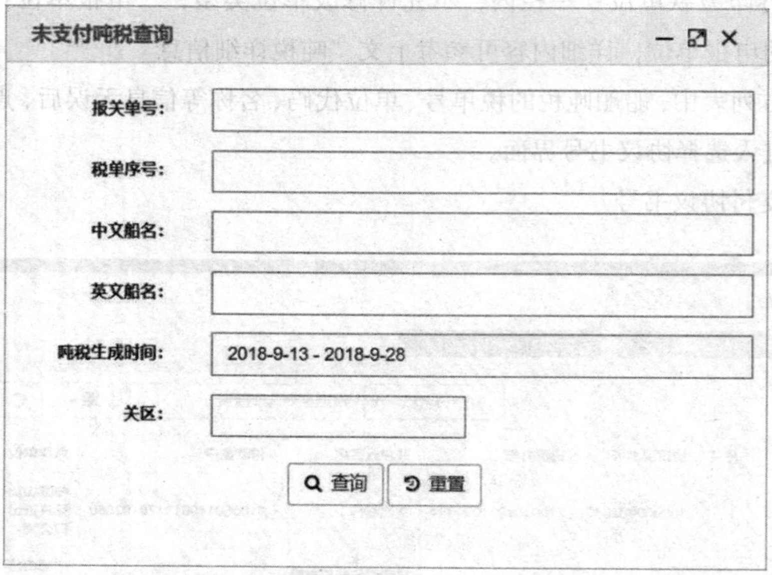

未支付吨税查询

报关单号：

税单序号：

中文船名：

英文船名：

吨税生成时间：2018-9-13 - 2018-9-28

关区：

查询　重置

图 10-131 吨税查询 / 支付（高级查询）

其他操作与上文税费单查询“未支付”部分“高级查询”的内容相同，不再赘述。

二、支付处理中

吨税“支付处理中”页签内，系统自动执行查询。如系统未自动刷新，可点击列表右上【刷新】图标手动刷新。也可以输入税单编号、选择吨税生成时间，或使用高级查询功能，进行查找。

该页签内，可以查询到状态“待确认支付”“支付处理中”“支付失败”的保证金数据。在上图的结果列表中，右侧的“待确认支付、支付处理中、支付失败”彩色字样，既是状态又是按钮。点击彩色字样，系统弹出相应的支付记录信息框。可点【放大】按钮，将当前弹出的信息框放大（如图 10-132）。点【缩小】按钮，将已放大的信息框缩小至原大小。在该对话框中，可使用鼠标滚轮或键盘的上下键，使页面上下滚动。

	序号	交易流水号	协议书号	缴款单位	税款金额	支付状态
☑	1		2200201801000042	中国山货花卉进出口公司	1500.00	支付处理中

显示第 1 到第 1 条记录，总共 1 条记录

序号	支付状态	状态说明	状态时间
1	支付处理中-海关支付指令转发国库成功	海关支付指令转发国库成功，待国库/银行回复	2018-09-25 21:06:10
2	支付处理中-海关支付指令已提交	支付处理中-海关支付指令已提交	2018-09-25 21:06:05

图 10-132 支付记录

（一）吨税详细信息

具体操作与吨税“未支付”部分“吨税详细信息”的内容相同，此处不再赘述。

（二）确认支付

确保 IC 卡或 Ikey 正确连接在电脑中，在吨税查询 / 支付（支付处理中）界面中勾选“待确认支付”状态的记录，点击【确认支付】白色按钮，其他操作与上文相同，可参考税费单支付章节的“确认支付”部分。

（三）重新支付

支付失败的吨税，可在此进行重新支付。

确保 IC 卡或 Ikey 正确连接在电脑中，在吨税支付（支付处理中）界面勾选“支付失败”状态的记录，点击界面中的【重新支付】白色按钮，其他操作与上文相同，可参考税费单支付章节的“重新支付”部分。

（四）批量支付

确认支付、重新支付时的批量支付功能，可参考税费单支付章节的“批量支付（确认 / 重新支付）”部分。

（五）退回申请

只有“待确认支付”状态下的税单才能使用“退回申请”功能。只有申请支付该笔税费单的用户，才能对该笔税费单进行退回操作。

具体操作与上文普通税费单“退回申请”部分内容相同。

（六）高级查询

具体操作与上文吨税查询“支付处理中”部分“高级查询”的内容相同。

三、支付完成

吨税“支付完成”页签内，系统自动执行查询。如系统未自动刷新，可点击列表右上 图标手动刷新。也可以输入税单编号、选择吨税生成时间，或使 用高级查询功能，进行查找。

该页签内，只能查询到状态“支付成功”的吨税数据。

在结果列表中，右侧的“支付成功”绿色字样，既是状态又是按钮。点击彩色字样，系统弹出相应的支付记录信息框（图略）。可点【放大】按钮，将当前弹出的信息框放大。点【缩小】按钮，将已放大的信息框缩小至原大小。在该对话框中，可使用鼠标滚轮或键盘的上下键，使页面上下滚动。

（一）吨税详细信息

具体操作与吨税“未支付”部分“吨税详细信息”的内容相同，此处不再赘述。

（二）高级查询

具体操作与上文吨税“未支付”部分“高级查询”的内容相同。

第五节 跨境电商零售进口税单支付

提供海关发出跨境电商零售进口税单数据的支付、查询等功能。点击左侧菜单栏“支付管理－跨境电商零售进口税单支付”，右侧界面展示如图 10–133，包括“未支付”“支付处理中”“支付完成”三个页签。

小提示：

没有被分配关区及协议的操作员，可能无法看到相应关区的税单数据。请使用法人卡介质登录系统，确认相关授权配置。更多操作，可参考“业务权限授权”或“高级设置”等章节的相关内容。

图 10-133 跨境电商零售进口税单支付

在跨境电商零售进口税单支付界面中，包括“未支付”“支付处理中”“支付完成”三个页签，可切换进行查看。

系统自动根据当前页签的类型，获取相应状态的税单数据。也可以通过输入“税单单号（18 位）”“担保企业名称”，选择“税单生成时间”“货物税单类型”进行查询，查询时间跨度最大 90 天。查询结果展示在下方列表中。

如系统未自动刷新，可点击列表右上【刷新】图标手动刷新。成功获取数据后，列表内显示当前的查询结果。可自定义选择每页显示的记录数，也可点击底部右侧的页数按钮跳转。

“未支付”“支付处理中”页签中的白色操作按钮，根据当前用户的权限进行显示或隐藏，说明如下：

（1）拥有申请支付权限的，可以在“未支付”页签看到【申请支付】按钮；

（2）拥有确认支付权限的，可以在“支付处理中”页签看到【确认支付】按钮。

（3）拥有申请支付 + 确认支付权限的，可以在“未支付”页签看到【直接支付】按钮，以及在“支付处理中”页签看到【重新支付】按钮。

关于相关权限的分配操作，请参考“业务权限授权”或“高级设置”等章节的相关内容。

一、未支付

图 10-134 跨境电商零售进口税单支付（未支付）

“未支付”页签内，根据监管部门对支付的相关要求，系统默认查询距离当前日期近 14 天的数据。如系统未自动刷新，可点击列表右上【刷新】图标手动刷新。也可以输入税单单号（18 位）、选择税单生成时间（查询时间跨度最大 90 天，下同），或使用“高级查询”功能，进行条件查询。

点击列表右上角的【筛选】按钮，可通过勾选 / 取消勾选操作，自定义在列表中进行展示的栏目（如图 10-135）。

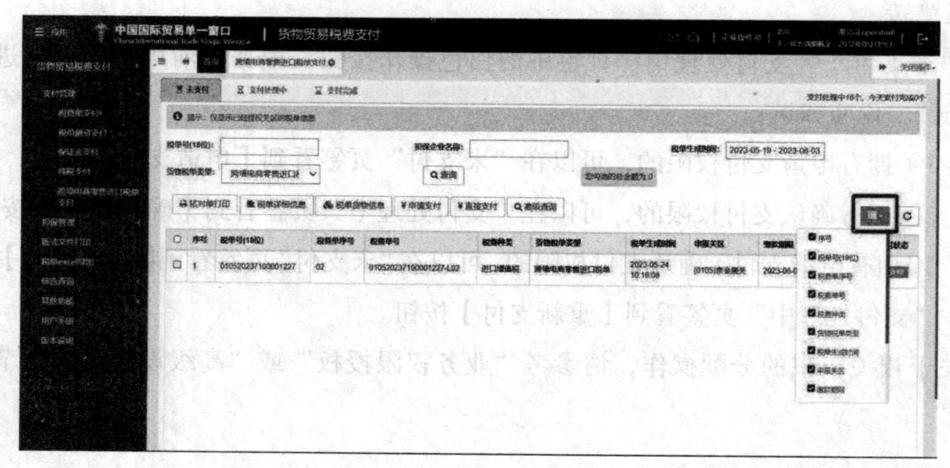

图 10-135 跨境电商零售进口税单支付（未支付）自定义列表栏目

勾选一条或多条记录后，页面右上绿色区域内，系统自动对所勾选记录的支付金额进行相加，并显示总金额（如图 10-136）。

图 10-136 跨境电商零售进口税单支付（未支付）勾选多条记录支付

（一）核对单打印

确保 IC 卡或 Ikey 正确连接在电脑中，在跨境电商零售进口税单支付（未支付）界面中勾选记录，点击【核对单打印】白色按钮，系统显示核对单详细信息的预览（如图 10-137）。

系统支持批量打印——同时勾选多条记录，点击【核对单打印】白色按钮后，在下图顶部“页面”字样旁，点击箭头或输入页码，预览界面自动跳转。

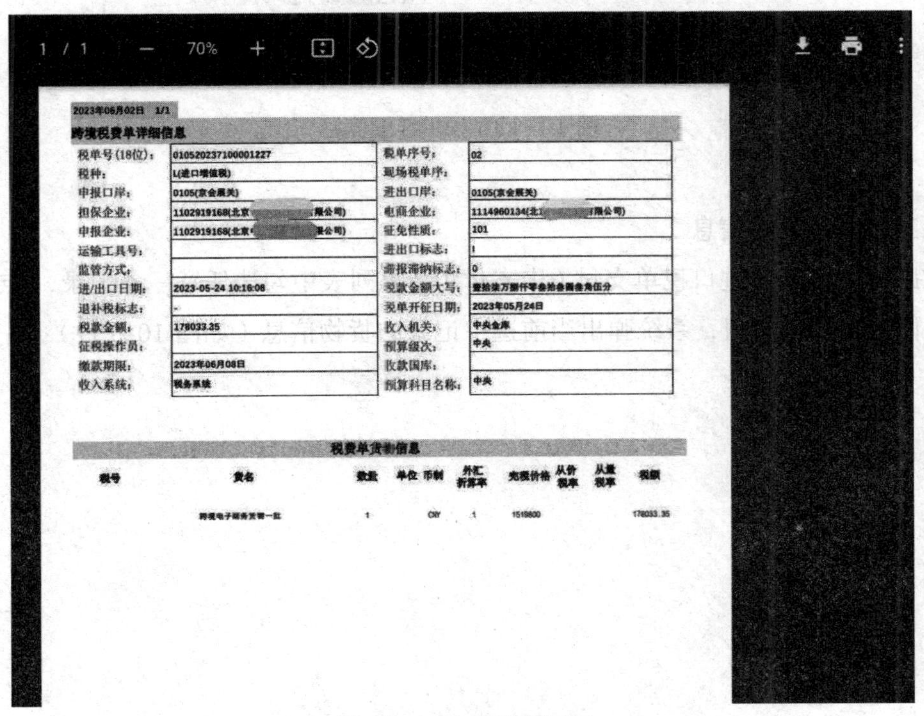

2023年06月02日 1/1

跨境税费单详细信息

税单号(18位)：	010520237100001227	税单序号：	02
税种：	L(进口增值税)	现场税单序：	
申报口岸：	0105(京会展关)	进出口岸：	0105(京会展关)
担保企业：	1102919168(北京[illegible]限公司)	电商企业：	1114960134(北[illegible]限公司)
申报企业：	1102919168(北京[illegible]限公司)	征免性质：	101
运输工具号：		进出口标志：	I
监管方式：		滞报滞纳标志：	0
进/出口日期：	2023-05-24 10:16:08	税款金额大写：	壹拾柒万捌仟零叁拾叁圆叁角伍分
退补税标志：	-	税单开征日期：	2023年05月24日
税款金额：	178033.35	收入机关：	中央金库
征税操作员：		预算级次：	中央
缴款期限：	2023年06月08日	收款国库：	
收入系统：	税务系统	预算科目名称：	中央

税费单货物信息

税号	货名	数量	单位	币制	外汇折算率	完税价格	从价税率	从量税率	税额
	[illegible]	1		CNY	1	1519800			178033.35

图 10-137 核对单预览

点击界面右上角【打印机】图标，根据您当前浏览器的设置或打印机实际情况，进行打印即可。

（二）税单详细信息

在跨境电商零售进口税单支付（未支付）结果列表中勾选任意一条记录，点击【税单详细信息】白色按钮，系统弹出当前选中税单记录的详细信息（如图 10-138）。在该对话框中，可放大页面，或使用鼠标滚轮或键盘的上下键，滚动页面。

税单详细信息

税费单序号：	02	税单号(18位)：	010520237100001227
税费种类：	进口增值税	税费单号：	010520237100001227-L02
税单开征日期：	2023-05-24 10:16:08	担保企业编码：	1102919168
担保企业名称：	北京[illegible]有限公司	电商企业编码：	1114960134
电商企业名称：	北京[illegible]限公司	申报企业编号：	1102919168
申报企业名称：	北京[illegible]有限公司	纳税人识别号：	
备案关区：	(0105)京会展关	征免性质：	一般征税
监管方式：		进出口岸：	(0105)京会展关
进出口日期：	2023-05-24 10:16:08	进出口标志：	进口
主要商品名称：	跨境电子商务货物一批	缴款期限：	2023-06-08
支付金额：	178033.35	税单生成时间：	2023-05-24 10:16:08
税单打印缴款单位：			

图 10-138 税单详细信息

（三）税单货物信息

在跨境电商零售进口税单支付（未支付）结果列表中勾选任意一条记录，点击【税单货物信息】白色按钮，系统弹出当前选中记录的货物信息（如图 10-139）。

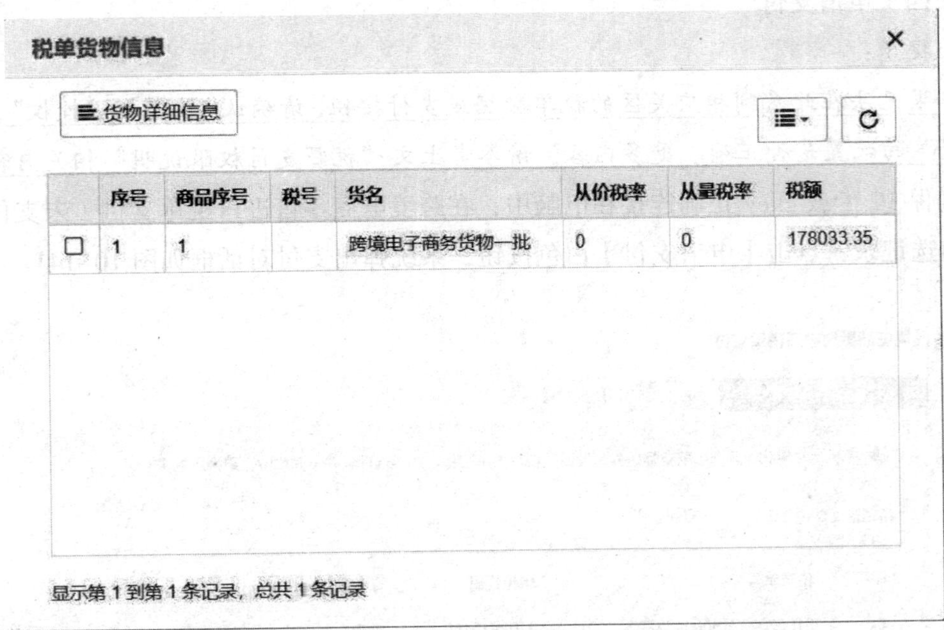

	序号	商品序号	税号	货名	从价税率	从量税率	税额
☐	1	1		跨境电子商务货物一批	0	0	178033.35

图 10–139 税单货物信息

系统自动获取当前税单货物信息的数据并展示在结果列表中。在税单货物信息界面中勾选一条记录，点击【货物详细信息】白色按钮，此时界面将继续弹出当前选中货物的详细信息（如图 10–140）。

货物详细信息

报关单编号：	010520237100001227	商品序号：	1
税号：		征免规定：	
数量：	1	单位：	
成交币制：	CNY	外汇折算率：	1
完税价格：	1519800	税率计征标准：	
从价税率：	0	从量税率：	0
税额：	178033.35		
货名：	跨境电子商务货物一批		

图 10–140 货物详细信息

（四）申请支付

小提示：

如果无法在此看到相应关区的税单数据或支付按钮，请确认“业务权限授权”或“高级设置”的配置是否正确。更多内容，请参考上文“税费支付权限说明”相关内容。

确保 IC 卡或 Ikey 正确连接在电脑中，在跨境电商零售进口税单支付（未支付）界面中勾选记录，点击【申请支付】白色按钮，系统弹出支付对话框如图 10-141。

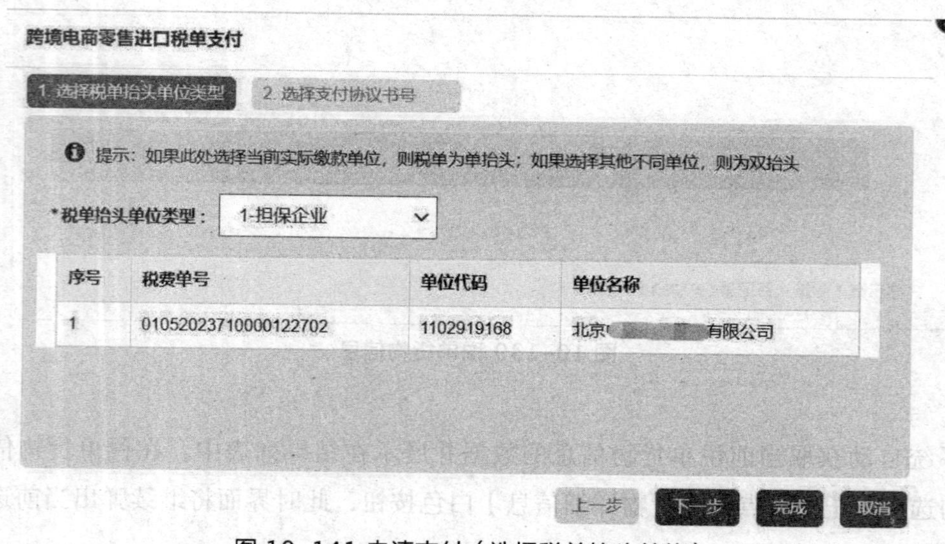

图 10-141 申请支付（选择税单抬头单位）

1. 选择税单抬头单位类型

小提示：

系统显示的初始税单抬头单位为“担保企业”，同时下方列表自动展示税单对应的的电商企业和申报企业的代码与名称。

将光标置于上图“税单抬头单位”一栏内，点击空格键，系统弹出下拉菜单（如图 10-142），选择后续要打印的单位类型，包括“电商企业”“申报企业”两种。

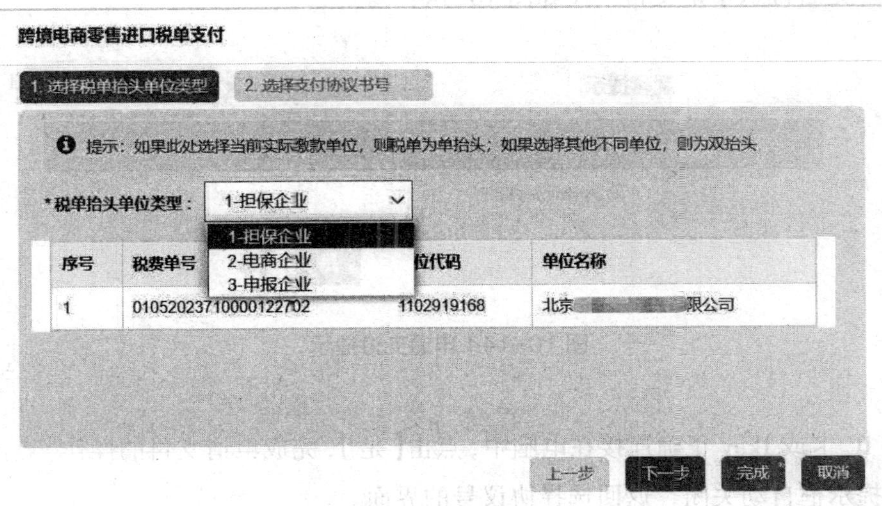

图 10-142 选择税单抬头单位

选择完毕后，下方列表中，根据税单内的信息，生成版式文件或核对单打印的单位代码、名称等信息。确认无误后，点击【下一步】蓝色按钮，进入选择协议书号界面。

小提示：

如果以“担保企业”汇总的，税单为单抬头，即担保企业；以“担保企业＋电商企业”汇总的，企业支付时，系统默认实际缴款单为税单抬头之一，企业勾选另一家企业（担保企业和电商企业）的，税单为双抬头。

2. 选择支付协议书号

跨境电商零售进口税单支付

1. 选择税单抬头单位类型　2. 选择支付协议书号

开户行名称　根据左侧选项搜索

	序号	协议流水号	协议书号	开户行名称	付款账户	缴款单位
☐	1	100000773951	0100202301000051	渣打银行（中国）有限公司	000000501511238460	北京 贸易有限公司
☐	2	100000773818	0100202301000036	中国邮政储蓄银行总行	961003010011097347	北京 贸易有限公司
☐	3	100000773741	0100202301000005	招商银行	110902816410903	北京 贸易有限公司

上一步　完成　取消

图 10-143 选择支付协议书号

根据实际业务情况，勾选本次支付使用的协议号，点击【完成】按钮，系统弹出确认提示“是否确认申请支付”（如图 10-144）。

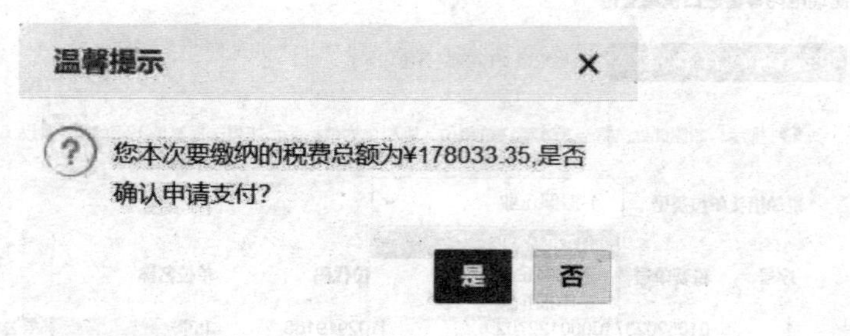

图 10-144 申请支付提示

确保 IC 卡或 Ikey 正确连接在电脑中，点击【是】，完成申请支付的操作。点击【否】，当前支付提示框自动关闭，返回选择协议号的界面。

（五）直接支付

小提示：

如果无法在此看到相应关区的税单数据或支付按钮，请确认“业务权限授权”或“高级设置”的配置是否正确。更多内容，请参考上文税“费支付权限说明”相关内容。

确保 IC 卡或 Ikey 正确连接在电脑中，在跨境电商零售进口税单支付（未支付）界面中勾选未支付的记录，点击【直接支付】白色按钮，系统弹出支付录入框如图 10-145。

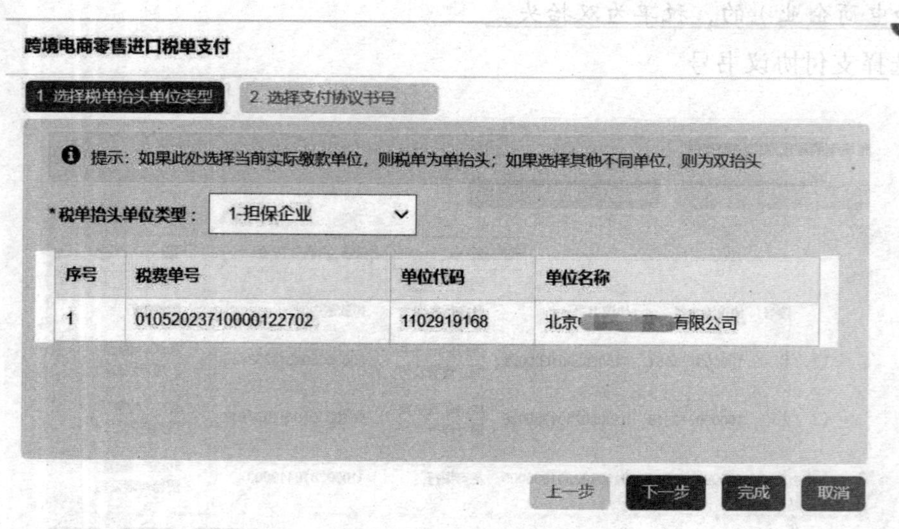

图 10-145 直接支付（选择税单抬头单位）

将光标置于上图“税单抬头单位”一栏内，点击空格键，系统弹出下拉菜单，其他操作与“申请支付”步骤相同，参考上文。

根据实际业务情况，勾选本次支付使用的协议号，点击【完成】按钮，系统弹出确认提示“是否立即支付”（如图 10-146）。

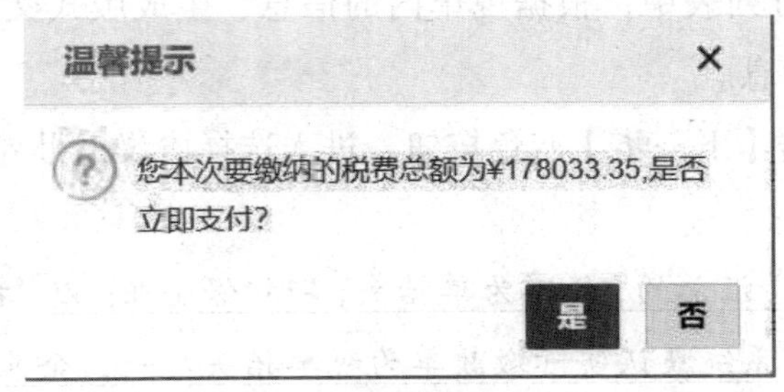

图 10-146 直接支付提示

确保 IC 卡或 Ikey 正确连接在电脑中，点击【是】，完成直接支付的操作。点击【否】，当前支付提示框自动关闭，返回选择协议号的界面。

（六）批量支付（申请 / 直接支付）

确保 IC 卡或 Ikey 正确连接在电脑中，在跨境电商零售进口税单支付（未支付）界面中勾选多条记录，点击【申请支付】或【直接支付】白色按钮，系统弹出支付对话框如图 10-147。

序号	税费单号	单位代码	单位名称
1	010520237100[illegible]0122702	1102919168	北京[illegible]有限公司
2	010520237100[illegible]0121701	1102919168	北京[illegible]有限公司
3	010520237100[illegible]0121702	1102919168	北京[illegible]有限公司
4	010520237100[illegible]0121501	1102919168	北京[illegible]有限公司

图 10-147 批量支付（选择税单抬头单位）

1. 选择税单打印缴款单位

小提示：

系统默认置显示税单抬头单位为“担保企业”，同时下方列表自动展示担保企业的代码与名称。

将光标置于上图“税单抬头单位”一栏内，点击空格键，系统弹出下拉菜单，选择后续要打印的单位类型，包括“电商企业、申报企业”两种。

选择完毕后，下方列表中，根据税单内的信息，生成版式文件或核对单打印的缴款单位代码、名称等信息。

确认无误后，点击【下一步】蓝色按钮，进入选择协议书号界面。

小提示：

如果以“担保企业”汇总的，税单为单抬头，即担保企业；以“担保企业＋电商企业”汇总的，企业支付时，系统默认实际缴款单为税单抬头之一，企业勾选另一家企业（担保企业和电商企业）的，税单为双抬头。

2. 选择支付协议书号

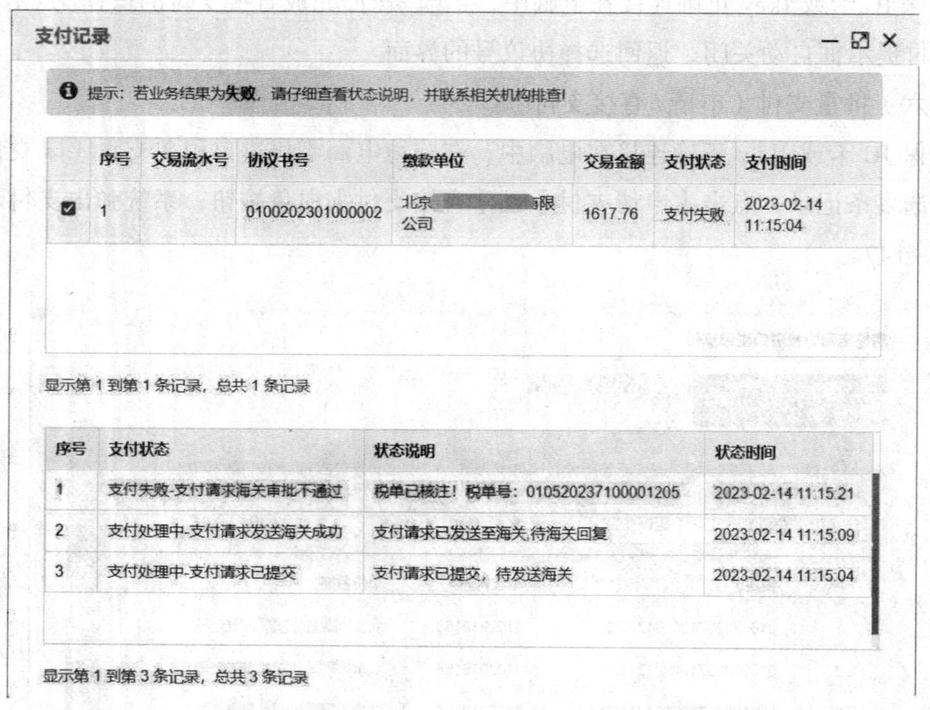

图 10-148 选择支付协议书号

根据实际业务情况，勾选本次支付使用的协议号，点击【完成】按钮，系统弹出申请或直接支付的提示。

确保 IC 卡或 Ikey 正确连接在电脑中，点击【是】，完成批量支付操作。点击【否】，当前支付提示框自动关闭，返回选择协议号的界面。

（七）高级查询

确保 IC 卡或 Ikey 正确连接在电脑中，在跨境电商零售进口税单支付（未支付）界面中，点击【高级查询】白色按钮，系统弹出查询框如图 10–149。

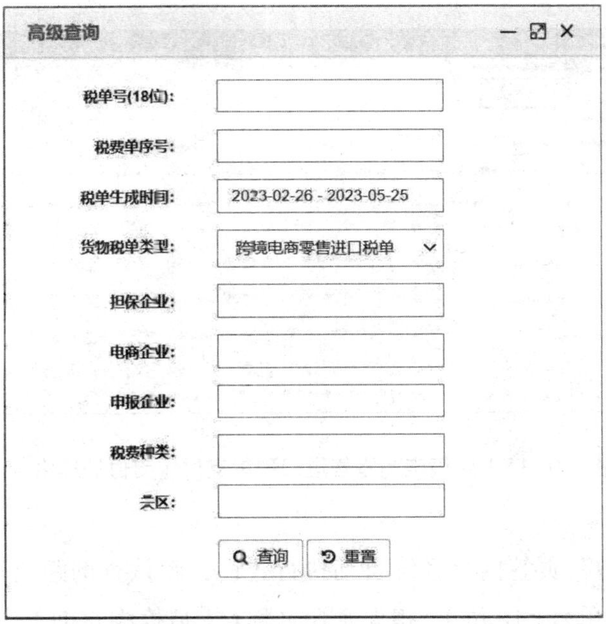

图 10–149 高级查询

在上图中，可点 【放大】按钮，将当前的信息框放大。再点【缩小】按钮，将已放大的信息框缩小至原大小。

可通过输入税单号（18 位）、税费单序号、担保企业、电商企业、申报企业， 在税费种类、关区字段中点击空格键带出参数选择或直接输入关键字后进行查询。点击【重置】按钮清空查询条件，可重新填写。

其中，税单生成时间的选择方法为，将光标置于录入框中，在弹出的日历框中，可点击“<”或“<<”向前查找日期，在左侧部分选择开始日期，点击下图中的“>”或“>>”扩大日历范围，在右侧部分选择截止日期，点击【确定】后，选中的区域变成绿色（如图 10–150），执行查询。点击【清空】按钮，清除已选择的日期，可重新选择。

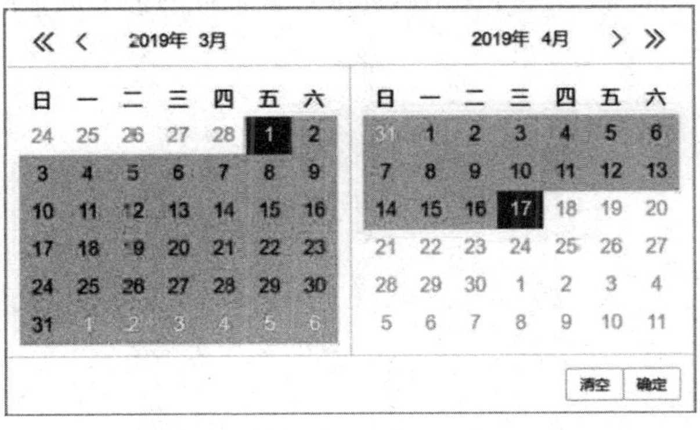

图 10–150 高级查询（日历框）

二、支付处理中

图 10-151 跨境电商零售进口税单支付（支付处理中）

在“支付处理中”页签内，系统自动执行查询，默认查询距离当前日期近 14 天的数据。也可以输入税单号（18 位）、担保企业名称（支持模糊查询）、选择税单生成时间，或使用高级查询功能，进行手动查找。如系统未自动刷新，可点击列表右上【刷新】图标手动刷新。也可以使用高级查询功能，进行查找。

点击列表右上角的【筛选】按钮 ，可通过勾选 / 取消勾选操作，自定义在列表中进行展示的栏目，截图参见上文“未支付”部分。

勾选一条或多条记录后，页面右上绿色区域内，系统自动对所勾选记录的支付金额进行相加，并显示总金额。

该页签内，可以查询到状态“待确认支付”“支付处理中”“支付失败”的税单数据，在上图的结果列表中，右侧的“待确认支付”“支付处理中”“支付失败”彩色字样，既是状态又是按钮。点击彩色字样，系统弹出相应的支付记录信息框。可点【放大】按钮，将当前弹出的信息框放大（如图 10–152）。点 【 缩小 】按钮，将已放大的信息框缩小至原大小。在该对话框中，可使用鼠标滚轮或键盘的上下键，使页面上下滚动。

图 10-152 支付记录

（一）税单详细信息

具体操作与上文“未支付”部分‘税单详细信息”的内容相同，不再赘述。

（二）税单货物信息

具体操作与上文“未支付”部分“税单货物信息”的内容相同。

（三）税种税目信息

确保 IC 卡或 Ikey 正确连接在电脑中，在跨境电商零售进口税单支付（支付处理中）界面勾选记录，点击【税种税目信息】白色按钮，系统弹出信息框如下图。可点【放大】按钮，将当前弹出的信息框放大（如图 10-153）。点【缩小】按钮，将已放大的信息框缩小至原大小。

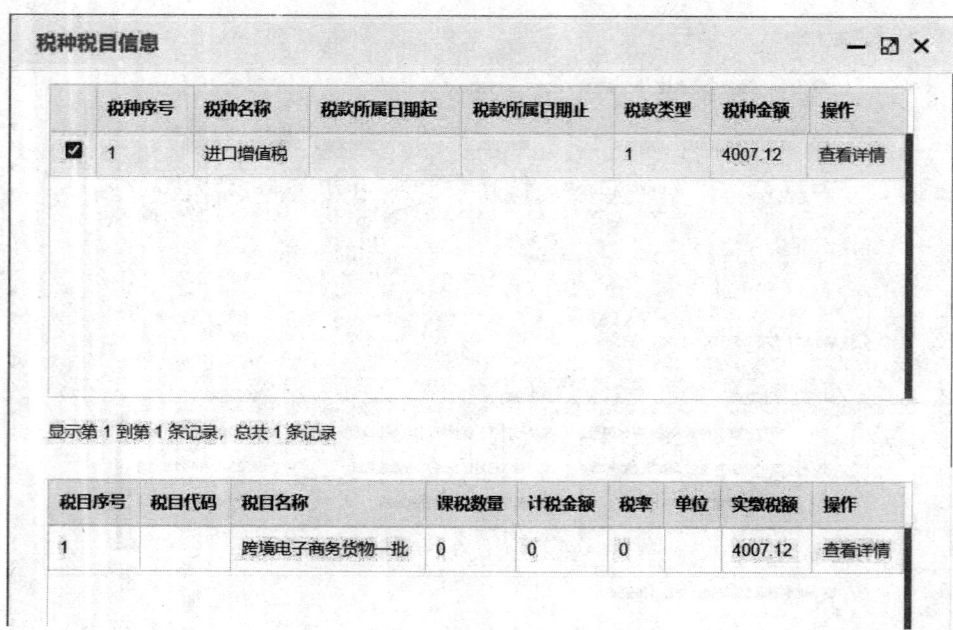

税种税目信息

	税种序号	税种名称	税款所属日期起	税款所属日期止	税款类型	税种金额	操作
☑	1	进口增值税			1	4007.12	查看详情

显示第 1 到第 1 条记录，总共 1 条记录

税目序号	税目代码	税目名称	课税数量	计税金额	税率	单位	实缴税额	操作
1		跨境电子商务货物一批	0	0	0		4007.12	查看详情

图 10-153 税种税目信息

在上图中，点击上下两部分的【查看详情】蓝色字体，可分别查看当前记录的税种与税目详细信息（如图 10-154、图 10-155）。

税种详细信息

税种序号：1　　预算科目代码：101010201

税种名称：进口增值税　　预算级次代码：1

预算级次名称：中央　　国标代码：

税款所属日期起：　　税款所属日期止：

税款类型：1　　税种金额：4007.12

明细条数：1

辅助标志：

图 10-154 税种详细信息

税目详细信息 ×

税种序号：	1	税目序号：	1
税目代码：		税目名称：	跨境电子商务货物—批
课税数量：	0	计税金额：	0
税率：	0	单位：	
实缴税额：	4007.12		

图 10-155 税目详细信息

（四）确认支付

小提示：

如果无法在此看到相应关区的税单数据或支付按钮，请确认“业务权限授权”或“高级设置”的配置是否正确。更多内容，请参考上文“税费支付权限说明”相关内容。

确保 IC 卡或 Ikey 正确连接在电脑中，在跨境电商零售进口税单支付（支付处理中）界面勾选状态为“待确认支付”的记录，点击【确认支付】白色按钮，系统弹出对话框如图 10-156。

图 10-156 确认支付提示

确保 IC 卡或 Ikey 正确连接在电脑中，点击【是】，系统弹出提示“确认支付完成”，完成确认支付的操作。点击【否】，当前支付提示框自动关闭，返回查询列表界面。

（五）重新支付

支付失败的税单，可在此进行重新支付。

小提示：

如果无法在此看到相应关区的税单数据或支付按钮，请确认“业务权限授权”或“高级设置”的配置是否正确。更多内容，请参考上文“税费支付权限说明”相关内容。

确保 IC 卡或 Ikey 正确连接在电脑中，在跨境电商零售进口税单支付（支付处理中）

界面勾选一条“支付失败”状态的记录，点击界面中的【重新支付】白色按钮，系统弹出录入框如图 10–157。

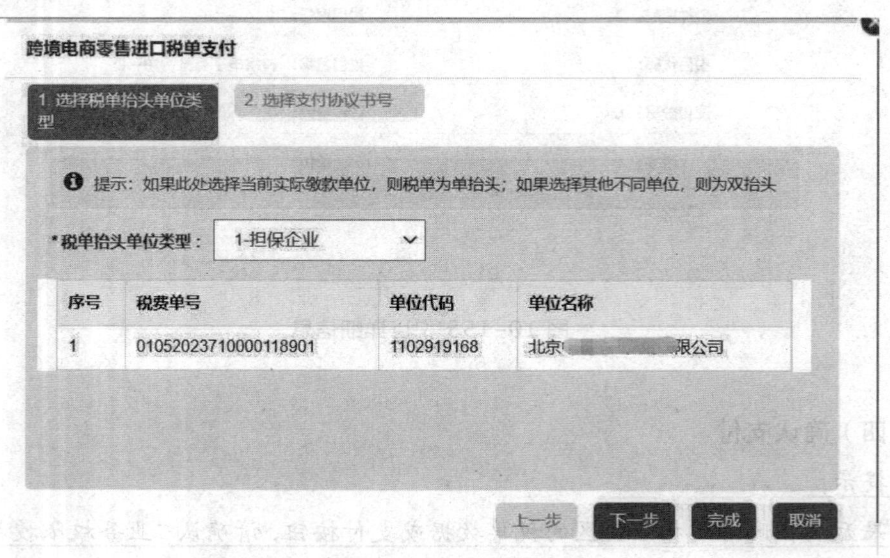

图 10–157 重新支付（选择税单抬头单位）

1. 选择税单抬头单位

小提示：

系统显示的初始税单抬头单位为“担保企业”，同时下方列表自动展示担保企业的代码与名称。

将光标置于上图“税单抬头单位”一栏内，点击空格键，系统弹出下拉菜单（如图 10–158），选择后续要打印的单位类型，包括“电商企业、申报企业”两种。

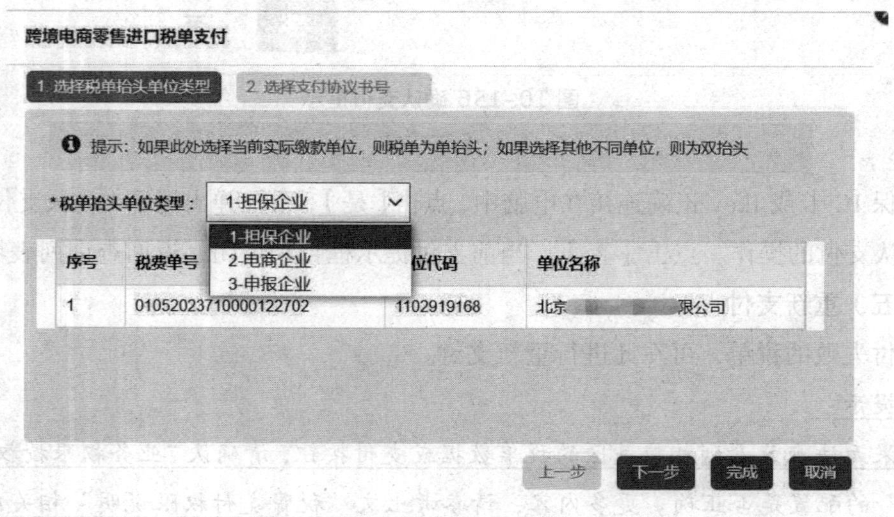

图 10–158 重新支付（选择税单抬头单位）

选择完毕后，下方列表中，根据税单内的信息，生成版式文件或核对单打印的缴款单位代码、名称等信息。确认信息无误，点击【下一步】蓝色按钮，进入选择协议书号界面。

小提示：

如果以“担保企业”汇总的，税单为单抬头，即担保企业；以“担保企业+电商企业”汇总的，企业支付时，系统默认实际缴款单为税单抬头之一，企业勾选另一家企业（担保企业和电商企业）的，税单为双抬头。

2. 选择支付协议书号

图 10-159 选择支付协议书号

根据实际业务情况，搜索并选择本次支付的协议号，点击【完成】按钮，系统弹出确认提示“是否立即支付”（如图 10-160）。

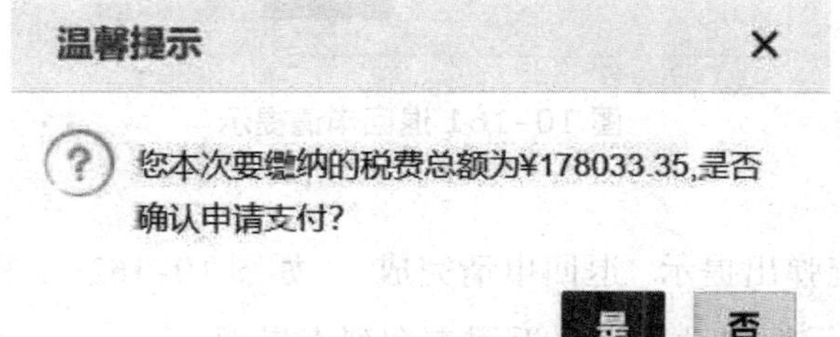

图 10-160 直接支付提示

确保 IC 卡或 Ikey 正确连接在电脑中，点击【是】，完成本次支付操作。点击【否】，当前支付提示框自动关闭，返回选择协议号的界面。

小提示：

重新支付与直接支付效力相同，支付后，该税单状态为“支付处理中”，可到【支付处理中】页签里查找并跟踪状态，无需再进行后续操作，等待海关、国库与银行审批通过后扣款即可。

（六）批量支付（确认 / 重新支付）

确保 IC 卡或 Ikey 正确连接在电脑中，在跨境电商零售进口税单支付（支付处理中）界面勾选多条状态为“待确认支付”的记录，可点击【确认支付】进行确认，操作与上文“确认支付”相同，不再赘述。

勾选多条状态为“支付失败”的记录，可点击【重新支付】按钮，操作与上文“重新支付”相同。

（七）退回申请

小提示：

只有开通了“确认支付”权限，才能进行“退回申请”操作，否则不显示该按钮。更多内容，请参考上文“税费支付权限说明、业务权限授权或高级设置”相关内容。

确保 IC 卡或 Ikey 正确连接在电脑中，在跨境电商零售进口税单支付（支付处理中）界面勾选状态为“待确认支付”的记录，点击【退回申请】白色按钮，系统弹出对话框如图 10–161。

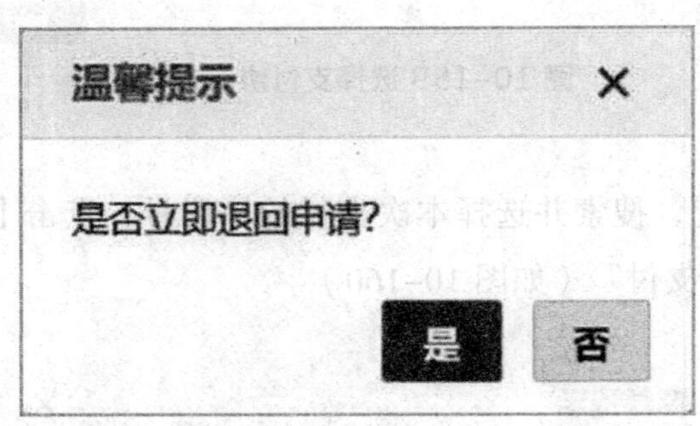

图 10–161 退回申请提示

点击【是】，系统弹出提示“退回申请完成”（如图 10–162），完成确认支付的操作。点击【否】，当前提示框自动关闭，返回查询列表界面。

图 10–162 退回申请完成

如果进行退回操作的用户，与发起申请支付的企业不是同一家单位，系统弹出以下提示。请联络发起申请支付的企业进行退回操作。

图 10-163 非本企业发起申请、退回操作提示

小提示：

退回申请可以进行批量操作，即可以同时选择多笔"待确认支付"状态下的税单，同时进行退回操作。

（八）高级查询

确保 IC 卡或 Ikey 正确连接在电脑中，在跨境电商零售进口税单支付（支付处理中）界面中，点击【高级查询】白色按钮，系统弹出查询框如图 10-164。

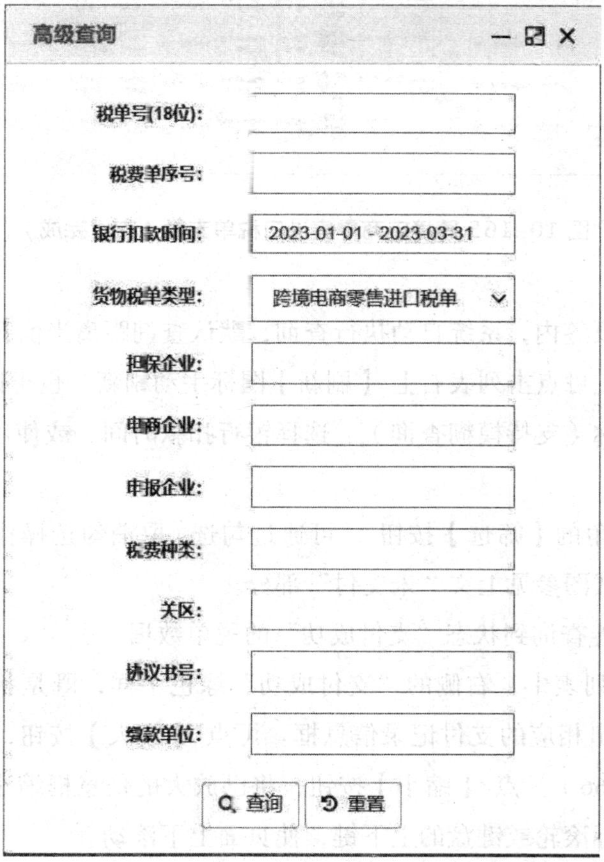

高级查询

税单号(18位):

税费单序号:

银行扣款时间: 2023-01-01 - 2023-03-31

货物税单类型: 跨境电商零售进口税单

担保企业:

电商企业:

申报企业:

税费种类:

关区:

协议书号:

缴款单位:

查询 重置

图 10-164 支付处理中（高级查询）

可通过输入税单号（18 位）、税费单序号、担保企业、电商企业、申报企业、协议书号、

缴款单位，在税费种类、关区、支付状态字段中点击空格键带出参数选择或直接输入关键字后进行查询。点击【重置】按钮清空查询条件，可重新填写。

其中，在“支付状态”字段中点击空格键，系统弹出下拉菜单，可选择“待确认支付”“支付处理中”“支付失败”，进行查询。

其他操作与上文“未支付”部分“高级查询”的内容相同，此处不再赘述。

三、支付完成

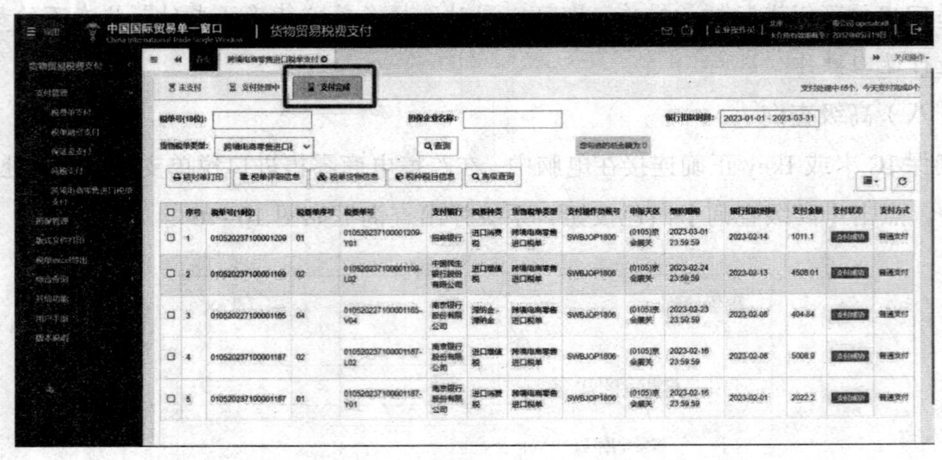

图 10-165 跨境电商零售进口税单支付（支付完成）

“支付完成”页签内，系统自动执行查询，默认查询距离当前日期近 14 天的数据。如系统未自动刷新，可点击列表右上【刷新】图标手动刷新。也可以输入 税单号（189 位）、担保企业名称（支持模糊查询）、选择银行扣款时间，或使用高级查询功能，进行查找。

点击列表右上角的【筛选】按钮，可通过勾选 / 取消勾选操作，自定义在列表中进行展示的栏目，截图参见上文“未支付”部分。

该页签内，只能查询到状态“支付成功”的税单数据。

在上图的结果列表中，右侧的“支付成功”绿色字样，既是状态又是按钮。点击绿色字样，系统弹出相应的支付记录信息框。可点【放大】按钮，将当前弹出的信息框放大（如图 10-166）。点【缩小】按钮，将已放大的信息框缩小至原大小。在该对话框中，可使用鼠标滚轮或键盘的上下键，使页面上下滚动。

支付记录

提示：若业务结果为**失败**，请仔细查看状态说明，并联系相关机构排查！

	序号	交易流水号	协议书号	缴款单位	交易金额	支付状态	支付时间
☑	1	00000023	0100202301000002	北京[illegible]有限公司	1011.1	支付成功	2023-02-14 17:11:58

显示第 1 到第 1 条记录，总共 1 条记录

序号	支付状态	状态说明	状态时间
1	支付成功	核注成功	2023-02-14 17:21:35
2	支付处理中-海关支付指令转发国库成功	海关支付指令转发国库成功，待国库/银行回复	2023-02-14 17:12:24
3	支付处理中-支付请求海关审批通过	支付请求海关审批通过，待转发国库	2023-02-14 17:12:16
4	支付处理中-支付请求发送海关成功	支付请求已发送至海关,待海关回复	2023-02-14 17:12:06

显示第 1 到第 5 条记录，总共 5 条记录

图 10-166 支付完成（支付记录）

（一）核对单打印

具体操作与上文“未支付”部分“核对单打印”的内容相同，不再赘述。

（二）税单详细信息

具体操作与上文“未支付”部分“税单详细信息”的内容相同，不再赘述。

（三）税单货物信息

具体操作与上文“未支付”部分“税单货物信息”的内容相同。

（四）税种税目信息

具体操作与上文“支付处理中”部分“税种税目信息”的内容相同。

（五）高级查询

确保 IC 卡或 Ikey 正确连接在电脑中，在跨境电商零售进口税单支付（支付完成）界面中，点击【高级查询】白色按钮，系统弹出查询框如图 10-167。

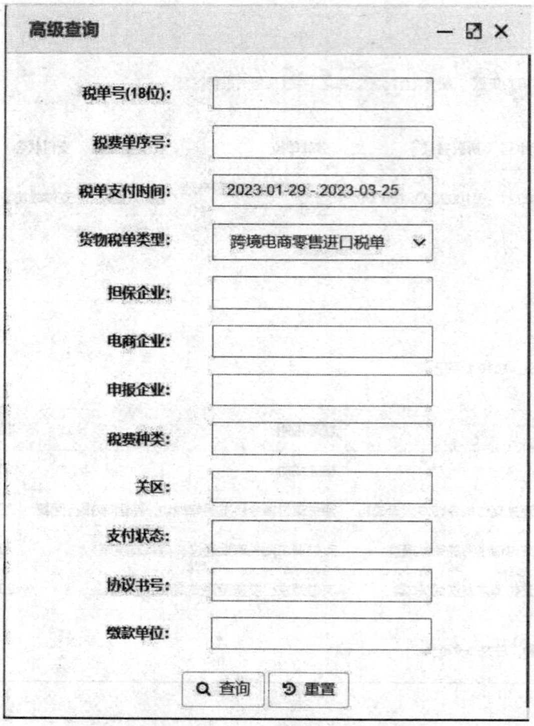

高级查询

税单号(18位):

税费单序号:

税单支付时间: 2023-01-29 - 2023-03-25

货物税单类型: 跨境电商零售进口税单

担保企业:

电商企业:

申报企业:

税费种类:

关区:

支付状态:

协议书号:

缴款单位:

查询 重置

图 10-167 支付完成（高级查询）

可通过输入税单号（18 位）、税费单序号、担保企业、电商企业、申报企业，在税费种类、关区字段中点击空格键带出参数选择或直接输入关键字后进行查询。点击【重置】按钮清空查询条件，可重新填写。

其他操作与上文“未支付”部分“高级查询”的内容相同，此处不再赘述。

第三章 担保管理

使用法人或操作员卡介质登录系统后，在“单一窗口”标准版系统中，选择进入“税费办理—货物贸易税费支付—担保管理”。

为法人、操作员用户提供保函查询，事务性担保备案、查询及预警功能。点击左侧菜单栏“货物贸易税费支付—> 担保管理”，可展开业务菜单（如图 10-168）。

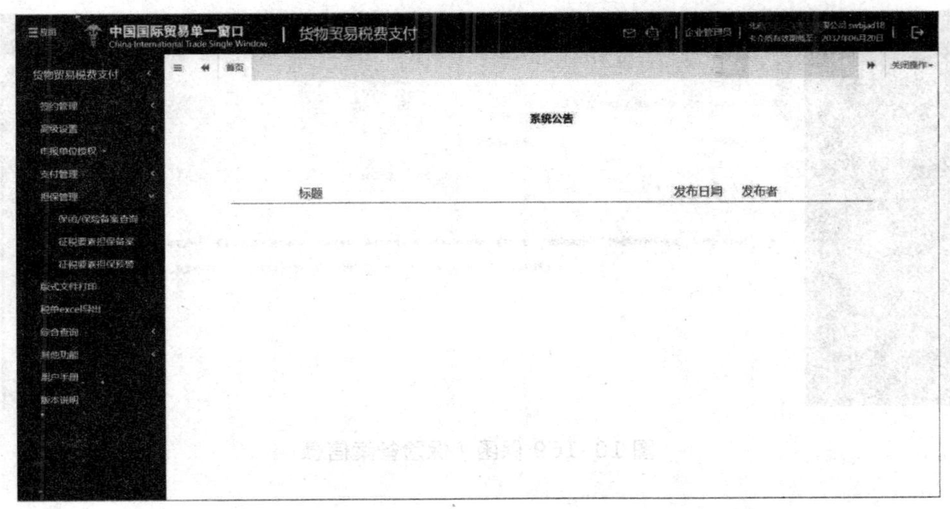

图 10-168 担保管理

小提示：

如果使用操作员卡介质登录系统后，无法看到【税费单支付】菜单，请使用法人卡介质登录系统，确认相关授权配置。更多内容，请参考高级设置等章节的相关内容。

第一节 保函 / 保险备案查询

首先，企业须在商业银行或保险机构开立或变更保函 / 保险信息，本系统仅提供保函或保险备案信息的查看功能。

如操作员卡介质登录后无此菜单，请使用法人卡登录系统确认权限，详情参考上文“签约管理”与“高级设置”。

确保 IC 卡或 Ikey 正确连接在电脑中，点击左侧菜单栏“保函 / 保险备案信息”，右侧界面展示如图 10-169。

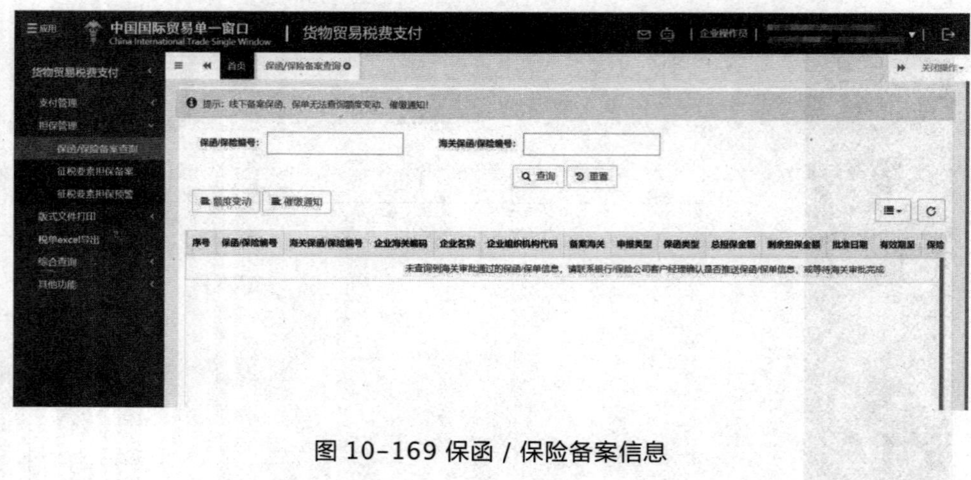

图 10-169 保函 / 保险备案信息

系统自动获取相应状态保函 / 保险数据。也可以通过输入银行担保文号、保函编号进行查询，查询时间跨度最大 90 天。查询结果展示在下方列表中。

如系统未自动刷新，可点击列表右上角【刷新】图标手动刷新。成功获取数据后，列表内显示当前的查询结果。可自定义选择每页显示的记录数，也可点击底部右侧的页数按钮跳转。

保函 / 保险信息包括新开立及变更后的保函 / 保险。变更通过后，原“开立”类型的保函 / 保险状态自动“失效”；对于状态为“失败”有疑义的保函，企业可联系主管海关确认。

在担保状态栏，如果保函是冻结状态，可以点击蓝色字样，查看冻结信息，如图 10–170。

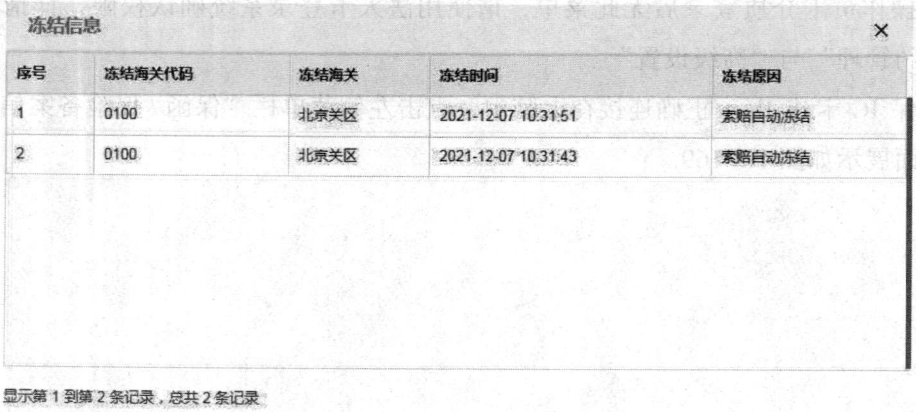

冻结信息 ×

序号	冻结海关代码	冻结海关	冻结时间	冻结原因
1	0100	北京关区	2021-12-07 10:31:51	索赔自动冻结
2	0100	北京关区	2021-12-07 10:31:43	索赔自动冻结

显示第 1 到第 2 条记录，总共 2 条记录

图 10–170 保函 / 保险冻结信息

在保函 / 保险备案信息查询界面，点击操作栏的“查看更多”蓝色字样，可以查看保函 / 保险的适用关区，如图 10–171。

保函适用关区

序号	适用关区代码	适用关区
1	0200	天津海关
2	0500	太原关区
3	0900	大连海关
4	1500	长春关区
5	0100	北京关区
6	0400	石家庄区

显示第 1 到第 6 条记录，总共 6 条记录

图 10–171 保函 / 保险适用关区

一、额度变动

在保函 / 保险备案信息界面中勾选记录，点击【额度变动】白色按钮，系统显示当前保函 / 保险的额度变动记录。

保函/保险额度变动通知查看

保函/保险额度变动明细

	序号	保函/保险编号	海关保函/保险编号	通知类型	保函/保险金额	保函/保险剩余金额	海关业务单证编号	担保业务类型	额度变动时间
☑	1	02120001021637000000001	010022AE[illegible]MBC0900052	额度扣减	75.65	851289.90	01062022100000[illegible]05803	汇总征税	2022-05-25 10:23:49
☐	2	02120001021637000000001	010022AE[illegible]MBC0900052	额度扣减	89.00	851365.55	01062022100000[illegible]05802	汇总征税	2022-05-25 10:23:49
☐	3	02120001021637000000001	010022AE[illegible]MBC0900052	额度扣减	178.00	851454.55	01062022100000[illegible]05801	汇总征税	2022-05-25 10:23:49
☐	4	02120001021637000000001	010022AE[illegible]XMBC0900052	额度扣减	75.65	851632.55	0106202210000[illegible]05703	汇总征税	2022-05-25 10:23:38
☐	5	02120001021637000000001	010022AE[illegible]XMBC0900052	额度扣减	89.00	851708.20	0106202210000[illegible]05702	汇总征税	2022-05-25 10:23:38
☐	6	02120001021637000000001	010022AE[illegible]XMBC0900052	额度扣减	178.00	851797.20	0106202210000[illegible]05701	汇总征税	2022-05-25 10:23:38
☐	7	02120001021637000000001	010022AE[illegible]XMBC0900052	额度扣减	75.65	851975.20	0106202210000[illegible]005603	汇总征税	2022-05-25 10:23:29
☐	8	02120001021637000000001	010022AE[illegible]XMBC0900052	额度扣减	89.00	852050.85	0106202210000[illegible]005602	汇总征税	2022-05-25

显示第 1 到第 10 条记录，总共 228 条记录 每页显示 10 条记录　« 1 2 3 4 5 ... 23 ›

图 10–172 保函 / 保险额度变动通知查看

选中某条变动记录，点击【保函】/【保险额度变动明细】按钮，可查看该条变动的明细信息。

图 10–173 保函 / 保函额度变动通知明细

二、催缴通知

在保函 / 保险备案信息界面中勾选记录，点击【催缴通知】白色按钮，系统显示当前保函 / 保险的海关催缴记录。

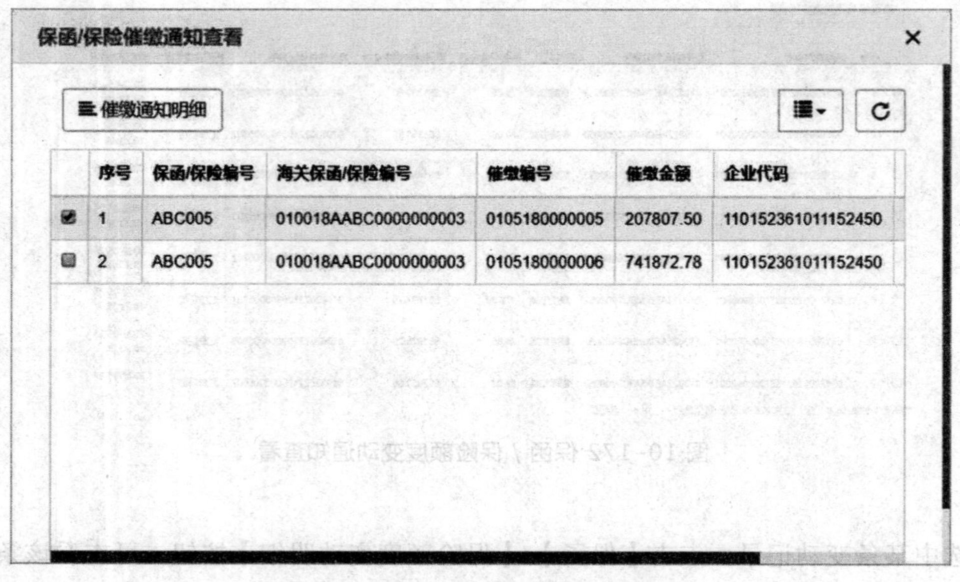

	序号	保函/保险编号	海关保函/保险编号	催缴编号	催缴金额	企业代码
☑	1	ABC005	010018AABC0000000003	0105180000005	207807.50	110152361011152450
☐	2	ABC005	010018AABC0000000003	0105180000006	741872.78	110152361011152450

图 10–174 保函 / 保险催缴通知查看

选中某条记录，点击【催缴通知明细】按钮，可查看该条变动的明细信息。

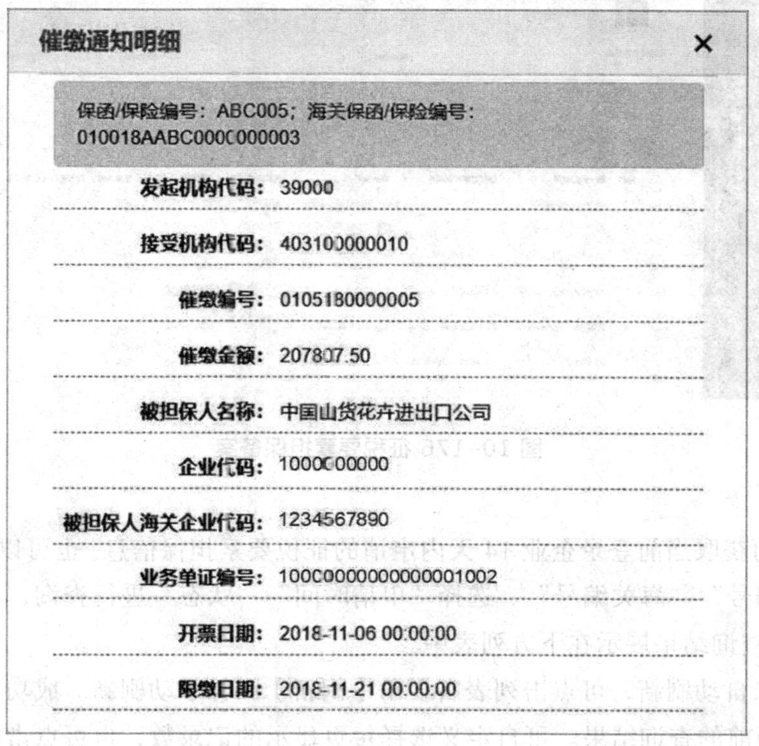

图 10-175 催缴通知明细

第二节 征税要素担保备案

首先，企业通过保金、保函、保证保险等多种担保方式对企业涉税担保事务进行担保，本系统提供企业发起征税要素担保备案、变更、销案申请，及征税要素担保的明细查询、查看缴款通知书、关联担保物和预警查询功能。

如操作员卡介质登录后无此菜单，请使用法人卡登录系统确认权限，详情参考上文"签约管理"与"高级设置"。

确保 IC 卡或 Ikey 正确连接在电脑中，点击左侧菜单栏【征税要素担保信息备案】，右侧界面展示如图 10-176。

图 10-176 征税要素担保备案

系统自动获取当前登录企业 14 天内申请的征税要素担保信息。也可以通过输入“征税要素担保编号”“海关编号”、选择“申请时间”“状态”进行查询，查询时间跨度最大 90 天。查询结果展示在下方列表中。

如系统未自动刷新，可点击列表右上角【刷新】图标手动刷新。成功获取数据后，列表内显示当前的查询结果。可自定义选择每页显示的记录数，也可点击底部右侧的页数按钮跳转。

1. 征税要素担保备案

在征税要素担保备案界面中点击【新增】按钮，系统弹出征税要素担保备案新增界面，如图 10-177。

征税要素担保备案
*担保理由：
对黄市场化采购贸易
*报关单号：
准予担保通知书编号：
*征税要素担保方式：
征税要素担保期限：备案时间不允许超过180天
申请人企业法人：
申请人企业地址：北京市顺义区
申请人企业电话：13455678900
备案期限：
备注：
请上传相关附件，仅支持.pdf格式文件，且单个文件不能超过1兆
点击下方"选择"按钮
选择
暂存　申请

图 10-177 征税要素担保备案新增

企业填写征税要素担保备案信息，红色 * 号字段为必填项，除以下特别说明的字段外，手工录入。填写完毕，可以点击【暂存】按钮，将当前录入的数据进行保存，企业可以对暂存状态的数据，进行修改、删除、申请操作。填写完毕，也可以点击【申请】按钮，单一窗口将事务担保备案申请数据发往海关内网。

2. 报关单号

录入报关单号，定长 18 位。

3. 担保理由

在参数中选择，可以通过空格键调出下拉框进行选择。增加“对美市场化采购排除”理由。

4. 征税要素担保方式

征税要素担保方式分为保金和非保金。当担保方式为非保金时，海关内网返回关联担保物通知；当担保方式为保金时，海关内网返回保证金缴款通知书。

5. 申请人企业法人

由系统自动根据登录账号信息反填，可修改。

6. 申请人企业地址

由系统自动根据登录账号信息反填，可修改。

7. 上传相关附件

仅支持 .pdf 格式文件，且单个文件不能超过 4 兆。

注意：

选了“对美市场化采购排除选择”以后，备注栏会自动反填“担保理由包含：对美加征关税市场化采购排除。”

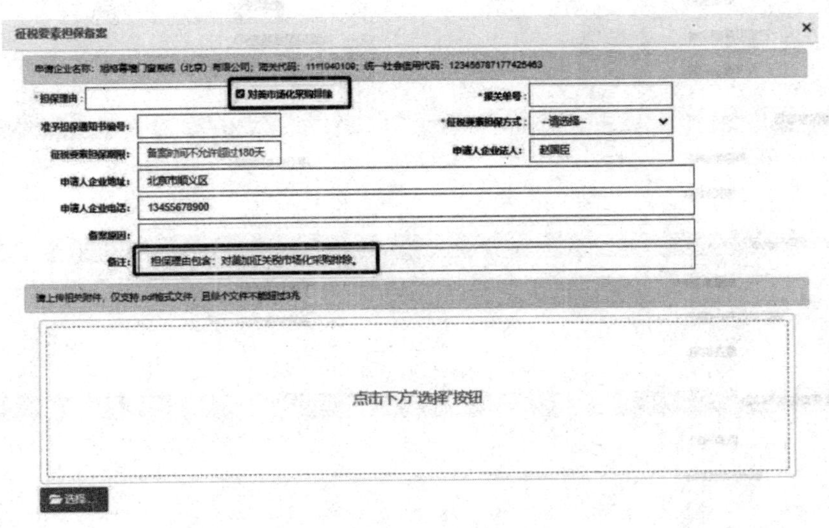

图 10-178 征税要素担保备案

8. 征税要素担保明细查看

企业在征税要素担保备案新增界面暂存或提交备案申请后，可以在查询结果列表的操作栏，点击【明细】按钮，系统弹出当前备案信息的详细信息（如图 10–179、图 10–180）。

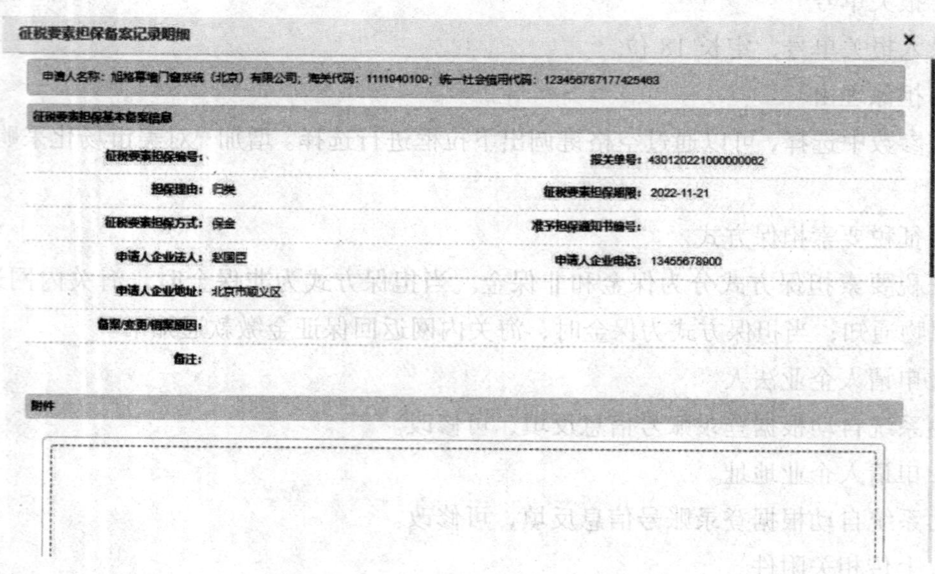
征税要素担保备案记录明细 ×

申请人名称：旭格幕墙门窗系统（北京）有限公司；海关代码：1111940109；统一社会信用代码：123456787177425463

征税要素担保基本备案信息

征税要素担保编号：　　报关单号：430120221000000062

担保理由：归类　　征税要素担保期限：2022-11-21

征税要素担保方式：保金　　准予担保通知书编号：

申请人企业法人：赵国臣　　申请人企业电话：13455678900

申请人企业地址：北京市顺义区

备案/变更/撤案原因：

备注：

附件

图 10–179 征税要素担保备案记录明细 1

征税要素担保备案记录明细 ×

征税要素担保回执信息

批复担保日期：-　　批复担保金额：

处理时间：　　处理结果：

已批准延期次数：　　批复担保金额方式：

处理意见内容：

关联担保物信息

担保物编号：　　事务核扣状态：

核扣说明：

保金担保通知书信息

应缴金额：　　收款单位名称：

收款单位开户银行：　　收款单位账户：

备注说明：

取消税费支付通知信息

取消时间：

取消原因说明：

图 10–180 征税要素担保备案记录明细 2

9. 征税要素担保变更

对于状态为“成功”且是在单一窗口发起备案的征税要素担保，用户可以点击操作栏【变更】按钮，系统弹出征税要素担保变更界面，如图 10–181。

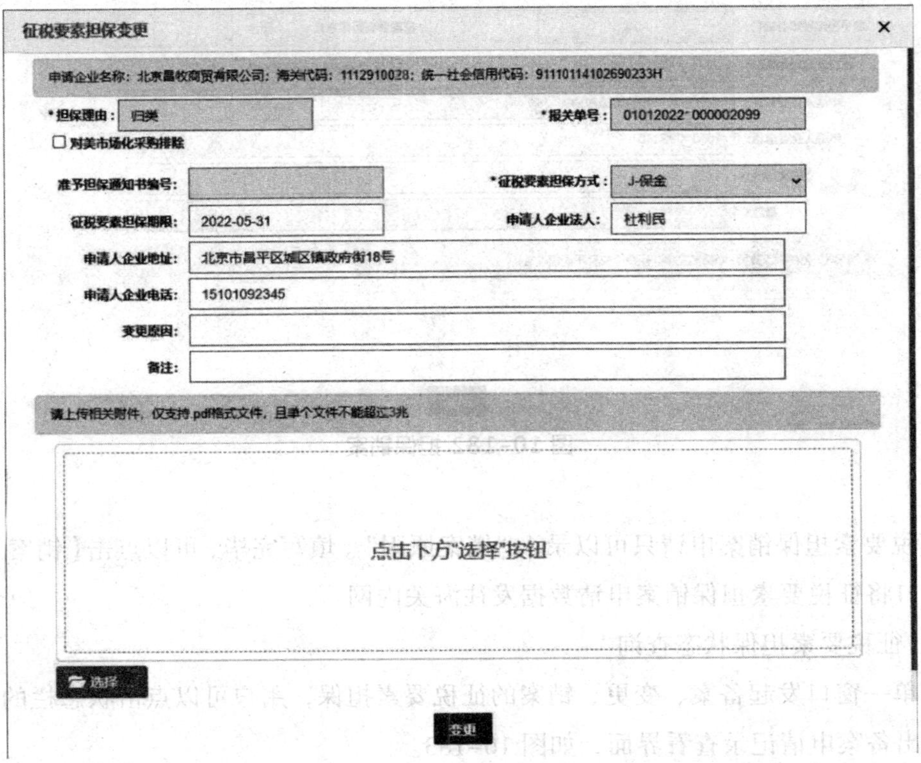

征税要素担保变更 ×

申请企业名称：北京昌牧商贸有限公司；海关代码：1112910028；统一社会信用代码：91110114102690233H

*担保理由：归类 *报关单号：01012022 000002099

对美市场化采购排除

准予担保通知书编号： *征税要素担保方式：J-保金

征税要素担保期限：2022-05-31 申请人企业法人：杜利民

申请人企业地址：北京市昌平区城区镇政府街18号

申请人企业电话：15101092345

变更原因：

备注：

请上传相关附件，仅支持.pdf格式文件，且单个文件不能超过3兆

点击下方"选择"按钮

选择

变更

图 10–181 征税要素担保变更

不可变更字段包括“报关单号”“担保理由”“准予担保通知书编号”“征税要素担保方式”；“征税要素担保期限”变更后日期必须大于变更前日期。填写完毕，可以点击【变更】按钮，单一窗口将征税要素担保变更申请数据发往海关内网。

10. 征税要素担保销案

对于状态为“成功”且是在单一窗口发起备案的征税要素担保，用户可以点击操作栏“销案”按钮，系统弹出征税要素担保销案界面，如图 10–182。

征税要素担保销案

申请企业名称：北京昌牧商贸有限公司；海关代码：1112910028；统一社会信用代码：91110114102690233H

*担保理由：归类　*报关单号：010120221000002099

对美市场化采购排除

准予担保通知书编号：　*征税要素担保方式：J-保金

征税要素担保期限：2022-05-31　申请人企业法人：杜利民

申请人企业地址：北京市昌平区城区镇政府街18号

申请人企业电话：15101092345

*销案原因：

备注：

请上传相关附件，仅支持.pdf格式文件，且单个文件不能超过3兆

销案

图 10-182 担保销案

征税要素担保销案申请只可以录入“销案原因”。填写完毕，可以点击【销案】按钮，单一窗口将征税要素担保销案申请数据发往海关内网。

11. 征税要素担保状态查询

在单一窗口发起备案、变更、销案的征税要素担保，用户可以点击状态栏的按钮，系统弹出备案申请记录查看界面，如图 10-183。

备案申请记录查看

	序号	单一窗口备案记录编号	担保理由	事务担保期限	事务担保方式	准予担保通知书编号	申请类型	申请时间	状态	操作
☐	1	202107140000002457	公式定价货物审价	2021-07-17	非保金		变更申请	2021-07-14 19:29:42	成功	明细
☐	2	202107150000002587	公式定价货物审价	2021-07-17	非保金		销案申请	2021-07-15 15:03:31	失败	明细
☐	3	202107140000002449	公式定价货物审价	2021-07-16	非保金		备案申请	2021-07-14 19:22:45	成功	明细

显示第 1 到第 3 条记录，总共 3 条记录

图 10-183 征税要素担保状态查询

12. 征税要素担保关联担保物

对于状态为“成功”且征税要素担保方式为“非保金”的征税要素担保，用户可以

点击操作栏【关联担保物】按钮，系统弹出总担保备案记录查看界面，如图 10-184。

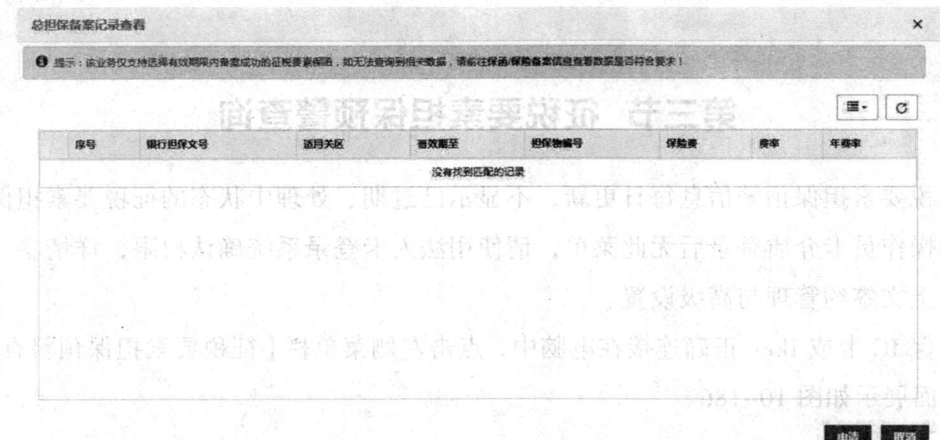

图 10-184 总担保备案记录查看

用户勾选一条保函，点击【申请】按钮，单一窗口将关联担保物申请数据发往海关内网。

13. 征税要素担保查看缴款通知书

对于状态为“成功”且征税要素担保方式为“保金”的征税要素担保，会生成保证金，用户可以点击操作栏“缴款通知书”按钮，系统弹出缴款通知书查看界面，如图 10-185。

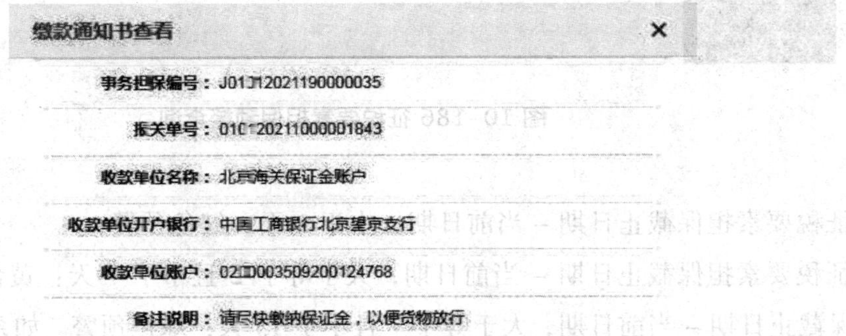

图 10-185 缴款通知书查看

第三节 征税要素担保预警查询

征税要素担保预警信息每日更新，不显示已过期、处理中状态的征税要素担保。

如操作员卡介质登录后无此菜单，请使用法人卡登录系统确认权限，详情参考上文签约管理与高级设置。

确保 IC 卡或 Ikey 正确连接在电脑中，点击左侧菜单栏【征税要素担保预警查询】，右侧界面展示如图 10-186。

图 10-186 征税要素担保预警查询

征税要素担保截止日期 - 当前日期，小于 2 天：红色预警；

征税要素担保截止日期 - 当前日期，大于等于 2 且小于 7 天：黄色预警； 征税要素担保截止日期 - 当前日期，大于等于 7 且小于 15 天：绿色预警。如系统未自动刷新，可点击列表右上图标手动刷新。成功获取数据后，列表内显示当前的查询结果。可自定义选择每页显示的记录数，也可点击底部右侧的页数按钮跳转。

第四章 版式文件打印

提供支付完成状态税单的版式文件（海关专用缴款书）查询、预览、批量下载、重新下载与打印等功能。如操作员卡介质登录后无此菜单，请使用法人卡登录系统确认权限，详情参考上文签约管理与高级设置。

确保 IC 卡或 Ikey 正确连接在电脑中，点击左侧菜单栏“版式文件打印”，右侧界面展示如下图。可通过输入报关单号、关区、税单支付时间，点击界面【查询】白色按钮，进行查询。

版式文件生成状态一栏内：

可打印——代表海关系统已生成了版式文件 PDF，可打印电子税单的海关专用缴款书。

未生成——代表海关系统暂未生成版式文件 PDF。

无版式文件——代表该税单无版式文件，不支持下载打印。

下载失败——代表未能成功下载到版式文件 PDF，可点击【重新下载】按钮，重新获取版式文件 PDF。

图 10-187 版式文件打印

一、打印

小提示：

该功能需要实时调取海关内网的版式文件，如获取失败，提示“未获取到版式文件”。如果无法弹出版式文件 pdf 预览界面，请检查浏览器设置，去掉阻止窗口弹出程序等选项。

在版式文件打印界面中列表中勾选一条，点击【打印】白色按钮，系统显示版式文件的预览（如图 10-188）。点击界面右上角【打印机】图标，根据您当前浏览器的设置或打印机实际情况，进行打印即可。

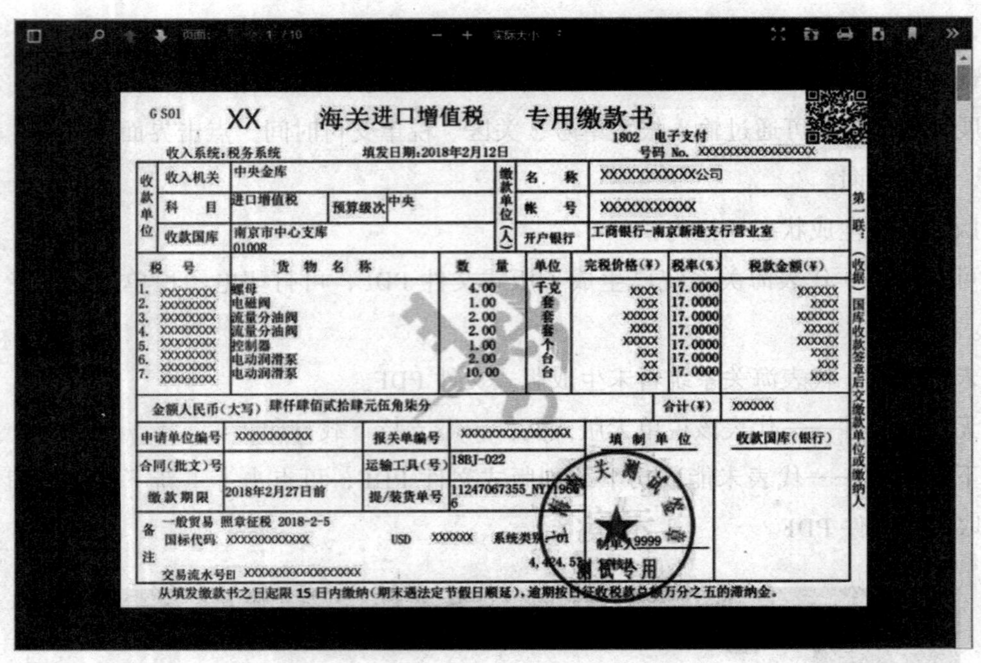

G S01　XX　海关进口增值税　专用缴款书

1802　电子支付

收入系统：税务系统　填发日期：2018年2月12日　号码 No. XXXXXXXXXXXXXXXXXX

收款单位				缴款单位（人）	
收入机关	中央金库			名称	XXXXXXXXXXXX公司
科目	进口增值税	预算级次	中央	帐号	XXXXXXXXXXXX
收款国库	南京市中心支库 01008			开户银行	工商银行-南京新港支行营业室

税号	货物名称	数量	单位	完税价格(¥)	税率(%)	税款金额(¥)
1. XXXXXXXX	螺母	4.00	千克	XXXX	17.0000	XXXXXX
2. XXXXXXXX	电磁阀	1.00	套	XXX	17.0000	XXXX
3. XXXXXXXX	流量分油阀	2.00	套	XXXXX	17.0000	XXXXXX
4. XXXXXXXX	流量分油阀	2.00	套	XXXX	17.0000	XXXXX
5. XXXXXXXX	控制器	1.00	个	XXXXX	17.0000	XXXXXX
6. XXXXXXXX	电动润滑泵	2.00	台	XXX	17.0000	XXXX
7. XXXXXXXX	电动润滑泵	10.00	台	XX	17.0000	XXX
				XXX		XXXX
金额人民币(大写) 肆仟肆佰贰拾肆元伍角柒分					合计(¥)	XXXXXX

申请单位编号	XXXXXXXXXXX	报关单编号	XXXXXXXXXXXXXXXXXX	填制单位	收款国库(银行)
合同(批文)号		运输工具(号)	18BJ-022		
缴款期限	2018年2月27日前	提/装货单号	11247067355_NY1966 6		
备注	一般贸易 照章征税 2018-2-5 国标代码 XXXXXXXXXXXX USD XXXXXX 系统类别 01 4,424.57 交易流水号IE XXXXXXXXXXXXXXXXXX			制单人 9999	

第一联：（收据）国库收款签章后交缴款单位或缴纳人

从填发缴款书之日起限 15 日内缴纳（期末遇法定节假日顺延），逾期按日征收税款总额万分之五的滞纳金。

图 10-188 版式文件预览

二、批量下载

小提示：

若税单首次下载版式文件，点击该功能需要实时调取的海关内网版式文件，如获取失败，系统给予提示“未获取到版式文件”。若尝试多次仍提示，请联系海关内网查看原因。

在版式文件批量下载界面的列表中勾选任意“可打印”状态的记录（一条或多条都可以），点击【批量下载】白色按钮，系统根据当前浏览器设置的下载路径，将版式文件的文档以压缩包形式下载到默认文件夹内。

图 10-189 版式文件批量下载

在版式文件界面的列表中勾选状态为：未生成 / 无版式文件（一条或多条都可以），点击【批量下载】白色按钮，弹出提示信息“待下载文件包含无版式文件数据！”，见图 10-190、图 10-191。

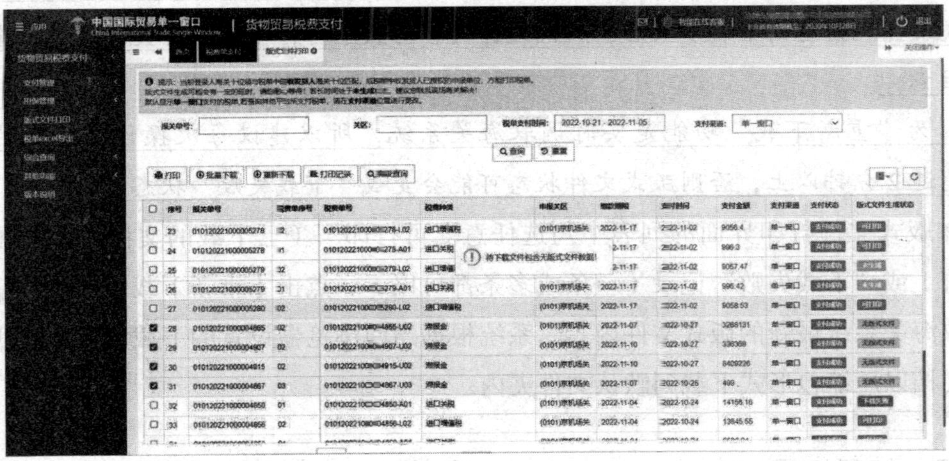

图 10-190 无版式文件状态下点击批量下载

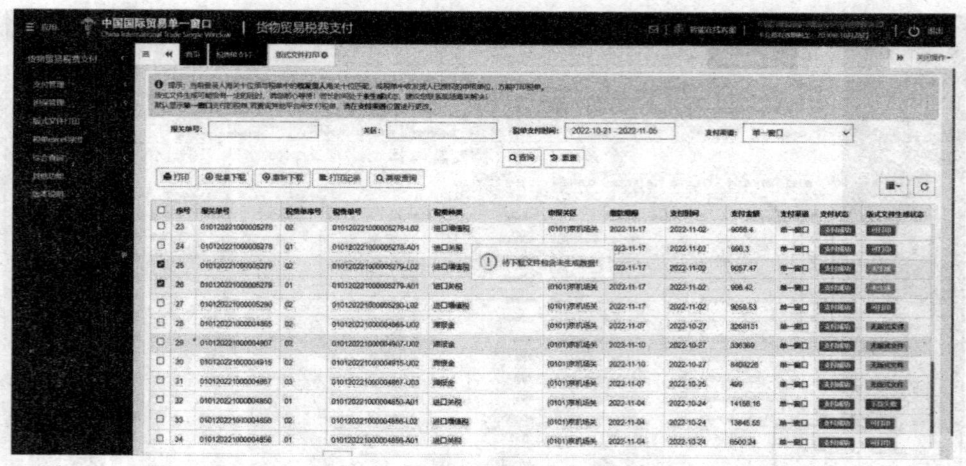

图 10-191 未生成状态下点击批量下载

三、重新下载

小提示：

该功能主要应用于“下载失败”或“可打印”但打印的版式文件内容错误（例如：文件内容与预期内容不符），即可点击【重新下载】，重新从海关内网系统中获取最新的版式文件。若重新下载多次后，版式文件内容仍然不对，可联系海关系统进行咨询。

注意：

因为“重新下载”功能是实时调取海关系统，所以建议每次操作该功能的时间间隔超过 2 分钟以上，否则版式文件状态可能会变成“下载失败”状态。

在版式文件打印界面的列表中勾选任意“可打印”（已下载的文件内容与预期内容不符）或“下载失败”记录（一条或多条都可以），点击【重新下载】白色按钮，实时调取海关系统最新的版式文件内容，系统根据当前浏览器设置的下载路径，将版式文件的文档以压缩包形式下载到默认文件夹内。

四、打印记录

在版式文件打印界面中列表中勾选一条，点击【打印记录】白色按钮， 系统弹出信息框（如图 10-192），展示版式文件的打印记录。

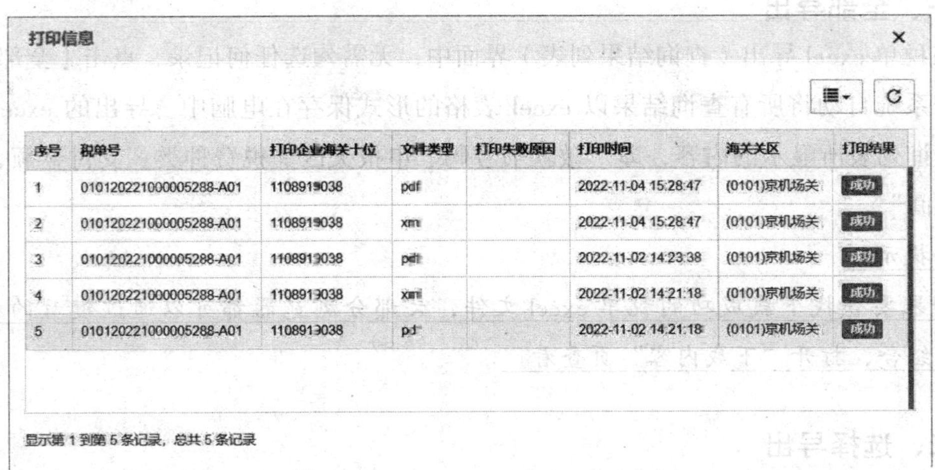

打印信息

序号	税单号	打印企业海关十位	文件类型	打印失败原因	打印时间	海关关区	打印结果
1	010120221000005288-A01	1108919038	pdf		2022-11-04 15:28:47	(0101)京机场关	成功
2	010120221000005288-A01	1108919038	xml		2022-11-04 15:28:47	(0101)京机场关	成功
3	010120221000005288-A01	1108913038	pdf		2022-11-02 14:23:38	(0101)京机场关	成功
4	010120221000005288-A01	1108913038	xml		2022-11-02 14:21:18	(0101)京机场关	成功
5	010120221000005288-A01	1108913038	pdf		2022-11-02 14:21:18	(0101)京机场关	成功

显示第 1 到第 5 条记录，总共 5 条记录

图 10-192 版式文件（打印信息）

第五章 税单 excel 导出

提供支付完成状态税单数据的 excel 文件查询、导出等功能。如操作员卡介质登录后无此菜单，请使用法人卡登录系统确认权限，详情参考上文“签约管理”与“高级设置”。

确保 IC 卡或 Ikey 正确连接在电脑中，点击左侧菜单栏“税单 excel 导出”，右侧界面如图 10-193。

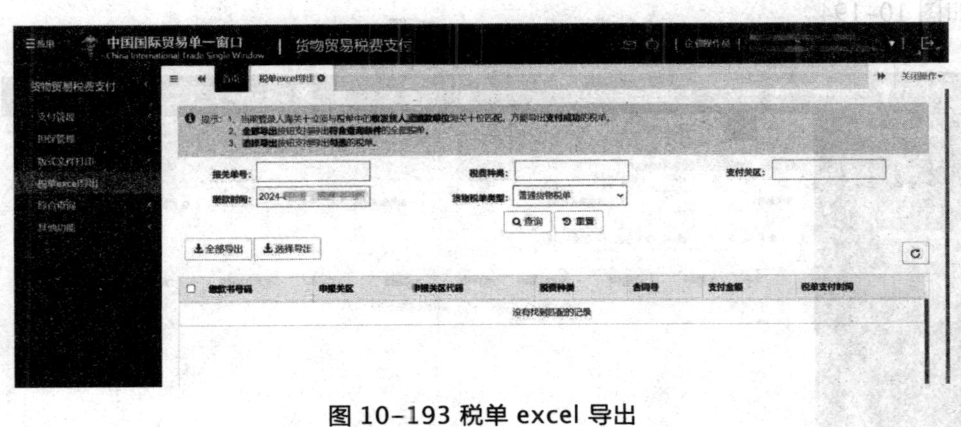

图 10-193 税单 excel 导出

可通过输入报关单号、税费种类、支付关区、缴款时间、货物税单类型进行查询，点击界面【查询】白色按钮，系统将查询结果返填至列表中。

一、全部导出

在税单 excel 导出（查询结果列表）界面中，无需勾选任何记录，点击【全部导出】按钮，系统自动将所有查询结果以 excel 表格的形式保存在电脑中。导出的 excel 表格包括查询列表所显示的内容，即“缴款书号码、申报关区、税费种类、支付金额、税单支付时间”。

小提示：

如果要查找下载成功的税单 excel 文件，大部分浏览器都可以通过键盘的 Ctrl+J 快捷键组合，打开“下载内容”页查看。

二、选择导出

在税单 excel 导出（查询结果列表）界面中，勾选一条或多条记录，点击【选择导出】按钮，系统将所勾选的数据以 excel 表格的形式保存在电脑中。

第六章　综合查询

第一节　其他平台支付

提供其他平台税费单的查询功能。点击左侧菜单栏“其他平台支付”，右侧界面展示如图 10-194。

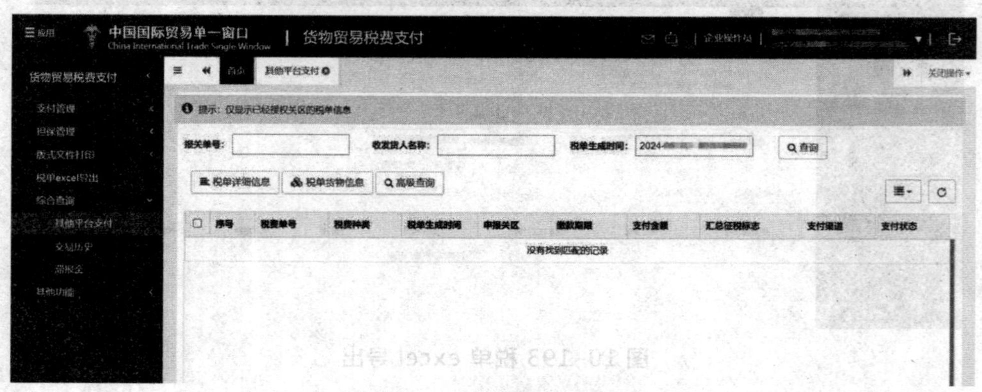

图 10-194 其他平台支付

在其他平台支付查询界面中，使用高级查询功能，进行查找。系统获取相应状态的税单数据，并展示在结果列表中。可自定义选择每页显示的记录数， 也可点击底部右侧的页数按钮跳转。该页签内，查询的彩色状态，不提供点击查看详细内容的功能。

一、税单详细信息

具体操作与上文税费单查询 / 支付“未支付”部分税单详细信息的内容相同，不再赘述。

二、税单货物信息

具体操作与上文税费单查询 / 支付“未支付”部分“税单货物信息”的内容相同。

三、高级查询

具体操作与上文税费单支付“未支付”部分“高级查询”的内容相同，此处不再赘述。

第二节 交易历史查询

提供各类税费单的查询与详情查看等功能。如操作员卡介质登录后无此菜单，请使用法人卡登录系统确认权限，详情参考上文“签约管理”与“高级设置”。

点击左侧菜单栏“支付记录查询”，右侧界面展示如图 10–195，包括“普通税单、保证金、吨税”三个页签。

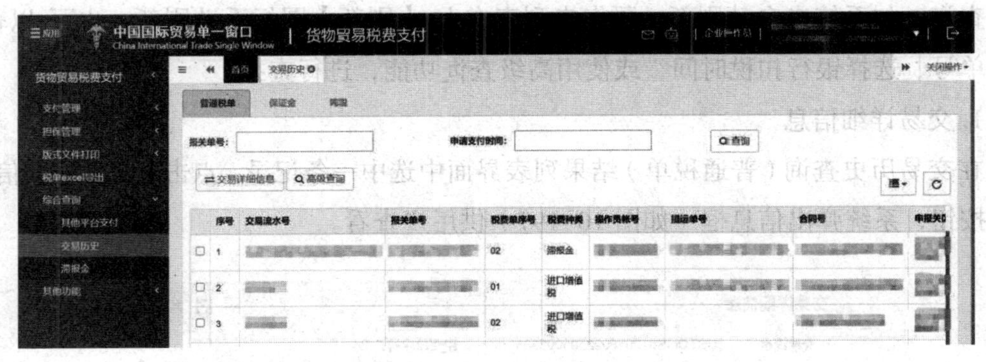

图 10–195 交易历史查询

在交易历史查询界面中，系统自动获取税单数据，并展示在结果列表中。如系统未自动刷新，可点击列表右上【刷新】图标刷新。也可以输入报关单或税单编号、选择时间，或使用高级查询功能，进行查找。

成功获取数据后，列表内显示当前的查询结果。可自定义选择每页显示的记录数，也可点击底部右侧的页数按钮跳转。

点击上述相应的彩色状态条，弹出对话框（图 10-196），展示交易状态流转信息。

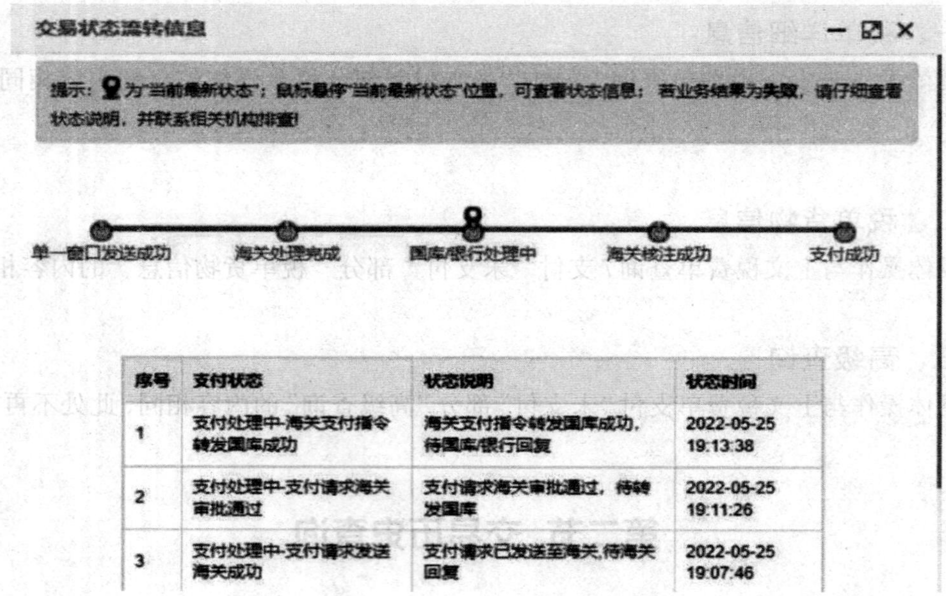

序号	支付状态	状态说明	状态时间
1	支付处理中-海关支付指令转发国库成功	海关支付指令转发国库成功，待国库/银行回复	2022-05-25 19:13:38
2	支付处理中-支付请求海关审批通过	支付请求海关审批通过，待转发国库	2022-05-25 19:11:26
3	支付处理中-支付请求发送海关成功	支付请求已发送至海关,待海关回复	2022-05-25 19:07:46

图 10-196 交易状态流转信息

一、普通税单

提供普通税单（例如关税、增值税、滞纳金、滞报金等）的查询功能。系统自动执行查询。如系统未自动刷新，可点击列表右上【刷新】图标手动刷新。也可 以输入报关单号、选择银行扣税时间，或使用高级查询功能，进行查找。

1. 交易详细信息

在交易历史查询（普通税单）结果列表界面中选中一条记录，点击【交易详细信息】白色按钮，系统弹出信息框（如图 10-197）供用户查看。

交易详细信息

交易流水号：	CUSTOMS012018092700005335	税费单序号：	04
报关单号：	010720181076073311	提运单号：	test35
协议书号：	0100201801000185	申报关区：	(0107)机场库区
税费种类：	滞报金	支付金额：	1491
支付状态：	支付处理中	执行扣税时间：	
申请支付时间：	2018-09-27 11:53:53	支付平台代码：	SW00000
委托日期：		征收机关代码：	
附言：		报文标识号：	0100201809270000535

图 10-197 交易历史查询（交易详细信息）

2. 高级查询

确保 IC 卡或 Ikey 正确连接在电脑中，在交易历史查询（普通税单）界面中，点击【高级查询】白色按钮，系统弹出查询框如图 10-198。

可通过输入报关单号、税费单序号、提运单号、合同号，在税费种类、关区、支付状态字段中点击空格键带出参数选择或直接输入关键字后进行查询。点击【重置】按钮清空查询条件，可重新填写。

高级查询

报关单号：

税费单序号：

申请支付时间 2022-08-01 - 2022-09-30

货物税单类型： --请选择--

提运单号：

合同号：

税费种类：

关区：

支付状态：

协议书号：

缴款单位：

查询 重置

图 10-198 交易历史查询（高级查询）

高级查询中，货物税单类型选择：低值快速货物，点击【查询】，即可查询到低值快速货物税单交易历史。

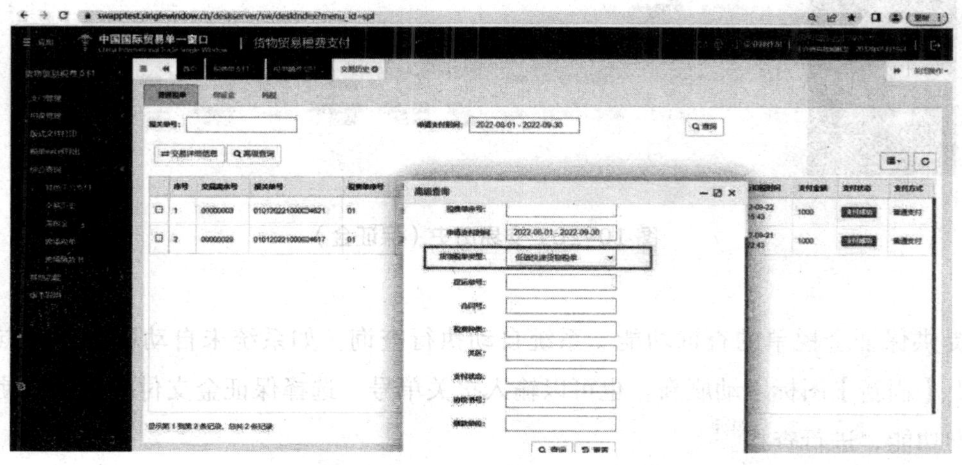

图 10-199 低值快速货物税单交易历史查询

其中，银行扣税时间的选择方法为，将光标置于录入框中，在弹出的日历框中（如图 10-200），可点击“<”或“<<”向前查找日期，在左侧部分选择开始日期，点击下图中的“>”或“>>”扩大日历范围，在右侧部分选择截止日期，点击【确定】后，选中的区域变成绿色，执行查询。点击【清空】按钮，清除已选择的日期，可重新选择。

《 ‹ 2017年 11月 | 2017年 12月 › 》

日	一	二	三	四	五	六	日	一	二	三	四	五	六
29	30	31	1	2	3	4	26	27	28	29	30	1	2
5	6	7	8	9	10	11	3	4	5	6	7	8	9
12	13	14	15	16	17	18	10	11	12	13	14	15	16
19	20	21	22	23	24	25	17	18	19	20	21	22	23
26	27	28	29	30	1	2	24	25	26	27	28	29	30
3	4	5	6	7	8	9	31	1	2	3	4	5	6

选择时间　清空　确定

图 10-200 高级查询（日历框）

二、保证金

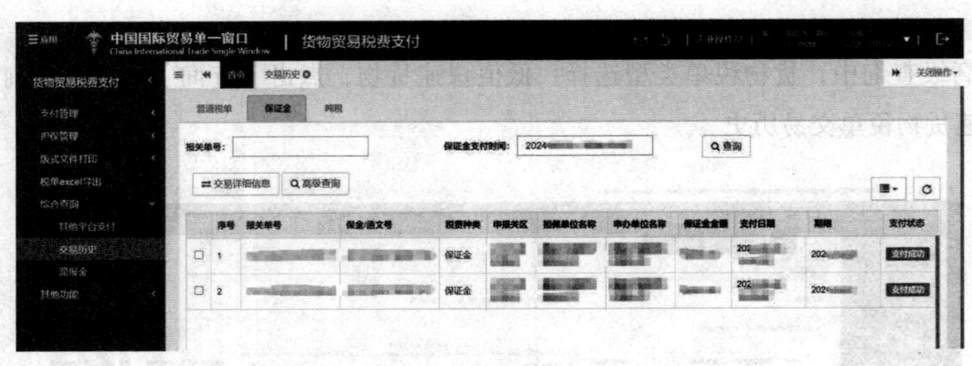

图 10-201 交易历史（保证金）

提供保证金税单的查询功能。系统自动执行查询。如系统未自动刷新，可点击列表右上【刷新】图标手动刷新。也可以输入报关单号、选择保证金支付时间，或使用高级查询功能，进行查找。

1. 交易详细信息

具体操作与上文普通税单查询部分“交易详细信息”的内容相同，不再赘述。

2. 高级查询

具体操作与上文普通税单查询部分“高级查询”的内容相同。

三、吨税

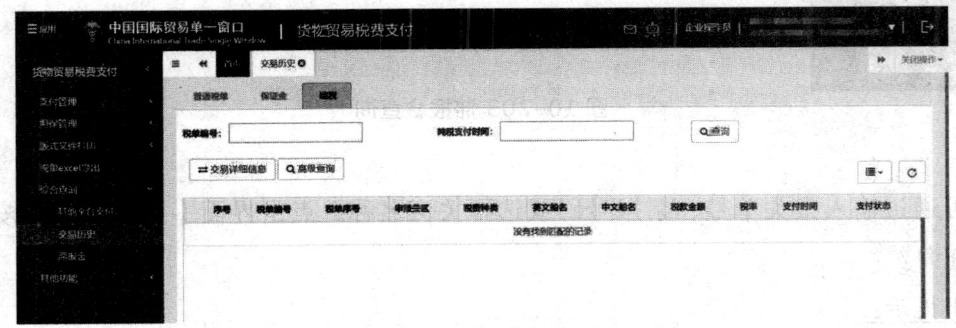

图 10-202 交易历史查询（吨税）

提供船舶吨税税单的查询功能。系统自动执行查询。如系统未自动刷新，可点击列表右上【刷新】图标手动刷新。也可以输入税单编号、选择吨税支付时间，或使用高级查询功能，进行查找。

1. 交易详细信息

具体操作与上文普通税单查询部分“交易详细信息”的内容相同，不再赘述。

2. 高级查询

具体操作与上文普通税单查询部分“高级查询”的内容相同。

第三节 滞报金查询

此处不提供滞报金的缴纳功能，关于滞报金的缴纳，请参考上文“普通税费单查询/支付”的“滞报金”部分。

海关系统开具电子票据申请数据，由单一窗口系统向财政部电子票据系统转发，成功后接收财政部发出的电子票据 PDF 文件，供用户下载或打印。

提供滞报金电子票据数据的状态查询、票据的打印与下载等功能。如操作员卡登录后无此菜单，请使用法人卡登录系统，确认是否具有“税单查询”的权限，详情参考上文“签约管理”与“高级设置”。

确保 IC 卡或 Ikey 正确连接在电脑中，点击左侧菜单栏“滞报金查询”，右侧界面如下图 10-203。

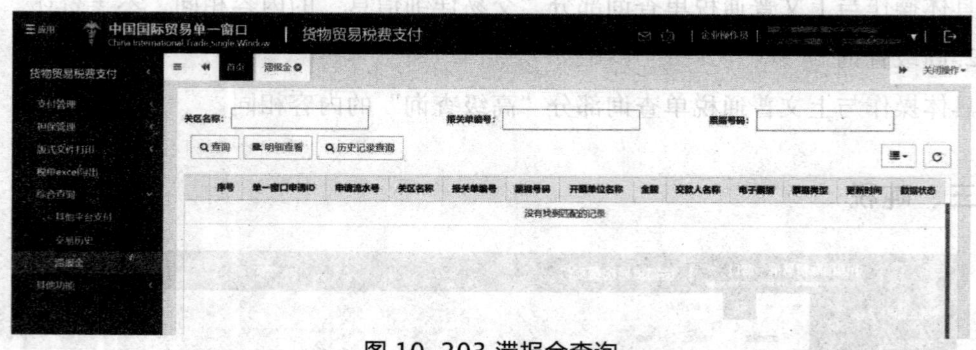

图 10-203 滞报金查询

可通过输入报关单号、票据号码或选择关区名称，点击界面【查询】白色按钮，进行查询。

小提示：

"票据类型"一栏内的红字电子票据，指符合作废条件、由海关发出的电子票据申请类型，红字电子票据的余额显示为负数。

更多详情可咨询业务主管部门。

1. "电子票据"一栏内：

回单——财政部电子票据系统接收数据失败时，系统会出现该按钮。可点击，系统提示"是否确定回单申请？"再点击【确定】后，可向财政部系统重新发送电子票据下载的请求。

下载——成功接收了财政部发出的电子票据 PDF，可点击该按钮进行下载或打印操作。只有境内收发货人或滞报金实际缴款单位能够看到该按钮。

2. "数据状态"一栏内：

成功——单一窗口将海关系统发出的电子票据申请，成功转发至财政部系统，并且财政部系统审批成功。

失败——财政部系统接收 / 审批电子票据申请失败。

查询票据号码失败——财政部系统接收 / 审批电子票据号码失败。

查询票据模板失败——财政部系统接收 / 审批电子票据模板失败。

一、下载 / 打印

小提示：

只有境内收发货人或滞报金实际缴款单位可以看到【下载】按钮。该功能使用的前提为，成功接收到财政部发出的滞报金电子票据。

在滞报金查询界面列表中，对"电子票据"状态为下载的记录，点击【下载】绿色按钮，系统弹出对话框展示如图 10-204：

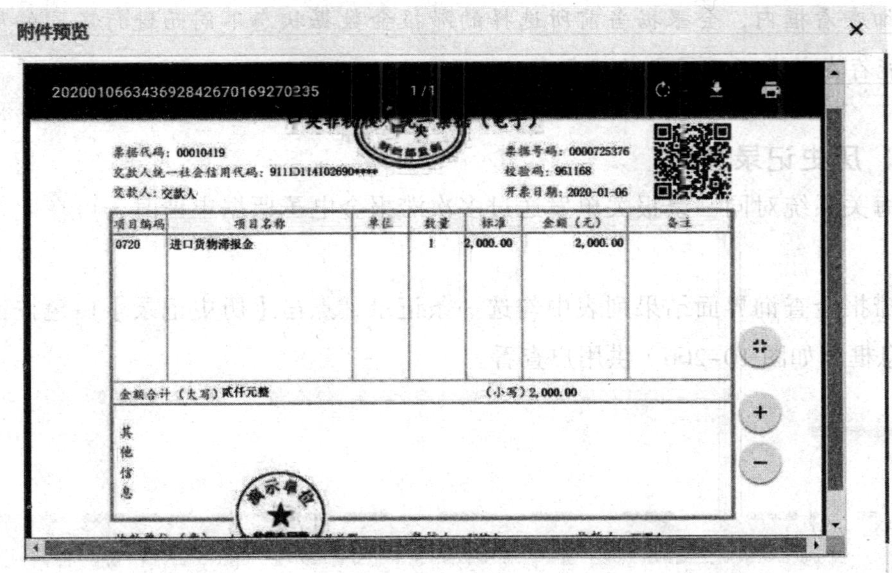
附件预览

202001066343692842670169270235　1/1

票据代码：00010419　票据号码：0000725376
交款人统一社会信用代码：9111D114102690****　校验码：961168
交款人：交款人　开票日期：2020-01-06

项目编码	项目名称	单位	数量	标准	金额（元）	备注
0720	进口货物滞报金		1	2,000.00	2,000.00	
金额合计（大写）贰仟元整				（小写）2,000.00		
其他信息						

图 10-204 滞报金下载预览

点击界面右上角【打印机】图标，根据您当前浏览器的设置或打印机实际情况，进行打印。或点击左侧下载图标，将当前显示的 PDF 文件下载到本地电脑中。

二、明细查看

在滞报金查询界面结果列表中勾选一条记录，点击【明细查看】白色按钮，系统弹出信息框（如图 10-205）供用户查看。

滞报金明细

申请流水号：	2019123018390001	关区名称：	北京关区
开票单位名称：	中华人民共和国海关总署	开票点：	北京海关总关本级
票据种类：	滞报金	电子票据号码：	
票据号码：	0000725344	票据类型：	红字电子票据
金额：	1000.00	冲红原因：	
交款人类型：	单位	交款人名称：	交款人
开票人：	开票人	复核人：	复核人
报关单编号：	010020191230183900002	税费编号：	05
货主单位名称：	北京中商百佳有限公司	申报单位名称：	北京市昌平牧工商总公司
经营单位名称：	旭格幕墙门窗系统（北京）有限公司		

图 10-205 滞报金明细查看

小提示：

明细查看框内，会根据当前所选择的滞报金数据状态不同而进行不同的展示，因此有可能存在部分字段为空的现象。

三、历史记录查询

当海关系统对同一票报关单发送过多次滞报金电子票据申请时，可在此查看历史记录。

在滞报金查询界面结果列表中勾选一条记录，点击【历史记录】白色按钮，系统弹出信息框（如图 10-206）供用户查看。

滞报金历史查询

	序号	单一窗口申请ID	申请流水号	关区名称	报关单编号	票据号码	开票单位名称	金额	交款人名称	电子票据	票据类型	更新时
	1	20200107000000000550	20200107000000000013	京机场关	010120201000000025	0000725378	北京关区	9396.00	[illegible]公司	下载	电子票据	2020 01-07
	2	20200107000000000552	20200107000000000013	京机场关	010120201000000025	0000725379	北京关区	-9396.00	[illegible]公司	下载	红字电子票据	2020 01-07
	3	20200107000000000554	20200107000000000014	京机场关	010120201000000025	0000725380	北京关区	8000.00	[illegible]公司	下载	电子票据	2020 01-07
	4	20200107000000000556	20200107000000000015	京机场关	010120201000000025	0000725381	北京关区	1396.00	[illegible]	下载	电子票据	2020

显示第 1 到第 6 条记录，总共 6 条记录

图 10-206 滞报金历史查询

上图中电子票据一栏内的【下载】按钮，功能与上文滞报金的下载 / 打印一致，此处不再赘述。

如果在滞报金历史查询对话框中，有多个【下载】绿色按钮，序号最大那条记录的“票据号码”，与滞报金查询界面结果列表中的“票据号码”相同。

第七章 其他功能

提供关税和进口环节代征税的延期缴纳与已缴税证明签发电子数据的录入、修改、申报、查询等功能。

一、延期缴纳申报

根据《中华人民共和国海关进出口货物征税管理办法》第二十四条规定，“纳税义务人因不可抗力或者国家税收政策调整不能按期缴纳税款的，依法提供税款担保后，

可以向海关办理延期缴纳税款手续”。

点击左侧菜单栏“其他功能—延期缴纳申报”，右侧首先显示延期缴纳数据的查询界面（如图 10–207）。

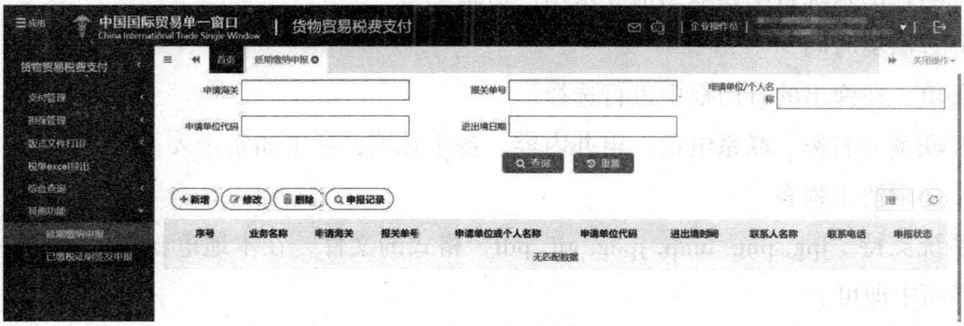

图 10–207 延期缴纳申报

可通过选择或输入申请海关、报关单号、申请单位 / 个人名称、申请单位代码、进出境日期进行查询。点击界面【查询】蓝色按钮，系统将查询结果返填至列表。

当查询结果较多时，在列表中可以查看当前查询结果的总记录数、选择每页显示的记录条数。还可点击右下角的蓝色数字或按钮换页。

1. 新增

点击【新增】白色按钮，系统弹出录入界面（如图 10–208）。

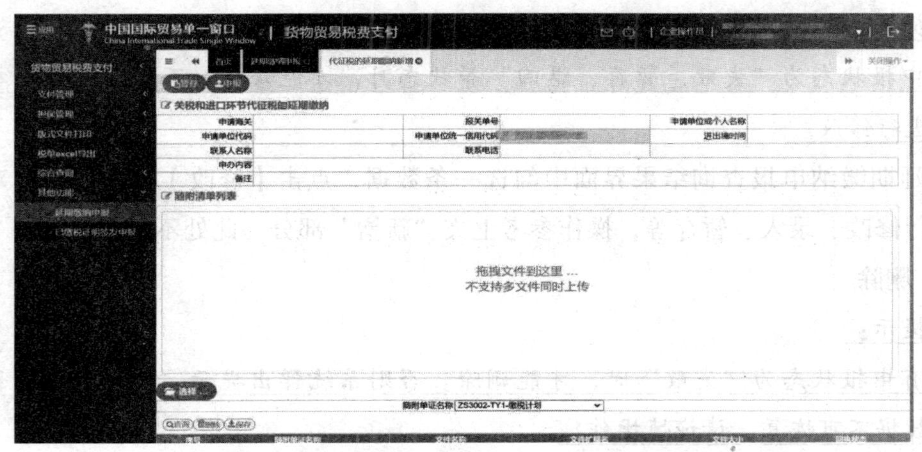

图 10–208 代征税的延期缴纳新增

2. 申请海关

必填，在下拉菜单中选择。

3. 报关单号

必填，根据实际业务，手工录入报关单号。

4. 申请单位或个人名称、申请单位代码

必填，手工如实录入。

5. 申请单位统一信用代码

返填，由系统自动读取当前登录用户信息。

6. 进出境时间

必填，在弹出的日历框中进行选择。

7. 联系人名称、联系电话、申办内容、备注必填，手工如实录入。

8. 随附清单列表

系统支持“jpg, png, bmp, jpeg, gif, pdf”格式的文件，在本地电脑中选择文件后添加到界面中即可。

9. 随附单证名称

根据海关业务要求，缴税计划、随附单证资料（合同）、随附单证资料（发票）为必须提供的随附单证，其他证明是否需要上传，请务必咨询业务主管部门！

选择或拖拽文件到界面中后，在“随附单证名称”下拉列表中选择对应的名称参数，点击【保存】白色按钮，将上传的随附单证保存在列表中。

录入完毕的数据，可点击界面上方【暂存】蓝色按钮进行保存。

确认无误的数据，可点击界面上方【申报】按钮，向海关进行申报。

10. 修改

小提示：

当申报状态为“失败、暂存、退回”等状态时，才能修改。否则系统弹出提示，不允许进行修改。

在延期缴纳申报查询结果界面中勾选一条数据，点击【修改】白色按钮，对当前数据进行修改、录入、暂存等，操作参考上文“新增”部分，此处不再赘述。

11. 删除

小提示：

只有申报状态为“失败”时，才能删除。否则系统弹出提示，不允许进行删除。删除的数据不可恢复，请谨慎操作！

在延期缴纳申报查询结果界面中勾选一条数据，点击【删除】白色按钮，删除当前数据。

12. 申报记录

在延期缴纳申报查询结果界面中勾选一条数据，点击【申报记录】白色按钮，系统弹出对话框（如图 10-209）。如果列表内有申报记录，还可继续勾选，点击【申报记录回执查询】或【申报附件记录回执查询】，查看海关系统返回的相应内容。

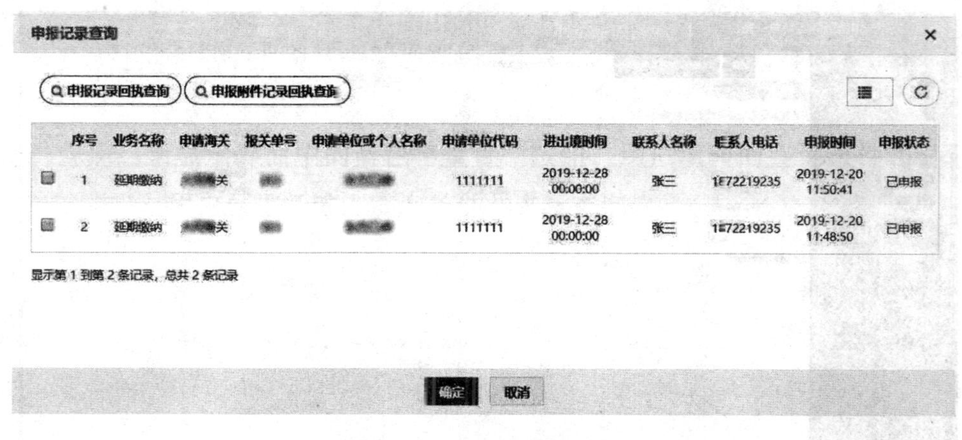

图 10-209 申报记录查询

二、已缴税证明签发申报

点击左侧菜单栏“其他功能—已缴税证明签发申报”，右侧首先显示查询界面。

可通过选择或输入申请海关、报关单号、申请单位代码、进出境日期进行查询。点击界面【查询】蓝色按钮，系统将查询结果返填至下方列表中（如图 10-210）。

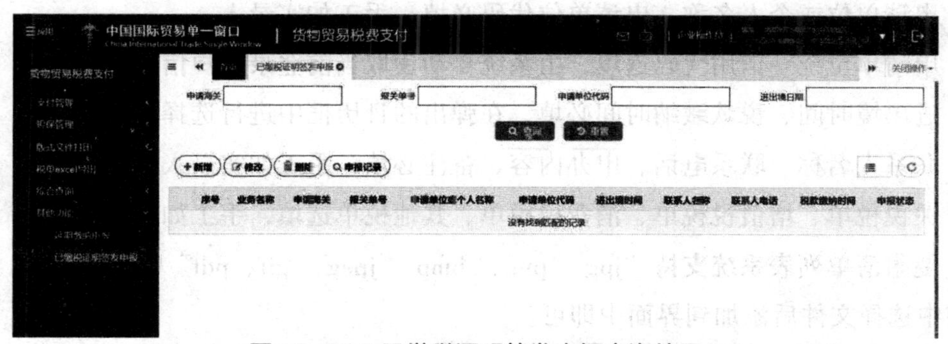

图 10-210 已缴税证明签发申报查询结果

当查询结果较多时，在列表下方可以查看当前查询结果的总记录数、选择每页显示的记录条数。还可点击右下角的蓝色数字或按钮换页。

1. 新增

点击【新增】白色按钮，系统弹出录入界面（如图 10-211）。

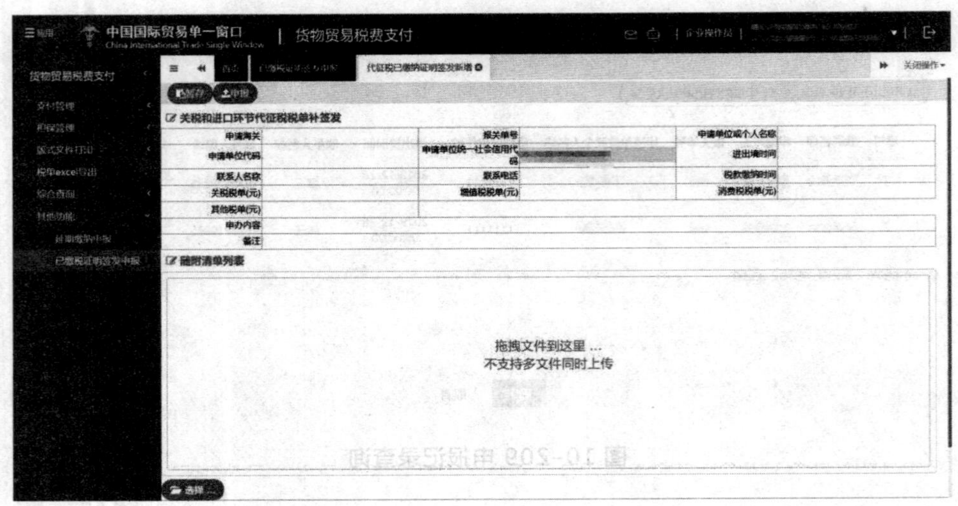

图 10-211 已缴税证明签发申报新增

2. 申请海关必填，在下拉菜单中选择。

3. 报关单号必填，根据实际业务，手工录入报关单号。

4. 申请单位或个人名称、申请单位代码必填，手工如实录入。

5. 申请单位统一信用代码返填，由系统自动读取当前登录用户信息。

6. 进出境时间、税款缴纳时间必填，在弹出的日历框中进行选择。

7. 联系人名称、联系电话、申办内容、备注必填，手工如实录入。

8. 关税税单、增值税税单、消费税税单、其他税单选填，手工如实录入。

9. 随附清单列表系统支持“jpg、 png、 bmp、 jpeg、 gif、pdf”格式的文件，在本地电脑中选择文件后添加到界面中即可。

10. 随附单证名称根据海关业务要求，系统在此处默认显示为“企业书面申请书（已缴清税款证明）”，且为必须提供的随附单证。

选择或拖拽文件到界面中后，点击【保存】白色按钮，将上传的随附单证保存在下方列表中。

录入完毕的数据，可点击界面上方【暂存】蓝色按钮进行保存。

确认无误的数据，可点击界面上方【申报】按钮，向海关进行申报。

11. 修改

小提示：

当申报状态为“失败、暂存、退回”等状态时，才能修改。否则系统弹出提示，不允许进行修改。

在已缴税证明签发申报查询结果界面中勾选一条数据，点击【修改】白色按钮，对当前数据进行修改、录入、暂存等，操作参考上文“新增”部分，此处不再赘述。

12. 删除

小提示：

只有申报状态为“失败”时，才能删除。否则系统弹出提示，不允许进行删除。删除的数据不可恢复，请谨慎操作！

在已缴税证明签发申报查询结果界面中勾选一条数据，点击【删除】白色按钮，删除当前数据。

13. 申报记录

在已缴税证明签发申报查询结果界面中勾选一条数据，点击【申报记录】白色按钮，系统弹出对话框（如图 10–212）。如果列表内有申报记录，还可继续勾选，点击【申报记录回执查询】或【申报附件记录回执查询】，查看海关系统返回的相应内容。

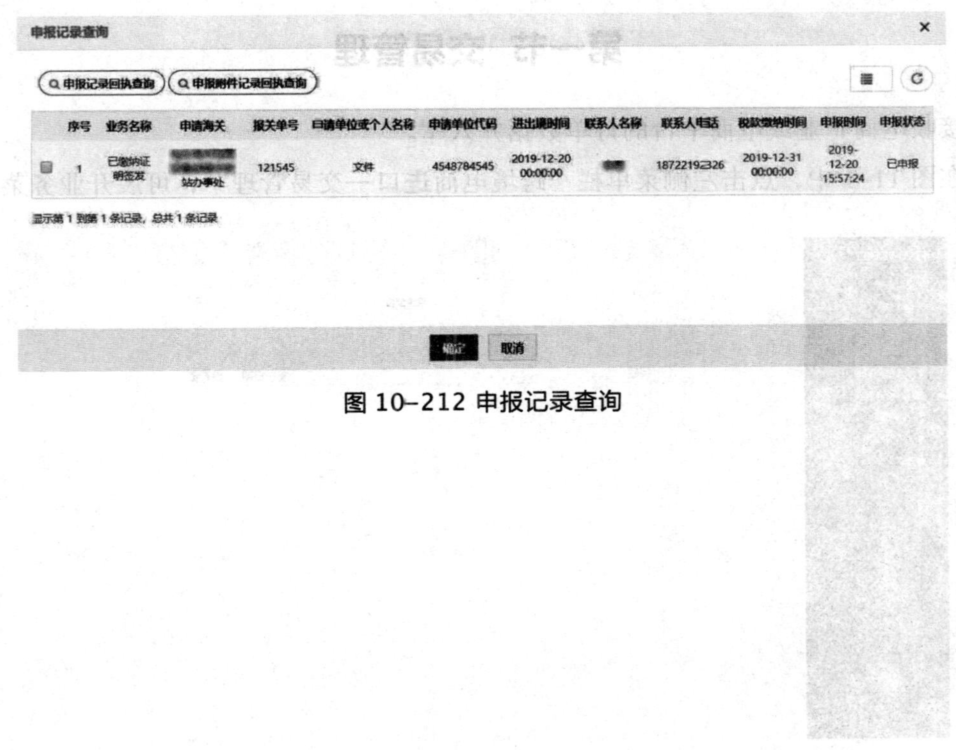

申报记录查询
申报记录回执查询
申报附件记录回执查询
序号 业务名称 申请海关 报关单号 申请单位或个人名称 申请单位代码 进出境时间 联系人名称 联系人电话 税款缴纳时间 申报时间 申报状态
1 已缴纳证明签发 站办事处 121545 文件 4548784545 2019-12-20 00:00:00 18722192326 2019-12-31 00:00:00 2019-12-20 15:57:24 已申报
显示第 1 到第 1 条记录，总共 1 条记录
确定
取消

图 10–212 申报记录查询

第十一部分 “单一窗口”——跨境电商篇

第一章 跨境电商进口操作说明

第一节 交易管理

接收电商企业或电商平台的订单数据并入库。

在图 11–1 中，点击左侧菜单栏“跨境电商进口—交易管理”，可展开业务菜单。

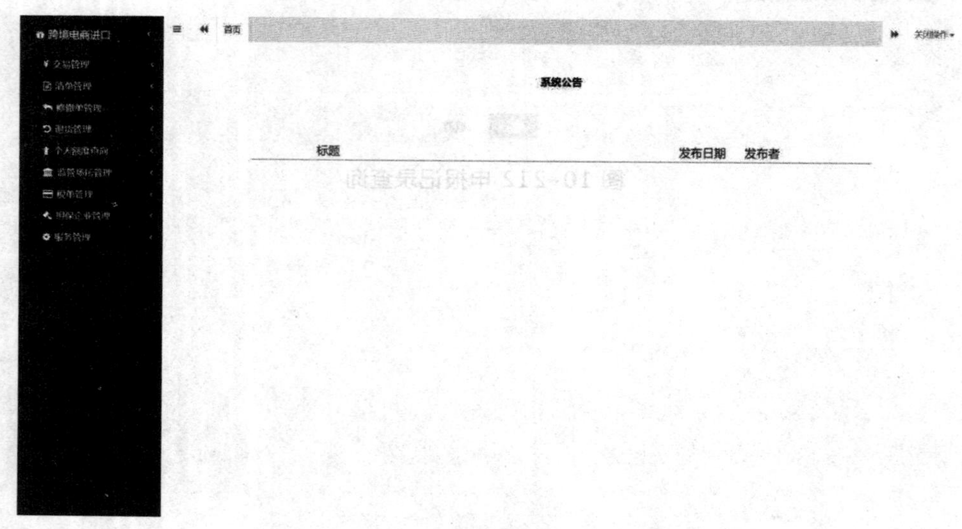

图 11–1 跨境电商进口—交易管理

一、订单查询

电商企业或电商平台企业或其代理申报企业查询订单数据。

（一）查询

点击订单查询，输入相应的查询条件并点击蓝色“查询”按钮，系统会显示符合条件的数据，界面如图 11–2 所示。

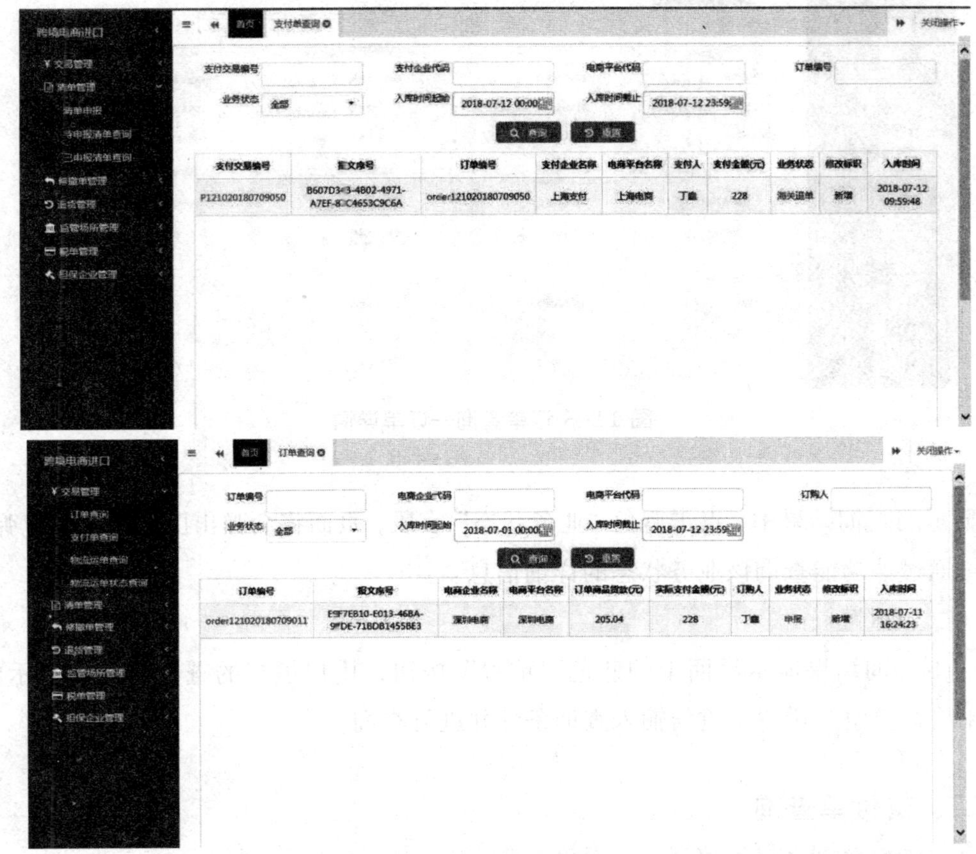

图 11–2 查询结果显示

界面底部显示当前查询结果统计。可通过下拉菜单，自定义选择每页显示的记录数，也可点击底部右侧的页数按钮，进行切换。

小提示：

在订单查询中，所有字段均为非必填项，如用户不填写相应查询条件，系统将按照默认入库时间显示查询结果。

入库时间最大区间为一个自然月，如：入库时间起始：2018–07–01 00:00:00

入库时间截止 2018–07–31 23:59:59

点击业务状态字段后方的三角下拉按钮，企业可根据需查询的业务状态进行选择。

在显示的查询结果中，点击蓝色“订单编号”字段，页面将会跳转到订单详情界面，企业只可对显示页面进行查看，无法进行修改等操作。显示界面如图 11–3 所示。

图 11-3 订单查询—订单详情

显示的查询结果中，点击蓝色“业务状态”字段，页面将会弹出历史状态信息弹框。用户可通过该功能查询该业务状态的详细信息。

（二）重置

点击查询结果显示界面中的蓝色“重置”按钮，用户填写的查询条件和显示的查询结果将被清空，用户可重新输入查询条件并进行查询。

二、支付单查询

支付企业查询支付单数据。

（一）查询

点击支付单查询，输入相应的查询条件并点击蓝色“查询”按钮，系统会显示符合条件的数据，界面如图 11-4 所示。

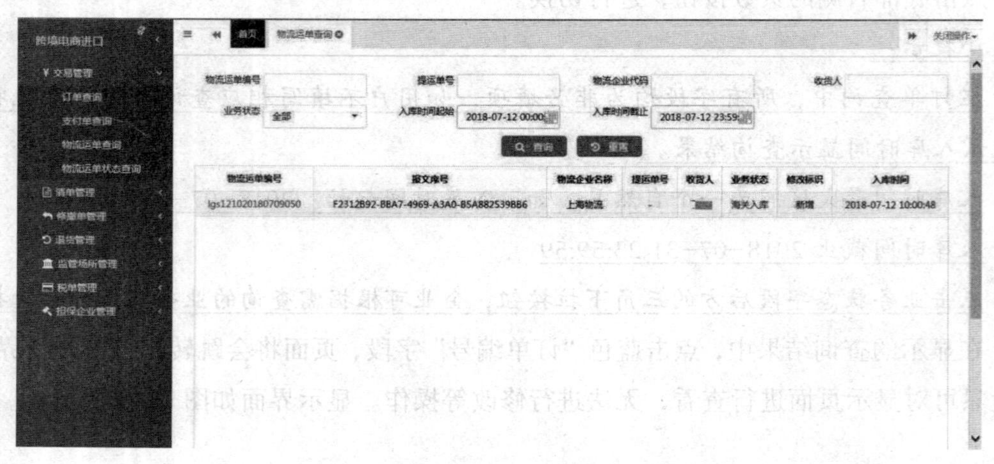

图 11-4 查询结果显示

界面底部显示当前查询结果统计。可通过下拉菜单，自定义选择每页显示的记录数，也可点击底部右侧的页数按钮，进行切换。

小提示：

在支付单查询中，所有字段均为非必填项，如用户不填写相应查询条件，系统将按照默认入库时间显示查询结果。

入库时间最大区间为一个自然月，如：入库时间起始：2018-07-01 00:00:00

入库时间截止 2018-07-31 23:59:59

点击业务状态字段后方的三角下拉按钮，企业可根据需查询的业务状态进行选择。

在显示的查询结果中，点击蓝色“支付交易编号”字段，页面将会跳转到支付单详情界面，企业只可对显示页面进行查看，无法进行修改等操作。显示界面如图 11-5 所示。

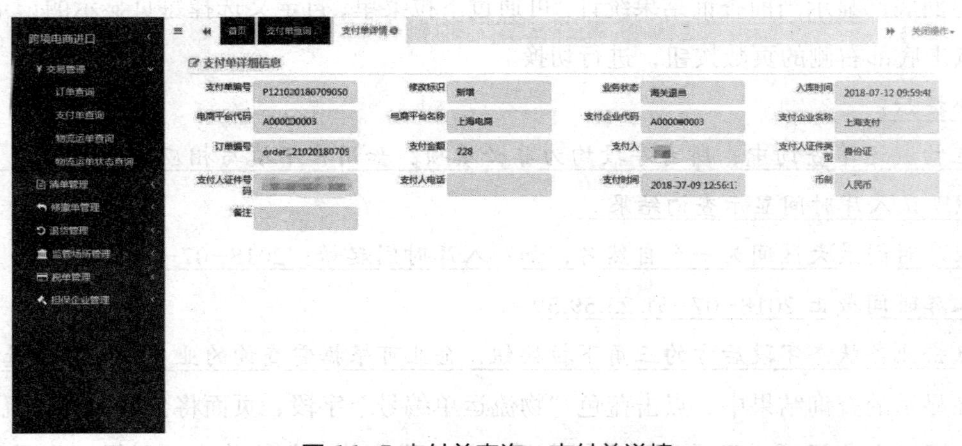

图 11-5 支付单查询—支付单详情

显示的查询结果中，点击蓝色“业务状态”字段，页面将会弹出历史状态信息弹框。用户可通过该功能查询该业务状态的详细信息。

（二）重置

点击查询结果显示界面中的蓝色“重置”按钮，用户填写的查询条件和显示的查询结果将被清空，用户可重新输入查询条件并进行查询。

三、物流运单查询

物流企业查询运单数据。

（一）查询

点击物流运单查询，输入相应的查询条件并点击蓝色“查询”按钮，系统会显示符合条件的数据，界面如图 11-6 所示。

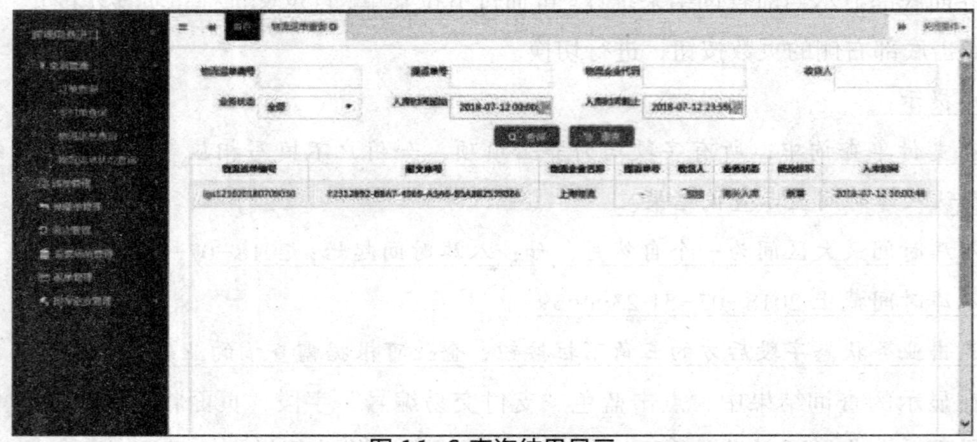

图 11-6 查询结果显示

界面底部显示当前查询结果统计。可通过下拉菜单，自定义选择每页显示的记录数，也可点击底部右侧的页数按钮，进行切换。

小提示：

在物流运单查询中，所有字段均为非必填项，如用户不填写相应查询条件，系统将按照默认入库时间显示查询结果。

入库时间最大区间为一个自然月，如：入库时间起始：2018-07-01 00:00:00

入库时间截止 2018-07-31 23:59:59

点击业务状态字段后方的三角下拉按钮，企业可根据需查询的业务状态进行选择。

在显示的查询结果中，点击蓝色“物流运单编号”字段，页面将会跳转到物流运单详情界面，企业只可对显示页面进行查看，无法进行修改等操作。显示界面如图 11-7 所示。

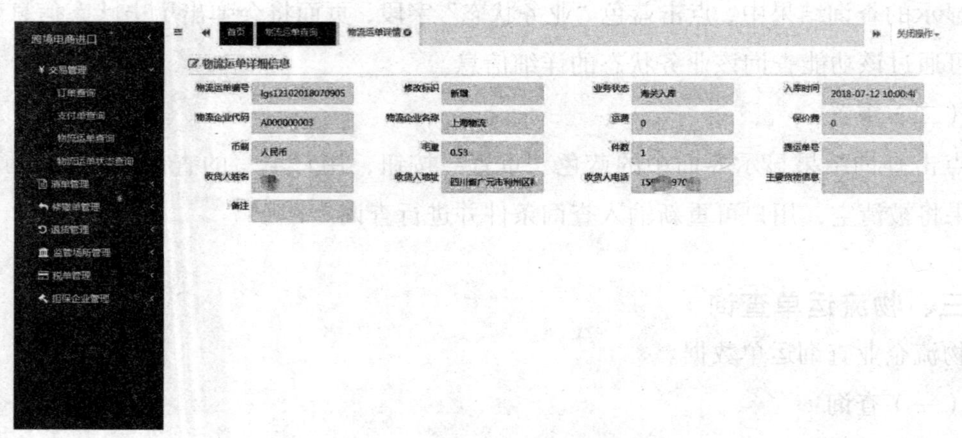

图 11-7 物流运单查询详情

显示的查询结果中，点击蓝色“业务状态”字段，页面将会弹出历史状态信息弹框。用户可通过该功能查询该业务状态的详细信息。

（二）重置

点击查询结果显示界面中的蓝色“重置”按钮，用户填写的查询条件和显示的查询结果将被清空，用户可重新输入查询条件并进行查询。

四、物流运单状态查询

物流企业查询运单状态数据。

（一）查询

点击物流运单状态查询，输入相应的查询条件并点击蓝色“查询”按钮，系统会显示符合条件的数据，界面如图 11–8 所示。

图 11–8 查询结果显示

界面底部显示当前查询结果统计。可通过下拉菜单，自定义选择每页显示的记录数，也可点击底部右侧的页数按钮，进行切换。

小提示：

在物流运单状态查询中，所有字段均为非必填项，如用户不填写相应查询条件，系统将按照默认入库时间显示查询结果。

入库时间最大区间为一个自然月，如：入库时间起始：2018–07–01 00:00:00

入库时间截止 2018–07–31 23:59:59

点击业务状态字段后方的三角下拉按钮，企业可根据需查询的业务状态进行选择。

在显示的查询结果中，点击蓝色“物流运单编号”字段，页面将会跳转到详情界面，企业只可对显示页面进行查看，无法进行修改等操作。显示界面如图 11–9 所示。

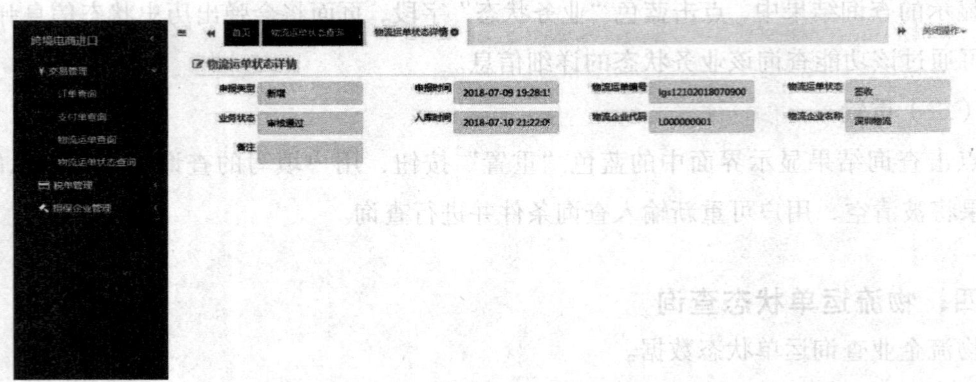

图 11-9 物流运单状态查询—物流运单状态详情

显示的查询结果中，点击蓝色“业务状态”字段，页面将会弹出历史状态信息弹框。用户可通过该功能查询该业务状态的详细信息。

（二）重置

点击查询结果显示界面中的蓝色“重置”按钮，用户填写的查询条件和显示的查询结果将被清空，用户可重新输入查询条件并进行查询。

五、订单查询（已结案）

电商企业或电商平台企业或其代理申报企业查询订单数据。

（一）查询

点击订单查询，输入相应的查询条件并点击蓝色“查询”按钮，系统会显示符合条件的数据，界面如图 11-10 所示。

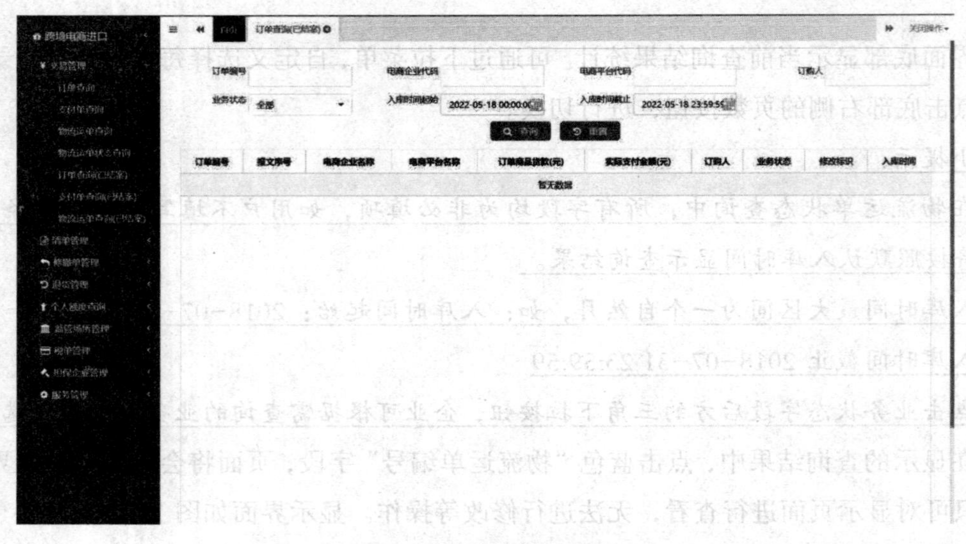

图 11-10 查询结果显示

界面底部显示当前查询结果统计。可通过下拉菜单，自定义选择每页显示的记录数，也可点击底部右侧的页数按钮，进行切换。

小提示：

在订单查询中，所有字段均为非必填项，如用户不填写相应查询条件，系统将按照默认入库时间显示查询结果。

入库时间最大区间为一个自然月，如：入库时间起始：2018-07-01 00:00:00

入库时间截止 2018-07-31 23:59:59

点击业务状态字段后方的三角下拉按钮，企业可根据需查询的业务状态进行选择。

在显示的查询结果中，点击蓝色“订单编号”字段，页面将会跳转到订单详情界面，企业只可对显示页面进行查看，无法进行修改等操作。显示界面如图 11-11 所示。

图 11-11 订单查询—订单详情

显示的查询结果中，点击蓝色“业务状态”字段，页面将会弹出历史状态信息弹框。用户可通过该功能查询该业务状态的详细信息。

（二）重置

点击查询结果显示界面中的蓝色“重置”按钮，用户填写的查询条件和显示的查询结果将被清空，用户可重新输入查询条件并进行查询。

六、支付单查询（已结案）

支付企业查询支付单数据。

（一）查询

点击支付单查询，输入相应的查询条件并点击蓝色“查询”按钮，系统会显示符合条件的数据，界面如图 11-12 所示。

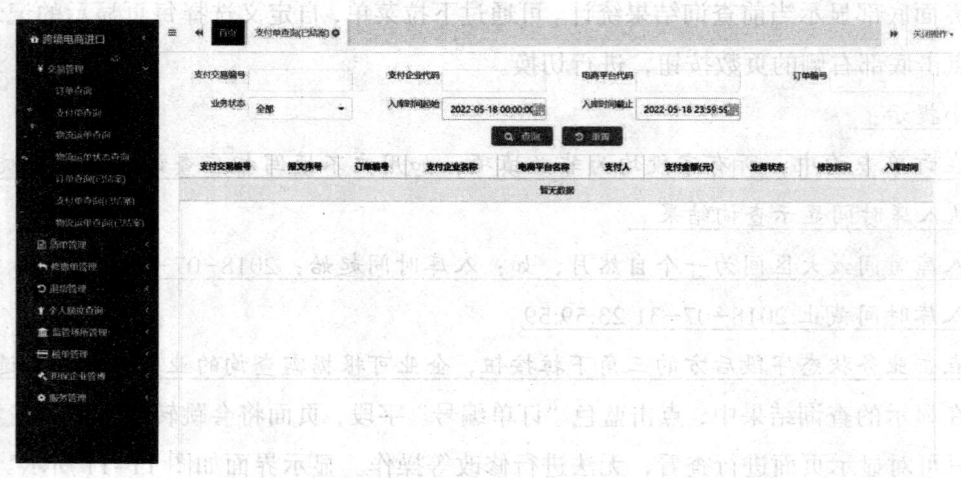

图 11-12 查询结果显示

界面底部显示当前查询结果统计。可通过下拉菜单，自定义选择每页显示的记录数，也可点击底部右侧的页数按钮，进行切换。

小提示：

在支付单查询中，所有字段均为非必填项，如用户不填写相应查询条件，系统将按照默认入库时间显示查询结果。

入库时间最大区间为一个自然月，如：入库时间起始：2018-07-01 00:00:00

入库时间截止 2018-07-31 23:59:59

点击业务状态字段后方的三角下拉按钮，企业可根据需查询的业务状态进行选择。

在显示的查询结果中，点击蓝色“支付交易编号”字段，页面将会跳转到支付单详情界面，企业只可对显示页面进行查看，无法进行修改等操作。显示界面如图 11-13 所示。

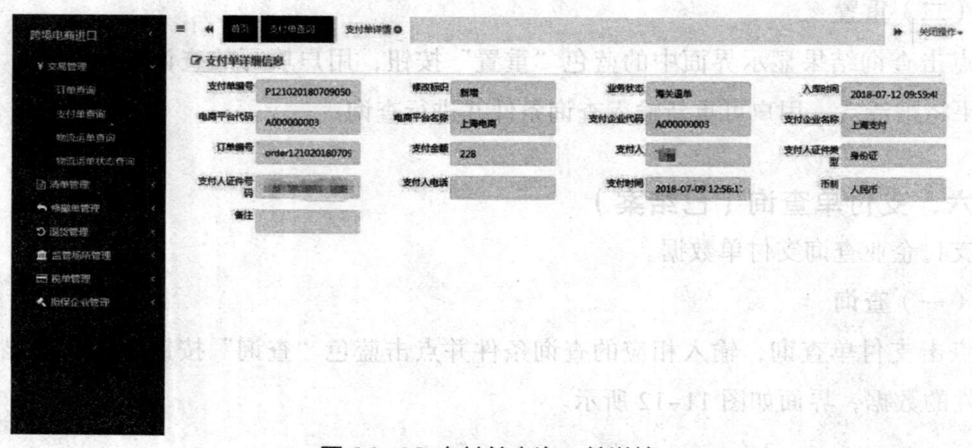

图 11-13 支付单查询—单详情

显示的查询结果中，点击蓝色“业务状态”字段，页面将会弹出历史状态信息弹框。用户可通过该功能查询该业务状态的详细信息。

（二）重置

点击查询结果显示界面中的蓝色“重置”按钮，用户填写的查询条件和显示的查询结果将被清空，用户可重新输入查询条件并进行查询。

七、物流运单查询（已结案）

物流企业查询运单数据。

（一）查询

点击物流运单查询，输入相应的查询条件并点击蓝色‘查询”按钮，系统会显示符合条件的数据，界面如图 11–14 所示。

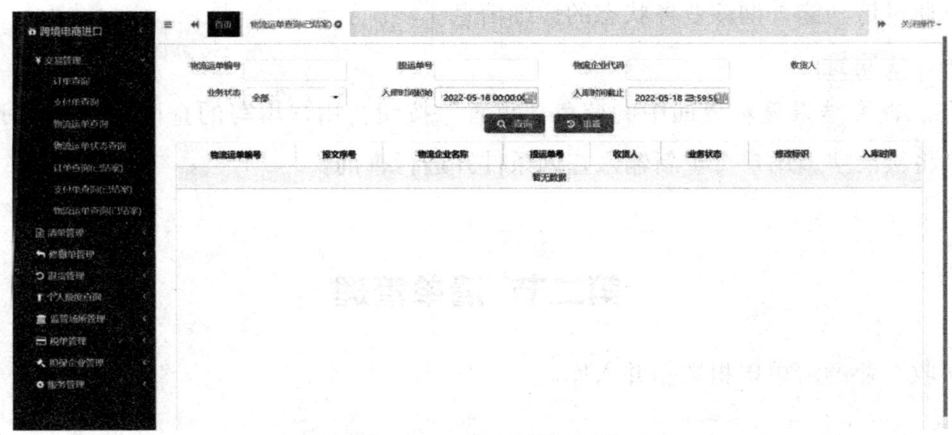

图 11–14 查询结果显示

界面底部显示当前查询结果统计。可通过下拉菜单，自定义选择每页显示的记录数，也可点击底部右侧的页数按钮，进行切换。

小提示：

在物流运单查询中，所有字段均为非必填项，如用户不填写相应查询条件，系统将按照默认入库时间显示查询结果。

入库时间最大区间为一个自然月，如：入库时间起始：2018–07–01 00:00:00

入库时间截止 2018–07–31 23:59:59

点击业务状态字段后方的三角下拉按钮，企业可根据需查询的业务状态进行选择。

在显示的查询结果中，点击蓝色“物流运单编号”字段，页面将会跳转到物流运单详情界面，企业只可对显示页面进行查看，无法进行修改等操作。显示界面如图 11–15 所示。

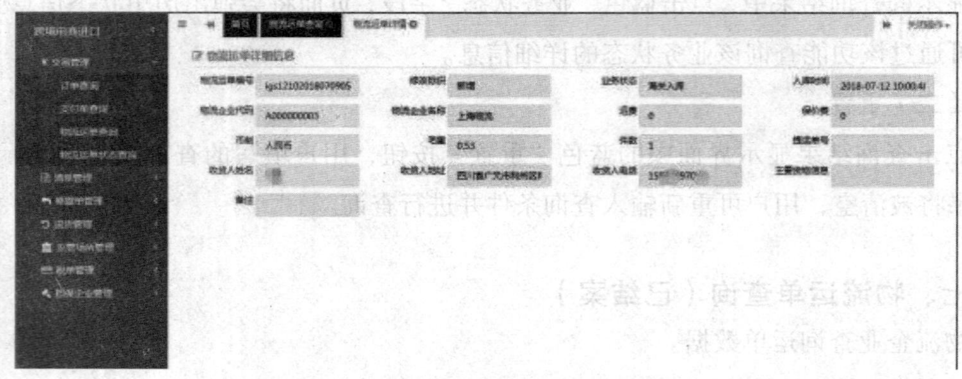

图 11-15 物流运单查询详情

显示的查询结果中，点击蓝色“业务状态”字段，页面将会弹出历史状态信息弹框。用户可通过该功能查询该业务状态的详细信息。

（二）重置

点击查询结果显示界面中的蓝色“重置”按钮，用户填写的查询条件和显示的查询结果将被清空，用户可重新输入查询条件并进行查询。

第二节 清单管理

接收企业的清单申报数据并入库。

一、清单申报

对清单进行暂存、申报、删除等操作。点击清单申报，界面如图 11-16 所示。

图 11-16 清单申报

（一）录入与暂存

点击界面上方蓝色按钮（如图 11–17）所进行的操作，将影响整票清单申报单据的数据。

图 11–17 清单申报—操作按钮

小提示：

带有红色星号的字段，为必填项。

1. 清单详细信息

可随时点击界面中的“暂存”蓝色按钮，将当前正在录入的基本信息数据进行保存，以防数据丢失。

界面中，灰色字段（例如预录入编号、海关清单编号、申报类型等）表示不允许录入，系统将根据相应操作或步骤后自动返填。

部分字段（例如企业内部编号、申报口岸、进口口岸等）需要用户手工录入，部分字段中的灰色字体为录入提示，请根据您的业务主管部门要求，如实填写相关内容。

右侧带有三角形标识（例如运输方式、币值等）的字段，表示该类字段需要在参数中进行调取，不允许用户随意录入。直接点击三角形图标，调出下拉菜单并在其中进行选择。您也可直接输入已知的相应数字、字母或汉字，迅速调出参数，使用上下箭头选择后，点击回车键确认录入。

日期类字段（例如进口日期 / 申报日期等），需点击录入框后，在系统自动弹出的日历中选择日期。

2. 清单表体信息

商品序号	商品名称	商品编码	商品货号	数量	计量单位	单价	总价	币制	原产国
没有找到匹配的记录									

图 11–18 清单表体信息

二、待申报清单查询

电商企业或电商平台 / 报关企业可在服务系统查询相关申报及提交数据。

（一）查询

点击待申报清单查询，输入相应的查询条件并点击蓝色“查询”按钮，系统会显示符合条件的数据，界面如图 11-19 所示。

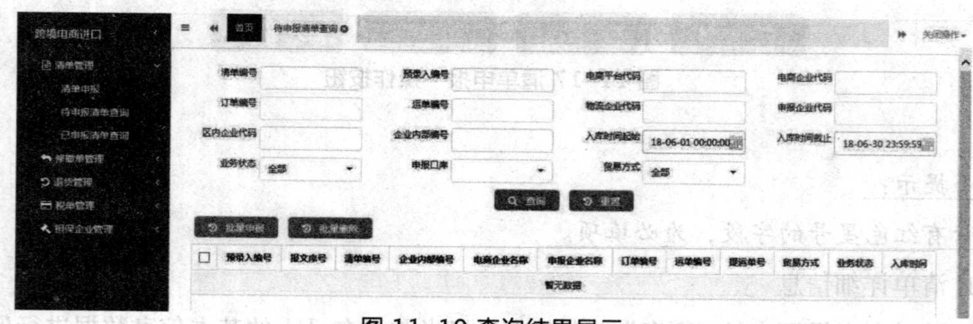

图 11-19 查询结果显示

界面底部显示当前查询结果统计。可通过下拉菜单，自定义选择每页显示的记录数，也可点击底部右侧的页数按钮，进行切换。

小提示：

在待申报清单查询中，所有字段均为非必填项，如用户不填写相应查询条件，系统将按照默认入库时间显示查询结果。

入库时间最大区间为一个自然月，如：入库时间起始：2018-07-01 00:00:00 入库时间截止 2018-07-31 23:59:59

点击业务状态字段后方的三角下拉按钮，企业可根据需查询的业务状态进行选择。

在显示的查询结果中，点击蓝色“预录入编号”字段，页面将会跳转到待申报清单详情界面，企业只可对暂存退单页面进行查看、修改等操作。显示界面如图 11-20 所示。

图 11-20 待申报清单查询—待申报清单详情

显示的查询结果中，点击蓝色“业务状态”字段，页面将会弹出历史状态信息弹框。用户可通过该功能查询该业务状态的详细信息。

（二）批量申报与批量删除

选择多个数据，点击弹出框的确认按钮可以进行批量申报和删除操作，点击取消按钮则取消相应操作。

查询 重置

批量申报 批量删除

☐	预录入编号	报文序号	清单编号	企业内部编号	电商企业名称	申报企业名称
☐	B20180716004799424	8441D574-222E-48E8-9EF9-937534ED4FD6	53022018I000014780	cop20180709117	深圳电商	深圳报关

图 11–21 批量申报与批量删除

（三）重置

点击查询结果显示界面中的蓝色“重置”按钮，用户填写的查询条件和显示的查询结果将被清空，用户可重新输入查询条件并进行查询。

三、已申报清单查询

电商企业或电商平台 / 报关企业可在服务系统查询相关申报及提交数据。

（一）查询

点击已申报清单查询，输入相应的查询条件并点击蓝色“查询”按钮，系统会显示符合条件的数据，界面如图 11–22 所示。

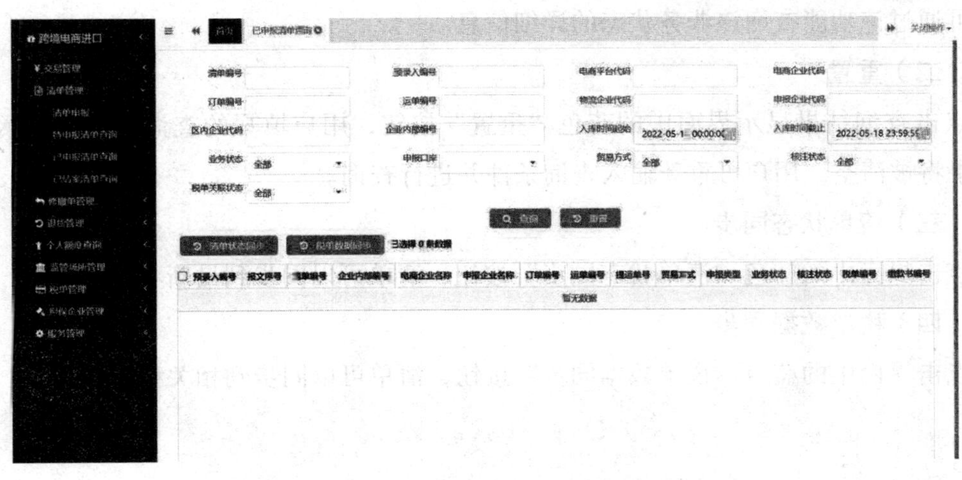

图 11–22 查询结果显示

小提示：

在已申报清单查询中，所有字段均为非必填项，如用户不填写相应查询条件，系统将按照默认入库时间显示查询结果。

入库时间最大区间为一个自然月，如：入库时间起始：2018-07-01 00:00:00

入库时间截止 2018-07-31 23:59:59

点击业务状态字段后方的三角下拉按钮，企业可根据需查询的业务状态进行选择。

在显示的查询结果中，点击蓝色“预录入编号”字段，页面将会跳转到已申报清单详情界面，企业只可对显示页面进行查看，无法进行修改等操作。显示界面如图 11-23 所示。

图 11-23 已申报清单查询—已申报清单详情

显示的查询结果中，点击蓝色“业务状态”字段，页面将会弹出历史状态信息弹框。用户可通过该功能查询该业务状态的详细信息。

（二）重置

点击查询结果显示界面中的蓝色“重置”按钮，用户填写的查询条件和显示的查询结果将被清空，用户可重新输入查询条件并进行查询。

（三）清单状态同步

点击界面中的蓝色“清单状态同步”按钮，清单可以同步到最新状态回执。

（四）税单数据同步

点击界面中的蓝色“税单数据同步”按钮，清单可以同步到相关税单回执。

第三节 修撤单管理

电商企业 / 代理报关企业选择指定的清单数据修改撤销清单数据。

一、可修改清单查询

电商企业 / 代理报关企业查询修改清单数据。

（一）查询

点击可修改清单查询，输入相应的查询条件并点击蓝色“查询”按钮，系统会显示符合条件的数据，界面如图 11–24 所示。

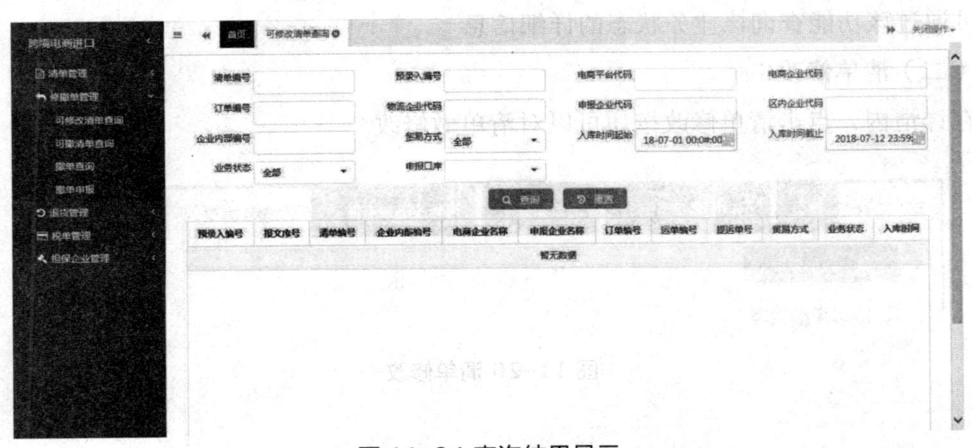

图 11–24 查询结果显示

小提示：

在可修改清单查询中，所有字段均为非必填项，如用户不填写相应查询条件，系统将按照默认入库时间显示查询结果。

入库时间最大区间为一个自然月，如：入库时间起始：2018–07–01 00:00:00

入库时间截止 2018–07–31 23:59:59

在显示的查询结果中，点击蓝色“预录入编号”字段，页面将会跳转到详情界面，企业只可对显示页面进行查看，无法进行修改等操作。显示界面如图 11–25 所示。

图 11-25 可修改清单查询—可修改清单详情

显示的查询结果中，点击蓝色“业务状态”字段，页面将会弹出历史状态信息弹框。用户可通过该功能查询该业务状态的详细信息。

（二）清单修改

在详情内，点击清单修改按钮可以对清单做修改。

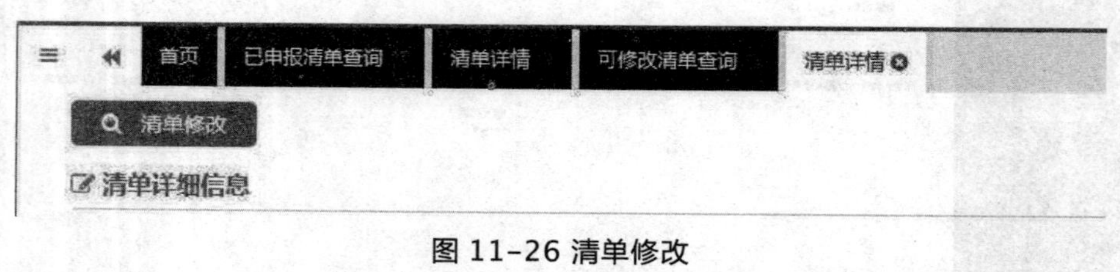

图 11-26 清单修改

（三）重置

点击查询结果显示界面中的蓝色“重置”按钮，用户填写的查询条件和显示的查询结果将被清空，用户可重新输入查询条件并进行查询。

二、可撤清单查询

电商企业 / 代理报关企业查询撤单清单信息。

（一）查询

点击可撤销清单查询，输入相应的查询条件并点击蓝色“查询”按钮，系统会显示符合条件的数据，界面如图 11-27 所示。

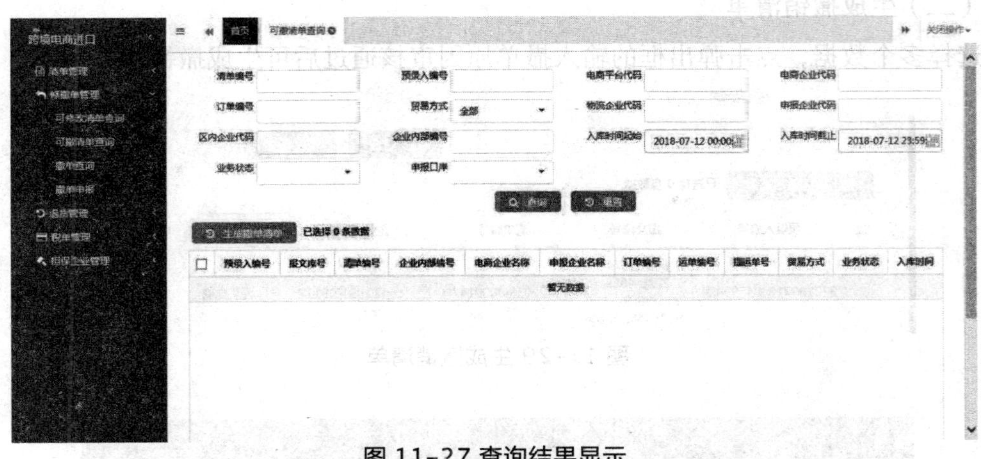

图 11-27 查询结果显示

小提示：

在可撤清单查询中，所有字段均为非必填项，如用户不填写相应查询条件，系统将按照默认入库时间显示查询结果。

入库时间最大区间为一个自然月，如：入库时间起始：2018-07-01 00:00:00

入库时间截止 2018-07-31 23:59:59

点击业务状态字段后方的三角下拉按钮，企业可根据需查询的业务状态进行选择。

在显示的查询结果中，点击蓝色"预录入编号"字段，页面将会跳转到订单详情界面，企业只可对显示页面进行查看，无法进行修改等操作。显示界面如图 11-28 所示。

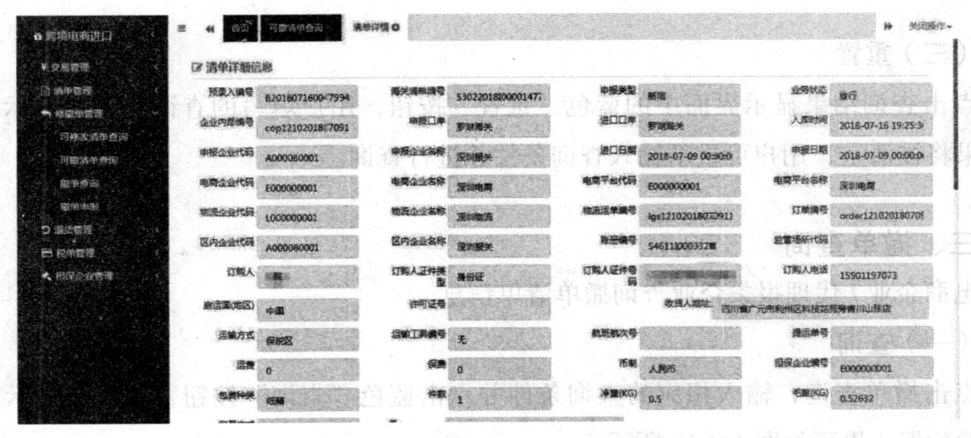

图 11-28 已申报清单查询—已申报清单详情

显示的查询结果中，点击蓝色"业务状态"字段，页面将会弹出历史状态信息弹框。用户可通过该功能查询该业务状态的详细信息。

（二）生成撤销清单

选择多个数据，点击弹出框的输入撤单原因审核通过后可生成撤销清单。

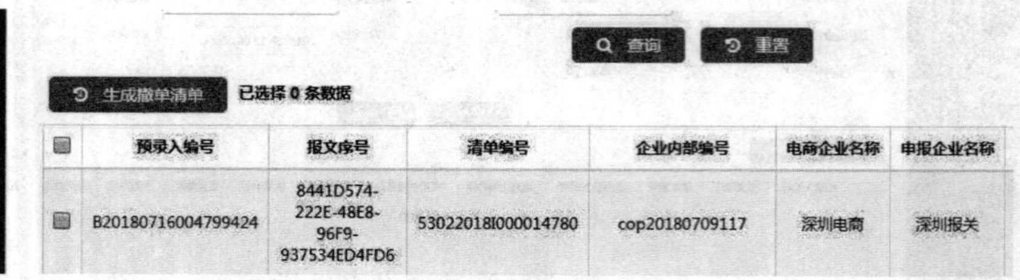

图 11-29 生成撤销清单

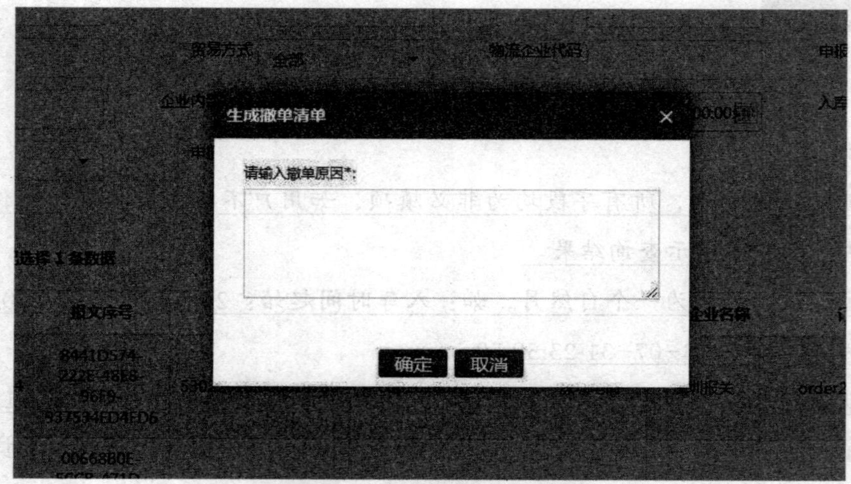

图 11-30 生成撤销清单（续）

（三）重置

点击查询结果显示界面中的蓝色“重置”按钮，用户填写的查询条件和显示的查询结果将被清空，用户可重新输入查询条件并进行查询。

三、撤单查询

电商企业 / 代理报关企业查询撤单清单信息。

（一）查询

点击撤单查询，输入相应的查询条件并点击蓝色“查询”按钮，系统会显示符合条件的数据，界面如图 11-31 所示。

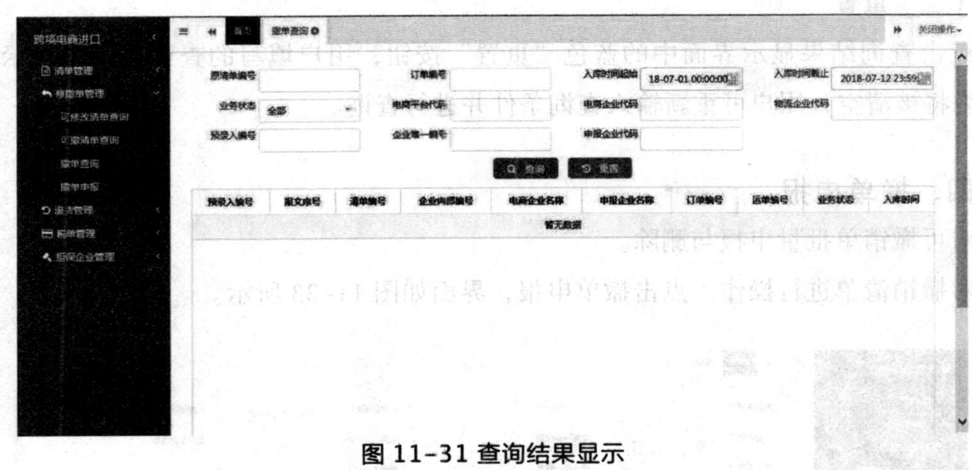

图 11-31 查询结果显示

小提示：

在撤单查询中，所有字段均为非必填项，如用户不填写相应查询条件，系统将按照默认入库时间显示查询结果。

入库时间最大区间为一个自然月，如：入库时间起始：2018-07-01 00:00:00

入库时间截止 2018-07-31 23:59:59

点击业务状态字段后方的三角下拉按钮，企业可根据需查询的业务状态进行选择。

在显示的查询结果中，点击蓝色“预录入编号”字段，页面将会跳转到撤销单详情界面，企业只可对显示页面进行查看，无法进行修改等操作。显示界面如图 11-32 所示。

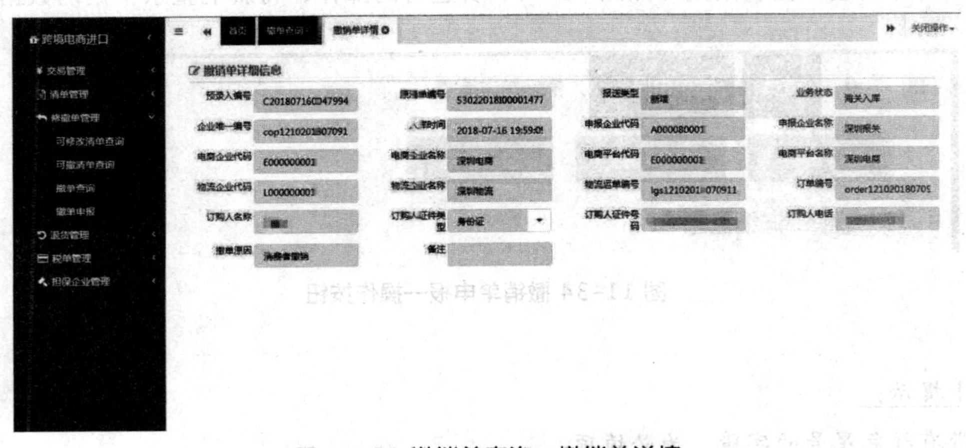

图 11-32 撤销单查询—撤销单详情

显示的查询结果中，点击蓝色“业务状态”字段，页面将会弹出历史状态信息弹框。用户可通过该功能查询该业务状态的详细信息。

（二）重置

点击查询结果显示界面中的蓝色“重置”按钮，用户填写的查询条件和显示的查询结果将被清空，用户可重新输入查询条件并进行查询。

四、撤单申报

对可撤销单批量申报与删除。

对撤销清单进行操作。点击撤单申报，界面如图 11–33 所示。

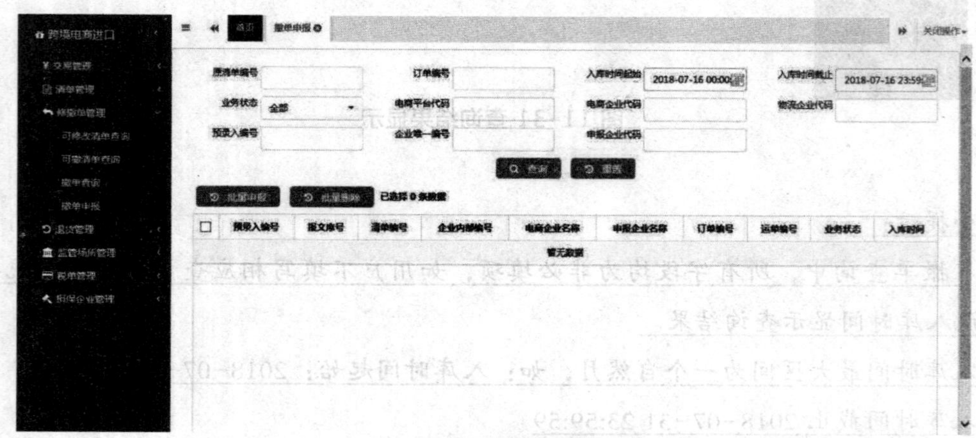

图 11–33 撤销单申报

（一）申报与暂存

点击界面上方蓝色按钮（如图 11–34）所进行的操作，将影响整票单据的数据。

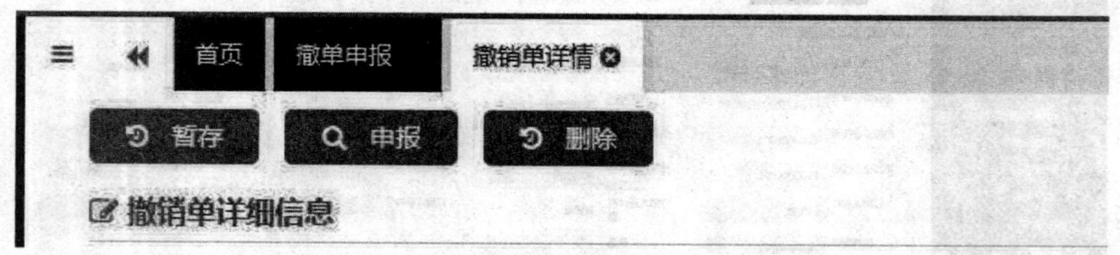

图 11–34 撤销单申报—操作按钮

小提示：

带有红色星号的字段，为必填项。

1. 清单详细信息

图 11-35 撤销单申报—撤销单详情

可随时点击界面中的“暂存”蓝色按钮，将当前正在录入的基本信息数据进行保存，以防数据丢失。

界面中，灰色字段（例如预录入编号、海关清单编号、申报类型等）表示不允许录入，系统将根据相应操作或步骤后自动返填。

部分字段（例如企业内部编号、申报口岸、进口口岸等）需要用户手工录入，部分字段中的灰色字体为录入提示，请根据您的业务主管部门要求，如实填写相关内容。

右侧带有三角形标识（例如运输方式、币值等）的字段，表示该类字段需要在参数中进行调取，不允许用户随意录入。直接点击三角形图标，调出下拉菜单并在其中进行选择。您也可直接输入已知的相应数字、字母或汉字，迅速调出参数，使用上下箭头选择后，点击回车键确认录入。

日期类字段（例如进口日期 / 申报日期等），需点击录入框后，在系统自动弹出的日历中选择日期。

2. 清单表体信息

图 11-36 撤销单申报—撤销单表体详情

（二）批量申报与批量删除

选择多个查询出的数据，点击弹出框的确认按钮可以进行批量申报和删除操作，否则点击取消按钮则取消相应操作。

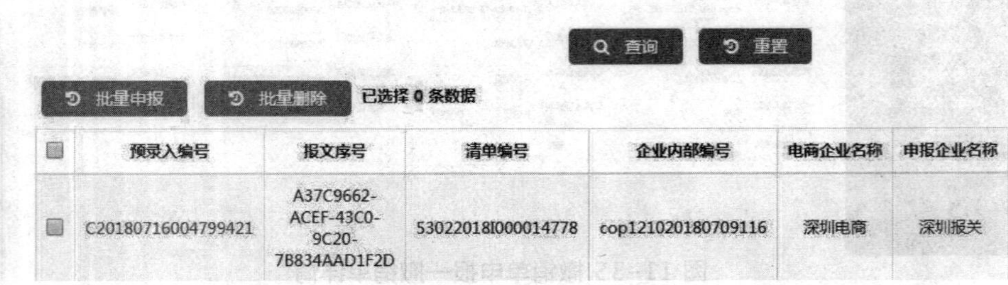

图 11-37 撤销单批量操作按钮

第四节 退货单管理

电商企业 / 代理申报企业查询和生成退货申请单信息。

一、待申报退货单管理

电商企业 / 代理申报企业根据清单数据生成退货申请单。

对退货单进行暂存、申报、删除等操作。点击清单申报，界面如图 11-38 所示。

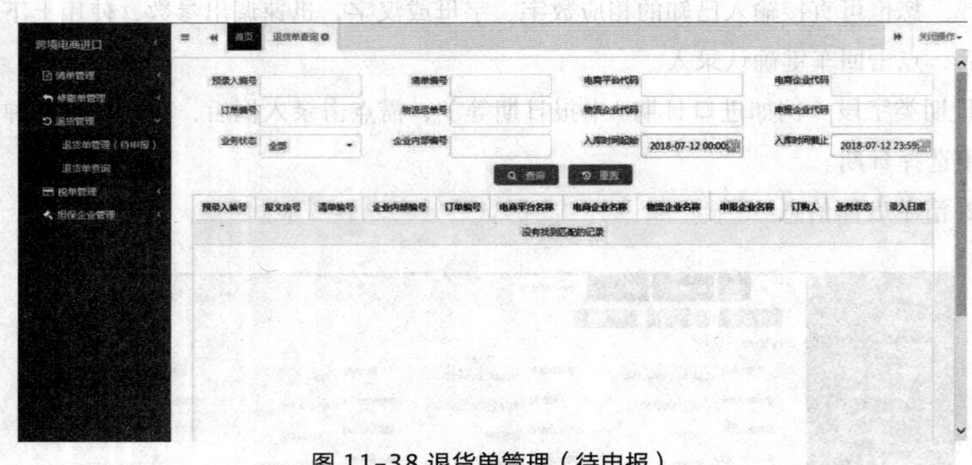

图 11-38 退货单管理（待申报）

（一）申报与暂存

点击界面上方蓝色按钮（如图 11-39）所进行的操作，将影响整票退货单申报单据的数据。

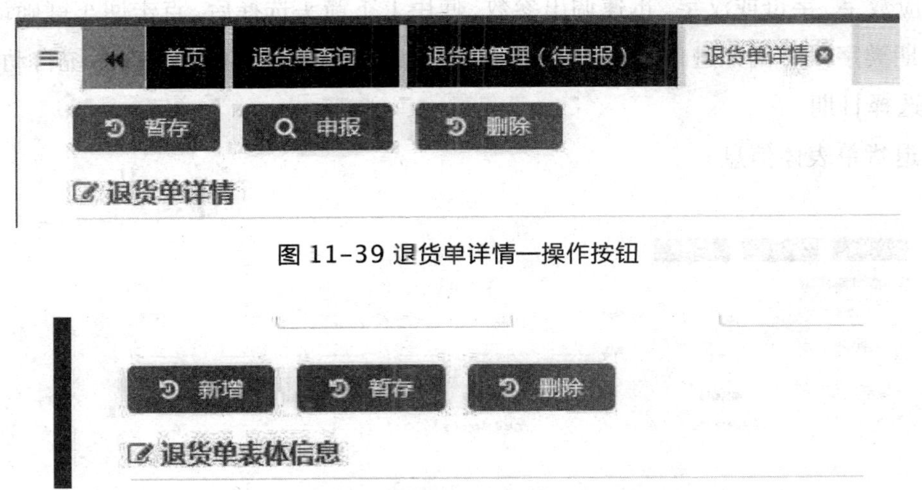

图 11-39 退货单详情—操作按钮

图 11-40 退货单申报表体—操作按钮

小提示：

带有红色星号的字段，为必填项。

1. 退货单详细信息

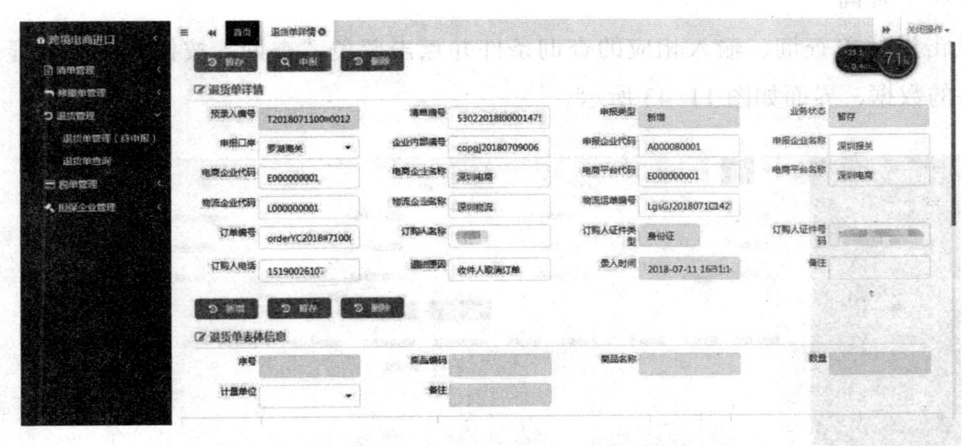

图 11-41 退货单管理（待申报）—退货单详情

可随时点击界面中的“暂存”蓝色按钮，将当前正在录入的基本信息数据进行保存，以防数据丢失。

界面中，灰色字段（例如预录入编号、海关清单编号、申报类型等）表示不允许录入，系统将根据相应操作或步骤后自动返填。

部分字段（例如企业内部编号、申报口岸、进口口岸等）需要用户手工录入，部分字段中的灰色字体为录入提示，请根据您的业务主管部门要求，如实填写相关内容。

右侧带有三角形标识的字段，表示该类字段需要在参数中进行调取，不允许用户随意录入。直接点击三角形图标，调出下拉菜单并在其中进行选择。您也可直接输入已知的相应数字、字母或汉字，迅速调出参数，使用上下箭头选择后，点击回车键确认录入。

日期类字段（例如进口日期/申报日期等），需点击录入框后，在系统自动弹出的日历中选择日期。

2. 退货单表体信息

新增 暂存 删除

退货单表体信息

序号 商品编码 商品名称 数量

计量单位 备注

序号	商品编码	商品名称	数量	计量单位	备注
1	6109100022	拉科斯特女士t恤	1	件	-

图 11-42 退货单管理（待申报）—退货单表体详情

二、退货单查询

电商企业/代理申报企业查询已生成退货申请单信息。

（一）查询

点击退货单查询，输入相应的查询条件并点击蓝色“查询”按钮，系统会显示符合条件的数据，界面如图 11-43 所示。

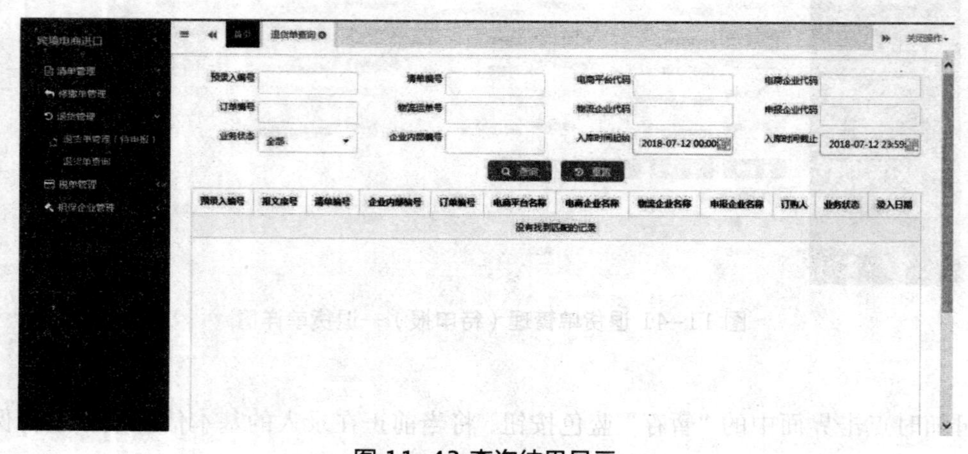

图 11-43 查询结果显示

小提示：

在退货单查询中，所有字段均为非必填项，如用户不填写相应查询条件，系统将按照默认入库时间显示查询结果。

入库时间最大区间为一个自然月，如：入库时间起始：2018-07-01 00:00:00

入库时间截止 2018-07-31 23:59:59

点击业务状态字段后方的三角下拉按钮，企业可根据需查询订单的业务状态进行选择。

在显示的查询结果中，点击蓝色“预录入编号”字段，页面将会跳转到订单详情界面，企业只可对显示页面进行查看，无法进行修改等操作。显示界面如图 11-44 所示。

图 11-44 已申报清单查询—已申报清单详情

显示的查询结果中，点击蓝色“业务状态”字段，页面将会弹出历史状态信息弹框。用户可通过该功能查询该业务状态的详细信息。

（二）重置

点击查询结果显示界面中的蓝色“重置”按钮，用户填写的查询条件和显示的查询结果将被清空，用户可重新输入查询条件并进行查询。

第五节 监管场所管理

入库明细单查询功能示范如下。

一、查询

点击入库明细单查询，输入相应的查询条件并点击蓝色“查询”按钮，系统会显示符合条件的数据，界面如图 11-45 所示。

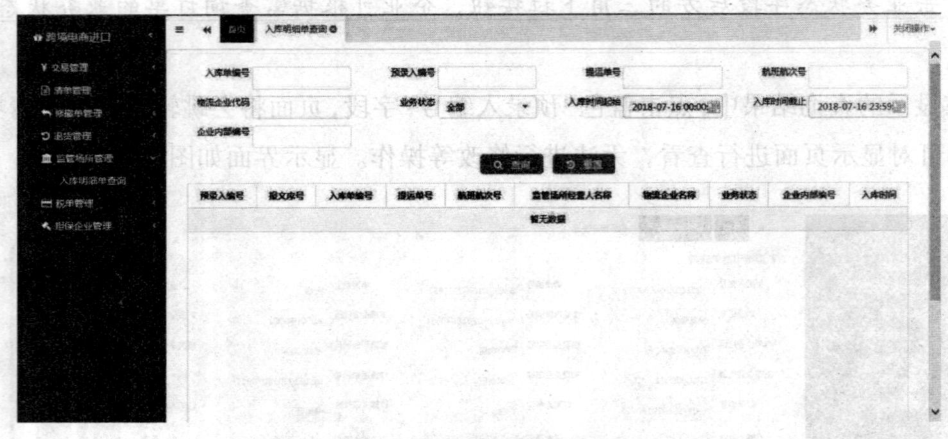

图 11-45 查询结果显示

小提示：

在入库明细单查询中，所有字段均为非必填项，如用户不填写相应查询条件，系统将按照默认入库时间显示查询结果。

入库时间最大区间为一个自然月，如：入库时间起始：2018-07-01 00:00:00

入库时间截止 2018-07-31 23:59:59

点击业务状态字段后方的三角下拉按钮，企业可根据需查询的业务状态进行选择。

在显示的查询结果中，点击蓝色“预录入编号”字段，页面将会跳转到详情界面，企业只可对显示页面进行查看，无法进行修改等操作。显示界面如图 11-46 所示。

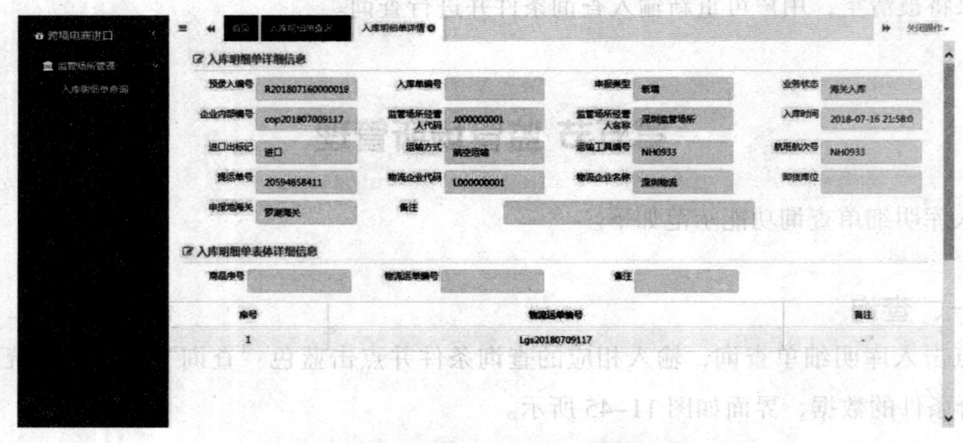

图 11-46 入库明细单查询—入库明细单详情

显示的查询结果中，点击蓝色“业务状态”字段，页面将会弹出历史状态信息弹框。用户可通过该功能查询该业务状态的详细信息。暂存和申报状态点开该项则没有详细信息。

二、重置

点击查询结果显示界面中的蓝色“重置”按钮，用户填写的查询条件和显示的查询结果将被清空，用户可重新输入查询条件并进行查询。

第六节 税单管理

用户可查询系统接收到的电子税单数据。

一、缴款书查询

（一）查询

点击缴款书查询，输入相应的查询条件并点击蓝色“查询”按钮，系统会显示符合条件的数据，界面如图 11-47 所示。

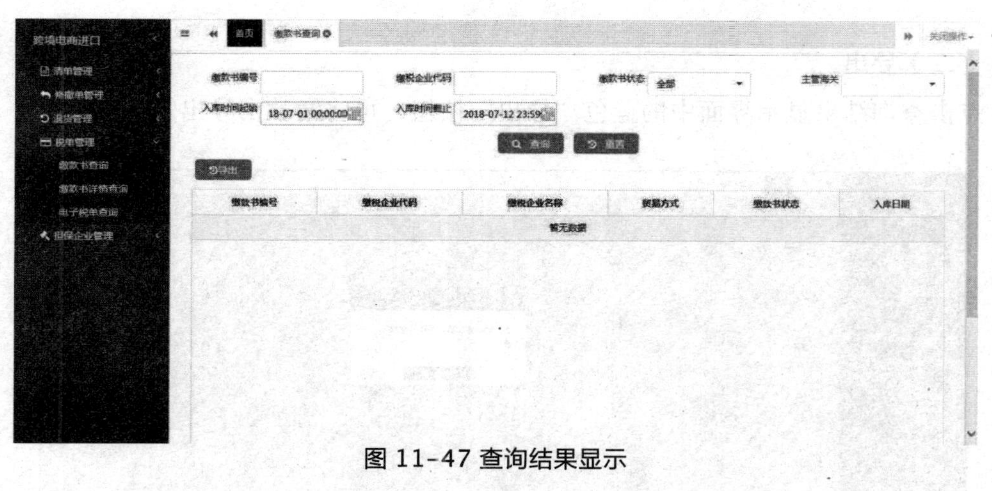

图 11-47 查询结果显示

小提示：

在订单查询中，所有字段均为非必填项，如用户不填写相应查询条件，系统将按照默认入库时间显示查询结果。

入库时间最大区间为一个自然月，如：入库时间起始：2018-07-01 00:00:00

入库时间截止 2018-07-31 23:59:59

点击业务状态字段后方的三角下拉按钮，企业可根据需查询订单的业务状态进行选择。

在显示的查询结果中，点击蓝色字段，页面将会跳转到订单详情界面，企业只可对显示页面进行查看，无法进行修改等操作。显示界面如图 11-48 所示。

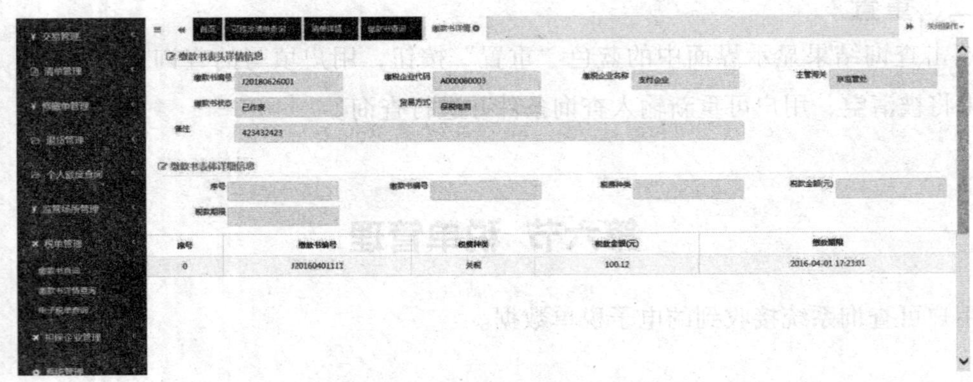

图 11-48 缴款书查询—缴款书详情

显示的查询结果中，点击蓝色“业务状态”字段，页面将会弹出历史状态信息弹框。用户可通过该功能查询该业务状态的详细信息。暂存和申报状态点开该项则没有详细信息。

（二）导出

点击查询结果显示界面中的蓝色“导出”按钮，可将缴款书导出。

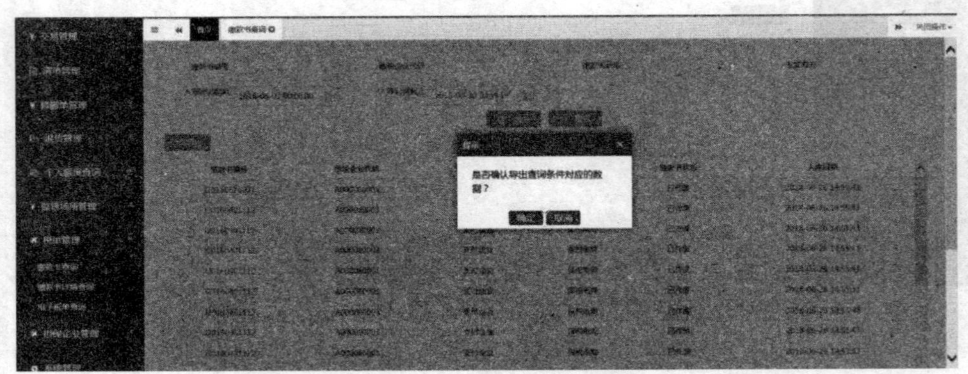

图 11-49 缴款书查询—导出按钮

（三）重置

点击查询结果显示界面中的蓝色“重置”按钮，用户填写的查询条件和显示的查询结果将被清空，用户可重新输入查询条件并进行查询。

二、缴款书详情查询

（一）查询

点击缴款书详情查询，输入相应的查询条件并点击蓝色“查询”按钮，系统会显示符合条件的数据，界面如图 11-50 所示。

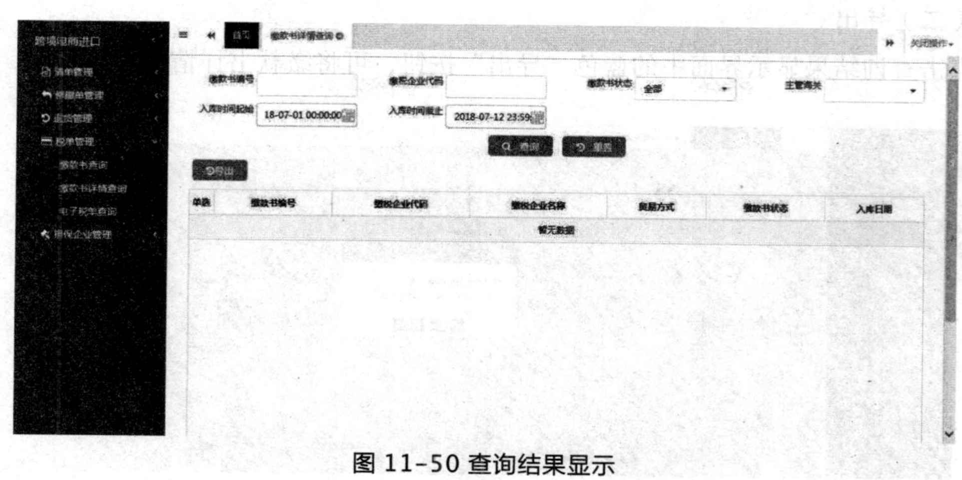

图 11-50 查询结果显示

小提示：

在缴款书查询中，所有字段均为非必填项，如用户不填写相应查询条件，系统将按照默认入库时间显示查询结果。

入库时间最大区间为一个自然月，如：入库时间起始：2018-07-01 00:00:00

入库时间截止 2018-07-31 23:59:59

点击业务状态字段后方的三角下拉按钮，企业可根据需查询订单的业务状态进行选择。

在显示的查询结果中，点击蓝色字段，页面将会跳转到详情界面，企业只可对显示页面进行查看，无法进行修改等操作。显示界面如图 11-51 所示。在缴款书详情中显示税单详情信息。

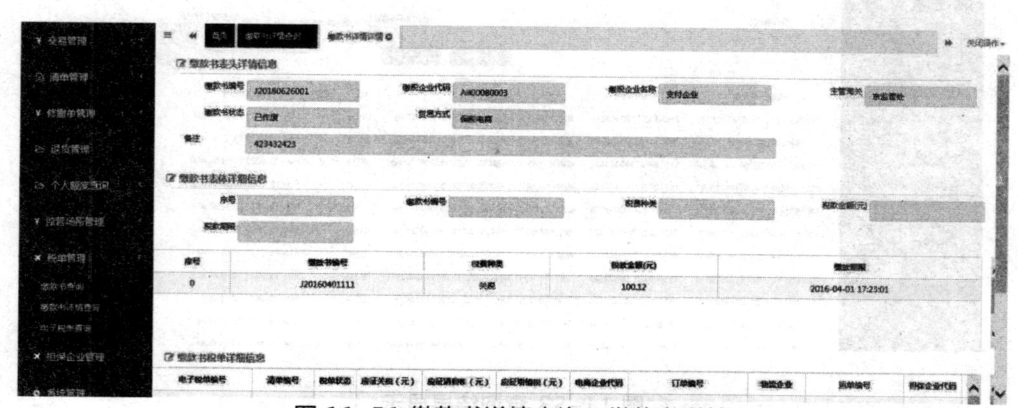

图 11-51 缴款书详情查询—缴款书详情

显示的查询结果中，点击蓝色“业务状态”字段，页面将会弹出历史状态信息弹框。用户可通过该功能查询该业务状态的详细信息。

（二）导出

点击查询结果显示界面中的蓝色“导出”按钮，可将缴款书详情数据导出。

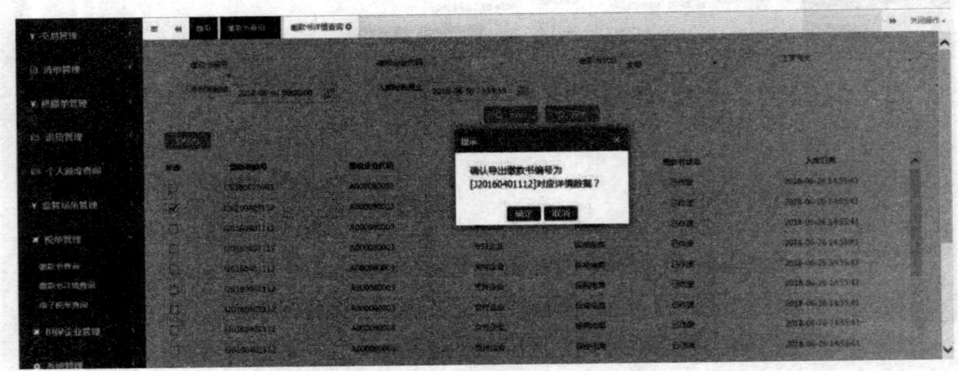

图 11-52 缴款书查询—导出按钮

（三）重置

点击查询结果显示界面中的蓝色“重置”按钮，用户填写的查询条件和显示的查询结果将被清空，用户可重新输入查询条件并进行查询。

三、缴款书导出任务查询

（一）查询

点击缴款书查询，输入相应的查询条件并点击蓝色“查询”按钮，系统会显示符合条件的数据，界面如图 11-53 所示。

图 11-53 查询结果显示

小提示：

在查询中，所有字段均为非必填项，如用户不填写相应查询条件，系统将按照默认入库时间显示查询结果。

入库时间最大区间为一个自然月，如：入库时间起始：2018-07-01 00:00:00

入库时间截止 2018-07-31 23:59:59

点击业务状态字段后方的三角下拉按钮，企业可根据需查询订单的业务状态进行选择。

在显示的查询结果中，点击蓝色字段，页面将会下载已经处理完成的缴款书。

（二）重置

点击查询结果显示界面中的蓝色“重置”按钮，用户填写的查询条件和显示的查询结果将被清空，用户可重新输入查询条件并进行查询。

四、电子税单查询

（一）查询

点击电子税单查询，输入相应的查询条件并点击蓝色“查询”按钮，系统会显示符合条件的数据，界面如图 11-54 所示。

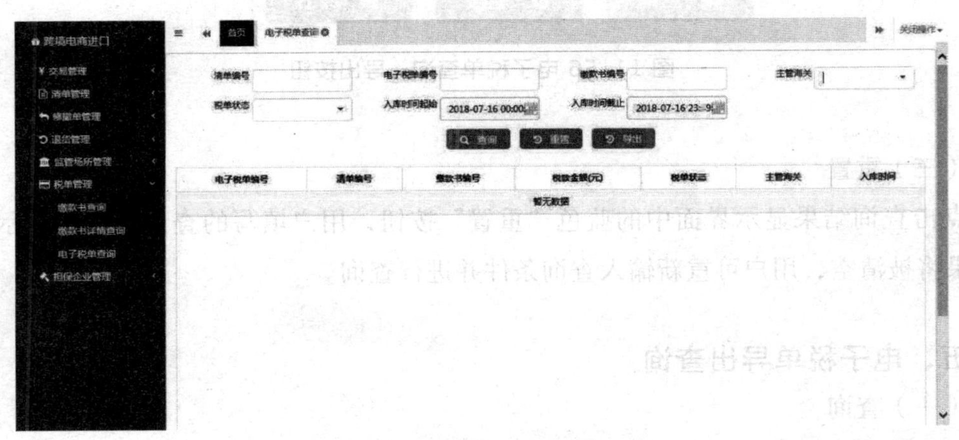

图 11-54 电子税单查询界面

小提示：

在电子税单查询中，所有字段均为非必填项，如用户不填写相应查询条件，系统将按照默认入库时间显示查询结果。

入库时间最大区间为一个自然月，如：入库时间起始：2018-07-01 00:00:00

入库时间截止 2018-07-31 23:59:59

点击业务状态字段后方的三角下拉按钮，企业可根据需查询的业务状态进行选择。

在显示的查询结果中，点击蓝色“电子税单编号”字段，页面将会跳转到详情界面，企业只可对显示页面进行查看，无法进行修改等操作。显示界面如图 11-55 所示。

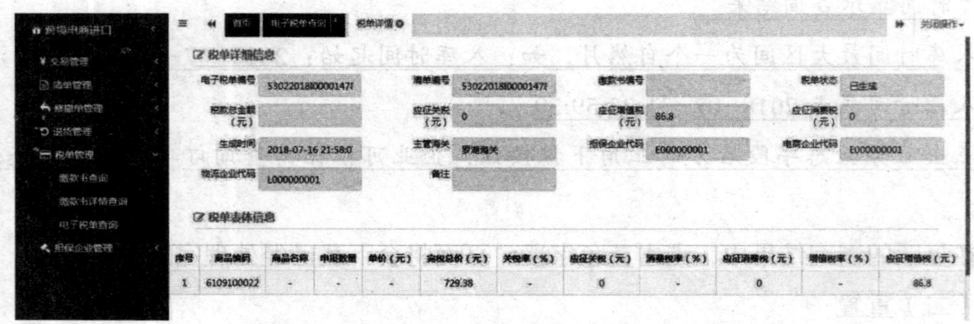

图 11-55 电子税单查询—电子税单详情

显示的查询结果中，点击蓝色“业务状态”字段，页面将会弹出历史状态信息弹框。用户可通过该功能查询该业务状态的详细信息。

（二）导出

点击查询结果显示界面中的蓝色“导出”按钮，可将税单导出。

图 11-56 电子税单查询—导出按钮

（三）重置

点击查询结果显示界面中的蓝色“重置”按钮，用户填写的查询条件和显示的查询结果将被清空，用户可重新输入查询条件并进行查询。

五、电子税单导出查询

（一）查询

点击电子税单查询，输入相应的查询条件并点击蓝色“查询”按钮，系统会显示符合条件的数据，界面如图 11-57 所示。

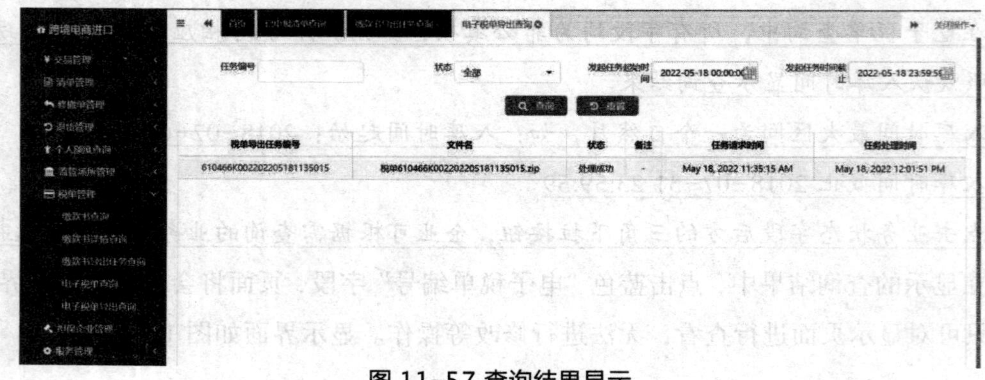

图 11-57 查询结果显示

小提示：

在电子税单查询中，所有字段均为非必填项，如用户不填写相应查询条件，系统将按照默认入库时间显示查询结果。

入库时间最大区间为一个自然月，如：入库时间起始：2018-07-01 00:00:00

入库时间截止 2018-07-31 23:59:59

点击业务状态字段后方的三角下拉按钮，企业可根据需查询的业务状态进行选择。

在显示的查询结果中，点击蓝色“税单导出任务编号”字段，页面将会下载状态处理成功的税单内容。

（二）重置

点击查询结果显示界面中的蓝色“重置”按钮，用户填写的查询条件和显示的查询结果将被清空，用户可重新输入查询条件并进行查询。

第七节 担保企业管理

担保余额查询功能示范如下。

一、查询

点击担保余额查询，输入相应的查询条件并点击蓝色“查询”按钮，系统会显示符合条件的数据，界面如图 11-58 所示。

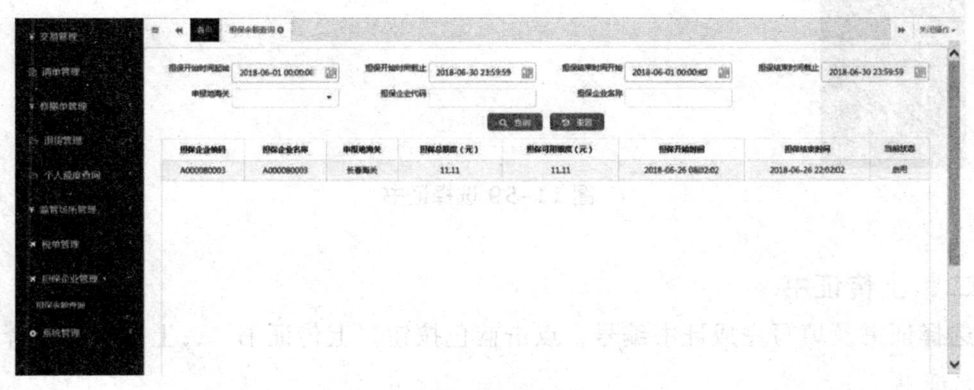

图 11-58 担保余额查询

二、重置

点击查询结果显示界面中的蓝色“重置”按钮，用户填写的查询条件和显示的查询结果将被清空，用户可重新输入查询条件并进行查询。

第八节 服务管理

电商平台企业通过在通关服务系统注册证书信息、一个或多个实时数据抓取接口地址。通关服务系统经审核通过后，根据海关业务需求调用接口进行实时抓取，具体请对接（2018 年 179 号公告）。

一、选择证书

点击蓝色按钮“选择证书”，上传企业的数字签名证书，填写数字签名证书的证书编号，如图 11–59 所示。

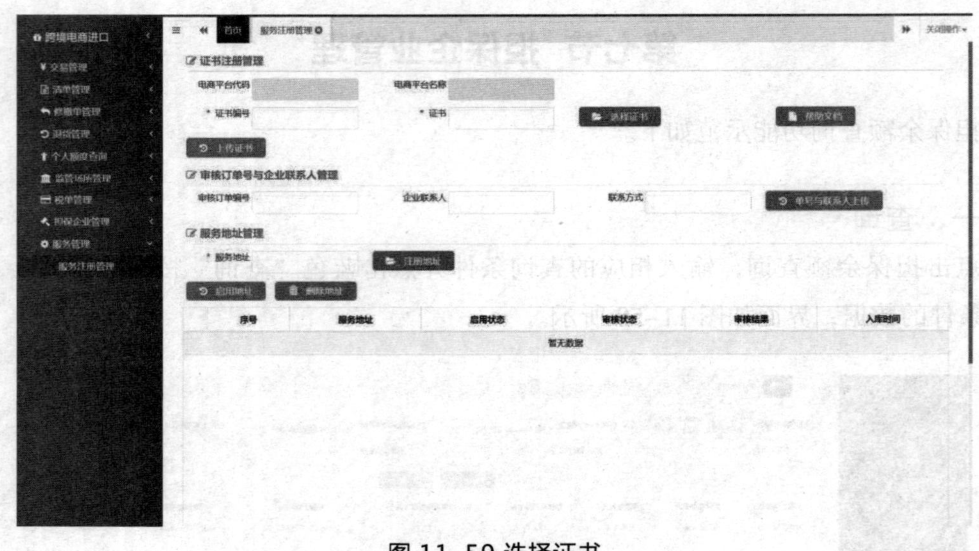

图 11–59 选择证书

二、上传证书

选择证书及填写完成证书编号，点击蓝色按钮“上传证书”，上传企业选择的数字签名证书

三、帮助文档

针对企业对接过程中，相关问题的解答。点击蓝色按钮“帮助文档”，页面将会跳转到详情界面，如图 11–60 所示。

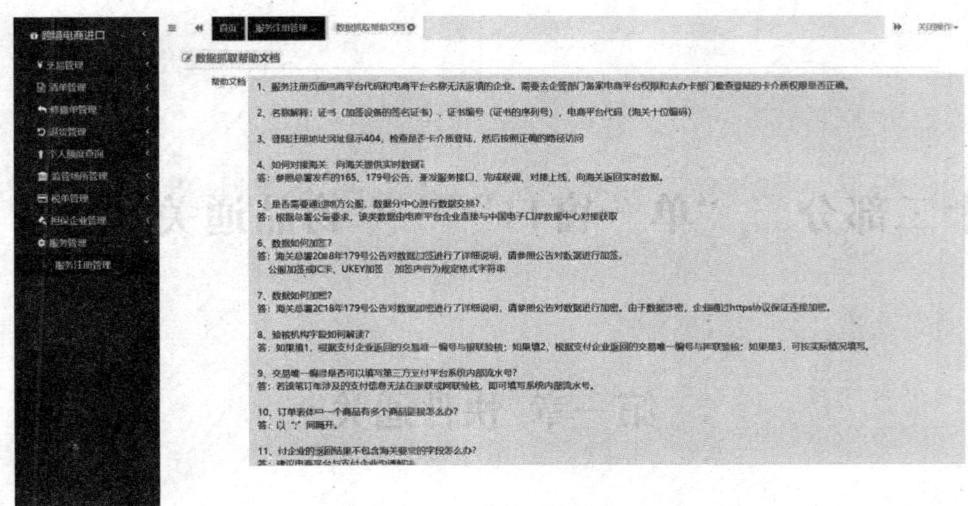

图 11-60 帮助文档

四、单号与联系人上传

输入专供原始支付数据抓取审核接口的虚拟订单号及企业联系人，点击蓝色按钮“单号与联系人上传”，上传单号。

五、注册地址、启用地址、删除地址

企业填写数据请求接口地址，点击蓝色按钮“注册地址”，待审核接口地址通过后，企业可以启用接口地址，审核不通过或未审核，企业可以删除地址。

第十二部分 “单一窗口”——物品通关篇

第一章 快件通关

第一节 快件舱单申报

快件舱单功能模块实现进境快件舱单的新增、暂存、申报、删除、查询、修改、追加功能，主要内容包括，申报企业信息，分运单信息：商品名称、件数、总量等信息。

一、快件舱单申报

快件经营人使用操作员卡登录中国电子口岸海关快件通关系统，录入快件舱单内容后申报，电子口岸将相关信息发送到海关内网系统，等待海关审核，海关审核后，将审核结果发送回快件通关系统。企业也可查询快件舱单申报后的结果，快件舱单功能模块包括快件舱单数据录入、暂存、删除、申报、追加、修改功能。

（一）表头

小提示：

界面中，带有黄色输入框的字段为必填项，否则可能无法继续进行暂存或申报等操作。

点击快件通关系统—快件舱单申报界面中“快件舱单申报”，右侧区域展示录入界面（如图 12-1）。界面分为表头、表体、总运单信息、分运单信息。

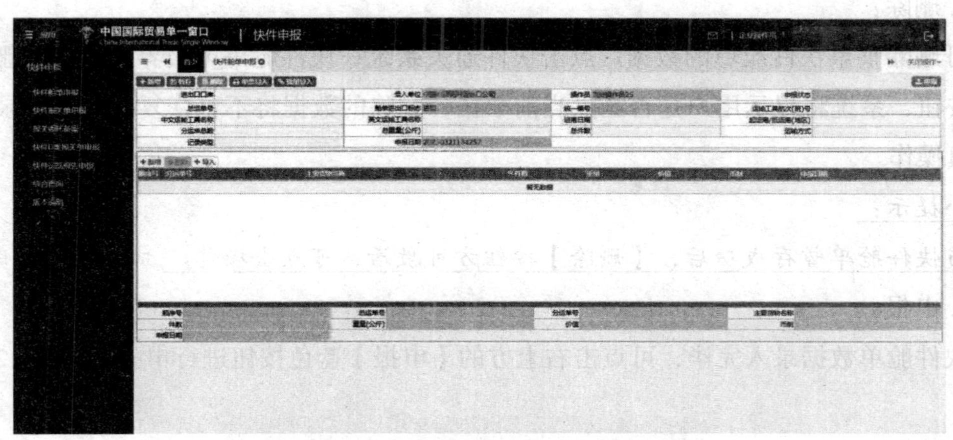

图 12-1 快件通关系统—快件舱单申报

点击界面上方蓝色按钮（如图 12–2）所进行的操作，将影响当前的整票数据。

图 12-2 蓝色按钮界面

1. 新增：

（1）界面各录入字段中，带黄色输入框的字段为必填项，置灰输入框的字段为系统反填项或不可修改项。

注意：此规则适用于所有业务，且各字段输入框颜色标识会随着数据状态的不同而变化。

（2）点击【暂存】的时候，所有必填项不可以为空，否则页面弹出提示信息“XXXX字段不能为空！”

（3）系统根据企业备案信息自动返填该企业的“录入单位、操作员”，“舱单进出口标志”默认是进口，“申报日期”会根据当前日期自动反填。

（4）表头的单证状态自动反填该票数据的状态单。

2. 暂存：

点击【暂存】按钮，可对当前录入的内容进行保存，系统弹出提示框提示暂存成功，如图 12–3 所示：

图 12-3 暂存成功提示

3. 删除：

可删除整票快件舱单的数据。点击快件通关系统—快件舱单申报界面上方【删除】蓝色按钮，系统将提示用户是否删除当前数据，删除的数据将不可恢复，需重新录入，请谨慎操作。

小提示：

当快件舱单暂存成功后，【删除】按钮方可激活，可点击操作。

4. 申报：

快件舱单数据录入完毕，可点击右上方的【申报】蓝色按钮进行申报，如图 12-4。

图 12-4 申报成功提示

小提示：

申报即意味着您的数据已向相关业务主管部门进行发送，并等待其审批。

申报时，表头和表体中的必填项必须录入相关数据，才能申报成功。

（二）表体—分运单信息

1. 在分运单表体中录入相关信息后，点击【新增】按钮或输入完成最后一个数据项，点击回车，数据保存，再次点击回车，会继续录入第二条数据。

2. 在分运单信息表体列表中选择一条分运单信息后，点击【删除】按钮，则删除当前选中的分运单信息，直接点击【删除】按钮则出现如图 12-5 所示：

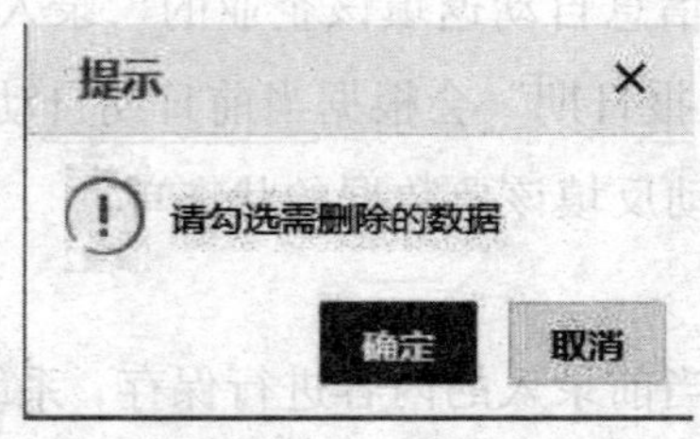

图 12-5 删除提示

3. 快件舱单支持表体导入功能，点击【导入】按钮，页面弹出导入弹出框，点击【模板下载】，可以下载导入的数据的模板，把数据按照录入格式录入到模板中，点击【上传】即可上传成功表体数据，如图 12-6 所示：

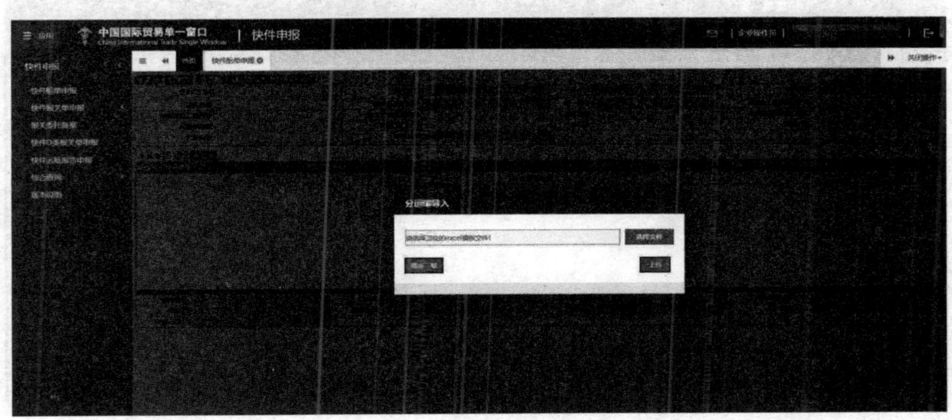

图 12-6 表体导入

（三）单票导入

1. 快件舱单支持单票导入功能，只需要点击页面最上方【单票导入】按钮，选中需要导入的报文，数据则会反填到快件舱单录入框中，可对其进行暂存或申报操作，【单票导入】按钮如图 12-7 所示：

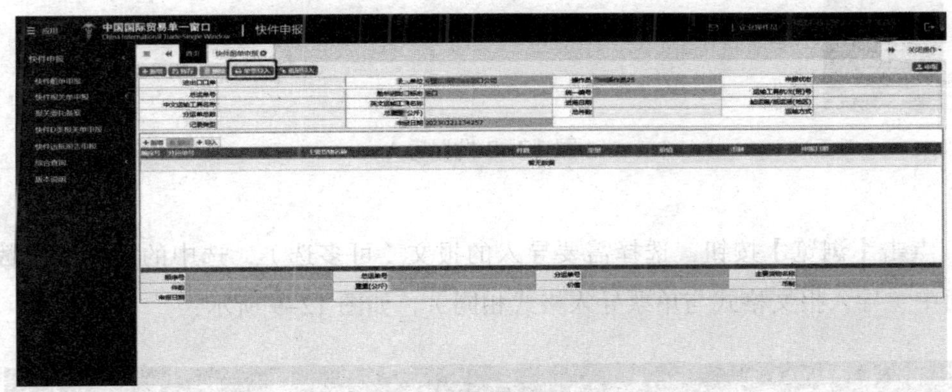

图 12-7 单票导入

2. 导入报文格式参考 16 号公告：

https://www.chinaport.gov.cn/pages/news/news-detail.html?jumpNoticeId=5121 中“海关快件通关系统新数据交换报文接口 v1.0”中快件舱单申报报 EXP311.xml。

（四）批量导入

1. 快件舱单支持批量导入功能，只需要点击页面最上方【批量导入】按钮，跳转到批量导入页面，如图 12-8 所示：

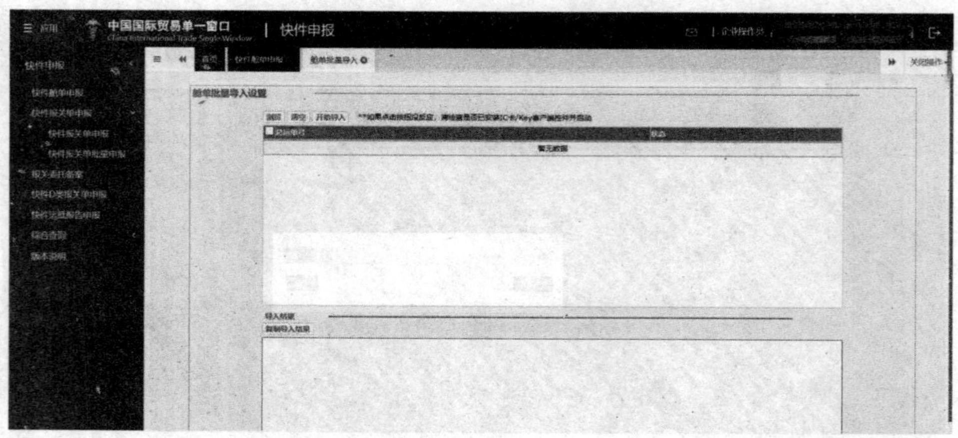

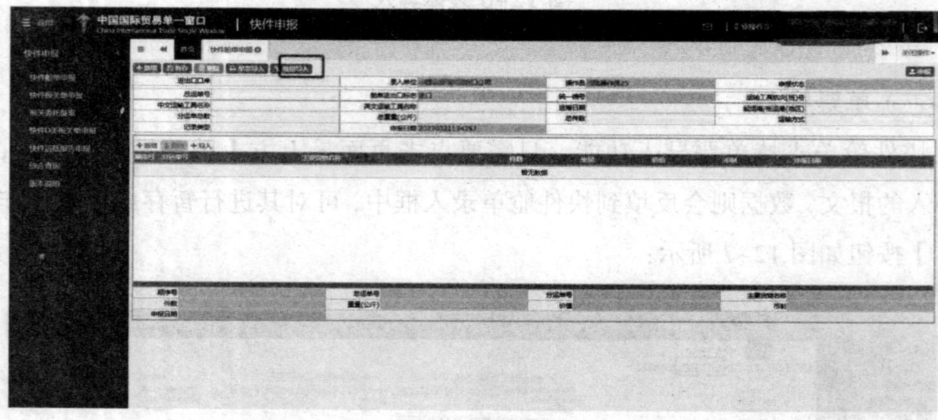

图 12-8 批量导入

2. 点击【浏览】按钮，选择需要导入的报文（可多选），选中的报文按条数反填到页面中（导入报文格式与单票导入格式相同），如图 12-9 所示：

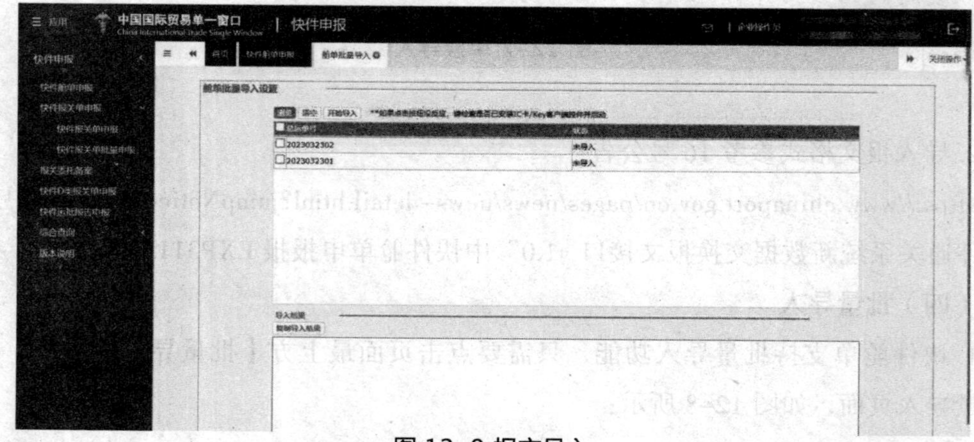

图 12-9 报文导入

3. 勾选要申报的数据点击【开始导入】按钮，即可导入数据，并在导入结果中显示数据是否导入成功，如图 12–10 所示：

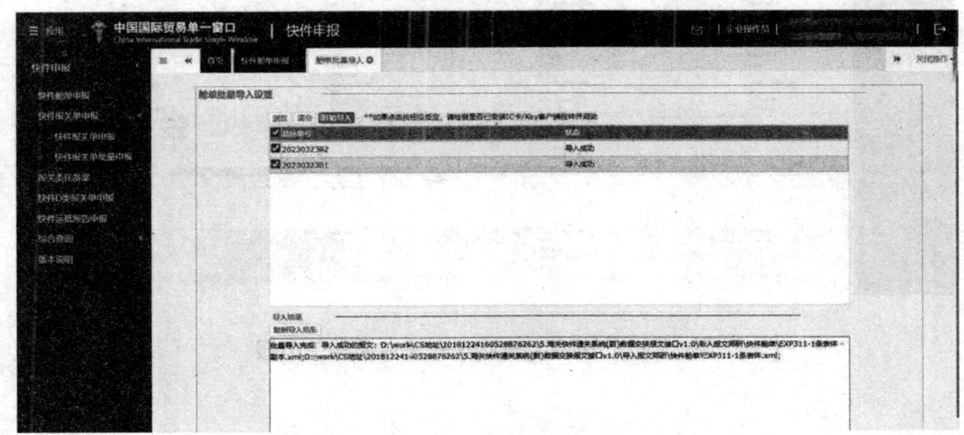

图 12–10 数据导入

第二节 快件报关单申报

快件报关单功能模块实现快件报关单进出境的新增、暂存、申报、删除、修改、追加、查询等功能，主要包括申报企业信息，商品信息如：重量、件数、价值项等。

一、快件报关单申报

快件经营人使用操作员卡登录中国电子口岸海关快件通关系统，录入快件报关单内容后申报，电子口岸将相关信息发送到海关内网系统，等待海关审核，海关审核后，将审核结果发送回快件通关系统。企业也可查询快件报关单申报后的结果，快件报关单功能模块包括快件报关单数据录入、暂存、删除、申报、追加、修改功能。

（一）表头

小提示：

界面中，带有黄色输入框的字段为必填项，否则可能无法继续进行暂存或申报等操作。

点击快件通关系统—快件报关单申报界面中“快件报关单申报”，右侧区域展示录入界面（如图 12–11）。界面分为表头和表体：商品信息、随附单证列表、随附单据 pdf 上传信息。

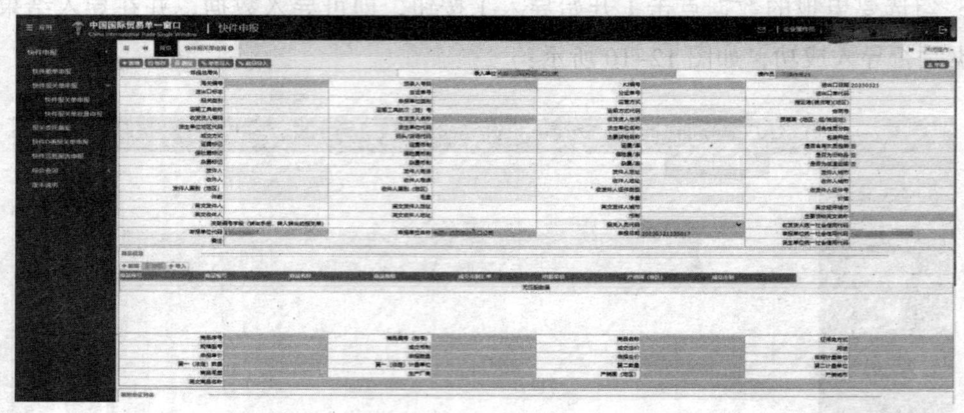

图 12-11 快件通关系统—快件报关单申报

点击界面上方蓝色按钮（如图 12-12）所进行的操作，将影响当前的整票数据。

图 12-12 蓝色按钮界面

1. 新增

（1）界面各录入字段中，带黄色输入框的字段为必填项，置灰输入框的字段为系统反填项或不可修改项。

注意：此规则适用于所有业务，且各字段输入框颜色标识会随着数据状态的不同而变化。

（2）点击【暂存】的时候，所有必填项不可以为空，否则页面弹出提示信息“XXXX字段不能为空！”

（3）系统根据企业备案信息自动返填该企业的“录入单位、操作员、申报单位代码、申报单位名称、申报单位统一社会信用代码”，“是否含有木质包装、是否为旧物品、是否为低温运输”默认是全部为是、进出口日期自动反填当前操作日期，也可以手动更改的，“申报日期”会根据当前日期自动反填。

2. 暂存

点击【暂存】按钮，可对当前录入的内容进行保存，系统弹出提示框提示暂存成功，如图 12-13 所示。

图 12-13 暂存成功提示

3. 删除

可删除整票快件报关单数据。点击快件通关系统—快件报关单申报上方【删除】蓝色按钮，系统将提示用户是否删除当前数据，删除的数据将不可恢复，需重新录入，请谨慎操作。

小提示：

当快件报关单暂存成功后，【删除】按钮方可激活，可点击操作。

4. 申报

快件报关单数据录入完毕，可点击右上方的【申报】蓝色按钮进行申报，如图12–14所示。

图 12–14 申报成功提示

小提示：

申报即意味着您的数据已向相关业务主管部门进行发送，并等待其审批。

申报时，表头和表体中的必填项必须录入相关数据，才能申报成功。

（二）表体—商品信息

1. 在商品信息表体中录入相关信息后，点击【新增】按钮或输入完成最后一个数据项，点击回车，数据保存，再次点击回车，会继续录入第二条数据。

2. 在商品信息表体列表中选择一条分运单信息后，点击【删除】按钮，则删除当前选中的商品信息，直接点击【删除】按钮，则出现如图 12–15 所示：

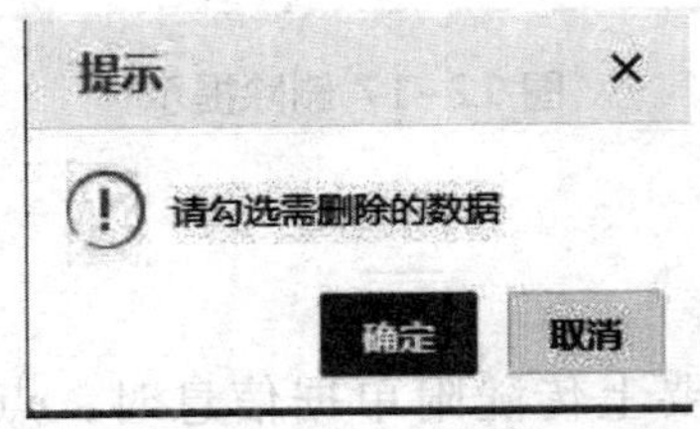

图 12–15 删除提示

3. 快件报关单支持表体商品信息 excel 表格导入功能，点击【导入】按钮，页面弹出导入弹出框，点击【模板下载】，可以下载导入的数据的模板，把数据按照录入格式录入到模板中，点击【上传】即可上传成功表体数据，如图 12–16 所示：

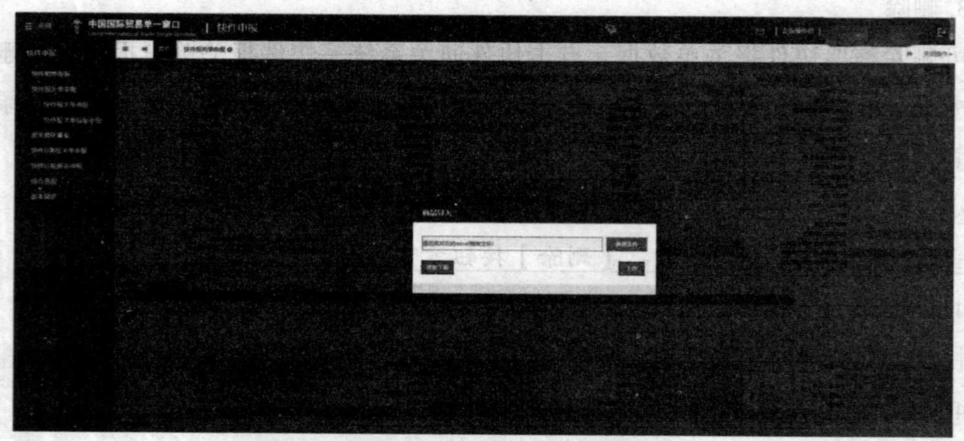
图 12-16 表体商品信息 excel 表格导入

（三）表体—随附单证

1. 在随附单证表体中录入相关信息后，点击【新增】按钮或输入完成最后一个数据项，点击回车，数据保存，再次点击回车，会继续录入第二条数据。

2. 在随附单证表体列表中选择一条数据后，点击【删除】按钮，则删除当前选中的随附单证信息，直接点击【删除】按钮，则出现图 12-17。

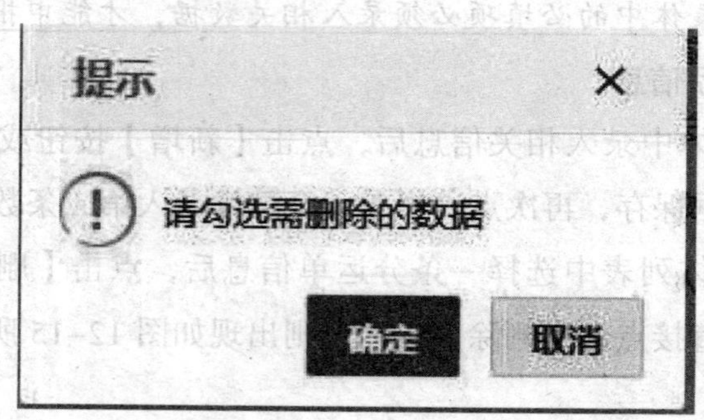

图 12-17 删除提示

（四）表体—随附单据

1. 对于 A/B 类报关单需要上传随附单据信息时，点击【上传文件】按钮，上传 PDF 文件。

2. 已上传成功的 PDF 文件可以点击【查看】按钮，查看所上传的文件。

3. 已上传成功的 PDF 文件可以点击【删除文件】按钮，删除文件。

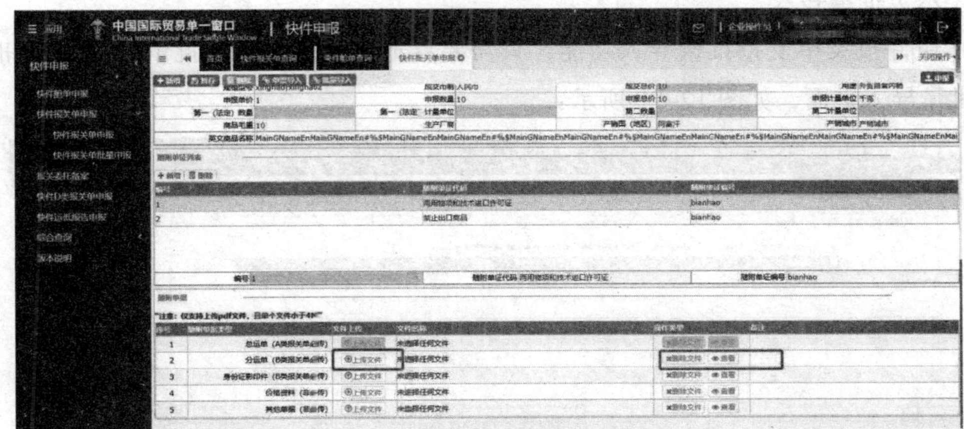

图 12-18 随附单据上传

（五）单票导入

1. 快件报关单支持单票导入功能，只需要点击页面最上方【单票导入】按钮，选中需要导入的报文，数据则会反填到快件报关单录入框中，可对其进行暂存或申报操作，【单票导入】按钮，如图 12-19 所示：

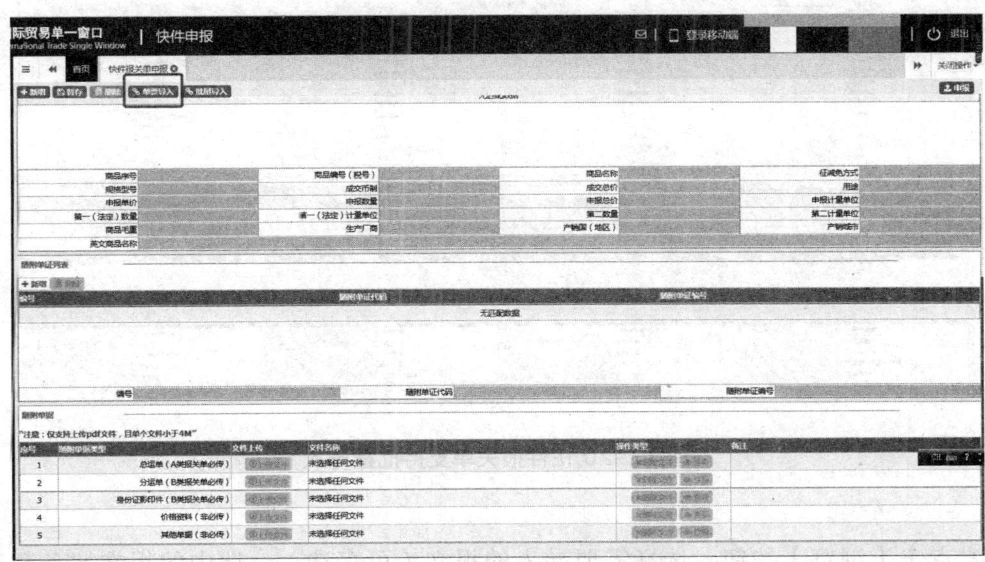

图 12-19 单票导入

2. 导入报文格式参考 16 号公告：

https://www.chinaport.gov.cn/pages/news/news-detail.html?jumpNoticeId=5121 中“海关快件通关系统新数据交换报文接口 v1.0”中报关单申报报文 EXP301.xml。

（六）批量导入

1. 快件报关单支持批量导入功能，只需要点击页面最上方【批量导入】按钮，跳转到批量导入页面，如图 12–20 所示：

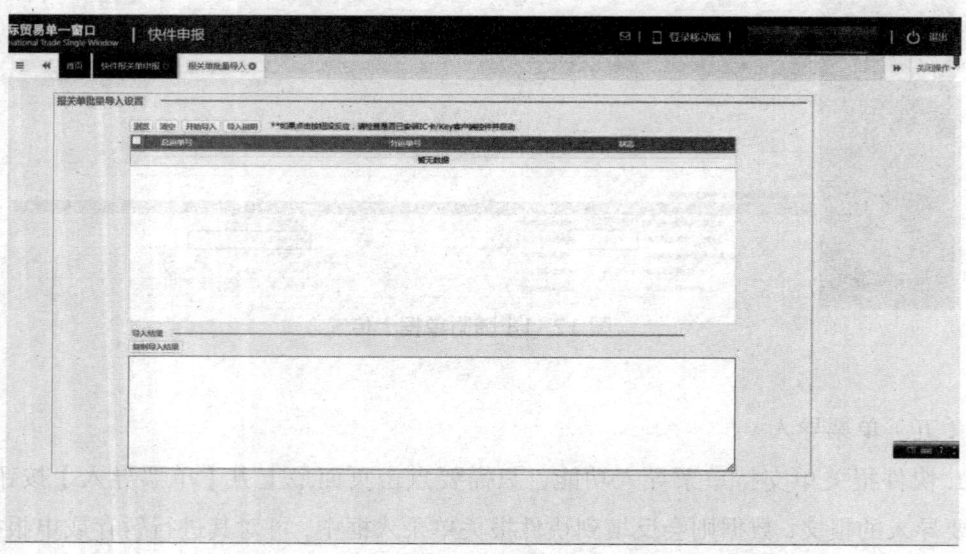

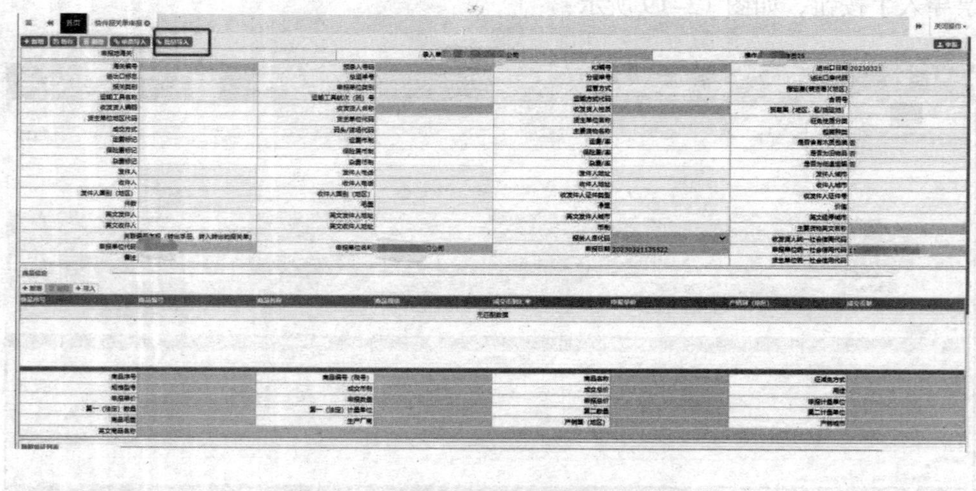

图 12–20 快件报关单支持批量导入

2. 点击【浏览】按钮，选择需要导入的报文（可多选），选中的报文按条数反填到页面中（导入报文格式参考页面上的导入说明），如图 12–21 所示：

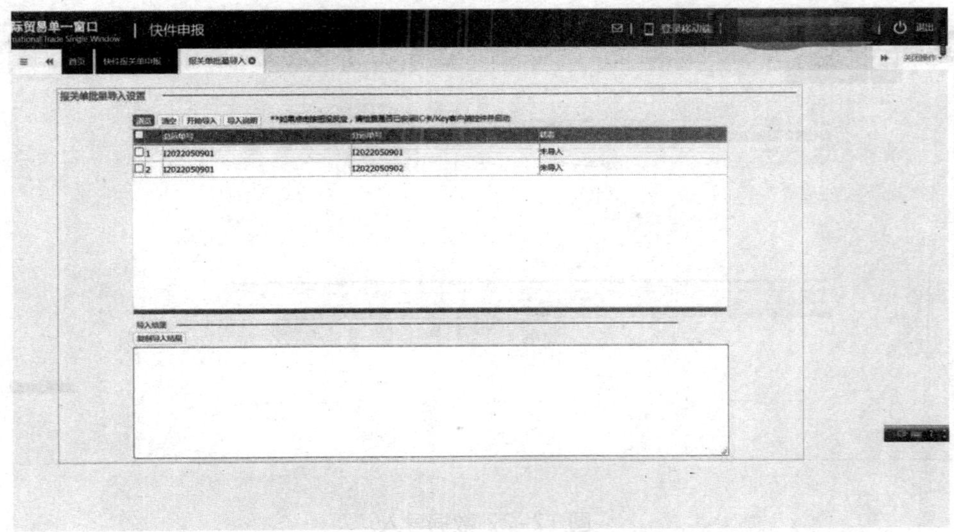

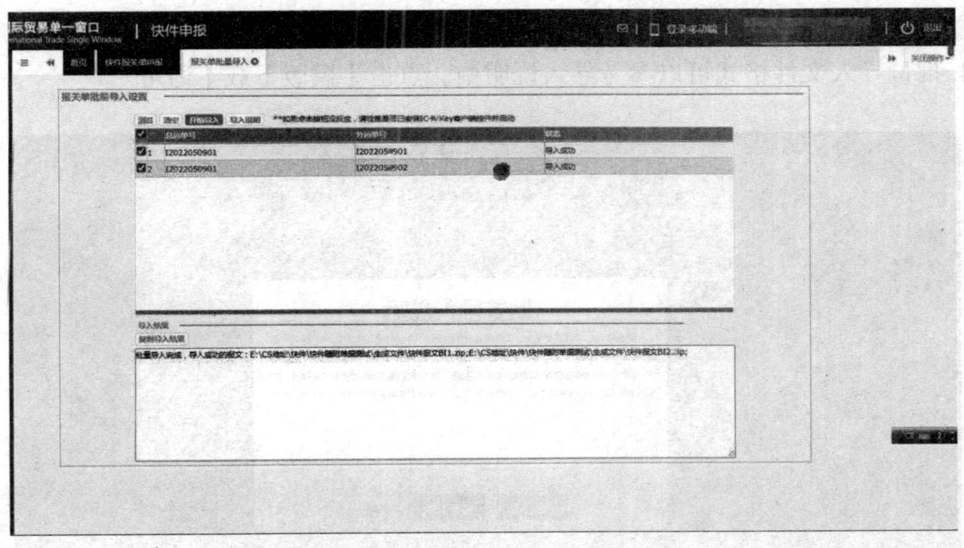

图 12-21 报文导入

3. 勾选要申报的数据点击开始【导入】按钮，即可导入数据，并在导入结果中显示数据是否导入成功。如图 12-22 所示：

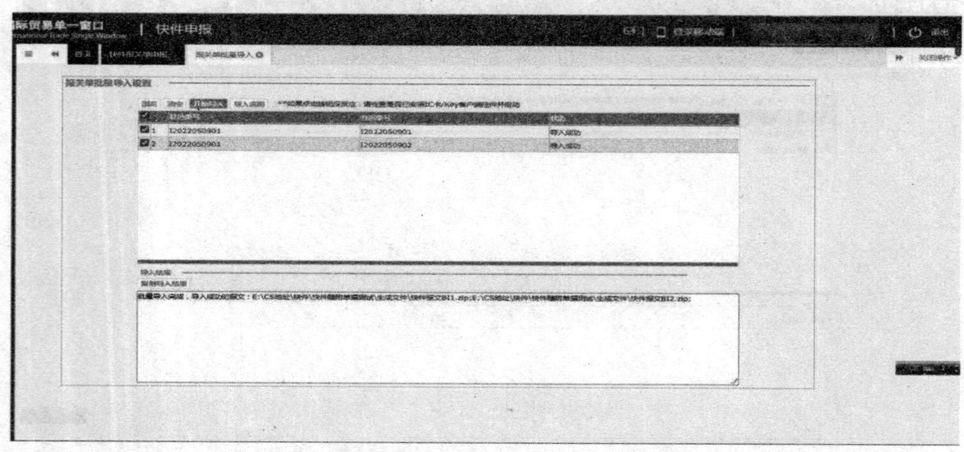

图 12-22 数据导入

4. 批量导入文件格式可以参考导入说明中，点击【模版下载】即可。

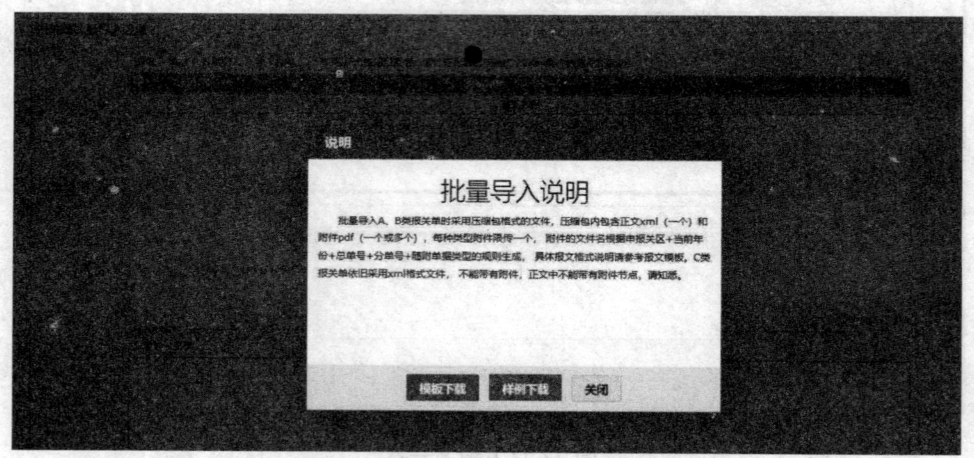

图 12-23 批量导入

二、快件报关单批量申报

点击左侧菜单栏中的快件报关单申报 - 快件报关单批量申报，进入快件报关单批量申报页面。快件经营人在快件报关单批量申报页面，查询暂存的相同总运单号、不同分运单号的数据，在快件报关单批量申报页面，可以进行批量申报，如图 12-24：

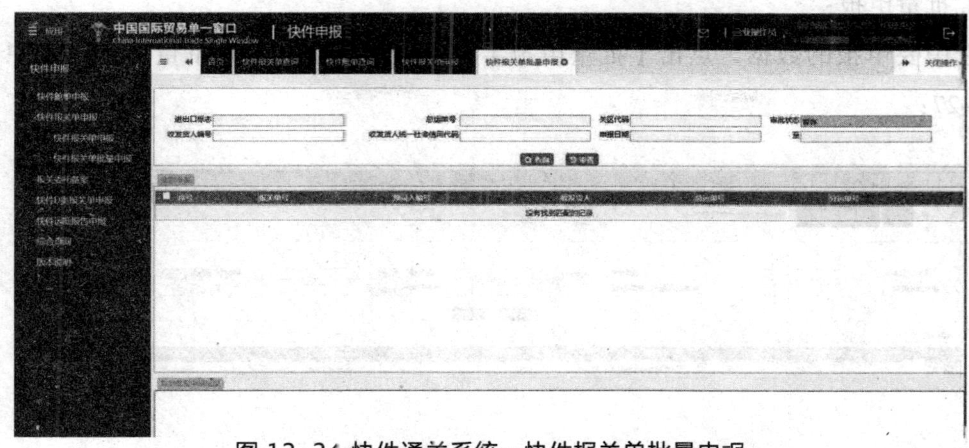

图 12-24 快件通关系统—快件报关单批量申报

小提示：

界面中，带有黄色输入框的字段为必填项，如果没录入，页面则弹出提示信息"****字段不能为空，请填写！"，如图 12-25：

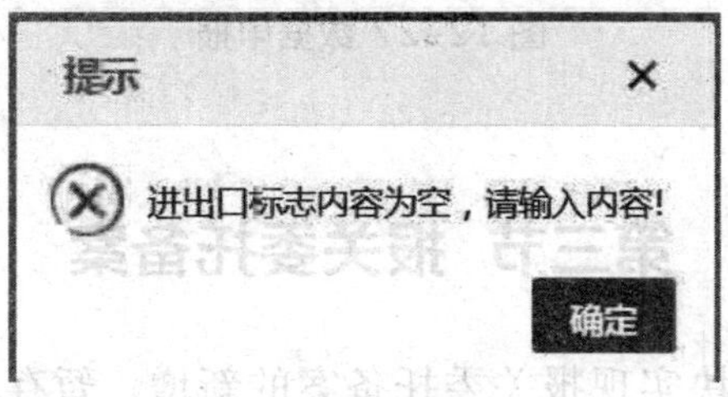

图 12-25 字段录入提示

1. 查询：

输入查询条件，点击【开始查询】，会查询到所有暂存的数据，如图 12-26：

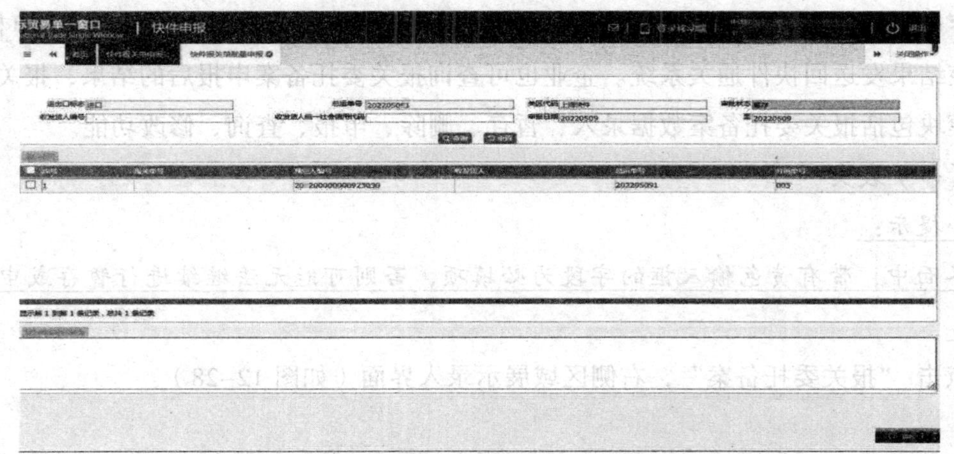

图 12-26 暂存数据查询

2. 批量申报：

选中要申报的数据，点击【批量申报】，申报结果会显示在批量申报结果中，如图 12–27：

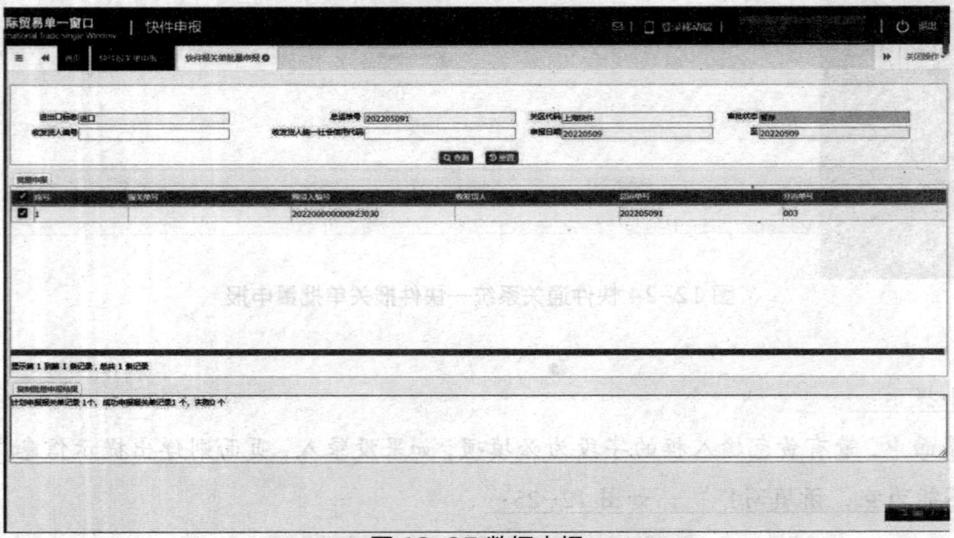

图 12–27 数据申报

第三节 报关委托备案

报关委托备案功能模块实现报关委托备案的新增、暂存、申报、删除、修改、查询等功能，主要包括申报企业信息与委托信息等。

一、报关委托备案申报

快件经营人使用操作员卡登录中国电子口岸海关快件通关系统，录入报关委托备案内容后申报，电子口岸将相关信息发送到海关内网系统，等待海关审核，海关审核后，将审核结果发送回快件通关系统。企业也可查询报关委托备案申报后的结果，报关委托备案模块包括报关委托备案数据录入、暂存、删除、申报、查询、修改功能。

（一）表头

小提示：

界面中，带有黄色输入框的字段为必填项，否则可能无法继续进行暂存或申报等操作。

点击 “报关委托备案”，右侧区域展示录入界面（如图 12–28）。

图 12-28 快件通关系统—报关委托备案

点击界面上方蓝色按钮（如图 12-29）所进行的操作，将影响当前的整票数据。

图 12-29 蓝色按钮界面

1. 新增

（1）界面各录入字段中，带黄色输入框的字段为必填项，置灰输入框的字段为系统反填项或不可修改项。

注意：此规则适用于所有业务，且各字段输入框颜色标识会随着数据状态的不同而变化。

（2）点击【暂存】的时候，所有必填项不可以为空，否则页面弹出提示信息“XXXX字段不能为空！”

（3）系统根据企业备案信息自动返填该企业的“录入单位、操作员、快件经营人”。

2. 暂存

点击【暂存】按钮，可对当前录入的内容进行保存，系统弹出提示框提示暂存成功，如图 12-30 所示：

图 12-30 暂存成功提示

3. 删除

可删除整票数据。点击快件通关系统—报关委托备案上方【删除】蓝色按钮，系统将提示用户是否删除当前数据，删除的数据将不可恢复，需重新录入，请谨慎操作。

小提示：

报关委托备案暂存成功后，【删除】按钮方可激活，可点击操作。

4. 申报

报关委托备案数据录入完毕，可点击右上方的【申报】蓝色按钮进行申报。如图12-31：

图 12-31 申报成功提示

小提示：

1. 申报即意味着您的数据已向相关业务主管部门进行发送，并等待其审批。

2. 申报时，必填项必须录入相关数据，才能申报成功。

第四节 快件 D 类报关单

快件 D 类报关单功能模块实现 D 类报关单的新增、暂存、申报、查询等功能，主要包括申报企业信息，商品信息：数量、重量、总价等。

一、快件 D 类报关单申报

快件经营人使用操作员卡登录中国电子口岸海关快件通关系统，录入 D 类报关单内容后申报，电子口岸将相关信息发送到海关内网系统，等待海关审核，海关审核后，将审核结果发送回快件通关系统。企业也可查询快件 D 类报关单申报后的结果，D 类快件报关单功能模块包括快件 D 类报关单数据录入、暂存、删除、申报、修改功能。

（一）表头

小提示：

界面中，带有黄色输入框的字段为必填项，否则可能无法继续进行暂存或申报等操作。（申报进境 D 类快件报关单前需要有对应快件舱单信息并且状态为审核通过时才可操作）

点击快件通关系统—快件 D 类报关单申报界面中“快件 D 类报关单申报”，右侧区域展示录入界面（如图 12-32）。界面分为表头和表体商品信息。

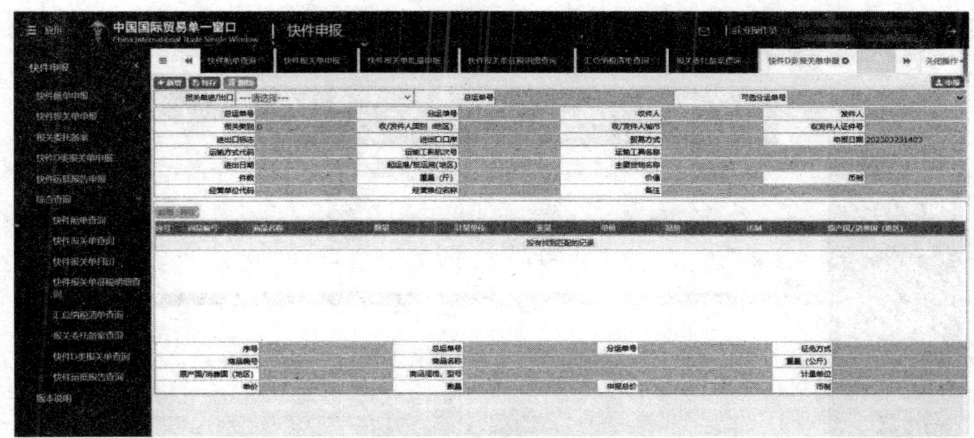

图 12-32 快件通关系统—快件 D 类报关单申报

报关单进 / 出口选择进口，录入总单号后，先查询是否有对应的快件舱单并且状态是海关审核通过，没有则弹出提示信息“查询可用分运单号失败：此申报单位下该总运单号未进行舱单申报或舱单申报未审核通过！”，查询成功后，选择分运单号，反填进出口口岸、运输方式等字段，如图 12-33 所示：

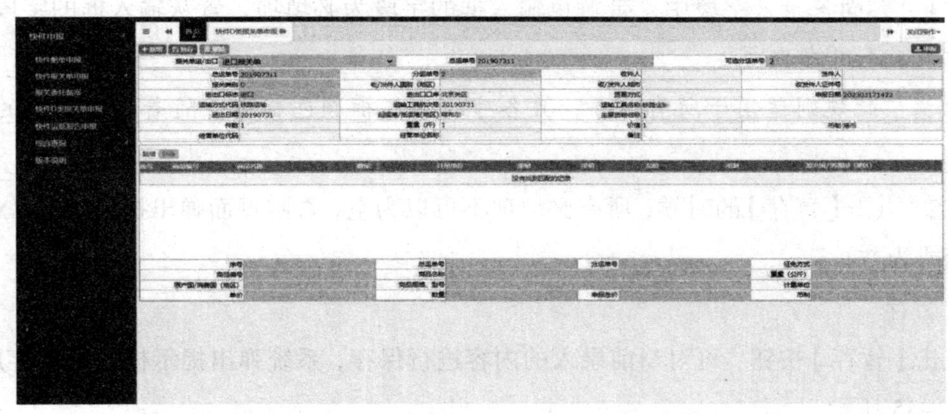

图 12-33

报关单进 / 出口选择出口时，正常录入信息即可，如图 12–34 所示：

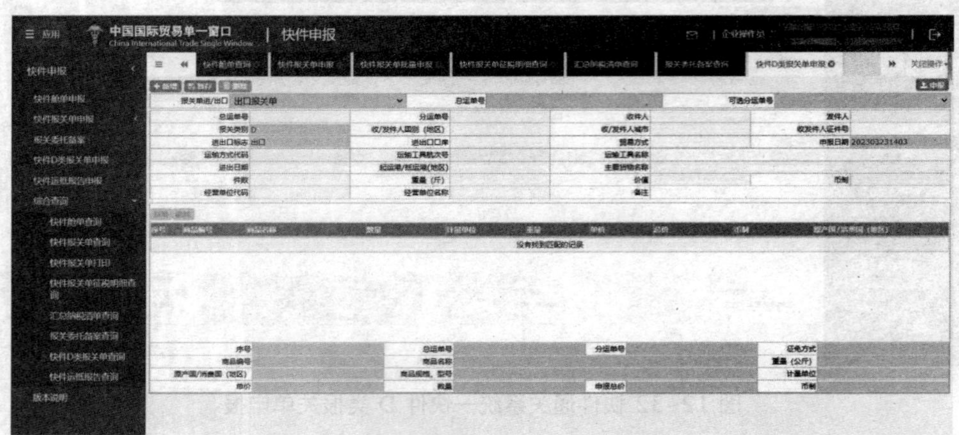

图 12–34

点击界面上方蓝色按钮（新增、暂存、删除、申报等）所进行的操作，将影响当前的整票数据。

1. 新增

（1）界面各录入字段中，带黄色输入框的字段为必填项，置灰输入框的字段为系统反填项或不可修改项。

注意：此规则适用于所有业务，且各字段输入框颜色标识会随着数据状态的不同而变化。

（2）点击【暂存】的时候，所有必填项不可以为空，否则页面弹出提示信息“XXXX 字段不能为空！”

2. 暂存

点击【暂存】按钮，可对当前录入的内容进行保存，系统弹出提示框提示暂存成功，如图 12–35 所示。

图 12–35 暂存成功提示

3. 删除

可删除整票数据。点击快件通关系统—快件 D 类报关单申报上方【删除】蓝色按钮，系统将提示用户是否删除当前数据，删除的数据将不可恢复，需重新录入，请谨慎操作。

小提示：

数据状态为暂存、退单、查验后退单、报关后退单状态时，【删除】按钮激活，方可操作。

4. 申报

D 类报关单数据录入完毕，可点击右上方的【申报】蓝色按钮进行申报。如图 12-36 提示。

图 12-36 申报成功提示

小提示：

1. 申报即意味着您的数据已向相关业务主管部门进行发送，并等待其审批。

2. 申报时，必填项必须录入相关数据，才能申报成功。

（二）表体—商品信息

1. 点击商品信息表体上方的【新增】按钮，即可录入商品信息表体，当录入完最后一个输入框币制点击回车，即可进行下一条商品表体的录入。

2. 在商品信息表体列表中选择一条分运单信息后，点击【删除】按钮，则删除当前选中的商品信息，直接点击【删除】按钮，则出现如图 12-37 所示：

图 12-37 删除提示

第五节 快件运抵报告

快件运抵报告功能模块实现运抵报告的新增、暂存、申报、查询等功能，申报信息主要包括申报企业信息，总运单、分运单、查验地等信息。

一、快件运抵报告申报

快件经营人使用操作员卡登录中国电子口岸海关快件通关系统，录入运抵报告内容后申报，电子口岸将相关信息发送到海关内网，等待海关审核，海关审核后，将审核结果发送回快件通关系统。企业也可查询运抵报告申报后的结果，运抵报告功能模块包括运抵报告数据录入、暂存、删除、申报、修改、改单等功能。

（一）表头

小提示：

界面中，带有黄色输入框的字段为必填项，否则可能无法继续进行暂存或申报等操作。

点击快件通关系统—运抵报告申报界面中“快件运抵报告申报”，右侧区域展示录入界面（如图 12-38）。界面分为表头和表体分运单信息。

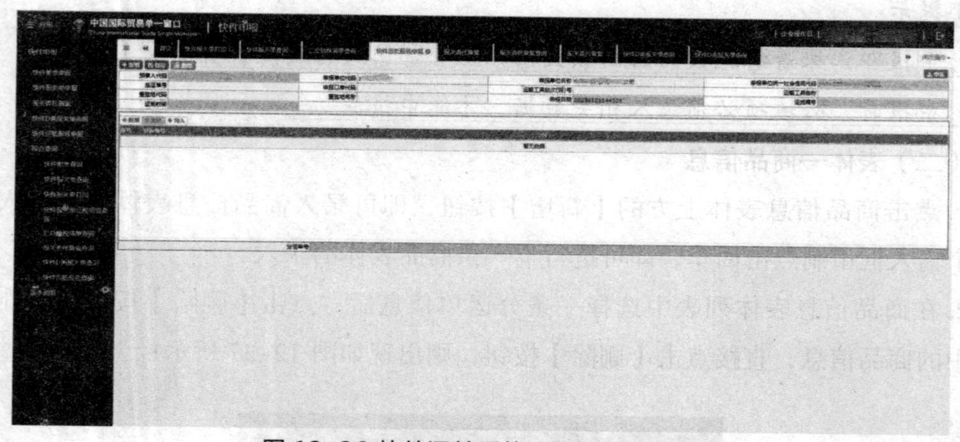

图 12-38 快件通关系统—运抵报告申报

点击界面上方蓝色按钮（如图 12-39）所进行的操作，将影响当前的整票数据。

图 12-39 蓝色按钮界面

1. 新增：

（1）界面各录入字段中，带黄色输入框的字段为必填项，置灰输入框的字段为系统反填项或不可修改项。

注意此规则适用于所有业务，且各字段输入框颜色标识会随着数据状态的不同而变化。

（2）点击【暂存】的时候，总运单号不可以为空，否则页面弹出提示信息“XXXX字段不能为空！”

2. 暂存：

点击【暂存】按钮，可对当前录入的内容进行保存，系统弹出提示框提示暂存成功，如图 12–40 所示。

图 12–40 暂存成功

3. 删除：

可删除整票数据。点击快件通关系统—运抵报告申报界面上方【删除】蓝色按钮，系统将提示用户是否删除当前数据，删除的数据将不可恢复，需重新录入，请谨慎操作。

小提示：

数据状态为暂存状态时，【删除】按钮激活，方可操作。

4. 申报：

运抵报告的数据录入完毕，可点击右上方的【申报】蓝色按钮进行申报。如图 12–41 提示。

图 12–41 申报成功提示

小提示：

1. 申报即意味着您的数据已向相关业务主管部门进行发送，并等待其审批。

2. 申报时，必填项必须录入相关数据，才能申报成功。

（二）表体—分运单号

1. 点击表体上方的【新增】按钮，即可录入分运单号，录完后点击回车，即可进行下一条分运单号。

2. 在表体分运单号中选择一条分运单信息后，点击【删除】按钮，则删除当前选中的分运单号，直接点击【删除】按钮则出现如图 12–42 所示：

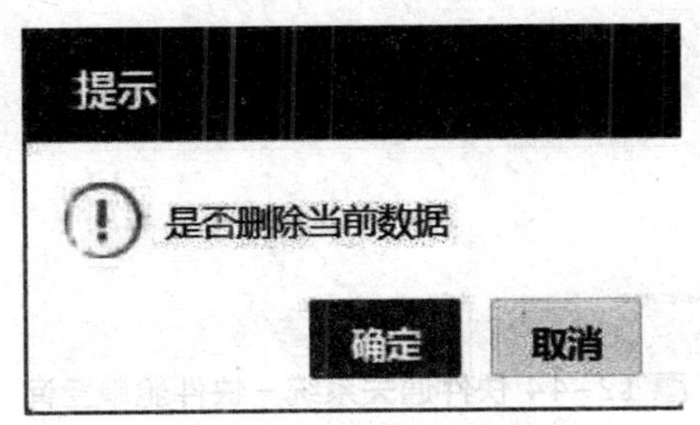

图 12–42 数据删除提示

3. 表体支持 excel 导入，点击表体上方的【导入】按钮，下载 excel 模板，在表格中填写分运单信息，点击【导入】，即可导入成功。

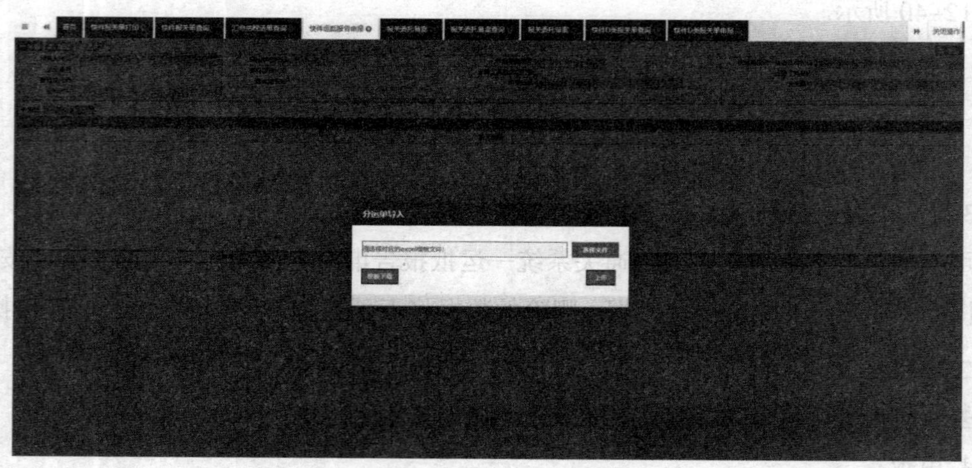

图 12-43 excel 导入

第六节 综合查询

一、快件舱单查询

企业录入快件舱单，点击【暂存】或【申报】后，即可通过快件舱单查询页面查询到数据。

点击选择菜单“综合查询—快件舱单查询”，进入“快件舱单查询”界面，如图 12-44：

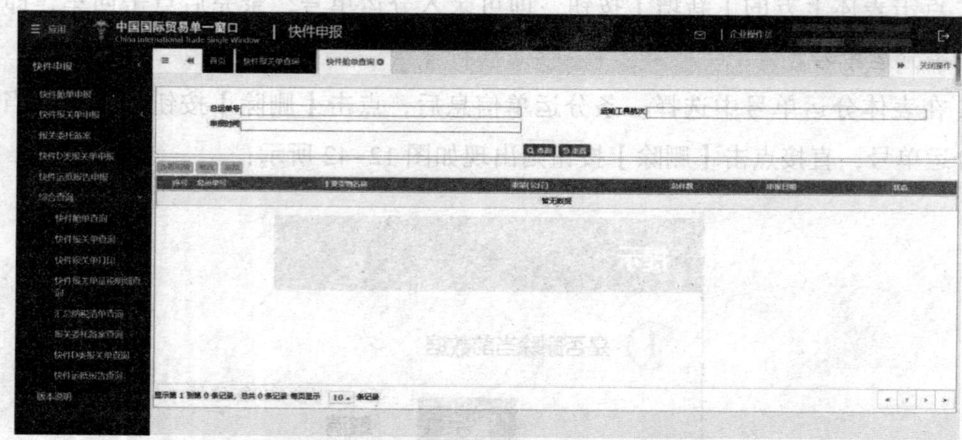

图 12-44 快件通关系统—快件舱单查询

输入相应的查询条件，点击【查询】按钮，系统查找符合条件的记录显示在查询列表中，如图 12-45：

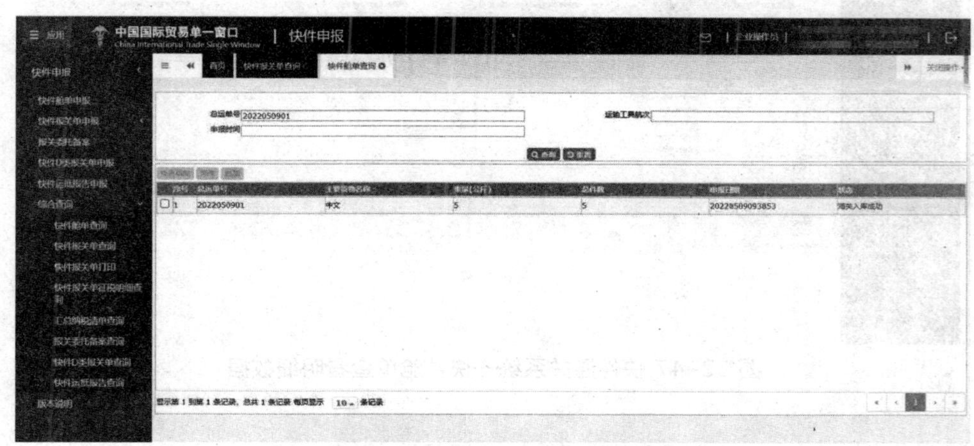

图 12-45 快件通关系统—快件舱单页面查询详情

小提示：

查询时请至少录入一个查询条件，否则出现如 12-46 提示：

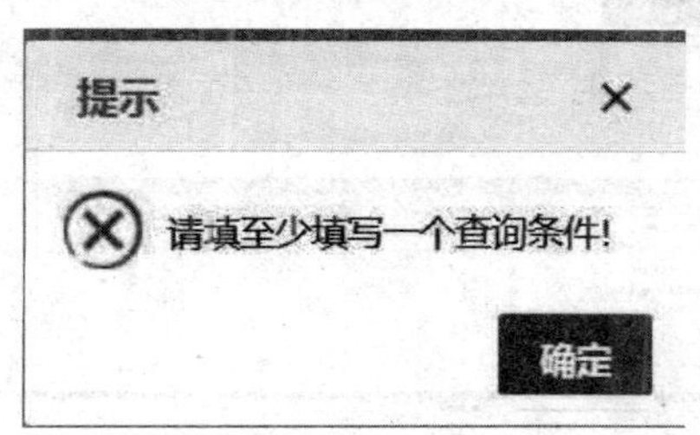

图 12-46 查询提示

1. 查看明细数据

在快件通关系统—快件舱单页面查询详情界面中，选择一条单证记录，点击【查看明细数据】按钮，页面跳转至相应的快件舱单申报页面，页面返填回显相应的数据。此时，数据不允许编辑。如图 12-47：

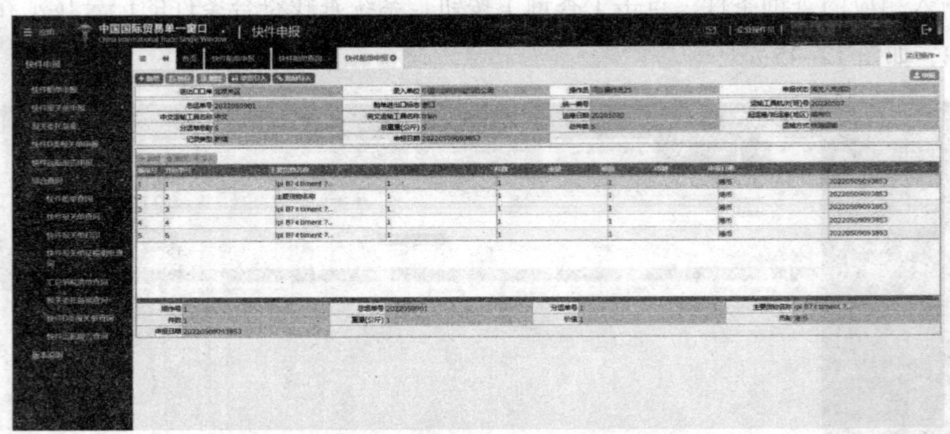

图 12-47 快件通关系统—快件舱单查看明细数据

2. 修改

在快件通关系统—快件舱单页面查询详情界面中，选择一条单证记录，点击【修改】按钮。页面会跳转到快件舱单页面，反填出数据，如图 12-48：

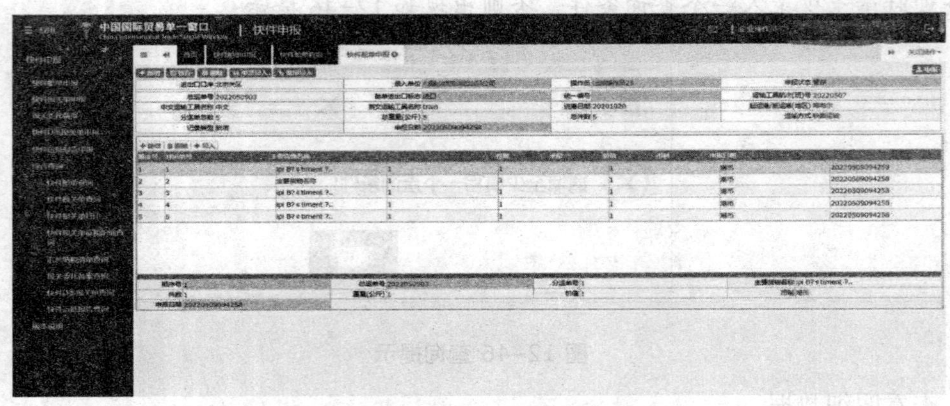

图 12-48 快件通关系统—快件舱单修改

小提示：

【修改】按钮在当数据状态是“暂存和海关入库失败”状态下是可以点击，否则不可点击，如图 12-49 所示：

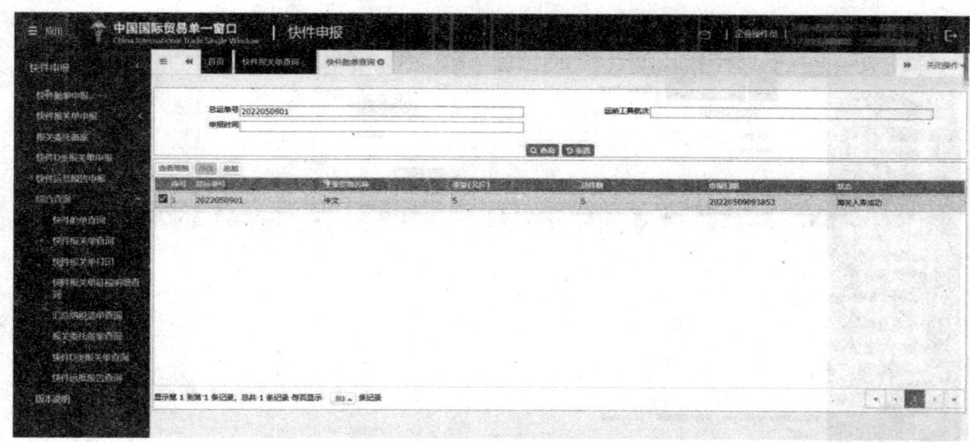

图 12-49 修改按钮可点击状态

3. 追加

在快件通关系统—快件舱单页面查询详情界面中，选择一条单证记录，点击【追加】按钮。页面会跳转到快件舱单页面，反填出数据，如图 12-50：

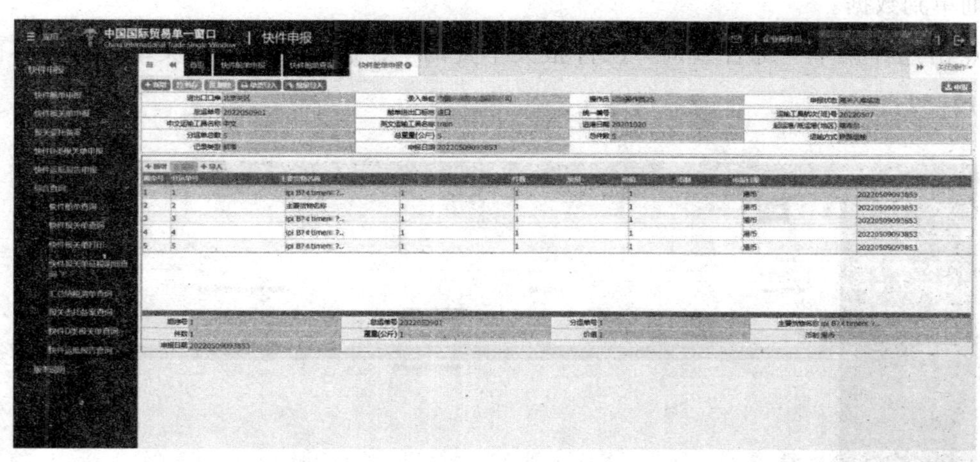

图 12-50 追加反填

小提示：

点击【追加】后，只有表体可以新增，新增表体后，点击申报。

【追加】按钮在当数据状态是“海关入库成功”状态下是可以点击，否则不可点击，如图 12-51 所示：

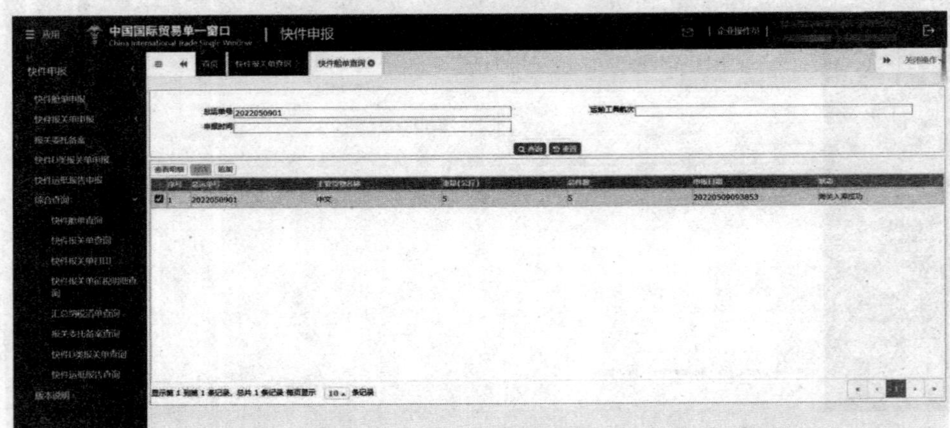

图 12-51 追加按钮状态

二、快件报关单查询

企业录入快件报关单，点击【暂存】或【申报】后，即可通过快件报关单查询页面查询单到数据。

点击选择菜单“综合查询—快件报关单查询”，进入“快件报关单查询”界面，如图 12-52：

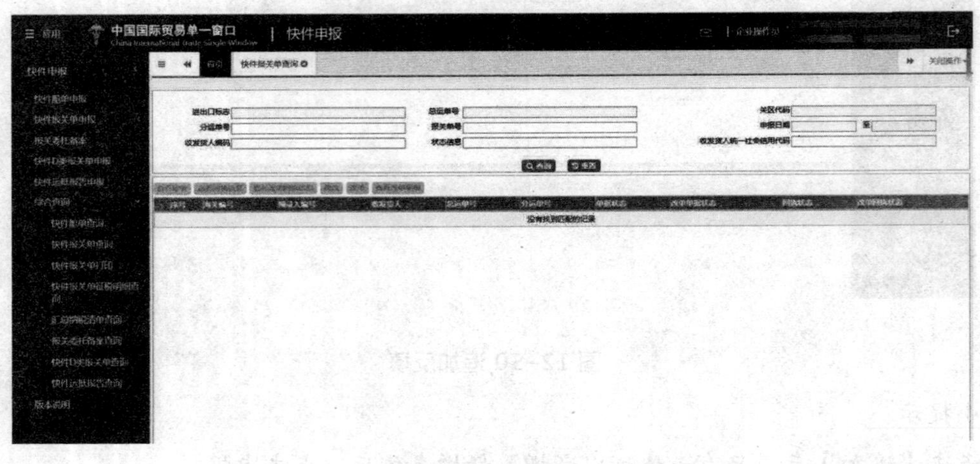

图 12-52 快件通关系统—快件报关单查询

输入相应的查询条件，点击【查询】按钮，系统查找符合条件的记录显示在查询列表中，如图 12-53：

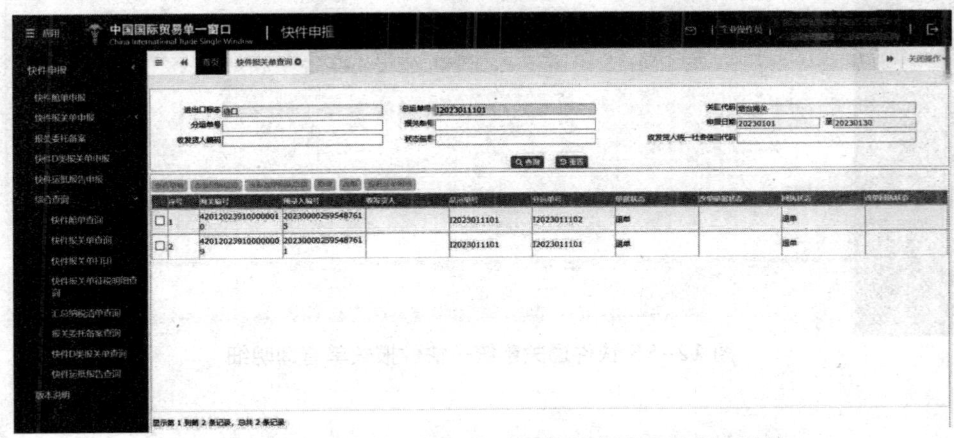

图 12-53 快件通关系统—快件报关单查询页面查询详情

小提示：

其中黄色输入框是必填的查询条件，如果不填写，点击【开始查找】，则会弹出提示信息"**** 字段不能为空，请输入内容"，如图 12-54：

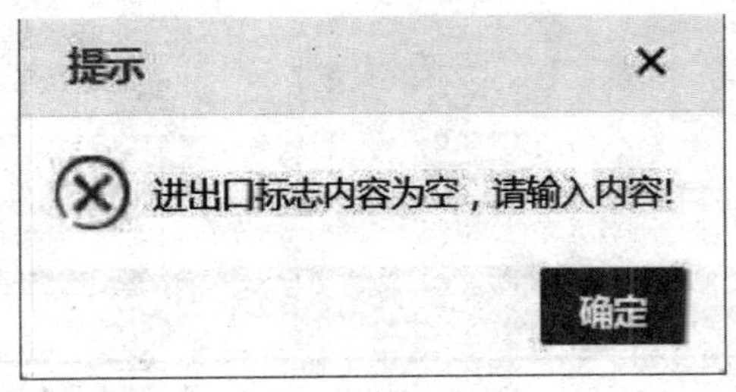

图 12-54 黄色框输入提示

1. 查看明细数据

在快件通关系统—快件报关单查询页面查询详情界面中，选择一条记录，点击【查看明细数据】按钮，页面跳转至相应的快件报关单申报页面，页面返填回显相应的数据。此时，数据不允许编辑。如图 12-55：

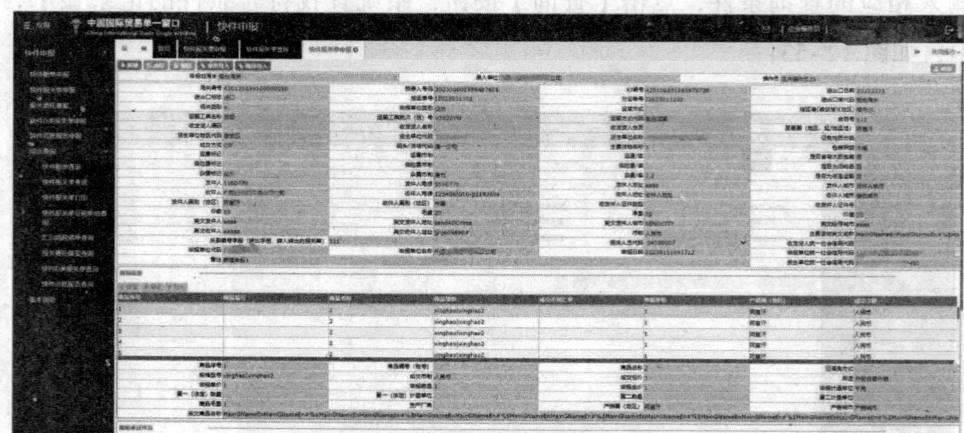

图 12-55 快件通关系统—快件报关单查询明细

2. 修改

在快件通关系统—快件报关单查询页面查询详情界面中，选择一条记录，点击【修改】按钮。页面会跳转到快件报关单页面，反填出数据，如图 12-56：

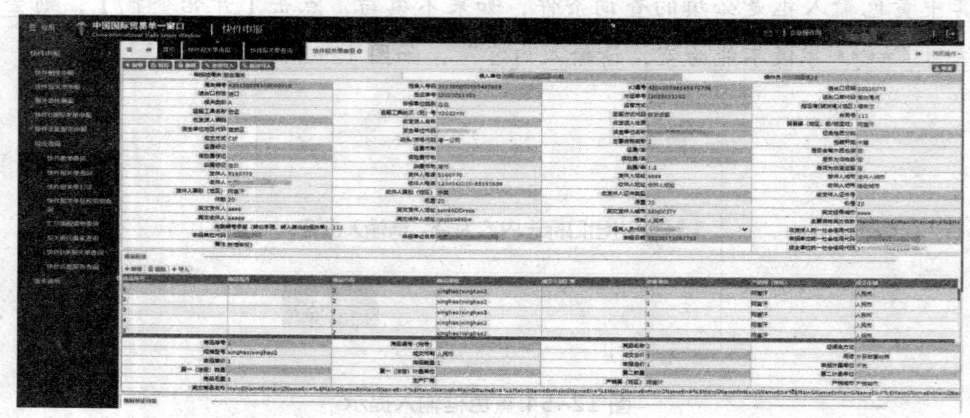

图 12-56 修改反填

小提示：

点击【修改】后，总运单号和分运单号是置灰不可以修改的。

3. 改单

在快件通关系统—快件报关单查询页面查询详情界面中，选择一条记录，点击【改单】按钮。页面会跳转到快件报关单页面，反填出数据，如图 12-57：

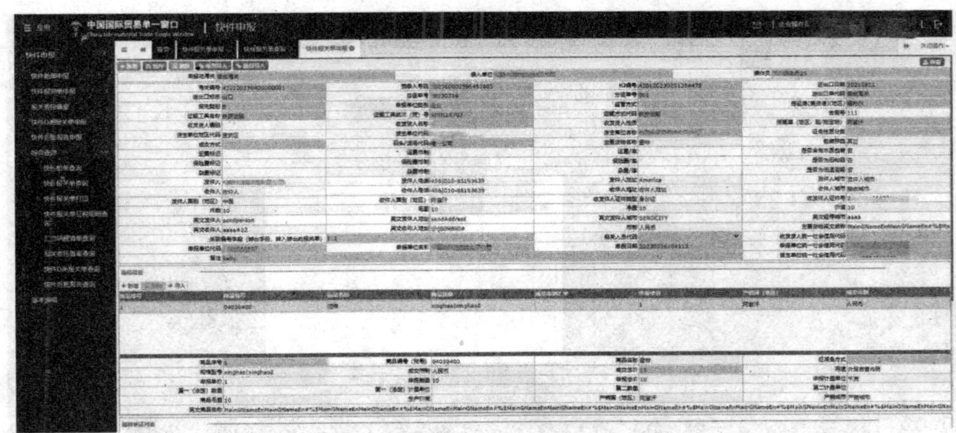

在图 12-57 快件通关系统—快件报关单数据修改

4. 查看回执信息

在快件通关系统—快件报关单查询页面查询详情界面中，选择一条记录，点击【查看回执信息】按钮，页面则弹出提示框，显示具体的回执信息，如图 12-58：

5. 查看改单回执信息

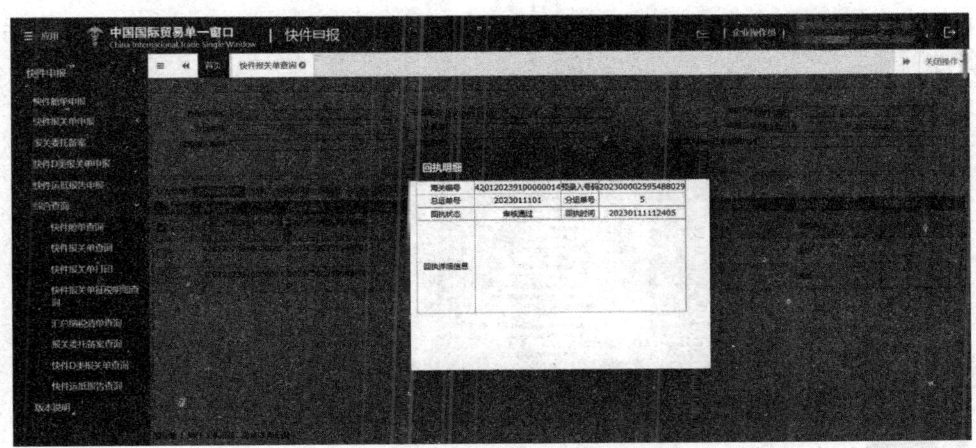

图 12-58 快件通关系统—快件报关单查看回执信息

在快件通关系统—快件报关单查询页面查询详情界面中，选择一条记录，点击【查看改单回执信息】按钮，页面则弹出提示框，显示具体的改单回执信息，如图 12-59：

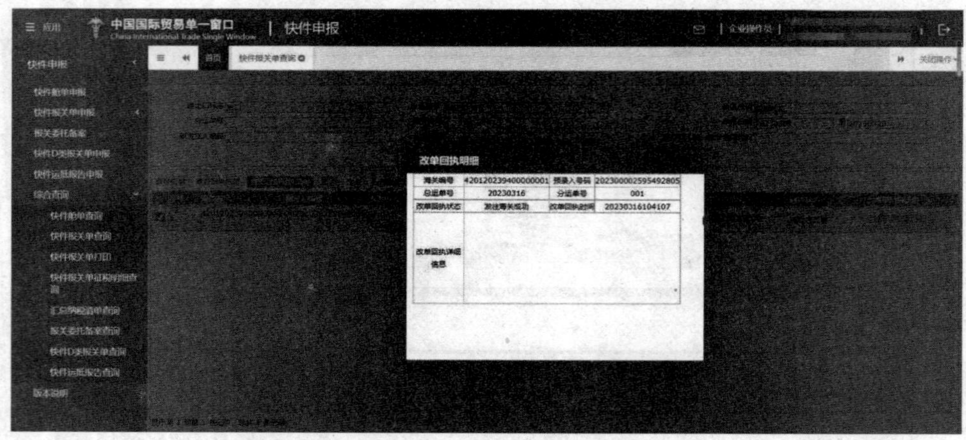

图 12-59 快件通关系统—快件报关单查看改单回执信息

6. 查看改单明细数据：

在快件通关系统—快件报关单查询页面查询详情界面中，选择一条记录，点击【查看改单明细数据】按钮，页面跳转至相应的快件报关单申报页面，页面返填回显相应的数据。

此时，数据不允许编辑。（只有当数据有改单的信息时，该按钮才会被激活）如图 12-60：

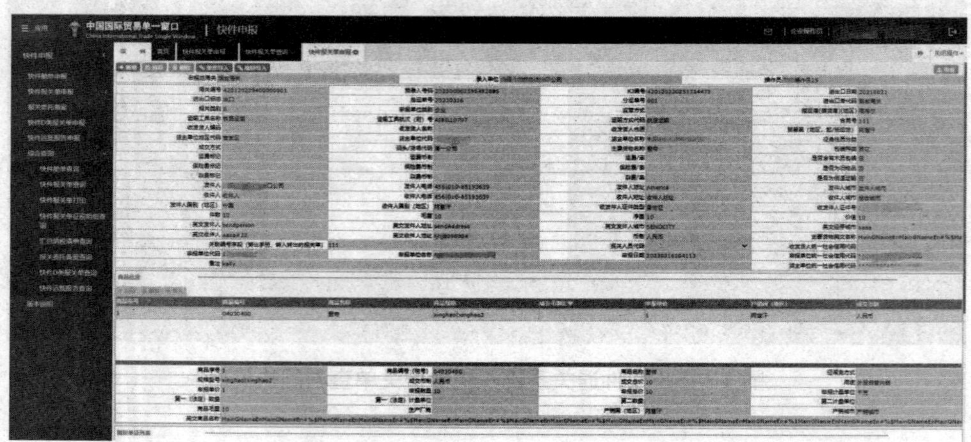

图 12-60 快件通关系统—快件报关单查询改单明细

三、快件报关单打印

点击左侧菜单栏中的“综合查询—快件报关单打印”，进入快件报关单打印页面。快件报关单打印功能支持快件报关单的单票和清单打印，包括普通打印和套打。

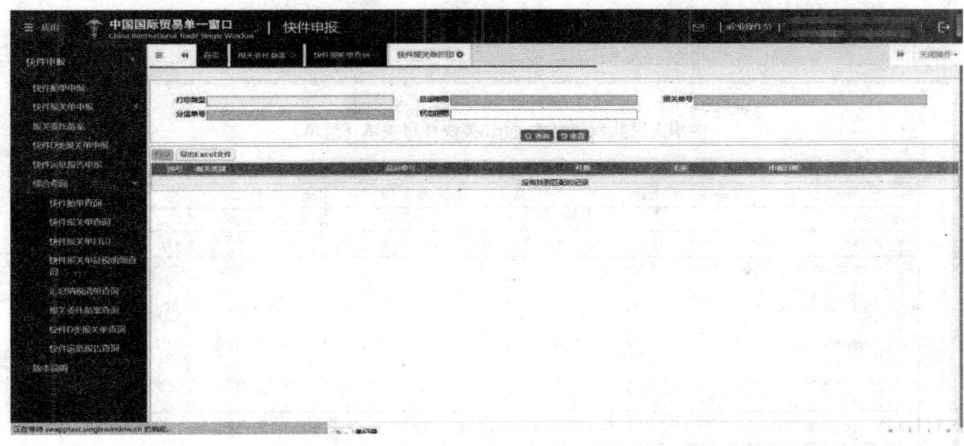

图 12-61 快件报关单打印

小提示：

查询条件中“打印类型”为必填项，如不填写则弹出如下提示信息：

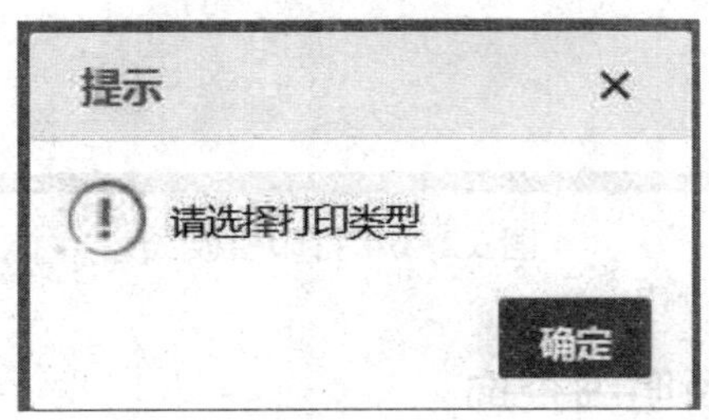

图 12-62 打印提示 1

选中表体数据，点击【打印】，即可选择是普通打印还是套打。

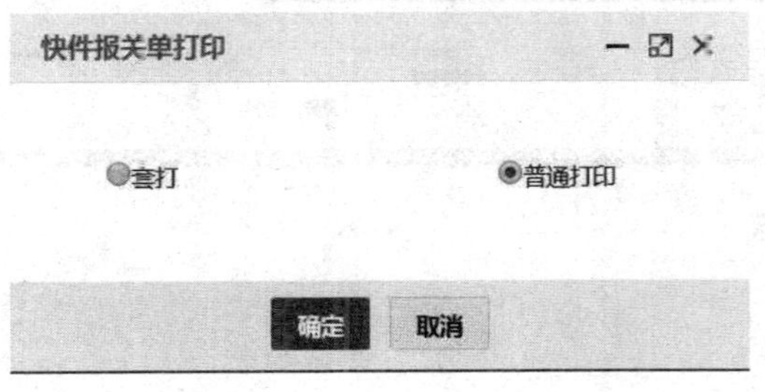

图 12-63 打印提示 2

点击【确定】后即可看见打印模板：

中华人民共和国海关进境B类快件报关单（清单）

总运单号 I4201001		进境日期 20210821		申报日期 20220921
进口口岸 烟台海关	申报地海关 烟台海关		运输方式 航空运输	运输工具名称 AD
启运国（地区）		件数 40		重量（千克） 40

序号	报关单号	分运单号	税号	物品名称	数量	重量（千克）	税率	完税价格	税额	原产国（地区）	发件人	贸易国（地区）	收件人	海关回执信息
1	420120229300000315	I4201421		牛肉干	10	10				德国	kjhkjh	德国	[illegible]	转人工审核
2	420120229300000312	I4201458		牛肉干	10	10				德国	GFGFGG	德国	[illegible]	转人工审核
3	420120229300000310	I4201405		人工重点审单计算器	10	10				阿富汗	发件人	阿富汗	[illegible]	转人工审核
4	420120229300000308	I4201403		人工审单计算器	10	10				阿富汗	发件人	阿富汗	[illegible]	转人工审核

录入员 [illegible]员25　录入单位 [illegible]	兹声明对以上内容承担如实申报、依法纳税之法律责任	海关批注及日期（签章） 审单
报关人员 04100007	申报单位（签章）	查验
单位地址 邮编 电话	填制日期	放行

图 12-64 打印模板

四、快件报关单征税明细查询

快件经营人、申报单位通过快件报关单查询功能，按查询条件查询快件报关单数据。点击“综合查询—快件报关单征税明细查询”页面，如图 12-65：

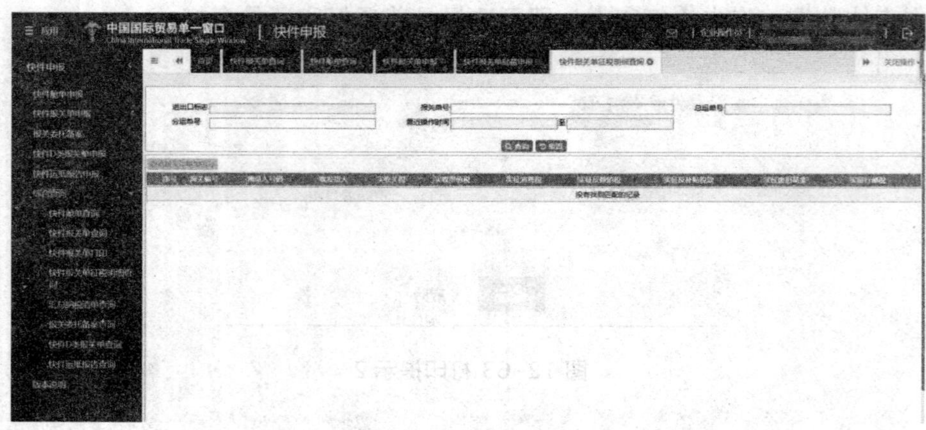

图 12-65 快件报关单查询

小提示：

查询条件中“进出口标志”为必填项，如不填写则弹出如下提示信息：

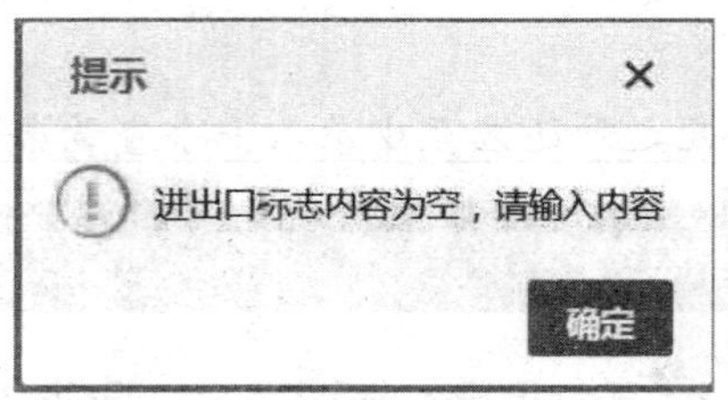

图 12-66 必填提示

输入查询条件，点击【查询】，查询到的信息会显示到列表中：

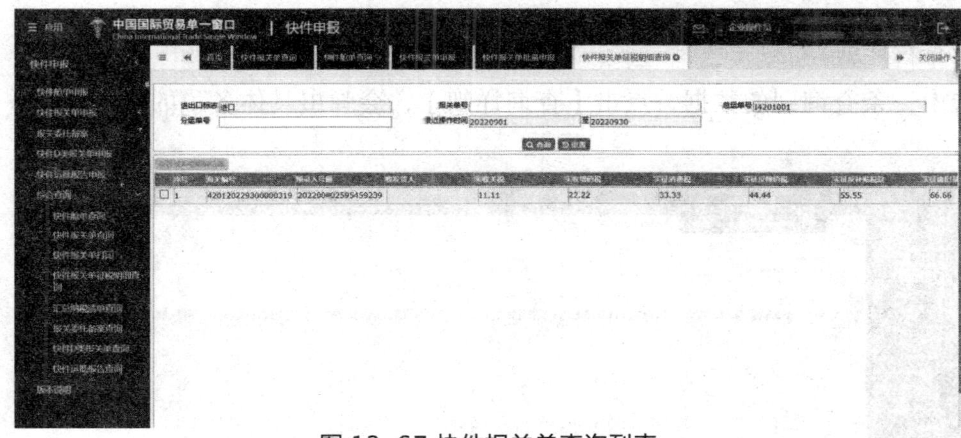

图 12-67 快件报关单查询列表

五、汇总纳税清单查询

快件经营人通过快件汇总纳税清单查询功能，按查询条件查询汇总纳税清单数据

点击选择菜单“综合查询—汇总纳税清单查询”，进入“汇总纳税清单查询”界面，如图 12-68：

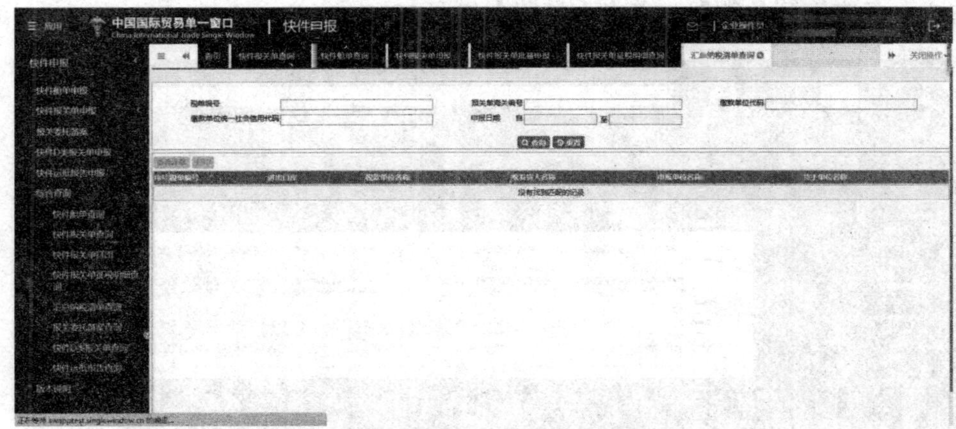

图 12-68 汇总纳税清单数据

小提示：

申报日期为必填项，除此之外还应至少录入一个查询条件，否则弹出提示信息：

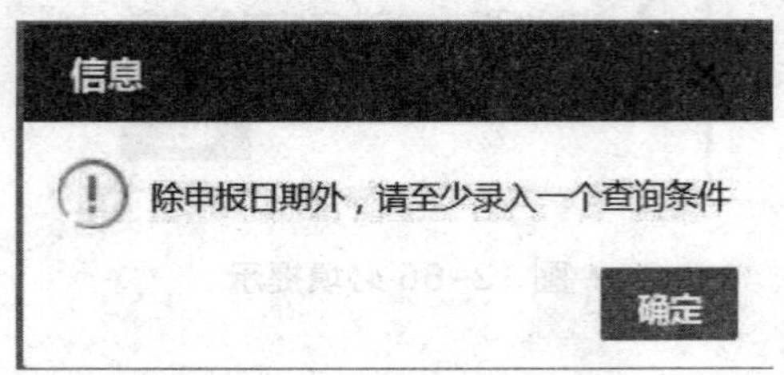

图 12-69 录入提示

1. 查看详细

选中一条查询到的数据，点击【查询详细】，会弹出具体各税的信息详情，如图 12-70：

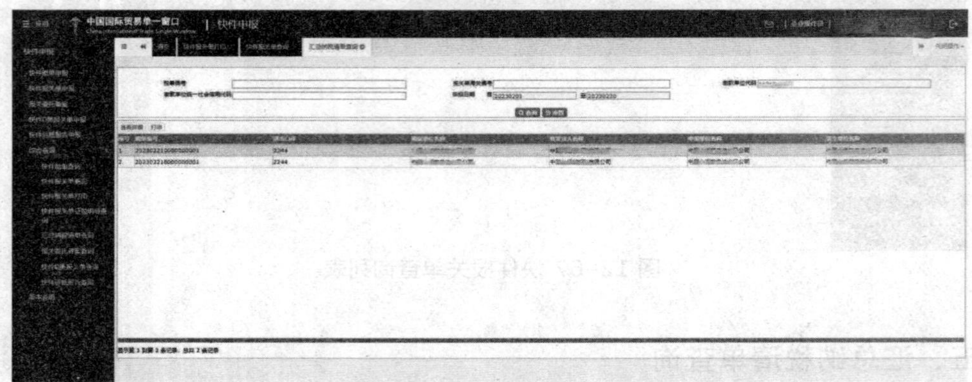

图 12-70 数据查询详情

2. 打印

选中一条查询到的数据，点击【打印】如图 12-71：

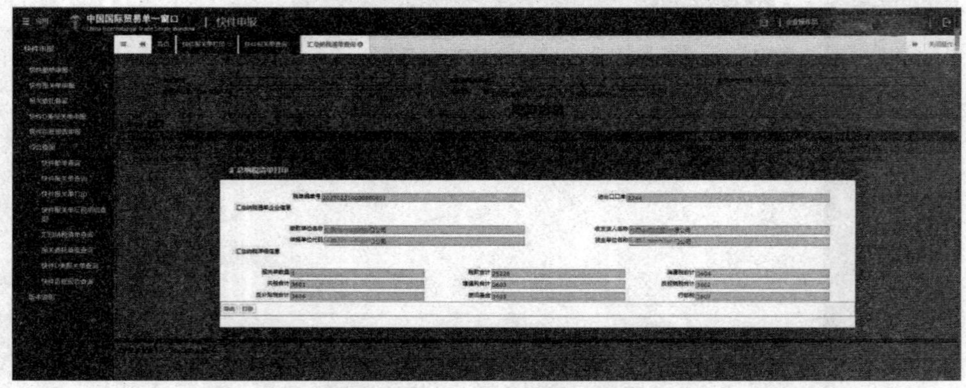

图 12-71 数据打印界面

在弹出框中选择数据点击【导出】，则导出一个 excel 表格如图 12-72：

中华人民共和国快件汇总纳税清单

税单编号	202302210000000001			进出口口岸	上海快件						
汇总纳税清单企业信息											
缴款单位名称	[illegible]出口公司			货主单位名称	[illegible]口公司						
经营单位名称	[illegible]限公司			申报单位名称	[illegible]口公司						
汇总纳税清单税款信息											
报关单总数	1			实征关税总额	3601			实征增值税总额	[illegible]		
实征消费税总额	3604			实征反倾销税总额	3602			实征反补贴税总额	[illegible]		
行邮税总额	3607			实征废旧基金总额	3605			税款合计	[illegible]		
汇总纳税清单详细信息											
序号	报关单号	总运单号	分运单号	申报日期	关税总额	增值税总额	消费税总额	反倾销税总额	反补贴税款总额	废旧基金总额	行邮税总额
1	224420239100000000	bzongyun01	bfenyun01	20230220171020	3600	952	2	4	6	8	10

图 12-72 导出 excel 数据

选择打印，则弹出打印的模板，如图 12-73：

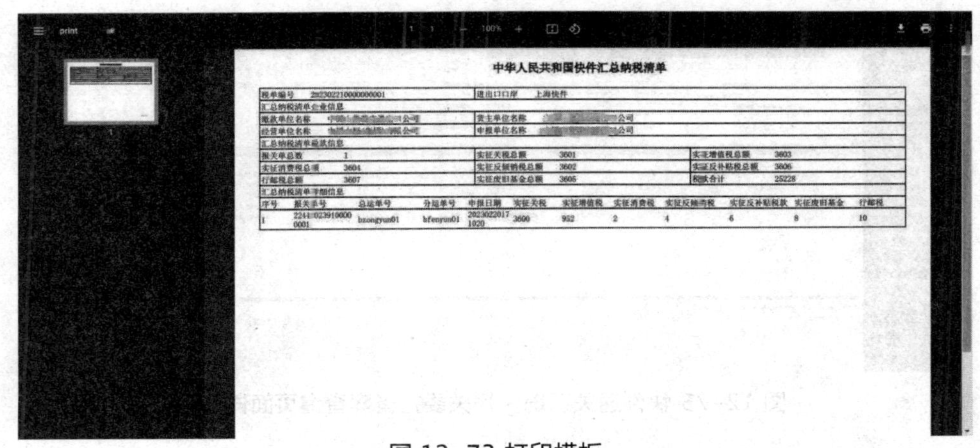

中华人民共和国快件汇总纳税清单

税单编号	202302210000000001			进出口口岸	上海快件						
汇总纳税清单企业信息											
缴款单位名称	[illegible]公司			货主单位名称	[illegible]公司						
经营单位名称	[illegible]公司			申报单位名称	[illegible]公司						
汇总纳税清单税款信息											
报关单总数	1			实征关税总额	3601			实征增值税总额	3603		
实征消费税总额	3604			实征反倾销税总额	3602			实征反补贴税总额	3606		
行邮税总额	3607			实征废旧基金总额	3605			税款合计	25228		
汇总纳税清单详细信息											
序号	报关单号	总运单号	分运单号	申报日期	实征关税	实征增值税	实征消费税	实征反倾销税	实征反补贴税款	实征废旧基金	行邮税
1	2244[illegible]0239100000001	bzongyun01	bfenyun01	20230220171020	3600	952	2	4	6	8	10

图 12-73 打印模板

六、报关委托备案查询

企业录入报关委托备案，点击【暂存】或【申报】后，即可通过报关委托备案查询页面查询到数据。

点击选择菜单“综合查询—报关委托备案查询”，进入“报关委托备案查询”界面，如图 12-74：

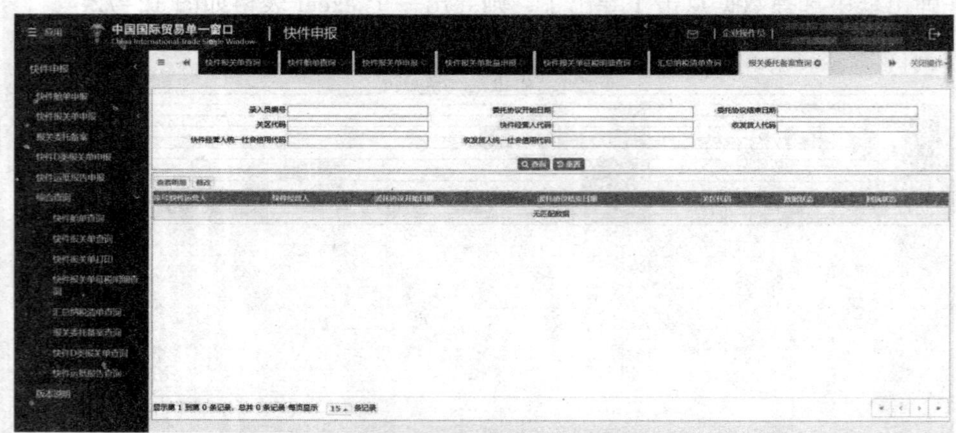

图 12–74 快件通关系统 – 报关委托备案查询

输入相应的查询条件，点击【查询】按钮，系统查找符合条件的记录显示在查询列表中，如图 12–75：

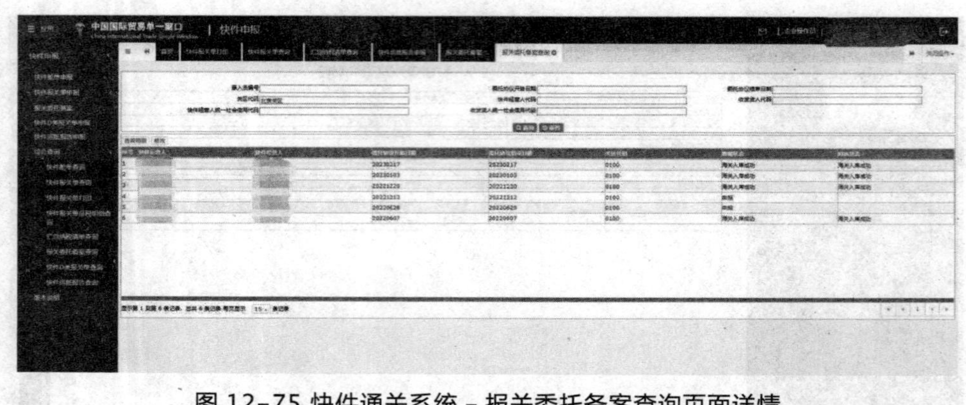

图 12–75 快件通关系统 – 报关委托备案查询页面详情

小提示：

查询时请至少录入一个查询条件，否则出现如下图提示：

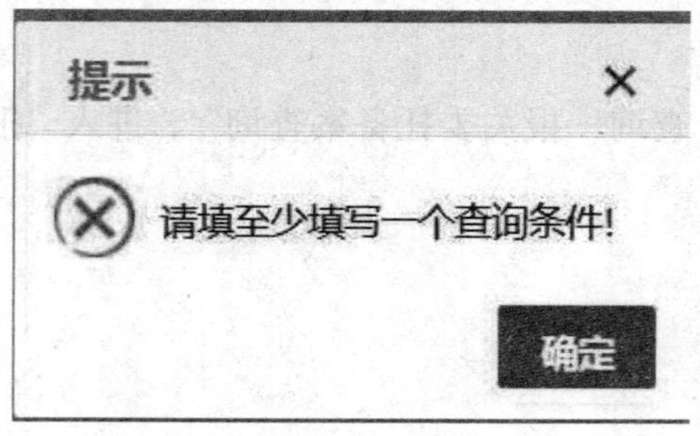

图 12–76 条件填写提示

1. 查看明细数据

在图 12–72 快件通关系统 – 报关委托备案查询页面详情界面中，选择一条单证记录，点击【查看明细数据】按钮，页面跳转至相应的报关委托备案申报页面，页面返填回显相应的数据。此时，数据不允许编辑。如图 12–77：

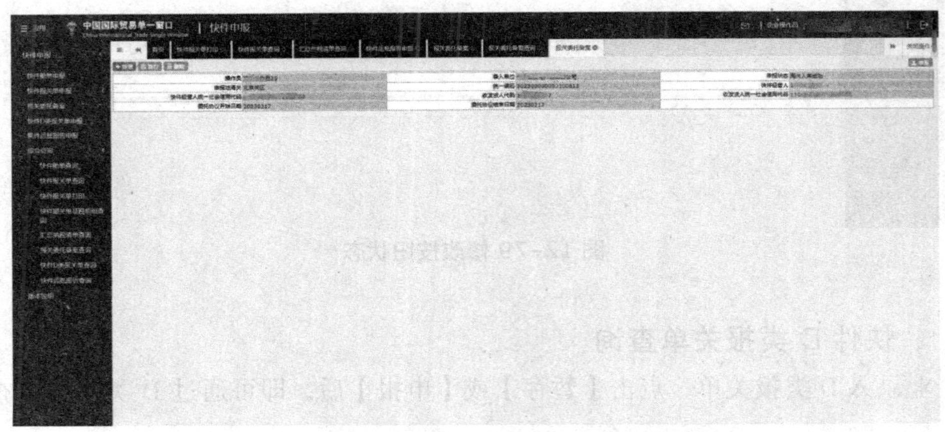

图 12–77 快件通关系统 – 报关委托备案查看明细数据

2. 修改

在图 12–72 快件通关系统 – 报关委托备案查询页面详情界面中，选择一条记录，点击【修改】按钮。页面会跳转到报关委托备案申报页面，反填出数据，如图 12–78：

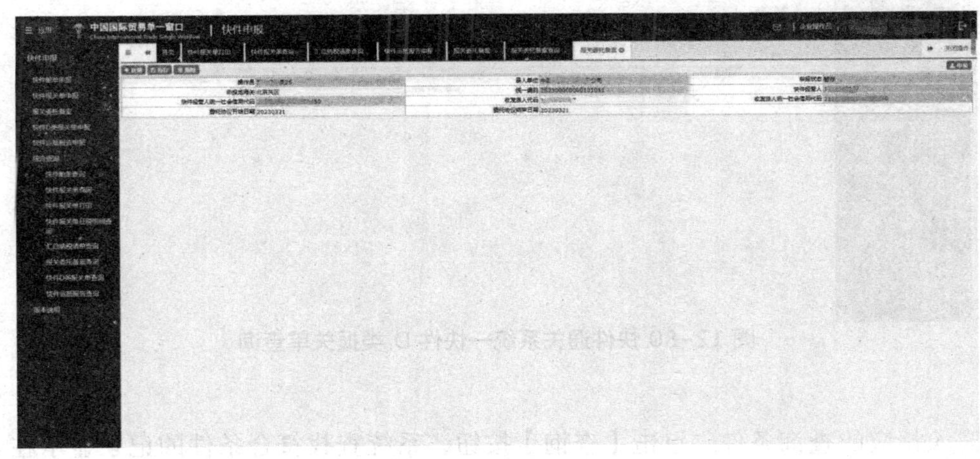

图 12–78 报关委托备案申报页面

小提示：

“修改”按钮在当数据状态是“暂存和海关入库失败”状态下是可以点击，否则不可点击，如图 12–79 所示：

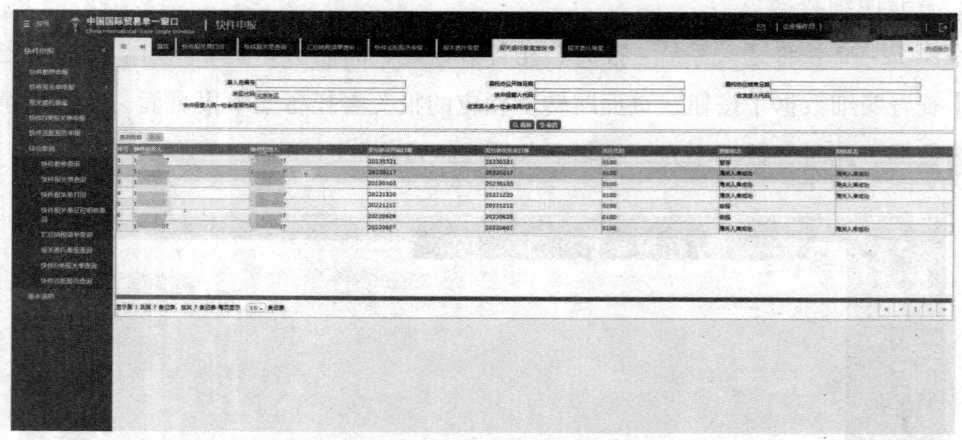

图 12-79 修改按钮状态

七、快件 D 类报关单查询

企业录入 D 类报关单，点击【暂存】或【申报】后，即可通过 D 类报关单查询页面查询到数据。

点击选择菜单“综合查询—快件 D 类报关单查询”，进入“快件 D 类报关单查询”界面， 如图 12-80：

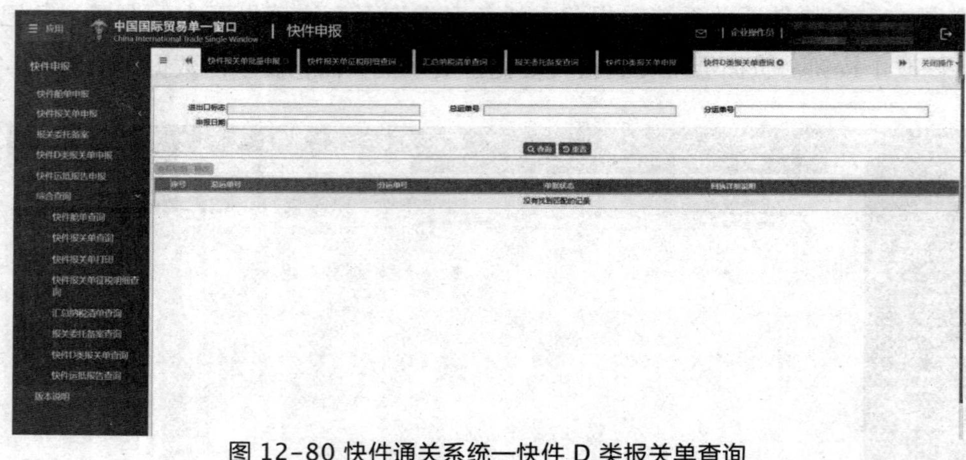

图 12-80 快件通关系统—快件 D 类报关单查询

输入相应的查询条件，点击【查询】按钮，系统查找符合条件的记录显示在查询列表中，如图 12-81：

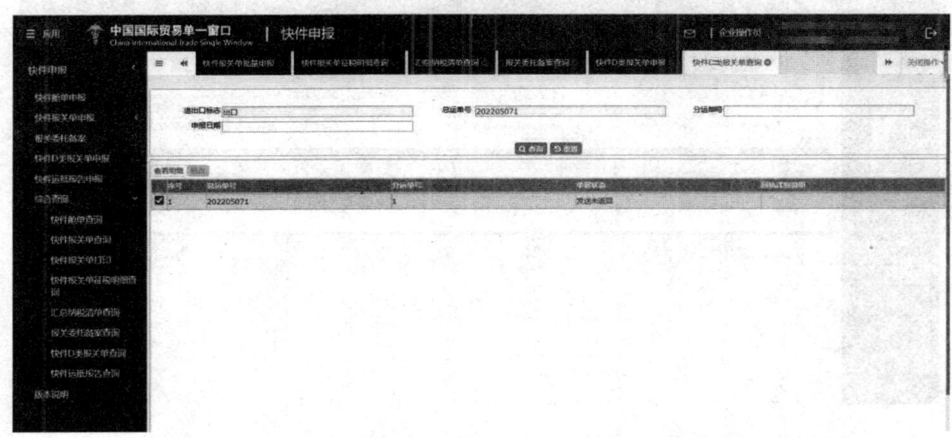

图 12-81 快件通关系统—快件 D 类报关单页面查询详情

小提示：

查询时，进出口标志和总运单号查询条件为必填项，没有填写直接点击【查询】，页面则会弹出提示信息：

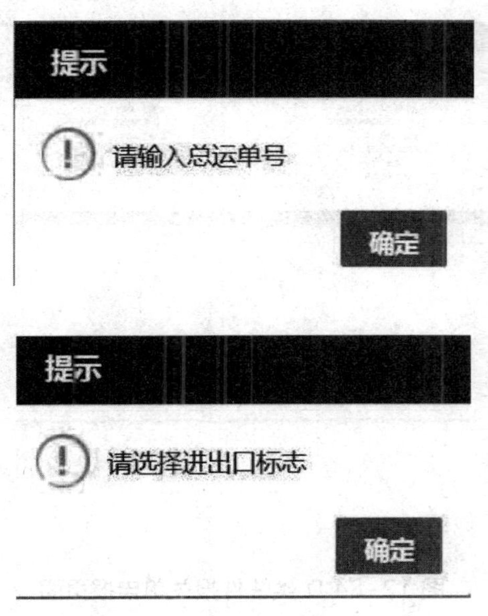

图 12-82 条件填写查询提示

1. 查看明细数据

在快件通关系统—快件 D 类报关单页面查询详情界面中，选择一条单证记录，点击【查看明细】按钮，页面跳转至相应的 D 类快件报关单申报页面，页面返填回显相应的数据。此时，数据不允许编辑。如图 12-83：

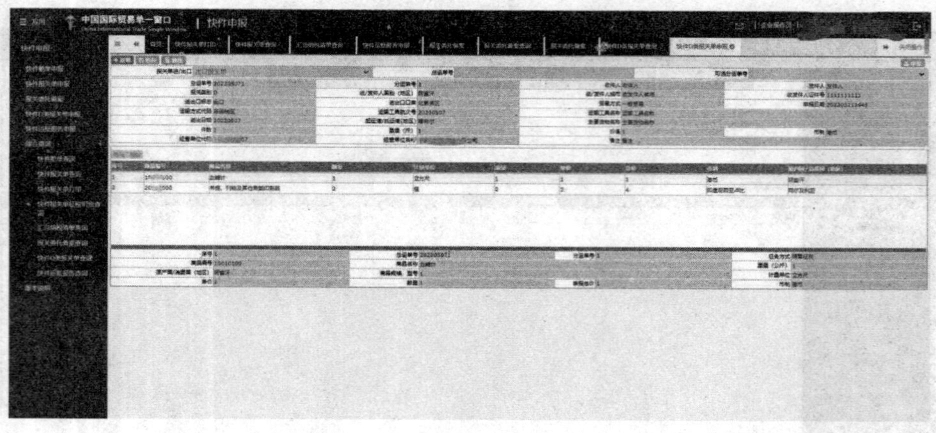

图 12-83 快件通关系统 -D 类快件报关单查看明细数据

2. 修改

在快件通关系统—快件 D 类报关单页面查询详情界面中，选择一条记录，点击【修改】按钮。页面会跳转到 D 类快件报关单申报页面，反填出数据，如图 12-81：

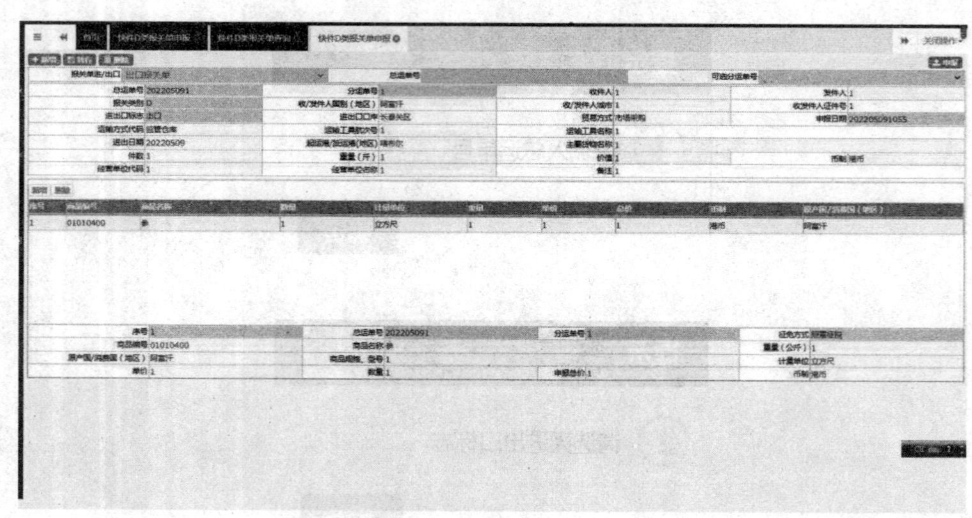

图 12-84 D 类快件报关单申报页面

小提示：

"修改"按钮在当数据状态是"暂存、退单、查验后退单、报关单后退单"状态下是可以点击，否则不可点击，如图 12-85 所示：

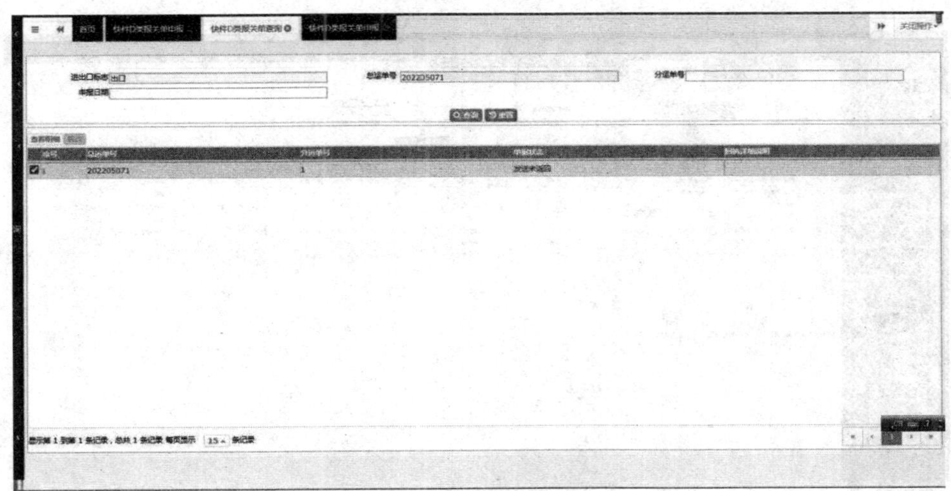

图 12-85 D 类快件报关单修改

八、快件运抵报告查询

企业录入运抵报告后，点击【暂存】或【申报】后，即可通过运抵报告查询页面查询到数据。

点击选择菜单“综合查询—快件运抵报告查询”，进入“快件运抵报告查询”界面，如图 12-86：

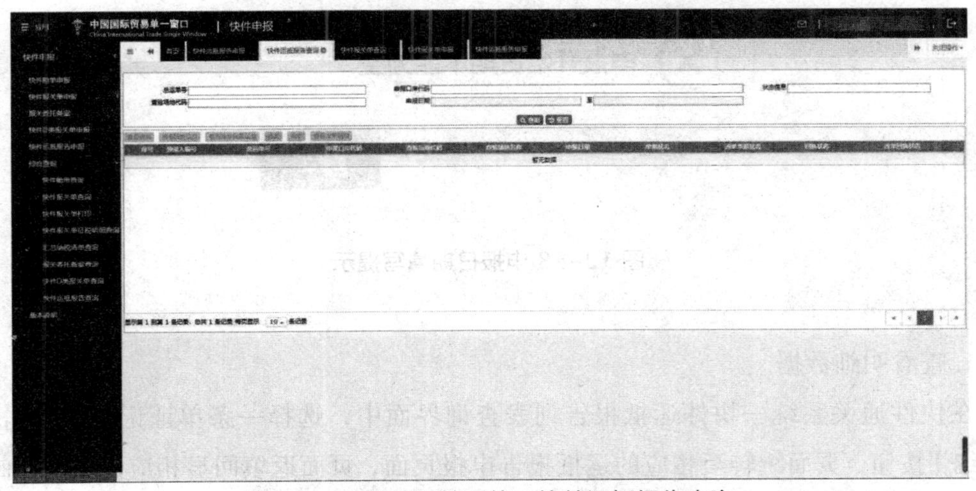

图 12-86 快件通关系统—快件运抵报告查询

输入相应的查询条件，点击【查询】按钮，系统查找符合条件的记录显示在查询列表中， 如图 12-87：

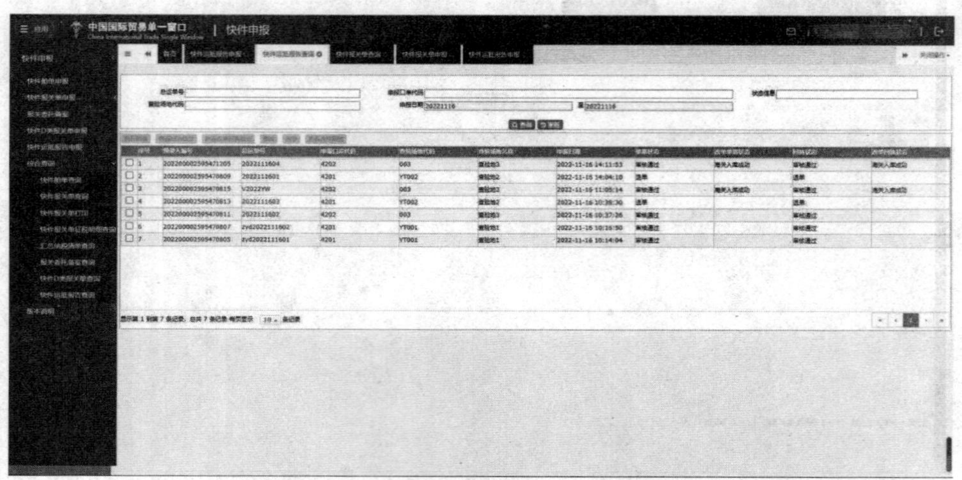

图 12-87 快件通关系统—快件运抵报告列表查询

小提示：

查询时，申报日期的开始时间与结束时间为必填项，没有填写直接点击【查询】，页面弹则会出提示信息：

图 12-88 申报日期填写提示

1. 查看明细数据

在快件通关系统—快件运抵报告列表查询界面中，选择一条单证记录，点击【查看明细】按钮，页面跳转至相应的运抵报告申报页面，页面返填回显相应的数据。此时，数据不允许编辑。如图 12-89：

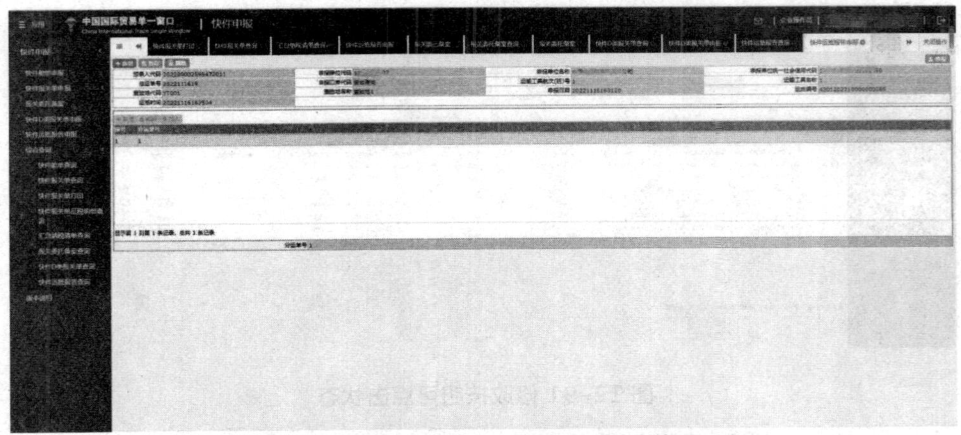

图 12-89 快件通关系统—快件运抵报告查看明细

2. 修改

在快件通关系统—快件运抵报告列表查询界面中，选择一条记录，点击【修改】按钮。页面会跳转到快件运抵报告申报页面，反填出数据，如图 12-90：

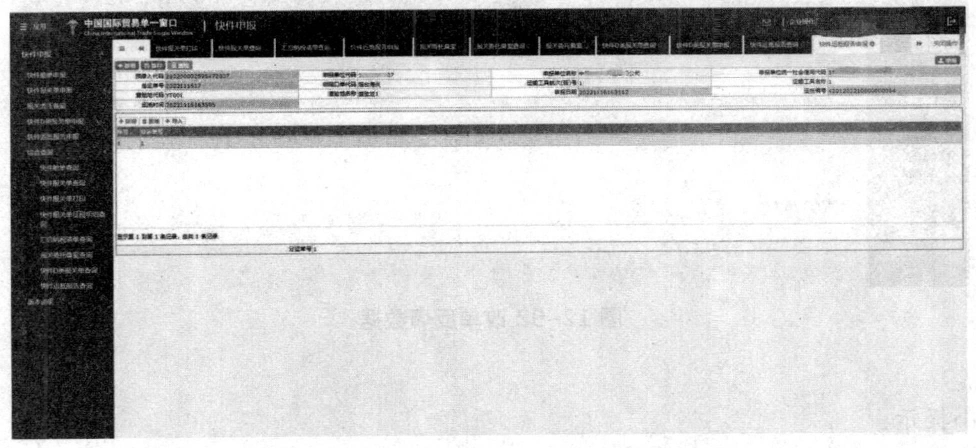

图 12-90 快件通关系统—快件运抵报告修改

小提示：

“修改”按钮在当数据状态是“暂存、海关入库失败、退单”状态下是可以点击，否则不可点击，如图 12-91 所示：

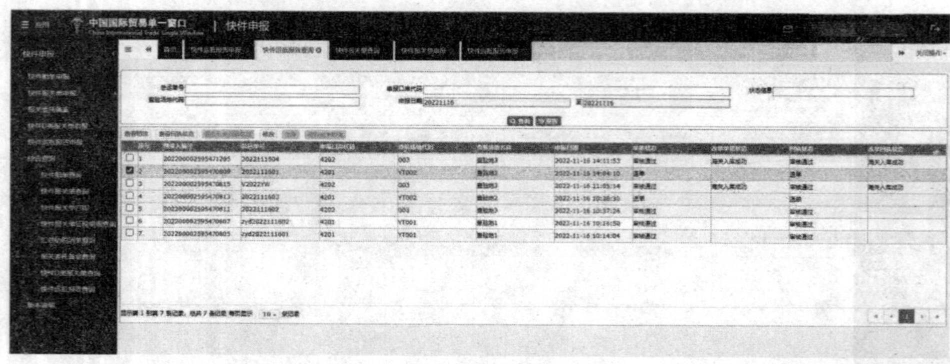

图 12-91 修改按钮可点击状态

3. 改单

在快件通关系统—快件运抵报告列表查询界面中，选择一条记录，点击改单按钮。页面会跳转到快件运抵报告申报页面，反填出数据，如图 12-92：

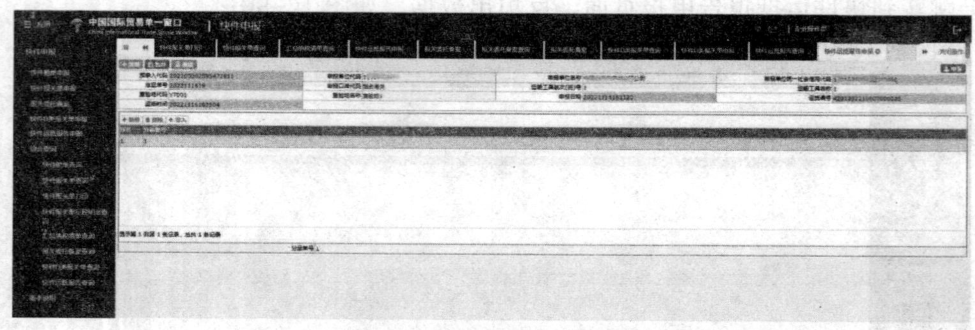

图 12-92 改单反填数据

小提示：

“改单”按钮在当数据状态是“审核通过”状态下是可以点击，否则不可点击，如图 12-93 所示：

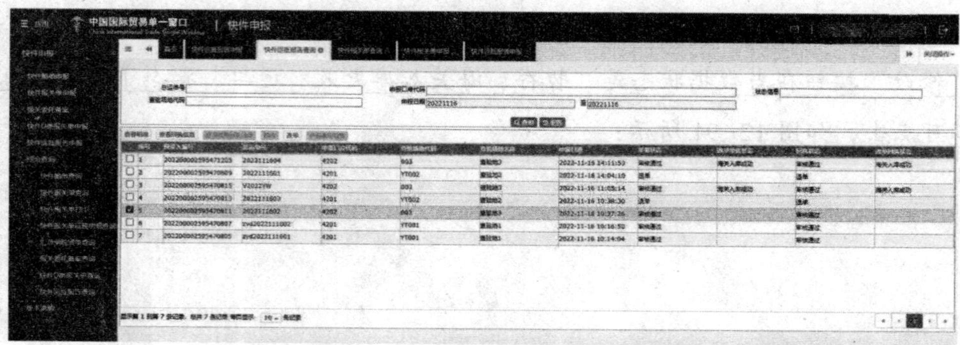

图 12-93 改单按钮可点击状态

4. 查看回执信息

在快件通关系统—快件运抵报告列表查询界面中，选择一条记录，点击查看回执信息按钮。页面弹出弹框，按照时间顺序反填所有回执信息，如图 12–94：

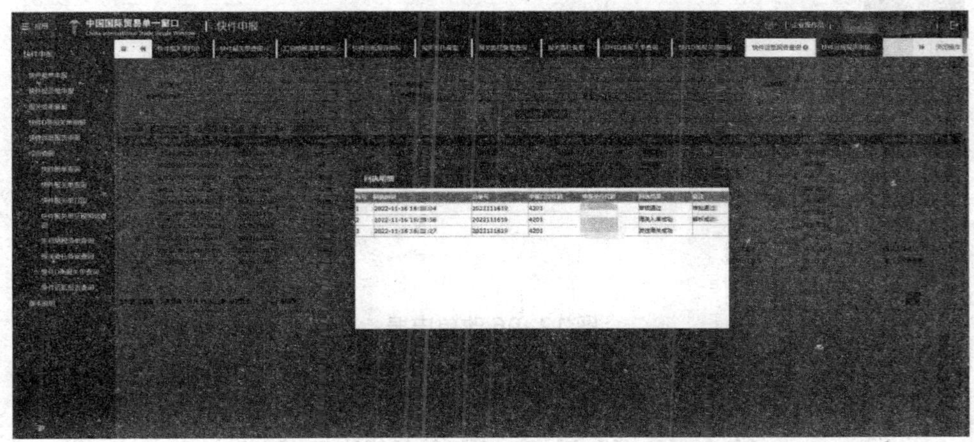

图 12–94 查看回执信息

5. 查看改单回执信息

在快件通关系统—快件运抵报告列表查询界面中，选择一条记录，点击查看改单回执信息按钮。页面弹出弹框，按照时间顺序反填所有改单的回执信息，如图 12–95：

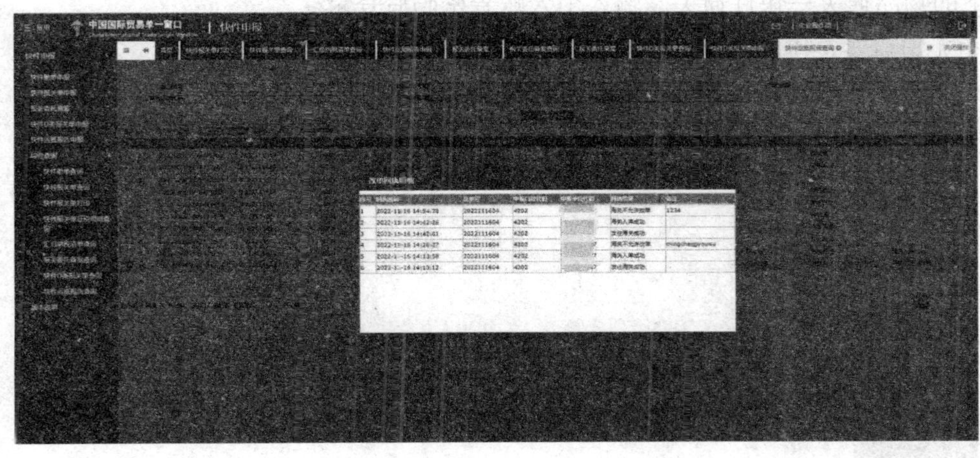

图 12–95 改单回执信息查看

6. 查看改单明细

在快件通关系统—快件运抵报告列表查询界面中，选择一条记录，点击查看改单明细按钮。页面会跳转到申报页面，反填出改单的数据，如图 12–96：

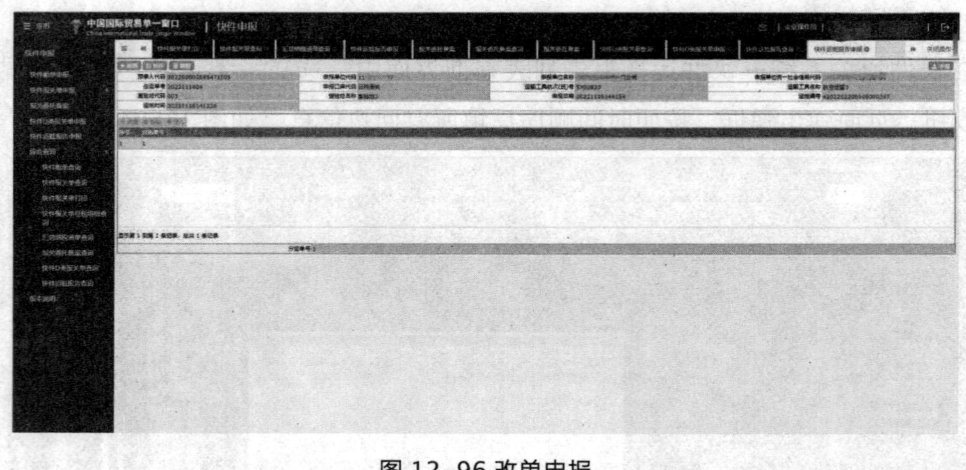

图 12-96 改单申报

第七节 快件 B 类个人物品查询

一、快件 B 类个人物品通关状态查询网页版

个人用户首先通过单一窗口注册个人账户，需要注意的是注册提供的个人证件信息，需要与报关时提供的个人证件信息保持一致。然后通过单一窗口门户，选择标准版应用下的物品通关—快件通关。输入个人账号密码后登录。

个人用户登录快件通关系统，如图 12-97：

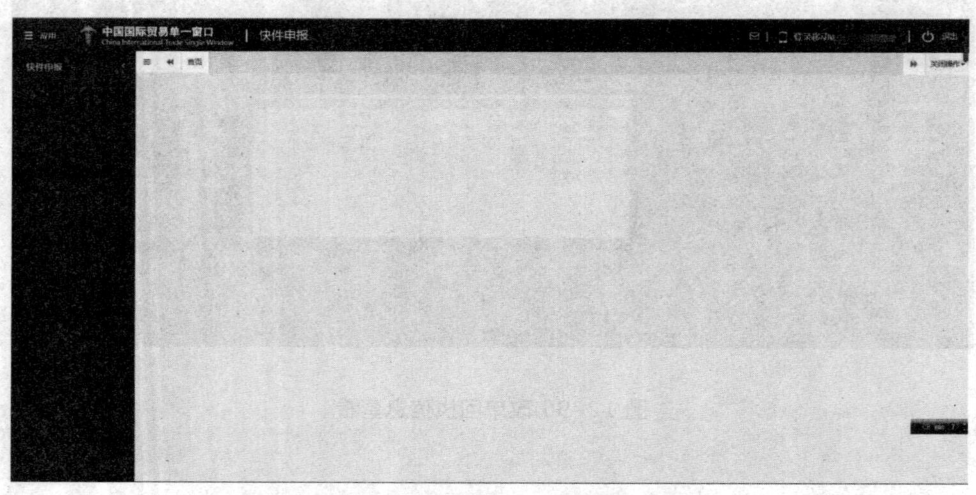

图 12-97 个人用户登录快件通关系统页面

点击快件申报—个人查询—个人 B 类快件报关单回执查询，进入“B 类快件报关单回执查询页面”，如图 12-98：

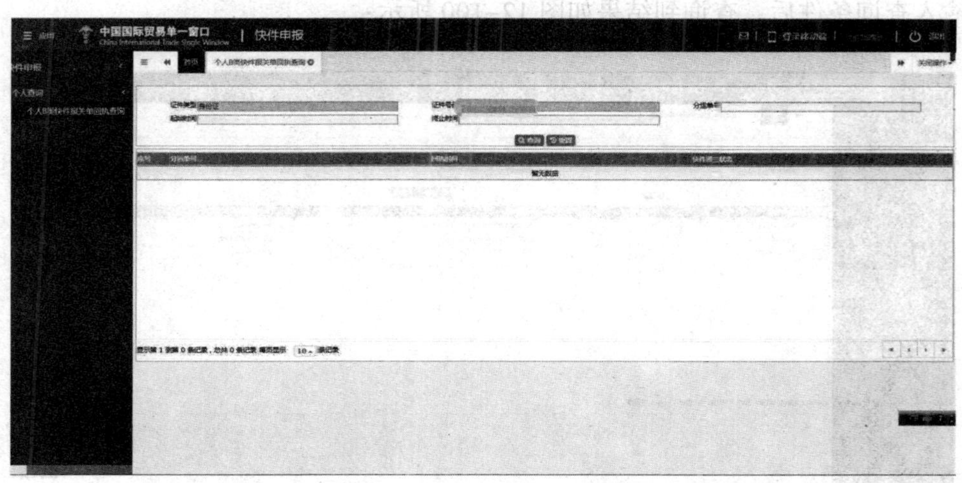

图 12-98 快件通关系统—个人 B 类快件报关单回执查询

小提示：

查询时，证件类型和证件号码根据登录账号信息自动反填。分单号，起始时间和终止时间为必填项，不填写直接点击查询，页面则弹出提示信息：

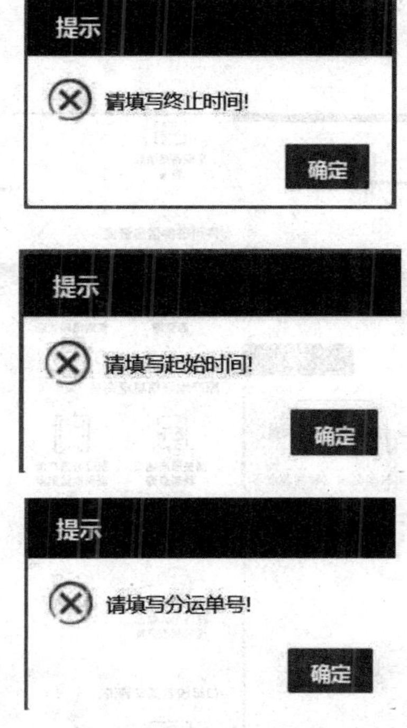

图 12-99 信息填写提示

输入查询条件后，查询到结果如图 12-100 所示：

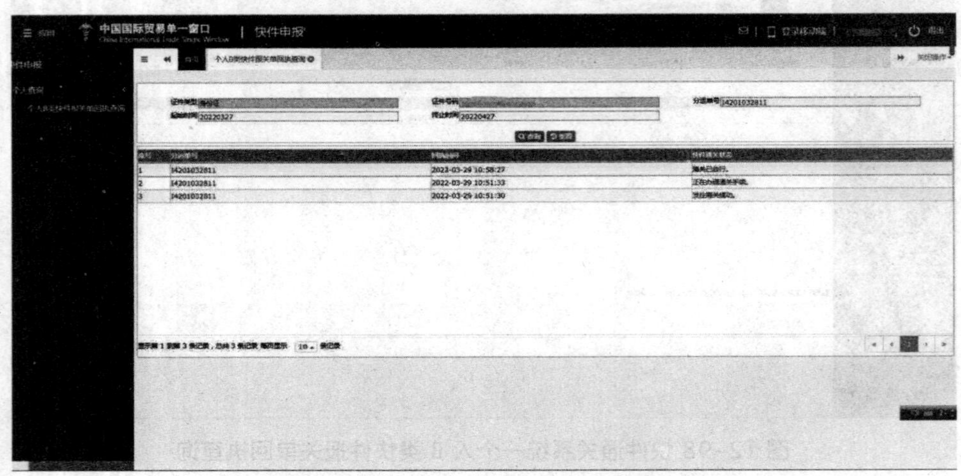

图 12-100 快件通关系统—个人 B 类快件报关单回执详情

二、快件 B 类个人物品通关状态查询移动端—微信小程序

个人用户可以通过微信搜索小程序掌上单一窗口，登录在单一窗口注册的个人账户，选择跨境电商、快件下的快件个人物品通关状态查询。进入到查询页面，如图 12-101：

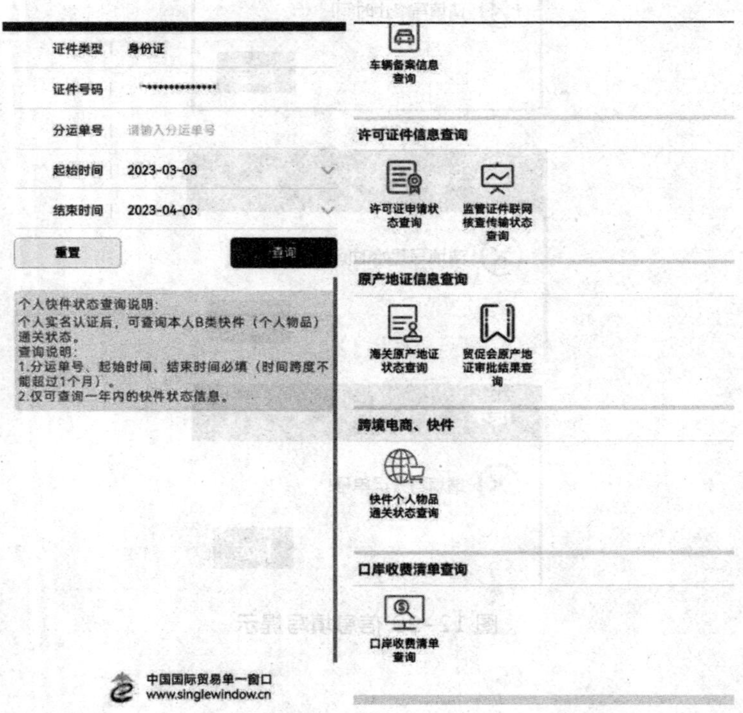

图 12-101 快件 B 类个人物品通关状态查询移动端系列图

小提示：

查询时：分单号，为必填项，不填写直接点击查询，页面则弹出提示信息：

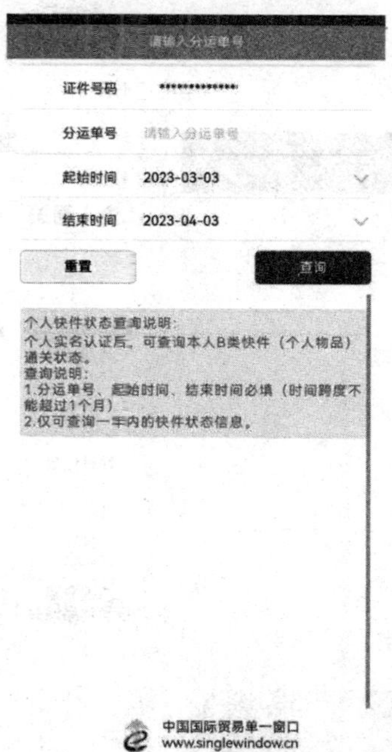

图 12-102 快件 B 类个人物品通关状态查询信息填写提示

查询到数据后，如下图显示：

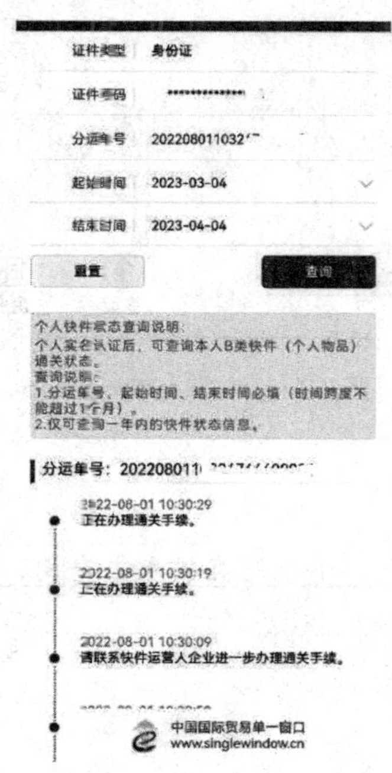

图 12-103 快件 B 类个人物品通关状态查询结果

三、快件 B 类个人物品通关状态查询移动端—掌上单一窗口 app

个人用户可以通过掌上单一窗口 app，登录在单一窗口注册的个人账户，选择个人通关—快件物品。进入到查询页面，如图 12–104：

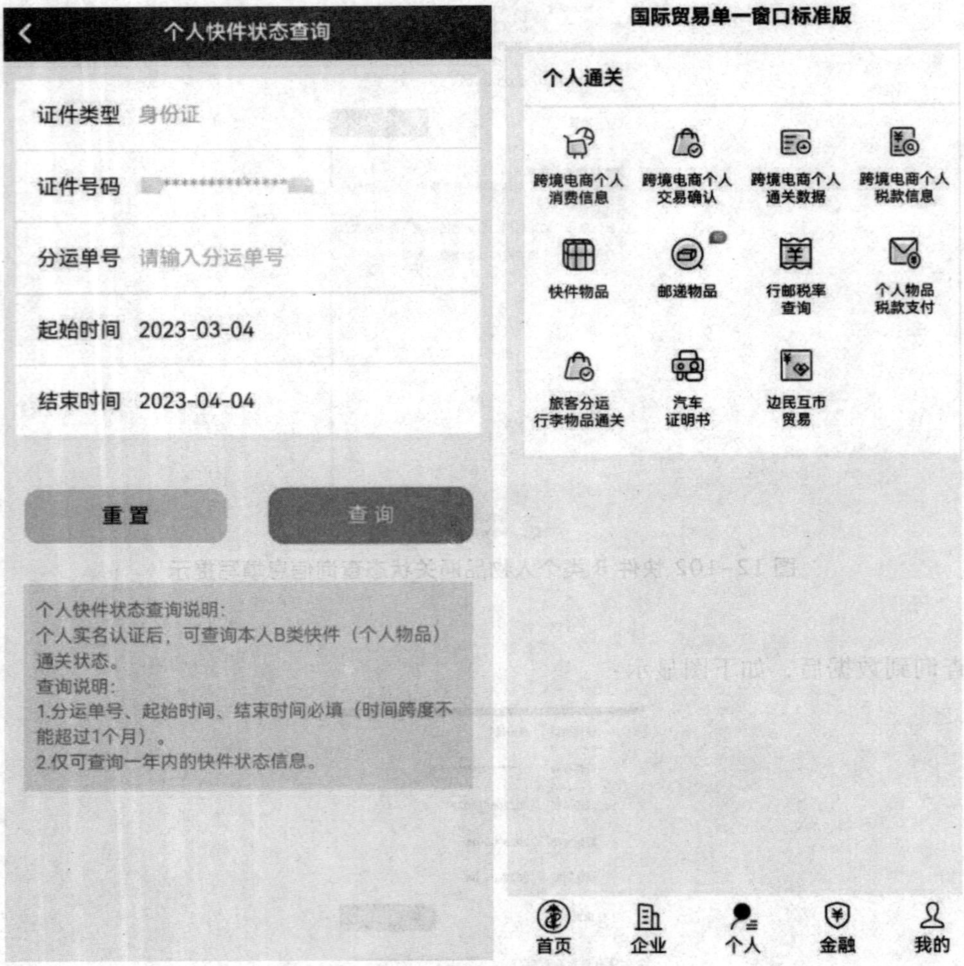

图 12–104 掌上单一窗口

小提示：

查询时：分单号，为必填项，不填写直接点击查询，页面则弹出提示信息：

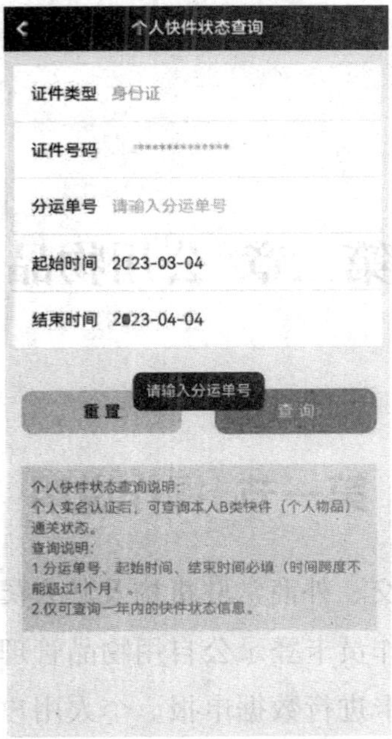

图 12-105 信息填写提示

查询到数据后，如图 12-106 显示：

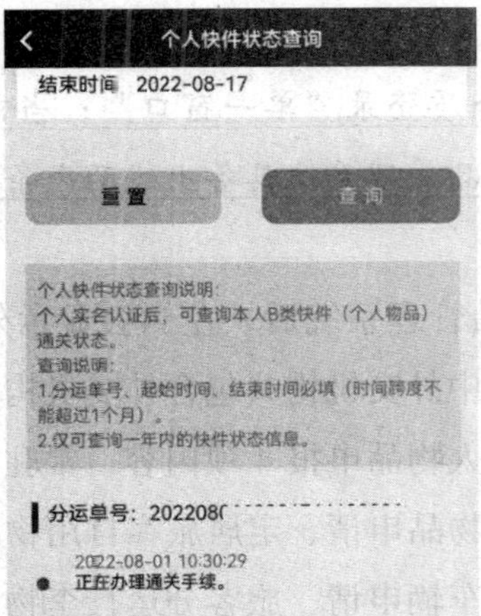

图 12-106 数据查询结果

第二章　公用物品

第一节　操作说明

有权限的申请人（包括外交、外商常驻机构及其人员、其他申报业务涉及的人员、代理录入申报企业等）可持操作员卡登录公自用物品管理系统录入机构、人员备案信息及申报单等数据，可持操作员卡进行数据申报。个人用户可通过账号登录方式登录公自用物品申报系统进行留学生购车申请。对于未录完的数据，可执行暂存操作，暂存失败的，系统提示错误内容，用户修改录入数据，继续暂存，暂存成功后，可申报数据；也可在用户检查数据无误后直接进行数据申报。申报失败的，可根据系统提示的信息，修改已录入的数据后重新申报。

小提示：

非个人用户必须使用卡介质登录“单一窗口”；当前用户通过身份认证，有本系统的权限，成功登录公自用物品管理系统具备上述两个条件，才能查看、使用公自用物品管理相关的菜单和功能。

用户成功登录公自用物品管理系统后，左侧会显示外交机构、常驻机构、其他业务和综合查询4大菜单项。其中外交机构共包含外交机构备案、外交人员备案、外交机构公用物品申报、外交机构个人物品申报4项内容；常驻机构共包含常驻机构备案、常驻人员备案、非居民长期旅客物品申请、定居旅客自用物品验核4项内容；其他业务共包含驻外使领馆工作人员进境车辆申请、旅客分运行李物品通关申报、留学生购车申请3项内容。

综合查询项则是对上述11项内容数据状态的呈现。用户可根据自身需求选择相应菜单项进行数据录入、申报及查询。登录公自用物品申报模块，页面显示如图12-107所示：

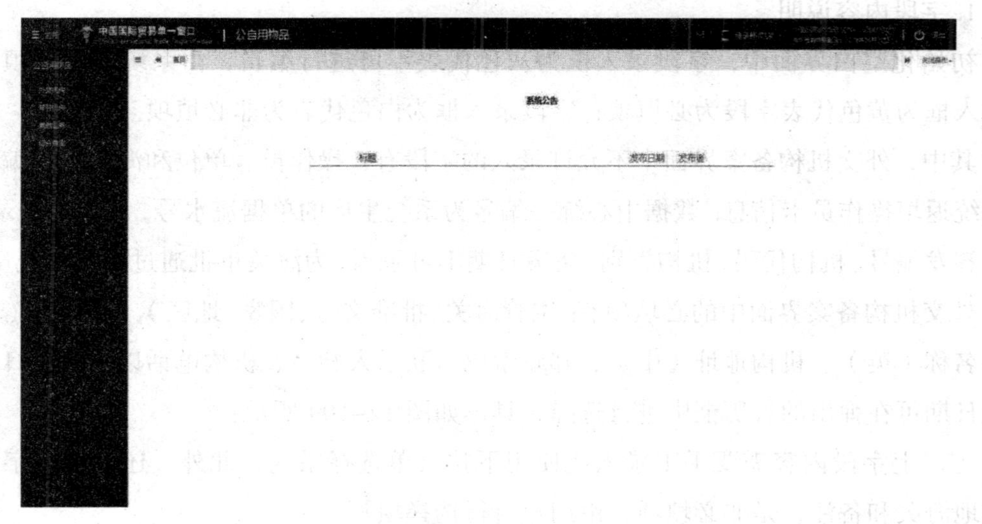

图 12-107 公自用物品申报

一、外交机构

（一）外交机构备案

录入操作人员登录到公自用物品管理系统，进入外交机构菜单中的外交机构备案界面，根据外交机构提供的备案数据，进行外交机构备案数据的录入和申报。

外交机构备案数据也可由机构人员录入相关信息，向海关申报。前提是，该机构事先需要加入单一窗口，拥有 IC 卡并经当地海关或数据分中心授予了操作权限。

使用卡介质登录系统，点击左侧菜单栏“外交机构——外交机构备案”，右侧界面展示如图 12-108：

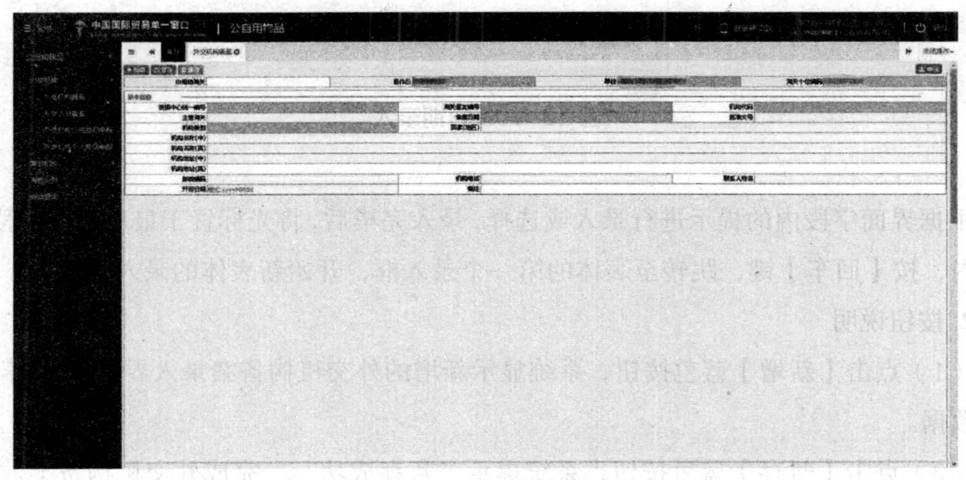

图 12-108 外交机构备案

1. 字段内容说明

初始化空白界面中，字段录入框为灰色代表不可进行编辑，由系统自动返填；字段录入框为黄色代表字段为必填项；字段录入框为白色代表为非必填项。

其中，外交机构备案界面中不允许录入的字段有：操作员、单位和海关十位编码，由系统返填操作员卡信息；数据中心统一编号为系统生成的单据流水号，所以不可录入；海关签发编号、机构代码、机构类别、备案日期不可录入，为海关审批通过后由系统反填。

外交机构备案界面中的必填项有：主管海关、批准文号、国家（地区）、机构名称（中）、机构名称（英）、机构地址（中）、邮政编码、联系人姓名、机构电话以及开设日期，开设日期可在弹出的日历框中进行选择，具体如图 12-109 所示：

（以上字段内容需要手工录入或使用下拉菜单选择录入，此外，还有白色字段的申报地海关和备注，是非必填项，由用户自行选择填写。）

小提示：

本系统中的日期类录入框均可在弹出的日历框中进行选择，例如外交机构备案界面中的开设日期。

« ‹ 2019年 7月 › »

日	一	二	三	四	五	六
30	1	2	3	4	5	6
7	8	9	10	11	12	13
14	15	16	17	18	19	20
21	22	23	24	25	26	27
28	29	30	31	1	2	3
4	5	6	7	8	9	10

选择时间 清空 现在 确定

图 12-109 日期录入

根据界面字段内的提示进行录入或选择，录入完毕后，将光标置于最后一个字段“备注”内，按【回车】键，跳转至表体的第一个录入框，开始新表体的录入。

2. 按钮说明

（1）点击【新增】蓝色按钮，系统显示新增的外交机构备案录入界面，便于重新录入数据。

（2）点击【暂存】蓝色按钮，系统提示“暂存成功”，完成外交机构备案数据的暂存操作，此后用户可以继续修改或重复暂存，也可选择申报等后续操作。

（3）点击【删除】蓝色按钮，系统删除该条外交机构备案数据记录，并显示如图

12–110所示：删除后的信息需要重新录入，需谨慎操作。其中，外交机构备案初始界面中，【删除】按钮不可用，数据只有经历过至少一次暂存时，【删除】按钮方激活。

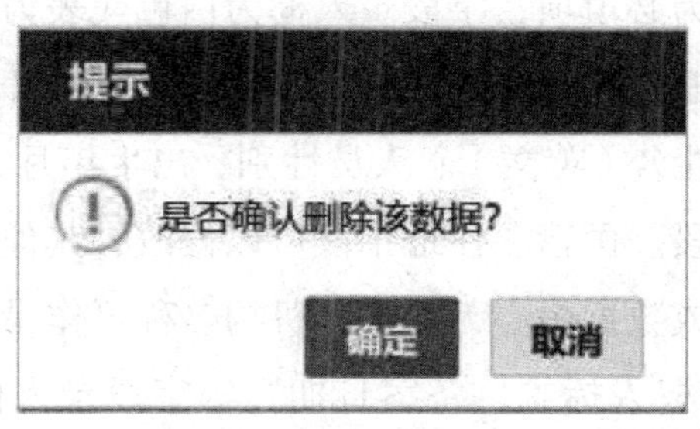

图 12–110 删除提示

（4）点击【申报】蓝色按钮，系统提示“申报成功”，完成数据的申报操作，意味着将您的数据向海关部门进行发送并等待其审批。

小提示：

暂存时，系统不要求必须录入相关信息，即使是一个空白界面，也可暂存并生成一份只有数据中心统一编号内容的新的记录；

已经暂存或海关退单的数据，才能激活【删除】按钮，已经申报的数据（海关未退单或已审批通过），【删除】按钮不能使用；

用户进行申报时需插卡操作，系统校验是否插卡，完成系统校验后，界面提示“申报成功”，完成数据申报全部操作。

（二）外交人员备案

外交机构或其代理企业的操作员使用卡介质登录系统，点击左侧菜单栏“外交机构—外交人员备案”，右侧界面展示如图 12–111：

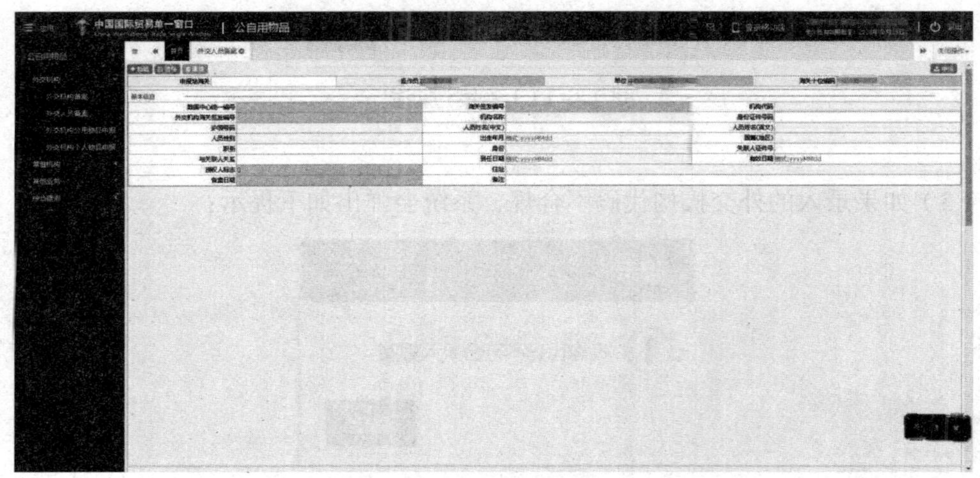

图 12–111 外交人员备案

1. 字段内容说明

初始化空白界面中，字段录入框为灰色代表不可进行编辑，由系统自动返填；字段录入框为黄色代表字段为必填项；字段录入框为白色代表为非必填项。

其中，录入身份证号返填机构代码、外交机构海关签发编号、机构名称、护照号码、人员姓名（中文）、人员姓名（英文）、人员性别、出生年月、职衔、身份、到任日期、有效日期、国籍、住址字段。国籍、住址字段可以修改，其他字段不能修改。如没有返填说明尚未进行机构备案或数据中心无数据，机构名称可作录入和修改操作；

“海关签发编号、授权人标志、备案日期”等字段录入框为灰色，由海关审批通过后同步给数据中心返填；其他字段录入方法与操作说明，可参考上文外交机构备案，不再赘述。

在信息录入过程中，可能会出现以下 3 种情况，请按照提示要求进行修改。

（1）如果录入的身份证件号码在外交部没有备案过，系统会弹出如下提示：

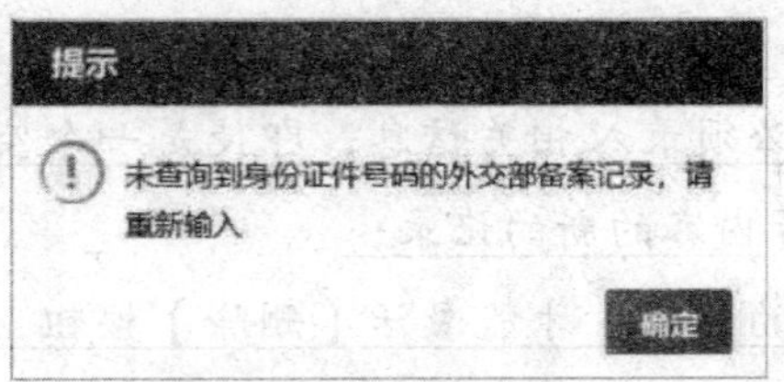

图 12-112 无备案提示

（2）如果录入的身份证件号码在外交部备案过期了，系统会弹出如下提示：

图 12-113 备案过期提示

（3）如果录入的外交机构代码不合规，系统会弹出如下提示：

图 12-114 代码不合规提示

2. 按钮说明

关于外交人员备案的新增、暂存、删除和申报按钮的使用方法参考前篇按钮说明。

（三）外交机构公用物品申报

外交机构或其代理企业的操作员使用卡介质登录系统，点击左侧菜单栏“外交机构——外交机构公用物品申报”，右侧界面展示如图 12-115：

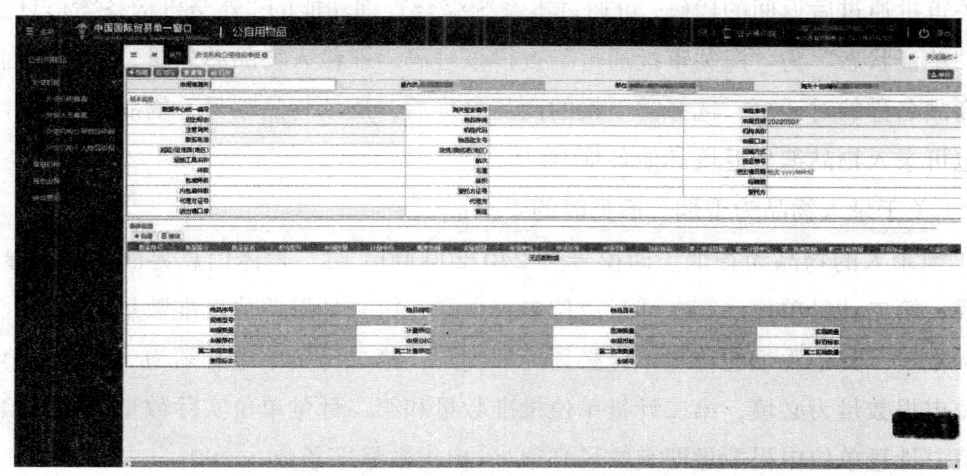

图 12-115 外交机构公用物品申报

外交机构公用物品申报编辑界面，从上至下分为“基本信息”和表体信息两部分。

1. 字段内容说明

（1）基本信息

基本信息中的海关签发编号和审批表号，为海关审批通过后同步给数据中心的数据，所以不可录入，同步后由系统反填；基本信息中的其他部分内容需手工录入或使用下拉菜单进行选择。同样，黄色为必填字段，白色为非必填字段，用户按照要求如实录入相关信息。

（2）表体信息

表体信息中的批准数量、实际数量和禁限标志，为海关审批通过后同步给数据中心的数据，所以不可录入，同步后由系统反填；表体信息中计量单位、申报币制、新旧标志字段为必填项，需手工录入或使用下拉菜单选择录入。

根据界面字段内的提示进行录入或选择，录入完毕后，将光标置于最后一个字段内，按回车键，跳转至表体的第一个录入框，开始新表体的录入。

1）关于录入物品种类时的要求：

①如果录入物品种类为 V- 车辆，则只允许录入一条表体即一车一表，表体必须录入车架号。先录入外交部发过来的物品批文号后回车，系统自动反填进出口 标志、物

品种类、机构代码、机构名称，物品品名和车架号字段信息。在输入物品品名时，模糊查询相关录入商品名称的对话框，选择需申报的商品名称后，反填物品编号、物品品名和计量单位，也可录入物品编号返填其他各项。

②如果录入物品种类为 C——一般物品，则允许录入多条表体，表体不允许录入车架号。可以先录入机构代码，系统自动反填机构名称，其中“机构代码” 为外交机构备案海关审批通过后返回的代码，可通过本系统综合查询功能的“外交机构备案信息查询”选择“单证状态”为“海关审批通过”查得该号码。在输入物品品名时，模糊查询相关录入商品名称的对话框，选择需申报的商品名称后，反填物品编号、物品品名和计量单位，也可录入物品编号返填其他各项。

2）关于录入物品为香烟、酒类时的要求：

①当录入的物品为香烟（即税号为 2402200000）时，表体信息界面会增加显示四个字段：第二计量单位、第二计量单位申报数量、第二计量单位批准数量、第二计量单位实际数量。其中香烟的计量单位必须为“支”，第二计量单位必须为“条”。第二计量单位申报数量为必填，第二计量单位批准数量和第二计量单位实际数量为不可填写，并且第二计量单位申报数量即支数量必须 <= 申报数量即条数 ×200。

②当录入的物品为酒精饮料（即税号前四位为 2208 开头）时，表体信息界面会增加显示四个字段：第二计量单位、第二计量单位申报数量、第二计量单位批准数量、第二计量单位实际数量。其中酒精饮料的计量单位必须为“瓶”，第二计量单位必须为“毫升”。第二计量单位申报数量为必填，第二计量单位批准数量和第二计量单位实际数量为不可填写，并且第二计量单位申报数量即毫升数量必须 <= 申报数量即瓶数 ×750。

小提示：

录入物品信息时使用的是 H2000（10 位编码）综合分类表，如果商品编号在 8701000000-8705909090 之间的车辆，则允许按照物品种类为 V—车辆申报，否则按照 C——一般物品申报；

表体信息中依据：申报单价 × 申报数量 = 申报总价的关系：录入单价和数量，自动生成总价；修改单价，自动更新总价；修改数量，自动更新总价。

3）在信息录入过程中，可能会出现以下几种情况，请按照提示要求进行修改。

①如果录入的物品批文号未在外交部备案过，或者是通知类型不是进境和出境的，系统会弹出提示：

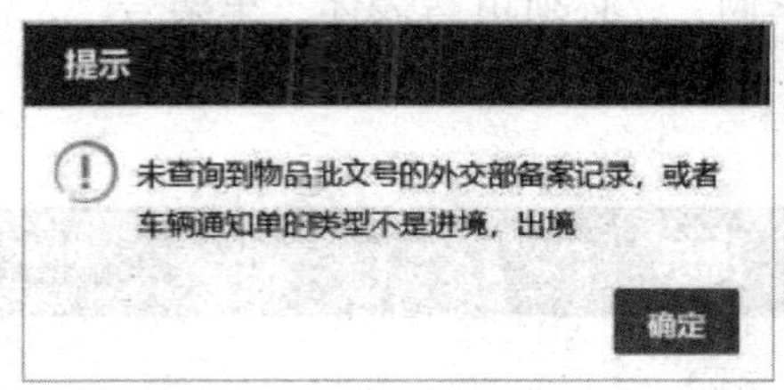

图 12-116 物品批文号录入提示

②如果录入的物品批文号在外交部备案已经过期，系统会弹出提示：

图 12-117 物品批文号录入提示 1

③如果录入的物品批文号在外交部的备案类型为“人员”，系统会弹出提示：

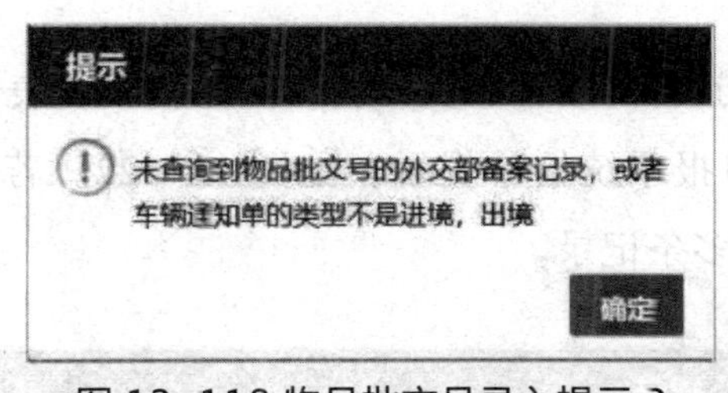

图 12-118 物品批文号录入提示 2

④如果录入基本信息时选择录入的“物品种类”未与表体信息中的“物体编号”相对应，系统会弹出提示：

图 12-119 物品批文号录入提示 3

⑤“物品种类”为“车辆”，必须填写表体“车架号”，否则系统会提示如下信息：

图 12–120 物品种类录入提示 1

⑥“物品种类”为“一般物品”，车架号应为空，否则系统提示如下信息：

图 12–121 物品种类录入提示 2

⑦如录入基本信息时选择“物品种类”为“V 车辆”，表体只允许录入一条记录，即一车一表，否则点击申报系统给予提示，如图 12–122。若选择“物品种类”为“C 一般物品”则表体可录入多条记录。

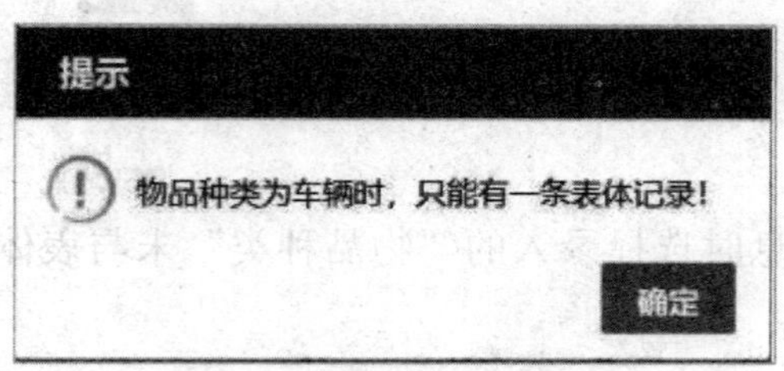

图 12–122 物品种类录入提示 3

⑧若未录入物品种类直接录入表体信息“物品编号”或“物品品名”，系统弹出提示信息：

图 12-123 物品种类录入提示 4

⑨若物品为香烟物品（2402200000），计量单位必须为“支”，第二计量单位必须为“条”，否则系统会弹出提示信息：

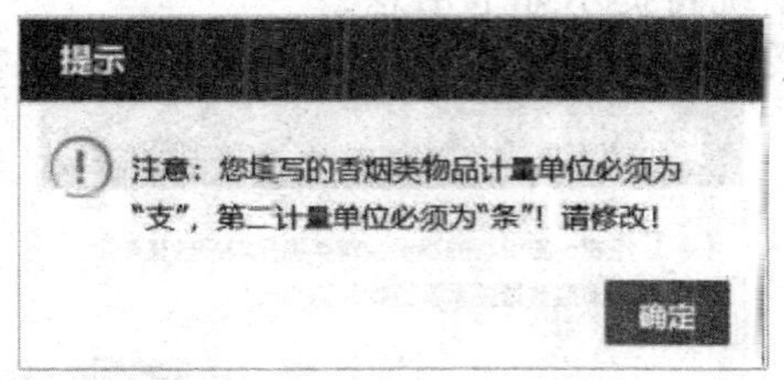

图 12-124 物品种类计量单位录入提示 1

香烟的第二申报数量必填，否则系统提示如下信息：

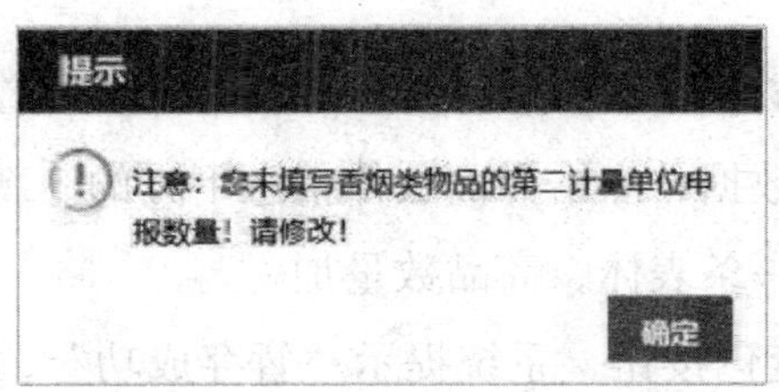

图 12-125 物品种类计量单位录入提示 2

计量单位录入“支”，第二计量单位录入“条”，但“支”数/200>“条”数、第二申报数量格 式若超长或第二申报数量若不合规（例如：123456789012345.1234），暂存或申报时系统提示如下信息：

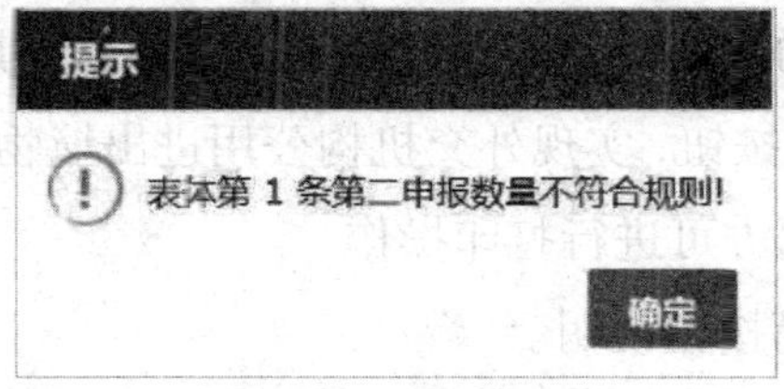

图 12-126 物品种类计量单位录入提示 3

⑩酒精（税号前 4 位 2208 开头）计量单位必须为“瓶”，第二计量单位必须为“毫升”，否则系统将提示如下信息：

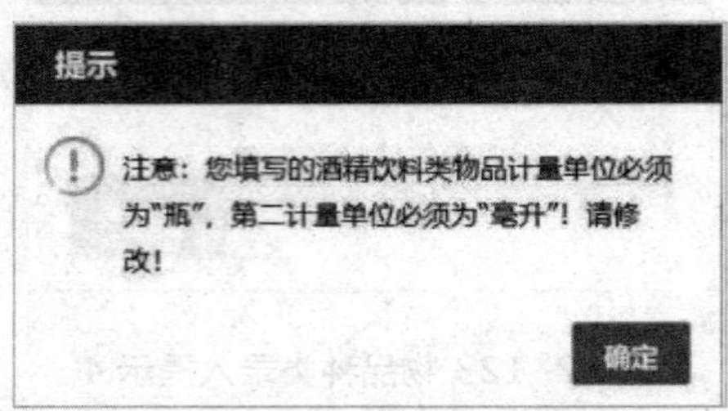

图 12-127 物品种类计量单位录入提示 5

酒精饮料类物品，计量单位录入“瓶”，第二计量单位录入“毫升”，但“毫升”数 /750> “瓶”数，否则系统将提示如下信息：

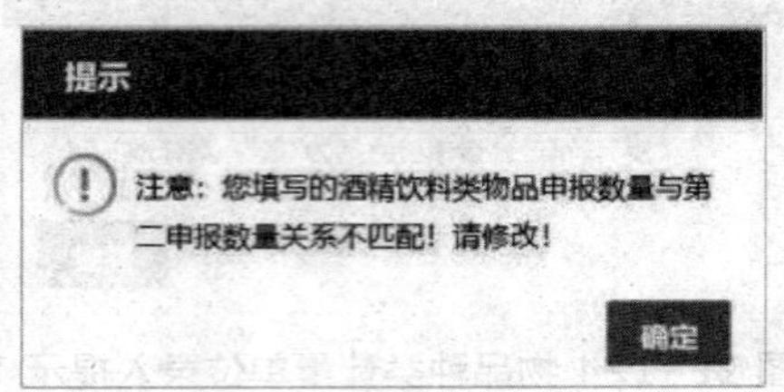

图 12-128 物品种类计量单位录入提示 6

2. 按钮说明

（1）点击界面最上方【新增】蓝色按钮，系统显示新增的外交机构公用物品申报录入界面，便于再次录入数据；点击界面表体信息下方的【新增】蓝色按钮，系统增加录入商品的数量，每新增一条表体，商品数量加一。

（2）点击【暂存】蓝色按钮，系统提示“暂存成功”，完成外交机构公用物品申报的暂存操作。此后用户可以继续修改或重复暂存，也可选择申报等后续操作。

（3）点击【删除】蓝色按钮，系统删除该条外交机构公用物品申报单记录。删除后的信息需要重新录入，需谨慎操作；同样，外交机构公用物品申报初始界面中，【删除】按钮不可用，数据只有经历过至少一次暂存时，【删除】按钮方激活。

（4）点击【申报】蓝色按钮，系统提示“申报成功”，完成外交机构公用物品申报操作，同时意味着将您的数据向海关部门进行发送并等待其审批。

（5）点击【打印】蓝色按钮，实现外交机构公用进出境物品申报单数据的打印功能，并且至少暂存过一次的数据方可进行打印操作。

其他注意事项参考前篇按钮说明。

（四）外交机构个人物品申报

外交机构或其代理企业的操作员使用卡介质登录系统，点击左侧菜单栏

点击“外交机构—外交机构个人物品申报”，右侧界面展示如图 12–129：

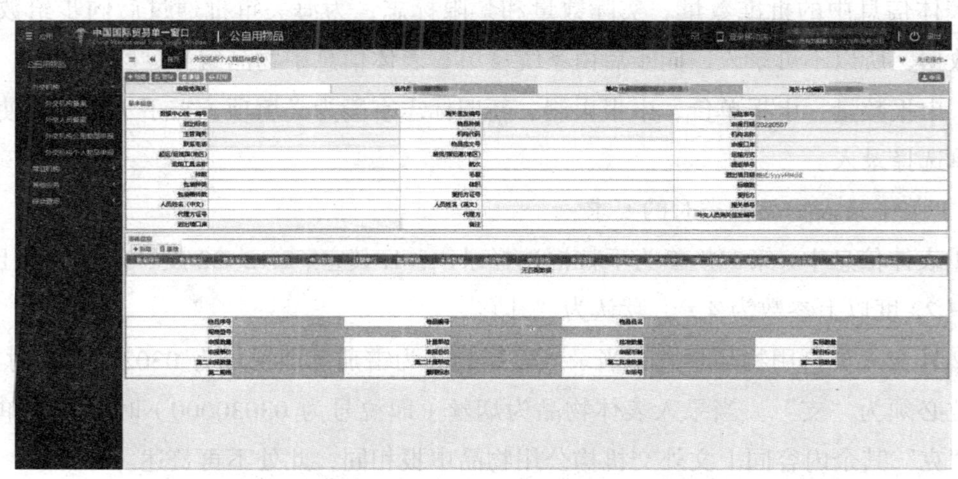

图 12–129 外交机构个人物品申报

外交机构个人物品申报编辑界面，从上至下分为“基本信息”和表体信息两部分。

1. 字段内容说明

（1）基本信息

基本信息中的海关签发编号、审批表号和报关单号，为海关审批通过后同步给数据中心的数据，所以不可录入，同步后由系统反填。

用户录入机构代码，弹出该机构已备案的人员信息，选择人员信息后自动反填外交人员海关签发编号，如图 12–130 所示：

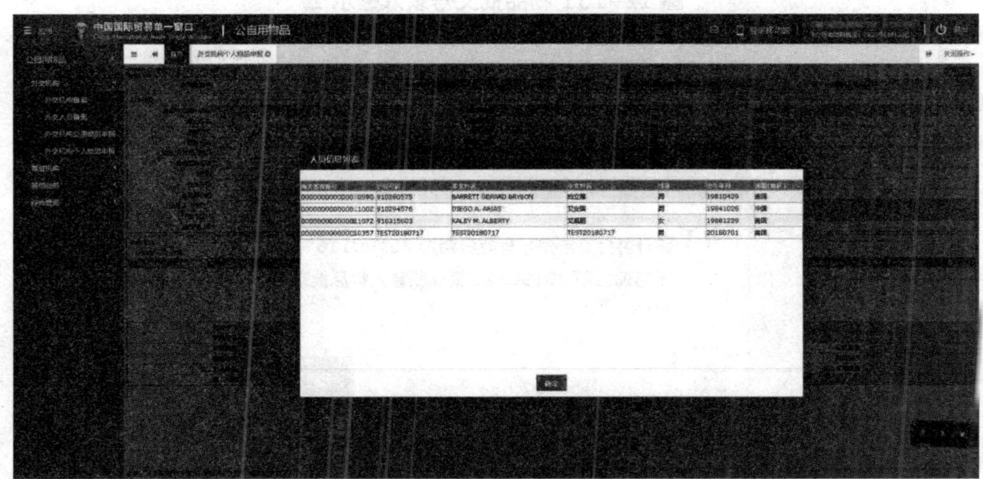

图 12–130 人员信息列表

基本信息中的其他部分内容需手工录入或使用下拉菜单进行选择。同样黄色为必填字段，白色为非必填字段，用户按照要求如实录入相关信息。

（2）表体信息

表体信息中的批准数量、实际数量和禁限标志，为海关审批通过后同步给数据中心的数据，所以不可录入，同步后由系统反填；表体信息中物品编号、物品品名、计量单位、申报数量、申报单价、申报币制、新旧标志字段为必填项，需手工录入或使用下拉菜单选择录入。

1）关于录入物品种类时的要求：

①表体信息中，第二规格为下拉框选择录入：1:其它、2:12–22 度、3:22 度以上（数据库中 22 度以上参数为 4），默认为“其它”。

②外交人员自用物品录入：当录入表体物品为雪茄（即税号为 03020000）时，计量单位必须为“支”。当录入表体物品为烟丝（即税号为 03030000）时，计量单位必须为“克”其余内容同上文外交机构公用物品申报相同，此处不再赘述。

2）在信息录入过程中，可能会出现以下几种情况，请按照提示要求进行修改。

①如果录入的物品批文号未在外交部备案过，或者是通知类型不是进境和出境的，系统会弹出如下提示：

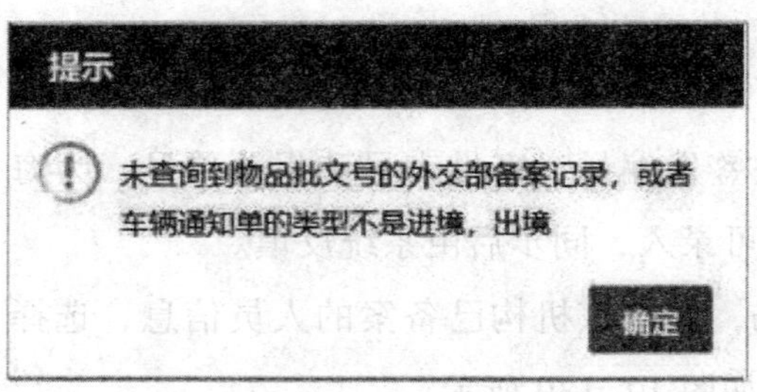

图 12–131 物品批文号录入提示 1

②如果录入的物品批文号在外交部备案已经过期，系统会弹出如下提示：

图 12–132 物品批文号录入提示 2

③如果录入的物品批文号在外交部的备案类型为“机构”，系统弹出如下提示：

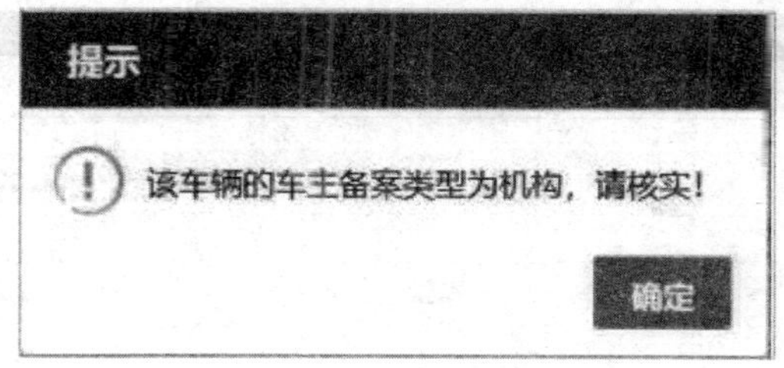

图 12-133 物品批文号录入提示 3

④录入雪茄类物品计量单位必须为“支”，否则系统弹出提示信息：

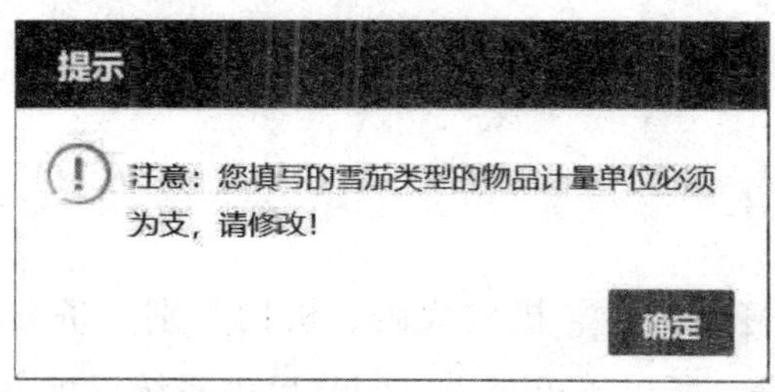

图 12-134 物品批文号录入提示 4

⑤录入烟丝类物品计量单位必须为“克”，否则系统弹出提示信息：

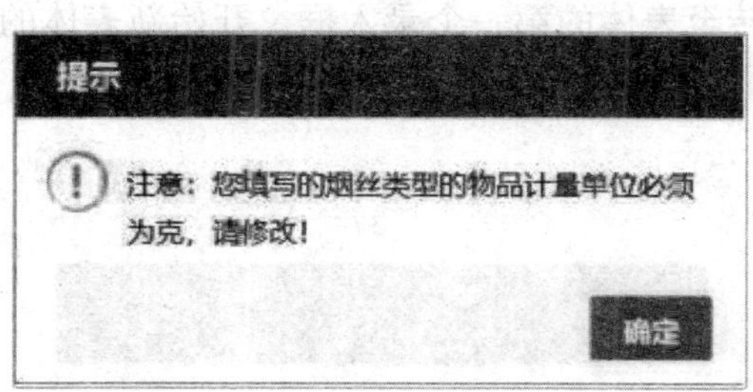

图 12-135 物品批文号录入提示 5

2. 按钮说明

外交机构个人物品申报的相关按钮说明，参考前篇相关按钮说明。

二、常驻机构

（一）常驻机构备案

使用卡介质登录系统，点击左侧菜单栏“常驻机构——常驻机构备案”，右侧界面展示如图 12–136：

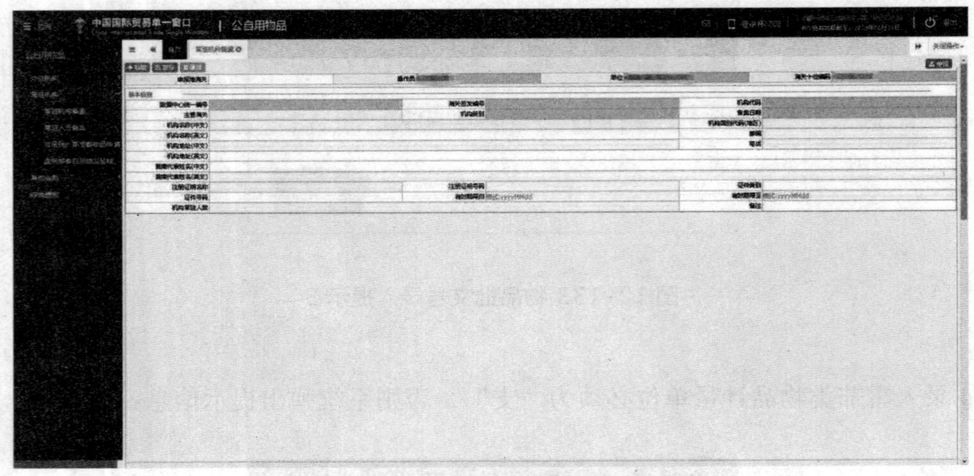

图 12–136 常驻机构备案

1. 字段内容说明

基本信息中的海关签发编号、机构代码、机构类别、备案日期，为海关审批通过后同步给数据中心的数据，所以不可录入，同步后由系统反填；基本信息中的其他部分内容需手工录入或使用下拉菜单进行选择。黄色为必填字段，白色为非必填字段，用户按照要求如实录入相关信息。

根据界面字段内的提示进行录入或选择，录入完毕后，将光标置于最后一个字段“备注”内，按回车键，跳转至表体的第一个录入框，开始新表体的录入。

在信息录入过程中，常驻机构备案的“有效期限自”要小于“有效期限至”否则系统将提示如下信息：

图 12–137 信息录入提示

2. 按钮说明

关于常驻机构备案的新增、暂存、删除和申报按钮的使用方法参考前篇按钮说明。

（二）常驻人员备案

使用卡介质登录系统，点击左侧菜单栏"常驻机构——常驻人员备案"，右侧界面展示如图 12-138：

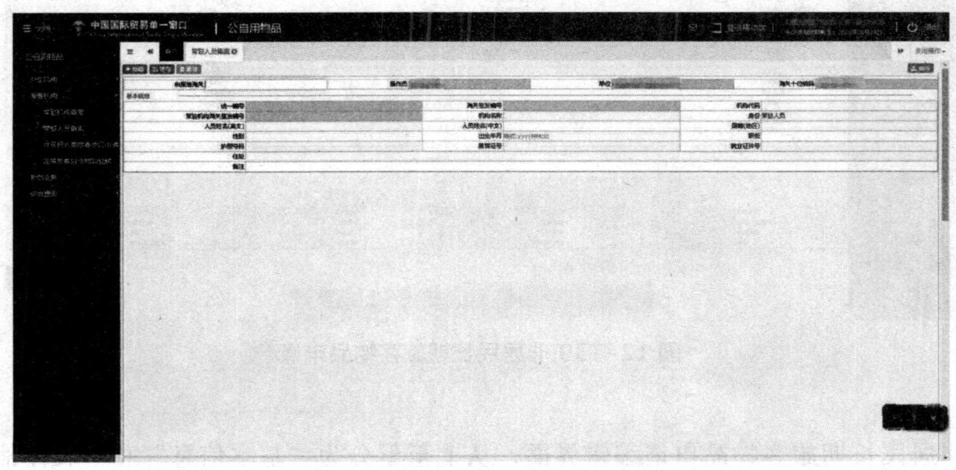

图 12-138 常驻人员备案

1. 字段内容说明

基本信息中的海关签发编号为海关审批通过后同步给数据中心的数据，所以不可录入，同步后由系统反填。

常驻机构海关签发编号不可录入，为填写机构代码后返填字段内容。基本信息中的其他部分内容需手工录入或使用下拉菜单进行选择。

黄色为必填字段，白色为非必填字段，用户按照要求如实录入相关信息。根据界面字段内的提示进行录入或选择，录入完毕后，将光标置于最后一个。

字段"备注"内，按回车键，跳转至表体的第一个录入框，开始新表体的录入。

2. 按钮说明

关于常驻人员备案的按钮【新增】【暂存】【删除】和【申报】按钮的使用方法参考前篇按钮说明。

（三）非居民长期旅客物品申请

使用卡介质登录系统，点击左侧菜单栏"常驻机构——非居民长期旅客物品申请"，右侧界面展示如图 12-139：

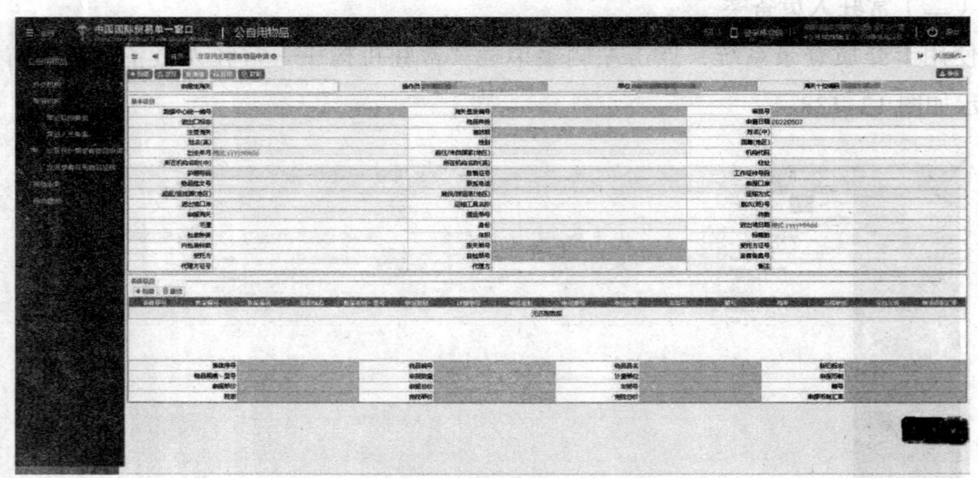

图 12-139 非居民长期旅客物品申请

非居民长期旅客物品申请编辑界面，从上至下分为“基本信息”和“表体信息”两部分。

1. 字段内容说明

（1）基本信息

基本信息中的海关签发编号、审批号、有效期、报关单号和旅检单号，不可录入，为海关审批通过后系统反填。

如该非居民已在“常驻机构人员备案”中备案，且海关审批通过，则只需输入其“护照号码”，系统自动反填人员信息，包括“姓名（中）”“姓名（英）”“性别”“国籍”和“出生年月”等字段；

“机构代码”为常驻机构备案，海关审批通过后返回的代码，正确录入该号码后，机构名称自动反填；（或者输入“机构代码”，按回车键，弹出对话框，选择已备案的常驻人员，系统返填“机构名称”“常驻人员海关签发编号”“人员姓名（英文）”“人员姓名（中文）”如图 12-140 所示：

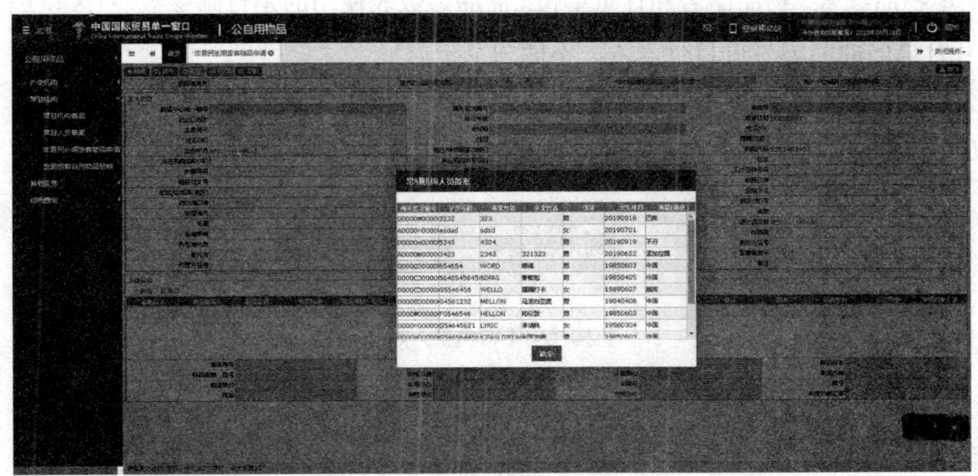

图 12-140 常驻机构人员备案

在“进出口标志”选择“进口”下拉菜单的时候，“运输方式”“运输工具名称”“航次”“提运单号”“件数”“毛重”为必填项；基本信息中的其他部分内容需手工录入或使用下拉菜单进行选择。同样，黄色为必填字段，白色为非必填字段，用户按照要求如实录入相关信息。

（2）表体信息

表体信息中的税率、完税总价和申报币制汇率，为系统反填数据；完税单价为系统默认值；剩余字段中黄色为必填项，白色为非必填项，需手工录入或使用下拉菜单选择录入。

1）关于录入物品种类时的要求：

①如果录入物品种类为 V- 车辆，系统提示：种类不允许选择“车辆”类型！如图 12-141 所示：

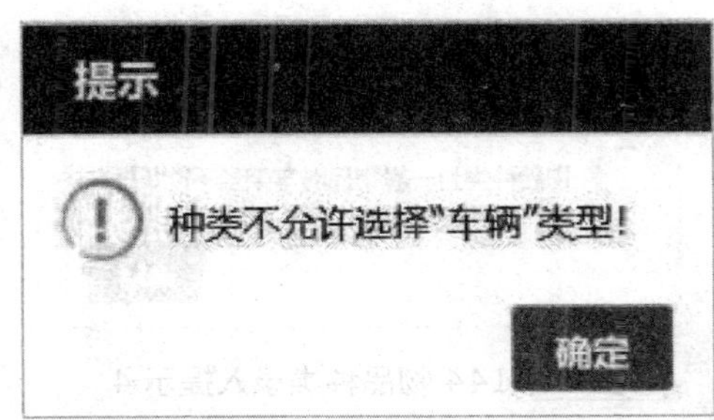

图 12-141 物品种类录入提示 2

②如果录入物品种类为 C——一般物品，则允许录入多条表体，表体不允许录入车架号。在输入物品品名时，模糊查询相关录入商品名称的对话框，选择需申报的商品名称

后，反填物品编号、物品品名和计量单位。商品参数表使用的是行邮参数表（8 位编码），如没有合适的商品编号可自行录入，不能为空。

2）在信息录入过程中，可能会出现以下几种情况，请按照提示要求进行修改。

①机构代码不合规，系统提示如下信息：

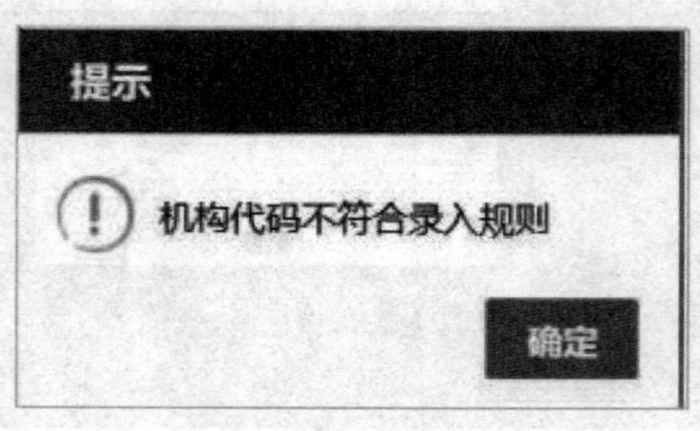

图 12-142 物品种类录入提示 2

②未选择物品种类录入表体信息中物品编号或物品品名信息时，系统提示如下信息：

图 12-143 物品种类录入提示 3

③物品种类为一般物品时，如果录入表体车架号信息，系统提示如下信息：

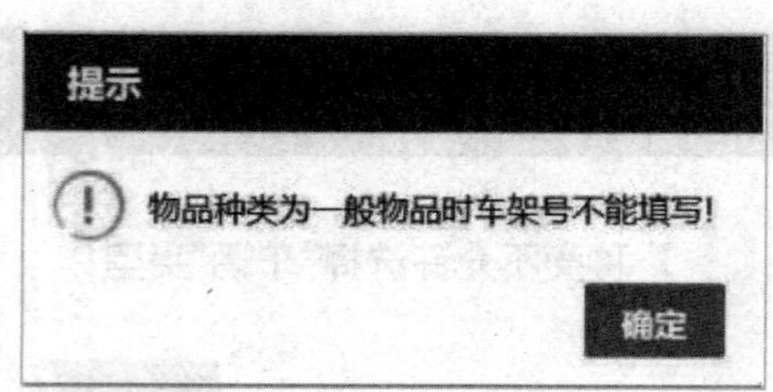

图 12-144 物品种类录入提示 4

④如果人员信息已根据组织机构代码——常驻机构人员备案进行选择，海关签发编号、护照号码、中文姓名、性别、出生年月、国籍字段将反填并置灰。无法进行修改，如图 12-145 所示：

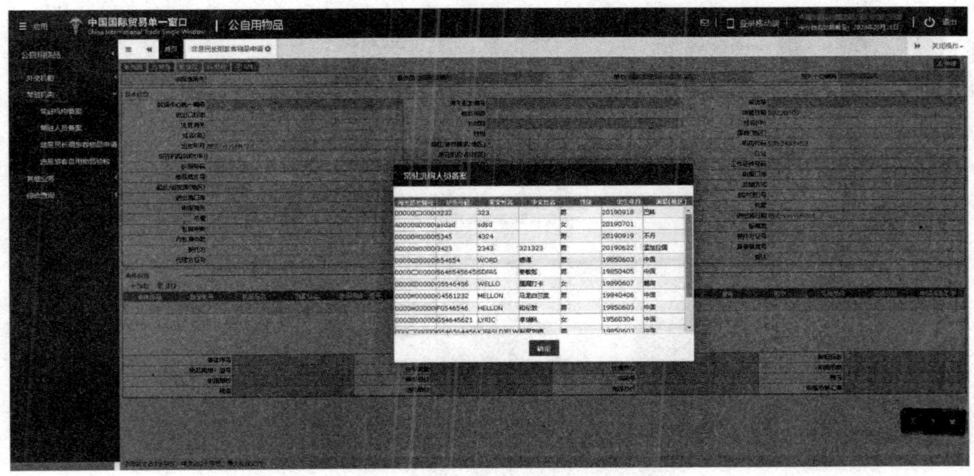

图 12-145 常驻机构人员备案

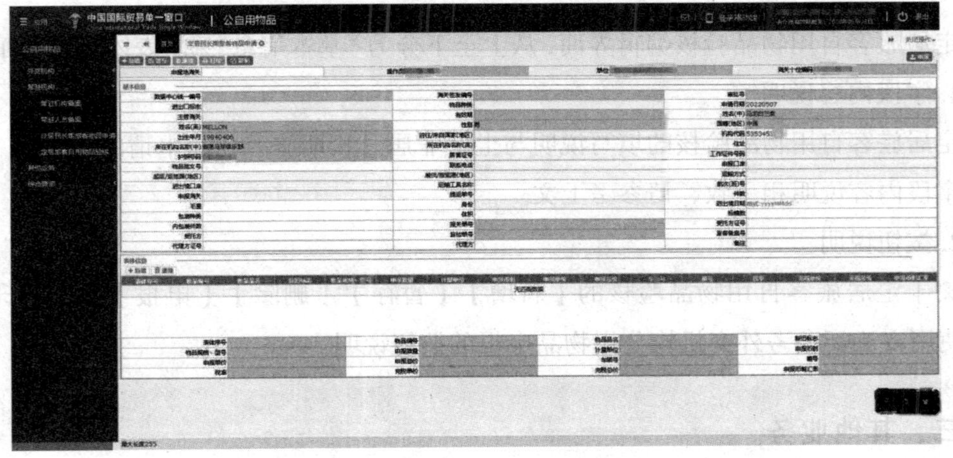

图 12-146 反填字段

2. 按钮说明

关于非居民长期旅客物品申请的【新增】【暂存】【删除】【申报】和【打印】按钮的使用方法参考外交机构公用物品申报的按钮说明。

（四）定居旅客自用物品验核

使用卡介质登录系统，点击左侧菜单栏“常驻机构——定居旅客自用物品验核”，右侧界面展示如图 12-147：

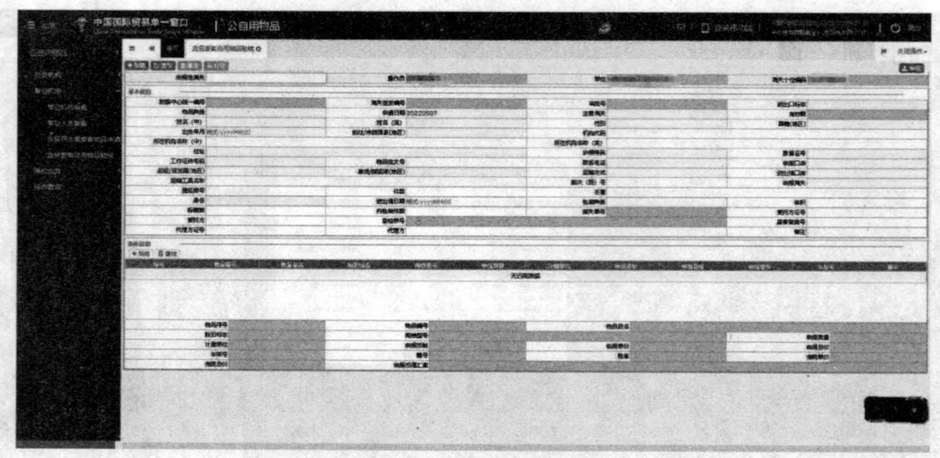

图 12-147 定居旅客自用物品验核

定居旅客自用物品验核编辑界面，从上至下分为“基本信息”和“表体信息”两部分。

1. 字段内容说明

定居旅客自用物品验核的填写说明与上文非居民长期旅客物品申请的字段内容说明相一致，请参考上文。

2. 按钮说明

关于定居旅客自用物品验核的【新增】【暂存】【删除】【申报】和【打印】按钮的使用方法请参考外交机构公用物品申报的按钮说明。

三、其他业务

（一）驻外使领馆人员进境车辆申请

使用卡介质登录系统，点击左侧菜单栏“其他业务——驻外使领馆人员进境车辆申请”，右侧界面展示如图 12-148：

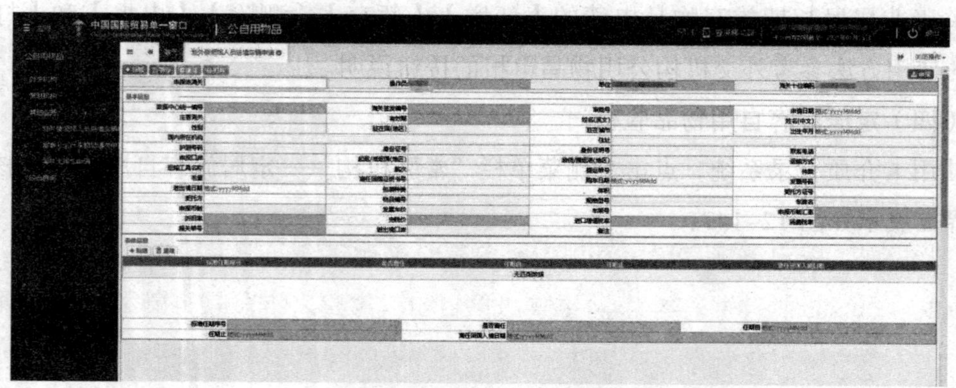

图 12-148 驻外使领馆人员进境车辆申请

驻外使领馆人员进境车辆申请编辑界面，从上至下分为“基本信息”和“表体信息”两部分。

1. 字段内容说明

（1）基本信息

基本信息中的海关签发编号、审批号、有效期、申报币制汇率、折旧率、完税价、进口增值税率、消费税率和报关单号不可录入，为海关审批通过后由系统返填。

基本信息中的其他部分内容需手工录入或使用下拉菜单进行选择。同样，黄色为必填字段，白色为非必填字段，用户按照要求如实录入相关信息。

（2）表体信息

表体信息中任期至、任期止和离任归国日期需在界面弹出的日历框中（如图 12–149）进行选择。是否离任为必填字段，直接录入代码或从下拉菜单中选择录入。

图 12–149 表体任期信息填写

小提示：

日期校验：任期自＜任期止，录入时进行校验；录入物品编号时的要求：物品编号应该以 8703 或 8711 开头，申报时进行校验。主管海关需和操作员卡注册关区一致，申报时进行校验。

在信息录入过程中，可能会出现以下几种情况，请按照提示要求进行修改。

1）物品编号至少录入 4 位，否则回车系统提示如下信息：

图 12-150 物品编号信息录入提示 1

2）物品编号应以 8703 或 8711 开头，否则申报时系统提示如下信息：

图 12-151 物品编号信息录入提示 2

3）主管海关需和操作员卡注册地区一致，否则申报时系统提示如下信息：

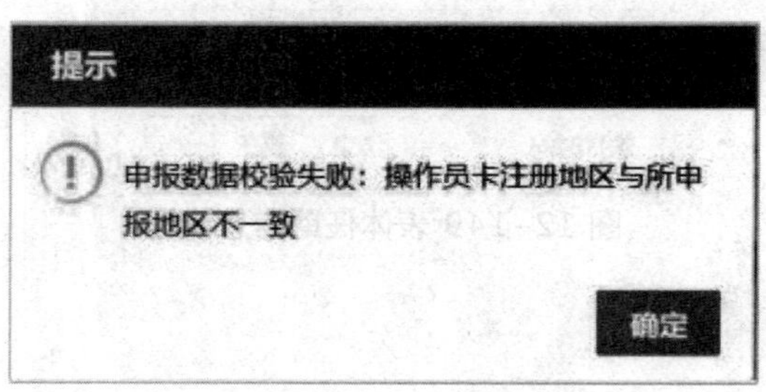

图 12-152 主管海关录入提示

4）任期自应该小于任期止，否则录入后按回车键时系统提示如下信息，确定后光标停留在“任期止”字段，无法移动：

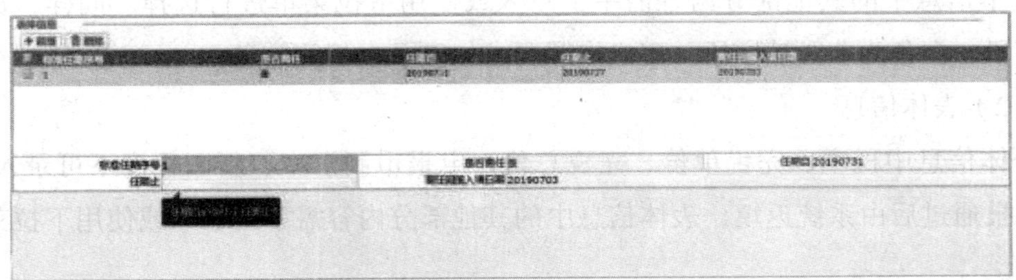

图 12-153 任期信息录入提示 2

2. 按钮说明

关于驻外使领馆人员进境车辆申请的【新增】【暂存】【删除】【申报】和【打印】按钮的使用方法请参考外交机构公用物品申报的按钮说明。

（二）旅客分运行李物品通关申报

使用卡介质登录系统，点击左侧菜单栏“其他业务——旅客分运行李物品通关申报”，右侧界面展示如图 12-154：

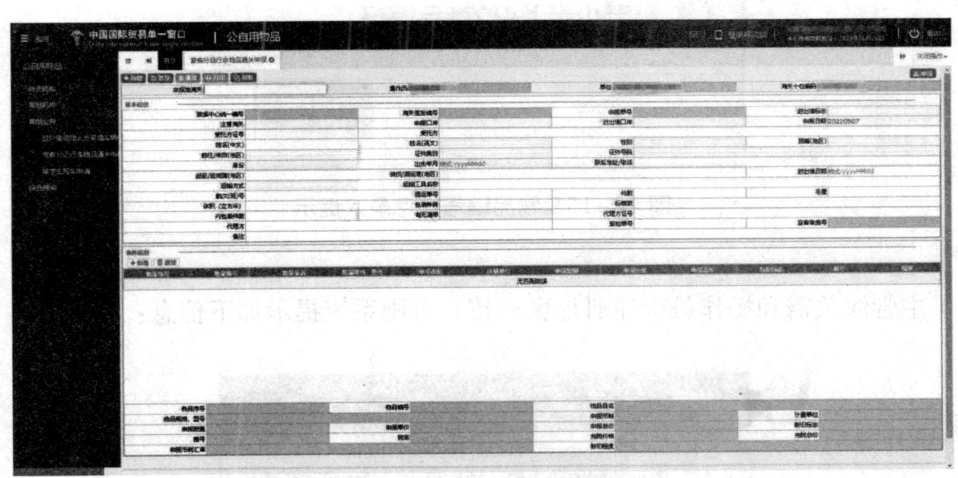

图 12-154 旅客分运行李通关物品申报

旅客分运行李物品通关申报编辑界面，从上至下分为“基本信息”和“表体信息”两部分。

1. 字段内容说明

（1）基本信息

基本信息中的海关签发编号、申报单号、旅客备案号不可录入，为海关审批通过后由系统返填。

基本信息中的其他部分内容需手工录入或使用下拉菜单进行选择。同样，黄色为必填字段，白色为非必填字段，用户按照要求如实录入相关信息。

（2）表体信息

表体信息中税率、完税单价、完税总价、申报币制汇率、新旧程度不可录入，为海关审批通过后由系统返填；表体信息中的其他部分内容需手工录入或使用下拉菜单进行选择。

关于录入物品种类时的要求：

在输入物品品名时，可以模糊查询相关录入商品名称的对话框，选择需申报的商品名称后，反填物品编号、物品品名和计量单位。商品参数表使用的是行邮参数表（8位编码），如没有合适的商品编号可自行录入，不能为空；在信息录入过程中，可能会出现以下几种情况，请按照提示要求进行修改。

1）物品编号至少录入 4 位，否则系统提示如下信息：

图 12-155 物品编号信息录入提示

2）主管海关需和操作员卡注册地区一致，否则系统提示如下信息：

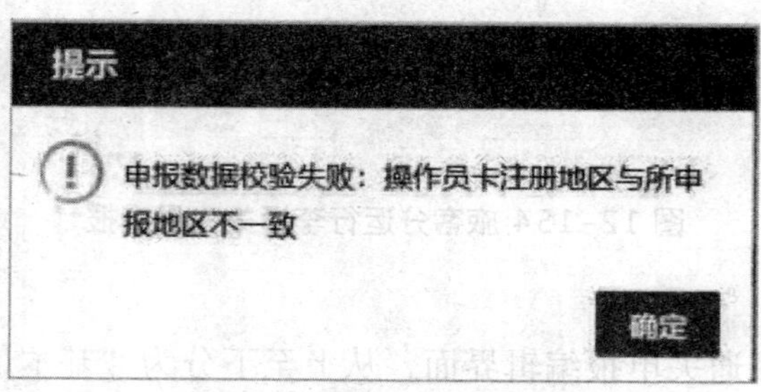

图 12-156 主管海关信息录入提示

3）联系地址 / 电话字段中文填写超长，系统提示如下信息：

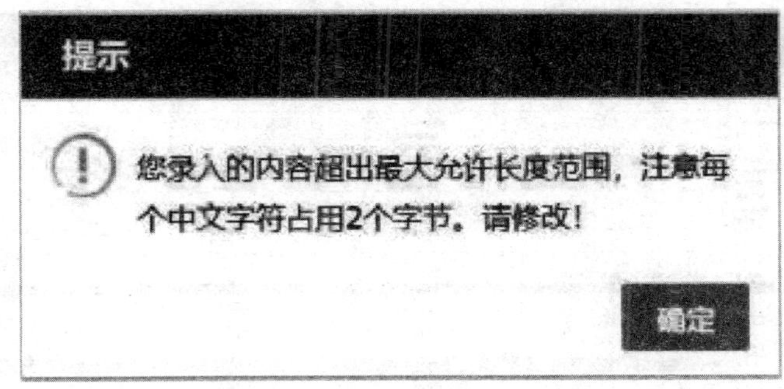

图 12-157 联系方式信息录入提示

2. 按钮说明

关于旅客分运行李物品通关申报的【新增】【暂存】【删除】【申报】和【打印】按钮的使用方法请参考外交机构公用物品申报的按钮说明。

（三）**留学生购车申请**

使用卡介质登录系统，点击左侧菜单栏“其他业务——留学生购车申请”，右侧界面展示如图 12-158：

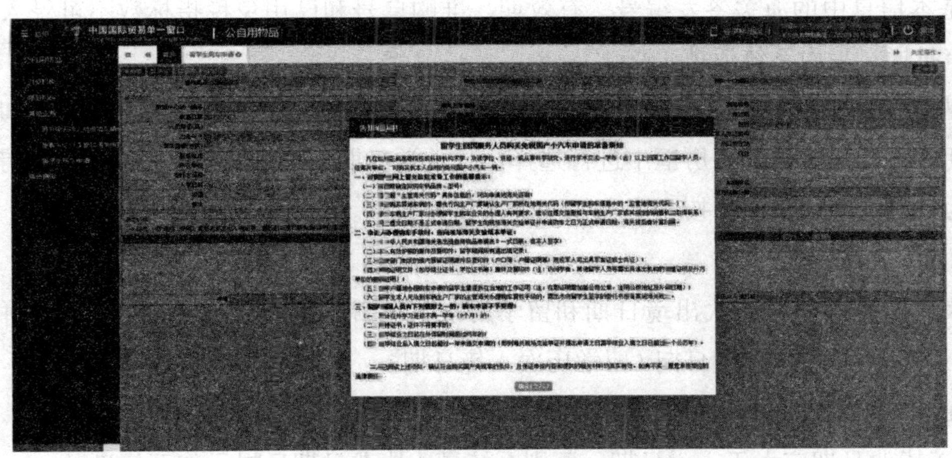

图 12-158 卡介质登录系统界面

同意《告知确认书》后，点击【确定】，录入页面如下：

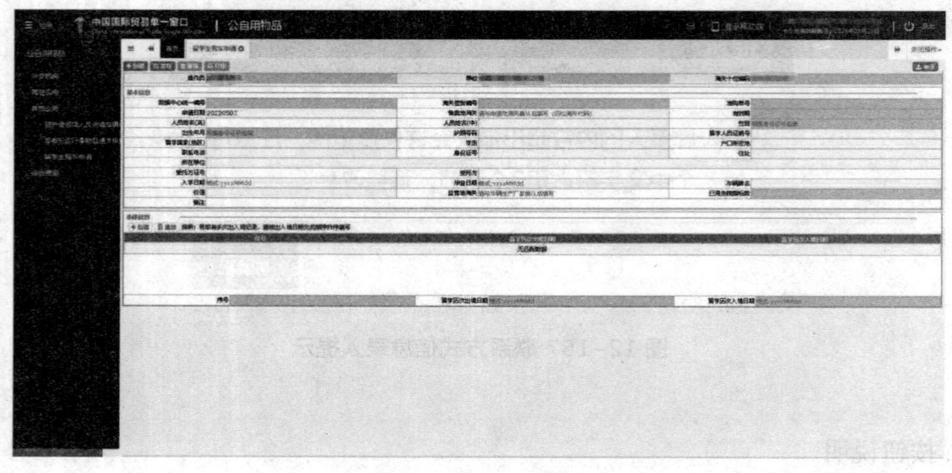

图 12-159 留学生购车申请

留学生购车申请编辑界面，从上至下分为“基本信息”和“表体信息”两部分。

1. 字段内容说明

（1）基本信息

基本信息中的海关签发编号、有效期、准购单号和已用免税指标数不可录入，为海关审批通过后由系统返填。

基本信息中的其他部分内容需手工录入或使用下拉菜单进行选择。入学日期和毕业日期需在界面弹出的日历框中进行选择，且入学日期 < 毕业日期。黄色为必填字段，白色为非必填字段，用户按照要求如实录入相关信息。

（2）表体信息

表体信息中留学历次出境日期和留学历次入境日期需在界面弹出的日历框中进行选择，并且留学历次出境日期 / 留学历次入境日期。

在信息录入过程中，可能会出现以下几种情况，请按照提示要求进行修改。

1）毕业日期应大于入学日期，否则系统录入毕业日期后提示如下信息：

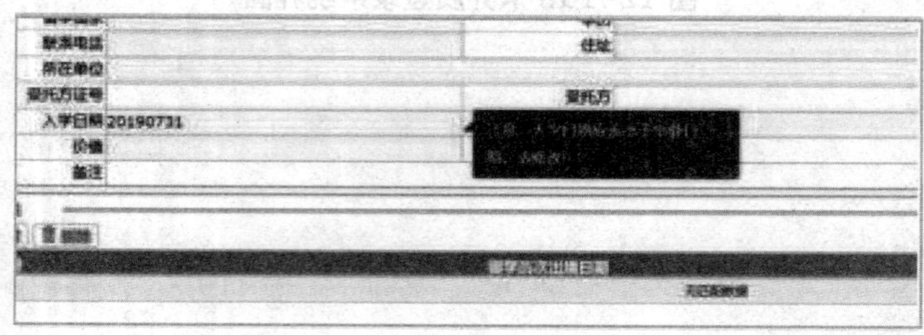

图 12-160 留学日期信息填写

2）留学历次入境日期应大于留学历次出境日期，否则系统提示如下信息：

图 12-161 留学日期信息填写提示

3）备案地海关需和操作员卡注册地区一致，否则系统提示如下信息：

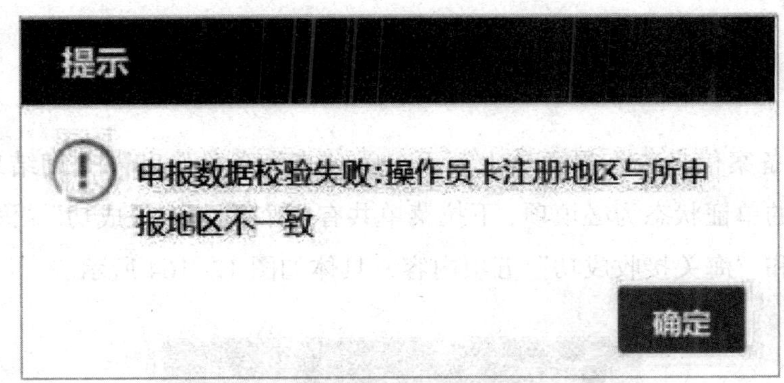

图 12-162 备案地海关信息填写提示

2. 按钮说明

关于留学生购车申请的【新增】【暂存】【删除】【申报】和【打印】按钮的使用方法请参考外交机构公用物品申报的按钮说明。

四、综合查询

本系统的查询模块共包括“外交机构备案信息查询”“外交人员备案信息查询”“外交机构公用物品查询”“外交机构个人物品查询”“常驻机构备案信息查询”“常驻人员备案信息查询”“非居民长期旅客物品查询”“定居旅客自用物品申请单查询”“驻外使领馆人员进境车辆查询”“旅客分运行李物品通关查询”以及“留学生购车查询”共 11 种菜单类型。可通过打开相应菜单，查看申请或申报数据当前的状态，以下将分别对其具体操作方法进行说明。

（一）外交机构备案信息查询

使用卡介质登录系统，点击左侧菜单栏“综合查询——外交机构备案信息查询”，右侧界面展示如图 12–163：

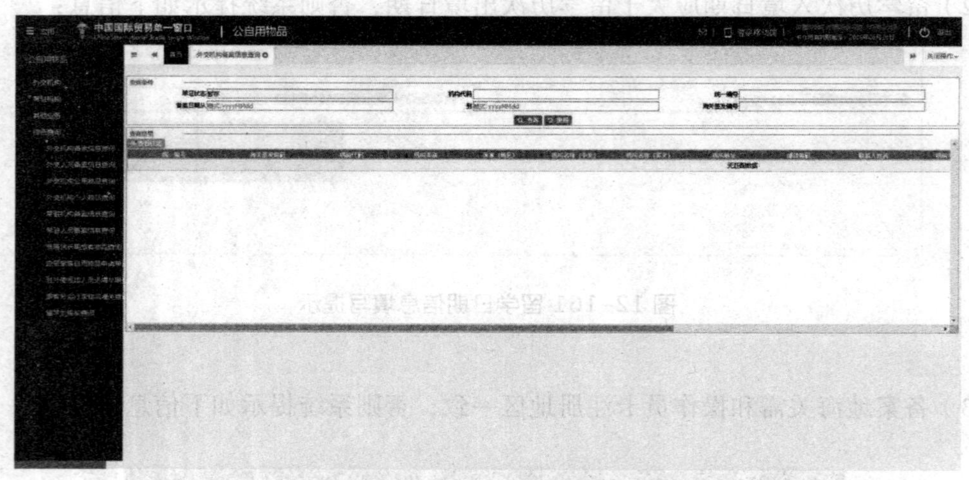

图 12–163 外交机构备案信息查询

外交机构备案信息查询界面从上至下分为“查询条件”和“查询结果”两部分。查询条件界面的单证状态为必填项，下拉菜单共有“暂存”“申报成功”“海关退单”“海关审批通过”和“海关接收成功”五项内容，具体如图 12–164 所示。

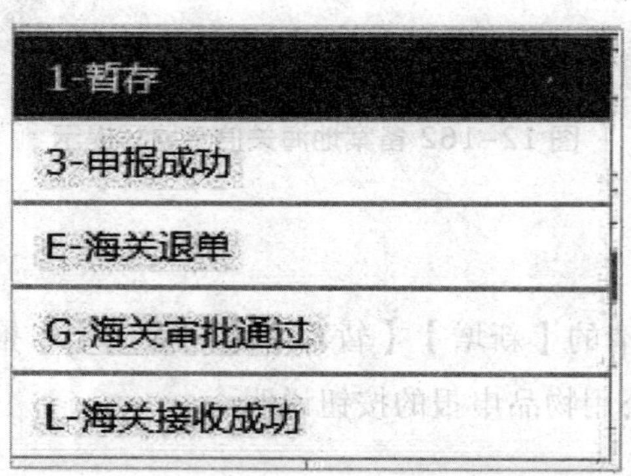

图 12–164 外交机构备案信息查询界面

用户可以选择不同的菜单栏，并点击【查询】按钮，查询出处于相应状态的所有单证数据，数据结果会显示在查询结果部分，如图 12–165 所示：

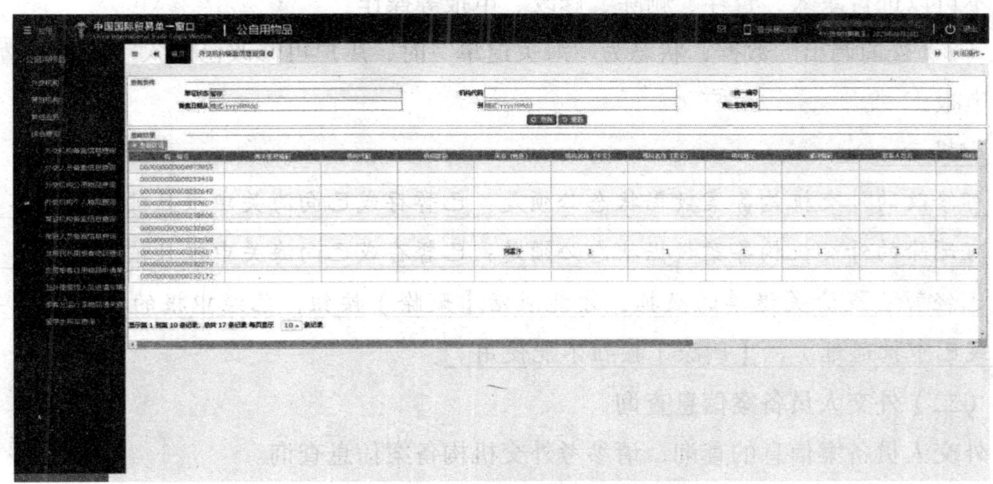

图 12-165 外交机构备案信息查询

用户也可以在统一编号、机构代码、备案日期和海关签发编号等菜单录入查询条件，进行精确查询。

点击【重置】按钮，查询结果界面的数据清空。用户点击【查询】结果界面，单证的【统一编号】字段内容，显示对应外交机构备案数据的详细信息，如图 12-166 所示：

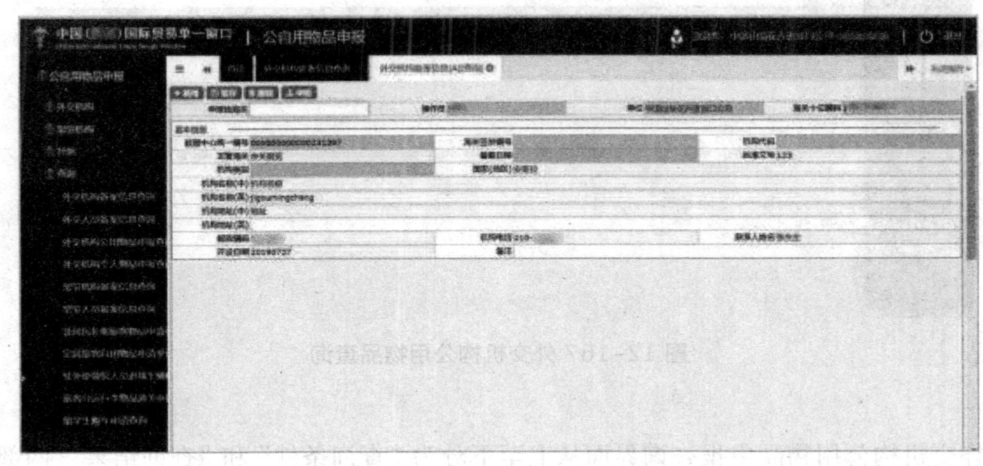

图 12-166 外交机构备案信息查询（详情界面）

根据单证所处的不同状态，用户可进行相应的录入、暂存、删除、修改、申报等操作，具体情况如下：

（1）查询调出的数据，状态为"暂存"时，用户可以继续录入完成，修改已录入的字段，并暂存、申报，也可直接删除该数据。

（2）查询调出的数据，状态为"申报成功""海关审批通过""海关接收成功"时，用户不可以进行录入、暂存、删除、修改、申报等操作。

（3）查询调出的数据，状态为“海关退单”时，用户可修改已录入字段，并暂存、重新申报。

小提示：

可修改的外交机构备案数据状态必须是：已暂存或已向海关申报且被海关退单。

可删除的外交机构备案数据状态必须是：已暂存或已向海关申报且被海关退单。

已经暂存或海关退单的数据，才能激活【删除】按钮，已经申报的数据（海关未退单或已审批通过），【删除】按钮不能使用。

（二）外交人员备案信息查询

外交人员备案信息的查询，请参考外交机构备案信息查询。

（三）外交机构公用物品查询

使用卡介质登录系统，点击左侧菜单栏“综合查询——外交机构公用物品查询”，右侧界面展示如图 12–167：

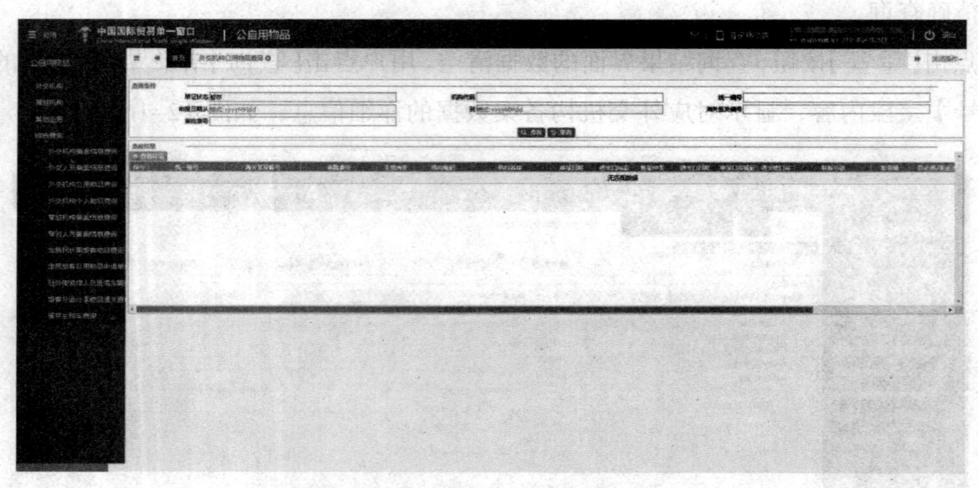

图 12–167 外交机构公用物品查询

外交机构公用物品申报查询界面从上至下分为“查询条件”和“查询结果”两部分。

查询条件界面的单证状态、申报日期为必填项，单证状态下拉菜单共有“暂存”“申报成功”“海关退单”“海关审批通过”和“海关接收成功”五项内容，具体如 12–168 图所示。

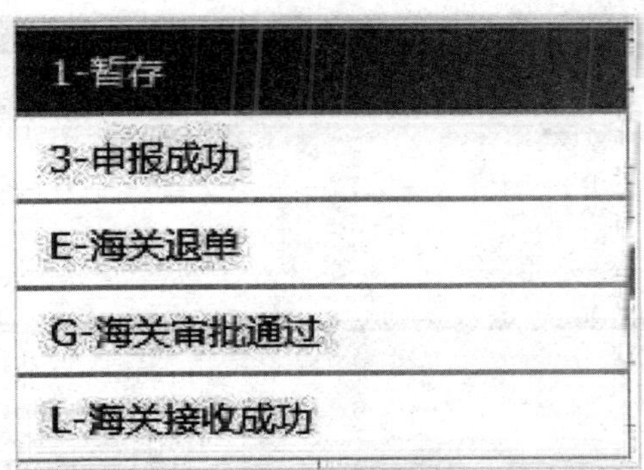

图 12–168 外交机构公用物品查询条件界面

用户可以选择不同的单证状态，录入申报日期（日期范围不能超过一个月）并点击【查询】按钮，查询出处于相应状态、申报日期范围内的所有单证数据，数据结果会显示在查询结果部分，如图 12–169 所示：

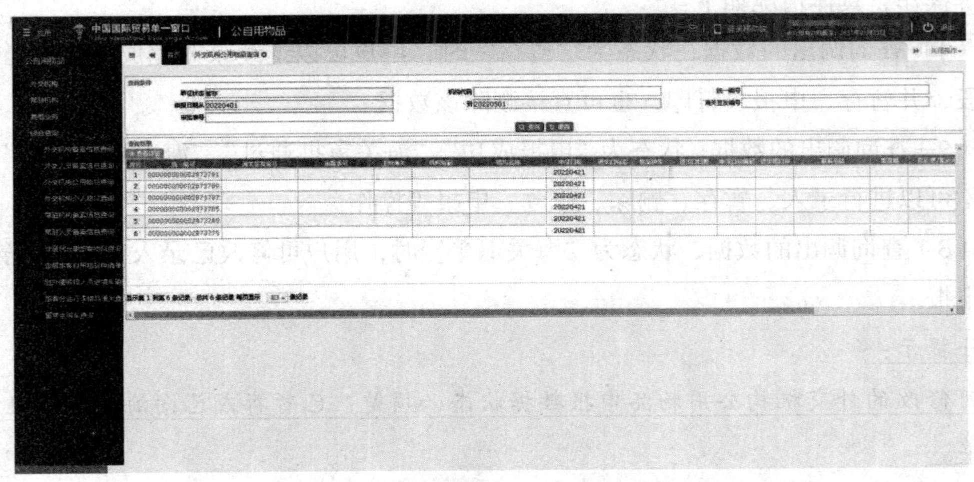

图 12–169 外交机构公用物品查询列表

用户也可以在统一编号、机构代码、审批表号和海关签发编号等菜单录入查询条件，进行精确查询。点击【重置】按钮，查询结果界面的数据清空。用户点击【查询】结果界面，单证的【统一编号】字段内容，显示对应外交机构公用物品申报数据的详细信息，如图 12–170 所示：

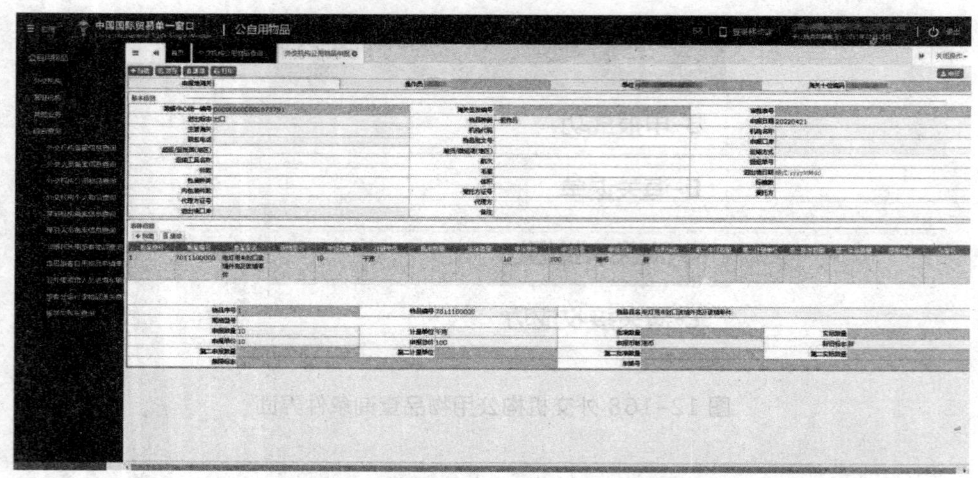

图 12-170 外交机构公用物品查询（详情界面）

根据单证所处的不同状态，用户可进行相应的录入、暂存、删除、修改、申报、打印等操作，具体情况如下：

（1）查询调出的数据，状态为“暂存”时，用户可以继续录入完成，修改已录入的字段，并暂存、申报、打印，也可直接删除该数据。

（2）查询调出的数据，状态为“申报成功”“海关审批通过”“海关接收成功”时，用户不可以进行录入、暂存、删除、修改、申报等操作。

（3）查询调出的数据，状态为“海关退单”时，用户可修改已录入字段，并暂存、重新申报。

小提示：

可修改的外交机构公用物品申报数据状态必须是：已暂存或已向海关申报且被海关退单。

可删除的外交机构公用物品申报单数据状态必须是：已暂存或已向海关申报且被海关退单。

已经暂存或海关退单的数据，才能激活【删除】按钮，已经申报的数据（海关未退单或已审批通过），【删除】按钮不能使用。至少暂存过一次的数据即可激活【打印】按钮，实现外交机构公用物品申报单数据的打印功能。

对于激活【打印】按钮的数据，点击【打印】蓝色按钮，界面弹出提示如图 12-171 所示：

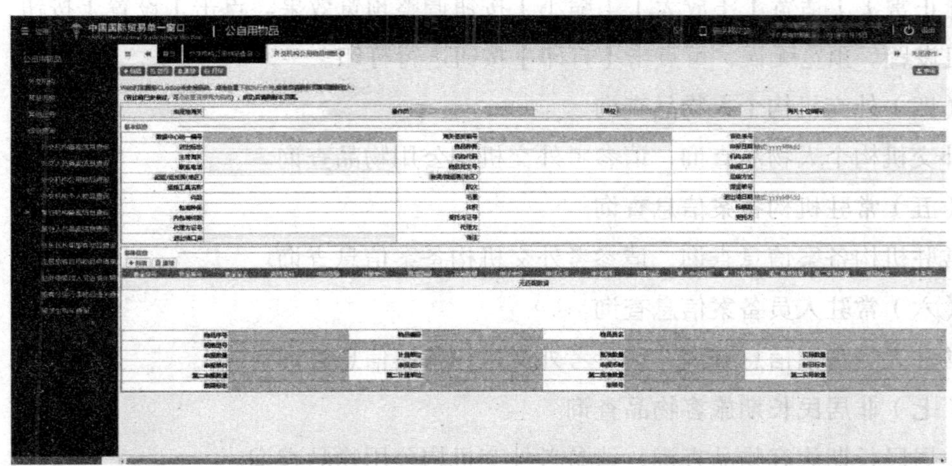

图 12-171 安装打印控件提示

控件安装完毕后再次点击【打印】按钮，界面跳转至打印预览界面：

打印预览

适高 正常 适宽 放大 缩小 首页 上页 下页 尾页 100% 设置 打印 关闭

000000000002873791

海关编号
Customs Serial No.

中华人民共和国海关
CUSTOMS OF THE PEOPLES REPUBLIC OF CHINA
外交公自用物品进出境申报单
DECLARATION FROM OF ARTICLES FOR OFFICIAL OR PRIVATE USE IMPORTED OR EXPORTED BY DIPLOMATIC MISSIONS

所在机构及海关代码 Organization Name & Customs Code

物品所有人 Name of Owner　物品所有人证件号码 ID No. of Owner　用途（公用/私用）Purpose (Official/Private) 公用

物品批文号 Permit No. of Articles　电话 Telephone　进/出境 Entry/Exit 出口　进出境口岸 Entry/Exit Port

起运/运抵国（地区）Departure/Destination Co　装货/卸运港（地区）Port of Loading/Delivery

运输方式（江海 铁路 汽车 航空 邮递 其他）Means of Transport: (water rail rode air mail other　运输工具名称 Carrie's Name

航次（班）号 Voyage/Flight No.　提运单号 Bill of Lading No.　件数 Number of Pieces(s)　毛重（千克）Gross Weight: (kg)

备注 Remarks

以下内容可由受托方填写
The following may be completed by the party entrusted

进/出境日期 Date of Entry/Exit　包装种类 Type of Package　体积 Volume　标箱数 Number of TEU

内包装件数 Quantity of Inside Packages　受托方名称及海关代码（身份证件号码）Agency/Agent and Customs Code/ID No.

本人（机构）申请进/出境下列自用、公用物品，并保证所有申报属实

We, the undersigned organization, hereby apply for the import/export of the following articles for personal use or for official use and guarantee that all our declaration is true

项号 Item No.	物品税号 Tariff Code	物品名称 Descriptions	规格/型号 Speci./Model	数量 Quantity	单位 Unit	币制 Currency	总价 Total Value	备注 Remarks
1	7011100000	电灯用未封口玻璃		10	千克	港币	100	

馆长、机构负责人签名 Signature of head of the Diplomatic M　海关批注 Customs Remarks

馆印、机构印鉴 Seal of Mission/Organization

申报日期 Date of Declaration　附____页 Pages Attached　海关签章 Customs Seal

状态提示：　第1页/共1页　纸张：210.0mm×297.0mm

图 12-172 打印预览

在上图中可点击【下页】【尾页】【首页】【上页】按钮进行切换查看。还可以点击【适

高】【正常】【适宽】【放大】【缩小】按钮调整预览效果。点击【设置】按钮，调整打印机设置。预览无误，可点击【打印】按钮进行打印。

（四）外交机构个人物品查询

外交机构个人物品查询，请参考外交机构公用物品查询。

（五）常驻机构备案信息查询

常驻机构备案信息查询，请参考外交机构备案信息查询。

（六）常驻人员备案信息查询

常驻人员备案信息查询，请参考外交机构备案信息查询

（七）非居民长期旅客物品查询

非居民长期旅客物品查询，请参考外交机构公用物品查询。

（八）定居旅客自用物品申请单查询

定居旅客自用物品申请单查询，请参考外交机构公用物品查询。

（九）驻外使领馆人员进境车辆查询

驻外使领馆人员进境车辆查询，请参考外交机构公用物品查询。

（十）旅客分运行李物品通关查询

旅客分运行李物品通关查询，请参考外交机构公用物品查询。

（十一）留学生购车查询

留学生购车查询，请参考外交机构公用物品查询。

五、个人留学生购车申请

个人用户实名认证后，通过账号密码登录公自用物品系统，可进行留学生购车申请操作。

（一）留学生购车申请

个人用户登录后，点击左侧菜单栏“留学生购车申请”，右侧界面展示如图 12–173：

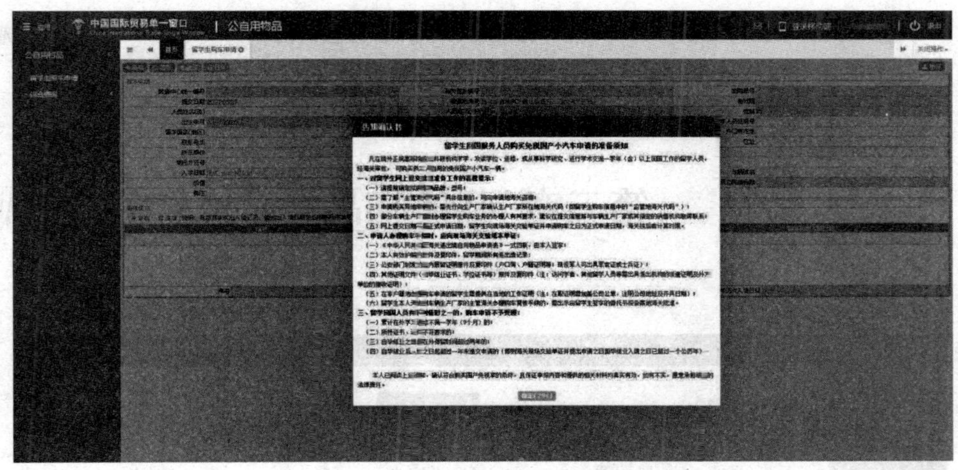

图 12-173 留学生购车申请

1. 字段内容说明

留学生购车申请字段内容说明，请参考留学生购车申请的字段内容说明。

2. 按钮说明

留学生购车申请字段内容说明， 请参考外交机构公用物品申报的按钮说明。

（二）留学生购车查询

个人用户登录后，点击左侧菜单栏“留学生购车查询”，右侧界面展示如图 12-174：

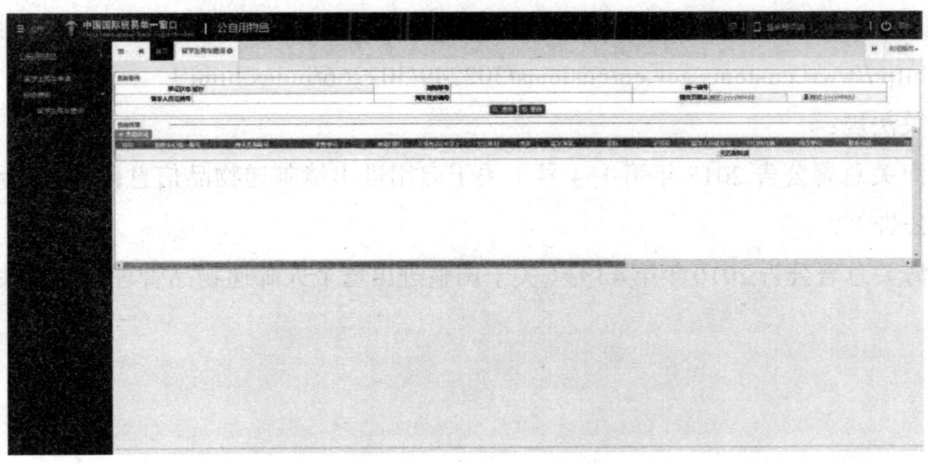

图 12-174 留学生购车查询

留学生购车查询，请参考留学生购车申请查询。

第三章 邮递物品

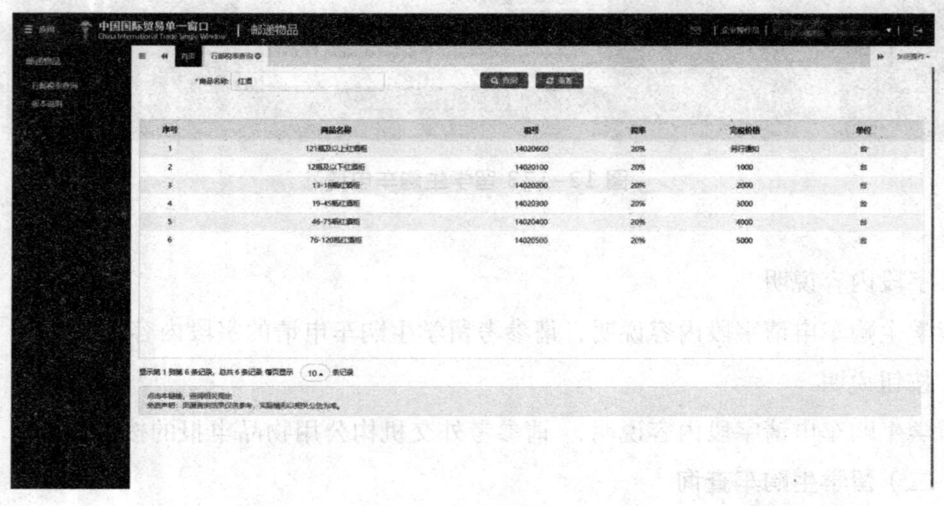

图 12-175 邮递物品系统界面

输入关键字节可以查询商品名称、税号、税率、完税价格等信息；

进入下面链接，可查阅相关规定，查询结果仅供参考，实际情形以相关公告为准。（http://www.customs.gov.cn/customs/302249/302266/index.html）

海关法规：

1. 海关总署公告 2018 年第 164 号（关于启用进出境邮递物品信息化管理系统有关事宜的公告）

2. 海关总署公告 2010 年第 43 号（关于调整进出境个人邮递物品管理措施有关事宜）

第四章 边民互市贸易

第一节 操作说明

操作说明按照不同角色区分操作，主要的角色包括：边民、互助组代表、合作社代表、商铺业主或其代理人、运输工具负责人、监管作业场所经营人。

一、监管作业场所经营人

（一）角色来源

用户通过在单窗注册的个人账号或企业账号，登录至边民互市贸易服务应用，通过“申请记录查询”下的监管作业场所经营人备案，进行角色备案，待海关审核通过之后，角色即可正常使用。

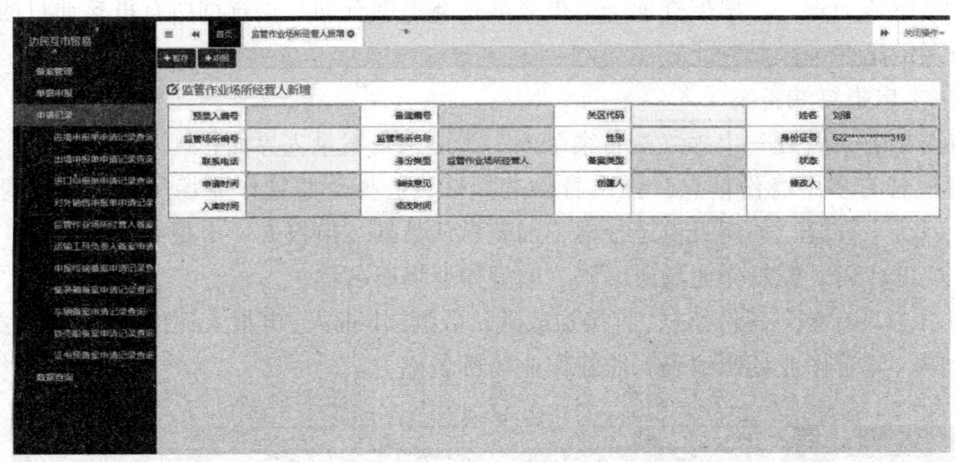

图 12-176 申请记录查询

待海关审核通过，查询列表变为审核通过，则角色开始生效。

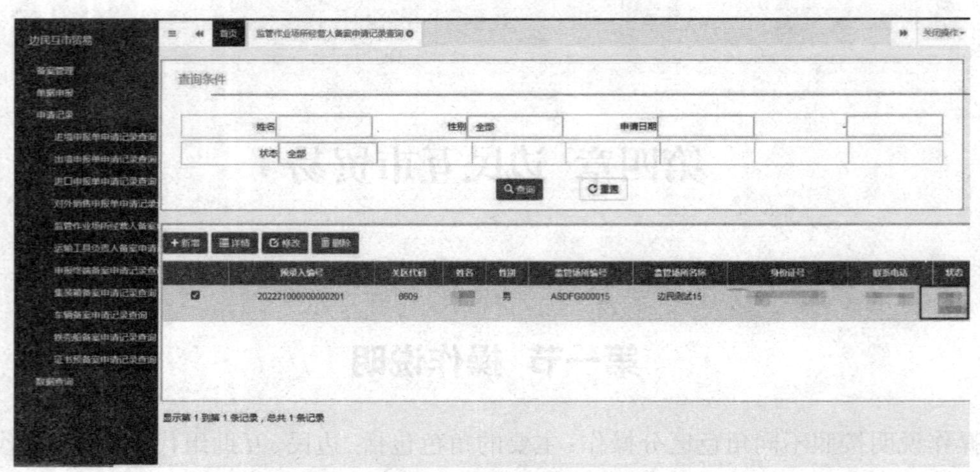

图 12-177 申请记录查询列表

（二）使用功能介绍

1. 申报终端备案

申报终端备案相关菜单总共有 3 个："备案管理—申报终端备案录入""申请记录—申报终端备案申请记录查询""单据查询—申报终端备案单据查询"， 备"案管理—申报终端备案录入"为备案界面，申请记录—"申报终端备案申请记录查询"是查询所有的备案申请记录，"单据查询—申报终端备案单据查询"是查询所有审核通过的申报终端备案信息。

（1）申报终端备案录入

点击"备案管理—申报终端备案录入"，进入备案录入界面：

用户若有多个身份信息，弹出身份选择框，选择"监管作业场所经营人"身份，点击【确认】按钮，关闭身份选择框，加载默认数据（申报人、申报人证件号码、备案类型、关区代码、监管作业场所编码、监管作业场所名称）。

用户若只有单个身份信息，直接加载默认数据(申报人、申报人证件号码、备案类型、关区代码、监管作业场所编码、监管作业场所名称）。

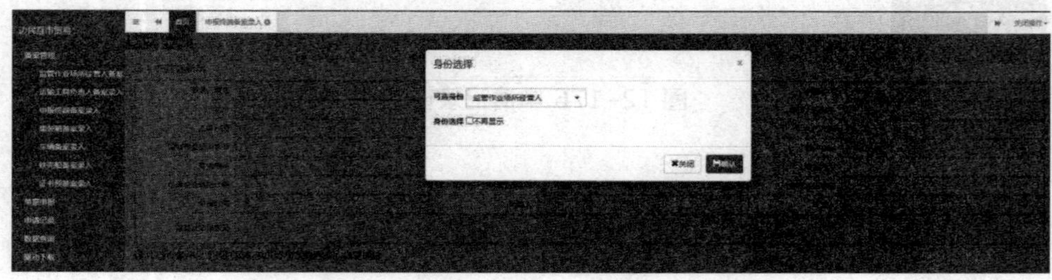

图 12-178 多个身份信息备案录入

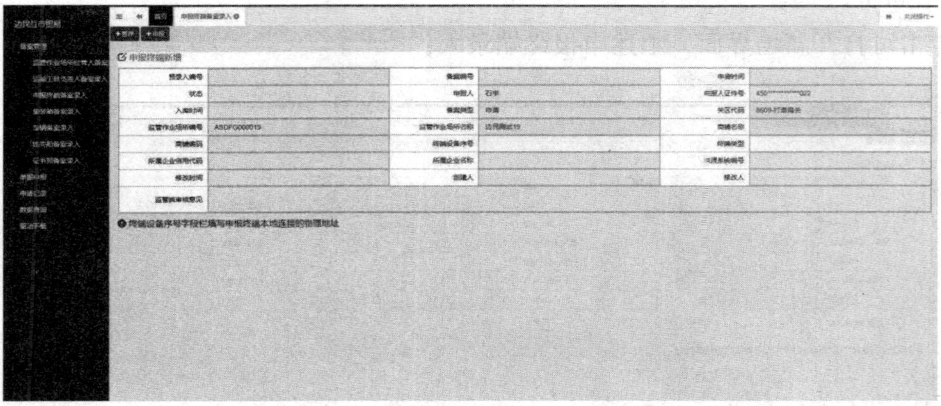

图 12-179 单个身份信息备案录入

界面中的录入要求，总体说明如下：

灰色字段（例如预录入编号、备案编号、状态等）表示不允许录入，系统将根据相应操作或步骤后自动返填。

终端设备序号字段，需要用户手工录入，该字段不允许随意录入，需要根据页面红色提示输入申报终端的物理地址。

部分字段（例如终端类型）需要在参数中进行调取，不允许随意录入。使用键盘空格键，可调出下拉菜单并在其中进行选择。也可以输入已知的相应数字、字母或汉字，迅速调出参数，选择后点击回车键确认录入。关于键盘操作，可参考重要提醒中的相关描述。

（2）申报终端备案申请记录查询

此查询页面包含查询、新增、详情、修改、删除功能。

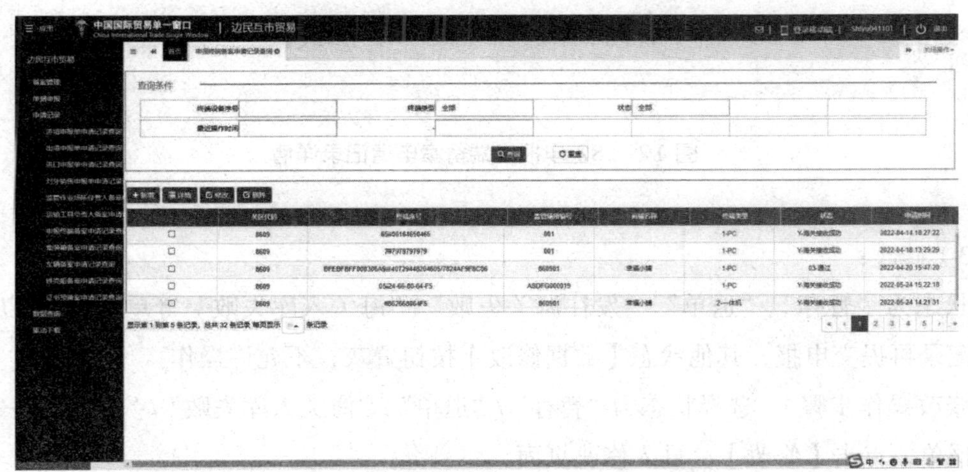

图 12-180 申报终端备案申请记录查询

1）新增：

点击可打开新增界面，上述申报终端录入；

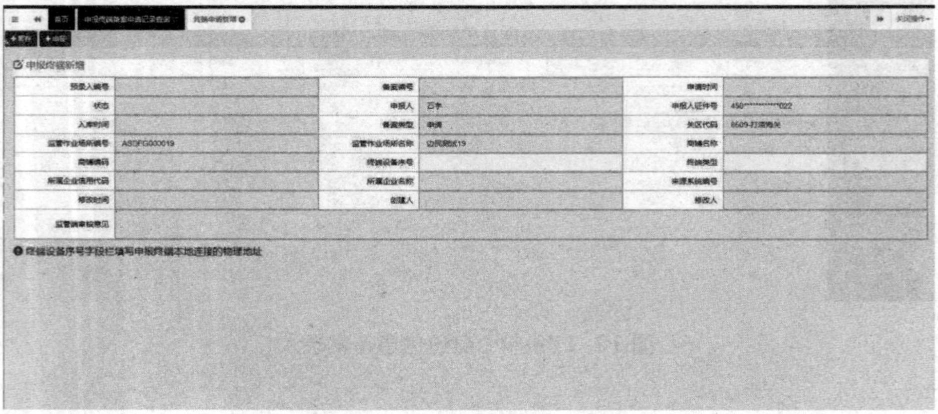

图 12-181 申报终端备案申请记录新增

2）详情：

选择一条申请记录点击【详情】，可查询申报终端备案申请记录详细信息；

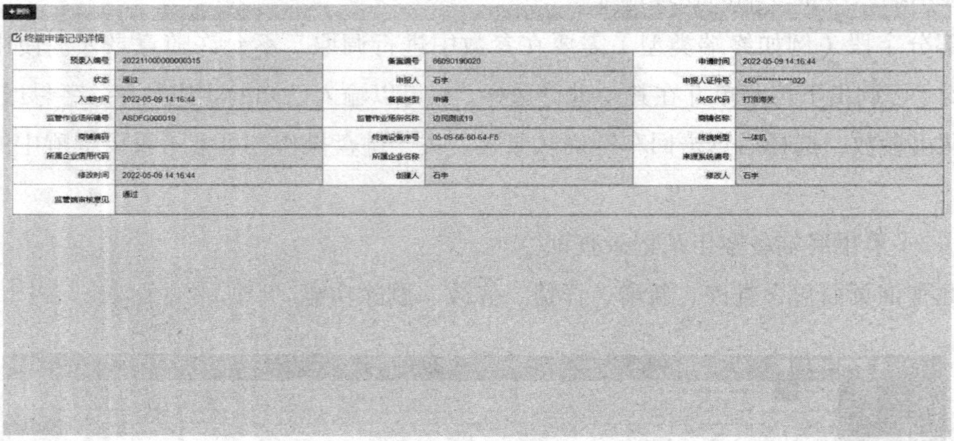

图 12-182 申报终端备案申请记录详情

3）修改：

状态为“暂存”“退单”“发往海关失败”“海关入库失败”等单据，可以修改申请记录再提交申报，其他状态【数据修改】按钮置灰，不允许操作。

修改操作步骤 1：选择状态为“暂存”/“退单”/“海关入库失败”/“发往海关失败”的申报单，点击【修改】，进入修改页面。

终端修改

预录入编号	202211000000000541	备案编号		申请时间	
状态	暂存	入库时间	2022-05-26 16:27:09	申报人	石宇
申报人证件号	450**********022	备案类型	申请	关区代码	打洛海关
监管作业场所编号	ASDFG000015	监管作业场所名称	边民测试19	商铺名称	
商铺编码		终端设备序号	AD-5C-2A-4d-2F	终端类型	PC
所属企业信用代码		所属企业名称		来源系统编号	
修改时间	2022-05-26 16:27:09	创建人	石宇	修改人	石宇
监管端审核意见					

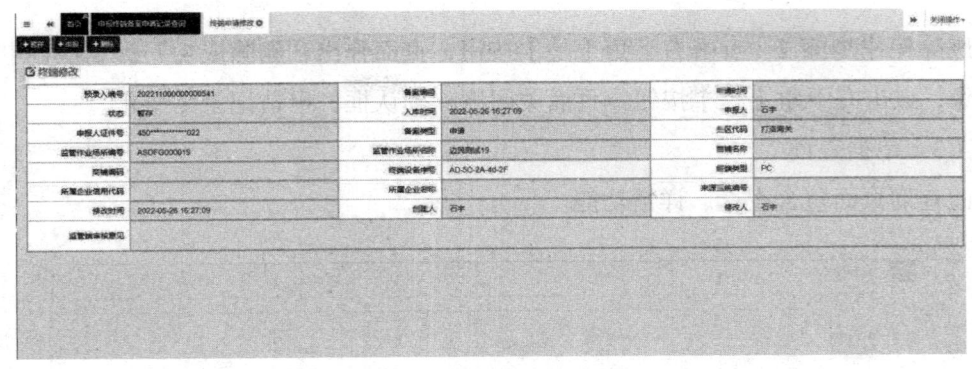

图 12-183 申报终端备案申请记录修改

修改操作步骤 2：修改数据录入要求总体说明如下。

灰色字段（例如预录入编号、备案编号、状态等）表示不允许录入，系统将根据相应操作或步骤后自动返填。终端设备序号字段，需要用户手工录入。

部分字段（例如终端类型）需要在参数中进行调取，不允许随意录入。使用键盘空格键，可调出下拉菜单并在其中进行选择。也可以输入已知的相应数字、字母或汉字，迅速调出参数，选择后点击回车键确认录入。

修改操作步骤 3：填写完毕后，点击左上角【申报】/【暂存】按钮，页面弹出“申报成功”/“暂存成功”提示框，申请记录的状态可在“申请记录查询页面”查看。

4）删除：

可删除状态为“暂存”“退单”“发往海关失败”“海关入库失败”等申请记录信息，其他状态【数据删除】按钮置灰，不允许操作；

删除操作步骤 1：选择状态为“暂存”/“退单”/“海关入库失败”/“发往海关失败”的申请记录，点击【删除】，弹出删除确认框：

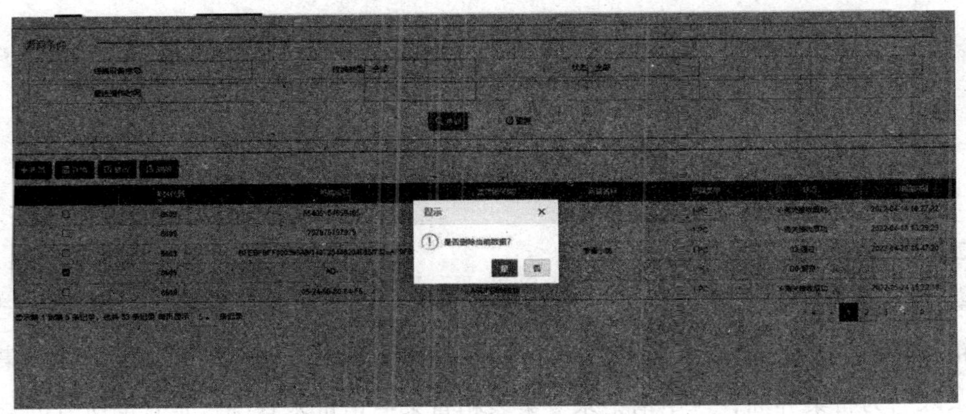

图 12-184 申报终端备案申请记录删除

删除操作步骤 2：点击右下角【是】按钮，页面弹出“删除成功”提示框，申请记录删除；点击右下角【否】按钮，页面关闭删除确认框，申请记录无变化。

（3）单据查询

此查询页面包含查询、详情功能。

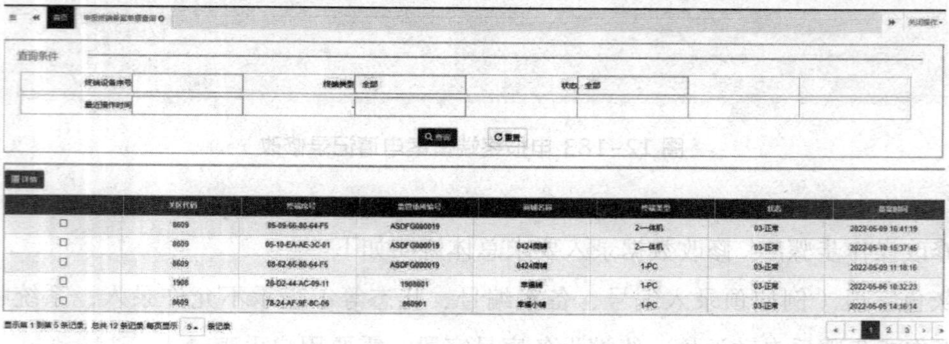

图 12-185 单据查询

选择单据点击【详情】，可查询申报终端备案详情信息。

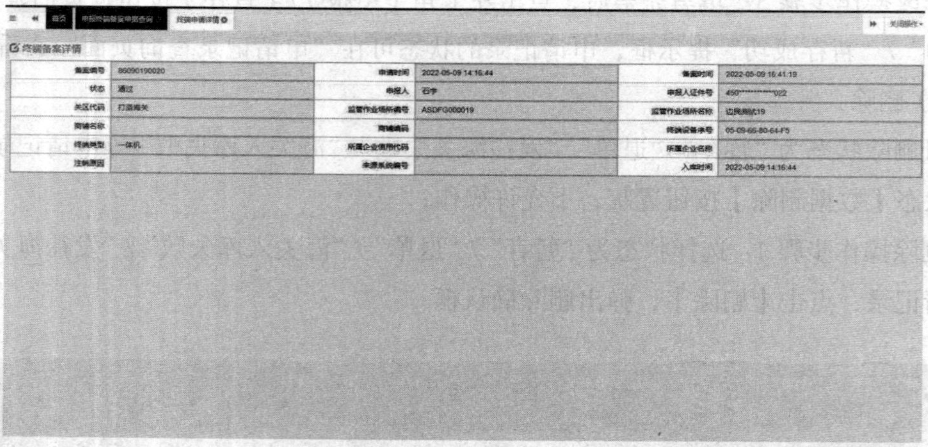

图 12-186 单据详情查询

2. 集装箱备案

集装箱备案相关菜单总共有 3 个：“备案管理—集装箱备案录入”“申请记录—集装箱备案申请记录查询”“单据查询—集装箱备案单据查询”，“备案管理—集装箱备案录入”为备案界面，“申请记录—集装箱备案申请记录查询”是查询所有的备案申请记录，“单据查询—集装箱备案单据查询”是查询所有审核通过的集装箱备案信息。

（1）集装箱备案录入

点击“备案管理—集装箱备案录入”，进入备案录入界面：

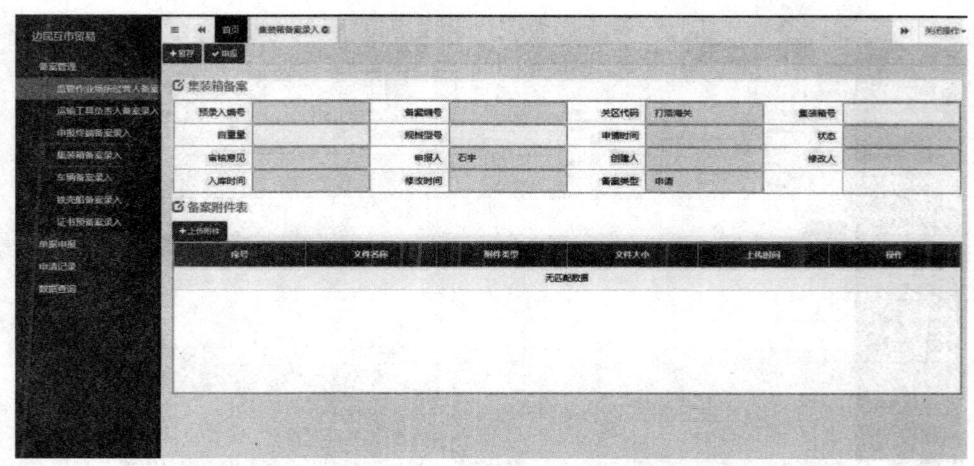

图 12-187 集装箱备案录入界面

界面中的录入要求，总体说明如下：

灰色字段（例如预录入编号、备案编号、状态等）表示不允许录入，系统将根据相应操作或步骤后自动返填。

集装箱号、自重量等字段，需要用户手工录入，部分字段内的灰色字体为录入提示，请如实填写相关内容。

点击【上传附件】按钮，弹出附件选择框，选中相应附件，点击【确认】，进行上传。一次只能上传一个附件。

（2）集装箱备案申请记录查询

此查询页面包含查询、新增、详情、修改、删除功能。

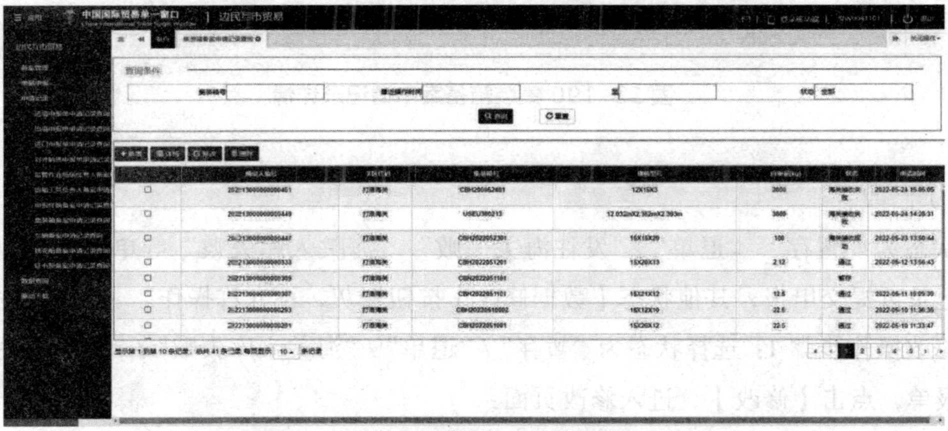

图 12-188 集装箱备案申请记录查询

1）新增：

点击可打开新增界面；

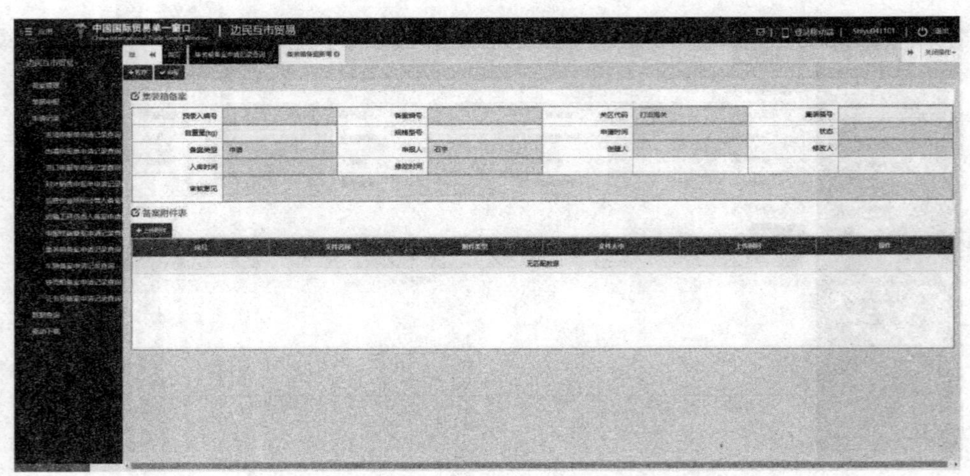

图 12-189 集装箱备案新增

2）详情：

选择一条申请记录点击【详情】，可查询集装箱备案申请记录详细信息；

终端申请记录详情

预录入编号	202211000000000315	备案编号	86090190020	申请时间	2022-05-09 14:16:44
状态	通过	申报人	石宇	申报人证件号	450*************022
入库时间	2022-05-09 14:16:44	备案类型	申请	关区代码	打洛海关
监管作业场所编号	ASDFG000019	监管作业场所名称	边民测试19	商铺名称	
商铺编码		终端设备序号	05-09-66-80-84-F8	终端类型	一体机
所属企业信用代码		所属企业名称		来源系统编号	
修改时间	2022-05-09 14:16:44	创建人	石宇	修改人	石宇
监管端审核意见	通过				

图 12-190 集装箱备案申请记录详情

3）修改：

状态为“暂存”“退单”“发往海关失败”“海关入库失败”等单据，可以修改申请记录再提交申报，其他状态【数据修改】按钮置灰，不允许操作。

修改操作步骤 1：选择状态为“暂存”/“退单”/“海关入库失败”/“发往海关失败”的申报单，点击【修改】，进入修改页面：

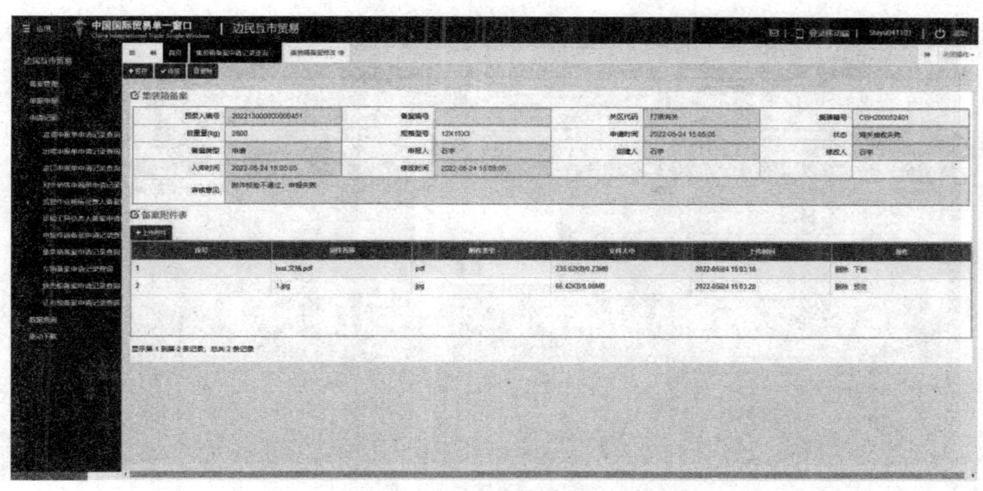

图 12-191 集装箱备案申请记录修改

修改操作步骤 2：修改数据录入要求总体说明如下。

灰色字段（例如预录入编号、备案编号、状态等）表示不允许录入，系统将根据相应操作或步骤后自动返填。

集装箱号、自重量等字段，需要用户手工录入，部分字段内的灰色字体为录入提示，请如实填写相关内容。

点击【上传附件】按钮，弹出附件选择框，选中相应附件，点击【确认】，进行上传，一次只能上传一个附件。

修改操作步骤 3：填写完毕后，点击左上角【申报】/【暂存】按钮，页面弹出“申报成功”/“暂存成功”提示框，申请记录的状态可在“申请记录查询页面” 查看。

4）删除：

可删除状态为“暂存”“退单”“发往海关失败”“海关入库失败”等申请记录信息，其他状态【数据删除】按钮置灰，不允许操作。

删除操作步骤 1：选择状态为“暂存”/“退单”/“海关入库失败”/“发往海关失败”的申请记录，点击【删除】，弹出删除确认框：

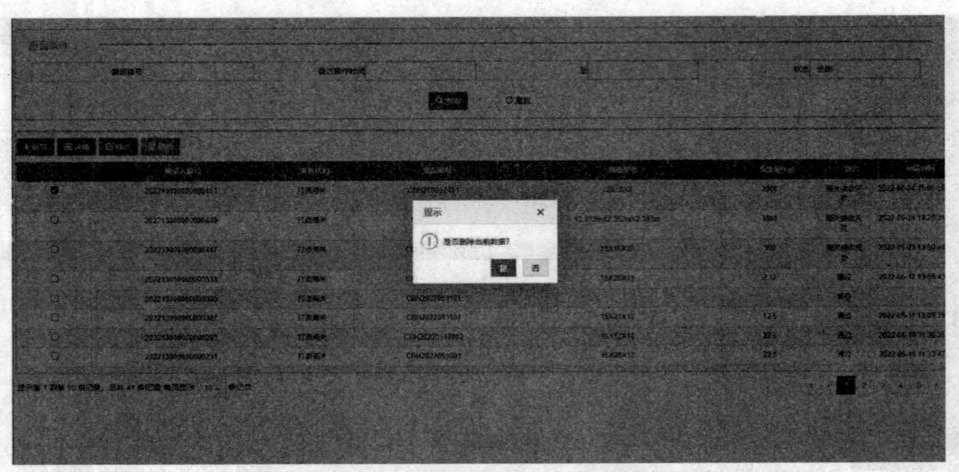

图 12-192 集装箱备案申请记录删除

删除操作步骤 2：点击右下角【是】按钮，页面弹出“删除成功”提示框，申请记录删除；点击右下角【否】按钮，页面关闭删除确认框，申请记录无变化。

（3）单据查询

此查询页面包含查询、详情、变更功能。

查询条件

集装箱号　　最近操作时间　　至　　状态 全部

查询　重置

详情　变更

	[illegible]	[illegible]	[illegible]	[illegible]	[illegible]	[illegible]	[illegible]
☐	86000050	打洛海关	CBH2022051201	15X20X13	2.12	正常	2022-05-18 15:13:42
☐	86000048	打洛海关	CBH2022051101	15X21X12	12.5	正常	2022-05-18 15:13:47
☐	86000047	打洛海关	CBH20220510002	15X12X10	22.5	正常	2022-05-18 15:13:47
☐	86000046	打洛海关	CBH2022051001	15X26X12	22.5	正常	2022-05-10 15:37:38
☐	86000027	打洛海关	JZX00001	00001	5000	正常	2022-04-28 18:16:25
☐	86000022	打洛海关	jzx001	guige001	1000	正常	2022-04-24 14:05:46
☐	86000021	打洛海关	jzx789654	1010	500	正常	2022-04-22 13:17:05
☐	86000017	打洛海关	TBBU509664	100	10	正常	2022-04-21 10:50:05
☐	86000016	打洛海关	DRYU977237	100	100	正常	2022-04-21 10:45:59
☐	86000010	打洛海关	contar0001	123	888	正常	2022-04-18 16:59:10

显示第 1 到第 10 条记录，总共 19 条记录 每页显示 10 条记录

图 12-193 单据查血

1）详情：

选择单据点击【详情】，可查询集装箱备案详情信息。

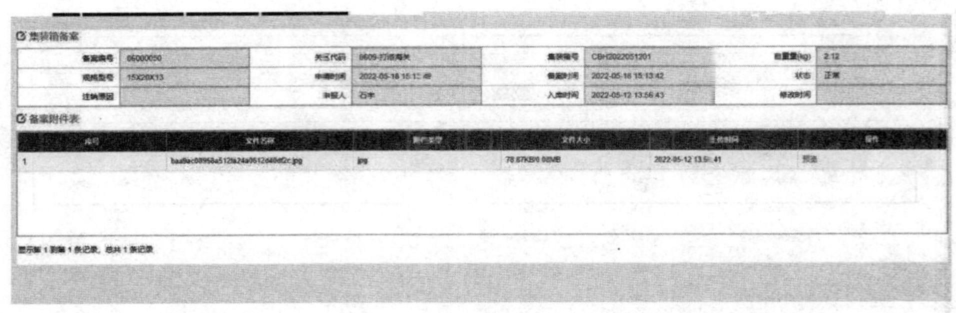

图 12-194 集装箱备案详情

2）变更：

状态为“正常”等单据，可以发起变更操作，其他状态的【数据变更】按钮置灰，不允许操作。

变更操作步骤 1：选择状态为“正常”的单据，点击【变更】，进入变更页面：

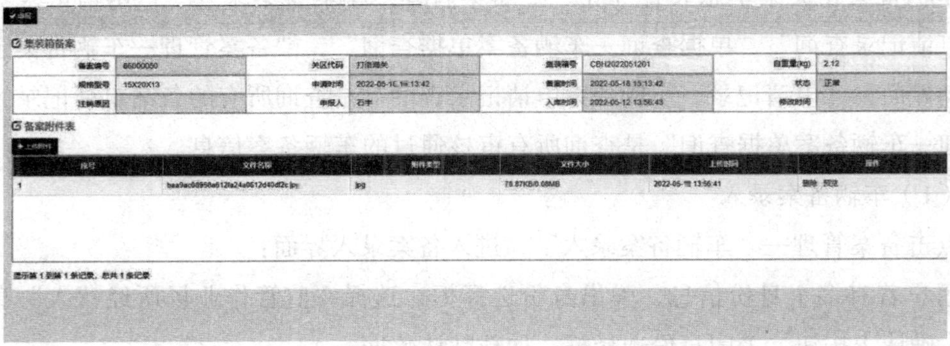

图 12-195 单据变更

变更操作步骤 2：变更需要修改的数据，修改数据录入要求如下界面中的录入要求，总体说明如下：

灰色字段（例如备案编号、状态等）表示不允许录入，系统将根据相应操作或步骤后自动返填。

集装箱号、自重量等字段，需要用户手工录入，部分字段内的灰色字体为录入提示，请如实填写相关内容。

点击【上传附件】按钮，弹出附件选择框，选中相应附件，点击【确认】，进行上传，一次只能上传一个附件。

变更操作步骤 3：填写完毕后，点击左上角【申报】按钮，页面弹出“申报成功”提示框，申报单的状态可在“申请记录查询页面”查看。

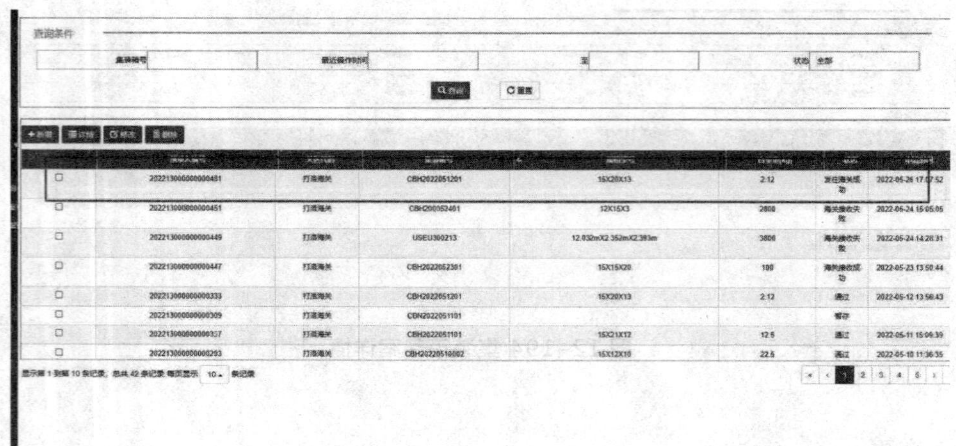

2022130000000000481	打洛海关	CBH2022051201	15X20X13	2.12	发往海关成功	2022-05-26 17:07:52
2022130000000000451	打洛海关	CBH200052401	12X15X3	2800	海关接收失败	2022-05-24 15:05:05
2022130000000000449	打洛海关	USEU300213	12.032mX2.352mX2.393m	3800	海关接收失败	2022-05-24 14:28:31
2022130000000000447	打洛海关	CBH2022052301	15X15X20	100	海关接收成功	2022-05-23 13:50:44
2022130000000000333	打洛海关	CBH2022051201	15X20X13	2.12	通过	2022-05-12 13:56:43
2022130000000000309	打洛海关	CBN2022051101			暂存	
2022130000000000307	打洛海关	CBH2022051101	15X21X12	12.5	通过	2022-05-11 15:06:39
2022130000000000293	打洛海关	CBH20220510002	15X12X10	22.5	通过	2022-05-10 11:36:35

图 12-196 集装箱备案申报

3. 车辆备案

车辆备案相关菜单总共有 3 个：“备案管理—车辆备案录入”“申请记录—车辆备案申请记录查询”“单据查询—车辆备案单据查询”，“备案管理—车辆备案录入”为备案界面，“申请记录—车辆备案申请记录查询”是查询所有的备案申请记录，“单据查询—车辆备案单据查询”是查询所有审核通过的车辆备案信息。

（1）车辆备案录入

点击备案管理—“车辆备案录入”，进入备案录入界面：

用户若有多个身份信息，弹出身份选择框，选择“监管作业场所经营人”身份，点击【确认】按钮，关闭身份选择框，加载默认数据：

用户若只有单个身份信息，直接加载默认数据。

车辆备案表

预录入编号		备案编号		关区代码	8609-打洛海关
车牌号		监管场所编号	ASDFG000019	监管场所名称	边民测试19
所有人姓名		所有人联系方式		所有人证件号	
IC卡号		车辆类型		发动机号	
车辆识别代号		车辆自重(kg)		车身颜色	
行驶证编号		行驶证有效期	2023-05-26	申报时间	
申报人	石宇	申报人证件号	450************022	所属企业信用代码	
所属企业名称		状态		入库时间	
备案类型		申报来源系统编号		修改时间	
创建人		修改人			
监管端审核意见					

备案附件表

序号	文件名称	附件类型	文件大小	上传时间	操作
无匹配数据					

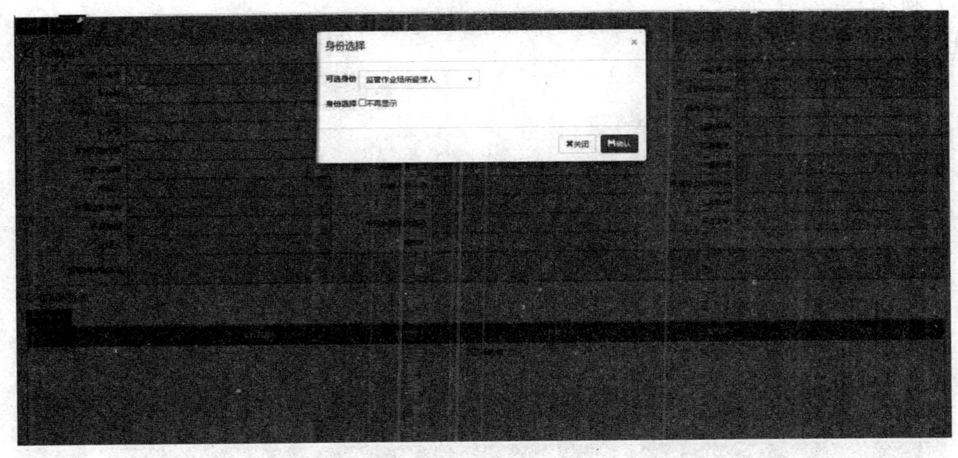

图 12-197 车辆备案录入界面

界面中的录入要求，总体说明如下：

灰色字段（例如预录入编号、备案编号、状态等）表示不允许录入，系统将根据相应操作或步骤后自动返填。

车牌号、发动机号等字段，需要用户手工录入，部分字段内的灰色字体为录入提示，请如实填写相关内容。

点击【上传附件】按钮，弹出附件选择框，选中相应附件，点击【确认】，进行上传，一次只能上传一个附件。

部分字段（例如车辆类型）需要在参数中进行调取，不允许随意录入。使用键盘空格键，可调出下拉菜单并在其中进行选择。也可以输入已知的相应数字、字母或汉字，迅速调出参数，选择后点击回车键确认录入。

（2）车辆备案申请记录查询

此查询页面包含查询、新增、详情、修改、删除功能。

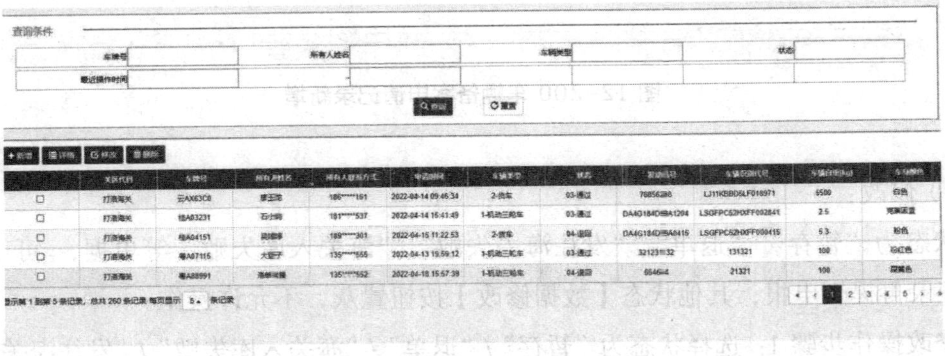

图 12-198 车辆备案申请记录查询

1）新增：

点击可打开新增界面。

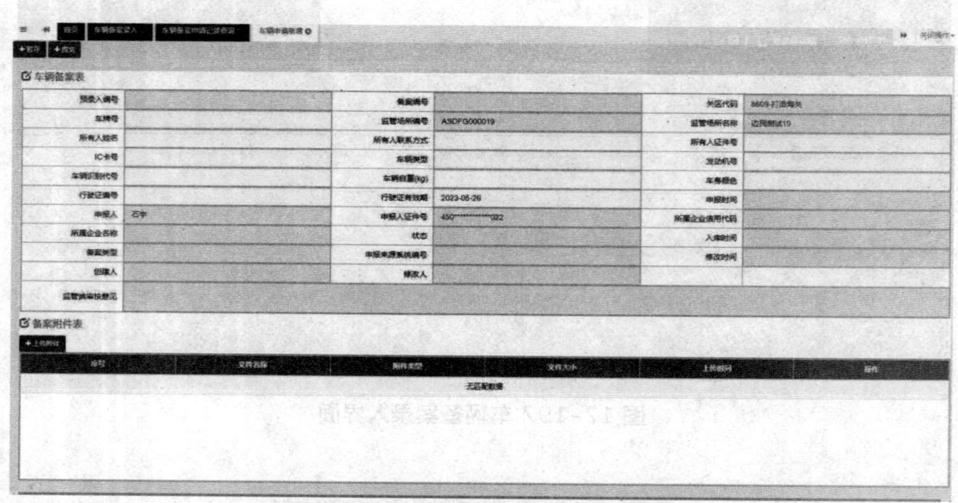

车辆备案表

预录入编号		备案编号		关区代码	8609-打洛海关
车牌号		监管场所编号	ASDFG000019	监管场所名称	边民测试19
所有人姓名		所有人联系方式		所有人证件号	
IC卡号		车辆类型		发动机号	
车辆识别代号		车辆自重(kg)		车身颜色	
行驶证编号		行驶证有效期	2023-05-26	申报时间	
申报人	石宇	申报人证件号	450**********022	所属企业信用代码	
所属企业名称		状态		入库时间	
备案类型		申报来源系统编号		修改时间	
创建人		修改人			
监管端审核意见					

备案附件表

序号	文件名称	附件类型	文件大小	上传时间	操作
无匹配数据					

图 12-199 车辆备案申请记录新增

2）详情：

选择一条申请记录点击【详情】，可查询车辆备案申请记录详细信息。

车辆备案表

预录入编号	202215000000000205	备案编号		关区代码	8609-打洛海关
车牌号	云AX63C0	监管场所编号		监管场所名称	
所有人姓名	廖玉龙	所有人联系方式	186*****181	所有人证件号	511**********318
IC卡号	3251515305	车辆类型	货车	发动机号	76856238
车辆识别代号	LJ11KBBD5LF018971	车辆自重(kg)	5600	车身颜色	白色
行驶证编号	530102211920	行驶证有效期	2022-03-14	申报时间	2022-04-14 09:46:34
申报人	石宇	申报人证件号	450**********022	所属企业信用代码	
所属企业名称		状态	通过	入库时间	2022-04-14 09:46:34
备案类型		申报来源系统编号		修改时间	
创建人	石宇	修改人			
监管端审核意见					

备案附件表

序号	文件名称	附件类型	文件大小	上传时间	操作
没有找到匹配的记录					

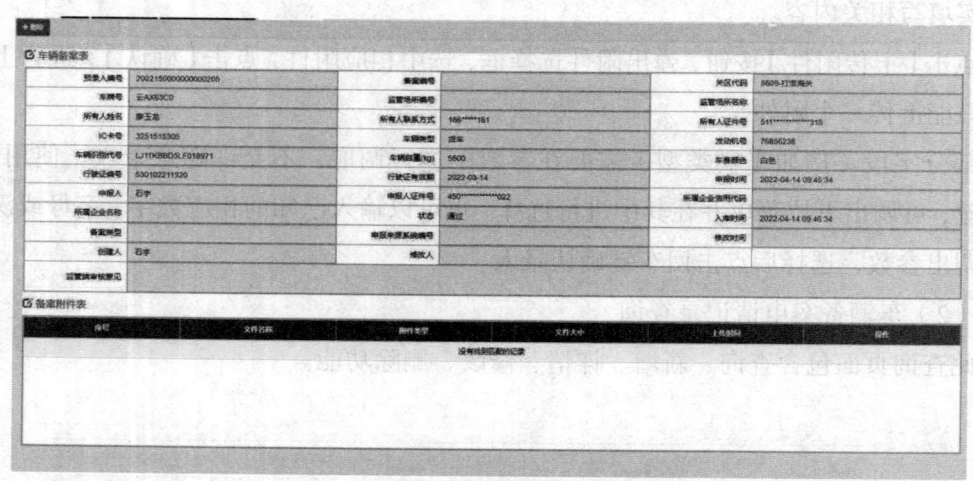

图 12-200 车辆备案申请记录新增

3）修改：

状态为“暂存”“退单”“发往海关失败”“海关入库失败”等单据，可以修改申请记录再提交申报，其他状态【数据修改】按钮置灰，不允许操作。

修改操作步骤 1：选择状态为“暂存”/“退单”/“海关入库失败”/“发往海关失败”的申报单，点击【修改】，进入修改页面：

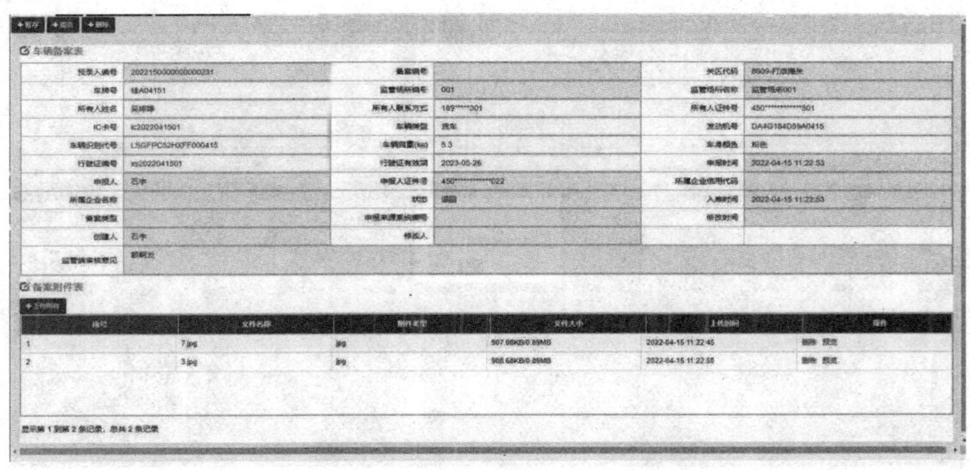

图 12-201 车辆备案申请记录修改

修改操作步骤 2：修改数据录入要求总体说明如下。

灰色字段（例如预录入编号、备案编号、状态等）表示不允许录入，系统将根据相应操作或步骤后自动返填。

车牌号、发动机号等字段，需要用户手工录入，部分字段内的灰色字体为录入提示，请如实填写相关内容。

点击【上传附件】按钮，弹出附件选择框，选中相应附件，点击【确认】，进行上传，一次只能上传一个附件。

部分字段（例如车辆类型）需要在参数中进行调取，不允许随意录入。使用键盘空格键，可调出下拉菜单并在其中进行选择。也可以输入已知的相应数字、字母或汉字，迅速调出参数，选择后点击回车键确认录入。关于键盘操作，可参考重要提醒中的相关描述。

修改操作步骤 3：填写完毕后，点击左上角【申报】/【暂存】按钮，页面弹出“申报成功”/“暂存成功”提示框，申请记录的状态可在“申请记录查询页面”查看。

4）删除：

可删除状态为“暂存”“退单”“发往海关失败”“海关入库失败”等申请记录信息，其他状态【数据删除】按钮置灰，不允许操作；

删除操作步骤 1：选择状态为“暂存”/“退单”/“海关入库失败”/“发往海关失败”的申请记录，点击【删除】，弹出删除确认框：

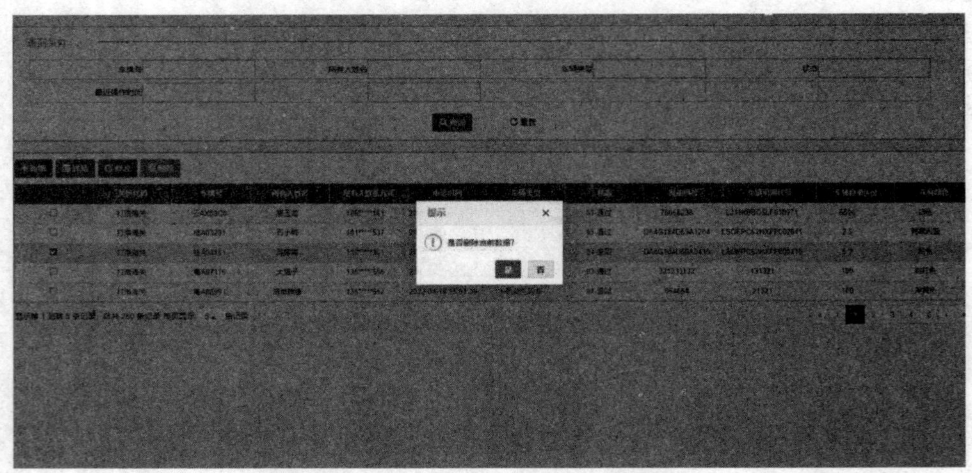

图 12-202 车辆备案申请记录删除

删除操作步骤 2：点击右下角【是】按钮，页面弹出“删除成功”提示框，申请记录删除；点击右下角【否】按钮，页面关闭删除确认框，申请记录无变化。

（3）车辆备案单据查询

此查询页面包含查询、详情功能。

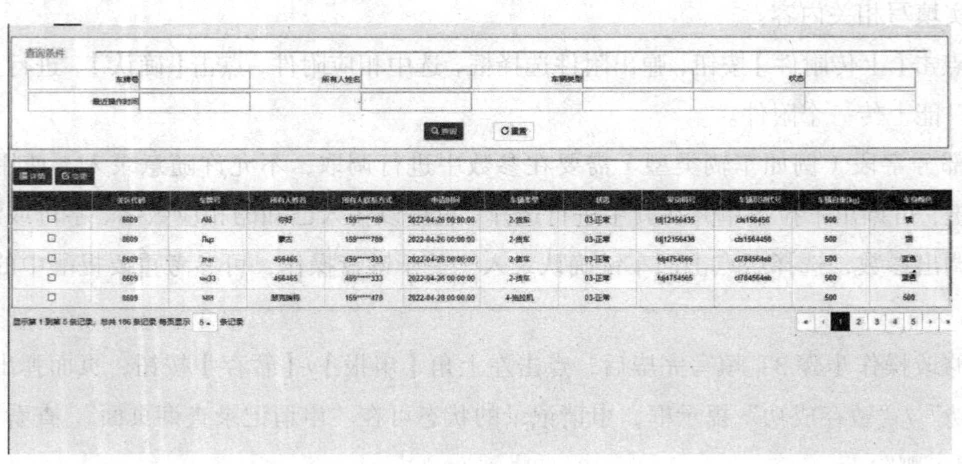

图 12-203 车辆备案单据查询

1）详情：

选择单据点击【详情】，可查询车辆备案详情信息。

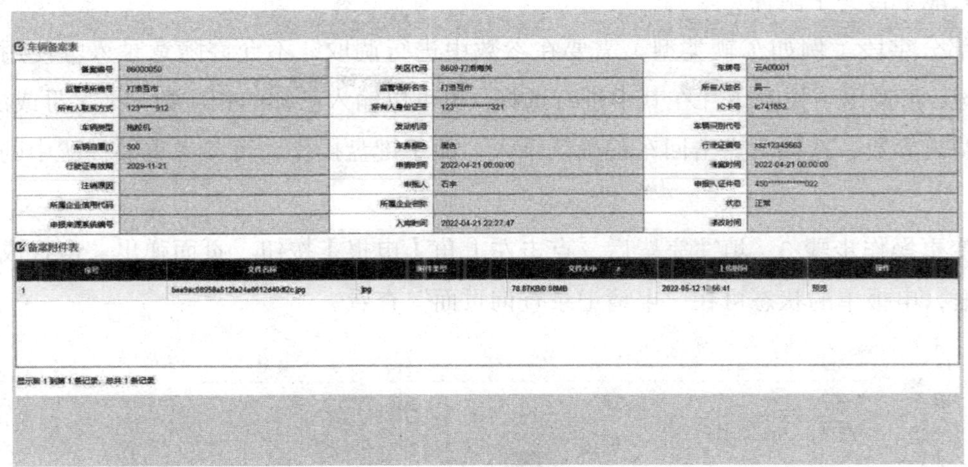

图 12-204 车辆备案详情

2）变更：

状态为“正常”等单据，可以进行变更操作，其他【数据变更】按钮置灰，不允许操作。

变更操作步骤 1：选择状态为“正常”的单据，点击【变更】，进入变更页面：

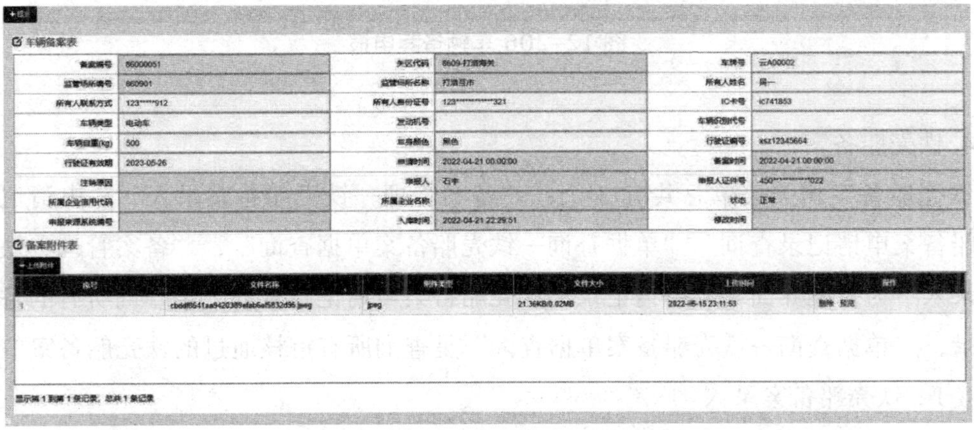

图 12-205 车辆备案变更

变更操作步骤 2：变更需要修改的数据，修改数据录入要求如下界面中的录入要求，总体说明如下：

灰色字段（例如预录入编号、备案编号、状态等）表示不允许录入，系统将根据相应操作或步骤后自动返填。

车牌号、发动机号等字段，需要用户手工录入，部分字段内的灰色字体为录入提示，请如实填写相关内容。

点击【上传附件】按钮，弹出附件选择框，选中相应附件，点击【确认】，进行上传，一次只能上传一个附件。

部分字段（例如车辆类型）需要在参数中进行调取，不允许随意录入。使用键盘空格键，可调出下拉菜单并在其中进行选择。也可以输入已知的相应数字、字母或汉字，迅速调出参数，选择后点击回车键确认录入。关于键盘操作，可参考重要提醒中的相关描述。

变更操作步骤 3：填写完毕后，点击左上角【申报】按钮，页面弹出“申报成功”提示框，申报单的状态可在“申请记录查询页面”查看。

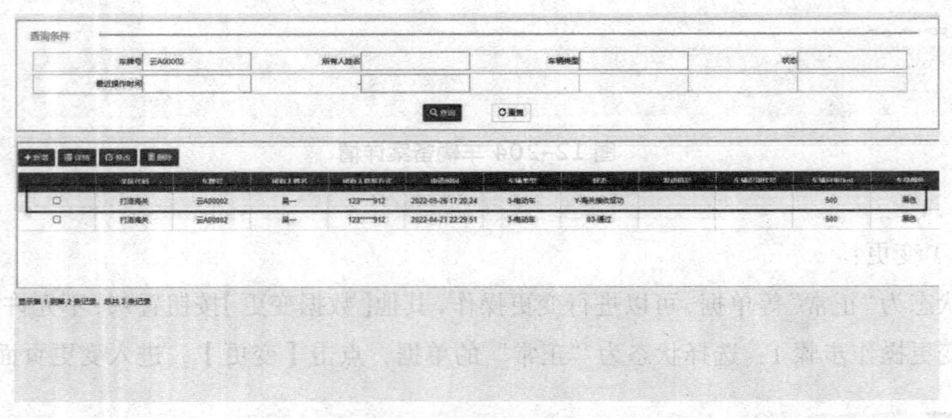

图 12-206 车辆备案申报

4. 铁壳船备案

铁壳船备案相关菜单总共有 3 个：“备案管理—铁壳船备案录入”“申请记录—铁壳船备案申请记录查询”“单据查询—铁壳船备案单据查询”，“备案管理—铁壳船备案录入”为备案界面，“申请记录—铁壳船备案申请记录查询”是查询所有的备案申请记录，“单据查询—铁壳船备案单据查询”是查询所有审核通过的铁壳船备案信息。

（1）铁壳船备案录入

点击“备案管理—铁壳船备案录入”，进入备案录入界面：

用户若有多个身份信息，弹出身份选择框，选择“监管作业场所经营人”身份，点击【确认】按钮，关闭身份选择框，加载默认数据：

用户若只有单个身份信息，直接加载默认数据。

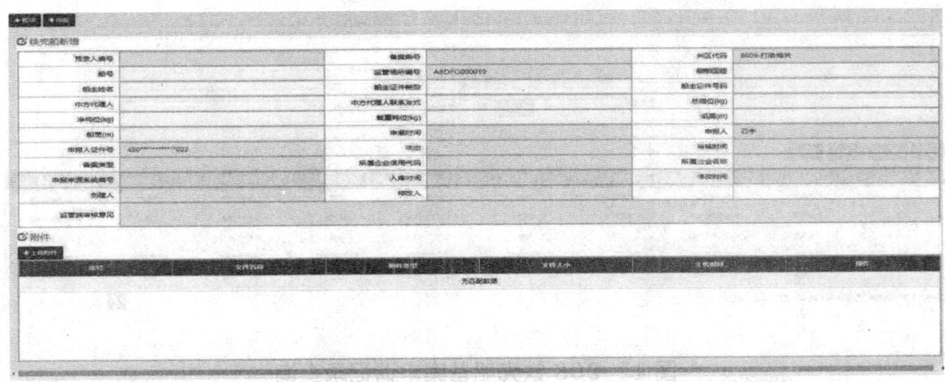

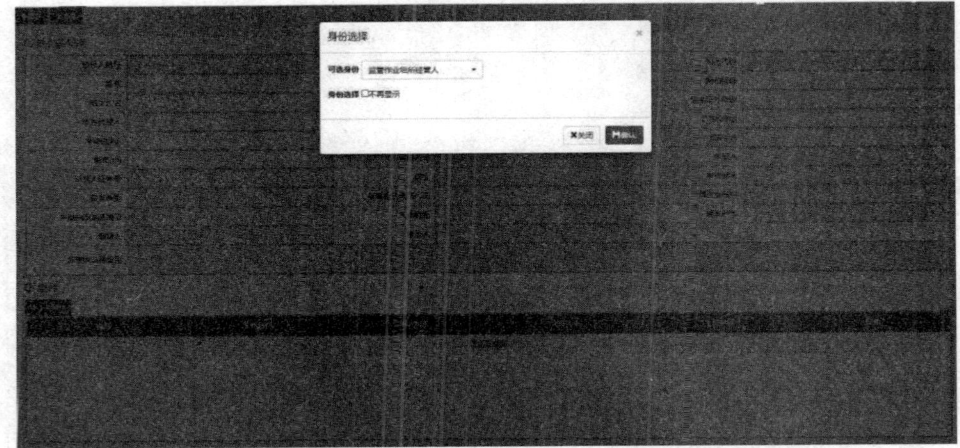

图 12-207 铁壳船备案录入界面

界面中的录入要求，总本说明如下：

灰色字段（例如预录入编号、备案编号、状态等）表示不允许录入，系统将根据相应操作或步骤后自动返填。

船号、船主姓名等字段，需要用户手工录入，部分字段内的灰色字体为录入提示，请如实填写相关内容。

点击【上传附件】按钮，弹出附件选择框，选中相应附件，点击【确认】，进行上传，一次只能上传一个附件。

部分字段（例如船主证件类型等）需要在参数中进行调取，不允许随意录入。使用键盘空格键，可调出下拉菜单并在其中进行选择。也可以输入已知的相应数字、字母或汉字，迅速调出参数，选择后点击回车键确认录入。关于键盘操作，可参考重要提醒中的相关描述。

（2）铁壳船备案申请记录查询

此查询页面包含查询、新增、详情、修改、删除功能。

图 12-208 铁壳船备案申请记录查询

1）新增：

点击可打开新增界面。

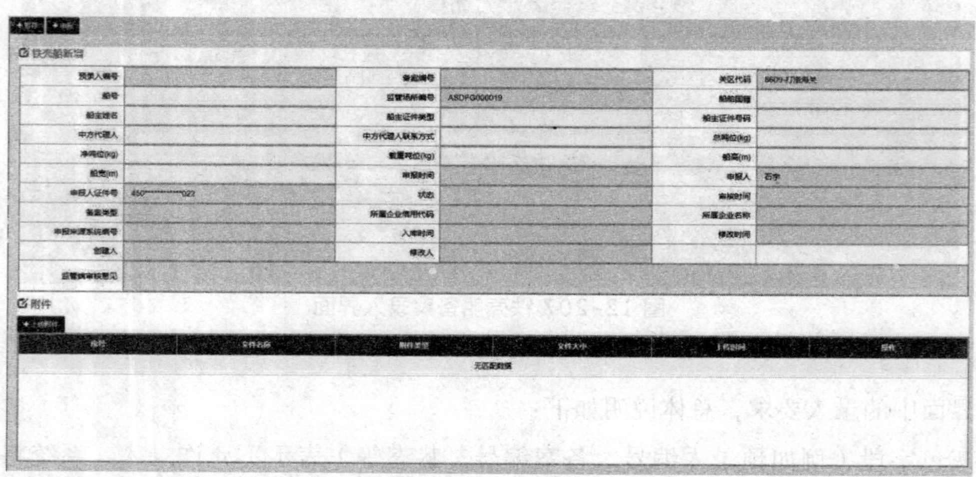

图 12-209 铁壳船备案新增

2）详情：

选择一条申请记录点击【详情】，可查询铁壳船备案申请记录详细信息；

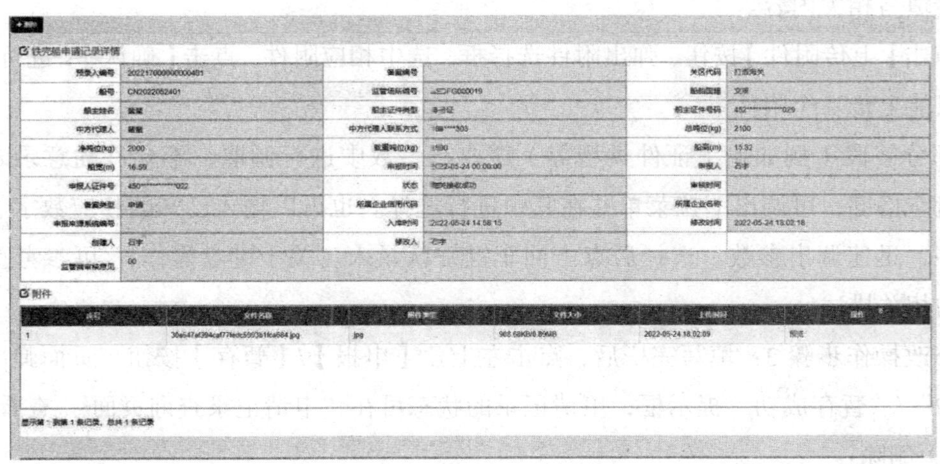

图 12-210 铁壳船备案详情

3）修改：

状态为“暂存”“退单”“发往海关失败”“海关入库失败”等单据，可以修改申请记录再提交申报，其他状态【数据修改】按钮置灰，不允许操作；

修改操作步骤 1：选择状态为“暂存”/“退单”/“海关入库失败”/“发往海关失败”的申报单，点击【修改】，进入修改页面：

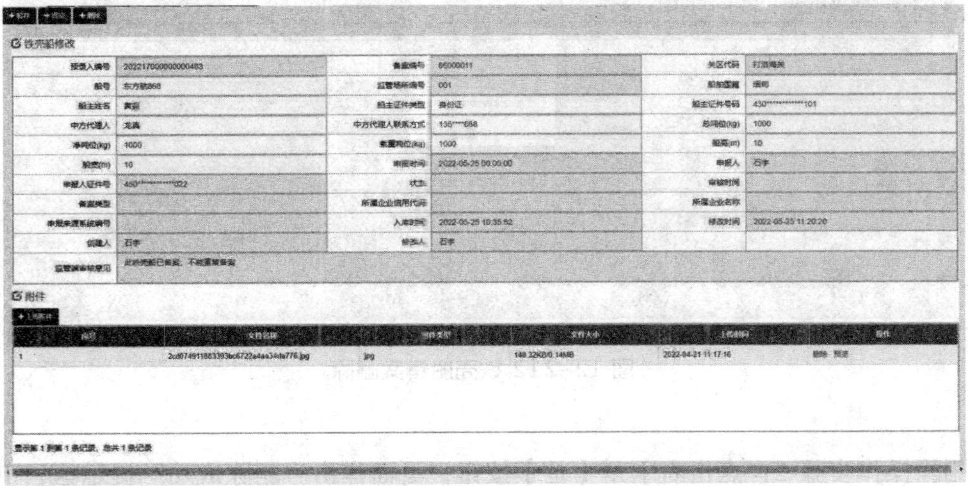

图 12-211 铁壳船备案修改

修改操作步骤 2：修改数据录入要求总体说明如下。

灰色字段（例如预录入编号、备案编号、状态等）表示不允许录入，系统将根据相应操作或步骤后自动返填。

船号、船主姓名等字段，需要用户手工录入，部分字段内的灰色字体为录入提示，请如实填写相关内容。

点击【上传附件】按钮，弹出附件选择框，选中相应附件，点击【确认】，进行上传，一次只能上传一个附件。

部分字段（例如船主证件类型等）需要在参数中进行调取，不允许随意录入。使用键盘空格键，可调出下拉菜单并在其中进行选择。也可以输入已知的相应数字、字母或汉字，迅速调出参数，选择后点击回车键确认录入。关于键盘操作，可参考重要提醒中的相关描述。

修改操作步骤 3：填写完毕后，点击左上角【申报】/【暂存】按钮，页面弹出“申报成功”/“暂存成功”提示框，申请记录的状态可在“申请记录查询页面”查看。

4）删除：

可删除状态为“暂存”“退单”“发往海关失败”“海关入库失败”等申请记录信息，其他状态数据【删除】按钮置灰，不允许操作；

删除操作步骤 1：选择状态为“暂存”/“退单”/“海关入库失败”/“发往海关失败”的申请记录，点击【删除】，弹出删除确认框：

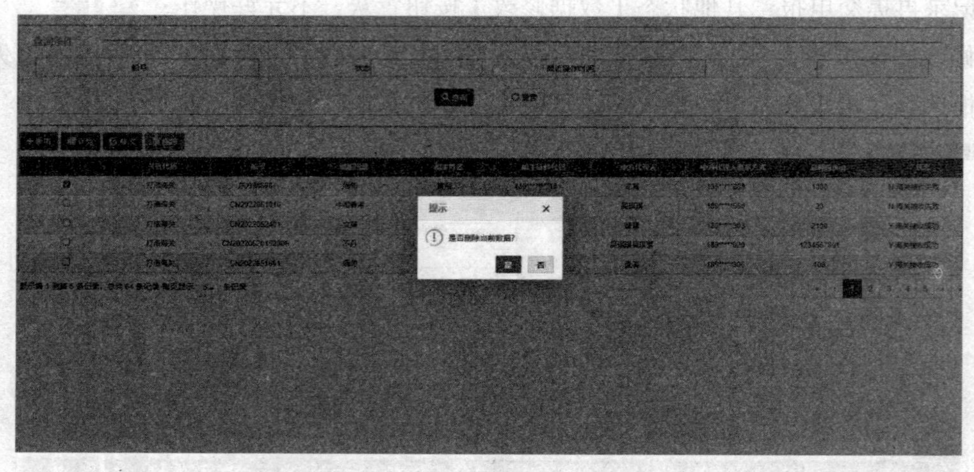

图 12-212 铁壳船备案删除

删除操作步骤 2：点击右下角【是】按钮，页面弹出“删除成功”提示框，申请记录删除；点击右下角【否】按钮，页面关闭删除确认框，申请记录无变化。

（3）铁壳船备案单据查询

此查询页面包含查询、详情功能。

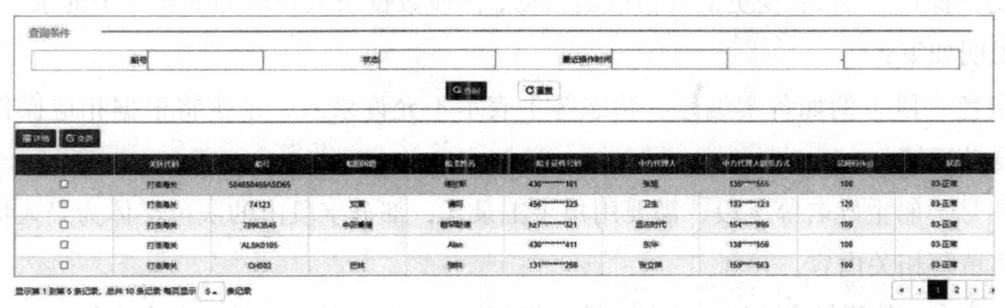

图 12-213 铁壳船备案单据查询

1）详情：

选择单据点击【详情】，可查询铁壳船备案详情信息。

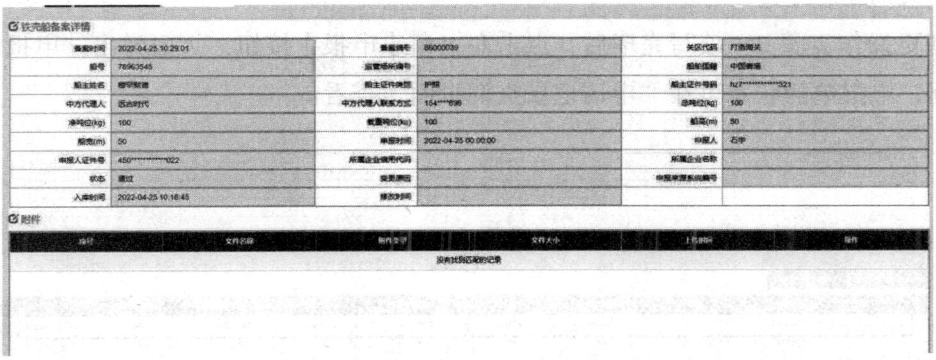

图 12-214 铁壳船备案单据查询详情

2）变更：

状态为“正常”等单据，可以进行变更操作，其他数据变更按钮置灰，不允许操作；

变更操作步骤 1：选择状态为“正常”的单据，点击【变更】，进入变更页面：

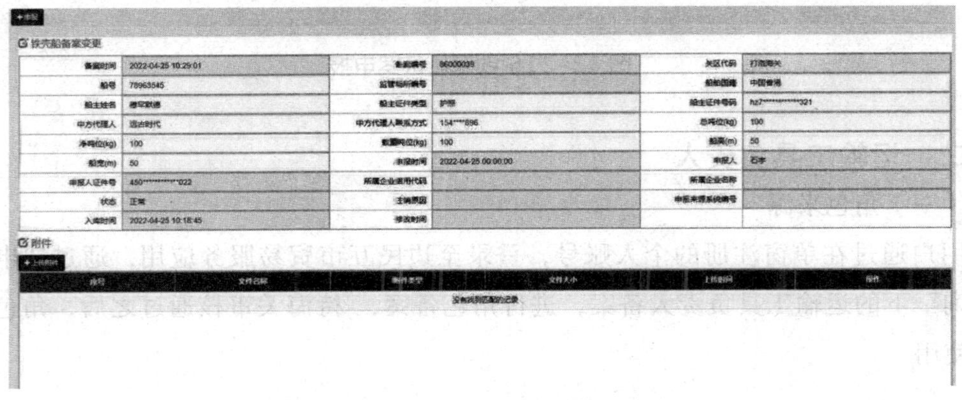

图 12-215 铁壳船备案单据更改

变更操作步骤 2：变更需要修改的数据，修改数据录入要求如下界面中的录入要求，总体说明如下：

灰色字段（例如备案编号、状态等）表示不允许录入，系统将根据相应操作或步骤后自动返填。

船号、船主姓名等字段，需要用户手工录入，部分字段内的灰色字体为录入提示，请如实填写相关内容。

点击【上传附件】按钮，弹出附件选择框，选中相应附件，点击【确认】，进行上传，一次只能上传一个附件。

部分字段（例如船主证件类型）需要在参数中进行调取，不允许随意录入。使用键盘空格键，可调出下拉菜单并在其中进行选择。也可以输入已知的相应数字、字母或汉字，迅速调出参数，选择后点击回车键确认录入。关于键盘操作，可参考重要提醒中的相关描述。

变更操作步骤 3：填写完毕后，点击左上角【申报】按钮，页面弹出“申报成功”提示框，申报单的状态可在“申请记录查询页面”查看。

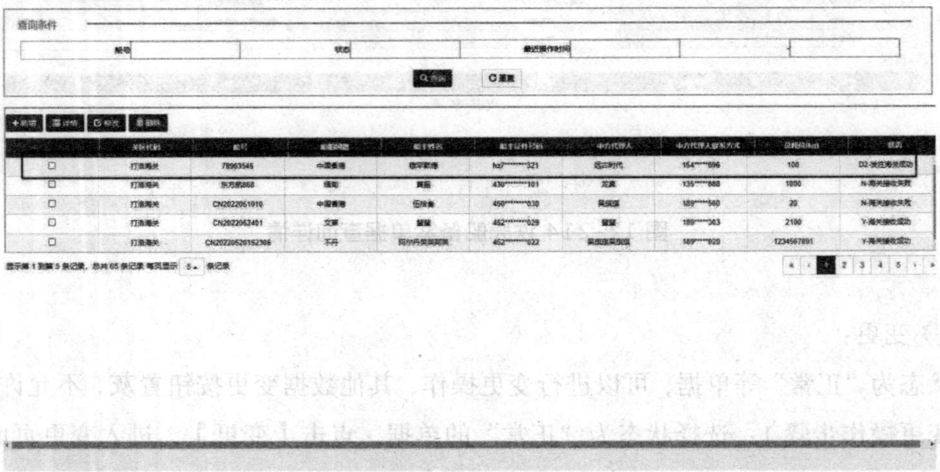

图 12-216 铁壳船备案申报

二、运输工具负责人

（一）角色来源

用户通过在单窗注册的个人账号，登录至边民互市贸易服务应用，通过“申请记录查询”下的运输工具负责人备案，进行角色备案， 待海关审核通过之后，角色即可正常使用。

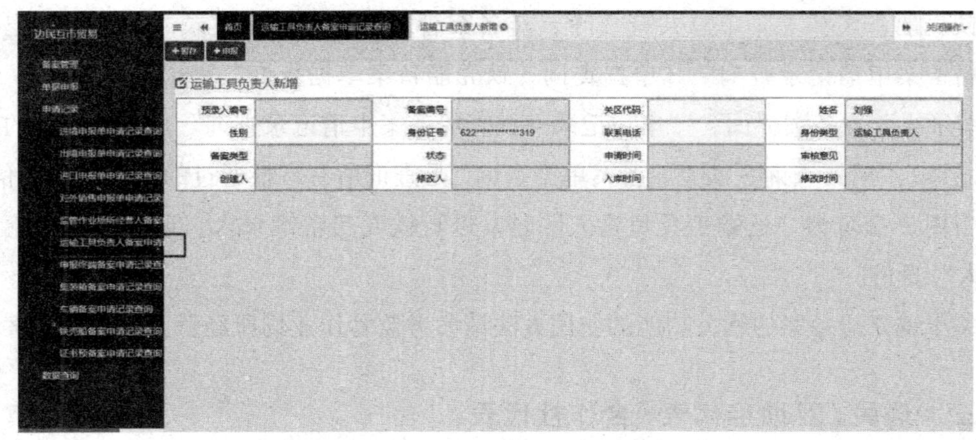

图 12-217 边民互市贸易服务应用界面

待海关审核通过，查询列表变为审核通过，则角色开始生效

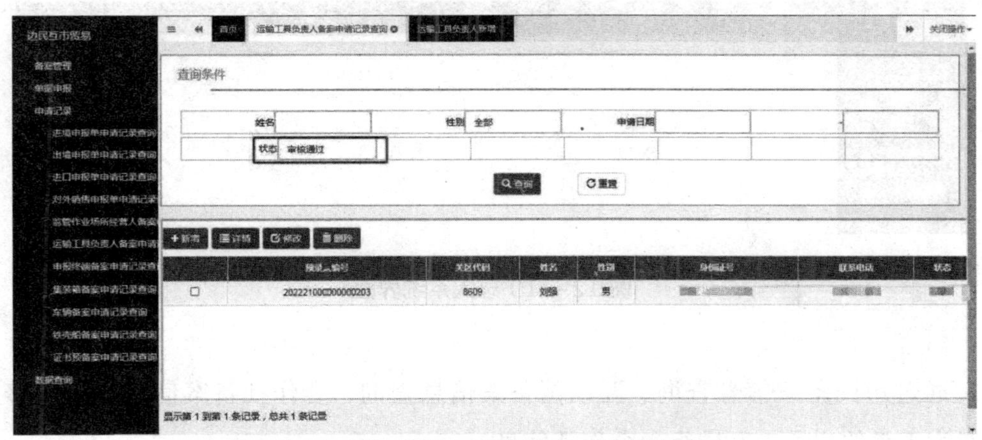

图 12-218 运输工具负责人申请查询列表

1. 角色可用功能

（1）车辆备案

车辆备案相关菜单总共有 3 个，备案管理〉“车辆备案录入”、申请记录〉“车辆备案申请记录查询”、单据查询〉“车辆备案单据查询”，备案管理〉“车辆备案录入”为备案界面，申请记录〉“车辆备案申请记录查询”是查询所有的备案申请记录，单据查询〉“车辆备案单据查询”是查询所有审核通过的车辆备案信息。

当用户身份为“运输工具负责人”时，进行车辆备案录入，请选择“运输工具负责人’身份。

关于车辆备案的相关功能的使用方法请参考监管作业场所经营人车辆备案。

（2）铁壳船备案

铁壳船备案相关菜单总共有 3 个：“备案管理—铁壳船备案录入”“申请记录—铁壳船备案申请记录查询”“单据查询—铁壳船备案单据查询”，“备案管理— 铁壳船备案录入”为备案界面，“申请记录—铁壳船备案申请记录查询”是查询所有的备案申请记录，“单据查询—铁壳船备案单据查询”是查询所有审核通过的铁壳船备案信息。

当用户身份为“运输工具负责人”时，进行铁壳船备案录入，请选择“运输工具负责人”身份。

关于铁壳船备案的相关功能的使用方法请参考监管作业场所经营人铁壳船备案。

三、边民 / 互助组代表 / 合作社代表

（一）角色来源

1。地方政府通过账号登录进系统，进行边民备案录入、互助组备案录入、合作社备案录入。

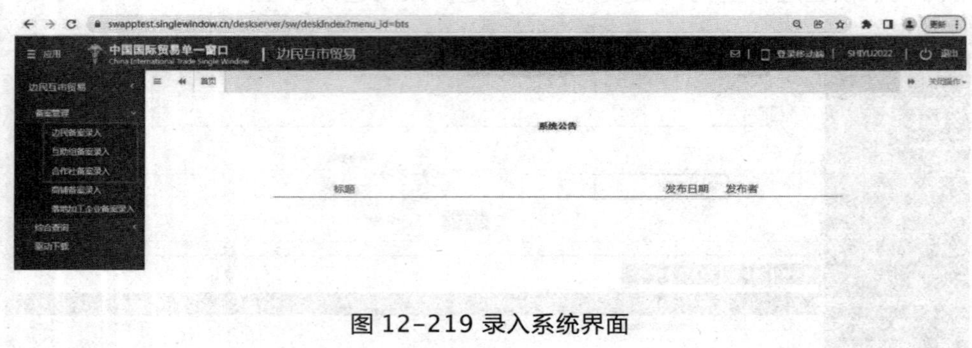

图 12-219 录入系统界面

2. 通过边民备案信息查询、互助组备案信息查询、合作社备案信息查询能够查询到状态为正常的边民、互助组、合作社信息。

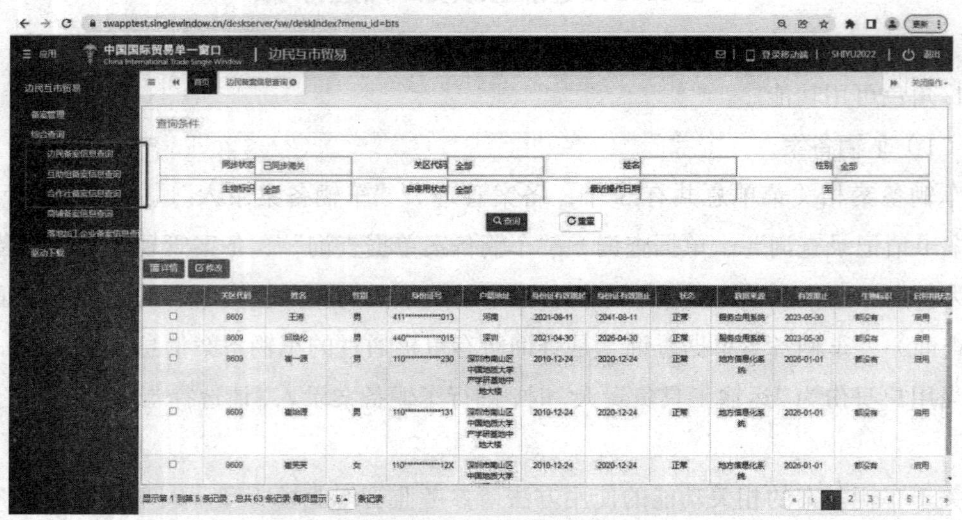

图 12-220 边民备案查询

3. 使用边民、互助组代表、合作社代表的身份证在单窗注册一个个人账号或企业账号，通过该账号登录进边民互市贸易系统后即可正常使用。

（二）系统登录

边民、互助组代表、合作社代表在单窗平台注册个人账号之后（合作社代表可以注册企业账号），即可登录单窗平台的边民互市贸易服务应用，此时只能查看到菜单，没有操作权限。再由地方商务部门通过单窗平台的边民互市贸易服务应用边民备案、互助组备案、合作社备案，登录之后拥有边民、互助组或合作社操作权限。

（三）使用功能介绍

1.WEB 端功能介绍

边民 / 合作社 / 互助组代表在单窗平台注册账号并登录，可以做证书预备案、进境申报单、出境申报单、进口申报单（暂存）、对外销售商品申报单等业务。

2. 单窗平台登录

输入地址 https://www.singlewindow.cn/ 即可进入总署单窗平台，边民 / 合作社 / 互助组代表需要在单窗注册账号才可以登录，登录之后即可选择进入边民互市系统开展业务。进入系统后页面：

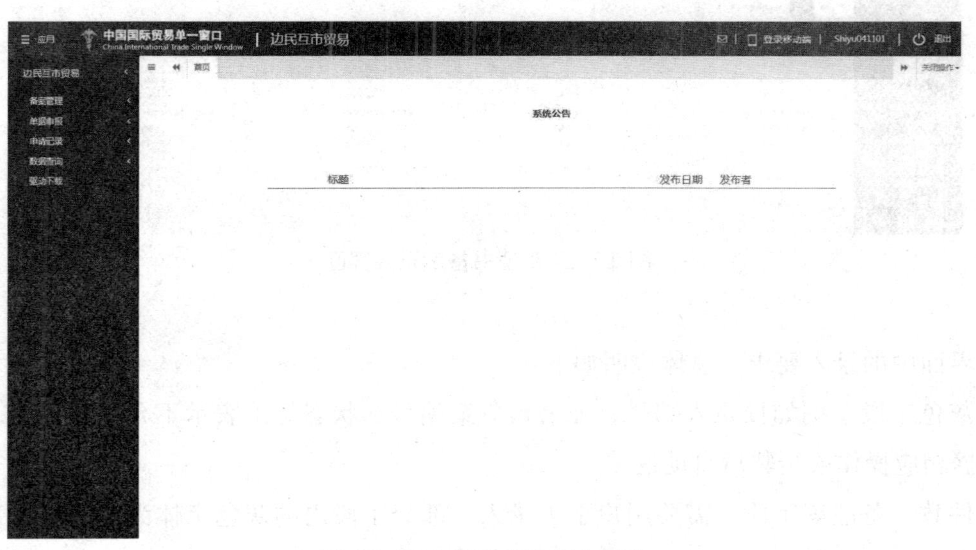

图 12-221 总署单窗平台界面

3. 证书预备案

证书预备案相关菜单总共有 3 个：“备案管理—证书预备案录入”“申请记录查询—证书预备案申请记录查询”“单据查询—证书预备案单据查询”，“证书预备案录入”为申报界面，“证书预备案申请记录查询”是查询所有的申报记录，“证书预备案单据查询”查询所有申报经过监管端审核通过之后的单据信息。

（1）证书预备案录入

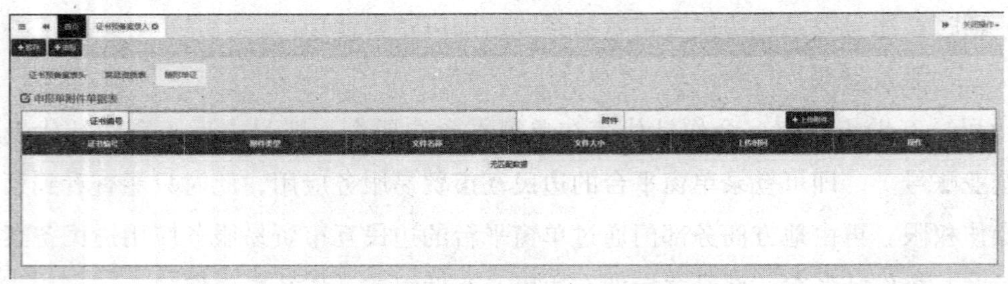

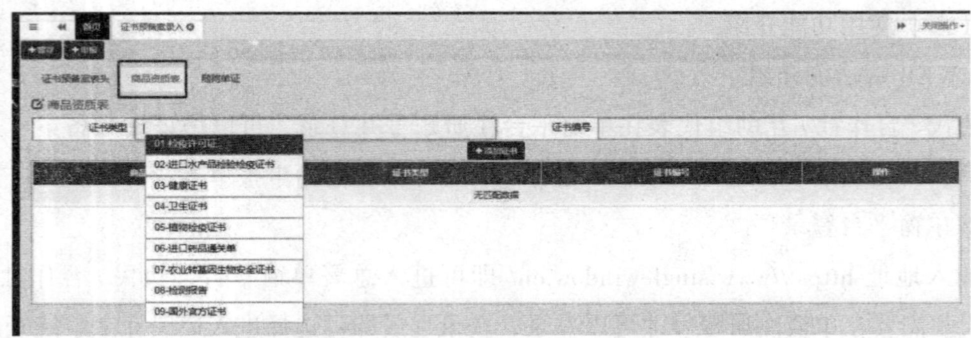

图 12-222 证书备案录入界面

界面中的录入要求，总体说明如下：

灰色字段（例如预录入编号、证书预备案编号、状态等）表示不允许录入，系统将根据相应操作或步骤后自动返填。

件数、备注等字段，需要用户手工录入，部分字段内的灰色字体为录入提示，请如实填写相关内容。

部分字段（例如关区代码、监管场所、商品编码、申报单位、证书类型等）需要在参数中进行调取，不允许随意录入。使用键盘空格键，可调出下拉菜单并在其中进行选择。也可以输入已知的相应数字、字母或汉字，迅速调出参数，选择后点击回车键确认录入。

填写完毕后，点击左上角【申报】/【暂存】按钮，弹出“申报成功”/“暂存成功”

提示框，单据的状态可在“证书预备案申请记录查询”查看。

（2）证书预备案申请记录查询

此查询页面包含查询、新增、详情、修改、删除功能。

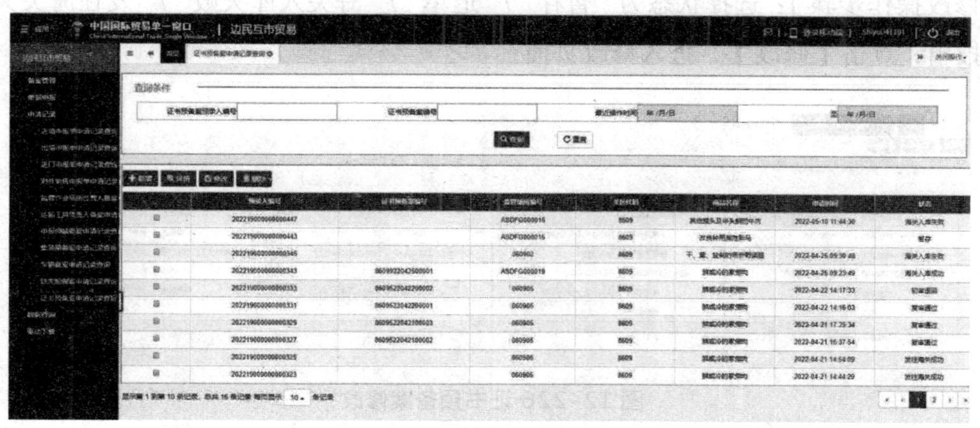

图 12-223 证书预备案申请记录查询

1）新增：

点击可打开申报界面。

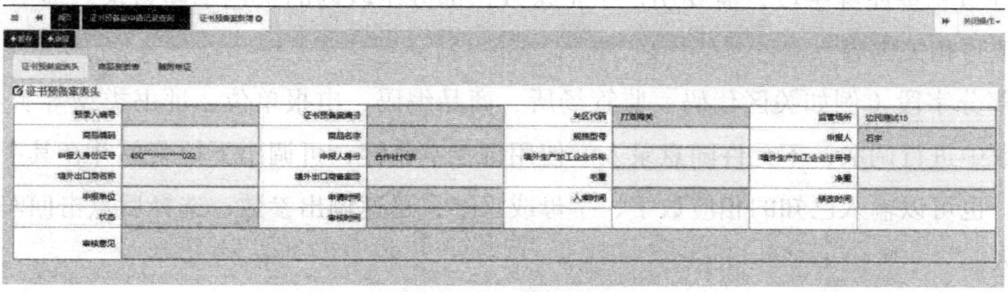

图 12-224 证书预备案新增

2）详情：

选择单据点击【详情】，可查询申报单详情信息。

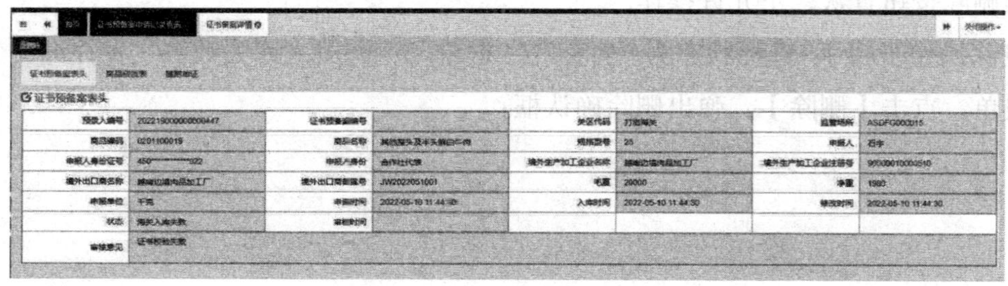

图 12-225 证书预备案详情

3）修改：

状态为“暂存”“发往海关失败”“海关入库失败”等单据，可以修改申报单再提交申报，其他状态数据修改按钮置灰，不允许操作。

修改操作步骤 1：选择状态为“暂存”/“退单”/“海关入库失败”/“发往海关失败”的申报单，点击【修改】，进入修改页面：

图 12-226 证书预备案修改

修改操作步骤 2：修改数据录入要求如下界面中的录入要求，总体说明如下：

灰色字段（例如预录入编号、证书预备案编号、状态等）表示不允许录入，系统将根据相应操作或步骤后自动返填。

件数、备注等字段，需要用户手工录入，部分字段内的灰色字体为录入提示，请如实填写相关内容。

部分字段（例如关区代码、监管场所、商品编码、申报单位、证书类型等）需要在参数中进行调取，不允许随意录入。使用键盘空格键，可调出下拉菜单并在其中进行选择。也可以输入已知的相应数字、字母或汉字，迅速调出参数，选择后点击回车键确认录入。

修改操作步骤 3：填写完毕后，点击左上角【申报】/【暂存】按钮，页面弹出“申报成功”/“暂存成功”提示框，申报单的状态可在“证书预备案申请记录查询页面”查看。

4）删除：

可删除状态为“暂存”“发往海关失败”“海关入库失败”等单据信息，其他状态数据删除按钮置灰，不允许操作。

删除操作步骤 1：选择状态为“暂存”/“退单”/“海关入库失败”/“发往海关失败”的申报单，点击【删除】，弹出删除确认框：

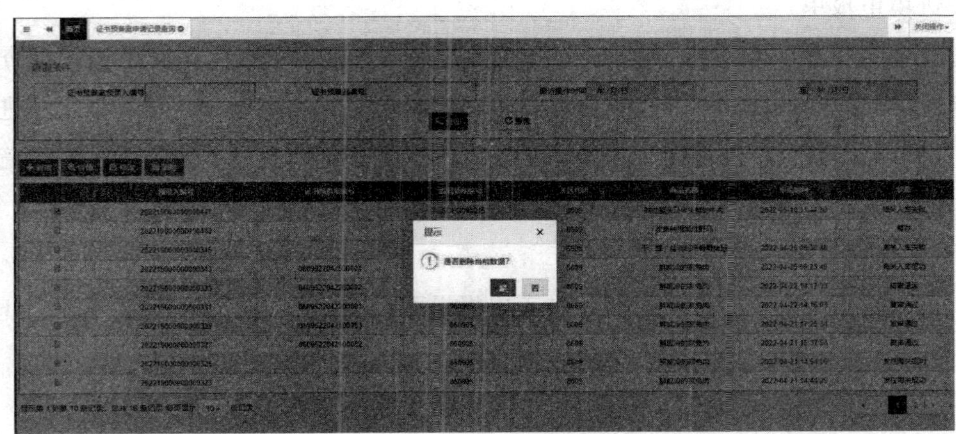

图 12-227 证书预备案删除

删除操作步骤 2: 点击右下角【是】按钮，页面弹出“删除成功”提示框，申报单删除; 点击右下角【否】按钮，页面关闭删除确认框，申报单无变化。

（3）证书预备案单据查询

此查询页面包含查询、详情功能。

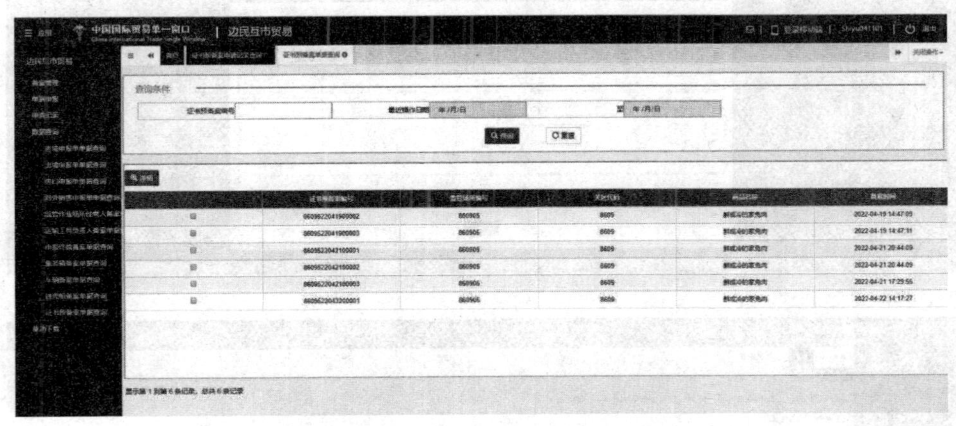

图 12-228 证书预备案单据查询

选择单据点击【详情】，可查询申报单详情信息。

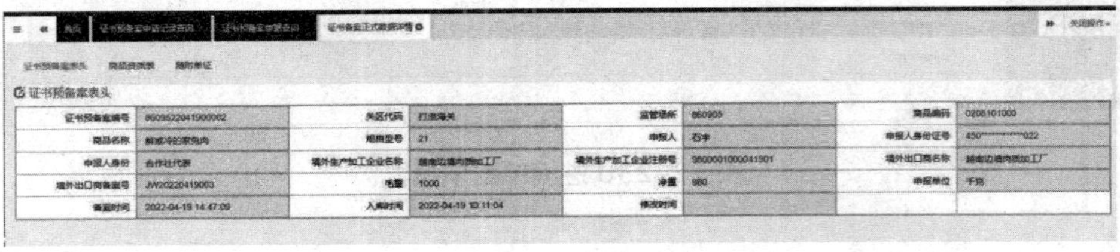

图 12-229 证书预备案单据查询详情

4. 进境申报单

进境申报单相关菜单总共有 3 个："单据申报—进境申报单""申请记录查询—进境申报单申请记录查询""单据查询—进境申报单单据查询"，"单据申报—进境申报单"为申报界面，"进境申报单申请记录查询"是查询所有的申报记录，"进境申报单单据查询"查询所有预审核通过的进境申报单信息。

（1）单据申报：

点击"单据申报—进境申报单"，进入申报界面，申报项页签包括表头、商品信息（包括商品资质）、车辆信息、随附单证等。

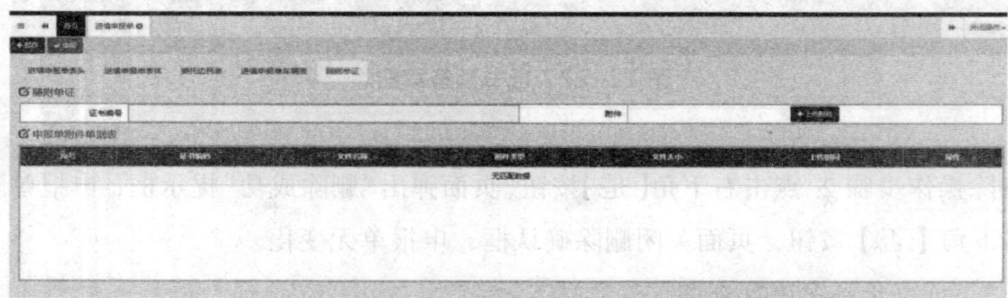

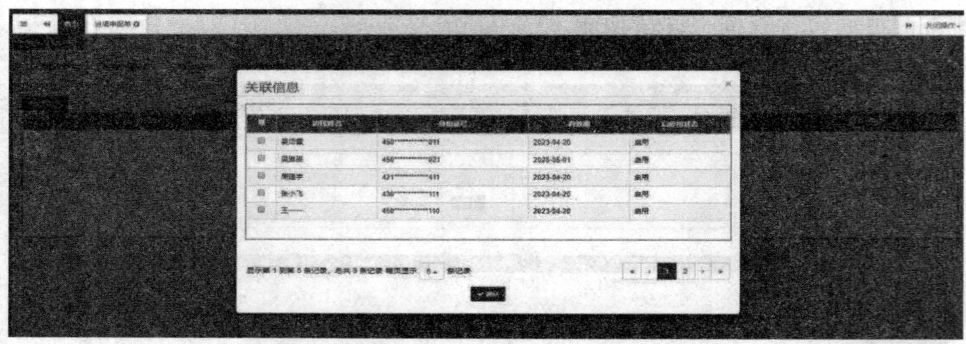

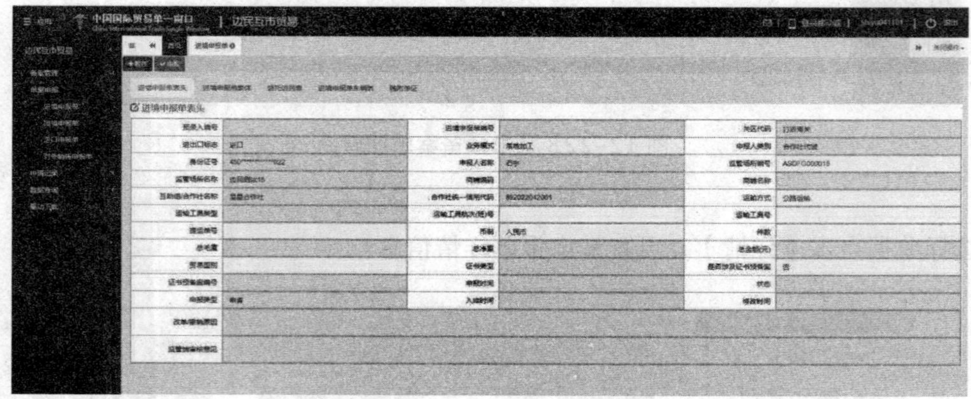

图 12-230 进境单据申报界

界面中的录入要求，总体说明如下：

灰色字段（例如预录入编号、进出口标志、状态等）表示不允许录入，系统将根据相应操作或步骤后自动返填。

运输工具航次号、运输工具号、提运单号等字段，需要用户手工录入，部分字段内的灰色字体为录入提示，请如实填写相关内容。

部分字段（例如运输方式、贸易国别、币制、商品流向等）需要在参数中进行调取，不允许随意录入。使用键盘空格键，可调出下拉菜单并在其中进行选择。也可以输入已知的相应数字、字母或汉字，迅速调出参数，选择后点击回车键确认录入。

小提示：

业务模式为“落地加工”“原装提离”的进境申报单会自动生成进口申报单，此时进境申报单需要多填写表头中“落地加工统一信用代码”，“是否拼车”，“商品流向”等字段，并且该业务模式下申报单只能暂存不能申报，可以先暂存申报单，再去监管场所申报终端处登录打开申报终端的进境申报单“申请记录查询”，选中刚在单窗暂存的申报单，点击【修改】，确认数据无误后提交申报；若业务模式为“区内交易”，则不会生成进口申报单，可直接在单窗提交申报。

（2）进境申报单申请记录查询：

此查询页面包含查询、新增、详情、修改、复制、删除功能。

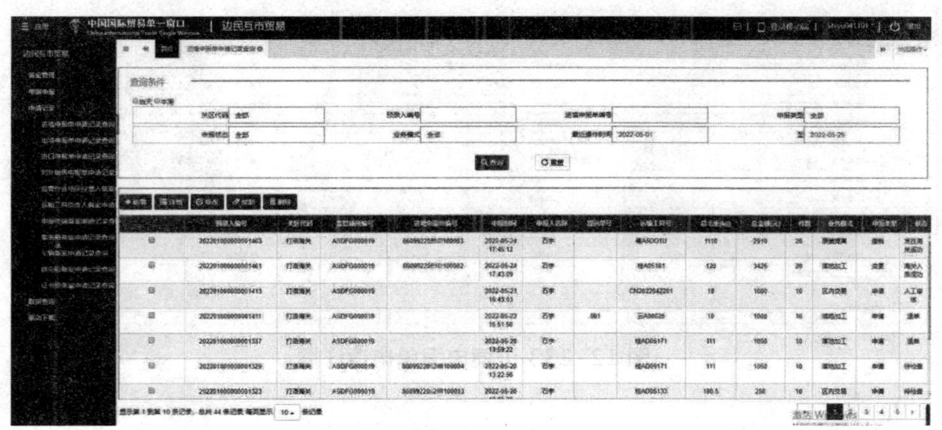

图 12-231 进境申报单申请记录查询

1）新增：

点击可打开申报界面。

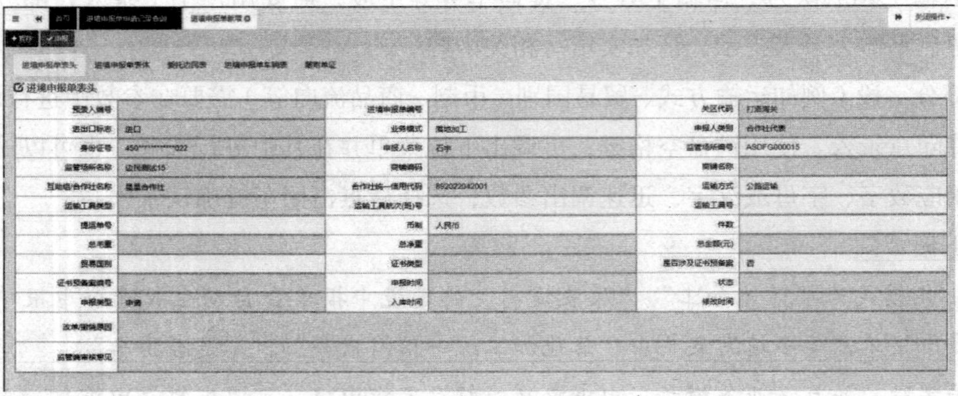

图 12-232 进境申报单申请新增

2）详情：

选择单据点击【详情】，可查询申报单详细信息。

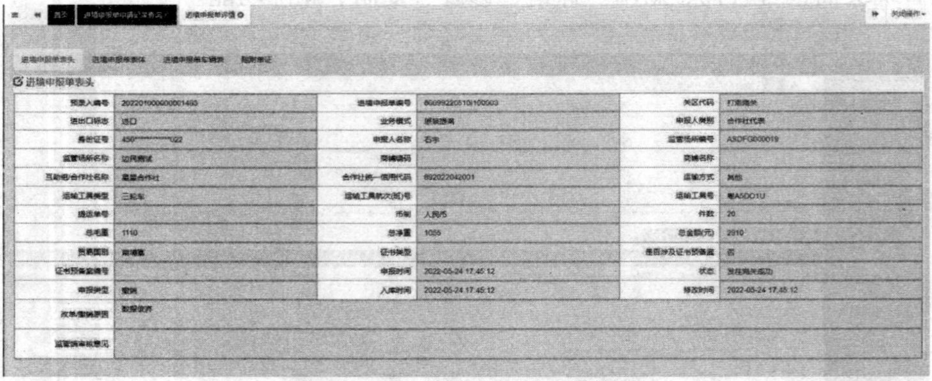

图 12-233 进境申报单申请详情

3）修改：

状态为“暂存”“退单”“发往海关失败”“海关入库失败”等单据，可以修改申报单再提交申报，其他状态数据修改按钮置灰，不允许操作。

修改操作步骤 1：选择状态为“暂存”/“退单”/“海关入库失败”/“发往海关失败”的申报单，点击【修改】，进入修改页面：

首页　进境申报单申请记录查询　进境申报单修改

暂存　申报　删除

进境申报单表头　进境申报单表体　委托边民表　进境申报单车辆表　随附单证

进境申报单表头

预录入编号	20220100000001411	进境申报单编号		关区代码	打洛海关
进出口标志	进口	业务模式	落地加工	申报人类别	合作社代表
身份证号	450**********022	申报人名称	[illegible]	监管场所编号	ASDFG000019
监管场所名称	边民测试19	商铺编码		商铺名称	
互助组/合作社名称	[illegible]合作社	合作社统一信用代码	[illegible]022042001	运输方式	公路运输
运输工具类型		运输工具航次(班)号	8539001	运输工具号	云A00025
提运单号	001	币制	人民币	件数	10
总毛重	10	总净重	10	总金额(元)	1000
贸易国别	缅甸	证书类型		是否涉及证书预备案	否
证书预备案编号		申报时间	2022-05-23 15:51:50	状态	退单
申报类型	申请	入库时间	2022-05-23 15:51:50	修改时间	2022-05-23 15:56:09
改单/撤销原因					
监管端审核意见	公路舱单核注检查失败				

图 12-234 进境申报单申请修改

修改操作步骤 2：修改数据录入要求总体说明如下：

灰色字段（例如预录入编号、进出口标志、状态等）表示不允许录入，系统将根据相应操作或步骤后自动返填。

运输工具航次号、运输工具号、提运单号等字段，需要用户手工录入，部分字段内的灰色字体为录入提示，请如实填写相关内容。

部分字段（例如运输方式、贸易国别、币制、商品流向等）需要在参数中进行调取，不允许随意录入。使用键盘空格键，可调出下拉菜单并在其中进行选择。也可以输入已知的相应数字、字母或汉字，迅速调出参数，选择后点击回车键确认录入。关于键盘操作，可参考重要提醒中的相关描述。

修改操作步骤 3：填写完毕后，点击左上角【申报】/【暂存】按钮，页面弹出“申报成功”/“暂存成功”提示框，申报单的状态可在“申请记录查询页面” 查看。

小提示：

业务模式为“落地加工”“原装提离”的进境申报单会自动生成进口申报单，此时进境申报单需要多填写表头中“落地加工统一信用代码”，“是否拼车”，“商品流向”等字段，并且该业务模式下申报单只能暂存不能申报，可以先暂存申报单，再去监管场所申报终端处登录打开申报终端的进境申报单“申请记录查询”，选中刚在单窗暂存的申报单，点击【修改】，确认数据无误后提交申报；若业务模式为“区内交易”，则不会生成进口申报单，可直接在单窗提交申报。

4）复制：

可选择任意一条申报单进行复制申报，点击【复制】会打开申报界面，可修改数据项之后再提交申报。

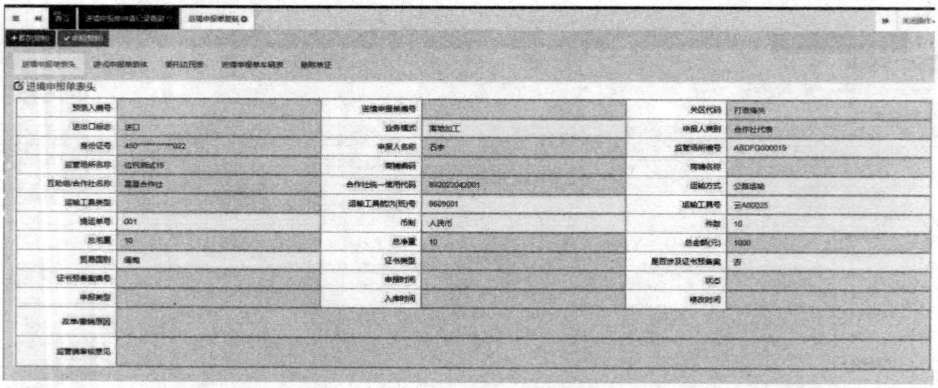

图 12-235 进境申报单申请复制

复制操作步骤 1：选择任意一条申报单，点击【复制】，进入复制页面：

复制操作步骤 2：界面中的录入要求，总体说明如下：

灰色字段（例如预录入编号、进出口标志、状态等）表示不允许录入，系统将根据相应操作或步骤后自动返填。

运输工具航次号、运输工具号、提运单号等字段，需要用户手工录入，部分字段内的灰色字体为录入提示，请如实填写相关内容。

部分字段（例如运输方式、贸易国别、币制、商品流向等）需要在参数中进行调取，不允许随意录入。使用键盘空格键，可调出下拉菜单并在其中进行选择。也可以输入已知的相应数字、字母或汉字，迅速调出参数，选择后点击回车键确认录入。关于键盘操作，可参考重要提醒中的相关描述。

复制操作步骤 3：填写完毕后，点击左上角【申报】/【暂存】按钮，页面弹出“申报成功”/“暂存成功”提示框，申报单的状态可在“申请记录查询页面”查看。

小提示：

业务模式为“落地加工”“原装提离”的进境申报单会自动生成进口申报单，此时进境申报单需要多填写表头中“落地加工统一信用代码”，“是否拼车”，“商品流向”等字段，并且该业务模式下申报单只能暂存不能申报，可以先暂存申报单，再去监管场所申报终端处登录打开申报终端的进境申报单“申请记录查询”，选中刚在单窗暂存的申报单，点击【修改】，确认数据无误后提交申报；若业务模式为“区内交易”，则不会生成进口申报单，可直接在单窗提交申报。

5）删除：

可删除状态为“暂存”“退单”“发往海关失败”“海关入库失败”等单据信息，其他状态数据删除按钮置灰，不允许操作；

删除操作步骤 1：选择状态为“暂存”/“退单”/“海关入库失败”/“发往海关失败”

的申报单，点击【删除】，弹出删除确认框。

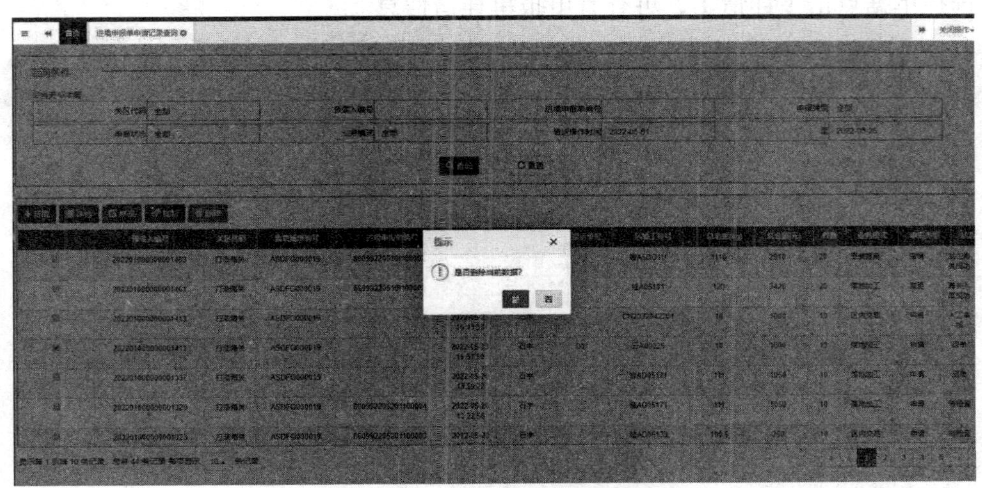

图 12-236 进境申报单删除

删除操作步骤 2：点击右下角【是】按钮，页面弹出"删除成功"提示框，申报单删除；点击右下角【否】按钮，页面关闭删除确认框，申报单无变化。

（3）进境申报单单据查询：

此查询页面包含查询、详情、变更、撤销功能。

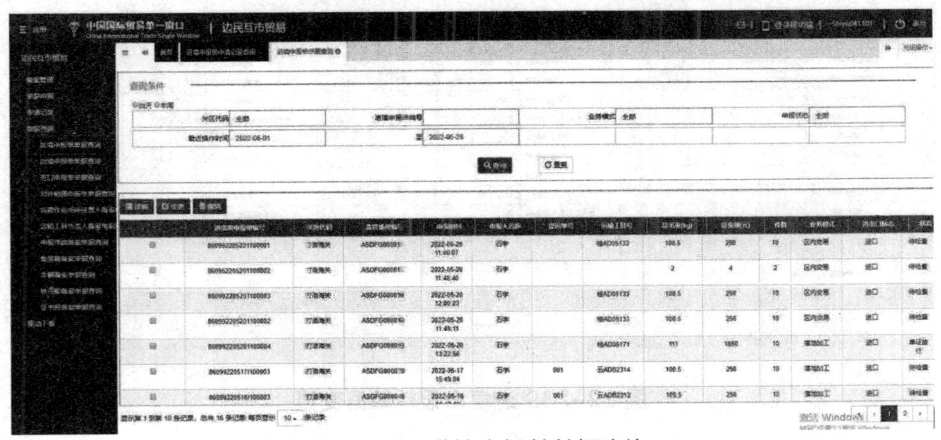

图 12-237 进境申报单单据查询

1）详情：

选择单据点击【详情】，可查看申报单详情信息。

图 12-238 进境申报单单据查询详情

2）变更：

业务模式为："区内交易"，状态为"审核通过""正常放行""改单"、"单证放行""实货放行"等单据，可以进行变更操作，其他数据变更按钮置灰，不允许操作；

变更操作步骤 1：选择业务模式为："区内交易"，状态为"审核通过"/"正常放行"/"改单"/"单证放行"/"实货放行"的单据，点击【变更】，进入变更页面。

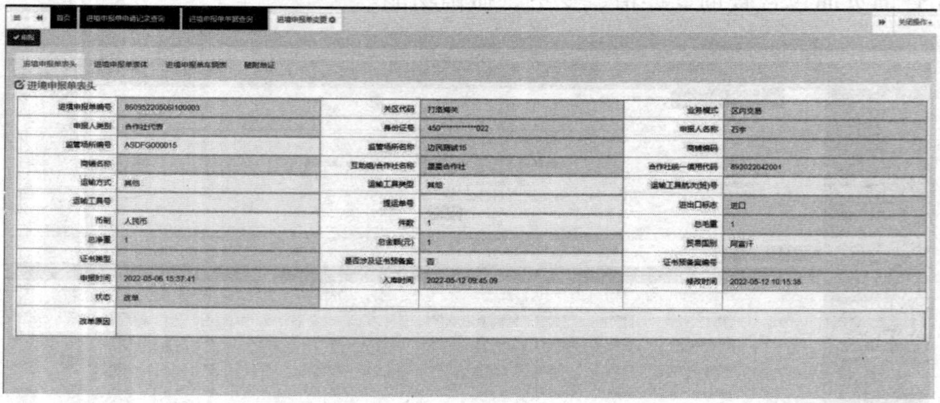

图 12-239 进境申报单单据变更

变更操作步骤 2：变更需要修改的数据，修改数据录入要求如下界面中的录入要求，总体说明如下：

灰色字段（例如进境申报单编号、进出口标志、状态等）表示不允许录入，系统将根据相应操作或步骤后自动返填。

运输工具航次号、运输工具号、提运单号等字段，需要用户手工录入，部分字段内的灰色字体为录入提示，请如实填写相关内容。

部分字段（例如运输方式、贸易国别、币制、商品流向等）需要在参数中进行调取，不允许随意录入。使用键盘空格键，可调出下拉菜单并在其中进行选择。也可以输入已知的相应数字、字母或汉字，迅速调出参数，选择后点击回车键确认录入。关于键盘操作，可参考重要提醒中的相关描述。

变更操作步骤 3：填写完毕后，点击左上角【申报】按钮，页面弹出“申报成功”提示框，申报单的状态可在“申请记录查询页面”查看。

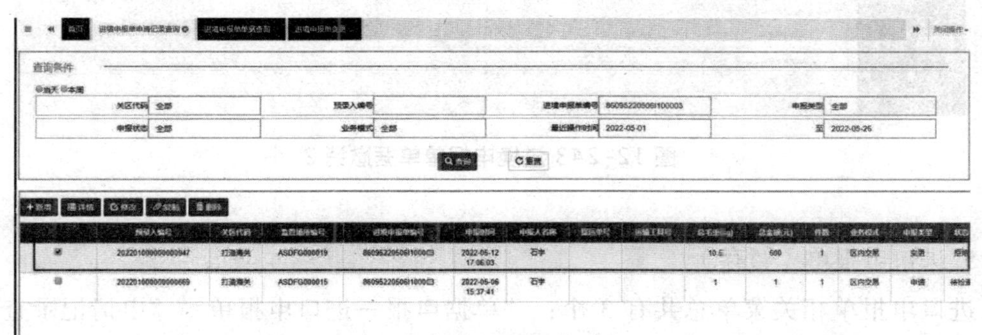

图 12-240 进境申报单单据申报

3）撤销：

业务模式为：“区内交易”，状态为“审核通过”“正常放行”“单证放行”“实货放行”等单据，可以进行撤销操作，其他数据撤销按钮置灰，不允许操作。

撤销操作步骤 1：选择业务模式为：“区内交易”，状态为“审核通过”/“正常放行”/“改单”/“单证放行”/“实货放行”的单据，点击【撤销】，弹出撤销原因录入框：

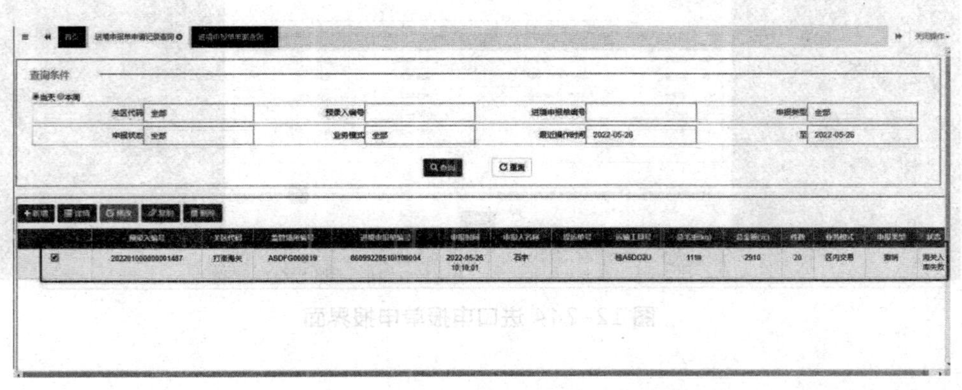

图 12-242 进境申报单单据撤销 1

撤销操作步骤 2：填写撤销单据原因，填写完毕后，点击左下角【确认】按钮，页面弹出“申报成功”提示框，申报单的状态可在“申请记录查询页面”查看；点击【取消】按钮，关闭撤销原因录入框，数据无变化。

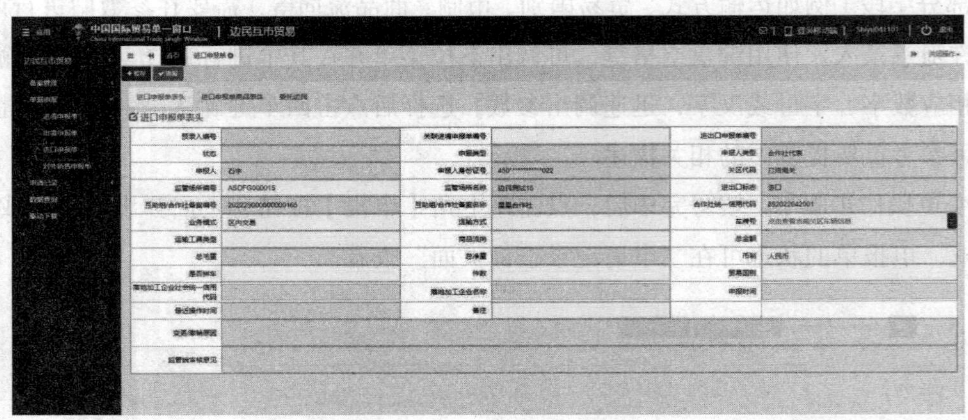

图 12-243 进境申报单单据撤销 2

5. 进口申报单（暂存）

进口申报单相关菜单总共有 3 个：“单据申报—进口申报单”“申请记录查询—进口申报单申请记录查询”“单据查询—进口申报单单据查询”，“单据申报—进口申报单”为申报界面，“进口申报单申请记录查询”是查询所有的申报记录，“进口申报单单据查询”查询所有预审核通过的进口申报单信息。

（1）单据申报：

点击“单据申报—进口申报单”，进入申报界面，申报项页签包括表头、商品表体。

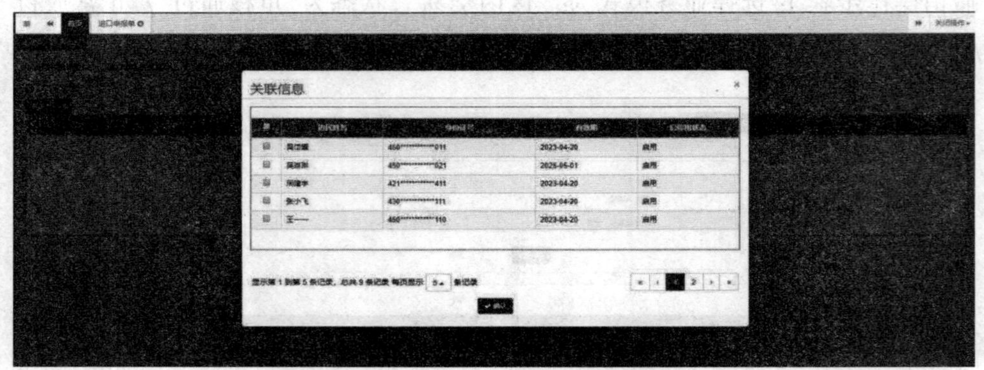

图 12-244 进口申报单申报界面

小提示：

进口申报单在单窗平台只能暂存不能申报，可以先暂存申报单，再去监管场所申报终端处登录打开申报终端的进口申报单“申请记录查询”，选中刚在单窗暂存的申报单，点击【修改】，确认数据无误后提交申报；

进口申报单填写的快捷方式，可在“申请记录查询”查询页面中选中一条适合申报的单据，点击【复制】，系统会打开申报界面并反填选中单据的申报项，只需修改成适合本次申报的数据即可提交申报。

（2）进口申报单申请记录查询

此查询页面包含查询、新增、详情、修改、复制、删除功能。

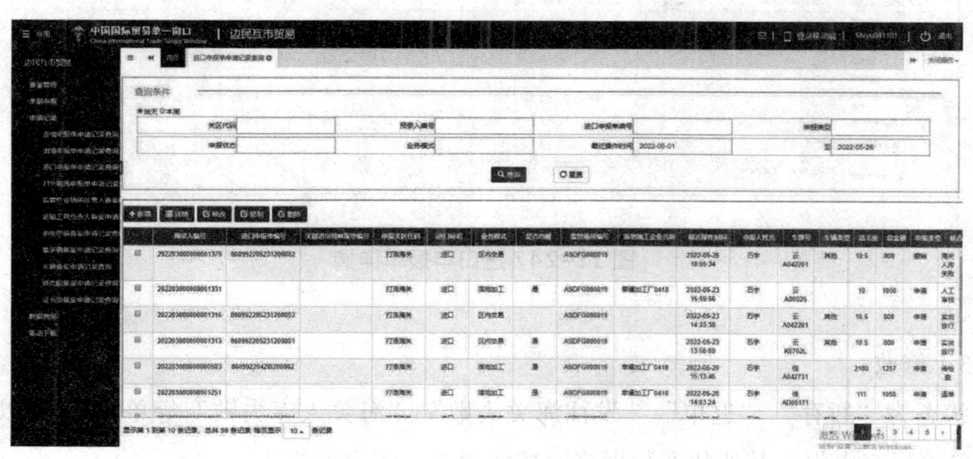

图 12-245 进口申报单申请记录查询

1）新增：

点击可打开申报界面。

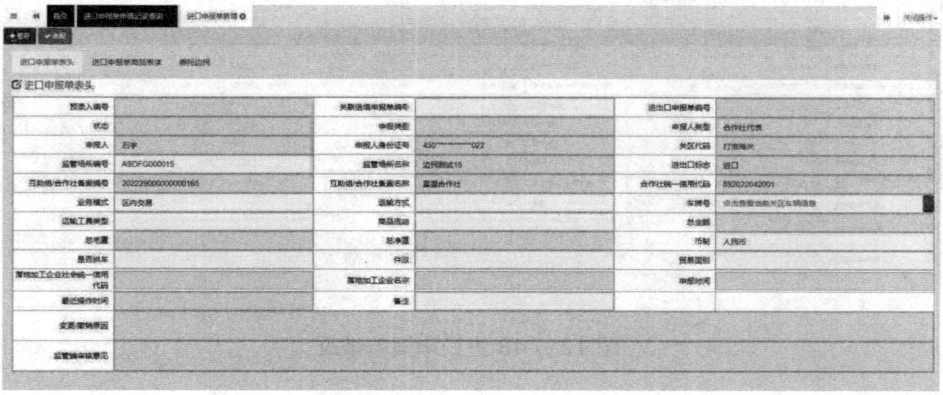

图 12-246 进口申报单新增

2）详情：

选择单据点击【详情】，可查询申报单详情信息。

进口申报单表头

预录入编号	202203000000001375	关联运境申报单编号		进出口申报单编号	860992205231200002
状态	海关入库失败	申报类型	撤销	申报人类型	合作社代表
申报人	石	申报人身份证号	450************022	关区代码	打洛海关
监管场所编号	ASDFG000019	监管场所名称	边民测试	进出口标志	进口
互助组/合作社备案编号	202229000000000165	互助组/合作社备案名称	星星合作社	合作社统一信用代码	892022042001
业务模式	区内交易	运输方式	其他	车牌号	云A042201
运输工具类型	其他	商品流向	生活自用	总金额	600
总毛重	10.5	总净重	10	币制	人民币
是否拼车	否	件数		贸易国别	不丹
落地加工企业社会统一信用代码		落地加工企业名称		申报时间	2022-05-25 18:03:37
最近操作时间	2022-05-25 18:05:34	备注	测试		
变更/撤销原因	数据废弃				
监管确审核意见	单证状态非通过,不允许撤销				

图 12-247 进口申报单详情

3）修改：

状态为“暂存”“退单”“发往海关失败”“海关入库失败”等单据，可以修改申报单再提交申报，其他状态数据修改按钮置灰，不允许操作。

修改操作步骤 1：选择状态为“暂存”/“退单”/“海关入库失败”/“发往海关失败”的申报单，点击【修改】，进入修改页面：

图 12-248 进口申报单修改

修改操作步骤 2：修改数据录入要求总体说明如下：

灰色字段（例如预录入编号、进出口标志、状态等）表示不允许录入，系统将根据相应操作或步骤后自动返填。

运输工具航次号、运输工具号、提运单号等字段，需要用户手工录入，部分字段内的灰色字体为录入提示，请如实填写相关内容。

部分字段（例如运输方式、贸易国别、币制、商品流向等）需要在参数中进行调取，不允许随意录入。使用键盘空格键，可调出下拉菜单并在其中进行选择。也可以输入已知的相应数字、字母或汉字，迅速调出参数，选择后点击回车键确认录入。

修改操作步骤 3：填写完毕后，点击左上角【暂存】按钮，弹出“暂存成功”弹窗，申报单的状态可在“申请记录查询页面”查看。

小提示：

进口申报单在单窗平台只能暂存不能申报，可以先暂存申报单，再去监管场所申报终端处登录打开申报终端的进口申报单“申请记录查询”，选中刚在单窗暂存的申报单，点击【修改】，确认数据无误后提交申报；

4）复制：

可选择任意一条申报单进行复制申报，点击【复制】会打开申报界面，可修改数据项之后再提交申报。

复制操作步骤 1：选择任意一条申报单，点击【复制】，进入复制页面：

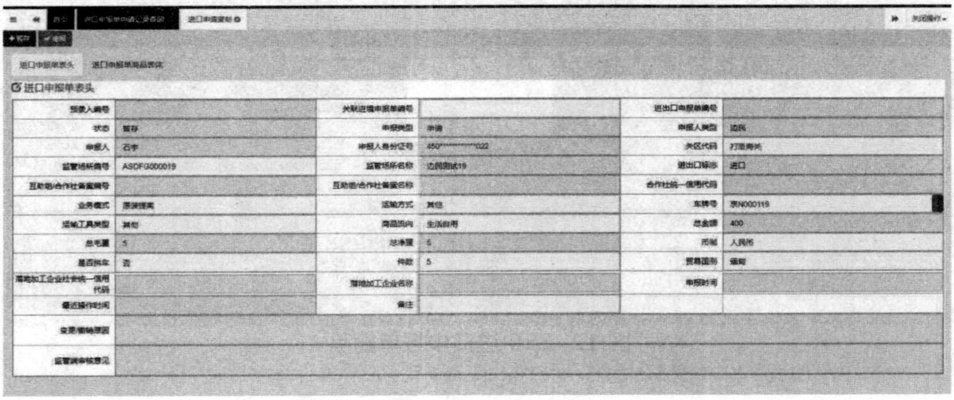

图 12-249 进口申报单复制

复制操作步骤 2：界面中的录入要求，总体说明如下：

灰色字段（例如预录入编号、进出口标志、状态等）表示不允许录入，系统将根据相应操作或步骤后自动返填。

运输工具航次号、运输工具号、提运单号等字段，需要用户手工录入，部分字段内的灰色字体为录入提示，请如实填写相关内容。

部分字段（例如运输方式、贸易国别、币制、商品流向等）需要在参数中进行调取，不允许随意录入。使用键盘空格键，可调出下拉菜单并在其中进行选择。也可以输入已知的相应数字、字母或汉字，迅速调出参数，选择后点击回车键确认录入。

复制操作步骤 3：填写完毕后，点击左上角【暂存】按钮，弹出“暂存成功”弹窗，申报单的状态可在“申请记录查询页面”查看。

小提示：

进口申报单在单窗平台只能暂存不能申报，可以先暂存申报单，再去监管场所申报终端处登录打开申报终端的进口申报单“申请记录查询”，选中刚在单窗暂存的申报单，点击【修改】，确认数据无误后提交申报。

5）删除：

可删除状态为“暂存”“退单”“发往海关失败”“海关入库失败”等单据信息，其他状态数据删除按钮置灰，不允许操作。

删除操作步骤 1：选择状态为“暂存”/“退单”/“海关入库失败”/“发往海关失败”的申报单，点击【删除】，弹出删除确认框：

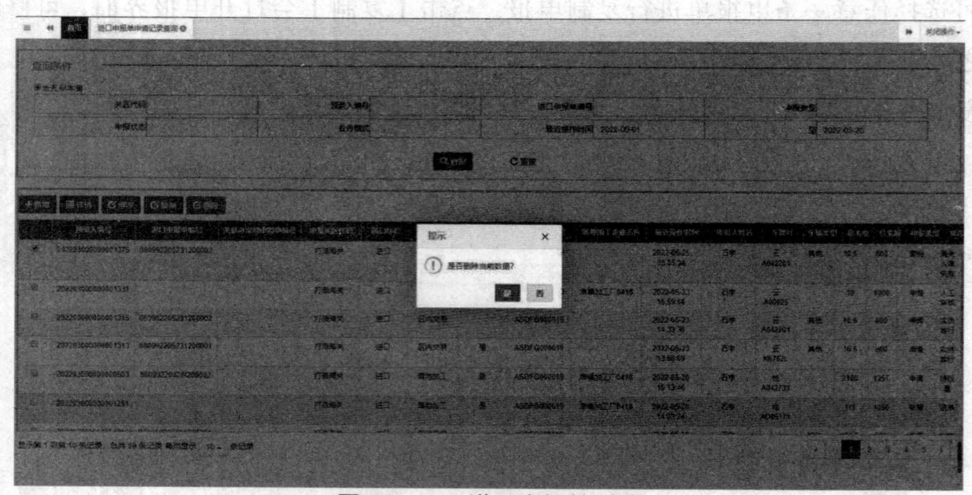

图 12-250 进口申报单删除

删除操作步骤 2：点击右下角【是】按钮，页面弹出“删除成功”提示框，申报单删除；点击右下角【否】按钮，页面关闭删除确认框，申报单无变化。

（3）进口申报单单据查询

此查询页面包含查询、详情功能。

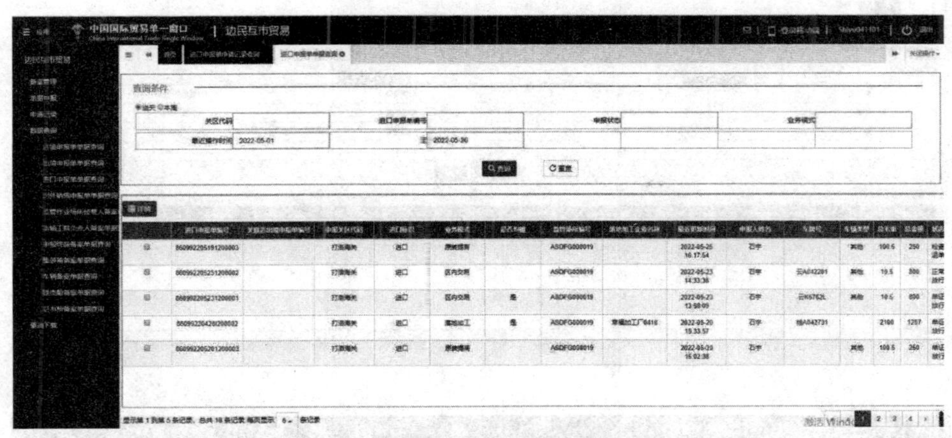

图 12-251 进口申报单单据查询

选择单据点击【详情】，可查询申报单详情信息。

图 12-252 进口申报单单据详情

6. 对外销售商品申报单

对外销售商品申报单相关菜单总共有 3 个，单据申报〉"对外销售商品申报单"、申请记录查询〉"对外销售商品申报单申请记录查询"、单据查询〉"对外销售商品申报单单据查询"，单据申报〉"对外销售商品申报单"为申报界面，"对外销售商品申报单申请记录查询"是查询所有的申报记录，"对外销售商品申报单单据查询"查询所有海关预审核通过的对外销售商品申报单信息。

（1）单据申报

点击"单据申报— 对外销售商品申报单"，进入申报界面，申报项页签包括表头、表体。

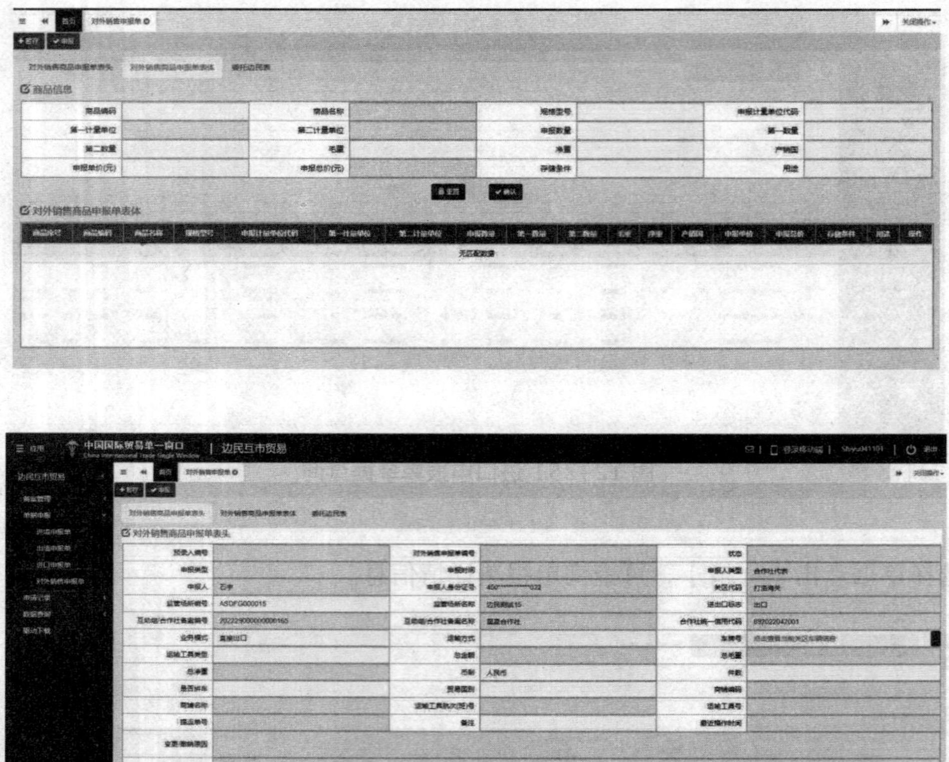

图 12-253 对外销售商品申报单申报界面

界面中的录入要求，总体说明如下：

灰色字段（例如预录入编号、进出口标志、状态等）表示不允许录入，系统将根据相应操作或步骤后自动返填。

件数、备注等字段，需要用户手工录入，部分字段内的灰色字体为录入提示，请如实填写相关内容。

部分字段（例如运输方式、贸易国别、运输工具类型、商品流向等）需要在参数中进行调取，不允许随意录入。使用键盘空格键，可调出下拉菜单并在其中进行选择。也可以输入已知的相应数字、字母或汉字，迅速调出参数，选择后点击回车键确认录入。

（2）对外销售商品申报单申请记录查询

此查询页面包含查询、新增、详情、修改、复制、删除功能。

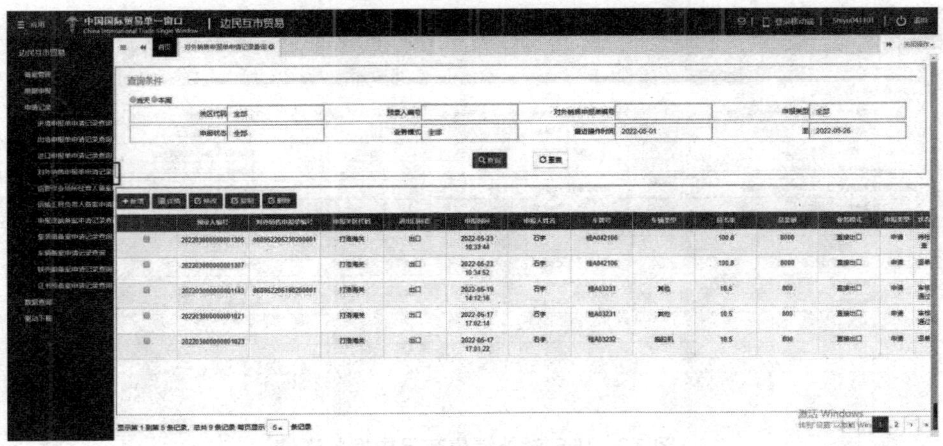

图 12-254 对外销售商品申报单申请记录查询

1）新增：

点击可打开申报界面。

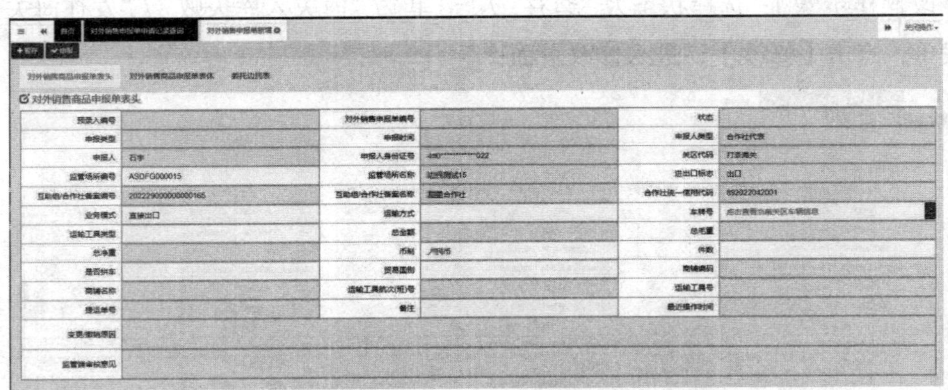

图 12-255 对外销售商品申报单新增

2）详情：

选择单据点击【详情】，可查询申报单详情信息；

首页　对外销售申报单申请记录查询　对外销售申报单详情

对外销售商品申报单表头　对外销售商品申报单表体　委托边民表

对外销售商品申报单表头

预录入编号	2022030000000001305	申报单编号	860952205230200001	状态	待检查
申报类型	申请	申报时间	2022-05-23 10:33:44	申报人类型	合作社代表
申报人	石丰	申报人身份证号	450************022	关区代码	8609-打洛海关
监管场所编号	ASDFG000015	监管场所名称	边民测试15	进出口标志	出口
互助组/合作社备案编号	2022290000000000165	互助组/合作社备案名称	星星合作社	合作社统一信用代码	892022042001
业务模式	直接出口	运输方式	公路运输	车牌号	桂A042106
运输工具类型		总金额	8000	总毛重	100.8
总净重	100	币制	人民币	件数	10
是否拼车	否	贸易国别	日本	商铺编码	
商铺名称		运输工具航次(班)号		运输工具号	
提运单号		备注	测试	最近操作时间	2022-05-23 10:41:52
变更/撤销原因					
监管端审核意见	报文解析成功				

图 12-256 对外销售商品申报单详情

3）修改：

状态为“暂存”“退单”“发往海关失败”“海关入库失败”等单据，可以修改申报单再提交申报，其他状态数据修改按钮置灰，不允许操作。

修改操作步骤 1：选择状态为“暂存”/“退单”/“海关入库失败”/“发往海关失败”的申报单，点击【修改】，进入修改页面：

首页　对外销售申报单申请记录查询　对外销售申请修改

暂存　申报

对外销售商品申报单表头　对外销售商品申报单表体　委托边民表

对外销售商品申报单表头

预录入编号	2022010000000001307	对外销售申报单编号		状态	退单
申报类型	申请	申报时间	2022-05-23 10:34:52	申报人类型	合作社代表
申报人	石丰	申报人身份证号	450************022	关区代码	打洛海关
监管场所编号	ASDFG000015	监管场所名称	边民测试15	进出口标志	出口
互助组/合作社备案编号	2022290000000000165	互助组/合作社备案名称	星星合作社	合作社统一信用代码	892022042001
业务模式	直接出口	运输方式	公路运输	车牌号	桂A042106
运输工具类型		总金额	8000	总毛重	100.8
总净重	100	币制	人民币	件数	10
是否拼车	否	贸易国别	日本	商铺编码	
商铺名称		运输工具航次(班)号		运输工具号	
提运单号		备注	测试	最近操作时间	2022-05-23 10:39:01
变更/撤销原因					
监管端审核意见	车辆桂A042106被占用，不允许申报;				

图 12-257 对外销售商品申报单修改

修改操作步骤 2：修改数据录入要求如下界面中的录入要求，总体说明如下：

灰色字段（例如预录入编号、进出口标志、状态等）表示不允许录入，系统将根据相应操作或步骤后自动返填。

件数、备注等字段，需要用户手工录入，部分字段内的灰色字体为录入提示，请如实填写相关内容。

部分字段（例如运输方式、贸易国别、运输工具类型、商品流向等）需要在参数中进行调取，不允许随意录入。使用键盘空格键，可调出下拉菜单并在其中进行选择。

也可以输入已知的相应数字、字母或汉字，迅速调出参数，选择后点击回车键确认录入。

修改操作步骤 3：填写完毕后，点击左上角【申报】/【暂存】按钮，页面弹出“申报成功”/“暂存成功”提示框，申报单的状态可在“申请记录查询页面” 查看。

4）复制：

可选择任意一条申报单进行复制申报，点击复制会打开申报界面，可修改数据项之后再提交申报。

复制操作步骤 1：选择任意一条申报单，点击【复制】，进入复制页面：

首页 对外销售申报单申请记录查询 对外销售申请复制 关闭操作

暂存 申报

对外销售商品申报单表头 对外销售商品申报单表体 委托边民表

对外销售商品申报单表头

预录入编号		对外销售申报单编号		状态	
申报类型		申报时间		申报人类型	合作社代表
申报人	石宇	申报人身份证号	450************022	关区代码	打洛海关
监管场所编号	ASDFG000015	监管场所名称	边民测试15	进出口标志	出口
互助组/合作社备案编号	202229000000000165	互助组/合作社备案名称	星星合作社	合作社统一信用代码	892022042001
业务模式	直接出口	运输方式	公路运输	车牌号	桂A042106
运输工具类型		总金额	5000	总毛重	100.8
总净重	100	币制	人民币	件数	10
是否拼车	否	贸易国别	日本	商铺编码	
商铺名称		运输工具航次(班)号		运输工具号	
提运单号		备注	测试	最近操作时间	
变更/撤销原因					
监管端审核意见					

图 12-258 对外销售商品申报单复制

复制操作步骤 2：界面中的录入要求，总体说明如下：

灰色字段（例如预录入编号、进出口标志、状态等）表示不允许录入，系统将根据相应操作或步骤后自动返填。

件数、备注等字段，需要用户手工录入，部分字段内的灰色字体为录入提示， 请如实填写相关内容。

部分字段（例如运输方式、贸易国别、运输工具类型、商品流向等）需要在参数中进行调取，不允许随意录入。使用键盘空格键，可调出下拉菜单并在其中进行选择。也可以输入已知的相应数字、字母或汉字，迅速调出参数，选择后点击回车键确认录入。

复制操作步骤 3：填写完毕后，点击左上角【申报】/【暂存】按钮，页面弹出“申报成功”/“暂存成功”提示框，申报单的状态可在“申请记录查询页面” 查看。

5）删除：

可删除状态为“暂存”“退单”“发往海关失败”“海关入库失败” 等单据信息，其他状态数据删除按钮置灰，不允许操作。

删除操作步骤 1：选择状态为“暂存”/“退单”/“海关入库失败”/“发往海关失败”的申报单，点击【删除】，弹出删除确认框：

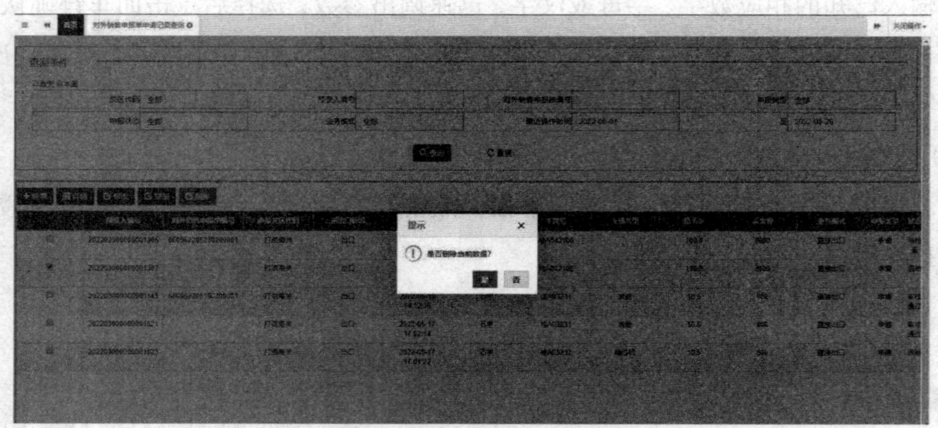

图 12-259 对外销售商品申报单删除

删除操作步骤 2: 点击右下角【是】按钮，页面弹出“删除成功”提示框，申报单删除；点击右下角【否】按钮，页面关闭删除确认框，申报单无变化。

（2）对外销售商品申报单单据查询

此查询页面包含查询、详情、变更、撤销功能。

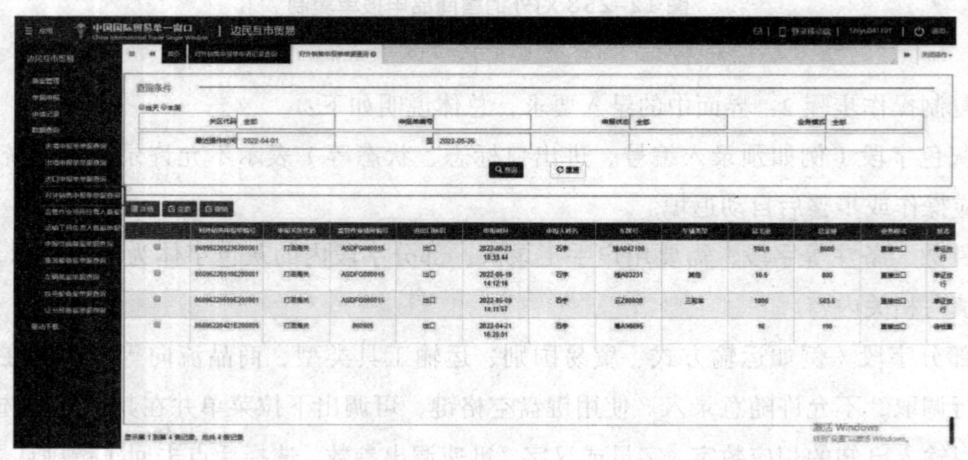

图 12-260 对外销售商品申报单删除

1）详情：

选择单据点击【详情】，可查询申报单详情信息。

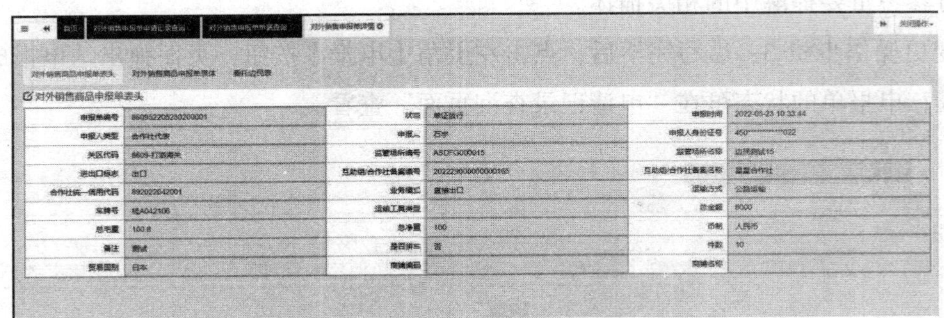

图 12-261 对外销售商品申报单详情

2）变更：

状态为“审核通过”“正常放行”“改单”“单证放行”“实货放行”等单据，可以进行变更操作，其他数据变更按钮置灰，不允许操作。

变更操作步骤 1：选择状态为“审核通过”/“正常放行”/“改单”/“单证放行”/“实货放行”的单据，点击【变更】，进入变更页面：

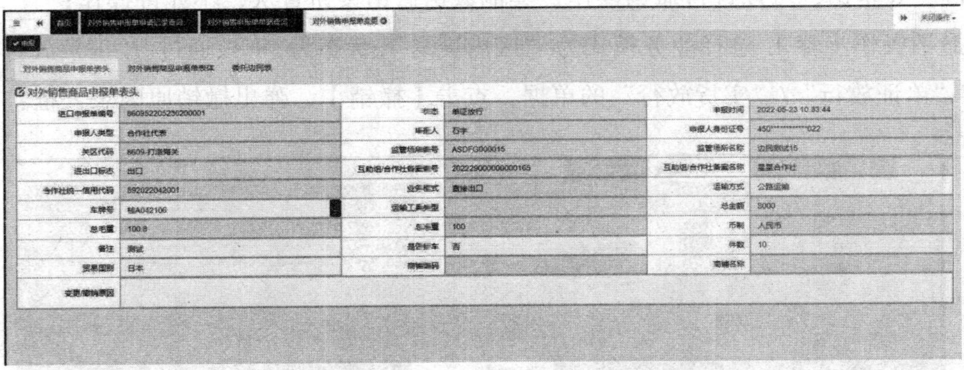

图 12-262 对外销售商品申报单变更

变更操作步骤 2：变更需要修改的数据，修改数据录入要求如下界面中的录入要求，总体说明如下：

灰色字段（例如对外销售申报单编号、进出口标志、状态等）表示不允许录入，系统将根据相应操作或步骤后自动返填。

运输工具航次号、运输工具号、提运单号等字段，需要用户手工录入，部分字段内的灰色字体为录入提示，请如实填写相关内容。

部分字段（例如运输方式、贸易国别、币制、商品流向等）需要在参数中进行调取，不允许随意录入。使用键盘空格键，可调出下拉菜单并在其中进行选择。也可以输入已知的相应数字、字母或汉字，迅速调出参数，选择后点击回车键确认录入。关于键盘操作，可参考重要提醒中的相关描述。

变更操作步骤 3：填写完毕后，点击左上角【申报】按钮，页面弹出“申报成功”提示框，申报单的状态可在“申请记录查询页面”查看。

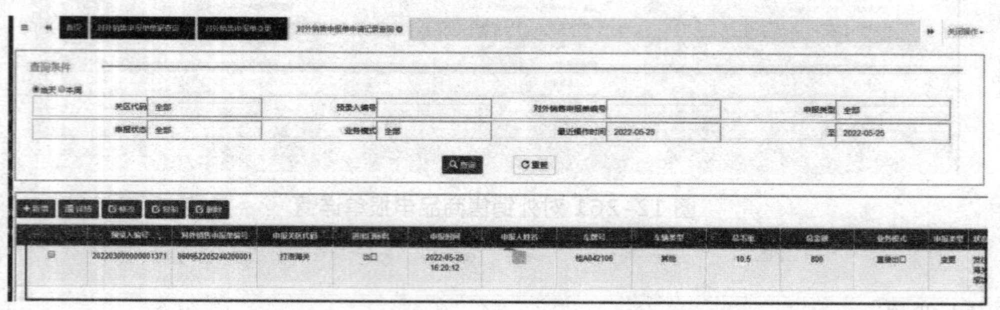

图 12-263 对外销售商品申报

3）撤销：

业务模式为：“区内交易”，状态为“审核通过”“正常放行”“单证放行”“实货放行”等单据，可以进行撤销操作，其他数据撤销按钮置灰，不允许操作；

撤销操作步骤 1：选择业务模式为：“区内交易”，状态为“审核通过”/“正常放行”/“改单”/“单证放行”/“实货放行”的单据，点击【撤销】，弹出撤销原因录入框：

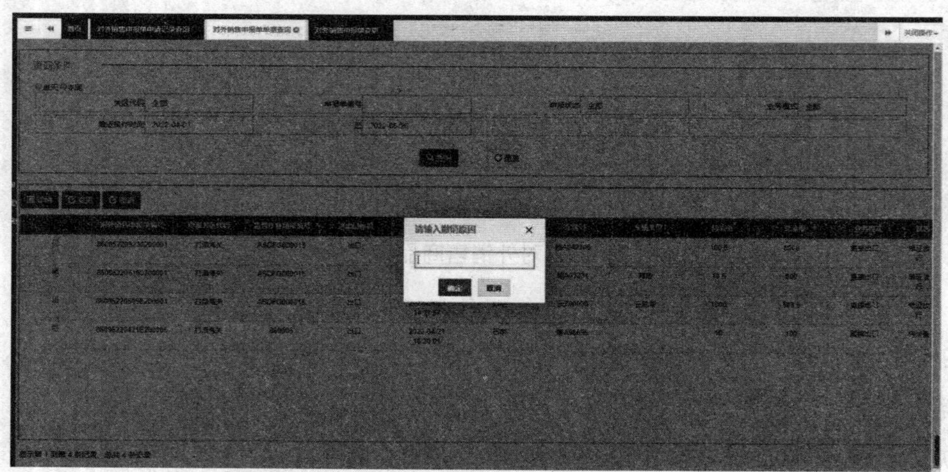

图 12-264 对外销售商品撤销

撤销操作步骤 2：填写撤销单据原因，填写完毕后，点击左下角【确认】按钮，页面弹出“申报成功”提示框，申报单的状态可在“申请记录查询页面”查看；点击【取消】按钮，关闭撤销原因录入框，数据无变化。

图 12-265 对外销售商品申报

7. 出境申报单

出境申报单相关菜单总共有 3 个：“单据申报—出境申报单”“申请记录查询—出境申报单申请记录查询”“单据查询—出境申报单单据查询”，“单据申报—出境申报单”为申报界面，“出境申报单申请记录查询”是查询所有的申报记录，“出境申报单单据查询”查询所有海关预审核通过的出境申报单信息。

（1）单据申报

点击单据“申报—出境申报单”，进入申报界面，申报项页签包括表头、表体等。

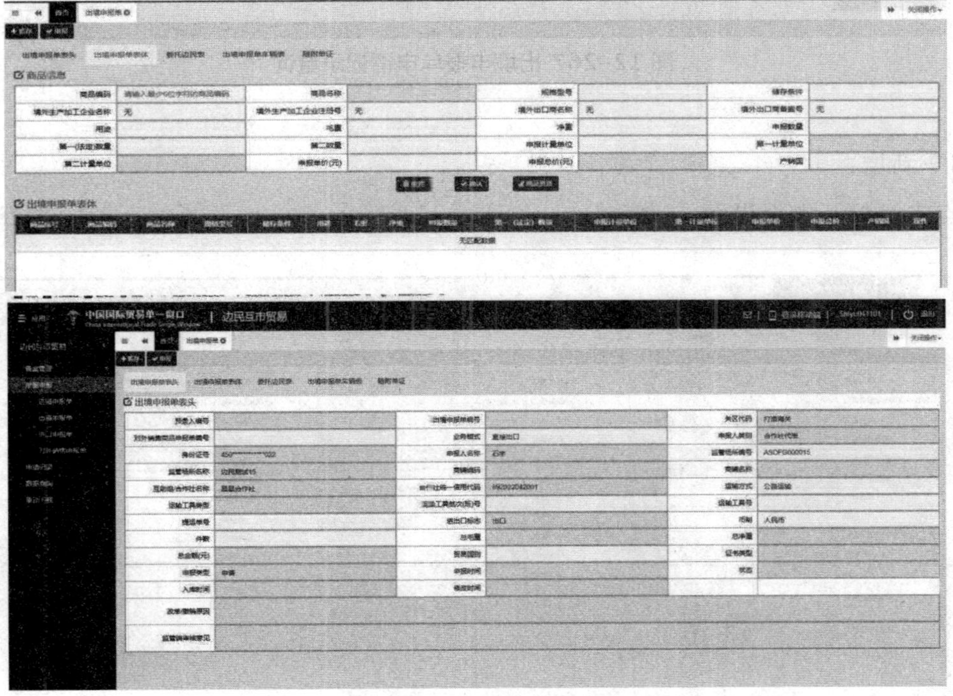

图 12-266 出境申报单申报界面

界面中的录入要求，总体说明如下：

灰色字段（例如预录入编号、进出口标志、状态等）表示不允许录入，系统将根据相应操作或步骤后自动返填。

运输工具航次号、运输工具号、提运单号等字段，需要用户手工录入，部分字段内的灰色字体为录入提示，请如实填写相关内容。

部分字段（例如运输方式、贸易国别、币制、商品流向等）需要在参数中进行调取，不允许随意录入。使用键盘空格键，可调出下拉菜单并在其中进行选择。也可以输入已知的相应数字、字母或汉字，迅速调出参数，选择后点击回车键确认录入。

（2）出境申报单申请记录查询

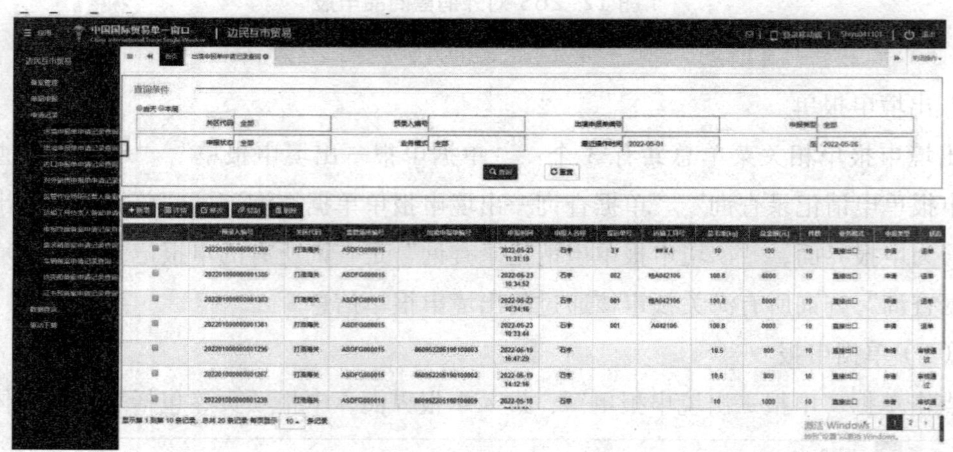

图 12-267 出境申报单申请记录查询

1）新增：

点击可打开申报界面。

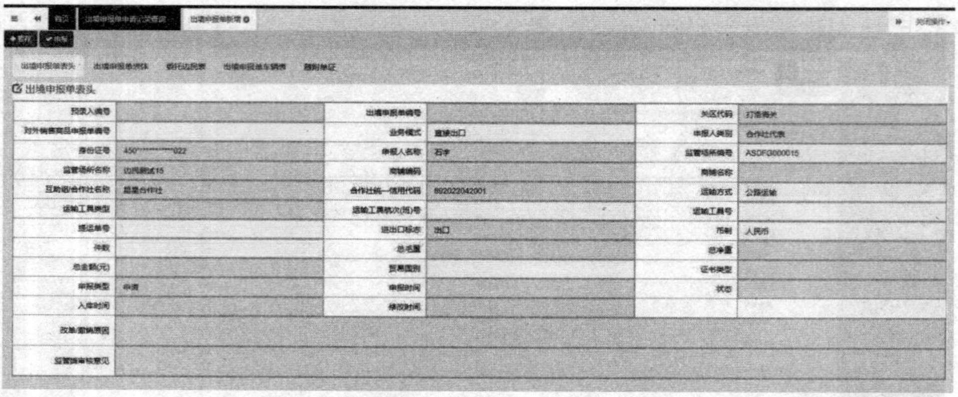

出境申报单表头

预录入编号		出境申报单编号		关区代码	打洛海关
对外销售商品申报单编号		业务模式	直接出口	申报人类别	合作社代表
身份证号	450***********022	申报人名称	石李	监管场所编号	ASDFG000015
监管场所名称	边民测试15	商铺编码		商铺名称	
互助组/合作社名称	超星合作社	合作社统一信用代码	892022042001	运输方式	公路运输
运输工具类型		运输工具航次(班)号		运输工具号	
提运单号		进出口标志	出口	币制	人民币
件数		总毛重		总净重	
总金额(元)		贸易国别		证书类型	
申报类型	申请	申报时间		状态	
入库时间		修改时间			
改单/撤销原因					
监管端审核意见					

图 12-268 出境申报单新增

2）详情：

选择单据点击【详情】，可查询申报单详情信息。

图 12-269 出境申报单详情

3）修改：

状态为“暂存”“退单”“发往海关失败”“海关入库失败”等单据，可以修改申报单再提交申报，其他状态数据修改按钮置灰，不允许操作。

修改操作步骤 1：选择状态为“暂存”/“退单”/“海关入库失败”/“发往海关失败”的申报单，点击【修改】，进入修改页面：

图 12-270 出境申报单修改

修改操作步骤 2：修改数据录入要求总体说明如下。

灰色字段（例如预录入编号、进出口标志、状态等）表示不允许录入，系统将根据相应操作或步骤后自动返填。

件数、备注等字段，需要用户手工录入，部分字段内的灰色字体为录入提示，请如实填写相关内容。

部分字段（例如运输方式、贸易国别、运输工具类型、商品流向等）需要在参数中进行调取，不允许随意录入。使用键盘空格键，可调出下拉菜单并在其中进行选择。也可以输入已知的相应数字、字母或汉字，迅速调出参数，选择后点击回车键确认录入

修改操作步骤 3：填写完毕后，点击左上角【申报】/【暂存】按钮，页面弹出“申报成功”/“暂存成功”提示框，申报单的状态可在“申请记录查询页面” 查看。

4）复制：

可选择任意一条申报单进行复制申报，点击【复制】会打开申报界面，可修改数据项之后再提交申报。

复制操作步骤 1：选择任意一条申报单，点击【复制】，进入复制页面：

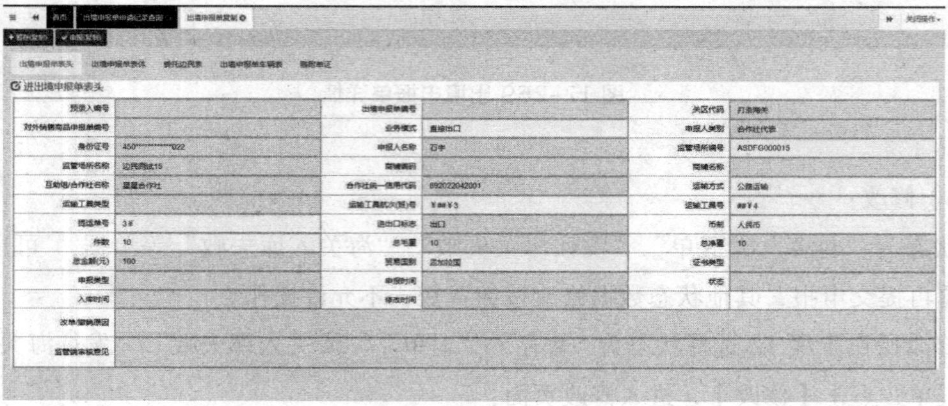

图 12-271 出境申报单复制

复制操作步骤 2：界面中的录入要求，总体说明如下：

灰色字段（例如预录入编号、进出口标志、状态等）表示不允许录入，系统将根据相应操作或步骤后自动返填。

件数、备注等字段，需要用户手工录入，部分字段内的灰色字体为录入提示， 请如实填写相关内容。

部分字段（例如运输方式、贸易国别、运输工具类型、商品流向等）需要在参数中进行调取，不允许随意录入。使用键盘空格键，可调出下拉菜单并在其中进行选择。也可以输入已知的相应数字、字母或汉字，迅速调出参数，选择后点击回车键确认录入。

复制操作步骤 3：填写完毕后，点击左上角【申报】/【暂存】按钮，页面弹出“申报成功”/“暂存成功”提示框，申报单的状态可在“申请记录查询页面” 查看。

5）删除：

可删除状态为“暂存”“退单”“发往海关失败”“海关入库失败”等单据信息，其他状态数据删除按钮置灰，不允许操作。

删除操作步骤 1：选择状态为“暂存”/“退单”/“海关入库失败”/“发往海关失败”的申报单，点击【删除】，弹出删除确认框：

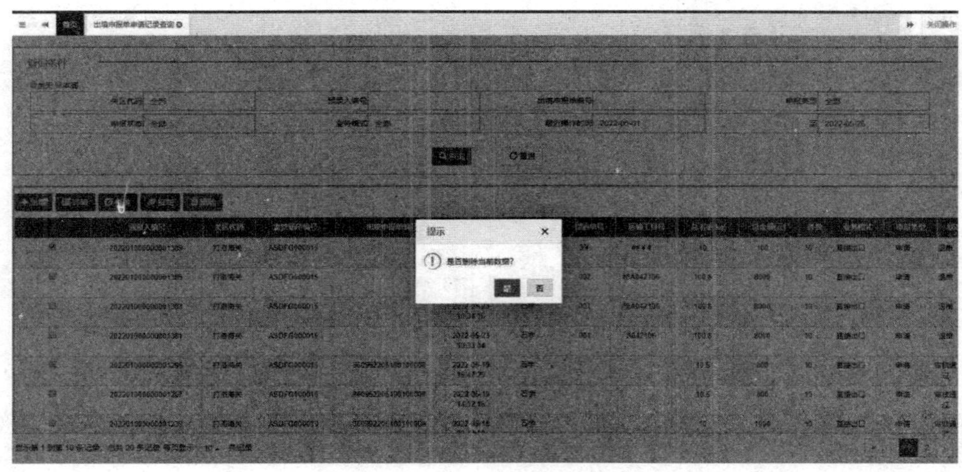

图 12-272 出境申报单删除

删除操作步骤 2：点击右下角【是】按钮，页面弹出“删除成功”提示框，申报单删除；点击右下角【否】按钮，页面关闭删除确认框，申报单无变化。

（3）出境申报单单据查询：

此查询页面包含查询、详情、变更、撤销功能。

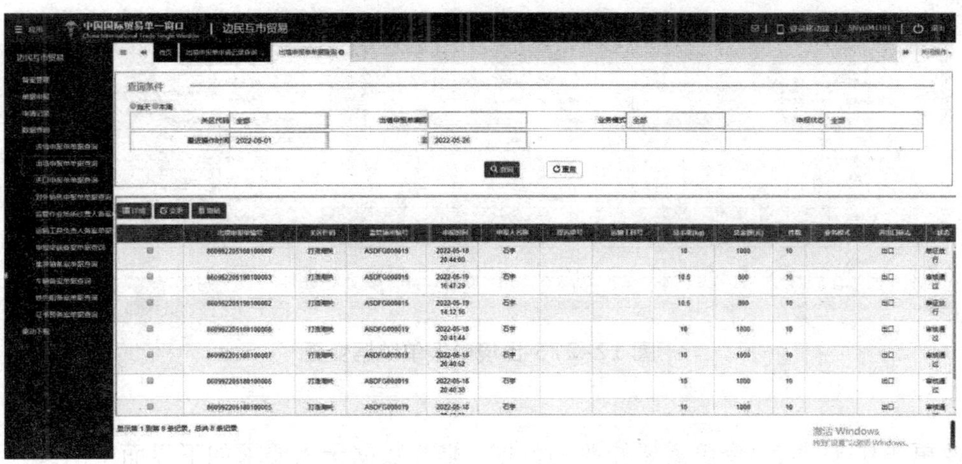

图 12-273 出境申报单单据查询

1）详情：

选择单据点击【详情】，可查询申报单详情信息。

图 12-274 出境申报单单据详情

2）变更：

状态为“审核通过”“正常放行”“改单”“单证放行”“实货放行”等单据，可以进行变更操作，其他数据变更按钮置灰，不允许操作。

变更操作步骤 1：选择状态为“审核通过”/“正常放行”/“改单”/“单证放行”/“实货放行”的单据，点击【变更】，进入变更页面。

图 12-275 出境申报单单据变更

变更操作步骤 2：变更需要修改的数据，修改数据录入要求如下界面中的录入要求，总体说明如下：

灰色字段（例如对外销售申报单编号、进出口标志、状态等）表示不允许录入，系统将根据相应操作或步骤后自动返填。

运输工具航次号、运输工具号、提运单号等字段，需要用户手工录入，部分字段内的灰色字体为录入提示，请如实填写相关内容。

部分字段（例如运输方式、贸易国别、币制、商品流向等）需要在参数中进行调取，不允许随意录入。使用键盘空格键，可调出下拉菜单并在其中进行选择。也可以输入已知的相应数字、字母或汉字，迅速调出参数，选择后点击回车键确认录入。关于键盘操作，可参考重要提醒中的相关描述。

变更操作步骤 3：填写完毕后，点击左上角【申报】按钮，页面弹出“申报成功”提示框，申报单的状态可在“申请记录查询页面”查看。

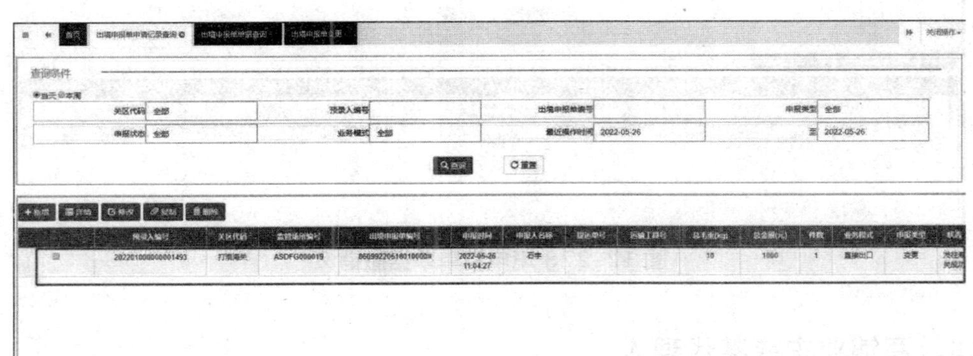

图 12-276 出境申报单单据申报

3）撤销：

业务模式为：“区内交易”，状态为“审核通过”“正常放行”“单证放行”“实货放行”等单据，可以进行撤销操作，其他数据撤销按钮置灰，不允许操作；

撤销操作步骤 1: 选择业务模式为:“区内交易”,状态为“审核通过”/“正常放行”/“改单”/“单证放行”/“实货放行”的单据，点击【撤销】，弹出撤销原因录入框：

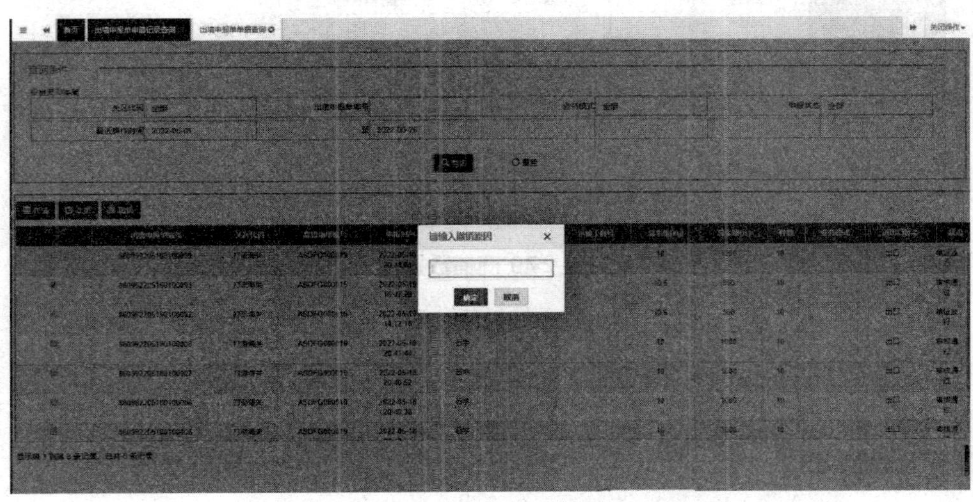

图 12-277 出境申报单单据撤销 1

撤销操作步骤 2：填写撤销单据原因，填写完毕后，点击左下角【确认】按钮，页面弹出“申报成功”提示框，申报单的状态可在“申请记录查询页面”查看；点击【取消】按钮，关闭撤销原因录入框，数据无变化。

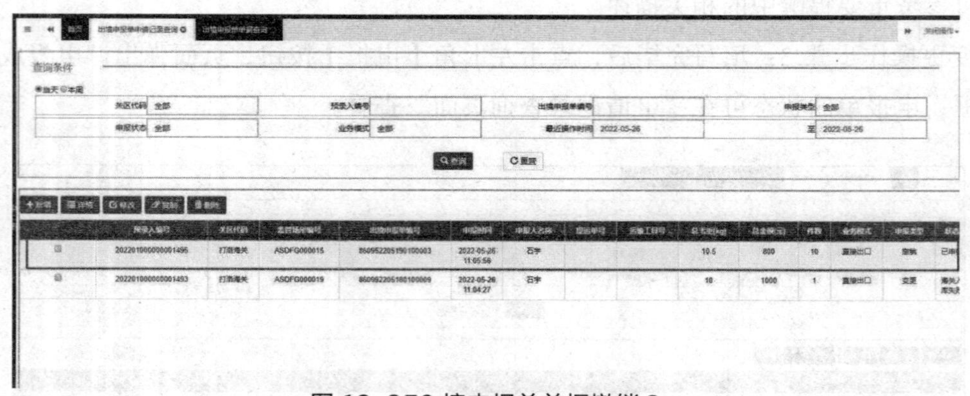

图 12-278 境申报单单据撤销 2

四、商铺业主或其代理人

（一）角色来源

1. 地方政府通过账号登录进系统，并且打开商铺录入界面对商铺数据进行录入，然后提交。

图 12-279 商铺数据录入

2. 通过查询界面能够查询到状态为正常的商铺数据则商铺业主或其代理人角色生效

图 12-280 商铺数据查询

3. 使用商铺业主或其代理人的身份证在单窗注册一个个人账号或企业账号，通过该账号登录进边民互市贸易系统后即可正常使用

（二）系统登录

输入地址 https://www.singlewindow.cn/ 即可进入总署单窗平台，商铺业主或其代理人需要在单窗注册个人账号才可以登录，登录之后即可选择进入边民互市系统开展业务。进入系统后页面：

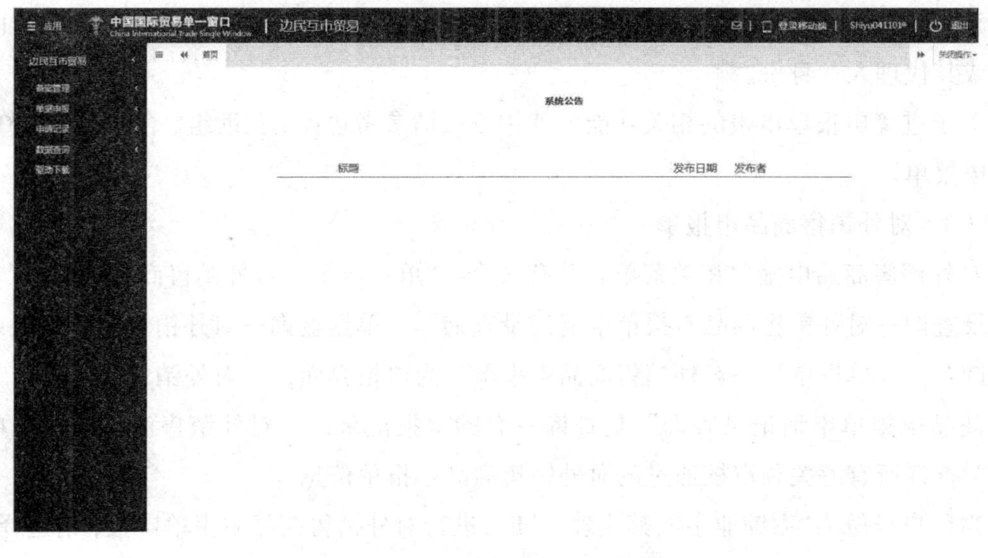

图 12-281 总署单窗平台系统页面

（三）角色可用功能

1. 单窗平台

商铺业主或其代理人在单窗平台注册个人账号并登录，可以做申报终端备案、进境申报单、出境申报单、对外销售商品申报单等业务。

（1）申报终端备案

申报终端备案相关菜单总共有 3 个：“备案管理—申报终端备案录入”“申请记录查询—申报终端备案申请记录查询”“单据查询—申报终端备案单据查询”。

“申报终端备案录入”为申报界面，“申报终端备案申请记录查询”是查询所有的申报记录，“申报终端备案单据查询”查询所有申报经过监管端审核通过之后的单据信息。

当用户身份为“商铺业主或其代理人”时，进行申报终端备案录入，请选择“商铺业主或其代理人”身份。

关于申报终端备案的相关功能的使用方法请参考监管作业场所经营人申报终端备案。

（2）进境申报单

进境申报单相关菜单总共有 3 个：“单据申报—进境申报单”“申请记录查询—进境申报单申请记录查询”“单据查询—进境申报单单据查询”，“单据申报—进境申报单”为申报界面，“进境申报单申请记录查询”是查询所有的申报记录，“进境申报单单据查询”查询所有预审核通过的进境申报单信息。

当用户身份为“商铺业主或其代理人”时，进行进境申报单申报，请选择“商铺业主或其代理人”身份。

关于进境申报单申报的相关功能的使用方法请参考边民、互助组、合作社代表 3.2.3 进境申报单。

（3）对外销售商品申报单

对外销售商品申报单相关菜单总共有 3 个:“单据申报—对外销售商品申报单”“申请记录查询—对外销售商品申报单申请记录查询”“单据查询—对外销售商品申报单单据查询”，“单据申报—对外销售商品申报单”为申报界面，“对外销售

商品申报单申请记录查询”是查询所有的申报记录，“对外销售商品申报单单据查询”查询所有海关预审核通过的对外销售商品申报单信息。

当用户身份为“商铺业主或其代理人”时,进行对外销售商品申报单申报，请选择“商铺业主或其代理人”身份。

关于外销售商品申报单申报的相关功能的使用方法请参考边民、互助组、合作社代表外销售商品申报单。

（4）出境申报单

出境申报单相关菜单总共有 3 个：“单据申报—出境申报单”、申请记录查询〉“出境申报单申请记录查询”“单据查询—出境申报单单据查询”，“单据申报—出境申报单”为申报界面，“出境申报单申请记录查询”是查询所有的申报记录，“出境申报单单据查询”查询所有海关预审核通过的出境申报单信息。

当用户身份为“商铺业主或其代理人”时，进行出境申报单申报，请选择“商铺业主或其代理人”身份。

关于出境申报单申报的相关功能的使用方法请参考边民、互助组、合作社代表出境申报单。

第二节　常见问题处理

1. 长时间不操作系统，提示超时解决方法：重新登录系统即可。

2. 个人账号进入单窗平台的互市系统，看不到菜单解决方法：对个人账号进行实名制；

3. 进入单窗平台的边民互市贸易，申报进境、进口申报单时，无法点击【申报】按钮。

解决方法：进境申报单（落地加工、原装提离的业务模式），进口申报单只允许从申报终端申报，单窗平台可以查询和暂存这两类申报单；

4. 鼠标点击下拉框时未显示下拉选项

解决方法：鼠标移到下拉框内，按一下空格键或输入下拉选项的关键字即可显示下拉选项；

5. 边民备案之后查询不到

解决方法：边民备案之后，可以到菜单“综合查询”下的“边民备案信息查询”列表查询，刚进页面看到边民数据可修改查询条件为“已同步海关”，再点击【查询】就可以了。这是因为边民已经同步到海关了，因此需要修改查询条件才可以查询到；

6. 鼠标点击下拉框时未显示下拉选项

解决方法：鼠标移到下拉框内，按一下空格键或输入下拉选项的关键字即可显示下拉选项；

7. 边民信息补录功能（人脸信息采集）不好使

解决方法：采集人脸时应先点击“开始拍照”，画面固定后，再点击“拍照”，最后点击左上角【保存】按钮，提示保存成功后即可；

8. 已同步海关的边民不允许修改和删除。

解决方法：已同步海关的边民数据不允许删除，可以进入“边民备案信息查询”页面，修改查询条件“同步状态”为“已同步海关”，查询边民之后选中点击【修改】，即可修改边民信息。

第五章 免税商店及免税品监管

第一节 操作说明

企业用户在国际贸易“单一窗口”持卡登录系统，点击“免税商店及免税品监管系统”。

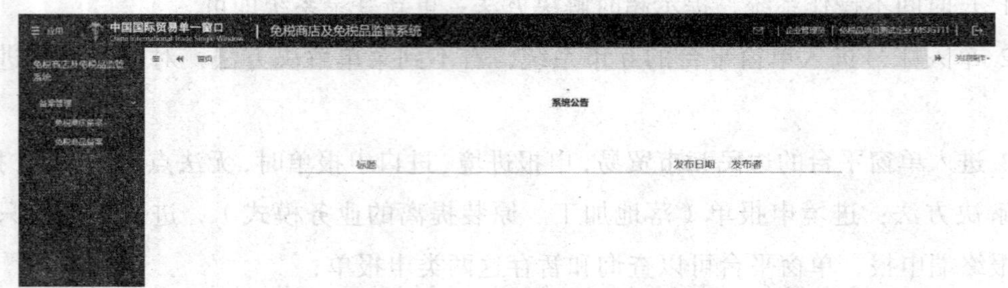

图 12-282 免税商店及免税品监管系统

一、免税商店备案

点击左侧“备案管理”菜单，展示：免税商店备案。

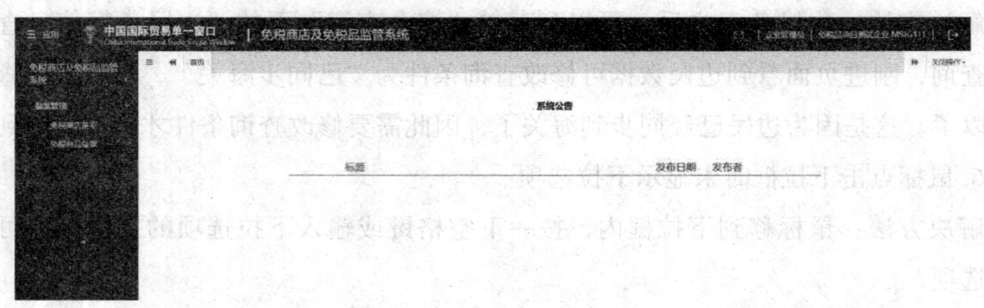

图 12-283 免税商店备案

（一）免税商店——新增

点击【新增】按钮后跳转到免税商店编辑页面，页面分为三部分：最上方为操作按钮，中间为免税商店备案编辑区域，最下方为免税商店备案场所信息编辑区域。其中操作按钮包括：【新增】【暂存】【申报】，免税商店备案编辑区域可以录入免税商店基本信息，如：预录入编号、经营单位编号、免税店中文名称、免税商店类型、免税商店中文地址等信息。免税商店备案场所信息编辑区域可以录入场所的基本信息，如：免税商店中文名称、区域性质、主管海关、联系人等信息，如图：

图 12-284 免税商店新增

1. 操作按钮

新增：点击后页面刷新，预录入编号更新，其余字段置空。

暂存：点击后保存当前编辑内容，支持后续继续编辑；操作暂存成功后，系统提示“暂存成功”，如图 12-285：

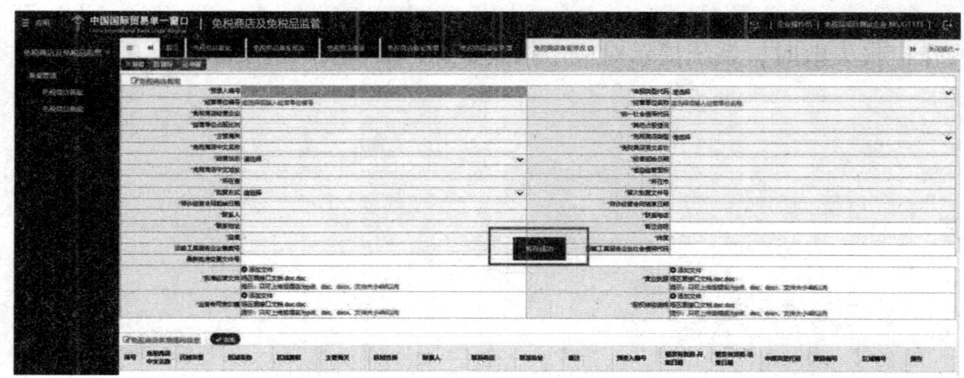

图 12-285 免税商店新增暂存

操作暂存失败时，系统提示对应失败的原因，如图 12–286：

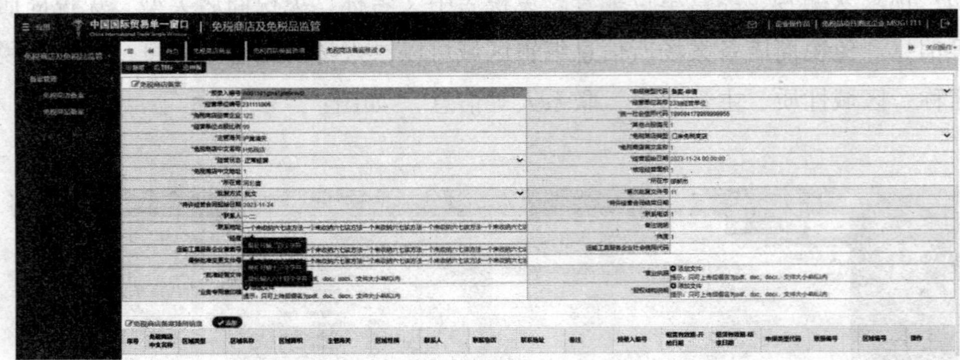

图 12–286 免税商店备案失败提示

申报：点击后自动将信息发送到海关端（信息填报正确），完成本次备案申请；操作申报成功系统提示“申报成功”，如图 12–287：

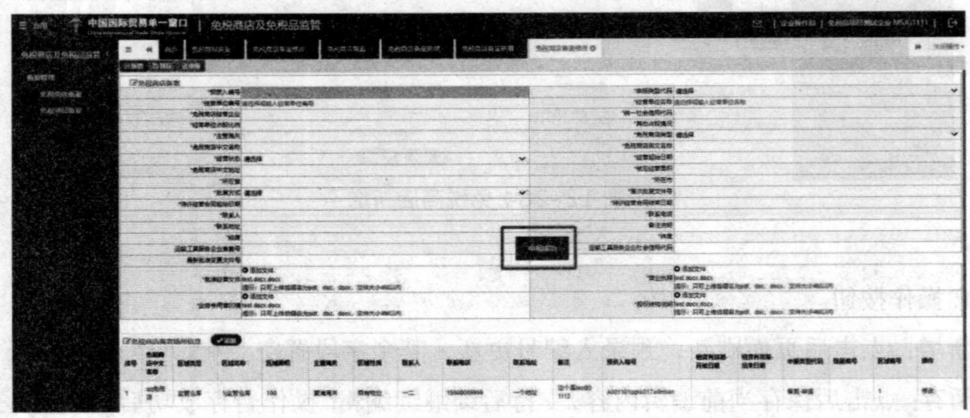

图 12–287 免税商店申报

操作申报失败时，系统提示对应申报失败原因，如图 12–288：

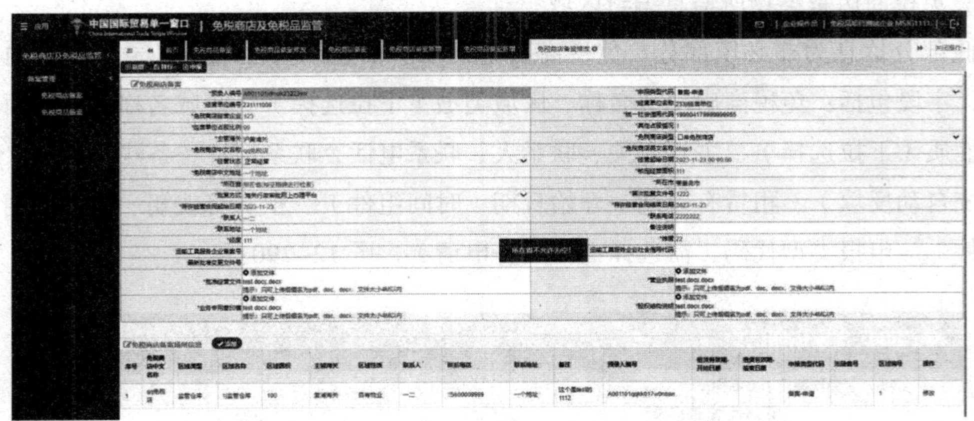

图 12-288 免税商店申报失败

2. 免税商店备案编辑区域

免税商店备案编辑区域可以录入免税商店基本信息，字段包括：预录入编号（系统自动生成）、申报类型（需选择：备案—申请）、经营单位编号（下拉选择）、经营单位名称（自动关联）、免税商店经营企业、社会统一信用代码（系统自动反填）、经营单位占股比例、其他占股情况、主管海关、免税商店类型、免税商店中文名称、免税商店英文名称、经营状态（下拉选择）、经营起始日期（时间组件）、免税商店中文地址、核定经营面积、所在省（下拉选择）、所在市（下拉选择）、批复方式（下拉选择）、首次批准文件号、特许经营合同起始日期（时间组件）、特许经营合同结束日期（时间组件）、联系人、联系电话、联系地址、备注说明、经度、纬度、运输工具服务企业备案号、运输工具服务企业社会信用代码、最新批准变更文件号、批准经营文件（文件上传）、营业执照（文件上传）、业务专用章印模（文件上传）、股权结构说明（文件上传）。如图 12-289：

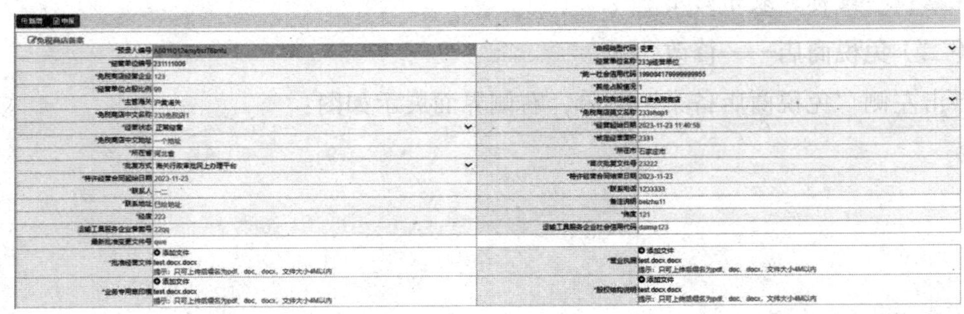

图 12-289 免税商店备案编辑区域

注意：字段标★表示必填。

3. 免税商店备案场所信息编辑区域

此部分信息为非必填部分。免税商店备案场所信息编辑区域可以录入场所的基本信息，字段包括：免税商店中文名称、区域类型（下拉选择）、区域名称、区域面积、区域性质（下拉选择）、主管海关、联系人、联系电话、联系地址、备注、预录入编号（系统自动反填）、租赁有效期—开始日期（时间组件）、租赁有效期—结束日期（时间组件）、申报类型代码（需选择：备案—申请），图 12-290：

免税商店备案场所信息

*免税商店中文名称	
*区域类型	请选择
*区域名称	
*区域面积	
*区域性质	请选择
*主管海关	主管海关(按空格键进行检索)
*联系人	
*联系电话	
*联系地址	
*备注	
*预录入编号	A001101l1juoauwuhu4c
*租赁有效期-开始日期	
*租赁有效期-结束日期	
*申报类型代码	请选择

确定 关闭

图 12-290 免税商店备案场所信息编辑

注意：字段标★表示必填。

（二）免税商店——修改

点击左侧“免税商店备案”菜单，右侧界面展示如图：

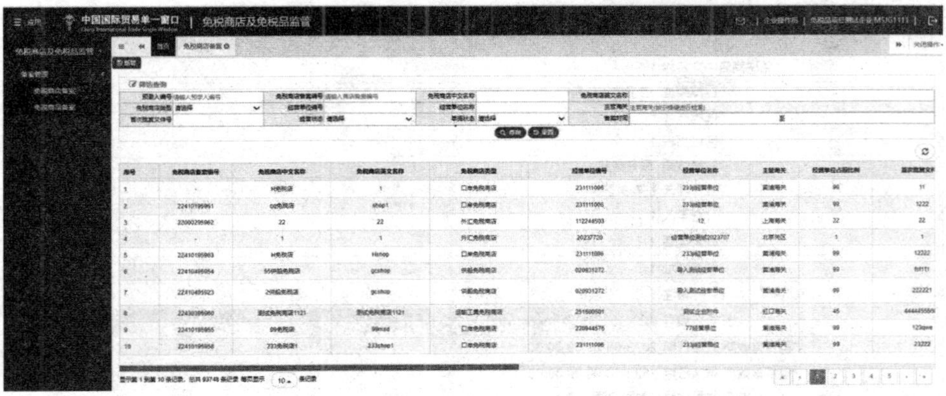

图 12-291 免税商店备案页面

拖动列表底部的滚动条到最右侧，如免税店备案是退单或者暂存状态，则展示【修改】按钮，如图 12-292：

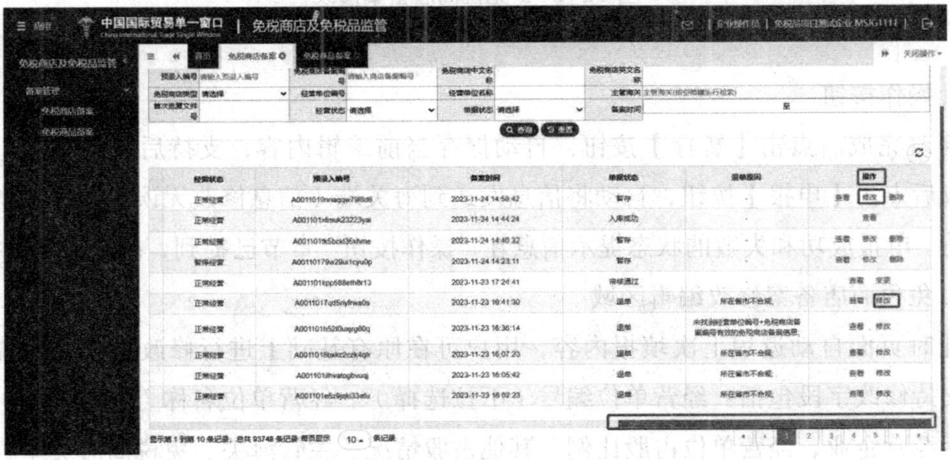

图 12-292 免税商店备案状态

小提示：

只有被退单和暂存状态免税店备案支持修改操作。

点击【修改】按钮后跳转到免税商店编辑页面，页面分为三部分：最上方为操作按钮，中间为免税商店备案修改编辑区域，最下方为免税商店备案场所信息修改编辑区域。其中操作按钮包括：【新增】【暂存】【申报】，免税商店备案修改编辑区域可以修改免税商店基本信息，如：免税店中文名称、免税商店类型、主管海关编码等信息。免税商店备案场所信息修改编辑区域可以修改场所的基本信息， 如：经营单位占股比例、免税商店中文名称、区域性质、主管海关、联系人等信息，图 12-293：

免税商店备案场所信息	
*免税商店中文名称	1
*区域类型	进境销售场所
*区域名称	1
*区域面积	1
*区域性质	自有物业
*主管海关	长春关区
*联系人	1
*联系电话	1
*联系地址	1
备注	1
*预录入编号	A00110131h6rzomqemvo
*租赁有效期-开始日期	2023-06-09 00:00:00
*租赁有效期-结束日期	2023-06-09 00:00:00
*申报类型代码	备案-申请

确定 关闭

图 12-293 免税商店备案修改

1. 操作按钮

修改完成后点击【暂存】按钮，自动保存当前编辑内容，支持后续继续编辑；修改完成后点击【申报】按钮，自动将信息发送到海关端（信息修改无误），完成本次修改申请。申报成功和失败的状态提示信息在“操作按钮”章节已提到，在此不多做描述。

2. 免税商店备案修改编辑区域

此时页面自动返填上次填报内容，用户可在原有基础上进行修改操作。免税商店备案支持修改字段包括：经营单位编号（下拉选择）、经营单位名称（自动关联）、免税商店经营企业、经营单位占股比例、其他占股情况、主管海关、免税商店类型、免税商店中文名称、免税商店英文名称、经营状态（下拉选择）、经营起始日期（时间组件）、免税商店中文地址、核定经营面积、所在省（下拉选择）、所在市（下拉选择）、批复方式（下拉选择）、首次批复文件号、特许经营合同起始日期（时间组件）、特许经营合同结束日期（时间组件）、联系人、联系电话、联系地址、备注说明、经度、纬度、运输工具服务企业备案号、运输工具服务企业社会信用代码、最新批准变更文件号、批准经营文件（文件上传）、营业执照（文件上传）、业务专用章印模（文件上传）、股权结构说明（文件上传）。如图 12-294：

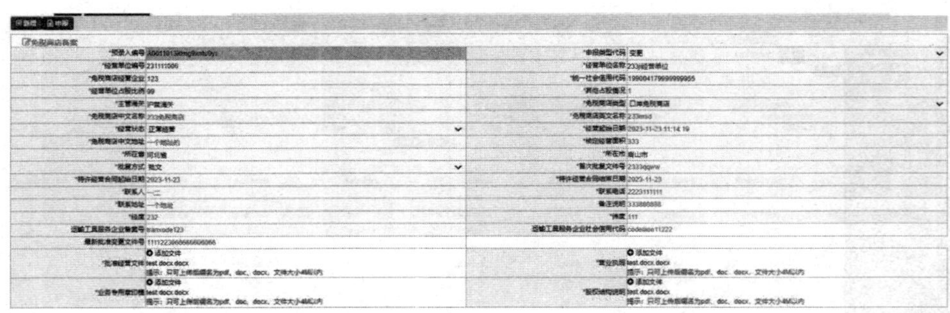

图 12-294 免税商店备案修改编辑区域

3. 免税商店备案场所信息修改编辑区域

此时页面自动反填上次填报内容，用户可在原有基础上进行修改操作。免税商店备案场所支持修改字段包括：免税商店中文名称、区域类型（下拉选择）、区域面积、区域性质（下拉选择）、主管海关、联系人、联系电话、联系地址、备注、预录入编号（系统自动反填）、租赁有效期—开始日期（时间组件）、租赁有效期—结束日期（时间组件）、申报类型代码（下拉选择）。如图 12-295：

免税商店备案场所信息	
*免税商店中文名称	9
*区域类型	进境销售场所
*区域名称	9
*区域面积	9
*区域性质	租贸
*主管海关	海口港
*联系人	9
*联系电话	9
*联系地址	9
备注	9
*预录入编号	A0011019ry9vzl4e65:q
*租赁有效期-开始日期	2023-05-19 00:00:00
*租赁有效期-结束日期	2023-05-19 00:00:00
*申报类型代码	备案-申请

确定 关闭

图 12-295 免税商店备案场所信息修改编辑区域

（三）免税商店——变更

点击左侧“免税商店备案”菜单，右侧界面展示如图 12-296：

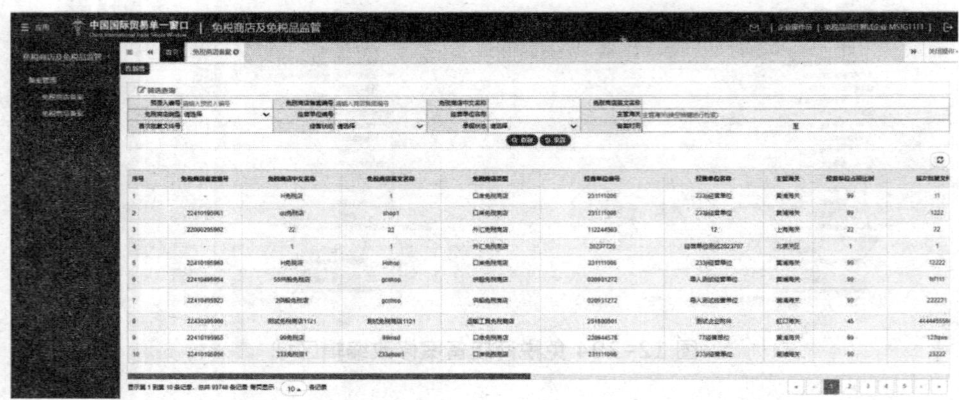

图 12-296 免税商店变更

拖动列表底部的滚动条到最右侧，如免税店备案审核通过状态，则展示【变更】按钮，如图 12-297：

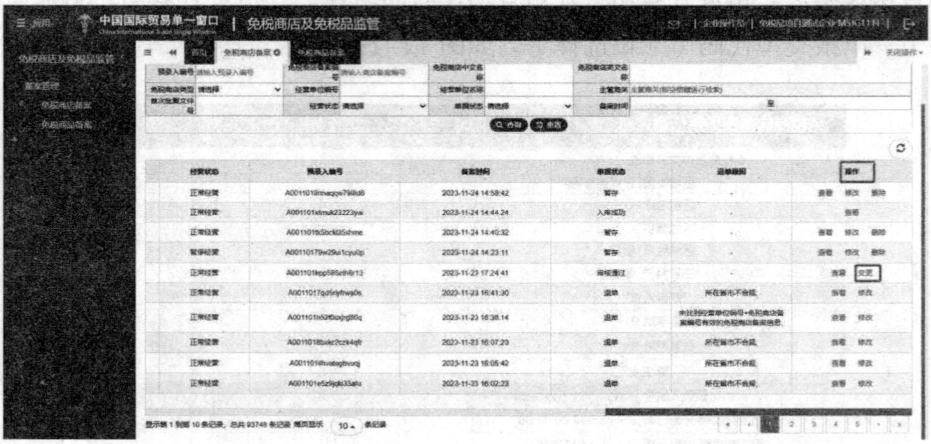

图 12-297 免税商店变更审核

小提示：

只有审核通过状态免税店备案支持变更操作。

点击【变更】按钮后跳转到免税商店编辑页面，页面分为三部分：最上方为操作按钮，中间为免税商店备案修改编辑区域，最下方为免税商店备案场所信息修改编辑区域。其中操作按钮包括：【新增】【申报】，免税商店备案修改编辑区域可以修改已申报的免税商店基本信息，如：经营单位编号、免税店中文名称等信息。免税商店备案场所信息修改编辑区域可以修改场所的基本信息，如：免税商店中文名称、区域性质、主管海关、联系人等信息，如图 12-298：

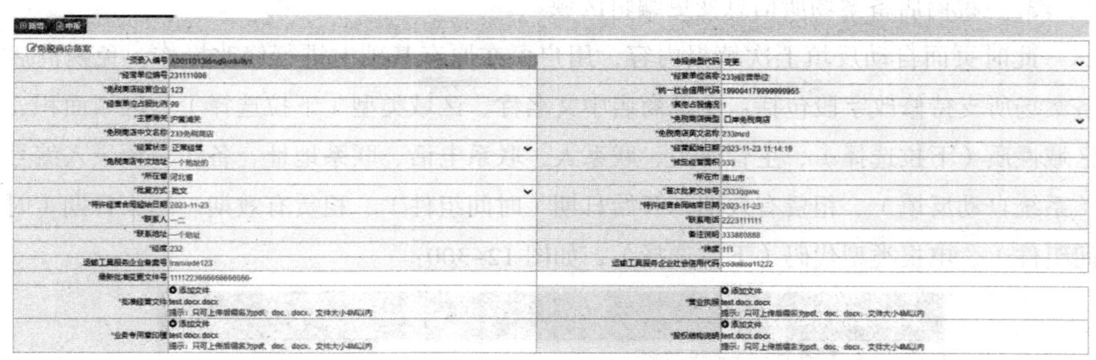

图 12-298 免税商店变更

1. 操作按钮

变更完成后点击【申报】按钮，自动将信息发送到海关端（信息修改无误），完成本次变更申请。申报成功和失败的状态提示信息在“操作按钮”章节已提到，在此不多做描述。

2. 免税商店备案变更修改编辑区域

此时页面自动返填上次填报内容，用户可在原有基础上进行修改操作。免税商店备案支持修改字段包括：申报类型（需选择：变更）、经营单位编号（下拉选择）、经营单位名称（自动关联）、免税商店经营企业、经营单位占股比例、其他占股情况、主管海关、免税商店类型、免税商店中文名称、免税商店英文名 称、经营状态（下拉选择）、经营起始日期（时间组件）、免税商店中文地址、核定经营面积、所在省（下拉选择）、所在市（下拉选择）、批复方式（下拉选择）、首次批复文件号、特许经营合同起始日期（时间组件）、特许经营合同结束日期（时间组件）、联系人、联系电话、联系地址、备注说明、经度、纬度、运输工具服务企业备案号、运输工具服务企业社会信用代码、最新批准变更文件 号、批准经营文件（文件上传）、营业执照（文件上传）、业务专用章印模（文件上传）、股权结构说明（文件上传）。如图 12-299：

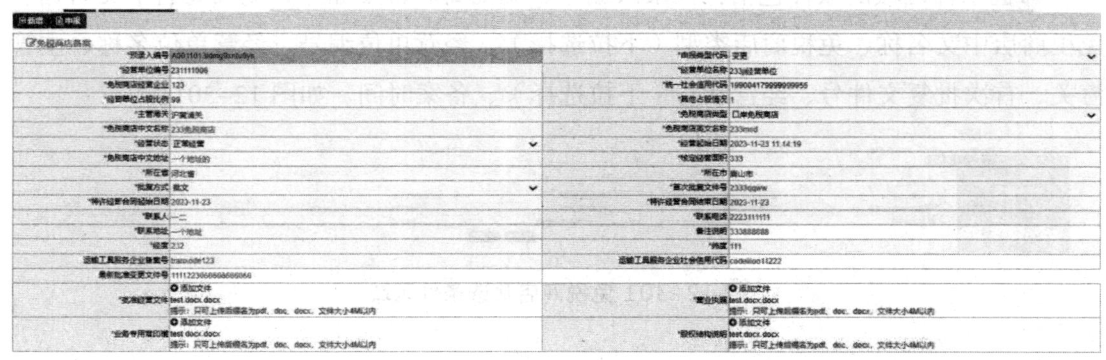

图 12-299 免税商店备案修改编辑区域

3. 免税商店备案场所信息变更编辑区域

此时页面自动反填上次填报内容，用户可在原有基础上进行修改操作。免税商店备案场所支持修改字段包括：免税商店中文名称、区域类型（下拉选择）、区域面积、区域性质（下拉选择）、主管海关、联系人、联系电话、联系地址、备注、预录入编号（系统自动反填）、租赁有效期—开始日期（时间组件）、租赁有效期—结束日期（时间组件）、申报类型代码（下拉选择），如图 12-300：

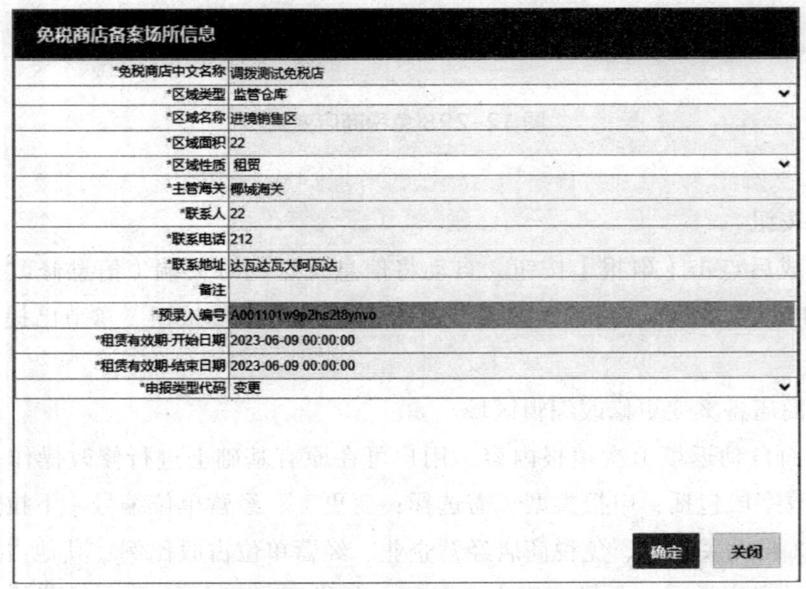
免税商店备案场所信息

*免税商店中文名称	调拨测试免税店
*区域类型	监管仓库
*区域名称	进境销售区
*区域面积	22
*区域性质	租赁
*主管海关	椰城海关
*联系人	22
*联系电话	212
*联系地址	达瓦达瓦大阿瓦达
备注	
*预录入编号	A001101w9p2hs2t8ynvo
*租赁有效期-开始日期	2023-06-09 00:00:00
*租赁有效期-结束日期	2023-06-09 00:00:00
*申报类型代码	变更

确定 关闭

图 12-300 免费商店备案场所信息编辑区域

（四）免税商店——查询

“免税商店备案”页面，主要分为两部分，上部分为筛选条件区域，下半部分为列表展示区域。

1. 筛选条件

筛选条件区域的条件包括：预录入编号、免税商店备案编号、免税商店中文名称、免税商店中文名称、免税商店类型（下拉选择）、经营单位编号、经营单位名称、主管海关、首次批复文件号、经营状态（下拉选择）、备案时间。如图 12-301：

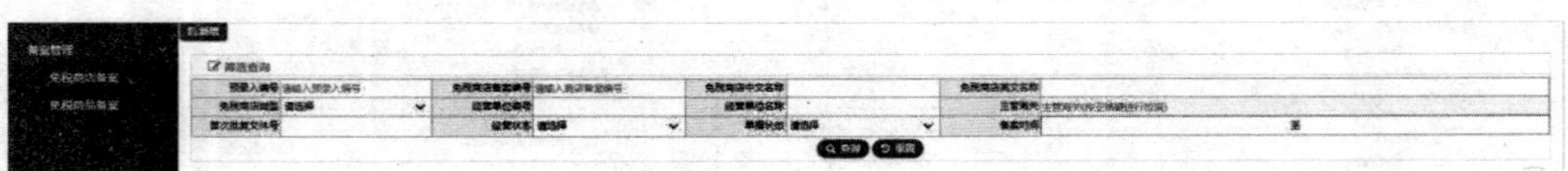

图 12-301 免税商店筛选条件区域

（1）条件检索

企业用户输入查询条件“预录入编号、免税商店备案编号、免税商店中文名称、免税商店英文名称、免税商店类型（下拉选择）、经营单位编号、经营单位名称、主管海关（按空格进行检索）、首次批复文件号、经营状态（下拉选择）、单据状态、备案时间” 中任意条件（单一或者组合），点击【查询】按钮，列表展示出符合条件的筛选结果；所有输入框搜索条件支持模糊搜索。

（2）重置功能

企业用户输入查询条件“预录入编号、免税商店备案编号、免税商店中文名称、免税商店英文名称、免税商店类型、经营单位编号、经营单位名称、主管海关、首次批复文件号、经营状态、单据状态、备案时间” 中任意条件（单一或者组合），然后点击【重置】按钮，自动清空所有搜索条件内容，列表展示所有免税商店备案信息。

2. 列表展示

主要功能有列表展示、操作按钮（【查看】【修改】【删除】【变更】）、分页功能（每页展示数量设置、分页、总数统计）。如图 12–302：

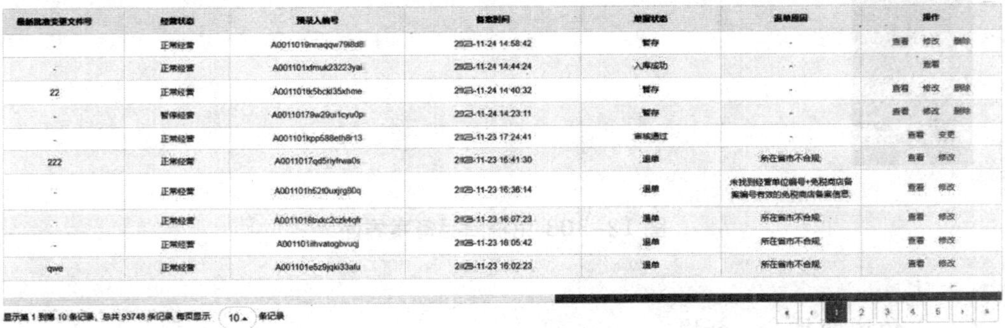

最新批准变更文件号	经营状态	预录入编号	备案时间	单据状态	退单原因	操作
-	正常经营	A0011019nnaqqw798d8	2023-11-24 14:58:42	暂存	-	查看　修改　删除
-	正常经营	A001101xfmuk23223yai	2023-11-24 14:44:24	入库成功	-	查看
22	正常经营	A0011011k5bckl35xhme	2023-11-24 14:40:32	暂存	-	查看　修改　删除
-	暂停经营	A00110179w29ui1cyu0p	2023-11-24 14:23:11	暂存	-	查看　修改　删除
-	正常经营	A001101kpp588eth8r13	2023-11-23 17:24:41	审核通过	-	查看　变更
222	正常经营	A0011017qd5riyfrwa0s	2023-11-23 16:41:30	退单	所在省市不合规	查看　修改
-	正常经营	A001101h62t0uxjrg80q	2023-11-23 16:36:14	退单	未找到经营单位编号+免税商店备案编号有效的免税商店备案信息	查看　修改
-	正常经营	A0011018bxkc2czk4qfr	2023-11-23 16:07:23	退单	所在省市不合规	查看　修改
-	正常经营	A001101ilhvatogbvuqj	2023-11-23 16:05:42	退单	所在省市不合规	查看　修改
qwe	正常经营	A001101e5z9jqki33afu	2023-11-23 16:02:23	退单	所在省市不合规	查看　修改

显示第 1 到第 10 条记录，总共 93748 条记录 每页显示 10 条记录　« ‹ 1 2 3 4 5 › »

图 12–302 列表展示

（1）列表展示

列表中展示字段包括：序号、免税商店备案编号、免税商店中文名称、免税商店英文名称、免税商店类型、经营单位编号、经营单位名称、主管海关、经营单位占股比例、首次批复文件号、最新批准变更文件号、经营状态、预录入编 号、备案时间、单据状态、退单原因、操作。

（2）操作按钮

免税商店备案列表最右侧的操作列，有以下几种操作，分别为：“查看”“修改”“变更”“删除”。其中当免税店备案的单据状态为“已发送海关端，待审核”“入库成功”“电子校验” “初审” “复审”时，只存在“查看”按 钮；当免税店备案的单据状态为“退单”“入库失败”时，存在【查看】和【修改】两个按钮；当免税店备案的单据状态为“暂存”时，存在【查看】【修改】和【删除】三个按钮；当免税店备案的单据状态为“审核通过”时，存在【查看】和【变更】两个按钮。

（3）分页功能

免税商店备案列表最下方存在分页功能，其中有：每页展示数量设置、分页、总数统计。其中每页显示设置为自动扩充方式；默认统计当前总页数和业务总数；分页功能支持跳转到上一页、跳转到下一页、跳转到具体页码、跳转到首页和尾页。

二、免税商品备案

点击左侧“备案管理”菜单，展示：免税商品备案。

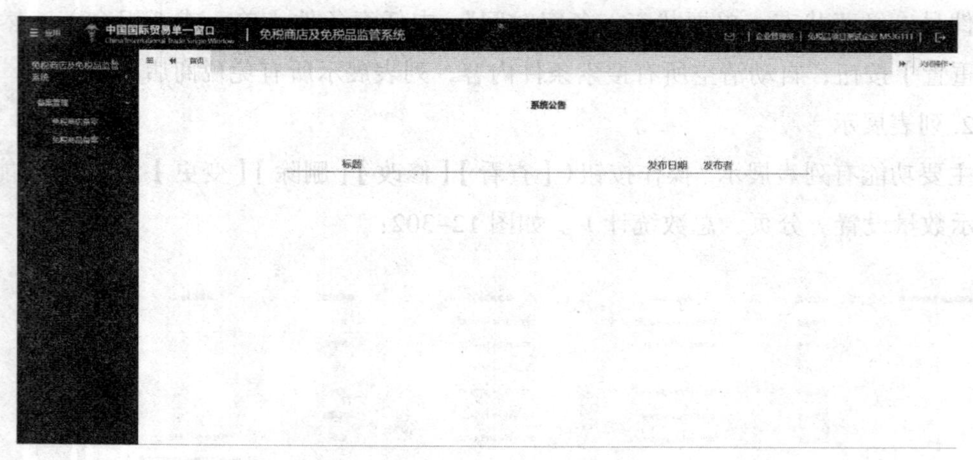

图 12-303 免税商品备案界面

（一）免税商品——新增

点击【新增】按钮后跳转到免税商品编辑页面，页面分为三部分：最上方为操作按钮，中间为免税商品备案编辑区域，最下方为免税商品套装内信息编辑区域。其中操作按钮包括：【新增】【暂存】【申报】，免税商品备案编辑区域可以录入免税商品基本信息，如：免税商店编号、免税店名称、商品中文名称、商品英文名称、商品条形码等信息。免税商品套装内信息编辑区域可以套装内商品的基本信息，如：套装内商品中文名称、报关 HS 编码、销售计量单位、规格型号、套装内件数、备注，如图 12-304：

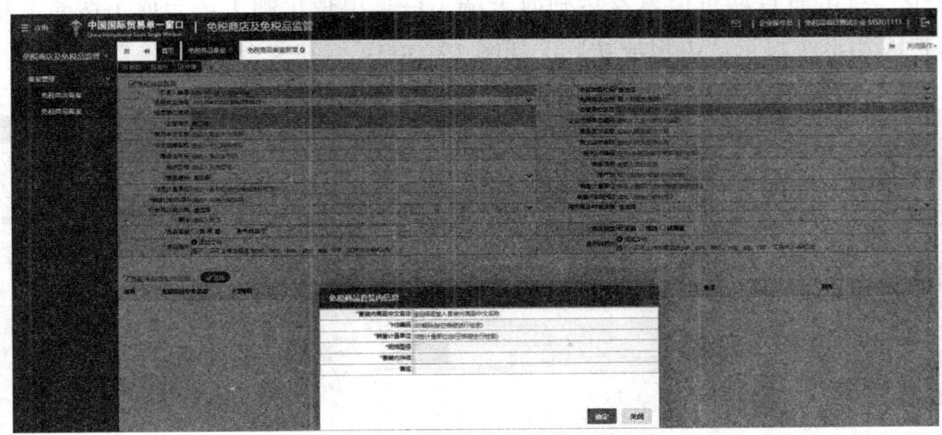

图 12-304 免税商品新增

1. 操作按钮

新增：点击后页面刷新，预录入编号更新，其余字段置空。

暂存：点击后保存当前编辑内容，支持后续继续编辑；操作暂存成功后，系统提示"暂存成功"，如图 12-305：

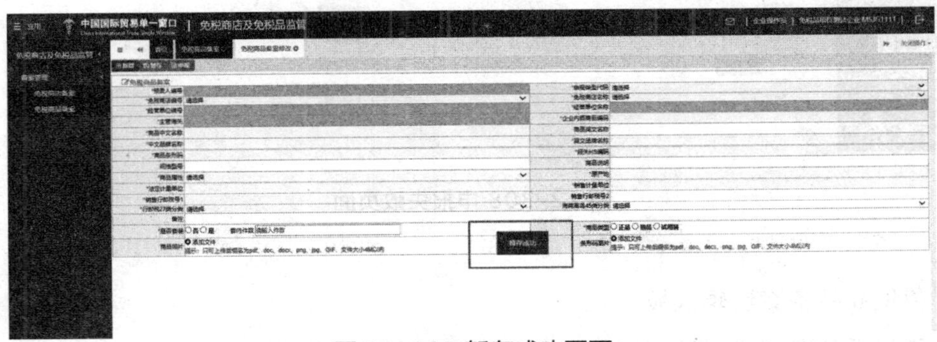

图 12-305 暂存成功页面

操作暂存失败时，系统提示对应失败的原因，如图 12-306：

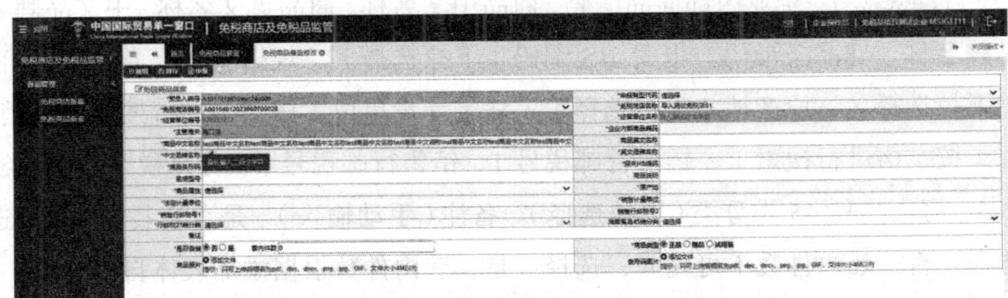

图 12-306 暂存失败页面

申报：点击后自动将信息发送到海关端（信息填报正确），完成本次备案申请；操作申报成功系统提示“申报成功”，如图 12-307：

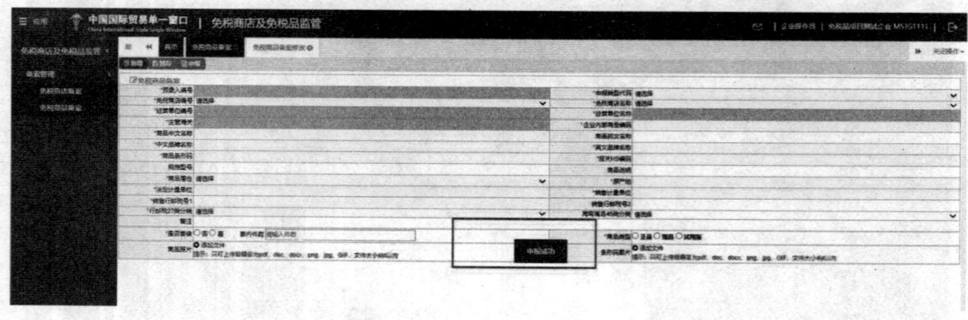

图 12-307 申报成功页面

操作申报失败时，系统提示对应申报失败原因，如图 12-308：

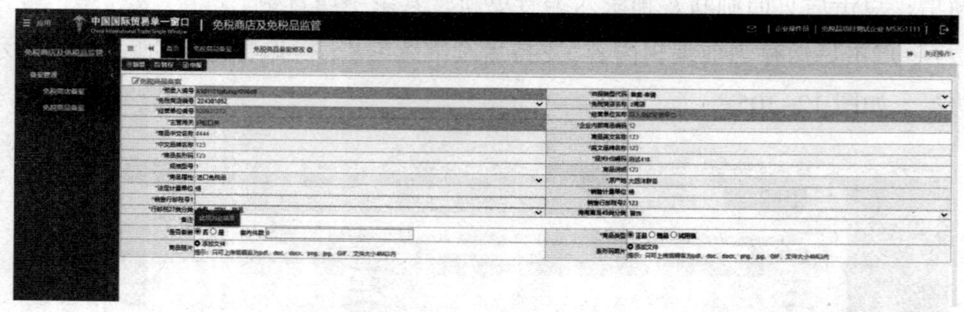

图 12-308 申报失败页面

2. 免税商品备案编辑区域

免税商品备案编辑区域可以录入免税商品备案基本信息，字段包括：预录入编号（系统自动生成）、申报类型（需选择：备案—申请）、免税商店编号（下拉选择）、免税商店名称（下拉选择）、经营单位编号（自动关联）、经营单位名称（自动关联）、主管海关（自动关联）、企业内部商品编码、商品中文名称、商品英文名称、中文品牌名称、英文品牌名称、商品条形码、报关 HS 编码（下拉选择）、规格型号、商品说明、商品属性（下拉选择）、原产地（下拉选择）、法定计量单位（按空格进行搜索）、销售计量单位（按空格进行搜索）、销售行邮税号 1、销售行邮税号 2、行邮税 27 类分类（下拉选择）、海南离岛 45 类分类（下拉选择）、备注（手动输入）、是否套装（单选框选择，如：选择：否，套内件数不可输入，选择：是，套内件数根据添加表体自动计算）、商品类型（单选框选择）、商品照片（文件上传）、条形码图片（文件上传）。如图 12-309：

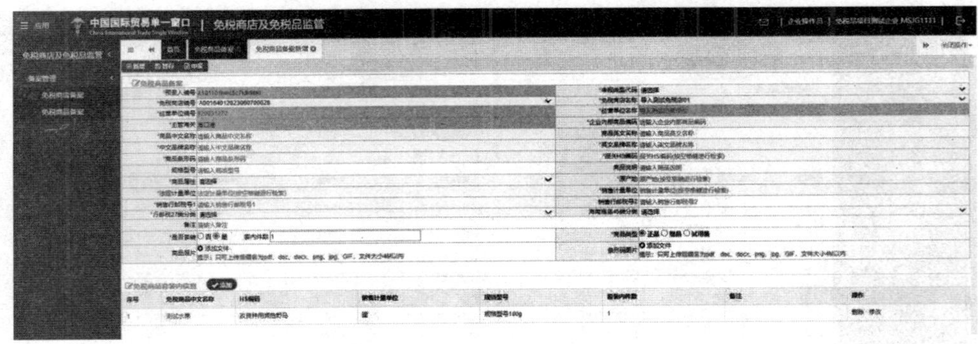

图 12-309 免税商品备案编辑区域

注意：字段标★表示必填。

（二）免税商品——修改

点击左侧“免税商品备案”菜单，右侧界面展示图 12-310：

图 12-310 免税商品备案页面

拖动列表底部的滚动条到最右侧，如免税商品备案是退单或者暂存状态，则展示【修改】按钮，如图 12-311：

图 12-311 免税商品备案状态

小提示：

只有被退单和暂存状态免税商品备案支持修改操作。

点击【修改】按钮后跳转到免税商品编辑页面，页面分为两部分：最上方为操作按钮，中间为免税商品备案修改编辑区域，其中操作按钮包括：【新增】【暂存】【申报】，免税商品备案修改编辑区域可以修改免税商品基本信息，如：经营单位编号、企业内部商品编码、商品中文名称、商品英文名称、中文品牌名称、英文品牌名称、商品条形码、报关 HS 编码、商品属性、原产地等信息。如图 12-312：

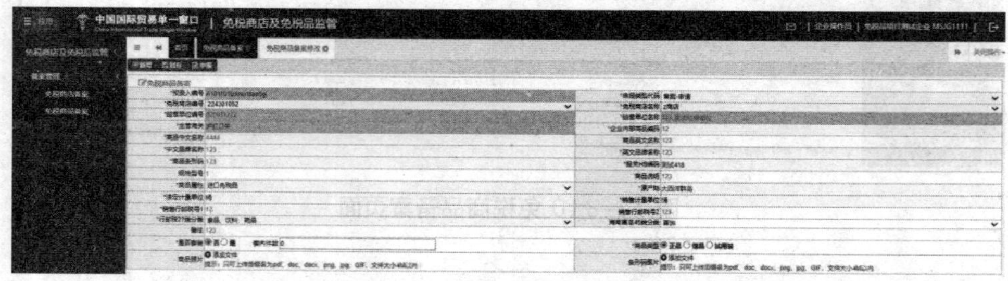

图 12-312 免税商品备案编辑页面

1. 操作按钮

修改完成后点击【暂存】按钮，自动保存当前编辑内容，支持后续继续编辑；修改完成后点击【申报】按钮，自动将信息发送到海关端（信息修改无误），完成本次修改申请。申报成功和失败的状态提示信息在"操作按钮"章节已提到，在此不多做描述。

2. 免税商品备案修改编辑区域

此时页面自动返填上次填报内容，用户可在原有基础上进行修改操作。免税商品备案支持修改字段包括：免税商店编号（下拉选择）、免税商店名称（下拉选择）、经营单位编号（自动关联）、经营单位名称（自动关联）、主管海关（自动关联）、企业内部商品编码、商品中文名称、商品英文名称、中文品牌名称、英文品牌名称、商品条形码、报关 HS 编码（下拉选择）、规格型号、商品说明、商品属性（下拉选择）、原产地（下拉选择）、法定计量单位（按空格进行搜索）、销售计量单位（按空格进行搜索）、销售行邮税号 1、销售行邮税号 2、行邮税 27 类分类（下拉选择）、海南离岛 45 类分类（下拉选择）、备注（手动输入）、是否套装（单选框选择，如：选择：否，套内件数不可输入，选择：是，套内件数根据添加表体自动计算）、商品类型（单选框选择）、商品照片（文件上传）、条形码图片（文件上传）。如图 12-313：

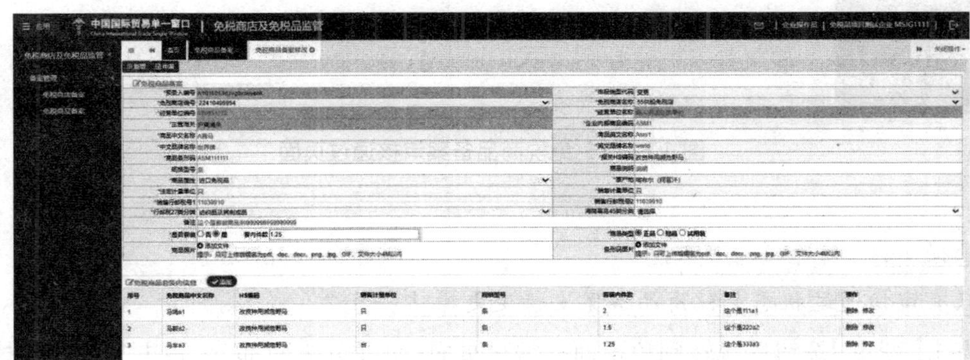

图 12-313 免税商品备案修改编辑区域

（三）免税商品——变更

点击左侧“免税商品备案”菜单，右侧界面展示如图 12-314：

图 12-314 免税商品备案页面

拖动列表底部的滚动条到最右侧，如免税商品备案审核通过状态，则展示【变更】按钮，如图 12–315：

图 12–315 免税商品备案审核通过页面

小提示：

只有审核通过状态免税商品备案支持变更操作。

点击【变更】按钮后跳转到免税商品编辑页面，页面分为两部分：最上方为操作按钮，中间为免税商品备案修改编辑区域，其中操作按钮包括：【新增】【申报】，免税商品备案修改编辑区域可以修改已申报的免税商品基本信息，如：经营单位编号、企业内部商品编码、商品中文名称等信息。如图 12–316：

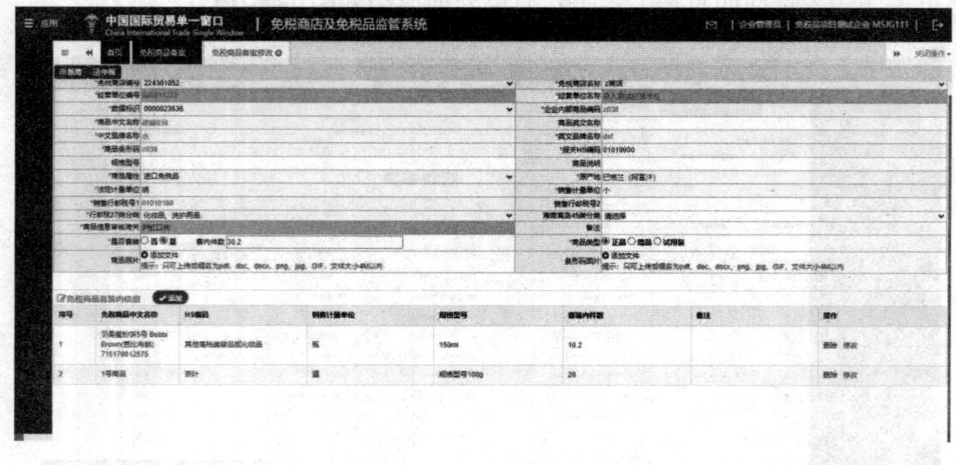

图 12–316 免税商品备案变更

1. 操作按钮

变更完成后点击【申报】按钮，自动将信息发送到海关端（信息修改无误），完成本次变更申请。申报成功和失败的状态提示信息在“2.1.1 操作按钮”章节已提到，在此不多做描述。

2. 免税商品备案变更修改编辑区域

此时页面自动返填上次填报内容，用户可在原有基础上进行修改操作。免税商品备案支持修改字段包括：申报类型（需选择：变更）、免税商店编号（下拉选择）、免税商店名称（下拉选择）、经营单位编号（自动关联）、经营单位名称

（自动关联）、主管海关（自动关联）、企业内部商品编码、商品中文名称、商品英文名称、中文品牌名称、英文品牌名称、商品条形码、报关 HS 编码（下拉选择）、规格型号、商品说明、商品属性（下拉选择）、原产地（下拉选择）、法定计量单位（按空格进行搜索）、销售计量单位（按空格进行搜索）、销售行邮税号

1、销售行邮税号 2、行邮税 27 类分类（下拉选择）、海南离岛 45 类分类（下拉选择）、备注（手动输入）、是否套装（单选框选择，如：选择：否，套内件数不可输入，选择：是，套内件数根据添加表体自动计算）、商品类型（单选框选择）、商品照片（文件上传）、条形码图片（文件上传）。如图 12–317：

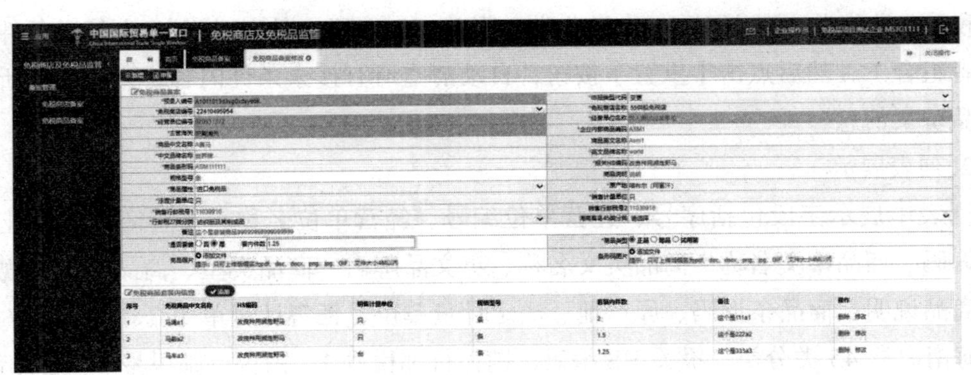

图 12–317 免税商品变更修改编辑区域

（四）免税商品——查询

“免税商品备案”页面，主要分为两部分，上部分为筛选条件区域，下半部分为列表展示区域。

1. 筛选条件

其中筛选条件包括：预录入编号、企业内部商品编码、商品海关编码、商品中文名称、商品英文名称、中文品牌名、英文品牌名、商品类型（下拉选择）、

商品属性（下拉选择）、原产地（下拉选择）、行邮税 27 类分类、海南离岛 45 类分类、

报关 HS 编码、备案时间。如图 12–318：

图 12–318 免税商品查询筛选条件区域

（1）条件检索

企业用户输入查询条件“预录入编号、企业内部商品编码、海关商品编码、商品中文名称、商品英文名称、中文品牌名、英文品牌名、商品类型（下拉选择）、商品属性（下拉选择）、原产地（按空格进行搜索）、行邮税 27 类分类（下拉选择）、海南离岛 45 类分类（下拉选择）、报关 HS 编码（下拉选择）、备案时间”中任意条件（单一或者组合），点击【查询】按钮，列表展示出符合条件的筛选结果；所有输入框搜索条件支持模糊搜索。

（2）重置功能

企业用户输入查询条件“预录入编号、企业内部商品编码、海关商品编码、商品中文名称、商品英文名称、中文品牌名、英文品牌名、商品类型、商品属性、原产地、行邮税 27 类分类、海南离岛 45 类分类、报关 HS 编码、备案时间” 中任意条件（单一或者组合），然后点击【重置】按钮，自动清空所有搜索条件内容，列表展示所有免税商品备案信息。

2. 列表展示

列表中展示字段包括序号、经营单位编号、经营单位名称、主管海关、企业内部商品编码、商品中文名称、商品英文名称、英文品牌名、商品类型、商品属性、规格型号、商品说明、商品条形码、原产地、法定计量单位、销售计量单 位、行邮税 27 类分类、海南离岛 45 类分类、报关 HS 编码、销售行邮税号 1、销售行邮税号 2、是否套装、套内件数、预录入编号、备案时间、单据状态、退单原因、操作。如图 3–319：

是否套装	套内件数	预录入编号	备案时间	单据状态	退单原因	操作
否	0	A101101d867urygdmxqy	2023-11-24 16:00:15	退单	当前有相同商品编码商品正在审核中，无法重复申请;	查看 修改
否	0	A10110191z9b2g0ghgvo	2023-11-24 15:58:29	暂存	-	查看 修改 删除
否	0	A1011012fsvpojzvexq3	2023-11-24 14:36:24	暂存	-	查看 修改 删除
是	3	A101101nen80z3nkny8h	2023-11-23 18:05:21	审核通过	-	查看 变更
是	1.25	A101101q8tfxjak2xd71	2023-11-23 16:12:44	审核通过	-	查看 变更
否	0	A101101xz7t25bqa4hhn	2023-11-23 16:07:39	退单	行邮税号不合规;	查看 修改
是	1	A101101nmbz5xrc567hf	2023-11-22 17:20:21	审核通过	-	查看 变更
是	1	A101101h2n41okkx1b8x	2023-11-22 16:51:40	已发送海关端，待审核	-	查看
否	0	goods2311w221	2023-11-22 16:19:25	入库成功	-	查看
否	0	goods23w19	2023-11-22 15:51:57	入库成功	-	查看

显示第 1 到第 10 条记录，总共 214 条记录 每页显示 10 条记录 « ‹ 1 2 3 4 5 › »

图 12–319 免税商品查询列表展示

（1）操作按钮

免税商品备案列表最右侧的操作列，有以下几种操作，分别为：“查看”“修改”“变更”“删除”。其中当免税商品备案的单据状态为“已发送海关端，待审核”“入库成功”“电子校验”“初审”“复审”时，只存在【查看】按钮；当免税商品备案的单据状态为“退单”“入库失败”时，存在【查看】和【修改】两个按钮；当免税商品备案的单据状态为“暂存”时，存在【查看】【修改】和【删除】三个按钮；当免税商品备案的单据状态为“审核通过”时，存在【查看】和【变更】两个按钮。

（2）分页功能

免税商品备案列表最下方存在分页功能，其中有：每页展示数量设置、分页、总数统计。其中每页显示设置为自动扩充方式；默认统计当前总页数和业务总数；分页功能支持跳转到上一页、跳转到下一页、跳转到具体页码、跳转到首页和尾页。

第十三部分 “单一窗口”——服务贸易篇

企业用户在国际贸易“单一窗口”持卡登录系统，点击“服务贸易”，选择“暂时进出境管理系统”。

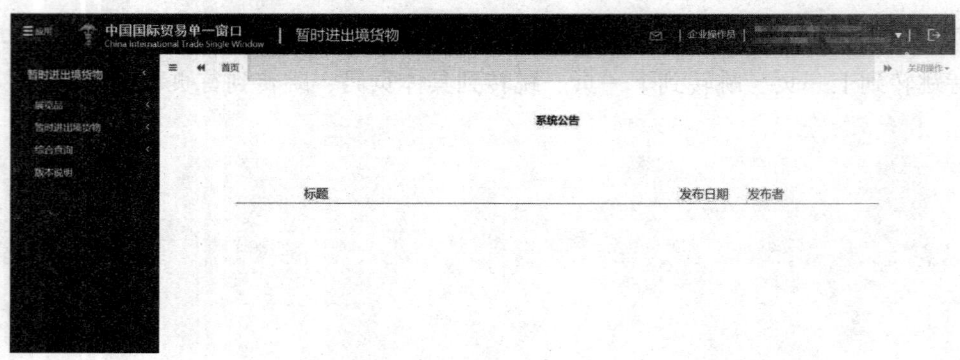

图 13-1 暂时进出境管理系统界面

第一章 展览品

点击左侧“展览品”菜单，展示：展览会备案、外借展品清单申报。

一、展览会备案

点击左侧“展览会备案”菜单，右侧界面展示如下：

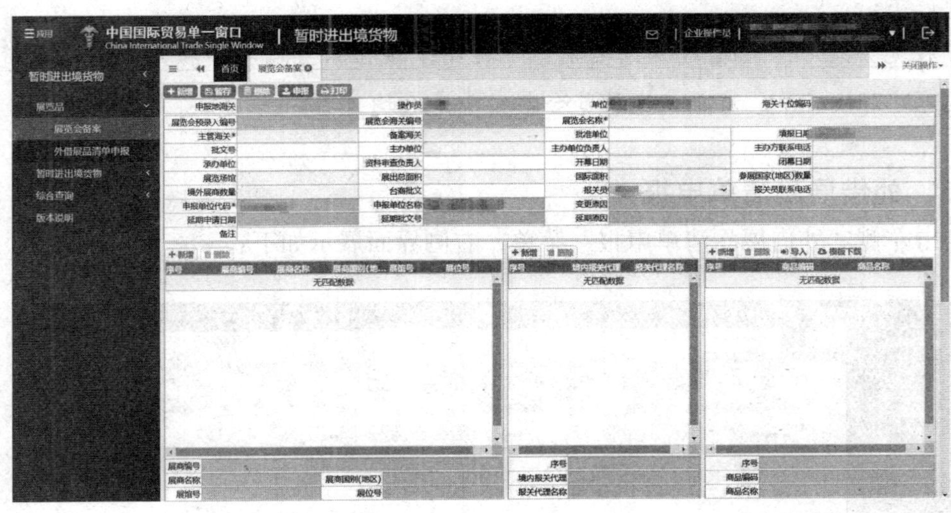

图 13-2 展览会备案界面

根据登录的 IC 卡信息自动反填“录入单位”“操作员”“海关十位编码”等字段内容。展览会备案数据，未录完的数据可进行暂存，后续录入完毕后直接申报；也可以直接录入完所有数据进行申报。

展览会预录入编号：数据暂存后系统自动返填。

展览会海关编号：海关审核通过生成展览会海关编号。

小提示：

1. 申报地海关字段不用填写任何数据，也不返填数据。

2. 加 * 的黄色底色代表暂存时此字段必填，如不填写不能暂存。

3. 数据暂存后，【删除】和【打印】按钮高亮显示方可使用。删除：展览会备案录入界面点击【删除】按钮，删除该条记录。打印：点击【打印】按钮，弹出提示框，如图 13-3：

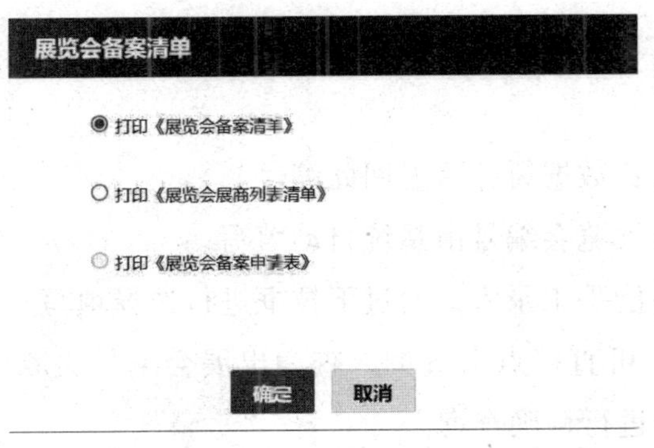

图 13-3 数据打印

小提示：

当展览会处于审核通过状态之前，【打印】按钮只可以打印核对单，当展览会备案审核通过则核对单、清单以及展览会备案申请表均可打印。

二、外借展品清单申报

点击左侧“外借展品清单申报”菜单，右侧界面展示如下：

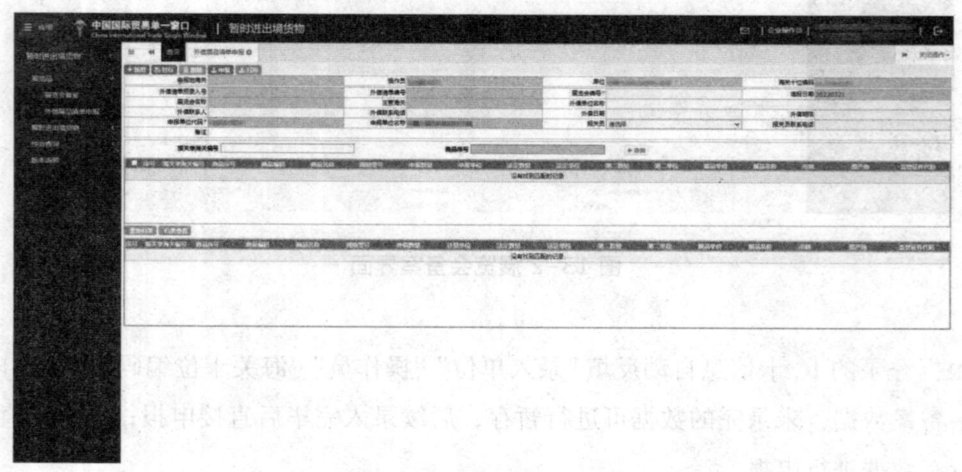

图 13-4 外借展品清单申报界面

展览会编号字段填写展览会海关备案号。如输入错误，会有弹框提示（如图 13-5）：

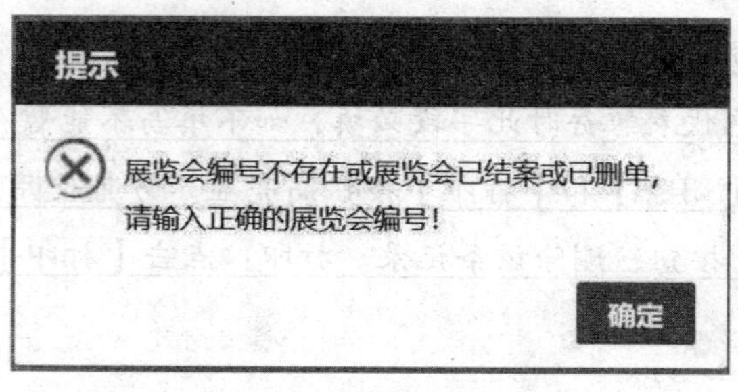

图 13-5 错误提示弹框

外借清单预录入号：数据暂存后返回此编号。

展览会名称：根据展览会编号由系统自动填写。

报关员：该字段不能手工录入，通过下拉框进行选择填写。

报关单商品查询：可直接点击查询，查询出展会编号关联的报关单商品明细；也可录入报关单海关编号进行精确查询。

小提示：

数据暂存后，【删除】和【打印】按钮高亮显示方可使用。

商品序号是针对报关单进行的更加精确的查询条件，录入报关单海关编号后方可录入，进行指定序号的商品明细查询。

第二章 暂时进出境货物

点击左侧“暂时进出境货物”菜单，展示：确认申报、延期申报。

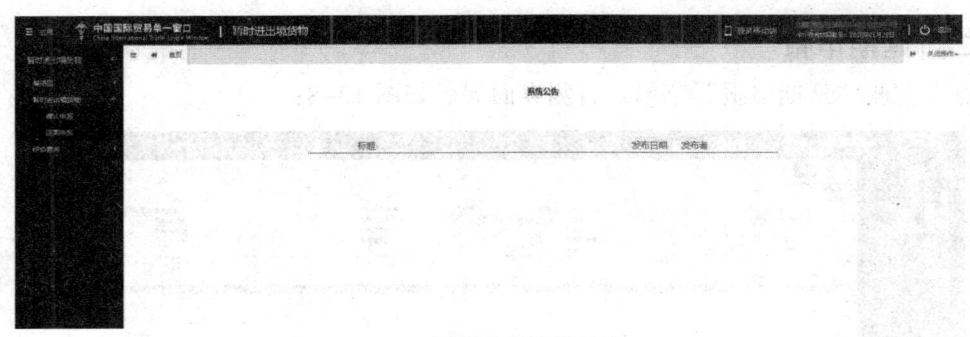

图 13-6 暂时进出境货物界面

一、确认申报

点击左侧“确认申报”菜单，右侧界面展示如图 13-7：

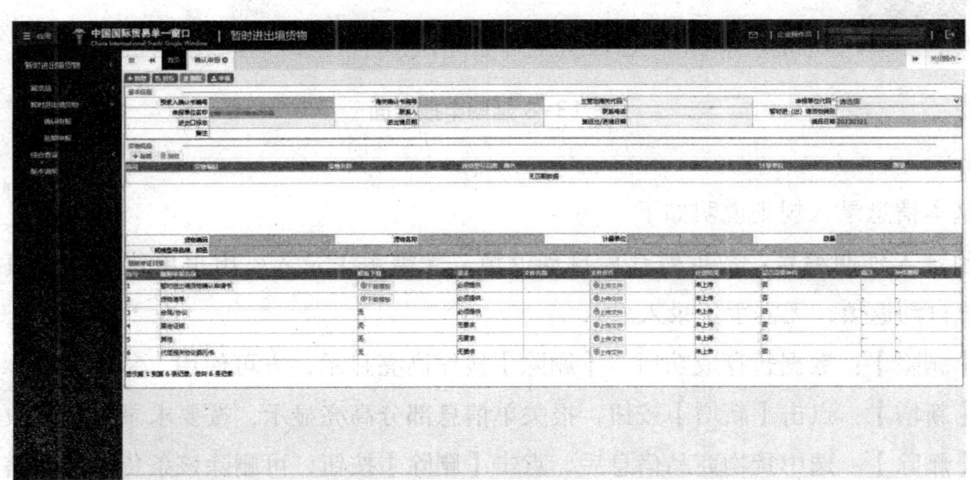

图 13-7 确认申报界面

【新增】：点击【新增】按钮置空当前页可以重新录入数据。

【暂存】：点击【暂存】按钮对当前数据进行保存。

【删除】：点击【删除】按钮可删除当前录入数据。

【申报】：点击【申报】按钮数据发送。

货物信息录入部分，需点击【新增】按钮，页面方可录入。

随附单证目录部分，需数据暂存后，才可上传相应单证。上传附件必须为 PDF 格式。上传文件不能超过 4M。

小提示：

数据暂存后，【删除】按钮高亮显示方可使用。

预录入确认书编号数据暂存后系统自动反填，无需录入。

二、延期申报

点击左侧“延期申报”菜单，右侧界面展示如图 13-8：

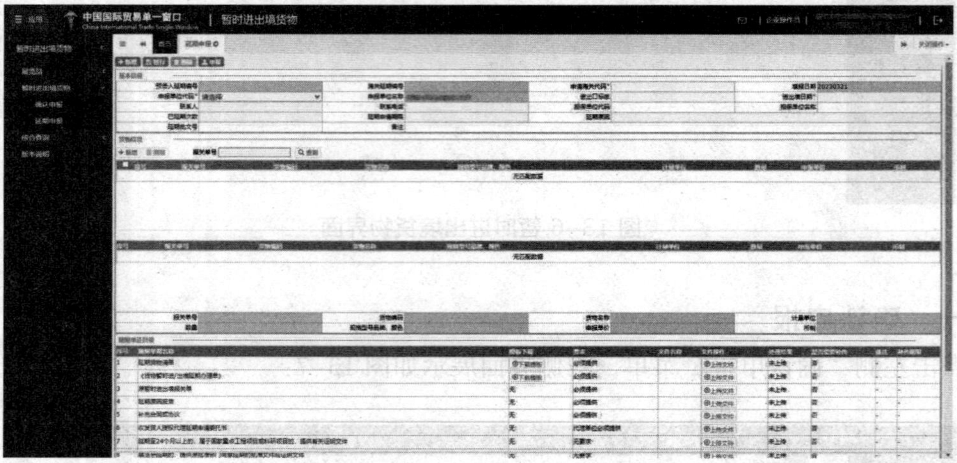

图 13-8 延期申报界面

基本信息录入规则说明如下。

预录入延期编号：数据暂存后自动返填，无需手工录入。申报单位名称、填报日期系统自动返填，无需手工录入。

【删除】：数据暂存成功后，【删除】按钮高亮显示，方可使用。货物息：

【新增】：点击【新增】按钮，报关单信息部分高亮显示，按要求录入相应数据。

【删除】：选中货物商品信息后，点击【删除】按钮，可删除该条货物商品信息。

货物信息可以通过报关单海关编号查询出商品信息进行勾选返填，也支持手动录入商品信息。

第三章 综合查询

点击左侧“综合查询”菜单，展示：展览会备案查询、外借展品清单查询、暂时进出境货物确认查询、暂时进出境货物延期查询、核注情况查询。

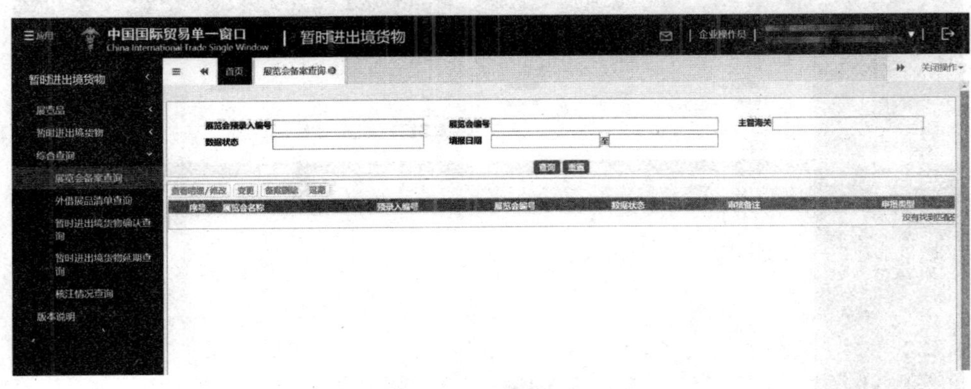

图 13-9 综合查询界面

一、展览会备案查询

点击左侧“展览会备案查询”菜单，右侧界面展示如图 13-10：

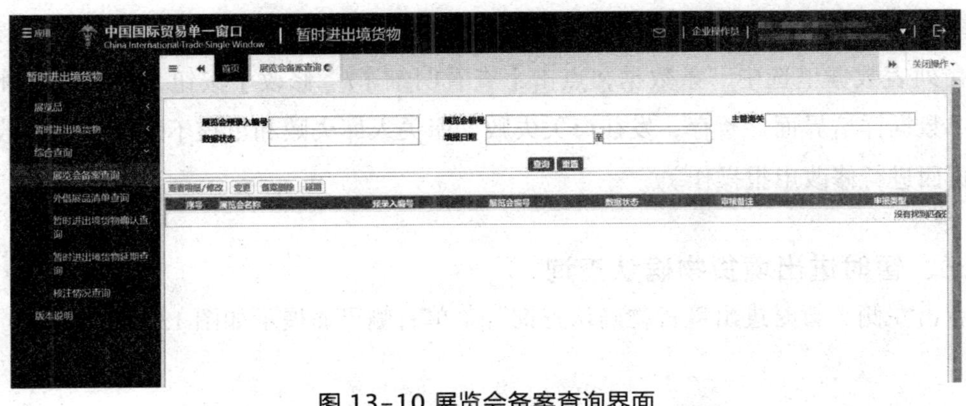

图 13-10 展览会备案查询界面

查看明细 / 修改：暂存，发往海关失败、海关入库失败和审核不通过状态，则通过点击【查看详情】按钮进入到查看详情界面，【新增】、【暂存】、【删除】、【申报】按钮可使用，用户可对界面数据进行修改，再次暂存或申报；

变更：已审核通过状态，通过点击【变更】按钮进入到变更申请界面，【新增】、【暂存】、【申报】按钮可使用，用户可对界面数据进行变更，再次申报。

备案删除：审批通过但没有使用的展会备案，可以申请备案删除。

二、外借展品清单查询

点击左侧“外借展品清单查询”菜单，右侧界面展示如图 13–11：

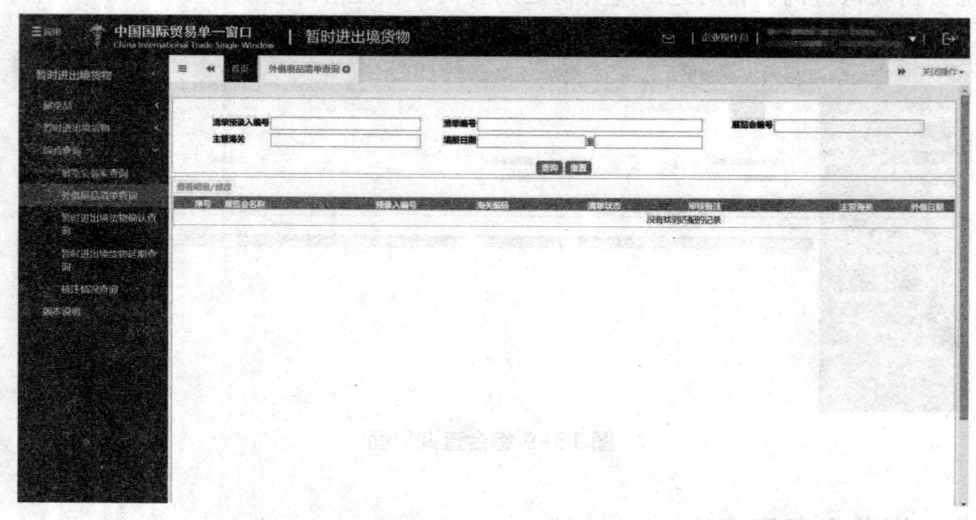

图 13–11 外借展品清单查询界面

点击“外借展品清单查询”如未输入查询条件将所有数据将显示在下方查询结果列表中。当输入查询条件进行查询，将符合条件的数据展示在下方列表中。

在列表数据里选中一条数据，点击【查看明细】/【修改】按钮，页面进入外借展品清单数据详情界面。暂存，发往海关失败、海关入库失败和审核不通过状态的数据可在此页面进行修改申报操作。

三、暂时进出境货物确认查询

点击左侧“暂时进出境货物确认查询”菜单右侧界面展示如图 13–12：

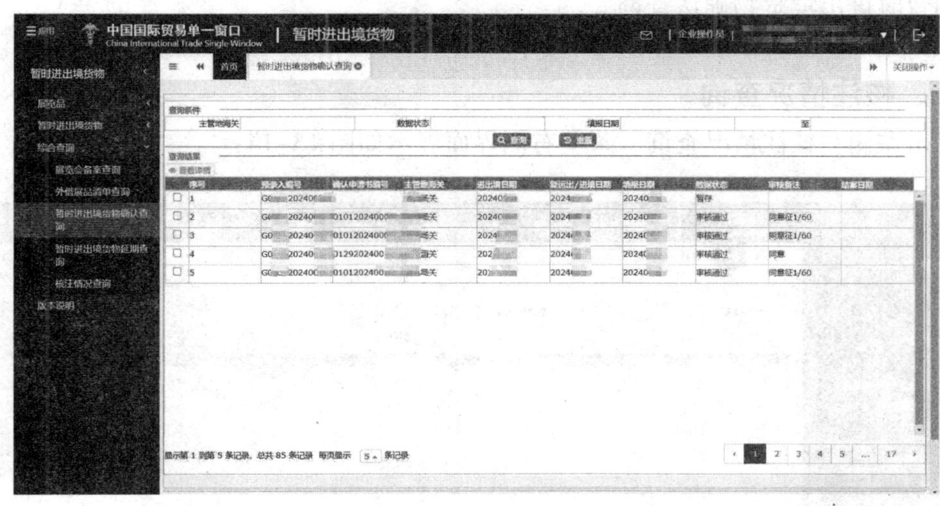

图 13-12 暂时进出境货物确认查询界面

当不输入查询条件进行查询时，查询结果列表将展示该用户所有暂时进出境货物的确认申报数据。

输入查询条件，点击【查询】按钮，根据查询条件将满足查询条件的结果显示在查询结果列表中。选中一条记录，点击【查看详情】页面跳转至暂时进出境货物的确认申报详情界面，可对暂存，发往海关失败、海关入库失败和审核不通过状态的数据进行修改、暂存、申报操作。

四、暂时进出境货物延期查询

点击左侧"暂时进出境货物延期查询"菜单右侧界面展示如图 13-13：

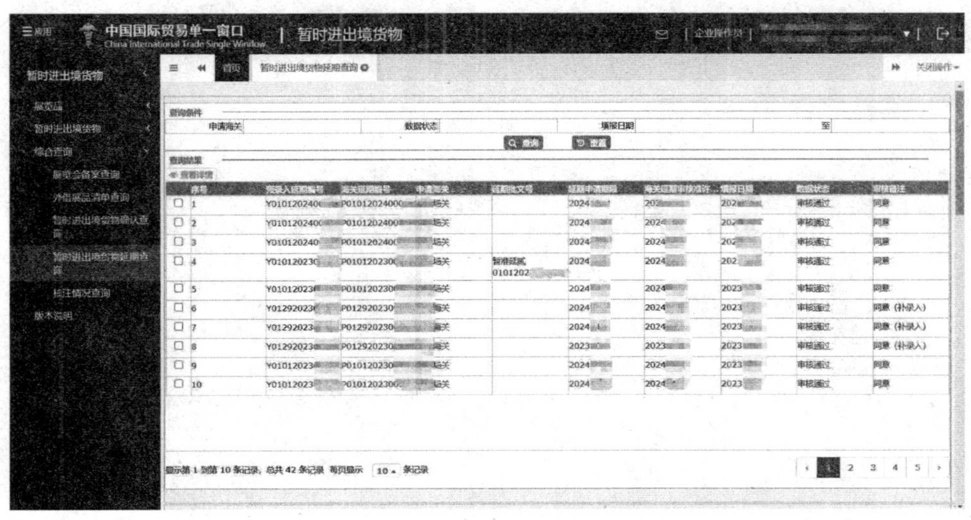

图 13-13 暂时进出境货物延期查询界面

同暂时进出境货物确认查询。

五、核注情况查询

点击左侧“核注情况查询”菜单右侧界面展示如图 13–14：

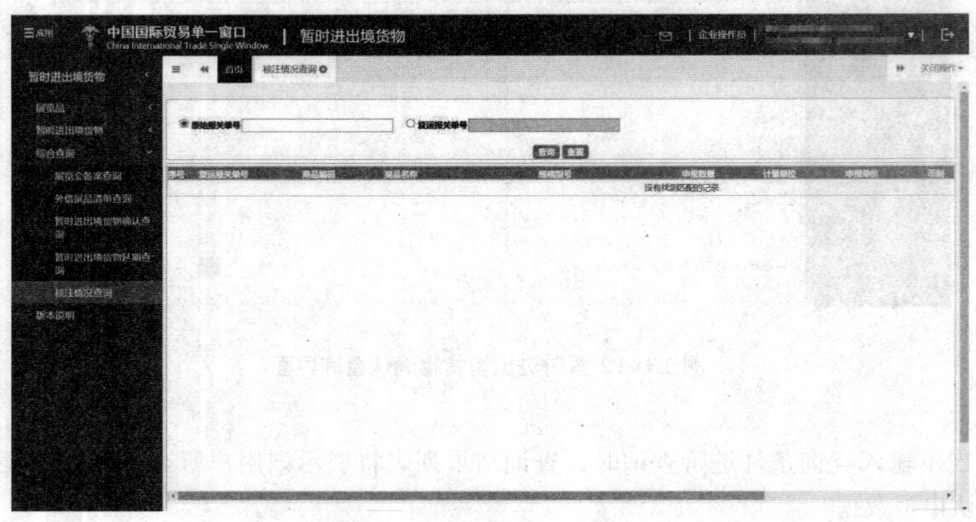

图 13–14 核注情况查询界面

录入原始报关单号或复运报关单号，点击查询，可查询暂时进出境货物核注情况结果。原始报关单的境内外收发货人或申报单位可通过原始报关单号进行查询，复运报关单号的境内外收发货人或申报单位可通过复运报关单号进行查询。

第十四部分　“单一窗口”——出口退税篇

第一章 出口退税（外贸版）

第一节 退税申报

“退税申报”模块中包含“外部数据管理”和“退税数据管理”两个模块。

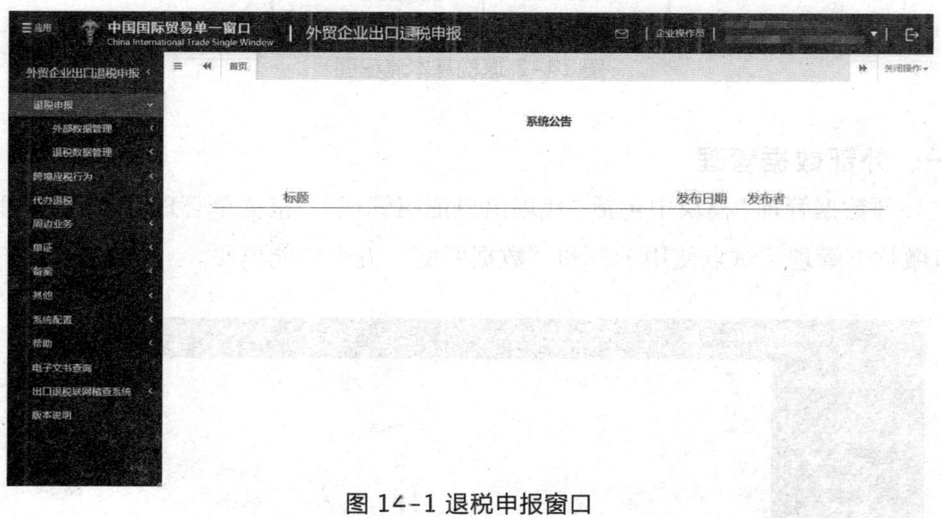

图 14-1 退税申报窗口

退税基本流程如图 14-2：

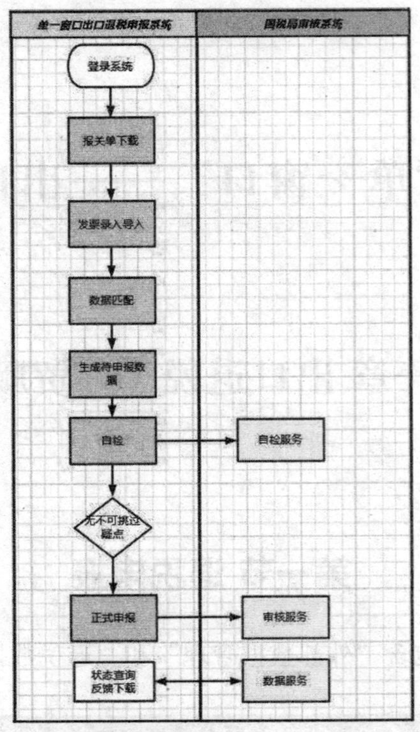

图 14-2 退税基本流程图

一、外部数据管理

“外部数据管理”模块中包括“代理出口证明管理”“报关单管理”“发票管理”“海关进口缴款书管理（试点使用）”和“数据匹配”五个功能模块。

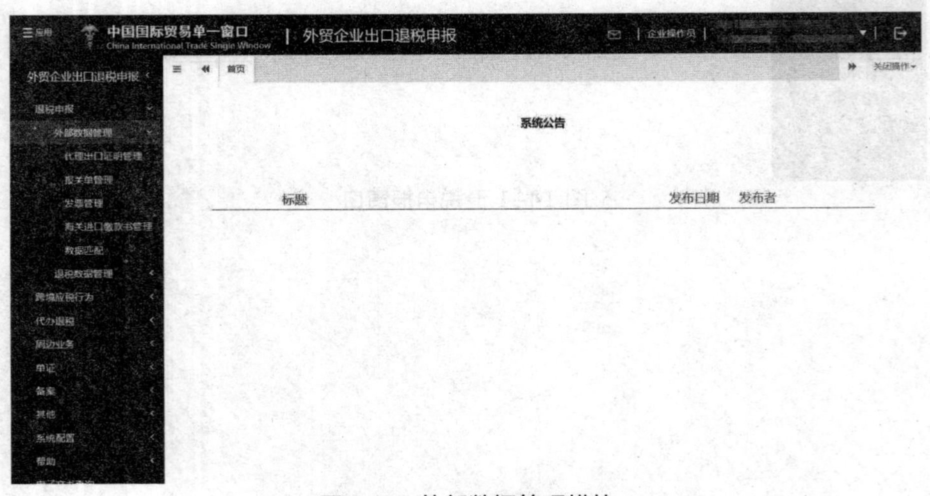

图 14-3 外部数据管理模块

（一）代理出口证明管理

代理出口数据证明管理页面，可以进行代理出口证明数据的新增、导入、状态修改操作；点击【数据读入】按钮，可以下载EXCEL模板，导入数据。

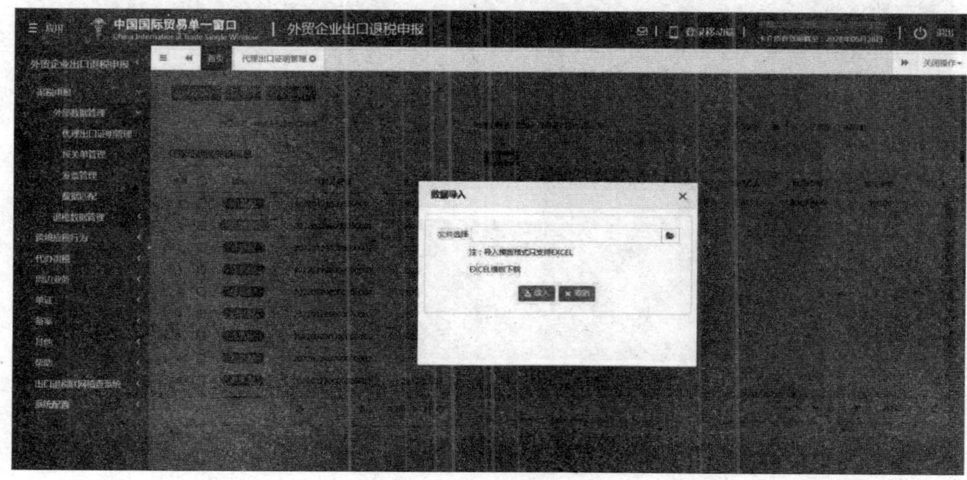

图 14-4 数据导入

点击【新增】按钮，可以录入一条代理出口证明数据。

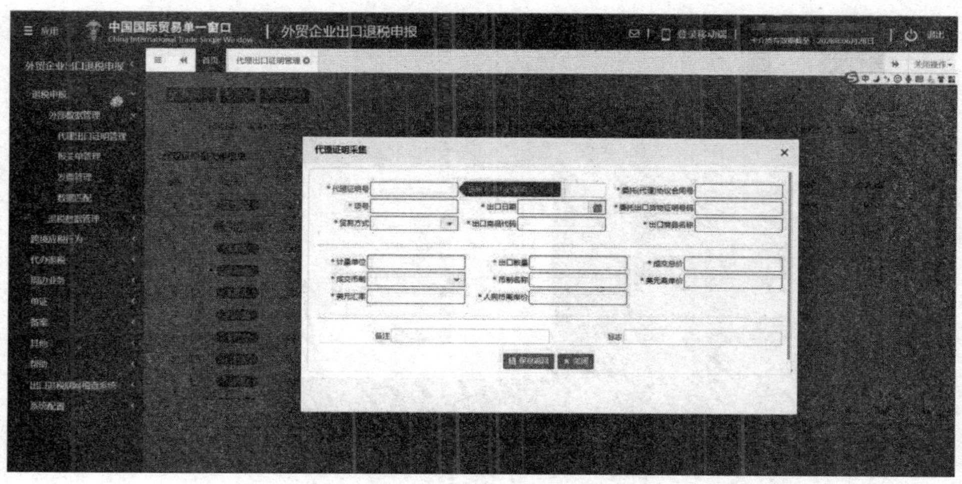

图 14-5 代理出口证明数据录入

勾选代理出口证明数据，点击【状态修改】按钮，可以修改数据状态。

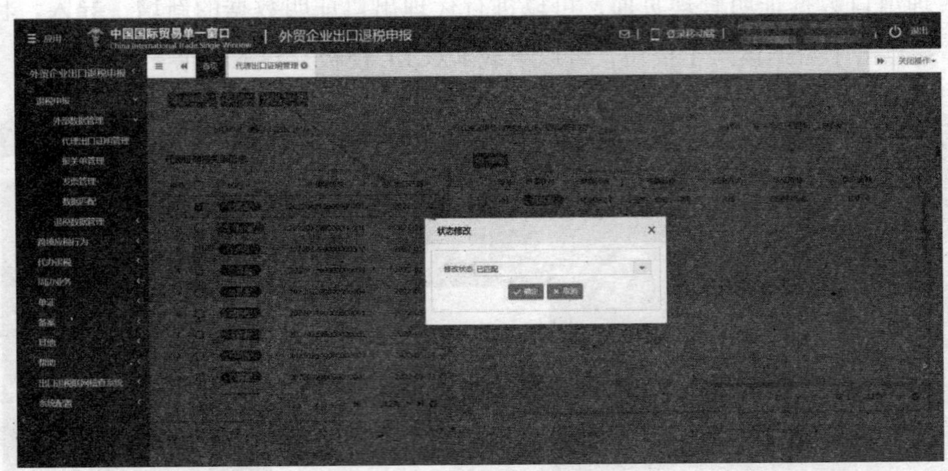

图 14-6 代理出口证明数据修改

（二）报关单管理

报关单管理页面，可以对报关单进行报关单下载、数据检查、删除、报关单状态修改操作。点击【报关单下载】按钮，录入出口日期、报关单号可以下载出口报关单数据。

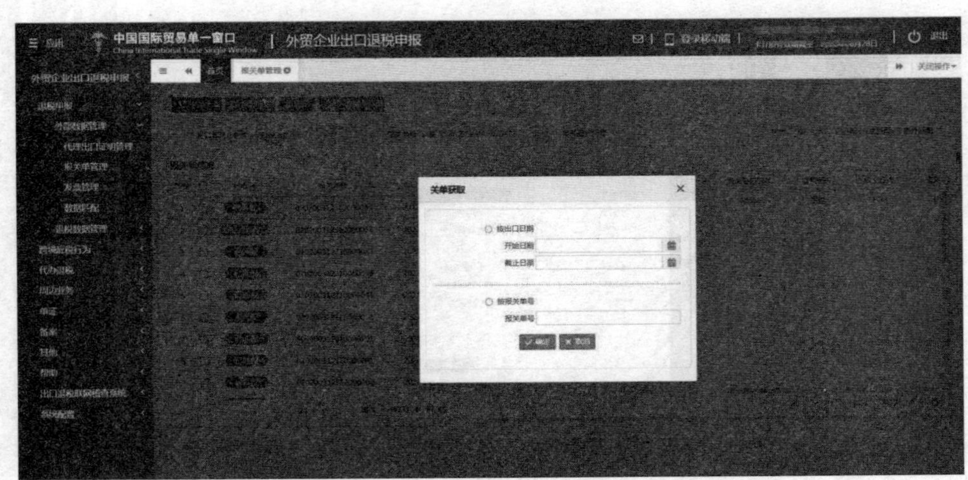

图 14-7 报关单下载

勾选列表未匹配数据，点击【数据检查】按钮，做数据初步检查。数据检查可能弹出汇率配置界面，汇率以 100 元为单位换算，如美元汇率填写 690，100 美元兑换 690 人民币元，千万不要填写 6.9。否则导致美元离岸价，人民币离岸价计算错误。

数据检查后，退税标识是【退税】的商品可以申报退税，后续可以操作数据匹配。

图 14-8 申报退税

点击【报关单状态修改】按钮，可以修改出口报关单数据状态。

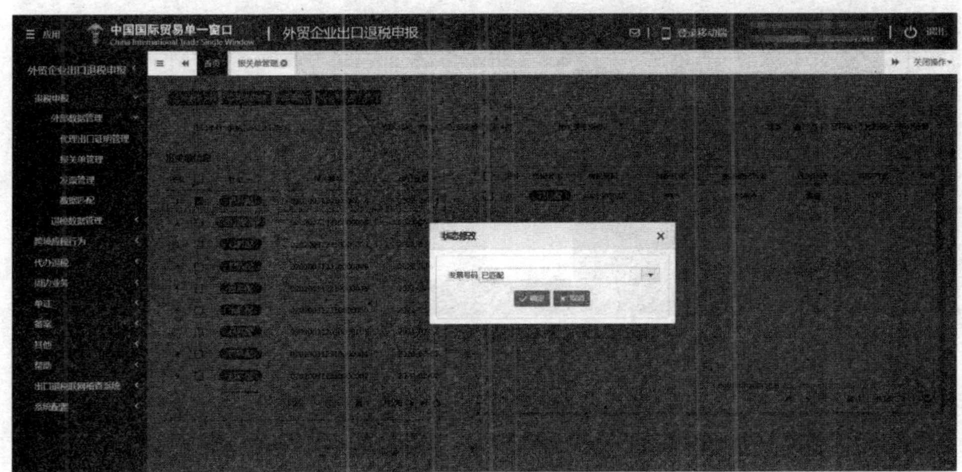

图 14-9 出口报关单数据状态修改

（三）发票管理

在发票管理页面可以对发票进行导入、修改、新增、删除操作，点击【发票导入】，下载导入模板，可以导入批量发票数据。

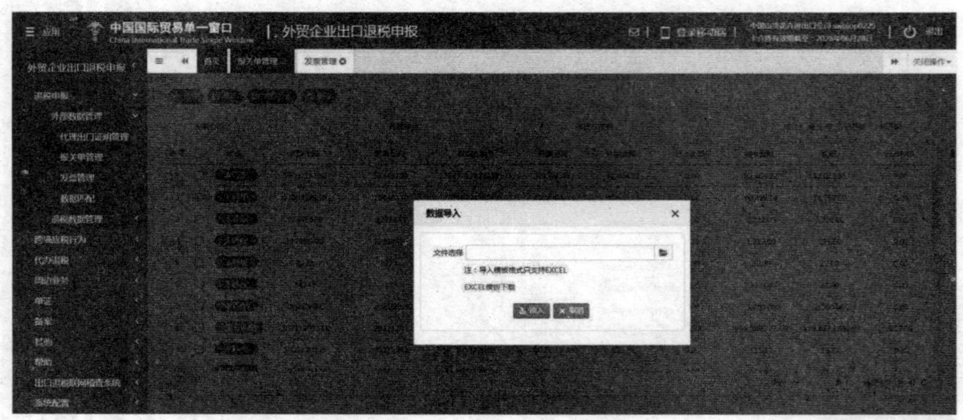

图 14-10 批量发票数据导入

点击【新建】，可以手动新增发票信息。

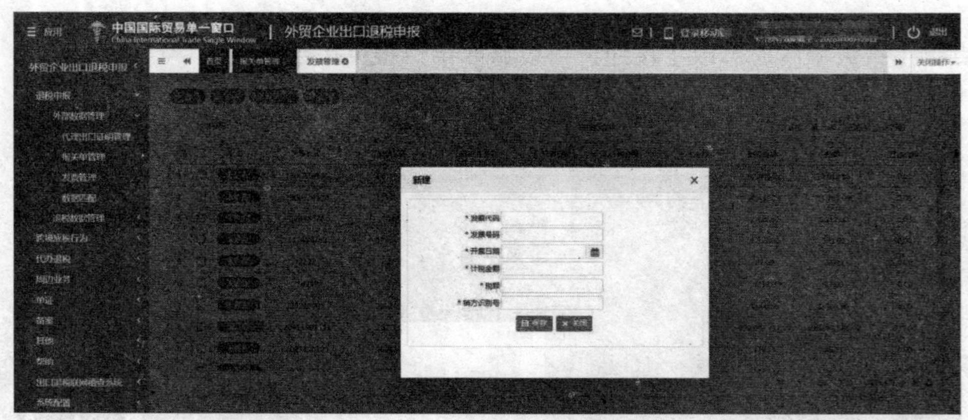

图 14-11 新增发票信息

勾选列表数据，点击【修改】按钮，可以修改发票信息。

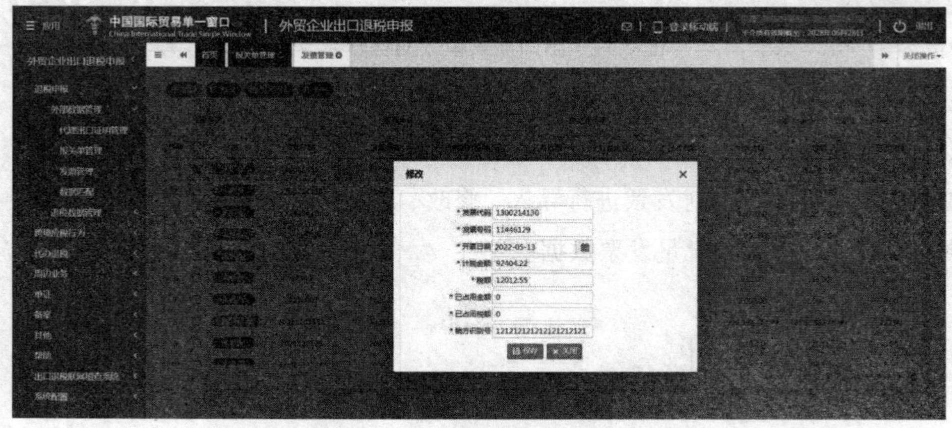

图 14-12 修改发票信息

（四）数据匹配

在该页面可以对报关单采集、代理出口证明采集的数据匹配发票信息。数据匹配的目的是选择报关单和它匹配的发票，生成对应的出口明细和进货明细数据。

1. 报关单匹配步骤：

（1）在报关单管理页面数据检查通过后的报关单信息（退税标识显示“退税”的报关单项，才会显示在配单列表里），粘贴到报关单号字段，或下拉选择报关单。

（2）选择匹配的发票信息，发票信息来自发票管理中增加的发票信息。

（3）填写出口形式发票号，选择左下角的业务类型。

（4）勾选要提交的数据，提交报关单信息到退税数据管理流程。

注意：

数据匹配时，数量以报关单商品的数量为准，并核实匹配发票张数、申报数量、计税金额是否正确。退税额与发票上的退税额，允许有一分钱误差，请以系统计算值为准！

2. 代理证明匹配流程：

（1）代理出口证明管理页面，选择代理证明号，拷贝到数据匹配页面中。

（2）后续步骤与报关单匹配步骤一致。

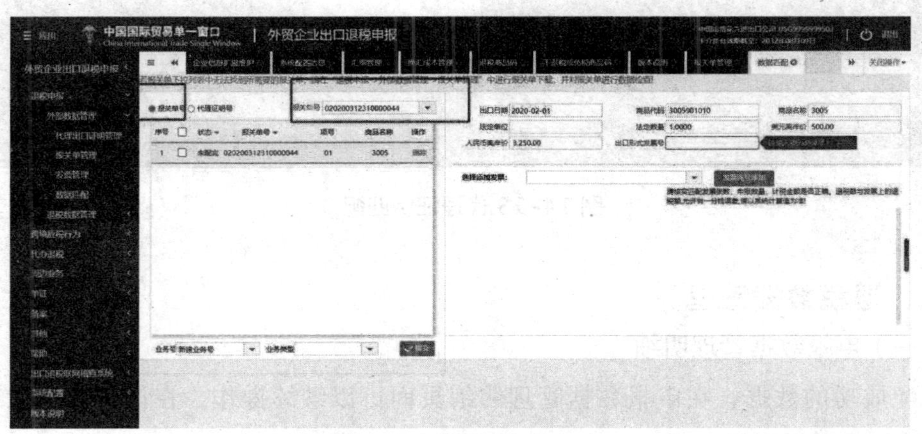

图 14-13 代理证明匹配 1

注意：

左侧报关单列表“蓝色”是选中用于配单的商品项。勾选中的是提交时生成退税明细数据的商品项。

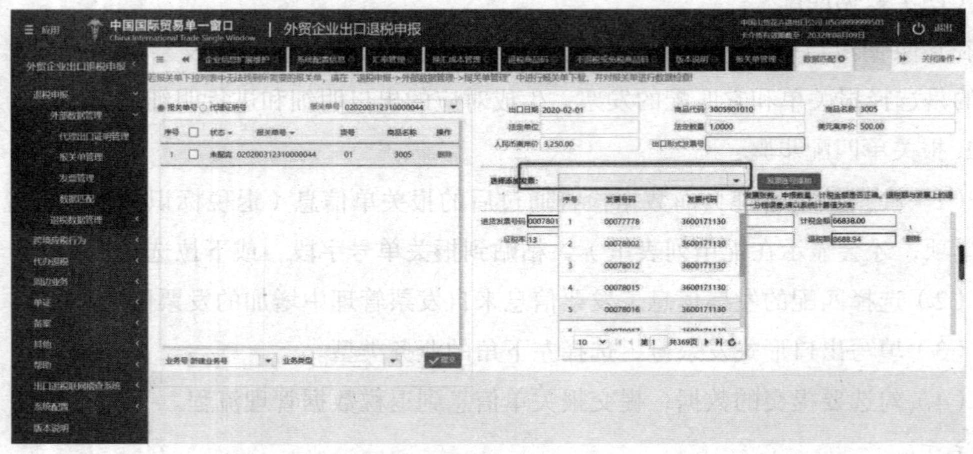

图 14-14 代理证明匹配 2

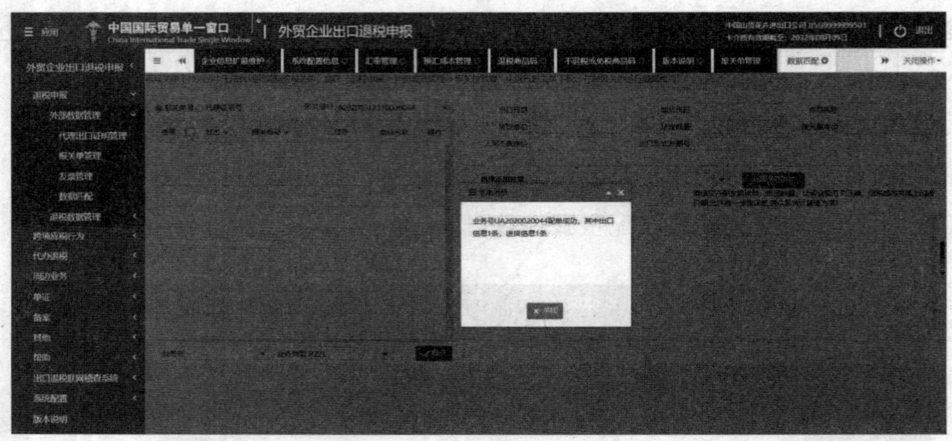

图 14-15 代理证明匹配 3

二、退税数据管理

（一）申报数据管理明细

匹配成功的数据，在申报数据管理明细页面可以继续操作，在该页面可以对进口数据，出口数据进行增、删、改、小计等操作，修改完成后，进行数据初步检查，检查无误后，可以点击【生成待申报】数据，生成成功后，数据转到待申报数据管理页面。

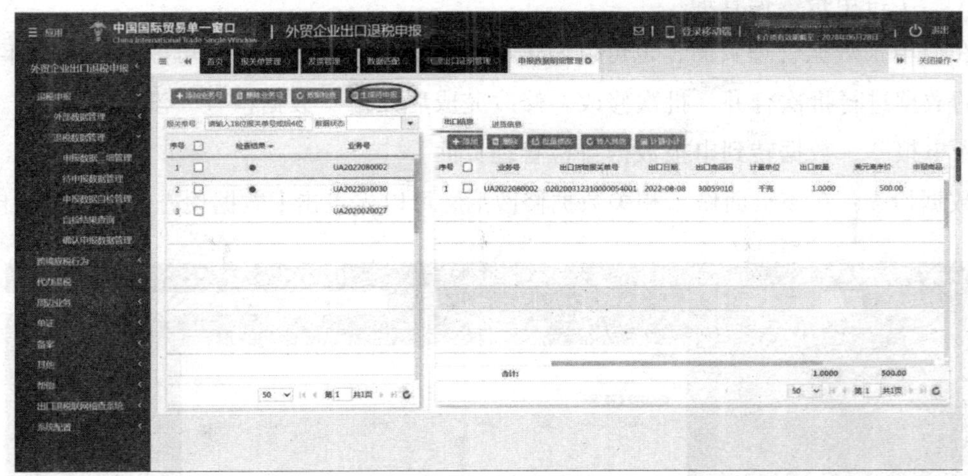

图 14-16 生成待申报数据管理

勾选要生成的待申报数据，点击【生成待申报】按钮，录入申报年月、申报批次、起始关联号、备注字段，点击【确定】按钮后，数据转到待申报数据管理页面。

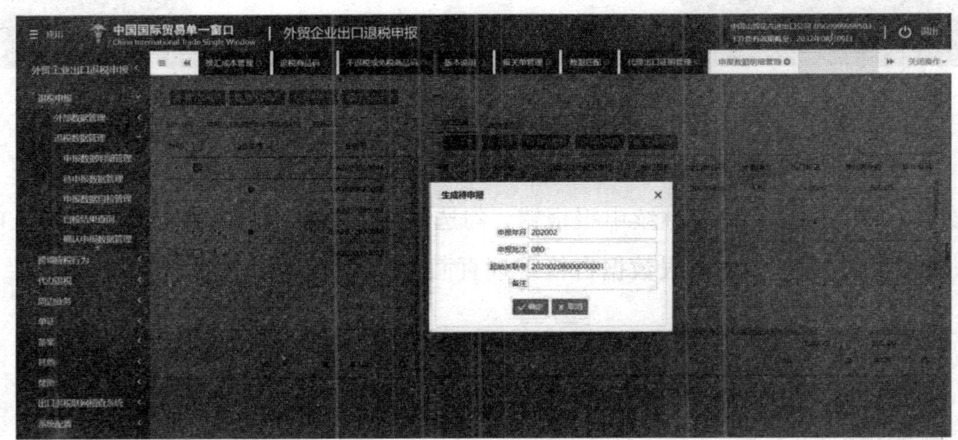

图 14-17 待申报数据生成

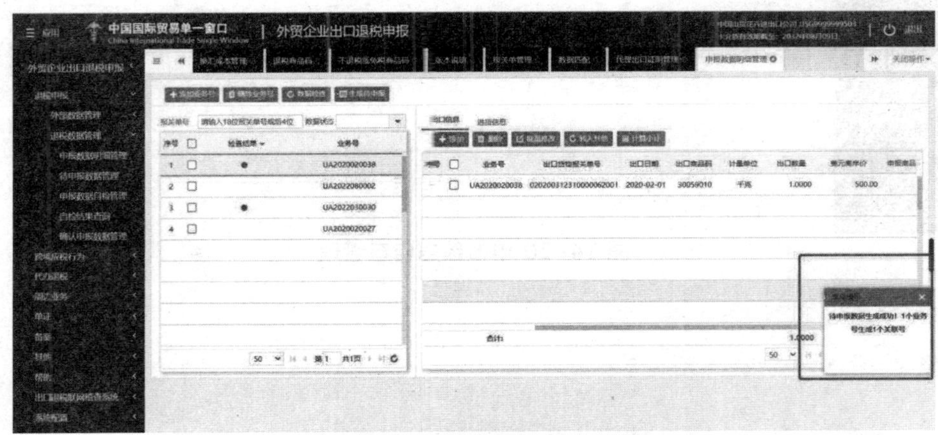

图 14-18 待申报数据管理

（二）待申报数据管理

在待申报数据管理页面，也可以做进、出口信息的修改。并且可以对该申报年月、批次的数据进行批次合并、批次修改。修改完成后点击“数据检查”没有问题后，点击“转入申报”，数据转到申报数据自检管理页面。

数据检查：在该页面做了相关数据修改后，可以先点击【数据检查】按钮进行自查。

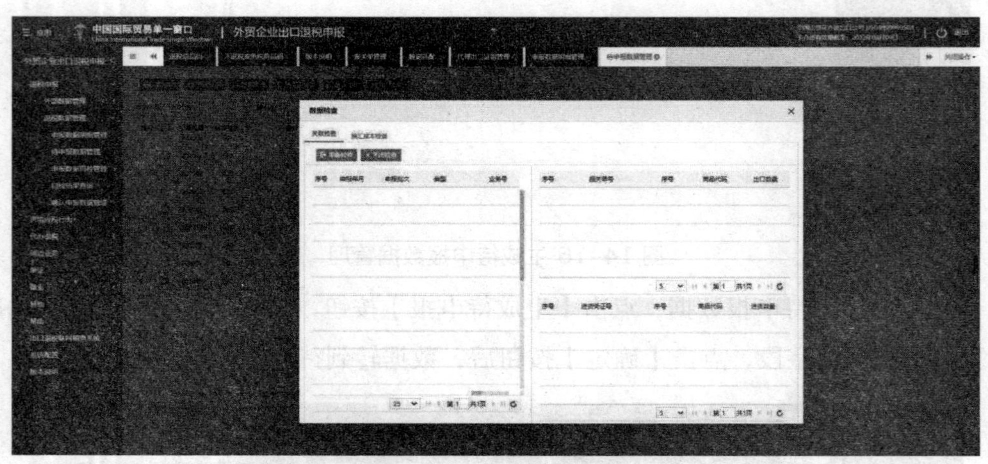

图 14-19 数据检查

数据检查无误后，可以继续申报报错，勾选需要生成的申报数据，点击【转入申报】按钮，成功后，数据转到申报数据自检管理页面。

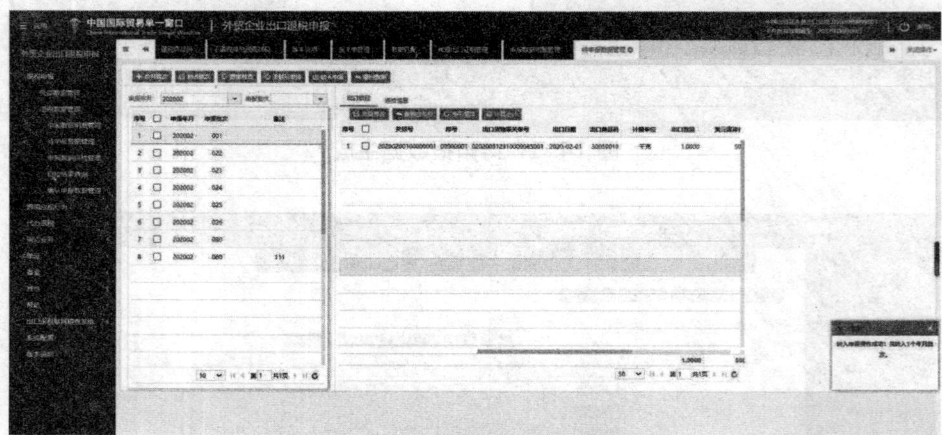

图 14-20 申报数据自查管理

点击【撤回数据】，数据可以返回到上一层申报数据明细管理页面。

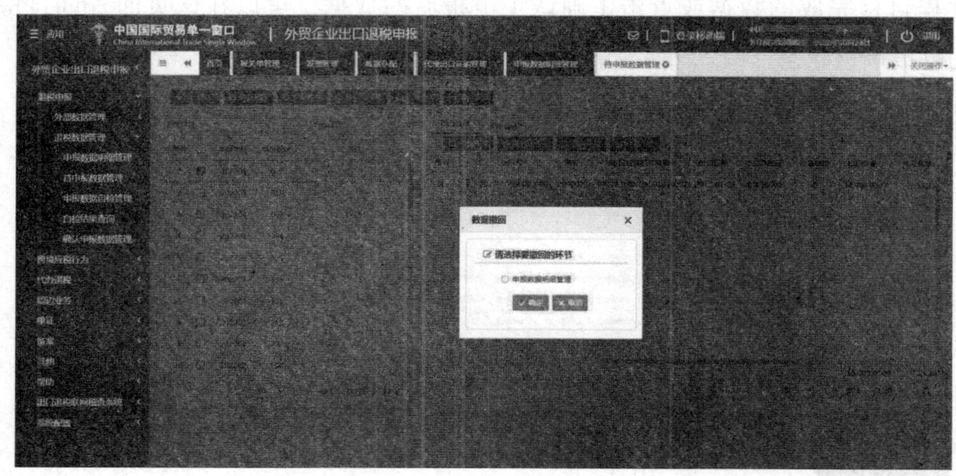

图 14-21 申报数据撤回

（三）申报数据自检管理

申报数据自检管理页面，可以新增商品码调整信息、出口货物收汇信息、免退调整信息。并且可以对选中的申报年月、批次数据进行批次修改、报表打印、数据拆分、打印疑点等操作。对数据进行修改后，点击【数据检查】无问题，就可以点击【远程自检】按钮，远程自检结果可以在自检结果查询页面查询，自检完成后，可以点击【确认申报】，数据被确认申报数据管理页面。

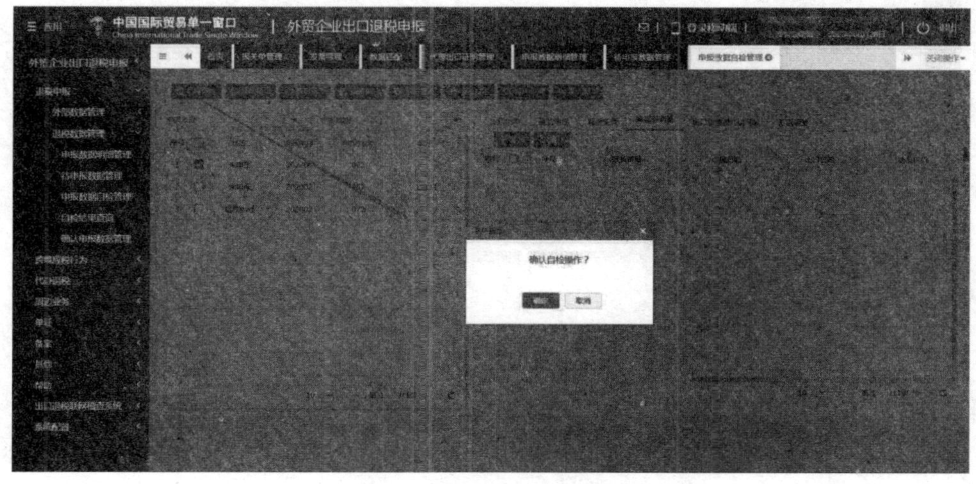

图 14-22 申报数据管理

（四）自检结果查询

远程自检完成的数据或点击【确认】申报后的数据，可以在该页面查询自检状态与正式申报审核状态。

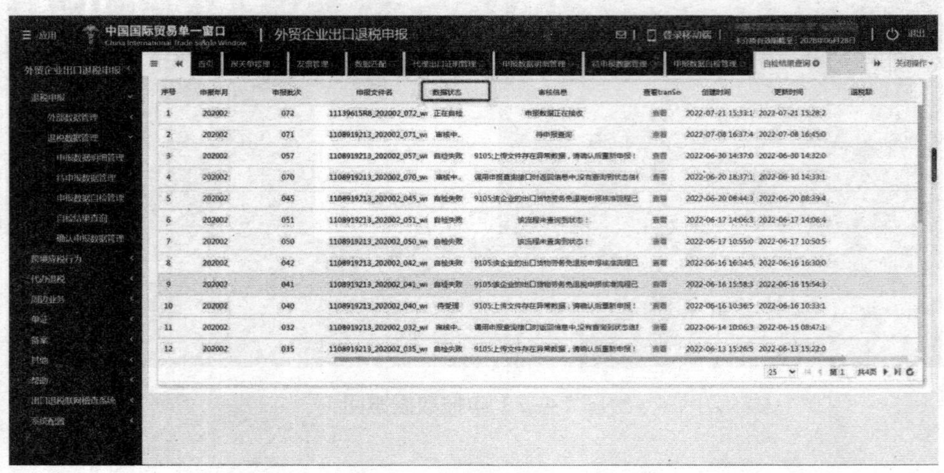

图 14-23 申报审核状态

自检申报 1 分钟后，注意刷新这个页面，注意自检状态是否显示“自检完成”或“自检失败”。如果未完成，可以手动点击【自检申报状态查询】按钮。

图 14-24 自检结果查询

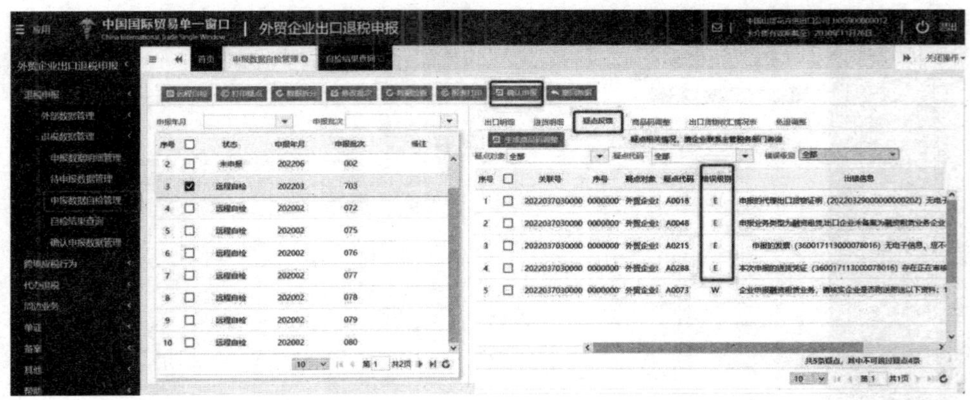

图 14-25 自检状态

自检完成的数据，先查看自检疑点，有错误级别 =E 的疑点都需要处理，然后重新自检申报。没有错误级别 =E 的疑点后，可以点击上面的【确认申报】按钮，提交正式申报。正式申报成功后，退税明细数据，转到确认申报数据菜单下查询。

正式申报流程一般需要几天，正式申报状态需要手动点击"申报状态查询"更新，如图 14-26。

图 14-26 申报状态查询

（五）确认申报数据管理

在确认申报数据管理页面，可以做报表打印、撤回数据、修改状态操作。

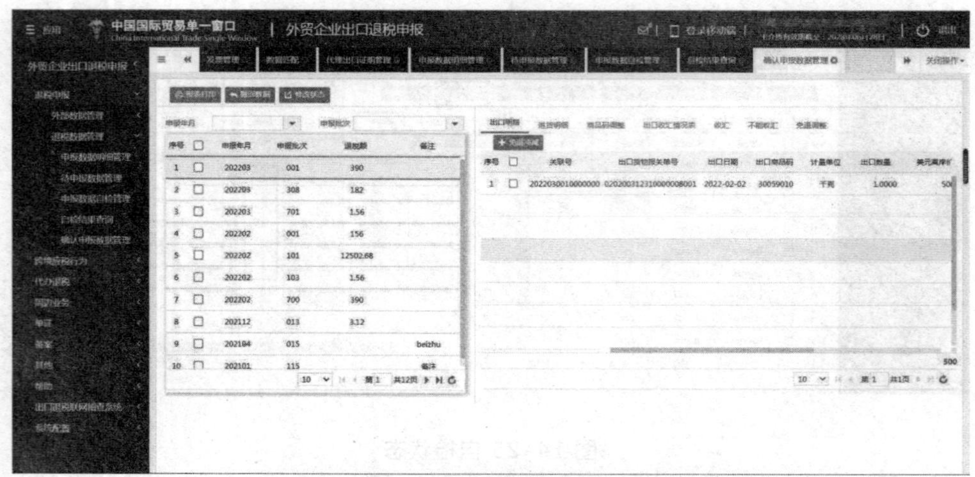

图 14-27 申报数据管理

第二节 跨境应税行为

一、数据采集

跨境应税行为明细采集相关操作如下。

进入跨境应税行为明细采集页面，可以在该页面进行跨境应税行为明细的新建、打开、删除、复制、批量导出、小计、序号重排、明细处理等操作。

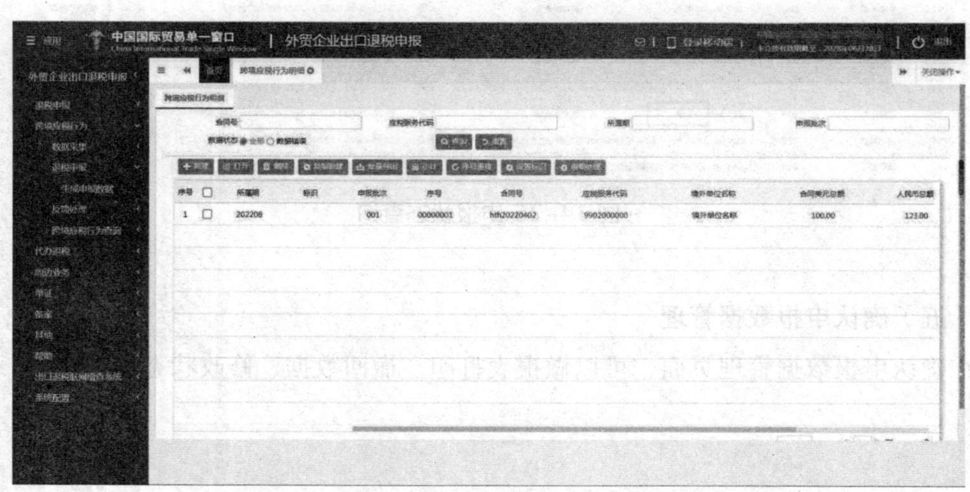

图 14-28 跨境应税行为明细采集

新建：点击【新建】按钮后，在弹框中录入数据，点击【保存并增加】或者【保存】按钮，录入数据。

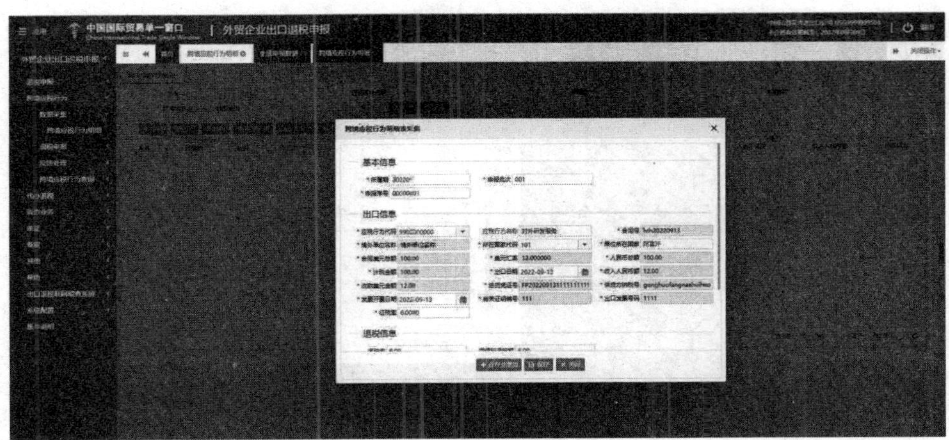

图 14-29 新建数据

打开：勾选列表中想要修改的数据，点击【打开】按钮，弹出详细信息，点击【修改】按钮后，可对数据进行修改。

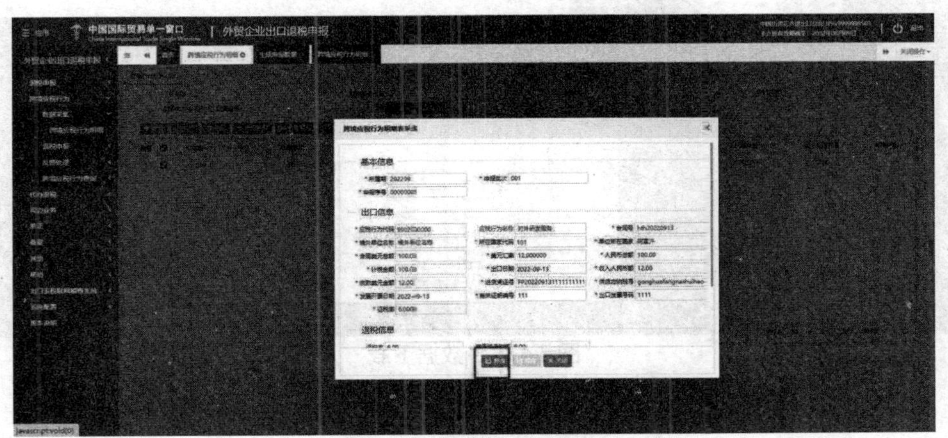

图 14-30 数据修改

删除：勾选列表中想要删除的数据，点击【删除】按钮即可。复制新建：选择要复制的数据，点击复制【新建】按钮即可。

批量导出：勾选列表想要导出的数据，点击【批量导出】按钮，选择要导出的字段，点击【导出】按钮，即可下载到电脑本地文件。

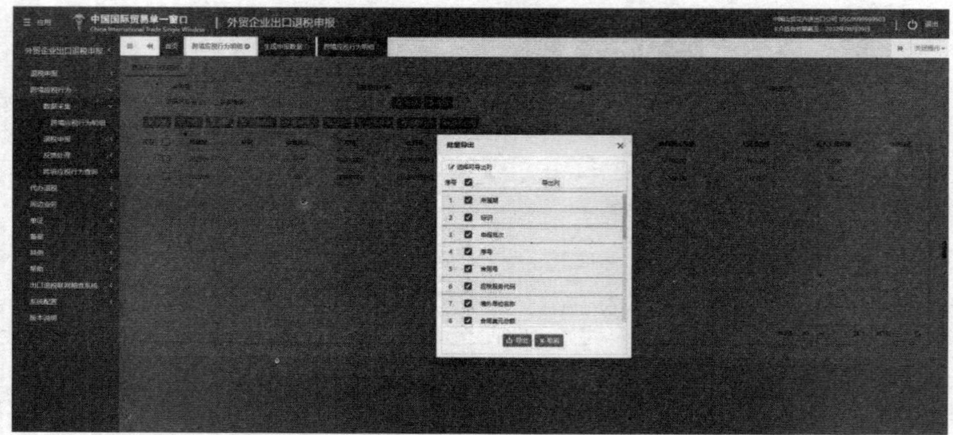

图 14-31 数据批量导入

小计：勾选列表数据，点击【小计】按钮，点击“保存到文件”即可下载到本地文件。

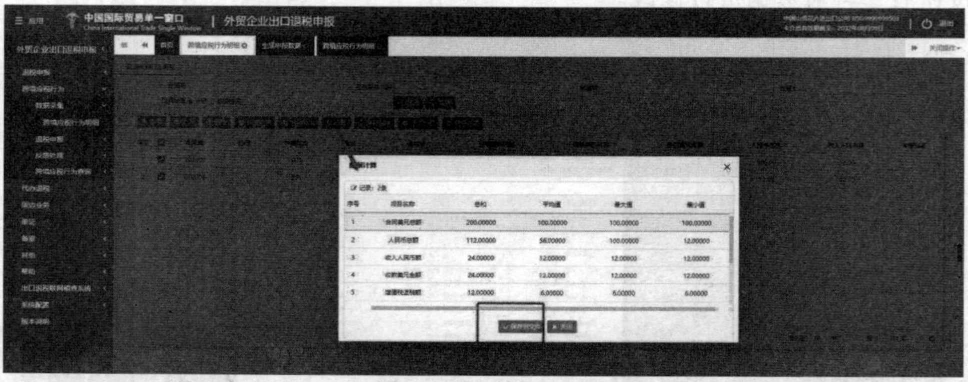

图 14-32 数据下载

序号重排：勾选数据，点击【序号重排】按钮，即可做序号重排操作。

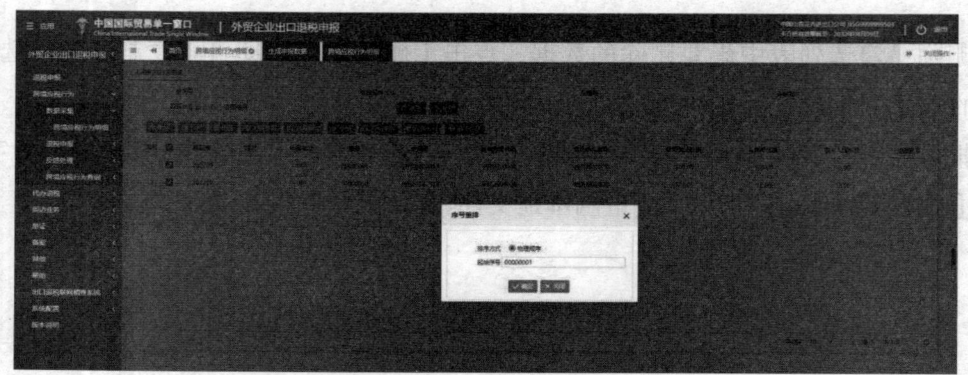

图 14-33 数据重排

设置标识：选中数据，点击【设置标识】按钮。

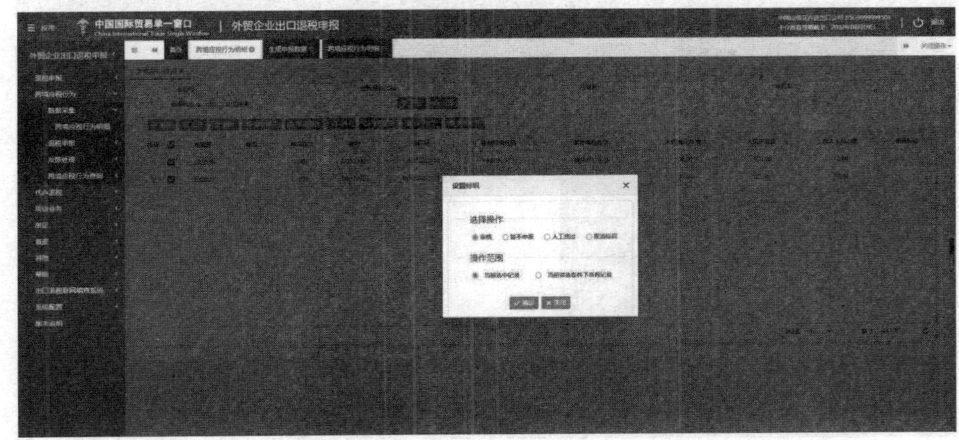

图 14-34 标示设置

明细处理：点击【明细处理】按钮，确认明细。

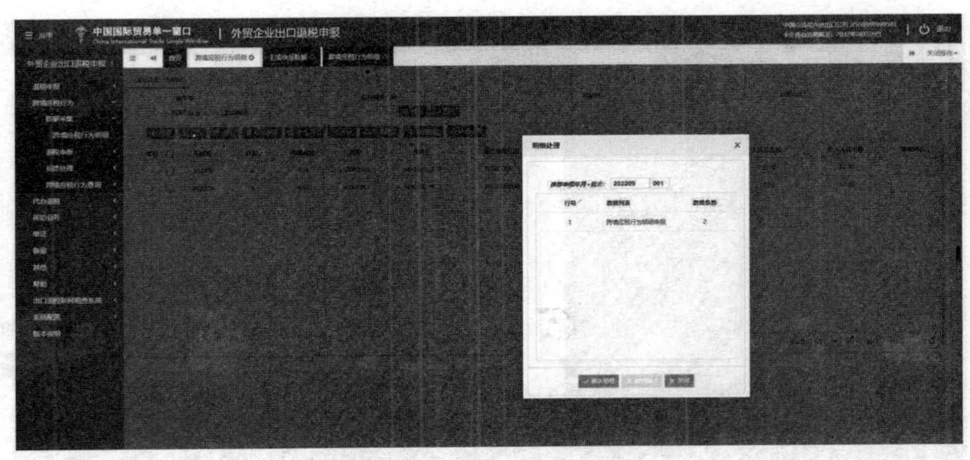

图 14-35 明细处理

二、退税申报

生成申报数据相关操作如下。

生成申报数据，在确认明组数据查询页面，可以点开查看数据。点击【撤销明细】按钮，也可以撤销数据。

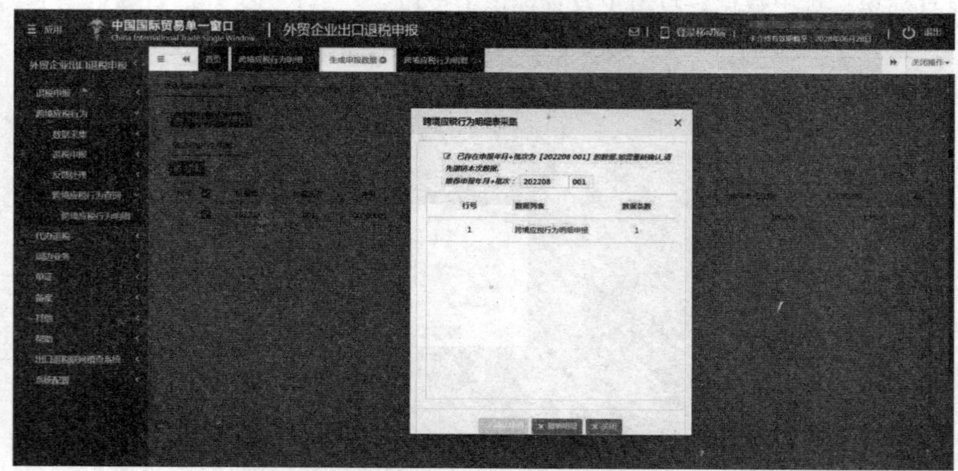

图 14-36 数据撤销

在生成申报数据页面，点击“生成申报数据”，可以生成申报数据。

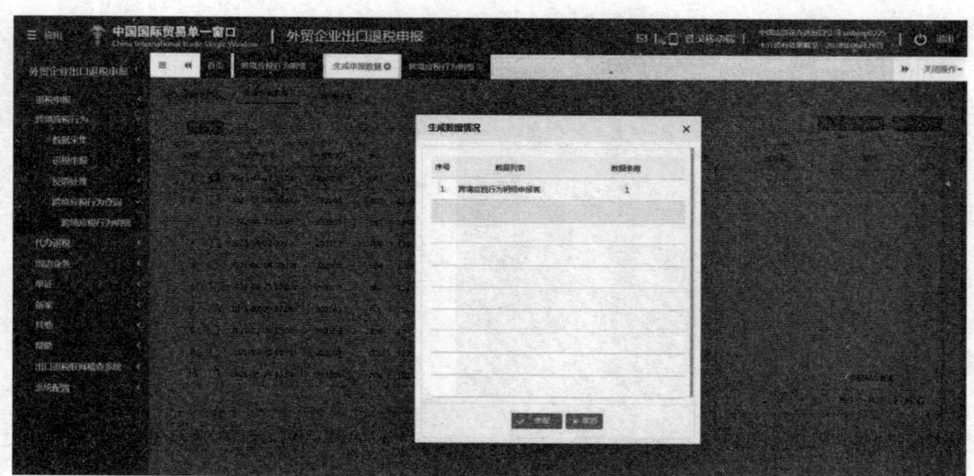

图 14-37 申报数据生成

勾选想要远程申报的数据，点击【远程申报】按钮，即可做远程申报操作。

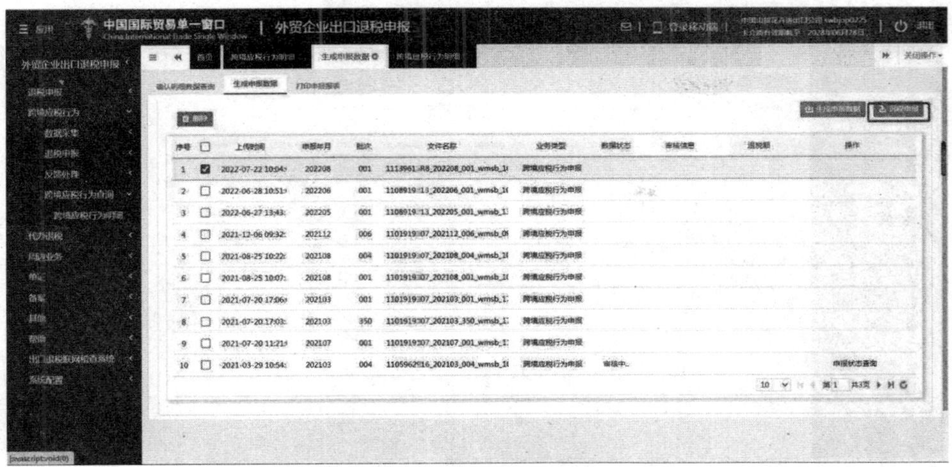

图 14-38 远程申报数据

在打印报表页面，可以打印跨境应税行为报表数据。

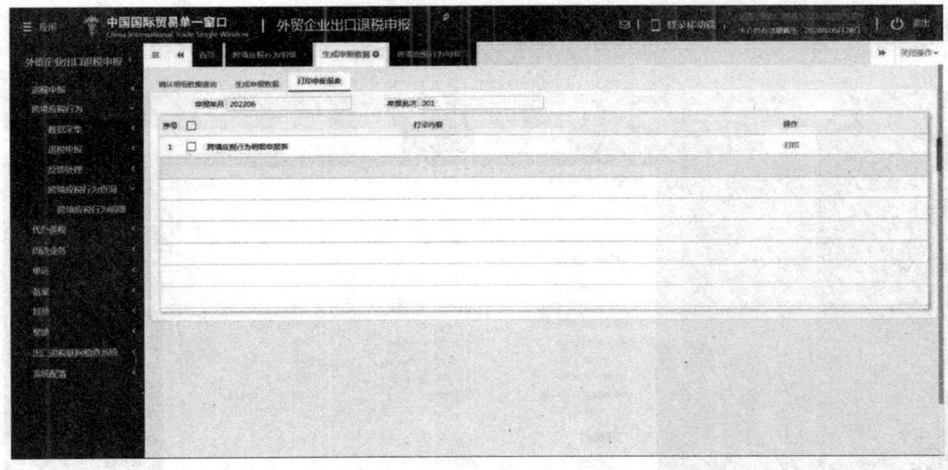

图 14-39 打印报表数据

三、反馈处理

进入“反馈处理”，在反馈信息处理页面，可以查询与打印疑点信息。

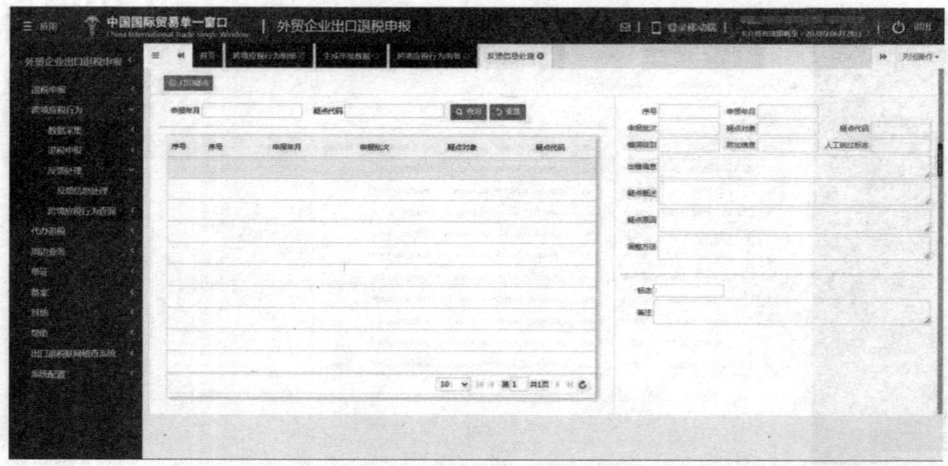

图 14-40 数据反馈处理

四、跨境应税行为查询

跨境应税行为明细查询页面，可以查询到已申报的数据，进行批量导出、小计、撤回操作。

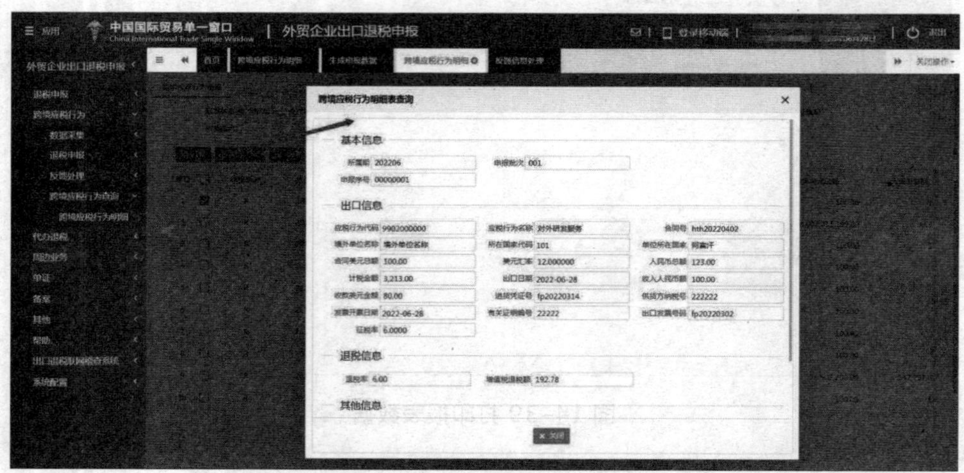

图 14-41 应税行为明细查询

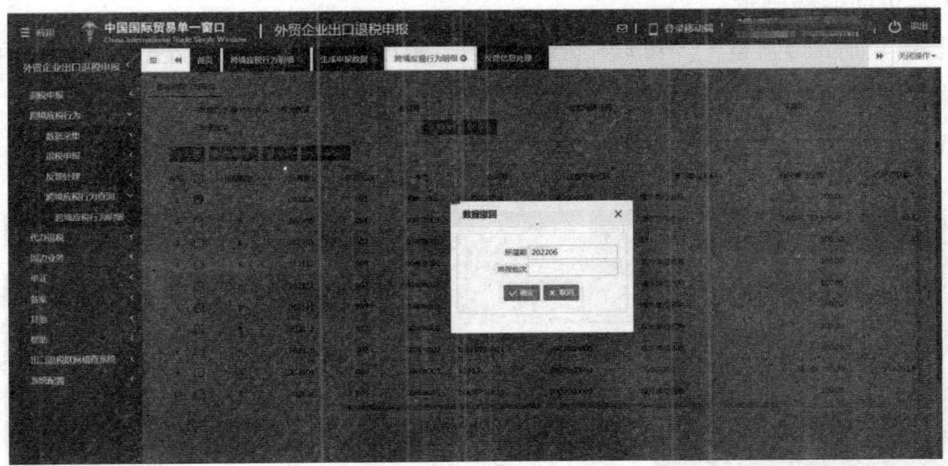

图 14-42 数据撤回

第三节 代办退税

一、数据采集

（一）代办退税明细

进入“代办退税明细”，可以新增、删除、修改、代办退税明细数据，并且也可以做批量导出与序号重排操作。

点击【新建】按钮，录入数据。

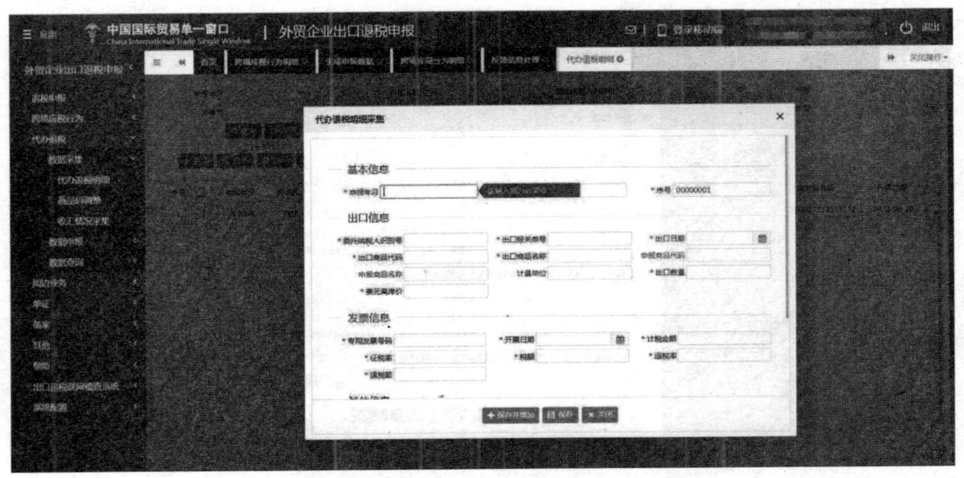

图 14-43 数据新增

（二）商品码调整

进入“商品码调整”，可以新增、删除、修改、商品码调整数据，并且也可以做批量导出与序号重排操作。

点击【新建】按钮，录入数据：

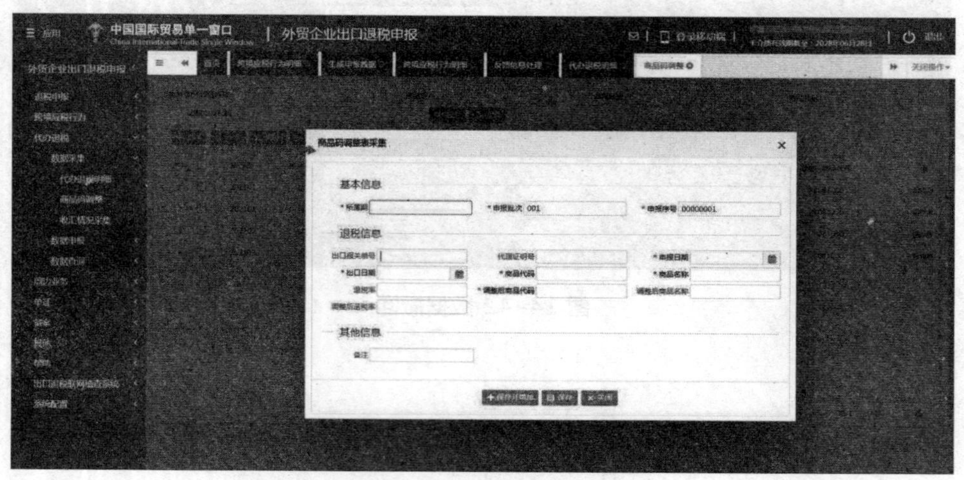

图 14-44 商品码数据新增

（三）收汇情况采集

进入“出口货物收汇情况表”，可以新增、删除、修改出口货物收汇情况数据，并且也可以做批量导出与序号重排操作。

点击【新建】按钮，录入数据：

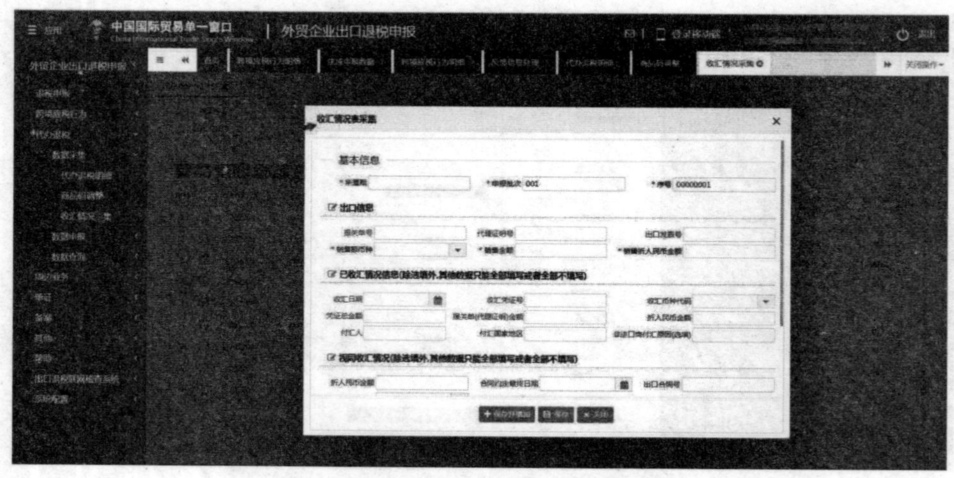

图 14-45 出口货物收汇情况表数据新

二、数据申报

数据申报模块，包含“生成申报数据”“打印申报数据”两个页面。

（一）生成申报数据

数据采集完毕后，进入“生成申报数据”，点击“生成申报数据”，录入所属期和批次生成电子数据。

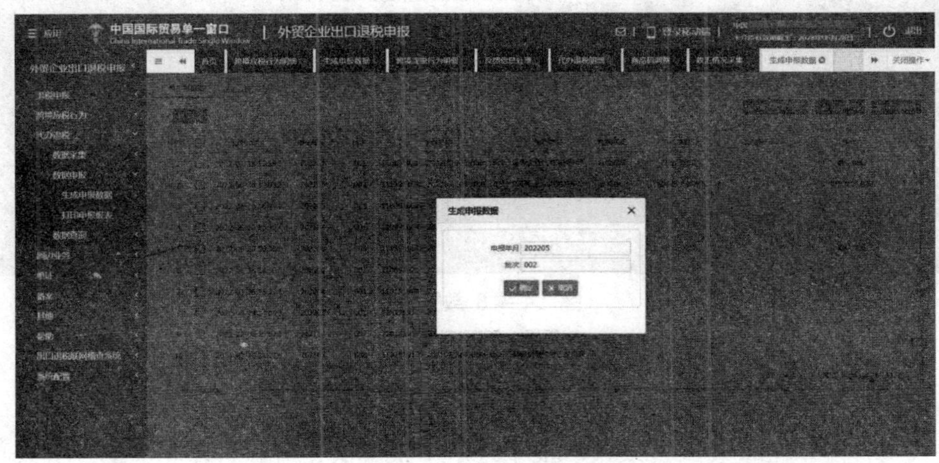

图 14-46 申报数据生成

勾选数据点击“远程申报”进行申报。

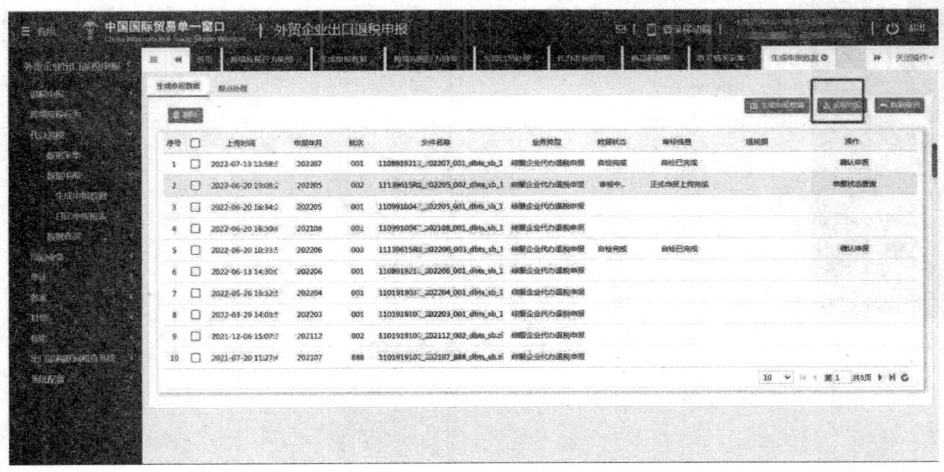

图 14-47 远程申报

已申报的数据，点击“数据撤销”录入所属期和批次，即可撤销数据。

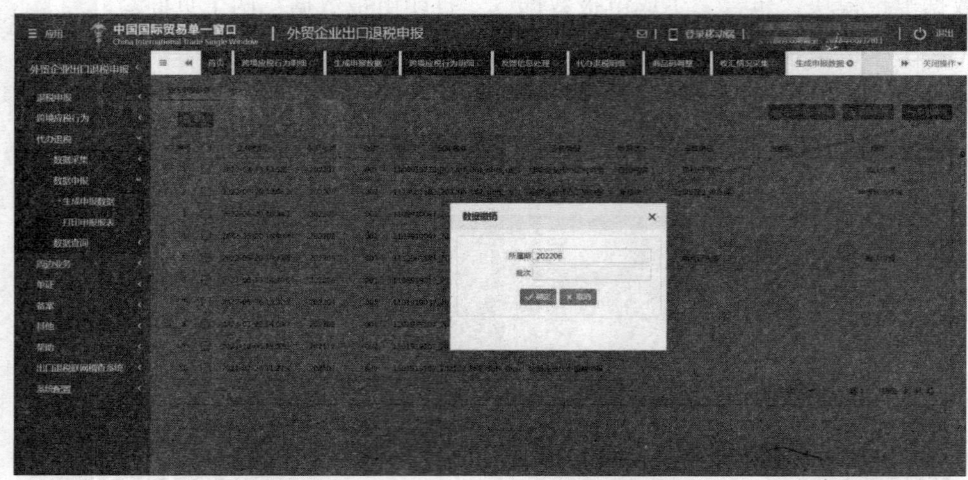

图 14-48 数据撤销

（二）打印申报数据

进入“打印申报报表”，录入申报年月 + 申报批次，可以打印相关的业务表单。

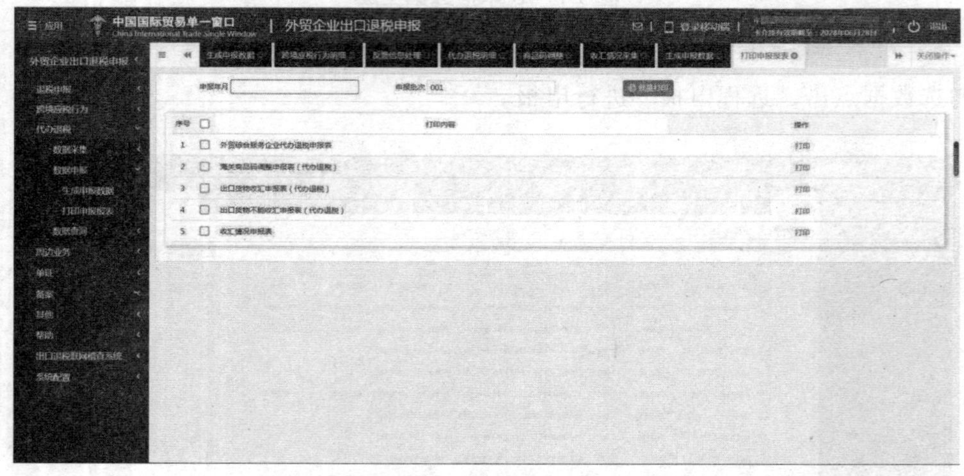

图 14-49 表单打印

三、数据查询

进入“数据查询”，选择对应的业务，可以对已申报的数据进行查询。

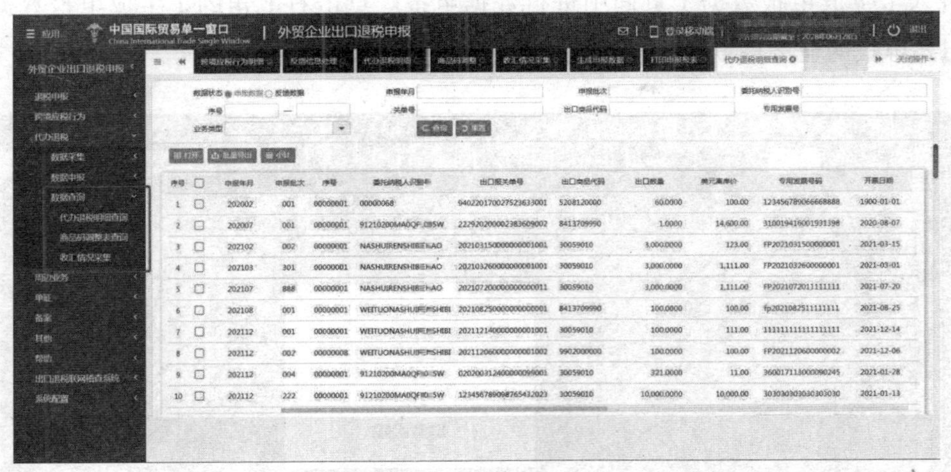

图 14-50 数据查询

第四节 周边业务

单证业务模块包含数据采集、数据申报、反馈处理、数据查询。

一、数据采集

点击“数据采集”，可以选择“购进自用货物申报”“出口已使用设备申报”“航天发射业务退税申报”，选择想要申报的业务进入页面，点击【新建】按钮，录入数据。

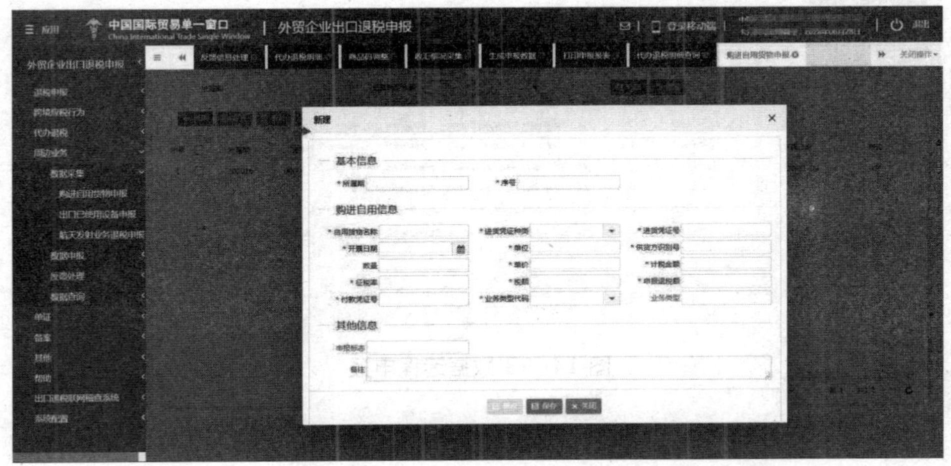

图 14-51 数据新增

二、数据申报

（一）生成申报数据

进入【生成申报数据】页面中进行数据申报。点击右上角的【生成申报数据】，选择想要申报的业务可以生成电子数据包。

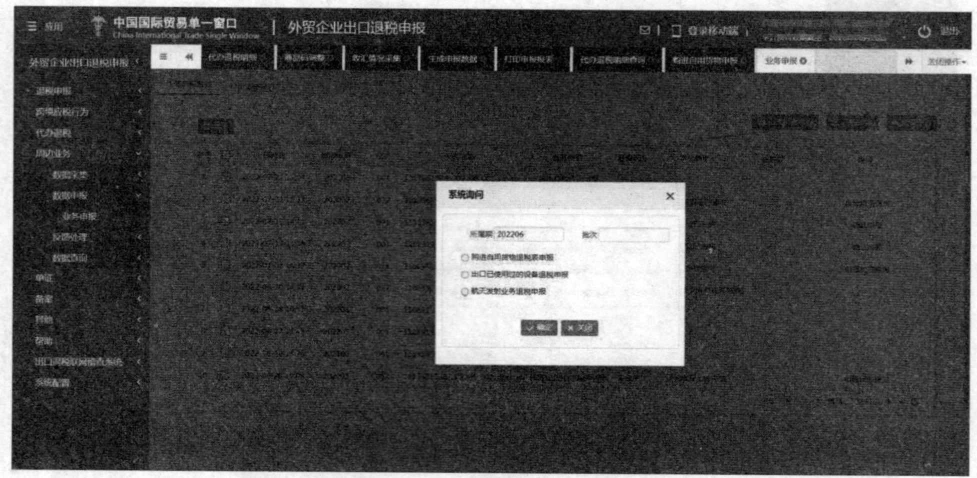

图 14-52 申报数据生成

随后选择刚刚生成的电子数据包进行“远程申报”。

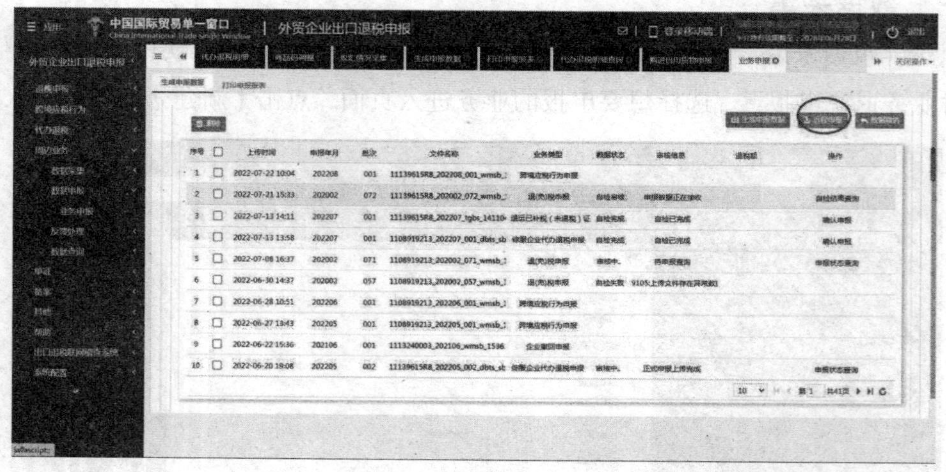

图 14-53 数据远程申报

点击【数据撤销】，可以撤销生成的申报数据。

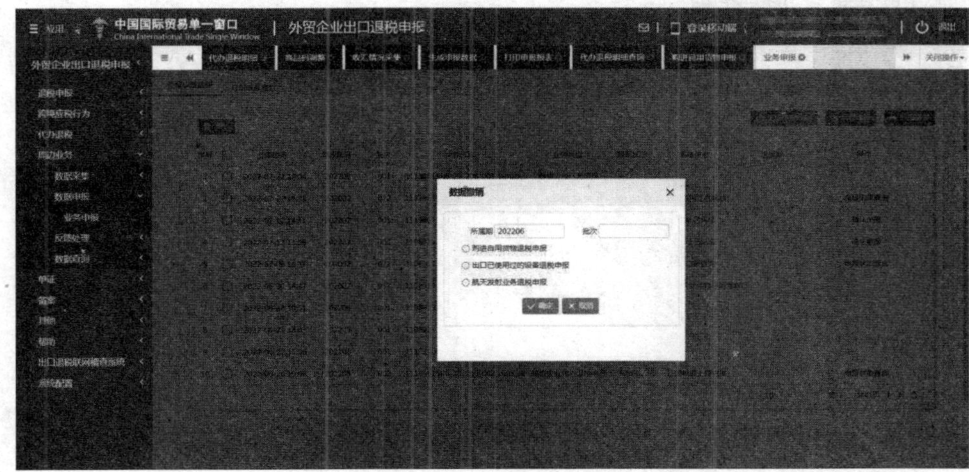

图 14-54 数据撤销

（二）打印申报报表

进入“打印申报报表”，可以对生成申报数据完毕的数据进行打印和数据上传。首先在“打印申报报表”页面中可以打印出相关单证报表。

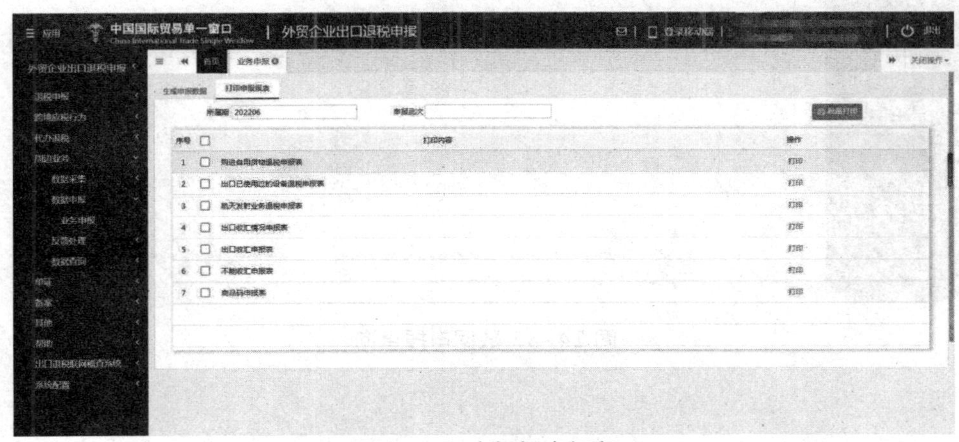

图 14-55 申报报表打印

三、反馈处理

反馈信息处理：在反馈信息处理页面，可以查询到反馈的疑点数据，并且进行疑点打印操作。

图 14-56 反馈信息处理

四、数据查询

在“数据查询”中可以查看申报成功的周边业务的历史数据，以及通过反馈下载的往期周边业务申报数据。

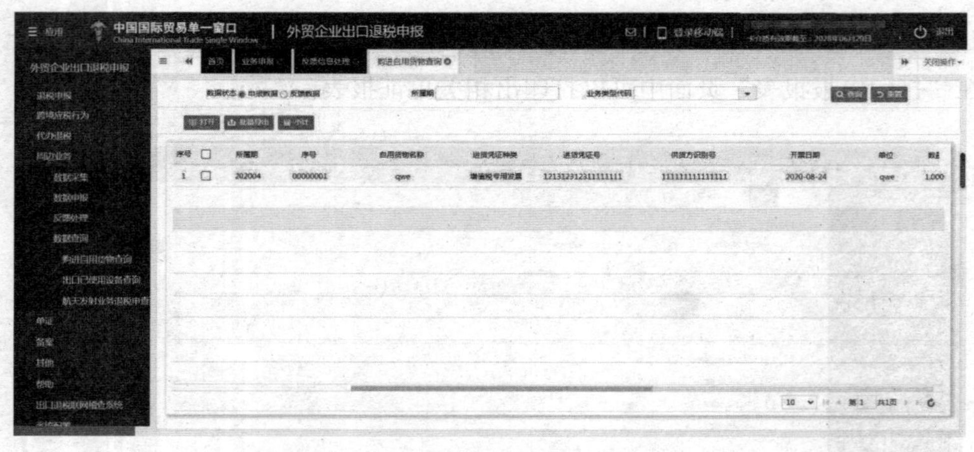

图 14-57 数据申报查询

第五节 单证

“单证”指向税务局办理的相关业务证明和申请，模块中包含“数据采集”“数据申报”“单证反馈处理”“单证数据查询”四个模块。

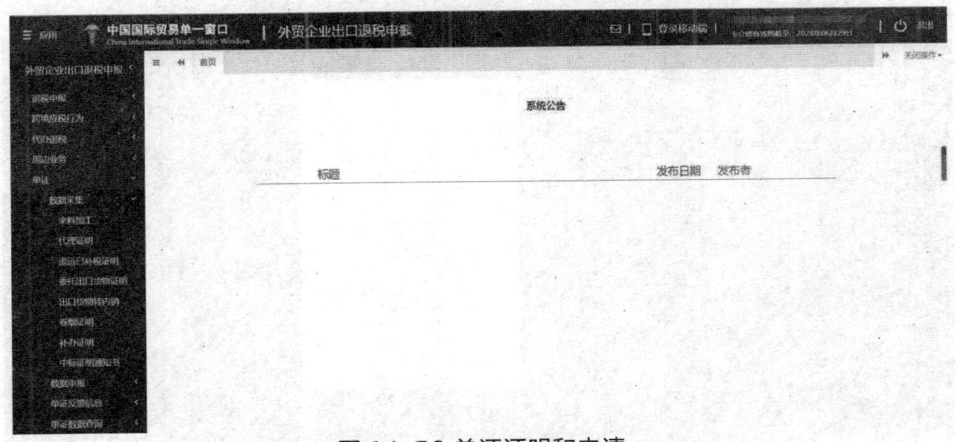

图 14-58 单证证明和申请

一、数据采集

点击“数据采集”，可以选择采集“来料加工”“代理证明”“退运已补税证明”“委托出口货物证明”“出口货物转内销”“卷烟证明”“补办证明”以及“中标证明通知书”的相关数据。选择想要申报的业务进入后点击【新建】进行采集。

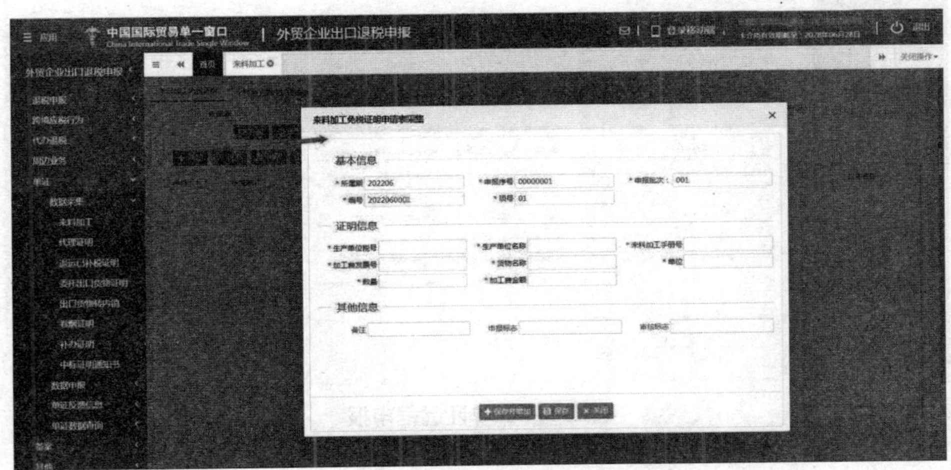

图 14-59 数据新建

二、数据申报

（一）生成申报数据

进入“单证申报”模块中进行数据申报。点击右上角的“生成申报数据”，选择想要申报的业务可以生成电子数据包。

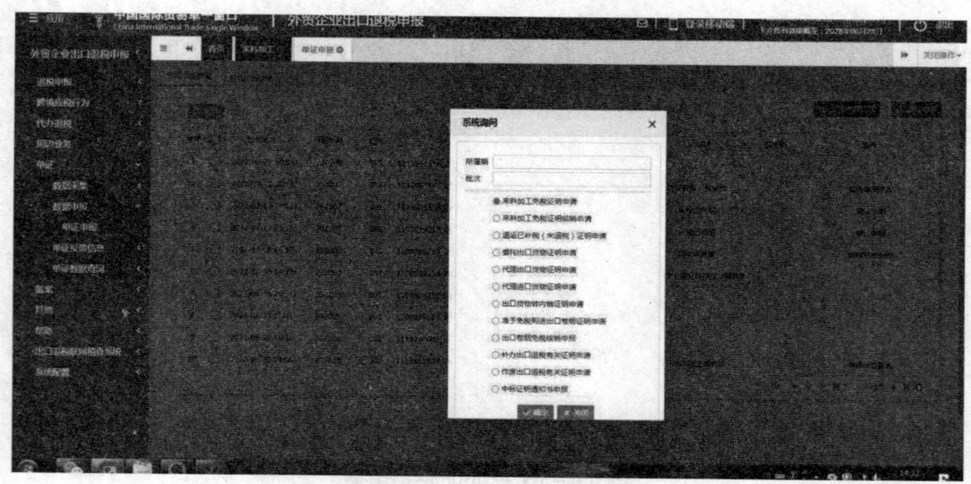

图 14-60 单证数据申报

随后选择刚刚生成的电子数据包进行“远程申报”。

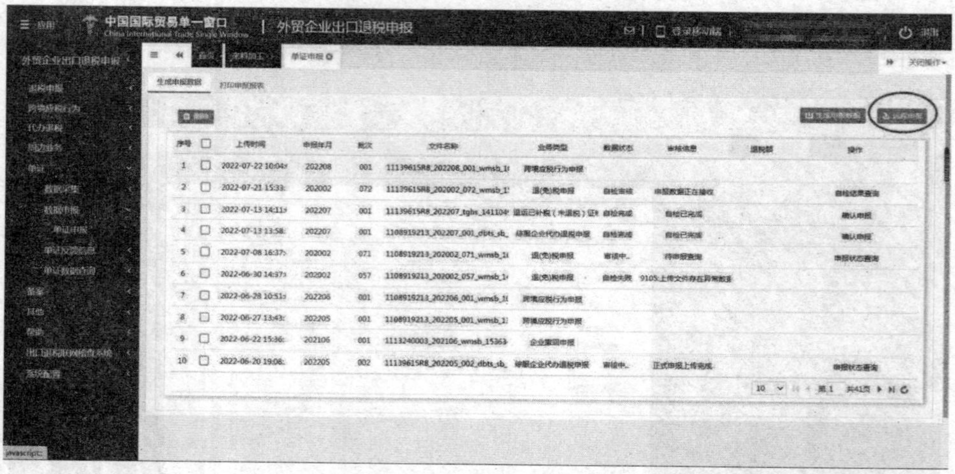

图 14-61 单证远程申报

进行“远程申报”后，点击操作栏的【自检结果查询】可以刷新数据状态；自检无误后可以将数据正式申报，随后携带纸质资料去现场办理。

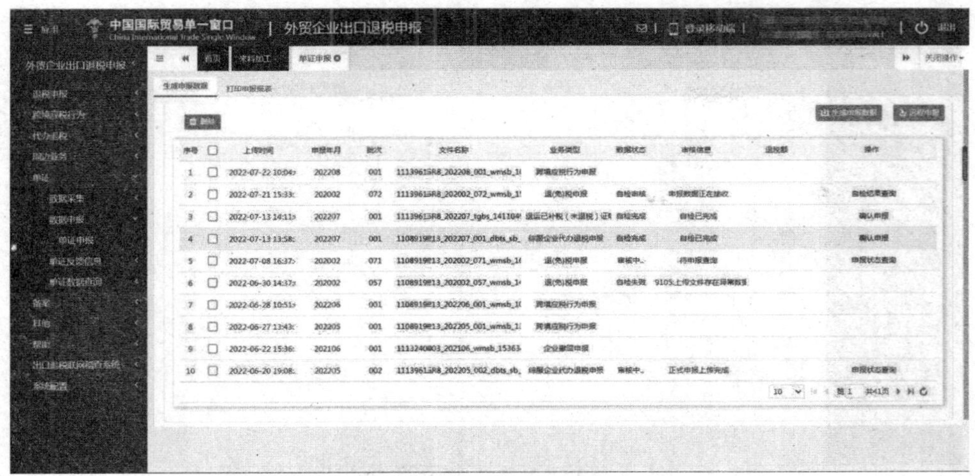

图 14-62 自检结果查询

（二）打印申报报表

进入“打印申报报表”，可以对生成申报数据完毕的数据进行打印。

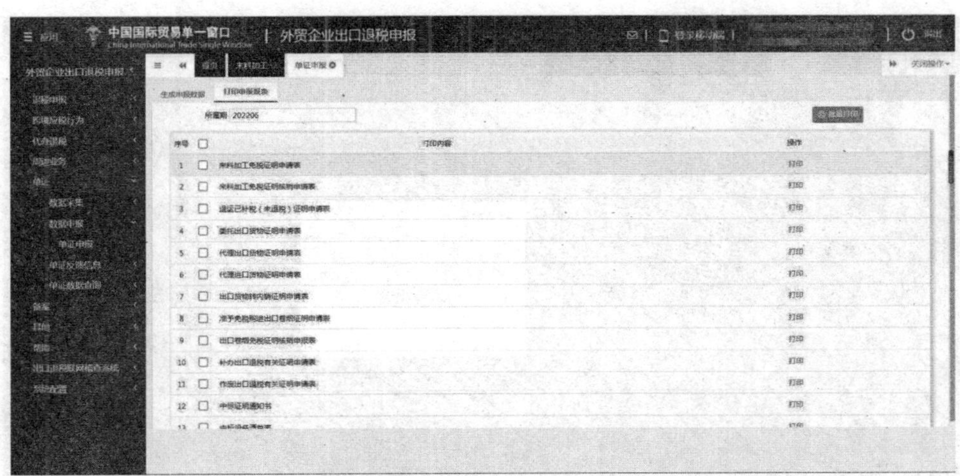

图 14-63 申报报表打印

（三）单证反馈处理

1. 反馈信息处理

自检完成后的数据，可以在反馈信息下载页面，查询到反馈的疑点数据。

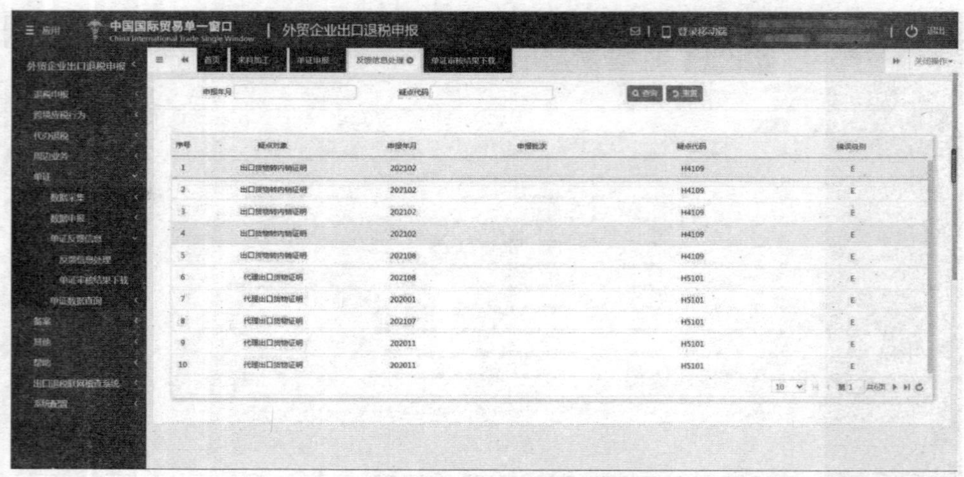

图 14-64 反馈疑点数据查询

2. 单证审核结果下载

“单证审核结果下载”页面中，可以通过端口下载往期申报的单证各业务审核结果的历史数据。

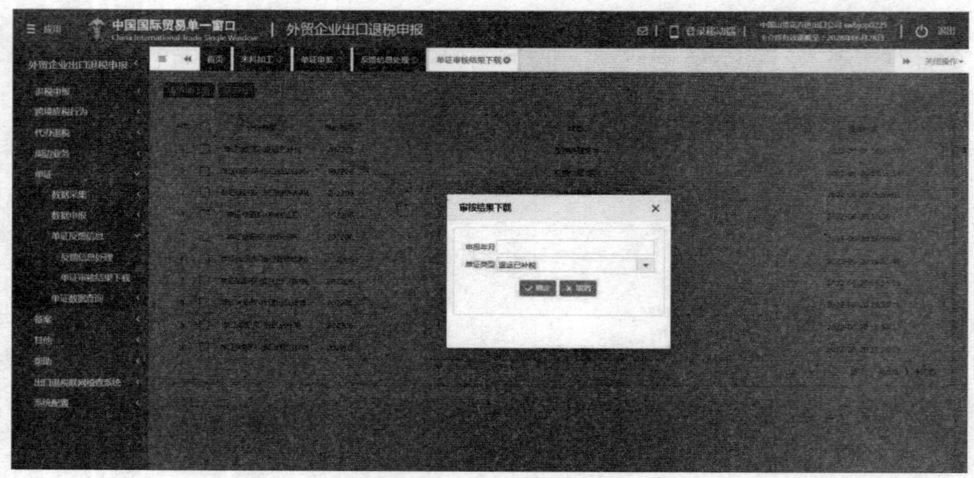

图 14-65 单证审核结果下载

（四）单证数据查询

在“单证数据查询”中可以查看申报成功的单证业务的历史数据以及通过反馈下载的往期单证业务申报数据。

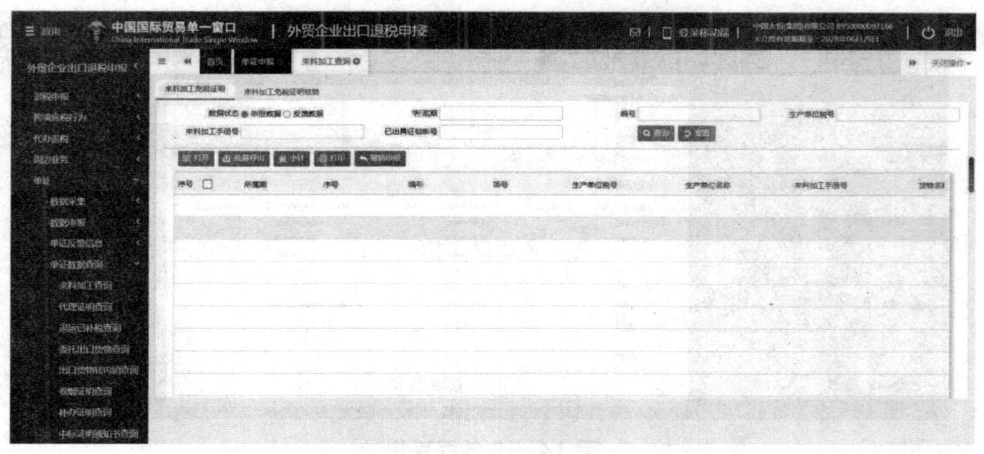

图 14-66 单证数据查询

第六节 备案

“备案”指企业向税局进行退税备案、变更以及注销等备案操作，模块中包含“数据采集”“数据申报”“数据查询”“数据反馈”四个模块。

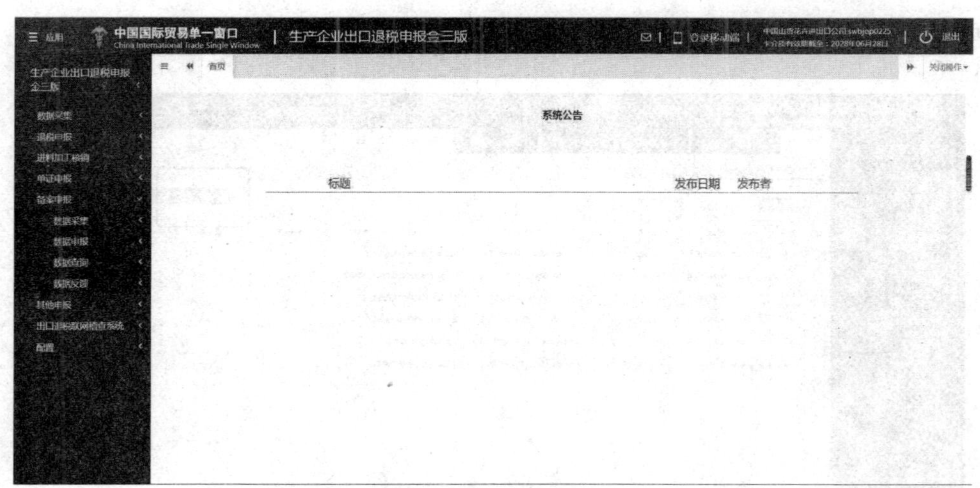

图 14-67 备案界面

一、数据采集

点击“数据采集”，可以选择采集“出口退(免)税备案”“集团公司企业备案”“放弃业务”“出口退税业务提醒申请”“边境小额贸易”的业务数据。选择想要申报的业务进入后点击【新建】进行采集。

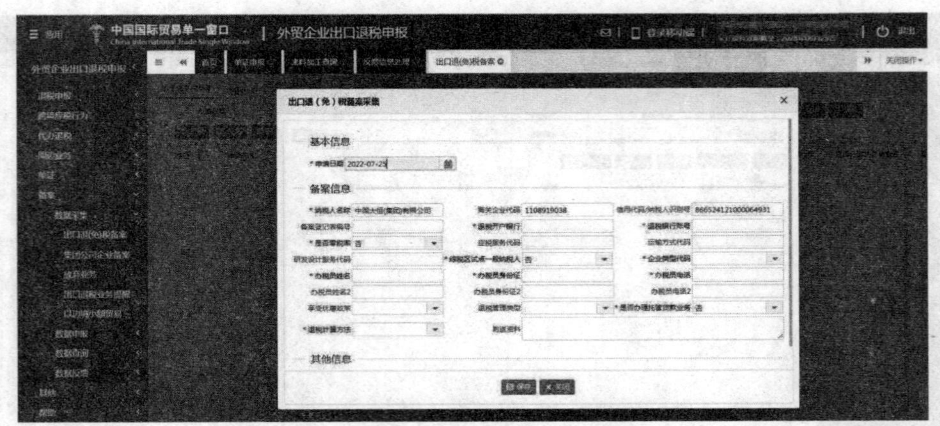

图 14-68 数据采集

二、数据申报

进入“数据申报”中的“生成申报数据”“打印申报报表”，可以对采集完毕的数据进行数据上传，或者将生成的申报数据进行打印。

（一）生成申报数据

进入“备案申报”模块打印后点击右上角的【生成申报数据】，选择想要申报的业务可以生成电子数据包。

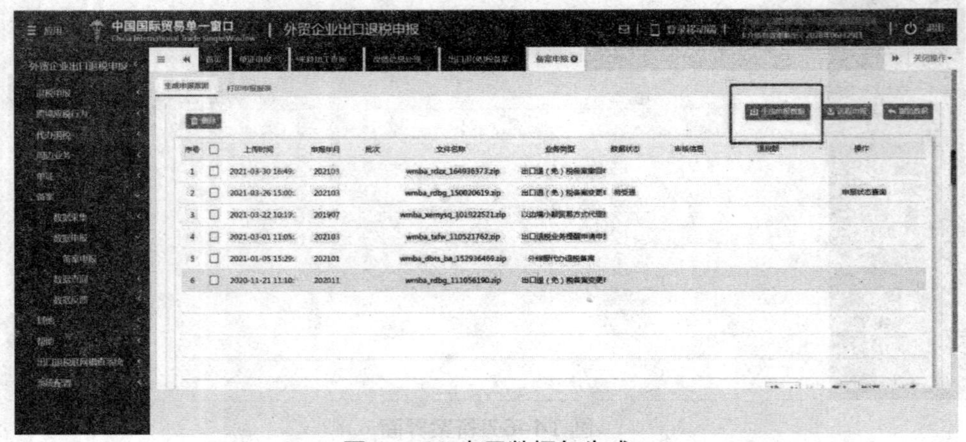

图 14-69 电子数据包生成

随后选择刚刚生成的电子数据包进行“远程申报”。

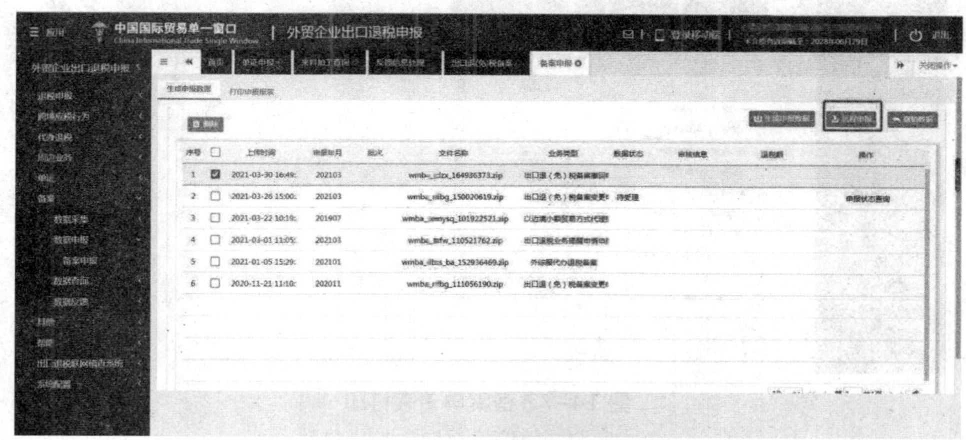

图 14-70 电子数据包远程申报

数据状态显示上传成功后，随后携带纸质资料去现场办理。

已申报成功的数据也可以进行撤销.点击【撤销数据】按钮，选择要撤销的业务类型，点击【确定】按钮，即可进行撤销操作。

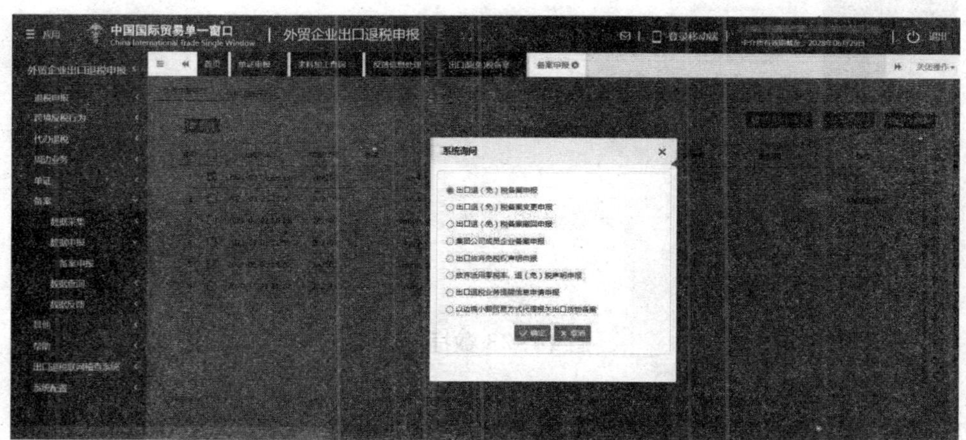

图 14-71 数据撤销

（二）打印申报报表

在“打印申报报表”模块中可以打印出相关备案申请表。

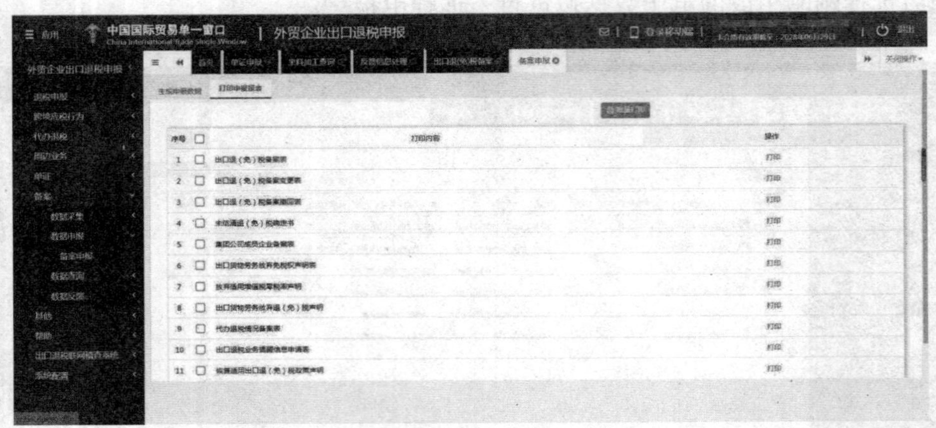

图 14-72 备案申请表打印

三、数据查询

在“数据查询”中可以查看申报成功的备案业务的数据。

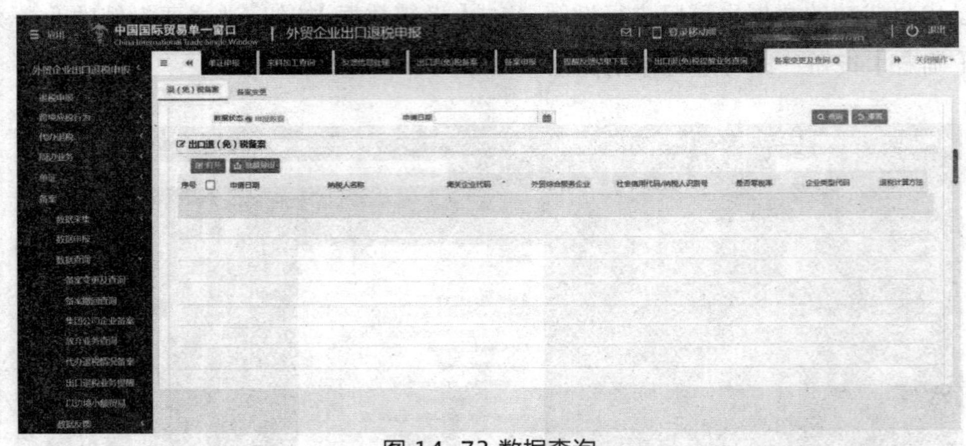

图 14-73 数据查询

四、数据反馈

（一）提醒反馈结果下载

进入“提醒反馈数据下载”页面，可以下载审核反馈结果。

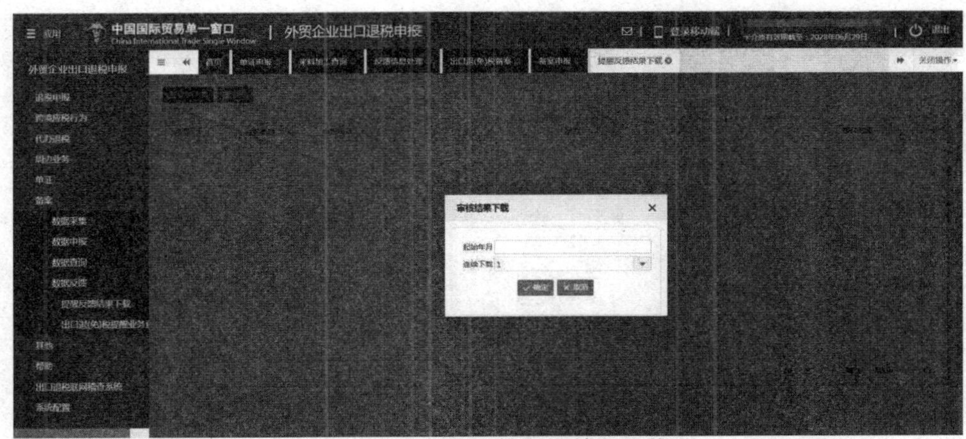

图 14-74 数据审核反馈结果下载

（二）出口退（免）税提醒业务查询

下载的反馈数据，可以在出口退（免）税提醒业务查询页面查询到。

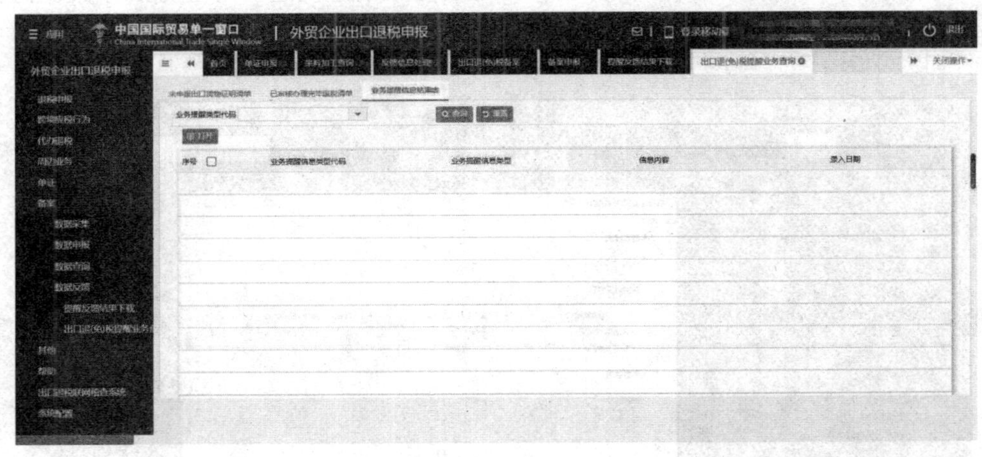

图 14-75 反馈数据查询

第七节 其他

“其他”模块中包含“数据采集”“数据申报”“反馈处理”“数据查询”四个模块。

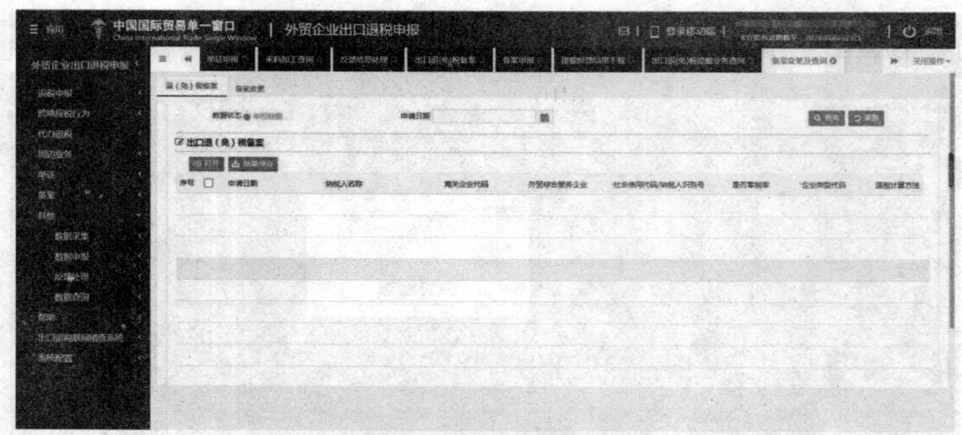

图 14-76 其他模块

一、数据采集

其他申报模块数据采集包含“企业撤回申报申请”“出口企业分类管理复评”“出口信息查询申请”“企业内部风控体系”“进货凭证信息回退”等业务的采集。选择要操作的业务类型采集页面，点击【新建】按钮，录入数据。

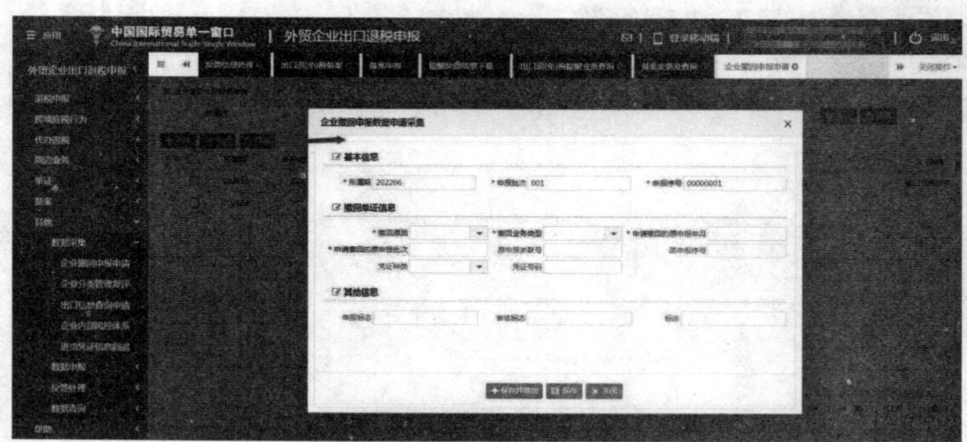

图 14-77 其他申报模块数据采集

企业撤回申报申请，当已提交的申报批次有问题，不能审核通过时，可以提交企业撤回申报申请。税局审核端可以根据此申请，作废对应的已申报批次。

二、数据申报

（一）生成其他申报数据

进入“业务申报”模块中进行数据申报。点击右上角的【生成申报数据】，选择想要申报的业务可以生成电子数据包；

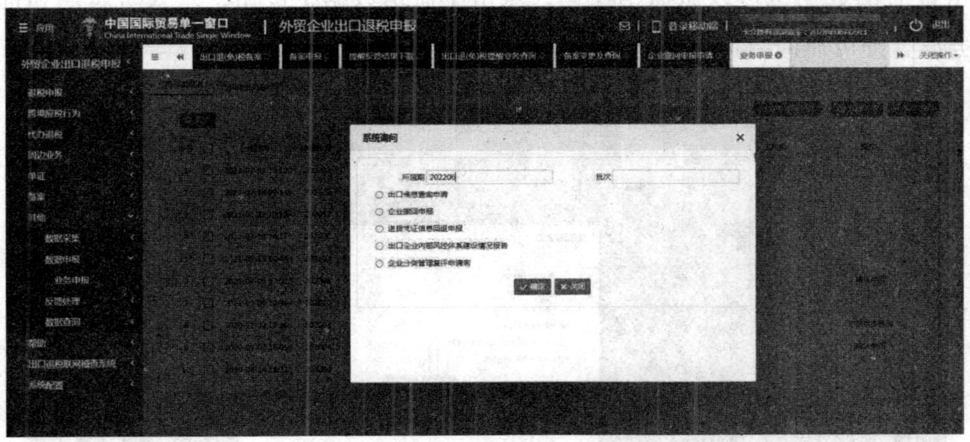

图 14-78 数据申报生成

随后选择刚刚生成的电子数据包进行“远程申报”；

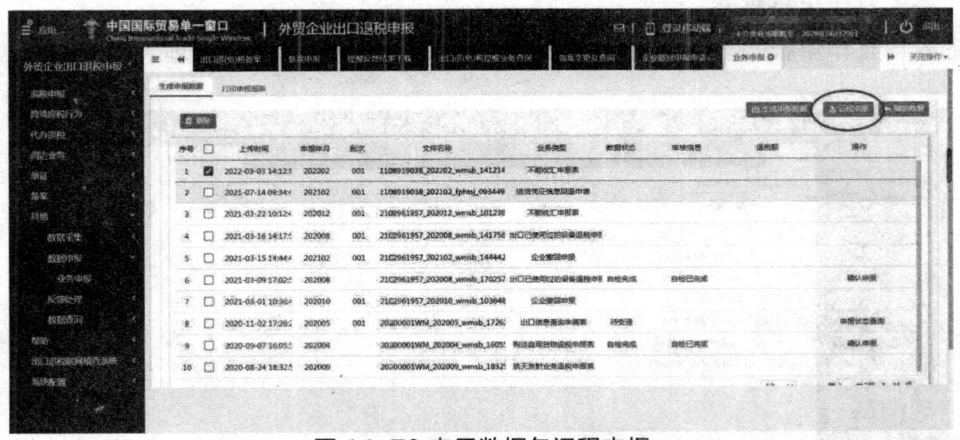

图 14-79 电子数据包远程申报

申报后的数据也可以做撤销操作，点击【撤销数据】按钮，录入所属期和批次选择业务后，即可撤回数据。

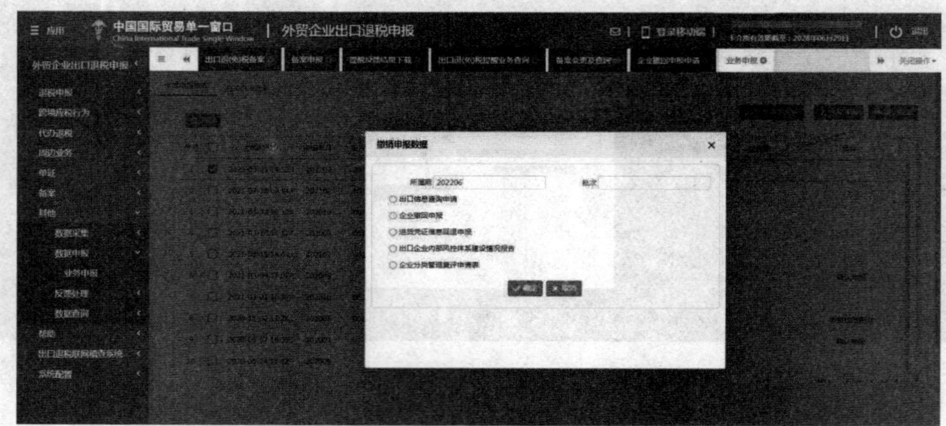

图 14-80 申报数据撤销

（二）打印申报报表

进入“打印申报报表”模块中可以打印相关业务报表去现场办理。

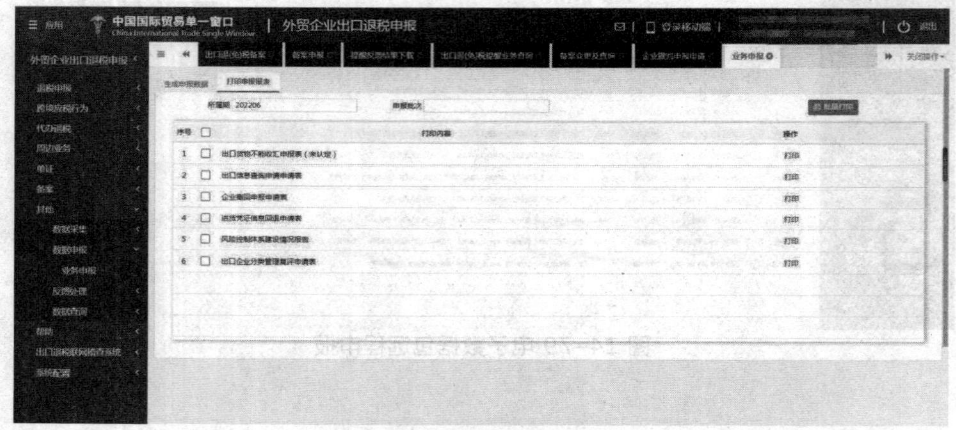

图 14-81 申报报表打印

三、反馈处理

远程申报后，可以在疑点处理页面查询到疑点，并且打印疑点。

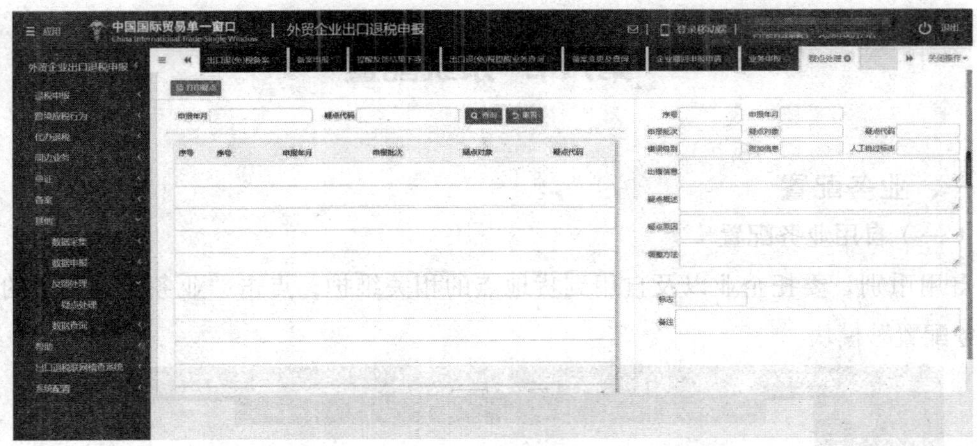

图 14-82 疑点数据查询

四、数据查询

在该模块中可以查看已申报成功的业务申报数据。

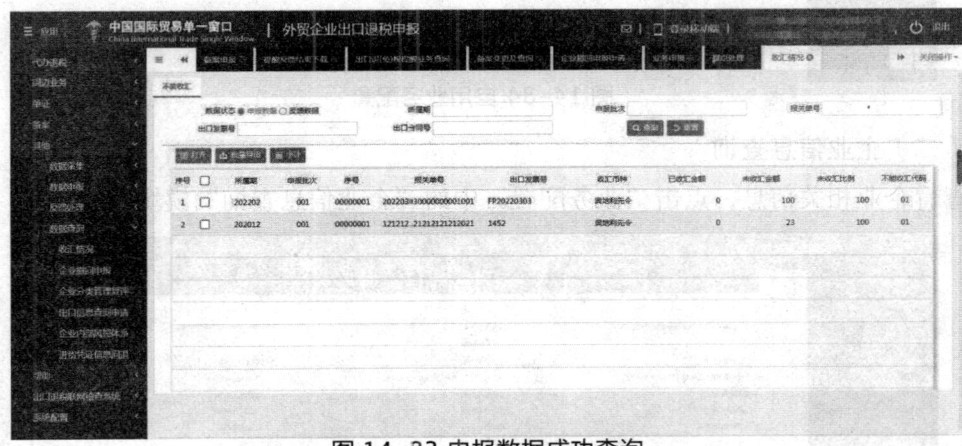

图 14-83 申报数据成功查询

第八节 系统配置

一、业务配置

（一）自用业务配置

自用币别、委托企业以及自用到货地点的相关维护，点击“业务配置”中的“自用业务配置”模块。

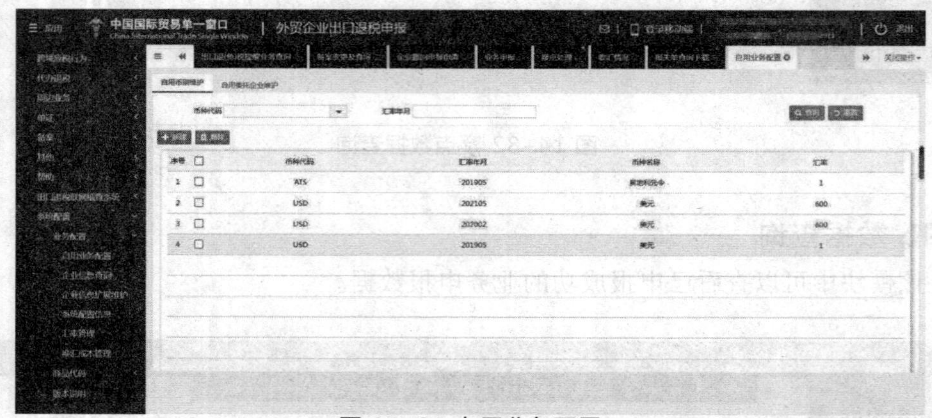

图 14-84 自用业务配置

（二）企业信息查询

查看企业相关信息，点击“业务配置”中的“企业信息查询”模块。

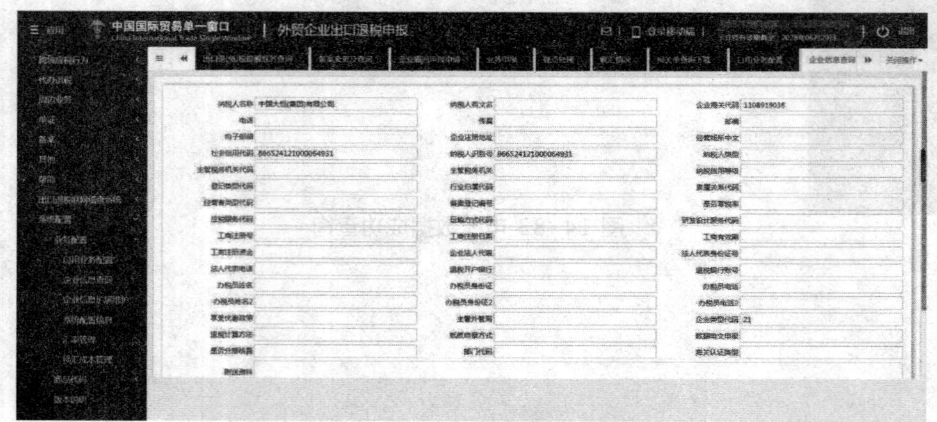

图 14-85 企业信息查询

（三）企业信息扩展维护

查看扩展类型代码、添加设置无纸化标志，点击“业务配置”中的“企业扩展信息维护”模块。

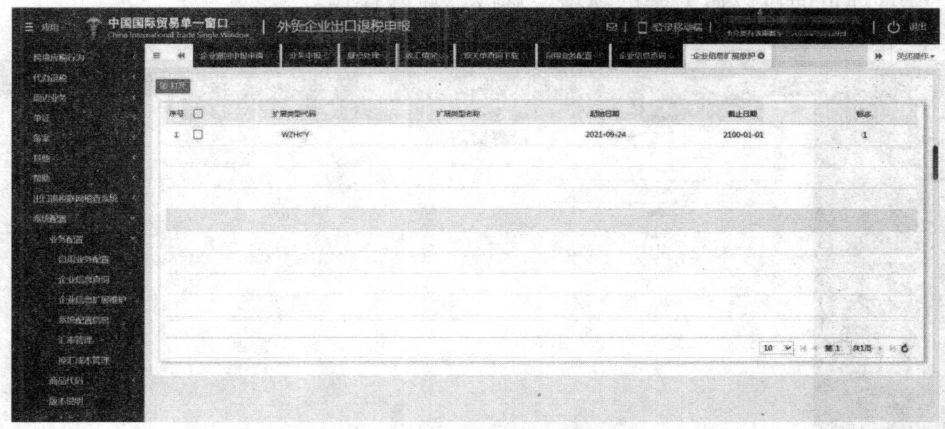

图 14-86 扩展类型代码查看

（四）系统配置信息

选择所属地区、完善企业信息等. 点击“业务配置”中的“系统参数设置与修改”模块。

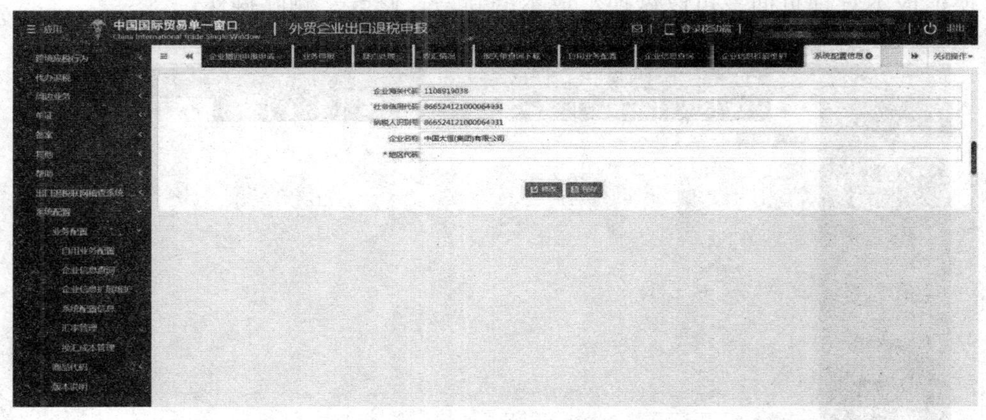

图 14-87 系统配置信息

（五）汇率管理

汇率管理页面可以做汇率的新增、修改、删除操作。

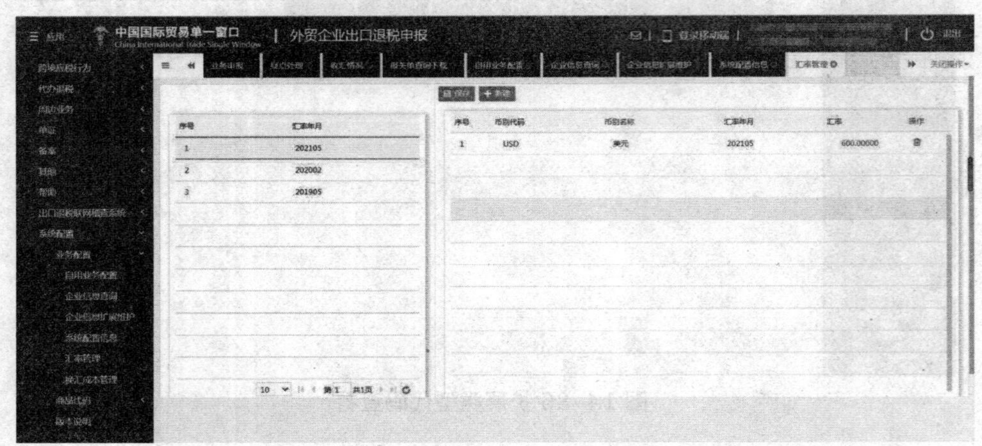

图 14-88 汇率管理

（六）换汇成本管理

换汇成本管理页面，可以做换汇成本的新增、修改、删除操作。

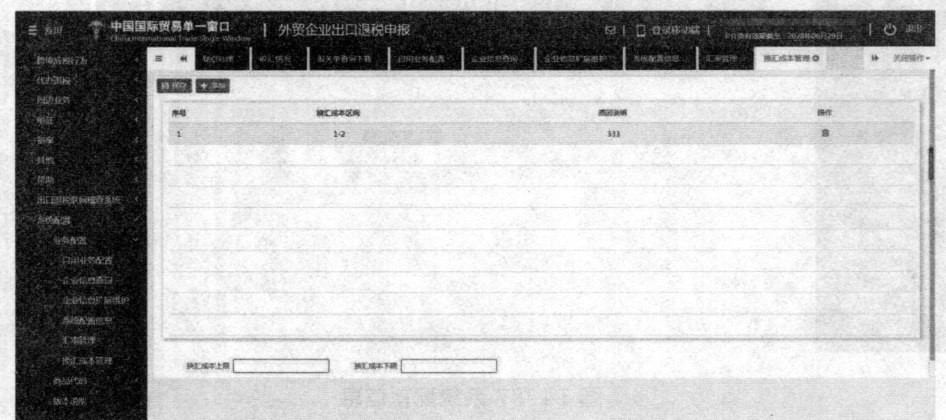

图 14-89 换汇成本管理

二、商品代码

（一）退税商品码

查询退税商品码，点击“商品代码”中的“退税商品码”模块。

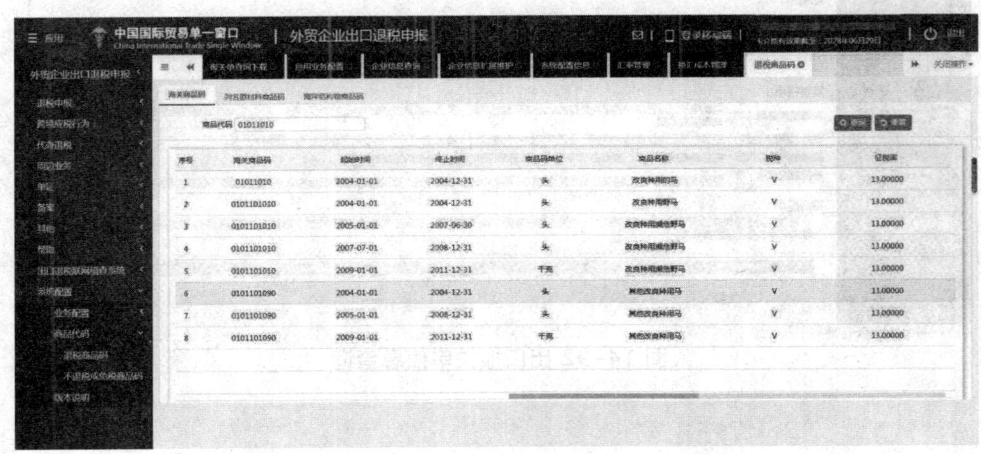

图 14–90 退税商品码查询

（二）不退税或免税商品码

查询不退税或免税商品码，点击“商品代码”中的“不退税或免税商品码”模块。

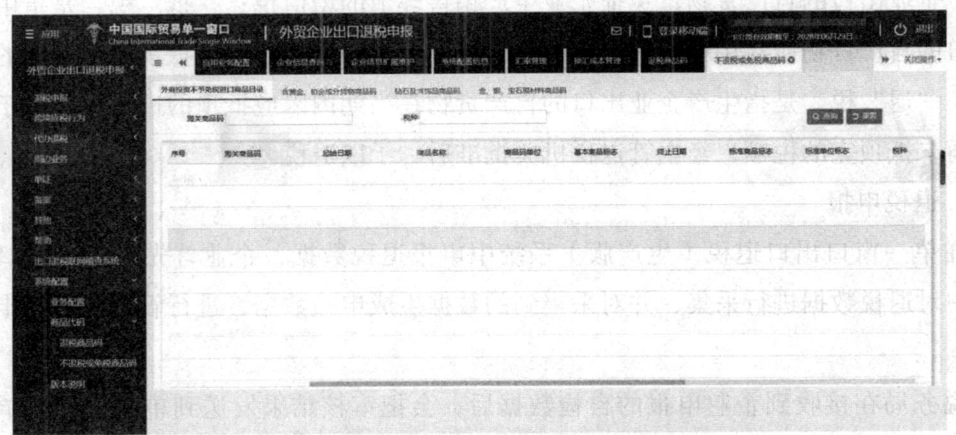

图 14–91 不退税或免税商品码查询

第九节　出口退税联网稽查系统

该模块可以查询以及下载出口报关单数据。

报关单查询下载：录入查询条件，点击【查询】，可以查询到出口报关单信息；点击【下载】按钮，可以下载出口报关单信息。

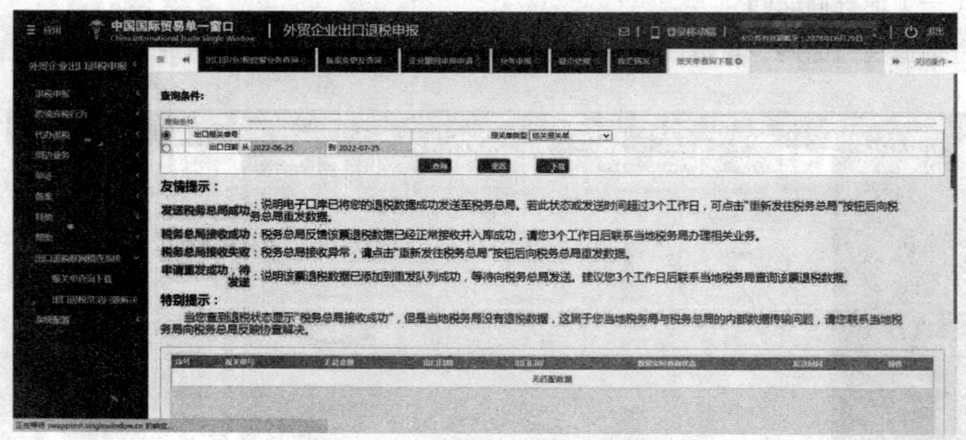

图 14-92 出口报关单信息查询

第二章 出口退税（生产版）

1. 免抵退的定义

出口退税（生产企业）申报，实行“免、抵、退”税管理办法。“免”税，是指对生产企业出口的自产货物，免征企业生产销售环节的增值税；“抵”税，是指生产企业出口的自产货物所耗用原材料、零部件等应予退还的进项税额，抵顶内销货物的应纳税款；“退”税，是指生产企业出口的自产货物在当期内因应抵顶的进项税额大于应纳税额而未抵顶完的税额，经主管退税机关批准后，予以退税。

2. 退税申报

在单一窗口出口退税（生产版）系统中申报退税数据，企业首先需要在出口退税系统中对退税数据进行采集，并对采集到的数据生成申报数据，进行管理和自检申报的操作。

税务局在接收到企业申报的自检数据后，会把审核结果发送到单一窗口，单一窗口在接收到审批结果后会读入企业自检数据中的疑点，通过远程自检的数据可以直接转为正式申报，有疑点的数据企业在修改完成后重新进行远程自检，通过远程自检后确认申报即可。

在单一窗口确认正式申报后，税务局即可接收企业的正式申报数据。

第一节 数据采集

“数据采集”模块中包括“报关单数据采集”，报关单数据采集包含“代理证明采集”、“报关单采集”两个页面。

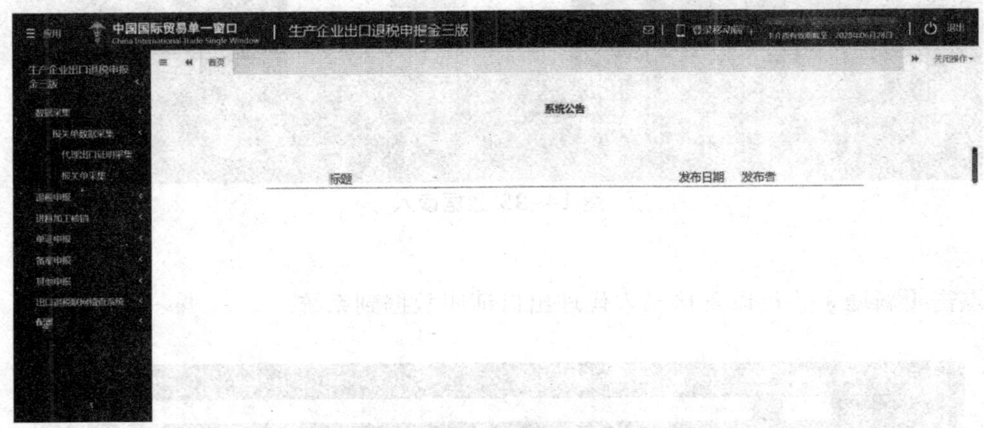

图 14-93 数据采集

一、代理出口证明采集

进入“代理出口证明采集”页面，该页面可以获取申报所需的代理出口证明数据。

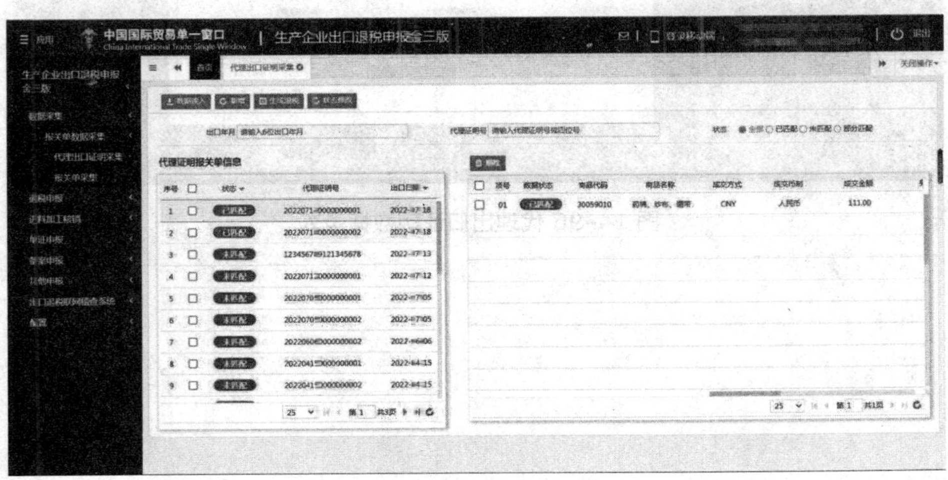

图 14-94 代理出口证明采集

点击【数据读入】可以下载Excel模板，批量地将代理出口证明数据导入并读入系统。

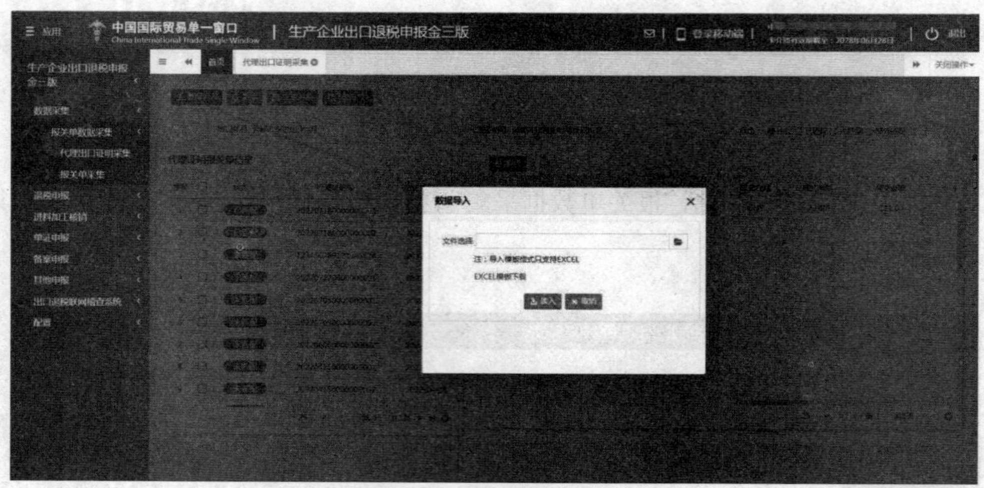

图 14-95 数据读入

点击【新增】，可以直接录入代理出口证明数据到系统。

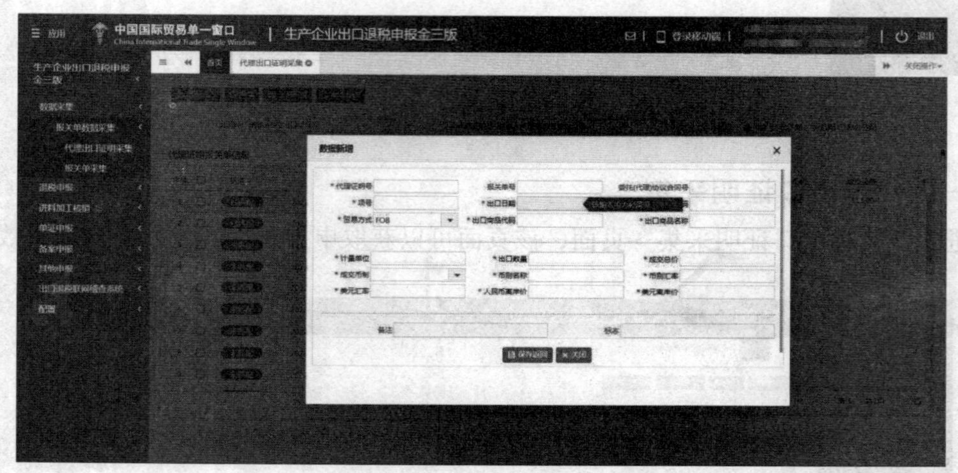

图 14-96 代理出口证明数据录入

点击【生成退税】按钮，需要录入该票数据的所属期、业务类型、发票号、合同号，点击确定即可生成退税数据。

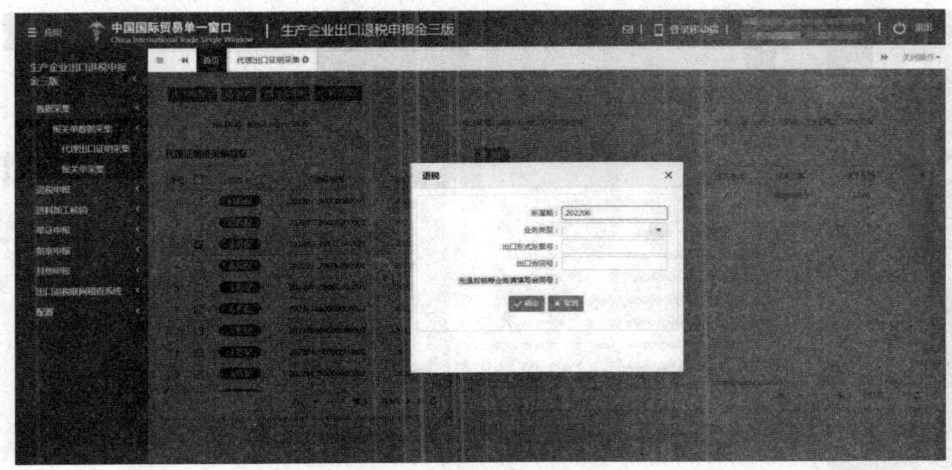

图 14-97 退税数据录入

点击【状态修改】，可以对代理出口证明数据进行状态修改。

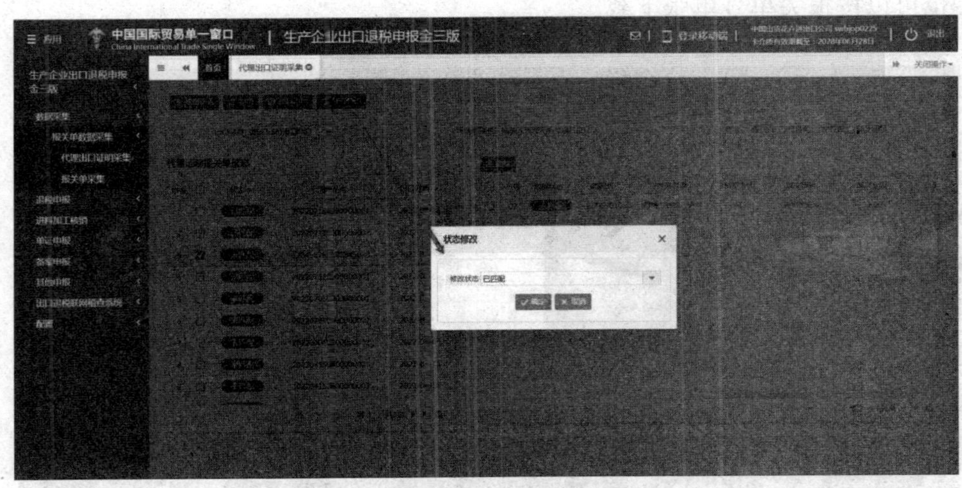

图 14-98 代理出口证明数据状态修改

二、报关单采集

进入“报关单采集”页面，该页面可以获取申报所需的出口报关单。

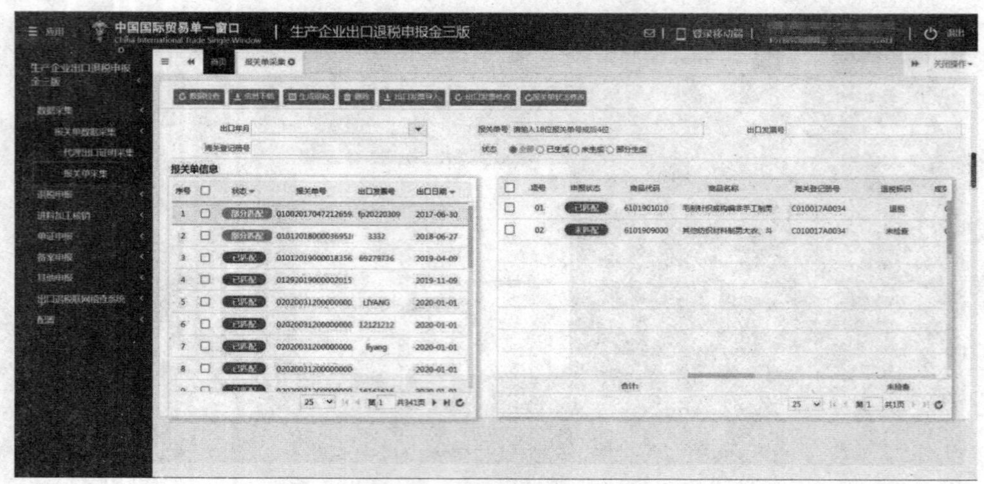

图 14-99 报关单采集

点击【信息下载】下载报关单。可以根据出口日期的开始和截止日期区间下载报关单，也可以按报关单号单张下载。

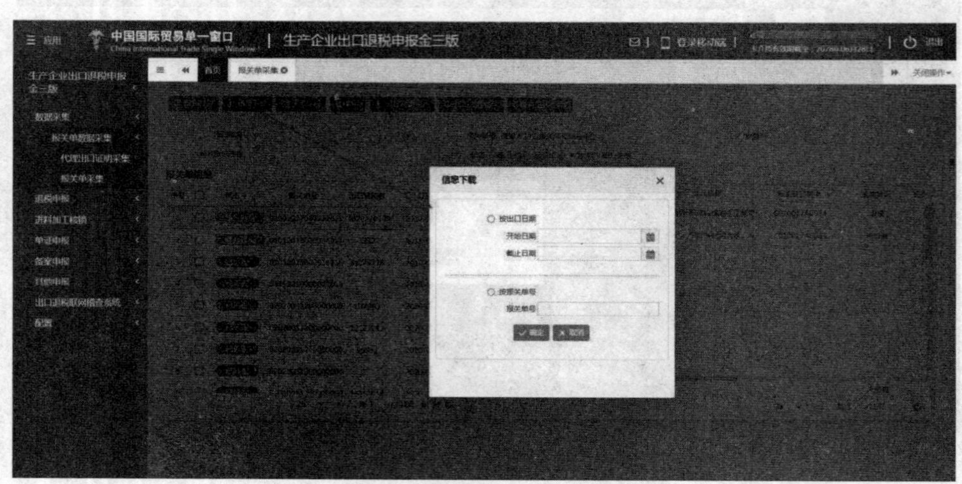

图 14-100 报关单下载

下载好的报关单显示在左侧的报关单信息一栏。勾选将要申报的报关单，进行“数据检查”，对关单的汇率和商品代码的有效性进行检查，检查无误可以进行申报退税。

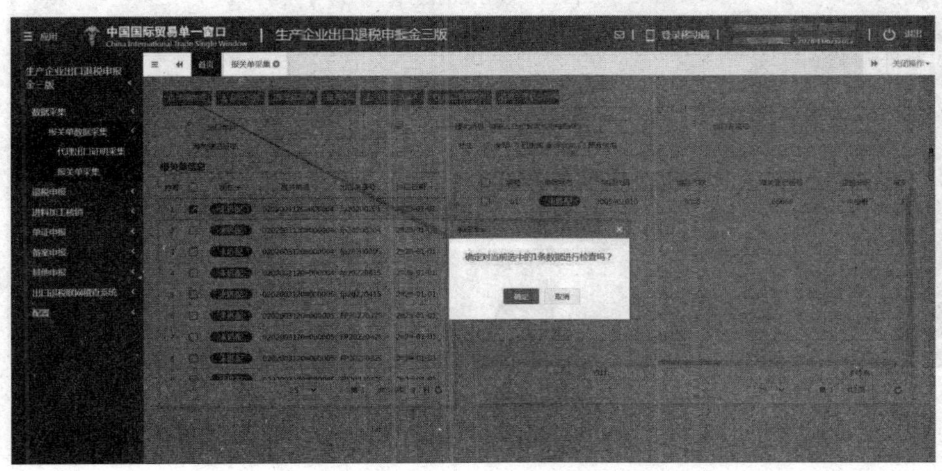

图 14-101 数据检查

数据检查后，勾选将要申报的报关单，点击【生成退税】生成数据。需要设置该笔数据的所属期、业务类型、出口发票号以及出口合同号。点击【确定】后数据会自动生成出口明细显示在下面的模块中。

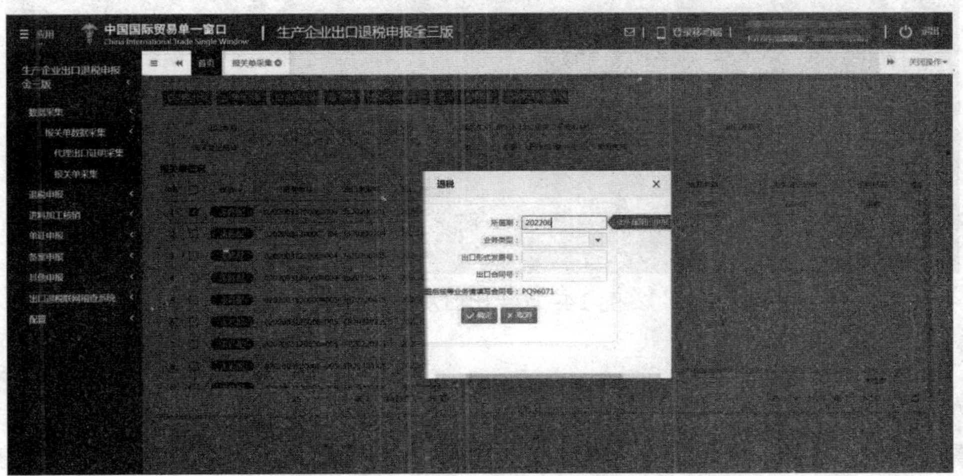

图 14-102 报关单退税数据生成

点击【出口发票导入】可以下载 Excel 模板，批量地将报关单所对应的出口发票号导入并读入系统。

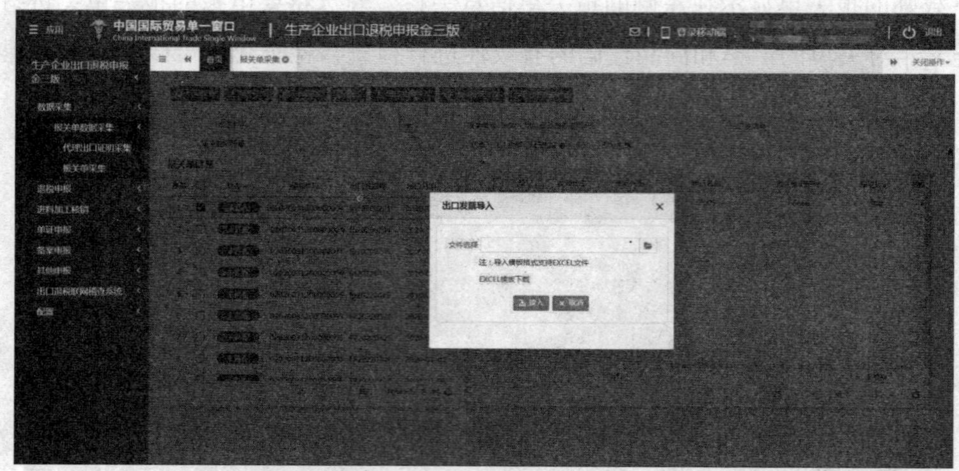

图 14-103 出口发票导入

勾选报关单，点击【出口发票修改】可以直接修改所选报关单对应的出口发票号。

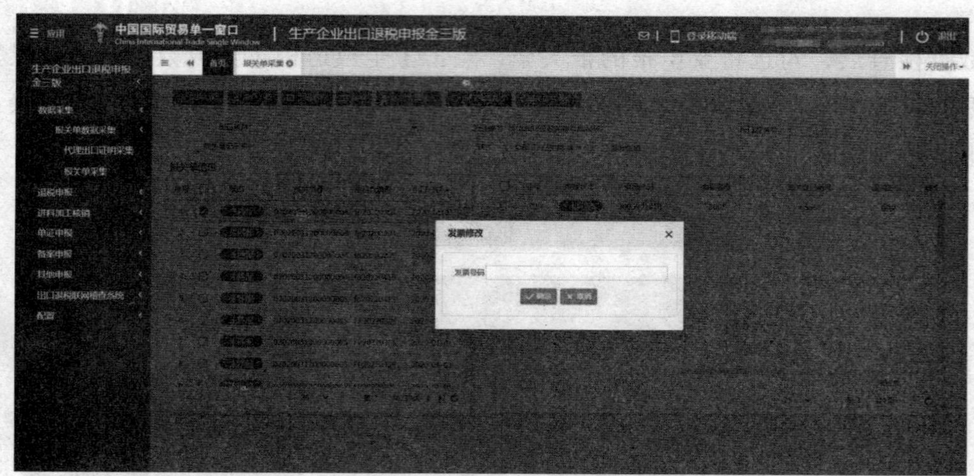

图 14-104 出口发票修改

界面左侧的报关单信息中可以查看该报关单是否已经生成了退税申报数据。点击要查看的报关单，可以在右侧看到该报关单中的商品信息，双击可以查看商品信息的明细。

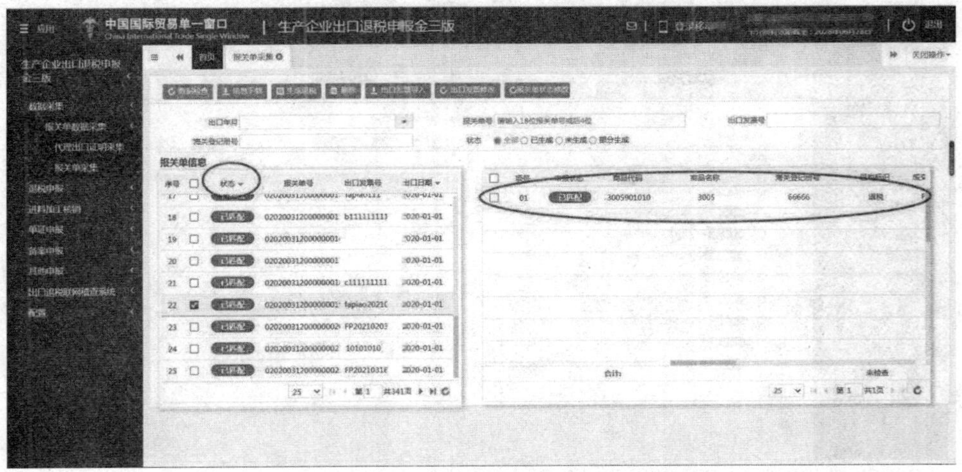

图 14-105 商品信息明细查看 1

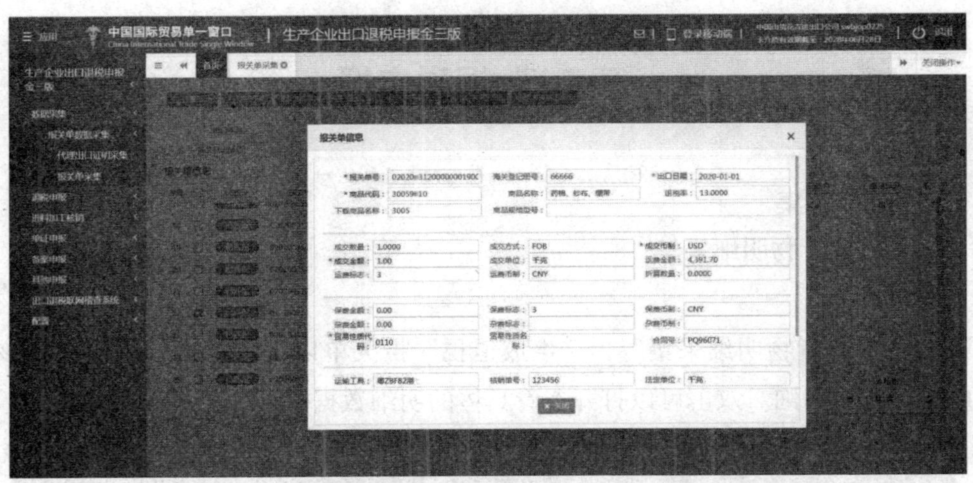

图 14-106 商品信息明细查看 2

可以根据出口年月、报关单号、出口发票号、海关登记册号、报关单生成状态查询筛选报关单。

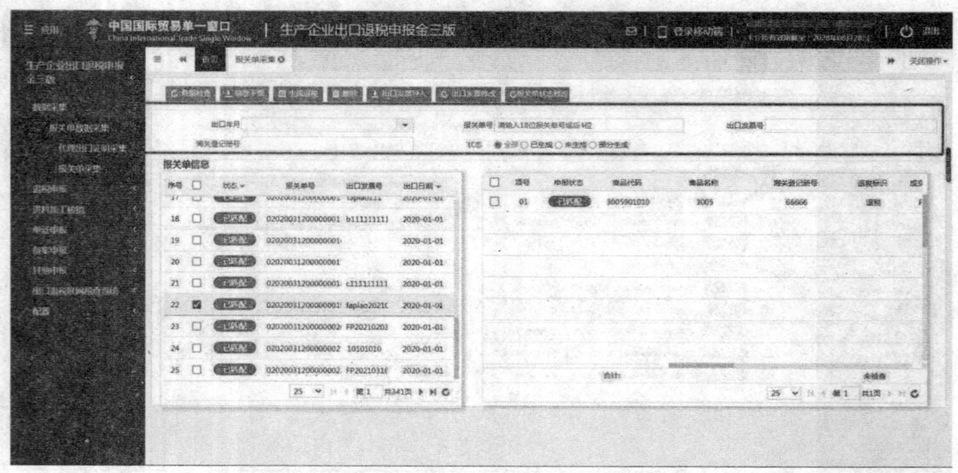

图 14-107 报关单生成状态查询

第二节 退税申报

一、货物采集

（一）出口货物明细采集

1. 出口货物

进入“出口货物明细采集”，“生成退税”报关单以及代理出口证明会在该模块中生成出口货物明细。双击可以打开查看具体的明细数据。

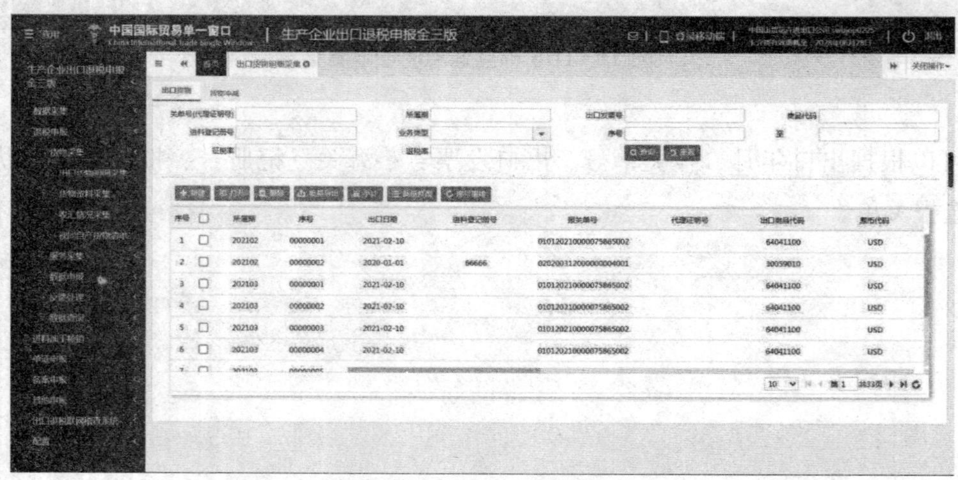

图 14-108 出口货物明细 1

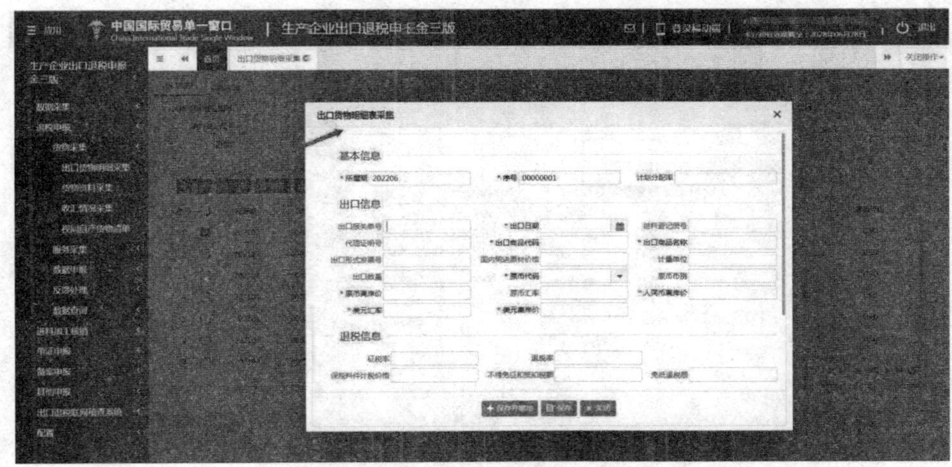

图 14-109 出口货物明细 2

该模块中也可以点击【新建】按钮手工录入出口明细中的数据。

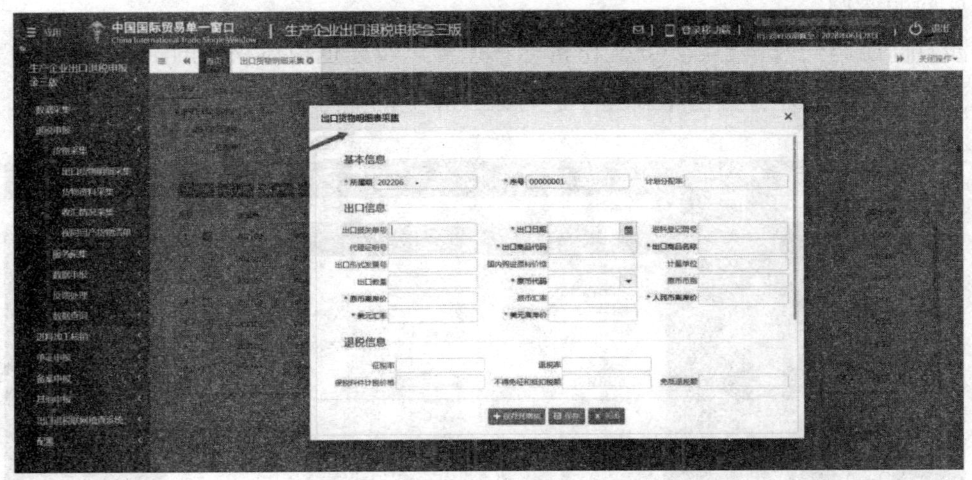

图 14-110 出口明细数据录入

另外还有删除、批量导出、小计、批量修改、序号重排等多个可以对数据进行检查和调整的功能按钮。出口明组数据确认无误，就可以进入“数据申报”中的“生成申报数据”进行下一步申报。

2. 货物冲减

涉及已申报退税的货物发生退运等情况时，需要做货物冲减（冲减，即冲销。指收入或者费用之间相互抵消，冲减可以部分冲掉，也可以全额冲掉。用于已退税的货物因发生退运或申报数据有误时，冲减掉已申报的金额）的，进入“货物冲减”模块，勾选数据点击【冲减出口】按钮即可在出口货物明细中生成负数的冲减出口明细。

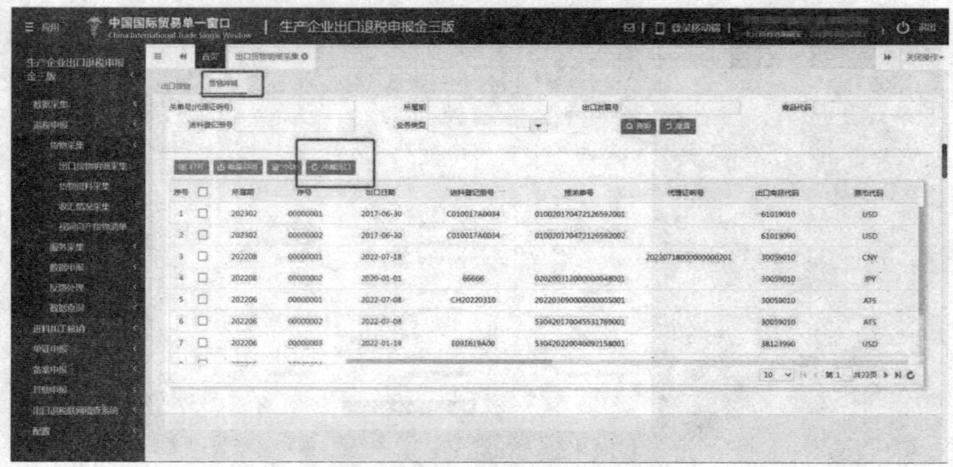

图 14-111 货物冲减出口明细

（二）货物资料采集

1. 商品码调整

涉及商品码失效调整、美元离岸价存在差异以及先退税后核销的，进入“货物采集”模块，选择对应的业务点击【新建】进行录入相应的业务表单。

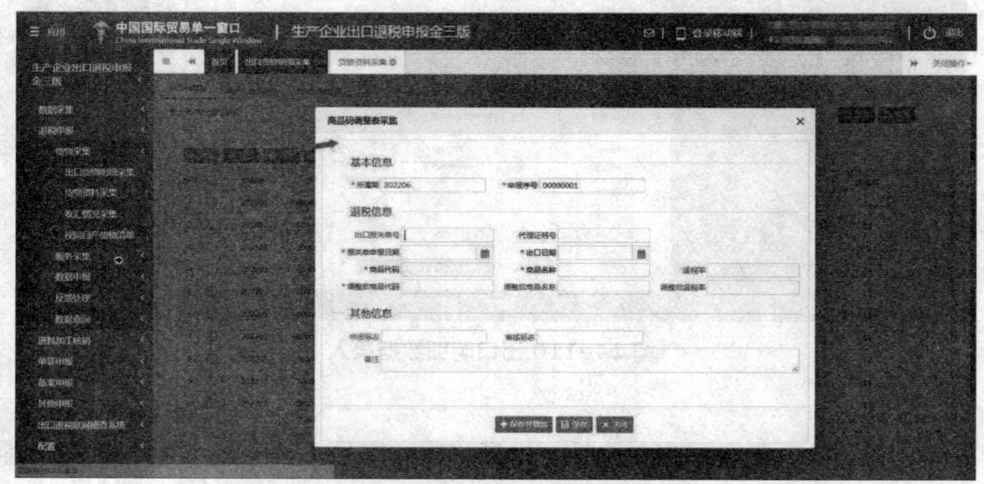

图 14-112 业务表单录入

打开、删除、批量导出、序号重排操作与出口货物明细采集操作方法一致。

2. 离岸价差异说明

涉及离岸价差异说明需要操作的数据，在该页面可以新建数据，进行录入表单。

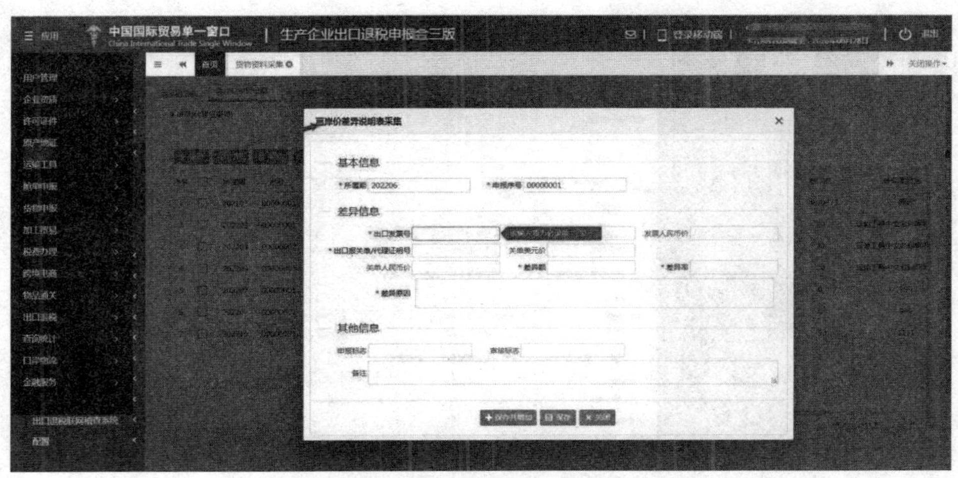

图 14-113 离岸价差异说明表单录入

打开、删除、批量导出、序号重排操作与出口货物明细采集操作方法一致。

3. 先退后核附表

涉及先退后核需要操作的数据，在该页面可以新建数据，进行录入表单。

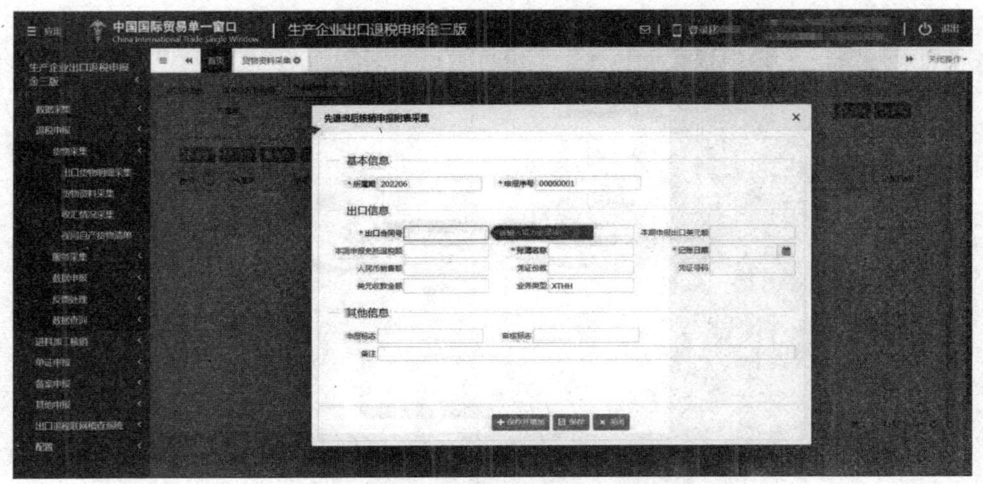

图 14-114 先退后核表单录入

打开、删除、批量导出、序号重排、小计操作与出口货物明细采集操作方法一致。

（三）收汇情况采集

出口收汇情况：进入出口收汇情况页面，点击【新建】按钮，可以录入出口收汇情况数据。

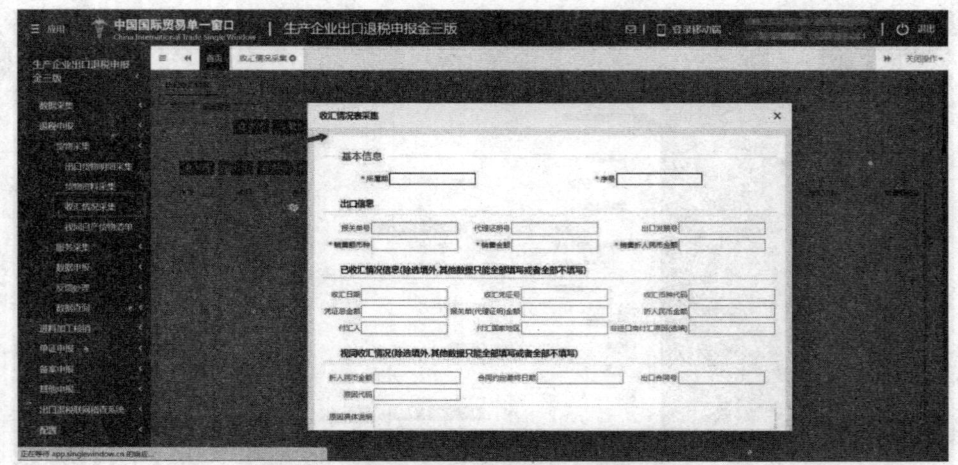

图 14-115 出口收汇情况数据录入

打开、删除、批量导出、序号重排、小计操作与出口货物明细采集操作方法一致。

（四）视同资产货物清单

进入视同资产货物清单页面，点击【新建】按钮，可以录入业务数据。

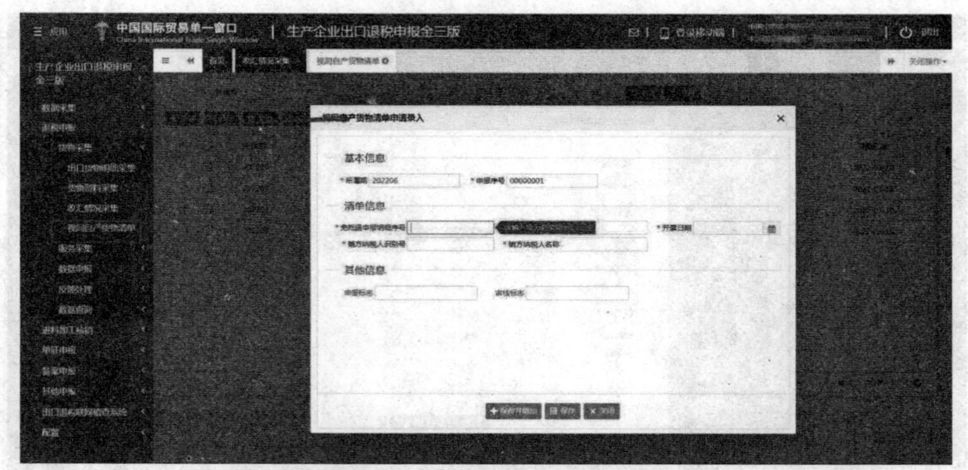

图 14-116 业务数据录入

打开、删除、批量导出、序号重排、小计操作与出口货物明细采集操作方法一致。

二、服务采集

“服务采集”模块中包含了“国际运输”和“应税服务”两大服务类业务的数据采集功能。

（一）国际运输

进入“国际运输”，可以申报国际/港澳台运输申报、航天运输收入清算账单、国际旅客/行李包裹运输清算函件以及中国铁路总公司国际货物明细。点击【新建】即可录入。

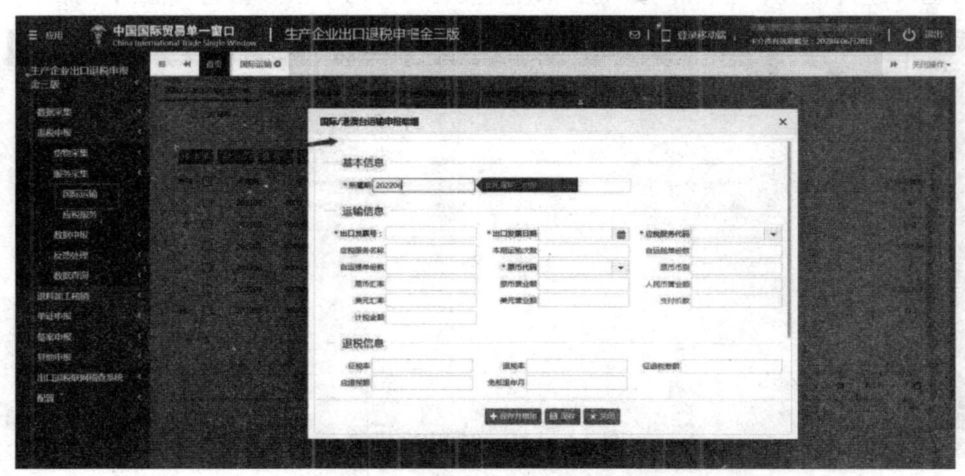

图 14-117 货物明细录入

打开、删除、批量导出、序号重排、小计操作与出口货物明细采集操作方法一致。

（二）应税服务

进入“应税服务”模块，可以采集跨境应税服务相关的明细清单。可以操作的业务包括“跨境应税行为服务明细清单”“跨境应税行为收讫营业款明细清单”两部分。点击【新建】即可录入。

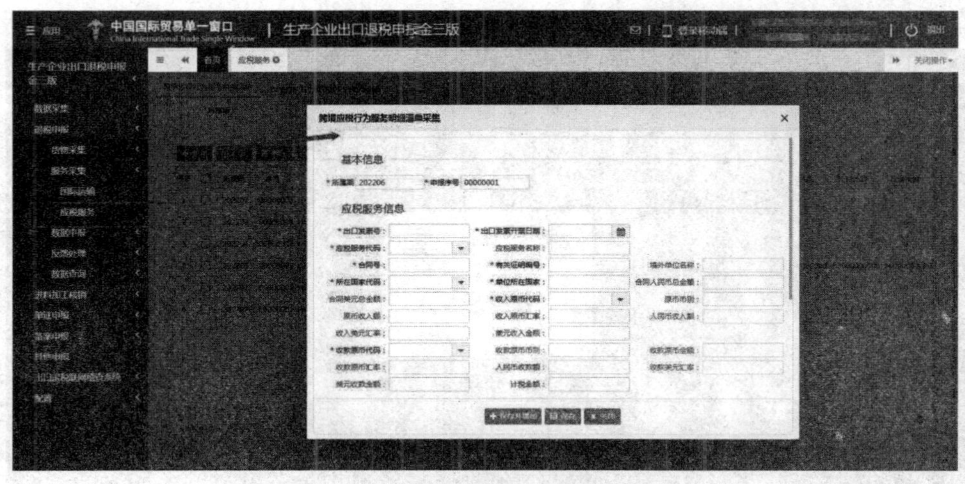

图 14-118 跨境应税服务明细清单录入

打开、删除、批量导出、序号重排、小计操作与出口货物明细采集操作方法一致。

三、数据申报

“数据申报”模块中，包含“生成退税申报数据”“打印退税申报数据”两个模块，可以对退税进行检查、上传申报、打印纸质报表和对已申报数据进行撤回等操作。

图 14-119 数据申报模块

（一）生成退税申报数据

进入“生成退税申报数据”，可以对前面确认无误的明细数据进行检查、汇总生成以及生成数据进行上传和申报。

按照右上角的按钮顺序进行操作。首先点击【数据一致性检查】。如果数据有存在问题，会在界面中显示相关提示；显示为空白则代表数据没有任何问题。检查无误后，再点击【生成汇总数据】，选择生成的汇总所属期，填写当期的不得抵扣税额累加和期末留底税额。

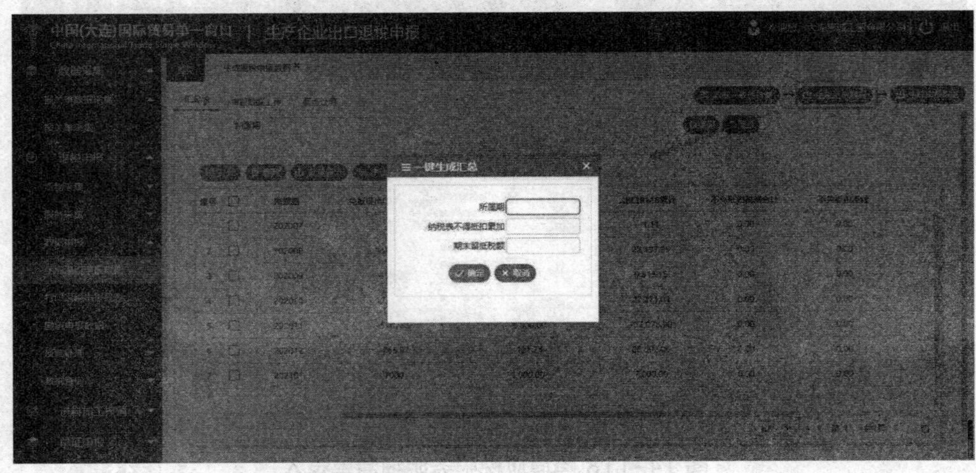

图 14-120 数据一致性检查确认

检查无误后，再点击【生成汇总数据】，选择生成的汇总所属期，填写当期的不得抵扣税额累加和期末留底税额。

≡ 免抵退汇总表

纳税人名称：

纳税人识别号：

所属期：2020 年 07 月　　　　金额单位：元至角分

项目		栏次	当期 (a)	本年累计 (b)	与增值税纳税申报表差 (c)
出口销售额	免抵退出口销售额(美元)	1=2+3	0.16	0.16	----------
	其中：出口货物销售额(美元)	2	0.00	0.00	----------
	应税服务销售额(美元)	3	0.16	0.16	----------
	免抵退出口销售额（人民币）	4	1.11	1.11	----------
不得免征和抵扣税额	免抵退税不得免征和抵扣税额	5=6+7	0.00	0.00	----------
	其中：出口货物不得免征和抵扣税额	6	0.00	0.00	----------
	应税服务不得免征和抵扣税额	7	0.00	0.00	----------
	进料加工核销应调整不得免征和抵扣税额	8	0.00	0.00	----------
	免抵退税不得免征和抵扣税额合计	9=5+8	0.00	0.00	0.00
应退税额和免抵	免抵退税额	10=11+12	0.10	0.10	----------
	其中：出口货物免抵退税额	11	0.00	0.00	----------
	应税服务免抵退税额	12	0.10	0.10	----------
	上期结转需冲减的免抵退税额	13	0.00	----------	----------
	进料加工核销应调整免抵退税额	14	0.00	0.00	----------
	免抵退税额合计	15（如10-13+14>0则为10-13+14,否则为0）	0.10	0.10	----------
	[illegible]下期需冲减的免抵退税额	16=13-10-14+15	0.00	----------	----------

修改　关闭

图 14-121 生成汇总数据

数据确认无误后，点击【生成申报数据】，选择所属期，可以生成退税申报数据。

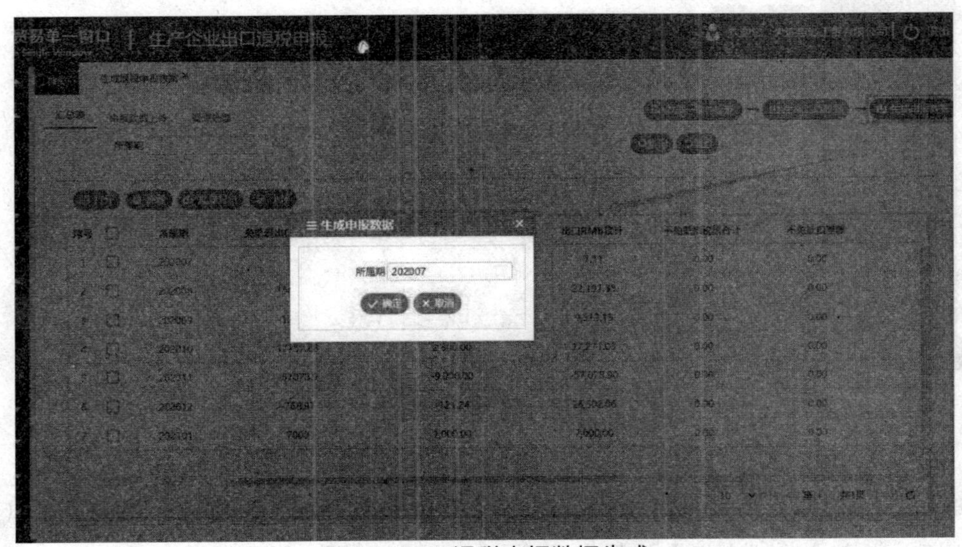

图 14-122 退税申报数据生成

生成数据后，会在“申报数据上传”这个页签中生成数据记录，随后勾选这笔数据点击【数据自检】将数据上传进行自检申报。点击“自检状态查询”可以刷新自检进度。

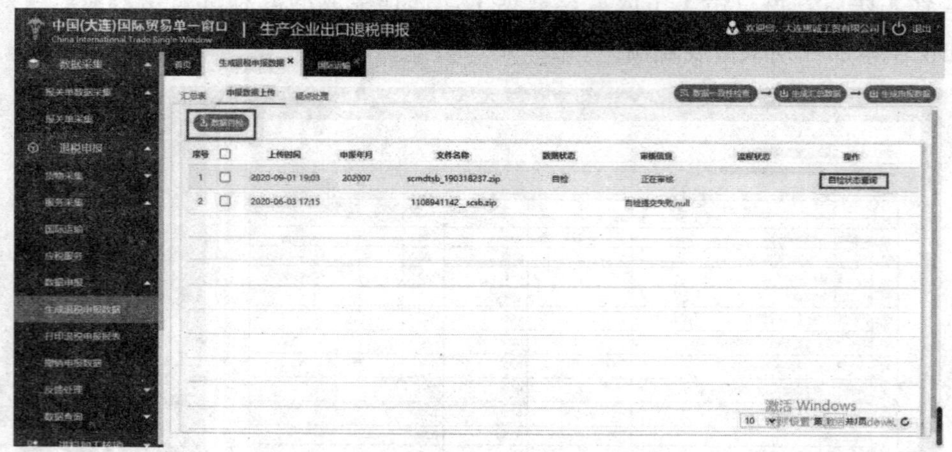

图 14-123 数据自检

刷新自检进度，待数据自检完成后，自检的疑点反馈自动读入系统，进入“疑点反馈”页签查看是否存在疑点。

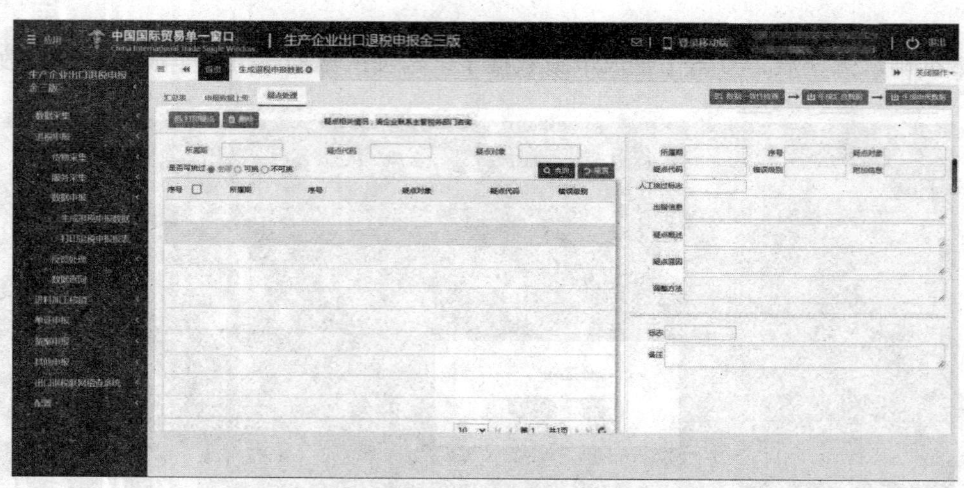

图 14-124 疑点反馈查询

如果数据不存在不可跳过疑点，返回“申报数据上传”页签，在数据后面（图中红框位置）点击【确认申报】将数据转为正式申报。

图 14-125 正式申报

已生成申报的数据，自检存在不可跳过疑点需要撤回修改数据，或转为正式申报的数据被税局退回，都可以点击【撤销申报数据】撤回数据进行修改和调整。

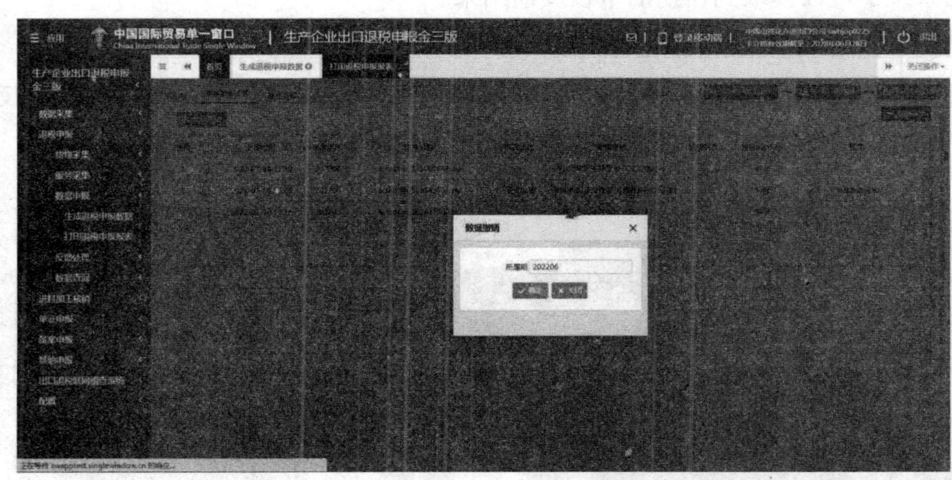

图 14-126 撤销申报数据

（二）打印退税申报报表

完成数据正式申报后，进入“打印退税申报报表模块”打印相关纸质资料。

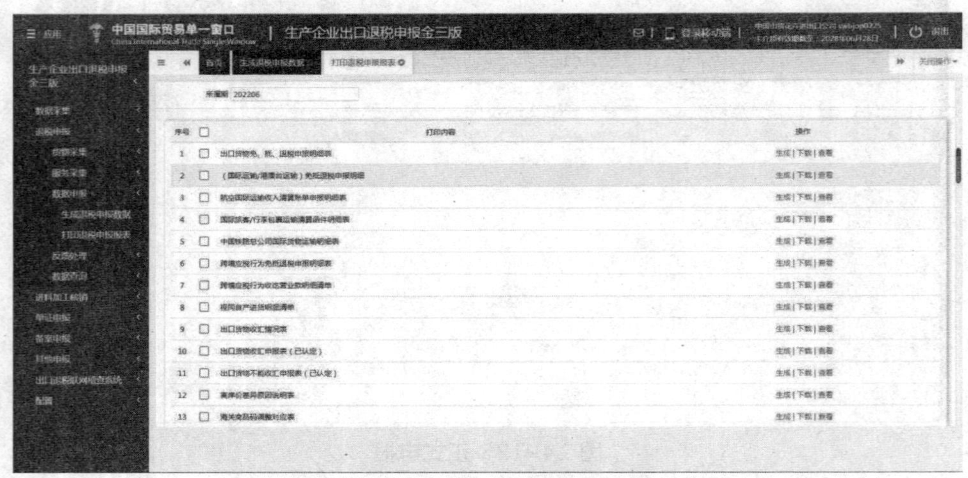

图 14-127 退税申报报表打印

四、反馈处理

在系统中可以读取到往期的审核反馈结果。

退税审核结果下载相关操作如下。

进入“退税审核结果下载”，可以通过单一窗口的端口下载退税审核结果反馈。点击【申请下载】输入所属期，可以下载对应的审核结果反馈读入系统。

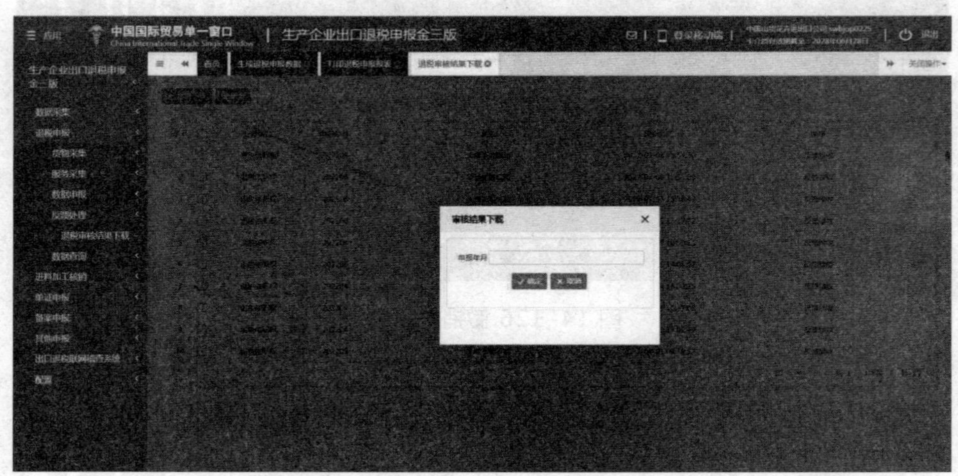

图 14-128 退税审核结果下载

五、数据查询

进入【数据查询】，选择对应的业务，可以对已申报的数据进行查询。

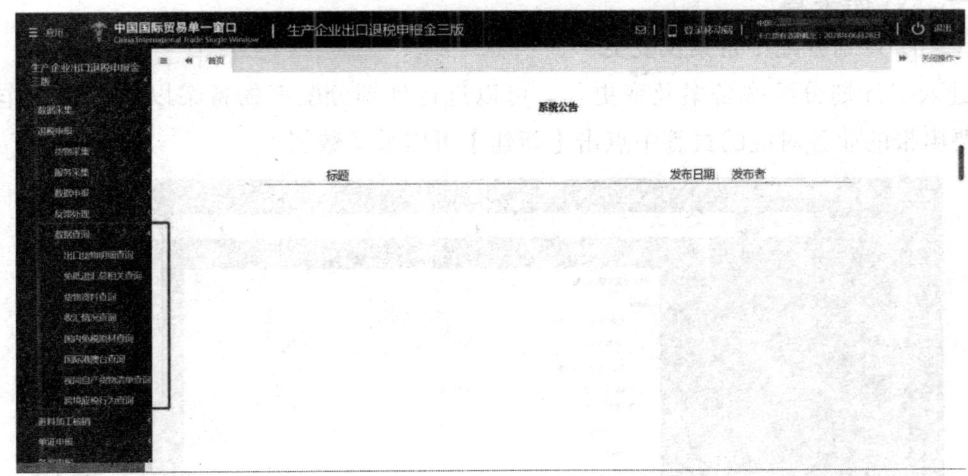

图 14-129 数据查询

选择想要查看的已申报业务点击进入查看即可。在系统中申报的数据和通过反馈获取的数据都可以在【数据查询】中查看。

序号	所属期	序号	出口日期	进料登记册号	报关单号	代理证明号	出口商品代码	原币代码
1	202302	00000001	2017-06-30	C010017A0034	010020170472126592001		61019010	USD
2	202302	00000002	2017-06-30	C010017A0034	010020170472126592002		61019090	USD
3	202208	00000001	2022-07-18			20220718000000000201	30059010	CNY
4	202208	00000002	2020-01-01	66666	020200312000000048001		30059010	JPY
5	202206	00000001	2022-07-08	CH20220310	202203090000000005001		30059010	ATS
6	202206	00000002	2022-07-08		530420170045531769001		30059010	ATS
7	202206	00000003	2022-01-19	E097619A00	530420220040092158001		38123990	USD
8	202206	00000004	2021-05-30	C12345	900000000000000000001		73081000	USD
9	202202	00000001	2022-03-28	66666	020200312000000030001		30059010	USD
10	202202	00000002	2022-02-01			20220531000000000101	30059010	CNY

图 14-130 已申报业务查询

第三节　进料加工核销

生产企业在进行进料加工登记手册上计划进口和计划出口的货物全部进口、出口完毕后，在向海关申请核销前，应将进料加工登记手册上的全部进口、出口明细记录进行复印，在海关将手册核销后，持下列资料到主管退税机关办理手册核销手续。

一、数据采集

（一）计划分配率备案及变更

进入“计划分配率备案及变更”，可以进行计划分配率的备案以及变更操作，进入想要申报的业务对应的页签中点击【新建】可以采集数据。

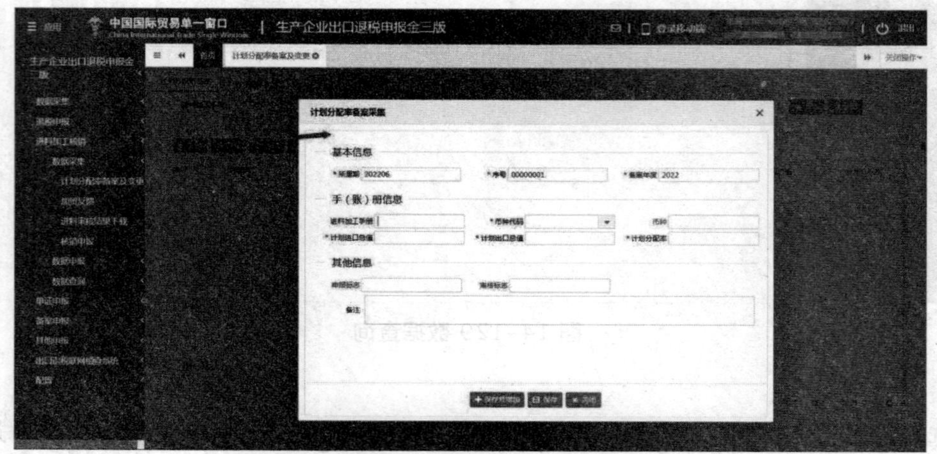

图 14-131 采集数据

打开、删除、批量导出、序号重排、小计操作与出口货物明细采集操作方法一致。

（二）加贸反馈

核销申报前需要读入“加贸反馈”。进入“加贸反馈”，点击【反馈读入】可以手动读入税务局给予的反馈。

图 14-132 加贸反馈读入

（三）进料审核结果下载

点击【进料审核结果下载】进入下载界面，可以通过系统的端口下载反馈。点击【申请下载】输入申报年可以下载加贸反馈。

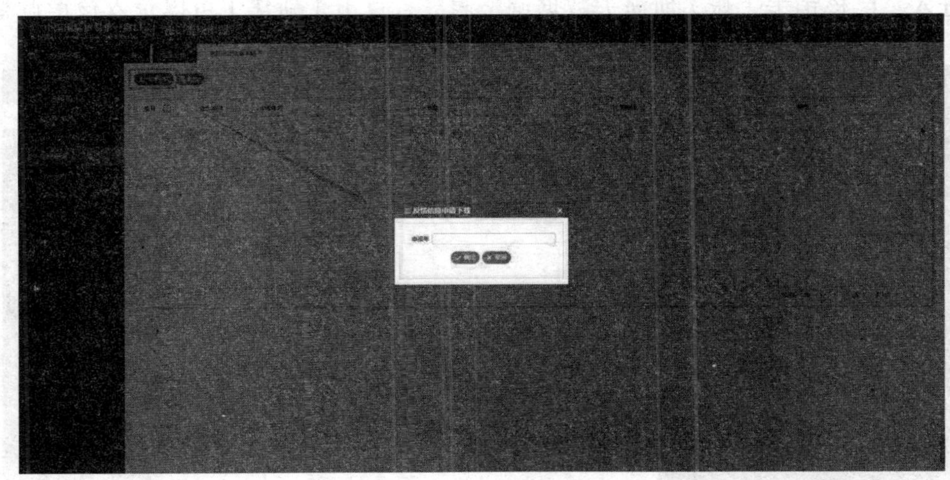

图 14-133 加贸反馈下载

（四）核销申报

读入加贸反馈后，进入“核销申报”，进入“免抵退核销申报”，点击【新建】可以录入核销申请表。

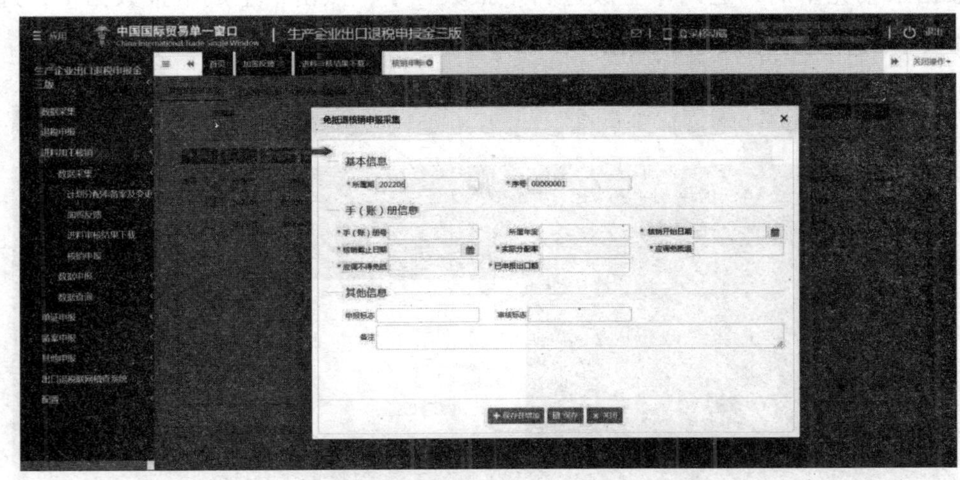

图 14-134 核销申请表录入

进入“已核销手（账）册海关数据调整表”，点击【新建】可以录入核销调整表。

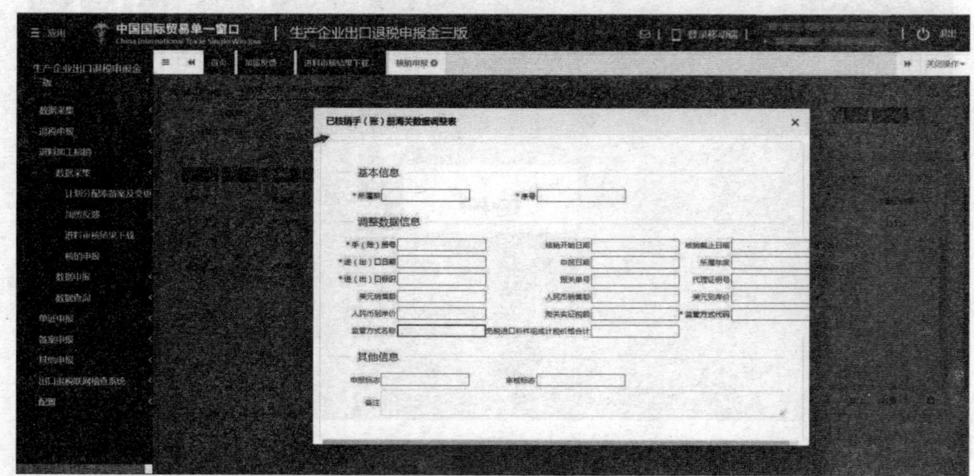

图 14-135 核销调整表录入

二、数据申报

（一）生成进料申报数据

数据采集完毕后，进入【生成进料申报数据】，点击【生成申报数据】，选择所属期和要申报的业务生成电子数据。

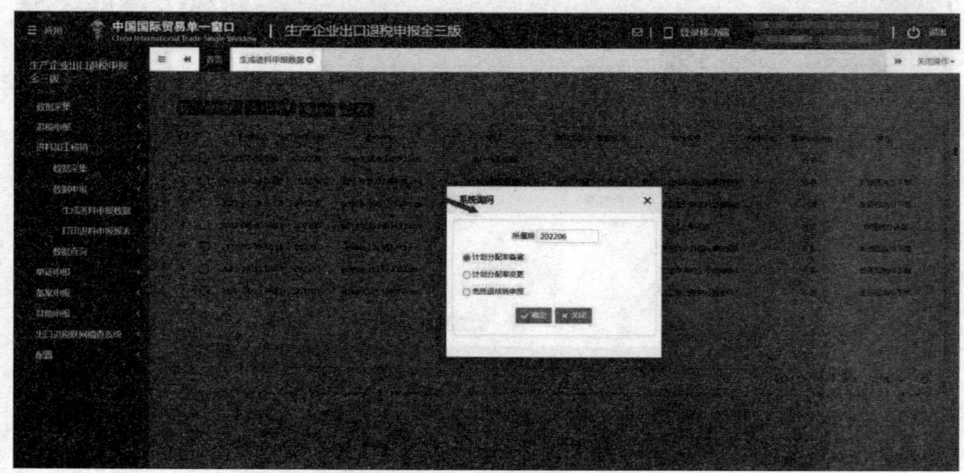

图 14-136 电子数据生成

勾选数据点击【远程申振】进行申报。

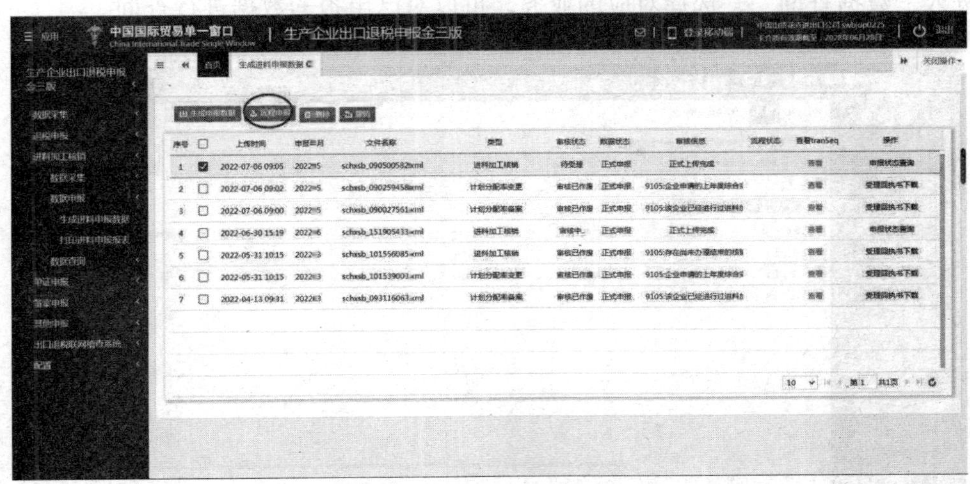

图 14-137 数据远程申报

（二）打印进料申报数据

进入“打印进料申报报表”，可以打印相关的业务表单。

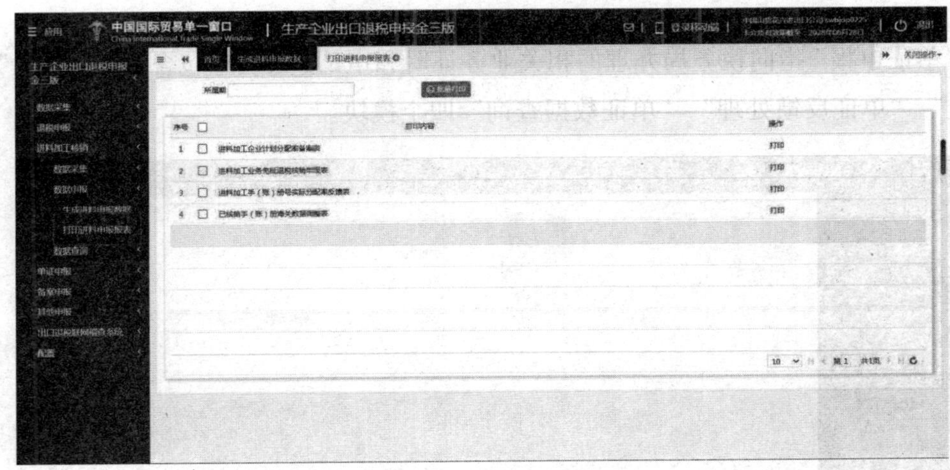

图 14-138 业务表单打印

三、数据查询

进入“数据查询”，选择对应的业务，可以对已申报的数据进行查询。

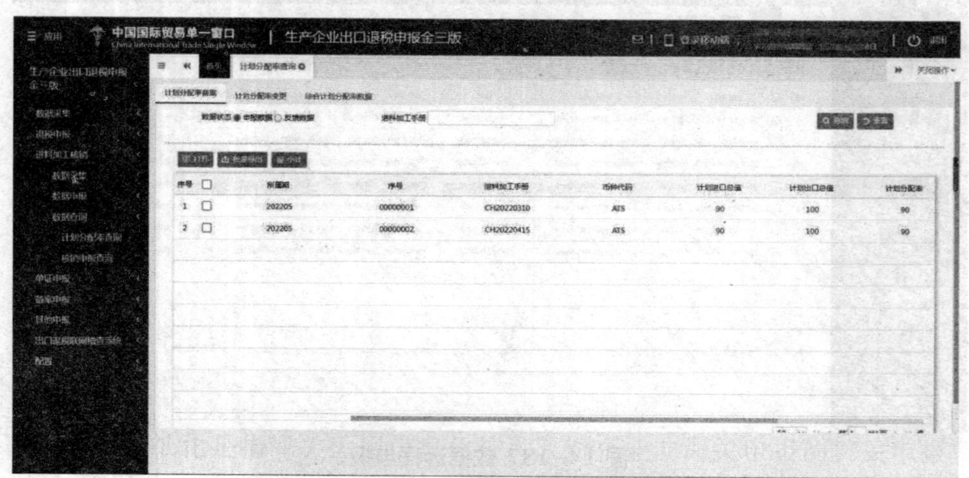

图 14-139 已申报数据查询

第四节 单证申报

“单证申报”指向税务局办理的相关业务证明和申请，模块中包含“数据采集”“数据申报”“单证反馈处理”“单证数据查询”四个模块。

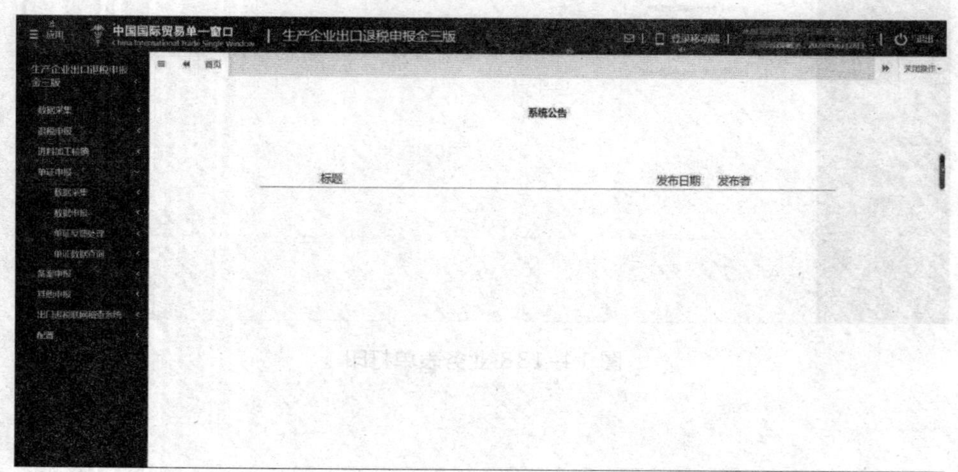

图 14-140 单证申报模块

一、数据采集

点击“数据采集”，可以选择采集“来料加工”“代理证明”“退运已补税证明”“委托出口货物证明”“卷烟证明”“补办证明”以及“中标证明通知书”的相关数据。选择想要申报的业务进入后点击【新建】进行采集。

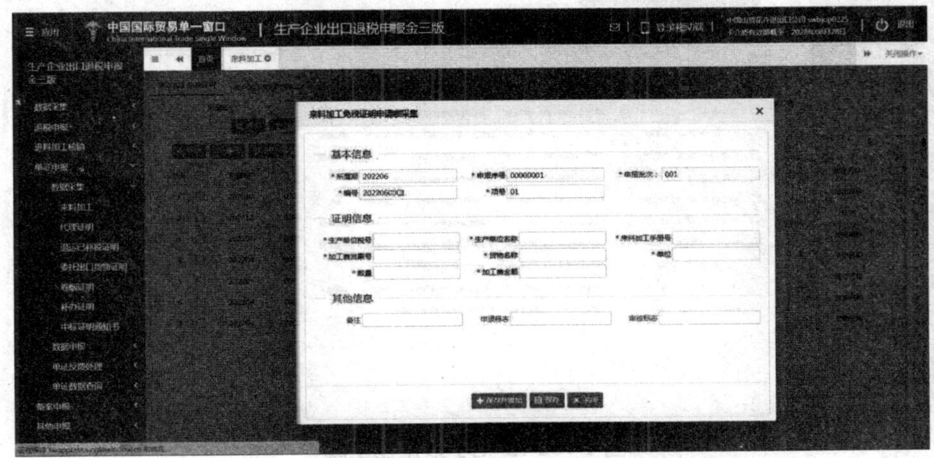

图 14-141 申报业务数据采集

二、数据申报

（一）打印单证申报报表

进入“打印单证申报报表”，可以对生成申报数据完毕的数据进行打印和数据上传。首先在“打印单证申报报表”模块中可以打印出相关单证报表；

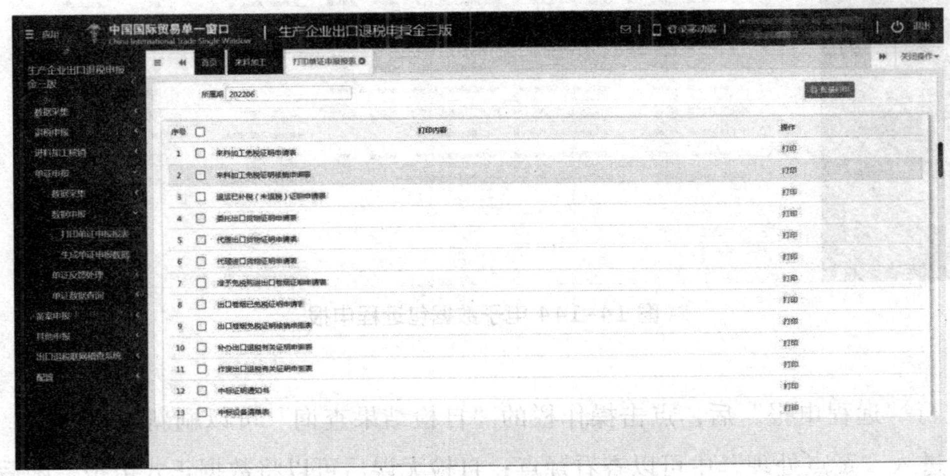

图 14-142 单证申报报表打印

（二）生成单证申报数据

进入“生成单证申报数据”模块中进行数据申报。点击右上角的【生成申报数据】，选择想要申报的业务可以生成电子数据包。

图 14-143 电子数据包生成

随后选择刚刚生成的电子数据包进行“远程申报”。

图 14-144 电子数据包远程申报

进行“远程申报”后，点击操作栏的“自检结果查询”可以刷新数据状态；自检完成后进入“疑点处理”中可以查看疑点；自检无误后可以将数据正式申报，随后携带纸质资料去现场办理。

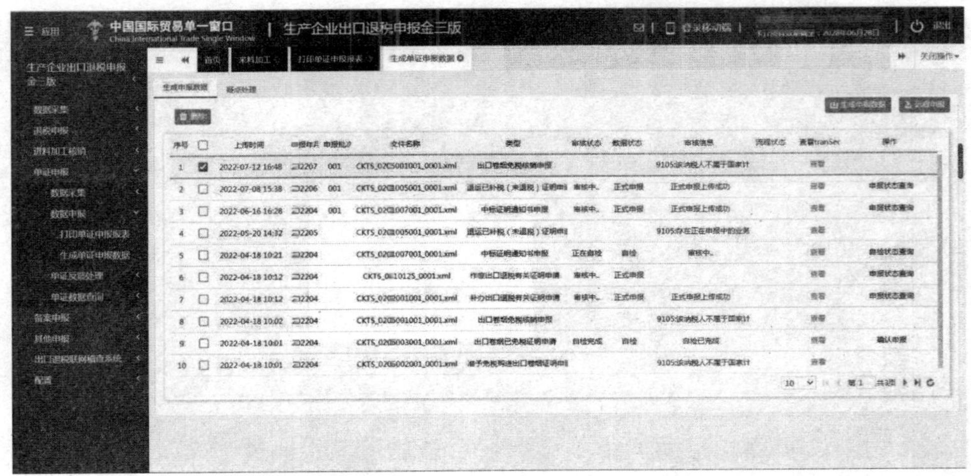

图 14-145 自检

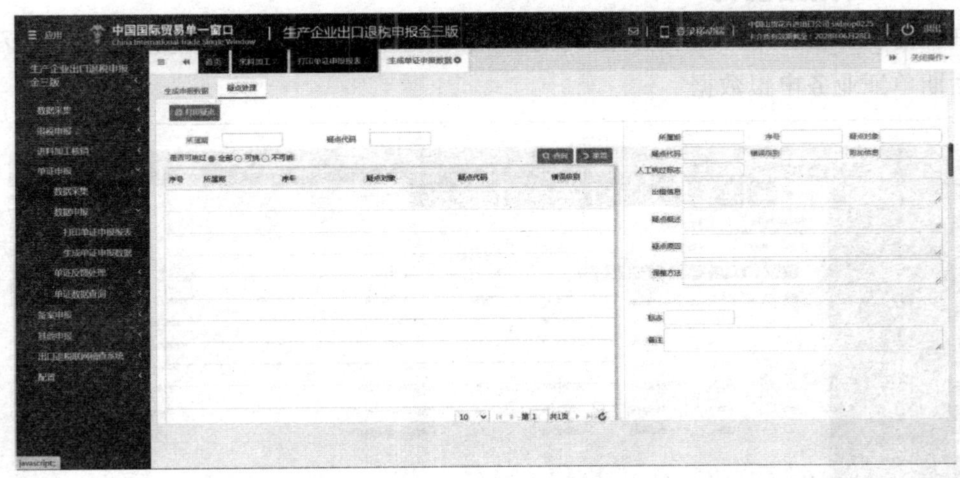

图 14-146 疑点处理

三、单证反馈处理

单证审核结果下载：“单证审核结果下载”页面中，可以通过端口下载往期申报的单证各业务审核结果的历史数据。

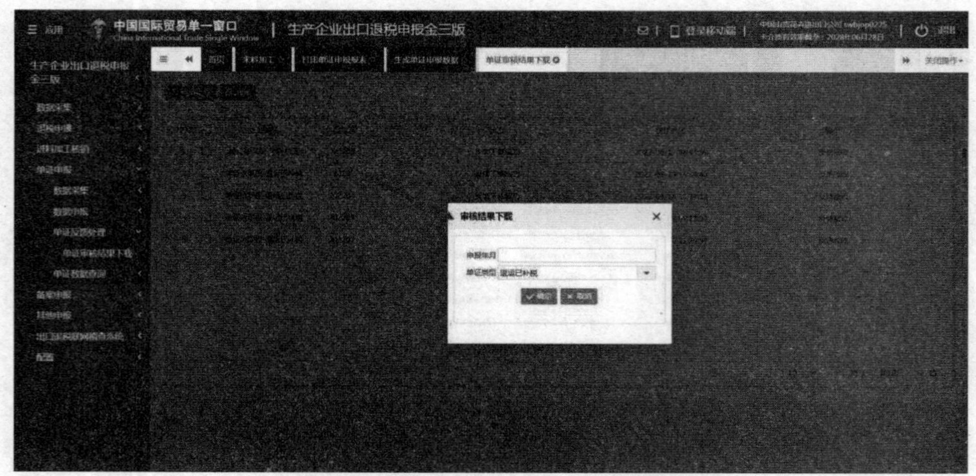

图 14-147 单证审核结果下载

四、单证数据查询

在“单证数据查询”中可以查看申报成功的单证业务的历史数据以及通过反馈下载的往期单证业务申报数据。

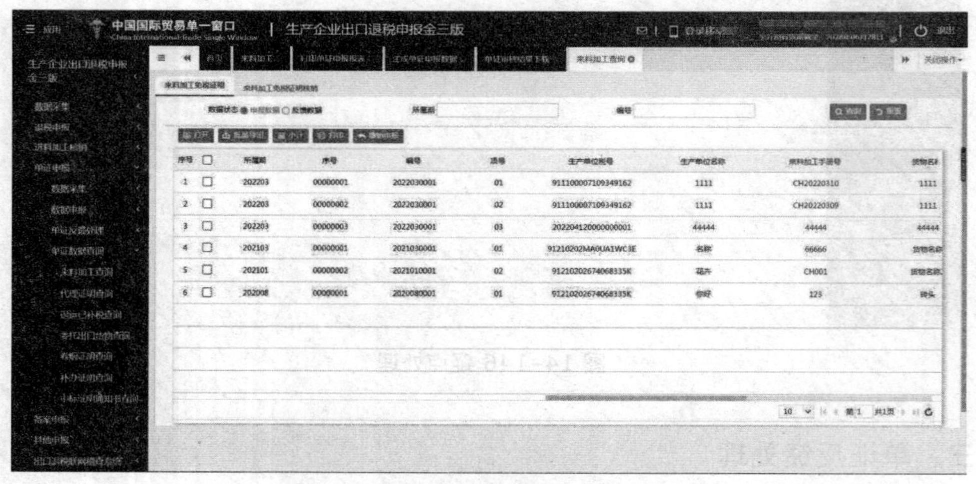

图 14-148 单证数据查询

第五节 备案申报

“备案申报”指企业向税局进行退税备案、变更以及注销等备案操作，模块中包含“数据采集”“数据申报”、“数据查询”“数据反馈”四个模块。

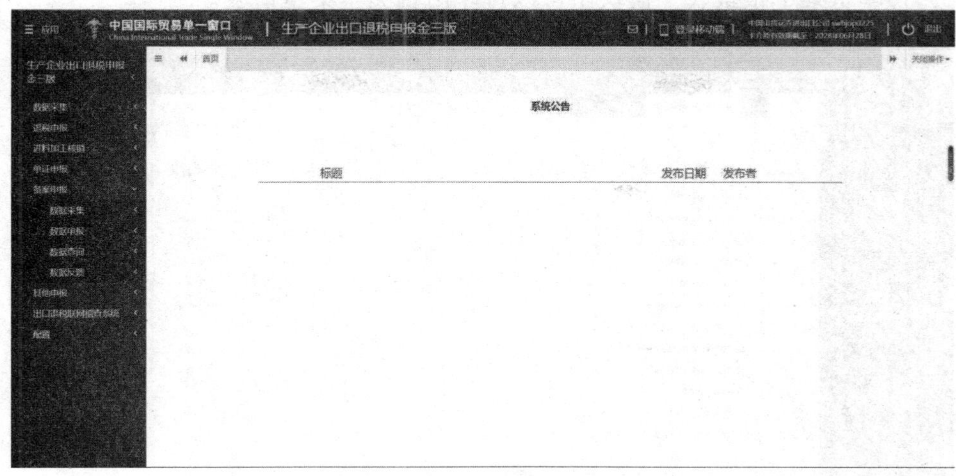

图 14-149 备案申报模块

一、数据采集

点击【数据采集】，可以选择采集“备案及变更”“先退税后核销资格申请”“集团公司成员企业备案”“放弃业务”“出口退税业务提醒申请”“委托代办退税备案、”以及“委托代办退税备案撤回”的业务数据。选择想要申报的业务进入后点击【新建】进行采集。

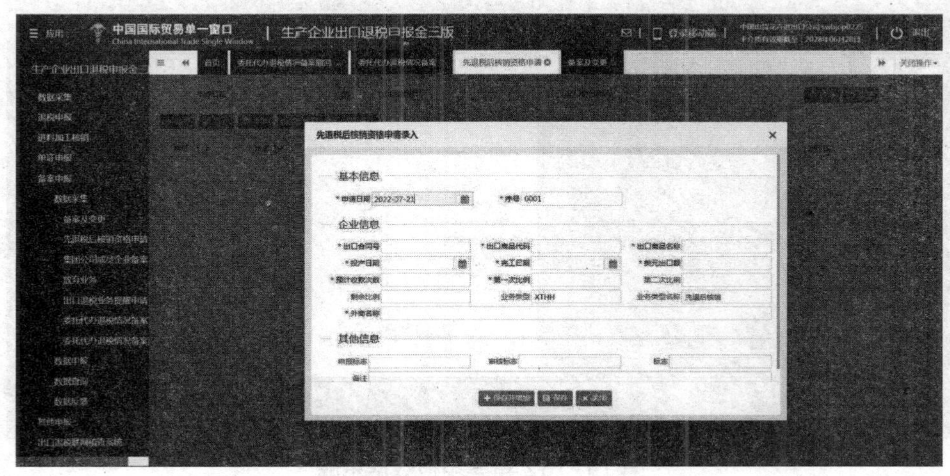

图 14-150 数据采集

二、数据申报

进入“数据申报”中的“生成备案申报数据”“打印备案申报报表”，可以对采集完毕的数据进行数据上传，或者将生成的申报数据进行打印。

（一）打印备案申报报表

在“打印备案申报报表”模块中可以打印出相关备案申请表。

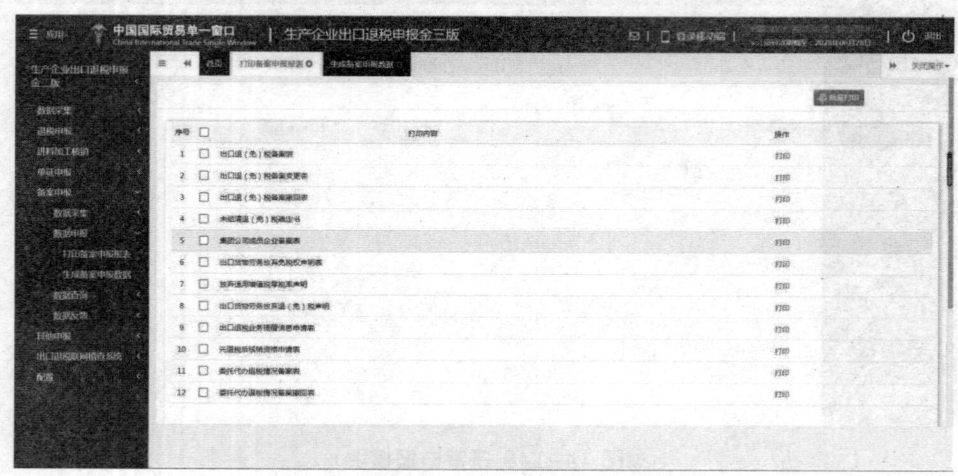

图 14-151 备案申报报表打印

（二）生成备案申报数据

进入“生成备案申报数据”模块打印后点击右上角的【生成申报数据】，选择想要申报的业务可以生成电子数据包。

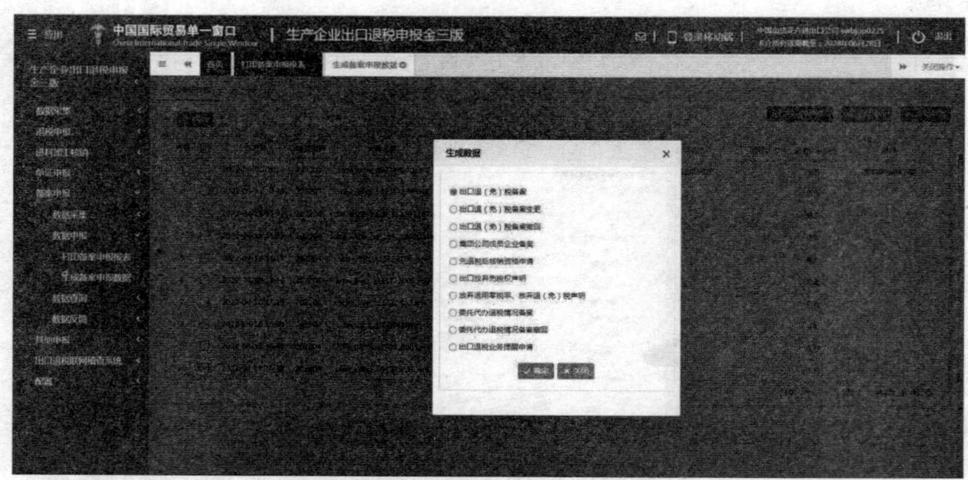

图 14-152 备案申报数据生成

随后选择刚刚生成的电子数据包进行“远程申报”。

图 14-153 电子数据包远程申报

数据状态显示上传成功后，随后携带纸质资料去现场办理。

已申报成功的数据也可以进行撤销，点击【撤销数据】按钮，选择要撤销的单证类型，点击【确定】按钮，即可进行撤销操作。

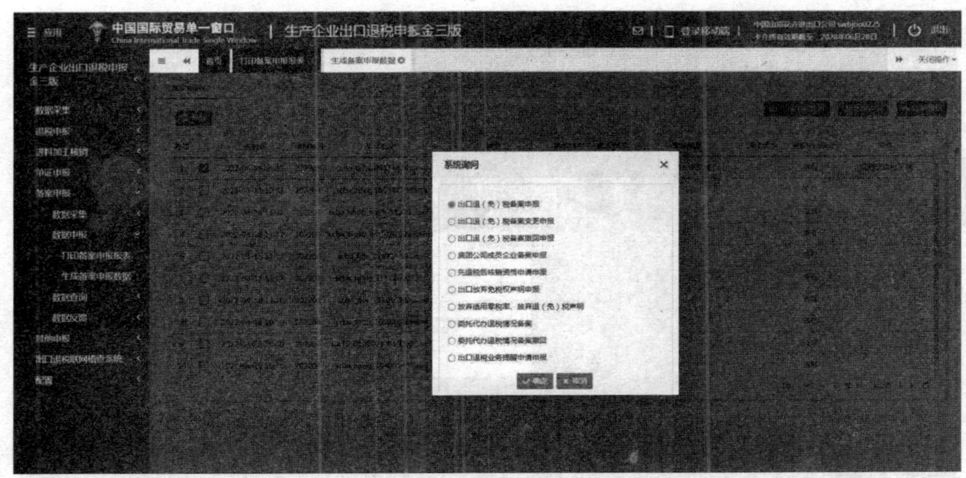

图 14-154 数据撤销

三、数据查询

在“数据查询”中可以查看申报成功的备案业务的数据。

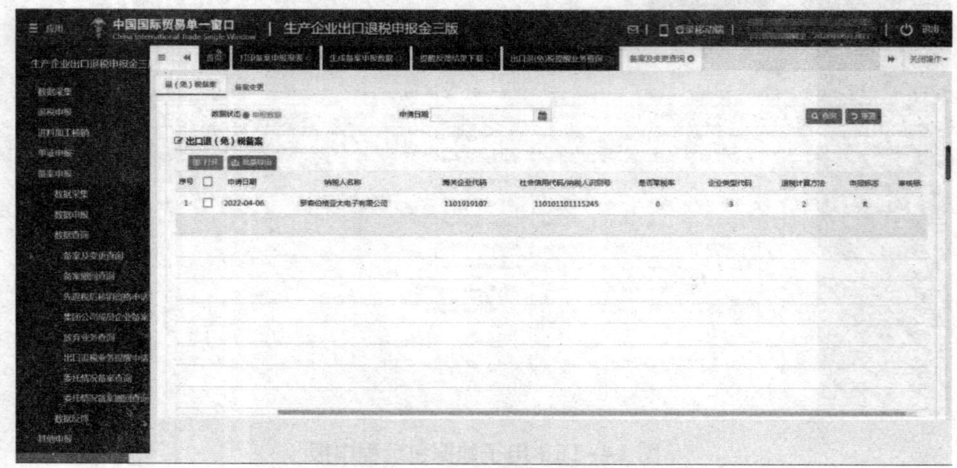

图 14-155 数据查询

四、数据反馈

（一）提醒反馈结果下载

进入“提醒反馈数据下载”页面，可以下载审核反馈结果。

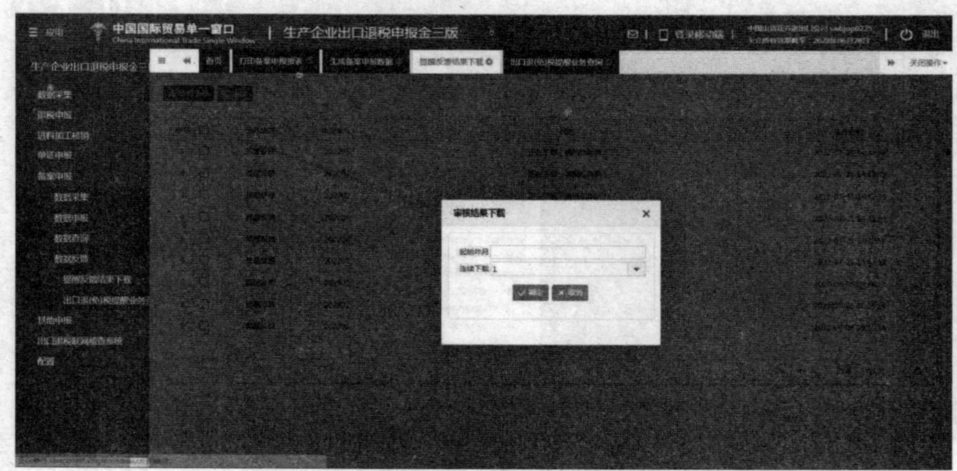

图 14-156 审核反馈结果下载

（二）出口退（免）税提醒业务查询

下载的反馈数据，可以在出口退（免）税提醒业务查询页面查询到。

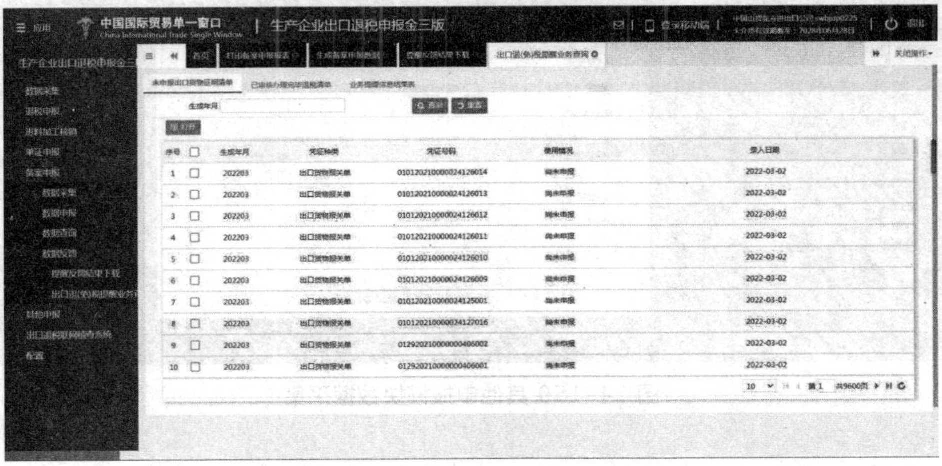

图 14-157 已下载反馈数据查询

第六节 其他申报

“其他申报”模块中包含“数据采集”“数据申报”“数据查询”三个模块。

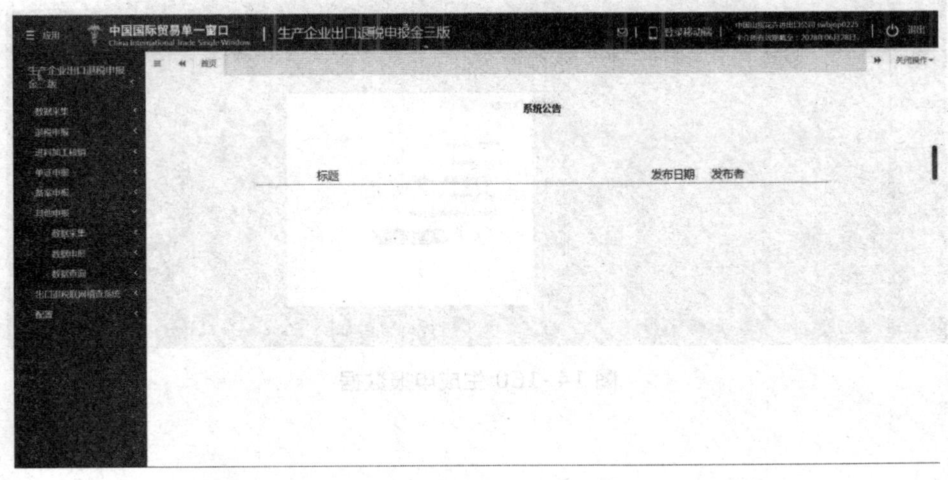

图 14-158 其他申报模块

一、数据采集

其他申报模块数据采集包含“企业撤回申报申请”“出口企业分类管理复评申请”“出口信息查询申请”“管理类别评定相关情况报告”四个业务类型的采集。选择要操作的业务类型采集页面，点击【新建】按钮，录入数据。

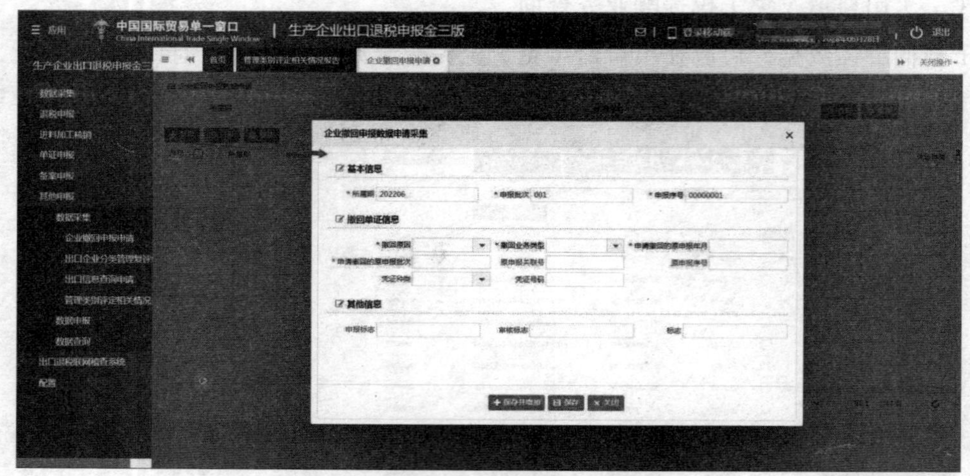

图 14-159 其他申报模块数据采集

二、数据申报

（一）生成其他申报数据

进入“生成其他申报数据”模块中进行数据申报。点击右上角的【生成申报数据】，选择想要申报的业务可以生成电子数据包；

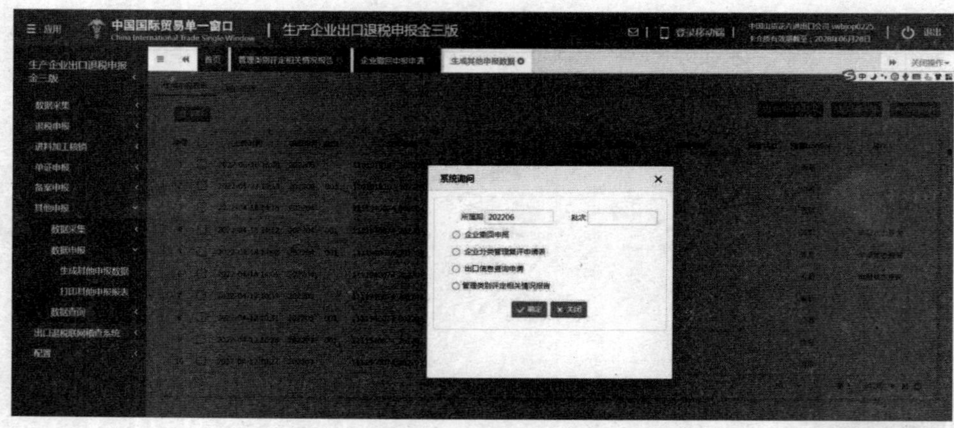

图 14-160 生成申报数据

随后选择刚刚生成的电子数据包进行“远程申报”；

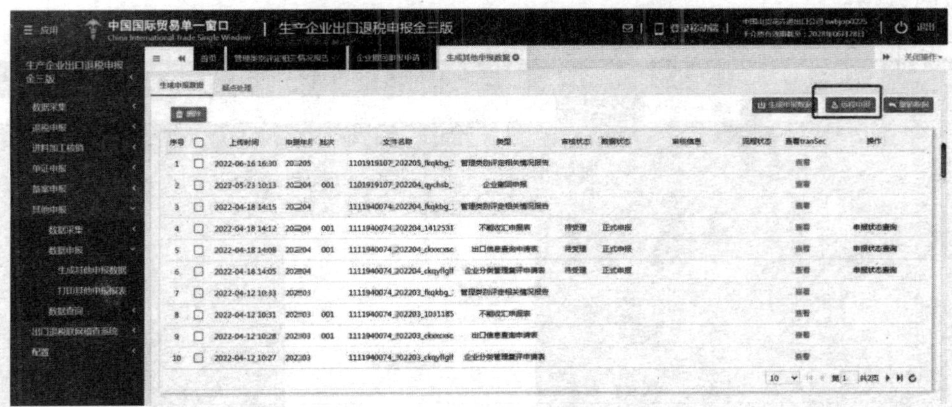

图 14-161 电子数据远程申报

进行“远程申报”后，进入“疑点处理”中可以查看疑点。

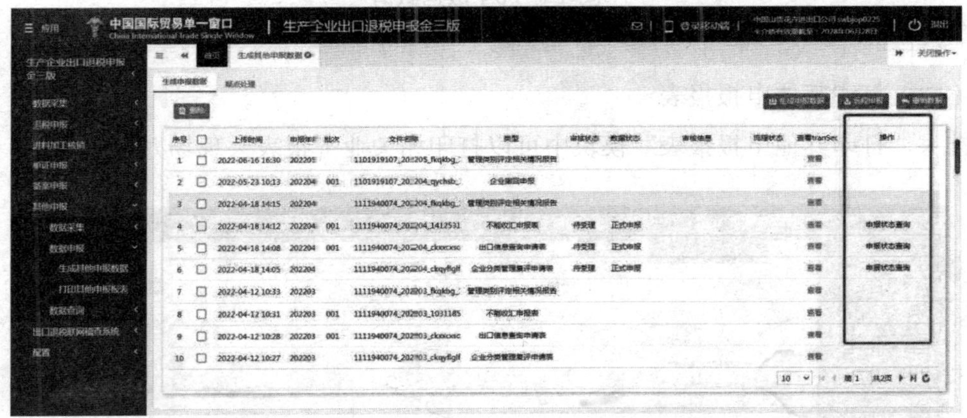

图 14-162 疑点处理 1

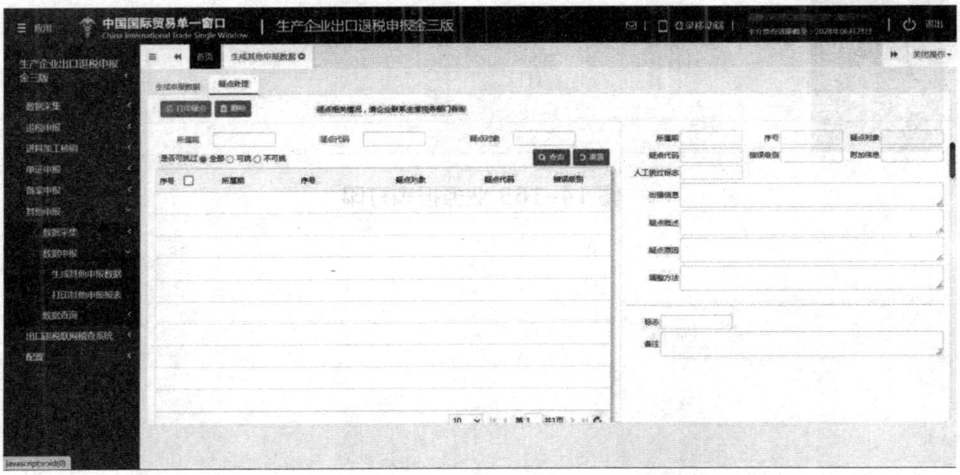

图 14-163 疑点处理 2

申报后的数据也可以做撤销操作，点击【撤销数据】按钮，录入所属期和批次，即可撤回数据。

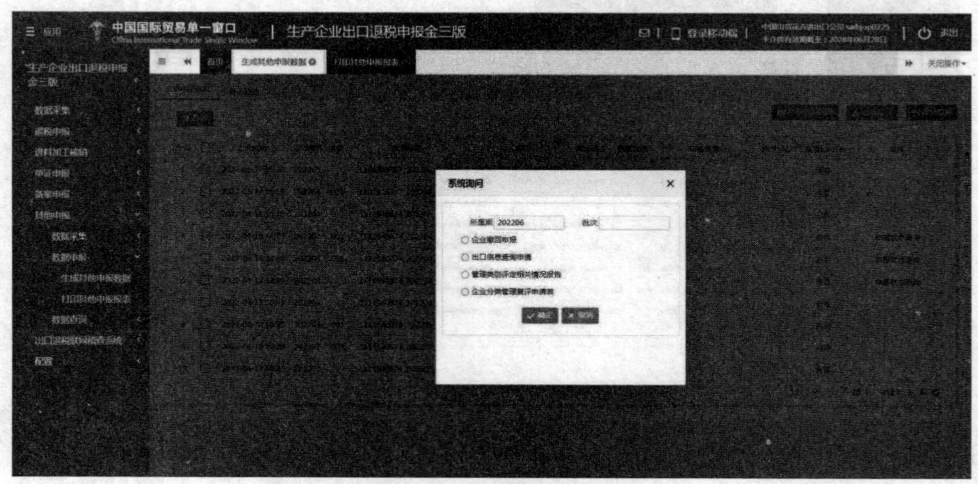

图 14-164 数据撤销

（二）打印其他申报报表

进入“打印其他申报报表”模块中可以打印相关业务报表去现场办理。

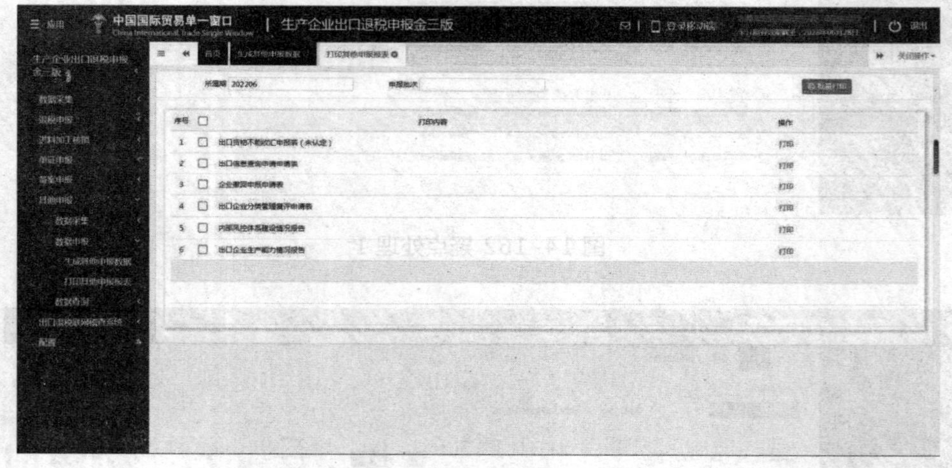

图 14-165 业务报表打印

三、数据查询

在该模块中可以查看已申报成功的业务申报数据。

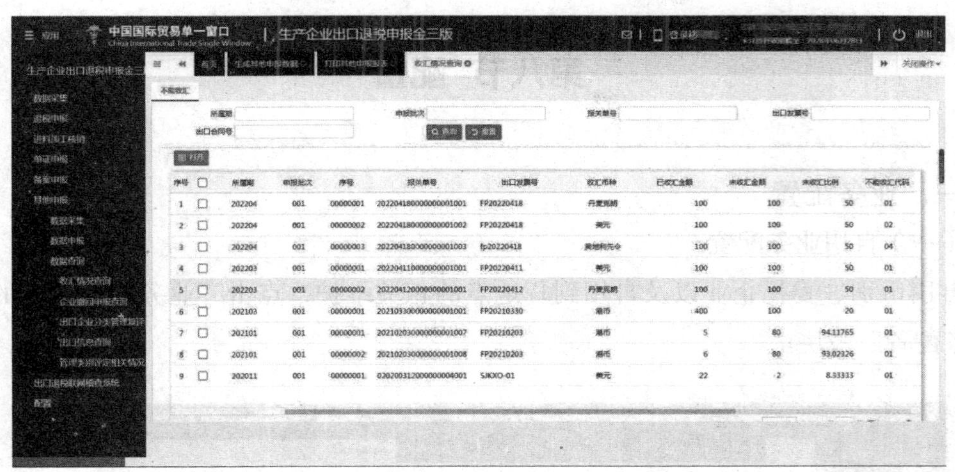

图 14-166 申报数据查询

第七节 出口退税联网稽查系统

该模块可以查询以及下载出口报关单数据。

报关单查询下载相关操作如下。

录入查询条件，点击【查询】，可以查询到出口报关单信息；点击【下载】按钮，可以下载出口报关单信息。

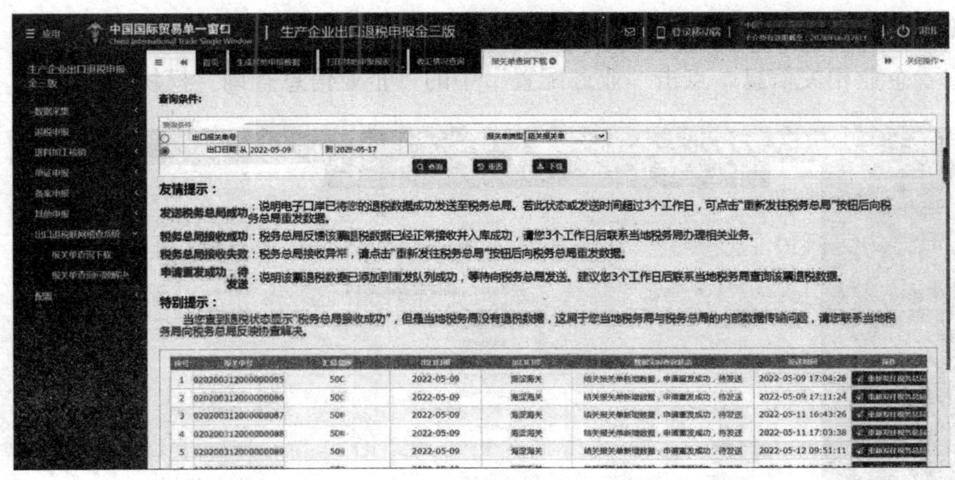

图 14-167 出口报关单信息查询

第八节　配置

一、业务配置

（一）自用业务配置

自用币别、委托企业以及自用到货地点的相关维护，点击“业务配置”中的“自用业务配置”模块。

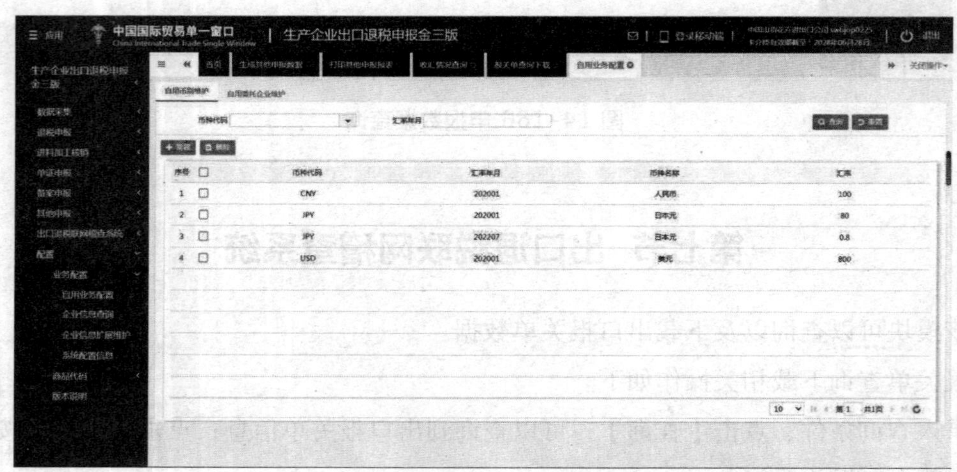

图 14-168 自用业务配置

（二）企业信息查询

查看企业相关信息，点击“业务配置”中的“企业信息查询”模块。

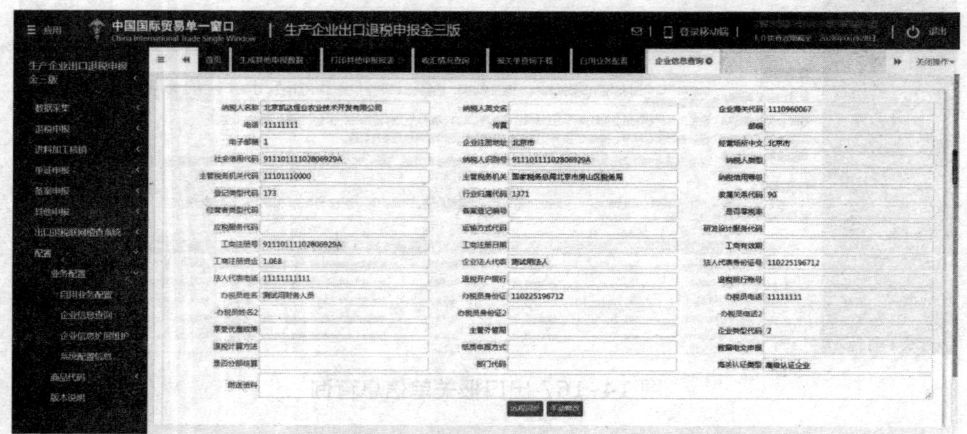

图 14-169 企业信息查询

（三）企业信息扩展维护

查看扩展类型代码、添加设置无纸化标志，点击“业务配置”中的“企业扩展信息维护”模块。

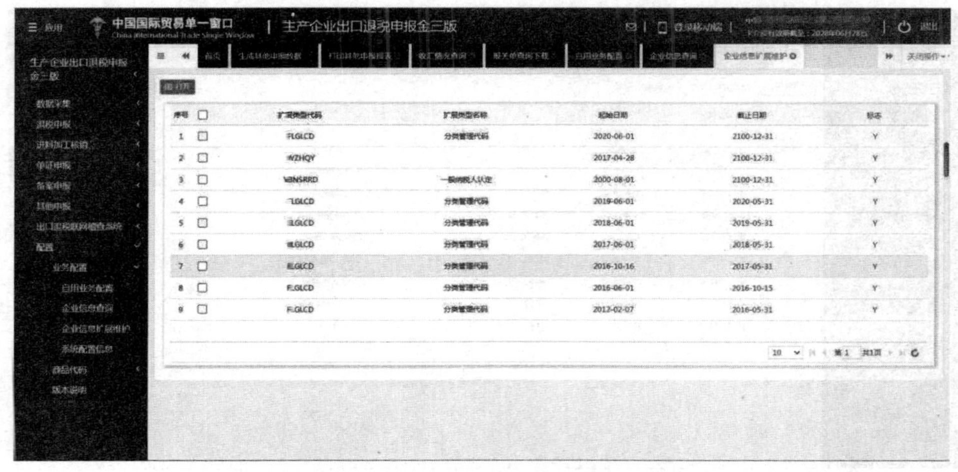

图 14-170 企业扩展信息维护

（四）系统配置信息

选择所属地区、完善企业信息等，点击“业务配置”中的“系统参数设置与修改”模块。

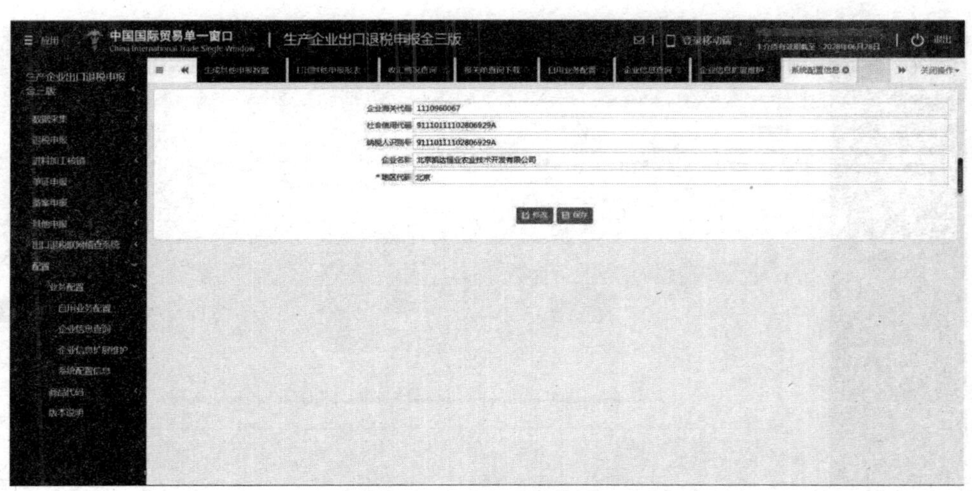

图 14-171 系统配置信息

二、商品代码

（一）退税商品码

查询退税商品码，点击“商品代码”中的“退税商品码”模块。

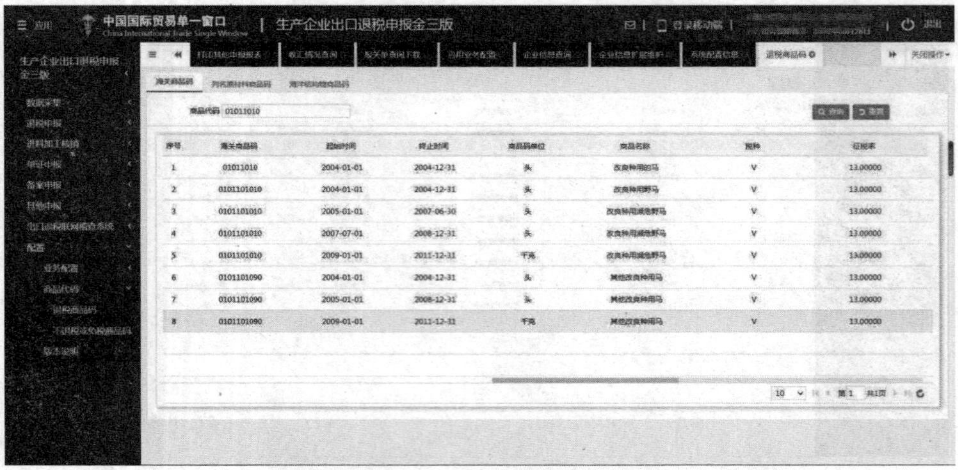

图 14-172 退税商品码查询

（二）不退税或免税商品码

查询不退税或免税商品码，点击“商品代码”中的“不退税或免税商品码”模块。

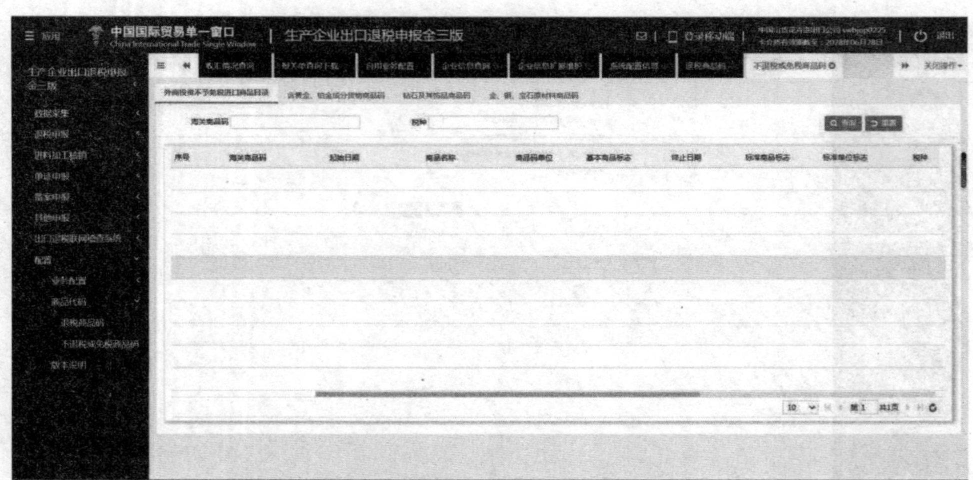

图 14-173 不退税或免税商品码查询

第九节 出口退税常见问题解决

1. 企业如何在“出口退税联网稽查系统”中查询打印出口退税结关报关单？

答：请您使用 windows 7 /10 操作系统、谷歌 50 及以上版本的浏览器访问 https://e.chinaport.gov.cn ，业务系统中选择“出口退税联网稽查”。点击左侧菜单结关报关单查询下载，通过条件查询后，点击报关单号，在表体详情页面下方有【打印】按钮。（如系统提示您安装控件，请按提示安装）

2. 出口退税数据下载后是什么格式？

答：默认下载的出口报关单电子数据为 XML 格式，是加密文件，企业无需查看，数据导入国税系统后直接联系国税局办理退税业务。

3. 用户反映在“出口退税联网稽查系统”中查询报关单数据，页面一直转圈，无法查询数据。

答：请用户使用“卡介质”方式登录，不要使用“用户名 + 密码”登录，（有些用户认为插了卡，输入用户名密码登录就是卡介质登录）。并请用户清空浏览器缓存后重新登录。

4. 企业在电子口岸查到的出口退税数据是正确的，但是税务局收到的数据却是错误的，怎么处理？

答：（1）请企业联系当地税务局联系税务总局查询数据下发情况。

（2）如果税务总局告知收到数据也是错的，用户可以登录电子口岸新框架—出口退税联网稽查，点击【重新发往税务总局】按钮后向税务总局重发数据，重发 3 个工作日后再联系当地税务局查询。

5.“出口退税联网稽查系统”中报关单状态解读。

答：（1）发送税务总局成功：说明电子口岸已将您的退税数据成功发送至税务总局。若此状态或发送时间超过 3 个工作日，可点击【重新发往税务总局】按钮后向税务总局重发数据。

（2）税务总局接收成功：税务总局反馈该票退税数据已经正常接收并入库成功，请您 3 个工作日后联系当地税务局办理相关业务。

（3）税务总局接收失败：税务总局接收异常，请点击【重新发往税务总局】按钮后向税务总局重发数据。

（4）申请重发成功，待发送：说明该票退税数据已添加到重发队列成功，等待向税务总局发送。建议您 3 个工作日后联系当地税务局查询该票退税数据。

6. 企业当前为双号并行，如何在系统中查询旧海关十位下的出口退税结关报关单？

答：请企业使用法人卡登录 e.chinaport.gov.cn 后，点击右上方“欢迎您”后面的用户名进入管理员信息管理页面，左侧“我的资质”，海关注册登记—在下方会显示 2 个海关十位编码中，点“编辑”选中需要的海关十位编码，点击【保存】按钮。然后清除浏览器历史记录后重新登录系统，查询到的数据即为选中的海关十位编码对应的报关单数据。

第十五部分 “单一窗口”——综合服务篇

第一章 综合查询操作指南

国际贸易“单一窗口”综合查询功能，可实现进出口贸易全流程通关状态查询。

第一节 网页版

登录中国国际贸易“单一窗口”门户网站 http://www.singlewindow.cn/，点击“综合服务”--“综合查询”，即可进入查询界面。

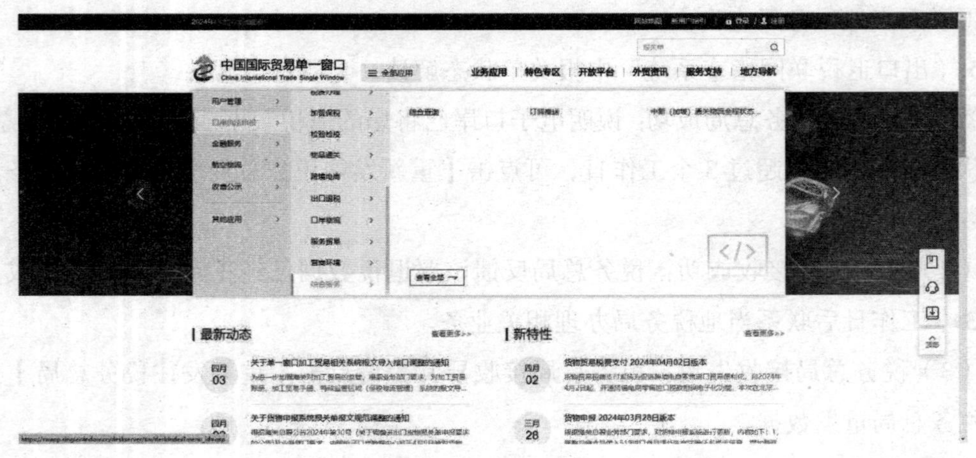

图 15-1 单一窗口登录页面

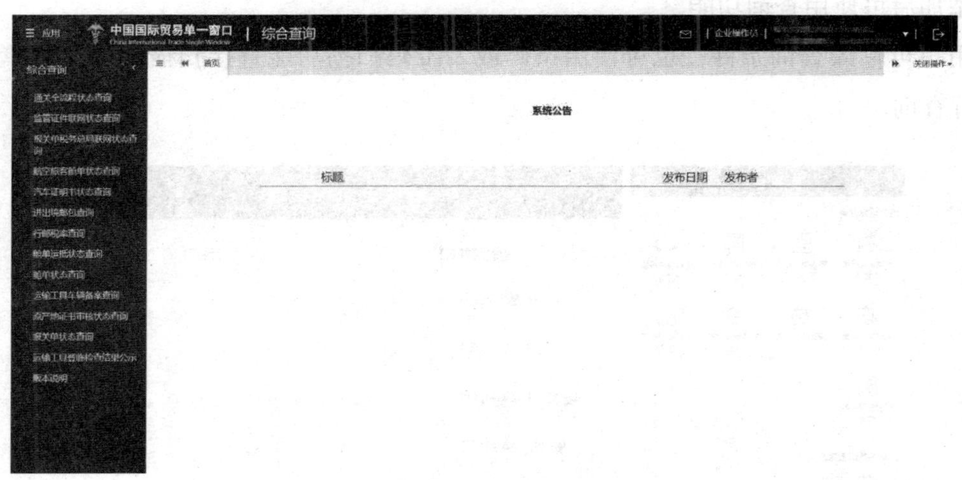

图 15-2 查询界面

在界面上输入查询条件进行查询，系统可查询其关联的所有申报单据的状态，并显示全流程状态信息。

图 15-3 条件查询界面

第二节 微信小程序

登录微信，在微信—“发现”—“ 小程序”中搜索“掌上单一窗口”。

图 15-4 掌上单一窗口界面

添加后可使用查询功能。

用户可输入查询条件，也可使用条码或二维码扫描功能直接扫描读取业务单据编号进行查询。

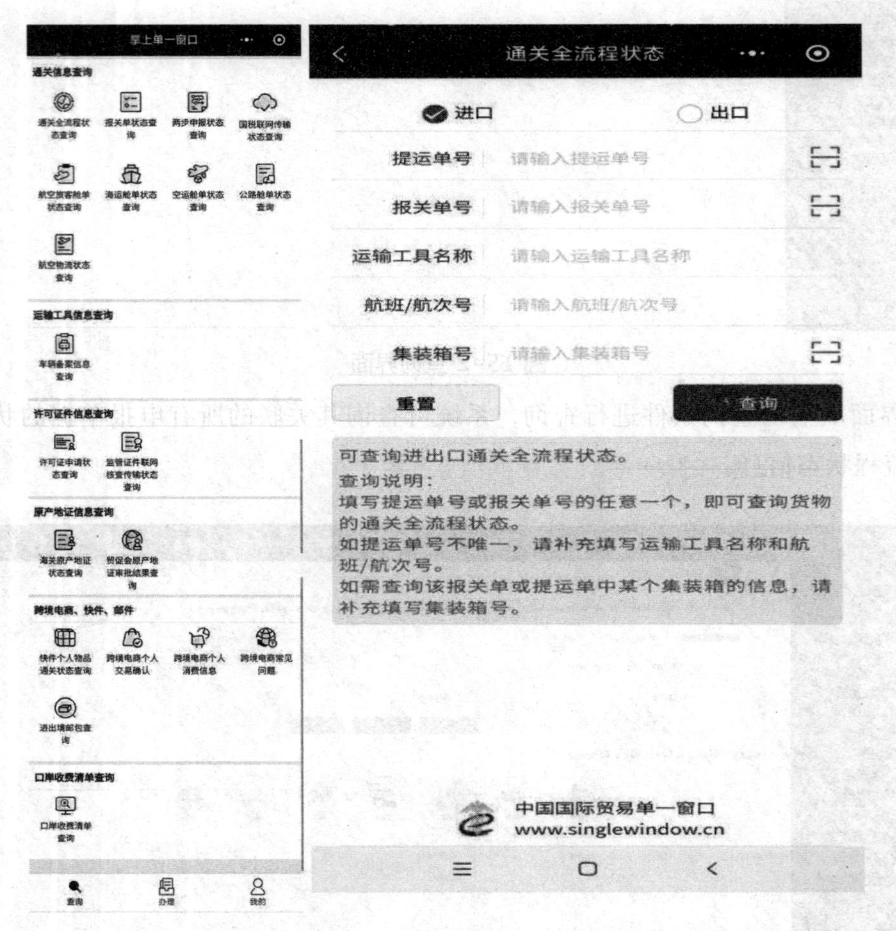

图 15-5 微信小程序查询界面

第二章 订阅推送操作指南

收发货人企业可订阅本企业的报关单数据和报关单回执数据，订阅后，“单一窗口”通过导入客户端向企业推送已订阅数据。

企业在“单一窗口”综合服务系统的“订阅推送”菜单中，可进行数据订阅、查看订阅记录、取消订阅等操作。

【链接】

关于开通报关单回执数据订阅服务及接口的公告

海关总署公告2020年第54号

为加快货物通关，促进贸易便利，方便进出口收发货人及时掌握货物通关状态，现将报关单回执数据订阅服务开通及接口规范事宜公告如下：

一、收发货人可通过“互联网+海关”一体化网上办事服务平台、“掌上海关”APP、“掌上海关”微信小程序订阅本企业申报报关单回执数据。订阅方式详见《报关单回执数据订阅说明》（见附件1）。

二、为适应企业信息化管理需要，收发货企业可按照《报关单回执报文格式》（见附件2）解析、处理回执数据。

三、报关单回执数据订阅使用说明、回执报文格式如有变更，将通过“互联网+海关”一体化网上办事服务平台“文档资料”栏目及时发布。

以上事宜可咨询海关服务热线：12360。

本公告内容自发布之日起执行。

特此公告。

海关总署

2020年4月9日

第一节 订阅推送操作指南

一、报关单状态订阅

用户可在“单一窗口”综合服务系统的“订阅推送”菜单中进行数据订阅。

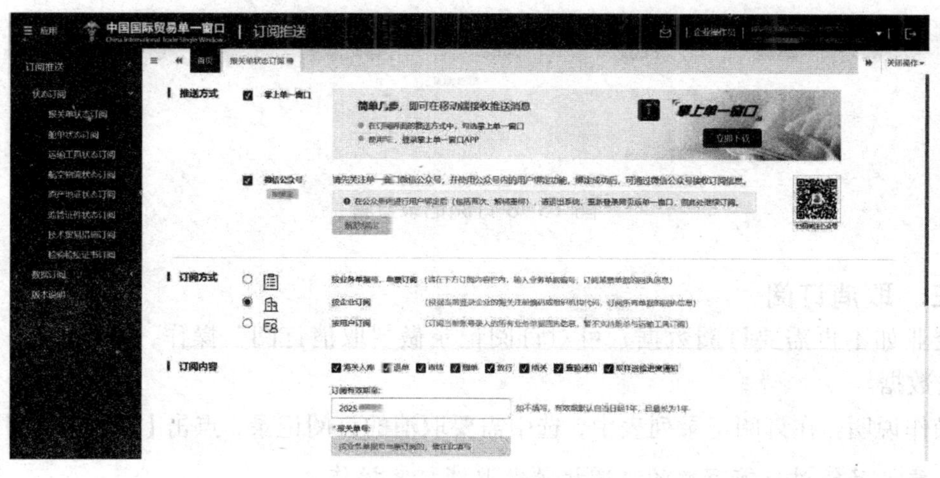

图15-6 数据订阅

操作步骤说明如下。

Step 1：插入本企业的法人卡

订阅报关单数据和回执数据，需使用本企业的法人卡完成操作，先插好法人卡。

Step 2：选择导入客户端

点击【查询客户端】按钮，系统将本企业下已绑定 IC 卡的导入客户端返填至下方列表，用户选择接收订阅数据的导入客户端，只能选择一个导入客户端。

Step 3：选择订阅内容

用户选择订阅报关单申报数据和报关单状态回执数据，若选择状态回执数据，请继续勾选所需的状态回执类型。

Step 4：设置订阅有效期

用户可设置订阅有效期。系统默认订阅有效期最长时间为 1 年。

Step 5：数据订阅

填好上述各项信息后，点击【确认订阅】按钮，系统提示“数据订阅成功”后，用户可在下方数据订阅记录列表中查看到数据订阅记录。

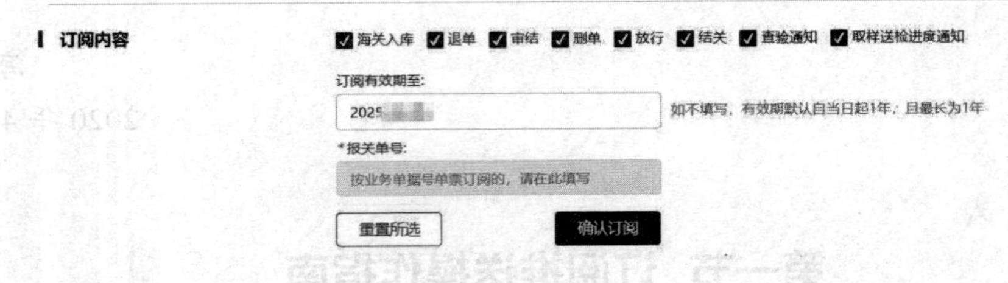

图 15-7 订阅确认

二、查看订阅记录

企业可在界面下方数据订阅信息记录列表中查询本企业的所有订阅记录。

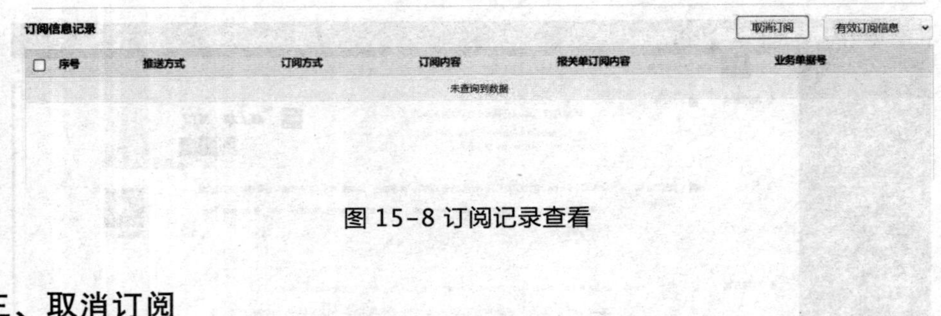

图 15-8 订阅记录查看

三、取消订阅

企业如不再需要订阅数据，可对订阅记录做“取消订阅”操作，“单一窗口”不再推送数据。

操作说明：在订阅记录列表中，选中需要取消的订阅记录，点击【取消订阅】按钮。

<u>注意：只能对当前有效的订阅记录做取消订阅操作。</u>

四、接收推送数据

数据订阅成功后，“单一窗口”根据企业订阅的数据内容，在企业申报报关单和货物申报系统接收到海关发送的状态回执时，将数据推送给企业的导入客户端，企业按照报文格式和说明解析报文。

第二节 报关单回执报文格式制定说明

一、报关单回执报文清单

报关申报系统推送回执报文接口观范，依照系统功能划分定义了以下XML接口文件:

表 15-1 报关单推送回执报文接口 XML 文件

序号	接口名称	包含内容
1	报关单推送回执报文	报关单海关回执

二、报关单推送回执报文

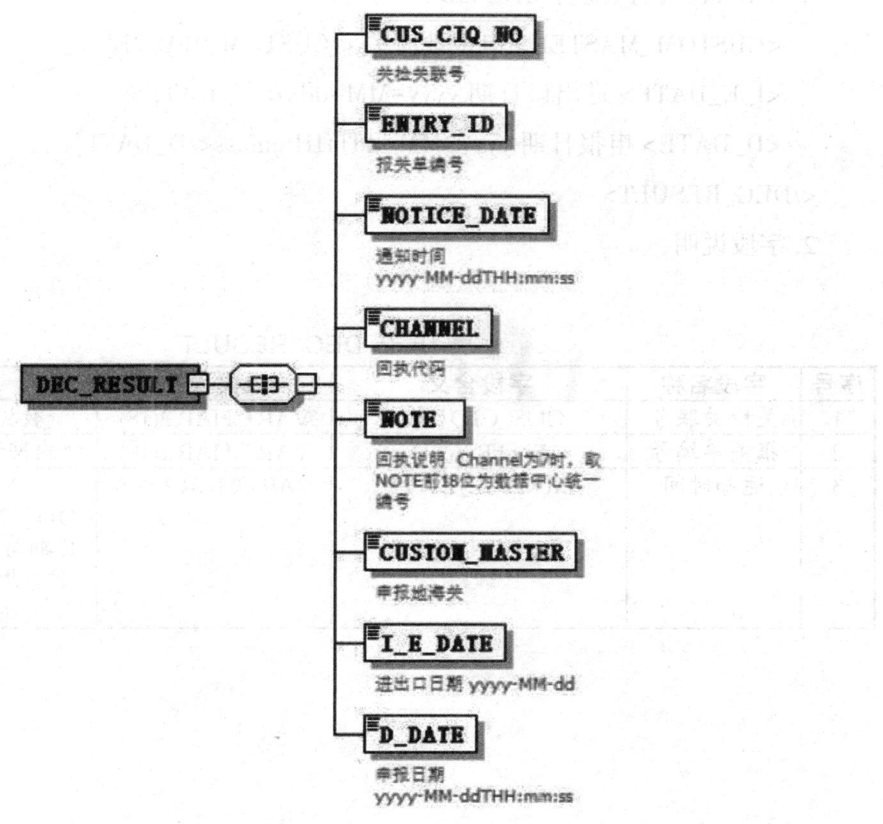

图 15-9 报关单推送回执报文

1. 格式定义

```
<?xml version="1.0" encoding="UTF-8"?>
<DEC_RESULT>
    <CUS_CIQ_NO> 数据中心统一编号：关检关联号 </CUS_CIQ_NO>
    <ENTRY_ID> 报关单编号 </ENTRY_ID>
    <NOTICE_DATE> 通知时间 yyyy-MM-ddTHH:mm:ss</NOTICE_DATE>
    <CHANNEL> 回执代码：
                L- 海关入库回执
                E- 退单回执
                J/G- 审结回执
                A/D/Z- 删单回执
                P/K/W/I/X- 放行回执
                R- 结关回执
                C- 查验通知回执
    </CHANNEL>
    <NOTE> 回执说明 </NOTE>
    <CUSTOM_MASTER> 申报地海关 </CUSTOM_MASTER>
    <I_E_DATE> 进出口日期 yyyy-MM-dd</I_E_DATE>
    <D_DATE> 申报日期 yyyy-MM-ddTHH:mm:ss</D_DATE>
</DEC_RESULT>
```

2. 字段说明

表 15-2 DEC_RESULT

序号	字段名称	字段含义	类型	说明
1	关检关联号	CUS_CIQ_NO	VARCHAR2(18)	数据中心统一编号
2	报关单编号	ENTRY_ID	VARCHAR2(18)	内网返回的报关单号
3	通知时间	NOTICE_DATE	VARCHAR2 (19)	YYYY-MM-DD”T”HHMMSSmm，日期与时间之间用“T”作分割符。yyyy-MM-ddTHH:mm:ss

4	处理结果	CHANNEL	VARCHAR2(1)	回执代码： L- 海关入库 E- 退单 J/G- 审结 A/D/Z- 删单 P/K/W/I/X- 放行 R- 结关 C- 查验通知
5	回执说明	NOTE	VARCHAR2(255)	
6	申报地海关	CUSTOM_MASTER	VARCHAR2(4)	
7	进出口日期	I_E_DATE	VARCHAR2(10)	yyyy-MM-dd
8	申报日期	D_DATE	VARCHAR2(19)	yyyy-MM-ddTHH:mm:ss

3. 示例

<DEC_RESULT>

<CUS_CIQ_NO>I20200000000172690</CUS_CIQ_NO>

<ENTRY_ID>220120151000001016</ENTRY_ID>

<NOTICE_DATE> 2020-03-24T16:40:07</NOTICE_DATE>

<CHANNEL> E</CHANNEL>

<NOTE> 退单或入库失败；提运单号在进口舱单中找不到；贸易方式代码为非法码（不能允许的监管方式）；</NOTE>

<CUSTOM_MASTER>2201</CUSTOM_MASTER>

<I_E_DATE>2020-03-24</I_E_DATE>

<D_DATE>2020-03-23T11:10:07</D_DATE>

</DEC_RESULT>

第十六部分 “单一窗口”——口岸物流篇

第一章 智能卡口散杂货系统操作指南

运输企业、货主或者货代公司等类型的企业使用智能卡口散杂货系统，可在车辆进入不具备电子车牌识别等功能的海关监管场所前，录入并申报车牌号、电子车牌号、IC卡或条形码等介质信息。同时，该系统将上述信息传输至海关智能卡口系统，确保电子车牌、车牌号等信息的实时采集。

智能卡口散杂货系统，可进行各类绑定信息的录入、暂存、申报以及查询功能。

第一节 绑定介质

绑定信息数据的新增、暂存、申报等功能。

进入左侧菜单“智能卡口散杂货—绑定介质”，右侧显示录入界面（如图16–1）。

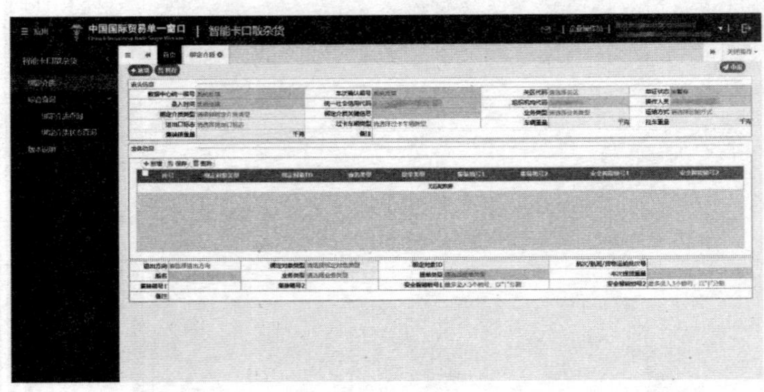

图 16–1 智能卡口散杂货 – 绑定介质

一、界面录入说明

提供智能卡口数据的新增、录入、暂存、复制、申报等功能。

点击左侧菜单栏“智能卡口散杂货—绑定介质”，右侧界面展示如图 16–2。

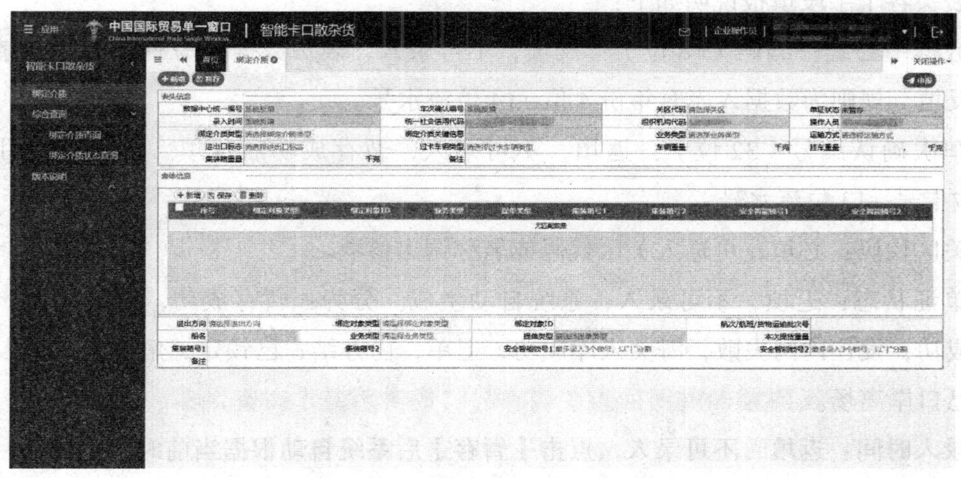

图 16–2 智能卡口散杂货系统

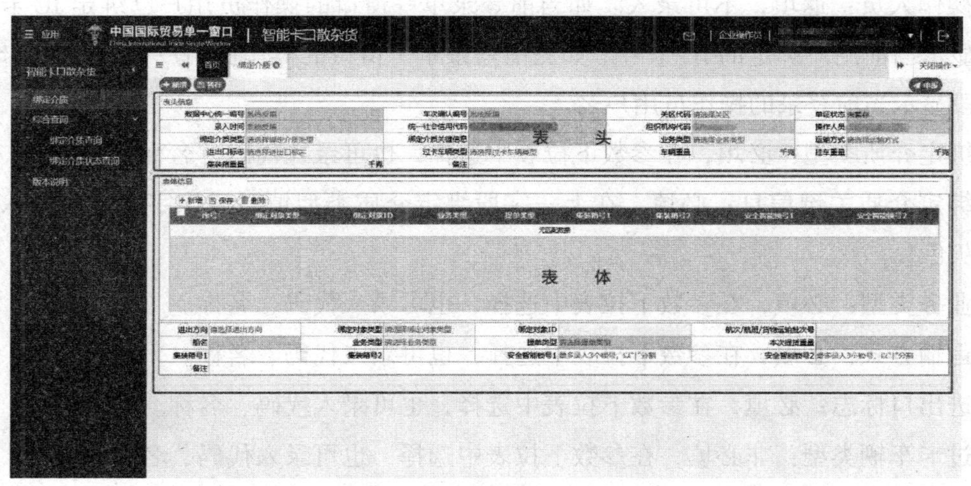

图 16–3 区域说明

1. 表头信息

界面中的录入要求，总体说明如下。

灰色字段（例如数据中心统一编号、车次确认编号、单证状态等）表示不允许录入，系统将根据相应操作或步骤后自动返填。

车辆重量、挂车重量、集装箱重量、备注等字段，需要用户手工录入。

部分字段（例如关区代码、绑定介质类型、业务类型、运输方式、进出口标志、过卡车辆类型等字段）使用键盘空格键，可调出下拉菜单并在其中进行选择。也可以输入已知的相应数字、字母或汉字，迅速调出参数，选择后点击回车键确认录入。

录入时间字段，反填“YYYY-MM-DD”格式的日期。

表头各个字段填报说明如下：

数据中心统一编码（18 位）：反填，不可录入，表头数据填写后点击【暂存】后系统反填。规则为数据入库时年份 4 位 +14 位流水号。

车次确认编号（32 位）：返填，不可录入，暂存成功后反填。规则为年月 6 位 +13 位卡号 +13 位流水号。

关区代码：必填，可输入关区代码或名称调出参数。

单证状态：返填，不可录入，系统自动生成。分为：暂存成功，申报成功，发往内网成功，发往内网失败，海关入库成功，退单，已办结，已锁定，解除锁定，人工办结，已口岸离场。

录入时间：返填，不可录入，点击【暂存】后系统自动根据当前时间生成。

统一社会信用代码：返填，不可录入。

组织机构代码：返填，不可录入。

操作人员：返填，不可录入。如当前登录单一窗口的操作员用户已绑定 IC 卡，该字段显示当前用户绑定的 IC 卡号。如当前登录单一窗口的操作员用户未绑定 IC 卡，当前字段显示当前登录的操作员用户名。

绑定介质类型：必填，在参数下拉表中选择，也可录入代码、名称。

绑定介质关键信息：必填，在上一字段绑定介质类型填写后该字段才可录入，否则为灰色。

业务类型：必填，在参数下拉表中选择，也可录入代码、名称。

运输方式：必填，在参数下拉表中选择，也可录入代码、名称。

进出口标志：必填，在参数下拉表中选择，也可录入代码、名称。

过卡车辆类型：非必填，在参数下拉表中选择，也可录入代码、名称。

车辆重量：必填，手工填写，重量单位为千克。

挂车重量：必填，手工填写，重量单位为千克。

集装箱重量：必填，手工填写，重量单位为千克。

备注：非必填，手工录入，最大长度可录入 1000 字符。

2. 表体信息

录入完毕后，在最后一个字段后点击表体中的【保存】按钮或【回车】按钮，可将所录入的信息，保存到表体列表中。

进出方向：非必填，在参数下拉表中选择，也可录入代码、名称。

绑定对象类型：必填，在参数下拉表中选择，也可录入代码、名称。

绑定对象 ID：必填，手工填写。绑定对象类型为集装箱号、转关单号、车辆海关编号、车辆车牌时必填；如绑定对象类型为提单时，进口时提单号必填，出口时提单号不必填。

船名：当表头运输方式为海运时，该字段为必填项。当表头运输方式为公路或航空时，该字段为灰色，不可填写。

航次 / 货物运输批次号：必填，手工填写。海运时为航次号，公路时为货物运输批次号。

业务类型：必填，在参数下拉表中选择，也可录入代码、名称。

提单类型：当绑定类型为提单时，该字段必填。当绑定类型为集装箱号、

转关单号、车辆海关编号、车辆车牌时，该字段为灰色，不可填写。

本次提货重量：当绑定类型为提单时，该字段必填。当绑定类型为集装箱号、转关单号、车辆海关编号、车辆车牌时，该字段为灰色，不可填写。

集装箱号 1：只有表体业务类型为空箱时，该字段必填，其他均为非必填。

集装箱号 2：同集装箱号 1

安全智能锁号 1：对应集装箱号 1 电子关锁号，可多个锁号，最多 3 个，以“|”分割。

安全智能锁号 2：对应集装箱号 2 电子关锁号，可多个锁号，最多 3 个，以“|”分割。

备注：非必填，手工录入，最大长度可录入 1000 字符。

二、操作

界面上方蓝色按钮（如图 16–4），影响整票智能卡口数据。具体操作说明参见下文新增、暂存、申报等内容。

图 16–4 操作按钮

界面顶端的【新增】蓝色按钮始终为激活状态。点击后，界面字段全部清空，可重新录入一票新数据。

点击【暂存】按钮后，生成数据中心统一编码、车次确认编号、录入时间，单证状态由未暂存变为“暂存”。若系统对录入的内容逻辑检查未通过，界面会提示相应错误信息。

点击【申报】按钮，系统提示是否要申报该票单据（如图 16–5），点击【确认】后系统申报相应的数据，同时界面字段全部置灰，点击【新增】可重新录入一票数据。

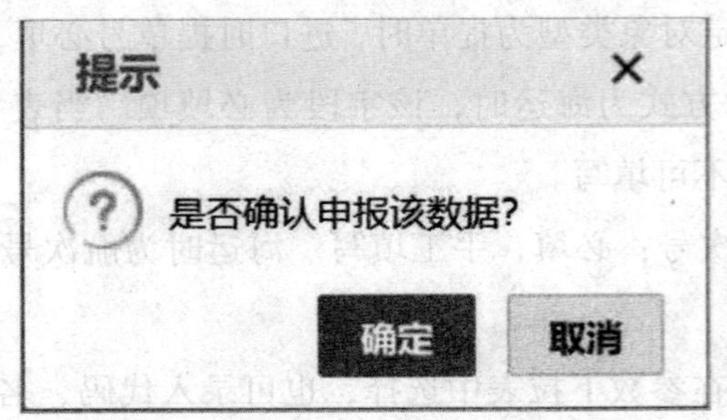

图 16-5 删除提示

小提示：

“申报、海关接收通知”等申报状态时，【删除】按钮置灰，不允许操作。

暂存状态的数据，删除后不可恢复，只能重新录入，请谨慎操作！

界面中间表体信息栏白色按钮（如图 16-6），影响智能卡口表体数据。具体操作说明参见下文新增、保存、删除等内容。

图 16-6 操作按钮

点击表体信息中白色【新增】按钮，表体明细中字段将置空，可录入新的表体信息，信息录入完成后，当光标在表体最后字段点击回车后，新增加信息会保存到表体列表中，或点击【保存】按钮也可将录入信息添加到表体列表。

点击表体列表中的【保存】按钮，可将录入的表体信息保存到表体列表中。

表体列表中进行勾选，点击界面中间的【删除】白色按钮，列表中所勾选的数据被删除。

小提示：

如果使用用户名 + 口令方式登录，必须保证登录账户内绑定的 IC 卡或 Ikey 连接到电脑中，并按照系统提示输入卡密码。否则系统弹出提示“当前卡号 XXXX 与用户注册信息卡号 XXXX 不一致，无法进行申报”。

数据录入确认无误后继续申报，录入的数据符合填写规范，则系统提示申报成功（如图 16-7），此时数据不允许再修改。

图 16-7 申报成功

第二节 综合查询

提供转关单数据、出口物流信息修改数据的查询、打印与业务数据统计等功能。

一、绑定介质查询

点击左侧菜单栏“综合查询—绑定介质查询”，提供绑定介质信息查询功能，右侧界面展示如图 16–8。

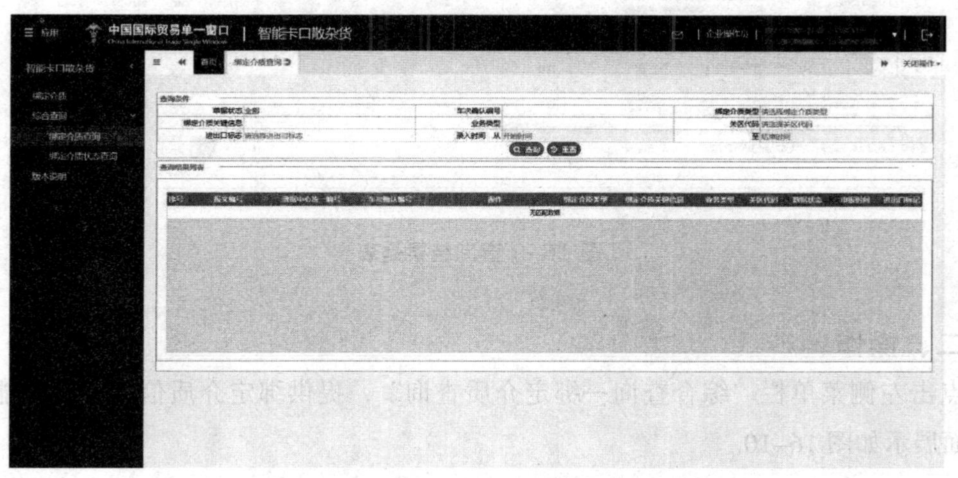

图 16–8 绑定介质查询

单据状态：选中该条件时，非必填，可根据选中状态查询显示同状态下数据，也可以直接选择全部。该字段包含：全部，暂存，申报，发往内网成功，发往内网失败，海关审核通过，退单，已办结，已锁定，解除锁定，人工办结，已口岸离场。

车次确认编号：非必填，输入后可进行精确查询。

绑定介质类型：非必填，选中该条件时，可在下拉菜单中选择“VN 车牌号，VE 电子车牌号，IC 卡，BC 条形码”。

绑定介质关键信息：非必填，输入后可进行精确查询。

业务类型：非必填，选中该条件时，可在下拉菜单中选择。包含：报关，转关，查验分流，分拨分流，空箱，空车，集中查验，多式联运，报关 + 查验分流，多式联运 + 报关。

关区代码：非必填，选中该条件时，可在下拉菜单中选择。

进出口标志：非必填，选中该条件时，可在下拉菜单中选择“I- 进口，E- 出口”。

录入时间：非必填，从…至…，根据时间查询需要根据该字段提供的日历进行选择。

小提示：

根据录入时间查询时，需要输入查询的起始时间和结束时间。

输入条件，点击【查询】蓝色按钮，查询结果显示在下方列表中（如图 16-9）。点击【重置】蓝色按钮将清空查询条件，重新填写后查询。

查询 重置

查询结果列表

序号	报文编号	数据中心统一编号	车次确认编号	操作	绑定介质类型	绑定介质关联信息	业务类型	关区代码	数据状态	申报时间	进出口标记
1	CN_SGS001_101115245_20190720091056865	201900000000000647	2019078950000038768000000000000648	查看 修改 删除	车牌号	2213	转关	0100	暂存		出口
2	CN_SGS001_101115245_20190719021412344	201900000000000645	2019070100101115245000000000000646	查看	车牌号	11	报关	0100	申报	2019-07-19	出口
3	CN_SGS001_101115245_20190718111413192	201900000000000643	2019078950000038768000000000000644	查看 修改 删除	车牌号	232123	报关	0104	暂存		出口
4	CN_SGS001_101115245_20190718103217149	201900000000000641	2019078950000038768000000000000642	查看	IC卡	1111111111111	报关	0101	申报	2019-07-20	进口
5	CN_SGS001_101115245_20190718101116688	201900000000000639	2019078950000038768000000000000640	查看	车牌号	212121	报关	0000	申报	2019-07-20	出口
	CN_SGS001_10111524	2019000000000006	201907010010115	查看 变更 删单							

显示第 1 到第 10 条记录，总共 67 条记录 每页显示 10 条记录

« ‹ 1 2 3 4 5 › »

图 16-9 查询结果列表

二、操作

点击左侧菜单栏“综合查询—绑定介质查询”，提供绑定介质信息查询功能，右侧界面展示如图 16-10。

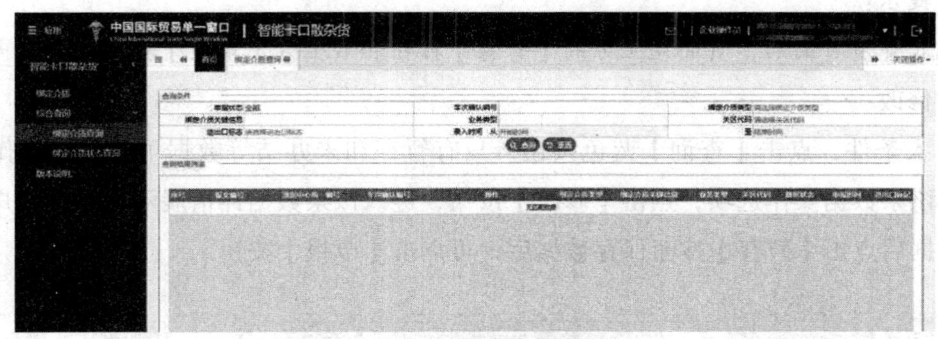

图 16-10 绑定介质查询

在页面上方输入查询条件后，可根据查询条件显示查询结果，或直接点击【查询】按钮。

查询结果列表

序号	报文编号	数据中心统一编号	车次确认编号	操作	绑定介质类型	绑定介质关键信息	业务类型	关区代码	数据状态	申报时间	进出口标记
1	CN_SGS001_101115245_20190720091056865	201900000000000647	2019[illegible]8950000038 76800[illegible]0000000648	查看 修改 删除	车牌号	2213	转关	0100	暂存		出口
2	CN_SGS001_101115245_20190719021412344	201900000000000645	2019[illegible]0100101115 24500[illegible]0000000646	查看	车牌号	11	报关	0100	申报	2019-07-19	出口
3	CN_SGS001_101115245_20190718111413192	201900000000000643	2019[illegible]8950000038 76800[illegible]0000000644	查看 修改 删除	车牌号	232123	报关	0104	暂存		出口
4	CN_SGS001_101115245_20190718103217149	201900000000000641	2019[illegible]8950000038 76800[illegible]0000000642	查看	IC卡	1111111111111	报关	0101	申报	2019-07-20	进口
5	CN_SGS001_101115245_20190718101116688	201900000000000639	2019[illegible]8950000038 7680[illegible]0000000640	查看	车牌号	212121	报关	0000	申报	2019-07-20	出口
	CN_SGS001_10111524…	2019000000000006…	2019[illegible]0100101115…	查看 变更 撤单							

显示第 1 到第 10 条记录，总共 67 条记录 每页显示 10 条记录

图 16-11 查询结果显示

1. 查看

输入条件，点击【查询】蓝色按钮，查询结果显示在下方列表中，系统根据查询数据状态在操作栏显示可对该票数据操作选项。点击【查看】按钮，页面进入该票数据详情展示页面，此页面不可操作，只能查看表头和表体信息。

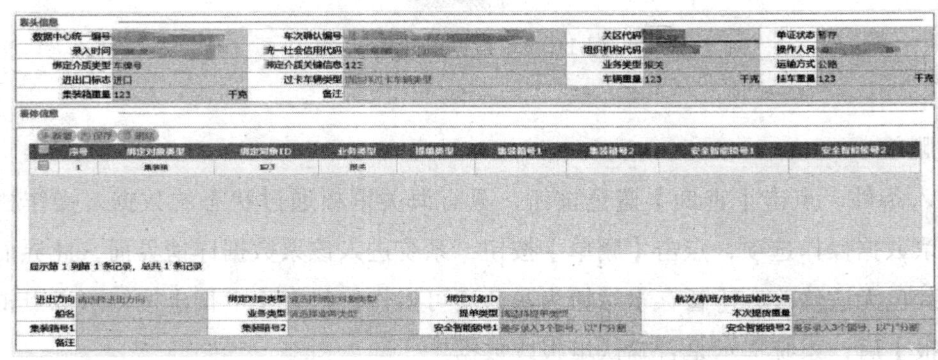

图 16-12 数据详情查看

小提示：

进入查看页面后，页面左上方的【暂存】按钮和右上方【申报】按钮均为灰色。

2. 修改

输入条件，点击【查询】蓝色按钮，只有暂存和未办结等数据可修改，操作栏显示可对该票数据操作选项，点击【修改】按钮，进入该票数据详情展示页面，用户修改相关数据后点击【暂存】按钮保存数据后，可点击【申报】按钮。

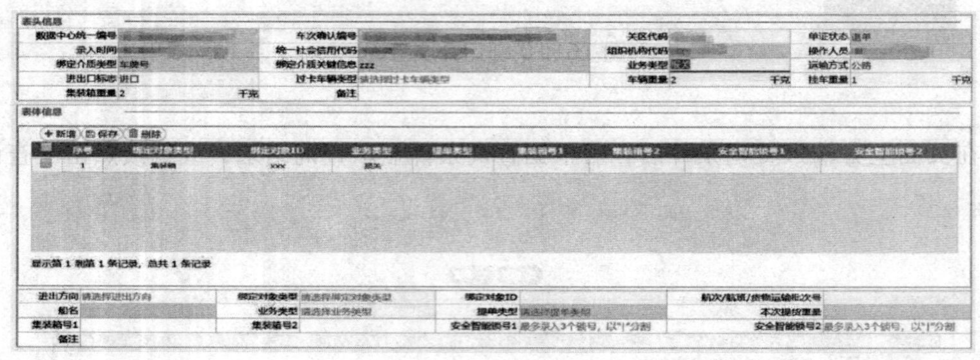

图 16–13 数据修改

3. 删除

输入条件，点击【查询】蓝色按钮，除申报、已办结、发往内网成功、海关审核通过等状态不可删除，操作栏显示可对该票数据操作选项，点击【删除】按钮后，系统提示是否确认删除该数据，点击【确认】后系统会提示删除成功。

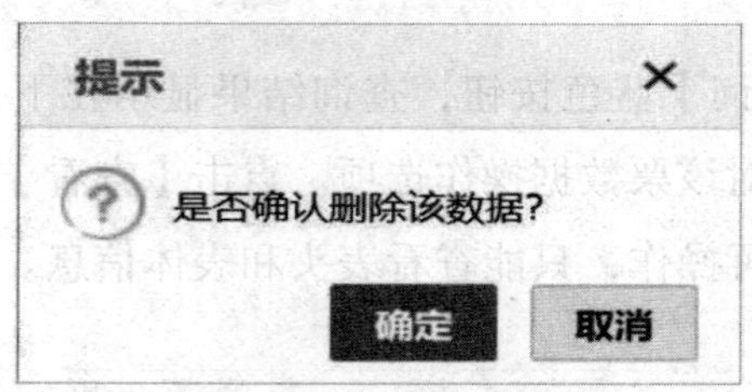

图 16–14 数据删除提示

4. 删单

输入条件，点击【查询】蓝色按钮，只有海关审核通过状态的数据，操作栏显示可对该票数据操作选项，点击【删单】按钮，系统进入该票数据详情界面，此界面中信息均为灰色无法修改，【暂存】按钮为灰色不可操作，只有【申报】按钮可以点击，点击【申报】后，系统提示是否确认申报改数据。

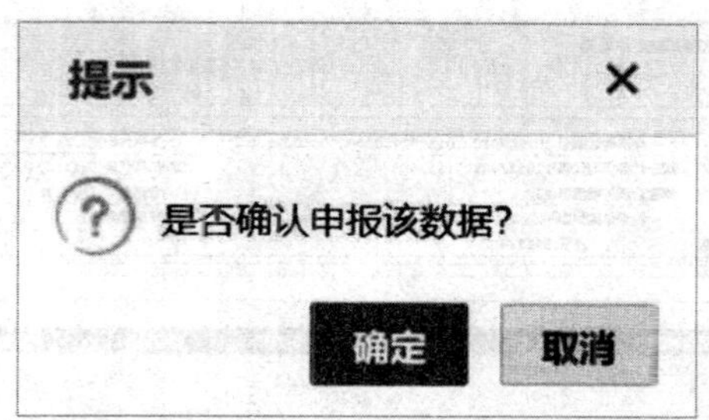

图 16-15 申报数据提示

5. 查看回执

输入条件，点击【查询】蓝色按钮，只有海关返回回执的数据，操作栏显示可对该票数据操作选项，点击【查看回执】按钮，系统进入该票数据回执详情界面，此界面中显示海关回执信息。

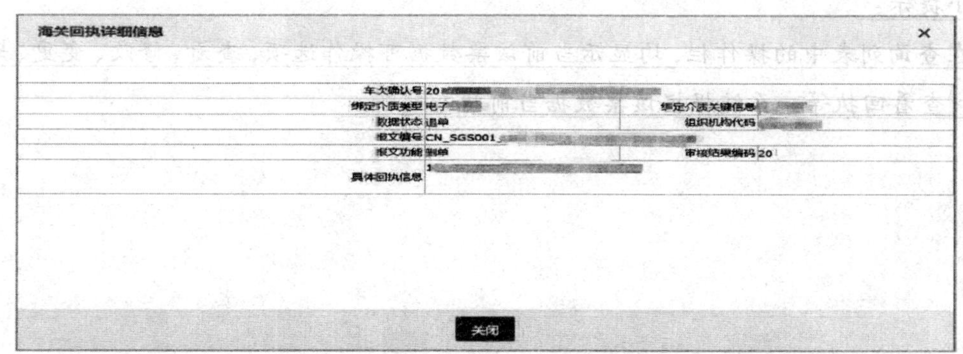

图 16-16 回执查看

6. 变更

输入条件，点击【查询】蓝色按钮，只有海关审核通过等状态的数据，操作栏显示可对该票数据操作选项，点击【变更】按钮，系统进入该票数据详情界面，此界面中【暂存】和【申报】按钮均可点击。

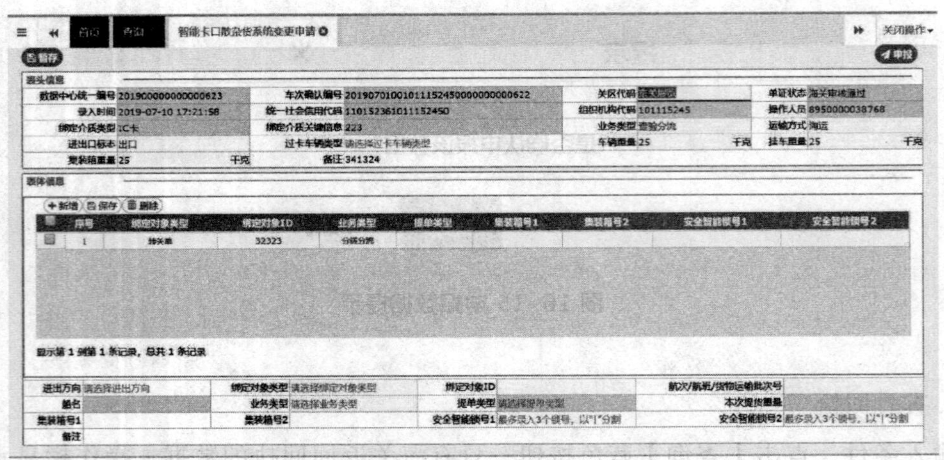

图 16–17 数据变更

小提示：

在查询列表中的操作栏，均显示当前该票数据可操作选项，查看、修改、变更、删除、删单、查看回执等，系统根据该票数据当前状态判断。

第十七部分 “单一窗口”——金融服务篇

第一章（金融）银行服务系统操作指南

“单一窗口”标准版系统尽可能地实现了数据共享，支持向金融、保险、征信等机构提供数据延伸服务。金融服务子系统，面向优秀企业提供国际结算汇款、外汇与预约开户等功能，方便企业与银行、保险机构开展合作，提升融资效率，降低融资成本。秉持“守信激励、失信惩戒”，让优质企业享受到更加高效快捷的通关服务，为跨境贸易供应链的各参与方提供更加便利化的服务。

第一节 金融服务操作说明（法人）

注意：

必须使用法人卡登录“单一窗口”，才能正常查看、使用金融服务的菜单与功能。

图 17-1 银行服务界面

图 17–2 金融服务的菜单与功能界面

一、签约管理

（一）三方协议签约

提供企业用户进行三方协议签约的功能。

小提示：

“三方”指企业、银行、中国电子口数据中心，三方协议是明确上述三方权利、义务的一种契约类文书。使用“单一窗口”标准版金融服务的各类功能之前，必须先签订三方协议。

确保IC卡或Ikey正确连接在电脑中，点击左侧菜单栏“签约管理—三方协议签约”，右侧界面展示如图 17–3。

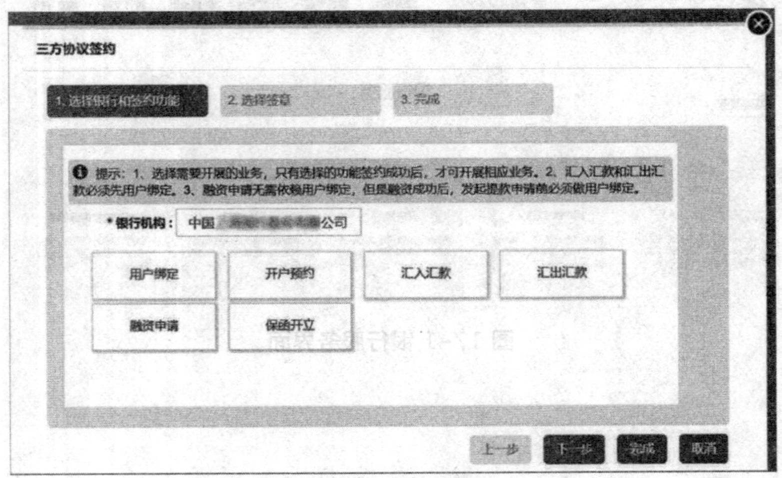

图 17–3 三方协议签约

系统自动获取三方协议签约的数据，并展示在结果列表中。如系统未自动刷新，可点击列表右上角“刷新”图标手动刷新。

也可选择“银行名称”“签约日期”等查询条件，进行查找。

成功获取数据后，列表内显示查询结果。可自定义选择每页显示的记录数，也可点击底部右侧的页数按钮跳转。

金融服务三方协议的状态包括“签约处理中、签约失败、签约成功”。点击彩色状态条，系统弹出相应的对话框，可以查看详细记录。

签约处理中——当前三方协议签约的数据已向银行系统发送，点击后展示签约记录（如下图）。上部分为签约记录，选中任意一条记录，展示当前签约的回执详细信息。

“签约失败”——当前三方协议的签约数据被银行退回，点击后展示签约记录。

“签约成功”——当前三方协议的签约数据，银行已通过，点击后展示签约记录。

1. 协议签署

（1）选择银行和签约功能

点击“三方协议签约”界面中【协议签署】白色按钮，系统弹出录入框如图 17–4。

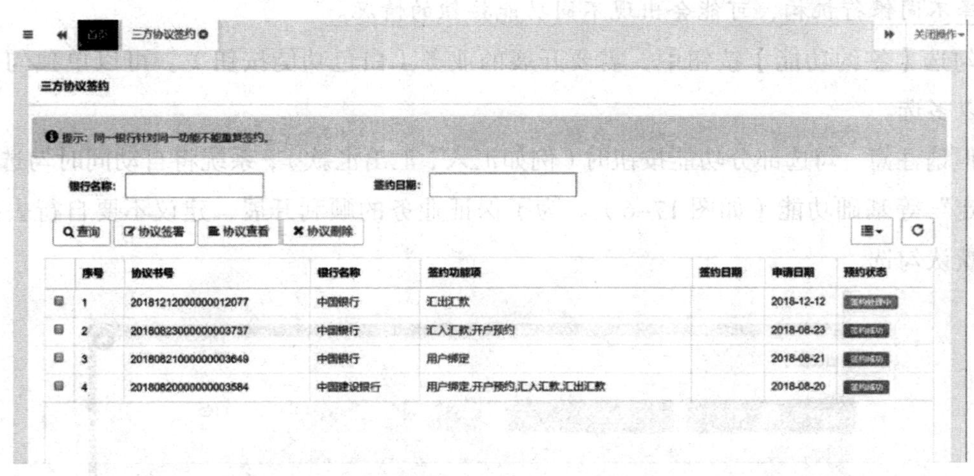

图 17–4 选择银行和签约功能

将光标置于“银行机构”框内，使用空格键调出下拉菜单，或直接输入银行中文名称、机构代码，在下拉菜单中选择。选择完毕后，系统自动读取当前银行已开通的业务，将功能按钮显示在下方空白处（如图 17–5）。

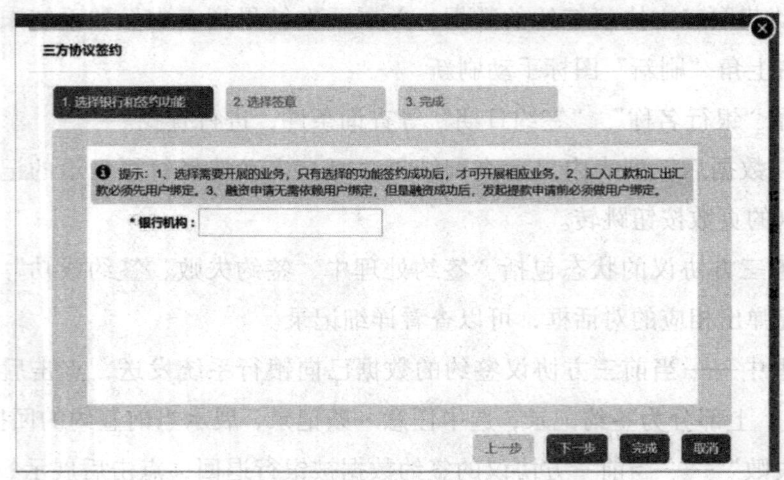

图 17–5 签约功能按钮

注意：

上图中的白色功能按钮，由系统自动根据所选择的“银行机构”读取并显示，因此选择不同银行机构，可能会出现不同功能按钮的情况。

勾选【签约功能】按钮中，需要开展的业务（白色功能按钮）。可以单独勾选，也可以多选。

但请注意，勾选部分功能按钮时（例如汇入、汇出汇款），系统将自动同时勾选“用户绑定”等基础功能（如图 17–6）。为了保证业务的顺利开展，建议不要自行去掉系统的默认勾选。

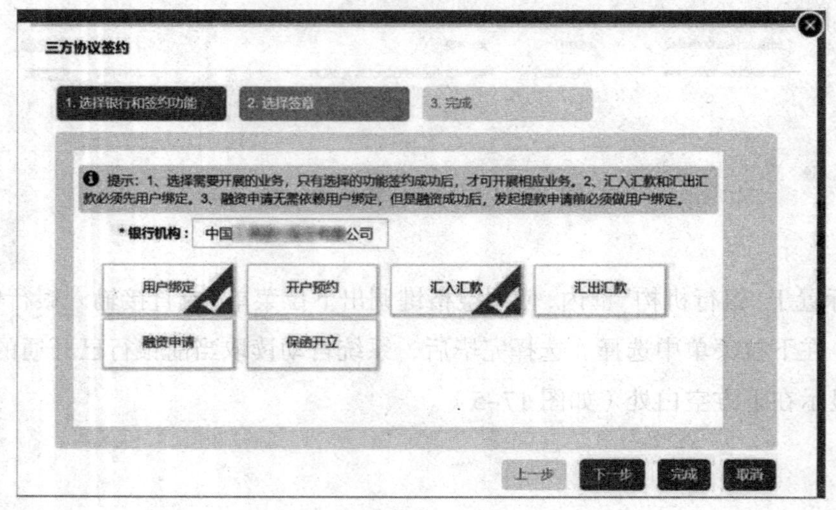

图 17–6 签约功能界面

小提示：

已签约的功能按钮，在界面中以红戳显示。不允许再次勾选进行签约。

同一银行的相同功能，不可重复签约。如当前选择的银行，所有功能都已签约成功，再次选择该银行时，系统可能弹出提示“该银行所有功能已经签约完毕”！

（2）选择签章

银行与功能按钮选择完毕后，点击【下一步】按钮，录入框如图 17-7 所示。

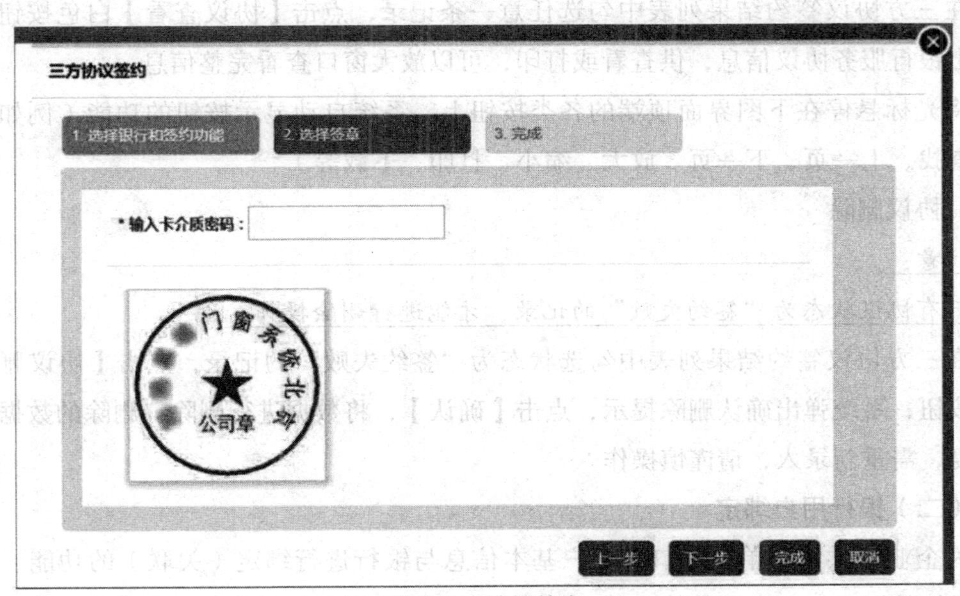

图 17-7 选择签章

①录入框的下方，系统自动读取当前企业的公司章。

注意：

金融服务系统读取签章的前提为：

——制作印（签）章时，“印章操作员名称”必须选择法人的姓名；

——制作印（签）章时，“印章类型”必须选择公司章；

——印（签）章不能过有效期。

小提示：

使用管理员账号绑定的 IC 卡或 Ikey 登录系统，进入“管理员账号信息管理——印章管理”部分，制作或修改签章（印章）。

更多关于签章的操作，请参考本书第二部分“单一窗口”——通用功能中的“用户管理”章节。

②勾选需要使用的签章，同时确保 IC 卡或 Ikey 正确连接在电脑中，输入卡介质的密码，点击下一步。

（3）完成

耐心等待系统读取签章与卡介质内的信息，系统展示甲、乙、丙三方的信息，阅读协议内容，核对无误后，勾选“我确认协议条款”，点击【完成】即可。

小提示：

上图中的协议，可下载或打印，具体操作参考下文 协议查看 部分。

2. 协议查看

在三方协议签约结果列表中勾选任意一条记录，点击【协议查看】白色按钮，系统弹出银行服务协议信息，供查看或打印，可以放大窗口查看完整信息。

将光标悬停在下图界面顶端的各类按钮上，系统自动显示按钮的功能（例如在文档中查找、上一页、下一页、放大、缩小、打印、下载等）。

3. 协议删除

注意：

只有协议状态为“签约失败”的记录，才能进行删除操作。

在三方协议签约结果列表中勾选状态为“签约失败”的记录，点击【协议删除】白色按钮，系统弹出确认删除提示，点击【确认】，将数据进行删除。删除的数据将不可恢复，需重新录入，请谨慎操作。

（二）银行用户绑定

为企业提供将“单一窗口”用户基本信息与银行进行绑定（关联）的功能，以便用于后续的汇入、汇出汇款等业务。如果未在此成功绑定，可能无法在“单一窗口”标准中进行国际结算业务。

注意：

此处与银行绑定的信息，仅为企业用户在“单一窗口”的注册基本信息，与银行卡卡号（账号）无关。关于绑定银行卡（账号）的操作，请参见下文汇入账号订阅。

确保IC卡或Ikey正确连接在电脑中，点击左侧菜单栏“签约管理—银行用户绑定”，右侧界面展示如图17-8所示。

系统自动获取关于绑定相关的数据，展示在界面方。

小提示：

此处，只能选择三方协议已签约成功且已开通用户绑定功能的银行。

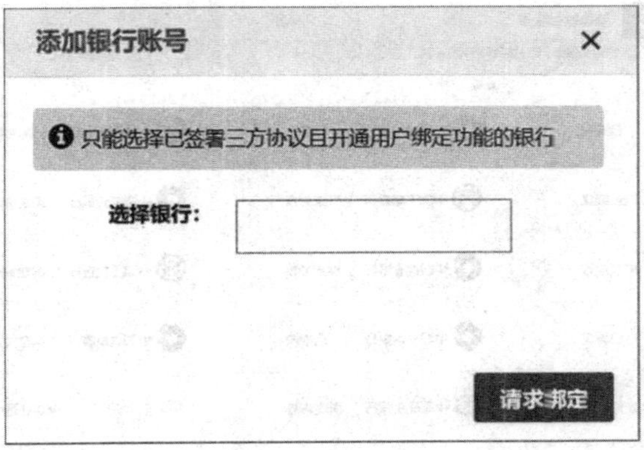

添加银行账号 ×

只能选择已签署三方协议且开通用户绑定功能的银行

选择银行:

请求绑定

图 17-8 银行用户绑定

金融服务银行用户绑定的状态包括“绑定处理中、绑定失败、已绑定”。点击蓝色字样，系统弹出相应的对话框，可以查看详细记录。

1. 添加银行

点击界面中【+添加银行】白色虚线框，系统弹出添加银行账号的对话框（如图 17–9）。

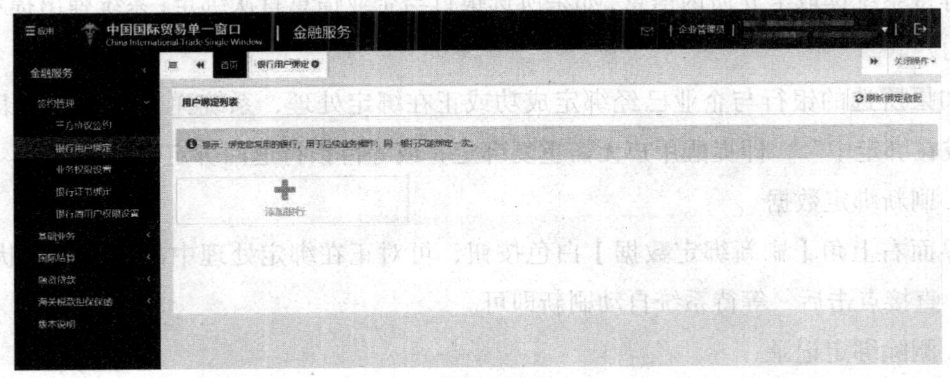

图 17-9 添加银行账号

将光标置于“选择银行”框内，使用空格键调出下拉菜单，或直接输入银行中文名称、机构代码，在下拉菜单中选择后，点击【请求绑定】按钮（如图 17–10）。

图 17-10 选择银行

小提示：

此处，系统显示的为三方协议已签约成功且已开通用户绑定功能的银行。如果是首次登录系统，可能会弹出输入卡介质密码的对话框。确保 IC 卡或 Ikey 正确连接在电脑中，输入卡的 8 位数字密码，点击确定。

等待系统读取卡介质内信息，如果所选银行与企业信息首次绑定，系统弹出提示“操作成功”。

如果所选的银行与企业已经绑定成功或正在绑定处理，系统弹出提示“该银行已绑定或在绑定中”，即提醒用户无需重复绑定，或等待银行返回绑定银行的结果。

2. 刷新绑定数据

界面右上角【刷新绑定数据】白色按钮，可对正在绑定处理中的数据进行状态的刷新。直接点击后，等待系统自动刷新即可。

3. 删除绑定记录

注意：

只有状态为“绑定失败”的记录，才能进行删除操作。

在列表界面中点击“绑定失败”蓝色字，系统弹出失败原因的对话框。点击失败原因内的“删除”蓝色字，系统弹出删除提示，点击【确认】按钮，将数据进行删除。删除的数据不可恢复，需重新录入。

（三）业务权限设置

注意：

业务权限设置是一种通用开关，除了在此对本企业操作员进行权限控制以外，还需确认三方协议中已签约的银行与功能。

确保法人 IC 卡或 Ikey 正确连接在电脑中，点击左侧菜单栏“签约管理—业务权限授权”，右侧界面展示如图 17-11。

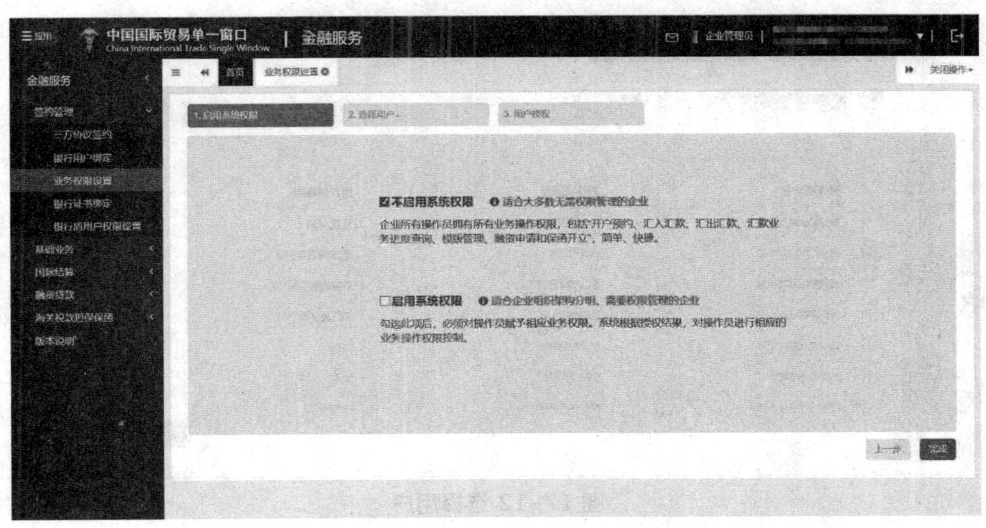

图 17-11 业务权限设置

界面展示两个选项：

“不启用系统权限”——系统默认勾选此项。该项适合无需进行权限管理的企业，设置简单、快捷。更多内容见下文不启用系统权限。

“启用系统权限”——该选项适合组织架构分明、需要进行权限管理的企业。更多内容见下文启用系统权限。

1. 不启用系统权限

在业务权限设置中，保持系统默认勾选的“不启用系统权限”不变，直接点击【完成】按钮，系统弹出“授权成功”提示，可快速、便捷地完成权限设置。

此时，当前企业的所有操作员（已成功注册“单一窗口”并且进行了绑卡），拥有该企业金融服务的业务操作权限。

小提示：

退出浏览器，使用企业操作员卡介质重新登录，进行金融服务的业务操作。

2. 启用系统权限

（1）启用系统权限

在图业务权限设置中，勾选的“启用系统权限”选项，此时界面下方自动出现【下一步】按钮。点击【下一步】进入“选择用户”界面。

（2）系统自动读取当前企业已成功注册“单一窗口”的操作员信息，展示在列表中（如图 17-12）。也可使用右上角搜索框进行查找，直接输入关键字，系统自动查找匹配项。

首页 业务权限设置 关闭操作

1. 启用系统权限 2. 选择用户 3. 用户授权

提示：请选择需要授权的操作员

搜索

	操作员卡号	操作员账号	操作员名称
	8950000075139	JXEPORTTEST	江西测试2
	8950000075107	WANXUE	成都测试用户2
	8950000075109	SCWXTEST1	成都测试用户3
	8950000075143	ZJPORT03	浙江测试用户3
	8950000040751	SWBJOP08	谈怡
	8950000040741	SWSHOP07	徐洁

上一步 下一步

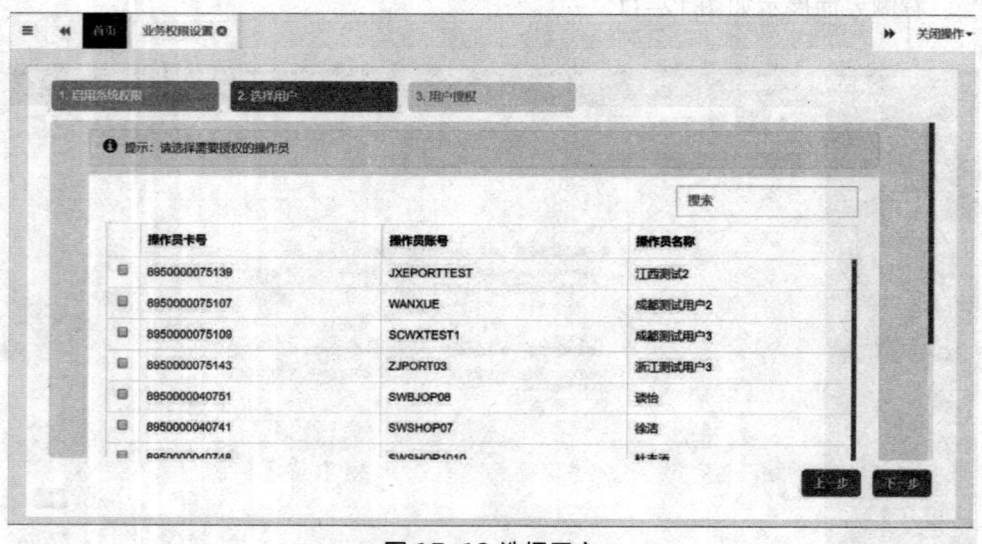

图 17-12 选择用户

勾选一条待授权的用户记录，点击【下一步】按钮，进入“用户授权”界面。

（3）用户授权

系统自动展示相关权限，显示在界面中（如图 17-13）。

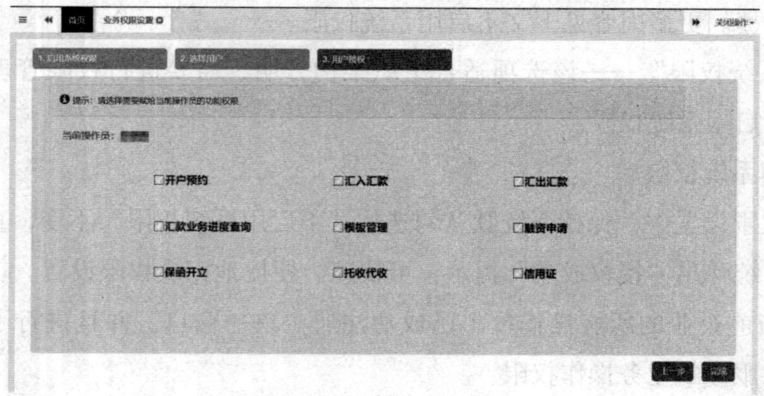

图 17-13 用户授权

勾选（可多选）需要分配给当前操作员的权限，点击【完成】按钮即可。

二、融资贷款

（一）融资贷款合同签署

使用操作员卡进行融资贷款申请后（详情参见下文融资贷款申请），需使用法人 IC 卡登系统，进行融资贷款合同签署（如图 17-14）。

在左侧菜单栏中点击“融资贷款—融资贷款合同签署”，右侧界面展示如图 17–15 所示。

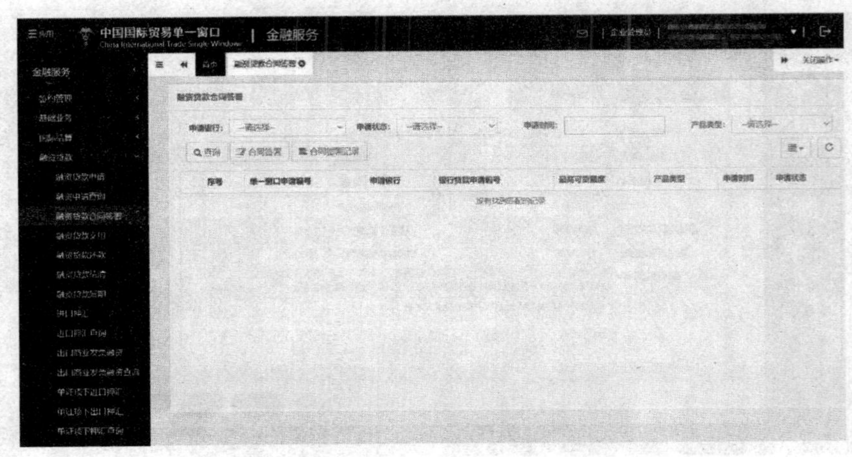

图 17–14 融资贷款申请

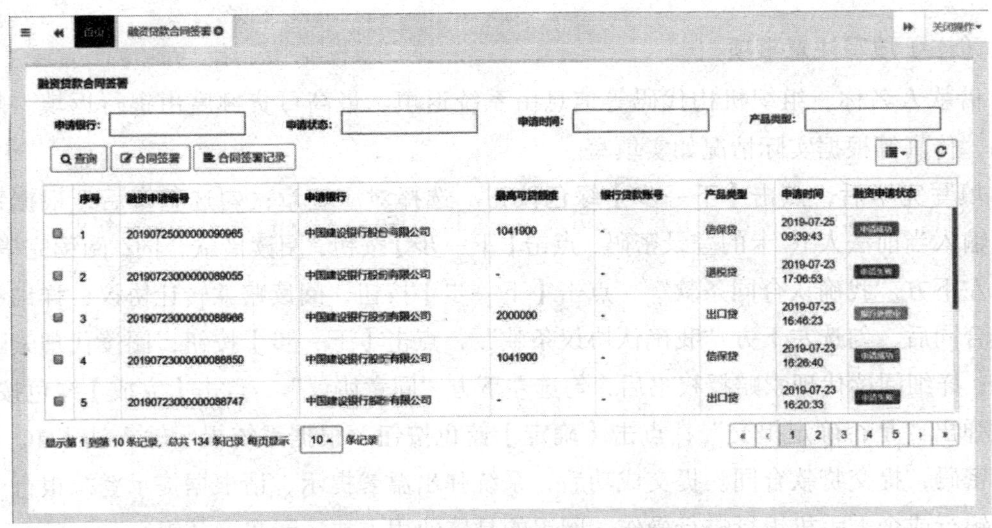

图 17–15 融资贷款合同签署

注意：

融资贷款的申请状态为“审核通过”，才可以进行融资贷款合同签署！

在融资贷款合同签署查询列表中勾选融资申请状态为“审核通过”的数据，点击【合同签署】白色按钮，弹出“贷款合同签署”提示框（如图 17–16）。

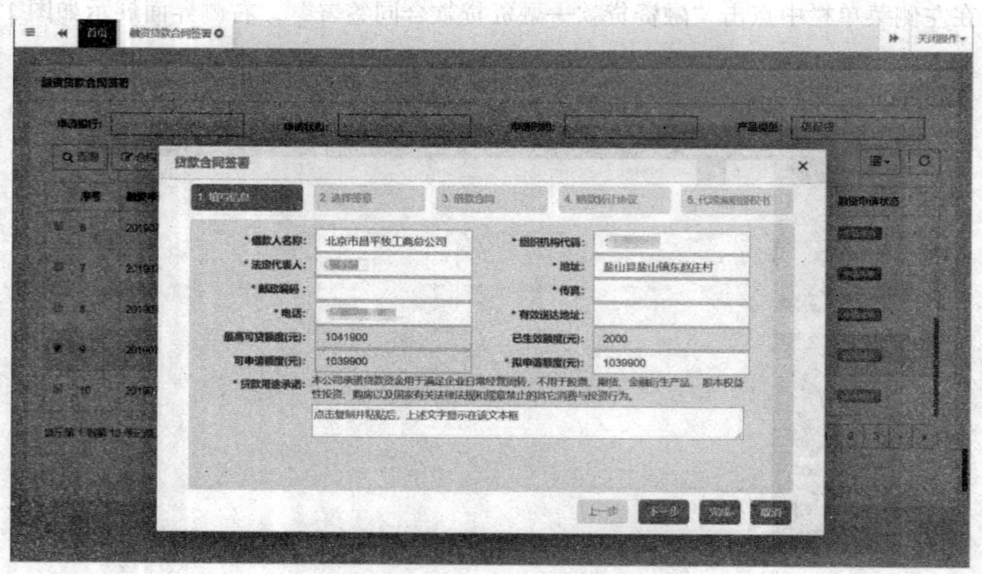

图 17-16 “贷款合同签署”提示框

（二）填写注意事项

借款人名称、组织机构代码等信息由系统返填、最高可贷额度由银行返填。邮政编码、传真等根据实际情况如实填写。

填写完毕后，点击【下一步】绿色按钮。选择对应签章；勾选签章后，根据系统提示输入当前法人 IC 卡的登录密码，点击【下一步】按钮，阅读借款合同；阅读完毕后，勾选左下方“我确认合同条款”，点击【下一步】按钮，阅读赔款转让协议；详细阅读借款合同后，勾选左下方“我确认协议条款”，点击【下一步】按钮，阅读代理索赔授权书；详细阅读代理索赔授权书后，勾选左下方“同意协议”，点击【完成】绿色按钮，系统弹出“是否确定提交”；点击【确定】蓝色按钮，根据系统提示输入法人 IC 卡的登录密码，提交贷款合同。提交成功后，系统弹出温馨提示，请根据提示登录银行个人网上银行或个人手机银行进行操作。网银的具体使用方法，请咨询各银行。

小提示：

如提示“暂无合法的印章数据”，即系统未读取到可选的印章。请使用法人 IC 卡登录“管理员账号信息管理”—印章管理—制作公司印章。详见本书第二部分“单一窗口”——通用功能篇用户管理章节。

第二节 金融服务操作说明（操作员）

注意：

必须使用操作员卡登录“单一窗口”，才能正常查看、使用金融服务的菜单与功能。

登录成功进入系统后的首页（如图 17–17），展示当前登录企业的基本信息、预授信总额度与系统公告等内容。

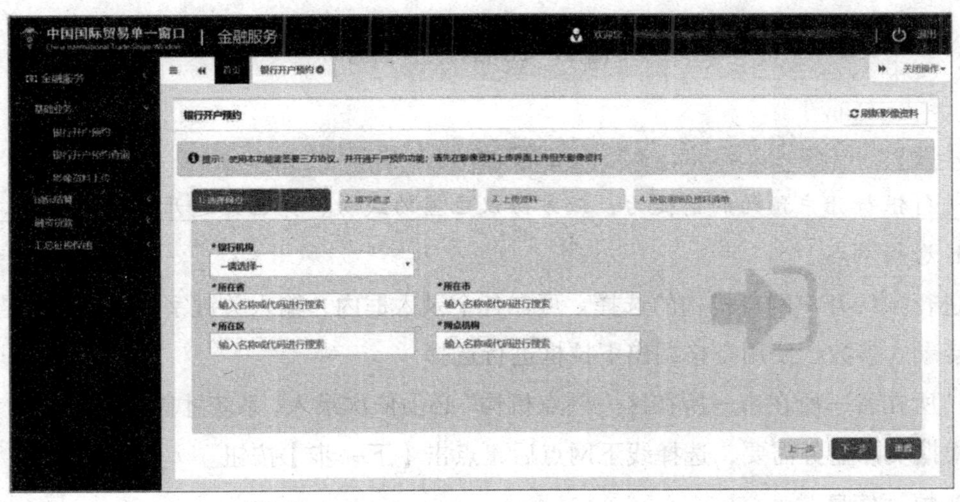

图 17–17 金融服务操作员界面

一、基础业务

（一）银行开户预约

提供企业用户在线预约银行开户的功能。确保 IC 卡或 Ikey 正确连接在电脑中，点击左侧菜单栏“基础服务—银行开户预约”，右侧界面展示如图 17–18。

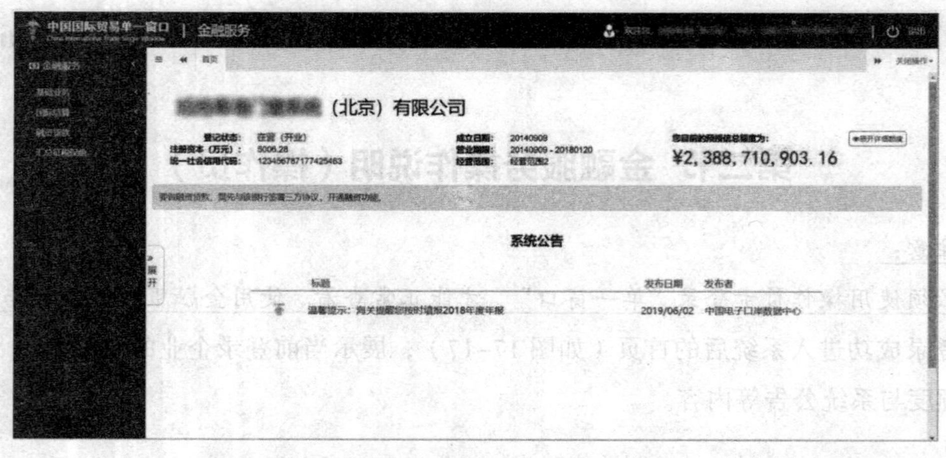

图 17-18 银行开户预约

注意：

进行银行开户预约的前提为，三方协议已签约成功、并已开通开户预约功能。

1. 选择网点

进行预约开户网点机构的选择。可在各个录入框内，输入关键字，进行模糊查找，或直接录入参数、使用空格调出下拉框进行选择。

“所在省—所在市—所在区—网点机构”必须依次录入，系统才能调出相应的参数。用户根据实际业务需要，选择线下网点后，点击【下一步】按钮。

2. 填写信息

填写详细的开户信息，红色 * 号的字段为必填项，除以下特别说明的字段外，手工录入。联系方式必须按标准格式填写，否则系统可能弹出“无效号码”提示。全部录入完毕后，点击【下一步】按钮。

企业名称：由系统自动根据登录账号信息返填，可修改。

账户类型、是否需要开立外汇账户：在参数中选择，可以通过空格键调出下拉框进行选择。

产品类型：通过点击框内的“[]”调出下拉框，可以选择产品类型。被选中的产品在下拉框中显示为灰底色，未被选中的显示为白色。点击产品名称前的“x”可以从框内删除该产品。

3. 上传资料

选择资料与证书等信息上传，红色 * 号的字段为必填（选择）项。所有的录入框都不允许随意输入。鼠标点击字段后，系统从“影像资料上传”部分中找到相应文件，框内弹出可选择的证件名称或者编号。点击选择后，文件被自动添加到页面中。

关于资料上传的操作，请参见下文影像资料上传。

小提示：

如果在“影像资料上传”页面内，添加了文件资料，但在上传资料的录入框中无法找到，可以点击右上角【刷新备案资料】白色按钮，进行刷新。

页面内容选择、录入完毕后，点击【下一步】按钮。

4. 协议明细及资料清单

查看协议明细与开户所需的资料清单，选“我确认上述协议内容以及资料清单”前的复选框。点击【完成】按钮，即可完成本次预约开户的申请。

小提示：

在以上过程中，均可点击右下角的【重置】按钮进行信息重置。重置后将清空所有已经填写的信息，需从第一步开始重新填写。

（二）银行开户预约查询

提供企业用户在线查看预约开户状态、进度以及资料修改的功能。确保 IC 卡或 Ikey 正确连接在电脑中，点击左侧菜单栏“基础服务—银行开户预约查询”，右侧界面展示如图 17–19 所示。

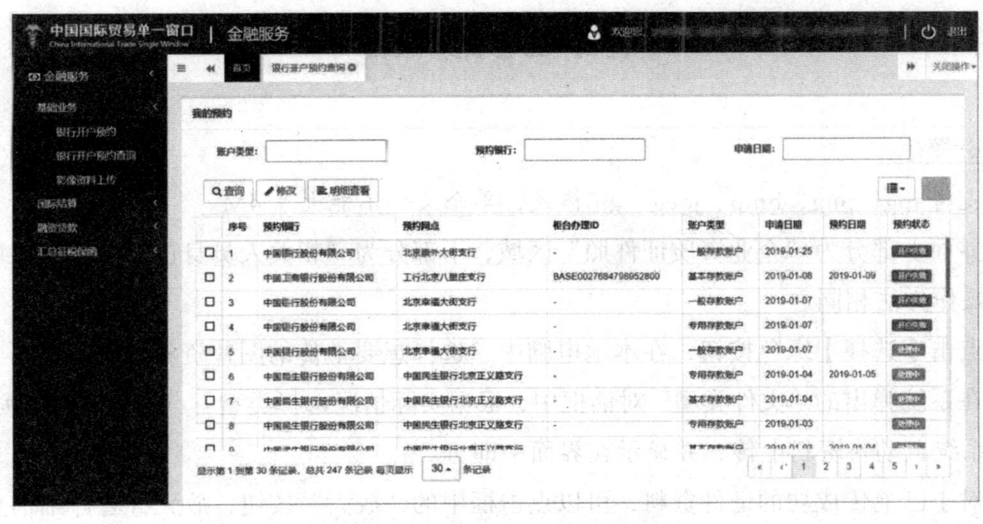

图 17–19 银行开户预约查询

系统默认查询当前用户开户预约的数据。如系统未自动刷新，可点击列表右上角“刷新”图标手动刷新。也可以选择账户类型、预约银行或申请日期进行查找。

在下方列表中勾选一条记录，可以点击【明细查看】按钮，在弹出的页面中查看详细申请信息。

该页签内可查到状态为“开户失败”“处理中”“待修改资料”“开户成功”的数据。

只有预约状态为“开户失败”的记录，才可以进行修改操作。选中状态为“开户失败”的数据后，点击【修改】按钮，界面跳转到“银行预约开户”的界面，操作方法参见银行开户预约章节。

（三）影像资料上传

提供企业用户在线上传开户相关资料、证件的功能。确保 IC 卡或 Ikey 正确连接在电脑中，点击左侧菜单栏“基础服务—影像资料上传”，右侧界面展示如图 17-20 所示。

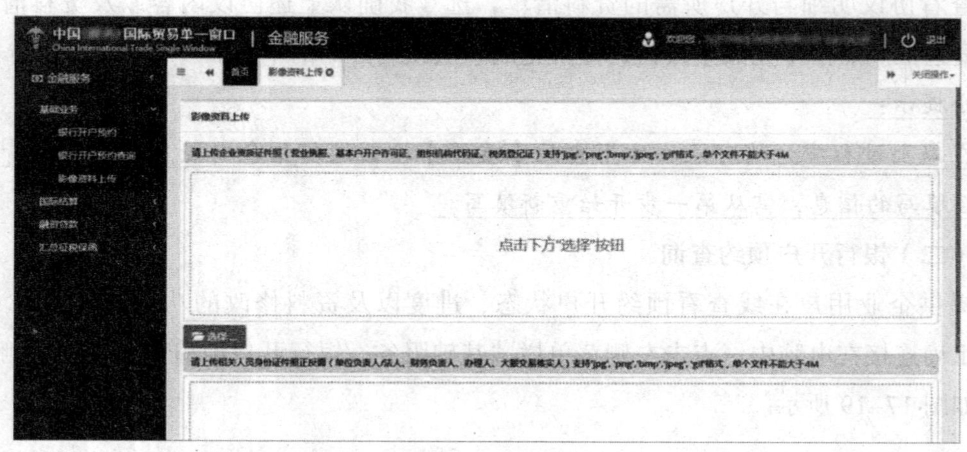

图 17-20 影像资料上传

小提示：

支持 jpg、png、bmp、jpeg、gif 格式，单个文件不能大于 4M。

界面上部分为“企业资质证件照”区域，下部分为“相关人员身份证件照”区域，上传操作方法相同。

点击【选择】绿色按钮，在本地电脑中，选择想要上传的图片资料。

在系统弹出的“文件类型”对话框中，根据实际情况选择类型，点击【确定】按钮。等待系统自动将资料上传，并显示在界面中即可。

对于已上传成功的证件资料，可以点击框中的“放大”按钮，放大查看详细信息。点击“删除”按钮，删除已上传的资料。

在此上传成功的证件资料，可以在银行开户预约的第三个步骤“上传资料”中进行调用。具体操作参见上文银行开户预约章节。

二、国际结算

提供企业用户在线进行汇出 / 汇入汇款、业务进度查询、账号订阅、模板管理与实时外汇牌价对比查看等功能。确保 IC 卡或 Ikey 正确连接在电脑中，在左侧菜单栏中点击“国际结算”，展开菜单。

（一）汇出汇款

提供企业用户进行汇出汇款申请等功能。确保IC卡或Ikey正确连接在电脑中，点击左侧菜单栏“国际结算—汇出汇款”，右侧界面展示如图17-21。

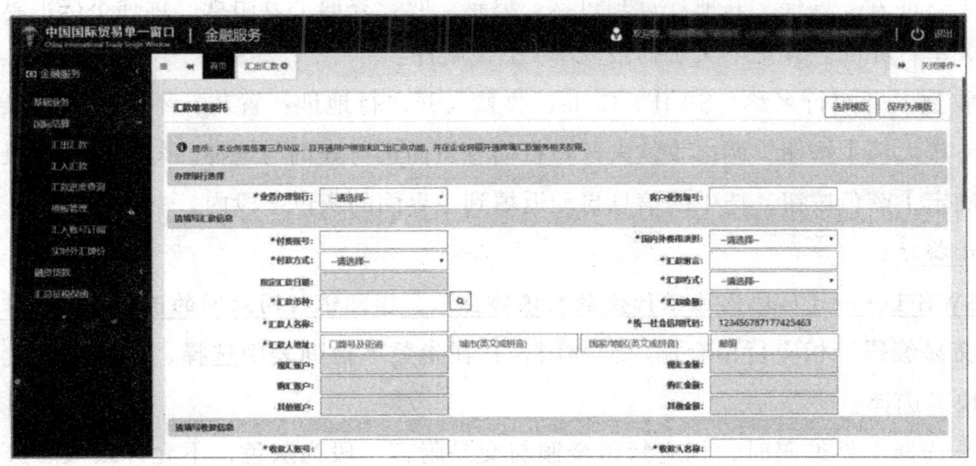

图 17-21 汇出汇款

注意：

进行汇出汇款的前提为，三方协议已签约成功、已开通用户绑定与汇出汇款功能。如果启用了权限控制，还需为当前账号开通汇出汇款的权限。

报关单必须为“已结关”的状态，才能在此开展汇款业务。

1. 录入与提交

填写或选择汇款、收款等信息，红色＊号的字段为必填（选择）项。除以下特别说明的字段外，手工录入。

小提示：

如在填写过程中，对某些字段或填写内容有疑问，可咨询当前的业务办理银行。

业务办理银行：由系统展示已开通汇款业务的银行，在参数下拉列表中选择。

国内外费用承担：在参数下拉列表中选择（包括“收款人”“汇款人”“共同”三个参数）。

汇款方式：在参数下拉列表中选择（包括“电汇”“票汇”“信汇”三个参数）。

汇款币种：点击空格键，可在参数下拉列表中选择，也可点击右侧放大镜，在系统弹出的对话框中快速选择。

汇款附言：如实填写，只允许输入英文和数字。

统一社会信用代码：由系统自动读取自登录账号内的信息，不允许修改。

指定汇款日期：初始时该字段为灰。选择“业务办理银行”后，该字段被点亮，在日期弹出框中，选择日期。

付款方式：在参数下拉列表中选择（包括“预付货款、其他、货到付款、退款”四个参数）。选择“预付货款”时，界面下方自动出现“上传报关单相关附件（合同、发票）”部分。选择“其他、货到付款、退款”时，界面下方出现“选择本次汇款使用的报关单”界面。详见下文选择报关单 / 上传附件。

收款人开户行名称、SWIFT Code、收款人开户行地址：置灰，不允许直接录入，点击【放大镜】按钮，调出收款人开户行信息页面进行查询与选择。勾选一条记录，点击【确定】蓝色按钮，选中的信息自动返填到主界面的灰色字段内。

小提示：

SWIFT——“环球同业银行金融电讯协会”，国际银行同业间的国际合作组织。

交易编码、相应货币金额、交易附言：在参数下拉列表中选择，也可录入代码、名称快速选择。

未选择交易编码时，相应货币金额与交易附言字段为灰色，不允许录入。选择交易编码后，才能填写金额与附言。根据实际业务需要，可以同时选择录入“交易编码 1、交易编码 2”。

小提示：

选择了“交易编码 2”，那么“相应货币金额 2、交易附言 2”也变为必填项。

选择报关单 / 上传附件：

（1）“付款方式”选择“预付货款”时，需要在界面下方的上传框中，上传报关单的相关资料。点击【选择】绿色按钮，从本地电脑中选择、上传资料。

（2）“付款方式”选择“其他、货到付款、退款”时，界面下方出现报关单选择框，选择本次使用的报关单。

小提示：

报关单须为“已结关”的状态，才能在此开展汇款业务。

+ 单条添加报关单：点击【 + 单条添加报关单】白色按钮，进行报关单数据的添加。可能还需要，在弹出的输入对话框中输入密码。

注意：

为了确保数据安全，在添加报关单的过程中，必须保证操作员 IC 卡或 Ikey 与电脑正确连接，系统才能展示当前登录账号（企业）能够调用的报关单。

通过卡介质与密码的校验后，在弹出的窗口中，可通过报关单号进行单票数据的查询与添加。

添加成功的报关单显示在主界面中（如图 17–22）。

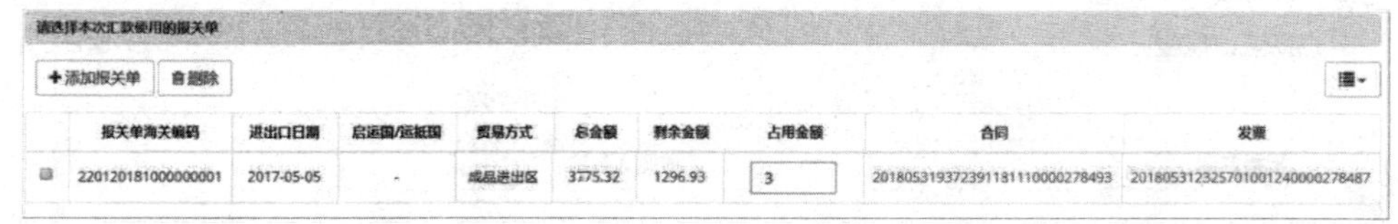

图 17-22 成功添加报关单

点击“合同”或“发票”栏内的蓝色字样，查看详细的信息，在弹出的单据预览界面中，还可以进行下载、打印等操作。

勾选一条报关单数据，可以在“占用金额”一栏的框内，输入本次所需使用的金额。

注意：

“剩余金额”由系统自动读取报关单项下的成交金额。

进行汇出汇款所输入的“占用金额”，不能超过“剩余金额”。

+ 批量添加报关单：与上文“单条添加报关单”操作一致，通过卡介质与密码的校验后，可通过报关时间进行批量数据的查询与添加。

+ 报关单导入：首先点击【下载 Excel 模板】蓝色按钮，将 excel 文件保存到电脑中，根据模板内的要求，填写并保存表格信息。再点击【选择】蓝色按钮，在本地电脑中选择填写完的 excel 文件。最后点击【导入】蓝色按钮，将报关单导入到系统中。

删除：勾选列表中的记录后，点击【删除】白色按钮，删除所勾选的报关单信息，需重新录入或导入，请谨慎操作！

提交：界面内的信息填写完整后，阅读并勾选底部的《跨境汇款须知》，点击【提交】蓝色按钮，完成汇出汇款申请的操作。查询所提交的申请，可参考下文 业务进度查询章节。

2. 保存与选择模板

根据实际情况，为了避免进行相似业务的汇款操作时，重复录入数据，在汇出汇款界面中，填写完任意信息后，都可以点击右上角【保存为模板】白色按钮，在弹出的提示框内，自定义填写这个模板名称，将已录入的数据保存为模板，以便后续修改或调用。

在汇出汇款界面中，点击右上角【选择汇出模板】白色按钮，在弹出的框内（如图 17-23），可以查询到以前保存过的模板。

图 17-23 选择汇出模板

勾选记录后，点击【明细查看】白色按钮，可以查看该模板的详细内容。点击【确定】蓝色按钮，可将模板内的数据，返填到汇款申请的界面中。

更多关于模板的操作，可参考下文模板管理。

（二）汇入账号订阅

注意：

汇入账号订阅是汇入汇款的前提。在此成功订阅需要确认的汇入银行账号后，才能对汇入汇款信息进行查询、确认等操作。

提供订阅、查看汇入账号的功能。确保 IC 卡或 Ikey 正确连接在电脑中，点击左侧菜单栏“国际结算—汇入账号订阅”，右侧界面展示如图 17-24 所示。

图 17-24 汇入账号订阅

银行账号订阅的状态包括“订阅处理中、订阅失败、订阅成功”。点击蓝色字样，系统弹出相应的对话框，可以查看详细记录。

1. 添加银行账号

点击上图界面中的【+添加银行账号】白色键，在弹出的对话框中，选择银行、录入银行账号。点击【订阅】蓝色按钮后，等待反馈结果。

2. 刷新订阅数据

界面右上角【刷新订阅数据】白色按钮，可对正在订阅处理中的数据进行状态的刷新，或在删除订阅记录后对界面进行刷新。直接点击后，等待系统自动刷新页面即可。

3. 解除订阅

注意：

只有状态为“订阅成功”的记录，才能进行解除。

在界面中，点击“订阅成功”蓝色字样，系统弹出订阅账号对话框。点击“解除订阅”蓝色字样，系统弹出提示询问是否解约，点击【确认】蓝色按钮即可。

4. 删除订阅记录

注意：

只有状态为“订阅失败”的记录，才能进行删除操作。

在列表中点击“订阅失败”蓝色字，系统弹出失败原因的对话框，点击失败原因内的“删除”蓝色字，系统弹出删除提示，点击【确认】按钮，将数据进行删除。删除的数据不可恢复，需重新订阅。

（三）汇入汇款

提供企业用户查询汇入汇款业务数据并进行提交确认申请等功能。确保 IC 卡或 Ikey 正确连接在电脑中，点击左侧菜单栏“国际结算—汇入汇款”，右侧界面展示如图 7–25 所示。

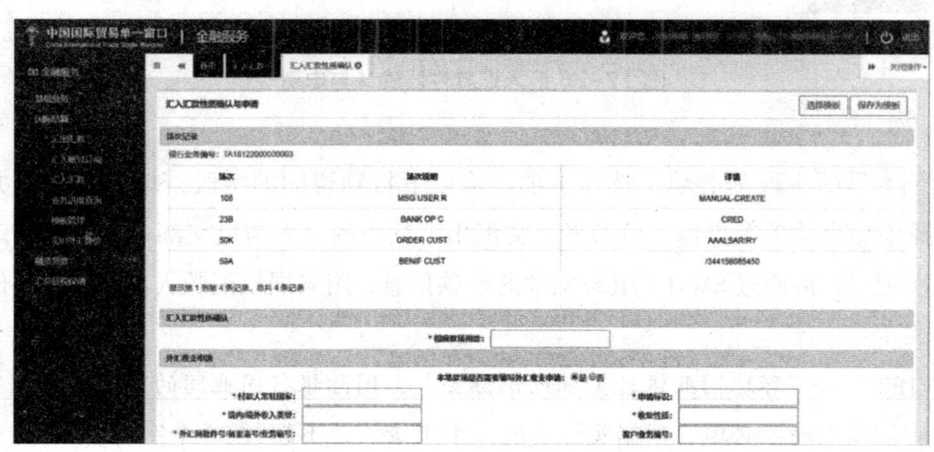

图 17–25 汇入汇款

注意：

进行汇入汇款的前提可能包括以下几点：

1. 三方协议已签约成功。

2. 已开通用户绑定与汇入汇款功能。

3. 成功订阅需要确认的汇入银行账号后，才能在此对汇入汇款信息进行查询、确认等操作。

4. 如果启用了权限控制，还需为当前账号开通汇入汇款的权限。

5. 汇入汇款数据，必须先点击查询按钮，才能显示银行推送的信息。

1. 录入与提交

在上图查询界面中，可以通过选择“银行名称、汇入币种、交易日期”，或输入“收款人账号”进行自定义查找。

点击“业务编号”栏内的蓝色字样，界面跳转到“汇入汇款性质确认与申请”（如图 7–26），可对该笔汇入汇款业务进行查看、提交确认申请。

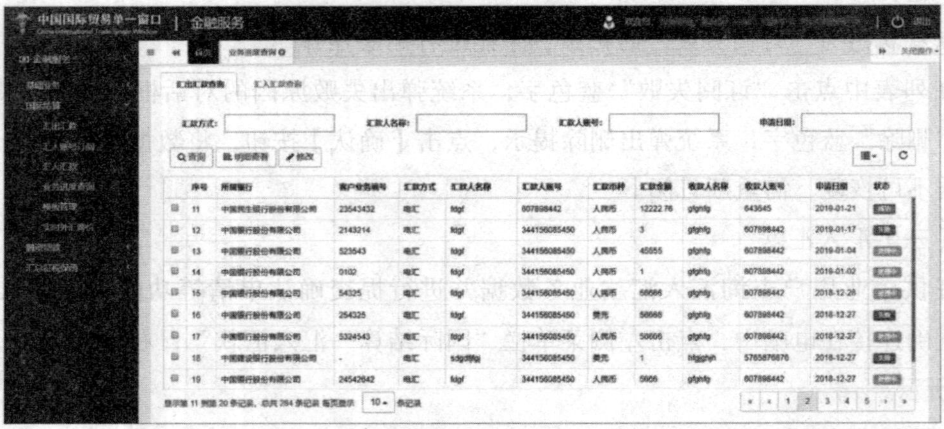

图 17–26 汇入汇款性质确认与申请

红色 * 号的字段为必填（选择）项。除以下特别说明的字段，填写或选择方式，以及选择添加报关单等操作，可参考上文汇出汇款中的录入与提交部分。

场次记录：指通过 SWIFT 组织发送的汇款信息，用来展示汇款人，发报行等信息。

小提示：

SWIFT——“环球同业银行金融电讯协会”，国际银行同业间的国际合作组织。

相应款项用途：必填，根据实际情况，手工录入，不超过 38 个字符。

付款人常驻国家：在参数下拉列表中选择，也可录入代码、名称快速选择。

申请标识：在参数下拉列表中选择［包括“1—跨境申报、2—境内申报、3—外汇账户（内结售汇）申报”三个参数］，也可录入代码、名称快速选择。

小提示：

在“申请标识”字段选择的参数不同，会使“境内／境外收入类型”字段显示不同参数。

境内／境外收入类型：在参数下拉列表中选择，也可录入代码、名称快速选择。该字段下拉表内显示的参数，依赖于“申请标识”字段内所选的参数。

收款性质：在参数下拉列表中选择（包括“A—预收、O—其他、R—退款”三个参数），也可录入代码、名称快速选择。

选择“A—预收”时，界面下方自动出现“上传报关单相关附件（合同、发票）”部分。选择“O—其他、R—退款”时，界面下方出现“选择本次汇款使用的报关单”界面。详细操作参照上文汇出汇款的录入与提交部分。

外汇局批件号／备案表号／业务编号：必填，根据实际情况，手工录入，1—20位数字、字母的组合。

本笔汇款处理方式：在参数下拉列表中选择（包括“0-现汇、1—结汇”两个参数），也可录入代码、名称快速选择。

小提示：

如果当前汇入汇款数据的银行未开通“现汇／结汇申请”相关业务，那么界面中“现汇／结汇申请”的以下字段——“是否转汇、收款人账号、收款人名称、收款人开户行名称、收款行cnaps号、收款人账号是否本行”显示为灰色，不允许录入。

是否转汇：在参数下拉列表中选择（包括“是、否”两个参数）。

收款人开户行、收款行cnaps号：置灰，不允许直接录入，点击【放大镜】按钮，调出收款人开户行信息页面进行查询与选择后，相关数据返填到主界面的灰色字段内。

2. 保存与选择模板

根据实际情况，为了避免进行相似业务的汇款操作时，重复录入数据，在汇入汇款界面中，填写完任意信息后，都可以点击右上角【保存为模板】白色按钮，在弹出的提示框内，自定义填写这个模板名称，将已录入的数据保存为模板，以便后续修改或调用。更多操作方法，可参考上文汇出汇款中的保存与选择模板。

（四）业务进度查询

可对已提交的汇出／汇入数据进行进度查询、修改等功能。确保IC卡或Ikey正确连接在电脑中，点击左侧菜单栏“国际结算—业务进度查询”，右侧界面展示如下图，包括“汇出汇款查询、汇入汇款查询”两个页签（如图17-27）。

图 17-27 业务进度查询

该页签内，可以查询到状态为“处理中、成功、失败、其他途径”的税单数据。

1. 汇出汇款查询 / 修改

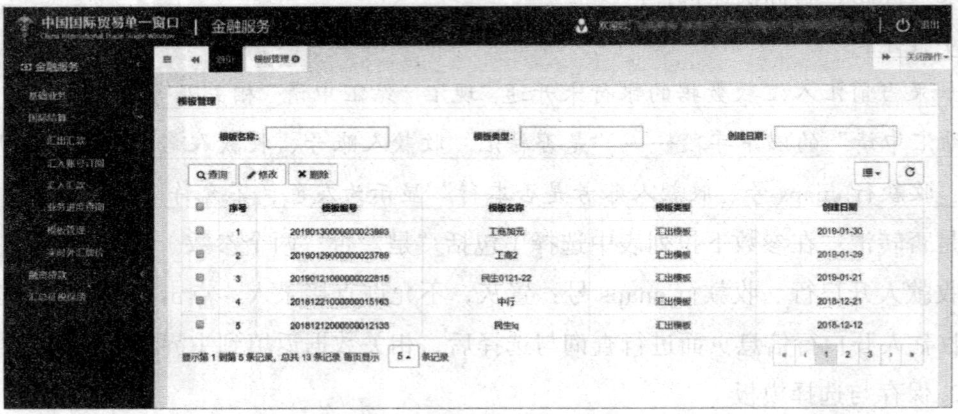

图 17-28 汇出汇款查询

进入界面后，系统自动执行查询（如图 17–28）。也可以输入汇款人名称、汇款人账号，或选择汇款方式、申请日期，进行自定义查找。点击列表右上角图标可以手动刷新。

在下方列表中勾选一条数据，可点击【明细查看】白色按钮，系统弹出明细查询对话框，上下拖拽查看全部明细内容。

注意：

只有状态为“失败”的汇出汇款记录，才能在勾选后，点击【修改】白色按钮。

勾选一条状态为“失败”的数据，点击【修改】白色按钮，系统跳转到汇出汇款的录入界面，界面字段显示的是前一次录入并提交的信息，可修改后重新提交。更多操作参见汇出汇款中的录入与提交。

2. 汇入汇款查询 / 修改

进入界面后，系统自动执行查询。也可以输入银行业务编号、收款人名称、收款人账号，或选择申请日期，进行自定义查找。点击列表右上角“刷新”图标可以手动刷新。

在下方列表中勾选一条数据，可点击【明细查看】白色按钮，系统弹出明细查询对话框，上下拖拽查看全部明细内容。底部，展示的是报关单或其附件的详细信息。信息底部可以点击“合同、发票”内的蓝色字样进行查看，还可进行打印、保存等操作。

注意：

只有状态为“失败”的汇入汇款记录，才能在勾选后，点击【修改】白色按钮。

勾选一条状态为“失败”的数据，点击【修改】白色按钮，系统跳转到汇入汇款的录入界面，界面字段显示的是前一次录入并提交的信息，可修改后重新提交。更多操作参见上文汇入汇款中的录入与提交。

（五）模板管理

提供汇入、汇出汇款模板的查询、修改等功能。确保IC卡或Ikey正确连接在电脑中，点击左侧菜单栏“国际结算—模板管理”，右侧界面展示如图17–29所示。

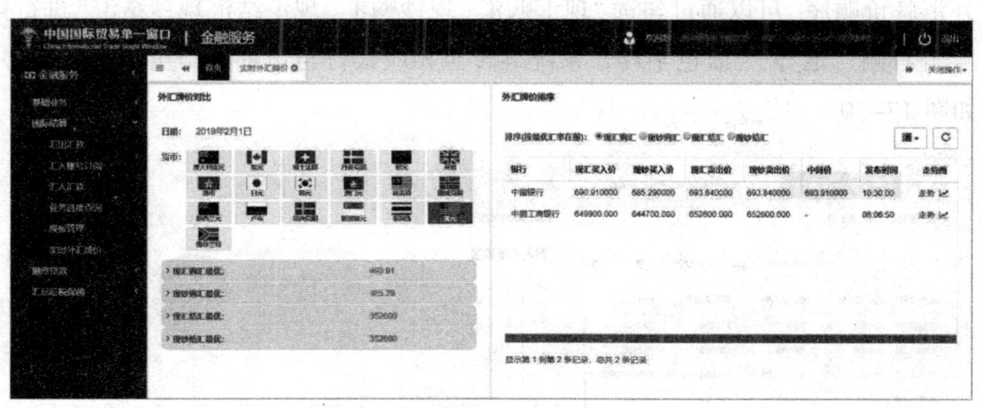

图 17–29 模板管理

1. 查询

在上文汇出汇款或汇入汇款中已保存的模板，可以在此查询。

系统自动读取当前用户的所有模板，也可以通过输入模板名称，或选择模板类型、创建日期进行自定义查找。查询结果显示在下方列表中。

2. 修改

在查询结果列表中，勾选一条数据，可点击【修改】按钮，系统自动读取当前模板是“汇出”还是“汇入”，打开修改页面。

各字段的填写或选择方式等操作，可参考上文汇出汇款、汇入汇款中的录入与提交部分。填写完毕后，点击【确定】蓝色按钮，可将模板进行保存。

3. 删除

在模板管理查询列表中选择一条信息后，点击【删除】白色按钮进行，系统弹出“是否确定删除”的提示。删除的模板数据不可恢复，需重新保存、录入。

（六）实时外汇牌价

系统接收银行推送的牌价数据，在此提供查看实时外汇牌价的功能。确保 IC 卡或 Ikey 正确连接在电脑中，点击左侧菜单栏“国际结算—实时外汇牌价”。

主界面分为两部分，左侧“外汇牌价对比”、右侧“外汇牌价排序”。

日期：系统自动读取并展示。

货币：可以自行选择货币的种类。界面下方的“最优”数据及右侧“外汇牌价顺序”内的数据，将根据所选择的货币种类，自动展示相应内容。

现汇购汇最优、现钞购汇最优、现汇结汇最优、现钞结汇最优：根据所选择的货币种类，系统自动展示最优汇率的数值。可点击展开下拉菜单查看详细内容，再次点击，收起详细内容。

外汇牌价顺序：可以通过勾选“现汇购汇、现钞购汇、现汇结汇现钞结汇”进行排序。

点击右侧“走势” 蓝色字样，系统跳转至相应银行与币种的历史汇率及走势图界面（如图 17–30）。

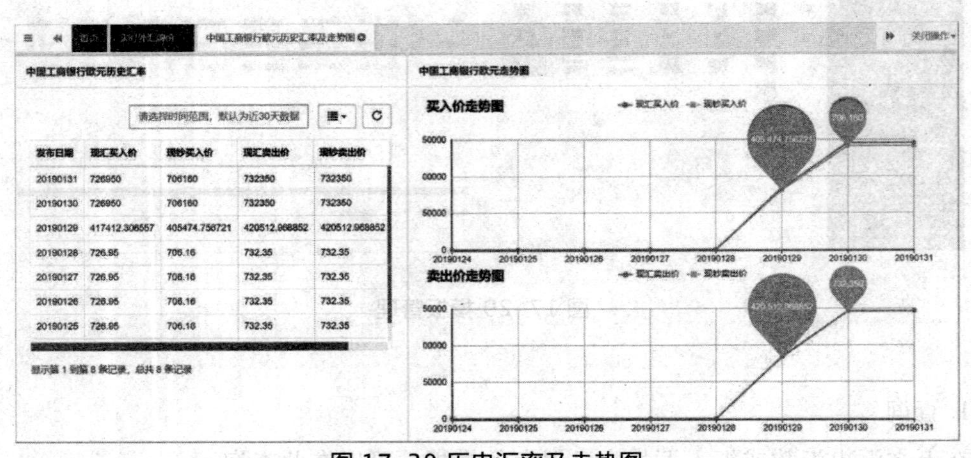

发布日期	现汇买入价	现钞买入价	现汇卖出价	现钞卖出价
20190131	726950	706160	732350	732350
20190130	726950	706160	732350	732350
20190129	417412.306557	405474.756721	420512.968852	420512.968852
20190128	726.95	706.16	732.35	732.35
20190127	726.95	706.16	732.35	732.35
20190126	726.95	706.16	732.35	732.35
20190125	726.95	706.16	732.35	732.35

图 17–30 历史汇率及走势图

历史汇率：根据“实时外汇牌价”界面所选择的币种、银行，系统自动显示当前日期前 30 天内的数据。可以点击日期输入框，自定义时间范围进行查询。

走势图：根据左侧的查询结果，界面右侧自动展示“买入价走势图”与“卖出价走势图”。移动鼠标箭头，将焦点放置到对应节点时，系统能够显示更加详细的信息。

三、融资贷款

（一）融资贷款申请

企业可以使用“单一窗口”标准版系统线上办理融资业务，包括授信额度申请、合同签订、支用、还款以及结清等功能。通过上述功能，企业可以更便利地获得融资贷款，加快资金周转，同时降低银行业务风险，促进贸易便利化。

注意：

使用“融资贷款申请”前，需确认与银行签订了融资申请的三方协议。具体参见上文三方协议签约。

确保 IC 卡或 Ikey 正确连接在电脑中，在左侧菜单栏中点击“融资贷款—融资贷款申请”，右侧界面展示如图 17–31 所示。

图 17–31 融资贷款申请

界面上方的信息由系统自动返填，下方为“产品列表”，该列表中显示的内容，为当前企业已签约成功并开通融资申请的功能。

小提示：

如果您对各类融资贷款的产品有疑问，请咨询相应的银行！

点击【立即申请】红色按钮，填写并进行各类贷款申请。红色星号“*”的字段为必填（选择）项，填写完毕确认无误后，点击【完成】按钮完成申请。

1. 税费融资

注意：

选择“税费融资”产品时，无“企业数据授权书、企业征信授权书”两个步骤。

银行机构：在下拉列表中选择。系统自动根据主界面中选择的业务，展示开展该项业务且已签署三方协议的银行。

小提示：

选择或录入“所在省、所在市、所在区与网点机构”四个字段时，系统有层级关联关系的判断。

所在省：在参数下拉列表中，选择想要办理融资贷款业务银行的所在省，也可录入代码、名称快速搜索。

所在市：选择“所在省”之后，下拉菜单中自动展示该省所包含的市，也可录入代码、名称快速搜索。

所在区：选择“所在省、所在市”之后，下拉菜单中自动展示该省、市所包含的区。

网点机构：选择“所在省、所在市、所在区”后，下拉菜单中自动展示该区所包含的网点机构。

企业经营地址、法人姓名、法人身份证号：如实录入法人姓名、法人身份证、企业经营地址。

单位名称、组织机构代码：字段为灰，由系统返填，不可修改。

全部录入完毕后，点击【完成】绿色按钮，提交税费融资贷款申请。

注意：

“税费融资”产品，无需在“单一窗口”进行合同签署，更多详情请咨询银行。

2. 退税贷

注意：

选择“退税贷”产品时，共有“填写信息、企业数据授权书、企业征信授权书”三个步骤。

（1）填写信息

银行机构：在下拉列表中选择。系统自动根据主界面中选择的业务，展示开展该项业务且已签署三方协议的银行。

小提示：

①选择或录入“所在省、所在市、所在区与网点机构”四个字段时，系统有层级关联关系的判断。

②选择“建设银行”时，无需录入所在省／市／区、网点机构等信息，系统自动将相关字段置灰。

所在省：在参数下拉列表中，选择想要办理融资贷款业务银行的所在省，也可录入代码、名称快速搜索。

所在市：选择“所在省”之后，下拉菜单中自动展示该省所包含的市，也可录入代码、名称快速搜索。

所在区：选择“所在省、所在市”之后，下拉菜单中自动展示该省、市所包含的区。

网点机构：选择“所在省、所在市、所在区”后，下拉菜单中自动展示该区所包含的网点机构。

单位名称、组织机构代码：字段为灰，由系统返填，不可修改。

法人姓名、法人身份证号：如实录入法人姓名、法人身份证后，点击【下一步】按钮，进入企业数据授权环节。

（2）企业数据授权书

在“企业数据授权书”框中，确认数据授权书内容后，勾选“同意授权”，点击【下一步】进入企业征信授权环节。

（3）企业征信授权书

在“企业征信授权书”框中确认授权书内容后，勾选“同意授权”，点击【完成】进入手机验证环节；正确输入联系人手机号码，点击【点击发送验证码】按钮，输入手机收到的验证码后点击【提交】，系统弹出“请输入 IC 卡密码”界面；输入 IC 卡密码后，点击【确认】提交。

注意：

进行融资贷款申请后，请进行融资贷款申请的查询，如果状态为“审核通过”，需使用法人卡登录系统，进行“退税贷”的合同签署。签署操作参见上文融资贷款合同签署。

3. 信保贷

注意：

选择“信保贷”产品时，需首先选择贷款银行。

点击信保贷【立即申请】红色按钮后，系统弹出选择贷款银行提示；通过下拉框选择对应银行，选择完毕后点击【确认】，如系统弹出输入 IC 卡密码对话框，需输入当前插入的 IC 卡的密码，校验成功后，系统弹出企业数据授权书界面（如图 17–32）：

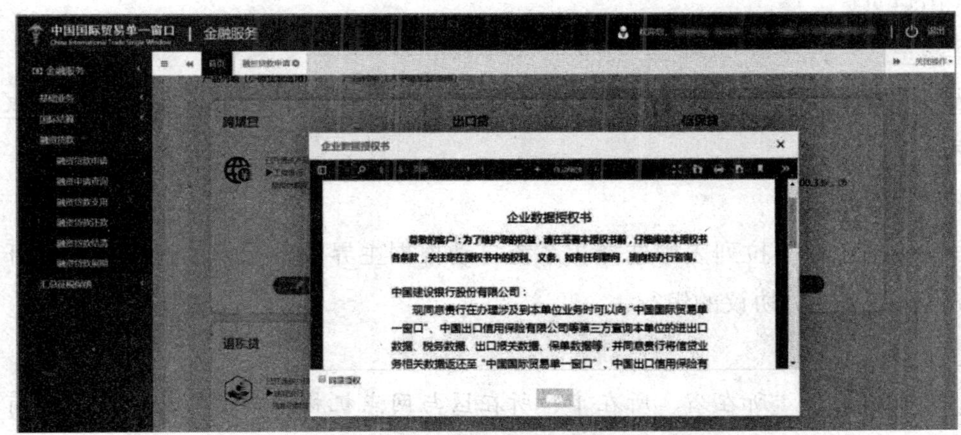

图 17–32 企业数据授权书

阅读授权书内容后，勾选左下角“同意授权”，蓝色【确认】按钮即被点亮。点击【确认】按钮，等待系统查询贷款申请信保的信息。读取成功后，系统弹出融资贷款申请界面（如图 17–33）。

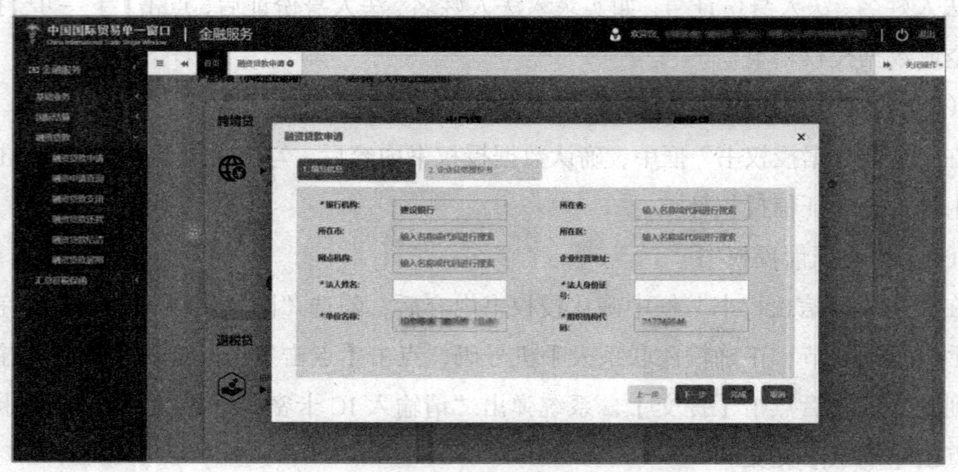

图 17–33 融资贷款申请

其中，银行机构、单位名称和组织机构代码为返填信息，其他 * 号红色字段需根据真实信息进行填写。填写完毕后，点击【下一步】，跳转至企业征信授权书界面。

阅读授权书内容后，勾选左下角“同意授权”，点击绿色右下角【完成】按钮，完成融资贷款申请。

注意：

进行融资贷款申请后，请进行融资贷款申请的查询，如果状态为“审核通过”，需使用法人卡登录系统，进行“信保贷”的合同签署。签署操作参见上文 融资贷款合同签署。

4. 出口贷

注意：

选择“出口贷”产品时，共有“填写信息、企业数据授权书、企业征信授权书”三个步骤。

（1）填写信息

银行机构：在下拉列表中选择。系统自动根据主界面中选择的业务，展示开展该项业务且已签署三方协议的银行。

小提示：

①选择或录入“所在省、所在市、所在区与网点机构”四个字段时，系统有层级关联关系的判断。

②选择“建设银行”时，无需录入所在省 / 市 / 区、网点机构等信息，系统自动将相关字段置灰。

所在省：在参数下拉列表中，选择想要办理融资贷款业务银行的所在省，也可录入代码、名称快速搜索。

所在市：选择“所在省”之后，下拉菜单中自动展示该省所包含的市，也可录入代码、名称快速搜索。

所在区：选择“所在省、所在市”之后，下拉菜单中自动展示该省、市所包含的区。

网点机构：选择“所在省、所在市、所在区”后，下拉菜单中自动展示该区所包含的网点机构。

单位名称、组织机构代码：字段为灰，由系统返填，不可修改。

法人姓名、法人身份证号：如实录入法人姓名、法人身份证后，点击【下一步】按钮进入企业数据授权环节。

（2）企业数据授权书

在“企业数据授权书”框中，确认数据授权书内容后，勾选“同意授权”，点击【下一步】进入企业征信授权环节。

（3）企业征信授权书

在“企业征信授权书”框中确认授权书内容后，勾选“同意授权”，点击【完成】进入手机验证环节；正确输入联系人手机号码，点击【点击发送验证码】按钮，输入手机收到的验证码后点击【提交】，系统弹出“请输入 IC 卡密码”界面；输入 IC 卡密码后，点击【确认】蓝色按钮提交即可。

注意：

进行融资贷款申请后，请进行融资贷款申请的查询，如果状态为“审核通过”，需使用法人卡登录系统，进行“出口贷”的合同签署。签署操作参见上文 融资贷款合同签署。

5. 跨境贷

注意：

选择“跨境贷”产品时，包括“填写信息、企业数据授权书”两个步骤。

（1）填写信息

银行机构：在下拉列表中选择。系统自动根据主界面中选择的业务，展示开展该项业务且已签署三方协议的银行。

小提示：

①选择或录入“所在省、所在市、所在区与网点机构”四个字段时，系统有层级关联关系的判断。

②选择“建设银行”时，无需录入所在省 / 市 / 区、网点机构等信息，系统自动将

相关字段置灰。

所在省：在参数下拉列表中，选择想要办理融资贷款业务银行的所在省，也可录入代码、名称快速搜索。

所在市：选择“所在省”之后，下拉菜单中自动展示该省所包含的市，也可录入代码、名称快速搜索。

所在区：选择“所在省、所在市”之后，下拉菜单中自动展示该省、市所包含的区。

网点机构：选择“所在省、所在市、所在区”后，下拉菜单中自动展示该区所包含的网点机构。

单位名称、组织机构代码：字段为灰，由系统返填，不可修改。

法人姓名、法人身份证号：如实录入法人姓名、法人身份证后，点击【下一步】按钮，进入企业数据授权环节。

（2）企业数据授权书

在“企业数据授权书”框中，确认数据授权书内容后，勾选“同意授权”，点击【完成】。

注意：

“跨境贷”产品，无需在“单一窗口”进行合同签署，更多详情请咨询银行。

6. 综合授信

注意：

选择“综合授信”产品时，无“企业数据授权书、企业征信授权书”两个步骤。

综合授信产品不支持结清，更多详情请咨询开通业务的银行。

银行机构：在下拉列表中选择。系统自动根据主界面中选择的业务，展示开展该项业务且已签署三方协议的银行（如图 17-34）。

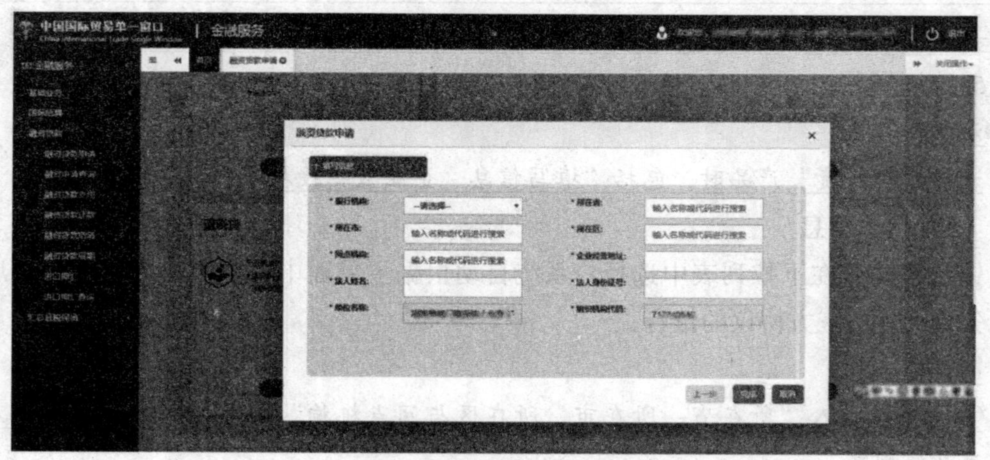

图 17-34 “银行机构”界面

小提示：

选择或录入“所在省、所在市、所在区与网点机构”四个字段时，系统有层级关联关系的判断。

所在省：在参数下拉列表中，选择想要办理融资贷款业务银行的所在省，也可录入代码、名称快速搜索。

所在市：选择“所在省”之后，下拉菜单中自动展示该省所包含的市，也可录入代码、名称快速搜索。

所在区：选择“所在省、所在市”之后，下拉菜单中自动展示该省、市所包含的区。

网点机构：选择“所在省、所在市、所在区”后，下拉菜单中自动展示该区所包含的网点机构。

企业经营地址、法人姓名、法人身份证号：如实录入法人姓名、法人身份证、企业经营地址。

单位名称、组织机构代码：字段为灰，由系统返填，不可修改。

全部录入完毕后，点击【完成】绿色按钮，进入手机验证环节。正确输入联系人手机号码，点击【点击发送验证码】按钮，输入手机收到的验证码后点击【提交】。如果系统弹出“请输入 IC 卡密码”界面，输入当前连接在电脑中的 IC 卡密码后，点击【确认】提交。

注意：

“综合授信”融资贷款申请发送后请等待银行回执，当状态变成申请成功后，才能进行“进口押汇”业务。更多详情请咨询银行。

（二）融资申请查询

提供融资贷款申请查询的功能，确保 IC 卡或 Ikey 正确连接在电脑中，在左侧菜单栏中点击“融资贷款—融资申请查询”，右侧界面展示如图 17-35 所示。

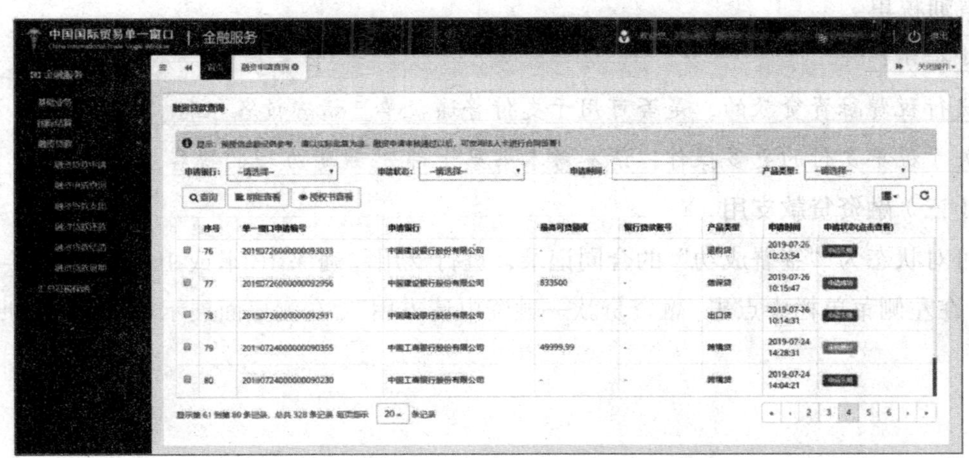

图 17-35 融资贷款查询

系统自动获取当前用户的数据，也可以通过选择申请银行、申请状态、申请时间或产品类型，自定义查找。查询结果显示在下方列表中。

根据不同的产品类型，申请状态可能包括“数据统计中、统计失败、银行处理中、申请成功、申请失败、审核通过、保险公司处理中、保险公司处理失败”等。在系统中，上述彩色字样既是状态又是按钮。点击后，系统可弹出详细的状态信息。

（融资）申请状态说明如下。

审核通过：融资贷款申请已经审核通过，可以进行合同签署。

申请失败：银行审批不通过退单，不能再次签署合同，用户需联系银行查询处理或再次进行融资贷款申请。

申请成功：合同签署成功或当前产品已向银行申请成功。

银行处理中：融资贷款申请银行处理中。

保险公司处理中：“信保贷”专用状态。融资贷款合同经过银行审批通过后成功转发中国出口信用保险系统（简称中信保）。

保险公司处理失败：“信保贷”专用状态。处理失败，需联系中信保查询处理。

在下方列表中勾选一条记录，点击【明细查看】白色按钮，可以在系统弹出的页面中查看融资贷款明细。

点击查询结果列表中的彩色字样，在弹出的“贷款状态查询”的对话框中根据不同产品，可分为“预授信、融资审批”两个页签或“预授信、融资审批、融资放款”三个页签。可点击查看银行返回的融资贷款相关信息。

退税贷、信保贷、出口贷——只有“预授信、融资审批”页签。

税费融资、跨境贷——包括“预授信、融资审批、融资放款”三个页签。其中“融资放款”页签中的提款账户，可在“单一窗口”标准版税费支付系统中，签订三方协议、支付普通税单。

小提示：

进行税费融资贷款的，是否可用于支付普通税单，请咨询各银行。

关于税单支付的更多操作，请参考本书第十部分 税费办理的税费支付章节。

（三）融资贷款支用

可对状态为“签署成功”的合同记录，进行支用。确保 IC 卡或 Ikey 正确连接在电脑中，在左侧菜单栏中点击“融资贷款—融资申请支用”，右侧界面展示如图 17-36 所示。

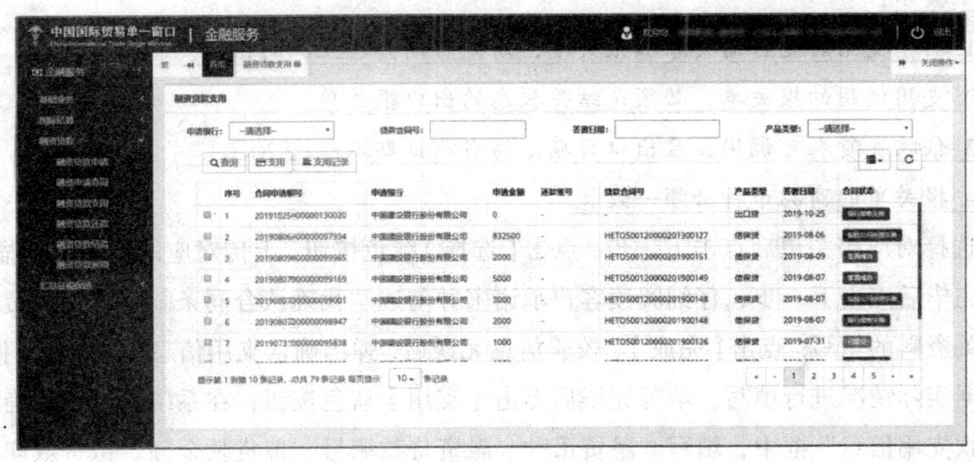

图 17-36 融资贷款支用

系统自动获取当前用户的数据，也可以通过选择申请银行、贷款合同号、签署日期、产品类型进行自定义查找。查询结果显示在下方列表中。

勾选具体的合同记录，点击【支用记录】白色按钮，可查询详细状态与回执。

（融资）贷款支用合同状态说明如下。

签署成功：贷款合同签署成功，此状态下可发起的支用申请。

银行接收失败：贷款合同在银行端接收失败。

银行处理中：贷款合同在银行处理中。

已结清：该贷款合同已完成结清。

中信保接收失败：“信保贷”专用状态。融资贷款合同发送给中国出口信用保险系统（简称中信保），中信保接收失败。

合同审核拒绝：“信保贷”专用状态。融资贷款合同发送给银行，银行审批拒绝，需联系银行查询处理。

保险公司处理中：“信保贷”专用状态。融资贷款合同经过银行审批通过后成功转发中信保。

保险公司处理失败：“信保贷”专用状态。处理失败，需联系中信保查询处理。

勾选状态为“签署成功”的合同记录，点击【支用】白色按钮，如果系统弹出输入 IC 卡密码对话框，输入当前插入 IC 卡的登录密码。

在系统弹出的贸易背景相关资料对话框中，根据实际情况进行填写。其中，买方名称字段不能随意填写，需点击后方的铅笔图标，在买方名称维护中进行添加。

填写完毕后，点击【下一步】绿色按钮，在报关单选择模块中勾选已有报关单，也可点击【+添加报关单】白色按钮，输入出口报关单号。

小提示：

1. 对于支用时是否需要添加报关单，请先咨询办理业务的银行！

2. 支用使用的报关单，必须是结关状态的出口报关单。

3. 仅收发货人可调用，且出口日期距离当前日期不超过 20 天。

4. 报关单的商品币种必须一致。

选择对应报关单后点击下一步，点击【选择】绿色按钮，上传对应的报关单扫描件；上传完毕后点击下一步，仔细阅读客户承诺书并勾选“我确认合同条款”，完成贸易背景相关资料的填写；点击【完成】，校验信息无误后，弹出确认支用信息弹框（如下图），请根据实际情况进行填写，填写完毕后点击【支用】蓝色按钮；在系统弹出“请确认如下贷款支用信息”框中，填写“融资币种、融资贷款账号、拟贷款金额、拟贷款期限”等内容，点击【支用】按钮，发起支用流程。

注意：

“拟贷款金额、拟贷款期限”字段，系统会根据银行发回的“融资放款”回执中相应内容，限制可输入的最大值。

融资放款页签，可参见上文融资申请查询的“贷款状态查询”部分。

（四）融资贷款还款

对已进行过支用，提款状态为“提款成功”，并且还款状态为“待还XXX”的融资贷款，可在此进行还款操作。

确保 IC 卡或 Ikey 正确连接在电脑中，在左侧菜单栏中点击“融资贷款—融资贷款还款”，右侧界面展示如图 17-37 所示。

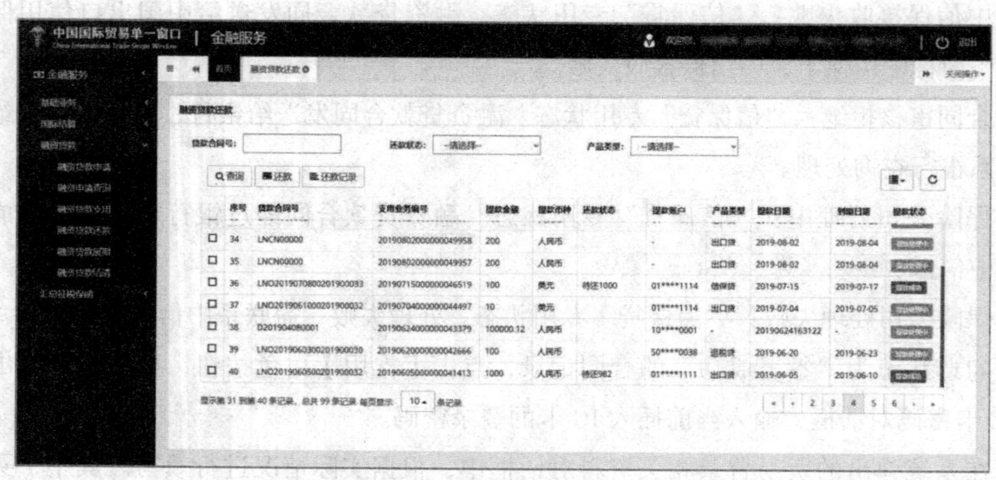

图 17-37 融资贷款还款

系统自动获取当前用户的数据，也可以通过选择贷款合同号、还款状态、产品类型自定义查找，查询结果显示在下方列表中。

勾选提款状态为"提款成功"、还款状态为"待还XX"的数据，点击【还款】按钮，进入还款申请环节；如果系统弹出输入IC卡密码对话框，输入当前插入IC卡的登录密码；可在"还款类型"中选择：全额还款或部分还款。如选择"全额还款"则还款金额为贷款本金；选择"部分还款"，则手动输入不大于贷款本金的金额，还款账号由系统自动返填。点击【还款】按钮，提交还款申请。

（五）融资贷款结清

合同状态为"签署成功"的数据，贷款合同项下所有贷款均已结清后，可在此发起融资贷款的结清申请操作。确保IC卡或Ikey正确连接在电脑中，在左侧菜单栏中点击"融资贷款—融资贷款结清"，右侧界面展示如图17-38所示。

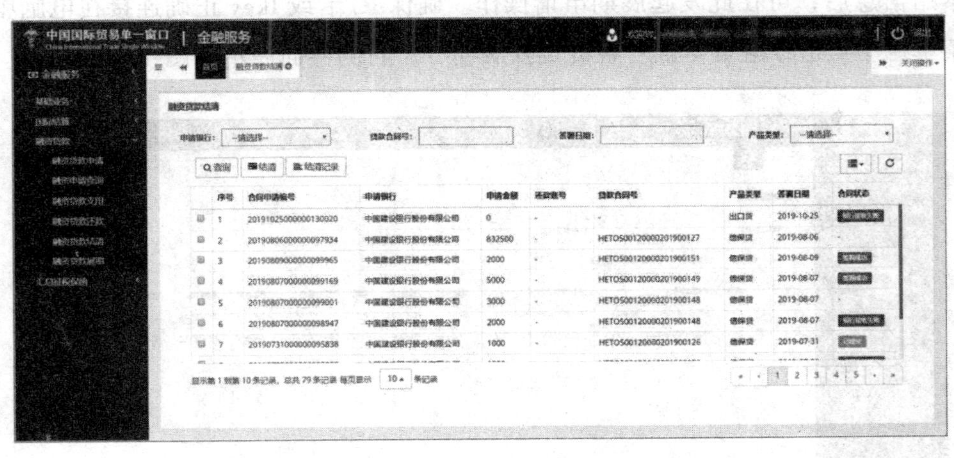

图17-38 融资贷款结清

系统自动获取当前用户的数据，也可以通过选择申请银行、贷款合同号、签署日期、产品类型进行自定义查找。查询结果显示在下方列表中。

勾选具体的合同记录，点击【结清记录】白色按钮，可查询详细状态与回执。

小提示：

"综合授信"产品不支持结清。更多详情请咨询开通业务的银行。

（融资）贷款支用合同状态说明

签署成功：贷款合同签署成功，此状态下可发起的结清申请。

银行接收失败：贷款合同在银行端接收失败。

银行处理中：贷款合同在银行处理中。

已结清：该贷款合同已完成结清。

中信保接收失败："信保贷"专用状态。融资贷款合同发送给中国出口信用保险系统（简称中信保），中信保接收失败。

合同审核拒绝："信保贷"专用状态。融资贷款合同发送给银行，银行审批拒绝，需联系银行查询处理。

保险公司处理中："信保贷"专用状态。融资贷款合同经过银行审批通过后成功转发中信保。

保险公司处理失败："信保贷"专用状态。处理失败，需联系中信保查询处理。

勾选状态为"签署成功"的合同数据，点击【结清】白色按钮，系统弹出对话框。对贷款合同信息确认无误，点击蓝色【结清】按钮，提交结清申请。

（六）融资贷款展期

对于"信保贷"的产品，企业在债项存续期间发起索赔申请，保险公司向"单一窗口"发送索赔信息后，可在此发起展期申请操作。确保 IC 卡或 Ikey 正确连接在电脑中，在左侧菜单栏中点击"融资贷款—融资贷款展期"，右侧界面展示如图 17-39 所示。

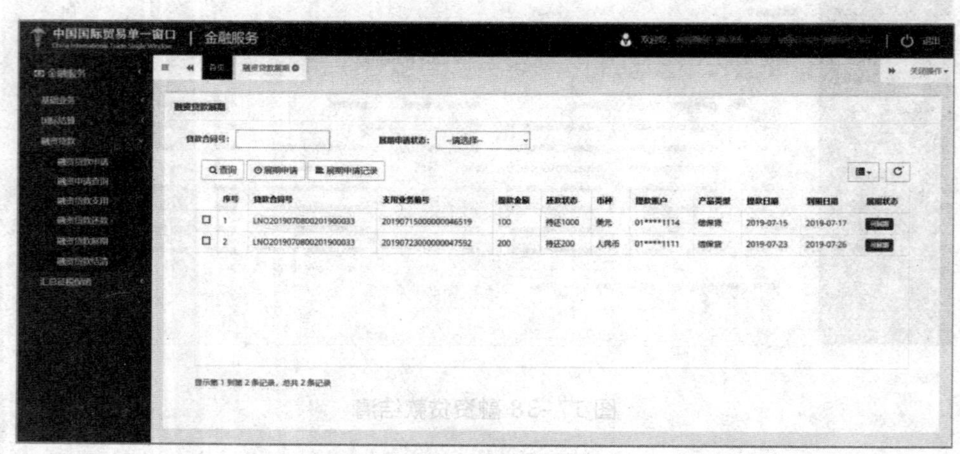

图 17-39 融资贷款展期

系统自动获取当前用户的数据，也可以通过选择贷款合同号、展期申请状态进行自定义查找。查询结果显示在下方列表中。

勾选具体的合同记录，点击【展期申请记录】白色按钮，可查询详细状态与回执。

勾选状态为"可展期"的数据，点击【展期申请】白色按钮，系统弹出对话框，确认展期贷款信息，填写申请展期期限后，进行展期申请。

小提示：

①如果最高可赔付金额小于该笔债项的贷款本金余额，则提示："对不起，该笔债项索赔金额小于贷款本金，暂无法办理展期。请偿还部分贷款本金，待索赔金额能够覆盖贷款本金后再发起展期。"企业可在"融资贷款还款"中偿还部分贷款。

②如果最高可赔付金额大于或等于该笔债项的贷款本金余额，则展示展期信息。

（七）进口押汇

对于已向银行申请成功“综合授信”的产品，企业可在此申请进口押汇。确保IC卡或Ikey正确连接在电脑中，在左侧菜单栏中点击“融资贷款—进口押汇”，右侧界面展示如图17-40所示。

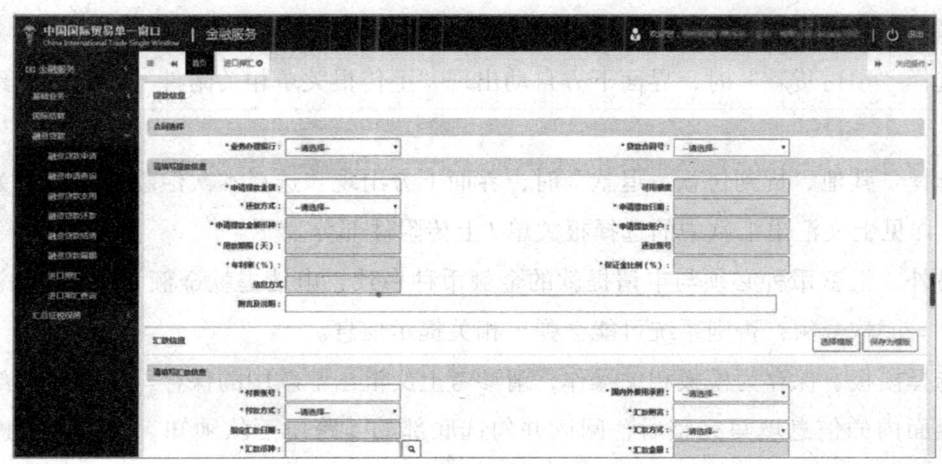

图 17-40 进口押汇

界面中，红色 * 号的字段为必填（选择）项。

首先，请在“业务办理银行”和“贷款合同号”的下拉菜单内进行选择，系统弹出对话框如图17-41所示。

小提示：

在进口押汇界面，选择的“业务办理银行”应具备以下条件：

①签署的三方协议功能应包括：用户绑定、汇出汇款、融资申请。

②银行用户绑定操作已成功。

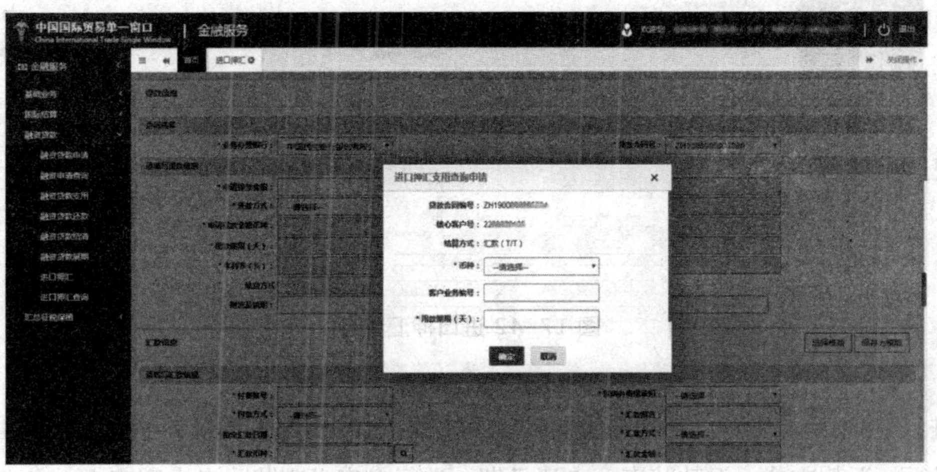

图 17-41 进口押汇支用查询申请

在上图的支用查询申请对话框中，选择币种、输入客户业务编号（选填）与用款期限（必填）。点击【确定】蓝色按钮后，界面显示“正在查询进口押汇支用信息回执，请稍后……”，等待系统实时接收银行端的回执。银行系统校验成功后，在界面中继续录入进口押汇的其他字段。

其中，在“付款方式”字段的下拉列表中，选择不同的参数，界面下方的添加报关单部分将展示不同界面。

选择“预付货款”时，界面下方自动出现“上传报关单相关附件（合同、发票）”部分。

选择“其他、货到付款、退款”时，界面下方出现“选择本次汇款使用的报关单”界面，详见上文汇出汇款中的选择报关单 / 上传附件部分。

另外，汇款币种必须与申请提款的金额币种一致、申请提款金额 + 现汇 / 购汇 / 其他账户 = 汇款金额，否则系统可能会弹出相关提示信息。

选择模板、保存为模板相关操作，请参考上文汇出汇款中的保存与选择模板部分。

界面内的信息填写完整后，阅读并勾选底部的《跨境汇款须知》，点击【提交】蓝色按钮，完成进口押汇申请。查询所提交的申请，参见下文进口押汇查询章节。

（八）进口押汇查询

查询进口押汇办理进度。确保 IC 卡或 Ikey 正确连接在电脑中，在左侧菜单栏中点击“融资贷款—进口押汇查询”，右侧界面展示如图 17-42 所示。

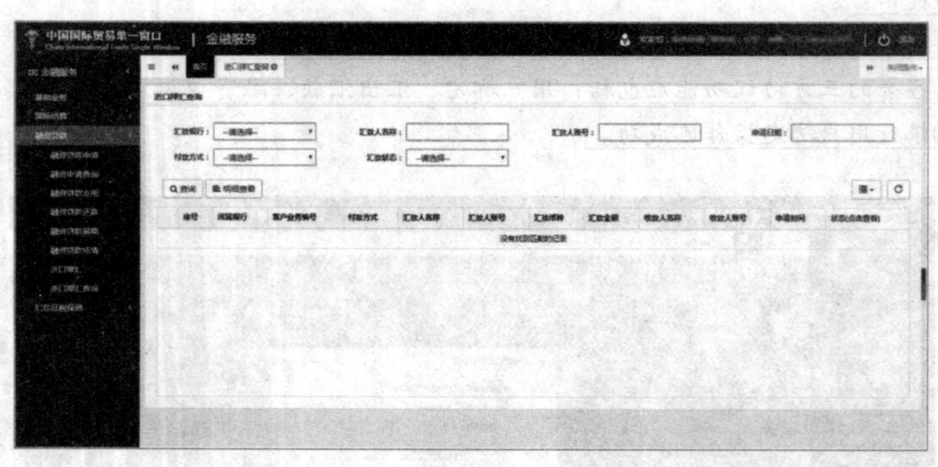

图 17-42 进口押汇查询

进入界面后，系统自动执行查询。也可以输入汇款人名称、汇款人账号，或选择汇款银行、汇款方式、汇款状态、申请日期，进行自定义查找。点击列表右上角“刷新”图标可以手动刷新。

在下方列表中勾选一条数据，可点击【明细查看】白色按钮查看明细记录。

当进口押汇的数据状态变为成功后，可以到融资贷款还款界面进行还款。

更多关于还款操作，请参考上文融资贷款还款。

四、汇总征税保函

提供企业用户在线进行关税汇总征税保函的申请、查询等功能。确保 IC 卡或 Ikey 正确连接在电脑中，在左侧菜单栏中点击“汇总征税保函”，展开菜单。

注意：

“单一窗口”提供汇总征税银行保函的申请功能，该操作不可完全代替关税汇总征税的资质及其他备案申请，请务必咨询相关业务主管部门！

（一）保函申请

确保 IC 卡或 Ikey 正确连接在电脑中，在左侧菜单栏中点击“汇总征税保函—保函申请”，右侧界面展示如图 17-43 所示。

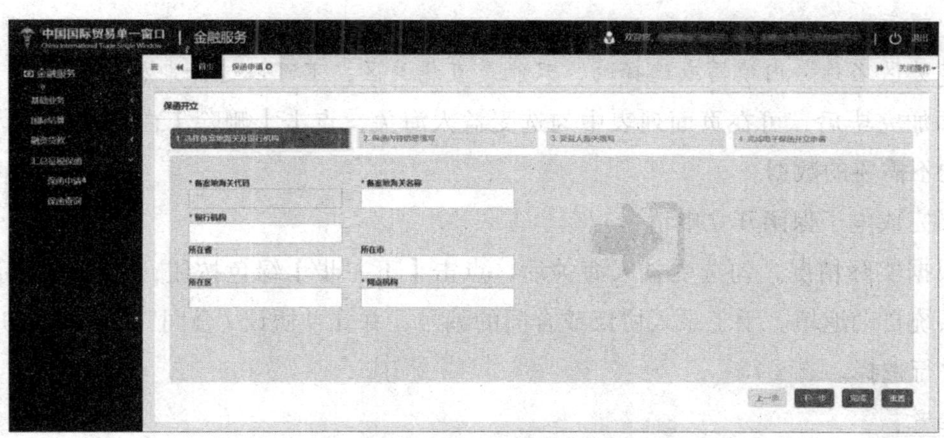

图 17-43 选择备案地海关及银行机构

1. 选择备案地海关及银行机构

备案地海关代码：字段置灰，不允许填写。根据“备案地海关名称”，系统自动返填代码。

备案地海关名称：在下拉参数中选择，也可录入代码、名称快速选择。

银行机构：在下拉参数中选择，也可录入代码、名称快速选择。

所在省：在参数下拉列表中，选择想要办理融资贷款业务银行的所在省，也可录入代码、名称快速搜索。

所在市：选择“所在省”之后，下拉菜单中自动展示该省所包含的市，也可录入代码、名称快速搜索。

所在区：选择“所在省、所在市”之后，下拉菜单中自动展示该省、市所包含的区。

网点机构（必填）：选择“所在省、所在市、所在区”后，下拉菜单中自动展示该区所包含的网点机构。

2. 保函内容信息填写

备案地海关及银行机构填写完毕后，点击【下一步】绿色按钮，填写保函内容信息。灰色字段内的信息由系统返填，不允许修改。红色星号“*”字段为必填项，其他字段根据实际情况填写或选择。

3. 受益人海关填写

保函内容信息填写完毕后，点击【下一步】绿色按钮，填写受益人海关信息。界面默认显示第一步选择的备案地海关，并且不允许删除。

可以自定义添加受益人海关——点击【+新增】白色按钮，界面弹出录入框，填写或选择关区名称，关区代码自动返填。点击【确认添加】蓝色按钮后，将受益人海关保存到列表中。

小提示：

“关区名称”内填写或选择的，只能是直属关区，不可以选择隶属关区。

添加完毕后，可在页面列表中勾选受益人海关，点击【删除】白色按钮，去掉列表中的不需要的数据。

4. 完成电子保函开立申请

根据实际情况，勾选受益人海关后，点击【下一步】绿色按钮，界面内展示的信息由系统自动返填。手工录入协议或合同的编号，并在“协议/合同”字段内展开下拉菜单进行选择。

注意：

请务必上下拖拽，仔细查看并填写《电子汇总征税保函开立申请》的内容！

此外，请留意《电子汇总征税保函开立申请》内的以下条款，进行修改或填写。

认真阅读、填写《电子汇总征税保函开立申请》内的所有条款后，勾选“我司确认上述保函申请内容”，点击【完成】绿色按钮，提交申请。

操作过程中，如果点击【重置】绿色按钮，系统将自动清空所有已填内容，需重新填写。

小提示：

对保函的操作不同（如首次申请、修改等），上述条款内需填写的字段也不一样，请根据实际情况，仔细阅读并填写。

（二）保函查询

提供企业用户在线进行保函查询，修改，注销，重新申请等操作的功能，确保IC

卡或 Ikey 正确连接在电脑中，在左侧菜单栏中点击“汇总征税保函—保函查询”，右侧界面展示如图 17-44 所示。

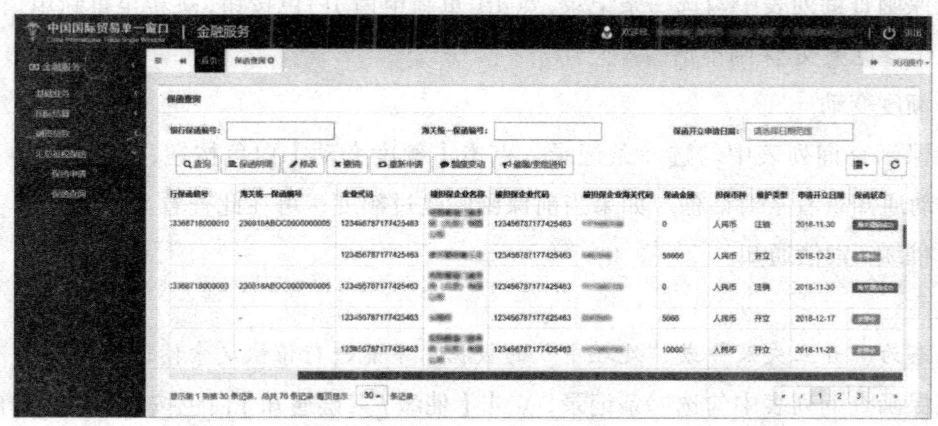

图 17-44 保函查询

系统默认查询当前用户的保函申请数据。如系统未自动刷新，可点击列表右上角“刷新”图标手动刷新。也可以输入银行保函编号、海关统一保函编号，或选择保函开立申请日期进行查找。

在保函查询列表中勾选一条记录，点击【保函明细】白色按钮，可以在弹出的页面中查看详细信息。

保函查询界面内可查到状态为“处理中、银行开立成功、银行开立失败、海关备案成功、海关备案失败、失效、银行修改成功、海关修改成功、撤销中、海关撤销失败、海关撤销成功”等状态的数据。

1. 修改

注意：

只有状态为“海关备案成功、海关修改成功”且未注销的保函，才能修改。

在保函查询列表中勾选一条记录，点击【修改】白色按钮，跳转至保函修改界面。灰色字段由系统返填，不允许修改。其他操作参见上文 保函申请。

2. 撤销

在保函查询列表中勾选一条记录，点击【注销】白色按钮，跳转至保函注销界面。灰色字段由系统返填，不允许修改。点击【下一步】绿色按钮，在界面“2. 完成电子保函撤销申请”中上下拖拽查看完整内容、并填写完毕，勾选“我司确认上述保函申请内容”，点击【完后】绿色按钮，提交撤销申请。

3. 重新申请

注意：

只有状态为“银行开立失败、海关备案失败”等失败的保函，才能进行重新申请。

在保函查询列表中勾选一条记录，点击【重新申请】白色按钮，跳转至重新申请界面。具体操作参见上文 保函申请。

4. 额度变动

在保函查询列表中勾选一条记录，点击【额度变动】白色按钮，系统弹出“保函额度变动通知查看”对话框。如果当前保函修改过额度，可在此查看。

5. 催缴 / 索偿通知

注意：

状态为“开立失败”或“处理中”的数据，不能进行催缴 / 索偿通知操作。

在保函查询列表中勾选一条记录，点击【催缴 / 索偿通知】白色按钮，系统弹出“保函催缴 / 索偿通知查看”对话框。如果下方列表中有数据，勾选一条记录，点击【催缴 / 索偿通知明细】白色按钮，可查看催缴 / 索偿通知明细信息。

第二章 （金融）保险服务系统操作指南

第一节 保险服务操作说明（法人卡）

“单一窗口”保险服务系统操作，包括法人与操作员两部分。使用法人卡登录系统后可进行协议签署操作。

注意：

必须使用法人卡登录“单一窗口”，才能正常查看、使用保险服务的菜单与功能。

在线交费签约说明如下。

一、在线交费三方协议签约

提供企业用户进行在线缴费三方协议签约的功能。

小提示：

在使用“单一窗口”标准版保险服务在线交费之前，必须先签订在线交费三方协议。“三方”指企业、银行、保险公司，三方协议是明确上述三方权利、义务的一种契约类文书。在此，企业用户使用法人卡登录系统，可在线签署在线交费三方协议。

确保IC卡或Ikey正确连接在电脑中，点击左侧菜单栏“在线交费—在线交费签约”右侧界面展示如图17-45所示。

图 17-45 在线缴费签约

系统自动获取三方协议签约的数据，并展示在结果列表中。如系统未自动刷新，可点击列表右上角“刷新”图标手动刷新。

也可选择“银行名称”“协议状态”“签约日期”等查询条件，进行查找。

成功获取数据后，列表内显示查询结果。可自定义选择每页显示的记录数，也可点击底部右侧的页数按钮跳转。

在线缴费签约界面，点击“协议签署”，弹出三方协议签署界面，如图17-46所示：

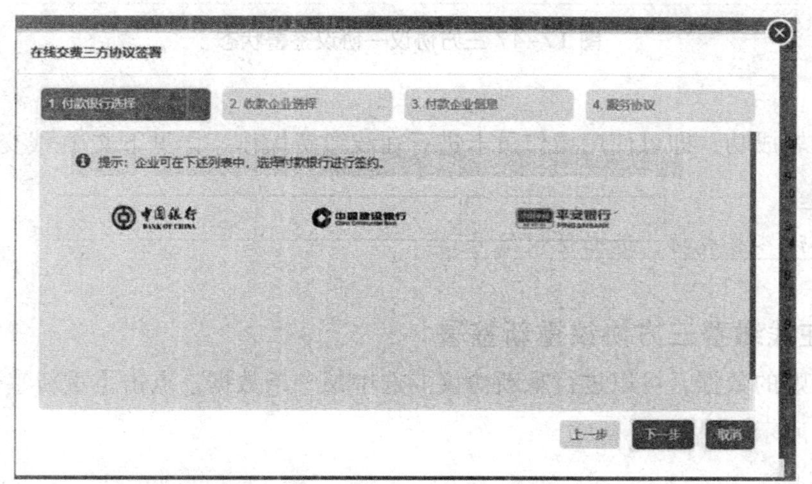

图 17-46 三方协议—付款银行选择

选择完付款银行后，点击“下一步”按钮，进入收款企业选择；选择完毕收款企业后，点击“下一步”按钮，进入付款企业信息；填写完毕收款企业信息后，点击“下一步”

按钮，进入服务协议；阅读完毕服务协议，勾选“我同意协议条款”，然后点击“完成”，提示“是否发送协议签署”；点击【是】，弹出输入IC卡密码弹窗，输入密码，点击【确认】后，系统提示签约请求发送成功。

二、在线交费三方协议状态查询

协议发送成功，即可在线缴费签约界面查询显示该协议及协议状态。

在线缴费签约界面点击彩色状态条，系统弹出相应的对话框，可以查看状态详细记录，如图 17-47 所示：

状态记录查询

序号	状态	状态描述	入库时间
1	P102	在线支付发送银行签约数据已生成，待发送	2019-08-05 19:04:31
2	P101	已接收收款企业签约数据	2019-08-05 19:04:31
3	P004	银行/保险接收成功	2019-08-05 19:04:31
4	P002	报文发送成功	2019-08-05 19:04:21
5	P001	待发送	2019-08-05 19:04:19

显示第 1 到第 5 条记录，总共 5 条记录

图 17-47 三方协议—协议签署状态

协议签署成功，即可使用操作员卡进行在线缴费操作，详见下文 在线交费章节。

小提示：

三方协议签署成功，返回协议编号。

三、在线缴费三方协议重新签署

签约失败的数据，可以进行重新协议。选中某一条数据，点击【重新签署】按钮，如图 17-48 所示：

图 17-48 三方协议—重新协议签署

进入协议签署界面，修改相关信息后重新提交签约申请，具体步骤与三方协议签约步骤相同。

其中，付款企业信息界面中企业税号、付款账号需要重新输入，其他字段如有错误可进行修改；收款企业信息界面需重新选择付款银行名称及收款企业名称；服务协议查看无异议可重新提交三方协议。

小提示：

签约失败、接收失败的状态允许进行重新签署。

第二节 保险服务操作说明（操作员）

一、货物运输保险

（一）货运保险预约

1. 货运保险预约

该模块提供企业用户向保险公司进行保险预约的功能（如图 17-49）。

确保 IC 卡或 Ikey 正确连接在电脑中，点击左侧菜单栏“货物运输险预约”，右侧界面展示如图 17-50 所示：

图 17-49 货运保险预约

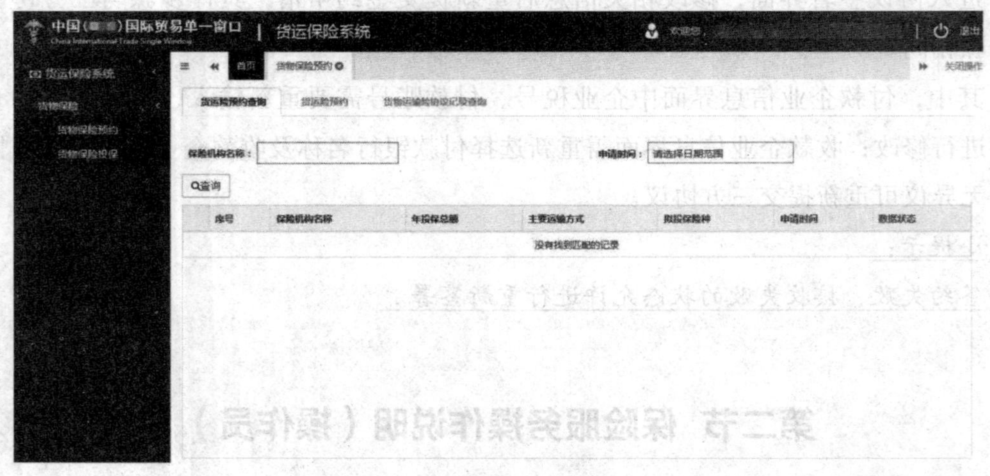

图 17-50 货运险预约查询界面

该界面包括：货运险预约查询、货运险预约、货物运输险协议记录查询三个系统模块。

点击货运保险预约界面中货运保险预约，进入预约界面，如图 17-51 所示：

图 17-51 货运险预约界面

填写详细的企业信息，红色 * 号的字段为必填项，除以下特别说明的字段外，手工录入。填写完毕点击“预约”按钮。数据通过“单一窗口”向保险公司发送预约数据。

企业名称：由系统自动根据登录账号信息返填，不可修改。

联系人电话：联系电话必须按标准格式填写，否则系统可能弹出“格式有误”提示。

主要运输方式：在参数中选择，可以通过空格键调出下拉框进行选择。

2. 货运险预约查询

提供企业用户在线查看预约状态、进度的功能。确保IC卡或Ikey正确连接在电脑中，点击左侧菜单栏“货物保险预约—货物运输险预约查询”，右侧界面展示如图17-52所示：

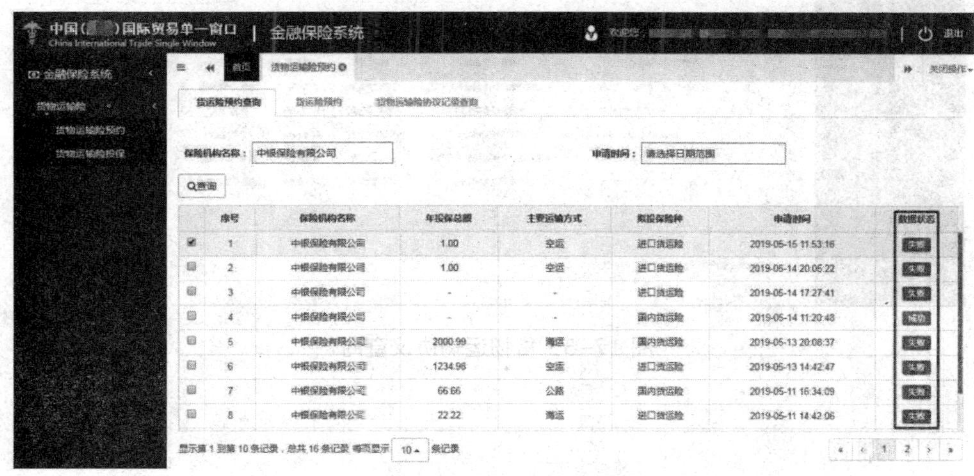

图 17-52 货运险预约查询

系统默认查询当前用户预约的全部数据。如系统未自动刷新，可点击列表右上角‘刷新”图标手动刷新。也可以选择保险机构名称、申请日期进行查找。

通过货运险预约查询界面，选择输入查询条件，即可查到预约申请的数据状态。选中其中某一条数据，点击状态，可以查看详细状态。

注意：

显示已成功的保险预约申请，与保险公司进行线下签约货运险投保协议。

3. 货物运输协议记录查询

与保险公司线下签署完成货运险投保协议后，可通过货物运输协议记录查询界面进行查询。系统默认查询当前用户与保险公司签署的全部协议。如系统未自动刷新，可点击列表右上角“刷新”图标手动刷新。也可以选择保险机构名称、险种或保险公司货运险协议编号进行查找。在列表中勾选一条记录，可以点击“明细查看”按钮，在弹出的页面中查看详细申请信息。

小提示：

该界面可查询到签署过的所有货运险投保协议，包括有效及无效协议。

（二）货运保险投保

1. 货物运输险协议查询

确保 IC 卡或 Ikey 正确连接在电脑中，点击左侧菜单栏“货物运输险投保”，右侧界面展示如图 17–53 所示：

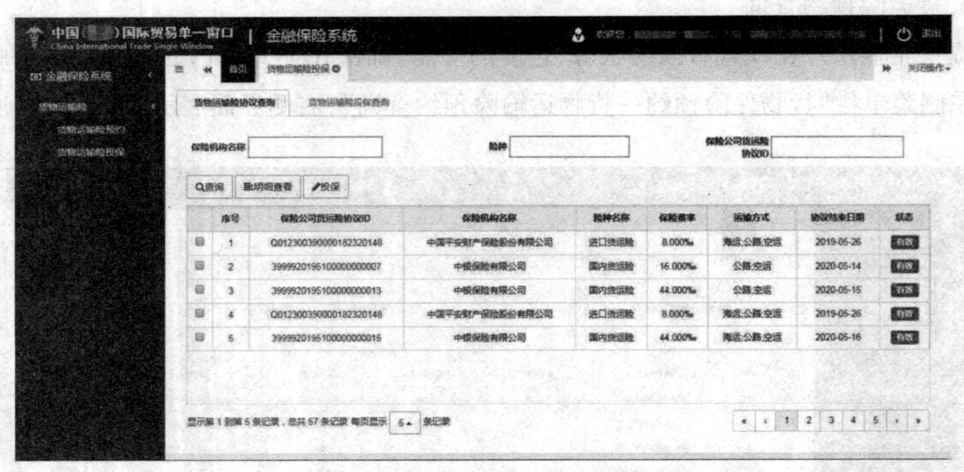

图 17–53 货物运输协议查询

（1）明细查看

在货物运输协议查询界面，选中其中一条数据，点击【明细查看】按钮，可查看该票保险协议的详细信息，包含：货物运输协议表头信息、特殊约定信息、险别信息、货物类别信息。

（2）投保

在货物运输协议查询界面，选中其中一条数据，点击【投保】按钮，进入投保录入界面，包含：投保公司信息、被投保公司信息、货物信息、发票信息、运输信息、保险信息、特殊约定信息、附件信息。

信息填写完毕，点击【提交】按钮，“单一窗口”将数据发往保险公司。保险公司比对投保信息与货运险投保协议内容，并进行核保。核保状态可通过下文货物运输投保查询界面进行查询。

2. 货物运输险投保单查询

向保险公司提交货物运输险后，可通过该界面查询投保单状态，如图 17-54 所示。

图 17-54 货物运输险投保单查询

（1）查看明细

任何状态下，均可点击“查看明细”按钮，查看该票投保单详细信息。

小提示：

该界面只能查看投保详细信息，不能进行修改。

（2）修改

选中其中一条数据，点击查询列表上方的白色“修改”按钮，进入货物保险投保修改界面该界面除统一社会编码、企业名称之外的其他字段均可进行修改，修改完成，点击“提交”按钮，重新向保险公司申请投保。

小提示：

数据状态为暂存、数据审核失败、拒保状态，可进行修改操作。

（3）撤销

选中其中一条数据，点击查询列表上方的白色【撤销】按钮，弹出货物保险撤销确认界面，点击【确定】按钮，系统直接将撤销投保申请发往对应保险公司，保险公司接收企业撤销投保申请，办理撤销投保业务并反馈企业。

小提示：

数据状态为数据审核成功，待核保、核保未通过，转人工复核时，可进行撤销操作。

3. 货物运输险投保单在线支付、重新支付

（1）在线支付

点击货物运输险投保单查询界面中货物运输投保单查询界面，如图 17–55 所示：

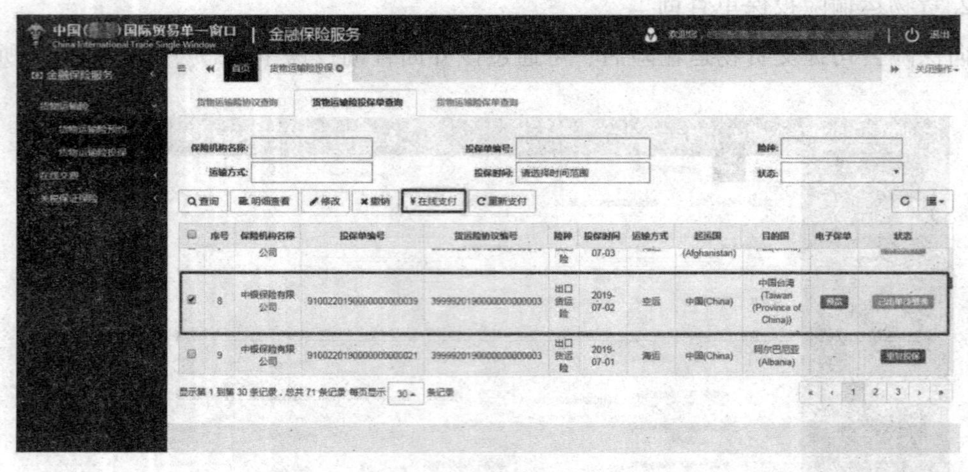

图 17–55 货物运输险投保查询

选择已出单未缴费状态的税单，进行在线支付。点击【在线支付】按钮，进入支付界面；选择已签约的银行，点击【完成】按钮，系统提示“是否立即支付”；点击【是】按钮，系统提示输入 IC 卡密码；输入密码后，点击【确认】按钮，系统读卡校验 IC 卡密码，校验成功，提示“支付成功”，数据发往已选择银行。如需关注后续支付状态，可根据查询条件查出该票数据。

（2）重新支付

点击货物运输险投保单查询界面中货物运输投保单查询界面，如图 17–56 所示：

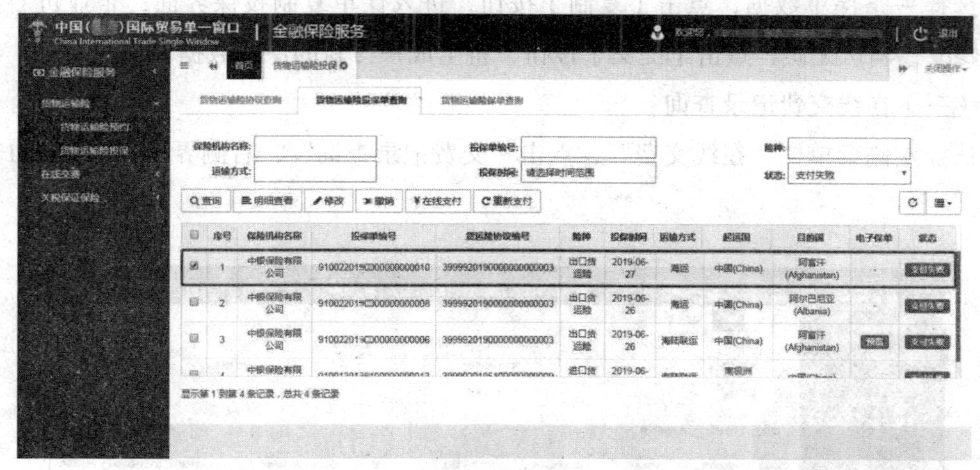

图 17-56 货物运输险投保在线支付状态查询

选择支付失败状态的税单，进行重新支付。点击“重新支付”按钮，进入支付界面，具体操作同在线支付操作。

4. 货物运输险保单查询

点击货物运输险投保，进入货物运输保单查询界面，如图 17-57 所示：

图 17-57 货物运输险保单查询

小提示：

只有正式生效的保单可按照相关查询条件在该界面进行查询。

（1）查看明细

任何状态下，均可点击【查看明细】按钮，查看该票保单详细信息。

（2）保单复制

选择一条保单数据，点击【复制】按钮，进入保单复制投保界面，企业可对数据进行修改，确认无误，点击【提交】按钮，将生成一份新的保单数据。

（三）在线交费记录查询

选择左侧菜单栏“在线交费”，点击“交费记录查询”，右侧界面展示如图 17-58 所示：

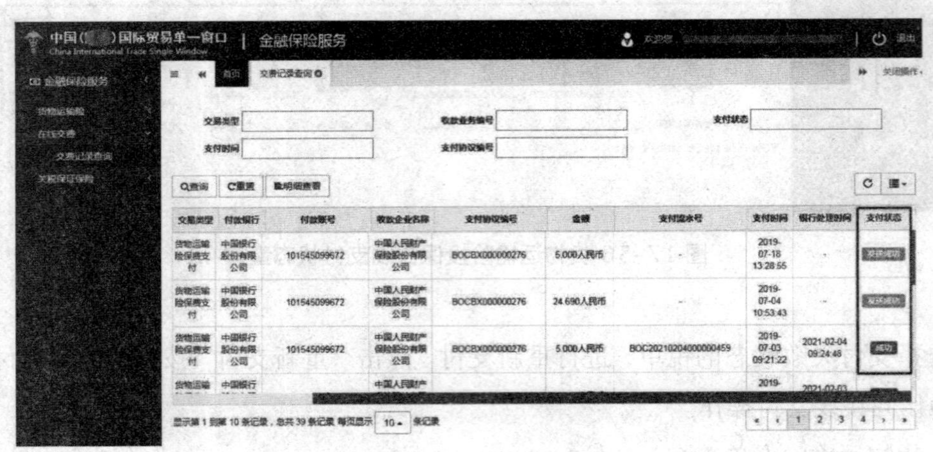

图 17-58 交费记录查询

企业可根据相关查询条件，查询已在线交费的支付状态。选择一条交费记录，点击【查看明细】按钮，可查看相关交费信息

二、关税保证保险

（一）企业征信

该模块提供企业用户向保险公司进行企业征信授权书签署与记录查询的功能。确保 IC 卡或 Ikey 正确连接在电脑中，点击左侧菜单栏“关税保证保险—企业征信”。界面显示如企业征信信息所示，该界面有两个页签：企业征信信息与企业征信记录信息。

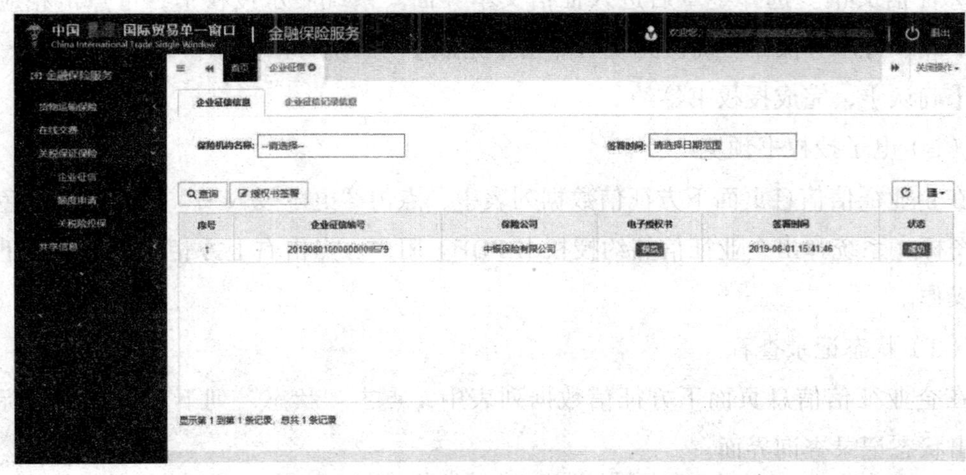

图 17-59 企业征信信息

1. 企业征信信息

在企业征信信息界面，点击“企业征信信息”页签，系统默认查询当前账户征信数据，若系统未自动刷新，可点击右上角“刷新”图标手动刷新。也可选择保险机构名称、签署时间进行查询。

（1）授权书签署

在 企业征信信息页面点击【授权书签署】白色按钮，系统弹出授权书签约界面，如图 17-60 所示。

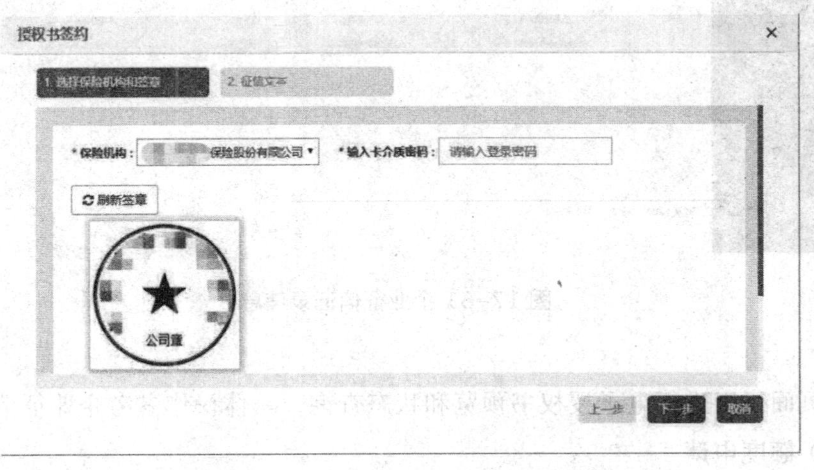

图 17-60 授权书签约－选择保险机构和签章

①选择保险机构和签章。系统默认查询当前账户的电子签章，若系统未自动刷新，可点击刷新签章按钮手动刷新。点击选择签章，输入卡介质密码，点击【下一步】。

②征信文本。选择签章后进入征信文本界面。系统展示授权书，可点击相应图标进行下载、打印等操作。确认无误后点击【完成】。系统弹出提示“是否确认提交？”，点击【确认】，完成授权书签约。

（2）电子授权书预览

在企业征信信息页面下方征信数据列表中，点击“电子授权书”列下方的绿色【预览】图标，系统弹出企业征信签约授权书 PDF。用户可点击右上方相应图标进行下载、打印操作。

（3）状态记录查看

在企业征信信息页面下方征信数据列表中，点击“状态”列下方的状态图标，系统弹出状态记录查询界面。

2. 企业征信记录信息

确保 IC 卡或 Ikey 正确连接在电脑中，点击左侧菜单栏“关税保证保险—企业征信”，点击“企业征信记录信息”页签，右侧界面展示如下图。系统默认查询当前账户征信数据，若系统未自动刷新，可点击右上角“刷新”图标手动刷新。也可选择保险机构名称、签署时间进行查询。

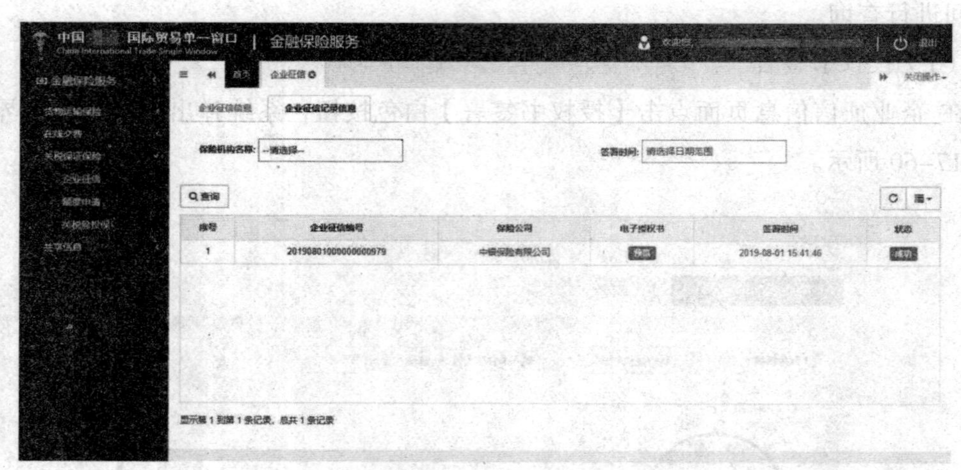

图 17-61 企业征信记录信息

在该页面可以进行电子授权书预览和状态查询，具体操作参考企业征信信息。

（二）额度申请

该模块提供企业用户向保险公司申请投保额度的功能。确保 IC 卡或 Ikey 正确连接在电脑中，点击左侧菜单栏“关税保证保险—额度申请”，界面显示如图 17-62。

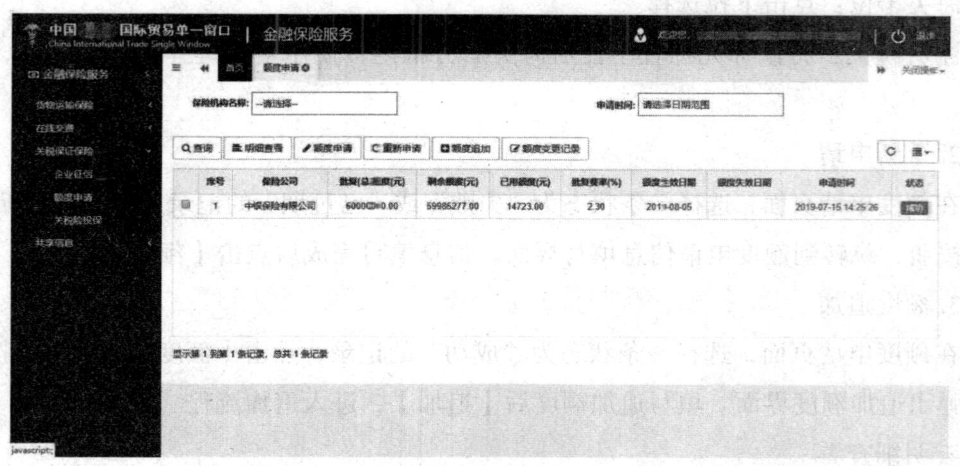

图 17-62 额度申请

系统默认查询当前账户额度申请的数据显示在页面下方，若系统未自动刷新，可点击右上角“刷新”图标手动刷新。也可选择保险机构名称、申请时间进行查询。点击页面下方额度申请数据“状态”列的状态图标，系统弹出额度状态记录页面。

1. 额度申请

在 额度申请页面点击【额度申请】白色按钮，跳转到额度申请信息填写界面，如图 17-63。信息填写完成后点击【额度申请】。

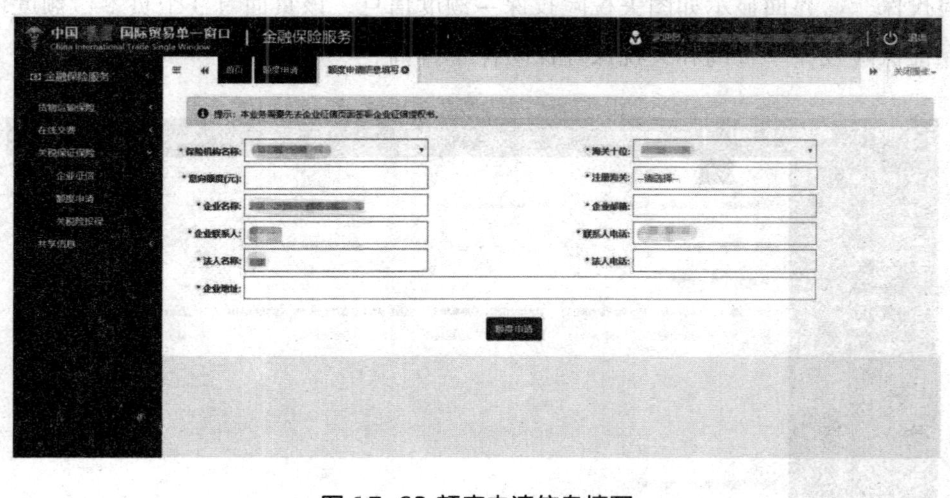

图 17-63 额度申请信息填写

标“*”的为必填（选）项。

企业名称，企业联系人，联系人电话，法人名称：自动反填，可修改。

保险机构名称：点击下拉选择。

海关十位：点击下拉选择。

注册海关：将鼠标光标置于注册海关后方框内，使用空格键弹出下拉选项，进行选择。

2. 重新申请

在额度申请页面，选择一条状态为“失败”或“已过期”的记录，点击【重新申请】白色按钮，跳转到额度申请信息填写界面。信息填写完成后点击【额度申请】。

3. 额度追加

在额度申请页面，选择一条状态为“成功”的记录，点击【额度追加】白色按钮，系统弹出追加额度界面。填写追加额度后【追加】，进入追加流程。

4. 明细查看

在额度申请页面，选择一条记录，点击【明细查看】白色按钮，系统弹出额度明细界面。

5. 额度变更记录

在额度申请页面，选择一条记录，点击【额度变更记录】白色按钮，系统弹出额度变更界面。默认每页显示 10 条记录，用户可自主调整每页显

（三）关税险投保

该模块提供企业用户向保险公司申请关税保证保险投保、支付、投保单查询、保单查询等功能。确保 IC 卡或 Ikey 正确连接在电脑中，点击左侧菜单栏“关税保证保险—关税险投保”。界面显示如图关税险投保–额度信息，该页面有 3 个页签：额度信息、关税保证保险投保单查询和关税保证保险保单查询。

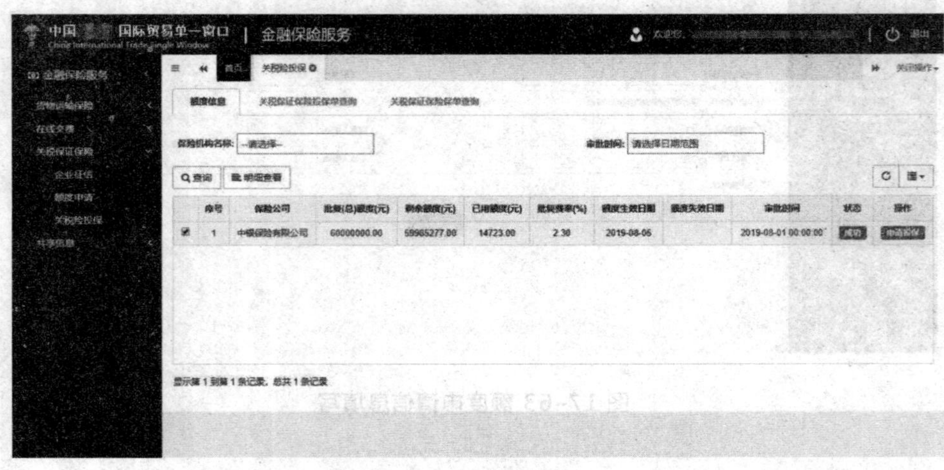

图 17–64 关税险投保 – 额度信息

1. 额度信息

确保 IC 卡或 Ikey 正确连接在电脑中，点击左侧菜单栏“关税保证保险—关税险投

保”，点击“额度信息”页签，界面如图关税险投保—额度信息。系统默认查询当前账户额度申请数据，若系统未自动刷新，可点击右上角“刷新”图标手动刷新。也可选择保险机构名称、审批日期进行查询。

（1）明细查看

在关税险投保—额度信息界面，选择一条记录，点击“明细查看”白色按钮，系统弹出额度明细。

（2）状态

在关税险投保—额度信息界面，点击界面下方额度申请记录的“状态”列的状态按钮，系统弹出额度状态记录。

（3）申请投保

在图关税险投保—额度信息界面，点击界面下方额度申请记录的“操作”列的绿色【申请投保】按钮，系统弹出关税保证保险投保界面（如图 17–65）。上半部分为投保基本信息，下方为发票信息。信息填写完成后点击【提交】，进入关税险投保流程。

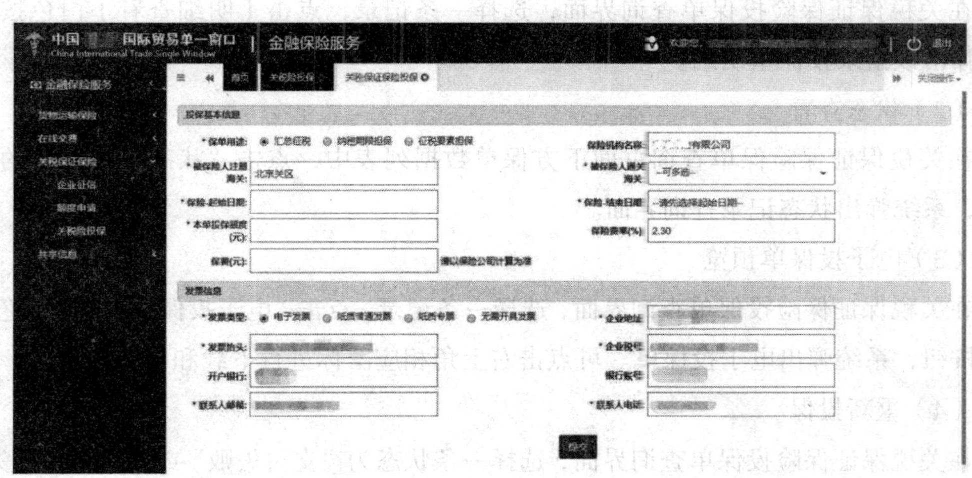

图 17–65 关税保证保险投保

注意：

上图中“保费”以保险公司计算为准。

2. 关税保证保险投保单查询

点击左侧菜单栏“关税保证保险—关税险投保”，点击“关税保证保险投保单查询”页签，界面关税保证保险投保单查询（如图 17–66）。系统默认查询当前账户投保单数据，若系统未自动刷新，可点击右上角“刷新”图标手动刷新。也可选择保险机构名称、状态、投保时间、使用类型或填写投保单号进行查询。

图 17-66 关税保证保险投保单查询

（1）明细查看

在关税保证保险投保单查询界面，选择一条记录，点击【明细查看】白色按钮，系统弹出该记录投保单明细。

（2）状态查看

在关税保证保险保单查询页面下方保单数据列表中，点击“状态”列下方的状态图标，系统弹出状态记录查询界面。

（3）电子投保单预览

在关税保证保险投保单查询界面，选择一条记录，点击“电子投保单”列的绿色【预览】按钮，系统弹出电子投保单。可点击右上角相应图标进行下载和打印操作。

（4）重新投保

在关税保证保险投保单查询界面，选择一条状态为“支付失败”或“数据审核失败”的记录，点击【重新投保】白色按钮，系统跳转到图关税保证保险投保界面，操作员可重新填写投保信息，重新提交。

（5）在线支付

“单一窗口”支持多条投保单合并支付。在关税保证保险投保单查询界面，选择一条或多条状态为“核保成功待缴费”的记录，点击【在线支付】白色按钮，系统弹出支付信息填写界面，如图 17-67 所示的支付信息填写。

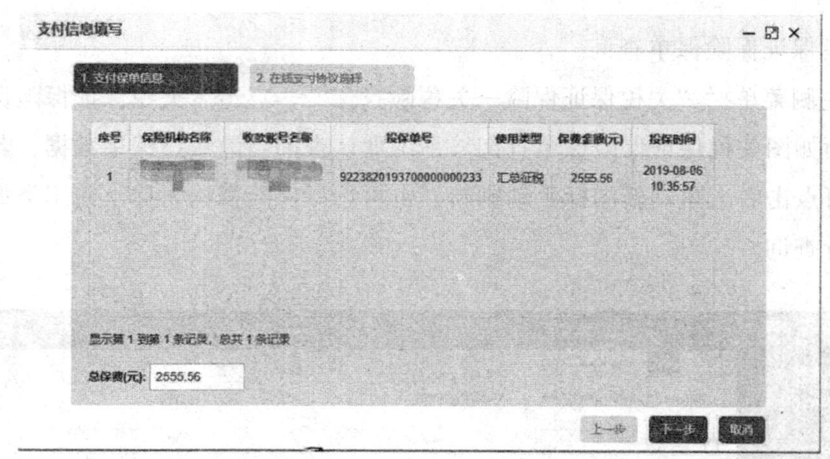

图 17-67 支付信息填写

①支付信息填写：核实支付信息，确认无误后，点击【下一步】，界面跳转到第2步，在线支付协议选择（如图 17-68）。

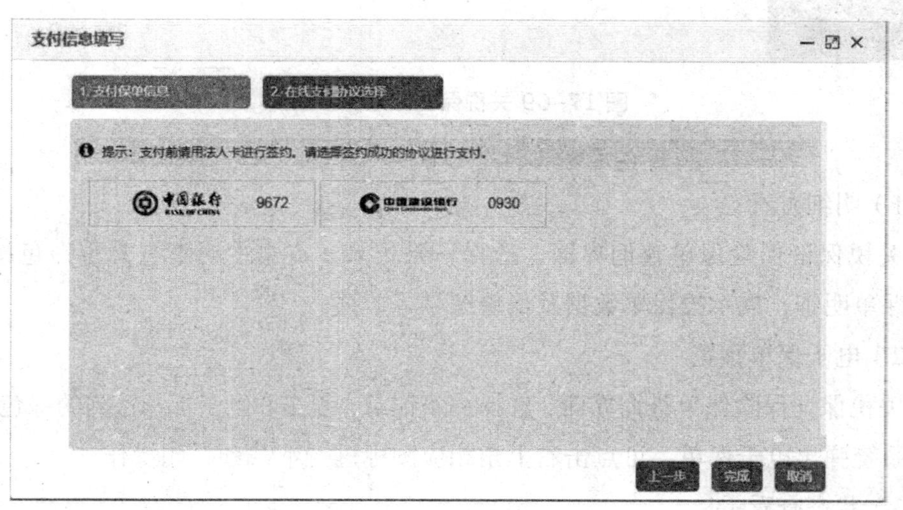

图 17-68 在线支付协议选择

②在线支付协议选择：选择用法人卡签约成功的协议进行支付。选择完成后，点击【完成】，系统弹出提示是否立即支付？点击【是】后，系统弹出输入 IC 卡密码弹窗，输入密码后，点击【确认】，支付完成。

（6）重新支付

在关税保证保险投保单查询界面，选择一条状态为‘支付失败”的记录，点击“重新支付”白色按钮，系统弹出支付信息填写界面，操作员可按照“在线支付”步骤重新支付。

3. 关税保证保险保单查询

点击左侧菜单栏“关税保证保险—关税险投保”，点击“关税保证保险保单查询”页签，界面如图关税保证保险保单查询。系统默认查询当前账户保单数据，若系统未自动刷新，可点击右上角刷新图标手动刷新。也可选择保险机构名称、使用类型或填写保单编号进行查询。

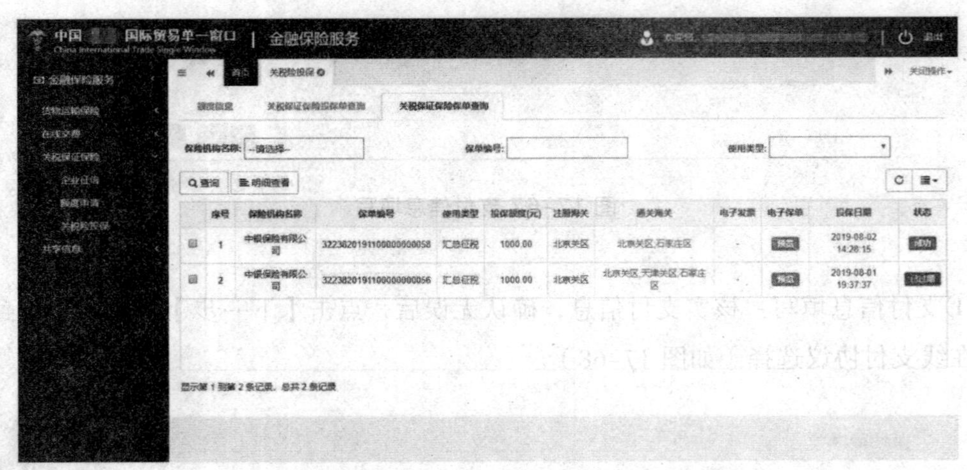

图 17-69 关税保证保险保单查询

（1）明细查看

在关税保证保险保单查询界面，选择一条记录，点击【明细查看】白色按钮，系统弹出保单明细，展示投保单数据及保单编号等数据。

（2）电子保单预览

在关税保证保险保单查询界面，选择一条记录，点击“电子保单”列的绿色【预览】按钮，系统弹出电子保单。可点击右上角相应图标进行下载和打印操作。

（3）状态查看

在关税保证保险保单查询页面下方保单数据列表中，点击“状态”列下方的状态图标，系统弹出状态记录查询界面。

三、共享信息

1. 理赔信息

该模块提供企业用户理赔信息查询的功能。确保 IC 卡或 Ikey 正确连接在电脑中，点击左侧菜单栏“共享信息—理赔信息”。界面显示如图理赔信息。系统默认查询当前账户理赔信息数据，若系统未自动刷新，可点击右上角刷新图标手动刷新。也可选择保险机构名称、保单编号进行查询。

图 17–70 理赔信息

第三章 出口信用保险系统操作手册

第一节 系统首页

一、信用保险服务中心

（一）企业投保

企业投保包括两项快捷通道：“待确认保单、保单生效通知”（如图 17–71）。

投保单或生效通知括弧内的数字不为 0 条时，点击后可以直接进入对应业务的详情页面。

如当前界面中无待处理数据时（即括弧内数字为 0 条），可使用左侧菜单，进入投保申请的业务详情界面。

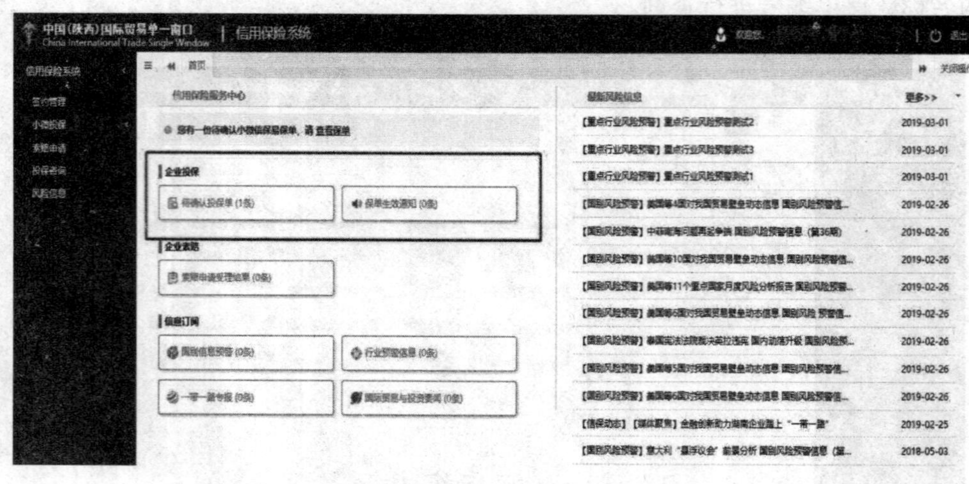

图 17–71 系统首页（企业投保）

（二）索赔申请

索赔申请通知括弧内的数字不为0条时，点击后可以直接进入对应业务的详情页面。

如当前界面中无待处理数据时（即括弧内数字为 0 条），可使用左侧菜单，进入索赔申请的业务详情界面（如图 17–72）。

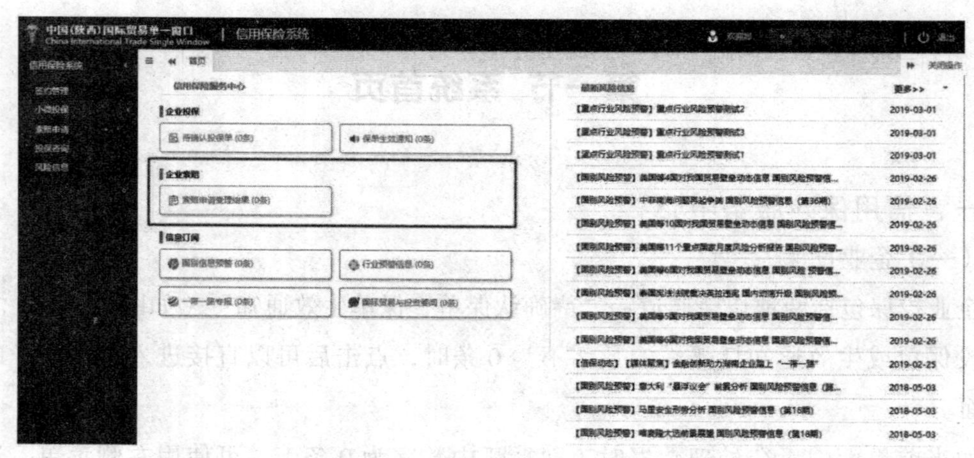

图 17–72 索赔申请界面

（三）信息订阅

点击信息订阅部分的任意选项，可进入对应的风险信息详情页面。例如，点击国际贸易与投资要闻，可直接进入国际贸易与投资要闻详情页面（如图 17–73）。更多操作可参考下文风险信息章节。

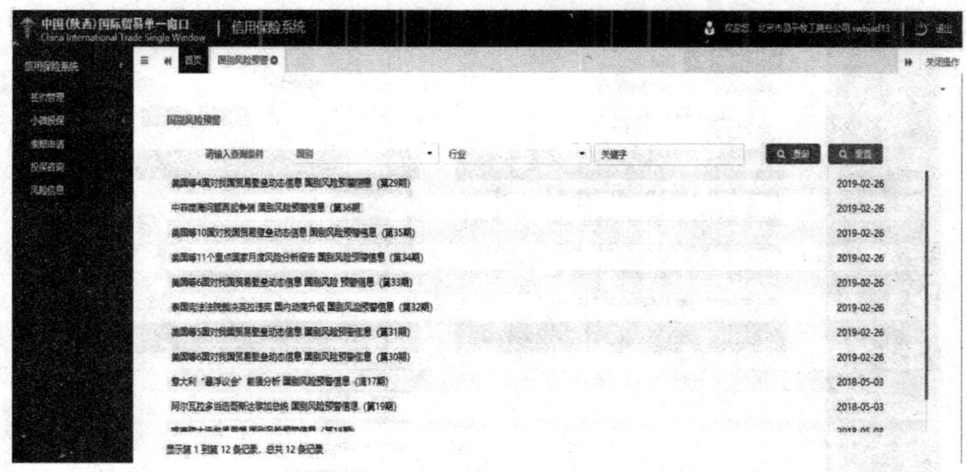

图 17-73 跳转至国际贸易与投资要闻页面

二、最新风险信息

可直接点击最新风险信息列表中的标题（如图 17-74），查看文章具体内容。

图 17-74 系统首页（最新风险信息）

点击“更多 >>”蓝色字体，可进入风险信息查询页面（如图 17-75）。

可通过查询条件（国别、行业、关键字）查询相关风险预警信息，更多操作可参考下文风险信息章节。

图 17-75 风险预警信息查询

小提示：

左侧“风险信息”菜单与首页“最新风险信息”内的【更多 >>】按钮功能相同，都可以进入风险（预警）信息查询界面。

第二节 小微投保

一、投保申请

小提示：

关于“小微信保易”的更多业务介绍，可参见下文服务介绍章节。

注意：

投保申请待确认保单数据由信用保险公司系统发送，“单一窗口”标准版系统自动接收。如企业有待确认保单，登录后可查看到“待确认保单提示信息”。

如企业登录信用保险系统后未见到“待确认保单提示信息”，说明信用保险公司未向“单一窗口”发送该企业的待确认保单，请与信用保险公司联系。

信用保险公司系统发送待确认保单数据后，用户可通过左侧菜单栏“小微投保—投保申请”进入投保申请页面（如图 17-76）。

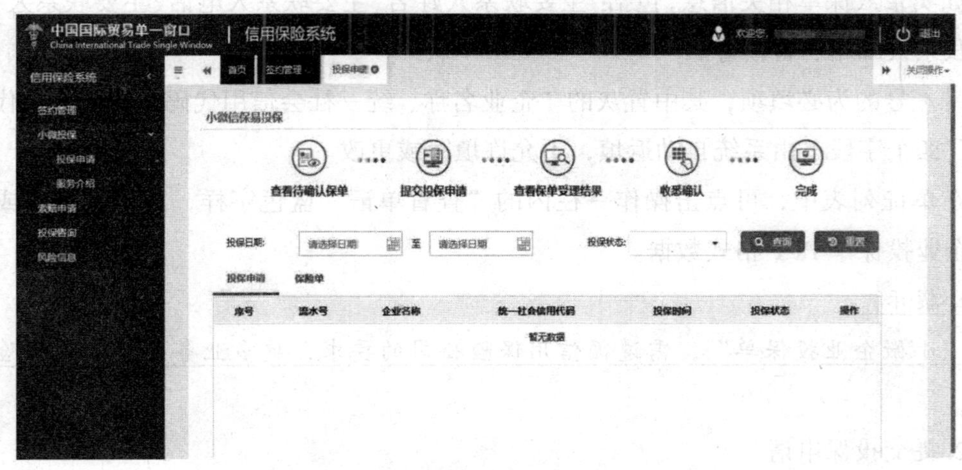

图 17-76 投保申请

界面示意图显示，投保申请分为 1. 查看待确认保单—2. 提交投保申请—3. 查看保单受理结果—4. 收悉确认—5. 完成五个步骤。简要说明如下。

（1）信用保险公司系统成功发送数据后，在“单一窗口”系统中查询待确认保单数据。

（2）查询到待确认保单数据后，录入投保申请并提交。

（3）查看信用保险公司对投保申请的受理结果。

（4）对信用保险公司审核通过后的保险单，进行收悉确认。

（5）完成投保申请，可进行查看、打印等操作。

界面下方列表包括“投保申请”与“保险单”两个页签，可切换进行查询。

1. 查看待确认保单

在“投保申请”页签内，点击列表投保状态栏的“查看待确认保单”蓝色字样，进入投保申请信息的录入页面（如图 17-77）。

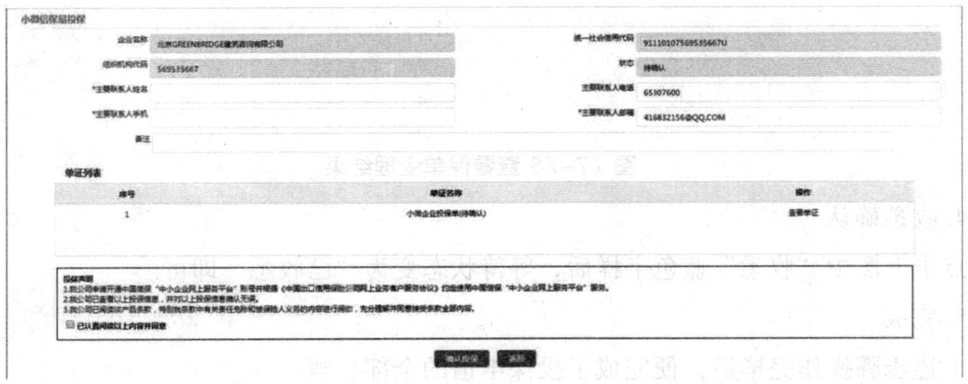

图 17-77 投保申请

如实录入保单相关信息，包括：主要联系人姓名、主要联系人电话、主要联系人手机、主要联系人邮箱、备注等。

带＊号的为必填项，其中置灰的“企业名称、统一社会信用代码、组织机构代码、状态”四个字段，由系统自动返填，不允许填写或更改。

在单证列表中，可点击操作一栏内的“查看单证”蓝色字样，查看、打印或下载小微企业投保单 PDF 格式数据。

小提示：

“小微企业投保单”，需遵循信用保险公司的要求，更多业务内容请向保险公司咨询。

2. 提交投保申请

投保申请中，信息录入完毕后，在“投保声明”中勾选“已认真阅读以上内容并同意”，点击【确认投保】蓝色按钮，等待系统弹出提示：投保申请提交成功。

成功提交投保申请后，在投保申请页面可查看已投保的申请数据。

3. 查看保单受理结果

已投保的保单，需要等待中国出口信用保险公司进行审核。审核成功后，在“保险单”页签内查看。

保单状态变为“生效”、收悉状态变为“待收悉”，此时需要进行收悉处理（如图 17–78）。

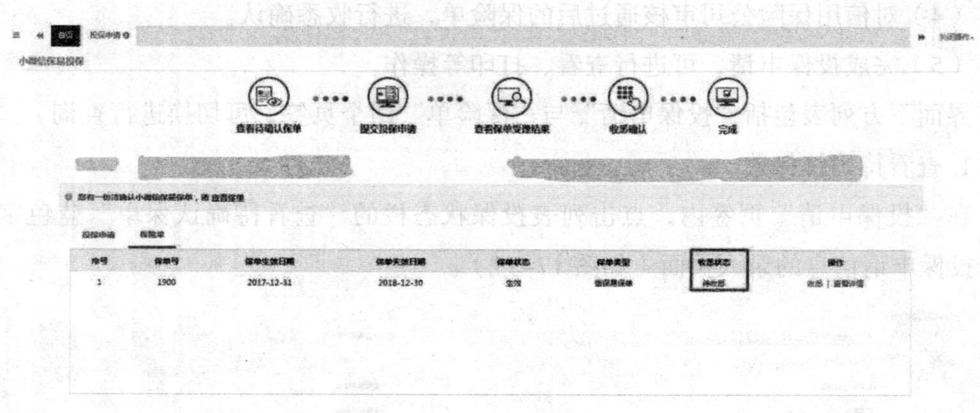

图 17–78 查看保单受理结果

4. 收悉确认

点击上图中“收悉”蓝色字样后，等待状态变为“已收悉”即可。

5. 完成

上述步骤操作完毕后，便完成了投保申请的全部步骤。

在“投保申请”或“保险单”页签内，点击“查看详情”蓝色字样，可查看投保单（申请）、保险单、电子保单详细信息。

还可对电子投保单（申请）与电子保单进行预览、下载、打印等操作。

二、服务介绍

在左侧菜单栏中点击“小微投保—服务介绍”，右侧界面展示如图 17–79 所示。

图 17–79 产品介绍

此页面详细介绍了“小微保易”的产品介绍、适用对象、保障范围、风险覆盖范围以及详细的投保流程等。

第三节 签约管理

使用“单一窗口”标准版信用保险系统的索赔申请之前，须以企业为单位，签订《中国国际贸易单一窗口出口信用保险服务协议》（以下简称《服务协议》）。

该服务协议为企业、信用保险公司与中国电子口岸数据中心的三方服务协议。企业在“单一窗口”标准版信用保险系统中完成签约后，系统将服务协议发送给信用保险公司系统，信用保险公司给服务协议加盖电子签章后，完成签约。

注意：

必须插入当前登录账号所绑定的卡介质，才能签署服务协议。

企业可通过 2 个入口完成服务协议签约：

1. 登录系统后，点击“签约管理”菜单进入签约管理界面（如图 17–80）；

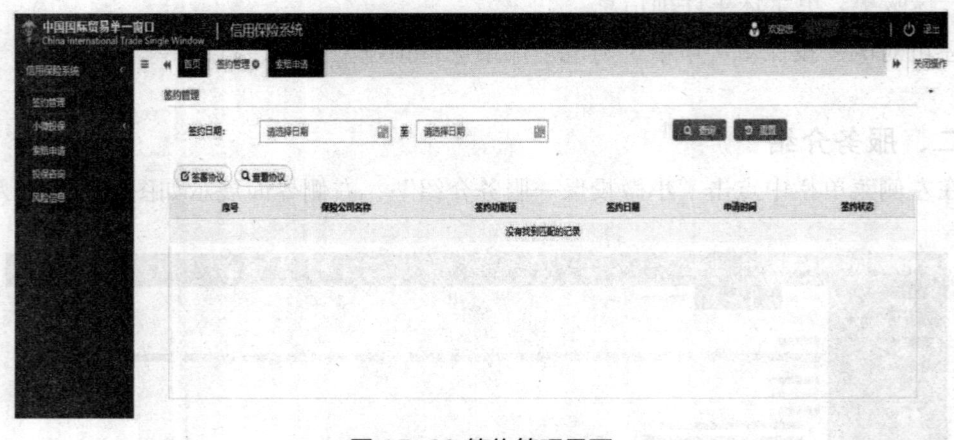

图 17-80 签约管理界面

2. 登录系统后，进入“索赔申请”菜单，在界面上部的提示栏进行签约（如图 17–81）。

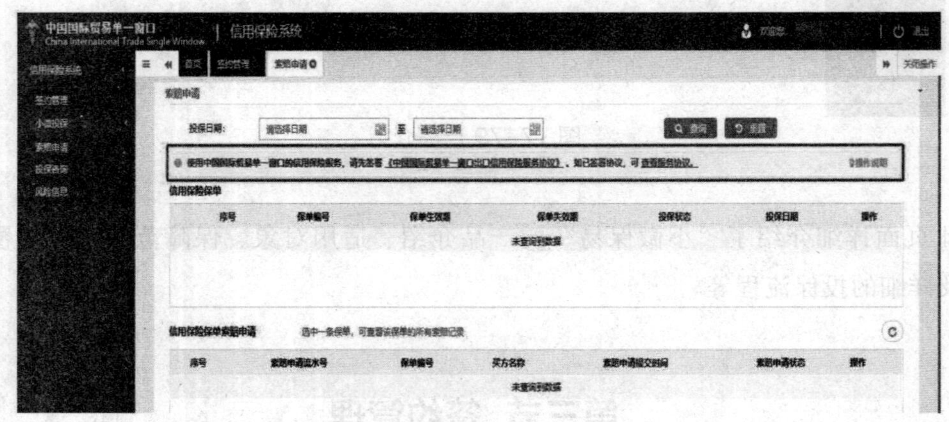

图 17-81 索赔申请界面

一、签署协议操作说明

点击上图黄色框内“操作说明”黄色字样，系统弹出服务协议签署简要操作说明。请仔细阅读操作说明。

注意：

制作、修改签章需使用法人卡重新登录系统。

签章（印章）制作时选择操作员姓名、制作的类型必须为：公司章。

如签章超过有效期，签署服务协议时无法选择。

如果当前已使用法人卡（管理员账号）介质登录，可通过登录“单一窗口”用户管理系统，跳转到管理员账号信息管理—印章管理界面，进行印章制作。

小提示：

使用管理员账号绑定的IC卡或Ikey登录系统，进入“管理员账号信息管理—印章管理”部分，制作或修改签章（印章）。

更多关于签章的操作，请参考本书第二部分“单一窗口”——通用功能篇中用户管理章节。

如当前使用操作员卡介质或账号登录系统，界面自动给予提示（如图17-82）。同时，点击蓝色字样跳转到用户管理系统时，也会弹出类似当前账号非管理员的提示。请关闭浏览器，使用管理员账号绑定的IC卡或Ikey重新登录。

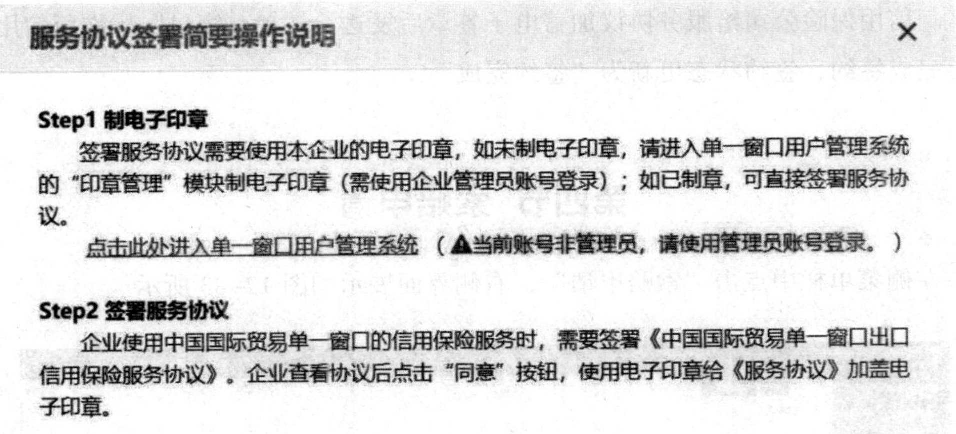

服务协议签署简要操作说明 ×

Step1 制电子印章

签署服务协议需要使用本企业的电子印章，如未制电子印章，请进入单一窗口用户管理系统的“印章管理”模块制电子印章（需使用企业管理员账号登录）；如已制章，可直接签署服务协议。

点击此处进入单一窗口用户管理系统 （▲当前账号非管理员，请使用管理员账号登录。）

Step2 签署服务协议

企业使用中国国际贸易单一窗口的信用保险服务时，需要签署《中国国际贸易单一窗口出口信用保险服务协议》。企业查看协议后点击“同意”按钮，使用电子印章给《服务协议》加盖电子印章。

图17-82 操作说明（未使用管理员登录）

二、签署协议

注意：

必须插入当前登录账号所绑定的卡介质，才能签署服务协议。

首次签署《服务协议》时，在“签约管理”界面点击【签署协议】按钮，或在索赔申请界面点击上图黄色框内的《中国国际贸易“单一窗口”出口信用保险服务协议》蓝色字样，系统弹出《服务协议》界面。仔细阅读协议内容，点击【同意】蓝色按钮。

小提示：

如果《服务协议》界面内，没有【同意】蓝色按钮，则代表当前企业已签署过协议，点击“查看服务协议”蓝色字体即可。

三、查看协议

如果当前企业已经签署过《服务协议》，在“签约管理”界面点击【查看协议】按钮，点击“查看服务协议”蓝色字样，系统展示《服务协议》界面。可点击界面右上角图标，进行下载 PDF 格式的协议与打印等操作。

小提示：

如果无法弹出已签署的《服务协议》，请检查浏览器设置，去掉阻止窗口弹出程序等选项。

四、查看签约状态

企业可查看《服务协议》的签约状态。企业在“单一窗口”标准版信用保险系统中完成签约后，系统将服务协议发送给信用保险公司系统。此时协议的签约状态为“签约中”。信用保险公司给服务协议加盖电子签章后发送给“单一窗口”标准版信用保险系统，完成签约，签约状态更新为“签约完成”。

第四节 索赔申请

在左侧菜单栏中点击“索赔申请”，右侧界面展示如图 17–83 所示。

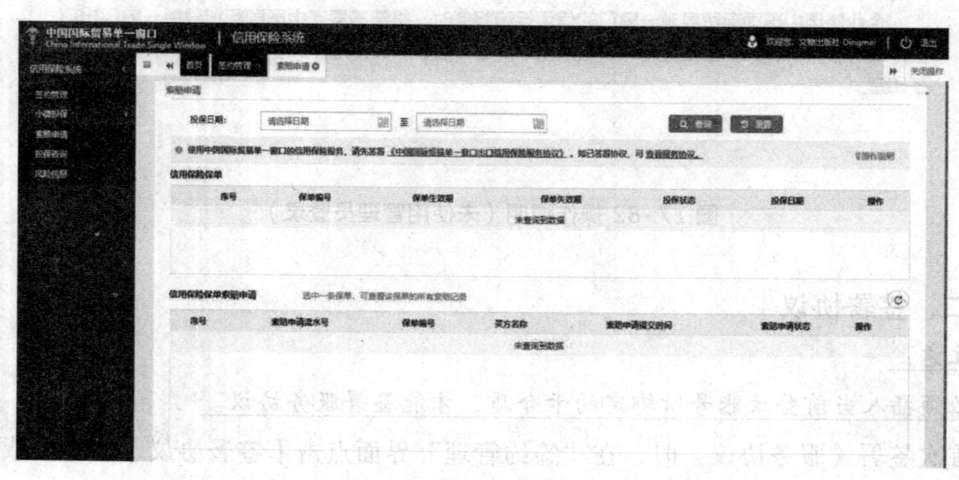

图 17–83 索赔申请

注意：

进行索赔申请之前，请先签署《中国国际贸易单一窗口出口信用保险服务协议》操作详见签约管理章节。

一、索赔申请

点击“索赔申请”菜单，进入“索赔申请”界面。“信用保险保单”列表中显示本企业所有已生效的保险单，在列表中选择某一条保单时，“信用保险保单索赔申请”

列表中显示该保单对应的所有索赔申请数据。

申请索赔时，在“信用保险保单”列表中查询出已生效的保险单，在列表记录右侧的操作一栏内，点击“我要索赔”蓝色字样，进入索赔申请详情录入界面（如图 17-84）。

图 17-84 索赔申请详情

如实填写或选择买方信息、银行信息、案件信息、出运信息及说明等部分的内容。灰色字段由系统自动读取或返填，不允许录入。红色 * 号的字段为必填项。

界面顶端的蓝色按钮，与最下方【提交】蓝色按钮，影响整票索赔申请的数据。界面中间的【保存】【新增】等按钮，仅对出运信息部分进行操作。

1. 买方信息

买方代码、买方英文名称：点击录入框右侧的【放大镜】图标，可使用信用保险公司提供的国外买家信息列表进行买家查询，在列表选中买家信息后，系统将买家信息返填进索赔申请的买家代码和买家英文名称字段中。

如企业未查询到符合要求的买家信息，可在买方信息弹出界面中点击【新增】按钮，或在索赔申请录入界面点击买方信息录入框右侧【铅笔】图标，进入“新建买家信息”界面（如图 17-85）。红色星号字段为必填项，根据实际情况录入买家信息，点击下方【保存】蓝色按钮。

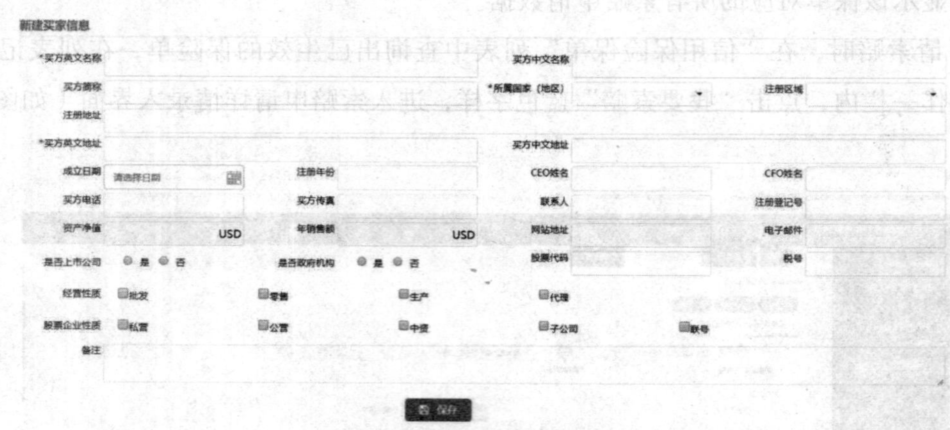

图 17-85 新建买方信息

2. 银行信息

开证行 SWIFT 码、保兑行 SWIFT 码：如涉及必填。如实填写开证行或保兑行的 SWIFT CODE。

开证行英文名称、保兑行英文名称：如涉及必填。如实填写开证行、保兑行英文名称。

开证行所属国家地区、保兑行所属国家地区：如涉及必填。在参数下拉列表中选择，也可录入代码、名称快速选择。

开证英文地址、保兑行英文地址：如涉及必填。如实填写开证行、保兑行英文地址。

3. 案件信息

全部为勾选项，无需录入。根据实际情况，勾选“是”或“否”。如勾选“是否已办理贸易融资”为“是”，需要填写“融资银行 SWIFT 码”“融资银行名称”和“融资金额”。

4. 出运信息

填写索赔涉及货物的详细出运信息。

合同号 / 信用证号：如实填写合同号 / 信用证号。

发票号：如实填写发票号。

海关商品编号：如实填写货物的商品编号（税则号）。

出运日期：如实填写实际的出运日期。

报关单号：如实填写出口货物的报关单号。系统将根据报关单号自动关联对应的出口提单数据。

原产地证书号：如该批货物办理了出口原产地证，如实填写出口货物的原产地证编号。系统自动关联对应的出口原产地证数据。

支付方式：在下拉列表中选择对应的支付方式。

支付期限：填写支付期限内容。

发票金额、已收汇金额、索赔金额：按美元值填写对应的金额数据。

收汇方式：在下拉列表中选择收汇方式。

保存：填写完一条记录后，点击【保存】按钮，保存一条出运信息记录。

新增：需要填写新数据时，点击【新增】按钮，初始化出运信息录入区域，可录入新数据。

删除：信息录入错误需要删除时，在列表中选择一条或多条数据，点击【删除】按钮，删除记录。

导入：需要录入的数据较多时，可使用导入功能，点击【导入】按钮，下载导入模板，在模板中录完信息后做导入操作。

生成出运数据报告：系统根据企业在出运信息区域录入的报关单号、原产地证编号，调用企业通过“单一窗口”申报的报关单数据、报关单中提运单号对应的提运单数据、出口原产地证数据，生成出运数据报告 PDF 文件。企业需点击确认按钮，对 PDF 文件加盖企业电子印章。

企业提交索赔申请时，出运数据报告 PDF 文件一同提交给信用保险公司，作为索赔申请审核参考。

如企业修改了出运信息中的报关单号、原产地证编号（修改、删除或新增），企业可重新生成出运数据报告。

注意：

仅收发货人能调用/查询报关单、提运单、原产地证数据。

企业提交索赔申请前，必须生成出运数据报告。

申报数据检查：系统根据企业在出运信息区域录入的报关单号、原产地证编号，调用企业通过“单一窗口”申报的报关单数据、报关单中提运单号对应的提运单数据、出口原产地证数据，进行数据检查，检查数据是否存在、是否属于本企业的数据，或是否是索赔需要的正确业务单据等。

验证结果为“数据正常”的，说明对应单据数据存在，用户可查看对应单据的关键信息内容。

验证结果为“未查询到符合条件的数据”的，说明对应单据数据在“单一窗口”不存在，用户可检查业务单据编号是否输入错误。

查看出运数据报告：企业可查看已经生成的出运数据报告 PDF 文件。

5. 索赔原因及案情说明

致损原因：在参数下拉列表中选择，也可录入代码、名称快速选择。

索赔原因描述、案情说明、减损措施：如实填写详细内容。

上传附件：可上传贸易单证和损失证明文件。点击【上传附件】按钮时，可查看具体的上传附件要求。

索赔申明：企业勾选索赔申明，点击【提交】按钮，向信用保险公司提交索赔申请。

二、查看索赔申请

企业查看索赔申请或索赔申请审核状态时，可在“信用保险保单”列表中查询做索赔的保单，下方的“信用保险保单索赔申请”列表中显示该保险单的所有索赔申请。点击列表右侧的【查看】按钮，可查看对应的索赔申请详情和索赔申请审核详情。“索赔申请状态”列，可查看索赔申请的审核状态（如图 17–86）。

图 17–86 查看索赔申请

在详情界面，可查看索赔申请审核回执中的审核回执详情。如为“退回”状态，可查看具体退回原因，联系审核回执信息中的客户经理咨询详细情况。

第五节 投保咨询

一、录入

在左侧菜单栏中点击“投保咨询”，右侧界面展示如图 17–87 所示。

主界面右侧为介绍，上部分是录入界面，下部分为询保申请列表。在上方录入并保存的数据，可保存到下方列表中。

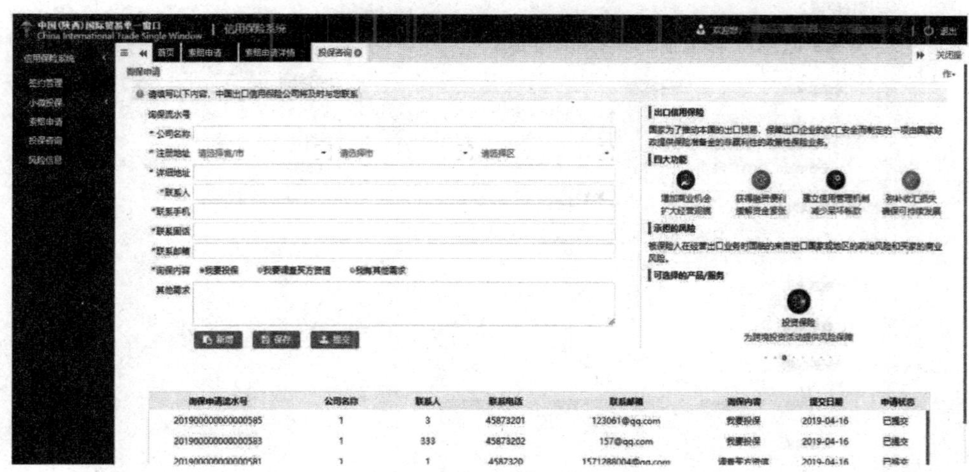

图 17-87 投保咨询

上图中，投保流水号由系统自动生成，无需进行操作。

界面中所有带 * 号的字段都为必填项，请如实填写。当必填字段不输入或联系手机字段输入错误时，系统会自动进行判断，提示格式错误。

“注册地址”为下拉菜单选择，必须在三个录入框内依次选择“省 / 市—市—区”。

“询保内容”字段为单选项，系统默认勾选“我要投保”，可根据实际情况进行修改。

录入过程中，可随时点击界面下方的【保存】蓝色按钮，将当前正在录入的数据保存到下方列表中，以防数据丢失。

二、新增

小提示：

已录入的数据，请及时点击【保存】蓝色按钮，再进行新增操作，以防数据丢失。

点击界面中的【新增】蓝色按钮，投保咨询界面中的所有字段被清空。“询保内容”由系统默认勾选为“我要投保”，可手工修改。其他录入要求与上文相同。

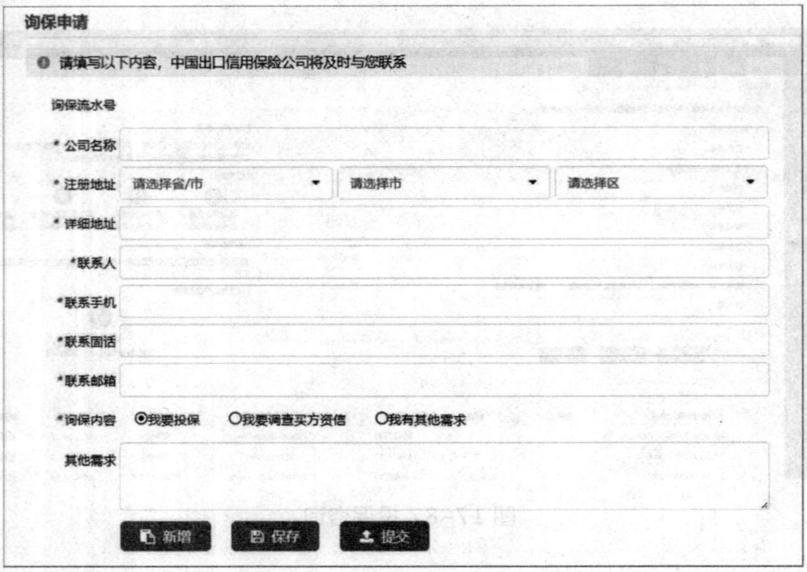

询保申请

请填写以下内容，中国出口信用保险公司将及时与您联系

询保流水号

* 公司名称

* 注册地址 请选择省/市 请选择市 请选择区

* 详细地址

*联系人

*联系手机

*联系固话

*联系邮箱

*询保内容 ◉我要投保 ○我要调查买方资信 ○我有其他需求

其他需求

新增 保存 提交

图 17-88 投保咨询（新增）

三、保存 / 修改

录入过程中，可随时点击界面下方的【保存】蓝色按钮，将当前正在录入的数据保存到下方列表中，以防数据丢失。

必填字段未录入完毕时，点击【保存】蓝色按钮时，系统会进行逻辑校验，并弹出红色的提示框如图 17-89 所示。

图 17-89 投保咨询（保存弹出红色提示）

录入的数据保存成功后，系统提示“询保申请保存成功”。

在投保咨询界面下方询保申请列表中，点击申请状态为“暂存”的数据，可以对上部分各个字段进行修改操作。修改后再次点击【保存】蓝色按钮即可。

在询保申请列表中，点击申请状态为“已提交”的数据，界面上方字段为灰，不可修改，只允许查看。

四、提交

根据实际情况，确认录入的信息完整、正确后，点击【提交】蓝色按钮，系统提示“询保申请提交数据成功”。

提交成功后的数据，界面中的字段自动变为灰色供查看，不允许再修改。

小提示：

提交意味着您的咨询数据向信用保险公司系统发送，等待信用保险公司的反馈或联络即可。

第六节 风险信息

注意：

风险信息内的文章由信用保险公司推送，用户可登录“单一窗口”进行查看。

对文章的查询功能，系统仅对标题进行关键字搜索，不支持全文查找。

在左侧菜单栏中点击“风险信息”，右侧界面展示如图 17-90 所示。

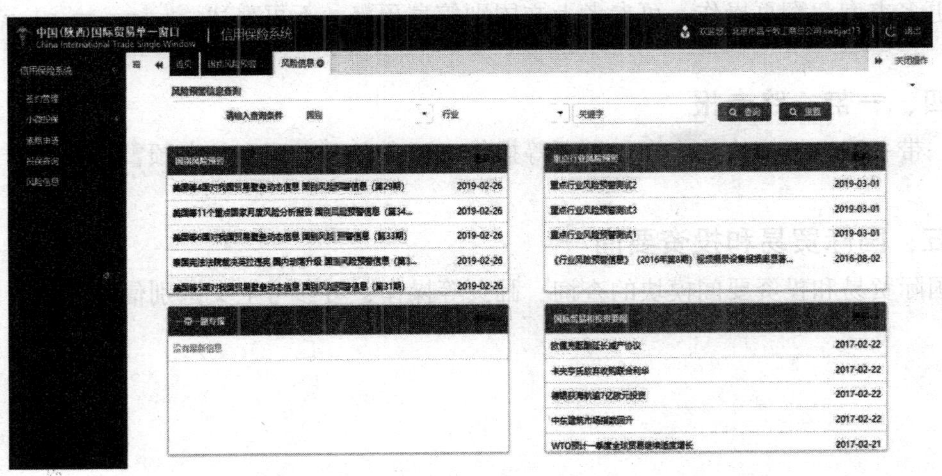

图 17-90 风险信息

主界面中包括四个模块（国别信息预警、重点行业风险预警、一带一路专报、国际贸易和投资要闻），更多具体操作可参见下文。

一、查询

在风险预警信息查询界面，可选择国别、行业，或输入关键字。

点击【重置】蓝色按钮，系统自动清空所填写的查询条件，可重新输入。

点击【查询】蓝色按钮，系统查找与输入条件匹配的标题，在下方进行筛选展示。

小提示：

根据国别、行业、关键字展示的查询结果，当下方模块内查询结果过多时，系统只显示部分条目（按时间进行倒序）。

当下方某个模块内未查询到匹配的结果，则不显示任何信息。

如果想展示所有信息，可清空所有输入条件，直接点击【查询】蓝色按钮，界面的所有模块即可恢复显示默认的信息。

二、国别信息预警

在“国别风险预警”模块中，可直接点击文章标题，查看具体内容。

点击“国别风险预警”模块中的更多 >> 字体，可进入国别风险预警的查询页面，可通过查询条件（国别、行业、关键字）进行查询。

三、重点行业风险预警

点击“重点行业风险预警”模块中的更多 >> 字体，可进入查询页面，点击文章标题后，查看重点行业文章内容。若文章带有附件，可点击附件名称，打开新页面查看附件详情。

更多查询、翻页操作，可参考上文国别信息预警，不再赘述。

四、一带一路专报

一带一路专报模块的查询、翻页等操作，可参考上文国别信息预警。

五、国际贸易和投资要闻

国际贸易和投资要闻模块的查询、翻页等操作，可参考上文国别信息预警。

第十八部分 “单一窗口”——手机端移动应用篇

第一章 掌上单一窗口操作指南

“掌上单一窗口”作为中国国际贸易“单一窗口”标准版的移动端服务平台，为进出口企业或个人提供国际贸易“一站式”业务查询和办理服务，便利企业享受更加便捷、高效、智能的口岸通关服务，实时掌握通关状态、随时随地办理业务，提高办事效率。

一、下载安装

“掌上单一窗口”根据操作系统差异（包括：安卓系统和 iOS 系统）拥有不同的获取方式。

1. 应用安卓系统的手机设备，到设备自带的应用商店搜索“掌上单一窗口”进行下载、安装和使用。

2. 应用 iOS 系统的手机设备，到 App Store 搜索“掌上单一窗口”进行下载、安装和使用。

3. 可通过访问地址：https://start.singlewindow.cn/app/ 或者 https://app.singlewindow.cn/zsdyckweb/#/downloadapp 扫描二维码进行“掌上单一窗口”下载、安装和使用。

二、登录

用户下载安装“掌上单一窗口”后，点击 APP 图标（如图 18-1）进入系统，阅读服务条款，选择“同意并开始使用”（如图 18-2）后，用户可选择在“首页”左上角点击“登录”进入登录界面；也可选择进入“我的”，点击“立即登录 / 注册”进入登录界面（如图 18-3）。

图 18-1 掌上单一窗口图标

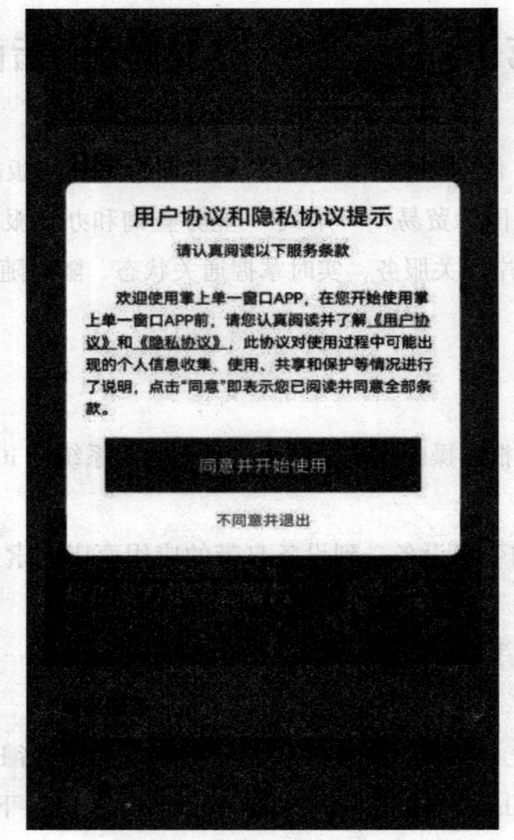

图 18-2 选择“同意并开始使用”

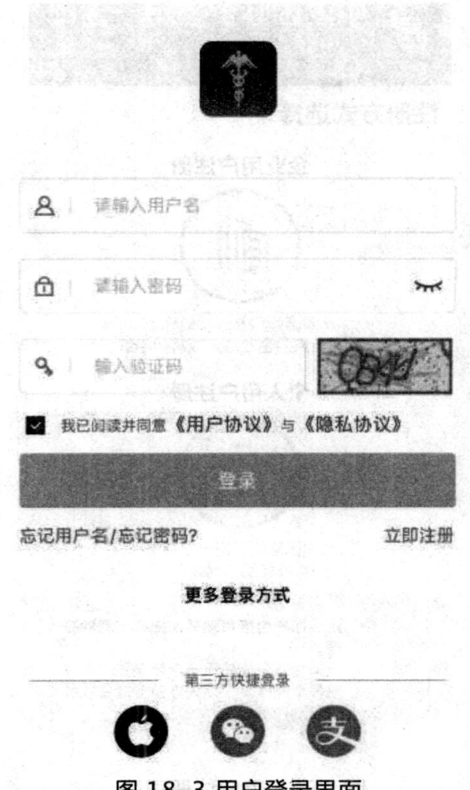

图 18-3 用户登录界面

1. 首次登录系统的用户，可以使用单一窗口账号、密码登录。若用户尚未在单一窗口注册过账号，可点击“立即注册”进行号申请。根据用户类型差异，注册方式分为企业用户注册和个人用户注册，企业用户即从事国际贸易进出口环节各类业务的企业法人或其他组织；个人用户即从事国际贸易进出口环节各类业务的自然人用户。用户根据自身性质选择相应的注册方式进行账户注册（如图 18-4）。

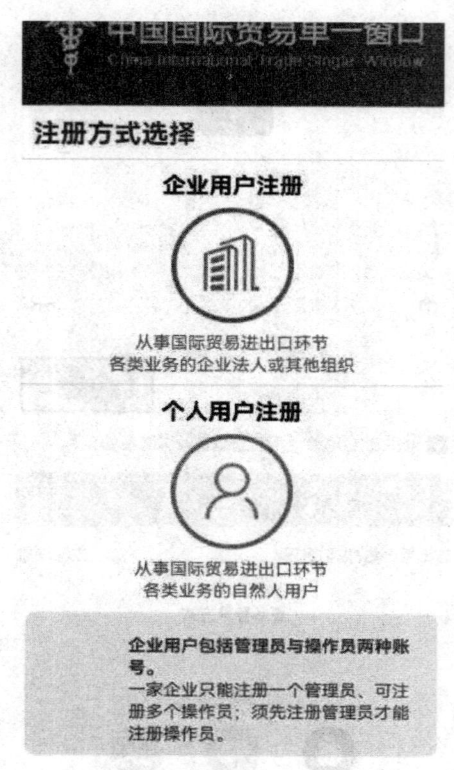

图 18-4 用户注册界面

2. 若用户已有账号，则可直接输入用户名、密码进行“掌上单一窗口”登录。该用户名、密码同中国国际贸易“单一窗口”/“互联网 + 海关”一体化平台 PC 端用户名、密码一致。若用户忘记用户名 / 密码，可通过“忘记用户名 / 忘记密码？”链接按钮进行用户名、密码找回。

3. 若用户仅插卡登录过中国国际贸易单一窗口或“互联网 + 海关”一体化平台 PC 端，但企业操作员未申请过账号，则企业操作员持卡登录 PC 端后，系统会自动为该企业创建一个操作员账号，用户名为 IC 卡号，需在“操作员账号信息管理→登录密码”中进行设置密码。之后，使用创建的操作员账号登录 PC 端，绑定手机号完善信息，即可使用该操作员账号用户名、密码登录“掌上单一窗口”。

4. “掌上单一窗口”支持快捷登录方式，包括：手势登录、指纹登录等，根据设备支持方式的差异，提供不同的快捷登录方式。当用户通过用户名、密码进入系统后，可根据需要点击“我的→账号与安全→登录管理”设置快捷登录方式，方便登录选择。

5. “掌上单一窗口”支持第三方账号关联登录方式，可与微信、支付宝等账号绑定。当用户通过用户名、密码进入系统后，可根据需要点击“我的→账号与安全→第三方账号关联”与微信、支付宝等第三方账号关联。也可用第三方账号登录后，关联单一窗口账号。

6.“掌上单一窗口”支持手机盾登录方式，用户选择手机盾登录时，需要先在设备上申请手机盾证书。手机盾证书仅支持企业操作员账号申请，用户通过手机盾登录“掌上单一窗口”后，用户操作权限等同于用户在PC端使用IC卡登录中国国际贸易“单一窗口”及“互联网＋海关”一体化平台；对于查询、办理、申报等数据安全性较高的海关业务时，需要输入手机盾密码进行相关操作。若用户登录时忘记手机盾密码，可使用用户名、密码登录方式，登录系统后进行手机盾密码找回（如图18–5）。

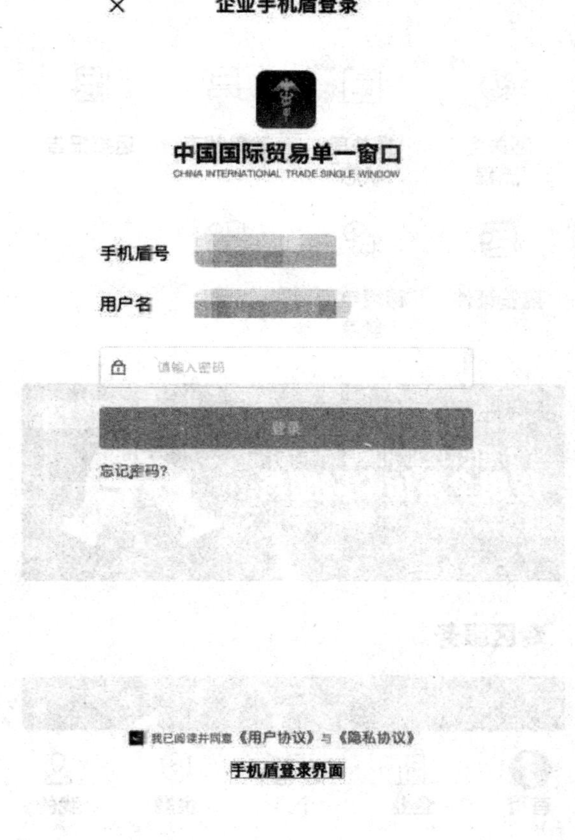

图18–5 手机盾登录界面

三、业务办理

掌上单一窗口分为“首页”“企业”“个人”“金融”和“我的”5个页签。

1.“首页”页签包括用户最为常用的一些应用以及服务专区、资讯等图18–6。

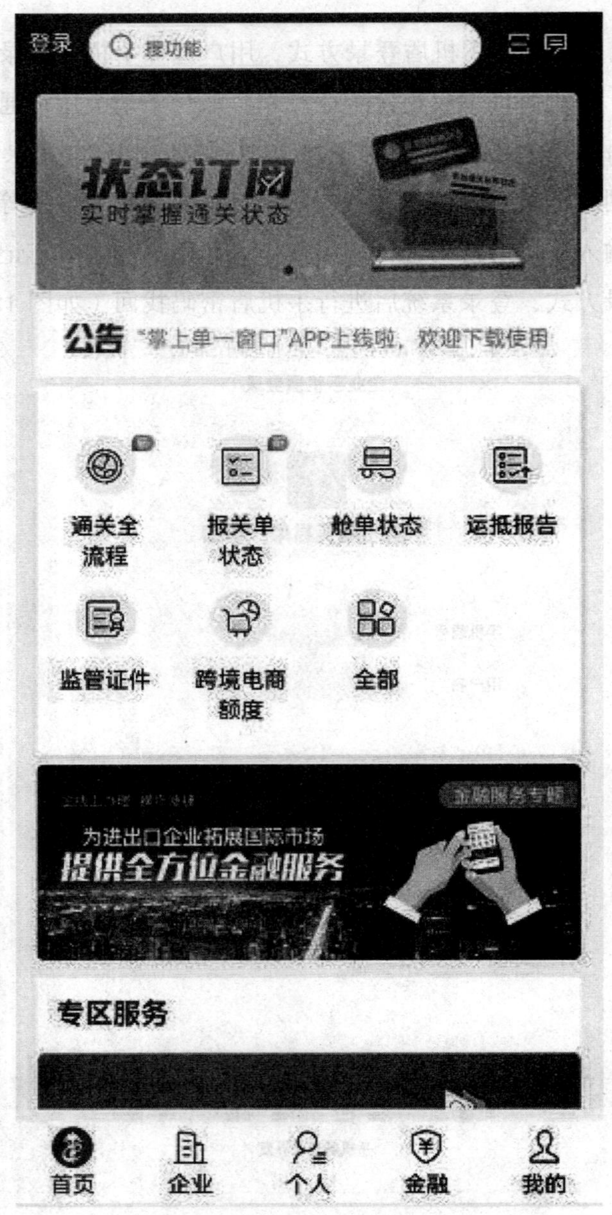

图 18-6 首页界面

2.“企业”页签分为 4 个栏目展示“掌上单一窗口”支持的业务情况，包括通关状态、业务办理、参数查询、订阅推送（如图 18-7）。

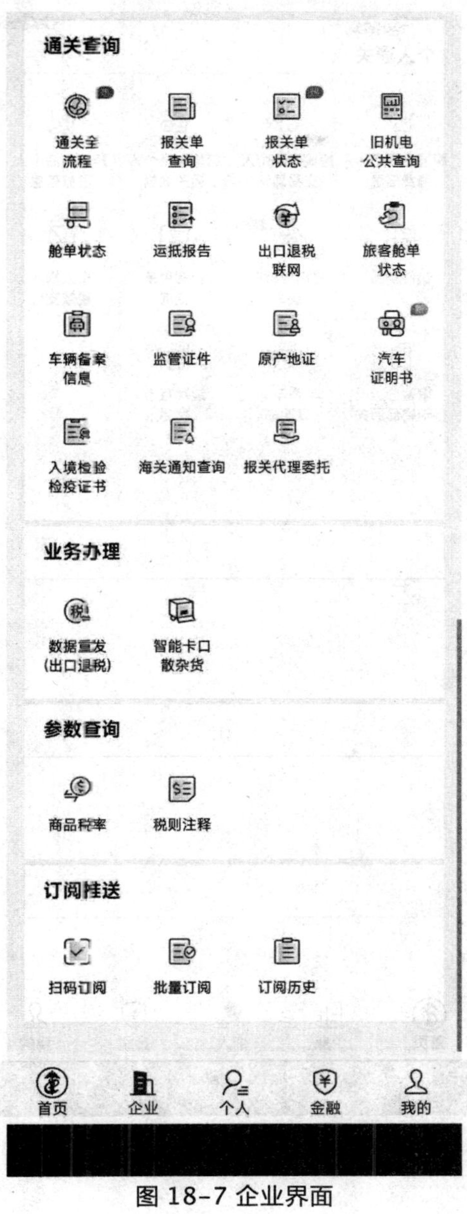

图 18-7 企业界面

3. "个人"页签提供个人通关所需要的一个功能，包括跨境电商个人消费信息、跨境电商个人交易确认、跨境电商个人通关数据、跨境电商个人税款信息、快件物品、进出境邮包查询、行邮税率查询、个人物品税款支付、旅客分运行李物品通关、汽车证明书、边民互市贸易（如图 18-8）。

国际贸易单一窗口标准版

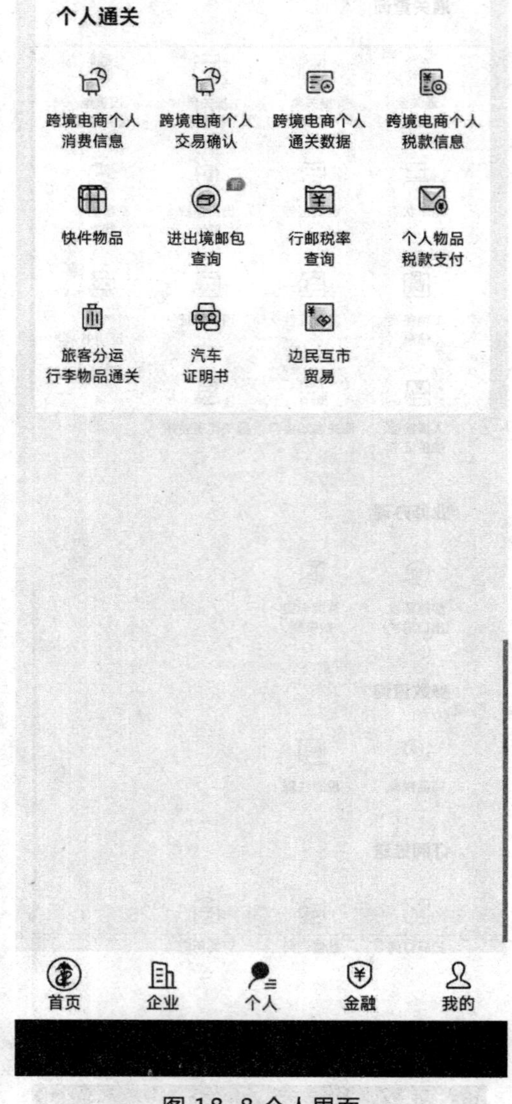

图 18-8 个人界面

4. “金融”页签提供金融服务和查询服务，金融服务包括融资测额、融资申请、融资还款、融资支用；查询服务包括融资申请查询、融资合同查询、融资支用查询、还款结清查询、展期查询、投保咨询查询、投保申请查询（如图 18–9）。

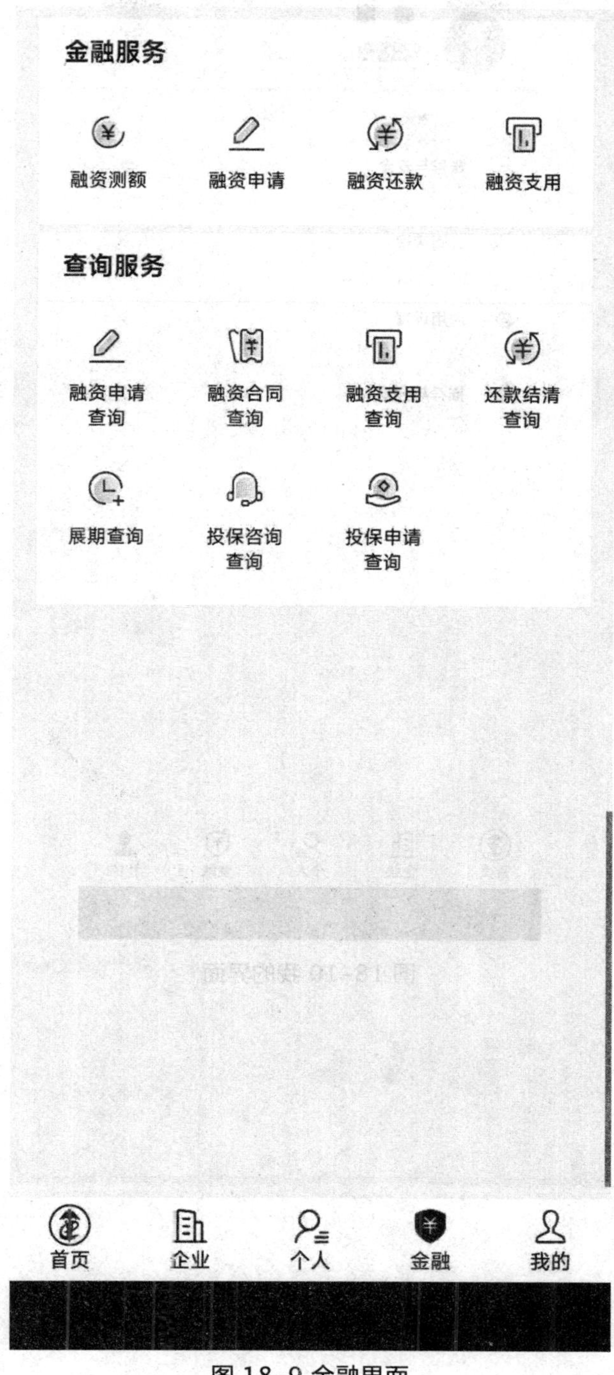

图 18-9 金融界面

5.“我的”页签，主要包括账号与安全、订阅管理、通用设置、推荐与分享及系统信息等。其中，“账号与安全”可实现掌上单一窗口快捷登录设置和手机盾证书申请（如

图 18-10）。

图 18-10 我的界面